༄། །ཞང་བོད་ཀྱི་ལོ་རྒྱུས་ཏི་སེའི་འོད།

ནམ་མཁའི་ནོར་བུས་བརྩམས།

ཀྲུང་གོའི་བོད་རིག་པ་དཔེ་སྐྲུན་ཁང་།

དཔེ་སྐྲུན་གསལ་བཤད།

《ཞང་བོད་ཀྱི་ལོ་རྒྱུས་ཉི་སེའི་འོད》ཅེས་པ་འདི་ནི་བོད་ཀྱི་མཁས་པ་ཆེན་པོ་ནམ་མཁའི་ནོར་བུ་ལགས་ཀྱིས་བརྩམས་པའི་བསྐལ་པ་ཡ་ཐོག་སྐབས་ཀྱི་ཞང་ཞུང་དང་བོད་ཀྱི་གནས་ཚུལ་སྐོར་བརྗོད་པའི་ལོ་རྒྱུས་ཀྱི་དཔྱད་རྩོམ་ཞིག་རེད། དཔྱད་རྩོམ་འདི་ལ་དུས་རིམ་མི་འདྲ་བ་གསུམ་དུ་ཕྱེས་ཏེ་དུས་རིམ་སོ་སོའི་བྱུང་རབས་ལོ་རྒྱུས་རྒྱས་བསྡུས་འཚམ་པ་ཞིབ་གསལ་གྱིས་རིམ་པར་བཀོད་ཡོད།

གཞུང་འདིའི་ལེའུ་དང་པོའི་ནང་དུས་རིམ་གོང་མ་ཞང་ཞུང་གི་མི་རབས་དང་མི་མ་ཡིན་པའི་འགྲོ་བའི་བྱུང་ཚུལ་དང་རྩ་བའི་ཏུས་ཆེན་བཞི་དང་མིའུ་གདུང་དྲུག་གི་བྱུང་ཚུལ། ཞང་ཞུང་གི་བོན་རབས། གཤེན་རབ་མི་བོ་ཆེས་བོན་གྱི་བསྟན་པ་སྤེལ་ཚུལ་དང་། ཞང་ཞུང་གི་རྒྱལ་རབས་དང་ཞང་ཞུང་གི་ཤེས་རིག་བྱུང་ཚུལ་བཅས་དང་འབྲེལ་བའི་ལོ་རྒྱུས་རྣམས་བཀོད་ཡོད་པ་དང་། ལེའུ་གཉིས་པའི་ནང་དུས་རིམ་བར་མའི་བོད་ཀྱི་མི་རབས་དང་ཏུས་ཆེན་བཞིའི་བྱུང་ཚུལ་དང་བོན་རབས་བྱུང་ཚུལ། དེ་ནས་བོད་ཀྱི་རྒྱལ་རབས་དང་བོད་ཀྱི་ཡི་གེའི་བྱུང་ཚུལ་དང་བོད་རྒྱལ་སྤུ་མཁར་གྱི་སྐོར་བཅས་དང་འབྲེལ་བའི་ལོ་རྒྱུས་རྣམས་ཞིབ་རྒྱས་སུ་བཀོད་པ་དང་། ལེའུ་གསུམ་པའི་ནང་དུས་རིམ་འོག་མའི་ཞང་བོད་གཅིག་གྱུར་གྱི་སྐབས་དང་འབྲེལ་བའི་ལོ་རྒྱུས་ཡ་ཐོག་བོད་ཀྱི་མི་རབས་ལ་ངོས་འཛིན་ཚུལ་དང་། ཡ་ཐོག་བོད་ཀྱི་བོན་རབས་ལ་ངོས་འཛུན་ཚུལ། ཡ་ཐོག་བོད་ཀྱི་རྒྱལ་རབས་ལ་ངོས་འཛིན་ཚུལ། ཡ་ཐོག་བོད་ཀྱི་ཤེས་རིག་ལ་ངོས་འཛིན་ཚུལ་བཅས་ཀྱི་སྐོར་ལ་ལུང་དང་རིགས་པས་ལེགས་པར་དཔྱད་དེ་གསལ་པར་བསྟན་ཡོད།

མདོར་ན་བསྐལ་པ་ཡ་ཐོག་གི་བོད་ཀྱི་ལོ་རྒྱུས་སྐོར་ལ་བོད་ཀྱི་རྒྱལ་རབས་ལོ་རྒྱུས་དང་ཆོས་འབྱུང་སོགས་སུ་སྔོན་བྱོན་མཁས་པ་རྣམས་ཀྱི་བཞེད་པ་གང་མང་མཆིས་ཀྱང་། ཞང་ཞུང་དང་བོད་ཀྱི་བྱུང་རབས་ཀྱི་ལོ་རྒྱུས་སྐོར་འདི་འདྲ་ཞིབ་རྒྱས་ཤིག་ད་བར་དུ་མཐོང་རྒྱུ་ཧ་ཅང་ཉུང་བས། ལྷུགས་རྩོམ་འདི་ནི་བོད་རིག་པའི་དཔྱད་རྩོམ་ནང་རིག་གཞུང་གི་རིན་ཐང་མ་དམན་པའི་དཔྱད་གཞིའི་ཡིག་ཆ་གལ་ཆེན་ཞིག་ཡིན་པར་སྙམ།

རྩོམ་འདིའི་ནང་དྲངས་པའི་ཁུངས་ལུང་རྣམས་རྟགས་[ ]འདི་འདྲ་བརྒྱབ་པའི་ནང་ཡིག་འབྲུ་མི་འདྲ་བ་འགའ་དང་ཨང་གྲངས་མི་མཐུན་པ་གང་མང་བཀོད་ཡོད་པ་དེ་དག་གིས་ལུང་གང་དྲངས་པའི་

ཡིག་ཆ་དེ་ཁུངས་གང་ནས་ཐོན་པ་དང་། གླེགས་བམ་གྱི་ཤོག་གྲངས་གང་ཡིན་པ། ཤོག་གྲངས་ཀྱི་མདུན་རྒྱབ་བམ་ཡིག་ཕྲེང་གང་ཡིན་པ་སོགས་མཚོན་ཡོད་པ་དང་ རྟགས་( )འདི་འདྲ་བརྒྱབ་པའི་ནང་བཀོད་ཡོད་པའི་ཨང་ཀི་ནི་ལེའུ་སོ་སོའི་རྗེས་ན་གསལ་བའི་མཆན་འགྲེལ་མཚོན་བྱེད་དང་ཡང་རྟགས་( )འདི་…འདྲ་བརྒྱབ་པའི་ནང་བཀོད་ཡོད་པའི་ཡིག་འབྲུ་ནི་རྩོམ་པ་པོས་ལུང་དྲངས་པའི་མ་ཡིག་ལ་བརྡ་དག་གི་ཆ་…ནས་དག་བཅོས་བྱས་པ་དེ་མཚོན་ཡོད། རྩོམ་གྱི་བསྒྲིགས་སྟངས་ཐད་དུ་མ་དག་ཡོག་འདྲེན་གྱི་ནོངས་འགལ་ཅི་མཆིས་ཀློག་མཁན་རྣམ་པས་དག་སེལ་གྱི་དགོངས་འཆར་ལྷུག་བསྐུལ་གནང་བར་ཞུ།

རྩོམ་སྒྲིག་པ་ནས།

༢༠༠༨ལོའི་ཟླ་༡༡པར།

དཀར་ཆག

ལེའུ་དང་པོ། དུས་རིམ་གོང་མའི་ལོ་རྒྱུས་ཡ་ཐོག་ཞང་ཞུང་གི་སྐོར། ……………(1)

ས་བཅད་དང་པོ། ཡ་ཐོག་ཞང་ཞུང་གི་མི་རབས་བྱུང་ཚུལ། ……………………………(1)

གཅིག མི་མ་ཡིན་པའི་འགྲོ་བ་རིགས་ཀྱི་སྐོར། ……………………………………………(2)

གཉིས། རྫ་བའི་དུས་ཆེན་བཞིའམ་མིའུ་གདུང་དྲུག་གི་སྐོར། ………………………………(30)

གསུམ། ཞང་ཞུང་གི་དུས་ཚན"བསེ་ཁྱུང་སྨྲའི"སྐོར། ……………………………………(38)

ས་བཅད་གཉིས་པ། ཡ་ཐོག་ཞང་ཞུང་གི་བོན་རབས་བྱུང་ཚུལ། ………………………(39)

གཅིག གཤེན་རབ་མི་བོ་ཆེ་དམུ་གཤེན་གྱི་གདུང་ལས་བྱུང་བའི་སྐོར།…………………………(44)

གཉིས། གཤེན་རབ་མི་བོ་ཆེ་སྐུ་བལྟམས་ནས་བོན་གྱི་བསྟན་པ་སྤེལ་བའི་སྐོར།………………(49)

ས་བཅད་གསུམ་པ། ཡ་ཐོག་ཞང་ཞུང་གྱི་རྒྱལ་རབས་བྱུང་ཚུལ། ………………………(74)

གཅིག བྱ་རུ་ཅན་གྱི་རྒྱལ་རབས་བཅོ་བརྒྱད་ཀྱི་སྐོར།……………………………………(78)

གཉིས། རྒྱལ་ཕྲན་སིལ་མ་བཅུ་གཉིས་ཀྱི་སྐོར། ……………………………………………(84)

ས་བཅད་བཞི་པ། ཡ་ཐོག་ཞང་ཞུང་གི་ཡི་གེ་བྱུང་ཚུལ། ……………………………(91)

གཅིག གཤེན་རབ་མི་བོ་ཆེས་ཡ་ཐོག་ཞང་ཞུང་གི་ཡི་གེ་བསྟན་པའི་སྐོར། ………………(92)

གཉིས། སྟག་གཟིག་སྤྱུངས་ཡིག་གི་སྐོར། …………………………………………………(97)

ས་བཅད་ལྔ་པ། ཡ་ཐོག་ཞང་ཞུང་གི་ཤེས་རིག་བྱུང་ཚུལ། …………………………(102)

གཅིག གཟི་རིགས་དང་ཐོག་ལྕགས་ཀྱི་སྐོར། ……………………………………………(102)

གཉིས། བྲག་རྫོར་བཀོས་པའི་རི་མོ་རྙིང་བའི་སྐོར།……………………………………(108)

གསུམ། བཟོ་རིག་པའི་སྐོར།…………………………………………………………(112)

བཞི། རོལ་མོའི་སྐོར། ……………………………………………………………(115)

ལྔ། གཏོ་དཔྱད་ཀྱི་སྐོར། …………………………………………………………(117)

དྲུག ཛ་ཐིག་གི་སྐོར། ……(118)
བདུན། མོ་ སྤྲའི་སྐོར། ……(120)
བརྒྱད། རྩི་ལམ་གྱི་སྐོར། ……(137)
དགུ། དབྱངས་འཆར་རྩིས་ཀྱི་སྐོར། ……(137)
བཅུ། སྙན་དཔྱད་རིག་པའི་སྐོར། ……(141)
མཆན་འགྲེལ། ……(142)

ལེའུ་གཉིས་པ། དུས་རིམ་བར་མའི་ལོ་རྒྱུས་ཡ་ཐོག་བོད་ཀྱི་སྐོར། ……(158)
ས་བཅད་དང་པོ། ཡ་ཐོག་བོད་ཀྱི་མི་རབས་བྱུང་ཚུལ། ……(158)
བོད་ཀྱི་ཏུས་ཆེན་བཞིའི་སྐོར། ……(159)
ས་བཅད་གཉིས་པ། ཡ་ཐོག་བོད་ཀྱི་བོན་རབས་བྱུང་ཚུལ། ……(178)
གཅིག "བོན"ཡིག་ཇི་ལྟར་བྱུང་བའི་སྐོར། ……(180)
གཉིས། རྗེ་མུ་ཁྲི་བཙན་པོའི་སྐུ་རིང་ལ་བོན་དར་བའི་སྐོར། ……(187)
གསུམ། བོད་རྗེ་ཐོག་མ་ནས་གནམ་རི་སྲོང་བཙན་བར་བྱུང་བའི་སྐུ་གཤེན་དང་གསས་
མཁར་གྱི་སྐོར། ……(197)
ས་བཅད་གསུམ་པ། ཡ་ཐོག་བོད་ཀྱི་རྒྱལ་རབས་བྱུང་ཚུལ། ……(209)
གཅིག བོད་ཀྱི་རྒྱལ་རྒྱུད་ལྷ་ལས་མཆེད་པའི་སྐོར། ……(215)
གཉིས། རྗེ་གཉའ་ཁྲི་བཙན་པོ་ནས་ཆོས་རྒྱལ་སྲོང་བཙན་བར་རྒྱལ་པོ་གང་དག་བྱུང་
བའི་སྐོར། ……(232)
ས་བཅད་བཞི་པ། ཡ་ཐོག་བོད་ཀྱི་ཡི་གེའི་བྱུང་ཚུལ། ……(267)
གཅིག བོད་ཡིག་ཐོག་མར་དར་བའི་སྐོར། ……(267)
གཉིས། ཆོས་རྒྱལ་སྲོང་བཙན་སྔོན་ལ་ཡི་གེ་ཡོད་མེད་ཀྱི་སྐོར། ……(270)
ས་བཅད་ལྔ་པ། ཡ་ཐོག་བོད་ཀྱི་ཤེས་རིག་བྱུང་ཚུལ། ……(291)
གཅིག བོན་ཤེས་པ་ཅན་བཅུ་གཉིས་ཀྱི་སྐོར། ……(291)

གཉིས། ཤེས་རིག་གི་རྩ་བའི་རྨང་གཞི་གསུམ་གྱི་སྐོར། ······(297)
གསུམ། ཡ་ཐོག་བོད་ཀྱི་རྒྱལ་པོའི་སྐུ་མཁར་གྱི་སྐོར། ······(307)
ས་བཅད་དྲུག་པ། ཞང་ཞུང་གི་རྒྱལ་གཉེན་བོན་གྱི་གནས་ཚུལ། ······(311)
གཅིག སྟག་ཟ་གཟི་བརྗིད་རྒྱལ་པོའི་སྐོར། ······(311)
གཉིས། སུ་ལེར་བཙད་པའི་སྐོར། ······(314)
གསུམ། བོན་གྱི་གཤེན་པོ་དྲན་པ་ནམ་མཁའི་སྐོར། ······(314)
བཞི། ཞང་ཞུང་གི་རྒྱལ་པོ་ལིག་མི་སྐྱ་ལྡེ་བུའི་སྐོར། ······(318)
མཆན་འགྲེལ། ······(328)

ལེའུ་གསུམ་པ། དུས་རིམ་འོག་མའི་ལོ་རྒྱུས་ཞང་བོད་གཅིག་གྱུར་གྱི་སྐོར། ······(338)
ས་བཅད་དང་པོ། ཡ་ཐོག་བོད་ཀྱི་མི་རབས་ལ་ངོས་འཛིན་ཚུལ། ······(338)
གཅིག སྐྱ་སེང་བུ་ལྔའི་སྐོར། ······(338)
གཉིས། སྤྲེལ་བྱང་ཆུབ་སེམས་དཔའ་དང་སྲིན་མོའི་སྐོར། ······(339)
གསུམ། བོད་མི“ཚང”གི་རྒྱུད་ལས་མཆེད་པའི་སྐོར། ······(347)
ས་བཅད་གཉིས་པ། ཡ་ཐོག་བོད་ཀྱི་བོན་རབས་ལ་ངོས་འཛིན་ཚུལ། ······(354)
གཅིག རྫོལ་བོན་དང་འཁྱར་བོན། བསྒྱུར་བོན་སོགས་ཀྱི་སྐོར། ······(354)
གཉིས། བན་བོན་གཉིས་ཀྱིས་ཕན་ཚུན་སྤྱོད་འདོད་བྱས་པའི་སྐོར། ······(362)
གསུམ། ཆོས་རྒྱལ་ཁྲི་སྲོང་ལྡེའུ་བཙན་གྱིས་བོན་བསྣུབས་པའི་སྐོར། ······(371)
ས་བཅད་གསུམ་པ། ཡ་ཐོག་བོད་ཀྱི་རྒྱལ་རབས་ལ་ངོས་འཛིན་ཚུལ། ······(376)
གཅིག རྗེ་གཉའ་ཁྲི་བཙན་པོ་ནས་ཆོས་རྒྱལ་སྲོང་བཙན་བར་གྱི་རྒྱལ་རབས་སྐོར། ······(376)
གཉིས། བོད་ཀྱི་རྒྱལ་རབས་སོ་ལྔ་པ་སྲོང་བཙན་སྒམ་པོའི་སྐོར། ······(385)
གསུམ། བོད་ཀྱི་རྒྱལ་རབས་སོ་དྲུག་པ་གུང་སྲོང་གུང་བཙན་གྱི་སྐོར། ······(400)
བཞི། བོད་ཀྱི་རྒྱལ་རབས་སོ་བདུན་པ་ཁྲི་མང་སྲོང་མང་བཙན་གྱི་སྐོར། ······(407)
ལྔ། བོད་ཀྱི་རྒྱལ་རབས་སོ་བརྒྱད་པ་འདུས་སྲོང་མང་པོ་རྗེའི་སྐོར། ······(415)

དྲུག བོད་ཀྱི་རྒྱལ་རབས་སོ་དགུ་པ་ཁྲི་ལྡེ་གཙུག་བརྟན་གྱི་སྐོར། ……………………(422)

བདུན། བོད་ཀྱི་རྒྱལ་རབས་བཞི་བཅུ་པ་ཁྲི་སྲོང་ལྡེའུ་བཙན་གྱི་སྐོར།……………………(432)

བརྒྱད། བོད་ཀྱི་རྒྱལ་རབས་ཞེ་གཅིག་པ་མུ་ནེ་བཙན་པོའི་སྐོར། ……………………(445)

དགུ། བོད་ཀྱི་རྒྱལ་རབས་ཞེ་གཉིས་པ་མུ་རུམ་བཙན་པོའི་སྐོར། ……………………(454)

བཅུ། བོད་ཀྱི་རྒྱལ་རབས་ཞེ་གསུམ་པ་ཁྲི་ལྡེ་སྲོང་བཙན་གྱི་སྐོར། ……………………(459)

བཅུ་གཅིག བོད་ཀྱི་རྒྱལ་རབས་ཞེ་བཞི་པ་ཁྲི་གཙུག་ལྡེ་བཙན་གྱི་སྐོར།……………………(471)

བཅུ་གཉིས། བོད་ཀྱི་རྒྱལ་རབས་ཞེ་ལྔ་པ་ཁྲི་དར་མ་འུ་དུམ་བཙན་གྱི་སྐོར། ……………………(478)

ས་བཅད་བཞི་པ། ཡ་ཐོག་བོད་ཀྱི་ཡི་གེར་ངོས་འཛིན་ཚུལ། ……………………(487)

བོད་ཡིག་ནི་ཐོན་མི་སམ་བྷོ་ཊ་ས་བཟོས་པ་ཡིན་མིན་གྱི་སྐོར། ……………………(490)

ས་བཅད་ལྔ་པ། ཡ་ཐོག་བོད་ཀྱི་ཤེས་རིག་ལ་ངོས་འཛིན་ཚུལ། ……………………(500)

གཅིག རྒྱ་དཀར་ནག་གཉིས་ཀྱི་ཤེས་བྱའི་གནས་བོད་ལ་བསྒྱུར་ནས་བོད་ཀྱི་ཤེས་རིག་ཚད་མཐོ་རུ་བཏང་བའི་སྐོར།……………………(502)

གཉིས། བོད་རིག་པའི་གནས་བཅུ་པོའི་སྐོར།……………………(521)

མཆན་འགྲེལ།……………………(536)

ལུང་འདྲེན་གྱི་དཔེ་ཆའི་ཁུངས།……………………(540)

ལེའུ་དང་པོ། དུས་རིམ་གོང་མའི་ཡ་ཐོག་ཞང་ཞུང་གི་སྐོར།

ས་བཅད་དང་པོ། ཡ་ཐོག་ཞང་ཞུང་གི་མི་རབས་བྱུང་ཚུལ།

ཡ་ཐོག་ཞང་ཞུང་གི་མི་རབས་ཇི་ལྟར་བྱུང་ཡོད་པའི་ཚུལ་འདི་ནི་ཆེས་སྔ་བའི་དུས་རིམ་དུ་བྱུང་བའི་མི་རྣམས་ཀྱི་བཤད་སྲོལ་ཇི་ཡོད་པ་དེ་ཀུན་ཡ་ཐོག་བོན་གྱི་ཤེས་རིག་གི་ཁོངས་སུ་འདྲིས་ཤིང་། ལོ་རྒྱུས་ཡོད་པའི་དུས་ནས་ཡིག་ཐོག་ཏུ་ཅི་དང་ཅི་ཞིག་བཀོད་ཡོད་པ་དེ་རིགས་དང་དེ་ལྟ་བུའི་ལོ་རྒྱུས་ཇི་སྙེད་པ་ལ་བརྟེན་ནས་དེའི་རྗེས་སུ་ཕྱིན་པའི་གནའ་མི་མཁས་པ་རྣམས་ཀྱིས་རྒྱལ་རབས་དང་ཆོས་འབྱུང་ཅི་རིགས་བརྩམས་པའི་གཞུང་དེ་དག་ལས་བྱུང་བའི་ལོ་རྒྱུས་ཙམ་ལ་བརྟེན་ནས། ད་ལྟའི་དུས་འདིར་རང་རེའི་ཞང་ཞུང་གི་གནའ་མིའི་འབྱུང་ཁུངས་ཇི་ལྟར་ཡིན་པ་ཚོད་དཔག་བྱ་དགོས་པ་ལས་གཞན་པའི་ཐབས་ཅི་ཡང་མེད། ཞང་ཞུང་ཡ་ཐོག་གི་མི་རབས་ཇི་ལྟར་བྱུང་ཡོད་པའི་གནས་ལུགས་ཞིབ་འཚོལ་བྱེད་པ་འདི་ནི་བོད་ཀྱི་མི་རྒྱུད་རུས་ཆེན་བཞིའམ་དྲུག་ལས་བྱུང་བར་བཤད་སྲོལ་ཡོད་པ་དེ་ཀུན་ཡ་ཐོག་དང་འབྲེལ་ཆེ་བ་ཞིག་ཡིན་པ་ནི་རུས་ཆེན་དང་རུས་ཚན་གྱི་དབྱེ་བ་དེ་དག་མིའི་སྲིད་པ་བྱུང་ནས་དུས་རིང་འདས་པའི་རྗེས་སུ་གཞི་ནས་བྱུང་བ་ངེས་ཤེས་ཐུབ་པ་ཡིན།

ཞང་ཞུང་ཡ་ཐོག་གི་མི་རྒྱུད་ཇི་ལྟར་བྱུང་ཚུལ་ཤེས་པ་ལ་མེད་དུ་མི་རུང་བ་ནི་ལོ་རྒྱུས་ཀྱི་གཞི་རྩ་ལྡན་པའི་ཕན་ཡིན་སྟབས། ཐོག་མར་ཡ་ཐོག་གི་བོན་ཇི་ལྟར་བྱུང་ཚུལ་ངེས་དགོས་པ་འདྲ་ཞིག་ཏུ་སྣང་མོད། དངོས་དོན་དུ་ཞང་ཞུང་དུ་ཡ་ཐོག་གི་བོན་རབས་ཇི་ལྟར་བྱུང་ཡོད་པ་དེ་དང་ཞང་ཞུང་གི་ཐོག་མའི་མི་རྒྱུད་ཇི་ལྟར་བྱུང་ཡོད་པའི་ཚུལ་འདི་གཉིས་ནི་ལོ་རྒྱུས་ཀྱི་གཞི་རྩའི་ཐོག་ནས་འདྲ་ཐབས་རྩ་བ་ནས་མེད་པ་ཞིག་རེད།

ཡ་ཐོག་ཞང་ཞུང་གི་མི་རྒྱུད་ཇི་ལྟར་བྱུང་ཡོད་པའི་སྐོར་གསལ་བར་ངེས་ཐུབ་པའི་ཆ་རྐྱེན་མེད་དུ་མི་རུང་བ་དེ་ནི་ཡ་ཐོག་ཞང་ཞུང་གི་ལོ་རྒྱུས་ཅི་དང་ཅི་ཡོད་པ་དེ་ཙམ་དུ་ཟད་ལ། རང་རེས་ཡིད་ངེས་ཡོད་དགོས་པ་ཞིག་ནི་ལོ་རྒྱུས་ཀྱི་རྨང་གཞི་དེ་བོན་ལུགས་ཇི་ལྟར་གྲགས་པའི་ཚུལ་དེ་ལས་མི་འདའ་བ་ཞིག

དང་། རྨང་གཞི་དེ་གའི་ཐོག་ནས་ཞིབ་འཇུག་གི་ཁང་ཚུགས་དགོས་པ་དེ་རེད། གཞི་རྩ་དེ་དང་བྲལ་བ་ཡིན་ན་ལོ་རྒྱུས་ཀྱི་ཚིག་ཚོགས་མང་ལ་གཏམ་སྒྲོས་ཀྱི་བརྗོད་དང་ལྡན་པ་ཇི་འདྲ་ཞིག་ཡོད་ཀྱང་ལོ་རྒྱུས་ཀྱི་གཞི་རྩ་བརྟན་པོ་ཞིག་མེད་པ་ཡིན་སྟབས། ཇི་ལྟར་མཁར་མཐོ་ལ་བརྗིད་ཆགས་པ་ཅི་འདྲ་ཞིག་བརྩིགས་ཡོད་ཀྱང་རུང་། མཁར་གྱི་རྨང་གཞི་བརྟན་པོ་ཞིག་བྱུང་མེད་ན་རེ་ཞིག་ལ་མཁར་དེ་འགྱེལ་བའི་ཉེན་ཡོད་པ་དང་ཆོས་མཚུངས་ཤིང་། དེ་རིགས་ཀྱིས་གནའ་བོའི་ཤེས་རིག་འོད་སྣང་དུ་འདྲེན་པའི་ཆ་རྐྱེན་མི་བྱེད་པ་ལྟ་ཅི། ཤིན་ཏུ་རིན་ཐང་ཆེ་བའི་ལོ་རྒྱུས་ཀྱི་སྙིང་དོན་རྣམས་དོར་བའི་ཉེན་བྱེད་པའང་སྲིད་པ་ཡིན།

རང་རེའི་ཡ་ཐོག་གི་མེས་རབས་ཇི་ལྟར་སྲིད་ཡོད་པ་དང་དེ་རྣམས་ཀྱིས་འཚོ་བ་སྐྱེལ་སྟངས་ཇི་ལྟར་ཡིན་པ་སོགས་ཀྱི་ལོ་རྒྱུས་ཕལ་ཆེ་བ་ནི་ཡ་ཐོག་རྗེ་བའི་དུས་རིམ་གྱི་མི་རྒྱུད་རྣམས་ནས་བཟུང་། ལོ་རྒྱུས་ཀྱི་སྐོར་འགའ་ཞིག་ཕས་བུ་ལ་བཤད་ཅིང་། བུས་ཚ་བོ་དང་དེས་ཡང་ཚ་ལ་བརྒྱུད་པའི་ངག་རྒྱུན་ཙམ་ལ་བརྟེན་ནས་བྱུང་བའི་ལོ་རྒྱུས་ཀྱི་རིགས་རྣམས་ཡིན་ལ། ལོ་རྒྱུས་ཀྱི་བྱེ་བྲག་དེ་རིགས་ནི་དུས་རིམ་མི་འདྲ་བ་ཅི་རིགས་ཀྱི་ནང་དུ་མི་རིགས་ཀྱི་ལོ་རྒྱུས་དབུ་བརྙེས་པའི་གཞི་རྩ་ཡི་གེའི་འདུ་བྱེད་ལ་བརྟེན་ནས་རིམ་གྱིས་ཡི་གེར་བཀོད་ཡོད་པ་དང་། ཡི་གེར་བཀོད་པའི་ལོ་རྒྱུས་དེ་རིགས་ལ་བརྟེན་ནས་ཤེས་རིག་གི་རྣམ་པ་གསར་པ་ཞིག་གཞི་ནས་ཆགས་ཡོད་པའི་གནས་ལུགས་འདི་ནི་ཞང་ཞུང་ཡ་ཐོག་གི་ལོ་རྒྱུས་ཇི་ལྟར་བྱུང་བའི་ཚུལ་ཙམ་ཞིག་ཏུ་མ་ཟད་འགྲོ་བ་མིའི་རིགས་ཀུན་གྱི་ལོ་རྒྱུས་དང་། དེ་འབྲེལ་གྱི་ཤེས་རིག་ཇི་ལྟར་དར་ཡོད་པའི་ཚུལ་ཡོངས་ཁྱབ་ཅན་གྱི་ཆོས་ཉིད་ཅིག་ཀྱང་ཡིན། རང་རེས་ཡ་ཐོག་ཞང་ཞུང་གི་མི་རྒྱུས་ཇི་ལྟར་བྱུང་ཡོད་པའི་སྐོར་ལ་རྟོག་ཞིབ་བྱེད་པའི་སྐབས་འདིར་ཡང་རང་བཞིན་གྱི་ཆོས་ཉིད་དེ་དང་འབྲེལ་མི་ཤེས་ཤིང་། གཞི་རྩ་དེ་དང་འབྲེལ་ཡོད་ཀྱི་སྒོ་ནས་དཔྱད་གཞིག་བྱེད་དགོས་པ་ནི་ཞིབ་འཇུག་གི་རྩ་བའི་རྨང་གཞི་མེད་དུ་མི་རུང་བ་ཞིག་ཡིན་ནོ། །

གཅིག མི་མ་ཡིན་པའི་འགྲོ་བ་རིགས་ཀྱི་སྐོར།

ཡ་ཐོག་གི་དུས་སུ་གངས་རིའི་ར་བས་བསྐོར་བའི་ཡུལ་ལྗོངས་ཆེན་པོ་འདི་ཉིད་མི་མ་ཡིན་གྱི་འགྲོ་བ་ཇི་སྙེད་པས་དུས་ཡུན་ཆེས་རིང་པོ་ཞིག་ཏུ་དབང་སྒྱུར་བྱས་ཡོད་པའི་སྐོར་གནའ་བོའི་ལོ་རྒྱུས་རྣམས་ཀྱི་སྙིང་དོན་གསལ་གནད་ཆེ་བའི་དཔེ་དེབ་འགར་བཀོད་ཡོད་པ་དག་གིས་ཤེས་ཐུབ་པ་འདུག གནས་ཚུལ་དེའི་སྐོར་རགས་ཙམ་ཞིག་ནི་རྒྱལ་པོ་བཀའི་ཐང་ཡིག[ཤོ་112ཤ་18]ལས་དང་པོ་གནོད་སྦྱིན་ནག་པོས་དབང་བྱས་ཏེ། །ཡུལ་མིང་བདུད་ཡུལ་ཁ་རག་མགོ་དགུར་བཏགས། །སྔ་རྟགས་གཉེན་པོ་[1]བཙན་པ་དེ་

ནས་བྱུང་། །དེ་ནས་བདུད་དང་སྲིན་མོས་དབང་བྱས་ཏེ། །མིང་ཡང་ལྷ་སྲིན་གཉིས་ཀྱི་ཡུལ་དུ་བཏགས། །སྔ་རྟགས་ཤ་ཟ་གདོང་པ་དམར་བ་བྱུང་། །དེ་ནས་ཀླུ་དང་བཙན་གྱིས་དབང་བྱས་ཏེ། །ཡུལ་གྱི་མིང་ལ་བོད་ཁམས་གླིང་དགུར་བཏགས། །སྔ་རྟགས་དཀར་དུ་རྩ་〔2〕ལ་སྦྱོད་པ་བྱུང་། །དེ་ནས་མ་སངས་སྤུན་དགུས་དབང་བྱས་ཏེ། ཡུལ་མིང་བོད་ཁམས་གཡའ་དྲུག་བྱ་བར་བཏགས། །སྔ་རྟགས་མདའ་མདུང་མཚོན་ཆ་དེ་ནས་བྱུང་། །ཞེས་གནོད་སྦྱིན་དང་། བདུད་སྲིན། ཀླུ་བཙན། མ་སངས་རྣམས་ཀྱིས་རིམ་བཞིན་དུ་དབང་བྱས་ཡོད་པར་གསལ། དེ་དང་ཕྱོགས་འདྲ་བ་ཞིག་ནི་ལྡེའུ་རྒྱ་བོད་ཀྱི་ཆོས་འབྱུང་[བོད224ཤ་4] ལས་དང་པོ་གནོད་སྦྱིན་ནག་པོ་ཞེས་བྱ་བ་བྱུང་སྟེ། །ཡུལ་གྱི་མིང་ཡང་བཟངས་ཡུལ་རྒྱན་མེད་བྱ་བར་བཏགས། །ལག་ཆར་མདའ་གཞུ་འཕེན་པ་དེ་ནས་བྱུང་། །གཉིས་པ་རེ་ལྡེ་མགོ་གཡག་〔3〕བདུད་ཀྱིས་བྱས། །ཡུལ་གྱི་མིང་ཡང་བདུད་ཡུལ་གླིང་དགུ་ཟེར། །སྟྭ(སྟ)རེ་དགྲ་སྟྭ་(སྟ)དུས་དེར་ལག་ཆར་བྱུང་། །གསུམ་པ་གཉའ་རིང་ཞྭག་མེད་〔4〕སྲིན་གྱིས་བྱས། །ཡུལ་གྱི་མིང་ཡང་ནག་པོ་དགུ་དུལ་ཟེར། །ལག་ཆར་སྲིན་མོ་ཀྲང་〔5〕དང་སྦྲུགས་གཉིས་བྱུང་། །བཞི་པ་དམར་འཛམ་ཞེས་བྱ་ལྷ་ཡིས་བྱས། །ཡུལ་གྱི་མིང་ནི་ལྷ་ཡུལ་གུང་ཐང་ཟེར། །ལག་ཆར་ཁ་ཊཾ་རྩེ་གསུམ་〔6〕དེ་ནས་བྱུང་། །ལྔ་པ་ཀླུས་དབང་བྱས་ངམ་ཤྲང་ཅང་ཤྲང་ཟེར། །ལག་ཆར་མདུང་ལ་ཅྱིད་པ་དེ་ནས་བྱུང་། །དྲུག་པ་འདྲེས་དབང་བྱས་ལང་ཏང་ཡིང་ཏང་ཟེར། ལག་ཆར་རྒྱུག་པ་སྐྱོག་ཅན་〔7〕དེས་ནས་བྱུང་། །བདུན་པ་མ་སངས་ཙ་དགུས་དབང་བྱས་ཏེ། །ཡུལ་གྱི་མིང་ནི་བོད་ཁམས་གཡང་དྲུག་ཟེར། །ལག་ཆར་དོང་རལ་〔8〕ཕུབ་ཆུང་དེ་ནས་བྱུང་། །བརྒྱད་པ་ཀླུས་དབང་བྱས་བོད་ཁམས་གླིང་དགུར་བཏགས། །དགུ་པ་མི་མ་ཡིན་གྱིས་དབང་བྱས་ཏེ། །ཡུལ་གྱི་མིང་ནི་ངམ་ཡུལ་ནག་པོར་བཏགས། །ཞེས་གནོད་སྦྱིན་དང་བདུད། །སྲིན་པོ་དང་། ལྷ་དང་འདྲེ། མ་སངས་དང་ཀླུ། མི་མ་ཡིན་རྣམས་ཀྱིས་རིམ་བཞིན་དུ་དབང་བྱས་པར་གསལ་ལ། །"མ་སངས་ཙ་དགུ"ཞེས་པ་གང་དག་ཡིན་པའང་ལྡེའུ་རྒྱ་བོད་ཀྱི་ཆོས་འབྱུང་[བོད224ཤ་21]ལས་དེ་ལ་མ་སངས་ཙ་དགུ་ཟེར་ཡང་། མ་སངས་ཙ་བརྒྱད། གཡང་འབྲུམ་སེ་ལེ་མ་དང་དགུའོ། །མ་སངས་ཙ་བརྒྱད་ནི་གཉན་མ་སངས་གཡའ་སྤྱང་སྐྱེས་གཅིག་དང་གཅིག གར་མ་སངས་གཙོ་གར་སྐྱེས་ཀྱི་ཐིག་ནམ་ཚད་དང་གཉིས། གཉན་མ་སངས་ངན་ལམ་གཙང་སྐྱེས་དང་གསུམ། རྟབ་མ་སངས་ཐོ་གར་སྐྱེས་དང་བཞི། ཤེ་མ་སངས་ཐོད་དཀར་ནམ་ཚང་དང་ལྔ། མེ་མ་སངས་པད་མ་སྐྱེས་ཀྱི་སླེང་ནམ་ཚ་དང་དྲུག མི་མ་སངས་རྒྱ་མཚོ་སྐྱེས་ཀྱི་དྲ་ང་འགུར་དང་བདུན། ཨོད་མ་མ་སངས་སྟོན་ནས་ཚ་དང་བརྒྱད་ཅེས་གསལ་བ་རྣམས་ཡིན། མ་སངས་ཀྱི་གོང་དུ་བྱུང་བ་དེ་དག་ནི་མི་མ་ཡིན་པོ་ན་ཡིན་སྐབས། དུས་སྐབས་དེ་དག་ཏུ་ད་དུང་གངས་རིའི་ར་བས་བསྐོར་བའི་

སྤྱིར་བཏང་ན་ཆེན་པོ་འདིར་མིའི་འགྲོ་བ་བྱུང་མེད་ཅིང་། མ་སངས་ནི་མིའི་འགྲོ་བ་དང་ཤིན་ཏུ་ཉེ་བའི་འགྲོ་བ་ཞིག་ཡིན་ཚུལ་གནའ་བོའི་ལོ་རྒྱུས་མང་པོ་ལས་བྱུང་བ་བཞིན། དུས་དེ་ཙམ་ཞིག་ན་མིའི་འགྲོ་བ་བྱུང་ཡོད་སྲིད་པ་སྟེ། མ་སངས་སྤུན་དགུའི་ནང་ཚན་“མི་མ་སངས་རྒྱ་མཚོ་སྐྱེས”ཞེས་པ་དེས་མིའི་ཐ་སྙད་བསྟན་པ་དང་“ཨོད་མ”ཞེས་པ་དེའང་ཕལ་ཆེར་“ཨོད་མི”ཞེས་བྱ་བ་ཡིན་ལས་ཆེ་བ་དག་གིས་ཀྱང་བག་ཙམ་ཞིག་ཤེས་ཐུབ་པ་ཡིན།

རང་རེ་ལ་ལོ་རྒྱུས་ཀྱི་གཞི་རྩའི་སྐོར་ངེས་ཤེས་ཡོད་པ་ཞིག་ནི་ལོ་གྲངས་སུམ་སྟོང་དགུ་བརྒྱ་ལྷག་པའི་གོང་དེར་སྟོན་སྒྲོང་བའི་གཤེན་རབ་མི་བོ་ཆེ་དེས་བསྟན་པའི་གཡུང་དྲུང་བོན་གྱི་བསྟན་པ་བྱུང་ཡོད་པ་དེ་ནས་བཟུང་། ཡ་ཐོག་ཞང་ཞུང་གི་ཐོག་མའི་ལོ་རྒྱུས་ཀྱི་དབུ་བརྙེས་པ་དེ་ཡིན་ལ། ཞང་ཞུང་ནི་གངས་རིའི་ར་བས་བསྐོར་བའི་སྤྱིར་བཏང་ཆེན་པོ་འདིའི་ཡང་རྩེའམ་གངས་ཆེན་པོ་ཏི་སེ་ནི་སྤྱིར་བཏང་ཆེན་པོ་འདིའི་ཁོག་པའི་སྙིང་ལྟར་དུ་ཆགས་ཡོད་སྟབས། ཞང་ཞུང་གི་ཐོག་མའི་ལོ་རྒྱུས་ཇི་སྙེད་ཅིག་ཡོད་པ་དེ་ཀུན་གྱིས་གངས་རིའི་ར་བས་བསྐོར་བའི་སྤྱིར་བཏང་ཆེན་པོ་འདིའི་ལོ་རྒྱུས་ཕྱོགས་ཀུན་ནས་མཚོན་ཐུབ་པ་ནི་སྨོས་མ་དགོས་པ་ཞིག་རེད།

བོན་གྱི་ཡིག་ཆ་རྣམས་སུ་ཡ་ཐོག་གི་སྟོད་བཙུན་ཆགས་ཚུལ་སྤྱི་དང་བྱེ་བྲག ཞང་ཞུང་གི་སྟོད་བཙུན་ཇི་ལྟར་བྱུང་བའི་སྐོར་ལ་བཤད་ཚུལ་མི་འདྲ་བ་འགའ་རེ་བྱུང་ཡོད་ཅིང་། བོན་གསར་མའི་ལྟ་སྟངས་སུ་ཆོས་ཀྱི་ཤན་ཤིན་ཏུ་ཆེ་བ་ཞིག་ཞུགས་ཡོད་པར་བརྟེན། ལོ་རྒྱུས་ཀྱི་ཡིག་ཆ་རྙིང་པའི་ཁོངས་སུའང་སྟོན་པ་རྒྱུག་གང་ཐུབ་བྱས་པའི་རྐྱེན་གྱིས་བོན་གྱི་ལྟ་སྟངས་ཡང་དག་པ་དེ་ཙུང་ཟད་བག་ལ་ཞ་བར་གྱུར་ཡོད། རང་རེས་བསམ་གཞིག་ལེགས་པར་བཏང་ནས་ལོ་རྒྱུས་རྣལ་མའི་སྙིང་དོན་རྣམས་འོ་མ་དཀྲུགས་པ་ལས་མར་འཐོན་པ་ལྟར་ཁོལ་དུ་ཕྱུང་བ་ཡིན་ན། ཡ་ཐོག་གི་ལོ་རྒྱུས་ཚང་མའི་ཁུངས་དེ་འབྱུང་བའི་དྭངས་མ་ལས་གྲུབ་པའི་སྲིད་པའི་སྒོང་གི་སྒོ་ང་ལས་བྱུང་བའི་ཚུལ་བཤད་སྟངས་མི་འདྲ་བ་ཅི་རིགས་ཀྱི་སྒོ་ནས་བསྟན་ཡོད་པ་དེ་ལས་འདའ་ཐབས་མེད་པའི་ངེས་ཤེས་བརྟན་པོར་སྐྱེད་ཐུབ་པ་ཡིན།

དེའང་བོན་གྱི་དཔེ་སྙིང་གསས་མཁར་རིན་པོ་ཆེ་སྤྱི་སྤུངས་[རྒྱུད་ཁ13 ཤ7 ན3] ལས་ཅི་ཡང་མེད་པའི་སྟོང་པ་ལས། ཅི་ཡང་གསལ་བའི་འོག་ཅིག་ཏུ་བྱུང་། འོད་དེ་ཡངས་(ཡོངས་) སུ་གྱུར་པ་ལས། འོད་ཀྱི་འཁོར་ལོ་རང་གིས་རང་སྒྱུར་བ་(9) གཅིག་ཏུ་བསྲིད་(སྲིད།) འཁོར་ལོ་དེ་རང་གིས་རང་བསྒྱུར་བའི་ཤུགས་ལས། རླུང་ཕྱིད་དང་ཕྱོད་(10) དུ་བསྲིད་(སྲིད།) རླུང་གི་བྱུ་(རྒྱུ་) བ་ཅི་(ཇི་) དྲག་ཏུ་སོང་བ་ལས། འདེགས་པར་བྱེད་པའི་རླུང་རིན་པོ་ཆེ་ཞེས་བྱ་བ། རླུང་གི་དཀྱིལ་འཁོར་ རླུམ་པོ། ཁ་དོག་ལྗང་ཁུ། འོག་

གཞི་རྣོ་རྗེ་བརྟན་པ་ཞེས་བྱ་བ། ནང་སྙིང་མཐིང་ནག་རྣོ་རྗེ་རྒྱ་གྲམ་དུ་འདུག་པ། གཞུའི་དབྱིབས་བ་དག་དང་བཅས་པ། ཁ་དོག་དུད་ཁའི་ཉི་ཟེར་ལྟ་བུར་གནས་པ་ཏུ་བསྲིད་(སྲིད།) རླུང་དེ་ལས་འཁོར་ལོ་སྒྱུར་བ་དང་། དྭངས་སྙིགས་འབྱེད་པ་དང་། སྒྲ་གྲུ་སེལ་བ་དང་། ལུས་སེམས་སྨིན་པ་དང་། རྫོད་འབེབས་པ་དང་། འཕྲོར་བྱེད་དང་། སྤུད་བྱེད་ལ་སོགས་རླུང་གི་རྣམ་གྲངས་བྱེ་བ་ས་ཡ་དུ་(དང་)བཅས་ཏེ་གནས་སོ། །རླུང་དེའི་ཤུགས་ལས་རྫོད་མེ་ཏུ་བསྲིད(སྲིད་)དོ། །མེའི་ནུས་པ་ཙེ་(རྩེ་)དྲག་ཏུ་སོང་བ་ལས། སྨིན་པར་བྱེད་པའི་མེ་རིན་པོ་ཆེ་ཞེས་བྱ་བ། མེའི་དཀྱིལ་འཁོར་དམར་ལ་ཟླུམ་པོ། ཁ་དོག་དམར་གསལ་དུ་འདུག་པ། ནང་སྙིང་དམར་ནག་པད་མ་འདབ་བརྒྱད་དུ་འདུག་པ་ལ་ཙ་ཚ་འཕྲོ་བ་ཏུ་བསྲིད་(སྲིད།) མེ་དེ་ལ་བསྐྱེད་པར་བྱེད་པ་དང་། སྨིན་པར་བྱེད་པ་དང་གསོ་བ་དང་འཕེལ་བ་དང་། སྲེག་པ་དང་སྦྲོལ་བ་དང་། མདང་(མདངས་)འབྱིན་པ་དང་འོད་གསལ་བ་དང་། སྒྲོན་མ་འདེགས་པ་ལ་སོགས་མེའི་རྣམ་གྲངས་བྱེ་བ་ས་ཡ་ཏུ་(དང་)བཅས་ཏེ་གནས་སོ། །ཚ་བའི་མེ་དང་། གྲང་བའི་རླུང་གཉིས་འཐབ་པའི་བར་ན་ རླན་ཟིལ་དང་ཆུ་ཏུ་བསྲིད་(སྲིད་)དོ། །ཆུའི་ནུས་པ་གོང་འཕེལ་དུ་སོང་བ་ལ་(ལས།) གསོ་བར་བྱེད་པའི་ཆུ་རིན་པོ་ཆེ་ཞེས་བྱ་བ། ཆུའི་དཀྱིལ་འཁོར་ཟླུམ་པོ་ཁ་དོག་སྔོན་པོ། ནང་སྙིང་འཁོར་ལ་ལྤྱེ་སྙིར་ལ། གཡུ་མདང་ཆག་(མདངས་ཆགས་)པ། ཞུ་བ་དཀར་པོ་ཚོམ་བུར་འདུག་པ་ཏུ་བསྲིད་(སྲིད་)དོ། །ཆུ་དེ་ལ་བག་ཆགས་འབྲུད་པར་བྱེད་པ་དང་། སྲིབ་པ་དག་པར་བྱེད་པ། ཉོན་མོངས་བསིལ་བར་བྱེད་པ། སྨན་དུ་ཆེ་བ། སྐྱེ་འགྲོ་གསོ་བ་ལ་སོགས་ཆུའི་རྣམས་གྲང་(རྣམ་གྲངས་)བྱེ་བ་ས་ཡ་ཏུ་(དང་)བཅས་ཏེ་གནས་སོ། །རླུང་གིས་མེ་བསྐྱེད། མེ་ཡིས་ཆུ་བསྲུས། ཆུ་ལ་ཐྲ་རབ་ཀྱི་རྡུལ་འདུས་ནས་རྡུལ་གྱི་ནུས་པ་གོང་འཕེལ་དུ་སོང་བ་ལ་(ལས་)ཀུན་བརྟེན་གསེར་གྱི་ས་གཞི་ཏུ་བསྲིད་(སྲིད་)དོ། །བསྐྱེད་པར་བྱེད་པའི་ས་རིན་པོ་ཆེ་ཞེས་བྱ་བ་ལ་སའི་དཀྱིལ་འཁོར་ཟླུམ་པོ། ཁ་དོག་སེར་པོ་ཏུ་འདུག་པ། ༡༨ སྙིང་གསེར་ལས་གྲུབ་པའི་གྲུ་བཞི། འདོད་འབྱུང་གི་ནོར་བུ་བཞིའི་(བཞིས་)བརྒྱན་པ་ཏུ་བསྲིད་(སྲིད་)དེ། ས་དེ་ལ་ཐེགས་(ཐེག་)སྟོབས་ཆེ་བར་བྱེད་པ་དང་། དགོས་འདོད་འབྱུང་བར་བྱེད་པ། ནུས་པ་འབྱིན་པར་བྱེད་པ། ཐམས་ཅད་བསྐྱེད་པར་བྱེད་པ། འབྲས་བུ་སྨིན་པ། འདོད་དོན་འཚོགས་པ། དྲི་ངན་ལྡན་པ། རོ་མཆོག་སྦྱོང་བ། བདེ་རྫོད་ཚོར་བ། སྣང་བ་དགའ་བ། ཡོན་ཏན་ལྡན་པ། ཀུན་ལ་སྨན་པ་ལ་སོགས་རྣམས་(རྣམ་)གྲངས་བྱེ་བ་ས་ཡ་ཏུ་(དང་)བཅས་ཏེ་གནས་སོ། །ཞེས་འབྱུང་བའི་ཁམས་རྣམས་ཇི་ལྟར་གྲུབ་ཅིང་། ཁམས་ཀྱི་ནུས་པ་ལ་བརྟེན་ནས་སྟོད་བཅུ་འཕེལ་འགྲིབ་ལ་ཕན་གནོད་བྱེད་པའི་འབྱུང་བའི་རྡུལ་ཕྲན་བརྩམས་པའི་ཚུལ་གསལ་བར་བསྟན་ཅིང་། དེ་དང་ཆ་འདྲ་བའི་བཤད་པ་ནི་ཟ་རྒྱུད་ཉི་སྒྲོན་(རྒྱུད་

ཙ་ཤ་15བ་1)དང་གསས་མཁར་རིན་པོ་ཆེ་ཐིག་ལེ་དབྱིངས་ཆེན་[རྒྱུད་ཏ་ཤ་7བ་4]སོགས་སུའང་གསལ…འདུག

འབྱུང་བའི་ནུས་ཤུགས་འདུས་པ་ལས་རྡུལ་གྱི་ཕུང་པོ་དང་། དེ་ལས་སྣོད་བཅུད་ཀྱི་འཕེལ་རྒྱས་ཇི་ལྟར་བྱུང་བའི་ཚུལ། སྲིད་པའི་མཛོད་ཕུག་གི་སྒྲ་འགྲེལ་འཕྲུལ་གྱི་ལྡེ་མིག་[རྫི་51ཕ་1]ལས། ཕྱི་ནང་སྣོད་བཅུད་གང་ཡང་མ་བསྲིད་(སྲིད)པའི་སྔོན། ཅི་ཡང་མ་ཡིན་པའི་དབྱིངས། ནམ་མཁའི་སྟོང་ལྡན་ཕྱོད་སུམ་ཛེ་ཞེས་བྱ་བར་གནས་སོ་ཞེས་པ་དང་། ཡང་(རྫི་51ཕ་15)ནམ་མཁའ་སྟོང་ལྡན་ཕྱོད་སུམ་ལས་བྱུང་བ་ལྔའི་ཏུ་མར་〔11〕ཡོད་དེ། འཐིང་(མཐིང་)མཆོག་གསལ་བའི་ནམ་མཁའ་དང་རླུང་ཁ་སྐྱ་ཡང་རྗོལ་དང་། མེ་ཁྲི་དམར་རྒྱལ་བ་དང་། ཆུ་ལྡིའོ་ཁ་ཤོ་དང་། ས་གླིང་བཞི་ལྡིགས་པ་དང་ལྔ་ནི་འབྱུང་རྒྱུ་ལྔར་གནས་སོ། །ཞེས་དང་[རྫི་52ཕ་1]ལས་རླུང་ཚན་ཏིང་མི་གཏོང་འཛིན་པའི་རང་བཞིན་དང་། ནན་ཏིང་མ་བྱིང་འདེགས་པའི་དངོས་པོ་ཅན་དང་། སྤྲིན་ནི་རྡུད་ཀྱི་ཡོལ་བ་བ་དན་ཅན་དང་བཞི་ནི། མངོན་རྫོགས་ཀྱི་རྫུ་འཕྲུལ་དང་སེམས་ཅན་གྱི་ལས་དབང་དུ་ཆགས་སོ། །རླུང་ལས་འོད་ཀྱི་འཁོར་ལོ་དྲག་ཏུ་བསྐོར་བའི་ཤུགས་ལས་ཚ་བ་མེ་ཏུ་སྲིད་དོ། །འདེགས་པའི་རླུང་གི་གྲང་སྣབས་(རྡབ་)དང་། ཚ་བ་མེའི་དབལ་རྡོད་ལས། ཆུ་ཟིལ་དང་ཐྲོམ་〔12〕དུ་ཆགས་སོ། །དེ་ལ་རྡུལ་ཕྲ་རབ་ཏུ་ཆགས་ཏེ། མཁའ་ལ་རྒྱུ་བའི་རླུང་གིས་བསྐྱབས་པས། རླུང་དང་རི་རབ་ཀྱི་བར་དུ་རྩེགས་ཏེ་ཆགས་སོ། །ཞེས་གསུངས་པ་སོགས་ཀྱིས་རགས་ཙམ་ཤེས་ཐུབ་པ་ཡིན།

འབྱུང་བའི་ཕུང་པོ་དེ་དག་ལས་ཞང་བོད་ཡ་ཐོག་གི་མི་རྒྱུད་རྣམས་ཀྱི་བྱུང་ཁུངས། བོན་གྱི་བསྟན་པ་དང་། དེར་འབྲེལ་གྱི་ཤེས་རིག་རྣམས་གང་ནས་དར་བའི་ཡུལ་དབུས་གངས་ཆེན་རིའི་རྒྱལ་པོ་ཏི་སེ་དང་། མཚོ་མ་ཕམ་གཉིས་ཀྱིས་མཚོན་པའི་ཡུལ་ཁམས་རྣམས་ཇི་ལྟར་ཆགས་ཤིང་སྲིད་པའི་སྐོར་རགས་ཙམ་ཞིག་ནི་མདོ་འདུས་[མདོ་ས་ཤ7བ་6]ལས་དེ་ཡང་ཁྱད་པར་འཛམ་གླིང་དབུས། །རི་བོ་གངས་ཅན་ཏི་ཙེ་ནི། །གཡུང་དྲུང་དགུ་རྩེགས་རི་ཞེས་བྱ། །ཆུར་ཞེས་(ཆུ་ཞེང་)དཔག་ཚད་ལྔ་བརྒྱའོ། །རིན་ཆེན་སྤོས་རི་ངད་ལྡན་དང་། །བར་ན་མཚོ་ནི་མ་དྲོས་པ། །ཆུ་ཞེང་(ཞེང་)དཔག་ཚད་ལྔ་བཅུ་བར། །ཕྱོགས་བཞིར་མཚོ་ཆུ་བཞི་འབབ་ནི། །གང་ག་ཤར་ཕྱོགས་གླང་ཆེན་ཁ་ནས་འབབ། །སིན་འདུ་ལྷོ་ཕྱོགས་ཁྱུང་ཆེན་ཁ་ནས་འབབ། །པག་ཤུད་ནུབ་ཕྱོགས་རྟ་ཡི་ཁ་ནས་འབབ། །སི་ཏ་བྱང་ཕྱོགས་རྨ་བྱའི་ཁ་ནས་འབབ། །ཆུ་ཀླུང་རབ་མཆོག་བཞི་པོ་འདི་དག་ནི། །རེ་རེ་ལ་ཡང་ཆུ་གཡོག་ལྔ་བརྒྱ་བཅས། །ཆུའི་རྒྱུན་རྣམས་ཕྱོགས་བཞིར་རྒྱ་མཚོར་འགྲོ། །ཇི་(ཇིང་)བུ་དལ་གྱི་བབ་(གྱིས་འབབ་)པ་དང་། །ཤིང་ནི་ས་ལ་རབ་བརྟེན་(བརྟན་)

ཡོད། །དེའི་ནུབ་ཕྱོགས་གླིང་ཡུལ་འོལ་མོའི་གླིང་། །དཔག་ཚད་སྟོང་ཕྲག་བཞི་གནས་ཡོད། །རྒྱ་བོ་པག་ཤུད་རབ་བཅད་དེ། །རི་ནག་པོ་དགུ་ཡི་(ཡིས)བཅད་པའོ། །ནུབ་ཕྱོགས་དམུ་ཡི་ཡུལ། །ཤར་ཕྱོགས་རྒྱ་ཡིས་ཡུལ། །ལྷོ་ཕྱོགས་མུན་མི་〔13〕ཡུལ། ཤར་ལྷོ་འཇང་གི་ཡུལ། བྱང་ཕྱོགས་ས་ལེ་དལ་ཕྲན།〔14〕 བྱང་ཤར་ཧོར་གྱི་ཡུལ། གངས་ཅན་བོད་ཀྱི་ཡུལ། མི་རིགས་སུམ་བརྒྱ་དྲུག་ཅུ་གནས། ཡུལ་ཆེན་བཅུ་དྲུག་དང་། ཡུལ་ཕྲན་སྟོང་དང་བཅས། དེ་དག་འཛམ་བུ་གླིང་ཡིན་ནོ་ཞེས་རགས་ཙམ་བསྟན་ལ། དེ་དང་ཕྱོགས་འདྲ་བ་ཡང་རྩ་རྒྱུད་ཀྱི་སྟོན་[རྒྱུད་ཅ་ཤ20ན6]ལས་འཛམ་བུ་གླིང་གི་ལྟེ་བ་ནི། །རི་བོ་གངས་ཆེན་ཏི་སེ་ཡིན། །ཆུ་ཞིང་(ཞེང་)དཔག་ཚད་བཅོ་བརྒྱད་ཡོད། །རི་ནི་སྤོས་རི་ངད་ལྡན་ཡོད། །དེའི་བར་ན་མཚོ་མ་གྲོས······(དྲོས)དང་། །ཛམྦུ་དཔལ་གྱི་འབབ་པ་ཡོད། །སྨན་མཆོག་ཨ་བར་〔15〕ལྡོན་པ་དང་། །ཤིང་ནི་ས་ལུ་རབ་བརྟན་ཡོད། །དེ་ཡི་བྱང་ནུབ་གཞན་ཡུལ་འོལ་མོ་གླིང་། །ཞིང་ཁམས་ཆེ་བ་འདི་ལྟར་རོ། །ཆུ་ཞིང······(ཞེང་)དཔག་ཚད་སྟོང་ཕྲག་གསུམ་དང་གཉིས་(ཉིས)བརྒྱ་ལ། །དབྱིབས་ནི་གྲུ་བཞི་ཆུ་ཞིང་(ཞེང་)མཉམ། འཛམ་བུ་གླིང་གིས་ཕྱེད་གྲངས་ཡིན། འཛམ་བུ་གླིང་གི་ནུབ་ཕྱོགས་ན། རི་མུ་ཁྱུད་འཛིན་གྱི་ལྷོ་ཕྱོགས་ན། འཛམ་བུ་གླིག་ཤ་ཤིང་གིས་(གི)རྩ། རི་བོ་གངས་ཅན་ཏི་སེའི་དྲུང་། མཚོ་ནི་མ་སྤང་གཡུ་མཚོའི་འདྲམ་(འགྲམ།) ཆུ་བོ་ཆེན་པོ་བཞི་འདུས་མགོ། སྤོས་རི་ངད་ལྡན་དང་ཉེ་བའི་སར། རི་ནག་པོ་དགུ་འདས་ཀྱི་ར་བ། ཆུ་བོ་སྦྱགས་ཤུ་དང་སི་འདུའི་བར་བཅད། གནམ་ནི་འཁོར་ལོ་རྩིབ་བརྒྱད་པ། ས་ནི་པད་མ་འདབ་བརྒྱད་བཀྲ། གཡུང་དྲུང་དགུ་རྩེགས་རི་བོ་མཆོག་རབ་ཚུལ། རིན་ཆེན་བཞི་ལ་(ལས)གྲུབ་སྟེ་དཔག་ཚད་ལྔ་བཅུ་ཡོད། དེའི་ཕྱི་རིམ་ཚལ་ཆེན་བཞི་ཡོད་དེ། དགའ་བ་བསྐྱེད་(སྐྱེད)མོ་པད་མ་རིན་ཆེན་ཚལ། དེ་རྒྱབ་རོལ་བའི་མཚོ་ཡིས་སྐོར་(བསྐོར།) དེ་རྒྱབ་གླིང་ཆེན་བརྒྱད་ཡོད་དོ་ཞེས་དང་། ཡང་[སྒྲུང་ཚ23ན4]ལས། འོལ་མོ་ལུང་རིང་ལྷོ་ཕྱོགས་ན། རྒྱ་གར་ཤམ་ཧྲ་ཡ་ཡོད། དེ་ནི་བྱ་རྒོད་སྤུངས་པ་ཡོད། རྡོ་རྗེ་གདན་གྱི་གྲངས་(གྲོང་)ཁྱེར་ཡོད། དེའི་ནུབ་ཨུ་རྒྱན་གྱི་ཡུལ་ཡོད། ཤར་ལྷོ་ན་རྒྱ་ནག་རི་བོ་རྩེ་ལྔ་ཡོད། ལྷོ་ན་མོན་གྱི་རྒྱལ་ཁམས་ཡོད། ཤར་ན་རྩ་རི་རྩ་གོང་ཡོད། ལྷོ་ནུབ་ན་སྲིན་པོ་མུ་སྟེག(སྟེགས་)གླིང་། བྱང་ནུབ་ན་མཁྲ་མའི་གླིང་། བྱང་ཕྱོགས་ན་སྟག་གཟིག་བོན་གྱི་ཡུལ། བྱང་ཤར་ན་ཁ་ཆེའི་ཡུལ་ཡོད་ཅེས་པ་རྣམས་ཀྱིས་གསལ་ཞིང་། ཁྱད་པར་དུ་འཛམ་གླིང་གངས་ཏི་སེའི་དཀར་ཆག་ཚངས་དབྱངས་ཡིད་འཕྲོག་[ISMEO ཤ3ན2]ལས་ལྷོ་འཛམ་བུ་གླིང་གི་དབུས། བོད་ཀྱི་ཆུ་བོ་བཞི་འདུས་ཀྱི་མགོ་བོ། ཡུལ་ཆེན་པོ་བཅོ་བརྒྱད་ཀྱི་སྙིང་པོ། ཞང་ཞུང་བོན་གྱི་ཡུལ། གནམ་འཁོར་ལོ་རྩིབ་བརྒྱད་གདུགས་ཕུབ་པ་ལྟ་བུའི་འོག ས་པད་མ་འདབ་བརྒྱད་གདན་བཏིང་བ་ལྟ་བུའི་སྟེང་། འདུ་གནས་སུམ་ཅུ་སོ་བདུན་མེ་ཏོག

བཀྲ་བ་ལྷ་བུའི་དངས་(དྭངས་)མ། གནས་མཆོག་ཉི་ཤུ་རྩ་བཞི་གྲུལ་སྒྲིག་པ་ལྷ་བུའི་གཙོ་བོ། དུར་ཁྲོད་ཆེན་པོའི་གནས་བརྒྱད་གླིང་བདལ་བ་ལྷ་བུའི་དབུས། ཡང་དག་པའི་གནས་དགུ་གཡུང་དྲུག་དགུ་བརྩེགས་ལྷ་བུའི་མཆོག སྐུ་གསུང་ཐུགས་ཀྱི་གནས་གསུམ་ནོར་བུ་སུམ་བརྩེགས་ལྷ་བུའི་ཐོག་མ། གཡུང་དྲུང་བོན་གྱི་བླ་རི། གངས་ཏི་སེ་ཤེལ་གྱི་མཆོད་རྟེན་ཞེས་བྱ་བ། ཕྱི་ལྟར་ན་གངས་ཤེལ་གྱི་མཆོད་རྟེན་ལྟ་བུའི་ཚངས་པ་ལྷ་ཡི་སྲིད་རྩེ་དང་མཉམ་པ། ནང་ལྟར་ན་ཡི་དམ་མགོན་པོ་རྣམ་གསུམ་(ཨ་ཏི་མུ་ཕྱེར། ཀུ་བྱི་མང་ཀེ་དབལ་ཆེན་གེ་ཁོད་)གྱི་ཕོ་བྲང་སྟོང་གསུམ་གྱི་ལྟོས་དང་མཉམ་པ། གསང་བ་ལྟར་ན་མ་སྲིད་མཁའ་འགྲོའི་ཚོགས་ཞིང་རྒྱ་ཆེ་ལ་གཏིང་ཟབ་པ། ཞེས་སོགས་དང་ཡང་[ISMEO ཤ3བ་3]ལས། འཛམ་གླིང་གནས་ཀྱི་རྒྱལ་པོ་གངས་ཏི་སེ་ཞེས་བྱ་བ། ཡེ་ནས་རང་འབྱུང་(བྱུང་)ལྷུན་ལ་རྫོགས་པ་མ་བཅོས་དཔང་མཐོ་བོན་གྱི་རི། མཐོ་དམན་དཔག་ཚད་གསུམ་དང་ལྡན་པ། གཟུགས་དང་དབྱིབས་ཀུང་གཡུང་དྲུང་བཀོད་ལེགས་ཀྱི་མཆོད་རྟེན་ལྟ་བུ། དབུ་རྩེ་ཟླུམ་ལ་འབུར་བ་ལྷའི་ནོར་བུ་ལྟ་བུ། སྐུ་སྟོད་རྒྱས་ཤིང་ཆེ་བ་ཟླ་བ་ཚེས་པ་ལྟ་བུ། སྨིད་པ་ལྷུན་ལ་བརྗིད་པ་རི་རྒྱལ་ལྷུན་པོ་ལྟ་བུ། སྐུ་སྨད་གྲུ་བཞི་ལྡན་པ་གླིང་བཞི་ཆག་(ཆགས་)ལ་བཏབ་པ་ལྟ་བུ། ཤར་ཞི་བ་དཀར་པོ་དར་དཀར་གྱི་ཡོལ་བ་བྲིས་པ་ལྟ་བུ། བྱང་དྲག་པོ་ཟུར་གསུམ་མེ་རི་འབར་བ་ལྟ་བུ། ནུབ་དབང་གི་རྒྱལ་པོ་ཟླ་བ་ཚེས་པ་ལྟ་བུ། ལྷོ་ཡིད་བཞིན་རྒྱས་པའི་ནོར་བུ་སྤུངས་པ་ལྟ་བུ་ཞེས་པ་དང་། ཡང་[ISMEO ཤ་4བ་1]ལས་མ་བརྩེག་སྲིད་པའི་རི་བོ་ཆེན་པོ་བཞི། མ་བརྡལ་འབྱུང་བའི་ཐང་ཆེན་པོ་བཞི། མ་བཀོད་འཁྱིལ་བའི་མཚོ་ཆེན་པོ་བཞི། རང་འབྱུང་(བྱུང་)ཁྲུས་ཀྱི་སྨན་ཆེན་པོ་བཞི། ཁ་ནས་འབབ་པའི་ཆུ་ཆེན་པོ་བཞི། མཆོག་ཏུ་སྒྲུབ་པའི་གནས་ཆེན་པོ་བཞི། དྲག་པོ་དབལ་གྱི་རོང་ཆེན་པོ་བཞི། མི་འགྱུར་གླིང་གི་ཚལ་ཆེན་པོ་བཞི། རྫུ་འཕྲུལ་སྤྲུལ་པའི་གསང་ཕུག་ཆེན་པོ་བཞི། མི་འཇིག་གཏམས་པའི་བྲག་ཆེན་པོ་བཞི། གཙུག་ལག་བོན་གྱི་གཏེར་ཆེན་པོ་བཞི། རིན་ཆེན་ནོར་གྱི་གཏེར་ཆེན་པོ་བཞི། ཁ་ལ་རག་ཚོ་གི་ཆུ་མིག་ཆེན་པོ་བཞི། ཐོད་པ་བོར་ཚོག་གི་དུར་ཁྲོད་ཆེན་པོ་བཞི། གོམ་པ་སྤོ་ཚོག་གི་གླིང་ཆེན་པོ་བཞི། སྨོན་ལམ་བཏབ་ཚོག་གི་ལམ་བཞི། གཞན་ཡང་གསང་བའི་སྦས་ཕུག་བཅུ་གསུམ། ལྷ་ཡི་ཁྲུས་ཆབ་བཅུ་གསུམ། སྐུ་གདུང་མཆོད་རྟེན་བཅུ་གསུམ། མི་འགྱུར་ས་རྟགས་བཅུ་གསུམ། སྐུ་གསུང་ཐུགས་ཀྱི་གནས་གསུམ། མགོན་པོ་གསུམ་གྱི་གནས་གསུམ། ཡེ་ཤེས་རྫུ་འཕྲུལ་ལས་བཞི། བཀྲ་ཤིས་པའི་རྟགས་བརྒྱད། རིན་པོ་ཆེའི་ནོར་བདུན། བཀྲ་ཤིས་བསྲུང་བའི་(སྲུང་བའི་)ས་རྟགས་བཞི་ལ་སོགས་བཀྲ་ཤིས་པའི་ས་རྟགས་དུ་མ་དང་ལྡན་པའི་རི་བོ་ཆེན་པོ་ཏ་སྲིད། ཅེས་པས་མ་བརྩེགས་སྲིད་པའི་རི་བོ་ཆེན་པོ་བཞི་ཏ་གྲགས་པའི་ཡ་གྱལ་གངས་རིན་པོ་ཆེ་ཏི་སེ་གཙོས་པའི་གངས་རི་མཚོ་གསུམ་གྱི་ཆགས་ཚུལ··

རགས་ཙམ་བསྟན་ལ། རི་བོ་ཆེན་པོ་གཞན་གསུམ་ནི་ཚངས་དབྱངས་ཡིད་འཕྲོག་[ISMEO ཤ་4 བ་7] ལས་རི་བོ་ཆེན་པོ་དེ་ཡིས་(ཡི་) མདུན་དཔག་ཚད་ཉིན་སྐོར་གཉིས་ཀྱི་ས་རུ་ཆེ་ཞེས་སྔོན་ལམ་བཞད་པའི་ས······ཞེས་བྱ་བ་སྟག་རི་ཁྲ་བོ་སྨན་གྱི་རི། གཟུགས་དང་དབྱིབས་ཀྱང་རྒྱ་སྟག་ཁྲ་བོ་འགྱིངས་པ་ལྟ་བུ། རི་རྩེ་ཡང་གངས་ཐག་དཀར་པོ་སྟག་དར་མའི་མཆེ་བ་བསྟོལ་བ་ལྟ་བུ། རི་སྟོད་ཀྱང་སྤྲ་(ཛྲ་) ཐག་ནག་པོ་དོམ་བུ་སྐྱིང་དཀར་ནགས་ལ་ཞུགས་པ་ལྟ་བུ། སྨད་པ་ཡང་གཡའ་རི་སྔོན་པོ་མཚོ་འོད་ནམ་མཁའ་ལ་དྲངས་པ་ལྟ་བུ། རྩ་བ་ཡང་སྤང་རི་སེར་པོ་གསེར་གྱི་གླིང་བདལ་བ་ལྟ་བུ། དེའི་གཡས་སུ་ལྷོ་ཕྱོགས་ལྷོ་ལྡན་གྱི་ཡུལ་ཞེས་པ་མེ་ཏོག་མཛེས་པའི་དཀྱིལ་འཁོར་བཀྲ་བ་ལྟ་བུ། གཡོན་དུ་གནོད་སྦྱིན་ལང་ཀ་པུ་རིའི་གླིང་ཞེས་པ་ཡོངས་སྤྱོད་དང་མངའ་ཐང་ཕུན་སུམ་ཚོགས་པ། རྒྱབ་དུ་(ཏུ་) ནགས་ཚལ་མེ་ཏོག་གི་གླིང་དུ་ལྷོ་མན་དང་ཀླུ་ཀློ་སོགས་ཀྱི་ཡུལ་ཞིང་གྲངས་མེད་ཡོད་པ། མདུན་དུ་རི་ཆེ་རིང་དུང་དཀར་གཡས་འཁྱིལ་ལྟ་བུའི་ནང་དུ་ཐག་ཆེ་རིང་གཡུང་དྲུང་རྒྱ་ཐམ་(གྲམ་) ལྟ་བུའི་དབུས་ནས། ཆུ་ཆེ་རིང་ཁ་ལ་རག་ཆོག་རྒྱུན་ཆད་མེད་པར་འབབ་པ། ཆུ་དེ་ཁ་ལ་བཏུང་པ་དང་ཁྲུས་བྱེད་པ་ཐམས་ཅད་ཆེ་རིང་ལུས་སྟོབས་རྒྱས་པ། ཀ་རུ་རིའི་ཐག་ཕུག་དུ་(ཏུ་) མི་ཆེ་རིང་བསྐལ་པ་གྲངས་མེད་ལ་སྐྱེ་འཆི་མེད་པའང་ཡོད་ཅེས་དང་། ཡང་[ISMEO ཤ་5 ན་7] ལས་གངས་རིན་པོ་ཆེ་དེའི་གཡས་ཕྱོགས་དཔག་ཚད་ཉིན་སྐོར་གཅིག་གི་ས་རུ། ལྷ་རི་རྩེ་བརྒྱད་ལྷའི་རི་ཞེས་བྱ་བ་དུག་རི་ནག་པོ་རྩེ་བརྒྱད་གནམ་ལྕགས་འབར་བའི་རི། གཟུགས་དང་དབྱིབས་ཀྱང་འཕྲོང་རྫེ་ནག་པོ་སྤྲ་(ཛྲ་) ལ་འགྱིང་(འགྱིངས་) པ་ལྟ་བུ། ཟུར་བརྒྱད་དྲག་པོའི་དབལ་དང་ལྡན་པ། ཕུང་བརྒྱད་སྒྲུབ་པའི་གནས་དང་ལྡན་པ། གཤོག་བརྒྱད་ཐར་བའི་ལམ་དང་ལྡན་པ། རྩེ་བརྒྱད་བདུད་འདུལ་ཞིང་དང་ལྡན་པ། མདུན་དུ་གཡུང་དྲུང་གསལ་བ་འོད་ཀྱི་སྒྲུབ་ཕུག་ཏུ། གང་སྒྲུབ་ཆེ་ལུས་གཅིག་ལ་སངས་རྒྱས་པ། གཡས་སུ་ཉི་འོད་གཡེན་དམར་གྱི་རྒྱལ་ཁམས་ཞེས་བྱ་བ། གཡའ་སྤང་དང་གངས་ཐག་གི་ཚལ་ཆེན་པོ་ལ། མ་སྲཱ་བླ་རྒྱལ་མོའི་དཀོར་མཛོད་གཏེར་གྱི་ཕོ་བྲང་ཡོད་པ། རྒྱབ་དུ་(ཏུ་) མཁའ་འགྲོ་དང་དཔའ་བོའི་གསང་སྔགས་ཀྱིས་བྱིན་གྱིས་བརླབས་པའི་གནས་ཡོད་པ། གཡོན་དུ་བཀྲ་ཤིས་པའི་དར་ལམ་ལ་གོམ་པ་སྤོས་ན་ངན་སོང་ལ་ལྟུང་མི་འགྲོ་བ་ཡང་ཡོད། ཅེས་དང་། ཡང་[ISMEO ཤ་5 ན་4] ལས་གངས་རིན་པོ་ཆེ་དེའི་གཡོན་དུ་དཔག་ཚད་ཉིན་སྐོར་གཅིག་གི་ས་རུ་ཡང་ཧོམ་པོ་སྤྲ་(ཛྲ་) བཟང་ཕྲུག་མོ་ཞེས་བྱ···བ་ཞང་ཞུང་ཕྱོགས་རི་དང་ལྡན་གསས་ཀྱི་རི། གཟུགས་དང་དབྱིབས་ཀྱང་ཤྭ་ཀྱང་(རྐྱང་) གཡའ་དང་སྤང་ལ་མཆོང་བ་ལྟ་བུ། རྩེ་མོ་ཡང་གངས་ཐག་མེ་རི་འབར་བ་ལྟ་བུ། གཡའ་གངས་སྤྲ་(ཛྲ་) སྤང་གི་ཁྲོད་དུ་རྩི་དང་སྨན་སྤོས་ཀྱི་ཚལ་དང་ལྡན་ཞིང་དྲི་བཟང་ངད་ཀྱི་(ཀྱིས་) ཞིང་ཁམས་ཁྱབ་པ། རི་དེ་ལ་གནས་པའི་

སེམས་ཅན་ཐམས་ཅད་སྣན་གྱི་རང་བཞིན་དུ་ཡོད་པ། མདུན་དུ་གསང་བྲག་དབེན་པའི་རོང་གསུམ····· (ལྕང་ནག་དང་བ་ཆེན་བ་ཆུང་གི་ཆུ་ཡང་ཟེར་) དང་དུག་གསོས་ཀྱི་ཆུ་བོ་ཡན་ལག་བརྒྱད་ལྡན་〔16〕རྟག་ཏུ་འབབ་པ། གཞན་ཡང་གསང་ཕུག་ལྡེ་ལ་གང་སྒྲུབ་ཚེའི་རིག་འཛིན་ཐོབ་ཅིང་ཞག་གཅིག་བསྡད་ན་བདེ་གནས་ཐོབ་པའང་ཡོད། གཡས་སུ་སྐུ་བླ་སྐྱེས་ཆེན་ཕུ་ཞེར་གྱི་བླ་རི་ཞེས་བྱ་བ། གཡའ་རི་སྔོན་པོ་དབལ་གཏོར་〔17〕དགྲ་ལ་ཟམ་པ་ལྟ་བུ། རྒྱབ་ཏུ་བྱང་ཕྱོགས་ལྡེ་ལྡན་གྱི་གླིང་ཞེས་པ་ན། ནེའུ་གསེང་གི་ཐང་ཆེན་གསེར་གྱི་མེ་ཏོག་འདབ་བརྒྱད་ཁ་ཕྱེ་བ་ལྟ་བུ། གཡོན་དུ་གནོད་སྦྱིན་འཕྲོང་རྩེ་ནག་པོའི་ཕོ་བྲང་དོམ་ནག་དགྲ་ལ་ཟམ་པ་ལྟ་བུ་ཡང་ཡོད་ཅེས་པ་རྣམས་ཀྱིས་གསལ་རྒྱས་བསྟན་པས་ཤེས་ཐུབ་པ་ཡིན། ཡང་མ་བརྟལ་འབྱུང་བའི་ཐང་ཆེན་པོ་བཞི་ཞེས་སུ་གྲགས་པ་དེ་རྣམས་ནི་ཚངས་དབྱངས་ཡིད་འཕྲོག་[ISMEO ཤ་6ན་3] ལས་གངས་རིན་པོ་ཆེ་དེའི་མདུན་དུ་ལྷ་ཡུལ་གུང་ཐང་ལྷ་ཡི་འདུན་ས་ཞེས་བྱ་བ། ཐང་ཆེན་པོ་གསེར་གྱི་འཁོར་ལོ་རྩིབས་སྟོང་བདལ་བ་ལྟ་བུ། དེའི་མཚམས་སུ་མི་ཡུལ་སྐྱིད་ཐང་མིའི་ཚོགས་ར་ཞེས་བྱ་བ། ཐང་ཆེན་པོ་དར་དཀར་ཐང་ལ་བཏིང་བ་ལྟ་བུ། དེའི་མཚམས་སུ་གཉན་ཡུལ་གསེར་ཐང་ཞེས་བྱ་བ་འཛམ་བུ་གསེར་གྱི་འདལ་མ་(མཎྜལ) ཕུལ་བ་ལྟ་བུ། དེའི་མཚམས་སུ་ཀླུ་ཡུལ་ནེའུ་ཐང་ཀླུའི་ཕོ་བྲང་ཞེས་བྱ་བ། མཚོ་རོག་〔18〕གཡུའི་མནྜལ་ཕུལ་བ་ལྟ་བུ། ཐང་ཆེན་པོ་དེ་ལ་ལྷ་ཀླུ་གཉན་སོགས་ཀྱིས་བསོད་ནམ་(བསོད་ནམས་) ཕུན་སུམ་ཚོགས་པའི་འདུ་ར་ཡོད་ཅེས་པས་གསལ་བར་བསྟན་པ་ཡིན། ཡང་མ་བཀོད་འཁྲིལ་བའི་མཚོ་ཆེན་པོ་བཞི་ཞེས་སུ་གྲགས་པ་དེ་རྣམས་ནི་ཚངས་དབྱངས་ཡིད་འཕྲོག་[ISMEO ཤ་6ན་6] ལས་དང་པོ་ཅི་ཡང་མེད་པའི་སྟོང་པ་ལ་སྲིད་པ་རང་འབྱུང་(བྱུང་) གི་རྒྱུ་ལས། སྟོང་པ་ནམ་མཁའི་ཀློང་ན་རིན་པོ་ཆེ་འོད་ཀྱི་སྔོ་ང་བཞི་རུ་བབས། དེ་ཡང་དུང་སྒོར་དཀར་པོའི་རྒྱུ་ལས་གྱུར་རྒྱལ་ལྷ་མོ་མཚོ་ནི་ལྷ་ཡི་མཚོ་ཞེས་བྱ་བ། རི་སྤོས་རི་དང་ལྡན་གྱི་རྩ་བ་ཏུ་མཚོ་ཆེན་པོ་དཔག་ཚད་ཉིན་སྐོར་གཅིག་གི་ཚད་ཡོད་པ། གཟུགས་དང་དབྱིབས་ཀྱང་དངུལ་དཀར་གྱི་མེ་ལོང་སྤུབ་པ་ལྟ་བུ་ལ་དཀོར་མཛོད་དང་ལོངས་སྤྱོད་ཕུན་སུམ་ཚོགས་པའོ་ཅེས་(ཞེས་) སོ། །དེ་ལྟར་དུའང་གཡུ་སྔོང་སྔོན་པོའི་རྒྱུ་ལས་མ་པང་གཡུ་མོ་མཚོ་ནི་ཁྲུས་ཀྱི་མཚོ་ཞེས་བྱ་བ། རི་གངས་རྒྱལ་ཏི་སེའི་རྩ་བ་ཏུ་མཚོ་ཆེན་པོ་དཔག་ཚད་ཉིན་སྐོར་བཞིའི་ཚད་ཡོད་པ། ཕྱི་ལྟར་ན་གཟུགས་དང་དབྱིབས་ཀྱང་གཡུའི་མ་འདལ་(མཎྜལ) ཕུལ་བ་ལྟ་བུ། ནང་ལྟར་ན་ཀླུ་རྒྱལ་གཟི་ཆེན་དང་ཀླུ་མོ་མ་པང་གཡུ་ཕྱུག་མ་གཉིས་ཀྱི་ཕོ་བྲང་། གཡུ་མཁར་ནམ་མཁའ་གཟི་མདོག་དཔག་ཚད་གསུམ་དང་ལྡན་པ། དབུས་སུ་ཤིང་འཛམ་བུ་སྲ་ཀྲའི་(སྲིཀྲའི་) སྡོང་པོ་ཡན་ལག་བརྒྱ་དང་ལྡན་པ་ལ། ལྷ་ཀླུ་མི་གསུམ་གྱི་དགོས་འདོད་ཕུན་སུམ་ཚོགས་པ། གཞན་ཡང་ཤེལ་གྱི་མིའུ་ཆུང་། བསྲེའི་〔19〕རྟ་པོ།

གཡུའི་མཛོ་མོ། གསེར་གྱི་སླང་ཆེན། དུང་གི་བ་མོ། གསེར་ཉ་གཡུ་སྤྱལ། ཆུ་སྲིན་པ་ཏྲ། གསེར་གྱི་ངང་དུར་ལ་སོགས་དང་། རིན་པོ་ཆེའི་གྲམ་ཛོ། གསེར་གྱི་བྱེ་མ། ཤེལ་གྱི་ལྷྭ་བ། བྱེ་རུའི་སྡོང་པོ། སྨན་གྱི་ནགས་ཚལ་ལ་སོགས་ཀླུའི་དཀོར་མཛོད་བསམ་གྱིས་མི་ཁྱབ་པ་ཡོད་པ། གཡུའི་དུད་པ་སྔོན་པོ་དང་སྤྲིན་དང་ན་བུན་གྱི་ན་བཟའ་དང་ཞལ་ཁེབ་(ཁེབས་)སོགས་ཡོད་པ། མཚོ་ཆེན་པོ་དེའི་ཕྱོགས་བཞི་ཉ་ཤར་དུ་རིན་པོ་ཆེ་སྣ་ལྔའི་གཏེར་སྒོ་ཡོད་པ། བྱང་དུ་རྩི་སྨན་སྣ་ཚོགས་ཀྱི་གཏེར་སྒོ་ཡོད་པ། ནུབ་དུ་(ཏུ་)དུག་འཇོམས་བདུད་རྩིའི་གཏེར་སྒོ་ཡོད་པ། ལྷོ་ཉ་སྐྱེ་བདུན་ཤ[20]ཡི་གཏེར་སྒོ་ཡོད་པ། དེའི་མཚམས་བཞི་ཉ་འགྲོ་འདྲེན་རྣམ་བཞི་ཞེས་བྱ་བ། ལྷོ་ཤར་བྲག་དམར་རིན་ཆེན་སྤུངས་པའི་རི་ལ། རྩ་རྟག་ཏུ་དུ་བ་ཞེས་བྱ་བ་ནད་རིགས་ཀུན་ལ་གཅིག་ཆོག་གི་སྨན། རྩ་རྫོ་རྗེའི་ཕ་ལམ་ལོ་མ་ཐོང་བུའི་རྣ་བ་ལྟ་བུ་བརྒྱད་ཡོད་པ་ལ། སྡོང་པོ་དཀར་ལ་རིམ་པ་སྣ་ཚོགས་ཡོད་པ། མེ་ཏོག་སྔོ་ལ་འདབ་མ་བརྒྱད་དང་ལྡན་པ། གེ་སར་དམར་ལ་འབྲས་བུ་རྡོ་རྗེ་རྩེ་ལྔ་ཡོད་པ། ཆེ་ཆུང་ཚད་ནི་སྲན་མའི་མེ་ཏོག་ཙམ་ཡོད་པ། དྲི་དང་ངད་ནི་སླ་བ་དྲི་བཟང་དང་འདྲ་བ། དུས་རྟག་ཏུ་ཟིལ་པ་དང་འོད་ཟེར་སྣ་ཚོགས་ཡོད་པ། ནད་ལ་བཏང་ན་དཀར་པོ་གཅིག་ཐུབ། ཁ་ལ་རེག་ན་ངན་སོང་སྒོ་གཅོད། འཆིའི་དུས་སུ་ཏིང་ངེ་འཛིན་ལ་བཞུགས་ཤིང་རིང་བསྲེལ་འབྱུངས་པའང་ཡོད་ཅེས་སོ། །དེ་ལྟར་བྱང་ཤར་དུ་ཡང་རི་སྤོས་རི་ངད་ལྡན་གྱི་རི་ལ། རྡོ་འགྲོ་བ་འདྲེན་ཞེས་བྱ་བ་མེ་རྡོའི་[21]དྲག་(བྲག་)ཕ་བོང་ཆེན་པོ་དེ་ལ་མེ་གདབ་(བརྡབ)ཅིང་བཟའ་བཏུང······གང་བྱས་དང་། མི་དང་དུད་པས་ཁྱབ་ཚད་ཐམས་ཅད་སངས་རྒྱས་པའང་ཡོད་ཅེས་སོ། །དེ་ལྟར་དུའང་བྱང་ནུབ་ཏུ་ཆུ་རྟག་ཏུ་དུ་བ་(ཞེས་)བྱ་བ། ནད་རིགས་ཀུན་ལ་ཕན་པའི་ཆུ་ཚད་ཁོལ་མ་ཡང་ཡོད་ཅེས་སོ།། དེ་ལྟར་དུའང་ལྷོ་ནུབ་ཏུ་མི་རྟག་ཏུ་དུ་བ་ཅེས་(ཞེས་)བྱ་བ། ཀེུ་ཉ་ཏིའི་(རིའི་)བྲག་ཕུག་དུ། ཚེ་ལོ་སྟོང་ཐུག་ཐུབ་པ་ཏི་དྲང་སྲོང་འགོག་པར་གནས་པ་[22]ཡ། སེམས་ཅན་གང་མཇལ་ཐར་པ་ཐོབ་པ་ཡང་ཡོད་ཅེས་སོ། །དེ་ལྟར་དུའང་གསེར་སྐྱོང་སེར་པོ་རྒྱུ་ལས། ལ་ངག་བསིལ་མོ་མཚོ་ནི་སྨན་གྱི་མཚོ་ཞེས་བྱ་བ། ཏི་སེ་གངས་ཀྱི་གཡས་ཟུར། མ་པང་མཚོའི་གཡོན་ཟུར། སྟག་རི་ཁྲ་བོའི་མར་ཞབས། དུག་རི་ནག་པོའི་རྩ་བ་ཉ། མཚོ་ཆེན་པོ་མཐའ་སྐོར་ཚད་ནི་ཉིན་སྐོར་བརྒྱད་ཡོད་པ། གཟུགས་དང་དབྱིབས་ཀུང་གླིང་བཞི་ཆག་··(ཆགས་)ལ་གདབ་པ་ལྟ་བུ་དེ་ལ། ཀླུའི་དཀོར་མཛོད་དང་ལོངས་སྤྱོད་བསམ་གྱིས་མི་ཁྱབ་པ་ཡོད་པ། ནང་དུ་དཔལ་འབར་མེ་རི་(རིའི་)ཛོ་ལ་[23]གསང་ཕུག་གཡུང་དྲུང་འོད་འབར་སོགས་དང་། གཞན་ཡང་གསང་ཕུག་དང་སྒྲུབ་གནས་མང་དུ་ཡོད་ཅེས་སོ། །དེ་ལྟར་དུ་ཡང་དུང་སྐྱོང་དཀར་པོའི་རྒྱུ་ལས་གྱང་ཆུ་དངུལ་མོ་མཚོ་ནི་གསས་ཀྱི་མཚོ་ཞེས་བྱ་བ། འཁོར་རྩེ་ནག་པོའི་རིའི་རྩ་བ་ཉ་མཚོ་ཆེན་པོ་མཐའ་སྐོར

གྱི་ཚད་ནི་ཉིན་སྐར་གཉིས་ཀྱི་ཚད་ཡོད་པ། གཟུགས་དང་དབྱིབས་ཀྱང་དར་ཡུག་སྔོན་པོ་ཐང་ལ་བསྐྱང… (བརྐྱངས་)པ་ལྟ་བུ་དེ་ལ། ཤར་དུ་རི་ཙན་དན་དམར་པོ་མདུང་དར་ཕྱར་བ་ལྟ་བུ། བྱང་དུ་ཟླུ་བཙན་སྔོན་པོ་(པོའི)དམག་ཚོགས་ཀྱི་དཔུང་འདུས་པ་ལྟ་བུ། ནུབ་ཏུ་འབྲོང་རྩེ་ནག་པོ་བདུད་ནག་ལས་ལ་རྒྱུག་པ་ལྟ་བུ། ལྷོ་ཏུ་བདུད་བཙན་ནག་པོ་དོམ་ནག་ཐུར་དུ་རྒྱུག་པ་ལྟ་བུ་ཡང་ཡོད་ཅེས་པ་དེ་རྣམས་ཀྱིས་མ་བཀོད་འཕྲུལ་བའི་མཚོ་ཆེན་བཞི་དང་། དེ་རྣམས་དང་འབྲེལ་བའི་གནས་ཀྱི་བྱེ་བྲག་ཚང་མ་གསལ་བར་བསྟན་པས་ཤེས་ཐུབ་པ་ཡིན།

"རང་བྱུང་ཁྲུས་ཀྱི་སྣོ་ཆེན་པོ་བཞི་" ཞེས་སུ་གྲགས་པ་དེ་རྣམས་ནི་ཚངས་དབྱངས་ཡིད་འཕྲོག [ISMEO ཤ7ན7] ལས་ཁྲུས་སྣོ་ཤར་ཞེས་བྱ་བ་བག་ཆགས་དང་སྡིག་སྒྲིབ་ཐམས་ཅད་དག་ཚོག་གི་ཁྲུས་སྣོ། མདུན་དུ་གསེར་ལུང་གསེར་གྱི་ཕ་རི[24]བཙུགས་པ་ལྟ་བུ་ཡང་ཡོད་ཅེས་སོ། །དེ་ལྟར་དུ་ཡང་ཁྲུས་སྣོ་བྱང་ཞེས་བྱ་བ་ལ་རིག་ཚོག་གི་ཁྲུས་སྣོ། རི་སླང་ཆེན་ཉལ་བ་ལྟ་བུའི་སྣ་ལ་བྱང་སྟག་སྣ་རོང་(བ་ཆེན་ཟེར) ལྕགས་ཀྱི་ཕ་རི་བཙུགས་པ་ལྟ་བུ་ཡང་ཡོད། དེ་ལྟར་དུའང་ཁྲུས་སྣོ་ནུབ་ཞེས་(ཅེས་)བྱ་བ། དུག་རིགས་ཀླུ་ནད་མཛེ་ཤུ་ཀུན་ལ་འཇོམས་ཚོག་གི་ཁྲུས་སྣོ། ཐག་བྱ་སྐྱིབས་ཅན་གྱི་མགོ་བོ། ཐར་པ་བྱང་ཆུབ་རིའི…… (དགོན་པ་བྱིའི་ཟེར།)གཡས་ཟུར། གསང་ཐག་(རྒྱལ་བུ་ནོར་བཟང་གིས་(གི་)གཉའ་བོ་(གཟའ་མི་)སྡོད་ས་ཡིན་ཟེར)ཡང་རྫོང་དམར་པོའི་གདོང་རོལ་དུ། མཚལ་ལུང་དམར་པོ་(མཚལ་གདེང་ཟེར་)ཟངས་ཀྱི་ལྷ་ཏི་བཙུག་(བཙུགས་)པ་ལྟ་བུ་ཡང་ཡོད་ཅེས་སོ། །དེ་ལྟར་དུའང་ཁྲུས་སྣོ་ལྷོ་ཞེས་བྱ་བ། ཚེ་དང་ལོངས་སྤྱོད་དཔལ་དང་གྲགས་པ་ཐམས་ཅད་རྒྱས་ཚོག་གི་ཁྲུས་སྣོ། དགུ་སུལ་(དགོན་པ་མགོ་འཛུགས་ཟེར་)ཟེལ་གནོན་རིའི་གཡས་ཟུར་མཚོ་མོ་ཟླ་གམ་(མཚོ་གཞུ་ཤུབ་ཟེར་)ལྟ་བུའི་གདོང་རོལ་ཆུ་ཚེ་རིང་འབབ་པའི་རྩ… བ། དབེན་སྣོ་དཀྱིལ་འཁོར་ཐང་གི་ནུབ་ཕྱོགས་སུ་ལུང་པ་སྔོན་པོ་གཡུའི་ལྷ་རི་བཙུགས་པ་ལྟ་བུ་(གཡའ་ལུང་ཟེར་)ཡང་ཡོད་ཅེས་སོ། །ཞེས་པ་དེ་རྣམས་ཀྱིས་ཞལ་གསལ་དུ་བསྟན་པས་ཤེས་ཐུབ་པ་ཡིན།

"ཁ་ནས་འབབ་པའི་ཆུ་ཆེན་པོ་བཞི་" ཞེས་སུ་གྲགས་པ་དེ་རྣམས་ནི་ཚངས་དབྱངས་ཡིད་འཕྲོག [ISMEO ཤ8ན5] ལས་ཤར་དུ་རྟ་མཆོག་ཁ་འབབ་(རྟ་མཆོག་ཁ་འབབ་གྲོ་ཤོད་གཞུང་ལ་འབབ། གྲོ་ཤོད་རྟ་པ་བཟང་བ་དེའི་དོན་ཟེར་)ཅེས་(ཞེས་)བྱ་བ། ཞང་ཞུང་ཡུལ་གྱི་ཤར་ཕྱོགས་རྟ་མཆོག་འཛིན་གྱི་རི་བོ། རི་ཅང་ཤེས་རྟ་ཡི་དབྱིབས་ཅན་གྱི་ཁ་ནས་ཆུ་ཆེན་པོ་གྱིམ་ཤིང་འཕྲུལ་བ… (མ་རྩང་ཟེར་)གཡུང་དྲུང་ལུ་གུ་རྒྱུད་ལྟ་བུ་མར་ལ་བབས་པ་ཡང་ཡོད། དེ་ལྟར་དུའང་བྱང་སེང་གེའི་ཁ་འབབ་(སེང་གེ་ཁ་འབབ་ལ་དག་〈དྭགས〉ཡུལ་ལ་འབབ། ལ་དྭགས་དཔའ་རྩལ་ཆེ་བ་དེའི་དོན་ཟེར་)

ཅེས་བྱ་བ། ཞང་ཞུང་ཡུལ་གྱི་བྱང་ཕྱོགས་སེང་（སེང་）ཆེན་འགྲིང་བའི་རི་བོ། རི་རྩལ་ཆེན་སེང་གེའི་དབྱིབས་ཅན་གྱི་ཁ་ནས་ཆུ་ཆེན་པོ་སེང་ང་པ་ཀླུ（ཪྫོམ་ཤང་ལྷགས་མཚོ་ཡིན་）བྱང་དུ་འཁྱིལ་བ་ཡང་ཡོད……ཅེས་སོ། །དེ་ལྟར་དུའང་ནུབ་གླང་ཆེན་ཁ་འབབ་（གླང་ཆེན་ཁ་འབབ་གུ་གེའི་ཡུལ་ལ་འབབ། གུ་གེ་གླང་ཤེད་ཆེ་བ་དེའི་དོན་ཟེར་）ཅེས་བྱ་བ། ཞང་ཞུང་ཡུལ་གྱི་ནུབ་ཕྱོགས་ཁྱུང་ཆེན་སྤུངས་པའི་རི་བོ་ཁྱུང་ལུང་དངུལ་མཁར་（མཁར་གདོང་ཟེར་）རྒྱལ་བ་མཉེས་ཡུལ་དེ་ཊ་རི་གླང་ཆེན་འགྲིང་བ་ལྟ་བུའི་ཁ་ནས་ཆུ་བོ……ཆེན་པོ་གཀྣ་ནུབ་དུ་（ཏུ་）ཡར་ལ་བབས་པའང་ཡོད་ཅེས་སོ། །དེ་ལྟར་དུའང་ལྷོ་རྨ་བྱའི་ཁ་འབབ་（རྨ་བྱ་ཁ་འབབ་པུ་རོང་ཡུལ་ལ་འབབ། པུ་སོ་ཁ་དོག་ལེགས་པ་དེའི་དོན་ཟེར་）ཞེས་ཞང་ཞུང་ཡུལ་གྱི་ལྷོ་ཕྱོགས་རྨ་བྱ་མཛེས་བརྗིད་ཀྱི་རི་བོ། རི་རྨ་བྱ་གཉིས་བསྙོལ་ལྟ་བུའི་ཁ་ནས་ཆུ་བོ་ན་ར་ཛ་ར་ལྷོ་ཏུ་འབབ་པའང་ཡོད་ཅེས་སོ། །ཞེས་པ་དེ་རྣམས་ཀྱིས་ཞལ་གསལ་དུ་བསྟན་ལ། ཁ་འབབ་ཀྱི་ཆུ་བོ་བཞིའི་ལོ་རྒྱུས་ནི་བོན་གྱི་ཡིག་ཆ་དང་གངས་རིའི་དཀར་ཆག་ཙམ་དུ་མ་ཟད། ཆོས་ཀྱི་གཞུང་ཆེན་པོ་འགའ་དང་རྒྱ་གར་གྱི་ཡིག་ཆ་རྣམས་སུའང་མི་ཉུང་བ་ཞིག་ཡོད།

"མཆོག་ཏུ་སྒྲུབ་པའི་གནས་ཆེན་པོ་བཞི"ཞེས་སུ་གྲགས་པ་དེ་རྣམས་ནི་ཚངས་དབྱངས་ཡིད་འཕྲོག་[ISMEO ཤ་8 ན་2]ལས"ཆུ་བོ་གཀྣའི་ལོགས་སུ་ཁྱུང་ལུང་དངུལ་མཁར་རྒྱལ་བ་མཉེས་པའི་ཡུལ་ཞེས་བྱ་བ། རིག་འཛིན་རྒྱལ་བ་ཀུན་གྱིས་（ཀྱི་）སྐུ་ཡི་བསྒྲུབས་（སྒྲུབ་）པའི་གནས། རི་བྲག་ཐམས་ཅད་ཀྱང་ཁྱུང་ཆེན་སྔང་（སྔོང་）ལ་སྤུངས་པ་〔25〕ལྟ་བུ། གསང་བའི་བྲག་ཕུག་（དབལ་གྱི་ཕུག་བུ་ཟེར་）ཐམས་ཅད་ཀྱང་གཡུང་དྲུང་དང་འཁོར་ལོ། པད་མ་དང་ནོར་བུ་ལ་སོགས་རིགས་རྟགས་ལྷ་ཡི་རྟགས་དང་ལྡན་པ། རྩི་ཤིང་དང་ནགས་ཚལ་ཐམས་ཅད་བྱང་ཆུབ་འབྱུང་བའི་རྒྱུ་དང་ལྡན་པ། ཆུ་དང་ཆུ་མིག་ཐམས་ཅད་ཀྱང་བདུད་རྩི་གསོས་ཀྱི་སྒྲུ་དང་ལྡན་པའི་གནས་ཡུལ་དེ་ཊ། གླང་ཆེན་ཁ་འབབ་ཀྱི་ཆུ་བོ་གཀྣ་ལ་ནས་འབབ་པའི་ཚུལ་ནི་མཚོ་མ་པང་ཤར་ཕྱོགས་ཆུ་མིག་འབྲུང་བ་རང་གྲོལ་གྱི་མགོ་བོ་ཊ། རི་གླང་ཆེན་ལྟ་བུའི་གདོང་ནས་ཆུ་བོ་གཀྣ་མཚོ་མ་པང་གི་ནང་དུ་བབས། མཚོ་མ་པང་ནས་ཟངས་ཀྱི་སྦུ་གུའི་ནང་དུ་བརྒྱུད་ནས། ལ་ངག་གསེར་མཚོའི་ནང་དུ་བབས། ལ་ངག་གི་ནང་ནས་ལྕགས་ཀྱི་སྦུ་གུ་ཊ་བརྒྱུད་སྟེ། ཞང་ཞུང་ཁྱུང་ལུང་གི་ཡུལ་དུ་འབབ་པའང་སྲིད་ཅེས་སོ། །དེ་ལྟར་དུའང་ཆུ་བོ་ན་ར་ཛ་རའི་གཡོན་དུ་ཞང་ཞུང་བྱ་རི་གཙུག་ལྡན་（སྲི་ཏ་པུ་རི་ཟེར་）རིག་འཛིན་རྒྱལ་བ་ཀུན་གྱི་གསུང་གི་བསྒྲུབས་（སྒྲུབ་）པའི་གནས་ཞེས་（ཅེས་）བྱ…བ། རི་བྲག་ཐམས་ཅད་ཀྱང་གཡུང་དྲུང་སྤུངས་པ་ལྟ་བུ་གསང་ཕུག་ཐམས་ཅད་བཀྲ་ཤིས་པའི་རང་རྟགས་གསལ་བ། ཆུ་དང་ཆུ་མིག་ཐམས་ཅད་འཆི་མེད་ཚེའི་བདུད་རྩི་ཊ་བབས་པ། རྩི་ཤིང་དང་མེ་ཏོག་ཐམས

ཅན་འགྲོ་བ་འདྲེན་པའི་སྨན་དུ་འབྱུངས་བ་(པ།) ས་རྫ་ཐམས་ཅད་བྱིན་རླབས་ཀྱི་ཡོན་ཏན་བསམ་གྱིས་མི་ཁྱབ་པ་ཡང་ཡོད་ཅེས་སོ། །དེ་ལྟར་དུ་ཆུ་བོ་ན་ར་ཛ་རབ་(ར་)ཛྙོ་ཏུ་འབབ་པའི་ཚུལ་ནི་གངས་ཏི་སེའི་གཡས་ཀྱི་ལྷ་ཆུ་ཞེས་བྱ་བ་དེ་ལ་དག་གསེར་མཚོ་རུ་བབས། དེ་ཡང་ལྷུགས་ཀྱི་སྦྲུ་གུ་བརྒྱུད་ནས་རི་བྱ་རི་གཙུག་ལྡན་གྱི་མདུན་དུ་བབས། དེ་ནས་བྲག་ཚེ་བུམ་ལྟ་བུའི་ནང་ནས་བརྒྱུད་དེ་ཆ་བྱ་ཁ་འབབ་རྒྱ་གར་གྱི་ཡུལ་དུ་བབས་པའོ། །ཞེས་སོ། །

དེ་ལྟར་དུ་ཆུ་བོ་གྱིམ་ཤང་འཁྱིལ་བའི་ལོག་སུ་བྲག་དམར་རིན་ཆེན་སྤུངས་པ་(ལང་ཀ་ཤག་པའི་རི⋯⋯ཟེར་)རིག་འཛིན་རྒྱལ་བ་ཀུན་གྱི་ཐུགས་ཀྱི་བསྒྲུབས་(སྒྲུབ་)པའི་གནས་ཞེས་བྱ་བ། བྲག་རི་ཐམས་ཅད་རིན་པོ་ཆེ་སྤུངས་པ་ལྟ་བུ། གསང་ཕུག་ཐམས་ཅད་འདོད་འབྱུང་གི་གཏེར་དང་ལྡན་པ། རྩི་ཤིང་དང་མེ་ཏོག་ཐམས་ཅད་རྟག་ཏུ་དུ་བའི་སྨན་དང་ལྡན་པ། ཆུ་དང་ཆུ་མིག་ཐམས་ཅད་ཁ་ལ་རེག་ཚོག་གི་གསོས་དང་ལྡན་པ། ཐོད་པ་བོར་ཚོག་འཕོ་བ་རི་ཞེས་བྱ་བ་ཡིན་ནོ་ཞེས་སོ། །གནས་དེ་རུ་ཆུ་བོ་གྱིམ་ཤང་ཤར་ལ་འབབ་པའི་ཚུལ་ནི། ཁྲུས་སྒོ་སྡོ་ཡི་ཆུ་བོ་བྲག་དམར་རིན་ཆེན་སྤུངས་པའི་མདུན་དུ། ཆུ་མིག་གཞའ་ཚོན་དུ་བརྫོལ་བ་དེ་ཟག་མེད་ཀྱི་ལམ་ནས་བརྒྱུད་དེ། རི་རྟ་མཆོག་ལྟ་བུའི་ཁ་ནས་མར་ལ་འབབ་པ་ཡང་ཡོད་ཅེས་སོ། །དེ་ལྟར་དུའང་ཆུ་བོ་སེང་ང་པ་སྐྱུའི་ལོགས་སུ་ཞང་ཞུང་རུ་ཐོག་རི་ཡི་གནས་(ར་བཞི་རྒྱ་ཡང་ཟེར་)ཞེས་བྱ་བ། རིག་འཛིན་རྒྱལ་བ་མ་ལུས་ཀུན་འདུས་པའི་རི། རི་བྲག་ཐམས་ཅད་དཔའ་བོ་དང་མཁའ་འགྲོའི་ལྷ་ཚོགས་འདུས་པ་ལྟ་བུ། དཔག་བསམ་ཤིང་དང་བདུད་རྩིའི་ཆུ་བོ་ལ་སོགས་རང་བྱུང་དུ་ཡོད་པ། གསང་ཕུག་ཐམས་ཅད་མ་རིག་མུན་པ་སེལ་བའི་འོད་གསལ་དང་ལྡན་པ། ཆུ་དང་ཆུ་མིག་ཐམས་ཅད་ཁ་ལ་བཏུང་ཚོག་གི་བདུད་རྩི་ལྟ་བུ། ནེའུ་གསེང་དང་ཐང་དམར་རྣམས་ནི་ལྷ་ཀླུ་མི་ཡི་དཀྱིལ་འཁོར་ལྟ་བུ། ཟོམ་ཤང་ལྷུགས་ཀྱི་མཚོ་(རུ་ཐོག་མཚོ་ཟེར་)ཞེས་བྱ་བ། གཟུགས་དང་དབྱིབས་ཀྱང་ནོར་བུ་དགའ་འཁྱིལ་ལྟ་བུ་ཡང་ཡོད་ཅེས་སོ། །ཞེས་པ་དེ་རྣམས་ཀྱིས་སྒྲུབ་པའི་གནས་ཆེན་པོ་བཞི་དང་། དེ་རྣམས་དང་འབྲེལ་བའི་ཆུ་བོ་ཆེན་པོ་རྣམས་ཀྱི་འབབ་ཚུལ་སོགས་ཤིན་ཏུ་གསལ་བར་བསྟན་ནོ། །

“ དྲག་པོ་དཔལ་གྱི་རོང་ཆེན་པོ་བཞི ” ཞེས་སུ་གྲགས་པ་དེ་རྣམས་ནི་ཚངས་དབྱངས་ཡིད་འཕྲོག་[ISMEO ཤ་9ན་1]ལས་གངས་རིན་པོ་ཆེ་དེའི་གཡས་སུ་སྲིད་པ་རང་འབྱུང་(བྱུང་)བདུད་འདུལ་རོང⋯⋯(མགོན་པོ་རོང་ཟེར་)ཞེས་བྱ་བ། གཡས་སུ་སྐུ་མཆོག་དམར་པོའི་(26) ཕོ་བྲང་(གཉན་པོ་རི་རྫོང་ཟེར་)བྲག་དམར་མཆོད་རྟེན་དགུ་རྩེགས་ལྟ་བུ། གཡོན་དུ་དཔལ་ཆེན་གེ་ཁོད་ཀྱི་ཕོ་བྲང་(མགོན་པོ་ཕིང་ཟེར་)བྲག་ནག་གཡུང་དྲུང་དགུ་རྩེགས་ལྟ་བུའི་རོང་ཆེན། གནམ་སྒོ་ཟླ་གམ་ལྟ་བུ་ཡོད་པ་དེ་ལ་ཡེ་ཤེས་ཀྱི་ལྷ་

ཐམས་ཅད་ནམ་མཁའི་སྐར་ཚོགས་ལྟ་བུ་བཀྲ་བ་ཡང་ཡོད་ཅེས་སོ། །

དེ་ལྟར་དུ་ཡང་གངས་རིན་པོ་ཆེ་དེའི་གཡོན་དུ་རྫུ་འཕྲུལ་དྲག་པོ་ཁྲུང་རྫོང་རོང་(རྫོང་མདོ་ཟེར་) ཞེས་བྱ་བ། གཡས་སུ་མི་ལྷ་ཨག་ནེ་རམ་གྱི་བླ་རི། རི་བྲག་དམར་པོ་མེ་རི་འབར་བ་ལྟ་བུ་དང་། གཡོན་དུ་ཁྲུང་རི་ནག་པོ་ཁྲུང་ནག་མཁའ་ལ་ལྡིང་བ་ལྟ་བུའི་རོང་ཆེན་པོ། གནམ་སྒོ་དང་ས་སྒོ་གྲུ་གསུམ་དུ་དོད་པ། དེ་ལ་རྫུ་འཕྲུལ་གྱི་ལྷ་ཐམས་ཅད་བར་སྣང་གི་སྤྲིན་ལྟ་བུ་འཁྲིགས་པ་ཡང་ཡོད། དེ་ལྟར་དུ་ཡང་སྟོས་རི་ངད་ལྡན་བདུད་འདུལ་དཔལ་གྱི་རོང་(ལུང་ནག་ཟེར་) ཞེས་བྱ་བ། གཡས་སུ་བྲག་རི་ནག་པོ་གནམ་ལྕགས་འབར་བ་ལྟ་བུ། གཡོན་དུ་གཡའ་བྲག་དམར་པོ་དམག་ཚོགས་ཀྱི་དཔུང་འདུས་པ་ལྟ་བུའི་རོང་ཆེན་པོ། གནམ་སྒོ་ཐོག་རིས་རྩེ་ལྔ་[27] མེ་རི་འབར་བ་ལྟ་བུ། དེ་ལ་ལས་ཀྱི་ལྷ་ཐམས་ཅད་ས་གཞིའི་རྡུལ་ལྟར་དུ་འདུས་པ་ཡང་ཡོད་ཅེས་སོ། །དེ་ལྟར་དུ་ཡང་སྟག་རི་ཁྲ་འོ་(བོ) སྟག་རི་རོང་(ཀ་ཏ་རིའི་རོང་ཟེར) ཞེས་བྱ་བ། རི་རོང་ནག་པོ་ཁ་བྱང་དུ་བསྟན་པའི་རོང་ཆེན་པོ་གནམ་སྒོ་སོག་ཀ་[28] དྲག་པོ་དཔལ་དུ་འབར་བ། ས་སྒོ་ཡང་གཡའ་རི་གངས་བྲག་མཚོ་དང་ཆུ་མིག་སོགས་རིན་པོ་ཆེའི་ཕོ་བྲང་ལྟ་བུ་དེ་ལ། སྲིད་པའི་སྨན་ཚོགས་ཐམས་ཅད་སྤྲང་ལ་མེ་ཏོག་བཀྲ་བ་ལྟ་བུ་ཡང་ཡོད་ཅེས་སོ། །ཞེས་པ་དེ་རྣམས་ཀྱིས་དྲག་པོ་དཔལ་གྱི་རོང་ཆེན་པོ་བཞི་རི་འཁོར་དང་བཅས་པའི་གནམ་སའི་བཀོད་དབྱིབས་སོགས་གསལ་བར་བསྟན་པས···
ཤེས་ཐུབ་པ་ཡིན།

"མི་འགྱུར་གླིང་གི་ཚལ་ཆེན་པོ་བཞི" ཞེས་སུ་གྲགས་པ་དེ་རྣམས་ནི་ཚངས་དབྱངས་ཡིད་འཕྲོག་[ISMEO ཤ་9 ན་7] ལས་ཞང་ཞུང་ཁྲུང་ལུང་དངུལ་མཁར་བསྒྲུབ་(སྒྲུབ་) པའི་གནས་ཀྱི་ཚལ་ཞེས་བྱ་བ། གང་སྒྲུབས་(སྒྲུབ་) རིག་འཛིན་གྱི་གྲུལ་དུ་སྐྱེ་བ་དང་། གནས་ཆེན་བརྒྱ་ རྩ་བརྒྱད་ཀྱི་གོང་བ་ཡིན་པ་ཏུ་བཀོད་(བཀོད་) དོ་ཅེས་སོ། །དེ་ལྟར་དུ་ཡང་གངས་རི་ཨཱོཾ་གསུམ་འཇམ་གླིང་གནས་ཀྱི་ཚལ་ཞེས་བྱ་བ། རྒྱལ་བ་སངས་རྒྱས་ཐམས་ཅད་ཀྱི་(ཀྱིས་) སྐུ་གསུང་ཐུགས་ཡོན་ཏན་ཕྲིན་ལས་ལྔའི་(ལྔས་) ལུང་བསྟན···
(ཅིང་) ཞིང་བྱིན་གྱིས་བརླབས་པའི་གནས། ད་ལྟ་གང་མཇལ་གྱི་སེམས་ཅན་ཐམས་ཅད་ཉོན་མོངས་པ་དང་ཤེས་བྱའི་སྒྲིབ་པ་བྱང་ཞིང་། རྒྱ་བསོད་ནམས་ཀྱི་ཚོགས་རྫོགས་པ་དང་འབྲས་བུ་ཡེ་ཤེས་ཀྱི་མཆོག་དངོས་སུ་ཐོབ་པའི་གནས། མ་མཇལ་ཐོས་ཀྱང་སྐྱེ་བ་བཞི་ལ་ཐར་པའི་གནས་ཞེས་སོ། །དེ་ལྟར་དུ་ཡང་ཞང་ཞུང་བྱེ་མ་གཡུང་དྲུང་ཚལ་ཞེས་བྱ་བ། རྟ་མཆོག་ཁ་འབབ་ཀྱི་ཆུ་ལ་རིན་ཆེན་བྱེ་མ་དཀར་པོ་གཡུང་དྲུང་ལུ་གུ་རྒྱུད་བཀྲ་ཤིས་དར་ལམ་ལྟ་བུ་ཉིན་ལམ་གཅིག་གི་ཚད་ཡོད་པ་དེ་ལ་གཡུང་དྲུང་བོན་གྱི་བསྟན···
པ་འཛམ་གླིང་ཕྱོགས་བཅུར་རྒྱས་པའི་བླ་དྲག་(དྲགས་) [29] ཡིན་པས། ཞང་ཞུང་བྱེ་མ་གཡུང་དྲུང་ཚལ་

ཞེས་སོ། །དེ་ལྟར་དུ་ཡང་ཞང་ཞུང་མི་འགྱུར་དུམ་པ་ཚལ་(གྲོ་ཤོད་གྲུང་དུམ་ཟེར་)ཞེས་བྱ་བ། ཞང་ཞུང་ཤོད་དུ་དེའུ་ཆེན་པོ་རྒྱལ་པོ་གདན་ལ་བཞུགས་པ་ལྟ་བུ། དེའུ་གྲངས་མང་གི་ཚལ་དང་ལྡན་པ་དེ་ཡང་ཞང་ཞུང་བོན་གྱི་རྒྱལ་པོའི་མངའ་ཐང་ཕྱོགས་བཅུར་རྒྱས་པའི་བླ་རྟགས་ཡིན་པས་ཞང་ཞུང་དུམ་པ་ཚལ་ཞེས······སོ། །ཞེས་པ་རྣམས་ཀྱིས་ཚལ་ཆེན་བཞི་ཏུ་གྲགས་པ་དེ་རྣམས་ཡུལ་ཕྱོགས་གང་དང་གང་ཞིག་ན་ཡོད་པའི་ཚུལ་དང་ཁྱད་པར་ཅན་གྱི་ཡོན་ཏན་གང་དང་གང་ལྡན་པའི་ཚུལ་རྣམས་གསལ་བར་བསྟན་པས་ངེས་ཐུབ་པ་ཡིན།

"རྫུ་འཕྲུལ་སྤྲུལ་པའི་གསང་ཕུག་ཆེན་པོ་བཞི"ཞེས་སུ་གྲགས་པ་རྣམས་ནི་ཚངས་དབྱངས་ཡིད········འཕྲོག་[ISMEO ཤ་10 ན་6]ལས་གངས་རི་ཆེན་པོ་དེའི་ཤར་དུ་ཨ་ཏི་གསང་བ་གཡུང་དྲུང་ཕུག་(ཨ་ཕུག·····ཟེར་)ཞེས་བྱ་བ། ཕུག་པའི་སྒོ་ཡང་ཨའི་དབྱིབས་ཅན་གྱི་ནང་དུ་གསལ་སྒྲིབ་མེད་པར་གསལ་ཞིང་། ཞི་བ་ལྷ་མེད་ཀྱི་དཀྱིལ་འཁོར་རང་འབྱུང་(བྱུང་)དུ་རྫོགས་པ། གང་སྐྱབས་(སྐྱབ་)སེམས་ཅན་ཐར་པར་འདྲེན་ཞིང་ཕུང་པོ་འཇའ་ལུས་གྲུབ་པ་ཡང་ཡོད་ཅེས་སོ། །དེ་ལྟར་དུ་ཡང་གངས་རི་ཆེན་པོ་དེའི་བྱང་དུ་དཔལ་ཆེན་ལྷ་དབབ་མེ་རིའི་ཕུག་(འབྲི་ར་ཕུག་ཟེར་)ཅེས་བྱ་བ། གསང་ཕུག་གྲུ་གསུམ་དྲག་པོ་མེ་རི་རབ་ཏུ་འབར་ཞིང་། དྲག་པོ་དཔལ་གྱི་དཀྱིལ་འཁོར་རང་འབྱུང་(བྱུང་)རྫོགས་པ། གང་སྐྱབ་དཔལ་ཆེན་སྐུ་དང་དབྱེར་མེད་ཅིང་། དྲག་པོའི་ལས་ལ་ཐོགས་(ཐོག་)ཆགས་མེད་པ་ཡང་ཡོད་ཅེས་སོ། །དེ་ལྟར་དུ་ཡང་གངས་རི་ཆེན་པོ་དེའི་ནུབ་ཏུ་མི་ཕམ་ཡོངས་འདུས་དབང་གི་ཕུག་(ཟུར་ཁང་བྲག་ཕུག་ཟེར་)ཅེས་བྱ་བ། གསང་ཕུག་ཟླ་གམ་གཏིང་རིང་དབང་གི་ཟེར་འཕྲོ་ཞིང་། ཁམས་གསུམ་ཟིལ་གནོན་དབང་གི་དཀྱིལ་འཁོར་རང་འབྱུངས་(བྱུང་)དུ་རྫོགས་པ། གང་སྐྱབས་(སྐྱབ་)འཇིག་རྟེན་གསུམ་པོ་དབང་དུ་བསྡུད······(སྡུད་)པ་དང་། སྤྲུལ་པའི་སྐུ་ལ་ཐོགས་ཆགས་མེད་ཅིང་། སྐྱེ་བ་གྲངས་མེད་མཁྱེན་པའི་ཡེ་ཤེས་དང་ལྡན་པ་ཡང་ཡོད་ཅེས་སོ། །དེ་ལྟར་དུ་ཡང་གངས་རི་ཆེན་པོ་དེའི་ལྷོ་རུ། །སླང་ཆེན་ན་ཏི་〔30〕ས་ལ་སྒྲས་པའི་ཕུག་(སླང་ཆེན་སྒྲས་ཕུག་ཟེར་)ཅེས་བྱ་བ། གསང་ཕུག་གྲུ་བཞི་དྲི་ཞིམ་སྨན་གྱི་ངད་དང་ལྡན་པ། ཕྲིན་ལས་རྒྱས་པའི་དཀྱིལ་འཁོར་རང་འབྱུང་(བྱུང་)དུ་རྫོགས་པ། གང་སྐྱབས་(སྐྱབ་)རྒྱལ་བ་ཀུན་གྱིས་ལུང་བསྟན་དངོས་སུ་སྟོན་ཞིང་། འགྲོ་བ་སྨིན་གྲོལ་ས་ལ་བཀོད་ནུས་པ་ཡང་ཡོད་ཅེས་སོ། །ཞེས་པ་རྣམས་ཀྱིས་གསང་ཕུག་ཆེན་པོ་དེ་རྣམས་ཕྱོགས་གང་དང་གང་ཞིག་ཏུ་ཡོད་པ་དང་དེ་རྣམས་ཀྱི་དབྱིབས་དང་། ལས་བཞིའི་ཕྲིན་ལས་གང་དང་འབྲེལ་བ་སོགས་ཀྱི་ཁྱད་ཆོས་རྣམས་ཤིན་ཏུ་གསལ་བར་བསྟན།

"མི་འཇིག་གཏམས་པའི་བྲག་ཆེན་པོ་བཞི"ཞེས་སུ་གྲགས་པ་དེ་རྣམས་ནི་ཚངས་དབྱངས་ཡིད········

འཕྲོག་[ISMEO ཤ་10 བ་6] ལས་གངས་རི་ཆེན་པོ་དེའི་མདུན་ཕྱོགས་ཀྱི་བྲག་ཆེན་ཐམས་ཅད་མི་འགྱུར་བ··གསེར་གྱི་གཡུང་དྲུང་བརྩེགས་པ་ལྟ་བུ། གཡུང་དྲུང་བོན་གྱི་བླ་བྲག གཡས་ཕྱོགས་ཀྱི་བྲག་ཆེན་ཐམས་ཅད་དགོས་འདོད་ཀྱི་ནོར་བུ་སྤུངས་པ་ལྟ་བུ། རིན་ཆེན་ནོར་གྱི་བླ་བྲག གཡོན་ཕྱོགས་ཀྱི་བྲག་ཆེན་ཐམས་ཅད་འཁོར་ལོ་དགུ་རྩིབས་བརྩེག་(བརྩེགས་)པ་ལྟ་བུ། རིན་ཆེན་གཏེར་གྱི་བླ་བྲག རྒྱབ་ཕྱོགས་ཀྱི་བྲག་ཆེན་ཐམས་ཅད་མི་ཤིག་རྫོ་རྗེ་ལྟ་བུ། འཆི་མེད་ཚེའི་བླ་བྲག་ཅེས་སོ། །ཞེས་གསལ་ལ། གཙུག་ལག་བོན་གྱི་གཏེར་ཆེན་པོ་བཞི་སོགས་བཞི་ཚན་གྱི་རིགས་རྣམས་དང་གསང་བའི་སྦས་ཕུག་བཅུ་གསུམ་སོགས་བཅུ······གསུམ་གྱི་སྡེ་ཚན་སོགས་གོང་དུ་སྨོས་པ་དེ་རིགས་ཞིབ་པར་མཁྱེན་འདོད་པ་རྣམས་པས་གངས་ཏི་སེའི······དཀར་ཆག་ཚངས་དབྱངས་ཡིད་འཕྲོག་ཏུ་གཟིགས་འོས་པ་ཡིན།

ཆོས་ཕྱོགས་སུ་གྲགས་ཆེ་བའི་རྙིང་རྒྱངས་ཀྱི་པོ་ཏི་བསེ་རུ་རྒྱས་པ་[བོད་4 ཕ་17] ལས་འབྱུང་བ་སྣ······ལྡིའི་སྙིང་པོ་ལས། སྟོང་ཆེན་པོ་གཅིག་ཡོད་པ། ཕྱིའི་སྟོང་ཤུན་ལ་ལྷ་བྲག་དཀར་མོ་ཆགས། ནང་གི་སྟོ་ཆུ་ལ་དུང་མཚོ་དཀར་མེར་འཁྱིལ། བར་གྱི་སྟོང་བའི་དར་ཆ་ལ། རིགས་དྲུག་སེམས་ཅན་ཀུན་ཏུ་གྲོལ། སྟོང་ཕྲུམ་གྱི་(གྱིས)བཅོ་བརྒྱད་ཆགས། སྟོང་བཅོ་བརྒྱད་འབྲིང་བ་དེ། དྲུང་སྟོང་གཅིག་ཏུ་ཡར་ནས་བྱུང་། ཞེས་གསུངས་པ་དེའང་དངོས་དོན་དུ་འབྱུང་བའི་ཁམས་ཀྱི་སྙིང་པོ་འདུས་པ་སྲིད་པའི་གླིང་གི་སྟོང་བཅོ··བརྒྱད་དུ་སྲིད་པ་ལས་འཇིག་རྟེན་གྱི་ཁམས་འདི་བྱུང་བ་དང་། ཁྱད་པར་དུ་དྲུང་གི་སྟོང་གཅིག་ལས་བྱེ་བྲག་ཞང་བོད་ཀྱི་ཡུལ་ཁམས་ཇི་ལྟར་ཆགས་པའི་ཚུལ་བསྟན་པའང་ཤེས་ཤིན་ཏུ་སླ་བ་ཡིན།

ཕྱི་སྣོད་ཀྱི་འཇིག་རྟེན་སྤྱི་དང་བྱེ་བྲག་ཇི་ལྟར་བྱུང་བའི་ཚུལ་བསྟན་པ་དེ་དང་འབྲེལ་བ་ནང་བཅུད··ཀྱི་སེམས་ཅན་སྤྱི་དང་བྱེ་བྲག་རྣམས་ཇི་ལྟར་བྱུང་བའི་སྐོར་རགས་ཙམ་པ་ནི་སྤྱི་སྤུངས་[རྒྱུད་ཁ་ཤ་9 བ་1] ལས་སྟོན་པ་ཀུན་ཏུ་བཟང་པོ་དང་ཡུམ་ཆེན་མོ་ཀུན་ཏུ་བཟང་མོ་གཉིས་ཀྱི་(ཀྱིས)འགྲོ་བ་བརྟེན་གནས······མེད་པ་རྣམས། ཐུགས་རྗེས་བཟུང་བའི་ཕྱིར། སྲིད་པ་རྣམ་པར་འཕྲུལ་བའི་ཏིང་ངེ་འཛིན་ལ་བཞིང····(བཞིངས་)ནས། ཐབས་དང་ཤེས་རབ་སྙོམ་འཇུག་གིས། དགོངས་པ་ལ་བཞུགས་ཏེ། འོད་ཟེར་བཀྱེ་བ་ལས། སྣང་དགུ་འབྱུང་བའི་སྙིང་པོ་ལས། དྲན་དང་བསམ་པ་གཉིས་སུ་བྱུང་། དེ་ལ་(ལས་)ཤེས་དང་རིག་པར་བྱུང་། ལྷ་མོ་ཡུམ་གྱི་ཐུགས་རྗེ་ལས། ཐམས་ཅད་སྣང་ནས་འབྱུང་བའི་ཕྱིར། བསམ་དང་དྲན་གཉིས་རྒྱ་མཚོ་གླིང་དཀྱུར་སྤྲུལ་པ་ལས། དཔྱལ་གྱི་སོ་བཙུག་གཅིག་ཏུ་སྲིད། དེ་ལ་མིང་འདོགས་མི་མེད་པས། ཡེ་སྲིད་རྒྱལ་པོས་མིང་བཏག་(བཏགས་)ནས། ཕྱི་མོ་གནམ་ཕྱི་གུང་རྒྱལ་ཞེད་(ཞེས་)ཀྱང་བྱ། ཆུ་ལྕམ་རྒྱལ་མོ་ཞེས་ཀྱང་བྱ། སྲིད་པའི་རྒྱལ་མོ་ཞེས་ཀྱང་བྱ་བར་མཚན་གསོལ། ལྷ་ཆེན་ཡབ་ཀྱི་ཐུགས་རྗེ་

ལས། ཐམས་ཅད་མཁའ་ལ་ཤར་བའི་ཕྱིར་དུ། ཤེས་དང་རིག་གཉིས། ཁ་ལེ་སྟོང་འབྱམ་གྱི་བག་ལས་སྤྲུལ་པ་ལས། རིན་པོ་ཆེའི་སྒོ་ང་གཅིག་ཏུ་བསྲིད་(སྲིད།) དེ་རང་གིས་རང་བརྗོལ་བའི་ནང་དུ། དུང་གིས་(གི་)མི་ཤོ་ལ། གཡུའི་དབུ་སྐྲ་ཅན། རིན་པོ་ཆེའི་ཐོར་གཙུག་ལྡེམ་པ་གཅིག་བསྲིད་(སྲིད།) དེ་ལ་ཡེ་སྲིད་རྒྱལ་པོས་མིང་བཏག་(བཏགས་)ནས། སྲིད་པ་ཁྲི་རྒྱལ་ཁུག་པ་ཞེས་ཀྱང་བྱ། ཕྱྭ་ཡོ་ལ་ཁྱབ་པ་ཞེས་ཀྱང་བྱ། ཤེལ་ལྷེར་སྤྲུག་གི་ཆེན་པོ་ཞེས་ཀྱང་བྱ། རྗེ་བོ་ཡེ་ཤེས་རླུང་གི་འདབ་མ་ཅན་ཞེས་ཀྱང་བྱ། སངས་པོ་འབུམ་ཁྲི་སྲིད་པའི་མྱེས་ཞེས་བྱའོ། །དེ་ལྟར་མཁའ་ཀློང་རིག་པའི་ཆོ་འཕྲུལ་གྱི། དབྱིངས་དང་ཡེ་ཤེས་རྒྱུ་བག་ལས། མུན་དང་སྣང་གི་སྲིད་པ་བྱུང་སྟེ། སྟོང་དཔྱལ་དེ་གཉིས་ནམ་གྱི་སྲོད་ལ། གྲིབ་འཚོས་བ་(པ)ལས། བར་དུ་མེད་ཁམས་གདུག་པ་ཞུགས་ཏེ། གྲིབ་ལ་རླངས་པ་ནག་ཏུ་བྱུང་། རླངས་པའི་སྦྲུ་བ་སྒོང་(སྒོ་)ངར་འདྲིལ་ནས། ཞྭགས་ཀྱི་སྒོང་(སྒོ་)ང་ནག་པོ་ལ། ཁ་མེད་དབུག་གིས་(དབུགས་ཀྱིས་)བརྒྱང་བ་གཅིག་ཏུ་སྲིད། དེ་གཅིག་གཙོད་བྱེད་རླུང་གི་འཁོར་ལོའི་(ལོས་)གདར་ལས་(བདར་ནས་)བརྗོལ་བ་ལས། རླངས་པ་གནམ་དུ་སོང་བ་ལ། གནམ་གཡེན་འཕྲོ་བ་བཅུ་གསུམ་〔31〕དུ་སྲིད། ཟེར་མར་(མ་)བར་དུ་འཐོར་བ་ལས། བར་གཡེན་གཏོད་པོ་དགུ་〔32〕རུ་བསྲིད་(སྲིད།) སྒོང་དཔྲིལ་ས་ལ་ལུས་པ་ལ། ས་གཡེན་ཆེ་བ་བཅུ་གཅིག་〔33〕བསྲིད་(སྲིད།) སྒོང་ཤུན་འཁྲ་བའི་གནས་སུ་བསྲིད་(སྲིད།) གདར་ཤ་སྤུང་བའི་མཚོན་དུ་བསྲིད་(སྲིད།) སྒོང་ཆུ་ནད་ཀྱི་ས་བོན་བསྲིད(སྲིད།) ཡང་དབུ་བརྒྱུད་ཤང་ནི་མ་བླན་པར། ནམ་ཕྱེད་ལུས་སུ་འཚོས་པ་ལ། ཤིང་སྒོང་སྐྱ་བོ་གཅིག་ཏུ་བསྲིད(སྲིད།) དེ་རང་གས་རང་བརྗོལ་བ་ལ་(ལས།) དྭངས་མ་གདོན་དང་དྲི་ཟ་རུ་བསྲིད(སྲིད།) སྒོང་(སྒོ་)ང་དེ་ཡི་སྙིང་པོ་ལ། འདབ་སྡེར་སྙིག་ཆག་(སྙིག་ཆགས་)ལ་སོགས་པ། མི་ནོར་ཕྱུ་འཕྱེ་ཆུ་གནས་སུ་སྲིད་དོ། །ཡང་ནམ་གྱི་ཐོ་རང་འཚོས་པ་ལས། ལྟས་ངན་ཤ་ཁྲིམ་ཏྲོད་(གྲོད་)པ་གཅིག་ཏུ་བསྲིད་(སྲིད།) དེ་གདུག་རྩུབ་མཚོན་གྱིས་བཀྲལ་བ་ལ་(ལས།)སྲས་པོ་དགུ། མོ་དགུ། དཔོན་པོ་བཅོ་བརྒྱད། མོ་བཅོ་བརྒྱད། ཁ་སུམ་ཙུ་ཙ་དྲུག་ཏུ་སྲིད། དེ་ནས་དབུ་བཏུད་ཤང་བླང་ནས། ཤེས་རབ་ཐབས་སུ་སྤྲུལ་མ་ལ་(ལས།) རིན་པོ་ཆེའི་སྒོང་(སྒོ་)ང་ལ། ཕྱི་ནང་གསལ་བ་གཅིག་ཏུ་བསྲིད(སྲིད།) དེ་ཡབ་དང་ཡུམ་གྱི་བཅག་ཤིང(ཅིང་)བརྗོལ་དེ་(ཏེ།) ཟེར་མ་གནམ་དུ་འཐོར་བ་ལས། འཐོར་གསས་སུམ་བརྒྱ་དྲུག་ཅུ་བསྲིད་(སྲིད།) སྒོང་ཆུ་ས་ལ་བོ་བ་ལ་(ལས།)བདར་གསས་ཉི་ཁྲི་ཅིག་ཏོང་(ཆིག་སྟོང་)དུ་བསྲིད(སྲིད།) སྒོང་(སྒོ་)ང་བར་གྱི་སྦྲིས་པ་ལ(ལས།) དབལ་གསས་དགུ་ཁྲི་དགུ་འབུམ་དུ་བསྲིད(སྲིད།) སྒོང་(སྒོ་)ང་དེའི་སྙིང་པོ་ལ་(ལས།) བུ་ཚ་ལྷུམ་དྲལ་གསུམ་དུ་བསྲིད(སྲིད།) གཅན་(གཅེན་)པོ་ལྷ་རབ་གཉེན་རུམ་རྗེ་དང་། གཅུང་བ་(པོ་)སྣང་བ་འོད་ལྡན་དང་།

ལྷམ་མོ་གནམ་ཕྱི་གུང་རྒྱལ་དང་གསུམ་དུ་བསྲིད(སྲིད)དོ། །ལྷ་རབ་གཉེན་ཏྲམ་གྱིས(གྱི)སྤྲུལ་པ་ལ། ལྷ་གར་རྗེན་དང་གསུམ་དུ་བསྲིད་(སྲིད་།) ལྷ་ནི་འདོད་ཁམས་དང་། གཟུགས་ཁམས་དང་། གཟུགས་མེད་པའི་ཁམས་དང་གསུམ་མོ། །གར་ནི་མཐུ་སྟོབས་གདོན་འདུལ་གྱི་རྒྱལ་པོའོ། །རྗེན་ནི་ཕྱ་སྲིད་སྐོས་དང་གསུམ་སྟེ། སྐྱེ་འགྲོ་སྲིད་པའི་སྐོས་མཁན་མཛད་དོ། །སྣང་བ་འོད་ལྡན་གྱི་སྤྲུལ་པ་ལ། མི་སྨྲ་གཤེན་དང་གསུམ་(34) དུ་བསྲིད་(སྲིད་)དོ། །སྲོང་(སྲོ་)ང་དེའི་སྐྱིགས་མ་ལ་(ལས།) གཤེན་བདུད་ཁྲབ་པ་ནག་པོ་དང་། བདུད་པོ་མ་ཏང་ཏྲ་རིང་དང་། གར་མ་ཛ་ལ་དང་། ཡག་ཤ་ཁོ་རེ་བཞི། ཉོན་མོངས་ལྡན་ཅིག་སྐྱེས་པའི་བདུད་དུ་བསྲིད་(སྲིད་)དོ། །སྲོང་ཤུན་སྐྱོབས་པའི་གོ་ཆ་དང་། གདར་ཤ་སྲུང་བའི་མཚོན་དང་། སྲོང་ཚུ་གསོ་བའི་སྨན་དུ་བསྲིད་(སྲིད་)ཅིང་། སྲིད་པའི་རྒྱུད་རབ་ཏུ་འཕེལ་ལོ། །ཞེས་སྲིད་པའི་ཁམས་ཇི་ལྟར་གྲོལ་བའི་ཚུལ་གསལ་བར་བསྟན་པ་ཡིན།

ལུང་དེར་དགོངས་དོན་ཞལ་མི་གསལ་བ་ཇི་སྙེད་ཅིག་ཡོད་པ་དེ་རྣམས་ལ་ཉུང་ཞིག་དཔྱད་པ་ནི···· "ཀློང་དགུ་འབྱུང་བའི་སྙིང་པོ"ཞེས་པ་འདིར་ཀློང་དགུའི་ཐ་སྙད་ཡོད་འདུག་མོད་དོན་དུ"ཀློང་ཡོད་དོ····ཅིག"ཅེས་པའི་དོན་ཙམ་ལས་དམིགས་བསལ་རྣམ་གྲངས་དགུ་ཡོད་པའི་དོན་གང་ཡང་མིན་པ་ནི་ཚིག······འགྲོས་ཀྱིས་ཤེས་ཐུབ། "དྲན་དང་བསམ་པ་གཉིས་སུ་བྱུང་།" ཞེས་པ་འདིའི་དགོངས་དོན་སྐོར་རྩ་རྒྱུད་ཉི་སྒྲོན་[ཐོབ་66ཤ་33བ་1]ལས་གཟུགས་ཁམས་བསམ་གཏན་ལྷ་རིགས་རྣམས། རིམ་གྱིས་གོང་ནས་ཡས་མར་བབས། སྲུ་མེད་ངང་ཉིད་དབྱིངས་ཀྱི་ཀློང་། དབྱིངས་དགུ་འབྱུང་བའི་སྙིང་པོ་ལ་(ལས།) དྲན་བྱེད་བསམ་པའི་རིག་པ་བྱུང་། དེ་ལས་ཤེས་དང་རིག་ཏུ་བྱུང་། ཞེས་དྲན་བྱེད་བསམ་པའི་རིག་པའམ་སེམས་ཀྱི་གཤིས་སམ་གསལ་ཆའི་ངོ་བོ་དེ་ལ་རིག་པའི་ཐ་སྙད་བྱས་པ་དང་། རིག་པ་དེའི་འགྱུ་བའི་ཆ་ཀུན་ཏུ་རྟོག་པའི་རང་བཞིན་དེ་ལ་ཤེས་པ་ཞེས་པའི་ཐ་སྙད་གསལ་བར་བསྟན། དེ་ལྟར་ནའང་གསས་མཁར་རིན་པོ་ཆེ་ཐིག་ལེ་དབྱིངས་ཆེན་[རྒྱུད་ཏ་ཤ་11ན་3]ལས་དེ་ལྟ་ཡབ་ཡུམ་གཉིས་ཀྱི་སྙོམས་འཇུག་དགོངས་པར་"བཞུགས་ནས་འོད་ཟེར་སྤྲོ་བཀྱེ་བའི་པོན་ཉིད་ཀློང་ཆེན་དགུ་ལས་བསྐྱེད་པའི་སྙིང་པོ་དྲན་གསས་ཤེས་རིག་སུ་སྲིད། ཅེས་གསུངས་ཚུལ་ལ་གཞིགས་ན་གོ་རྒྱུ་གཞན་ཞིག་ཀྱང་ཡོད་པ་ནི་སྨོས་མ་དགོས།

"ཁ་ལེ་སྟོང་འབྱམ་གྱི་བག་ལས་སྤྲུལ"ཞེས་པ་འདི་རྩ་རྒྱུད་ཉི་སྒྲོན་[ཐོབ་66ཤ་35བ་5]ལས་ཡང་ནི····ཤེས་དང་རིག་པ་གཉིས། ཁ་ལེ་སྟོང་འབྱམས་བག་ལས་སྤྲུལ། །ཞེས་བཀོད་འདུག་པ་ཙམ་ལས། ལྷག་ཏུ་ཞལ་གསལ་བ་གང་ཡང་མི་འདུག ཚིག་གི་འགྲོས་ལ་དཔྱད་ན་ཕལ་ཆེར་ཤེས་དང་རིག་པའི་ཚོ་འཕྲུལ་གྱི་བག་ལས་བྱུང་བའི་དོན་ནོ། །ཤེས་རིག་གི་ནུས་པ་རྩོལ་མེད་ཤུགས་འབྱུང་གི་ངང་ནས་སྤྲུལ་པར་ཤར་བའི་

དོན་ཞིག་ཨེ་ཡིན་སྙམ།

“སངས་པོ་འབུམ་ཁྲིའི”མཚན་གྱི་སྐོར་ཡང་རྫ་རྒྱུད་ཉི་སྒྲོན་[ཐོབ་67 ཤ་34 ན་1]ལས་ཡེ་སྲིད་རྒྱལ……པོས་མིང་ཡང་བཏགས་པས། གནམ་གྱི་ལྷ་རྒོད་ཐོག་པ་རྗེ། ཡང་དག་ཁྲི་རྒྱལ་ཁུག་པ་སྟེ། པོ་ལ་ཁྲབ་པ་ཕྱུ་ཡི་རྗེ། ཤེལ་བེར་ཕྱུངས་གེ་ཆེད་པོ་ཅིང་། རྗེ་བོ་ཡི་གེ་ལྷུང་འདབ་ཅན། སངས་པོ་འབུམ་ཁྲི་སྲིད་པའི་མྱེས། ཁྲི་བཞི་གནམ་ཏིང་སྐྱི་འགྲོའི་ཡབ། ཅེས་མཚན་དངོས་གཅིག་པར་བསྟན་མོད། ལུང་འདིར“ཤེལ་བེར་ཕྱུངས་གི་ཆེད་པོ་ཅིང་།” ཞེས་པའི་གོ་དོན་གསལ་པོར་མ་རེས་ལ་རྫ་རྒྱུད་ཉི་སྒྲོན་གྱི་དཔེ་གཞན་[རྒྱུད་ཙ་ཤ་36 ན་2]ལས“ཤེས་ལྗེར་ཕྱུ་གེ་ཆད་པ་ཅི།” ཞེས་དང་། དེ་རྗེས་ཀྱི་ཚིག“རྗེ་བོ་ཡི་གེ་ལྷུང་འདབ་ཅན།” ཞེས་པ་དེར“རྗེ་བོ་ཡེ་མཁྱེན་ལྷུང་འདབས་ཅན”ཞེས་འཁོད་ཡོད་པས་ཤེས་ཐུབ་པ་འདུག

“སྟོང་དཔྱིལ་ས་ལ་ལུས་པ”ཞེས་པའི་ཚིག་འདི་ཉི་སྒྲོན་དུ“སྟོང་དཔྱིས་ས་ལ་ལྷུག་པ”ཞེས་པའམ“སྟོང་ཕྱིན་ས་ལ་ལུགས་པ”ཞེས་བཀོད་ཡོད་པས་ཤེས་ཐུབ་ལ། “སྟོང་ཤུན་འཁྲ་བའི་གནས་སུ་སྲིད།” ཅེས་པ་འདི་ཉི་སྒྲོན་དུ“སྟོང་ཤུན་སྟུག་བསྔལ་ཁང་བུར་བྱུང་།” ཞེས་གསུངས་ཡོད་པ་འདི་ལ་གཞིགས་ན་གོང་དུ“འཁྲ”ཞེས་འཁོད་ཡོད་པའི་ཚིག་དེ་ནི“འཕྲ”ཞེས་པ་སྟེ། ཉོན་མོངས་པ་ལ་གོ་དགོས་ཤིང་ཚིག་སྦྱུབ་དེའི་སྙིང་དོན་ནི“ཉོན་མོངས་པའི་གནས་སུ་སྲིད”ཅེས་པའི་དོན་དུ་གོ་དགོས་པར་སྙམ།

“ཡང་དབུ་བརྒྱུད་ཤང་ནི་མ་ཐྣན་པར། ནམ་ཕྱེད་ལུས་སུ་འཚོས”ཞེས་པའི་ཚིག་རྐང་འདི་ཉི་སྒྲོན་དུ“ཡང་དབུ་བཅུད་ཤངས་ཀྱང་མ་ཐྣན་པར། ལུས་ཀྱང་ནམ་ཕྱེད་ལུས་སུ་འཚོལ་པ་ལ།” ཞེས་སམ“ཡང་དབུ་བཅུད་ཤངས་ཀྱང་མ་སྣན་པར། ལུས་དང་ལུས་ནམ་ཕྱེད་འཚོལ་པ་ལ།” ཞེས་ཁ་ཅུང་ཟད་བཏོན་ཡོད་པ་དང་། ད་དུང་དེ་ལས་ཀྱང་ཅུང་ཞལ་གསལ་དྲག་པ་ཞིག་ནི་གསལ་མཁར་ཐིག་ལེ་དབྱིངས་ཆེན”[རྒྱུད་ཏ་ཤ་12 ན་5]ལས་ཡང་དབུ་ཆྣན་ཤངས་མ་ཆྣན་ནས་ནམ་ཕྱེད་ཙམ་དེར་འཚོས་ཤིང་། ཐོས་པའི་སྟོང་སྐྱ་བོ་ཞིག་ཏུ་སྲིད་ཅེས་པས་དགོངས་དོན་ཞལ་གསལ་བར་བྱས་པ་དང་། “ སྲས་པོ་དགུ། མོ་དགུ།”ཞེས་བྱ་བ་འདི་ནི་སྒྲ་འགྲེལ་འཕྲུལ་གྱི་ལྡེ་མིག་[རྫི་57 ཕ་11]ལས་དེ་ལྟར་སྲིད་པ་ཕོ་དགུ་མོ་དགུའི། དཔྱལ་མོ་དགུ་དང་སྣངས་པོ་དགུ་ནི། ལུས་ཀྱི་རྫུ་འཕྲུལ་དུ་མ་བཤོས། སེམས་ཀྱི་ཆོ་འཕྲུལ་དུ་སྤྲུལ་པ་སྟེ། ཤ་ཁྲག་ཟས་སུ་མི་ཟ། ལྷབ་ལྷུབ་གོས་སུ་མི་གྱོན། འོད་དང་སྒྲིགས་〔35〕ཚུལ་དུ་གནས་ཤིང་། མཚན་རྣམས་ནི་བདའ་ཡིས་དོན་བདོ་བ་ཙམ་〔36〕ལས་ངེས་པ་མེད་དོ། །ཞེས་པས་གསལ་བའི་སྲིད་པ་ཕོ་དགུ་མོ་དགུ་ཉེ་གྲགས་པ་དེ་རྣམས་ཡིན་ལ། “དཔོན་པོ་བཅོ་བརྒྱད། མོ་བཅོ་བརྒྱད། ཁ་སུམ་ཅུ་རྩ་དྲུག་ཏུ་སྲིད”ཅེས་པ་དེ་རྣམས་ནི་སྒྲ་འགྲེལ་འཕྲུལ་གྱི་ལྡེ་མིག[རྫི་57 ཕ་14]ལས་ལྷུམ་དྲལ་བཅོ་བརྒྱད་ལྟམ་(བལྟམས་)ཞེས་པ།

གནམ་ཐེན་རྒྱུང་ཐེན་ལས་སྤྲུགས་〔37〕ཏེ་གནམ་གྱི་ལྷ་དགུ། གནམ་ལྷམ་ཁྲི་མ་ལས་སྤྲུགས་ཏེ་ལྷམ་མོ་དགུ། རྔང་ལ་ཕྱུ་དར་ལས་སྤྲུགས་ཏེ་སའི་ལྷ་དགུ། གཙང་ལྷམ་ཕྱུར་པ་མ་ལས་སྤྲུགས་ཏེ་ལྷམ་མོ་དགུ། དེ་ལྟར་ཁ་སུམ་ཅུ་ཙ་དྲུག་ཏུ་བྱུང་ཞེས་བཤད་ཡོད་པ་དེ་དག་གིས་ཤེས་ཐུབ་པ་ཡིན།

ནང་བཅུད་སེམས་ཅན་གྱི་གྲོལ་ཚུལ་སྲིད་པའི་མཛོད་ཕུག་ཏུ་ཇི་ལྟར་བསྟན་པའི་དགོངས་དོན་ནི་སྲ··· འགྲེལ་འཕྲུལ་གྱི་ལྡེ་མིག་[རྫི་52ཕ་10]ལས་རྒྱ་ལྔའི་བཅུད་ལས་སྒོང་གཉིས་སྲིད་ཅེས་པ། རླུང་མེ་ཆུ་ས་འབྱུང་བ་ལྔའི་བཅུད་ལས། འོད་སྒོང་དང་མུན་སྒོང་གཉིས་སུ་བྱུང་སྟེ། དེ་ཡང་རྒྱ་ལྔ་དྭངས་མའི་བཅུད་ལས། ལྷའི་སྨོན་ལམ་གྱིས་རྐྱེན་བྱས་ཏེ། འོད་ཀྱི་སྒོང་(སྒོ་)ང་ཡོགས་བཞི་ཟུར་བརྒྱད་གཡག་མ་གྲུས་ཙམ་ཞིག་སྲིད་དོ། །སྙིགས་མའི་བཅུད་ལས་མེད་འབུམ་ནག་པོའི་སྨོན་ལམ་གྱིས་རྐྱེན་བྱས་ཏེ། མུན་པའི་སྒོང···(སྒོ་)ང་ཟུར་གསུམ་སྤང་ཤད་ཉལ་བ་ཙམ་ཞིག་བྱུང་ངོ་། །དཀར་ནི་འོད་དང་ཟེར་ལས་རྫོལ་ཞེས་པ། ཡབ་ཀྱིས་འོད་ཀྱི་འཁོར་ལོས་གདུང་བཤིག་ཅིང་རྫོལ་བའི་འོད་གསལ་ནམ་མཁར་འཐོར་བ་ལས། འཐོར་གསས་སུམ་བརྒྱ་དྲུག་ཅུ་སྲིད་དེ། འོད་ཀྱི་མི་པོ་སུམ་བརྒྱ་དྲུག་ཅུ་ནི། སྨིག་གི་ཧ་ཕོ་〔38〕རེ་རེ་ཞོན། དབས་(དཔལ་)གྱི་འཁོར་ལོ་རེ་རེ་སྐོར་བར་བྱུང་སྟེ། ལས་དགེ་བའི་ཁ་འཛིན་མཛད་དོ། །ཟེར་མ་ཐུར་དུ་འཕྲོས་པ་ལས། མདའ་གསས་མི་ཁྲི་ཧ་འབུམ་བྱུང་སྟེ། ལྷ་མི་སྲིད་པའི་དཔའ་ལྟང་(སྟངས་)འཛིན་ནོ། །སྒོང་(སྒོ་)ང་ནང་གི་སྙིང་པོ་ལས། ཁྲི་རྒྱལ་ཁུགས་ཀྱི་སྤྲུལ་པ་སྲིད་པ་སངས་པོ་འབུམ་ཁྲི་ཞེས་བྱ་བ། ལྷ་ལས་མིར་སྤྲུལ་ཏེ་དུང་གི་མི་ཕོ་ལ་གཡུའི་དབུ་སྐྲ་མཆན་ལྡན་བདུན་〔39〕དུ་ཕྱིན་པ་ཞིག་བྱུང་། ཡོད་ཁམས་སྲིད་པའི་རྒྱལ་པོར་གསལ་ཞེས་པ། སྲིད་པ་སངས་པོ་འབུམ་ཁྲི་དེ་ཡོད་ཅིང་གང་བ་དང་། དཀར་ཞིང་དགེ་བར་སྲིད་པའི་རྒྱལ་པོ་ཡིན་ནོ། །ནག་ནི་མུན་དང་འཐིབས་ལས་རྫོལ་ཞེས་པ། བསྐལ་པ་མེད་འབུམ་ནག་པོ་ཡིས། མུན་པ་ནག་པོའི་གློང་དུ་རྫོལ་བ་ལས། འོད་ནག་པོ་གེན་ལ་ཡས་པ་ལས། མུན་དང་ཐིབས་(འཐིབས་)དང་རྨུག་(རྨུགས་)དང་གསུམ་དུ་བྱུང་། ཟེར་ནག་པོ་ཐུར་དུ་འཕྲོས་པ་ལས། སྨུས་དང་ཐིབས་(འཐིབས་)དང་རྨུག་(རྨུགས་)དང་གསུམ་དུ་བྱུང་། སྒོང་(སྒོ་)ང་ནང་གི་སྙིང་པོ་ལས་འོད་ཀྱི་མི་ཕོ་ནག་པོ་ལ་སྐྲ་ཆགས་(ཆག་)པ་གསུམ་དུ་ཕྱིན་པ་ཞིག་བྱུང་། མེད་འབུམ་ནག་པོས་མི་(མིང་)བཏགས་པ། མུན་པ་ཟེར་ལྡན་ནག་པོ་བྱའོ། །མེད་ཁམས་སྟོང་པའི་རྒྱལ་པོར་གསལ་ཞེས་པ། དེ་མེད་ཅིང་སྟོང་པ་དང་ཆད་ཅིང་རླག་པར་དགའ་བའི་རྒྱལ་པོ་ཡིན་ནོ། །སྣང་མུན་དེ་གཉིས་ནི་ལས་དགེ་སྡིག་གི་ཕ་མ་ཞེས་ཀྱང་བྱ། ལྷན་ཅིག་སྐྱེས་པའི་ལྷ་དང་ལྷན་ཅིག་སྐྱེས་པའི་བདུད་ཅེས་བྱའོ། །ཞེས་དང་། ཡང་[རྫི་53ཕ་16]ལས་སློང་ལས་གཡུ་མཚོ་སྔོན་མོར་སྲིད་ཅེས་པ། འབྱུང་བ་རྒྱ་ལྔ་སློང་ལས་ཟིལ་དང་ཆར་དུ་སྲིད།

དེ་ལས་ཕྱིའི་རྒྱ་མཚོ་ཏུ་སྲིད་དོ། །དེ་ལས་སྲིད་པའི་སྣོད་དང་སེམས་ཅན་གྱི་ལས་དབང་གིས། མཚོ་ཕྱུས་དབྱལ་མ་མོ་〔40〕ཞིག་སྲིད་ཅེས་པ། མཚོ་དེ་ལ་རླུང་གིས་སྐྱོད་པས། ལྦུ་བ་གུར་ཙམ་པ་ཞིག་བྱུང་། དེ་ལས་འོད་སྣང་སྔོན་པོར་བྱུང་། སྣོང་(སྣོ་)ང་རང་གིས་རང་བརྗོལ་བས། གཡུའི་བུད་མེད་སྔོན་མོ་ལ། འཐིང་(མཐིང་)གི་[སྐྲ་]མཚན་ལྡས་(ལྡན་)བདུན་དུ་བརྩེགས་པ་ཞིག་བྱུང་ངོ་། །ཆུ་ལྕགས་རྒྱལ་མོ་སྲིད་པའི་ཡུམ་ཞེས་པ། ཡབ་སངས་པོ་འབུམ་ཁྲི་མིང་བཏགས་པ། སྲི་བ་ཆུ་ལྕགས་རྒྱལ་མོ་ཞེས་དང་(ཀྱང་)བྱ། ཆབ་ཤང་འཕྲུལ་མོ་ཞེས་ཀྱང་བྱ། བཟང་ཟ་རིན་བཙུན་ཞེས་ཀྱང་བྱ། སྲིད་པའི་རྒྱལ་མོ་ཞེས་ཀྱང་བྱ། ས་ཏྲིག་ཨེར་ཏི་ཞེས་ཀྱང་བྱ། སངས་པོ་ཆུ་ལྕགས་གཉིས་སྲིད་པས་ཞེས་པ། དེ་ཡང་ཀུན་རྫོབ་ཏུ་ཡབ་དང་ཡུམ་ལ་སྦྱོར་ཀྱང་། དོན་དམ་པར་ཐབས་དང་ཤེས་རབ་ཏུ་གནས་པའོ། །དབུ་མ་བཏུད་ཤངས་མ་བླན་པར་བཤོས་པ་ལས། རི་དྭགས་དང་གཅན་གཟན་དང་འདབ་ཆགས་སུ་བྱུང་ངོ་། །དབུ་བཏུད་ཤངས་བླན་དེ་བཤོས་པ་ལས། ལྷམ་དྲལ་བཅོ་བརྒྱད་སྲིད་པ་ཡིན་ཞེས་པ། ཡབ་དང་ཡུམ་ཡང་ཕོ་དང་མོ་ཏུ་སྲིད། སྲས་ཕོ་མོ་གྲངས་མཉམ་པ་ཡང་སྲིད་པ་ཕོ་ཕྱེད་མོ་ཕྱེད་དུ་བསྟན་ཅེས་པ་དེ་རྣམས་ཀྱིས་ཐོག་མའི་མི་རྒྱུད་……གང་ནས་མཆེད་པའི་ཁུངས་བསྟན་ཅིང་དེ་ལས"ལྷམ་དྲལ་བཅོ་བརྒྱད"ཅེས་པ་ནི་སྲིད་པའི་མཛོད་ཕུག[མདོ་ཁ750ཤ5ན2]ལས་མིང་དགུ་སྲིང་དགུ་བཅོ་བརྒྱད་འཁྲུངས། ཞེས་ཞལ་གསལ་དུ་བསྟན་ལ་མིང་པོ་དགུ་ནི་སྒྲ་འགྲེལ་[རྙི54ཕ10]ལས་སྲིས་(སྲིད་)རྗེ་འབྲང་དཀར་ཞེས་པ་ཅི་ལྟར་སྲིད་པའི་ཟླ་ཏུ་ཕྱུར……པས་སྲིད་རྗེ། ཡོད་ཀྱི་སྐོས་(741)དང་འབྲང་དུ་འདིངས།〔42〕 སྐྱ་ལུས་དུང་ལས་དཀར་བས་སོ། །དེ་ལྟར་སྲིད་པར་འཕེལ་བའི་མི། གནས་པའི་འཁོས་ཤམ་(ཤོམ་)དང་། ལེགས་ཉེས་ཀྱི་བློ་གྲོས་ལ་མཁས་པ་ཀུན། སྲིད་པ་དེ་ལས་གྲོལ་ཕུག་བྱུང་བའོ། །སྐོས་རྗེ་དྲང་དཀར་ཞེས་པ། མི་ལ་བདུད་དང་བྱ་ལ་ཁྲ། ཤིང་ལ་སྐྱ་དང་རྩི་ལ་ཟེར། རྡོ་ལ་ལྷགས་དང་གྲང་ལ་ཉི། བདུད་ལ་གཙན་དང་ནད་ལ་སྨན། བགེགས་ལ་གཏོ་ལས་སྟོགས་(ལ་སོགས་)པ། སྐོས་དགུ་གཏན་ལ་འབེབས་པའི་རྗེའོ། །ཕྱག་ན་སྐོས་ཀྱི་དྲང་ཤིང་དཀར་པོ་བསྣམས་པས་སོ། །ད་ལྟ་མིའི་བུ་ཁ་སྐོས་དང་ཚོང་སྤྲུལ་(འཕྲུལ་)དགའ་བ་རྣམས་སྲིད་པ་དེ་ལས་གྲོལ་བའོ། །ཕྱ་རྗེ་རིང་དཀར་ཞེས་པ། སྐྱེ་འགྲོ་དབུགས་ཀྱིས་བསྐུས་པ་ཐམས་ཅད་ཀྱི། ཚེ་ཕྱི་དང་ཕྱོག་སྐྱབས་བྱེད་པས་ཕྱ་རྗེའོ། །ཕྱ་བུར་དཀར་པོའི་〔43〕ན་བཟའ་གསོལ་བས་རིང་དཀར་རོ། །ད་ལྟ་སེམས་ཅན་ལ་གསོལ་(གསོ་)བ་དང་སྐྱོབ་པ་ལས་(ལ།) དགའ་བ་དེའི་གྲོལ་ཕུགས་ལས་འཕེལ་བའོ། །དེ་འོག་ལྷ་རབས་གཉན་ཙམ་རྗེ་ཞེས་པ། གནམ་ས་བར་གྱི་ལྷ་དགུ་གསུམ་ཉི་ཤུ་རྩ་བདུན་གྱི་རབས་འདོན་ཅིང་། ཀུན་ལ་བརྗིད་ཅིང་ནོན་ཆེ་བས་སོ། །ད་ལྟ་མི་རིགས་ལྷ་གསོལ་སྟེན་(བརྟེན་)ལ་དགའ་ཞིང་། ཐན་དང་འཁོར་

འདབ་སྐྱོང་བ་ལ་དགའ་བ་ནི་སྲིད་པ་དེ་ལས་གྲོལ་བའོ། །དེ་འོག་ཐུམ་ཐུམ་རྣལ་མེད་རྗེ་ཞེས་པ། རྒྱལ་པོ་དམུའི་རིགས་འཛིན་པས་དམུ། འཇུག་པ་ཡིད་སྨུག་པའི་གཉིད་ཀ་ནས་སངས་སོ། །ད་ལྟ་མི་རིགས་སྒྲ་གསལ་ལག་བཟོ་གཉིད་ཆུང་གཡུང་དྲུང་བོན་ལ་འདུན་པ་རབ་ཏུ་ཆེ་ཞིང་། སྡེ་འཛིན་པ་ནི་སྲིད་པ་དེ་ལས་གྲོལ་བའོ། །དེ་འོག་སྐྱིན་དང་ངར་གྱི་རྗེ་ཞེས་པ། བར་སྣང་ཁམས་ལ་མངའ་མཛད། ལེགས་ཀྱིན་ཤེས་ན་གནམ་ལས་ཆར་འབེབས་ས་ལ་རྩི་སྐྱིད། མ་ལེགས་མ་ཤེས་ན་གྲང་རླུང་ཁ་ལབས་(ཁ་བ་བབས་)ཆེན་དང་ཐོག་དང་སེར་བ་བུ་ཡུད་(ཡུག་)ལ་མངའ་མཛད་པ་སྟེ། ད་ལྟ་མི་རིགས་ཀྱང་། ཆུ་ལ་དཔའ་ཞིང་ཡིན་…(ཡིད་)གཞུངས་པ། ལུས་ལ་གནམ་སྤྲུལ་གྱི་གྲང་འབྲུམ་ཆགས་པ་རྣམས་སྲིད་པ་དེའི་རྒྱུད་ལས་གྲོལ་བའོ། །དེ་འོག་ཡེ་མཁྱེན་འཕྲུལ་གྱི་རྒྱལ་ཞེས་པ། གནས་མཐོ་རིས་ངན་སོང་། ལས་དགེ་བ་དང་སྡིག་པའི་དོན་ཡེ་ནས་མཁྱེན་ཞིང་། རྫུ་འཕྲུལ་དང་ཆོ་འཕྲུལ་གྱིས་སེམས་ཅན་གྱི་དོན་བྱེད་པ་སྟེ། ད་ལྟ་མི་རིགས་སེམས་ལ་འཕྲུལ་བག་ཆེ་ཞིང་། སེམས་ཀྱི་སྦྱི་ཆེད་ཆེ་བ་རྣམས་སྲིད་པ་དེའི་རྒྱུད་ལས་གྲོལ་བའོ། །ས་ལྷ་འགོན་(ས་བླ་དོག་)འབུམ་རྗེ་ཞེས་པས་ས་རིམ་པ་རྒུའི་(དགུའི་)སྟེང་ན་གཉན་གླུ་དང་ས་བདག་འབུམ་གྱི་རྗེ་བྱེད་པ་སྟེ། ད་ལྟའི་མི་རིགས་ཀྱང་ཁོང་གཡུང་དལ་ཆེ་ཞིང་། གཞན་གྱི་འཁོས་འདིངས་པ་ལ་མཁས་པ་རྣམས་སྲིད་པ་དེའི་རྒྱུད་ལས་གྲོལ་བའོ། །ཐ་ཆུང་སྟོན་ཕྱུག་འཁོར་བ་རྗེ་ཞེས་པ། འབྲས་དྲུག་〔44〕ཞུངས་དང་བདུན་ལ་མངའ་མཛད་པས་སྟོན་ཕྱུག སྐྱེ་འཆི་དང་འཆི་འདུར་གྱི་སྐོས་ཤམ་འདིངས་པས་འཁོར་བ་རྗེ་སྟེ། ད་ལྟ་མི་རིགས་འོག་འཕངས་སྣད་ནས་ཕྱི་ནུད་བྱེད། ཕྱ་ངན་དང་དུ་འབོད་ལ་ཡིད་གཞུངས་པ་དེ། སྲིད་པ་དེ་ལས་གྲོལ་བ་ཡིན་ནོ། །ཞེས་པ་རྣམས་ཀྱིས་གསལ་བར་བསྟན་ལ་སྲིད་མོ་དགུ་ནི་སྤྲ་འགྲེལ་[རྫི་55 ཟ་20]ལས་གནམ་ཕྱི་གུང་རྒྱལ་ཞེས་པ། གནམ་སྨན་འབུམ་གྱི་གཙོ་མོ་བྱེད་ཀྱིན། གནམ་བདུད་དོ་བོའི་མགོ་གནོན་པས་གནམ། སྲིད་པ་སོ་རྒྱུད་ཀྱི་ཕྱི་མོ་ཡིན་པས་ཕྱི། གནམ་རྒུ་(དགུ་)ཚོགས་〔45〕གྱི་སྟེང་ན་བཞུགས་པས་གུང་། བདུད་རོལ་པོ་རྒྱ་བདུན་〔46〕ལས་རྒྱལ་བས་རྒྱལ་ཞེས་བྱའོ། །ད་ལྟ་སྲིད་པ་ཡོ་ཟེ་〔47〕དང་ཅ་མེད་〔48〕གྱི་རིགས། གཙང་སྦྲ་ཆེ་ཞིང་ལས་དགེ་བ་ལ་མོས་པ། ཁྲི་དང་སྟེགས་ཡང་ཁང་ལ་གནས་འཆའ་བར་དགའ་བ་ནི་སྲིད་པ་དེ་ལས་གྲོལ་བ་ཡིན་ནོ། །གནམ་སྨན་དཀར་མོ་ཞེས་པ། གནམ་སྨན་འབུམ་གྱི་རྩེ་མོ་བྱེད། རྫུ་འཕྲུལ་གྱི་སྐུ་དུང་བས་དཀར་བས་སོ། །ད་ལྟ་ཟ་མ་མོའི་རིགས་ཤ་མདངས་དཀར་ཀྱིན་དམིག་(མིག་)བཀྲག་ཆེ་བ་ལ། གླུ་གར་དང་རྩེ་འཇོ་ལ་ཡིད་གཞུངས་པ། ལས་དགེ་བ་ལ་ཤིན་ཏུ་ཡང་འདུན་པ་དེ་ནི་སྲིད་པ་དེའི་རྒྱུད་ལས་གྲོལ་བ་ཡིན་ནོ། །སྒྲ་སྟེ་མི་མཁན་མ་མོ་ཞེས་པ། ཚིག་གསུམ་སྒྲ་ཡང་ཡོད་དཀར་དགེ་བར། སྒྲ་ཕུག་རྒྱལ་དང་དུ་སྒྲ་མིའི་ས་བོན་འདེབས། དགེ་བར་སྲིད་པའི་མི་རྣམས་ཀྱི་མ་ཡིན་

པས་སོ། །ད་ལྟ་ཟ་མའི་རིགས་དགེ་བའི་ཚོགས་ལ་གནས་ཤིང་བུ་དང་གཟའ་(བཟའ་)ལ་སྙིང་བརྩེ་བ་ཡང་། སྲིད་པ་དེའི་རྒྱུད་ལས་གྲོལ་བའོ། །འཆིས་(མཆིང་)ནི་ཟ་མཁན་སྟག་མོ་ཞེས་པ། འཆིངས···(མཆིང་)རྒྱུད་སྡོན་པོའི་གཟུ་བ་ཐོགས་ནས། ཐྲག་སྐྲས་མེད་ལ་སྐྲས་འཛུགས། ཚུ་རབ་མེད་ལ་ཟམ་འཛུགས། ཐང་སྟེགས་མེད་ལ་སྟེགས་རྩིག་པ་སྟེ། ད་ལྟ་ཟའི་རིགས་གྲེན་ལ་མགྱོགས་ཅིང་(ཤིང་)ཚུ་ལ་བཟོར་བ་(བཟོད་པ།) སྐྱིལ་སུ་(བསུ་)དང་ཁྲིར་ཁྲིད་ལ་དགའ་བ་ནི། སྲིད་པ་དེའི་རྒྱུད་ལས་གྲོལ་བའོ། །ཤེད་ཟ་ན་མ་ཞེས་པས། སྤྱིར་སེམས་ཅན་རྣམས་ལ་ན་དང་ཤེད་སྟེར། སྒོས་སྐྲ་མ་[49]མི་རྣམས་ལ་ན་དང་ཤེད་སྟེར་ཏེ། ལོ་གཅིག་ནས་བཅུ་གསུམ་གྱི་བར་དུ་བདའི་ཤེད་[50]སྟེར། དེ་ནས་ཉི་ཤུ་རྩ་ལྔའི་བར་དུ་སྨྲའི་ཤེད་སྟེར། དེ་ནས་བཞི་བཅུ་རྩ་དགུའི་བར་དུ་དོན་ལ་ཤེད་སྟེར་ཅིང་(ཞིང་)ལུས་ལ་སྐྱོ་འབྲི་མེད། དེ་ནས་བདུན་ཅུ་རྩ་གསུམ་གྱི་བར་དུ་དོན་གྱི་ཤེད་སྐྱེ་ཞིང་། ལུས་ཀྱི་ལང་ཚོ་འགྲིབ་མེད། ད་ལྟ་ཟ་མ་ལོ་ཟླ་གཟའ་སྐར་གྱི་རྩིས་རྫེ་ཞིང་། ལོ་རྩིས་དང་སོ་ཡིག་[51]ལ་མཁས་པ་སྲིད་པ་དེའི་རྒྱུད་ལས་གྲོལ་བའོ། །དཔལ་སོ་རྣོན་མོ་ཞེས་པ། ནྲ་སའི་ལྷགས་རྣོན་[52]གྱིས། ཁྱི་ལ་རི་བརྒྱ་དང་སུལ་ལུང་[53]སྟོང་དུ་དྲས། བར་བཟང་དགུ་ཁྱིམ་དང་གསོས་སུ་དྲས། ནང་ཤ་ཁྲག་དྲོད་དབུགས་ཀྱི་གནས་སོ་སོར་དྲས་པ་སྟེ། ད་ལྟ་ཟ་མ་ཡང་རྣོ་མཆོན་ལུས་ལ་སྟེན་གྱིན་ལག་བཟོ་བ་སྲིད་པ་དེའི་རྒྱུད་ལས་གྲོལ་བའོ། །ཡ་ཤ་ཕྱུག་མོ་ཞེས་པ། ཡར་གྱི་ལྷ་སྔོ་ན་ཅང་ཤེས་ཤ་བ་བཅིབས། རི་དྭགས་སྔོ་སྔོས་(དགོ་གཙོད་)སྐྱོང་། ཕྱུག་གི་(ཕྱུགས་ཀྱི་)གཡང་ར་བྱེད། ད་ལྟ་ཟ་མ་ཡང་ཡར་གྱི་ལྷ་སྔོ་ན་གཙང་ཞིང་ཡ་རབས་སྤྱི་བོར་ཁུར། ཁྲག་ཆགས་ཀྱི་ནོར་ལ་རྩེ་(བརྩེ་)བ་སྲིད་པ་དེའི་རྒྱུད་ལས་གྲོལ་བ་ཡིན། ཕྱུ་ཚེའི་རྒྱལ་མོ་ཞེས་པ། མི་ཕྱུ་མེད་ལ་འཚག·····(འཚོག་)[54]སྟེར། སྐྱ་ཚེ་ཟད་ཀྱི་ཚེ་སྲིང་སློ་བུར་དང་ཡེ་འགྲོག་(འབྲོག་)ལས་རྒྱལ་བ་སྟེ། ད་ལྟ་ཟ་མ་ཟས་དཀར་མངར་སྨན་ལ་སྤྱོད་ཀྱིན་ཚེ་སྲོག་ཉམས་པ་སྐྱོབ་པ་ནི་སྲིད་པ་དེ་ལས་གྲོལ་བའོ། །ལྷ་མོ་དཀར་མོ་ཞེས་པ། ཕོང་དལ་ཞི་དེས་ཆེ་བས་ལྷ་མོ། དགེ་བའི་ཕྱོགས་དཀར་བས་དཀར་མོ། འདི་ལྟར་མི་རྟག་པ་རྒྱུད་ལ་འཛོག་པ་ནི་སྲིད་པ་དེའི་རྒྱུད་ལས་གྲོལ་བས་ལགས་སོ། །ཞེས་པ་རྣམས་ཀྱིས་གསལ་བར་བསྟན་ལ་སྲིད་པའི་མཛོད་ཕུག་[མདོ་ཁ5ན7]ལས་ཙ་མེད་གུ་དུན་ཏི་ཙེ་ཙི། ལྷམ་མོ་དགུ་ཡི་གཅེན་མོ་ནི། དམུ་ལ་ཤུང་ཤུང་རྫིང་ནིང་ལེར། གནམ་ཕྱི་གུང་རྒྱལ་ཡིན་པར་སྟོན། དེ་དག་དེ་ཡི་གཙུང་མོ་དེ། དམུ་ལ་ཡ་མ་ཤི་ཏིང་ལེར། གནམ་སྨན་དཀར་མོ་ཡིན་པར་སྟོན། དེ་དག་དེ་ཡི་གཙུང་མོ་ནི། ཡིད་དམུ་མང་ཐིང་བ་ནིང་སྨར། ཡག་ཤ་ཕྱུག་མོ་ཡིན་པར་སྟོན། དེ་དག་དེ་ཡི་གཙུང་མོ་ནི། ཨག་ཤོ་ད་དོད་མིང་ནིང་སྲུམ། སྐྱ་ཏེ་མ་མཁན་མ་མོ་ཡིན། དེ་དག་དེ་ཡི་གཙུང་མོ་ནི། ཏེ་ཤོ་ཁྲུན་སྟེགས་མི་སྲུམ་ཛི། མཆིང་ནི་ཟམ་མཁན་མ་མོ་

ཡིན། དེ་དག་དེ་ཡི་གཙུང་མོ་ནི། དེ་ཙུ་ཤེ་ཉིང་ཙུད་ཤེལ་སྐར། ཤེད་ཟ་ན་མ་ཡིན་པར་སྟོན། དེ་དག་དེ་ཡི་གཙུང་མོ་ནི། དེ་རྒྱ་མར་སང་སྐྱིད་ཀྱི་ཡམ། དཔལ་སོ་རྟོན་མོ་སྲིད་པའི་ལྷམ། དེ་དག་དེ་ཡི་གཙུང་མོ་ནི། ཤེ་ཚུ་རིང་ནམ་ལེར་ཞི་ཅི། ཕྱ་ཆེའི་རྒྱལ་མོ་ཆེན་མོ་ཡིན། དེ་དག་དེ་ཡི་གཙུང་མོ་ནི། དཀྱིལ་སད་གྱེར་སྨྲུམ་ཤེ་ཉིང་སྟུམ། སྲིད་པའི་ལྷ་མོ་དཀར་མོ་ཡིན། ཞེས་ཞང་ཞུང་གི་སྐད་དང་ལྷན་སྦྲགས་གིས་སྲིད་དགུའི་གོ་རིམ་ཙུང་མི་འདྲ་བར་བསྟན་ཅིང་། སྦྲ་འགྲེལ་ནི་སྲིད་པའི་མཛོད་ཕུག་གི་འགྲེལ་པ་ཡིན་སྟབས། སྲིད་དགུའི་མཚན་དང་གོ་རིམ་གྱི་ངེས་པ་རྣམས་གཙོ་ཆེར་སྲིད་པའི་མཛོད་ཕུག་རང་ལ་བརྟེན་དགོས་པར……མཛོད།

གཞན་ཡང་སྲིད་རྗེ་དྲང་དཀར་སོགས་མིང་པོ་དགུ་རྣམས་སྲིད་པའི་ལྷམ་མོ་མི་འདྲ་བ་དགུ་དང་བསྒོས་པ་ལས་སྲས་ཀྱི་རྣམ་གྲངས་དུ་མ་ཞིག་བྱུང་ཡོད་པ་སྟེ་སྲིད་རྗེ་དྲང་དཀར་དང་འོད་ཀྱི་ལྷ་མོ་གང་གྲགས་མ་…གཉིས་བསྒོས་པའི་སྲས་སུ་གནམ་གྱི་ལྷ་ལྷམ་མོ་དགུ་〔55〕དང་དྲལ་པོ་དགུ་〔56〕སྟེ་བཅོ་བརྒྱད། སའི་ལྷ་ལྷམ་མོ་དགུ་〔57〕དང་དྲལ་པོ་དགུ་〔58〕སྟེ་བཅོ་བརྒྱད་བཅས་ལྷམ་དྲལ་སུམ་ཅུ་སོ་དྲུག་བྱུང་བ་དང་། སྐོས་རྗེ་དྲང་དཀར་དང་སྐོས་ཀྱི་ཉི་མ་གཞའ་ཅམ་གཉིས་བསྒོས་པའི་སྲས་སུ་སྲིད་པ་ལྷམ་དྲལ་བཅུ་དྲུག་〔59〕བྱུང་བ་དང་། ཕྱ་རྗེ་རིང་དཀར་དང་སྐྱི་འཛིན་འཕྲུལ་གྱི་རྒྱལ་མོ་གཉིས་བསྒོས་པའི་སྲས་སུ་ཕྱ་ལས་ལྷམ་དྲལ་བརྒྱད་〔60〕བྱུང་བ་དང་། ལྷ་རབ་གཉན་ཏུམ་དང་ནམ་མཁའི་དཀར་མོ་སྤྱན་གཅིག་གཉིས་བསྒོས་པའི་སྲས་སུ་སྲིད་པ་ལྷམ་དྲལ་བཅུ་གཉིས་〔61〕བྱུང་བ་དང་། ཐུམ་ཐུམ་རྣལ་མེད་དང་གནམ་གྱི་ཁྲི་མ་ཚོན་གང་གཉིས་བསྒོས་པའི་སྲས་སུ་སྲིད་པའི་ལྷམ་དྲལ་བརྒྱད་〔62〕བྱུང་བ་དང་། སྐྱིན་དང་ངར་ཆེན་དང་། སྨན་དང་ཞོགས་ཀྱི་རྒྱལ་མོ་གཉིས་བསྒོས་པའི་སྲས་སུ་སྲིད་པའི་ལྷམ་དྲལ་བརྒྱད་〔63〕བྱུང་བ་དང་། འཕྲུལ་གྱི་རྒྱལ་པོ་དང་ས་བླ་དོག་གི་བདག་མོ་གཉིས་བསྒོས་པའི་སྲས་སུ་སྲིད་པའི་ལྷམ་དྲལ་བཅུ་〔64〕བྱུང་བ་དང་། ས་བླ་དོག་ཏུམ་དང་སྤྲུལ་པ་གཏེར་འཛིན་རྒྱལ་མོ་གཉིས་བསྒོས་པའི་སྲས་སུ་སྲིད་པའི་ལྷམ་དྲལ་བཅུ་གཅིག་〔65〕བྱུང་བ་དང་། སྲིད་རྗེ་སྔོན་ཕྱུག་དང་འཁོར་བ་དུག་གི་རྒྱལ་མོ་གཉིས་བསྒོས་པའི་སྲས་སུ་སྲིད་པའི་ལྷམ་དྲལ་བཅོ་ལྔ་〔66〕བྱུང་བའི་ཚུལ་རྣམས་དང་། ཡང་གནམ་ཕྱི་གུང་རྒྱལ་སོགས་ལྷམ་མོ་དགུ་རྣམས་སྲིད་པའི་ཡབ་མི་འདྲ་བ་རྣམས་དང་བསྒོས་པ་ལས་སྲས་རྗེ་སྙེད་ཅིག་བྱུང་ཡོད་པའི་ཚུལ་ཡང……གནམ་ཕྱི་གུང་རྒྱལ་དང་གནམ་གྱི་ལྷ་རྒོད་ཐོག་པ་གཉིས་བསྒོས་པའི་སྲས། ཞང་ཞུང་གི་སྐད་དུ"དུན་གུ་ནེ་ཤུམ་ནི་ཙུ་སྟིས"ཞེས་པ་སྟེ། དགུ་གསུམ་ཉེ་ཤུ་རྩ་བདུན་〔67〕དུ་གྲགས་པ་རྣམས་བྱུང་བ་དང་། གནམ་སྨན་དཀར་མོ་དང་ཡིད་ཀྱི་ལྷ་སྲས་འོད་གཉིས་བསྒོས་པའི་སྲས་སུ་འོད་ཀྱི་ལྷ་སྲས་ལྷམ་དྲལ་བཞི་〔68〕

ནམས་བྱུང་བ་དང་། ཡག་ཤ་ཕྱུག་མོ་དང་བཟང་ཏེ་ཡོགས་ཀྱི་བདག་པོ་གཉིས་བསྐོས་པའི་སྲས་སུ་ཡོགས་བདག་ལྷམ་དྲལ་དགུ་〔69〕ནམས་བྱུང་བ་དང་། མི་མཁན་མ་མོ་དང་རྗེ་བ་ཏུང་ཕར་འོད་གཉིས་བསྐོས་པའི་སྲས་སུ་མ་རིགས་(མི་རིག་)ལྷམ་དྲལ་བརྒྱད་〔70〕ནམས་བྱུང་བ་དང་། ཟ་མཁན་མ་མོ་དང་ཆུ་བདག་ཀླུ་ཡི་རྒྱལ་པོ་གཉིས་བསྐོས་པའི་སྲས་སུ་ཆུ་གནས་མིང་སྲིད་བཅུ་དྲུག་〔71〕ནམས་བྱུང་བ་དང་། ཤེད་ཟ་ན་མ་དང་ཤེད་ལས་སྐྱེས་ཀྱི་ལྷ་གཉིས་བསྐོས་པའི་སྲས་སུ་བྱེད་པའི་སྐྱེས་བུ་བཅུ་གཉིས་〔72〕ནམས་བྱུང་བ་དང་། དཔལ་སོ་རྡོན་མོ་དང་དཔལ་གྱི་མི་ཐུང་ཚོན་གང་གཉིས་བསྐོས་པའི་སྲས་སུ་དཔལ་ནམ་ལྷམ་དྲལ་བཅུ་དྲུག་〔73〕ནམས་བྱུང་བ་དང་། ཕྱ་ཚེ་རྒྱལ་མོ་དང་དམུ་དག་ཆུ་ཡི་རྒྱལ་པོ་གཉིས་བསྐོས་པའི་སྲས་ལྷམ་དྲལ་བཅོ་བརྒྱད་〔74〕བྱུང་བ་དང་། སྲིད་ཀྱི་ལྷ་མོ་དང་གཤེན་སློང་མགོ་སྐྱ་རྗེ་གཉིས་བསྐོས་པའི་སྲས་སུ་གཤེན་བུ་བྲང་ང་མིང་སྲིང་གཉིས་〔75〕བྱུང་བའི་ཚུལ་ནམས་སྲིད་པའི་མཛོད་ཕུག་གི་རྩ······གཞུང་དུ་གསལ་བར་བསྟན་ཡོད།

མེད་ཁམས་སྟོང་པའི་རྒྱལ་པོ་ལས་སྲིད་པའི་སྐྱེ་རྒྱུད་ཇི་ལྟར་གྲོལ་བའི་ཚུལ་ཡང་མེད་ཁམས་སྟོང་པའི··རྒྱལ་པོ་དང་ཨུན་ནག་འཐིབས་ཀྱི་བཙུན་མོ་གཉིས་བསྐོས་པ་ལས་སྲས་ལྷ་སྲིན་མིང་སྲིང་བཅུ་དྲུག་ཏུ་བྱུང···བ་སྟེ། གཅེན་པོ་ཤེ་རབས་ནག་ཉམ་རྗེ་དང་། དེ་འོག་ཏུ་རིམ་བཞིན་བདུད་རབས་བཙན་ཉམ་རྗེ་དང་གདོན་རབས་བགེགས་ཉམ་རྗེས། ཀླུ་རབས་གཉན་ཉམ་རྗེ། གནོད་སྦྱིན་དྲག་ཉམ་རྗེ། ཟ་བྱེད་སྲི་ཉམ་རྗེ། མཁའ་ལྡིང་དྲི་ཟའི་རྗེ། ཕྱོ་ཕྱེ་གྲི་ཉམ་རྗེ་བཅས་མིང་པོ་བརྒྱད་དང་གཅེན་མོ་ས་ཡི་ནག་མོ་མིག་དགུ་མ་དང་། དེ་འོག་ཏུ་རིམ་བཞིན་མ་ནླ་ཚུད་མོ་རེ་འབྲུམས་དང་མ་གདོན་དམར་མོ་ཟོང་ཟང་། ཀླུ་ལྷམ་ཁོད་དེ་རིང་མོ། ས་གཞི་རིན་ཆེན་གཙུག་འབེབས་མ། ས་སྲིན་ནག་མོ་མགོ་དགུ་མ། འཇིགས་བྱེད་མགྱོགས་མ་ནླུང་མགོ་ཅན། སྲི་ཟ་མོང་བུ་ཆུང་བཅས་སྲིང་མོ་བརྒྱད་ནམས་བྱུང་བ་དང་ཡང་མིང་པོ་བརྒྱད་པོ་དེ་ནམས་སྲིད་པའི་ལྷམ་ནམས་དང་བསྐོས་པ་ལས་སྲིད་པའི་སྲས་རྒྱུད་ཇི་ལྟར་གྲོལ་བའི་ཚུལ་ཡང་ཤེ་རབས····ནག་ཉམ་རྗེ་དང་རྫུ་འཕྲུལ་ཐང་ཐང་ནླ་མ་གཉིས་བསྐོས་པ་ལས་གཤེན་རྗེ་མིང་སྲིང་བཅུ་དྲུག་〔76〕བྱུང་བ་དང་། བདུད་རབས་བཙན་ཉམ་དང་རི་བདག་ཕྱུལ་པའི་བཙུན་མོ་གཉིས་བསྐོས་པ་ལས་དམུ་བདུད་མིང་སྲིང་བཅུ་དྲུག་〔77〕བྱུང་བ་དང་། གདོན་རབས་བགེགས་ཉམ་དང་སྔོ་སྐྱེ་ངད་ཀྱི་བཙུན་མོ་གཉིས་བསྐོས་པ་ལས་གདོན་བགེགས་མིང་སྲིང་ཉི་ཤུ་〔78〕བྱུང་བ་དང་། ཀླུ་རབས་གཉན་ཉམ་དང་ཆབ་བདག་ནག་མོ་སློང་དགུ་གཉིས་བསྐོས་པ་ལས་སྲས་ལྷམ་དྲལ་དྲུག་〔79〕བྱུང་བ་དང་། གནོད་སྦྱིན་དྲག་ཉམ་དང་བཙན་མོ་ཀུན་མ་དེ་མ་གཉིས་བསྐོས་པ་ལས་གནོད་སྦྱིན་མིང་སྲིང་བཅུ་དྲུག་〔80〕བྱུང་བ་དང་། ཟ་བྱེད་སྲིན་

ཏུམ་དང་ཚུ་ཟ་ཀླུང་གྱོན་མ་གཉིས་བསྒོས་པ་ལས་སྲིན་བུ་ལྡེ་བརྒྱ་(81) བྱུང་བ་དང་། མཁའ་ལྡིང་དྲི་ཟ་དང་ས་ཟི་ངད་ཀའི་བཙུན་མོ་གཉིས་བསྒོས་པ་ལས་དྲི་ཟ་ཕོ་མོ་དྲུག་(82) བྱུང་བ་དང་། ལྷོ་བྱི་སྲི་ཏུམ་དང་ས་ཡི་ནམ་བུ་ཐུང་གཉིས་བསྒོས་པ་ལས་བུ་དགུ་ལྕམ་བཞི་(83) སྟེ་བཅུ་གསུམ་བྱུང་བ་དང་། ཡང་སྲིད་བརྒྱད་སྲིད་པའི་ཡབ་དང་བསྒོས་པ་ལས་སྲིད་རྒྱུད་ཇི་ལྟར་བྱུང་བའི་ཚུལ་ཡང་ནག་མོ་མིག་དགུ་དང་ལྟས་···ངན་རྒྱལ་པོ་གྲ་བཟང་གཉིས་བསྒོས་པ་ལས་ལྟས་ངན་མིང་སྲིད་དགུ་(84) རྣམས་བྱུང་བ་དང་། ཚད་ཀྱི་རྒྱལ་མོ་དང་ས་བླ་མགོན་བུ་གཉིས་བསྒོས་པ་ལས་ལྷ་བདུད་མིང་སྲིད་ལྡེ་(85) བྱུང་བ་དང་། མ་གདོན་རྒྱལ་མོ་དང་རྫུས་པའི་བྲིན་སྲིན་དམར་གཉིས་བསྒོས་པ་ལས་ཡུལ་གདོན་མིང་སྲིད་དགུ་(86) བྱུང་བ་དང་། ཁོད་དེ་རིང་མོ་དང་མང་གེ་བདུད་གཉིས་བསྒོས་པ་ལས་ཀླུ་བདུད་མིང་སྲིད་ལྡེ་(87) བྱུང་བ་དང་། ས་གཞི་གཙུག་འབེབས་དང་ས་བདག་བདུད་རྩེ་གཉན་གཉིས་བསྒོས་པ་ལས་ས་བདག་མིང་སྲིད་དགུ་(88) བྱུང་བ་དང་། ས་སྲིན་ནག་མོ་དང་གནམ་གྱི་མཐོན་ཁ་རྒྱལ་གཉིས་བསྒོས་པ་ལས་སྲིད་པ་ལྕམ་དྲལ······ལྡེ་(89) བྱུང་བ་དང་། འཇིགས་བྱེད་ཀླུང་མགོ་དང་རྒྱལ་བྱིན་ས་ལ་ནག་པོ་གཉིས་བསྒོས་པ་ལས་ཐེའུ་རང་སྤུན་དགུ་(90) བྱུང་བ་དང་། སྲི་ཟ་མང་དང་སྨྱུ་མ་སྟོང་སྒོང་གུ་གུལ་གཉིས་བསྒོས་པ་ལས་བྱུར་དང་མི་ཁ་མིང་སྲིད་ལྡེ་(91) བྱུང་བའི་ཚུལ་རྣམས་ཀྱང་སྲིད་པའི་མཛོད་ཕུག་གི་རྩ་བར་གསལ་བར་བསྟན་འདུག

ཀླུ་རབས་གཉན་ཏུམ་ཇེ་དང་ཚབ་བདག་ནག་མོ་སྐྱོང་དགུ་གཉིས་བསྒོས་པའི་སྲས“ལྕམ་དྲལ་བཅུ····དྲུག་བལྟམས་པ་ཡིན།” ཞེས་བོན་གྱི་བཀའ་འགྱུར་དུ་ཡོད་པའི་སྲིད་པའི་མཛོད་ཕུག་[9ན་2] ཏུ་བཀོད་ཡོད་ཀྱང་དཔེ་གཞན་[རྙི་11ཕ་3] ལས“ལྕམ་དྲལ་དྲུག་ཏུ་བལྟམས་པ་ཡིན།” ཞེས་གསལ་བར་མ་ཟད། སྒྲ་འགྲེལ་[རྙི་63ཕ་16] ལས་སླུ་(ཀླུ་) རབས་ཚ་བདག་སྤྲུལ་པ་ལས་ལྕམ་དྲལ་དྲུག་ཅེས་པ། སླུ་(ཀླུ་) རབ་བཟང་དོ་རེ་དང་སླུ་(ཀླུ་) འབྲིང་འཚབ་ཧོ་རེ། ཐང་སླུ་(ཀླུ་) ག་པོ་ཇེ། སླུ་(ཀླུ་) ལྕམ་ངན་ནེ་མ། སླུ་(ཀླུ་) སྲིན་གྲུམ་བྱེད་མ། མང་ཞེར་སླུ་(ཀླུ་) བདུད་མོ་དང་དྲུག་སྟེ། བས་ལྷགས་ཤུ་བ་ཟ་ཕྲུག་དང་། ཧེའུ་ནད་ཁོང་འབྲས་གཏོང་བ་སྟེ། བདག་ཏུ་རྫོངས་པ་ལས་གྱེས་པའོ། །ཞེས་ཞལ་གསལ་དུ་བསྟན་པས་ལྕམ་དྲལ་དྲུག་ཡིན་པ་ཤེས་ཐུབ་པ་ཡིན། ཚུལ་འདི་དག་ནི་ལོ་གྲངས་སྟོང་ཕྲག་བཞི་ལ་ཉེ་བའི་དུས་སུ་བོད་ཀྱི་མེས་རབས་རྣམས་ཀྱིས་འཇིག་རྟེན་སྲིད་པའི་ཁམས་འདི་ཇི་ལྟར་གྲོལ་བའི་སྐོར་གསལ་རྒྱས་སུ་བསྟན་པའི········ལུགས་དེ་ཡིན་ལ། ཀླངས་ཀྱི་པོ་ཏི་བསེ་ཏུ་ལས་སྲིད་པའི་སྒོ་ང་བཅོ་བརྒྱད་ལས་འཇིག་རྟེན་གྱི་ཡུལ་ཆེན་བཅོ་བརྒྱད་ཀྱི་སྣོད་བཅུད་རྣམས་གྲོལ་བ་དང་ཁྱད་པར་དུ་[བོད་4ཕ་20] ལས“སྒོ་ང་བཅོ་བརྒྱད་འཁྲིང····བ་དེ། དུང་སྒོང་གཅིག་ཏུ་ཡར་ནས་བྱུང་།” ཞེས་པས་ཞང་བོད་ཀྱི་སྣོད་བཅུད་རྣམས་གྲོལ་བར་བསྟན་པ་

དེ་དང་། སྲིད་པའི་མཛོད་ཕུག་ཏུ་སངས་པོ་འབུམ་ཁྲི་ལ“ དུང་གི་མི་བོ” ཞེས་པའི་ཐ་སྙད་ཡོད་པ་འདི་གཉིས་ཀྱི་ཁུངས་གཅིག་གྱུར་དུ་ཡོད་པ་དེས་ཀྱང་ཐོག་མའི་གྲོལ་ཚུལ་ཇི་ལྟར་ངོས་འཛིན་བྱས་ཡོད་པ……གསལ་པོར་ཤེས་ཐུབ།

ཕྱིར་བཏང་དུ་མིའི་འགྲོ་བ་ལས་རྣམ་པ་དང་རང་བཞིན། གནས་ཚུལ། ཁམས་དང་དབང་པོའི་ནུས་ཤུགས་སོགས་ཐ་དད་པའི་སྐྱེ་འགྲོ་དེ་རིགས་ལ“ མི་མ་ཡིན” ཞེས་ཟེར་སྲོལ་ཡོད། མི་མ་ཡིན་ཞེས་པའི་སྐྱེ་འགྲོ་དེ་རིགས་མེད་སྲིད་པ་ཞིག་གཏན་ནས་མ་རེད་ལ། མི་ལས་ཐ་དད་པའི་སྐྱེ་འགྲོ་ཡོད་པར་ངོས་འཛིན་པ་དེ་ནི་ནམ་རྒྱུད་དུ་རྨོངས་དད་ཀྱིས་ལྷ་འདྲེ་གདོན་བགེགས་སུ་བཟུང་བའི་ཀུན་རྟོག་གི་སྤྲོས་པ་དང་གཞི་རྩ་ནས་འདྲ་ཐབས་མེད་པ་ཞིག་རེད། དཔེར་ན་དེང་དུས་སུང་ཆོས་དགོང་མོར་ནམ་མཁའ་གཡའ་དག་པའི་ངོགས་སུ་བལྟས་པ་ཡིན་ན་གཟའ་དང་རྒྱུ་སྐར་དང་། ཉི་ཁྱིམ་གྱི་རིགས་བགྲང་བར་མི་ནུས་པ་ཞིག་རང་རེའི་དབང་པོའི་མངོན་སུམ་དུ་སྣང་དུ་ཡོད་ལ། ད་དུང་ང་ཚོས་གཏན་ནས་མཐོང་མི་ཐུབ་པའི་རྒྱུ་སྐར་དང་ཉི་ཁྱིམ་གྱི་གྲངས་དེ་ལས་ཀྱང་ཆེས་མང་བ་ཞིག་ཡོད་ངེས་པ་ནི་བཤད་མ་དགོས། རྒྱུ་སྐར་དང་ཉི་ཁྱིམ་ཇི་སྙེད་ཅིག་ཡོད་པ་དེ་དག་ཏུ་རིགས་མི་འདྲ་བའི་འབྱུང་བའི་ནུས་ཤུགས་དང་བར་སྣང་གི་ཁམས……དང་། དེ་འབྲེལ་དབང་པོ་དང་ནུས་སྟོབས་སོགས་རྣམ་པ་དང་ཚུལ་ལུགས་མི་འདྲ་བའི་སེམས་ཅན་གྱི་རིགས་ཇི་སྙེད་པ་ཞིག་ཡོད་ངེས་པ་ནི་ཚད་མས་གྲུབ་པ་དང་། སྐྱེ་འགྲོ་དེ་དག་གི་ཁྲོད་དུ་བློ་ནུས་དང་ཡོན་ཏན་གྱི་ཁྱད་པར་སོགས་རང་རེ་མིའི་འགྲོ་བ་ལས་ལྷག་པའམ་མཉམ་པ་དང་། དམན་པའི་གནས་ཚུལ་མི་འདྲ་བ་གྲངས་ཀྱིས་མི་ལོངས་པ་ཞིག་ཡོད་ངེས་པའང་རིག་པས་གྲུབ་པ་ཡིན།

སྐྱེ་འགྲོ་སུ་ཞིག་གི་ཁམས་དབང་དང་བློའི་ནུས་པ་སོགས་རང་རེ་མིའི་འགྲོ་བ་ལས་ལྷག་པ་དང་། དེ་དག་གི་བསམ་སྤྱོད་སོགས་རང་རེ་ལས་མཆོག་ཏུ་གྱུར་པའམ་ལེགས་པའི་ཆ་དུ་མ་དང་ལྡན་པ་ཞིག་ཡིན་ན། དེ་ལ“ ལྷ” ཞེས་པའི་ཐ་སྙད་བྱེད་པ་དང་། ང་ཚོ་མིའི་འགྲོ་བ་ལས་བློ་ནུས་སོགས་དམན་པ་དང་། ལྷག་པར་དུ་བསམ་སྤྱོད་ངན་ཞིང་རྩུབ་ལ་ཉེས་པའི་ཆ་དུ་མ་དང་ལྡན་པ་ཞིག་ཡིན་ན། དེ་ལ“ འདྲེ” ཞེས་པའི་ཐ་སྙད་བྱེད་པ་སྟེ། བཟང་ངན་གཉིས་ལ་ལྟོས་ནས་ལྷ་དང་འདྲེའི་ཐ་སྙད་བྱེད་སྲོལ་ཡོད་པ་དེ་ནི་རྣམ་ཀུན་རྨོངས་དད་ཀྱི་ངོར་ལྷ་འདྲེ་གདོན་བགེགས་སུ་འཛིན་པའི་ལྟ་ཕྱོགས་དང་རྩ་བ་ནས་མི་འདྲ་བ་ཞིག་ཡིན……སྐབས། ལྷ་འདྲེ་དེའི་ལྟ་ཕྱོགས་ཙམ་ལ་མི་འདོད་པའི་གུ་དོག་བྱེད་དགོས་པ་གང་ཡང་མེད། དེས་ན“ ལྷ་ལས་མི་ཏུ་ཆད” ཅེས་པ་དེ་ཐོལ་བྱུང་དུ་གནམ་ནས་ས་ལ་བབས་པའི་དོན་ཞིག་མིན་ལ། མི་མ་ཡིན་ལས་མི་ཏུ་ཆད་པའི་སྐོར་གནའ་བོའི་ལོ་རྒྱུས་རྣམས་སུ་གསལ་བར་བཤད་ཡོད་པ་དེ་དག་གི་གོ་དོན་ལ་ང་ཚོས……

བསམ་གཞིག་ནན་པོ་ཞིག་བཏང་ན་རིག་ལམ་དང་མི་མཐུན་པ་འགའ་ཡང་མེད་པ་ཤེས་ཐུབ།

སྨོན་པའི་མི་བོ་ཞུམ་ཞུམ་མམ་སངས་པོ་འབུམ་ཁྲི་མ། སྲིད་པ་ཡེ་སྨོན་རྒྱལ་པོ་ཞེས་པ་སོགས་མཚན་གྱི་རྣམ་གྲངས་མི་འདྲ་བ་འགའ་ཞིག་ཡོད་པ་དེ་ལས། རིམ་གྱིས་ཞང་བོད་ཀྱི་མི་རྒྱུད་རྣམས་མཆེད་ཅིང་འཕེལ་བའི་ཚུལ་རླངས་ཀྱི་པོ་ཏི་བསེ་རུ[བོད་ཤ5ཕ9]ལས་ཡུམ་ཆུ་ལྕུག་རྒྱལ་མོ་ཁབ་ཏུ་བཞེས་པའི་སྲས་ནི་ལྷ་སྲས་སྤྱི་གཙུག་རྒྱལ་བ་ཞེས་ཀྱང་བྱ། སྲིད་བུ་འདོད་ཅམ་ཞེས་ཀྱང་བྱ། འཕྲུལ་སྲས་དབང་ལྡན་ཞེས་ཀྱང་བྱ། དེས་དུང་ཟ་དཔུལ་མོ་ཁབ་ཏུ་བཞེས་པའི་སྲས་ལ་བཀོ་སྲས་སྐྱེས་ཅིག དེའི་སྲས་ལྷ་མི་རབས་མཆེད་གསུམ་ལགས། དེ་རྣམས་ནི་མི་ལ་ལྷར་མིང་བཏགས་པ་ནི་སྲིད་པ་མི་རབས་མཆེད་དགུ་ནི་མུ་ཏིག་བསྟར་ལ་བརྒྱུས་པ་ལྟ་བུ་ཞིག་ཡིན་པར་འདུག་སྟེ། འདི་རྣམས་ནི་ལྷའི་ཐུགས་ལས་སྤྲུལ་བའི་སྲས་ཡིན། མཆེད་གསུམ་གྱི་ཆུང་བ་ཕྱར་རྗེ་སྟག་ཚ་འབལ་འོལ་ཡིན། ལྷ་རབས་སྲིད་པའི་ཐ་ཆུང་དེ། མི་རབས་སྲིད་པའི་མགོ་བོ་ཡིན། དེས་འཚམས་ཟ་ཁྲུད་ཁྲུད་མ་ཁབ་ཏུ་བཞེས་པའི་སྲས་ནི་སྲིད་པ་ལྷ་རབས་མཆེད་བཞི་ཞེས་ཀྱང་བྱ། མགོ་གསུམ་ཚ་ཞེས་ཀྱང་བྱ། དེ་ནས་མི་བརྒྱུད་(རྒྱུད་)དུ་གྲོལ་བ་ནི་སྲས་འོ་དེ་གུང་རྒྱལ། སྐྱས་མཁན་པའི་ཡབ་ལྷག་བཙ་དྲུག ཁྲི་དེ་གསུམ་པོ། ཚ་གྲང་ཤེང་དཀར་པོ་བཞི་ཡིན། ཡབ་ལྷ་བཙ་དྲུག་གིས་ལྷ་སྲས་མོ་ཁབ་ཏུ་བཞེས་པའི་སྲས་ལྷ་ཚ་མཆེད་སྲས་དགུ་ཡོད། སྨན་མོ་ཁབ་ཏུ་བཞེས་པ་ལ་སྨན་ཚ་མཆེད་དགུ་ཡོད། ཀླུ་ཐང་བཞེས་པ་ལ་ཀླུ་ཚ་མཆེད་དགུ་ཡོད། ལར་སྲས་པོ་སུམ་ཅུ་སོ་ལྔ་ཡོད། དེ་རྣམས་ཀྱི་ཆུང་བ་སྟེ་སྣ་ཁྲིམ་ལག་ཁྲ་དེས། ལྷ་ལྕམ་དཀར་མོ་བཞེས་པའི་སྲས། ནི་ཁ་རྒྱལ་པོ། དེས་ལུང་ཁ་ཧྲིལ་མོ་ཁབ་ཏུ་བཞེས་པའི་སྲས་རྒྱལ་བུ་མཐིང་གེ་འཐིང་པོ། མཐིང་གཉིས་གསུམ་དུ་ཡོད། རྒྱལ་པོ་མཐིང་གེས་ལྷ་ལྕམ་དཀར་མོ་ཁབ་ཏུ་བཞེས་པའི་སྲས་བོད་འབྱོར་ལ་བཏངས། ཀླུ་ཟ་མཐིང་སྐྱིལ་མ་ཁབ་ཏུ་བཞེས་པའི་སྲས་རྒྱལ་ཁྲི་ཡ་ཞམ། དེའི་སྲས་རྒྱལ་པོ་ཆེ་ཆུང་གསུམ་དང་བྱུང་བརྒྱུད་དུ་ཡོད། མཐིང་མོ་ཁབ་ཏུ་བཞེས་པ་ལ་མཐིང་ཕྲུག་རྟོར་སྲིད། རྟོར་ལ་ཨོ་བོའི་རྟོར་རབས་མཆེད་གསུམ་གྱིས། འབྱོར་ལ་གྲམ་གྱི་སྲས་པོར་རྗེ། ཁྲི་རྗེ། ཁྲི་རྗེ་ཐང་པོ། རྗེ་ཁྲི་རྗེ་ཐང་སྣན། བོར་རྗེ་(འི་སྲས་)ཁྲི་རྗེ་གཙོ་འདུས། ཁྲི་རྗེ་ཐང་སྣན་གྱི་སྲས་ཨ་ཉེ་མུ་ཟི་ཁྲི་ཧོ་ཆེན་པོ་དེས་སྣན་ཟ་ཤ་མིག་མ་ཁབ་ཏུ་བཞེས་པ་ལས་སྲས་གསུམ་འཁྲུངས་པ་ལ་ཆེ་བ་སྤྱོས་ཆུ་ཕྱོང་། དེ་འོག་སེ་ཁྱུང་དབྲ། ཆུང་ང་ཨ་ལྕུགས་འབྲུ། དམུ་ཟ་ལྷ་མོ་ཁབ་ཏུ་བཞེས་པའི་སྲས་དམུ་ཚ་དགའ། བྲག་སྲིན་གདོང་དམར་མོ་ཁབ་ཏུ་བཞེས་དགོས་ཐུག་པའི་སྲས་དཔལ་ཟླ་གཉིས། མི་ཆེན་གོལ་བའི་རྒྱུད་གཞིར་འབྲུངས་སོ། །ཞེས་གསུངས་ཡོད་པ་དེ་རྣམས་ཀྱིས་ཡ་ཐོག་གི་མེས་ཆེན་པོ་སྲིད་པ་ཡེ་སྨོན་རྒྱལ་པོའི་སྨོན་པའི་མི་བོ་ཞུམ་ཞུམ་དུ་གྲགས་པ་དེ་ནས་བཟུང་རུས་ཆེན་དྲུག་གི་བར་དུ་མི་རྒྱུད་ཇི་ལྟར་འཕེལ་ཡོད····

པའི་སྐོར་རགས་ཙམ་ཞིག་བསྟན་པ་ཡིན།

གཉིས། རྩ་བའི་དུས་ཆེན་བཞིའམ་མིའུ་གདུང་དྲུག་གི་སྐོར།

རྩ་བའི་དུས་ཆེན་བཞིའམ་མིའུ་གདུང་དྲུག་གི་དབུ་རྩོགས་པ་ནས་བཟུང་མིའི་རིགས་རྒྱུད་འཕེལ་རྒྱས་ཇི་ལྟར་བྱུང་ཡོད་པའི་ཚུལ་ཡང་པོ་ཉི་བསེ་རུ་ལས་ཆེ་བ་སྲོས་ཆུ་སྟོང་། སྟོང་ལ་ང་ཆེ་བཅོ་བརྒྱད། དུས་ཆེན་བཅོ་བརྒྱད། སྨུག་པོ་སྟོང་གི་ཆེ་དྲུག བཙུན་དྲུག་ཡོད། དེ་འོག་སེ་ཁྱུང་དབྲ། དབྲ་ལ་དཀར་ནག་ཁྲ་གསུམ་ཡོད། དབྲ་དང་པོ་རྒྱུད་ཀྱི་ཆེ་དགུ། ལྷ་དབྲ་སྨུག་པོ་མཆེད་བཅུ། དགུ་འབུམ་དབྲ་ཡི་མཆེད་དྲུག་ཡོད། དེ་འོག་ཨ་ལྕགས་འབྲུ། འབྲུ་ལ་བུ་དགུ་བྱུང་། མི་འགྱུར་ཐར་བའི་གནས་བརྒྱད་ཡོད། དེ་འོག་དམུ་ཚ་དགའ་ལ་དར་མ་མཆེད་བདུན་ཡོད། དེ་འོག་དཔལ་ལྡ་གཉིས་ཡུལ་ཆེན་མཚམས་སུ་ཡོད་པས་བོད་མིའུ་གདུང་དྲུག་གི་འབྲུངས་ལུགས་ད་ལར་གྱིས་བོད་ཀྱི་མིའུ་གདུང་དྲུག་ལ་བཤད་ན་མི་ཆེ་བ་དང་བཟུང་ནས…
བོས་ན་མིང་མི་སྣན་པ་མེད། ཅེས་པས་རྩ་བའི་དུས་ཆེན་སྲོས་ཆུ་སྟོང་སེ་ཁྱུང་དབྲ་དང་ཨ་ལྕགས་འབྲུ། དམུ་ཚ་དགའ། དཔལ་དང་ལྡ་བཅས་མིའུ་གདུང་དྲུག་ཏུ་གྲགས་པ་རྣམས་ལས་དུས་ཚན་གྱི་བྱེ་བྲག་ཇི་ལྟར་མཆེད་པའི་ཚུལ་གསལ་བར་བསྟན་པ་ཡིན་ལ་གཞི་རྩའི་དུས་ཚན་དེ་རྣམས་དང་ད་དུང་དེ་རྣམས……
ལས་དུས་ཚན་གྱི་བྱེ་བྲག་ཇི་སྙེད་ཅིག་མཆེད་ཡོད་ཚུལ་ཡང་བཤད་མཛོད་ཆེན་མོ་[ཐེམ་ཀ190ཤ95བ3]ལས་སྟོད་ཁམས་གསུམ་ན་དུས་རིགས་གསུམ། རྒྱ་དང་གུ་གེ་ཅོག་གེ་གསུམ། རྫེ་ཡི་སྐྱུ་ལ་འཚོ་བ་ཡིན། སྨད་ཁམས་གསུམ་ན་དུས་རིགས་གསུམ། ལྡན་མ་བྲིའོ་གསུམ་(སུམ་)པ་གསུམ། བར་ཁམས་གསུམ་ན་དུས་རིགས་དྲུག བཙུན་པར་བྱེད་པ་སེ་དང་རྨུ། བཙན་པར་བྱེད་པ་ཁྱུ་དང་སྐྱགས། སྣན་པར་བྱེད་པ་སྟོང་དང་སྟོང་། ཡུལ་གྱི་ཁང་ནི་སྐོམས་པ་ཡིན། དུས་ཆེན་བཞི་ཡི་ཆད་ཚུལ་ནི། སྟོང་ལ་དུས་ཆེན་བཅོ་བརྒྱད་སྲིད། རྨུ་ལ་ཀོ་ལེའི་ཁྲ་བརྒྱད་སྲིད། སྟོང་ལས་རྫེ་བཞི་ཁོལ་བརྒྱད་སྲིད། སེལ་(སེ་)བྱུང་ལེགས་ཀྱི་བུ་བཞི་སྲིད། དུས་ཆེན་བཞི་ཡི་ཆད་ཚུལ་ཡིན། ཞེས་པ་རྣམས་ཀྱིས་རྩ་བའི་དུས་ཆེན་དྲུག་ལས་ནང་ཚན་བྱེ་བྲག་ཏུ་ཇི་ལྟར་མཆེད་པའི་ཚུལ་བསྟན་པ་ཡིན་ལ། ད་དུང་དམིགས་བསལ་དུ་དུས་ཆེན་སྲོས་ཆུ་སྟོང་ལས་མཆེད་པའི་དུས་མཚན་གང་དང་གང་དག་ཡིན་པའི་ཚུལ་རགས་ཙམ་ཞིག་ནི་བཤད་མཛོད་[ཐེམ་192ཤ96བ3]ལས་སྟོང་དུས་ཆེན་པོ་བཅོ་བརྒྱད་ཟེར་ཙ་ན། ཡབ་སྟོང་ཆེན་པོ་སྲོས་དྲ་ཡིན། དེ་ལ་དུས་རིགས་བཅོ་བརྒྱད་བྱུང་། ཅོག་དང་ཅོག་ཅེ་ཅོག་རོ་གསུམ། སྨད་ཀྱི་ཞིང་〔92〕དང་འདྲ་བའི་བུ་གསུམ་ཡིན། འབྲོང་དང་ཁྱུང་པོ་ལྡ་བ་གསུམ། དཔྱལ་བའི་མིག་དང་འདྲ་བའི་བུ་གསུམ་ཡིན། འབྲིང་དང་ལྷ་

ལུང་ལྷ་རྗེ་གསུམ། ལག་པ་གཡས་དང་འདྲ་བའི་བུ་གསུམ་ཡིན། ཐང་དང་དགོས་པ་ཁྲུ་ན་གསུམ། ལག་པ་གཡོན་དང་འདྲ་བའི་བུ་གསུམ་ཡིན། ཉ་དང་ཆེ་སྤྱོང་ལུ་ནག་གསུམ། ལུས་ཁོག་པ་དང་འདྲ་བའི་བུ་གསུམ་ཡིན། སྙིང་དང་ཕོ་གོང་ཐག་བཟང་གསུམ། ཁོང་བའི་སྙིང་དང་འདྲ་བའི་བུ་གསུམ་ཡིན། དེ་རྣམས་ལྷོང་གི་དུས་ཆེན་བཅོ་བརྒྱད་ཡིན། ཞེས་པས་ལྷོང་གི་དུས་ཚན་བཅོ་བརྒྱད་ཀྱི་མིང་རྣམས་གསལ་བར་བསྟན་པ་དང་དེ་ནས་དུས་ཆེན་རྒྱ་ལས་མཆེད་པའི་དུས་ཚན་གང་དག་ཡིན་པའང་བཤད་མཛོད་[ཐིམ་193 ཤ་97 ན་4]ལས་རྒྱ་ལ་ཀོ་ཡོ་ཟླ་བརྒྱད་བྱུང་། ངམ་དང་སྨུབས་དང་གཞུང་དང་གསུམ། འགར་དང་དཀར་དང་སྨིན་དང་གསུམ། སྨོས་དང་ངན་ལམ་གཉིས་ཏེ་བརྒྱད། རྒྱ་ཀོ་ལེ་ཟླ་བརྒྱད་ཟེར་བ་ཡིན། ཞེས་པས་རྒྱུའི་ཟླ་བའི་དུས་ཚན་བརྒྱད་ཀྱི་མིང་རྣམས་གསལ་བར་བསྟན་པ་དང་དེ་ནས་དུས་ཆེན་ལྟོང་ལས་དུས་ཚན་ཇི……ལྟར་མཆེད་ཚུལ་ཡང་[ཤ་97 ན་5]ལས་ལྟོང་ཇེ་བཞི་ཁོལ་བརྒྱད་པོ་(བརྒྱད་)ཟེར་ཅ་ན། ལྟོང་དང་གནམ་སྨན་རྒྱལ་མོ་གཤོས་(བཤོས་)པའི་སྲས། ཇེ་གཅིག་ཅོག་ལ་རམ་པ་ཇེ། འབངས་གི་དམར་དང་དམར་བ་ཡིན། ཇེ་གཅིག་ཐེ་ཅོམ་སླལ་པོ་ཇེ། འབངས་ནི་སླལ་དང་སླལ་དབེན་ཡིན། ཇེ་གཅིག་གཙང་ཇེ་ཐོད་དཀར་ཇེ། འབངས་ནི་རྫོག་དང་ཁྲིག་གཉིས་ཡིན། ཇེ་གཅིག་སླགས་ཇེ་ཐོགས་སློམ་ཇེ། འབངས་ནི་ཏོག་དང་སྤྲས་གཉིས་ཡིན། ལྟོང་ཇེ་བཞི་ཁོལ་བརྒྱད་ཅེས་(བརྒྱད་)ཟེར་བ་ཡིན། ཞེས་ལྟོང་གི་དུས་ཆེན་དུ་ཇེའི་རིགས་བཞི་དང་འབངས་ཀྱི་རིགས་བརྒྱད་ཡོད་པ་རྣམས་ཀྱི་མིང་གསལ་བར་བསྟན་པ་དང་། དེ་ནས་སེའི་དུས་ཆེན་ལས་དུས་ཚན་ཇི་ལྟར་མཆེད་པའི་ཚུལ་ནི་[ཤ་97 བ་3]ལས་སེ་བྱུང་ལེགས་ཀྱི་བུ་བཞི་ནི། སེ་གོང་རྒྱལ་ནང་ཇེ་དང་གཅིག་འགྲོ་གང་ཉེར་བ་སེ་དང་གཉིས། འོ་གོག་བཙན་གསུམ་སེ་དང་གསུམ། འོག་མ་བདེ་ལྟོང་སེ་དང་བཞི། སེ་བྱུང་ལེགས་ཀྱི་བུ་བཞི་ཡིན། ཞེས་སེའི་ཟླ་བའི་དུས་ཚན་བཞིའི་མིང་རྣམས་གསལ་པོར་བསྟན་པ་ཡིན་ལ་དུས་ཚན་གྱི་རྣམ་གྲངས་དེ་དག་ལས་དུས་རིམ་གྱི་ནང་དུ་དུས་ཚན་ཡི་འདྲ་བ་ཇི་སྙེད་པ་ཞིག་མཆེད་ཡོད་པ་ཡང་ཤེས་སླ་བ་ཡིན།

རང་རའི་བསམ་ངོར་སྦྲའམ་ཁྱུང་གི་དུས་ཆེན་ལས་ཞང་ཞུང་གི་མི་རྒྱུད་མཆེད་པ་དང་། ལྷོང་གི་མི་རྒྱུད་ལས་མི་ཉག་གི་མི་རྒྱུད་མཆེད་པས་མཚོན། དུས་ཆེན་གཅིག་གི་མི་རྒྱུད་ཀྱིས་ཡུལ་ཁམས་གཅིག་ལ་དབང་བྱས་པའི་རྒྱུ་མཚན་གྱིས་ཡུལ་དེར་གཙོ་ཆེར་དུས་ཆེན་གང་དུང་གཅིག་ལས་མཆེད་པའི་མི་རྒྱུད་ཁོ……ན་ཡིན་དགོས་པ་འདྲ་ཞིག་ཏུ་མངོན་གྱི་ཡོད། དེ་ནི་ཡ་ཐོག་གི་དུས་ཚན་ཇི་ལྟར་མཆེད་ཡོད་པའི་གནས་ཚུལ་དང་ཡོངས་སུ་མཐུན་པ་ཞིག་ཡིན་མོད། དུས་ཚན་འཕེལ་རྒྱས་ཀྱི་ནང་དུས་ཚན་བར་གྱི་འབྲེལ་བ་ཅི་རིགས་ཤིག་བྱུང་སྲིད་ཡོད་པ་དང་། དེར་མ་ཟད་ཡུལ་ཁམས་གཅིག་གི་མངའ་སྡེ་ལ་མཚོན་ན་འང་དུས་

ཚན་མི་འདྲ་བ་དུ་མ་ལས་བྱུང་བའི་མི་ཚོགས་ལ་བརྟེན་ནས་མངའ་སྡེར་གྱུར་ཡོད་པ་དང་། ད་ལྟའི་དུས་སུའང་དེ་འབྲེལ་གྱི་འཕོ་འགྱུར་ཅི་རིགས་ཤིག་འབྱུང་བཞིན་ཡོད་པ་ནི་མངོན་སུམ་མཐོང་ཆོས་སུ་གྱུར་པ་ཡིན། བཤད་མཛོད་ཆེན་མོ[ཤོག་200 ཤ་100 བ་5] ལས་ཞང་ཞུང་ཡུལ་དང་སྤུ་རང་མང་ཡུལ་གསུམ། དཔའ་བོ་གངས་ཀྱིས་སྐོར་བ་(93) འདྲ་(དང་།) ཏམ་བུ་རྫ་ཡིས་(རྫས་སུ་)སྐོར་བ་(94) དང་། གུ་གེ་གཡམ་གྱིས་(གཡས་སུ་)སྐོར་བ་(95) གསུམ། མངའ་རིས་སྐོར་གསུམ་ཟེར་བ་ཡིན། ཡུལ་ཐིང་ལྟ་བུ་དེ་ཡོན་ཏན་འབྱུང་བའི་གནས། ཡུལ་དེ་སྲུས་འཛིན་ན། ཅོག་རོ་ཅོག་རྩེ་ཐང་དཀར་གསུམ། བྲེ་དང་ཁྲུང་པོ་ཕ་ན་གསུམ། ཏས་ཆེན་དྲུག་གིས་འཛིན་པ་ཡིན། ཞེས་ཞང་ཞུང་ས་སྐོར་གྱི་མངའ་རིས་ལྟ་བུ་གཅིག་ལ་མཚོན་ན་འང་ཡུལ་ཁམས་དེ་ཏས་ཚན་དྲུག་གིས་དབང་བྱས་ཡོད་ཚུལ་གསལ་བར་བསྟན་པས་ཤེས་ཐུབ་པ་ཡིན། གནའ་ལུགས་ཀྱི་ལྟ་སྟངས་སྲིད་པ་གླིང་གི་སྔོ་ང་ལས་སྨོན་པའི་མི་བོ་ལུམ་ལུམ་བྱུང་བ་དང་། དེ་ནས་ཏས་ཆེན་བཞིའམ་དྲུག་ཏུ་མཆེད་པའི་བར་དུ་དུས་ཡུན་གང་མཚམས་ཤིག་ཕྱིན་ཡོད་པ་ལྟ་ཅི། ཏས་ཆེན་བཞིའམ་དྲུག་ནས་ཏས་ཚན་མང་དུ་མཆེད་པ་དང་། ད་དུང་ཕྱི་བྲག་གི་ཏས་ཚན་དེ་རྣམས་ལས་ཏས་ཚན་གཞན་མང་དུ་མཆེད་པའི་དུས་རིམ་དེ་ལ་ནི་རང་རེས་ཡ་ཐོག་ཞང་བོད་ཀྱི་རྗེ་བའི་དུས་རབས་སུ་ངོས་འཛིན་དགོས་མོད། དུས་རིམ་དེའི་གནས་ཚུལ་ཇི་ལྟར་བྱུང་ཡོད་པའི་སྐོར་ནི་ཞང་བོད་ཀྱི་གནའ་བོའི་རིག་རྫས་རིན་པོ་ཆེ་གཟིའི་རིགས་དང་། ཐོག་ལྕགས་ཀྱི་རིགས་འགའ་དང་བྲག་ངོས་སུ་ཡོད་པའི་གནའ་བོའི་རི་མོའི་རིགས་ཞང་བོད་ཀྱི་ཡུལ་ཁག་འགར་མངོན་མཐོང་དུ་ཡོད་པ་དེ་རྣམས་དང་། དུས་ཕྱིས་བོད་དབུས་གཙང་གི་ས་གནས་འགའ་དང་མདོ་ཁམས་ཆབ་མདོའི་ས་ཁུལ་དང་། ཧོར་བྲག་མགོའི་ས་ཁུལ་འགའ་ནས་གསར་དུ་རྙེད་པའི་བོད་ཀྱི་གནའ་མིའི་ཏས་སྒྲོམ་དང་གནའ་མིའི་སྤྱོད་ཆས་ཀྱི་དངོས་རྫས་འགའ་རེ་ཡོད་འདུག་པ་དེ་ལ་དེང་དུས་ཀྱི་རིག་གསར་བ་རྣམས་ནས་རྟོག་གཞིག་བྱེད་བཞིན་ཡོད་སྐད་ཐོས་པ་དེ་རིགས་ལ་ཤེས་དགོས་པ་ཡིན།

རང་རེའི་སྣང་ངོར་སྲིད་པ་གླིང་གི་སྔོ་ང་ལས་སྟོད་བརྒྱུད་གྲོལ་ཚུལ་གྱི་བཤད་པ་འདི་ནི་བོན་ལུགས་ཀྱི་ལྟ་སྟངས་དེ་རིགས་ལ་ཡིད་ཆེས་ཡོད་པའི་མི་འགའ་ཤས་ཤིག་གིས་ལུགས་དེར་ཡིད་ཆེས་ཀྱི་རྨང་གཞི་བཟུང་སྟེ། དེ་འབྲེལ་གྱི་བཤད་ཡམ་ཅི་རིགས་ཤིག་སྤེལ་བའི་རྐྱེན་གྱིས་ལུགས་དེ་དར་རྒྱས་སུ་ཕྱིན་པ་ཙམ་ཞིག་ཡིན་པ་ལས། ལྟ་ཚུལ་དེ་ལ་གནའ་བོའི་རང་གཤིས་དང་ལྡན་པའི་ཁྱད་ཆོས་སམ་དེང་དུས་ཀྱི་རིག་ལམ་དང་མཐུན་པའི་གོ་དོན་ཁྱད་དུ་འཕགས་པ་ཅི་ཞིག་ཡོད་སྙམ་ནས་མཐོང་ཚུང་གི་སྒོ་ནས་སྣང་མེད་དུ་འཇོག་དགོས་པ་འདྲ་ཞིག་ཡོད་ལ་མཁས་པ་འགའ་ཞིག་གིས་ནི་ཚུལ་དེ་ལ་འཛིག་རྟེན་ཆགས་པོ་དག་གི་ངག་

སྲོས་དཔྱུས་ཀྱི་མཁས་པ་འགས་ཚད་མར་བཟུང་ནས་ཡི་གེར་བཀོད་སྐབས། ཕྱིས་འབྱུང་རང་མགོ་ཁྲུང་རྒྱས་ཏེ་དཔྱུས་གཙང་གི་བོད་མིའི་ཁུངས་འཛིན་ཚོན་དེང་བའི་དོ་ཟླར་གྱུར་ཚུལ་གྱིས་མཚོན། ལོ་རྒྱུས་ཀྱི་ལྟ་ཚུལ་འདི་ལ་ཤིན་ཏུ་མ་འོས་པའི་བཀའ་བཀྱོན་ཅི་རིགས་ཤིག་ཀྱང་གནང་སྲོལ་བྱུང་ཡོད། དེ་ལྟར་ནའང་བོན་ལུགས་སུ་འབྱུང་བ་སྣ་ལྔའི་སྙིང་པོ་ལས་སྲིད་པ་སྒོང་གི་སྔོ་ང་གྲུབ་ཚུལ་བཤད་པ་དེ་དང་དེང་སང་གི་ཚན་རིག་པ་རྣམས་ཀྱིས་འབྱུང་བའི་བྱེད་ལས་ལ་བརྟེན་ནས་འཇིག་རྟེན་གྱི་ཁམས་མི་འདྲ་བ་སྣ་ཚོགས་ཞིག་ཆགས་པ་དང་ཆགས་བཞིན་པ། འཇིག་པ་སོགས་ཀྱི་ཚུལ་ཇི་སྙེད་ཅིག་བཤད་པའང་སྤྱིར་བཏང་འབྱུང་བའི་ནུས་པ་ཚོགས་པའི་ཕུང་པོ་ལས། སྲིད་པ་སྒོང་གི་སྔོ་ང་ཞེས་བྱ་བ་སྔོ་ངའི་བཟོ་དབྱིབས་དང་འདྲ་བ་ཞིག་ཏུ་གྲུབ་ཡོད་ཚུལ་གྱི་བཤད་པ་བོན་ལུགས་སུ་གྲགས་པ་དེ་དང་། དེང་དུས་ཀྱི་ཚན་རིག་པ་ཚོས་ཉེ་ཁྱིམ་གྱི་གྲངས་སུས་ཀྱང་བགྲང་བར་མི་ནུས་པ་དེ་རྣམས་ཀྱི་ནང་དུ་གཟའ་དང་སྐར་མ། འཇིག་རྟེན་གྱི་ཁམས་མཐའ་ཡས་པ་རྣམས་རིལ་པོ་བྱའི་སྔོ་ངའི་དབྱིབས་དང་འདྲ་བར་ཆགས་ཡོད་པའི་བཤད་པ་ཇི་སྙེད་ཅིག་ཡོད་འདུག་པ་དེ་དག་ཕན་ཚུན་དུ་འགལ་བ་ཅི་ཞིག་ཡོད།

ཞང་བོད་ཀྱི་གནའ་མིའི་མེས་པོ་རྣམས་ལ་ལོ་གྲངས་བཞི་སྟོང་ལ་ཉེ་བའི་གོང་རོལ་ནས་དེང་དུས་ཀྱི་ཚན་རིག་པའི་ལྟ་སྟངས་ལ་གོ་བསྡུར་བྱེད་འོས་དངོས་པོའི་གནས་ལུགས་ཀྱི་གོ་རྟོགས་གཏིང་ཟབ་མོ་དེ་འདྲ་བ་ཞིག་ཆགས་ཡོད་པ་དང་། དེ་འདྲ་བའི་གོ་རྟོགས་ཟབ་མོ་དེའང་དེ་ལྟའི་དུས་སྐབས་ཀྱི་བར་དུ་རྒྱུན་མ་ཆད་པར་འཚོ་སྐྱོང་ཐུབ་པའི་ནུས་པ་མངོན་མཐོང་འདི་བཞིན་ཐོན་ཡོད་པ་དང་། བར་བརྒྱལ་གྱི་དུས་རབས་རིམ་ཅན་གྱི་ནང་དུ་རིན་ཐང་ཆེས་ཆེ་བའི་ཤེས་རིག་དེ་དག་འཛིན་སྐྱོང་ཡང་དག་པའི་འོག་དར་རྒྱས་ཀྱི་གནས་སྐབས་ཀྱང་མང་དུ་བྱུང་སྐྱོང་ཡོད་པའི་ལོ་རྒྱུས་མི་ཉུང་བ་ཞིག་རང་རེའི་དབང་པོའི་མངོན་སུམ་དུ་ཡོད་བཞིན་པ་འདི་དག་ལ་མཐོང་ཆུང་བྱེད་མི་འོས་པ་ལྟ་ཅི། ཚུལ་འདི་དག་ལ་ལེགས་པར་བསམས་ན་རང་ཅག་གི་གནའ་བོའི་མེས་པོ་རྣམས་ལ་བསམ་མནོའི་གོ་རྟོགས་མཐོན་པོ་ཅི་འདྲ་ཞིག་བྱུང་ཡོད་པ་གསལ་པོར་ཤེས་ཐུབ་པ་དང་། ཞང་བོད་མི་རིགས་ཀྱི་བློ་ལ་ངེས་པར་དུ་སྤོབས་པ་སྐྱེ་དགོས་པ་དང་སྐྱེ་འོས་པ་ཞིག་ཡིན་པ་ལ་ཐེ་ཚོམ་ཅི་ཞིག་ཀྱང་མེད།

དེང་དུས་ཀྱི་ཚན་རིག་པ་ཁག་ཞིག་གིས་ཡ་ཐོག་མིའི་འབྱུང་ཁུངས་དེ་ཉའི་རིགས་ལས་ཆད་པར་བཤད་ཡོད་ལ། ཡང་ཁག་ཞིག་གིས་སྤྲེའམ་སྤྲེའུ་འདྲ་བའི་སེམས་ཅན་འགའ་ཞིག་གི་རིགས་ལས་མཆེད་པ་སྟེ། རིམ་གྱིས་གནས་དུས་སོགས་ཀྱི་ཆ་རྐྱེན་དུ་མ་ཞིག་ལ་བརྟེན་ནས་སེམས་ཅན་དེ་དག་ལ་འཕོ་འགྱུར་གྱི་ཤུགས་རྐྱེན་ཅི་རིགས་ཤིག་ཐེབས་ནས་འགྲོ་བ་མིར་གྱུར་ཚུལ་གྱི་བཤད་པ་གསལ་སྟོན་བྱས་ཡོད། གལ་ཏེ་

ཐོག་མའི་མི་རྒྱུད་དེ་དག་ཉའམ་སྦྲེའུ་ལྟ་བུའི་སེམས་ཅན་གང་ཡང་ཏུང་བ་ཞིག་ལས་མཆེད་པའི་དབང་དུ་བྱས་ན་འང་སེམས་ཅན་དེ་དག་ལ་ཡ་ཐོག་གི་འབྱུང་ཁུངས་ངེས་པ་ཅན་ཞིག་མེད་ཐབས་མེད་པ་ནི་ཆོས་ཉིད་ཡིན་གཤིས། བོན་དུ་སྲིད་པ་ཀློང་གི་སྒོ་ང་ལས་སྣོད་བཅུད་རྣམས་གྲོལ་ཚུལ་བཤད་པ་དེ་དང་འགལ་བ་ཅི་ཞིག་ཀྱང་མེད། སྲིད་པ་ཀློང་གི་སྒོ་ང་ལས་སྣོད་བཅུད་རྣམས་གྲོལ་ཚུལ་བསྟན་པ་དེ་ནི་སྤྱིར་བཏང་འབྱུང་བའི་ཁམས་མཐུན་སྦེབས་ཀྱི་ནུས་པ་ལས་ཡ་ཐོག་གི་སྣོད་བཅུད་རྣམས་ཇི་ལྟར་སྲིད་པའང་གྲོལ་ཚུལ་གྱི་བཤད་པ་ཞིག་ཡིན་པ་ལས། སེམས་ཅན་གང་ཞིག་ཡོད་པ་དེ་ཉིད་གནས་དུས་ཀྱི་ཆ་རྐྱེན་འགའ་ལ་བརྟེན་ནས་བཟོ་དབྱིབས་དང་ཀུན་སྤྱོད་སོགས་གནས་འགྱུར་བའམ་དེ་དག་ལ་འཕོ་འགྱུར་ཐེབས་པའི་བཤད་པ་ཙམ་ཞིག་རྩ་བ་ནས་མིན་སྟབས། གཞི་རྩའི་སྟེང་ནས་མི་འདྲ་བའི་ཁྱད་ཆེ་བ་ཡོད་པའི་ཚུལ་འདི་གོ་དགོས་པ་ནི་ཤིན་ཏུ་གལ་ཆེན་པོ་ཞིག་རེད།

ཕྱི་ནང་གི་མཁས་པ་མང་ཤས་ཤིག་གིས་བོན་ལུགས་སུ་སྲིད་པ་ཀློང་གི་སྒོ་ང་ལས་སྣོད་བཅུད་རྣམས་གྲོལ་ཚུལ་གྱི་བཤད་པ་མང་པོ་ཞིག་ཡོད་པ་འདི་དག་ནི་རྒྱ་གར་ན་གྲགས་ཆེ་བ་དབང་ཕྱུག་པའི་ལུགས་ཀྱི་ལྟ་ཚུལ་ཞིག་ཡིན་པ་དང་། བོན་ལ་དབང་ཕྱུག་པའི་ཤན་ཞུགས་པའི་རྣམ་འགྱུར་ཐུན་མོང་མ་ཡིན་པ་ཞིག་རེད་ཅེས་བོན་གྱི་ལྟ་ཚུལ་དེ་ལ་རྩིས་མེད་གཏོང་སྲོལ་ཡོད། བོན་ནི་ཞང་བོད་ཀྱི་གནའ་རབས་ལོ་རྒྱུས་ཚང་མའི་གཞི་འཛིན་ཡུལ་ཁྱད་ཅན་སློས་གར་གྱི་གར་སྟེགས་དང་འདྲ་བ་ཞིག་ཡིན་སྟབས། བོན་ལ་དབང་ཕྱུག་པའི་ཤན་ཞུགས་ཡོད་མེད་ཀྱི་སྐོར་འདིར་རང་རེས་ཁ་ཚོན་ཆོད་ངེས་ཀྱི་ཞིབ་འཇུག་དྲང་བདེན་ཞིག་བྱེད་དགོས་པའང་གལ་གནད་ཤིན་ཏུ་ཆེ་བར་མཐོང་། བོན་གྱི་ལུགས་ཡ་ཐོག་གི་འབྱུང་ཁུངས་འབྲེལ་པ་དང་ཐལ་བ་ནི་ཞང་ཞུང་གི་ཡུལ་དབུས"འོལ་མོ་ལུང་རིང"ཞེས་སུ་གྲགས་པ་ནི་དེང་དུས་སུ"གུ་གེ"ཞེས་བྱ་བའི་ཡུལ་གྱི་མཐིལ། རི་བོ་གངས་ཅན་ཏི་སེ་དང་མཚོ་མ་ཕམ་བཅས་པའི་ཉེ་གནས་སུ་ཆགས་ཡོད་པའི་ཡུལ་དེ་ཡིན། ཞང་ཞུང་གི་ཡུལ་དབུས་སུ་ཡོད་པའི་གངས་རི་ཆེན་པོ་ཏི་སེ་ལ་རྒྱ་གར་དུ"ཀཻ་ལ་ཤ"ཞེས་བྱ་བ་དང་། མཚོ་མ་ཕམ་ལ"མ་ན་ས་རོ་ཝར"ཞེས་སུ་གྲགས་ཤིང་། རྒྱ་གར་བ་རྣམས་ཀྱིས་གངས་རི་ཆེན་པོ་ཏི་སེ་ནི་དབང་ཕྱུག་ཆེན་པོའི་གནས་རི་ཁྱད་དུ་འཕགས་པ་ཞིག་ཏེ། དབང་ཕྱུག་པའི་སྲོལ་ལུགས་གང་ནས་དར་བའི་འབྱུང་གནས་ཁྱད་པར་ཅན་ཞིག་ཏུ་ངེས་འཛིན་སྲོལ་ཡོད་པ་དང་། གངས་ཏི་སེའི་དང་འབྲེལ་ཡོད་མཚོ་མ་ཕམ་ཡང་ཏི་སེའི་ཆུ་རྒྱུན་ལས་གྲུབ་པའི་མཚོ་ཤིན་ཏུ་བྱིན་རླབས་ཆེ་བ་ཞིག་ཏུ་ངོས་འཛིན་ཞིང་། མཚོ་དེ་དང་འབྲེལ་བའི་ཁ་འབབ་ཀྱི་ཆུ་བོ་ཆེན་པོ་རྒྱ་གར་གྱི་ཡུལ་དུ་སླེབས་པའི་ཚེ། རྒྱ་གར་བ་རྣམས་ནས་ཆུ་བོ་དེ་དག་ཏུ་ཁྲུས་བྱེད་ཅིང་། གནས་མཆོག་གངས་ཆེན་ཏི་སེ་དང་། མཚོ་མ་ཕམ

ཀྱི་བྱིན་རླབས་ཀྱིས་ཆུ་བོ་དེ་དག་ཏུ་སུ་ཞིག་གིས་ཁྲུས་བྱས་པ་དེ་དག་གི་སྒྲིབ་པ་རྣམས་འདག་ཐུབ་པའི……ཡིད་ཆེས་བྱེད་སྲོལ་ཡོད་པ་དང་། རྒྱ་གར་གྱི་གནས་སྐོར་བ་བརྒྱ་ཕྲག་མང་པོ་ཡོ་རེ་བཞིན་གངས་ཆེན་ཏི་སེ་དང་མཚོ་མ་ཕམ་མཇལ་བསྐོར་དུ་འགྲུལ་བཞུད་བྱས་པ་དང་། བྱེད་བཞིན་པའི་དངོས་ཀྱི་གནས་ཚུལ་དེ་རིགས་ལ་ཞིབ་པར་དཔྱད་ན་རྒྱ་གར་གྱི་དབང་ཕྱུག་པའི་ལུགས་དེ་བོད་ཀྱི་གནའ་བོའི་ཤེས་རིག………ཡོངས་རྫོགས་ཀྱི་རྩ་བའི་འབྱུང་ཁུངས་ཞང་ཞུང་གི་ཡུལ་ནས་ཕར་དར་བ་ཞིག་ཡིན་ནམ། འོན་ཏེ་རྒྱ་གར་ནས་ཞང་བོད་ཀྱི་ཡུལ་དུ་ཚུར་དར་བ་ཞིག་ཡིན་པའི་ཚུལ་ལ་ངེས་ཤེས་བརྟན་པོར་རྙེད་ཐུབ་ལ། དེ་ལྟར་རྙེད་པ་ཡིན་ན་ད་གཟོད་བོན་ལ་དབང་ཕྱུག་པའི་ཤན་ཞུགས་པ་ཡིན་ནམ་དབང་ཕྱུག་པའི་ལུགས་ལ་བོན་…ཀྱི་ཤན་ཞུགས་པ་ཡིན་པའི་ཁ་ཚོན་ཀྱང་དེ་ཐོག་ནས་ཆོད་ཐུབ་པ་རེད།

རླངས་ཀྱི་པོ་ཏི་བསེ་རུའི་ལོ་རྒྱུས་ཀྱི་སྙིང་དོན་ལྟར་ན་ཡ་ཐོག་ཞང་བོད་མི་རྒྱུད་ཀྱི་ཐོག་མའི་གྲོལ་ཕྱུག་ནི"སྨོན་པའི་མི་བོ་ལུམ་ལུམ"ཞེས་བྱ་བ་དེ་ཡིན་ལ། དེ་ནས་རིམ་གྱིས་སྲིད་པའི་མི་རབས་མཆེད་དགུ་སོགས་མི་རབས་མང་པོ་ཞིག་བརྒྱུད་པའི་རྟིང་མ་དེར་ལྡོང་དང་དབྲ། འབྲུ། དགའ་སྟེ། རུས་ཆེན་བཞི་དང་། གཞན་ཡང་དབལ་ཟླ་གཉིས་དང་བཅས་པས་མིའུ་གདུང་དྲུག་ཏུ་གྲགས་པ་རྣམས་ཡིན་ཚུལ་གསལ་པོར་བསྟན་ཡོད་པ་རེད།

གངས་རིའི་ར་བས་བསྐོར་བའི་ཡུལ་ལྗོངས་འདིའི་མི་སྡེའི་རྩ་བའི་རུས་ཆེན་བཞིའམ་ལྔ་དང་དྲུག་ཡང་ན་བདུན་སོགས་རྣམ་གྲངས་མང་ཉུང་ཅི་འདྲ་བ་ཞིག་ཡིན་ཀྱང་རུང་དོན་དུ་སྨོན་པའི་མི་བོ་ལུམ་ལུམ་…མམ་སངས་པོ་འབུམ་ཁྲི་ནས་ཨ་ཞེ་མུ་ཟེ་ཁྲི་ཧོ་སྟེ་རླུང་ལྷ་གནམ་དགོངས་བར་གྱི་མི་རབས་དེ་རྣམས་གང…དུ་བྱུང་བའི་ཡུལ་གྱི་ལྟེ་བ་ནི་ཞང་ཞུང་གི་ཡུལ་དབུས་ཁོ་ན་ཡིན་ངེས་པ་སྟེ། བློན་པོ་བཀའི་ཐང་ཡིག་[པེ་428 ཤ་15]ལས་མིའི་འཆད་ཁུངས་རྒྱལ་པོའི་བྱོན་ཚུལ་ནི། །འཛམ་གླིང་སྙིང་པོ་རྒྱ་གར་རྡོ་རྗེ་གདན། །རྡོ་རྗེ་གདན་ནས་བྱང་ཕྱོགས་བཅལ་བ་ན། །རི་ནག་དགུ་འདས་ཕ་རོལ་གངས་ཏི་སེ། །གངས་རིའི་བྱང་ངོས་རི་བོ་སྤོས་ངད་ལྡན། །དེ་གཉིས་བར་ན་མ་དྲོས་མཚོ་ཆེན་ཡོད། །ཅེས་པས་ཞང་ཞུང་ཡུལ་གྱི་ལྟེ་བར་ཆགས་པའི་གངས་རི་ཆེན་པོ་ཏི་སེ་དང་། མཚོ་ཆེན་པོ་མ་ཕམ་གཡུ་མཚོ་བཅས་གསལ་བར་བསྟན་པ་དང་། ཡང་བློན་པོ་བཀའི་ཐང་ཡིག་[པེ་429 ཤ་8]ལས་ཕྱོགས་བཞི་དག་ན་སེམས་ཅན་ཁ་འདྲ་བཞི། །ཆུ་བོ་ཆེ་པོ་བཞི་ནི་ཕྱོགས་བཞིར་འབབ། །ཤར་ཕྱོགས་གླང་ཆེན་ཁ་ནས་གངྒཱ་འབབ། །དངུལ་གྱི་བྱེ་མ་འདྲེན་ཅིང་མ་ནོས་བསྐོར། །ཆུ་བྲན་ལྔ་བརྒྱར་བཅས་ནས་ཤར་མཚོར་འབབ། །ལྷོ་ཁྲུང་འདྲ་བའི་ཁ་ནས་སིནྡྷུ་འབབ། །བཻཌཱུརྻ་ཡི་བྱེ་མ་འདྲེན་ཅིང་བསྐོར། །ནུབ་ཕྱོགས་རྟ་ཡི་ཁ་ནས་པཀྵུ་འབབ། །ཤེལ་གྱི་བྱེ་མ་འདྲེན་ཅིང་སྐོར་བཞིན་བསྐོར། །བྱང་ཕྱོགས་སེང་གེའི་ཁ་ནས་སི་ཏ་འབབ། །གསེར་གྱི་བྱེ་མ་འདྲེན་ཅིང་གོང་བཞིན་

བསྐོར། །ཞེས་པ་རྣམས་ཀྱིས་མ་ཕམ་གཡུ་མཚོའམ་མ་ན་ས་རོ་ཝར་ལས་ཁ་འབབ་ཀྱི་ཆུ་བོ་ཆེན་པོ་བཞི་སྟེ། སླང་ཆེན་ཁ་འབབ་བམ་རྒྱ་གར་དུ་ཆུ་བོ་གངྒཱ་(GANGES)ཞེས་བྱ་བ་དང་། སྤྱིང་ཆེན་ཁ་འབབ་བམ་རྒྱ་གར་ དུ་ ཆུ་ བོ་ སིན་ དྷུ་ (INDUS) ཞེས་ པ་ དང་། རྟ་ མཆོག་ ཁ་ འབབ་ བམ་ རྒྱ་ གར་ དུ་ ཆུ་ བོ་ པཱྀུ་ (BRAHMAPUTRA)ཞེས་པ་དང་། སེང་གེ་ཁ་འབབ་བམ་རྒྱ་གར་དུ་ཆུ་བོ་སི་ཏཱ་(SITA)ཞེས་བྱ་ཞིང་། གངས་ཆེན་པོ་ཏི་སེ་དང་མཚོ་མ་ཕམ་ནི་ཆུ་བོ་ཆེན་པོ་དེ་རྣམས་ཀྱི་འབྱུང་ཁུངས་ཡིན་པ་གསལ་པོར་བསྟན་པ་ཡིན། གཞན་ཡང་། འཛམ་གླིང་གངས་རྒྱལ་ཏི་སེའི་དཀར་ཆག་ཚངས་དབྱངས་ཡིད་འཕྲོག་(ISMEO ཤ་8 ཕ་4)ལས་དེ་ལྟར་དུའང་ཁྲུས་ཀྱི་སྣོ་བཞིའི་ཁ་ནས་འབབ་པའི་ཆུ་ཆེན་བཞི་ཉ་སྲིད་པ་ནི། ཤར་དུ་རྟ་མཆོག་ཁ་འབབ་ཅེས་བྱ་བ་ཞང་ཞུང་ཡུལ་གྱི་ཤར་ཕྱོགས་རྟ་མཆོག་འཛིན་གྱི་རི་བོ། རི་ཅང་ཤེས་རྟ་ཡི་དབྱིབས་ཅན་གྱི་ཁ་ནས་ཆུ་བོ་ཆེན་པོ་གྲིམ་ཤང་འཁྱིལ་བ་གཡུང་དྲུང་ལུ་གུ་རྒྱུད་ལྟ་བུ་མར་ལ་འབབ་པ…… ཡང་ཡོད། དེ་ལྟར་དུའང་བྱང་སེང་གེའི་ཁ་འབབ་ཅེས་བྱ་བ་ཞང་ཞུང་ཡུལ་གྱི་བྱང་ཕྱོགས་སེང་ཆེན་འགྱིང་བའི་རི་བོ། རི་རྒྱལ་ཆེན་སེང་གེའི་དབྱིབས་ཅན་གྱི་ཁ་ནས་ཆུ་བོ་ཆེན་པོ་སེང་ང་པཱྀུ་བྱང་དུ་འཁྱིལ་བ་ཡང་ཡོད་ཅེས་སོ། །དེ་ལྟར་དུའང་ནུབ་སླང་ཆེན་ཁ་འབབ་ཅེས་བྱ་བ་ཞང་ཞུང་ཡུལ་གྱི་ནུབ་ཕྱོགས་སྤྱིང་ཆེན་སྤྱུངས་པའི་རི་བོ་སྤྱིང་ལུང་དངུལ་མཁར། རྒྱལ་བ་མཉེས་ཡུལ་དེ་ཉ་རི་སླང་ཆེན་འགྱིང་བ་ལྟ་བུའི་ཁ་ནས་ཆུ་བོ་ཆེན་པོ་གངྒཱ་ནུབ་ཏུ་ཡར་ལ་འབབ་པའང་ཡོད་ཅེས་སོ། །དེ་ལྟར་དུའང་ལྷོ་བྱའི་ཁ་འབབ་ཅེས་ཞང་ཞུང་གྱི་ལྷོ་ཕྱོགས་རྨ་བྱ་མཛེས་བརྗིད་ཀྱི་རི་བོ། རི་རྨ་བྱ་གཉིས་བསྒོལ་ལྟ་བུའི་ཁ་ནས་ཆུ་བོ་ན་ར་ཛ་ར་ལྷོ་ཏུ་བབས་པའང་ཡོད་ཅེས་སོ། །ཞེས་པས་ཀྱང་ཁ་འབབ་ཀྱི་ཆུ་བོ་ཆེན་པོ་བཞི་གསལ་བར་བསྟན་ཡོད། དཔེ་དེ་གཉིས་སུ་ཁ་འབབ་ཀྱི་ཆུ་བོ་རྣམས་ངོས་འཛིན་སྟངས་དང་དེ་དག་གི་གནས་ཕྱོགས་མི་འདྲ་བ…… འགའ་རེ་ཡོད་པ་ནི་གཤམ་གསལ།

ཁ་ཕྱོགས།	ཤར།	ལྷོ།	ནུབ།	བྱང་།
ཁ་འབབ་བཀའ་ཐང་ལུགས།	སླང་ཆེན་ཁ་འབབ།	སྤྱིང་ཆེན་ཁ་འབབ།	རྟ་མཆོག་ཁ་འབབ།	སེང་གེ་ཁ་འབབ།
ཁ་འབབ་དཀར་ཆག་ལུགས།	རྟ་མཆོག་ཁ་འབབ།	རྨ་བྱ་ཁ་འབབ།	སླང་ཆེན་ཁ་འབབ།	སེང་གེ་ཁ་འབབ།
ཆུ་བོའི་མིང་བཀའ་ཐང་ལུགས།	གང་གཱ།	སིན་དྷུ།	པཀྵུ།	སི་ཏཱ།
ཆུ་བོའི་མིང་དཀར་ཆག་ལུགས།	གྲིམ་ཤང་འཁྱིལ་བ།	ན་ར་ཛ་ར།	གང་གཱ།	པཀྵུ།

གངས་རི་ཆེན་པོ་ཏི་སེ་དང་མཚོ་ཆེན་མ་དྲོས་བཅས་ཀྱི་སྔོན་འབྱུང་ལོ་རྒྱུས་ཤེལ་དཀར་མེ་ལོང་[ཤ་92ན་2]ལས་ཤར་རྟ་མཆོག་གི་ཁ་ནས་པཀྵུ་དངུལ་གྱི་བྱེ་མ་འདྲེན་བཞིན་མ་དྲོས་པ་ལ་ལན་བདུན་བསྐོར་ནས་ཆུ་བྲན་ལྔ་བརྒྱ་དང་བཅས་ཏེ་ཤར་གྱི་རྒྱ་མཚོར་འབབ། ལྷོ་གླང་ཆེན་མཆོག་གི་ཁ་ནས་སིན་དྷུ་རིན་པོ་ཆེ་སྣ་ཚོགས་ཀྱི་བྱེ་མ་འདྲེན་བཞིན་དུ་ལྷོ་ཕྱོགས་སུ་འབབ། ནུབ་གླང་ཆེན་གྱི་ཁ་ནས་གང་གཱ་གསེར་གྱི་བྱེ་མ་འདྲེན་བཞིན་དུ་ནུབ་ཕྱོགས་སུ་འབབ། བྱང་སེང་གེའི་ཁ་ནས་སི་ཏ་རྡོ་རྗེའི་བྱེ་མ་འདྲེན་བཞིན་དུ་བྱང་ཕྱོགས་སུ་འབབ་པ་སོགས་ཀྱི་ཡོན་ཏན་དུ་མ་མདོ་སྡེ་དང་བཤད་པ་རྣམས་ན་ལྟའང་ཡོད། ཅེས་གསུངས་པར་བཀའ་ཐང་སྡེ་ལྔ་དང་ཏི་སེའི་དཀར་ཆག་ཚངས་དབྱངས་ཡིད་འཕྲོག་གཉིས་ཀ་དང་མི་མཐུན་པ་འགའ་རེའང་ཡོད། གངས་རྒྱལ་ཏི་སེ་འདི་ཉིད་སངས་རྒྱས་པར་གྲགས་ཆེ་བའི་རི་རྒྱལ་ལྷུན་པོ་ཡིན་མིན་དང་། མཚོ་མ་ཕམ་འདི་ཉིད་མ་དྲོས་མཚོ་ཡིན་མིན་སོགས་ཀྱི་སྐོར་རྗེ་བཙུན་མི་ལ་རས་པ་(1040—1123)སོགས་བཀའ་བརྒྱུད་པ་དང་ས་སྐྱ་པཎྜི་ཏ་ཀུན་དགའ་རྒྱལ་མཚན་(1181—1251)སོགས་ས་སྐྱ་པའི་མཁས་གྲུབ་ཆེན་པོ་རྣམས་ཀྱི་བར་རྩོད་གླེང་དུ་མ་ཞིག་བྱུང་སྒྲོང་བའི་སྐོར་གྱི་ཡིག་ཆ་མི་ཉུང་བ་[96]ཞིག་བཞུགས་ཡོད་ཅིང་། དེ་དག་ཏུ་ཁ་འབབ་ཀྱི་ཆུ་བོ་ཆེན་པོ་འདི་རྣམས་ངོས་འཛིན་སྟངས་ཀྱང་མི་འདྲ་བ་ཅི་རིགས་ཤིག་ཡོད་ནའང་སྐབས་འདིར་གོང་གསལ་གྱི་དཔེ་རྒྱུན་དེ་གསུམ་གྱིས་འབྱུས་པ་ལས་སྤྲོས་པའི་དགོས་པ་ཆེར་མ་མཐོང་བས་རེ་ཞིག་བཞག་གོ། སློན་པོ་བཀའི་ཐང་ཡིག་[པེ་228ཕ་16]ལས་རྡོ་རྗེ་གདན་ནས་བྱང་ཕྱོགས་བཅལ་བ་ན། །རི་ནག་དགུ་འདས་ཕ་རོལ་གངས་ཏི་སེ། །གངས་རིའི་བྱང་ངོས་རི་བོ་སྤོས་ངད་ལྡན། །དེ་གཉིས་བར་ན་མ་དྲོས་མཚོ་ཆེན་ཡོད། །ཅེས་པས་གནས་ཡུལ་ཁ་གསལ་བསྟན་པའི་མཇུག་ཐོག་དེར་ཡང་[པེ་429ཕ་20]ལས་དཔག་ལྡན་ལྷ་ཡི་ཡུལ་ནས་ལྷ་བུ་གཉིས། །མི་རྟག་ཤུ་དུམ་ལྷ་རར་བརྒྱུས་ནས་སྐྱེས། །ཙན་དན་དྲི་ས་མེད་པ་ཞེས་བྱ་དང་། །སུཙྪ་དྲི་མ་མེད་པ་ཞེས་བྱ་ལ། །འཛམ་བུ་གླིང་པའི་མི་རྣམས་འཆད་པའོ། །ཞེས་པས་ཞང་བོད་ཀྱི་མི་རྒྱུད་ཙམ་དུ་མ་ཟད་འཛམ་གླིང་གི་ཐོག་མའི་མི་རྒྱུད་རྣམས་ཀྱི་འཆད་ཁུངས་ཀྱང་གནས་ཡུལ་འདི་ཉིད་ཡིན་པ་གསལ་བར་བསྟན་ཡོད་པ་དེ་ནི་ལོ་རྒྱུས་ཀྱི་རྩ་བའི་གནད་དོན་གལ་འགང་ཤིན་ཏུ་ཆེན་པོ་ཞིག་རེད།

ཞང་བོད་ཡ་ཐོག་མི་རྒྱུད་ཀྱི་འཆད་ཁུངས་“ཞང་ཞུང་”ཞེས་བྱ་བའི་ཐ་སྙད་འདི་ལ་དཔྱད་ན་ཐ་སྙད་འདི་ནི་ཞང་ཞུང་སྲིད་པའི་ལྷ་ཀླུ་གཉན་གསུམ་དང་། དེ་འབྲེལ་གྱི་རྒྱལ་གཤེན་འབངས་གསུམ་པོ་ཐམས་ཅད་དང་འབྲེལ་ཡོད་ཅིག་ཡིན་པའང་ཤེས་ཐུབ། ཇི་ལྟར་ཞེ་ན། ཞང་ཞུང་གི་སྐད་དུ་“ཞུང་”ཞེས་པ་དེ་ནི་བོད་སྐད་བརྡ་རྙིང་དུ་“ཁྱུང་”ཞེས་བྱ་བ་དང་དོན་གཅིག་པ་ཡིན། “ཁྱུང་”ཞེས་བྱ་བའི་ཐ་སྙད་འདི་བོད་

ཀྱི་བརྡ་ཆེས་རྙིང་མ་ཞིག་ཡིན་པ་ནི་དུས་ཕྱིས་བོད་དུ་བྱོན་པའི་སངས་རྒྱས་པའི་མདོ་རྒྱུད་ཡོངས་གྲགས་ཀྱི་དཔེ་རྣམས་སུ་ཁྱུང་ལ"ནམ་མཁའི་ལྡིང"ཞེས་པའམ"མཁའ་ལྡིང"ཞེས་པའི་ཐ་སྙད་ཡོད་པ་ལས"ཁྱུང"ཞེས་པའི་ཚིག་འདི་ཤིན་ཏུ་རྙེད་དཀའ་བ་དེ་ཙམ་གྱིས་ཀྱང་ཤེས་ཐུབ་པ་ཡིན། ཁྱུང་ནི་བོན་ལུགས་སུ་ཡ་ཐོག་སྲིད་པའི་ལྷ་རབས་ཀྱི་མཆེད་ཁུངས་ཤིན་ཏུ་གལ་ཆེན་པོ་ཞིག་ཏུའང་ངོས་འཛིན་སྲོལ་བྱུང་འདུག དེའི་སྐོར་ཁ་གསལ་བ་ཞིག་ནི་ཁོ་བོས་བྲིས་པའི་གཞུང་སྐྱུང་ལྡེའུ་བོན་གསུམ་གྱི་གཏམ་ཨེ་མ་ཧོཿ[རྫ159ཤ་14]ལས་ཡེ་སྲིད་འཕྲུལ་གྱི་སྨྲ་བླ་ནི། སྨྲ་བླ་ཁྱུང་ཆེན་རལ་ཆེན་ཞེས་བྱ་བ་དེ་ཉིད་ཡིན་ཞིང་། དེ་ལས་ཡེ་མཁྱེན་སྨྲ་བླའི་དམག་ཚོགས་རྣམས་སྤྲུལ་བ་སྟེ། དེ་ཡང་སྤྱི་གཙུག་གི་ནོར་བུ་རིན་པོ་ཆེ་ལས་སྨྲ་བླ་ཡིད་བཞིན་ལྷ་དབང་སྤྲུལ་བ་དང་། ཁྱུང་རུ་གཡས་གཡོན་ལས་སྨྲ་བླ་ལྷ་གསས་དར་མ་སྤྲུལ་བ། རྣ་བ་གཡས་གཡོན་ལས་སྨྲ་བླ་ངར་ཆེན་གཡུ་འབྲུག་སྤྲུལ་བ་དང་། སྤྱན་མིག་གཡས་གཡོན་ལས་སྨྲ་བླ་ཡོད་ཁམས་ཀུན་གསལ་སྤྲུལ་བ་དང་། ཁྱུང་མཆུ་བར་དུ་བགྲད་པ་ལས་སྨྲ་བླ་ཁྱུང་ནག་ཤ་ཟན་སྤྲུལ་བ་དང་། སྒྲོ་ཆེན་གསུམ་བརྒྱ་དྲུག་ཅུ་ལས་སྨྲ་བླ་སུམ་བརྒྱ་དྲུག་ཅུར་སྤྲུལ་བ་དང་། ཐལ་གཤོག་གསེར་གྱི་འདབ་མ་ལས་སྨྲ་བླ་ཉིས་ཁྲི་དགུ་འབུམ་དུ་སྤྲུལ་བ་དང་། ཁྱུང་སྡེར་ས་ལ་འཛུགས་པ་ལས་སྨྲ་བླ་སྐུ་འདུལ་ཁྱུང་ཆེན་སྲིད་པ་སྟེ། དེ་ནི་སྲིད་པ་ཆགས་པའི་དུས་ནས་སྲིད་པས་ན"ཡེ་ནས་སྲིད་པའི་སྨྲ་བླ་ཞེས་བྱ་བ་ཡིན།" ཞེས་གནའ་བོའི་བོན་པོ་ཤེས་པ་ཅན་བཅུ་གཉིས་ཀྱི་ནང་ཚན་མགོན་ཤེས་ལྷ་བོན་གྱི་ནང་ཇི་ལྟར་བཤད་ཡོད་པས……མཚོན། ཡ་ཐོག་ལྷ་སྐུ་གཉན་སྤྲུལ་ཕྱུག་ཀྱང་ཁྱུང་ཆེན་ལ་བརྟེན་ཡོད་པ་དེ་རེད།

གསུམ། ཞང་ཞུང་གི་དུས་ཚན"བསེ་ཁྱུང་སྨྲའི"སྐོར།

ཞང་ཞུང་གི་མི་རྒྱུད་གང་ནས་མཆེད་པའི་དུས་ཆེན་གྱི་གཙོ་བོ་ནི"བསེ་ཁྱུང་སྨྲ"ཞེས་སུ་གྲགས་པ་དེ་ཡིན་ལ། སྤྱིར་བཏང་དུ"བསེ་ཁྱུང་སྨྲ"ཞེས་བརྗོད་པའི་ཚེ་སྨྲ་ལ་བསེ་ཁྱུང་ཞེས་པའི་ཁྱད་ཆོས་ཀྱི་ཚིག་སྦྱར་བའི་སྲོལ་འདྲ་པོ་ཞིག་ཏུ་སྣང་མོད། དོན་དུ་སྨྲའི་ནང་ཁོངས་སུ་གཏོགས་པའི་དུས་ཚན་ཕྱེ་བྲག་པ་འགའ་ལ་བསེ་དང་ཁྱུང་ཞེས་བྱ་བ་ཡིན། ཞང་ཞུང་གི་མི་རྒྱུད་དེ་རྣམས་གཙོ་ཆེར་ཁྱུང་གི་དུས་ཚན་ལས་གྱེས་པ་ཡིན་སྟབས་ཡུལ་ཁམས་ལའང་ཁྱུང་སྟེ། ཞང་ཞུང་གི་གནའ་སྐད་དུ"ཞུང"ཞེས་པའི་ཐ་སྙད་འདི་བྱུང་ཡོད་པ་ནི་གོར་མ་ཆགས། "ཞང"ཞེས་པའི་ཚིག་འདི་ནི་ཕྱིས་སུ་བོད་ཀྱིས་སྦྱར་བའི་ཐ་སྙད་ཅིག་ཡིན་ལས་ཆེ། གང་ལ་ཟེར་ན་བོད་ཀྱི་རྒྱལ་པོ་སྲོང་བཙན་སྒམ་པོས(629—710)རྒྱ་ནག་གི་གོང་མ་ཐང་གི་སྲས་མོ་ཁབ་ཏུ་བཞེས་པའི་རྒྱུ་མཚན་གྱིས། བོད་མིས་རྒྱ་ནག་ལ་ཞང་གི་ཐ་སྙད་བེད་སྤྱོད་བྱས་ཡོད་པ་ནི་ལྷ་སའི་

གཙུག་ལག་སྐོ་མདུན་གྱི་རྗོ་རིང་ནུབ་ངོས་ཀྱི་གཡོན་ཕྱོགས་[ཕ་1—7] ལས་བོད་ཀྱི་རྒྱལ་པོ་ཆེན་པོ་འཕྲུལ··· གྱི་ལྷ་བཙན་པོ་དང་། རྒྱའི་རྒྱལ་པོ་ཆེན་པོ་རྒྱ་རྗེ་ཧྭང་ཏེ། དཔོན་ཞང་གཉིས། ཆབ་སྲིད་གཅིག་ཏུ་མོལ་ནས། མཇལ་དུམ་ཆེན་པོ་མཛད་དེ་གཙིགས་བཅས་པ། ཞེས་པས་གསལ་བ་དེ་ཡིན་ལ། བོད་ཀྱི་རྒྱལ་པོ་སྲོང་བཙན་སྒམ་པོས་ཞང་ཞུང་བཟའ་ལི་ཐིག་སྨན་ཁབ་ཏུ་བཞེས་པས་མཚོན། གནའ་བོའི་བོད་ཀྱི་རྒྱལ་རབས་མང་པོ་ཞིག་གིས་ཞང་ཞུང་རྒྱལ་རབས་འགའི་སྲས་མོ་རྣམས་ཁབ་ཏུ་བཞེས་སྒྲོང་ཡོད་པ་ནི་རྒྱུ········· མཚན་གང་ལ་དཔྱད་ཀྱང་ཤེས་ཤིན་ཏུ་སླ་བ་ཞིག་ཡིན་སྐབས། ཞང་ཞུང་ལ"ཞང"གི་ཐ་སྙད་སྦྱར་བ་ནི་དེ་ལས་ཀྱང་འོས་ཆེ་བ་ཞིག་ཡིན་པར་མ་ཟད། བོད་ཀྱི་ཡ་ཐོག་གི་མི་རྒྱུད་མིའུ་གདུང་དྲུག་གམ་རུས་ཆེན་བཞི་རུ་གྲགས་པ་དེ་རྣམས་གནས་ཡུལ་གང་ནས་མཆེད་པའི་ཁུངས་ཀྱང་ཞང་ཞུང་ལ་ཐུག་གི་ཡོད་པའི་རྒྱུ··· མཚན་དེས་ཀྱང"ཞང"ཞེས་པའི་ཚིག་འདི་བོད་ཀྱིས་ཞང་ཞུང་ལ་ཕར་བཏགས་པའི་ཐ་སྙད་ཅིག་ཡིན་པ··· ལས་གདོད་མ་ནས་བྱུང་བའི་མིང་ཚིག་ཅིག་མ་ཡིན་པའི་བདེན་དཔང་གསལ་པོར་བྱས་པ་ཡིན།

ས་བཅད་གཉིས་པ། ཡ་ཐོག་ཞང་ཞུང་གི་བོན་རབས་བྱུང་ཚུལ།

དེང་དུས་སུ་བོན་ཅེས་པའི་ཚིག་འདི་ནི་ཤིན་ཏུ་ཡོངས་གྲགས་སུ་གྱུར་ཡོད་ཅིང་། ཚིག་འདིའི་འབྱུང་ཁུངས་རྣལ་མ་ནི་བོད་སྐད་ཀྱི་བརྡ་རྙིང"བླས་པའམ"དེའི་བརྗོད་ཚིག"བོན་པ"སྟེ། "བླ་བ"ཞེས་པའི་དོན་ལ་འཛིག་ཙུང་། མིང་དེ་སྐད་དུ་གྲགས་པའི་རྒྱུ་མཚན་ནི་གནའ་དུས་སུ་ཕྱགས་བཟླ་བའམ་དེ་འབྲེལ་གྱི་ཚིག་དང་རིམ་གྲོ་བྱེད་པ་ལ"བོན"ཞེས་དང་། དེ་ལྟར་བྱེད་མཁན་གྱི་གང་ཟག་དེ་ལ"བོན་པོ" ཞེས་པའི་ཐ་སྙད་ཆགས་འདུག

ཞང་ཞུང་གི་སྐད་དུ"བོན"ཞེས་པ་འདིའི་སྐད་དོན་ནི"གྱེར"ཞེས་སུ་གྲགས་པའི་ཚུལ་སྨྲའི་དོན······ དེབ་སྟང་གསལ་སྒྲོན་མེ་[ཐོབ་གསར་6 ཕ་22] ལས"དྲུང་མུ་གྱེར་གྱི་མུ་ཡེ་ཁི་ཁར་ལགས།" ཞེས་པའི་དོན་བོད་སྐད་དུ"གཡུང་དྲུང་བོན་གྱི་མཁའ་དབྱིངས་འོད་ཟེར་ལས།" ཞེས་པ་དང་། ཡང་[7 ཕ་3] ལས"ཧྲི་ཏུར་ཐ་ཅོ་དེ་རོ་གྱེར་མུ་ཡེ།" ཞེས་པའི་དོན་བོད་སྐད་དུ"བདལ་བ་ཆེན་པོ་འགྱུར་མེད་བོན་གྱི་དབྱིངས།" ཞེས་དང་[9 ཕ་1] ལས"ཡོ་ནིང་ལིག་ཞི་གྱེར་གྱི་ཞིག" ཞེས་པའི་དོན་བོད་སྐད་དུ"ཡོད་ཁམས་སྲིད་པ་འཛིན་གྱི་བོན།" ཞེས་དུ་མ་ཞིག་བཀོད་འདུག་པ་དང་སྲིད་པའི་མཛོད་ཕུག་[ཧྲི་17 ཕ་14] ལས"མ་མིག་དྲུང་མུ་གྱེར་མུ་ཡེ།" ཞེས་པའི་དོན་བོད་སྐད་དུ། "མུ་མེད་གཡུང་དྲུང་བོན་གྱི་དབྱིངས"དང་། ཡང་[ཧྲི་

21ཕ་10]ལས“དགུ་རི་ཕྱོད་སངས་གྱེར་སྒུ་གུང་།” ཞེས་པའི་དོན་བོད་སྐད་དུ“མཁའ་ལ་གསལ་རྫོགས་བོན་གྱི་མཛོད།” ཅེས་པ་དང་སྒྲ་འགྲེལ་གྱི་མཚན་བྱང་[རྫི་2ཕ་1]ལས“ཞང་ཞུང་སྐད་དུ། (ཏི་)ཏང་ནི་གྱེར་ཞི་ཡི་ཡ་གུང་། ཇ་ཅི་ལྡི་ཐྲི་ད་དོད་ཅི།” ཞེས་པའི་དོན་བོད་སྐད་དུ“བདེན་པ་བོན་གྱི་མཛོད་སྒོ། འཕྲུལ་གྱི་ལྡེ་མིག་ཅེས་བྱ་བ།” ཞེས་པ་སོགས་ཀྱིས་གསལ་བ་དེ་ལྟར་ན་ཞང་ཞུང་རང་སྐད་དུ་བོན་ལ…… “གྱེར”ཞེས་སུ་གྲགས་ཡོད་པར་མངོན། གོང་གསལ་གྱི་ལུང་དེ་རྣམས་ལ་དཔྱད་ན“གྱེར”ཞེས་པ་དེ་ཞང་ཞུང་གི་སྐད་རྣལ་མ་ཞིག་ཡིན་པ་ནི་སྨོས་མ་དགོས་ནའང་ཚིག་འདི་ནི་བོད་ཀྱི་བརྗ་རྙིང་དུའང་ཡོངས་སུ…… གྲགས་པ་ཞིག་སྟེ། བན་བོན་གྱི་དཔེ་རྙིང་མང་དག་ཏུ“མདོས་ཀྱི་ཆོ་ག་གྱེར”ཞེས་པ་ལྟ་བུ་ཀློག་པའམ་འདོན་པའི་དོན་དུ་བེད་སྤྱོད་གནང་ཡོད་པས་ཤེས་ཐུབ་ལ། བོད་སྐད་དུ་བོན་པ་དང་གྱེར་པ་ཞེས་པའི་བརྗོད་ཚིག་མི་འདྲ་བ་གཉིས་ཀྱི་ཁྱད་པར་ནི་ཚིག་གཞན་དུ་བཟླ་བ་དང་འདོན་པའམ་ཀློག་པ་ཞེས་པའི…… ཁྱད་ཡོད་པ་དེ་ཙམ་དུ་ངེས་པ་ཡིན། ཡོངས་གྲགས་ཀྱི་བསམ་ངོར“བོན”ཞེས་པ་འདི་ནི་གཤེན་རབ་མི་བོ་ཆེས་བསྟན་པ་དེ་ཙམ་ཞིག་ལ་ངོས་འཛིན་གྱི་ཡོད་པ་དེ་ནི་ནོར་འཁྲུལ་ཚབས་ཆེ་བ་ཞིག་ཡིན། གཤེན་རབ་མི་བོ་ཆེས་བསྟན་པའི་བོན་དེ་ལ“གཡུང་དྲུང་གི་བོན”ཞེས་དམིགས་སུ་བཀར་ནས་བཤད་སྲོལ་ཡོད་པ་དེ་ལའང་དགོས་པ་དང་རྒྱུ་མཚན་ཞིག་ཡོད་པ་ནི་སྨོས་མ་དགོས། གཤེན་རབ་ཀྱི་གོང་དུ་བོན་གྱི་ལུགས་མི་འདྲ་བ་མང་དག་བྱུང་སྡོང་ཡོད་པ་ནི་ལུང་དང་རིག་པ་གཉིས་ཀས་གསལ་པོར་བསྟན་ཡོད། དེའི་རྒྱལ་ཡང་གཟེར་མིག་[ཐོབ་ཀ་ཤ་41ན་1]ལས་དཔལ་བོན་(97)རོམ་པོ་དང་། ཡོགས་བོན་(98)གཏོ་རྒྱལ་དང་། ཁྲིན་བོན་(99)ཕྱྭ་སངས་དང་། གཉེར་བོན་(100)གཏོ་ཆེན་དང་། འོ་བོན་(101)འབྲང་ཟླ་དང་། འཚམས་བོན་(102)ཡོ་ཀྲུ་དང་། གཤེན་རབ་དང་ཐབས་གཅིག་ཏུ་བཞུགས་སོ། །བདུད་བོན་(103)ཆུ་ལྕགས་དང་། དགུ་བོན་(104)ཡེའུ་ཐན་དང་། བཙན་བོན་(105)འཚལ་ལྕགས་དང་། གཤེན་རབ་དང་ཐབས་གཅིག་ཏུ་བཞུགས་སོ། །སྲིད་བོན་(106)མུ་ཆོ་དང་། སྐོས་བོན་(107)གཙུག་སྲས་དང་། ཕྱྭ་བོན་(108)ཐེའུ་ལེགས་དང་། ལྷ་བོན་(109)ཐོད་དཀར་དང་། དེ་རྣམས་ནི་ཡེ་གཤེན་གཉན་པ་བཅུ་གསུམ་འདུལ་བའི་བོན་པོ་ལགས་ཏེ། གཤེན་རབ་དང་ཐབས་གཅིག་ཏུ་བཞུགས་སོ། །དེ་ནས་ཟླ་བོན་(110)ཆོས་པ་དང་། ཉི་བོན་(111)དྲང་མ་དང་། སྐར་བོན་(112)ཚིག་གུ་དང་། སྤྲིན་བོན་(113)བ་ཐུལ་དང་། གཞའ་བོན་(114)ཁྲུག་ཏང་དང་། གཤེན་རབ་དང་ཐབས་གཅིག་ཏུ་བཞུགས་སོ། །ལྕུ་གུ་དང་། ཟེར་བོན་(115)གདང་སྟན་དང་། ཙ་བོན་(116)རྩིས་འདེབས་དང་། ཐྀ་བོན་(117)ཕྱུར་བ་དང་། དེ་རྣམས་ནི་བར་གཡེན་གཏོད་པོ་དགུའི་བོན་པོ་ལགས་ཏེ། གཤེན་རབ་དང་ཐབས་གཅིག་ཏུ་

བཞུགས་སོ། །ཞེས་པས་གསལ་བའི་ཡེ་གཤེན་གཉན་པ་བཅུ་གསུམ་འདུལ་བའི་བོན་པོ་རྣམས་དང་བར་གཡེན་གཏོད་པོ་དགུའི་བོན་པོ་རྣམས་གཤེན་རབ་མི་བོ་ཆེ་སྐུ་བལྟམས་པའི་བཅས་སྟོན་དུ་ཡོད་པར་བསྟན་པ་དེ་ལྟར་ན་གཤེན་རབ་སྐུ་བལྟམས་པའི་དུས་དེར་ཞང་ཞུང་གི་ཉེ་འཁོར་ཀུན་ཏུ་བོན་པོའི་རིགས་མི་འདྲ་བ་ཅི་རིགས་ཤིག་ཡོད་པའང་གསལ་བར་བསྟན་པ་ཡིན།

ཡེ་གཤེན་གཉན་པ་བཅུ་གསུམ་དང་བར་གཡེན་གཏོད་པོ་དགུ་རྣམས་ཀྱི་བོན་པོ་ཞེས་བྱ་བ་འདི⋯⋯རྣམས་ནི་གནའ་བོའི་བོན་ལུགས་སུ་གཡེན་ཁམས་སུམ་ཅུ་སོ་གསུམ་ཞེས་བཤད་སྲོལ་བྱུང་ཡོད་པའི་གཡེན་ཁམས་དེ་རྣམས་ཀྱི་འགྲོ་བ་རིགས་མི་འདྲ་བ་རྣམས་འདུལ་བའི་བོན་པོ་རྣམས་ལ་ཟེར་བ་ཡིན། གཡེན་ཁམས་སུམ་ཅུ་སོ་གསུམ་ནི་ཟ་རྒྱུད་ཉི་སྒྲོན་[ཐོབ་204 ཤ་102 བ་4] ལས་དབལ་གཡོག་ཁྲིན་དང་གསུམ། ཉེར་འོ་འཚམས་དང་གསུམ། དམུ་བདུད་བཙན་དང་གསུམ། སྲིད་སྐོས་ཕྱྭ་དང་གསུམ། གཉེན་པོ་ལྷ་དང་བཅུ་གསུམ་ནི་ཡར་གཡེན་གཉེན་པོ་བཅུ་གསུམ་མོ། ཟླ་ཉི་སྐར་དང་གསུམ། སྤྲིན་གཞལ་དལ་དང་གསུམ། ཟེར་ཡོ་ཐྀ་དང་གསུམ། བར་གཡེན་གཏོད་པོ་དགུའོ། །ཀླུ་གཉན་རྒྱལ་དང་གསུམ། སྨན་ཐེར་སྲིན་དང་གསུམ། འདྲེ་སྲིན་བྱུར་དང་གསུམ། གཤེན་ཐེ་ཚུད་དང་བཅུ་གཅིག་ནི། ས་གཡེན་ཆེ་བ་བཅུ་གཅིག་གོ། ཞེས་པས་གསལ་བའི་ཡར་གཡེན་བཅུ་གསུམ་དང་། བར་གཡེན་དགུ། ས་གཡེན་བཅུ་གཅིག་བཅས་སུམ་ཅུ་སོ་གསུམ་གྱི་སྲིད་པའི་ཁམས་རྣམས་ཡིན་ལ། གཡེན་ཁམས་ཀྱི་གོ་རྟོགས་འདི་ནི་གནའ་བོའི་བོན་གྱི་ལྟ་ཚུལ་ཐུན་མོང་མ་ཡིན་པ་ཞིག་ཡིན་པ་དང་། བོན་དུ་དར་བའི་བོན་སྒོ་མི་འདྲ་བའི་རིགས་མཐའ་དག་གནས་ཚུལ་འདི་དང་ཡོངས་སུ་འབྲེལ་བ་ཞིག་ཡིན་སྙད། དེང་དུས་ཀྱི་བོན་གསར་བ་རྣམས་ཆོས་ལུགས་ཀྱི་ལྟ་སྟངས་ལ་ཞེན་ཆེ་བར་ཞུགས་ཡོད་པའི་རྐྱེན་གྱིས་འདོད་ཁམས་དང་གཟུགས་ཁམས། གཟུགས་མེད་ཀྱི་ཁམས་ཏེ་ཁམས་གསུམ་དང་། ལྷ་དང་མི་དང་ལྷ་མ་ཡིན་ཏེ་མཐོ་རིས་གསུམ་དང་། དམྱལ་བ་དང་ཡི་དྭགས་དང་དུད་འགྲོ་སྟེ་ངན་སོང་གསུམ་གྱི་སྐོར་རྣམས་ཤིན་ཏུ་རྒྱ་ཆེ་ལ་རྣམ་གྲངས་དབྱེ་ཞིབ་སོགས་ཆོས⋯ལུགས་དང་གཅིག་པར་གནང་བ་དེ་སྐོར་ལ་ཐུགས་སྣང་ཟབ་ནན་དུ་གནང་ཡོད་པ་ལས། གཡེན་ཁམས་ཀྱི་བཤད་པ་འདི་སྐོར་ལ་ཐུགས་སྣང་དེ་ཙམ་གནང་སྲོལ་བྱུང་མི་འདུག

"གཡེན"ཞེས་པ་འདི་ནི་བོད་སྐད་ཀྱི་བརྗ་རྙིང་པ་ཞིག་སྟེ། ངོ་ཚ་དང་ཅོ་འདྲི་བ་དང་ཐིགས་མོ་བྱེད་པ། མཐུན་པ་རྣམས་མི་མཐུན་པར་བྱེད་པ་སོགས་ཀྱི་དོན་མང་པོ་ཞིག་ལ་འཇུག་ཅིང་། གནས་ཁམས་འདི་རྣམས་ནི་གཡེན་གྱི་རང་བཞིན་དང་ལྡན་པའི་འགྲོ་བ་དེ་རིགས་ཀྱི་གནས་གཞི་ཡིན་པའི་རྒྱུ་མཚན་གྱིས⋯⋯མིང་དེ་སྐད་དུ་གྲགས་ཡོད་པར་མངོན། གཡེན་ཁམས་ཀྱི་བོན་པོ་ཞེས་བྱ་བ་དེ་རྣམས་ནི་གཤེན་རབ་སྐུ་མ་

འབྱུངས་པའི་གོང་ནས་ཁོང་གི་ཐུགས་རྗེས་འགྲོ་ཁམས་འདུལ་བའི་སྤྲུལ་པ་བཀྲིས་ཚུལ་གྱི་བཤད་པ་དེ་རིགས་དྲི་མེད་གཟི་བརྗིད་སོགས་སུ་ཡོད་མོད། དེ་རྣམས་ནི་སྲིད་ཁམས་རྣམ་པར་དག་པའི་སྣང་ཆ་ཞིག་ཡིན་ལ། རང་རེས་ལོ་རྒྱུས་ཀྱི་ཁུངས་ལ་བརྟེན་ནས་བོན་གྱི་བྱུང་བ་གླེང་བའི་སྐབས་འདིར་ཤེས་དགོས་པ་ནི་བོན་པོ་དེ་རྣམས་སྲིད་པའི་གཡེན་ཁམས་དེ་རྣམས་དང་འབྲེལ་ཡོད་པའི་རྒྱུ་མཚན་གང་ཡིན་ཤེས་དགོས་པ་དེ་རེད།

གཡེན་ཁམས་རིགས་མི་འདྲ་བ་དེ་རྣམས་ལ་དབང་བྱེད་པའི་གཡེན་པོའམ་ལྷ་ལ་སོགས་པའི་འགྲོ་བ་མཐུ་སྟོབས་དང་ལྡན་པ་དེ་རྣམས་ཀྱིས་འགྲོ་བ་མིའི་རིགས་རྣམས་གཙོས་པའི་སེམས་ཅན་མང་པོ་ལ་གཡེན་པོ་སོ་སོའི་རང་བཞིན་ནས་མཚན་ཉིད་ཅན་གྱི་གནོད་འཚེ་ཅི་རིགས་གཏོང་སྲིད་ཀྱི་ཡོད་པ་ནི་དག་པ་གསེར་གྱི་མདོ་ཐིག[དར105ཤ53ན7]ལས་འཛམ་གླིང་འདི་ན་གནས་པའི་བདུད། ཚེ་ལ་བར་གཅོད་བྱེད་པའི་བགེགས། ལུས་ཇོ་རྒྱ་མདུད་འཁྲུལ་བའི་(118)གཤེད། ཇི་བཞིན་འཁོར་ཞིང་གཏོགས་འདོད་ཆེ(119)གང་བྱུས་ལས་ལ་ཕྲག་དོག་ཆེ། ལས་ནད་གཏོང་ཞིང་དལ་ཡམས་འབེབས། ཇོ་མཆོན་བུ་ཡུག་ཆར་དུ་འབེབས། ལ་ལས་ལས་ངན་འབྲུགས་པ་གཏོང་། ལ་ལས་ཚེ་ལ་བར་གཅོད་བྱེད། ལ་ལས་མཛེ་དང་ཞ་གྲུམ་གཏོང་། ལ་ལས་སྐྱེ་རྒྱུད་རྩད་ནས་གཅོད། ལ་ལས་གློ་བུར་ཡི་འདྲོགས་འབེབས། ལ་ལས་དུས་མ་ཡིན་པར་གསོད། ཅེས་པས་ཤེས་ཐུབ་པ་དེ་འདྲ་ཞིག་ཡིན་སྐབས། ཐུན་མོང་མིའི་རྒྱུན་གྱི་འཚོ་བའི་གནས་སྟངས་ཀྱི་ཐོག་ཏུ་རྐྱེན་ངན་དང་བར་ཆད་ཅི་དང་ཅི་ཞིག་འབྱུང་བ་དེ་རིགས་གཡེན་པོ་འགའི་རང་མཚན་ཅན་གྱི་གནོད་པ་དང་འབྲེལ་ཡོད་པའི་དབང་གིས་གནོད་འཚེ་དེ་རིགས་སེལ་བའི་ཐབས་ལ་མཁས་ཤིང་མཐུ་ནུས་དང་ལྡན་པའི་བོན་པོ་དེ་རྣམས་ལ་དམིགས་བསལ་གྱི་མཚན་དེ་འདྲ་ཞིག་བྱུང་ཡོད་པ་ནི་རིགས་པས་དཔྱད་ན་ཤེས་ཐུབ་ཅིང་། དབལ་བོན་དང་ཡོག་བོན་ཞེས་པ་དེ་རིགས་ནི་དབལ་ཁམས་དང་ཡོག་ཁམས་སོགས་འདུལ་བའི་བོན་པོ་ཡིན་ཀྱང་། འགྲོ་བ་མིའི་ཁོངས་སུ་དབལ་དང་འབྲེལ་བའམ་ཡོག་དང་འབྲེལ་བའི་ལས་སྒྱུར་ཅི་ཡོད་པ་དང་། དབལ་དང་ཡོག་ཅེས་པ་དེ་རིགས་ཀྱི་རང་མཚན་རྣལ་མ་ཡིན་དགོས་པ་ཤིན་ཏུ་གསལ་ཆེ་བར་མཐོང་།

གཡེན་ཁམས་སོ་སོའི་མིང་ཡི་གེར་འགོད་སྟངས་མི་འདྲ་བ་འགའ་རེ་ཡོད་པའི་དཔེ་སྟོན་ཙམ་ཞིག་གཤམ་གསལ།

ཡར་གཡེན་བཅུ་གསུམ་གྱི་རེའུ་མིག

ཉི་སྒྲོན།	མདོ་འདུས།	གཟེར་མིག	གཟི་བརྗིད།
1、དབལ།	4、དལ།	1、དབལ།	1、དབལ།
2、གཡོག	5、ཡོག	2、ཡོགས།	2、ཡོག
3、ཁྲིན།	6、ཁྲིན།	3、ཁྲིན།	3、ཁྲིན།
4、ཉེར།		4、གཉེར།	4、གཉེར།
5、འོ།		5、འོ།	5、འོ།
6、འཚམས།	9、མཚམས།	6、འཚམས།	6、འཚམས།
7、དགུ།	7、དགུ།	7、བདུད།	7、དགུ།
8、བདུད།	8、བདུད།	8、དགུ།	8、བདུད།
9、བཙན།		9、བཙན།	9、བཙན།
10、སྲིད།	1、སྲིད།	10、སྲིད།	10、སྲིད།
11、སྐོས།	2、སྐོས།	11、སྐོས།	11、སྐོས།
12、ཕྱུ།	3、ཕྱུག	12、ཕྱུ།	12、ཕྱུ།
13、ལྷ།	13、ལྷ།	13、ལྷ།	13、ལྷ།

བར་གཡེན་དགུའི་རེའུ་མིག

ཉི་སྒྲོན།	མདོ་འདུས།	གཟེར་མིག	གཟི་བརྗིད།
1、ཟླ།	2、ཟླ།	1、ཟླ།	1、ཟླ།
2、ཉི།	1、ཉི།	2、ཉི།	2、ཉི།
3、སྐར།	3、སྐར།	3、སྐར།	3、སྐར།
4、སྤྲིན།	4、སྤྲིན།	4、སྤྲིན།	4、སྤྲིན།
5、གཞལ།	6、གཞའ།	5、འཇའ།	5、གཞའ།
6、དལ།	5、དལ།	6、དལ།	6、དལ།
7、ཟེར།	7、ཟེར།	7、ཟེར།	7、ཟེར།
8、ཚོ།	8、ཚོ།	8、ཚོ།	8、ཚོ།
9、ཛེ།	9、ཛེ།	9、ཛེ།	9、ཛེ།

ས་གཡེན་བཅུ་གཅིག་གི་རེའུ་མིག

ཉི་སྒྲོན།	མདོ་འདུས།	གཟེར་མིག	གཟི་བརྗིད།
1、ཀླུ།	2、ཀླུ།	1、ཀླུ།	1、ཀླུ།
2、གཉན།	3、གཉེན།	2、གཉན།	2、གཉན།
3、རྒྱལ།	1、ས་བདག	3、རྒྱལ།	3、རྒྱལ།
4、སྨན།	7、སྨན།	4、སྨན།	4、སྨན།
5、ཐེར།	8、གཟེང་།	5、བཙོད།	5、གཟེད།
6、སྲིན།	5、སྲིན།	6、སྲིན།	6、སྲིན།
7、འདྲེ།	4、འདྲེ།	7、འདྲེ།	7、བྱུར།
8、སྲི།	6、བྱུར།	8、སྲི།	８、འདྲེ།
9、བྱུར།	9、སྲིད།	9、བྱུར།	9、སྲི།
10、གཤིན་རྗེ།	10、གཤིན་རྗེ།	10、གཤིན་རྗེ།	10、གཤིན་རྗེ།
11、ཚུད།	11、ཚུ།	11、ཚུད།	11、ཚུད།

གཅིག　གཤེན་རབ་མི་བོ་ཆེ་དམུ་གཤེན་གྱི་གདུང་ལས་བྱུང་བའི་སྐོར།

གཤེན་རབ་མི་བོ་ཆེ་དེ་ཉིད་དམུ་གཤེན་གྱི་གདུང་རིགས་ལས་ཇི་ལྟར་བྱུང་བའི་ཚུལ་རགས་ཙམ་ཞིག་ནི་ཙ་རྒྱུད་ཉི་སྒྲོན་[ཤོག80ཤ་40བ་5]ལས་དམུ་གཤེན་ལྷ་ཡི་གདུང་རྒྱུད་ནི། གཤེན་ལྷའི་ཐུགས་ཀྱི་སྤྲུལ་པ་ནི། འོད་དམར་སྨུག་གཅིག　དམུ་རི་སྨུག་པོའི་རྩེ་ལ་བབས། འོད་ལས་ཟིལ་ཆགས་སྒོང་(སྒོ་)ངར་འདྲིལ། རིན་ཆེན་སྒོ་ང་འོད་ཟེར་ཅན　བཅག་ཅིང་རྡོལ་བའི་སྙིང་པོ་ལ་(ལས།)　རིན་པོ་ཆེ་ཡི་མི་ཕོ་ནི། རིན་ཆེན་སྣ་ལྔའི་བརྒྱན་(རྒྱན་)ཆ་ཅན། ཐོད་དཀར་མདའ་གང་བཅིངས་པ་(120)བྱུང་། དེ་ལ་མིང་དང་མཚན་བཏགས་པ། མེས་པོ་དམུ་ཕྱུག་སྐྱེར་འོན་ཡིན། དེ་དང་ལྷ་མོ་གང་དྲག་མ་བཤོས་པ་དང་། སྲས་དམུ་བཙན་བཞེར་གྱིས་(གྱི་)རྒྱལ་པོ་བྱུང་། དེ་དང་ཕྱུ་ལྕམ་རྒྱལ་མོ་བཤོས་པ་ལས། སྲས་དམུ་བཙན་རྒྱལ་བ། དེ་དང་རིང་ནམ་རྒྱལ་མོ་བཤོས་པ་ལས། དམུ་རྒྱལ་ལེན་གྱི་ཐེམ་སྐས། དེ་དང་ལྷ་ཟ་འཕྲུལ་མོར་བཤོས་པ་ལ། སྲས་རྒྱལ་པོ་ཐོད་དཀར། ཞེས་གསལ་བ་དེའི་དབང་དུ་བྱས་ན་མེས་པོ་དམུ་ཕྱུག་སྐྱེར་འོན་ནས་གཤེན་རབ་མི་བོ་ཆེའི་ཡབ་རྒྱལ་པོ་ཐོད་དཀར་དུ་གྲགས་པའི་བར་ལ་གདུང་རབས་ལྔ་བྱུང་བར་གསལ། མེས་པོ་དམུ་ཕྱུག་སྐྱེར་འོན་གྱི་སྔོན་རྗེས་སུ་གདུང་རབས་ཇི་ཙམ་བྱུང་སྲིད་ཡོད་པའི་སྐོར་རགས་ཙམ་ནི་ལེགས……

བཤད་རིན་པོ་ཆེའི་མཛོད་[པེ་16 ཕ་19] ལས་སངས་པོ་དང་ཆུ་ལྕམ་གཉིས་ལས་སྲིད་པ་ཐམས་ཅད་སྐྱོལ……བ་སྐྱེ། དེ་ཡང་དེ་གཉིས་ལས་སྲས་མིང་སྲིང་བཅོ་བརྒྱད་བལྟམས་པའི་གཅེན་པོ་སྲིད་རྗེ་འབྲང་དཀར་དང་། ལྷ་བཟའ་དང་གྲགས་མ་འཚམས་པ་ལས་སྲས་པོ་བཅོ་བརྒྱད་མོ་བཅོ་བརྒྱད་བལྟམས་པའི་ཆེ་བ་ལྷ་རབས་གཉན་ཙམ་རྗེ་བྱི་བ་གྱ་ནོམ་སྣང་བའི་ལྷ་〔121〕གཅིག་ཤི་བ་དེར་སྐྱེས་པ་ཡིན། དེའི་སྲས་གནམ་ལྷ་དཀར་པོ། དེའི་སྲས་རྒྱུད་དུ་གནམ་འཐེན་རྗེ་སོགས་གནམ་ནས་འཐེན་དགུ་གཅིག་བརྒྱུད་དུ་བལྟམས་ཞེས་སོ། །དེའང་གནམ་ནས་འཐེན་དགུ་སོགས་ནི། ལྷ་བ་བྱུང་ཆེན་ཤིང་བའི་རྒྱུད་ལས། མིའི་རྒྱུད་སྟོང་བདལ་ལྷ་ལས་ཆད། དང་པོ་ཁ་ཡེ་མུ་ལ་འཐེན། དེ་ནས་མུ་སངས་བལ་ལ་འཐེན། དེ་ནས་བལ་སངས་གཡེན་ལ་འཐེན། དེ་ནས་གཡེན་སངས་ཕྱྭ་ལ་འཐེན། དེ་ནས་ཕྱྭ་སངས་འོལ་ལ་འཐེན། དེ་ནས་འོལ་སངས་ཡུལ་ལ་འཐེན། དེ་ནས་ཡུལ་སངས་དགུང་ལ་འཐེན། དེ་ནས་རླུང་སངས་འོད་ལ་འཐེན། དེ་ནས་འོད་གསལ་དམུ་ལ་འཐེན། འཐེན་དགུ་འོད་ཀྱི་སླིགས་མ་ལས། རྒྱལ་པོ་དམུ་ཕྱུག་སྐྱི་རབས་བཞག དམུ་རྒྱལ་དེ་ཡི་གདུང་འཛིན་དུ་དམུ་རྒྱལ་ལམ་པ་ཕྱུག་དཀར་བཞག ཅེས་དང་། དམུ་རྒྱལ་ཕྱུག་དཀར་གདུང་འཛིན་དུ་དམུ་རྒྱལ་བཙན་པ་གྱེར་ཆེན་བཞག དམུ་རྒྱལ་དེ་ཡི་གདུང་འཛིན་དུ་རྒྱལ་པོ་ཐོག་རྗེ་བཙན་པ་བཞག དམུ་རྒྱལ་དེ་ཡི་གདུང་འཛིན་དུ་དམུ་རྒྱལ་ལེན་གྱི་ཐེམ་སྐས་བཞག དམུ་རྒྱལ་དེ་ཡི་གདུང་འཛིན་དུ་རྒྱལ་བོན་ཐོད་དཀར་གདུང་དུ་བཞག་ཅེས་པའི་ཕ་མ་ཕ་མའི་སྲས་ཕྱི་མ་ཕྱི་མ་ཡིན་པར་བཤད་དོ། །ཞེས་གསུངས་པ་ལྟར་ན་ནི་སངས་པོ་འབུམ་ཁྲིའམ་སྟོན་པའི་མི་པོ་ལུམ་ལུམ་དང་ཡུམ་ཆུ་ལྕག་རྒྱལ་མོ……གཉིས་ཀྱི་རྒྱུད་ལས་སྲིད་རྗེ་འབྲང་དཀར་དང་གཉན་ཙམ་རྗེ། གནམ་ལྷ་དཀར་པོ་རྣམས་རིམ་པར་བྱུང་ཞིང་། གནམ་ལྷའི་གདུང་རྒྱུད་ཁ་ཡེ་དམུ་ལ་འཐེན་སོགས་འཐེན་དགུའམ་ཐེམ་དགུ་ཙ་གྲགས་པ་དེ་རྣམས་བྱུང་བའི་ཐ་མ་ལ་འོད་གསལ་དམུ་ལ་འཐེན་གྱི་རྒྱུད་ལས་རྒྱལ་པོ་དམུ་ཕྱུག་སྐྱི་རབས་སམ་དམུ་ཕྱུག་སྐྱེར……ཞོན་དུ་གྲགས་པ་དེ་བྱུང་བར་གསལ་ལ། ལྷ་བ་བྱུང་ཆེན་ཤིང་བའི་ལུང་དེར་དམུ་ཕྱུག་སྐྱེར་ཞོན་གྱི་སྲས་རྒྱུད་དུ་ལམ་པ་ཕྱུག་དཀར་དང་། དེའི་སྲས་བཙན་པ་གྱེར་ཆེན། དེའི་སྲས་ཐོག་རྗེ་བཙན་པ། དེའི་སྲས་ལེན་གྱི་ཐེམ་སྐས། དེའི་སྲས་རྒྱལ་བོན་ཐོད་དཀར་ཏེ། རྒྱལ་བོན་ཐོད་དཀར་དེ་དམུ་རྒྱལ་གྱི་གདུང་རབས་བཅུ་དགུ་པ་ཡིན་ཚུལ་གསལ་བར་བསྟན་ཅིང་ཙ་རྒྱུད་ཉི་སྒྲོན་དུ་དམུ་ཕྱུག་སྐྱེར་ཞོན་དང་དམུ་བཙན་ཞེར……གྱི་བར་དུ་དམུ་རྒྱལ་ལམ་པ་ཕྱུག་དཀར་བྱུང་བའི་གསལ་ཁ་མི་སྣང་།

ཁོ་བོས་བཀོད་པའི་ཡིག་ཆ“ཞང་བོད་གནའ་རབས་ཀྱི་ལོ་རྒྱུས་ནོར་བུའི་མེ་ལོང”ཞེས་པ་དེར………ལེགས་བཤད་ཀྱི་ལུང་གི་སྐབས་དམུ་རྒྱལ་གྱི་གདུང་རབས་འདི་དང་མི་འདྲ་བ་ཅུང་ཟད་བྱུང་ཡོད་འདུག……

པ་དེ་ནི་ལུང་འདྲེན་སྟངས་ལ་ནོར་བ་བྱུང་ཡོད་འདུག་པས་སྐབས་འདིར་བཤད་པ་བཞིན་ནོར་བཅོས……གནང་གལ་ཆེ། རྒྱལ་བོན་ཐོད་དཀར་གྱི་གདུང་སྲས་ནི་གཡུང་དྲུང་བོན་གྱི་སྟོན་པ་གཤེན་རབ་མི་བོ་ཆེ་སྟེ། ཡབ་རྒྱལ་བོན་ཐོད་དཀར་དང་ཡུམ་བཞད་མ་གཉིས་ལས་སྐུ་འཁྲུངས་པ་ཡིན་སྟབས། སྲིད་པ་དམུ་རྒྱལ་གྱི་གདུང་རབས་ཉི་ཤུ་པ་ཡིན་པའང་ཤུགས་ཀྱིས་བསྟན་པ་ཡིན།

སྲིད་པའི་དམུ་རྒྱལ་གདུང་རབས་ཀྱི་རེའུ་མིག

ཁྲུང་ཆེན་ལྡིང་བའི་ལུགས།		རྩ་རྒྱུད་ཉི་སྒྲོན་གྱི་ལུགས།
1	སངས་པོ་འབུམ་ཁྲི།	
2	སྲིད་རྗེ་འབྲང་དཀར།	
3	ལྷ་རབས་གཉན་ཙུམ་རྗེ།	
4	གནམ་ལྷ་དཀར་པོ།	
5	ཁ་ཡེ་མུ་ལ་འཛིན།	
6	མུ་སངས་བལ་ལ་འཛིན།	
7	བལ་སངས་གཡེན་ལ་འཛིན།	
8	གཡེན་སངས་ཕྱྭ་ལ་འཛིན།	
9	ཕྱྭ་སངས་འོད་ལ་འཛིན།	
10	འོད་སངས་ཡུལ་ལ་འཛིན།	
11	ཡུལ་སངས་དགུང་ལ་འཛིན།	
12	ཀླུང་སངས་འོད་ལ་འཛིན།	
13	འོད་གསལ་དམུ་ལ་འཛིན།	
14	དམུ་ཕྱུག་སྐྱི་རབས།	དམུ་ཕྱུག་སྐྱེར་ཞོན།
15	ལམ་པ་ཕྱུག་དཀར།	
16	བཙན་པ་ཁྱེར་ཆེན།	དམུ་བཙན་བཞེར།
17	ཐོག་རྗེ་བཙན་པ།	དམུ་བཙན་རྒྱལ་བ།
18	ལེན་གྱི་ཐེམ་སྐས།	ལེན་གྱི་ཐེམ་སྐས།
19	རྒྱལ་བོན་ཐོད་དཀར།	རྒྱལ་པོ་ཐོད་དཀར།
20	གཤེན་རབ་མི་བོ་ཆེ།	གཤེན་རབ་མི་བོ་ཆེ།

གནས་ཚུལ་དེ་དག་གིས་གཤིན་རབ་མི་བོ་ཆེ་མ་བྱོན་པའི་གོང་དེར་དམུ་རྒྱལ་གྱི་གདུང་རབས་སྟོན་པ་རྣམས་བྱུང་ཡོད་པ་དང་། “དམུ་ཕྱུག་བཙན་པ་གྱེར་ཆེན”ཞེས་པའི་མཚན་ལ་དཔྱད་ན། གཤིན་རབ་ཀྱི་གོང་དེར་གྱེར་ཡོད་པ་དང་། རྒྱལ་བོན་ཐོད་དཀར་གྱི་མཚན་ལ་དཔྱད་ན། དེ་སྔོན་དུ་བོན་ཡོད་པའང་གསལ་པོར་མངོན་ཐུབ་པ་ཡིན། གཞན་ཡང་ལེགས་བཤད་རིན་པོ་ཆེའི་མཛོད་[པེ་47 ཕ་4] ལས་དེ་ནས་སྔོན་པ་བོད་ཀྱི་ཆུ་བོ་བཞི་འདུས་མགོར་བྱོན་ཏེ། བོད་ཀྱི་ལྷ་འདྲེ་རྣམས་དབང་དུ་བསྡུས་ཏེ་བཀའ་ལ་ཉན་པའི་ཆད་མདོ་ཕུལ། དེའི་ཚེ་བོད་ཀྱི་རི་ཀུན་གྱི་རྩེ་མོ་ཡང་ཡར་ལ་འདུད་པར་གྱུར་ཏོ། །བོད་ཀྱི་བོན་པོ་རྣམས་ལ་ལྷ་གསོལ་བ་དང་འདྲེ་བཀར་བ། ཡུགས་ཕུད་པའི་ལུང་ཐོག་གོ། ཞེས་བྱ་བ་འདིར“བོད་ཀྱི་བོན་པོ་རྣམས”ཞེས་པའི་ཚིག་འདིས་དེ་དུས་ཀྱི་ཞང་ཞུང་ཙམ་དུ་མ་ཟད་བོད་དུའང་བོན་གྱི་རིགས་མི་འདྲ་བ་འགའ་ཞིག་ཡོད་པ་ཤུགས་ཀྱིས་བསྟན་པ་དང་། ད་དུང་དེ་ལས་ཀྱང་ཆེས་ཁ་གསལ་བ་ཞིག་ནི་བོན་གྱི་དཔེ་རྒྱུན་ཆེས་རྙིང་མ་སྲིད་པ་སྤྱི་མདོས་[ཤ་8 ཕ་1] ལས་བདུད་བོན་གྱི་དམར་ཐབས་ལ། གཤིན་རབ་ནི་ཅི་དགྱེས་ཏེ། །ཁྱབ་པ་ནི་ཆོམ་ལ་ཕབ། །འབྲུ་དཀར་གྱི་གཏོར་མས་མཆོད། །དམར་ཐབས་ཀྱི་འདྲེས་བྱུང་ན། །གཤིན་ལྷ་ལ་ནོངས་པ་མཐོལ། །གདོན་བོན་གྱི་ཤེ་ཚུའི་སྐྱེམས། །གཤིན་རབ་ནི་ཅི་དགྱེས་ཏེ། །གདོན་འདྲེ་ནི་ཆོམ་ལ་ཕབ། །འབྲུ་དཀར་གྱི་ཡུ་ཏིས་མཆོད། །ཤེ་ཚུ་ཡི་འདྲེས་བྱུང་ན། །གཤིན་ལྷ་ལ་ནོངས་པ་མཐོལ། །ཞེས་པས་བདུད་བོན་དང་གདོན་བོན་རྣམས་གཤིན་རབ་ཀྱི་སྔོན་ནས་ཡོད་པ་དང་། དེ་དག་གིས་དམར་མཆོད་བྱེད་སྲོལ་ཡོད་པ་ལ་གཤིན་རབ་མི་བོ་ཆེ་མ་དགྱེས་ནས། བདུད་བོན་དང་གདོན་བོན་རྣམས་ཆོམ་ལ་ཕབ། དེ་དག་གི་སྤྱོད་ཚུལ་དུ་སེམས་ཅན་གྱི་རིགས་འགའ་ཞིག་བསད་ནས་ཤ་ཁྲུས་ཀྱིས་མཆོད་པ་བྱེད་སྲོལ་ཡོད་པ་དེ་དག་གི་ཚབ་ཏུ་འབྲུ་དཀར་གྱི་གཏོར་མས་འཛུས་པར་བྱས་པ་དང་། ཤེ་ཚུ་སྟེ་ཁྲག་གི་སྐྱེམས་འཕུལ་སྲོལ་ཡོད་པ་དེའི་ཚབ་ཏུ་ཡུ་ཏི་སྟེ་འབྲུ་ཆང་གིས་འབུལ་བར་བྱས་པའི་མདོས་ཆོག་གི་སྲོལ……གསར་དུ་བཏོད་མཛད་པ་དང་། ཡང་སྲིད་པ་སྤྱི་མདོས་[ཤ་10 ཕ་2] ལས་བཙན་རྗེ་ནི་ཅི་ལ་དགྱེས། །བཟའ་བ་དེ་ཤ་ལ་རྟམས། །བཏུང་བ་དེ་ཁྲག་ལ་རྟམས། །ལེན་པ་དེ་སྲོག་དབུགས་ལེན། །མཐུན་པ་དེ་བགེགས་དང་མཐུན། །སྟོང་བ་དེ་བདུད་དང་སྟོང་། །སྐྱོབས་པ་དེ་བཙན་བོན་སྐྱོབས། །འཚོ་བ་ནི་འགྲོ་ལ་འཚོ། །གཤིན་རབ་ནི་དཀའ་བཙན་པས། །ཇོ་དམར་〔122〕ནི་སྣད་ལ་གཟེར། །ཁས་ལེན་ནི་གཤིན་ལ་ཞུས། །སྲོག་ཐག་ནི་གཤིན་ལ་ཕུལ། །སྲོག་སྙིང་ལ་ནམ་མཁས་བཙན། །ཞེས་པས་བཙན་བོན་གྱི་སྐྱབས་མགོན་བཙན་རྗེ་ཡིན་པ་དང་། །བཙན་རྗེ་ནི་སྐྱེ་འགྲོའི་ཤ་ཁྲག་སྲོག་དབུགས་ལ་ལོངས་སུ་སྤྱོད་ཅིང་། །བགེགས་དང་གྲོགས་འབྲེལ་བྱེད། བདུད་དང་གཉེན་འབྲེལ་བྱེད། བཙན་བོན་ལ་མགོན་སྐྱབས་བྱེད་ཅིང་། །

དེ་དག་ལས་གཞན་པའི་སྐྱེ་འགྲོ་ཡོངས་ལ་གནོད་འཚེ་བྱེད་མཁན་ཞིག་ཡིན་སྟབས། གཉེན་རབ་མི་བོ་ཆེས་མཐུ་རྩལ་གྱི་མེ་ཆེན་པོ་བཙན་རྗེའི་གླད་ལ་ཕབ་པས། བཙན་རྗེས་ཅི་བཙལ་ཁས་བླངས་ཤིང་། སྲོག་སྙིང་གཉེན་རབ་ལ་ཕུལ། །སྲོག་དབུགས་ཀྱི་ཚབ་ཏུ་གླུད་བསྔོའི་སྲོལ་བཏོད་པར་མཛད་པའི་སྐོར་གསལ་བར་འཁོད་ཡོད་པ་དེ་དག་ལ་བལྟས་ན། གཉེན་རབ་མི་བོ་ཆེའི་སྔོན་དུ་བཙན་བོན་བྱུང་ཡོད་པའང་གསལ་བར་བསྟན་པ་རེད།

སྲིད་པ་སྤྱི་མདོས་ཀྱི་དཔེ་འདི་ལ་ཡིད་བརྟན་འཕེར་བའི་རྒྱུ་མཚན་འགའ་ཞིག་ཡོད་པ་ནི་རང་རེས⋯⋯ནམ་རྒྱུན་དུ་ལོ་རྒྱུས་ཀྱི་ཁུངས་སུ་བྱེད་པའི་ཡིག་ཆ་ནི་རྒྱལ་རབས་དང་བོན་འབྱུང་། ཆོས་འབྱུང་། གྲུབ་མཐའ། སྐྱེས་རབས། རྟོགས་བརྗོད། རྣམ་ཐར། གཏམ་ཚོགས། སྒྲུང་གི་སྐོར་སོགས་ཡིན་ལ། གནའ་རབས་ཀྱི་ལོ་རྒྱུས་ལ་ཞིབ་འཇུག་བྱེད་པའི་གཞི་རྩའང་དེ་རིགས་ཀྱི་དཔེ་རྣམས་ལ་བརྩོལ་དགོས་ཀྱི་ཡོད་པ⋯⋯དེ་ལྟར་ནའང་བོད་འདིར་གནའ་དུས་སུ་རྒྱལ་པོ་གྲི་གུམ་བཙན་པོའི་དུས་དང་། ཆོས་རྒྱལ་སྲོང་བཙན་སྒམ་པོ་(562—650)དང་ལྷག་པར་དུ་ཆོས་རྒྱལ་ཁྲི་སྲོང་ལྡེའུ་བཙན་(742—797)གྱི་དུས་རྣམས་སུ་བོན⋯⋯གྱི་བསྟན་པ་ལ་ཉམས་གུད་ཅི་རིགས་ཤིག་མྱོང་ཡོད་པ་དང་། དེ་འབྲེལ་རྒྱལ་པོ་ཁྲི་དར་མ་ཨུ་དུམ་བཙན་(803—842)གྱི་རིང་ཆོས་ཀྱི་བསྟན་པ་ལ་ཉམས་གུད་ཆེན་པོ་ཞིག་བྱུང་མྱོང་བས་མཚོན། དུས་རབས་རིམ་པའི་ནང་དུ་བོད་ཀྱི་བསྟན་སྲིད་ལ་འཕོ་འགྱུར་ཇི་སྙེད་ཅིག་བྱུང་ཡོད་པ་དེ་དག་གི་སྐབས་སུ་གོང་གསལ⋯⋯ཡོངས་སུ་གྲགས་པའི་དཔེ་རྙིང་ཕལ་མོ་ཆེ་ནི་མདའ་གཏད་ཡུལ་གྱི་འབེན་དང་འདྲ་བ་ཞིག་ཏུ་ཆགས་ནས། ཡིག་ཆ་དེ་རིགས་རྩ་བ་ནས་མེད་བརླགས་བཏང་བའམ་ཡང་ན་དུས་སྐབས་དེའི་ལུགས་དང་འབྲེལ་བའི⋯⋯འཕྲི་སྣོན་གྱི་འཕོ་འགྱུར་ཅི་རིགས་འོག་གནས་ཐུབ་ཙམ་རེ་བྱུང་བ་ཡིན་སྟབས། བོན་ལུགས་དང་བན་དེའི་ལུགས་ཀྱི་ཡིག་ཆ་གང་ཞིག་ཡིན་ཡང་རུང་། དེ་དག་ལ་སྒྱུ་འགྱུར་དང་ཕྱི་འགྱུར་རམ་རྙིང་མ་དང་གསར་མ་སོགས་ཀྱི་རྣམ་བཞག་མི་འདྲ་བ་དུ་མ་ཞིག་བྱུང་ཡོད་པ་རང་རེའི་དབང་པོའི་མངོན་སུམ་དུ་ཕྱུར་པ་འདི⋯⋯རེད།

བོན་དང་ཆོས་ལུགས་སུ་གྲགས་པའི་མདོས་ཆོག་དང་བསང་ཆོག གཡང་ཆོག རྗེས་གཏོའི་རིགས་མི་འདྲ་བ་དུ་མ་ཞིག་ཡོད་པ་འདི་དག་གིས་མཚོན། "སྐུ་རིམ་གྱི་ཆོ་ག"ཞེས་སུ་གྲགས་པ་འདི་རིགས་ནི་དམངས་ཚོགས་ཀྱི་འཚོ་ཁམས་བདེ་ཐང་འབྱུང་བ་དང་ཕྱི་ནང་སྣོད་བཅུད་ཀྱི་འབྱུང་ཁམས་ཆ་སྙོམས་པ། མིའི་ནུས་ཤུགས་དང་ཡུལ་གྱི་ནུས་ཤུགས་བར་གྱི་འབྲེལ་བ་ཇེ་བཟང་དང་ཇེ་བརྟན་དུ་གཏོང་བ་སོགས་ཀྱི⋯དགོས་པ་དུ་མ་ཞིག་ལ་བརྟེན་ནས་དམངས་ཚོགས་ཀྱིས་གནའ་རབས་ནས་ད་ལྟའི་བར་མི་རབས་ནས་མི⋯⋯

རབས་སུ་རྒྱུན་མ་ཆད་པར་བེད་སྤྱོད་བྱས་ཡོད་པ་དང་། བྱེད་བཞིན་འདུག ད་དུང་ཡང་བྱ་བར་འགྱུར་བའི་དངོས་པོ་ལས་ཤུགས་དང་ལྡན་པ་ཞིག་རེད། དེ་འབྲེལ་གྱི་ཡིག་ཆ་དེ་དག་དཔེ་མཛོད་ཆེན་པོ་འགའ་ཞིག་གི་ཁྲོད་ནས་རྙེད་པའི་དཔེ་རྙིང་ལྟ་བུའམ། རྒྱལ་ཁབ་གང་ཉུང་གི་དཀོར་མཛོད་དམ། མི་དམངས་ཀྱི་རིག་མཛོད་ཁང་ངམ། གནའ་བོའི་རིག་རྫས་ཀྱི་མཛོད་ཁང་ནས་རྙེད་པ་ལྟ་བུ་མི་ལོ་སྟོང་ཕྲག་མང་པོའི་གོང་ནས་ཡོད་པའི་དཔེ་ཆ་རྙིང་མའམ་ཡིག་གཟུགས་རྙིང་མ་དེ་འདྲ་བ་ཞིག་མ་ཡིན་ནའང་། བོད་ཀྱི་ཡུལ་ཁམས་ཕལ་མོ་ཆེར་མི་རབས་ནས་མི་རབས་དང་ཁྱིམ་ཚང་ནས་ཁྱིམ་ཚང་བརྒྱུད་ཅིང་། དཔེ་ནས་དཔེ་ཉ་བཤུས་ཏེ། བོན་པོ་དང་བན་དེའི་ཚོ་ག་མཁན་སུའང་ཉུང་བ་དག་གིས་བར་མ་ཆད་པར་བེད་སྤྱོད་བྱས་པའི་ཡིག་ཆ་ལས་སྒྱུར་གྱི་སྲོག་དང་ལྡན་པ་ཞིག་ཡིན་སྟབས། དེ་དག་ལ་དུས་རིམ་གྱི་ནང་དུ་བྱུང་སྒྱུར་བའི་འཕོ་འགྱུར་ཅི་རིགས་ལ་ལྟོས་པའི་ལྟ་སྣང་གི་སྐྱོན་རྩ་བ་ནས་ཞུགས་ཐབས་མེད་པ་དང་། དུས་འགྱུར་ལས་བྱུང་བའི་བསྟན་པ་སྤྱ་དར་དང་། ཕྱི་དར་གྱི་ཤན་ཞུགས་ཐབས་རྩ་བ་ནས་མེད། དེ་རིགས་ཀྱི་དཔེ་ཕལ་མོ་ཆེའི་ཐོག་མའི་འབྱུང་ཁུངས་ཀྱང་ཆེས་སྔ་བའི་དུས་ལ་ཐུག་ཐུབ་པ་སོགས་མདོར་ན་ཡོངས་གྲགས་ཀྱི་དཔེ་རྣམས་ལ་མེད་པའི་ཐུན་མིན་གྱི་ཁྱད་ཆོས་ཀྱང་མི་ཉུང་བ་ཞིག་ཡོད་ལ། སྲིད་པ་སྤྱི་མདོས་ཀྱི་ཡིག་ཆ་དེས་གཤེན་རབ་མི་བོ་ཆེའི་སྔོན་རོལ་དུ་བདུད་བོན་དང་གདོན་བོན། བཙན་བོན་རྣམས་ཡོད་པར་བསྟན་པ་དེ་ནི་ལོ་རྒྱུས་ཀྱི་བདེན་དཔང་ཁྱད་པར་ཅན་ཞིག་ཡིན་པ་ནི་སྨོས་མ་དགོས་པ་ ད།

ལོ་གྲངས་སུམ་སྟོང་དགུ་བརྒྱ་དང་བརྒྱད་ཟིན་པའི་གོང་། གཤེན་རབ་མི་བོ་ཆེ་ཞང་ཞུང་འོལ་མོ་ལུང་རིང་དུ་སྐུ་བལྟམས་ནས་བོན་བསྟན་པའི་དུས་སྐབས་དེ་ནས་བཟུང་“གཡུང་དྲུང་བོན”ཅེས་བྱ་བ་དེའི……དུས་རབས་ཀྱི་དབུ་བརྙེས་པ་ཡིན་ལ། དེ་ནི་བོན་གྱི་ཐ་སྙད་ཙམ་ཡོད་པའི་ལུགས་ཐམས་ཅད་ཀྱི་ཡ་གྱལ་ལམ་ཡོངས་སུ་རྫོགས་པའམ། བོན་ཐམས་ཅད་ཀྱི་སྙིང་པོ་ལྟ་བུ་ཞིག་ཏུ་ཆགས་ཡོད་ཅིང་། གནའ་བོའི་བོན་ལུགས་དམར་མཆོད་བྱེད་མཁན་ཕལ་མོ་ཆེའང་གཤེན་རབ་ཀྱི་བསྟན་པའི་སྒོར་ཞུགས་ཏེ། དེ་དག་གི་ལྟ་སྤྱོད་ཀྱང་གཤེན་རབ་ཀྱི་བསྟན་པའི་རྗེས་ཟིན་སྟབས། དུས་ཕྱིས་ཡོངས་གྲགས་སུ“བོན”དང“བོན་པོ”ཞེས་བྱ་བའི་གདགས་གཞིའམ་ཚད་གཞི་ཐུན་མོང་མ་ཡིན་པ་ནི་གཤེན་རབ་མི་བོ་ཆེས་བསྟན་པའི་གཡུང་……དྲུང་གི་བོན་དེ་ཁོ་ན་ལ་ངོས་འཛིན་བྱེད་དགོས་པ་འདི་བྱུང་བ་རེད།

གཉིས། གཤེན་རབ་མི་བོ་ཆེ་སྐུ་བལྟམས་ནས་བོན་གྱི་བསྟན་པ་སྤེལ་བའི་སྐོར།

གཤེན་རབ་མི་བོ་ཆེ་སྐུ་བལྟམས་ནས་བོན་གྱི་བསྟན་པ་ཇི་ལྟར་སྤེལ་བའི་ཚུལ་ནི་ལེགས་བཤད་རིན་པོ་

ཆེའི་མཛོད་[པེ་37 ཕ་4] ལས་གཟིགས་ཚད་ལྔ་ནི་གདུལ་ཞིང་མི་མཇེད་འཛིག་རྟེན། གདུལ་བྱ་མི་གླིང་འཛམ་གླིང་པ་འཁོར་འཛམ་གླིང་སོག་ཁའི་མི། རིགས་རྒྱལ་རིགས་དམུ་ལ་གཟིགས་པ་ལྔའོ། །དགོངས་ཚད་ལྔ་ནི་ཡུལ་འོལ་མོའི་གླིང་། མཁར་བར་པོ་སོ་བརྒྱད། ནོར་རིན་པོ་ཆེའི་གཏེར། ཡབ་རྒྱལ་བོན་ཐོད་དཀར། ཡུམ་རྒྱལ་བཞད་མ་ལྔ་ལ་དགོངས་སོ། །ཞེས་པས་གཤེན་རབ་མི་བོ་ཆེ་དེ་ཉིད་གནས་གང་དུ་སྐུ་བལྟམས་པ་གསལ་བར་བསྟན་པ་དང་། ཡང་[པེ་37 ཕ་21] ལས་ལོ་ཡི་རྒྱལ་པོ་ཤིང་ཕོ་བྱི་བའི་ལོ། ཟླ་བའི་དང་པོ་དཔྱིད་ཟླ་ར་བ་མེ་སྟག་གི་ཟླ་བ། ཞག་གི་སྙིང་པོ་ཚེས་པ་བཅོ་ལྔ། དུས་ཚོད་ཀྱི་དང་པོ་ནམ་ལངས་པ། སྐར་མའི་དམ་པ་རྒྱལ་གྱི་ཉ་གོང་ལ་སྐུ་བལྟམས། ཞེས་གཤེན་རབ་མི་བོ་ཆེ་དེ་དུས་གང་གི་ཚེ་སྐུ་བལྟམས་པ་གསལ་བར་བསྟན་པ་དང་། ཡང་[པེ་41 ཕ་3] ལས་སློས་འཛམ་བུ་གླིང་ལ་རྒྱ་དཀར་ནག མི་ཉག བལ་པོ། ཨོ་རྒྱན། ཟ་ཧོར། ཐོད་གར། ལི་ཡུལ། ཕྲམ། སྟག་གཟིག སུམ་པ། ཞང་ཞུང་། བོད་ལ་སོགས་སུ་སྟོན་པའི་སྤྲུལ་པའི་སྐུ་རེ་རེ་སྣང་བར་མཛད་ཅིང་། བསྟན་པ་ཆ་རེ་འདྲེན་པའི་གཤེན་རེ་ལ་གཉེར་གཏད་ནས་བསྟན་པ་སྤེལ། འོལ་མོའི་གླིང་དུ་ལྷ་ཀླུ་མི་གསུམ་གྱི་སློབ་མ་བྱེ་མའི་ལ་ཙམ་ལ་བསྒྲགས་པ་གསུམ་གྱི་དཔེའུ་རྗེ་དང་། སྒོ་བཞི་མཛོད་དང་ལྔའི་བོན་འཁོར་བསྐོར་རོ། །ཞེས་པས་གོང་གསལ་གྱི་ཡུལ་གྲུ་ཆེན་པོ་དེ་རྣམས་སུ་དངོས་བརྒྱུད་ཅི་རིགས་པའི་སྒོ་ནས་བོན་གྱི་བསྟན་པ་སྤེལ་བར་མཛད་ཅིང་། ལྷག་པར་འོལ་མོའི་གླིང་དུ་བསྒྲགས་པ་གསུམ་གྱི་དཔེའུ་རྗེ་དང་། སྒོ་བཞི་མཛོད་དང་ལྔའི་བོན་རྣམས་བསྟན་པར་གསལ་ཞིང་། བསྒྲགས་པ་གསུམ་གྱི་དཔེའུ་རྗེ་ཞེས་པ་དེ་དག་ནི་ལེགས་བཤད་རིན་པོ་ཆེའི་མཛོད་[པེ་242 ཕ་13] ལས་གསང་བ་བསྒྲགས་པ་རྒྱུད་ཀྱི་དཔེའུ་རྗེ་སྟོང་གསུམ་རྒྱུན་འཆད་ཆེན་པོ། བསྒྲགས་པ་བར་མ་སྟོད་བཅུད་བསྟན་པའི་རྒྱུད། བསྒྲགས་པ་ཐ་མ་སྟོང་པོ་དགུ་འདུས་ཀྱི་རྒྱུད། ཞེས་པས་གསལ་བ་དེ་རྣམས་ཡིན་ལ“སྒོ་བཞི་མཛོད་དང་ལྔ”ཞེས་པ་ནི་ཡོངས་གྲགས་ཀྱི་ལུགས་བྱས་ན་གཤེན་རབ་ཀྱི་མཛད་མདོ་གཟེར་མིག་[ཐོབ་781 ཤ་110 བ་5] ལས་གཡུང་དྲུང་བོན་ལ་རྒྱ་ཆེ་གྲགས་མང་ཡང་། སྒོ་བཞི་མཛོད་དང་ལྔ་རུ་ཕྱེས་ནས་ཕྱིས། མན་ངག་ལུང་གི་བོན་ནི་ཉུང་ལ་འདུས་པས་ལུང་། དབོན་གསས་སྣེ་རུ་ཕྱིས་ནས་གསེར་གྱི་གླེགས་བམ་ནང་དུ་བཅུག་སྲིད་པ་རྒྱུད་ཀྱི་བོན་ནི་མང་ལ་འཕྲེལ་བས་རྒྱུད། ཆབ་ནག་སྣེ་རུ་ཕྱིས་ནས་ལྕགས་ཀྱི་གླེགས་བམ་ནང་དུ་བཅུག རྒྱས་པ་འབུམ་གྱི་བོན་ནི་དོན་ལས་རྒྱས་ཤིང་བསྡུས་པས་འབུམ། འཕེན་ཡུལ་སྣེ་རུ་ཕྱིས་ནས་ཟངས་ཀྱི་གླེགས་བམ་ནང་དུ་བཅུག ནག་པོ་སྔགས་ཀྱི་བོན་ནི་དོན་ལ་བསྔགས་པས་བསྔགས། ཆབ་དཀར་སྣེ་རུ་ཕྱིས་ནས་དངུལ་གྱི་གླེགས་བམ་ནང་དུ་བཅུག དེ་བཞི་གཅིག་ཡོ་ལ་བསྡུད་ཅིང་ཡོ་ལ་རྒྱུགས་པ་ནི། གཙང་མ་ཐོ་(མཐོ) ཐོག་སྤྱི་རྒྱུག་མཛོད་ཀྱི་བོན་ཡིན་ཏེ། ལྔ་བ་

གཅིག་ཏུ་སྒྲིལ་བས་མཐོ་ཐོག་སྤྱི་རྒྱུགས་ཏེ། མཛོད་ཀྱི་བོན་སྡེར་བྲིས་ནས་གཡུ་ཡི་གླེགས་བམ་ནང་དུ་བཅུག་གོ། ཞེས་དཔོན་གསལ་གྱི་སྒོ་དང་། ཆབ་ནག་གི་སྒོ། འཕེན་ཡུལ་གྱི་སྒོ། ཆབ་དཀར་གྱི་སྒོ་སྟེ་སྒོ་བཞི་དང་། མཐོ་ཐོག་སྤྱི་རྒྱུག་མཛོད་བཅས་ལྔ་རུ་ཕྱེ་སྲོལ་བྱུང་ཡོད་འདུག

གཟེར་མིག་གི་རྩ་བའི་ལུང་འདིའི་དགོངས་དོན་རྣལ་མ་ནི་མན་ངག་ལུང་བོན་དཔོན་གསས་ཀྱི་སྡེ…… ཞེས་པ་གསེར་གྱི་གླེགས་བམ་གཅིག་དང་། སྲིད་པ་རྒྱུད་བོན་ཆབ་ནག་གི་སྡེ་ཞེས་པ་ལྕགས་ཀྱི་གླེགས་བམ་གཅིག་རྒྱས་པ་འབུམ་བོན་འཕེལ་ཡུལ་གྱི་སྡེ་ཞེས་པ་ཟངས་ཀྱི་གླེགས་བམ་གཅིག ནག་པོ་སྔགས་བོན་ཆབ་དཀར་གྱི་སྡེ་ཞེས་པ་དངུལ་གྱི་གླེགས་བམ་གཅིག་དང་གཙང་མ་མཐོ་ཐོག་མཛོད་ཀྱི་སྡེ་ཞེས་པ་གཡུ་ཡུ……གླེགས་བམ་གཅིག་བཅས་རིན་པོ་ཆེ་རིགས་ལྔའི་གླེགས་བམ་ལྔ་ཙམ་ཞིག་ཡོད་པར་བསྟན། བོན་སྒོ་བཞི་པོ་དེ་རྣམས་ཀྱི་ལྟ་སྤྱོད་ཐུན་མོང་མ་ཡིན་པའམ་རྣལ་མའི་ཚུལ་སྤྱོད་མ་བཅོས་པ་ནི་གཤེན་རབ་ཀྱི་མཛད་མདོ་རྒྱས་པ་དྲི་མེད་གཟི་བརྗིད་[ཇི་435ཤ218ན་4]ལས་སྣང་གཤེན་ཐེག་པ་(པའི་)བོན་སྒོ་ལ། སྤྱི་རུ་རྣམ་པ་བཞི་ཡིན་ཏེ། ཆབ་ནག་ཆུ་བོ་བསིལ་གྱིས་(སིལ་གྱི་)སྒོ། ཆབ་དཀར་འདྲེ་དང་སྲི་ཡི་སྒོ། ཕེན་(འཕེན་)ཡུལ་མཉམ་བརྗེ་སླུད་ཀྱིས་(ཀྱི་)སྒོ། དཔོན་སས་(གསས་)ཕྱྭ་གཉན་གཏོ་ཡི་སྒོ། ཞེས་བོན་གསར་མར་ཐེག་པ་དགུ་རུ་ཕྱེ་སྲོལ་ཡོད་པའི་ནང་ཚན། རྒྱུའི་བོན་བཞི་རུ་གྲགས་པ་ལས་སྣང་གཤེན་ཐེག་པའི་བྱེ་བྲག་ཏུ་བོན་སྒོ་བཞི་སྟེ། ཆབ་ནག་དང་ཆབ་དཀར། འཕེན་ཡུལ། དཔོན་གསས་ཀྱི་བོན་སྡེ་དེ་རྣམས་ཀྱི་ཚུལ་སྤྱོད་དྲི་མེད་གཟི་བརྗིད་དུ་གསལ་བར་བསྟན་པ་དེ་གས་ཤེས་ཐུབ་པ་ཡིན། དེ་ཡང་“དཔོན་གསས་ཕྱྭ་གཉན་གཏོ་ཡི་སྒོ།” ཞེས་པ་དེ་ནི་རྒྱུའི་བོན་བཞི་རུ་དབྱེ་བའི་སྐབས་སུ་ཕྱྭ་གཤེན་ཐེག་པའི་བརྟས་བསྟད་པ་དེ་དང་དགོངས་དོན་གཅིག་ཏུ་ངེས་པ་སྟེ། ལེགས་བཤད་སྐལ་བཟང་མགྲིན་རྒྱན་[བོད་165ཕ་5]ལས་ངོ་བོ་སྣང་ཡུལ་ལྷ་འདྲེས་བདེ་སྡུག་རྟོག ངས་ཚོག་ཕྱྭ་ཡིས་མཛད་པས་ཕྱྭ་གཤེན་ཞེས་རྣམ་གྲངས་མོ་རྩིས་གཏོ་དཔྱད་རྣམ་པ་བཞི། སྲ་ལྟས་མོ་ལ་མོ་སྲ་སུམ་བརྒྱ་དང་། དྲུག་ཅུ་དེ་བཞིན་རྗེ་མཐོང་རྩིས་ལ་ཡང་། གབ་རྩེ་དེ་བཞིན་ནད་གསོ་གཏོ་ལ་ནི། གཏོ་ཐབས་དེ་གྲངས་འཆི་བླུ་(བསླུ་)དཔྱད་ཉིད་ལ། དཔྱད་ཐབས་ཉིས་ཁྲི་ཆིག་སྟོང་མཆིས་པ་རྣམས། ནད་གདུང་བཟང་ངན་སྲ་ལྟས་མོ་ཡིས་བརྟགས། ལེགས་ཉེས་རྗེ་མཐོང་རྩིས་ཀྱིས་གཞལ་བྱ་ཞིང་། གདོན་ལ་གཏོ་བཅོས་ནད་ནི་དཔྱད་ཀྱིས་འཚོ། ཞེས་ཕྱྭ་གཤེན་གྱི་ཚུལ་སྤྱོད་དུ་ལྟས་མོ་དང་། རྗེ་མཐོང་རྩིས་ལ་བརྟེན་ཏེ་ལེགས་ཉེས་ཤན་འབྱེད། ནད་གསོ་གཏོ་དང་། འཆི་བསླུ་དཔྱད་ལ་བརྟེན་ནས་རང་གཞན་བདེ་ལ་སྦྱོར་བར་བྱེད་པ་དང་། “ཆབ་ནག་ཆུ་བོ་སིལ་གྱི་སྒོ།” ཞེས་པ་དེ་ནི་སྐལ་བཟང་མགྲིན་རྒྱན་[བོད་162ཕ་16]ལས་སྲིད་པ་སྣང་ཆེན་སེལ་གྱི་གཞུང་དང་གཅིག ཐུགས་

དཀར་གཉན་པོ་ལྷ་ཡི་གཞུང་དང་གཉིས། དགྲ་བླ་ཕེར་མ་དཔའ་ཁྲིམ་གཞུང་དང་གསུམ། སྲིད་པ་མིའུ་རྒྱུད་ཀྱི་གཞུང་དང་བཞི། ཆབ་ནག་རྩ་བོ་གཞུང་བཞི་བྱ་བ་ཡིན། ཞེས་གཞུང་བཞིའི་སེལ་སྒོ་རྣམས་ཞིབ་ཕྲོས་གནང་ཡོད་པ་དེ་ལས་ཤེས་ཐུབ་པ་དང་། “འཕེན་ཡུལ་མཉམ་བཟེ་སྒྲུད་ཀྱི་སྒོ།” ཞེས་པ་དེ་ནི་སྐལ་བཟང་མཁྱེན་རྒྱན་[བོད་166ཤ་3]ལས་འཕེན་ཡུལ་སྒྲུད་སྐོར་རྣམ་པ་གསུམ། ཕོ་སྒྲུད་མོ་སྒྲུད་ཆུང་སྒྲུད་གསུམ་ཡིན་ཏེ། ཞེས་སོགས་ཀྱིས་གསལ་བར་བསྟན་པའི་སྒྲུད་དང་། མདོས་ཀྱི་བྱེ་བྲག་ཛེ་སྐྱེད་པ་རྣམས་སུ་ངེས་པ་དང་། “ཆབ་དཀར་འདྲེ་དང་སྲི་ཡི་སྒོ”ཞེས་པ་དེ་ནི་སྐལ་བཟང་མཁྱེན་རྒྱན་[བོད་165ཤ་9]ལས་ཆབ་དཀར་སྲི་སྐོར་རྣམ་པ་གཉིས། འདྲེ་དགུ་(123)སྐྱུས་འདེབས་སྲི་བཅུ་(124)ཐུར་གནོན་པ། ཐབས་ཀྱིས་ངོས་བཟུང་ཐུགས་རྗེས་སྒྲུད་ཡས་བསྒོ། ཞེས་པ་སོགས་ཀྱིས་གསལ་རྒྱས་སུ་ཕྲོས་ཡོད་པ་དེས་ཤེས་ཐུབ་པ་ཡིན།

དུས་ཕྱིས་ཀྱི་བོན་གསར་མའི་ལུགས་སུ་གཟེར་མིག་ཏུ་བསྟན་པའི་རིན་ཆེན་སྣ་ལྔའི་གླེགས་བམ་རྣམ···པ་ལྔ་ལས་དཔོན་གསས་གསེར་གྱི་གླེགས་བམ་གྱི་ཁོངས་སུ་འདུལ་བ་རྒྱུད་དྲུག་ཅེས་པ་བཀའ་མ་དང་། གཡུང་དྲུང་ལས་རྣམ་པར་དག་པའི་རྒྱུད་སོགས་གཏེར་མའི་སྐོར་དང་བསྐལ་བཟང་མི་འདྲ་བ་འགའ········སོགས་སྙན་རྒྱུད་ཀྱི་སྐོར་ཅི་རིགས་པས་མཚོན། བཀའ་ཕུན་སུམ་ཚོགས་པ་མདོ་ཡི་སྡེ་ཚན་གྲགས་པ་གླེགས་བམ་དྲུག་ཅུ་རེ་གསུམ་ཙམ་ཡོད་པ་དང་། ཆབ་ནག་ལྕགས་ཀྱི་གླེགས་བམ་དང་ཆབ་དཀར་དངུལ་གྱི་གླེགས་བམ་གཉིས་ཀྱི་ཁོངས་སུ་རྒྱུད་ཀྱི་རྒྱལ་པོ་གསང་བ་གསེན་ཐུབ་ཅེས་པ་ལྟ་བུ་གཏེར་མའི་སྐོར་དང་། དཔལ་གསང་བ་འདུས་པ་དོན་གྱི་རྒྱུད་ཅེས་པ་ལྟ་བུ་སྙན་རྒྱུད་ཀྱི་སྐོར་སོགས་ཟབ་ལམ་གསང་སྔགས་ཀྱི······རྒྱུད་སྡེར་གྲགས་པ་གླེགས་བམ་ཉི་ཤུ་ཙམ་ཡོད། འཕེན་ཡུལ་ཟངས་ཀྱི་གླེགས་བམ་ལས“ཤིན་ཏུ་རྒྱས་པ་ཁམས་ཆེན་སྟོང་ཕྲག་བརྒྱ་པ”ཞེས་པ་ལྟ་བུ་གཏེར་མའི་སྐོར་རྣམ་དག་རྒྱས་པ་འབུམ་གྱི་སྡེ་ཚན་གྲགས་པའི···གླེགས་བམ་དྲུག་ཅུ་རེ་བདུན་ཙམ་ཡོད་པ་དང་། མཐིང་ཐོག་གཡུ་ཡི་གླེགས་བམ་ལས“རྫོགས་པ་ཆེན་པོ་ཞང་ཞུང་སྙན་རྒྱུད”ཅེས་པ་ལྟ་བུ་བཀའ་མའི་ཕྱོགས་དང་། “བྱང་སེམས་གབ་པའི་རྒྱུད”ཅེས་པ་ལྟ་བུ་གཏེར་མའི་སྐོར་དུ་མ་བཅས་བླ་མེད་སེམས་ཕྱོགས་མཛོད་ཀྱི་སྡེ་ཚན་གྲགས་པའི་གླེགས་བམ་བདུན་ཙམ·······བཞུགས་ཡོད་པས་མཚོན། “བོན་སྒོ་བཞི་མཛོད་ལྔ”ཞེས་པ་དེ་རྣམས་ཀྱི་ཁོངས་སུ་གཏོགས་པའི་བོན་སྡེ་ནི་དེང་དུས་བོན་གྱི་བཀའ་འགྱུར་དུ་གྲགས་པའི་གླེགས་བམ་བརྒྱ་དང་ལྔ་བཅུ་ལྷག་ཙམ་བཞུགས་ཡོད་པ་སྟེ། དངོས་དོན་དུ་བོན་སྒོ་བཞི་མཛོད་ལྔ་ནི་ཤིན་ཏུ་རྒྱ་ཆེ་ལ་རྣམ་གྲངས་མང་བ་ཞིག་ཏུ་ངོས་འཛིན་སྲོལ་ཡོད།

དཔོན་གསས་གསེར་གྱི་གླེགས་བམ་གྱི་རྩ་བར་གྱུར་པའི་གཞུང་ནི་འདུལ་བ་རྒྱུད་དྲུག་ཏུ་གྲགས་པ་དེ··

རྣམས་སུ་ངེས་པ་ཡིན། འདུལ་བ་རྒྱུད་དྲུག་ནི་གཤམ་གསལ“ བླ་ག་ཡངས་མ་ཀུན་འབྱུང་དབྱིངས་དག་རྒྱུད”ཅེས་པ་ལེའུ་ཞི་བདུན་པ། “འདུལ་བ་ཀུན་འབྱུང་དབྱིངས་དག་རྒྱུད”ཅེས་པ་ལེའུ་ཉེར་གཅིག་པ། “འདུལ་བ་དུས་ཆེན་དུས་ ཙན་སྡོམ་བྱེད་རྒྱུད”ཅེས་པའི་ལེའུ་ཉེར་གསུམ་པ། “འདུལ་བ་ཡོངས་རྫོགས་རྣམ་དག་སྡོམ་བྱེད་ཀྱི་རྒྱུད”ཅེས་པ་ལེའུ་ཞི་ལྔ་བ། “འདུལ་བ་སོ་སོར་ཐར་པའི་བྱེ་བྲག་རྒྱུད”ཅེས་པ་ལེའུ་ཉེར་གཅིག་པ། “འདུལ་བའི་ཉམས་གསོ་ལམ་སྡོམ་རྒྱུད”ཅེས་པ་ལེའུ་སོ་གསུམ་པ་བཅས་ཡོད་པ་དེ་རྣམས་ཡིན། ད་དུང་རྒྱུད་དྲུག་གི་སྤྱི་བསྡོམས་སུ“ འདུལ་བ་སྤྱི་ལྡོས་འགོག་པ་སྡོམ་བྱེད་རྒྱུད”ཅེས་པ་ལེའུ་བཅོ་བརྒྱད་པ་གཅིག་ཡོད་པ་དེ་དངོས་དོན་དུ་འདུལ་བའི་རྒྱུད་དུ་གྲགས་པའི་གཞུང་རྣམ་པ་བདུན………བཞུགས་འདུག གཞུང་དེ་རྣམས་ཀྱི་ངོ་བོ་དང་རྣམ་པ་སོགས་ནི་ཆོས་ཀྱི་ལུགས་སུ་གྲགས་པའི་བཀའ་སྡེ་སྡོད་གསུམ་〔125〕གྱི་དང་པོ་འདུལ་བའི་སྡེ་སྣོད་དང་ཕྱོགས་འདྲ་བ་ཞིག་ཡོད།

བོན་ལུགས་སུ་གྲགས་པའི་འདུལ་བ་རྒྱུད་དྲུག་གི་སྡོམ་རྒྱུན་ཇི་ལྟར་བྱུང་ཡོད་པའི་ལོ་རྒྱུས་རགས་ཙམ་ནི་སྡོམ་པའི་ཁུངས་ནི་གཤེན་རབ་མི་བོ་ཆེ་ཡིན་ལ། དེའི་ཚུལ་ནི་གཤེན་གྱི་མཛོད་མདོ་རྣམས་སུ་ཁྲིམ་སྤང་རབ་ཏུ་བྱུང་བའི་མཛད་པ་ཞེས་སངས་རྒྱས་ཤཱཀྱ་ཐུབ་པའི་མཛད་པ་དང་ཕྱོགས་འདྲ་བ་ཞིག་བཤད་ཡོད……པས་ཤེས་ཐུབ་ལ་གཤེན་རབ་མི་བོ་ཆེས་སྡོམ་རྒྱུད་དེ་ཉིད་ཀྱི་སྐུའི་སྲས་མུ་ཆོ་ལྡེམ་དྲུག་ལ་བརྒྱུད་ཅིང་། དེས་གཙུག་གཤེན་རྒྱལ་བ་དང་དེ་ནས་རིམ་བཞིན་དྲང་སྲོང་རྒྱལ་བ་དང་། གཙུག་སྲས་རྨ་ལོ། ཁྲི་ལྡེ་གུང་གྲགས། དམུ་ཙ་དྲ་ཧེ། ཁྲི་ལྡེ་འོད་པོ། ལྷང་ལྷང་གཙུག་ཕུད། དྲངས་བ་ཡིད་རིང་། ཐུགས་དཀར་ཡེ་ཤེས། གུང་རུམ་ཡེ་ཤེས། འོད་ལྡ་གསལ་འབར། འཕྲུལ་ཡེ་ཤེས། ཡེ་ཤེས་ཚུལ་ཁྲིམས། གཡུང་དྲུང་ཚུལ་ཁྲིམས། གཙུག་ཕུད་ཚུལ་ཁྲིམས། ག་ཆུ་གཙུག་ཕུད་རྒྱལ་བ། ཡ་གོང་ཡེ་ཤེས་རྒྱལ་བ། ལྡེ་བཙུན་རབ་གསལ། བརྒྱ་ཙ་ཡེ་ཤེས། མུ་ཟི་གསལ་བཟང་དང་བཅས་པའི་པར་བརྒྱུད་པའི་བླ་རབས་ཉེར་གཉིས་བྱུང་ཡོད་པའི་ཚུལ་འདུལ་བ་གླིང་གྲགས་སུ་ཞལ་གསལ་དུ་བསྟན་པ་དེ་ནི་གཤེན་རབ་མི་བོ་ཆེས་འདུལ་བ་རྒྱུད་དྲུག་བསྟན་པ་ནས། བོད་ཀྱི་རྒྱལ་རབས་བརྒྱད་པ་གྲི་གུམ་བཙན་པོའི་དུས་བར་གྱི་བླ་རབས་རྣམས་ཡིན་ངེས་པ་ནི་ཙ་རྒྱུད་ཉི་སྒྲོན་[ཐོབ་301ཤ་149ན་1]ལས་གནམ་གྱི་ཁྲི་བདུན་ཞེས་བྱ་སྟེ། རྒྱལ་པོ་རེ་ལ་སྐུ་སྲུང་བོན་གཤེན་རེས་མཛད་པས་བོན་གཤེན་མངའ་ཐང་ཆེའོ། །དེ་དུས་ག་ཆུ། ཡ་གོང་། ཕམས་ཤི། ལྡེ་བཙུན་བཞིའ། ལྷ་ཁང་གསས་ཁང་མཆོད་རྟེན། གནས་ཆེན་བཞིར་དགོན་སྡེ་ཆེན་པོ་བཞི་བཞེངས། ཞེས་པས་ག་ཆུ་གཙུག་ཕུད་རྒྱལ་བ་དང་ཡ་གོང་ཡེ་ཤེས་རྒྱལ་བ། ཕམས་ཤི་དཔལ་གྱི་དབང་ཕྱུག ལྡེ་བཙུན་རབ་གསལ་དུ་གྲགས་པ་འདི་རྣམས་བོད་ཀྱི་ཡ་ཐོག་གི་རྒྱལ་པོ་གནམ་གྱི་ཁྲི་བདུན་དུ་གྲགས་པ་དེ་རྣམས་ཀྱི་དུས་སྐབས་སུ་བྱུང……

ཡོད་པ་གསལ་བར་བསྟན་པས་ཤེས་ཐུབ་པ་ཡིན།

ཆབ་ནག་ལྷུགས་ཀྱི་གླེགས་བམ་དང་ཆབ་དཀར་དཔྱལ་གྱི་གླེགས་བམ་འདི་གཉིས་ཀྱི་གཞིའམ་རྩ་བར་གྱུར་པ་ནི་ཞང་ཞུང་མེ་རིའི་རྒྱུད་གཞུང་དང་། སྲི་སྲུངས་ཀྱི་སྐོར་འདི་རྣམས་ཡིན་དགོས་པར་འདུག་ལ། དེ་ལས་ཞང་ཞུང་མེ་རིའི་རྒྱུད་ཀྱི་གཞིའམ་རྩ་བར་གྱུར་པ། བོན་ལུགས་སུ་བཀའ་མར་གྲགས་པའི་གཞུང་ནི་ཞི་བ་མེ་དཔུང་ཡང་སྙིང་ཨ་ཧྲི་མུ་ལེར་འཁོར་ལོ་འོད་ཆེན་ནས་བཀོལ་བ། ཞི་བ་བསྙེད་མི་དགོས་པ་དང་གཅིག མེ་རི་གསང་བ་དཔལ་པོ་གྱད་ཕུར་གྱི་སྒྲུབ་པའི་འཕྲིན་ལས་དང་གཉིས། མེ་རི་དཔལ་པོ་གྱད་ཕུར་གྱི་བསྐང་བ་དང་གསུམ། མེ་རི་དཔལ་པོ་གྱད་ཕུར་གྱི་ཚེ་སྒྲུབ་བཀྲ་ཤིས་འཁྱིལ་བ་དང་བཞི། དམ་ཅན་དཀར་པོ་ཚེ་ཡི་སྒྲུབ་པ་དང་ལྔ། ཞང་ཞུང་མེ་རིའི་གསས་མཁར་ཁྲོ་བོ་བསྙེད་མི་དགོས་པའི་གཞུང་དང་དྲུག ཞང་ཞུང་མེ་རི་སྙན་རྒྱུད་ཀྱི་ཡང་སྙིང་དང་བདུན། གེ་ཁོད་མེ་རི་གྱད་ཕུར་གཅིག་སྒྲུབ་དང་བརྒྱད། གེ་ཁོད་ཐུགས་སྒྲུབ་དང་དགུ། མེ་རིའི་ལྷོག་མཁར་བཞེངས་ལུགས་ཀྱི་ཟུར་བྱང་དང་བཅུ་ཞེས་བྱ་བའི་གཞུང་བཅུ་པོ་འདི་རྣམས་སུ་ངེས་ཤིང་། དེ་རྣམས་ཀྱི་བརྒྱུད་རིམ་ནི་གཤེན་རབ་གསང་བ་འདུས་པ་དང་། ལྷ་བོན་ཡོངས་སུ་དག་པ། གླུ་བོན་བ་ནམ་སྐྱོལ་པོ། མི་བོན་ཁྲི་ལྡེ་ཟབ་བྱི། ཞང་ཞུང་བ་ནམ་སྐྱོལ་པོ། ཁྲི་ཤོ་རྒྱལ་བ། ར་སངས་བསམ་འགྲུབ། དར་མ་ཤེས་རབ། དར་མ་རྫོ་དེ། ཞུང་ཞག་ཁྲི་འཕེན། མུ་ཡེ་ལྷ་རྒྱུང་། རྨ་གཤེན་ལེགས་བཟང་། སྲས་ཆེན་སྟག་ལྷ། ར་སངས་གཡུང་དྲུང་། ར་སངས་གཡུང་འཕེན། དགེ་འབར་དོན་གྲུབ། དགེ་འཕེན་དགེ་རྒྱལ། ཞང་ཞུང་རྣམ་རྒྱལ། མུ་རྒྱུང་དཀར་པོ། རྟོར་ཧྲི་ཆེན་པོ། དོན་ཀུན་གྲུབ་པ། ར་སངས་འཕེན་རྒྱས། གུ་རུབ་གསལ་དགའ། ཟླ་བ་རྒྱན་མཚན། ཏ་པི་ཧྲི་ཙ་སྣང་བཞེར་ལོད་པོའི་བར་གྱི་བླ་རབས་ཉེར་བདུན་དུ་གསལ་བ་འདི་ནི། གཤེན་རབ་མི་བོ་ཆེ་བྱོན་པའི་དུས་ནས་བོད་ཀྱི་རྒྱལ་པོ་སྲོང་བཙན་སྒམ་པོའི་བར་ཞང་ཞུང་དུ་རྒྱུད་རིམ་ཇི་ལྟར་བྱོན་པའི་ཚུལ་ཏེ། ཞང་ཞུང་སྙན་རྒྱུད་ཀྱི་རྒྱུད་རིམ་དང་གཅིག་འབྲེལ་དུ་ཡོད།

མེ་རིའི་སྒྲུབ་གཞུང་འདི་དག་ཏུ་བོད་ཀྱི་ཐུན་མོང་མ་ཡིན་པའི་སྒྲུབ་པ་བྱེད་ཚུལ་ཚད་ལྡན་ཅི་རིགས···པ་ཞིག་ཡོད་ནའང་ཡིག་ཆ་འདི་རྣམས་དུས་རིམ་གྱི་འགྱུར་བའི་ནང་དུ་གནས་པའི་བོན་པོ་རྣམས་ཀྱིས······འཛིན་སྐྱོང་གནང་བ་ཤ་སྟག་ཡིན་སྟབས། ཆོས་སུ་བཞུགས་པའི་གསང་སྔགས་ཀྱི་བསྟན་པའི་ཤན་ཤིན་ཏུ་ཆེ་བ་ཞིག་ཞུགས་འདུག་པ་ནི་མངོན་མཐོང་དུ་ཡོད་པ་འདི་རེད། དེ་ལྟར་ནའང“མེ་རིའི་ལྷོག་མཁར་བཞེངས་ལུགས་ཀྱི་ཟུར་བྱང”ཞེས་པ་གུ་རུབ་གསལ་འོད་དགའ་བས་མཛད་པར་གསལ་བའི་གཞུང་དེ······ལས། གཤེན་པོ་རྣམས་ཀྱིས་མེ་རིའི་སྒྲུབ་པ་ཇི་ལྟར་བྱ་བའི་གནས་གཞི་མེ་རིའི་ལྷོག་མཁར་བཞེངས་སྟངས་

གསལ་བར་བསྟན་ཡོད་པ་དེ་དང་། ཨ་རིའི་ཡུལ་གྱི་གཙུག་གནས་མི་རིགས་དམར་པོའི་གནའ་བོའི་གྲོང་ཤུལ། ཨ་རིའི་ལྷོ་ནུབ་ཀྱི་ཡུལ་ལྗོངས་ཨ་རི་ཛོ་ནའི་ཁོངས། མེ་ས་ཝེ་རྡེ་(MESA VERDE) སོགས་སུ་ཡོད་པའི"ཁི་ཝ"(KIWA) ཞེས་པ་གནའ་མི་ཚོའི་སྒྲུབ་ཁང་ཟླུམ་པོ་ཞིག་ས་འོག་ཏུ་བཞེངས་སྲོལ་བྱུང་ཡོད་པ་དེར་སྒྲུབ་པ་པོ་བྱང་ངོས་ནས་ཞལ་ལྷོ་རུ་ཕྱོགས་ཏེ་བསྡད་པའི་དབུས་ཕྱོགས་སུ་མེ་ཐབ་དང་ལྷོ་ངོས་སུ་ཀླུང་འཇུག་པའི་ཁུང་བུ་དང་། སྒྲུབ་པ་པོའི་གཡོན་ངོས་སུ་སྒྲུབ་པར་ཞུགས་མཁན་རྣམས་སྒྲུབ་ཁང་དུ་འཇུག་པའི་ཐེམ་སྐས་སོགས་བཟོ་སྲོལ་བྱུང་འདུག་པ་རྣམས་ད་ལྟའི་དུས་སུའང་མངོན་གསལ་དོད་པོར་མཐོང་རྒྱུ་ཡོད་པ་དེ་རིགས་ཞང་ཞུང་མེ་རིའི་ལྟོག་མཁར་བཞེངས་ལུགས་ཀྱི་བཤད་པ་འདི་གཉིས་འདྲ་ས་ཤིན་ཏུ་ཡོད་པ་ནི་མེ་རིའི་ལྟོག་མཁར་བཞེངས་ལུགས་ཀྱི་ཟུར་ཕྱང་[ཤ་1ན་3] ལས་འོག་ཁང་ཟླུམ་པོ་ཆུ་ཡི་དབྱིབས། ཆེ་ཆུང་གནས་ཡུལ་སྐབས་དང་བསྟུན། ཞེས་པས་ས་འོག་ཏུ་ཡོད་པའི་ཁི་ཝ་ཟླུམ་པོའི་དབྱིབས་མཚོན་པ་དང་ཡང་[ཤ་1ན་4] ལས་གཡོན་ཤར་ནང་དུ་ཞུགས་པ་དང་། ཞེས་པས་སྒྲུབ་པ་པོའི་གཞོགས་གཡོན་ངོས་ཤར་གྱི་ཕྱོགས་དེར་སྒྲུབ་པ་ལ་ཞུགས་པ་པོ་རྣམས་ནང་དུ་འཇུག་པའི་ཐེམ་སྐས་དེ་ཉིད་མཚོན་པ་དང་། ཡང་[ཤ་2ན་2] ལས་བྱང་ངོས་དབལ་གཤེན་བཞུགས་པའི་སྟེགས། ཞེས་པས་སྒྲུབ་པ་པོ་དེ་ཁི་ཝའི་བྱང་ངོས་སུ་ཞལ་ལྷོ་རུ་ཕྱོགས་ཏེ་བཞུགས་པའི་ཚུལ་མཚོན་པ་དང་[ཤ་2བ་1] ལས་ལྟེ་བར་དབལ་གྱི་མེ་ར་ཟླུམ། ཞེས་པས་ཁི་ཝའི་དཀྱིལ་དུ་མེ་ཐབ་ཡོད་པར་མཚོན་པ་དང་[ཤ་3ན་4] ལས་ལྷོ་ངོས་ཀླུང་སྒོ་ཟླ་གམ་དབྱིབས། ཞེས་པས་ཁི་ཝའི་ལྷོ་རུ་ཀླུང་འཇུག་པའི་བུག་སྒོ་ཡོད་པ་དེ་རྣམས་གསལ་བར་མཚོན་པ་ཡིན་ལ། མི་རིགས་དམར་པོའི་གྲོང་ཤུལ་གྱི་ཁི་ཝ་ལ་དེ་ཙམ་ལས་མངོན་གསལ་དོད་པ་མཐོང་དུ་མེད་ནའང་ཁི་ཝའི་རྣལ་མའི་བཟོ་དབྱིབས་དེ་ཉིད་དུས་འགྱུར་གྱིས་ཉམས་གུད་དུ་གྱུར་པ་ལས་གནའ་ལུགས་སུ་ཞང་ཞུང་མེ་རིའི་ལྟོག་མཁར་གྱི་ཟུར་ཕྱང་དུ་གསལ་བའི་ཆ་ཤས་ཞིག་དེང་དུས་རང་རེའི་ཨིག་ཐར་མངོན་མཐོང་དུ་མེད་པ་ཙི་རིགས་པ་ཞིག་ཀྱང་བྱུང་སྲིད་ཡོད་པ་ནི་ཤིན་ཏུ་སྲིད་པ་ཡིན།

ཞང་བོད་ཀྱི་ཤེས་རིག་སྙིང་མ་འགའ་ཞིག་མི་རིགས་དམར་པོའི་ཤེས་རིག་གི་ཁོངས་སུ་སྣང་དུ་ཡོད་པ་དེས་ནི་གནའ་བོའི་ཞང་བོད་ཀྱི་མི་རྒྱུད་དང་། ཨ་རིའི་ཡུལ་གྱི་གཙུག་གནས་མི་རིགས་དམར་པོ་རྣམས་ཕན་ཚུན་ཁ་མ་བྲལ་བའི་གོང་དེར་དར་སྲོལ་ཡོད་པའི་ཤེས་རིག་ཤིན་ཏུ་སྙིང་མའི་རྗེས་ཤུལ་ལམ་རིན་ཐང་ཆེས་ཆེ་བའི་གདུང་རྟེན་ཞིག་ཏུ་མཚོན་པ་ཡིན། དེ་ནི་ཨེ་ཤ་ཡའི་གླིང་དང་། ཨ་རིའི་གླིང་ཕན་ཚུན་ཁ་མ་བྲལ་བའི་ཡ་ཐོག་གི་དུས་སྐབས་ཀྱི་ལོ་རྒྱུས་སྙིང་མ་དང་འབྲེལ་བ་ཞིག་ཡིན་སྟབས། ཆོས་སྙིང་མའི་རང་བཞིན་དང་ལྡན་པའི་ཤེས་རིག་ཅིག་ཡིན་པའང་ཤུགས་ཀྱིས་བསྟན་པ་ཡིན། ཆོས་ཐོ་བའི་དུས་སྐབས་དེ་ནི་

གཤེན་རབ་མི་བོ་ཆེ་འཇིག་རྟེན་དུ་མ་བྱོན་པའི་ཡ་ཐོག ཡོ་གྲངས་སྟོང་ཕྲག་མང་པོའི་སྔོན་རོལ་གྱི་གནའ་རྒྱུས་ཤིག་ཡིན་དགོས་སྟབས། སྐབས་དེར་ཞང་ཞུང་མེ་རིའི་སྐྱབ་སྐོར་དང་། མེ་རིའི་ལྷོག་མཁར་བཞེངས་ལུགས་སོགས་དར་སྤྲོལ་བྱུང་ཡོད་དཀའ་ནའང་། ཤེས་རིག་གི་གཞི་རྩ་དེ་དང་དེ་འདྲ་བ་ཞིག་བྱུང་སྲིད་ཡོད་པ་ནི་གནས་ཚུལ་འདི་རང་གིས་གསལ་བར་བསྟན་པ་ཡིན།

ཁྱུང་སྤྲུལ་འཇིགས་མེད་ནམ་མཁའི་རྡོ་རྗེས་(1897—1956)བཀའ་བསྒྲུ་མཛད་པའི་མེ་རིའི་སྐོར……དེར་ཤིན་ཏུ་རྩ་གནད་ཆེ་བའི་ཡིག་ཆ་ཞང་ཞུང་མེ་རིའི་ལྷོག་མཁར་བཞེངས་ལུགས་ཀྱི་ཟུར་བྱང་ཞེས་པའི་…དཔེ་ཆ་འདི་མི་སྣང་ནའང་སྤྱི་ལོ3898སྤྱི་ལོ1981ལྕགས་མོ་བྱའི་ལོར་ཁོ་བོ་བོད་ཀྱི་ཡུལ་དབུས་ལྷ་སར……ཕྱིན་སྐབས། ཀོང་པོ་ནས་ཡིན་པའི་གྲོང་བོན་རྣན་པོ་གཡུང་དྲུང་རྣམ་རྒྱལ་ཞེས་པ་ཞིག་དང་འཕྲད་བྱུང་། ཁོང་གི་ཕྱག་ནས་བོན་གྱི་ཧྲ་ཐིག་གི་དཔེ་ཆ་ཞིག་དང་། ཀོང་པོ་བོན་རིའི་གནས་ཡིག ཞང་ཞུང་མེ་རིའི་ལྷོག་མཁར་བཞེངས་ལུགས་ཀྱི་ཟུར་བྱང་བཅས་དཔེ་ཚན་མི་འདྲ་བ་གསུམ་གྱི་དཔར་ལེན་པའི་གོ་སྐབས……ཐོབ་ཅིང་། དཔེ་ཕྱི་མ་འདི་ཉིད་ཡིག་ནོར་རྒྱུན་འབྱམས་སུ་གྱུར་པའི་ཚིག་རིས་ཤིན་ཏུ་མང་པོ་ཞིག་ཡོད་སྟབས། གཞུང་གི་གོ་དོན་རྟོབ་ཚོད་ཀྱིས་ལེན་དགོས་པ་མི་ཐུང་བ་ཞིག་ཡོད་པ་ལྟར་ཁོ་བོས་ཉམས་ཞིབ་ཞུན་མཐར་གཏུགས་ཏེ་གཏན་ལ་ཕབ་པའི་དཔེ་དེབ་ཞིག་ཡིན།

སྲི་སྲུངས་ཀྱི་སྐོར་རྣམས་ནི་རྩ་རྒྱུད་ཉི་སྒྲོན་[ཐོབ300ཤ148བ3]ལས་མུ་ཁྲིས་སྣང་བ་མདོག་ཅན་ལ། ཁྲི་བོ་དབང་ཆེན་རྒྱུད་གཞུང་མ་བུ་ཚང་བར་ཞུས། ཞེས་བོད་རྒྱལ་གཉིས་པའི་དུས་སུ་སྲི་སྲུངས་ཀྱི་སྐོར་རྣམས་ཞང་ཞུང་ནས་བོད་དུ་དར་བར་བཤད་པ་དེས་ནི་ཞང་ཞུང་གི་ཡུལ་དུ་སྲི་སྲུངས་ཀྱི་སྐོར་དར་རྒྱས་སུ་ཡོད་པ་གསལ་བར་བསྟན་པ་དང་། སྲི་སྲུངས་ཀྱི་བརྒྱུད་པའི་ལོ་རྒྱུས་སྐོར། གསས་མཁར་རིན་པོ་ཆེ་སྲི་སྲུངས་[རྒྱུད་ཁ429ཤ214ན5]ལས་དེ་ལྟར་གསས་མཁར་རིན་པོ་ཆེ་སྲི་སྲུངས། དབའ་གསང་བ་འདུས་པ་དོན་གྱི་རྒྱུད། ལེའུ་སུམ་ཅུ་རྩ་གསུམ་འདི་ནི་ལྷ་ཀླུ་མིའི་(མི་)གསུམ་གྱི་གཤེན་གསུམ་ལ་གཤེན་ནམ་མཁའ་སྣང་བའི་མདོག་ཅན་གྱི་བསྒྲགས་པ་གསུམ་གྱིས་མདོར་བསྡུས་ནས་ཞུས། དེས་ལྷའི་གཤེན་གསུམ་ལ་རིམ་པར་བརྒྱུད་དེ། རྒྱལ་བོན་མུ་ཁྲི་བཙན་པོ་ལ་བརྒྱུད། དེས་མོན་བོན་ཏ་ར་ཙི་པར་ལ་བརྒྱུད། དེས་ཞང་ཞུང་གི་གཤེན་གསུམ་(126)ལ་བརྒྱུད། ཅེས་སོགས་ཀྱིས་སྲི་སྲུངས་ཀྱི་སྐོར་ཞང་ཞུང་གི་ཡུལ་དུ་དར་ཁྱབ་ཆེན་པོ་བྱུང་ཡོད་པ་གསལ་ནའང་། གཞུང་དེ་ཉིད་[རྒྱུད་ཁ430ཤ214བ6]ལས་དེས་གྱེར་སྤུངས་དྲན་པ་ནམ་མཁའ་ལ་བརྒྱུད། དེས་རྗེས་འཇུག་གི་གཤེན་པོ་བརྒྱད་ལ་བརྒྱུད་ནས་ཕྱི་རབ་ཀྱི་དོན་དུ་བཀའ་གཏེར་གཉིས་སུ་སྦྱོར་ཏེ། གཏེར་ནི་བྱང་ཕྱོགས་གསང་བྲག་རྒྱ་བོ་ལ་སྦེད་དོ། བཀའ་ནི་རྗེས་

འཇུགས་(འཇུག་)གཤེན་བརྒྱད་ཀྱི་(ཀྱིས་)གནང་ནས་སྟོང་ཆེན་དགུ་ཚ་གྱེར་མེད་ཀྱིས་སྤྲུལ་སྐུ་ལས་ལྷན····གྱི་གཤེན་བློ་ལྡན་སྙིང་པོ་ཡི་སྙན་དུ་བརྒྱུད་དོ། །དེ་ཕྱི་རབས་ཀྱི་དོན་དུ་དཀར་ཆག་ཡི་གེའི་(གེ)རིམ་སུ་བྲིས་ཞེས་གཤེན་ཆེན་པོ་དགུ་ཚ་གྱེར་མེད་ནས། གཤེན་བློ་ལྡན་སྙིང་པོའི་བར་རིང་རྒྱུད་ཀྱི་བརྒྱུད་རིམ་མེད་པ་དང་། དུས་དེ་སྐྱིད་ཀྱི་རིང་དཔེ་རྒྱུན་ཡང་མེད་པ། གཤེན་བློ་ལྡན་སྙིང་པོ་ལ་སྟོང་ཆེན་དགུ་ཚ་གྱེར་མེད་ཀྱིས་སྙན་རྒྱུད་དུ་བསྟན་པ་བཞིན་གསར་དུ་ཡི་གེའི་རིམ་སུ་བཏབ་པ་ཞལ་གསལ་དུ་བསྟན་པས···ཤེས་ཐུབ་པ་ཡིན། བོན་གྱི་བཀའ་འགྱུར་དུ་བཞུགས་པའི་རྒྱུད་སྡེའི་སྐོར་རྣམས་ཀྱང་གཏེར་མའམ་སྙན་རྒྱུད་དུ་གྲགས་པ་དེ་འདྲའི་རིགས་ཁོ་ན་ལས་ལོ་རྒྱུས་ཀྱི་ཁུངས་ལ་དགོས་གནད་ཆེ་བའི་བཀའ་མའི་རྒྱུན······དང་། དེའི་ལོ་རྒྱུས་བཞུགས་པའི་ཡིག་ཆ་ནི་ཤིན་ཏུ་རྙེད་དཀའ་བའི་གནས་སུ་གྱུར་འདུག

འཕེན་ཡུལ་ཟངས་ཀྱི་གླེགས་བམ་གྱི་སྐོར། རྒྱས་པ་འབུམ་གྱི་སྡེ་གཤེན་ཀླུ་དགའི་གཏེར་མར་གྲགས་པ་ཤིན་ཏུ་རྒྱས་པ་《ཁམས་ཆེན་སྟོང་ཕྲག་བརྒྱ་པ་》གླེགས་བམ་བཅུ་དྲུག་དང་ཨ་ཙ་ར་མི་གསུམ་གྱི་གཏེར་མར་གྲགས་པ་《འབྱུང་འབུམ་》གླེགས་བམ་བདུན་དང་། གཉེན་སྟོན་གྱི་གཏེར་མར་གྲགས་པ་《རྩ་འབུམ་》གླེགས་བམ་གཉིས་དང་གཉེན་འཕྲིང་གི་གཏེར་མར་གྲགས་པ་《ཁམས་རྩ་》གླེགས་བམ་གཉིས། བན་དེ་མི་གསུམ་གྱི་གཏེར་མར་གྲགས་པ་《བོན་སྙིང་པོ་བདལ་འབུམ་》གླེགས་བམ་བཅུ། 《མདོན་རྟོགས་རིག་པའི་རྩེ་མོའི་འབུམ་རྩ་》གླེགས་བམ་གཉིས། ཡང་བན་དེ་མི་གསུམ་གྱི་དབུས་གཏེར་དུ་གྲགས་པ་《ཐུགས་རྗེ་ཉི་མ་རིང་ཤར་འབུམ་》གླེགས་བམ་བཅུ་རྣམས་ཀྱིས་མཚོན། འཕེན་ཡུལ་གྱི་བོན་སྒོ་ཞེས་པ་འདི་ནི་ཆོས་ལུགས་སུ་གྲགས་པའི་ཤེས་རབ་ཀྱི་ཕ་རོལ་ཏུ་ཕྱིན་པ་འབུམ་རྒྱས་འབྲིང་བསྡུས་པ་རྣམས་དང་། ངོ་བོ་དང་། རང་བཞིན། རྣམ་པའི་ཆ་ཕལ་མོ་ཆེ་གཅིག་གྱུར་དུ་བྱུང་འདུག་མོད། གནའ་བོའི་བོན་རྣལ་མའི་ལུགས་སུ་གྲགས་ཆེ་བའི་འཕེན་ཡུལ་ཟངས་ཀྱི་གླེགས་བམ་གྱི་སྙིང་པོ་ནི"འཕེན་ཡུལ་ཨཉམ་བཟེ་སྐྱུད་ཀྱི་སྒོ"ཞེས་དྲི་མེད་གཟི་བརྗིད་ལས་གསལ་བར་བསྟན་པ་དེ་ལས་འདའ་བར་མི་ནུས། ཚུལ་དེ་ནི་དུས་རིམ་བར་མའི་ནང་བོད་དུ་དར་བའི་བོན་ཤེས་པ་ཅན་བཅུ་གཉིས་ཀྱི་ཁོངས་སུ"འགྲོ་ཤེས་སྐད་བོན"ཅེས་སྐད་དང་། མདོས་དང་ཡས་ཏེ་སྐད་ཀྱི་རིགས་གསུམ་དང་། སྐད་ཀྱི་ཐེ་བྲག་ཏུ་ཕོ་སྐད་དང་མོ་སྐད། ཚང་སྐད་བཅས་རྣམ་པ་གསུམ་ལས་གྱེས་པའི་སྐོར་རྒྱ་ཆེ་ལ་རྣམ་གྲངས་མང་བ་ཞིག་གནའ་ནས་ད་བར་དུ་དར་སྤྱོལ་བྱུང་ཡོད་པ་དེ་རྣམས་སུ་ཤེས་ཤིང་། འདི་སྐོར་ཞིབ་པར་མཁྱེན་འདོད་པ་རྣམས་ཀྱིས་ཁོ་བོས་བཀོད་པའི་ཡིག་ཆ"སྐྱུང་ལྡེའུ་བོན་གསུམ་གྱི་གཏམ"[ཧྥ་183]ལ་གཟིགས་འཚལ། སྐད་དམ་མདོས་ཀྱི་ཡིག་རྙིང་གནའ་བོའི་རང་གཤིས་དང་ལྡན་ངེས་པ་ནི་སྲིད་པ་སྤྱི་མདོས་ཀྱི་གཞུང་དང་། ཤ་བ་ཏུ་རྒྱས་ཀྱི་གཞུང་དག

ཡིན་ལ། དེ་དང་ཆ་འདྲ་བའི་མདོས་གཞུང་མི་འུང་བ་ཞིག་ནི་བན་བོན་གཉིས་ཀའི་ཕྱོགས་སུ་བཞུགས་ཡོད་པ་འདི་དག་ནི"འཕེན་ཡུལ་གྱི་བོན་སྐོ"ཞེས་བྱ་བ་དེའི་གདགས་གཞི་ཐུན་མོང་མ་ཡིན་པ་ཞིག་ཡིན་ངེས་པ་ཤེས་ཤིན་ཏུ་སླ་བ་ཡིན།

ཤ་བ་ཙ་རྒྱས་སོགས་མདོས་ཀྱི་བྱེ་བྲག་མི་འདྲ་བ་རྣམས་ཀྱི་མདོས་ཆས་སུ་ནམ་མཁའ་དང་རྒྱང་བུ་རྣམས་དགོས་ཤིང་། ནམ་མཁའ་ནི་ཤིང་རིས་རྒྱ་གྲམ་དུ་བཀོད་པས་བསླུ་བྱའི་སྲོག་གི་གཞི་རྟེན་མཚོན་པ་དང་། ཤིང་རིས་རྒྱ་གྲམ་གྱི་ངོས་སུ་བྲན་པའི་ཚོན་སྐུད་སྣ་ལྔ་པས་བསླུ་བྱའི་འབྱུང་ལྔའི་ཁམས་ཀྱི་རྒྱུན་རྣམས་མཚོན་ལ། བསླུ་བྱའི་འབྱུང་ལྔའི་ཁམས་ཕན་ཚུན་འགལ་བའམ་དགྲ་གཤེད་དུ་གྱུར་པ། དཔེར་ན་བསླུ་བྱའི་སྲོག་གི་ཁམས་མེ་ཡིན་པ་ལ་ལུས་ཀྱི་ཁམས་སམ། དབང་ཐང་གི་ཁམས། རླུང་རྟའི་ཁམས་གང་རུང་ཞིག་ཆུ་ཡིན་པའི་དབང་དུ་བྱས་ན་ལུས་དང་དབང་ཐང་རླུང་རྟ་གསུམ་གྱི་ཁམས་དེ་སྲོག་ཁམས་ཀྱི་དགྲ་རུ་གྱུར་པ་ཡིན་སྟབས། བསླུ་བྱ་དེའི་ལུས་སམ། དབང་ཐང་ངམ། རླུང་རྟ་དང་གང་རུང་ཞིག་ཤིན་ཏུ་དར་བའི་སྐབས་བྱུང་བ་ཡིན་ན་བསླུ་བྱ་དེའི་སྲོག་ལ་ཉེན་ཁ་ཆེན་པོ་ཞིག་མི་འབྱུང་བའི་ངེས་པ་མེད་པ་དང་། ཡང་ན་བསླུ་བྱའི་སྲོག་གི་ཁམས་ཆུ་ཡིན་པ་ལ་ལུས་སམ་དབང་ཐང་། རླུང་རྟ་སོགས་ཀྱི་ཁམས་གང་རུང་ཞིག་མེ་ཡིན་པའི་དབང་དུ་བྱས་ན། བསླུ་བྱའི་སྲོག་ཁམས་དེ་ལུས་ཁམས་སོགས་ཀྱི་དགྲ་རུ་གྱུར་པར་བརྟེན། སྲོག་ཁམས་དར་བའི་ཚེ་ལུས་ཁམས་མི་བདེ་བ་སོགས་འབྱུང་བ་ཆ་མི་སྙོམས་པའི་གནས་ཚུལ་ཡོང་སྲིད་པ་དང་། དེ་དང་ཆ་འདྲ་བ་བསླུ་བྱའི་ཁམས་དང་གནས་དུས་དང་རྗེས་སུ་འབྲེལ་བའི་ལོ་ཁམས་གཉིས་ཕན་ཚུན་དགྲ་གཤེད་དུ་གྱུར་པའམ་འགལ་བར་གྱུར་པའི་རྐྱེན་གྱིས། བསླུ་བྱ་ལ་འབྱུང་ཁམས་མི་མཐུན་པའི་རྐྱེན་ཆགས་ཅི་རིགས་ཤིག་འབྱུང་སྲིད་པར་བརྟེན། སྤྱི་སྙིར་གྱི་སྐུ་རིམ་མདོས་ཆོག་སོགས་སུ་འབྱུང་ཁམས་མཐུན་སྦྱོར་གྱི་མདོས་ཆས་ནམ་མཁའི་རིགས་མི་འདྲ་བ་སྣ་ཚོགས་བཞེངས་ཏེ་འབྱུང་ཁམས་མཐུན་པར་བསྡེབ་དགོས་པ་དང་། དེ་དང་ཆ་འདྲ་བ་རྒྱང་བུ་ཞེས་པ་དེའང་བསླུ་བྱའི་སྲོག་གི་ཀ་བ་མཚོན་པའི་དབྱུ་གུ་ལ། འབྱུང་བའི་ཁམས་ལྔ་མཚོན་པའི་བལ་ཚོན་ནམ་དེ་ལྟར་མ་འཛོམས་ན། ཡེ་དང་ངམ་སྣང་བ་དང་མུན་པ། དགེ་བ་དང་མི་དགེ་བ། མཐུན་ཕྱོགས་དང་མི་མཐུན་ཕྱོགས་སོགས་ཀྱི་འགལ་བ་རྣམས་མཐུན་པར་བསྡེབ་པའི་ཆ་རྐྱེན་དུ་བལ་ཚོན་དཀར་ནག་གཉིས་ཀྱིས་རིམ་པར་དཀྲི་ཞིང་མཐུན་པར་བསྡེབས་ཏེ་མདོས་རྫས་སམ་ཡས་རྫས་སུ་སྦྱར་དགོས་པའི་ལུགས་འདི་དག་ནི་བན་བོན་གཉིས་ཀའི་མདོས་ཆོག་རྣམས་སུ་དར་སྲོལ་ཆེ་བར་བཞུགས་ཡོད་པ་རེད།

ནམ་མཁའ་ནི་ཨ་རིའི་མི་རིགས་དམར་པོ་དང་། གཞན་ཡང་ཨེ་ཤ་ཡའི་ཡུལ་ཁག ཨ་མེ་རི་ཀའི་ཡུལ་

འགའི་གནའ་མིའི་ལུགས་རྙིང་རྣམས་སྲུང་བེད་སྤྱོད་བྱེད་པའི་སྲོལ་བྱུང་སྒྱོང་ཡོད་པ་ནི་དེང་དུས་ཀྱི……འགྲེམས་སྟོན་ཁང་འགར་གནའ་མིའི་དངོས་རྫས་ཀྱི་ཁྲིད་མངོན་མཐོང་དུ་ཡོད་པ་དང་། ཁྱད་པར་དུ་ཨ་རིའི་མི་རིགས་དམར་པོ་འགའ་ཤས་ཀྱིས་ཆོན་སྐུད་སྣ་ཚོགས་པས་བཟོས་པའི་ནམ་མཁའི་རིགས་མི་འདྲ་བ་དུ་མ་ཞིག་འགྲུལ་མི་རྣམས་ལ་དྲན་གསོའི་རྟེན་དུ་འཚོང་སྲོལ་ཡོད་པ་འདི་དག་གིས་འཕེན་ཡུལ་སྐུད་ཀྱི་སྒོ་འདི་ཆེས་སྔ་བའི་དུས་ནས་དར་སྲོལ་བྱུང་བའི་བོན་ལུགས་ཤིག་ཡིན་པའང་གསལ་བར་བསྟན་པ་ཡིན།

མཐོ་ཐོག་གཡུ་ཡི་གླིགས་བམ་གྱི་སྐོར་ནི་བོད་ཀྱི་རྒྱལ་རབས་བརྒྱད་པ་གྲི་ཏྲུམ་བཙན་པོའི་རིང་བོན་ཇི་ལྟར་ནུབ་པའི་ཚུལ་རྫོགས་པ་གསང་མཁར་གྱི་གཞུང་ལས་བཤད་པའི་ལུང་སྟེ། ལེགས་བཤད་རིན་པོ་ཆེའི་མཛོད་[པེ་184 ཕ་8]ལས་བོན་བཙོས་ཀྱི་ལྷ་བོན་ནི་མ་ནུབ། སྲོང་གི་འདུར་བོན་ཕྱེད་ནུབ། ཡང་དག་པའི་སེམས་བོན་ནི་ཡོ་ནུབ། ཅེས་པས་གསལ་བའི་ཡང་དག་པའི་སེམས་བོན་དུ་གྲགས་པ་དེ་ཉིད་ཡིན་དེ་སྟོན་གཤེན་ཆེན་པོ་སྣང་བའི་མདོག་ཅན་སོགས་ཀྱིས་བོད་ཡུལ་དུ་སྤེལ་མཛད་ཡོད་ནའང་སྐབས་དེར་ཡོངས་སུ་རྫོགས་པ་ནུབ་པའི་དོན་དུ་གོ། "ཡང་དག་པའི་སེམས་བོན"ཞེས་པ་དེའི་གཞིའམ་རྩ་བར་གྱུར་པ་ནི"ཞང་ཞུང་སྙན་རྒྱུད"ཅེས་སུ་གྲགས་པའི་དཔེ་རྒྱུན་དང་ཁྲིད་རྒྱུན་བར་མ་ཆད་པར་བཞུགས་པ་འདི་ཙམ་དུ་ངེས་ལ། ཡང་དག་པའི་སེམས་བོན་གྱི་ཁོངས་གཏོགས། བོན་གྱི་བཀའ་འགྱུར་དུ་བླ་མེད་སེམས་ཕྱོགས་མཛོད་ཀྱི་སྡེ་ཞེས་པར་གཤེན་སྒྲུ་དགའི་(996—1035)གཏེར་མར་གྲགས་པ"བྱང་སེམས་གབ་པ་དགུ……སྐོར"གླེགས་བམ་གཅིག་དང་། གཞོད་སྟོན་དངོས་གྲུབ་གྲགས་པའི་(རབ་བྱུང་གཉིས་)གཏེར་མ"རྫོགས་ཆེན་བསྒྲགས་པ་སྐོར་གསུམ"གླེགས་བམ་གཉིས། ལྷོ་བྲག་པོ་མཐིང་གི་གཏེར་མ"རྫོགས་པ་ཆེན་པོ་ཡེ་ཁྲི་མཐའ་སེལ"གླེགས་བམ་གཅིག གཞན་ཡང"ཀུན་བཟང་མཉམ་ཉིད་རྒྱུད"སོགས་གླེགས་བམ་གཉིས་བཅས་ཁྲོན་བསྡོམས་སུ་གླེགས་བམ་དྲུག་ཙམ་བཞུགས་ཡོད་ཅིང་། ཡིག་རྒྱུན་དེ་དག་གཏེར་མ་ཡིན་པ་དང་། ཁྲིད་རྒྱུན་རྣམས་ཉེ་རྒྱུད་པོ་ན་ཡིན་དགོས་སྐབས་དེ་རྣམས་ལ་དོན་རྒྱུད་ཀྱི་ལོ་རྒྱུས་བར་མ་ཆད་པ་ཞིག་བཞུགས་པ་ནི་སྨོས་མ་དགོས་ནའང་མི་ཚིག་དང་ཡིག་རྒྱུན་གྱི་བར་མ་ཆད་པའི་གཞུང་ནི་ཞང་ཞུང……སྙན་རྒྱུད་ཀྱི་སྐོར་ཙམ་ལས་གཞན་དུ་རྙེད་དཀའ་བར་སེམས།

ལེགས་བཤད་སྐལ་བཟང་མགྲིན་རྒྱན་[བོད་138 ཕ་3]ལས་དཔོན་གསས་བོན་ནི་ཐེག་ཆེན་གསང……སྔགས་ཀྱི། རྒྱུད་སྡེ་རྫོགས་ཆེན་ཡིན་ཏེ་བདག་མེད་ཀྱི། ལྟ་བ་བློ་ཆུང་དམན་དང་ཐུན་མོང་དུ། སྟོན་དུ་མི་ཉུང་བས་ན་ནང་རྒྱུད་དེ། མཚན་ཉིད་སྙིང་པོ་ཆེན་པོ་ཚིག་བོར་ཅིང་། དོན་ལ་བསྒོམ་པ་གཙོར་བཏོན་བོན་སྡེའོ། །ཞེས་དཔོན་གསས་ཀྱི་བོན་སྒོ་དེ་ཉིད་རྫོགས་ཆེན་དུ་ངོས་འཛིན་གནང་ཡོད་པ་དང་ཡང་[བོད་

138ཕ་6]ལས་མཛོ་ཐོག་སྤྱི་རྒྱུག་སྣོ་བའི་ཀུན་ཀ་དང་། ཕྱོགས་མཐུན་འབྱུང་བ་དབུ་ཚད་གཉིས་ཡིན་ཏེ། ཞེས་མཛོ་ཐོག་གི་བོན་སྣོ་དེ་དབུ་མ་དང་ཚད་མ་ལ་ངོས་འཛིན་གནང་ཡོད། འདི་ནི་བོན་གསར་མའི་ལུགས་དང་སྣོ་བསྟུན་པ་ཞིག་ཏུ་གོར་མ་ཆག

དེ་ཡང་གཟེར་མིག་[ཐོབ་ཁ་781ཤ་110བ་5]ལས་མན་ངག་ལུང་གི་བོན་ནི་ཉུང་ལ་འདུས་པས་ལུང་། དཔོན་གསས་སྟེ་ཏ་ཐྲིས་ནས་གསེར་གྱི་གླེགས་བམ་ནང་དུ་བཅུག་ཅེས་པ་དང་། མདོ་འདུས་[མདོ་ས་ཤ་34ན་4]ལས"དཔོན་གསས་ལུང་རྒྱ་ཆེ་ཆུང་དང་།" ཞེས་པ་དག་གིས་དཔོན་གསས་ཀྱི་བོན་སྣོ་དེ་ལུང་ཡིན་པ་དང་། ཡང་གཟེར་མིག་[ཐོབ་ཁ་782ཤ་111ན་2]ལས་དེ་བཞི་གཅིག་ལ་བསྡུད་ཅིང་ཡོ་ལ་རྒྱུགས་པ་ནི། གཙང་མཛོ་ཐོག་སྤྱི་རྒྱུག་མཛོད་ཀྱི་བོན་ཡིན་ཏེ། ལྷ་བ་གཅིག་ཏུ་སྤྲུལ་བས་མཛོ་ཐོག་སྤྱི་རྒྱུག་ཏེ། མཛོད་ཀྱི་བོན་སྟེར་ཐྲིས་ནས་གཡུ་ཡི་གླེགས་བམ་ནང་དུ་བཅུག་ཅེས་པ་དང་། མདོ་འདུས་[མདོ་ས་34ན་5]ལས"གཙང་མ་མཛོ་ཐོག་ཟབ་དོན་མཛོད།" ཅེས་ལྷ་བུའི་གནད་ཟབ་མོས་སྣོ་བཞི་དབང་དུ་བྱེད་པའི་ཚུལ་གསལ་བར་བསྟན་པས་ཤེས་ཐུབ་པ་ཡིན།

དེང་དུས་དངོས་ཡོད་ཞང་ཞུང་སྙན་རྒྱུད་ཀྱི་རྩ་གཞུང་སྐོར་ལ། དཔེ་ཚན་མི་འདྲ་བ་སུམ་ཅུ་ཙམ་ཞིག་ཡོད་པ་ལས་དཔེ་ཚན་མང་བ་ཞིག་ནི་དུས་རིམ་གྱི་ནང་འཕེལ་རྒྱས་སུ་གྱུར་པའི་དཔེ་ཏ་ངེས་པ་ནི་ཆོས་ཀྱི་བརྗོད་བྱ་དང་རྫོད་བྱེད་ཐེ་སྙིད་པས་ཕྱུར་བུར་ཁྱིངས་ནས་ཡོད་པ་དེ་རྣམས་ཀྱིས་ཤེས་ཐུབ་ལ། དེ་དག་ལས་རྩ་བའི་གཞུང་ཉིད་དུ་ངེས་པ་ནི་ཞང་ཞུང་སྐད་ཀྱི་སྐད་དུ་ན། ཨ་ཐི་ཀུ་ཡིག་ཁྲི་རྩེ་ཤུ་པ་ཏན་ཏྲ་ཐད་ཏོ་ཅི། བོད་སྐད་དུ་རྫོགས་པ་ཆེན་པོ་བྱང་ཆུབ་སེམས་ཀྱི་གནད་བྱང་ཐིག་ལེ་ཉག་ཅིག་ཨེ་མ་ཧོ། ཞེས་པས་བསྟན་པའི་གཞུང་དེ་དང"བྱང་ཆུབ་སེམས་ཀྱི་གནད་དྲུག"ཅེས་པའི་གཞུང་འདི་དག་ཏུ་ངེས། རྩ་བའི་གཞུང་འདི་དག་གི་དགོངས་པ་དུས་ཕྱིས་ཨོ་རྒྱན་ནས་བྱོན་པའི་རྫོགས་ཆེན་ཨ་ཏི་སེམས་ཀློང་མན་ངག་སྡེ་གསུམ་གྱི་རྒྱུད་ལུང་མན་ངག་གི་གཞུང་ཅི་རིགས་པ་ལ་བརྟེན་ཏེ། བོན་དུ་བཞུགས་པའི་ཡ་ཐོག་གི་རྫོགས་ཆེན་དེ་དར་རྒྱས་སུ་གྱུར་ཡོད་པ་ནི་གཞུང་འདི་དག་གི་ཚིག་གི་སྦྱོར་སྟེ་ཡན་ལ་ནོར་ལེགས་པར་སྦྱོང་ན་ངེས་ཤེས་ཐུབ་པ་ཡིན།

ཞང་ཞུང་སྙན་རྒྱུད་ཀྱི་རྒྱུད་རིམ་ནི་གཤེན་རབ་མི་བོ་ཆེས་ལྷ་བོན་ཡོངས་སུ་དག་པ་ལ་བསྟན་ཅིང་། དེས་ཟླ་བོན་བ་ནམ་དང་། དེ་ནས་རིམ་བཞིན་དུ་ཁྲི་ལྡེ་ཟམ་བུ། བ་ནམ་སྐྱོལ་པོ། ཁྲི་སོ་རྒྱལ་བ། ར་སངས་བསམ་འགྲུབ། དར་མ་ཤེས་རབ། དར་མ་འབོད་དེ། ཞང་ཞུང་ཁྲི་འཕན་མུ་ཡེ་ལྷ་རྒྱུང་། རྨ་གཤེན་ལེགས་བཟང་། གྱེར་གཤེན་སྟག་ལྷ། ར་སངས་གཡུང་དྲུང་གསས། ར་སངས་གཡུང་འཕན། དགེ་འཕར་

དོན་གྲུབ། གྱེར་སྤུངས་དགེ་འཕེན། དགེ་རྒྱལ། ཞང་ཞུང་ནམ་རྒྱལ། མུ་རྒྱུད་དཀར་པོ། ཧོར་ཏི་ཆེན་པོ། དོན་ཀུན་གྲུབ་པ། ར་སངས་འཕན་རྒྱལ། མུ་རིབ་གསས་དགའ། ཀླུ་བ་རྒྱལ་མཚན། སྣང་བཞེར་ལོད་པོའི་བར་ཞང་ཞུང་གི་ཡུལ་དུ་དུས་རིམ་གོང་མ་དང་། བར་མ་གཉིས་ཀྱི་རིང་ལ་མན་ངག་གི་རྒྱུད་རིམ་བར་མ་ཆད་པར་བཞུགས་པའི་ཚུལ། ཞང་ཞུང་སྙན་རྒྱུད་ཀྱི་ལོ་རྒྱུས་རང་ལས་ཞལ་གསལ་བ་དང་། ཞང་ཞུང་སྙན་རྒྱུད་དང་། མི་རིའི་རྒྱུད་འདི་གཉིས་མན་ངག་གི་རྒྱུད་ཁུངས་ཤིན་ཏུ་འདྲ་ཆེ་བར་བརྟེན་རྒྱུད་ཚུལ་གྱི་བླ་རབས་ཀྱང་ཕལ་ཆེ་བ་གཅིག་གྱུར་དུ་བྱུང་ཡོད། མི་རིའི་དམིགས་བསལ་ཐུགས་ཀྱི་རྒྱུད་རིམ་ལ་ཞང་ཞུང་སྙན་རྒྱུད་ཀྱི་རྒྱུད་རིམ་དང་མི་འདྲ་བ་ཞིག་ཀྱང་ཡོད་པ་ནི་མི་རིའི་བླ་མ་རྒྱུད་པའི་གསོལ་འདེབས་ལས་ཤེས་ཐུབ་པ་ཡོད།

བོན་གྱི་སྙིང་པོ་སྔ་བཞི་མཛོད་ལྔའི་བསྟན་པའི་རྒྱུན་འཛིན་སྐྱོང་སྤྱེལ་གསུམ་གནང་མཁན་བསྟན······འཛིན་གྱི་གཙོ་བོ་ནི་གཤེན་རབ་མི་བོ་ཆེ་ཉིད་ཀྱི་སྐུའི་གདུང་སྲས་རྣམས་དང་། ཐུགས་སྲས་སློབ་མའི་གཙོ་བོ་རྣམས་སུ་ངེས་པ་ཡིན། གཤེན་རབ་མི་བོ་ཆེའི་སྐུའི་གདུང་སྲས་སུ་དག་ཙྪན་ཡོད་པ་དང་། དེ་རྣམས་ཀྱིས་གཤེན་རབ་ཀྱི་བསྟན་པ་ཇི་ལྟར་སྐྱོང་བའི་ཚུལ་ནི་ལེགས་བཤད་རིན་པོ་ཆེའི་མཛོད་[ཤོ་42 ཕ་21] ལས་ཧོས་བཟའ་རྒྱལ་མེད་ལ་སྲས་གཏོ་བུ་འབུམ་སངས་དང་། དཔྱད་བུ་ཁྲི་ཤེས་གཉིས་འཁྲུངས། དབོ་བཟའ་ཐང་མོ་ལ་སྲས་ལུང་འདྲེན་གསལ་བ་དང་། རྒྱུད་འདྲེན་སྒྲོན་མ་གཉིས་འཁྲུངས། གསས་བཟའ་ངང་རིང་ལ་སྲས་འོལ་དྲུག་ཐང་པོ་འཁྲུངས། ཕྱ་བཟའ་གུང་དྲུག་ལ་རྒྱལ་བའི་གདུང་སེབ་མུ་ཚོ་ལྡེམ་དྲུག་འཁྲུངས། ཀོང་བཟའ་ཁྲི་ལྕམ་ལ་དམུ་རྒྱལ་གྱི་གདུང་རྒྱུད་འཛིན་པའི་རྒྱལ་སྲས་གཡུང་དྲུང་དཔང་ལྡན་འཁྲུངས། རྒྱ་བཟའ་འཕྲུལ་བསྒྱུར་ལ་རྒྱལ་སྲས་འཕྲུལ་བུ་ཆུང་འཁྲུངས་སོ། །དེ་དག་སངས་རྒྱས་ཉིད་ལ་དང་པོ་བཀའི་གླེང་སློང་གི་ཞུ་བ་པོ་དང་། བར་དུ་བསྟན་པའི་གཉེར་འཛིན་ཞིང་། ཐ་མར་བཀའི་བསྡུ་བ་པོར་མཛད་པ་དང་། སྟོན་པའི་བསྟན་པ་མ་རྫོགས་ཀྱི་བར་དུ་ཐུགས་རྗེས་སྤྲུལ་པ་མ་འགགས་པར་སྟོན་ཅིང་སེམས་ཅན་གྱི་དོན་མཛད་པའོ། །ཞེས་པ་འདི་དག་གིས་གསལ་ལོ། །

གཤེན་རབ་མི་བོ་ཆེའི་སློབ་མའི་གཙོ་བོ་སུ་དག་ཡིན་པའང་ལེགས་བཤད་རིན་པོ་ཆེའི་མཛོད་[ཤོ་61 ཕ་11] ལས་སྐུའི་སྲས་བརྒྱད། ཐུགས་སྲས་རྨ་ལོ་གཡུ་ལོ། གསུང་སྤྲུལ་ཡིད་ཀྱི་ཁྱེའུ་ཆུང་དང་། ཚངས་པ་གཙུག་ཕུད་གཉིས། མཚན་ལྡན་འ་ཞ་རྣམས་སོ། །ཞེས་པས་གསལ་བ་ལྟར། སྐུའི་སྲས་གཏོ་བུ་འབུམ་སངས་ཀྱིས་གཏོ་རྒྱུད་ཐམས་ཅད་བསྡུས་པ་དང་། དཔྱད་བུ་ཁྲི་ཤེས་ཀྱིས་དཔྱད་རྒྱུད་རྣམས་བསྡུས་པ་དང་། ཀོང་ཚ་འཕྲུལ་བུས་རྩིས་ཀྱི་སྐོར་རྣམས་བསྡུས་པ་དང་། ཀོང་ཚ་དཔང་ལྡན་གྱིས་ཆབ་ནག་སྲིད་

པའི་དོན་རྣམས་བསྡུས་པ་དང་། ཡིད་ཀྱི་ཁྱིའུ་ཆུང་གིས་འཕེན་ཡུལ་གྱི་དོན་རྣམས་བསྡུས་པ། རྒྱུད་འདྲེན་སྒྲོན་མས་ཆབ་དཀར་གྱི་དོན་རྣམས་བསྡུས་པ། ལུང་འདྲེན་གསལ་བས་མཐོ་ཐོག་མཛོད་ཀྱི་དོན་རྣམས་བསྡུས་པ། ལྷག་པར་དུ་གདུང་འཚོབ་ཆེན་པོ་མུ་ཆོ་ལྡེམ་དྲུག་དེ་ཉིད་གསས་མཁར་ཤམ་པོ་ལྷ་རྩེར་བཞུགས་ནས་སློ་བའི་མཛོད་ལྔའི་དོན་གྱི་བསྟན་པ་ཡུན་རིང་དུ་བསྐྱངས་པར་མཛད་པ་སོགས་ཀྱི་ལོ་རྒྱུས····བསྟན་འབྱུང་དང་། དོན་གྱི་ལོ་རྒྱུས་ཆེ་ཕྲ་ཀུན་ནས་གསལ་རྒྱས་སུ་བཤད་ཡོད། གཞན་ཡང་མདོ་འདུས་[མདོ་ས་103ཤ་104ན་6]ལས་དེ་ནས་འོལ་མོ་ལུང་རིང་གི་བཀའ་དང་རྗེས་སུ་བསྟན་པའི་དོན། ལོ་ཙ་དྲུག་གི་(གིས་)གཡུང་དྲུང་ལྷ་སྐལ་ལ་(སྐད་ལས་)རང་རང་ཡུལ་དུ་སྐད་རིགས་སོ་སོར་བསྒྱུར་ཞེས་པ······དང་། ལེགས་བཤད་རིན་པོ་ཆེའི་མཛོད་[པེ་150ཕ་12]ལས་དེ་ཡང་ལོ་ཙཱ་བ་དྲུག་ནི་མདོ་འདུས་དང་རྩ་རྒྱུད་ཉི་སྒྲོན་ལ་མཐུན་པར་གདུང་སོབ་མུ་ཆོས་ཤེས་པའི་རྒྱུད་སྦྱངས་ཤིང་། མཁས་པའི་ཕུལ་དུ་ཕྱིན་པའི་ལོ་ཙཱ་བ་ཛྙཱ་འཕྲུལ་གྱི་ཞབས་དང་ལྡན་པ། སྟག་གཟིག་གི་ལོ་ཙཱ་བ་དམུ་ཙ་ཏྲ་ཧེ་ར་པེ། ཞང་ཞུང་ལ་ཁྲི་ཐོག་སྤ་ཙ། སུམ་པ་ལ་གུ་ཧུ་ལི་སྤར་ལེགས། རྒྱ་གར་ལ་ལྷ་བདག་སྔགས་དྲོ། རྒྱ་ནག་ལ་ལེགས་ཏང་རྨང་པོ། ཁྲོམ་ལ་གསེར་ཐོག་ལྕེ་འབྱམས་དང་དྲུག་གོ། ཞེས་པ་དང་ཡང་[པེ་150ཕ་8]ལས་འོལ་མོའི་གླིང་དུ་སྟོན་པས་གསུངས་པའི་བཀའ་རྣམས་དང་། བསྒྲགས་པ་གསུམ་གྱི་དོན་སྙེ་ཟབ་མོ་རྣམས་སྟོན་པ་འདས་རྗེས་སུ་འོལ་མོའི་གླིང་དུ་དར་བ་དེ་དག་ཀུན་ལོ་ཙཱ་བ་ཆེན་པོ་དྲུག་གིས་མུ་ཆོའི་མདུན་དུ་ཤེས་རབ་གསུམ་ལ་རྩལ···སྦྱངས་ཏེ་དོན་རྣམས་རང་རང་གི་ཡུལ་དུ་དྲངས་ནས་སོ་སོའི་སྐད་དུ་བསྒྱུར་ནས་དར་བར་མཛད་དོ། །ཞེས་གསལ་བར་བསྟན་པ་བཞིན། གཤེན་རབ་ཀྱི་རྗེས་སུ་ཞུགས་པའི་ཕྱོགས་ཀྱི་མཁས་པ་ཇི་བསྟན་པ་སྤྱེལ་བའི་མཛད་པ་རྒྱ་ཆེར་གནང་ཡོད།

གཤེན་རབ་ཀྱི་སྐུ་བླ་དང་གདུང་སྲས་ཀྱི་སྐོར་གྱི་རེའུ་མིག

གཤེན་རབ་ཀྱི་སྐུ་བླ།		གཤེན་རབ་ཀྱི་གདུང་སྲས།	
1	ཧོས་བཟང་རྒྱལ་མེད།	1	གཏོ་བུ་འབུམ་སངས།
		2	དཔྱད་བུ་ཁྲི་ཤེས།
2	དགོ་བཟའ་ཐང་མོ།	3	ལུང་འདྲེན་གསལ་བ།
		4	རྒྱུད་འདྲེན་སྒྲོན་མ།
3	གསས་བཟའ་དང་རིང་།	5	འོལ་དྲུག་ཐང་པོ།
4	ཕྱ་བཟའ་གུང་དྲུག	6	མུ་ཆོ་ལྡེམ་དྲུག
5	ཀོང་བཟའ་ཁྲི་ལྕམ།	7	གཡུང་དྲུང་དཔལ་ལྡན།
6	རྒྱ་བཟའ་འཕྲུལ་སྒྲུར།	8	འཕྲུལ་བུ་ཆུང་།

གཤེན་རབ་མི་བོ་ཆེ་གང་དུ་སྐུ་བལྟམས་པའི་གནས་དེ་དང་། ཁོང་གིས་བོན་གྱི་ཐེ་བྲག་རྣམས་གང་དུ་བསྟན་པའི་གནས་ཡུལ་དེ་ལ་བོན་གྱི་དཔེ་མང་དག་ཏུ“ སྟག་གཟིག་འོལ་མོ་ལུང་རིང” ངམ“ འོལ་མོའི…གླིང” ཞེས་སྟག་གཟིག་གི་ཐ་སྙད་སྦྱར་ཡོད་ཅིང་། སྟག་གཟིག་ཅེས་པ་དེའང་འགའ་ཞིག་གིས་དེང་དུས་ཀྱི་པར་སིག་གི་ཡུལ་ལ་ངོས་འཛིན་བྱེད་སྲོལ་བྱུང་ཡོད་ལ། སྟག་གཟིག་ཅེས་པའི་ཚིག་འདི་སྐབས་འགར“ ཏ་ཟིག” ཅེས་བྲིས་པའང་འདུག གནའ་དུས་སུ་གྲགས་ཆེ་བའི་སྟག་གཟིག་གི་ཡུལ་ཞེས་པའི་ཐ་སྙད་དེའི་གདགས་གཞི་གཙོ་བོ་ནི་དེང་དུས་ཀྱི་པར་སིག་གི་ཡུལ་ཡིན་པའམ། དེའི་མངའ་ཁོངས་ཡིན་དགོས་པའི་ངེས་པ་ཅི་ཞིག་ཡོད། དེང་དུ་ཨུ་རུ་སུའི་མངའ་ཁོངས་སུ་གཏོགས་པའི་མི་སྡེ“ ཏ་ཛིཀསྟན” ཞེས་བྱ་བའི་མི་རིགས་དེར་ཏ་ཟིག་གི་ཐ་སྙད་མངོན་གསལ་དུ་སྣང་བ་དེ་དག་གིས་བདེན་དཔང་བྱེད་ཚོག་པ་དེ་རེད།

འཛམ་གླིང་མཐའ་དབུས་ཀྱི་རྣམ་བཞག་ཉེར་མཁོའི་སྣང་བ་[ཤ7ན1]ལས་ཞང་ཞུང་གི་ཡུལ་ལ་སྒོ…ཕུག་བར་གསུམ་ལས། ཞང་ཞུང་ཕུག་པ་ནི་གངས་ཏི་སེའི་ནུབ་ཕྱོགས་ཟླ་བ་གསུམ་ལྟག་གི་ལམ་ན་མེ་སག་གི་པར་སིག་དང་། ཛྙ་དག་ཤན་དང་། ཛྙ་ལག་སོགས་ཡོད་པའི་ཡུལ་དང་ཉེ་བར་སྟོན་གྲོང་ཁྱེར་རྒྱལ་བ་མཉེས་ཚལ་བྱ་བ་དེར་རི་བོ་ཆེན་པོ་རྩེ་ལྔ་པ་གསང་མཆོག་གི་སྐུ་རང་བྱུང་དུ་ཡོད་པ། རྒྱལ་གཤེན་མི་ལུས་བསམ་ལེགས་སྔོན་སྐབས་རྒྱལ་མཁར་བ་ཚོད་ཅེས་པ་ཆགས། ཞེས་ཞང་ཞུང་ཕུག་པའི་ཡུལ་ཁམས་དེ་པར་སིག་གི་ཡུལ་དང་ཉེ་བར་ཡོད་པ་གསལ་བར་བཤད་པ་དེ་ལྟར་ན། བོན་དུ་གྲགས་ཆེ་བའི་སྟག་གཟིག་ཅེས་པ་དེ་པར་སིག་དངོས་ལ་ངོས་འཛིན་བྱེད་ཀྱི་སྲོལ་མེད་པ་འདྲ། དེ་འདྲ་ཡིན་ན་མི་འཐད་པ་འགའ་ཡང་མེད་དེ་གནའ་རབས་ཞང་ཞུང་གི་མངའ་དབང་དུ་གཏོགས་པའི་ནུབ་མཐའ་ནི་པར་སིག་གི་ཡུལ་དང་ཀ…ར་ཀོ་ཏམ་རི་རྒྱུད་ཀྱིས་བར་ཆད་པའི་ས་མཚམས་སུ་སླེབས་ཀྱི་ཡོད་ཚུལ་བཤད་པ་རྣམས་དང་དགོངས……དོན་མཐུན་པར་འགྱུར་བ་དང་། ཡང་ཉེར་མཁོའི་སྣང་བ་[ཤ7ན4]ལས་ཡུལ་སྡེ་སུམ་ཙུ་རྩ་གཉིས་ཡོད། བླ་མ་ཆེ་བཞི་(127)སོགས་ཀྱིས་མདོ་སྔགས་རིག་གནས་དང་བཅས་པ་སྤྱིལ་བས་མཁས་པ་དང་། གྲུབ་ཐོབ་ནམ་མཁའ་ལ་འཕུར་ནུས་པ་མང་དུ་བྱོན། དེང་སང་མཐའ་མིས་དབང་བྱས་པས་བསྟན་པ་རྣལ་མ་མེད་ཀྱང་། བོད་དང་རྒྱ་གར་ནག་གི་དགེ་སྦྱོར་བ་རེ་གཉིས་ཡོད་ཅིང་ནང་པ་ལ་དད་པ་ཆེ་འདུག་ཟེར། ཞེས་པས་གནའ་དུས་སུ་ཡུལ་དེར་བོན་གྱི་བསྟན་པའང་དར་རྒྱས་བྱུང་མྱོང་བ་དང་། དེང་དུས་མཐའ་མིའི་དབང་འོག་ཏུ་ཡོད་པར་གསལ་བ་དེ་ལྟར་ན། སྐབས་འདིའི་གདགས་གཞིའི་སྟག་གཟིག་ཅེས་པ་དེ་པར་སིག་གི་ས་མཚམས་དང་། ཀ་ར་ཀོ་ཏམ་རི་རྒྱུད་ཀྱི་ནང་ཁོངས་སུ་ཡོད་པའི་ཡུལ་སྡེ་སུམ་ཙུ་རྩ་གཉིས་པོ་དེ་དག་ལ་ངོས་འཛིན་འོས་པ་འདྲ་ཞིག་འདུག དེ་ལྟར་མིན་པར་སྟག་གཟིག་གི་ཡུལ་དེ་པར་སིག་གི་

ཡུལ་དངོས་ལ་ངོས་འཛིན་ཞིང་། གཞིན་རབ་ཀྱི་འབྲུངས་ཡུལ་དང་། ཕོང་གིས་བོན་བསྟན་པའི་གནས་འོལ་མོ་ལུང་རིང་ངམ་འོལ་མོ་གླིང་ཞེས་བྱ་བ་དེ་པར་སིག་གི་ཡུལ་དུ་ཡོད་པའི་དབང་དུ་བྱས་ན་ནི་ལུང······རིག་གཉིས་ཀའི་འགལ་བ་དུ་མ་ཞིག་མི་འཐོན་པའི་ཐབས་མེད། དེའང་སྲིད་པ་སྤྱི་མདོས་[ཤ1བ2]ལས་ཡ་ཀིའི་སྐྱིད་པོའི་ཡུལ། ཉམས་དགའ་བག་རེ་ཡྲོ། ཆུ་རྒྱལ་བཞི་འདུས་མགོ། རི་རྒྱལ་ཏི་སེའི་མདུན། མཚོ་རྒྱལ་མ་ཕམ་འགྲམ། འོལ་ལུང་གཡུ་ཡི་མཁར། བཞུགས་གནས་ངོ་རེ་མཚར། ཞེས་གཞིན་རབ་མི་བོ་ཆེ་གང་དུ་བཞུགས་པའི་གནས་དེ་ནི་ཆུ་བོ་ཆེན་པོ་བཞིའི་མགོ་དང་། གངས་རྒྱལ་ཏི་སེའི་མདུན། མཚོ་མ་ཕམ་གྱི་འགྲམ། འོལ་མོ་ལུང་རིང་གཡུ་ཡི་མཁར་ཞེས་ཤིན་ཏུ་གསལ་བར་བསྟན་ཡོད་པ་དང་། དེ་བཞིན་དུ་མདོ་འདུས་[མདོ་ས་ཤ90ན1]ལས་གཞིན་ཡུལ་འོལ་མོ་ལུང་རིང་ནི། གླིང་བཞི་རི་རབ་ཚུལ་དུ་གྲུབ། ལྷོ་འཛམ་བུ་གླིང་གི་བྱང་ངོས་ནས། མི་བྲུད་〔128〕འཇིག་རྟེན་ལྷོ་ཕྱོག་(ཕྱོགས་)ནས། འཛམ་བུ་སྐྱིག་བཤད་〔129〕ཤིང་གི་རྩ། རི་བོ་གངས་ཅན་ཏི་སེའི་གྲུབ་(དྲུང་།) མཚོ་ནི་མ་པང་གཡུ་མཚོ་(མཚོའི་)འགྲམ། ཆུ་བོ་ཆེན་པོ་བཞིན་དུ་འགྲོ་(བཞི་འདུས་མགོ།) རི་སྤོས་རི་ངད་ལྡན་དང་ཉེ་བའི། རི་ནག་པོ་དགུ་འདུ་གྱི་(དགུ་འདུས་ཀྱི་)བར་སྟེ་(ཏེ།) ཆུ་བོ་པག་ཤུ་དང་སེ་འདུས་(སིན་རྡུས)བཅད་པ་སྟེ། དུས་གསུམ་སྟོན་པ་འབྱུང་བའི་གནས། ཞེས་པས་རྩ་རྒྱུད་ཉི་སྒྲོན་[ཐོབ38ཤ19བ6]ལས་རི་བོ་གངས་ཅན་ཏི་ཙེའི་དྲུང་། མཚོ་ནི་མ་པང་གཡུ་མཚོའི་འགྲམ། ཆུ་བོ་བཞི་འདུས་ཀྱི་མགོ། སྤོས་རི་ངད་ལྡན་དང་ཉེ་བའི་སར། རི་ནག་པོ་དགུ་འདུས་ཀྱི་ར་བ། ཆུ་བོ་པག་ཀྲུ་དྭངས་བསིལ་འདུས་པས་བར་བཅད་པ། གནམ་ནི་འཁོར་ལོ་རྩིབས་བརྒྱད་པ། ས་ནི་པད་མ་འདབ་བརྒྱད་བཀྲ། གཡུང་དྲུང་དགུ་རྩེགས་རི་བོ་མཆོག་རབ་ཚུལ། རིན་ཆེན་བཞི་ལས་གྲུབ་སྟེ་དཔག་ཚད་ལྔ་བཅུ་ཡོད། ཅེས་པའི་གཞུང་གཉིས་ཞལ་མཐུན་པར་ཞང་ཞུང་རྒྱལ་ཁམས་ཀྱི་ཡུལ་དབུས་དེར་འོལ་མོ་ལུང་རིང་ཆགས་ཡོད་པ་དང་། འོལ་མོ་ལུང་རིང་གང་དུ་ཆགས་པའི་གནས་དེར་རི་བོ་གངས་ཅན་ཏི་སེ་དང་། མཚོ་མ་ཕམ་གཉིས་ཡོད་པ་དང་། གངས་རི་དང་མཚོ་དེ་གཉིས་ཆུ་བོ་ཆེན་པོ་བཞི་གང་ནས་འབབ་པའི་མགོ་ཡིན་པ་རྣམས་ཤིན་ཏུ་ཞལ་གསལ་བར་བསྟན···པ་ཡིན་ལ་ཏ་ཟིག་གི་ཡུལ་ལམ་པར་སིག་གི་ཡུལ་དུ་གངས་ཏི་སེ་དང་། ཆུ་བོ་ཆེན་པོ་བཞིའི་མགོ་བོ་མཚོ་མ་ཕམ་རྣམས་མེད་པ་མངོན་སུམ་ཚད་མས་གྲུབ་པ་དེ་ལས་ལྷག་པའི་ཤེས་བྱེད་ཅི་ཞིག་ཀྱང་མི་དགོས། དེ་ལྟར་ནའང་ཕྱིས་འབྱུང་གི་བོན་གསར་མ་བ་རྣམས་ཀྱིས་གཞིན་ཡུལ་འོལ་མོ་ལུང་རིང་ཞེས་བྱ་བ་དེ་སྟག······གཟིག་གི་ཡུལ་དུ་ཡོད་པའི་སྲོལ་གསར་དུ་བཏོད་པ་དེ་ལའང་དགོས་པ་དང་རྒྱུ་མཚན་མེད་པ་ཞིག་རྩ་བ·····ནས་མ་རེད། ཚུལ་དེའི་འབྱུང་ཁུངས་སམ་ལུགས་དེ་འདྲ་ཞིག་བྱུང་ཡོད་པའི་དགོས་པ་དང་རྒྱུ་མཚན་ནི་

དུས་ཕྱིས་བོད་ཀྱི་རྒྱལ་པོ་སྲོང་བཙན་སྒམ་པོ་བྱོན་པའི་དུས་ནས་བཟུང་། བོད་དུ་དམ་པ་ཆོས་ཀྱི་བསྟན་པ་དར་རྒྱས་ཤིན་ཏུ་ཆེ་བ་ཞིག་བྱུང་བའི་རྐྱེན་གྱིས་བོད་མི་ཚོས་རྒྱ་གར་ནས་བྱུང་བའི་དམ་ཆོས་ཙམ་དུ་མ་ཟད། རྒྱ་གར་ལ་གནའ་རབས་ནས་གྲགས་ཆེ་བའི་ཤེས་རིག་རྙིང་མ་ཇི་སྙེད་ཅིག་ཡོད་པ་དེ་དག་བོད་ཀྱི་མཁས་པ་ཚོའི་བློ་གྲོས་ཀྱི་ཆ་རྐྱེན་དུ་ཆགས་ཤིང་། དམ་པའི་ཆོས་ལ་དད་མོས་དང་། དེ་དང་འབྲེལ་བ་རྒྱ་གར་གྱི་ཤེས་རིག་སྣ་ཚོགས་པ་ལ་དོ་སྣང་གང་ཆེར་གྱུར་སྐབས། བོད་ནས་བྱུང་བའི་ཤེས་རིག་དང་། བོད་མིས་བརྩམས་པའི་བསྟན་བཅོས་སོགས་ལ"བོད་མ"ཞེས་མཐོང་ཆུང་བྱེད་པའི་སྲོལ་ཞིག་དར། བོད་མས་རྒྱ་ཆོས་སམ་རྒྱ་དཔེའི་དོ་ཟླ་ནམ་ཡང་མི་འོས་པ་དེ་འདྲ་བའི་ལྟ་སྟངས་དང་། ལོ་གྲངས་བརྒྱ་ཕྲག་མང་པོའི་རིང་དུ་འཕེལ་རྒྱས་ཤུགས་ཆེ་བ་ཞིག་ཆགས་ཡོད་པ་དེའི་ཤུགས་རྐྱེན་བོན་པོ་རྣམས་ལའང་ཐེབས་ཏེ། ཕྱིས་ཀྱི་བོན་གསར་མ་བ་རྣམས་ཀྱིས་འོལ་མོ་ལུང་རིང་གི་ཁུངས་སྟག་གཟིགས་ཀྱི་ཡུལ་ལ་བཙལ་ཞིང"སྟག་གཟིག་འོལ་མོ་ལུང"ཞེས་པའི་ཐ་སྙད་བྱས་པ་ཙམ་ལས་གཞན་པའི་རྒྱུ་མཚན་འགའ་ཡང་མེད། དམིགས་བསལ་དུ་གཤེན་རབ་མི་བོ་ཆེའི་འཁྲུངས་ཡུལ་དང་། ཁོང་གིས་བོན་གང་དུ་བསྟན་པའི་ཡུལ་གྱི་གཙོ་བོ་སྟག་གཟིག་ཡིན་ཞེས་བཤད་པ་དེའི་རྒྱུ་མཚན་རྣལ་མ་ནི་གཤེན་རབ་ཉིད་དང་། ལྷག་པར་ཉིད་ཀྱི་གདུང་འཚོབ་ཆེན་པོ་མུ་ཚོ་ལྡེམ་དྲུག་གི་འཁོར་སློབ་ཏུ་ཡོད་པ་བོན་དུ་གྲགས་ཆེ་བའི་མཁས་པ་དང་གྲུབ་པའི་གཤེན་པོ་གྲངས་མང་བ་ཞིག་ནི་ཞང་ཞུང་ཕུག་པའི་སྟག་གཟིག་གི་ཡུལ་ནས་བྱུང་ཞིང་། གཤེན་རབ་ཀྱིས་བསྟན་པའི་བོན་ཀྱང་སྟག་གཟིག་གི་ཡུལ་ཁམས་དེ་རྣམས་སུ་ཁྱབ་རྒྱས་བྱུང་སྙོང་བའི་གནད་དེ་དག་ལས་བྱུང་ཡོད་པར་མངོན།

ཉེ་དུས་ཀྱི་མཁས་པ་འགའ་ཞིག་གིས་སྟག་གཟིག་འོལ་མོ་གླིང་ངམ་འོལ་མོ་ལུང་རིང་ཞེས་པ་དེ་ནི་གཤེན་རབ་ཀྱི་དག་ཞིང་འདྲ་ཞིག་ཏུ་ངོས་འཛིན་གནང་སྲོལ་ཡོད་པ་དེ་ལྟར་ན་འགལ་བ་ཅི་ཞིག་ཀྱང་མེད། གང་ལ་ཟེར་ན་དག་པའི་ཞིང་ནི་གང་ཟག་སོ་སོའི་དག་པའི་སྣང་བའམ་དག་པའི་བློ་ངོར་སྣང་བ་ཞིག་ཡིན་སྐབས། ཞང་ཞུང་དུ་ཡོད་པའི་འོལ་མོ་ལུང་རིང་དངོས་དང་འགལ་དགོས་པའི་རྒྱུ་མཚན་ཅི་ཞིག་ཀྱང་མེད།

གཤེན་རབ་མི་བོ་ཆེ་དེ་ཞང་ཞུང་གི་ཡུལ་དབུས་འོལ་མོ་ལུང་རིང་དུ་སྐུ་བལྟམས་ཤིང་གཡུང་དྲུང་གི་བོན་བསྟན་པའི་དུས་སྐབས་དེ་ནས་བཟུང་། ད་ལྟ་ལྕགས་མོ་ལུག་གི་ལོ(1991)འདིའི་བར་དུ་ལོ་གྲངས་སུམ་སྟོང་དགུ་བརྒྱ་དང་བརྒྱད་ཡོད་པ་ནི་གཤེན་རབ་ཀྱི་མཛོད་མདོ་གཟེར་མིག[ཐོབ་ཀ75ཤ38ན3]གཤེགས་པའི་དུས་ཚོད་ཀྱང་འདི་ལགས་སོ། །ལོ་ཡི་མགོ་བོ་བྱི་བའི་ལོ་ལ་དགོངས་ནས་གཤེན་པ་ནི་ནན་ཏན་གྱིས་སེམས་ཅན་འདུལ་ཞིང་། ཞིབ་ཏིག་གིས་བསྟན་པ་སྤེལ་བ་ལགས་སོ། །ཟླ་བའི་མགོ་བོ་དཔྱིད་ཟླ་

ར་བ་ལ་དགོངས་ནས་གཤེགས་པ་ནི། འཇིག་རྟེན་གྱི་ཁམས་སུ་མཛད་པ་བཅུ་གཉིས་ཀྱི་དོན་མཐར་ཕྱིན་པས། ཟླ་བ་བཅུ་གཉིས་ཀྱི་མགོ་དཔྱིད་ཟླ་ར་བ་ལ་དགོངས་ནས་བྱོན་པ་ལགས་སོ། །ཞག་གི་སྙིང་པོ་ཆོས་བཅོ་ལྔ་ལ་དགོངས་ནས་གཤེགས་པ་ནི་སྟོན་གྱི་སྟོན་པ་རྣམས་གཤེགས་པའི་དུས་ཁྱད་པར་ཅན་གྱི་རྗེས་དང་། ཟླ་གངས་ཐིག་ལེའི་དངོས་གྲུབ་ནོད་པས་གཤེགས་སོ། །སྐར་མའི་དམ་པ་རྒྱལ་གྱི་ཏུ་གོང་དུ་གཤེགས་པ་ནི་བདུད་ལྔ་དུ་བསྡུས་ཏེ་རྒྱལ་བ་དང་། འཇིག་རྟེན་ཟིལ་གྱིས་གནོན་པའི་ཕྱིར་རོ། །དུས་ཆོད་ཀྱི་དང་པོ་ནམ་ལངས་པ་ལ་དགོངས་ནས་གཤེགས་པ་ནི། ནམ་ལངས་རྟེང་ལ་ཉི་མ་ཤར་འོང་བ་འདྲ་སྟེ། བདག་གཤེགས་པའི་རྟེང་ལ་སྐུ་ལས་སྤྲུལ་སྐུ་འབུམ་ཕྲག་མང་པོ་ཕྱུངས་ནས། འགྲོ་བ་སེམས་ཅན་གྱི་དོན་བྱེད་པའི་ཕྱིར་རོ།། ཞེས་རྩ་རྒྱུད་ཉི་སྒྲོན་[རྒྱུད་ཙ་ཤ97བ5]ལས་ཀྱང་དེ་དང་ཕྱོགས་འདྲ་བར་བསྟན་པ་ལྟར། གཤེན་རབ་མི་བོ་ཆེ་དེ་ཉིད་ཤིང་ཕོ་བྱི་བའི་ལོ་ཟླ་བ་དང་པོའི་ཚེས་བཅོ་ལྔའི་སྐར་མ་རྒྱལ་ལ་ནམ་ལངས་ཡོས་ཀྱི་དུས་སུ་སྐུ་བལྟམས་པ་དེས་ནི་འབྱུང་ཁམས་ཀྱི་ཐོག་མ་ཤིང་ཡིན་སྟབས། ཤིང་ཕོ་བྱི་བའི་ལོ་ཡིན་པ་དང་། འཁྲུངས་ལོའི་སྨེ་བ་གཅིག་དཀར་ཡིན་པ་དང་། ཆོས་གཅིག་དེ་སྨེ་བ་གཅིག་དཀར་གྱིས་ཟིན་པ་དེ་ནས་ལུགས་ཐོག་ཏུ་བརྩིས་པས་གཤེན་རབ་སྐུ་བལྟམས་པའི་ཚེས་གྲངས་བཅོ་ལྔའི་ཚེས་སྨེ་ལྔ་སེར་ལ་ཁེལ་བར་བརྟེན། སྨེ་བའི་འཁོར་ལོའི་ལྟེ་བ་ལྔ་སེར་གྱིས་བཟུང་བའི་ལུགས་དེའི་དབུ་རྩུགས་ཡོད་པར་མངོན།

སྨེ་བའི་འཁོར་ལོ།

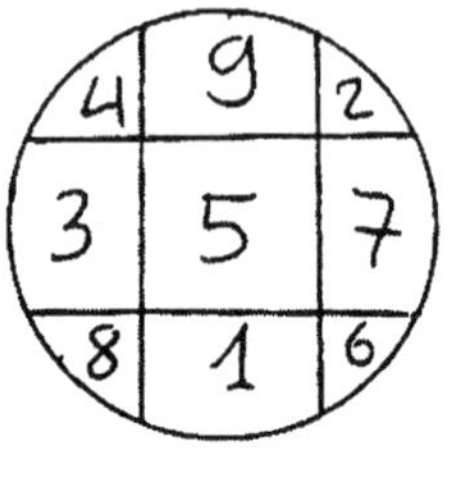

གཤེན་རབ་མི་བོ་ཆེ་སྐུ་བལྟམས་པའི་ཤིང་བྱི་ལོ་དེའི་ལོ་སྨེ་ནི། སྨེ་ཕྲེང་གོང་མའི་སྨེ་བ་གཅིག་དཀར་ཡིན་དགོས་པར་བརྟེན། གནམ་ལོ་དེ་ནས་བཟུང་རིམ་བཞིན་དུ་ཤིང་མོ་གླང་གི་ལོ་ལ་ལོ་སྨེ་དགུ་དམར་དང་། མེ་ཕོ་སྟག་ལ་ལོ་སྨེ་བརྒྱད་དཀར། མེ་མོ་ཡོས་ལ་ལོ་སྨེ་བདུན་དམར་སོགས་ལུགས་ལྡོག་ཏུ་རིམ་གྱིས་བགྲངས་པས་ལོ་རྐྱན་དྲུག་ཅུའི་སྐོར་འགོ་དང་པོ་དེ་གནམ་ལོ་ཆུ་ཕག······དང་། ལོ་སྨེ་ལྔ་སེར་གྱིས་རྫོགས་ཤིང་། སྨེ་ཕྲེང་བར་མའི་ཤིང་ཕོ་བྱི་བའི་ལོ་དེ་ལོ་སྨེ་བཞི་ལྗང་ནས་བརྩམ་དགོས་པ་ཡིན། སྨེ་ཕྲེང་བར་མའི་དྲུག་ཅུའི་སྐོར་འགོ་དེ་གནམ་ལོ་ཆུ་ཕག་དང་། ལོ་སྨེ་བརྒྱད་དཀར་གྱིས་རྫོགས་པ་ན། སླར་ཡང་སྨེ་ཕྲེང་ཐ་མའི་ཤིང་ཕོ་བྱི་བའི་ལོ་དེ། ལོ་སྨེ་བདུན་དམར་གྱིས་བརྩམ་དགོས་ཤིང་། སྨེ་ཕྲེང་ཐ་མའི་དྲུག་ཅུའི་སྐོར་འགོ་གསུམ་པ་དེ། གནམ་ལོ་ཆུ་ཕག་དང་ལོ་སྨེ་གཉིས་ནག་གིས་རྫོགས་ནས། དྲུག་ཅུའི་སྐོར་འགོ་རྗེས་མའི་ཤིང་ཕོ་བྱི་བའི་ལོ་དེ། སྨེ་ཕྲེང་གོང་མ་བཞིན་ལོ་སྨེ་གཅིག་དཀར་གྱིས་ཟིན་པའི་བར་ལོ་རྐྱན་དྲུག་ཅུའི་སྐོར་འགོ་གསུམ་གྱི་ལོ་གྲངས་རྣམས་ལྷན་དུ་བསྡོམས་པས། ལོ་གྲངས་བརྒྱ་དང་

བརྒྱད་ཅུ་བྱུང་བ་དེ་ལ"སྨེ་འཁོར"ཞེས་བྱ་བ་ཡིན།

སྨེ་འཁོར་དང་པོའི་དཔེ་རིས།

སྨེ་འཁོར་དང་པོ།						
	སྨེ་ཕྲེང་གོང་མ།		སྨེ་ཕྲེང་བར་མ།		སྨེ་ཕྲེང་ཐ་མ།	
ལོ་སྐོར།	བྱི་བ།	གླང་།	སྟག	ཡོས།	འབྲུག	སྦྲུལ།
ལོ་སྨེ། ལོ་ཁམས།	1 4 7 ཤ	9 3 6 ཤ	8 2 5 མ	7 1 4 མ	6 9 3 ས	5 8 2 ས
ལོ་སྨེ། ལོ་ཁམས།	7 1 4 མ	6 9 3 མ།	5 8 2 ས	4 7 1 ས	3 6 9 ཅ	2 5 8 ཅ
ལོ་སྨེ། ལོ་ཁམས།	4 7 1 ས	3 6 9 ས	2 5 8 ཅ	1 4 7 ཅ	9 3 6 ཆ	8 2 5 ཆ
ལོ་སྨེ། ལོ་ཁམས།	1 4 7 ཅ	9 3 6 ཅ	8 2 5 ཆ	7 1 4 ཆ	6 9 3 ཤ	5 8 2 ཤ
ལོ་སྨེ། ལོ་ཁམས།	7 1 4 ཆ	6 9 3 ཆ	5 8 2 ཤ	4 7 1 ཤ	3 6 9 མ།	2 5 8 མ།

ལོ་སྐོར	རྟ	ལུག	སྤྲེལ།	བྱ།	ཁྱི།	ཕག
ལོ་སྨེ། ལོ་ཁམས།	4 7 1 ཙ	3 6 9 ཙ།	2 5 8 ཚ།	1 4 7 ཚ།	9 3 6 ཤ	8 2 5 ཤ
ལོ་སྨེ། ལོ་ཁམས།	1 4 7 ཚ།	9 3 6 ཚ།	8 2 5 ཤ	7 1 4 ཤ	6 9 3 མ	5 8 2 མ།
ལོ་སྨེ། ལོ་ཁམས།	7 1 4 ཤ	6 9 3 མ།	5 8 2 མ།	4 7 1 མ།	3 6 9 ས།	2 5 8 ས།
ལོ་སྨེ། ལོ་ཁམས།	4 7 1 མ།	3 6 9 མ།	2 5 8 ས།	1 4 7 ས།	9 3 6 ཙ།	8 2 5 ཙ
ལོ་སྨེ། ལོ་ཁམས།	1 4 7 ས།	9 3 6 ས།	8 2 5 ཙ།	7 1 4 ཙ	6 9 3 ཚ།	5 8 2 ཚ།

གོང་གསལ“སྨེ་བའི་ཐོག་མ་གཅིག་དཀར” ཞེས་སྣང་སྲིད་ཀྱི་དངོས་པོའི་རྣམ་གྲངས་ཐམས་ཅད…… གྲངས་ཀྱི་རིམ་པ་དགུའི་ཁོངས་སུ་མ་ཚོགས་པ་འགའ་ཡང་མེད་ཅིང་། དེ་ལས་ལྷག་ན་ཐིག་ལེ་སྟོང་པ་ལས་གཞན་དུ་མེད་པ་ཡིན་སྟབས། སྨེ་བའི་རྣམ་གྲངས་དགུ་ཡིས་ཕྱི་ནང་སྣོད་བཅུད་ཀྱིས་བསྡུས་པའི་ཆོས་ཡོངས་ཚོགས་མཚོན་ཐུབ་ཅིང་། དེ་དག་འབྱུང་བ་རྣམ་ལྔའི་དབང་དུ་མ་གྱུར་པ་གཅིག་ཀྱང་མེད་པས། གཅིག་དཀར་དང་། གཉིས་ནག གསུམ་མཐིང་། བཞི་ལྗང་། ལྔ་སེར། དྲུག་དཀར། བདུན་དམར། བརྒྱད་དཀར། དགུ་དམར་རྣམས་ལ་འབྱུང་བའི་ཁམས་ལྔ་མཚོན་པའི་ཁ་དོག་ལྔའི་རང་བཞིན་དང་ལྡན་པའི་ཁྱད་ཆོས་ཐུན་མོང་མ་ཡིན་པ་རེ་ཡོད།

སྨེ་བའི་ཁ་དོག་དེ་དག་གི་མཚོན་དོན་རྣལ་མའང་ལྷང་ཁྲུས་སྟོན་ཤིང་སྟེ་གཡོ་འགྱུལ་གྱི་ནུས་པ་དང་… ལྡན་པ་རླུང་གི་ཁམས་མཚོན་ཞིང་། ཆེས་སྔ་བའི་བོན་པོ་རྣམས་ཀྱི་ལུགས་སུ་སྐྱིད་པ་སྟོན་ཤིང་མང་དུ་འདུས་པའི་ནགས་ཚལ་གྱི་ཁྲོད་དུ་གནས་འཆའ་ འི་གཡོ་འགྱུལ་ཅན་གྱི་སྲོག་ཆགས་སྟག་གིས་འབྱུང་བ…… རླུང་གི་བྱེད་ལས་དངོས་ཀྱི་མཚོན་དཔེར་བྱས་ཡོད་པ་དང་། དམར་པོས་འབར་བ་མེའི་ཁམས་མཚོན་ཞིང་། གནའ་བོའི་བོན་པོ་ཚོས་དབལ་ཟེར་དང་ཛ་དམར་འབར་བའི་ཁྲོད་དུ་སྤྲུལ་པར་སྟོན་པའི་སྟོབས་ལྡན་མེའི་ཁྱུང་གིས་འབྱུང་བ་མེའི་བྱེད་ལས་དངོས་ཀྱི་མཚོན་དཔེར་བྱས་ཡོད་པ་དང་། སེར་པོས་བརྟན་པ་སའི་ཁམས་མཚོན་ཞིང་། གནའ་ལུགས་སུ་སའི་ཡང་བཅུད་གངས་ཅན་རི་བོའི་སྐྱོ་ལ་གནས་འཆའ་བའི་གཡོ་འགྱུལ་ཅན་གྱི་སྲོག་ཆགས་སེང་གེས་འབྱུང་བ་སའི་བྱེད་ལས་དངོས་ཀྱི་མཚོན་དཔེར་བྱས་ཡོད་པ……དང་། དཀར་པོས་ལྕགས་ཀྱི་ཁམས་ཏེ། བརྟན་པ་སའི་ཡང་ཞུན་མཚོན་ཞིང་། མཐིང་ཁས་ཆུའི་ཁམས་སྤྱི་དང་། ནག་པོས་ཆུའི་ཁམས་ཤིན་ཏུ་ཤུགས་ཆེ་བ་སྟེ། གནའ་ལུགས་སུ་འབྲུག་པ་ཆུའི་གློང་དུ་གནས་འཆའ་བའི་གཡོ་འགྱུལ་ཅན་གྱི་སྲོག་ཆགས་འབྲུག་གིས་འབྱུང་བ་ཆུའི་བྱེད་ལས་དངོས་ཀྱི་མཚོན་དཔེ་བྱས་ཡོད་པ་དེ་དག་རེད། འབྱུང་ཁམས་ཀྱི་མཚོན་རྟགས་སུ"ཤ"དང"མ་ས་ཙ་ཆ"རྣམས་ཡོད་པ་དེ་རྣམས་ཀྱིས་རིམ་བཞིན་དུ་འབྱུང་ཁམས་ཤིང་དང་མེ། ས། ལྕགས། ཆུ་རྣམས་མཚོན་པ་ནི་ཤེས་སླ།

"སྨེ་འཁོར་གྱི་ལྟེ་བ་ལྷ་སེར"ཞེས་པ་ནི་སྤར་ཁའི་རྒྱ་ཁྲིན་རྣམས་སྨེ་བ་དགུས་ཇི་ལྟར་དབང་དུ་བྱེད…པའི་ཚུལ་ཏེ། གཤིན་རབ་མི་བོ་ཆེ་སྐུ་བལྟམས་པའི་ཉིན་དེ་ཉིད་ཀྱི་ཞག་སྨེ་དེ་འཁོར་ལོའི་དབུས་སུ་བཀོད་ནས། རིམ་བཞིན་དུ་ནུབ་བྱང་ཁེན་གྱི་གནས་སུ་དྲུག་དཀར་དང་། ནུབ་ཕྱོགས་དྭ་ཡི་གནས་སུ་བཀོད་ནས། རིམ་བཞིན་དུ་ནུབ་བྱང་ཁེན་གྱི་གནས་སུ་དྲུག་དཀར་དང་། ནུབ་ཕྱོགས་དྭ་ཡི་གནས་སུ་བདུན་དམར། བྱང་ཤར་གིན་གྱི་གནས་སུ་བརྒྱད་དཀར། ལྷོ་ཕྱོགས་ལི་ཡི་གནས་སུ་དགུ་དམར། བྱང་ཕྱོགས་ཁམ་གྱི་

སྤར་སྨེའི་འཁོར་ལོའི་དཔེ་རིས།

གནས་སུ་གཅིག་དཀར། ལྷོ་ནུབ་ཁོན་གྱི་གནས་སུ་གཉིས་ནག ཤར་ཕྱོགས་ཟིན་གྱི་གནས་སུ་གསུམ་མཐིང་། ཤར་ལྷོ་ཟོན་གྱི་གནས་སུ་བཞི་ལྗང་འགོད་སྲོལ་ཡོད་པ་དེ་ལ་ཟེར་བ་རེད།

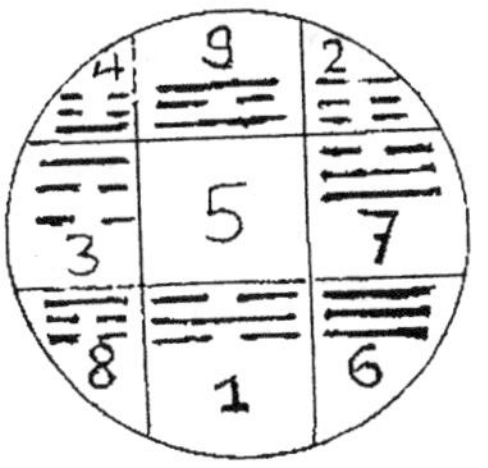

སྨེ་བ་དང་སྤར་ཁའི་སྐོར་འགོ་འདི་རྣམས་ཡོངས་གྲགས་སུ་རྒྱ་ནག…གི་རྩིས་ལས་བྱུང་བ་ཞིག་ཏུ་ངོས་འཛིན་སྲོལ་ཡོད་པ་ནི། ཤེས་བྱ་ཀུན་ཁྱབ[པེ་སྟོད་587ཤ་6]ལས་འབྱུང་རྩིས་སམ་ནག་རྩིས་སུ་གྲགས་པ་བྱུང་བའི་ཁུངས་ནི་རྒྱ་ནག་སྟེ། དེའང་གོང་མ་རྣམས་ཀྱི་ཐོག་མ་སྤ་ཧུ་ཕྲཱཧི་རྒྱལ་པོ་ལ་རྒྱ་མཚོའི་མཐའི་འབབས་ཞིག་གིས་རུས་སྦལ་གསེར་གྱི་ཁ་དོག…

ཅན་ཞིག་ཕུལ་བ་ལ་གཟིགས་པས་བརྟགས་ནས་སྤར་ཁ་བརྒྱད་ཀྱི་ཕྱག་རྒྱ་ཐོག་མར་ཐུགས་ལ་ཤར། དེ་ལ་བརྟེན་ནས་སྤར་སྨེ་ལོ་སྐོར་གྱི་རྩིས་རྣམས་མཛད། དེ་ལ་བརྟེན་ནས་གྲུབ་པའི་རྒྱལ་བློན་མཁས་པ་རྣམས་ཀྱིས་རིམ་པར་མཛད་པ་དང་། ཁྱད་པར་ཁོང་ཕུ་ཙེ་ཞེས་འཇམ་དབྱངས་ཀྱི་སྤྲུལ་པ་བོད་དུ་ཀོང་ཙེ་འཕྲུལ་རྒྱལ་དུ་གྲགས་པ་དེས་ཀྱང་རྩིས་དང་གཏོ་གཞུང་མཐའ་ཡས་པའི་སྲོལ་གཏོད་པ་སོགས་ཕྱིས་བྱུང་གི་གཞུང་ཤིན་ཏུ་མང་ཞིང་། བོད་འདིར་ཐོག་མར་ཀོང་ཇོ་སྦྲ་ཕྱིས་རྒྱ་ནག་གི་རྩིས་གཞུང་བསྒྱུར་ཏེ་སྲོལ་ཕྱེས། ཞེས་ཞལ་གསལ་དུ་བཤད་ཡོད་པ་འདི་ནི་ཡོངས་གྲགས་ཀྱི་ལྷ་ཚུལ་ཞིག་ཏུ་གྱུར་ཡོད་འདུག

རྒྱ་ནག་གི་གོང་མ་ཕུ་ཧྲུ་ཧྲན་ཧྲི་ཞེས་པ་དེས་འབངས་ཀྱིས་ཕུལ་བའི་རུས་སྦལ་གསེར་མདོག་ཅན་གྱི་ཁོག་པ་ལ་གཟིགས་ནས་སྤར་ཁ་བརྒྱད་ཀྱི་ཕྱག་རྒྱ་རྣམས་ཐུགས་ལ་ཤར་བ་དང་། རུས་སྦལ་གྱི་ཁོག་པ་དེ་ལ་བརྟེན་ནས་སྤར་ཁ་དང་སྨེ་བའི་རྩིས་མཛད་ཡོད་པ་ནི་ཤིན་ཏུ་སྲིད། ཁོང་གིས་རུས་སྦལ་གྱི་ཁོག་པ་ལ་བརྟེན་ནས་རྩིས་ཀྱི་ཤེས་རིག་གཏན་ལ་ཕབ་པ་དེའི་ཁུངས་རྣལ་མ་ནི་དེ་ལས་ཀྱང་ཆེས་སྔ་བའི་དུས་སུ་བོན་གྱི་ཤེས་རིག་ཏུ་ཡོངས་སུ་གྲགས་པའི་སྲིད་པའི་རུས་སྦལ་གྱི་རྨང་གཞི་དེ་ལ་བརྟེན་ནས་སྤར་ཁ་བརྒྱད་ཀྱི·····འཁྲོས་སོགས་ཐུགས་ལ་གསར་དུ་ཤར་བ་ཞིག་ཡིན་པ་ནི་སྨོས་མ་དགོས་པ་རེད། དེ་ཡང་མདོ་འདུས་[མདོ་ས་ཤ6བ3]ལས་ས་ཆུ་མེ་རླུང་འབྱུང་བཞི་ལས། སྐུ་རྣམས་རྫུ་འཕྲུལ་ལས་སྐྱེས། ས་ལས་རྒྱལ་རིགས་ཆུ་ལས་རྗེའུ་རིགས་འབྱུང་(བྱུང་།)མེ་ལས་བྲམ་ཟེར་(ཟེ།) རླུང་ལས་རྨང་རིགས་འབྱུང་(བྱུང་།) རིགས་སྐུ་བཞི་ལས་སྐུ་ཆེན་བརྒྱད།[130] དེ་སྙིང་སྤྲིན་ཆེན་བརྒྱད་ཤིང་། བསྐལ་པ་གཅིག་ཏུ་ཆར་བབ་ལས། རྒྱ་མཚོ་ཆེན་པོ་མཐའ་མེད་འགྱུར། དེ་ཚེ་སྐུ་ཆེན་བརྒྱད་ཀྱི་(ཀྱིས་)ནི། རྒྱ་མཚོ་གཏིང་ནས་དབུས་ཉིད་དུ། རིགས་བཞིའི་སྐུ་ཆེན་བརྒྱད་ཀྱི་(ཀྱིས་)ནི། ཐ་བྲང་གདན་ཐབས་བཅས་པ་ཡིས། སེམས་དཔའ་ཆེན་པོ་གཅིག་འགྱུར་(གྱུར་)ཅིག ཅེས་སྨོན་རྒྱ་མཚོ་དྭངས་མ་ལ། གསེར་གྱི་རུས་སྦལ་ཆེན་པོ་གྱུར། མགོ་བོ་ལྷོ་ཕྱོགས་བསྟན་ནས་ནི། གན་རྒྱལ་འདུག་པའི་སྟོ་བ་སྟེ། ཆུ་ཤེལ་ཁང་པ་དཔག་ཚད་ལྔ་བརྒྱ་པ། སྐུ་ཡི་དེད་དཔོན་འབྱུང་བ་གྲུབ། རྫུ་(རྫུས་)སྐྱེས་སྐུ་ཡི་གཞལ་ཡས་སོ། །གསེར་གྱི་རུས་སྦལ་ཡན་ལག་བཞི། དུས་བཞི་རྒྱལ་མོ་བཞི་(བཞིར་)དབང་བས། ནི་སྙད་[131]དུས་བཞིའི་རྒྱུ་རྐྱེན་བྱེད། ཕྱོགས་མཚམས་མེད་པ་ཆེན་པོ་བརྒྱད། འབྱུང་ལྔ་ལོ་སྐོར་བཅུ་གཉིས་འཆར། ལོ་ཟླ་ཞག་དང་ཟ་མ་ཡི། ཅི་ལྟར་ཆ་ནི་འབྱེད་པ་མཛོད་(མཛད།) ཅེས་སྲིད་པའི་རུས་སྦལ་གྱི་ཁུངས་ཇི་ལྟར་ཡིན་པ་དང་། སྲིད་པའི་རུས་སྦལ་དེའི་མགོ་བོ་ལྷོ་རུ་བསྟན་པའི་གན་རྒྱལ་དུ་གནས་པ་དང་། རུས་སྦལ་གྱི་ཡན་ལག་བཞིས་ནམ་དུས་བཞི་མཚོན་པ་དང་། སྲིད་པའི་རུས་སྦལ་གྱི་གནས་ཚུལ་དེ་ལ་བརྟེན་ནས་འབྱུང་བའི་ཁམས་ཆེན་པོ་ལྔ་དང་། དེ་རྣམས་

དང་འབྲེལ་བའི་ལོ་སྐོར་བཅུ་གཉིས་ཀྱི་སྐོར་འགོ་དང་། ཁྱི་བྲག་ཏུ་ལོ་གཅིག་ཏུ་ཡོད་པའི་ཟླ་བ་བཅུ་གཉིས་ཞག་གྲངས་སུམ་ཅུ་སོགས་ཀྱི་རྩིས་རྣམས་གཏན་ལ་འབེབས་མཛད་པའི་སྐོར་གསལ་བར་བསྟན་པས་ངེས···ཤེས་ཐུབ་པ་ཡིན།

རྩིས་ཀྱི་གཏོ་ཆོག་རྣམས་སུ་གྲགས་ཆེ་བའི་ཀོང་ཙེ་འཕྲུལ་རྒྱལ་དུ་གྲགས་པ་དེ། རྒྱའི་ཁོང་སྤུ་ཙིལ་ངོས་འཛིན་གནང་བ་ནི། ཐུའུ་བཀྭན་གྲུབ་མཐའ་[ཀན་394 ཕ་13] ལས་ཁུང་ཕུའུ་ཙིའམ་ཁུང་ཙེ་ཞེས་གྲགས་པ་སྟེ། བོད་རྣམས་ཀྱིས་རྒྱ་སྐད་ཇི་བཞིན་མ་ཐོན་པར་ཀོང་ཙེ་ཞེས་འབོད་པ་དེའོ། །ཞེས་པས་གསལ་བ་ལྟར་ཁུང་ཕུའུ་ཙིའམ་ཁོང་སྤུ་ཙི་ཞེས་པ་དེའི་མཚན་བསྡུས་ཚིག་གི་སྐད་དོད་དུ"ཁུང་ཙེའམ་ཁོང་ཙི"ཞེས་པ···གང་ཉུང་དུ་གྱུར་པ་དེ་བོད་མི་རྣམས་ཀྱིས"ཀོང་ཙེ"ཞེས་བརྗོད་པའི་སྐབས་བྱུང་སྲོང་ཡོད་པ་ནི་སློས་མ···དགོས་ནའང་རྩིས་གཏོ་རྣམས་སུ་གྲགས་པའི་ཀོང་ཙེ་འཕྲུལ་རྒྱལ་ཞེས་པ་དེ་ཁུང་ཕུའུ་ཙིའམ་ཁོང་སྤུ་ཙིམ···ཡིན་པའི་ཤེས་བྱེད་དུ་ཐུའུ་བཀྭན་གྲུབ་མཐའ་[ཀན་395 ཕ་7] ལས་བོད་དག་གིས་ཀོང་ཙེ་འཕྲུལ་གྱི་རྒྱལ···པོ་ཞེས་རྒྱལ་པོ་ལྷ་འཕྲུལ་ཅན་ཞིག་ཏུ་བྱས་པ་དང་། ནག་རྩིས་ཀྱི་གཏོ་བཅོས་ལ་ལར་ཀོང་རྩེའི་མདོན་རྟགས་བསྒོམ་ཚུལ་སོགས་ཀྱི་རྣམ་བཞག་བྱས་པ་དང་། ཡང་ལ་ལས་བཟོ་བོ་ཀོང་ཙེ་ཞེས་བཟོའི་འདུ་བྱེད་ལ་མཁས་པ་ཞིག་ཏུ་གོ་འདུག་པ་ནི་མུན་ནག་ལག་ནོམ་གྱི་དཔེར་སྣང་ངོ་། །ཞེས་གསུངས་པས་ངེས་ཤེས་ཐུབ་པ་ཡིན་ལ་དུས་རིམ་དབང་དུ་བྱས་ནའང་ཀོང་ཙེ་འཕྲུལ་རྒྱལ་དེ་ཁོང་སྤུ་ཙིམ་ཡིན་པ་ནི་ཤེས་སླ་བ···ཡིན། གནའ་བོའི་རྩིས་གཏོ་རྣམས་སུ་གྲགས་ཆེ་བའི་ཀོང་ཙེ་འཕྲུལ་རྒྱལ་ཞེས་བྱ་བ་དེ་ནི་གཟེར་མིག་[ཐོབ་716 ཤ 78 ན་1] ལས་ཡུལ་རྒྱ་ལག་འོད་མའི་གླིང་། མཁར་ཁྲི་སྒོ་རྩེ་བརྒྱའི་གླིང་། གྲོང་ཁྱེར་འཕྲུལ་སྒྱུར་བཀོད་པའི་མཆོག དེ་ན་ཕ་ནི་རྒྱལ་པོ་ཀ་མདའ་ལ་གསེར་གྱི་མདོག་ཅན་ཞེས་བྱའོ། །མ་ནི་བཙུན་མོ་ལྷ་རི་ལ་གསལ་འོད་ཨ་ཞེས་བྱའོ། །དཀོར་ཅི་ཀྱལ་སྲིད་རིན་པོ་ཆེ་ལ་སོགས་ཏེ། འཇིག་རྟེན་གྱི་མིར་གྱུར་པ་ལས་ཆེའོ། །ལྷ་དང་སྲས་མི་མངའ་ན། དུས་དེར་མི་མཇེད་ཀྱི་འཇིག་རྟེན་ཕར་འདས་པའི་ལྷ་ཕྱུགས་ན། རྒྱལ་པོ་གསལ་མཆོག་དམ་པ་དེ་དེར་ཚེ་འཕོས་ནས་བསོད་ནམས་ཀྱི་ཤུགས་ཀྱིས་ཡུལ་རྒྱ་ལག་འོད་མའི་གླིང་གི···རྒྱལ་པོ་ཀ་མདའ་ལ་གསེར་གྱི་མདོག་ཅན་གྱི་བུར་སྐྱེས། ཞེས་པ་དང་། ཡང་དེ་ཉིད་[ཐོབ 717 ཤ 78 བ་3] ལས་ལག་པ་གཡས་གཡོན་གྱི་མཐིལ་ལ། ཀོང་རྩེ་འཕྲུལ་གྱི་ཡི་གེ་(132) སུམ་ཅུ་རྒྱལ་རྟགས་སུ་འཁོར་བར་བྲིས་ནས་ཆགས་པ་དེ་ལ་ཡབ་ཀྱང་ཤིན་ཏུ་སྤྲོ་བ་སྐྱེས་ནས་མཚན་གསོལ་བ་ནི་རྒྱལ་པོ་རྒྱའི་རིགས་ལ། འཕྲུལ་ཡིག་ཀོང་རྩེ་སུམ་ཅུ་(133) འཁོར་བར་བྲིས་པས། རྒྱ་ཀོང་ཙེ་འཕྲུལ་གྱི་རྒྱལ་པོའི་མིང་དུ་བཏགས་སོ། །ཞེས་གསལ་བ་དང་ལེགས་བཤད་རིན་པོ་ཆེའི་མཛོད་[པེ་136 ཕ་4] ལས་ལོ་རྒྱུས་ཁ་ཅིག་ནས་བསྟན་

གཙོ་ཞལ་བཞུགས་དུས་རྒྱ་ནག་གི་རྒྱལ་པོ་ཧྭ་ཤང་དེ་བ་ལ་གབ་ཙེ་སུམ་བརྒྱ་དྲུག་ཅུ་གཏན་ལ་ཕབ་ནས……བསྟན་ཞེས་དང་། དྲི་མེད་ལས་ཀོང་ཙེའི་ཚ་བོ་འཕྲུལ་བུ་ཆུང་ལ་གབ་ཙེ་སུམ་བརྒྱ་དྲུག་ཅུ་བསྟན་ཏེ་སེམས་ཅན་བདེ་ལ་བཀོད་པར་གསུངས་པ་གཉིས་ལས། ཕྱི་མ་ནི་རྒྱ་ཀོང་ཙེ་འཕྲུལ་གྱི་རྒྱལ་པོའི་སྲས་མོ་འཕྲུལ་བསྒྱུར་ལ་འབྲུངས་པའི་སྟོན་པ་ཉིད་ཀྱི་སྐུའི་སྲས་ཀོང་ཙེ་འཕྲུལ་བུ་ཆུང་ལ་སྟོན་པས་གབ་ཙེ་སུམ་བརྒྱ་དྲུག་ཅུར་〔134〕བསྟན་པ་དེ་ལ་གསུངས་པ་ཡིན། ཞེས་པས་གསལ་བར་བསྟན་པའི་ཀོང་ཙེ་འཕྲུལ་རྒྱལ་ལམ་ཀོང་ཙེ་འཕྲུལ་བུ་ཆུང་འདི་གཉིས་ཀ་ལ་གཞན་རབ་མི་བོ་ཆེས་སྐོར་ཤེས་རྩིས་ཀྱི་བསྟན་པ་གཏད་ཡོད་པ……ཡིན་སྟབས། ནག་རྩིས་ཀྱི་གཙོ་ཚིག་རྣམས་ལས་གསལ་བའི་ཀོང་ཙེ་འཕྲུལ་གྱི་རྒྱལ་པོར་གྲགས་པ་དེ་ནི་འདི་གཉིས་གང་རུང་ཞིག་ཏུ་ངེས་པ་ཡིན།

ཀོང་ཙེ་འཕྲུལ་གྱི་རྒྱལ་པོ་ཞེས་པ་འདི་ལ་རྒྱའི་ཐ་སྙད་ཡོད་པ་ཡིན་སྟབས་མང་པོ་ཞིག་གིས་རྒྱ་ནག་གི་རྒྱལ་པོ་ཞིག་ཡིན་པར་སེམས་པ་དེ་ནི་མ་བརྟགས་མ་དཔྱད་པའི་ཧོལ་རྒྱུགས་ཞེས་བྱ་བ་དེ་ཡིན། ལར་རྒྱའི་ཐ་སྙད་ཡོད་ཙམ་གྱིས་རྒྱ་ནག་ཡིན་པའི་ངེས་པ་མེད། རྒྱ་ནི་ཡུལ་ཁམས་རྒྱ་ཆེན་པོ་ཡོད་པའི་ཡུལ་གང་རུང་ཞིག་ལ་ཚིག་དེ་གནའ་དུས་སུ་བེད་སྤྱོད་བྱས་ཡོད་པ་ནི་རྒྱ་གར་དང་། རྒྱ་ནག་རྒྱ་སེར་ཞེས་པ་དེ་རྣམས་ཀྱིས་ཤེས་ཐུབ་ལ། རྒྱ་ཞེས་པའི་ཚིག་ཕྲུང་པ་ལ་བརྟེན་ནས་ཡུལ་ཁམས་གང་ཡིན་ངེས་འཛིན་དགོས་པའི་སྐབས་ཤིག་བྱུང་བ་ཡིན་ན། ཚིག་དེ་དང་འབྲེལ་བའི་བརྗོད་བྱ་གང་ཡོད་པ་དེ་དག་ལ་བརྟགས་ནས་རྒྱ་གར་རམ་རྒྱ་ནག་གང་ཡིན་གཏན་འབེབས་བྱེད་དགོས་པ་ལས། ཚིག་དེ་མཐོང་མ་ཐག་ཏུ་རྒྱ་ནག་ཡིན་པར་ངོས་འཛིན་མི་ཐུབ་པ་དེ་ལས་ཤེས་ཐུབ་པ་ཡིན། དེར་མ་ཟད་འདིར་རྒྱ་ཀོང་ཙེ་འཕྲུལ་གྱི་རྒྱལ་པོ་ཞེས་པའི་མཚན་གྱི་ཐོག་མར་རྒྱ་ཡོད་པ་འདི་ནི་གཟེར་མིག་[ཐོབ་ཁ716ཤ78ན1]ལས་ཡུལ་རྒྱ་ལག་འོད་མའི་གླིང་། མཁར་ཁྲི་སྣ་རྩེ་བརྒྱའི་གླིང་། གྲོང་ཁྱེར་འཕྲུལ་སྒྱུར་བཀོད་པའི་མཆོག དེ་ན་ཕ་ནི་རྒྱལ་པོ་ཀ་མདའ་གསེར་གྱི་མདོག་ཅན་ཞེས་བྱའོ། །མ་ནི་བཙུན་མོ་སྨུ་ཏྲི་ལ་གསལ་འོད་མ་ཞེས་བྱའོ། །ཞེས་པ་དང་དེ་གཉིས་ལ་སྲས་འབྲུངས་པའི་མཚན་དུ་[717ཤ78བ4]ལས"རྒྱ་ཀོང་ཙེ་འཕྲུལ་གྱི་རྒྱལ་པོའི་མིང་དུ……བཏགས་སོ། །"ཞེས་པས་གསལ་བ་དང་། རྒྱ་ལག་འོད་མའི་གླིང་ཞེས་བྱ་བའི་ཡུལ་ཁམས་དེ་ཕྱོགས་གང་ན་ཆགས་ཡོད་པའི་ཚུལ་ཞལ་གསལ་བ་ནི་དྲི་མེད་རྩ་བའི་མདོ་[མདོ་ས་ཤ167ན7]ལས་གནས་མཆོག……དམ་པ་འོལ་མོ་ལུང་རིང་གི་ནུབ་ཕྱོགས། ཆུ་ཀྱིམ་ཤར་ནག་པོའི་འགྲམ། རི་བོ་ཆེན་པོ་ཏ་ལ་པོ་ཤན་གྱི་རྩ་བ། རྒྱ་མཚོ་དང་ར་འཁྱིལ་ཆེན་གྱི་འགྲམ་ན། རྩོད་རྗེ་རྒྱའི་ཡུལ་ཞེས་བྱ་བ་ཡོད་དོ། །ཞེས་པ་འདིས་རྒྱལ་པོ་ཀ་མདའ་གསེར་གྱི་མདོག་ཅན་གྱི་རྒྱལ་ཁམས་རྩོད་རྗེ་རྒྱའི་ཡུལ་ཞེས་བྱ་བ་དེ་ནི་འོལ་མོ་ལུང་རིང་གི་ནུབ……

ཕྱོགས་དུ་ཡོད་པ་ཤིན་ཏུ་གསལ་བར་བསྟན་ལ། རྒྱ་ནག་གི་ཡུལ་ཁམས་ནི་འོལ་མོ་ལུང་རིང་གི་ཤར་ཕྱོགས་སུ་ཡོད་པ་ཡིན་སྟབས། ཤར་ནུབ་གོ་ལྡོག་གི་རྒྱུ་མཚན་ལ་བརྟེན་ནས་རྒྱ་ནག་གི་རྒྱལ་པོ་མིན་པ་ནི་ཤེས་ཤིན་ཏུ་སླ་བ་ཡིན།

གཤེན་རབ་མི་བོ་ཆེ་དེ་སྐུ་གཤེགས་པའི་ལོ་དུས་ནི་མདོ་འདུས་[མདོ་ས་ཤ98བ5]ལས་ད་ནི་བརྒྱད་ཅུ་རྩ་གཉིས་སོ། །གཤེན་རབ་རྫུ་འཕྲུལ་རྐང་པ་ལྡན། འདའ་དང་མི་འདའ་རང་དབང་ཆེན་(ཆེ།) འགྲོ་དང་འོང་བ་རང་དབང་ཆེ། ལས་དང་སྐྱེ་ལ་རང་དབང་ཆེ། ཡེ་ཤེས་རྫུ་འཕྲུལ་རང་དབང་ཆེ། རང་དབང་ཆེ་ཞིང་གྱུར་ན་ཡང་། སེམས་ཅན་རྫོངས་པ་ལས་ལ་ནི། གཤེན་རབ་མཐུ་ཡང་རླུལ་(རྟུལ་)པོ་ཡིན། མཛའ་བུ་གླིང་གི་མཛད་པ་རྫོགས། རྟག་འཛིན་ཅན་གྱི་རིགས་རྣམས་ལ། འཁོར་བ་མི་རྟག་ཚུལ་བསྟན་ཕྱིར། བདག་ཀྱང་ཡོངས་སུ་མྱ་ངན་འདའ། ཞེས་པས་གསལ་བ་བཞིན། གཤེན་རབ་དགུང་གྲངས་བརྒྱད་ཅུ་གྱ་གཉིས་སུ་སྐུ་ཞི་བར་གཤེགས་པའི་ཚུལ་རྩ་རྒྱུད་ཉི་སྒྲོན་སོགས་ལས་ཀྱང་ཞལ་མཐུན་པར་བསྟན་པ་དེ་ལྟར་ན། གཤེན་རབ་མི་བོ་ཆེ་སྐུ་གཤེགས་པའི་ལོ་དེ་ནི་ལོ་ངོའི་དབང་དུ་བྱས་ན་སྣླི་ཕྱེད་བར་མའི་ཤིང་མོ་བྱའི་ལོ་(སྣླི82)སྤྱི་བ་གཅིག་དཀར་གྱིས་ཟིན་པའི་ལོ་དེ་ཡིན་དགོས། རྒྱལ་རབས་བོན་གྱི་འབྱུང་གནས་[རྫི183ཤ92ན4]ལས་སྟོན་པ་འདས་ནས་ལི་ཤུ་འཁྲུངས། དེ་དགུང་ལོ་ཉིས་སྟོང་ལྔ་བརྒྱ་བཞེས་དུས་ཆུ་ཕག་ལོ་ལ་ཁྲི་སྲོང་གིས་བོན་བསྣུབས་པའི་དབུ་ཟུག་གོ། །ཞེས་གསལ་བ་དེའི་ལོ་དུས་ལ་དཔྱད་ན། གཤེན་རབ་མི་བོ་ཆེ་སྐུ་གཤེགས་ནས་ལོ་གྲངས་ཉིས་སྟོང་ལྔ་བརྒྱ་བརྒལ་བའི་ལོ་དེ་ནི་སྣླི་འཁོར་བཅོ་ལྔ་པའི་སྣླི······ཕྱེད་བར་མའི་ཤིང་མོ་གླང་གི་ལོ་(སྣླི2582སྤྱི665)དེ་ཡིན་དགོས་ཤིང་། ལོ་རྒྱུས་ཁུངས་ལྡན་རྣམས་སུ་ཆོས་རྒྱལ་ཁྲི་སྲོང་ལྡེའུ་བཙན་ཆུ་ཕོ་རྟའི་ལོ་ལ་སྐུ་འཁྲུངས་པར་བཤད་ཡོད་པ་དེའི་དབང་དུ་བྱས་ན། ཁོང་གི་འཁྲུངས་ལོ་དེ་ནི་སྣླི་འཁོར་བཅོ་ལྔ་པའི་སྣླི་ཕྱེད་བར་མའི་ཆུ་ཕོ་རྟའི་ལོ་(སྣླི2659སྤྱི742)དེ་ཡིན་ལ། དེ་ནི་གཤེན་རབ་མི་བོ་ཆེ་སྐུ་གཤེགས་པ་ནས་བརྩིས་ན་ལོ་གྲངས་ཉིས་སྟོང་ལྔ་བརྒྱ་བདུན་ཅུ་དོན་བདུན་ཡོན་པའི་ལོ་དེ་ཡིན།

ལི་ཤུ་སྟག་རིང་སྐུ་བལྟམས་པ་ནས་ལོ་གྲངས་ཉིས་སྟོང་ལྔ་བརྒྱ་ཟིན་པའམ་ཁྲི་སྲོང་ལྡེའུ་བཙན་གྱིས······བོན་བསྣུབས་པའི་ལོ་དེ་ཆུ་ཕག་ཡིན་དགོས་པ་དེ་ལྟར་ན། ཁྲི་སྲོང་ལྡེའུ་བཙན་དགུང་གྲངས་བཞི་བཅུ་ཞེ་གཉིས་སམ་ཧྲིལ་པོ་བཞི་བཅུ་ཞེ་གཅིག་སོན་པའི་ཆུ་མོ་ཕག་གི་ལོ་(སྣླི2700སྤྱི783)དེ་ལས་མི་འདའ་ཞིང་། ཆུ་ཕག་ལོ་དེའི་སྣླི་ལོ་སྣླི་ལོ2700ལས་ལི་ཤུའི་འཁྲུངས་ལོའི་གྲངས2500ཕྲིས་པས་(2700 – 2500 = 200) ལོ་གྲངས་ཉིས་བརྒྱ་ལུས་པ་དེ་ནི་ལི་ཤུ་སྟག་རིང་སྐུ་བལྟམས་པའི་ལོ་དུས་ངེས་པ་ཅན་ཏེ། སྣླི་འཁོར་གཉིས་

པའི་སྤྱི་ཕྲེང་གོང་མའི་ཆུ་མོ་ལུག་གི་ལོ་(སྤྱི་200)དེ་རུང་ངེས་པ་ཡིན། ལི་ཤུས་ཉིས་སྟོང་ལྔ་བརྒྱ་ཟིན་པའི་ཆུ་ཕག་ལོ་(སྤྱི་2700ཕྱི་783)དེ་ནས་བཟུང་། ད་ལྟ་ལྕགས་མོ་ལུག་གི་ལོ་འདིའི་བར་གྲངས་ཆིག་སྟོང་ཉིས་བརྒྱ་དང་བརྒྱད་ཕྱིན་ཡོད་ཅིང་། འདས་པའི་ལོ་གྲངས་ཆིག་སྟོང་ཉིས་བརྒྱ་དང་བརྒྱད་དེ་གོང་གི་ཆུ་ཕག་ལོའི་སྤྱི་ལོ་ཉིས་སྟོང་བདུན་བརྒྱ་ལ་བསྣན་ན་(1208 + 2700 = 3908)སྤྱི་ལོ་སུམ་སྟོང་དགུ་བརྒྱ་དང་བརྒྱད་འབྱུང་བའམ་ཆུ་ཕག་ལོའི་སྤྱི་ལོ་བདུན་བརྒྱ་གྱ་གསུམ་ལ་འདས་པའི་ལོ་གྲངས་དེ་བསྣན་པས་[783 + 1208 = 1991]ལོ་གྲངས་ཆིག་སྟོང་དགུ་བརྒྱ་གོ་གཅིག་འབྱུང་བ་ནི་ཡ་ངོག་ཞང་བོད་ཀྱི་ལོ་རྒྱུས་དབུ་བརྩིས་པའི་ཚད་གཞིའི་ལོ་གྲངས་ཤིན་ཏུ་རྩ་འགག་ཆེ་བ་ཞིག་ཏུ་ངེས་པ་ཡིན།

ས་བཅད་གསུམ་པ། ཡ་ངོག་ཞང་ཞུང་གི་རྒྱལ་རབས་བྱུང་ཚུལ།

ཡ་ངོག་ཞང་ཞུང་གི་རྒྱལ་རབས་ཇི་ལྟར་བྱུང་ཡོད་པ་དེ་ནི་ཡ་ངོག་ཞང་ཞུང་གི་མི་རབས་ཇི་ལྟར་བྱུང་ཡོད་པ་དེ་དང་འབྲེལ་ཆེ་བ་ཞིག་ཡིན། ཡུལ་ཁམས་གང་ཞིག་ན་མི་རབས་གང་རུང་ཞིག་བྱུང་བ་དེར། མི་འགའ་ཞིག་ནི་བློ་སྟོབས་ཆེ་ཞིང་འཚོ་བའི་གནས་སྟངས་སོགས་ཀྱི་དཀའ་ངལ་སེལ་བའི་ཐབས་དང་ལྡན་ལ། མི་འགའ་ཞིག་ནི་བློ་སྟོབས་ཞན་ཅིང་དཀའ་ངལ་ཅི་རིགས་ཤིག་དང་འཕྲད་པའི་ཚེ་བློ་ཐང་ཆད་ནས་བསྡད་པ་ལས་དཀའ་ངལ་སེལ་བའི་ཐབས་ལ་མི་མཁས་པ་དེ་འདྲའི་ཁྱད་ཡོད་པ་ནི་རང་རེས་ཕ་མེས་གཅིག་པའི་ནང་མི་སོ་སོའི་བློ་ནུས་སོགས་ཀྱི་ཁྱད་པར་ལ་བརྟེན་ཏེ་མི་ཚེ་སྐྱེལ་ཚུལ་ཡང་མི་འདྲ་བ་ཅི་རིགས་ཤིག་འབྱུང་གིན་ཡོད་པ་མངོན་མཐོང་དུ་གྱུར་པས་ཤེས་ཐུབ་པ་ཡིན། རྒྱུ་མཚན་དེ་ལ་བརྟེན་ནས་ཡ་ངོག་གི་མི་རྒྱུད་རྣམས་ཀྱི་ཁྲོད་དུ་བློ་སྟོབས་ཆེ་བའི་མི་འགའ་ཞིག་གིས་བློ་སྟོབས་དམན་པ་རྣམས་དབང་དུ་བསྒྱུར་བའི་སྐབས་ཉིད་ཀྱི་ཡོད་པའི་རྐྱེན་གྱིས་ཡ་ངོག་གི་རྒྱལ་པོ་ཞེས་པ་དེ་རིགས་བྱུང་ཡོད་པའང་སྐྱེ་འགྲོའི་ཆོས་ཉིད་ཀྱི་ཚུལ་ལས་ངེས་ཐུབ་པ་ཡིན།

བོད་དུ་གྲགས་ཆེ་བའི་ལྷ་ཆེན་དྲན་པ་ནམ་མཁའི་སྒྲ་འགྲེལ་ལམ་ཆོས་སུ་གྲགས་ཆེ་བའི་གཞུང་ལྷངས་ཀྱི་པོ་ཏི་བསེ་རུ་དག་ལས་གསལ་རྒྱས་སུ་བསྟན་པ་དང་ཡ་ངོག་སྲིད་པའི་གྲོལ་ཕྱུག་སངས་པོ་འབུམ་ཁྲིའམ་སྲིད་པ་ཡེ་སྨོན་རྒྱལ་པོའམ་སྨོན་པའི་མི་བོ་ལུམ་ལུམ་དུ་གྲགས་པ་དེ་ནས་བཟུང་། དམུ་རྒྱལ་གྱི་གདུང་རྒྱུད་ཇི་ལྟར་ཐོན་སྐྱོང་བའི་ཚུལ་ཡ་ངོག་ཞང་ཞུང་གི་བོན་རབས་བཤད་པའི་སྐབས་སུ་སྨོས་ཡོད་པ་དེ་དག་ཀྱང་ཡ་ངོག་ཞང་ཞུང་གི་རྒྱལ་རབས་དང་འབྲེལ་ཤིན་ཏུ་ཆེ་བ་ཞིག་ཡིན་ངེས་པ་ནི་སྨོས་མ་དགོས་ལ། དེ་ལས་

དམིགས་སུ་བསལ་བ་ནི་གཡུང་དྲུང་བོན་གྱི་བསྟན་པའི་བྱུང་ཁུངས་ཉུང་བསྡུས་[ཐོབ་622ཤ་35བ་5]ལས་ཞང་ཞུང་ཡུལ་གྱི་རྒྱལ་རབས་ནི་དང་པོ་མི་ལོ་ཆིག་ཁྲི་བརྒྱད་སྟོང་ཙམ་གྱི་སྔོན་དུ་གསས་ཆེན་ཧོས་ཀྱི་གདུང་རྒྱུད་གཅིག་འཛམ་གླིང་དབུས་སུ་ཆད་པས། སྟོད་ལ་སེང་གེ་ས་གནས་ལྷོ་བྱང་གངས་མུ་ཤེར་དང་ཕུ་ཤེར། སྲ་ཕུད། ཡོ་ཆ་སོགས་ནས་བཟུང་། སྨད་སུམ་པ་གླང་གི་གྱིམ་ཤོད་ཡན། ཞང་ཞུང་སྒོ་པ་ཁྲི་སྡེ་བརྒྱད་ཅུ་ལ་དབང་བསྒྱུར་བའི་ཧོས་རྗེ་ཁྲི་ཤེར་གནམ་ཐོག་གི་གདུང་བརྒྱུད་ཀྱིས་བཟུང་བ་ཡིན་ཏེ། གཤེན་རབ་ཀྱིས་བསྟན་སྲོལ་གྱི་མཛད་པའི་སྐབས་སུ་ཞང་ཞུང་རྒྱལ་པོ་ཧོས་རྗེ་ཁྲི་ཤེར་དོར་འཛིན་ཞེས་པ་འཛམ་གླིང་ཐལ་ཆེར་ལ་དབང་བསྒྱུར་བ་ཞིག་ཡོད་པར་གསུངས། ཞེས་ཡ་ཐོག་ཞང་ཞུང་རྒྱལ་རྒྱུད་ཀྱི་ཁུངས་དེ་གསས་ཆེན་ཧོས་ཀྱི་རྒྱུད་པ་ལས་མཆེད་ཅིང་། དེ་ནས་ཧོས་རྗེ་ཁྲི་ཤེར་དོར་འཛིན་ནམ་ཁྲི་ཤེར་གསེར་གྱི་བྱ་རུ་ཅན་ཞེས་གྲགས་པ་དེའི་བར་དུ་གདུང་རྒྱུད་ཀྱི་རིམ་པ་མང་བ་ཞིག་བྱུང་ཡོད་པ་གསལ་བར་བསྟན་ཡོད། མི་ལོ་ཆིག་ཁྲི་བརྒྱད་སྟོང་ཙམ་གྱི་གོང་དུ་བྱུང་བའི་གསས་ཆེན་ཧོས་ཀྱི་གདུང་རྒྱུད་དབུ་བརྙེས་པ་ནས་བཟུང་ཞང་ཞུང་སྲིད་པའི་རྒྱལ་པོ་ཁྲི་ཤེར་གསེར་གྱི་བྱ་རུ་ཅན་དུ་གྲགས་པ་ཞང་ཞུང་གི་ལོ་རྒྱུས་རེས་ཅན་གྱི་དབུ་ཚུགས་པའི་དུས་སྐབས་དེ་སྐྱིད་ཀྱི་བར། གནའ་རབས་རྗེ་བའི་དུས་རིམ་གྱི་ལོ་གྲངས་ཆེས་མང་བ་ཞིག་འདས་ཡོད་པ་ནི་སྨོས་མ་དགོས་ལ་དུས་རིམ་འདི་ནི་གངས་རིས་ཡོངས་སུ་བསྐོར་བའི་ལྗོངས་ཆེན་པོ་འདིའི་མིའི་འགྲོ་བ་འཕེལ་རྒྱས་ཇི་ལྟར་བྱུང་ཡོད་པའི་གནས་ཚུལ་དང་འབྲེལ་ཤིན་ཏུ་ཆེ་བ་ཞིག་ཀྱང་ཡིན།

ཆེས་སྔ་བའི་དུས་དེར་གངས་རིའི་ར་བས་བསྐོར་བའི་ལྗོངས་ཆེན་པོ་འདི་སུ་དང་སུས་དབང་བྱས་ཡོད་པའི་སྐོར་རགས་ཙམ་ཞིག་ནི་རྒྱལ་པོ་བཀའི་ཐང་ཡིག་[པེ་113ཤ་5]ལས་དེ་ནས་ཟ་རམ་སྐྱེས་དྲུག་དབང་བྱས་ཏེ། ཡུལ་མིང་སྟོང་སྡེ་བཅོ་བརྒྱད་བྱ་བར་བཏགས། སྔ་རྟགས་རྟ་ཞོན་ན་ཆ་འདོགས་པ་བྱུང་། དེ་ནས་རྒྱལ་ཕྲན་བཅུ་གཉིས་དབང་བྱས་ཏེ། ཡུལ་གྱི་མིང་ནི་སུ་ཁ་བརྒྱད་དུ་བཏགས། སྔ་རྟགས་ཕྱག་དང་ཞེ་ས་དེ་ནས་བྱུང་། ཞེས་པའི་ཡུལ་མིང་འདོགས་སྟངས་ལ་དཔྱད་ན་སྟོང་སྡེ་བཅོ་བརྒྱད་ཡོད་པར་མངོན་ལ། དེས་ནི་སྐབས་དེར་མིའི་འགྲོ་བ་ཡོད་པ་ཙམ་དུ་མ་ཟད། མི་གྲངས་ཀྱང་མང་བ་ཡོད་པ་གསལ་པོར་བསྟན་པ་དང་། དེ་དང་འདྲ་བ“སུ་ཁ་བརྒྱད”ཅེས་པ་དེས་དོན་དུ་དགྲ་ཡི་གནོད་འཚེ་འགོག་སྲུང་ཐུབ་པའི་རྫོང་ཆེན་པོ་བརྒྱད་ཡོད་པར་བསྟན་པ་དང་། དེར་མ་ཟད་དེ་དུས་ཀྱི་མི་རྣམས་རྟ་ཞོན་ནས་འགྲོ་བ་དང་། ན་རྒྱན་སོགས་ལུས་ལ་རྒྱན་ཆའི་རིགས་འདོགས་པ། རྒན་རིམ་དང་ཆེ་བ་རྣམས་ལ་གུས་ཞབས་ཀྱི་ཕྱག་དང་ཞེ་ས་བྱེད་ཤེས་པ་དེ་དག་གིས་ཡ་ཐོག་གི་མི་མ་དུལ་བ་མིན་པ་ཡ་རབ་སྤྱོད་བཟང་གི་ཤེས་ཡོན་དང་ལྡན་པའང་གསལ་བར་བསྟན་པ་དེས། གནའ་མོའི་མི་རྒྱུད་རང་བཞིན་མ་དུལ་བ་དེའི་དུས་རིམ

བརྒྱལ་ནས་ཚུལ་སྤྱོད་ལེགས་སྤེལ་ཉེས་སེལ་གྱི་བསམ་མཚོའི་གོ་རྟོགས་ཆགས་ཟིན་ཡོད་པའང་རང་ཤུགས་ཀྱིས་བསྟན་པ་ཡིན།

གནའ་གཏམ་གྱི་ཁུངས་ལས་བྱུང་བ་བཀའ་ཐང་གི་ལུང་དེའི་དགོངས་དོན་དང་ཕྱོགས་མཐུན་པ་ཞིག་ནི་ལྡེའུ་རྒྱ་བོད་ཀྱི་ཆོས་འབྱུང་[བོད་224ཤ་17]ལས་བཙུ་པ་ཟ་རིད་སྤུན་དྲུག་དག་གིས་དབང་བྱས་ཏེ། ཡུལ་གྱི་མིང་ལ་སྟོང་སྡེ་བཅོ་བརྒྱད་ཟེར། བཙུ་གཅིག་རྒྱལ་ཕྲན་བཙུ་གཉིས་དབང་བྱས་སྐད། ཀུན་གྱི་ཐ་མ་སིལ་མ་བཞི་བཙུ་བྱས། ཡུལ་གྱི་མིང་ནི་བཟང་ཡུལ་གྱད་དུ་བཏགས། ཞེས་གསལ་བའི་རྒྱལ་ཕྲན་བཙུ་གཉིས་དང་བཞི་བཙུའམ་ཞེ་གཉིས་སོགས་སུ་གྲགས་པ་དེ་རིགས་ནི་ཞང་ཞུང་གི་ཡུལ་ཁམས་དེར་མངའ་དབང་ཆེ་བའི་རྒྱལ་པོ་ཁྲི་ཝེར་དོར་འཛིན་དུ་གྲགས་པ་དེ་བྱུང་ནས་རིམ་གྱིས་རྒྱལ་རབས་བཅོ་བརྒྱད་གཙོས་པའི་རྒྱལ་པོ་མང་ཞིག་བྱུང་བ་དེ་སྙེད་ཀྱི་རིང་། གངས་རིའི་ར་བས་བསྐོར་བའི་ལྗོངས་ཆེན་པོའི་མངའ་ཁོངས་སུ་མི་སྡེ་དང་རྗེ་བོའི་རིགས་མི་འདྲ་བ་དུ་མ་ཞིག་བྱུང་སྲིད་ཡོད་པ་དེ་རྣམས་ལ་ཟེར་བ་ཡིན།

གནའ་རབས་ཀྱི་བྱུང་བ་བཤད་པའི་གཏམ་ཚོགས་སུ་མི་མ་ཡིན་དང་མི་སྡེའི་ཆགས་ཚུལ་སོགས་རྒྱ་ཆེ་ལ་གྲངས་མང་བ་ཞིག་བཤད་ཡོད་པ་ནི་སློས་མ་དགོས་ནའང་བྱ་བ་ངོ་ཐོག་ཏུ་རང་རེས་ཡ་ཐོག་ཞང་ཞུང་གི་རྒྱལ་པོ་དང་། དེའི་མངའ་འོག་ཏུ་གཏོགས་པའི་ཡུལ་སྡེ་གང་དང་གང་ཡིན་པ་སོགས་ཀྱི་སྐོར་གོ་རྟོགས་ཐུབ་ངེས་པ་ནི་ལོ་གྲངས་སུམ་སྟོང་དགུ་བརྒྱ་བརྒྱད་འདས་པའི་དུས་སུ་སྐུ་བལྟམས་པའི་གཤེན་རབ་མི་བོ་ཆེའི་སྦྱིན་བདག་ཞང་ཞུང་སྲིད་པའི་རྒྱལ་པོ་ཁྲི་ཝེར་ལ་རྗེ་གསེར་གྱི་བྱ་རུ་ཅན་ཞེས་ཞང་ཞུང་གི་རྒྱལ་རབས་སུ་ཆེས་གྲགས་པའི་རྒྱལ་པོ་དེ་ནས་ལོ་རྒྱུས་ཀྱི་དཔྱད་འཛུགས་དགོས་པ་དང་། རྒྱལ་པོ་དེའི་མངའ་ཐང་དང་འབྲེལ་བའི་མི་སྡེ་ཇི་སྙེད་ཅིག་ཡོད་པ་དེ་རྣམས་ལ་གནའ་བོའི་ཞང་ཞུང་གི་རྒྱལ་ཁམས་སུ་ངོས་འཛིན་དགོས་པ་ལས་འོས་གཞན་མེད་ལ། རང་རེས་ཤེས་ཚོད་གནའ་རབས་ཞང་ཞུང་གི་ལོ་རྒྱུས་ཡིག་ཐོག་ཏུ་འཁོད་ཡོད་རིགས་ལས་ངེས་ཤེས་རྙེད་ཐུབ་པ་ནི་གཤེན་རབ་མི་བོ་ཆེའི་ཞབས་ནས་འདྲེགས་པའི་ཞང་ཞུང་གི་རྒྱལ་པོ་ཁྲི་ཝེར་གསེར་གྱི་བྱ་རུ་ཅན་ནས་བཟུང་། ཞང་ཞུང་གི་ལོ་རྒྱུས་ཀྱི་དཔྱད་བརྗེས་པའི་ཚུལ་བོན་གཞུང་རྙིང་མ་རྣམས་ལས་གསལ་བ་དེ་འདྲ་ཞིག་ཡིན་སྟབས། ཞང་ཞུང་གི་རྒྱལ་རབས་ཀྱི་ཐོག་མའང་དུས་སྐབས་དེ་ལ་ངོས་མི་འཛིན་ཐབས་མེད་པ་ཞིག་ཆགས་ཡོད།

དུས་རིམ་གོང་མའི་ནང་དུ་ཞང་ཞུང་གི་རྒྱལ་ཁམས་ལ་མངའ་དབང་བསྒྱུར་བའི་རྒྱལ་པོ་ཇི་ལྟར་བྱོན་ཡོད་པའི་ཚུལ་རགས་ཙམ་ཞིག་ནི་འཛམ་གླིང་གངས་ཏི་སེའི་དཀར་ཆག་ཚངས་དབྱངས་ཡིད་འཕྲོག་[ISMEO ཤ30ན2]ལས་ཁྱད་པར་ཞང་ཞུང་ཁྲི་སྡེ་བཅོ་བརྒྱད་གཙོས་པའི་ཡུལ་ཆེན་བཅོ་བརྒྱད་ལ་མངའ

དབང་ཆེ་བའི་རྒྱལ་པོ་སྲིད་པ་གནམ་ནས་བསྐོས་པའི་ཞང་ཞུང་སྲིད་པའི་རྒྱལ་པོ་ཁྲི་ཤེར་ལ་ཇེ་གུ…… ལང་〔135〕གསེར་གྱི་བྱ་རུ་ཅན་དང་། ཞང་ཞུང་ཟིལ་གནོན་རྒྱལ་པོ་རླབས་ཆེན་ཁྱུང་གི་བྱ་རུ་ཅན་དང་། ཧྲི་ཧོ་གྱེར་སྤུངས་རྒྱལ་པོ་གང་ག〔136〕ཤེལ་གྱི་བྱ་རུ་ཅན་དང་གསུམ་ནི་གངས་རིན་པོ་ཆེའི་མདུན་རྒྱངས་རི་གཡུ་ལོ་ལྟོན་པའི་རྫོང་མཁར་དུ་ཆགས་སོ། །དེ་ལྟར་དུའང་ཁྱུང་ལུང་རྒྱལ་བ་མཉེས་ཡུལ་དུ་སླས་ཀྲ་གུ་གེའི་རྒྱལ་པོ་རིན་ཆེན་འོད་ཀྱི་བྱ་རུ་ཅན་དང་། གཡུང་ཡར་མུ་ཁོད་རྒྱལ་པོ་གཞའ་ཚོན་འོད་ཀྱི་བྱ་རུ་ཅན་དང་། ཀྱི་ལི་གུ་གེ་རྒྱལ་པོ་ཨུན་ཆེན〔137〕དུང་གི་བྱ་རུ་ཅན་དང་གསུམ་མོ། །ཞང་ཞུང་ပུ་མར་ཧྲིང་གི་ཡུལ་དུ་སྤུངས་རྒྱུང་གྱེར་གྱི་རྒྱལ་པོ་བྱི་རུ་འོད་ཀྱི་བྱ་རུ་ཅན་དང་ཉི་ལོ་ཤེར་ཡ་རྒྱལ་པོ་ཟླ་མེན་འོད་ཀྱི་བྱ་རུ་ཅན་དང་གཉིས་སོ། །ཞང་ཞུང་ཙིན་འི་ཡུལ་དུ་སྟག་རྣ་གཟི་བརྗིད་རྒྱལ་པོ་ཟོམ་ཤང〔138〕ལྕགས་ཀྱི་བྱ་རུ་ཅན་དང་། ཟོ་དམར་ཐིས་ཕུངས་རྒྱལ་པོ་མེ་དཕུང་འོད་ཀྱི་བྱ་རུ་ཅན་དང་གཉིས་སོ། །ཞང་ཞུང་ཏ་རོག་ཡུལ་དུ་བདུད་འདུལ་དཔལ་གྱི་རྒྱལ་པོ་ཉི་ཤེལ་འོད་ཀྱི་བྱ་རུ་ཅན་དང་། ལི་ཤེར་གྱེར་གྱི་རྒྱལ་པོ་ཟླ་ཤེལ་འོད་ཀྱི་བྱ་རུ་ཅན་དང་གཉིས་སོ། །ཞང་ཞུང་སྤུ་སྒོའི་ཡུལ་དུ་ཤེལ་རྒྱུང་ཧྲི་ཧོ་རྒྱལ་པོ་ཟོ་དམར་འོད་ཀྱི་བྱ་རུ་ཅན་དང་། ལིག་མུར་ནམ་མཁའི་རྒྱལ་པོ་རྡེ་རྡུས〔139〕འོད་ཀྱི་བྱ་རུ་ཅན་དང་གཉིས་སོ། །ཞང་ཞུང་ཁ་ཡུག་ཡུལ་དུ་སད་ཧྲི་གྱེར་གྱི་རྒྱལ་པོ་ཨུད་པལ་འོད་ཀྱི་བྱ་རུ་ཅན་དང་ཞང་ཞུང་ལ་དྭགས་ཡུལ་དུ་ཉི་ལོ་ཤེར་ཡ་རྒྱལ་པོ་གནམ་ལྕགས་དཔལ་གྱི་བྱ་རུ་ཅན་དང་ཞང་ཞུང་རུ་ཐོག་ཡུལ་དུ་མུ་མར་ཐོག་རྒོད་རྒྱལ་པོ་ཨ་ན་(ཨེ་ཊ་)〔140〕འོད་ཀྱི་བྱ་རུ་ཅན་སོགས་ཞང་ཞུང་གི་རྒྱལ་པོ་བྱ་རུ་ཅན་བཅོ་བརྒྱད་འདི་རྣམས་ཀྱི་རིང་ལ…… ཞང་ཞུང་ཁྲི་སྡེ་བཅོ་བརྒྱད་ཀྱི་མགོ་བོ་ནོན་པ་དང་། གཡུང་དྲུང་བོན་གྱི་བསྟན་པ་ཕྱོགས་བཅུར་རྒྱས་ཤིང་སྐུ་ཚེ་ཡང་མི་ལོ་ཉིས་སྟོང་དུ་བཞུགས་པ་དང་། ཕུང་པོ་ལྷག་མེད་དུ་སངས་རྒྱས་པའང་ཡོད་པའོ། །ཞེས་པ་ནི་ཞང་ཞུང་ན་གྲགས་ཆེ་བའི་རྒྱལ་རབས་བཅོ་བརྒྱད་བྱུང་ཡོད་པ་དང་རྒྱལ་རབས་དེ་རྣམས་ཀྱི་རྒྱལ་ས་གང་དང་གང་དུ་ཡོད་པ་དང་། རྒྱལ་པོ་དེ་ཀུན་གྱིས། ཞང་ཞུང་ཁྲི་སྡེ་བཅོ་བརྒྱད་དུ་གྲགས་པ་སྟེ། དེ་དུས་ཞང་ཞུང་གི་འབངས་སུ་གཏོགས་པའི་མི་ཚང་ཆིག་འབུམ་བརྒྱད་ཁྲིའམ་ཚིག་གཞན་གྱིས་བཤད་ན། མི་ཁྱིམ་སྟོང་ཕྲག་བརྒྱ་དང་བརྒྱད་ཅུ་ལ་མངའ་དབང་བསྒྱུར་ཡོད་པར་བསྟན་ཅིང་། སྐུ་ཚེ་ཡང་མི་ལོ་ཉིས་སྟོང་དུ་བཞུགས་པ་དང་། ཕུང་པོ་ལྷག་མེད་དུ་སངས་རྒྱས་པའང་ཡོད་ཅེས་པའི་ཚིག་སྒྲུབ་དེའི་གོ་དོན་ཡང་། ཚིག་སྒྲུབ་མཇུག་གི“འང”སྒྲ་དེས་རྒྱལ་རབས་དེ་སྐྱིད་ཀྱི་རིང་ཚེའི་རིག་འཛིན་བརྙེས་པ་དང་། ཕུང་པོ་ལྷག་མེད་དུ་སངས་རྒྱས་པའི་རྒྱལ་པོ་ཁྱད་པར་ཅན་འགའ་ཡང་བྱུང་སྲོང་བར་བསྟན་པའི་ཚིག…… སྒྲུབ་ཅིག་ཡིན་པ་ལས། རྒྱལ་རབས་བཅོ་བརྒྱད་ཀྱིས་མི་ལོ་ཉིས་སྟོང་གི་རིང་ལ་རྒྱལ་སྲིད་བསྐྱངས་པའི་

ནོན་མ་ཡིན་པ་ནི་མངོན་སུམ་ཚད་མས་གྲུབ་པ་ཡིན།

གཅིག བྱ་རུ་ཅན་གྱི་རྒྱལ་རབས་བཅོ་བརྒྱད་ཀྱི་སྐོར།

ཞང་ཞུང་གི་གྲགས་ཆེ་བའི་རྒྱལ་རབས་བཅོ་བརྒྱད་ཀྱི་ཐོག་མ་ཁྲི་ཤེར་གསེར་གྱི་བྱ་རུ་ཅན་དུ་གྲགས་པ་དེའི་རྒྱལ་ས་ནི་གངས་ཆེན་པོ་ཏི་སེའི་མདུན། རི་སྤོས་རི་ངད་ལྡན་གྱི་རྩ་བ། མཚོ་མ་ལེ་ཕྲུད་ཀྱི་ཉེ་འགྲམ། ག་ལྗང་གཡུ་ལོ་རྫོང་མཁར་ཞེས་བྱ་བ་དེ་ཡིན་ཞིང་རྒྱལ་པོ་འདི་ནི་གཤེན་རབ་མི་བོ་ཆེའི་དངོས་སློབ་དང་བོན་གྱི་བསྟན་པའི་སྦྱིན་བདག་ཁྱད་པར་ཅན་ཞིག་ཡིན་ལ། ཁོང་གིས་གངས་ཏི་སེའི་མདུན་ཞོལ་དུ་གསས་ཁང་ནོར་བུ་སྤུངས་རྩེགས་ཞེས་བྱ་བ་ཞིག་བཞེངས། དེང་དུས་ཀྱི་དབང་དུ་བྱས་ན"རྒྱང་གྲགས་དགོན"ཞེས་པ་འབྲི་གུང་བཀའ་བརྒྱུད་པའི་ཆོས་བརྒྱུད་ཀྱིས་ཟིན་པའི་དགོན་གཞིས་ཆུང་ངུ་ཞིག་ཡོད་པ་དེ་ཡིན་ནོ། །

སྤུངས་རྒྱུང་ཁྱེར་གྱི་རྒྱལ་པོ་ཁྲི་རུ་འོད་ཀྱི་བྱ་རུ་ཅན་དུ་གྲགས་པ་དེ་ནི་ཞང་ཞུང་སྤུ་མར་རྫིང་གི་ཡུལ་ལམ་དེང་དུས་ཀྱི་དབང་དུ་བྱས་ན་སྤུ་རྫིང་ངམ་སྤུ་རང་ཞེས་བྱ་བའི་ཡུལ་ཁམས་དེའི་སྟག་ཆེན་ཛམ་རྫོང་མཁར་ཞེས་བྱ་བའི་ཕོ་བྲང་དུ་བཞུགས་ནས། ཞང་ཞུང་གི་རྒྱལ་སྲིད་བསྐྱངས་མཛད་པ་དང་གུ་ཤེར་ནོར་གྱི་རྒྱལ་པོ་ག་ལྗང〔141〕འོད་ཀྱི་བྱ་རུ་ཅན་དུ་གྲགས་པ་དེ་ནི་ཞང་ཞུང་ཙུ་ཊའི་ཡུལ་ཤོད་དུམ་པ་ཚལ་ཏེ་དེང་དུས་ཀྱི་དབང་དུ་བྱས་ན་གུང་ཐང་དུ་གྲགས་པའི་ཡུལ་གྱི་ཕོ་བྲང་གསེར་གྱི་མཁར་ཞེས་བྱ་བའི་ཁབ་ཏུ་བཞུགས་ནས་ཞང་ཞུང་གི་རྒྱལ་སྲིད་བསྐྱངས་མཛད་པ་དང་སྟག་ཟ་གཟི་བརྗིད་རྒྱལ་པོ་ཁྲི་ལྡེམ་ལྷུགས་ཀྱི་བྱ་རུ་ཅན་དུ་གྲགས་པ་དེ་ནི་ཞང་ཞུང་ཙོ་ཊའི་ཡུལ་སྤོས་རི་ངད་ལྡན་གྱི་རྩ་བར་གྲོང་ཁྱེར་སྟག་ཟ་གླིང་གི་དབུས། དེང་དུས་ཀྱི་དབང་དུ་བྱས་ན་བོན་རི་སྟག་ཟ་རོང་ཞེས་སུ་གྲགས་པ་དེར་ཡོད་པའི་སྟག་ཟ་དཔལ་གྱི་རྫོང་མཁར་དུ་བཞུགས་ཏེ་ཆབ་སྲིད་ཀྱི་མཛད་པ་གནང་བ་དང་སད་ཧེ་ཁྱེར་གྱི་རྒྱལ་པོ་ཨུཏྤལ་འོད་ཀྱི་བྱ་རུ་ཅན་དུ་གྲགས་པ་དེ་ནི་ཞང་ཞུང་ཁ་ཡུག་གི་ཡུལ་མུ་རྫོང་ཆེན་པོ་ཁྲོ་ཆུའི་མཁར་ཞེས་པའི་ཕོ་བྲང་དུ་བཞུགས་ཤིང་ཆབ་སྲིད་ཀྱི་མཛད་པ་བསྐྱངས་པ་དང་། སྨོས་ཀྲ་གུ་གེའི་རྒྱལ་པོ་རིན་ཆེན་འོད་ཀྱི་བྱ་རི་ཅན་དུ་གྲགས་པ་དེ་ནི་ཞང་ཞུང་ཕྱུང་ལུང་གི་ཡུལ་དབུས་དངུལ་མཁར་དཀར་པོ་ཁྲོ་ཆུའི་རྨང་རྗེ་ཅན་དུ་གྲགས་པ་དེར་བཞུགས་ནས་ཁབ་ཀྱི་མཛད་པ་བསྐྱངས་པ་དང་མུ་མར་ཐོག་རྒོད་རྒྱལ་པོ་ཨེ་ཊ་འོད་ཀྱི་བྱ་རུ་ཅན་དུ་གྲགས་པ་དེ་ནི་ཞང་ཞུང་རུ་ཐོག་གི་ཡུལ་རུ་ཐོག་གནམ་རྫོང་མཁར་དུ་གནས་བཅས་ཏེ་ཆབ་སྲིད་མཛད་པའི་ཚུལ་འབེལ་གཏམ་ལུང་གི་སྙིང་པོ་[ཐོབ་34ཤ་8—ཐོབ་35ཤ་11]ལས་གསལ་བ་ཡིན།

རྒྱལ་པོ་དེ་རྣམས་བྱོན་པའི་སྔ་ཕྱིའི་གོ་རིམ་དང་ལོ་དུས་སོགས་ནི་ཤིན་ཏུ་རྟོགས་དཀའ་བའི་གནས་ཞིག་ཡིན་མོད། གངས་རིའི་དཀར་ཆག་ཏུ་རྒྱངས་རི་གཡུ་ལོ་ལྗོན་པའི་རྫོང་མཁར་གྱི་རྒྱལ་པོ་གསུམ་དང་། ཁྲིང་ལུང་རྒྱལ་བ་མཆེས་ཡུལ་གྱི་རྒྱལ་པོ་གསུམ། པུ་མར་ཧྲེང་གི་ཡུལ་གྱི་རྒྱལ་པོ་གཉིས། ཞང་ཞུང་ཅོ་ཊའི་ཡུལ་གྱི་རྒྱལ་པོ་གཉིས། ཞང་ཞུང་ཏ་རོག་གི་རྒྱལ་པོ་གཉིས། ཞང་ཞུང་སྤུ་སྒོའི་རྒྱལ་པོ་གཉིས། ཞང་ཞུང་ཁ་ཡུག་གི་རྒྱལ་པོ་གཅིག ཞང་ཞུང་ལ་དྭགས་ཀྱི་རྒྱལ་པོ་གཅིག ཞང་ཞུང་ཏ་ཐོག་གི་རྒྱལ་པོ་གཅིག་བཅས་དངོས་བསྟན་དུ་རྒྱལ་རབས་བཅུ་བདུན་གྱི་མཚན་འཁོད་ཡོད་འདུག་པ་དེ་རྣམས་ཀྱི་གྲངས་རྒྱལ་པོ་གསུམ་མམ་གཉིས། རེ་རེས་ཡུལ་རེར་རྒྱལ་ས་མཛད་ཡོད་པ་དེ་ལྟར་ན། རྒྱལ་ཐོག་གསུམ་མམ་གཉིས་སོགས་ཀྱི་རིང་ལ་རྒྱལ་རྒྱུད་བར་མ་ཆད་པས་རྒྱལ་སྲིད་བསྐྱངས་པའི་རྒྱུ་མཚན་གྱིས་གོ་རིམ་དེ་བཞིན་དུ་འོངས་ཡོད་པའང་སྲིད། དེ་ལྟར་ཡིན་ན་གངས་རིའི་དཀར་ཆག་ཏུ་འཁོད་པའི་རིམ་པ་དེས་ནི་རྒྱལ་ཐོག་གི་རིམ་པའང་མཚོན་དགོས་པ་ཡིན། ཚུལ་འདི་ཕྱོགས་རེར་དེ་ལུགས་སུ་བྱུང་ཡོད་པ་ནི་ཤིན་ཏུ་ནས་ཀྱང་སྲིད་མོད། ཕྱོགས་ཀུན་ནས་མཚོན་མི་ཐུབ་པ་ནི་སྟག་ཟ་གཟི་བརྗིད་རྒྱལ་པོ་ཁྲི་ལྡེམ་ལྡུགས་ཀྱི་བྲ་ཏ་ཙན་གྱི་མཚན་ཡོད་པའི་རྒྱལ་ཐོག་གཉིས་དུས་རིམ་མི་འདྲ་བ་གཉིས་ཀྱི་ནང་དུ་བྱུང་ཡོད་པའི་ཚུལ་དུས་རིམ་བར་མའི་ཞང་ཞུང་གི་རྒྱལ་གཤེན་བོན་གྱི་གནས་ཚུལ་བཤད་པའི་སྐབས་སུ་གསལ་བར་སྨྲོས་ཡོད་པ་དེ་རྣམས་ཀྱིས་གོ་རྟོགས་ཐུབ་པ་ཡིན།

གངས་རིའི་དཀར་ཆག་ཏུ་དངོས་བསྟན་རྒྱལ་རབས་བཅུ་བདུན་ལས་མི་གསལ་ཞིང་། སོགས་སྒྲས་རྒྱལ་པོ་གཅིག་གི་མཚན་དང་། དེའི་རྒྱལ་ས་གང་དུ་ཡིན་པ་བཅས་ངེས་དགོས་པ་དེ་ནི་ཁྲོ་འགྲེལ་དུ་ཞང་ཞུང་ཅོ་ཊའི་ཡུལ་ཤོད་དུམ་པ་ཚལ་གྱི་གསེར་མཁར་དུ་གུ་ཤེར་ནོར་གྱི་རྒྱལ་པོ་ག་ལྡང་འོད་ཀྱི་བྲ་ཏ་ཙན་གྱིས་ཆབ་སྲིད་མཛད་པར་གསལ་བ་དེ་རང་དུ་ངེས་སམ་སྙམ། རྒྱལ་པོ་དེ་རྣམས་ཀྱི་མཚན་ལ་“བྲ་ཏ་ཙན”ཞེས་པའི་ཐ་སྙད་བྱུང་ཡོད་འདུག་པ་དེའི་དགོངས་དོན་ནི་རྒྱལ་པོ་དེ་རྣམས་ཀྱི་མཚན་དབང་ཆེ་བར་བསྟན་པའི་མཚན་རྟགས་སུ་རིན་པོ་ཆེ་སྣ་ཚོགས་པ་ལས་གྲུབ་པའི་དབུ་ཞྭ་ཕལ་ཆེར་རྨོག་ཞུའི་དབྱིབས་འདྲ་བ་ཞིག་ལ་གཡས་གཡོན་དུ་རྒྱལ་པོ་སོ་སོའི་མཚན་རྟགས་ལྡན་པའི་རིན་པོ་ཆེ་གསེར་དང་། ཤེལ་གྱི་རིགས། བྱི་རུ་ལ་སོགས་པའི་རྭ་ཐུང་ལ་སྤྲོམ་པ་རེ་ཡོད་པ་དེ་རིགས་ལ་ཟེར་ཞིང་། དབུ་ཞྭའམ་དབུ་རྨོག་འདི་ནི་རྒྱལ་པོ་ཙམ་དུ་མ་ཟད་གནད་ཆེ་བའི་གཤེན་པོ་རྣམས་ལའང་ཡོད་པ་སྟེ། ཞང་ཞུང་སེ་རིའི་བླ་མ་བརྒྱུད་པའི་ཕྲིས་ཐང་རྣམས་སུ་གསལ་པོར་མཐོང་རྒྱུ་ཡོད། ཚུལ་འདིའི་སྐོར་འབེལ་གཏམ་ལུང་གི་སྙིང་པོ་[ཐོབ་36ཤ་20]ལས་འདིར་བཤད་བྲ་ཏ་ཞེས་པའི་གོ་གནས་ཀྱི་ཐོབ་ཐང་ལ་བྱུང་བའི་རྟགས་ཏེ་བྲ་ཁྲུང་གི

ཙ་ཡི་དབྱིབས་ལྟ་བུ་དབུ་རྒྱན་བཟོ་བའི་སྲོལ་འདུག་ཅིང་། གཞན་ཡང་མི་ཡི་རྒྱལ་པོ་རྣམས་ཀྱི་ཆེ་རྟགས་ཙམ་དུ་མ་ཟད་མཆོད་པའི་ཞིང་དང་བཀུར་བའི་གནས་ལ་ཡང་བརྒྱན་སྲོལ་ཡོད་དོ། །མཆོད་རྟེན་གྱི་རྩེ་ལ་ཆ་ཏྲ་ཕྲེང་ཏྲས་བརྒྱན་པ་དང་། ཡི་དམ་ཁྲོ་བོའི་འཁོར་འགའ་ལ་ཡང་དབུ་ལ་གནམ་ལྕགས་ཆ་ཏྲ་ཕྲེང་ཏྲ་འཕྲེངས་ཞེས་དང་། རྣམ་དག་སྒྲུབ་པ་[ཤ312]ཆ་ཏྲ་ཐོབ་པའི་གཤེན་བརྒྱད་དེ། འགྱུར་མེད་གསེར་གྱི་ཆ་ཏྲ་ཅན། ཞེས་སོགས་བརྒྱད་བཤད་དོ། །ཆ་ཡི་སྒྲི་རྩེ་ཕྲེང་ཡིན་པར་བཤད་ཅིང་། དེ་ཡི་མགོའི་གཡས་གཡོན་དུ་ཙ་ཡི་རྣམ་པ་ཅན་ཟླ་སྒོམ་དང་རིང་ཐུང་གི་ཚད་དབྱིབས་སོགས་གསལ་བར་བཤད་པ་དཀའ……ཡང་བློ་ཡིས་རགས་ཙམ་དཔྱད་ཚེ་ཆ་རྒྱལ་ཕྲེང་གི་ཏྲ་ལ་ཆ་ཏྲ་ཞེས་དང་། ཆ་ཕྲེང་གི་ཏྲ་དབྱིབས་མཚུངས་པས་ཕྲེང་ཏྲ་ཞེས་བརྗོད་པའི་ཕྱིར། ཞེས་པས་ཀྱང་ཤེས་ཐུབ་པ་ཡིན། ཆ་ཏྲ་ཅན་བཅོ་བརྒྱད་དུ་གྲགས་པའི་རྒྱལ་པོ་འདི་རྣམས་ཀྱིས་ཞང་ཞུང་གི་རྒྱལ་ཁམས་ཇི་ལྟར་དབང་དུ་བསྒྱུར་ཡོད་པའི་སྐོར་འདི་ལ་མཁས་པ…རྣམས་ཀྱི་བཞེད་ཚུལ་མི་འདྲ་བ་འགའ་རེ་བྱུང་ཡོད། ཚངས་དབྱངས་ཡིད་འཕྲོག་ལས་ཞང་ཞུང་སྲིད་པའི་རྒྱལ་པོ་ཁྲི་ཕྱེར་ནས་བཟུང་། རྒྱལ་པོ་རྣམས་ཀྱིས་མཚན་རིམ་པར་བཀོད་པ་དེས་རྒྱལ་སྲིད་ཀྱི་རྒྱུད་རིམ་ཡང་ཤུགས་ཀྱིས་མཚོན་པའི་ལུགས་སུ་གནང་ཡོད་ལ། འདུལ་རྒྱུད་ཀྱི་དྲང་སྲོང་གྲགས་ཆེ་བ་རྣམས་ཀྱི་ཡོན་བདག་རྒྱལ་པོ་སུ་ཡིན་པའི་རིམ་པས་ཀྱང་ཅུང་ཟད་ཞལ་གསལ་དུ་བཏང་ཡོད། བཞེད་ཚུལ་མི་འདྲ་བ་གཅིག་ནི་བོན་གྱི་བསྟན་འབྱུང་ལུང་བསྟུས་[ཐོབ624ཤ36བ3]ལས་འདི་ཕྱོན་ཚུལ་ནི་སྐབས་འགར……གཉིས་གསུམ་ཙམ་མཉམ་སྟེབས་དང་། སྐབས་འགར་རེ་རེར་ཕྱོན་ནོ། །ཞེས་གསུངས་སྣངས་འདི་ལ་དཔྱད་ན་རྒྱལ་ས་དང་། མཚན་ཐ་དད་པའི་རྒྱལ་པོ་དེ་རྣམས་ཀྱི་གདུང་རྒྱུད་ཀྱང་མི་འདྲ་བ་ཐ་དད་པ་དང་། བྱུང་དུས་ཀྱང་མཉམ་མི་མཉམ་ཅི་རིགས་ཤིག་བྱུང་ཡོད་པར་བཞེད་པ་འདྲ་ཞིག་སྣང་། ཞང་ཞུང་གི་ཡུལ་ཐ་དད་དུ་བྱུང་བའི་རྒྱལ་པོ་དེ་རྣམས་གདུང་རྒྱུད་ཐ་དད་པའི་རྒྱལ་རྒྱུད་མི་འདྲ་བ་དག་ཡིན་པ……དང་ཞང་ཞུང་སྲིད་པའི་རྒྱལ་པོ་ཞེས་པའི་མཚན་གྱི་ཆེ་བ་དང་ལྡན་པ་དེ་རྣམས་ཀྱིས་ཞང་ཞུང་གི་མངའ……ཁོངས་ཡོངས་སུ་རྫོགས་པ་དབང་དུ་བསྒྱུར་ཡོད་པ་ནི་ཤིན་ཏུ་ནས་ཀྱང་འཐད་སོད། ཆ་ཏྲ་ཅན་གྱི་རྒྱལ་པོ་དེ་རྣམས་སྲིད་པའི་རྒྱལ་པོའི་མཚན་དབང་ཅན་ཤ་སྟག་ཡིན་སྟབས་དེ་རྣམས་དུས་མཉམ་དུ་བྱུང་ཞིང་ཞང་ཞུང་ཁག་བགོས་ཏེ་རྒྱལ་སྲིད་བསྐྱངས་ཡོད་པ་ནི་མི་འཚམ་པ་ཞིག་སྟེ། དེ་ལྟར་ན་རྒྱལ་པོ་དེ་རིགས་ལ་སྲིད་པའི་རྒྱལ་པོའི་མཚན་འབྱུང་མི་སྲིད་པ་ཡིན། རྒྱལ་པོ་སོ་སོའི་མཚན་གྱི་ཁྱད་ཆོས་སུ་ཡུལ་ཁམས་དང་རྒྱལ་སའི་མིང་གིས་མཚན་པ་དེ་ནི་རྒྱལ་པོ་དེའི་གདུང་རྒྱུད་ཀྱི་ཁུངས་སམ་རྒྱལ་པོའི་བཞུགས་གནས"རྒྱལ་པོའི་ཁབ"ཅེས་པ་དེ་གང་དུ་ཡིན་པ་བསྟན་པའི་ཚིག་ཙམ་ཞིག་ཏུ་ངེས་སམ་སྙམ།

ཞང་ཞུང་ཁྲི་སྡེ་བཅོ་བརྒྱད་དུ་གྲགས་པའི་མངའ་འབངས་དེ་རྣམས་ནི་ཞང་ཞུང་སྲིད་པའི་རྒྱལ་པོའི… མངའ་རིས་ཞང་ཞུང་སྒོ་ཕུག་བར་གསུམ་དུ་གྲགས་པ་དེ་རྣམས་སུ་ངེས་མོད། ཞང་ཞུང་སྒོ་ཕུག་བར་གསུམ་གང་དང་གང་ཞིག་ལ་ངོས་འཛིན་དགོས་པ་འདི་ནི་ཤིན་ཏུ་རྟོགས་ཟིན་ཆེ་བའི་གནས་ཤིག་ཡིན། ཞང་ཞུང་སྒོ་ཕུག་བར་གསུམ་དུ་གྲགས་པ་འདི་ཉེར་མཁོའི་སྣང་བའི་དགོངས་པ་ལྟར་བྱས་ན། ཞང་ཞུང་ཕུག་པ་ནི་གངས་ཏི་སེའི་ནུབ་ཕྱོགས་ཟླ་བ་གསུམ་ལྷག་གི་ལམ་ན། མི་སག་གི་པར་སིག་དང་། རྒྱ་དག་ཤན། རྒྱ་ལག་ཅེས་པའི་ཡུལ་ཁམས་འགའ་ཡོད་པ་དེ་རྣམས་ལ་ཐུག་པའི་བར་གྱི་མངའ་སྡེ་རྣམས་ཏེ། ཡུལ་སྡེ་སུམ་ཅུ་རྩ་གཉིས་ཡོད་པར་བསྟན་པ་དེ་རྣམས་ཡིན་པ་དང་། ཞང་ཞུང་བར་པ་ནི་ཉེར་མཁོའི་སྣང་བ་[ཤ7བ1]ལས་ཏི་སེའི་ནུབ་ཕྱོགས་ཞག་འགའི་ཤུལ་ཙམ་ན། ཚོ་དབང་རིག་འཛིན་གྱི་སྒྲུབ་གནས་གྱུ་རི་གཙུག་ལྡན་ཡོད། ཅེས་པ་དང་། ཡང་[ཤ7བ2]ལས་ཏི་སེ་ནས་ཞག་ལམ་མཚམས་ཙམ་ན། ཟླ་ཆེན་དྲན་པའི་སྒྲུབ་གནས་ཁྱུང་ལུང་དངུལ་མཁར་ཡོད། དེང་སང་བོན་སྡེ་ཅི་རིགས་དང་དགོན་པའང་ཡོད། དེ་ནས་གངས་ཏི་སེའི་བར་ལ་གཡུང་དྲུང་རིན་ཆེན་འབར་བའི་བྲག་ཕུག་ཡོད། གངས་རི་ཆེན་པོའི་མདུན་ཕྱོགས་ག་ལྡང་གཡུ་ལོ་རྫོང་ཞེས་པར་ཞང་ཞུང་སྲིད་པའི་རྒྱལ་པོ་ཁྲི་ལྡེར་གསེར་གྱི་བྱ་རུ་ཅན་སོགས་ཡུལ…… ཆེན་བཅོ་བརྒྱད་དུ་བྱ་རུ་ཐོབ་པའི་རྒྱལ་པོ་བཅོ་བརྒྱད་བྱོན་པ་ཡིན་འདུག པོ་བྲང་གི་ཤུལ་སོགས་ད་ལྟ་ཅི་རིགས་སུ་ཡོད་ཟེར། ཞེས་པ་དང་། ཡང་[ཤ7བ5]ལས་ཏི་སེའི་ལྷོ་ཕྱོགས་སུ་ས་རྫོ་མི་འབར་གྱི་གནས་དང་། དེའི་ཕྱོགས་སུ་བླ་མ་ཡང་སྟོན་ཆེན་པོ་སོགས་ཞང་ཞུང་སྙན་རྒྱུད་ལ་བརྟེན་ནས་འཇའ་ལུས་པ་མང་པོ་བྱོན་པའི་གདུང་རྒྱུད་ཀྱང་ཡོད། ཉི་སྟོན་གྱི་གདན་ས་དང་། ཡར་ཚང་གི་གདན་ས་དེ་ཕྱོགས་ན་ཡོད། མཚོ་མ་པང་ནས་ཤར་དུ་ཞག་བཅུ་ཙམ་ན་དགྲ་བླ་མོའི་རྟེན་གནས་སྟག་རི་ཁྲ་བོ་ཡོད། ཅེས་པས་གསལ་བའི་གྱུ་རི་གཙུག་ལྡན་དང་ཁྱུང་ལུང་དངུལ་མཁར། ག་ལྡང་གཡུ་ལོ་རྫོང་། ས་རྫོ་མི་འབར་དང་། སྟག་རི་ཁྲ་བོ་དེ་ཀུན་ཞང་ཞུང་བར་པའི་ཁོངས་སུ་ཡོད་པར་བསྟན་པ་དང་། ཞང་ཞུང་སྒོ་པ་ནི་ཉེར་སྣང་[ཤ8ན6]ལས་སྨད་ཀྱི་ཤེ་ལི་རྒྱ་སྐར་ཞེས། ཁྱུང་པོ་རི་རྩེ་དྲུག་ཡིན་ལ། སུམ་པ་གླང་གི་གྱིམ་ཤོད་ཀྱང་ཟེར། ཁྱུང་པོའི་ཁོག་ཏུ་ཁྱུང་པོ་དཀར་ནག་སེར་གསུམ་གྱི་གདན་ས་དང་། ཀློ་ལྡན་གྱི་གདན་ས་བྱ་ཟེར་སོགས་ཁྱུང་པོ་སྟེང་ཆེན་སོགས་དགོན་སྡེ་མང་། ནང་གསེས་ཚོ་པ་སོ་དགུ་དང་། བྱང་ཕྱོགས་ཀྱི་རྒྱ་སྡེ་ཉེར་ལྔ་སོགས་ཕལ་ཆེར་བོན་སྡེ་ཡིན་ལ། དེའི་ནུབ་ཕྱོགས་ཨ་མདོ་སྟོད་པ་ཞེས་ཧུ་ཛ་སྐད་གི་རི་རྒྱུད་ཀྱི་མཚམས་སུ་བྲག་དམར་རི་འདུས་དང་སྤུ་རྒྱལ་གངས་དཀར། རྨ་ཡོ་ཀ་པ་སོགས་ཡོད། ཅེས་སྨད་ཀྱི་ཤེ་ལི་རྒྱ་སྐར། ཁྱུང་པོ་དཀར་ནག་སེར་གསུམ་ནས་བྱང་ཕྱོགས་ཀྱི་རྒྱ་སྡེ་ལ་ཐུག་པའི་བར་གྱི་མངའ་ཁོངས་རྣམས་ཞང་ཞུང་སྒོ་པའི………

ཁོངས་སུ་གཏོགས་པར་བསྟན་ཡོད།

ཞང་ཞུང་སྐོ་ཕུག་བར་གསུམ་གྱི་སྐོར། གངས་ཏི་སེའི་དཀར་ཆག་ཚངས་དབྱངས་ཡིད་འཕྲོག [ISMEO ཤ་29 བ་4] ལས་ཞང་ཞུང་སྐོ་ཕུག་བར་གསུམ་ལའང་གསུམ་མོ། །དེ་གང་ཞེ་ན་འདང་ཞང་ཞུང་གཡས་སྐོ་དང་གཡོན་སྐོ་དབུས་སྐོ་གསུམ་དུ་ཡོད་པ་ལ། དེའང་གཡས་ནི་ཕུ་སྟག་རི་ཁྲ་བོ་སྨན་གྱི་རི་དང་བར་ལ་མོ་གངས་ར་ཕྱིའི་རི། སྐོ་མཁའ་འགྲོ་འདུས་གླིང་རྩའི་རི་དང་གསུམ་མོ། །དེ་ལྟར་དུའང་གཡོན་སྐོ་ཕུག་ཏི་སེ་དང་མ་ཕམ་གཡུ་མཚོ། བར་ཏ་སྐོ་དང་ར་གཡུ་མཚོ། སྐོ་ཐང་ལྷ་དང་གནམ་མཚོ་ཕྱུག་མོ་དང་གསུམ་མོ། །དེ་ལྟར་དུའང་དབུས་སྐོ་ནི་ཕུག་ཁྱུང་ཆེན་སྤུངས་རི་དང་། ཁྱུང་ལུང་དངུལ་མཁར། བར་ལྷ་རི་གྱང་མདོ་དང་། རྒྱལ་མཁར་པན་གླིང་། སྐོ་ཤེ་ལེ་རྒྱ་སྐར་དང་ཁྱུང་པོ་གཉིང་རྫོང་སོགས་གསུམ་མོ། །ཞེས་པ་འདིའི་གླིང་གཞིར་ཞང་ཞུང་སྐོ་ཕུག་བར་གསུམ་གྱི་རྣམ་བཞག་མཛད་ཡོད་ནའང་དངོས་དོན་དུ······ཞང་ཞུང་གི་མངའ་རིས་ཚན་གསུམ་དུ་བགོས་པ་དེ་རྣམས་རེ་བཞིན་ལ་སྐོ་རེ་དང་། བར་རེ། ཕུག་རེ་བཅས་སུ་ཕྱེས་པ་དེ་རྣམས་ཀྱི་མིང་ལ“གཡས་སྐོ”དང“གཡོན་སྐོ་དབུས་སྐོ”ཞེས་བཤད་གནང་ཡོད་པ····མངོན་གསལ་རེད། གཡུང་དྲུང་བོན་གྱི་བསྟན་འབྱུང་ཞུང་བསྡུས[ཐོབ་620 ཤ་34 བ་4]ལས་ཞང་ཞུང་གི་ཡུལ་དང་རྒྱལ་རབས་ནི་ཡུལ་ལ་སྐོ་ཕུག་བར་གསུམ་དུ་ཡོད་ཅིང་། སྐོ་ཕྱི་མ་དེ་ལའང་སྐོ་ཕུག་བར་གསུམ་དུ་ཡོད་པའི་སྐོ་ཕུག་པའི་ས་སྐོར་དུ་དབུས་ཀྱི་མཁར་ཆེན་བཞི་ཁྱུང་ལུང་དངུལ་མོ་མཁར་ནི་གུ་གེའི་ཤར་རྩེ་ལ་ཡོད། པུ་ཧྲེང་སྟག་ལ་མཁར་ནི་པུ་ཧྲེང་གི་དབུས། མ་པང་སྤོས་མོ་མཁར་ནི་མ་པང་གི་ཤར་དུ་ཡོད། ལ་ཤང་གཡུ་ལོ་མཁར་ནི་གངས་རིའི་བྱང་། ཁ་ཅིག་གིས་གད་ཀྱི་ཅྱི་བ་མཁར་བགྲངས་འདུག་པས་དེ་ནི་གྲོ་ཤོད་ཡུལ་སྟོད་མཚམས་སུ་ཡོད། ཕྱོགས་ཀྱི་རྫོང་ཆེ་བ་དྲུག་ནི་བྱང་སྨད་དང་ར་ཁྱུང་ཆེན་རྫོང་། བྱང་སྟོད་ར་བཞི་སེང་གེའི་རྫོང(ཙ་ཐོག་གི་བྱང་ས།) ལྷོ་སྨད་མང་ཡུལ་སྟག་མོ་རྫོང(སྐྱི་རོང་།) ལྷོ་སྟོད་སེབ་རིབ་འབྲུག་མོ་རྫོང(གློ་དོལ་པོའི་སྟོད།) ནུབ་ཕྱོགས་ཀྱི་ཐལ་ཏེ་ཏ་མཆོག་རྫོང་། ཤར་ཕྱོགས་ཀྱི་ཁྲིམ་ཏུལ་གླང་ཆེན་རྫོང་། དེ་རྣམས་མིང་གྲགས་ཆེ་བ་རྣམས་ཡིན་ཞིང་། གཞན་ཡང་མཁར་དང་རྫོང་མང་པོ་ཡོད། ཞང་ཞུང་ཁ་ཡུག་ཅེས་པའི་ས་ནི་དེང་དུས་གུ་གེའི་བརྒྱུད་ལ་ཟེར། ཞང་ཞུང་ཁ་སྐོར་ནི་གངས་རི་མཚོ་གསུམ་གྱི་བརྒྱུད་དུ་ཡིན་ཚོད། ཅེས་པ་ནི་ཉེར་སྣང་དུ་ཞང་ཞུང་བར་པའི་མངའ་ཁོངས་སུ་བཤད་པ་དེ་ཀུན་ཞང་ཞུང་སྐོ་པ་ཡིན་པའི་བཤད་པ་ཞིག་ཏུ་སྣང་ལ། འབེལ་གཏམ་ལུང་གི་སྙིང་པོ[40 ཤ་9]ལས་ཞང་ཞུང་སྐོ་པ་འདི་ལ་ཡང་སྐོ་ཕུག་བར་གསུམ་ཡོད་དེ། ཕུག་པ་ཁྱུང་ལུང་གི་སྐོར་དང་། བར་པ་དྭངས་ར་ཏ་སྐོའི་སྐོར། ཕྱི་མ་གྱིམ་ཤོད་ཤེ་ལེ་རྫོང་དྲུག་གི་སྐོར་ཞེས་འབོད་སྲོལ་ཡོད། གཞན་ཡང་ཞང་ཞུང་རྒྱལ་པོའི་དམག་གི་ཙ

གྲལ་ལ་སྲུམ་པའི་སྤོང་བུ་ཆུང་ཞེས་སོགས་བཤད་པས་ཁྲུང་ཡུལ་རྩེ་དྲུག་འདི་ཡན་ཆད་ཞང་ཞུང་གི་མངའ་རིས་སུ་བྱ་བར་གྲགས། ཞེས་པ་འདིར་ཡང་སྒོ་ཕུག་བར་གསུམ་གྱི་དབྱེ་བ་ཞིག་བཤད་ཡོད་ནའང་དངོས་དོན་དུ་ཞང་ཞུང་བར་པའི་ས་ཁོངས་དེ་སྒོ་པ་ཡིན་པ་གཞིར་བཅས་ཐོག་སྒོ་པའི་ནང་ཚན་དུ་ཕུག་པ་དང་བར་པ། ཕྱི་མ་ཞེས་པའི་རྣམ་དབྱེ་གསུམ་དུ་མཛད་ཡོད།

མ་རྒྱུད་སངས་རྒྱས་རྒྱུད་གསུམ་གྱི་འགྲེལ་པར་ཞང་ཞུང་བར་མའི་ཡུལ་ཞང་ཞུང་བོན་གྱི་རྒྱལ་པོའི་ཞིང་ཁམས་ན། གཡུང་དྲུང་བོན་གྱི་རྒྱལ་པོ་གྱེར་ལྷེར་ཐ་ཚན་ཧི་པང་ཀྲ་ཞེས་བྱ་བ་འཛམ་གླིང་ལ་དབང་བསྒྱུར་བ་ཞིག་བྱུང་བར་བཤད་པ་བཞིན་ཞང་ཞུང་གི་ཡུལ་དབུས་དེ་ནི་ཞང་ཞུང་བར་པ་ལ་ངོས་འཛིན་འོས་འགང་ཆེ་བ་ཞིག་ཏུ་མཐོང་། དུས་ནམ་ཞིག་ཏུ་རང་རེ་ལ་ཞང་ཞུང་གི་གྲགས་ཆེ་བའི་རྒྱལ་པོ་བྱ་རུ་ཅན་དེ་རྣམས་ཀྱི་མཁར་ཤུལ་སོགས་ད་ལྟའི་དུས་འདིར་ས་འོག་ནས་འཐོན་ཆོག་ཏུ་ཡོད་པ་དེ་རིགས་ཀྱི་རིག་རྫས་རྣམས་འཚོལ་སྒྲུབ་དང་འབྲེལ་བའི་ཞིབ་འཇུག་བྱེད་པའི་གོ་སྐབས་ཤིག་འཐོབ་པ་དེའི་ཚེ། ཞང་ཞུང་གི་གནའ་བོའི་སྟོད་བཅུད་ཀྱི་ལོ་རྒྱུས་ཇི་བཞིན་པ་རྣམས་ཨེབ་ཚོད་ཀྱིས་ཚད་ཐིག་འདེབས་མི་དགོས་པ་ཞིག་དང་། ཞང་ཞུང་སྒོ་ཕུག་བར་གསུམ་སོགས་ཀྱི་རྟོགས་ཟིང་རྣམས་ཀྱང་དྭངས་པའི་ཆུ་བཞིན་གསལ་བར་འགྱུར་ངེས་པ་ནི་སྨོས་མ་དགོས་པ་རེད།

གནའ་བོའི་དུས་རིམ་གོང་མའི་ནང་ཞང་ཞུང་གི་རྒྱལ་པོ་དང་དེའི་མངའ་རྟེར་གཏོགས་པའི་ཞང་ཞུང་གི་རྒྱལ་ཁམས་ནི་གྲགས་ཆེ་བ་ཞིག་བྱུང་ཡོད་ལ། དུས་སྐབས་དེར་དངོས་འབྲེལ་བོད་ཀྱི་ཐ་སྙད་བྱུང་ཡོད་དམ་མེད་པ་ནི་དེང་དུས་སུ་དཔྱད་གཞིག་བྱ་བའི་ཡུལ་ཞིག་ཏུ་ཆགས་ཡོད། དུས་རིམ་གོང་མའི་ལོ་རྒྱུས་དང་འབྲེལ་བའི་ཡིག་ཆ་རྣམས་སུ་ཞང་ཞུང་གི་རྒྱལ་པོ་རྣམས་ཀྱི་མཛད་པ་དང་། དེ་དག་བོན་གྱི་གཞི་རྟེན་ཇི་ལྟར་ཡིན་པའི་སྐོར་སོགས་ལོ་རྒྱུས་ཐར་ཐོར་ཙམ་རིགས་ཤིག་རྙེད་དུ་ཡོད་པར་བརྟེན། ད་ལྟའི་དུས་འདིར་བློ་གྲོས་དང་ལྡན་པ་སུ་ཞིག་གིས་རྗེས་དཔག་གི་རིག་ལམ་ཅི་རིགས་པ་ལ་བརྟེན་ནས་རྒྱལ་པོ་དེ་རྣམས་ཀྱི་མངའ་ཐང་ཇི་ལྟར་བྱུང་ཡོད་པ་དང་། དེ་རྣམས་ཀྱིས་བོན་དང་ཆབ་སྲིད་ཀྱི་མཛད་པ་གང་ཞིག་གནང་ཡོད་པ། དེ་རྣམས་ཀྱིས་དབང་བྱས་པའི་མངའ་རིས་གང་དག་ཡིན་པ་སོགས་ཀྱི་སྐོར་རགས་ཙམ་གཏན་ལ་འབེབས་ཐུབ་པ་ནི་ཤིན་ཏུ་ནས་ཀྱང་སྲིད་པ་ཡིན།

ལོ་རྒྱུས་ཀྱི་དུས་རིམ་གོང་མའི་རིང་བོད་ཀྱི་མི་སྡེ་ཕལ་མོ་ཆེ་ཞང་ཞུང་གི་ཆབ་འོག་ཏུ་གཏོགས་པ་དེ་འདྲ་ཞིག་ཡིན་མོད་ཀྱང་དུས་རིམ་དེར་བོད་འབངས་ཀྱིས་ཞང་ཞུང་གི་རྒྱལ་རབས་སོ་སོར་དཔྱ་ཁྲལ་འབུལ་བ་དང་བོད་ཀྱི་ཡུལ་ཁག་རྣམས་སུ་ཞང་ཞུང་གི་གཞུང་ཚབ་བཏང་བའམ་ལས་སྡེའི་མི་བཏང་བ་སོགས་ཀྱི

སྲོལ་ལུགས་བྱུང་སྟོང་ཡོད་དམ་མེད་པ་འདི་འདྲའི་རིགས་ནི་ཆེས་སྔ་བའི་ལོ་རྒྱུས་ཤིག་ཡིན་སྟབས་ཤེས་དཀའ་བ་དང་བཤད་དཀའ་བ་ཞིག་ཡིན་ནའང་། ནམ་ཞིག་ཏུ་ཞང་ཞུང་གི་རིག་རྫས་སྣ་ཚོགས་པར་བརྟེན་ནས་ཡ་ཐོག་གི་ལོ་རྒྱུས་ལ་ཞིབ་འཇུག་གི་དབུ་ཚུགས་པའི་ཚེ་དཀའ་རྙོག་ཅན་གྱི་གནས་ཚུལ་དེ་དག་འཐོ་འགྱུར་ཅི་རིགས་པ་ཞིག་བྱུང་ནས་གཞི་རྩའི་གནས་ཚུལ་གྱི་ཐོག་ཏུ་གསལ་ཁ་ངེས་ཅན་ཞིག་མི་འདོན་པའི་ངེས་པ་གཏན་ནས་མེད། ལོ་རྒྱུས་ཀྱི་དུས་རིམ་གོང་མའི་ནང་བོད་ཀྱི་མངའ་སྡེ་ཕལ་མོ་ཆེ་ཞང་ཞུང་གི་ཆབ་འོག་ལ་གཏོགས་ཞེས་པ་འདི་གཙོར་ཆེའི་དབང་དུ་བྱས་ནས་དེ་སྐད་དུ་བཤད་པ་ཞིག་ཡིན་པ་ལས་ཞང་ཞུང་ཁོ་ནས་བོད་ཀྱི་མངའ་སྡེ་ཡོངས་རྫོགས་དབང་བསྒྱུར་བའི་དོན་ཞིག་མིན། དུས་སྐབས་དེར་ཡ་ཐོག་གི་མིའུ་མཆེད་བཞིའམ་དྲུག་དང་བདུན་ལས་མཆེད་པའི་མི་རྒྱུད་རྣམས་ཀྱིས་གནས་བཅོས་པའི་ཡུལ་ལྗོངས་གངས་རིའི་ར་བས་བསྐོར་བའི་ཞིང་དེར་ཞང་ཞུང་ལས་མངའ་ཐང་ཆེ་བ་དང་། ལོ་རྒྱུས་དང་ཤེས་རིག་གི་རྨང་གཞི་བཙན་པ་གཞན་གང་ཡང་མེད་ཅིང་། ཞང་ཞུང་གི་རྒྱལ་པོ་རྣམས་ཀྱིས་དབང་བྱས་པའི་མངའ་སྡེ་སྟོ་ཤུག་བར་གསུམ་ཞེས་པ་དེས་གངས་རིའི་ལྗོངས་ཆེན་པོའི་ཡུལ་ཁམས་སྤྱི་ཁྱབ་པ་ལྟ་བུ་ཞིག་ཏུ་ཆགས་ཡོད་པ་ཡིན་སྟབས་དེ་སྐད་དུ་གྲགས་པ་ཡིན། བོད་ཀྱི་མངའ་ཁོངས་མི་འདྲ་བ་སོ་སོར་ཆགས་ཡོད་པའི་རྒྱལ་ཕྲན་སིལ་མ་བཅུ་གཉིས་དང་། བཞི་བཅུ་ཞེས་བྱ་བ་དེ་དག་ལའང“སིལ་མ”ཞེས་པའི་ཐ་སྙད་འདི་ཡོད་སྟངས་ལ་དཔྱད་ན་རྒྱལ་ཕྲན་མང་བ་ཞིག་ནི་ཞང་ཞུང་གི་གྲིབ་འོག་ཏུ་ཡོད་པའི་ཡུལ་ཁམས་སུམ་པ་ལྟ་བུ་ཡིན་པ་དང་འགའ་ཞིག་ནི་ཡུལ་ཁམས་བྱེ་བྲག་པ་རེ་ལ་དབང་བྱེད་པའི་རང་ཚོ་ཅན་གྱི་རྒྱལ་ཕྲན་ཡིན་པའང་ཤུགས་ཀྱིས་ཤེས་ཐུབ་པ་ཡིན།

གཉིས། རྒྱལ་ཕྲན་སིལ་མ་བཅུ་གཉིས་ཀྱི་སྐོར།

རྒྱལ་ཕྲན་སིལ་མ་བཅུ་གཉིས་དང་བཞི་བཅུའམ་ཞེ་གཉིས་སུ་གྲགས་པ་དེ་རྣམས་ཡུལ་ཁམས་གང་དང་གང་འདྲ་ཞིག་ན་ཆགས་པ་དང་རྒྱལ་པོ་དང་། བློན་པོ་རྣམས་ཀྱི་མཚན་ལ་གང་དང་གང་ཟེར་གྱི་ཡོད་པའི་སྐོར་རགས་ཙམ་ནི་ལྡེའུ་རྒྱ་བོད་ཀྱི་ཆོས་འབྱུང་[བོད་225ཤ7]ལས་རྒྱལ་ཕྲན་བཅུ་གཉིས་ནི་ཡུལ་འཆིམས་ཡུལ་ནག་པོ་དགུ་སུལ་ན། རྒྱལ་པོ་འཆིམས་རྗེ་ནེ་གུ། བློན་པོ་དང་དང་དིང་། ཡུལ་ཞང་ཞུང་ན། རྒྱལ་པོ་ཞང་ཞུང་དར་གྱི་རྗེ་ལི་ག་ཤུར་བཞུགས། བློན་པོ་སྨྲ་ར་སངས་རྗེ། ཡུལ་མྱང་རོ་མཆད་དཀར་ན། རྒྱལ་པོ་རྩང་རྗེ་ཐོད་དཀར། བློན་པོ་བན། ཡུལ་སྣུབས་ཡུལ་གླིང་དགུ་ན། རྒྱལ་པོ་སྣུབས་རྗེ་སྲིད་པ། བློན་པོ་རྨེའུ་དང་འགྲོ། ཡུལ་ཉང་རོ་ཤམ་པོ་ན། རྒྱལ་པོ་ཡོང་ངམ་ཕྱི་རོམ། བློན་པོ་ཤེའུ་དང་ཡུག ཡུལ་གྱི་ར་

ལྷང་སྟོན་ན། རྒྱལ་པོ་ཁྲི་རྗེ་ཐངས་པོ། བློན་པོ་ངས་མི་དང་འགྲོ། ཡུལ་ངས་པོ་ཁྲ་སྣ་ན། རྒྱལ་པོ་གུང་ཁྲི་ཟིངས་པོ་རྗེ་ཁྲི་འབངས་གསུམ། བློན་པོ་འགར་དང་སྣན། ཡུལ་འོལ་ཕུ་ཡང་མཁར་ན། རྒྱལ་པོ་ཟིན་འབྲས་རྗེ། བློན་པོ་གོ་དང་སྤས། ཡུལ་ཀྲིས་སྣ་རོལ་མོ་གོང་ན། རྒྱལ་པོ་དྲང་རྗེ་གོང་ནམ་བཞུགས། བློན་པོ་སྦྲད་དང་ཞུ། ཡུལ་ཉང་ཡུལ་རྣམ་གསུམ་ན། རྒྱལ་པོ་ཉང་བཙུན་གླང་རྒྱབ་བཞུགས། བློན་པོ་དེ་ཙ་སྦུན་གཉིས་བཞུགས། ཡུལ་དྭགས་ཡུལ་སེ་མོ་གྲུ་བཞི་ན། རྒྱལ་པོ་དྭགས་རྗེ་ལྕེ་མང་བཞུགས། བློན་པོ་ཀླ་དང་ཀམ་སོ། ཡུལ་འབྲོག་མོ་རྣམ་གསུམ་ན། རྒྱལ་པོ་སེར་ཁྲི། བློན་པོ་ཁང་རེ་ནག་པོ། ཞེས་པ་དེ་རྣམས་ཀྱིས་ཡོངས་སུ་གྲགས་པའི་རྒྱལ་ཕྲན་བཅུ་གཉིས་གསལ་བར་བསྟན་པ་དང་། ཡང་དེ་ཉིད་[བོད་226ཕ་1]ལས་རྒྱལ་ཕྲན་སིལ་མ་བཞི་བཅུ་རྩ་གཉིས་ནི། ཡུལ་དབྱི་མོ་ཡུལ་དྲུག་ན། རྒྱལ་པོ་དབྱི་རྗེ་མཁར་པ། བློན་པོ་སྤོ་དང་རྫོག ཡུལ་སྲིག་ཡུལ་ས་མོ་གྲུ་བཞི་ན། རྒྱལ་པོ་རྫོག་རྗེ་ཚེའུ་གླུ་འབྲང་། ཡུལ་གླུམ་རོ་ཡ་སུལ་ན། རྒྱལ་པོ་ནམ་ས་རྩེ་ཏི་ལ་སོགས་པ་བཞི་བཅུ་ཞེ་གཉིས་ཀྱིས་དབང་བྱས། ཞེས་གསུང་པ་དེ་དག་གིས་ཕྲན་ཙམ་ཤེས་ཐུབ་པ་ཡིན། དེ་དག་དང་ཕྱོགས་འདྲ་བ་ཞིག་ནི་ལྡེ་ཐག་ཆོས་འབྱུང་[པེ་སྟོད་155ཕ་11]ལས་དེ་ལྟར་བོད་ཡུལ་མི་ཡི་འགྲོ་བ་དར། དེ་ཚེ་རྒྱལ་ཕྲན་སིལ་མ་བཅུ་གཉིས་དང་། མཐའ་མར་རྒྱལ་ཕྲན་བཞི་བཅུས་དབང་བྱས་སྐད། མཆིམས་ཡུལ་གྲུ་ཤུལ་ན། མཆིམས་རྗེ་ནི་གུ་ཡོད། བློན་པོ་སྣང་དང་དེང་། ཞང་ཞུང་ཡུལ་ན་ནི། རྒྱལ་པོ་ལིགས་སྙ་ཤུར། རྩ་དང་ར་སངས་བློན། དེ་བཞིན་དུ་མྱང་རོ་ཕྱུང་དཀར་ན། གཙང་རྗེ་ཐོང་དཀར། བློན་པོ་གནང་། གནུབས་ཡུལ་གླིང་དགུ་ན། སྣུབས་རྗེ་དམིགས་པ། བློན་པོ་མཆེའུ་དང་འབྲོ། ཉང་རོ་ཤམ་པོར། ཡ་རྩམ་རྗེ་འབྲོམ། བློན་པོ་ཤེ་སུང་གཉིས། ཀྱི་རི་ལྡོན་སྟོན་ན། ཀྱི་རྗེ་ཐད་པོ། བློན་པོ་ངམ་དང་འབྲོ། ངམ་ཤོད་ཁྲ་སྣར། ཟིངས་རྗེ་ཁྲི་འཕྲང་གསུམ་བློན་མགར་དང་གཉའ། འོལ་ཕུ་སྤང་མཁར་དུ་ཟིང་རྗེ་ཐོན་ཕྲེང་བློན་པོ་རྫོག་དང་སྤས། སྲིབ་ཡུལ་གྱི་རལ་གོང་དུ་ཕྲང་རྗེ་གོང་ནམ་བློན་པོ་སྦྲད་དང་ཞུགས། ཀོང་ཡུལ་བྲེ་རྗེ་ཀར་པོ་ཏུག་དང་མཁར་པ་བློན། ཉང་ཡུལ་རྣམ་གསུམ་ན་ཉང་བཙུན་གླང་རྒྱལ་བློན་པོ་ཕུག་དང་ཙོ་རྗེ། དྭགས་ཡུལ་གྲུ་བཞི་ན་དྭགས་རྗེ་མང་པོ་རྒྱལ་བློན་པོ་ཀླངས་སྣམ་གཉིས། སིལ་མ་བཞི་བཅུ་ནི་ཡུལ་ནི་འབྲོག་མོ་རྣམ་གསུམ་ན་རྒྱལ་པོ་སེ་མིར་ཁྲིད་བཞུགས། དེ་ཡི་བློན་པོ་ཀ་རེ་ན། ཞེས་སོགས་ཏེ། གཡེ་མོ་ཡུལ་དྲུག་ན་གཡེ་རྗེ་མཁར་བ་བློན་པོ་སྦ་དང་སྨུག སེ་མོ་གྲུ་བཞི་ན་གཉགས་རྗེ་གྲུ་འཕྲང་སེ་དང་ཉང་གཉིས་བློན། ཞེས་སོགས་གྲགས་སོ་ཞེས་གསུངས་པའི་ཚུལ་འདི་དག་ལ་བརྟགས་ན་བོད་འདིར་ཡ་ཐོག་གི་མི་རྒྱུད་ཆགས་པ་ནས་བཟུང་། བོད་ཀྱི་ཐོག་མའི་རྒྱལ་པོ་འོ་ལྡེ་སྤུ་རྒྱལ་ལམ་གཉའ་ཁྲི་བཙན་པོ་བྱུང་བའི་བར་དེར་བོད་ཀྱི་ཡུལ་ཁམས་དང་མངའ་སྡེ་ཅི་རིགས་ལ་དབང་བྱེད་པའི་རྒྱལ་ཕྲན···

དང་། བློན་པོ་ཇི་སྙེད་ཅིག་བྱུང་སྐྱོང་ཡོད་པའང་ཤེས་ཐུབ་པ་དེ་རེད། རྒྱལ་ཕྲན་གྱི་རྒྱལ་པོར་གྲགས་པ་དེ་རྣམས་ཀྱང་དུས་རིམ་མང་པོ་ཞིག་འདས་པའི་རིང་ལ་བོད་ཀྱི་ཡུལ་ཁམས་སོ་སོར་གཏོགས་པའི་དུས་ཚན་གྱི་གཙོ་བོ་རྣམས་ཀྱིས་སོ་སོའི་ནུས་པ་དང་བསྟུན་པའི་དབང་སྒྱུར་ཅི་རིགས་ཤིག་བྱས་ཡོད་པ་དེ་ཙམ་ལ་རྒྱལ་ཕྲན་གྱི་ཐ་སྙད་བགྱིས་པ་ཞིག་ཡིན་ལ། དེ་དག་ནི་དུས་རིམ་གྱི་ནང་དུ་བྱུང་སྐྱོང་བའི་དུས་ཚན་གྱི་གཙོ་བོ་དབང་ཤུགས་ཁྱད་པར་དུ་གྱུར་པ་འགའ་ཞིག་གི་དམིགས་བསལ་གྱི་ལོ་རྒྱུས་ཙམ་ཞིག་ཡིན་པ་ལས། ཁོང་ཚོར་བོད་ཁམས་ཀྱི་མངའ་སྡེ་རྒྱ་ཆེན་པོ་ལ་དབང་སྒྱུར་གྱི་གོ་སྐབས་ཐོབ་མེད་པ་ཡིན་སྟབས། ཞང་བོད་རྒྱལ་རབས་ཀྱི་རྨང་གཞིའི་གྲངས་སུ་འདྲེན་འོས་པ་དེ་འདྲ་ཞིག་མ་ཡིན་ནའང་སིལ་མའི་རྒྱལ་ཕྲན་དུ་གྲགས་པ་དེ་རྣམས་ཡུལ་གྲོང་ཁག་འགའི་གྲོང་དཔོན་ནམ་འགོ་པ་ཚོའི་མིང་ཐོ་བཀོད་པ་ལྟ་བུ་ཞིག་མིན་པ་ལོ་རྒྱུས་ཀྱི་གཞི་རྩའི་ཐོག་གལ་གནད་ཤིན་ཏུ་ཆེ་བའི་རང་གཤིས་དང་ལྡན་པ་ཞིག་ཡིན་ལ། ལོ་རྒྱུས་དེ་རིགས་ཀྱི་གོ་རྟོགས་ཁོ་ན་ལ་བརྟེན་ནས། དེ་རྣམས་དང་ཕན་ཚུན་ལྟོས་གྲུབ་ཀྱི་ཆོས་ཉིད་ལྡན་པའི་བོད་ཀྱི་ཐོག་མའི་མི་རྒྱུད་རྣམས་མི་རབས་ནས་མི་རབས་སུ་འཕེལ་རྒྱས་ཇི་ལྟར་བྱུང་ཡོད་པ་དང་དུས་རིམ་མི་འདྲ་བའི་ནང་དུ་བོད་མིའི་སྤྱི་ཚོགས་འཚོ་འགྱུར་ཇི་ལྟར་བྱུང་སྐྱོང་བའི་སྐོར་རྣམས་ཤེས་རྟོགས་དགོས་པ་ཡིན་སྟབས། སིལ་མའི་རྒྱལ་ཕྲན་གྱི་ལོ་རྒྱུས་དེ་རིགས་སྣང་མེད་དུ་བཞག་ན་རྩ་བ་ནས་མི་འགྲིགས་པ་ཡིན། ལྡེའུ་རྒྱ་བོད་ཀྱི་ཆོས་འབྱུང་དང་ལྷོ་བྲག་ཆོས་འབྱུང་ལས་གསལ་བའི་རྒྱལ་ཕྲན་སིལ་མ་བཅུ་གཉིས་དང་བཞི་བཅུའི་སྐོར་རགས་ཙམ་གསལ་བ་འདི་དག་གནའ་མི་རྒན་པོ་འགའི་ཟེར་སྒྲོས་ཡི་གེར་བཀོད་པ་ཙམ་ཞིག་མིན་པ། གནའ་བོའི་ལོ་རྒྱུས་ཀྱི་དཔེ་ཁུངས་ལྡན་ཞིག་ལ་བརྟེན་ནས་བཀོད་མཛད་ཡོད་པ་ནི་མཐའ་གཅིག་ཏུ་ངེས་ཏེ། དེའི་ཤེས་བྱེད་ཁྱད་པར་ཅན་ཞིག་ནི་ཏུན་ཧོང་བོད་ཀྱི་ལོ་རྒྱུས་ཡིག་རྙིང་[P1554ཤ་6]ལས་རྒྱལ་ཕྲན་གྱི་རྒྱལ་པོ་བགྱིད་པ་དང་། རྒྱལ་ཕྲན་གྱི་བློན་པོ་བགྱིད་པའི་རབ་ལ། ཞང་ཞུང་དར་པའི་རྗེ་པོ་ལིག་སྙ་ཤུར། བློན་པོ་ཁྱུང་པོ་ར་སངས་རྗེ་དང་སྟོང་ལོམ་མ་ཙེ་གཉིས། མྱང་རོའི་ཕྱིད་ཀར་ན་རྗེ་རྩང་རྗེའི་ཐོད་དཀར་བློན་པོ་སུ་ཏུ་དང་གནང་གཉིས། ཡུལ་གནུབས་ཀྱི་གླིང་དགུའ་ན་རྗེ་གནུབས་རྗེའི་སྲིས་པ། བློན་པོ་མཆེའུ་དང་གྲོ་གཉིས། ཡུལ་མྱང་རོའི་ཤམ་པོ་ན། རྗེ་ལོ་ངམ་གྱི་ཁྲོམ་ཚ། བློན་པོ་ང་མྱི་དང་འབྲེ་གཉིས། ཡུལ་སྐྱི་རོའི་ལྗང་སྔོན་ན་རྗེ་སྐྱི་རྗེའི་མང་པོ་བློན་པོ་ཤེའུ་དང་སྤུག་གཉིས། ཡུལ་ངས་པོའི་ཁྲ་སུམ་ན། རྗེ་དགུག་གྲིའི་ཟིང་པོ་རྗེ། བློན་པོ་མགར་དང་མཉན་གཉིས། ཡུལ་དབྱེ་རོ་ཡུལ་བཞི་ན་རྗེ་དབྱེར་རྗེའི་མཁར་པ། བློན་པོ་དབོ་དང་ཧྲུག་གཉིས། ཡུལ་འོ་ཡུལ་གྱི་སྤང་དཀར་ན། རྗེ་འོལ་རྗེའི་ཟིན་ཕྲང་ཚ། བློན་པོ་རྗེ་དང་དབའས་གཉིས། ཡུལ་རྩེགས་ཡུལ་གྱི་གྲུབ་བཞི་ན། རྗེ་རྩེགས་རྗེའི་ལ་ཕྲང་། བློན་པོ་སས་པ་

དང་མྱང་ནང་གཉིས། ཡུལ་ཀླུམ་རོའི་ཡ་སུམ་ན། རྗེ་ནམ་པའི་བུ་གསེང་ཏི། བློན་པོ་མྱང་དང་སྦྲང་གཉིས། ཡུལ་སྲིབས་ཡུལ་གྱི་རལ་མོ་གོང་ན། རྗེ་དྲང་རྗེའི་ཇོལ་ནམ། བློན་པོ་ཞུགས་ཚམས་དང་དབྲད་གཉིས། ཡུལ་ཀོང་ལ་བྲེ་སྣར་ན། རྗེ་ཀོང་རྗེའི་དཀར་པོ། བློན་པོ་མཁར་པ་དང་ཕ་དྲུག་གཉིས། ཡུལ་མྱང་ཡུལ་གྱི་རྟ་གསུམ་ན། རྗེ་མྱང་ཙུན་སླང་རྒྱལ། བློན་པོ་འོ་རུ་དང་སྤྲགས་གཉིས། ཡུལ་དྭགས་ཀྱི་གྲུ་བཞི་ན། རྗེ་དྭགས་རྒྱལ་གྱི་སྤྲོག་ཟིན། བློན་པོ་ཕོ་གུ་དང་པོག་རོལ་གཉིས། ཡུལ་མཆིམས་ཡུལ་གྱི་དགའ་སུལ་ན། རྗེ་མཆིམས་རྗེའི་ནེའུ། བློན་པོ་དང་དང་དིང་དི་གཉིས། ཡུལ་སུམ་ཡུལ་གྱི་ཡ་སུམ་ན། རྗེ་འབལ་ལྡི་མང་ཊ་ཏི། བློན་པོ་ཆྐང་དང་ཀམ་གཉིས། ཡུལ་འབྲོག་མོ་སྣམ་གསུམ་ན། རྗེ་སེ་རེ་ཁྲི། བློན་པོ་སྒྲུང་རེ་གནག རྒྱལ་ཕྲན་བཅུ་གཉིས་ན། སེ་རེ་ཁྲི་དང་བཅུ་གསུམ། བློན་པོ་ཉི་ཤུ་ཙ་བཞི་ན། སྒྲུང་རེ་གནག་དང་ཉི་ཤུ་ཙ་ལྔ། མཁར་བཅུ་གཉིས་ན། དགུ་ལྡེ་དམ་པ་དང་བཅུ་གསུམ། ཡུལ་བཅུ་གཉིས་ན་བྱང་གི་སྣམ་བརྒྱད་དང་བཅུ་གསུམ། རྒྱལ་དགུའ་སྟོ་བཅུ། བློན་དགུའ་མཆིམས་བཅུ་ཞེས་བྱ། ཞེས་པ་རྣམས་ཀྱིས་ངེས་ཤེས་རྙེད་ཐུབ་པ་ཡོད།

རྒྱལ་ཕྲན་སིལ་མ་བཅུ་གཉིས་ཀྱི་རེའུ་མིག

ཁ་བྱང་།	ལྡེའུ་ཆོས་འབྱུང་།		ལྷོ་བྲག་ཆོས་འབྱུང་།		ཏུན་ཧོང་དཔེ་རྙིང་།	
ཡུལ།		འཆིམས་ཡུལ་ནག་པོ་དགུ་སུལ།		མཆིམས་ཡུལ་གྲུ་ཤུལ།		མཆིམས་ཡུལ་གྱི་དགུའ་དུལ།
རྒྱལ་པོ།	༡	འཆིམས་རྗེ་ནེ་གུ།	༡	མཆིམས་རྗེ་ནེ་གུ།	༡༥	མཆིམས་རྗེའི་ནེའུ།
བློན་པོ།		དང་དང་དིང་།		སྣང་དང་དེང་།		དང་དང་དིང་དི།
ཡུལ།		ཞང་ཞུང་།		ཞང་ཞུང་།		ཞང་ཞུང་།
རྒྱལ་པོ།	༢	དར་གྱི་རྗེ་ལི་སྙ་ཤུར།	༢	ལིགས་སྙ་ཤུར།	༡	དར་པའི་རྗེ་བོ་ལིག་སྙ་ཤུར།
བློན་པོ།		སྨྲ་དང་ར་སངས་རྗེ།		རྨ་དང་ར་སངས།		ཁྱུང་པོ་ར་སངས་རྗེ་སྟོང་ལོམ་མ་རྩེ།
ཡུལ།		མྱང་རོ་མཆད་དཀར།		མྱང་རོ་ཕྱུང་དཀར།		མྱང་རོའི་ཕྱེད་དཀར།
རྒྱལ་པོ།	༣	ཙང་རྗེ་ཐོད་དཀར།	༣	གཙང་རྗེ་ཐོང་དཀར།	༢	ཙང་རྗེའི་ཐོད་དཀར།
བློན་པོ།		པན།		གནང་།		ཤུ་ཏུ་དང་གནང་།

ཡུལ།		སྒྲུབས་ཡུལ་གླིང་དགུ		གནུབས་ཡུལ་གླིང······དགུ།		གནུབས་ཀྱི་གླིང········དགུའ།
རྒྱལ་པོ།	༤	སྒྲུབས་རྗེ་སྲིད་པ།	༤	སྒྲུབས་རྗེ་དམིགས་པ།	༣	གནུབས་རྗེའི་སྲིས་པ།
བློན་པོ།		རྨེའུ་དང་འགྲོ།		རྨེའུ་དང་འབྲོ།		རྨེའུ་དང་གྲོ།
ཡུལ།		ཉང་རོ་ཤམ་པོ།		ཉང་རོ་ཤམ་པོ།		མྱང་རོའི་ཤམ་པོ།
རྒྱལ་པོ།	༥	ཡོང་ངམ་བྱི་རོམ།	༥	པོ་ཧམ་རྗེ་འབྲོམ།	༤	པོ་ངམ་གྱི་བྲོམ་ཚ།
བློན་པོ།		ཤེའུ་དང་ཡུག		ཤེ་དང་སུང་།		ང་མྱི་དང་འབྲི།
ཡུལ།		གྱི་ར་ལྡང་སྟོན།		ཀྱི་རི་ལྡོན་སྟོན།		སྐྱི་རོའི་ལྡང་སྟོན།
རྒྱལ་པོ།	༦	ཀྱི་རྗེ་རྨངས་པོ།	༦	ཀྱི་རྗེ་རྨད་པོ།	༥	སྐྱི་རྗེའི་མང་པོ།
བློན་པོ།		ངས་མི་དང་འགྲོ།		ངམ་དང་འབྲོ།		ཤེའུ་དང་སུག
ཡུལ།		ངས་པོ་ཁྲ་སྣ།		ངམ་ཤོད་ཁྲ་སྣ།		ངས་པོའི་ཁྲ་སུམ།
རྒྱལ་པོ།	༧	གུང་ཁྲི་ཟིངས་པོ་རྗེ་ཁྲི་འབངས་གསུམ།	༧	ཟིངས་རྗེ་ཁྲི་འཕྲང་གསུམ།	༦	དགུག་གྲིའི་ཟིང་པོ་རྗེ།
བློན་པོ།		འགར་དང་སྣན།		མགར་དང་གཉན།		མགར་དང་མཉན།
ཡུལ།		འོལ་ཕུ་ཡང་མཁར།		འོལ་ཕུ་སྤང་མཁར།		འོ་ཡུལ་གྱི་སྤང་དཀར།
རྒྱལ་པོ།	༨	ཟིན་འབྲང་རྗེ།	༨	ཟིང་རྗེ་ཐོན་ཕྲེང་།	༨	འོལ་རྗེའི་ཟིན་བྲང་ཚ།
བློན་པོ།		གོ་དང་སྤས།		རྗོག་དང་སྤས།		རྗེ་དང་དབའས།
ཡུལ།		ཀྲིས་སྣ་རོལ་མོ་གོང་།		སྲིབ་ཡུལ་གྱི་རལ······གོང་།		སྲིབས་ཡུལ་གྱི་རལ་མོ་གོང་།
རྒྱལ་པོ།	༩	དྲང་རྗེ་གོང་ནམ།	༩	བྲང་རྗེ་གོང་ནམ།	༡༡	དྲང་རྗེའི་རྙོལ་ནམ།
བློན་པོ།		སྦྲད་དང་ཞུ།		སྦྲད་དང་ཞུགས།		ཞུགས་ཚམས་དང་དབྲད།
ཡུལ།		ཉང་ཡུལ་ནམ་གསུམ།		ཉང་ཡུལ་ནམ་གསུམ།		མྱང་ཡུལ་ཀྱི་ཧ་གསུམ།
རྒྱལ་པོ།	༡༠	ཉང་བཙུན་གླང་རྒྱབ།	༡༡	ཉང་བཙུན་གླང་རྒྱལ།	༡༣	མྱང་ཙུན་སླང་རྒྱལ།
བློན་པོ།		དེ་དང་ཅ།		ཕྱུག་དང་ངོ་རྗེ།		འོ་ཅ་དང་སྦྲགས།
ཡུལ།		དྭགས་ཡུལ་སེ་མོ་གྲུ་བཞི།		དྭགས་ཡུལ་གྲུ་བཞི།		དྭགས་ཀྱི་གྲུ་བཞི།

རྒྱལ་པོ།	༡༡	དྭགས་རྗེ་ལྡེ་མང་།	༡༢	དྭགས་རྗེ་མང་པོ་རྒྱལ།	༡༩	དྭགས་རྒྱལ་ཀྱི་སློག་ཟིན།
བློན་པོ།		བླ་དང་ཀམ།		རླངས་དང་སྨམ།		ཕོ་གུ་དང་པོག་རོལ།
ཡུལ།		འབྲོག་མོ་རྣམ་གསུམ།		འབྲོག་མོ་རྣམ་གསུམ།		འབྲོག་མོ་སྣམ་གསུམ།
རྒྱལ་པོ།	༡༢	སེར་ཁྲི།	༡༣	སེ་མིར་ཁྲིད།	༡༧	སེ་རེ་ཁྲི།
བློན་པོ།		ཀང་རེ་ནག་པོ།		ཀ་རེ་ན།		སྐྱང་རེ་གནག
ཡུལ།				ཀོང་ཡུལ་བྲེ་སྣ།		རྐོང་ལ་བྲེ་སྣར།
རྒྱལ་པོ།			༡༠	ཀོང་རྗེ་ཀར་པོ།	༡༢	ཀོང་རྗེའི་དཀར་པོ།
བློན་པོ།				ཏུག་དང་མཁར་པ།		མཁར་པ་དང་ཕ་དྲུག

ལྡེ་བྲག་ཆོས་འབྱུང་དང་ཏུན་ཧོང་གི་དཔེ་རྙིང་རྣམས་སུ་ཨང་གྲངས་བཅུ་གཉིས་ལས་ལྷག་པའང······འགའ་རེ་ཡོད་པ་དེ་རྣམས་ནི་རྒྱལ་ཕྲན་སིལ་མ་བཞི་བཅུའམ་ཞེ་གཉིས་ཀྱི་ཁོངས་སུ་བརྩིས་ཤིང་། བཅུ་གཉིས་ལས་ལྷུང་བ་རྣམས་སིལ་མ་བཅུ་གཉིས་ཀྱི་གྲངས་ཡིན། དེ་དག་ལས་དམིགས་སུ་བཀར་བ་ལ་འགའ་ཞིག་ནི་གཤམ་གསལ།

ཁ་བྱང་།	ལྡེའུ་ཆོས་འབྱུང་།		ལྡེ་བྲག་ཆོས་འབྱུང་།		ཏུན་ཧོང་དཔེ་རྙིང་།	
ཡུལ།		དབྱེ་མོ་ཡུལ་དྲུག		གཡེ་མོ་ཡུལ་དྲུག		དབྱེ་རོ་ཡུལ་བཞི།
རྒྱལ་པོ།	༡༣	དབྱེ་རྗེ་མཁར་པ།	༡༩	གཡེ་རྗེ་མཁར་པ།	༧	དབྱེར་རྗེའི་མཁར་པ།
བློན་པོ།		སྤོ་དང་རྫོག		སྤ་དེང་སྤུག		དཔོ་དང་རྫུག
ཡུལ།		སྲིག་ཡུལ་ས་མོ་གྲུ་བཞི།		སེ་མོ་གྲུ་བཞི།		ཛེགས་ཡུལ་གྱི་གྲུ་བཞི།
རྒྱལ་པོ།	༡༩	རྟོག་རྗེ་ཚའུ་གླུ་འབྲང་།	༡༥	གཉགས་རྗེ་གུ་འཕྲང་།	༨	ཛེགས་རྗེའི་ཡས་སྤང་།
བློན་པོ།				སེ་དང་ཉང་།		སས་པ་དང་སྨྱང་ནང་།
ཡུལ།		གླུམ་རོ་ཡ་སུལ།				གླུམ་རོའི་ཡ་སུམ།
རྒྱལ་པོ།	༡༥	ནམ་ས་རྩི་ཏེ།			༡༠	ནམ་པའི་བུ་གསེང་ཏེ།
བློན་པོ།				སྨྱང་དེང་སྦྲང་།		
ཡུལ།				སུམ་ཡུལ་གྱི་ཡ་སུམ།		
རྒྱལ་པོ།					༡༦	འབལ་ལྷ་མང་ཅ་ཏེ།
བློན་པོ།						རླང་དང་ཀམ།

སིལ་མིའ་རྒྱལ་ཕྲན་འདི་རྣམས་ཀྱི་མཚན་དུ་གཉའ་ཁྲིའི་རྗེས་སུ་བྱུང་བའི་བོད་ཀྱི་རྒྱལ་བློན་འགའ·····ཞས་ཀྱི་མཚན་ཡིན་པ་འདྲ་བའང་མི་ཤུང་བ་ཞིག་ཡོད་པ་དཔེར་ན་ཏུན་ཧོང་བོད་ཀྱི་ལོ་རྒྱུས་ཡིག་རྙིང་[P1554ཕ་16]ལས“ཡུལ་རྐོང་ལ་བྲེ་སྣར་ན། རྗེ་རྐོ་རྗེའི་དཀར་པོ”ཞེས་པའམ་ལྡེ་བྲག་ཆོས་འབྱུང་[པེ་སྤོད་155ཕ་21]ལས“ཀོང་ཡུལ་བྲེ་སྣ་ཀོང་རྗེ་ཀར་པོ”ཞེས་བྱ་བ་སྟེ། “རྐོང་རྗེའ་དཀར་པོ”དང“ཀོང་རྗེ་ཀར་པོ”ཞེས་སུ་གྲགས་དེ། བོད་ཀྱི་ལོ་རྒྱུས་ཡོངས་གྲགས་རྣམས་སུ་བོད་རྒྱལ་གྱི་ཡིག་རྙིང་ལས། གསལ་བ་ནི། བོད་ཀྱི་གནའ་རབས་ཡིག་ཆ་གཅེས་བསྡུས་[པེ་63ཕ་5—7]ལས་དྲི་གུམ་བཙན་པོའི་སྲས། གཅེན་ཉ་ཁྲི་དང་། གཅུང་ཤ་ཁྲི་གཉིས་ལ། གཅུང་ཤ་ཁྲི་ནི། ལྷ་བཙན་པོ། གཅེན་ཉ་ཁྲི་ནི་རྐོང་ཀར་པོའི་རྗེ། ཞེས་པ་དེ་དག་ཏུ་རྐོང་ཀར་པོའི་མཚན་གསལ་ཁ་ཐོན་ངེས་སུ་ཡོད་ནའང་དངོས་དོན་གྱི་དབང་དུ་བྱས་ན·····“རྐོང”ཞེས་པ་ནི་ཡུལ་གྱི་མིང་ཡིན་ལ། “རྗེ”ཞེས་པ་ནི་ཡུལ་གྱི་རྗེ་བོའམ་རྒྱལ་པོའི་དོན་ཡིན་པ་དང་། “ཀར་པོ”ཞེས་པ་ནི་ཡུལ་དེར་ཡ་ཐོག་ནས་བྱུང་སྐྱོང་བའི་རྒྱལ་ཕྲན་ཞིག་གི་རུས་མིང་ཡིན་པ་སྟེ། རྐོང་པོའི་ཐོག་མའི་རྒྱལ་པོ་དེ་ལ“ཀར་པོ་རྗེ”གྱི་གུམ་བཙན་པོའི་སྲས་ཉ་ཁྲིའམ་ཉ་ཁྲི་ཞེས་བྱ་བ་དེའི་གདུང་རྒྱུད་དུ་ངོས་འཛིན་སྲོལ་ཡོད། དེའི་སྐོར་ཏུན་ཧོང་བོད་ཀྱི་ལོ་རྒྱུས་ཡིག་རྙིང་[PI 557ཕ་21]ལས་སྲས་གཉིས་ནི་ཤ་ཁྲི་དང་ཉ་ཁྲིར་བཏག་སྟེ། རྐོང་ཡུལ་དུ་སྤྱུག་སྟེ་བཀྱེའོ། །ཞེས་པ་དང་ཡང་ན་[PI 557ཕ་50]ལས་གཅུང་ཉ་ཁྲི་ནི་ཡབ་ཀྱི་མདང་གཏོང་ངོ་། །གཅེན་ཤ་ཁྲི་ནི་ཡབ་ཀྱི་སྐུ་མཚལ་གཉེར་དུ་གཤེགས་སོ། །ཉ་ཁྲི་ནི་རྐོང་དཀར་པོ་ལགས་སོ། །ཞེས་གསལ་བ་དང་། དེ་བཞིན་དུ“ལྷ་བཙན་པོ་ཁྲི་སྲོང་ལྡེ་བཙན་དང་ལྡེ་སྲོང་ཡབ་སྲས་ཀྱི་རིང་ལ། རྐོང་དཀར་པོ་ལ་གཙིགས་གནང་བའ”ཞེས་བྱ་བ་རྐོང་པོ་དེ་མོའི་རྡོ་བརྐོས་ཞེས་གནའ་རབས་ལོ་རྒྱུས་ཀྱི་སྙིང་ནས་ཡོངས་སུ་གྲགས་པ་ཞིག་ཏུ་གྱུར་ཡོད་སྐབས། ཕྱིས་སུ་རྒྱལ་རྒྱུད་ཉམས་ནས་སླར་ཡང་རྐོང་པོའི་ཡུལ་དེར་བོད་ཀྱི་རྒྱལ་རྒྱུད་གསར་དུ་བྱུང་བ་དེས་ཀྱང་གནའ་ལུགས་རྐོང····ཀར་པོའི་མཚན་དབང་བཟུང་ཡོད་པ་ནི་གོར་མ་ཆགས། ཕལ་ཆེར་རྐོང་ཀར་པོའི་རྒྱལ་རྒྱུད་དུ་སྲས་མོ་ཙམ་ལས་སྲས་ཕོའི་བརྒྱུད་ཆད་ནས་ཡོད་པའི་སྐབས་དེར་བོད་ཀྱི་རྒྱལ་པོའི་གདུང་རྒྱུད་ཉ་ཁྲི་ཁབ་ཏུ········བཞུགས་ནས་ཀར་པོ་རྗེར་གྱུར་པ་ནི་ཤིན་ཏུ་ནས་ཀྱང་སྲིད་པ་ཞིག་ཡིན་ལ། བོད་དུ་དེ་འདྲའི་སྲོལ་ལུགས་དེང་སང་གི་བར་དུ་ཡོད་པ་དེ་དག་གིས་ཤེས་ཐུབ་པ་དང་། དེ་དང་འདྲ་བ“ཐྲིངས་པོ་རྗེ”དང“མགར”ལ་སོགས་པའི་མཚན་འདྲ་བ་དུ་མ་ཞིག་ཡོད་འདུག་པ་དེ་དག་ཀྱང་གནའ་བོའི་གདུང་རུས་ཆེ་ཞིང་གཉན···ལ་དུས་རིང་གི་ལོ་རྒྱུས་དང་ལྡན་པ་ཁོ་ན་ཡིན་ངེས་པའི་ཚུལ་ནི་ཤེས་སླ་བ་ཡིན།

ས་བཅད་བཞི་པ། ཡ་ཐོག་ཞང་ཞུང་གི་ཡི་གེ་བྱུང་ཚུལ།

དུས་རིམ་གོང་མའི་ལོ་རྒྱུས་ཀྱི་དབུ་མ་བརྗེས་པའི་གོང་དེར་ཞང་ཞུང་གི་ཡུལ་དུ་མི་རབས་དུ་མ་ཞིག་བྱུང་ཡོད་པ་དང་། བོན་གྱི་ལུགས་འགའ་ཡང་དར་སྤེལ་བྱུང་ཡོད་པ་དེ་ལྟར་ན། དུས་སྐབས་དེ་དག་ཏུ་ཡི་གེའི་སྒོ་ནས་ཕན་ཚུན་བརྡ་སྤྲོད་པའམ་དེ་དང་ཕྱོགས་འདྲ་བའི་ཤེས་རིག་འགའ་རེ་བྱུང་མེད་པའི་ངེས་པ་ཅི་ཞིག་ཡོད། སྔོན་པའི་མི་བོ་ལུམ་ལུམ་ནས་གཤེན་རབ་མི་བོ་ཆེའི་ཡབ་རྒྱལ་བོན་ཐོད་དཀར་གྱི་བར་དགུ་རྒྱལ་གྱི་གདུང་རབས་བཅོ་བརྒྱད་བྱིན་ཡོད་པའི་ཚུལ། ཡ་ཐོག་ཞང་ཞུང་གི་བོན་རབས་བཤད་པའི་སྐབས་གསལ་བར་སྤྲོས་ཡོད་པའི་རྒྱལ་རབས་དེ་སྙིད་ཀྱི་རིང་ལ་ཕན་ཚུན་བརྡ་སྤྲོད་པའི་ཆ་རྐྱེན་དང་། རྒྱལ་ཁམས་ལ་དབང་བྱེད་པའི་ཆ་རྐྱེན་དུ་ཡི་གེའི་སྦྱོར་བ་ཅི་རིགས་ཤིག་བེད་སྤྱོད་བྱས་ཡོད་དམ་མེད་པའི་སྐོར་འདི་རིགས་ནི་ཆེས་སྤྲོ་བའི་ལོ་རྒྱུས་ཤིག་ཡིན་པ་དང་། ལོ་རྒྱུས་དེ་རིགས་ཀྱི་ཁུངས་སྟོན་བྱེད་གནའ་བོའི་ཡིག་རྙིང་འགའ་ཞིག་ཀྱང་འཐོབ་ཏུ་མེད་པར་བརྟེན། ད་ལྟའི་དུས་སུ་རྟོགས་ཤིན་ཏུ་དཀའ་བ་ཡིན། དེ་ལྟར་ནའང་གཤེན་རབ་མི་བོ་ཆེས་བོན་བསྟན་ཅིང་། ཡི་གེའི་སྤྱོལ་གསར་དུ་གཏོད་མཛད་པའི་ལོ་རྒྱུས་འདི་ནི་བོན་གྱི་ཡིག་ཆ་ཕལ་མོ་ཆེར་ཡོངས་གྲགས་པ་ཡིན་སྟབས། གཤེན་རབ་བྱོན་པ་ནས་བཟུང་རང་རེས་ཞང་ཞུང་གི་ཡི་གེ་བྱུང་ཡོད་པའི་ཚུལ་ངེས་པར་དུ་ལབ་ཆོག་ལ། ལུང་དང་རིག་པ་གང་ལ་བརྟེན་ནའང་ཚུལ་མཐུན་ཞིག་ཏུ་མངོན་ཐུབ། ལེགས་བཤད་རིན་པོ་ཆེའི་མཛོད་[ཤོ་159 ཤ་12]ལས་བོད་ཀྱི་ཡི་གེ་ནི་དང་པོ་སངས་རྒྱས་ཀྱིས་མཛད་དེ། མདོ་ལས། ཡི་གེ་སུམ་ཅུ་བོན་གྱི་ཀོག་ཡང་(ཀྱང་)ཐུབ། །ཀ་གོ་ཡིས་ལམ་དྲང་ཤད་ཀྱིས་མདོར་ཡང་བཅད། །ཚིག་གིས་བར་ཕྱེ་མི་འཁྲུགས་གསལ་བར་སྒོམས། །གྲུག་འགྲེང་ན་རོ་ཞབས་ཀྱུ་ཡ་སྣ་ཡིས། །སྐབས་སྦྱོར་དོན་དུ་ཡན་ལག་རྒྱས་པར་བཏགས། །ཞེས་པས། དང་པོ་དག་པ་ལྷའི་ཡི་གེ་སྟག་གཟིག་སྤུངས་ཡིག་ཏུ་བསྒྱུར། དེ་ཞང་ཞུང་གི་ཡིག་རྙན་དུ་བསྒྱུར། དེ་སྨར་སྨྲག་ཏུ་བསྒྱུར། དེ་སྨར་ཆེ་ཆུང་དུ་བསྒྱུར། སྨར་ཆེན་དབུ་ཆེན་ནམ་གཟབ་ཏུ་བསྒྱུར། སྨར་ཆུང་འབྲུ་མར་བསྒྱུར། ཡིག་སྣ་འབྲུ་མ་ལས་བཅམས་ཞེས་གྲགས་སོ། །ཞེས་ཤིན་ཏུ་ཞལ་གསལ་བར་བསྟན་ལ། ཡི་གེའི་ཐོག་མའི་བྱུང་ཁུངས་ནི་གཤེན་རབ་མི་བོ་ཆེ་ལ་གཏུགས་འདུག

གཅིག གཤེན་རབ་མི་བོ་ཆེས་ཡ་ཐོག་ཞང་ཞུང་གི་ཡི་གེ་བསྟན་པའི་སྐོར།

གཤེན་རབ་མི་བོ་ཆེས་ཡ་ཐོག་གི་ཡི་གེ་ཇི་ལྟར་བསྟན་ཡོད་པའི་སྐོར་ནི་རིན་ཆེན་གཏེར་ཕྲེམ་[ཐོབ་12ཤ་6བ་5]ལས་ཡི་གེར་མཁས་པ་ཡིག་ལྷ་འཕྲུལ་བུ་ལ། འཕྲུལ་ཡིག་བཞི་བཅུའི་རྣམ་དབྱེ་རྒྱས་པར་གསུངས། ཡི་གེའི་འབྱུང་ཁུངས་ཐོག་མ་དེ་ནས་བྱུང་། ཞེས་གཤེན་རབ་མི་བོ་ཆེས་ཡིག་ལྷ་འཕྲུལ་བུ་ལ། འཕྲུལ་ཡིག་བཞི་བཅུའི་རྣམ་དབྱེ་བསྟན་མཛད་པ་དེ་ནི་ཞང་ཞུང་ཡ་ཐོག་གི་ཡི་གེའི་འབྱུང་ཁུངས་ཡིན་པ···གསལ་བར་བསྟན་པ་ཡིན། འཕྲུལ་ཡིག་བཞི་བཅུའི་རྣམ་དབྱེའི་སྐོར་ནི་བརྡ་སྤྲོད་ཉི་ཤུ་བདུན་པ་[ཐོབ་363ཤ་2ན་2]ལས་ཡི་གེའི་འདུ་བྱེད་ཁམས་གསུམ་འཁོར། དོན་ལ་སྦྱོར་བའི་མཚན་ཉིད་འཛིན། ཛ་བོ་འཕྲུལ་ཡིག་བཞི་བཅུའོ། །དཔའ་བོ་འབྲུ་ལྔ་ལས་བྱུང་བའི། །འབྱུང་ཆེན་རིམ་པ་ཀླུ་ཀ་ཁ། ག་ང་ཏ་ཨ་ཨཾ་བརྒྱད་པོ། །ནམ་མཁའི་ཁམས་ཡིན་ཨོཾ་ལས་བྱུང་། འོག་མ་རྣམས་ཀྱང་དེ་བཞིན་ཏེ། ཨེ་ཊ་ར་ཧྲི་བྲྀ་བརྒྱད་པོ། མེ་ཡི་ཁམས་ཡིན་རཾ་ལས་བྱུང་། ཨོ་ཏ་ལ་ས་སྨང་(སྨང་)བརྒྱད་པོ། ས་ཁམས་ཡིན་ཏེ་སྦྲུ་ལས་བྱུང་། ཤུ་པ་ཟ་འ་ཨཿབརྒྱད་པོ། ཆུ་ཡི་ཁམས་ཡིན་པཾ་ལས་བྱུང་། ཨི་ཙ་ཡ་ཤ་ཞ་བརྒྱད་པོ། རླུང་གི་ཁམས་ཡིན་ཡཾ་ལས་བྱུང་། དེ་དག་འབྱུང་ཆུང་སྡེ་ལྔ་ཐ། དབྱེ་བའི་རིམ་པ་ཀླུ་ཨེ་ཨོ། ཤུ་ཨི་ཨཾ་ཨ་བྲྀ་དང་བརྒྱད། རླུང་གི་སྡེ་ཡིན་ཆེན་པོའོ། །ཀ་ཙ་ཏ་པ་ཙ་ཞ་ར། ཏ་བརྒྱད་ས་སྡེ་དྲག་པོའོ། ཁ་ཆ་ཐ་ཕ་ཚ་ཟ་ལ། ཨ་བརྒྱད་ཆུ་སྡེ་འབྲིང་པོའོ། །ག་ཇ་ད་བ་ཛ་འ་ཤ ཧྲི་བརྒྱད་མེ་སྡེ་ཞན་པའོ། །ང་ཉ་ན་མ་ཕ་ཡ་ས། སྨང་བརྒྱད་མཁས་སྡེ་རྟབ་པའོ། །འབྱུང་ཁུངས་སྡེ་ཚན་བརྒྱད་པོ་ལ། །ཡི་གེ་ལྔ་ལྔར་ཕྱེ་བ་ལས། དང་པོ་ཀླུ་ཀ་ལ་སོགས་(སོགས་)ལྔ། མགྲིམ་པའི་གནས་ལས་སྐྱེས་པ་ཡིན། འོག་མ་བདུན་ཡང་དེ་བཞིན་ཏེ། ཨེ་ཨོ་ཤུ་ཨི་ཨོ་ཨཿབྲྀ། སྡེ་ཚན་ལྔག་མ་བདུན་པོ་སྦྱར། འབྱུང་ཁུངས་རིམ་པས་ཀན་ལྕེ་མཆུ། སྣ་སྤྱི་(སོ)སྤྱི་ཁོག་བདུན་ལས་སྐྱེ། འབྱུང་བ་རིམ་པས་ཤེད་མེ་ས། ཆུ་རླུང་ལྕགས་རི་ནམ་མཁའོ། །ཡི་གེ་བཞི་བཞི་ཡོད་པ་ཡི། །ཀློག་པའི་ཐང་བབ་སྡེ་ཚན་བརྒྱད། དབྱངས་ཡིག་ལྔག་མ་བརྒྱད་དང་བཅས། །ངེས་པའི་ཐོ་ཡིག་བཞི་བཅུར་འདོད། ཅེས་པ་དེ་རྣམས་ཀྱིས་ཞང་ཞུང་གི་ཡི་གེའི་ཕྱི་མོ་དེ་ནི་འཕྲུལ་གྱི་ཡི་གེ་བཞི་བཅུའི་གྲངས་སུ་བཞུགས་པ་དེ···རྣམས་ཡིན་པ་དང་། འཕྲུལ་གྱི་ཡི་གེ་དེ་རྣམས་དཔའ་བོ་འབྲུ་ལྔ་ལས་བྱུང་ཡོད་པའི་ཚུལ་ཞལ་གསལ་དུ་བསྟན་པ་ཡིན།

དཔའ་བོ་འབྲུ་ལྔ་རུ་གྲགས་པ་དེ་རྣམས་ནི"ཧཱུྃ་རཾ་སྦྲུ་པཾ་ཡཾ"ལྔ་པོ་ཡིན་ལ་རྒྱུ་མཚན་གང་ཞིག་ལ·········བརྟེན་ཏེ་འཕྲུལ་ཡིག་བཞི་བཅུ་པོ་རྣམས་དཔའ་བོ་འབྲུ་ལྔ་ལས་ཤར་བ་ནི་བརྡ་སྤྲོད་ཉི་ཤུ་བདུན་པའི་རང་འགྲེལ་[ཐོབ་392ཤ་5བ་5]ལས་བར་སྐབས་སུ་དཔོ་བཟའ་ཐང་མོ་བདུད་ཁྲབ་པས་བསླུས་སྐབས་གཏོ······

སྒྲོམ་སེམས་བསྲིགས་ཏེ་དཔའ་བོ་འབྲུ་ལྷ་ལས་མ་ལེན་པར་དཔའ་བོ་འབྲུ་ལྷའི་ཁོང་ནས་འཕྲུལ་ཡིག་བཞི་བཅུ་བྱུང་ཞིང་སྟོན་པས་བྱིན་གྱིས་བརླབས་པར་མཛད་དོ། །ཞེས་པས་ངེས་ཤེས་ཐུབ་ཅིང་། གཏོ་སྒྲོམ་སེམས་བསྲིགས་པ་དང་། གཤེན་རབ་ཀྱི་ཐུག་ཏུ་དཔའ་བོ་འབྲུ་ལྷ་བྱུང་བ་ལས་འཕྲུལ་གྱི་ཡི་གེ་རྣམས་བྱུང་བའི་ཚུལ་འདི་ནི་གཤེན་རབ་ཀྱི་མཛད་མདོ་གཟེར་མིག་[ཐོབ་ག690ཤ་65ན་1]ལས་སངས་པོ་འབུམ་ཁྲིའི་ཐུགས་ཀྱི་བཅུད། ཡིག་འབྲུ་ཁྲི་དང་འབུམ་ཡོད་པའི། ཡིད་ཀྱི་ཁྱིའུ་ཆུང་ལ་བསྐུར་ནས། གཏོ་ཡི་བཀའ་སྒྲོམ་ཡང་ཆུང་ན། ཐ་རམ་[142]རྒྱ་ཡིས་བཏབ་ནས་ཡོད། བོན་གྱི་ཕྱག་ནི་འདི་ལ་ཐུག ཅེས་པས་གཏོའི་བཀའ་སྒྲོམ་ཞེས་པ་དེ་གང་ཞིག་ཡིན་པ་བསྟན་ནས་ཡང་[65ན་6]ལས་བདུད་ཀྱིས་བཙུན་མོའི་སྙིང་དུ་ཞུགས། དུག་ཚེར་མང་པོའི་མེ་བཏང་ནས། གཏོ་སྒྲོམ་ཡང་ཆུང་ཞུགས་ལ་གཞིན་(ཞིངས།)[143] ཡིད་ཀྱི་ཁྱིའུ་ཆུང་ཕྲས་ཀྱིས་སད།[144] སྙིང་རྩ་འབྲིང་ཞིང་ལུས་པོ་འགྱུལ། ཅི་ཉེས་སེམས་ནས་བལྟས་ཙ་ན། བཙུན་མོ་དཔོ་ཟ་རྐོང་ཟ་དང་། བདུད་རྗེ་ཁྱབ་པ་ལག་རིང་གསུམ། དུག་ཚེར་མང་པོ་མེ་(མེར་)སྲུངས་ནས། གཏོ་སྒྲོམ་ཡང་ཆུང་སྲིག་ཅིང་སྣང་། ཁྲུས་བཏབ་དམག་བཟློག་བརྒྱུགས་[145]ཙ་ན། བདུད་རྗེ་ཁྱབ་པ་ཡུལ་དུ་བྲོས་ཏེ་སོང་། ཁྱིའུ་ཆུང་གིས་མེ་ལ་རྣབས་པ་ལ། བེ་བུམ་ཚིག་འགྲོ་སྤར་གང་ཐོབ། ཕྱི་མ་དུག་ཚེ་(ཚེར་)མེ་ཡིས་ཚིག ཅེས་པས་བཙུན་མོ་གཉིས་བདུད་ཀྱིས་བསླུས་ཏེ་གཏོ་སྒྲོམ་བསྲིགས་པ་དང་། ཡིད་ཀྱི་ཁྱིའུ་ཆུང་ལ་ཚིག་འགྲོ་སྤར་གང་ཐོབ་ཚུལ་བསྟན་པ་དང་ཡང་[694ཤ་67ན་3]ན་དེ་ནས་ཡིད་ཀྱི་ཁྱིའུ་ཆུང་གིས་བདུད་ཀྱི་མེ་ནང་ནས། བེ་བུམ་ཚིག་འགྲོ་གཅིག་ཐོབ་པ། སྟོན་པ་ལ་ཕུལ་ཞེས་དང་ཡང་[695ཤ་67བ་3]ལས་བེ་བུམ་ཚིག་འགྲོར་གཟིགས་པས། ཡི་གེ་དཔའ་བོ་འབྲུ་ལྷ་མ་ཚིག་པར་གསལ་བར་སྣང་། ཞེས་དང་[696ཤ་68ན་5]ལས་ཡི་གེའི་ས་བོན་དཔའ་བོ་འབྲུ་ལྷ་ལས། འཕྲུལ་གྱི་ཡི་གེ་སུམ་ཅུ་རྩ་བརྒྱད་གྱིས་སོ། །ཞེས་གསུངས་པས་གསལ་བར་བསྟན་ཡོད་པ་དེ་རེད། ཚུལ་འདི་ཡི་གེའི་ཐོག་མ་ཇི་ལྟར་བྱུང་བའི་ཁུངས་མཛད་སྤྲོལ་བྱུང་ཡོད་ནའང་ལེགས་པར་དཔྱད་ན་བདུད་ཀྱིས་གཏོ་སྒྲོམ་དུ་ཡོད་པའི་ཡིག་འབྲུ་ཁྲི་དང་འབུམ་བསྲིགས་པ་དེ་ཀུན་ཡི་གེ་ཡིན་པ་དང་། དེ་དུས་སུ་ཡི་གེ་ཡོད་པ་ཡིན་སྟབས་དཔའ་བོ་འབྲུ་ལྷ་ལས་ཤར་བའི་འཕྲུལ་ཡིག་འདི་རྣམས་ཡི་གེའི་ཐོག་མར་བཞག་མི་རུང་བ་མངོན་སུམ་དུ་བསྟན་པ་ཡིན། དེ་ལྟར་ནའང་ཞང་ཞུང་གི་ལོ་རྒྱུས་ཡོད་པ་ནས་བཟུང་ཡི་གེར་བཀོད་པའི་དཔེ་དེ་ནི་དཔའ་བོ་འབྲུ་ལྷ་ལས་ཤར་བའི་འཕྲུལ་ཡིག་དེ་རྣམས་ཡིན་སྟབས། དུས་རིམ་གོང་མའི་སྔོན་ན་ཡི་གེ་ཡོད་མེད་ལ་མ་ལྟོས་པར་ཚུལ་འདི་ནི་ཞང་ཞུང་གི་ཡི་གེའི་ཁུངས་སུ་བརྩི་འོས་པ་ནི་སྨོས་མ་དགོས་པ་རེད།

ཡ་ཐོག་གི་འཕྲུལ་ཡིག་དེ་རྣམས་ཀྱི་རྣམ་གྲངས་བཞི་བཅུའམ་སུམ་ཅུ་སོ་བརྒྱད་ཡོད་ཚུལ་ཞལ་གསལ

དུ་བསྟན་མོད། ཡི་གེའི་རྣམ་པའམ་བཟོ་དབྱིབས་ཇི་ལྟར་ཡོད་པའི་ཚུལ་ཞལ་གསལ་དུ་བསྟན་པ་འགའ་ཡང་མི་སྣང་ལ་གཤེན་རབ་མི་བོ་ཆེས་བསྟན་པ་གང་ལ་བཞག་པའི་རྒྱལ་པོ“རྒྱ་ཀོང་ཙེ་འཕྲུལ་གྱི་རྒྱལ་པོ”ཞེས་སུ་གྲགས་པ་དེ་སྐུ་བལྟམས་པའི་ལོ་རྒྱུས་ཏེ། གཟེར་མིག་[ཐོབ་ཁ717ཤ་78བ་4]ལས་འཕྲུལ་ཡིག་ཀོང་རྩེ་སྲུམ་ཙུ་འཁོར་བར་བྲིས་པས། རྒྱ་ཀོང་རྩེ་འཕྲུལ་གྱི་རྒྱལ་པོའི་མིང་དུ་བཏགས་སོ། །ཞེས་པ་འདིར་“ཀོང་རྩེ་སྲུམ་ཙུ”ཞེས་འཁོད་སྣངས་ལ་དཔྱད་ན་ཕལ་ཆེར་ཡིག་འབྲུའི་བཟོ་དབྱིབས་ལས་ཐ་སྙད་དེ་འདྲ་ཞིག་བྱུང་བ་ལྟར་སྣང་མོད། དངོས་དོན་དུ“ཀོང་རྩེའམ་ཀོང་ཙེ”ཞེས་པ་དེ་ནི“འཕྲུལ”གྱི་དོན་ཙམ་དུ་ངེས་པ་ཡིན་ལ། གནའ་དུས་སུ་ཞང་བོད་ཀྱི་སྐད་ཤན་སྦྱར་གྱི་ཚིག“གུ་ལང་གསེར”ཞེས་པ་ལྟ་བུ་མང་པོ་ཞིག་སྤྱོད་སྲོལ་ཡོད་པ་ལྟར། ཀོང་རྩེ་ཞེས་པའི་ཚིག་འདིའང་དེ་ལྟར་དུ་བྱུང་ཡོད་པར་མངོན། ཡ་ཐོག་གི་འཕྲུལ་ཡིག་བཞི་བཅུའི་སྐོར་བཟ་སྒྲོད་ཉི་ཤུ་བདུན་པའི་རྩ་བར་བསྟན་པའི་ལུང་དེའི་དགོངས་དོན་གསལ་བར་རྟོགས་ཐུབ་པའི་ཆེད་དུ་འདིར་བཟ་སྒྲོད་ཀྱི་གཞུང་རང་གི་ཟུར་རྒྱན་ཕྱིར་བདེར་བཀོད་པ་ཞིག་ཡོད་པའི་[ཐོབ་619ཤ་1ན་1]ལས་དཔའ་བོ་འབྲུ་ལྔ་ལས་འཕྲུལ་ཡིག་བཞི་བཅུ་བྱུང་ཚུལ་ནི། ཀཱ་ག་ཁ་ག་ང་ཏ་ཨ་ཨཾ་ནམ་མཁའི་ཁམས་ཧཱུྃ་ལས་བྱུང་། ཨེ་ཙ་ཆ་ཇ་ཉ་ར་ཧྲི་ཏྲི་མེ་ཁམས་རཾ་ལས་བྱུང་། ཨོཾ་ཏ་ཐ་ད་ན་ལ་ས་སྣང་ས་ཁམས་སྲུ་ལས་བྱུང་། ཨུ་པ་ཕ་བ་མ་ཟ་འ་ཨཿཀྵ་ཁམས་པཾ་ལས་བྱུང་། ཨི་ཙ་ཚ་ཛ་ཝ་ཡ་ཤ་ཞ་ཀླུང་ཁམས་ཡཾ་ལས་བྱུང་། འབྱུང་ཆུང་སྡེ་ལྔ་ལ་ཀཱ་ཨེ་ཨོ་ཨུ་ཨི་ཨཾ་ཨཿཧྲཱ་ཀླུང་སྡེ་ཆེན་པོ་སྟེ། གསལ་བྱེད་ཀུན་ལ་ཁྱབ་པའོ། །ཀ་ཙ་ཏ་པ་ཙ་ཞ་ར་ཏ་དྲག་པོ་ས་སྡེའོ། ཁ་ཆ་ཐ་ཕ་ཚ་ཟ་ལ་ཨ་འབྲིང་པོ་ཆུ་སྡེའོ། །ག་ཇ་ད་བ་ཛ་འ་ཤ་ཧྲི་ཞན་པ་མེ་སྡེའོ། །ང་ཉ་ན་མ་ཝ་ཡ་ས་སྣང་རྟུབ་པ་ནམ་མཁའི་སྡེའོ། །སྒྲའི་སྐྱེ་གནས་བརྒྱད་ནི་ཀཱ་ག་ཁ་ག་ང་མགྲིན་སྐྱེས་ཤིང་ཁམས་དང་། ཨེ་ཙ་ཆ་ཇ་ཉ་མེ་ཁམས་རྐན་སྐྱེས། ཨོ་ཏ་ཐ་ད་ན་ས་ཁམས་ལྕེ་ལས་སྐྱེས། ཨུ་པ་ཕ་བ་མ་ཆུ་ཁམས་མཆུ་ལས་སྐྱེས། ཨི་ཙ་ཚ་ཛ་ཝ་ཀླུང་ཁམས་སྣ་ལས་སྐྱེས། ཨཾ་ཞ་ཟ་འ་ཡ་ལྟགས་ཁམས་སོ་ནས་སྐྱེས། ཨཿར་ལ་ཤ་ས་རི་ཁམས་སྤྱི་བོ་ནས་སྐྱེས། ཧྲཱ་ཏ་ཨ་ཧྲི་སྣང་ནམ་མཁའི་ཁམས་ཀྱི་ཁོག་པ་ནས་སྐྱེས་སོ། །ཐང་བབ་ཀྱི་གོ་རིམ་ནི་ཀ་ཁ་ག་ང་། ཙ་ཆ་ཇ་ཉ། ཏ་ཐ་ད་ན། པ་ཕ་བ་མ། ཙ་ཚ་ཛ་ཝ། ཞ་ཟ་འ་ཡ། ར་ལ་ཤ་ས། ཏ་ཨ་ཧྲི་སྣང་། ཀཱ་ཨི་ཨུ་ཨེ་ཨོ་ཨཾ་ཨཿཧྲཱ། ཞེས་ཤེས་ཐུབ་པ་འདུག གཞུང་འདིའི་རྩ་འགྲེལ་གཉིས་ཀར“ཞ”དྲག་པོ་ས་སྡེར་བཞག་པ་དང“ཤ”ཞན་པ་མེ་སྡེར་བཞག་འདུག་མོད། སྒྲའི་འགྲེལ་ལ་དཔྱད་ན“ཤ”དྲག་པོ་ས་སྡེ་དང“ཞ”ཞན་པ་མེ་སྡེར་གཏོགས་པ་ཞིག་ཡིན་དགོས་པ་འདྲ་འདུག

ལེགས་བཤད་རིན་པོ་ཆེའི་མཛོད་དུ་མདོ་ལུང་དྲངས་པ་དེའི་ཁུངས་ནི་གཤེན་རབ་མི་བོ་ཆེའི་མཛད་མདོ་འབྲིང་པོ་གཟེར་མིག་[ཐོབ་ཁ787ཤ་113བ་2]ལས་ཡིག་འབྲུ་སུམ་ཅུས་བོན་གྱི་ཁོག་པ···

ཕུབ། འགོ་ཡིས་ལམ་དྲངས་ཤན་ཀྱིས་མདོ་ཡང་བཅད། ཚིག་གིས་བར་ཕྱེ་མི་འཁྲུགས་གསལ་བར་བརླམས། གུག་འགྲེང་ན་རོ་ཞབས་ཀྱུ་ཡ་སྟ་ཡིས། སྐབས་སྦྱོར་དོན་དུ་ཡན་ལག་རྒྱས་པར་བཏགས། ཞེས་གསལ་བ་དེ་ཡིན་ལ་མདོ་ལུང་དེའི་དགོངས་དོན་ངེས་པ་ནི"ཡི་གེ་སུམ་ཅུས་བོན་གྱི་ཁོག་ཀྱང་ཕུབ།" ཅེས་གསུངས་པ་དེ་ནི་མིང་གཞིའི་ཡི་གེ་ཀ་ཁ་ག་ང་སོགས་ནས་ཧ་དང་ཨའི་བར་གསལ་བྱེད་སུམ་ཅུ་ཡོད་པ་དེ་དག་ལ་དགོངས་ནས་གསུངས་ཡོད་པར་ངེས་ཤིང་། སྦྱོར་བཏང་སྒྲའི་འདུ་བྱེད་ཅུང་དྲག་པ་ཨ་ཡིག་དང་། དེ་ལས་ཅུང་ཟད་དམན་པ་འ་ཡིག་དག་ལ་དབྱངས་ཀྱི་ནུས་པ་ཡོད་སྐབས་དབྱངས་ཡིག་གི་ཁོངས་སུ་གཏོགས་པ་ལས་གསལ་བྱེད་ཀྱི་ཁོངས་སུ་བརྩི་མི་རུང་བ་འདྲ་ཞིག་ཏུ་སྣང་མོད། ཞང་བོད་ཀྱི་ཡིག་གཟུགས་སུ་ཡི་གེའི་ལུས་དངོས་ཡོད་པ་ལ་གསལ་བྱེད་དང་གི་གུ་དང་ཞབས་ཀྱུ། འགྲེང་བུ། ན་རོ་ལྟ་བུ་ཡི་གེའི་ལུས་དེའི་རྒྱན་དུ་གྱུར་པ་ཙམ་ལས་ཡི་གེའི་ལུས་དངོས་མེད་པ་དེ་རིགས་ལ་དབྱངས་ཡིག་གི་ཐ་སྙད་བྱེད་སྲོལ་ཡོད་སྐབས་དོན་ལ་འགལ་བ་གང་ཡང་མེད་པ་ཡིན། གཟེར་མིག[ཐོབ་ཁ་696 ཤ་68 ན་5] ལས་ཡི་གེའི་ས་བོན་དཔའ་བོ་འབྲུ་ལྔ་ལས། འཕྲུལ་གྱི་ཡི་གེ་སུམ་ཅུ་རྩ་བརྒྱད་གྱེས། སྟོན་པའི་ཐུགས་རྗེས་བོན་གྱི་བསྟན་པ་དར་ཞིང་རྒྱས་པར་གྱུར། ཅེས་གསལ་བྱེད་ཀྱི་ཡི་གེ་སུམ་ཅུ་དང་དབྱངས་ཡིག་ལྔག་མ་བརྒྱད་དུ་གྲགས་པ་དེ་རྣམས་གཅིག་ཏུ་བསྡོམས་པས་འཕྲུལ་གྱི་ཡི་གེ་སུམ་ཅུ་རྩ་བརྒྱད་དུ་གསུངས་ཡོད་པར་བརྟེན། ཡི་གེ་སུམ་ཅུས་བོན་གྱི་ཁོག་ཕུབ་པར་བཤད་པ་དེའི་དོན་ནི་གསལ་བྱེད་སུམ་ཅུ་ལ་དགོངས་ཡོད་པ་གསལ་བར་མངོན་ཐུབ་པ་ཡིན།

རིན་ཆེན་གཏེར་ཕྲེམ་དང་བཟ་སྲིད་ཉི་ཤུ་བདུན་པའི་རྩ་འགྲེལ་དང་བཅས་པ་རྣམས་སུ་དཔའ་བོ་འབྲུ་ལྔ་ལས་བྱུང་བའི་འཕྲུལ་ཡིག་བཞི་བཅུའི་གྲངས་སུ་བཤད་པ་དེ་དང་གཟེར་མིག་ལས་འཕྲུལ་ཡིག་སུམ་ཅུ་རྩ་བརྒྱད་ཀྱི་གྲངས་སུ་བཤད་པ་འདི་གཉིས་ཕན་ཚུན་འགལ་བ་འདྲ་ཞིག་ཏུ་སྣང་མོད། དངོས་དོན་དུ་འགལ་བ་གང་ཡང་མེད་པ་ནི་ཀ་ཁ་སོགས་ནས་ཨའི་བར་གསལ་བྱེད་སུམ་ཅུ་ཐམ་པ་དང་། ཀླུ་མགོ་དང་ཏྭ་ཤད་གཉིས་མ་གཏོགས་རྗེ་སྣང་ཨི་ཨུ་ཨེ་ཨོ་ཨཾ་ཨཿབཅས་དབྱངས་ཡིག་ལྔག་མ་བརྒྱད་དུ་གྲགས་པ་དང་། དེ་ཀུན་གྱི་ཐོག་ཏུ་ཀླུ་ཏྲི་གཉིས་བསྣན་པས་འཕྲུལ་ཡིག་བཞི་བཅུར་འགྱུར་བ་སྟེ་དངོས་དོན་དུ་མགོ་ཤད་གཉིས་འཕྲུལ་ཡིག་གི་གྲངས་སུ་བརྩིས་མ་བརྩིས་ཀྱི་ཁྱད་ཙམ་ལས་གཞན་མེད། ཡང་མདོ་ལུང་ལས"མགོ་ཡིས་ལམ་དྲང"ཞེས་གསུངས་པ་དེའི་དགོངས་དོན་ནི་བཟ་སྲིད་ཉི་ཤུ་བདུན་པ[ཐོབ་367 ཤ་4 ན་4] ལས་ཀླུ་ནི་མགོ་ཡི་ལམ་འདྲེན་ཡིན་ཞེས་པ་དང་། རང་འགྲེལ[445 ཤ་32 ན་2] ལས་དེ་ཡང་ཞང་ཞུང་སྐད་དུ་ཀླུ་དང་བོད་སྐད་དུ་མགོ་ཞེས་བྱ་སྟེ། ཡི་གེའི་མགོ་ཡི་ལམ་སྣ་འདྲེན་པའི་དང་མའམ་ཐོག་མ་ཡིན་ནོ། །ཞེས་

པས་གསལ་བ་སྟེ། ཡིག་གཟུགས་ཀྱི་རྣམ་པར་འོག་འདེགས་དང་ལྡན་པའི་གཡུང་དྲུང་གི་རིས་࿕ཿའདི་ལྟ་
བུ་ཞིག་ཡོད་པ་དེ་ནི་བོད་ཡིག་དབུ་ཅན་གྱི་ཡིག་མགོ“ ༄༅། ”འདི་དང་ཆ་འདྲ་བ་ཞིག་ཏུ་སྣང་། “ཤད་
ཀྱིས་མདོར་ཡང་བཅད་”ཅེས་པའི་དགོངས་དོན་ནི་བརྡ་སྤྲོད་ཉེ་ཤུ་བདུན་པའི་[367ཤ་4ན་5]ལས“ཧྲ་ནི་
ཤད་དེ་མདོ་ཡང་གཅོད།” ཅེས་པ་དང་རང་འགྲེལ་གྱི་[445ཤ་32ན་4]ལས་ཞང་ཞུང་སྐད་དུ་ཧྲ་དང་བོད་
སྐད་དུ་ཤད་ཅེས་བྱ་སྟེ། ཚིག་གི་མདོ་ཡང་གཅོད་པའི་ནུས་པ་ཅན་ཞེས་པས་བསྟན་པ་སྟེ། ཡིག་གཟུགས་
ཀྱི་དབང་དུ་བྱས་ན“ ༑ ”འདི་ལྟར་དུ་སྣང་བ་དེ་ནི་བོད་ཡིག་དབུ་ཅན་གྱི་ཤད“ ། ”འདི་དང་མཚུངས་པ…
ཡིན། “ཚིག་གི་བར་ཕྱེ”ཞེས་པའི་དགོངས་དོན་ནི་བརྡ་སྤྲོད་ཉེ་ཤུ་བདུན་པའི་[367ཤ་4ན་4]ལས“ཨཿནི་
ཚིག་དྲག་བར་ཡང་འབྱེད།” ཅེས་དང་རང་འགྲེལ་[445ཤ་32ན་3]ལས་ཞང་ཞུང་སྐད་དུ་ཨཿདང་བོད་
སྐད་དུ་ཚིག་དྲག་ཅེས་བྱ་སྟེ་ཡས་མར་གྱི་བར་འབྱེད་པར་བྱེད་དོ། །ཞེས་པས་གསལ་བ་སྟེ། ཡིག་གཟུགས་
དངོས་ལ“ ༔ ”འདི་ལྟ་བུ་ཐིག་གྲུ་བཞི་ཉིས་རྩེགས་སུ་ཡོད་པ་འདི་ནི་བོད་ཡིག་དབུ་ཅན་དུ་ཡིག་འབྲུ་ཕན…
ཚུན་བར་ཚིག་ཐིག“▼”འདི་འབྲི་སྲོལ་ཡོད་པ་དེ་དང་དོན་གཅིག་ཅིང་། བོད་ཀྱི་གནའ་བོའི་ཡིག་རྙིང་
ཏུན་ཧོང་གི་དཔེ་ལས་བྱུང་བ་མང་པོ་ཞིག་ཏུ་ཡིག་འབྲུ་ཕན་ཚུན་བར་གཅོད་པའི་ཚེག་ལ་རྟགས“ ཿ ”འདི…
བཞིན་ནག་ཐིག་ཉིས་རྩེགས་སུ་བྲིས་པ་དང་སྐབས་འགར་འབྲུ་ཕན་ཚུན་བར་གཅོད་པ་ལ་ནག་ཐིག་རེ……
ལས་མེད་ནའང་ཚིག་དོན་གྱི་མཚམས་འབྱེད་པའི་ཆེད་དུ་ནག་ཐིག་ཉིས་རྩེགས་སུ་འབྲི་སྲོལ་བྱུང་ཡོད་པ…
དཔེར་ན་ཏུན་ཧོང་བོད་ཀྱི་ལོ་རྒྱུས་ཡིག་རྙིང་གི་[PI580ཕ་51]ལས་བཙན་པོ: དབྱི་རད: ལྷམ: ཀྱི་སྔོན་ན…
བཞུག་སྟེ། དགུན་ཉ་མངས་ཚལཿདུ་གཤེགས་ཞེས་པས་ཤེས་ཐུབ་པ་ཡིན། “སྐབས་སྦྱོར་དོན་དུ་ཡན་ལག
རྒྱས་པར་ཤེས་བཏགས”ཞེས་པའི་དགོངས་དོན་ནི་སྐབས་ཀྱི་སྦྱོར་བ་གོང་གསལ་གྱི་མགོ་འདྲེན་དང་།
མདོ་གཅོད། ཚིག་དྲག་འདི་གསུམ་ཙམ་དུ་མ་ཟད། གཞན་ཡང་བརྡ་སྤྲོད་ཉེ་ཤུ་བདུན་པའི་[367ཤ་4ན་
5]ལས་ཧྲི་ནི་ར་སྟ་སྟང་ཡ་སྟ། ཨི་ནི་གྲུ་(གི)གྲུ་ཤུ་ཞབས་སྐྱུ་(ཀྱུ།) ཨེ་ནི་འགྲེང་བུ་ཨོ་ན་རོ། ཨཾ་ནི་མ་
བཞག་ཐིག་ལེ་ཡིན། ཞེས་པ་དང་དེའི་རང་འགྲེལ་[446ཤ་32བ་4]ལས་དེ་ཡང་ཞང་ཞུང་སྐད་དུ་ཧྲི།
རྟག་གཟིགས་སྐད་དུ་རི། བོད་སྐད་དུ་ར་སྟ། ཞང་ཞུང་སྐད་དུ་སྟང་། རྟག་གཟིགས་སྐད་དུ་ཡི། བོད་
སྐད་དུ་ཡ་སྟ་ཞེས་སོ། །ཞེས་པ་དང་ཡང་[447ཤ་33ན་3]ན་གསལ་བྱེད་ཀྱི་ཡི་གེ་རྣམས་ལ་ཀམ་སོགས་
སྦྱོར་བའི་དོན་དུ་ཨམ་ཞེས་ཏེ། མ་བཞག་པ་ཐིག་ལེར་བསྒྱུར་བ་ཡིན་ནོ། །ཞེས་པ་འདི་རྣམས་ཀྱིས་སྐབས་
སྦྱོར་གྱི་དོན་གང་ཡིན་པ་དང་། ཧྲི་དང་སྟང་དུ་གྲགས་པ་དེ་རྣམས་ར་སྟ་དང་ཡ་སྟའི་མིང་ཡིན་པའང་
ཤེས་ཐུབ་པ་ཡིན། ལེགས་བཤད་རིན་པོ་ཆེའི་མཛོད་[པེ་159ཕ་16]ལས་དང་པོ་དག་པ་ལྷའི་ཡི་གེ་སྟག

གཟིག་ཕྱུངས་ཡིག་ཏུ་བསྒྱུར། དེ་ཞང་ཞུང་གི་ཡིག་རྙན་དུ་བསྒྱུར། དེ་སྨར་སྤྲག་ཏུ་བསྒྱུར། ཞེས་པ་སོགས་ཀྱིས་གཤེན་རབ་མི་བོ་ཆེས་མཛད་པའི་འཕྲུལ་གྱི་ཡི་གེ་དེ་ནི་སྟག་གཟིག་གི་ཕྱུངས་ཡིག་ཅེས་པར་ངོས……འཛིན་གནང་ཡོད།

གཉིས། སྟག་གཟིག་ཕྱུངས་ཡིག་གི་སྐོར།

སྟག་གཟིག་གི་ཕྱུངས་ཡིག་དེ་ལས་ཞང་ཞུང་གི་ཐོག་མའི་ཡིག་གཟུགས་བྱུང་བའི་ཚུལ་གསུང་ཡོད……འདུག་པ་འདི་ནི་དུས་ཕྱིས་ཀྱི་བོན་པོ་ཆོས་གཤེན་རབ་མི་བོ་ཆེ་གང་དུ་སྐུ་འཁྲུངས་ཤིང་། ཁོང་གིས་བོན་བསྟན་པའི་གནས་ཀྱི་གཙོ་བོ་འོལ་མོ་ལུང་རིང་དུ་གྲགས་པ་དེ་སྟག་གཟིག་གི་ཡུལ་དུ་ཡོད་པར་བཤད་སྲོལ་ཡོད་པ་དེའི་ལུགས་སུ་བྱས་ཏེ་སྐབས་འདིར་ཡང་སྟག་གཟིག་གི་ཕྱུངས་ཡིག་དེ་ཞང་ཞུང་ཡིག་རྙན་གྱི……ཁུངས་སུ་བཤད་པ་ཙམ་ཞིག་ཡིན་པ་ལས། གཞན་པའི་རྒྱུ་མཚན་འགའ་ཡང་མེད། ཆོས་ཀྱི་ལུགས་སུ་ལེགས་སྦྱར་ལ"ལྷའི་སྐད"ཅེས་ཟེར་སྲོལ་ཡོད་པ་དེའི་ཤན་ཞུགས་ནས། འདིར་དག་པ་ལྷའི་ཡི་གེ་ཞེས་ཆེ་བརྗོད་པ་བཅས་ཏེ་བཤད་ཡོད་པའང་གསལ་པོར་མཐོང་ཐུབ། གང་ལྟར་ཡང་བཤད་ཚུལ་དེ་ནི་མངོན་སུམ་གྱི་རིག་པ་དང་འགལ་བ་ཞིག་ཏེ། སྟག་གཟིག་གི་ཕྱུངས་ཡིག་ཏུ་གྲགས་པའི་ཡིག་གཟུགས་འདི་ནི་དེང་དུས་རྒྱ་གར་དུ"ཨུརྡུ"ཞེས་བྱ་བ་ཨ་རབ་དང་པར་སིག་གི་ཡུལ་སོགས་ཁ་ཆེའི་མི་རིགས་དང་ཆོས……ལུགས་པ་རྣམས་ཀྱིས་བེད་སྤྱོད་བྱེད་བཞིན་ཡོད་པའི་ཡིག་གཟུགས་འདི་ལ་ཟེར་བ་ཡིན། སྟག་གཟིག་གི་ཕྱུངས་ཡིག་ལ་དབྱངས་གསལ་གྱི་རྩ་བ་ཤིན་ཏུ་ཉུང་ངུ་ཞིག་ལས་སུམ་ཅུའི་གྲངས་མེད་ཅིང་། ཞང་ཞུང་གི་ཡིག་རྙན་ལ་གསལ་བྱེད་ཀྱི་གཙོ་བོ་ལུས་ལྟ་བུ་སུམ་ཅུ་དང་དབྱངས་ཀྱི་རྟགས་རྐྱན་ཆ་ལྟ་བུ་བཞི་ཏུ་གྲངས……ངེས་པ་དང་། སྟག་གཟིག་ཕྱུངས་ཡིག་ཏུ་དབྱངས་དང་འདོགས་ཀྱི་རིགས་རྣམས་ཡི་གེའི་ལུས་རང་ཡིན་པ་ལས། སྟེང་འོག་ཏུ་སྦྱར་བའི་སྲོལ་མེད་ལ་ཞང་ཞུང་ཡིག་རྙན་གྱི་དབྱངས་དང་འདོགས་ཀྱི་བྱེ་བྲག་རྣམས་ལུས་ཀྱི་མཛེས་རྒྱན་བཞིན་སྟེང་འོག་གང་འོས་སུ་སྦྱར་དགོས་པ་དང་། སྟག་གཟིག་གི་ཕྱུངས་ཡིག་དེ་གཡས་ངོས་ནས་གཡོན་ངོས་སུ་འབྲི་དགོས་པ་དང་ཞང་ཞུང་གི་ཡིག་རྙན་ནི་ཡིག་རིགས་གཞན་དག་ལྟར……གཡོན་ངོས་ནས་གཡས་ངོས་སུ་འབྲི་སྲོལ་ཡོད་པ་དང་། སྟག་གཟིག་གི་ཕྱུངས་ཡིག་ལ་དམིགས་བསལ་གྱི་ཡིག་མགོ་འབྲི་བའི་སྲོལ་མེད་ལ། ཞང་ཞུང་གི་ཡིག་རྙན་དུ་ཤོག་ལྡེབ་རེ་བཞིན་ཡིག་མགོ་འབྲི་དགོས་པ་དང་། སྟག་གཟིག་གི་ཕྱུངས་ཡིག་ལ་ཚིག་ཕན་ཚུན་མཚམས་གཅོད་པ་ཙམ་ལས་དམིགས་བསལ་གྱི་ཚེག་འབྲི་སྲོལ་མེད་ལ། ཞང་ཞུང་གི་ཡིག་རྙན་དུ་ཚིག་ཕན་ཚུན་མཚམས་གཅོད་པའི་ཆེད་ཚེག་ཡོད་པ་སོགས

སྨྱུགས་ཀུན་ནས་མི་འདྲ་བའི་ཁྱད་ཧ་ཅང་ཆེན་པོ་ཞིག་ཡོད་ངེས་པ་ནི་ཡི་གེ་ལ་ཆ་རྒྱུས་ཟུ་བ་ནས་མེད་པའི་བློ་གསར་པ་ཞིག་གིས་བལྟས་ནའང་གསལ་པོར་ཤེས་ཐུབ་པ་ཡོད། དཔེར་ན་བོད་སྐད་དུ"ཞིང་བཟང་མི་ཡི་ནོར་བུ་ཡིན།" ཞེས་བྱ་བའི་ཚིག་སྦྱུབ་དེ། ཞང་ཞུང་གི་སྐད་དང་ཡིག་རྒན་གྱི་འབྲུ་ཚུགས་སུ་

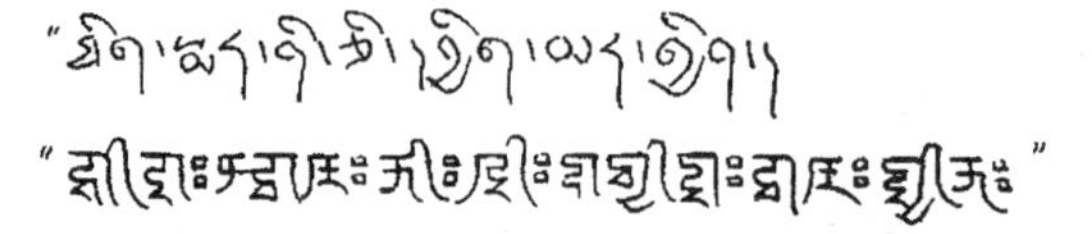

ཞེས་པ་འདི་ལྟར་དུ་བྱུང་ལ་ཚིག་སྦྱུབ་དེ་པར་སིག་གི་སྐད་ཡིག་དུ་

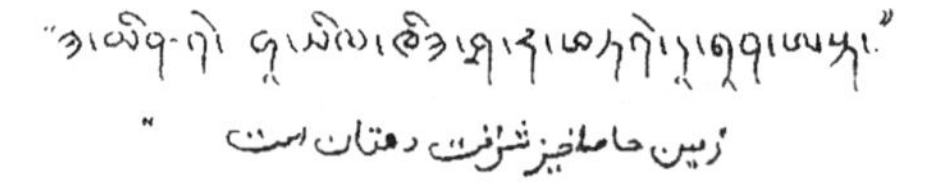

ཞེས་གཡས་ངོས་ནས་གཡོན་ཕྱོགས་སུ་འབྲི་སློག་བྱེད་དགོས་པ་དང་། ཡི་གེའི་འབྲུ་གཟུགས་ལ་དཔྱད་ནའང་རྣམ་པ་ཟུ་བ་ནས་མི་འདྲ་བ་མངོན་སུམ་དུ་མཐོང་ཐུབ་པ་ཡོད།

སྤྱིར་ཞང་ཞུང་གི་སྐད་ལ། ཞང་ཞུང་སྨར་གྱི་སྐད་དང་དར་མའི་སྐད། དིར་མའི་སྐད། དར་མ་དིར་གྱི་སྐད། གུ་གེའི་སྐད་དང་ཕལ་པོ་སླང་གི་སྐད་སོགས་མི་འདྲ་བ་འགའ་རེ་ཡོད་པ་ལས་གཟུགས་སྨར་གྱི་སྐད་ནི་ཞང་ཞུང་དབུས་ཀྱི་སྐད་དེ་ཞང་ཞུང་གི་སྐད་རིགས་ཐམས་ཅད་ཀྱི་མཆོག་ཏུ་བརྩིགས་པ་དང་། གུ་གེའི་སྐད་ནི་ཞང་ཞུང་གི་ཡིག་སྐད་དང་། གཞན་དར་མའི་སྐད་ནི་ཞང་ཞུང་སྟོ་པ་དང་། དིར་མའི་སྐད་ནི་ཞང་ཞུང་བྱང་པ། དར་མ་དིར་ནི་ཞང་ཞུང་སྟོད་སྨད་ཕལ་པའི་སྤྱི་སྐད་ཅིག་ཏུ་ངོས་འཛིན་སྲོལ་ཞིག་བྱུང་ཡོད།

ཞང་ཞུང་གི་སྐད་རིགས་ལ་མི་འདྲ་བ་འགའ་བྱུང་ཡོད་པར་བརྟེན། ཞང་ཞུང་གི་ཡིག་གཟུགས་ལའང་མི་འདྲ་བ་འགའ་རེ་བྱུང་ཡོད་པ་ནི་སྨོས་མ་དགོས། ཞང་ཞུང་གི་ཡིག་གཟུགས་མི་འདྲ་བ་འགའ་རེ་བྱུང་སྲོང་བའི་ནང་ཚན་དུ་ཞང་ཞུང་གི་དྲག་ཡིག་ཅེས་པ་ཞིག་བྱུང་ཡོད་པའི་ཚུལ་ནི་འཛེལ་གཏམ་ལུང་གི་སྙིང་པོའི་[ཤ་37ཕ་20]ལས་གཞན་ཡང་ཞང་ཞུང་དྲག་ཡིག་ཅེས་པའང་ཡོད་པའི་དཔེ་རིས་ཀྱི་རྒྱུན་ཡོད····པ་ནི་སྔར་ཞང་ཞུང་སད་ནེ་གཙུས་པོད་རྒྱལ་གྱི་གུམ་གྱི་དུས་སུ་ཧ་ནག་ཏུང་ཕོར་དུ་གཏེར་དུ་སྦས་དུས······ཞང་ཞུང་གི་དྲག་ཡིག་དང་བོད་ཡིག་འདྲེས་མར་གྱི་ཐོག་ཏུ་བྲིས་པ་ཕྱིས་ཉིད་ཀྱི་སྤྲུལ་སྐུ་གུ་རུ་རྣོ་རྩེས········གཏེར་ཐོན་པ་དེ་ཁོང་གི་གཏེར་སློབ་གཉལ་སྟོན་གཞོན་ནུ་འབུམ་གྱིས་གཏེར་དཔེའི་ཐོག་ནས་དཔེ་བཤུས་པ་ཡིན་ཏེ། མ་རྒྱུད་སངས་རྒྱས་གསུམ་གྱི་འགྲེལ་པ་གཏེར་མ་ལས། སྤྲུལ་སྐུ་གུ་རུ་རིན་པོ་ཆེ་ལ་བདག་བཙུན་པ་གཞོན་གྱིས་ཞུས་ནས། དར་དཀར་དངོས་ལ་བྲིས། མ་དཔེ་ལ་ཞང་ཞུང་དྲག་ཡིག་འདི་འདྲ་དང་།

བོད་ཡིག་འདྲེས་མར་སྣང་ངོ་ཞེས་དང་འགྲེལ་གྱི་དབུ་འཆད་ལས། ཞང་བོད་འདྲེས་མ་ལ་བོད་ཡིག་མང་བར་འདུག ཞང་ཡིག་ཀྱང་ཀ་ཁ་སྣང་བ་ལ་ལེགས་པར་བརྟགས་པས་མི་ཁྲེལ་བ་མ་བྱུང་། ཞེས་གསུངས། ཞང་ཞུང་གི་དྲག་ཡིག་འདི་གཉེར་དཔེ་དར་དཀར་ངོས་ལས་གཞན་གྱིས་བཤུས་པའི་དཔེ་དེ་ཉིད་ལས། བླ་མ་གཡུང་དྲུང་སྙིང་པོས་བྲིས་པ་འདི་ལྟར།

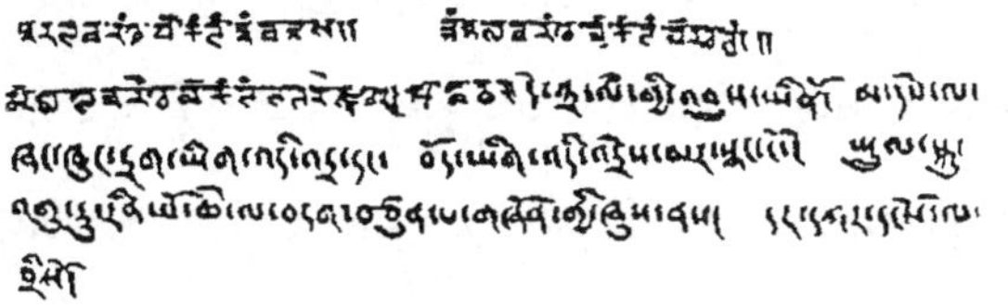

ཚུལ་འདི་རྣམས་ཀྱིས་ཞང་ཞུང་གི་ཡི་གེའི་ཚུལ་རྣམས་གསལ་ཤེས་ཐུབ་པར་མཛོད། ཞེས་ཞང་ཞུང་དྲག་ཡིག་གི་འདྲ་དཔེ་སྙིང་མའི་དཔེ་དེབ་ཞིག་རང་རེའི་དབང་པོའི་མངོན་སུམ་དུ་བསྟན་ཡོད་པ་གོང་……གསལ་ལོ། །

བོད་རིགས་གཞན་སྐྱེས་ཨ་མདོའི་ཕྱོགས་ཀྱི་མཁས་པ་ཚེ་རིང་ཐར་ལགས་ནས“བོད་ཡིག་གི་འབྱུང་……གཞིར་གསར་དུ་དཔྱད་པ”ཞེས་པའི་རྩོམ་ཡིག་ཤིག་བཀོད་འདུག་པ་དེའི་ནང་དུ་བོད་ཡིག་གི་ཐོག་མའི……འབྱུང་ཁུངས་ཞང་ཞུང་གི་སྨར་ཆུང་ཞེས་བྱ་བ་དེ་ཡིན་པ་དང་སྨར་ཆུང་གི་འབྲུ་ཚུགས་ཇི་ལྟར་ཡིན་པའི……དཔེ་དགོན་སྙིང་འགར་ཞང་བོད་ཤན་སྦྱར་གྱི་ཡིག་ཆ་མངོན་མཐོང་དུ་ཡོད་པ་ལས་བླངས་ཚུལ་གྱི་ལོ་རྒྱུས……དང་བཅས་ཏེ་སྐད་གཉིས་ཤན་སྦྱར་གྱི་ཀ་དཔེ་ཞིག་བཀོད་ཡོད་པ་གཤམ་གསལ།

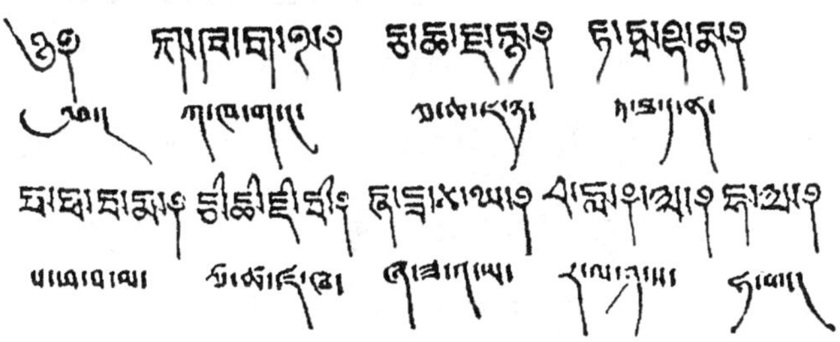

གཞན་ཡང་དེ་དག་དང་ཆ་འདྲ་བ་ཞང་ཞུང་གི་ཡིག་གཟུགས་སུ་གྲགས་པ་རང་རེར་མཐོང་རྒྱུ་ཡོད་……པ་དང་མེད་པ་ཅི་རིགས་པ་ཞིག་ཡོད་པ་ནི་སློས་མ་དགོས་ནའང་ཞང་ཞུང་གི་ཡིག་རྙིང་དུ་གྲགས་པའི་ཡིག་གཟུགས་ཀྱི་ལྡེ་བ་དེ་ནི་ཞང་ཞུང་གི་སྨྲའི་དོན་སྡེབ་སྣང་གསལ་སྒྲོན་མེ་ཞེས་སུ་གྲགས་པའི་ཡིག་ཆ[ཐོབ་1 པ་1—6]དེའི་དཔུར་ཞང་ཞུང་འཕྲུལ་ཡིག་གི་ཀ་དཔེ་ཆ་ཚང་ཞིག་བཞུགས་ཡོད་པ་དེ་ནང་དུ་དེས་སམ……

སྐམ། ཚུལ་དེ་ལ་ངེས་ཤེས་རྙེད་ཐུབ་པའི་ཆ་རྐྱེན་ཁྱད་པར་ཅན་ཞིག་ནི་ཞང་ཞུང་ཁྱུང་ལུང་གི་རྒྱལ་པོ་ལིག་མི་རྒྱའི་ཕྱག་ཐམ་སྣོན་རིའི་ལྷ་ཁང་གི་ནང་རྟེན་དུ་བཞུགས་ཡོད་པ་དེའི་ངོས་སུ་ཞང་ཞུང་ཡིག་རྒྱན་གྱི……ཚུགས་སུ“ཁ་ཚན་པ་ཤང་ལིག་ཞི་ར་ཙ”ཞེས་བྱ་བའི་ཡིག་འབྲུ་བརྒྱད་དེ། བོད་སྐད་དུ“ཐམས་ཅད་དབང་བསྒྱུར་སྲིད་པའི་རྒྱལ་པོ”ཞེས་བཀོད་པའི་ཕྱག་ཐམ་ད་ལྟའི་དུས་སུའང་སྣོན་རི་བའི་རྟེན་སྐམ་དུ……དངོས་སུ་མཇལ་རྒྱུ་ཡོད་པས་ཤེས་ཐུབ་ལ། གནའ་དུས་ཀྱི་ཕྱག་ཐམ་ཕལ་མོ་ཆེ་ནི་རྒྱལ་པོ་གོང་རིམ་མམ་བླ་ཆེན་གོང་རིམ་གྱི་དུས་ནས་བྱུང་བ་ཞིག་ཡིན་པ་ལས་སུ་ཞིག་གིས་བེད་སྤྱོད་གནང་བ་དེ་རང་གིས་གསར་དུ་བཟོས་པའི་ཕྱག་ཐམ་ཤིན་ཏུ་ཉུང་བ་ཡིན་སྟབས། ལིག་མི་རྒྱའི་ཕྱག་ཐམ་འདིའང་ཁོང་གི་སྔོན་རོལ་དུ་བྱུང་བའི་རྒྱལ་པོ་གོང་མ་རྣམས་ཀྱི་ཕྱག་ཐམ་ཡིན་པ་ཤིན་ཏུ་སྲིད་ལ། ཕྱག་ཐམ་ནང་གི་ཡིག་གཟུགས་དེའང་ཆེས་སྔ་བའི་ཡིག་གཟུགས་ཤིག་ཡིན་པའང་ཤུགས་ཀྱིས་ཤེས་ཐུབ་པ་ཡིན།

ལིག་མི་རྒྱའི་ཕྱག་ཐམ་དངོས་ཀྱི་དཔེ་བཤུས་ཕྱག་ཐམ་ནང་གི་ཡིག་གཟུགས་གསལ་བར་བཀོད་པའི……དཔེ་རིས།

ལིག་མི་རྒྱའི་ཕྱག་ཐམ།

ཞང་ཞུང་གི་སྐད་བོད་ཡིག་གི་འབྲུ་ཚུགས།

ལིག་མི་རྒྱའི་ཕྱག་ཐམ་ནང་གི“ཁ་ཚན་པ་ཤང་ལིག་ཞི་ར་ཙ”ཞེས་པའི་ཡིག་འབྲུ་བརྒྱད་པོའི་གོ་དོན་བོད་སྐད་དུ“ཐམས་ཅད་དབང་བསྒྱུར་སྲིད་པའི་རྒྱལ་པོ”ཞེས་བྱ་བའི་དོན་ལ་འཇུག་ཅིང་ཕྱག་ཐམ་འདི……དུས་རིམ་གཉིས་པའི་ནང་གི་ཞང་ཞུང་ཁྱུང་ལུང་དངུལ་མཁར་གྱི་རྒྱལ་པོ་ལིག་མི་རྒྱའི་ཡིན་པ་སྐད་དུ……གྲགས་སོད། དངོས་དོན་དུ་ཞང་ཞུང་གི་སྐད་དུ“ལིག་མི”དང“ལིག་ཞི”ཞེས་པ་དག་བོད་སྐད་དུ“སྲིད་པ”ལ་འཇུག་པ་དང་། “རྒྱ”ཞེས་པ་ནི“རྗེ”ཞེས་པ་སྟེ། “ལིག་མི་རྒྱ”ཞེས་པའི་མཚན་དོན“སྲིད་པའི་རྗེ”ཡིན་སྟབས། མཚན་དེ་ནི་ཤིན་ཏུ་མངའ་དབང་ཆེ་བའི་རྒྱལ་པོ་རྣམས་ཀྱི་སྤྱི་མཚན་ཞིག་ལས་སྐུ་སྐྱེར་གྱི་མཚན་མིན་པས་ཕྱག་ཐམ་འདི་ནི་ཕལ་ཆེར་དུས་རིམ་གཉིས་པའི་སྐབས་ཀྱི་རྒྱལ་པོ་རྣམས་ནས་རིམ……པར་བརྒྱུད་པ་ཞིག་ཀྱང་ཡིན་སྲིད། ཞང་ཞུང་གི་སྨར་ཡིག་གམ་ཞང་ཞུང་ཡིག་རྒྱན་དུ་གྲགས་པ་དེའི་ཡིག་

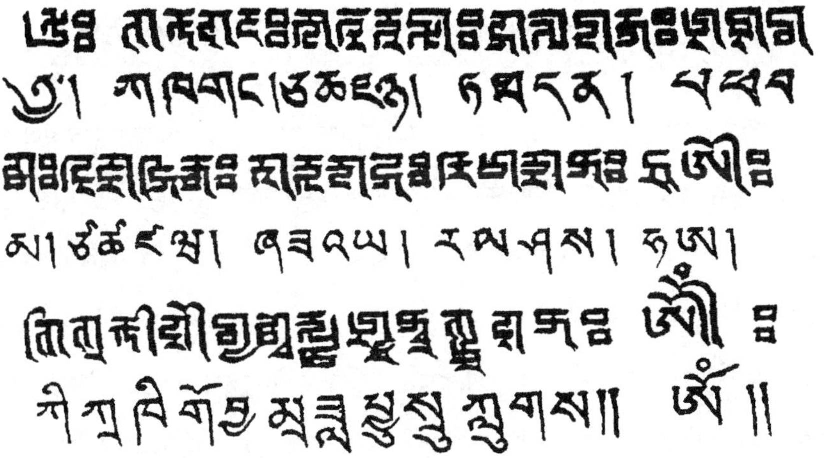

ཞང་ཞུང་སྨར་གྱི་སྐད་དང་ཞང་ཞུང་ཡིག་ཀན་གྱི་སྡེབ་སྦྱོར་ཇི་ལྟར་ཡིན་པའི་ཚུལ་དེ་བོན་གྱི་ཤེས་བྱ··· རིག་པའི་གནས་ཀུན་ལ་མཁས་པའི་རྗེར་སོན་པའི་དཔལ་ལྡན་ཚུལ་ཁྲིམས་ཀྱིས་མཛད་པའི་བསྟན་བཅོས··· ཆེན་པོ“ སངས་རྒྱས་གཡུང་དྲུང་བོན་གྱི་བསྟན་པའི་བྱུང་བ་བརྗོད་པའི་ལེགས་བཤད་སྐལ་པ་བཟང་པོའི··· མགྲིན་རྒྱན་རབ་གསལ་ཆུ་ཤེལ་ནོར་བུའི་དོ་ཤལ” ཞེས་བྱ་བའི་དབུའི་མཚོད་བརྗོད་དུ་སྐད་གཉིས་ཤན······ སྦྱར་དུ་བཞུགས་པ་ནི་འདི་ལྟ་སྟེ།

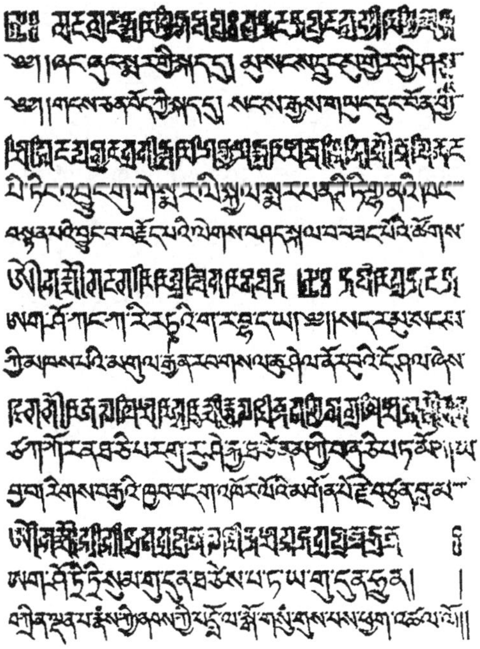

ས་བཅད་ལྔ་པ། ཡ་ཐོག་ཞང་ཞུང་གི་ཤེས་རིག་བྱུང་རྩལ།

དུས་རིམ་གོང་མའི་ནང་ཞང་ཞུང་སྔོ་ཕྱུག་བར་གསུམ་དུ་གྲགས་པའི་ཡུལ་ཁམས་དེ་རྣམས་སུ་གནའ…བོའི་རང་གཤིས་དང་ལྡན་པའི་ཤེས་རིག་གང་དང་གང་འདྲ་ཞིག་དར་རྒྱས་བྱུང་སྐྱོང་ཡོད་པའི་སྐོར་ནི……གཤེན་རབ་མི་བོ་ཆེའི་མཛད་མདོ་རྣམས་ཀྱིས་གཙོས་པའི་བོན་གྱི་ལོ་རྒྱུས་དང་འབྲེལ་བའི་གཞུང་ཅི་རིགས་དང་། བོན་གྱི་གཏོ་ཆོག་གི་གཞུང་ཅི་རིགས་པའི་སྐོར་དང་ཆོག་རབས་རྣམས་སུ་ཇི་ལྟར་བཤད་ཡོད་པ་དང་། ཡང་ན་ཡིག་ཆ་དེ་རིགས་དང་རྗེས་སུ་འབྲེལ་བའི་གཏོ་ཆོག་གི་གཞུང་བན་དེའི་ཁོངས་སུ་དར་ཁྱབ་བྱུང་ཡོད་པ་དེ་རིགས་ལ་བརྟེན་ནས་ངེས་དགོས་པ་ཡིན། གང་ལ་ཟེར་ན། གཤེན་རབ་མི་བོ་ཆེ་ཞང་ཞུང་འོལ་མོ་ལུང་དུ་སྐུ་བལྟམས་ནས་ཡ་ཐོག་ཞང་ཞུང་གི་ལོ་རྒྱུས་དབུ་བརྩིས་པའི་དུས་རིམ་དེ་ལས་ཀྱང་ཆེས་སྔ་བའི་དུས་ཀྱི་ཞང་ཞུང་གི་མི་རྒྱུད་རྣམས་ཇི་ལྟར་བྱུང་ཡོད་པ་དང་། དེ་རྣམས་ཀྱི་ཤེས་རིག་གང་དང་གང་འདྲ་ཞིག་བྱུང་སྐྱོང་ཡོད་པ་སོགས་རྗེས་སུ་དཔོག་བྱེད་ཀྱི་ཡོ་ཆས་ནི་དུས་ཕྱིས་ཀྱི་བོད་མི་འགྱུར་ལྡན་རྣམས…ཀྱི་རྒྱན་ཆར་ཡོད་པའི་གཟིའི་རིགས་མི་འདྲ་བ་རྣམས་དང་། ཐོག་ལྕགས་སམ་གནམ་ལྕགས་སུ་གྲགས་པའི་དངོས་ཆས་ཅི་རིགས་པ་དེ་རྣམས་དང་། ཞང་བོད་ཀྱི་ཡུལ་ཁམས་འགར་མཐོང་དུ་ཡོད་པ་བྲག་བརྐོས་ཀྱི་རི་མོ་འགའ་རེ་ཡོད་པ་དེ་ཙམ་ལས། དེ་སྔོན་གྱི་ལོ་རྒྱུས་ཡི་གེར་འཀོད་པ་ལྟ་བུ་གང་ཞིག་ཀྱང་མཐོང་ཐོས་ཀྱི་ཡུལ་དུ་མེད་པ་དེ་རེད།

གཅིག གཟི་རིགས་དང་ཐོག་ལྕགས་ཀྱི་སྐོར།

རིན་ཆེན་གཟིའི་རིགས་ནི་ཞང་བོད་ཀྱི་རིག་རྫས་ཆེས་སྙིང་མའི་ཁྲོད་དུ་རིན་ཐང་ཆེ་ལ་ལོ་རྒྱུས་ཀྱི……རང་བཞིན་དང་ལྡན་པའི་དངོས་པོ་ཞིག་ཡིན། གཟིའི་རིགས་འདི་རྣམས་ཀྱི་རང་བཞིན་ནི་རིན་པོ་ཆེ་རྡོ་ཡི་རིགས་སུ་གྱུར་པ་ཞིག་སྟེ། དེ་ལའང་རང་མདོག་དཀར་ནད་ཅན་ཞིག་དང་དམར་ནད་ཅན། སྨུག་ནད་ཅན། དཀར་སྨུག་འདྲེས་མའམ་དམར་སྨུག་འདྲེས་མ་ཁྲ་ཅན་ཞིག་བཅས་རང་མདོག་མི་འདྲ་བ་བཞི་ཡོད། རིགས་མི་འདྲ་བ་དེ་བཞི་ལ་གཟི་དཀར་དང་གཟི་དམར། གཟི་སྨུག གཟི་ཁྲ་ཞེས་སུ་གྲགས། རིགས་དེ་ནི་གཟིའི་རང་མདོག་གི་ཆ་ནས་ཕྱེས་པ་ཡིན་སྟབས། རང་མདོག་དེ་དག་གང་ཙུང་དང་ལྡན་པའི་རྫོ་བ་རིན་པོ་ཆེ་གཟིའི་རང་བཞིན་ཅན་ཅི་རིགས་ཤིག་ཀྱང་ཡོད་འདུག དེ་ལྟར་ནའང་རང་རེས་གཟིའི་ཐ་སྙད་ཀྱི་

གདགས་གཞིར་གྱུར་པ་དང་། དུས་ཕྱིས་ཀྱི་བོད་མི་ཚོའི་རྒྱུན་ཆའི་རྩེ་ཕུད་དུ་བརྩིགས་པ་དེ་རིགས་ནི་གནའ་བོའི་མིས་རིག་རྩལ་གྱིས་བཟོས་པའི་ཡོ་བྱད་ཅིག་ཡིན་པ་ལས། རྡོའི་རང་བཞིན་གང་རིང་ཞིག་ལ་ངོས་འཛིན་པ་ཙམ་ཞིག་མ་རེད། གཟིའི་རྣམ་པ་ལ་ནར་མོ་དང་རིལ་པོ་གཉིས་ཡོད་ཅིང་། ནར་མོའི་རིགས་ལ"ཆུ་མིག"ཅེས་པའི་ཞིག་རིས་དང་། མཚམས་གཅོད་ཀྱི་ལྟབ་རིས་དང་། སྣེ་ཟུར་གྱི་ཁ་རིས་

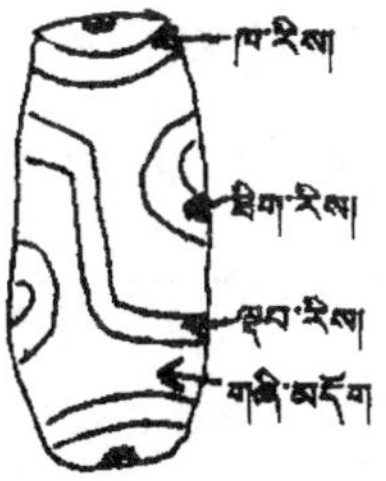

བཅས་གཟི་དཀར་ཡིན་ན་སྨུག་རིས་སམ་དམར་རིས་ལ་གཞི་མདོག་དཀར་ཞིང་···ཡོད་པ་དང་། གཟི་དམར་ཡིན་ན་དཀར་རིས་སམ་སྨུག་རིས་ལ་གཞི་མདོག་དམར་ཞིང་ཡོད་པ་དང་། གཟི་སྨུག་ཡིན་ན་དཀར་རིས་སམ་དམར་རིས་ལ་གཞི་མདོག་སྨུག་ཞིང་ཡོད་པ་དང་། གཟི་ཁྲ་ཡིན་ན་རང་མདོག་འདྲེས་མ་ཅན་ཞིག་ཡིན་སྐབས་གཟི་རིས་རྣམས་གསལ་པོར་མཐོང་དཀའ་བ་དེ་འདྲའི་རིགས་བཞི་ དུ་ངེས་པ་ཡིན། ནམ་རྒྱུན་དུ་བོད་མི་ཚོས་གཟི་དཀར་དང་གཟི་སྨུག་གི་རིགས་ལ་དོ་སྣང་ཆེ་ཞིང་། གཟི་དམར་གྱི་རིགས་རྣམས་ལ་དོ་སྣང་འབྲིང་ཙམ་དང་གཟི་ཁྲའི་རིགས་ལ་མཐོང་ཆེན་པོ་རང་བྱེད་སྲོལ་མི་འདུག གཟི་ནར་མོ་འདི་རིགས་ལ་ཆུ་མིག་གཉིས་པ་དང་། གསུམ་པ་སོགས་ནས་བཅུ་གཉིས་པའི་བར་ལྟབ་རིས་ཀྱིས་བར་ཆོད་པ་དང་།

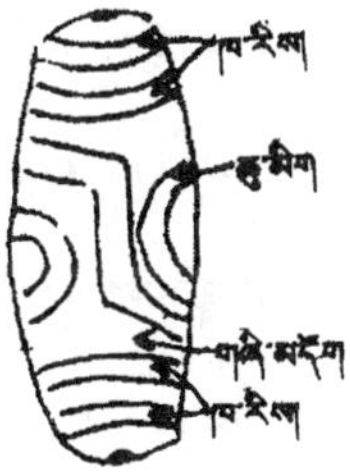

མ་ཆོད་པ་ཅི་རིགས་ཡོད། ཆུ་མིག་གཉིས་པ་ནས་བཅུ་གཉིས་པའི་བར་གང་ཙམ་ཡོད་ཀྱང་ཉུང་ཁ་རིས་ལ་རྐྱང་པ་དང་། ཉིས་རྩེགས་ཀྱི་རིགས་མི་འདྲ་བ་གཉིས་ཡོད། གཟིའི་རིགས་ཆུ་མིག་ཅི་ཙམ་མང་བ་དེ་བང་ཚད་ཀྱང་ཆེ་བ་ཡིན་སྐབས་རིན་ཐང་ཡང་ཆེ་བར་བརྩི་ཞིང་། ལྷག་པར་དུ་ཆུ་མིག་གི་གྲངས་སུ་ཡ་ཅན་འགྱུར་བ་དཔེར་ན་ཆུ་མིག་གསུམ་པ་དང་། ལྔ་པ། བདུན་པ། དགུ་པ། བཅུ་གཅིག་པ་རྣམས་ལ་མཐོང་ཆེ་པར་བྱེད་པ་དང་། ཆུ་མིག་གི་རིན་ཐང་ངོ་ལྟར་ཡོད་པ་གཞིར་བཞག་ན་ཁ་རིས་གཉིས་རྩེགས་སུ་ཡོད་པ་དེ་ཀུན་མཐོང་ཆེ་བར་བརྩི་སྲོལ་ཡང་ཡོད། གཟི་རིལ་གྱི་རིགས་ལའང་

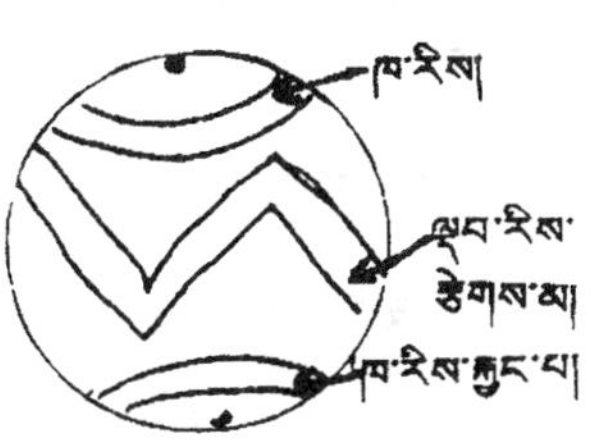

དཀར་ཞིང་ཅན་སོགས་རིགས་བཞི་ཡོད་པ་ནི་ནར་མོ་དང་ཕྱོགས···མཐུན་ལ་མི་འདྲ་བའི་ཁྱད་པར་ཁ་རིས་རྐྱང་པའམ་གཉིས་རྩེགས···གང་རུང་གི་བར་ལྟབ་རིས་རྩེགས་མས་དཀྱིས་པ་དེ་འདྲ་བ་ཞིག···འདུག

དེ་ཡང་། ལྟབ་རིས་རྩེགས་མའི་དཀྱིས་གཉིས་རྩེགས་ཡོད་པ་ནི་དཀྱིས་རྐྱང་ཅན་ལས་རིན་ཐང་ལྷག་ཙམ་ཆེ་བར་བརྩེན། དཀྱིས་གསུམ་རྩེགས་སོགས་དེ་ལས་མང་བ་ཡོད་ཚེ་ན་རིན་ཐང་ལྷག་ཙམ་ཆེ་བ་ནི་

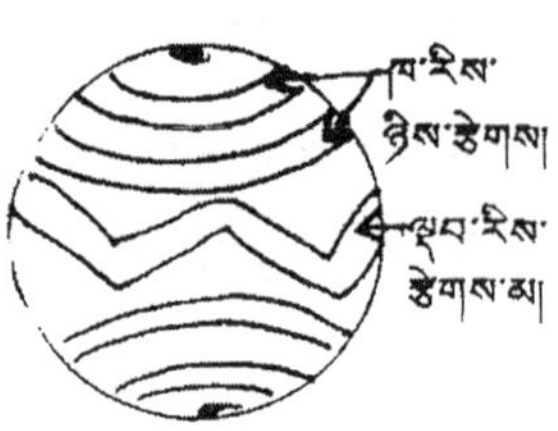

དོན་གྱིས་གྲུབ་པ་དང་གཞན་ཡང་ཁ་རིས་གཉིས་རྩེགས་སུ་ཡོད་པ··
ནི་མཐོང་ལྷག་ཙམ་ཆེ་བར་མ་ཟད་ཁ་རིས་དང་འདྲ་བའི་དཀྱིས····
རིས་ཀྱིས་ལྷུབ་རིས་རྩེགས་མའི་བར་ཆོད་པ་དེ་རིགས་ནི་གཞན·····
ལས་ཀྱང་མཐོང་ཆེ་བར་བརྩི་སྲོལ་ཡོད།

གཟི་རིལ་ཁ་རིས་ཉིས་རྩེགས་ལ་ལྷུབ་རིས་རྩེགས་མ་ཉིས་རིམ་སོགས་མང་བར་ཡོད་པ་དེ་རིགས་ལ···

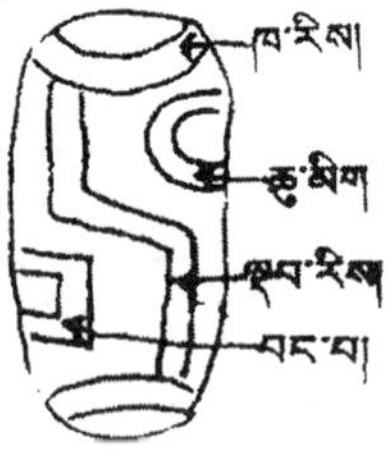

"གཟི་རིལ་ཚེ་བུམ་མ" ཞེས་མཐོང་ཆེ་བར་བྱེད་སྲོལ་འདུག་ལ།
ལྷུབ་རིས་རྩེགས་མ་ཉིས་རིམ་གྱི་བར་དཀྱིས་རིས་ཀྱིས་ཆོད་པ་ཞིག··
ཡོད་སྲིད་པ་ཡིན་ན་དེ་ལས་ཀྱང་མཐོང་ཆེ་བར་བརྩི་བ་ནི་རྫེས·····
དཔག་ཚད་མས་ཡོངས་སུ་གྲུབ་པ་ཞིག་རེད།

ལྷུབ་རིས་རྩེགས་མ་དེའི་ལྷུབ་གྲངས་མང་ཉུང་ལ་མཆོག་དམན་དུ་འཛིན་པ་དང་། ལྷུབ་གྲངས་ཀྱི་ངེས་པ་འདི་ཡིན་གྱི་བཤད་པ་འགའ་ཡང་ཐོས་མ་མྱོང་མོད། གཟི་ནར་མོའི་ཆུ་མིག་གི་གྲངས་ལ་མཆོག་དམན་དུ་འཛིན་སྲོལ་ཡོད་པ་བཞིན་གཟི་རིལ་གྱི་ལྷུབ་གྲངས་ལའང་དེ་དང་འདྲ་བའི་མཆོག་དམན་གྱི་དབྱེ་བ་ཡོང་མི་སྲིད་པའི་རྒྱུ་མཚན་འགའ་ཡང་མ་མཐོང་ལ། ནམ་རྒྱུན་དུ་མིག་སྔར་མཐོང་མྱོང་བའི་ལྷུབ་གྲངས་ནི་གསུམ་མམ་བཞི་ཏུ་ཡོད་པ་དེ་ཙམ་དུ་ཟད། གཟི་ནར་མོའི་རིགས"ཆུ་བང་ཁ་སྦྲོད"དུ་གྲགས་པ། ལྷུབ་རིས་ཀྱིས་བར་དུ་ཆོད་པའི་ཕྱོགས་གཉིས་སུ་ཆུ་མིག་ཟླུམ་པོ་ཞིག་དང་། ཟུར་བཞི་པ་ཞིག་བཅས་ཁ···

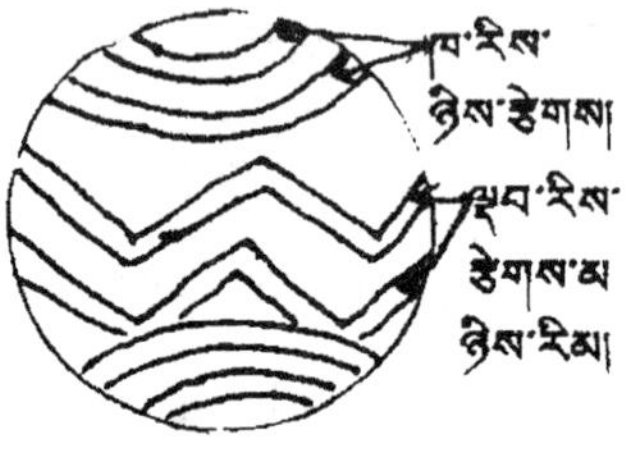

སྦྲོད་དུ་ཡོད་པ་དེ་འདྲའི་རིགས་ཤིག་ཀྱང་ཡོད། ཆུ་བང་ཁ་སྦྲོད་དུ་
གྲགས་པ་འདི་རིགས་ལ་ཁ་རིས་རྐྱང་པ་ལས་ཉིས་རྩེགས་ཅན་དུ་མ་
མཐོང་མོད། མི་སྲིད་པ་ནི་ག་ལ་ཡིན། གཟི་འདི་རིགས་སྐབས་
འགར་ཆུ་མིག་གསུམ་པ་ལས་དངོས་པོའི་བང་ཚད་ཆེ་བའང་ཡོད་
མོད། བང་ཚད་ལ་མ་བལྟོས་པ་ཆུ་མིག་གི་རྣམ་གྲངས་ཀྱིས་རིན་ཐང་གཞལ་སྲོལ་ཡོད་སྐབས། ཆུ་བང་ཁ་སྦྲོད་ཀྱི་རིགས་འདི་རྣམས་གཟིའི་ནང་ནས་རིན་ཐང་ཆུང་ཤོས་སུ་བརྩི་སྲོལ་བྱུང་འདུག

གཟིའི་རིན་ཐང་མཆོག་དམན་དུ་བརྩི་སྲོལ་འདི་རྒྱུན་ཆ་ཡིན་པའི་ཆ་ནས་མཛེས་ཁྱད་ཀྱིས་དབྱེ········
འབྱེད་བྱས་པ་ཞིག་མིན་པ་ནི་གཟི་ཆུ་བང་ཁ་སྦྲོད་འགའ་ཤས་ཆུ་མིག་གསུམ་པ་དང་བཞི་པའི་རིགས་ལས··
བང་ཚད་ཆེ་ལ་མཛེས་ཁྱད་ཆེ་བ་དང་སྐབས་འགར་གཟི་ཆུ་མིག་ལྔ་པ་དང་དྲུག་པ་སོགས་ཆུ་མིག་བདུན་པ་
དང་བརྒྱད་པ་ལས་བང་ཚད་ཆེ་བ་དང་རྣམ་པ་མཛེས་ཁྱད་ཆེ་བ་དེ་འདྲའང་ཡོད་སྲིད་མོད། གཟིའི་རིན་

ཐང་དེ་ནི་རི་མོའི་གྲངས་དང་རྣམ་པ་ཁོ་ནས་དབྱེ་འབྱེད་དགོས་པ་བཅས་ཀྱིས་ཤེས་ཐུབ་པ་ཡིན།

གཟིའི་རི་མོ་དེ་རྣམས་ཡ་ཐོག་གི་མིས་ལྷོ་རིག་གིས་རིན་ཐང་བཀོད་ནས་དངོས་པོའི་རིན་ཚད་གཞལ་བའི་ཆེད་དུ་བཟོས་པའི་དངོས་རྫས་ཁྱད་པར་ཅན་ཞིག་ཡིན་པར་བརྟེན། ཆུ་མིག་གི་རྣམ་གྲངས་དང་རི་མོའི་རྣམ་པ་བཅས་ལ་བརྟེན་པའི་རིན་ཐང་ཆེ་ཆུང་དུ་བརྩི་བའི་ཤེས་རིག་དེའང་གནའ་རྒྱུན་ད་ལྟའི་བར་མུ་འཐུད་དུ་གནས་པ་ལས་བྱུང་བ་ཞིག་ཡིན་པ་ཤུགས་ཀྱིས་ཤེས་ཐུབ། ད་ལྟའི་དུས་སུ་རང་རེ་ལ་ཞང་བོད་ཡ་ཐོག་དུས་ཀྱི་ཤེས་རིག་གི་ཆ་རྒྱུས་མེད་པ་ཡིན་སྟབས། གནའ་མི་ཚོས་གཟིའི་རིགས་དེ་རྣམས་ཇི་ལྟར་བཟོས་ཡོད་པ་དང་རྫས་སྦྱོར་ཅི་འདྲ་བ་ཞིག་ལ་བརྟེན་ཡོད་པ་སོགས་མི་ཤེས་པའི་རྒྱུ་མཚན་གྱིས་ཡ་མཚན་འོས་པའི་དངོས་རྫས་ཤིག་ཏུ་གྱུར་པ་དང་། སྐབས་འགར་ཡ་མཚན་འོས་པའི་དངོས་རྫས་དེ་ཆེས་མཐོ་བའི་རི་ངོགས་སམ་བྲག་གསེབ་བམ། རྫ་ཁྲོད་སོགས་ནས་རྙེད་པའི་སྐབས་ཀྱང་ཡོད་པ་ཡིན། ཡ་མཚན་འོས་པའི་དངོས་པོ་དེ་འདྲ་བ་ཞིག་ད་དུང་དེ་ལས་ཀྱང་ཡ་མཚན་ཆེར་འོས་པའི་གནས་རི་མཐོན་པོའི་ངོགས་དང་བྲག་གསེབ། རྫ་ཁྲོད་སོགས་ནས་རྙེད་པ་ཡིན་ན་ཡ་མཚན་གྱི་སྟེང་དུ་ཡ་མཚན་བསྣན་ཏེ། མིས་བཟོས་པའི་དངོས་པོ་ཞིག་མ་ཡིན་པར་ངོས་འཛིན་པའི་སྐབས་འདི་བྱུང་བ་ཡིན། དངོས་དོན་དུ་དེང་དུས་ཀྱི་རི་དང་བྲག   རྫ་རྡོ་ལ་སོགས་པ་འདི་ཀུན་ཆེས་སྔ་བའི་དུས་སུ་སྤང་ཐང་དང་ཡུལ་གྲོང་གི་གནས་གཞིའང་ཡིན་སྲིད་ལ། དེང་དུས་སུ་ཆེས་མཐོ་བའི་རི་ཧི་མ་ལ་ཡའི་རི་རྒྱུད་འདི་རྣམས་ཆེས་སྔ་བའི་དུས་སུ་རྒྱ་མཚོའི་ནང་དུ་ཡོད་པའི་ས་རྗེ་རི་བྲག་གི་རིགས་ཡིན་པའི་རྟགས་སུ་དེང་དུས་བྲག་རྡོ་རྣམས་ཀྱི་གསེབ་ནས་ཆུ་གནས་ཀྱི་སེམས་ཅན་སྣ་ཚོགས་པའི་ལུས་ཁོག་རྡོ་བར་ཆགས་པའི་གཟུགས་ཅི་རིགས་མངོན་མཐོང་དུ་ཡོད་པ་དང་། ལྷ་སའི་ཉེ་ཞོལ་གྱི་རི་བོ་རྣམས་ཀྱི་ངོགས་ནས་ཆུ་གནས་སེམས་ཅན་མང་པོའི་ཏུ་ཁོག་སོགས་ད་ལྟའི་དུས་སུའང་རྙེད་དུ་ཡོད་པ་མངོན་སུམ་ཚད་གྲུབ་ཏུ་གྱུར་པ་དེ་ལྟར་ན། ཆེས་སྔ་བའི་གནའ་བོའི་མི་རྒྱུད་ཀྱི་རིན་ཐང་ཆེ་བའི་དངོས་རྫས་གཟིའི་རིགས་དེ་རྣམས་གྲོང་ཤུལ་དུ་ལུས་པ་དང་། གྲོང་ཤུལ་དེ་དག་ཀྱང་དུས་རིམ་གྱི་འགྱུར་བ་ཇི་སྙེད་པའི་ནང་རི་བོ་ཐང་དུ་འགྱུར་བ། ཐང་རྣམས་རི་བྲག་ཏུ་འགྱུར་བ་སོགས་ཀྱི་གནས་ཚུལ་ལ་བརྟེན། ད་ལྟའི་དུས་སུ་གཟིའི་རིགས་འགའ་རི་ངོགས་དང་བྲག་རིའི་ཁྲོད་ནས་རྙེད་པའི་སྐབས་ཡོད་པ་འདི་བྱུང་བ་རེད། ཚུལ་དེ་ལ་ཡ་མཚན་འོས་པ་དངོས་ནི་རྒྱ་མཚོའི་འོག་གཞི་འགའ་ཞིག་ཆེས་མཐོ་བའི་རི་བོ་དང་བྲག་རི། རྫ་ཁྲོད་སོགས་སུ་འགྱུར་བ་ལ་ལོ་གྲངས་ཅི་ཙམ་ཞིག་དགོས། ལོ་གྲངས་དེ་སྙེད་ཀྱི་ལོ་རྒྱུས་དང་ལྡན་པའི་གཟིའི་རིགས་རྣམས་ད་དུང་བོད་མི་འཚོར་ལྡན་མང་པོའི་རྒྱན་ཆར་ཡོད་པ་འདི་ཡིན། གཟིའི་རིགས་དེ་རྣམས་དེང་དུས་ཀྱི་དངུལ་དང་འདྲ་བ་དཔལ་འབྱོར་གྱི་རིན་ཐང་

གཞལ་ཐུབ་པའི་དངོས་པོ་ཞིག་ཡིན་པ་དང་། གནའ་མི་ཚོས་དེ་ལུགས་སུ་བེད་སྤྱོད་བྱས་ཡོད་པ་ནི་ཆུ་མིག་དང་རི་སྐོའི་རིན་ཐང་མི་འདྲ་བའི་ཁྱད་པར་གྱིས་ཤེས་ཐུབ་མོད། གཟིའི་རིགས་ཀུན་ལ་ཨོ་ཁུང་ཡོད་པར་བརྟེན། རང་ལུས་ཀྱི་མཛེས་རྒྱན་དུ་བེད་སྤྱོད་བྱས་ཡོད་པའང་ཤུགས་ཀྱིས་ངེས་ཐུབ་པ་ཡིན། གཟིའི་རིགས་རྣམས་ལུས་རྒྱན་གྱི་ཚུལ་དུ་བཅང་བ་དེ་ལ་རིན་ཐང་ཆེ་བའི་དངོས་པོ་རྣམས་རང་དང་འབྲེལ་མེད་དུ་བཅང་ཐུབ་པ་དང་། བོད་སྐད་དུ་རིན་པོ་ཆེ་གཟིའི་རིགས་ཀྱིས་གྲིབ་སྐྱོན་སེལ་ཞིང་། དེ་ཉིད་ལུས་ལ་བཅང་བས་ཀྱང་གྲིབ་སྐྱོན་མི་འོང་བར་ཕན་ཚུལ་བཤད་ཡོད་པ་བཞིན། གནའ་མི་ཚོས་རྒྱུ་མཚན་དེ་རིགས་རྟོགས་ནས་ལུས་ལ་གྲིབ་སྐྱོན་མི་འབྱུང་བའི་ཆེད་དུ་བཅང་ཡོད་པ་བཅས་ཀྱི་དགོས་པ་ཅི་རིགས་ཤིག་ཡོད་པའང་སྨོས་མ་དགོས་པ་རེད།

ཐོག་ལྕགས་སམ་གནམ་ལྕགས་ནི་ཆེས་སྔ་བའི་དུས་ཀྱི་གནའ་མི་ཚོས་ཁོང་ཚོའི་བློ་རིག་གི་རྩལ་གྱིས་བཟོས་པའི་དངོས་པོ་ཅི་རིགས་པ་ཞིག་ཏུ་སྲིད་པ་ཡིན། དེ་ལའང་གནའ་མི་ཚོས་ཁོང་ཚོའི་རྒྱུན་མཁོའི་ཡོ་ཆས་དཔེར་ན་ཕྱེར་མ་དང་ལྷ་མགོན་གྱི་རྟེན་ཆས་དང་བཟའ་བཏུང་གི་ཡོ་ཆས་ལ་མཁོ་བའི་དངོས་པོ་དང་། ཕོ་མོའི་ལུས་རྒྱན་ལ་མཁོ་བའི་དངོས་པོ། ནད་གསོ་བའམ་གདོན་འདུད་པའམ་གཤིན་གྱི་ཆོ་གའི་ཡོ་ཆས། རྩིས་ལ་མཁོ་བའི་ཡོ་ཆས། མོ་དང་དཔྱད་ལ་མཁོ་བའི་ཡོ་ཆས། རི་དྭགས་རྔོན་པའི་ཡོ་ཆས། དགྲ་དང་འཐབ་པའི་ཡོ་ཆས་སོགས་དངོས་པོའི་རིགས་མི་འདྲ་བ་དུ་མ་ཞིག་བྱུང་ཡོད་སྲིད་པ་དང་། དེང་དུས་རང་རེའི་མིག་སྔར་དངོས་པོ་འགའ་ཤས་ཀྱི་ཆ་ཤས་ཙམ་མམ་གནའ་དུས་ཀྱི་མིས་སྤྱོད་སྲོལ་ཡོད་ལ། དེང་དུས་རང་རེའི་ཆ་རྒྱུས་དེ་ཙམ་མེད་པའི་དངོས་རིགས་ཀྱི་ཆ་ཤས་སོགས་བཟོ་དབྱིབས་ཀྱི་བཀོད་པ་མི་འདྲ་བ་ཅི་རིགས་པ་ཞིག་མཐོང་བའི་ཚེ། རང་རེས་གང་ཡིན་ངེས་དཀའ་བ་དང་། དངོས་པོ་དེ་རིགས་ཆེས་སྔ་བའི་དུས་ནས་ཡོད་པའི་སྐབས་ཀྱིས་ཆེས་རྙིང་མའི་རང་ཚུལ་དང་ལྡན་པས། རང་རེས་ཡ་མཚན་ཅན་གྱི་དངོས་པོའི་གྲངས་སུ་བཞག་པ་ཙམ་ལས། ཡ་མཚན་འོས་པའི་དངོས་པོ་དེ་ཡ་ཐོག་གི་ལོ་རྒྱུས་དང་ཇི་ལྟར་འབྲེལ་ཡོད་པ་སོགས་ཀྱི་སྐོར་ལ་བསམ་གཞིགས་དེ་ཙམ་གནང་སྲོལ་བྱུང་མེད་པ་རེད།

བོད་མི་མང་པོ་ཞིག་གིས“ཐོག་ལྕགས”ཞེས་ཐོས་པའི་ཚེ། གནམ་ནས་ཐོག་ལྷུང་བའི་ནང་ནས་ཐོན་པའི་དངོས་པོ་ཞིག་ཏུ་ངོས་འཛིན་པ་དང་ཡང་ན“གནམ་ལྕགས”ཞེས་པ་ནམ་མཁའི་ཀློང་ནས་བྱུང་བའི་དངོས་པོ་ཞིག་སྟེ། གནམ་གྱི་ལྷའམ་བར་སྣང་གི་གཉེན། ས་འོག་གི་ཀླུ་སོགས་མི་མ་ཡིན་པ་གང་རུང་ཞིག་གི་དངོས་རྫས་སུ་ངོས་འཛིན་སྲོལ་བྱུང་ཡོད། མི་མིན་གྱི་དངོས་པོ་ཅི་རིགས་མིའི་ལག་ཏུ་འོང་བ་འདི་མི་སྲིད་པ་ཅི་ཞིག་ཀྱང་མིན་ལ། དེ་ལྟ་བུའི་རང་གཤིས་དང་ལྡན་པའི་ཡ་མཚན་ཅན་གྱི་དངོས་རྫས་མི་ཉུང་བ

ཞིག་ཡོད་པའང་སྲིད་སྙོད། བོད་མི་སྤྱི་ཡོངས་ལ་གྲགས་ཆེ་བའི་ཐོག་ལྕགས་ཀྱི་རིགས་འདི་རྣམས་ནི་ཆེས་སྔ་བའི་མིས་བཟོས་པའི་ཡོ་བྱད་ཀྱི་བྱེ་བྲག་ཤ་སྟག་ཏུ་སྣང་།

ཆེས་སྔ་བའི་དུས་སྐབས་དེ་ནི་རྡོ་བའི་དུས་རབས་ནས་བརྩམས་པ་ཡིན་སྟབས། སྐབས་དེར་ཐོག་ལྕགས་བཟོ་བའི་རིག་རྩལ་ཇི་ལྟར་ཡོད་སྙམ་དུའང་མི་བསམ་སྟེ། ཡ་ཐོག་མིའི་རིགས་རྣམས་གཉེན་དང་མ་སངས་ལས་ཆད་ཅིང་འཕེལ་བ་དང་། མ་སངས་ཀྱི་བྱེ་བྲག་ཐེའུ་རང་གི་བཟོ་འཕྲུལ་ནི་མིའི་བཟོ་འཕྲུལ་གྱི་ཤེས་རིག་ལས་ཆེས་མཐོ་བ་དང་། རྩལ་ཆེ་བའི་ལོ་རྒྱུས་མང་དུ་ཡོད་པས་ཤེས་ཐུབ། ཐོག་ལྕགས་ཀྱི་རིགས་འགའ་ལ་དཔེར་མཚོན་ན། ཡ་ཐོག་གི་དུས་སུ་ཞང་ཞུང་ལ"ཞུང"ཞེས་སུ་གྲགས་པ་སྟེ། བོད་སྐད་དུ····"ཁྱུང"ཞེས་པའི་དོན་ལ་འཇུག་པ་ཡིན། དེའི་རྒྱུ་མཚན་ནི་ཡ་ཐོག་གི་མི་རྒྱུད་མིའུ་གདུང་དྲུག་ཏུ་མཆེད་པའི་ནང་ཞང་ཞུང་གི་མི་རྒྱུད་རྣམས"ཁྱུང"ངམ"སྒྲ"ལས་མཆེད་ཡོད་པ་དང་། ཞང་ཞུང་གི་གནའ་མི་རྣམས་ཀྱི་སྒྲ་བླའམ་དེ་དག་ལ་མགོན་དང་སྐྱོབས་མ་བྱེད་པའི་ཕྱེར་མ་ནི་སྒྲ་བླ་བསེའུ་རུ་གཅིག་ཏུ་གྲགས་པ་དེ་ཉིད་ཡིན་ལ་སྒྲ་བླ་དེའི་རྣམ་པ་ནི་ཁྱུང་གི་རིགས་གཅིག་ཏུ་ཡོད་པའི་ཚུལ། སྣང་གསལ་སྒྲོན་མེ་[སྟེ་418 ཤ209བ3]ལས་མཐུ་ཆེན་ཕྱེར་མའི་དམག་ཚོགས་ལ། བྱེས་ཐུབ་མང་སྟེ་གཡུལ་ཐུབ་ཙུང་། གཡུལ་ཐུབ་བསེའུ་རུ་གཅིག་ཡིན། བསེའུ་པགས་པ་དམར་བ་ཡིན། བསེ་ལ་གྲང་འབྲུམ་ཡོད་པ་དེ། ཕ་དེ་གསེར་སྤྲུལ་ཡིན་པར་ངེས། བསེ་ལ་རི་མོ་ཡོད་པ་དང་། རྭ་ལ་འོད་ཟེར་འཕྲོ་བ་དེ། མ་ནི་མཚོ་སྨན་ཡིན་པར་བརྟགས། ཁ་དྲག་བསེའུ་རུ་གཅིག་ལ། དབང་ནི་གླུ་ཡི་རྒྱལ་པོས་བྱིན། མཐུ་ནི་ས་བདག་རྒྱལ་པོས་བསྐྱེད། འདི་སྟོད་ལ་ཁྱུང་གསུམ་རྩེ་སྤྲོད་ཡོད། ཁྱུང་ཡིན་པའི་རྟགས་སུ་བྱ་གཤོག་ཡོད། སྤྲུལ་པ་ཡིན་པའི་རྟགས་སུ་ནི། ལུས་ལ་ཆུ་རིས་ཆགས་པ་ཡིན། ཞེས་པས་ཤེས་ཐུབ་ལ། ཕྱེར་མ་ལ་མགོན་དུ་བྱེད་པ་དང་། ཕྱེར་མའི་གཙོ་བོ་ཁྱུང་ཆེན་བསེའུ་ལ་བྱེད་པ་འདི་ནི་གཤེན་རབ་མི་བོ་ཆེ་མ་བྱོན་གོང་ནས་དར་བ་ཞིག་ཡིན་ངེས་པ་ནི་ཞང···ཞུང་ཞེས་པའི་ཡུལ་གྱི་མིང་དང་འབྲེལ་ཡོད་པས་ཤེས་ཐུབ་པ་ཡིན།

པོད་ཀྱི་ཡུལ་ཁག་ནས་ཐོན་པའི་རིག་རྫས་ཐོག་ལྕགས་སུ་གྲགས་པ་ཇི་སྙེད་ཅིག་ཡོད་པའི་ནང་ཆེས···སྙིང་མའི་རང་བཞིན་དང་ལྡན་པའི་སྒྲ་བླ་ཁྱུང་ཆེན་བསེའུར་གྲགས་པའི་གཟུགས་དབྱིབས་མཚོན་པའི······ཐོག་ལྕགས་ཀྱི་བརྙན་དཔར་འགའ་ཞིག་གཤམ་གསལ།

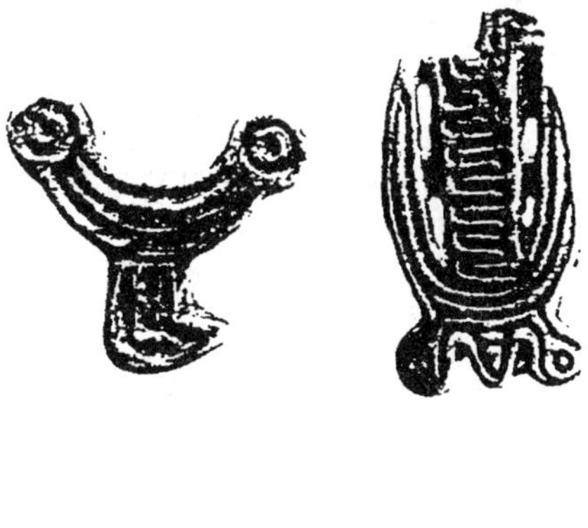

ཡང་གྲངས་དང་པོ་ནས་བཞི་པའི་བར་གྱི་རིག་རྫས་གང་ལ་དཔྱད་ནའང་ཆེས་རྙིང་བའི་དངོས་པོ་ཞིག་ཏུ་སྣང་ཐུབ་ལ། འདིར་དཔེ་མཚོན་དུ་བཀོད་པའི་ཐོག་ལྕགས་བཞི་པོའི་མཚོན་དོན་རགས་ཙམ་ནི་གཤམ་གསལ། དཔེ་མཚོན་དང་པོ། ཁྱུང་གི་དབུ་དང་གཤོག་པ་གཉིས་ཡོད་པའི་བར་ཆུ་རིས་ཀྱི་བཀོད་པ་དང་ལྡན་པ་འདི་ནི་ཕལ་ཆེར་རྒྱལ་པོའམ་དཔོན་ཆེན་ནམ་དམག་དཔོན་ཆེན་པོ་འགའི་རྫོག་གི་ངོས་སུ་ཆེ་རྟགས་སུ་བེད་སྤྱོད་བྱས་པའི་དངོས་པོ་ཞིག་ཡིན་ལས་ཆེ་སྙམ། དཔེ་མཚོན་གཉིས་པ། "ཁྱུང་ཆེན་འཁྱིང་བ"ཞེས་བྱ་བ་ཁྱུང་ཞལ་གནམ་དུ་བསྟན་ཏེ་གནས་པ། "ལུས་ལ་ཆུ་རིས་ཆགས་པ་ཡིན།" ཞེས་སྣང་གསལ་སྒྲོན་མེ་ལས་གསུངས་ཡོད་པ་ལྟར་ཆུ་རིས་དང་། འབྱུང་བའི་ནུས་པ་རྒྱུན་མི་འཆད་པའི་མཚོན་རྟགས་ཀྱི་རི་མོ་དང་ལྡན་པ་ཞིག་ཏུ་སྣང་། དཔེ་མཚོན་གསུམ་པ། སྣང་གསལ་སྒྲོན་མེ་ལས"རྣ་ལ་འོད་ཟེར་འཕྲོ་བ་དེ། མ་ནི་མཚོ་སྨན་ཡིན་པར་བརྟགས།" ཞེས་པ་གསལ་བའི་རྣ་གཉིས་གནམ་དུ་གཟེངས་ཤིང་། སྤྱན་གཉིས་དང་ཞལ་མདུན་དུ་ཕྱོགས་པ། དཔེ་མཚོན་བཞི་པ། སྣང་གསལ་སྒྲོན་མེ་ལས"ལུས་ལ་ཆུ་རིས་ཆགས་པ་ཡིན"ཞེས་པའི་ཆུ་རིས་དང་ལྡན་པའི་ཁྱུང་གི་སྤྱན་གཉིས་ཀྱིས་ལེགས་ཉེས་ཀྱི་གནས་ཚུལ་གཟིགས་པའི་མཚོན་རྟགས་ཤིག་སྟེ། ཕྱི་མ་འདི་གསུམ་ཕལ་ཆེར་ལུས་ཀྱི་རྒྱན་ནམ་དཔའ་བོའི་སྟངས་མའི་རྟགས་སམ་སྲུང་བའི་རྟེན་སོགས་གནས་ཚུལ་མི་འདྲ་བ་ཅི་རིགས་ལ་བརྟེན་ནས་བེད་སྤྱོད་བྱས་མེད་དམ་སྙམ། ལྷོ་ཨ་མེ་རི་ཁའི་གླིང་དུ་ཡོད་པའི་པེ་རུ་ཞེས་བྱ་བའི་ཡུལ་གྱི་གཙུག་གནས་མི་རིགས"ཨིན་ཁ"ཞེས་པ་བོད་རིགས་དང་རྣམ་པ་ཅུང་འདྲ་བ་ཞིག་ཡོད་པ་དེའི་གནའ་བོའི་རིགས་རྫས་ཀྱི་གྲངས་དུའང་འདི་དང་འདྲ་ཆེ་བའི་དངོས་པོ་ཅི་རིགས་ཤིག་ཡོད་པ་དེས་ལོ་གྲངས་སྟོང་ཕྲག་བཅུ་ཕྲག་ལ་ཉེ་བའམ་དེ་ལས་ཆེས་མང་བའི་ཡ་ཐོག་ནས་བྱུང་བའི་རིག་རྫས་རིན་ཐང་ཤིན་ཏུ་ཆེ་བ་ཞིག་ཡིན་པའང་ཤུགས་ཀྱིས་བསྟན་པ་ཡིན།

གཉིས། བྲག་རྡོར་བརྐོས་པའི་རི་མོ་རྙིང་བའི་སྐོར།

བྲག་རྡོར་བརྐོས་པའི་རི་མོ་རྙིང་བའི་རིགས་ནི་ཞང་བོད་ཀྱི་ཡུལ་ཁམས་ཕལ་མོ་ཆེར་ཆེས་སྔ་བའི་དུས་ཀྱི་མིས་བཞག་པའི་རྗེས་ཤུལ་མངོན་གསལ་ཐོན་ཐུབ་པ་དང་མ་ཐུབ་པ་ཅི་རིགས་ཤིག་ཡོད་པ་ནི་སྨོས་མ་དགོས་ལ། ནུབ་ཕྱོགས་ཀྱི་མཁས་པ་ཆེན་པོ་བོད་ཀྱི་ཤེས་རིག་དང་ལོ་རྒྱུས་ལ་དོ་སྣང་བླ་ལྷག་ཏུ་གནང་མཁན་སྐུ་ཞབས་ཛེ་སེབ་ཏུཙྩི་ལགས། སྤྱི་ལོ1939ལོ་ལ་བོད་ཡུལ་ནུབ་ཕྱོགས་ལ་དྭགས་སུ་ཕེབས་སྐབས་བྲག་བརྐོས་ཀྱི་རི་མོ་རྣམ་གྲངས་ཤིན་ཏུ་མང་བ་ཞིག་རྙེད་པ་རྣམས་དཔར་བླངས་པའི་དཔར་གཞི་དེང་

དུས་ཨི་ཏ་ལིའི་རྒྱལ་ས་གྲོང་ཁྱེར་རོ་མའི་ཤར་ཕྱོགས་སློབ་གཉེར་ཁང་[ISMEO]གི་རིག་རྫས་ཡོ་ཆས་ཀྱི་མཛོད་དུ་བཞུགས་ཡོད་ཅིང་། དེར་ཡོད་པའི་བྲག་བརྐོས་ཀྱི་རི་མོ་དང་བོད་ཡིག་དབུ་ཅན་དུ་བྲིས་པའི་ཚིག་ཚོགས། བོད་ཀྱི་བློན་ཆེན་པོ་དང་། དམག་དཔོན་ཆེན་པོ་རྣམས་ཀྱི་མཚན་སོགས་མི་འདྲ་བ་དང་། གཞན་ཡང་ཆོས་ལུགས་ཀྱི་མཆོད་རྟེན། སེམས་ཅན་གྱི་གཟུགས་སོགས་ཅི་རིགས་པ་ཞིག་ཡོད། དེ་དག་ཕལ་མོ་ཆེ་ནི་རི་མོའི་རྣམ་འགྱུར་དང་བོད་ཡིག་གི་འབྲུ་ཚོག་བཅས་ལ་གཞིགས་ན་མང་ཤས་དུས་རིམ་འོག་མའི་ནང་གི་བྲག་བརྐོས་ཡིན་ཅིང་། དེ་དག་གི་ཁྲོད་དུ་འགའ་ཞིག་དུས་རིམ་བར་མའི་ནང་ངམ་དུས་རིམ་གོང་མའི་ནང་དུ་བཀོད་པའི་རི་མོ་ཡིན་ལས་ཆེ་སྐམ་པའང་འདུག ལྷག་པར་དུ་ཁོང་གིས་ལ་དྭགས་ཀན་རྫམ་ལ་བརྒྱལ་བའི་སྐབས་ལའི་ལྷོ་ངོས་ཀྱི་བྲག་སོགས་སུ་ཡོད་པའི་རི་མོ་ར་རྐོད་ཀྱི་གཟུགས་དང་མཆོད་པ་བྱེད་མཁན་གྱི་མིའི་གཟུགས་ལག་ན་ཤིང་སྡོང་ཐོག་པའམ་ཧ་ལ་ཞོན་པ་ཤེ་ཡིན་སྐམ་པ་ལྟ་བུ་དེ་ཙམ་མི་གསལ་བ་ཞིག་ཡོད་པ་འདི་ནི་དུས་རིམ་གོང་མའི་སྔོན་རོལ་གྱི་བྲག་བརྐོས་རི་མོ་ཡིན་ལས་ཆེ་སྐམ་པ་ཞིག་འདུག སྐུ་ཞབས་ཇོ་སེབ་ཏུཙྪི་ལགས་ནས་བྲག་བརྐོས་ཀྱི་རི་མོ་འདི་ནི་རི་མོ་གཞན་དག་ལྟར་ཆོས་པའི་ཕྱོགས་ཀྱིས་བཀོད་པའི་རྣམ་པ་གང་ཡང་མི་འདུག་ཅེས་ཁོང་གིས་བྲིས་པའི་རྩོམ་ཡིག"བོད་ནུབ་ཕྱོགས་ནས་ལི་མའི་དངོས་ཆས་གསར་རྙེད"ཅེས་པར་འཁོད་འདུག ས་ཕོ་འབྲུག་གི་ལོ(སླི3905སྤྱི་ལོ1988)དབྱར་ཟླ་འབྲིང་པོའི་ནང་ང་དང་ངའི་ནུབ་ཕྱོགས་ཀྱི་གྲོགས་པོ་དང་གྲོགས་མོ་མི་འདྲ་བ་ཞིག་དང་བཅས་པ་བོད་ནུབ་ཕྱོགས་དེང་དུས་མངའ་རིས་སུ་གྲགས་པ་གནའ་དུས་ཞང་ཞུང་གི་ཡུལ་དབུས་སུ་གནས་བསྐོར་དང་ལོ་རྒྱུས་ཞིབ་འཇུག་ལྷན་འབྲེལ་གྱིས་ཕྱིན་སྐབས། ཉིན་ཞིག་ཞང་ཞུང་རུ་ཐོག་གི་ཡུལ་འཁོར་ལོའི་འགྲུལ་ལམ་དང་ཉེ་བའི་བྲག་ངོས་ཤིག་ཏུ་ཆེས་རྙིང་མའི་རི་མོ་མི་འདྲ་བ་ཞིག་རྙེད། བྲག་བརྐོས་རི་མོ་དེ་རིགས་ནི་སྐུསྟི་ལི་ཡའི་གཏུག་གནས་མི་རིགས་དེའི་ཡ་ཐོག་གི་ཨི་ཀྱུད་ཚོས་བྲག་ངོའི་ངོས་སུ་བྲིས་པའི་རི་མོ་མི་འདྲ་བ་ཞིག་ཡོད་འདུག་པ་དེ་རིགས་ལ་དུས་ཕྱིས་དབྱིན་ཡུལ་གྱི་གནའ་བོའི་རིག་རྫས་རྟོག་ཞིབ་མཁན་པོ་འགས་ཞིབ་འཇུག་བྱས་འབྲས་སུ་ཁོང་རྣམས་པས་གཏན་འབེབས་བྱས་ཡོད་པ་ནི་སྐུསྟི་ལི་ཡའི་གཏུག་གནས་མི་རིགས་ཀྱི་ཡ་ཐོག་གི་ལོ་རྒྱུས་ལོ་གྲངས་སྟོང་ཕྲག་བཞི་བཅུའམ་བཞི་ཁྲིའི་གོང་དུ་འགྲོ་ཐུབ་ཀྱི་ཡོད་པར་བརྟེན། མི་རིགས་དེ་ནི་འགྲོ་བ་མིའི་ལོ་རྒྱུས་ཀྱི་ཁྲོད་དུ་རྙིང་ཤོས་ཡིན་པར་ངོས་འཛིན་བྱས་ཡོད། ཞང་ཞུང་རུ་ཐོག་གི་བྲག་བརྐོས་རི་མོ་འདི་ཚོ་ལའང་རྙིང་མའི་རང་གཤིས་ཁྱད་ཅན་ཞིག་ཡོད་པ་མངོན་སུམ་དུ་མཐོང་ཐུབ་པ་དེ་ལྟར་ན་ལོ་གྲངས་བཞི་ཁྲི་ཙམ་བརྒྱལ་ཡོད་མེད་བཤད་མོད། ཞང་ཞུང་གི་དུས་རིམ་གོང་མ་ལས་ཆེས་སྔ་བའི་དུས་ཀྱི་རི་མོ་ཡིན་པ་ནི་བློ་སྤོབས་ཆེན་པོའི་སྒོ་ནས་བཤད་ཐུབ་པ་ཡིན།

 བྲག་ངོས་ཀྱི་རི་མོ་འདི་ལ་ཤྭ་བའི་གཟུགས་དང་རྒྱ་སྟག་གི་གཟུགས།　སེམས་ཅན་གཞན་དག་གི་གཟུགས་
རིས་རྣམས་ཡོད་ལུགས་ལ་དཔྱད་ན་ཕལ་ཆེར་རི་དྭགས་རྔོན་པའི་འདྲ་རིས་ལྟ་བུ་ཞིག་མིན་ནམ་སྙམ་པ······
འདུག　དེ་ལྟར་ནའང་རི་མོ་དེ་རྣམས་ཀྱི་ཁྲོད་དུ་ཁྱུང་ཆེན་གྱི་གཟུགས་དང་གྲུད་མི་སྟོབས་ཆེན་གྱི་གཟུགས་
ཀྱང་འདུག་པ་ལ་གཞིགས་ན།　ཆེས་རྙིང་མའི་རི་མོ་དེ་ཚོ་ནི་ཡ་ཐོག་གི་མི་རྒྱུད་ཚོས་སྐྱེས་བུ་དང་དེ་འབྲེལ་
གྱི་དངོས་པོ་རྣམས་ལ་རང་བཞིན་གྱི་ནུས་ཤུགས་ཇི་ལྟར་ཡོད་པའི་བརྗ་མཚོན་དུ་རི་མོ་དེ་རིགས་བཀོད་པ··
ཞིག་ཡིན་པའང་ཤིན་ཏུ་ནས་ཀྱང་སྲིད་པ་ཡིན།　　གང་ལ་ཟེར་ན་གནའ་བོའི་བོན་ལུགས་སུ་འབྱུང་བའི་
ཁམས་ཀྱི་བྱེ་བྲག་སའི་མཚོན་རྟགས་སུ་སེང་གེ་དང་ཆུའི་མཚོན་རྟགས་སུ་འབྲུག　　མེའི་མཚོན་རྟགས་སུ་
ཁྱུང་།　རླུང་གི་མཚོན་རྟགས་སུ་སྟག་གི་གཟུགས་རྣམས་བཀོད་སྲོལ་བྱུང་ཞིང་།　ཚུལ་དེ་དུས་རིམ་གོང་མ་
ནས་བཟུང་བོན་ལུགས་ཀྱི་ཚོ་འགའི་ཁོངས་སུ་ཆུད་ཅིང་།　དུས་རིམ་བར་མ་དང་འོག་མའི་ནང་སྔར་རྒྱུན་
མུ་འཁྱུད་ནས་དར་བ་མ་ཟད་བོད་མི་ཚོས་དེང་དུས་སུ་བེད་སྤྱོད་བྱེད་བཞིན་པའི་རླུང་རྟ་ཞེས་བྱ་བ་འདི····
རྣམས་བྱུང་བ་ཡིན།

རླུང་རྟའི་ཟུར་བཞི་ཏུ་སྟག་སེང་ཁྱུང་འབྲུག་བཞིའི་གཟུགས་རིས་བཀོད་ཡོད།　དེ་རྣམས་ཀྱིས་འབྱུང་
བའི་ཁམས་རླུང་ས་མེ་ཆུ་རྣམས་མཚོན་ལ།　རླུང་རྟའི་དབུས་སུ་རྟ་མཆོག་རིན་པོ་ཆེའི་རྒྱན་ཆས་སྤྲས་པའི་
སྙིང་དུ་ནོར་བུས་མཚན་པ་རེ་བཀོད་སྲོལ་བྱུང་ཡོད་པ་དེས་འབྱུང་བའི་ཁམས་ཀྱི་ནུས་ཤུགས་གང་ལ་ལྡན···
པའི་སྐྱེས་བུ་དེ་ཉིད་མཚོན་པ་ཡིན།　ཇི་ལྟར་མཚོན་པའི་ཚུལ་ཡང་ཡོངས་གྲགས་ཀྱི་ལུགས་སུ་འབྱུང་བའི་
ཁམས་ཞེས་པ་དེ།　ས་ཆུ་མེ་རླུང་གི་ནུས་ཤུགས་ལ་ཐད་ཀར་ངོས་འཛིན་པ་ཡིན་ལ་གནའ་བོའི་བོན་པོ་ཚོས་
འབྱུང་བ་དང་འབྱུང་བའི་ཁམས་གཉིས་སུ་ཕྱེས་ཏེ།　འབྱུང་བ་ནི་ས་ཆུ་མེ་རླུང་རྣམས་ཡིན་པ་དང་འབྱུང་
བའི་ཁམས་ནི་འབྱུང་བའི་ཀློང་དེར་ཡོད་གཡོ་བ་ཅན་གྱི་ནུས་ཤེགས་ཤིག་ལ་ངོས་བཟུང་།　　དེའི་ཚུལ་ནི་
འབྱུང་རྩིས་ཀྱི་ལུགས་སུ་རླུང་གི་ཁམས་དེ་ཤིང་གིས་མཚོན་པ་ལྟར་འདིར་ཡང་འབྱུང་བ་ཤིང་གིས་རླུང······
མཚོན་ལ།　རླུང་ངམ་ཤིང་ནགས་ཀྱི་ཀློང་དུ་གནས་འཆའ་ཞིང་གཡོ་བ་ཅན་གྱི་སྲོག་གི་ནུས་པ་དང་ལྡན་པ་
ནི་སྟག་ཡིན་སྟབས།　འབྱུང་བ་རླུང་ཁམས་ཀྱི་མཚོན་རྟགས་སུ་སྟག་བཀོད་པ་དང་།　འབྱུང་བ་སའི་སྙིང་པོ་
སྲ་ཞིང་འཁྲིགས་པའི་རང་བཞིན་དང་ལྡན་པའི་རི་བོ་ཆེན་པོ་རྣམས་ཡིན་ལ།　　　དེ་དུང་ཆེས་སྲ་ཞིང་
འཁྲིགས་པ་གངས་ཀྱི་རི་བོ་རྣམས་ཀྱི་སྦོའམ་གངས་རིའི་ཀློང་དུ་གནས་འཆའ་ཞིང་།　གཡོ་བ་ཅན་གྱི་སྲོག་
གི་ནུས་པ་དང་ལྡན་པ་ནི་སེང་གེ་ཡིན་སྟབས།　　འབྱུང་བ་ས་ཁམས་ཀྱི་མཚོན་རྟགས་སུ་སེང་གེ་བཀོད་པ་
དང་།　འབྱུང་བ་མེའི་སྙིང་པོ་ཚ་ཞིང་སྲེག་པའི་རང་བཞིན་དང་ལྡན་པ་ནི་དཔལ་དང་ཇོ་དང་འབར་བ་

ཆེན་པོའི་མེ་ལྕེ་རྣམས་ཡིན་ལ་མེ་ལྕེ་དང་དཔལ་ཟེར་གྱི་ཀློང་ན་གནས་འཆའ་ཞིང་གཡོ་བ་ཅན་གྱི་སྲོག་གི···· ནུས་པ་དང་ལྡན་པ་ནི་ཤེར་མ་ཁྱུང་ཆེན་བསེའུ་ཡིན་སྟབས། འབྱུང་བ་མེ་ཁམས་ཀྱི་མཚོན་རྟགས་སུ་ཁྱུང་བཀོད་པ་དང་། འབྱུང་བ་ཆུའི་སྙིང་པོ་རླན་གཤེར་གྱི་རང་བཞིན་དང་ལྡན་པ་ནི་རྒྱ་མཚོ་ཆེན་པོའི་ཆུ་ཡིན་ལ། རྒྱ་མཚོའི་ཆུ་ཀློང་དུ་གནས་འཆའ་ཞིང་གཡོ་བ་ཅན་གྱི་སྲོག་གི་ནུས་པ་དང་ལྡན་པ་ནི་འབྲུག་ཡིན་སྟབས། འབྱུང་བ་ཆུ་ཁམས་ཀྱི་མཚོན་རྟགས་སུ་འབྲུག་བཀོད་པ་དང་། རྟ་མཆོག་རྒྱུག་རྩལ་དང་ལྡན་པ་དེས་རྒྱུན་མི་འཆད་པའི་སྐྱེས་བུའི་ནུས་ཤུགས་མཚོན་པ་དང་། རྟ་མཆོག་ལ་རིན་པོ་ཆེའི་རྒྱན་ཆས་དང་། ནོར་བུ་རིན་པོ་ཆེས་བརྒྱན་པ་ནི་སྐྱེས་བུའི་ནུས་ཤུགས་དེ་མཐུན་རྐྱེན་ལེགས་པའི་ཚོགས་ཀྱིས་སྤྲས་པ་དང··· རང་རྒྱུད་ཀྱི་འབྱུང་བའི་ནུས་ཤུགས་ཕུན་སུམ་ཚོགས་པས་འདོད་པའི་དོན་ཐམས་ཅད་ལྷུན་གྱིས་གྲུབ་པར·· མཚོན་སྟབས། རྟ་མཆོག་རྒྱན་ལྡན་གྱི་གཟུགས་ཤིག་འགོད་སྲོལ་བྱུང་ཡོད་འདུག

རླུང་རྟའི་དཔེ་རིས།

བྲག་ངོས་སུ་ཡོད་པའི་གནའ་བོའི་བྲག་བརྐོས་རི་མོའི་གྲངས་སུ་སྟག་དང་ཁྱུང་ལ་སོགས་པ་དེ་རྣམས·· བོན་ཡ་ཐོག་གི་གཞི་རྩའི་འབྱུང་བའི་གོ་རྟོགས་དེ་རིགས་དང་འབྲེལ་ཆེ་བ་ཞིག་ཡིན་པ་ནི་སྨོས་མ་དགོས་ལ། སྐབས་འགར་རྫོན་གྱི་ཆ་རྐྱེན་དུ་བྱ་དང་རི་དྭགས་ཅི་རིགས་པའི་གཟུགས་བཀོད་པའང་མི་ཉུང་བ་ཞིག······ བྱུང་ཡོད་པ་ནི་ནུབ་ཕྱོགས་པའི་མཁས་པ་ཆེན་པོ་ཛེ་སེབ་ཏུཙྪི་ལགས་ཀྱིས་བོད་ནུབ་ཕྱོགས་ལ་དྭགས········· སོགས་ནས་རྙེད་པའི་བྲག་བརྐོས་རི་མོ་དང་དེ་དང་ཆ་འདྲ་བ་གཞན་དག་འགའ་རེ་ཡོད་པ་རྣམས་ལས······ གསལ་བ་ཡིན། ཁོ་བོ་ཅག་གིས་རྙེད་པའི་ཞང་ཞུང་གི་བྲག་བརྐོས་རི་མོ་དེ་རྣམས་ཀྱི་ཁྲོད་དུ་གཡུང་དྲུང་གི་རི་མོ་དང་དེ་དང་ཆ་འདྲ་བའི་རི་མོའི་རྣམ་པ་མི་འདྲ་བ་འགའ་རེ་དང་། ཡིག་གཟུགས་ཤིག་ཡིན་ནམ་སྙམ་པའི་རི་མོ་དེ་ཙམ་མི་གསལ་བ་འགའ་རེ་ཡོད་པ་འདི་རིགས་ཁ་ཤས་ནི་ཆེས་སྔ་བའི་དུས་ཀྱི་རི་མོ་ཡིན··

ལ། འགའ་ཞིག་དུས་རིམ་གོང་མའི་ནང་གི་མི་ཚོས་གསར་བསྟན་གྱི་རི་མོའང་ཡིན་ལས་ཆེ་བ་འདུག་གང་ལ་ཟེར་ན་བྲག་བརྐོས་ཀྱི་རི་མོ་འདི་རིགས་དུས་ཚོད་གཅིག་གི་སྟེང་དུ་བྱུང་བ་ནི་ཡིན་དཀའ་བ་སྟེ། དུས་རབས་རིམ་ཅན་གྱི་མིས་སྔོན་གྱི་རི་མོ་རྙིང་པ་དེ་རྣམས་མཐོང་བས་དེ་དག་གི་གཤམ་དུ་གསར་སྣོན་གྱི་རི་མོ་ཅི་རིགས་བཀོད་སྒྲུང་བ་ནི་ཁོ་པོ་ཅག་གིས་རྙེད་པའི་བྲག་བརྐོས་རི་མོ་འགའ་ཞིག་གཤམ་དུ་དེང་དུས་ཀྱི་མིས་གསར་དུ་བཀོད་པའི་ཡི་གེ་འཕགས་པ་སྤྱན་རས་གཟིགས་ཀྱི་མཚན་སྔགས"ཨོཾ་མ་ཎི་པདྨེ་ཧཱུྃ།"ཞེས་བྱ་བ་འདི་བརྐོས་འདུག་པས་ངེས་ཤེས་ཐུབ་པ་ཡིན།

གསུམ། བཟོ་རིག་པའི་སྐོར།

བཟོ་རིག་པའི་སྐོར་ཇི་ལྟར་བྱུང་བ་ནི། ཡ་རྒོག་གི་དུས་རིམ་གོང་མའི་སྔོན་དུ་ཞང་ཞུང་གི་ཡུལ་ཁམས་དེར་གནས་པའི་མི་སྡེ་དང་། དེ་དག་གི་ཤེས་རིག་ཇི་སྙེད་པ་ཞིག་ཡོད་པ་གཞིར་བཅས་ནའང་རང་རེས་བྲག་བརྐོས་ཀྱི་རི་མོ་དང་། གཟིའི་རིགས་དང་ཐོག་ལྕགས་སུ་གྲགས་པའི་དངོས་པོ་དེ་རིགས་ཙམ་ལས་འབྱུང་འགྱུར་ཆད་དུ་བྱུང་བའི་རིག་རྫས་སྣ་ཚོགས་པ་ཞིག་འཐོན་སྲིད་པ་དེའི་བར་དུ་ཞལ་གསལ་དུ་བཤད་ཐུབ་པ་དེ་ཙམ་མ་མཆིས་སོད། ཡ་རྒོག་ཞང་ཞུང་གི་རྒྱལ་པོ་ཁྲི་ལྗེར་གྱི་སྐུ་དུས་སུ་བོན་གྱི་སྟོན་པ་གཤེན་རབ་མི་བོ་ཆེ་བྱོན་ཅིང་། ཁོང་གིས་ཞང་ཞུང་གི་ཡི་གེའི་སྲོལ་གསར་དུ་བཏད་དེ། བཟོ་རིག་པའི་སྐོར་བསྟན་པའི་ཚུལ་སྐལ་བཟང་མགྲིན་རྒྱན་[བོད་66ཕ་11]ལས་བསྟན་པའི་གཞི་མ་བཟོ་རིག་པ། གཏན་ལ་ཕབས་ཏེ་གར་མ་ལི་ཤྲཱ་སོགས། འཛམ་གླིང་མཁས་པའི་རྒྱན་དྲུག་དཔལ་ལ་བསྟན། ཞེས་གར་མ་ལི་ཤྲཱིས་གཤེན་རབ་ལ་བསྐུལ་མ་ཞུས་པ་བཞིན་གཤེན་རབ་མི་བོ་ཆེས་གར་མ་ལི་ཤྲཱ་དང་། གཞན་འཛམ་གླིང་མཁས་པའི་རྒྱན་དྲུག་ཏུ་གྲགས་པ་བཟོ་རྗེ་ལྷ་དབང་དང་། སྨྱུ་འཕྲུལ་དབང་ཕྱུག ཀླུག་རྒོག་པ་ཕྱ་མགར་ལྷ་ཡུག་པ། ལྷ་སྲས་པད་མ། ཡི་གེ་འཕྲུལ་ཆུང་རྣམས་ལ་བཟོ་རིག་པའི་སྐོར་བསྟན་པར་གསལ་བ་དང་། ཕྱི་བྲག་ཏུ་བཟོའི་གནས་ཅི་དང་ཅི་ཞིག་བསྟན་མཛད་པའི་སྐོར་རགས་ཙམ་ནི་དྲི་མེད་རྩ་བའི་མདོ་[ས་ཤ44ན་4]ལས་ཤེས་བྱའི་ཐོག་མར་ཡི་གེ་བསླབ། བློ་སྦྱམ་ཐ་རམ་(146)འབྱེད་པའི་མཆོག ཤེས་བྱ་ཀུན་གྱི་ཐོག་མ་ཡིན། ཞེས་གསལ་བ་དེས་ཡ་རྒོག་གི་ཡི་གེའི་སྦྱོར་བ་གསར་དུ་དབུ་བཙམས་ཏེ་བསྟན་ཡོད་པ་དང་། དེ་ནས་ཡང་[ས་ཤ44ན་5]ལས་བཟོ་ལ་རྣམ་པ་ལྔ་ཡིན་ཏེ། གྲ་(དྲ་)ཞིང་དྲུབ་ལ་རྣམ་པ་ལྔ། གདུགས་སུ་ཕུབ་དང་གདན་དུ་བཏིང་། ཡོལ་དུ་བྲེལ་(བྲེས་)དང་ལུས་ལ་གསོལ། བཙོག་ཞིང་(ཅིང་)སྦྱར་ལ་རྣམ་པ་གཉིས། ཐོགས་སུ་ཕུབ་དང་གང་མགོ་སྦྱུད། བཞུ་ཞིང་བླུག་ལ་རྣམ་པ་གསུམ། ལྷ་སྐུ་ལྷ་

རྫས་འདོད་ཡོན་ནོ། །བསྐྱུང་ཞིང་ཐར་ལ་རྣམ་པ་གསུམ། མཛེས་དང་བརྗིད་དང་འདོད་ཡོན་རྫས། ཁྲི་ཞིང་བཀོད་ལ་རྣམ་པ་གཉིས། རོ་(རོལ་)མོ་ཅན་དང་བཀོད་པ་ཅན། འདི་ལྟར་བཟོ་རིག་བཀོད་པ་རྣམས། ལྷ་སྲས་གར་མས་ཐུག་(ཐུགས་)ལ་ཚོག ཅེས་གསུངས་པ་དེ་དག་གིས། ཞང་ཞུང་ཡ་འབྲོག་གི་དུས་རིམ་གོང་མའི་ནང་གཤེན་རབ་མི་བོ་ཆེས་བཟོ་རིག་པའི་ཤེས་རིག་གང་དང་གང་དག་བསྟན་པའི་སྐོར······རགས་ཙམ་ཞིག་གསལ་ལ། བཟོ་རིག་པའི་གནད་དེ་དང་འབྲེལ་བ་ཆེས་མངོན་རྟགས་ཆེ་བ་ཞིག་ནི། གཤེན་རབ་ཀྱིས་བསྟན་པ་རྗེས་སུ་བཞག་པའི་ཚེ། ཡུལ་རྒྱ་ལག་འོད་མའི་གླིང་དུ་གསས་ཁང་དཀར་ནག་བཀྲ་གསལ་ཇི་ལྟར་བཞེངས་ཡོད་པའི་ཚུལ་འདི་ཡིན་ལ། དེའང་མདོ་གཟེར་མིག་[ཐོབ་ཁ736 ཤ101 བ2]ལས་གསང་ཁང་ཆེན་པོ་དེ་ལ་ཀོང་རྩེས་ཐིག་བཏབ་སྟེ། ཐིག་གདབ་དང་པོ་མཐའ་ནས་གདབ། མཚོན་བཀྱེ་དབུས་ནས་བཀྱེ་བར་འབྱུང་། གཞི་མ་ཕྱི་མ་རས་སུ་བོར། སེམས་ཅན་འཚོགས་པའི་ས་རུ་བཞག ཕྱི་སྐོར་ཕོ་འདོམ་ལྔ་བརྒྱ་ཡོད་པ་གཅིག བོན་ཉིད་མི་འགྱིད་གྲ་ཟུར་མེད་པའི་ཕྱིར། ཐིག་གི་དབྱིབས་ཀྱང་ཟླུམ་པོར་ཟླ་བ་ཉ་བ་བཞིན་དུ་བསྐོར། འདོམ་བརྒྱ་རས་སུ་བོར་ནས་ཡང་གཅིག་ཟླུམ་པོར་བསྐོར། ཐིག་བར་དེ་ནི་སྟོང་གསུམ་ཕར་འདས་མུན་ནག་ཆེན་པོའོ། །ཕྱི་ཐིག་ཁ་ལ་འདོམ་གང་བརྩེགས་ནས་སྐྱེང་། འདོམ་བརྒྱ་རས་སུ་བོར་ནས་ཡང་གཅིག་ཟླུམ་པོར་བསྐོར། ཐིག་བར་དེ་ནི་སྟོང་ཆེན་མཐར་ཐུག་འཛིག་རྟེན་ནོ། །ཕྱི་ཡི་ལྕགས་རི་ཆེན་པོ་དང་སྦྲར་ནས། བདེ་གཤེགས་སྟོང་རྩ་བརྒྱད་ཀྱི་སྐུ་དང་སྦྲུར་ནས་སུ། སྐུ་གདུང་མཆོད་རྟེན་སྟོང་དང་རྩ་བརྒྱད་བཞེངས་པ། ཟུར་བཞི་མཆོད་རྟེན་ཕྱི་མ་བས་སུ་ལྷབ་པས་མཐོ།(147) ཡོགས་བཞི་མཆོད་རྟེན་ཕྱི་བས་སུ་བུན་ཐང་ཙམ།(148) ལྕགས་རིའི་འཕང་ནི་འདོམ་བཞིའོ། །མཆོད་རྟེན་ཆུ་ཞེང་མཉམ་པའོ། །བརྒྱད་ནི་རྒྱན་དང་བཅས་པའོ། །ཟུར་བཞི་ཏོག་དང་བྱ་རུའོ། །འཁོར་དང་གཙོ་བོའོ། །ཁྱད་པར་ཡོ། །དེ་ནས་ཐིག་ཐག་བཞིར་ལྡན་ནས་དཀྱིལ་གྱི་ལྷག་མ་ལུས་པ་ལ། ཤར་ནུབ་ལྷོ་བྱང་མ་ནོར་བར། ཤར་ནས་གཅལ་བའི་ཟུར་བཞི་ལ། མཚན་མའི་ཕུར་པ་བཞི་བཙུགས་ནས། ཟུར་ཐིག་གཉིས་བསྒྲལ་དབུས་སུ་དྲང་། ཟུར་བཞི་གྲུ་བཞི་འཐེན་ནས་ནི། བར་གྱི་ཁྲམས་ཁང་རྩིག···(བརྩིགས་)པའོ། །འཕང་གི་ཚད་ནི་འདོམ་ལྔའོ། །འདོམ་གང་ཞབས་རྨེང་(རྨིང་)ས་ནང་ངོ་། །འདོམ་གང་ཁ་བེད་(བད་)ཁང་ཐོག་གོ། །འདོམ་གང་ས་མཚམས་སྐྱ་རིས་སོ། །བར་དུ་འདོམ་དོ་ལུས་པ་ལ། །ལྟག་ལ་མཐོ་རིས་གསུམ་(149)ཁྲི། འགབ་ལ་ངན་སོང་གསུམ་(150)ཁྲི། དབུས་ཀྱི་ཁྲམས་ཁང་ཁྲ་བོ་ནི། སྟོང་གཉིས་བར་མའི་འཛིག་རྟེན་ནོ། །དབུས་སུ་འདོམ་བརྒྱད་གྲུ་བཞི་ནི། ཁྲམས་ཁང་སུམ་ལྷབ་བས་སུ་མཐོ།(151) ཁྲམས་ཁ་ཀ་ཚད་འདོམ་ནི་ཕྱེད་དང་གསུམ། གདུང་ཚད་འདོམ་ནི་ཕྱེད་དང་དོ། །ཁྲམས་

ཚད་འདོམ་དོ་ཁྲུ་རེའོ། །ཀ་གཞུའི་ཚད་ནི་ཁྲུ་གང་ངོ་། །བྲེ་ཡི་ཚད་ནི་མཐོ་དོའོ། །ཐུལ་གྱི་ཚད་ནི་མཐོ་གང་ངོ་། །ཕྱམ་པར་ཚད་ནི་ཁྲུ་གང་ངོ་། །གཞལ་ཡས་འོད་རིས་སྣ་ལྔ་ནི་ཕྱམ་ཉིད་ལ་ནི་འོང་བའོ། །ཕྱམ་པར་དུ་ནི་གཡུང་དྲུང་ངོ་། །གླིང་སྐོར་ཉི་ཤུ་རྩ་ལྔའོ། །〔152〕 དབུས་བཞག་ཕྱོགས་བཞི་གསུམ་བསྐྱེས་པའི། །〔153〕 རིན་ཆེན་སྣ་ལྔའི་གཡུང་དྲུང་ངོ་། །གཡུང་དྲུང་ཕྱོགས་བཞི་དབུས་དང་ལྔ། བདེར་གཤེགས་སྟོང་གི་སྐུ་བཞེངས་པ། །དེ་ནི་ཁྲམས་ཁང་ཚད་ཡིན་ནོ། །དབུས་རྩེ་ཤིང་ཚད་ལྔབ་འགྱུར་རོ། །ཕྱམ་ཚད་པར་ནི་ཁྲམས་དང་མཐུན། །ཁྱུང་གུར་ཁྱུང་འདབ་ཁྱུང་མགོ་གསུམ། །བུན་ཐང་བུན་ཐང་འགྱུར་བའོ།〔154〕 །དབུས་ཀྱི་གཙང་ཁང་རྩེ་རྒྱལ་ནི། སྟོང་གཅིག་ཕྱི་ཕུད་འཇིག་རྟེན་ནོ། །གཙང་ཁང་ལ་ནི་ཤར་དུ་སྒོ་གཅིག་གོ། །ཁྲམས་ཁང་ལ་ནི་ཕྱོགས་བཞིར་སྒོ་བཞིའོ། །ལྕགས་རི་ལ་ནི་ཕྱོགས་བཞིར་འདོར་བའི་སྒོ་བཞིའོ། །དབུས་ཀྱི་གཙང་ཁང་འདོམ་བཅུ་ལ། དོ་ནི་ཞབས་རྐྱེང་(རྐྱིང་)ས་ནང་ངོ་། །དོ་ནི་ཁ་བད་ཁང་ཐོག་གོ། །དོ་ནི་ས་མཚམས་སྐྱ་རིས་སོ། །དོ་ནི་ཁྲི་དང་སྐུ་ཉིད་དོ། །དོ་ནི་འོད་དང་ཟེའུ་ཐྲོག་〔155〕གོ། །གཙང་ཁང་ཐོ་(ཐོག་)དབུས་སྟོང་པའོ། །དེ་ལ་འོད་ཀྱིས་བསྐོར་བའོ། །” ཞེས་པ་དེ་རྣམས་ཀྱིས་ནི་གེང་ཅེས་གསས་ཁང་ཕྱི་ནང་བར་གསུམ་ཐིག་བཏབ་ནས་བཀོད་པའི་འཆར་གཞི་ཇི་ལྟར……བཏིང་ཡོད་པ་དང་། གསས་ཁང་གི་བཀོད་པ་དེས་སྟོང་གསུམ་གྱི་སྟོང་ཆེན་པོའི་འཇིག་རྟེན་སྣོད་བཅུད་ཀྱི་ཁམས་རྣམས་ཇི་ལྟར་མཚོན་གྱི་ཡོད་པའི་ཚུལ་རྣམས་རགས་ཙམ་བསྟན་པ་དང་། ཡང་དེ་ཉིད་[ཐོབ་766ཤ་103ན་6]ལས་ཀོང་ཅེས་སྐོས་བཤམས་ཐིག་བཏབ་བཞིན་དུ་ཡོ་མིས་མ་ཐོགས་འཕྲིན་ལས་བྱས། རྩིག་མཁན་རྣམས་ཀྱིས་འཕང་ཡང་བསྟོད། བྱད་མཁན་རྣམས་ཀྱིས་ཕྱི་བདར་བྱས། ཤིང་མཁན་རྣམས་ཀྱིས་ཤིང་བཞོགས། རྗོ་མཁན་རྣམས་ཀྱིས་རྗོ་ཡང་སྦྱངས། ལྕགས་མཁན་རྣམས་ཀྱིས་ཡང་(ཀྱང་)ལྕགས་བརྡུངས། གསེར་དངུལ་མཁན་རྣམས་ཀྱིས་ཞུན་ཀྱང་བཏབ། མཚོན་རྩི་མཁན་གྱིས་མཚོན་རྩི་སྦྱངས། བྲིས་མཁན་རྣམས་ཀྱིས་བྲིས་ཀྱང་བྲིས། ཞེས་གེང་ཅེས་འཆར་གཞི་ཇི་ལྟར་བཀོད་པ་དེ། ཡོ་མིའམ་ལག་ཤེས་ཀྱི་ལས་ལ་མཁས་པ་རྣམས་ནས་བྱ་བ་ལག་ཏུ་བླངས་ཏེ་བཞེངས་ཡོད་པའི་ཚུལ་གསལ་བར་བསྟན་པ…ཡིན་ལ། གསས་ཁང་ཕྱི་ནང་བར་གསུམ་གྱི་རྣམ་པའི་བཀོད་པ་དང་དབྱིབས། བཟོའི་ཁྱད་ཆོས་ཤིན་ཏུ་ཡ་མཚན་འོས་པ་དེ་འདྲ་བ་ཞིག་གི་འཆར་འགོད་བྱེད་ཐུབ་པ་དང་། འཆར་གཞི་ཤིན་ཏུ་རྒྱ་ཆེ་ལ་རྣམ་གྲངས་མང་བ་དེ་ཀུན་དངོས་སུ་ལག་ལེན་བྱེད་ནུས་པའི་བཟོའི་རིགས་མི་འདྲ་བ་སྣ་ཚོགས་ལ་མཁས་པའི་མི་སྣ་ཇི་སྙེད་ཅིག་ཡོད་པའི་ཚུལ་སོགས་ཤིན་ཏུ་ཞལ་གསལ་བ་འདིས་ཡ་ཐོག་དུས་རིམ་གོང་མའི་ནང་ཞང་ཞུང་གི…བཟོ་རིག་པའི་གནས་ཚུལ་ཇི་ལྟར་ཡིན་པ་གསལ་བར་བསྟན་པ་ཡིན།

གཟེར་མིག་གི་ལུང་འདིར“ཀོང་རྗེས་ཐིག་བཏབ”ཅེས་ཀོང་རྗེ་འཕྲུལ་གྱི་རྒྱལ་པོས་ཐིག་བཏབ་ནས་གསས་ཁང་ཕྱི་ནང་བར་གསུམ་གྱི་བཀོད་པའི་འཆར་གཞི་བཏིང་ཡོད་པ་ལྟར་སྣང་མོད། བཀོད་པ་གྲུབ་རྗེས་བྱ་བ་དངོས་ཇི་ལྟར་བརྩམས་པའི་སྐོར་གཞུང་དེ་རང་ལས“ཀོང་ཙེ་སྐོས་བཤམས་ཐིག་བཏབ”ཅེས……གསལ་བ་བཞིན་ཐིག་ཐོག་མར་འདེབས་པ་པོ་དེའང་ཀོང་ཙེ་ཡིན་པ་དང་། ཀོང་ཙེ་དང་ཀོང་རྗེ་ཞེས་པ་འདི་གཉིས་སྐྲའི་བཞྫོད་སྟངས་ཙུང་ཟད་འདྲ་མོད། དོན་དུ་སྐྱེས་བུ་མི་འདྲ་བ་གཉིས་ཀྱི་མཚན་དུ་ངེས་པ་སྟེ། དེའི་ཤེས་བྱེད་ནི་དྲི་མེད་རྩ་བའི་མདོ་[མདོ་ས་ཤ་168བ་4]ལས་ཕྱྭ་ཀེང་རྗེ་ལེན་མེད་ཀྱི་བསྐོས་(ཀྱིས་སྐོས་)མཁན་མཛད་ནས། འཇིག་རྟེན་ཡོན་ཏན་གྱིས་བརྒྱན་པ་རྣམས་སོ་སོ་ནས་བཟོ་སྣ་སུམ་བརྒྱ་དྲུག་ཅུ་ལ་དཔེ་བླང་(བླངས་)ནས། དགུང་(དགུན་)ཟླ་གསུམ་གྱི་མགོ་མཇུག་ལ། གསས་མཁར་སྟོད་བཅུད་པོ་བྲང་ཞིང་ས་དང་བཅས་པ་གྲུབ་པོ། །ཞེས་པ་དང་མདོ་དྲི་མེད་གཟི་བརྗིད་[ཐོབ་ད་161ཤ79ན་4]ལས་དེ་ནས་ཡང་ཕྱྭ་སྲས་ཀེང་ཙེའི་འཁོར་དང་བཅས་པ་རྣམས་ཀྱང་། སྟོན་པའི་བཀའ་གནང་བ་ཐོབ་ནས། བར་སྣང་ལ་གཞའ་སྤྲིན་དང་མེ་ཏོག་གིས་(གི་)ཆར་དང་མངོན་པར་གྲོགས་སྟེ་(འགྲོགས་ཏེ།) གནས་མཆོག་དམ་པ་འོལ་མོ་གླིང་ཆེན་ནུབ་ཕྱོགས། སུ་བྲུད་བདལ་བའི་རྒྱ་མཚོའི་ནུབ་ཕྱོགས། རྒྱ་མཚོའི་གླིང་ལ་འཕེབས་(ཕེབས་)སོ། །དེ་ལ་རྒྱལ་པོ་ཀེང་ཙེ་འཕྲུལ་གྱི་རྒྱལ་པོ་ལ་སོགས་འཁོར་རྣམས་ཀྱིས། །མདུན་ར་བསུས་ཅིང་(ཤིང་)དགའ་མགུའི་ཞལ་ཟས་དང་མཆོད་པ་སྣ་ཚོགས་དྲངས་སོ། །དེ་ནས་དེའི་ཚེ་དེའི་དུས་ན། ཕྱྭ་ཀེང་ཙེ་ལན་མེད་ཀྱིས། སུ་བྲུ་བདལ་བས་(བའི་)མཚོ་གླིང་གིས་(གི།) གདུག་པ་སྲིན་གྱི་གཞི་རྨིང་བཏིང་ཞེས་པ་དང་ཡང་[164ཤ80བ་4]ལས་དེ་ནས་ཡང་ཕྱྭ་སྲས་ཀེང་ཙེའི་(རྗེས་)སྐོས་མཛད་ཅིང་། དེ་ཡང་ཤེ་སོན་དར་དྲས་〔156〕ཀྱི་ཐིག་ཐག་ལ། དཀར་དམར་མཚོན་གྱིས་ཁ་མདོག་སྒྱུར་(དོག་བསྒྱུར)ཞེས་པ་དང་[164ཤ80བ་6]ལས་དང་པོ་ཀོང་རྗེས་ཐིག་སྣ་ནས་ཤར་དུ་དྲང་(དྲངས་)ལ། ཀེང་ཙེའི་(ཙེས་)ཚོགས་སུ་བཅད་དེ་གསུང་པ། ཐིག་འདི་དབྱིངས་ཀྱི་ཡུམ་གྱི་ཐིག ས་ཏྲིག་ཨེར་སངས་བྱིན་རླབས་ཐིག ཅེས་སོགས་གསུང་ཚུལ་ལ་བལྟས་ན། གཞི་རྩའི་ཐིག་དང་བཀོད་པ་གནང་མཁན་ཕྱྭ་སྲས་ཀེང་ཙེ་ཡིན་ལ། ཐིག་འདེབས་པའི་རྟེན་འབྲེལ་གྱི་ཚེ་གར་ཀོང་ཙེ་འཕྲུལ་རྒྱལ་ཡང་ཡོད་སྟབས། ཁོང་གིས་ཐིག་ཐག་གི་སྣེ་བཟུང་སྟེ་ལེགས་པའི་རྟེན་འབྲེལ་བསྒྲིགས་ཡོད་པར་མངོན།

བཞི། རྫོལ་མའི་སྐོར།

དུས་རིམ་གོང་མའི་ནང་། ཞང་ཞུང་གི་ཡུལ་དུ་རྫོལ་མོའི་བྱེ་བྲག་དུ་མ་ཞིག་ཡོད་པ་ནི་གཤེན་རབ་ཀྱི་

མཛད་མདོ་རྣམས་སུ་ཡོད་པའི་གླིང་གཞི་རྣམས་ལས་གསལ་ལ། དེ་རིགས་ཀྱི་ནང་ནས་ཆེས་མངོན་གསལ་ཆེ་བ་ཞིག་ནི་ཡུལ་རྒྱ་ལག་འོད་མའི་གླིང་ན། ཡབ་རྒྱལ་པོ་ཀ་ཛ་ལ་དང་ཡུམ་གསལ་འོད་མ་གཉིས་ལ་སྲས་ཀོང་ཙེ་འཕྲུལ་རྒྱལ་འཁྲུངས་པ་དེ་རྒྱལ་སར་ཕེབས་པའི་ཚེ། རྒྱལ་ཁམས་ཀྱི་མི་ཀུན་འདུས་ཏེ་ལེགས་སྐྱེས་སུ་རོལ་མོའི་བྱེ་བྲག་སྣ་ཚོགས་པ་ཞིག་འདུ་བྱས་པའི་ཚུལ་མདོ་དྲི་མེད་གཟི་བརྗིད་[ཐོབ་ད་128 ཤ་62 བ་5] ལས་ཕྱི་བློན་བཅུ་དྲུག་དང་ནང་བློན་བཅུ་དྲུག་བར་བློན་བཅུ་དྲུག་འཕྲིན་བློན་བཅུ་དྲུག་གཞན་ཡང་དམག་མི་འཁོར་ཚོགས་འབུམ་ཕྲག་མང་པོ་དང་བཅས་ནས། རོལ་མོ་སྣ་ཚོགས་པ་བསྒྱུར་སྟེ་(ཏེ།) དེ་ནས་ཡང་ལ་ལ་ནི་དར་ཕྱར་རོ། །ལ་ལ་ནི་དུང་འབུད་དོ། །ལ་ལ་ནི་ཛ་བརྡུང་ངོ་། །ལ་ལ་ནི་གཤང་སྒྲོལ་(བཀྲོལ་)ལོ།། ལ་ལ་ནི་གླིང་བུ་འབུད་དོ། །ལ་ལ་ནི་པི་ཝང་སྒྲོལ་(བཀྲོལ་)ལོ། །ལ་ལ་ནི་ཅིང་ཆེན་〔157〕སྒྲོགས་སོ། །ལ་ལ་ནི་ཅང་ཆེན་〔158〕བརྡུང་ངོ་། །ལ་ལ་ཆག་སྟར་〔159〕འདེབས་སོ། །ལ་ལ་ནི་སྙོང་〔160〕བསྒྱུར་རོ། །ལ་ལ་ནི་སྙོང་ཡོར་རོ། །ལ་ལ་སྙོང་རྟེའོ། །ལ་ལ་ནི་ཤོན་ཁྲབ་(འཁྲབ་)བོ། །ལ་ལ་ནི་གར་བྱེད་དོ། །ལ་ལ་ནི་ཐྲ་བརྡུང་ངོ་། །ལ་ལ་ནི་གླུ་དབྱངས་ལེན་ནོ། །ཞེས་སོགས་གསལ་རྒྱས་སུ་བཤད་ཡོད་པ་འདི་རྣམས་ཀྱིས་དུས་རིམ་གོང་མའི་དབུ་བརྙེས་པའི་སྐབས་དེར་ཞང་ཞུང་གི་ཡུལ་ཁམས་སུ་གླུ་ལེན་པ་དང་། ཐྲ་འཁྲབ་པ། རོལ་མོའི་བྱེ་བྲག་ཤིན་ཏུ་མང་བ་དེ་སྙིད་ཅིག་བེད་སྤྱོད་བྱས་ཡོད་པའི་ཚུལ་ཤིན་ཏུ་གསལ་བར་བསྟན་ལ། རོལ་མོའི་བྱེ་བྲག་ཏུ"ཅིང་ཆེན"དང"ཆག་སྟར"དང"སྙོང"ཞེས་པ་དེ་རྣམས་ནི་དེང་དུས་ཀྱི་རོལ་མོར་ཡོངས་སུ་མ་གྲགས་ནའང་དུས་སྐབས་དེར་ཡོངས་སུ་གྲགས་པའི་རོལ་མོའི་རིགས་རྣམས་ཡིན། "ནག་འཁྲབ"ཅེས་པ་འདིའི་སྐོར་འབེལ་གཏམ་ལུང་གི་སྙིང་པོ་[ཐོབ་17 ཕ་6]ལས་གནའ་དུས་ཞང་ཞུང་གི་ཡུལ་ལུགས་ཤོན་གྱི་སྐོར། ཤོན་རྟེད་མི་གྲངས་ཉི་ཤུ་ནས་བརྒྱ་སྐོར་བར་གང་ཡོད་ཚོ་གསུམ་དུ་བཅད་དེ་ལག་བསྣོལ་བསྒྲིལ་མ་ཟླུམ་སྐོར་ཕྱི་ནང་རིམ་པ་མི་མང་ན་གསུམ་དུ་བྱེད། ཤོན་དཔོན་དང་པོ་དེས་ལག་གཡས་ཀྱིས"ཛོ་ར"ཞེས་གཡག་དཀར་པོའི་རྔ་མ་དཔྱལ་གྱི་ཡུ་བ་ཅན་འཕྱར་བསྐོར་བྱེད་བཞིན་ཛ་ཆེ་ཆུང་དང་། དུང་ཆེན། སུར་སྣ་〔161〕འཁར་ཛ། སྦུབ་ཆེལ་སོགས་ཀྱི་སྒྲ་བཅས་ཁ་ནས་དབྱངས་དང་། རྐང་པས་འགྲོས་ཀྱིས་གཡས་སྐོར་དུ་བསྐྱོད་པའི་གསེབ་ཏུ་སད་(ལྷ་)ཅེས་ལྷ་རྟེན་དང་(ཡུལ་ལྷ་རིགས་པ་ཅན་གྱི······རིགས་སོགས་སོ་)གཉམ་དུ་བསྒྲོད་ཅིང་། ངག་གི་གླུ་དབྱངས་ནི། ཀྱཻ་ལི་ཀྱཻ་ཧོ་ན་ལག་པ་མཐུད་(འཐུད་)ནས་འགྲོ། སྐྱོ་ལི་སྐྱོ་ཧོ་ན་(ཤོན་རྟེད་རོལ་ལ་ཕེབས།) ཏ་ཡ་ཀྱཻ་ཧོ་ན་(སྟོན་དུ་མགྱོགས་པར་སྐྱོད་ལ་ཕྱིར་གཤེགས།) ཁ་སྐྱོ་སྐྱོ་རིང་ཞུང་རྟེན་(ལྷ་མཇལ་མི་ཚོ།) ཁ་སྐྱོ་སྐྱོ་ཙོ་ལིད་པ་(ལྷ་ཁང་ལིད་པ་འདིར་འཛོམས།) ཟླུམ་པོ་སྐྱོ་རི་དུའི་རྟེན་(ལྷ་ཡིས་དབུ་ཐོད་ཟླུམ་པོ་གླུབ།) འདིས་མཚོན་ཏེ་ཞང་སྐད་འདྲེས་

མའི་སྔར་གྱི་ཡུལ་སྐད་རྙིང་པ་ལས་དབྱངས་དང་བཅས་ཏེ་འཁྲབ་པའི་ལུགས། ཁུ་ནུ་སོགས་སྟོད་ཕྱོགས་བོད་ཀྱི་མཐའ་མཚམས་ཀྱི་ཡུལ་ཁག་རྣམས་སུ་ཏ་ཅང་གི་དར་ཁྱབ་ཆེ་བ་ཡིན་ལ། འདི་ཡང་སྔར་དུས་སུ་སྟོན་པ་གཤེན་རབ་མི་བོ་ཆེ་བསྒྲུ་སྤྲུལ་གྱི་སྐབས་རྣམས་སུ་ཡང་འདི་ལྟར་རྩེད་པའི་ལུགས་ཡོད་པ་ཡིན་ཏེ། ལུང་ལས་ལ་ལ་ཞིག་ནི་ཤོན་བརྩེའོ། །ཞེས་གསུངས་པའི་ཕྱིར། ཞེས་རགས་ཙམ་ཞིག་ཤེས་ཐུབ་ལ་དེ་ནི་མཚོན་དཔེ་ཙམ་ཞིག་ཡིན་པ་ལས་གཞན་དུ་དེ་ལས་རྒྱ་ཆེ་བ་དང་རྣམ་གྲངས་མང་བ་ཞིག་རྙེད་དུ་ཡོད་པ····ནི་སློས་མ་དགོས།

རིག་པའི་གནས་གཞན་དར་ཚུལ་ནི། སྐལ་བཟང་མགྲིན་རྒྱན་[བོད་66ཕ་19]ལས་ལྷ་གཤེན་གཙུག་ཕུད་ལེགས་རྒྱལ་ཐང་པོ་ལ། ལྷ་གཤེན་ཐེག་པ་གསོ་དཔྱད་ཧྲུ་ཐེག་དང་། མོ་ཕྱ་དབྱངས་འཆར་རྩིས་དང་སྨན་ལ་སོགས། འགྲོ་ལ་ཕེ་བར་ཕན་ཅིང་གསོ་བ་དང་། སྒོགས་གྱུར་མངོན་གསལ་བོན་སྡེ་དུ་མ་གསུངས། ཞེས་གསུངས་པས་གཤེན་རབ་མི་བོ་ཆེས་གནའ་དུས་སུ་དར་བའི་ཤེས་རིག་གང་དང་གང་ཞིག་གསུངས·····པའི་ཚུལ་ཞལ་གསལ་དུ་བསྟན་པ་ཡིན།

༣། གསོ་དཔྱད་ཀྱི་སྐོར།

བོན་གནའ་ལུགས་སུ་གྲགས་པའི་གསོ་ནི་གསོན་པོ་བདེ་བ་དང་ནད་པ་གསོ་བ། འགལ་རྐྱེན་བཟློག་པ། འཆི་བ་བསླུ་བ་ལ་སོགས་པའི་དགོས་དོན་དུ་མ་ལ་བརྟེན་པའི་དཔྱད་ཀྱི་བྱེ་བྲག་ཅིག་ཡིན་པས་དེ་སྐད་དུ་གྲགས་ལ། བོན་ལྷ་གཤེན་པའི་ལུགས་སུ"འཆི་བསླུ་གསོ"ཞེས་བཤད་པ་སྔ་དུས་རིམ་བར་མའི་སྐབས། བོད་དུ་དར་བའི་བོན་ཤེས་པ་ཅན་བཅུ་གཉིས་ཀྱི་ཁོངས་སུ"འགྲོལ་ཤེས་གཏད་བྱད"ཅེས་སུ་གྲགས་པའི···བོན་ལུགས་དེའི་ཀྱེར་སྒོ་གང་ལས་བྱུང་བའི་གཞི་སྟེ་བོན་སྒོ་བཞི་མཛོད་ལྔ་ཏུ་དབྱེ་བའི་སྐབས་སུ"དཔོན····གསས་ཕྱ་གཉན་གསོ་ཡི་སྒོ"ཞེས་པས་གསལ་བ་དེ་ཡིན། གསོའི་ཤེས་རིག་དེའི་རྨང་གཞི་ནི་སྲིད་པའི་ཁམས་འདིར་རང་རེའི་དབང་པོའི་མངོན་སུམ་དུ་མཐོང་ཚོར་མི་ཐུབ་པའི་སྐྱེ་འགྲོ། མིའི་འགྲོ་བ་ལས་ཐ་དད་པ། དབྱིངས་ཀྱི་ལྷ་དང་བར་སྣང་གི་གཉན། ས་གཞིའི་བརྟན་མ། རྒྱ་མཚོའི་ཀླུ་ལ་སོགས་པ་ཡོད་ཅིང་། རང་རེའི་དབང་པོའི་མངོན་སུམ་དུ་མ་གྱུར་ནའང་རང་ཅག་རྣམས་སྐྱེ་འགྲོ་དེ་རིགས་ཀྱི་དབང་པོའི་མངོན་སུམ་དུ་གྱུར་པ་དཔེར་ན། སྲིན་འབུའི་རིགས་ལྟ་བུ་སྐྱེ་འགྲོ་འགའ་ཞིག་རང་རེའི་དབང་པོའི་མངོན་སུམ་དུ་གྱུར་ནའང་རང་ཅག་དེ་རྣམས་ཀྱི་དབང་པོའི་མངོན་སུམ་དུ་མ་གྱུར་པའི་སྐབས་ཡོད་པ་དེ···ལྟ་བུའི་སྲུ་གཅིག་དང་། ཇི་ལྟར་ལྷ་གཉན་ཀླུ་སོགས་ཀྱི་འགྲོ་བ་རང་རེའི་དབང་པོའི་མངོན་སུམ་དུ་མ་གྱུར་

པ་དེ་བཞིན་དུ་རང་ཅག་ཀྱང་སྐྱེ་འགྲོ་དེ་རིགས་འགའི་དབང་པོའི་མངོན་སུམ་དུ་མ་གྱུར་པའི་སྐབས་ཀྱང་སྲིད་པ་དེ་ལྟ་བུའི་མུ་གཅིག་དང་། སྟག་དང་གཟིག་ལ་སོགས་པའི་སྐྱེ་འགྲོ་མང་པོ་ཞིག་རང་རེའི་དབང་པོའི་མངོན་སུམ་དུ་གྱུར་པ་དེ་བཞིན་དུ། རང་ཅག་ཀྱང་སེམས་ཅན་དེ་རྣམས་ཀྱི་དབང་པོའི་མངོན་སུམ་དུ་གྱུར་པའི་སྐབས་ཡོད་པ་དེ་ལྟ་བུའི་མུ་གཅིག་བཅས་སྲིད་པའི་ཁམས་ན་གནས་པའི་སྐྱེ་འགྲོའི་སྣང་ཡུལ་ལ་མི་འདྲ་བའི་མུ་གསུམ་ཡོད་པའི་ནང་ལྷ་གཉན་ཀླུ་སོགས་རང་རེའི་ཐུན་མོང་གི་དབང་པོའི་མངོན་སུམ་དུ་མ་གྱུར་པའི་སྐྱེ་འགྲོ་མཐུ་དབང་དང་ལྡན་པ་དེ་རིགས་ལ"གདོན"ཅེས་སུ་གྲགས་པ་ཡིན།

སྐབས་འགར་རང་ཅག་གདོན་གྱི་གནས་ཚུལ་དེ་རིགས་ལ་ཚོར་བའི་དབང་གིས་བྱ་བ་དང་སྤྱོད་ལམ་ཉེས་པའི་སྒོ་ནས་གདོན་གྱི་རིགས་གང་རུང་ལ་ཐོག་ཐུག་ཤོར་རྐྱེན་གྱིས་གདོན་གྱི་རིགས་རྣམས་ཁྲོས་ཤིང་འཁྲུགས་ཏེ། དེ་རྣམས་ཀྱིས་ཐོག་ཐུག་གཏོང་མཁན་སུའང་རུང་བ་དེ་ལ་བྱད་ཁ་དང་ཐོད་གཏོང་སོགས་བཀྲ་མི་ཤིས་པ་དང་། ན་ཤི་རྐྱེན་ཆགས་ཅི་རིགས་འབྱུང་བའི་མཐུ་ཁ་བསྟན་སྲིད་པ་ཡིན་ལ། གལ་ཏེ་མི་སྨེར་རམ་མི་ཚོགས་སམ་མི་ཚང་ཞིག་ལ་གདོན་གྱི་མཐུ་ཁ་བསྟན་ཡོད་པ་ཡིན་ན། ནམ་ཞིག་མཐུ་ཁ་གང་ལ་བསྟན་པའི་མི་སྨེར་རམ་མི་ཚོགས་སམ་མི་ཚང་དེའི་རླུང་རྟའམ་དབང་ཐང་ངམ་ལུས་སམ་སྲོག་གི་འབྱུང་ཁམས་གང་རུང་གི་ནུས་པ་ཞན་པའམ་འཁྲུགས། གུད་པའི་སྐབས་བྱུང་བ་དེའི་ཚེ་མཐུ་ཁ་ཐོག་ཏུ་སླེབ་ནས་ལུས་ངག་ཡིད་གསུམ་ལ་མི་འདོད་པའི་རྐྱེན་ཆགས་ཅི་རིགས་ཐད་ཀར་འབྱུང་བ་དང་། ཡང་ན་དེ་དང་འབྲེལ་ཡོད་ཀྱི་རྐྱེན་ཆགས་ཅི་རིགས་འབྱུང་ཆོག་གྲབ་སྟོན་པ་དང་གདོན་གྱི་མཐུས་དབང་དུ་བྱས་པའི་འབྱུང་ཁམས་ཀྱི་ནུས་ཤུགས་དེ་ལ་བརྟེན་ནས། མཐུས་ཟིན་པའི་གང་ཟག་སུའང་རུང་བ་དེའི་འབྱུང་བའི་ཁམས་ཉམས་པའི་རྐྱེན་བྱེད་པ་དེ་ལ"གདོན"ཞེས་པའི་ཐ་སྙད་བྱས་པ་ཡིན།

གདོན་གྱི་རིགས་འཁྲུགས་པ་རྣམ་བཅོས་ཏེ་ཞི་བར་བྱ་བ་དང་། མཐུ་དང་བྱད་ཁའི་རིགས་ལས་འགྲོལ་བ་དང་གདོན་གྱི་རིགས་རྣམས་སེལ་བར་བྱེད་པའི་གཏོ་ཐབས་ཀྱི་ཤེས་རིག་འདི་ཉིད་བྱུང་ཞིང་། གཏོའི་བྱེ་བྲག་མང་དུ་ཡོད་པ་དེ་རིགས་ནི་ཁོ་བོས་བཀོད་པའི་རྩོམ་ཡིག་སྙིང་ལྡེའུ་བོན་གསུམ་གྱི་གཏམ་ཨེ་མ་ཧོཿཞེས་བྱ་བའི་ནང་ཚན"འགྲོལ་ཤེས་གཏད་བྱད"[རྟ261]ཀྱི་སྐོར་བཤད་པའི་སྐབས་ནས་མཁྱེན་པར་མཛད་འོས་པ་ཡིན།

དྲུག ཇུ་ཐིག་གི་སྐོར།

གནའ་ལུགས་སུ་སྐོག་གྱུར་གྱི་གནས་ཚུལ་གསལ་བར་བྱེད་པའི་བོན་མཆོག་ཏུ་བསྔགས་པ་ཞིག་ནི།

ཇུ་ཐིག་གི་བོན་འདི་ཡིན་སྐབས། ཇུ་ཐིག་གི་ཤེས་རིག་ནི་ཤིན་ཏུ་རྒྱ་ཆེ་ལ་རྣམ་པའི་གྲངས་ཀྱང་ཤིན་ཏུ་མང་བ་ཞིག་ཏུ་གྱུར་ཡོད། ཇུ་ཐིག་སྲོལ་འདི་དུས་རིམ་གོང་འོག་བར་གསུམ་ཀར་དར་ཁྱབ་ཆེས་ཆེ་བ་ཞིག་བྱུང་མྱོང་ཡོད་པ་ནི་ཏུན་ཧོང་བོད་ཀྱི་ཡིག་རྙིང་ཤོག་དྲིལ་གྱི་ཁྲོད་[P. T. 1047]དུ་ཡིག་ཐྲེང་བཞི་པ་ནས……བརྩམས། ཡིག་ཐྲེང་བཞི་བརྒྱ་དང་གཉིས་ཀྱི་བར་ཚིག་ཚོགས་ཤིན་ཏུ་མང་བའི་ཇུ་ཐིག་གི་མོ་བཤད་ཀྱི་ཡིག་ཆ་ཞིག་དེང་དུས་རང་ཅག་གི་དབང་པོའི་མངོན་སུམ་དུ་བཞུགས་བཞིན་པ་དང་། མཁས་མཆོག་མི་ཕམ་འཇམ་དབྱངས་རྣམ་རྒྱལ་(1846—1912)གྱིས་ཇུ་ཐིག་གི་བསྟན་བཅོས་སྣང་གསལ་སྒྲོན་མེ་མཛད……པའི་ཚེ། ཇུ་ཐིག་གི་ཡིག་རྙིང་པོད་གྲངས་བཅུ་གཅིག་ཕྱུག་ཏུ་སོན་པ་རྣམས་གོ་བསྡུར་གནང་ཚུལ་དང་། རྗེ་བོ་མཁན་བློ་བཟང་མདོ་རྒྱུད་(དུས་རབས་18)གྱིས་ཞང་ཞུང་གི་མོ་ཡིག་པོད་བཅུ་བདུན་ཙམ་གཟིགས……ཤིང་བཏུས་པ"རྒྱུད་ཆེན་དགོངས་པ་རབ་གསལ"ཞེས་བྱ་བའི་ཇུ་ཐིག་གི་གཞུང་མཛད་ཚུལ་གསལ་བ་དེ……རྣམས་ཀྱིས་ཤེས་ཐུབ་པ་ཡིན།

ཇུ་ཐིག་གི་མོ་རྒྱག་ཚུལ་ནི"ཇུ་ཐིག་ཤར་བ་སྒྱུ་དྲུག"ཅེས་སུ་གྲགས་པ་ལྟར། ཇུ་ཐིག་གི་མོ་ཆས་སུ་ཐིག་གུ་རིང་ཐུང་དྲུག་ཡོད་པ་དེ་རྣམས་ཀྱི་ཐིག་སྣེ་ཟུང་རེ་ཉིས་གཤིབ་བྱས་པའི་རྩེར་མདུད་པ་རེ་བོར་བས་མདུད་པའི་རྣམ་པ་མི་འདྲ་བ་བཞི་འབྱུང་ཞིང་ལྷག་མ་རྣམས་མོ་མའི་ཕྱག་གཉིས་ཀྱིས་ཐིག་གུ་ཟུང་རེ་དམ……དུ་བཟུང་ཏེ། ཐད་ཀར་ཁ་ཕྱིས་པ་ན་མདུད་པའི་རྣམ་པ་མི་འདྲ་བ་ཅི་རིགས་ཤིག་འབྱུང་སྲིད་པ་དེ་དག་ལ་ཞིབ་འཇུག་བྱེད་དགོས་པ་དེ་ཡིན། ཇུ་ཐིག་གི་མདུད་གྲངས་མི་འདྲ་བ་ཇི་ཙམ་ཞིག་ཡོད་པ་ནི་སྣང་གསལ་སྒྲོན་མེ་[སྡེ་ཤ229ན5]ལས་ད་ལྟར་སྲིད་པའི་ཟླ་མདུད་ལ། ཞིབ་ཚགས་བྱས་ན་དྲུག་བརྒྱ་ཡོད། སངས་ཁྲི་ཕྲག་འབུམ་ཞེས་སོགས་བཤད། བབ་སྐྱེན་པ་བསྡུས་པས་སུམ་བརྒྱ་དྲུག་ཅུ་ཡོད། བརྒྱག་གིས་བསྒྱུར་བ་མི་འདྲ་ཁྲི་ཙམ་ཡོད། བརྒྱག་གཙོ་བོ་བདུན་བརྒྱ་ཉི་ཤུར་འདུས། ཞེས་གསུངས་པ་ལྟར། མདུད་པའི་གཙོ་བོ་དེང་དེང་དང་ཁྱུང་བརྒྱད། སྐྱུམ་ཞེས་པ་ལྷ་བུ་དྭངས་མའི་མདུད་པ་དང་། མཛངས་མའི་མདུད་པ་དང་སྙིགས་མའི་མདུད་པ་རིགས་མི་འདྲ་བ་སུམ་བརྒྱ་དྲུག་ཅུ་ཡོད་པ་སྟེ། ཇུ་ཐིག་གི་དཔེ་རྙིང་སྒྱུ་མ་གསེར་འབུམ་གྱི་ལུང་སྣང་གསལ་སྒྲོན་མེ་[སྡེ་ཤ401བ3]ལས་མོ་མདུད་སུམ་བརྒྱ་དྲུག་ཅུ་ལ། དྭངས་མ་བརྒྱ་དང་ཉི་ཤུ་དེ། ལྷ་ཁམས་སྲིད་པའི་ཟླ་གནས་ཡིན། མཛངས་ལ་བརྒྱ་དང་ཉི་ཤུ་དེ། མི་ཁམས་སྲིད་པའི་ཟླ་གནས་ཡིན། སྙིགས་མ་བརྒྱ་དང་ཉི་ཤུ་དེ། འདྲེ་ཁམས་སྲིད་པའི་ཟླ་མདུད་ཡིན། ཞེས་པས་གསལ་བ་དེ་དག་ཡིན། "བརྒྱག"ཅེས་པ་ནི་མདུད་པའི་གཙོ་བོ་གང་འདྲ་ཞིག་བྱུང་བ་དེ་མོ་གདན་གྱི་སྟེང་དུ་བཀོད་པའི་ཚེ། མདུད་པའི་བཀོད་དབྱིབས་དང་། ཁ་ཕྱོགས་ཀྱི་འབྲེལ་བ་སོགས་ལ་ཞིབ་དཔྱད་བྱེད་པའི་

རིགས་དེ་ལ་ཟེར་བ་ཡིན། "སངས་ཁྲི་ཕྲག་འབུམ"ཞེས་དཔེ་འདིར་འཁོད་ཡོད་ནའང་སྐྱ་མ་གསེར་འབུམ་གྱི་ལུང་སྣང་གསལ་སྒྲོན་མེ[སྡེ་ཤ401བ5]ལས་བྲག་ལ་ཁྲི་དང་སད་ལ་འབུམ། ཞེས"བྲག"དང"སད"ཀྱི་ཐ་སྙད་གསལ་པོར་བསྟན་ཡོད་ལ། དཔེ་འདིར"སངས"ཞེས་པ་དང་། སྐྱ་མ་གསེར་འབུམ་དུ"བྲག"དང"སད"ཅེས་པ་དེ་གཉིས་ཀོ་དོན་གཅིག་ཡིན་པ་ཤེས་སླ་ལ། "ཕྲག"ཅེས་པ་འདི་ནི་ཕྱིར་བཏང་དུ་ཁྲི་ཕྲག་དང་། འབུམ་ཕྲག་ཅེས་པའི་ཚིག་འདི་མི་ཀུན་ལ་ཁ་བྱང་ལག་བྱང་དུ་ཡོད་པ་ཞིག་ཡིན་ལ། "སད་ཁྲི་བྲག་འབུམ"སྟེ། སད་ཀྱི་རིགས་མི་འདྲ་བ་ཁྲི་དང་བྲག་གི་རིགས་མི་འདྲ་བ་འབུམ་ཡོད་པའི་དོན་འདི་ནི། སད་དང་བྲག་གི་གོ་དོན་དུ་ཤེས་ཤིང་དེ་ལ་ཆ་རྒྱུས་ཡོད་མཁན་ཞིག་ཡིན་ན་མ་གཏོགས་ངེས་དཀའ་བ་ཞིག་ཡིན་སྟབས། ཡིག་མཁན་རྣམས་ཀྱིས་འབྲི་ནོར་དེ་ལུགས་སུ་བྱས་ཡོད་པའང་ཤེས་སླ་བ་ཡིན། "བྲག"ཅེས་པའི་གོ་དོན་རྣལ་མ་ནི་གལ་ཆེ་བའི་སོ་རྣམས་སོ་ཐེངས་བཅུ་གསུམ་གྱི་བར་དུ་བསྐྱལ་ཏེ་གདབ་དགོས་པ་དེ་དག་གི་རྡ་བའི་མདུད་པ་ཕན་ཚུན་གྱི་འབྲེལ་ཞིག་ལ་ཟེར་བ་ཡིན་ཞིང་། "སད"ཅེས་པ་ནི་རྡའི་མདུད་པ་ཕན་ཚུན་གྱི་འབྲེལ་ཙམ་དུ་མ་ཟད་བརྒྱག་གིས་བསྐྱུར་བའི་འབྲེལ་ཞིག་ཡིན་པ་སྟེ། དེ་འདྲའི་རིགས་རྣམས་ལ་ཞིབ་དཔྱད་བྱས་པ་ཡིན་ན་ཁྲི་དང་འབུམ་གྱི་རྣམ་གྲངས་སུ་འགྱུར་བའི་དོན་དུ་ཤེས་དགོས།

ཇུ་ཐིག་གི་མདུད་པ་གཙོ་བོ་ལོ་གཅིག་གི་ཞག་གྲངས་སམ་མཐུ་ཆེན་ཕྱེར་མའི་གྲངས་ལྟར་སུམ་བརྒྱ····དྲུག་ཅུ་ཡོད་པ་ལས། མདུད་པའི་དཔེ་ཙམ་སྟོན་པའི་ཆེད། དྲངས་མའི་མདུད་པ་གསུམ་གཤམ་གསལ།

ཁྱུང་བརྒྱད།

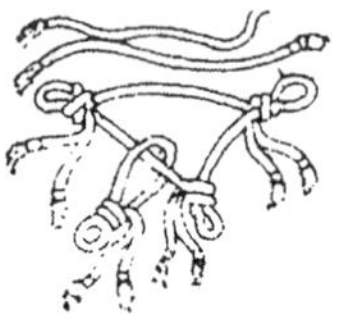

གལ་བར།

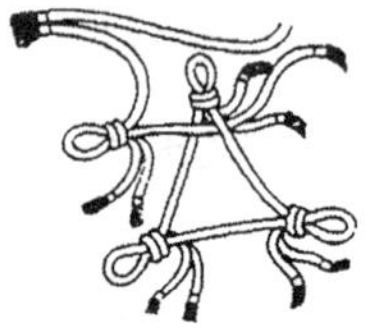

སྲུང་ཟེ།

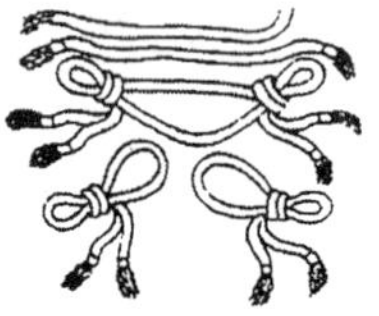

ཤིན་ཏུ་རྒྱ་ཆེ་ལ་རྣམ་གྲངས་མང་བའི་ཇུ་ཐིག་གི་སྐོར་འདི་རྣམས་ནི་བོན་ཕྱུ་གཤེན་པའི་ལུགས་སུ"ཕྱ་ལྟས་མོ"ཞེས་པའི་བོན་སྒོ་དེ་ལ་ཡེ་སྲིད་འཕྲུལ་གྱི་ཇུ་ཐིག་དང་། ཡེ་མཁྱེན་སྤྲ་བླའི་མངོན་ཤེས། ཡེ་རྗེ་སྟོན་པའི་ཐྲི་ལམ། ཡེ་དབང་ལྷའི་བཀའ་བབས་བཅས་བཞི་རུ་ཕྱེས་ཡོད་པའི་དང་པོ་སྟེ། སྐོག་གྱུར་གསལ་བའི་ཆ་རྐྱེན་ཆེས་མཆོག་ཏུ་གྱུར་པ་ཞིག་ཏུ་ངོས་འཛིན་བྱས་ཡོད་པ་རེད།

བདུན། མོ་ཕྱའི་སྐོར།

འདིར"མོ་ཕྱ"ཞེས་པ་གཅིག་གྱུར་གྱི་མིང་ལྟ་བུ་ཞིག་ཏུ་སྣང་མོད། དངོས་དོན་དུ"མོ"དང"ཕྱ"

ཞེས་པ་སྐོག་གྱུར་གསལ་བར་སྟོན་བྱེད་ཀྱི་ཆ་རྐྱེན་མི་འདྲ་བ་གཉིས་ཀྱི་མཚན་དུ་གོ། སྤྱིར་བཏང་ཚིག་གི་མོ་དོན་གྱི་ཆ་ནས་བཤད་ན"མོ"ཞེས་པ་ནི་ལེགས་ཉེས་ཤན་འབྱེད་བྱེད་ཀྱི་བརྟག་པའི་རིག་གང་ཅིའང་རུང་བ་ཞིག་ལ་ཟེར་ཞིང་། "ཕྱ"ཞེས་པ་ནི་ལེགས་ཉེས་མཚོན་པའི་རྟགས་ཅི་དང་ཅི་ཞིག་ཤར་བ་དེ་ལ་ཟེར་བ་ཡིན། བྱེ་བྲག་གི་དབང་དུ་བྱས་ན་ཕྱུ་གཤེན་པའི་ལུགས་སུ་གྲངས་ཆེ་བ་ཡེ་མཁྱེན་སྒྲ་བླའི་མདོན་ཤེས་ཀྱི་ཁོངས་སུ་སྒྲ་བླ་ལྷེར་མའི་ཚོགས་སམ་ལྷ་དང་སྲུང་མའི་ཚོགས་ལ་གསོལ་འདེབས་བདེན་བདར་གྱི་སྒོ་ནས། ཟེའུ་བཞི་བཅུ་ཞེ་གཉིས་ལ་བརྟེན་པའི་འཕྲུལ་མོ་དང་མཚོན་བྱེད་ཀྱི་བརྗ་རིས་སྣ་ཚོགས་ལ་བརྟེན་པའི……བརྗ་མོ། ལུག་གི་སོག་རུས་ལ་བརྟེན་པའི་སོག་མོ། ཤྭ་ལ་བརྟེན་པའི་ཤྭ་མོ། ཕྲེང་བ་ལ་བརྟེན་པའི་ཕྲེང་མོ། ཤིང་བྱང་ལྡེ་ལ་བརྟེན་པའི་ཚ་ལོ་རྣམས་ཀྱིས་མཚོན་པའི་མོའི་རིགས་མི་འདྲ་བ་དུ་མ་ཞིག་བྱུང་མྱོང་ཡོད་པ་ནི། ད་ལྟའི་དུས་སུའང་མོ་རིགས་དེ་རྣམས་ཀྱི་རྒྱུན་བན་བོན་གཉིས་ཕྱོགས་སུ་དར་ཁྱབ་ཆེ་བར་ཡོད་པ་འདི་དག་གིས་ཤེས་ཐུབ་པ་ཡིན།

ཟེའུ་མའི་སྐོར། ཟེའུ་འཕྲུལ་གྱི་མོ་ནི་མོའི་རྣམ་པ་མི་འདྲ་བ་ཇི་སྙེད་ཅིག་བཞུགས་པ་དེ་རྣམས་ཀྱི་ནང་དུ་ཆེས་རྙིང་མའི་རང་བཞིན་དང་ལྡན་པའི་མོ་གཅིག་ནི"ལྡེའུ་འཕྲུལ"ལམ"ལྡེའུ་འཕྲུལ"དུ་གྲགས་པའི…མོ་འདི་ཡིན་པ་འདྲ་ཞིག་ཏུ་སྣང་། ཟེའུ་འཕྲུལ་གྱི་མོའི་ལོ་རྒྱུས་སུ་རྫོན་དུས་སུ་ཕྱ་ལེགས་རྒྱལ་རྗེ་འཕྲུལ་ཅན་གྱིས་སྟོན་པ་སྒྲ་བའི་སེང་གེ་ལ་ཞུས་པའི་ངོར་བསྟན་པའི་ཇོ་མཐོང་མོའི་བྱེ་བྲག་ཅིག་ཡིན་པར་བཤད་ཡོད་ལ། མོ་འདིའི་དཔྱད་དུའང་སྐྱེས་བུའི་འབྱུང་ཁམས་ཀྱི་གནས་ལུགས་དང་དེ་དང་ཡུལ་གྱི་འབྱུང་བའི་ཁམས་ཕན་ཚུན་གྱི་འབྲེལ་བ་བཅས་པར་ཞིབ་འཇུག་གི་སྒོ་ནས་ལེགས་ཉེས་གཏན་ལ་དབབ་དགོས་པ་སྟེ། དེ་ནི་ཡ་ཐོག་གི་བོན་རྣལ་མའི་བསམ་སྦྱོད་ཐུན་མོང་མ་ཡིན་པ་ཞིག་ཡིན་སྟབས། ཇོ་མཐོང་གི་ལུགས་འདིར་རྙིང་མའི་རང་གཤིས་ཁྱད་པར་ཅན་ཞིག་ཡོད་པའང་ཤེས་ཐུབ་པ་ཡིན།

ཕྱིས་ཀྱི་བོན་འགའ་ཞིག་གིས་ཆོས་ལུགས་སུ་འཕགས་པ་འཇམ་དཔལ་སྨྲ་བའི་སེང་གེ་ཤེས་རབ་ཀྱི……ལྷར་འཛིན་སྲོལ་ཡོད་པ་དེ་ལས་དཔེར་བླངས་ཏེ། སྟོན་པ་སྨྲ་བའི་སེང་གེ་ཞེས་པ་གཤེན་རབ་མི་བོ་ཆེ་ལས་ཐ་དད་པ་ཞིག་ལ་ངོས་འཛིན་སྲོལ་ཡོད་ནའང་དོན་དུ་ཕྱ་ལེགས་རྒྱལ་རྗེ་འཕྲུལ་ཅན་ལ་ཇོ་མཐོང་གི་བོན……སྟོན་མཁན་སྨྲ་བའི་སེང་གེ་ཞེས་པ་དེ་ནི་གཤེན་རབ་མི་བོ་ཆེའི་མཚན་གི་རྣམ་གྲངས་ཙམ་ཞིག་ལས་མ……འདས་ཤིང་། དེ་ཉིད་གཤེན་རབ་མི་བོ་ཆེའི་སྤྲུལ་པའི་བཀོད་པ་ཞིག་ཡིན་པར་བྱས་ན་ནི་འགལ་བ་ཅི་ཞིག་ཀྱང་མེད། ཇོ་མཐོང་ཁྱད་པར་ཅན་གྱི་མོ་འདིའི་མཚན་ལ"ལྡེའུ་འཕྲུལ"ཏེ། སྐོག་གྱུར་གྱི་མདོན་ཤེས་གསལ་བའི་འཕྲུལ་མོའི་དོན་ཡིན་ནའང་དུས་ཕྱིས་ཡོངས་གྲགས་སུ"ཟེལ་དྲུག"ཅེས་སུ་བཏགས་པ་སྟེ།

ཕལ་ཆེར་རྫོ་རྗེལ་དྲུག་ལ་བརྟེན་ནས་ལེགས་ཉེས་བརྟག་པའི་མོ་ཞིག་ཡིན་པ་ལྟ་བུར་ཆགས་ཡོད། སྤྱིར་བཏང་དུ་མོ་འདི་རྫོ་རྗེལ་ལམ་ཤེལ་གྱི་རྗེའུ་གང་ཙུང་བཞི་བཅུ་ཞེ་གཉིས་ཀྱི་གྲངས་ལ་བརྟེན་ནས་བརྒྱག······དགོས་པ་ཞིག་ཡིན་སྟབས། རྗེལ་གྱི་ཐ་སྙད་འཇུག་ཙུང་ཙམ་ཞིག་ཡིན་ནའང་རྫོ་རྗེལ་དྲུག་ལ་བརྟེན་ནས་མོ་རྒྱག་པའམ་རྫོ་རྗེལ་དྲུག་དགོས་པའི་ངེས་པ་ནི་ཅི་ཞིག་ཀྱང་མེད་ལ། དངོས་དོན་དུ"ལྡེའུ་འཕྲུལ"ཞེས་པའི་ཚིག་འདི་བརྗོད་མི་བདེ་བའི་རྐྱེན་དང་། སྐྱེ་བོ་ཕལ་གྱིས་ལྡེའུ་འཕྲུལ་གྱི་གོ་དོན་མ་ཤེས་པའི་རྐྱེན་གཉིས་ལ་བརྟེན་ནས། དུས་རིམ་གྱི་ནང་སྐད་ཟུར་ཆགས་ཏེ"རྗེལ་དྲུག"ཅེས་པའི་ཐ་སྙད་འདི་བྱུང་ཡོད་པར་མངོན། མོ་འདིའི་རྒྱུག་སྟངས་དང་མོ་འབྲས་དཔྱད་སྟངས་ལ་མཚོན་ན། ཐོག་མར་མོ་འབྲས་འབྲི་གཞིའི་ཤོག་བུའི་ངོས་སུ་རེའུ་མིག་དགུ་ཡོད་པའི་རི་མོ་

ཞིག་བཀོད། དེ་ནས་མོའི་བདེན་བདར་གྲུབ་རྗེས་སུ་ཤེལ་རྗེལ་ཞེ་གཉིས་པོ་དེ་རྣམས་ཁག་གསུམ་དུ་བགོས། ཁག་དང་པོ་ལས་བཞི་ཚན་བཞི་ཚན་གྱིས་ཕྲིས་པའི་ལྷག་མ་གང་བྱུང་བ་དེ་ཟུར་དུ་བཞག དེ་ནས་ཁག་གཉིས་པ་དེ་བཞི་ཚན་བཞི་ཚན་གྱིས་ཕྲིས་པའི་ལྷག་མ་དེའང་ཟུར་དུ་བཞག དེ་རྗེས་སུ་ཁག་གསུམ་པ་དེ་བཞི་ཚན་བཞི་ཚན་གྱིས་ཕྲིས་པའི་ལྷག་མ་གང་ལུས་པ་དེའང་ཟུར་དུ་བཞག ཁག་གསུམ་གྱི་ལྷག་མ་གང་དག་ལུས་པའི་གྲངས་དེ་དག་རིམ་བཞིན་དུ་ཕྲེང་དང་པོའི་རེའུ་མིག་གསུམ་གྱི་ནང་དུ་

1	3	2

འཇོག་དགོས། སླར་ཡང་དེ་སྔོན་ལྷག་མར་ལུས་པའི་ཤེལ་རྗེལ་དེ་དག་མ་གཏོགས་པའི་ཤེལ་རྗེལ་ཡོངས་རྫོགས་ལྷན་དུ་བསྡོམས་ཏེ་ཁག་གསུམ་དུ་······བགོས། སྔོན་བཞིན་བཞི་ཚན་བཞི་ཚན་གྱིས་ཐེངས་གསུམ་དུ་ཕྲིས་པའི་ལྷག་གྲངས་རྣམས་རིམ་བཞིན་དུ་ཕྲེང་གཉིས་པའི་རེའུ་མིག་གསུམ་ནང་དུ་

1	3	2
1	3	4

འཇོག་དགོས། དེ་ནས་ཡང་བསྐྱར་ལྷག་མ་རྣམས་མ་གཏོགས་པའི་ཤེལ་རྗེལ་རྣམས་ལྷན་དུ་བསྡོམས་ཏེ་ཁག་གསུམ་དུ་བགོས་ནས་སྔོན་བཞིན་ཕྲེང་གསུམ་པའི་ནང་དུ་

1	3	2
1	3	1
3	1	4

འཇོག་དགོས། ལྡེའུ་འཕྲུལ་གཡོན་ངོས་ཀྱི་ཐིག་ཕྲེང་སྟེང་ནས་འོག་བར་དུ་

1		
1		
3		

འབྱུང་བའི་ཐོག་མ་ནི"སྲ་བླ་བྱ་ཁྱུང"ཞེས་པ་དང་། བར་མ་ནི"གཡའ་སྤྱང་སྐྱེས་གཅིག"ཞེས་པ། ཐ་མ་ནི"རྫོ་ཛ་གྲོ་མོ"ཞེས་བྱ་བ་རྣམས་ཏེ། འདི་གསུམ་གྱིས་གཙོ་ཆེར་ཕོ་རིགས་ཀྱི་ཕྱྭའམ་ལྷ་སའི་སྐོར་བརྟག་དགོས་པ་དང་། དེ་བཞིན་དུ་དབུས་མའི་སྟེང་ནས་འོག་བར་དུ་ཐོག་མ་ནི"གནམ་སྨན་དཀར་མོ"དང་བར་མ་ནི"གཡའ་འབྲི་སི་ལི།" ཐ་མ་ནི"སྨན་ཤ་ཡུ་མོ"ཞེས་པ་རྣམས་ཏེ། འདི་གསུམ་གྱིས་གཙོ་ཆེར་མོ་རིགས་ཀྱི་ཕྱྭའམ་ཁྲིམ་སའི་སྐོར་བརྟག་དགོས་པ་དང་། གཡས་ངོས་ཀྱི་སྟེང་ནས་འོག་བར་དུ་ཐོག་མ་ནི"སྲིན་པོ་གཉའ་རིང"དང་བར་མ་ནི"སྲིན་མོ་ཕག་ཞོན་མ"། ཐ་མ་ནི"ཁྲི་མོ་སྣ་གསང་མ"ཞེས་བྱ་བ་འདི་གསུམ་གྱིས་གཙོ་ཆེར་དགྲ་ཕྱྭའམ་ཁྲི་སའི་སྐོར་བརྟག་དགོས་པ་ཡིན།

གཞན་ཡང་སྟོད་སྨད་བར་གསུམ་གྱི་ཕྲེང་རིམ་གྱི་གྲངས་

1	3	2						
						1	3	1
			3	1	4			

མི་འདྲ་བ་ལ…… བརྟེན་པའི་སྤྱི་དཔྱད་དང་། སྟེང་གི་གཡས་ཟུར་ནས་འོག་གི་གཡོན་ཟུར་རམ། སྟེང་གི་གཡོན་ཟུར་ནས་འོག་གི་གཡས་ཟུར་

		2	1		
	3			3	
3					4

ཏུ་དཀྱུས་དཔྱད་བྱེད་པ་སོགས་ཀྱིས་མཚོན་དཔྱད་ཚུལ་མི་འདྲ་བ… ཏུ་མ་ཞིག་ཡོད་པར་མ་ཟད། རེའི་མིག་གི་གནས་དགུ་པོ་དེ་དག་ཏུ་སྨེ་བ་དགུ་དང་། མཚམས་བརྒྱད་ཏུ་སྤར་ཁ་བརྒྱད་རྣམས་སོ་བཀྲག་ཡུལ་དེའི་སྐྱེས་སྐྱི་དབུས་སུ་བཞག་ནས་བཀོད་ཅིང་། ཕྱི་ནང་གི་འབྱུང་ཁམས་མཐུན་མིན་ནམ། ཕོ་སྦྲ་དང་མོ་སྦྲ། དགྲ་སྦྲ་རྣམས་ཀྱི་ལེགས་ཉེས་དཔྱད་པ་རྣམས་ཀྱིས་མཚོན། རྡོ་མཐོང་གི་ལུགས་འདིའི་དཔེ་རྣམས་ལ་ལེགས་པར་བརྟགས་ན་མོའི་ལུགས་འདི་ནི་རྒྱ་ཆེ་ལ་གཏིང་ཟབ་པ…· ཞིག་ཡིན་པ་དང་། སྔགས་གྱུར་གྱི་ཆོས་རྣམས་གསལ་བར་སྟོན་པའི་ཤེས་རིག་རྨད་དུ་བྱུང་བ་ཞིག་ཡིན་པ་མངོན་སུམ་དུ་མཐོང་ཐུབ།

བརྡ་མོའི་སྐོར། ཆེས་སྔ་བའི་དུས་སུ་ཞང་ཞུང་ན་བརྡ་མོའི་སྐོར་ཇི་ལྟར་དར་སྤྱོལ་བྱུང་ཡོད་པའི་ཤེས་བྱེད་ནི་ཏུན་ཧོང་བོད་ཀྱི་ཡིག་རྙིང་[PI350—353]དུ་མུ་སྨན། མཚོ་རོ། ལྷ་ཡུལ། གསེར་ཡངས། བ་རབ། ཕྱང་རི། དྲུ་གུ། སྣང་ཀ སྣར་ཛེ། ལྷ་རི་ཞེས་པ་འདི་རྣམས་ཀྱི་བཤད་པ་རྒྱས་སྤྲོས་ཡོད་པའི་བརྡ་མོ་ཞིག་ཀྱང་ཡོད་ལ། གནས་ཚུལ་དེ་དང་ཤིན་ཏུ་འབྲེལ་ཆེ་བ་ཞིག་ནི་གཏེར་སྟོན་མི་འགྱུར་རྡོ་རྗེ་(དུས་རབས་17)ལ་དམ་ཅན་མགར་བ་དམར་པོས་ལུང་བསྟན་པའི་བརྡ་མོ་"དོན་གསལ་མིག་ཁྲ"ཞེས་བྱ་བ། གཏེར་སྟོན་ཉིད་ཀྱི་ཞལ་སློབ་དང་བླ་མ་གཉིས་གྱུར་མཁས་གྲུབ་ཨ་ནུ་གའམ་ཀརྨ་ཆགས་མེད་(དུས་རབས་17)ཀྱིས་ཡི…གེར་བཀོད་པ་ཤིན་ཏུ་ཡ་མཚན་འོས་པ་ཞིག་འདུག་པ་དེ་འདྲའི་རིགས་རྣམས་རེད། བརྡ་མོ་འདི་གཏེར་སྟོན་མི་འགྱུར་རྡོ་རྗེ་ལ་དམ་ཅན་གྱིས་ལུང་ཇི་ལྟར་བསྟན་པའི་ཚུལ་ནི་གནམ་ཆོས་[ཀ296བ2]ལས་འདི… སྤྲུལ་སྐུ་མི་འགྱུར་རྡོ་རྗེ་དགུང་ལོ་བཅུ་པའི་དུས་ཁྲི་འདོན་ཚར་སྐབས་ རྨི་ལམ་དུ་དམ་ཅན་མགར་དམར་ལྷ…ཐོད་དམར་པོ་ཅན། ཕྱག་ན་རྡོ་རྗེ་དང་བཀྲའི་ནང་དུ་ཙཀྲ་བཟུང་བ་དར་དམར་པོའི་པིར་ཧན་ར་སྐྱེས་ཁམ་པ་ལ་ཞོན་པ་གཅིག་གིས་ལུང་བསྟན་ཏེ། འདི་རྟེན་འབྲེལ་བརྟགས་པ་དང་འདི་འདྲ་ཡིད་ལ་གང་བསམ་སྨྲ་མི་ཆོག མོ་དང་མི་འདྲ་སྟེ་ལན་བརྒྱ་བཏབ་ཀྱང་མི་མང་སྟེ་ཐིག་ཅེས་ཟེར་ནས་ལུང་བསྟན་པས་དེ་སྐབས་གཞན་ལ་མི་གསུངས་(གསུང་)བར་ཁོང་རང་འདེབས་པར་མཛད། ཕྱིས་དགུང་ལོ་བཅུ་གཉིས་པ་སྤྲེལ་ཟླའི་མར་ངོའི་ཚེས་བཅུའི་ནུབ་ཐུགས་དམ་བཏགས་པ་ཞིག་ཞུས་པས། དཔེའུ་རིས་ཤིག་འབྲི་རྒྱུ་ཡོད་པས་བྲིའམ་གསུངས། བྲིས་ཞུས་པས་དེ་ནུབ་དཔེའུ་རིས་བཀོད། ཕྱིར་ནང་བཤད་པ་འདི་ཡི་གེར་བཀོད་པའི་ཡི་གེ་པ་ཨ་ནུ་གའོ། །ཞེས་ཤེས་ཐུབ་པ་ཡིན། བརྡ་མོ་འདིའི་ཤོག་ཁྲ་རྒྱས་པ་ལ་རེའུ་མིག་སུམ་ཅུ། འབྲིང་ལ་བཅོ་ལྔ། བསྡུ་ན་ལྔ་ཡོད། ཤོག་ཁྲའི་མིང་དང་དཔེ་རིས་རྣམས་གཤམ་གསལ།

ཞལ་ངོ་།

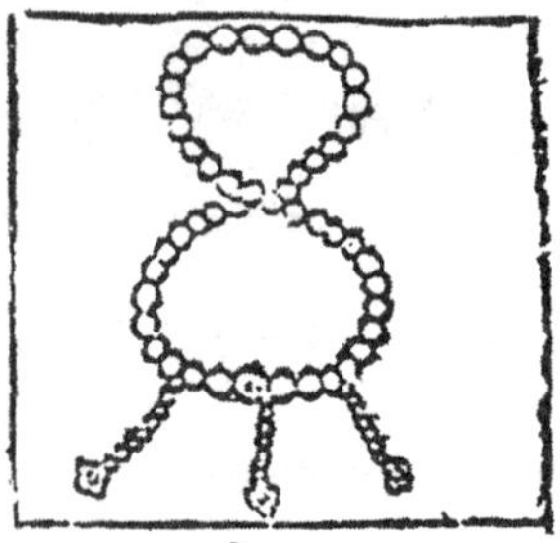

ཕྲེང་བ།

རྡོ་རྗེ།

མེ་ལྕེ།

མ་འཁྲིང་།

ཕྲེང་བ་ཉོ་ཚོང་།

མི་རྒྱབ་སྤྲོད།

མི་མདུན་སྦྲུར།

མི་གཉིས་འཐབ།

མི་ཡང་བ།

མི་ཤེད་ཅན།

རྟ་མགོ་ཧ་འཛིན།

མི་གཉའ་བཅིངས།

མི་ཆུས་ཁྱེར།

མི་མཐའ་ལྡེབས།

མི་རྐང་འཚོག

མི་ཁྲང་བརྟུང་།

མི་ཆུ་འབོགས།

མཆོད་རྟེན།

ཉི་ཟླ།

ནོར་བུ།

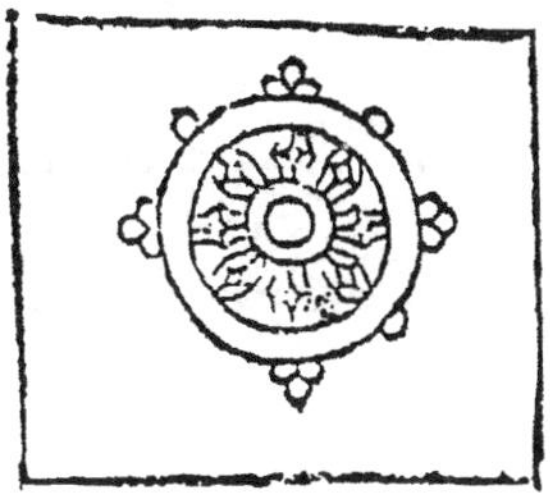
འཁོར་ལོ།

རྒྱལ་མཚན།

གདུགས།

ཧོམ་ཁུང་།

ཕུར་པ།

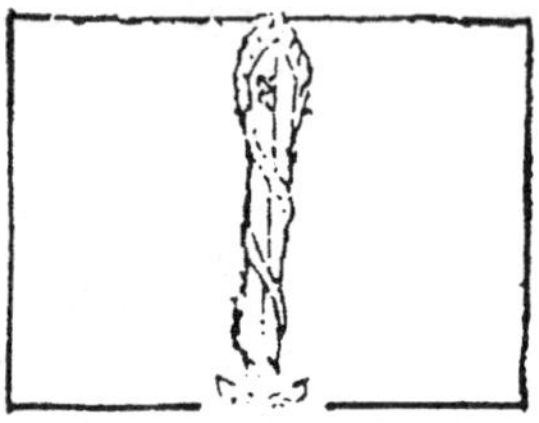

རལ་གྲི།

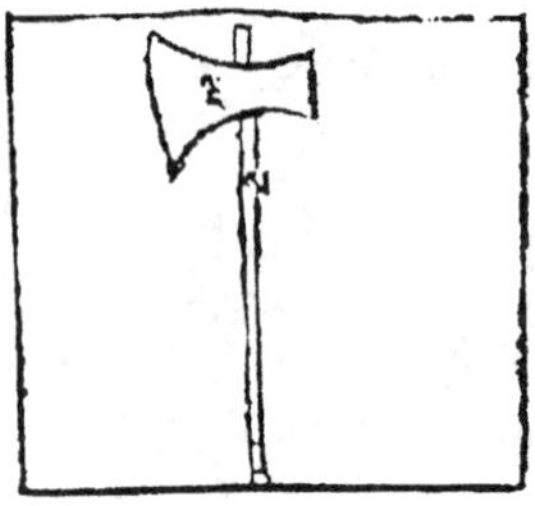

དགྲ་སྟ།

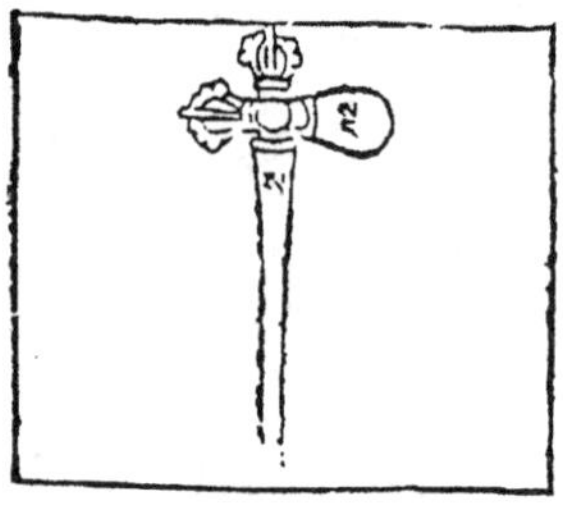

ཐོ་བ།

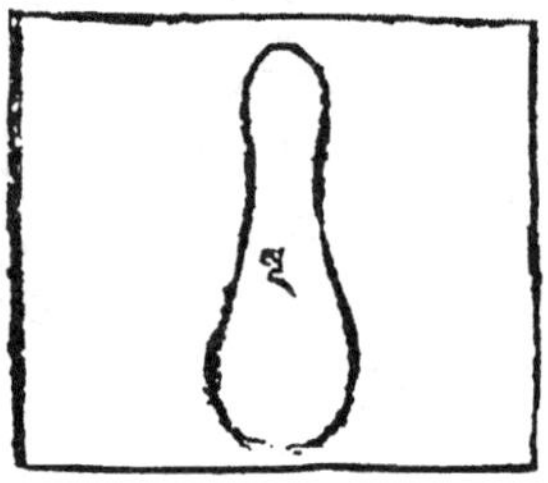

གཏུན་མདིལ།

ཤོག་ཁྲ་འབྲིང་པོ་ལ་བཅོ་ལྔ་ཞེས་པ་དེ་རྣམས་ནི་གནམ་ཆོས་[ཀ་295 ན་5] ལས་འབྲིང་ལ་ཞལ་ཟ······ དང་གཅིག ཐེང་བ་དང་གཉིས། ཛོ་རྗེ་དང་གསུམ། རྒྱབ་སྒྲོད་དང་བཞི། མི་མདུན་མཐུན་ལྟག་སྒྲོད་དང་ལྔ། འཛིང་མོ་དང་དྲུག གཉའ་བཙུདས་དང་བདུན། ཚུས་ཁུར་དང་བརྒྱད། མཐའ་ལྡེབས་དང་དགུ། མཆོད་རྟེན་དང་བཅུ། ཉི་ཟླ་དང་བཅུ་གཅིག ནོར་བུ་དང་བཅུ་གཉིས། ཧོམ་ཁུང་དང་བཅུ་གསུམ། ཕུར་བུ་དང་བཅུ་བཞི། རལ་གྲི་དང་བཅོ་ལྔའོ། །ཞེས་པ་དང་ཤོག་ཁྲ་བསྡུས་པ་ནི་དེ་ཉིད་[ཀ་296 ན་1] ལས་བསྡུས་པ་ལ་ཞལ་ཟ་དང་གཅིག རྒྱབ་སྒྲོད་དང་གཉིས། གཉའ་བཅིངས་དང་གསུམ། གདུགས་དང་བཞི། ཧོམ་ཁུང་དང་ལྔ། བཤད་པ་རྒྱས་པའི་དུས་དང་འདྲའོ། །ཞེས་པས་གསལ་བ་ཡིན།

གཏེར་སྟོན་མི་འགྱུར་རྡོ་རྗེ་ནི་ཡ་ཐོག་ཞང་ཞུང་གི་དུས་རིམ་གོང་མའི་དུས་ཀྱི་སྐྱེས་ཆེན་ཞིག་མིན······ ནའང་ཁོང་ལ་མ་སངས་མགར་བ་དམར་པོས་ལུང་བསྟན་པ་ཡིན་སྟབས། ཆེས་སྔ་བའི་དུས་ཀྱི་ཤེས་རིག་

གི་ཆར་གྱུར་པའི་བརྡ་མོ་ཞིག་ཡིན་པ་ནི་དོན་གྱིས་གྲུབ་པ་ཡིན།

ནུབ་ཕྱོགས་པའི་ཤེས་རིག་གི་ནང་དུ"ཏ་རོག"(TAROC)ཅེས་པ་བརྡ་མོའི་བྱེ་བྲག་ཅིག་ཡོད་པ་དེའི་ཁུངས་ནི་དུས་རབས་བཅུ་བདུན་པའི་མཇུག་ཙམ་ན་ཨ་རབ་ཀྱི་ཡུལ་ཁག་ནས་བྱུང་ཞིང་། དུས་རབས་བཅོ་བརྒྱད་པའི་ནང་ནུབ་ཕྱོགས་ཀྱི་ཡུལ་ཁག་ཕལ་མོ་ཆེར་དར་ཁྱབ་བྱུང་ཡོད། "ཏ་རོག"གི་བརྡ་མོ་འདི་དང་གནམ་ཆོས་དོན་གསལ་ཤོག་ཁྲའི་བརྡ་མོ་འདི་དག་ཤོག་ཁྲའི་གཟུགས་རིས་ལ་བརྟེན་ནས་ལེགས་ཉེས་ཀྱི་གནས་ཚུལ་ལུང་བསྟན་པའི་ཆ་ནས་མི་འདྲ་བ་མེད་སྐབས། གཞི་རྩའི་འབྱུང་ཁུངས་ཆེས་སྔ་བའི་ཡ་ཐོག་གི་དུས་རིམ་ལ་ཐུག་ཡོད་པ་དང་། ཡ་ཐོག་ནས་བྱུང་བའི་ཤེས་རིག་རྙིང་མའི་གྲངས་ཤིག་ཡིན་པའི་བདེན་དཔང་ཡང་བྱས་པ་ཡིན། བརྡ་མོ་རྒྱག་སྟངས་ལ"ཏ་རོག"གི་ལུགས་དེ་ཤོག་བག་ལྟར་ཤོག་ལྡེབ་མང་དུ་ཡོད་པ་རྣམས་དཀྲུགས་པ་དང་། བཀྲམ་པ་སོགས་ཀྱི་ཚུལ་མི་འདྲ་བ་དུ་མ་ཞིག་ཡོད། གནམ་ཆོས་ཤོག་ཁྲའི་བརྡ་མོའི་ལུགས་ནི་གཞུང་རང་[ཀ292བ6]ལས་བརྡར་བྱང་གང་ཤེས་བྱས་ལ་མིག་བཙུམས……ནས་ཐུ་ཏུ་བཙུགས་པས་གང་བབ་ཡིན་ཞེས་པ་དང་། ཡང་[ཀ297བ1]ལས་འདིའི་ཞལ་ཤེས་ཐུ་ཏུ་བར་སྣང་ལ་ཕྱུར་ལ་བསམ་བློ་མི་གཏོང་བར་བཙུག གཟུགས་གཅིག་ལ་མ་བབ་བར་དུ་ཡང་ཡང་ཤིག གཟུགས་གཅིག་ལ་བབ་ངེས་དགོས་གསུངས་སོ། །ཞེས་པས་ཞལ་གསལ་ཞིང་། འདི་དང"ཏ་རོག"གི་བརྡ་མོ་རྒྱག་སྟངས་མི་འདྲ་བའི་ཚུལ་འདི་ནི་མི་རིགས་སོ་སོའི་ཤེས་རིག་གི་སྲོལ་ལུགས་དང་འབྲེལ་བ་ལས་བྱུང་བ་ཞིག་ཡིན་པ་ནི་སྨོས་མ་དགོས། འདིར"བརྡ་བྱང"ཞེས་པ་ནི་ལྷ་དང་སྲུང་མ་སོགས་ལ་གསོལ་འདེབས་ཀྱིས་འདོད་དོན་ཡིད་ལ་བྱེད་པས་བདེན་པ་བདར་བའི་ཚུལ་དེ་ལ་ཟེར་བ་དང་། "ཐུ་ཏུ"ཞེས་པ་ནི་བོད་མདོ་ཁམས་ཕྱོགས་ཀྱི་སྐད་ལུགས་ཤིག་སྟེ། དོན་དུ"ཤིང་ཐུར"ལ་གོ་དགོས་པ་དང་། "ཤིག"ཅེས་པའང་མདོ་ཁམས་ཀྱི་འབྲོག་མིའི་སྐད་ལུགས་ཤིག་སྟེ་དོན་དུ"བསྐྱིལ"ཞེས་པ་ལ་གོ་དགོས་པ་ཡིན།

སོག་མོའི་སྐོར། སོག་མོ་ནི་མོའི་བྱེ་བྲག་འདི་ལ་སོག་མོ་ཞེས་བྱ་བའི་རྒྱུ་མཚན་ཡང་ལུག་གི་སོག་ཏུས་སྐམ་པོ་མཐིལ་མེའི་ཚ་དྲོད་ཀྱིས་བསྲེག་ཅིང་འགས་པ་དེའི་རྣམ་པ་དང་རི་མོ་སོགས་ལ་བརྟགས་པའི་མོ་ཡི་སྲོལ་ཅིག་ཡིན་སྐབས་མིང་ལ་དེ་སྐད་དུ་གྲགས་པ་ཡིན། སོག་མོའི་ལུགས་འདི་ནི་གཤེན་རབ་མི་བོ་ཆེའི་སྐུ་དུས་སུ་མོ་མ་འགས་པེད་སྤྱོད་བྱས་ཡོད་ཚུལ་དྲི་མེད་རྩ་བའི་མདོ་[མདོ་ས་ཤ115ན5]ལས་གནས་མཆོག་འོལ་མོ་ལུང་རིང་གི་ལྷོ་ཕྱོགས། ཡུལ་ཁྲི་ཐང་འབྱམ་པའི་གླིང་། གྲོང་ཁྱེར་ཆེན་པོ་ལྷུན་གྲུབ་འདུས་པའི་དཀྱིལ། སྐུ་མཁར་སྟོང་རི་འབུམ་གླིང་གི་ནང་ན། སྟོན་གདུང་རྒྱུད་ཀྱི་རྒྱལ་པོའི་དཔའ་བོ་རིན་ཆེན་འབར་བའི་གདུང་རྒྱུད། དཔའ་བོ་དབང་ལྡན་འབར་སྒྲོན་བྱ་བ་དང་རྒྱལ་པོ་ཀ་རྫ་ལ་གསེར་གྱི་མདོག་ཅན་གྱི་

ལྷམ་སོ། རྒྱལ་མོ་གསལ་སྒྲོན་གཉིས་ལ་སྲས་རྒྱལ་བུ་འབར་བའི་སྒྲོན་མ་ཅན་བྱ་བ་གཅིག་འཁྲུངས་སོ། །དེ་ལ་སླྲ་རྗེ་རྒྱལ་པོའི་སྲས་མོ་སླྲ་ཟ་གུང་བཙུན་མོ་བྱ་བ་ཁབ་ཏུ་ཕུལ་ཏེ། སྲས་ལྷམ་དྲལ་གསུམ་བལྟམས་ཏེ། དཔོ་རྗེ་ཐང་པོ་དང་དཔོ་བུ་ལག་ངན། དཔོ་ཟ་ཐང་མོ་གསུམ་འཁྲུངས་ཏེ། བསོད་ནམས་དང་ལོངས་སྤྱོད་ཕུན་སུམ་ཚོགས་པ་ཅུ་ཡོད་དོ། །དེའི་ཚེ་དེའི་དུས་ན་ཡུལ་དེའི་ནུབ་ཕྱོགས་རྒྱལ་ཕྲན་ སེ་དྲུག་གི་གླིང་བྱ་བ་ཡོད་དོ། །དེའི་ནང་ནས་སྐྱ་མཁར་འཕྱོ་ར་རྩེ་བརྒྱད་ཀྱི་ནང་དུ་ཡབ་རྒྱལ་པོ་ཁྲི་འོད་བྱ་བ་དང་མ་ཚ་སྨད་ཀྱི་རྒྱལ་པོ་དབང་ཐུར་གྱི་བུ་མོ་དགུ་འཛོམ་ལ་མ་གཉིས་ལ་སྲས་ཁྲི་ཤང་བྱ་བ་ཅིག་(ཞིག་)འཁྲུངས་པ་འདུ་བའི··· ནད་ཀྱི་(ཀྱིས་)ཟིན་ནས། ཅི་བྱས་ཅིའི་(ཅིས་)མ་ཕན་ནོ། །དུས་རེ་ཞིག་ཙམ་ན། མཐའ་མིའི་ནང་ན་མོ་མ་ལྡིང་ང་ལྡིང་ལོ་བྱ་བ་ཅིག་(ཞིག་)བྱུང་བས། སྲིད་པའི་ཙུ་ཏིག་(ཛུ་ཐིག་)དང་སྲ་ལྟས་དང་། ལྷ་མཐོང་དང་། རྩིས་གཞི་གང་ཡང་མིན་པའི་(པས)གཡང་མོ་ལུག་གི་སོགས་(སོག་)པ་ལ་མཐོང་ལྟ་བ་ཞིག་བྱུང་ནས། མོ་བཏབ་པས། དཀར་དམར་གྱི་ཐིག་ལེ་དགུ་འདུག་སྟེ། མོ་མས་ཀྱང་དཔྱད་པས། ཕུང་གསུམ་ཕྱོད་ཀྱི་རོ་དགུ་འབྱུང་། དྲི་རོ་ངར་མ་ཐུབ་དགུ་རེད། ཡོད་ཀྱི་རྒྱལ་ཁམས་རེས་ཤིག་ཕྱུང་། རྒྱལ་པོ་གདན་དང་བྲལ་བ་ཡིན། ཕུང་གསུམ་ཕྱོད་སྒོ་ཕྱེ་བ་ཡིན། མཐུན་གསུམ་མདུན་མ་རལ་བ་ཡིན། ཅི་བཏབ་ཅིའི་མོ་ལ་ངན། ཞེས་བྱ་བ་བབ། ཞེས་ཞང་ཞུང་མཐའ་མཚམས་སུ་གནས་པའི་མོ་མ་ལྡིང་ང་ལྡིང་ལོས་སོག་མོ་ཇི་ལྟར་བཏབ་པའི་ལོ་རྒྱུས་ཆ་ཚང་བ་དེ་གས་ཤེས་ཐུབ་པ་ཡིན། སོག་མོ་འདི་ནི་ཧོར་སོག་གི་ཡུལ་དུ་དར་སྤེལ་ཆེ་ཙམ་བྱུང་སྙིང་ཡོད་པ་འདི་ལ་གཞིགས་ན། མཐའ་མཚམས་ཀྱི་མིའི་ཐ་སྙད་བྱས་པ་དེ་ཕལ་ཆེར་ཞང་ཞུང་ཤར་ཕྱོགས་ཀྱི་མཐའ་ཧོར་སོག་གི་ཡུལ་དང་ཉེ་བའི་མི་ཞིག་ལ་གོ་དགོས་པ་ཞིག་ཏུ་སྣང་།

སོག་མོ་བརྟག་ལུགས་ཇི་ལྟར་བྱ་དགོས་པའི་ཚུལ་ནི་སོག་མོའི་རྣམ་བཤད་དཔྱལ་དཀར་མེ་ལོང་[རྫི་471 ཤ་11 ན་2] ལས་སོག་པ་མེར་བསྲེགས་པའི་རི་མོའི་འགྲོ་སྟངས་ལ་བརྟག་སྟེ། སོག་པའི་གཞུང་རྩེའི་གཡས་ཕྱོགས་ཆུང་ས་དེ་ལ་རང་ས་ཟེར། གཡོན་ཕྱོགས་ཆེ་བའི་ས་ལ་ཕྱི་ས་འདོད། རང་ས་དང་ནི་ཕྱི་ཡི་སར། རི་མོ་གས་སྲུབ་ལ་བརྟགས་ཏེ། སྲ་ལྟས་གང་བཟང་རང་སར་ཕོབས། རང་ཕྱོགས་བཟང་བའི་ལུང་

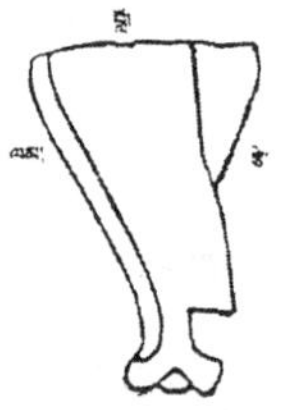

བསྟན་བྱ། ཕྱི་སར་བཟང་བའི་རྟགས་བྱུང་ན། རང་ས་ངན་ན་ཕྱིའི་འགོ་འགྲོ། བཟང་ན་འདྲ་བའི་ལུང་བསྟན་དགོས། ཞེས་པས་རགས་ཙམ་ཞལ་གསལ་བ་ལྟར་གཙོ་ཆེར་སོག་ཏུས་ངོས་སུ་རི་མོ་གས་སྲུབ་ཀྱི་རིགས་གང་བྱུང་བ་དེ་ལ········ བརྟེན་ནས་དཔྱད་པ་བྱེད་དགོས་པ་དེ་ཡིན།

ཡང་དཔྱལ་དཀར་མེ་ལོང་[རྫི་471 ཤ་11 ན་5] ལས་ལྷག་པར་སོག་མོའི་བརྟག་གཞི་ནི། སློ་དང་ལམ་

དང་རྩེ་གསུམ་ཡིན། སྣྲ་ནི་མོ་ཡི་སྙིང་ཡིན་ལ། འདི་མེད་མོ་ལ་སྙིང་མེད་པས། བཟང་ངན་ལུང་སྟོན་ནུས་པ་མིན། ལམ་ནི་འགྲོ་བའི་གཞི་ཡིན་པས། བདེ་དང་མི་བདེ་བལྟ་བའི་གཞི། ལྷག་པར་འགྲུལ་བའི་བལྟ་ས་ཡིན། རྩེ་ནི་ཟ་ཁ་གྲོགས་ཁ་དང་། ལྷ་ངོ་མཐོ་དམན་བལྟ་ས་ཡིན། ཞེས་སོག་མོའི་གཞིའམ་རྩ་བར་གྱུར་པ་ནི་སྣྲ་དང་། ལམ་དང་རྩེ་ཞེས་པ་འདི་གསུམ་དུ་ངེས་པར་གསལ་ལ། དེ་ལ་སྣྲ་ཞེས་པ་དེའི་བརྟག་གཞི་ནི་སོག་ཏུས་ཀྱི་སྙིང་ངོས་དེ་ཡིན་ལ་ལམ་གྱི་བརྟག་གཞི་ནི་སོག་ཏུས་རང་གི་གཡས་ངོས་དང་། ཅི་ཞེས་པ་

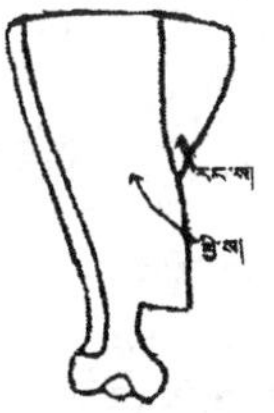

དེའི་བརྟག་གཞི་ནི་སོག་ཏུས་རང་གི་གཡོན་ངེས་རྣམས་ལ་དཔྱད་དགོས་པ་ཡིན་ལ། བརྟག་ཚུལ་ནི་སྣྲ་ལམ་རྩེ་གསུམ་གྱི་ཕྱོགས་རང་ས་དང་ཕྱི་ས་བཅས་དང་འབྲེལ་བའི་ཐོག་གས་སྣང་ས་དང་སྲུབ་རིས་མི་འདྲ་བ་འབྱུང་སྣང་ས་ཇི་སྙེད་པ་བསྟེན་ནས་བཟང་ངན་གྱི་ཁ་དམར་ལུང་བསྟན་བྱེད་དགོས་པ་ཡིན།

ཤར་རྨའི་སྐོར། ཤ་མོ་ཞེས་པ་འདི་ཤའི་གྲངས་གཅིག་གམ་གཉིས་གསུམ་གང་ཏུང་གི་གྲངས་བབས་པ་དེ་ལ་བརྟེན་ནས་བཟང་ངན་གྱི་ཁ་དམར་མོ་ཡིག་ཏུ་ཇི་ལྟར་བསྟན་པ་བཞིན་ལུང་བསྟན་དགོས་པ་ཡིན། ཤའི་རྒྱུ་ཆ་ནི་ཤའི་ལྷ་དེ་ཞི་བ་ཞིག་ཡིན་ན་ཤའི་རྒྱུ་དེ་ཤེལ་སོགས་གསལ་ཞིང་དག་པའམ་དུང་སོགས་རང་བཞིན་དཀར་བའི་རང་བྱུང་གི་རྒྱུ་ཆ་གང་ཏུང་ཞིག་གིས་བཟོ་དགོས་པ་དང་། ཤའི་ལྷ་དེ་དྲག་པོའི་རིགས་ཤིག་ཡིན་ན། ཤའི་རྒྱུ་དེ་རིན་པོ་ཆེ་རྫོའི་རིགས་ནག་པོའམ་ཤིང་རིགས་ཚེར་ནག་སོགས་ཀྱིས་བཟོ་དགོས། མོའི་རིགས་མི་འདྲ་བ་འགའ་ཞིག་ལ་ལྷ་ཤ་དཀར་པོ་དང་། འདྲེ་ཤ་ནག་པོ་བཅས་ཤ་དཀར་ནག་གཉིས་དགོས་ལ། ཤ་དེ་གཉིས་ལྷན་ཅིག་ཏུ་ཤ་ཕོར་ནང་དུ་འཕངས་པའི་ཚེ་དཀར་ནག་གི་གྲངས་མང་ཉུང་ལ་བརྟེན་ནས་ལེགས་ཉེས་ཀྱི་ཁ་དམར་ལུང་བསྟན་སྲོལ་བྱུང་འདུག ཤ་མོ་འགའ་ཞིག་ལ་ཤ་གཅིག་གི་ཨང་གྲངས་གཅིག་ནས་དྲུག་གི་བར་དུ་ཡོད་པ་དེ་ནམས་ཀྱི་ཀོ་གནས་སུ་ཡིག་འབྲུ་མི་འདྲ་བ་དྲུག་ཡོད་པ་དེ་དག་གང་ཞིག་བབས་པའི་སྟེང་ནས་ཁ་དམར་ལུང་བསྟན་སྲོལ་ཡོད་ཅིང་ཤའི་ངོས་སུ་ཡོད་པའི་ཡིག་འབྲུ་ནི་ཤའི་ལྷ་གང་ཡིན་སོགས་ལ་རག་ལས་པ་ལས་གཅིག་ཏུ་ངེས་པ་གང་ཡང་མི་འདུག

ཤ་མིག་གི་གྲངས་ལ་དཔྱད་ཚུལ་ནི་ཤ་གཉིས་ཡོད་རིགས་ལ་བོད་ཀྱི་རྩེད་ཆས་བག་ཆེན་གྱི་མིག་གྲངས་ལྟར་རྣམ་པ་མི་འདྲ་བ་མང་པོ་ཞིག་འབྱུང་སྲིད་མོད། འདིར་གྲངས་ཀྱི་རིམ་པ་གཉིས་ནས་བཅུ་གཉིས་ཀྱི་བར་དང་ཤ་གསུམ་གྱི་རིགས་རྣམས་ཤ་གྲངས་གསུམ་ནས་བཅོ་བརྒྱད་བར་གྱི་གྲངས་རིམ་དེ་རྣམས་ཀྱིས་ལེགས་ཉེས་ཀྱི་འབྲས་བུ་ཅི་རིགས་སུ་བསྟན་པ་ཡིན། ཤ་མོའི་ལུགས་འདི་རིགས་ཀྱང་ཞང་བོད་ཀྱི་ཡུལ་ཁམས་རྣམས་སུ་ཆེས་སྔ་བའི་དུས་ནས་དར་སྲོལ་བྱུང་སྒྲོང་ཡོད་པ་དེ་དག་དུས་རིམ་སོ་སོའི་ནང་དུ་ཇི་དར་

དང་རྣམ་པ་ཇེ་རྒྱས་སུ་གྱུར་ཡོད་པའི་དབང་གིས། ད་ལྟའི་དུས་འདིར་བན་བོན་གཉིས་ཕྱོགས་སུ་དར་ཁྱབ་ཆེ་བར་ཡོད་པ་དང་། ཤོ་མོའི་རིགས་ཀྱི་མོ་ཡིག་ཀྱང་མི་ཉུང་བ་ཞིག་མངོན་མཐོང་ཡོད་པས་ཤེས་ཐུབ་པ་ཡིན།

ཕྲེང་མོའི་སྐོར། ཕྲེང་མོ་རྒྱག་པའི་ཆ་རྐྱེན་དུ་མོ་ལྷ་ཞི་བའི་རིགས་ལ་ཤེལ་གྱི་ཕྲེང་བ་དང་མོ་ལྷ་དྲག་པོའི་རིགས་ལ་ཤིང་རིགས་མི་འདྲ་བ་ཅི་རིགས་པའི་ཕྲེང་བ་སོགས་ཕྲེང་བའི་རྣམ་པ་མི་འདྲ་བ་འགའ་རེ·····དགོས་ཀྱི་ཡོད། ཕྲེང་མོ་རྒྱག་ལུགས་ནི་ཕྲེང་རྡོག་གི་གྲངས་གསུམ་གསུམ་མམ་བཞི་བཞི་རུ་གཅོད་ཅིང་བསལ་བའི་ཤུལ་དུ་ལྷག་མའི་གྲངས་གང་ལུས་པ་དེས་ལེགས་ཉེས་ཀྱི་འབྲས་བུ་སྟོན་པ་སྟེ། དེ་ཡང་ཐེངས་གཅིག་ཁོ་ནར་གཅོད་པ་དང་། ཐེངས་གསུམ་དུ་བསྐྱལ་ནས་གཅོད་པའི་ལུགས་གཉིས་བྱུང་ཡོད། ཐེངས་གཅིག་ཏུ་གཅོད་པ་དེ་རིགས་ནི་ལྷག་ལུས་ཕྲེང་རྡོག་གཅིག་ནས་གསུམ་མམ། གཅིག་ནས་བཞིའི་གྲངས་གང་ཡོད་པ་དེའི་སྒོ་ནས་ལེགས་ཉེས་ཀྱི་འབྲས་བུ་སྟོན་པ་ཡིན་ལ།

ཕྲེང་མོ་གསུམ་གཅོད་ཀྱི་བབས་གྲངས་རེའུ་མིག

111	112	113	121	122	123	131
132	133	211	212	213	221	222
223	231	232	233	311	312	313
321	322	323	333			

ཕྲེང་མོ་བཞི་གཅོད་ཀྱི་བབས་གྲངས་རེའི་མིག

111	112	113	114	121	122	123	124
131	132	133	134	141	142	143	144
211	212	213	214	221	222	223	224
231	232	233	234	241	242	243	244
311	312	313	314	321	322	323	324
331	332	333	334	341	342	343	344
411	412	413	414	421	422	423	424
431	432	433	434	441	442	443	444

ནང་གསལ་མི་འདྲ་བའི་རྣམ་གྲངས་ཉེ་ཤུ་རྩ་ལྔ་དང་ཡང་ན་དྲུག་ཅུ་རེ་བཞི་ཡོད་པ་འདི་རྣམས་ཀྱི་སྒོ་ནས་ལེགས་ཉེས་ཀྱི་སྐར་མོ་ཡིག་ནས་ཇི་ལྟར་བསྟན་པ་བཞིན་ལུང་བསྟན་པ་ཡིན། ཕྲེང་བའི་མོ་འདི་ནི་བེད་སྤྱོད་བྱེད་སླ་བ་སོགས་ཀྱི་རྒྱུ་མཚན་མང་པོ་ཞིག་ལ་བརྟེན་ནས་བན་བོན་གཉིས་ཕྱོགས་སུ་དར་ཁྱབ······ཤིན་ཏུ་ཆེ་བར་བྱུང་ཡོད་ལ། ཏུན་ཧོང་བོད་ཀྱི་ཡིག་རྙིང་གི་ཁྲོད་དུ་འང་ཕྲེང་རྫོག་བཞི་བཞིར་ཐེངས་གསུམ་དུ་གཙོད་པའི་ལུགས་དེའི་མོ་ཡིག་གི་སྐར། ཡིག་ཕྲེང་གཅིག་ནས་སུམ་ཅུ་སོ་གཅིག་བར་ཡོད་པའི་དཔེ་ཚན་གཅིག་དང་། ཡང་ཡིག་ཕྲེང་གཅིག་ནས་བརྒྱ་དང་དྲུག་ཅུ་རེ་གཉིས་བར་ཡོད་པའི་དཔེ་ཚན་གཅིག་བཅས་ཡིག་ཆ་ཁག་གཉིས་ཡོད་པ་དེས་ཀྱང་གནའ་དུས་ནས་དར་བའི་མོ་ཞིག་ཡིན་པ་བདེན་དཔང་གསལ་པོར་བྱས་པ་རེད།

ཆོ་ལོའི་སྐར། གནའ་དུས་སུ་དར་སྲོལ་ཆེ་བར་ཡོད་པའི་ཆོ་ལོ་ཞེས་བྱ་བ་འདི་ལྟར་སྣང་དུ་རྒྱན་འཛོག་པའི་རྩེད་ཆས་ལྟ་བུ་ཞིག་ཏུ་སྣང་ལ། འདིའི་བྱུང་ཁུངས་ཀྱང་རྒྱལ་ཕམ་རྩོད་པའི་རྒྱན་པོ་ཞིག་གི་ལུགས་ཡིན་མོད། དེ་ནི་ལེགས་ཉེས་རྒྱལ་ཕམ་གྱི་རྒྱན་པོའི་རིགས་ཤིག་ཡིན་པ་ལས། དངུལ་སོགས་རྒྱན་དུ་བཞག་ནས་རྒྱལ་ཕམ་རྩོད་པའི་རྩེད་ཆས་ཤིག་རྩ་བ་ནས་མིན་པ་ནི་གཞི་རྩའི་ལོ་རྒྱུས་ཀྱི་ཐོག་ནས་ངེས་པ····རྙེད་ཐུབ་པ་ཡིན་སྟབས། ཆོ་ལོ་ནི་ལེགས་ཉེས་སྟོན་པའི་མོའི་བྱེ་བྲག་ཅིག་ཏུ་ངེས་པ་ཡིན།

དེ་ཡང་ཆོ་ལོའི་ཐོག་མའི་ལོ་རྒྱུས་ནི་མདོ་དྲི་མེད་གཟི་བརྗིད་[ཐོབ་ད་154ཤ་75བ་3]ལས་ཡུལ·········འདིའི་མིང་ནི་ལྷ་སྦྱིན་གཉིས་ས་འཚམས་(མཚམས་)ཐང་རྒྱུད་(བརྒྱུད་)བྱའོ་འཚམས་(མཚམས་)གླིང་བྱ····བ་ལགས་སོ། །གཡས་ཀྱི་ལུང་པ་ནི་ལྷ་ལུང་དར་མོ་རལ་ཆེན་བྱ་བ་ལགས་སོ། །གཡོན་གྱི་ལུང་པ་ནི་སྦྱིན་ལུང་གྲོ་བོ་གཞུང་ཆེན་བྱ་བ་ལགས་སོ། །དབུས་ཀྱི་ལུང་པ་ནི་འཚམས་(མཚམས་)ལུང་ཁྲ་མོ་འཁྱིལ་ཆེན་བྱ་བ་ལགས་སོ། །གྲོང་ཁྱེར་གྱི་མིང་ནི་ཁྲི་བརྒྱུད་གླིང་ཐང་བྱ་བ་ལགས་སོ། །གསས་མཁར་གྱི་མིང་ནི་སྒྱུག་པ་རྩེ་དགུ་བྱ་བ་ལགས་སོ། །ཡུལ་འཛིན་གྱི་མིང་ནི་སྲིད་པའི་གཟུའོ་(གཟུ་བོ་)བཞི། བསྐལ་པའི་དབང····(དཔང་)པོ་བརྒྱད་དང་འབྱུང་བའི་ཞལ་ཆེ་བ་ལྔ་བྱ་བ་ལགས་སོ། །གཡས་གཡོན་གྱི་ཧ་བ་རྣམས་ནི་ལྷ་སྦྱིན་གྱི་དམག་མི་རྣམས་ལགས་སོ། །བདག་ཅག་གསུམ་ནི་དར་དཀར་གྱི་རལ་ཁ་ཅན་གསེར་གྱི་རལ་གྲི་ཐོགས་པ་འདི་ནི། ལྷ་ཡིད་བཞིན་གྱི་སྨོན་ལམ་སྐྱེས་བྱ་བ་ལགས་སོ། །ཁྱིའུ་ཆུང་རའི་སླག་པ་ཅན་ལྕགས་ཀྱི་སོག་ལེ་ཅན་འདི་ནི། སྦྱིན་མྱ་ངན་གྱི་སྨོད་སྐྱེས་བྱ་བ་ལགས་ཏེ། བདག་ནི་ལྷ་སྦྱིན་དབང་(དཔང་)པོ་ལ་སྐོས་པའི་ཕྱུ་ཀོས་(ཀེང་)ཅོ་ལན་མེད་བྱ་བ་ལགས་ཏེ། ལྷ་སྦྱིན་འཕམ་རྒྱལ་དང་ལེགས་ཉེས་གཉིས་ཀྱིས···(ཀྱི་)དྲང་ཤན་འབྱེད་པ་ལགས་སོ། །འདི་གཉིས་ནི་(ཀྱིས་)རྟུལ་ནག་ཤར་རེ་ཆོ་ལོ་འདེབས་པ་ནི་ལྷ་སྦྱིན་

དང་ཡོད་མེད་དང་དགེ་སྡིག་རྩོད་པ་ལགས་སོ། །ད་ཡང་ཁྱོད་མིའི་བུ་བསོད་ནམ་(ནམས་)ཆེ་བ་ཡིན་པས། གསེར་གྱི་ཆོ་ལོ་འདི་ལག་ཏུ་ལོང་(ལོངས་)ལ་ལྷ་རྒྱལ་པར་(བར་)སྨོན་ལམ་ཐོབ་ཅིག ལྷ་རྒྱལ་ན་མཐོ་རིས་མི་དང་འཇིག་རྟེན་ཁམས་འདིར་དགའ་བདེ་དང་བསྐྱིད་(སྐྱིད)པ་ལ་སོགས་ཏེ་དགེ་བའི་ལས་ཐམས་ཅད་དར་སྤེ་འོང་ངོ་། །སྲིན་རྒྱལ་ན་འཇིག་རྟེན་ཁམས་འདིར་ནད་ཡམ་(ཡམས་)དང་མུ་གེ། འཁྲུག་པ་ལ་སོགས་མི་དགེ་བའི་ལས་ཐམས་ཅད་དར་རོ། །དེའི་ཕྱིར་ན་ད་ལན་ལྷ་རྒྱལ་ན་རྒྱལ་པོ་ཁྱོད་ཀྱི་དགེ་བའི་ལས་ཀྱང་མཐར་ཕྱིན་ཏེ་འོང་ངོ་། །ཅེས་(ཞེས་)གསུངས་ནས། གསེར་གྱི་ཆོ་ལོ་ལག་ཏུ་གཏད་པའི་(པས་)ཀོང་ཙེས་ཀྱང་གསེར་གྱི་ཆོ་ལོ་ལག་ཏུ་བླངས་ནས། སྨོན་ལམ་བཏབ་པ། སྟོན་པའི་ཐུགས་རྗེ་ཆེ་བར་ཤོག ལྷ་ཡི་སྨོན་ལམ་བརྩན་པར་ཤོག བོན་གྱི་བསྟན་པ་དར་བར་ཤོག སྲིན་གྱི་དམོད་པ་ཆུད་པར་ཤོག མི་དགེ་སྡིག་ཚོགས་ནུབ་པར་ཤོག་ཅེས་སྨྲས་ནས་ཆོ་ལོ་ལག་ཏུ་གཏད་ནས། ལྷ་ཡིད་བཞིན་གྱི་སྨོན་ལམ་སྐྱེས་ཀྱི་(ཀྱིས་)བཏབ་པའི་(པས།) ཐོག་གཅིག་བཏབ་པའི་(པས)ལྷིང་རྒྱུག ཐོག་གཉིས་བཏབ་པས་ཁྱུང་ སྤུངས། ཐོག་གསུམ་བཏབ་པས་ཞག་བླང་ངོ་། །སྲིན་མུ་ངན་གྱི་དམོད་པ་སྐྱེས་ཀྱིས། ཐོག་གཅིག་བཏབ་པའི་(པས་)སོད་བྱུང་། ཐོག་གཉིས་བཏབ་པའི་(པས་)ཁྲུལ་བརྡབ། ཐོག་གསུམ་བཏབ་པའི་(པས་)གསོ་(གོས་)ཐགས་སོ། །དེ་ལ་སྤྱ་ཀོང་རྩེ་ལན་མེད་ཀྱིས་གསུངས་པ། ཀྱེའི་དེ་རིང་གནམ་ལ་ཉི་མ་ཤྲུང་བཟང་།〔162〕 ས་ལ་དུས་ཚོད་བག་ཏོ། གཟའ་སྐར་ཐམས་ཅད་མཐུན་བཤེས་(ཤེས་)པའི་དུས་འདིར། ལྷ་སྲིན་གཉིས་ཀྱི་འཚམ་(མཚམས་)ན། གསེར་གྱི་ཆོ་ལོ་རྫོད་(དམོད)བཙུག་ན། ད་གསེར་གྱི་ཆོ་ལོ་བཅུ་གཉིས་འདི། དང་པོར་འབྱུང་ཁུངས་བཟང་སྟེ། མ་ཧ་ཏུས་སྤྲུལ་གྱིས་(གྱི་)ལྷུ་ཚོགས་ལ་(ལས་)བྱུང་། བར་དུ་བཏབབ་པའི་གནས་བཟང་སྟེ། རྒྱལ་བུ་སྟོན་པའི་ལོ་མཛོད་〔163〕ལ་བཏབ། ཐ་མར་དཔྱད་པའི་དོན་ཆེ་སྟེ། དེ་ཡང་རྒྱལ་བུའི་མཛད་པ་བཅུ་གཉིས་ལས་དཔྱད། དེ་ཡང་དང་པོ་གནས་མལ་བཟང་དང་མི་བཟང་དང་། གཞི་རྨིང་གླིང་(བགླིང་)དང་མི་གླིང་(བགླིང་)དང་། གཞི་མ་ནྲྀག་དང་མི་ནྲྀག་དང་། འདུག་ཡུལ་བདེ་དང་མི་བདེ་དང་། མ་ཧ་ཏུས་སྤྲུལ་གྱིས་(གྱི་)ལྷུ་ཚོགས་ལ་དཔྱད་པ། ད་བར་དུ་སྐྱེ་བ་བཟང་དང་མི་བཟང་དང་། རྒྱལ་ས་ནོན་དང་མི་ནོན་དང་། སྐུ་ཚེ་རིང་དང་མི་རིང་དང་། བསོད་ནམ་(ནམས་)འཕེལ་དང་མི་འཕེལ་དང་། རྒྱལ་བུའི་ལོ་མཛོད་བཅུ་གཉིས་〔164〕དཔྱད། ད་ཐ་མ་བསྟན་པ་དར་དང་མི་དར་དང་། རྒྱལ་ས་ཟིན་དང་མི་ཟིན་དང་། དགེ་བ་འཕེལ་དང་མི་འཕེལ་དང་། ཐར་ལམ་ཕྱེད་དང་མི་ཕྱེད་དང་། རྒྱལ་པོའི་མཛད་པ་བཅུ་གཉིས་ལ་དཔྱད་བྱ་བ་ཡིན་པས། དེ་ལ་ད་ལོ་ལྷ་སྲིན་གཉིས་ཀྱི་ཆོ་ལོ་ལ། གལ་དང་ཞག་དང་ཁྱུང་དང་གསུམ། ལྡེ་(ལྡིང་)དང་སག་དང་ལོ་དང་གསུམ། གུར་

དང་དར་དང་ཐུལ་དང་གསུམ། གོད་དང་ཁྲུལ་དང་ཁེས་(གེས་)དང་གསུམ། ལོ་མཛོད་བཅུ་གཉིས་བླ་རྟགས་ཡིན་པས། དེ་ལ་ཡང་ལྷིར་བརྒྱག་(ལྷིང་རྒྱག་)ཁྲུང་སྲུངས་ཉག་བླངས་གསུམ། བཟང་གསུམ་གྱི་དྲ་(གྲ་)མ་ཉལ་བས་(ཉམས་པས།) ངན་པའི་བདུད་ཀྱི་བཤུད་མི་ཚུགས། སྲིད་པ་ཡེ་སྨོན་གྱི་རྒྱལ་པོ་དེ། ཡོད་རི་དིལ་(དེལ་)དཀར་གྱི་རྩེ་ལ་འཁྱིང་། རྒྱལ་པོ་མི་རབས་བཅུ་གཉིས་ལ་ནད་མི་འབབ། བྱ་བ་ཞིག་བྱུང་ཟིན་པའི་(པས།) རྒྱལ་པོའི་མཛད་པ་བཅུ་གཉིས་ཀྱང་། མཐར་ཕྱིན་པ་ཊ་འདུག་གོ། ད་གོད་བྱུང་ཁྲུལ་བརྡབ་གེས་ཐག་(ཐགས་)པས། ངན་གསུམ་གྱི་མགོ་ལོ་མ་འཕར་བས། བཟང་པོ་ལ་ཊ་ཡུག་མ་བྱུས་ཟིན།[165] གདུག་པ་ངམ་ཇེ་རྩོལ་པོ། ཊལ་རི་ནག་པོ་སྐྱུ་ལ་ཞེན།[166] འབང་(འབངས་)མི་རབས་བཅུ་གཉིས་ལ་མགོ་མི་འཕར་བྱ་བ་གཅིག་སྣང་བས། བདུད་སྲིན་མགོ་ལོ་མི་འཕར་བར་འདུག་གོ། དེའི་ཕྱིར་ན་ད་ལན་གྱི་ཆོ་ལོ་ལ། ད་ལྷ་ལ་ཕྱུང་ངོ་། །མི་ལ་ལོ་བྱུང་[167]ངོ་། ཅེས་(ཞེས་)གསུངས་པས། གདག་རི་ལ་ལྟས་(བལྟས་)པའི་མི་རྣམས་ནི། གད་མོ་བཞད་ནས་ཐོ་ལེ་དིང་གིས་སོང་ངོ་། །སྲིབ་རི་ལ་ལྟ་བའི་མི་རྣམས་ནི་ངུ་མདོ་(འདོད)དིང་གིས་སོང་ངོ་། །ཞེས་པའི་ལོ་རྒྱུས་ཤིན་ཏུ་ཞལ་གསལ་བ་དེ་ལས་ཤེས་ཐུབ་པ་ཡིན།

ཆོ་ལོ་འདེབས་པའི་ཆ་རྐྱེན་ནི་གསེར་སོགས་རིན་པོ་ཆེའི་རིགས་སམ་རྫོའམ་ཤིང་གང་རུང་གིས……བཟོས་པའི་བྱང་བུ་ཟུར་དྲུག་ནར་ཞད་ཡོད་པ་ལྔ་དགོས་ཤིང་། བྱང་བུ་ལྔ་པོ་དེ་རྣམས་ལས། བྱང་བུ་གསུམ་གྱི་མདུན་ངོས་ཀྱི་སྟོད་སྨད་བར་གྱི་ཆ་གསུམ་དུ་སྟག་གཟིགས་རིས་དང་འདྲ་བའི་རི་མོ་ཤར་གསུམ་རེ་ཡོད་པ་དེ་རིགས་ལ“སྟག་གསུམ”ཞེས་པ་དང་། སྟག་རིས་ཡོད་པའི་ཤིང་བྱང་དེ་གསུམ་གྱི་རྒྱབ་ཕྱོགས་ལ་རི་མོ་གང་ཡང་མེད་པས“སྟོང་གསུམ”ཞེས་པ་དང་། ཡང་ཤིང་བྱང་ལྷག་མ་གཉིས་ཀྱི་ངོས་གཅིག་ལ་རིང་ཕྱོགས་ཀྱི་སྣེ་ཟུར་གཉིས་སུ་ནོར་བུའི་རིས་ལྟ་བུ་སུམ་ཅིགས་རེ་ཡོད་པ་དེ་ལ“མཆུ་གཉིས”ཞེས་པ……དང་མཆུ་གཉིས་ཡོད་པའི་ཤིང་བྱང་དེ་གཉིས་ཀྱི་རྒྱབ་ངོས་གཉིས་སུ་ཁྲམ་སུམ་རྩིགས་རེ་ཡོད་པ་དེ་ལ“ཁྲམ་གཉིས”ཞེས་བྱ་བ་ཡིན།

མདུན་ངོས་སྟག་གསུམ། རྒྱབ་ངོས་སྟོང་གསུམ།

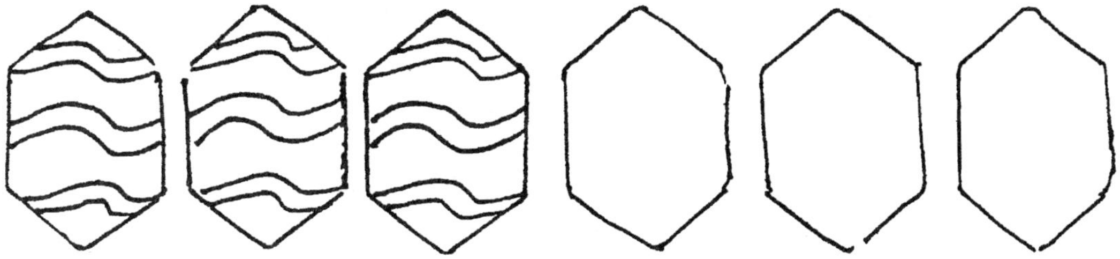

མདུན་རོས་མཚུ་གཉིས།

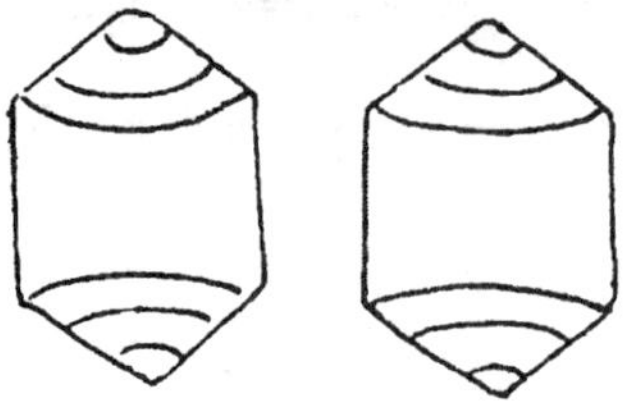

རྒྱབ་རོས་ཁྲམ་གཉིས།

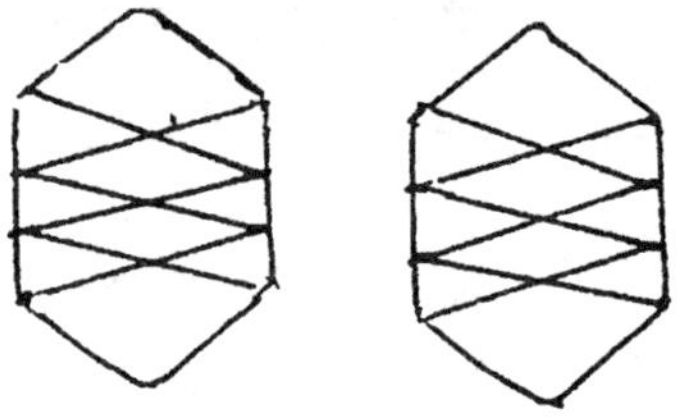

ཚོ་ལོ་ཇི་ལྟར་འདེབས་ཚུལ་ནི། ཚོ་ལོའི་བྱང་བུ་ལྔ་པོ་མོ་མའི་ལག་གཉིས་ཁོང་སྟོང་དུ་བསྒྲིམ་པོར་བཙུམ་པའི་ནང་ངམ། ཡང་ན་རིན་པོ་ཆེའམ། ས་དང་རྫོ། ཤིང་གི་ཕོར་པ་གང་རུང་གི་ནང་དུ་དཀྲུགས་ཤིང་། ལྷ་དང་སྲུང་མ་སོགས་ལ་གསོལ་འདེབས་བདེན་བདར་བྱས་རྗེས་སུ་དར་དཀར་གྱི་རྒྱན་གཞིའི་སྟེང་དུ་ཐར་གྱིས་བཀྲམ་དགོས་པ་ཡིན། ཚོ་ལོའི་བབས་ལུགས་ལ་མི་འདྲ་བ་བཅུ་གཉིས་ཡོད་པ་དེ་རྣམས་ལ་མིང་ཡང་མི་འདྲ་བ་བཅུ་གཉིས་ཡོད། མོའི་རྣམ་པ་མི་འདྲ་བ་བཅུ་གཉིས་ཀྱི་དཔེ་རིས་ནི་གཤམ་གསལ།

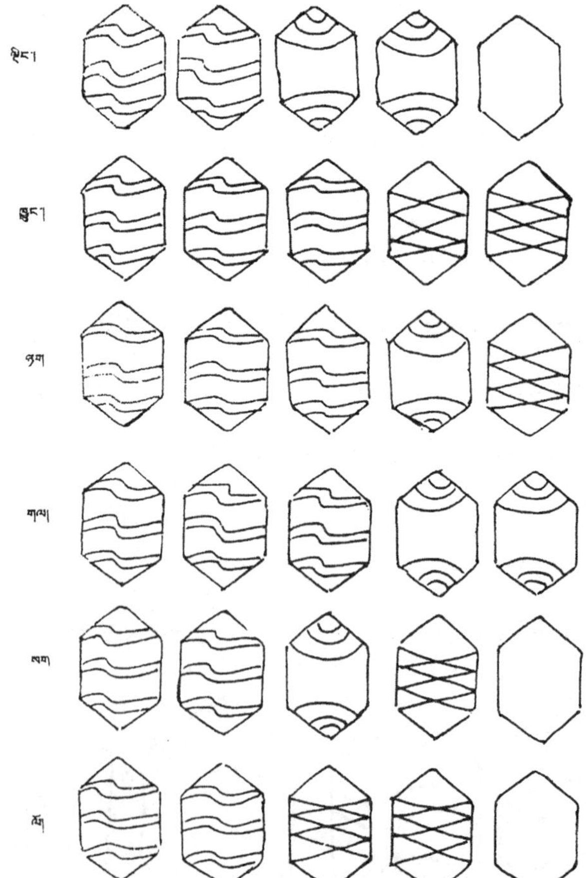

གྲུར

ར།

སྦུལ།

ཤོད།

ཁུལ།

གས།

ཟླ་ཨི་སྐོར། སྣང་གསལ་ཟླ་ཨི་ལུགས་འདི་ནི་ཕྱུ་གཤེན་པའི་ལུགས་སུ“ཡི་དབང་ལྷའི་བཀའ་བབས” ཞེས་བྱ་བའི་བོན་གྱི་བྱེ་བྲག་ཅིག་ཡིན་ཞིང་། དེ་ལའང་ཟླ་རྟེན་ཕོ་མོ་སྲུའང་ཉུང་བའི་མིག་གི་སྣང་ལ་བབས་པའི་ཟླ་ཞིག་དང་རྣ་བའི་སྐྲའི་སྣང་ཆ་ལ་བབས་པའི་ཟླ་ཞིག་ཡིད་ཀྱི་ཀུན་རྟོག་གི་སྣང་ཆ་ལ་བབས····པའི་ཟླ་ཞིག་བཅས་སྐྱེས་བུའི་ལུས་ངག་ཡིད་གསུམ་དང་འབྲེལ་བའི་ཟླའི་ཚུལ་ལུགས་གསུམ་དུ་སྲིད་པ་ཡིན། མིག་གི་སྣང་ཆར་ཤར་བའི་ཟླ་ནི་སྤྲ་བཞིད[སི་115ཕ་17]ལས་དེའི་ནང་པར་དཀྱིལ་འཁོར་བྲིས་ནས། གཟིམས་མལ་ནས་ལྷ་ལུང་འཚོ་བཞིར་སླན་ལེགས་པ་སྤྲ་སྟན་(རྟེན་)བྱས་ཏེ། སྤྲ་སེ་ན་པ་ཏ་ཕན་(ཕབ་)ནས་སྨྲར་གསལ་བར། བོད་ཀྱི་ལྷ་ཀླུ་མི་བསྲུན་པ་རིམ་གྱི་མིང་སྨྲས་ཞེས་པ་དང་ཡང་[116ཕ་5]ལས་དེའི་སང་ཚེ་རིགས་བཟང་པོའི་བུ་ཚ་ཕ་མ་དང་མི་(མེས་)ཕྱི་ཚང་བ་[168]ལ་སྤྲ་བསྟན་(རྟེན་)བཀྱིས་ནས······རྒྱལ་པོ་ཆེན་པོ་བཞིའི་སྤྲ་ཕབ་ཅེས་པས་སློབ་དཔོན་ཆེན་པོ་པདྨ་སམ་བྷ་ཝ་བོད་དུ་ཕེབས་དུས་ཟླ་ཕབ་ཡོད་པ་གསལ། འདིར་རྒྱ་གར་ནས་བྱུང་བའི་ལུགས་ཤིག་ཡིན་པར་བསྟན་པའི་ཕྱིར“སྤྲ་སེ་ན་པ་ཏ”ཞེས་འཁོད་ཡོད་པ་ནི་ལེགས་སྦྱར་གྱི་སྐད་དུ“ཟླ་སེ་ནཾ”ཞེས་པ་གསལ་བར་སྟོན་པའི་དོན་ལ་འཇུག་པ་དང་། “པ་ཏ”ཞེས་པ་དྭངས་པའི་ཤེལ་ལ་འཇུག་པའི་སྐབས་ཡོད་པ་དེ་ལ་དགོངས་ནས་ཐ་སྙད་དེ་སྐད་དུ་སྦྱར····ཡོད་པར་མངོན་ལ། དོན་དུ་བོན་ལུགས་སུ་གནའ་དུས་ནས་གྲགས་པའི་ཚིག“ཟླ་ལྷས་མོ”ཞེས་པས་མཚོན་པ་བཟང་ངན་གྱི་རྟགས་མཚན་དེ་ལ“ཟླ”ཞེས་བྱ་བ་ཡིན།

ཟླའི་ལུགས་འདི་ཆོས་ཀྱི་ཕྱོགས་སུ་དར་ཁྱབ་ཆེ་བར་བྱུང་ཡོད་ནའང་རྩ་བའི་འབྱུང་ཁུངས་ནི་གནའ···བོའི་ཞང་ཞུང་གི་བོན་ལས་བྱུང་བ་ཞིག་ཡིན་ངེས་པ་ནི་འཛམ་མགོན་མི་ཕམ་གྱིས་མཛད་པའི་གེ་སར་སྒྲུང··སྐོར་དུ་གེ་སར་གྱི་ཟླ་ཕབ་པའི་ཚིག་དེར་ཟླའི་ལྷ་ཕྱུ་ལྡེར་ལ་གནང་ཡོད་པ་དེ་ཁོ་ནས་བདེན་དཔང་ཐུབ་པ··ཡིན། རྣ་བའི་སྣང་ཆར་ཤར་བའི་ཟླ་ནི་སྨན་གཞུང་བདུད་རྩིའི་སྙིང་པོ་སོགས་ཀྱི་ཆ་ལག་ཏུ་རྣ་བའི་ཟླ་ཐེ་ལྟར་དབབ་པའི་ཚིག་དང་རྣ་བའི་ཟླ་ལ་བརྟེན་ནས་ནད་པའི་རྩ་ལ་སོགས་པ་ནད་གདོན་གྱི་རྒྱུ་རྐྱེན་གང···དང་གང་དག་ཡིན་པའི་ཚུལ་གསལ་པོར་ཤེས་ཐུབ་པའི་སྐོར་གསལ་བར་བསྟན་ཡོད་པ་དེ་དག་གིས་གོ······རྟོགས་ཐུབ་པ་ཡིན།

ཡིད་དབང་ཀུན་རྟོག་གི་སྣང་ཆར་ཤར་བའི་ཟླ་ནི། ཞང་ཞུང་བོན་གྱི་གནའ་ལུགས་སུ་ཕྱུར་ལྡེར་སོགས་ཕྱིའི་ལྷའམ་ཡང་ན་ཤིན་ཏུ་བཀའ་གཉན་པའི་ལྷ། ཞང་ཞུང་མགོན་པོ་རྣམ་གསུམ་དུ་གྲགས་པ་སྟེ། ཨ་ཏི་མུ་ལྡེར་དང་ཀུ་བྱི་མང་ཀེ། གེ་ཁོད་གསུམ་གྱིས་གཙོས་པའི་ལྷ་གང་ཡང་རུང་བ་ཞིག་མིར་བབས་ནས་ལེགས་ཉེས་ཀྱི་སྐོར་ལུང་བསྟན་པའི་ལུགས་ཤིག་ཡིན་ལ། དེའི་སྲོལ་ལུགས་རིམ་བཞིན་བོད་དུ་དར་ཡོད་པ་

ནི་སྨྲ་བཞིད་[སི་116ཤ7]ལས“ལྷ་ཀླུ་མ་རུངས་པ་དངོས་སུ་མི་ལ་ཕབ”ཅེས་པས། སློབ་དཔོན་པད་མའི་སྐུ་དུས་སུ་ཇི་ལྟར་མཛད་པའི་ཚུལ་དང་། དེང་དུས་ཀྱི་བོད་ལུགས་སུ་གནས་ཆུང་སྐུ་རྟེན་ལ་ཆོས་སྐྱོང་རྡོ་རྗེ་གྲགས་ལྡན་དངོས་སུ་ཕེབས་ནས་ལེགས་ཉེས་ཀྱི་ལུང་བསྟན་གནང་བས་མཚོན། དེ་འདྲའི་རིགས་གནའ་ནས་ད་ལྟའི་བར་རྒྱུན་མི་འཆད་པ་ཞིག་བྱུང་ཡོད་པའི་ལོ་རྒྱུས་ཤིན་ཏུ་མང་བ་དེ་དག་གིས་ངེས་ཤེས་སྐྱེད་ཐུབ་པ་ཡིན།

བརྒྱད། རྨི་ལམ་གྱི་སྐོར།

ཕྱྭ་གཤེན་པའི་ལུགས་སུ“ཡེ་རྗེ་སྔོན་པའི་རྨི་ལམ”ཞེས་སུ་གྲགས་པ་སྟེ། དེ་ནི་ཟླ་བ་ཉའམ་གཟའ་སྐར་འཁྲོད་སྦྱོར་ལེགས་པའི་དུས་བཟང་ལ་བརྟེན་ནས་རྨི་ལམ་སྒྲུག་པ་དང་ཁྱད་པར་ཅན་གྱི་གནས་ལ་བརྟེན་ནས་རྨི་ལམ་སྒྲུག་པ། ཕུ་ཤེར་སོགས་ཕྱྭའི་ལྷ་བསྙེན་ཅིང་དེ་དག་གི་ཐུགས་རྗེ་ལ་བརྟེན་ནས་རྨི་ལམ་སྒྲུག་པ་སོགས་ཀྱིས་མཚོན། རྨི་ལམ་གསལ་པོར་འབྱུང་བ་དང་རྨི་ལམ་རང་ཐོག་ཏུ་ངོ་ཤེས་ཐུབ་པ། རྨི་ལམ་ལ་དབང་བསྒྱུར་བ་སོགས་ཀྱི་ཐབས་ཚུལ་མི་འདྲ་བ་ཅི་རིགས་ཤིག་བྱུང་སྲོལ་ཡོད་པ་དེ་རིགས་ལ་ཟེར་བ་ཡིན།

ཨོསྟྲེ་ལི་ཡའི་ཡུལ་གྱི་གཉུག་གནས་མི་རིགས་ལོ་གྲངས་སྟོང་ཕྲག་བཞི་བཅུའི་རིག་རྫས་ཀྱི་ལོ་རྒྱུས་ཡོད་པ་དེ་དག་ལ་ཡོངས་སུ་གྲགས་པ་ཞིག་ནི“རྨི་ལམ་གྱི་དུས”ཞེས་བྱ་བ་དེ་རེད། ཁོང་ཚོས་རྨི་ལམ་ལ་ཁོང་ཚོའི་ཤེས་རིག་གི་རྨང་གཞི་རྩ་བ་ཆེན་པོ་ཞིག་ཏུ་ངོས་འཛིན་སྲོལ་ཡོད་པ་དེ་ལ་དཔྱད་ན། གནའ་བོའི་ཞང་ཞུང་གི་ཤེས་རིག་ཏུ“ཡེ་རྗེ་སྔོན་པའི་རྨི་ལམ”ཞེས་གནད་གལ་ཤིན་ཏུ་ཆེན་པོ་ཞིག་ཏུ་བརྩིས་ཡོད་པ་དེས་ནི་ཞང་ཞུང་གི་ཤེས་རིག་དེ། ཆེས་སྙིང་མའི་རང་གཤིས་དང་ལྡན་པའི་ཤེས་རིག་ཁྱད་པར་ཅན་ཞིག་ཡིན་ངེས་པའང་ཤུགས་ཀྱིས་བསྟན་པ་ཡིན།

དགུ། དབྱངས་འཆར་རྩིས་ཀྱི་སྐོར།

ཕྱྭ་གཤེན་པའི་ལུགས་སུ་ཤེས་རིག་འདི་ལ“སྣང་མཐོང་རྩིས”ཞེས་སྐོག་ཏུ་སྒྱུར་པའི་ལེགས་ཉེས་ཀྱི་གནས་ཚུལ་ཤན་འབྱེད་པ་ལ་མེད་དུ་མི་རུང་བའི་ཤེས་རིག་ཅིག་ཏུ་ངོས་འཛིན་བྱས་ཡོད། རྩིས་ཀྱི་བོན་སྒོ་རྒྱ་ཆེ་བ་ནི་ཕྱྭ་གཤེན་ལེགས་རྒྱལ་ཐང་པོ་དང་། གཤེན་རབ་མི་བོ་ཆེ་ཉིད་ཀྱི་གདུང་སྲས་ཀོང་ཙ་འཕྲུལ་བུ་སོགས་ཀྱིས་ཞུས་ཤིང་བསྐུལ་བའི་ངོར་གཤེན་རབ་མི་བོ་ཆེས་གསུང་ལག་རྩིས་ཀྱི་བོན་སྒོ་རྣམས་བསྟན

ཅིང་། རྩིས་ཀྱི་བོན་སྐོར་གཙོ་བོ་ནི་གབ་རྩེ་འཕྲུལ་གྱི་མེ་ལོང་། སྤར་ཁ་སྨེ་བའི་གླིང་སྐོར། འབྱུང་བ་དུས་ཀྱི་འཁོར་ལོ། རྫུ་ཞག[169] རྟེན་འབྲེལ་ལས་རྩིས་འདི་བཞི་ཡིན་པའི་ཚུལ་གཤེན་རབ་མི་བོ་ཆེའི་མཛད་མདོ་རྣམས་སུ་གསལ་པོར་བཤད་ཡོད།

"གབ་རྩེ" ཞེས་པ་ནི་ལོ་གཅིག་ལ་དབང་བའི་ལོ་ཟླ་ཞག་དུས་ཀྱི་འབྱུང་ཁམས་དང་། སྨེ་བ། སྤར་ཁ་དེ་དག་ལ་དབང་བྱེད་པའི་ལྷ་དང་། གཉན་ནམ་ས་བདག་དང་ཀླུ་སོགས་ཐུན་མོང་གི་དབང་པོ་རྣམ་ལྔའི་སྣང་ངོར་མངོན་སུམ་དུ་མ་གྲུབ་པས་གབ་པ་དང་། དུས་གནད་འདི་དག་ནི་མཚོན་ཆའི་རྩེ་ལྟར་ཤིན་ཏུ་རྣོ་ཞིང་། བཟང་ངན་གྱི་འབྲས་བུ་འཕྲུལ་དུ་འབྱིན་ཐུབ་པའི་གནད་ཀྱི་ཡང་རྩེ་ཡིན་པས་རྩེ་ཞེས་བྱ་ཞིང་། དེ་འདྲའི་གབ་རྩེའི་གནད་གསང་གསལ་རྒྱས་སུ་བསྟན་པའི་ཤེས་རིག་ཁྱད་པར་དུ་གྱུར་པ་དེ་ནི་འཕྲུལ་གྱི་མེ་ལོང་དང་འདྲ་བས་ན་མཚན་ཡང་དེ་སྐད་དུ་གྲགས་པ་ཡིན།

"སྤར་ཁ་དང་སྨེ་བའི་གླིང་སྐོར" རེའུ་མིག་དགུའི་ཁོངས་སུ་སྨེ་བ་དགུ་བཀོད་པ་དང་། ཕྱོགས་མཚམས་བརྒྱད་དུ་སྤར་ཁ་བརྒྱད་བཀོད་དེ། ལོ་ཟླ་དང་ཞག་དུས། བཅུ་བྱའི་ཁམས་རྣམས་ཕན་ཚུན་གོ་བསྡུར་གྱིས་ལེགས་ཉེས་སྣང་ངོར་གྱི་སྐོར་གསལ་པོར་བསྟན་ཐུབ་པའི་ཤེས་རིག་ཅིག་ལ་ཟེར་བ་ཡིན།

"འབྱུང་བ་དུས་ཀྱི་འཁོར་ལོ" ཞེས་པ་ནི་འབྱུང་བའི་ཁམས་དང་འབྲེལ་བའི་ལོ་སྐོར་བཅུ་གཉིས། ནམ་ཟླ་བཞི། གཟའ་སྐར་གྱི་གནས་སྟངས་སོགས་ལོ་ནས་ལོ་དང་། ཟླ་བ་ནས་ཟླ་བ། ཞག་ནས་ཞག་ཏུ་འཁོར་ཞིང་ཡང་ཡང་དུ་འཁོར་བ་དེ་དག་ལ་འབྱུང་ཁམས་དང་འབྲེལ་བའི་འཕྲོད་སྦྱོར་གྱི་རིགས་མི་འདྲ་བ་ཅི……རིགས་ཤིག་འབྱུང་བ་དེ་དག་གིས་སྔོན་བརྩུད་ལ་ལེགས་ཉེས་ཀྱི་ནུས་པ་ཅི་རིགས་ཤིག་འབྱིན་ནུས་ཀྱི་ཡོད……པའི་སྐོར་གསལ་པོར་བསྟན་པའི་ཤེས་རིག་དེ་ལ་ཟེར་བ་ཡིན།

རྩིས་ཀྱི་ཤེས་རིག་དེའི་ཁུངས་ཇི་ལྟར་ཡིན་པ་ནི་དཔྱད་གསུམ་དག་རྩིས་[ཐོབ་གསར་23 ཤ་12 ན་4] ལས་རྒྱལ་བ་གཤེན་རབ་ཕྱོགས་ལས་རྣམ་རྒྱལ་གྱིས། དུས་དང་རྟེན་འབྲེལ་འཛོམས་པས་སངས་རྒྱས་ཀྱི། བསྟན་པ་མི་ནུབ་རབ་ཏུ་བརྟན་བྱའི་ཕྱིར། དབང་ལྡན་དུས་ཀྱི་འཁོར་ལོའི་གཞལ་ཡས་ཁང་། བཞེངས་པར་བཀའ་བསྐུལ་སྟོང་ཟླ་ལྷ་ཀླུ་མིས། བྱས་ཏེ་བཟོ་རྒྱལ་གར་མ་ལི་ཤྭ་དང་། འཛམ་གླིང་མཛེས་བྱེད་རྒྱན་དྲུག་ལ་སོགས་པས། ལེགས་པར་གཟབ་སྟེ་བཞེངས་པའི་ལྷུགས་རི་ལ། ཕྱོགས་རེར་གྲུད་འདོམ་བརྒྱ་དང་བཞི་བཅུ་རེ། གྲུ་བཞིས་བསྐོར་ཏེ་དབུས་སུ་ཕོ་བྲང་ནི། གསས་ཁང་བ་རབ་ཡོངས་འདུལ་ཞེས་བྱ་བ། ལྷ་དང་ལྷ་མིན་ཀླུ་དང་དྲི་ཟ་སྲིན། སྲིད་སྐོས་ཕྱུ་ལ་དཔེ་བླངས་བཟོ་རིགས་ཀུན། ཚང་བའི་དབུ་མ་རྒྱལ་བའི་དཀྱིལ་འཁོར་ཏེ། དུས་ཀྱི་འཁོར་ལོའི་གཞལ་ཡས་བར་ཁྱབ་ཀྱི། འདོད་ཡོན་ར་བར་མཆོད་པའི་བྱེ་བྲག

དང་། ཕྱི་ཁྲབ་སྟར་ཁམས་སྐྱེ་གླིང་ལོ་བཅུ་གཉིས། ལ་སོགས་དབང་ཆེན་ས་བདག་སྡེ་ཚོགས་དང་། དཔལ་མགོན་བདུན་ཅུ་ཕྱི་རོལ་རྒྱལ་ཆེན་བཞིའི། ཕོ་བྲང་བཀོད་པ་རྒྱ་ཆེན་ཡིད་འོང་ཞིང་། ངོ་མཚར་རྨད་དུ་བྱུང་བའི་གཞལ་ཡས་དེར། ཆུ་ཕག་ནག་ཟླ་གསུམ་པའི་ཉ་ཚེས་ལ། རྣམ་འདྲེན་གཤེན་རབ་ཆེན་པོས་འཁོར་གྱི་ཚོགས། ཚངས་པ་གཙུག་ཕུད་གཙུག་ལ་ཞུ་བའི་གཤེན། བརྒྱད་དང་ཉན་འཁོར་གཡུང་དྲུང་སེམས་དཔའ་དང་། ཡེ་གཤེན་སུམ་བརྒྱ་དྲུག་ཅུ་སེམས་དཔའི་ཚོགས། ལྷ་སྟོང་ལྷ་བརྒྱ་གཤེན་ཐྲན་ཁྲི་དྲུག་སྟོང་། ལྷ་དབང་བརྒྱ་བྱིན་ཀླུ་དབང་གཙུག་ན་ནོར། མི་དབང་འདོད་པ་དགུ་འགྱུར་ལྷ་མིན་དབང་། ཐག་བཟང་རིས་ཏེ་མངའ་དབང་ཆེ་བཞི་དང་། གཞན་ཡང་ས་བདག་ཀླུ་གཉན་གཏོད་བཞི་ཡི། རྗེ་ཀློ་བཙུན་མོ་འབངས་འཁོར་ཡང་འཁོར་བས། བྱེ་བ་གྲངས་མེད་སྐལ་ལྡན་ཚོགས་རྣམས་ལ། མཐོ་མེད་སྤྱི་རྒྱུག་མཛོད་ཀྱི་བོན་སྒོ་རུ། དབང་ལྡན་དུས་ཀྱི་འཁོར་ལོའི་མདོ་རྒྱུད་གསུང་། དེ་ཡང་མདོ་ལ་བསྐལ་སྲིད་བསྡུས་མདོ་དང་། རྒྱུད་ལ་སྒྲུབ་པ་མཆོད་སྦྱིན་མན་ངག་གསུམ། ཞེས་གཤེན་རབ་མི་བོ་ཆེས་དབང་ལྡན་དུས་ཀྱི་འཁོར་ལོའི་མདོ་རྒྱུད་གསུངས་ཡོད་པའི་ཚུལ་དང་། ཡང་[24ཤ12བ5]ལས་མན་ངག་དུས་ཀྱི་འཁོར་ལོར་བསྐལ་སྲིད་ཀྱི། ཆགས་གནས་འཇིག་སྟོང་དུས་བཞིའི་འཕེལ་འགྲིབ་དང་། བགྲོད་མཉམ་འབྱུང་བཞི་དུས་བཞི་གླིང་བཞི་ལ། འཁོར་ཡུག་དར་གུད་སྟོབས་ཁྱད་འགྲོས་བཞི་ཡིས། བསྟུས་པའི་གཟའ་ཚོགས་ལོ་ཟླ་ཞག་དུས་ལ། སྤྱོད་ཚུལ་སྟོང་འཇུག་དབྱངས་གསལ་རྟེན་འབྲེལ་གྱི། མངོན་ཤེས་ཚེ་ཡི་གནས་སྐབས་སྐལ་དགུའི་འགྲོས། ལ་སོགས་མངོན་སྟོན་གཙུག་ལག་རྩིས་ཀྱི་སྐོར། གྲངས་མེད་ས་བོན་གསེར་ཐུབ་འོད་སྲུང་ལ། གཉེར་དུ་གཏད་ཅིང་རྟག་གཟིགས་ཤམ་བྷ་ལར། གདུང་སོབ་ཆེན་པོས་དགོངས་འགྲེལ་ཆ་ལག་བཅས། གཏན་ལ་ཕབ་ཅིང་ཁྱད་པར་དེ་རྣམས་ཀྱི། དགོངས་པའི་ཡང་བཅུད་བསྡུས་ཏེ་བཀའ་རྒྱས་བཏབ། སླར་ཡང་ལོ་ཙཱ་མཁས་པའི་རྒྱན་དྲུག་སོགས། ལས་ཅན་སྐལ་ལྡན་ཚོགས་ལ་སྤེལ་བ་ཤད་དེ། ཤམ་བྷ་ལ་དེར་ཤིན་ཏུ་དར་ཞིང་རྒྱས། ལོ་ཙཱ་ཆེན་པོ་དྲུག་གི་རྟག་གཟིགས་དང་། ཞང་ཞུང་ཨོ་རྒྱན་རྒྱ་གར་ནག་ཕྲོམ། གེ་སར་བྲུ་ཤ་ཁ་ཆེ་བོད་དང་ལི། ལ་སོགས་ཡུལ་རྣམས་བསྒྱུར་ཞིང་སྤེལ་བར་མཛད། ཅེས་དུས་ཀྱི་འཁོར་ལོའི་རྒྱུད་དང་རྩིས་ཀྱི་ཁུངས་དེ་རྣམས་གཤེན་རབ་ཀྱིས་བསྟན་པ་དེ་ཤམ་བྷ་ལ་རུ་དར་ཞིང་རྒྱས་པར་གྱུར་པའི་ཚུལ་གསུངས་སྲོལ་བྱུང་ཡོད་ལ། སྐལ་བཟང་མཁྱེན་རྒྱན་དུ"མོ་སྲ་དབྱངས་འཆར་རྩིས་དང་སྨན་ལ་སོགས།"ཞེས་དབྱངས་འཆར་གྱི་ཐ་སྙད་ཀུན་དུ་བསྟན་པ་དེའང་རྒྱུ་མཚན་འདི་ལ་དགོངས་པ་ཞིག་ཡིན་པར་མངོན། "ཧུ་ཞག་རྟེན་འབྲེལ་ལས་རྩིས"ཞེས་པ་དེ་ནི། ནམ་རྒྱུན་ཡོངས་གྲགས་སུ"ཚེ་རབས་ལས་རྩིས"ཞེས་སུ་གྲགས་པ་སྟེ། སུ་ཞིག་སྐྱེས་དུས་ཀྱི་ལོ་ཟླ་ཞག་དུས་ཀྱི་འབྱུང་ཁམས་སོ་སོའི་གནས་ལུགས་དེ་ལ་བརྟེན་ནས།

ཚེ་འདིར་ལེགས་ཉེས་ཀྱི་རྐྱེན་ཅི་དང་ཅི་ཞིག་ཡོད་པ་དང་། གལ་ཏེ་མི་མཐུན་པའི་རྐྱེན་འགའ་ཞིག་ཡོད་པ་མངོན་དུ་གྱུར་ན། དེ་ལས་འགྲོལ་བའི་ཐབས་ཅི་དང་ཅི་འདྲ་བ་ཞིག་བྱེད་དགོས་པ་སོགས་རྩོམ་བྱེད་ཀྱི་ཤེས་རིག་ཁྱད་དུ་འཕགས་པ་ཞིག་ཡིན་པ་སྟེ། བག་གཉེན་གྱི་རྩིས་དང་། གཤིན་པོ་དུར་འདོན་གྱི་རྩིས་སོགས་ཀྱང་དེའི་ཁོངས་སུ་གཏོགས་པ་ཡིན། གང་ལ་ཟེར་ན། སྐྱེ་གནས་འཆི་གསུམ་ནི་མི་ཚེའི་གནད་ཀ་ཆེ་ཤོས་གསུམ་ཡིན་ལ། གནས་པའི་ཆེད་དུ་གཉེན་སྒྲིག་བྱེད་པ་དང་། འཆི་བའི་དུས་སུ་གཤིན་པོར་བླ་ཡིད་སྲོག་གསུམ་འདུས་ཤིང་བདེ་བ་ཐོབ་པ་དང་། གསོན་པོ་ཤིད་ཀྱི་རྐྱེན་ངན་ཀུན་དང་བྲལ་ཞིང་བཀྲ་ཤིས་པ་འདི་དག་ཀྱང་མི་ཚེའི་རྒྱུན་དང་འབྲེལ་ཤིན་ཏུ་ཆེ་བ་ཞིག་ཡིན།

སྤྱིར་བཏང་རྩིས་རིགས་སུ་སྐྱེས་བུ་སྲུའང་ཅུང་བ་དེ། སྐྱེས་དུས་ཀྱི་ལོ་ཟླ་ཞག་དུས་ཀྱི་ཁམས་གང་ཡིན་པ་དེ་ལ“དབང་ཐང་གི་ཁམས”ཞེས་བྱ་ཞིང་། ཁམས་དེ་ནི་ཧ་ཞག་རྟེན་འབྲེལ་ལས་རྩིས་ཀྱི་གཞིའམ་རྩ་བ་ཞིག་ཏུ་ངོས་འཛིན་སྲོལ་ཡོད་ཅིང་། རྩ་གཞི་དེ་ལ་བརྟེན་ནས་འབྱུང་བའི་ཁམས་གཞན་དག་དང་མཐུན་མིན་བརྟག་དགོས་པ་དེ་ཡིན། གང་ལ་ཟེར་ན། སུ་ཞིག་ཐོག་མར་སྐྱེ་བའི་ཉིན་མའི་མངལ་ནས་ཐོན་པའི་དུས་སྐབས་དེ་ནི་སྐྱེས་བུ་དེའི་མིག་དང་རྣ་བ། སྣ། ལྕེ། ལུས་ཀྱི་དབང་པོ་རྣམས་ཡུལ་མཛེས་མི་མཛེས་ཅི་རིགས་པའི་གཟུགས་དང་། དེ་བཞིན་དུ་སྒྲ་སྙན་མི་སྙན་དང་། དྲི་ཞིམ་མི་ཞིམ། རོ་མངར་སྐྱུར། རེག་བྱ་འཇམ་རྩུབ་སོགས་དང་ཐད་དཀར་འདུ་འཕྲོད་འབྱུང་བའི་སྐབས་དུས་དམིགས་བསལ་ཞིག་ཡིན་སྟབས། དུས་སྐབས་དེར་སྐྱེས་བུ་དེའི་འབྱུང་ཁམས་ཀྱི་ནུས་པ་དང་། ཕྱི་ཡུལ་གྱི་ནུས་པའི་བར་གྱི་འབྲེལ་བ་གསར་པ་ཞིག་གི་དབུ་ཐོག་མར་ཚུགས་ཤིང་། ཐུན་མོང་མ་ཡིན་པའི་མཚན་ཉིད་ཅན་གྱི་ནུས་ཁམས་ཤིག་ཏུ་གྲུབ་པ་དེས་སྐྱེས་བུ་ཕོ་མོ་སྲུའང་ཅུང་བ་དེའི་མི་ཚེའི་རིང་ལ་ཡུལ་དང་འབྲེལ་བའི་འབྱུང་ཁམས་ཀྱི་ནུས་པས་ཕན་གནོད་ཀྱི་ཆ་རྐྱེན་གང་དག་འབྱུང་སྲིད་པའི་ཚུལ་རགས་ཙམ་ཞིག་མཚོན་ཐུབ་ཀྱི་ཡོད་པར་བརྟེན། རྩིས་ཀྱི་རྨང་གཞི་དེ་སྐྱེས་བུ་ཕོ་མོ་སྲུའང་ཅུང་བ་དེའི་དབང་ཐང་གི་ཁམས་ལ་བརྟེན་ནས་བརྩི་བའི་སྲོལ་དེ་བྱུང་བ་རེད། ཏུན་ཧོང་བོད་ཀྱི་ཡིག་རྙིང་གི་ཁྲིད[P. T. 126]དུའང་སྤྱིའི་ཕོ་ཉས་དམུ་ལ་དྲི་བ་བཀོད་པའི་ཉེས་སེལ་རྩིས་ཀྱི་སྐོར་དཔེ་ཚན་གཅིག་དང་[P. T. 127]སྐྱེས་རྩིས་སམ་ཚེ་རབས་ལས་རྩིས་ཀྱི་སྐོར་ཡིག་ཕྲེང་བདུན་ཅུ་དོན་བདུན་ཡོད་པའི་དཔེ་ཚན་གཅིག་བཅས་རང་རེའི་དབང་པོའི་སྤྱོད་ཡུལ་དུ་བཞུགས་འདུག་པ་འདི་དག་ཏུ་གནའ་དུས་ཀྱི་ཤེས་རིག་དང་འབྲེལ་བའི་ཚིག་ཚོགས་མི་ཉུང་བ་ཞིག་ཡོད་པ་དེ་དག་གིས་ཡ་ཐོག་གི་ཁུངས་གང་ནས་བྱུང་ཡོད་པའི་ཚུལ་ལ་ངེས་ཤེས་སྐྱེད་ཐུབ་པ་ཡིན།

བཅུ། སྨན་དཔྱད་རིག་པའི་སྐོར།

བོན་སྤྱི་གཉེན་པའི་ལུགས་སུ“ནད་གསོ་སྨན་དཔྱད”ཅེས་སུ་གྲགས་པའི་ཤེས་རིག་དེ་ལ་ཟེར་ཞིང་། དེ་ཡང་སྐལ་བཟང་མགྲིན་རྒྱན་[བོད་84ཕ་17]ལས་རྒྱལ་སྲས་དཔྱད་བུ་ཁྲི་ཤེས་ནི། སྐུ་ལས་བསྐྱེད་པའི་སྲས་ཀྱི་གཉིས་པ་སྟེ། སྲས་སྤྲུལ་མཛད་སྐབས་ཁྲི་སྨོན་རྒྱལ་བཞེད་དུ། ཧོས་བཟའ་རྒྱལ་མེད་སྐུ་ལས་འཁྲུངས་ཏེ། གསོ་དཔྱད་ལ་སོགས་བོན་སྒོ་མ་ལུས་པ། ཡབ་ཀྱི་དྲུང་དུ་གསན་ཅིང་ཐུགས་རབ་བསྐྱེད། དཔྱད་རྒྱུད་ཉི་ཁྲི་ཆིག་སྟོང་ཐུགས་ལ་བཀྲ། སངས་རྒྱས་སྨན་གྱི་ལྷ་དང་དབྱེར་མེད་གྱུར། གསོ་དཔྱད་འབུམ་གསུམ་ལ་སོགས་ཞུས་ཤིང་བསྒྱུས། ཞེས་སྲས་དཔྱད་བུ་ཁྲི་ཤེས་ཀྱིས་གསོ་བ་རིག་པའི་བསྟན་པ་ཟེ་ལྟར་བསྐྱངས་པ་དང་། གསོ་དཔྱད་ཀྱི་གཞུང་ཟབ་ལ་རྒྱ་ཆེ་བ་གང་དང་གང་འདྲ་ཞིག་སྤེལ་ཡོད་པའི་སྐོར་རྣམས་རགས་ཙམ་ཞིག་བསྟན་ལ། “གསོ་དཔྱད་ཉི་ཁྲི་ཆིག་སྟོང་ཐུགས་ལ་བཀྲ”ཞེས་པའི་དགོངས་དོན་དེ་མདོ་དྲི་མེད་གཟི་བརྗིད་[ཇོབ་ཇ36ཤ18བ7]ལས་དཔྱད་ཀྱིས(ཀྱི)རྒྱུད་སྡེ་ཆེན་པོ་བཞུང(གཞུང)ལྔ། མདོ་སྡེ་ཆེན་པོ་སྡེ་དགུ། མན་ངག་ཡན་ལག་བརྒྱད་ལྡན། ཉིང་ལག་ཉི་ཁྲི་ཆིག་སྟོང་དུ་གཏན་ལ་ཕབ་ནས་བཤད་པར་མཛད་དེ། རྒྱལ་སྲས་དཔྱད་བུ་ཁྲི་ཤེས་དང་། དྲང་སྲོང་ཆེན་པོ་བརྒྱད་ལ་གཉེར་དུ་གཏད་དོ། །ཞེས་གསལ་བའི་གསོ་དཔྱད་ཀྱི་གཞུང་མང་ལ་རྒྱ་ཆེ་བ་འདི་ཙམ་ཞིག་བྱུང་སྲིད་བར་བཤད་ཡོད། དེང་དུས་དངོས་ཡོད་བོན་གྱི་བཀའ་འགྱུར་གྱི་ཁྲོད་ན་བཞུགས་པའི་ཡིག་ཆ་ནི“བདུད་རྩིའི་བང་མཛོད……འབུམ་བཞི”རུ་གྲགས་པ། བུ་འཚོ་སྐྱེད་པའི་རྒྱལ་པོའི་གཏེར་མའི་སྐོར་རྩ་བ་ཐུགས་འབུམ་སྔོན་པོ། འཚོ་བྱེད་སྨན་འབུམ་དཀར་པོ། འཚོ་ཐབས་དཔྱད་འབུམ་ཁྲ་བོ། གསོ་བྱེད་ནད་འབུམ་ནག་པོ། ཞེས་སུ་གྲགས་པ་འདི་བཞི་ཡོད་པ་དེ་རྣམས་ནི་མདོ་སྡེ་ཆེན་པོ་དགུ་རུ་གྲགས་པའི་ནང་ཚན་གྱི་འབུམ་བཞི་ཡིན་པ་དང་། དེང་དུས་ཡོངས་གྲགས་ཀྱི་རྒྱུད་བཞི་འདི་ཐང་གཞི་རྩའི་བྱུང་ཁུངས་དཔྱད་ཀྱི་རྒྱུད་སྡེ་ཆེན་པོ་ལྔའི་ནང་ཚན་དུ་གྱུར་པ་ཞིག་སྟེ། རྒྱུད་བཞི་རུ་གྲགས་པ་འདི་རྣམས་ལོ་ཆེན་བཻ་རོ་ཙ་ནས་བོན་གྱི་སྨན་གཞུང་ལས་བླངས་པ་ཞིག་ཡིན་པའི་རྟགས་སུ་ཞུ་བ་པོའི་འཁོར་དྲང་སྲོང་དང་། ནད་བཅོས་ཀྱི་ཐབས་རྣམས་ཞང་ཞུང་གི་སྐད་རང་སར་བཞག་ཡོད་པ་སོགས་ཀྱིས་ཤེས་ཐུབ་པའི་ཚུལ་ཉི་མ་བསྟན་འཛིན་[རབ་བྱུང་14]གྱིས་མཛད་པའི་བཀའ་འགྱུར་སྒྲིག་བྱང་ནང་དུ་གསལ་བར་གསུངས་ཡོད། གཞན་ཡང་ཨ་ཙ་ར་མི་གསུམ་གྱིས་བསམ་ཡས་ནས་རྙེད་པའི་གཏེར་མ་དཔྱད་བུ་ཁྲི་ཤེས་ཀྱིས་གསུངས་པའི་སྨན་མདོ། རྩ་འགྲེལ་ལེའུ་བདུན་པ་དེ་རྣམས་སུ་ངེས་པ་ཡིན་ལ། དུས་ཕྱིས་བོད་དུ་དར་བའི་གསོ་དཔྱད་ཀྱི་རིག་པའི་ཁུངས་དེ་གནའ་བོའི་ཞང་ཞུང་གི་ཤེས་རིག་ལས་བྱུང་ཡོད་པའི་ཤེས་བྱེད་ཁྱད་པར་ཅན་ཞིག་ནི་ཏུན་ཧོང་བོད་ཀྱི……

ཡིག་རྙིང་དུ་བོད་སྨན་དཔྱད་ཀྱི་སྐོར་དཔེ་ཚན་གཉིས་དང་། མེ་དཔྱད་ཀྱི་སྐོར་དཔེ་ཚན་མི་འདྲ་བ་ཁག་གཉིས་བཅས་ཁྲོན་སྡོམ་གསོ་དཔྱད་ཀྱི་སྐོར་དཔེ་ཚན་བཞི་ཡོད་པ་ལས་མེ་དཔྱད་ཀྱི་དཔེ་ཚན་གཅིག་གི······མཇུག་བྱང་[PI127 ཤ'183]ལས་དཔྱད་ཡིག་འདི་ནི་ཕྱག་སྦྲལ་ན་ཡང་མྱེད་དེ། དཔྱད་ཡིག་ཐབས་ཅད་ལས་ཀྱང་བདུས་པའི་སྙིང་དུ་ཞང་ཞུང་གྱི་དཔྱད་ཕུགས་པ་དང་། སྦྱར་ཏེ་བགྱིས་པ་ལགས་སོ། །ཞེས་བདེན་དཔང་བྱེད་དུ་ཡོད་པ་འདི་རེད།

གསོ་བ་རིག་པའི་ཆ་ལག་ཏུ་སུ་ཞིག་གི་ལུས་སྦྲིག་ལ་ནད་གདོན་གྱི་འཚེ་བ་གང་ཞིག་བྱུང་བའམ་དེ·····ལྟར་འབྱུང་བའི་རྐྱེན་དག་མཐོང་བའི་ཚེ། དེ་དང་དེའི་ཉེ་རྒྱུ་དང་རིང་རྒྱུ་གང་དང་གང་འདྲ་ཞིག་བྱུང་ཡོད་པ་སོགས་སྐྲག་ཕྱུར་གྱི་ཚུལ་རྣམས་གསལ་བར་བྱེད་པའི་ཆ་རྐྱེན་མེད་དུ་མི་རུང་བ་ནི་རྩིས་དང་། ཇུ་ཐིག་དང་། མོ་སྤྲའི་རིགས་རྣམས་སུ་ངེས་སྐབས། རིག་པའི་གནས་ཆེན་པོ་ལྔ་རུ་བསྟན་པའི་ཚེ། ཤེས་བྱའི་གནས་འདི་དག་གསོ་བ་རིག་པའི་ཁོངས་སུ་གཏོགས་པ་ཡིན་ལ། གཤེན་རབ་མི་བོ་ཆེས་ཕྱྭ་གཤེན་གཙུག་ཕུད་ལེགས་རྒྱལ་སོགས་ལ་ཕྱྭ་གཤེན་གྱི་བོན་བསྟན་པའི་དུས་སུའང་གཏོ་དང་དཔྱད་དང་ཇུ་ཐིག མོ། ཕྱྭ། དབྱངས་འཆར། རྩིས་དང་སྨན་གྱི་རིག་པ་རྣམས་ཕྱོགས་གཅིག་ཏུ་བསྡེབས་ཏེ་བསྟན་ཡོད་པའང་རྒྱུ་མཚན་དེ་ལ་བརྟེན་ནས་བྱུང་བ་ཞིག་ཡིན།

དེ་རྣམས་ཀྱིས་ནི་ཡ་ཐོག་ཞང་ཞུང་གི་ཤེས་རིག་ཐུན་མོང་དུ་གྱུར་པའི་སྐོར་འགའ་ཙམ་ཞིག་སྨོས་པ···ཡིན་ལ། དུས་རིམ་གོང་མའི་ཞང་ཞུང་ཡ་ཐོག་གི་ཐུན་མིན་ནང་དོན་རིག་པའི་གོ་རྟོགས་ཀྱི་སྐོར་ཐེ་སྙེད་ཅིག་བཞུགས་པའི་ཚུལ་རགས་ཙམ་ཞིག་ནི་ཡ་ཐོག་ཞང་ཞུང་གི་བོན་རབས་ཇི་ལྟར་བྱུང་ཚུལ་བཤད་པའི···སྐབས་སུ་སྤྲོས་ཡོད་པ་དེར་གཟིགས་པར་འོས་སོ། །

མཆན་འགྲེལ།

〔1〕**གཉེན་པོ།** མདོ་ཁམས་ཕྱོགས་ཀྱི་ཡུལ་མི་ཚོས་གཉེན་སྒྲིག་བྱེད་པའི་ཚེ། མག་པའམ་བག་མ་བསུ་མཁན་གྱི་གྲངས་དེར“གཉེན་པོ”ཞེས་པ་ཕྱོགས་གཉིས་ཀའི་ཕ་མ་དང་སྤུན་གཉེན་གཞན་དག་ལས་གནད་གལ་ཆེ་བའི་མི་ཞིག······ཡོད་དགོས་པ་དེའི་དོན་ཨེ་ཡིན་སྙམ།

〔2〕**དཀར་བྲ་རྒྱ།** “དཀར”ཞེས་པ་ནི་དཀར་གསུམ་སྟེ། འོ་དང་འོ་མ། མར་རྣམས་ལ་ཟེར་ཞིང་།“བྲ་རྒྱ”ཞེས་པ་ནི་ཁྲིའུ་ཚང་དུའི་བཏུང་བ་ཆུ་དང་འདྲ་བ་དེ་ནི་འོ་མ་རང་ཡིན་སྐབས། འོ་མ་ལ་ནན་གྱིས་བརྣན་པའི་ཚིག་ཅིག་ཏུ་གོ།

〔3〕**རེ་ལྡེ་མགོ་གཡག** བདུད་ཀྱི་རྗེ་དཔོན་རེ་ལྡེ་ནག་པོ་གོས་སུ་གྱོན་ཅིང་། ཞལ་གདོང་གཡག་གི་མགོ་འདྲ་བར་ཡོད་པ་ཞིག་གི་མིང་ཡིན།

〔4〕**གཉའ་རིང་ཐྲག་མེད།** ཁྲིན་པོའི་རྗེ་དཔོན་གྱི་གྲུས། ཁྱུས་ཀྱི་གཉའ་མགུལ་རིང་ལ་ཐྲག་གོང་འབུར་དུ་ཐོན་པ་གང་ཡང་མེད་པ་ཞིག་གི་མིང་ཡིན།

〔5〕**ཁྲིན་མོ་རྐང་།** གནའ་བོའི་དུས་ཀྱི་མཚོན་ཆའི་གྲངས། ལྕགས་ལྷམ་གྱི་མདུན་ངོས་སུ་མདུང་སོ་གཅིག་ནས་གསུམ་རེའི་བར་གཟེངས་པ་ཞིག་ལ་ཟེར་རམ་སྙམ།

〔6〕**ཁ་ཊཾ་རྩེ་གསུམ།** ཁ་ཊྭ་མ་ག་གི་རྗེ་བཙུན་རྡོ་རྗེ་རྣལ་འབྱོར་མ་དང་། གུ་རུ་པདྨ་སཾ་བྷ་ཝ་རྣམས་ཀྱི་ཕྱག་མཚན་དུ་ཡོད་པ་དེ་ལ་ཟེར་ཞིང་། དེའི་རྩེ་གསུམ་ལ་ཐ་སྙད་དུ་གྲགས་པའམ“རྩེ་གསུམ”ཞེས་པའི་ཚིག་འདི་ཁོ་ནའི་དབང་དུ་བྱས་ན། ཕལ་ཆེར་དབང་ཕྱུག་པའི་ལུགས་སུ་གྲགས་ཆེ་བའི་ཕྱག་མཚན་རྩེ་གསུམ་པ་དེ་ལ་གོ་དགོས་པ་ཡིན།

〔7〕**རྒྱུག་པ་སྐྱུག་ཅན།** གནའ་བོའི་མཚོན་ཆའི་གྲངས་ཐག་པའི་སྣེར་ལྕགས་རིལ་མདུང་རྩེས་ཁྱིངས་པ། ཀླད་དུ་བསྐོར་བས་དགྲ་བོ་ཉེ་བར་འོང་མི་ནུས་པ་དེ་ལ་ཟེར་རམ་སྙམ།

〔8〕**རྡོང་རལ།** མདའ་ཡི་སྟོད། སྟག་ལྤགས་དང་གཟིག་ལྤགས་སོགས་ཀྱིས་བཟོས་པ་ལ་སྟག་དོང་ངམ་གཟིག་དོང་ཞེས་སུ་གྲགས་པ་དང་། མང་ཆེ་བར་སྟག་གི་པགས་པས་མདའི་སྟོད་སྟག་དོང་དང་གཟིག་གི་པགས་པས་གཞུའི་སྟོད་གཟིག་ཤུབས་བཟོ་སྲོལ་བྱུང་བ་འདུག དེ་དང་ཕྱོགས་འདྲ་བ་རལ་གྲི་དང་རལ་གྲིའི་ཤུབས་མཛེས་ཆས་དང་ལྡན་པ་དེ་དག་ལ་གོ་དགོས་སྙམ།

〔9〕**རང་གིས་རང་སྒྱུར་བ།** རང་གི་ནུས་ཤུགས་ཀྱི་རྐྱེན་ལ་བརྟེན་ནས་སྐྱིད་ཁྱིད་གཞན་ལ་མ་ལྟོས་པར་གཡོ་འགུལ་གྱི་ནུས་པ་ཐོན་པའི་དོན་ཡིན།

〔10〕**ཕྱིད་དང་ཕྱོད།** རླུང་གི་ངད་ཟིམ་བུར་ལྡང་བའི་དོན་དུ་གོ།

〔11〕**འབྱུང་བ་ལྔའི་རྡུ་མ།** འབྱུང་ལྔའི་རང་མཚན་ཅན་གྱི་ནུས་པའི་གཞི།

〔12〕**ཟིལ་དང་ཕྲོམ།** ཟིལ་ནི་ཆུའི་རྡུལ་ཤིན་ཏུ་ཕྲ་བའི་རིགས་རྣམས་ཡིན་ལ། ཆུའི་རྡུལ་འགའ་ཞིག་ལྷན་དུ་འདུས་པ་ན་ཕྲོམ་ཞེས་པ་ཆུའི་ཐིགས་པ་རྡུ་སོགས་ཀྱི་སྟེང་དུ་ཆགས་པ་དེ་རིགས་ལ་ཟེར་བ་ཡིན།

〔13〕**ལྷོ་ཕྱོགས་ཨུཏ་ཨི།** བོད་ཀྱི་ལྷོ་ཕྱོགས་སུ་ཆགས་པའི་སྔོན་ཡུལ་དང་། ཡུལ་དེའི་མི་ཡ་མོན་པ་ཞེས་སུ་གྲགས་པ་དེ་ལ་གོ་དགོས་པ་རྩ་རྒྱུད་ཏི་སྒྲོན་དུ་གསལ།

〔14〕**བྱང་ཕྱོགས་ས་ལེ་དལ་ཕྲན།** གཞུང་གཞན་དག་ཏུ་བཤད་སྟངས་ལ་དཔྱད་ན་ཕལ་ཆེར་གྲུ་གུ་ལ་གོ་དགོས་པའམ། ཡང་ན་གྲུ་གུའི་ནུབ་རྒྱུད་ཀྱི་ཡུལ་ཞིག་གི་མིང་ཨེ་ཡིན་སྙམ།

〔15〕**སྨན་མཆོག་ཨ་བར།** བཟང་སྨན་ཨ་རུ་ར་དང་བ་རུ་ར་ཞེས་པའི་ཐ་སྙད་གཉིས་བསྡུས་པའི་མིང་དུ་གོ།

〔16〕**ཆུ་བོ་ཡན་ལག་བརྒྱད་ལྡན།** བསིལ་བ་དང་ཞིམ་པ། ཡང་བ། འཇམ་པ། དྭངས་པ། དྲི་མ་མེད་པ། འཐུང་ན་ལྟོ་བར་འཇམ་པ། མགྲིན་པ་སང་ཞིང་བདེ་བ་རྣམས་ཡིན།

〔17〕**དབལ་གཏོར།** གཏོར་མ་དམར་པོ་ཟུར་གསུམ་པ་ཟུར་ཀུན་ཏུ་མེ་ལྕེའི་རིས་ཡོད་པ་ཞིག་ལ་ཟེར་བ་ཡིན།

〔18〕**མཚོ་རོག** མཚོའི་ཁ་དོག་རོག་པོའམ། སྨུག་ནག་གི་ཞད་ཡོད་པ་ཞིག་གི་མིང་དུ་གོ།

〔19〕**བསེ།** རིན་པོ་ཆེའི་རིགས། ནམ་རྒྱུན་དུ་བསེ་སྦྲུག་ཅེས་བྱ་བ་དེ་ཡིན་ལ། བསེ་སྦྲུག་གི་མདོག་དང་ལྡན་པའི་ཀོ་ལྤགས་དེ་རིགས་ལ"བསེ་ལྤགས"ཞེས་པའམ། སྐབས་འགར"བསེ"ཞེས་པའི་ཚིག་ཀྱང་པའང་བེད་སྤྱོད་བྱེད་སྲོལ་ཡོད།

〔20〕**སྐྱེ་བདུན་པ** སྔོན་གྱི་ལོ་རྒྱུས་འགར་བྱང་ཆུབ་སེམས་དཔའ་འགའ་ཞིག་སྐྱེ་བ་བདུན་གྱི་རིང་བར་མ་ཆད་པར་སེམས་ཅན་གྱི་དོན་རྒྱ་ཆེན་པོ་མཛད་པ་དེ་རིགས་ཀྱི་སྐུ་ཤ་སྟེ་བོད་དུ་གྲུབ་ཐོབ་ཨོ་རྒྱན་གླིང་པའི་སྐུ་ཤ་དེ་ལ་སྐྱེ་བདུན་གྱི་ཤ་རུ་ངོས་འཛིན་སྲོལ་ཡོད།

〔21〕**མེ་རྫོ།** ཞང་བོད་ཀྱི་གནའ་མི་ཚོས་མེ་གཏོང་བྱེད་དུ་མེ་ལྕགས་དང་སྦྲ་བ་ཡོད་པ་དེ་ལ་དགོས་པའི་མེ་རྫོ་སྟེ། རྫོ་རྒྱུ་རང་བཞིན་ཕྲ་ལ་ནག་པ་ཞིག་གི་མིང་ཡིན།

〔22〕**དྲང་སྲོང་འགོག་པར་གནས་པ།** སེམས་ཀྱི་ཀུན་རྟོག་བཟང་ངན་གྱི་རྒྱུན་ཞི་གནས་ཁོ་ནའི་ངང་དེར་འགགས་ནས་རྒྱུན་རིང་དུ་གནས་པའི་ཉན་ཐོས་ཀྱི་རིགས་སམ་དྲང་སྲོང་ཞིག་ལ་ཟེར་བ་ཡིན།

〔23〕**མེ་རིའི་རྡོ་ལ།** མེ་རི་གསང་བ་དྲག་ཆེན་དུ་གྲགས་པ་ཞང་ཞུང་བོན་གྱི་ལྷ་ཆེན་པོ་དེའི་དཀྱིལ་འཁོར་རམ་དོ་ལ་ཞེས་པའི་དོན་དུ་གོ།

〔24〕**ཕྱ་རི།** ནམ་རྒྱུན་དུ་ཁང་པའི་བད་ཀྱི་ཆུ་འགྲོ་ཡུལ་དེ་ལ་ཕྱ་ཞེས་བྱ་མོད། འདིར་ཆུ་ལམ"ཡུར"ཞེས་པ་དེ་རིགས་ལ་གོ་དགོས།

〔25〕**ཁྱུང་ཆེན་རྫོང་ལ་སྤྲུངས་པ།** ཁྱུང་ཆེན་མང་པོ་བྲག་གི་རྫོང་ལ་གནས་འཆའ་ཞིང་ལྡན་ཅིག་ཏུ་འདུས་པའི་དོན་ཡིན།

〔26〕**སྐྱ་མཆོག་དམར་པོ།** ཆོས་ཀྱི་ལུགས་སུ་པདྨ་གསུང་གི་དཀྱིལ་འཁོར་གྱི་གཙོ་བོ་དཔལ་རྟ་མཆོག་རོལ་པ་ཡིན་པ་དེ་དང་ཕལ་ཆེར་མཚུངས་པའི་ལྷ་ཞིག་ལ་ཟེར།

〔27〕**ཐོག་རིམ་རྩེ་ལྔ།** གནམ་ལྕགས་ཀྱི་ཐོག་མདའི་དབྱིབས་རིས་དང་འདྲ་བའི་རྩེ་མོ་ལྔ་ཡོད་པ་སྟེ། རིའི་བཀོད་རྣམས་ཀྱི་དོན་ཡིན།

〔28〕**གནམ་སྣ་སོག་ཀ** ནམ་མཁའི་དབྱིབས་ཕལ་ཆེར་ཟུར་གསུམ་པ་རྒྱབ་ཀྱི་སོག་ཏུས་དང་འདྲ་བ་ཞིག་ལ་གོ།

〔29〕**ཟླ་དྭགས།** བོད་ཀྱི་བརྫ་རྙིང་མ་ཞིག་སྟེ། དེང་དུས་ཀྱི་དབང་དུ་བྱས་ན"རྣམ་གྲངས"ཞེས་བྱ་བའི་དོན་ལ་འཇུག

〔30〕**གླང་ཆེན་ན་རི།** ལེགས་སྦྱར་དུ་གླང་ཆེན་གྱི་སྐད་དོད་དུ"ཧ་སྟི"ཡོད་པ་དེ་དང་ཕྱོགས་མཚུངས་པར་སེམས།

〔31〕**གནམ་གཡེན་འབྲོ་བ་བཅུ་གསུམ།** གཤམ་དུ་གཤེན་རབ་སྐུ་འཁྲུངས་ཚུལ་བཤད་སྐབས་སུ་གསལ།

〔32〕**བར་གཡེན་གཏོད་པོ་དགུ།** གཤམ་དུ་གཤེན་རབ་སྐུ་འཁྲུངས་ཚུལ་བཤད་སྐབས་སུ་གསལ།

〔33〕**ས་གཡེན་ཆེ་བ་བཅུ་གཅིག** གཤམ་དུ་གཤེན་རབ་སྐུ་འཁྲུངས་ཚུལ་བསྟན་སྐབས་སུ་གསལ།

〔34〕**མི་སྲ་གཤེན་དང་གསུམ།** ཙ་རྒྱུད་ཉི་སྒྲོན་[ཐོབ་91ཤ་46ན་4]ལས་བར་དུ་མི་སྲ་གཤེན་གསུམ་སྲིད།

དཔག་པའི་མི་བཞིའི་ཐར་ལམ་ཞིང་། གླིང་བཞིའི་མི་བཞི་ཐར་ལྷུང་གཞི། སྒྲ་ནི་གླིང་ཕྲན་མི་རིགས་བརྒྱད། མཐོ་རིས་མི་བཟོད་ངན་འགྲོར་ལྷུང་། ས་ཡི་འདྲེ་སྲིན་བྱུར་གསུམ་ནི། ལྷ་མི་གཉིས་ལ་རྩོད་པ་ཡི། ལྷ་མིན་(མིན་)དམྱལ་ཁམས་ཡི་དྭགས་སོ(དྭགས་སོ།)།གཤིན་ནི་འགྲོ་དོན་མཛད་པའི་དུས་གསུམ་སྟོན་པ་སངས་རྒྱས་སེམས་དཔའ་ཞེས་དང་ཡང་[99ཤ་50ན་2]ལས་མི་ནི་གླིང་བཞི་ལ་གནས་པ་མི་ཡི་ནང་ནས་སྡིག་སྤྱོད་དགེ་བ་ལ་ལོག་པར་ལྟ་བ་དང་། སྒྲ་གླིང་ཕྲན་ལ་གནས་པ་གཟུགས་མི་ཡིན་ཀྱང་ཤེས་རྒྱུད་ཅོལ་སོང་འདུག་པ་ཞེས་པ་དེ་དག་གིས་ཞལ་གསལ་ལ། དཔེ་འདིར"དཔག་པའི་མི་བཞིའི་ཐར་ལམ་ཞིང་"ཞེས་བྲིས་འདི་དཔེ་གཞན་[རྒྱུད་ཅ་ཤ51ན་1]ལས"དཔགས་པའི་མི་བཞི་ཐར་ལམ……ཞིང་"ཞེས་འཁོད་ཡོད་ཅིང་། དེའི་དགོངས་དོན་ནི་སྐྱེ་བོ་སོ་སོའི་བློའི་ནུས་ཚད་ལ་དཔགས་པའི་མི་བཞི་ཐར་ལམ་གྱི་རྟེན་དུ་འོས་པ་འགྲོ་བ་མིའི་ཞིང་དུ་འཚོས་པའི་དོན་ཨེ་ཡིན་སྙམ།

〔35〕**སྨིགས།** སྐྱེས་བུ་རྩ་ཁམས་དྭངས་པ་རྣམས་ཀྱི་སྣང་ངོར་ཐུན་མོང་གིས་སྣང་མི་ཐུབ་པའི་སྣང་ཆ་ཇི་སྙེད་ཅིག་ཤར་དུ་ཡོད་པའི་སྣ་ཆ་དེ། ཡང་ན་སྨིག་རྒྱུའི་སྣང་ཆ་ལྟར་མི་བདེན་པ་ཞིག་ལ་གོ།

〔36〕**མཚན་རྣམས་ནི་བདའ་ཡིས་དོན་བདོ་བ་ཙམ།** ཐ་སྙད་ཀྱི་མཚན་རྣམས་ནི་སྲིད་ལ་དོན་ནི་མཚན་ལ་བརྟེན་ནས་རྣམ་པ་ཇི་སྙེད་པར་ཤར་བ་ཙམ་ཞིག་གི་དོན་ཨེ་ཡིན་སྙམ།

〔37〕**ལས་སྐྱོགས།** བོད་ཡིག་བརྡ་རྙིང་མའི་ལུགས་ཏེ། དེང་དུས་ཀྱི་དབང་དུ་བྱས་ན"ལ་སོགས་པ"ཞེས་པའམ། སྐབས་འགར"ལས་སོགས"ཞེས་བྲིས་པའང་ཡོད།

〔38〕**སྨིག་གི་རྟ་བོ།** མི་བདེན་པ་འཕྲུལ་གྱི་རྟ་བོ་ཞེས་པའི་དོན་དུ་གོ།

〔39〕**གཡུའི་དབྱུ་སྐྲ་མཆན་ལྷན་བདུན།** གཡུའི་མདོག་ཅན་གྱི་དབྱུ་སྐྲ་མཆན་དུ་སླེབས་པའི་ལྷན་ནམ་ལན་བུ་བདུན་ཡོད་པའི་དོན་ཡིན་ལ། དཔེ་འགར"མཆན་ལྷག་བདུན"ཞེས་ཀྱང་འཁོད་འདུག

〔40〕**དབྱིལ་མ་མོ།** དབྱིལ་ལམ་དཔྱད་ཞེས་པ་ནི་བརྡ་རྙིང་མའི་ཚིག་ཅིག་སྟེ། དེང་དུས་ཀྱི་དབང་དུ་བྱས་ན"ལྷམ་མོ"ཞེས་པའི་དོན་ལ་འཇུག་ཅིང་། "མ་མོ"ཞེས་པ་ནི་དབྱིལ་ལམ་དཔྱལ་གྱི་ནང་ནས་ཀྱང་ཆེས་སྔ་བའི་མ་ཆེན་མོ་ལྟ་བུ་ཞིག་ཡིན་པར་བསྟན་པའི་ཚིག་ཅིག་ཡིན་ནམ་སྙམ།

〔41〕**ཡོད་ཀྱི་སྐོས།** ཡོད་ཅིང་སྲིད་པའི་ཁ་རྗེ་ལ་གོ།

〔42〕**འབྲང་དུ་འདིངས།** རྩ་བ་ཆེན་པོའི་སྤྱོད་ཆས་ཀྱི་དངོས་པོ་རྣམས་གཅལ་དུ་བཀྲམས་པའི་དོན་དུ་གོ།

〔43〕**ཐྲ་བུར་དཀར་པོ།** སྲབ་འཇམ་ཡང་བའི་དར་དཀར་གྱི་ཞིང་གོས་ཤིག་ལ་ཟེར།

〔44〕**འབྲས་དྲུག** ནས་དང་འབྲས། གྲོ། སྲན་མ། ཁྲ་བོ། སོ་བ་དང་དྲུག་ལ་ཟེར།

〔45〕**གནམ་དགུ་ཆིགས།** ཡར་གཡེན་གཉེན་པོ་བཅུ་གསུམ་དུ་གྲགས་པ་དེ་རྣམས་ཀྱི་དགུ་ཚིགས་ཏེ། གཞུང་འདིའི་ལུགས་སུ་གནམ་གྱི་རིམ་པ་དགུ་པ་དེ་ལ་ངོས་འཛིན་གནང་བ་འདྲ་སོང་། གཟེར་མིག་ལྟར་ན་བརྒྱད་པ་དང་གཞན་དག་ལྟར་ན་བདུན་པ་ཡིན།

〔46〕**བདུད་རྩོལ་པོ་རྒྱ་བདུན།** གཤེན་རབ་ཀྱི་མཛད་མདོ་རྒྱས་འབྲིང་བསྡུས་གསུམ་གར་བདུད་ཤོར་བ་རྒྱ་

བདུན་གྱིས་གཤེན་རབ་ཀྱི་རྟ་བདུན་བརྐུས་ཏེ་ཀོང་པོའི་ཡུལ་དུ་བྲོས་བྱིན་པའི་ལོ་རྒྱུས་འདྲ་བར་གསུངས་ཡོད་མོད། བདུད་མོར་བ་རྒྱ་བདུན་ཞེས་པ་དེ་རྣམས་སུ་ཞིག་ཡིན་པ་དང་། དེ་དག་གི་རྣམ་པ་དང་། མིང་། སོ་སོའི་ཁྱད་པར་ཅན་གྱི་མཐུ་ནུས་སོགས་ཅི་ཞིག་ཡོད་པའི་སྐོར་ཞལ་གསལ་བར་བསྟན་པ་ཞིག་ཀྱང་མི་འདུག

〔47〕**ཡོ་ཟེ།** ཞང་ཞུང་གི་སྐད་དེ། བོད་སྐད་དུ་རྒན་མོའི་རིགས་ལ་ཟེར།

〔48〕**ཙ་མེད།** ཞང་ཞུང་གི་སྐད་དེ། བོད་སྐད་དུ་བུད་མེད་ཀྱི་རིགས་ལ་ཟེར།

〔49〕**སྨྲ་མ།** ཞང་ཞུང་གི་སྐད་དེ། སྐབས་འགར"སྨྲ་མ"ཞེས་སྲུའང་སྣང་ལ། བོད་སྐད་དུ"མི་ལྷ"ཞེས་བྱ།

〔50〕**བདའི་ཤེད།** དངོས་ཆས་དང་འབྲེལ་བའི་ཤེད་དམ"བརྡ"སྟེ་བརྡ་སྤྱོད་པའི་ཤུགས་སམ་ཤེད་སྐྱེད་པའི་དོན་ཨེ་ཡིན་སྙམ།

〔51〕**སོ་ཡིག** སེམས་ཅན་གྱི་ལོ་གྲངས་སོའི་རིས་ལ་བལྟ་སྲོལ་ཡོད་པ་དེ་ལ་ཟེར།

〔52〕**ཟླ་བ་བཞི་ལྕགས་རྟེན།** ལྕགས་ཀྱི་ཟླ་བས་བཟོས་པའི་ར་བའི་རྩེ་རྣམས་རྟེན་པོར་ཡོད་པ་ལ་ཟེར།

〔53〕**སྲུལ་ལུང་།** རིའི་སྐང་གཤོང་གི་སྲུལ་མང་དུ་ཡོད་པའི་ལུང་པ་རྣམས་ལ་ཟེར།

〔54〕**འཆེག** བརྡ་རྙིང་པ་ཞིག་སྟེ། དྲིན་གྱིས་སྐྱོང་བའི་དོན་ལ་འཇུག

〔55〕**གནམ་གྱི་ལྷ་ལྷམ་མོ་དགུ།** སྒྲ་འགྲེལ་[ཧྲི57བ15]ལས"གནམ་ལྕགས་ཁྲི་མ་ལས་སྤྱུགས་ཏེ་ལྷམ་མོ་རྒྱ"ཞེས་པ་ཙམ་ལས། གནམ་གྱི་ལྷ་ལྷམ་དགུ་ཏུ་གྲགས་པ་དེ་རྣམས་འདི་ཡིན་ཞེས་ཞལ་གསལ་དུ་བསྟན་པ་གང་ཡང་མི་སྣང་།

〔56〕**དྲལ་པོ་དགུ།** སྒྲ་འགྲེལ་[ཧྲི57བ15]ལས"གནམ་ཐེན་རྒྱུད་ཐེན་ལས་སྤྱུགས་ཏེ་གནམ་གྱི་ལྷ་དགུ"ཞེས་གསུངས་པ་དེ་རྣམས་ནི་གནམ་ཐེན་དང་། རྒྱུད་ཐེན། སྤྲིན་ཐེན། ཆགས་ཐེན། མདའ་ཐེན། དུམ་ཐེན། མོང་ཐེན། བལ་ཐེན། གཙུག་ཐེན་རྣམས་ཡིན་པའི་ཚུལ་སྲིད་རྒྱུད་དུ་བཤད་འདུག

〔57〕**སའི་ལྷ་ལྷམ་མོ་དགུ།** སྒྲ་འགྲེལ་[ཧྲི57བ16]ལས"རྫང་ལ་སྲུ་དར་ལས་སྤྱུགས་ཏེ་སའི་ལྷ་རྒྱ"ཞེས་པ་ཙམ་ལས་མི་གསལ།

〔58〕**དྲལ་པོ་དགུ།** སྒྲ་འགྲེལ་[ཧྲི57བ16]ལས"གཙང་ལྷམ་གྱུར་པ་མ་ལས་སྤྱུགས་ཏེ་ལྷམ་མོ་རྒྱ"ཞེས་པ་ཙམ་ལས་གཞན་མི་གསལ།

〔59〕**སྲིད་པ་ལྷམ་དྲལ་བཅུ་དྲུག** སྒྲ་འགྲེལ་དུ་ཞལ་གསལ་བ་མི་སྣང་།

〔60〕**ཕྱི་ལས་ལྷམ་དྲལ་བརྒྱད།** སྒྲ་འགྲེལ་[58བ3]ལས་གདགས་ཀྱི་གྲལ་བཞི་ནི་ལྷ་རྗེ་རི་དཀར། ཡབ་ལྷ་བདལ་དྲུག མུ་ཡེར་ཕྲ་ཕུད། ཚངས་སྣང་བྱ་འོག་དང་བཞིའོ། །སྲིབས་ཀྱི་ལྷམ་བཞི་ནི་མ་ཐེར་ཤེལ་ལྕགས་ཚངས་དང་། རྒྱལ་མོ་ནེ་སྨས། བརྟན་མ། ཉིང་ནམ་གཡུ་ཕྱུག་དང་བཞིའོ། །ཞེས་པས་གསལ།

〔61〕**སྲིད་པ་ལྷམ་དྲལ་བཅུ་གཉིས།** སྒྲ་འགྲེལ་[58བ8]ལས་དྲལ་པོ་དྲུག་ནི་དང་པོ་ཞེ་ཅིང་ཕྱིང་། དེ་འོག་གནམ་བདུད་ཕྱིང་། ཧྲངས་སྐྱི་ཕྱིང་། དེ་འོག་ཏ་ནུ་ལྷིང་། དེ་འོག་ཁི་ཏབ་ཕྱིང་། གཅེན་མོ་ཏ་སྐྱི་ཕྱིང་། དེ་འོག་ར་སྐྱི་ཕྱིང་། དེ་འོག་ཨུར་སྐྱི་ཕྱིང་། དེ་འོག་ཀར་ནི་ཕྱིང་། དེ་འོག་ཞུང་སྐྱི་ཕྱིང་། དེ་འོག་དུ་ར་ཕྱིང་ཞེས་བྱ། ཞེས་པ་རྣམས་སུ་

ཤེས།

〔62〕**སྲིད་པའི་ལྷམ་དྲལ་བརྒྱད།** སྒྲ་འགྲེལ་[རྫི་58 ཕ་13] ལས་ས་བ་རབ་གླིང་བཞི་ཉུང་བ་རབ་གླིང་རྩོལ། མེ་ཁྲི་ཐང་རྒྱལ་བ། ཆུ་ལྷེའི་སྐད་ཆེན་ནོ། །གླིང་མོ། སྲ། འདེགས། སྨིན། གསོ་བཞི་སྟེ་བརྒྱད་དོ། །ཞེས་པ་རྣམས་སུ་ཤེས།

〔63〕**སྲིད་པའི་ལྷམ་དྲལ་བརྒྱད།** སྒྲ་འགྲེལ་[58 ཕ་17] ལས་གཅེན་ཡེ་སངས་སྲིན་ཊམ་རྗེ། དེ་འོག་ཏུ་ཡང་ཉངས་ཊམ་རྗེ། དེ་འོག་གནམ་ཆར་རོལ་པོ་རྗེ། དེ་འོག་ཆབ་ཤང་རྒྱལ་བ་རྗེ། གཅེན་མོ་ཆུ་བདག་ཐིང་ནམ་མ། དེ་འོག་ཁ་བ་ལྷབས་ཆེན་སྐྱོལ། དེ་འོག་ཆབ་ཟིལ་མ་མོ་སྐོར། དེ་འོག་འབྲུག་པ་རྒྱས་འདེབས་མ་དང་བརྒྱད་དོ། །ཞེས་པས་བསྟན་པ་དེ་རྣམས་སུ་ཤེས།

〔64〕**སྲིད་པའི་ལྷམ་དྲལ་བཅུ།** སྒྲ་འགྲེལ་[རྫི་59 ཕ་2] ལས་ལྷའི་དྲལ་ལྷ་ནི་གསོ་བྱེད་སྣང་བ། སྨིན་བྱེད་དྲོད་འབེབས། སྲུད་བྱེད་འཕྲིལ་བ། སྲ་བྱེད་གཞི་འཛིན་དང་ལྔའོ། །འོག་གི་ལྷམ་ལྔ་ནི་སྣང་གསལ་དབྱིག་མ། འདེགས་བྱེད་སྒྲོན་མ། སྲུད་བྱེད་སྒྲོང་འཕྲིལ། སྲ་བྱེད་བརྟན་མ་དང་ལྔའི། ཞེས་གསལ་མོད། དངོས་བསྟན་དུ་བརྒྱད་ཀྱི་མཚན་ལས་གསལ་གྱི་མི་འདུག

〔65〕**སྲིད་པའི་ལྷམ་དྲལ་བཅུ་གཅིག** སྒྲ་འགྲེལ་[རྫི་59 ཕ་7] ལས་ཤར་སྐྱོའི་སྟག་སྐྱ་བོ། བྱང་སྐྱོའི་བྱ་དམར་པོ། ནུབ་སྐྱོའི་གཡག་རོག་པོ། ལྷོ་སྐྱོའི་འབྲུག་སྔོན་པོ། དབུས་ཀྱི་གེ་རེ་ཕྱོང་ཕྲེམ། སྟེང་གི་འབྲུག་ཊམ་སིལ་བ་དང་དྲུག་གོ། ལྷམ་ལྔ་ནི་དབུས་ཀྱི་གཟི་ལྡན་མ། ཤར་གྱི་གཡུང་དྲུང་བུ་གཅིག་མ། བྱང་གི་སྐལ་ལྡན་འོད་འཕྲོ་མ། ནུབ་ཀྱི་བཀྲག་འཛིན་སྨིན་བྱེད་མ། ལྷོའི་སྐལ་ལྡན་བུ་གཅིག་མ” ཞེས་པས་གསལ་བ་དེ་རྣམས་སུ་ཤེས།

〔66〕**སྲིད་པའི་ལྷམ་དྲལ་བཅོ་བརྒྱད།** སྒྲ་འགྲེལ་[རྫི་59 ཕ་13] ལས་ལྷའི་གཅེན་དྲུག་ནི། འདུར་གསས་པཱུའོ། །བཀྲ་གསས་སྟེང་འབྲིང་། སྨན་གསས་སིལ་མ་དང་། དཔལ་གསས་ཆེམ་བུ། དྲི་གསས་ངན་རྒྱལ། རྟོད་གསས་ཁྱུང་ཊམ་དང་དྲུག་གོ། བར་གྱི་ཚོགས་དྲུག་ནི་གཤེད་གསས་ཁྲི་ཡོ། བཙྭ་གསས་ཕོ་མ། ཕྲིག་གསས་བ་བ། གཤོག་གསས་ཟེའུ་ཡུག ལམ་གསས་ཕྱུན་བུ། ཐུགས་ལས་སྤྲུར་བུ་དང་དྲུག་གོ། འོག་གི་ལྷམ་དྲུག་ནི་ཤར་གྱི་ཏ་ལི་སྟག་མགོ། བྱང་གི་ཏུ་ལི་འབྲུག་མགོ། ཊུབ་ཀྱི་དང་ཚོགས་འཁྲོང་མགོ། ལྷོའི་འཁྲིང་མ་འཕྲུལ་ཆེན། སྟེང་གི་དུར་སྨན་གར་མོ། འོག་གི་བཙྭ་ལྷམ་ཐང་མོ་དང་དྲུག་ཅེས་པས་གསལ་བ་དེ་རྣམས་སུ་ཤེས།

〔67〕**དགུ་གསུམ་ཉི་ཤུ་རྩ་བདུན།** སྒྲ་འགྲེལ་[ཐོབ་60 ཕ་1] ལས་ལྷའི་གཅེན་དགུ་ནི་དབྱིངས་ཡེ་ཤེས་ཀྱི་གཟི་མ་མགོ་དགུ། བར་གྱི་ཚོགས་དགུ་ནི་མཁའ་སྒྲོང་གི་གྲུད་མོ་སྟོབས་ཆེན་མ་དགུ། འོག་གི་གཙུང་དགུ་ནི་ལས་ཐབས་ཀྱི་ཐང་མོ་ཕྱིན་ཏེ་མ་དགུ། ཞེས་པ་ཙམ་ལས་མི་གསལ།

〔68〕**འོད་ཀྱི་ལྷ་སྲས་ལྷམ་དྲལ་བཞི།** སྒྲ་འགྲེལ་[རྫི་60 ཕ་6] ལས་གཅེན་གནམ་ལྷ་དཀར་པོ། གཙུང་འོད་ལ་འཕྲུལ་ལོ། གཅེན་ཁྲི་མ་སྟོང་འགྱུ། གཙུང་འགྱུ་མ་ཡེ་སངས་དང་བཞི” ཞེས་པ་དེ་རྣམས་སུ་ཤེས།

〔69〕**ཡོགས་བདག་ལྷམ་དྲལ་དགུ།** སྒྲ་འགྲེལ་[རྫི་60 ཕ་9] ལས་གཉེར་ཡོགས་གཉེར་རྗེ་ཐང་པོ། ཁྲིན་ཡོགས་ཁྲིན་རྗེ་དག་པ། འཚམས་ཡོགས་འཚམས་རྗེ་པའོ། །བདུད་ཡོགས་ནག་པོ་བཀྲག་མེད། དམུ་ཡོགས་ག་པ་ཡོང་ཏོག

བཙན་ཡོགས་མདའ་རབས་གོང་བཞི། མ་ཡོགས་ཁྲི་བཞུར་སྣོད་མོ། རྗེང་ཡོགས་མ་ཐེར་ཤེ་ལྕགས་དང་དགུ་ཞེས་གསལ་ནའང་དངོས་ཡོད་དུ་བརྒྱུད་ལས་མི་གསལ།

〔70〕**མི་རིགས་ལྷམ་དྲལ་བརྒྱད།** སྒྲ་འགྲེལ་[རྫི་60 ཕ་15] ལས་མི་རིགས་ལྷམ་དྲལ་བརྒྱད་དུ་ལྷམ་(བལྷམས) ཞེས་པ། དབུའི་རྩུག་(གཙུག) ཏུམ་ནས་རྒྱལ་རིགས་ཆེ་ཞིང་གཉན་པར་སྲིད། ཐུགས་ཀྱི་དང་གོང་ནས་རྗེའུ་རིགས་བཙུན་གིན་མཐོ་བ་སྲིད། ལྟེ་བའི་རྒྱས་ཏུམ་ནས་བྲམ་ཟེ་གཙང་ཞིང་དག་པ་སྲིད། ཞབས་ཀྱི་ཕུས་གོང་ནས་རྨང་རིགས་རྩམ་གྱིན་རྔོལ་པ་སྲིད། ཕོ་མོར་ཕྱེ་བས་བརྒྱད་རྣེ་དེས་སྲིད་པ་མི་རིགས་ཀྱི་རྒྱུད་འཛིན་པར་བྱེད་དོ། །

〔71〕**རྒྱ་གནས་མིང་སྲིང་བཅུ་དྲུག** སྒྲ་འགྲེལ་[རྫི་60 ཕ་20] ལས་མ་དྲོས་གཟི་ཆེན་དང་མགོ་འོ་འཛིག་པོ། ཟིན་སྲི་ཐང་པོ། གཙུགས་ན་ནོར་བུ། གླུ་རྒྱལ་ཐང་པོ། ལེགས་པ་མཐའ་ཡས། དུང་སྐྱོང་དཀར་པོ། རིགས་ལྡན་མཆོག་བཅས་བརྒྱད་དོ། །སྲིང་མོ་བརྒྱད་ནི་གླུ་མོ་གཟི་ལྡན་མ། ཀུན་ལ་དགྱེས། རིགས་འཛིན་མ། གཏེར་འཛིན་མ། ཐིང་མོ་སྨན། པདྨ་འཛིན། གར་ཤམ་མ། བུམ་རྣ་མ་དང་བུ་དྲུག་ཅེས་གསལ།

〔72〕**བྱེད་པའི་སྐྱེས་བུ་བཅུ་གཉིས།** སྒྲ་འགྲེལ་[རྫི་61 ཕ་6] ལས་ལྷའི་གཅེན་བཞི་ནི་འཛིན་བྱེད་དཔལ་གྱི་རྒྱལ་པོ། གནོད་བྱེད་སྟག་རྒྱལ་དེ་བོ། རྟེན་བྱེད་སྐྱིན་དང་མི་ཕུད། སྐྱིད་བྱེད་རབ་ཏ་དུན་ཤགས་དང་བཞིའོ། །བར་གྱི་ཚོགས་བཞི་ནི་དབྱར་བྱེད་ཤང་ཤང་སྐར་མ། སྟོན་བྱེད་དུན་པ་ཏ་འཚོ། རྒུན་བྱེད་འབྲུག་པ་སྐྱང་ཁྱེར་དང་། སྤྱིད་བྱེད་ངོ་ཀླུང་ཆེན་དང་བཞིའོ། །འོག་གི་གཙུང་བཞི་ནི་སྐྱབ་བྱེད་ཕོ་ལྷ་མི་རྗེ། གྲོགས་བྱེད་དགྲ་ལྷ་དར་མ། སྟོངས་བྱེད་མ་ལྷ་བུ་རྗེ། འཚོ་བྱེད་ཞང་ལྷ་དྲིན་ཆེན་དང་བཅུ་གཉིས་ཞེས་པ་དེ་རྣམས་སུ་ཤེས།

〔73〕**དབལ་ནམ་ལྷམ་དྲལ་བཅུ་དྲུག** སྒྲ་འགྲེལ་[ཐོབ་61 ཕ་16] ལས་སྤྲུལ་པའི་དཔལ་རབས་བཅུ་དྲུག་ནི། དཔལ་གསས་ཟེ་བོ། འབྲུག་གསས་ང་རྒྱལ། ཚ་ལ་རྒྱུང་ནེ་ནེ་རྒྱུང་དཀར་པོ། ཁ་ཤེ་ཟ་འདོད་སེང་གེ་མནམ་ཅན། སེང་ལུས་གང་ཞོན། འབྲུག་ལུས་འོད་ཞོན། བན་སླང་རི་ཞོན། ལ་རམ་ཏིང་འདྲིམ། ཁྲིའི་སྤྲིན་ཞོན། ཐོག་གསས་འཕྲོ་བ། གློག་གསས་བང་མགྱོགས། དཔལ་གུད་གཏུམ་པོ། དྲག་གསས་འཕྲོ་བ། ཟ་མ་འབྲུག་ལྷག རྒྱ་ཟ་གླིང་འགྱུར་དང་བཅུ་དྲུག་ཅེས་གསལ་མོད། དངོས་དོན་དུ་བཅུ་བདུན་ཡོད་འདུག་ལ། མ་དཔེར"ཚ་ལ་རྒྱུང་ནེ་ནེ་རྒྱུང་དཀར་པོ"ཞེས་པ་འདི་གཉིས་དང་། ཡང"ཁ་ཤེ་ཟ་འདོད་སེང་གེ་མནམ་ཅན"ཞེས་པ་འདི་གཉིས་བཅས་མཉམ་སྦྲེལ་དུ་བྲིས་ཡོད་པས། ཚ་ལ་རྒྱུང་ནེའམ་ནེ་རྒྱུང་དཀར་པོ་ཞེས་པའམ་ཡང་ན་ཁ་ཤེ་ཟ་འདོད་དམ་སེང་གེ་མནམ་ཅན་ཞེས་མཉམ་དུ་སྦྲེལ་བའི·····ཚིག་རྐང་སྔ་ཕྱི་གཉིས་གང་རུང་ཞིག་མིང་གཅིག་ཨེ་ཡིན་སྙམ།

〔74〕**སྲས་ལྷམ་དྲལ་བཅོ་བརྒྱད།** སྒྲ་འགྲེལ་[ཐོབ་62 ཕ་2] ལས་དགུ་ཡད་ཀྱི་ལྷ་བཅོ་བརྒྱད་དེ། ཏ་ལྷ་དམར་པོ། གཡག་ལྷ་དུམ་པོ། བ་ལྷ་བཞོན་མོ། ལུག་ལྷ་གངས་པོ། ར་ལྷ་ཆེར་པོ། ཁྱི་གསས་འཁོར་བ། སྤྱུན་གསས་སྔོན་མ། སྙན་ལྷ་ཏོ་སངས། ཤངས་ལྷ་སྤྲོ་ནམ། ལྟགས་གསས་འཕྲུལ་བུ། འགྱུར་ལྷ་བྱང་ཡུག སྲོག་ལྷ་ཉམས་ཆེན། ཡིད་ལྷ་བྱེའུ་ཡུག དཔལ་བོ་ཐང་དེ། ཁབ་ལྷ་ཁྱིའུ་ཐུང་། སྣ་ལྷ་སྟག་གསས། གཡོན་སྣ་གཡག་གསས། ཐབ་ལྷ་ཡོ་མོ་དང་བཅོ་བརྒྱད་ཅེས་གསལ་བ་དེ་རྣམས་སུ་ཤེས།

〔75〕**གཤིན་བྱ་བྲང་ང་མིང་སྲིད་གཉིས།** སྒྲ་འགྲེལ་[རྫི62ཕ10] ལས་མིང་པོ་གཤིན་བྱ་འབྲང་ང་ནི་ཕོ་ཤི་འདུར་གྱི་སྲིད་པར་བསྙོས། སྲིང་མོ་འབྲང་འདུར་ནི་མོ་ཤི་འདུར་གྱི་སྲིད་པར་བསྙོས། ཞེས་གསལ།

〔76〕**གཤིན་རྗེ་མིང་སྲིད་བཅུ་དྲུག** སྒྲ་འགྲེལ་[ཐོབ63ཕ4] ལས་སྨིགས་པ་ཁྲམ་ཐོགས། ཐོམ་པོ་འགོ་སྐྱེ་དང་། གཤིན་བྱེའུ་འབྱབ་མ། བཀའ་ཁྱིད་ཐང་པོ། ཡིད་འཛིན་རིང་བ། རྣ་འཛིན་རོལ་པོ། ཆ་གར་སྒྲོག་སྐྱེན། གཤིན་རྫུ་རབ་སྲུང་དང་བརྒྱད་ནི་མིང་པོ་གསོད་བྱེད་བརྒྱད་དོ། །རྫིས་འགྲེམས་མ། སོ་སེར་དཔོན་མ། འབྱབ་སྐྱེན་མ། ཐུགས་འཛིན་མ། ཞུང་འཛིན་མ། རྟང་འཛིན་མ། དུར་སྒྲོག་མ། ཟམ་སྐྱུར་མ་དང་བརྒྱད་ནི་ལྕམ་མོ་འཛིན་སྐྱོན་བརྒྱད་དེ་བཅུ་དྲུག་གོ། ཞེས་གསལ།

〔77〕**དམུ་བདུད་མིང་སྲིད་བཅུ་དྲུག** སྒྲ་འགྲེལ་[ཐོབ63ཕ9] ལས་ཞ་འོ་(པོ་)དམུ་ཞ། ཡོང་བ་དམུ་ཡོང་། འཐིབས་པ་དམུ་འཐིབས། གྲུམ་པོ་དམུ་གྲུམ། ནག་པོ་བཀྲག་མེད། སྐྱའོ་(པོ་)དབུགས་མེད། དཀར་པོ་ཚོལ་མེད། སྐྱེས་བཟང་ལྡང་ཡག འགྲན་དེ་ཡ་འོ་(པོ།) ཤུ་པོ་ལག་རིང་། དམུ་རྗེ་ཟ་སྨད་དྲུག་དང་བཅུ་དྲུག" ཅེས་གསལ།

〔78〕**གདོན་བགེགས་མིང་སྲིད་ཉི་ཤུ།** སྒྲ་འགྲེལ་[ཐོབ63ཕ14] ལས་གནམ་གྱི་དབེན་རྒྱུ། བར་གྱི་བྱེའུ་རྒྱུ། ས་ཡི་རྒྱལ་རྒྱུ། ཞེས་པ་ཙམ་ལས་རེ་བཞིན་དུ་མི་གསལ།

〔79〕**སྒྲས་ལྷམ་དྲལ་དྲུག** སྒྲ་འགྲེལ་[ཐོབ63ཕ17] ལས་སྒླུ་(ཀླུ་)རབ་བཟང་དོ་རེ། སྒླུ་(ཀླུ་)འབྲིང་མཚན་ཧོ་རེ། ཐང་སྒླུ་(ཀླུ་)ག་པོ་རྗེ། སྒླུ་(ཀླུ་)ལྷམ་ངན་ནེ་མ། སྒླུ་(ཀླུ་)སྲིན་གྲུམ་བྱེད་མ། མང་ལྷེར་སྒླུ་(ཀླུ་)བདུད་མོ་དང་དྲུག ཅེས་གསལ།

〔80〕**གཙོད་སྒྲིན་མིང་སྲིད་བཅུ་དྲུག** སྒྲ་འགྲེལ་[ཐོབ63ཕ21] ལས་ཏ་ལ་གདོང་བརྒྱ་དང་སྐར་མདའ་གདོང་ལས་སྟོགས་ཏེ། དྲལ་པོ་བརྒྱད་དང་། ཡག་ཤ་ཁ་དགུ་ལས་སྟོགས་ཏེ་ལྕམ་མོ་བརྒྱད་དེ་བཅུ་དྲུག་ཅེས་པའི་སྟོམ་བྱང་ཙམ་ལས་མི་གསལ།

〔81〕**སྲིན་བྱ་ལྔ་བརྒྱ།** སྒྲ་འགྲེལ་[64ཕ3] ལས་བརྒྱ་པའི་སྤྲ་(རྟ་)ལ་ཟ། བརྒྱ་མོའི་མངལ་ལ་ཟ། བརྒྱ་མར་མེར་ཤ་ཟ། བརྒྱ་ལྷབ་ཀླིབ་ཁྲག་འཐུང་། བརྒྱ་ཕང་ལོན་བུ་ཆུང་ཟ། ཞེས་གསལ།

〔82〕**དྲི་ཟ་ཕོ་མོ་དྲུག** སྒྲ་འགྲེལ་[64ཕ12] ལས་རྫིབས་ཀྱི་འཕྲེད་ལ་འཛུ་ཞིང་དྲི་ཟ་བ་ཕོ་མོ་གཉིས། དྲི་ལ་ཉེ་བར་འཁོར་གྱིན་དྲི་ཟ་བ་ཕོ་མོ་གཉིས། མཁའ་ལ་ལྡིང་ཞིང་དྲི་ཟ་བ་ཕོ་མོ་གཉིས། ཞེས་གསལ།

〔83〕**བྱ་དགུ་ལྷམ་བཞི།** སྒྲ་འགྲེལ་[64ཕ16] ལས་སྟག་གུ་གཟིག་གུ་གཉིས། དོམ་བུ་དྲེད་བུ་གཉིས། འཕར་བུ་སྤྱང་བུ་གཉིས། དབྱི་བུ་གསའ་བུ་གཉིས། ཕ་མོ་ཚེའུ་སེར་དང་དགུའོ། །གཅན་བཞི་ནི་བྱ་གཅན་ཁྲ། བྱི་གཅན་ཟེ། ཉ་གཅན་སྲམ། སྒླུ་(ཀླུ་)གཅན་བྲུང་དང་བཞི། ཞེས་གསལ།

〔84〕**ལྟས་ངན་མིང་སྲིད་དགུ།** སྒྲ་འགྲེལ་[64ཕ21] ལས་ཀླུའི་གཅེན་གསུམ་ནི་གྲ་ཤེ་ལྷགས་རྒྱལ་བ། ལྟས་གྲམ་པ་ཏུ་རིང་། ཐན་སྔོར་བ་ལྷག་ནག་དང་གསུམ་སྟེ། དམུ་བདུད་བཙན་གསུམ་གྱི་ཕྱུག་བརྟན་བྱེད་དོ། །བར་གྱི་ཚོགས་གསུམ་ནི། ལྟས་ངན་རིས་མ་འགྲངས། གདུག་པ་མཆོས་མ་ངོམས། སྲིན་པོས་ལུས་མ་འདུས་དང་གསུམ་སྟེ། སེམས་ཅན་

རྣམས་ཀྱི་ལྟོགས་ཟའུ་སྟེ། ཟོས་པས་འགྲངས་པ་མེད། འཐུང་པ་ལ་ངོམས་པ་མེད། གཡོས་པ་ལ་ཁ་ལྟང་མེད་པ་བྱེད་དོ། ། འོག་གི་གཅུང་གསུམ་ནི། སད་མཁན་མིག་དམར། བཙའ་མཁན་འོག་དམར། སྨུག་མཁན་སྣ་དམར་དང་གསུམ་སྟེ། ཁ་རྗེ་ཟང་ཐང་ལ་རྨོམ་པར་བྱེད་དོ། །ཞེས་གསལ།

〔85〕**ལྷ་བདུད་མིང་སྲིང་ལྔ།** སྒྲ་འགྲེལ་[65ཤ9]ལས་ཕོ་ལྷར་(ལྷར)རྫུས་ནས་ཕོ་སྲིར་བྱེད། གྲ་(སྒྲ་)ལྷར་རྫུས་ནས་སྒྲ་སྲི་བྱེད། མ་ལྷར་རྫུས་ནས་མོ་སྲི་བྱེད། ཞང་ལྷར་རྫུས་ནས་ཆུང་སྲིར་བྱེད། ཕལ་པོ་རྫུས་ནས་སྨུར་དུ་འབེབས་སོ། །ཞེས་གསལ།

〔86〕**ཡུལ་གདོན་མིང་སྲིང་དགུ།** སྒྲ་འགྲེལ་[65ཤ12]ལས་གོང་གི་གཙེན་གསུམ་ནི་ཕུའི་རྩང་སྲི་རྫོག་པ། ཉེན་གྱི་གདགས་སྲི་མིག་གཅིག ཁྱིན་གྱི་སྤར་སྲི་དེ་བོ་དང་གསུམ། བར་གྱི་ཚོགས་གསུམ་ནི། ནགས་ཀྱི་ཉང་སྲི་མིག་གཅིག སྐྱིབས་ཀྱི་སྐྱིབས་སྲི་ཕྱུབ་མ། ཐང་གི་ཐང་སྲི་ཆ་གར་རོ། །འོག་གི་སྲིང་གསུམ་ནི། མདའི་མདོ་སྲི་མ་མོ། རོང་གི་པག་མོ་དུར་སྣ། ལམ་སྲི་འཁོར་དང་མ་ཞེས་གསལ།

〔87〕**ཀླུ་བདུད་མིང་སྲིང་ལྔ།** སྒྲ་འགྲེལ་[65ཤ18]ལས་ཀླུ་བདུད་ནག་པོ། བ་ལང་རྟོལ་མགོ། ཕག་ལུས་དོམ་མགོ། མ་ཟེར་ཤེལ་ལྕགས། ཆུ་བདག་ནག་མོ་དང་ལྔ་ཞེས་གསལ།

〔88〕**ས་བདག་མིང་སྲིང་དགུ།** སྒྲ་འགྲེལ་[65ཤ22]ལས་མིང་པོ་ལྔ་ནི་ས་ཚོན་སྣ་ལྔའི་བདག་པོ་ཡིན། སྲིང་མོ་བཞི་ནི་མཚམས་ཁམས་བཞི་(བཞིའི་)བདག་མོ་བྱེད། ཅེས་པ་ཙམ་ལས་མི་གསལ།

〔89〕**སྲིད་པ་ལྷམ་དྲལ་ལྔ།** སྒྲ་འགྲེལ་[66ཤ3]ལས་ཆུད་དང་རྒྱལ་བྱེད་བྲག་སྲིན་གསུམ། བསེན་མོ་ཕྱུག་བདག་གཉིས་ཏེ་ལྔ། ཞེས་གསལ།

〔90〕**ཟའུ་རང་སྨན་དགུ།** སྒྲ་འགྲེལ་[66ཤ6]ལས་གནམ་ཟའུ་དཀར་པོ་གསུམ་ནི། གནམ་གྱི་(ཁྱི་)དང་སྟོངས་ནས་ལྷ་སྲུང་བདུད་དུ་འབབ། བར་ཟའུ་ཁྲ་བོ་གསུམ་གྱིས་འདྲེ་རྒྱ་སྣ་འདྲེན་བྱེད། ས་ཟའུ་ནག་པོ་གསུམ་གྱིས་མོ་རྒྱུད་མངལ་དུ་སྐྱེམས་(སྐེམས)ཞེས་པའི་སྡོམ་བྱང་ཙམ་དུ་གསལ།

〔91〕**ཟུར་དང་མི་ཁ་མིང་སྲིང་ལྔ།** སྒྲ་འགྲེལ་[66ཤ12]ལས་ཟུར་ཁྲུ་ཏྲ། ཟུར་ཤ་ཅིངས། ཟུར་སྟེ་ལེན། མིང་པོ་མི་ཁ་ཟེ་མ་མཇུ། སྲིང་མོ་རྩེད་དམར་བྱ་མཇུ་མ་དང་ལྔ་ཞེས་གསལ།

〔92〕**སྨད་ཀྱི་ཞིང་།** ལུད་ཀྱི་ཞིང་ས་ཞེས་པའི་དོན་ཨེ་ཡིན་སྙམ།

〔93〕**དཔའ་བོ་གངས་ཀྱིས་སྐོར་བ།** ཞང་ཞུང་བར་པའི་ས་སྐོར་ཤིན་ཏུ་མཐོ་ལ་བརྗིད་པའི་གངས་རི་མང་པོས་བསྐོར་ཡོད་པའི་དོན་དུ་གོ།

〔94〕**དུམ་བུ་རྫ་ཡིས་སྐོར་བ།** པུ་ཧྲང་ཕྱོགས་ཀྱི་ས་སྐོར་རྫ་རྡོ་ཅན་གྱི་རི་ཡིས་བསྐོར་ཡོད་པའི་དོན་དུ་གོ།

〔95〕**གུ་གེ་གཡམ་གྱིས་སྐོར་བ།** མ་དཔེར"གུ་གེ་གཡས་སུ་སྐོར་བ"ཞེས་བཀོད་འདུག་ནའང་གཡམ་གྱི་རིས་བསྐོར་བའི་དོན་ཨེ་ཡིན་སྙམ།

〔96〕**ཡིག་ཆ་མི་ཞུང་བ།** རྗེ་བཙུན་མི་ལ་རས་པའི་རྣམ་ཐར་དང་མགུར་འབུམ། ས་སྐྱ་པཎྜི་ཏའི་སྡོམ་གསུམ་

རབ་དབྱེ་སོགས་ཀྱི་གཞུང་རྣམས་ལ་གོ་དགོས།

〔97〕**དཔལ་བོན།** ཡར་གཡེན་དཔལ་གྱི་ནུས་ཤུགས་ལ་དབང་བྱེད་ཐུབ་ཅིང་། དེ་ལས་བྱུང་བའམ་དེ་དང་འབྲེལ་ཡོད་ཀྱི་གནོད་པ་རྣམས་དཔལ་ལམ་མེའི་ལས་སྦྱོར་ཅི་རིགས་པས་བསལ་ཐུབ་པའི་བོན་པོ་ཞིག་ལ་ཟེར་རམ་སྙམ།

〔98〕**ཡོགས་བོན།** ཡར་གཡེན་ཡོགས་ཀྱི་བྱད་གཏད་མཐུ་ནུས་ལས་བྱུང་བའི་གནོད་འཚེའི་རིགས་བཟློག་ཐུབ་པ་དང་། ཡོགས་སྟེའི་མཐུ་ནུས་རྣམས་གཏོའི་ལས་སྦྱོར་ལ་བརྟེན་ནས་དབང་དུ་བྱེད་ཐུབ་པའི་བོན་པོ་ཞིག་ལ་གོ་དགོས་པ་ནི་སྙམས་མ་དགོས། འོན་ཀྱང་"ཡོགས"སམ"ཡོག"ཅེས་པའི་གོ་དོན་གང་ཡིན་ཞལ་མི་གསལ་ཞིང་། བོད་ཀྱི་བརྡ་རྙིང་དུ"ཡོགས"ཞེས་པ་ནི་ཉེས་ཁ་ཡོགས་འབྱུང་བ་དེ་ལ་གོ་བའི་སྐབས་ཤིག་དང་། "ཡ་ཡོགས"ཞེས་པ་སྟར་གྱི་གཏམ་རྒྱུད་ལ་གོ་བའི་སྐབས་ཏེ་རིགས་གཉིས་སུ་ངེས་ལ། འདིར་གཏམ་རྒྱུད་དང་འབྲེལ་བའི་དོན་མེད་སྟབས་ཕལ་ཆེར་ཁ་ཡོགས་ཀྱི་ཡོག་དེ་ལ་གོ་དགོས་པའམ"ཡོག"ཅེས་པ་འོག་གི་དོན་ལ་འཇུག་པས། སུ་ཞིག་གི་མངའ་ཐང་སོགས་མཐོ་ཧ་མི་འཇུག་པའི་དོན་གང་ཧུང་ཞིག་ཡིན་ནམ། "ཡོགས"ཞེས་པའི་ཚིག་དེ"ཡུགས"ཡིན་པའང་སྲིད་ལ་དེ་ལྟར་ན"ཡུགས་ཕོ"དང་"ཡུགས་ས་མ"ཞེས་བཟའ་ཟླ་གྲོངས་ཏེ་ཤུལ་དུ་ལུས་པའི་དོན་ལ་འཇུག་ཅིང་། འདི་ནི་གནས་ལུགས་ཀྱི་ཚུལ་དང་ཆེས་མཐུན་པ་ཞིག་ཏུ་སྣང་།

〔99〕**ཁྲིན་བོན།** ཡར་གཡེན་ཁྲིན་གྱི་མཐུ་ནུས་ལས་བྱུང་བའི་གནོད་འཚེ་སོགས་ཟིལ་གྱིས་གནོན་ཐུབ་པའི་བོན་པོ་ཞིག་ལ་གོ་དགོས་པ་ནི་གཞིར་བཅས་ལ། "ཁྲིན"ཞེས་པའི་ཚིག་དེའི་དོན་གང་ཡིན་ཞང་བོད་གཉིས་ཀའི་སྐད་ཐོག་ཏུ་ངེས་དཀའ་བ་ཡིན་སྟབས། གཡེན་སྟེ་དེ་དང་འབྲེལ་བའི་བྱེད་ལས་ཅན་གྱི་ནུས་ཤུགས་ཇི་ལྟར་ཡིན་པའང་ཤེས་དཀའ་བ་ཡིན། ཚིག་འདི་ཕལ་ཆེར"ཁྲིམས"ལ་འཇུག་པའམ་དེའི་དོན་ཅན་ཞིག་ཡིན་ལས་ཆེ་བ་ནི། "ཁྲིན་བོན་ཕྱྭ་སངས"ཞེས་ཕྱྭའམ་དཔལ་བསྐྱེད་ཅིང་རྒྱ་གབ་བཤད་པར་བྱེད་པའི་བོན་པོ་ཞིག་ཡིན་པར་བསྟན་པས་ཤེས་ལ། སུ་ཞིག་ལ་ཡར་གཤེན་ཁྲིན་སྟེས་མཐུ་ནུས་བཏང་བའི་རྐྱེན་གྱིས་མི་དེ་ལ་ཁྲིམས་ཀྱི་ཆད་པ་ཐོག་པ་ལྟ་བུའི་དཀའ་ངལ་རྒྱ་ཆེན་པོ་ཞིག་བྱུང་བ……ཡིན་ན། མི་དེའི་དཀའ་ངལ་སེལ་བའི་ཆ་རྐྱེན་གྱི་གཙོ་བོ་ནི་མི་དེའི་ཕྱྭའམ་དཔལ་བསྐྱེད་པ་དང་། མི་དེ་ལ་མ་རིག་རྫོངས་པའི་རྒྱ་གབ་བྱུང་ནས་ཁྲིམས་ཐོག་པ་ཡིན་སྐབས་རྒྱ་གབ་བཤད་པའི་རིམ་གྱི་ཅི་རིགས་སྒྲུབ་དགོས་པ་དེ་དག་གིས་ཚོད……དཔོན་ཐུབ་པ་ཡིན།

〔100〕**གཉེར་བོན།** ཡུལ་འཁོར་དང་མཁར་གཞིས་ལོངས་སྤྱོད་སོགས་བདག་གཉེར་བྱེད་པ་ལ་ཡར་གཡེན་གཉེར་གྱི་སྟེས་མི་ཤེས་པའི་མཐུ་ནུས་གཏོང་ཞིང་གེགས་རྐྱེན་བྱེད་ཀྱི་ཡོད་པར་བརྟེན། གཡེན་ཁམས་དེའི་མཐུ་ནུས་དབང་དུ་བྱེད་ཐུབ་པའི་བོན་པོ་ཞིག་ལ་གོ་དགོས་སམ་སྙམ།

〔101〕**ཚ་བོན** ཡར་གཡེན་གྱི་སྟེ་འདྲེས་འོ་ཞོ་མར་སོགས་དཀར་རིགས་འཕེལ་རྒྱས་ལ་གེགས་གཏོང་ཐུབ་ཅིང་། འབྲོག་ལས་ཀྱི་བྱ་བ་ལ་གནོད་ཅིང་འཚེ་བ་དེ་རིགས་མཐུས་དབང་དུ་བྱེད་ཐུབ་པའི་བོན་པོ་ཞིག་ལ་གོ་དགོས་སམ་སྙམ།

〔102〕**འཚམས་བོན།** འཚམ་པའམ་འཚམས་པ་ནི་ཕན་ཚུན་འཚམ་པ་སྒྲིབ་པའི་དོན་ཡིན་སྟབས། ཕལ་ཆེར་ཕོ་མོ་གཉེན་འབྲེལ་གྱི་ལས་འཚམ་པ་དེ་ལ་གོ་ཤས་ཆེ་ཞིང་། དེ་ལྟར་ན་སྲིད་པའི་ཚོ་ག་དེ་རིགས་ལ་མཁས་པའི་བོན་པོ་ཞིག

ལ་ཟེར་རམ་སྨམ།

〔103〕**བདུད་བོན།** བདུད་རྗེ་མཆོད་ཅིང་བཀུར་ནས་བདུད་ཀྱི་བར་ཆད་སོགས་ཞི་བར་བྱེད་ནུས་པའི་བོན་པོ་ཞིག་སྟེ། སྲིད་པ་སྤྱི་མདོས་[ཤ་8བ་1]ལས་བདུད་བོན་གྱི་དམར་ཐབ་ལ། གཤེན་རབ་ནི་ཅི་བགྱིས་(དགྱིས་)ཏེ། ཁྲབ་པ་ནི་ཆོམ་ལ་ཕབ། ཅེས་ཤེས་ཐུབ་པ་ཡིན།

〔104〕**དམུ་བོན།** གཟེར་མིག་ལྟར་ན་གནམ་རིམ་པ་བརྒྱད་དང་། མདོ་འདུས་སོགས་ཀྱི་ལུགས་ལྟར་ན་གནམ་རིམ་པ་བདུན་གྱི་ཡང་སྟེང་ན་བཞུགས་པའི་དམུ་རྗེ་སོགས་དམུའི་སྡེ་ཚོགས་མཆོད་ཅིང་། དམུའི་མཐུ་ནུས་ཀྱི་བྱིན་རླབས་ཐོབ་པའི་བོན་གཤེན་ཞིག་ལ་ཟེར།

〔105〕**བཙན་བོན།** བཙན་གྱི་སྡེ་ཚོགས་མཆོད་ཅིང་། བཙན་གྱི་གནོད་འཚེ་ཞི་བར་བྱེད་ནུས་པའི་བོན་པོ་ཞིག་སྟེ། སྲིད་མདོས་[ཤ་10ན་2]ལས་བཙན་རྗེ་ནི་ཅི་ལ་དགྱེས། ཟ་བ་ནི་ཤ་ལ་ཛམ། འཐུང་བ་ནི་ཁྲག་ལ་ཧབ། ལེན་པ་ནི་སྲོག་དབུགས་ལེན། སྡོང་བ་ནི་བགེགས་དང་སྡོང་། འགྲོགས་པ་ནི་གཉན་དང་འགྲོགས། མགོན་པ་ནི་བཙན་བོན་མགོན། འཚེ་བ་ནི་གསས་ལ་འཚེ། ཞེས་གསལ་བས་ཤེས་ཐུབ་པ་ཡིན།

〔106〕**སྲིད་བོན།** སྲིད་རྗེ་འབྲང་དཀར་བསྙེན་ཞིང་། ཡར་གཡེན་སྲིན་སྡེའི་མཐུ་ལས། སྲིད་རྒྱུད་ལ་གེགས་རྐྱེན་ཡོད་པ་རྣམས་བསལ་ཐུབ་པ་དང་། སྲིད་རྒྱུད་འཕེལ་བའི་མཐུན་རྐྱེན་སྒྲུབ་པ་ལ་མཁས་པའི་བོན་པོའི་རིགས་ཤིག་ལ་ཟེར།

〔107〕**སྐོས་རྗེ།** སྐོས་རྗེ་དྲང་དཀར་སོགས་ཡར་གཡེན་སྐོས་ཀྱི་སྡེ་ཚོགས་བསྙེན་ཏེ། ཁ་རྗེ་སྐོས་ཐང་གུད་པ་རྣམས་གསོ་བ་དང་། གོང་ནས་གོང་དུ་དར་ཞིང་རྒྱས་པར་བྱེད་པའི་བོན་ལ་མཁས་པའི་བོན་པོ་ཞིག་ལ་གོ།

〔108〕**ཕྱྭ་བོན།** ཕྱྭའི་ལྷ་ཚོགས་བསྙེན་ཞིང་གསོལ་ནས་དབུལ་བ་སེལ་བ་དང་། ཕྱྭ་གཡང་འགུགས་པའི་བོན་ལ་མཁས་པའི་བོན་པོ་ཞིག་ལ་ཟེར།

〔109〕**ལྷ་བོན།** བོན་ཤེས་པ་ཅན་བཅུ་གཉིས་ཀྱི་ཁོངས་སུ"མགོན་ཤེས་ལྷ་བོན"ཞེས་སུ་གྲགས་པ་དེ་དང་དོན་གཅིག

〔110〕**ཀླུ་བོན།** ཀླུ་བའི་འགྲོས་ཀྱི་འདུ་འཕྲོད་ལ་བརྟེན་པའི་ལེགས་སྐྱོལ་ཉེས་སེལ་གྱི་བོན་ལ་མཁས་པའི་བོན་པོ་ཞིག་ལ་ཟེར།

〔111〕**ཉི་བོན།** ཉི་མའི་འགྲོས་ཀྱི་འདུ་འཕྲོད་ལ་བརྟེན་པའི་ལེགས་སྐྱོལ་ཉེས་སེལ་གྱི་ཚོ་ག་སོགས་ལ་མཁས་པའི་བོན་པོ་ཞིག་ལ་ཟེར།

〔112〕**སྐར་བོན།** རྒྱུ་སྐར་གྱི་འགྲོས་ལ་བརྟེན་པའི་འདུ་འཕྲོད་ལས་བྱུང་བའི་ལེགས་སྐྱོལ་ཉེས་སེལ་གྱི་བྱ་བ་ལ་མཁས་པའི་བོན་པོ་ཞིག་ལ་ཟེར།

〔113〕**སྤྲིན་བོན།** ཡུལ་ཁམས་ཀྱི་མི་སྡེ་སྤྱི་དང་བྱེ་བྲག་གང་སུའང་ཉུང་བས་བར་གཡེན་གྱི་གཏོད་འདི་རིགས་ལ་ཐོག་ཐུག་སེར་རྐྱེན་གྱིས་ཡུལ་ཁམས་ལ་ཐན་པས་ཉེན་པ་དེ་ལྟ་བུའི་གནས་སྐབས་སུ་མཁའ་ལ་སྤྲིན་སྟུད་ཀྱིས་ཆར་དབབ···པའི་མཐུ་ནུས་ལྡན་པའི་བོན་པོའི་རིགས་ཤིག་ལ་ཟེར།

〔114〕**གཞའ་བོན།** གཏོད་དང་མིའི་བར་དུ་འབྲེལ་བ་ཡག་པོ་འཛུགས་པར་བརྟེན། སྟོད་བཙུད་ཀྱི་འབྱུང་བ་ཆ་སྙོམས་ཤིང་སད་དང་སེར་བ། གཙའ་སོགས་ཀྱི་ཉེན་ཁ་སེལ་བ་སྟེ། ཟིམ་བུར་དལ་གྱིས་འབབ་པའི་རྒྱུན་ལས་མཁའ་དབྱིངས་སུ་འཇའ་ཤར་བས་མཚོན་པ་དེ་ལྟ་བུའི་ནུས་ལྡན་གྱི་བོན་པོ་ཞིག་ལ་ཟེར་རམ་སྙམ།

〔115〕**ཟེར་བོན།** ཟེར་ནི་ཉི་མའི་འོད་ཟེར་ཏེ། མུན་པའི་སྒྲུག་སེལ་བ་དང་གྲང་དད་ཆེ་བའི་དུས་སུ་དྲོད་ཕེབས་པའི་ཆ་རྐྱེན་ཡིན་ལ། གཞན་ཡང་གཤེན་པོའི་མཐུ་ནུས་ཀྱི་དཔལ་ཟེར་གྱིས་སྐྱེ་འགྲོའི་འབྱུང་ཁམས་ཆ་མི་སྙོམས་པའི་སྟབས་ཀྱིས་འགལ་རྐྱེན་དུ་མ་ཞིག་འབྱུང་བའི་སྐབས་ཡོད་པ་དེ་ཀུན་སེལ་བའི་ཐབས་ཚུལ་ལ་མཁས་པའི་བོན་པོ་ཞིག་ལ…གོ་དགོས་སྙམ།

〔116〕**སྨ་བོན།** བར་གཡེན་གྱི་གཏོད་འདི་རིགས་འབྲུགས་རྐྱེན་གྱིས་ཞིང་ལ་ལོ་ཏོག་མི་འཐོན་པའམ། འབྲུ་སྲིན་སོགས་ཀྱིས་འཚེ་བ་བྱེད་པ་སོགས་འགལ་རྐྱེན་མང་དུ་འབྱུང་སྲིད་པ་དེ་རིགས་སེལ་བ་དང་ལོ་ལེགས་སྐྱ་རྒྱལ་འབྱུང་བའི…ཐབས་ལ་མཁས་པའི་བོན་པོ་དེ་རིགས་ལ་ཟེར།

〔117〕**ཇི་བོན།** ཁྱིས་པ་ཆུང་དུ་ནམས་སྲིས་ཁྱེར་བ་དང་འབྲོག་མིའི་རྟ་ཕྱུགས་སོགས་གོད་ཁས་ཁྱེར་བ་དེ་རིགས་སྲུང་སྐྱོབ་བྱེད་ཐུབ་པ་དང་། དེ་དག་གི་འབྱུང་རྐྱེན་བར་གཡེན་གཏོད་ཀྱི་མཐུ་ནུས་ལ་བསྟུན་མཁས་པའི་བོན་པོ་ཞིག་ལ་ཟེར།

〔118〕**ལུས་རྗེ་རྒྱ་མདུད་འགྲོལ་བ།** ལུས་ཁམས་སྦྱ་ཞིང་བཀྲིང་བ་རྗེ་ལས་གྲུབ་པའི་རྒྱ་མདུད་ལྟ་བུ་ཞིག་ཡོད་ནའང་། དེ་ཉིད་འགྲོལ་བའམ་མི་བརྟན་པར་བྱེད་པའི་དོན་དུ་གོ།

〔119〕**འཁོར་ཞིང་གཏོགས་འདོད་ཆེ།** གདོན་དང་བགེགས་ཀྱི་རིགས་དེ་རྣམས་ནི་གང་ལ་འཚེ་བའི་སེམས་ཅན་མི་ལ་སོགས་པ་དེ་དག་གི་གཤེད་དུ་འཁོར་ཞིང་། མི་ལ་སོགས་པ་དེ་དག་གདོན་བགེགས་དེ་རྣམས་ཀྱི་དབང་ཡུལ་དུ་གཏོགས་འདོད་ཆེ་བར་ཡོད་པའི་དོན་ཨེ་ཡིན་སྙམ།

〔120〕**ཐོད་དཀར་མདའ་གང་བཅིངས་པ།** དབུ་གཙུག་ཏུ་ཐོད་དཀར་པོ་མདའ་སྨྱུག་གི་རིང་ཚད་ཙམ་བཅིངས་པ་ཞིག་གི་དོན་ཨེ་ཡིན་སྙམ།

〔121〕**གྱ་ནོམ་སྣང་བའི་ལྷ།** མི་ཆེ་བ་དང་མི་གདུང་བ། ཤིན་ཏུ་མཐོང་བ། གྱ་ནོམ་སྣང་བ། འོག་མིན་ཏེ། ལྷ་གནས་གཙང་མ་རིགས་ལྔ་རུ་གྲགས་པའི་བཞི་པ་དེ་ཡིན།

〔122〕**རྗེ་དམར།** ཞང་ཞུང་མེ་རི་སོགས་ཀྱི་སྔགས་ལས་གྲུབ་པའི་མཐུ་ནུས་ཀྱི་སྒོ་ནས་བསྲུང་བྱའི་ནད་གདོན་དང་། བར་ཆད་ཀྱི་རིགས་རྣམས་སེལ་བའི་ཆེད་མེའི་ལས་སྦྱོར་ཅི་རིགས་ཤིག་བྱེད་དུ་ཡོད་པ་དེ་ལ་ཟེར།

〔123〕**འདྲེ་དགུ།** མཐོ་རུ་མི་སྡེར་དམའ་བའི་འདྲེ། ཡོད་དུ་མི་སྡེར་མེད་པའི་འདྲེ། ཕྱུག་ཏུ་མི་སྡེར་དབུལ་བའི་འདྲེ། འཕན་དུ་མི་སྡེར་ཐུང་བའི་འདྲེ། གང་དུ་མི་སྡེར་སྟོང་བའི་འདྲེ། ཆགས་སུ་མི་སྡེར་འཇིག་པའི་འདྲེ། ཡག་ཏུ་མི་སྡེར་ཉེས་པའི་འདྲེ། སྐྱིད་དུ་མི་སྡེར་སྡུག་པའི་འདྲེ། འཕེལ་དུ་མི་སྡེར་འགྲིབ་པའི་འདྲེ་རྣམས་སུ་ངེས།

〔124〕**སྲི་བཅྭ།** ཕོ་སྲི་རལ་ཆེན་བདུད་རྗེ་དང་། མོ་སྲི་དར་གཞོན་བདུད་རྗེ་གཉིས། ཕོ་མོ་སྟང་དབྱལ་འཚོས་པ་

ལས་བྱུང་བའི་ཆེ་སྲིད། ཆུང་སྲི། ཐབ་སྲི་ངར་ནག རྒན་སྲི། གཞོན་སྲི། དར་སྲི། བྱེར་སྲི། བྱུར་སྲི་བཅས་སྲི་ཕ་མ་བུ་བཅུ་ཅུ་གྲགས་པ་དེ་རྣམས་སུ་ངེས།

〔125〕**བཀའ་སྲེ་སྟོད་གསུམ།** འདུལ་བ་དང་མདོ་སྡེ། མངོན་པ་གསུམ་ལ་ཟེར།

〔126〕**ཞང་ཞུང་གི་གསེན་གསུམ།** ཞང་ཞུང་ཨ་ནུ་ཕྲག་ཐག་དང་། སྟག་ཕྱེར་ལི་ཕྱེར། མུ་ཁྲི་བཙན་པོ་རྣམས་ཡིན་ནམ་སྙམ།

〔127〕**བླ་མ་ཆེ་བཞི།** དར་རྒྱས་གསལ་སྒྲོན་[631ཤ68བ4]ལས་སྟག་ལྷ་ཡོངས་དག་རྒྱལ་གཤེན་གླུ་སྒྲུབ་དང་། སྣང་བ་མདོག་ཅན་མུ་ཁྲི་བཙན་པོ་དྲུག་ལ། སྟོད་ཀྱི་བླ་མ་ཆེ་དྲུག་ཞེས་བྱ། ཞེས་གསུངས་པའི་ནང་ཚན་གྱི་བླ་མ་བཞིའམ། གསལ་བའི་སྒྲོན་མེ་[93ཤ32ན8]ལས་སྟོང་རྒྱུང་མཐུ་ཆེན་དང་མེ་ཉག་ལྡེ་ཚ་མཁར་བུ། ཤ་རི་དབུ་ཆེན། གྱིམ་ཚ་རྨ་ཆུང་བཞི་ལ་མཁས་པ་མི་བཞི་ཅུ་བཤད་ཡོད་པ་དེ་རྣམས་གང་ཅུང་ཞིག་ཏུ་ངེས་སྙམ།

〔128〕**མི་ཀླུད།** མངོན་པའི་སྡེ་སྣོད"མུ་ཁྲུད"ཅེས་བཤད་ཡོད་པ་དེའི་དོན་དུ་གོ།

〔129〕**འཛམ་བུ་སྒྲིག་བཤད།** ཤིང་ཛམ་བུ་སྲིཀྵ་སྟེ་དཔག་བསམ་གྱི་ཤིང་ཞེས་པ་དེའི་དོན་དུ་གོ།

〔130〕**ཀླུ་ཆེན་བརྒྱད།** མཐའ་ཡས་དང་འཇོག་པོ། ནོར་རྒྱས། དུང་སྐྱོང་། པདྨ། པདྨ་ཆེན་པོ། སྟོབས་ལྡན། རིགས་ལྡན་རྣམས་ལ་ཟེར།

〔131〕**ནེ་ཤྲད།** ནེ་ཤྲད་དམ་ནེ་ཤྲས་ཞེས་པ་ནི་ཞང་ཞུང་སྐད་དེ། བོད་སྐད་དུ་ས་གཞི་ཞེས་པའི་དོན་ལ་འཇུག

〔132〕**ཀོང་རྩེ་འཕྲུལ་གྱི་ཡི་གེ།** ཚིག་རྐང་འདིའི་འགྲོས་ལ་དཔྱད་ན་ཀོང་རྩེ་ཞེས་པ་དེ་ཡི་གེའི་རྣམ་པ་ལ་གོ་དགོས་པ་འདྲ་ཞིག་ཏུ་སྣང་མོད། དངོས་དོན་དུ་ཀོང་རྩེ་ཞེས་པ་ནི་འཕྲུལ་ཞེས་པའི་དོན་ལ་འཇུག་སྐབས། "འཕྲུལ་གྱི་ཡི་གེ"ཞེས་པ་ཙམ་ལས་དོན་གཞན་མེད།

〔133〕**འཕྲུལ་ཡིག་ཀོང་རྩེ་སུམ་ཅུ།** ཀོང་རྩེ་ཞེས་པའི་དོན་ནི་འཕྲུལ་ཡིན་སྐབས། འཕྲུལ་གྱི་ཡི་གེ་རྣམ་གྲངས་སུམ་ཅུ་ཡོད་པའི་དོན་དུ་གོ།

〔134〕**གབ་ཙེ་སུམ་བརྒྱ་དྲུག་ཅུ།** གབ་ཙེ་དང་གབ་རྩེ་ཞེས་ཡི་གེའི་འབྲི་སྟངས་མི་འདྲ་གཉིས་བྱུང་ཡོད་འདུག་ལ། གབ་རྩེ་ཡིན་པའི་དབང་དུ་བྱས་ན"རྩེ"ཞེས་པའི་ཚིག་འདི་ཞང་ཞུང་གི་སྐད་དུ་ཡིན་ལུགས་མོ་ལྟོག་གི་དོན་བསྟན་པའི་ཚིག་ཅིག་ཡིན་པ་དཔེར་ན་གྱེར་ཙེ་ཞེས་བོན་ལོག་གི་དོན་བསྟན་པ་དང་། དྲུན་ཙེ་ཞེས་བན་ལོག་གི་དོན་བསྟན་པས་མཚོན། འདིར་ལོ་གཅིག་གི་ཞག་གྲངས་ཇི་སྙེད་པའི་གནས་ཚུལ་ཐུན་མོང་གི་སྣང་ཡུལ་དུ་མི་གསལ་ཞིང་གབ་པའི་དོན་དེ་མོ་ལྟོག་ནས་གསལ་བར་བྱེད་པའམ། ཡང་ན"རྩེ"ཞེས་གནད་ཆེ་བའི་གཟེར་མང་ཞིག་གབ་ནས་ཡོད་པ་དང་། གང་ཞིག་གབ་ནས་ཡོད་པ་དེ་ཀུན་ལེགས་ཉེས་ཀྱི་བྱེད་པ་ལ་མཚོན་ཆའི་རྩེ་ལྟར་རྣོ་བས་དེ་སྐད་དུ་གྲགས་པ་དེ་གཉིས་གང་རུང……ཞིག་ལས་མི་འདའ་བ་ཡིན།

〔135〕**ཀྱི་ལང་།** ཞང་ཞུང་གི་སྐད་དུ་ཀུ་ལང་ཞེས་པ་དེ་བོད་སྐད་དུ་གསེར་ལ་འཇུག་པ་ཡིན།

〔136〕**ཀང་ཀ** ཞང་ཞུང་གི་སྐད་དུ་ཀང་ཀ་ཞེས་པ་དེ་བོད་སྐད་དུ་ཤེལ་ཞེས་བྱ།

〔137〕**ཕྱུན་ཚེན།** ཞང་ཞུང་སྐད་དུ་ཕྱུན་ཚེན་ཞེས་པ་དེ་བོད་སྐད་དུ་དུང་ལ་འཇུག་པ་ཡིན།

〔138〕**ཐྱོམ་ཤང་།** ཞང་ཞུང་སྐད་དུ་ཐྱོམ་ཤང་ཞེས་པ་དེ་བོད་སྐད་དུ་ལྕགས་ཞེས་བྱ།

〔139〕**རྡེ་རྫུས།** ཞང་ཞུང་སྐད་དུ་རྡེ་རྫུས་ཞེས་པ་ནི་པིཊྛཙ་ཞེས་པའི་དོན་དུ་གོ།

〔140〕**ཨེ་ཏ།** འདི་ཞང་ཞུང་སྐད་དུ་རིན་པོ་ཆེའི་རིགས་ཤིག་གི་མིང་དུ་ངེས་མོད་གང་ཡིན་མ་ངེས་ལ། དཔེ་འགར་ཨ་ན་ཞེས་ཀྱང་བཀོད་ཡོད་འདུག

〔141〕**ག་ལྡང་།** ཞང་ཞུང་སྐད་དུ་ག་ལྡང་ཞེས་པ་བོད་སྐད་དུ་གཡུ་ལ་འཇུག་པ་ཡིན།

〔142〕**ཐ་རམ།** དམ་རྒྱ་བྱས་པའི་དོན་གནའ་བོའི་སྐད་དུ་གྲགས་པའི་ཚིག་ཅིག་ཡིན།

〔143〕**ཞུགས་ལ་བཞེངས།** མེ་ལ་བསྲེགས་པའི་དོན་དུ་གོ།

〔144〕**བྲས་ཀྱིས་སད།** སེམས་ལ་གྱིས་འུར་ལངས་པའི་དོན་ཨེ་ཡིན་སྙམ།

〔145〕**དམག་བཟློག་བརྒྱུགས།** དམག་མི་རྣམས་ར་མདའ་སྦྲན་ནས་ཉེན་ཁ་བཟློག་ཏུ་ཕྱིན་པའི་དོན་ཨེ་ཡིན་སྙམ།

〔146〕**ཟློ་སྦྲམ་ཐ་རམ།** ཟློ་ཡི་སྦྲམ་བུ་དམ་རྒྱ་བྱས་པའམ་ཕྱག་རྒྱས་བཏབ་ཡོད་པའི་དོན་ཡིན།

〔147〕**ཟུར་བཞི་མཆོད་རྟེན་ཕྱི་མ་བས་སུ་ལྷབ་བས་མཐོ།** ཚིག་སྒྲུབ་འདི་དཔེ་གཞན་[པེ་568 ཕ་17] ལས་“ཟུར་བཞི་མཆོད་རྟེན་ཕྱི་མ་བས་སུ་བལྟབ་པས་མཐོ།” ཞེས་གསལ་བའི་དགོངས་དོན་ནི་ཟུར་བཞི་ལ་མཆོད་རྟེན་རེ་བཞེངས་པ་དེ་རྣམས་ཕྱིའི་ལྕགས་རིའི་མཐོ་ཚད་ལས་ལྷག་གྱིས་མཐོ་བའི་དོན་དུ་གོ།

〔148〕**སོགས་བཞི་མཆོད་རྟེན་ཕྱི་བས་སུ་བུན་ཐང་ཙམ།** ཚིག་སྒྲུབ་འདི་དཔེ་གཞན་[པེ་568 ཕ་18] ལས་“སོགས་བཞི་མཆོད་རྟེན་ཕྱི་མ་བས་བུན་ཐང་ཙམ།” ཞེས་བཀོད་ཡོད་འདུག་ལ། བུན་ཐང་ཙམ་ཞེས་པ་ནི་ལྷག་འགྱུར་གྱིས་ཆེ་བ་སྟེ། དོན་དུ་སོགས་བཞི་ན་ཡོད་པའི་མཆོད་རྟེན་རྣམས་ནི་མཆོད་རྟེན་ཕྱི་མའམ་ཕྱིའི་ལྕགས་རིའི་རྒྱབ་ཀྱི་མཚམས་བཞི་ལ་ཡོད་པའི་མཆོན་རྟེན་རྣམས་ལས་ལྷག་འགྱུར་གྱིས་ཆེ་བའི་དོན་དུ་གོ།

〔149〕**མཐོ་རིས་གསུམ།** ལྷ་དང་མི། ལྷ་མ་ཡིན་གསུམ་ལ་ཟེར།

〔150〕**ངན་སོང་གསུམ།** དམྱལ་བ་དང་ཡི་དྭགས། བྱོལ་སོང་གསུམ་ལ་ཟེར།

〔151〕**ཁྲམས་ཁང་སུམ་ལྷབ་བས་སུ་མཐོ།** དབུས་ཀྱི་ཁྲམས་ཁང་དེ་བར་གྱི་ཁྲམས་ཁང་ལས་སུམ་ལྷབ་ཀྱིས་མཐོ་བའི་དོན་དུ་གོ།

〔152〕**གླིང་སྐོར་ཏི་ཤུ་རྩ་ལྔ།** གླིང་སྐོར་གྱི་རྒྱ་ཁྱོན་ནི་ཁྲམས་ཀྱི་ཚད་ཏི་ཤུ་རྩ་ལྔ་སྟེ། ཁྲམས་ཚད་འདོམ་དོ་དང་ཁྲུ་རེ་ཡིན་པ་དེ་ལྟར་ན། གླིང་སྐོར་གྱི་རྒྱ་ཁྱོན་འདོམ་ལྔ་བཅུ་ང་གསུམ་དང་ཁྲུ་གང་དགོས་པའི་དོན་ཨེ་ཡིན་སྙམ།

〔153〕**དབུས་བཞག་ཕྱོགས་བཞི་གསུམ་བསྒྲེས་པ།** ཁྲམས་དེ་ཉིད་དབུས་སུ་བཞག་པའི་ཕྱོགས་བཞིའི་སོགས་སུ་གཡུང་དྲུང་གསུམ་བསྒྲེས་པའམ། གཡུང་དྲུང་སུམ་སྦྲེལ་གྱི་དཔེ་རིས་  འདི་ལྟ་བུས་མཚན་པའི་དོན་ཡིན་ནམ་སྙམ།

〔154〕**བྱིན་ཐང་བྱིན་ཐང་འགྱུར་བ།** རེ་རེ་ལས་རེ་རེ་ལྷག་འགྱུར་གྱིས་ཆེ་བའི་དོན་དུ་གོ།

〔155〕**ཟེའུ་འབྲོག** དཔེ་གཞན་[པེ་570ཕ་4]ལས"ཟེར་དུ་འཕྲོ"ཞེས་པས་གསལ།

〔156〕**ཤི་སྨོན་དར་དྲས།** ཞང་ཞུང་སྐད་དུ་ཤི་སྨོན་ཞེས་པ་བོད་སྐད་དུ་དར་ཟབ་ལ་འཇུག་པས་དོན་དུ་དར་ཟབ་དྲས་པའི་ཐག་པ་ལ་གོ་དགོས།

〔157〕**ཅིང་ཆེན།** གནའ་དུས་སུ་ཞང་ཞུང་ན་གྲགས་ཆེ་བའི་རོལ་ཆས་ཀྱི་བྱེ་བྲག་ཅིག་ཡིན་པ་ནི་གཤེན་རབ་ཀྱི་མཛད་པ་སོགས་དུས་སྟོན་རྣམས་སུ་རོལ་ཆས་དེ་རིགས་བེད་སྤྱོད་བྱས་པའི་ཚུལ་མང་དུ་བཤད་ཡོད་པས་ཤེས་ཐུབ་ལ། རོལ་ཆ་དེ་བེད་སྤྱོད་བྱེད་སྟངས་དཔེ་འདིར"ཅིང་ཆེན་སྒྲོགས"ཞེས་གསལ་ལ། དཔེ་གཞན་དྲི་མེད་གཟི་བརྗིད[མདོ་ཀ་ཤ283བ5]ལས"ལ་ལས་ནི་ཅིང་ཆེན་འདེགས་སོ།།" ཞེས་སོགས་མི་འདྲ་བ་འགའ་རེ་ཡོད།

〔158〕**ཅང་ཆེན།** གནའ་དུས་ཞང་ཞུང་ན་གྲགས་ཆེ་བའི་རོལ་ཆས་ཤིག་སྟེ། དེ་ཉིད་བེད་སྤྱོད་བྱེད་སྟངས་ནི་མཛད་མདོ་སོགས་ཡིག་ཆ་ཕལ་མོ་ཆེར"ཅང་ཆེན་བརྡུང"ཞེས་གསལ།

〔159〕**ཆག་ཐུར།** གནའ་དུས་ཞང་ཞུང་ན་དར་བའི་རོལ་ཆས་ཀྱི་བྱེ་བྲག་ཅིག་སྟེ། མིང་ཚིག་འདི་ཡི་གེར་འགོད་སྟངས་ལ་རྣམ་པ་མི་འདྲ་བ་འགའ་ཡོད་པ་ནི་དཔེར་ན་གཟི་བརྗིད[མདོ་ཀ་ཤ283བ5]ལས"ཆག་པར"ཞེས་པ་དང་། གཟི་བརྗིད་[ཐོབ་ཁ262ཤ131ན་4]ལས"ཅག་པར"ཞེས་གསལ་བ་དང་། རོལ་ཆས་དེ་བེད་སྤྱོད་བྱེད་སྟངས་ཀྱང་དཔེ་འདིར"ཆག་ཐུར་འདེབས"ཞེས་གསལ་བ་ལ། དཔེ་གཞན་[མདོ་ཀ་ཤ283བ4]དུ"ཆག་པར་བརྡེབ"ཅེས་གསལ།

〔160〕**སྒོང་།** གནའ་དུས་ཞང་ཞུང་གི་ཡུལ་དུ་དར་སྲོལ་ཆེ་བའི་རོལ་ཆས་ཤིག་ཡིན་པ་ནི་སྨོས་མ་དགོས་ནའང་། རོལ་ཆས་དེ་བེད་སྤྱོད་བྱེད་ཚུལ་དཔེ་འདི་རང་དུ"སྒོང་བསྒྱུར"ཞེས་པ་དང"སྒོང་ཡོར"ཞེས་པ། "སྒོང་རྡེ"ཞེས་མི་འདྲ་བ་གསུམ་ཙམ་བསྟན་ཡོད།

〔161〕**སུར་སྣ།** རོལ་ཆའི་བྱེ་བྲག་ཅིག་གི་མིང་ཡིན།

〔162〕**གནམ་ལ་ཉི་མ་རླུང་བཟང་།** གནམ་གྱི་ཉི་ཁྲིམ་རྒྱུ་སྐར་གྱི་འཁོར་སྤྱོད་སྦྱོར་བཟང་བའི་སྐབས་ཀྱིས་ས་གཞིའི་བར་སྣང་གི་རླུང་གཤིས་ཀྱང་བཟང་བའི་དོན་དུ་གོ།

〔163〕**རྒྱལ་བུ་སྟོན་པའི་ལོ་མཛོད།** གཤེན་རབ་མི་བོ་ཆེ་དེ་ལོ་གྲངས་ཤིན་ཏུ་མང་པོ་ཞིག་ལ་ཞལ་བཞུགས་ནས་སེམས་ཅན་གྱི་དོན་མཛད་པའི་ཚུལ་མཛད་མདོ་རྣམས་སུ་བཤད་ཡོད་པར་བརྟེན། གཤེན་རབ་ཀྱི་མཛད་པ་དང་འབྲེལ་བའི་ལོ་གྲངས་མང་པོ་དེ་ལ"ལོ་མཛོད"ཅེས་པའི་ཐ་སྙད་བྱས་ཡོད་པར་མངོན།

〔164〕**རྒྱལ་བུའི་ལོ་མཛོད་བཅུ་གཉིས།** རྒྱལ་བུའི་མཛད་པ་དང་འབྲེལ་བའི་ལོ་གྲངས་ཆེས་མང་བའི་མཛོད་དེ་བྱི་བ་དང་། གླང་། སྟག ཡོས། འབྲུག སྦྲུལ། རྟ། ལུག སྤྲེལ། བྱ། ཁྱི། ཕག་བཅས་ལོ་སྐོར་བཅུ་གཉིས་དང་མ་འབྲེལ་བ་མེད་སྐབས། ལོ་སྐོར་བཅུ་གཉིས་ལའང་རྒྱལ་པོའི་ལོ་མཛོད་ཀྱི་ཁྱད་ཆོས་སྦྱར་ཡོད་པར་མངོན།

〔165〕**བཟང་པོ་ལ་རུ་ཕྱུག་མ་བྱས་ཟིན།** རུ་ཡུག་ཅེས་པ་ནི་ཞང་ཞུང་གི་སྐད་དེ། བོད་སྐད་དུ"གློག་ལྟར་སྒྱུར་བ"ཞེས་པའི་དོན་ལ་འཇུག་པ་ཡིན་སྐབས། བཟང་པོའི་ལས་རྣམས་གེགས་མེད་པར་གློག་ལྟར་སྒྱུར་བའི་ཚུལ་གྱིས་

འགྲུབ་པ་དང་། མཁར་གཞིས་མ་དང་བུས་ཟིན་ཐུབ་པ་ཞིག་གི་དོན་དམ། གཡག་རྐོད་ཀྱིས་རྟ་སོགས་སེམས་ཅན་གཞན་དག་ལ་ཏ་ཡུག་བྱེད་དེ་གསོད་པ་ལྟར། གནོད་བྱེད་གང་སྲུའང་ཉུང་བས་མི་སོགས་སེམས་ཅན་རང་བཞིན་བཟང་པོ་ཞིག་ལ་ཏ་ཡུག་གིས་འཚེ་བ་དེའི་ཚེ་མ་དང་བུས་ཀྱང་གནོད་ཐུབ་པའི་དོན་ལྟ་བུ་གང་ཉུང་ཞིག་ལ་གོ་དགོས་སམ་སྙམ། ཏུལ་རི་ཞེས་པ་འདི་ཏུལ་དྲི་སྟེ།

〔166〕**ཏུལ་རི་ནག་པོ་སྐུ་ལ་ཞེན།** ཏུལ་བའི་དྲི་ངན་པ་ནག་པོ་སྟེ་མི་དགེ་བའམ་བཀྲ་མི་ཤིས་རང་བཞིན་ཅན་དེ་སྐུ་ལ་ཞེན་པའི་དོན་དུ་གོ།

〔167〕**མི་ལ་ལོ་བྱུང་།** མིའི་རིགས་ལ་ལོ་མཛོད་ཀྱི་རྒྱལ་ཁ་བྱུང་བའི་དོན་དུ་གོ།

〔168〕**མེས་ཕྱི་ཚང་མ།** ཕ་མ་གཉིས་གསོན་པོར་འཚོ་བ་ཙམ་དུ་མ་ཟད། མེས་ཕྱི་སྟེ་ཕ་མ་གཉིས་ཀྱི་ཕ་མའང་གསོན་པོར་འཚོ་བཞིན་ཡོད་པའི་མི་སྲུའང་ཉུང་བ་ཞིག་གི་དོན་ཡིན།

〔169〕**ཧྲུ་ཞག** ཧྲུ་ཞེས་པ་ནི་ཞང་ཞུང་སྐད་དུ་འཕྲུལ་གྱི་དོན་ཏེ། "ཧྲུ་སླིག" ཅེས་པ་ཧྲུ་འཕྲུལ་གྱི་དོན་ལ་འཇུག་པས་ཤེས་ཐུབ་ལ། ཞག་ནི་བོད་ཀྱི་སྐད་དེ། ཉིན་དང་མཚན་ཆུ་ཚོད་ཉེར་བཞིའི་རིང་ལ་ཞག་གཅིག་ཅེས་བྱ། དོན་དུ་ཧྲུ་ཞག་ཅེས་པ་ནི་ཞག་རེ་བཞིན་གྱི་དུས་དེ་ལ་སྟོད་བཙུད་ཀྱི་འབྲེལ་ཇི་ལྟར་ཡོད་པ་སོགས་ཤེས་དཀའ་བའི་གནད་དེ་རིགས་གསལ་བར་སྟོན་པ་ཆ་རྐྱེན་དེ་ལ་ཧྲུ་ཞག་གི་ཁྱད་འདོན་བྱས་ཡོད་པར་མངོན།

ལེའུ་གཉིས་པ། དུས་རིམ་བར་མའི་ལོ་རྒྱུས་ཡ་ཐོག་བོད་ཀྱི་སྐོར།

ས་བཅད་དང་པོ། ཡ་ཐོག་བོད་ཀྱི་མི་རབས་བྱུང་ཚུལ།

བོད་ཀྱི་ཡ་ཐོག་གི་མི་རྒྱུད་ཇི་ལྟར་བྱུང་ཡོད་པའི་ཚུལ་འདི་ནི་ཡ་ཐོག་གི་བོད་མིའི་འབྱུང་ཁུངས་ཚད་གཅོད་བྱེད་དགོས་པ་དེ་ཁོ་ན་ལ་རག་ལས་ཤིང་། ཡ་ཐོག་བོད་མིའི་ལོ་རྒྱུས་ཚད་གཅོད་བྱེད་པ་ལ་མེད་དུ་མི་རུང་བ་ཞིག་ནི་ཡ་ཐོག་ཁང་ཁྱུང་གི་ཐོག་མའི་མི་རྒྱུད་ཀྱི་ལོ་རྒྱུས་ཇི་སྙེད་ཅིག་བོན་གཞུང་རྙིང་མ་རྣམས་ཀྱི་ཁྲོད་དུ་བཀོད་ཡོད་པ་དེ་རྣམས་དང་རྩ་བ་ནས་བྲལ་ཐབས་མེད་པ་ཞིག་རེད།

བོད་ཀྱི་རྒྱལ་རབས་དང་ཆོས་འབྱུང་གྲགས་ཆེ་བ་འགར་བོད་ཀྱི་ཡ་ཐོག་གི་རྒྱལ་པོ་དང་བོད་ཀྱི་མངའ་སྡེ་རྣམས་རྒྱ་གར་གྱི་རུ་པ་ཏིའི་དཔང་ཚོགས་བོད་དུ་ཡུལ་བྱོལ་བ་ལས་བྱུང་བར་བཤད་ཡོད་པ་དེ་ལྟ་བུའི་ལྟ་སྣང་དེ་ནི་ཡ་ཐོག་གི་རྒྱལ་འབངས་དུས་མཉམ་དུ་བྱུང་བར་བཞེད་པའི་ལུགས་ཤིག་ཡིན་མོད། དངོས་ཀྱི་གནས་ལུགས་ཀྱི་སྟེང་ནས་དཔྱད་ན་བོད་ཀྱི་ཡ་ཐོག་གི་མི་རབས་ཞེས་པ་འདི་དང་བོད་ཀྱི་ཡ་ཐོག་གི་རྒྱལ་རབས་ཞེས་བྱ་བ་འདི་གཉིས་ཀྱི་སྣང་གཞི་རྩ་བ་ནས་འདྲ་ཐབས་མེད་པ་ནི་གནའ་བོའི་ལོ་རྒྱུས་ལ་གོམས་འདྲིས་ཅིའང་མེད་པ་ཞིག་གིས་ཀྱང་ཤེས་ཐུབ་པ་དེ་རེད།

གནའ་རབས་བོད་མིའི་འབྱུང་ཁུངས་སྐོར་ལ་བན་བོན་གཉིས་ཕྱོགས་མཐུན་དུ་བཤད་སྲོལ་ཡོད་པ་ཞིག་ནི། བོད་ཀྱི་ཡ་ཐོག་གི་མི་རྒྱུད་རྣམས་སྤྲ་དང་སྲིན། འབྲུ། སྨ་སྡེ་རུས་ཆེན་བཞི་འམ་ཆེ་དང་བཅས་ཏེ་ལྡིའམ་ཡང་ན་དཔའ་ཡི་ཚན་དང་ཟླ་ཡི་ཚན་བཅས་ཏེ་བདུན་ནམ། ཡི་ཚན་གཉིས་གཅིག་ཏུ་བསྡོམས་པས་དྲུག་ཏུ་འགྱུར་བ་དེ་རྣམས་དང་དེ་རྣམས་ཕན་ཚུལ་འདྲེས་པ་ལས་རིམ་གྱིས་བོད་ཀྱི་མི་རྒྱུད་འདི་བཞིན་བྱུང་བར་བཤད་པ་དེ་ནི་ཡ་ཐོག་ཁང་ཁྱུང་གི་མི་རབས་ཇི་ལྟར་བྱུང་བའི་ཚུལ་བསྟན་པའི་སྐབས་ཡ་ཐོག་སྲིད་པའི་མི་བོ་སངས་པོ་འབུམ་ཁྲི་ནས་རིམ་གྱིས་སྲིད་པའི་མི་རབས་མཆེད་དགུ་བརྒྱུད་པའི་རྗེང་ལ་རུས་ཆེན་བཞི་དང་། དབལ་ཟླ་གཉིས་བཅས་མིའུ་གདུང་དྲུག་ཏུ་གྲགས་པ་ལས་ཁང་བོད་ཀྱི་མི་རྒྱུད་རྣམས་མཆེད་པར་བཤད་པ་དེ་ལས་འདའ་བའི་ཐབས་མེད་པ་ཞིག་ཡིན། དེ་ལྟར་ནའང་སྤྲའམ་ཁྱུང་གི་རུས་ཆེན་

ལས་ཞང་ཞུང་གི་མི་རྒྱུད་རྣམས་མཆེད་པ་ཕུད། དུས་ཆེན་གཞན་པ་སྔོང་དང་འབྲུ། སྨ། གོ་དང་། དཔལ་ལྷ་བཅས་པའི་མི་རྒྱུད་དེ་རྣམས་ཇི་ལྟར་མཆེད་པ་དང་། དེ་དག་གི་གནས་ཡུལ་སོགས་ཀྱི་སྐོར། མདོར་ན་དུས་རིམ་མི་འདྲ་བ་ཅི་རིགས་པའི་ནང་དུ་སྤྱི་ཚོགས་ཀྱི་འཕོ་འགྱུར་མི་འདྲ་བའང་ཇི་སྙེད་པ་ཞིག་བྱུང་སྲིད་པ་ཡིན་སྟབས། དུས་ཆེན་དེ་དག་ལས་མཆེད་པའི་དམངས་ཚོགས་ཀྱི་མིང་དང་ཡུལ་གཉིས་ཆས་ལུགས། ཀུན་སྤྱོད་སོགས་ལའང་འགྱུར་བ་སྣ་ཚོགས་པ་ཞིག་ཐེབས་ཡོད་པ་ནི་སྨོས་མ་དགོས་པ་ཞིག་རེད། དེ་ཡང་ལྡེ་བྲག་ཆོས་འབྱུང་[ཤོག་ངོས་154ཕ5]ལས་བོད་ཀྱི་མིའུ་རིགས་བཞི་ཞེས་སེ་དང་རྨུ། ལྡོང་། སྟོང་གི་དུས་ཚོད་བཞི་བྱུང་བར་གྲགས་ཤིང་། ཡང་དབྲ་དང་འདྲུ་བསྣན་ནས་མིའུ་རིགས་དྲུག་ཏུའང་གྲགས་སོ། ཞེས་པ་ལས་གསལ་བ་བཞིན་ལོ་རྒྱུས་ཀྱི་ཡིག་ཆ་མང་དག་ལས་སེ་དང་རྨུ། ལྡོང་། སྟོང་བཅས་རྩ་བའི་དུས་ཆེན་རྣམ་པ་བཞི་རུ་བཤད་ཡོད། སྐབས་འདིར་སེ་དང་རྨུ། ལྡོང་། སྟོང་བཅས་རྩ་བའི་དུས་ཆེན་བཞི་དང་། དབྲ་དང་འདྲུ་བསྣན་པས་དྲུག་ཏུ་ཕྱེ་ཡོད་པ་དེ་ནི་སེའི་དུས་ཆེན་ལས་སྲུའི་དུས་ཚོད་ཆད་པ་དང་། སྟོང་གི་དུས་ཆེན་ལས་འདྲུའམ་འབྲུའི་དུས་ཚོད་ཆད་པ་ལ་དགོངས་ནས་དེ་སྐད་དུ་གསུངས་ཡོད་པར་མངོན······ཞིང་། ཡོངས་གྲགས་ཀྱི་དབང་དུ་བྱས་ན་ནི་སེའམ་བསེ་དང་། ཕྱུང་ཞེས་པ་དེ་དག་ནི་སྲུའི་དུས་ཆེན་ཡིན་པ་དང་། རྨུ་དང་སེང་ཞེས་པ་དེ་དག་ནི་སྨའི་དུས་ཆེན་ཡིན་པ་དང་། ལྡོང་ནི་ཨ་སྤྱི་ལྡོང་ངམ་སྐབས་འགར་སྨུག་པོ་གདོང་ཞེས་ཀྱང་གྲགས་པའི་དུས་ཆེན་དེ་ཡིན་ལ། སྟོང་ཞེས་པ་ནི་འབྲུའི་དུས་ཆེན་དུ་ངོས་འཛིན་སྲོལ་ཡོད་པ་ཡིན་སྟབས། དངོས་དོན་དུ་དུས་ཚོད་ཀྱི་ཐ་སྙད་མི་འདྲ་བ་ཇི་སྙེད་པ་ཞིག་བྱུང་ཡོད་ནའང་རྩ་བའི་དུས་ཆེན་རྣམ་པ་བཞིའི་ཁོངས་སུ་མ་འདུས་པ་གང་ཡང་མེད་པ་འདྲ་ཞིག་འདུག

བོད་ཀྱི་དུས་ཆེན་བཞིའི་སྐོར།

རྩ་བའི་དུས་ཆེན་བཞི་རུ་བཤད་པའི་སྲོལ་འདི་ནི་ཕྱོགས་ཀྱི་རྩ་བ་ཤར་ལྷོ་ནུབ་བྱང་བཞི་ཡིན་པ་ལྟར་"མི་རྒྱུད་ཀྱི་རྩ་བའི་མཆེད་སྟངས་ཤིག་ཡིན་པར་བརྟེན། "དུས་ཆེན་བཞི"ཞེས་པ་འདི་ཡོངས་སུ་གྲགས་པའི་གཏམ་ཞིག་ཏུ་གྱུར་འདུག་ལ་སློབ་དཔོན་པདྨ་སམ་བྷ་ཝས་མཛད་པའི་ལྷ་བསང་རྒྱག་བརྟན་ཆེན་མོ[སྡེ་ཤ10ཕ4]ལས་ཀྱང་གདོང་གི་གདོང་ལྷ་མོ་ཆུང་བསང་། སྲུ་ཡི་སྲུ་མོ་རེ་ཁྲ་བསང་། འབྲུ་ཡི་འབྲུ་མོ་ཁྲམ་ཁྲམ་བསང་། སྨ་ཡི་སྨ་མོ་ལེ་ལེ་བསང་། ཞེས་རྩ་བའི་དུས་ཆེན་གདོང་དང་སྲུ། འབྲུ། སྨ་སྟེ་བཞི་དང་། དེ་རྣམས་ལ་འགོ་ཞིང་འཆེས་པའི་ཤུགས་མགོན་མོ་རྣམས་ཀྱི་མཚན་གསལ་བར་བསྟན་ཡོད་པ་དེ་དག་གིས་ཤེས་ཐུབ་པ་ཡིན་ལ། རྩ་བའི་དུས་ཆེན་བཞི་པོ་ཐ་སྙད་མི་འདྲ་བ་ཞིག་གི་སྒོ་ནས་བསྟན་པ་ནི་

དེབ་ཐེར་དཔྱིད་ཀྱི་རྒྱལ་མོའི་གླུ་དབྱངས་[ཤེ11ཤ19]ལས་ཏུས་ཆེན་བཞི་ལས་གྲུབ་པའི་ཁམས། ཡེ་སང་དཀར་པོ་གནམ་གྱི་འཇུ་ཐག་ཅན་དང་གཅིག ཡེ་སྨོན་ནག་མོ་ཁྲོ་ཆུའི་ཕ་བོང་འདྲ་བ་དང་གཉིས། སྤྱང་ཁྲིག་ཡེ་ཤེས་ལྷའི་སྒྲོན་མེ་དང་གསུམ། མོན་ཛུ་ནག་པོ་ཁྱིའི་ཇ་ལྒང་ཅན་དང་བཞིར་དབྱེ་བ་བྱུང་ངོ་། །ཞེས་གསལ་ལ། ཐ་སྙད་འདི་རྣམས་ཀྱི་ཚིག་གི་འགྲོས་ལ་དཔྱད་ན་བོན་ཁུངས་ནས་བྱུང་བའི་གཏམ་ཞིག་ཡིན་ངེས་པ་ནི“ཡེ་སང་དཀར་པོ”དང་། “གནམ་གྱི་འཇུ་ཐག”ལ་སོགས་པའི་ཚིག་རྣམས་ཀྱིས་ཤེས་ཐུབ་ལ། འདི་བཞི་ནི“ཏུས་ཆེན་བཞི་ལས་གྲུབ་པའི་ཁམས”ཞེས་བཀོད་སྟངས་ལ་གཞིགས་ན་ཏུས་ཆེན་བཞི་པོ་དེ་རྣམས་ཀྱི་ཐུན་མོང་མ་ཡིན་པའི་མཚན་ཉིད་དང་འབྲེལ་བའི་ཁམས་ལ་ཐ་སྙད་དེ་སྐད་དུ་བརྗོད་སྲོལ་བྱུང་ཡོད་པར་མངོན། གཤད་མཛོད་ཆེན་མོར་ཏུས་ཆེན་བཞི་པོ་དེ་ལ་ཕྱིའི་ཏུས་ཆེན་བཞི་དང་ནང་གི་ཏུས་ཆེན་བཞི་ཞེས་ཕྱི་ནང་གི་དབྱེ་བ་བྱས་པ་ཡོད་ལ་ཕྱིའི་ཏུས་ཆེན་ཞེས་པ་ནི་བོད་མིའི་ཏུས་ལས་གཞན····དུ་གྱུར་པ་རྣམས་དང་ནང་གི་ཏུས་ཆེན་ཞེས་པ་ནི་བོད་མིའི་ཏུས་དང་དེའི་ཁོངས་སུ་གཏོགས་པའམ་དེ······ལས་མཆེད་པའི་ཏུས་ཚན་གྱི་དབྱེ་བ་བྱས་ཡོད་པ་ནི་བཤད་མཛོད་ཆེན་མོ་[ཐིམ190ཤ95བ2]ལས་ཕྱི་ཡི་མིའུ་རིགས་བཞི་ནི། རྒྱ་གར་རྒྱ་ནག་གཉིས། སྟག་གཟིག་གེ་སར་གཉིས་ཏེ་བཞི། ནང་གི་མིའུ་རིགས་བཞི་ནི། སེ་རྨུ་གཉིས། ལྡོང་སྟོང་གཉིས་ཏེ་བཞིའོ། །ལི་དང་བལ་པོ་གཉིས། ཧོར་དང་མི་ཉག་གཉིས་ཏེ་བཞིའོ། །” ཞེས་གསལ། འདིར“ལི་དང་བལ་པོ་གཉིས། ཧོར་དང་མི་ཉག་གཉིས་ཏེ་བཞིའོ། །” ཞེས་གསུངས་སྟངས་འདི་ལ་དཔྱད་ན་ལིའི་མི་རྒྱུད་དེ་རྣམས་ནང་གི་ཏུས་ཆེན་ཏུས་ཆེན་སེ་ལས་ཆད་པ་དང······བལ་པོའི་མི་རྒྱུད་དེ་རྣམས་ནང་གི་ཏུས་ཆེན་རྨུ་ལས་ཆད་པ་དང་། ཧོར་གྱི་མི་རྒྱུད་དེ་རྣམས་ནང་གི་ཏུས་ཆེན་ལྡོང་ལས་ཆད་པ་དང་། མི་ཉག་གི་མི་རྒྱུད་དེ་རྣམས་ནང་གི་ཏུས་ཆེན་སྟོང་ལས་ཆད་པར་བཞེད་ནས་གོ་རིམ་དེ་ལྟར་དུ་བཀོད་མཛད་པའམ་ཡང་ན་ཡོངས་གྲགས་ཀྱི་ལུགས་ལྟར་ལྡོང་ལས་མི་ཉག་དང་སྟོང······ལས་ཧོར་དང་སུམ་པའི་མི་རྒྱུད་རྣམས་བྱུང་བར་བཞེད་པ་གང་ཏུང་ཞིག་ཡིན་པར་ངེས་ལ། གང་ལྟར་ཡང་ལི་དང་བལ་པོ། ཧོར་གསུམ་པོ་འདི་རྣམས་བོད་ཀྱི་ཏུས་ཆེན་ལས་མཆེད་པའི་མི་རྒྱུད་ཡིན་པ་གསལ་བར་བསྟན་པ་ཡིན། འདིར་ལིའི་མི་རྒྱུད་དེ་རྣམས་སེའི་ཏུས་ཆེན་ལས་མཆེད་པར་བཤད་པའི་ཏུས་ཚན་དེ་ནི་གནའ་དུས་ན་ལི་ཡུལ་དུ་གཙུག་གནས་ཀྱི་མི་རིགས་དེ་ལ་ཟེར་བ་མ་གཏོགས། དེང་དུས་ཀྱི་ཡུ་གུར་མི་རིགས་ལ་ཟེར་བ་ནི་ལོ་རྒྱུས་ཀྱི་གཞི་རྩའི་དུས་རིམ་ཐ་དད་པས་ཤེས་ཐུབ་པ་ཡིན། གནའ་དུས་ཀྱི་ལི་ཡུལ་བ་རྣམས་ནི་བོད་མི་དང་ཏུས་ཁུངས་གཅིག་ཅིང་། དེ་རྣམས་ཀྱི་ལྷ་སྲུང་གང་ཅིའི་ཐད་བོད་མི་དང་འབྲེལ་ཆེ་བ་ཞིག་ཡིན་མོད། དུས་རེ་ཞིག་ན་ལི་ཡུལ་གྱིས་གཙོས་པའི་དབུས་ཨ་ཤེ་ཡའི་ཡུལ་ཁམས་ཕལ་ཆེར་དུ་ཏུ་

ཁའམ་དེང་དུས་ཀྱི་དབང་དུ་བྱས་ན་ཧུར་ཁའི་ཨེ་སེ་ལེམ་ཆོས་ལུགས་ཀྱིས་དབང་བཟུང་སྟེ། ཡུལ་ཁམས་ཕལ་མོ་ཆེ་ཁ་ཆེའམ་ཨེ་སེ་ལེམ་གྱི་ཆོས་ལུགས་སུ་བསྒྱུར་བ་དང་། ཧུར་ཁའི་ཡུལ་ནས་བྱུང་བའི་ཨེ་སེ་ལེམ་གྱི་མི་སྡེར་གཙོས་ཁོང་ཚོ་དང་མཉམ་འབྲེལ་བྱས་པའི་ཨིས་ལེམ་གྱི་དཔུང་ཤུགས་འཛིན་པའི་མི་སྡེ་མང་པོ་ལི་ཡུལ་སྟོད་སྨད་ཀུན་ཏུ་གནས་ཆགས་པ་ལས་དེང་དུས་ཀྱི་ཡུ་གུར་གཙོས་པའི་ཁ་ཆེའི་ཆོས་ལུགས་ཅན་གྱི་མི་རིགས་འདི་རྣམས་བྱུང་བ་ཡིན་ལ། ཨིས་ལེམ་གྱི་དཔུང་འཇུག་དེས་ལི་ཡུལ་ཙམ་དུ་མ་ཟད་རིམ་གྱིས་དབུས་ཨ་ཤེ་ཡའི་ཡུལ་ཁག་ཕལ་མོ་ཆེ་དབང་དུ་བྱས་རྐྱེན་གྱིས་ཡུལ་ཁམས་དེ་དག་ཏུ་ཁ་ཆེའི་ལུགས་འཆང་བའི་དམངས་ཚོགས་འདི་ཉིད་འཕེལ་རྒྱས་བྱུང་ཡོད་པ་རེད།

གཞི་རྩའི་རྒྱུ་མཚན་དེ་ལ་བརྟེན་ནས་དུས་ཕྱིས་ཀྱི་ཡུ་གུར་བ་རྣམས་སེའི་ཊུས་ཆེན་ལས་མཆེད་པ་ཞིག་མིན་ནའང་གནའ་དུས་སྐབས་ཏུ་ལུང་བསྟན་སོགས་སུ་གྲགས་ཆེ་བའི་ལི་ཡུལ་བ་དེ་ཚོ་ནི་བོད་ཀྱི་མི་རྒྱུད་དང་རྩ་བའི་ཊུས་ཁུངས་གཅིག་པའི་དོན་དུ་གོ། ཡོངས་གྲགས་བོད་ཀྱི་རྒྱལ་རབས་དང་ཆོས་འབྱུང་སོགས་ཀྱི་ཡིག་ཆ་རྣམས་སུ་རྩ་བའི་ཊུས་ཆེན་བཞིའམ་དྲུག་ཏུ་གྲགས་པ་དེ་རྣམས་གང་དང་གང་ཞིག་ཡིན་པ་དང་། ཊུས་ཆེན་གང་ཞིག་ལས་ཊུས་ཚན་གང་དང་གང་ཞིག་མཆེད་པའི་ཚུལ་སོགས་ཀྱི་བཤད་ཚུལ་ལ་རྣམ་པ་མི་འདྲ་བ་དུ་མ་ཞིག་བྱུང་ཡོད་པ་ཙམ་དུ་མ་ཟད་རྩ་བའི་ཊུས་ཆེན་དེ་རྣམས་ཀྱི་མིང་རྣམས་ཡི་གེར་འགོད་…… སྐབས་ལའང་མི་འདྲ་བ་ཅི་རིགས་པ་ཞིག་བྱུང་ཡོད། དཔེར་ན་ལྡོང་ལ“གདོང”ཞེས་པ་ལྟ་བུ་དང་། བསེ་ལ“སེ”ཞེས་དང་སྦྲ་ལ“དབྲ”དང་། འབྲུ་ལ“འགྲུའམ་འདྲུ”ཞེས་པ་ལྟ་བུ་དང་རྨུ“དམུ”ཞེས་པ་དང་། སྐ་ལ“ཀའམ་དགའ”ཞེས་པ་དང་དབལ་ལ“དཔའ”ཞེས་པ་ལྟ་བུ་མངོན་མཐོང་དུ་ཡོད་པས་ཤེས་ཐུབ། རྩ་བའི་ཊུས་ཆེན་དེ་རྣམས་ཀྱི་ནང་ནས་རིགས་བཟང་ངན་གཉིས་སུ་ཕྱེས་པ་ལས་རྗེ་དང་འབངས་ཀྱི་ཁྱད་པར་བྱུང་ཡོད་པའི་ཚུལ་ཊུས་མཛོད་པད་དཀར་སྙིང་ཚལ་[ཤ2ཕ5]ལས་དེ་ནས་རིགས་བཟང་པོ་རྣམས་ཀྱིས་(ཀྱི་)རང་ཤུགས་ཀྱི་ལས་རྣམས་བསྒྲུབ་པ་དེས་(དེའི་)བོད་ཀྱི་ཡུལ་ལྷ་རྣམས་དྭངས་པ་ཆེན་པོས་(པོའི་)མཆོད་པས། དེ་དག་རྣམས་ལ་ཞིང་པོ་ཞེས་ཟེར་ལ། ཕྱིས་དེ་རྣམས་ཀྱི་རིགས་ལ་ཞིང་པོ་ལྷ་རིགས་རྒོ་ཡང་ཟེར་བར་མངོན་པས། ལྷ་རིགས་རྒོ་དང་བསེའི་ནང་གི་བཟང་པོ་གཙོ་བོ་རྣམས་ལ་བསེ་ཁྱུང་སྦྲ། དེ་བཞིན་དུ་དམུ་ཡི་ནང་གི་རིགས་བཟང་པོ་གཙོ་བོ་རྣམས་ལ་དམུ་ཚ་ཀ། ལྡོང་གི་ནང་གི་རིགས་གཙོ་བོ་བཟང་པོ་རྣམས་ལ་ཨ་སྤོ་ལྡོང་། སྟོང་གི་ནང་གི་རིགས་བཟང་པོ་གཙོ་བོ་རྣམས་ལ་ཨ་ཐང་འབྲུ་ཞེས་བརྗོད་པ་འདིའོ། །ཞེས་རིགས་གཙོ་བོར་འཛིན་མཁན་དེ་རྣམས་ལ་ལྷ་རིགས་རྒོ། བསེ་ཁྱུང་སྦྲ། དམུ་ཚ་སྐ། ཨ་སྤོ་ལྡོང་། ཨ་ཐང་འབྲུ་ཞེས་རིགས་ཀྱི་གཙོ་བོ་ལྔ་ཊུ་བཤད་པ་དང་། ཡང་[ཤ3ཕ8]ལས་ཊུས་ཆེན་འདི་

དག་ལ་དོན་གྱི་མིང་ཡང་འདི་ལྟར་ཡོད། ཕོང་ཆེ་གཉན་ཅན་ཞེས་རྒྱལ་ཆེན་མི་བཞི་སོགས་བྱུང་བ་ཆེ་གཉན་ཆེ། འབྲུ་བྲུས་པ་ཅན་ཞེས་དགྲ་ལ་རྒོད་པ་དང་། ཀ་ཡིག་ཚང་ཅན་ཞེས་སློབ་གཉེར་ལ་མཁས་པ་དང་། སྨྲ་མིང་རྣ་ཅན་ཞེས་ཕྱུག་དཔལ་ཆེ་བ་སྟེ། ཞིང་རྒོ་ཞེས་པ་ལྔའི་རིགས་དང་ལྷ་ལ་རུས་ཆེན་སྟེ་ལྔ་ཟེར། རིགས་བཟང་པོ་རྣམས་འདི་ལྟར་ཡར་ཕུད་པའི་ལྷག་མ་རིགས་ངན་པ་ཐམས་ཅད་ཕྱིས་སུ་ཚན་གཉིས་སུ་བཅད་དེ། དེ་གཉིས་ལ་ནི་དཔའ་ཡི་ཚན་དང་བློ་ཡི་ཚན་ཞེས་དམངས་སམ་ཚ་ཞིང་གི་གཉིས་སུ་སྟེ་སྟར་དང་བདུན། ཞེས་ཕོང་དང་འབྲུ། ཀ། སྨྲ། རྒོ་བཅས་རུས་ཆེན་ལྔ་དང་། དེའི་སྟེང་དུ་དཔའམ་དཔལ་ཡི་ཚན་དང་། བློ་ཡི་མཚན་བསྟན་པས་རུས་ཚན་བདུན་དུ་བཤད་ཡོད། རུས་ཚན་གྱི་དབྱེ་ཞིབ་མི་འདྲ་བ་ཅི་དང་ཅི་ལྟ་བུ་ཞིག་བྱུས་ཡོད་ཀྱང་རུང་དོན་དུ་སྤྲའམ་ལྡོང་གི་རུས་ཚན་ལས་ཞང་ཞུང་སྒོ་ཕྱུག……བར་གསུམ་གྱི་མི་རྒྱུད་དེ་རྣམས་མཆེད་པ་དང་། སེང་ངམ་སྨའི་རུས་ཚན་ལས་འ་ཞའི་མི་རྒྱུད་དེ་རྣམས་མཆེད་པ། ཨ་སྤྱི་ཕོང་གི་རུས་ཚན་ལས་མི་ཉག་གི་མི་རྒྱུད་དེ་རྣམས་མཆེད་པ། སྟོང་གི་རུས་ཚན་ལས་སུམ་པའི་མི་རྒྱུད་དེ་རྣམས་མཆེད་ཡོད་པའི་བཤད་ཚུལ་འདི་ནི་ལོ་རྒྱུས་ཡོངས་གྲགས་སུ་གྱུར་འདུག དེ་ལྟར་ནའང་བཤད་ཚུལ་དེ་ནི་སྤྲའི་རུས་ཚན་ལས་ཞང་ཞུང་དང་སྨ་ལས་འ་ཞ། ཕོང་ལས་མི་ཉག་དང་སྟོང་ལས་སུམ་པའི་མི་རྒྱུད་རྣམས་ཇི་ལྟར་མཆེད་ཚུལ་གྱི་བཤད་པ་ཞིག་ཡིན་པ་ལས། བོད་རིགས་ཡོངས་རྫོགས་ཞང་ཞུང་དང་འ་ཞ། མི་ཉག སུམ་པ་བཞིའི་ཁོངས་སུ་གཏོགས་དགོས་པའི་གོ་དོན་ཞིག་ཀྱང་མིན་ལ། ཡང་ན་དེ་ལས་གོ་ལྡོག་ཏེ་ཞང་ཞུང་དང་འ་ཞ། མི་ཉག སུམ་པ་བཞིའི་རིགས་རྒྱུད་དེ་རྣམས་བོད་རིགས་ལས་གཞན་པའི་མི་རིགས་འགའ་ཞིག་ཡིན་པའི་དོན་ཞིག་ཀྱང་ཅ་བ་ནས་མིན། སྤྲའི་རུས་ཆེན་དུ་བསེ་དང་ལྡོང་སོགས་ཀྱི་ཐ་སྙད་ཡོད་པ་དང་། དེ་བཞིན་དུ་སྨའི་རུས་ཆེན་དུ་རྨུ་དང་སེང་སོགས་ཀྱི་ཐ་སྙད་ཡོད་པ་དང་། སྟོང་གི་རུས་ཆེན་དུ་འབྲུ་སོགས་ཀྱི་ཐ་སྙད་མི་འདྲ་བ་མང་པོ་ཞིག་བྱུང་ཡོད་པ་དེ་དག་སོ་སོར་ཅི་རིགས་འདྲེས་པ་སོགས་གནས་དུས་ཀྱི་ཆ་རྐྱེན་མི་འདྲ་བ་དུ་མ་ལ་བརྟེན་ནས་བོད་དབུས་གཙང་དང་མདོ…སྟོད་སྨད་རྣམས་ཀྱིས་གཙོས་པའི་ཡུལ་གྲུ་ཁག་ཏུ་དུས་རིམ་མང་པོ་ཞིག་གི་རིང་ལ་རྒྱ་ཆེན་པོའི་བོད་མི……རྣམས་འཕེལ་རྒྱས་སུ་ཕྱིན་པ་ཡིན་སྐབས། རུས་ཚན་གྱི་བྱེ་བྲག་དེ་དག་ཙམ་དུ་མ་ཟད། རང་རེ་ལ་ཆ་རྒྱུས་གང་ཡང་མེད་པའི་རུས་ཚན་གྱི་ཐ་སྙད་གྲངས་ཀྱིས་མི་ལང་བ་ཞིག་ཡོད་ངེས་པའང་ཤུགས་ཀྱིས་ཤེས་ཐུབ…པ་དེ་རེད། སེ་དང་ལྡ་སྦྲུལ་སེ་འ་ཞ། ལྷགས་དང་བྱ་སྦྲེལ་སྦྲང་ཞང་ཞུང་། ས་དང་གཤེད་བཞི་རྒྱལ་དྲུང་རྗེ། ཆུ་དང་བྱ་ཕག་ཕོང་མི་ཉག ཅེས་པས་བོད་ཀྱི་རུས་ཆེན་ལྔ་པོ་དེ་དག་ལ་ཐུན་མོང་མ་ཡིན་པའི་མཚན་ཉིད་ཅན་གྱི་འབྱུང་ཁམས་དང་། ལོ་སྐོར་བཅུ་གཉིས་ཀྱིས་མཚོན་པའི་ཤུགས་མགོན་(1) རྣམས་ཡོད་པར་

བཤད་པ་དེ་རེད། དེ་ལས"ཤིང་དང་སྐྱག་ཡོས་སྟོང་གསུམ"ཞེས་པའི་ཚིག་ཕྲད་འདིར"སྟོང་གསུམ" ཞེས་གསལ་ནའང་དེ་ནི་ཡིག་མཁན་རྣམས་ཀྱིས་ཚིག་དོན་ཇི་བཞིན་མ་གོ་བས་ཡོངས་གྲགས་ཀྱི་ཚིག"སྟོང" གསུམ"ཞེས་པར་གཞིར་བཟུང་ནས་ཡིག་ནོར་བྱས་པ་ཞིག་ལས་དོན་དུ"སྟོང་སུམ"ཞེས་པ་སྟེ། གནའ་ བོའི་ཉུས་ཆེན་སྟོང་དང་དེ་ལས་མཆེད་པ་སུམ་པའི་མི་སྡེ་བཅས་ལ་གོ་དགོས་པ་དང་། "སེ་དང་རྣ་སླལ་སེ་ འ་ཞ།"ཞེས་པའང་སེ་དང་སེང་ཞེས་པའི་ཚིག་འདི་གཉིས་ཡིག་མཁན་རྣམས་ཀྱིས་ནོར་བ་བྱས་པ་ཞིག་ཡིན་ ངེས་པ་སྟེ། ཞེས་བསེ་ཁྲུང་སྦྲ་ཡི་དོན་བསྟན་ཅིང་། སྦྲའི་ཉུས་ཚན་ནི་གོང་གི་ཚིག་ཕྲད་དེའི་མཇུག་ཐོག་དེ་ མ་ཐག་ཏུ"ལྡགས་དང་བྱ་ཁྱིལ་སྦྲང་ཞང་ཞུང་།" ཞེས་འབྱུང་བས་གསལ་བར་བསྟན་པས་སེའམ་བསེའི་ དོན་ཡིན་མི་སྲིད་ཅིང་། སེང་དང་རྨུ་དག་ནི་སྨའི་ཉུས་ཆེན་ཡིན་པ་དང་། སྨའི་ཉུས་ཆེན་ནི་འ་ཞའི་མི་ རྒྱུད་གང་ནས་མཆེད་པའི་ཉུས་ཁུངས་ཐུབ་མོང་མ་ཡིན་པ་ཞིག་ཡིན་པ་དེ་དག་གིས་ངེས་ཤེས་རྙེད་ཐུབ་པ་ ཡིན།

སྦྲའི་ཉུས་ཆེན་ལས་མཆེད་པའི་ཞང་ཞུང་གི་མི་རྒྱུད་ནི་ཞང་ཞུང་སྒོ་ཕུག་བར་གསུམ་དུ་གྲགས་པའི···· མངའ་ཁོངས་དེ་དག་ཏུ་གཙོ་ཆེར་འཕེལ་རྒྱས་བྱུང་ཡོད་པའི་སྐོར་ཡ་ཐོག་ཞང་ཞུང་གི་མི་རབས་བྱུང་ཚུལ་ གྱི་སྐབས་སུ་གསལ་བར་སྨྲས་ཡོད་པ་དེ་ཡིན་ལ། "སྨའམ་སེང"གི་ཉུས་ཆེན་ལས་མཆེད་པའི་མི་སྡེ"འ་ཞ" ཞེས་སུ་གྲགས་པ་དེ་ནི་སུམ་པའི་ལྷོ་ངོས་དང་། མི་ཉག་གི་ལྷོ་ནུབ་མཚམས་སུ་ཆགས་ཡོད་པའི་མདོ་ཁམས་ ཕྱོགས་ཀྱི་མངའ་སྡེ་ཞིག་ཡིན། དེང་དུས་ཀྱི་དབང་དུ་བྱས་ན་དབུས་གཙང་གི་ཤར་ཕྱོགས་མདོ་ཁམས་ནང་ ཆེན་ནས་བརྩམས། མཚོ་ཁྲི་ཤེར་རྒྱལ་མོ་ནས་ལྷོ་ཕྱོགས། སྡེ་དགེའི་ནུབ་བྱང་། ཤར་མཐའ་རྒྱལ་རོང་། བྱང་མཐའ་སོག་ཡུལ་ལ་ཐུག་པའི་བར་གྱི་མངའ་ཁོངས་དེ་ལ་ཟེར་བ་ཡིན། འ་ཞའི་ཡུལ་གྱི་ལྟེ་བ་ནི། དེང་ དུས་སུ"སྐ"དང་ཡང་ན"སྐ་ཁོག"ཅེས་སུ་གྲགས་པའི་ཡུལ་ཕྱི་དེ་དག་ཡིན་ངེས་པ་ནི་དུས་ཚན་གྱི་མིང···· ཡུལ་ལ་ཐོགས་ཡོད་པ་དེ་ཁོ་ནས་དཔང་པོར་བྱེད་ཐུབ་པ་དེ་འདྲ་ཞིག་ཡིན་ནའང་ཡུལ་དེར་གནའ་རབས··· སུ་གྲགས་ཆེ་བའི་རྒྱལ་ས་དང་། གྲོང་ཁྱེར་སོགས་གང་དག་བྱུང་མྱོང་ཡོད་པ་དེ་རིགས་ནི་ཞིབ་འཇུག་གི་སྒོ་ ནས་རྩད་འཚོལ་བྱ་རྒྱུར་བསྡད་ཡོད་པ་དེ་རེད།

ཨ་མྱོ་ལྡོང་གི་ཉུས་ཆེན་ལས་མཆེད་པའི་མི་སྡེ"མི་ཉག"ཅེས་བྱ་བ་དེ་ནི་སུམ་པ་དང་། འ་ཞའི་ཤར་ ངོས་སུ་ཆགས་ཡོད་པའི་མངའ་སྡེ་ཞིག་སྟེ། ཡ་ཐོག་གི་དུས་སུ་ལྡོང་གི་མི་རྒྱུད་ཐོན་ཆེ་བ་ཞིག་ནི་མཚོ་ཁྲི་ ཤེར་རྒྱལ་མོའི་ཉེ་འཁོར་དུ་ཆགས་ཡོད་ནའང་དུས་རིམ་གྱི་འགྱུར་བར་བརྟེན། མི་ཉག་གི་གདུགས་གཞིའི་ ལྟེ་བ་དེ། དེང་དུས་ཀྱི་དབང་དུ་བྱས་ན་ཕལ་ཆེར་མཚོ་སྔོན་ཞིང་ཆེན་དང་ཀན་སུའི་ཤར་ངོས། སི་ཁྲོན་གྱི་

བྱང་ཤར་མཚམས་སུ་གནས་ཆགས་ཡོད་པའི་མི་སྡེ་དེ་རྣམས་ལ་ཟེར་བ་ཡིན། གནའ་ལུགས་ཡོངས་གྲགས་སུ་མི་སྡེ་དེ་རྣམས་ལ"སྟོང"ཞེས་པའམ"སྟོང་པ"ཞེས་སུ་གྲགས་ཤིང་། སྟོང་པ་རྣམས་ཁམས་ཀྱི་བྱང་ཕྱོགས་སུ་ཆགས་ཡོད་སྐབས། ཁམས་པ་རྣམས་ཀྱིས"སྟོང་བྱང"ཞེས་འབོད་པ་དང་དབུས་གཙང་བ་རྣམས་ཀྱིས་ཀྱང་ཐ་སྙད་དེ་རང་བེད་སྤྱོད་བྱས་ཡོད་ནའང་ཁམས་དང་། དབུས་གཙང་གི་གདངས་ལ་སྒྲ"བྱང"ཞེས་པའི་ཚིག་དེར་མི་འདྲ་བ་གཉིས་ཡོད་པའི་རྒྱུ་མཚན་གྱིས་རྒྱ་ནག་གི་ལོ་རྒྱུས་མཁན་པོ་འགས……སྟོང་པ་རྣམས་ལ་[DANG SHANG CHANG]ཞེས་པའི་ཐ་སྙད་ཀྱང་འདུག

སྟོང་ལས་མི་ཉག་ཇི་ལྟར་མཆེད་པའམ་སྟོང་གི་རུས་ཆེན་ལས་རུས་ཚན་མི་ཉག་གི་ཐ་སྙད་ཇི་ལྟར……བྱུང་ཡོད་པའི་སྐོར་ནི"མི་ཉག་གི་སྐོར་རགས་ཙམ་གླེང་བ"ཞེས་པའི་རྩོམ་ཡིག་[བོད་ལྗོངས་ཞིབ་འཇུག3—1986.5ཤ9]ལས་སྟོང་པ་རྣམས་མཚོ་ཆེན་ཁྲི་ཤོར་རྒྱལ་མོའི་ཉེ་སའི་ཡུལ་དུ་ལྷགས་ཏེ། དང་པོ་རི་དྭགས་རྔོན་པར་བརྟེན་ནས་ཁྱིམ་སྐྱོང་ཞིང་རང་ཁ་གསོ། ཕྱིས་སུ་རི་དྭགས་མང་པོ་སྒོ་ཕྱུགས་སུ་བཀུག་ནས་འབྲོག་ལས་ཐོན་སྐྱེད་ཀྱི་སྲོལ་བྱུང་། ལས་སུ་ནོར་ལུག་འཚོ། སྦྲ་གུར་གནས་ཁང་དུ་འཆའ། ས་ཞིང་རྨོ་བའི་སྲོལ་མེད། ཕོ་རྣམས་ཀྱི་མགོ་ལ་ཕྲེང་ཞྭ་གྱོན། ལུས་སུ་པགས་ལྭ་འདབ་རིང་ཅན་བསྣོལ། ཐ་གུའི་སྐ་རགས་བཅིངས། སྐ་རགས་ལ་གྲི་ཆུང་དང་མེ་འཆའ་འདོགས། རྐང་ལ་ཀོ་བའི་ལྷམ་གོན། རྣ་བར་རྣ་ལུང་འདོགས། མོ་རྣམས་ཀྱི་ལུས་སུ་ཕུ་རུང་རིང་ཞིང་གོང་བ་ཁྱིར་སློགས་པའི་སྣམ་བུའི་ལྭ་གོན། དེ་ལ་བོད་ལྭ་ཟེར་ཞིང་། མོ་རྣམས་ཀྱི་འཕྱོར་ལྭ་ཡིན། སྒོ་ཕྱུགས་ལ་གཡག ལུག་རྟ། ཁྱང་སོགས་ཡོད། མཆོན་ཆ་ལ་མདའ། གྲི། མདུང་། སྟ་རེ། ཞུར་རྡོ་བཅས་ཡོད། ཤ་དང་འོ་མ་བཟའ་བཏུང་དུ་བརྟེན། ནས་འབྲུ་བསྐོལ་ནས་ཨ་རག་(ཆང་)བཟོ་ཤེས། དུས་ཕྱིས་སུ་སྟོང་གི་རྒྱུད་པ་མང་དུ་འཕེལ་ནས་ཚོ་པ་ཡང་གྲངས་ལས་འདས་པ་བྱུང་། སོ་སོར་བཀྲམ་སྡེ་གནས་པའི་ཚོ་པ་ཁག་གི་མིང་ལ་སྦྱར་བཞིན"རྨད"དང"སྟོང"ཞེས་འབོད། སྟོང་གི་ཚོ་པ་རྣམས་བོད་ཀྱི་བྱང་ཕྱོགས་སུ་ཡོད་པའི་ཆ་ནས་བོད་པ་རྣམས་ཀྱིས་དེ་ལ"སྟོང་བྱང"དང"སྨད་པ"རུ་འབོད། དེ་ཡང་བོད་ཀྱི་རྒྱུད་ལས་ཆད་པའི་ཚོ་པ་རྣམས་ལ་ནང་གསེས་ཀྱི་དབྱེ་ན་གཙོ་ཆེ་བ་གསུམ་ཡོད་དེ། བོད་དང་བྱང་། སྟོ་གསུམ་ཡིན། བོད་ཀྱི་བྱང་ཕྱོགས་སུ་ཡོད་པའི་ཚོ་པ་ཁག་ལ་བོད་མིས་བྱང་པ་ཟེར་ཞིང་། སྟོ་ཕྱོགས་སུ་ཡོད་པའི་ཚོ་པ་ཁག་ལ་སྟོ་པ་ཟེར་བ་དང་། བྱང་པ་དང་སྟོ་པའི་ཚོ་པ་ཁག་གིས་རང་རང་གི་ཚོ་པ་ལ་བྱང་དང་སྟོ་རུ་མི་འབོད་པར་རང་མིང་ཁོ་ན་འབོད་པར་གྲགས། དེ་ལས"བྱང"(ZHANGA)ཞེས་པ་དེ་དབུས་གཙང་པ་རྣམས་ཀྱིས"ཆང"(CHANGA)དང་སྒྲ་འདྲ་བར……ཀློག་པའི་དབང་གིས་རྒྱ་ནག་པ་རྣམས་ཀྱིས"ཆང"ཞེས་པའི་སྒྲ་འདི་གཙོ་བོར་བཟུང་ནས་ལོ་རྒྱུས་དེབ……

ཐེར་དུ་བཀོད་ཀྱང་། དོན་ལ“བྱང”ཞེས་པ་འདི་ཡིན། སྤྱིར“བྱང”ཞེས་པའི་མིང་འདི་ཚོ་པ་ཁག་གི་མིང་གི་ཐོག་མཐའ་རུ་ཡོད་པ་རྣམས་བོད་དང་རིགས་གཅིག་པ་ཤ་སྟག་ཡིན། དེ་ཡང་བོད་ཀྱི་རིགས་སུ་གཏོགས་པའི“བྱང”དང“སྟོ”ལ་ཚོ་པ་བརྒྱ་ཕྲག་ཁ་ཤས་ཡོད་པ་རྣམས་ཀྱིས་རང་རང་གི་གནས་སུ་ས་རེ་བཟུང་ནས་བསྡད་པ་ཀུན་རྒྱ་ནག་པས་གནའ་དུས་བོད་ཡིན་པར་ངོས་འཛིན་མོད། འོན་ཀྱང་རྒྱའི་ཕྱི་རབས་པ་དག་གིས་བོད་ལས་གཞན་པའི་མི་རིགས་ཤིག་ཏུ་ངོས་འཛིན་པ་ཡིན། ལྟོང་བྱང་ནི་བོད་ཀྱི་བྱང་གི་ནང་གསེས་ཀྱི་ཚོ་པ་ཞིག་ཡིན་ལ། ལྟོང་བྱང་ནི་དེང་སང་གི་མཚོ་སྔོན་གྱི་ཤར་ལྟོའི་མཚམས་དང་། ཀན་སུའུ་ཡི་ནུབ་ལྟོའི་མཚམས། སི་ཁྲོན་གྱི་ནུབ་བྱང་གི་མཚམས། དབུས་གཙང་གི་ཤར་བྱང་གི་མཚམས་བཅས་ལ་གཏུགས་པས་ས་མཚམས་སུ་བཅད་པའི་དབུས་སུ་བཀྲམས་ཏེ་གནས་ཡོད། དུས་ཕྱིས་སུ་ལྟོང་གི་མི་རྣམས་རུས་ཚན་བརྒྱད་དུ་ཕྱེས་ཤིང་། དེ་ལ་རུས་ཀྱི་ཕྱི་མོ་བརྒྱད་ཟེར་བ་དང་། སྤྱི་ལ་དབང་བའི་ཚོ་དཔོན་ནི་མེད། ཚོ་པ་ཆེ་ཤས་ལ་རྟ་པ་ལྔ་སྟོང་ལྷག་གི་དཔུང་ཡོད། ཚོ་པ་ཆུང་ཤས་ལ་རྟ་པ་ཆིག་སྟོང་གི་དཔུང་ཡོད། དེ་རྣམས་ཀྱིས་རང་མགོ་རང་གིས་འཁྱོངས་ཐུབ་དགོས། དགྲ་བྱུང་ན་རང་རང་གིས་མཉམ་དུ་འཛོམས་ཏེ་དགྲ་འགོག ལོ་གསུམ་གྱི་ནང་དུ་འདུན་མ་ཐེངས་གཅིག་རེ་བསྡུ། འདུན་མ་བསྡུས་པའི་ཐོག་ཏུ་གཡག་ལུག་བསད་ནས་ལྷ་ལ་དམར་མཆོད་འབུལ། ལྟོང་གི་ཚོ་པ་རྣམས་དཔའ་རྩལ་ཆེ་ཞིང་དྲག་པོ་དམག་གི་ལས་ལ་རབ་ཏུ་དགའ། སྟོབས་ཤུགས་ཆེ་ལ་ཡི་གེ་ནི་མེད། བོད་རྒྱལ་གནམ་རི་སྲོང་བཙན་གྱི་སྐུ་རིང་ལ་བོད་ཡུལ་གཅིག་གྱུར་མཛད་པའི་ལས་སུ་ཞུགས་ཤིང་། ཐོག་མར་བོད་ཀྱི་ཞེ་ས་རུ་ཡོད་པའི་དྭགས་པོ་དང་། ཀོང་པོ། མྱང་པོ་སོགས་དབང་དུ་བསྡུས་པ་དང་། ཕྱིས་སུ་ཞང་ཞུང་དང་། སུམ་པ། འ་ཞ། གྲུ་གུ། ལྟོང་བྱང་སོགས་དབང་འོག་ཏུ་བཅུག ལྟོང་བྱང་སོགས་དབང་འོག་ཏུ་འཇུག་པར་རྒྱལ་པོ་གནམ་རི་སྲོང་བཙན་སྐུ་དངོས་ཀྱིས་ཁྲི་དམག་གཅིག་དྲངས་ཞིང་། དེ་དག་དབང་འོག་ཏུ་བཅུག་ནས་རྒྱལ་པོ་གཅིག་གི་བཀའ་ལ་གཏོགས་པར་བྱས་རྗེས། ལྟོང་བྱང་གི་ཡུལ་ནས་ལན་ཚྭ་ལེན་པའི་སྲོལ་ཡང་བྱུང་། དེ་དུས་བོད་ཀྱི་ཆབ་སྲིད་གནམ་ལས་མཐོ་ཞིང་དབུ་རྨོག་རི་ལས་བཙན་པས་རྒྱལ་པོའི་མཚན་ལ་གནམ་རི་སྲོང་བཙན་ཐོགས། བཙན་པོ་འདི་པ་དགུང་དུ་གཤེགས་རྗེས། ཞང་ཞུང་སོགས་རྒྱལ་ཕྲན་འགའ་ཞིག་བོད་ཆེན་པོའི་རྒྱལ་ཁམས་ལ་ངོ་ལོག་པའི་གོལ་ལམ་དུ་ཞུགས་ཀྱང་། ལྟོང་བྱང་ནི་བོད་ལ་ངོ་མ་ལོག བོད་རྒྱལ་སྲོང་བཙན་སྒམ་པོའི་སྐུ་རིང་ལ་བོད་ཀྱི་རྒྱལ་ཕྲན་མཐའ་དག་གཅིག་བསྡུས་མཛད་ཅིང་། བོད་ཡིག་གི་སྲོལ་གཏོད་ནས་ཁྲིམས་བཅོས་པ་དང་། ནང་པ་སངས་རྒྱས་པའི་ཆོས་ལུགས་ཀྱི་སྲོལ་གཏོད། ལྟོང་བྱང་དང་བོད་ཀྱི་སྐད་ཡིག་དང་། ཡུལ་སྲོལ། ཆ་ལུགས་སོགས་གཅིག་ཏུ་མཚུངས་པས་ལྟོང་པ་རྣམས་ཀྱིས་བོད་

ཡིག་བསླབས། དེ་ནས་བཟུང་སྤོང་ལ་ཡི་གེ་བྱུང་། རིང་ཞིག་འདས་པ་ན་སྤོང་བྱང་གི་ཚོ་པ་ཐལ་མོ་ཆེ་ཞིག་བོད་ལ་ཇོ་ལོག་རྒྱུའི་སྐུ་གོན་དུ་ཞུགས། ཚུལ་དེ་རྒྱལ་པོ་སྲོང་བཙན་སྒམ་པོའི་སྙན་དུ་འཁྲོལ་མ་ཐག་ཇོ་ལོག་གི་མགོ་གནོན་པའི་ཆེད་དུ་སྤོང་བྱང་ལ་དམག་དྲངས། སྤོང་པ་རྣམས་ཀྱིས་བོད་དམག་གི་འཇིགས་ཟིལ་མ་བཟོད་པར་ཚོ་ཆེན་ཉི་ཤུ་རྩ་ལྔ་དེང་སང་གི་རྒྱའི་ཉིན་ཞ་དང་། ཧྲན་པེ། ཧྲན་ཞི་ལ་སོགས་པའི་གནས་སུ་བྲོས་ཏེ་ཁྲིམ་གཞིས་ཆགས། སྤོང་གི་ཚོ་པ་གཞན་རྣམས་མ་བྲོས་པར་རང་ཡུལ་དུ་བདེ་བར་བསྡད་པ་ཀུན་བོད་ཆེན་པོའི་རྒྱ་ཁྲིམས་གསེར་གྱི་གཉའ་ཤིང་གིས་རྩུབ་རེག་མེད་པར་བསྐྱངས་པ་དང་། སྤོང་བྱང་ལ་མི་ཉག་ཅེས་པའི་མཚན་སྙན་བསྩལ་ཞིང་། མཐར་གྱིས་མི་ཉག་ཅེས་པ་སྤོང་བྱང་གི་ཚོ་པ་ཁག་གི་མིང་ངམ་མིའི་རུས་སུ་གྱུར་པ་དང་བསྟུན་ནས་སྤོང་བྱང་གི་མིང་ཡང་རིམ་པས་ཉམས་པར་གྱུར། རྒྱ་ནག་ཏུ་བྲོས་པའི་བོད་ཀྱི་རིགས་སུ་གཏོགས་པའི་སྤོང་པ་རྣམས་རིང་ཞིག་འགྱངས་པ་ན་རྒྱ་དང་འབྲེལ་བ་བྱུང་། རྒྱ་རྣམས་ཀྱིས་སྐབས་དེའི་སྟོད་ཡུལ་ལ་བལྟས་ཏེ་སྤོང་པ་ཀུན་གྱི་མིང་ལ་ཤིས་ཞ་ཞེས་པའི་མིང་བཏགས་པ་དང་། ཤིས་ཞ་ཞེས་པའི་མིང་འདི་སྤོང་པ་རྣམས་ལ་ཐོགས་པའི་རྗེས་སུ་སྤོང་བྱང་གི་མིང་དེ་ཉིད་འཇའ་ཚོན་ཡལ་བའི་དཔེ་ལྟར་ཡོངས་སུ་ཉམས་པར་གྱུར། དེ་ལྟར་སྤོང་པ་རྣམས་སྟོད་ཡུལ་མིང་གཅིག་པའི་དབང་གིས་མི་ཉག་དང་ཤིས་ཞ་ཞེས་པའི་མིང་མི་འདྲ་བ་གཉིས་ཐོགས་ཤིང་། དེ་ནི་སྤོང་གི་རུས་ལས་མིང་མི་ཉག་དང་ཤིས་ཞ་ལ་བསྒྱུར་བའི་དུས་སྐབས་ཡིན་པར་གྲགས། ཞེས་གསལ་བའི་ལོ་རྒྱུས་འདི་ནི་བོད་ཀྱི་ཤེས་རིག་ལ་སྨན་ཡོན་ཆེ་བའི་ལེགས་བཤད་ཅིག་ཏུ་གོ་ནས་འདིར་བཀོད་པ་ཡིན། བོད་རྒྱལ་སྲོང་བཙན་སྒམ་པོས་སྤོང་པ་རྣམས་བོད་རིགས་གཅིག་གྱུར་གྱི་ཁོངས་སུ་བསྡུས་པའི་རྗེས་སུ་སྤོང་པ་རྣམས་ལ་མི་ཉག་གི་ཐ་སྙད་བྱུས་ཡོད་པར་གསལ་མོད། དམིགས་བསལ་དུ་མི་ཉག་གི་ཐ་སྙད་འདི་བྱུང་ཡོད་པའི་རྒྱུ་མཚན་ཞལ་མི་གསལ་ནའང་མི་ཉག་ནི་སྤོང་གི་རུས་ཚན་ཞིག་ཡིན་པ་སྟེ། བོད་ཀྱི་རྒྱལ་རབས་བརྒྱད་པ་གྲི་གུམ་བཙན་པོའི་སྔོན་ཙམ་ན་ཞང་ཞུང་གི་ཡུལ་དུ་བྱུང་བའི་མཁས་པ་ཆེན་པོ་བརྒྱད་དུ་གྲགས་པའི་ནང་ཚན་དུ་མི་ཉག་ཧེ་ཚ་མཁར་བུ་ཞེས་པའི་རུས་མིང་ཡོད་པས་ཤེས་ཐུབ་ལ་སྲོང་བཙན་གྱི་སྐུ་དུས་སུ་སྤོང་པ་བོད་ལ་ཇོ་ལོག་བྱེད་མཁན་གྱི་གཙོ་བོ་རྣམས་རྒྱའི་ཡུལ་ཁག་ཏུ་བྲོལ་བྱོལ་བྱིན་ཡོད་པ་དང་། བྲོལ་བྱོལ་མ་བྱིན་ཅིང་ཇོ་ལོག་གི་གྲངས་སུ་མ་ཞུགས་པའི་སྤོང་པའི་ཚོ་པ་དེ་རྣམས་ཀྱི་གཙོ་བོ་ནི་མི་ཉག་གི་རུས་ཚན་ཡིན་པར་བརྟེན་དེ་རྣམས་ཀྱི་ཆེ་བའི་རྟགས་སུ་མི་ཉག་གི་ཐ་སྙད་བྱུས་ཡོད་པ་ནི་ཤེས་སླ་བ་ཡིན།

བོད་མིའི་ཡ་ཐོག་གི་མི་རྒྱུད་ཇི་ལྟར་བྱུང་ཡོད་པའི་སྐོར་རྒྱ་ནག་གི་མཁས་པ་རྣམས་ཀྱིས་ཇི་ལྟར་བཤད་ཡོད་པ་ནི་རྒྱའི་ཐང་ཡིག་རྙིང་མ་[རྟ་1 ཐ་6] ལས་བོད་ཅེས་བྱ་བའི་ས་ཁུལ་དེ་ཐང་གི་རྒྱལ་ས་ཁྲང

ཨན་(ཤེའི་ཨན་)གྱི་ནུབ་ཕྱོགས་ལེ་དབར་སྟོང་ཁྲག་བརྒྱད་ཀྱི་ས་ན་གནས་ཡོད། སྔ་རབས་ཏན་གྱི་དུས་སྐབས་སུ་(སྤྱི་ལོ་མ་བྱུང་བའི་སྔོན་)ས་ཁུལ་དེ་ལ་ཤེའི་འཇང་ཞེས་པའི་མི་རིགས་ཀྱི་གནས་ཡུལ་རེད། མི་རིགས་དེ་དག་གི་འབྱུང་ཁུངས་སུས་ཀྱང་བརྗོད་མི་ཐུབ། རྒྱལ་རབས་མཁས་པ་ཁ་ཤས་ཀྱིས་བརྗོད་གསལ། སྔ་རབས་ཤན་སྤྲིའི་ཞེས་པའི་མི་རིགས་ནང་ལེའང་ཐུའུ་ཧུ་ལིའི་ལོའི་ཀུ་ཡི་རྗེས་འཇུག་ཡིན་ཟེར་འདུག ཐུའུ་ཧུ་ལིའི་ལོ་ཀུའི་བུ་ཧུན་ཉི་ཟེར་བས་རང་གི་མངའ་འབངས་རྣམས་འཁྲིད་དེ་རྒྱ་ནག་ནུབ་ཕྱོགས་ཧེ་ཀྲི་ཧུའི་ཞེས་པའི་(རྨ་ཆུ་)ནུབ་ཕྱོགས་ས་ཁུལ་ལ་ལེ་བར་སྟོང་ཁྲག་མང་པོའི་ད་བར་རྒྱ་བསྐྱེད་བྱེད་ཐུབ། རྒྱལ་ས་ཆགས་ཡུལ་ནི་རྨ་ཆེན་སྤོམ་རའི་ཉེ་འགྲམ་དུ་གནས་ཡོད། རྒྱལ་ཁབ་ཀྱི་མིང་ཡང་ཐུའུ་ཧྥ་ཞེས་བཏགས་པ་རེད། ལོ་མང་རྗེས་ཐུའུ་ཧྥ་ཞེས་པ་ཐུའུ་ཧྥན་གྱི་སྒྲར་འགྱུར། དེའི་བརྒྱུད་འཛར་རྣམས་ཇེ་རྒྱས་ཇེ་འཕེལ་དུ་གྱུར་པར་བརྟེན། དེའི་ཉེ་འགྲམ་གྱི་འཇང་རིགས་རྒྱལ་ཕྲན་ཁག་དམག་འཐབ་ཀྱིས་བླངས་ཏེ་ས་ཆ་མང་པོ་རྒྱ་བསྐྱེད་བྱུང་། ཐང་རྒྱལ་རབས་གོང་གི་རྒྱལ་ཁབ་ཀྲོའུ་དང་། སུའེ་གཉིས་ཀྱི་དུས་སུ་འཇང་རིགས་རྒྱལ་ཕྲན་ཁག་རྣམས་དང་། ཀྲུང་གོ་རྒྱལ་ཁབ་དབར་འབྲེལ་བ་གང་ཡང་བྱུང་མི་འདུག རྒྱལ་ཁབ་དེའི་རྒྱལ་པོ་ལ་བཙན་པོ་ཞེས་འབོད་ཀྱི་འདུག དེའི་འོག་བློན་པོ་ཆེ་ཆུང་གི་དབྱེ་བའི་ཐོག་རྒྱལ་ཁབ་ཀྱི་ཆབ་སྲིད་སྐྱོང་གི་འདུག ཅེས་པ་འདི་དཔེ་གཞན་[མཆོ་128ཤ་1]ལས་ཐུ་རྗོད་ཅེས་བྱ་བ་ནི་ཁྲང་ཨན་ནུབ་ཕྱོགས་ཀྱི་ལེ་དབར་བརྒྱད་སྟོང་གི་སར་མཆིས་ཤིང་། མ་གཞིར་ས་ཆ་དེ་ནི་ཏན་རྒྱལ་རབས་ཀྱི་དུས་སུ་འཇང་ནུབ་མའི་མངའ་རིས་སོ། །དེའི་རིགས་རྒྱུད་དང་ཚོ་བ་རྣམས་ཀྱི་འབྱུང་ཁུངས་མི་ངེས་ཀྱང་། ཁ་ཅིག་གིས་ནང་ལེང་གི་ཐུའུ་ཧྥ་ལི་ལེའུ་ཀུའུ་ཞེས་བྱ་བའི་རྒྱུད་པ་ཡིན་ཟེར། ལི་ལོའུ་ཀུའུ་ལ་སྲས་གཅིག་བྱུང་བ་འཕན་སྒྱི་ཞེས་བྱ། ལི་ལོའུ་ཀུའུ་གཤེགས་ཁར་སྲས་འཕན་སྒྱི་ན་སོ་ཕྲན་བས། ལི་ལོའུ་ཀུའུ་ཡི་གཅུང་པོ་ཏུ་བན་ཏུ་བ་རྒྱལ་སར་འཁོད་ཅིང་། འཕན་སྒྱི་ནི་ཨན་ཤི་དམག་དཔུང་གི་དཔོན་པོར་བསྐོས། ཧྲིག་ཤེ་རྒྱལ་རབས་ཀྱི་ཧྲིན་རོས་ཁྲི་ལོ་དང་པོར། ཞི་ཆེན་གྱི་ཆྭ་ཧྥོ་ཀྲི་འཕན་བྱ་བས་ཏུ་ཐན་བསྐྱབས། འཕན་སྒྱི་ནས་འཁོར་ལྷག་མ་རྣམས་བསྡུས་ཏེ་ཆེ་ཆེད་མང་སུང་བྱ་བར་གཏད། མང་སུང་གིས་ཁོ་ལ་ཞིན་སུང་གི་ཐེ་ཧྲིག་བྱ་བའི་ཚོ་ལོ་སྦྱར། མང་སུང་འདས་རྗེས། འཕན་སྒྱིས་རང་གི་འཁོར་རྣམས་ཁྲིད་དེ་ནུབ་ཕྱོགས་སུ་ཐྲོས། རྨ་ཆུ་བརྒལ། རི་བོ་ཙི་ཧྲིག་བརྒྱུད་དེ་འཇང་གི་ས་ཆར་རྒྱལ་ཁབ་ཅིག་བཙུགས་ཤིང་། མངའ་ཁོངས་ལེ་དབར་སྟོང་ཁྲག་མཆིས། འཕན་སྒྱི་ནི་ཟིལ་ཆེ་ལ་དྲིན་དུ་གཟོ་བ་ཞིག་ཡིན་པས་འཇང་པ་རྣམས་ཀྱིས་བཀུར། ཁོས་ཀྱང་ཐམས་ཅད་ལ་དྲིན་གྱིས་བསྐྱངས་སྐབས་འཇང་པ་རྣམས་ནི་ཚོང་འདུས་ཀྱི་མགྲོན་པོ་ཇི་བཞིན་འབབས་སུ་བྱུང་། དེ་ནས་འཕན་སྒྱིས་རང་གི་ཏུས་ཕྱུར་རྒྱལ་དུ་བྱས་ཤིང་། རྒྱལ་ཁབ་ཀྱི་མིང་ཐུ་ཧྥ

བྱ་བར་བཏགས། ཁྱིམ་ཐུབ་རྫ་ཞེས་པའི་སྒྲ(འགྱུར)གྱུར་ཏེ་ཐུབ་རྫོད་དུ་ཆགས། རྗེས་སུ་སྤུར་རྒྱལ་གྱི་རྗེས་རབས་མང་དུ་འཕེལ་ཞིང་། དྲུག་པོའི་སྟོབས་ཀྱིས་ཁ་ལོ་བསྒྱུར་བས་མངའ་རིས་ཀྱང་རིམ་གྱིས་རྒྱ་ཆེ་རུ་སོང་། ཁྲིག་རྒྱལ་རབས་ནས་སོས་རྒྱལ་རབས་བར་དུ། འཛང་པ་རྣམས་ཀྱིས་བར་བཀག་ཡོད་པས་ཀྱང་གོ་དང་འབྲེལ་མ་བྱུང་། དེའི་སྲོལ་ལ་རྒྱལ་པོར་བཙན་པོར་འབོད་ཅིང་། བློན་ལ་བློན་ཆེན་བློན་ཆུང་དུ་བྱ་སྟེ། ཆབ་སྲིད་ཀྱང་དེ་དག་གིས་སྐྱོང་། ཞེས་པས་གསལ་བ་སྟེ། ཁྱི་མ་འདི་ལ་འཕན་མྱིའི་སྐོར་རྒྱུས་ཙམ་ཞིག་ཡོད་པ་ལས། གཞི་རྩའི་སྙིང་མི་འདྲ་བའི་ཁྱད་ཆེ་བར་མ་མཐོང་། ལོ་རྒྱུས་འདིར་བཤད་བྱའི་སྙིང་པོ་ནི་བོད་ཀྱི་ཡ་ཐོག་གི་རྒྱལ་པོའི་ཁུངས་དེ་རྒྱ་ནག་ལ་ཐུག་པའི་ཁུངས་བསྟན་པ་དེ་རེད། དེ་ལྟར་ནའང་གོང་གསལ་གྱི་བྱུང་བ་དེ་རིགས་ནི་ཧྲིག་ལེ་རྒྱལ་རབས་ཀྱི་རྫིན་རོས་ཁྲི་ལོ་དང་པོ་སྟེ། སྤྱི་འཁོར་བཅུ་གསུམ་པའི་སྤྱི་ཕྲང་ཐ་མའི་ཕོ་སྟག་གི་ལོ[སྤྱི2331སྤྱི414]ཡིན་སྟབས། དེ་ནི་བོད་ཀྱི་ཡ་ཐོག་གི་རྒྱལ་པོ་བྱུང་བའི་དུས་དང་འགྲིག་ཐབས་གཏན་ནས་མེད་པ་ཞིག་རེད།

ལུང་གོང་མ་དེའི་ནང“སྤྱི་ལོ་མ་བྱུང་བའི་སྔོན”ཞེས་པའི་མཚན་ཞིག་ཡོད་པ་དེ་ནི་གནའ་རབས······ཏན་གྱི་དུས་ཡིན་པའི་དོན་བསྟན་པ་ལས“ཤན་སྤྲིའི་ཞེས་པའི་མི་རིགས་ནན་ལེའང་ཐུའུ་དུ་ལིའི་ལོའོ་ཀུའུ་དུས་ལ་ངོས་འཛིན་པའི་དོན་ཅི་ཞིག་ཀྱང་མིན་པ་ནི་ཤེས་སླ་བ་ཡིན། སྤྱིར་བཏང་རྒྱའི་ལོ་རྒྱུས་འདིར་བོད་མིའི་རྩ་བ་འཛང་པ་ལ་ངོས་བཟུང་ཡོད་པ་དེར་བོད་མི་དེ་རྣམས་ཀྱི་རྒྱལ་སའི་ཆགས་ཡུལ་རྨ་ཆུ་དང་ཉེ······བའི་ས་རྨ་ཆེན་སྤོམ་རའི་ཉེ་འགྲམ་དུ་གནས་ཡོད་པར་བཤད་པ་དེ་ལ་དཔྱད་ན། ལོ་རྒྱུས་མཁན་པོ་དེ་དག་ལ་བོད་ཀྱི་གནའ་བོའི་ཆ་རྒྱུས་མེད་པ་ལྟ་ཅི། སྐབས་དེར་ཁོང་ཚོས་བོད་ཀྱི་རྒྱལ་ས་དང་བོད་རྒྱལ་པོའི་ཕོ་བྲང་སྐུ་མཁར་གང་དུ་ཡོད་པའང་གསལ་པོར་ངེས་མེད་པའི་རྟགས་གསལ་པོར་བསྟན་པ་ཡིན་ལ་ལོ་རྒྱུས····ཀྱི་གཞུང་དེ་རང་དུ་དེ་སྔོན་འཛང་དང་ཀྱང་གོའི་བར་འབྲེལ་བ་གང་ཡང་བྱུང་མ་མྱོང་བའི་ཚུལ་གསལ་བ··དེས་ཀྱང་། ཁོ་ཚོ་ལ་བོད་ཀྱི་གནའ་རྒྱུས་གང་ཡང་མེད་པའི་རྒྱུ་མཚན་ཤུགས་ཀྱིས་བསྟན་པ་བཞིན། ལོ་རྒྱུས་མཁན་པོ་དེས་རྟབ་ཚོད་ཀྱིས་བོད་ཅེས་པ་དེ་རྨ་ཆུའི་ཁ་ཕྱོགས་ཤིག་ན་ཡོད་པ་ལྟར་བཤད་ཡོད་པའང··གསལ་པོར་མངོན་ཐུབ་པ་ཡིན། གང་ལྟར་ཡང་ལོ་རྒྱུས་ཀྱི་དཔེ་འདིར་བོད་ཀྱི་མི་རྒྱུད་དེ་དང་འཛང་གི་མི་རྒྱུད་འདི་གཉིས་གཞི་རྩ་གཅིག་ཡིན་པ་གསལ་བར་བསྟན་ཡོད་མོད། ཁྱིམ་འབྱུང་གི་རྒྱ་ནག་གི་མཁས་པ་འགས་སྔོང་པ་ལ“བྱང་ངམ་ཆང”ཞེས་འབོད་པའི་ཐ་སྙད་དེ་གཞིར་བཟུང་ནས་མི་རྒྱུད་དེ་ནི་བོད་རིགས··ལས་ཐ་དད་པའི་མི་རིགས་ཤིག་ཡིན་པར་ངོས་འཛིན་པའི་ནོར་བ་བྱུང་འདུག ཚུལ་དེ་དག་གིས་བོད་ཀྱི་གནའ་བོའི་ཡིག་ཆ་རྣམས་སུ“སྟོང་ལས་མི་ཉག་མཆེད”ཅེས་པའི་བཤད་པ་དེའི་གོ་དོན་རྣལ་མ་གང་ཡིན··

པའི་སྐར་གསལ་པོར་ངེས་ཐུབ་པ་ཡིན། སྟོང་གི་དུས་ཆེན་ལས་མཆེད་པའི་མི་སྡེ"“སུམ་པའམ་སུམ་ཛྷ”ཞེས་སུ་གྲགས་པ་དེ་ནི། ཡུལ་གྱི་ལྟེ་བ་རྒྱ་ཤོད་སྟག་ལ་ཚལ་བརྩིས་པའི་ཤར་ཕྱོགས་གཉེ་ཡུལ་བྲུམ་ནག སྟོ་སྨི་ཏི་རྩེ་ནག ནུབ་ཡོལ་ཞབས་ལྷིང་པོ་ཆེ། བྱང་ནག་ཤོད་གཟི་འཕྲང་རྣམས་ཀྱི་བར་དུ་ཆགས་ཡོད་པའི་ཚུལ་སྟོ་བྲག་ཆོས་འབྱུང་སོགས་སུ་གསལ་མོད། དོན་དུ་དབུས་གཙང་གི་བྱང་ཤར། མི་ཉག་གི་ནུབ་ངོས། འ་ཞའི་ནུབ་བྱང་གི་ཕྱོགས་སུ་ཆགས་ཡོད་པའི་མངའ་སྡེ་གྲགས་པ་ཅན་ཞིག་ཡིན་འདུག

རྩ་བའི་དུས་ཆེན་དེ་རྣམས་ཞང་ཞུང་དང་འ་ཞ། མི་ཉག སུམ་པ་རྣམས་ཀྱི་འབྱུང་ཁུངས་ཡིན་པ་ཙམ་དུ་མ་ཟད། བོད་མིའི་རིགས་སུ་གཏོགས་པ་ཚང་མའི་འབྱུང་ཁུངས་ཡིན་པ་དང་རྩ་བའི་དུས་ཆེན་ལྔས་བོད་མི་ཡོངས་ཀྱི་དུས་ཚན་མཚོན་ཐུབ་པ་ནི། བོད་ན་གྲགས་ཆེ་བའི་འབྱུང་རྩིས་ཀྱི་གཞུང་རྣམས་སུ་བོད་མིའི་དུས་ཁམས་ངོས་འཛིན་ཚུལ་དེ་ཙམ་གྱིས་ཀྱང་ཤེས་ཐུབ་པ་ཡོད།

དེ་ཡང་འབྱུང་རྩིས་ཀྱི་གཞུང་ཉེར་མཁོ་བུམ་བཟང་[སྡེ་ཤ2བ2]ལས་གདོང་ནི་ས་ཁམས་ཤ་བར་བླ། འབྲུ་ནི་ཆུ་ཁམས་གཡག་ལ་བླ། སྦྲ་ནི་ལྩགས་ཁམས་རྟ་ལ་བླ། སྒོ་ནི་ཁམས་ར་ལ་བླ། སྨ་ནི་ཤིང་ཁམས་ལུག་ལ་བླ། དེ་རྣམས་དུས་ཆེན་སྡེ་ལྔ་ཡིན། ཞེས་པས་སྟོང་དང་འབྲུ། སྦྲ། སྒོ། སྨ་བཅས་དུས་ཁམས་ཆེན་པོ་ལྔ་དང་། དེ་དག་སོ་སོའི་ཐུན་མོང་མ་ཡིན་པའི་ཁམས་དང་། དུས་ཆེན་སོ་སོའི་ཤུགས་མགོན་ནམ་མཐུན་ཕྱོགས་ཀྱི་ནུས་ཤུགས་མཚོན་པའི་བླ་རྟགས་སེམས་ཅན་གྱི་གཟུགས་གང་དང་གང་དག་ཡིན་པ………བཅས་ཀྱི་གསལ་བར་བསྟན་ཡོད་པ་དང་། ཡང་རྩིས་ཀྱི་བསྟན་བཅོས་བཻཌཱུར་དཀར་པོ་[སྡེ་ཤ147ན1]ལས་བྱི་བ་གླང་སྟག་ཡོས་འབྲུག་སྦྲུལ། རྟ་ལུག་སྤྲེལ་དང་བྱ་ཁྱི་ཕག དེ་ལའང་བརྡ་མིང་འདི་ལྟ་སྟེ། ཤིང་དང་སྟག་ཡོས་སྟོང་གསུམ་ཞེས་ལྕགས་དང་བྱ་སྤྲེལ་སྦྲང་ཞང་ཞུང་། ཞེས་པའི་ཚིག་རྐང་དེར“སྦྲང”ཞེས་པ་སྦྲང་མའི་ཐ་སྙད་དང་འདྲ་བར་སྣང་མོད། དོན་དུ་ཞང་ཞུང་གི་མི་སྡེ་གང་ལས་མཆེད་པའི་དུས་ཆེན……“སྦྲ”ཞེས་པ་དེའི་དོན་རང་ཡིན་པ་ནི་ཚིག་འགྲོས་ལ་དཔྱད་པས་ཤེས་ཐུབ་པ་ཡིན། “ས་དང་བཞི་གཤེད་རྒྱལ་དྲང་ཛེ”ཞེས་བྱ་བ་དེས་འབྱུང་བ་སའི་ཁམས་དང་ལོ་སྐོར་བཅུ་གཉིས་ཀྱི་ནང་ཚན་བཞི་གཤེད་དུ……གྱུར་པའི་གླང་དང་འབྲུག་ལུག་ཁྱི་བཞི་པོ་རྣམས་ཏེ། དེ་དག་ལ་བཞི་གཤེད་དུ་གྲགས་པའི་རྒྱུ་མཚན་ནི་ལོ་སྐོར་བཅུ་གཉིས་གནས་སྟངས་ཀྱི་སྒོ་ནས་བྱུང་ཡོད་པ་ཞིག་ཏེ། དཔེ་རིས་ཀྱིས་ཕྱོགས་མཚམས་བཞིར་ཡོད་པས་གསལ་བ་འདི་རེད།

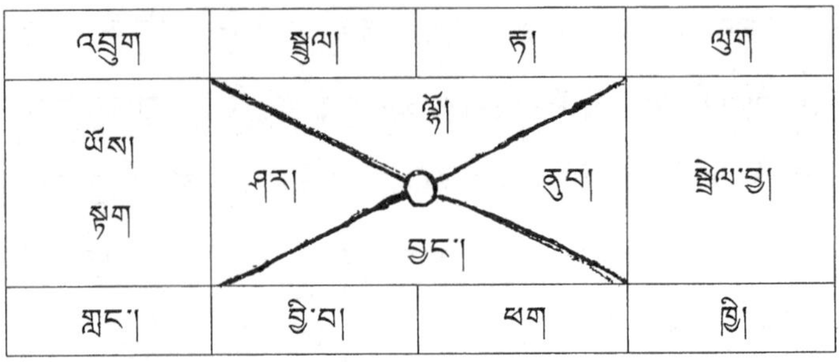

"རྒྱལ་དྲང་རྗེ"ཞེས་པ་དང"རྒྱལ་དྲང"ཞེས་པའི་ཚིག་གཉིས་པོ་ནི་དེང་དུས་ཡོངས་གྲགས་སུ"རྒྱ····རོང"ཞེས་པའི་ཡུལ་དེའི་མིང་ཡིན་པར་བསྟན་ཏེ། གཏོ་འབུམ་ལས་དྲངས་པའི་ལུང་པད་དཀར་སྙིང་ཚལ་[ཤ་9ཕ་]ལས"མི་ནི་རྒྱ་རྗེ་དྲང་དཀར"ཞེས་གསལ་ཞིང་།

"རྒྱ་རྗེ་དྲང"ཞེས་པ་ནི་ཡོངས་གྲགས་སུ"རྒྱ་རྒྱལ་རོང"ཞེས་པའི་ཚིག་དེ་དག་དང་མཐུན་པ་ཡིན་ལ། "དཀར"ཞེས་པ་ནི་དཀར་པོའི་ཕྱོགས་ལྷའི་རིགས་བསྟན་པས་དོན་ལ་ཁྱད་མེད་ཅིང་། ཚིག་འགྲོས་སུ···· "རྒྱལ་རོང"དང"རྒྱ་རོང"ཞེས་པའི་འབྲི་ཚུལ་གཉིས་ཡོད་པའང་གསལ་བར་བསྟན་པ་ཡིན། ཡུལ་ཁམས་དེར་མཆེད་པའི་མི་རྒྱུད་རྣམས་ནི། ཞང་པོ་ལྷ་རིགས་རྒོའི་རུས་ཚན་ལས་མཆེད་ཡོད་པའི་རྒྱུ་མཚན་གྱིས་རྗེ་ལ་ཐུབ་མོང་མ་ཡིན་པའི་མཚན་འདི་ལྟ་བུ་ཞིག་བྱུང་ཡོད་པར་མངོན།

བོད་ཀྱི་རུས་ཆེན་ལྔ་པོ་དེ་རྣམས་འབྱུང་བའི་ཁམས་ལྔ་དང་སྦྱར་བའི་སྐབས་སུ"གདོང་ནི་ས་ཁམས" ཤ་བར་བླ"ཞེས་པ་ཙམ་ལས། ལྷ་རིགས་རྒོའི་རུས་ཆེན་དམིགས་སུ་དཀར་བའི་བཤད་པ་ཅི་ཞིག་ཀྱང་མེད་པ་ཡིན་སྟབས། ལྷ་རིགས་རྒོའི་རུས་ཆེན་དེ་ནི་གདོང་གི་ཁོངས་སུ་བསྡུས་ཡོད་པའང་གསལ་པོར་བསྟན་ཡོད།

ཡང་རུས་མདོད་པད་དཀར་སྙིང་ཚལ་[ཤ་9ཕ་4]ལས་སམ་སྐྲ་འབྲི་ཡི་རྒྱལ་པོ་ཡང་། རྒྱལ་ཕྲན་བཅུ་གཉིས་རྒྱུད་ལས་གྲོལ། ཞེས་པ་ལ་དཔག་ན། སྔར་བོད་ཀྱི་སྤུ་རྒྱལ་བཙན་པོའི་རིགས་མ་བྱོན་པའི་གོང་གི་རྒྱལ་ཕྲན་བཅུ་གཉིས་ཟེར་བ་དེ་སམ་སྐྲ་ཡུལ་ལས་བྱུང་བ་འདྲ། ཞེས་གསུངས་པ་དེ་ནི་ངེས་པར་དུ་ཡིན་སྲིད་ལ། སྐབས་འདིར"སམ་སྐྲ"ཞེས་པ་དེ་ནི་སུམ་པ་དང་། "འབྲི"ཞེས་པ་ནི་འབྲུ་ལ་གོ་དགོས་པའང་ཚིག་གི་འགྲོས་ལ་དཔྱད་པས་ཤེས་ཐུབ་པ་ཡིན། ལུང་དེའི་སྙིང་དོན་ནི་སུམ་པའི་ཡུལ་དུ་མཆེད་པའི་མི་རྒྱུད་བོད་ཀྱི་རུས་ཆེན་སྟོང་ངམ་ཨ་ཐང་འབྲུའི་རུས་ལས་ཆད་པའི་རྒྱལ་ཕྲན་འགས་བོད་ལ་དབང་བྱས······ པའི་དོན་ཞིག་ཡིན་པ་ལས། རྒྱལ་ཕྲན་བཅུ་གཉིས་སུ་གྲགས་པ་དེ་དག་བོད་ཀྱི་ཡ་ཐོག་མི་རྒྱུད་ཀྱི་ཁྲུངས་སུ

བསྟན་པའམ། ཞང་བོད་ཀྱི་མི་རྒྱུད་དེ་དུས་སུ་མགོ་བརྩམས་པའི་དོན་ཅི་ཞིག་ཀྱང་མིན་པར་མ་ཟད། རྒྱལ་ཕྲན་བཅུ་གཉིས་ཟེར་བ་དེ་ཀུན་འབྱུའི་ཏུས་ཚན་ལས་མཆེད་པའི་རྒྱལ་ཕྲན་ཁོ་ན་ཡིན་པའི་སྒྲུབ་བྱེད་ཅིག···ཀྱང་མ་ཡིན་པ་ནི། ཏུས་མཛོད་པད་དཀར་སྐྱིད་ཚལ་[ཤ10ཕ6]ལས་གཏོ་ཕྱུག་ལྟར་ན་བོད་རྗེ་གཉའ་ཁྲི་བཙན་པོ་ཡན་ཆད་ཀྱི་རྒྱལ་ཕྲན་བཅུ་གཉིས་བྱུང་བ་དེ་རྣམས་ཡུལ་མི་ཉག་ནས་ལྷོང་རིགས་དང་དེ་བཞིན···སུམ་ཧྲ་ནས་འབྲུ། ཞང་ཞུང་ནས་སྦྲ། འ་ཞ་ནས་སྣ་བྱུང་སྟེ། བོད་ཀྱི་རྒྱལ་པོ་རེ་མཛད་པའི་མི་རྒྱུད་མཆེད་པ་ལྟར་འདུག ཅེས་གསལ་པོར་བསྟན་ཡོད་པ་དེ་རེད། སྐབས་འདིར"བོད་ཀྱི་རྒྱལ་པོ་རེ་མཛད་པའི་མི་རྒྱུད་མཆེད་པ་ལྟར་འདུག"ཅེས་གསུངས་པ་འདི་གསུང་སྟངས་ཀྱི་ཐོག་ཏུ་གོ་རིམ་ཙུང་ཙམ་འཁྲུགས་པ······རེད། གང་ལ་ཟེར་ན་ཏུས་ཆེན་དེ་དག་ལས་མཆེད་པའི་མི་རྒྱུད་དེ་ཞང་བོད་ཀྱི་མངའ་ཁོངས་ཡོངས་རྫོགས་སུ་རྒྱ་ཁྱབ་ཏུ་འཕེལ་རྒྱས་བྱུང་ཡོད་པར་བརྟེན། ཏུས་ཆེན་འདི་དག་གི་གཙོ་བོའི་མི་རྗེ་རྣམས་ཀྱིས་བོད་ཀྱི་རྒྱལ་པོ་མཛད་པའི་དོན་ཡིན་དགོས་པ་ལས། རྒྱལ་པོའི་གདུང་ལས་བོད་ཀྱི་མི་རྒྱུད་མཆེད་པའི་དོན་ཡིན་མི་དགོས་ལ། དེ་འདྲ་ཡིན་ཡང་སྲིད་ཐབས་མེད་པ་ཞིག་རེད། སྤྱིར་བཏང་ཡུལ་ཁམས་གང་འདྲ་བ་ཞིག་ཡིན་ཡང་ཏུང་སྟོད་ཀྱི་འཇིག་རྟེན་གྲུབ་པའི་མཇུག་ཐོག་དེར་ནང་བཙུད་དུ་ཐོག་མའི་འགྲོ་བ·········རྣམས་ཆགས་ཡོད་ལ། དེ་ནས་རིམ་གྱིས་ཡུལ་ཁམས་དེར་མཐུ་དབང་བཙན་པའི་མི་འགའ་ཞིག་བྱུང་བ་དེ་དག་གིས་མི་ཚོགས་ལ་ཐབས་ཚུལ་ཅི་རིགས་པའི་སྒོ་ནས་དབང་བསྒྱུར་བྱས་ཏེ། ཡུལ་གི་རྗེ་བོའམ་རྒྱལ་པོར་ཆགས་ཡོད་པ་འདི་ནི་འཇིག་རྟེན་མིའི་འགྲོ་བ་སྤྱི་ཡོངས་ཀྱི་ཆོས་ཉིད་ཅིག་ཏུ་ཆགས་ཡོད་པ་རེད། གཞན་ཡང་པད་དཀར་སྐྱིད་ཚལ་[ཤ9ཕ7]ལས་ལྷོང་ལ་ཏུས་ཆེན་བཅོ་བརྒྱད་གྲོལ། སེང་རྒྱལ་འ་ཞ་བུ་དགུ་གྲོལ། ཞེས་པ་དེ་དག་རྣམས་ལ་གཞིག་ཚེ་བོད་མིའུ་གདུང་དྲུག་འདི་མཐའ་གཅིག་ཏུ་བྱུང་ཚུལ་དང་ངོས་འཛིན་དཀའ། ཞེས་གསལ་བ་འདིའི་རྩ་བའི་ཚིག་རྐང་གཉིས་ཀྱིས་ལྷོང་གི་རིགས་དང་སེང་གི་རིགས་ཏུས་ལས། མི་ཉག་དང་རྒྱལ་རོང་། འ་ཞའི་ཡུལ་ཁམས་རྣམས་སུ་དུས་རིམ་དང་འབྲེལ་བའི་མི་རྒྱུད་འཕེལ་རྒྱས་ཇི་ལྟར་བྱུང་བའི་ཚུལ་དངོས་སུ་བསྟན། དེ་འབྲེལ་རིགས་ཏུས་ཕན་ཚུན་འདྲེས་པ་ལས་ཞང་བོད་རྒྱ་ཆེའི་མི་ཚོགས་རྣམས་འཕེལ་རྒྱས་བྱུང་ཡོད་པའི་ཚུལ་ཡང་ཤུགས་ཀྱིས་བསྟན་པ་དེ་འདྲ་ཞིག་ཡིན་སྟབས། རྩ་བའི་ཏུས་ཆེན་རྣམས་ངོས་འཛིན་པ་ལ་དཀའ་ཚེགས་འབྱུང་བའི་རྒྱུ་མཚན་འགའ་ཞིག་ཀྱང་མ་མཐོང་།

ཁོ་བོས་གཞུང་འདིར་རྩ་བའི་ཏུས་ཆེན་བཞིའམ་དྲུག་ཏུ་གྲགས་པ་དེ་དག་གི་ཡ་ཐོག་སངས་པོ་འབུམ་ཁྲི་ལ་གཏུགས་ཡོད་པ་དང་། སངས་པོ་འབུམ་ཁྲི་ཞེས་པ་དེ་ཡ་ཐོག་མི་རྒྱུད་ཀྱི་གྲོལ་ཕྱུག་ཏུ་བཤད་ཡོད་པ་དེ་ཁོ་བོ་བོན་ལུགས་དང་དད་ཅིང་། དེའི་རྒྱུ་མཚན་གྱིས་མིའི་གྲོལ་ཕྱུག་སངས་པོ་འབུམ་ཁྲི་ལ་གཏུགས་པ་

ཞིག་རྩ་བ་ནས་མེད། སྤྱིར་བཏང་ཕོ་བོའི་མཐོང་ཕྱོགས་སུ་གནའ་བོའི་བོན་ལུགས་སུ་བཤད་པའི་སྲིད་པ་སྐྱོང་གི་སྒོ་ང་ལས་སྣོད་བཅུད་རྣམས་གྲོལ་བར་བཤད་པ་དེ་ནི་རང་རེས་མིའི་འགྲོ་བ་རྣམས་སྤྲ་དང་སྤྲེའུ……ལས་བྱུང་བར་བཤད་པ་ལས་རྒྱུ་མཚན་ཆེ་ཞིང་ཚུལ་དང་ཡང་མཐུན་ཆེ་བར་མཐོང་གི་འདུག སྲིད་པ་སྐྱོང་གི་སྒོ་ང་ཞེས་པ་དེ་ལ་སྒོ་ངའི་ཐ་སྙད་བྱས་པ་ཙམ་ལས། དངོས་ཀྱི་དོན་དུ་འབྱུང་བ་ལྔའི་སྙིང་པོ་འདུས་པའི་ཕུང་པོ་ཞིག་ལ་ཟེར་བ་ཡིན་སྐབས། ཚན་རིག་པ་རྣམས་ཀྱིས་སྣོད་ཀྱི་འཇིག་རྟེན་ཇི་ལྟར་ཆགས་པའི་བཤད་པཡང་དེ་ལས་གཞན་པའི་བཤད་པ་ཅི་ཞིག་ཀྱང་རྙེད་དུ་མེད་པ་དང་། ནང་བཅུད་མིའི་འགྲོ་བ་མའི་མངལ་དུ་ཆགས་པའི་དུས་ནའང་འབྱུང་བ་འདུས་པ་ལས་ལུས་སུ་གྲུབ་དགོས་པ་ཡིན……སྐབས་ཚུལ་འདི་ནི་རིག་ལམ་དང་ཆེས་མཐུན་པ་ཞིག་ཏུ་མཐོང་བ་ཡིན།

གལ་ཏེ་རང་རེས་མིའི་འགྲོ་བ་རྣམས་སྤྲ་དང་སྤྲེའུ་ལས་བྱུང་བར་བཤད་པ་ཡིན་ན། དུས་ཕྱིས་ཀྱི་སྤྲ་དང་སྤྲེའུ་རྣམས་རིམ་གྱིས་མི་རུ་མི་འགྱུར་བའི་རྒྱུ་མཚན་གང་ཡིན་པ་དང་། གལ་ཏེ་གནས་དུས་དེར་སྤྲ་དང་སྤྲེའུ་རྣམས་མི་རུ་འགྱུར་བའི་ཆ་རྐྱེན་འགའ་ཡོད་པར་འདོད་ན། དེང་དུས་སུ་ཆ་རྐྱེན་དེ་རིགས་མེད་པའི་རྒྱུ་མཚན་ཡང་གང་ཡིན་པ་སོགས་ཀྱང་གསལ་པོར་བཤད་དགོས་པ་ལས། ཧོབ་ཆོད་ཀྱིས་བཤད་པའམ། མི་དང་སྤྲའམ་སྤྲེའུ་རྣམས་ལ་འདྲ་བའི་རྒྱུ་མཚན་ཡོད་པ་ཙམ་གྱིས་ཤིན་ཏུ་གནད་ཆེ་བའི་རྩ་དོན་འདི་འདྲ་བ་ཞིག་གཏན་ལ་འབེབས་ག་ལ་ཐུབ། རང་རེས་གནའ་དུས་ཀྱི་ལོ་རྒྱུས་ལ་ཞིབ་འཇུག་བྱེད་པའི་ཚེ། ལོ་རྒྱུས་གཏན་ལ་འབེབས་བྱེད་མངོན་སུམ་ཚད་མ་ནི་གནའ་མི་ཚོས་བཀོད་པའི་ལོ་རྒྱུས་ཀྱི་ཡིག་ཆ་ཅི་རིགས་དེ་རྣམས་དང་གནའ་མི་ཚོས་བཟོས་པའི་དངོས་ཆས་གཟི་དང་ཐོག་ལྕགས། བྲག་ངོས་སུ་ཡོད་པའི་གནའ་མིའི་རི་མོ་ཅི་རིགས་དང་། ས་འོག་ནས་ཐོན་པའི་གནའ་མིའི་རུས་སྒྲོམ་དང་དངོས་ཆས་དེ་རིགས་ཡིན་ལ། རང་རེ་ལ་མངོན་སུམ་ཚད་མའི་དངོས་རྫས་ཅི་རིགས་ཤིག་ཡོད་པ་དེ་རྣམས་ལ་བརྟེན་ནས་རྗེས་དཔག་ཚད་མའི་སྒོ་ནས་དུས་སྔ་ཕྱི་དང་། གནས་ཚུལ་ཇི་ལྟར་བྱུང་ཡོད་པའི་སྐོར་གསལ་སྤྲོས་བྱེད་དགོས་པ་དང་། ཤིན་ཏུ་སྙོག་གྱུར་གྱི་སྐོར་རྣམས་གནའ་མི་དེ་རྣམས་ཀྱིས་ཡིད་ཆེས་ཇི་ལྟར་བྱས་ཡོད་པའི་གཞི་རྩ་དེ་ལ་བརྟེན་ནས་ལོ་རྒྱུས་གཏན་ལ་འབེབས་དགོས་པ་ཡིན། ཕོ་བོ་ལ་ཡིད་ཆེས་ཇི་ལྟར་ཡོད་པ་དང་།

གནའ་མིའི་ཡིད་ཆེས་ཀྱི་གཞི་རྩ་ལ་བརྟེན་ནས་ལོ་རྒྱུས་གཏན་ལ་འབེབས་པ་འདི་གཉིས་ལ་མི་འདྲ་བའི……ཁྱད་ཆེ་ཙམ་ཡོད་ཅིང་ལོ་རྒྱུས་ཀྱི་གཞི་རྩ་དེ་མི་སུ་ཞིག་ལ་ཡིད་ཆེས་ཇི་ལྟར་ཡོད་པ་དེའི་གནས་ཚུལ་ཞིག་རྩ··བ་ནས་མེད། ལོ་རྒྱུས་ནི་དངོས་ཀྱི་གནས་ཚུལ་ཇི་ལྟར་ཡོད་པ་དེ་དང་ཡོངས་སུ་འབྲེལ་བ་ཞིག་ལ་གོ་དགོས་པ་ཡིན།

རང་རེས་ཐག་གཅོད་མི་ཐུབ་པའི་གནད་དོན་ཡ་ཐོག་མིའི་བྱུང་ཁུངས་ལྷ་བུའི་ཕོ་རྒྱུས་དེ་རིགས་ཆེས་སྔ་བའི་དུས་ཀྱི་མི་ཚོས་བཤད་སྲོལ་ཇི་ལྟར་ཡོད་པ་དང་། དེ་རྣམས་ཀྱི་བསམ་མནོའི་འཁྱེར་སོ་ཇི་ལྟར་ཡིན་པ་དེ་རིགས་ལ་དོ་སྣང་བྱེད་དགོས་པ་ཤིན་ཏུ་གལ་ཆེ་ཞིང་ཁྱད་པར་དུ་ལོ་གྲངས་བཞི་སྟོང་ལ་ཉེ་བའི་དུས་ཀྱི་ཨེས་ཆེན་པོ་དེ་རྣམས་ཀྱིས་སྣང་སྲིད་སྟོད་བཅུད་ཐམས་ཅད་སྲིད་པ་སྐྱོང་གི་སྒོ་ང་ལས་གྲོལ་བ་དང་། སྲིད་པ་སྐྱོང་གི་སྒོ་ངའི་དྭངས་བཅུད་ལས་གནམ་གྱི་ལྷ། སའམ་བར་སྣང་གི་གཉན། ས་འོག་གི་ཀླུ་དང་། དེ་ནས་རིམ་གྱིས་སྲིད་པ་སངས་པོ་འབུམ་ཁྲི་སོགས་མིའི་འགྲོ་བ་གྲོལ་ལུགས་བཤད་པ་འདི་ནི་གཟི་བརྗིད་ཆེ་བའི་གནའ་གཏམ་ཟབ་ལ་རྒྱ་ཆེ་བ་ཞིག་ཡིན་པའི་རྒྱུ་མཚན་དེ་ཁོ་ནས་ཀྱང་གནས་ཚུལ་དེའི་དགོངས་དོན་མཐིལ་ཕྱིན་པ་ཞིག་རྟགས་ཐུབ་པའི་ཆེད་དུ་གཞི་རྩ་དེ་ལ་བརྟེན་ནས་ཁོ་བོས་འདིར་སྲིད་པའི་གྲོལ་ཕྱུག་སངས་པོ་འབུམ་ཁྲི་ལ་ཚོད་འཛིན་བྱས་པ་ཡིན།

ཡ་ཐོག་སྲིད་པའི་མི་པོ་སངས་པོ་འབུམ་ཁྲི་ནས་སྲིད་པའི་མི་རབས་མཆེད་གུ་རུ་གྲགས་པ་རྣམས་བྱུང་བའི་འཇུག་ཐོག་ཏུ་རུས་ཆེན་བཞིའམ་དྲུག་གི་དབུ་བརྙེས་པར་བཤད་པ་དེ་ནི། ཐོག་མའི་མི་རྒྱུད་ཇི་ལྟར་གྲོལ་བའི་བཤད་པ་ཙམ་ཞིག་ཡིན་པ་ལས། རྩ་བའི་རུས་ཆེན་དེ་རྣམས་བྱུང་བའི་ཚེ་ཕྱིས་དུས་ཀྱི་མི་རྒྱུད་དབུ་བརྙེས་ཟིན་པའི་སྐད་ཆ་ཞིག་མིན་པའང་གོ་དགོས་པ་གལ་ཤིན་ཏུ་ཆེ།

དཔེ་འདིར་བེད་སྤྱོད་བྱས་པའི་ཡིག་ཆ་ཁག་ཏུ་མིའུ་གདུང་དྲུག་གམ་བདུན་ལ་ངོས་འཛིན་སྟངས་མི་འདྲ་བ་འགའ་རེ་ཡོད་པ་རྣམས་བསྡུས་ཚོག་གི་རེའུ་མིག

ཁ་བྱང་།		པོ་ཏི་བེས་ཏ།	སྔ་བྲག་ཆོས་འབྱུང་།	རུས་མཛོད།
༡	ལྡོང་།	སྦྲོས་ཆུ་ལྡོང་།	ལྡོང་།	ལྡོང་ = ཨ་སྤོ་ལྡོང་།
༢	འབྲུ	ཨ་ལུགས་འབྲུ།	འདྲུ།	འབྲུ།
	སྟོང་།		སྟོང་།	སྟོང་ = ཨ་ཐང་འབྲུ།
༣	སྨ།	དམུ་ཚ་དགའ།		དམུ་ = ག = དམུ་ཚ་ག།
	སྦུ།		སྦུ།	
༤	སྦྲ།		དབྲ།	
༥	སེ།		སེ།	
༦	རྒོ།			ཞིང་རྒོ་ = ཞིང་པོ་རྒོ།
༧	དཔའ།	དབལ།		དཔའ་ཡི་ཚན།
	ཟླ	ཟླ		ཟླ་ཡི་ཚན།

ཁ་བྱང་།		ཆོས་གཞུང་པེ་དཀར།	ཆོས་གཞུང་ཞེར་བུམ།
༡	ཞོང་།	ཞོང་།	གདོང་།
༢	འབྲུ།	འབྲི།	འབྲུ།
	སྤོང་།	སྤོང་།	
༣	སྨ།	སེ་=(སྨ)	སྨ།
	སྨུ།		
༤	སྤྱ།	སྤྱང་=(སྤྱ)	སྤྱ།
༥	སེ།		
༦	སྒོ།	ཧྲེ།(ལྷ་རིགས)	སྒོ།
༧	དཔའ།		
	ཟླ།		

རྩ་བའི་ཏུས་ཆེན་བཞིའམ་རྡུག་ལས་ཏུས་ཚན་མང་དུ་མཆེད་པ་དང་། ཏུས་ཚན་དེ་དག་ཕན་ཚུལ་འདྲེས་པ་ལས། གངས་རིའི་ར་བས་ཡོངས་སུ་བསྐོར་བའི་ལྗོངས་ཆེན་པོ་དེའི་ཐ་གྲུ་ཀུན་ལ་ཁྱབ་པའི་ཞང་ཞུང་གི་མི་སྡེ་རྣམས་འཕེལ་རྒྱས་བྱུང་ཡོད་པ་དེ་ལྟར་ནའང་སྤྱི་ཚོགས་འཕེལ་རྒྱས་ཀྱི་རྣམ་པ་དེ་ནི་དུས་རིམ་ཆེས་མང་པོ་ཞིག་བརྒལ་ནས། སྐབས་དུས་ཀྱི་འཕོ་འགྱུར་གྲངས་མེད་པ་ཞིག་བརྒྱུད་པའི་མཐར། རྣམ་པ་གསར་པའི་སྤྱི་ཚོགས་ཀྱི་དབུ་བརྙེས་པ་ཞིག་ཡིན་པ་ལས་དུས་ཐུང་ཞིག་གི་ནང་གློ་བུར་དུ་འཕོ་འགྱུར་ཕྱིན་པའི་འཕེལ་རྒྱས་ཤིག་མིན་པ་ནི་ཤེས་སླ་བ་ཡིན།

མིའི་འགྲོ་བ་ཐོག་མར་དབུ་བརྙེས་པ་ནས། དུས་ཕྱིས་ཀྱི་སྤྱི་ཚོགས་ཡར་རྒྱས་ཅན་གྱི་རང་བཞིན་ལ་བསླེབས་པའི་བར་དུས་རིམ་ཇི་ཙམ་བརྒལ་བའི་ཚུལ"བོད་གནའ་རབས་ཀྱི་རིག་གནས་དང་ཆོས་ལུགས། མི་རིགས་བཅས་ཀྱི་འབྱུང་ཁུངས་སྐོར་གླེང་བ"ཞེས་པའི་རྩོམ་ཡིག[བོད་ལྗོངས་ཞིབ་འཇུག 1984—2ཤ9ཕ8]ལས་སྟར་ཡོད་བོད་ཀྱི་ལོ་རྒྱུས་དཔེ་དེབ་མང་པོའི་ནང་། སངས་རྒྱས་ཤཱཀྱ་མུ་ནེ་སྐུ་འཚོ་བཞུགས་སྐབས་བོད་ཀྱི་ས་ཆ་རྣམས་ཆུས་གང་ནས་ཡོད་པ་དང་། ཡང་འགའ་ཞིག་གིས་ནི་ཕ་དམ་པ་སངས་རྒྱས་དགུང་ལོ་ལྔ་བརྒྱ་ལྷག་བཞུགས་པ་དང་། ཤིང་ཐེངས་དང་པོར་བོད་དུ་ཕེབས་སྐབས་བོད་ཀྱི་ས་ཆ་རྣམས་ཆུས་གང་

བ་དང་། ཐེངས་གཉིས་པར་བོད་དུ་ཕེབས་དུས་ཡུལ་ལུང་ཆགས་ཟིན་ཀྱང་ནགས་ཚལ་དང་རི་དྭགས་ཐར་ཐོར་ལས་མེད་ལ། ཐེངས་བདུན་པ་བོད་དུ་ཕེབས་སྐབས་མི་ལ་རལ་(རས་)པ་དང་མཇལ་བ་སོགས་བཤད་པ་ལྟར་ན། བོད་མི་བྱུང་ནས་ད་བར་ལོ་ཉིས་སྟོང་ཙམ་ལས་སོང་མེད་པས། བཤད་ཚུལ་དེ་འདྲ་ནི་ཚན་རིག་དང་གཏན་ནས་མི་མཐུན་པ་རེད། ལོ་རྒྱུས་སྨྲ་བའི་མཁས་དབང་འགོས་ལོ་གཞོན་ནུ་དཔལ་གྱིས་བོད་ཀྱི་ཡུལ་འདི་ཡང་རྒྱ་གར་དང་འདྲ་བར་ཡུལ་དང་མི་ལ་སོགས་པ་གནས་པའི་བསྐལ་པ་ནས་འགོ……ཚུགས་ཏེ་བྱུང་བར་བྱས་ན་ཡང་ལུང་དང་རིགས་པའི་གནོད་པ་མེད་ཅེས་གསུངས་པ་ལྟར་བྱས་ན། སངས་རྒྱས་ཆོས་ལུགས་པས་རང་ཅག་གནས་པའི་འཇིག་རྟེན་གྱི་ཁམས་འདི་ཆགས་པ་ནས་མེད་པར་གྱུར་ཏེ……འཇིག་རྟེན་རྗེས་མ་ཆགས་པའི་བར་ལ། མི་ལོ་དཀྲིགས་ཆེན་པོ་གསུམ། དཀྲིགས་ཆུང་བ་གསུམ། གཏམ་ཆེན་པོ་དགུ། གཏམ་ཆུང་བ་བདུན། རབ་བཀྲམ་ཆེན་པོ་བདུན། རབ་བཀྲམ་མེད། ཁྲག་ཁྲིག་ཆེན་པོ་དྲུག ཁྲག་ཁྲིག་གཉིས། ཐེར་འབུམ་ཆེན་པོ་བཞི་བཅས་ཡོད། དེང་སང་གི་དུང་ཕྱུར་བརྩི་གཞིར་བྱས་པ་ལྟར་ན། མི་ལོ་དུང་ཕྱུར་སུམ་བརྒྱ་སུམ་ཅུ་སོ་དགུ་དང་བྱེ་བ་བདུན་ས་ཡ་བདུན་འབུམ་མེད་དྲུག་ཁྲི་ཉིས་སྟོང་བཞི་བརྒྱ་ཡིན། དེ་ཉིད་དུམ་བུ་བཞིར་བྱས་པའི་དུམ་བུ་དང་པོ་འཇིག་རྟེན་ཆགས་དུས་དང་། གཉིས་པ་འཇིག་རྟེན་གནས་པའི་དུས། གསུམ་པ་འཇིག་པའི་དུས། བཞི་པ་འཇིག་རྟེན་སྟོང་ནས་རྗེས་མ་ད་དུང་མ་ཆགས་པའི་བར་སྟོང་གི་དུས་བཅས་ལ་བར་བསྐལ་ཉི་ཤུ་དང་། བར་བསྐལ་རེ་རེ་ལ་མི་ལོ་བྱེ་བ་བརྒྱད་དང་ས་ཡ་དྲུག་འབུམ་བཞི་ཡོད་པ་དེ་ཉི་ཤུས་བསྒྱུར་ན་མི་ལོ་དུང་ཕྱུར་བཅུ་བདུན་དང་བྱེ་བ་གཉིས་ས་ཡ་བརྒྱད་ཡིན་པས། འཇིག་རྟེན་འདི་ཆགས་པའི་མཇུག་ཛོགས་ནས་གནས་པའི་མགོ་ཚུགས་པ་སྟེ། མིའི་རིགས་ཐོག་མར་བྱུང་བ་ནས་ད་བར་མ་མཐར་ཡང་མི་ལོ་ས་ཡ་ཁ་ཤས་སོང་ཟིན་པར་བརྩི་དགོས། བོད་མི་རིགས་ནི་མི་རིགས་གཞན་དག་དང་འདྲ་བར་སྤྲ་མི་ནས་རིམ་བཞིན་གནའ་རབས་ཀྱི་མི་དང་། མི་གསར་པ། ཐ་ཤྭའི་དུས་རབས་དང་། ཤེས་རིག་ལྡན་པའི་དུས་རབས་བཅས་བརྒྱུད་མྱོང་ཞིང་མཁས་པ་མཁྱེན་རྒྱ་ཆེ་བའི་ལེགས་བཤད་ལས་ཤེས་ཐུབ་པ་དང་། བོད་མིའི་ཡ་ཐོག་གི་མི་རྒྱུད་རྣམས་གངས་རིའི་ར་བས་ཡོངས་སུ་བསྐོར་བའི་ལྗོངས་ཆེན་པོ་འདིའི་སྟོད་སྨད་བར་གསུམ་དུ་ཇི་ལྟར་གནས་ཤིང་། ཆེས་སྔ་བ་རྗེ་བའི་དུས་རབས་ནས་བརྩམས་པའི་ལོ་རྒྱུས་འགའ་ཞིག"བྱང་གི་འབྲུང་ཁུངས་ལ་དཔྱད་པའི་ཐོག་མའི…བསམ་ཚུལ"ཞེས་པའི་རྩོམ་ཡིག་[བོད་ལྗོངས་ཞིབ་འཇུག1986—2ཤོག74ཐ19]ལས་ཁ་བ་རི་པའི་ལྗོངས་ཀྱི…ཡ་གྱལ་ཉིང་ཁྲི་དང་མེ་ཏོག་རྫོང་། ཁ་ཐུབ། དིང་རི། གཉའ་ནང་ལ་སོགས་པའི་ཡུལ་ནས་རྡོ་ཆས་རྙིང་པ་དང་རྡོ་ཆས་ཞིབ་མོ། མིའི་རིགས་ཀྱི་རུས་པ། སྲོག་ཆགས་སྐལ་ཆོགས་ཅན་གྱི་རུས་པ་རྡོར་གྱུར་པ། རྫ་

དུམ། རྩིག་རྨང་གི་ཤུལ། རྫ་ལས་གྲུབ་པའི་སྣོད་ཆས་སོགས་མང་དུ་རྙེད་པར་གནའ་རྫས་རྟོག་ཞིབ་མཁན་རྣམས་ཀྱིས་བརྟག་ཅིང་དཔྱད་རྗེས་བོད་ཀྱི་གནའ་རྫས་དང་དཀྱིལ་རྒྱུད་གླུང་ཐང་གི་གནའ་རྫས་ཀྱི་ཁྱད······ཆོས་རྣམས་གཅིག་ཏུ་མཐུན་པར་རྟོགས་ཤིང་། ཁོ་ཚོས་བོད་འདི་གནའ་བོའི་དུས་ནས་དཀྱིལ་གླུང་ཐང་དང་ཕན་ཚུལ་འབྲེལ་བ་བྱུང་ཟིན་པར་ངེས་འཛིན་མོད། འོན་ཀྱང་བོན་གྱི་རིང་ཞེས་པའི་ཚོ་ཁག་དེ་དུས་རབས་གསུམ་པའི་སྐབས་སུ་དཀྱིལ་རྒྱུད་གླུང་ཐང་ལ་འགྲོ་འོང་གི་འབྲེལ་བ་བྱུང་ཡོད་པར་མ་ཟད། ད་དུང་སྐབས་རེར་རོང་པ་རྣམས་ཀྱིས་དཀྱིལ་རྒྱུད་གླུང་ཐང་གི་ཚོ་ཁག་ལ་འཐབ་ཅིང་རྒོལ་བའི་ལས་སུ······ཞུགས་ཏེ་རྣམ་པར་རྒྱལ་བ་ན། དེ་གར་ས་བཟུང་ནས་རང་གི་ཚོ་པ་གང་མཁྱོགས་ཅི་མྱུར་གྱིས་འཕེལ་རྒྱས་གཏོང་བར་འབད་ནས་གཞི་ཆགས་པ་དང་། སྐབས་རེར་རོང་པ་རྣམས་ཉམས་པར་གྱུར་པའི་ཚེ། སླར་ཡང་ལྷོ་ནུབ་ཕྱོགས་དེང་གི་མཚོ་སྔོན་དང་། བོད་ལྗོངས། སུ་ཁྲིན་བཅས་ཡུལ་དུ་གནས་སྤོས་ཏེ་འཚོ་བ། 《ཧན་ཕྱི་མའི་ཡི་གེའི་ནུབ་བྱང་གི་ལོ་རྒྱུས་》སུ་བཀོད་ཡོད། ཅེས་པ་དང་ཡང་[ཤ་80ཕ་16]ལས་(སྤྱི་ལོ་)1956ལོ་དང་། 1966ལོ། 1976ལོ། 1978ལོ་ལ་སོགས་པའི་ནང་དུ་བོད་ཀྱི་ནག་ཆུ་དང་། མཚོ་སྔོན་གྱི་འབྲུ་ཆུའི་ཆུ་འགོའི་ཐོ་ཐོ་ཧུ་གཙང་པོའི་རྒྱུད་དང་། ཧུ་ཧུ་ཞི་ལི། སྔར་མོ་སོགས་དང་། གཉའ་ནང་རྫོང་གི་གཡའ་ལི། ལུག་རར། ཤན་རྩ། མཚོ་གཉིས། ཤུ་ཐོག སྤུ་ཧྲེང་། སྐྱིད་གྲོང་། ཁ་ཤུབ། དིང་རི། ཉེང་ཁྲི་ལ་སོགས་པའི་ཡུལ་དུ་རྡོ་ཆས་རྙིང་པ་དང་། རྡོ་ཆས་གསར་པ། རྡོ་ཆས་ཞིབ་མོ། རྫ་ཆས། སྲྒྲིག་ཆགས་སྐལ་ཚོགས་ཅན་གྱི་ཧུས་པ། མིའི་རིགས་ཀྱི་ཧུས་པ། རྫ་དུམ། མེས་ཚིག་པའི་སྲྒྲིག་ཆགས་ཀྱི་ཧུས་པ། ཉ་འཛིན་བྱེད་ཀྱི་རྩེ་ལ་མགོ་བའི་གཏིང་རྡོ། འདབ་ཆགས་དང་རི་དྭགས་ཀྱི་ཧུས་པ། ཁང་པའི་རྩིག་རྨང་གི་ཤུལ་ལྷ་སོགས་རིག་རྫས་སམ་གནའ་རྫས་བགྲང་བྱའི་ཡུལ་ལས་འདས་པ་ཞིག་གསར་དུ་རྙེད་པའི་ཐོག་ནས་བོད་འདི་ནི་ལོ་ཁྲི་ཕྲག་གཉིས་སམ་ཡང་ན་ཁྲི་ཕྲག་གསུམ་གྱི་གོང་རོལ་དུ་བྱུང་བའི་གནའ་བོའི་མི་རིགས······ཞིག་ཡིན་པར་ཁ་ཆོན་བཅད་ཡོད་ཅིང་། ལོ་སྟོང་ཕྲག་བརྒྱད་དང་ཡང་ན་སྟོང་ཕྲག་ལྔའི་གོང་རོལ་དུ་བོད་ཡུལ་དུ་ཧ་ནོར་ལུག་གསུམ་ལྷུ་དང་ལྷུ་བྱས་ཏེ་འཚོ་བར་བརྟེན་ནས་མི་རྣམས་ཀྱིས་ཉིན་མཚན་འདའ་བ······དང་། ལོ་དྲུག་སྟོང་དྲུག་བརྒྱ་དགུ་བཅུ་དང་། ཡང་ན་ལོ་དྲུག་སྟོང་བརྒྱད་བརྒྱ་ཞེ་གསུམ་གྱི་གོང་དུ་བོད་མི་རྣམས་ཀྱིས་ཞིང་ལས་གཙོ་བོར་གཉེར་བའི་སྡོད་གནས་གཏན་འཇགས་ཡིན་ལ་ཁྱིམ་གྱི་བཀོད་པ་ཆགས་··པའི་སྲིད་འཚོར་ལ་བརྟེན་ནས་འཚོ་ཞིང་། འབྲོག་ལས་དང་རི་དྭགས་རྔོན་པའང་ཁོ་ཚོའི་འཚོ་བའི་མཐུན་རྐྱེན་གྱི་གཙོ་བོ་ཞིག་ཏུ་གྱུར་ཡོད་པ་རྟོགས། ཞེས་གསལ་བ་དག་དང་དེབ་ཐེར་ཀུན་གསལ་མེ་ལོང་[བོད་4ཕ་16]ལས་བོད་དུ་ཉེ་ཆར་ལོ་ཤས་རིང་ས་འོག་ནས་གནའ་དུས་ཀྱི་དངོས་རིགས་མང་པོ་ཐོན་ཡོད་པ······

དཔེར་ན། ཉི་ཁྲིའི་ཉང་ཆུའི་འགྲམ་ནས་གནའ་རབས་ཀྱི་མིའི་རུས་པ་རྙེད་པ་དེ་དག་ལ་རིགས་གཅིག་ཀྱང་འཛིན་པ་རྣམས་ཀྱིས་ཞིབ་འཇུག་བྱས་ཏེ་ངོས་འཛིན་བྱེད་གསལ་དུ“ཉི་ཁྲིའི་མི”ཡི་རུས་པ་དེ་ཆོར་སྤྲ་མིའི་གདོད་མའི་རང་རྟགས་མེད་པར་གྱུར་ཟིན་པ་དང་། དེང་རབས་ཀྱི་མི་ཡིན་གཤིས། “ཉི་ཁྲིའི་མི”ཡི་རུས་པ་དེ་ཚེ་ནི་ལོ་བཞི་སྟོང་ལྷག་ཙམ་གོང་སྔེ་རྡོ་ཆས་གསར་མའི་དུས་རབས་དང་། ཡང་ན་ལྕགས་རྡོ་ཟུང་འབྲེལ་བེད་སྤྱོད་བྱེད་པའི་དུས་རབས་ཀྱི་མི་རེད་ཟེར། དེ་རྗེས་སུ་གཉའ་ནང་དང་། དིང་རི། ཤན་ཚ། མེ་ཏོག ཆབ་མདོ་སོགས་བོད་ཀྱི་ས་ཁུལ་མང་པོ་ཞིག་ནས་རྡོ་ཆས་དང་། གནའ་མིའི་རུས་པ་སོགས་གནའ་རྫས་མང་པོ་ཞིག་རྙེད་པ་དང་། ལྷག་པར་དུ་ཆབ་མདོ་ཁ་རུབ་ནས་གནའ་རྫས་འབོར་ཆེན་ཞིག་རྙེད་པ་དེས་བོད་རིགས་ཇི་ལྟར་བྱུང་ཚུལ་དང་བོད་ཀྱི་གནའ་རབས་རིག་གནས་འཕེལ་རྒྱས་སྐོར་ཞིབ……འཇུག་བྱེད་པར་སྣ་མང་ཕྱུན་སུམ་ཚོགས་པའི་ཚན་རིག་གི་གཞི་འཛིན་ས་ཞིག་བྱུང་བ་རེད། ཅེས་པ་དང་ཡང་[བོད་5ཕ་15]ལས་བརྟག་དཔྱད་རོབ་ཙམ་བྱས་པར་གཞིགས་ན། གནའ་རྫས་དེ་རྣམས་ད་ནས་ལོ་བཞི་སྟོང་ནས་ལྔ་སྟོང་བར་ཕྱིན་ཟིན་པ་སྟེ། རྡོ་ཆས་གསལ་མའི་དུས་རབས་ཀྱི་དངོས་པོ་ཞིག་རེད། གནའ་རྫས་རྙེད་ཡུལ་གྱི་རྒྱ་ཁྱོན་ནི་སྤྱི་ཁྲི་གྲུ་བཞི་མ་ཆིག་ཁྲི་ལྷག་ཙམ་ཡོད་ལ། སྐབས་དེའི་དངོས་པོ་དང་རིག་གནས་ཀྱི་དར་ཁྱབ་ནི་མི་རྣམས་ཧ་ལས་དགོས་པ་ཞིག་ཡོད། ད་ལྟ་དངོས་སུ་རྙེད་པ་དེར་ཁང་པ་རིགས་མི་འདྲ་བ་གཉིས་ཙམ་ཡོད་པ་མ་ཟད། རྡོ་བརྩིགས་ཀྱི་དབྱིབས་སྐོར་མོ་ཡིན་པའི་ལྷ་མཆོད་སའི་ཞིངས་ཆ། དེ་བཞིན་རྡོ་ཆས་དང་། རྫ་ཆས། རུས་ཆས། འབྲུ་རིགས་སོགས་གནའ་རྫས་མང་པོ་ཞིག་ཡོད་པ་རེད། རྫ་ཆས་དེ་དག་ནི་བཟོ་དབྱིབས་ལེགས་ལ་འཛམ་ཤ་དོད་པ། རི་མོ་སྙིང་རྗེ་ལ་འབོར་ཆེ་བ་ཡོད་ཅིང་། དེ་བཞིན་རུས་ཆས་དང་རྒྱན་ཆ་དེ་ཚོའང་སྤུས་དག་ལ་ཧ་ཅང་སྙིང་རྗེ་པོ་ཡོད་སྟབས་སྐབས་དེར་རིག་གནས···དང་ལག་རྩལ་དར་ཁྱབ་གང་མཚམས་ཡོད་པ་གསལ་པོར་རྟོགས་ཐུབ། འབྲུ་རིགས་ཀྱི་སོན་ཐོན་པ་དེའི་ཐོག་ནས་ལོ་བཞི་སྟོང་ལྷག་ཙམ་གྱི་སྔོན་དུ་གངས་ཅན་གྱི་ཡུལ་དེར་ཞིང་ལས་དར་ཁྱབ་ཆེ་བ་ཡོད་པའི……དཔང་རྟགས་ཁུངས་བཙན་ཞིག་རེད། ཅེས་པས་གསལ་བའི་གནས་ཚུལ་ངོ་སྤྲོད་ཀྱི་སྐོར་འདི་དག་ནི་ཆེས་གནད་གལ་ཆེ་བའི་ལེགས་བཤད་དུ་གོ་ཞིང་། ཚུལ་དེ་རིགས་ལ་བརྟེན་ནས་རང་རེས་གནའ་མིའི་གནས་ཚུལ་རགས་ཙམ་རེ་རྗེས་དཔག་བྱེད་ཐུབ་པ་ཡིན།

འཛམ་གླིང་ན་གྲགས་ཆེ་བའི་མཁས་པ་འགའ་ཞིག་གིས་ཡ་རྙིག་གི་དུས་སུ་ཨ་ཤེ་ཡའི་གླིང་དང་ཨ་མེ་རི་ཁའི་གླིང་གཉིས་གཅིག་ཏུ་འབྲེལ་ཏེ་ཆགས་ཡོད་པ་ལ་རིམ་གྱིས་སོ་སོར་གྱེས་ཤིང་། ལོ་གྲངས་ཁྲི་ཕྲག་མང་པོའི་རྗེས་སུ་གླིང་གཉིས་ཐག་རིང་དུ་སོང་བའི་ཤེས་བྱེད་དུ་ཨ་མེ་རི་ཁའི་གླིང་དུ་ཨ་ཤེ་ཡའི་སེམས……

ཅན་དང་མི་རིགས་ཁམས་གཙང་ཡོད་པ་དང་། ས་ཁྲའི་རྣམ་པ་ལའང་མཚོ་འགྲམ་གྱི་སྣ་གཤོང་སོགས་གཅིག་ནས་གཉིས་སུ་གྱེས་པའི་རྣམ་པ་གསལ་བར་མཐོང་ཐུབ་ཡོད་ཅེས་གསུང་སྒྲོལ་བྱུང་འདུག དུས་གང་གི་ཚེ་གླིང་གཉིས་སོ་སོར་གྱེས་ཡོད་པ་དང་། རྒྱུ་རྐྱེན་གང་ལ་བརྟེན་ནས་གྱེས་ཡོད་པ། གྱེས་ཚུལ་ཇི་ལྟར་བྱུང་ཡོད་པ་སོགས་ནི་ཆེས་སྔ་བའི་ལོ་རྒྱུས་སུ་སོང་སྐབས། སུ་ཞིག་གིས་ཀྱང་ཁ་ཚོན་ཆོད་པར་བཤད་ཐུབ་ཐབས་མེད་ནའང་ཨ་མེ་རི་ཁའི་གླིང་གི་མི་རིགས་དམར་པོ་དང་། བོད་རིགས་རྣམས་ཕན་ཚུན་འདྲ་ཆེ་བ་དང་། མི་རིགས་དམར་པོའི་ཤེས་ཡོན་གྱི་ཁོངས་སུ་བོད་ཀྱི་བོན་ལུགས་སུ་དར་རྒྱས་བྱུང་སྐྱོང་ལ། ད་དུང་ཤེས་ཡོན་གྱི་རིགས་འཚོ་བཞིན་དུ་ཡོད་པ་དུ་མ་ཞིག་གཅིག་གྱུར་དུ་ཡོད་འདུག་པ་དེ་རིགས་ལ·········གཞིགས་ན། གནའ་དུས་སུ་ཨ་མེ་རི་ཁའི་མི་རིགས་དམར་པོ་དང་བོད་ཀྱི་གནའ་མི་རྣམས་ཀྱི་འབྱུང་ཁུངས་གཅིག་པ་ཡིན་པའང་ཤེས་ཐུབ་པ་ཡིན། མཁས་པ་ཁ་ཤས་ཀྱིས་གནའ་བོའི་བོད་མི་རྣམས་འཛམ་གླིང་བྱང་ཕྱོགས་ཀྱི་འཁྱགས་རམ་བརྒྱུད་དེ་ཨ་མེ་རི་ཁའི་གླིང་དུ་བསླེབས་པར་བཤད་མོད། དེ་ལྟར་ན་བོད་མི་ལས་གཞན་པའི་མི་རིགས་ཀྱང་གནས་དེར་མི་སླེབས་པའི་ངེས་པ་ཅི་ཞིག་མེད་པ་དང་མ་ཟད་ཨ་མེ་རི་ཁའི་གླིང་དུ་བོད་དང་འདྲ་བའི་རིགས་དང་སེམས་ཅན་དུ་མ་ཞིག་ཡོད་པ་བཅས་ལ་བརྟེན། དེ་ནི་རྒྱུ་མཚན་ཡང་དག་པ་ཞིག་མ་ཡིན་པར་ཤེས་ཐུབ་ལ་རང་རེས་གནའ་དུས་སུ་གླིང་གཉིས་གཅིག་ཏུ་ཡོད་པ་དེ··སོ་སོར་འབྲལ་བར་ངེས་པའི་རྒྱུ་མཚན་མང་པོ་ཉེད་དཀའ་མོད། བོད་མི་དང་མི་རིགས་དམར་པོའི་བར་གྱི་འབྲེལ་ཆེན་པོ་འདིས་ཡ་ཐོག་ཏུ་གླིང་གཉིས་གཅིག་ཏུ་འབྲེལ་བ་དེ་རྒྱུ་རྐྱེན་དུ་མ་ཞིག་ལ་བརྟེན་ནས་སོ···སོར་འབྲལ་ཡོད་པའང་མི་སྲིད་པ་མིན་པའི་ཆོས་ཞིག་ཡིན། གང་ལྟར་ཡང་དངོས་ཀྱི་གནས་ལུགས་དེས་ནི་བོད་ཀྱི་མི་རྒྱུད་དེ་ཆེས་སྔ་བའི་ཡ་ཐོག་ཨ་ཤེ་ཡ་དང་། ཨ་མེ་རི་ཁའི་གླིང་ཕན་ཚུལ་ཁ་བྲལ་དུ་མ་སོང་བའི་གོང་རོལ་ནས་ཡོད་པའི་མི་རྒྱུད་རྙིང་གྲས་ཤིག་ཡིན་པའང་གསལ་པོར་བསྟན་ཡོད་པ་རེད།

ས་བཅད་གཉིས་པ། ཡ་ཐོག་བོད་ཀྱི་བོན་རབས་བྱུང་ཚུལ།

རང་རེས་བོད་ཀྱི་ཡ་ཐོག་གི་བོན་བཤད་པའི་ཚེ། ཐོག་མར“བོན”ཅེས་པ་འདིའི་གདགས་གཞི་གང་འདྲ་ཞིག་ལ་ངོས་འཛིན་དགོས་པ་འདི་ཐག་ལེགས་པོར་ཆོད་པ་ཞིག་མ་བྱུང་ན། ཡ་ཐོག་གི་བོན་ཅེས་པའི་དོན་གང་ཡིན་ངེས་ཐུབ་ཐབས་མེད་པ་ཡིན།

འགྲོ་བ་མིའི་རིགས་ཡོངས་ལ་མི་རེ་བཞིན་གྱི་ལུས་ངག་ཡིད་གསུམ་དང་འབྲེལ་བའི་དཀའ་ངལ་དང···

འཇིགས་སྐྲག་སྡུག་བསྔལ་སོགས་གྲངས་ཀྱིས་བགྲང་བར་མི་ནུས་པ་ཞིག་ཡོད་པ་དེ་རྣམས་སེལ་བའི་ཐབས་སུ་མི་ཚང་མས་བློ་ཐབས་ཅི་རིགས་ཤིག་བྱེད་ཀྱི་ཡོད་ལ། འདས་པའི་དུས་ཀྱི་མི་ཚོས་དེ་ལྟར་བྱས་པ་དང་མ་འོངས་པའི་མི་རྒྱུད་རྣམས་ཀྱིས་བྱ་རྒྱུ་ཞིག་ཡིན་པ་འདི་ནི་འགྲོ་བ་མིའི་ཆོས་ཉིད་ཅིག་ཏུ་ཆགས་ཡོད། འགྲོ་བ་མིའི་རིགས་རྣམས་ཀྱིས་དཀའ་ངལ་སོགས་སེལ་བའི་སླད་དུ་ཐབས་ཤེས་རྩལ་སྤྲུགས་བྱེད་པའི་ཚེ། དཀའ་ངལ་གྱི་རིགས་དེ་གཙོ་ཆེར་མིའི་ལུས་དང་འབྲེལ་བའི་དངོས་པོ་ལ་ཐུག་ཡོད་ན་ཐབས་ཤེས་ཀྱང……བྱེད་སླ་ལ་དཀའ་ངལ་དེའང་སེལ་ཐུབ་པའི་སྐབས་རྙེད་སོད། རང་རེ་ལ་ལུས་ཙམ་དུ་མ་ཟད། ངག་དང་ཡིད་ཀྱང་ཡོད་པ་ཡིན་སྟབས། ཕྱི་མ་གཉིས་དང་འབྲེལ་བའི་དཀའ་ངལ་ཅི་རིགས་ཤིག་ཤར་བའི་ཚེ། དཀའ་ངལ་དེ་རིགས་དངོས་པོའི་ཆ་ནས་སེལ་ཐུབ་པ་ཞིག་མིན་པས། ད་གཟོད་དཀའ་ངལ་དེའི་རྒྱུ་རྐྱེན་ཅི་འདྲ་ཞིག་ལ་ཐུག་ཡོད་པ་སོགས་ཀྱི་བསམ་མནོ་ནན་པོ་ཞིག་མི་གཏོང་ཐབས་མེད་ཆགས་ཡོད་པ་རེད། སྐྱེས་བུའི་ཡིད་ཀྱི་དྲན་རྟེན་གི་རྩ་བ་དེ་ལུས་ལ་གནས་པའི་ནུས་ཤུགས་ལ་ཐུག་ཡོད་པ་དང་། ལུས་ཀྱི་ནུས་ཤུགས་ཀྱི་གཞི་རྩ་དེ་རླུང་གི་ནུས་པ་དང་དེའི་གཞི་རྩ་སྔའི་ཤུགས་ལ་བརྟེན་པ་ཞིག་ཡིན་སྟབས། བོན་ལུགས་སུ་སྐྱེས་བུའི་ལུས་སྲོག་གི་འདུ་འཕྲོད་བདེ་བར་འཚོ་ཞིང་། དེའི་ནུས་པ་བསྐྱེད་པའི་ཆ་རྐྱེན་དེ་ལ་"བླ"ཞེས་སུ་གྲགས་ཤིང་། བླ་དེའང་སྐྱེས་བུའི་གཞི་རྩའི་ནུས་ཤུགས་སྒྲའི་རྐྱེན་དང་འབྲེལ་བ་ཞིག་ཡིན་པས། "སྒྲ་བླ"ཞེས་པའི་ལྟ་སྟངས་འདི་བྱུང་འདུག རླུང་དང་སྒྲའི་གདངས་གཉིས་གཅིག་ཏུ་འབྲེལ་བ་དེ་ལ"ངག"ཅེས་བྱ་ལ་ངག་གི་འདུ་བྱེད་སྒོར་སྐྱེས་བུའི་འབྱུང་བའི་ཁམས་འཁྲུགས་པ་རྣམས་ཆ་མཉམ་པར……བྱེད་པ་དང་། གདུད་པ་རྣམས་གསོ་བ་སོགས་ཀྱི་ཆ་རྐྱེན་མེད་དུ་མི་རུང་བ་ཞིག་ནི་རིགས་སྔགས་གྲུབ་པའི་སྐྱེས་བུ་རྣམས་ཀྱིས་འབྱུང་བའི་ཁམས་ལ་ནུས་པ་ཐེབས་པའི་སྒྲ་གདངས་སྔགས་སུ་དྲངས་ནས། སུ་ཞིག་ལ་དཀའ་ངལ་ཡོད་པ་དེ་ལ་བཟླས་ལུང་གིས་སྔགས་ཀྱི་ནུས་པ་འཕོས་རྗེས་དེ་གཉེར་ཅན་དེས་སྔགས་བཟླ……ཞིང་སྔགས་ཀྱི་ནུས་པ་འཛིན་པར་བསྒྲུབས་པས་དཀའ་ངལ་ཅི་ཡོད་སེལ་བའི་གོ་སྐབས་འཐོབ་ཐུབ་ཀྱི་ཡོད་སྟབས། འབྱུང་ཁམས་ལ་དབང་བྱེད་པའི་ཆ་རྐྱེན་གཙོ་བོ་ནི་སྔགས་བཟླ་བའི་ལུགས་དེ་བྱུང་ཡོད་པ་རེད།

གནའ་བོའི་བོད་སྐད་དུ"བོན"ཞེས་པ་ནི་བཟླ་བའི་དོན་ཏེ། དེ་ནི་སྔགས་བཟླ་བའི་དོན་ཡིན་ལ། སུ་ཞིག་གིས་སྔགས་མང་དུ་བཟླ་ཞིང་། དེའི་མཐུ་ལ་བརྟེན་ནས་གནས་སྐབས་ཀྱི་དཀའ་ངལ་ཅི་རིགས་སེལ་ཐུབ་མཁན་དེ་ལ"བོན་པོ"ཞེས་པའི་ཐ་སྙད་བྱུང་འདུག སྔགས་བཟླ་བ་ཙམ་ཞིག་ཏུ་མ་ཟད། དུས་རིམ་གྱི་ནང་དུ་སྔགས་དང་འབྲེལ་བའི་ཚོ་ག་ཅི་རིགས་པ་དར་བ་དེ་ཀུན་ལ་བོན་གྱི་ཐ་སྙད་བྱུང་འདུག……པས"བོན"ཞེས་པ་དེ་ལུགས་གཅིག་པོ་ནའི་མིང་མ་ཡིན་པ་དེ་ཐོག་ནས་ཤེས་ཐུབ་པ་ཡིན།

གཅིག “བོན”ཡིག་ཇི་ལྟར་བྱུང་བའི་སྐོར།

བོད་ཀྱི་བརྡ་རྙིང་དུ“གྱེར”ཞེས་པའི་ཚིག་འདིའང་ཡོངས་གྲགས་ཀྱི་ཐ་སྙད་ཅིག་ཏུ་གྱུར་ཡོད་ལ། “བསང་གི་ཚིག་འདི་ལྟར་དུ་གྱེར”ཞེས་པ་ལྟ་བུའམ“སྨྲུད་ཀྱི་ཚིག་འདི་སྐད་དུ་གྱེར”ཞེས་པ་ལྟ་བུ། བོད་སྐད་ཀྱི་རྗོད་ཚིག“འདོན་པ”ཞེས་པ་དེ་དང་གོ་དོན་གཅིག་པར་བེད་སྤྱོད་གནང་སྲོལ་བྱུང་ཡོད། དེ་ལྟར་ནའང་བོད་སྐད་བརྡ་རྙིང་གི་རྗོད་ཚིག“བོན་པ”དང“གྱེར་བ”འདི་གཉིས་ལ་དེང་དུས་ཀྱི་སྐད་ལུགས་སུ་“བཟླ་བ”དང“འདོན་པ”ཞེས་པ་གཉིས་ལ་ཁྱད་གང་ཡོད་པ་དེ་ཐོག་ནས་གཞི་རྩའི་ཁྱད་པར་གང་ཡོད…ཤེས་ཐུབ་པ་ཡིན། བོད་མིའི་སྐད་ངོར“གྱེར”ཞེས་པ་འདི་བོད་ཀྱི་བརྡ་རྙིང་ཞིག་ཏུ་མཐོང་སོང་། ཞང་སྐད་དུ་གྱེར་ནི“བོན”ཅེས་པའི་སྐད་དོད་ཡིན་པའི་ཚུལ། སྲིད་པའི་མཛོད་ཕུག་རྩ་འགྲེལ་སོགས་སུ་གསལ་བར་བསྟན་པ་ཡོད་སྟབས། “གྱེར”ནི་ཞང་བོད་ཐུན་མོང་དུ་གྱུར་པའི་ཚིག་ཅིག་ཡིན་པར་ཤེས། དངོས་དོན་གྱི་དབང་དུ་བྱས་ན་བོན་ཅེས་པའི་གོ་དོན་འདི་ནི་བོད་ཅེས་པ་ལས་ཆེས་སྔ་བ་ཞིག་ཡིན་པ་ནི…བོན་ཡ་ཐོག་གི་བྱུང་ཁུངས་དུས་རིམ་གོང་མའི་སྔོན་དུ་འགྲོ་དགོས་པ་དང་། བོད་ཀྱི་ཆབ་སྲིད་དུས་རིམ་གཉིས་པའི་ནང་དབུ་བརྙེས་པས་ངེས་ཐུབ་སོད་ཀུང་རྒྱལ་པོ་བཀའི་ཐང་ཡིག་[པེ་113ཤ་1]ལས་དེ་ནས…ལྷ་དང་བཙན་གྱིས་དབང་བྱས་ཏེ། ཡུལ་གྱི་མིང་ལ་བོད་ཁམས་གླིང་དགུར་བཏགས། །ཞེས་བོད་ཀྱི་ཡུལ་འདི་འགྲོ་བ་མིས་དབང་མ་བྱས་པའི་གོང་དུ་བོད་ཀྱི་ཐ་སྙད་ཡོད་པར་གསལ་བ་དེ་ལྟར་ན“བོན”ཅེས……པའི་ཚིག་འདིའང་ཤིན་ཏུ་རྙིང་མའི་རང་བཞིན་དང་ལྡན་པ་ཞིག་ཡིན་པའང་ཤེས་ཐུབ། དེབ་ཐེར་དཀར་པོ་[སི་38ཤ་14]ལས་གཡུང་དྲུང་བོན་རྣམས་ཀྱི་ལྟར་ན། ཐོག་མར་བོན་གྱི་ཡུལ་ཞེས་གྲགས་པ་ལ་རྗེས་སུ་བོད་ཀྱི་ཡུལ་ཞེས་ཟེར་ཆགས་པ་ཡིན་ནོ་ཞེས་ཟེར་རོ། །“བོད”དང“བོན”གཉིས་དོན་གཅིག་གོ་བྱ་བ་འདི་ངེས་པར་བཞད་གད་སྐྲོད་པའི་གཏམ་དུ་སྣང་སོང་། ཙུང་ཟད་ཅིག་བསམ་དགོས་པའང་ཡིན་ཏེ། དེ་ཡང་རྗེ་ནམ་རི་སློང་བཙན་ཡན་ཆད་ལ་འདི་ཡུལ་གང་པོ་ན་གཡུང་དྲུང་བོན་གྱི་ཆོས་ལུགས་འབའ་ཞིག་དར……བས་མིང་དེ་སྐད་དུ་གྲགས་ཀྱང་ཡ་མཚན་རྒྱུ་ཆེར་མེད་ལ། རྒྱ་ནག་པ་རྣམས་སྔོན་དུས་སུ་བོད་ཡུལ་ལ་བོན་གྱི་ཡུལ་ཞེས་འབོད་པ་ཡང“བོན”ཅེས་བྱ་བའི་སྐད་དང་ཉེ་བས་སོ། །དེར་མ་ཟད་གནའི་ཐ་སྙད་ལ་རྗེས་འཇུག་ད་ན་གཉིས་ཕན་ཚུལ་བརྗེས་པ་ཡང་ཤིན་ཏུ་མང་སྟེ། དཔེར་ན“བཙན་པོ”དང“བཙད་པོ”། “ཚུན་པོ”དང“ཚུད་པོ”སོགས་རེས་མོས་སུ་བྲིས་པ་བཞིན“བོན”དང“བོད”གཉིས་ཀ་ཡང་ཕན་ཚུལ……བརྗེས་སྲིད་པས་སོ། །སོག་ཡུལ་འགའ་ལ་བོན་ལུགས་བྱེད་པ་དག་ལ“བོད”དམ“བོ”ཞེས་ཐ་སྙད་ཆགས་པར་འདུག འོན་ཀྱང་ཁ་ཆེའི་ཡུལ་དུ་དར་རྒྱ་ཆེ་བའི་ཨིས་ལམ་གྱི་ཆོས་ལུགས་ལ་ཁ་ཆེའི་ཆོས་ཞེས་གྲགས་

པ་བཞིན་དུ་བོད་ཀྱི་ཡུལ་ལ་གཤེན་རབ་ཀྱི་ཆོས་དར་བའི་རྒྱུ་མཚན་གྱིས་ཡུལ་གྱི་མིང་ཆོས་ལ་ཕར་བཛོགས་པ་
ཡིན་ནམ་ཆོས་ཀྱི་མིང་ཡུལ་ཚུར་བཏགས་པ་ཡིན་པ་སོགས་ནི་ལོ་ཉིས་སྟོང་ལོན་པའི་རྙིང་པོ་འདྲ་ཡོད་ན་དྲི་
བར་ཟད་མོད་གཞན་སུ་ཞིག་གིས་ཤེས་པར་ནུས། ཞེས་གསུངས་པ་ལྟར་ཆེས་སྔ་བའི་དུས་ནས་བྱུང་བའི་
ཐ་སྙད་ཅིག་ཡིན་ལ། སྤྱིར་བཏང་བོན་གྱི་ཐ་སྙད་དང་བོན་གྱི་ལུགས་ཙམ་ནི་གཤེན་རབ་མི་བོ་ཆེ་བོད་ཀྱི་
ཡུལ་ཁམས་འདིར་མ་བྱོན་པའི་གོང་ནས་ཡོད་པ་ཞིག་ཡིན་པ་བོན་གྱི་ཡིག་ཆ་རྣམས་སུ་གསལ་བར་བཤད་···
ཡོད་པ་ནི་ལེགས་བཤད་རིན་པོ་ཆེའི་མཛོད་[ཤོ་46 ཕ་7] ལས་བདུད་ཕྱུག་ཤོར་བ་རྒྱ་བདུན་ཅུ་བ་གཤེན···
ཡུལ་དུ་རྟ་རྐུར་བཏང་བས་ཆིབས་པ་འབྲུག་རྟ་སོགས་རྟ་བདུན་བརྐུས་ཏེ་ཀོང་པོར་དེད་ནས་ཀོང་མཁར···
འོག་ཁང་ནང་དུ་བཅུག་སྟེ་རྗེས་སུ་ཁ་བ་འདོམ་དགུ་ཕབ། དེར་གཤེན་རབ་ཀྱིས་མཁྱེན་ནས་རྟ་ལ་ཆགས་
པས་མ་ཡིན་ཀྱང་བོད་སྲིད་པོའི་རིགས་དབང་དུ་བསྡུ་བ་དང་། བདུད་རིགས་འཁོར་དུ་བཙུད་པར་
དགོངས་ནས་རྟའི་རྗེས་སུ་བྱོན་པ་མཚན་ལྡན་ཁྱིའུ་བཞིས་བསྐོར་ནས་བྱོན། ཞེས་དང་ཡང་[ཤོ་47 ཕ་4]
ལས་དེ་ནས་སྟོན་པ་བོད་ཀྱི་ཆུ་བོ་ཆེན་པོ་བཞི་འདུས་མགོར་བྱོན་ཏེ་བོད་ཀྱི་ལྷ་འདྲེ་རྣམས་དབང་དུ་བསྡུས་
ཏེ་བཀའ་ལ་ཉན་པའི་ཚད་མདོ་ཕུལ། དེའི་ཚེ་བོད་ཀྱི་རི་ཀུན་གྱི་རྩེ་མོ་ཡང་ཡར་ལ་འདུད་པར་གྱུར་ཏོ། །
ཞེས་དང་། གཤེན་རབ་ཀྱི་མཛད་མདོ་རྣམས་སུའང་དེ་དང་ཆ་འདྲ་བར་གསུངས་ཡོད་པ་དེ་དག་གིས་ལོ་
གྲངས་སུམ་སྟོང་དགུ་བརྒྱ་ལ་ཉེ་བའི་གོང་ནས་གཤེན་རབ་བོད་དུ་ཕེབས་མྱོང་བ་དང་། གཤེན་རབ་བོད་
དུ་ཕེབས་དུས་སུ"བོད་ཀྱི་བོན་པོ་རྣམས"ཞེས་པའི་བོན་དང་། བོན་པོ་རྣམས་ཡོད་པའང་ཤིན་ཏུ་གསལ་
བར་བསྟན་པ་ཡིན། དེར་མ་ཟད་གཞུང་དེ་རང་[ཤོ་48 ཕ་13] ལས་དེ་ནས་ཡང་རྟའི་རྗེས་སུ་བྱོན་པ་ལ།
བདུད་དམག་དཔུས་དང་དྲེགས་པོ་གེ་སར་ཀོང་པོའི་དམག་རྣམས་གཡས་གཡོན་ནས་བསྐོར་ཏེ་མཚོན་ཆ···
སྣ་ཚོགས་ཆར་དུ་ཕབ་ནས་འཕངས་པས་སྟོན་པའི་སྐུ་ལ་ཕོག་པ་ལྟ་ཅི་དྲུང་དུ་ཉེ་བ་ཡང་མ་ནུས་སོ། །དེར་
བདུད་དམག་རྣམས་ཐང་ཆད་ནས་གཡུང་དྲུང་གིས་སོང་བའི་ཚེ་སྟོན་པའི་ཞལ་ནས་ངས་འཐབ་ཟླ་བྱེད་ན་
ཁྱོད་རྣམས་ཡུད་ལ་གསོད་པར་ངེས། ངེས་སེམས་མ་ངེས་ང་ལ་འབེན་ཞིག་ཚུགས་གསུངས་པས། བདུད་
ཀྱིས་ལྷགས་ཕུབ་དགུ་བརྩེགས་ནས་བཙུགས་པ་ལ་སྟོན་པས་ལྕགས་ཀྱི་མདའ་གཞུ་བཀའ་སྟེ་ཞབས་གཡས···
གྱད་ཀྱི་ཕ་བོང་ལ་གཏད་ནས་ཕྱག་གཡས་ཀྱིས་མདའ་མ་འཕངས་པར་གཡོན་གྱིས་འཕངས་པས་ལྕགས······
ཕུབ་དགུ་ཀ་ཐལ་བྱུང་དུ་ཕུག་ནས་ཕ་རིའི་བྲག་ལ་ཟུག་པ་ཀོང་རྗེའི་སྲས་མོ་ཀོང་ཟ་ཁྲི་ལྕམ་གྱིས་དར·········
དཀར་ཕྱིབས་ཀྱིས་བྱུང་ནས་སྟོན་པ་ལ་ཕུལ་ལོ། །མདའ་ཕྱུང་ཤུལ་དུ་ཆུ་མིག་བཛོལ་ཏེ་ལ་དོར་བྲག་འཕྲང་
ལ་མདའ་དྲངས་ཆུ་མིག་ཅེས་གྲགས་པ་དང་གྱད་ཀྱི་ཕ་བོང་ལ་སྟོན་པའི་ཞབས་རྗེས་ལམ་མེ་བ་ད་མཚར·····

བའི་རྟགས་སུ་ཡོད་དོ། །ཞེས་དང་ཡང་[པེ་49 ཕ་8] ལས་དེར་ཁོང་རྗེ་ལ་ཡང་དད་པ་སྐྱེས་ནས་ཁོང་བཟའ་ཁྲི་ལྷམ་ཁབ་ཏུ་ཕུལ་ཏེ་ཀུན་བཀའ་འབངས་སུ་ཕུལ་བར་བྱས་སོ། །ཞེས་ཁོང་རྗེའང་གཤེན་རབ་མི་བོ་ཆེའི་གདུལ་བྱར་གྱུར་ཡོད་ཚུལ་གསལ་བར་བསྟན་པ་དེ་ལྟར་ན། དེ་དུས་སུ་གདོད་མའི་བོན་དང་བོན་པོ་ཅི་རིགས་ཤིག་ཡོད་པ་ཙམ་དུ་མ་ཟད་གཤེན་རབ་མི་བོ་ཆེས་བསྟན་པའི་གཡུང་དྲུང་གི་བོན་དང་དེ་འབྲེལ་གྱི་ཤེས་རིག་རྣམས་བོད་ཡུལ་དུ་དར་རྒྱས་ཀྱི་དབུ་ཚུགས་ཡོད་པའང་ཁ་གསལ་དུ་བསྟན་པ་ཡིན།

གཤེན་རབ་མི་བོ་ཆེ་བོད་དུ་ཞབས་བཀོད་པའི་སྐབས། གཤེན་རབ་ཀྱིས་བོན་གང་དང་གང་ཞིག་བསྟན་ཡོད་པའི་ཚུལ་རགས་ཙམ་ཞིག་ནི་ལེགས་བཤད་རིན་པོ་ཆེའི་མཛོད་[པེ་47 ཕ་7] ལས"བོད་ཀྱི་བོན་པོ་རྣམས་ལ་ལྷ་གསོལ་བ་དང་འདྲེ་བཀར་བ། ཡུགས་ཕུད་པའི་ལུང་ཐོག་གོ"ཞེས་གཤེན་རབ་མི་བོ་ཆེས་བོད་ཀྱི་བོན་པོ་རྣམས་ལ"ལྷ་གསོལ་བ"ཞེས་བོན་ཤེས་པ་ཅན་བཅུ་གཉིས་སུ་གྲགས་པའི་ནང་ཚན……"མགོན་ཤེས་ལྷ་བོན"གྱི་བོན་སྒོ་དང་། "འདྲེ་བཀར་བ"ཞེས"འགྲོ་ཤེས་སྒྲུད་བོན"དང"སྣང་ཤེས་གཏོ་དཀྱུ"ཏུ་གྲགས་པའི་བོན་སྒོ་དག་དང་། "ཡུགས་ཕུད"ཅེས"འདུར་ཤེས་སྲིད་གཤེན"ཏུ་གྲགས་པའི་བོན་སྒོ་བསྟན་ཡོད་པའི་དོན་དུ་ངེས་པ་ཡིན། བོན་གྱི་བསྟན་འབྱུང་སོགས་ལོ་རྒྱུས་ཡོངས་གྲགས་ཀྱི་གཞུང་ཕལ་མོ་ཆེར་བོད་ཀྱི་ཐོག་མའི་རྒྱལ་པོ་གཉའ་ཁྲི་བཙན་པོ་མ་བྱོན་པའི་གོང་དེར་བོད་དུ་འབྲས་བུའི་བོན་དུ……གྲགས་པ་དེ་རིགས་དར་སྤྱོད་མེད་པར་བཤད་ཡོད་མོད། གཤེན་རབ་མི་བོ་ཆེ་སྐུ་གཤེགས་པ་ནས་བོད་ཀྱི་ཡ་ཐོག་གི་རྒྱལ་པོ་གཉའ་ཁྲི་བཙན་པོ་མ་བྱོན་གྱི་བར་དུས་རིམ་གོང་མའི་ལོ་གྲངས་མང་པོ་དེ་སྲིད་ཀྱི་རིང…ལ་བོད་དུ་འབྲས་བུའི་བོན་དུ་གྲགས་པ་དེ་རིགས་དར་མེད་པ་ནི་སུ་ཞིག་གིས་སྨྲ་ནུས། བོན་གྱི་ཡིག་རྙིང་རྣམས་ལ་ལེགས་པར་དཔྱད་ན། བོན་གྱི་མདོ་ཏུ་གྲགས་པའི་འདུལ་བ་རྒྱུད་དྲུག་གི་སྐོར་རྣམས་ནི་གཉའ་ཁྲི་བཙན་པོའི་རྗེས་ཕལ་ཆེར་སྤུ་ཁྲི་བཙན་པོའི་དུས་སམ་དེ་རྗེས་ཙམ་ཞིག་ན་བོད་དུ་བྱུང་སྤྱོད་ཡོད་མོད། གསས་མཁར་སྤྱི་སྤུངས་ཀྱི་སྐོར་འདི་རྣམས་ནི་གཉའ་ཁྲི་མ་བྱོན་པའི་གོང་རོལ་ནས་བོད་དུ་དར་སྤྱོད་ཡོད…པའང་མི་སྲིད་པ་ཞིག་མ་ཡིན་ཏེ། རྒྱལ་རབས་བོན་གྱི་འབྱུང་གནས་[ཐོབ་98 ཤ་49 བ་4] ལས་འཛམ་བུ་གླིང་ན་མང་ཞིང་ཆེ་བར་གྲགས་པའི་མེས་པོ་སེང་གེ་འགྲམ(2)གྱི་རྒྱུད་པ་ནི་བོད་ན་མེད། རྒྱལ་ཁྲིམས་མེད་ཀྱང་བོན་ཁྲིམས་དར་ལ་རྒྱས་པས། བོད་ཁམས་བདེ་ཞིང་སྐྱིད། གཤེན་ནམ་མཁའི་མདོག་ཅན་བོད་ན་བཞུགས་པའི་དུས་སོ། །ཞེས་བོད་ཀྱི་ཐོག་མའི་རྒྱལ་པོ་གཉའ་ཁྲི་བཙན་པོ་མ་བྱོན་པའི་གོང་དེར་བོད་དུ་རྒྱལ་ཁྲིམས་མེད་ནའང་། གཤེན་ནམ་མཁའི་སྣང་བའི་མདོག་ཅན་བཞུགས་ཡོད་པ་ཡིན་སྐབས་བོན་ཁྲིམས་ཀྱིས་ཡུལ་ཁམས་བདེ་བའི་ཚུལ་གསལ་བར་བསྟན་པ་དང་ཡང་[ཐོབ་99 ཤ་50 ན་3] ལས་བོད་ཀྱི……

ཡུལ་དུ་སྨམ་ལྷ་སྲུས་དང་། ཧོག་ལྷ་བོན་ལ་སོགས་པ་ཤེས་པ་ཅན་བཅུ་གཉིས་ཀྱི་བོན་པོས། མཚན་བལྟས་ཁྲུས་གསོལ་རྒྱལ་པོར་ཕྱུངས་པ་ནི་གཉའ་ཁྲི་བཙད་པོའོ། །དེའི་གོང་དུ་གཤེན་ནམ་མཁའི་མདོག་ཅན་བོད་དུ་བཞུགས་ནས་རྒྱལ་ཁྲིམས་མེད་ཀྱང་བོན་ཁྲིམས་བཟུངས་པས། བོད་འདིར་རྒྱལ་པོ་བས་ཀྱང་བོན་པོ་སྔ་བའོ། །ཞེས་གསལ་བ་དེ་ལྟར་ན། དེ་སྔོན་བོད་དུ་གཤེན་ནམ་ཁའི་མདོག་ཅན་བཞུགས་ཡོད་ན་ཁོང་གི་ཐུགས་རྒྱུད་ལ་ཡོད་པའི་བོན་སྒྲི་ཕྱུངས་ཀྱི་བསྟན་པ་ཡོད་པའང་ཤུགས་ཀྱིས་གྲུབ་པ་ཡིན་སྟབས། ཁོང་གིས་བོད་ཀྱི་བོན་པོ་རྣམས་ལ་བོན་དེའི་སྐོར་མ་བསྟན་པའི་ངེས་པ་ཅི་ཞིག་ཡོད། གལ་ཏེ་བོད་ཀྱི་རྒྱལ་པོ་གཉའ་ཁྲི་བཙན་པོ་མ་བྱོན་པའི་གོང་དེར་སྒྲི་ཕྱུངས་ཀྱི་བསྟན་པ་འགའ་ཞིག་དར་སྤྱོང་ཡོད་ན། འབྲས་བུའི་བོན་ཐམས་ཅད་ཀྱི་ཡང་སྙིང་རྫོགས་པ་ཆེན་པོའི་བསྟན་པའང་ཤུགས་ཀྱིས་ཡོད་པར་གྲུབ་སྟེ། གསས་མཁར་རིན་པོ་ཆེ་སྒྲི་ཕྱུངས་གསང་བ་བསེན་ཐུབ་རྒྱུད་[ཐོབ1972ཤ99ན2]ལས་ཡེ་ནས་རྣམ་དག་རིག་པ་ཆེན་པོ་ལ། སྒྲིབ་པས་བཅིང་ཞིང་གྲོལ་དུ་སེམས་ལ་མེད། བཅིངས་བཀྲོལ་མེད་པ་སེམས་ཀྱི་དོན་རྟོགས་ན། ཀུན་བཟང་སེམས་ཀྱི་ངང་དུ་ཐམས་ཅད་རྫོགས། རྫོགས་པ་ཆེན་པོའི་དོན་ལ་སྒྱུད་དུ་མེད། ཅེས་དང་། གབ་པ་སྦྲག་འཛིན་སྔགས་ཀྱི་དོན་[རྒྱུད་ཏ132ཤ13ན2]ལས་དེ་བཞིན་ཉིད་ཀྱི་དོན་རྟོགས་ན། བསྒྱུར་བྱ་སྒྱུར་བྱེད་ག་ལ་མཆིས། ཡེ་སྒྱུར་ཆེན་པོ་རྣམ་པར་དག བསྒྱུར་དུ་མེད་པས་ཡེ་སྒྱུར་དང་། དུས་གསུམ་སངས་རྒྱས་ཐུགས་འཆང་བས། དམ་ཚིག་བདག་པོ་རང་ཉིད་ལས། དམ་ལས་འདས་པ་ཡོད་གྱུར་ན། དམ་ཚིག་རང་ཡང་ཉེས་པའི་གཞི། དེ་ཕྱིར་སྲུང་བླང་ག་ལ་ཡོད། ཐམས་ཅད་ཀུན་བཟང་རང་བཞིན་ཡིན། སངས་རྒྱས་ངོ་བོ་གཞན་ན་མེད། རང་སེམས་མངོན་པར་བྱང་ཆུབ་པར། རྒྱ་ཆད་ཕྱོགས་ལྷུང་མཐར་མི་དམིགས། ཞེས་དང་། ཡང་གསང་བ་བསེན་ཐུབ་རྒྱུད་[248ཤ124བ4]ལས་རྫོགས་པ་ཉིད་ལ་སྣང་སྟོང་མེད། ནང་ལྟས་སྐུ་དང་ཡེ་ཤེས་ཚང་། ཉིད་མིང་ལ་བདུད་བཏུལ་སེམས་ཀྱིས་ཁྱིམས། སྒྱུ་འཕྲུལ་སྐུ་དང་ཡེ་ཤེས་གསལ། དུག་ལྔ་སྐུ་ལྔ་ཡེ་ཤེས་སུ་རྫོགས། རྫོགས་པ་ཉིད་ལ་གསལ་སྒྲིབ་མེད། གསང་བའི་ངང་དང་རང་བཞིན་བདེ། ཤེས་བྱའི་བདུད་བཏུལ་དབྱིངས་ཀྱི་གནས། སྒྱུ་འཕྲུལ་ཐབས་དང་ཤེས་རབ་གསལ། བདག་ཉིད་ཆེན་པོར་ལྷུན་ལ་རྫོགས། ཞེས་པ་རྣམས་ཀྱིས་རྫོགས་པ་ཆེན་པོའི་དགོངས་པ་མཚན་དང་བཅས་པ་གསལ་བར་བསྟན་པས། རྫོགས་ཆེན་གྱི་བསྟན་པའང་ཡོད་པ་དེ་ཐོག་ནས་ཤེས་ཐུབ་པ་ཡིན།

གཤེན་ཆེན་པོ་ནམ་མཁའི་མདོག་ཅན་བོད་དུ་བཞུགས་ཤིང་། བོད་ཀྱི་རྒྱལ་ཁམས་སུ་ཆགས་པའི་མི་སྡེ་ཐམས་ཅད་བོན་ཁྲིམས་ལ་བརྟེན་ཏེ་གནས་ཡོད་པའི་དུས་སྐབས་དེར་བོད་ཀྱི་མངའ་སྡེ་ཐམས་ཅད་ཁ····འཁོར་དུ་ཡོད་པ་དང་། ཁ་འཁོར་དུ་གནས་པའི་ཡུལ་ཚན་རྣམས་ཡུལ་ཁམས་དེར་དབང་ཆེ་བའི་རྒྱལ་

ཕྲན་ནམ་མི་དཔོན་ཆེ་ཕྲ་དུ་མས་དབང་བསྒྱུར་ཏེ་གནས་ཡོད་པ་ནི་རང་ཤུགས་ཀྱིས་ཤེས་ཐུབ་པ་ཡིན་ལ། དུས་སྐབས་དེར་ཡུལ་ཁམས་ཕན་ཚུན་གྱི་འབྲེལ་བྱེད་པ་དང་ཡུལ་ཁག་ཕན་ཚུལ་བདེ་འཛུགས་ཀྱི་ལས་དོན་བརྩམས་ཐུབ་མཁན་ནི་ཡུལ་མི་ཚང་མས་བློ་བརྟན་འོས་པའི་བོན་གཤེན་རྣམས་ཡིན་པར་བརྟེན། དེ་དུས་ཀྱི་བོན་གཤེན་རྣམས་བཀའ་བགྲོས་ཏེ་བོད་སྤྱི་ལ་དབང་བའི་རྒྱལ་པོ་ཞིག་བཙལ་བའི་ཚུལ་ལྡེའུ་ཆོས་འབྱུང་[བོད་100ཤ་21]ལས་དུས་དེ་ཙམ་ན་རྒྱལ་ཕྲན་བཅུ་གཉིས་ཀྱིས་དབང་བྱེད་པ་ལ་རྒྱལ་ཕྲན་ཆེ་བ་མ………འཆམ་ནས་བོད་ཀྱི་རྗེ་མ་བཏུབ་པའི་དུས་སུ་ཞང་གསུམ་བློན་བཞི〔3〕ལ་སོགས་པ་དང་། ཤེས་པ་མཁན་མི་བཅུ་གཉིས་ཀྱིས་མཆིད་གྲོས་ནས་རྗེ་བཙལ་ཏེ། སྤྱི་ཀྱི་ལྷ་དཀར་མང་པོ་སྟེ〔4〕ལ་རྗེ་སྟུབ་(བཏུབ་)པ་ག་ན་ཡོད་དྲིས་པས་སྨྲས་པ། གནམ་རིམ་པ་ལྔའི་སྟེང་ན་ལྡེ་གཉའ་ཁྲི་བཙན་པོ་བྱ་བ། ལྷའི་སྲས་པོ་རྒྱུའི་ཚ་བོ་ཡོད་པས་དེ་བདག་གིས་སྤྱན་དྲངས་ངོ་ཟེར་ནས། ཀར་མ་ཡོ་ལྡེས〔5〕སྨྲས་པ་རྗེ་གཉའ་ཁྲི་བཙན་པོ་ཡུལ་སོ་དྲུག་མ་གི་ན། ཡུལ་ན་རྗེ་མེད་དེ་ཁ་དོད་ཀུན་ཀྱང་རྗེ། གནམ་ན་གཡག་མེད་དེ་རྭ་ཐོགས་ཀུན་ཀྱང་ཙང་། ཏ་ལ་སྨྲོན་མ་མཆིས་ངམ་འཐྲོག་ཕྱུར་ཕྱུར་ཙམ། དོག་ཡབ་ཀྱི་ཁབ་ཏུ་གཤེགས་འཚལ་ལོ་ཞུས་པས་ལྡེའི་ཞལ་ནས་ས་མ་ཀི་ལ་རྐུ་ཡོད། སྡང་ཡོད། དགྲ་ཡོད། གཡག་ཡོད། བྱད་དང་ལྡེམས〔6〕ཡོད་གསུངས་པས། སྨྲས་པ་རྐུ་ལ་ལན་ཡོད། སྡང་ལ་བྱམས་ཡོད། དགྲ་ལ་གཉེན་ཡོད། དུག་ལ་སྨན་ཡོད། གཡག་ལ་མཆོན་ཡོད། བྱད་སྟེམས་ལ་འགྲོས་(འབྲོས)ས་ཡོད། ཞེས་(ཅེས་)གསོལ་ནས་གཤེགས་པར་ཆས། ཞེས་དང་། བོད་ཀྱི་ཐོག་མའི་རྒྱལ་པོ་དེ་བོན་གྱི་གཤེན་པོ་རྣམས་ཀྱིས་ཚན་ཁྲུས་ལས་ཕྱུངས་ཏེ་བཙན་པོར་མངའ་གསོལ་བའི་ཚུལ། བན་བོན་གྱི་ལོ་རྒྱུས་རྣམས་ལ་ཡོངས་སུ་གྲགས་པ་ཞིག་ཡིན་པ་སྟེ། ལྡེའུ་ཆོས་འབྱུང་[བོད་101ཤ་20]ལས་ལྡེ་སྤྲང་ཏུ་ཀར་གྱིས་ནི་ཏུའི་སྤྲུལ་བདར〔7〕མཆེ་མི་གཤེན་གྱི་རྒྱུ……རྒྱལ་ཆས་ནི་དབུ་ལ་མཆེ་བཙུགས། གཙོའུ་ཕྱག་མཁར་གྱིས་ནི་ཕྱག་ཏུ་མཁར་བ་གཏད། རྒྱུ་འབྲིང་ཟང་ཡག་གིས་ནི་ཕྱག་འཛུས། རྒྱུ་སྐས་རིམ་དགུ་ལ་ནི་ཞབས་བཞག་ནས་ལྷ་རི་གྱང་ཐོའི་ཁར་བྱོན་ཞེས་དང་། ཡང་དེ་དང་ཆ་འདྲ་བ་ནི། གཡུང་དྲུང་བོན་གྱི་རྒྱུད་འབུམ་[ཀ་18ཤ་10ན་2]ལས་རྗེ་ཡབ་བླ་བདལ་དྲུག་གི་སྲས་ཁྲི་བར་ལ་བདུན་ཚིགས〔8〕ལགས། དེའི་སྲས་བར་ལ་སྲིད་མེད་དེ། མགོ་ནག་མིའི་རྗེ་ཏུ་གཤེགས་པ་ཡང་སྟོན་པས་བྱིན་གྱིས་བརླབས་ཏེ་འགྲོ་དོན་དུ་བཏང་། རྗེ་དེ་གཤེགས་པའི་དུས་སུ་སྐུ་སྲུང་གི་བོན་པོ་ནམ་མཁའ་ལས་སྤྲུལ་པ་ནི་དམུ་བོན་ཟེ་ཡན་བརྒྱུད་ལས་འཚེ་མི་རྒྱལ་དུ་སྤྲུལ། ཕྱྭ་བོན་ཟེ་ལག་བརྒྱུད་ལས་གཙོ་གཤེན་ཕྱག་དཀར་སྤྲུལ་ཏེ། བོན་པོ་དེ་གཉིས་ཀྱིས་རྗེའི་ཕྱག་གཡས་དང་གཡོན་བརྟན་ན་ཡར་ལུང་སོག་ཀར་གཤེགས་པས། བོན་པོ་ལ་ལེ་གུ་ཞེས་བྱ་བའི་གཏན་ཚིགས་དང་པོ་དེ་ལྟར་ལགས་སོ། །མི་མང་

པོས་བཏེགས་ཏེ་ཁྲི་ལ་བཞག་པས། རྗེའི་མཚན་ཡང་གཉའ་ཁྲི་བཙན་པོ་ལགས་སོ། །འཚོ་མི་ཡིས་དབུ་ལ་འཚོ་བཙུགས། གཙོ་བུས་ཕྱག་ཏུ་མཁར་བ་བསྐུར་ནས། བོད་ལ་བརྟེན་ནས་འོངས་པས། ལྷ་སྲས་ཐུགས་ཀྱང་བོད་ལ་ཆེས། བོད་ཀྱི་གཉེར་ཡང་རྒྱལ་པོ་ལ་གཏད་དོ། །ཞེས་དང་སྲིད་པ་རྒྱུད་ཀྱི་ཁ་བྱང་[ཐོབ78ཤ་40བ་4]ལས་ཡུལ་ཡར་ལུང་སོག་ཀ་རུ། མཁར་ཕྱི་བ་སྟག་རྩེར་བཞུགས། ཡུལ་དུ་རྗེ་གཤེགས་དེ་རང་སྐྱིད། དེའི་དུས་སུ་སྐུ་སྲུང་གཤེན་པོ་ནི། ཕྱ་བོན་ཐང་ཡག་དང་། ཕ་བ་མཆེ་གཙོ་གཉིས་ཀྱིས་མཛད། ཅེས་པ་དང་། རྒྱལ་གཤེན་ཡ་ངལ་གྱི་གདུང་རབས་[ཐོབ་50ཤ་25བ་2]དུ་ལས་སྤྱོད་དག་པ་གཤེན་གྱི་ལས་ལ་སྤྱོད། གཤེན་ནམ་མཁའ་སྣང་བ་མདོག་ཅན་ལ། སྤྱི་སྤུངས་བོན་སྐོར་ཞུས་ནས་སྤྱོད། སྐུ་གཤེན་དག་གཙང་ཡ་ངལ་ཚེ་ཙོ་གསུམ་གྱིས་མཛད། ཡུལ་ལ་སྦྱ་བ་ཡར་ལུང་སོག་ཁ་བཏབ། མཁར་ལ་སྦྱ་བ་ཕྱི་བ་སྟག་རྩེ་བརྩིགས། རྒྱལ་ལ་སྦྱ་བ་གཉའ་ཁྲི་བཙན་པོ་ཡིན། གཤེན་ལ་སྦྱ་བ་ཡ་ངལ་ཚེ་ཙོ་གསུམ། བོན་ལ་སྦྱ་བ་སྤྱི་སྤུངས་གསང་བའི་སྐོར། ཞེས་གསལ་བའི་བོན་པོ་དེ་རྣམས་བོད་ཀྱི་ཐོག་མའི་རྒྱལ་པོ་ཁྲིར་མ་ཐེབས་པའི་གོང་དུ་ཡོད་པ་དང་། དེ་རྣམས་ཀྱིས་བཙན་པོ་ཁྲིར་བཀོད་པ་དང་། དེར་མ་ཟད་གཉའ་ཁྲི་བཙན་པོས་གཤེན་ཆེན་པོ་སྣང་བའི་མདོག་ཅན་ལས་བོན་སྤྱི་སྤུངས་ཀྱི་སྐོར་ཞུས་ཤིང་ཉམས་སུ་བླངས་པའི་ཚུལ་གསལ་བར་འཁོད་ཡོད་པ་དེས་བོད་ཀྱི་གཤེན་པོ་རྣམས་ཡོད་པ་ཙམ་དུ་མ་ཟད་བོན་གྱི་བསྟན་པའི་ཟབ་བཅུད་སྤྱི་སྤུངས་ཀྱི་བསྟན་པའང་དེ་དུས་ནས་ཡོད་པའི་ཚུལ་གསལ་བར་བསྟན་པ་ཡིན།

དེ་རྣམས་ནི་བོད་ཀྱི་ཐོག་མའི་རྒྱལ་པོ་གཉའ་ཁྲི་བཙན་པོའི་སྐབས་བོན་ལུགས་སུ་འབྲས་བུའི་བོན་དུ་གྲགས་པའམ་ཡང་དག་པའི་སེམས་བོན་ཞེས་བོན་གྱི་སྙིང་པོར་བཟུང་བ་དེའི་སྐོར་ཅི་ཞིག་དར་ཡོད་པའི་དབང་དུ་བྱས་པ་ཡིན་ལ། བོན་གྱི་ཤེས་རིག་ཡོངས་ཁྱབ་ཀྱི་དབང་དུ་བྱས་ན་ནི་སྐབས་དེར་རྒྱུའི་བོན་དུ་གྲགས་པའི་སྐོར་ཇི་སྙེད་ཅིག་དར་སྤེལ་ཡོད་པའི་ཚུལ་ནི་བྱམས་མ་སྐྱོན་གྱི་འཛམ་གླིང་[མདོ་ཚེ་ཤ70ན་5]ལས་གཉའ་ཁྲི་བཙན་པོ་དེ་ཡི་རིང་ལ། རྒྱུ་ཡི་བོན་ཤེས་པ་ཅན་བཅུ་གཉིས་བྱ་བ་དར་ཏེ། མགོན་ཤེས་ལྷ་བོན། གཡང་ཤེས་ཕྱ་བོན། འདྲེ་ཤེས་སྒྲུད་གཏོང་། འདུར་ཤེས་སྲིད་གཤེན། གཙང་ཤེས་སེལ་འདེབས། སྒྲོལ་ཤེས་ལྡེ་བྱད། ཕན་ཤེས་སྨན་དཔྱད། སྐོས་ཤེས་རྩིས་མཁན། སྒྲ་ཤེས་རྗེ་རྒྱ། ལྡིང་ཤེས་ཤ་བ། འཕུར་ཤེས་ཅུ་ཏིག འགྲོ་ཤེས་འཕྲུལ་བོན། དེ་རྣམས་ལ་ཤེས་པ་ཅན་བཅུ་གཉིས་སུ་བཏགས་པ་དར་རོ། །ཞེས་བོད་ཀྱི་ཐོག་མའི་རྒྱལ་པོ་གཉའ་ཁྲི་བཙན་པོའི་དུས་སུ་དར་ཡོད་ངེས་པའི་བོན་ནི་ཤེས་པ་ཅན་བཅུ་གཉིས་སུ་གྲགས་པ་དེ་རྣམས་ཡིན་པར་བསྟན་ལ་ཤེས་པ་ཅན་བཅུ་གཉིས་སུ་གྲགས་པའི་བོན་པོ་དེ་རྣམས་སུ་དང་སུ་ཞིག་ཡིན་པའི་སྐོར་རགས་ཙམ་ཞིག་ནི་ལྡེ་བྲག་ཆོས་འབྱུང་[པེ་སྡེད་159ཕ་16]ལས་དེ་ཆེ་བོད་ཀྱི་སྐལ…

ལྷན་འགག་ཡིས་མཐོང་། བཙན་པ་ལྟོ་དང་གཉགས། བཙུན་པ་ཁྲུང་དང་སྣུབས། གཉན་པ་སེ་དང་སྒོ་སྟེ། ཡབ་འབངས་ཏུས་དྲུག་དང་ལྷ་བོ་ལྷ་སྲས། སེ་བོན། རྨ་བོན། ཅོག་ལ་བོན། ཞང་ཞུང་བོན། ཚེ་མི་བོན་སོགས་ཤེས་པ་ཅན་བཅུ་གཉིས་ཀྱིས་མཛལ། ཞེས་པ་རྣམས་ཀྱིས་ཏུས་མིང་བཅུ་གཉིས་ཀྱི་གྲངས་བསྟན་པ་དེ་རྣམས་སུ་ངེས་པ་ཡིན། ཤེས་པ་ཅན་བཅུ་གཉིས་ཀྱི་བོན་འདི་རྣམས་ནི་དུས་རིམ་བར་མའི་ནང་བོད་དུ་དར་བའི་བོན་གྱི་གཙོ་བོ་རྣམས་ཡིན་སྟབས། བོན་དེ་དག་གང་དང་གང་ཞིག་ལ་ངོས་འཛིན་དགོས་པ་དང་བོན་གྱི་རིགས་དེ་རྣམས་ཀྱི་ཐུན་མོང་མ་ཡིན་པའི་ལྟ་སྤྱོད་ཇི་ལྟར་ཡོད་པ་སོགས་ཀྱི་སྐོར་ལ་ཞིབ་འཇུག་ནན་ཏན་དུ་བྱ་དགོས་པ་ནི་དུས་རིམ་བར་མའི་བོན་གྱི་སྙིང་གཞི་ཐུན་མོང་མ་ཡིན་པ་ཞིག་ཏུ་གོ། གནའ་དུས་སུ་བོད་ན་ཡོངས་སུ་གྲགས་པའི་ཤེས་པ་ཅན་བཅུ་གཉིས་ཀྱི་བོན་པོ་དང་། དེ་དག་གི་ཐུན་མོང་མ་ཡིན་པའི་བོན་སྐོ་བཅས་པ་གཅིག་ཏུ་འབྲེལ་བའི་ཐ་སྙད་དམ་མཚན་གྱི་རྣམ་གྲངས་འགོད་སྟངས་ལ་རྒྱལ་⋯⋯རབས་བོན་གྱི་འབྱུང་གནས་དང་། བསྟན་པའི་རྣམ་བཤད་དར་རྒྱས་གསལ་བའི་སྒྲོན་མེ། ལེགས་བཤད་རིན་པོ་ཆེའི་མཛོད་རྣམས་སུ་མི་འདྲ་བ་ཅི་རིགས་ཤིག་ཡོད་འདུག

གོང་གསལ་གྱི་གཞུང་དེ་རྣམས་སུ་ཚིག་སྦྱོར་མི་འདྲ་བ་ཇི་ལྟར་ ཡོད་པའི་སྐོར་དཔེར་མཚོན་པའི་རེའུ་མིག་གཤམ་གསལ།

ཁ་བྱང་།	བྱམས་མ།	དར་རྒྱས་གསལ་སྒྲོན།
༡	མགོན་ཤེས་ལྷ་བོན།	མགོན་ཤེས་ལྷ་བོན།
༢	གཡང་ཤེས་ཕྱ་བོན།	གཡང་ཤེས་ཕྱ་བོན།
༣	འདྲེ་ཤེས་གླུད་གཏོང་།	འགྲོ་ཤེས་གླུད་གཏོང་།
༤	འདུར་ཤེས་སྲིད་གཤེན།	འདུར་ཤེས་སྲིད་གཤེན།
༥	གཙང་ཤེས་སེལ་འདེབས།	གཙང་ཤེས་སེལ་འདེབས།
༦	སྒྲོལ་ཤེས་ལྡེ་བྱད།	སྒྲོལ་ཤེས་གཏད་བྱད།
༧	ཕན་ཤེས་སྨན་དཔྱད།	ཕན་ཤེས་སྨན་དཔྱད།
༨	སྐོས་ཤེས་རྩིས་མཁན།	སྐོས་ཤེས་རྩིས་མཁན།
༩	སྨྲ་ཤེས་གཏོ་རྒྱུ།	སྨྲ་ཤེས་གཏོ།
༡༠	ལྡིང་ཤེས་ཤ་བ།	ལྡིང་ཤེས་ཤ་བ།
༡༡	འཕུར་ཤེས་ཙུ་ཏིག	འཕུར་ཤེས་ཇུ་ཐིག
༡༢	འགྲོ་ཤེས་འབྲུལ་བོན།	འགྲོལ་ཤེས་འཕྲུས་བོན།

ཁ་བྱང་།	རྒྱལ་རབས་བོན་འབྱུང་།	ལེགས་བཤད་མཛོད།
༡	མགོན་ཞེས་ལྷ་བོན།	མགོན་ཞེས་ལྷ་བོན།
༢	གཡང་ཞེས་ཕྱུ་འདོད།	གཡང་ཞེས་ཕྱྭ་བོན།
༣	འགྲོ་ཞེས་གླུད་གཏོང་།	འགྲོ་ཞེས་གླུད་གཏོང་།
༤	འདུར་ཞེས་སྲིད་གཤེན།	འདུར་ཞེས་སྲིད་གཤེན།
༥	གཙང་ཞེས་སེལ་འདེབས།	གཙང་ཞེས་སེལ་འདེབས།
༦	སྒྲོལ་ཞེས་ལྷ་བྱད།	སྒྲོལ་ཞེས་ལྷ་བོན།
༧	ཕན་ཞེས་སྨན།	ཕན་ཞེས་སྨན་དཔྱད།
༨	ཀྱོ་ཞེས་རྩིས་མཁན།	སྐོས་ཞེས་རྩིས་མཁན།
༩	སྲུ་ཞེས་གཏོ་དགུ།	སྲུ་ཞེས་གཏོ་དགུ།
༡༠	ཕྲིང་ཞེས་ཤ་བ།	ཕྲིང་ཞེས་ཤ་བ།
༡༡	འཕུར་ཞེས་ཇུ་ཐིག	འཕུར་ཞེས་ཇུ་ཐིག
༡༢	འགྲོ་ཞེས་འཕྲུལ་བོན།	འགྲོ་ཞེས་འཕྲུལ་བོན།

ཁོ་བོས་བོན་ཞེས་པ་ཅན་བཅུ་གཉིས་ཀྱི་སྐོར་ལ་ཞིབ་འཇུག་ནན་ཏན་དུ་བགྱིས་ཁུལ་གྱིས"སྤྱང་ལྡེའུ་བོན་གསུམ་གྱི་གཏམ་ཨེ་མ་ཧོཿ"ཞེས་བྱ་བའི་ཧྲོམ་ཡིག་བཀོད་ཡོད་པ་དེར་བོན་ཞེས་པ་ཅན་བཅུ་གཉིས་ནི་མགོན་ཞེས་ལྷ་བོན་དང་། གཡང་ཞེས་ཕྱྭ་བོན། འགྲོ་ཞེས་གླུད་གཏོང་། འདུར་ཞེས་སྲིད་གཤེན། གཙང་ཞེས་སེལ་འདེབས། འགྲོལ་ཞེས་གཏད་བྱད། ཕན་ཞེས་སྨན་དཔྱད། སྐར་ཞེས་རྩིས་མཁན། སྲུང་ཞེས་གཏོ་དགུ། ཕྲིང་ཞེས་ཤྭ་བ། འཕུར་ཞེས་ཇུ་ཐིག སྒྲོལ་ཞེས་འཕྲུལ་བོན་ཅེས་པའི་མཚན་བྱང་དང་འབྲེལ་བའི་བཤད་པ་མི་འདྲ་བ་ཞིག་བྱས་ཡོད་པས་དེར་གཟིགས་པར་འོས།

གཉིས། རྗེ་མུ་ཁྲི་བཙན་པོའི་སྐུ་རིང་ལ་བོན་དར་བའི་སྐོར།

གཉའ་ཁྲི་བཙན་པོའི་སྲས་མུ་ཁྲི་བཙན་པོའི་སྐུ་རིང་ལ་བོན་ཇི་ལྟར་དར་ཡོད་པའི་ཚུལ་བྱམས་མ་[མདོ་ཚེ་ཤ70བ2]ལས་དེ་ཡི་སྲས་མུ་ཁྲི་བཙད་པོས་བསླབ་པའི་དོན་གོ། བསྒྲུབ་པའི་དོན་གྲུབ། བསྒོམ་པའི་དོན་རྟོགས་ནས། སྟག་གཟིགས་ལ་སོགས་པ་འཛམ་གླིང་གི་ལོ་ཙཱ་བསྒྱུར། ཞང་ཞུང་ནས་མཁས་པ་ཆེན་པོ་བརྒྱ་དང་རྩ་བརྒྱད་གདན་དྲངས། བོད་དུ་བོན་གྱི་འདུ་གནས་ཆེན་པོ་བཞི་བཅུ་རྩ་ལྔ་བཙུགས་སོ། །

ཞེས་ཡོ་ཐྭ་བ་དང་མཁས་པ་མང་པོ་གདན་དྲངས་ཏེ་བོན་མང་ཞིག་བོད་སྐད་དུ་བསྒྱུར་ཡོད་པ་ཤུགས་ཀྱིས་བསྟན་ལ། སྐབས་དེར་ཞང་ཞུང་ནས་བོན་གྱི་སྐོར་གང་དང་གནས་གང་དུ་སྤེལ་ཡོད་པ་ནི་གསས་མཁར་སྤྱི་སྤུངས་ཀྱི་བཤད་བྱང་[རྒྱུད་ཏ99ཤ6ན2]ལས་རྒྱལ་པོ་མུ་ཁྲི་བཙད་པོའི་རིང་ལ་ནམ་མཁའ་སྣང་བ·····མདོག་ཅན་གྱིས་ཞང་ཞུང་ཕྱུང་ལུང་དངུལ་མཁར་དུ་བོན་རིན་པོ་ཆེ་སྤྱི་སྤུངས་གཡུང་དྲུང་ཐེག་ལེ་དབྱིངས་ཆེན་གྱི་སྒྲུབ་པ་མཛད་པས། ནམ་མཁའ་དང་ས་གཞིའི་ལྷ་བྲན་ཐམས་ཅད་དབང་དུ་བསྡུས་ཏེ་དམ་ལ་བཏགས། འབྲུག་ཕྱུང་སེང་གེ་ལ་རོལ་རྩེད་བརྩེ་ཞིང་རྫུ་དབལ་སྟོན་ལྟར་བསྒྱུར།[9] ལྷ་སྲིན་དྲེགས་པ་ཅན་རྣམས་དམ་ལ་བསྡུས་ནས་བསྟན་པའི་གྲོགས་སུ་ཆུམ་པ་སོགས་མཛད། དེས་རྒྱལ་པོ་མུ་ཁྲི་བཙན་པོ་ལ་མན་ངག་སྤྱི་རླུགས་མཛད་ནས་ཐེབས་པས། ལྷ་རི་གྱང་ཐོ་རུ་སྒྲུབ་པ་མཛད་པས། ཐུན་མོང་གི་དངོས་གྲུབ་ནམ་མཁའ་ལ་བྱ་བཞིན་འཕུར། ཆུ་བོ་ལ་གོམ་པ་འདོར་བས་ས་སྟེང་ལྟར་བགྲོད་པ། བར་སྣང་འབྲུག་ཕྱུང་དུ་སྤྲུལ་ནས་རྒྱུག་པ། སེང་གེར་སྤྲུལ་ནས་དབལ་གངས་ཀྱི་རྩེ་མོར་མཆོང་ནུས་པ། དུས་བཞི་ལ་དབང་ཐོབ་པ་སོགས་རྟགས་དུ་མ་མངོན་དུ་གྲུབ་པོ། །དེ་ཙམ་ན་གཤེན་རབ་ཆེན་པོ་དེ་ལ་རྒྱལ་མུ་ཁྲི་བཙན་པོ་དང་རྗེ་བ་ཟ་རོང་མེ་འབར། བོན་མོ་སྟག་ལྗེར་ལི་ལྗེར། ཞང་ཞུང་སྟོང་རྒྱུད་མཐུ་ཆེན། སེ་ལྡེ་མེ་གསུམ་ལ་སོགས་ལས་ཅན་དག་པའི་འཁོར་བདུན་གཙོར་བྱས་པའི་འཁོར་རྣམས་ཀྱིས་གཡུང་དྲུང་ཐེག་ལེ་དབྱིངས·····ཆེན་གསས་མཁར་གསང་བ་སྒོ་དགུ་ཡི་དམ་(བཀའ)ཀྱ་ཆེན་བརྒྱད་ཀྱི་རྒྱུད་ལུང་རྫོགས་པར་ཞུས་སོ། །

ཞེས་པ་དང་ཡང་[101ཤ8ན2]ལས་དེ་ཡི་དུས་སུ་གཤེན་རབ་ཆེན་པོ་ནམ་མཁའ་སྣང་བ་མདོག་ཅན·······དང་། བོན་རྒྱལ་མུ་ཁྲི་བཙད་པོ་ལ་སོགས་བོན་གཤེན་དང་རིག་འཛིན་དེ་རྣམས་ཀྱིས་གསས་མཁར་རིན་ཆེན་ཐེག་ལེ་དབྱིངས་ཆེན་གཡུང་དྲུང་གསང་བ་མཐར་ཐུག་ཡི་དམ་བཀའ་ཆེན་བརྒྱད་ཀྱི་བསྟན་པ་རིན་པོ་ཆེ་ཡང་། སྟོད་ཞང་ཞུང་གི་མངའ་རིས་སྐོར་གསུམ་ནི། རི་ཐོག་རི་ཡིས་བསྐོར་བ་དང་། གུ་གེ་གཡའ་ཡིས་བསྐོར། སྤུ་རོང་གངས་ཀྱིས་བསྐོར་བ་སྟོད་ཀྱི་ཁྲིན། བལ་བོད་ཡུལ་ན་དབུས་གཙང་རུ་བཞི་སྟེ། གཡས་རུ་གཙང་ཆུང་དང་། ཡར་ལུང་ལ་སོགས་དབུས་རུ་དང་། ལྷ་རྩེ་ལ་སོགས་རུ་མཚམས་དང་། ཉང་ཀོང་ལ་སོགས་གཡོན་རུ་དང་བཞི་ནི་བར་གྱི་ཁྲིན། སྨད་བོད་ཆེན་ན་མདོ་གམ་(ཁམས)སྒང་དྲུག་སྟེ། ཟུ་འབོར་སྒང་དང་རབ་སྒང་། དངུལ་ཟླ་སྒང་། ཚོ་ཟ་སྒང་། སྨར་ཁམས་སྒང་། ཚ་བ་སྒང་སོགས་དྲུག་སྟེ་བོན་གཤེན་རིག་འཛིན་གྲངས་སུ་འཕེལ་བ་རྣམས་ཀྱིས་བསྟན་པ་སྤེལ་བ་ཡིན་ནོ། །དེ་ཡི་ནང་ནས་ཁྱད་པར་དུ་བོན་མི་འགྱུར་བའི་གནས་རི་མཆེད་བདུན། མི་བུལ་བའི་གཟེར་བཞི། བཀའ་བཤད་ངོ་མཚར་གྱི་གནས་དྲུག་སོགས་སུ་སྒྲུབ་གནས་མཛད་དེ་བསྟན་པ་དར་རྒྱས་སུ་གནང་བ་ནི། ཡང་བྱང་ལ་གོང་སྟོད་ཀྱི་གངས་

དཀར་ཏི་ཙེ་རུ་བསྒྲུབས། བོད་དང་བོད་ཆེན་གྱི་མཚམས་སུ་རྒྱལ་གངས་རི་རུ་བསྒྲུབ། སྟོ་བོད་ཀྱི་ལ་མཚམས་ཡར་ལྷ་ཤམ་པོ་རུ་བསྒྲུབས། བོད་ཆེན་གྱི་སྙིང་མཐིལ་རྗེ་ཐི་གངས་དཀར་དུ་བསྒྲུབས། རྒྱ་བོད་ཀྱི་ལ་མཚམས་ཁ་བ་སྤང་རིར་བསྒྲུབས། སོག་བོད་ཀྱི་གཟེར་ཐུང་རྨ་རྒྱལ་སྤོམ་ར་རུ་བསྒྲུབས། བོད་ཆེན་གྱི་གནས་ཆེན་རུ་དམ་ཟིལ་ཁྱིམ་དུ་བསྒྲུབས། ཏ་ཟིག་རོང་གི་ལ་མཚམས་དཔལ་གྱི་བྲག་ཕུག་དགུ་རོང་དུ་བསྒྲུབས། ཀློ་མོན་གྱི་ལ་མཚམས་རི་རྒྱལ་ཀོང་པོ་བོན་རི་རུ་བསྒྲུབས། ལྷ་རི་གྱུང་ཐོ་རུ་བསྒྲུབས། རི་གསུམ་འདུས་པ་རུ་བསྒྲུབས། སྤུ་རོང་གིས་སྟོད་མཚོ་མུ་ལེ་ཁྱུད་དུ་བསྒྲུབས། རྒྱ་ཡིས་ཁྱོན་བརྒྱ་པོ་གང་བྱུ་རུ་བསྒྲུབས། ཞང་ཞུང་སྒོ་མོ་གྱིམ་ཤོད་ཤེལ་བྲག་ཏུ་བསྒྲུབས། ཁ་ཡུག་ཁྱུང་ལུང་དངུལ་མཁར་དུ་བསྒྲུབས། རྒྱལ་ས་རྒྱ་མཁར་བ་ཚོད་དུ་བསྒྲུབས། གཉན་ཆེན་ཐང་ལྷའི་གསང་ཞོལ་དུ་བསྒྲུབས། གྲུབ་གནས་བམ་བྲག་བརྩེགས་པ་རུ་བསྒྲུབས་གངས་རི་མཆེད་བདུན་དང་། གྲུབ་པའི་གནས་དགུ་དང་། ཐོབ་པའི་གནས་ལ་སོགས་དང་། བྱང་དང་ར་གཡུ་བྱུན། སྟོད་སྤོས་རི་ངད་ལྡན། དབུས་ཀྱི་འཕེན་ཡུལ་བྲག་དཀར། བྱང་གི་གནམ་མཚོ་ཕྱུག་མོ། ལ་སྟོད་མང་མཁར་ལྷུགས་འཕྲང་། རྒྱ་ནག་ཡོང་བུ་མེ་རུ། སེང་གེའི་སྤུ་གྲོ་སྟག་ཚང་། ལ་སྟོད་བྲང་གི་མཚལ་ཕུག འཛིང་གི་ཁ་རག་གསང་ཕུག སོགས་སྒྲུབ་གནས་མཛད་དེ་ས་གནད་ཤིན་ཏུ་ཆེ་བ་དེ་དག་བྱིན་གྱིས་བརླབས། དེ་ནས་རྒྱལ་གཤེན་ལས་དབང་རང་ལ་མངའ་བའི་མཐོ་ཁྱུང་ལུང་དངུལ་མཁར་ཞང་ཞུང་གི་ཁ་ཡུག་མན་ཆད། དམའ་ཤེ་ལེ་རྒྱ་དཀར་སུམ་པ་སྤང་གི་གྱིམ་ཤོད་ཡན་ཆད། སྟོ་དོམ་སྨྲ་ནག་མོ་སྨུག་མ་བུ་འཁྱུར་ཚུན་ཆད། བྱང་ལི་ཡུལ་སྐད་སྟོད་འཛག་མ་སྤུ་ལེན་ཚུན་ཆད་དུ་རུ་བཞི་བོད་ཀྱི་ས་བསྐོར་དུ་བཅད་དེ་རྒྱལ་གཤེན་དང་རིག་འཛིན་དེ་རྣམས་ཀྱི་བསྟན་པ་བོན་གྱི་ཐོས·········བསམ་སྒོམ་གསུམ་ཤེས་རབ་ལ་སྒྲོ་འདོགས་གཅོད་པ་དང་། བཀའ་ཉན་བཤད་ཀྱི་བསྟན་པ་སྤེལ་བ་དང་དུལ་ལ་སོགས་ཀྱི་ཞིག་རལ་སྲུབ་པ་དང་། མི་སྲུན་མཐའ་ཡི་སྒྱུར་བ་བཟློག་པ་ལ་སོགས་སྐྱང་སྲིད་ཞི་བདེར་བཅོས་ཕྱིར་འདུ་ཚོགས་ཀྱི་ས་གནས་དམིགས་ཆེ་སུམ་ཅུ་རྩ་བདུན་དུ་བཏབ་སྟེ། དབུས་རུ་ན་བཅུ་གསུམ་ནི། ངན་ལམ་རལ་གསུམ་བོན་གྱི་འདུ་ཚོགས་གནས་དང་། འདམ་ཤོད་སྣར་མོ་བོན་གྱི་འདུ་ཚོགས་གནས་དང་། འཕེན་ཡུལ་བྲག་དཀར་བོན་གྱི་འདུ་ཚོགས་གནས་དང་། མ་ཧོ་ས་རབ་བོན་གྱི་འདུ་ཚོགས་གནས་དང་། ཤུན་གྱི་བྲག་དམར་བོན་གྱི་འདུ་ཚོགས་གནས་དང་། ཧས་པོ་ཁྲི་ཐང་བོན་གྱི་འདུ་ཚོགས་གནས་དང་། ལྷ་ས་ཡེར་པ་བོན་གྱི་འདུ་ཚོགས་གནས་དང་། བསམ་ཡས་ཁྲི་ཐང་བོན་གྱི་འདུ་ཚོགས་གནས་དང་། གནམ་གྱི་རུ་གདབ་བོན་གྱི་འདུ་ཚོགས་གནས་དང་། གནམ་མཚོ་དོ་རིང་བོན་གྱི་འདུ་ཚོགས་དང་། སྟོད་རལ་ལུང་གསུམ་བོན་གྱི་འདུ་ཚོགས་གནས་དང་། སྐྱི་ཤོད་ལུང་ནག་བོན་གྱི་འདུ་ཚོགས་གནས་དང་། རེ་

རྒྱང་ཤ་འཐབ་བོན་གྱི་འདུ་ཚོགས་དང་། མཆོག་དཀོན་རྒྱལ་མོ་ཁང་དང་བཅུ་གསུམ་མོ། །གཡོན་རུ་ན་བདུན་ནི། འོལ་ཁ་ཤུག་གཅིག་བོན་གྱི་འདུ་ཚོགས་གནས་དང་། ཉང་ཕུ་ཤེ་ནག་བོན་གྱི་འདུ་ཚོགས་གནས་དང་། ཀོང་ཡུལ་བྲེ་སྣ་བོན་གྱི་འདུ་ཚོགས་གནས་དང་། གཡའ་ལུང་གང་བར་བོན་གྱི་འདུ་ཚོགས་གནས་དང་། ཡར་ལུང་སོག་ཀ་བོན་གྱི་འདུ་ཚོགས་གནས་དང་། གླུང་ཤོད་ཐོང་དམར་བོན་གྱི་འདུ་ཚོགས་གནས་དང་། མ་དྲོས་མཚོ་ཤོད་བོན་གྱི་འདུ་ཚོགས་གནས་དང་བདུན། གཡས་རུ་ན་བརྒྱད་ནི། འོ་ཡུག་ནག་ཐང་བོན་གྱི་འདུ་ཚོགས་གནས་དང་། ཤངས་ཀྱི་ཞིང་ཚལ་བོན་གྱི་འདུ་ཚོགས་གནས་དང་། སྦྲུད་ཀྱི་མཁར་གདོང་བོན་གྱི་འདུ་ཚོགས་གནས་དང་། རྟ་ནག་རྒྱང་བུ་བོན་གྱི་འདུ་ཚོགས་གནས་དང་། རྟ་ཕུ་གྲོན་ལྷས་བོན་གྱི་འདུ་ཚོགས་གནས་དང་། གཙང་གི་བྲེ་ཕུག་བོན་གྱི་འདུ་ཚོགས་གནས་དང་། འཇད་ཀྱི་སྐྱུང་ཁོར་བོན་གྱི་འདུ་ཚོགས་གནས་དང་། ཟང་ཟང་ལྷ་བྲག་དང་བརྒྱད་དོ། །རུ་ལག་ན་དགུ་ནི། ཉན་སྟོད་སྟག་ཚལ་བོན་གྱི་འདུ་ཚོགས་གནས་དང་ཆུ་སྨྲ་རྗེ་རིང་བོན་གྱི་འདུ་ཚོགས་གནས་དང་། མཁར་ཆེན་བྲག་དཀར་བོན་གྱི་འདུ་ཚོགས་གནས་དང་། མཚོ་ཛས་དྲིལ་ཆུང་བོན་གྱི་འདུ་ཚོགས་གནས་དང་། གྲམ་པ་ཁའུ་བོན་གྱི་འདུ་ཚོགས་གནས་དང་། ར་ས་ཐང་བདུན་བོན་གྱི་འདུ་ཚོགས་གནས་དང་། མང་མཁར་བོན་ཕུག་བོན་གྱི་འདུ་ཚོགས་གནས་དང་། མང་ཡུལ་གུང་ཐང་བོན་གྱི་འདུ་ཚོགས་གནས་དང་། བྲག་དམར་རི་འདུས་སོགས་རུ་ལག་གནས་དགུའོ། །གནས་དེ་རྣམས་ནི་ལས་བཞི་ལྷུན་གྲུབ་ཀྱི་གནས་ཡིན་ཏེ། གནམ་འཁོར་ལོ་རྩིབས་བརྒྱད། ས་པདྨ་འདབ་བརྒྱད། བཀོད་པའི་ཁྱད་པར་དཔག་ཏུ་མེད་པ་ཡོད་པ་རུ་བཅད་དེ། གསས་མཁར་སུམ་ཅུ་རྩ་བདུན། མཆོད་རྟེན་སུམ་ཅུ་རྩ་བདུན། བཤད་སྒྲུབ་ཀྱི་གཤེན་རབ་ཆེན་པོ་སུམ་ཅུ་རྩ་བདུན་སོགས་འཕྲུལ་གྱི་གཙུག་ལག་ཆེན་པོ་དགའ་ལྡན་ལྷ་ལས་འཕོས་པ་ལྟ་བུར་འཕགས་ཡུལ····རྟག་གཟིགས་ཀྱི་ཡུལ་ནས་དྲངས་པ་བཞེངས། དུས་དེ་ཙམ་ན་ཤར་རྒྱ་ནག་ཏུ་གཙུག་ལག་བྱང་གེ་སར་ན་སྨན་དཔྱད། ནུབ་ཏ་ཟིག་ན་སྲེ་སྟོད། ལྷོ་རྒྱ་གར་ན་དམ་ཆོས། བོད་ཞང་ཞུང་ན་གཡུང་དྲུང་གི་བོན་རིན་པོ་ཆེའི་བཀའ་བརྒྱུད་ཡ་བཞི་ཟུར་བརྒྱད་དུ་དར་བར་མཛད་དེ། ཡ་བཞི་ནི། ཕྱི་འདུལ་བ་མཛོད་ཀྱི་ཐེག་པའི་བོན་དང་། ནང་མདོ་འབུམ་གཟུངས་གསུམ་ཐེག་པའི་བོན་དང་། གསང་བ་སྔགས་བདེ་ཉེ་ལམ་ཐེག་པའི་བོན་དང་། ཡང་གསང་བླ་མེད་སེམས་ཕྱོགས་ཐེག་པའི་བོན་དང་བཞི། ཟུར་བཞི་ནི་ཕྱྭ་སྲུ་ཧུ་ཏིག་ཆེན་པོ་འཕྲུལ་གྱི་བོན། སྨན་དཔྱད་འབུམ་བཞི་ཆེན་པོ་འཕྲུལ་གྱི་བོན། གབ་རྩེ་གཙུག་ལག་ཆེན་པོ་འཕྲུལ་གྱི་བོན། གཏོ་ཐབས་གཡེན་སེལ་ཆེན་པོ་འཕྲུལ་གྱི་བོན་སོགས་བརྒྱད་ལ་བོན་ཕུན་སུམ་ཚོགས་པར་བདོག་གོ་ཞེས་གསལ་བ་དེ་རྣམས་ཀྱིས་བོད་ཀྱི་རྒྱལ་རབས་གཉིས་པ་མུ་ཁྲི་བཙད་པོ་དང་གཤེན་ཆེན་པོ་སྣང་བའི་··

མདོག་ཅན་གཉིས་ཀྱི་སྐུ་རིང་ལ་ཞང་ཞུང་ནས་བྱུང་བའི་བོན་གསས་མཁར་སྤྱི་སྤུངས་ཀྱི་སྐོར་ཇི་ལྟར་དར་བ་དང་། བོན་གྱི་འདུ་གནས་ཆེན་པོ་རྣམས་ཇི་ལྟར་འཕེལ་རྒྱས་སུ་གྱུར་པ་དང་བོན་ཡ་བཞི་ཟུང་བརྒྱད་དུ་གྲགས་པ་དེ་རྣམས་ཇི་ལྟར་དར་སྤྱོང་བ་སོགས་མདོར་ན་དུས་རིམ་བར་མའི་ནང་བོན་གྱི་བསྟན་པ་གང་དང་གང་དུ་འཕེལ་རྒྱས་བྱུང་ཡོད་པའི་ཚུལ་རྣམས་སྙིང་པོར་བསྡུས་ནས་བསྟན་པ་ཡིན།

བྱམས་མ་ལས་མི་ཁྲི་བཙད་པོས་ཞང་ཞུང་ནས་མཁས་པ་ཆེན་པོ་བརྒྱ་རྩ་བརྒྱད་གདན་དྲངས་པ་དང་། བོད་དུ་བོན་གྱི་འདུ་གནས་ཆེན་པོ་བཞི་བཅུ་རྩ་ལྔ་བཙུགས་པར་བཤད་པ་དེ་རྣམས་ནི་གོང་གསལ་གྱི་འདུ་གནས་དང་སྒྲུབ་གནས་རྣམས་ལ་དགོངས་ཡོད་པར་མངོན་ལ། དུས་རིམ་བར་མ་ནས་དབུ་བརྩམས་པའི་བོན་གྱི་འདུ་གནས་གང་དང་གང་ལ་བྱུང་བའི་གོ་རྟོགས་གསལ་བར་ཆགས་དགོས་པ་འདི་ནི་རང་རེས་གནའ་བོའི་རྗེས་ཤུལ་འཚོལ་བ་དང་། གནས་ཡུལ་དེ་རྣམས་ནས་དུས་རིམ་བར་མའི་རིག་རྫས་རྙེད་འཚོལ་བྱེད་པ་ལ་མེད་དུ་མི་རུང་བའི་ཆ་རྐྱེན་གལ་ཆེན་པོ་ཞིག་ཏུ་མཐོང་།

གོང་གསལ་གྱི་ལུང་འདིར“འཕགས་ཡུལ་རྟག་གཟིགས་ཀྱི་ཡུལ་ནས་དྲངས་པ”ཞེས་ཞང་ཞུང་ཕུག་པའི་ཁོངས་ཀྱི་རྟག་གཟིགས་ཞེས་པ་དེ་དང་ཡང་ན“ཐུབ་ཏ་ཟིག་ན་སྡེ་སྟོད”ཅེས་དེང་དུས་པར་སིག་གམ་ཨི་རན་དུ་གྲགས་པའི་ཡུལ་དེ་ལ་གནའ་དུས་སུ“ཏ་ཟིག”ཟེར་བ་དེ་གཉིས་སོ་སོར་ཕྱེས་ཏེ། ཡི་གེ་འབྲི་སྣངས་ཀྱི་སྟེང་ནས་མི་འདྲ་བའི་ཁྱད་པར་དབྱེ་བསལ་གནང་ཡོད་འདུག་པ་འདི་ནི་རྟག་གཟིགས་དམ་སྟག་གཟིགས་ཅེས་པ་བོན་གྱི་བསྟན་པ་དར་རྒྱས་བྱུང་སྤྱོང་བ་དང་། སྟག་གཟིག་གི་ལོ་ཙྪ་བ་དམུ་ཙ་ཏྲ་ཧེ་ཞེས་པ་དེ་གང་ནས་བྱུང་བའི་ཡུལ་གང་ཡིན་ངེས་ཤེས་རྙེད་པའི་ཆ་རྐྱེན་གལ་ཆེ་བ་ཞིག་ཏུ་མཐོང་། མུ་ཁྲི་བཙད་པོའི་སྲས་དང་དེའི་རྒྱུད་རིམ་དུ་བོན་བསྟན་པ་ཇི་ལྟར་དར་བའི་ཚུལ་ཡང་བྱམས་མ་[མདོ་ཚེ་ཤ70བ4]ལས་དེའི་སྲས་དིང་ཁྲི་བཙད་པོ། སོ་ཁྲི་བཙད་པོ། དར་ཁྲི་བཙད་པོ། ཡེ་ཁྲི་བཙད་པོ། སེང་ཁྲི་བཙད་པོ་རྒྱལ་རབ་(རབས)དེ་དྲུག་གི་རིང་ལ་བླ་མ་ཆེ་དྲུག་གི་བོན་(10)དར་ཏེ། ཕ་རྒྱུད་བླ་ན་མེད་པའི་བོན་དང་། མ་རྒྱུད་བླ་ན་མེད་པའི་བོན་དང་། ཐེག་པ་བླ་ན་མེད་པའི་བོན་དང་། སྤྱོད་པ་བླ་ན་མེད་པའི་བོན་དང་། འབྲས་བུ་བླ་ན་མེད་པའི་བོན་དང་། དོན་དམ་བླ་ན་མེད་པའི་བོན་རྣམས་དར་རོ། །ཞེས་དང་། གཡུང་དྲུང་བོན་གྱི་རྒྱུ་འབུམ་[ཐོབ་ཀ19ཤ10བ3]ལས་དུས་དེ་ཙམ་ན་རྗེ་ཡང་བླ་ནས་མངའ་ཐང་ཆེ། འབངས་ཡོངས་ཀུན་མངའ་འོག་ན་སྐྱིད། གཡུང་དྲུང་བོན་གྱི་བསྟན་པ་ཡང་རབ་ཏུ་དར། བོན་ལ་བོན་ཆེན་ཉི་ཤུ་རྩ་བཞི་བྱུང་། སྒྲུབ་པ་པོ་བཞི་བཅུ་རྩ་བརྒྱད་བྱུང་། དེ་ན་བཏུས་པ་མཁས་པ་མི་བཞི་བྱུང་། ཞང་ཞུང་ལ་མཁས་པ་སྟོང་རྒྱུང་མཐུ་ཆེན། མི་ཉག་ལ་མཁས་པ་ལྡེ་ཚ་མཁར་བུ། ལྗེ་ལ་མཁས་པ་

གྲིམ་ཚ་རྨ་ཆུང་། སེ་ལ་མཁས་པ་ཤ་རི་ཨུ་ཆེན་དེ་ལྟར་བཞི་བྱུང་ངོ་། །གཤེན་པོ་དེ་བཞིའི་རིང་ལ། མཐོ་ཁྱུང་ལུང་དངུལ་མཁར་མན་ཆད་ནས། སུམ་པ་གླང་གི་གྲིམ་སོད་ཡན་ཆད་དུ། བོན་གྱི་འདུ་གནས་སུམ་རྒུ་རྩ་གཉིས་བཙས་ཏེ། བོན་གྱི་མངའ་ཐང་རབ་ཏུ་རྒྱས་པ་ལགས་སོ། །ཞེས་པ་རྣམས་ཀྱིས་བོན་བསྟན་འཛིན་སྐྱོང་སྤེལ་བའི་བྱ་བ་ཇི་ལྟར་བྱས་ཡོད་པའི་ཚུལ་རགས་ཙམ་ཞིག་བསྟན་པ་ཡིན།

བོད་ཀྱི་རྒྱལ་པོ་གནམ་གྱི་ཁྲི་བདུན་དུ་གྲགས་པ་དེ་རྣམས་ཀྱི་སྐུ་གཤེན་སུ་དག་ཡིན་པ་དང་། དེ་རྣམས་ཀྱིས་བཞེངས་པའི་གསས་མཁར་གང་དག་ཡིན་པའི་སྐོར་རགས་ཙམ་ནི་རྒྱལ་གཤེན་ཡ་ངལ་གྱི……གདུང་རབས་[ཤོག་50 ཤ་25 བ་5] ལས་རྒྱལ་ལ་སྟོ་བ་གཉའ་ཁྲི་བཙན་པོ་ཡིན། གཤེན་ལ་སྟོ་བ་ཡ་ངལ་ཚེ་ཙེ་གསུམ། ཞེས་དང་ཡང་[ཤོག་51 ཤ་25 ན་2] ལས་ཕྱུག་རྗེས་རྩེ་མོ་བྱུང་རྒྱལ་[11] ལ་གསས་མཁར་གཡུང་དྲུང་ལྷ་རྩེ་བཞེངས། གཉའ་ཁྲི་དང་ལྷ་སྨན་དཀར་མོ་ནམ་མཁའི་ཁམས་སུ་འཚོས་པ་ལས། སྲས་མུ་ཁྲི་བཙན་པོ་འཁྲུངས། དེ་ཡང་ཡབ་དམུ་ཐག་དང་དམུ་སྐས་ལས་བབ་ནས། ལྷ་རི་གྱང་མཐོའི་ཁ་ལ་ཕྱིན། ཡབ་ཀྱིས་སྤྱི་སྤྱངས་གསང་བའི་ལུང་བསྟན་ནས། དཔོན་གསས་སྣང་བ་མདོག་ཅན་ལ་དབང་ཞུས། སྐུ་གཤེན་བཙོ་བུ་ཕྱུག་དཀར་གྱིས་མཛད། ལྷ་རི་གྱང་མཐོའི་ཁ་ལ་གསས་མཁར་ཁོང་མ་ནེ་ཆུང་བཞེངས། ཞེས་དང་[ཤོག་54 ཤ་27 བ་5] ལས་མུ་ཁྲི་བཙན་པོ་དང་ཁྲོ་མ་ཡེ་སངས་ཀྱི་སྲས། དིང་ཁྲི་བཙན་པོ། སྐུ་གཤེན་ཙོའུ་སྨིན་དཀར། འཇག་མོའི་རྩེ་ལ་གསས་མཁར་ཁོང་མ་ཡང་རྩེ་བཞེངས། དིང་ཁྲི་དང་ཁྲི་མ་སྟོང་ཚའི་སྲས། སོ་ཁྲི་བཙན་པོ། སྐུ་གཤེན་ཙོ་བུ་འོད་དཀར། གྲམ་པ་ཚལ་དུ་གསས་མཁར་དགུ་ཁྱུད་བཞེངས། སོ་ཁྲི་དང་གནམ་སྨན་ཕྱུག་མོའི་སྲས། དག་ཁྲི་བཙན་པོ། སྐུ་གཤེན་ཙོ་བུ་ཤེལ་དཀར། ཡར་ལུངས་སུ་གསས་མཁར་ཟོ་བོ་དབུ་དགུ་བཞེངས། ཞེས་དང་[ཤོག་56 ཤ་28 བ་1] ལས་དག་ཁྲི་དང་སེ་སྨན་ཕྱུག་མོའི་སྲས། བྱང་ཁྲི་བཙན་པོ། སྐུ་གཤེན་བཙོ་ན་མི་ཆེན་གྱིས་སྲུང་། ཡེར་པའི་བྲག་ལ་གསས་མཁར་གཡུང་དྲུང་ཁྲི་བརྩེགས་བཞེངས། བྱང་ཁྲི་དང་ཡེ་བྱེད་གུང་རྒྱལ་གྱི་སྲས། ཁྲི་སླེ་ཡག་པ། སྐུ་གཤེན་ཙོ་བུ་ཞལ་དཀར་གྱིས་སྲུང་། ཉ་རོ་ཟླ་བའི་ཚལ་དུ་གསས་མཁར་ཁོང་མ་ཏ་རིང་བཞེངས། ཞེས་པ་དེ་རྣམས་ཀྱིས་གནམ་གྱི་ཁྲི་བདུན་དུ་གྲགས་པའི་རྒྱལ་པོ་དེ་རྣམས་ཀྱིས་བོན་གྱི་མཛད་པ་གང་བསྒྲུངས་པའི་ཚུལ་རགས་ཙམ་བསྟན་པ་ཡིན།

བོད་ཀྱི་རྒྱལ་རབས་བརྒྱད་པ་གྲི་ཏུམ་བཙན་པོའམ་གྲི་གུམ་བཙན་པོར་གྲགས་པ་དེའི་སྐུ་ཚེའི་སྐོར་གྱི··མཛད་པའང་ཡ་ངལ་གདུང་རབས་[ཤོག57 ཤ་29 ན་2] ལས་ཁྲི་སླེ་ཡག་པ་དང་སྒྲང་ཟ་ལྷ་རྒྱན་གྱི་སྲས་གྲི····གུམ་བཙན་པོའོ། །སྐུ་གཤེན་ཙོ་བུ་འཚམས་དཀར་གྱིས་སྲུང་། ཕྱ་ཚབ་སྒོང་ཕུག་ཏུ་གསས་མཁར་ས་ལེ་

བྱེད་ཚང་བཞེངས། ཞེས་གསལ་བ་ལྟར་བཙན་པོ་དེས་སྐུ་ཚེའི་སྟོད་དུ་གསས་མཁར་བཞེངས་པའི་མཛད་པའང་གནང་མྱོང་མོད། ཁོང་གིས་ལོ་བཅུ་གསུམ་གྱི་རིང་ལ་རྒྱལ་སྲིད་བསྐྱངས་པ་དེའི་ཚེ་བོན་གྱི་གཤེན་པོ་རྣམས་སྐུ་དབང་ཆེ་བ་དང་། གཤེན་པོ་དེ་རྣམས་བོན་གྱི་བསྟན་པ་གང་ནས་བྱུང་བའི་ཁྱུངས་ཞང་ཞུང་གི་རྒྱལ་པོ་རྣམས་དང་འབྲེལ་ཆེ་བ་དང་བོད་ཀྱི་རྒྱལ་ཁབ་དེ་དུ་དུང་ན་ཕྲ་བ་བཅས་ཀྱི་རྒྱུ་མཚན་དུ་མ་ཞིག་ལ་བརྟེན་ནས་བོན་གྱི་བསྟན་པ་ཉམས་དམས་པའི་མཛད་པ་ཚབས་ཆེན་པོ་ཞིག་གི་དབུ་བཙུགས།

དེ་སྐབས་བོན་གྱི་གཤེན་པོ་སྐུ་དབང་ཆེ་བ་སུ་དག་ཡིན་པའང་ཡ་ངལ་གདུང་རབས་[ཐོབ་58 ཤ་29 བ་1]ལས་དུས་དེ་ཙམ་ན། རྗེ་ཡི་སྐུ་གཤེན་ཀློན་ཆེན་ཡ་ངལ་གསས་སྐྱབས། ཐང་ནག་བོན་པོ། ཚེ་མི་གཡུང་དྲུང་། བཅོ་གྱིམ་བུ་ལན་ཚ་བཞི་ཡིན་ཏེ། སྐུ་གཤེན་ཡ་ངལ་དེ་ཐུགས་ཆད་ནས། གནས་འདིར་བཞུགས་སམ་དགེ་ནས། རྗེ་སྲུ་ལྡེ་དང་མཉམ་དུ་རྐོང་ཡུལ་དུ་གཤེགས་སོ། །བོན་རི་ལ་དགོན་པ་བཏབ་ནས་བཞུགས། ཡང་དགོན་བྱ་བ་དུས་ད་ལྟའང་ཡོད། ཅེས་གསལ་བ་དེ་རྣམས་ཡིན་པ་དང་གཤེན་པོ་རྣམས་རྒྱལ་པོ་ལ་ཐུགས་མ་དགེས་པའི་ཚུལ་གསལ་བར་བསྟན་པ་བཞིན་བོན་གྱི་གཤེན་པོ་རྣམས་དང་……བཙན་པོའི་བར་གྱི་འགལ་བ་ཇི་ལྟར་བྱུང་ཡོད་པའི་ཚུལ་ཡང་གཡུང་དྲུང་བོན་གྱི་རྒྱུད་འབུམ་[ཐོབ་ཀ་23 ཤ་13 བ་6]ལས་བློན་པོ་བཙན་གཞིར་མེ་ལྷ་བྱ་བ་ན་རེ། ཀྱེ་རྗེ་རྒྱལ་བཙད་པོ་ལགས། དབུའི་ཞྭ་ཆེས་ན་ལུས་པོ་ཧྲུལ་ཏེ་མཆི་(འཆི།) ཟས་ཞིམ་པོ་ཟོས་དྲག་ན་སྐྱུག་ཐྲོ། ཤིག་འཁྲུམས་ཀྲང་པ་ལ་ཞུགས་ན་སྤྱི་བོའི་གཙུག་སྐྱོག བོན་པོ་མགོ་མཐོས་པ་འདིས། རྗེའི་མངའ་ཐང་འཕྲོག་པར་མཆིའོ། །ཞེས་ཟེར་སྐད་དོ། །ཞེས་དང་། ཡང་[ཐོབ་ཀ་24 ཤ་13 ན་2]ལས་བློན་པོ་བློ་ངན་བྱ་མགོ་ན་རེ། ཁོང་གཉིས་ཀྱང་བདེན། ད་ལྟ་ཡང་བོན་པོ་རྒྱལ་པོ་བས་བཀའ་ཆེ་བློན་པོ་བསད་བས་དབང་བཙན། རྗེའི་གོང་ན་བཀའ་མཆིད་གླེང་། འདི་མ་བསྒྱུབས་ན་རྗེ་རྒྱལ་ལ་དབང་མི་མཆི་ཟེར་རོ། །ཞེས་གསལ་བ་ལྟར་བོན་གཤེན་གྱི་མཐུ་དབང་དང་། ཞང་ཞུང་རྒྱལ་པོའི་སྲིད་དབང་ལ་མི་དགའ་བའི་བློན་པོ་རྣམས་དང་ལྷན་དུ་འབྲེལ་བས་བོན་གྱི་བསྟན་པ་……ཐེངས་གཅིག་བསྒྱུབས་ཤིང་། ཇི་ལྟར་བསྒྱུབས་ཚུལ་ཡང་དེ་ཉིད་[ཐོབ་ཀ་24 ཤ་13 ན་7]ལས་གྲུ་ཞ་གནམ་སྲས་ན་རེ། བོན་གསོས་ཀྱི་ལྷ་བོན་སྒོ་བཞི་སྐུ་སྲུང་ལ་བརྟན་པར་མ་བཞག་ན། རྒྱལ་པོ་(གྲི་གུམ་)ཡང་སྐུ་མི་རྟག་པའི་ཉེས་ཆེ། ལར་ཡང་གྲོས་དེ་འདྲ་ཞིག་བྱས་པ་གདའ་བས། ལྷ་བོན་སྒོ་བཞི་འདི་སྟོན་པའི་སྐུ་གཤེན་གཅིག་མེད་ན་ལྷ་རྐོད་ལྟུམ་(12)ཏུ་མཐུ་བར་མཆིའོ། །ཞེས་རྒྱལ་པོ་གྲི་གུམ་བཙན་པོའི་དུས་སུ་ལྷ་བོན་སྒོ་བཞི་བོད་དུ་བཞུགས་ཡོད་པ་དེ་རྣམས་དང་ལྷ་བོན་སྒོ་བཞི་སྟོན་པའི་སྐུ་གཅེན་གཅིག་བཅས……བཞག་པ་ལས་བོན་སྐོར་གཞན་རྣམས་བསྒྱུབས་པའི་ཚུལ་ཡོངས་གྲགས་སུ་གྱུར་ཡོད་པ་དང་། ལེགས་བཤད་

རིན་པོ་ཆེའི་མཛོད་〔པེ183ཕ16〕ལས་རྒྱུའི་བོན་ནི་མ་ནུབ་སྟེ། དབང་ཆེན་ལས་རྒྱལ་པོའི་ཞལ་ནས་ཡུལ་འདིར་ངའི་རྒྱལ་སྲིད་དང་། ཁྱོད་ཀྱི་བོན་སྲིད་གཉིས་མི་ཤོང་བས། ལྷའི་བོན་སྒོ་བཞི་དང་དེ་བཏོན་པའི་ཀེ་ཁོད་ཐེམ་འཕེན་དང་། གཙོ་གྱིམ་བུ་ལན་ཚ་གཉིས་བདག་གི་སྐུ་སྲུང་དུ་བཞག་འཚལ། ཕྱི་མ་རྣམས་བོད་ཏུ་བཞི་ལས་འདས་པར་གཤེགས་ཤིག་ཅེས་དང་། གྱིམ་བུ་ལན་ཚའི་ཞལ་ནས། ལྷའི་བོན་སྒོ་བཞི་དར་ན་གསས་མཁར་གྱི་སྒྲོག་ཟིན་པས་བདག་ཀྱང་བསྟེད་པ་ལེགས། ལྷའི་བོན་ཡང་མ་ནུབ་མ་དགའ་ཟེར་ནས་འགྲོ་མ་འདོད་པ་ལ་བོན་སྒོ་ཕྱེད་དང་གཉིས་བྱིན་པ་ནི་རྒྱུ་བོན་ཟང་མའོ། །ཞེས་ནི་ལྷ་བོན་སྒོ་བཞི་དང་བོན་གཤེན་གཉིས་བཞུགས་པ་ཙམ་ལས་གཞན་རྣམས་བསྐྲུབས་པའི་དོན་བསྟན་པ་ཡིན།

དུས་སྐབས་དེར་འདུལ་བ་རྒྱུད་དྲུག་གི་བསྟན་པའི་གནས་ཚུལ་ཇི་ལྟར་ཡིན་པ་ནི་འདུལ་བ་གླིང·······གྲགས་[ཐོབ125ཤ6བ1]ལས་ག་ཆུ་ཡ་གོང་འཕམ་ཤི་ལྷེ་བཙུན་བཞིའི་རིང་ལ་སྡེ་པ་རིགས་ནས། སྡེ་གནས་དབང་ཆེ། བཙུན་པ་ཕྲག་དོག་ཆེ་བའི་དབང་གིས་གཤེན་རབ་ཀྱི་གདུང་ལ་མ་འཆམ་ནས་སྡེ་རིགས་གཉིས་སུ་ཆད། ག་ཆུ་དང་འཕམ་ཤི་གཉིས་ཀྱིས་སྡེ་གཅིག་བཟུང་། ཡ་གོང་དང་ལྷེ་བཙུན་གཉིས་ཀྱིས་སྡེ་གཅིག་བཟུང་། ལྷེ་བཙུན་གྱི་མཁན་བུ་〔13〕བཙོ་ཡེ་ཤེས། དེའི་དུས་སུ་བཙོ་ཡེ་ཤེས་ཀྱིས་ཞུ་བ་ཕུལ་ནས། གདུང་ཚ་ལྷུར་བཀོད་ནས་གནས་སྡེ་ལྷུར་བདན་གྲངས་(གདན་དྲངས།) དེའི་དུས་སུ་འདམ་གཡུང་དྲུང་ཁྲི་འདུས་ཀྱི་ལྷ་ཁང་དུ་གཡུང་དྲུང་ཁྲི་བརྩེགས་ཀྱི་མཆོད་རྟེན་བཞེངས་ནས། ཤེལ་གྱི་གདུར་བཅུག་ནས་བཞུགས་སུ་བཅུག བརྒྱ་ལྡངས་བདུད་འདུལ་གྱི་ལྷ་ཁང་དུ་བདུད་འདུལ་དགྲ་འཇོམས་ཀྱི་མཆོད་རྟེན་བཞེངས། དངུལ་གྱི་གདུར་བཅུག་ནས་རྟེན་དུ་བཞུགས། རྒྱལ་ལྷེ་བཙུན་ནས་རབ་གསལ་གྱིས། རག་ཟ་གཡུང་དྲུང་རོལ་པོར་བདན་གྲངས་(གདན་དྲངས།) ཕོ་བན་ཤེལ་གྱི་མཆོད་རྟེན་དགུ་གསུམ་པ་བཞེངས། གདུང་མཆོད་ཀྱི་གདུར་བཅུག་ནས་མཆོད་པའི་རྟེན་དུ་བཞུགས་སུ་གསོལ། རྒྱལ་བཙོ་ཡེ་ཤེས་ཀྱིས་བྱས་ནས། བཞི་ཏུ་གོས་(བགོས་)པ་ལ། ཉི་ཤུ་རྩ་ལྔ་མཐའི་གངས་རི་ཁྲག་ཀུན་ལ་འཐའ་(མཐའ་)མའི་དོན་དུ་བཞུགས། བཙོ་བཙུན་གྱི་མཁན་བུ་ཨུ་ཟེ་གསལ་བཟང་གིས། ཉི་ཤུ་རྩ་ལྔ་གངས་གཉན་སྟག་རྐོ་(སྒོ།) ཏི་སེ་ཤེལ་གྱི་མཆོད་རྟེན། སྲིད་པའི་ལྷ་དགུ། ཐོ་ལ་ད་མ་ག་འགོ། དེ་ལ་སོགས་པའི་གནས་ཀུན་ལ་བཞུགས། དེའི་སྟོབས་ཀྱིས་དེ་རྣམས་སུ་བཞུགས་པ་ལ་གྲུབ་ཐོབ་རེ་མི་འོང་མི་སྲིད་དོ། །ལྷུ་བཅུ་བཙོ་ཡེ་ཤེས་ཀྱིས་བསྣམས་ནས་ཐུགས་དམ་མཛད། དེའི་དུས་སུ་སྡེ་པ་ནང་འཁྲུགས། རབ་ཏུ་བྱུང་བའི་འདུལ་ཁྲིམས་ཀྱང་ཉམས། གཡུང་དྲུང་〔14〕ཚུལ་གནས་ཀྱི་སྡེ་ཡང་འཆལ་བའི་རྒྱུ་རུ་སོང་། ཞེས་དང་ཡང་[126ཤ7ན5]ལས་དེའི་དུས་ན་སྡེ་པ་ནང་འཁྲུགས། གཡུང་དྲུང་རོལ་པ་ལ་སོགས་གནས་སྡེ་ཆེན་པོ་བཞི་བཤིག གནས་

ཐུན་བཅུ་གཉིས་བཤིག སྐུ་གདུང་ཀུན་ཀྱང་ནམ་མཁའ་ལ་འོད་དུ་འཕྲོས་ནས་ཡལ་ལོ། །སྟོན་པའི་བྱིན་རླབས་ཀྱང་ཆུང་དུ་སོང་། །ཁྲིམས་སྲུང་བ་ཀུན་ཡང་འཆལ། ཨུ་ཛི་གསལ་བཟང་མདོ་སྨད་དུ་འགོག་པ་〔15〕ལ་བྲོས། བོན་གྱི་བསྟན་པ་ཐེངས་གཅིག་དེར་ནུབ། ཅེས་འདུལ་བ་རྒྱུད་དྲུག་གི་བསྟན་པ་ནུབ་པའི་ཚུལ་གསལ་བར་བསྟན་པ་ཡིན།

རྒྱལ་པོ་གྲི་གུམ་བཙན་པོས་བོན་བསྣུབས་པ་སོགས་ཀྱི་མཛད་པ་ཚབས་ཆེ་བ་འགའ་ཞིག་གནང་བའི་རྒྱུ་མཚན་ལ་བརྟེན་ཏེ། ཕྱོང་ཉིད་སྣོན་པོ་ལོ་ངམ་གྱིས་བཀྲོངས་པ་དང་གྲི་གུམ་བཀྲོངས་རྗེས་སུ་ལོ་ངམ་གྱིས་བོད་ཀྱི་རྒྱལ་སྲིད་ལོ་མང་ཙམ་ཞིག་བསྐྱངས་ཡོད་ནའང་ལོ་ངམ་གྱིས་བོན་བསྟན་ལ་བྱ་བ་འདི་བྱས་ཀྱི་ལོ་རྒྱུས་ནི་བན་བོན་གཉིས་ཆའི་ཕྱོངས་སུ་མི་གསལ་བ་ཡིན་སྟབས། ལོ་ངམ་གྱིས་གྲི་གུམ་བཀྲོངས་པའི་རྒྱུ་རྐྱེན་དེ་གྲི་གུམ་གྱིས་བོན་བསྟན་བསྣུབས་པའི་རྒྱུ་མཚན་གྱིས་ཡིན་པ་འདྲ་ཞིག་ཏུ་སྣང་བ་ཙམ་ལས་དོན་དུ་ལོ་ངམ་བོན་ལ་དད་ཅིང་མོས་པ་དང་བསྟན་པའི་ཞབས་འདེགས་ཞུ་བའི་ཆེད་དུ་རྒྱལ་པོ་གྲི་གུམ་བཀྲོངས་མེད་པ་ནི་དེ་ནས་ཤེས་ཐུབ་པ་ཡིན། ལོ་ངམ་གྱིས་བོད་ཀྱི་རྒྱལ་སྲིད་བཟུང་བའི་རིང་བོད་རྒྱལ་པོའི་གདུང་རྒྱུད་གྲི་གུམ་བཙན་པོ་དང་། དཔལ་བཟའ་ཁྲི་བཙུན་མ་གཉིས་ཀྱི་སྲས་རྣམས་ཀྱི་ལོ་རྒྱུས་རགས་ཙམ་ནི་རྒྱལ་རབས་གསལ་བའི་མེ་ལོང་[ཤོ་56 ཤ་13]ལས་རྒྱལ་པོའི་སྲས་གསུམ་པོ་ནི་ཀོང་པོ་དང་། ཉང་པོ། སྤོ་བོ་གསུམ་གྱི་ཡུལ་དུ་འབྲོས་སོ། །དེར་སྣོན་པོ་ལོང་ངམ་གྱིས་རྒྱལ་སྲིད་ཕྲོགས་ནས། རྒྱལ་པོའི་བཙུན་མོ་ལ་རྟ་རྫི་བཅོལ་ལོ། །དེར་ཡུམ་བཙུན་མོ་དེས་རྟ་འཚོར་ཕྱིན་ནས། གཉིད་ལོག་པའི་རྨི་ལམ་ན། ཡར་ལྷ་ཤམ་པོའི་སྤྲུལ་པ་མི་དཀར་པོ་ཅིག་དང་འབྲེལ་བ་རྨིས། གཉིད་སད་ཙ་ན། ཐུས་མགོ་ནས་གཡག་དཀར་པོ་ཞིག་ལངས་ནས་སོང་བ་མཐོང་། དེ་ནས་ཟླ་བ་བརྒྱད་སོང་ཙ་ན། ཡུམ་བཙུན་མོ་དེ་ལ་ཁྲག་གོང་པོ་ལག་མགོ་ཙམ་འགྱུལ་ཤེས་པ་ཞིག་སྐྱེས་བྱུང་བ་བསྐྱུར་བར་ནི་ཤ་ནས་ཆད་པས་སྙིང་རྗེ་བར་བྱུང་། གསོ་བ་ལ་ཡི་ཁ་མིག་གང་ཡང་མི་འདུག་ནས། འབྲོང་རུ་རྔོན་མོ་ཞིག་ཏུ་བཅུག གོས་ཐུང་གི་ངར་པས〔16〕དྲིལ་བཞག་པས། ཞག་འགའ་སོང་དུས་བལྟས་པས། ཕྱིའུ་ཞིག་བྱུང་འདུག དེའི་མིང་ཡང་འཛང་གི་བུ་རུ་ལ་སྐྱེས་ཞེས་གྲགས་སོ། །དེས་ལོ་བཅུ་ལོན་དུས་ངའི་ཕ་དང་། ཕུ་བོ་རྣམས་གར་སོང་ཞེས། ཨ་མ་ལ་དྲིས་པས། ཨ་མས་སྔར་གྱི་ལོ་རྒྱུས་རྣམས་ཞིབ་པར་བཤད་པ་དང་། རུ་ལ་སྐྱེས་ཀྱིས་ཐབས་སྣ་ཚོགས་ཀྱིས་ཉང་ཚ་སྐྱ་མོ་ནས་ཡབ་ཀྱི་སྤུར་བཙལ་ཏེ། ཕྱིང་ཡུལ་དར་ཐང་དུ་ཡབ་ཀྱི་བང་སོ་བརྩིགས། སྣོན་པོ་ལོང་ངམ་བསད། ཕུ་བོ་གསུམ་གདན་འདྲེན་ཕྱིན་པས། ཤ་ཁྲི་དང་། ཉ་ཁྲི་གཉིས་གདན་མ་དྲངས་ཏེ། ཀོང་པོ་དང་། ཉང་པོའི་རྗེ་མཛད་ནས་ད་ལྟ་ཡང་གདུང་རྒྱུད་ཡོད་དོ། །སྤོ་བོའི་ཡུལ་ནས། སྲས་བྱ་ཁྲི་གདན་དྲངས་ཏེ། ཡར་

ལུངས་སུ་བཞུགས། སྐུ་མཁར་ཕྱིང་ང་སྟག་རྩེ་བརྩིགས། ཡུམ་གྱིས་སྲས་བྱ་ཁྲི་ལ་འཇུས་ནས། ལྷ་ལ་དམོད་བོར་བས། ནམ་མཁའ་ནས་སྐྲ་བྱུང་སྟེ། ཁྱོད་ཀྱི་བུ་དེ་ཀུན་ལས་རྒྱལ་བར་འགྱུར་རོ། །བུ་དེ་ཀུན་ལས་རྒྱལ་ཟེར་ཀྱང་སྤུ་དེ་གང་རྒྱལ་དུ་གྲགས་སོ། །རྒྱལ་པོ་འདིས་རྒྱལ་ས་བཟུང་སྟེ། །བློན་པོ་ནི་རུ་ལ་སྐྱེས་ཀྱིས་བྱས་སོ། ། ཞེས་སྔར་ཡང་བོད་རྒྱལ་པོའི་གདུང་རྒྱུད་ཀྱིས་བོད་ཀྱི་རྒྱལ་སྲིད་ཇི་ལྟར་བཟུང་ཡོད་པའི་ཚུལ་ཞལ་གསལ་དུ་བསྟན་པ་དང་། སྤུ་ལྡེ་གུང་རྒྱལ་གྱི་དུས་སུ་སྔར་ཡང་བོད་ཡུལ་དུ་བོན་གྱི་བསྟན་པ་ཉམས་གསོ་ཇི་ལྟར་བྱས་པའི་ཚུལ་ཡང་རྒྱལ་རབས་གསལ་བའི་མེ་ལོང་[ཕེ་57ཤ་11]ལས་རྒྱལ་བློན་འདི་གཉིས་ཀྱི་དུས་སུ་གཡུང་དྲུང་གི་བོན་བྱུང་སྟེ། སྟོན་པ་གཤེན་རབ་མི་བོ་བྱ་བ་སྟག་གཟིག་འོལ་མོའི་ལུང་རིངས་སུ་སྐུ་འཁྲུངས། ཁམས་ཆེན་པོ་བརྒྱད་ལ་སོགས་པ་བོན་པོའི་ཆོས་ཐམས་ཅད་ཞང་ཞུང་གི་ཡུལ་ནས་བསྒྱུར་ཏེ་དར་ཞིང་རྒྱས་པར་མཛད། བོན་ལ་རིགས་དགུ་རུ་ཕྱེ་སྟེ་རྒྱུའི་བོན་པོ་ལ་རིགས་བཞི། འབྲས་བུའི་བོན་པོ་ལ་རིགས་ལྔའོ། །འབྲས་བུའི་བོན་རིགས་ལྔ་ནི་གཡུང་དྲུང་ཐེག་པ་བླ་ན་མེད་པ་ལ་ཞུགས་པ་སྟེ། བདེ་འགྲོ་མཐོ་རིས་ཀྱི་ལུས་ཐོབ་པར་འདོད་དོ། །རྒྱུའི་བོན་པོ་རིགས་བཞི་ནི་སྣང་གཤེན་བལ་ཐོད་ཅན། འཕྲུལ་གཤེན་བལ་ཚོན་ཅན། ཕྱྭ་གཤེན་ཧྲུ་ཐིག་ཅན། དུར་གཤེན་མཚོན་ཆ་ཅན་ནོ། །དེ་ལ་སྣང་གཤེན་བལ་ཐོད་ཅན་གྱིས་ཕྱྭ་དང་གཡང་འགུག ལྷ་དང་སྨན་གསོལ། དགེ་ལེགས་དང་དཔལ་བསྐྱེད་ནས་མི་ནོར་རྒྱས་པར་བྱེད། འཕྲུལ་གཤེན་བལ་ཚོན་ཅན་གྱིས་མདོས་དང་ཡས་གཏོང་། སྲིད་དང་རྟེན་འཛུགས། འཕྲལ་ཕུགས་ཀྱི་འགལ་རྐྱེན་ཐམས་ཅད་སེལ་བར་བྱེད་དོ། །ཕྱྭ་གཤེན་ཧྲུ་ཐིག་ཅན་གྱིས་ལེགས་ཉེས་ཀྱི་ལམ་སྟོན། ཡིན་མིན་གྱི་ཐེ་ཚོམ་སེལ། ཟག་བཅས་ཀྱི་མངོན་ཤེས་འཆད་པར་བྱེད་དོ། །དུར་གཤེན་མཚོན་ཆ་ཅན་གྱིས་གསོན་གྱི་བགེགས་སེལ། གཤིན་གྱི་དུར་འདེབས། ཆུང་གི་སྲི་གནོན། གནམ་གྱི་རྒྱུ་སྐར་ལྟ། སའི་འཐྲེ་བཏུལ་བ་ཡིན་ནོ། །ཞེས་གསུངས་པའི་ཚུལ་དེ་དག་ལ་དཔྱད་ན། དུས་དེར་སྔར་ཡང་བོན་གྱི་སྐོར་རྒྱ་ཆེ་ལ་རྣམ་གྲངས་མང་བ་ཞིག་ཡོད་པ་མངོན་ལ་ལུང་འདིར་རྒྱལ་བློན་འདི་གཉིས་ཀྱི་དུས་སུ་གཡུང་དྲུང་གི་བོན་བྱུང་སྟེ། སྟོན་པ་གཤེན་རབ་མི་བོ་བྱ་བ་སྟག་གཟིག་འོལ་མོ་ལུང་རིངས་སུ་སྐུ་འཁྲུངས་ཞེས་པ་ནི་རྒྱུ་དང་འབྲས་བུའི་བོན་རིགས་འདི་དག་དེ་སྐབས་སུ་སྔར་ཡང་དར་རྒྱས་བྱུང་བར་བསྟན་པའི་ཚིག་ཅིག་ཡིན་པ་ལས་དེ་སྟོན་བོད་དུ་བོན་དང་བོན་པོ་མེད་པའི་སྐབ་བྱེད་ཅི་ཞིག་ཀྱང་ཡིན་མི་སྲིད་ལ། རྒྱལ་བློན་དེ་གཉིས་ཀྱི་དུས་སུ་སྟག་གཟིག་འོལ་མོ་ལུང་རིངས་སུ་གཤེན་རབ་སྐུ་འཁྲུངས་པའི་གཏམ་ཞིག་ཀྱང་ཡིན་མི་སྲིད་པ་ནི་ལུང་དེ་རང་ལས"ཁམས་ཆེན་པོ་བརྒྱད་ལ་སོགས་པ་བོན་པོའི་ཆོས་ཐམས་ཅད་ཞང་ཞུང་གི་ཡུལ་ནས་བསྒྱུར་ཏེ། དར་ཞིང་རྒྱས་པར་མཛད"ཅེས་པའི་ཚིག་འདིས་དུས་སྐབས་དེར་ཞང་ཞུང་ན་བོན་དར་རྒྱས

སུ་གྱུར་ཡོད་པ་གསལ་བར་བསྟན་པས་ཀྱང་ཤེས་ཐུབ་པ་ཡིན།

སྤུ་ལྡེ་གུང་རྒྱལ་གྱིས་བོན་བསྟན་སྔར་གསོས་པ་ནས་བཟུང་། བོད་ཀྱི་བཙན་པོ་རྣམས་ཀྱིས་བོན་བསྟན་ལ་བྱ་བ་ཇི་ལྟར་མཛད་པའི་ཚུལ་རགས་ཙམ་ནི། ལེགས་བཤད་རིན་པོ་ཆེའི་མཛོད་[པེ་131ཕ་20]ལས་དེ་གྲི་གུམ་དང་དཔལ་ཟ་ཁྲི་བཙུན་གྱི་སྲས་བྱ་དང་ཧ་དང་སྤྱང་ཀུ་གསུམ་གྱི་སྤུ་ལས་སྐྲ་དང་བ་སྤུ་བྱས་པ་ཞིག་བྱུང་བས་མིང་ཡང་སྤུ་ལྡེའུ་གོང་རྒྱལ་དུ་བཏགས་སོ། །དེའི་སྐུ་གཤེན་གཙོ་ཁུ་གཉའ་བཞེད། གསས་ཁང་ཁྲི་སྐོར་བཞེངས། ཞེས་དང་ཡང་[པེ་132ཕ་2]ལས་སྤུ་ལྡེ་དང་བུམ་ཐང་སྨད་མཚོའི་སྲས་ཨ་ཤོ་ལེགས་རྒྱལ། སྐུ་གཤེན་སྟོབས་ར་ཤེབ་ཤང་། གསས་མཁར་ས་ལེ་ལྗོན་ཕྱུག་བཞེངས། དེ་དང་དམུ་ལྕམ་དྲ་མ་ནའི་སྲས་དེ་ཤོ་ལེགས་རྒྱལ། སྐུ་གཤེན་མི་མོ་ཆུང་། གསས་མཁར་ཁོ་མ་ཡང་རྩེ་བཞེངས། དེ་དང་བཙུན་མོ་གུར་སྨན་གྱི་སྲས་ཐི་ཤོ་ལེགས་རྒྱལ། སྐུ་གཤེན་འཛིན་བོན་ཁོག་དེར། གསས་ཁང་ས་ལེ་བང་བང་བཞེངས། དེ་དང་མཚོ་སྨན་འབྲང་མའི་སྲས་གུ་རུམ་ལེགས་རྒྱལ། སྐུ་གཤེན་མཆེས་པ་གནམ་འདུལ། གསས་ཁང་རིན་ཆེན་ཟུར་མང་བཞེངས། དེ་དང་སྨན་བུ་མོའི་སྲས་འབྲང་ཞི་ལེགས་རྒྱལ། སྐུ་སྲུང་ལྷ་བོན་ཡེ་གཤེན་བདུད་འདུལ། དེ་དང་གླུ་ལྕམ་མི་མོའི་སྲས་ཨི་ཤོ་ལེགས་རྒྱལ། ཞེས་པ་རྣམས་ཀྱིས་གསལ་ལ། ཨི་ཤོ་ལེགས་རྒྱལ་ནས་ཐོ་རི་ལུང་བཙན་བར་གྱི་རྒྱལ་རྒྱུད་རྣམས་ལའང་སྐུ་གཤེན་རེ་དང་དེ་རྣམས་ཀྱིས་གསས་མཁར་རེའང་བཞེངས་པར་བཤད་མོད"སྐུ་གཤེན་མཆོ་བོན་དགུ་རྒྱུད་ཀྱིས་མཛད"ཅེས་པ་ཙམ་ལས་ཞལ་གསལ་བ་གང་ཡང་མི་འདུག ཡང་[པེ་133ཕ་1]ལས་ལྷ་ཐོ་ཐོ་རི་སྙན་ཤལ་གྱི་སྐུ་སྲུང་ནི་གཙོ་གཡང་སྐྱེས་དང་མཆེ་མི་འདུ་འཁྲོ་གཉིས་སོ། །ཞེས་དང་[པེ་133ཕ་6]ལས་(གླུ་གཉན་གཟུང་བཙན་)ཁྲི་གཉན་གཟུང་བཙན་ཡང་གྲགས་སོ། །སྐུ་གཤེན་ཕོན་པོ་མ་རྒྱུད། དེའི་སྲས་དམུས་ལོང་ཞིག་བྱུང་བ་ལ་གཤེན་པོས་སྨན་བསྒྲུབས་པས་གྲུབ་སྟེ། ཕ་རི་ལ་རི་དྭགས་སྐད་འདུལ། པ་གཟིགས་པས་སྟག་གོང་སྣན་གཟིགས་ས་སུ་བཏགས། སྐུ་གཤེན་ར་སང་ཁྲི་ནེ་ཁོད། ཞེས་དང་[པེ་133ཕ་20]ལས་སྟག་གོང་སྣན་གཟིགས་ཀྱི་སྲས་གནམ་རི་སྲོང་བཙན། སྐུ་གཤེན་ཟ་ལྷ་དབང་ཕྱུག་གོ། ཞེས་པ་དེ་རྣམས་ཀྱིས་ངེས་ཐུབ་པ་ཡིན།

གསུམ། བོད་རྗེ་ཐོག་མ་གནམ་རི་སྲོང་བཙན་བར་བྱུང་བའི་སྐུ་གཤེན་དང་གསས་མཁར་གྱི་སྐོར།

དུས་རིམ་བར་མའི་རྒྱལ་པོའི་ཐོག་མ་གཉའ་ཁྲི་བཙན་པོ་ནས་སྲོང་བཙན་སྒམ་པོའི་ཡབ་གནམ་རི་སྲོང་བཙན་གྱི་བར་དུ་བྱུང་བའི་རྒྱལ་པོ་དེ་རྣམས་ཀྱི་སྐུ་གཤེན་དང་། དེ་རྣམས་ཀྱིས་བཞེངས་པའི་གསས་

མཁར་གྱི་སྐོར། དར་རྒྱས་གསལ་སྒྲོན་དང་སྲིད་རྒྱུད། ལྡེའུ་རྒྱ་བོད་ཀྱི་ཆོས་འབྱུང་། ཉང་གི་ཆོས་འབྱུང་མེ་ཏོག་སྙིང་པོ། སྔགས་པ་རིན་ཆེན་སྒྲིང་གྲགས། བོན་འབྱུང་། གླིང་གཞི་བསྟན་པའི་འབྱུང་ཁུངས། ལེགས་བཤད་རིན་པོ་ཆེའི་མཛོད་བཅས་སུ་བཤད་ཚུལ་ཐ་དད་དུ་ཡོད་པའི་རིགས་ཐད་ཀར་གསལ་བའི་རེའུ་མིག་གཤམ་གསལ།

ཁ་བྱང་།	བཙན་པོ།	སྐུ་གཤེན།	གསས་མཁར།
དར་རྒྱས།	༡. གཉའ་ཁྲི་བཙན་པོ།	འཆི་མེ་དམུ་རྒྱལ་དང་ཙོའུ་ཕྱུག་དཀར།	
སྲིད་རྒྱུད།	༡. གཉའ་ཁྲི་བཙད་པོ།	ཕྱ་བོན་ཐང་ཡག་དང་ཕ་བ་མཆེ་གཙོ།	
ལྡེའུ།	༡. ལྡེ་གཉའ་ཁྲི་བཙན་པོ།		
ཉང་འབྱུང་།	གཉའ་ཁྲི་བཙན་པོ། (༤ གཉའ་ཁྲི་པོ?)	ཙ་ན་ཕྱུག་གར་ཚ་འཆི་མི་གཤེན་བུ་རྒྱལ··· ཚ།	
སྒྲིང་གྲགས།	༡. གཉའ་ཁྲི་བཙན་པོ།	མཆེ་མི་རྒྱལ་དང་གཙོ་ཕྱུག་དཀར།	
བོན་འབྱུང་།	གཉའ་ཁྲི་བཙད་པོ།	ས་ལྷ་བོན་པོ།	
གླིང་འབྱུང་།	༡. གཉའ་ཁྲི་བཙད་པོ།	གཙོ་ལྡན་མཆེ་འགྲོན།	གཡུང་དྲུང་ལྷ་རྩེ།
ལེགས་བཤད།	༡. གཉའ་ཁྲི་བཙད་པོ།	མཆེ་མི་དམུ་རྒྱལ་དང་གཙོའུ་ཕྱུག་དཀར།	གཡུང་དྲུང་ལྷ་རྩེ།
དར་རྒྱས།	༢. མུ་ཁྲི་བཙན་པོ།	བཙོའུ་ལན་ཚ།	
སྲིད་རྒྱུད།	༢. མུ་ཁྲི་བཙན་པོ།	གཙོ་དབུ་དཀར།	
ལྡེའུ།	༢. མུག་ཁྲི་བཙན་པོ།		
ཉང་འབྱུང་།	༢. མུ་ཁྲི་བཙན་པོ།	གཤེན་པོ་ཆེ་རྒྱལ།	
སྒྲིང་གྲགས།	༢. མུ་ཁྲི་བཙན་པོ།	དཔོན་གསས་གྲུ་བོན་ཁ་འབར། སྐུ་གཤེན་གཙོ་གྱིམ་བུ་ཕྱུག་དཀར།	ཁོང་མ་ནེ་ཆུང་།
བོན་འབྱུང་།	༢. མུ་ཁྲི་བཙན་པོ།		
གླིང་འབྱུང་།	༢. མུ་ཁྲི་བཙད་པོ།	གཙོའུ་ཕྱུག་དཀར།	ཁོ་མ་ནེ་ཆུང་།
ལེགས་བཤད།	༢. མུ་ཁྲི་བཙན་པོ།	གཙོའུ་ལན་ཚ།	ཁོ་མ་ནེའུ་ཆུང་།
དར་རྒྱས།	༣. དིང་ཁྲི་བཙད་པོ།	བཙོའ་སྨིན་དཀར།	
སྲིད་རྒྱུད།	༣. ཏིང་ཁྲི་བཙད་པོ།	གཙོ་ཕྱུག་དཀར།	
ལྡེའུ།	༣. དིང་ཁྲི་བཙན་པོ།		
ཉང་འབྱུང་།	༣. དིང་ཁྲི་བཙན་པོ།	ཞང་ཞུང་ཀུན་འདུས་ཟེག་ཆེན།	

གླིང་ཁྲགས།	༣. དིང་ཁྲི་བཙན་པོ།	དཔོན་གསས་འོལ་པོན་སྤྱན་གཅིག་སྐྱ…… གཤེན་གཙོའུ་སྨིན་དཀར།	ཕོང་མ་ཡང་རྩེ།
ཐོན་འབྱུང་།	༣. དིང་ཁྲི་བཙན་པོ།	གཙོའུ་སྨིན་དཀར།	
གླིང་འབྱུང་།	༣. དིང་ཁྲི་བཙད་པོ།	ཙོའུ་སྨིན་དཀར།	ཕོ་མ་ཡང་རྩེ།
ལེགས་བཤད།	དིང་ཁྲི་བཙན་པོ།	གཙོའུ་སྨིན་དཀར།	ཕོང་མ་ཡང་རྩེ།
དར་རྒྱས།	༤. སོ་ཁྲི་བཙན་པོ།	གཙོའུ་འོད་དཀར།	
སྲིད་རྒྱུད།	༤. སོ་ཁྲི་བཙད་པོ།	གཙོ་སྨིན་དཀར།	
ལྷིའུ།	༤. སོ་ཁྲི་བཙན་པོ།		
ཉང་འབྱུང་།	༤. སྲིབས་ཁྲི་བཙན་པོ།	ཞང་ཞུང་ཀུན་རིགས་རྒྱལ་པོ།	
གླིང་ཁྲགས།			
ཐོན་འབྱུང་།	༤. སོ་ཁྲི་བཙན་པོ།	གཙོའུ་འོད་དཀར།	
གླིང་འབྱུང་།	༤. མུ་ཁྲི་བཙད་པོ།	གཙོའུ་འོད་དཀར།	དགུ་ར་དགུ་ཕྱུད།
ལེགས་བཤད།	༤. སོ་ཁྲི་བཙན་པོ།	གཙོའུ་འོད་དཀར།	རྒྱར་དགུ་ཕྱུང་།
དར་རྒྱས།	༥. དར་ཁྲི་བཙན་པོ།	མཚོ་མི་ཟུང་སྨོན།	
སྲིད་རྒྱུད།	༥. བྱང་ཁྲི་བཙད་པོ།	གཙོ་ཞལ་དཀར།	
ལྷིའུ།			
ཉང་འབྱུང་།	༦. ཁྲི་པན་བཙན་པོ།	མུ་ལ་ཁ་འབྲས།	
གླིང་ཁྲགས།	འདར་ཁྲི་བཙན་པོ།		
ཐོན་འབྱུང་།	༥. དར་ཁྲི་བཙན་པོ།	གཙོའུ་ཤང་དཀར།	
གླིང་འབྱུང་།	༥. དར་ཁྲི་ཙན་པོ།	གཙོའུ་ཤང་དཀར།	ཟོའུ་ཕྱུང་ལག
ལེགས་བཤད།	༥. དར་ཁྲི་བཙན་པོ།	མཚོ་མི་ཟུང་སྨན།	ཟོ་པོ་ཕྱུང་ལག
དར་རྒྱས།	༦. དགག་ཁྲི་བཙན་པོ།	དག་པ་མི་ཆེན།	
སྲིད་རྒྱུད།	༦. ལྷི་ཁྲི་བཙད་པོ།	གཙོ་ཤང་དཀར།	
ལྷིའུ།	༦. གདགས་ཁྲི་བཙན་པོ།		
ཉང་འབྱུང་།	༥. ཡེ་ཤེས་ཁྲི་པོ།	གཡུང་དྲུང་རྒྱལ་པོ།	
གླིང་ཁྲགས།			
ཐོན་འབྱུང་།	༦. ཡེ་ཁྲི་བཙན་པོ།	གཙོ་ན་མི་ཆེན།	

གླིང་འབྱུང་།	༨. ཡེ་ཁྲི་བཙད་པོ།	བཙོ་ན་མི་ཆེན།	གཡུ་དྲུང་ལྷ་རྩེ།
ལེགས་བཤད།	དྭགས་ཁྲི་བཙན་པོ།	དག་པ་མི་ཆེན།	གཡུང་དྲུང་ལྷ་རྩེ།
དར་རྒྱས།	༧. སྲིབས་ཁྲི་བཙན་པོ།	གཙོའུ་ཞལ་དཀར།	
སྲིད་རྒྱུད།	ཁྲི་ལྡེ་ལེགས་པ།	གཙོ་བོན་དགུ་བརྒྱུད།	
ལྡེའུ།	༧. སྲིབས་ཁྲི་བཙན་པོ།		
ཉང་འབྱུང་	༧. སྲིབས་ཁྲི་བཙན་པོ།	ཞང་ཞུང་ལྷ་འོད།	
གླིང་གྲགས།			
བོན་འབྱུང་།	༧. སེང་ཁྲི་བཙན་པོ།	གཙོའུ་ཞལ་དཀར།	
གླིང་འབྱུང་།	༧. སེང་ཁྲི་བཙན་པོ།	ཞལ་དཀར།	ཁོང་མ་ཏུ་རིངས།
ལེགས་བཤད།	༧. སྲིབ་ཁྲི་བཙན་པོ།	གཙོའུ་ཞལ་དཀར།	ཁོ་མ་ཏུ་རིང་།
དར་རྒྱས།	༡. གྲི་ཏུམ་བཙན་པོ།	ཕ་བ་འཆི་གཙོ།	
སྲིད་རྒྱུད།	དྲི་གུམ་བཙན་པོ།	གཙོ་ཆེམ་དཀར།	
ལྡེའུ།	༧. གྲི་གུམ་བཙན་པོ།		
ཉང་འབྱུང་།			
གླིང་གྲགས།	༡. དྲི་ཏུམ་བཙན་པོ།	དཔོན་གསས་ལི་བོན་སྤུངས་རྒྱུད། སྐུ་གཤེན་གཙོའུ་ཞལ་དཀར།	ཁོང་མ་ཏུ་རིངས།
བོན་འབྱུང་།			
གླིང་འབྱུང་།	༡. གྲི་ཏུམ་བཙན་པོ་ གེ་སྨུན་བཙན་པོ།	ཙོའུ་ཆེ་དཀར།	ས་ལེ་བྲེའུ་ཚང་།
ལེགས་བཤད།	༡. གྲི་ཏུམ་བཙན་པོ།	གཙོའུ་ཆོམས་ ཀར།	ས་ལེ་བྲེའུ་ཚང་།
དར་རྒྱས།	༢. སྤུ་ལྡེ་གུང་རྒྱལ།	ཞང་ཞུང་ཚེའི་རྒྱལ་པོ།	
སྲིད་རྒྱུད།	༡. སྤུ་ལྡེ་གོང་རྒྱལ།	གཙོ་བོན་གཉན་དཀར་ལེགས་པ།	
ལྡེའུ།	༢. ཨུ་དེ་གུང་རྒྱལ།		
ཉང་འབྱུང་།	༢. སྤུ་རྡེ་གུང་རྒྱལ།	དར་ཏ་ཧོ།	
གླིང་གྲགས།	༢. སྤུ་ལྡེ་གུང་རྒྱལ།	དྲན་པ་ནམ་མཁའ་ཁྱུང་པོ་སྟག་སྒྲ་དྲན···· ཙུག་ལྷ་བོན་བཙོ་མོ་གུང་རྒྱལ།	ཁྲི་རྩེ་དགུ་རྩེགས།
བོན་འབྱུང་།			

གླིང་འབྱུང་།	༢. སྤུ་རྒྱ་ལྡེ་གུང་རྒྱལ།	གཙོའུ་གཉན་བཞེར་	ཁྲི་སྐོར་ལྡེམ་ཉག
ལེགས་བཤད	༢. སྤུ་ལྡེའུ་གོང་རྒྱལ།	གཙོའུ་གཉའ་བཞེད།	ཁྲི་སྐོར།
དར་རྒྱས	༡. ཨ་ཧོ་ལེགས།	ཞང་ཞུང་མཁས་པ་ཉི་ཤུ།	
སྲིད་རྒྱུད།	༣. བཙད་པོ་ཨའི་ཧོ་ཡག	སྟོང་རེ་ཤིབ་ཤང་།	
ལྡེའུ།	༡. ཧོ་ལེགས།		ཕྱིང་ས་སྟག་རྩེ།
ཉང་འབྱུང་།	༡. ཨོ་ཧོ་ལེགས།	ཚེ་མི་ཀུན་སྣང་།	
གླིང་གྲགས།	༢. ཨི་ཧོ་ལེགས།	དཔོན་གསས་མུན་སངས་ལྷ་བོན་གཙོ…… སྟག་ཀླུ་གསས།	
བོན་འབྱུང་།	༡. ཨ་ཧོ་ལེགས་རྒྱལ…… བདུད་འདུལ།		
གླིང་འབྱུང་།	༡. ཨ་ཧོ་ལེགས་རྒྱལ།	སྟོབས་ར་ཤིབ་ཤང་།	ས་ལེ་ལྗོན་ཕྱུག
ལེགས་བཤད།	༡. ཨ་ཧོ་ལེགས་རྒྱལ།	སྟོབས་ར་ཤིབ་ཤང་།	ས་ལེ་ལྗོན་ཕྱུག
དར་རྒྱས།	༢. དེ་ཧོ་ལེགས།		
སྲིད་རྒྱུད།	༥. བཙད་པོ་འོ་ཏ་ཡག	འཛི་བོན་ཁོད་གེ།	
ལྡེའུ།	༢. དེ་ཧོ་ལེགས།		
ཉང་འབྱུང་།	༢. ཨེ་ཧོ་ལེགས།	ཨ་ལ་དུན་ཚེ།	
གླིང་གྲགས།	༡. དེ་ཧོ་ལེགས།	ལི་ཤུ་སྟག་རིང་ལྷ་བོན་བཙོ་ཉག་གཞེར…… ཐོད་དཀར།	
བོན་འབྱུང་།			
གླིང་འབྱུང་།	༢. དེ་ཧོ་ལེགས་རྒྱལ།	མི་མོ་ཆུང་།	ཁོ་མ་ཡང་རྩེ།
ལེགས་བཤད	༢. དེ་ཧོ་ལེགས་རྒྱལ།	མི་མོ་ཆུང་།	ཁོམ་ཡང་རྩེ།
དར་རྒྱས།	༣. ཐེ་ཧོ་ལེགས།		
སྲིད་རྒྱུད།	༢. བཙད་པོ་ཐོ་ཡག	གཙོ་བདུད་ཀྱི་མདུད་བཀྲོལ།	
ལྡེའུ།	༥. ཐེ་ཧོ་ལེགས།		གཡུ་རྩེ།
ཉང་འབྱུང་།	༤. ཐེ་ཧོ་ལེགས།	ཨ་ལ་དུན་ཙུག	
གླིང་གྲགས།	༥. ཐེ་ཧོ་ལེགས།	དཔོན་གསས་ཁྱུ་ལུང་གྲུ་འཛིན་ལྷ་བོན…… སེག་གཤེན་བདུད་འདུལ།	

ཐོན་འབྱུང་།			
གླིང་འབྱུང་།	༥. ཁྲི་སྲོ་ལེགས་རྒྱལ།	ལྷ་ཐོན་ཡེ་གཤེན་བདུད་འདུལ།	
ལེགས་བཤད།	ཁྲི་སྲོ་ལེགས་རྒྱལ།	འཛིན་ཐོན་ཕོག་དེར།	ས་ལེ་བང་བང་།
དར་རྒྱས།	༤. འགུ་རུ་ལེགས།		
སྲིད་རྒྱུད།			
ལྡེའུ།	༣. གོང་བུ་ལེགས།		དབུ་བརྩེ།
ཉང་འབྱུང་།	༣. གོ་རུ་ལེགས།	ཨ་སོ་གཙུགས་སྲུད།	
གླིང་གྲགས།			
ཐོན་འབྱུང་།			
གླིང་འབྱུང་།	༣. གོ་རུ་ལེགས་རྒྱལ།	འཛིན་ཐོན་ཕོག་དོར།	སེ་ལེ་བང་བ།
ལེགས་བཤད།	༤. གུ་རུམ་ལེགས་རྒྱལ།	མཆོས་པ་གནམ་འདུལ།	རིན་ཆེན་བྲུར……མང་།
དར་རྒྱས།	༥. འཁྲོང་བཞེར་ལེགས།		
སྲིད་རྒྱུད།	༤. བཙད་པོ་འཁྲོང……འཛིན་ཡག	མཆེས་པ་རྣམ་རྒྱལ།	
ལྡེའུ།	༤. འཁྲོ་བཞི་ལེགས།		ཁྲི་རྩིག་འབུམ་སྐུག
ཉང་འབྱུང་།	༥. འབྲང་རྗེ་ལེགས།	ཞང་ཞུང་ཁྲི་ལྡེ།	
གླིང་གྲགས།	༤. འཁྲོང་བཞི་ལེགས།	དཔོན་གསས་གུ་རུམ་ཙན་དེ་མི་སེར་ལྷ……ཐོན་གཙོ་སྣན་རིངས།	
ཐོན་འབྱུང་།			
གླིང་འབྱུང་།	༤. འཁྲོང་རྗེ་ལེགས་རྒྱལ།	འཚོས་པ་རྣམ་འདུལ།	རིན་ཆེན་བྲུར……མངས།
ལེགས་བཤད།	༥. འབྲང་ཞི་ལེགས་རྒྱལ།	ཡེ་གཤེན་བདུད་འདུལ།	
དར་རྒྱས།	༦. སྲོ་ལེགས།		
སྲིད་རྒྱུད།	༦. ཡག་དྲུག་བཙན་པོ།	འཛི་ཐོན་ཁ་ཏོར།	
ལྡེའུ།	༦. ཨི་སྲོ་ལེགས།		མཐོང་རྩེ།
ཉང་འབྱུང་།	༤. དགེ་སྲོ་ལེགས།	དོན་རྟོགས་རྒྱལ་པོ།	

གླིང་གྲགས།	༡. གཉའ་ཁྲི་བཙན་པོ།	འཆི་མི་རྒྱལ་དང་གཙོ་ཕྱུག་དཀར།	
བོན་འབྱུང་།			
གླིང་འབྱུང་།	༤. ཨི་ཤོ་ལེགས་རྒྱལ།		
ལེགས་བཤད།	༤. ཨི་ཤོ་ལེགས་རྒྱལ།		
དར་རྒྱས།	༡. ཟ་ནམ་ཟིན་ལྡེ།	ཞང་ཞུང་གཡུང་དྲུང་རྒྱལ་པོ།	ལྷུན་གྲུབ་དབྱིངས་ཀྱི་གསས་ཁང་།
སྲིད་རྒྱུད།	༡. རྒྱལ་ཟི་ནམ་འཛིན།	མཆོ་བོན་འོད་དཀར།	
ལྡེའུ།	༡. རྒྱལ་ཟན་ནམ་ཟིན་ལྡེ།		
ཉང་འབྱུང་།	༡. རྒྱལ་ས་ནམ་ཟིན་ཏེ།	ཁྲུ་མང་བཞེར་གཉན།	
གླིང་གྲགས།	༡. ཟ་ནམ་ཟིན།	དབོན་གསས་ཁྱིམ་ཐང་རྨའོ་ལྷ་བོན་སྟོང་དྲུ་ཞིང་ཤ	
བོན་འབྱུང་།			
གླིང་འབྱུང་།	༡. འབི་ཤོ་འཆིང་རྒྱལ།		
ལེགས་བཤད།	༡. ཟིན་ནམ་ཟིན་ལྡེ།		
དར་རྒྱས།	༣. ལྡེ་ནམ་འཕྲུལ་གཞུང་བཙན།	ཞང་ཞུང་འཆི་མི་ཀུན་སྣང་།	
སྲིད་རྒྱུད།	༢. ལྡེ་གནམ་གཞུངས…… བཙད་པོ།	མཆོ་བོན་ཅུག་ཅུ།	
ལྡེའུ།	༢. ལྡེ་འཕྲུལ་པོ་ནམ…… གཞུང་བཙན།		
ཉང་འབྱུང་།	༢. གནམ་སྲུའོ་གཞུང…… བཙན་ལྡེ།	ཁྲུ་མང་བཞེར་གཉན།	
གླིང་གྲགས།	༢. གནམ་ཁྲི་གཞུང…… བཙན།	དབོན་གསས་ཁྱུམ་ལ་སྒུ་ཕྱུ་ལྷ་བོན་གཤེན་ཐང་མི་ཆུང་།	
བོན་འབྱུང་།			
གླིང་འབྱུང་།	ལྡེ་འཕྲུལ་བོན་རྒྱལ།		
ལེགས་བཤད།	ལྡེའུ་འཕྲུལ་གཞུང་བཙན།		

དར་རྒྱས།	༣. སེ་སྐོལ་གནམ་ལྷེ།	ཞང་ཞུང་དོན་རྟོགས་རྒྱལ་པོ།	
སྲིད་རྒྱུད།	ལྷེ་འོད་ནམ་བཙད་པོ།	མཆེ་བོན་པ་ནམ།	
ལྷེའུ།	༦. བསེ་ལྷེ་གནོལ་ནམ།		
ཉང་འབྱུང་།	༣. ལྷེ་སྤྲུལ་གནམ་གཞུང་བཙན།	དར་ཏ་ཝི།	
སྲིང་གྲགས།	༣. བསེ་བོན་ལ་གནམ་རིངས།	དཔོན་གསས་དྲག་པོ་ཀུན་འདུལ་ལྷ་བོན་ཆེས་པ་གནམ་འདུལ།	
བོན་འབྱུང་།			
སྲིང་འབྱུང་།	༢. ལྷེ་རྟོལ་རྟོལ་ནམ།		
ལེགས་བཤད།	༧. སེ་སྐོལ་གནམ་ལྷེ།		
དར་རྒྱས།	༨ སེ་རྟོལ་ལྷེ།	ཞང་ཞུང་ཨ་སོ་གཙུག་ཕུད།	
སྲིད་རྒྱུད།	༨ ལྷེ་འོ་རྣལ་བཙད་པོ།	མཆེ་བོན་ཡག་རྒྱལ།	
ལྷེའུ།	བསེ་ལྷེ་གནོལ་པོ།		
ཉང་འབྱུང་།	༥. ལྷེ་སོ་ཕ་ནམ།	འཆེ་མི་བོན་པོ་འདུ་འཕྲོད།	
སྲིང་གྲགས།			
བོན་འབྱུང་།			
སྲིང་འབྱུང་།	༥. ལྷེ་གསེར་གནོན་རྒྱལ།		
ལེགས་བཤད།	༨ སེ་སྐོལ་པོ་ལྷེ།		
དར་རྒྱས།	༥. ལྷེ་སྐོལ་ནམ།	ཞང་ཞུང་ཨ་ལ་དན་ཙི།	
སྲིད་རྒྱུད།			
ལྷེའུ།	༨ ལྷེ་གནོལ་ནམ		
ཉང་འབྱུང་།	༨ ལྷེ་སྐོལ་ནམ།	ཀ་ར་བདུན་ཚེ།	
སྲིང་གྲགས།			
བོན་འབྱུང་།			
སྲིང་འབྱུང་།	༨ ལྷེ་འོད་རྟོལ་ནམ།		
ལེགས་བཤད།	༥. ལྷེའུ་ནམ་འོད།		
དར་རྒྱས།	༦. ལྷེ་རྟོལ་པོ།	ཞང་ཞུང་ད་ར་མ་ཏ་ཏི།	

སྲིད་རྒྱུད།			
ལྡེའུ།	༣. ལྡེ་གཙོལ་པོ།		
ཉང་འབྱུང་།	༢. ལྡེ་རྒྱལ་ནམ།	འཚེ་མི་བོན་པོ་འདུ་འཕྲོད།	
གླིང་གྲགས།			
བོན་འབྱུང་།			
གླིང་འབྱུང་།	༤. ལྡེ་གསེར་ནམ་རྒྱལ་པོ།		
ལེགས་བཤད།	༤. ལྡེའུ་སྤྲོལ་པོ།		
དར་རྒྱས།	༢. ལྡེ་རྒྱལ་པོ།	ཞང་ཞུང་ང་ས་ཏ་ཏེ།	
སྲིད་རྒྱུད།	༥. རྒྱལ་སྲིད་བཙད་པོ།	མཆེ་བོན་གསས་ཆེན།	
ལྡེའུ།	༢. ལྡེ་རྒྱལ་པོ།		
ཉང་འབྱུང་།	༥. ལྡེ་རྒྱལ་པོ།	ཀུན་འདུས་རིགས་པ།	
གླིང་གྲགས།			
བོན་འབྱུང་།			
གླིང་འབྱུང་།			
ལེགས་བཤད།	༢. ལྡེའུ་རྒྱལ་པོ།		
དར་རྒྱས།	༨. ལྡེ་སྲིད་བཙན།	ཞང་ཞུང་མུ་ལ་མ་ཏོ།	
སྲིད་རྒྱུད།			
ལྡེའུ།	༡. རྒྱལ་པོ་སྤྲིན་བཙན།		
ཉང་འབྱུང་།	༨. ལྡེ་སྲིད་བཙན།	སྟའི་བོན་པོ་ཐོག་འབྲག	
གླིང་གྲགས།	རྒྱལ་པོ་སྲིད་བཙན།	དབོན་གསས་སྟག་སྒྲ་དགེ་བཤེས་དང་ལྷ་ བོན་ཡི་ཟ་ཁོད་གྲགས།	
བོན་འབྱུང་།			
གླིང་འབྱུང་།	༡. དར་རྒྱས་སྲིན་བཙན།	འཚོ་བོན་དགུ་རྒྱུད།	
ལེགས་བཤད།	༨. ལྡེའུ་སྤྲིན་བཙན།		
དར་རྒྱས།	༡. རྒྱལ་ཏོ་རེ་ལོ་བཙན།	ཞང་ཞུང་ཏ་ར་ལ་ཏ་ཏེ།	
སྲིད་རྒྱུད།	༡. ཐོ་ལྡེ་ལོ་རོག་བཙད་ པོ།	མཆེ་བོན་འཕྲུལ་གསས།	

ཉེཁུ།	༢. རྒྱལ་སྐྱ་རེ་ཡོ་བཙན།		
ཉང་འབྱུང་།	༧. རྒྱལ་ཐོད་རེ་ཡོང་…… བཙན།	འབུམ་ཁྲི་དར་བ།	
གླིང་གྲགས།	༧. རྒྱ་ཞེར་ཡོད་བཙན།		དཔོན་གསས་སྟོང་… སྨྲ་ཀུན་འདུལ་དང་ ལྷ་བོན་གཙོའུ་འོད་ ཀར།
ཕོན་འབྱུང་།			
གླིང་འབྱུང་།	༢. རྒྱལ་བཙན།		
ལེགས་བཤད།	༧. ཧོ་རོ་ཡོ་བཙན།	མཆོ་བོན་དགུ་བརྒྱུད།	
དར་རྒྱས།	༢. ཁྲི་བཙན་ནམ།	ཞང་ཞུང་སྨུ་ལ་ཧ་རྒྱལ།	
སྲིད་རྒྱུད།	༢. ཁྲི་བཙན་ནམ།	མཆོ་བོན་གཡག་ཞུ།	
ཉེཁུ།	༣. ཁྲི་བཙན་ནམ།		
ཉང་འབྱུང་།	༢. ཁྲི་བཙན་ནམ།	དཀར་ཏུན་རྩེ།	
གླིང་གྲགས།			
ཕོན་འབྱུང་།			
གླིང་འབྱུང་།	༣. ཁྲི་བཙན།		
ལེགས་བཤད།	༢. ཁྲི་བཙན་ནམ།	མཆོ་བོན་དགུ་བརྒྱུད།	
དར་རྒྱས།	༣. ཁྲི་སྲ་དཔུང་བཙན།	ཞང་ཞུང་སྨུ་ལ་ཧ་རྒྱལ།	
སྲིད་རྒྱུད།	༣. ཁྲི་ཀ་གཡུ་བཙན།	མཆོ་བོན་བྲུ་སྣག་ཅན།	
ཉེཁུ།	༤. ཁྲི་སྲ་སྣུངས་བཙན།		
ཉང་འབྱུང་།	༣. ཁྲི་སྲ་དཔུང་བཙན།	དཀར་ཏུན་རྩེ།	
གླིང་གྲགས།			
ཕོན་འབྱུང་།			
གླིང་འབྱུང་།	༤. དམུ་བཙན།		
ལེགས་བཤད།	༣. ཁྲི་སྲ་དཔུང་བཙན།	མཆོ་བོན་དགུ་བརྒྱུད།	

དར་རྒྱས།	༥. གནམ་རི་སྲོང་བཙན།	གཙོའི་བོན་པོ་ཁྲི་ཐུང་གྲགས་པ།	
སྲིད་རྒྱུད།			
ལྡེའུ།	གནམ་རི་སྲོང་བཙན།		
ཉང་འབྱུང་།	༥. གནམ་རི་སྲོང་བཙན།	ཤེས་རབ་ལྡེམས་པ།	
གླིང་གྲགས།			
བོན་འབྱུང་།	༥. གནམ་ཏུ་གོང་བཙན།	ཟ་ལྷ་དབང་ཕྱུག	
གླིང་འབྱུང་།	༥. གནམ་ར་སྟོང་བཙན།	ཟ་ལྷ་དབང་ཕྱུག	
ལེགས་བཤད།	༨ གནམ་རི་སྟོང་བཙན།	ཟ་ལྷ་དབང་ཕྱུག	
དར་རྒྱས།	༨ སྟག་རེ་སྙན་གཟིགས།	ར་སངས་ཁྲི་ནེ་ཁོད།	
སྲིད་རྒྱན།	༨ སྟ་གཟི་བཙད་པོ།	སྟོང་བཟངས་ལྷ་ཕྱུག་དང་འོར་བོན········ འཕན་གྲག	
ལྡེའུ།	༢. སྟག་གུ་གཉན་གཟིགས།		
ཉང་འབྱུང་།	༣. སྟག་རི་གཉན་གཟིགས།	ར་སངས་ཁྲི་ནེ་ཁྲིད།	
གླིང་གྲགས།			
བོན་འབྱུང་།	༣. སྟག་གུ་གཉན་གཟིགས།	སངས་ཁྲི་ནེ་ཁོད།	
གླིང་འབྱུང་།	༣. སྟག་གུང་གཉན་གཟིཏ།	ར་སངས་ཁྲི་ན་ཁོད།	
ལེགས་བཤད།	༣. སྟག་གོང་སྙན་གཟིགས།	ར་སང་ཁྲི་ནེ་ཁོད།	
དར་རྒྱས།	༣. འགྲོང་སྙན་ལྡེ་རུ།	ཁྱུའི་བོན་པོ་མང་རྗེ་ལོད་པོ།	
སྲིད་རྒྱུད།	༣. འབྲོང་གཉེན་ལྡེམ་རུ།	སྒོ་ཅེ་དམར་ཡག	
ལྡེའུ།	༧. འབྲོ་སྙན་ལྡེ་རུ།		
ཉང་འབྱུང་།	༨ འབྲོང་གཉན་ལྡེའུ།	ཁྱུའི་བོན་པོ་མང་རྗེ་ལྷ་འོད།	
གླིང་གྲགས།			
བོན་འབྱུང་།	༨ འབྲོང་གཉན་ལྡེའུ།	བོན་མོང་མང་ཏུང་།	
གླིང་འབྱུང་།	༨ འབྲོང་གཉན་ལྡེ་རུ།	བོན་མོ་མང་རྒྱུད།	
ལེགས་བཤད།			
དར་རྒྱས།		ཁྱུའི་བོན་པོ་མང་སྨྲ་ལེགས་པ།	
སྲིད་རྒྱུད།	༢. ཁྲི་སྙ་ཟུངས་བཙན་པོ།		

ཉི་ཟླ།	ཁྲི་གཉའ་གཟུང་བཙན།	ཞང་ཞུང་བོན་པོ་མི་ཆེ་ལང་ཏུང་།	
ཉང་འབྱུང་།			
ཕྱིང་གྲགས།			
བོན་འབྱུང་།	༢. སྤུ་གཉན་གུང་བཙན།	ཞང་ཞུང་ཚོ།	
ཕྱིང་འབྱུང་།	སྤུ་གཉན་གཟུང་བཙན།	ཞང་ཞུང་ཚ་ལ་ཏུང་།	
ལེགས་བཤད།	༢. སྤུ་གཉན་གཟུང་བཙན།	ཞང་ཞུང་ཚ་ལ་ཏུང་།	
དར་རྒྱས།	༡. ཐོ་ཐོ་རིའི་སྙན་བཙན།	གཙོ་བོན་གཡང་སྐྱེས། མཆེ་བོན་འདུལ་སྤྱོང་། འབྲི་བོན་ཤོད་ཁྲི།	
སྲིད་རྒྱུད།	༡. ལྷ་ཐོ་ཏོ་སྙན་གཤལ།	རྒྱུའི་བོན་པོ་སྐྱེ་ངེ་མཚར།	
ཉི་ཟླ།	༤. ལྷ་ཐོ་ཐོ་རི་སྙན་ཤལ།		
ཉང་འབྱུང་།	༡. ལྷ་ཐོ་ཐོ་རི་སྙན་ཤལ།	ཙ་བོན་གསང་སྐྱེས།	
ཕྱིང་གྲགས།			
བོན་འབྱུང་།	༡. ཐོ་ཐོ་རི་གཉན་བཙན།	གཙོ་བོན་དང་འདུ་འཕྲོད།	
ཕྱིང་འབྱུང་།	༡. ཐོ་རེ་ལོང་བཙན།	གཙོ་བོན་གཡང་སྐྱེས	
ལེགས་བཤད།	༡. ཐོ་རི་ལུང་བཙན།	གཙོའུ་གཡང་སྐྱེས་མཆེ་མི་འདུ་འགྲོ།	
དར་རྒྱས།	༨. ཁྲི་ཐོབ་རྗེ་ཐོག་བཙན།	ཞང་ཞུང་སུ་ལ་ཏ་རྒྱལ།	
སྲིད་རྒྱུད།	༨. ཁྲི་ཐོག་རྗེ་ཐོག་བཙན།	མཆེ་གཤེན་ལྡེ་གྲགས།	
ཉི་ཟླ།	ཁྲི་ཐོག་རྗེ་ཐོག་བཙན།		
ཉང་འབྱུང་།	༥. ཁྲི་ཐོག་རྗེ་ཐོག་བཙན།	དཀར་དུན་རྩེ།	
ཕྱིང་གྲགས།	༨. ཁྲི་ཐོག་རྗེ་ཐོག་བཙན།	དབོན་གསས་ལྡོང་ཚ་འཕན་སྣང་ལྷ་བོན་ཐ་ཚ་ཁོག་འཕར།	
བོན་འབྱུང་།			
ཕྱིང་འབྱུང་།	༥. རྗེ་བཙན།		
ལེགས་བཤད།	༨. ཁྲི་ཐོག་རྗེ་བཙན།	མཚོ་བོན་དགུ་བརྒྱུད།	

ས་བཅད་གསུམ་པ། ཡ་ཟྗོག་བོད་ཀྱི་རྒྱལ་རབས་བྱུང་རྩལ།

ཡ་ཟྗོག་བོད་ཀྱི་གནའ་བོའི་དུས་རིམ་བར་མའི་ནང་བོད་ཀྱི་རྒྱལ་རབས་ཀྱི་དབུ་ཇི་ལྟར་ཚུགས……ཡོད་པའི་སྐོར་འདི་ནི་གནའ་བོའི་བོད་ཀྱི་བོན་པོ་རྣམས་ལ་ཇི་ལྟར་གྲགས་པ་དེ་ཁོ་ན་ལ་གཞིར་བཟུང་ནས་ལོ་རྒྱུས་ཀྱི་གོ་རྟོགས་རྙེད་དགོས་པ་ཞིག་ཡིན། གང་ལ་ཟེར་ན། བོད་ཀྱི་གནའ་བོའི་དུས་རིམ་བར་མའི་ནང་དེར་ད་དུང་བོད་དུ་སངས་རྒྱས་ཀྱི་བསྟན་པ་བྱུང་མེད་ལ། སངས་རྒྱས་པའི་ལོ་རྒྱུས་མཁན་པོ་རྣམས་ཀྱི་གཟིགས་ཚུལ་དེའི་དབང་ཚུགས་མེད་པ་ཡིན་སྟབས། གནས་དུས་དེ་དང་འབྲེལ་བའི་ལོ་རྒྱུས་ཁུངས་དག་པ་ནི་བོན་དུ་གྲགས་པ་དེ་ཙམ་ལས་གཞན་དུ་རྙེད་པར་དཀའ་བ་ཡིན།

བོད་ཀྱི་ཟྗོག་མའི་རྒྱལ་པོའི་ཁུངས་ཏེ་གནའ་ལུགས་ལ་ཡོངས་སུ་གྲགས་པ་ནི་བློན་པོ་བཀའི་ཐང་ཡིག་[ཅེ་435ཕ་8]ལས་བསྒྲགས་པ་ལྷ་ལས་འཆད་པས་(པར་)བོན་ལུགས་གླེང་། །ཡང་གསང་ཐེའུ་བྲང་འཆད་པས་(པར་)དམངས་བློན་གླེང་། །ཞེས་གསལ་བ་ལྟར་ཡོངས་གྲགས་སུ་ལྟ་སྟངས་གཙོ་བོ་མི་འདྲ་བ་གཉིས་སུ་བསྟན་པའམ། ལྡེའུ་ཆོས་འབྱུང་ཆེན་མོ་[བོད་99ཕ་10]ལས་གསང་བ་ཆོས་ལུགས་སུ་རྒྱལ་པོ་ལས་ཆད་པ། བསྒྲགས་པ་བོན་ལུགས་སུ་ལྷ་ལས་ཆད་པ། ཡང་གསང་འཆད་ལུགས་སུ་ཐེ་བྲང་ལས་ཆད་པ་དང་དེ་ལྟར་གསུམ་དུ་ཤེས་པར་བྱ་ཞེས་གསལ་བ་ལྟར་རྒྱལ་པོའི་འཆད་ཁུངས་མི་འདྲ་བ་གསུམ་དུ་བཤད་སྲོལ……བྱུང་ཡོད། བསྒྲགས་པ་ལྷ་ལས་མཆེད་པར་བཤད་པའི་ཚུལ་དེ་ནི་ལྡེའུ་རྒྱ་བོད་ཀྱི་ཆོས་འབྱུང་[བོད་227ཕ་15]ལས་དང་པོ་བསྐལ་པ་བཟང་བསྐལ་[17]སྲིད་པས་མ་སྲིད་ཙམ་[18]ན། ཕྱྭ་ཡེ་མཁྱེན་ཆེན་པོ་བྱ་བ་གཅིག་སྲིད་པ་ཕྱྭ་ཡིས་བསྐོས་ཏེ་བྱུང་། དེ་ལས་ཁོ་མ་འཕྲོ་རྗེའི་ལེགས་པའི་རྟོར་དྲུག་ཅེས་པ་གཅིག་སྲིད། དེའི་ཞལ་གྱི་ངར་པ་སྤྱན་གྱི་སྨྲིས་མ་[19]དབུ་སྐྲ་ཕྱར་ཕྱོར་ཙམ་གཅིག་གནས་པ་སྐྱེ། གནམ་ས་ཆ་མ་ཕྱེད་ཀྱི་བར་དུ་ཕྱུས་བཏབ་པས། གནམ་ས་ཆ་ཕྱེད་དེ། གནམ་རིམ་པ་བཅུ་གསུམ་[20]ནི་ཁང་རིམ་ཁང་དུ་ཡས་ཕུབ། ས་རིམ་པ་བཅུ་གསུམ་[21]ནི་གདན་རིམ་གདན་དུ་མས་གཏིང་། གནམ་ས་གཙུ་ཁ་སྦྱོར་དེའི་ནང་དུ་འོད་དཀར་ནག་གཉིས་སུ་སྲིད། དཀར་པོ་ཡོད་ཀྱི་ཁ་འཛིན། ནག་པོ་མེད་ཀྱི་ཁ་འཛིན། ཡོད་མེད་གཉིས་ཀྱི་འཕྲོ་འདུ་ལས་ གསེར་གྱི་མེ་ཏོག་སེར་པོ་དང་གཡུའི་མེ་ཏོག་སྔོན་པོར་སྲིད། གསེར་གྱི་མེ་ཏོག་སེར་པོས་ཡབ་ཀྱི་རྒྱུ་བྱས། གཡུའི་པདྨ་སྔོན་པོས་ཡུམ་གྱི་རྒྱུ་བྱས་ནས་ཡབ་ཡུམ་གཉིས་ཀྱི་འཕྲོ་འདུ་ལས། སྲིད་པའི་ལྷ་རྗེ་ཁ་དང་སྒྱུལ་མེད་བྱ་བ་སྲིད། དེ་དང་ཡུམ་དབྱིངས་ཀྱི་སྒྱུལ་མེད་སྲིད་པའི་སྲས་མེས་རྣམ་པ་

ཀར་གསུམ་དུ་སྲིད། དེ་དང་ཕྱྭ་ཟ་ཡེ་ཐན་མ་ཏུ་སྲིད་པའི་སྲས་སྐར་མ་ཡོལ་ལྡེ། དེ་དང་གཡུ་རི་ཕྱུག་མོ་སྲིད་པའི་སྲས་ལྷ་རབས་མཆེད་བཞི་སྲིད། དཀར་ནམ་རྒྱལ་བ་ལྡིང་རྒྱུ་དཀར་པོ། ལྷ་ཁྲི་ཤེལ་དཀར། ཐ་ཆུང་རྩེར་རྩེར་དང་བཞི་སྲིད། ཅེས་པ་དང་ཡང་[1228ཤ་13]དུ་ཁྲི་ཤེལ་དཀར་པོ་ལས་རྗེའི་མགུལ་ལྷ་མཆེད་གསུམ་སྲིད། ཕྱི་ལྷ་ཐོག་དཀར། བར་ལྷ་འོད་འབར། ནང་ལྷ་གྲུལ་རྒྱལ་གསུམ་དུ་སྲིད། དེ་གསུམ་གྱི་ལྫུགས་ཀྱི་མཆིལ་མ་གནམ་དུ་གཏོར་བ་ལས། སྤྲིན་དཀར་ཕྲེང་ཆུང་ཙམ་ཞིག་ཆགས། དེའི་དཀྱིལ་ན་དུང་གི་མི་ཕོ་དཀར་པོ་ལ། གཡུའི་རྔ་ཆག་གང་སྐྱེས་པ་གཅིག་ཏུ་སྲིད། དེ་ལ་མིང་བཏགས་པ་གནམ་ཐེན་ཆེ། དེའི་སྲས་གྲུང་ཐེན་ཆེ། དེའི་སྲས་སྤྲིན་ཐེན་ཆེ། དེའི་སྲས་ཟིལ་ཐེན་ཆེ། དེའི་སྲས་ཆར་ཐེན་ཆེ། དེའི་སྲས་མོང་ཐེན་ཆེ། དེའི་སྲས་གནམ་ལ་རོང་རོང་། དེ་དང་དབྱལ་ཆ་མ་ཉིད་དུ་བསྒོས་པའི་སྲས་ཡབ་སྟག་ཆ་ཡལ་ཡོལ་ཞེས་བྱ། ཞེས་པ་དང་ཡང་[པོད་229ཤ་9]ལས་དེ་དང་ཡུམ་ཚོ་ཟ་ཁྲུད་ཁྲུད་བསྒོས་པའི་སྲས། སྲིད་པའི་ལྷ་རབས་མཆེད་བཞི་འཁྲུངས་ཏེ། ཡབ་ལྷ་བདལ་དྲུག ཕྱྭ་ལྷ་བྲམ་ཆེན། རྒྱ་ལ་འབྲོང་ནམ། འོ་དེ་གུང་རྒྱལ་ཞེས་སྟག་ཆ་ཡལ་ཡོལ་ལ་སྲས་མཆེད་བཞི་བྱུང་ཡོད་པར་གསལ་བ་དང་ཡང་[པོད་230ཤ་18]ལས་གཅེན་ཡབ་ལྷ་བདལ་དྲུག་དེ་གནམ་རིམ་པ་བཅུ་གསུམ་གྱི་སྟེང་ན་ལྷ་ཐམས་ཅད་ཀྱི་རྗེ་མཛད། མཐོ་ལ་ཡོགས་ཀྱི་མངའ་བདག སྐྱ་ཕྱིངས་ཀྱི་རྒྱན་རྒྱན། ཟ་མ་ཕུད་ཀྱི་མངའ་བདག་གོ། དེ་དང་ཡུམ་རྨུ་བཙུན་གྱི་སྨན་དུ་བསྒོས་པའི་སྲས། ལྕམ་སྲིང་བརྒྱད་ལ་ཡར་གྱི་གཅེན་གསུམ། རོང་རོང་རྩེལ་པོ། ཁྲི་ཏ་སྟག་གཟིགས། ཐན་ཚོ་ཟོ་འབྲང་ངོ་། །མར་གྱི་གཅུང་གསུམ་ལ་ལྡེ་རྗེ་གུང་ཙན། ལྡེ་རྗེ་ཐོག་ཙན། ལྡེ་རྗེ་ཟིན་གདགས་སོ། །ཁྲི་བར་གྱི་བདུན་ཚིགས་དང་བདུན་ནོ། །སྲིང་མོ་ཐང་ལྷ་མོ་དང་བརྒྱད་དོ། །ཞེས་ཡབ་ལྷ་བདལ་དྲུག་ལ་སྲས་ཕོ་བདུན་དང་སྲས་མོ་གཅིག་དང་བརྒྱད་བྱུང་བ་གསལ་བར་བསྟན་པ་དང་ཡང་[པོད་232ཤ་6]ལས་བར་གྱི་བདུན་ཚིགས་དེ་རྨུ་ཡུལ་དུ་སྤྱུགས་ཏེ། སྲས་ནི་གཉའ་ཁྲི་གར་གྱི་བདུན་ཚིགས་ཏེ། ཡར་ཡབ་དང་གཅེན་ལ་གནོད། མར་ཡུམ་དང་གཅུང་ལ་གནོད་ནས་ཞང་ཞུང་ཡུལ་དུ་སོང་ཞིག་བཀའ་བསྒོ་སྟེ་འགྲོར་མ་ཉན་པ་ལ་དགོར་གྱི་རྣམ་པ་མང་པོ་དང་། སྐུ་སྲུང་གླུའུ་རིན་ཆེན་མཆེད་བདུན་〔22〕དང་སྐུ་ལྷ་ལྷ་ག་ཡ་དང་། ཨུ་ཡ་དང་། ལྡེ་གླང་ཏུ་ཀར་དང་དུང་འཕར་པོ་འཕར་ཆུང་དང་བཅས་ཕྱིན་ནས་གནམ་རིམ་པ་བཅུ་གསུམ་གྱི་སྟེང་དུ་ཞང་པོ་རྨུ་རྗེ་བཙན་པོའི་ཡུལ་ངམ་འབྲང་ལྡུང········འབྲང་དུ་གཤེགས་ཏེ་བཞུགས་སོ། །ཞང་རྨུ་ཡུལ་གྱི་ཐང་ཐང་གི་སྲས་མོ་མཆེད་གསུམ་ལ། ཕུ་མོ་དྲི་རྨུ་དྲི་བཙན་མོ་དང་ཁྲི་གར་གྱི་བདུན་ཚིགས་བསྒོས་པའི་སྲས་དེས་ཡུམ་གྱི་ལྡུམས་ནས་གསོལ་བ། ཀྱེ་ཡུམ་གཅིག ཡར་གཤེགས་ན་ནི་ཡུམ་གྲོངས་འགྲོ། མར་གཤེགས་ན་ནི་སྲས་མཚོལ་བས་སྐལ་པའི་མཁར་གཅིག་དབྱེ་

བར་གསོལ་བྱས་ནས། སོག་ཕྲག་གཡས་པ་ནས་བྱོན་ནས་མའི་གཉའ་བ་ནས་བྱོན་པ་(པས་) མཚན་ཡང་གཉའ་ཁྲི་བཙན་པོར་བཏགས་སོ། །ཞེས་ཡབ་ལྷ་བརྡལ་དྲུག་གི་སྲས་ཁྲི་གར་གྱི་བདུན་ཚིགས་ཀྱི་སྲས་མའི་གཉའ་བ་ནས་བྱོན་པས་གཉའ་ཁྲི་སྟེ། "གཉའ་བ་ནས་བྱོན་པའི་ལྷ" ཞེས་མཚན་དེ་སྐད་དུ་གྲགས་པར་གསལ་བ་དང་ཡང་[བོད་233 ཤ་10] ལས་དུས་སྐབས་དེ་ཙམ་ན་བོད་ཁམས་ཕ་དགུ་〔23〕ལ་རྒྱལ་ཕྲན……བཅུ་གཉིས་ཀྱི་སྲིད་མ་ཐེག་སྟེ། འདུན་མ་བསྡུས་ནས་མཆིད་བསྒྲོས་པས། འོ་སྐོལ་ལ་རྗེ་བདེན་པ་མཐུ་དང་རྫུ་འཕྲུལ་ཅན་གཅིག་བཙལ་དགོས་ན་ག་ན་ཡོད་ཅེས་བསྒྲོས་པས། བར་སྣང་ན་ལྷའི་(ལྷས་) སྒྲ་བསྒྲགས་པ། བཀའི་བོད་འབངས་མགོ་ནག་གི་རྗེ་འདོད་ན་རྒྱ་ཡུལ་ངམ་འབྲང་ལྷང་འབྲང་བྱ་བ་ན་གནམ་རིམ་པ་བདུན་གྱི་སྟེང་། གསེར་མཁར་གཡུ་བད་ཅན་གྱི་ནང་ན་ལྷའི་གདུང་རྒྱུའི་ཚ་ལྷ་རྗེ་གཉའ་ཁྲི་བཙན་པོ་བྱ་བ་བཞུགས་ཀྱི་མགོ་ནག་གི་རྗེར་སྤྱན་དྲོངས་ཤིག་བྱ་བའི་སྒྲ་བྱུང་ངོ་། །ཞེས་པ་དང་ཡང་[བོད་235 ཤ་8] ལས་དེ་ནས་ཕ་བ་ཐག་རིང་རྩེ་དགུ་ལ་དགུ། འཆི་མེས་འཆི་བཙུགས། དུང་འཕར་པོ་འཕར་ཆུང་གིས་(གི་) སྒྲ་བསྒྲགས། རྒྱ་འབྲང་ཟངས་ཡག་〔24〕ལ་ཕྱུག་འདྲུས། རྒྱ་སྐས་རིམ་དགུ་ལ་ཞབས་བརྟེན་ནས་ནམ་མཁའ་(མཁར་) འཕྲུལ་ཙམ་དུ་གཤེགས་པ་དང་གཅིག དེ་ནས་གནམ་གྱི་མཐོངས་ཕྱེ། སྤྲིན་གྱི་སྒོ་བསལ་ནས་ས་ངོག་ལ་གཟིགས་པས། རི་གཟིགས་ཀྱི་ནང་ནས་ལྷ་རི་གྱང་དོ་ལས་མཐོ་ཞིང་བཙན་པ་མ་མཆིས། ཐང་གཟིགས་ཀྱི་ནང་ནས་ཀོང་ཤུལ་སེ་མོ་གྲུ་བཞི་ལས་རྒྱ་ཆེ་ཞིང་བཤམས་ལེགས་པ་མ་གཟིགས། ཡུལ་གཟིགས་ཀྱི་ནང་ནས་ཡར་མོ་རྣམ་བཞི་ལས་བཟང་ཞིང་གཤིན་པ་མ་མཆིས། འབྲོག་གཟིགས་ཀྱི་ནང་ནས་ཡམ་འབྲོག་རྣམ་གསུམ་ལས་བཟང་བ་མ་གཟིགས། ཆབ་གཟིགས་ཀྱི་ནང་ནས་གཙང་ཆབ་སྔོན་མོ་དང་ཤམ་ཆུ་ལས་གཙང་བ་མ་མཆིས་པར་གཟིགས་ནས། གཡུ་ཡུལ་གཡམ་ཁང་དུ་གཤེགས་སོ། །དེ་ནས་གཡུ་ཡུལ་དྲང་པར་གཤེགས། དེ་ནས་གཡུ་ཡུལ་བར་དོར་གཤེགས། དེ་ནས་ཤར་ཕྱོགས་ལ་དོར་གཤེགས། ཞེས་པ་དང་ཡང་[བོད་236 ཤ་3] ལས་དེ་ནས་གྱང་ཐོག་ཐོག་ཡངས་སུ་གཤེགས། དེ་ནས་བླ་འབྲུམ་གྱང་མདོར་གཤེགས། དེ་ནས་ནགས་མ་བྱ་ཚང་ཅན་དུ་གཤེགས། དེ་ནས་ཤིང་མུ་ལེ་གྲུམ་ཤིང་གི་རྩར་གཤེགས། ཞེས་པ་དང་ཡང་[བོད་236 ཤ་17] ལས་ལྷ་འོད་གྲགས་ཀྱི་བུ་གུང་གཟིགས་བྱ་བས་རྗེ་གཉའ་ཁྲི་བཙན་པོའི་ལྷ……བོན་བྱས། མ་མོ་དྲྭ་ཞལ་སྐྱིད་ལྡིང་གི་(གིས) མར་མི་བཏེགས་ཏེ། སྤྱན་མངར་(སྔར་) འོད་ལྡེམས། ཕ་བ་གྲོ་ཟ་སྐྱིད་རྒྱལ་གྱིས་ཏུ་ཚོད་སྟར་རན་〔25〕ཕུལ། ལྷ་གོས་བསིལ་ལེ་མ་སྤྱངས་ནས་མི་གོས་དར་ཟབ་གསོལ། ལྷ་གསང་གར་བུ་སྤྱངས་ནས་མི་གསང་སྣར་མོ་〔26〕གསོལ། ལྷ་སྐྱེམས་བྱང་ཁུ་སྤྱངས་ནས་མི་སྐྱེམས་སྔོན་མོ་དང་། དིང་〔27〕འབྲས་ཆང་སྔོན་མོ་གསོལ་ནས་མི་ཡུལ་གྱི་འཐིང་〔28〕དུ་གཤེགས། དེ་ནས་མཚོ་དང་

སྐའི་འགྲམ་དུ་གཤེགས། དེ་ནས་བྲག་གི་བྲག་དམར་པོར་གཤེགས། དེ་ནས་ཧླ་མ་དྭངས་མ་འཁྲིང་བཙུར་གཤེགས། དེ་ནས་དོགས་མོ་དོག་མོ་དོག་ཞེན་དུ་གཤེགས། དེ་ནས་ཉག་ཉི་རྒྱབ་དམར་དུ་གཤེགས། དེ་ནས་དྭགས་ཡིན་མཁར་དུ་གཤེགས། དེ་ནས་ང་ལ་གཡའ་མ་གོང་དུ་གཤེགས། དེ་ནས་དྭགས་ཡུལ་ཤིང་ནག་ཏུ་གཤེགས། དེ་ནས་བྲ་ལ་སྒོ་དྲུག་ཏུ་གཤེགས། ཞེས་པ་དང་ཡང་[པོད་237 ཤ་16] ལས་བྲ་ལ་སྒོ་དྲུག་ནས་ཤར་ལ་འཁྲིང་དུ་གཤེགས། དེ་ནས་དྲེ་ང་བྲམ་སྣར་གཤེགས། དེ་ནས་ལྷ་ལུང་སྤག་པར་གཤེགས། དེ་ནས་ཀླུ་མོ་སྦྲང་པར་གཤེགས། དེ་ནས་ཡར་ཁྲིམ་སོག་ཀར་གཤེགས། དེ་ནས་ཁྲིམ་བུ་གོར་གོར་དུ་གཤེགས། དེ་ནས་རྩང་ཐུད་གསུམ་དུ་གཤེགས། དེ་ནས་(ཙན) དང་སྒོ་བཞིར་གཤེགས། དེ་ནས་འཕར་པོ་ཟོ་བྲང་དུ་གཤེགས་སོ། །དེ་ནས་སྐུ་མཁར་ཡུམ་བུ་བླ་སྒང་བརྩིགས་ཏེ། སྲིད་པའི་ལྷ་གནམ་ཐེན་ཆེན་པོ་ཞེས་བྱ་བར་སྲིད། དེ་ལས་ཐེན་དགུ་མཆེད་བཞི་བདུན་ཚོགས་གཅིག་བྱ་བར་སྲིད་པར་འདོད་དེ། གནམ་ཐེན་རྗེའི་སྲས་གུང་ཐེན་རྗེ། སྤྲིན་ཐེན་རྗེ། ཆར་ཐེན་རྗེ། བལ་ཐེན་རྗེ། མདའ་ཐེན་རྗེ། སོང་ཐེན་རྗེ་དང་དགུ་རུ་སྲིད། དེའི་སྲས་མཆེད་བཞི་ཟེར་བའི་ལྷ་རབས་མཆེད་བཞིར་སྲིད་དེ། དེ་ཡང་ཡབ་ལྷ་བཟའ་དྲུག་ཕྱུ་ལྷ་བྲམ་ཆེན། འོད་དེ་གུང་རྒྱལ། རྒྱ་འཕྲོམ་ནམ་ཞེས་བྱའོ། །རྗེ་ཡབ་ལྷ་བཟའ་དྲུག་གི་སྲས་ལྷ་རབས་མཆེད་བདུན་དུ་སྲིད་དེ། ཡར་གྱི་ལྕེན་(གཅེན) གསུམ་ལ་ལྷ་རོང་རོང་ཙོལ་པོ། ཁྲི་བ་གཉིས་གཟིག ཐན་ཚོ་ཟོ་འབྲང་། མར་གྱི་གཅུང་གསུམ་ལ་ལྕེའུ་རྗེ་གུང་བཙན། ལྕེ་རྗེ་ཡང་བཙན། ལྕེའུ་རྗེ་ཟིན་བཙན་གསུམ། བདུན་ཚོགས་གཅིག་ནི་ཁྲི་རྒྱལ་པོ་བདུན་གྱི་བདུན་ཚོགས་སུ་གྱུར་པས། སྣ་ཟ་ནས་གནམ་རིམ་པ་བཅུ་གསུམ་གྱི་སྟེང་ནས་གནམ་རིམ་པ་ལྔའི་སྟེང་དུ་ཞང་པོ་རྨུའི་ཡུལ་དུ་བཙུགས(སྤྱུགས) པ་ལས། ཕོ་འཁྲོར་མ་འདོད་ནས་ཡུམ་གྱིས་སྐར་ཁང་དུ་བསྐུར་〔29〕 ནས་སྤྱུགས་པས་ཁྲི་རྒྱལ་བ་དང་། འདྲེ་རྨུ་ཁྲི་བཙན་མོ་བཤོས་པའི་སྲས་སུམ་པ་ཤང་གི་རྒྱལ་པོ་བཏུལ་ཏེ་རྫུ་འཕྲུལ་དང་ལྡན་ནོ། །དེ་ནས་ཁད་ཀྱིས་〔30〕 རྒྱལ་ཐུབ་བཅུ་གཉིས་ཀྱི་སྙེམ་(གཉེན) པོ་མཛད་ནས། འགྲེང་མགོ་ནག་གི་རྗེ་དང་། དུད་ཛོག་ཆགས་ཀྱི་རྐྱེན་དང་བདག་པོ་མཛད་དོ། །དེ་ལྟར་གཤེགས་རབས་ཉི་ཤུ་རྩ་བདུན་གྱིས་ཐོན་ཏེ། དེ་ནི་ཡོ་ག་ལྷ་གྲོས་ཅན་གྱི་ལོ་རྒྱུས་རྫོགས་ཏེ་སྟོད་ལྷ་རབས་སོ། །ཞེས་འོད་གསལ་ལྷའི་གདུང་ལས་མགོ་ནག་མིའི་མགོན་དུ་བྱོན་ཅིང་། ཞུ་ལེ་གྲུམ་ཤིང་གི་རྩར་ཕེབས་ནས་མིའི་ན་བཟའ་དང་། མིའི་བཟའ་བཏུང་རྣམས་བཞེས་ཤིང་རིམ་གྱིས་ཡར་ལུང་སོག་ཀར་ཕེབས་ཚུལ་གསལ་བར་བསྟན་པ་དེ་རེད།

ཡང་བོད་ཀྱི་ཐོག་མའི་རྒྱལ་པོ་བྱུང་ལུགས་གོང་དང་མཐུགས་འདྲ་བ་ཞིག་ནི་ལྡེའུ་ཆོས་འབྱུང་[ཤོག་99 ཤ་19] ལས་བསྒྲགས་པའི་ལུགས་ཀྱི་ལྷ་ལས་ཆད་པར་ལྟར་ན། ཕྱི་སྟོད་ཀྱི་འཇིག་རྟེན་འདི་མ་སྲིད་པའི་

གོང་གི་དུས་ན། ཕྱྭ་མི་མཆེད་དགུ་མཆེད་ཞེས་བྱ་བ་སྲིད་པ་ཕྱྭ་ཡིས་བསྐོས་ཏེ་བྱུང་ནས། དེས་གནམ་ས་རིམས་ཀྱིས་(རིམ་གྱིས)སྲིད། སྲིད་པ་བགས་ཀྱིས་བསྐོས་མགུར་(མགུལ་)གྱི་གཉའ་བ་ནས་བླ་བ་ཉའི་ནུབ་མོ་བཙས་པས་སམ། གཉའ་བའི་ཁྲི་ལ་ཁྱུར་ནས་འོངས་པས་རྗེ་གཉའ་ཁྲི་བཙན་པོར་གྲགས་ཏེ། དེ་ཡན་ཆོད་དུ་ལྷ་ལས་རྒྱལ་པོར་མིང་མ་ཐོགས་སོ། །ཞེས་པ་དང་ཡང་[102ཕ]ལས་གཤེགས་ཚུལ་སོ་བདུན་གྱིས་རྒྱལ་ཁམས་ཞབས་ཀྱིས་བཅགས་ཏེ་གནམ་གྱི་ལྷ་ལས་ནི་བབས། མི་ཡུལ་དུ་རྗེར་གཤེགས། གདགས་སུ་ནི་གདུགས་བདལ།[31] དེ་ནས་ཡུམ་བུ་བླ་སྒང་དུ་གཤེགས་ཏེ། ཡེ་ནས་མཐོ་བ་ལ། ཕྱུག་ཚང་ལྟོ་དང་སྐྱགས། དེ་ནས་ཕྱིང་བ་སྟག་རྩེར་ཕྱིན་ཏེ་དར་དཀར་གྱི་ཡོལ་བ་དགུ་རིམ་བགྱིས་ནས། བླའི་སྐུ་ཡ་རབས་རྣམས་ཀྱིས་བསྐོར་ནས། གཙུག་ལག་གི་ཐང་ཁྲིམས་[32]ནི་ལྷའི་ལུགས་སྲུང་དང་ལྡེའུ་ཙམ་ནི་བྱུང་། དགོངས་པ་འཕྲུལ་གྱི་རས་ཆགས་[33]པས། གསང་གྲོས་རྣམ་གསུམ་[34]གྱིས་ཕྱི་ནང་གི་དམིགས…… ཕྱི།[35] མི་ལ་ཆད་རྣམ་གཉིས་[36]དང་། བཞེད་རྣམ་ལྔས་[37]བོད་ཀྱི་ཁྲིམས་བཅས་ཡིག་ཚང་སྡེ་དགུ་[38]དང་། དཔའ་མཚན་རྣམ་བརྒྱད་[39]བཀའ་རིམ་པར་གནང་སྟེ་འཛམ་བུ་གླིང་ན་མཐའ་བཞིའི་རྒྱལ་པོ་བཞི་[40]ཡང་དབྱེ་འབུལ་ལོ། །ཞེས་གསལ་རྒྱས་སུ་བསྟན་འདུག་ལ་བཤད་མཛོད་ཆེན་མོར་ཡང་ལྡེའུ་རྒྱ་བོད་ཀྱི་ཆོས་འབྱུང་ནས་བཤད་པའི་ཚུལ་དེ་ལ"གྲགས་པ་བོན་ལུགས"ཞེས་པའི་ཐ་སྙད་དང…… བཅས་ཏེ། ཕལ་ཆེར་ཚིག་སྒྲོས་དང་བཅས་པ་རྣམས་ཞུ་དག་ཕེར་བ་ཙམ་གསལ་རྒྱས་སུ་བསྟན་ཡོད། ཆོས་ཕྱོགས་སུ་གྲགས་ཆེ་བའི་ལོ་རྒྱུས་ཀྱི་ཡིག་ཆ་རྣམས་སུ་སློབ་དཔོན་པོ་བཀའི་ཐང་ཡིག་དང་། ལྟོ་བྲང་ཆོས་འབྱུང་དག་ཏུ་བསྒྲགས་པ་ལྷ་ལས་མཆེད་པ་དང་ཡང་གསང་ཐེའུ་རང་ལས་ཆད་ཚུལ་གྱི་ལོ་རྒྱུས་རེའང་ཡོད་པ…… ཙམ་གྱི་ཚིག་སྒྲོས་ཤིག་ལས་གཞན་ལྡེའུ་ཆོས་འབྱུང་རྣམ་གཉིས་དང་བཤད་མཛོད་ཆེན་མོ་ཡུམ་བུ་བླ་སྒང…… གི་དཀར་ཆག་ཏུ་ཡང་གསང་གི་ལུགས་དེ་ཙུང་ཟད་གསལ་བ་ཙམ་མ་བཏོགས་འདི་སྐོར་གྱི་ལོ་རྒྱུས་མཐོང…… དུ་མེད་པ་ཡིན།

བསྒྲགས་པ་ལྷ་ལས་མཆེད་པར་བཤད་པའི་ལུགས་འདིའི་ཁུངས། བོན་གྱི་ཡིག་ཆ་གང་དང་གང་ཞིག་ལས་བྱུང་ཡོད་པའི་ཚུལ་ནི་སྲིད་པ་རྒྱུད་ཀྱི་ཁ་བྱང་(སྲིད་རྒྱུད)[ཐོབ་ཤ38ན6]ལས་སྲིད་པ་ཀུན་གྱི་ཡབ…… གཅིག་ནི། སྲིད་པ་སངས་པོ་འབུམ་ཁྲི་ཡིན། ཡུམ་ཡང་ཆུ་ལྕམ་རྒྱལ་མོས་བྱས། དེ་གཉིས་སྤྲུལ་པ་བསྡེབས་པ་ལས། སྲིད་པ་ཕོ་དགུ་མོ་དགུ་སྲིད། སྲིད་པ་ཀུན་གྱི་གཅེན་པོ་བ། སྲིད་རྗེ་འབྲང་དཀར་བྱ་བ་ལགས། དེ་དང་ཡོད་ཀྱི་ལྷ་མོ་གང་གྲག་བགྲོས། དེ་ཡི་སྲས་ནི་ལྷ་རབས་གཉན་ཙམ་རྗེ། དེ་དང་སྲིད་ལྕམ་ལེ་དུར་བགྲོས་པའི་སྲས། སྐྱེས་གནམ་ལྷ་དཀར་གསུམ་ལགས། དེ་དང་སྲིད་ཟ་ལྷ་མོ་ཐང་དང་བགྲོས་པའི་སྲས།

ལྷ་བུ་གནམ་ཐེན་བྱ་བ་ལགས། དེ་དང་གཡུང་དྲུང་ཡ་རབ་རྒྱལ་མོ་བཤོས་པའི་སྲས། ལྷ་བུ་རྒྱུང་ཐེན་བྱ་བ་ལགས། དེ་དང་ལྷ་མོ་གསལ་སྐྱིད་མ་གཉིས་བཤོས་པའི་སྲས། ལྷ་བུ་ཐྲིན་ཐེན་བྱ་བ་ཡིན། དེ་དང་ལྷ་མོ་དཔལ་བསྐྱིད་མ་གཉིས་བཤོས་པའི་སྲས། ལྷ་བུ་ཆགས་ཐེན་བྱ་བ་ཡིན། དེ་དང་ལྷ་མོ་གོས་དཀར་གཉིས་བཤོས་པའི་སྲས། ལྷ་བུ་མདའ་ཐེན་བྱ་བ་ཡིན། དེ་དང་ལྷ་མོ་ཚེ་འཛིན་མ་གཉིས་བཤོས་པའི་སྲས། ལྷ་བུ་དྲུམ་ཐེན་བྱ་བ་ཡིན། དེ་དང་ལྷ་མོ་རྩད་དཀར་བདག་མོ་བཤོས་པའི་སྲས། ལྷ་བུ་མང་ཐེན་བྱ་བ་ཡིན། དེ་དང་ལྷ་མོ་ཕྱུ་གཡང་བདག་མོ་བཤོས་པའི་སྲས། ལྷ་བུ་བལ་ཐེན་བྱ་བ་ཡིན། དེ་དང་ལྷ་མོ་ཞིམ་དཀྱིའི་བདག་མོ་བཤོས་པའི་སྲས། ལྷ་བུ་གཙུག་ཐེན་བྱ་བ་ལགས། དེ་དང་དམུ་བཟ་དྲུང་ལྕམ་རལ་མོ་ཆེ་གཉིས་བཤོས་པའི་སྲས། ཡབ་སྟག་ཆ་འལ་འོལ་ལགས། དམུ་རྗེ་ཐུམ་ཐུམ་རྣལ་མད་ཀྱིས་སྐུ་སྲུང་མཛད། དེ་ཡན་ཆད་སྐུ་སྲུང་ནི་བ་རབས་གླིང་གི་གཞིན་དཀྱུས་མཛད། དེ་ནས་སྟག་ཆ་འཚམ་བཟ་བཤོས་པའི་སྲས། རྗེ་ཡབ་བླ་བདལ་དྲུག་ཡིན། དེའི་སྐུ་སྲུང་ལྷ་ཚེ་ལྡེམ་དྲུག་ཡིན། དམུ་བོན་ཐུགས་ཀྱིས་ཀྱང་བསྲུངས། ཕྱྭ་རྗེ་ཡབ་བླ་བདལ་དྲུག་དང་། དམུ་བཙུན་རྒྱལ་མོ་གཉིས་ཀྱི་སྲས། ལྡེའུ་རྗེ་མཆེད་བདུན་བྱ་བ་ཡིན། ལྷ་སྲས་དེ་ཡི་བདུན་ཚིགས་ནི། ཁྲི་སད་འབར་བ་ཞེས་ཀྱང་བྱ། དེ་ཞང་པོ་དམུ་ཡི་ཡུལ་དུ་སྤྱུགས། དམུ་བཟ་གཉིས་མཐིང་མ་དང་བཤོས་པ་ལ། ཡར་གཤེགས་སུ་ནི་ཡུམ་གྲོངས་ལ། མར་གཤེགས་སུ་ནི་སྲས་མནོལ་བས། ལྷག་པའི་བདུད་(སྡུད)སྐོར་སྐྲ་ཉག་གཅིག་དང་འཁྲིལ་ནས་གཤེགས་པའི་སྲས། ལྡེ་ཉག་རི་བཙན་པོ་ལགས་སོ། །

ཞེས་སངས་པོ་འབུམ་ཁྲི་ནས་གཉའ་ཁྲི་བཙན་པོའི་བར་གྱི་ལྷ་རབས་ཇི་སྙེད་ཅིག་བྱུང་བའི་སྐོར་ཞལ·········གསལ་དུ་བསྟན་ཡོད་ལ། དགོངས་དོན་དེའི་ཆ་ཙམ་ཞིག་ནི་རྩ་རྒྱུད་ཉི་སྒྲོན་[རྙི་ཤ་147ན་4]ལས་དུས་དེ་ཙམ་ན། ཕྱྭ་ཡབ་བླ་བདལ་དྲུག་གི་ཆུང་མ། དམུ་ལྕམ་མཚོང་རོན་མ་ལ། སྲས་ལེའུ་རྗེ་མཆེད་བདུན་བལྟམས་པའི་བདུན་ཚིགས་ཏེ། ཁྲི་བར་ལ་བདུན་ཚིགས་ཡིན། ཡབ་ཀྱིས་བོད་ཁམས་མིའི་རྗེ་རུ་བསྐོས། དེས་དམུ་ལྕམ་ཁབ་འབྲིང་མ་ཁབ་ཏུ་བཞེས། བུ་གཅིག་ཧོས་སྲིལ་(41)མའི་ཧོང་ནས་སྐྱེས། ང་བུ་འོང་ལམ། འདི་ནས་ཡར་མཆི་འུ། ཡུལ་ཆུང་ས་དོག་ཆེ། འདི་ནས་མར་གཤེགས་སུ། ཡུལ་སྐྱེ་ས་བཙོན་ཆེ། ཐད་དུ་ལམ་ཞིག་ཨེ་བཙོལ་སྐད། མ་ཡིས་མཆིད་ན་རེ། བུ་གཅིག་དེ་མ་གསུངས། མ་ཡི་སྤྱོག་མ་གཅོད། སྲིད་པའི་ལམ་ལ་ཤོག་བྱས་པས་མ་ཉན་ནས། མ་ཡི་གཉའ་བར་འབུར། ཕྱྭ་བོན་དེ་སྐྱོང་གིས། ཕྱག་བཞན་ངར་ཕྱུང་། གཉའ་བའི་གསང་དུ་བཀྲལ། དམུ་ཡི་བོན་པོ་གོང་ཆུང་གིས། དར་དཀར་ཟླིབ་ཀྱིས་བླངས། མིང་ནི་གཉའ་ཁྲི་བཙན་པོ་ལགས། བུ་བྱུང་བཀྲལ་བའི་འཐོ། རྩི་སྨིན་བཀུད་ཀྱིས་བཀུས། ཕྱྭ་བོན་སྟགས་ཀྱིས་བཏབ། རྨ་མེད་ཤུལ་སོས། གཉའ་ཁྲི་བཙན་པོ་དེ། བོད་ཁམས་སྐྱི་རྗེ་རུ། གནམ་ནས་ས་ལ་གཤེགས་

པ་ཡང་། སྟོན་པས་བྱིན་གྱིས་བརླབས་ཏེ་བཏང་། ཞེས་པ་དང་། དར་རྒྱས་གསལ་སྒྲོན་[ཤོག636ཤ71ན་7]ལས་ཀྱང་སྲིད་པས་སངས་པོའི་སྤྲུལ་པ། ཡེ་རྗེ་སྨོན་པའི་གདུང་རབས། ཡབ་ལྷ་བདལ་དྲུག་གི་གདུང་རྒྱུད། མང་པོ་(པོས་)བཀུར་བའི་རྒྱུད་པ་ཡིན་པར་གསུངས་པས། དེའི་ལོ་རྒྱུས་ནི། སྲིད་པའི་ཞིང་ཁམས་རྣམ་པར་དག་པ། འཇམ་གླིང་དཔལ་གྱི་སྙིང་པོ། ས་གཞི་རིན་པོ་ཆེའི་བཅུད་དུ། གདུང་རབས་སྲིད་པའི་མགོ་བོ། འོད་གསལ་ལྷ་ལས་མར་ཆད་པའི་ཚེ། ལྷའི་རྒྱལ་པོ་ཁོང་འཕྲུལ་ཆེ་ལ་ཐབས་མཁས་པས། སེམས་ཅན་ཐམས་ཅད་བདེ་བ་དང་། ཞི་བ་དང་ལེགས་པར་སྐྱངས(བསྐྱངས)པས། མགོ་ནག་ཀུན་གྱི་སྤྱི་རྗེ་མང་པོས་བཀུར་བས་མཛད་དོ། །རྗེ་དེ་ནི་མི་ལ་རྒྱལ་པོ་བྱུང་བ་ལ་སྔ་བས། མཚན་ཐ་ཚན་ཧི་སང་སྐྱེས་ཞེས་བྱའོ། །ཞེས་པ་དང་། རྒྱལ་གཉེན་ཡང་ལ་གྱི་གདུང་རབས་[ཤོག28ཤ14བ1]ལས་ཀྱང་དེ་དང་ཆ་འདྲ་བར་གསུངས་པས་མཚོན། བཤད་པ་དེ་རྣམས་ཀྱིས་ཡ་ཐོག་བོད་ཀྱི་རྒྱལ་པོའི་གདུང་གི་ཁུངས་དེ་ཕྱྭ་ཡབ་བླ་བདལ་དྲུག་ལ་གཏུགས་ཡོད་པ་དང་། ཡབ་བླ་བདལ་དྲུག་ལྷ་རབས་ཀྱི་ཁུངས་དེ་ཡ་ཐོག་སྲིད་པའི་རྒྱལ་པོ་སངས་པོ་འབུམ་ཁྲི་ལ་གཏུགས་ཡོད་པ་ཤིན་ཏུ་གསལ་ལ། ད་དུང་དེ་རྣམས་ལས་གཞན་པ་བོན་གྱི་ཡིག་ཆ་མང་བ་ཞིག་ཏུ་བོད་ཀྱི་ཐོག་མའི་རྒྱལ་པོ་དེ་ཕྱྭ་ཡབ་བླ་བདལ་དྲུག་གི་རྒྱུད་ལས་ཇི་ལྟར་མཆེད་ཡོད་པའི་སྐོར་གྱི་བཤད་པ་རྒྱས་བསྡུས་ཅི་རིགས་པ་ཞིག་འཚོལ་དུ་ཡོད་ངེས་པ་ནི་སྨོས་མ་དགོས་པ་རེད། ལྡེའུ་རྒྱ་བོད་ཀྱི་ཆོས་འབྱུང་དུ"གཉེགས་རབས་ཉི་ཤུ་རྩ་བདུན"ཞེས་པའི་ཚུལ་རགས་ཙམ་བསྟན་པ་དང་ལྡེའུ······ཆོས་འབྱུང་ཆེན་མོར"གཉེགས་ཚུལ་སོ་བདུན"ཞེས་པའི་ཐ་སྙད་ཙམ་བསྟན་ཡོད་པ་འདི་དག་གི་སྐོར་ཁོ་བོས་ད་སྔར་བོན་གྱི་ཡིག་ཆ་ཞལ་གསལ་བ་འགའ་ཡང་མ་རྙེད་མོད། ལོ་རྒྱུས་འདིའི་ཁུངས་སུ་གྱུར་པའི་དཔེ་རྙིང་འགའ་ཞིག་རྙེད་དུ་ཡོད་པ་ནི་གོར་མ་ཆག འདིར"བསྒྲགས་པ་ལྷ་ལས་ཆད་པ"ཞེས་པའི་ཚིག་སྒྲུབ་འདིའི་དགོངས་དོན་རྣལ་མ་ནི་ཐ་སྙད་དེ་རང་བཞིན་གྱི་ལུགས་སུ་མ་གྲགས་ནའང་། རྒྱལ་པོའི་གདུང་ལ་ཆེ་བ་འདོན་པའི་ཕྱིར་དུ། ཡ་ཐོག་གི་གདུང་དེ་ལྷ་ལས་མཆེད་པའི་ཚུལ་ཆེད་དུ་བསྒྲགས་པའི་དོན་ཡིན་ལ། ཕྱི་མ་ཐེའུ་རང་ལས་མཆེད་པ་དེ་ཡང་གསང་གི་ལུགས་སུ་གྱུར་པའི་རྒྱུ་མཚན་ཡང་དེ་དང་འབྲེལ་ཤིན་ཏུ་ཆེ་བ་ཞིག་ཏུ་གོ།

གཅིག བོད་ཀྱི་རྒྱལ་རྒྱུད་ལྷ་ལས་མཆེད་པའི་སྐོར།

བོད་ཀྱི་རྒྱལ་རྒྱུད་ལྷ་ལས་མཆེད་པའི་ལུགས་དེའི་རྩ་བའི་ཁུངས་གང་ཞིག་ལ་གཏུགས་ཡོད་པའང་ཡ་ཐོག་དམུ་རྒྱལ་གྱི་གདུང་རྒྱུད་ཇི་ལྟར་བྱུང་བའི་སྐོར། དུས་རིམ་གོང་མའི་ཡ་ཐོག་ཞང་ཞུང་གི་རྒྱལ་རབས་

བཤད་པའི་སྐབས་སུ་གསལ་སྟོན་བྱས་ཡོད་པ། "འཛིན་དགུ"སོགས་ཀྱི་ལོ་རྒྱུས་ཅི་རིགས་པ་དེ་རྣམས་ལ་བརྟེན་ཡོད་པ་མངོན་སུམ་མཐོང་ཐུབ་ཏུ་ཕྱུར། ལྡེའུ་རྒྱ་བོད་ཀྱི་ཆོས་འབྱུང་དང་ལྡེའུ་ཆོས་འབྱུང་ཆེན་མོ། སྲིད་པ་རྒྱུད་ཀྱི་ཁ་བྱང་བཅས་ཀྱི་ཡིག་ཆ་ཁག་གསུམ་པོ་འདིར། བོད་ཀྱི་ཐོག་མའི་རྒྱལ་པོ་དེ་ལྷ་ནས་རྗེ་ལྷར་མཆེད་པའི་རབས་བསྟན་པའི་སྐབས་སུ། ཐ་སྙད་ཀྱི་སྐོར་མི་འདྲ་བ་ཅི་རིགས་ཤིག་ཡོད་པ་དེ་རྣམས་ཞལ་གསལ་བལྟས་ཆོག་ཏུ་བཀོད་པའི་རེའུ་མིག་གཤམ་གསལ།

ཁ་བྱང་།	ལྡེའུ་རྒྱ་བོད་ཀྱི་ཆོས་འབྱུང་།		ལྡེའུ་ཆོས་འབྱུང་།		སྲིད་རྒྱུད།	
	ཡབ	ཡུམ་	ཡབ	ཡུམ་	ཡབ	ཡུམ་
༡	ཐྲ་ཡེ་མཁྱེན་ཆེན་པོ།	ཁོ་མ་འཕྲོ་……རྗེ།	ཐྲ་མི་མཁྱེན་……དགུ་མཁྱེན།		སངས་པོ་……འབུམ་ཁྲི།	ཚ་ལྡུགས་རྒྱལ་……མོ།
༢	ལེགས་པའི་ཏོར་དྲུག				སྲིད་རྗེ་འབྲང་……དཀར།	ཡོད་ཀྱི་ལྷ་མོ་……གང་གྲག
༣	སྲིད་པའི་ལྷ་རྗེ་ཁ་དང་……སྐྱོལ་མེད།	དབྱིངས་ཀྱི་སྐྱོལ་མེད།			ལྷ་རབས་……གཉན་ཙམ་རྗེ།	སྲིད་ལྡུམ་ལེ……དུར།
༤	མེས་རྣམ་ལ་ཀར་གསུམ	ཐྲ་ཟ་ཡེ……ཐན་མ།			མྱེས་གནམ་ལྷ་……དཀར་གསུམ།	སྲིད་ཟ་ལྷ་མོ་……ཐང་།
༥	སྐར་མ་ཡོལ་ལྡེ།	གཡུ་རི……ཕྱུག་མོ།				
༦	ལྷ་རབས་མཆེད་བཞི། ༡. དཀར་འཐམ་རྒྱལ་བ། ༢. ཉིང་རྒྱུ་དཀར་པོ། ༣. ལྷ་ཁྲི་ཤེལ་དཀར། ༤. ཐ་ཚུང་རྩེར་རྩེར།					
༧.	མགུལ་ལྷ་མཆེད་གསུམ། ༡. ཁྲི་ལྷ་ཐོག་དཀར། ༢. བར་ལྷ་འོད་འབར། ༣. ནང་ལྷ་གུལ་རྒྱལ།					
༨	གནམ་ཐེན་ཆེ།		གནམ་ཐེན་……ཆེན་པོ།		གནམ་ཐེན།	གཡུང་དྲུང་ཡ……རབ་རྒྱལ་མོ།
༩	རྒུང་ཐེན་ཆེ།		གུང་ཐེན་རྗེ།		རྒྱུང་ཐེན།	གསལ་སྐྱིད་མ།
༡༠	ཕྲིན་ཐེན་ཆེ།		ཕྲིན་ཐེན་རྗེ།		ཕྲིན་ཐེན།	དཔལ་བསྐྱིད་མ།
༡༡	ཆར་ཐེན་ཆེ།		ཆར་ཐེན་རྗེ།		ཆགས་ཐེན།	གོས་དཀར་མ།
༡༢			མདའ་ཐེན་རྗེ།		མདའ་ཐེན།	ཚེ་འཛིན་མ།

༡༣	ཟིལ་ཐེན་རྗེ།				དྲུམ་ཐེན།	རྩད་དཀར་⋯⋯ བདག་མོ།
༡༤	སྨོང་ཐེན་ཆེ།		སྨོང་ཐེན་རྗེ།		མང་ཐེན།	ཕྱུ་གཡང་⋯⋯ བདག་མོ།
༡༥			བལ་ཐེན་རྗེ།		བལ་ཐེན།	ཞིམ་དཀུའི་⋯⋯ བདག་མོ།
༡༦	གནམ་ལ་རོང་རོང་།	དབྱལ་ཆ་⋯ མ་ཉིང་།			གཙུག་ཐེན།	དམུ་ཟ་དྲུང་⋯ ལྕམ་རལ་མོ་ཆེ།
༡༧	ཡབ་སྟག་ཆ་ཡལ་ཡོལ།	ཚོ་ཟ་ཁྲུད་⋯ ཁྲུད།			ཡབ་སྟག་ཆ་⋯ འལ་འོལ།	འཚབ་ཟ།
༡༨	སྲིད་པའི་ལྷ་རབས་མཆེད་བཞི། ༡. ཡབ་ལྷ་བདལ་དྲུག ༢. ཕྱ་ལྷ་བྲམ་ཆེན། ༣. རྒྱ་ལ་འཕྲོང་ནམ། ༤. འོ་དེ་གུང་རྒྱལ།	རྒྱ་བཙུན་⋯ གྱི་སྨན།	ལྷ་རབས་མཆེད་བཞི། ༡. ཡབ་ལྷ་བདའ་དྲུག ༢. ཕྱྭ་ལྷ་བྲམ་⋯ཆེན། ༣. རྒྱ་འཕྲོམ་ནམ། ༤. འོད་དེ་⋯⋯ གུང་རྒྱལ།	སྟ་ཟ།	རྗེ་ཡབ་བླ་⋯⋯ བདལ་དྲུག	དམུ་གཙུག་⋯⋯ རྒྱལ་མོ།
༡༩	ལྕམ་སྲིད་བརྒྱད། ༡. རོང་རོང་རྩོལ་པོ། ༢. ཁྲི་ཀ་སྟག་གཟིགས། ༣. ཐན་ཚོ་ཟོ་འབྲང་། ༤. ཀྱེ་རྗེ་གུང་རྩན། ༥. ཀྱེ་རྗེ་ཐོག་རྩན། ༦. ཀྱེ་རྗེ་ཟིན་གདགས། ༧. ཁྲི་བར་གྱི་བདུན་⋯⋯ ཚོགས ༨. སྲིང་མོ་ཐ་ང་ལྷ་མོ།	རྡེ་སྨུ་རྡེ་⋯⋯ བཙན།	ལྷ་རབས་མཆེད་བདུན། ༡. ལྷ་རོང་རོང་རྩོལ་⋯པོ། ༢. ཁྲི་བ་གཉིས་གཟིགས། ༣. ཐན་ཚོ་ཟོ་འབྲང་། ༤. ཀྱེའུ་རྗེ་གུང་བཙན། ༥. ཀྱེ་རྗེ་ཡང་བཙན། ༦. ཀྱེའུ་རྗེ་ཟིན་བཙན། ༧. ཁྲི་རྒྱལ་པོ་⋯ ཁྲི་རྒྱལ་པ།	འདྲེ་སྨུ་ཁྲི་བཙན་མོ།	ཀྱེའུ་རྗེ་མཆེད་⋯ བདུན། ཁྲི་སད་འབར་⋯ བ། (བདུན་ཚོགས།)	དམུ་ཟ་གཉེ་⋯⋯ མཐིང་མ།
༢༠	གཉའ་ཁྲི་བཙན་པོ།	གནམ་⋯⋯ མུག་མུག	རྗེ་གཉའ་ཁྲི་⋯⋯ བཙན་པོ།	གནམ་⋯ མུག་⋯⋯ མུག	ལྡེ་ཉག་རི་⋯⋯ བཙད་པོ།	གནམ་སྨན་⋯⋯ ཉིང་ཉིང་།

ཡང་གསང་ཐེའུ་རང་ལས་མཆེད་པར་བཤད་པའི་ལུགས་ནི། བློན་པོ་བཀའི་ཐང་ཡིག་[པེ་435ཤ་9]ལས་སྤུ་ཡུལ་མོ་བཙུན་གོང་རྒྱལ་ལ། །ཐེའུ་རང་སྤུན་དགུ་སྐྱེས་པ་ལས། །ཚུང་དག་ཨུ་པེ་ར་ནས་འཆད་པའོ། །ཁྱུར་དུ་གཉེར་སྐྱི་ལས་སུ་སྦྲ་དཀའོ། །ཁྲི་རྒྱལ་བ་དང་དྲི་དམུ་ཊི་བཙན་སྲས། །གཉའ་ཁྲི་བཙན་པོ་ཟླ་བ་ཉ་ལ་སྐྱེས། །ཉ་ཁྲི་བཙན་པོ་ཞེས་ཀྱང་བྱ། །ཞེས་གསུངས་པའི་ཚུལ་འདི་ལ་དཔྱད་ན། །ཐེའུ་རང་སྤུན་དགུ་བྱུང་བའི་ཚུང་ཤོས་ཀྱི་མིང་ལ“ཨུ་པེ་ར”ཞེས་བྱ་ཞིང་། དེའི་རྒྱུད་པ་ནི་ཁྲི་རྒྱལ་བ་དང་དྲི་དམུ་ཊི་བཙན་བཤོས་པའི་སྲས་གཉའ་ཁྲི་བཙན་པོ་ཡིན་པར་གསལ་ལ། ཡོ་ག་ལྷ་གྲོས་ཅན་གྱི་ལོ་རྒྱུས་ལས་ཀྱང་ཁྲི་བར་གྱི་བདུན་ཚིགས་ཀྱི་མཚན་དུ“ཁྲི་རྒྱལ་པོ”ཞེས་པ་དང“ཁྲི་རྒྱལ་བ”ཞེས་ལྡེའུ་ཆོས་འབྱུང་དུ……བཤད་པ་དང་། དེ་བཞིན་དུ་སྲིད་རྒྱུད་ལས“ཁྲི་སད་འབར་བ”ཞེས་པའི་མཚན་གྱིས་བསྙད་ཅིང་། གོང་གི་ཡུལ་ཡང་ལྡེའུ་ཆོས་འབྱུང་དུ“དྲེ་རྨུ་དྲེ་བཙན”ནས། “འདྲེ་རྨུ་ཁྲི་བཙན་མོ”ཞེས་པ་དང་། སྲིད་རྒྱུད་ལས“དམུ་ཟ་གཉེ་མཐིང་མ”ཞེས་གསལ་བ་དེ་དག་དང་། སྐབས་འདིར་བཤད་པ་ཕན་ཚུན་དོན་གཅིག་ཏུ་མཐོང་ཐུབ། གསང་བ་ཐེའུ་རང་ལས་མཆེད་པའི་ཚུལ་བོད་ཀྱི་གནའ་རྒྱུས་ཀྱི་ཡིག་ཆ་ཀུན་ལས་གསལ་ཁ་ཐོན་ཆེ་ཤོས་ནི། ལྡེའུ་རྒྱ་བོད་ཀྱི་ཆོས་འབྱུང་[བོད་226ཤ་14]ལས་ཡུལ་སྤུ་བོའི་ཡུལ་ནས་སྤུའི་མི་མོ་བཙུན་བྱ་བའི་ཏུམ་ནས་ཐེ་བྲང་སྤུན་དགུ་སྐྱེས་པའི་ཚུང་དག་མ་སྙ་ཨུ་བེ་ར་བྱ་བ། ལྕེས་གདོང་གི་དཀྱིལ་འཁོར་ཁེབས་པ། ཕྱག་སོར་དྲ་བས་འབྲེལ་བ། ཤིན་ཏུ་གདུག་རྩུབ་དང་ནུས་མཐུ་ཆེ་བ་གཅིག་བྱུང་བས། འདི་ཐུ་(མཐུ་)ཆེ་དྲག་བཤུག་(སྤྱུགས)དགོས་ཟེར་ནས་སྤུ་བོའི་ཡུལ་གྱི་བན་བོན་ནུས་མཐུ་ཅན་རྣམས……ཀྱིས་ཐེ་བྲང་སྐྲུས་འདེབས་[42]བྱས་ནས་བོད་དུ་བཤུགས(སྤྱུགས)པ་ལ། དེར་བོད་ཀྱིས་མི་རྗེ་འཚོལ་བ་དང་ཕྲད་ནས། ཁྱོད་ཅི་འདྲ་ཡིན་བྱས་པས། ང་སྤུ་བོའི་ཡུལ་གྱི་མི་གཅིག་ཡིན་ཟེར་བས། འོ་ན་ཕྱག་སོར་དང་ལྕེ་དོ་མཚར་ཆེ་བ་གཅིག་འདུག་པ། ཁྱོད་ལ་ནུས་མཐུ་འདྲ་བ་ཅི་ཡོད་བྱས་པས། ཁོ་ན་རེ་ནུས་མཐུ་དང་རྫུ་འཕྲུལ་ཆེ་དྲག་པས་བཤུགས་(སྤྱུགས)པ་ཡིན་ཟེར། འོ་དེད་ཀྱི་རྗེ་བཙོལ་ལོ་བྱས་ནས། གཉའ་བའི་ཁྲི་ལ་བླངས་ནས། འདི་རྗེ་གཉའ་ཁྲི་བཙན་པོ་ཡིན་བྱས་ནས་རྗེ་བཙོལ་བའི་ལོ་རྒྱུས་གདའ་སྟེ་ དེ་ནི་རྗེའི་ཛན་ནམ་མཚང་ལགས་སོ། །ཞེས་བོད་ཀྱི་ཡ་ཐོག་གི་རྒྱལ་པོའི་གདུང་རྒྱུད་ཀྱི་ཁུངས་རྣལ་མ་དེ་གང་ནས་བྱུང་བ་དང་། ཇི་ལྟར་ཡིན་པའི་སྐོར་རྣམས་གསལ་བར་རྟོགས་ཐུབ་པ་ཡིན།

ལྡེའུ་རྒྱ་བོད་ཀྱི་ཆོས་འབྱུང་དུ་ཐེའུ་རང་སྤུན་དགུའི་ཚུང་ཐའི་མིང་ལ“མ་སྙ་ཨུ་བེ་ར་མ”ཞེས་གསལ་ནའང་ལྡེའུ་ཆོས་འབྱུང་ཆེན་མོ་[བོད་99ཤ་16]ལས་ཡང་གསང་ནི་ཐེ་བྲང་མང་སྙ་ཨུ་བེ་ར་ལས་ཆད……པའམ་ཡུལ་ཡུ་(སྤུ་)ཡུལ་ནས་ཡུའི་(སྤུའི་)མི་མོ་བཙན་གྱི་ཏུམ་ནས་བྱུང་བ་གཅིག་དང་གཉའ་ཁྲི་བཙན…

པོར་མཚན་གསོལ་ནས་བྱ་རྗེ་བྱས་པའི་ལོ་རྒྱུས་ཡོད་དོ། །ཞེས་པར“མང་སླ་ཨུ་བེ་ར”ཞེས་གསལ་བ་དེ་རང་ཡིན་ལས་ཆེ་སྙམ་པ་དང་། ལྡེའུ་ཆོ་འབྱུང་རྒྱས་བསྡུས་གཉིས་ཆར་མང་སླ་ཨུ་བེ་ར་དེ་རང་བོད་རྗེའི་ཐོག་མ་གཉའ་ཁྲི་བཙན་པོ་ཡིན་པར་བསྟན་ཡོད། བློན་པོ་བཀའི་ཐང་ཡིག་ཏུ“ཨུ་པེ་ར”འམ“ཨུ་བེ་ར”ཡི་རྒྱུད་པ་ཁྲི་རྒྱལ་བ་ཡིན་ལ། དེའི་སྲས་གཉའ་ཁྲི་བཙན་པོ་ཡིན་པ་གསལ་བར་བསྟན་པས། ལྡེའུ་རྒྱ་བོད་ཀྱི་ཆོས་འབྱུང་དང་ལྡེའུ་ཆོས་འབྱུང་ཆེན་པོ་འདི་གཉིས་སུ་རྒྱུད་རིམ་གྱི་ལོ་རྒྱུས་ཕྲན་ཙམ་ཆད་པ་ཨེ་ཡིན……སྙམ།

ཡང་གསང་ཐེའུ་རང་ལས་མཆེད་པའི་ལོ་རྒྱུས་གོང་གསལ་དང་ཕལ་ཆེར་ཕྱོགས་མཐུན་པ་ཞིག་ནི……ཡུམ་བུ་བླ་སྒང་གི་དཀར་ཆག་འབྲིང་པོ[བོད་ལྗོངས་ཞིབ་འཇུག1984ལོའི་དུས་དེབ་བཞི་པའི་ཤ14]ལས་སྟར་སྤུ་བོའི་ཡུལ་ན་བྱ་མོ་བཙུན་བྱ་བའི་མངལ་ནས་ཐེའུ་བྲང་བུ་སྤུན་དགུ་སྐྱེས་པའི་ཆུང་མཐའ་ཨུ་བེ་ར་བྱ་བ་བཞིན་གྱི་དཀྱིས་འཁོར་ལེགས་པ། ཕྱག་སོར་དྲ་བས་འབྲེལ་བ། ཤིན་ཏུ་མཐུ་ཆེ་བས་ཡུལ་མི་ཀུན་གྱིས་སྐྲགས་ཏེ་བོད་དུ་ཕྱིན་པའི་ཚེ། བོད་རྣམས་རྗེ་བོ་འཚོལ་བ་དང་བྱུང་ལམ་གཡའ་ལེ་གོང་དུ་ཕྲད་ནས་ཁྱོད་སུ་ཡིན། གང་ནས་འོངས་དྲིས་པས། ང་སྤུ་བོའི་ཡུལ་ནས་འོངས། ད་བོད་ལ་འགྲོ་བྱས་པས། འོ་ན་ཁྱེད་ལ་ནུས་པ་ཅི་ཡོད་ཟེར། དེ་ན་ར། ང་ནུས་མཐུ་ཆེ་བས་ཡུལ་མི་ཀུན་གྱིས་སྐྲགས་པ་ཡིན་ཟེར། འོ་ན་ཁྱེད་ཀྱི་བོད་ཀྱིས་རྗེ་ཨེ་ནུས་བྱས་པས། ཁྱོད་རང་རྣམས་ཀྱིས་གཉའ་བར་ཁྲི་ལ་བཏེག(ཐེག)ཅིག་དང་། མཐུ་སྟོབས་རྫུ་འཕྲུལ་གྱིས་གདོན་མི་ཟ་ཟེར་བ་དང་། དེར་ཇི་ལྟར་གསུངས་པ་བཞིན་གཉའ་བར་བཏེགས་ནས་རྗེ་ཏུ་ཁུར་བས་མཚན་ཡང་གཉའ་ཁྲི་བཙན་པོར་ཐོགས། ཞེས་སུ་གསལ་བ་དེར་ཡང་ཨུ་བེ་ར་རང་གཉའ་ཁྲི་བཙན་པོ་ཡིན་པ་གསལ་བར་བསྟན་འདུག་ནའང་དོན་དུ་ཚིག་གི་འགྲོས་གང་ལ་དཔྱད་ཀྱང་ཉུང་ལྡེའུ་ཆོས་འབྱུང་རྣམ་གཉིས་དང་། ཡུམ་བུ་བླ་སྒང་གི་དཀར་ཆག་འབྲིང་པོའི་ལུང་ཁུངས་གཅིག་ལས་བྱུང་ཡོད་པ་ནི་གསལ་བར་མཐོང་ཐུབ་ལ། ལུང་དེ་གཉིས་ཀའི་ཁུངས་སུ་གྱུར་པའི་དཔེ་དེར་ཨུ་བེ་ར་ནས་གཉའ་ཁྲི་བཙན་པོའི་བར་དུ་བྱུང་བའི་ཁྲི་རྒྱལ་བ་ཞེས་པའམ་ཁྲི་སད་འབར་བ་ཞེས་སུ་གྲགས་པ་དེ་མ་ཆད་པའི་རྒྱུ་མཚན་ཅི་ཞིག་ཀྱང་བསྟན་དུ་མེད།

ཡང་གསང་གི་ལོ་རྒྱུས་འདི་རིགས་འགའ་ཞིག་ནི་བཤད་མཛོད་ཆེན་མོ་[ཐིམ་ཀ169ཤ85ན4]ལས་ཡུལ་སྤོ་བོའི་ཡུལ་ན། སྤོའི་མི་མོ་བྱ་བཙུན་བྱ་བའི་ཏུམ་ནས། ཐེ་བྲང་སྤུན་དགུ་སྐྱེས་པའི་ཆུང་དག་ཐེ་བྲང་མ་ཉ་ཨུ་བེ་ར་བྱ་བ། སྐྱེད་གཞིན་གྱི་དཀྱིལ་འཁོར་ཁེབས་པ། ཕྱག་སོར་དྲ་བས་འབྲེལ་བ། ཤིན་ཏུ་གདུག་རྩུབ་ནུས་པ་ཆེ་བ་ཞིག་བྱུང་ནས། ཡུལ་མི་ཀུན་ན་རེ། འདི་མི་ཐུབ་པས་སྐྲགས་ན་དྲག་ཟེར། ཁོའི་

པ་མ་གཉིས་ན་རེ། ངེད་བུ་དགུའི་ཆུང་དག་འདི་མི་སྨྱུགས། ངའི་བུ་སྨྱུགས་ན་ཁྱེད་རང་རྣམས་ཀྱི་བུ་ཚ་སྨྱུག་པར་རིགས་ཟེར་ནས་མ་ཉན་ནོ། །དེ་ནས་ཡུལ་མི་ཀུན་ཀོག་(སྐོག) ཏུ་སྨྱུག་པར་ཁ་ཆས་སྟེ(འཆམས་ཏེ།) སྤྱི་བོའི་ཡུལ་གྱི་བན་བོན་ནུས་པ་ཅན་རྣམས་བསགས་ནས། ཐེ་བྲང་སྐྱུས་འདེབས་བྱེད་དུ་བཅུག་ནས་བོད་ལ་སྨྱུགས་པས། སྤྱི་ཡུལ་དུ་སྡོད་མ་ཚུགས་པར་བོད་ལ་ཁ་གཏད་ནས་ཡོངས་པས། དེའི་དུས་སུ་བོད་ལ་རྗེ་མེད་པས། མི་རྗེ་འཚོལ་དུ་ཕྱིན་པ་དང་། བྱང་ལམ་གཡའ་ལེ་གོང་དུ་ཕྲད་ནས་ཁྱོད་སུ་ཡིན་ག་ནས་ཡོང་། གར་འགྲོ་དྲིས་པས། ང་སྤྱི་བོའི་ཡུལ་ནས་ཡིན། ད་བོད་ལ་འགྲོ་ཟེར། འོ་ན་ཁྱོད་ལ་ནུས་མཐུ་ཅི་ཡོངས་དྲིས་པས། ཁོ་ན་རེ། ནུས་མཐུ་དང་རྫུ་འཕྲུལ་ཆེ་ནས་ཡུལ་མི་རྣམས་ཀྱིས་སྨྱུགས་པ་ཡིན་ཟེར་རོ།། འོ་ན་ཁྱེད་ལ་ངེད་བོད་ཀྱི་རྗེ་ཚོལ་བ་ཡིན། ནུས་སམ་ཟེར། ང་ནི་མཐུ་དང་སྟོབས་དང་རྫུ་འཕྲུལ་ཆེ་བས་ཡོས་ནུས། ཁྱེད་རང་རྣམས་ཀྱི་གཉའ་བར་ཁྲི་རྩིགས་ཁུར་ཅིག་ཟེར། དེར་གཉའ་བར་ཁྲི་བརྩིགས་ཁུར་ནས་རྗེ་བཙོལ། མཚན་ཡང་གཉའ་ཁྲི་བཙན་པོར་བཏགས་སོ། །དེ་ནི་ཡང་གསང་ཐུ་སྟེགས་ལུགས་ཀྱི་ཆད་ཚུལ་ལོ། །ཞེས་གསལ་བ་འདིའང་ཕལ་ཆེར་ལྡེའུ་ཆོས་འབྱུང་ལས་བྱུང་བར་སྙམ།

ལྡེའུ་རྒྱ་བོད་ཀྱི་ཆོས་འབྱུང་དང་བཤད་མཛོད་ཆེན་མོ་གཉིས་ཀར"བན་བོན"ཞེས་འཁོད་ཡོད·······འདུག་པ་འདི་ནི་ཆོས་འབྱུང་གི་གཞུང་འདི་དག་གི་མཛད་པ་པོ་སངས་རྒྱས་པའི་མཁས་པ་ཆེན་པོ་དག······ཡིན་སྟབས། ཚིག་འདི་རང་རྫོལ་དུ་བྱུང་བ་ཞིག་ཡིན་པ་ལས། དེ་དུས་བན་ཡོད་པའི་དོན་ནི་ག་ལ་ཡིན།

བསྒྲགས་པ་ལྷ་ལས་མཆེད་པའམ། ཡོ་ག་ལྷ་གྱེས་ཅན་དུ་གྲགས་པའི་ལོ་རྒྱུས་ཀྱི་སྐབས། བོད་ཀྱི་ཐོག་མའི་རྒྱལ་པོའི་གཤེགས་རབས་ཉི་ཤུ་རྩ་བདུན་ནམ་སུམ་ཅུ་སོ་བདུན་དུ་བཤད་སྲོལ་བྱུང་ཡོད་འདུག་པ······འདི་དག་ཀྱང་། མང་སྣ་ཨུ་བེ་རའི་རྒྱུད་ལས་བྱུང་བའི་རྒྱལ་པོ་གཉའ་ཁྲི་བཙན་པོ་དེ་སྤུ་བོའི་ཡུལ་ནས་རིམ་གྱིས་ལྷ་རི་གྱང་ཐོ་ལ་བྱོན་པའི་བར་གྱི་ཡུལ་ཁམས་མི་འདྲ་བ་ཇི་སྙེད་པ་རྣམས་བགྲལ་བའི་ལོ་རྒྱུས······དང་འབྲེལ་ཆེ་བ་ཞིག་གམ། དངོས་མའི་གནས་ཚུལ་ཇི་སྙེད་པ་དག་ཡིན་སྲིད་པའི་སྐོར་རིམ་གྱིས་འཚོལ་གཞིགས་བྱེད་དུ་ཡོད་པ་ཞིག་ཡིན་པ་ནི། དཔེར་ན"དེ་ནས་ཉག་ཉི་རྒྱབ་དམར་དུ་གཤེགས"ཞེས་པ་དང་། "དེ་ནས་དྭགས་ཡུལ་ཤིང་ནག་ཏུ་གཤེགས"ཞེས་སོགས་ཀྱིས་དེང་དུས་དངོས་ཡོད་ཀྱི་ཡུལ་ཁམས་ཅི་རིགས་པ་མཚོན་དུ་ཡོད་པས་ཤེས་ཐུབ་པ་དང་། གཞན་ཡང་བོད་ཀྱི་དེབ་ཐེར་དཔྱིད་ཀྱི་རྒྱལ་མོའི་གླུ་དབྱངས་[ཤོ་12ཕ་5]ལས་མིག་མས་འགྲིབས་སུ་ཡོད་པ་གཡུའི་སྨིན་མ་ཅན། སོ་དུང་སོ་འཁོར་མར་ཡོད་པ། ལག་པ་འཁོར་ལོའི་ཡན་ལག་ཅན་ལྟ་བུར་ཡོད་པའི་མཚན་ལྡན་ཞིག་བྱུང་བ། ཡབ་ཀྱིས་ལྷ་འདྲེའི་སྤྲུལ་པར་དགོངས་ནས་སྨྱུགས་པས། པད་དཀར་འཛིན་པའི་ཡེ་ཤེས་མཆོག་གི་འོད་ཟེར་གྱིས་སྣང་བ་བསྒྱུར་

ནས། ལྷ་རི་གྱང་ཐོའི་རྩེ་ལ་ཕྱིན་ཞེས་མཚོན་པའི་བན་དེའི་གཞུང་རྣམས་དང་ལེགས་བཤད་རིན་པོ་ཆེའི་མཛོད་[པེ་ཤ129ཕ9] ལས་རྣ་བར་གཡུང་དྲུང་། མིག་བྱ་མིག སོ་དུང་སོ་འཁོར་བ། སོར་མོ་རྣམས་དྲ་བས་འབྲེལ་བ་ཞིག་བྱུང་བས་བཙུན་མོ་ངོ་ཚ་ནས་རྒྱལ་པོ་ལ་མ་བསྟན་པར་ཟངས་ཁ་སྦྱར་དུ་བཅུག་སྟེ་རྒྱ……བོ་གང་གཱ་ལ་བསྐྱུར་བས། ལས་དབང་གིས་སྒྲོང་ཕྱིར་ཡངས་པར་ཆགས་པས་ཀུན་གྱིས་ངོ་མཚར་ནས་གསོས། ཡོན་ཏན་ཆེ་བའི་རྟགས་མང་པོ་བྱུང་། ཆེར་སྐྱེས་ནས་བོད་དུ་ཕྱིན་ཏེ། ལྷ་རི་གྱང་ཏོའི་ཁ་ནས་ཡར་ལུང་སོག་ཀར་བབས། ཞེས་མཚོན་པའི་བོན་པོའི་གཞུང་རྣམས་ནས་བོད་ཀྱི་ཐོག་མའི་རྒྱལ་པོའི་བྱུང་ཁུངས་དེ་ཐེའུ་བྲང་མང་སྣ་ཤུ་བེ་ར་ཡིན་པར་མ་བསྟན་མོད། གཉའ་ཁྲི་བཙན་པོར་ཐེའུ་བྲང་གི་རང་མཚན་ཡོད་ལུགས་བཤད་པ་དེ་ཀུན་སླེང་ལུགས་གཅིག་གྱུར་དུ་སོང་ཡོད་འདུག་པ་དེ་དག་གིས་ལོ་རྒྱུས་ཀྱི……སྙིང་དོན་བདེན་པའི་ཆོས་ཉིད་རང་ཤུགས་སུ་སྟོན་གྱི་ཡོད་པ་རེད།

བོད་ཀྱི་ཡ་ཐོག་གི་རྒྱལ་པོ་དེ་ཐོག་མར་བོད་ཡུལ་དབུས་ཀྱི་གནས་ལྷ་རི་གྱང་ཐོར་ཕེབས་པ་དང་། བོད་ཀྱི་ཡ་ཐོག་གི་རྒྱལ་རབས་གནས་ཡུལ་དེ་ནས་དབུ་བརྙེས་པའི་ཚུལ་ལ་ནི་ལོ་རྒྱུས་ཀྱི་ཡིག་ཆ་ཕལ་ཆེར……ཞལ་མཐུན་དུ་ཡོད་ནའང་ཡིག་ཆ་མི་འདྲ་བ་ཁག་ཏུ"ལྷ་རི་གྱང་ཐོ"ཞེས་པའི་མིང་འདོགས་སྟངས་ལ་མི……འདྲ་བ་ཅི་རིགས་ཤིག་བྱུང་འདུག དེ་ཡང་ཏུན་ཧོང་བོད་ཀྱི་ལོ་རྒྱུས་ཡིག་སྙིང་[P. T. 1286ཕ30] ལས་ལྷ་གནམ་གྱི་སྟེང་ནས་གཤེགས་པའ། གནམ་ལྷབ་ཀྱི་ལྷ་ན། ཡབ་ལྷ་བདག་དྲུག་བཞུགས་པའི་སྲས། གཅེན་གསུམ་གཅུང་གསུམ་ན། ཁྲིའི་བདུན་ཚིགས་དང་བདུན། ཁྲིའི་བདུན་ཚིགས་ཀྱི་སྲས། ཁྲི་ཉན་ཁྲི་བཙན་པོ། ས་དོག་ལ་ཡུལ་ཡབ་ཀྱི་རྗེ། དོག་ཡབ་ཀྱི་ཆར་དུ་གཤེགས་སོ། །ལྷ་རི་གྱང་དོར་གཤེགས་ན། རི་རབ་ལྷུན་པོ་ཡང་དགུའ་དུད་དུད། ཤིང་སྡོང་པོ་ཡང་བང་ཐང་ཐང་། ཆབ་ལུ་མ་ཡང་དངོ་སིལ་སིལ། གོར་ཕ་བོང་ལ་རྩོགས་པ་ཡང་མཉེད་ཁྲུང་ཁྲུང་གིས་ཕྱག་འཚལ་ལོ། །ཞེས་པར"ལྷ་རི་གྱང་དོར"ཞེས་གསལ་བ་དང་ཀོང་པོ་དེ་མོའི་བྲག་བརྐོས་ཀྱི་ཡིག་སྙིང་[ཕ3—4] བོད་ཀྱི་གནའ་རབས་ཡིག་ཆ་གཅེས……བསྡུས་[པེ63ཕ12] ལས་ཐོག་མ་ཕྱ་ཡབ་ལྷ་བདག་དྲུག་གི་སྲས་ལས། ཉ་ཁྲི་བཙན་པོ་མྱི་ཡུལ་གྱི་རྗེར། ལྷ་རི་གྱང་དོར་གཤེགས་པ་ཚུན་ཆད་ཅེས་པར"ལྷ་རི་གྱང་དོར"ཞེས་གསལ་བ་དང་གཞན་ཡང་རྒྱལ་པོའི་བཀའ་ཐེམས་སྔོག་དྲིལ་མ་ལས"ལྷ་རི་གྱང་ཐོར་ཕྱིན"ཞེས་པ་དང་། རྒྱལ་པོའི་བཀའ་ཐེམས་བཀའ་བཀོལ་མ་དང་བཀའ་ཆེམས་བཀའ་ཁོལ་མ་གཉིས་ཀ་ལས"ལྷ་རི་རྒྱང་མཐོའི་ཁར་སླེབས"ཞེས་པ་དང་། མ་ཎི་བཀའ་འབུམ་ལས"ཡར་ལུང་ལྷ་རི་རོལ་པོའི་རྩེ་ནས། ལྷ་སྐས་ལས་བཙན་ཐང་སྒོ་བཞིར་བབས།"ཞེས་སོགས་ཀྱིས་གསལ་པོར་རྟོགས་ཐུབ་པ་ཡོད།

བོད་ཀྱི་རྒྱལ་པོའི་ཐོག་མ་གཉའ་ཁྲི་བཙན་པོའི་བྱུང་ཁུངས་རྣལ་མ་དེ། ཟེའུ་བྲང་མང་སླ་ཤུ་བེ་ར་ཡིན་ཙང་མིན་ཙང་། དོན་དུ་སྤུ་བོའི་ཡུལ་ནས་བྱུང་བའི་ལོ་རྒྱུས་དེ་ལ་བདེན་དོན་ཁྱད་པར་ཅན་དུ་མ་ཞིག་ཡོད་ངེས་པ་ནི་རྗེ་རིང་གི་ཡི་གེར་བཙན་པོའི་མཚན་ལ"འོ་ལྡེ་སྤུ་རྒྱལ"ཞེས་འཁོད་ཡོད་པ་དེ་ཙམ······གྱིས་ཀྱང་བདེན་དཔང་ཅི་ཐུབ་ཡོད་པ་དེ་རེད།

བོད་ཀྱི་ཡ་ཐོག་གི་རྒྱལ་པོའི་འབྱུང་ཁུངས་རྒྱ་གར་གྱི་རྒྱལ་པོའི་གདུང་ལས་བྱུང་བར་བཤད་པའི······བན་བོན་གཉིས་ཕྱོགས་ཀྱི་ལོ་རྒྱུས་ཕལ་མོ་ཆེར། བཙན་པོ་དེ་ལྷ་རི་གྱང་ཐོའི་ཁར་ཕྱིན་ཏེ་བོད་ཀྱི་ཐེའུ་འབམ། ཤེས་པ་ཅན་གྱི་བོན་པོ་འགའ་ཞིག་དང་འཕྲད་པའི་ཚེ། ཁོང་ཚོས་གང་ནས་ཕེབས་ཞེས་དྲིས་པ་ལ་ཁོང་གིས་སྐད་མ་མཁྱེན་ནས་གནམ་ལ་མཛུབ་མོ་བཀེར་བས་ཁོང་ཚོས་གནམ་གྱི་ལྷ་ལས་བབས་པར་གོ་བ་དང···ཁྱེད་སུ་ཡིན་ཞེས་དྲིས་པ་ལ། ང་རྒྱལ་པོའི་གདུང་ཡིན་ཞེས་ལན་དུ་སྨྲས་ཚུལ་བཤད་པ་དེ་ནི་དངོས་འགལ་ཚབས་ཆེ་བའི་གཏམ་ཞིག་ཏུ་ངེས་པ་སྟེ། སྐད་མ་མཁྱེན་ནས་གནམ་ལ་མཛུབ་མོ་བཀེར་བའི་མཇུག་དེར་སྐད་མཁྱེན་ནས། ང་རྒྱལ་པོའི་གདུང་ཡིན་ཞེས་ལན་སྨྲས་པའི་འགལ་བ་འདི་ནི་ལུང་དང་རིག་པ་ཅི་ཞིག་ལ་ཆ་རྒྱུས་མེད་པའི་ཐ་མལ་པ་ཞིག་གིས་ཀྱང་ངེས་ཐུབ་པ་ཡིན་ལ། འགྲོ་བ་མིའི་རིགས་གང་དུ་གནས་འཆའ་བའི་འཛམ་གླིང་ཆེན་གྱི་རྒྱལ་ཁམས་གང་ཞིག་ཡིན་ཡང་ཙང་། རྒྱལ་ཁམས་དེར་བྱུང་སྐྱོང་བའི་མིའི་རྗེ་བོའམ་རྒྱལ་པོའི་རིགས་རྗེ་སྐྱིད་པ་དེ་ཀུན། ཡུལ་ལུང་དེ་རང་གི་མི་རིགས་ལས་བྱུང་ཞིང་། མི་རིགས་དེའི་ནང་ཁྱད་པར་ཅན་གྱི་བློ་དང་ཤེས་རབ། མི་ཚོགས་དབང་དུ་བསྒྱུར་ནུས་པའི་བློ་སྟོབས་སམ་གཟུགས་སྟོབས། ཡང་ན་བློ་དང་གཟུགས་གཉིས་ཀའི་ནུས་སྟོབས་ཕུན་སུམ་ཚོགས་པའི་སྐྱེ་བོ་དེ་རིགས་ལ་མི་ཚོགས་ཀྱིས་བསྐོན་ཅིང་བཀུར་ནས་རྗེ་བོའམ་རྒྱལ་པོའི་ཐ་སྙད་བྱས་ཡོད་པ་ལས། ཕྱི་ཡུལ་ནས་བྱུང་བའི་མི་སྟོབས་ཆེན་སུ་ཙང་ཞིག་གིས་ཡུལ་ཁམས་གཅིག་གི་མི་ཚོགས་རྣམས་མངའ་དབང་དུ་བསྒྱུར་ཏེ་རྒྱལ་པོར·····གྱུར་ཚུལ་ནི་ཉིན་མོའི་སྐར་མ་ལྟར་ཆེས་དཀོན་པ་དེ་ལྟར་ན་བོད་ཀྱི་ཐོག་མའི་རྒྱལ་པོ་དེའང་བོད་རིགས·····རང་ལས་བྱུང་མེད་པའམ། ཕྱི་ཡུལ་ནས་བྱུང་ཡོད་པར་བསྒྲུབ་དགོས་པའི་རྒྱུ་མཚན་ཅི་ཞིག་ཡོད། དུས་ཕྱིས་སྤྱི་ལོ་དུས་རབས་བདུན་པའི་གཞུང་ཙམ་ན། རྒྱ་དཀར་ནག་ནས་བོད་དུ་སངས་རྒྱས་ཀྱི་བསྟན་པ་གདན་དྲངས་པ་དེ་ནས་བཟུང་། བོད་མི་རྣམས་ཀྱི་ཡིད་ཁར་མང་པོས་བཀུར་བའི་རྒྱལ་རྒྱུད་དང་། ཤཱཀྱའི་རྒྱལ་རྒྱུད་སོགས་ཀྱི་སྒྲོ་སྐྱང་དེ་གཞི་ནས་གསར་དུ་ཤར་བ་ཞིག་ཡིན་པ་ལས། གནའ་དུས་ཀྱི་བོད་མི་ཚོར་དེ་འདྲའི་བློ་འདོད་གཞི་རྩ་ནས་མ་གྲུབ་པ་ཞིག་ཡིན་སྟབས། འགལ་བ་དང་མ་ངེས་པ་དང་། མ་གྲུབ་པའི་རྒྱུ་མཚན་གསུམ་གྱི་སྙིང་ནས་གསང་བ་ཆོས་ལུགས་སུ་རྒྱལ་པོ་ལས་ཆད་པར་བཤད་པའི་སྲོལ་ལུགས་དེ་ནི······

དངོས་དོན་ལས་ཆེས་རིང་བ་ཞིག་ཡིན་པའང་གསལ་རྟོགས་ཐུབ་པ་ཡིན།

བོད་ཀྱི་ཐོག་མའི་རྒྱལ་པོ་འབྱུང་ཁུངས་རྣལ་མ་དེ་སྤུ་ཡུལ་ནས་ཡིན་བཞིན་དུ། ཡོ་ག་ལྷ་གྱེས་ཅན་གྱི་ལུགས་སུ་ལྷའི་གདུང་ལས་མཆེད་པ་སྐད་དང་། གསང་བ་ཆོས་ལུགས་སུ་རྒྱལ་པོའི་གདུང་ལས་མཆེད་པ་སྐད་དུ་བཤད་པ་དེ་རིགས་ལའང་དགོས་པ་དང་དགོངས་གཞི་མི་འདྲ་བ་རེ་ཡོད་པ་ནི་སྨོས་མ་དགོས། དེ་ཡང་བཤད་མཛོད་ཆེན་མོ་[ཐིམ་སྟོད་པེ156ཕ22]ལས་མི་རྗེ་ལྷས་མཛད་འཛམ་གླིང་ཡུལ་གཞན་ལས། ཁྱད་དུ་འཕགས་པར་འཆད་ཕྱིར་དམད་མི་བྱ། ཡང་གསང་མི་མིན་ལུགས་ཞེས་ཟེར་བ་ནི། མཐོང་སྣང་ཐ་དད་ཙམ་ལ་འགལ་བ་མེད། གཞན་དུ་རིགས་མཐོན་རྣམས་ཀྱི་རིགས་མི་དམད། ཅེས་བོད་ཀྱི་བཙན་པོའི་འབྱུང་ཁུངས་དེ་ཐེའུ་བྲང་མང་སྐ་ཨུ་བེ་ར་ལ་གཏུགས་པ་ཡིན་ན། རྒྱལ་པོའི་གདུང་རིགས་དམན་པའི་ལས་མ་འོས་པ་ཞིག་ཡིན་པ་ངོས་འཛིན་གསལ་བར་གནང་ཡོད་པ་དང་། བཤད་མཛོད་ཆེན་མོ་[ཐིམ་ཀ153ཤ77ཕ1]ལས་བོད་ཀྱི་རྒྱལ་པོ་གཉའ་ཁྲི་ཙད་(བཙད)པོ་དེ། གསང་བ་ཆོས་ལུགས་གྲགས་པ་བོན་གྱི་ལུགས། ཡང་གསང་ཐེ་བྲང་ཊྰུ་འཕྲུལ་ཀུན་རྫོབ་རྫུན། གང་ལྟར་ཐེན་ཡང་གཉའ་ཁྲི་ལ་ཐུག གསང་བའི་ལོ་རྒྱུས་བསྟན་པར་མི་བྱ། ཡང་གསང་ཐེ་བྲང་ལོ་རྒྱུས་བསྟན་པར་མི་བྱའོ། །ཞེས་བཤད་མི་འོས་པ་ཞིག་ཏུ་ངོས་འཛིན་གནང་ཡོད་པ་དང་། ཡང་དེ་ཉིད་[ཀ171ཤ86ན4]ལས་རྒྱལ་པོ་(པོའི་)ངན་ཚང་(འཚང་)གསང་ཚིག་ཡིན་པས་གླེང་མི་བྱ། ཞེས་བོད་ཀྱི་ཐོག་མའི་རྒྱལ་པོའི་འབྱུང་ཁུངས་ཐེའུ་རང་ཡིན་པར་ལྟ་བ་དེ་ནི་སུ་ཞིག་གིས་ཀྱང་སྨྲར་མི་འོས་པ་ཞིག་ཏུ་ངོས་འཛིན་གནང་འདུག་པ་དེ་དག་གིས་བོད་ཀྱི་ཡ་ཐོག་གི་རྒྱལ་པོའི་གདུང་གི་ཁུངས་ཐེའུ་རང་མིན་པ་དང་། ལྷ་ལས་མཆེད་པར་བཤད་དགོས་པའི་རྒྱུ་མཚན་རགས་ཙམ་ངེས་ཐུབ་ལ། ད་དུང་དེ་ལས་ཀྱང་ཆེས་ཞལ་གསལ་བ་ནི་ལྡེའུ་རྒྱ་བོད་ཀྱི་ཆོས་འབྱུང་[བོད227ཕ3]ལས་དེ་ནི་རྗེའི་ཧན་ནམ་མཚང་ལགས་སོ། །ཞེས་པའི་ཚིག་སྦྱབ་ཀྱི་དོན། རྒྱལ་པོའི་གདུང་རྒྱུད་ཀྱི་བྱུང་ཁུངས་ཐེའུ་རང་ཡིན་པ་དེ་ནི་རྒྱལ་པོའི་ཧན་ཡིན། "ཧན"ཞེས་པའི་གོ་དོན་ནི་མཚང་ཡིན་པ་ཤིན་ཏུ་ཞལ་གསལ་བར་བསྟན་པ་དང་ཡང་ལྡེའུ་རྒྱ་བོད་ཆོས་འབྱུང་[བོད238ཕ11]ལས་རྗེ་ལ་ཧན་མ་སྦྲང་སྐད་པ། ཡང་གསང་ཐེ་བྲང་ལས་ཆད་པའི་ལུགས་རྗེའི་ཧན་ནམ་མཚང་ལགས་པས། འོ་སྐོལ་རྣངས་ཕལ་པ་རྣམས་ཀྱིས་གླེང་ལ་མི་འཐད་པ་ལགས་སྐད་དོ། །ཞེས་གསལ་བ་སྟེ། "ཧན"ཞེས་པ་ནི་བོད་ཀྱི་བརྡ་རྙིང་པ་ཞིག་ཏེ། དོན་དུ"མཚང"ཞེས་པའམ། "སྐྱོན"ཞེས་པའི་དོན་ཡིན་ལ"རྗེ་ལ་ཧན་མ་སྦྲང"ཞེས་པའང"རྗེའི་མཚང་མ་འབྲུ"ཞེས་པའམ"རྗེའི་སྐྱོན་མ་སྟོགས"ཞེས་བྱ་བའི་དོན་ཡིན་ལ། ཚིག་སྦྱབ་འདི་དག་གིས་གནའ་བོའི་བོད་ཀྱི་རྒྱལ་རབས་ལོ་རྒྱུས་དང་བཅས་པར་འཕོ་འགྱུར་ཇི་ལྟར་ཕྱིན……

ཡོད་པ་དང་། དེ་ལྟར་ཕྱིན་དགོས་པའི་རྒྱུ་མཚན་གང་དག་ཡིན་པ་བཅས་སྐོར་རྣམས་གསལ་པོར་ངེས་ཐུབ་པ་ཡིན། ཕྱིར་བཏང་དུ"ལྷ"ཞེས་པ་དེ་བཟང་པོ་ཞིག་དང་། "འདྲེ"ཞེས་པ་དེ་ངན་པ་ཞིག་ལ་ངོས་འཛིན་སྲོལ་ཡོད་པ་འདི་ནི་བོད་མི་གཅིག་པུ་ཙམ་དུ་མ་ཟད། འགྲོ་བ་མིའི་ལྡན་སྐྱེས་ཀྱི་ལྟ་ཚུལ་ཞིག་ཏུ་ཆགས་ཡོད་ལ། བོན་གྱི་དཔེ་རྙིང་རྣམས་ལས་སྲིད་པའི་གྲོལ་ཕྱུག་ཏུ་གནམ་གྱི་ལྷ་དང་ས་འོག་གི་ཀླུ་དང་། བར་སྣང་གི་གཉན་ཞེས་སྐྱེ་འགྲོའི་གཙོ་བོ་གསུམ་དུ་བཞག་ཡོད་པ་དེ་དག་ལས། "གནམ་གྱི་ལྷ"ཞེས་པ་དེ་ནི་གནམ་རིམ་པ་བཅུ་གསུམ་གྱི་ཡང་ཐོག་ཏུ་གནས་པའི་ཁྱད་པར་ཅན་གྱི་སྐྱེ་འགྲོ་ཞིག་ཡིན་པ་དང་། "ཀླུ"ཞེས་པ་ནི་ས་འོག་གམ། རྒྱ་མཚོ་ལ་དབང་བྱེད་པའི་སྐྱེ་འགྲོ་ལྷ་ལས་དམན་པ་ཞིག་ཡིན་པ་དང་། "གཉན"ཞེས་པ་ནི་ས་གཞིའམ་བར་སྣང་གི་ཁམས་ལ་དབང་བྱེད་པའི་སྐྱེ་འགྲོ་དེའང་ལྷ་ལས་དམན་པ་ཞིག་ཡིན་པར་ངོས་འཛིན་སྲོལ་བྱུང་འདུག གཉན་གྱི་ཐེ་བྲག་ཏུ་གཉན་ཆེན་ཐང་ལྷ་དང་། རྨ་རྒྱལ་སྤོམ་ར་སོགས་ཤིན་ཏུ་གལ་གནད་ཆེ་བའི་གཉན་རིགས་གྲགས་ཆེ་བའང་མི་ཉུང་བ་ཞིག་ཡོད་པ་དེ་ནི་ཆེས་སྔ་བའི་དུས་ནས་ཤིན་ཏུ་བཀའ་གཉན་པའི་གཞི་བདག་ཏུ་ངོས་འཛིན་བྱས་ཡོད་ནའང་། གནམ་གྱི་ལྷ་ལ་ལྟོས་ན་གཉན་རིགས་དེ་དག་གི་གནས་སྟངས་དང་རང་གཤིས། མཐུ་སྟོབས་སོགས་གང་ཅིའི་ཐད་ནས་དམའ་བར་བརྩིས་ཡོད། གཉན་རིགས་མང་པོ་ཞིག་ལ"མ་སངས"ཞེས་སུ་གྲགས་པ་དེ་དག་ནི། ཡ་ཐོག་ཞང་ཞུང་གི་མི་རབས་ཇི་ལྟར་བྱུང་ཚུལ་དུ་གསལ་བར་བསྟན་པ་བཞིན། མིའི་འགྲོ་བ་དང་ཤིན་ཏུ་ཉེ་ཞིང་། མིའི་འགྲོ་བ་མང་པོ་ཞིག་དེ་དག་ལས་མཆེད་པའམ་མིའི་འགྲོ་བ་དང་མ་སངས་ཕན་ཚུན་གཉེན་འདུན་བྱས་པ་ལས་མཆེད་པའི་མི་རྒྱུད་བྱུང་བའི་ཚུལ་སོགས་གནའ་མིའི་ལོ་རྒྱུས་རྣམས་སུ་མི་ཉུང་བ་ཞིག་བཤད་དུ་ཡོད་པ་དེ་རིགས་ལ་ཟེར་བ་རེད། ལྷག་པར་དུ་མ་སངས་ཀྱི་ནང་ཚན"ཐེའུ་བྲང"ངམ"ཐེ་བྲང"དང་། ཡང་ན"ཐེའུ་རང"ཞེས་འབྲི་སྟངས་མི་འདྲ་བ་འགའ་རེ་ཡོད་པ་དེ་ནི། སྐབས་འགར་བོད་མི་ཚོའི་ངག་སྒྲོས་སུ"འདྲེ་ཐེའུ་རང"ཞེས་འདྲེའི་གྲངས་སུའང་བརྩི་སྲོལ་ཡོད་པ་ཡིན་སྐབས། བོད་ཀྱི་རྒྱལ་པོ་དེ་ཤིན་ཏུ་མཐོ་ཞིང་ཁྱད་དུ་འཕགས་པ་ལྷའི་གདུང་ལས་མཆེད་པ་དང་ཡང་ན་འདྲེའམ་ཐེའུ་རང་གི་རིགས་རྒྱུད་ལས་བྱུང་བའི་བཤད་ཚུལ་འདི་གཉིས་ལ་ལྟ་ཚུལ་མི་འདྲ་བ་ཙམ་དུ་མ་ཟད་གཞི་རྩའི་སྙིང་ནས་མི་འདྲ་བའི་ཁྱད་ཆེ་ཙམ་ཞིག་མཐོང་ཡོད་པ་ནི་བཤད་མ་དགོས་པ་རེད།

ཙ་རྒྱུད་ཉི་སྒྲོན[ཐོབ་ཤ150ན4]ལས་རྒྱལ་གྱི་གུམ་བཙད་པོ་བོན་གྱི་དགྲ་ཏྲ་སྐྱེས། ཐུ་མ་ལ་སྒྲོན་ལམ་ལོག་པ་བཏབ། ད་ལྟ་བོན་ནུབ་བསྟན་པའི་དགྲ། ལོ་ཉི་ཤུ་ཙ་བདུན་ཡན་ཆད་དུ་བོན་ལ་སྐྱུད། ཐུགས་དམ་དགུ་ཁྲི་མཆོད་འབུམ་གྱི་ལྷ་ཁང་བཞེངས། སྐབས་སུ་ལས་ངན་ཅང་གིས་རྒྱལ་བུའི་ཐུགས་ལ་

གདོན་ཞུགས། བློན་པོའི་བློ་ནོར། རྒྱ་གར་གྱི་སྤྲང་པོ་རིག་པ་རྗེ། བཙུན་མོ་གླིན་དྲག སྲས་བུ་ན་ཆུང་། དུས་གློ་བུར་དུ་བོན་བསྣད་མེད་ལ་བསྒྱུབས། བོན་གཤེན་མཐའ་ཏུ་སྤྱུགས། བོན་སྤྱུགས་པའི་དབུ་ཡོག་རྒྱལ་ལ་བབས། རྒྱལ་པོ་ཐེའུ་རང་མང་སྐྱ་སྨུ་ལྗེར་གྱི་སྐྱེ་བ་ཡིན་ནོ། །འབངས་ལོ་ངམ་ཏ་ཧྲི་སྟག་ལ་མེ་འབར་གྱི་སྤྲུལ་པ་ཡིན་པས། སྟག་པ་བཅག་པས་བསད། ཅེས་པ་དང་། གཡུང་དྲུང་བོན་གྱི་རྒྱུད་འབུམ་[ཐོབ་ཀ་23 ཤ་12 བ་2] ལས་དུས་དེ་ཙམ་ན་ཡུལ་སྒྱིང་རོ་སྟག་ཚལ། མཁར་ཉང་རོ་ཤམ་པོ་ན། བཙད་པོ་ཁྲི་ཛྙེ་ཡག་པ་དང་། བཙུན་མོ་སྤྲང་བཟའ་ལྷ་རྒྱན་གཉིས་ལ་རྒྱང་(རྒྱི་)ལམ་ངན་པ་རྒྱིས། ཐེ་རང་མང་སྐྱ་དབུ་ལྗེར་གྱི་བུ་ཞིག་ལྟོ་ཏུ་ཞུགས་ཏེ། ཟླ་དགུ་ཛོ་བཅུ་ན་ཡུམ་ལས་བལྟམས་པས། སྲས་བུ་དེ་སྐྲ་དམར་བ། མིག་རྩ་ཟླུམ་པ། ཤ་རྩི་དམར་བ། ལག་མཐིལ་གཡས་ལ་སྨེ་བ་ནག་པོ་ཡོད་པ་ཞིག་སྐྱེས་ནས། སྡིག་ལ་དགའ་བ། གོ་མཆོན་ལ་སྲིད་པ། ཁ་ངན་པར་སྨྲ་བ། དྲི་(གྲི་)རྟགས་སྣ་དགུ་མའི་ཏུམ་ནས་ཚང་བ་གཅིག་བྱུང་ངོ་། །དེ་སྐུ་གཤེན་ཕ་བ་འཚེ་གཙོ་གཉིས་པོས། མཚན་ཡང་དྲི་(གྲི་)ཏུམ་བཙན་པོར་བཏགས་སོ། །ཞེས་པ་དང་། ཡང་དེ་དང་ཕྱོགས་འདྲ་བ་ཞིག་ནི་དར་རྒྱས་གསལ་བའི་སྒྲོན་མ་[ཐོབ་651 ཤ་78 བ་4] ལས་དེ་ལ་གྲི་ཏུམ་ཞེས་པའི་དོན་ནི་སྐྲ་འགྲེལ་ལས། དུས་དེ་ཙམ་ནས་ཡུལ་ཉང་རོ་སྟག་ཚལ། མཁར་ཉང་རོ་ཤམ་པོ་ནས་བཙད་པོ་ཁྲི་ལྡེ་ཡགས་པ་དང་། བཙུན་མོ་སྤྲང་ཟ་ལྷ་རྒྱན་གཉིས་ལ་ཐེའུ་རང་མ་སྐྱ་ཤུ་ལྗེར་གྱི་སྤྲུལ་པ་ཞུགས་སྟེ། ཟླ་དགུ་ཛོ་བཅུ་ནས་སྲས་ཅིག་འཁྲུངས་པ་དེ་ཡང་ཟླ་བ་ལས་ལོ་གྲངས་སུ་སྐྱིད་ཙམ་ན། སྐྲ་རྩ་དམར་བ་མིག་ཟླུམ་པ། ལག་འཐིལ་(མཐིལ)གཡས་ན་སྨེ་བ་ནག་པོ་ཡོད་པ། ཁ་ནས་བསད་བཅད་དུ་སྨྲ་བ། སྡིག་པ་ལ་མོས་ཤིང་གོ་མཆོན་ལ་དགའ་བ་ཞིག་བྱུང་སྟེ། མའི་ཏུམ་ནས་གྲི་རྟགས་ཚང་བས་སྐུ་གཤེན་ཕ་བ་འཚེ་གཙོ་ཡིས། མཚན་ཡང་གྲི་ཏུམ་བཙན་པོར་བཏགས་སོ། །ཞེས་གྲི་གུམ་བཙན་པོས་བོན་གྱི་བསྟན་པ་ལ་གནོད་པ་བྱས་ཤིང་། སྤྱོད་པ་ངན་པའི་རྒྱལ་པོ་ཞིག་ཡིན་པར་བརྟེན། ཡོང་ཡང་དམར་འབེབས་བཀྱིད་ཟློལ་གྱིས་ཐེའུ་རང་མ་སྐྱ་ཤུ་ལྗེར་གི་སྤྲུལ་པར་བཤད་ཡོད་པ་དེ་རྣམས་ཀྱིས་ཤེས་ཐུབ་པ······ཡིན།

བོད་ཀྱི་ཐོག་མའི་བཙན་པོ་དེའི་འབྱུང་ཁུངས་ཐེའུ་རང་ཡིན་པ་དེའི་སྐོར་བཤད་སྒྲོས་བྱས་པ་ཡིན····ན། དེ་ནི་བོད་ཀྱི་རྒྱལ་པོ་ལ་བརྩི་ཀུས་མེད་པ་དང་། རྒྱལ་པོའི་མཚང་འབྲུ་བའམ། རྒྱལ་པོའི་སྐྱོན་རྟོགས་པའི་བྱ་བ་ཚབས་ཆེན་པོ་ཞིག་ཡིན་པ་ཐུན་མོང་གི་ལྟ་སྟངས་སུ་ངོས་འཛིན་བྱས་ཡོད་པ་ཡིན་སྟབས། "རྗེ་ལ་ཧྲན་མ་སྤྲང" ཞེས་པའི་ཚིག་སྤྲུབ་དེ་བྱུང་བ་ཡིན་ལ། གཉའ་ཁྲི་བཙན་པོ་བོད་ཀྱི་ཐོག་མའི་རྒྱལ་པོ་ཡིན་པ་ལ་སུ་ཞིག་ཀྱང་ཐེ་མི་ཚོམ་ནའང་། ཁོང་གི་གདུང་རུས་ཐེའུ་རང་ལས་བྱུང་བ་དེ་ཁོང་གི་མཚང་དམ་

སྐྱོན་ཞིག་ཏུ་ཚོར་ཏེ། རྒྱལ་པོའི་འབྱུང་ཁུངས་དངོས་མའི་ལོ་རྒྱུས་དེ་ཡང་གསང་གི་ལུགས་སུ་བྱས་ནས། “འོ་སྐོལ་རྨངས་ཕལ་པ་རྣམས་ཀྱིས་གླེང་ལ་མི་འཐད་པ་ལགས་སྐད་དོ” ཞེས་སྦ་གསང་གང་ཐུབ་ཐུབ་བྱས་པ་ཡིན་སྟབས། ཕྱིས་ཀྱི་ལོ་རྒྱུས་མཁན་པོ་རྣམས་ལོ་རྒྱུས་དེ་ལ་ཡོངས་སུ་རྨོངས་ཤིང་། དེའི་སྐོར་ལ་ཆ་རྒྱུས་ཅི་ཞིག་ཀྱང་མེད་པར་ཆགས་ཡོད། དོན་དུ་རང་རེས་བསམ་གཞིགས་ལེགས་པོ་ཞིག་བཏང་བ་ཡིན་ན། “རྗེའི་ཛན་ནམ་མཚང་ལགས་སོ” ཞེས་རྒྱལ་པོའི་གདུང་གི་མཆེད་ཁུངས་ཐེའུ་རང་ཡིན་པ་དེ་རྒྱལ་པོའི་མཚང་ཡིན་པར་ངོས་འཛིན་བྱས་ཡོད་པ་དེ་ཁོ་ནས་ཀྱང་བྱུང་ཁུངས་རྣལ་མ་གང་ཡིན་གྱི་བདེན་དོན་ར་འཕྲོད་ཅིང་ངེས་ཤེས་བརྟན་པོར་སྐྱེད་ཐུབ་པ་དང་། དེར་མ་ཟད། “རྗེ་ལ་ཛན་མ་སྦྲང” ཞེས་པའི་ཚིག་སྦྱུབ་དེས། ཡོ་ག་ལྷ་གྱིས་ཅན་ཏེ་འོད་གསལ་ལྷའི་གདུང་ལས་མགོ་ནག་མིའི་མགོན་དུ་གཤེགས་ཚུལ་གྱི་ལོ་རྒྱུས་དེ་རིགས་དམིགས་བསལ་གྱི་དགོས་དབང་ལ་བརྟེན་ནས་སྤྲོས་པའི་ལོ་རྒྱུས་ཙམ་ཞིག་ཡིན་པ་འང་གསལ་པོར་ངེས་ཐུབ་པ་ཡིན། དེ་ལྟར་ན་འང་ཡོ་ག་ལྷ་གྱིས་ཅན་གྱི་ལོ་རྒྱུས་དེ་དག་ཁུངས་དང་རྒྱུ་མཚན་མེད་པར་གང་བྱུང་དུ་སློས་བཅོས་ནས་བཟོས་པ་ཞིག་ནི་ག་ལ་ཡིན། ལོ་རྒྱུས་དེ་ནི་གཙོ་ཆེར་གནམ་ལྷའི་སྲིད་པ་ཇི་ལྟར་གྲོལ་ཚུལ་གྱི་ལོ་རྒྱུས་རྒྱ་ཆེ་ལ་རྣམ་གྲངས་མང་བ་ཞིག་ཡོད་པ་དེ་དག་གི་གྲས་སུ་རྗེ་ཡབ་ལྷ་བདལ་དྲུག་ཇི་ལྟར་བྱུང་བ་དང་། དེའི་གདུང་ལས་སྲིད་པའི་ལྷ་རབས་རྣམས་ཇི་ལྟར་གྲོལ་ཚུལ་གྱི་ལོ་རྒྱུས་ཤིག་ཏེ། དཔེར་ན་ཡབ་ལྷ་བདལ་དྲུག་གི་སྲས་རོང་རོང་རྩོལ་པོ་ལས་ཞང་ཞུང་སྲིད་པའི་ལྷ་རིགས་རྣམས་གྲོལ་བའི་ཚུལ། ལྡེའུ་རྒྱ་བོད་ཆོས་འབྱུང་[བོད231ཕ5]ལས“རོང་རོང་རྩོལ་པོ་དང་། ཁབ་སྐྱུ་བཟའ་མཐིང་ཁུག་སྨན་དུ་བསྔོས་པའི་སྲས་མཆེད་དགུ་ལ། ཞང་ཞུང་གི་ལྷར་གྱིས་ཏེ། གེ་གོད། མེ་དུར། ཚངས་ལྷ། ཕ་འབྱམ། རྨ་ཆེས། ཕོ་འབྲང་། རྨ་གེ་གོད། ཡོ་ཕྱལ་ལོ། ཞེས་པ་སོགས་ཀྱིས་ཤེས་ཐུབ་པ་ཡིན།

བོད་ཀྱི་ཐོག་མའི་རྒྱལ་པོ་གཉའ་ཁྲི་བཙན་པོའི་མཚན་ལ“སྤུ་རྒྱལ”གྱི་ཐ་སྙད་བྱུང་ཡོད་པ་དེ་ནི་ཐོག་མའི་རྒྱལ་པོ་དེ་གང་ནས་བྱུང་བའི་ཁུངས་ཤེས་བྱེད་ཁྱད་དུ་འཕགས་པ་ཞིག་ཡིན་ངེས་ན་འང་། གནའ་བོའི་ལོ་རྒྱུས་ཀྱི་དཔེ་རྣམས་སུ་མཚན་དེ་འགོད་སྟངས་ལ་མི་འདྲ་བ་འགའ་ཞིག་བྱུང་ཡོད། དེ་དག་ནི་དེབ་ཐེར་སྔོན་པོ་[སྟོད་སི60ཕ17]ལས་སྔོན་གྱི་ཡི་གེ་རྙིང་པ་རྣམས་ལས་ཡུལ་འདི་ལ་སྔོན་མིང་སྤུ་རྒྱལ་ཞེས་ཟེར་ཞེས་པ་ས་མགོ་མེད་པའི་སྤུ་རྐྱང་ཞིག་འབྲི་སྲོལ་བྱུང་ཡོད་པ་དང་། བཀའ་ཐང་སྡེ་ལྔའི་ནང་ཚན་རྒྱལ་པོ་བཀའི་ཐང་ཡིག་[པེ113ཕ8]ལས་གཞུག་ཏུ་སྤུར་རྒྱལ་བཙན་པོས་དབང་བྱས་ཏེ། ཞེས་པ་སྤུ་ལ་རྗེས་འཇུག་ར་ཡིག་ཅན་ཞིག་འབྲི་སྲོལ་བྱུང་འདུག་པ་འདི་གཉིས་ཀྱིས་མཚོན་ཐུབ་པ་ཡིན། དེ་ཡང་གནའ་བོའི་བོད་ཡིག་སློག་གི་སྦྲར་ས་མགོ་ཡོད་མེད་ཀྱི་སྦྲ་གདངས་ལ་ཁྱད་ཆེ་ཙམ་ཞིག་ཡོད་པ་ནི། དེང་

དུས་ཨ་མདོ་དང་ལ་དྭགས་ཀྱི་མི་ཚོས་སྐྱོག་པའི་སྐད་འདོན་སྟངས་ཀྱིས་ངེས་ཤེས་ཐུབ་པ་འདི་ཡིན་ལ། ཚིག་དོན་ལ་ཁྱད་པར་དེ་ལས་ཀྱང་ཆེ་བ་ཞིག་ཡོད་ངེས་པ་ནི་སློས་མ་དགོས། དེ་ལྟར་ནའང་བོད་ཀྱི་བརྡ་སྤྲོད་ལས་ཀ་ཙ་ཏ་པ་ཙ་རྣམས་མིང་གཞིའི་པོ། །ཞེས་སུ་གྲགས་པ་བཞིན། པ་ནི་པོ་ཡིག་སྒྲ་གདངས་དྲག་པའི་རང་བཞིན་ཅན་ཞིག་ཡིན་སྟབས། ས་མགོ་ཡོད་མེད་གང་ཡང་རུང་། གཞི་རྩའི་སྒྲ་གདངས་དྲག་པའི་རང་བཞིན་དེ་ལ་འཕོ་འགྱུར་འགྲོ་རུ་མེད་ཅིང་། དུས་ཕྱིས་ཀྱི་སྐྱོག་སྤྲོལ་དུ་མགོ་ཅན་གྱིས་མིང་གཞིའི་སྒྲ་གདངས་ལ་ཤུགས་སྣོན་ཐེབས་པ་ཙམ་ལས་མགོ་ཅན་གྱི་སྒྲ་དངོས་ཐོན་གྱི་མེད་པ་ཡིན་སྟབས“སྤུ”ཞེས……པའམ“པུ”ཞེས་པ་གང་སོས་སུ་བྲིས་ཡོད་པར་སྣང་ལ། “སྤུར་རྒྱལ”ཞེས་པ་སྤུ་ལ་རྗེས་འཇུག་ར་ཡིག་སྦྱར་བ་དེ་ནི། བོད་ཡིག་ཏུ་རྗེས་འཇུག་གང་ཡང་མེད་པའི་མིང་གཞི་ཞིག་ཚིག་གྲོགས་སུ་ར་མགོ་ལྡན་པའི་ཡི་གེ“རྡོ་རྗེ”ཞེས་པ་ལྟ་བུ་ཞིག་བྱུང་བ་ཡིན་ན། དེ་ལ“རྡོར་རྗེ”ཞེས་པ་ལྟ་བུ་ཚིག་གྲོགས་ཀྱི་ར་མགོ་དེ་མིང་གཞིའི་རྗེས་འཇུག་གི་སྒྲ་རུ་ཤུགས་ཀྱིས་འཐོན་པའི་སྐབས་ཡོད་པ་ཡིན་སྟབས། “སྤུ་རྒྱལ”ཞེས་པའི་གོ་དོན་གང་ཡིན་ལ་ཆ་རྒྱུས་དེ་ཙམ་མེད་པའི་ཡིག་བྲིས་པ་མང་པོ་ཞིག་གིས་མི་རབས་ནས་མི་རབས་སུ……མིང་ཚིག་དེ་དག་དཔེ་བཤུས་བགྱིས་པའི་སྐབས། སྒྲ་གདངས་ཀྱི་རྗེས་སུ་བརྩེགས་ཏེ“སྤུར་རྒྱལ”ཞེས་བྲིས་པ་དེ་རིགས་མ་དག་རྒྱུན་འབྱམས་སུ་གྱུར་པ་ཞིག་ཡིན་པ་ནི་ཤེས་སླ་བ་ཞིག་རེད།

སྤུ་རྒྱལ་གྱི་མཚན་སྙན་དྭགས་དེ་ནི“འོ་དེ་སྤུ་རྒྱལ”ཞེས་བྱ་བ་དེ་ཁོ་ན་ཉིད་དེ། ལྷ་སའི་གཙུག་ལག་ཁང་མདུན་ངོས་རྡོ་རིང་གི་ཤར་ངོས་ཀྱི་[ཕ་5—9]ཡི་གེ་ལས་གསལ་བ་ནི། བོད་ཀྱི་གནའ་རབས་ཡིག་ཆ་གཅེས་བསྡུས་[ཤོ་10ཕ་6]ལས་འཕྲུལ་གྱི་ལྷ་བཙན་པོ་འོ་ལྡེ་སྤུ་རྒྱལ། ཡུལ་བྱུང་ས་དོད་ཚུན་ཆད། ཞང་ནས་མྱིའི་རྗེར། བོད་ཀྱི་རྒྱལ་པོ་ཆེན་པོ་མཛད་པ་ཡང་། གངས་རི་མཐོན་པོའི་ནི་དབུས། ཆུ་བོ་ཆེན་པོའི་ནི་མགོ། ཡུལ་མཐོ་ས་གཙང་བ་ལ། གནམ་གྱི་ལྷ་ལས་མྱིའི་རྒྱལ་པོར་གཤེགས་ཏེ། གཙུག་ལག་ཆེན་པོས་ནི་ཡུན་གྱི་སྲིད་བཙུགས། ཞེས་པ་དང་། འཕྱོངས་རྒྱས་ཁྲི་ལྡེ་སྲོང་བཙན་གྱི་བང་སོའི་མདུན་དུ་ཡོད་པའི་རྡོ་རིང་གི་[ཕ་1—2]ཡི་གེར་གསལ་བ་ནི། བོད་ཀྱི་རྡོ་རིང་གི་ཡི་གེ་དང་དྲིལ་བུའི་ཁ་བྱང་[ཤོ་101ཕ་9]ལས་བཙན་པོ་ལྷ་སྲས། འོ་ལྡེ་སྤུ་རྒྱལ། གནམ་གྱི་ལྷ་ལས་མྱིའི་རྗེར་གཤེགས་པ། ཞེས་པ་དང་། ཏུན་ཧོང་བོད་ཀྱི་ལོ་རྒྱུས་ཡིག་རྙིང་[P. T. 1287ཕ་28]ལས་མཐའ་མ་འོ་ལྡེ་སྤུ་རྒྱལ་གྱི་དབུ་རྨོག་མ་ཐུབ། ཅེས་པ་དང་། རྒྱལ་པོ་བཀའི་ཐང་ཡིག་[ཤོ་113ཕ་9]ལས་བོད་ཀྱི་བཙན་པོ་འོ་དེ་སྤུར་རྒྱལ་དེ། གནམ་གྱི་ལྷ་ལས་མི་ཡི་རྗེ་རུ་གཤེགས། ཞེས་པ་རྣམས་ཀྱིས་གསལ་བར་བསྟན་པ་དེ་རེད། “སྤུ་རྒྱལ”ཞེས་པ་འདི་ཐོག་མའི་རྒྱལ་པོ་གཉའ་ཁྲི་བཙན་པོའི་མཚན་གྱི་ལྡེ་བ་ཞིག་ཡིན་པའི་རྒྱུ་མཚན་གྱིས་རྒྱལ་པོ་དེའི་གདུང་རྒྱུད……

ལས་བྱོན་པའི་རྒྱལ་པོ་གཞན་དག་ལའང་གདུང་གི་ཆེ་རྟགས་སྟོན་པའི་མཚན་ བླ་དྭགས་ཤིག་ཏུ་ཆགས་ནས་བེད་སྤྱོད་བྱས་ཡོད་པ་ནི། ཏུན་ཧོང་བོད་ཀྱི་ལོ་རྒྱུས་ཡིག་ཆ་ཧྲེང་[P. T. 1287ཤ་153]ལས་སྒྲུང་དཔའས་གཉིས་ཟིང་པོ་རྗེ་ལས་འཁྲུས་ཏེ། བཙན་པོ་སྤུ་རྒྱལ་ལ་གློ་བ་ཉེ་བར་བྱས་ནས། མནའ་མཐོའ་ཡང་ཆེར་བཆད་དོ། །ཞེས་པ་དང་། ཡང་དེ་ཉིད་[P. T. 1287ཤ་158]ལས་སྤུ་རྒྱལ་སྟག་བུའི་སྔན་དུ་པོན་ནས། ཞེས་པ་དང་། ཡང་[P. T. 1287ཤ་174]ཟིང་པོ་རྗེ་རྒྱབ་ཏུ་མྩི་དོར་རེ། སྤུ་རྒྱལ་པང་དུ་མྩི་ལེན་རེ། བཙན་པོ་སྤུ་རྒྱལ་ལ་གློ་བ་འདྲིང་རེ། ཞེས་པ་དང་[P. T. 1287ཤ་288]ལས་བཙན་པོ་སྤུ་རྒྱལ་ཁྲི་སྲོང་བཙན་ཡབ་སྲས་དང་། གདུང་རྒྱུད་ལ། གློ་བ་འདྲིང་རེ། ཞེས་པ་ལྟ་བུ་བོད་ཀྱི་རྒྱལ་པོ་རྣམས་ལ་ཆེ་བསྟགས་ཀྱི་ཐ་ཚིགས་སུ་སྦྱར་ནས་མནའ་བསྐྱལ་བ་དང་། གཞན་ཡང་བཙན་པོ་འདུས་སྲོང་གི་མགུར། ཏུན་ཧོང་བོད་ཀྱི་ལོ་རྒྱུས་ཡིག་ཆ་ཧྲེང་[P. T. 1287ཤ་465]ལས་བོད་ཀྱི་ནི་སྤུ་རྒྱལ་དུ་སེམས་ཤིང་ནི་རེ་རེ… ཡང་། སྤུ་རྒྱལ་ནི་གདུང་མྱི་འཆད། ཅེས་པ་ལ་སོགས་པ་རྣམས་ཀྱིས་ངེས་ཤེས་རྙེད་ཐུབ།

རྒྱ་བོད་ཡིག་ཚང་ཆེན་མོ་[སི་133ཤ་17]ལས་བར་པ་བྱ་ཁྲི། སྤོ་བོ་བྲག་ཐོག་ན། སྤོ་དེ་གུང་རྒྱལ་དུ་མཚན་གསོལ། སྤོ་བོའི་རྗེ་མཛད་ཀྱི་འདུག་པས། གདན་དྲངས་ནས། རྒྱལ་ས་བསྐོས། དེ་ཕྱིན་ཆད་ནས། སྤུར་རྒྱལ་བོད་ཀྱི་ཡུལ་བྱ་བ་འདིའང་གྲགས་སོ། །ཞེས་སྤུར་རྒྱལ་ཞེས་བྱ་བའི་ཐ་སྙད་དེ། སྤུ་དེ་གུང་རྒྱལ་གྱི་དུས་ནས་བྱུང་བར་བཤད་པ་ནི། བོད་ཀྱི་ཐོག་མའི་བཙན་པོར་འོ་ལྡེ་སྤུ་རྒྱལ་ལམ། འོ་དེ་སྤུ་རྒྱལ་གྱི་མཚན་ཡོད་པར་མ་ཤེས་པ་དང་། བོད་ཀྱི་ཐོག་མའི་རྒྱལ་པོའི་འབྱུང་ཁུངས་ཀྱི་ལོ་རྒྱུས་སུ་ཡང་གསང་ཐེའུ་བྲང་ལས་ཆད་པའི་ལུགས་ཡོད་པ་ལ་ཆ་རྒྱུས་མེད་པ་བཅས་ཀྱིས་དེ་སྐད་དུ་བཤད་ཡོད་པར་མངོན།

བོད་ཀྱི་ཡ་ཐོག་གི་རྒྱལ་པོའི་མཚན་ཡོངས་གྲགས་སུ"གཉའ་ཁྲི་བཙན་པོ"ཞེས་བྱ་བ་དེ་ལའང་། "གཉའ་ཁྲི"དང"སྣ་ཁྲི་ཉག་རི། ཉག་ཁྲི"དང"བཤ་ཉ་ཁྲི"ཞེས་པ་ལྟ་བུ་ཡི་གེར་འགོད་སྟངས་མི་འདྲ་བ་རྣམ་པ་ལྔ་ཙམ་ཞིག་བྱུང་ཡོད། "གཉའ་ཁྲི"ཞེས་བྱ་བ་དེའི་བྱུང་ཁུངས་ལོ་རྒྱུས་ཀྱི་གླིང་གཞི་དང་འབྲེལ་བའི་ཚུལ་ནི། ལེགས་བཤད་རིན་པོ་ཆེའི་མཛོད་[པེ་129ཤ་17]ལས་ཐོག་མར་ཕྱུག་ཐི་འབགས་མཐོང་ནས། གང་ནས་འོངས་བྱས་པས། གནམ་དུ་འཛུབ་མོ་གེར་གེར་བྱེད་ཅིང་བགད་པས་ལྷེ་སྙིང་གཡུང་དྲུང་རིས་ཞལ་ཞལ་སྣང་། སུ་ཡིན་བྱས་པ་བཙད་པོའི་མི་ཡིན་ཟེར། དེར་མི་རྣམས་ཀྱིས་ཤིང་ལ་ཁྲི་བྱས་ནས་གཉའ་བར་བཏེག་སྟེ། མི་ཀུན་ལ་བསྟན་པས་ཐམས་ཅད་འཇིགས་ཤིང་དངངས། གཤེན་གཙོ་ལྷན་མཚོ་མགྲོན་ཞེས་པ་ལ་བསྟན་པས། འདི་བོད་ཀྱི་རྗེ་བོར་འོས་སོ་ཞེས་གསུངས་ཏེ་ཚན་ཁྲུས་བྱས་ཏེ་མིའི་རྗེ་གཉའ་ཁྲི་བཙན་པོར་མཚན་གསོལ་ནས་བོད་ཀྱི་རྒྱལ་སར་ཕྱུང་ངོ། །" ཞེས་པ་དང་། རྒྱལ་རབས་གསལ་

བའི་མེ་ལོང་[པེ་55 ཕ་4] ལས་དེའང་བོད་ཀྱི་ཡིག་ཚང་ལས། དང་པོ་ལྷ་རི་རོལ་པའི་རྩེ་ལ་བབས་ཏེ་གཟིགས་པས། གངས་ཡར་ལྷ་ཤམ་པོ་མཐོ་བ་དང་ཡུལ་ཡར་ལུང་བཟང་བར་མཁྱེན་ནས། བཙན་ཐང་སྒོང་མའི་རི་ལ་བབས་པས་ཕྱུགས་སྐྱོང་བའི་རྫིའུ་རྣམས་ཀྱིས་མཐོང་སྟེ། རྒྱར་བྱུང་ནས་གང་ནས་འོང་དྲིས་པས་གནམ་ལ་མཛུབ་མོ་གཏེར་བ་དང་། འདི་ནི་ནམ་མཁའ་ནས་འོང་བའི་ལྷ་སྲས་ཡིན་པར་འདུག་པས་འོ་ཅག་རྣམས་ཀྱི་རྗེ་བཙལ་ལོ་ཟེར་ཏེ། གཉའ་བར་ཁྲི་བྱས་བཏེགས་ནས་འོང་བ་ན། རྗེ་གཉའ་ཁྲི་བཙན་པོ་ཟེར་ཏེ་བོད་ཀྱི་རྒྱལ་པོ་ལ་སྔ་བ་དེ་ཡིན་ནོ། །ཞེས་པའི་ལུང་གཉིས་ཀྱིས་མཚོན་པ་ལྟར་བོད་ཀྱི་ཐོག་མའི་རྒྱལ་པོའི་མཚན་ལ་གཉའ་ཁྲི་ཞེས་སུ་གྲགས་པའི་རྒྱུ་མཚན་གྱི་གཙོ་བོ་དེ། བོད་མི་ཚོས་གཉའ་བར་ཤིང་གི་ཁྲི་བྱས་ཏེ་བཏེགས་ནས་གོང་དུ་བཀུར་བའི་རྐྱེན་གྱིས་རྒྱལ་པོའི་མཚན་ལའང"གཉའ་ཁྲི"ཞེས་སུ་གྲགས···པ་ཡིན་ཚུལ་གྱི་བཤད་སྟངས་འདི་ནི་དེང་དུས་ཀྱི་བོན་གསར་མ་བ་རྣམས་དང་། ཆོས་པའམ་བན་དེའི་ལོ་རྒྱུས་མཁན་པོ་རྣམས་ཀྱི་བཞེད་ལུགས་ཐུན་མོང་བ་ཞིག་ཏུ་ཆགས་ཡོད། དེ་དང་ཕྱོགས་འདྲ་བའི་བཤད་ཚུལ་གཞན་ཞིག་ནི། ལྡེའུ་རྒྱ་བོད་ཀྱི་ཆོས་འབྱུང་[བོད232 ཕ་17] ལས་མའི་གཉའ་བ་ནས་ཐོན་པས་མཚན་ཡང་གཉའ་ཁྲི་བཙན་པོར་བཏགས་སོ་ཞེས་བཤད་ཡོད་པ་དེ་རེད། གང་ལྟར་ཡང་བཤད་སྟངས་འདི་ཉིད་བོད་སྐད་ཁོ་ནའི་ལུགས་སུ་བྱས་ན་འདྲ་ཆགས་པོ་དང་། གོ་དོན་དང་ལྡན་པ་འདྲ་ཞིག་ཏུ་སྣང་ཐུབ་མོད། བསམ་གཞིགས་ལེགས་པོ་ཞིག་བཏང་བ་ཡིན་ན་བཤད་སྟངས་དེ་ལ་ཡིད་བརྟན་ཉུང་བའི་རྨང་གཞི་རྩ་བ་ནས་མེད་པ་མངོན་སུམ་དུ་མཐོང་ཐུབ། གང་ལ་ཟེར་ན། རྒྱལ་པོ་གཉའ་ཁྲི་བཙན་པོ་མ་བྱོན་པའི་གོང་དེར་བོད་དུ་གཤེན་ཆེན་པོ་ནམ་མཁའི་སྣང་བའི་མདོག་ཅན་གཙོས། ཤེས་པ་ཅན་བཅུ་གཉིས་ཀྱི་བོན་པོ་རྣམས་ཡོད་པ་དང་། ཐོག་མའི་རྒྱལ་པོ་གཉའ་ཁྲི་བཙན་པོའང་བོན་གྱི་གཤེན་པོ་གཙོ་དང་འཚོ་འགྲོན་སོགས་ཀྱིས་བོན་གྱི་ཚན་ཁྲུས་ལས་ཕྱུངས་ཏེ"གཉའ་ཁྲི་བཙན་པོ"ཞེས་པའི་མཚན་གསོལ་ཚུལ་པོ····རྒྱུས་རྣམས་ལ་ཡོངས་སུ་གྲགས་པའི་གཏམ་ཞིག་ཡིན་པ་དང་། གཉའ་ཁྲི་བཙན་པོས་བོད་ཀྱི་རྒྱལ་སྲིད་སྐྱོང་བའི་དུས་སྐབས་དེར། རྒྱལ་སྲིད་སྐྱོང་བྱེད་ཀྱི་ཤེས་བྱའི་རིག་པའང་བོད་ཀྱི་མེས་ཆེན་པོ་ཞང་ཞུང་ནས་བྱུང་བའི་བོན་ཙམ་ལས་གཞན་པ་ཅི་ཞིག་ཀྱང་མེད་ལ། བོན་གྱི་ཤེས་རིག་གི་གཞི་རྩའང་ཞང་ཞུང་གི་སྐད་ཡིག་དང་འབྲེལ་བའི་ཤེས་རིག་གི་སྐོར་དེ་ཙམ་དུ་ངེས་པ་ཡིན་སྟབས། བོད་ཀྱི་ཡ་ཐོག་གི་རྒྱལ་པོ་གཉའ་ཁྲི་བཙན་པོའི་དུས་ནས་བཟུང་། དུས་ཕྱིས་བོད་ཡུལ་དབུས་ཀྱི་རྒྱལ་རབས་སྟོངས་པའི་བར་དེར། བོད་ཀྱི་རྒྱལ་པོ་རེ་ལ་རྒྱལ་པོའི་སྐུ་གཤེན་རེའང་ཡོད་པའི་ཚུལ་ཡ་ཐོག་བོད་ཀྱི་བོན་རབས་བཤད་པའི·······སྐབས་གསལ་བར་བསྟན་པ་དེ་དག་གིས་རྒྱལ་པོའི་སྲས་རྣམས་སྐུ་འཁྲུངས་པའི་སྐབས་སུ་རྒྱལ་སྲས་དེ་བོན

ཀྱི་ཚན་ཁྲུས་ལས་ཕྱུངས་ཏེ་མཚན་གསོལ་བའི་སྲོལ་ཡོད་པ་དང་། མཚན་དེའང་གནའ་རབས་ཀྱི་རང་གཤིས་མི་ཉམས་པ་དང་། བོན་སྐྱོང་གི་རྒྱལ་རབས་ཡིན་པའི་ཆེ་རྟགས་སུ་ཞང་ཞུང་གི་སྐད་ལས་དྲངས་པའི་མཚན་རེ་གསོལ་བའི་ལུགས་སྲོལ་རྒྱུན་མ་ཆད་པར་བྱུང་སྒྲོང་བའི་རྒྱུ་མཚན་དེ་ལ་བརྟེན་ནས། ཐོག་མའི་རྒྱལ་པོ་གཉའ་ཁྲི་བཙན་པོ་ཙམ་དུ་མ་ཟད། གནམ་གྱི་ཁྲི་བདུན་དུ་གྲགས་པའི་རྒྱལ་པོ་མུ་ཁྲི་བཙན་པོ་དང་དིང་ཁྲི་བཙན་པོ། དར་ཁྲི་བཙན་པོ། ཡེ་ཁྲི་བཙན་པོ། སེང་ཁྲི་བཙན་པོ་རྣམས་དང་ལེགས་དྲུག་ཏུ་གྲགས་པའི་རྒྱལ་པོ་ཨ་ཤོ་ལེགས་དང་དེ་ཤོ་ལེགས། ཐི་ཤོ་ལེགས། གུ་རུམ་ལེགས། འབྲོང་ཞི་ལེགས། ཨི་ཤོ་ལེགས་སོགས་ནས་ཕྱིས་ཀྱི་རྒྱལ་པོ་ཁྲི་སྲོང་ལྡེའུ་བཙན་དང་། མུ་ནེ་བཙན་པོ་སོགས་ཀྱི་བར། བོད་ཀྱི་རྒྱལ་རབས་ཐམས་ཅད་ལ་ཞང་ཞུང་གི་སྐད་ལས་དྲངས་པའི་མཚན་ཁོ་ན་གསོལ་ཡོད་པ་མངོན་སུམ་དུ་མཐོང····ཐུབ་ཅིང་། རྒྱལ་པོ་དེ་རྣམས་ཀྱི་མཚན་ལ་བོད་སྐད་དུ་གོ་དོན་ཅིའང་མེད་པ་འདྲ་ཞིག་ཏུ་སྣང་མོད། དོན་དུ་མིའི་རྗེ་བོ་རྒྱལ་པོ་རྣམས་ཀྱི་མཚན་ཡིན་སྟབས་གོ་དོན་རྒྱ་ཆེ་ལ་གཏིང་ཟབ་པ་རེ་ཡོད་ངེས་པ་ནི་སྨོས་མ་དགོས་པ་རེད།

ཞང་ཞུང་གི་སྐད་དུ"ཁྲི"ཞེས་པ་ནི་བོད་སྐད་དུ་ལྷའམ་ལྷའི་ཐུགས་ཞེས་པའི་དོན་ཡིན་ལ། དེ་བཞིན་དུ"མུ"ཞེས་པ་ནི་ཀུན་ཁྱབ་ཅེས་པའི་དོན་དང"དིང"ཞེས་པ་ནི་གླིང་། "དར"ཞེས་པ་ནི་ལེགས། "ཡེ"ཞེས་པ་ནི་ཐོག་མའམ་གདོད་མ། "སེང"ཞེས་པ་ནི་སེང་གེ། "ཨ་ཤོ"ཞེས་པ་ནི་ངག "དེ་ཤོ"ཞེས་པ་ནི་བདེ་བ། "ཐི་ཤོ"ཞེས་པ་ནི་གསལ་བ། "གུ་རུམ་མམ་གུ་ར"ཞེས་པ་ནི་ཡོན་ཏན། "འབྲོང་ཞིའམ་ཐྲི་ཞལ"ཞེས་པ་ནི་འཇའ་ཚོན། "ཨི་ཤོའམ་ཨུན་ཞི"ཞེས་པ་ནི་སྐྱན་གྲགས། "སྲོང"ཞེས་པ་ནི་ཐོགས་མེད། "ལྡེའམ་ལྡེའུ"ཞེས་པ་ནི་རིག་པའམ་མཁྱེན་པ་དང་། "མུ་ནེ"ཞེས་པ་ནི་ནམ་མཁའ་ལྟ་བུ་སྟེ། ཚུལ་དེ་དག་གིས་རྒྱལ་པོ་སོ་སོའི་མཚན་གྱི་གོ་དོན་གང་དག་ཡིན་པ་གསལ་པོར་རྟོགས་ཐུབ། "ཁྲི"ཞེས་པ་འདིའི་གོ་དོན་ལྷའམ་ལྷའི་ཐུགས་ཉིད་ཡིན་སྟབས། གནའ་བོའི་ཞང་ཞུང་གི་རྒྱལ་པོ་ཁྲི་ཕྱེར་གསེར་གྱི་བྱ་རུ་ཅན་དང་། ཁྲི་ལྡེ་ཨུགས་ཀྱི་བྱ་རུ་ཅན། ཞང་ཞུང་གི་བོན་གཤེན་ཆེན་པོ་ཁྲི་འོད་གསས་དང་ར་སངས་ཁྲི་ན་ཁོད། ཁྲི་བཙན་པོ་འོད་ལྡེ་སོགས་མང་པོ་ཞིག་བྱུང་སྒྲོང་བ་དང་། གཞན་ཡང་གཤེན་རབ་མི་བོ་ཆེའི་མཛད་མདོ་རྒྱས་པ་དྲི་མེད་གཟི་བརྗིད[ཐོབ་ཀ342ཤ172ཤ2]ལས་རྗེ་རིགས་བཙུན་པོ་དང་། གཙུག་ཕུད་ངང་མ་གཉིས་བསྔོས་པ་ལས་སྲས་དྲུག་འཁྲུངས་ཏེ། ཁྲི་ཕྱེར་དང་། ཁྲི་མ། ཁྲི་བཙུན། ཁྲི་བརྟེན། ཁྲི་རྗེ། ཁྲིའུ་ར་ཙ་དང་དྲུག་སྟེ། དེའི་མི་རྒྱུད་ཤིན་ཏུ་སྐྱིད་ལེགས་པ། མཚན་དང་ལྡན་པ། ཆགས་ཤེས་ལ་མཁས་པ[43]རྒྱལ་པོའི་གློན་རྒྱུད་མི་འཆད་པར་འབྱུང་བའོ། །ཞེས་གསལ་བ་ལྟར། ཞང་ཞུང་སྐད་ཀྱི་ཐ་

སྐད་རྫོན་ནས་ཡོངས་སུ་གྲགས་པ་ཞིག་ཡིན་སྟབས། བོད་ཀྱི་བཙན་པོ་རྣམས་ཀྱི་མཚན་དུའང་དེ་བཞིན་བེད་སྤྱོད་བྱས་པ་ཞིག་ཡིན་པ་ལས། གཉའ་ཁྲི་ལ་ཁྲིའི་ཐ་སྙད་བྱུང་བའི་རྒྱུ་མཚན་གྱིས། དེ་རྗེས་སུ་བྱུང་བའི་བོད་ཀྱི་བཙན་པོ་རྣམས་ལ་མཚན་དེ་སྐད་དུ་གྲགས་པ་ཞིག་རྩ་བ་ནས་མིན་པ་འདི་མཁྱེན་དགོས་གལ་ཆེན་པོ་ཞིག་རེད།

"སྐ་ཁྲི"ཞེས་པ་ནི་རྒྱ་གཤེན་ཡངལ་གྱི་གདུང་རབས་[ཐོབ་46ཤ23བ4]ལས་བདག་ཅག་ལྷ་རབ་གཉན་ཅུམ་སྲས། བདག་ནི་སྐ་ཁྲི་བཙན་པོ་ལགས། ཅིའི་ཕྱིར་སྐ་ཁྲི་བཙན་པོ་ན། མ་ཡི་སྐ་བར་ཟླ་བ་དགུ་ངོ་བཅུ་བསྡད་པས་སྐ་ཁྲི། སྣང་སྲིད་ཀུན་ལ་བཀའ་བཙན་པས་བཙན་པོའོ། །ཞེས་སྐ་བའམ། གཉའ་བ་སྐེ་རྐེའི་མཛེང་བའི་དོན་ཡིན་པར་བསྟན་ཅིང་། བཤད་ཚུལ་དེའང་བོད་ཡིག་གི་ཚིག་དོན་ལ་བརྟེན་པའི་ལུགས་ཤིག་ཏེ། ཕལ་ཆེར་གཉའ་ཁྲིའི་དོན་འགྲེལ་སྟངས་དང་ཕྱོགས་མཐུན་པའི་ལྟ་སྟངས་ཤིག་རེད། གནའ་རབས་སུ་སྐ་ལི་ཤུ་ཞེས་པ་ལྟ་བུ་རིགས་མིང་ལ"སྐ"ཞེས་པའི་ཐ་སྙད་ཅིག་བྱུང་སྲོང་ཡོད་ནའང་དེ་དང་སྐ་ཁྲིའི་མཚན་ལ་འབྲེལ་བ་འདྲ་ཡོད་དམ་མེད་པ་ནི་དཔྱད་གཞི་ཙམ་ཞིག་ཡིན་པ་ལས། གཞན་པའི་གསལ་ཁ་ཐོན་པ་འགའ་ཞིག་ཀྱང་མ་མཐོང་།

"ཉག་རི"ཞེས་པ་ནི་སྲིད་པ་རྒྱུད་ཀྱི་ཁ་བྱང་[ཐོབ77ཤ39ཕ4]ལས་ཕྱ་རྗེ་ཡབ་བླ་བདལ་དྲུག……དང་། དམུ་བཙུན་རྒྱལ་མོ་གཉིས་ཀྱི་སྲས། ཉེའུ་རྗེས་མཆེད་བདུན་བྱ་བ་ཡིན། ལྷ་སྲས་དེའི་བདུན་ཚིགས་ནི། ཁྲི་སད་འབར་བ་ཞེས་ཀྱང་བྱ། དེ་ཞང་པོ་དམུ་ཡི་ཡུལ་དུ་སྤྱུགས། དམུ་ཟ་གཉེ་མཐིང་མ་དང་བཤོས་པ་ལ། ཡར་གཤེགས་སུ་ནི་ཡུམ་གྲོངས་ལ། མར་གཤེགས་སུ་ནི་སྲས་མནོལ་བས། ལྷག་པའི་སྲུད་སྐོར་སྐྲ་ཉག་གཅིག་དང་འཁྲིལ་ནས་གཤེགས་པའི་སྲས། ཉེ་ཉག་རི་བཙད་པོ་ལགས་སོ། །"ཞེས་གསལ་ཞིང་། ལུང་འདིའི་གོ་དོན་ནི་ཡོ་ག་ལྷ་གྱིས་ཅན་གྱི་སྐབས་སུ། ཡབ་བླ་བདལ་དྲུག་དང་ཡུམ་སྨུ་བཙུན་གྱི་སྲས་ཉ བཤོས་པའི་སྲས་ཁྲི་བར་གྱི་བདུན་ཚིགས་རྨུ་ཡུལ་དུ་སྤྱུགས་པ་དེ་དང་། ཞང་རྨུ་ཡུལ་གྱི་ཐང་ཐང་གི་སྲས་མོ་ཕུ་མོ་དྲི་རྨུ་དྲི་བཙན་མོ་དང་བཤོས་པའི་སྲས་ལྷུམས་སུ་གནས་པའི་ཚེ། སྲས་ཀྱིས་ཡུམ་ལ་འདི་སྐད་དུ་ཡང་[232ཕ15]ལས་ཡར་གཤེགས་ན་ནི་ཡུམ་གྲོངས་འགྲོ། མར་གཤེགས་ན་ནི་སྲས་མནོལ་བས། སྐལ་པའི་མཁར་གཅིག་ཕྱེ་བར་གསོལ་བྱས་ནས་སོག་ཐྲག་གཡས་པ་ནས་བྱོན། ཞེས་སྨྲས་པའི་དོན་དེ་དང་གཅིག་པར་སྣང་ལ། མི་འདྲ་བའི་ཁྱད་ཅི་ཞིག་ཡོད་པ་ནི། སྐབས་འདིར་རྒྱལ་པོའི་མཚན་དུ"ཉན་རི་བཙན་པོ"ཞེས་པ་སྟེ། དེའི་རྒྱུད་མཚན་ཡང་སྲས་དེས་ཡུམ་གྱི་ལྷག་པའི་སྲུད་སྐོར་ཡོད་པའི་སྐྲ་ཉག་གཅིག་ལ་འཁྲིལ་བའི་དོན་གྱིས་ཉག་ཁྲིའི་ཐ་སྙད་བྱུང་ཚུལ་བཤད་ཡོད་པ་དེ་རེད་ལ་བཤད་ཚུལ་དེའང་བོད་སྐད…

ཀྱི་གོ་དོན་ལ་གཞིར་བཞག་བྱས་པའི་བཤད་པ་ཞིག་ཡིན་པའང་ཤེས་སླ་བ་ཡིན། “ཉག་ཁྲི”ཞེས་པ་ནི་ཏུན་ཧོང་བོད་ཀྱི་ལོ་རྒྱུས་ཡིག་རྙིང་[P. T. 1287ཤ་31]ལས་ཁྲིའི་བདུན་ཚིགས་ཀྱི་སྐབས། ཁྲི་ཉག་ཁྲི་བཙན་པོ། ཞེས་པ་དང་ཡང་[P. T. 1287ཤ་43]ལས་ཁྲིའི་བདུན་ཚིགས་ཀྱི་སྐབས། ལྡེ་ཉག་ཁྲི་བཙན་པོ། ཞེས་སོགས་ཀྱིས་གསལ་བ་རྣམས་ཏེ། དོན་དུ་ཉག་ཅེས་པའི་ཚིག་འདི་ནི་བོད་ཀྱི་བརྡ་ཆེས་རྙིང་པ་ཞིག་ཡིན་ལ། དེའི་གོ་དོན་རྣལ་མ་ནི“ཉག་ཅིག”ཅེས་པ་སྟེ། གཅིག་པུའམ་དེ་ཁོ་ནའི་དོན་ཡིན་ལ། ཞང་ཞུང་གི་སྐད་ལུགས་སུ་བྱས་ན“ལྷ་མཐུ་པོ་ཆེ”སྟེ། གཤིན་རྗེ་དང་འདྲ་བའི་ལྷ་དྲག་པོ་ཞིག་ལ་ཟེར་བ་ཡིན། “ཁྲི”ཞེས་པ་ནི་ལྷའམ་ལྷའི་ཐུགས་ཉིད་ཀྱི་དོན་ཡིན་པར་བརྟེན། བོད་ཀྱི་བརྡ་རྙིང་དང་འབྲེལ་བའི་ལུགས་སུ་བྱས་ན“ལྷ་གཅིག”ཅེས་པའི་གོ་དོན་ཡོད་སྲིད་ཅིང་། ཞང་སྐད་ཁོ་ནའི་དབང་དུ་བྱས་ན“ལྷའི་ཐུགས་ཉིད”དམ“ལྷའི་དགོངས་པ”ཞེས་བྱ་བའི་གོ་དོན་ཡོད་པ་ཡིན་སྟབས། གཞི་རྩའི་མཚན་རྣལ་མ་དེ་ནི“ཉག་ཁྲི་བཙན་པོ”ཞེས་པ་འདི་ཡིན་དགོས་པ་འདྲ་ཞིག་ཏུ་སྣང་། “ཉ་ཁྲི”ཞེས་པ་ནི་གོང་པོ་དེ་མོའི་བྲག་བཀོས་ཀྱི་ཡིག་བྲིང་གསུམ་པ་དང་བཞི་པར་ཕྱ་ཡབ་བླ་བདག་དྲུག་གི་སྐབས་ལས། ཉ་ཁྲི་བཙན་པོ་མི་ཡུལ་གྱི་རྗེར། ལྷ་རི་གྱང་ཏོར་གཤེགས་པ་ཙུན་ཆད། ཅེས་གསལ་བ་དང་། གཞན་ཡང་བློན་པོ་བཀའི་ཐང་ཡིག་[པེ་ཤ35ཤ་12]ལས་གཉའ་ཁྲི་བཙན་པོ་ཟླ་བ་ཉ་ལ་སྐྱེས། །ཉ་ཁྲི་བཙན་པོ་ཞེས་ཀྱང་བྱ། ཞེས་ཟླ་བ་ཉ་གང་བའི་དུས་སུ་སྐྱེས་པའི་རྒྱུ་མཚན་གྱིས་ཉ་ཁྲི་ཞེས་ཀྱང་ཟེར་སྲོལ་ཡོད་པའི་ཚུལ་བཤད་པ་འདིའང……བོད་སྐད་ཀྱི་ལུགས་སུ་བྱས་པ་ཞིག་ཡིན་པ་གསལ་པོར་མངོན་ཐུབ་པ་ཡིན།

གཉིས། རྗེ་གཉའ་ཁྲི་བཙན་པོ་ནས་ཆོས་རྒྱལ་སྲོང་བཙན་བར་རྒྱལ་པོ་གང་དག་བྱུང་བའི་སྐོར།

གནའ་རབས་ལོ་རྒྱུས་ཀྱི་དུས་རིམ་བར་མའི་ནང་བྱུང་བའི་བོད་ཀྱི་རྒྱལ་རབས་གཉའ་ཁྲི་བཙན་པོ····ནས་བཟུང་། ཆོས་རྒྱལ་སྲོང་བཙན་སྒམ་པོའི་བར་རྒྱལ་པོ་ཇི་སྙེད་ཅིག་བྱུང་མྱོང་ཡོད་པ་ལ་ལོ་རྒྱུས་མཁན་པོ་རྣམས་རྒྱལ་པོའི་རྣམ་གྲངས་དང་རྒྱལ་པོའི་མཚན་གྱི་སྐོར་སོགས་ལ་ཞལ་མི་མཐུན་པ་ཅི་རིགས་ཤིག······ཡོད་འདུག་ནའང་དེ་སྐབས་ཀྱི་ལོ་རྒྱུས་མཐའ་དག་གཙོ་ཆེར་བོན་དུ་བཞུགས་པའི་ཡིག་ཆ་རྙིང་པ་རྣམས····ལ་བལྟ་དགོས་ཤིང་། འབྲེལ་ཡོད་ལོ་རྒྱུས་ཀྱི་དཔེ་ཅི་རིགས་པ་རྣམས་ཀྱང་བོན་གྱི་དཔེ་རྙིང་རྣམས་དང་ཕན་ཚུན་གོ་བསྡུར་ནས་ལོ་རྒྱུས་ཀྱི་སྙིང་དོན་རྙེད་དགོས་པའམ། ངེས་དོན་གཏན་ལ་འབེབས་དགོས་པ་འདི་ནི་བོད་ཀྱི་ལོ་རྒྱུས་ཞིབ་འཇུག་བྱེད་པར་མེད་དུ་མི་རུང་བའི་རྨང་གཞི་ཕྱོགས་བརྟག་འཕོར་ལོ་དང་ཆ་

འདྲ་བ་ཞིག་ཡིན།

བོན་ལ་ཡོངས་སུ་གྲགས་པའི་ལོ་རྒྱུས་ཀྱི་ཡིག་ཆ་རྙིང་གྲས་དུ་མ་ཞིག་བཞུགས་པ། དེ་ཀུན་གྱི་སྙིང་པོའི་བཅུད་དྲིལ་ཞིང་། དགོངས་དོན་ལྡན་དུ་བསྡེབས་པ་ཞིག་ནི་བསྟན་པའི་རྣམ་བཤད་དར་རྒྱས་གསལ་བའི་སྒྲོན་མ་དེ་རང་ཡིན་འདུག་སྟབས། གཞུང་དེ་ལས་ཇི་ལྟར་བསྟན་པ་རྒྱང་གཞིར་བཟུང་ནས་བོད་ཀྱི་རྒྱལ་རབས་རིམ་པའི་གུང་ལྡན་ཅིག་ཏུ་བསྒྲིག་དགོས་པ་འདུག དེ་ཡང་དར་རྒྱས་གསལ་བའི་སྒྲོན་མ…… [ཇོབ་640ཤ་73ན་5]ལས་གཉའ་ཁྲི་དང་གནམ་མུ་ཡུག་གི་སྲས། མུ་ཁྲི་བཙན་པོ། སྐུ་གཤེན་བཙོ་ལན་ཚེས་མཛད། མུ་ཁྲི་དང་ས་སྨན་ཏིང་ཏིང་མའི་སྲས། དིང་ཁྲི་བཙན་པོ། སྐུ་གཤེན་བཙོ་སྙིན་དཀར་གྱིས་མཛད། དིང་ཁྲི་དང་སེ་ཟ་སྨན་གྱི་སྲས། སོ་ཁྲི་བཙན་པོ། སྐུ་གཤེན་གཙོ་འོད་དཀར། སོ་ཁྲི་དང་དར་ཟ་ཞང་ཞུང་མའི་སྲས། དིང་ཁྲི་བཙན་པོ། སྐུ་གཤེན་མཚོ་མི་ཟུང་སྨོན། དིང་ཁྲི་དང་དྭགས་ཀྱི་ལྷ་མོ་དཀར་མོའི་སྲས་དྭགས་ཁྲི་བཙན་པོ། སྐུ་གཤེན་དག་པ་མི་ཆེན། དྭགས་ཁྲི་དང་སྲིབས་ཀྱི་ལྷ་མོ་དཀར་མོའི་སྲས། སྲིབས་ཁྲི་བཙན་པོའི་སྐུ་གཤེན་གཙོ་ཞལ་དཀར། དེ་རྣམས་ལ་རྒྱལ་པོ་གནམ་ལ་ཁྲི་བདུན་ཞེས་བྱ། ཞེས་པ་དང་། ཡང་[651ཤ་78བ་4]ལས་བཙད་པོ་ཁྲི་ལྡེ་ཡགས་པ་(སྲིབས་ཁྲི་བཙན་པོ)དང་། བཙུན་མོ་སྨྲང་ཟ་ལྷ་རྒྱན་གཉིས་ལ་ཐེའུ་རང་མ་སྐྱ་ཨུ་ཤེར་གྱི་སྤྲུལ་པ་ཞུགས་ཏེ། ཟླ་དགུ་ངོ་བཅུ་ནས་སྲས་གཅིག་འཁྲུངས་པ་དེ་ཡང་། ཟླ་བ་ལས་ལོ་གྲངས་སུ་སྐྱིད་ཙམ་ན། སྐྲ་རྩ་དམར་བ། མིག་ཟླུམ་པ། ལག་མཐིལ་གཡས་ན་སྐྱི་བ་ནག་པོ་ཡོད་པ། ཁ་ནས་བསད་བཅད་དུ་སྨྲ་བ། སྡིག་པ་ལ་སོས་ཤིང་གོ་མཆོན་ལ་དགའ་བ་ཅིག་བྱུང་སྟེ། མའི་ཏུམ་ནས་ཀྱི་རྟགས་ཚང་བས། སྐུ་གཤེན་ཕ་བ་འཚེ་གཙོ་ཡིས། མཚན་ཡང་གྲི་ཏུམ་བཙན་པོར་བཏགས་སོ། །ཞེས་པ་དང་། ཡང་[660ཤ་83འོག་ན་6]ལས་དྲི་རྒྱལ་ལོ་ངམ་ཏ་ཛི་དེས། གདུག་པའི་གྲི་མདའ་སྟོང་ནག་ནི། དཔྲལ་བའི་དཔྱིས་སུ་རྒྱབ་(བརྒྱབས་)ཏེ་བསད། ཅེས་དང་[661ཤ་83འོག་བ་4]དུ་ཕུར་ས་ལུས་པ་དེ། ལོ་ངམ་གྱིས་ཟང་ཁ་སྒྲོད་དུ་བཙུག་སྟེ་འདའ་ལེ་ཟམ་ཁ་ནས་ཉང་ཆུ་ལ་བསྐུར་རོ། །སྲས་སྤུ་ལྡེ་དང་ཉ་ཁྲི་གཉིས། དྭགས་རྐོང་གཉིས་སུ་སྤྱུགས། བློན་པོ་དྲགས་པ་བསད། ཞན་པ་སྤྱུགས། བཙུན་མོ་ལུག་རྫི་ལ་བཙུག སྲས་མོ་ལྷ་ལྕམ་ཁབ་ཏུ་བླངས་ནས། རྒྱལ་ས་ལོ་བཅུ་གསུམ་ཁོས་བཟུང་ངོ་། །ཞེས་རྒྱལ་རབས་ཀྱི་གྲངས་སུ་བཞག་མཛད་པ་དང་ཡང་[651ཤ་78བ་7]ལས་དེ་(གྲི་གུམ)དང་དཔལ་ཟ་ཁྲི་བཙན་བཞོས་པ་ལས། ནམ་གྱི་གུང་ལ་སྲས་བྱ་ཏ་སྤྱང་གསུམ་གྱི་སྤུ་ལ། སྐྲ་དང་བ་སྤུ་བྱས་པ་ཞིག་བྱུང་སྟེ། མཚན་ཡང་སྤུ་ལྡེ་གུང་རྒྱལ་དུ་བཏགས་སོ། །ཞང་ཞུང་ཚེའི་རྒྱལ་པོས་སྐུ་བསྲུངས་སོ།། དེ་གཉིས་ནི་བར་གྱི་ལྡིང་གཉིས་སོ། །ཞེས་པ་དང་[665ཤ་85བ་1]ལས་སྤུ་ལྡེ་དང་ཁྲུམ་ཐང་སྨན་མཚོའི་

སྲུས། ཨ་ཨོ་ཞིགས། དེ་དང་དགུ་ལྷམ་ལ་ནའི་མོའི་སྲས་དེ་ཨོ་ཞིགས། དེ་དང་ཀླུ་སྨན་མེར་སྲས་ཐེ་ཨོ་ཞིགས། དེ་དང་བཙན་མོ་གུར་སྨན་གྱི་སྲས་འགུ་རུ་ཞིགས། དེ་དང་མཚོན་སྨན་འབྲོང་མོའི་སྲས་འབྲོང་བཞེར་ཞིགས། དེ་དང་ས་སྨན་བུ་མོའི་སྲས་ཨོ་ཞིགས། དེ་ལྟར་ས་ལ་ཞིགས་དྲུག་གི་རིང་ལ་ཞང་ཞུང་མཁས་པ་ཉི་ཤུས་སྐུ་བསྲུངས། ཞེས་པ་དང་[665ཤ·85བ·5]ལས་ཨོ་ཞིགས་དང་དགུ་ལྷམ་རྒྱང་ཞིགས་ཀྱི་སྲས་ཟ་ནམ་ཟིན་ལྡེ། ཞང་ཞུང་གཡུང་དྲུང་རྒྱལ་པོས་སྐུ་བསྲུངས། ཟིན་ནམ་ཟིན་ལྡེ་དང་མཚོན་སྨན་ཁྲི་དཀར་གྱིས་སྲས། ལྡེ་ནམ་འཕྲུལ་ཞུང་བཙན། ཞང་ཞུང་མཆེ་མི་ཀུན་སྣང་གིས་སྐུ་བསྲུངས། ལྡེ་ནམ་འཕྲུལ་གཞུང་བཙན་དང་། གཉན་མང་མོའི་སྲས་སེ་སྣོལ་གནམ་ལྡེ། ཞང་ཞུང་དོན་རྟོགས་རྒྱལ་པོས་སྐུ་བསྲུངས། སེ་སྣོལ་གནམ་ལྡེ་དང་ཀླུ་ཐང་མེར་མོའི་སྲས་སེ་སྣོལ་ལྡེ། ཞང་ཞུང་ཨ་སོ་གཙུག་ཕུད་ཀྱིས་སྐུ་བསྲུངས། སེ་སྣོལ་ལྡེ་དང་འོ་ཟ་ཏི་མོ་མཚོའི་སྲས་ལྡེ་སྣོལ་ནམ། ཞང་ཞུང་ཨ་ལ་དན་ཅིས་སྐུ་བསྲུངས། ལྡེ་སྣོལ་ནམ་དང་ཁྲི་སྨན་རྗེ་མའི་སྲས་ལྡེ་རྣོལ་པོ། ཞང་ཞུང་དར་མ་ཧ་ཏིས་སྐུ་བསྲུངས། ལྡེ་རྣོལ་པོ་དང་ས་བཙུན་སྨན་རྗེའི་སྲས་ལྡེ་རྒྱལ་པོ། ཞང་ཞུང་ང་ས་ཧ་ཏིས་སྐུ་བསྲུངས། ལྡེ་རྒྱལ་པོ་དང་སྨན་བཙུན་ལུང་གོང་གི་སྲས་ལྡེ་སྤྲིན་བཙན། ཞང་ཞུང་ཤུ་ལ་མ་ཏོས་ཀྱིས་སྐུ་བསྲུངས། དེ་དག་ནི་ཆུ་ལ་ལྡེ་བརྒྱད་དེ། བོན་འབུམ་སྡེའི་གཞུང་དར། ལྷུན་གྲུབ་དབྱིངས་ཀྱི་གསས་ཁང་ལ་སོགས་པ་བཞེངས་སོ། །ལྡེ་སྤྲིན་བཙན་དང་གཉན་བཙུན་མང་མོ་རྗེའི་སྲས་རྒྱལ་ཏོ་རེ་ལོ་བཙན། དེ་དང་སྨན་ཟ་ཀླུ་སྟེངས་ཀྱི་སྲས་ཁྲི་ཐོབ་རྗེ་བཙན། རྒྱལ་དེ་གསུམ་གྱི་སྐུ་སྲུང་། ཞང་ཞུང་ཤུ་ལ་ཧ་རྒྱལ་གྱིས་མཛད་དོ། །ཏོ་རེ་ལོ་བཙན་མན་གྱི་རྒྱལ་རབས་བཞིའི་རིང་ལ། ཞང་ཞུང་གི་ཡུལ་བྱེ་མ་གཡུང་དྲུང་ཚལ་དུ། ལྷུན་གྲུབ་དབྱིངས་ཀྱི་ལྷ་ཁང་ལ་སོགས་བཞེངས་སོ། །ཁྲི་ཐོག་རྗེ་བཙན་དང་རུ་ཡང་ཟ་སྟེང་རྒྱལ་ནམ་མཚོའི་སྲས། ཐོ་ཐོཾ་རིའི་སྙན་བཙན། ཞེས་པ་དང་ཡང་[667ཤ·86བ·2]ལས་ཏོ་རེ་ལོ་བཙན་མན་གྱི་ལྷ་པོ་དེ་ལ། བར་གྱི་བཙན་ལྔ་ཟེར། རྗེ་དེས་ཡུམ་གུར་སྨན་བཞེས་པ་ལ་སྲས་མེད། ཆུན་མ་སྟོ་ཟ་མ་སོ་རྗེའི་སྲས་ཁྲི་གཉན་གཟུང་བཙན། ཁུའི་བོན་པོ་མང་སྲ་ཞིགས་པས་སྐུ་བསྲུངས། ཁྲི་སྙན་ཟུང་བཙན་དང་འབྲོང་ཟ་དར་མ་གཡང་བཞེར་གྱི་སྲས་འབྲོང་སྙན་ལྡེ་རུ། ཁུའི་བོན་པོ་མང་རྗེ་ཡོད་པོས་སྐུ་སྲུང་། འགྲོང་སྙན་དང་འཆིན་ཟ་ཀླུ་རྒྱལ་ངན་ན་མཚོ་ལ། སྲས་དགུ་ཡོང་ཅིག་བྱུང་བ་ལ། ཁུ་བོན་མང་རྗེ་ཡོད་པོས་སྤྱན་བསླུབས་པས། ཕ་རི་ལ་སྙན་འདུག་པར་གཟིགས་པས། མཚན་སྟག་རི་སྙན་གཟིགས་སུ་བཏགས་ཞེས་པ་དང་། ཡང་[668ཤ·87ན·1]ལས་སྟག་རི་དང་འོམ་ཆོད་ཟ་སྟོང་བཙུན་འགྲོ་སྐར་གྱི་སྲས། གནམ་རི་སྲོང་རྩན། གཙོའི་བོན་པོ་ཁྲི་ཕྱུང་གྲགས་པས་སྐུ་བསྲུང་ངོ་། །ཞེས་པ་དང་ཡང་[668ཤ·87ན·3]ལས་དེ་ལྟར་རྗེ་གཉའ་ཁྲི་བཙན་པོ་མན་ཆད་ནས།

གནམ་ཁྲི་སྲོང་བཙན་ཡན་ཆད་དུ། རྒྱལ་རབས་སུམ་ཅུ་རྩ་གསུམ་ལ། ཆབ་སྲིད་འཛིན་པའི་རྒྱལ་པོ་རེ། འདྲེན་པའི་སྐུ་གཤེན་རེ། སྐད་སྒྱུར་གྱི་ལོ་པཎ་རེ། བྱས་ཐབས་ཀྱི་གསས་ཁང་རེ་རེ་བཞག་ཅེས། རྣམ་འབྲེད་འཕྲུལ་གྱི་ལྡེ་མིག་ལས་གསུངས་སོ། །ཞེས་རྒྱལ་རབས་སུམ་ཅུ་སོ་གསུམ་གྱི་གྲངས་བརྒྱལ་བར་བསྟན་པས་ནི་ཏྲི་རྒྱལ་ལོ་ངམ་ཧ་ཛིའང་བོད་ཀྱི་རྒྱལ་རབས་སུ་བརྩིས་ཡོད་པ་གསལ་པོར་མངོན་ཐུབ་པ་ཡིན།

ད་ར་རྒྱས་ཀྱི་གཞུང་འདི་ནི་ཏྲི་རྒྱལ་ལོ་ངམ་བོད་ཀྱི་རྒྱལ་རབས་ཀྱི་གྲངས་སུ་རྩིས་གནང་མཁན་གྱི······ རྒྱལ་རབས་ཉག་ཅིག་པ་སྟེ། དེ་ལས་གཞན་པའི་བན་བོན་གྱི་རྒྱལ་རབས་གང་ཞིག་ཏུའང་ཏྲི་རྒྱལ་ལོ་ངམ་རྒྱལ་རབས་ཀྱི་གྲངས་སུ་བཞག་པ་རྩ་བ་ནས་མཐོང་མ་མྱོང་། དངོས་དོན་གྱི་དབང་དུ་བྱས་ན། "རྒྱལ་རབས" ཞེས་པ་དེ་ནི་སྟོབས་དང་ལྡན་པའི་སྐྱེ་བོ་སུའང་རུང་བ་ཞིག་གིས་རྒྱལ་ཁམས་གང་ཡང་རུང་བ······ ཞིག་ལ་མངའ་དབང་རྗོགས་པར་བསྒྱུར་ཅིང་མངའ་བདག་གི་གོ་གནས་ཆ་ཚང་བར་འཛིན་མཁན་དེ་འདྲ་བའི་རིགས་ལ"རྒྱལ་པོའམ་བཙན་པོ" ཞེས་པའི་ཐ་སྙད་འདི་བྱུང་ཡོད་པ་ཡིན་སྟབས། ཏྲི་རྒྱལ་ལོ་ངམ་གྱིས་བོད་ཀྱི་རྒྱལ་སྲིད་ལོ་གྲངས་བཅུ་གསུམ་གྱི་བར་དུ་བསྐྱངས་མྱོང་བ་ལ། ད་དུང་བོད་ཡུལ་གྱི་རྒྱལ་པོའི་རབས་སུ་མི་འཛོག་པ་དེས་ནི། སྔོན་བྱུང་བོད་ཀྱི་ལོ་རྒྱུས་མཁན་པོ་ཚོར་ཧ་ཅང་གུ་དོག་པའི་ལྟ་ཚུལ་དང་བསམ་ཕྱོགས་ཤུགས་ཆེན་པོ་ཞིག་བྱུང་མྱོང་བའི་མངོན་རྟགས་གསལ་པོར་བསྟན་ཅིང་། ཕྱོགས་མེད་ཀྱི་ཡངས་ཀྱི་མཁས་པ་ཚོ་གད་མོ་འཆོར་གཞི་ཙམ་ལས་གཞན་མེད་པ་ཡིན་སྟབས། ཁོ་བོ་ནི་ད་ར་རྒྱས་ཀྱི་ལུགས་འདིའི་རྗེས་སུ་འབྲང་བར་འདོད་ཅིང་། ལྟ་ཚུལ་འདི་ནི་ལོ་རྒྱུས་ཀྱི་མཁན་པོ་ཚུལ་མཐུན་གྱི་ལྟ་སྟངས་ཤིག་ཏུའང་ངོས་འཛིན་རྒྱུ་ཡིན།

ཆོས་ཀྱི་ལུགས་སུ་གྲགས་ཆེ་བའི་ལོ་རྒྱུས་ཀྱི་ཡིག་ཆ་རྒྱ་ཆེ་ལ་གྲངས་མང་བ་ཞིག་ཡོད་ནའང་། ལོ་རྒྱུས་ཀྱི་རང་གཤིས་སྟེང་ནས་དཔྱད་ན་སྙིང་མའི་རང་མཚན་དང་ལྡན་ལ། གཞུང་རང་གི་ལོ་རྒྱུས་ཀྱི་དབང་དུ་བྱས་ནའང་ཆེས་རྙིང་མའི་རང་བཞིན་སྟོན་མེད་དུ་བསྟན་པའི་ལོ་རྒྱུས་ཀྱི་ཡིག་ཆ་ཀུན་གྱི་ཕྱི་མོར་གྱུར་པ་ནི་བཀའ་ཐང་སྡེ་ལྔ་རུ་གྲགས་པ་དེ་དག་ཡིན་ལ། གཞུང་དེ་དག་ཏུ་བོད་ཀྱི་གནའ་བོའི་རྒྱལ་རབས་ཀྱི་རིམ་པ་ཇི་ལྟར་བྱུང་མྱོང་བའི་སྐོར་གསལ་རྒྱས་སུ་བསྟན་པ་ནི། རྒྱལ་པོ་བཀའི་ཐང་ཡིག[ཤོ་113བ་20]ལས་གཉའ་ཁྲིའི་སྲས་ནི་མུ་ཁྲི་བཙན་པོ་ཡིན། །དེ་ཡི་སྲས་ནི་དིང་ཁྲི་བཙན་པོ་ཡིན། །དེ་ཡི་སྲས་ནི་སོ་ཁྲི་བཙན་པོ་ཡིན། །དེ་ཡི་སྲས་ནི་མེར་ཁྲི་བཙན་པོ་ཡིན། །དེ་ཡི་སྲས་ནི་གདགས་བཙན་པོ་ཡིན། །དེ་ཡི་སྲས་ནི་སྲིབ་ཁྲི་བཙན་པོ་ཡིན། །དེ་ལྟར་གནམ་ལ་ཁྲི་བདུན་མཚན་དུ་གསོལ། །ས་ལ་ལེགས་དྲུག་རྒྱལ་པོའི་རྒྱལ་རྒྱུད་ལ། །རྒྱལ་པོ་གྲི་གུམ་བཙན་པོའི་སྲས་གསུམ་ནི། །བྱ་ཁྲི་དང་ཤ་ཁྲི། །ཉ་ཁྲི་རྣམ་པ་གསུམ། །རྒྱལ་པོ་བྱ་ཁྲི་གོང་

པོའི་ཡུལ་དུ་གཤེགས། །རྒྱལ་པོ་ཉ་ཁྲི་ཉང་པོའི་ཡུལ་དུ་གཤེགས། །རྒྱལ་པོ་ཤ་ཁྲི་སྤོ་བོའི་ཡུལ་དུ་གཤེགས། ། ཡབ་གཅིག་གཤེགས་ནས་རྒྱལ་སྲས་སྤྱན་དྲངས་པ། །སྤོ་བོའི་ཡུལ་ནས་སྤུ་དེ་གུང་རྒྱལ་བྱོན། །སྤུ་དེ་གུང་རྒྱལ་སྲས་ནི་ཨི་ཤོ་ལེགས། །དེ་ཡི་སྲས་ནི་ལི་ཤོ་ལེགས་ཞེས་བྱ། །དེ་ཡི་སྲས་ནི་འབྲོང་བཞི་ལེགས་ཞེས་བྱ། ། དེ་ཡི་སྲས་ནི་ཐི་ཤོ་ལེགས་ཞེས་བྱ། །དེ་ཡི་སྲས་ནི་གུ་རུམ་ལེགས་ཞེས་བྱ། །དེ་ཡི་སྲས་ནི་ཟ་ནམ་ལེགས་ཞེས་བྱ། །དེ་རྣམས་ས་ཡི་ལེགས་དྲུག་བྱ་བ་ཡིན། །རྒྱལ་པོ་ཟ་ནམ་ལེགས་ཀྱི་སྲས་ལ་ནི། །རྒྱལ་པོ་ལྡེ་རུ་གནམ་གཞུང་བཙན་དུ་གྲགས། །དེ་ཡི་སྲས་ནི་སེ་སྣོད་སྤྲས་ཞེས་བྱ། །དེ་ཡི་སྲས་ནི་སེ་སྣོད་པ་ཞེས་གྲགས། ། དེ་ཡི་སྲས་ནི་སོར་རྗེ་ནམ་ཞེས་གྲགས། །དེ་ཡི་སྲས་ནི་རྒྱལ་པོ་སོ་སྐྱེ་ལགས། །དེ་ཡི་སྲས་ནི་སྤྲིན་རྒྱལ་བཙན་ཞེས་བྱ། །དེ་ཡི་སྲས་ནི་སྟོང་རི་སྟོང་བཙན་ཡིན། །དེ་དག་རྣམས་ནི་རྒྱལ་རབས་སིལ་མ་བདུན། །སྟོང་རི་སྟོང་བཙན་སྲས་ནི་ཁྲི་ནམ་བཙན། །དེ་ཡི་སྲས་ནི་ཁྲི་སྒྲ་དཔུང་བཙན་ཡིན། །དེ་ཡི་སྲུ་ནི་ཁྲི་ཐོག་རྗེ་བཙན་ཡིན། །དེ་ཡི་སྲས་ནི་ཐོ་ཐོ་གཉན་བཙན་ཡིན། །དེ་ཡི་སྲས་ནི་ཁྲི་གཉན་གཟུགས་བཙན་ཡིན། །དེ་རྣམས་མཚན་གསོལ་ཚིགས་ལ་བཙན་ལྔ་ཡིན། །དེ་ཡི་སྲས་ནི་འབྲོང་གཉན་ལྡེ་རུ་ཡིན། །དེ་ཡི་སྲས་ནི་སྟག་རི་གཉན་གཟིགས་ཡིན། །དེ་ཡི་སྲས་ནི་གནམ་རི་སྲོང་བཙན་ཡིན། །ཞེས་གནམ་གྱི་ཁྲི་བདུན་དང་གྱི་གུམ་དང་སྤུ་དེ་གུང་རྒྱལ། ས་ལ་ལེགས་དྲུག རྒྱལ་རབས་སིལ་མ་བདུན། ཚིགས་ལ་བཙན་ལྔ། འབྲོང་གཉན་ལྡེ་རུ། སྟག་རི་གཉན་གཟིགས་དང་གནམ་རི་སྲོང་བཙན་བཅས་རྒྱལ་རབས་སུམ་ཅུ་ཕྱིན་ཡོད་པར་གསལ་བ་དང་། ཡང་དེའི་སྐོར་ཏུན་ཧོང་བོད་ཀྱི་ལོ་རྒྱུས་ཡིག་རྙིང་[P. T. 1287ཤ་44]ལས་ལྡེ་ཉག་ཁྲི་བཙན་པོ་དང་། གནམ་མུག་མུག་ཏུ་བཤོས་པའི་སྲས་མུ་ཁྲི་བཙན་པོ། མུག་ཁྲི་བཙན་པོ་དང་ས་དིང་དིང་དུ་བཤོས་པའི་སྲས་དིང་ཁྲི་བཙན་པོ། དིང་ཁྲི་བཙན་པོ་དང་སོ་ཐམ་ཐམ་དུ་བཤོས་པའི་སྲས་སོ་ཁྲི་བཙན་པོ། སོ་ཁྲི་བཙན་པོའི་སྲས་དེ་ཁྲི་བཙན་པོ། དེ་ཁྲི་བཙན་པོའི་སྲས་ཁྲི་སྤེ་བཙན་པོ། ཞེས་པ་དང་། ཡང་[P. T. 1287ཤ་47]ལས་ཁྲི་སྤེ་བཙན་པོའི་སྲས། དྲི་གུམ་བཙན་པོ། དྲི་གུམ་བཙན་པོའི་སྲས་སྤུ་དེ་གུང་རྒྱལ་ཞེས་པ་དང་ཡང་[P. T. 1287ཤ་49]ལས་སྤུ་དེ་གུང་རྒྱལ་གྲོངས་ན། གྲང་མོ་གནམ་གསེར་བརྩིག་གསེར་བརྩིག་གི་སྲས་ཐོ་ལེགས་བཙན་པོ། ཐོ་ལེགས་བཙན་པོའི་སྲས་ཤོ་ལེགས་བཙན་པོ། ཤོ་ལེགས་བཙན་པོའི་སྲས་གོ་རུ་ལེགས་བཙན་པོ། གོ་རུ་ལེགས་བཙན་པོའི་སྲས་འབྲོང་ཞི་ལེགས་བཙན་པོ། འབྲོང་ཞི་ལེགས་བཙན་པོའི་སྲས་ཐི་ཤོ་ལེགས་བཙན་པོ། ཐི་ཤོག་ལེག་གི་སྲས་ཨི་ཤོ་ལེག་བཙན་པོ། ཨི་ཤོ་ལེག་གི་སྲས་ཟ་གནམ་ཟིན་ཏེ། ཟ་གནམ་ཟིན་ཏེའི་སྲས་ལྡེ་ཕྲུ་བོ་གནམ་གཞུང་བརྩན། གནམ་གཞུང་བརྩན་གྱི་སྲས་ལྡེ་གོལ། ལྡེ་གོལ་གྱི་སྲས་གནམ་ལྡེ་རྫོལ་ནམ། གནམ་ལྡེ་རྫོལ་ནམ་གྱི་སྲས་བསེའ་རྫོལ་པོ། བསེ་རྫོལ་

པོའི་སྲས་ལྡེ་རྒྱལ་པོ། ལྡེ་རྒྱལ་པོའི་སྲས་རྒྱལ་སྲིན་བརྩན། རྒྱལ་སྲིན་བརྩན་གྱི་སྲས་རྒྱལ་ཧོ་རེ་ལོངས་བརྩན། རྒྱལ་ཧོ་རེ་ལོངས་བརྩན་གྱི་སྲས་ཁྲི་བཙན་ནམ། ཁྲི་བརྩན་ནམ་གྱི་སྲས་ཁྲི་སྒྲ་སྤུང་བརྩན། ཁྲི་སྒྲ་སྤུང་བརྩན་གྱི་སྲས་ཁྲི་ཐོག་བརྩན། ཁྲི་ཐོག་བརྩན་དང་ཀླུ་ཡོང་བཟ། སྟོང་རྒྱལ་མཚན་མར་བཞེས་པའི་སྲས་ལྷ་ཐོ་རེ་སྙ་བརྩན། ལྷ་ཐོ་རེ་སྙ་བརྩན་དང་གནོའ་བཟ་མང་མོ་རྗེ་ཇི་དགོས་སུ་བཞེས་པའི་སྲས་ཁྲི་སྙ་ཟུང་བརྩན། ཁྲི་སྙ་ཟུང་བཙན་དང་འབྲོའ་བཟ་དུང་ཕྱུང་བཞེར་དུ་བཞེས་པའི་སྲས་འབྲོ་མཉེན་ལྡེ་རུ། འབྲོང་མཉེན་ལྡེ་རུ་དང་མཆིམས་བཟ་ཀླུ་རྒྱལ་ངན་མོ་མཚོར་བཞེས་པའི་སྲས་སྟག་བུ་སྙ་གཟིགས་དང་། འོལ་གོད་བཟ་སྟོང་ཙུན་འབྲོ་གར་བཞེས་པའི་སྲས་སློན་བཙན་རླུང་ནམ། ཞེས་རྒྱལ་རབས་སུམ་ཅུ་སོ་གཅིག་བྱིན་ཡོད་པ་གསལ་པོར་བསྟན་ཡོད།

དུས་རིམ་བར་མར་གཏོགས་པའི་བོད་ཀྱི་རྒྱལ་རབས་ཀྱི་རྣམ་གྲངས་ངོས་འཛིན་པ་ལ་ཡིག་ཆ་དེ······གསུམ་ནི་བན་བོན་ཡོངས་ལ་གྲགས་པའི་ལོ་རྒྱུས་ཀྱི་ཡིག་ཆ་ཚང་མའི་མཚོན་དཔེ་ལྟ་བུ་ཞིག་ཡིན་ལ། བོན་ལུགས་སུ་རྒྱལ་རབས་སུམ་ཅུ་སོ་གསུམ་བྱིན་པ་དང་། བཀའ་ཐང་གི་ལུགས་སུ་རྒྱལ་རབས་སུམ་ཅུ་དང་། ཏུན་ཧོང་གི་ཡིག་ཆའི་ལུགས་སུ་རྒྱལ་རབས་སུམ་ཅུ་སོ་གཅིག་བྱིན་པར་བསྟན་པས་མཚོན། རྒྱལ་རབས་ཀྱི་ཡིག་ཆ་མི་འདྲ་བ་དུ་མ་ཞིག་བཞུགས་པ་རྣམས་སུ་དུས་རིམ་བར་མའི་བོད་ཀྱི་རྒྱལ་རབས་བརྒྱུད་རིམ་གྱི·····རྣམ་གྲངས་ངོས་འཛིན་སྟངས་ལའང་མི་འདྲ་བ་ཅི་རིགས་ཤིག་བྱུང་ཡོད།

ཁོ་བོས་འདིར་དུས་རིམ་བར་མའི་ལོ་རྒྱུས་འཆད་པའི་ཁུངས་སུ་བྱས་པའི་ཡིག་ཆའི་གཙོ་བོ་ནི། དར་རྒྱས་གསལ་བའི་སྒྲོན་མ་ལ་དར་རྒྱས་དང་བཀའ་ཐང་སྡེ་ལྔ་ལ་བཀའ་ཐང་། ཏུན་ཧོང་བོད་ཀྱི་ལོ་རྒྱུས་ཡིག་རྙིང་ལ་ཏུན་ཧོང་། བཀའ་ཆེམས་བཀའ་ཁོལ་མ་ལ་ཀ་ཁོལ། ལྡེའུ་ཆོས་འབྱུང་ལ་ལྡེའུ། ཉང་གི་ཆོས་འབྱུང་ལ་ཉང་འབྱུང་། གྲགས་རྒྱལ་བོད་ཀྱི་རྒྱལ་རབས་ལ་གྲགས་རྒྱལ། ནེའུ་པཎྜི་ཏའི་སྔོན་གྱི་གཏམ་ལ་ནེའུ། ཡར་ལུང་ཇོ་བོའི་ཆོས་འབྱུང་ལ་ཡར་ལུང་། སྲིད་པ་རྒྱུད་ཀྱི་ཁ་བྱང་ལ་སྲིད་རྒྱུད། དེབ་ཐེར་དམར་པོ་ལ་དེབ་དམར། རྒྱལ་རབས་གསལ་བའི་མེ་ལོང་ལ་གསལ་མེ། དེབ་ཐེར་སྔོན་པོ་ལ་དེབ་སྔོན། རྒྱལ་རབས་བོན་གྱི་འབྱུང་གནས་ལ་བོན་འབྱུང་། ལྷོ་བྲག་ཆོས་འབྱུང་ལ་ལྷོ་འབྱུང་། རྒྱ་བོད་ཡིག་ཚང་ཆེན་མོ་ལ་ཡིག་ཚང་། རྒྱལ་རབས་འཕྲུལ་གྱི་ལྡེ་མིག་ལ་འཕྲུལ་ལྡེ། དེབ་ཐེར་དཔྱིད་ཀྱི་རྒྱལ་མོའི་གླུ་དབྱངས་ལ་དཔྱིད་རྒྱལ། རྒྱལ་རབས་གསེར་གྱི་ཕྲེང་བ་ལ་གསེར་ཕྲེང་། ལེགས་བཤད་རིན་པོ་ཆེའི་མཛོད་ལ་ལེགས་བཤད་བཅས་ཀྱི་ཡིག་ཆ་འདི་རྣམས་ཡིན།

དར་རྒྱས་གསལ་སྒྲོན་གྱི་གཞུང་འདི་སྤྱི་སྟོན་བསྟན་རྒྱལ་བཟང་པོས་སྤྱི་འཁོར་བཅུ་དགུ་པའི་སྤྱི་ཕྱེད

གོང་མའི་ཤིང་མོ་བྱའི་ལོ（སྣེ3262སྤྱི1345）ལ་བརྩམས་པའི་གཞུང་ཞིག་ཡིན་སྟབས། ཆེས་རྙིང་མའི་དཔེ་ཞིག་མིན་ནའང་གཞུང་འདིར་བྱམས་མ་སོགས་གནའ་བོའི་བོན་གྱི་ཡིག་རྙིང་ཚང་མའི་དགོངས……བཅུད་བསྡུས་ཡོད་སྟབས། དུས་རིམ་བར་མའི་ལོ་རྒྱུས་འཆད་པ་ལ་ཕུལ་དུ་བྱུང་བའི་ཡིག་ཆ་ཞིག་ཡིན་པ་ནི་ཞིབ་ཏུ་དཔྱད་ན་མངོན་གསལ་ཐུབ་པ་ཡོད།

ད་དུང་དེ་རྣམས་ལས་གཞན་པའི་བན་བོན་གྱི་ཡིག་ཆ་དུ་མ་ཞིག་ཡོད་པ་ནི་སྨོས་མ་དགོས་མོད། སྐབས་འདིར་གོང་གསལ་གྱི་ཡིག་ཆ་འདི་རྣམས་ལ་བརྟེན་ནས་དུས་རིམ་བར་མའི་བོད་ཀྱི་རྒྱལ་རབས་ཇི……ལྟར་བྱུང་ཡོད་པའི་ཚུལ་གཏན་ལ་འབབ་རྒྱུ་ཡིན།

ཏུན་ཧོང་བོད་ཀྱི་ལོ་རྒྱུས་ཡིག་རྙིང་[PI556ཤ་49]ལས་སྤུ་དེ་གུང་རྒྱལ་གྲོངས་ན། གྲང་མོ་གནམ་གསེར་བརྩིག གསེར་བརྩིག་གི་སྲས། ཐོ་ལེགས་བཙན་པོ། ཞེས་སྤུ་དེ་གུང་རྒྱལ་སྐུ་གཤེགས་ནས། གྲང་མོ་གནམ་གསེར་བརྩིག་ཅེས་པས་རྒྱལ་སྲིད་བཟུང་བ་དང་། རྒྱལ་པོ་དེ་ལ་སྲས་ཐོ་ལེགས་བཙན་པོ་བྱུང་ཡོད་པའི་ཚུལ་གསལ་བར་བསྟན་པ་དེ་ལྟར་ན། སྤུ་དེ་གུང་རྒྱལ་གྱི་རྗེས་དང་། ས་ལ་ལེགས་དྲུག་བྱུང་བ་རྣམས་ཀྱི་གོང་དེར"གྲང་མོ་གནམ་གསེར་བརྩིག"ཅེས་པའི་རྒྱལ་པོ་ཞིག་བྱུང་ཡོད་པ་ནི་གོར་མ……ཆག་རྒྱལ་པོ་དེ་ནི་སྟོད་ཀྱི་ལྟེང་གཉིས་དང་། ས་ལ་ལེགས་དྲུག་ཏུ་གྲགས་པ་དེ་དག་གང་གི་ཕྱོགས་སུ་གཏོགས་པ་ཞིག་ཀྱང་མིན་ལ། བོད་ཀྱི་རྒྱལ་རབས་དང་ཆོས་འབྱུང་། ལོ་རྒྱུས་གཏམ་ཚོགས་སོགས་ཀྱི་དཔེ་དེབ་གང་ཞིག་ཏུའང་རྒྱལ་པོ་འདིའི་མཚན་མི་གསལ་བ་ཡིན་སྟབས། ཕལ་ཆེར་མི་སྲིད་པ་ལྟ་བུ་ཞིག་ཏུ་སྣང་མོད། སྤྱིར་བཏང་གནའ་བོའི་ལོ་རྒྱུས་ཀྱི་ནང་དུ་གང་ཞིག་ཡོད་པའི་དངོས་པོ་དེ་མེད་པར་འགྱུར་བ་ནི། མེད་པ་ཡོད་པར་འགྱུར་བ་ལས་ཆེས་སླ་བ་ཞིག་རེད་ལ། ལོ་རྒྱུས་རྙིང་མའི་སྐོར་ལ་རང་རེས་མ་ངེས་པ་སོགས་ལོ་རྒྱུས་ཀྱི་ཡིག་ཆ་རྣམས་སུ་མི་གསལ་བའི་རིགས་ནི་གྲངས་མེད་པ་ཞིག་ཡོད་པ་ལྟ་ཅི་སྨོས།

བོད་ཀྱི་ཡ་ཐོག་གི་རྒྱལ་པོ་གཉའ་ཁྲི་བཙན་པོ་ནས་བཟུང་། རྒྱལ་རབས་དགུ་པ་དྲི་རྒྱལ་ལོ་ངམ་དང་། བཅུ་གཅིག་པ་གྲང་མོ་གནམ་གསེར་བརྩིག་བཅས་གནམ་རི་སྲོང་བཙན་གྱི་བར་དུས་རིམ་བར་མའི་བོད་ཀྱི་རྒྱལ་རབས་སུམ་ཅུ་སོ་བཞི་ཇི་ལྟར་བྱུང་བའི་ཚུལ། རྒྱལ་རབས་དང་ཆོས་འབྱུང་གི་གཞུང་ཕལ་མོ་ཆེར་ངོས་འཛིན་སྟངས་མི་འདྲ་བ་ཇི་སྙེད་ཅིག་ཡོད་པ་དེ་རྣམས་གསལ་བར་སྟོན་པའི་རེའུ་མིག……གཤམ་གསལ།

ཁ་བྱང་།	གནམ་གྱི་ཁྲི་བདུན།			
	དང་པོ།		གཉིས་པ།	
	རྒྱལ་པོ།	བཙུན་མོ།	རྒྱལ་པོ།	བཙུན་མོ།
དར་རྒྱས།	གཉའ་ཁྲི་བཙན་པོ།	གནམ་མུ་ཡུག	མུ་ཁྲི་བཙན་པོ།	ས་སྨད་ཧྲིང་ཧྲིང་།
བཀའ་ཐང་།	གཉའ་ཁྲི།		མུ་ཁྲི།	
ཏུན་ཧོང་།	ལྡེ་ཉག་ཁྲི་བཙན་པོ།	གནམ་མུག་མུག	མུ་ཁྲི་བཙན་པོ།	ས་དིང་དིང་།
ཀ་ཁོལ།	གཉའ་ཁྲི་བཙན་པོ།		སྨུ་ཁྲི་བཙན་པོ།	
ལྡེའུ།	ལྡེ་གཉའ་ཁྲི་བཙན་པོ།	གནམ་མུག་མུག	མུག་ཁྲི་བཙན་པོ།	ས་དིང་དིང་།
ཉང་འབྱུང་།	གཉའ་ཁྲི་བཙན་པོ།		མུ་ཁྲི་བཙན་པོ།	
གྲགས་རྒྱལ།	ཛེ་ལྡེ་གཉའ་ཁྲི་བཙན་པོ།		དིང་ཁྲི་བཙན་པོ།	
ནེའུ།	གཉའ་ཁྲི་བཙན་པོ།		དིང་ཁྲི་བཙན་པོ།	
ཡར་ལུང་།	གཉའ་ཁྲི་བཙན་པོ།		མུ་ཁྲི་བཙན་པོ།	
སྲིད་རྒྱུད།	ལྡེ་གཉའ་ཁྲི་བཙད་པོ།	གནམ་སྨན་ཧྲིང་ཧྲིང་།	མུ་ཁྲི་བཙད་པོ།	སོ་ཐམ་ཐམ།
དེབ་དམར།	གཉའ་ཁྲི་བཙན་པོ།		མུ་ཁྲི་བཙན་པོ།	
གསལ་མེ།	ཛེ་གཉའ་ཁྲི་བཙན་པོ།		མུ་ཁྲི་བཙན་པོ།	
དེབ་སྔོན།	ཁྲི་བཙན་པོ་འོད་ལྡེ།		མུ་ཁྲི་བཙན་པོ།	
པོན་འབྱུང་།	གཉའ་ཁྲི་བཙན་པོ།		མུ་ཁྲི་བཙད་པོ།	
སྔོ་འབྱུང་།	གཉའ་ཁྲི་བཙན་པོ།	གནམ་མུག་མུག	མུ་ཁྲི་བཙན་པོ།	ས་དིང་དིང་།
ཡིག་ཚང་།	གཉའ་ཁྲི་བཙན་པོ།		མུ་ཁྲི་བཙན་པོ།	
འཕྲུལ་ལྡེ།	མཉའ་ཁྲི་བཙན་པོ།		མུ་ཁྲི་བཙན་པོ།	
དཔྱིད་རྒྱལ།	གཉའ་ཁྲི་བཙད་པོ།	གནམ་མུག་མུག	མུ་ཁྲི་བཙན་པོ།	ས་དིང་དིང་།
གསེར་ཕྲེང་།	གཉའ་ཁྲི་བཙད་པོ།		མུ་ཁྲི་བཙན་པོ།	
ལེགས་བཤད།	གཉའ་ཁྲི་བཙན་པོ།	གནམ་ཟ་མུག་མུག	མུ་ཁྲི་བཙན་པོ།	ས་སྨན་ཧྲིང་ཧྲིང་མ།

ཁ་བྱང་	གནམ་གྱི་ཁྲི་བདུན།			
	གསུམ་པ།		བཞི་པ།	
	རྒྱལ་པོ།	བཙུན་མོ།	རྒྱལ་པོ།	བཙུན་མོ།
དར་རྒྱས།	དིང་ཁྲི་བཙན་པོ།	སེ་ཟ་སྣན།	སོ་ཁྲི་བཙན་པོ།	དར་ཟ་ཞང་ཞུང་མ།
བཀའ་ཐང་།	དིང་ཁྲི་བཙན་པོ།		སོ་ཁྲི་བཙན་པོ།	
ཏུན་ཧོང་།	དིང་ཁྲི་བཙན་པོ།	སོ་ཐམ་ཐམ།	སོ་ཁྲི་བཙན་པོ།	
ཀ་ཁོལ།	ལྷ་ཁྲི་བཙན་པོ།		དིང་ཁྲི་བཙན་པོ།	
ལྗེའུ།	དིང་ཁྲི་བཙན་པོ།	སོ་ཐམ་ཐམ།	སོ་ཁྲི་བཙན་པོ།	དོག་མེར་མེར།
ཉང་འབྱུང་།	མུ་ཁྲི་བཙན་པོ།		སྲིབས་ཁྲི་བཙན་པོ།	
གྲགས་རྒྱལ།	མུ་ཁྲི་བཙན་པོ།		སྲི་ཁྲི་བཙན་པོ།	
ནེའུ།	མུ་ཁྲི་བཙན་པོ།		སྲིབས་ཁྲི་བཙན་པོ།	
ཡར་ལུང་།	དིང་ཁྲི་བཙད་པོ།	སོ་ཐམ་ཐམ།	སོ་ཁྲི་བཙན་པོ།	ཐོག་མེར་མེར།
སྲིད་རྒྱུད།	ཏིང་ཁྲི་བཙད་པོ།	ས་མུག་མུག	སོ་ཁྲི་བཙད་པོ།	གདགས་ཀྱི་རྩིས་བྱང་ བུ་མོ།
དེབ་དམར།	དིང་ཁྲི་བཙན་པོ།		སོ་ཁྲི་བཙན་པོ།	
གསལ་མེ།	དིང་ཁྲི་བཙན་པོ།		སོ་ཁྲི་བཙན་པོ	
དེབ་སྔོན	དིང་ཁྲི་བཙན་པོ		སོ་ཁྲི་བཙན་པོ	
བོན་འབྱུང་།	དིང་ཁྲི་བཙན་པོ།		སོ་ཁྲི་བཙན་པོ།	
སྔོ་འབྱུང་།	དིང་ཁྲི།	སོ་ཐམ་ཐམ།	སོ་ཁྲི།	དོག་མེར་མེར།
ཡིག་ཚང་།	དིང་ཁྲི་བཙན་པོ།		སོ་ཁྲི་བཙན་པོ།	
འཕྲུལ་ལྡེ།	དིང་ཁྲི་བཙན་པོ།		སོ་ཁྲི་བཙན་པོ།	
དཔྱིད་རྒྱལ།	དིང་ཁྲི་བཙན་པོ།	སོ་ཐམ་ཐམ།	སོ་ཁྲི་བཙན་པོ།	དོག་མེར་མེར།
གསེར་ཕྲེང་།	དིང་ཁྲི་བཙན་པོ།			
ལེགས་བཤད།	དིང་ཁྲི་བཙད་པོ།	སེ་ཟ་སྣན།	སོ་ཁྲི་བཙན་པོ།	དར་ཟ་ཞང་ཞུང་མ།

ཁ་བྱང་།	གནམ་གྱི་ཁྲི་བདུན།			
	ལྔ་པ།		དྲུག་པ།	
	རྒྱལ་པོ།	བཙུན་མོ།	རྒྱལ་པོ།	བཙུན་མོ།
དར་རྒྱས།	དར་ཁྲི་བཙན་པོ།	དྭགས་ཀྱི་ལྷ་མོ་དཀར་མོ།	དྭགས་ཁྲི་བཙན་པོ།	སྲིབས་ཀྱི་ལྷ་མོ་དཀར་མོ།
བཀའ་ཐང་།	མེར་ཁྲི་བཙན་པོ།		གདགས་ཁྲི་བཙན་པོ།	
ཏུན་ཧོང་།	དེ་ཁྲི་བཙན་པོ།		ཁྲི་སྤེ་བཙན་པོ།	
ཀ་ཐོལ།	ངོས་ཁྲི་བཙན་པོ།		ཁྲི་པེ་བཙན་པོ།	
ལྡེའུ།	ངོག་ཁྲི་བཙན་པོ།	གདགས་ཀྱི་ལྷ་མོ།	གདགས་ཁྲི་བཙན་པོ།	སྲིབས་ཀྱི་ལྷ་མོ།
ཉང་འབྱུང་།	ཡེ་ཤེས་ཁྲི་པོ།		གཉའ་ཁྲི་པོ།	
གྲགས་རྒྱལ།	གདགས་ཁྲི་བཙན་པོ།		ཁྲིས་ཡེ་བཙན་པོ།	
ནེའུ།	གདགས་ཁྲི་བཙན་པོ།		ཁྲི་སོ་བཙན་པོ།	
ཡར་ལུང་།	མེར་ཁྲི་བཙན་པོ།	གདགས་ཀྱི་ལྷ་མོ་…… དཀར་མོ།	གདགས་ཁྲི་བཙན་པོ།	སྲིབས་ཀྱི་ལྷ་མོ།
སྲིད་རྒྱུད།	བྱང་ཁྲི་བཙད་པོ།	ལྡིར་ཟ་བཙུན་མོ།	ལྡེ་ཁྲི་བཙད་པོ།	འབྲོམ་ཟ་ལྷ་རྒྱན།
དེབ་དམར།	མེར་ཁྲི་བཙན་པོ།		གདགས་ཁྲི་བཙན་པོ།	
གསལ་མེ།	མེ་ཁྲི་བཙན་པོ།		གདགས་ཁྲི་བཙན་པོ།	
དེབ་སྔོན།	མེར་ཁྲི་བཙན་པོ།		གདགས་ཁྲི་བཙན་པོ།	
ཧོར་འབྱུང་།	དར་ཁྲི་བཙན་པོ།		ཡེ་ཁྲི་བཙན་པོ།	
ལྔོ་འབྱུང་།	མེར་ཁྲི།	གདགས་ལྷ་དཀར་མོ།	གདགས་ཁྲི།	སྲིབས་ལྷ་སྔོན་མོ།
ཡིག་ཚང་།	ད་ཁྲི།		རྙག་ཁྲི།	
འཕྲུལ་ལྡེ།	མོ་ཁྲི་བཙན་པོ།		གདགས་ཁྲི་བཙན་པོ།	
དཔྱིད་རྒྱལ།	མེར་ཁྲི།	གདགས་ཀྱི་ལྷ་མོ་…… དཀར་མོ།	གདགས་ཁྲི།	སྲིབ་ཀྱི་ལྷ་མོ།
གསེར་ཕྲེང་།	མེ་ཁྲི་བཙན་པོ།		གདགས་ཁྲི་བཙན་པོ།	
ལེགས་བཤད།	དར་ཁྲི་བཙན་པོ།	དྭགས་ཀྱི་ལྷ་མོ།	དྭགས་ཁྲི་བཙན་པོ་ཡེ་ཁྲི།	སྲིབ་ཀྱི་ལྷ་མོ་དཀར་མོ།

ཁ་བྱང་།	གནམ་གྱི་ཁྲི་བདུན།		བར་གྱི་ལྡིང་གསུམ།	
	བདུན་པ།		དང་པོ།	
	རྒྱལ་པོ།	བཙུན་མོ།	རྒྱལ་པོ།	བཙུན་མོ།
དར་རྒྱས།	སྲིབས་ཁྲི་བཙན་པོ།		གྲི་ཏུམ་བཙན་པོ།	དབལ་ཟ་ཁྲི་བཙུན།
བཀའ་ཐང་།	སྲྀ་ཁྲི་བཙན་པོ།		གྲི་གུམ་བཙན་པོ།	
ཏུན་ཧོང་།			དྲི་གུམ་བཙན་པོ།	
ཀ་ཁོལ།	གུང་ཁྲི་བཙན་པོ།		གྲི་གུང་བཙན་པོ།	
ལྡེའུ།	སྲིབས་ཁྲི་བཙན་པོ།		གྲི་གུམ་བཙན་པོ།	
ཉང་འབྱུང་།	ཁྲི་པན་བཙན་པོ།		གྲི་གུམ་བཙན་པོ།	
གྲགས་རྒྱལ།	ཁྲི་གུམ་བཙན་པོ།			
ནེའུ།	གྲི་གུམ་བཙན་པོ།			
ཡར་ལུང་།	སྲིབས་ཁྲི་བཙན་པོ།	ས་བཙུན་ភ្លུང་ཇེ།	གྲི་གུམ་བཙན་པོ།	ཀླུ་བཙན་མེར་ལྕམ།
སྲིད་རྒྱུད།	དྲི་གུམ་བཙད་པོ།	སྨུག་ཟ་བཟང་མོ།		
དེབ་དམར།	སྲིབས་ཁྲི་བཙན་པོ།		གྲི་གུམ་བཙན་པོ།	
གསལ་མེ།	སྲིབ་ཁྲི་བཙན་པོ།		གྲི་གུམ་བཙན་པོ།	
དེབ་སྔོན།	སྲིབས་ཁྲི་བཙན་པོ།		གྲི་གུམ་བཙན་པོ།	
བོན་འབྱུང་།	སེང་ཁྲི་བཙན་པོ།		གྲི་ཏུམ་བཙན་པོ།	བལ་བཟའ་ཁྲི་བཙུན།
ལྷོ་འབྱུང་།	སྲིབས་ཁྲི་བཙན་པོ།	ས་བཙུན་གླུ་ཇེ།	གྲི་གུམ་བཙན་པོ།	སླུ་སྲིང་མེར་ལྕམ།
ཡིག་ཚང་།	སྲིབས་ཁྲི་བཙན་པོ།		གྲི་གུམ་བཙན་པོ།	
འཕྲུལ་ལྡེ།	སྲིབ་ཁྲི་བཙན་པོ།		གྲི་གུམ་བཙན་པོ།	
དཔྱིད་རྒྱལ།	སྲིབ་ཁྲི་བཙན་པོ།	ས་བཙུན་ཀླུང་ཇེ།	གྲི་གུམ་བཙན་པོ།	ཀླུ་བཙན་མེར་ལྕམ།
གསེར་ཕྲེང་།	སྲིབས་ཁྲི་བཙན་པོ།		གྲི་གུམ་བཙན་པོ།	
ལེགས་བཤད།	སྲིབ་ཁྲི་བཙན་པོ། སེང་ཁྲི།		གྲི་གུམ་བཙན་པོ།	དཔའ་ཟ་ཁྲི་བཙུན།

ཁ་བྱང་།	བར་གྱི་ལྡིང་གསུམ།			
	གཉིས་པ།		གསུམ་པ།	
	རྒྱལ་པོ།	བཙུན་མོ།	རྒྱལ་པོ།	བཙུན་མོ།
དར་རྒྱས།	ཧི་རྒྱལ་ལོ་ངམ།	སྲས་མོ་ལྷ་ལྕམ།	སྤྲུ་ལྡེ་གུང་རྒྱལ།	དྲུམ་ཐང་སྨན་མཚོ།
བཀའ་ཐང་།			སྤྲུ་དེ་གུང་རྒྱལ།[2]	
ཏུན་ཧོང་།			སྤྲུ་དེ་གུང་རྒྱལ།[2]	
ཀ་ཐོལ།			སྤྲུ་དེ་གུང་རྒྱལ།[2]	
ལྡེའུ།			སྤྲུ་དེ་གུང་རྒྱལ།[2]	
ཉང་འབྱུང་།			སྤྲུ་རྡེ་གུང་རྒྱལ།[2]	
གྲགས་རྒྱལ།			སྤྲུ་ལྡེ་གུང་རྒྱལ།[1]	
ནེའུ།			འོ་སྡེ་སྤྲུ་རྒྱལ།[1]	
ཡར་ལུང་།			སྤྲུ་དེ་གུང་རྒྱལ།[2]	ཐེམ་ཐང་སྨང་མཚོ།
སྲིད་རྒྱུད།				
དེབ་དམར།			སྤྲུ་དེ་གུང་རྒྱལ།[2]	
གསལ་མེ།			སྤྲུ་དེ་གུང་རྒྱལ།[2]	
དེབ་སྔོན།			སྤྲུ་དེ་གུང་རྒྱལ།[2]	
ཐོན་འབྱུང་།			སྤྲུ་དེ་གུང་རྒྱལ།[2]	
ལྷོ་འབྱུང་།			སྤུ་དེ་གུང་རྒྱལ།[2]	འོམ་ཐང་སྨན་མཚོ།
ཡིག་ཚང་།			སྤྲུ་དེ་གུང་རྒྱལ།[2]	
འཕྲུལ་ལྡེ།			སྤུ་ཏེ་གུང་རྒྱལ།[2]	
དཔྱིད་རྒྱལ།			སྤྲུ་དེ་གུང་རྒྱལ།[2]	ཐོམ་ཐང་ཐྨང་མཉའ།
གསེར་ཕྲེང་།			སྤྲུ་དེ་གུང་རྒྱལ།[2]	
ལེགས་བཤད།			སྤྲུ་ལྡེའུ་གོང་རྒྱལ།[2]	དྲུམ་ཐང་སྨད་མཚོ།

ཁ་བྱང་།	ས་ལ་ཤིགས་དྲུག			
	དང་པོ།		གཉིས་པ།	
	རྒྱལ་པོ།	བཙུན་མོ།	རྒྱལ་པོ།	བཙུན་མོ།
དར་རྒྱས།	ཨ་ཐོ་ཤིགས།	དམུ་ལྷམ་ལ་ན།	དེ་ཐོ་ཤིགས།	
བཀའ་ཐང་།	ཨི་ཐོ་ཤིགས།		ཡི་ཐོ་ཤིགས།	
ཏུན་ཧོང་།	ཐོ་ཤིགས་བཙན་པོ།		ཕོ་ཞིགས་བཙན་པོ།	
ཀ་ཐོལ།	ལྷ་ཐོ་ཤིགས།		ཀོ་ཏུ་ཤིགས།	
ཀྱེའུ།	ཐོ་ཤིགས།		དེ་ཐོ་ཤིགས།	
ཉང་འབྱུང་།	ཨ་ཐོ་ཤིགས།		ཨི་ཐོ་ཤིགས།	
གྲགས་རྒྱལ།	ཛ་ཤིགས།		འོག་ཏུ་ཤིགས།	
ནེའུ།	ཐོ་ཤིགས།		མགོ་ཏུ་ཤིགས།	
ཡར་ལུང་།	ཨི་ཐོ་ཤིགས།	དམུ་ལྷམ་བྲ་མ་ན།	དེ་ཐོ་ཤིགས།	གླུ་སྨན་སེར་མ།
སྲིད་རྒྱུད།	སྤུ་ལྡེ་གོང་རྒྱལ།	སྨྲང་ཟ་ཡག་པོ།	བཙད་པོ་ཐོ་ཤིགས།	
དེབ་དམར།	ཨི་ཐོ་ཤིགས།		དེ་ཐོ་ཤིགས།	
གསལ་མི།	ཨ་ཐོ་ཤིགས།		དེ་ཐོ་ཤིགས།	
དེབ་སྟོན།	ཨེ་ཐོ་ཤིགས།		དེ་ཐོ་ཤིགས།	
ཕན་འབྱུང་།	ཨ་ཐོ་ཤིགས་རྒྱལ།		དེ་ཐོ་ཤིགས་རྒྱལ།	
སྟོ་འབྱུང་།	ཨི་ཐོ་ཤིགས།	རྨུ་ལྷམ་བྲ་མ།	དེ་ཐོ་ཤིགས།	ཀླུ་ལྷམ་སེར་མ།
ཡིག་ཚང་།	ཨི་ཐོ་ཤིགས།		དེ་ཐོ་ཤིགས།	
འཕྲུལ་ལྡེ།	ཨི་ཐོ་ཤིགས།		ཨི་ཐོ་ཤིགས།	
དཔྱིད་རྒྱལ།	ཨ་ཐོ་ཤིགས།	རྨུ་ལྷམ་བྲ་མ་ན།	དེ་ཐོ་ཤིགས།	ཀླུ་སྨན་སེར་མོ།
གསེར་ཕྲེང་།	ཨ་ཐོ་ཤིགས།		ཨི་ཐོ་ཤིགས།	
ཤིགས་བཤད།	ཨ་ཐོ་ཤིགས་རྒྱལ།	དམུ་ལྷམ་དྲ་མ་ན།	དེ་ཐོ་ཤིགས་རྒྱལ།	གུར་སྨན།

ཁ་བྱང་།	ས་ལ་ལིགས་དྲུག			
	གསུམ་པ།		བཞི་པ།	
	རྒྱལ་པོ།	བཙུན་མོ།	རྒྱལ་པོ།	བཙུན་མོ།
དར་རྒྱས།	ཟེ་ཧྲོ་ལིགས།	བཙན་མོ་གུར་སྨན།	འགུ་ཏུ་ལིགས།	མཚོན་སྨན་འབྲོང་མོ།
བཀའ་ཐང་།	འབྲོང་བཞི་ལིགས།		ཐོ་ཧྲོ་ལིགས།	
ཏུན་ཧོང་།	ཀོ་ཏུ་ལིགས་བཙན་པོ།		འབྲོང་ཞི་ལིགས········· བཙན་པོ།	
ཀ་ཁོལ།	འབྲོང་ཞི་ལིགས།		ཟེ་ཧྲོ་ལིགས།	
ལྡེའུ།	ཀོར་བུ་ལིགས།		འབྲོང་བཞི་ལིགས།	
ཉང་འབྱུང་།	ཀོ་ཏུ་ལིགས།		དགེ་ཧྲོ་ལིགས།	
གྲགས་རྒྱལ།	ཧྲོ་ལིགས།		འབྲོ་ཞིང་ལིགས།	
ནེའུ།	ཧྲོ་སོགས།		འབྲི་ཧྲོ་ལིགས།	
ཡར་ལུང་།	ཟེ་ཧྲོ་ལིགས།	གུར་སྨན།	ཀོ་ཏུ་ལིགས།	མཚོ་སྨན་འབྲོང་མ།
སྲིད་རྒྱུད།	བཙད་པོ་ཨའི་ཤ་ཡག	དམུ་ལྕམ་ལྷ་བཙུན།	བཙད་པོ་འབྲོང་འཛིན།	འཚོད་ཟ་ཁྲི་མོ།
རིབ་དམར།	ཟི་ཧྲོ་ལིགས།		གུ་ཏུ་ལིགས།	
གསལ་མེ།	ཟི་ཧྲོ་ལིགས།		གུ་ཏུ་ལིགས།	
རིབ་སྟོན།	ཟི་ཧྲོ་ལིགས།		གུ་ཏུ་ལིགས།	
པོན་འཕྱུང་།	གུ་ཏུ་ལིགས་རྒྱལ།		འབྲོང་རྫེ་ལིགས་རྒྱལ།	
ལྷ་འབྲུང་།	ཟི་ཧྲོ་ལིགས།	མཚན་མོ་གུང་སྨན།	ཀོང་ཏུ་ལིགས།	མཚོ་སྨན་འབྲོང་མ།
ཡིག་ཚང་།	ཟི་ཧྲོ་ལིགས།		ཀོ་ཏུ་ལིགས།	
འཕྲུལ་ལྡེ།	ཇ་ཧྲོ་ལིགས།		གུ་ཏུབ་ལིགས།	
དཔྱིད་རྒྱལ།	ཟི་ཧྲོ་ལིགས།	བཙན་མོ་གུར་སྨན།	གུ་ཏུ་ལིགས།	མཚོ་སྨན་འབྲང་མ།
གསེར་ཕྲེང་།	དེ་ཧྲོ་ལིགས།		གུ་ཏུ་ལིགས།	
ལིགས་བཤད།	ཟི་ཧྲོ་ལིགས་རྒྱལ།	མཚོ་སྨན་འབྲང་མ།	གུ་ཏུམ་ལིགས་རྒྱལ།	སྨན་བུ་མོ།

ཁ་བྱང་།	ས་ལ་ལིགས་དྲུག			
	ལྷ་པ།		དྲུག་པ།	
	རྒྱལ་པོ།	བཙུན་མོ།	རྒྱལ་པོ།	བཙུན་མོ།
དར་རྒྱས།	འབྲོང་བཞིར་ལིགས།	ས་སྨན་བུ་མོ།	ཧྣ་ལིགས།	དམུ་ལྷམ་རྒྱང་ལིགས།
བཀའ་ཐང་།	གུ་ཏམ་ལིགས།		ཟ་ནམ་ལིགས།	
ཏུན་ཧོང་།	ཐི་ཧྣ་ལིག		ཨི་ཧྣ་ལིགས་བཙན་པོ།	
ཀ་ཁོལ།	ཐོ་ཧྣ་ལིགས།		ཨི་ཧྣ་ལིགས།	
ལྡེའུ།	ཐོ་ཧྣ་ལིགས།		ཨི་ཧྣ་ལིགས།	
ཉང་འབྱུང་།	འབྲང་རྗེ་ལིགས།		ཐེ་ཧྣ་ལིགས།	
གྲགས་རྒྱལ།	ཨི་ཧྣ་ལིགས།		གནམ་ཐྲི་ལིགས།	
ནེའུ།	ཨི་ཧྣ་ལིགས།		ཟྭ་གནམ་ཐྲིན་ལིགས།	
ཡར་ལུང་།	འབྲིང་ཞིར་ལིགས།	སྨན་བུ་མོ།	ཧྣ་ལིགས།	དམུ་ལྷམ་སྐྱང་ལིགས།
སྲིད་རྒྱུད།	འོ་ཏུ་ཡག	ཕྲོམ་ཟ་མཚོ་རྒྱན།	ཡག་དྲུག་བཙད་པོ།	གནམ་སྨན་དཀར་མོ།
དེབ་དམར།	འབྲོམ་ཞིར་ལིགས།		ཧྣ་ལིགས།	
གསལ་མེ།	འབྲོང་ཞིར་ལིགས།		ཨི་ཧྣ་ལིགས།	
དེབ་སྔོན།	འབྲོང་ཞི་ལིགས།		ཨི་ཧྣ་ལིགས།	
པོན་འབྱུང་།	ཐི་ཧྣ་ལིགས་རྒྱལ།		ཨི་ཧྣ་ལིགས་རྒྱལ།	
ལྡེ་འབྱུང་།	འབྲོང་གཞིར་ལིགས།	གནམ་སྨན་བུ་མོ།	ཧྣ་ལིགས།	རྒྱུ་ལྷམ་རྒྱང་ལིགས།
ཡིག་ཚང་།	འབྲོམ་ཞིར་ལིགས།		ཨ་ཧྣ་ལིགས།	
འཕྲུལ་ལྡེ།	འབྲོམ་རྗེ་ལིགས།		ཐོ་ཧྣ་ལིགས།	
དཔྱིད་རྒྱལ།	འབྲོང་ཞི་ལིགས།	སྨན་བུ་མོ།	ཨི་ཧྣ་ལིགས།	རྒྱུ་ལྷམ་སྨད་ལིགས།
གསེར་ཕྲེང་།	འབྲོང་རྗེ་ལིགས།		ཐོང་ཧྣ་ལིགས།	
ལིགས་བཤད།	འབྲང་ཞི་ལིགས་རྒྱལ།	གླུ་ལྷམ་མི་མོ།	ཨི་ཧྣ་ལིགས་རྒྱལ།	དགུ་ལྷམ་སྨད་ལིགས།

ཁ་བྱང་།	ཚ་ལ་ལྷ་བརྒྱད།			
	དང་པོ།		གཉིས་པ།	
	རྒྱལ་པོ།	བཙུན་མོ།	རྒྱལ་པོ།	བཙུན་མོ།
དར་རྒྱས།	ཟ་ནམ་ཟིན་ལྡེ།	མཆོ་སྨན་ཁྲི་དཀར།	ལྡེ་ནམ་འཕྲུལ་བཞུང་བཙན།	གཉན་མང་མོ།
བཀའ་ཐང་།			ལྡེ་ཏུ་གནམ་གཞུང་བཙུན།[①]	
ཏུན་ཧོང་།			ཟྭ་གནམ་ཟིན་ཏེ།	
ཀ་ཐོལ།	ཟ་ནམ་ཟིན་ཏེ།		ལྡེ་འཕྲུལ་པོ།	
ལྡེའུ།	རྒྱལ་ནམ་ཟིན་ལྡེ།		ལྡེ་འཕྲུལ་པོ།	
ཉང་འབྱུང་།	རྒྱལ་ས་ནམ་ཟིན།		གནམ་ཡུ་བོ་གཞུང་བཙན་ལྡེ།	
གྲགས་རྒྱལ།	ལྡེ་མནམ།		འཕྲུལ་པོ་གཞུང་བཙན།	
ནེའུ།	ལྡེ་གནམ་འཕྲུལ་པོ་གཞུང་བཙན།		ལྡེ་རྒྱུས་བྱ།	
ཡར་ལུང་།	ཟ་ནམ་ཟི་ནམ་ལྡེ།	མཆོ་སྨན་ཁྲི་དཀར།	ལྡེ་འཕྲུལ་ནམ་གཞུང་བཙན།	བསེ་གཉན་མང་མོ།
སྲིད་རྒྱུད།	རྒྱལ་ཟི་ནམ་འཛིན།	གནམ་སྨན་གོང་ང་།	ལྡེ་བོ་གནམ་གཞུང་བཙད་པོ།	
དེབ་དམར།	ཟ་ནམ་ཟིན་ལྡེ།		ལྡེ་འཕྲུལ་ནམ་གཞུང་བཙན།	
གསལ་མེ།	ཟ་ནམ་ཟིན་ཏེ།		ལྡེ་འཕྲུལ་གནམ་གཞུང་བཙན།	
དེབ་སྔོན།	ཟ་ནམ་ཟི་ལྡེ།		ལྡེ་འཕྲུལ་ནམ་གཞུང་བཙན།	
བོན་འབྱུང་།	འཕེ་ཤོ་འཆིང་རྒྱལ།		ལྡེ་སྤོལ་རྣམ་རྒྱལ།	
ལྔ་འབྱུང་།	ཟ་ནམ་ཟིན་ལྡེ།	མཆོ་སྨན་ཁྲི་དཀར།	འཕྲུལ་ནམ་གཞུང་བཙན་ལྡེ།	སེ་གཉན་མེར་མོ།
ཡིག་ཚང་།	ཟ་ནམ་ཟི་ལྡེ།		ལྡེ་འཕྲུལ་ནམ་གཞུང་ཙན།	
འཕྲུལ་ལྡེ།	རྒྱལ་ས་ཟིན་ཏེ།		ལྡེ་འཕྲུལ་ནམ་གཞུང་བཙན།	
དཔྱིད་རྒྱལ།	ཟ་ནམ་ཟིན་ལྡེ།	མཆོ་སྨན་ཁྲི་དཀར།	ལྡེ་འཕྲུལ་ནམ་གཞུང་བཙན།	སེ་སྨན་མང་མ།
གསེར་ཕྲེང་།	ཟིན་ལྡེ།		ལྡེ་འཕྲུལ་ནམ་གཞུང་བཙན།	
ལེགས་བཤད།	ཟིན་ནམ་ཟིན་ལྡེ།		ལྡེ་འཕྲུལ་ནམ་གཞུང་བཙན།	

ཁ་བྱང་།	ཚུ་ལ་ལྡེ་བརྒྱད།			
	གསུམ་པ།		བཞི་པ།	
	རྒྱལ་པོ།	བཙུན་མོ།	རྒྱལ་པོ།	བཙུན་མོ།
དར་རྒྱས།	སེ་སྙོལ་ནམ་ལྡེ།	གླུ་ཐང་མེར་མོ།	སེ་སྙོལ་ལྡེ།	འོ་ཟ་ཧྲིང་མོ་མཚོ།
བཀའ་ཐང་།	སྣེ་སྟོད་སྣས།[2]		སྣེ་སྟོད་ཡ།[1]	
ཏུན་ཧོང་།	ལྡེ་ཕྲུ་བོ་གནམ་གཞུང་བརྩན།		ལྡེ་གོལ།	
ཀ་ཐོལ།	གནམ་གཞུང་བཙན།		སྣེ་རྡོལ་པོ།	
ལྡེའུ།	གནམ་གཞུང་བཙན།		ལྡེ་རྡོལ་ནམ།	
ཉང་འབྱུང་།	ལྡེ་སྤྲུལ་ནམ་གཞུང་བཙན།		ལྡེ་སྙོལ་ནམ།	
གྲགས་རྒྱལ།	ལྡོ་རྣན་དུམ།		ལྡོ་སྙོལ་ནམ།	
ནེའུ།	ལྡེ་རྡོལ་ནམ།		ལྡེ་རྣལ་ཡོ།	
ཡར་ལུང་།	སེ་སྙོལ་ནམ་ལྡེ།	གླུ་མོ་མེར་མ།	སེ་སྙོལ་པོ་ལྡེ།	འོ་ཟ་ཧྲི་མོ་མཚོ།
སྲིད་རྒྱུད།	ལྡེ་འོད་ནམ་བཙད་པོ།	གནམ་སྨན་ཏང་མོ།	ལྡེ་འོ་རྣལ་བཙད་པོ།	
དེབ་དམར།	སེ་སྙོལ་ལྷམ་ལྡེ།		སེ་སྙོལ་པོ་ལྡེ།	
གསལ་མེ།	སེ་བསྙོལ་ནམ་ལྡེ།		ལྡེ་བསྙོལ་ནམ།	
དེབ་སྔོན།	སེ་ནོལ་ནམ་ལྡེ།		སེ་རྡོལ་པོ་ལྡེ།	
བོན་འབྱུང་།	ལྡེ་འཕྲུལ་བོན་རྒྱལ།		ལྡེ་འོད་རྣམ་རྒྱལ།	
ལྡོ་འབྱུང་།	སེ་སྙོལ་ནམ་ལྡེ།	གླུ་མོ་མེར་མོ།	སེ་རྡོར་པོ་ལྡེ།	འོ་ཟ་ཧྲི་མོ་མཚོ།
ཡིག་ཚང་།	སྙོལ་ནམ་ལྡེ།		སྙོལ་པོ་ལྡེ།	
འཕྲུལ་ལྡེ།	སེ་རྡོལ་རྣམ་ལྡེ།		སེ་རྡོལ་པོ་ལྡེ།	
དཔྱིད་རྒྱལ།	སེ་སྙོལ་གནམ་ལྡེ།	གླུ་མོ་མེར་མོ།	སེ་རྡོལ་པོ་ལྡེ།	འོ་མ་ཧྲི་མོ་མཚོ།
གསེར་ཕྲེང་།	ལྡེ་རྒྱལ་པོ་བཙན།		སེ་སྙོལ་ནམ་ལྡེ།	
ལེགས་བཤད།	སེ་སྙོལ་གནམ་ལྡེ།		སེ་སྙོལ་པོ་ལྡེ།	

ཁ་བྱང་།	ཚུ་ལ་ལྷི་བརྒྱད།			
	ལྷོ་པ།		དབུག་པ།	
	རྒྱལ་པོ།	བཙུན་མོ།	རྒྱལ་པོ།	བཙུན་མོ།
དར་རྒྱས།	ལྷེ་སྟོལ་ནམ།	ཁྲི་སྨན་རྗེ་མ།	ལྷེ་རྟོལ་པོ།	ས་བཙུན་སླན་རྗེ།
བཀའ་ཐང་།	སོར་རྟོ་ནམ།[2]		རྒྱལ་པོ་སོ་སྟེ།[5]	
ཅུན་རོང་།	གནམ་ལྷེ་རྟོལ་ནམ།		བསེའ་རྟོལ་པོ།	
ཀ་ཁོལ	སྟེ་རྟོལ་ནམ།		བསེ་རྟོལ་ནམ།	
ལྷེའུ།	བསེ་རྟོལ་གནམ་ལྷེ།		བསེ་རྟོལ་པོ་ལྷེ།	
ཉང་འབྱུང་།	ལྷེ་རྒྱལ་པོ།		ལྷེ་སོ་ཕ་ནམ།	
གྲགས་རྒྱལ།	ལྷེ་སྟོལ་པོ		ལྷེ་སེ་སྟོལ་ནམ།	
ནེའུ།	ལྷེ་བིས་སྟོལ་གནམ།		ལྷེ་རྨུ་ལ་གནམ།	
ཡར་ལུང་།	ལྷེ་སྟོལ་ནམ།	ཁྲི་སྨན་རྗེ་མ།	ལྷེ་སྟོལ་པོ།	ས་བཙུན་གཉན་རྗེ།
སྲིད་རྒྱུད།	རྒྱལ་སྲིད་བཙད་པོ།	གནམ་སྨན་ཧྲུ་གེ།		
དེབ་དམར།	ལྷེ་སྟོལ་ནམ།		ལྷེ་སྟོལ་པོ།	
གསལ་མེ།	ལྷེ་བསྟོལ་པོ།		ལྷེ་རྒྱལ་པོ།	
དེབ་སྔོན།	ལྷེ་རྟོལ་ནམ།		ལྷེ་རྟོལ་པོ།	
པོན་འབྱུང་།	ལྷེ་གསེར་གནོན་རྒྱལ།		ལྷེ་གསེར་ནམ་རྒྱལ་པོ།	
སྔོ་འབྱུང་།	ལྷེ་ནོར་ནམ།	ཁྲི་སྨན་རྗེ་མོ།	ལྷེ་སྟོལ་པོ།	ཁྲི་སེ་བཙུན་གཉན་མོ།
ཡིག་ཚང་།	ལྷེ་སྟོལ་ནམ།		ལྷེ་སྟོལ་པོ།	
འཕྲུལ་ལྷེ།	ལྷེ་རྟོལ་ནམ།		ལྷེ་རྟོལ་པོ།	
དཔྱིད་རྒྱལ།	ལྷེ་སྟོལ་ནམ།	ཁྲི་སྨན་རྗེ་མ།	ལྷེ་རྟོལ་པོ།	སེ་བཙན་གཉན་རྗེ།
གསེར་ཕྲེང་།	སེ་སྟོལ་པོ་ལྷེ།		ལྷེ་ལམ།	
ལེགས་བཤད།	ལྷེའུ་ནམ་འོད།		ལྷེའུ་སྟོལ་པོ།	

ཁ་བྱང་།	ཆུ་ལ་ལྡེ་བརྒྱད།			
	བདུན་པ།		བརྒྱད་པ།	
	རྒྱལ་པོ།	བཙུན་མོ།	རྒྱལ་པོ།	བཙུན་མོ།
དར་རྒྱས།	ལྡེ་རྒྱལ་པོ།	སྨན་བཙུན་ལུང་གོང་།	ལྡེ་སྲིན་བཙན།	གཉན་བཙུན་མང་མོ་རྗེ།
བཀའ་ཐང་།	སྲིན་རྒྱལ་བཙན།[6]		སྟོང་རི་སྟོང་བཙན།[7]	
ཏུན་ཧོང་།	ལྡེ་རྒྱལ་པོ།		རྒྱལ་སྲིན་བརྟན།	
ཀ་ཁོལ།	བསེ་རྗོལ་པོ།		སེ་རྒྱལ་པོ།	
ལྡེའུ།	ལྡེ་རྒྱལ་པོ།		རྒྱལ་པོ་སྲིན་བཙན་སེ།	
ཉང་འབྱུང་།	ལྡེ་རྒྱལ་ནམ།		ལྡེ་སྲིད་བཙན།	
གྲགས་རྒྱལ།	ལྡེ་སེ་རྗོལ་པོ།		ལྡེ་རྒྱལ་པོ།	
ནེའུ།	ལྡེ་སེ་རྗོལ་པོ།		ལྡེ་རྒྱལ་པོ།	
ཡར་ལུང་།	ལྡེ་རྒྱལ་པོ།	སྨན་བཙུན་ལུག་སྐྱོང་།	ལྡེ་སྲིན་བཙན།	ཉེ་བཙུན་མང་མ་རྗེ།
སྲིད་རྒྱུད།				
དེབ་དམར།	ལྡེ་རྒྱལ་པོ།		ལྡེ་སྲིན་བཙན།	
གསལ་མེ།	ལྡེ་སྲིན་བཙན།		ལྡེ་སྲིན་བཙན།	
དེབ་སྔོན།	ལྡེ་རྒྱལ་པོ།		ལྡེ་སྲིན་བཙན།	
བོན་འབྱུང་།			དར་རྒྱལ་སྲིད་བཙན།[1]	
ལྡོ་འབྱུང་།	ལྡེ་རྒྱལ་པོ།	སྨན་བཙུན་ལུག་སྐྱོང་།	ལྡེ་སྲིན་བཙན།	ཉེ་བཙུན་མང་མ་རྗེ།
ཡིག་ཚང་།	ལྡེ་རྒྱལ་པོ།		ལྡེ་སྲིན་བཙན།	
འཕྲུལ་ལྡེ།	ལྡེ་རྒྱལ་པོ།		ལྡེ་སྲིན་བཙན།	
དཔྱིད་རྒྱལ།	ལྡེ་རྒྱལ་པོ།	སྨན་བཙུན་ལུག་སྐྱོང་།	ལྡེ་སྲིན་བཙན།	ཉེ་བཙུན་མང་མ་རྗེ།
གསེར་ཕྲེང་།	ལྡེ་སྤྲོལ་པོ།		སྲིན་བཙན་ལྡེ།	
ལེགས་བཤད།	ལྡེའུ་རྒྱལ་པོ།		ལྡེའུ་སྲིན་བཙན།	

ཁ་བྱང་།	བར་གྱི་བཙན་ལྔ།			
	དང་པོ།		གཉིས་པ།	
	རྒྱལ་པོ།	བཙུན་མོ།	རྒྱལ་པོ།	བཙུན་མོ།
དར་རྒྱས།	རྒྱལ་ཧྲོ་རོ་ལོ་བཙན།	འོ་མ་ལྡེ་ས་ཁྲི་བཙུན་མ།	ཁྲི་བཙན་ནམ།	ས་ཁྲི་དཀར།
བཀའ་ཐང་།	ཁྲི་ནམ་བཙན།		ཁྲི་སྒྲ་དཔུང་བཙན།	
ཏུན་ཧོང་།	རྒྱལ་ཧྲོ་རེ་ལོངས་བསྟན།		ཁྲི་བསྟན་ནམ།	
ཀ་ཐོག	རྒྱལ་པོ་སྤྲིན་བཙན།		ཐོ་རེ་ལོང་བཙན།	
ལྡེའུ།	རྒྱལ་ཧྲོ་ཧྲོ་རེ་ལོང་བཙན།	རྨ་བཟའ་ཀླུ་རྒྱལ།	ཁྲི་བཙན་ནམ།	ཁྲི་སྒྲ་ངན་ཚུང་།
ཉང་འབྱུང་།	རྒྱལ་ཐོད་རེ་ལོང་བཙན།		ཁྲི་བཙན་ནམ།	
གྲགས་རྒྱལ།	རྒྱལ་ཐོ་ལོས་བཙན།	ཁྲི་རྒྱལ་ན་བུ།	ཁྲི་བཙན་ནམ།	སྣན་བཟའ་ཀླུ་རྒྱལ་དབང་།
ནེའུ།	རྒྱལ་ཐོ་ལོང་བཙན།	རྒྱལ་བཟའ་འོ་མ་ལྡེ།	ཁྲི་བཙན།	སྣན་གཟའ་ཀླུ་རྒྱལ།
ཡར་ལུང་།	རྒྱལ་ཧྲེ་རོ་ལོང་བཙན།	འོ་མ་ལྡེ་བཟའ་ཁྲི་བཙུན་བྱང་མ།	ཁྲི་བཙན་ནམ།	སྣན་བཟའ་ཁྲི་དཀར།
སྲིད་རྒྱུད།	ཐོ་ལྡེ་ལོ་རོག་བཙད་པོ།	གནམ་སྣན་ཧྲུ་ཏེན།	ཁྲི་བཙན་ནམ།	གནམ་སྣན་ཕུ་གེ།
དེབ་དམར།	རྒྱལ་ལྡེ་རེ་ལོང་བཙན།		ཁྲི་བཙན་ནམ།	
གསལ་མེ།			ཁྲི་བཙན་ནམ།[1]	
དེབ་སྔོན།	རྒྱལ་ཧྲོ་རི་ལོང་བཙན།		ཁྲི་བཙན་ནམ།	
ཧོན་འབྱུང་།	རྒྱལ་བཙན།[2]		ཁྲི་བཙན།[3]	
ལྷོ་འབྱུང་།	ཧྲོ་རེ་ལོང་བཙན།	འོ་མ་ལྡེ་བཟའ་ཁྲི་བཙུན་བྱང་མ།	ཁྲི་བཙན་ནམ།	སྣན་བཟའ་ཁྲི་དཀར།
ཡིག་ཚང་།	རྒྱལ་ཧྲོ་རེ་ལོང་བཙན།		རྗེ་ཁྲི་བཙན་ནམ།	
འཕྲུལ་ལྡེ།			ཁྲི་བཙན་ནམ།[1]	
དཔྱིད་རྒྱལ།	རྒྱལ་ཧྲོ་རི་ལོང་བཙན།	འོ་མ་ལྡེ་བཟའ་འཕྲི་བཙུན་བྱང་མ།	ཁྲི་བཙན་ནམ།	སྣན་བཟའ་ཁྲི་དཀར།
གསེར་ཕྲེང་།			ཐོ་ཐོ་རེ་ལོང་བཙན།	སྣ་ཚ་ཀླུ་རྒྱལ།
ལེགས་བཤད།	ཧྲོ་རོ་ལོ་བཙན།		ཁྲི་བཙན་ནམ།	

ཁ་བྱང་།	བར་གྱི་བཙན་ལྷ།			
	གསུམ་པ།		བཞི་པ།	
	རྒྱལ་པོ།	བཙུན་མོ།	རྒྱལ་པོ།	བཙུན་མོ།
དར་རྒྱས།	ཁྲི་དགྲ་དཔུང་བཙན།	སྨན་ཟ་ཀླུ་སྟེངས།	ཁྲི་ཐོག་རྗེ་བཙན།	ཏྲུ་ཡང་ཟ་སྟེང་རྒྱལ་ནམ་མཚོ།
བཀའ་ཐང་།	ཁྲི་ཐོག་རྗེ་བཙན།		ཐོ་ཐོ་གཉན་བཙན།	
ཅུན་རྫོང་།	ཁྲི་སྣ་སྤུང་བསྟན།		ཁྲི་ཐོག་བསྟན།	ཏྲུ་ཡོང་ཟ་སྟེང་རྒྱལ་ནམ་མཚོ་མ།
ཀ་ཐོལ།	ཁྲི་བཙན་ནམ།		ཁྲི་སྣ་སྤུང་བཙན།	
ལྡེའུ།	ཁྲི་སྣ་བསྐྱུངས་བཙན།	རྨ་ཟ་ཀླུ་རླུངས་བཙན།	ཁྲི་ཐོག་རྗེ་ཐོག་བཙན།	ཏྲུ་སྤོང་གཟའ་སྟོང་རྒྱལ་མཚོ།
ཉང་འབྱུང་།	ཁྲི་སྣ་དཔུང་བཙན།		ཁྲི་ཐོག་རྗེ་ཐོག་བཙན།	
གྲགས་རྒྱལ།	ཁྲི་སྣ་སྤུངས་བཙན།	སྨན་བཟའ།	ཁྲི་ཐོག་རྗེ་ཐོག་བཙན།	ཏྲུ་སྒྲོང་བཟའ་སྟེང་རྒྱ་མཚོ་མ།
ནེའུ།	ཁྲི་སྣ་སྤུངས་བཙན།	དབང་གཟའ་སྨན་ཀླུ་རྒྱལ།	ཁྲི་ཐོག་རྗེ་ཐོག་བཙན།	སྟེང་རྒྱལ་མཚོ་མོ།
ཡར་ལུང་།	ཁྲི་སྣ་སྤུངས་བཙན།	སྨན་བཟང་ཀླུ་སྟེངས།	ཁྲི་ཐོག་རྗེ་ཐོག་བཙན།	ཏྲུ་ཡོངས་ཟ་སྟོང་རྒྱལ་ན་མོ་མཚོ།
སྲིད་རྒྱུད།	ཁྲི་ཀ་གཡུ་བཙན།	གནམ་སྨན་ཁྲུང་དཀར།	ཁྲི་ཐོག་རྗེ་ཐོག་བཙན།	ཏྲུ་ཡོང་ཟ་སྟོང་རྒྱལ་མཚོ་མོ།
དེབ་དམར།	ཁྲི་སྣ་སྤུངས་བཙན།		ཁྲི་ཐོག་རྗེ་ཐོག་བཙན།	
གསལ་མེ།	ཁྲི་དགྲ་དཔུང་བཙན།②		ཁྲི་དེ་ཐོག་བཙན།③	
དེབ་སྔོན།	ཁྲི་སྦྲ་དཔུངས་བཙན།		ཁྲི་ཐོག་རྗེ་ཐོག་བཙན།	
བོན་འབྱུང་།	དམུ་བཙན།④		རྗེ་བཙན།⑤	
སྔོ་འབྱུང་།	ཁྲི་སྣ་སྤུངས་བཙན།	སྨན་གསུམ་ཀླུ་སྟེང་།	ཁྲི་ཐོག་རྗེ་ཐོག་བཙན།	ཏྲུ་ཡོང་ཟ་སྟོང་རྒྱལ་མོ་མཚོ།
ཡིག་ཚང་།	རྗེ་ཁྲི་སྣ་སྤུངས་བཙན།		ཁྲི་ཐོག་རྗེ་ཐོག་བཙན།	ཏྲུ་ཡོངས་གཟའ་སྟོང་རྒྱ་མཚོ།
འཕྲུལ་ལྡེ།	ཁྲི་དག་དཔུང་བཙན།②		ཁྲི་ཐོག་རྗེ་ཐོག་བཙན།③	
དཔྱིད་རྒྱལ།	ཁྲི་སྣ་དཔུང་བཙན།	སྨན་བཟའ་ཀླུ་སྟེང་།	ཁྲི་ཐོག་རྗེ་བཙན།	ཏྲུ་ཡོང་བཟའ་སྟོང་རྒྱལ་ན་མོ་ཚོ།
གསེར་ཕྲེང་།	ཁྲི་བཙན།		ཁྲི་ཐོག་རྗེ་ཐོག་བཙན།③	
ལེགས་བཤད།	ཁྲི་སྣ་དཔུང་བཙན།		ཁྲི་ཐོག་རྗེ་བཙན།	

ཁ་བྱང་།	བར་གྱི་བཙན་ལྷ།	
	ལྷ་པ།	
	རྒྱལ་པོ།	བཙུན་མོ།
དར་རྒྱས།	ཐོ་ཐོ་རིའི་སྙན་བཙན།	གུར་སྨན་དང་རྗེ་ཟ་མ་མོ་རྗེ།
བཀའ་ཐང་།	ཁྲི་གཉན་གཟུངས་བཙན།	
ཏུན་ཧོང་།	ལྷ་ཐོ་དོ་སྙ་བརྩན།	གཏོའ་ཟ་མང་མོ་རྗེ།
ཀ་ཁོལ།	ཐོག་རྗེ་ཐོག་བཙན།	གཉན་མོ་གུང་སྨན།
ལྷེའུ།	ལྷ་ཐོ་ཐོ་རེ་སྙན་བཙན།	རྗེ་ཟ་མང་མོ་རྗེ།
ཉང་འབྱུང་།	ལྷ་ཐོ་ཐོ་རི།	
གྲགས་རྒྱལ།	ཐོ་ཐོ་རི་སྙན་བཙན།	ལྷ་ལུང་བཟའ་མ་མོ་རྗེ།
ནེའུ།	ལྷ་མཐོ་ཐོ་རི་སྙན་བཙན།	ལུང་གཟའ་མ་མོ་རྗེ།
ཡར་ལུང་།	ལྷ་ཐོ་ཐོ་རི་གཉན་བཙན།	གྲངས་ཡུལ་གུར་སྨན།
སྲིད་རྒྱུད།	ལྷ་ཐོ་ཧོ་སྙན་གཤལ།	རྗེ་ཟ་མང་མོ་རྗེ།
དེབ་དམར།	ལྷ་ཐོ་ཐོ་རེ་གཉན་བཙན།	
གསལ་མེ།	ལྷ་ཐོ་ཐོ་རི་སྙན་ཤལ།[1]	
དེབ་སྔོན།	ལྷ་ཐོ་ཐོ་རི་གཉན་བཙན།	
བོན་འབྱུང་།	ཐོ་རེ་ལོ་བཙན་ལྷ་ཐོ་ཐོ་རི།[6]	
སྟོ་འབྱུང་།	ཐོ་ཐོ་རི་གཉན་བཙན།	རྗེ་ཟ་མང་དཀར།
ཡིག་ཚང་།	ལྷ་མཐོ་དོ་རིའི་གཉེན་རྩ།	
འཕྲུལ་ལྡེ།	ལྷ་ཐོ་ཐོ་རི་གཉན་བཙན།	
དཔྱིལ་རྒྱལ།	ལྷ་ཐོ་ཐོ་རི་གཉན་བཙན།	རྗེ་ཟ་མང་མོ་རྗེ།
གསེར་ཕྲེང་།	ལྷ་ཐོ་ཐོ་རེ་སྙན་བཤལ།	
ལེགས་བཤད།	ཐོ་རེ་ལུང་བཙན།	

ཁ་བྱང་།	ཕུན་སུམ་ཚོགས་པའི་བོན་རྒྱལ་བཞི།			
	དང་པོ།		གཉིས་པ།	
	རྒྱལ་པོ།	བཙུན་མོ།	རྒྱལ་པོ།	བཙུན་མོ།
དར་རྒྱས།	ཁྲི་གཉའ་གཟུང་བཙན།	འབྲོང་ཟ་དར་མ་གཡང་བཞེར།	འབྲོང་སྙན་ལྡེ་རུ།	འཆིན་ཟ་ཀླུ་རྒྱལ་ངན་མ་མཚོ།
བཀའ་ཐང་།	འབྲོང་གཉན་ལྡེ་རུ།		སྟག་རི་གཉའ་གཟིགས།	
ཕུན་རྫོང་།	ཁྲི་སྙ་ཟུང་བསྟན།	འབྲོའ་ཟ་ཏུང་ཕྱང་བཞེར།	འབྲོ་མཉེན་ལྡེ་རུ།	མཆིམས་ཟ་ཀླུ་རྒྱལ་ངན་མོ་མཚོ།
ག་ཁོལ།	ཁྲི་གཉན་བཟུང་བཙན།		སྟག་གུ་གཉན་གཟིགས།	
ལྡེའུ།	ཁྲི་སྙ་ཟུངས་བཙན།	འབྲོ་ས་ཀླུགས་ཡང་བཞེད།	འབྲོ་གཉེན་ལྡེའུ།	དྭགས་པོའི་ཆིམས་ཟ་ཀླུ་རྒྱལ་མཚོ།
ཉང་འབྱུང་།	ཁྲི་གཉན་གཟུང་བཙན།		སྟག་རི་གཉན་གཟིགས།	
གྲགས་རྒྱལ།	ཁྲི་གཉེན་བཟུང་བཙན།	འབྲོམ་བཟའ་བྱང་གཉེན་ཏེ་པ།	འབྲོ་གཉེན་ལྡེ་རུ།	མཆིམས་བཟའ་ཀླུ་རྒྱལ་ངན་དུ་མཚོ།
ནེའུ།	ཁྲི་གཉན་གཟུང་བཙན།	འབྲོ་གཟའ་བྱང་གཉེན······ཁྲིང་།	འབྲོང་གཉན་ལྡེ་རུ།	
ཡར་ལུང་།	ཁྲི་གཉན་ཟུང་བཙན།	འབྲོ་ཟ་འཕན་མོ་སྐར།	འབྲོང་གཉེན་ལྡེ་རུ།	
སྲིད་རྒྱུད།	ཁྲི་སྙ་ཟུངས་བཙད་པོ།	འབྲོང་ཟ་འཕན་མོ་སྐར།	འབྲོང་གཉེན་ལྡེམ་རུ།	མཆིམ་ཟ་ལྷ་རྒྱལ་མང་མོ་བཙུན།
དེབ་དམར།	ཁྲི་གཉན་བཟུང་བཙན།		སྟག་རི་གཉན་གཟིགས།	
གསལ་མེ།	ཁྲི་སྙན་གཟུགས་བཙན།		འབྲང་སྙན་ལྡེ་རུ།	དྭགས་པོའི་མཆིམས་བཟའ་ཀླུ་རྒྱལ།
དེབ་སྔོན།	ཁྲི་གཉན་གཟུངས་བཙན།		འབྲོང་གཉན་ལྡེའུ།	
བོན་འབྱུང་།			ཀླུ་གཉན་གཟུང་བཙན།	
སྔོ་འབྱུང་།	ཁྲི་གཉན་གཟུངས་བཙན།	འབྲོ་ཟ་དུར་ཡང་བཞིན།	འབྲོང་གཉན་ལྡེ་རུ།	
ཡིག་ཚང་།	ཁྲི་གཉན་གཟུང་བཙན།		འབྲོ་གཉན་ལྡེ་རུ།	
འཕྲུལ་ལྡེ།	ཁྲི་གཉན་བཟུང་བཙན།		འབྲོ་གཉན་ལྡེ་རུ།	ཀླུ་མོ།
དཔྱིད་རྒྱལ།	ཁྲི་གཉན་གཟུང་བཙན།	འབྲོང་བཟའ་མོ་དུར་ཡངས་བཞེར།	འགྲོ་གཉན་ལྡེའུ།	མཆིམས་བཟའ་ཀླུ་རྒྱལ་ངན་དུ་མཚོ།
གསེར་ཕྲེང་།	ཁྲི་སྙན་བཟུང་བཙན།		འབྲོང་སྙན་ལྡེ་རུ།	
ལེགས་བཤད།	ཀླུ་གཉན་གཟུང་བཙན།		འབྲང་སྙན་ལྡེའུ།	

ཁ་བྱང་།	ཕུན་སུམ་ཚོགས་པའི་ཐོན་རྒྱལ་བཞི།			
	གསུམ་པ།		བཞི་པ།	
	རྒྱལ་པོ།	བཙུན་མོ།	རྒྱལ་པོ།	བཙུན་མོ།
དར་རྒྱས།	སྟག་རི་སྙན་གཟིགས།	འོམ་རྗོད་ཟ་སྟོང་བཙུན་འགྲོ་སྐར།	གནམ་རི་སྲོང་བཙན།	ཚེ་སྤུངས་ཟ་འབྲི་མ་ཐོད་དཀར།
བཀའ་ཐང་།	གནམ་རི་སྲོང་བཙན།			
ཏུན་ཧོང་།	སྟག་བུ་སྙ་གཟིགས།	འོལ་ཀོད་ཟ་སྟོང་ཙུན་འགྲོ་ག	སློན་བཙན་རླུང་ནམ།	ཚེས་པོང་ཟ་འབྲིང་མ་ཐོག
ཀ་ཁོལ།	གནམ་རི་སྲོང་བཙན།	ཚེ་སྲོང་བཟའ་འབྲི་མོ་ཐོད་དཀར།		
ལྡེའུ།	སྟ་བུ་སྙན་གཟིགས།	འོལ་གོད་གཟའ་བཙུན····སྟོན།	གནམ་རི་སྲོང་བཙན།	ཚེ་སྤོང་གཟའ་འབྲི་མ་ཐོད་དཀར།
ཉང་འབྱུང་།	འཕྲོང་གཉན་ལྡེའུ།		གནམ་ཏུ་སྲོང་བཙན།	ཚེ་སྤོངས་བཟའ་འབྲིང་མོ་ཐོད་དཀར།
གྲགས་རྒྱལ།	སྟག་རི་གཉེན་གཟིགས།	ཐོལ་གོལ་བཟའ་སྟོང་བཙུན་གྱི་འགྲོ་སྨན།	གནམ་རི་སྲོང་བཙན།	ཚེ་སྤོང་བཟའ་འབྲི་མ་ཏོག་ཐིས་སྐྱེང་།
ནེའུ།	རྒྱལ་སྟག་རི་གཉའ་གཟིགས།	འོད་སྨ་སྟོང་བཙུན།	གནམ་རི་སྲོང་བཙན།	ཚེ་སྤོང་བཟའ་འབྲི་མ་ཐོ་ག
ཡར་ལུང་།	སྟག་རི་གཉན་གཟིགས།	འོད་གོད་བཟའ་སྟོང་བཙུན་འགྲོ་དཀར།	གནམ་རི་སྲོང་བཙན།	ཚེ་སྤོང་ཟ་འབྲི་མ་ཐོད་དཀར།
སྲིད་རྒྱུད།	སྣ་གཟི་བཙད་པོ།	ཐོ་ཡོང་ཟ་འབྲི་ཐོག་ཁོན།		
དེབ་དམར།	གནམ་རི་སྲོང་བཙན།	ཚེ་སྤོང་ཟ་འབྲི་མ་ཐོད་དཀར།		
གསལ་མེ།	སྟག་གོང་སྙན་གཟིགས།		གནམ་རི་སྲོང་བཙན།	འབྲི་བཟའ་ཐོད་དཀར།
དེབ་སྔོན།	སྟག་རི་གཉན་གཟིགས།		གནམ་རི་སྲོང་བཙན།	
བོན་འབྱུང་།	སྟག་བུ་གཉན་གཟིགས།		གནམ་ར་སྟོང་བཙན།	
སྟོ་འབྱུང་།	སྟག་རི་གཉན་གཟིགས།	སྟོང་བཙུན་འགྲོ་དཀར།	གནམ་རི་སྲོང་བཙན།	འབྲི་བཟའ་ཐོད་དཀར།
ཡིག་ཚང་།	སྟག་རི་གཉན་གཟིགས།		གནམ་རི་སྲོང་བཙན།	ཚེ་སྤོང་བཟའ་འབྲི་མ་ཐོད་དཀར།
འཕྲུལ་ལྡེ།	སྟག་རི་གཉན་གཟིགས།		གནམ་རི་སྲོང་བཙན།	
དཔྱིད་རྒྱལ།	སྟག་རི་གཉན་གཟིགས།	འོལ་གོང་བཟའ་སྟོང་བཙུན་འགྲོ་དཀར།	གནམ་རི་སྲོང་བཙན།	ཚེ་སྤོང་བཟའ་འབྲི་མ་ཐོད་དཀར།
གསེར་ཕྲེང་།	སྟག་རི་སྙན་གཟིགས།		གནམ་རི་སྲོང་བཙན།	
ལེགས་བཤད།	སྟག་གོང་སྙན་གཟིགས།		གནམ་རི་སྲོང་བཙན།	

འདིར་དྲངས་པའི་ཡིག་ཆ་ཉི་ཤུ་པོ་དེ་རྣམས་སུ་རྒྱལ་རབས་ཀྱི་བརྒྱུད་ཚུལ་མི་འདྲ་བའི་ཚུལ་ཇི་སྙེད་··ཅིག་བཤད་ཡོད་པ་དེ་དག་སོ་སོའི་མཚན་ཐོའི་མཉམ་དུ་ཡང་གྲངས་བཀོད་ཡོད་པས་ཡིག་ཆ་སོ་སོའི་········ལུགས་ཀྱི་སྡོམ་བྱང་ལ་བརྟེན་པའི་བརྒྱུད་རིམ་གང་ཡིན་ངེས་ཐུབ་ལ། དམིགས་བསལ་གྱི་ཡང་གྲངས་དེ་རྣམས་ཀྱིས་ནི་གཞུང་སོ་སོའི་བཞེད་སྟངས་དང་འབྲེལ་བའི་གནམ་གྱི་ཁྲི་བདུན་དང་། སྟོད་ཀྱི་སྟེང་གཉིས། སའི་ལེགས་དྲུག ཆུའི་ལྡེ་བརྒྱད། བར་བཙན་བཞིའམ་ལྔ་སོགས་མཚོན་པ་ཡིན།

དཔེ་འདིའི་རྒྱལ་རབས་ཀྱི་སྡོམ་བྱང་གཙོ་བོ་ནི་དར་རྒྱས་གསལ་སྒྲོན་ལ་གཞིར་བཟུང་བ་ཡིན་མོད། རྒྱལ་རབས་ཕལ་ཆེ་བར་སྡོམ་བྱང་ཞལ་གསལ་མི་གསལ་ཅི་རིགས་ཤིག་ཡོད་ལ། ཞལ་གསལ་བ་དག་ལའང་བཞེད་སྟངས་མི་འདྲ་བ་སྣ་ཚོགས་ཤིག་ཡོད་པ་ནི་དཔེར་ན། རྒྱལ་པོ་བཀའི་ཐང་ཡིག་[113ཕ་18]ལས་གནམ་ལ་ཁྲི་བདུན་ས་ལེགས་དྲུག་དང་། སིལ་མ་བདུན་དང་ཚིགས་ལ་བཙན་ལྔའོ། །ཞེས་གསུངས་ལ། ཏུན་ཧོང་བོད་ཀྱི་ལོ་རྒྱུས་ཡིག་རྙིང་ལས་གནམ་ལ་དྲི་བདུན། ས་ལ་ལེགས་དྲུག་ཅེས་པ་ཙམ་ལས་ལྷག་པའི་སྡོམ་བྱང་ཞལ་གསལ་བ་ཅི་ཞིག་ཀྱང་མི་སྣང་། བཀའ་ཆེམས་ཀ་ཁོལ་མ་[ཀན་84ཕ་4]ལས་གནམ་ལ་ཁྲི་བདུན། བར་གྱི་སྟེངས་གཉིས། ཆུ་ལ་སྡེ་བརྒྱད། ས་ལ་ལེགས་དྲུག བར་གྱི་བཙན་ལྔ་ཞེས་གསལ་བ་དང་། ལྡེའུ་ཆོས་འབྱུང་ཆེན་མོར་གནམ་ལ་ཁྲི་བདུན། བར་ལ་སྟེང་གཉིས། ས་ལ་ལེགས་དྲུག སྡེ་བརྒྱད། ཚིགས་ལ་བཙན་ལྔ། སྨད་ཀྱི་སྟེང་གཉིས་ཞེས་པའི་སྡོམ་བྱང་བསྟན་ཡོད་པ་དང་། ཉང་གི་ཆོས་འབྱུང་དུ་གནམ་གྱི་ཁྲི་བདུན། ལེགས་དྲུག ཆུ་ལ་ལྡེ་བརྒྱད། བར་གྱི་ཚིགས་བཞི་ཞེས་པ་ཙམ་དུ་གསལ། གྲགས་རྒྱལ་བོད་ཀྱི་རྒྱལ་རབས་[སྡེ་ཏ་196ཤ་4བ་6]ལས་བོད་ཀྱི་རྒྱལ་པོ་ཁྲི་བདུན་ལྡེང་གཅིག་དང་། ལེགས་དྲུག ལྡེ་བརྒྱད་བཙན་བཞི་ཞེས་བྱ་སྟེ། ཉི་ཤུ་རྩ་དྲུག་སྟོན་གྱི་རྒྱལ་པོ་ཡིན། ཞེས་གསུངས་པས་གསལ་ལ། ནེའུ་སྟོན་བྱུང་གི་གཏམ་དུ་ཁྲི་བདུན། སྟེངས་གཅིག ལེགས་དྲུག་ལྡེ་བརྒྱད། བཙན་ལྔ་ཞེས་པ་དང་། ཡར་ལུང་ཇོ་བོའི་ཆོས་འབྱུང་དུ་གནམ་གྱི་ཁྲི་བདུན། སྟོད་ཀྱི་སྟེང་གཉིས། སའི་ལེགས་དྲུག ལྡེ་བརྒྱད། བཙན་ལྔ། བར་སྟེངས་གཉིས་ཞེས་བཤད་ཡོད། སྲིད་པ་རྒྱུད་ཀྱི་ཁ་བྱང་དུ་གནམ་གྱི་ཁྲི་བདུན་ཞེས་པའི་ཁོངས་སུ་གྲི་གུམ་བཙན་པོའང་བརྩིས་ཤིང་། སྤུ་དེ་གུང་རྒྱལ་ལ་ལྡེང་གི་ཐ་སྙད་བྱས་ཡོད་པ་དང་། དེ་འཁྲིས“ས་ལ་ཡག་དྲུག”ཅེས་པ་ཙམ་ལས་གཞན་པའི་སྡོམ་བྱང་མེད་ལ་དེབ་ཐེར་དམར་པོ་ལས་གནམ་ལ་ཁྲི་བདུན། སྟོད་ཀྱི་སྟེངས་གཉིས། བར་དུ་ལེགས་དྲུག ས་ཡི་སྡེ་བརྒྱད། བཙན་ལྔ། བར་གྱི་ལྡེངས་གཉིས་ཞེས་གསུངས་ཡོད་པ་དང་། རྒྱལ་རབས་གསལ་བའི་མེ་ལོང་དུ་གནམ་གྱི་ཁྲི་བདུན། སྟོད་ཀྱི་སྟེང་གཉིས། བར་གྱི་ལེགས་དྲུག སའི་ལྡེ་བརྒྱད། འོག་གི་བཙན་གསུམ་ཞེས་པ་ཙམ་ལས་མི་གསལ། དེབ་ཐེར་སྔོན་པོར་

ཡང་གནམ་གྱི་ཁྲི་བདུན། བར་གྱི་ལྟེངས་གཉིས། ས་ཡི་ལེགས་དྲུག ལྡེ་བརྒྱད། ཅེས་པ་ཙམ་ལས་ཞལ་གསལ་བ་མི་འདུག བོན་འབྱུང་དམ་གླེང་གཞི་བསྟན་པའི་བྱུང་ཁུངས་[ISMEO ཤ་17 ཝ་7]ལས་གནམ་གྱི་ཁྲི་བདུན། བར་གྱི་ལྡིངས་གཉིས། སའི་ལེགས་དྲུག ཆུའི་ལྡེ་དྲུག བར་གྱི་བཙན་དྲུག ཕྱུན་སུམ་ཚོགས་པའི་བོན་རྒྱལ་བཞི་ཞེས་པའི་སྨོམ་བྱུང་ཆ་ཚང་བ་ཞིག་ཡོད་མོད། རྒྱལ་པོ་ལྷ་ཐོ་ཐོ་རི་སྙན་བཙན་དེ་བར་གྱི་བཙན་དྲུག་གི་ཐ་མ་དང་། ཕྱུན་སུམ་ཚོགས་པའི་བོན་རྒྱལ་བཞི་ཉ་གྲགས་པའི་དང་པོར་བརྩིས་གནང་འདུག ལྷོ་བྲག་ཆོས་འབྱུང་མཁས་པའི་དགའ་སྟོན་དུ་གནམ་ལ་ཁྲི་བདུན། སྟོད་ཀྱི་སྟེངས་གཉིས། ས་ལ་ལེགས་དྲུག རྒྱལ་པོ་ལྡེ་བརྒྱད། བཙན་ལྔ། བར་གྱི་སྟེང་གཉིས་ཞེས་པ་དང་། རྒྱ་བོད་ཡིག་ཚང་ཆེན་མོར་གནམ་གྱི་ཁྲི་བདུན། སྟོད་ཀྱི་སྟེངས་གཉིས། སའི་ལེགས་དྲུག བར་གྱི་ལྡེ་བརྒྱད། བཙན་ལྔ། བར་སྟེངས་གཉིས་ཞེས་པ་དང་། རྒྱལ་རབས་འཕྲུལ་གྱི་ལྡེ་མིག་ཏུ་གནམ་གྱི་ཁྲི་བདུན། སྟོད་ཀྱི་སྟེངས་གཉིས། བར་གྱི་ལེགས་དྲུག སའི་ལྡེ་བརྒྱད། འོག་གི་བཙན་གསུམ་ཞེས་པ་དང་། དེབ་ཐེར་དཔྱིད་ཀྱི་རྒྱལ་མོའི་གླུ་དབྱངས་སུ་གནམ་གྱི་ཁྲི་བདུན། སའི་ལེགས་དྲུག ལྡེ་བརྒྱད། ཅེས་པ་ཙམ་དང་རྒྱལ་རབས་གསར་ཐྲེང་དུ་གནམ་གྱི་ཁྲི་བདུན། སའི་ལེགས་དྲུག ཆུའི་ལྡེ་བརྒྱད་ཅེས་པ་ཙམ་ལས་གཞན་པའི་སྨོམ་བྱུང་ཞལ་གསལ་བ་མི་འདུག ལེགས་བཤད་རིན་པོ་ཆེའི་མཛོད་དུ་གནམ་ལ་ཁྲི་བདུན། བར་གྱི་ལྡིང་གཉིས། ས་ལ་ལེགས་དྲུག ཆུ་ལ་ལྡེ་བརྒྱད། བར་གྱི་བཙན་ལྔ། ཕྱུན་སུམ་ཚོགས་པའི་བོན་རྒྱལ་བཞི་ཞེས་གསུངས་པ་དེ་རྣམས་ནི་དར་རྒྱས་གསལ་སྒྲོན་གྱི་དགོངས་པ་དེ་རང་དུ་མངོན། རྒྱལ་པོ་ཐ་མ་བཞི་ལ"ཕྱུན་སུམ་ཚོགས་པའི་བོན་རྒྱལ་བཞི"ཞེས་པའི་ཐ་སྙད་གནང་བའི་རྒྱུ་མཚན་ནི་བྱམས་མ་[རྒྱུད་ཆེ་ཤ་71 བ་5]ལས་(ཐོ་དོ་སྙན་ཤལ་)དེའི་སྲས་ཁྲི་གཉན་ཟུང་བཙན། སྟག་གུ་ཉན་གཟིགས། འབྲོང་གཉན་ལྡེ་ཟུ། གནམ་རི་གོང་བཙན་དང་བཞིའི་རིང་ལ། བསྟན་པ་ཆེ་ཞིང་ཁྲིམས་བཙན་པར་ཡོད་པས། ངོ་མཚར་མཁས་པ་བཀའ་བཞིའི་བོན་དར་སྟེ་(ཏེ།) རྒྱས་པ་འབུམ་ལྡུ་ལ་[44]མཁས་པ་དང་། འདུལ་བ་རྒྱུད་དྲུག་ལ་[45]མཁས་པ་དང་། མངོན་པ་སྡེ་བཞི་ལ་[46]མཁས་པ་དང་། མཚན་ཉིད་སྡེ་ལྔ་ལ་[47]མཁས་པའི་གཤེན་ཆེན་གྲངས་མེད་པར་(པ)བྱུང་ངོ་།། ཞེས་ངེས་ཤེས་ཐུབ་པ་ཡིན།

གྲགས་རྒྱལ་བོད་ཀྱི་རྒྱལ་རབས་སུ་གནང་བའི་སྨོམ་བྱུང་ལྟ་བུ་སྨོམ་བྱུང་འགས་དུས་རིམ་བར་མའི···རྒྱལ་རབས་ཇི་ཙམ་བྱོན་པའི་གྲངས་མཚོན་མོད། ཕལ་ཆེ་བར་རྒྱལ་རབས་མཐའ་མ་རྣམས་མི་གསལ་བས་སྨོམ་གྲངས་ཙམ་ལ་བརྟེན་ཏེ་དུས་རིམ་བར་མའི་རྒྱལ་རབས་ཀྱི་གྲངས་འཛིན་མི་ཐུབ་པ་གསལ་བར་མངོན།

དུས་རིམ་བར་མའི་ནང་བྱུང་བའི་ཡ་ཐོག་བོད་ཀྱི་རྒྱལ་རབས་རྣམས་ཀྱི་ལོ་རྒྱུས་དང་། དེ་རྣམས་ཀྱི

ཆབ་སྲིད་ཀྱི་མཛད་རྗེས་སོགས་ཀྱི་སྐོར་ཤིན་ཏུ་རྒྱ་ཆེ་ལ་རྣམ་གྲངས་མང་བ་ཞིག་བཤད་དུ་ཡོད་པ་ནི་མོས་མ་དགོས་སོད། རང་རེར་ལོ་རྒྱུས་ཡིག་ཆ་དེ་ཙམ་མེད་སྐབས། རྟོགས་དཀའ་བའི་གནས་སུ་གྱུར་ཡོད། དེ་ལྟར་ནའང་གནད་ཆེའི་རིགས་འགའ་ཞིག་ལོ་རྒྱུས་ཀྱི་གཞུང་རྣམས་ལས་གསལ་བ་ནི། བོད་ཀྱི་རྒྱལ་རབས་བརྒྱད་པ་གྲི་གུམ་བཙན་པོ་དེ་ལོ་ངམ་རྟ་རྫིས་བཀྲོངས་པའི་རྒྱུ་མཚན་གང་ཡིན་པའི་སྐོར་ཏུན་ཧོང་བོད་ཀྱི་ལོ་རྒྱུས་ཡིག་རྙིང་[PI 557ཕ་6]ལས་ལྡེ་སྲས་སྤྱིའི་སྤྱི་ཚུལ(48)ཏེ། མངོན་པར་དགུང་དུ་གཤེགས་པ་ལ(49)སྤོགས་པ་འཕྲུལ་དང་བྱིན་ཆེང་པོ(50)མངའ་བས། རྡོང་དང་དྲེགས་མ་ཐུབ་(51)སྟེ། བཙན་འདྲན་བདའ་(52)ནས། ཡབ་འབངས་ཕ་དགུའ་དང་། ཡུམ་འབངས་ཚན་གསུམ་ལ་དགྲ་རུ་རྐལ(53)གཡག་དུ་རྡུང་(54)ཕོད་དམ་ཞེས་བཀའ་སྩལ་ན། སོ་སོ་ནས་ཀུན་གྱིས་མི་ཕོད་ཆེས་གསོལ་ཏོ།། ཞེས་གྲི་གུམ་བཙན་པོ་ང་རྒྱལ་གྱིས་དྲེགས་ཆེ་བའི་རྐྱེན་གྱིས་གནས་ཚུལ་འདི་བཞིན་བྱུང་བར་བཤད་ཡོད་ནའང་། ཡིན་ལུགས་རྣལ་མ་ནི་དར་རྒྱས་གསལ་སྒྲོན་[ཐོབ་655ཤ་81བ་1]ལས་ངའི་རྒྱལ་སྲིད་དང་ཁྱེད་བོན་གྱི་རྒྱལ་སྲིད་གཉིས་མི་ཤོང་གསུངས་ཤེས་གསལ་བ་བཞིན། དེ་དུས་ཀྱི་བོན་གཤེན་རྣམས་མཐུ་དབང་ཆེ་བ་དང་བོན་པོའི་རྒྱབ་ཏུ་ཞང་ཞུང་གི་སྟོབས་ཤུགས་ཡོད་པ་བཅས་ལ་བརྟེན་ནས་བོན་བསྣུབས་པ་དང་། ཡར་ལུང་ཇོ་བོའི་ཆོས་འབྱུང་[སི་47ཕ་7]ལས་དུས་དེར་ཞང་ཞུང་གི་རྒྱལ་པོས་འབངས་ཐད་ཀྱང་ཟེར། རྒྱལ་པོ་གྲི་གུམ་བཙན་པོས་ལོ་ངམ་བྱི་བྲིམ་བྱ་བ་གཅིག་ལ། ཁྱོད་ཀྱིས་ངའི་འཐབ་ཟླ་བྱེད་དགོས་ཟེར་ཞེས་གསལ་བ་བཞིན། ཞང་ཞུང་གི་རྒྱལ་པོས་དགུགས་རྐྱེན་བཏང་ཡོད་པ་འདི་རིགས་ལ་བརྟེན་ནས་བྱུང་ཡོད་པ་ནི་སྨོས་མ་དགོས། ཏུན་ཧོང་བོད་ཀྱི་ལོ་རྒྱུས་ཡིག་རྙིང་[PI557ཕ་21]ལས་སྲས་གཉིས་ཀྱང་ཤ་ཁྲི་དང་ཉ་ཁྲིར་བཏག་སྟེ་ཀོང་ཡུལ་དུ་སྤྱུགས་སྟེ་བཀྱེའོ། །ཞེས་པ་དང་ཡང་[PI558ཕ་50]ལས་གཅེན་ཤ་ཁྲི་ནི་ཡབ་ཀྱི་སྐུ་མཚལ་གཉེར་(55)དུ་གཤེགས་སོ། །ཉ་ཁྲི་ནི་ཀོང་དཀར་པོ་ལགས་སོ། །ཞེས་པར་སྲས་གཉིས་ལས་མེད་པ་འདྲ་ཞིག་ཏུ་སྣང་སོད། ལྡེའུ་ཆོས་འབྱུང་ཆེན་མོ་[བོད་103ཕ་9]ལས་རྒྱལ་གྲི་གུམ་བཙན་པོ་རྒྱལ་ཕྲན་ལོ་ངམ་རྟ་རྫི་དང་ཙད(བཙད)ནས་གྲི་གུམ་བཙན་པོ་སྒྲོངས་(བཀྲོངས་)ཏེ། སྲུར་ཟངས་སུ་བཅུག་ནས་གཙང་པོ་ལ་བསྐྱུར། སྲས་གསུམ་ནི་ཤ་ཁྲི། བྱ་ཁྲི། ཉ་ཁྲི་གསུམ་ཏེ་(སྟེ།) གསུམ་ཀ་སྤྱང་ཀོང་དུ་བཅུགས་(སྤྱུགས)སོ། །སྲས་མོ་ཆུང་མ་བྱུས། མིང་སྲིང་བཞིའི་མ་མོ་ཕྱུགས་ཟན་འཚོ་བ་(56)ལས་སྲས་འབྲུངས་པ་ལ་ཁུ་བློན་གྱིས་སྲས་ཀྱི་མིང་བཙད་(57)ནས་ཡབ་ཀྱི་སྐུ་མཆེལ་(མཚལ)གཉེར། ཡབ་ཀྱི་གོ་བཀྱིས་ཏེ་ལྷ་སྲས་རྒྱལ་སར་བཅུག་པ་ནི་བྱ་ཁྲི་སྤུ་བོའི་ཡུལ་ནས་སྤྱན་དྲངས་པས་སྤུ་དེ་གུང་རྒྱལ་དུ་གྲགས་སོ། །གཅེན་པོ་ཤ་ཁྲི་ཀོང་པོའི་རྒྱལ་པོར་བཅུག་སྟེ་ཞལ་ཇོ་མང་དུ་འཕེལ་ནས་ཞལ་ཇོ་བརྒྱ་ཙམ་ཡོད།

ཙུང་(གཙུང་)ཉ་ཁྲི་ཉང་པོའི་རྒྱལ་པོར་མཛད་དེ་ཞལ་ངོ་ལྔ་བཅུ་ཙམ། ཞེས་གྲི་གུམ་བཙན་པོ་ལ་སྲས་བཞི་ཙམ་བྱུང་ཡོད་པར་གསལ་བ་འདི་ནི་ཉང་གི་ཆོས་འབྱུང་སོགས་ནའང་བཀོད་ཡོད་པས་དེ་རང་དུ······ངེས་སམ་སྙམ། བཀའ་ཆེམས་ཀ་ཁོལ་མ་[ཀན་85ཕ་13]ལས་རྒྱལ་པོ་གྲི་གུམ་བཙན་པོ་དེ་བློན་པོ། དམག་མི་མ་སངས། འབངས་ལི་ངམ་དང་བཅས་པས་ཁ་ཆེའི་ཡུལ་དུ་དམག་རྒྱབ་ཏུ་ཕྱིན་ཏེ། ཁ་ཆེའི་རྒྱལ་པོ་དང་དམག་གཡུལ་སྤྲད་པས་བོད་ཀྱི་རྒྱལ་པོ་དམག་གཡུལ་རྒྱལ་ཞེས་དེ་དུས་བོད་ཀྱི་དམག་ཁ་ཆེའི་རྒྱལ···ཁབ་ཏུ་དྲངས་ཡོད་པའང་གསལ་བ་ཡིན།

བོད་ཀྱི་རྒྱལ་ཐོག་དགུ་པའི་གྲངས་སུ་འདྲེན་འོས་པ་ཏྲི་རྒྱལ་ལོ་ངམ་གྱིས་གྲི་གུམ་བཙན་པོ་ཇི་ལྟར······བཀྲོངས་པའི་ལོ་རྒྱུས་ནི་མི་འདྲ་བ་མང་ལ། གྲགས་ཆེ་བ་ཞིག་ཀྱང་ཡིན་པས་ལྡེའུ་ཆོས་འབྱུང་ཆེན་མོའི་ལུང་གིས་བསྟན་པ་དེ་ཙམ་གྱིས་ཆོག་པར་བྱས། ཁོང་གིས་བོད་ཀྱི་རྒྱལ་སྲིད་ལོ་གྲངས་ཇི་ཙམ་བསྐྱངས་པའི་སྐོར་དང་རྒྱུས་གསལ་སྒྲོན་[ཐོབ་661ཤ་83བ་4]ལས་སྲས་སྤུ་ལྡེ་དང་ཉ་ཁྲི་གཉིས། དྭགས་རྐོང་གཉིས་སུ་སྤྱུགས། བློན་པོ་དྲག་པ་བསད། ཞན་པ་སྤྱུགས། བཙུན་མོ་ལུག་རྫི་(རྫི་)ལ་བཙུག སྲས་མོ་ལྷ་ལྷམ་ཁབས་སུ་(ཁབ་ཏུ་)བླངས་ནས། རྒྱལ་ས་ལོ་བཅུ་གསུམ་ཁམས་བཟུང་ངོ་། །ཞེས་ཏྲི་རྒྱལ་ལོ་ངམ་གྱིས་རྒྱལ་སྲིད་ལོ་བཅུ་གསུམ་དུ་བཟུང་བར་གསལ་ལ། ལྡེའུ་རྒྱ་བོད་ཀྱི་ཆོས་འབྱུང་[བོད་248ཕ་7]ལས་གྲི་གུམ་བཙན་པོ་བཀྲོངས་ནས་སྲས་ཨུ་དེ་གུང་རྒྱལ་རྒྱལ་སར་མ་ཚུད་བར་དུ་ལོ་སྐོར་གཅིག་སྟོངས་སོ། །ཞེས་ཀྱང་ཏྲི་རྒྱལ་ལོ་ངམ་གྱིས་རྒྱལ་སྲིད་བསྐྱངས་པའི་ལོ་གྲངས་ཤུགས་ཀྱིས་བསྟན་པ་ཡིན།

ཏྲི་རྒྱལ་ལོ་ངམ་ནི་ལྷོ་བྲག་ཕྱོགས་ཀྱི་རྒྱལ་ཕྲན་ཞིག་ཡིན་པའི་ཚུལ་དང་རྒྱུས་གསལ་སྒྲོན་[ཐོབ་658ཤ་83ན་2]ལས་ལྷོ་བྲག་གི་ལོ་ངམ་རྟ་རྫི་ལ་འཕྲིན་བཏང་ཞེས་པ་དང་། ལྡེའུ་ཆོས་འབྱུང་ཆེན་མོ་[བོད་103ཕ་9]ལས་རྒྱལ་གྲི་གུམ་བཙན་པོ། རྒྱལ་ཕྲན་ལོ་ངམ་རྟ་རྫི་དང་། བཙད་ཅེས་པ་དང་། ལྡེའུ་རྒྱ་བོད་ཀྱི་ཆོས་འབྱུང་[བོད་245ཕ་1]ལས་ང་ཅིས་ཀྱང་གྲིར་འགུམ་ན་རྒྱལ་པོ་ལོ་ངམ་རྟ་རྫི་དང་འཐབ་ཟེར་ནས······འཐབ་དུས་བཏབ་ཅེས་གསུངས་པ་དེ་དག་གིས། ལོ་ངམ་ནི་བོད་ཀྱི་རྒྱལ་ཕྲན་ཞིག་ཡིན་ལ། རྒྱལ་པོའི་ཐ་སྙད་ཡོད་པ་དང་། དུས་དེར་རྒྱལ་པོའི་བླར་འོས་པའི་རྒྱལ་ཕྲན་ཆེ་གྲས་ཞིག་ཡིན་པའང་གསལ་བར་བསྟན་པ་ཡིན། ཏྲི་རྒྱལ་ལོ་ངམ་ཞེས་པའི་ཐ་སྙད་འདི་གང་ནས་བྱུང་བའི་ཁུངས་ནི་དང་རྒྱུས་གསལ་སྒྲོན་དུ་བོན་གྱི་གཞུང་གི་བཤད་ཀྱི་ལུང་དྲངས་པ་[ཐོབ་660ཤ་83ན་6]ལས་ཏྲི་རྒྱལ་ལོ་ངམ་རྟ་རྫི་དེས། གདུག་པའི་གྲི་མདའ་སྟོང་ནག་ནི། དཔྲ་བའི་དབྱིས་སུ་བརྒྱབས་ཏེ་བསད། ཅེས་གསལ་བ་ཡིན། སྤུ་ལྡེ་གུང་རྒྱལ་ལ་སླར་ཡང་རྒྱལ་སྲིད་ཀྱི་མངའ་དབང་ཇི་ལྟར་ཐོབ་པའི་ཚུལ་ནི་ལྡེའུ་རྒྱ་བོད་ཀྱི་ཆོས་འབྱུང···

[བོད་246ཕ་8]ལས་མ་མོ་ཧ་ཛི་མ་གཉིད་ལོག་པའི་རྨི་ལམ་ན་ཀླུའི་བུ་འདྲ་བ་དང་བཤོས་པ་རྨིས་ནས། གཉིད་སད་ཙ་ན་སྦྲུས་ན་གཡག་ཅིག་འདུག་པ་མཐོང་སྐད། དེ་ནས་ཟླ་བ་བརྒྱད་ལོན་ནས་ཆུ་འཆུར་ཕྱིན་པས། ཁྲག་ལིང་ལག་མགོ་ཙམ་ཞིག་མངལ་སྐོར་བྱུང་ནས། དེ་གསོད་དུ་ནི་བུ་ཡིན། གསོ་རུ་ནི་ཡན་ལག་མེད་ནས། གཡག་རུར་བཅུག་སྟེ་ལྷམ་ཡུར་བཅུག་ནས་གཡར་སྨམ་གྱི་ངར་པས་ཁ་བཅད་དེ་གསང་ནས་རྫོད་ལ་བཅས་པའི་ཕྱིས་པ་གཅིག་དེའི་ནང་ནས་བྱུང་སྟེ་མིང་བཏགས་པ། ནྭ་ལས་སྐྱེས་ངར་ལས་འགྲིང་ཡུ་ལ་བརྟེན་བྱ་བར་བཏགས་སོ། །དེ་ཆེར་སྐྱེས་ནས་མ་ལ་ངའི་ཕ་སུ་ཡིན་ཟེར་ནས་(བས།) ཁྱོད་ཀྱི་ཕ་ལོང་ངམ་གྱིས་བསད་དོ་བྱས་པས། ཁོས་བཙན་པོའི་སྒྲུར་བཙལ་བས། ཀླུ་སྤྱིན་ཕྱི་མ་ལག་རིང་ལ་འདུག་པ་རྩད་ཆོད་ཅེས་པ་དང་། ཡང་[བོད་247ཕ་12]ལས་དེ་ནས་ཡབ་ཀྱི་གོ་བགྱིས་ནས་སྲས་བཙལ་ཏེ་ད་ཕྱུག་མཆེད་གསུམ་གྱི་རྩར་ཐར་ཤགས་ཀྱིས་ཕྱིན་ནས། ཡབ་ཀྱི་སྐུ་མཚལ་གཉེར་འཚལ། བཞུགས་ཡུལ་གྱི་མཁར་བདག་མཛད་འཚལ། མགོ་ནག་གི་རྗེ་དང་རྫོག་ཆགས་ཀྱི་རྗེན་དུ་མཛད་འཚལ་ཞུས་པས། གཅེན་ཤ་ཁྲི་དང་གཅུང་བྱ་ཁྲིས་མ་གནང་། འབྲིང་པོ་ཉ་ཁྲིས་གནང་སྟེ། ངར་ལས་སྐྱེས་ཀྱིས་སྤུ་བོའི་ཡུལ་ནས་སྤྱན་དྲངས་ཏེ། ལམ་དུ་དགྲ་སྲི་མནན་པའི་རྗེས་ལ་མཆན་ཡང་ཅུ་དེ་གུང་རྒྱལ་དུ་སྦོས་སོ། །ཞེས་པ་འདི་ནི་ལོ་རྒྱུས་ཕལ་ཆེར་གཞི་མཐུན་དུ་འདུག

ངར་ལས་སྐྱེས་སམ་ཡོངས་གྲགས་སུ་རུ་ལ་སྐྱེས་ཞེས་པ་དེས་བྱ་ཁྲི་རྒྱལ་སྲིད་ལ་ཇི་ལྟར་བཀོད་པའི་ཚུལ་རགས་ཙམ་ནི་ལྡེའུ་རྒྱ་བོད་ཀྱི་ཆོས་འབྱུང་[བོད་247ཕ་19]ལས་དེ་ནས་ངར་ལས་སྐྱེས་ཀྱི་ལོང་ངམ་ཏ་ཛི་ལ། ཤ་ཁྲི་དཀར་མོ་ལ་སྤྲ་རྩར་དུག་བྱུགས་ནས་དཀོར་ཕུལ་བས། ལོང་ངམ་གྱིས་ཕྱིལ་བྱས་པས། ཁོའི་ལག་པ་ཧྲེངས་ནས་འཁོར་རྣམས་དེར་འདུས་ཀྱི་བར་དུ། ངར་ལ་(ལས་)སྐྱེས་ཀྱིས་མྱང་རོ་ཤམ་པོ་མཁར་གྱི་ཕ་རོལ་ན་ཀོད་ཚང་ཡོད་པ་ལ་སྐད་བཏགས་ནས་བྱ་ཀོད་ཀྱི་གསོབ་ཏུ་ཞུགས་ཏེ། མྱང་རོ་ཤམ་པོ་མཁར་རྩེ་ནས་ཕབ། ལོ་ངམ་ཕོ་བརྒྱ་སྣ་ང་བྲག་ལ་སྤུབས་ཏེ་བསད། ལོང་ངམ་མོ་བརྒྱ་ཟང་(ཟངས་)རུ་མགོ་ལ་སྤུབས་ཏེ་བསད། ཆེ་སྟོན་ཆུང་སྟོན་པས་མིང་སྟོན་གཟུང་དུ་བཏགས། ཅུ་དེ་གུང་རྒྱལ་གྱིས་འདི་ངའི་ཁུ་བོ་བས་ལྷག་ཟེར་ནས་ཁུ་སྟོན་གཟུང་དུ་བཏགས་སོ། །ཞེས་པ་དང་། ཡར་ལུང་ཇོ་བོའི་ཆོས་འབྱུང་[སི་44ཕ་1]ལས་འབྲིང་པོ་བྱ་ཁྲི་གདན་དྲངས་ནས་རྒྱལ་སར་བཅུག་སྟེ། སྤུ་ལྡེ་གུང་རྒྱལ་དུ་མཚན་གསོལ་ལོ། །ཞེས་པ་རྣམས་ཀྱིས་ཡིན་ལུགས་གསལ་པོར་ངེས་ཐུབ་པ་ཡིན།

སྤུ་ལྡེ་གུང་རྒྱལ་གྱི་བཀའི་བློན་ཆེན་པོ་ནི་ཡར་ལུང་ཇོ་བོའི་ཆོས་འབྱུང་[སི་44ཕ་19]ལས་བློན་རུ་ལ་སྐྱེས་དང་དེའི་བུ་ལྷ་བུ་མགོ་དཀར་གཉིས་ཀྱིས་བྱས་ཞེས་ཤེས་ཐུབ་ལ། ཡང་[སི་45ཕ་7]ལས་བློན་

མཛངས་པ་དེ་གཉིས་རིང་ལ། འབྲོང་ཐུལ་དུ་སྐྱེབས། ཆུ་ཡུ་བར་བཙུག སྤང་ཞིང་དུ་རྨོས། སོལ་བས་རྫ་བཞུ། དངུལ་ཟངས་ལྕགས་གསུམ་བཏོན། ཆུ་ལ་ཟམ་པ་བཙུགས་སོ་ཞེས་བློན་གཉིས་ཀྱི་མཛད་པ་འགའ་རེ་གསལ་ལ་མཛད་གསར་དེ་རིགས་ཞང་ཞུང་དུ་དེ་སྔོན་ནས་དར་སྤྱོད་ཡོད་མོད། བོད་ན་དེ་དུས་སུ་དར་བའི་དཔྱུ་ཚུགས་པ་ལ་དགོངས་ནས་དེ་སྐད་དུ་གསུངས་ཡོད་པར་མངོན།

བོད་ཀྱི་རྒྱལ་རབས་དང་ཆོས་འབྱུང་ཁྱི་ཡོངས་ལ་མ་གྲགས་པ། བོད་ཀྱི་རྒྱལ་ཐོག་བཅུ་གཅིག་པ་གྲང་མོ་གནམ་གསེར་བརྩིག་ཅེས་སུ་གྲགས་པ་དེ། ཏུན་ཧོང་བོད་ཀྱི་ལོ་རྒྱུས་ཡིག་རྙིང་དུ་ས་ལ་ལེགས་དྲུག་བྱུང་བའི་དང་པོ་ཐོ་ལེགས་བཙན་པོའི་ཡབ་ཡིན་པར་བསྟན་མོད། ཁོང་གི་ཡབ་སུ་ཡིན་ཞལ་གསལ་བ་གང་ཞིག་ཀྱང་མི་སྣང་།

"སྤུ་དེ་གུང་རྒྱལ་གྲོངས་ན" ཞེས་པའི་ཚིག་སྦྱུབ་དེས་ནི་སྤུ་དེ་གུང་རྒྱལ་སྐུ་གཤེགས་པའི་རྗེས་སུ། གསེར་བརྩིག་ཁྲིར་ཐེབས་པའི་དོན་བསྟན་པ་ལས་སྤུ་དེ་གུང་རྒྱལ་གསེར་བརྩིག་གི་ཡབ་ཡིན་པའི་བཤད་པ་ཅི་ཞིག་ཀྱང་མིན་པ་ནི་མངོན་སུམ་མཐོང་ཆོས་སུ་གྲུབ་དེ་གྲི་གུམ་བཙན་པོའི་སྲས་ནི་ཡིན་མི་རུང་སྟེ། གྲི་གུམ་བཙན་པོའི་སྲས་ཏུན་ཧོང་གི་ཡིག་ཆར་ཤ་ཁྲི་དང་ཉ་ཁྲི་ཞེས་པ་གཉིས་ལས་མི་གསལ་བ་དང་། ལྡེའུ་ཆོས་འབྱུང་སོགས་ཡིག་ཆ་མང་པོ་ཞིག་ཏུ་སྲས་ཤ་ཁྲི་དང་བྱ་ཁྲི། ཉ་ཁྲི་ཞེས་པ་གསུམ་བྱུང་བ་ལས། ཤ་ཁྲིས་ཀོང་པོའི་རྒྱལ་པོར་མཛད་པའི་གདུང་རྒྱུད་ཀོང་དཀར་པོ་ཞེས་སུ་གྲགས་པ་དང་། ཉ་ཁྲིས་མྱང་པོའི་རྒྱལ་པོར་མཛད་ལ། བྱ་ཁྲི་ནི་སྤུ་དེ་གུང་རྒྱལ་ཡིན་པར་གསལ་བས། དེ་གསུམ་ནི་གསེར་བརྩིག་ཡིན་མི་རུང་ལ། བློན་པོ་རུ་ལ་སྐྱེས་སམ་ངར་ལས་སྐྱེས་ཏེ་རྗེས་སུ་ཁྲུ་སློན་གཟུང་དུ་གྲགས་པ་དེའི་གདུང་རྒྱུད་ནི་ཡིན་ཐབས་མེད། དེ་ལྟར་ན་ཏུན་ཧོང་གི་ཡིག་ཆར"སྤུ་དེ་གུང་རྒྱལ་གྲོངས་ན" ཞེས་པའི་མཇུག་ཐོག་དེར"གྲང་མོ་གནམ་གསེར་བརྩིག" ཅེས་གསལ་བ་དེ་གས་སྤུ་དེ་གུང་རྒྱལ་གྱིས་སྲུ་ཡིན་པ་རང་ཤུགས་ཀྱིས་གྲུབ་པ་ཡིན།

ལྡེའུ་རྒྱལ་བོད་ཀྱི་ཆོས་འབྱུང་[བོད247ཤ5]ལས་དེ་ནས་ངར་ལས་སྐྱེས་ཀྱིས་ལག་དཔོན་བྱས……ནས། བོད་འབངས་ཕ་དགུས་སེ་མོ་ཕྱུག་ཏུ་སྣེག་བུ་ལུགས་བཞིན་བརྩིགས་ནས། དེར་སྤུར་བཞག་ནས། དེའི་གཉར་ཁྲི་སྟེགས་བཅུ་གསུམ་བརྩིགས་ནས་སྟེ་གྲི་གུམ་བཙན་པོའི་གྲི་འཚོ་མི་[58]དང་ལྷོ་(བཙོ་)མིས་བཏུལ་བས་མ་ཐུལ་ནས། དེ་ནས་ཕ་བ་རིའི་བུ་[59]ཟེ་རྒྱལ་རྨང་པོས་གྱི་བཏུལ་བས་ཐུབ་ནས། ངར་མ་ཐང་དུ་སྤྱན་དྲངས་འཕང་སྐོར་སུམ་བརྒྱ་དྲུག་ཅུ་[60]བྱས་ནས། སྤུར་གྲང་མོ་གྲང་ཆུང་གི་རྫ་ལ་བཏབ་སྐད། ད་ལྟ་གྲང་མོའི་གནམ་གསེར་ཉིག་བྱ་བ་དེ་ལགས་སོ། །ཞེས་པ་འདིར"གྲང་མོ་གནམ་གསེར་

བརྗིག” ཅེས་པའི་མཚན་དེ་དང་འདྲ་སླམ་ཆེ་བའི་མིང་ཞིག་ཡོད་མོད། དེ་ནི་གྲི་གུམ་བཙན་པོའི་བང་སོ་ལ་མཚན་དེ་སྐད་དུ་གྲགས་པའི་དོན་ཡིན་སྐབས། ཏུན་ཧོང་གི་ཡིག་རྙིང་ན་གསལ་བའི་རྒྱལ་པོའི་མཚན་དང་འདི་གཉིས་ཕན་ཚུན་གོ་འཁྲུགས་དགོས་པ་འགའ་ཡང་མེད།

གཞན་ཡང་ལྡེའུ་བྲག་ཆོས་འབྱུང་[སྟོད་པེ་163 ཝ་3] ལས་དྲང་མོ་དྲང་ཆུང་རི་ཡི་ཟོམ་དུ་བཞུགས། དེ་ཚེ་གནམ་ནས་གསེར་གྱི་ཐིག་གུ་བྱུང་། སྤུར་ལ་ཐིམ་པས་གནམ་ལྷ་གསེར་ཐིག་གྲགས། དེང་སང་ཡུལ་དེའི་ལྷ་ཏུ་བཞུགས་སོ་སྐད། ཅེས་རྒྱལ་གྲི་གུམ་བཙན་པོའི་སྤུར་དྲང་མོ་དྲང་ཆུང་རིའི་ཟོམ་དུ་བཞུགས་པའི་སྐབས། གནམ་ནས་གསེར་གྱི་ཐིག་གུ་བྱུང་ཞིང་སྤུར་ལ་ཐིམ་པའི་རྒྱུ་མཚན་གྱིས་བང་སོ་དེ་ལ་བརྟེན་པའི་ལྷ་གནམ་ལྷ་གསེར་ཐིག་ཅེས་པ་ཞིག་ཏུ་གྱུར་ཏེ་དེང་སང་ཡུལ་དེའི་ལྷ་ཏུ་གྱུར་ཚུལ་གསུངས་པ་འདི······ལའང་། རྒྱལ་པོ་གྲང་མོ་གནམ་གསེར་བརྗིག་དང་འདྲ་ཆེ་བའི་ཐ་སྙད་ཅིག་ཡོད་མོད། འདི་ནི་གྲུ་གུམ་གྱི་བང་སོ་ལ་བརྟེན་པའི་ལྷ་ཞིག་གི་མཚན་ཡིན་སྟབས། ཐ་སྙད་འདི་དང་ཏུན་ཧོང་གི་ཡིག་རྙིང་དུ་བསྟན་པའི་གྲང་མོ་གནམ་གསེར་བརྗིག་གི་མཚན་ཕན་ཚུན་གོ་འཁྲུགས་དགོས་པ་འགའ་ཞིག་ཀྱང་མ་མཐོང་། གཞན་ཡང་ཏུན་ཧོང་བོད་ཀྱི་ལོ་རྒྱུས་ཡིག་རྙིང་[PI553 ཝ51] ལས་བཤོས་ན་ནི་སྤུ་དེ་གུང་རྒྱལ། གྲོངས་ན་ནི་གྲང་མོ་གནམ་བསེའ་བརྗིག འབྲིང་མགོ་ནག་གི་རྗེ། དུད་རྗོག་ཆགས་ཀྱི་རྐྱེན་དུ་གཤག་སྟོ། ཞེས་རྒྱལ་གྲི་གུམ་བཙན་པོ་དེ་ཡུམ་དང་བཤོས་ནས་ནི་རྒྱལ་པོའི་རྒྱུད་འཛིན་སྤུ་དེ་གུང་རྒྱལ་བྱུང་ལ། སྤུ་གཤེགས་རྗེས་ན་རྒྱལ་པོའི་གདུང་རྒྱུད་འཛིན་མཁན་ནི་གསེར་བརྗིག་གམ་བསེའ་བརྗིག་ཅེས་པའི་རྒྱལ་པོ···དེ་ཡིན་པའང་གསལ་བར་བསྟན་ཡོད་པས་ཤེས་ཐུབ་པ་ཡིན། བྱམས་མ་[རྒྱུད་ཚོ་ཤ71ན6] ལས་ཕྱི་བ་སྟག་རྩེ་ལ་སོགས་པའི་རྒྱལ་མཁར་གསས་མཁར་ཅན་བཅུ་གསུམ་བསྡོང་ནས་བོན་ཁྲིམས་སྲིད་པའི་ཐོ་ཆན་བཙུགས་སོ། །ཞེས་ཨི་ཤོ་ལེགས་སོགས་ས་ལ་ལེགས་དྲུག་བྱོན་པ་དེ་རྣམས་ཀྱི་སྐུ་དུས་སུ་དེ་སྔོན་ནས་བོད་ཀྱི་རྒྱལ་རབས་རིམ་པས་བཞེངས་པའི་རྒྱལ་མཁར་རམ་བཙན་པོའི་ཕོ་བྲང་ཁག་དང་། བཙན་པོ་དང་བོན་གྱི་སྐུ་གཤེན་ཐུན་མོང་གིས་བཞེངས་པའི་གསས་མཁར་བཅས་ཁྱོན་སྡོམ་བཅུ་གསུམ་ཙམ་བྱུང་ཡོད་པ་དེ······རྣམས་ཀྱི་མངའ་རིས་སུ་གཏོགས་པའི་མི་སྡེ་ཡོངས་ལ་ཁྱབ་པའི་བོན་ལུགས་ཀྱི་ཁྲིམས་ཤིག་གཏན་འབེབས···མཛད་སྒྲོང་བའི་དོན་དུ་ཤེས་ལ“ རྒྱལ་མཁར་གསས་མཁར་བཅུ་གསུམ” ཞེས་པ་འདི་ནི་གོང་དུ“ གདུང་····རབས་བཅུ་གསུམ་གྱི་བོན་དར” ཞེས་བཤད་ཡོད་པ་དེ་དང་འབྲེལ་ཆེ་བར་སྣང་།

ཆ་ལ་ལྡེ་བརྒྱད་དུ་གྲགས་པའི་ནང་མཚན་བསེ་རྙོལ་ནམ་གྱི་ཡབ་ཐོད་དཀར་ཡིན་པའི་ཚུལ། ལྡེའུ་ཆོས་འབྱུང་ཆེན་མོ་[པོད་104 ཝ10] ལས་ལྡེ་བརྒྱད་ལས་བསེ་རྙོལ་ནམ་ཐང་མཚམས་སུ་ཐོད་ཀར་བྱ······

བའི་བུ་ཡིན་ཏེ། ཨི་ཤྲཱ་ལེགས་དང་འདི་གཉིས་གཅེན་པོ་ཐང་མཚམས་སུ་ཕབ་པས་འདི་གཉིས་ཀྱི་རྒྱུད་ལ་
ཞང་ལྷ་གཅེན་པོ་ཞེས་གྲགས་སོ། །ཞེས་གསལ་བ་སྟེ། དེའི་དགོངས་དོན་རྣལ་མ་ནི་ས་ལ་ལེགས་དྲུག་གི་
དྲུག་པ་ཨི་ཤྲཱ་ལེགས་ཀྱི་གཅེན་པོ་ཞིག་དང་ཆུ་ལ་ལྡེ་བརྒྱད་ཀྱི་བཞི་པ་བསེ་རྗོལ་ནམ་གྱི་གཅེན་པོ་ཞིག་ལ······
བཀའ་ཉེས་ཕོག་ནས་བཙོན་དུ་བཙུག་ཡོད་པ་འདི་གཉིས་ཀྱི་རིགས་རྒྱུད་ལ་ཞང་ལྷ་གཅེན་པོ་ཞེས་གྲགས····
ལ། བསེ་རྗོལ་ནམ་གྱི་ཡབ་ཐོད་དཀར་ཞེས་བྱ་བ་དེ་ནི་ཨི་ཤྲཱ་ལེགས་ཀྱི་གཅེན་པོའི་རྒྱུད་ལས་བྱུང་བ་ཞིག་
ཡིན་པའི་དོན་དུ་གོ།

དུས་སྐབས་དེར་བཙན་པོའི་གདུང་རྒྱུད་རྒྱལ་སྲིད་མི་སྐྱོང་མཁན་ཕལ་མོ་ཆེ་ལ་བཀྲོན་ཕབ་ནས·······
བཙོན་དུ་འཇུག་གི་ཡོད་པའི་ཚུལ་ཡང་[བོད་104ཕ་13] ལས་འདིའི་དུས་ན་བློན་པོ་རིག་པ་ཅན་གྱིས······
རྒྱལ་པོ་མང་ན་འགྲན་ཟླར་གྱུར་པས་གཅིག་རྒྱལ་སར་བཞག་ནས་གཞན་ཐང་མཚམས་སུ་འབེབས་ཞེས······
གསལ་བར་བསྟན་ལ། དུས་ཕྱིས་ཀྱི་སྐབས་སུའང་ལུགས་དེ་ནི་དར་སྲོལ་ཆེ་བར་བྱུང་ཡོད་པ་དུས་རིམ་གྱི་
ལོ་རྒྱུས་ལས་ཤེས་ཐུབ་པ་ཡིན། གཡུང་དྲུང་བོན་གྱི་རྒྱུད་འབུམ·[ཐོབ་ཀ30ཤ16ན1] ལས་དེ་ནས་ཁྲི་
(ཁྲི·) ཐོབ་ནམ་བརྟན་གྱིས་ཞང་ཞུང་གི་གཤེན་པོ་མང་པོ་གདན་གྲགས·(དྲངས།) འབུམ་དང་གསས་
མཁར་ཕྱོགས་བཞིར་བརྩིགས། བོད་དང་ཞང་ཞུང་གཅིག་ཏུ་བསྡེབས། བོན་དར་ལ་རྒྱས་པར་མཛད་པས་
རྗེ་ཡང་སྐུ་ཚེ་རིང་། འབངས་ཀྱང་འོག་ནས་སྐྱིད་པ་ལགས་སོ། །དེ་ནས་བོད་རྗེའང་བོན་སྨྱོད་པས་མངའ་
ཐང་རྗེ་དར་ལ་སོང་སྟེ། མཐའ་དུལ་བར་དགོངས·(61) སོ། །བླ་བོན་དང་ཕྱོགས་བཞི་ནས་བཏེགས། དེ་
ནས་སྐུ་གཤེན་གྱེར་ཟླ་མེད་ཀྱིས་དགྲ་སྲི་ཕྱོགས་གནན། དམག་ལ་དབང་བསྐུར་ཏེ། འཇང་ལ་དམག་
དྲངས་ཏེ་དགོལ·(རྒོལ·) བས། འཇང་གི་རྒྱལ་པོ་མངའ་འོག་ཏུ་ཚུད་པས་རྒྱལ་པོ་དགེས་ནས། དེ་ནས་
དེའི་ཚེ་བོན་པོ་ཡ་ཡིས། རྩང·(62) རུ་གོད་གསུམ་གྱི་ཞལ·(ཞྭ) ལ·(63) གཡུའི་བྱ་རུ་ལ·(64) བརྫོགས་པ···
དང་། བྱ་རྒོད་དཀར་མོའི་ཐུལ་བ·(65) ལ་སྟག་གི་གོང་ལག་བཏགས་པ་ཕུལ་བས། བོན་པོས་བྱ་གཞུ····
(ཞུ) དང་བྱ་ཐུལ་གོན་པའང་དེ་ནས་བྱུང་བ་ལགས། ཞེས་པ་ནི། བར་གྱི་བཙན་ལྔ་རུ་གྲགས་པའི་དུས་ཀྱི་
རྒྱལ་པོ་ཁྲི་ཐོག་རྗེ་ཐོག་བཙན་གྱིས་ཞང་ཞུང་ནས་བོན་གཤེན་མང་པོ་གདན་དྲངས་ཏེ་བོན་གྱི་བསྟན་པ······
དར་རྒྱས་སུ་མཛད་པ་དང་། དུས་སྐབས་དེར་ཞང་ཞུང་དང་བོད་ཀྱི་འབྲེལ་བའང་ཤུགས་ཆེན་པོ་ཞིག་
བྱུང་ཡོད་པ་དང་། རྒྱལ་པོ་དེ་ལ་དཔོན་གསས་ལྷུང་ཚ་འཕན་སྣང་དང་ལྷ་བོན་ཐ་ཚ་ཕོག་འཕར་སོགས་
བླའི་བོན་པོ་དུ་མ་ཞིག་ཡོད་པའི་ནང་ནས། སྐུ་གཤེན་གྱེར་ཟླ་མེད་མཐུས་རྒྱལ་པོའི་དམག་དཔུང་ལ་
དབང་བསྐུར་ཏེ། བོད་དམག་འཇང་ལ་དྲངས་ཏེ་འཇང་གི་རྒྱལ་པོ་མངའ་འོག་ཏུ་བསྡུས་པ་གསལ་བར་

བསྟན་པ་དང་། ཡང་གཡུང་དྲུང་བོན་གྱི་རྒྱུད་འབུམ་[30ཀ་16ན་6]ལས་ཡང་སྲུམ་པའི་བོན་པོ་སྟེ་ནག་གུ་ཡིས་དགྲ་ལྷ་གསོལ། དགྲ་སྲི་གནན་ནས། ཧོར་ལ་དགོལ་(རྒོལ)བས་ཧོར་གྱི་རྒྱལ་ཁམས་མངའ་འོག་ཏུ་ཚུད། དེའི་ཆེ་དགེ་དང་ཡིག་རྩང་དུ་གསེར་གྱི་གསས་ཟན(66)དང་། གཡུའི་སྨན་བསྔོས(67)ཕུལ། གསེར་མདའ་དང་གཡུ་འཕང་(68)བཀའ་རྟགས་སུ་བྱིན་པས། བོན་པོས་གསས་གསང་དང་སྨན་བསྔོས་ལྷ་ལ་འཛུགས་པ་དང་། འདའ་(མདའ་)འཕང་ལྷ་ལ་རྟེན་འཛུགས་པའང་དེ་ནས་བྱུང་གདའ། ཞེས་ཁྲི་ཐོག་རྗེ་ཐོག་བཙན་གྱི་རྗེས་ཙམ་ན་བྱུང་བའི་བཙན་པོ་ཞིག་གིས་བོན་གྱི་མཐུ་དབང་ལ་བརྟེན་ནས། བོད་ཀྱི་དམག་ཧོར་ལ་དྲངས་ཏེ་ཧོར་གྱི་རྒྱལ་ཁམས་མངའ་འོག་ཏུ་བསྡུས་ཡོད་པའི་ཚུལ་གསལ་བར་བསྟན་པ····དང་། ཡང་དེ་ཉིད་[31ཀ་16བ་1]ལས་ཡང་རྒྱ་ནག་རྒྱལ་པོས་རྗེའི་སྐུ་ལ་སྟོས་(བསྟོས་)པས། ཞང་ཞུང་གི་བོན་པོ་གྱེར་ཆེན་བཙོ་འཕེན་གྱིས། གསེར་ལ་སྟགས་(བསྟགས)ནས་བཙོ་འཕངས་པས། རྒྱ་ནག་རྒྱལ་ཁམས་ཐུལ། དེའི་ཆེ་དགེ་དང་ཡིག་རྩང་དུ་རྒྱལ་པོས་གཡུ་ཕྱུགས་གཅིག་ཕུལ། དབུ་ལ་དར་ཐོད་དཀར་པོ་བཅིངས། ད་ལྟ་བོན་པོས་དབུ་ཐོད་འཆིང་བ་དང་། འགུལ་(མགུལ་)དུ་གསེར་གཡུ་འདོག་པའང་བརྟན་(གཏན)ཚིགས་དེ་ལྟར་ལགས་སོ། །ཞེས་པ་ནི་བར་སྐབས་ཤིག་ན་རྒྱ་ནག་གི་རྒྱལ་པོས་བོད་ཀྱི་བཙན་པོའི་སྐུ་ལ་འཚེ་བའི་བྱ་བ་ཅི་རིགས་ཤིག་བརྩམས་པ་ལ། ཞང་ཞུང་གི་གཤེན་པོས་མཐུའི་ནུས་པ་བཏང་སྟེ། རྒྱ་ནག་གི་ཚུལ་རྒོལ་གྱི་བྱ་བ་རྣམས་ཡོངས་སུ་ཐུལ་བའི་ཚུལ་གསལ་བར་བསྟན་པ་དང་། ཡང་གཞུང་དེ་ཉིད་[31ཀ་16བ་3]ལས་དེ་ནས་དཔོན་(མོན)ལ་དམག་གྲངས་(དྲངས)པས། ཞང་ཞུང་བཙོ་ཆེན་ཐོག་འབེབས་ཀྱིས། བཙོ་འཕངས་ཏེ་མོན་བཏུལ་བ་ཆེ་རྟགས་སུ་སྟག་གཟིག་སུམ་གྱི་ཐུལ་བ་ཕུལ། མངར་གསུམ་(69)འགྱུར་(མགུར་)དུ་དྲངས་པས། བོན་པོའི་སྐུ་ལ་སྟག་སླག་གོན་པའང་དེ་ལྟར་ལགས་སོ། །ཞེས་བར་གྱི་བཙན་ལྷའི་རྒྱལ་པོ་ཞིག་གི་རིང་ལ། བོད་ཀྱི་དམག་དཔུང་མོན་ཡུལ་དུ་དྲངས། ཞང་ཞུང་གི་བོན་གཤེན་བཙོ་ཆེན་ཐོག་འབེབས་ཞེས་གྲགས་པ་དེས་མཐུ་ནུས་ཀྱིས་རྒྱབ་གཉེར་མཛད་པ་ལ་བརྟེན་ནས་མོན་གྱི་རྒྱལ་ཁམས་བཏུལ་བའི་ཚུལ་གསལ་བར་བསྟན་ཡོད་པ་དེ་རེད། རྒྱལ་ཧོ་རེ་ལོང་བཙན་ལ་གཅུང་པོ་ཞིག་ཡོད་པ་དང་། གཅུང་པོ་དེ་ལ་བཀྱོན་ཕོག་པའི་ཚུལ་ཡང་ལྡེའུ་ཆོས་འབྱུང་ཆེན་མོ་[བོད་105ཕ་2]ལས་རྒྱལ་ཧོ་ཧོ་རེ་ལོང་བཙན་གྱི་གཅུང་པོ་ཐང་མཚམས་སུ་ཕབ་པ་ནི་གཅུང་ལྟབ་ནག་བྱ་བ་ཡིན་པས་དེའི་རྒྱུད་ལ་ཞང་ལྟོ་གཅུང་པ་ཞེས་གྲགས་སོ། །ཞེས་པས་ཞལ་གསལ་བ་དང་། ཁྲི་ཐོག་རྗེ་ཐོག་བཙན་ལ་གཅུང་པོ་བཞི་ཡོད་པ་དེ་རྣམས་ལའང་བཀྱོན་ཕབ་པའི་ཚུལ་ལྡེའུ་ཆོས་འབྱུང་ཆེན་མོ་[བོད་105ཕ་8]ལས་ཁྲི······ཐོག་རྗེ་ཐོག་བཙན་དེའི་གཅུང་པོ་རྒུང་མཐའ། སྤུབས་མཐའ། འབྲིང་སྐྱ་སྐྱ་འབྲིང་བཞི་ཐང་མཚམས་སུ་

ཕབ་པོ་ཞེས་གཙུང་པོ་རྣམས་ཀྱི་མཚན་དང་བཀྱོན་ཕོག་པའི་ཚུལ་གསལ་བར་བསྟན་པས་ཤེས་ཐུབ་པ་ཡིན། བཙན་པོ་འདི་རྣམས་ཀྱི་བཀའི་བློན་ཆེན་སུ་དག་ཡིན་པ་ནི་ཡར་ལུང་ཇོ་བོའི་ཆོས་འབྱུང་[སི·46 ཕ·12] ལས་ཁྲི་བཙན་ནམ། འདིའི་རིང་ལ་གནུབས་གཉའ་དོ་རེ་གཙུག་བྱོན། དབས་ཁྲི་ཟུང་མོང་ཁོང་གིས་བློན་པོ་བྱས་སོ་ཞེས་པ་དང་ཡང་[སི·46 ཕ·15] ལས་ཁྲི་སྒྲ་སྤུངས་བཙན། འདིའི་རིང་ལ་འགར་སྒྲ་ཇི་མུན། ཐོན་མི་ཀླུ་མང་དྲེད་པོས་བློན་པོ་བྱས་སོ། །ཞེས་པ་དག་གིས་ཟུར་ཙམ་གསལ། ལྷ་ཐོ་ཐོ་རི་སྙན་བཙན་ནི་བན་པོན་གཉིས་ཕྱོགས་སུ་ཤིན་ཏུ་གྲགས་ཆེ་བའི་རྒྱལ་པོ་ཞིག་ཡིན་ལ། དེའི་སྐོར་ལྡེའུ་ཆོས་འབྱུང་ཆེན་མོ་[པོད·105 ཕ·11] ལས་ལྷ་ཐོ་ཐོ་རི་སྙན་བཙན་ཏེ། འདིའི་རིང་ལ་དམ་པ་ཆོས་ཀྱི་དབུ་བརྙེས་ཏེ། འདི་ནི་སངས་རྒྱས་འོད་སྲུང་ངམ་བྱང་ཆུབ་སེམས་དཔའ་སའི་སྙིང་པོའི་སྤྲུལ་པ་སྟེ། སྐུ་མཁར་ཡུམ་བུ་བླ་སྒང་ན་བཞུགས་པའི་དུས་སུ་གསེར་གྱི་རྒྱ་ཡིག་ཏུ་བྲིས་པའི་སྤང་ཀོང་ཕྱག་རྒྱ་པ་དང་རྟེན་འབྲེལ་གྱི་ཕྱག་རྒྱ་དང……མདོ་ཟ་མ་ཏོག་བཀོད་པ་གསུམ་གཡུའི་མཆོད་རྟེན་བང་རིམ་བཞི་པ་གཅིག་མདུན་གྱི་ནམ་མཁའ་ནས……བབས་ཏེ། ཆོས་དང་བོན་དུ་ངོ་མ་ཤེས་པས་གཉན་ཞིང་བཀུར་བར་མ་མཁྱེན་ཡང་། གདུག་ཅིང་དཔའ་བ་ཙམ་དུ་དགོངས་ནས། མཚན་ཡང་གཉན་པོ་གསང་བའི་ལྷ་འབྲས་ཞེས་བྱ་བར་བཏགས་ནས། ཡུམ་བུའི་དཀོར་མཛོད་དུ་བཙུག་ཏེ་ནང་ནུབ་ཏུ་གསེར་སྐྱེམས་དང་གཡུ་སྤོན་གྱིས〔70〕མཆོད་པས། མངའ་ཐང་ཡང་དེ་ནས་སྐྱེས། སྐུ་ཚེ་ཡང་དེ་ནས་བསྲིངས་རྒྱལ་ཕྲན་བཅུ་གཉིས་ཀྱང་མངར་འདུས་པའི་མགོ་དེ་ནས་བརྙེས་སོ་ཞེས་གསལ་ལ། བོན་ཁུངས་ཀྱི་ལོ་རྒྱུས་ནི་བྱམས་མ་[རྒྱུད་ཚོ་ཤ 71 བ·4] ལས་ཐོ་དོ་སྙན་ཤལ་བསྟན་པ་འཆན་བུ་གནམ་བབ་བྱུང་〔71〕ཞེས་པ་ཙམ་ལས། གནམ་ནས་གང་ཞིག་བབས་ཡོད་པའི་སྐོར་གསལ་བཤད་བྱས་པ་ཡིག་རྙིང་གི་ཁོངས་སུ་མེད་ལ། བན་དེའི་ཕྱོགས་སུ་གང་དང་གང་ཞིག་མཁའ་ནས་བབས་པའམ་ཁུངས་གཞན་ནས་བྱུང་བ་སོགས་ཀྱི་ལོ་རྒྱུས་ནི་འདྲ་བ་ཅི་རིགས་ཤིག་ཡོད་པ་ནི་དུས་རིམ……འོག་མའི་བོད་ཀྱི་རྒྱལ་རབས་ཀྱི་སྐབས་སུ་སྤྲོ་འོས་པ་ཡིན།

གཡུང་དྲུང་བོན་གྱི་རྒྱུད་འབུམ་[ཐོབ·31 ཀ·16 བ·4] ལས་དེ་ལྟར་རྗེའི་སྐུ་དགྲ་བོན་གྱིས་བཏུལ། རྒྱལ་ཕྲན་བཅུ་གཉིས་མངའ་འོག་ཏུ་བསྡུས། ཞེས་པ་འདིའང་ལྷ་ཐོ་ཐོ་རི་སྙན་བཙན་གྱི་མཛད་པ་ལ་དགོངས་ཡོད་པར་མངོན། གཞན་ཡང་དེ་ཉིད་[ཐོབ·132 ཀ·17 ན·4] ལས་དེ་དུས་རྒྱ་གར་ལ་དམག་དྲངས་པས། རྒྱ་གར་གྱི་རྒྱལ་ཕྲན་མང་པོ་ཐུལ་བས། རྒྱ་གར་གྱི་ངན་འདྲེ་དང་དམ་འགོང་རྗིང་ནས་འབྲིངས་སོ་ཞེས་ལྷ་ཐོ་ཐོ་རི་སྙན་བཙན་གྱི་མཛད་པའི་ཁོངས་སུ་བསྟན་འདུག་པ་ལྟར་ན་དུས་དེར་བོད……ཀྱིས་རྒྱ་གར་ལ་དམག་དྲངས་ཡོད་པ་དང་། བོད་ཀྱིས་རྒྱ་གར་གྱི་རྒྱལ་ཕྲན་བོད་ཀྱི་ས་མཚམས་སུ་ཡོད་པ་

འགའ་རེའང་དབང་འོག་ཏུ་བཙུག་ཡོད་པའི་དོན་དུ་གོ། བཙན་པོ་ལྷ་ཐོ་ཐོ་རི་ལ་གཙུང་པོ་ཞིག་ཡོད་པ་དང་དེ་ལ་བཀྲོན་ཕབ་པའི་ཚུལ། ལྡེའུ་ཆོས་འབྱུང་ཆེན་མོ་[བོད་106ཤ་14]ལས་རྒྱལ་པོ་དེའི་གཙུང་པོ་ལྷ་བཟངས་ཞེས་བྱ་བ་ཐང་མཚམས་སུ་ཕབ་བོ། །ཞེས་པས་གསལ་བ་དེ་རེད། ཡང་ལྡེའུ་ཆོས་འབྱུང་ཆེན་མོ་[བོད་107ཤ་17]ལས་(སྟ་གུ་རྣན་གཟིགས)དེའི་སྐུ་རིང་ལ་ཟིངས་པོ་རྗེ་སྟག་སྐྱ་བོའི་བློན་པོ་མྱང······དབས་གཉོན་གསུམ་ཚེ་སྤོང་འཕྲིན་དང་བཞིས་ཞལ་དུ་བལྟས་ཏེ། རྒྱལ་ཕྲན་བཅུ་གཉིས་ཀྱི་སྲིད་བཏྲག་པར་བྱས་ནས་ཞང་ཞུང་སྡེ་དང་བཅས་པ། འ་ཞ་འཕོར་དང་བཅས་པ། དྭགས་པོ་གཡོག་དང་བཅས་པ་མངར་འདུས། ཞེས་པས་གསལ་བ་ནི་རྒྱལ་བློན་དེ་རྣམས་ཐུགས་མཐུན་པའི་སྒོ་ནས་དཔུང་ཤུགས་མཉམ་དུ་བསྡིལ་ཏེ་རྒྱལ་ཕྲན་བཅུ་གཉིས་མངའ་འོག་ཏུ་བསྡུ་བའི་མཛད་པ་ལྷ་ཐོ་ཐོ་རི་སྙན་བཙན་གྱི་སྐུ་དུས་སུ····དབུ་བརྙེས་ཡོད་པ་དེའི་མཇུག་བསྐྱིལ་ཡོད་པ་དང་བོད་ཀྱི་མངའ་སྡེ་དང་ཉེ་བའི་ཞང་ཞུང་གི་ཡུལ་སྡེ······འགའ་དང་། འ་ཞའི་ཡུལ་སྡེ་འགའ། དྭགས་པོའི་ཕྱོགས་ཀྱི་ཡུལ་སྡེ་རྣམས་མངའ་འོག་ཏུ་བཙུག་པའི་དོན་དུ་གོ། ལྡེའུ་རྒྱ་བོད་ཀྱི་ཆོས་འབྱུང་[བོད་250ཤ་4]ལས་སྟག་གུ་གཉན་གཟིགས་དང་འོལ་གོ་བཟའ་གདོན་བཙུན་སློན་གྱི་སྲས་གནམ་རི་སྲོང་བཙན་ཏེ། དེའི་དྲིན་ལ་མཐའི་རྒྱ་དྲུག་གྲུ་གུ་དང་ཧོར་གསུམ་བཏུལ། ཞེས་གསུངས་སྐབས་འདི་ལ་དཔྱད་ན་བཙན་པོ་གནམ་རི་སྲོང་བཙན་གྱིས་རྒྱ་དང་གྲུ་གུ། ཧོར་གསུམ་ལ་དམག་དྲངས་མྱོང་བ་དང་། བོད་ཀྱི་དམག་ཤུགས་ཀྱིས་རྒྱའི་ཡུལ་ཁམས་དྲུག་དང་གྲུ་གུའི་ཡུལ། ཧོར་གྱི་ཡུལ་བཅས་བཏུལ་ཏེ་ཕམ་པར་བྱས་ཡོད་པ་ནི་ཤིན་ཏུ་ཞལ་གསལ་བར་བསྟན་ལ། རྒྱལ་རབས་གསལ་བའི་མེ་ལོང་[ལེ་61ཤ་1]ལས་ཀྱང་སྟག་རི་གཉན་གཟིགས་ཀྱི་སྲས་གནམ་རི་སྲོང་བཙན་ཡིན་ལ། རྒྱལ་པོ་འདིའི་དུས་སུ་རྒྱ་ནག་ནས་སྨན་དང་རྩིས་བྱུང་། རྒྱ་དང་གྲུ་གུ་བཏུལ། བྱང་ནས་ཚ་རྙེད་ཅེས་པས་རྒྱལ་པོ་འདིའི་རིང་རྒྱ་ནག་ནས་རྒྱ་ནག་ལུགས་ཀྱི་སྨན་དང་རྩིས་རྣམས་བོད་དུ་བྱུང་ཞིང་། བོད་ཀྱི་གནའ་བོའི་སྨན་དང་རྩིས་རྣམས་དར་རྒྱས་སུ་བཏང་ཡོད་པ་དང་། རྒྱ་དང་གྲུ་གུ་རྣམས་བཏུལ་ཏེ་རྒྱལ་པོའི་བཀའི་དབང་དུ་འདུས་ཡོད་པའང་གསལ་བར་བསྟན་པ་ཡིན། ཡོངས་གྲགས་སུ་མེས་རྒྱལ་པོ་སྲོང་བཙན་སྒམ་པོའི་སྐུ་དུས་ནས་བོད་ཀྱིས་ཉེ་འཁོར་གྱི་རྒྱལ་ཕྲན་རྣམས་མངའ་འོག་ཏུ་བསྡུས་ཡོད་པ་དང་། དེ་སྔོན་གྱི་བོད་ཀྱི་རྒྱལ་པོ་རྣམས་ནི་བོད་ཡུལ་གྱི་ཆ་ཤས་ཙམ་རེ་ལ་དབང་བྱེད་པའི་རྒྱལ་ཕྲན་ལྟ་བུ་ཞིག་ཏུ་ངེས······འཛིན་སྤྱོལ་བྱུང་ཡོད་ནའང་རང་རེས་བོད་ཀྱི་དུས་རིམ་བར་མའི་གནའ་བོའི་མེས་པོ་རྣམས་ཀྱི་དཔལ······མཛངས་དང་ཐུགས་སྟོབས། མཁྱེན་རླབས་སོགས་ཇི་ལྟར་བྱུང་མྱོང་ཡོད་པའི་སྐོར་ལ་དྲང་བདེན་གྱི་སྒོ་ནས་ཕྱི་མིག་ཡུད་ཙམ་ཞིག་བལྟས་པ་ཡིན་ན། ད་གཟོད་སྔར་གྱི་མེས་ཆེན་པོ་དེ་རྣམས་ཀྱི་མཛད་རྗེས་ཕལ་

སོ་ཆེ་ནི་དེང་གི་དུས་འདིར་བག་ལ་ཞ་ནས། རང་ཅག་མེས་བཟང་པོ་དེ་རྣམས་ལས་མཆེད་པའི་མི་རྒྱུད་རྣམས་རང་ཁུངས་ཇི་ལྟར་ཡིན་པའི་ཚུལ་ལ་རྨོངས་པའི་མུན་ཁྲོད་དུ་འཁྱམས་ཀྱིན་ཡོད་པའི་ཚུལ་གསལ······རྗེན་དུ་མཐོང་ཐུབ་པ་ཡིན།

ས་བཅད་བཞི་པ། ཡ་ཐོག་བོད་ཀྱི་ཡི་གེ་བྱུང་རྩལ།

དེང་དུས་ཀྱི་དངོས་ཡོད་བོད་ཀྱི་ལོ་རྒྱུས་གྲགས་ཆེ་བའི་ཡིག་ཆ་ཕལ་མོ་ཆེར་སྤྱི་འཁོར་བཅུ་བཞི་བའི··སྤྱི་ཕྲེང་འོག་མའི་ས་མོ་གླང་གི་ལོ·(སྤྱི2486སྤྱི569)ནས་སྤྱི་འཁོར་བཅོ་ལྔ་པའི་སྤྱི་ཕྲེང་གོང་མའི་ལྕགས···ཕོ་ཁྱིའི་ལོ·(སྤྱི2567སྤྱི650)བར་དེར་བྱོན་པའི་ཆོས་རྒྱལ་སྲོང་བཙན་སྒམ་པོའི་གོང་དེར་བོད་ཀྱི་ཡུལ་དུ་ཡི་གེ་གང་ཞིག་ཀྱང་བེད་སྤྱོད་བྱེད་པའི་སྲོལ་བྱུང་མེད་ལ། དེ་སྔོན་དུ་དར་བའི་སྒྲུང་གཏམ་གྱི་རིགས་དང་། བོན་གྱི་གཏོ་ཆོག་ལ་སོགས་པ་མཐའ་དག དེ་དུས་ཀྱི་བོད་མི་ཆོས་མི་རབས་ནས་མི་རབས་སུ་བརྒྱུད་དེ། ཁ་ནར་ཇི་སྙེད་ཅིག་ཟིན་པ་དེ་རིགས་ངག་ཐོག་ནས་བརྒྱུད་པ་ཤ་སྟག་ཡིན། ཆོས་རྒྱལ་སྲོང་བཙན་སྒམ་པོ་དང་། ཁོང་གི་བཀའ་ཡི་བློན་པོ་ཐོན་མི་ཨ་ནུ་རྒྱལ་བློན་གྱི་བཀའ་དྲིན་ལ་བརྟེན་ནས་བོད་ཡིག་གི་སྲོལ་གསར་དུ་ཚུགས་པ་དེ་ནས་བཟུང་དེ་སྔོན་གྱི་ལོ་རྒྱུས་དང་། གནའ་བོའི་ཤེས་རིག་བོད་མིའི་ངག་ཐོག་ནས་བཤད་དུ་ཡོད་པ་དེ་ཀུན་ཡི་གེར་བཀོད་པའི་དབུ་ཚུགས་པར་བཤད་པའི་ལུགས་འདི་ནི་དུས་རིམ་འོག······མའི་བོད་ཀྱི་ཤེས་རིག་གི་ཁྲོད་དུ་ཡོངས་གྲགས་སུ་གྱུར་ཡོད་པ་རེད།

གཅིག བོད་ཡིག་ཐོག་མར་དར་བའི་སྐོར།

ལྟ་སྟངས་དེའི་སྐོར་ལ་བོད་ཀྱི་རྒྱལ་རབས་དང་ཆོས་འབྱུང་སོགས་གལ་ཆེའི་ཡིག་ཆ་རྣམས་སུ་ཇི······ལྟར་ཁྱབ་སྤེལ་བྱུང་ཡོད་པའི་ཚུལ་དཔེ་མཚོན་ཙམ་བསྟན་ན། ལྡེའུ་ཆོས་འབྱུང་ཆེན་མོ་[བོད་ཤ་114ཕ་15]ལས་དེའི་གོང་ན་བོད་ལ་ཡི་གེ་མེད། ཅེས་པ་དང་། རྒྱལ་རབས་གསལ་བའི་མེ་ལོང་[པེ་66ཕ་10]ལས་དེ་ནས་ཆོས་དགེ་བ་བཅུ་ལ་བརྟེན་པའི་རྒྱལ་ཁྲིམས་འཆའ་བ། འདོད་ཡོན་ལྔ་སྤྱེལ་བ། ཕན་ཚུན་དུ་སྐྱེས་བསྐུར་བ། མངའ་འོག་གི་འབངས་རྣམས་ལ་ཆོས་ཀྱི་བཀའ་བསྒོ་བ་ལ། བོད་ན་ཡི་གེ་མེད་པས། བློན་པོ་དབང་པོ་རྣོ་བ་བདུན་རྒྱ་གར་དུ་ཡི་གེ་སློབ་ཏུ་བཏང་ངོ་། །ཞེས་པ་དང་། རྒྱ་བོད་ཡིག་ཚང་ཆེན་མོ་[སི་141ཕ་2]ལས་བོད་ཀྱི་རྒྱལ་པོ་ལོ་བཅུ་བཞི་པ་གཅིག་གིས། རྒྱལ་སྲིད་ཆོས་བཞིན་དུ་སྐྱོང་གི་འདུག་ཅེས་

པའི་སྙན་གྲགས་ཀྱིས། འཛམ་བུ་གླིང་ཁྱབ་སྟེ། ཕྱོགས་བཞིའི་རྒྱལ་པོས། ནོར་རྫས་ཁྱད་པར་ཅན་གྱི་སྐྱེས་དང་ཡི་གེ་བསྐུར་བྱུང་བ། བོད་རྒྱལ་པོ་ལ། སྐྱེས་ལན་བསྐུར་རྒྱུའི་ནོར་ཡོད་ཀྱང་། ཁ་འཕྲིན་མ་གཏོགས། ཡི་གེ་མེད་པས། བོད་ལ་འང་ཡི་གེ་གཅིག་ཅི་ནས་ཀྱང་དགོས་པར་འདུག་དགོངས་ཞེས་པ་དང་། རྒྱལ་རབས་གསེར་ཕྲེང་[རྗེ་203 ཤ་15 ཕ་6]ལས་སྤྱན་རས་གཟིགས་ཀྱི་སྤྲུལ་པ་སྲོང་བཙན་སྒམ་པོ། རྒྱལ་པོ་འདིའི་རིངས་ལ། མཐའི་རྒྱལ་ཁམས་ཐམས་ཅད་དབང་དུ་བསྡུས་ཏེ། རྒྱལ་ཕྲན་ཐམས་ཅད་ཀྱི་(ཀྱིས)སོ་སོ་ནས་སྐུ་སྐྱེས་འབུལ་ཞིང་འཕྲིན་ཡིག་བསྐུར་རོ། །རྒྱལ་པོ་འདིའི་མཛད་པ་ཕྱག་རྗེས་ཀྱི་རྒྱ་མ་བསམ་གྱིས་མི་ཁྱབ་པ་མཛད་ཀྱང་། ཕྱོགས་ཀྱི་ཕྲིན་ཡིག་རྣམས་ཀྱི་ལན་བསྐུར་བ་ལ། བོད་ལ་ཡི་གེ་མེད་པ་དང་། མེས་ཐོ་ཐོ་རི་སྙན་ཤལ་གྱི་མཆོད་གནས་གཉན་པོ་གསང་བ་ཡང་། རྒྱ་གར་གྱི་ཡི་གེ་འདུག་པས། བོད་ཡིག་ཏུ་བྱས་ཏེ་བསྒྱུར་དགོས་པར་དགོངས་ཞེས་གསུངས་པ་རྣམས་ཀྱིས་མཚོན་པ་དེ་རེད།

རང་རེས་ངེས་པར་དུ་དཔྱད་འོས་པ་ཞིག་གམ། དཔྱད་གཞིགས་བྱེད་དགོས་ངེས་པ་ཞིག་ནི་ཆོས་རྒྱལ་སྲོང་བཙན་སྒམ་པོའི་གོང་དེར་བོད་དུ་ཡི་གེར་བེད་སྤྱོད་བྱེད་པའི་སྲོལ་དངོས་བདེན་བྱུང་མ་མྱོང་བ···ཞིག་ཡིན་ནམ་འོན་ཏེ་ཡི་གེ་འགའ་ཞིག་བེད་སྤྱོད་བྱེད་པའི་སྲོལ་ཞིག་བྱུང་མྱོང་ཡོད། གལ་ཏེ་ཡི་གེ་འགའ་ཞིག་བེད་སྤྱོད་བྱེད་པའི་སྲོལ་བྱུང་མྱོང་ཡོད་ན། ཡི་གེ་དེ་ལ་བོད་ཡིག་ཟེར་གྱི་ཡོད་དམ་མེད་པ་དང་། སྔོན་གྱི་ལོ་རྒྱུས་མཁན་པོ་མང་དག་གིས་ཆོས་རྒྱལ་སྲོང་བཙན་སྒམ་པོའི་གོང་དེར་བོད་ལ་ཡི་གེ་མེད་ཅེས·····གསུངས་པ་དེའི་དགོས་པ་དང་རྒྱུ་མཚན་རྣལ་མ་དེ་གང་ཡིན་པ་དང་། བོད་ལ་ཡི་གེ་མེད་ཅེས་པ་དེ་དང་བོད་མི་ཆོས་སྲོང་བཙན་གྱི་གོང་དུ་ཡི་གེ་གང་ཞིག་ཀྱང་བེད་སྤྱོད་བྱེད་མ་མྱོང་ཞེས་བྱ་བའི་བཤད་སྟངས·····འདི་གཉིས་ལ་ཁྱད་པར་ཅི་ཡོད་པའི་སྐོར་རྣམས་ལ་ཞིབ་འཇུག་ནན་ཏན་གྱི་སྒོ་ནས་གནད་དོན་དེ་རིགས···མངོན་དུ་ཐོན་པ་ཞིག་དགོས་ངེས་པ་ཡིན།

ཞིབ་འཇུག་གི་གཞི་རྩ་འདི་ནི་བོད་མིའི་ཤེས་རིག་སྣ་ཚོགས་པའི་རྩ་བའི་རྨང་གཞི་མེད་ཐབས་རྩ་བ··ནས་མེད་པ་ཞིག་ཡིན་ངེས་པ་སྟེ། དཔེའི་དབང་དུ་བྱས་ན་མཁར་གྱི་རྨང་གཞི་མེད་པ་ལ་མཁར་མཐོ་ཞན་དང་། དེ་ལ་ལྟོས་པའི་ཁྱད་ཆོས་འགའ་ཞིག་ཀྱང་མི་སྲིད་པ་ལྟར་དོན་གྱི་དབང་དུ་བྱས་ན། བོད་ལ་གནའ་དུས་སུ་ཡི་གེ་མེད་པ་ལ་བོད་ཀྱི་གནའ་བོའི་ཤེས་རིག་ཤིན་ཏུ་རྒྱ་ཆེ་ལ་གྲངས་མང་བ་འདི་རྣམས་ཀྱི་ཁུངས···བོད་རང་ལ་མེད་པ་ཡིན་སྟབས། ཁྱད་ཆོས་ཆེས་བའི་བོད་ཀྱི་ཤེས་རིག་རྣམ་པ་མི་འདྲ་བ་ཅི་ལྟ་བུ་ཞིག་བསྟན་པ་ནའང་། བོད་ཀྱི་ཤེས་རིག་རྣལ་མའི་རང་བཞིན་ནམ་དུའང་སྟོན་མི་ཐུབ་པ་མངོན་སུམ་དུ་འགྱུར་གྱི་ཡོད་པ་རེད།

རང་རེས་དྲང་བདེན་གྱི་སྒོ་ནས་དཔྱད་གཞིགས་མཐིལ་ཕྱིན་པ་ཞིག་བྱས་པ་ཡིན་ན། ཆོས་རྒྱལ་སྲོང་བཙན་སྒམ་པོའི་གོང་དེར་བོད་ལ་ཡི་གེ་འབྲི་སྲོལ་བྱུང་ཡོད་པའམ་བོད་མི་ཆོས་ཡི་གེ་བེད་སྤྱོད་བྱེད་སྲོལ······བྱུང་ཡོད་པ་ནི་ལུང་དང་རིགས་པ་གཉིས་ཐོག་ནས་བདེན་དོན་མཐིལ་འདོན་ཐུབ་པ་ཡོད། དེའང་དྲང་བདེན་གྱི་ལུང་ཤིན་ཏུ་གལ་ཆེ་བ་ཞིག་ནི་བོད་ཀྱི་སློབ་དཔོན་ཆེན་པོ་བཻ་རོ་ཙ་ནའི་རྣམ་ཐར་འདྲ་འབག······ཆེན་མོ་[སྣི་ཇ་489 ཤ་43 ན་7] [ལྷ་ཤ་43 བ་1] ལས་སྲོང་བཙན་སྒམ་པོའི་སྐུ་དྲིན་ལས། རྒྱ་གར་མཁས་པ་ལི་བྱིན་སྤྱན་དྲངས། མཐོན་མི་མི་ཆུང་སཾ་བྷོ་ཊ་ས་ཡི་གེ་བསྒྱུར། ཙིན་ཧ་མ་ནི། འདུས་པ་རིན་པོ་ཆེ་ཏོག དགེ་བ་བཅུའི་མདོ་ལ་སོགས་པ་ཤས་ཙམ་བསྒྱུར། ཞེས་ཁ་གསལ་གསུངས་ཡོད་པ་དེ་ནི། གནའ་དུས་ཀྱི་བོད་མི་ཆོས་ཡི་གེ་ཞིག་བེད་སྤྱོད་བྱས་ཡོད་པའི་ཡིག་རྙིང་གི་ལུགས་དེ་འབྲི་སྟངས་བདེ་པོ་དེ་ཙམ་ཞིག་མེད་པ་ལ། རྒྱ་གར་གྱི་ཡི་གེ་ལས་དཔེར་བླངས་ཏེ་འབྲི་སྟངས་བདེ་ཞིང་། བོད་མི་ཆོས་བེད་སྤྱོད་བྱེད་སླ་བའི་དགོས་པ་དང་། རྒྱ་གར་ནས་བྱུང་བའི་རྒྱལ་བའི་བཀའ། རྗེས་འཇུག་མཁས་པའི་བསྟན་བཅོས་སོགས་ཆོས་ཀྱི་རྣམ་གྲངས་རྒྱ་ཆེ་ལ་གྲངས་མང་བ་ཞིག་བཞུགས་པ་དེ་དག་བོད་སྐད་དུ་བསྒྱུར་སྟབས་བདེ་ཞིང་། ཆོས་ཀྱི་ཚིག་དོན་རྒྱ་ཆེན་པོ་རྣམས་ལེགས་སྦྱར་གྱི་སྐད་དང་ཕན་ཚུན་གོ་བསྒྱུར་བྱེད་སླ་བ་སོགས་ཀྱི་རྒྱུ······མཚན་དུ་མ་ཞིག་ལ་བརྟེན་ཏེ། ཐོན་མི་ཨ་ནུས་བོད་ཡིག་གི་སྲོལ་གསར་དུ་བཏོད་མཛད་པའི་དགོངས་དོན་ཞིག་ཡིན་དགོས། དེ་སྔོན་བོད་དུ་ཡི་གེ་གཏན་ནས་མེད་པ་ཡིན་ན“ཡི་གེ་བསྒྱུར”ཞེས་བྱ་བའི་ཚིག་སྦྱབ་དེའི་བསྒྱུར་བྱ་འགའ་ཞིག་ཀྱང་མ་གྲུབ་པ་ཡིན་སྟབས། སྒྱུར་བ་པོ་ཐོན་མི་ཨ་ནུས་སྒྱུར་བའི་བྱ་བ་ཅི་ཞིག་ཀྱང་འགྲུབ་ཏུ་མེད་པ་ནི། རི་བོང་ངམ་རྟའི་མགོ་ལ་ཁྱད་གཞིའི་རྭ་ཅོ་རྩ་བ་ནས་མ་གྲུབ་ན། ཁྱད་པར་གྱི་ཆོས་རྭ་ཅོ་རིང་ཐུང་དང་རྣོ་རྟུལ་སོགས་ཅི་ཞིག་ཀྱང་འགྲུབ་མི་སྲིད་པ་དང་ཆོས་མཚུངས་པ་ཡིན།

ཞང་ཞུང་གི་ཡུལ་ནས་བྱུང་བའི་བོན། བོད་ཡུལ་དུ་དར་ཁྱབ་སོང་ཞིག་ནི་གསས་མཁར་སྤྱི་སྤྱུངས་སུ་གྲགས་པ་དེ་ཉིད་ཡིན་པའི་ཚུལ་རྒྱལ་རབས་བོན་གྱི་འབྱུང་གནས་[ཐོབ་100 ཤ་50 བ་1] ལས་གཉའ་ཁྲི······བཙན་པོའི་རིང་ལ། རྒྱུའི་བོན་ཤེས་པ་ཅན་བཅུ་གཉིས་ཀྱི་བོན་དར་ཞེས་པ་དང་། ཡང་གཞུང་དེ་ཉིད་[ཐོབ་100 ཤ་50 བ་4] ལས་དེ་ནས་ནམ་མཁའ་སྣང་བ་མདོག་ཅན་ལ་(ལས) བོན་སྤྱི་སྤྱུངས་ཞུས་ནས······གསུངས་སོ། །དེའི་སྲས་མུ་ཁྲི་བཙད་པོས་བསླབ་པའི་དོན་གོ། བསྒྲུབས་པའི་དོན་གྲུབ། བསྒོམ་པའི་དོན་རྟོགས་ཞེས་གཉའ་ཁྲི་བཙན་པོ་ཡབ་སྲས་གཉིས་ཀྱི་སྐུ་རིང་ནས་སྤྱི་སྤྱུངས་ཀྱི་བོན་དར་ཡོད་པ་གསལ་བར···བསྟན་ལ། དེ་ལྟར་ན་སྤྱི་སྤྱུངས་ཀྱི་རྩ་བའི་གཞུང་། གསས་མཁར་རིན་པོ་ཆེ་སྤྱི་སྤྱུངས་གསང་བ་བསེན་ཐུབ་རྒྱུད་[ཐོབ་127 ཤ་64 ན་4] ལས་དཀར་ཐོན་མདངས་དང་ལྡན་པའི་ཤོག་ཤོག་ལ། །རིན་ཆེན་ཁ་དོན་

གསལ་བའི་ཡི་གེ་བྲིས། ལྷུགས་པ་ཁ་འབྱེད་ཡི་གེ་མཚན་མར་གསལ། |བྱེ་བྲག་སྒྲ་གནས་ཕུང་པོ་ལྔ་དང་སེམས། རྫུ་འཕྲུལ་ཟླ་བ་ཕྱི་ནང་གསང་བར་འབྲེལ། |ང་པོ་འབྱུང་གནས་བྱེ་བྲག་ཅི་ལྟར་སྦྱར། |སྐྱེ་བ་མེད་པ་བོན་གྱི་དབྱིངས་ཉིད་ནས། |འགགས་པ་མེད་པ་ཐུགས་རྗེའི་འོད་སྦྲོས་པས། |ལྷུགས་པ་ཁ་འབྱེད་འབྲུལ་(འཕྲུལ་)གྱི་ཡི་གེར་བྱུང་། |བཞི་བཅུ་ཙ་ལྔ་ལྔ་ཡི་དམིགས་སུ་བཅས། |མཚན་མ་ཙ་ལྔ་ཕུང་པོ་གནས་སུ་སྦྱར། |སྣང་ལ་དངོས་མེད་སེམས་ཉིད་བཞི་བཅུ་ལྔ། |ཕྱི་ནང་གསང་བ་རྫུ་འཕྲུལ་ཟླ་བ་འདྲ། |ཨ་ཨོཾ་ཧཱུྃ། པ་ཕ་བ་མ། ར་ལ་ཤ་ས། ཀ་ཁ་ག་ང་། ཙ་ཚ་ཛ་ཝ། ཅ་ཆ་ཇ་ཉ། ཏ་ཐ་ད་ན། ཞ་ཟ་འ་ཡ། ཧ་ཧཿཧུ་ཧེ་ཧོ། ཞེས་པ་དང་། ཡང་དེ་ཉིད་[ཐོབ་129ཤ་65ན་3]ལས་སྣང་སྲིད་ཡི་གེ་མཁའ་ལས་བྱུང་། |ཕུང་པོའི་ཡི་གེ་གཞི་ལས་བྱུང་། |མཚོན་པའི་ཡི་གེ་སྒྲ་ལས་བྱུང་། |ཁོག་པ་མགྲིན་པ་ཀན་དང་ལྕེ། |སོ་དང་མཆུ་དང་སྤྱིའི་ཆ། |ཨ་ནི་སྐྱེ་མེད་ཁོང་ནས་འབྱུང་། |ཧ་དང་འ་ཡང་མགྲིན་པ་སྟེ། |མའི་སྡེ་ཚན་མཆུ་ལ་(ལས་)སྦྱོ། |ཀ་སྡེ་ཙ་སྡེ་ཀན་ལས་འབྱུང་། |མཐོ་དང་དམའ་ལ་སྤྲུལ་པའི་ཁྱད། |ཏ་དང་ར་སྟེ་(སྡེ་)ལྕེ་རྩེས་སོ། |ཁྱད་པར་ཤ་ནི་སྤྱི་ཡི་ཆ། |ཨོཾ་དང་ཧཱུྃ་ནི་སྤྱི་སྒོ་སྣ། |འབྲུ་ཡི་འབྱུང་གནས་དེ་ཉིད་ལ། |རྒྱུན་དང་གྲོགས་ཀྱི་ཁྱད་པར་གྱིས། |ཡི་གེའི་མིང་ཚིག་བྱེ་བྲག་སྦྱོར། |ཞེས་སོགས་ཀྱིས་གསལ་བར་བསྟན་ཡོད་པ་དེ་ལྟར་ན། ཡི་གེ་མེད་པ་ལ་ཡི་གེའི་བཤད་པ་འབྱུང་བའི་ཐབས་མེད་པས་དེ་དུས་སུ་ཡི་གེ་ཡོད་པ་དེ་ཐོག་ནས་ཤེས་ཐུབ།

གཉིས། ཆོས་རྒྱལ་སྲོང་བཙན་སྔོན་ལ་ཡི་གེ་ཡོད་མེད་ཀྱི་སྐོར།

དུས་རིམ་བར་མའི་ནང་། བོད་མིས་བེད་སྤྱོད་བྱས་པའི་ཡི་གེ་ཞིག་ཡོད་ངེས་པའི་ཤེས་བྱེད་གཞན་ཞིག་ནི་ཉང་གི་ཆོས་འབྱུང་[བོད་165ཕ་5]ལས་བོད་ཀྱི་ཡི་གེ་ཡང་ཁྲི་སོ་བྲུད་བཙན་པོའི་རིང་ལ་བྱུང་……བར་འདོད་པ་ཡང་ཡོད་དོ། |ཞེས་གསལ་ལ། བཙན་པོ་ཁྲི་སོ་བྲུད་བཙན་པོ་ཞེས་པའི་མཚན་འདི་ཉང་གི་ཆོས་འབྱུང་རང་དུ་ཚིག་སྦྱོར་མཚུངས་པ་རང་མེད་ནའང་གནམ་གྱི་ཁྲི་བདུན་གྱི་སྐབས། སོ་ཁྲི་དང་སྲིབ་ཁྲི་སོགས་ཚིག་དང་སྒྲ་འདྲ་བ་འགའ་རེ་ཡོད་པ་བཅས་ལ་བརྟེན། དོན་དུ་ཆེས་སྔ་བའི་དུས་བྱུང་བའི་བཙན་པོ་ཞིག་ལ་ཆ་འཛོག་གནང་ཡོད་ངེས་པ་ནི་ཤུགས་ཀྱིས་ཤེས་ཐུབ་པ་ཡིན།

སྲོང་བཙན་གྱི་གོང་དུ་ཡི་གེའི་སྲོལ་ཡོད་པའི་རྒྱུ་མཚན་གཞན་ཞིག་ནི། བོད་ཁམས་ཀྱི་གྲོང་གསེབ་ཁག་མང་བ་ནས་རྙེད་དུ་ཡོད་པའི་དམངས་ཚོགས་ཀྱི་རིམ་གྲོའི་ཆོ་ག“སྲིད་པ་སྤྱི་མདོས”ཞེས་སུ་གྲགས····པ་མདོ་ཁམས་སྡེ་དགེ་ནས་ཐོན་པའི་དཔེ་གཅིག་དང་བལ་ཡུལ་ཁོངས་གཏོགས་དོལ་པོ་ནས་ཐོན་པའི་དཔེ་གཅིག་བཅས་ཁོ་བོ་རང་གི་ལག་ཏུ་དཔེ་མི་འདྲ་བ་གཉིས་བྱུང་བ་དང་། དེ་འབྲེལ་ཨི་ཏ་ལིའི་མཁས་དབང་

ཛྫ་སེབ་ཏུ་ཀ་ཅི་ལགས་བོད་ཡུལ་ནུབ་ཕྱོགས་གུ་གེར་ཕེབས་དུས་ཁོང་གི་ཕྱག་ཏུ་སོན་པའི་བོན་གྱི་ཡིག་ཆ……མི་ཞུང་བ་ཞིག་ཡོད་པའི་ཁྲོད་དུའང་སྲིད་པ་སྤྱི་མདོས་ཀྱི་དཔེ་མ་ཚང་བ་ཞིག་ཡོད་པ་བཅས་ཁོ་བོས་མ……དཔེ་མི་འདྲ་བ་གསུམ་མངོན་མཐོང་བྱུང་བ་དེ་དག་གི་མཇུག་བྱང་དུ་གསལ་པོར་འཁོད་ཡོད་པ་ནི། སྲིད་པ་སྤྱི་མདོས་[ཤ་16བ་2]ལ་གཤེན་ཆེན་པོ་གཅེ་འོད་ནས་རིམ་པར་བརྒྱུད་པ། སངས་པོ་ཁྲིན་ཁོད་བདག་གིས་ཡི་གེར་བཏབ་པ། ཞང་བོད་དཔོན་གསས་བར་མ་ཆད་པས་མཐུ་ཐོན་པ། ཟབ་མོ་ཨིག་ཆོག་ནི་རྫོགས་སོ། །ཞེས་པར་གཤེན་པོ་གཅེ་འོད་དང་ར་སངས་ཁྲི་ན་ཁོད་བཅས་ཀྱི་མཛད་བྱང་གསལ་པོར་འཁོད་ཡོད་པ་དེ་རེད།

གཤེན་ཆེན་པོ་གཅེ་འོད་ནི་དར་རྒྱས་གསལ་བའི་སྒྲོན་མ་[ཐོབ་640ཤ་73ན་6]ལས་དིང་ཁྲི་དང་ཟེ་ཟ་སྣན་གྱི་སྲས། སོ་ཁྲི་བཙན་པོ། སྐུ་གཤེན་གཙོའུ་འོད་དཀར་ཞེས་བོད་ཀྱི་ཡ་ཐོག་གི་རྒྱལ་པོ་གནམ་གྱི་ཁྲི་བདུན་གྱི་བཞི་པ་སོ་ཁྲི་བཙན་པོའི་སྐུ་གཤེན་ཡིན་པར་གསལ་བ་དང་། གླིང་གཞི་བསྟན་པའི་བྱུང་ཁུངས་[ISMEOཤ་17ཕ་7]ལས་དེའི་སྲས་དིང་ཁྲི་བཙད་པོ་(ཡུམ་སའི་དིང་དིང་མ་)སྐུ་གཤེན་ཙོའུ་སྒྱིན……དཀར། གསས་མཁར་ཁོ་མ་ཡང་རྩེ་བཞེངས། དེའི་སྲས་མུ་ཁྲི་བཙན་པོ་(ཕྱི་མ་)(ཡུམ་སེ་ཟ་སྣན་མོ)སྐུ་གཤེན་གཙོའུ་འོད་དཀར། ཞེས་རྒྱལ་པོ་དིང་ཁྲི་བཙན་པོའི་སྲས་ཡོངས་གྲགས་སུ་སོ་ཁྲི་བཙན་པོའི་སྐུ་གཤེན་ཡིན་པ་གཅིག་མཐུན་དུ་བྱུང་བ་ཡིན་ལ། སྲགས་པ་རིན་ཆེན་གླིང་གྲགས་[ཐོབ་63ཤ་8བ་6]ལས་རྒྱལ་པོ་སྲིན་བཙན་གྱི་དཔོན་གསས་ནི་སྟག་སྒྲ་དགེ་བཤེས། ལྷ་བོན་ཡི་ཟ་ཁོད་གྲགས། རྒྱལ་ལྷེར་ལི་ཡོད་བཙན་གྱི་དཔོན་གསས་ནི། སྟོང་སྒྲ་ཀུན་འདུལ། ལྷ་བོན་གཙོའུ་འོད་དཀར། ཞེས་བོད་ཀྱི་རྒྱལ་རབས་ཉེར་དྲུག་པ། བར་གྱི་བཙན་ལྔའི་དང་པོ་ཡོངས་གྲགས་སུ་རྒྱལ་ཏོ་རི་ལོ་བཙན་ཞེས་བྱ་བ་དེ་ལ་དཔོན་གསས་དང་། ལྷ་བོན་གཉིས་སུ་ཡོད་པའི་ལྷ་བོན་ཡིན་པར་གསལ་བས་ཞེས་རྫོགས་ཐུབ་པ་ཡིན། སྤྱིར་བཏང་དུ“གཙོའམ་གཙོའུ”ཞེས་པ་འདི་ནི་གནའ་བོའི་རུས་མིང་གྲགས་ཆེ་བ་ཞིག་ཡིན་པར་བརྟེན། གཙོ་བོན་དང་གཙོའུ་ལན་ཚ། གཙོའུ་ཞལ་དཀར། གཙོའུ་སྒྱིན་དཀར། གཙོའི་བོན་པོ་ཁྲི་ཕྱུང་། གཙོ་སྟག་སླུ་གསས། གཙོ་ཕན་གྲགས། གཙོ་སྣན་རིངས། ཞེས་པ་ལྟ་བུ་བོད་ཀྱི་བཙན་པོ་རིམ་བྱོན་གྱི་སྐུ་གཤེན་དང་དཔོན་གསས། ལྷ་བོན་དུ་གྱུར་པ་དུ་མ་ཞིག་བྱུང་སྲོང་ཡོད་པ་དང་། དེ་དག་ལས་གཞན་པ་བོད་ཀྱི་གནའ་མིའི་ཁྲོད་དུ་རུས་མིང་དེས་ཁྱབ་པ་མང་པོ་ཞིག་བྱུང་སོང་ཡོད་པའང་སྨོས་མ་དགོས་པ་རེད།

མདོ་ཁམས་སྟེ་དགེ་ནས་བྱུང་བའི་སྲིད་པ་སྤྱི་མདོས་ཀྱི་ལུང་དུ་གསལ་བའི“གཅེ་འོད”ཅེས་པ་དང་དར་རྒྱས་གསལ་སྒྲོན། གླིང་གྲགས། གླིང་གཞི་བསྟན་པའི་བྱུང་ཁུངས་ཀྱི་ལུང་ཚིག་གསུམ་ཆར“གཙོའུ་

འོད་དཀར་” ཞེས་འབྱུང་བ་དེ་དག་ཚིག་གཞི་མི་འདྲ་བ་ཙུང་ཞིག་སྣང་ནའང་། ངོལ་པོ་ནས་བྱུང་བའི་སྲིད་པ་སྤྱི་མདོས་ཀྱི་མཇུག་བྱང་[ཤ་16 བ་2] ལས་གཤེན་ཆེན་པོ་གཙོ་འོད་དཀར་པོ་ནས་རིམ་པར་བརྒྱུད་པ་ཞེས་གསལ་བས་གཙོའུ་འོད་དཀར་དང་དོན་གཅིག་པར་ཤེས་ཐུབ་པ་ཡིན།

ར་སངས་ཁྲི་ན་ཁོད་ནི་སྙིང་གཞི་བསྟན་པའི་བྱུང་ཁུངས་[ISMEO ཤ་17 ཤ་7] ལས་དེའི་(སྐུ·········གཉན་གཟུང་བཙན་) སྲས་དགུས་ཡོང་གཅིག་བྱུང་བ་ལ། གཤེན་པོས་སྤྱན་བསྙུབས་པས་གྲུབ་སྟེ། ཕ་རི་ལ་གཉན་འདུག་པ་གཟིགས་པ་གཅིག་བྱུང་བས། སྟག་གུང་གཉན་གཟིགས་སུ་བཏགས། སྐུ་གཤེན་ར་སངས་ཁྲི་ན་ཁོད། ཅེས་པ་སྟེ། ལུགས་འདིར་གནམ་གྱི་ཁྲི་བདུན། བར་གྱི་ལྡིངས་གཉིས། སའི་ལེགས་དྲུག ཙུའི་ལྡེ་དྲུག བར་གྱི་བཙན་དྲུག ཕུན་སུམ་ཚོགས་པའི་བོན་རྒྱལ་བཞི་ཞེས་སུ་བཤད་པའི་ནང་ཚན། བོན་རྒྱལ་གསུམ་པ་དེའི་སྐུ་གཤེན་ཡིན་པར་གསལ་བ་དང་། དེ་དང་ཕྱོགས་འདྲ་བ་ནི་ལེགས་བཤད་རིན་པོ་ཆེའི་མཛོད་[པེ་133 ཤ་7] ལས་དེའི་(ཁྲི་གཉན་གཟུང་བཙན) སྲས་འབྲོང་སྣན་ལྡེའུ། སྐུ་གཤེན་ཕོན་པོ་མ་ཁུང་། དེའི་སྲས་དགུས་ཡོང་ཞིག་བྱུང་བ་ལ་གཤེན་པོས་སྤྱན་བསྙུབས་པས་གྲུབ་སྟེ། ཕ་རི་ལ་རི་དྭགས་སྣན་འདུག་པ་གཟིགས་པས་སྟག་གོང་སྣན་གཟིགས་སུ་བཏགས། སྐུ་གཤེན་ར་སང་ཁྲི་ནེ་ཁོད། རྒྱལ་པོ་འདིའི་རིང་ལ་རྒྱལ་ཕྲན་བཅུ་གཉིས་མངའ་ཞབས་སུ་བསྡུས། དེར་ལྷོ་བྲག་གི་རྒྱལ་པོ་བོང་བ་རྗེས་སླར་རྒྱལ་པོ་སྟག་གོང་སྣན་གཟིགས་བཙོན་དུ་བཟུང་ནས་ཁྲི་མུན་དོང་དུ་བསྐྱུར། བོད་འབངས་རྣམས་ཕམ། དེ་དུས་རྗེའི་བླ་བོན་དུ་ར་སང་བོན་པོ་ཁྲི་ནེ་ཁོད་བྱ་བ་མཐུ་ཆེ་ལ་རྩལ་དྲག་པ་ཞིག་ཡོད་པ་བྱ་རྐོད་དུ་སྤྲུལ་ནས་ཕྱིན་ཏེ་བཙོན་སྲུང་དང་བོང་རྗེའི་འཁོར་ཐམས་ཅད་སྨྱོས་པར་མཛད། རྒྱལ་བུ་བཀྱིགས་པའི་ལྕགས་ཐག་གཤོག་པ་མཚམས་རིང་གིས་བཅད་ནས་སྟག་གོང་སྣན་གཟིགས་བཙོན་དོང་ནས་བཏོན་པས·····བོང་བ་རྗེས་ཀྱང་གུས་པ་ཕུལ་ནས་ཞབས་འོག་ཏུ་འདུས་སོ། །བོན་ལ་གཙིགས་སུ་བཤེན་པོ་ཁྲི་ནེ་ཁོད་རྒྱལ་ཐབས་སུ་ཕྱུང་སྟེ་རྒྱལ་གོང་ན་བོན་གཉན་པར་མཛད། ཅེས་པ་དང་། དར་རྒྱས་གསལ་བའི་སྒྲོན་མ་[ཁྱབ་667 ཤ་86 བ་3] ལས་འགྲོང་སྣན་དང་འཆིན་ཟ་སྐུ་རྒྱལ་ངན་ན་མཚོ་ལ་སྲས་དགུ་ཡོང་ཅིག་(ཞིག་) བྱུང་བ་ལ། ཁྱུ་བོན་མང་རྗེ་ཡོད་པོ་(པོས་) སྤྱན་བསྙུབས་པས། ཕ་རི་ལ་སྣན་འདུག་པ་གཟིགས་པས། མཚན་སྟག་རི་སྣན་གཟིགས་སུ་བཏགས། ཆབ་སྲིད་དབུ་རྙེངས་སྟེ། རྒྱལ་ཕྲན་བཅུ་གཉིས་མངའ་རིས་སུ་བསྡུས་པས། ལྷོ་ཏྲག་(བྲག་) གི་རྒྱལ་པོ་བང་བ་རྗེ་མ་འདུས་པར། དམག་དང་བཅས་ཏེ་གཤེགས་པས། བང་བ་རྗེས་སླར་རྒྱལ་སྟག་གུ་སྣན་གཟིགས་བཙོན་དུ་བཟུང་ནས། ཁྲི་མུན་དོང་དུ་སྐྱུར་ཏེ་བོད་འབངས་ཕམ། དེ་དུས་རྗེའི་བླ་བོན་དུ། ར་སངས་ཀྱི་བོན་པོ་ཁྲི་ནེ་ཁོད་བྱ་བ། མཐུ་ཆེ་ལ་རྩལ་ཏྲག(དྲག) པ་ཞིག་ཡོད་པས།

ཞིང་གི་བྱ་རྒོད་དུ་སྤྲུལ་ནས་བྱོན་སྟེ། ཐུགས་རྗེས་བཙོན་སྲུང་དང་ཕྱི་འཁོར་ནང་འཁོར་ཀུན་བཀྲལ་ལོ། །རྒྱལ་བུ་བཀྲིགས་པའི་ལྟུགས་ཐག་སྟོན་པོ། །གཞོགས་པ་འཚམས་རིངས་ཀྱིས་བཅད་ནས། སྟག་རི་སྣན་གཟིགས་བཙོན་དོང་ནས་བཏོན། བང་བ་རྗེས་ཞབས་འོག་ཏུ་འཛུལ་ལོ། །བོན་ལ་རྩིགས་སུ་གཤེན་པོ་ཁྲི་ནེ་ཁོད་རྒྱལ་ཐབས་སུ་ཕྱུང་སྟེ(ཕྱུངས་ཏེ།) རྒྱལ་གོང་ན་བོན་གཉན་པ་ཡང་དེ་ལགས་སོ། །ཞེས་པའི་ཡིག་ཆ་དེ་དག་ཞལ་མཐུན་པར་རྒྱལ་སྟག་རི་སྣན་གཟིགས་ཀྱི་གཤེན་ཡིན་པ་གསལ་བར་བསྟན་ཅིང་། སྟག་རི་སྣན་གཟིགས་ཀྱི་སྲས་གནམ་རི་སྲོང་བཙན་ཡིན་ལ། དེའི་སྲས་ཆོས་རྒྱལ་སྲོང་བཙན་སྒམ་པོ་ཡིན་པ་དེ་ལྟར་ན་རྒྱལ་སྟག་རི་སྣན་གཟིགས་ཀྱི་སྐུ་དུས་སུ་སྐུ་གཤེན་ར་སངས་ཁྲི་ན་ཁོད་ཀྱིས་ཡི་གེར་བཏབ་པར·······གསལ་བ་དེ་ཁོ་ནས་ཀྱང་ཆོས་རྒྱལ་སྲོང་བཙན་སྒམ་པོའི་གོང་དུ་ཡི་གེ་བདེ་སྦྱོད་བྱེད་སྲོལ་ཡོད་པ་མངོན·····སུམ་དུ་གྲུབ་པ་ཡིན།

སྔེ་དགེའི་སྲིད་མདོས་ཀྱི་དཔེ་[ཤ་160བ་2]ལས་སངས་པོ་ཁྲིན་ཁོད་བདག་གིས་ཡི་གེར་བཏབ་པ། ཞེས་གསལ་བ་དེ་དང་། རྒྱལ་རབས་ལོ་རྒྱུས་ཀྱི་དཔེ་རྣམས་སུ"ར་སངས་ཁྲི་ནེ་ཁོད"ཅེས་གསལ་བ་དེ་དག་ཚིག་གཞི་ཕན་ཚུན་མི་མཐུན་པ་ཡིན་སྟབས། སྲིད་མདོས་སུ་གསལ་བའི"སངས་པོ་ཁྲིན་ཁོད"ཅེས་པ་དེ། ར་སངས་ཁྲི་ནེ་ཁོད་ཨེ་ཡིན་སྙམས་པའི་དགོས་པ་འབྱུང་སྲིད་མོད། དངོས་དོན་དུ་སྲིད་པ་སྤྱི་མདོས་ཀྱི་དཔེ་བལ་ཡུལ་དོལ་པོ་ནས་ཐོན་པ་དེའི་མཇུག་བྱང་དུ་ར་སང་ཁྲི་ཁ་དེ་བདག་གིས་ཡི་གེར་བཏབ་པ་ཞེས་གསལ་བས། "ར་སང"དམ"ར་སངས"ཡིན་པར་ངེས་ཐུབ་ཅིང་། སྤྱིར་བཏང་ཞང་ཞུང་གི་སྐད་དུ"ར"ཞེས་པ་དེ་བོད་སྐད་དུ་དམར་པོའི་དོན་ལ་འཇུག་པ་དང་། ཞང་སྐད་དུ"སང"དམ"སངས"ཞེས་པ་དེ་བོད་སྐད་དུ་གསལ་བ་དང་དག་པ། སྟོང་པ། འཕགས་པ་སོགས་དོན་མང་ཞིག་ལ་འཇུག་པ་དེ་ལྟར་ནའང་། སྐབས་འདིར་གསལ་བའི"ར་སང"དམ"ར་སངས"ཞེས་པ་དེ་ནི་ཞང་ཞུང་ནས་བྱུང་བའི་གནའ་བོའི་རུས་མིང་ཞིག་ཡིན་སྟབས། ཚིག་དེར་གོ་དོན་དམིགས་བསལ་ཅན་ཞིག་ཡོད་དགོས་པའི་ངེས་པ་འགའ་ཡང་མེད་ལ། "ཁྲིན་ཁོད"ཅེས་པ་དང་། "ཁྲི་ན་ཁོད"དམ"ཁྲི་ནེ་ཁོད"ཅེས་པ་དེ་དག་ཀྱང་ཚིག་གཞི་ཕྲན་ཙམ་མི་འདྲ་བ་ཡིན་མོད། སྤྱི་འཁོར་བཅུ་བཞི་པའི་མཇུག་ཙམ་ནས་ད་ལྟའི་བར་ལོ་གྲངས་ཆིག་སྟོང་བརྒྱད་བརྒྱ་ལྷག་ཙམ་བགྲལ་བའི་རིང་། གནའ་བོའི་གྲོང་གི་བན་བོན་རྣན་པོ་ཞང་ཞུང་གི་སྐད་ལུགས་མིང་ཚིག་རྫོད་པ་ཀུན་ལ་ཆ་རྒྱུས་མེད་པ་དག་གིས་མི་རབས་ནས་མི་རབས་སུ་དཔེ་བཤུ་བྱས་པར"ཁྲི"དང"ན"ཞེས་པའི་བར་གྱི་ཚིག་སྟོར་བའམ་གནའ་དུས་སུ"ནེ"ཞེས་འགྲེང་བུ་ཡོད་པའི་ཚིག་ཅིག་ཡིན་པ་ལ། རེ་ཞིག་ན་འགྲེང་བུ་ཆད་དེ"ན"ཞེས་གྱུར་པ་འདི་ཙམ་ལ་ཡ་མཚན་དགོས་པ་འགའ་ཡང་མ་

མཐོང་ལ། ཁོ་བོ་ཅག་གིས་དེ་དག་ལ་ཡིག་ཉེར་གྱི་སྐྱིན་དུ་མཐོང་མོད་ཀྱི། དངོས་དོན་དུ་ལེགས་པར་དཔྱད་ན་དེ་དག་གིས་དཔེ་རྒྱུན་དེ་ལ་གནའ་བོའི་རང་བཞིན་ཁྱད་པར་ཅན་ཞིག་ཡོད་པ་མངོན་སུམ་དུ……སྟོན་གྱི་ཡོད་པའང་ཤེས་དགོས་ཤིན་ཏུ་གལ་ཆེན་པོ་ཞིག་ཏུ་མཐོང་།

སྲིད་པ་སྤྱི་མདོས་ཀྱི་དཔེ་དང་ཕྱོགས་འདྲ་བའི་གནད་ཆེའི་ཡིག་ཆ་གཞན་ཞིག་ནི། སྤྱི་འཁོར་ཉེར་གཉིས་པའི་སྤྱི་ཕྲེང་བར་མའི་ལྕགས་མོ་བྱའི་ལོ་(སྤྱི3898སྤྱི1981)ལོར། ཁོ་བོ་བོད་དབུས་ལྷ་སར་ཕྱིན་སྐབས། གོང་པོའི་ཡུལ་གྱི་བོན་པོ་སྐུ་བགྲེས་གཡུང་དྲུང་རྣམ་རྒྱལ་གྱི་ཕྱག་ནས་ཞང་ཞུང་མེ་རིའི་ལྕོག་མཁར་བཞེངས་ལུགས་ཀྱི་ཟུར་བྱང་གི་དཔེ་ཞིག་དཔར་ལེན་པའི་གོ་སྐབས་ཐོབ་བྱུང་བའི་དཔེ་དེའི་མཇུག་བྱང་[ཤ6ཕ2]ལས་མི་རིས་(མེ་རིའི་)རྒྱུད་པའི་བདག་ཉེར་བ། གུ་རུབ་གསལ་འོད་དགའ་བའི་(བས་)བགྱུས་(བགྱིས།) ཞེས་འཁོད་ཡོད་ཅིང་། དཔེ་དེར་སུ་ཞིག་ལ་སྙན་རྒྱུད་དུ་བབས་པའམ་གཏེར་སྟོན་སུ་ཞིག་གིས་གཏེར་ནས་བཏོན་པ་སོགས་ཀྱི་མཚན་བྱང་ཅི་ཞིག་ཀྱང་མེད་པ་ཡིན་སྐབས། "གུ་རུབ་གསལ་འོད་དགའ་བ"ཞེས་བྱ་བས་མཛད་པ་དེ། ཞང་ཞུང་མེ་རིའི་གཤེན་པོ་རྣམས་ཀྱི་ཕྱག་ལེན་གྱི་ཐོག་ནས་རིམ་པར་བརྒྱུད་པའི་དཔེ་ཞིག་ཡིན་པ་རང་ཤུགས་ཀྱིས་ཤེས་ཐུབ་པ་ཡིན།

སྤྱིར་བཏང་བན་བོན་གྱི་ཕྱོགས་གང་དུ་ཡིན་ཡང་རུང་། ཕྱིས་ཀྱི་བན་དེ་དང་། བོན་པོ་རྣམས་ཀྱིས་གནའ་བོའི་མཁས་གྲུབ་ཆེན་པོ་རྣམས་ཀྱི་མཚན་བེད་སྤྱོད་བྱེད་སྲོལ་ཡོད་པ་ནི། དཔེར་ན་དཔལ་མགོན་འཕགས་པ་ཀླུ་སྒྲུབ་ཀྱི་མཚན་ལ་བརྟེན་ནས། དཔལ་ས་སྐྱའི་མཁས་གྲུབ་ཆེན་པོ། མང་ཐོས་ཀླུ་སྒྲུབ་རྒྱ་མཚོ་(རབ་བྱུང9)ལྟ་བུ་དང་ཞང་ཞུང་གི་བླ་ཆེན་དྲན་པ་ནམ་མཁའ་ལ་བརྟེན། གུ་རུ་པདྨ་སཾ་བྷ་ཝ་བོད་དུ་ཕེབས་སྐབས་བོད་ཀྱི་བོན་པོའི་ཁོངས་སུ་ཡོད་པའི་དྲན་པ་ནམ་མཁའ་ལྟ་བུ་མང་པོ་ཞིག་བྱུང་མྱོང་ཡོད་པ་ཡིན་སྐབས། མཚན་འདྲ་བ་ཙམ་ལ་ཡིད་བརྟན་ཐུབ་པ་དེ་ཙམ་མེད་ནའང་སྐྱེས་བུའི་རིགས་རུས་ཀྱི་མཚན་དང་བཅས་པས་གང་ཟག་སུ་ཡིན་པ་དེ་ངེས་པར་དུ་མཚོན་ཐུབ་པ་ཡིན།

མཚན་འདིར"གུ་རུབ"ཅེས་འཁོད་ཡོད་པ་འདིའི་ཐོག་མའི་འབྱུང་ཁུངས་ནི་ཞང་ཞུང་གི་མངའ་སྡེ་ཞིག་གི་མིང་ཡིན་པ་སྟེ། རྫོགས་པ་ཆེན་པོ་ཞང་ཞུང་སྙན་བརྒྱུད་ཀྱི་བོན་མ་ནུབ་པའི་གཏན་ཚིགས[རྫི266ཤ4བ5]ལས་གུ་རུབ་ཀྱི་མི་སྡེ་འདི་ཡུལ་ཡར་ལུང་སོགས་(སོག་)ཁ་ཕྱིན་ནས། བླ་དང་བློན་གྱིས་ཁྲལ་མེད་པར་གཡས་གྲལ་ལ་འཛོག་པ་ཞེས་འཁོད་ཡོད་པས་གོ་རྟོགས་ཐུབ་ལ། དུས་རིམ་གྱི་ནང་མངའ་སྡེའི་མིང་དེ་གང་ཟག་གི་རུས་མིང་དུ་ཆགས་ཡོད་པའི་ཤེས་བྱེད་ཀྱང་། ཞང་ཞུང་སྙན་རྒྱུད་ཀྱི་བརྒྱུད་པའི་བླ་མའི་རྣམ་ཐར་[རྫི35ཤ18ན3]ལས་དམུ་རྒྱལ་བ་བློ་གྲོས་ཀྱི་ལོ་རྒྱུས་ལ་ལྟོ། དང་པོ་གཙང་མ་མི་ལུས་

ཐོབ་པ་ཡབ་དང་ཡུམ་གྱི་ཡོ་རྒྱུས་ནི། གདུང་རུས་གུ་རུབ་ཡབ་གུ་རུ་བཙོ་གུ་བྲ་བ་དབྱུལ་པོ་ཞིག་ཡིན། ཞེས་གསལ་བ་ཡིན་སྐབས། དཔེ་འདིར"གུ་རབ་གསལ་འོད་དགའ་བ"ཞེས་འཁོད་པ་དེ་ནི་གདུང་རུས་ཀྱི་མཚན་དང་འབྲེལ་བ་ཞིག་ཡིན་པར་ཐེ་ཚོམ་ཅི་ཞིག་ཀྱང་མ་མཆིས།

གཤེན་པོ་འདི་ནི་ཞང་ཞུང་མེ་རི་དང་ཞང་ཞུང་སྙན་རྒྱུད་གཉིས་ཀའི་བླ་རྒྱུད་ཀྱི་གྲངས་སུ་ཡོད་པ······ཞིག་ཏུ་ངེས་པ་སྟེ། ཞང་ཞུང་མེ་རིའི་བླ་མ་རྒྱུད་པའི་བསྟོད་ཕྱག་ཆེན་མོ་[ཐོབ་105ཤ་2ན་5]ལས་སྤྱོད་པ་ཨུ་རྒྱན་དག་གི་རོ་སྙོམས་མཛད། གུ་རུབ་གསལ་དགའི་སྐུ་ལ་ཕྱག་འཚལ་ལོ། །ཞེས་ངེས་ཤེས་ཐུབ་ལ། གཤེན་པོ་དེ་དུས་ནམ་ཞིག་གི་ཚེ་བྱུང་ཡོད་པའི་ཚུལ་ནི་ཞང་ཞུང་སྙན་རྒྱུད་ཀྱི་བརྒྱུད་པའི་བླ་མའི་རྣམ་ཐར་ལས་རགས་ཙམ་ངེས་ཐུབ་པ་སྟེ། [རྫི་25ཤ་13ན་5]ལས་དེས་(ར་སངས་འཕེན་རྒྱལ་)གུ་རིབ་གསས་དགའ་ལ་བརྒྱུད་དེ། བླ་མ་དེ་(དེས་)ནི་རོ་སྙོམས་སྤྱོད་པ་སྤྱོངས་(བསྐྱངས།) དེས་ཟླ་བ་རྒྱལ་མཚན་ལ་བརྒྱུད་དེ། བླ་མ་དེ་ནི་བོན་ཉིད་རང་ས་ཟིན། ཞེས་པ་དང་། ཡང་[རྫི་26ཤ་13བ་1]ལས་གདམས་པ་ཐམས་ཅད་ཀྱི་མཐའ་ནི་སྣང་བཞིན་ཡོད་པོ་ལ་བཞག་གོ། ཞེས་པ་རྣམས་ཀྱིས་གསལ་བར་བསྟན་པ་སྟེ། གུ་རིབ་གསང་དགའམ་གུ་རུབ་གསལ་དགའ་ནི་ཚེ་སྤུངས་ཟླ་བ་རྒྱལ་མཚན་གྱི་བླ་མ་ཡིན་པ་དང་། ཚེ་སྤུངས་ཟླ་བ་རྒྱལ་མཚན་ནི་གྱེར་སྤུངས་སྣང་བཞིན་ཡོད་པོའི་བླ་མ་ཡིན་ལ། གྱེར་སྤུངས་སྣང་བཞིན་ཡོད་པོ་ནི་ཆོས་རྒྱལ་སྲོང་བཙན་སྒམ་པོས་ཞང་ཞུང་ནས་བོད་དུ་གདན་དྲངས་པ་ཡིན་སྐབས། གུ་རུབ་གསལ་དགས་བཀོད་པའི་དཔེ་དེ་ནི་སྲོང་བཙན་སྒམ་པོའི་སྔོན་དུ་ཡིན་པ་གསལ་པོར་མཐོང་ཐུབ་པ་ཡིན།

ཞང་ཞུང་སྙན་རྒྱུད་ཀྱི་བརྒྱུད་པའི་བླ་མའི་རྣམ་ཐར་དུ"གུ་རིབ་གསས་དགའ"ཞེས་བཀོད་ཡོད་པ···དེ"གུ་རུབ་གསལ་དགའ"ཞེས་པ་དང་མི་མཐུན་པ་མི་བསམ་སྟེ། ཞང་ཞུང་མེ་རིའི་བླ་མ་རྒྱུད་པའི་བསྟོད་ཕྱག་ཆེན་མོ་[ཐོབ་105ཤ་2ན་4]ལས་ཧྲཱ་པ་ཨུ་རྒྱན་དག་གི་བརྡ་བ། །དོན་ཀུན་གྲུབ་པའི་སྐུ་ལ་ཕྱག་འཚལ་ལོ། །སྒོམ་པ་ཨུ་རྒྱན་དག་གི་ཉམས་སུ་ལེན། །ར་སངས་འཕེན་རྒྱལ་སྐུ་ལ་ཕྱག་འཚལ་ལོ། །སྤྱོད་པ་ཨུ་རྒྱན་དག་གི་རོ་སྙོམས་མཛད། །གུ་རུབ་གསལ་དགའི་སྐུ་ལ་ཕྱག་འཚལ་ལོ། །འབྲས་བུ་ཨུ་རྒྱན་དག་གི་ཚད་འཛིན་པ། །ཟླ་བ་རྒྱལ་མཚན་སྐུ་ལ་ཕྱག་འཚལ་ལོ། །ཞེས་པ་རྣམས་ཀྱིས་གདུང་རུས་ཀྱི་མཚན་ལ་གུ་རུབ་ཡོད་པ་དང་། བླ་མའི་རྒྱུད་རིམ་ཇི་ལྟར་ཡིན་པ་རྣམས་ཤིན་ཏུ་ཞལ་གསལ་བས་ཤེས་ཐུབ་པ་ཡིན།

དར་རྒྱས་གསལ་སྒྲོན་[ཐོབ་642ཤ་74ན་6]ལས་སློབ་དཔོན་པད་མའི་ཞལ་ནས་ཀྱང་། །རྒྱ་གར་ཆོས་རྣམས་བོད་དུ་སྒྱུར་བའི་ཚེ། །རྒྱ་གར་ཡི་གེ་བོད་དུ་སྒྱུར་མ་བཏུབ། །ཀ་ཁ་སུམ་ཅུ་བོད་ལ་དཔེ་རུ་བླངས། །ལྷའི་མཚན་རྣམས་འབྱུང་བའི་སྒྲ་ལ་གྲངས་(དྲངས།) །སྔགས་རྣམས་མ་སྒྱུར་རྒྱ་གར་རང་སོར་

བཞག །ཅེས་པ་དང་། ལེགས་བཤད་རིན་པོ་ཆེའི་མཛོད་[པེ་180 ཤ་18] དུ་འང་སྐྱར་གླིས་མཛད་ཡོད་འདུག་མོད། ལུང་དེ་གང་ནས་བྱུང་བའི་ཁུངས་ཞལ་གསལ་བ་ནི་གང་ཞིག་ཀྱང་མི་སྣང་། གང་ལྟར་ཡང་། དེ་ལྟ་བུའི་ལུང་གི་ཁུངས་ཤིག་མེད་པར་དཔེ་འདིར་ལུང་དུ་དྲངས་ཐབས་མེད་པ་ཡིན་སྟབས་དེ་ལྟ་བུའི……ལུང་ཞིག་ཡོད་པ་གཞིར་བཅས་སློབ་དཔོན་པདྨས་གསུངས་པའི་ལུང་ལས“ ཀ་ཁ་སུམ་ཅུ་བོད་ལ་དཔེ་རུ……བླངས” ཞེས་བྱ་བའི་ཚིགས་རྐང་དེས། བོད་ཀྱི་གནའ་བོའི་ཡིག་རྙིང་ཀ་ཁ་སུམ་ཅུའི་བདག་ཉིད་ཅན་ཞིག་ཡོད་པ་དེ་ལས་དཔེར་བླངས་ནས། བོད་ཀྱི་ཡི་གེ་གསར་པ་ཞིག་བཟོས་པའི་དོན་གསལ་བར་བསྟན་ཅིང་། གལ་ཏེ་བོད་དུ་སྔོན་གྱི་ཡིག་རྙིང་ཀ་ཁ་སུམ་ཅུའི་བདག་ཉིད་ཅན་ཞིག་ཡོད་མ་སྲིད་ན། བོད་ཡིག་གསར་པའི་དཔེར་བླངས་གཞི་མ་གྲུབ་པས་དཔེ་ལེན་དུ་མེད་པ་ཡིན་སྟབས། སློབ་དཔོན་པདྨས་ལུང་དེ་གསུང་ཐབས་མེད་པ་ཡིན།

གོང་གསལ་མངོན་སུམ་ཚད་མའི་རིགས་ལམ་ཇི་སྙེད་པ་དེ་རྣམས་ལ་བརྟེན་ཏེ། དུས་རིམ་བར་མའི་བོད་མི་ཆོས་ཡི་གེར་བེད་སྤྱོད་བྱས་ཡོད་པར་སྨྲ་བ་དང་། བོད་ཀྱི་ཤེས་བྱ་རིག་པའི་སྒོ་མཐའ་ཡས་པ་འདི་དག་གི་རྨང་གཞི་བོད་ཀྱི་ཤེས་རིག་གི་ཁུངས་རང་ལ་ཐུག་པར་སྨྲ་བ་དང་། བོད་ཀྱི་ཡུལ་དང་མི་སྡེ་རྣམས་ཀྱང་རྒྱ་དཀར་ནག་དང་འདྲ་བ་གནའ་དུས་ཀྱི་ལོ་རྒྱུས་ཅན་ཞིག་ཡིན་པར་སྨྲ་བ་སྟེ། སྨྲ་བ་སུམ་ལྡན་གྱི་ལྟ་སྟངས་འདི་ནི་ཚུལ་དང་ཡོངས་སུ་མཐུན་པ་མཁས་པ་བློ་གྲོས་ཅན་གྱི་ཞིབ་འཇུག་གི་ལྟ་སྟངས་ཤིག་ཡིན……ངེས་པའང་ཤེས་ཐུབ།

ཆོས་རྒྱལ་སྲོང་བཙན་སྒམ་པོའི་གོང་རོལ་དུ་བོད་ལ་ཡི་གེ་ཡོད་པ་དང་། བོད་མི་ཆོས་ཡི་གེར་བེད་སྤྱོད་བྱས་ཡོད་པའི་ཚུལ་རིག་པའི་སྒོ་ནས་ཀྱང་ཡོངས་སུ་གྲུབ་པ་ཞིག་སྟེ། དེ་ཡང་རྒྱལ་རབས་གསལ་བའི་མེ་ལོང་[པེ་57 ཤ་11] ལས་རྒྱལ་བློན(ཐུ་དེ་གུང་རྒྱལ་དང་ཏུ་ལས་སྐྱེས་) འདི་གཉིས་ཀྱི་དུས་སུ་གཡུང……དྲུང་གི་བོན་བྱུང་སྟེ། སྟོན་པ་གཤེན་རབ་མི་བོ་ཆེ་བྱ་བ་སྟག་གཟིག་འོལ་མོའི་ལུང་རིངས་སུ་སྐུ་འཁྲུངས། ཁམས་ཆེན་པོ་བརྒྱད་ལ་སོགས་པ་བོན་པོའི་ཆོས་ཐམས་ཅད་ཞང་ཞུང་གི་ཡུལ་ནས་བསྒྱུར་ཏེ། དར་ཞིང་རྒྱས་པར་མཛད། བོན་ལ་རིགས་དགུ་རུ་ཕྱེ་སྟེ། རྒྱུའི་བོན་པོ་ལ་རིགས་བཞི། འབྲས་བུའི་བོན་པོ་ལ་རིགས་ལྔའོ། །འབྲས་བུའི་བོན་རིགས་ལྔ་ནི་གཡུང་དྲུང་ཐེག་པ་བླ་ན་མེད་པ་ལ་ཞུགས་པ་སྟེ། བདེ་འགྲོ་མཐོ་རིས་ཀྱི་ལུས་ཐོབ་པར་འདོད་དོ། །རྒྱུའི་བོན་རིགས་བཞི་ནི། སྣང་གཤེན་བལ་ཐོད་ཅན། འཕྲུལ་གཤེན་བལ་ཚོན་ཅན། ཕྱྭ་གཤེན་ཇུ་ཐིག་ཅན། དུར་གཤེན་མཚོན་ཆ་ཅན་ནོ། །ཞེས་སོགས་གསལ་རྒྱས་སུ་གསུངས་མཛད་འདུག་པ་དེ་ལའང་དཔྱད་གཞིགས་ནན་ཏན་དུ་བྱེད་དགོས་པ་འདུག ཐུ་དེ་གུང་རྒྱལ་ནི་བོད་ཀྱི་

ཐོག་མའི་རྒྱལ་རབས་གནམ་གྱི་ཁྲི་བདུན་དང་བར་གྱི་ལྡིང་གཉིས་ཏེ། རྒྱལ་པོ་གྲི་གུམ་བཙན་པོ་དང་སྤུ་དེ་གུང་རྒྱལ་གཉིས་ལས་ཕྱི་མ་དེ་ཡིན་ཅིང་། དུས་སྐབས་དེར"ཁམས་ཆེན་པོ་བརྒྱད་ལ་སོགས་པ་བོན་པོའི་ཆོས་ཐམས་ཅད་ཞང་ཞུང་གི་ཡུལ་ནས་བསྒྱུར་ཏེ"ཞེས་པའི་ཚིག་སྒྲུབ་འདི་ཁོ་ནས་ཀྱང་དེ་དུས་བོད་དུ་ཡི་གེ་ཡོད་པ་གསལ་པོར་ཤེས་རྟོགས་ཐུབ་པ་ཡིན། དེ་ལས"ཁམས་ཆེན་པོ་བརྒྱད"ཅེས་བྱ་བ་དེ་རྣམས་ནི་བོན་གྱི་གཞུང་ཆེན་པོ་རྣམས་སུ་སྲིད་པའི་ཁམས་དང་། རྒྱུན་གྱི་ཁམས། སྣང་བའི་ཁམས། སྟོང་བའི་ཁམས། གསལ་བའི་ཁམས། རིག་པའི་ཁམས། གཡུང་དྲུང་གི་ཁམས། མཉམ་ཉིད་ཀྱི་ཁམས་ཞེས་གསལ་རྒྱས་སུ་བཤད་ཡོད་པ་དེ་རྣམས་ཡིན་ལ། བོན་ལ་རིགས་དགུ་རུ་ཕྱེས་པའི་ནང་ཚན"འབྲས་བུའི་བོན་པོ་ལ་རིགས་ལྔ"ཞེས་བྱ་བ་དེ་རྣམས་ནི་དགེ་བསྙེན་གྱི་བོན་དང་དྲང་སྲོང་གི་བོན། ཨ་དཀར་གྱི་བོན། ཡེ་གཤེན་གྱི་བོན། ཡང་རྩེ་བླ་ན་མེད་པའི་བོན་ཅེས་བྱ་བ་དེ་རྣམས་ལ་ཟེར་བ་ཡིན། དེས་ན་ཁམས་ཆེན་པོ་བརྒྱད་དང་རྒྱུ་འབྲས་ཀྱི་བོན་རིགས་དགུ་ཞེས་པ་དེ་རྣམས་ནི་རྒྱ་ཆེ་ལ་ཚིག་ཚོགས་ཤིན་ཏུ་མང་བའི་བོན……སྡེའི་རིགས་ཡིན་པ་ལས། གནའ་སྒྲུང་ལྟ་བུ་བློ་ལ་ཟིན་ཚིག་ཐུང་ཙམ་རེ་ལ་ཟེར་བ་རྩ་བ་ནས་མིན། དུས་རིམ་གོང་མའི་ཡ་ཐོག་ཞང་ཞུང་གི་ཤེས་རིག་ཇི་ལྟར་བྱུང་བ་བཤད་པའི་སྐབས་གསལ་སྤྲོས་བགྱིས་ཡོད་པ…བཞིན་ཕྱྭ་གཤེན་ལྟ་བུའི་བོན་སྒོ་གཅིག་ཁོ་ནར་མཚོན་ནའང་། པྲ་ལྟས་མོའི་སྐོར་དང་སྣང་མཐོང་རྩིས་ཀྱི་སྐོར། ནད་གསོ་སྨན་དཔྱད་ཀྱི་སྐོར། འཆི་བསླུ་གཏོའི་སྐོར་སོགས་ཤིན་ཏུ་རྒྱ་ཆེ་ལ་རྣམ་གྲངས་མང་བ་ཞིག་ཡོད་པ་དང་། བོད་ཀྱི་རྒྱལ་པོ་གཉའ་ཁྲི་བཙན་པོ་བྱོན་པའི་དུས་སུ་བོད་ཁམས་སུ་ཡོངས་ཁྱབ་ཏུ་དར་ནས་ཡོད་པ་ཤེས་པ་ཅན་བཅུ་གཉིས་ཀྱི་བོན་གོང་དུ་གསལ་སྤྲོས་བྱས་ཡོད་པ་རྣམས་ཀྱིས་མཚོན། བོན་གྱི་བྱེ་བྲག་ཇི་སྙེད་པ་ཞིག་བྱུང་སྒྱུར་ཡོད་པའི་ཚུལ་བན་བོན་གཉིས་ཆའི་ལོ་རྒྱུས་ཀྱི་ཡིག་ཆ་རྣམས་ལས་གསལ……བར་བསྟན་ཡོད་ཅིང་། དེ་དག་ཟེར་སྒྲོས་ཙམ་ཞིག་མིན་པ་ངེས་པར་བྱུང་སྒྱུར་ཡོད་པའི་དབང་དུ་བཟུང་ན། དེ་དག་དང་འབྲེལ་ཡོད་ཀྱི་ཡིག་ཆ་དུ་མ་ཞིག་ཀྱང་ཡོད་དགོས་ངེས་པ་ནི་རིག་པས་ཀྱང་གྲུབ་སྟེ། དཔེར་ན་དེང་དུས་རང་རེ་བོད་ཡིག་གི་ཀ་རྟགས་དང་ཤེས་ཡོན་ཅི་རིགས་ཡོད་པ་རྣམས་ནས་ཀྱང་། སྲོང་བཙན་སྒམ་པོའི་གོང་རོལ་དུ་བོད་ཀྱི་བཙན་པོ་རྣམས་ཇི་ལྟར་བྱུང་སྒྱུར་ཡོད་པའི་སྐོར་དང་། ཇུ་ཐིག་གི་མོ་ལས་བཤད་པའི་མདུད་པའི་རྣམ་གྲངས། མདུད་གྲངས་དང་འབྲེལ་བའི་ལོ་རྒྱུས་ཅན་གྱི་མོ་བཤད་ཅི་རིགས་པ་དང་སྨན་རྩིས་ཀྱི་སྐོར་ལ་སོགས་པའི་ཤེས་བྱ་དེ་རིགས་བློ་འཛིན་བྱེད་དགོས་པ་ཡིན་ན། ཤིན་ཏུ་དཀའ་ཚེགས་ཆེན་པོས་སྣ་རེ་སྣ་གཉིས་ཞིག་བློ་ལ་ཟིན་ཐུབ་ཙམ་རེ་འབྱུང་སྲིད་པ་ལས། དེ་ཀུན་བློ་འཛིན་བྱེད་མི་ཐུབ་པ་ནི་མངོན་སུམ་ཚད་གྲུབ་ཅིག་ཡིན་པ་དེ་ལྟར་ན། དེ་དུས་ཀྱི་གནའ་མི་རྣམས་ལ་དེ་ཀུན་བློ་འཛིན་

ཐུབ་པའི་རྒྱུ་མཚན་ཅི་ཞིག་ཡོད། གནའ་བོའི་བོད་མི་ཚོར་མི་བརྗེད་པའི་གཟུངས་ཐོབ་པའི་ལོ་རྒྱུས་ནི་འགའ་ཡང་མེད་ཅིང་། དེ་འདྲ་བྱུང་ཡོད་པའི་རྒྱུ་མཚན་ཡང་རྙེད་དཀའ་བ་ཡིན། བོད་མུན་པའི་ཡུལ་དུ་གནས་ཆགས་པའི་བོད་མི་རྨོངས་པ་ཐ་མ་ཡི་གེ་ཙམ་ཡང་འབྲི་ཀློག་མི་ཤེས་པ་དེ་རྣམས་ཀྱིས་རྒྱལ་རབས་སུམ་ཅུ་སོ་བཞིའི་རིང་གི་ལོ་རྒྱུས་དང་། བོན་གྱི་ཤེས་རིག་ཤིན་ཏུ་རྒྱ་ཆེ་ལ་རྣམ་གྲངས་མང་བ་དེ་ཀུན་བློ་འཛིན་གྱི་ཐོག་ནས་མི་རབས་ནས་མི་རབས་སུ་འཚོ་སྐྱོང་བྱས་ཡོད་པ་དང་མ་འོངས་པའི་མི་རྒྱུད་རྣམས་ཀྱི་ཆེད་མི་ཉམས་གོང་འཕེལ་གྱི་བྱ་བ་རླབས་ཆེན་པོའང་མི་ཉུང་བ་ཞིག་བགྱིས་ཡོད་པའི་མཛད་རྗེས་ད་ལྟའི་དུས་སྐབས་སུའང་རང་རེའི་དབང་པོའི་མངོན་སུམ་དུ་ཡོད་བཞིན་པ་འདི་རིགས་ཙ་བ་ནས་ཡོང་མི་ཤེས་པའམ། ཡོང་ཐབས་མེད་པ་ཞིག་རེད། རྒྱལ་རབས་གསལ་བའི་མེ་ལོང་[པེ་64 ཤ་22] ལས་དེར་རྒྱལ་བུ་དེ་ནར་ལོན་དུས་བཟོ་དང་རྩིས་དང་སྒྱུར་རྩལ་དང་། རིག་པའི་གནས་ལྔ་ལ་མཁས་ཤིང་། ཡོན་ཏན་དང་ལྡན་པར་གྱུར་པས་བློན་པོ་རྣམས་ན་རེ། འོ་ཅག་ཚོའི་རྗེ་འདི་ནི་ཡོན་ཏན་དུ་མ་དང་ལྡན་ཏེ་ཐུགས་ཤིན་ཏུ་སྨམ་མོ་ཟེར་བས་མཚན་ཡང་སྲོང་བཙན་སྒམ་པོ་ཞེས་གྲགས་སོ། །དེ་ནས་རྒྱལ་པོ་དགུང་ལོ་བཅུ་གསུམ་ལོན་དུས་ཡབ་འདས་ཏེ་རྒྱལ་སར་ཕྱིན་པ་ཡིན་ནོ། །ཞེས་ཆོས་རྒྱལ་དེ་རྒྱལ་སར་མ་ཕེབས་གོང་ནས་རིག་པའི་གནས་ལྔ་ལ་མཁས་པར་གྱུར་ཚུལ་གསལ་བར་བསྟན་པ་དེ་ལྟར་ན། རིག་པའི་གནས་ལྔ་ཞེས་པ་དེ་ཡང་རིག་པའི་གནས་ཆེན་ལྔ་སྟེ། བཟོ་རིག་པ་དང་གསོ་བ་རིག་པ། སྒྲ་རིག་པ། གཏན་ཚིགས་རིག་པ། ནང་དོན་རིག་པ་རྣམས་ཡིན། རིག་པའི་གནས་ཆུང་ལྔ་སྟེ། སྙན་ངག་དང་མངོན་བརྗོད། སྡེབ་སྦྱོར། ཟློས་གར། སྐར་རྩིས་རྣམས་ཡིན་ལ། རྒྱལ་བུ་དེ་མཁས་པར་གྱུར་གཞི་རིག་པའི་གནས་དེ། རིག་གནས་ཆེ་བ་ལྔའམ་ཆུང་བ་ལྔ་གང་ཡིན་ཀྱང་རུང་། བོད་དུ་དེ་སྔོན་ཡི་གེ་གཏན་ནས་མེད་པ་ལ་མཁས་པར་འགྱུར་བའི་ཐབས་མི་སྲིད་པ་ནི། དཔེར་ན་རི་བོང་ངམ་རྟའི་མགོ་ལ་རྭ་གཏན་ནས་ཡོད་མ་མྱོང་བ་ལ། རྭ་རྩེ་རྣོ་རྟུལ་གྱི་ཁྱད་ཆོས་ཡོང་མི་སྲིད་པ་དང་ཆོས་མཚུངས་པ་ཡིན། དེབ་ཐེར་དམར་པོ[པེ་35 ཤ་5] ལས་རྒྱལ་པོ་སྲོང་བཙན་སྒམ་པོ་མེ་མོ་གླང་གི་ལོ་ལ་འཁྲུངས་པ་མི་འགྱུར་དུ་སྐུ་འཁྲུངས་ནས་ལོ་བཅུ་གསུམ་ལ་ཡབ་གྲོངས། དེ་ཉིད་དུ་མངའ་གསོལ། ཞེས་རྒྱལ་སར་ཕེབས་པའི་ལོ་དུས་གསལ་ཞིང་། ཡང་གཞུང་དེ་ཉིད་[པེ་35 ཤ་18] དུ་རྒྱ་གར་གྱི་སློབ་དཔོན་ཀུ་ས་ར་དང་། བྲམ་ཟེ་ཤཾ་ཀ་ར་དང་། བལ་པོའི་སློབ་དཔོན་ཤི་ལ་མཉྫུ་དང་། ཁ་ཆེའི་སློབ་དཔོན་ཏ་ནུ་ཏ་དང་། ཧྭ་ནུ་ཏ་དང་། རྒྱ་གར་གྱི་མཁན་པོ་ལི་བྱིན་དང་། ཏ་ཤང་མ་ཏ་དེ་བ་སྤྱན་དྲངས་ནས། ལོ་ཙཱ་བ་ཐོན་མི་སཾ་བྷོ་ཊ་དང་དེའི་འཆན་བུ་དྷརྨ་ཀོ་ཤ་དང་། ལྷ་ལུང་རྡོ་རྗེ་དཔལ་རྣམས་ཀྱིས་ཆོས་ཅི་རིགས་སུ་བསྒྱུར་ཅིང་གཏན་ལ་ཕབ། ཐོན་མིས་རྒྱ་གར་གྱི་ཡི་གེ་ལ་དཔེ་བྱས་

ནས་བོད་ཀྱི་ཡི་གེ་བཙམས། ཞེས་གསུངས་སྟངས་དེ་ལ་དཔྱད་ན། ཐོན་མིས་བོད་ཡིག་མ་བཙམས་པའི་གོང་ནས་རྒྱ་གར་གྱི་མཁན་པོ་རྣམས་བོད་དུ་སྤྱན་དྲངས་ཤིང་། གོང་གསལ་ལོ་ཙཱ་བ་གསུམ་གྱིས་རྒྱ་ཆོས་ཅི་རིགས་ཤིག་བོད་སྐད་དུ་བསྒྱུར་བ་ཙམ་དུ་མ་ཟད་གཏན་ལའང་ཕབ་ཡོད་ཅིང་། དེ་རྗེས་སུ་ཐོན་མིས་བོད་ཡིག་གསར་དུ་བཙམས་ཡོད་པ་གསལ་པོར་བསྟན་པ་དེ་ལྟར་ན། དེ་སྔོན་བོད་དུ་ཡི་གེ་མེད་པ་ལ་ཆོས་བསྒྱུར་བ་དང་། དེ་དག་གཏན་ལ་ཕབ་པའི་ཐ་སྙད་ཡོང་ཐབས་ག་ལ་ཡོད། མཁས་པ་དེ་རྣམས་ཀྱིས་རྒྱ་ཆོས་ཅི་རིགས་ཤིག་བོད་ཀྱི་ཡིག་རྙིང་གི་ལུགས་སུ་བསྒྱུར་ཅིང་གཏན་ལ་ཕབ་ནའང་། ཡིག་རྙིང་གི་འབྲི་སྟངས་དང་དག་ཆ། ཚིག་སྦྱོར་ཀྱི་འགྲོས་སོགས་གནས་ཚུལ་མང་པོ་ཞིག་གི་ཐོག་རྒྱ་གར་གྱི་སྐད་ནས་བོད་སྐད་དུ་བསྒྱུར་མི་བདེ་བའམ་གོ་དོན་ཁ་གསལ་པོ་མི་འབྱུང་བ་སོགས་ཀྱིས་ཇི་བཞིན་གཏན་ལ་ཕབ་མ་ཐུབ་པའི་དཀའ་ངལ་ལ་བརྟེན་ནས། ཐོན་མིས་བོད་ཡིག་གསར་རྩོམ་མཛད་ཡོད་པ་འདི་ནི་དོན་ལ་གནས་པའི་རྒྱུ་མཚན་ཞིག་ཡིན་པ་ལུང་འདིས་གསལ་བར་བསྟན་པ་ཡིན། ལུང་འདིའི་དགོངས་པར་ཐོན་མིས་ཐོག་མར་བོད་ཡིག་གསར་པ་ཞིག་བཙམས་ཏེ། རྗེས་སུ་རྒྱ་གར་གྱི་པཎྜི་ཏ་དེ་རྣམས་དང་ལྷན་དུ་རྒྱ་ཆོས་ཅི་རིགས་ཤིག་བསྒྱུར་བའི་དོན་ནི་ཡིན་མི་སྲིད། གང་ལ་ཟེར་ན་མཁས་དབང་ཚལ་པ་ཀུན་དགའ་རྡོ་རྗེའམ་སི་ཏུ་དགེ་བའི་བློ་གྲོས་(1309—1364)ཞེས་མཁས་པའི་སྙན་པས་ཡོངས་སུ་ཁྱབ་ཅིང་། བོད་ཀྱི་རྒྱལ་རབས་ཕལ་མོ་ཆེའི་ཕྱི་མོ་དེབ་ཐེར་དམར་པོས་གཙོས་པའི་དེབ་ཐེར་གྱི་རིགས་མང་པོ་ཞིག་གི་མཛད་པ་པོ་དེ་འདྲ་བ་ཞིག་ཚིག་སྔོན་རྗེས་ཀྱི་འགྲོས་ཙམ་ལ་རྨོངས་པ་ནི་སུ་ཞིག་གིས་སྨྲ་ནུས་ལ། དེ་འདྲ་སྨྲ་མཁན་བྱུང་ནའང་དོན་ལ་མི་གནས་པ་ཞིག་ཡིན་པ་ནི་ཤེས་ཤིན་ཏུ་སླ།

རྒྱལ་རབས་གསལ་བའི་མེ་ལོང་[ཤོ86ཕ22]ལས་མགར་ན་རེ། འདུན་མ་རྒྱ་མི་ཆུང་བར་བྱེད་དོ། །ངེད་རང་ཚོའི་རྗེ་འདོད་དགུང་ལོ་བཅུ་དྲུག་བཞེས། གཞན་དུ་མི་ཏུང་བས་རྒྱལ་སྲིད་འཛིན་པ་ལ་བལ་ཡུལ་ན། བལ་རྗེ་སྲས་མོ་མཛེས་མ་ཅིག་ཡོད་པར་འདུག་པ་དེ་དང་། རྒྱ་ནག་གི་རྒྱལ་པོ་ལ་སྲས་མོ་མཛེས་མ་ཅིག་ཡོད་པ་དེ་གཉིས་འདིར་བཙུན་མོ་ལ་སྤྱན་འདྲེན་པ་ཡིན་ནོ་ཞེས་སྨྲས་པས། ཐམས་ཅད་ཀྱིས་ལེགས་སོ་ཞེས་ཁ་མཐུན་པར་བྱས་སོ། །ཞེས་སྲོང་བཙན་སྒམ་པོས་བལ་བཟའ་ཁབ་ཏུ་བཞེས་དུས་དགུང་ལོ་བཅུ་དྲུག་ཡིན་པ་གསལ་བར་བསྟན་པ་ཡིན་ལ་ཡང་དཔེ་དེ་[ཤོ87ཕ6]ལས་རྒྱལ་པོས་གསེར་གྱི་དོང་རྩེ་ལྔ་བསྐུར་ནས། འདིས་ཞུ་རྟེན་གྱིས་ཤིག་གསུངས་སོ། །རིན་པོ་ཆེ་བཻཌཱུརྻ་སྐོག་ལ། པདྨ་ར་གའི་ཕྲ་རྒྱབ་པ་ཅིག་བསྐུར་ནས། འདི་ལྟ་གཅིག་དེའི་རིན་དུ་ཕུལ་ཅིག་གསུངས་སོ། །རྒྱལ་པོ་དེས་བཀའ་ལུང་མི་འདྲ་བ་གསུམ་བཏུད་མར་གསུང་འོང་གིས། དེའི་དུས་སུ་འདི་གསུམ་མ་ནོར་བར་རེ་རེ་བཞིན་ཕུལ་ཅིག

གསུངས་ནས། བཀའ་ཤོག་གི་སྒྲོམ་བུ་གསུམ་བསྐུར། ཞེས་སྲོང་བཙན་སྒམ་པོས་བལ་པོའི་རྒྱལ་པོར་འཕྲིན་ཡིག་སྒྲོམ་བུ་གསུམ་བསྐུར་ཡོད་པའང་གསལ་བར་བསྟན་པ་ཡིན། "སྒྲོམ" ཞེས་པ་དེ་ནི་གསེར་རམ་དངུལ་ལམ། རིན་པོ་ཆེའི་རིགས་གང་ཡང་རུང་བའམ། ཐ་ན་ཤིང་དང་ཤོག་བུ་སོགས་ཀྱིས་བཟོས་པའི་སྒྲོམ་སྟེ། དེང་དུས་སུ"སྒམ" ཞེས་ཀྱང་བྱ་བ་དེ་ཡིན་ལ། "བུ" ཞེས་པ་ནི་ཆུང་ངུའི་དོན་ཏེ། དོན་དུ "སྒམ་ཆུང" ཞེས་པ་དང་དོན་གཅིག་པ་ཡིན་ལ། དེང་དུས་ཡོངས་གྲགས་སུ"གཏེར་གྱི་སྒྲོམ་བུ" ཞེས་བྱ་བ་བྱ་སྒོང་གི་དབྱིབས་འདྲ་བ་ཞིག་ཡོད་པ་དེ་ལྟ་བུ་ཞིག་ཡིན་དགོས་པའི་ངེས་པ་ཅི་ཞིག་ཀྱང་མེད། ཡང་གཞུང་དེ་ཉིད་[པེ་88 ཕ་11] ལས་དེར་མགར་གྱིས་བཀའ་ཤོག་གི་སྒྲོམ་བུ་གསུམ་ཡོད་པའི་དང་པོ་དེ། རྒྱལ་པོའི་ཕྱག་ཏུ་ཕུལ་བས། དེ་ཁ་ཕྱེས་ནས་གཟིགས་པས། མཐིང་ཤོག་ལ་གསེར་གྱིས་བྲིས་པ། བལ་པོའི་ཡི་གེ་འདུག་ཅེས་བཤད་པ་དེ་ནི་སྲོང་བཙན་གྱི་སྔོན་དུ་བོད་ལ་ཡི་གེ་མེད་པར་བཤད་པ་དེ་དང་མི་འགལ་བའི་ཕྱིར་བལ་པོའི་ཡི་གེ་ཡིན་པར་བཤད་ཅིང་། དེའང་སྤྲུལ་པ་དང་རྫུ་འཕྲུལ་སོགས་ལ་ཕྱག་བཙལ་ནས་མི་འགལ་ཙམ་ཞིག་བསྒྲུབས་པ་ལས་དངོས་ཀྱི་ལོ་རྒྱུས་དང་འབྲེལ་བ་གང་ཞིག་ཀྱང་མ་ཡིན་པ་མངོན་སུམ་དུ་མཐོང་ཐུབ། བོད་ལ་ཡི་གེ་མེད་སྐབས་རྒྱལ་པོས་རང་གི་ཡི་གེའང་མི་ཤེས་པ་དེ་ལྟར་ན་བལ་པོའི་རྒྱལ་པོ་དང་རྒྱ་ནག་གི་རྒྱལ་པོ་སོགས་ལ་བཏང་བའི་འཕྲིན་ཡིག་བལ་པོའི་ཡི་གེའམ་རྒྱ་ནག་གི་ཡི་གེ་མི་ཤེས་པ་ནི་བཤད་མ་དགོས་པ་མེད། གལ་ཏེ་སྤྲུལ་པ་དང་རྫུ་འཕྲུལ་སོགས་ལ་རྩ་བ་བཙལ་ནས་རྒྱལ་པོའི་རབས་འཆད་པ་ཡིན་ན། དེ་ནི་གཉིས་སྣང་ལས་འདས་པའི་ཡིན་ལུགས་ཤིག་ལ་ཆ་འཛོག་དགོས་པ་ཡིན་སྐབས། གཉིས་སྣང་ཅན་གྱི་རྒྱལ་རབས་ལོ་རྒྱུས་ཐུན་མོང་གི་སྣང་བར་གྲུབ་པ་བཞིན་བཤད་པའི་དགོས་པ་མེད་པར་འགྱུར་བས། ལོ་རྒྱུས་ཀྱི་གཞི་རྩ་རང་རེའི་སྣང་ཚོད་དུ་གྲུབ་པའི་དངོས་པོའི་ཚུལ་ལུགས་ལས་མ་འདས་པ་ཞིག་དགོས་ངེས་པ་ཡིན།

རྒྱ་བོད་ཡིག་ཚང་ཆེན་མོ་[སེ་141 ཕ་2] ལས་བོད་ཀྱི་རྒྱལ་པོ་ལོ་བཅུ་བཞི་པ་གཅིག་གིས་རྒྱལ་སྲིད་ཆོས་བཞིན་དུ་སྐྱོང་གི་འདུག་ཅེས་པའི་སྙན་གྲགས་ཀྱིས། འཛམ་བུ་གླིང་ཁྱབ་སྟེ། ཕྱོགས་བཞིའི་རྒྱལ་པོས། ནོར་རྫས་ཁྱད་པར་ཅན་གྱི་སྐྱེས་དང་། ཡི་གེ་བསྐུར་བྱུང་བ། བོད་རྒྱལ་པོ་ལ། སྐྱེས་ལན་བསྐུར་རྒྱུའི་ནོར་ཡོད་ཀྱང་། ཁ་འཕྲིན་མ་གཏོགས། ཡི་གེ་མེད་པས། བོད་ལའང་ཡི་གེ་གཅིག་ཅི་ནས་ཀྱང་དགོས་པར་འདུག་དགོངས་ནས། འཐོན་མི་ཨ་ནུ་རའི་བུ་སམ་བྷོ་ཊ་མི་ཆུང་བྱ་བ་དེ། བློ་གསལ་བས། གསེར་བསྐུར་ནས་རྒྱ་གར་དུ་ཡི་གེ་དང་། ཆོས་སློབ་པ་ལ་བཏང་ཞེས་གསུངས་པར་དཔྱད་ན། སྲོང་བཙན་སྒམ་པོ་དེས་དགུང་ལོ་བཅུ་གསུམ་བར་རྒྱལ་སྲིད་བཟུང་བའི་དབུ་བཙུགས་ཡོད་ནའང་དགུང་ལོ་བཅུ་བཞི་པའི་བར་དུ

བོད་ལ་ཡི་གེ་ཞིག་ཡོད་དགོས་པའི་དགོངས་པ་མ་འཁོར་ཞིང་། བཅུ་བཞི་པར་ཕྱི་ཡུལ་གྱི་རྒྱལ་པོ་ཁག་གི་འཕྲིན་ཡིག་འགྱུར་བས་རྐྱེན་བྱས་ཏེ་བོད་ལའང་ཡི་གེ་ཞིག་ཡོད་དགོས་པའི་དགོངས་པ་གསར་དུ་སྐྱེས་ཏེ་ད་གཟོད་ཐོན་མི་ཨ་ནུ་རྒྱ་གར་དུ་བཏང་ཚུལ་གསལ་བར་བསྟན་པ་རེད། ཐོན་མི་ཨ་ནུ་དེ་བློ་གསལ་བ་དང་ཤེས་རབ་ཆེ་བ། རང་བཞིན་བཟང་བ་སོགས་ཀྱི་ཁྱད་ཆོས་དུ་མ་དང་ལྡན་པ་ཞིག་ཡིན་ནའང་དོན་དུ་བོད་སྐྱུན་པའི་གླིང་། ཡི་གེ་ཙམ་ཡང་མེད་པའི་ཡུལ་ མཐའ་འཁོབ་དེ་འདྲ་བ་ཞིག་ཏུ་སྐྱེས་ཤིང་། ཤེས་བྱ་རིག་པའི་རྨང་གཞི་ཅི་ཞིག་ཀྱང་མེད་པ་ཞིག་ས་ཐག་རིང་ཞིང་ཆ་རྒྱུས་མེད་པའི་ཡུལ་གྲུ་ཆེན་པོ་རྒྱ་གར་དུ་ཕྱིན། དུས་དེར་དེང་དུས་ལྟ་བུ་གནམ་གྲུ་དང་མེ་འཁོར། སྣུམ་འཁོར་རྐང་འཁོར་སོགས་ཅི་ཞིག་ཀྱང་མེད་པ་ལྟ་ཅི། ཐ་ན་རྟ་ལམ་བདེ་པོ་ཞིག་ཀྱང་མེད་པའི་ཚུལ། བོད་ཀྱི་ལོ་རྒྱུས་ཆེན་པོ་བཻ་ཌཱུར་ཅ་ན་སོགས་རྒྱ་གར་དུ་ཇི་ལྟར་ཕེབས་པའི་ལོ་རྒྱུས་རྣམས་ལས་ཤེས་ཐུབ་པ་དེ་འདྲ་ཞིག་ཡིན་སྟབས། ཐོག་མར་བོད་ནས་རྒྱ་གར་དུ་འགྲོ་བ་ལ་དུས་ཡུན་ཇི་ཙམ་ཞིག་དགོས་པ་དང་། བོད་མི་ཤེས་རིག་གི་རྨང་གཞི་ཅིའང་མེད་པ་ཞིག་རྒྱ་གར་དུ་སླེབས་ནས་ཐོག་མར་རྒྱ་གར་པ་རྣམས་དང་ཕན་ཚུན་གོ་བརྡ་འཕྲོད་ཐུབ་ཙམ་པའི་སྐད་སློབ་པ་ལ་དུས་ཡུན་ཇི་ཙམ་དགོས་པ་དང་། རྒྱ་གར་དུ་སླེབས་མ་ཐག་རྒྱ་གར་གྱི་ཡིག་མཁན་དང་པཎྜི་ཏ་དེ་དག་མཇལ་ཆོག་པ་དང་། མཇལ་ནས་ཀྱང་ལེགས་སྦྱར་གྱི་སྐད་ཡིག་དང་། ནང་དོན་རིག་པའི་གཞུང་རྣམས་བསླབ་ཆོག་ཆོག་ཅིག་མེད་པ་ནི་བཤད་མ་དགོས་པས། དེ་དག་ལའང་དུས་ཡུན་ཇི་ཙམ་ཞིག་དགོས་པ་དང་། ཐོན་མི་ཨ་ནུ་དེ་ལེགས་སྦྱར་དང་། ནང་དོན་རིག་པ་ལ་མཁས་པར་ཕྱུར་ནས་སླར་བོད་ཡུལ་དབུས་སུ་འགྱུར་བ་ལའང་དུས་ཡུན་ཇི་ཙམ་ཞིག་དགོས། བོད་དུ་སླར་འགྱུར་ནས་བོད་ཡིག་གསར་དུ་བསྒྱུར་པ་དང་བཟོ་སྦྱོར་གྱི་གཞུང་བྱ་ཀ་ར་ཎ་སེ་བརྒྱད་དུ་གྲགས་པ་དེ་དག་གསར་རྩོམ་མཛད་པ་རྣམས་ལ་དུས་ཡུན་ཇི་ཙམ་ཞིག་དགོས་པ་དང་། དེ་ནས་འདུས་པ་རིན་པོ་ཆེའི་ཏོག་སོགས་གཞུང་ཁ་ཤས་ལེགས་སྦྱར་ནས་བོད་ཡིག་ཏུ་བསྒྱུར་ཏེ་རྒྱལ་པོ་ལ་ཡིག་ཐོད་དུ་ཕུལ་བར་བཤད་པ་དེ་དག་མཛད་པ་ལའང་དུས་ཡུན་ཇི་ཙམ་ཞིག་དགོས་པ་འདི་ཀུན་ལ་བྱ་བ་དངོས་ཐོག་ནས་བསམ་མནོ་ལེགས་པོ་ཞིག་བཏང་བ་ཡིན་ན། སྲོང་བཙན་སྒམ་པོ་དགུང་ལོ་བཅུ་བཞི་པ་ནས་བཅུ་དྲུག་པའི་བར་གྱི་དུས་ཚོད་ཐུང་ངུ་འདྲ་བ་ཞིག་ཏུ་འགྲུབ་ཐབས་ཐ་བ་ནས་མེད་པའི་ངེས་ཤེས་བརྟན་པོར་སྐྱེད་ཐུབ།

གོང་གསལ་གྱི་ལུང་དང་རིགས་པ་དེ་དག་ལ་གཞིགས་ན་ཆོས་རྒྱལ་སྲོང་བཙན་སྒམ་པོའི་གོང་དེར་བོད་དུ་ཡི་གེར་བེད་སྤྱོད་སྤྱོལ་བྱུང་ཡོད་པ་ལ་ཐེ་ཚོམ་མེད་ནའང་། དེ་སྐབས་རྣམས་སུ་བེད་སྤྱོད་བྱས་ཡོད་པའི་ཡི་གེ་དེ་གང་འདྲ་ཞིག་ཡིན་པ་དང་ཡི་གེ་དེ་ལ་བོད་ཡིག་ཟེར་གྱི་ཡོད་དམ་མེད་པའི་སྐོར་སོགས་ལ

དཔྱད་གཞིགས་ནན་ཏན་དུ་བྱེད་དགོས་པ་འདུག དེའི་སྐོར་བོན་གྱི་ལོ་རྒྱུས་རྣལ་མའི་རང་གཤིས་དང་ལྡན་པ་རྣམས་སུ་གསལ་བར་བསྟན་པ་ནི། དར་རྒྱས་གསལ་བའི་སྒྲོན་མ་[ཤོག་642ཤ74ན་1]ལས་ཡིག་ཀན་སྨྲར་(སྨར་)སྒྲག་ཏུ་སྒྱུར་(ཏུ་བསྒྱུར།) དེ་སྨར་ཆེ་ཆུང་དུ་སྒྱུར། སྨར་ཆེན་དབུ་ཆེན་ནམ་གཟབ་ཏུ་སྒྱུར། སྨར་ཆུང་འབྲུ་མར་སྒྱུར། ཡིག་སྣ་འབྲུ་མ་ལ་རྩམས་(ལས་བརྩམས་)སོ། །ཞེས་བྱ་བ་དེ་ཡིན་ལ། ཞང་ཞུང་གི་ཡིག་ཀན་དང་སྨར་སྒྲག་ཅེས་པ་དེ་དག་གི་སྐོར་ཞིབ་གསལ་ནི་དུས་རིམ་གོང་མའི་ཡ་ཐོག་ཞང་ཞུང་གི་ཡི་གེ་བྱུང་ཚུལ་བཤད་པའི་སྐབས་སུ་གསལ་སྤྲོས་བྱས་ཡོད་པ་དེ་ཙམ་དུ་ངེས་ཤིང་། བོད་ཀྱི་ཆོས་རྒྱལ་སྲོང་བཙན་སྒམ་པོའི་གོང་དུ་བོད་ཀྱི་གནའ་མི་ཆོས་བེད་སྤྱོད་བྱས་ཡོད་པའི་ཡི་གེ་དེ་ནི་སྨར་ཆེན་དང་སྨར་ཆུང་དུ་གྲགས་པའི་ཡིག་ཚུགས་དེ་ལས་མ་འདས།

ཁོ་བོ་རང་ལོ་བཅུ་གསུམ་པའི་སྐབས་མདོ་ཁམས་སྡེ་དགེ་རྒྱུག་སངས་ནས་ཡིན་པའི་བོད་ཀྱི་ཡིག······མཁན་མཁས་གྲགས་ཆེ་བ་རྡོ་བཟོད་ཅེས་བྱ་བའི་བླ་མ་སྐུ་བགྲེས་ཤིག་ཡོད་པ་དེ་ཀུ་སེ་གསེར་ལྡོངས་དགོན་དུ་ཕེབས་ནས་ཉིན་མང་པོ་ཙམ་བཞུགས་སོང་། ང་རང་དེ་སྐབས་གསེར་ལྡོངས་ཀྱི་བཤད་གྲྭར་སློབ་གཉེར་བགྱིད་བཞིན་ཡོད་པ་ལ། ངས་ཁོང་གི་མདུན་ནས་ཉིན་ཤས་རིང་བོད་ཡིག་དབུ་ཆེན་དང་དབུ་མེད་ཀྱི་བྲིས་ཚུགས་ལ་བཅོས་ཁ་ཞིག་ཞུས་པས། ཉིན་ཐ་མ་དེར་ཁོང་གིས་ང་ལ་དགྱེས་ཉམས་དང་བཅས་པས་གསུངས་གསལ། ཁྱེད་རང་ཕྱག་བདེ་པོ་དང་ཐུགས་རིག་བཀྲ་པོ་འདུག ཁྱེད་ཀྱིས་སྦྱང་འདོད་ཡོད་ན་ངས་ལྷ་བབས་ཡི་གེ་ཞེས་བྱ་བའི་ཡིག་ཚུགས་རྙིང་མ་ཞིག་ཤེས་ཀྱི་ཡོད་པ་དེ་ཁྱེད་རང་ལ་བསླབ་ཆོག་ཅེས·········གསུངས་བྱུང་། ངས་དེ་བཞིན་བསླབ་རོགས་གནང་ཞུས་པས། ཁོང་གིས་ཐུགས་བརྩེ་བ་ཆེན་པོའི་སྒོ་ནས་ང་རང་ལ་ཉིན་ཧྲིལ་པོ་གཅིག་གི་རིང་ལྷ་བབས་ཡི་གེའི་ཚུགས་ཆ་ཚང་བ་ཞིག་བསླབས་བྱུང་། ང་རང་ཡིག་ཚུགས་དེ་ལ་ཤིན་ཏུ་དགའ་པོ་ཡོད་སྟབས་ཉིན་མང་པོའི་རིང་སྦྱོང་བརྡར་བྱས་ཤིང་། སྐབས་དེར་ཁོ་བོས་ཡིག་ཚུགས་འདི་ཉིད་སྦྱོང་བརྡར་བྱེད་ཞོར་དུ་ས་སྐྱ་པཎྜི་ཏ་ཀུན་དགའ་རྒྱལ་མཚན་(1181—1251)གྱིས་མཛད་པའི་བསྟན་བཅོས་ལེགས་བཤད་རིན་གཏེར་གྱི་ཤོག་མའི་ལེའུ་གསུམ་ལྷ་བབས་ཡི་གེའི་ཚུགས་སུ་བྲིས་པ་ད་ལྟའང་གསལ་པོར་དྲན་གྱི་འདུག དེ་ནས་ལོ་གཉིས་ལྷག་འདས་པའི་རྗེས་ལ་ང་རང་སྨ་སྐྱེ་ཀུ་མདོར་གཉེན་འཕྲད་དུ་ཕྱིན་པ་དེ་སྐབས་སྐྱེ་རྒྱ་མདའ་གྲང་དང་ཏ་ཙང་མི་རིང་བའི་གནས་ཤིག་ན། བོད་ཀྱི་སྨན་པ་མཁས་པ་བླ་མ་ཚེ་རྒྱལ་ཞེས་བྱ་བ་དགུང་ལོ་ལྔ་བཅུ་ང་ལྔ་ལོན་པ་ཞིག་བཞུགས་ཡོད། ཁོང་ནི་རྒྱ་གར་སོགས་སུ་ཡུལ་གྲུ་ཁག་མང་དུ་ཕེབས་མྱོང་བ་དང་། བོད་ཀྱི་སྨན་དང་རྩིས་སོགས་རིག་པའི་གནས་ཀུན་ལ་མཁས་པའི་སྙན་གྲགས་ཆེ་ཙམ་ཡོད་མཁན་ཞིག་རེད་འདུག ཉིན་ཞིག་ང་ཚོ་བླ་མ་ཚེ་རྒྱལ་

མཇལ་དུ་ཕྱིན་པས། བོད་ཀྱི་གཟིམ་ཆུང་གི་ཀྱང་ངོས་དེར་དཔར་སྒྲོམ་ཆེ་ལ་སྦྲུས་ལེགས་པ་ཞིག་གི་ནང་དུ་ལྷ་བབས་ཡི་གེའི་ཚུགས་སུ་མཛོས་ཤིང་བརྗིད་པར་བྲིས་པའི་ཚིག་རྐང་པ་བཞི་ཡོད། ངས་ཞིབ་ནན་གྱིས་བལྟས་ཏེ་དཔལ་གྱིས་བཀླགས་པས་ཚིག་རྐང་བཞི་པོ་དེ་དག་ནི་འདི་སྐད་དུ།

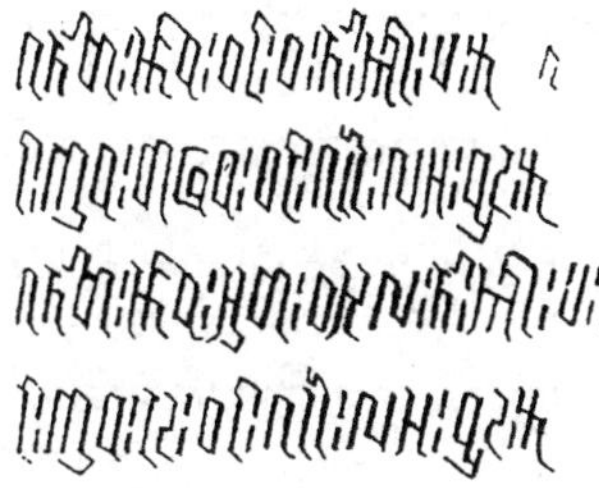

ཞེས་འཕགས་པ་ཞི་བ་ལྷས་སྤྱོད་འཇུག་བསམ་གཏན་གྱི་ལེའུ[མཚོ་84ཕ་6]ལས་འཇིག་རྟེན་བདེ····བ་ཇི་སྙེད་པ། །དེ་ཀུན་གཞན་བདེ་འདོད་ལས་བྱུང་། །འཇིག་རྟེན་སྡུག་བསྔལ་ཇི་སྙེད་པ། །དེ་ཀུན་རང་བདེ་འདོད་ལས་བྱུང་། །ཞེས་གསལ་བའི་ཚིགས་སུ་བཅད་པ་འདི་རྣམས་ཡིན།

ངས་ལྷ་བབས་ཀྱི་ཡིག་ཚུགས་དེར་བལྟས་ནས་དཔལ་གྱིས་བཀླགས་པ་དང་བླ་མ་ཆོས་རྒྱལ་བོད་ཧ་ལས···ཤིང་ཡ་མཚན་ནས། ཁྱེད་ཀྱིས་ཡི་གེ་འདི་ཇི་ལྟར་ཀློག་ཤེས་ཀྱི་ཡོད་ཅེས་བཀའ་འདྲི་གནང་གི་འདུག ངས་ལོ་རྒྱུས་རྣམས་ཞིབ་པར་ཞུས་པས་བོད་གིས་དགྱེས་པའི་འཛུམ་མདངས་དང་བཅས་ཏེ"རྟེན་འབྲེལ·········བཟང་། འདི་བོད་ཀྱི་ཡིག་རྙིང་གི་ཚུགས་ཤིན་ཏུ་རྩ་བ་ཆེན་པོ་ཞིག་རེད། དེང་སང་ཡིག་གཟུགས་འདི་འབྲི་ཀློག་ཤེས་མཁན་ཧ་ཅང་དཀོན་པོ་རེད། ཁྱེད་ཀྱིས་ཡིག་གཟུགས་འདི་མ་བརྗེད་པ་གྱིས་དང་ཕན་ཐོགས་པའི་དུས་ཤིག་ཡོང་སྲིད་ཀྱི་རེད།"ཅེས་ལུང་བསྟན་ཡང་གནང་བྱུང་། གང་ལྟར་ཡང་བོ་ངོས་ད་སྟོན་རང་གི་དགེ་རྒན་བཟོད་པ་ལགས་དང་བླ་མ་ཆོས་རྒྱལ་རྣམ་གཉིས་ལས་གཞན་ཡིག་གཟུགས་འདི་མཁྱེན·······མཁན་གཞན་མེད་པ་ནི་ཡིན་ག་ལ་སྲིད།

ཞང་ཞུང་གི་སྐད་དུ"སྨར"ཞེས་པ་ནི་ཤེས་པའམ་ལེགས་པའི་དོན་ཡིན་ལ། དངོས་དོན་དུ་ཤེས་པ་དང་མི་ཤེས་པའམ་ལེགས་པ་དང་ཉེས་པ་འདི་གཉིས་ལ། ལྷ་དང་འདྲེའི་ཐ་སྙད་བྱས་ཡོད་པ་ནི་སྲིད་པ་ཀློང་གི་སྔོ་ང་ལས་ཐོག་མའི་མི་རྒྱུད་ཇི་ལྟར་གྲོལ་བའི་ཚུལ་བསྟན་པའི་སྐབས་སྨྲ་འགྲེལ[རྫི་52ཕ་11]ལས་ཀླུང་མེ་ཆུ་ས་འབྱུང་བ་ལྔའི་བཅུད་ལས། འོད་སྔོང་དང་མུན་སྔོང་གཉིས་སུ་བྱུང་སྟེ། དེ་ཡང་རྒྱུ་ལྔ་དྭངས་མའི་བཅུད་ལས། ལྷའི་སྨོན་ལམ་གྱིས་རྐྱེན་བྱས་ཏེ། འོད་ཀྱི་སྔོ་ང་ཡོགས་བཞི་ཟུར་བརྒྱད་གཡག་མ་གྲུས་ཙམ་ཞིག་སྲིད་དོ། །སྙིགས་མའི་བཅུད་ལས་མེད་འབུམ་ནག་པོའི་སྨོན་ལམ་གྱིས་རྐྱེན་བྱས་ཏེ། མུན་པའི་སྔོ་

ང་ཟུར་གསུམ་སྤྲད་ཤད་ཉལ་བ་ཙམ་ཞིག་བྱུང་ངོ་། །ཞེས་ལེགས་པ་དང་། ཉེས་པ་གཉིས་ཀྱི་གཞི་རྩའི་ཁྱད་དབྱེ་ཕྱེ་ཡོད་པ་དང་མ་གཅིག་ལབ་སྒྲོན་(1031—1129ཀྱི་)བསྟན་པ་གཅོད་གཞུང་། ཕུང་པོ་གཟན་སྐྱུར་གྱི་རྣམ་བཤད་གཅོད་ཀྱི་དོན་གསལ་བྱེད་པ་[བཀྲ་ཤ91ན3]ལས་ཀུན་བཏགས་ཀྱི་ལྷ་འདྲེ……ཞེས་པ་ནི། འཇིག་རྟེན་པ་ཐམས་ཅད་ལ་ཡོངས་སུ་གྲགས་ཤིང་། དེ་ལ་ལྷ་ཞེས་པ་ནི་འཇིག་རྟེན་པའི་སྣང་ཡུལ་དུ་གྲུབ་པའི་གཟུགས་བཟང་ཞིང་ཡིད་དུ་འོང་བའི་བློ་སྣང་དགའ་ཞིང་དྭངས་པ་འདྲེན་པ་གང་ཡིན……དེ་ལ་ལྷ་ཟེར་ལ། གང་གིས་བློ་ཡུལ་དུ་མི་སྡུག་ཅིང་ཡིད་དུ་མི་འོང་བའི་ཡ་ང་བ་སྐྱེས་པར་བྱེད་པའི་གཟུགས་ཀྱིས་སྲོག་ལ་འཚེ་བའི་རྐྱེན་བྱེད་པ་གང་ཡིན་པ་དེ་ལ་འདྲེ་ཟེར་བ་ཡིན་ཏེ། ཡང་གང་ལ་ཕན་བཏགས་པ་དེ་ལ་ལྷ་ཟེར་བ་དང་། གང་ལ་གནོད་པ་བྱེད་པ་དེ་ལ་འདྲེ་ཟེར་བ་ཡིན། ཞེས་གསུངས་པས་གསལ་བ་བཞིན་དོན་དུ་ལྷ་ཞེས་བྱ་བཟང་པོ་ཞིག་དང་འདྲེ་ཞེས་པ་ངན་པ་ཞིག་ཏུ་ཆ་འཛོག་བྱེད་པའི……བསམ་མནོ་ཤུགས་ཆེན་པོ་ཞིག་ནི་མིའི་འགྲོ་བ་ཀུན་གྱི་བློ་རྒྱུད་དུ་ལྷན་སྐྱེས་སུ་ཡོད་པ་དེ་ལ་བརྟེན་ནས……བྱུང་བའི་ཚིག ཞང་ཞུང་གི་སྐད་དུ"སྨར"ཞེས་པ་དང་བོད་སྐད་དུ"ལྷ"ཞེས་པ་འདི་གཉིས་དགོངས་དོན་གཅིག་ཏུ་ངེས་ཤིང་། དེའི་ཁྱད་ཆོས་ཅན་གྱི་ཡི་གེ་དེ་ལ"སྨར"གྱི་ཡི་གེའམ་ལྷ་བབས་ཀྱི་ཡི་གེ་ཞེས་པའི་ཐ་སྙད་བྱས་ཡོད་པར་མངོན་ལ། ཡིག་གཟུགས་འདི་ནི་བོད་རྒྱལ་སྲོང་བཙན་སྒམ་པོ་མ་བྱོན་པའི་གོང་བོད་མིས་བེད་སྤྱོད་བྱས་པའི་ཡི་གེ་དེ་ཡིན།

ཁོ་བོས་ལྷ་བབས་ཡི་གེ་མ་དཔེ་འདི་ཁུངས་དག་པ་དང་ནོར་འཁྲུལ་མེད་པ་ཡིན་ཁུལ་གྱིས་འདིར……གསལ་པོར་བཀོད་ཡོད་ནའང་། ལྷ་བབས་ཡི་གེ་ཚུགས་མཁྱེན་མཁན་གང་སུ་དག་ཡོད་པ་དེ་ཀུན་ནས་མཁྱེན་པའི་སྤྱན་ཡངས་པོར་ཕྱེ་སྟེ་ཁོ་བོས་ཇི་ལྟར་བཀོད་པ་འདིར་ནོར་འཁྲུལ་ལམ་འབྲི་སྐྱོངས་འགྲིག་མིན་ཅི་དང་ཅི་ཡོད་པ་ལ་དགོངས་འཆར་དང་འབྲེལ་བའི་སྒོ་ནས། བྲིས་ཚུགས་འདིའི་ཁུངས་གཙང་དག་ཐོན་པ་དང་གསལ་སྒྲོན་ཅན་དུ་འགྱུར་བའི་མཐུན་འགྱུར་གང་འོས་པ་རྣམས་ཀྱང་ལྷུན་པར་གནང་རྩོལ་ཡོད་པ་ནི་ཞུ་མ་དགོས་པ་ཞིག་རེད།

ང་ཚོས་ལྷ་བབས་ཡི་གེའི་ཚུགས་འདི་དང་བོད་ཡིག་དབུ་མེད་ཀྱི་ཚུགས་འདི་གཉིས་ཕན་ཚུན་གོ……བསྡུར་གྱིས་དཔྱད་པ་ཡིན་ན། བོད་ཡིག་དབུ་མེད་ཀྱི་ཚུགས་དེ་ལྷ་བབས་ཡི་གེ་ལས་བྱུང་ཞིང་། དུས་རིམ་གྱི་ནང་སྐབས་བདེའི་འབྲི་ཚུལ་གྱི་འགྱུར་བ་ཕྲན་ཙམ་ཕྱིན་ཡོད་པ་ལས། གཞི་རྩའི་ཡི་གེའི་འབྲུ་ཚུགས་མཉམས་པར་གནས་ཡོད་པ་དང་དབྱངས་ཡིག་དང་འདོགས་རྣམས་ཀྱི་སྦྱོར་སྟངས་དང་། ཁྱད་པར་དབུ་མེད་ཀྱི་ལུགས་སུ"ཙ"ཞེས་པའམ"ཕྱ"དང"ཕྱུ"ཞེས་པ་རྣམས་ཀྱི་ར་མགོ་དང་ས་མགོ་དེ་དག་མེད……

གཞིའི་སྟོན་དུ་འབྲི་བ་ལས། སྟེང་དུ་འབྲི་སྟོལ་མེད་པ་སོགས་ཤིན་ཏུ་འདྲ་ཆེ་བའི་མཚོན་རྟགས་མི་འདུང་བ་ཞིག་ཡོད།

ལྷ་བབས་ཡི་གེའི་ཀ་དཔེ།

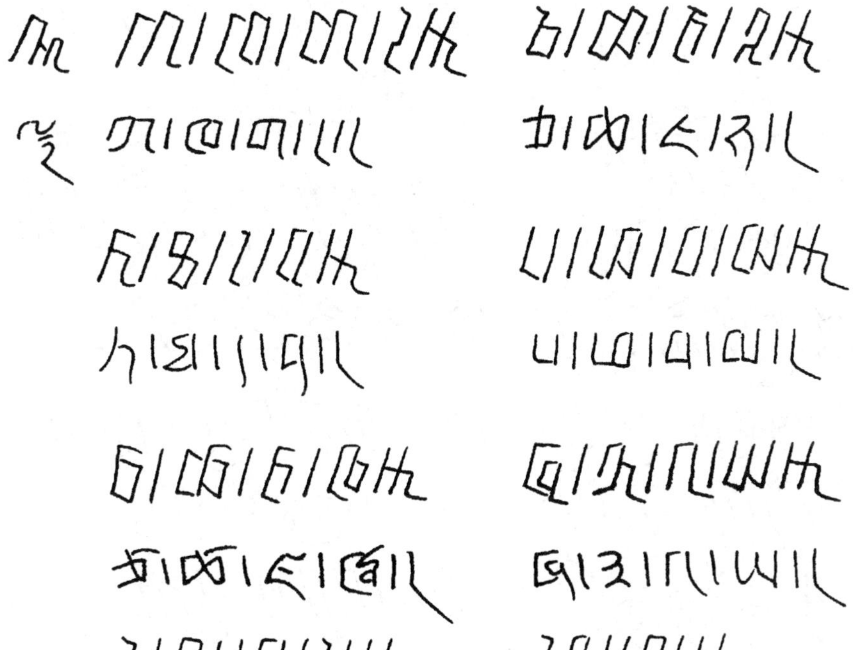

རང་རེས་དོ་སྣང་དགོས་གལ་ཆེ་བ་ཞིག་ནི་དབུ་ཅན་གྱི་མགོ་བཀོད་འབྲི་བ་པོའི་གཡོན་ནས་གཡས་སུ་འཐེན་པ་དེ་ཡིན་ལ། དབུ་མེད་ཀྱི་མགོ་བཀོད་གཡས་ནས་གཡོན་དུ་འཐེན་དགོས་པ་དེ་རེད། རང་རེས་ཡི་གེའི་མགོ་བཀོད་འཐེན་སྟངས་ཙམ་ལ་གལ་ཆེ་ཐོལ་བྱེད་དགོས་པ་དེ་ཙམ་ཞིག་མེད་ནའང་། ཡི་གེའི་མགོ་བཀོད་འཐེན་སྟངས་དེ་ནི་གནའ་བོའི་གཤིས་ལུགས་སུ་གྲུལ་གྱི་མགོ་གཡས་སམ་གཡོན་གང་དུ་ངོས་འཛིན་པ་དང་། སྐུ་གསུང་ཐུགས་ཀྱི་རྟེན་སོགས་ལ་བསྟེན་ཅིང་བཀུར་བའི་རྟགས་སུ་གཡས་བསྐོར་བྱེད་

པའམ། གཡོན་བསྐོར་བྱེད་པའི་ལྷ་སྣང་མི་འདྲ་བ་གཉིས་སུ་བྱུང་ཡོད་པ་དེ་རིགས་དང་གཞི་རྩའི་སྟེང་ནང་དམ་དུ་འབྲེལ་བ་ཞིག་ཡིན་སྟབས། དབུ་ཅན་དང་དབུ་མེད་ལ་རྩ་བའི་ཁྱད་པར་གང་ཡོད་པ་དང་། དུས་རིམ་གྱི་ནང་དུ་འཕོ་འགྱུར་ཇི་ལྟར་ཐེབས་ཡོད་པའང་དེ་ཐོག་ནས་ཤེས་ཐུབ་པ་ཡིན།

མཁས་པ་མང་པོ་ཞིག་གིས་དབུ་ཅན་གྱི་ཚུགས་དེ་མགྱོགས་པོར་བྲིས་པ་ལས་དབུ་མེད་དུ་གྱུར་ཚུལ…གསུངས་ཡོད་ནའང་། དེ་ནི་ཚུལ་དང་མི་མཐུན་པ་ཞིག་སྟེ། དབུ་ཅན་མགྱོགས་པོ་ཇི་ལྟར་བྲིས་ནའང་རྩ་བའི་མགོ་བཀོད་འཛིན་སྟངས་དེ་དབུ་མེད་དང་མི་འདྲ་བ་ཞིག་ཡིན་སྟབས། དབུ་ཅན་གྱི་ཚུགས་སུ་གནས་པ་ལས་དབུ་མེད་དུ་འགྱུར་གྱི་མེད་པ་ནི། དཔེར་ན་འབྲུག་ཡུལ་དུ་བོད་སྤྱོད་བྱས་དང་ད་དུང་བྱེད་བཞིན་དུ་ཡོད་པའི་ཡིག་ཚུགས"སྦྲ་ཡིག"གམ"རྒྱུགས་ཡིག"ཅེས་པ་དེ་དབུ་ཅན་མགྱོགས་པོར་བྲིས་པ་ལས……བྱུང་བ་ཞིག་ཡིན་ལ། དེ་ལྟར་ཡིན་ངེས་པའང་ཡིག་གཟུགས་དེར་ཞིབ་ཏུ་བལྟས་ན་གསལ་པོར་མཐོང་ཐུབ་པ་ཡོད། བོད་མིས་དབུ་ཅན་མགྱོགས་པོར་བྲིས་པས་དབུ་མེད་དུ་ཆགས་པ་དང་། འབྲུག་པས་དབུ་ཅན་མགྱོགས་པོར་བྲིས་ནའང་རྒྱུགས་ཡིག་གི་ཚུགས་དེ་ཙམ་ལས་དབུ་མེད་དུ་ཆགས་མ་ཐུབ་པའི་རྒྱུ་མཚན་ནི…འགའ་ཡང་མེད་པ་ཡིན་སྟབས། དབུ་ཅན་གྱི་ཚུགས་དེ་རྒྱ་གར་གྱི་ཡིག་གཟུགས་གུཔྟའི་དཔེ་ལས་བླངས་པ་ཞིག་ཡིན་པ་དང་། དབུ་མེད་ཀྱི་ཚུགས་དེ་སྨར་གྱི་ཚུགས་ལས་བྱུང་བ་ཞིག་ཡིན་ངེས་པ་ནི་རང་རེའི་དབང་པོའི་མངོན་སུམ་དུ་གྱུར་པ་དེ་ལས་ལྷག་པའི་རྒྱུ་མཚན་ཅི་ཞིག་ཀྱང་མི་དགོས།

ཁ་ཐ་ལོ་གྲངས་བཅུ་གསུམ་པའི་སྐབས། སྔ་དགེ་ཀུ་སེ་གསེར་ལྡིངས་དགོན་དང་ཉེ་བའི་རི་ཁྲོད་ཅིག་ན། མཛད་རྟག་སྤྲུལ་སྐུ་ཞེས་པའི་བླ་མ་དགུང་ལོ་བརྒྱད་ཅུ་བགྲལ་བ་ཞིག་བཞུགས་ཡོད། ང་རང་ཐེངས་ཁ་ཤས་མཇལ་དུ་ཕྱིན་པས་ཁོང་གི་གཟིམ་ཆུང་དུ་དཔེ་རྙིང་བྲིས་མ་པོ་ཏི་ཤིན་ཏུ་མང་པོ་ཞིག་ཡོད་ལ། པོ་ཏི་དེ་རྣམས་ལས་མང་ཤས་ཞིག་གི་ཟུར་རྣམས་མེས་ཚིག་པའི་ཤུལ་གསལ་པོར་མཇལ་དུ་ཡོད་པའང་དྲན……གསོས་ཀྱི་འདུག ངས་ཁོང་ལ་དཔེ་རྙིང་དེ་ཚོ་གང་རེད་ཅེས་བཀའ་འདྲི་ཞུས་པས། ཁོང་གིས་དཔེ་ཆ་དེ་ཚོ་མཛད་རྟག་དགོན་གྱི་ནང་རྟེན་རེད་ཅེས་གསུང་གི་འདུག མཛད་རྟག་དགོན་པ་གང་ན་ཡོད་ཅེས་ཞུས་པས། དེང་དུས་གསེར་ལྡིངས་ནས་ལེ་དབར་ཉེ་ཤུ་ལྷག་པའི་ཆུ་བརྒྱུད་ནས་ཐུར་དུ་ཕྱིན་པའི་ས་ན་མཛད་རྟག་ཅེས་པའི་རྡིག་ཤུལ་མང་ཙམ་ཞིག་ཡོད་པ་དེར་དགོན་པ་ཞིག་ཡོད་སྔོང་བ་དང་། ཁོང་དགོན་པ་དེའི་བསྟན་བདག་སྤྲུལ་སྐུ་ཡིན་པ་དང་སྐུ་ན་ཕྲ་བའི་དུས་མཛད་རྟག་དགོན་པ་མེས་འཇིག་ནས་སླར་གསར……བཟོ་གནང་མཁན་མ་བྱུང་ཞིང་། ཁོང་དང་དགོན་པའི་གྲྭ་པ་རྣམས་གསེར་ལྡིངས་དགོན་དུ་ཐེབས་ནས་བཞུགས་པའི་ལོ་རྒྱུས་རྣམས་ཞིབ་རྒྱས་སུ་གསུངས་བྱུང་། ངས་དཔེ་ཆ་པོ་ཏི་ཁ་ཤས་ཞལ་ཕྱེས་ནས་མཇལ་

པས། དཔེ་ཆ་དེ་དག་མང་ཤོས་ནི་རྙིང་མ་རྒྱུད་འབུམ་གྱི་སྐོར་དང་འབྲུག་པ་བཀའ་བརྒྱུད་ཀྱི་དཔེ་ཆའང་མི་ཉུང་བ་ཞིག་ཡོད་ལ། དཔེ་ཆ་དེ་དག་གི་བྲིས་ཚུགས་ནི་འབྲུ་དཔངས་ཤིན་ཏུ་མཐོ་ལ་དབྱངས་འདོགས་ཀྱི་རིགས་རྣམས་ཐུང་ངུར་ཡོད་པ་དེ་འདྲ་བ་ཤ་སྟག་ཡོད། བྲིས་རྩོགས་འདི་དཔེ་གཞན་དག་དང་མི་འདྲ་ཙམ་ཡོད་པ་གང་ལས་ཞིས་ཞུས་པས། འདི་སྨར་རམ་སྨར་ཚུགས་ཟེར་བ་དེ་རེད། ཅེས་གསུངས་སོང་། གནས་ཚུལ་དེ་ལ་དཔྱད་ན་ལྷ་བབས་ཡི་གེ་ཙམ་དུ་ཟད་འདི་རིགས་ཀྱི་ཡིག་གཟུགས་དེ་དག་ལ་གནའ་དུས་སུ"སྨར"རམ"སྨར་ཚུགས"ཞེས་སུ་གྲགས་པ་ལས་བོད་ཡིག་གི་ཐ་སྙད་བྱེད་སྲོལ་བྱུང་མེད་པ་འདྲ་ཞིག་ཏུ་སྣང་ལ། དེའི་ཚུལ་ལྷོ་བྲག་ཆོས་འབྱུང་[པེ་སྟོད178ཕ8]ལས་ཀྱང་ཡུལ་གྲུ་གཞན་གྱི་ཡི་གེར་མ་ལྟོས་པ། །བོད་ལ་རང་གི་ཡི་གེ་དགོས་པར་གཟིགས། །ཞེས་གསུངས་པ་ལྟར། སྨར་གྱི་ཡི་གེ་དེ་གནའ་བོའི་བོད་མི་ཚོས་བེད་སྤྱོད་བྱས་ཡོད་ནའང་ཡི་གེ་དེ་ནི་ཞང་ཞུང་གི་ཡི་གེ་ཞིག་ཡིན་པ་ལས། བོད་རང་གི་ཡི་གེར་ངོས་བཟུང་བྱས་མེད་པ་ཡིན་སྟབས། ཞང་ཞུང་གི་ཡི་གེར་མ་ལྟོས་པ་བོད་རང་གི་ཡི་གེ་ཞིག་གསར་བཟོ་བྱེད་དགོས་པའི་དོན་གསལ་བར་བསྟན་པས་མཚོན། བོད་ཀྱི་ལོ་རྒྱུས་གཞན་དག་རྣམས་སུའང་དེ་དང་ཕྱོགས་འདྲ་བའི་བཤད་སྟངས་མི་ཉུང་བ་ཞིག་བྱུང་ཡོད་པས། སྨར་དང་བོད་ཡིག་གི་ཐ་སྙད་མི་འདྲ་བར་བྱུང་ཡོད་པའང་མངོན་གྲུབ་པ་ཡིན།

ཆོས་རྒྱལ་སྲོང་བཙན་སྒམ་པོའི་གོང་དེར་བོད་དུ་ཡི་གེར་བེད་སྤྱོད་བྱེད་སྲོལ་བྱུང་ཡོད་ངེས་པ་དང་། བོད་ཀྱི་ལོ་རྒྱུས་མཁན་པོ་ཕལ་མོ་ཆེར་དེའི་གོ་རྟོགས་ཡོད་ངེས་ནའང་ཁོང་རྣམ་པས་བོད་ཀྱི་ལོ་རྒྱུས་འཁྲིག་བཤད་གནང་ཡོད་པ་དེའི་རྒྱུ་མཚན་གྱི་གཙོ་བོ་ནི། བར་སྐབས་སུ་བོད་མི་རྣམས་རྒྱ་གར་ནས་བྱུང་བའི་དམ་ཆོས་ལ་དད་པ་དང་དྭངས་ཞེན་ཆེ་དྲག་པས། བོད་ཀྱི་ཤེས་རིག་ཡོངས་སུ་རྫོགས་པའི་ཁུངས་ཀྱང་རྒྱ་གར་ལ་གཏུགས་ཤིང་། གནའ་བོའི་ཞང་ཞུང་གི་ལོ་རྒྱུས་དང་ཤེས་རིག་གི་ཁུངས་ནི་ཙད་མ་ཆོད་ལ། ཞང་ཞུང་ནས་བྱུང་བའི་ཤེས་རིག་གི་སྐོར་ཆེ་ཕྲའི་རྒྱུན་འཚོ་སྐྱོང་བྱེད་མཁན་གཙོ་བོ་བོད་ཀྱི་བོན་པོ་རྣམས་ཡིན་ནའང་བོད་དུ་དམ་ཆོས་དར་རྒྱས་སུ་ཕྱིན་པའི་དུས་སྐབས་དེ་ནས་བཟུང་། བོན་རྣལ་མའི་བསྟན་པ་ནི་སྣུམ་ཟད་ཀྱི་མར་མེ་ལྟར་ཇེ་ཉམས་དང་ཇེ་ཞན་དུ་གྱུར་ཅིང་། དམ་པའི་ཆོས་ལ་ཆེ་བ་འདོན་པ་ཡིན་ཁྲུལ་གྱིས་བོད་མི་ཕལ་ཆེ་བའི་ཁྲོད་དུ་བོན་དང་བོན་པོ་རྣམས་ལ་ངན་སྨྲས་བྱེད་པའི་སྲོལ་རྒྱུན་ངན་པ་ཞིག་ཀྱང་དར། དེ་དག་བོད་མི་ཕལ་ཆེ་བའི་གཤིས་ཁར་ལྷན་སྐྱེས་ཀྱི་ལྟ་བ་འདྲ་ཞིག་ཏུ་ཆགས་ནས་བོན་དང་བོན་པོ་རྣམས་བོད་མི་ཕལ་ཆེ་བའི་མིག་སྔར་མི་མཛའ་བའམ། ཀུན་གྱིས་མཐོང་མི་འདོད་པ་དང་བཙོག་ལྟ་དགོས་པ་འདྲ་ཞིག་ཏུ་ཆགས་ཡོད་པ་ཡིན་སྟབས། དུས་ཕྱིས་ཀྱི་བོན་པོ་རྣམས་ཀྱང་ལྟ་སྟངས་དེའི་དབང་དུ་གྱུར་

ཅིང་། ཆོས་ཀྱི་ཤུགས་རྐྱེན་དུ་མ་ཞིག་ཐེབས་ནས་བན་དེ་རྣམས་ཀྱིས་ཆོས་ཀྱི་འབྱུང་ཁུངས་རྒྱ་གར······འཕགས་པའི་ཡུལ་ལ་ངོས་བཟུང་བ་ལྟར། བོན་གྱི་འབྱུང་ཁུངས་ཀྱང་སྟག་གཟིགས་ལ་ངོས་འཛིན་པ་དང་ཆོས་ཀྱི་ལུགས་སུ་སྣེ་སྟོད་གསུམ་དང་། གསང་སྔགས་ཀྱི་རྒྱུད་སྡེ་གོང་འོག་སོགས་ཇི་སྙེད་ཅིག་ཡོད་པ་དེ་ཀུན་བོན་ལའང་ཡོད། ཆོས་ཀྱི་ཀུན་སྤྱོད་དུ་གང་དར་བ་དེ་ཀུན་བོན་ལའང་ཡོད་པར་ལྟ་བའི་ལུགས་ཤིག་བྱུང་བས་རྐྱེན། བོན་རྣལ་མའི་རང་གཤིས་རིན་ཐང་ཤླ་ན་མེད་པ་དེ་ཀུན་བག་ལ་ཞ་བའི་གནས་ཚུལ་སྐྱོ་པོ་འདི་འདྲ་བ་ཞིག་བྱུང་ཡོད། གནས་ཚུལ་དེ་འདྲའི་འོག་ལོ་གྲངས་སྟོང་ཕྲག་ལྷག་ཅིག་བརྒལ་བ་ཡིན་སྟབས། དེང་དུས་རང་རེས་བོད་ཀྱི་ཤེས་རིག་རྣལ་མའི་ལོ་རྒྱུས་ཀྱི་ཁུངས་གང་ཡིན་འཚོལ་གཞིགས་བྱེད་པར་དཀའ་རྟོགས་ཤིན་ཏུ་ཆེ་ཞིང་ལོ་རྒྱུས་ཀྱི་ཚད་གཞི་མེད་པ་འདྲ་ཞིག་ཏུ་ཆགས་ཡོད་པ་མངོན་གསལ་འདི་རེད། དེ་འདྲ་ཡིན་སྟབས་སུ་ཞིག་གིས་སྤྱང་བཙན་གྱི་གོང་དེར་བོད་ལ་ཡི་གེ་འབྲི་སྲོལ་མེད་པ་དང་རྒྱལ་བློན་བཀའ་དྲིན་ཅན་དེ་རྣམས་ཀྱི་སྐུ་དྲིན་ལ་བརྟེན་ནས་བོད་དུ་ཡི་གེ་འབྲི་བའི་སྲོལ་བྱུང་། བོད་མུན་པའི་གླིང་དུ་དམ་པ་ཆོས་ཀྱི་སྒྲོན་མེ་སྦར་བ་ཡིན་ནོ་ཞེས་བཤད་པ་ཡིན་ན་བོད་མི་སུའི་རྣ་བ་ལ་མི་འཕྲོད་པ་མེད། སྤྱང་བཙན་སྒམ་པོའི་གོང་དེར་བོད་ལ་ཡི་གེ་འབྲི་སྲོལ་ཡོད་པ་དང་བོན་གྱི་ཤེས་རིག་སྣ་ཚོགས་པའི་སྐོར་དར······རྒྱས་བྱུང་སྤྱོང་བའི་ལོ་རྒྱུས་ཤིག་བཤད་པ་ཡིན་ན། དེ་ལ་དོགས་པ་སྐྱེ་དགོས་པ་འདྲ་ཞིག་དང་། གཏམ་དེ་ལ་ཁུངས་ཨེ་ཡོད་སྙམ་པ་འདྲ་ཞིག་འབྱུང་གི་ཡོད་ལ། དེ་འདྲའི་བཤད་མཁན་དེ་ལའང་མཁས་པ་ཁ་ཅིག་གིས“དྲན་འཕྲུལ་རྨོངས་པོ་རེད”ཅེས་འཕྱ་སྨོད་ཀྱང་བཏང་བའི་སྐབས་བྱུང་ཡོད། དེ་རིགས་ལ་ཧ་ལས་པ་དང་ཡ་མཚན་དགོས་པ་ནི་འགའ་ཡང་མེད། གང་ལ་ཟེར་ན་ཆོས་ལ་དད་ཞེན་ཆེ་བའི་ལོ་རྒྱུས་མཁན་པོ་རྣམས་ཀྱིས་ལོ་རྒྱུས་འཁྱོག་བཤད་མཛད་ནས་ལོ་གྲངས་སྟོང་ཕྲག་ལྷག་ཙམ་བརྒལ་བ་ཡིན་སྟབས། ཕྱི་ནང་གི་མཁས་པ་མང་པོ་ཞིག་ལ་དེའི་ཤུགས་རྐྱེན་ཐེབས་ཡོད་ཅིང་། ཤུགས་རྐྱེན་དེ་འདྲ་ཞིག་ཐེབས་ཡོད་པའི་མངོན་རྟགས་སུ་འདས་པའི་དུས་རིམ་གྱི་ནང་། ཕྱི་ནང་གི་མཁས་པ་མང་ཞིག་གིས་ལུགས་དེ་ཁོང་ཚོའི་རྩོམ་གཞུང་རྣམས་སུ་ཡང་ཡང་དུ་བཀོད་ཡོད་པས་ངེས་ཤེས་ཐུབ་པ་ཡིན། བོད་དུ་སྔོན་བྱོན་གྱི་ལོ་རྒྱུས་མཁན་པོ་ཕལ་ཆེ་བ་ནི་ཆོས་ཀྱི་བསྟན་འཛིན་ཆེན་པོ་ཤ་སྟག་ཏུ་སོང་སྟབས། གཙོ་ཆེར་བོད་དུ་དམ་པའི་ཆོས་དར་རྒྱས་ཇི་ལྟར་བྱུང་བའི་ལོ་རྒྱུས་ཀྱི་གཞི་རྩའི་ཐོག་ནས་དམིགས་བསལ་བོད་ཀྱི་ལོ་རྒྱུས་ཕྲན་ཙམ་རེ་གསུངས་པར་བརྟེན་གནས་ཚུལ་དེ་འདྲ་བ་ཞིག་བྱུང་བ་ཡིན་མོད། དེང་དུས་སུ་རང་རེས་རིན་ཐང་ཆེ་བའི་བོད་ཀྱི་གནའ་བོའི་ཤེས་བྱའི་རིག་པའི་སྐོར་ཇི་སྙེད་ཅིག་ཡོད་པ་རྣམས་དང་། དེ་དག་དང་འབྲེལ་བའི་ཤེས་རིག་གི་ལོ་རྒྱུས་རྣམས་བོད་མི་རིགས་ཙམ་དུ་མ་ཟད། རྒྱལ་ཕྱིའི་ཤེས་རིག་ཅན་རྣམས་ཀྱི་སློབ་

སྒྲུང་གི་ཆ་རྐྱེན་དུ་སྤེལ་ཐུབ་པ་ཞིག་དགོས་གལ་ཤིན་ཏུ་ཆེ་བར་བརྟེན། ཡ་ཐོག་བོད་ཀྱི་ཤེས་རིག་ལོ་རྒྱུས་ཀྱི་ཁུངས་རྙལ་མ་དེ་མངོན་དུ་འཐོན་ཐུབ་ངེས་དགོས་པ་ནི་གལ་གནད་ཆེ་བའི་དངོས་པོ་ཞིག་ཏུ་ཆགས་ཡོད།

བོད་ལ་ཡི་གེ་མེད་ཅེས་བཤད་པ་དང་ཆོས་རྒྱལ་སྲོང་བཙན་སྒམ་པོའི་གོང་དེར་བོད་མི་ཆོས་ཡི་གེ་གང་ཞིག་ཀྱང་བེད་སྤྱོད་བྱེད་མ་མྱོང་ཞེས་བཤད་པ་འདི་གཉིས་ལ་གཞི་རྩའི་སྟེང་ནས་མི་འདྲ་བའི་ཁྱད་ཀ་ཅང་ཆེན་པོ་ཞིག་ཡོད། བོད་ལ་དེ་སྔོན་རང་གི་ཡི་གེ་མེད་པ་ཙམ་གྱིས་བོད་མི་ཆོས་ཡི་གེ་གང་ཞིག་ཀྱང་བེད་སྤྱོད་བྱེད་མ་མྱོང་བར་མི་འགྲུབ་པ་ནི། དཔེར་ན་ང་ཚོའི་སློབ་གྲྭའི་ནང་དུ"བཀྲ་ཤིས་ལགས་ཀྱི་དཔེ་དེབ་མི་འདུག"ཅེས་ལབ་པའི་ཚེ། ང་ཚོའི་སློབ་གྲྭའི་ནང་དུ་མི་གཞན་དག་གི་དཔེ་དེབ་མེད་པར་ཁེགས་པ་དང་ཆོས་མཚུངས་པ་ཡིན།

ཡང་ལོ་རྒྱུས་འགའ་ཤས་སུ་ཆོས་ཀྱི་དབུ་དེ་ལྷ་ཐོ་ཐོ་རིའི་དུས་ནས་ཚུགས་པ་སྟེ། ཕོ་བྲང་གི་ཡང་ཐོག་ཏུ་མདོ་སྡེ་ཟ་མ་ཏོག་ལ་སོགས་པའི་དཔེ་རྣམས་བྱོན་པ་ཡིན་ནའང་དེ་དུས་བོད་ལ་ཡི་གེ་མེད་རྐྱེན་གྱིས་རྒྱལ་པོས་བཀླག་མ་ཤེས་ཞེས་ཆོས་རྒྱལ་སྲོང་བཙན་སྒམ་པོའི་གོང་དེར་ཡི་གེ་མེད་པའི་རྒྱུ་མཚན་དུ་གྲགས་ཡོད་མོད། ནེའུ་པཎྜི་ཏའི་སྔོན་བྱུང་གི་གཏམ་མེ་ཏོག་ཕྲེང་བ་[རྙ13ཤ7བ4]ལས་ལྷ་ཐོ་ཐོ་རི་སྙན་བཙན་གྱི་སྐུ་དྲིན་ལ། དམ་པའི་ཆོས་ཀྱི་དབུ་བརྙེས་པ་ཡིན་ལ། དེའི་ལོ་རྒྱུས་ཞིབ་ཏུ་བཤད་ན། སྐྱེས་བུ་དམ་པ་དེས་རྒྱལ་སྲིད་འཛིན་པའི་ཚེ། ལི་ཐེ་སེ་དང་ཐོ་གར་གྱི་ལོ་ཚ་(ཙཱ་)བ་བློ་སེམས་མཚོ་གཉིས་ཀྱིས། རྒྱ་གར་པཎྜི་ཏ་མཁས་པ་ལེགས་བྱིན་སྤྱན་དྲངས་ནས་བྱོན་ཏེ། རྒྱལ་པོ་ལ་ཆོས་གསུངས་པས། བོད་ན་ཡི་གེ་མེད་པའི་སྐབས་ཀྱིས་སླབ་(བསླབ་)ཏུ་མ་བཏུབ་ནས། ཟ་མ་ཏོག་སྐོར་(བཀོད་)པ། སྙིང་པོ་ཡི་གེ་དྲུག་མ་ (འདི་ནོག་གྲིལ་(དྲིལ་)སེར་པོ་ནའོ་)གསེར་གྱིས་(ལན་ཚའི་ཡི་གེར་)བྲིས་པ་གཅིག་ལ། མུ་ཏྲའི་ཕྱག་རྒྱས་བཏབ་ནས་རྒྱལ་པོ་ལ་ཕུལ། ཞེས་པ་དང་། རྒྱལ་རབས་གསེར་ཕྲེང་[རྙ204ཤ15བ1]ལས་མེས་ཐོ་ཐོ་རེ་སྙན་ཤལ་གྱི་མཆོད་གནས་གཉན་པོ་གསང་བ་ཡང་རྒྱ་གར་གྱི་ཡི་གེ་འདུག་པས། བོད་ཡིག་ཏུ་བྱས་ཏེ་བསྒྱུར་དགོས་པར་དགོངས། ཞེས་གཉན་པོ་གསང་བར་གྲགས་པའི་དཔེ་དེ་དག་རྒྱ་གར་གྱི་ཡི་གེ་ཡིན་པ་གསལ་པོར་བསྟན་ལ། རྒྱལ་པོས་རྒྱ་གར་གྱི་ཡི་གེ་ཀློག་མ་མཁྱེན་པས། གནའ་བོའི་བོད་མི་ཆོས་སྤྱོད་བྱས་པའི་སྐད་ཡིག་མི་མཁྱེན་པའི་ངེས་པ་ཅི་ཞིག་ཡོད། བོད་ཀྱི་མཁས་པ་ཕལ་མོ་ཆེས་དབྱིན་ཡིག་མཁྱེན་གྱི་མེད་པ་དེས་ཁོང་རྣམ་པས་བོད་ཡིག་མཁྱེན་པ་སུ་ཞིག་གིས་བསྒྲུབ་ནུས། དེབ་ཐེར་དམར་པོ་སོགས་བོད་ཀྱི་ལོ་རྒྱུས་ཕལ་ཆེར་ཐོན་མི་ཨ་ནུས་བོད་ཡིག་གསར་བཟོ་གནང་ཚུལ་ཙམ་བཤད་པ་ལས་དེ

སྔོན་བོད་དུ་ཡི་གེ་མེད་ལུགས་ལ་བརྟེན་ནས་བྱུང་བ་ཡིན་ལ། ལོ་རྒྱུས་ཀྱི་རྣང་གཞི་མི་ཤེས་པ་རྣམས་ནས་ཆོས་རྒྱལ་སྲོང་བཙན་གྱི་གོང་དུ་བོད་ལ་ཡི་གེ་མེད་པ་དང་། བོད་མུན་པའི་གླིང་ཡིན་པ། བོད་མི་རྣམས་ཕལ་ཆེར་དུད་འགྲོ་མི་རྒོད་དང་སྤྲེའུ་ལྟར་གནས་པའི་ཚུལ་རྒྱས་སྤྲོས་གང་ཐུབ་ཐུབ་བྱས་ཤིང་། དེའི་གཟི་བརྗིད་ཀྱིས་སྔོན་ཐོན་ཆོས་རྒྱལ་མེས་དབོན་རྣམས་ལ་རྒྱན་དུ་གསོལ་བའི་ཁྲུལ་བྱས་མོད། དོན་དུ་དྲེའུ་བཟང་ཡང་ཕ་བོང་བུ་ཡིན་པ་དང་མཛོ་བཟང་ཡང་ཕ་གླང་གསེབ་ཡིན་པའི་བཤད་པ་རྒྱས་སྤྲོས་བྱས་པ་ལྟ་བུ་ཞིག་ལས་མེད་པ་ནི་མངོན་སུམ་ཚད་གྲུབ་ཏུ་གྱུར་པ་ཡིན།

ས་བཅད་ལྔ་པ། ཡ་ཐོག་བོད་ཀྱི་ཤེས་རིག་བྱུང་ཚུལ།

དུས་རིམ་བར་མའི་ནང་། བོད་དུ་དར་སྤེལ་ཡོད་པའི་ཤེས་རིག་ཇི་སྙེད་པ་དེ་རྣམས་ནི་གཙོ་ཆེར་ཞང་ཞུང་གི་ཡུལ་ནས་བྱུང་བའི་བོན་དང་། དེ་འབྲེལ་གྱི་ཤེས་རིག་སྣ་ཚོགས་པ་རྣམས་ཡིན་པ་ནི་སྨོས་མ་དགོས་མོད། གནའ་དུས་ནས་བོད་ཀྱི་ཡུལ་ཁག་སོ་སོར་གནས་པའི་མི་རྒྱུད་རུས་ཆེན་བཞིའམ་དྲུག་གམ། བདུན་སོགས་བཤད་ལུགས་མི་འདྲ་བ་འགའ་རེ་ཡོད་པ་དེ་རྣམས་ལས་མཆེད་པའི་མི་སྡེ་སོ་སོར་ཆེས་རིང་པའི་དུས་ནས་བསགས་པའི་ཉམས་མྱོང་གི་གཞི་རྩ་ནས་བྱུང་བའི་ཤེས་རིག་མི་འདྲ་བ་ཞིག་བྱུང་ཡོད་པ་ནི་སྨོས་མ་དགོས་པ་ཞིག་རེད།

གཅིག བོན་ཤེས་པ་ཅན་བཅུ་གཉིས་ཀྱི་སྐོར།

ལོ་རྒྱུས་ཀྱི་ཡིག་ཆ་རྣམས་སུ་བཀོད་པའི་ཤེས་རིག་གི་རྣམ་པ་གསལ་རྗེན་དུ་ཐོན་པ་ནི། བྱམས་མ་[རྒྱུད་ཚོ་ཤ70ན4]ལས་བོད་ཀྱི་ཡུལ་དུ་སྨོམ་ལྷ་བོ་ལྷ་སྲས་དང་། ལྡོང་ལྷ་བོན་ལ་སོགས་པ་ཤེས་པ་ཅན་བཅུ་གཉིས་ཀྱིས་(ཀྱི་)བོན་པོས་མཚན་ལྟས་ཁྲུས་གསོལ། རྒྱལ་པོར་ཕྱུང་བ་(ཕྱུངས་པ་)གཉའ་ཁྲི་བཙན་པོ་དེ་ཡི་རིང་ལ། རྒྱུ་ཡི་བོན་ཤེས་པ་ཅན་བཅུ་གཉིས་བྱ་བ་དར་ཏེ། མགོན་ཤེས་ལྷ་བོན། གཡང་ཤེས་ཕྱྭ་བོན། འདྲེ་ཤེས་སྐུ་གཏོང་། འདུར་ཤེས་སྲིད་གཤེན། གཙང་ཤེས་སེལ་འདེབས། སྒྲོལ་ཤེས་ལྡེ་བྱེད། ཕན་ཤེས་སྨན་དཔྱད། སྐར་ཤེས་རྩིས་མཁན། སྨྲ་ཤེས་གཏོ་རྒྱ། ལྡིང་ཤེས་ཤ་བ། འཕུར་ཤེས་ཅུ་ཏིག འགྲོ་ཤེས་འཕྲུལ་བོན། དེ་རྣམས་ལ་ཤེས་པ་ཅན་བཅུ་གཉིས་སུ་བཏགས་པ་དར་རོ། །ཞེས་གསལ་བ་ལྟར་དུས་སྐབས་དེར་དམིགས་བསལ་གྱི་བོན་སྔོ་མི་འདྲ་བ་བཅུ་གཉིས་ལ་མཁས་པའི་བོན་གཤེན་ཆེན་པོ་བཅུ་གཉིས་བྱུང····

ཡོད་པ་དེ་རྣམས་ཀྱིས།   བོན་སྐོ་བཅུ་གཉིས་སུ་གྲགས་པའི་ཤེས་རིག་རྣམས་བོད་ཡུལ་དུ་དར་ཁྱབ་མཛད་ཡོད་པ་ནི་སྨོས་མ་དགོས།

ཤེས་པ་ཅན་བཅུ་གཉིས་ཀྱི་ནང་ཚན་མགོན་ཤེས་ལྷ་བོན་དང་གཙང་ཤེས་སེལ་འདེབས།   འདྲེ་ཤེས་སྐྱུད་གཏོང་། ཞེས་བྱ་བའི་ཤེས་པ་ཅན་གསུམ་གྱི་བོན་སྐོ་འདི་རྣམས་ནི་དུས་རིམ་གོང་མའི་ནང་། གཤེན་རབ་མི་བོ་ཆེ་བོད་དུ་ཕེབས་པའི་དུས་བོད་ཀྱི་བོན་པོ་རྣམས་ལ་བསྟན་པའི་བོན་དེ་ལས་བྱུང་བའམ།   དེ་སྔོན་དུ་ཡོད་པའི་བོན་གྱི་ཤེས་རིག་དེ་ལ་འཕོ་འགྱུར་ཅི་རིགས་ཤིག་ཕྱིན་ནས་དར་རྒྱས་སུ་གྱུར་པ་ཞིག་ཀྱང་ཡིན་སྲིད་པ་སྟེ།   དེའི་ཚུལ་ཡང་གཟེར་མིག་[ཐོབ་ཁ662ཤ51ན5]ལས་གཤེན་རབ་ཀྱིས་བོད་ཀྱི་བོན་པོ་ལ་བོན་དུ་ལྷ་གསོལ་བ་དང་། འདྲེ་བཀར་བ་གཉིས་ཀྱི་ལུང་ཐོག ཡས་སྟགས་(རྟགས)སུ་ཤིང་རྩི་བན་བུན་དང་། ཞུག་ཤང་〔72〕དང་གསེར་སྐྱེམས་བསྟན།   ཅེས་གསལ་བ་ནི།   གཏོད་ཀྱི་ལྷ་གཉན་རྣམས་གསོལ་ཞིང་། དེ་རྣམས་ལ་འཁོན་འཁྲུགས་དང་ཐོག་ཐུག་ཤོར་བ་སོགས་ཀྱི་སེལ་འདེབས་པ་དང་། གནོད་བྱེད་ཀྱི་འདྲེ་གདོན་སོགས་ལ་གང་འོས་པའི་བཟན་ཆས་ཀྱིས་མཆོད་ནས་དེ་རྣམས་གནས་ཡུལ་གཞན་དུ……བཀར་བའི་བོན་སྐོ་འདི་གཉིས་ཀྱི་ལུང་ཐོག་པའི་དོན་ཡིན།

དེ་དུས་སུ"བོད་ཀྱི་བོན་པོ"ཞེས་པའི་ཐ་སྙད་གདགས་གཞིའི་བོན་དང་བོན་པོ་ཡོད་པར་བརྟེན། དེ་དག་ལ་ལྷ་གསོལ་བ་དང་འདྲེ་བཀར་བའི་བོན་ལུགས་ཤིག་སྔོན་ནས་དར་སྤྱོད་ཡོད་ནའང་ཚུལ་དེ་ནི་བྱ"དང་། ར་ལ་སོགས་པའི་སེམས་ཅན་གྱི་སྲོག་དང་། དེ་དག་གི་ཤ་ཁྲག་གིས་དམར་མཆོད་བྱེད་པའི་ལུགས་དེ་ཡིན་སྐབས།   གཤེན་རབ་མི་བོ་གནའ་གཤིས་ལ་འཕོ་འགྱུར་ཅི་རིགས་ཤིག་བཏང་ནས་ལྷ་གསོལ་ཚུལ་དང་འདྲེ་བཀར་ཚུལ་གྱི་བོན་བསྟན་ཡོད་ངེས་པ་ནི། གཟེར་མིག་གི་ལུང་རང་ལས"ཡས་རྟགས་སུ་ཤིང་རྩི་བན་བུན་དང་། ཞུག་ཤང་དང་། གསེར་སྐྱེམས་བསྟན"ཞེས་པའི་ཚིག་སྦྱུབ་དེས་ཤེས་ཐུབ་པ་ཡིན། དེ་དུས་ཀྱི་གནའ་བོའི་བོན་པོ་རྣམས་ཀྱིས་དམར་མཆོད་བྱེད་སྲོལ་ཡོད་པའི་ཤེས་བྱེད་ནི།   སྲིད་པ་སྤྱི་མདོས་[ཤ8བ1]ལས་བདུད་བོན་གྱི་དམར་ཐབ་ལ།   གཤེན་རབ་ནི་ཅི་བགྱིས་(དགྱེས་)ཏེ།   ཁྱབ་པ་ནི་ཆམ་ལ་ཕབ།   འབྲུ་ཀར་(དཀར)གྱི་གཏོར་མས་བཀང་(བསྐང་།)   ཞེས་པ་དང་།   ཡང་[ཤ10ན1]དུ་བཙན་རྗེ་ནི་ཅི་ལ་བགྱིས་(དགྱེས།)   ཟ་བ་ནི་ཤ་ལ་ཐམ།   འཐུང་བ་ནི་ཁྲག་ལ་ཏབ།   ལེན་པ་ནི་སྲོག་དབུགས་ལེན།   སྟོང་བ་ནི་བགེགས་དང་སྟོང་།   འགྲོགས་པ་ནི་གཉན་དང་འགྲོགས།   མགོན་པ་ནི་བཙན་བོན་མགོན།   འཚེ་བ་ནི་གསས་ལ་འཚེ།   གཤེན་རབ་ནི་ཐུམ་ཅན་(ཐུགས་བཙན)པས།   རྫོ་དམར་ནི་སླད་(ཀླད)ལ་གཟེར།   སྲོག་ཐག་ནི་གཤེན་ལ་བཅོས།   ཐ་ཚོག་གི་ཡས་རྟགས་སྲིད།   ཅེས་པ་དེ་དག་གིས་དམར་མཆོད་ཇི་

ལྟར་བྱས་ཡོད་པ་དང་། གཤེན་རབ་ཀྱིས་ཡས་རྟགས་བསྟན་པའི་རྒྱུ་མཚན་གང་ཡིན་རགས་ཙམ་ངེས་ཐུབ་པ་ཡིན།

གཡང་ཤེས་ཕྱྭ་བོན་ཞེས་པ་འདི་ནི་བོན་ལུགས་ཡོངས་གྲགས་སུ"ཕྱྭ་གཤེན་པ"ཞེས་བྱ་བ་ཡིན། འོན་ཀྱང་ཕྱྭ་གཤེན་གྱི་ཁོངས་སུ་སྨན་དཔྱད་དང་རྩིས་སོགས་ཚུད་ཡོད་པར་བརྟེན། འདིར་དམིགས་སུ་བཀར་ནས"གཡང་ཤེས་ཕྱྭ་བོན"ཅེས་པའི་ཐ་སྙད་བྱས་ཡོད་པ་དེ་ནི། མི་ལ་ཚེ་རིང་བའི་གཡང་དང་བསོད་ནམས་ཆེ་བའི་གཡང་། ནུང་རྟ་རྒྱས་པའི་གཡང་། དཔལ་འབྱོར་སྡོམས་པའི་གཡང་སོགས་ལེགས་པའི་ཚོགས་ཐམས་ཅད་འཕེལ་ཞིང་རྒྱས་པའི་གཡང་ངམ་ཕྱུགས་དང་། སྣོད་ཀྱི་འཇིག་རྟེན་དང་བཅུད་ཀྱི་སེམས་ཅན་ཐམས་ཅད་ཀྱི་འབྱུང་ལྔའི་ཁམས་ཀྱི་གཡང་ངམ་ཕྱུགས་སོགས་ཇི་ལྟར་ཡོད་པའི་ཚུལ་ཤེས་པའི་བོན་གཤེན་དེས་སྟོད་བཅུད་ལེགས་ཉེས་ཀྱི་བྱེད་པོ་ཕྱྭའམ་གཡང་དེ་རིགས་འགུགས་ཤིང་། ལེགས་ཚོགས་ཀྱི་དཔལ་ཡོན་བསྐྱེད་པའི་ལས་སྦྱོར་བྱེད་པ་ལ་ཟེར་བ་ཡིན།

"འདུར་ཤེས་སྲིད་གཤེན"ཞེས་པ་ནི་གསང་བ་བསེན་ཐུབ་རྒྱུད་[284ཤ142བ4]ལས་གང་ཞིག་‥ གཤེན་རབ་རྩལ་སྟོབས་མི་ལྡན་པས། །ཚེ་འདས་ཐར་པའི་གནས་སུ་སྐྲོལ་འདོད་པ། །སྟོངས་པས་སྟོངས་པ་ཁྲིད་པས་ལག་སྒྲིལ་གཡང་སར་ལྟུང་། །ལས་ཀྱིས་(ཀྱི)དབང་གིས་ལུས་དང་སེམས་བྲལ་ནས། །བླ་ཡིད་སེམས་གསུམ་འཁོར་གཞིར་བར་དོར་འཁྱམས། །རྩལ་གསུམ་ལུས་ལ་རྫོགས་པའི་སྐྱེས་བུ་ཡིས། །དམུ་ཐོད་བརྟུལ་ནས་གཡུང་དུ་ཐེབས་པ་བཞིན། །ཤེས་རབ་སྟོབས་ལྡན་སྐྱེས་བུ་གང་ཞིག་གིས། །བླ་དང་སེམས་ཡིད་ཐིག་ལེར་འདྲིལ་ནས་ཀྱང་། །ཐོག་ཆགས་མེད་པའི་མཁའ་ཀློང་དབྱིངས་སུ་བསྒྲལ། །ཞེས་ཞལ་ཤིན་ཏུ་གསལ་བར་བསྟན་པའི་བོན་གཤེན་མཚན་ཉིད་དང་ལྡན་པ་གང་སུའང་རུང་བ་ཞིག་གིས་མིའི་འགྲོ་བ‥‥‥ གསོན་པོ་རྣམས་ཀྱི་བླ་ཡལ་བའམ་གཞན་གྱིས་བརྐུས་པ་སླར་འགུགས་པ་དང་། གཤིན་པོ་རྣམས་ཀྱི་བླ་ཡིད་སེམས་གསུམ་འཛོར་བ་གཅིག་ཏུ་སྡུད་ཅིང་བདེ་བར་བྱེད་པའམ། ཁྱད་པར་དུ་གྲིར་ཤི་བའི་རིགས་ལ། ཤི་གཤེད་ཀྱིས་གཤིན་པོའི་བླ་འཕྲོག་ནས་གཤིན་པོ་སྡུག་ལ་སྦྱོར་བ་དང་། ཤི་གཤེད་དེས་གཤིན་པོའི་བླར་བརྫུས་ནས་ཤུལ་གནས་ཀྱི་གསོན་པོ་རྣམས་བསྣུ་ཞིང་འཚེ་བར་བྱེད་པ་དེ་འདྲ་བའི་ཤི་གཤེད་དེ་དག‥‥‥‥ འདུར་གྱི་ཆོ་ག་ལ་བརྟེན་ནས་བཀུག་ཅིང་། གཤིན་པོའི་བླ་ཡིད་སེམས་གསུམ་གཅིག་ཏུ་དྲིལ་བས་ཤི་གསོན་ཐམས་ཅད་བདེ་ལ་འགོད་ཤེས་པའི་བོན་གཤེན་དེ་རིགས་ལ་ཟེར་བ་ཡིན།

"སྒྲོལ་ཤེས་ལྷ་བྱད"ཅེས་པ་འདི་ནི་གོ་དོན་རྣལ་མའི་དབང་དུ་བྱས་ན"འགྲོལ་ཤེས་གཏད་བྱད"ཅེས་བྱ་བ་སྟེ། སུ་ཞིག་ལ་གཏད་དང་བྱད་ཁས་ཐེབས་པ་དེ་ལས་འགྲོལ་ཤེས་པའི་བོན་པོའི་རིགས་ཤིག་ལ་

ཟེར་བ་ཡིན། དེ་ཡང“གཏད”ཅེས་པ་ནི་མཐུ་ནུས་དང་ལྡན་པའི་གཟུགས་ཅན་གྱི་མིའམ་གཟུགས་མེད་ཀྱི་ལྷ་སྲིན་སྡེ་བརྒྱད་དང་། གཏོད་ཀྱི་རིགས་སུའང་ཏུང་བས། འཁོན་འཁྲུགས་སོགས་ཀྱི་རྒྱུ་རྐྱེན་ཅི་རིགས་ལ་བརྟེན་ནས་མི་སྒེར་རམ། ཁྱིམ་ཚང་གཅིག་གམ། མི་ཚོགས་གཅིག་གམ། ཡུལ་སྡེ་གཅིག་ཤིན་ཏུ་དྲག་ཤུལ་ཆེ་བའི་ཀླུ་དང་ས་བདག་སོགས་ལ་གཉེར་དུ་གཏད་པའི་དོན་ཡིན། དེ་ལྟར་གཉེར་དུ་གཏད་པའི་ཆ་རྐྱེན་དུ་གཏད་ཀྱི་རྫས་འགའ་ཞིག་ཀླུ་གནས་པའི་ཆུ་མིག་གམ། ས་བདག་གནས་པའི་ཡུལ་གཞན་གང་ཏུང་དུ་སྦས་པ་དེ་ལ“གཏད་འོག་ཏུ་བཅུག”ཅེས་གྲགས། ཇི་སྲིད་དུ་གཏད་རྫས་དེ་རྣམས་ས་འོག་ཏུ་གནས་པ་དེ་སྲིད་དུ་གཏད་འོག་ཏུ་ཚུད་པའི་མི་སྒེར་རམ། ཁྱིམ་ཚང་སོགས་གང་ཡིན་པ་དེ་ལ་ན་ཤི་རྐྱེན་ཆགས་རྒྱུན་མི་འཆད་ཅིང་། བཀྲ་མི་ཤིས་པ་ཤ་སྟག་འབྱུང་བ་ཡིན་སྟབས། གཏད་རྫས་ཕྱིར་འདོན་ཤེས་པའམ་གཏད་ཏུལ་གྱི་ཚོ་ག་ལ་བརྟེན་ནས་གཏད་ཁ་ལས་འགྲོལ་དགོས་པ་ཡིན།

“ཐུད་ཁ”ཞེས་པ་ནི་སུ་ཞིག་གིས་གཏོད་ཀྱི་རིགས་རྣམས་ལ་འཕོག་ཐུག་ཅི་རིགས་ཤིག་བཏང་བ······ཡིན་ན། གཏོད་རིགས་དེ་རྣམས་ཀྱིས་འཕོག་ཐུག་གཏོང་མཁན་དེ་ཐུད་མའམ་གྲ་ཏུ་ཤེས་ཏེ་བཀྲ་མི་ཤིས་པའི་མཐུ་ཁ་དེ་ཕྱོགས་སུ་བསྟན་པ་ཡིན་སྟབས། གློ་བུར་གྱི་རྐྱེན་ཆགས་རྒྱུན་མི་འཆད་པར་འབྱུང་བ་དེ་རིགས་ལ་ཟེར་བ་ཡིན།

“ཕན་ཤེས་སྨན་དཔྱད”ཅེས་པ་ནི། དུས་རིམ་གོང་མའི་ནང་གཤེན་རབ་མི་བོ་ཆེས་ཉིད་ཀྱི་སྲས་དཔྱད་བུ་ཁྲི་ཤེས་དང་གཙོ་འབུམ་སོགས་དྲང་སྲོང་ཆེན་པོ་བརྒྱད་ལ〔73〕བསྟན་པའི་སྨན་གཞུང་རྩ་བ····ཐུགས་འབུམ་མཁའ་སྔོན་དང་། སྨན་འབུམ་དཀར་པོ། དཔྱད་འབུམ་ཁྲ་བོ། ནད་འབུམ་ནག་པོ་བཅས་འབུམ་བཞི་རུ་གྲགས་པ་དེ་རྣམས་ཀྱི་དཔེ་ཕྱིས་དུས་སུ་བུ་མཚོ་སྲིད་པའི་རྒྱལ་པོ་གཏེར་ནས་ཐོན་པ་དང་། དཔྱད་བུ་ཁྲི་ཤེས་ཀྱིས་གསུངས་པའི་སྨན་མདོ་རྩ་འགྲེལ་ལེའུ་བདུན་པ་ཨ་ཙ་ར་མི་གསུམ་གྱིས་བསམ་ཡས···ནས་རྙེད་པའི་དཔེ་བཅས་བོད་ཡིག་ཏུ་ཡོད་པ་འདི་རྣམས་དུས་རིམ་བར་མའི་སྐབས་ཀྱི་ལོ་ཙཱ་བ་འགའ······ཞིག་གིས་ཞང་ཞུང་གི་སྐད་ནས་བོད་སྐད་དུ་བསྒྱུར་ཏེ་བོད་ཡུལ་དུ་དར་རྒྱས་བྱུང་ཡོད་པར་མངོན། གཞུང་དེ་རྣམས་སུ་ལོ་ཙཱ་བ་སུ་ཞིག་གིས་བསྒྱུར་བའི་ཚུལ་ཞལ་གསལ་བ་གང་ཡང་མེད་སོང་། ལེགས་བཤད་རིན་པོ་ཆེའི་མཛོད་[པེ198ཕ1]ལས་སྟག་གཟིག་གི་མཁས་པ་དགུ་ཙ་དྲ་ཧེ་པེ་ནི་རིག་གནས་ལྷ····ག་ལ་མཁས། ཞེས་པ་དང་། ཡང་[པེ198ཕ3]དུ་ཕྲོམ་གྱི་མཁས་པ་གསེར་ཐོག་ལྕེ་འབྱམས་ནི་གསོ་བ་རིག་པ་ལ་མཁས། ཞེས་པ། ལོ་ཙཱ་བ་ཆེན་པོ་བརྒྱད་ཀྱི་ནང་དུ“བོད་ཤ་རི་དབུ་ཆེན”ཞེས་སུ་གྲགས་པ་དེ་རྣམས་ཀྱིས་བསྒྱུར་བ་ཡིན་ལས་ཆེ།

དཔྱད་ཀྱི་སྐོར་ཇི་ལྟར་ཡོད་ཚུལ་ཞལ་གསལ་བ་ཞིག་ནི་ལྡེའུ་རྒྱ་བོད་ཀྱི་ཆོས་འབྱུང་[པོད་251ཕ་17]ལས་སྲུས་དགུས་ཡོང་དེ་འ་ཞའི་སྨན་པས་ཕྱིང་ང་སྟག་རྟེར་མིག་ཕྱི་བས་(ཕྱིས་པས།) དོན་མཁར་གྱི་རྩེ་ལ་གཉན་འགྲོ་བ་གཟིགས་པས་སྟག་གུ་གཉན་གཟིགས་སུ་བཏགས་སོ། །དེའི་སྐུ་དྲིན་(རིང་)ལ་འ་ཞ་ཛེ་དང་ཟིངས་པོ་རྗེ་ལ་སོགས་པ་རྒྱལ་པོའི་མངའ་འོག་ཏུ་མ་འདུས་པ་རྣམས་བཏུལ། ཞེས་འ་ཞའི་སྨན་པ་ཡོད་པ་དང་འ་ཞ་དེ་དུས་ན་བོད་ཀྱི་མངའ་ཁོངས་ཡིན་པ་རྣམས་གསལ་བར་བསྟན་པས་ཤེས་ཐུབ་པ་ཡིན།

"སྐོས་ཤེས་རྩིས་མཁན"ཞེས་པ་ནི། དཔྱད་གསུམ་དག་རྩིས་[ཐོབ་25ཤ་13ན1]ལས་གཙུག་ལག་རྩིས་ཀྱི་སྐོར། གྲངས་མེད་ས་བོན་གསེར་ཐུབ་འོད་སྲུང་ལ། །གཉེར་དུ་གཏད་ཅིང་རྟག་གཟིགས་ཤམ་བྷ་ལར། །གདུང་སོབ་ཆེན་པོས་དགོངས་འགྲེལ་ཆ་ལག་བཅས། །གཏན་ལ་ཕབ་ཅིང་ཁྲིད་པར་དེ་རྣམས་ཀྱི། །དགོངས་པའི་ཡང་བཅུད་བསྡུས་ཏེ་བཀའ་རྒྱས་བཏབ། །སླར་ཡང་ལོ་ཙྪ་མཁས་པའི་རྒྱན་དྲུག་སོགས། །ལས་ཅན་སྐལ་ལྡན་ཚོགས་ལ་ལེགས་བཤད་དེ། །ཤམ་བྷ་ལ་དེར་ཤིན་ཏུ་གར་ཞིང་རྒྱས། །ལོ་ཙྪ་ཆེན་པོ་དྲུག་གི་རྟག་གཟིགས་དང་། ཞང་ཞུང་ཨོ་རྒྱན་རྒྱ་གར་རྒྱ་ནག་ཕྲོམ། །གེ་སར་བྲུ་ཤ་ཁ་ཆེ་བོད་དང་ལི། །ལ་སོགས་ཡུལ་རྣམས་བསྒྱུར་ཞིང་སྤེལ་བར་མཛད། །ཅེས་དུས་རིམ་གོང་མའི་ནང་གཤེན་རབ་མི་བོ་ཆེས་བསྟན་པའི་རྩིས་ཀྱི་གཞུང་དེ་དག་དུས་རིམ་བར་མའི་ནང་ལོ་ཙྪ་བ་ཆེན་པོ་དྲུག་གིས་སྐད་རིགས་མི་འདྲ་བ་ཅི་རིགས་སུ་བསྒྱུར་བའི་ནང་དུ་བོད་ཀྱི་སྐད་ཀྱང་བཀོད་ཡོད་པ་དེས་ནི་དུས་དེར་བོད་སྐད་དུ་བསྒྱུར་ཏེ་བོད་ཡུལ་དུ་དར་ཁྱབ་བྱུང་ཡོད་པ་གསལ་བར་བསྟན་ལ། རྒྱལ་རབས་གསལ་བའི་མེ་ལོང་[པེ་58ཕ་2]ལས་ཀྱང་དུར་གཤེན་མཚོན་ཆ་ཅན་གྱིས་གསོན་གྱི་བགེགས་སེལ། གཤེན་གྱི་དུར་འདེབས། ཚང་གི་སྲི་གནོན། གནམ་གྱི་རྒྱུ་སྐར་ལྟ། སའི་འདྲེ་བཏུལ་བ་ཡིན་ནོ། །ཞེས་རྩིས་ཀྱི་ཤེས་རིག་དར་ཡོད་པ་ཤུགས་ཀྱིས་བསྟན་པ་ཡིན།

"སྨྲ་ཤེས་གཏོ་རྒྱུ"ཞེས་པ་ནི་དངོས་ཀྱི་གོ་དོན་དང་བསྟུན་ན"སྨྲང་ཤེས་གཏོ་རྒྱུ"ཞེས་པའི་དོན་ཏེ། "སྨྲང"ཞེས་པ་ནི་གཏོ་དཔྱད་དེ་རིགས་རྒྱུ་མཚན་དང་གླེང་གཞི་གང་འདྲ་ཞིག་ལ་བརྟེན་ནས་བྱུང་ཡོད་པ་དང་། གཏོ་ཆོག་དེས་དངོས་པོའམ་གནོད་རིགས་ཀྱིས་དབང་བྱས་པའི་ནུས་ཤུགས་དེ་དང་། གང་ཟག་གི་ནུས་ཤུགས་བར་གྱི་འབྲེལ་བ་ཇི་ལྟར་ཡིན་པ་དང་། གཏོའི་དཔྱད་ལ་བརྟེན་ནས་ངམ་〔74〕གྱི་ནུས་ཤུགས་དེ་དག་ཡེ་〔75〕ཡི་དབང་ཤུགས་སུ་ཇི་ལྟར་བསྒྱུར་ཐུབ་པའི་བདེན་དོན་དེ་རིགས་ལ་ཟེར་ཞིང་། སྨྲང་གི་ཚུལ་ཤེས་པས་གཏོའི་རིགས་མཁོ་རྒྱུའམ་ཇི་དགོས་རྣམས་ཚུལ་བཞིན་དུ་སྤྱོད་ཤེས་པ་དེ་ལ"སྨྲང་ཤེས་གཏོ་རྒྱུ"ཞེས་བྱ་བ་ཡིན།

“སྙིང་ཤེས་ཤུ་བ” ཞེས་པ་ནི་ཕལ་ཆེར་གནའ་དུས་སུ་གྲགས་ཆེ་བའི“ བཙན་བོན” ཅེས་པའི་ལུགས་དེ་ལས་མཆེད་པ་ཞིག་ཡིན་ལས་ཆེ་བ་ནི་བོད་ཀྱི་བན་བོན་གཉིས་ཕྱོགས་སུ་བཙན་གྱི་རྟེན་དུ་ཤུ་བའི········མགོའམ་ཤུ་བའི་ར་འཛུགས་སྲོལ་ཡོད་པ་དང་། སྲུང་མའི་གྲངས་སུ“ གྲི་བཙན” ཞེས་བྱ་བ་ཤུ་བའི་མགོ་ཅན་ཞིག་ཡོད། དགོན་གནས་ཁག་ཏུ་ལྷ་འཆམ་འཁྲབ་པའི་ཚེ“ ཤུ་འཆམ” ཞེས་པ་ཤུ་བའི་གདོང་ཅན་གྱི་དམིགས་བསལ་གྱི་འཆམ་ཞིག་ཀྱང་འཁྲབ་སྲོལ་ཡོད་པ་དེ་དག་གིས་རྗེས་སུ་དཔོག་ཐུབ་པ་ཡིན། གང་ལྟར་ཡང་ལུགས་དེ་འབྲེལ་བོན་གྱི་རྒྱང་གཞིར་ད་ལྟའི་དུས་སུ་དངོས་ཡོད་ནི“ ཤུ་བ་ཏུས་རྒྱས་ཀྱི་མདོས” ཞེས····བྱ་བ་འདི་རིགས་སུ་ངེས་ཤིང་། མདོས་འདིའི་མདོས་ཐུས་ཇི་ལྟར་འདུ་བྱེད་པའི་ཚུལ། ཤུ་བ་ཏུས་རྒྱས་ཀྱི་མདོས་ཚོག་[ཤ1ན2] ལས་ས་ཡི་སྙིང་པ་(པོ་) ཁམས་ལ་རིན་ཆེན་ལྷིང་(བདར) ཤུ་བའི་གཟུགས་ལུག·····ཐོང་ ཅིར་ཙམ་ཞིག་ལེགས་པར་བཅོས། མཆོན་གྱི་(ཚོན་གྱིས་) ཁ་དོག་བསྒྱུར་བ་ནི། བཞོན་(གཞོགས་) གཡས་སྟོད་དཀར་པོ། སྨད་དམར་པོ་བྱ། གཞོག་(གཞོགས་) གཡོན་སྟོད་སྔོ་(སྔོན་) པོ། སྨེད་(སྨད་) སེར་པོ། འཇུགས་(མཇུག་) མ་ནག་པོ། ཕོང་དཀར་པོ། རྐབ་(སྐབ་) སེར་པོ་བྱ། ར་ཡས་པ་(ར་གཡས་ཕོ་) ཤིང་〔76〕 གཡོན་མོ་ཤིང་〔77〕 བྱ་དན་སྣ་ཚོགས་སྒྲོ་དུས་(སྡུ་) བཙུགས་ལ། སྐྱུད་པ་ནག་པོའི་བསྒྱུར (རྒྱུད) ཁ་〔78〕 དར་ལ་མདོག་(འདེགས།) ཞེས་པའི་ཤུ་བའི་རྟེན་ཞིག་བཞེངས་དགོས་ཀྱི་ཡོད་ལ། བོན་གཤེན་རྣམས་ཀྱིས་སྒྲུབ་པའི་རྟགས་ཐོན་པའི་ཚེ། ཤུ་བ་དེ་མདོས་གཞིའི་སྟེང་ལྷིང་ཞིང་གཡོ་བ་དེ་འདྲའི་རྟགས་ཐོན་ཐུབ་མཁན་གྱི་གཤེན་པོ་དེ་རིགས་ལ“ སྙིང་ཤེས་ཤུ་བ” ཞེས་པའི་ཐ་སྙད་བྱུང་ངམ་སྙམ།

“འཕུར་ཤེས་ཇུ་ཐིག” ཅེས་པ་ནི་ཕྱྭ་གཤེན་པའི་ལུགས་སུ་མོའི་རིགས་ལ་ཡེ་སྲིད་འཕྲུལ་གྱི་ཇུས་ཐིག་དང་། ཡེ་མཁྱེན་སྒྲ་བླའི་མངོན་ཤེས། ཡེ་རྗེས་སྨོན་ལམ། ཡེ་དབང་ལྷ་ཡི་བཀའ་བབས་ཏེ་རྣམ་པ་བཞི་ཏུ་གྲགས་པའི་ཡ་ཀྱལ་དེ་ཡིན་ལ། དེ་ནི་ཐོག་མར་གཤེན་རབ་མི་བོ་ཆེས་གཤེན་ལེགས་རྒྱལ་ཐང་པོ་སོགས་ཀྱི་དོན་དུ་བསྟན་ཅིང་། དུས་རིམ་བར་མའི་ནང་དཔྱད་དོན་སྒྱུ་མ་གསེར་འབུམ་དང་། ཇུ་ཐིག་སྲིད་པའི་རྒྱུད་འབུམ་སོགས་ཀྱི་གཞུང་འགའ་ཞིག་བོད་སྐད་དུ་དར་རྒྱས་བྱུང་བ་དེ་དག་ཏུ་ངེས་ཤིང་། འདིར“འཕུར་ཤེས” ཞེས་པ་ནི་ཇུ་ཐིག་གི་མོ་ཆས་ཐིག་གུ་ལྡི། མོ་རྟ་གཅིག་དང་དྲུག་ཡོད་པ་དེ་རྣམས་མོ་མའི་ལག་པའི་ནང་དུ་འཕུར་ཏེ་མདུད་པ་བཏབ་པ་ན་མདུད་པའི་རྣམ་གྲངས་མི་འདྲ་བ་དུ་མ་ཞིག་འབྱུང་དུ·····ཡོད་པ་ནི་སྣང་གསལ་སྒྲོན་མེ་[སྡེ་དགེ་ཤ229ན5] ལས་ད་ལྟར་སྲིད་པའི་བླ་མདུད་ལ། ཞིབ་ཚགས་བྱས་ན་དྲུག་བརྒྱ་ཡོད། སངས་ཁྲི་ཕྲག་འབུམ་ཞེས་སོགས་བཤད། བབ་རྐྱེན་པ་བསྡུས་པས་སུམ་བརྒྱ་དྲུག་ཅུ་ཡོད། བརྒྱག་གིས་བསྒྱུར་བ་མི་འདྲ་ཁྲི་ཙམ་ཡོད། བརྒྱག་གཙོ་བོ་བདུན་བརྒྱ་ཉི་ཤུར་འདུས། ཞེས་གསལ་

བ་དེ་དག་གི་སྒོ་ནས་སྒྲོག་གྱུར་གྱི་ལེགས་ཉེས་རྣམས་ཤན་འབྱེད་ཐུབ་པ་དེ་ལ་ཟེར་བ་ཡིན།

"འགྲོ་ཤེས་འཕྲུལ་བོན"ཞེས་པ་འདི་ནི། དངོས་དོན་ལ་གཞིགས་ན"སྒྲོལ་ཤེས་འཕྲུལ་བོན"ཞེས་བྱ་བ་སྡེ་བོན་སྡེ་འདི་ནི་གཙོ་ཆེར་གསས་མཁར་སྤྱི་སྤུངས་ཀྱི་ཇོ་ཐེས་དབལ་གྱི་ལས་སྦྱོར་ཅི་རིགས་རྣམས……ཡིན། གཤེན་པོའི་མཐུ་ནུས་ཀྱི་འཕྲུལ། ཇོ་ཡི་ལས་སྦྱོར་དང་ཐེས་ཀྱི་ལས་སྦྱོར། དབལ་གྱི་ལས་སྦྱོར་སོགས་དྲག་པོའི་ལས་སྦྱོར་ཅི་རིགས་པའི་སྒོ་ནས། བསྟན་པ་དང་སེམས་ཅན་གྱི་སྤྱི་དགྲ། བསྟན་འཛིན་རྣམས་ཀྱི་སྒོས་དགྲ་སོགས་ཞི་བས་མི་ཐུལ་བ་རྣམས་དྲག་པོའི་མཐུ་ཡིས་སྒྲོལ་ཤེས་པའི་བོན་པོ་དེ་རིགས་ལ་ཟེར་བ……ཡིན། དེ་ལྟར་ཤེས་པ་ཅན་བཅུ་གཉིས་ཀྱིས་བསྟན་པའི་བོན་དེ་ཀུན་དུས་རིམ་པར་མའི་ཤེས་རིག་གི་རྨང་གཞི་ལྟ་བུ་ཞིག་ཏུ་གྱུར་ཡོད་སོད། ཤེས་རིག་གི་གཞི་རྩའི་སྟེང་ནས་དཔྱད་ན། དེ་སྐབས་ཀྱི་ཤེས་རིག་ཚང་མ་རྩ་བའི་རྨང་གཞི་གསུམ་ལ་བརྟེན་ཡོད་པ་འདྲ་ཞིག་འདུག

གཉིས། ཤེས་རིག་གི་རྩ་བའི་རྨང་གཞི་གསུམ་གྱི་སྐོར།

རྩ་བའི་རྨང་གཞི་གསུམ་ནི་རྗེ་མཐོང་གི་ཤེས་རིག་དང་། གསོན་པོ་བདེ་བའི་དཔྱད། གཤིན་པོ་བདེ་བའི་འདུར་འདི་གསུམ་དུ་ངེས་པ་ཡིན།

ཐོག་མར་རྗེ་མཐོང་གི་ཤེས་རིག་ལ་མ་བརྟེན་ན། གསོན་པོ་རྣམས་བདེ་ཞིང་བཀྲ་ཤིས་པར་འགྱུར་བའི་རྒྱུ་རྐྱེན་གང་འདྲ་ཞིག་བསྒྲུབ་དགོས་པ་དང་། མི་བདེ་ཞིང་བཀྲ་མི་ཤིས་པར་བྱེད་པའི་རྒྱུ་རྐྱེན་གང་འདྲ་ཞིག་འདོར་དགོས་པ་སོགས་ཀྱི་དཔྱད་ལ་འཇུག་མི་ཤེས་ཤིང་། དེ་བཞིན་དུ་གཤིན་པོའི་བླ་བདེ་བར་འཚོ་ཞིང་ཤི་གསོན་གཉིས་ཀ་དགེ་ཞིང་ཤེས་པའི་ཤིད་ཇི་ལྟར་བྱ་དགོས་པ་དང་། གཤིན་འདྲེས་གསོན་གཤིན་གཉིས་ཀ་ལ་འཚེ་ཞིང་ཤི་སྲིའི་འདུར་ཐབས་གང་ཞིག་དགོས་པའང་ངེས་དཀའ་བ་ཡིན་སྟབས། རྗེ་མཐོང་གི་ཤེས་རིག་ཏུ་རྩིས་དང་ཇུ་ཐིག མོ། ཕྱ། སྨི་ལམ་སོགས་ཀྱི་ཆ་རྐྱེན་མི་འདྲ་བ་དུ་མ་ཞིག་དར་སྤེལ་བྱུང་ཡོད་པ་རེད། ལྷག་པར་དུ་བོན་གནའ་ལུགས་སུ་གང་ཟག་དང་དངོས་པོའི་ནུས་ཤུགས་བར་གྱི་འབྲེལ་བ་ཇི་ལྟར་ཡོད་པ་དང་། གཞི་གནས་ཀྱི་དངོས་པོའི་ནུས་ཤུགས་དང་ནུས་ཤུགས་དེ་ལ་དབང་བྱེད་ཐུབ་པའི་གཏོད་རིགས་བར་གྱི་འབྲེལ་བ་ཇི་ལྟར་ཡོད་པ། "ཡེའམ"དཀར་ཕྱོགས་ཀྱི་ཆར་གྱུར་པའི་ནུས་ཤུགས་ཀྱིས་གང་ཟག་གི་ནུས་ཤུགས་ལ་ཕན་ཐོགས་ཇི་ལྟར་ཐུབ་པ། "ངམ"མམ་ནག་ཕྱོགས་ཀྱི་ཆར་གྱུར་པའི་ནུས་ཤུགས་ཀྱིས་གང་ཟག་གི་ནུས་ཤུགས་ལ་གནོད་རྐྱེན་ཇི་ལྟར་འགྱུར་བ། ཡེ་ངམ་གཉིས་དང་གང་ཟག་གི་ནུས་ཤུགས་བར་གྱི་འབྲེལ་བ་ཇི་ལྟར་ཡོད་པ། ཡེ་ངམ་གྱི་ནུས་ཤུགས་བརྟེན་ནས་གང་ཟག་གི་ནུས་

ཤུགས་དེའང་ཡི་དམ་གྱི་རང་བཞིན་ཅན་དུ་ཇི་ལྟར་འགྱུར་སྲིད་པ། གང་ཟག་གི་རྒྱུད་དུ་ཡི་དམ་གྱི་རང་བཞིན་ཅན་གྱི་ནུས་ཤུགས་ཆགས་པ་དེ་ལ་འཕོ་འགྱུར་གཏོང་ཐབས་ཇི་ལྟར་དགོས་པ་སོགས་ཀྱི་ཤེས་རིག་གི་སྐོར་ལ་དོ་སྣང་ཤིན་ཏུ་ཆེ་བར་བྱས་ཤིང་། རྒྱུ་མཚན་དེ་རིགས་ལ་བརྟེན་ནས་གསོན་པོ་རྣམས་བདེ་བའི་དཔྱད་དང་། གཤིན་པོའི་བླ་བདེ་བའི་འདུར་གྱི་རིགས་རྣམས་དར་རྒྱས་བྱུང་ཡོད་པ་ནི་ཞིབ་པར་དཔྱད་ན་ངེས་ཤེས་ཐུབ་པ་ཡིན།

གསོན་པོ་བདེ་བའི་དཔྱད་ཀྱི་ཤེས་རིག་ཏུ་གསོན་པོ་རྣམས་ཀྱི་རླུང་རྟ་དང་མཐུ་དབང་དར་བའི་ཆེད། ཡི་ལ་གནས་པའི་སྲ་བླ་སོགས་གཏོད་རྣམས་གསོལ་བ་དང་། དེ་རྣམས་ལ་མནོལ་གྲིབ་སོགས་ཡོད་ན་བསངས་ཤིང་བཙོས་ལ་ཚེ་དཔལ་ཕྱྭ་གཡང་ཐམས་ཅད་འགུགས་པ། ངམ་ལ་གནས་པའི་འདྲེ་སྲིན་སོགས་མནན་བསྐྲད་གང་འོས་ཀྱིས་བཀའ་འོག་ཏུ་བཙུག་པའི་གཏོ་མདོས་བཅའ་བ་དེ་རིགས་ཀྱི་དཔྱད། སྒོ་གསུམ་ལ་ནད་གདོན་གྱིས་འཚེ་བའི་རིགས་རྣམས་སེལ་བའམ་བདེ་བར་འཚོ་བའི་སྨན་དཔྱད་ཀྱི་རིགས་རྣམས་ཡིན།

གཤིན་པོ་བདེ་བའི་འདུར་གྱི་ཤེས་རིག་ནི་ལེགས་བཤད་རིན་པོ་ཆེའི་མཛོད་[པེ་196 ཤ་4] ལས། ཀོང་པོ་བྲེ་སྣར་རྒྱལ་གྱི་གྲི་འདུར་མཛད་པས་གསོན་པོ་བཀྲ་ཤིས་ཏེ་སྤུ་ལྡེས་རྒྱལ་ས་ཟིན། གཤིན་པོ་གནས་སླ་སྡེ་གྲི་ཏུམ་ཐར་པ་ཐོབ་པོ། །ད་ལྟ་ཡང་རྒྱལ་གྲི་ཏུམ་གྱི་གྲི་འདུར་ཡོག་བར་པ་སུམ་བརྒྱ་དྲུག་ཅུ་བྱ་བའི་བོན་བཞུགས་སོ། །ཞེས་པའི་ལུང་དེས་འདུར་གྱི་བྱེད་ལས་དང་འདུར་གྱི་བོན་གང་དག་བྱུང་ཡོད་པ་རྣམས་ཤེས་ཐུབ་པ་ཡིན།

དུས་རིམ་བར་མའི་ནང་བོད་ཀྱི་ཡུལ་དུ་ནང་དོན་རིག་པའི་སྐོར་ཅི་དང་ཅི་འདྲ་བ་ཞིག་དར་ཡོད་པའི་ལོ་རྒྱུས་དེ་རྣམས་ནི། ཞང་ཞུང་གི་བླ་ཆེན་པོ་དྲན་པ་ནམ་མཁའ་དང་། སྣ་ཆེན་ལི་ཤུ་སྟག་རིང་སོགས་བོན་གཤེན་ཆེན་པོ་དེ་དག་བྱོན་པའི་དུས་སྐབས་དང་འབྲེལ་ཤིན་ཏུ་ཆེ་བ་ཞིག་སྟེ། དེ་ཡང་སྤྱི་འཁོར་ཉེར་གཉིས་པའི་སྤྱི་ཕྲེང་གོང་མའི་(22/1) ཆུ་ཕོ་སྟག་གི་ལོ་(སྤྱི་3819 སྤྱི་ལོ་1902) ལ། སྨན་རིའི་མཁན་ཆེན་ཉི་མ་བསྟན་འཛིན(1836) གྱིས་མཛད་པའི་བསྟན་རྩིས་དེ་སྨན་རིའི་སློབ་ཟུར་བསྟན་འཛིན་རྣམ་དག་(1926) གིས་(22/2) ལྕགས་མོ་གླང་གི་ལོ་(སྤྱི་3878 སྤྱི་ལོ་1961) ལ་རྩིས་མགོ་སྤྲོས་པའི་གཞུང་། བསྟན་རྩིས་ངོ་མཚར་ནོར་བུའི་ཕྲེང་བ་[ཐོབ་28 ཤ་6] ལས་ཤིང་བྱི་ལོར། བོད་འབངས་མི་སྨུན་རང་ཁ་མ། ཡང་དག་དགེ་ལ་རིམ་འཇུག་ཕྱིར། ཕྱྭ་རྗེ་ཡབ་ལྷ་བདལ་དྲུག་ཉིད། སྐུ་གཤེན་མཆེ་མི་བཙོའུ་བཅས། རྒྱང་ནས་དོག་ལ་བབས་ནས་ཀྱང་། གཉའ་ཁྲི་བཙན་པོར་མཚན་གསོལ་ལོ། ། (3097) ཞེས་

བསྟན་ཡོད་པ་དེས་ནི། བོད་ཀྱི་ཡ་རྒོག་གི་རྒྱལ་པོ་འོ་ལྡེ་སྤུ་རྒྱལ་དེ་(5/2)ཤིང་ཕོ་བྱི་བའི་ལོ་(སྤྱི781)ལ་བོད་ཀྱི་རྒྱལ་པོའི་ཁྲིར་ཕེབས་ཡོད་པ་གསལ་བར་བསྟན་པ་དང་། ཡང་[28ཕ་19]དུ་མེ་རྟ་ལོ། རྟ་ཟླའི་ཚེས་བཅུར་ལྷ་བརྒྱའི་མགོན། རྒྱལ་ཀུན་སྤྱི་གཟུགས་བླ་ཆེན་བལྟམས། (2875)ཞེས་འཁོད་ཡོད་པ་དེས་ནི། (6/2)མེ་ཕོ་རྟའི་ལོ་(སྤྱི1003)ལ་ཞང་ཞུང་གི་བླ་ཆེན་དྲན་པ་ནམ་མཁའ་སྐུ་འཁྲུངས་པ་དང་ཡང་[29ཕ་12]དུ་ས་སྤྲེལ་སྨྲ་ཆེན་ལི་ཤུ་རྫེ། །ཞང་ཞུང་ཕྱུག་པ་རྟག་གཟིགས་ནས། །བོན་སྡེ་ཁྲི་ཁྲག་གཅིག་ཁྱུས་ཏེ། །རྫུ་འཕྲུལ་རྩལ་གྱིས་བོད་དུ་ཕེབས། ། (2513)ཞེས་པ་ནི་(8/2)ས་ཕོ་སྤྲེལ་གྱི་ལོ་(སྤྱི1365)ལ་སྨྲ་ཆེན་ལི་ཤུ་སྟག་རིང་བོད་དུ་ཕེབས་ཡོད་པའི་ཚུལ་གསལ་བར་བསྟན་པ་དེ་རྣམས་ཀྱིས་དུས་རིམ་ལ……ངེས་ཤེས་རྙེད་ཐུབ་པ་ཡིན།

དུས་རིམ་བར་མའི་ནང་ཞང་བོད་ཀྱི་ཡུལ་དུ་བར་བའི་ནང་དོན་རིག་པའི་གཞུང་ཤིན་ཏུ་གནད་ཆེ…བ་ཞིག་ནི“སྲིད་པའི་མཛོད་ཕུག”ཏུ་གྲགས་པ་སྣང་སྲིད་ཀྱི་གནས་ལུགས་བསྟན་པའི་གཞུང་དེ་ཡིན་ལ། གཞུང་འདི་ཐོག་མར་གཤེན་རབ་མི་བོ་ཆེས་གཤེན་ཚངས་པ་གཙུག་ཕུད་ཅན་སོགས་ཀྱིས་ཞུས་པའི་ངོར……ཡུལ་འོལ་མོ་ལུང་རིང་གི་འོད་ཀྱི་ལྷ་རི་སྤོ་མཐོན། ཏི་སེ་གངས་ཀྱི་ལྡོ་ཤར། ཤམ་ཕོད་ངད་ལྡན་ནམ། བོད་སྐད་དུ་སྤྱོས་རི་ངད་ལྡན་གྱི་རི་ལ་གསུངས་ཤིང་། དེ་ནས་རིམ་བཞིན་དུ་གཤེན་ཚངས་པ་གཙུག་ཕུད་ཀྱིས་སྲང་ལ་ནམ་གཤེན་ལ་བརྒྱུད། དེས་རྒྱལ་གཤེན་མི་ལུས་བསམ་ལེགས་དང་ཞང་ཞུང་ཨ་ནུ་ཕྲག་ཐག ཞང་ཞུང་སད་ནེ་གའུ། མུ་ཁྲི་བཙད་པོ། མོན་བོན་ཧ་ར་ཅི་པར། སྟག་ལྷེར་ལི་ལྷེར་རྒྱ་བོན་ཟིང་པ་མཐུ་ཆེན། སྲེ་བོན་ཐོག་རྩེ། སྲེ་བོན་ཐོག་འཕྲུལ། ཐི་མར་ཐད་ཀེ། དེས་ལོ་ཙཱ་བ་ཆེན་པོ་བརྒྱད་ལ་བརྒྱུད་ཅིང་། ལོ་ཙཱ་བ་ཆེན་པོ་བརྒྱད་དུ་གྲགས་པ་དེ་རྣམས་ནི་ཞང་ཞུང་སྟོང་རྒྱུང་མཐུ་ཆེན། བོད་ཤ་རི་དབུ་ཆེན། མེ་ཉག་ནེ་རིང་མཁར་བུ། ལྷེ་གྱིམ་ཚ་རྨ་ཚུང་། སྟག་གཟིག་ཟ་རང་མེ་འབར། རྒྱ་གར་ལྷ་བདག་སྔགས་གྲོ། གེ་སར་ངམ་པ་ཛེ་རིང་། སུམ་པ་མུ་ཕྱུངས་གསལ་ཏང་རྣམས་ཡིན་པ་དང་། གཞུང་འདི་ཞང་ཞུང་སྟོང་རྒྱུང་མཐུ་ཆེན། བོད་ཤ་རི་དབུ་ཆེན་གཉིས་ཀྱིས་ཡུལ་བོད་དང་ཞང་ཞུང་གི་ཏ་མཚམས་གཙང་བྱེ་མ་ལ་གཡུང་དྲུང་ཚུ་སིག་བརྒྱད་ཅུ་རྩ་གཉིས་ཀྱི་མགོ་བོར་བོད་དང་ཞང་ཞུང་གི་ཚིག་གི་ཚོམ་བསྡེབས་ཏེ། གཏན་ལ་ཕབ་པའི་ཚུལ་གཞུང་རང་གི་མཛད་བྱང་དང་གཞུང་འགྲེལ་གྱི་ལོ་རྒྱུས་ལས་གསལ་ཞིང་། གཞུང་འདི་ལ་འགྲེལ་བ་མི་འདྲ་བ་དུ་མ་ཞིག་འདུག་མོད། དེ་རྣམས་ཀྱི་ནང་ནས་མཆོག་ཏུ་བསྔགས་པ་ཞིག་ནི་བླ་ཆེན་པོ་དྲན་པ་ནམ་མཁས་མཛད་པའི་མཛོད་འགྲེལ“སྣྲ་འགྲེལ་འཕྲུལ་གྱི་ལྡེ་མིག”ཏུ་གྲགས་པ་དེ་ཏ་ངེས་པ་ཡིན། ལེགས་བཤད་རིན་པོ་ཆེའི་མཛོད་[པེ197ཕ་23]ལས་འཛམ་བུ་གླིང་གི་རྒྱན་ཆེན་པོ་དྲུག་ཞེ་(ཅེས་)བྱ་བ།

སྤྱག་གཟིག་གི་མཁས་པ་དམུ་ཙ་དྲ་ཧེ་པེ་ནི་རིག་གནས་ལྔ་ཀ་ལ་མཁས། རྒྱ་གར་གྱི་མཁས་པ་ལྷ་བདག་སྟོགས་རྫོ་ནི་ནང་རིག་པ་ལ་མཁས། རྒྱ་ནག་གི་མཁས་པ་ལེགས་ཏང་རྨང་པོ་ནི་ཕྱི་རིག་པ་མཁས། ཁྲོམ་གྱི་མཁས་པ་གསེར་ཐོག་ལྕེ་འབྱམས་ནི་གསོ་བ་རིག་པ་ལ་མཁས། ཞང་ཞུང་གི་མཁས་པ་ཙ་མིན་གྱེར་རྒྱུང་ནི་སྲྀ་རིག་པ་ལ་མཁས། བོད་དང་མེ་ཉག་གི་མཁས་པ་ནམ་ར་ཙ་སྐྱུ་ནི་སྲིད་པའི་རྒྱུད་ལ་མཁས། ཞེས་བྱམས་མ་ལས་གསུངས་སོ། །དེ་དག་ནི་(ནི)རིག་པའི་གནས་གང་ལའང་མཁས་ཤིང་ཐེག་པ་མཐའ་དག་ཐུགས་སུ་ཆུད་པ། སྐད་རིགས་སུམ་བརྒྱ་དྲུག་ཅུ་བསྒྱུར་ཤེས་པ། རྫུ་འཕྲུལ་གྱི་ཞབས་དང་ལྡན་པ་ཤ་སྟག་གོ །དྲུག་པོ་དེ་དག་ཀུན་ཀ་བོད་དུ་ཕྱིན་པ་མི་གསལ་ཀྱང་དེ་དྲུག་ལ་གཏུགས་པའི་མཁས་པ་མང་དུ་བཞུགས……སོ། །ཞེས་གསུངས་པ་འདིས་དུས་སྐབས་དེར་རིག་པའི་གནས་སྣ་ཚོགས་པ་ལ་མཁས་པའི་སློབ་དཔོན་དང་ལོ་ཙཱ་བ་དེ་སྙེད་ཅིག་ཞང་བོད་ཀྱི་ཡུལ་དུ་བཞུགས་ཡོད་པར་བརྗེན་དེ་དག་གི་མཁྱེན་ཡོན་དང་འབྲེལ་བའི་ཤེས་རིག་རྣམས་བོད་དུ་དར་རྒྱས་སུ་གྱུར་ཡོད་པ་ནི་སྨོས་མ་དགོས་པ་རེད།

བོད་ཀྱི་རྒྱལ་རབས་དང་ཆོས་འབྱུང་སོགས་ལོ་རྒྱུས་ཀྱི་ཡིག་ཆ་ཡོངས་གྲགས་ཕལ་མོ་ཆེར། ཆོས་རྒྱལ་སྲོང་བཙན་སྒམ་པོ་མ་བྱོན་པའི་གོང་རོལ་གྱི་དུས་རིམ་བར་མའི་ནང་། བོད་ཀྱི་རྒྱལ་རབས་རིམ་བྱོན་རྣམས་ཀྱིས་རྒྱལ་སྲིད་དེ་སྒྲུང་དང་ལྡེའུ་བོན་གསུམ་གྱིས་བསྐྱངས་སོ། །ཞེས་ཡོངས་གྲགས་ཀྱི་ཚུལ་དུ་གསུངས་ཡོད། དེ་ལྟར་ནའང་གསུངས་ཚུལ་ལ་མི་འདྲ་བ་འགའ་རེ་ཡོད་པའང་རྒྱལ་པོ་བཀའི་ཐང་ཡིག……[པེ་115 ཕ་6] ལས"ཐེ་གཅིག་གཉའ་ཁྲི་བཙན་པོའི་སྐུ་རིང་ལ། །ལྷ་ཡི་ཆོས་ལུགས་སྒྲུང་དང་ལྡེའུ་བྱུང་།།"ཞེས་སྒྲུང་དང་ལྡེའུ་ནི་ལྷའི་ཆོས་ལུགས་ཡིན་པ་སྐད་དུ་བསྟན་ཡོད་པ་དང་། རྒྱལ་རབས་གསལ་བའི་མེ་ལོང་[པེ་58 ཕ་4] ལས་ཆབ་སྲིད་ནི་སྒྲུང་སྡེ་ལྡེའུ་བསྒྱུར་རོ། །ཞེས་ཆབ་སྲིད་སྐྱོང་བྱེད་ཀྱི་ཆ་རྐྱེན་གཙོ་བོ་སྒྲུང་ཡིན་པར་བསྟན་པ་དང་། ལྡེ་བྲག་ཆོས་འབྱུང་[སྟོད་པེ་166 ཕ་9] ལས་འདི་ཡན་གདུང་རབས་ཉི་ཤུ་རྩ་བདུན་དུ། །ཆབ་སྲིད་སྒྲུང་དང་ལྡེའུ་བོན་གྱིས་བསྐྱངས། །ཞེས་པ་ལྟ་བུ་སྒྲུང་དང་ལྡེའུ། བོན་གསུམ་གྱི་སྒོ་ནས་བསྐྱངས་པའི་ཚུལ་བསྟན་པ་ཅི་རིགས་ཤིག་བྱུང་ཡོད་འདུག སྒྲུང་དང་ལྡེའུ་བོན་གསུམ་དུ་གྲགས་པ་ལས་ཐོག་མར"སྒྲུང"ཞེས་པའི་ཚད་གཞི་དེ་ཅི་འདྲ་བ་ཞིག་ལ་ངོས་འཛིན་སྲོལ་བྱུང་ཡོད་པ་ནི་ལྡེ་བྲག་ཆོས་འབྱུང་[སྟོད་པེ་164 ཕ་21] ལས་མདོ་སྡེ་འབྱུང་བའི་ལྟས་སུ་སྒྲུང་རྣམས་དར། རོ་ལངས་གསེར་སྐྱབ་ཀྱི་སྒྲུང་དང་། མ་སངས་ཀྱི་སྒྲུང་། མཆིལ་པའི་སྒྲུང་སོགས་ཉན་བཤད་དང་ཞེས་སྒྲུང་གི་མཚོན་དཔེ་འགའ་ཞིག་བཞག་ཡོད་འདུག མཚོན་དཔེར་གསལ་བའི་སྒྲུང་རིགས་དེ་དག་མངའ་འབངས་ཀྱི་བློ་སྒོ་འབྱེད་པར་ཕན་ནུས་ལྡན་པའི་སྒྲུང་ཚན་ནམ་སྒྲུང་གི་ཁོངས་སུ་གཏོགས་པ་ཞིག་ཡིན་པ་ལ་དགོངས་ནས།

དཔེ་དེ་སྐད་དུ་བཞག་མཛད་པ་ཞིག་ཡིན་པ་ལས་བོད་ཀྱི་གནའ་བོའི་རྒྱལ་པོ་ཆོས་བློན་འབངས་རྣམས་ལ···རོ་ལངས་གསེར་སྒྲུབ་ཀྱི་སྒྲུང་དང་། མ་སངས། མཆིལ་པའི་སྒྲུང་སོགས་བཤད་ནས་རྒྱལ་སྲིད་བསྐྱངས་པའི་དོན་ཞིག་ནི་ཡིན་ཐབས་ག་ལ་ཡོད། དེ་འདྲ་ཡིན་སྟབས"སྒྲུང"ཞེས་པ་དེའི་དངོས་དོན་ནི་གཙོ་ཆེར་གནའ་རབས་ཀྱི་བྱུང་བ་བརྗོད་པའི་གཏམ་ཅི་རིགས་ཤིག་ཡོད་པ་དེ་དག་ལ་ཟེར་ཞིང་། དེའང་བོན་གྱི་ལུགས་སུ་ཡ་ཐོག་སྲིད་པ་ཀློང་གི་སྔོ་ང་ལས་ལྷ་དང་ཀླུ། གཉན་ནམ་མ་སངས་འགྲོ་བ་རྣམས་བྱུང་སྟེ། དེ་རྣམས་ཀྱིས་ནི་ནམ་མཁའ་དང་ས་གཞི། བར་སྣང་སྟེ་འཇིག་རྟེན་གསུམ་གྱི་ནུས་མཐུའམ་སྟོབས་ཤུགས་དེ་ལ་དབང་བྱེད་པོ་རྣམས་མཚོན་ཞིང་། དེ་དག་ལས་རིམ་གྱིས་མིའི་འགྲོ་བ་སྐྱེ་དང་ཁྱད་པར་ཞང་བོད་ཀྱི་རུས་ཆེན་རྣམས་ཇི་ལྟར་ཆགས་ཚུལ་གྱི་ལོ་རྒྱུས་མི་འུང་བ་ཞིག་ཡོད་འདུག་པ་དེ་དག་ལ"སྒྲུང"ཞེས་པའི་ཐ་སྙད་འཇུག་ཉུང་བ་དང་། མ་སངས་ཀྱི་སྒྲུང་ཞེས་པའང་དེའི་ཆ་ལག་ཏུ་གྱུར་པ་ཞིག་ལས་མ་འདས་ཤིང་། དེ་དང་འབྲེལ་ཡོད་འཇིག་རྟེན་མིའི་སྲིད་པར་བྱུང་བའི་རྒྱལ་པོའི་རབས་དང་། བློན་པོའི་རབས་དང་འབངས་ཀྱི་རབས་སོགས་གྲངས་མང་ཞིག་བྱུང་སྲིད་པ་དེ་དག་ལ་སྒྲུང་ཞེས་ངོས···་···འཛིན་འོས་པ་ཡིན།

"ལྡེའུ"ཞེས་བྱ་བ་དེའི་སྐོར་ཡང་ལྷོ་བྲག་ཆོས་འབྱུང་[སྟོད་པེ164ཤ23]ལས་མངོན་པའི་སྡེ་སྣོད་འབྱུང་ལྟས་ལྡེའུ་སྤྲོད། སྲང་ལ་ཐེམ་གཉེར་ལྟ་བ་ཆེ་ཅི་ཡིན། པོར་མགོ་མགོ་ཙན་སྐྱིད་ཅིང་རྒྱགས་ཅི་ཡིན། ཞེས་འདྲི་བ་སོགས་ཏེ་བོན་སྒྲུང་ལྡེའུ་གསུམ་གྱི་ཚུལ་ལྷ་སའི་གདུང་རྣམས་ལ་བྲིས་ནས་ཡོད་སྐད། ཅེས་གསུངས་སྟངས་འདི་ལ་དཔྱད་ན། དེང་དུས་ཡོངས་གྲགས་སུ"ཁེགས"ཞེས་པ་འདི་རིགས་ལ་ངོས་འཛིན་གནང་བ་འདྲ་ཞིག་འདུག་ལ། དེ་ནི་མཁས་དབང་དཔའ་བོ་གཙུག་ལག་ཕྲེང་བ(1404—1566)ཙམ་དུ་མ་ཟད་གནའ་བོའི་ལོ་རྒྱུས་མཁན་པོ་ཕལ་མོ་ཆེའི་བཞེད་སྟངས་ཐུན་མོང་བ་ཞིག་ཀྱང་རེད།

ཁེགས་ཀྱི་རིགས་འདི་དག་མིའི་བསམ་ནོའི་རྩལ་འདོན་བྱེད་ནུས་ལྡན་ཞིག་ཡིན་སྟབས་ལྡེའུར········གྲགས་པ་དེའི་ཁོངས་སུ་གཏོགས་པ་ཞིག་ཡིན་པ་ནི་བཤད་མ་དགོས་ཤིང་། མཁས་དབང་དཔའ་བོ་གཙུག་ལག་གིས་ཀྱང་དོན་དེ་ལ་དགོངས་ནས་སྐབས་འདིར་གོ་བདེ་བའི་དཔེ་འགའ་ཞིག་བཞག་མཛད་པ་ཙམ·····ལས། ལྡེའུ་ཞེས་བྱ་བ་དེའི་གོ་དོན་མཐར་ཐུག་པ་དེ་ད་ལྟའི་དུས་ཀྱི་ཁེགས་ཁོ་ན་ལ་ངོས་འཛིན་དགོས་པའི་སྒྲུབ་བྱེད་ཅི་ཞིག་ཀྱང་ཡིན་ཐབས་མེད། མཁས་དབང་དཔའ་བོ་གཙུག་ལག་གིས་གོ་བདེ་བའི་ཁེགས་ཀྱི་དཔེ་མི་འདྲ་བ་གཉིས་དེ་དུས་ཀྱི་དབུས་གཙང་གི་སྐད་ལས་དྲངས་ཏེ་བཞག་མཛད་པ་ཡིན་ནའང་། དུས་སྐབས་དེ་ནས་ད་ལྟའི་བར་ལོ་གྲངས་ལྔ་བརྒྱ་ལྷག་ཙམ་ཕྱིན་པར་བརྟེན། ཡུལ་སྐད་ཀྱི་རྣམ་པ་ལའང་འགོ་

འགྱུར་ཅི་རིགས་ཤིག་ཕྱིན་ཡོད་སྟབས། ད་ལྟའི་དུས་སུ་གོ་བདེ་བའི་དཔེ་དེ་གོ་མི་བདེ་བ་ཞིག་ཏུ་ཆགས་ཡོད་འདུག དེ་ལས་དཔེ་དང་པོ"“སྲང་ལ་ཐེམ་གཉེར་ལྦ་བ་ཆེ་ཅི་ཡིན།” ཞེས་པ་དེ་ཚིག་གཞན་གྱིས་བཤད་ན། “སྲང་གི་ཆེད་དུ་ཁེགས་ཀྱི་ཚིག་ཐེམ་རིམ་གྱི་གཉེར་མ་དང་ལྦ་བ་ཆེན་པོ་ཞིག་ཡོད་པ་དེ་གང་རེད།” ཅེས་དང་། “པོར་མགོ་མགོ་ཅན་སྐྱིད་ཅིང་རྒྱུགས་ཅི་ཡིན།” ཞེས་པ་ནི་ས་མཐོར་ཡོད་པའི་སྒོ་མགོའམ་སྒོ་ཐོའི་ཆེད་དུ་ཁེགས་ཀྱི་ཚིག་མགོ་ཡོད་པ་རིམ་གྱིས་ཅིང་རྒྱུགས་པར་ཆགས་པ་དེ་གང་རེད། ཅེས་བྱ་བའི་དྲི་བ་དང་ལན་ལྟན་དུ་སྦྲེལ་བའི་ཚིག་སྒྲུབ་མི་འདྲ་བ་གཉིས་ཡིན་པར་མངོན། “ཁེགས”ཞེས་པའི་ཚིག་འདི་དུས་ཕྱིས་ཀྱི་ཡིག་ཆ་འགར"“ཁེད”ཅེས་འབྲི་སྲོལ་བཏོད་ཡོད་པ་དེ་ནི་ངག་སྒྲོས་ལ་བརྟེན་ནས། ཚིག་གི་སྒྲ་ཡི་གེར་བཀོད་པ་ཙམ་ཞིག་ཏུ་ཟད་ཅིང་། དངོས་དོན་དུ་ཁེགས་ཞེས་པའི་ཚིག་ཅིག་ཡིན་སྐབས་ངག་སྒྲོས་ཙམ་ལ་བརྟེན་དགོས་པ་མེད། རིའི་རྩེ་ལ་དུ་བ་མཐོང་བས་མེ་ཡོད་པར་ཁེགས་པ་དང་། མཁའ་ལ་ཆུ་སྐྱར་འཕུར་བ་མཐོང་བས་ཆུ་ཡོད་པར་ཁེགས་པའི་དཔེ་བཞིན། མཚོན་དཔེའི་ཚིག་ཚོགས་ཅི་རིགས་པ་དེ་རྣམས་ཀྱིས་མཚོན་བྱའི་དངོས་དོན་གང་ཡིན་པ་དེ་གསལ་བར་ཁེགས་པས"“ཁེགས”ཞེས་པའི་ཐ་སྙད་བྱས་པ་སྟེ། དཔེར་ན་མཚོན་དཔེའི་ཚིག་ཚོགས"“བྱེ་ཐུའི་སྒྲོམ་ཆུང་ནང་དུ་གསེར་གྱི་སྒོར་མོ་བཙིགས་པ་དེ་གང་རེད།” ཅེས་དྲིས་པའི་ལན་དུ་མཚོན་བྱའི་དངོས་དོན"“དེ་སི་པན་རེད།” ཅེས་པ་ལྟ་བུ་དེ་ལ"“ཁེགས”ཟེར་བ་ཡིན།

“ལྡེའམ་ལྡེའུ”ཞེས་བྱ་བའི་ཚིག་འདི་ནི་གནའ་དུས་ནས་ཞང་བོད་ཐུན་མོང་དུ་གྲགས་ཆེ་བའི་བརྡ་སྙིང་གི་མིང་ཚིག་ཅིག་ཡིན་ལ། མིང་ཚིག་དེའི་གོ་དོན་རྣལ་མ་ནི་དེང་དུས་ཀྱི་སྐད་ལུགས་སུ་བྱས་ན། ལེགས་བཤད་རིན་པོ་ཆེའི་གཏེར་ལས་རིག་པ་ནང་པར་འཆི་ཡང་བསླབ་[79]ཅེས་གསུངས་པའི"“རིག་པ”ཞེས་བྱ་བ་དེ་དང་དོན་གཅིག་པ་ཡིན། དེའི་ཤེས་བྱེད་ཁུངས་ཅན་ཞིག་ནི་སྤྱི་ལོ823ལ་བཙུགས་པ་ལྷ་སའི་གཙུག་ལག་ཁང་མདུན་གྱི་རྡོ་རིང་གི་ཤར་ངོས་སུ་བརྐོས་པའི་བཀའ་གཙིགས[ཕ5]ལས"“འཕྲུལ་གྱི་ལྷ་བཙན་པོ་འོ་ལྡེ་སྤུ་རྒྱལ”ཞེས་པ་སྟེ། བོད་ཀྱི་ཐོག་མའི་རྒྱལ་པོའི་མཚན་དངོས་དང་། དེ་དང་ཕྱོགས་འདྲ་བ་ཏུན་ཧོང་བོད་ཀྱི་ལོ་རྒྱུས་ཡིག་སྙིང་[P. T. 1286ཕ44]ལས"“ལྡེ་ཉག་ཁྲི་བཙན་པོ”ཞེས་པ་དང་། ཡང་[P. T. 1286ཕ53]དུ་ལྡེ་ཕྲུ་བོ་གནམ་གཞུང་བརྩན། གནམ་གཞུང་བརྩན་གྱི་སྲས་ལྡེ་གོལ། ལྡེ་གོལ་གྱི་སྲས། གནམ་ལྡེ་རྣོལ་ནམ། གནམ་ལྡེ་རྣོལ་ནམ་གྱི་སྲས། བསེའ་རྣོལ་པོ། བསེ་རྣོལ་པོའི་སྲས། ལྡེ་རྒྱལ་པོ། ཞེས་པ་དང་ཡང་[P. T. 1286ཕ58]དུ་ཁྲི་སླ་ཟུར་བསྙན་དང་། འབྲོའ་ཟ་དུང་ཕྱང་བཞེར་དུ་བཤོས་པའི་སྲས། འབྲོ་མཉེན་ལྡེ་རུ། ཞེས་པ་དང་ཡང་[P. T. 1286ཕ51]དུ་སློབ་བཙན་

གླུད་ནམ་དང་། ཆོས་པོང་ཟ་འབྲིང་མ་ཐོག་དགོས་སུ་བཏོལས་པའི་སྲས། སྲོང་ལྡེ་བཙན།" ཞེས་པ་དང་ཡང་[P. T. 1286 ཕ་65] དུ་འདུས་སྲོང་མང་པོ་རྗེ་དང་། མཆིམས་ཟ་བཙན་མ་ཐོག་སྟེང་དུ་བཏོས་པའི་སྲས། ཁྲི་ལྡེ་གཙུགས་བཙན། ཁྲི་ལྡེ་གཙུག་བཙན་དང་། སྣ་ནམ་ཟའ་མང་མོ་རྗེ་བཞི་སྟེང་དུ་བཏོས་པའི་སྲས། ཁྲི་སྲོང་ལྡེ་བཙན། ཞེས་སོགས་ཀྱིས་མཚོན། བོད་ཀྱི་གནའ་རབས་རྒྱལ་པོ་རྣམས་ཀྱི་མཚན་དུ"ལྡེ"ཞེས་བྱ་བའི་ཚིག་འདི་ཡང་ཡང་དུ་བྱུང་ཡོད་པ་དེ་དག་ལ་གཞིགས་ན། མིང་ཚིག་དེར་གོ་དོན་རྒྱ་ཆེ་ལ་གཏིང་ཟབ་པ་ཞིག་ཡོད་ངེས་པ་ལ་ཐེ་ཚོམ་ཅི་ཞིག་ཀྱང་མེད། ནམ་རྒྱུན་དུ་བོད་མི་དཀྱུས་མ་རྣམས་ཀྱིས་ཀྱང་རང་རང་གི་བུ་དང་བུ་མོ་རྣམས་ལ་གོ་དོན་བཟང་བའི་མིང་རེ·········འདོགས་སྲོལ་ཡོད་པ་དེ་ནི་གནའ་ནས་ད་ལྟའི་བར་རྒྱུན་ཆད་མ་མྱོང་བའི་གཤིས་ལུགས་ཤིག་ཡིན་པ་དེ······ལྟར་ན། བོད་ཀྱི་བཙན་པོ་དེ་ཚོ་ལ་གོ་དོན་རྒྱ་ཆེ་ལ་གཏིང་ཟབ་པའི་མཚན་རེ་ཡོད་དགོས་པ་ནི་བཤད་མ་དགོས་པ་རེད། "ལྡེའུ"ཞེས་པ་ནི་དཔེར་ན་མི་ཆུང་དུ་ལ"མིའུ"དང་རྟ་ཆུང་དུ་ལ"རྟེའུ"ཞེས་པ་ལྟ་བུ་སྟེ། དོན་དུ་ལྡེ་ཡི་ཆུང་ཚིག་གམ་དམན་ཚིག་ཅིག་ཡིན་པ་ལས་དངོས་དོན་ལ་མི་འདྲ་བ་འགའ་ཡང་མེད།

"ལྡེའམ""ལྡེའུ"ཞེས་བྱ་བའི་ཚིག་འདི་དག་ནམ་རྒྱུན་བོད་དུ་བེད་སྤྱོད་བྱེད་བཞིན་པ་ནི"ལྡེའུ······མིག"ཅེས་པ་ཁང་པའི་སྒོ་སོགས་ཀྱི་སྒོ་ལྕགས་འབྱེད་བྱེད་དེའི་མིང་ཚིག་ཙམ་ཞིག་ཡིན་ལ་གོ་དོན་དེ་དང··ཡང་འབྲེལ་བ་ངེས་ཅན་ཞིག་ཡོད་སྲིད་པ་ཡིན། "སྒོ"ཞེས་པ་འདི་ནི་ཁང་པའི་སྒོ་ཙམ་དུ་མ་ཟད་ལུས་ཀྱི་སྒོ་དང་ངག་གི་སྒོ་དང་ཡིད་ཀྱི་སྒོ་སྟེ་སྒོ་གསུམ་ལ་འཇུག་པའི་སྐབས་ཀྱང་ཡོད་ལ། དེ་འབྱེད་བྱེད་ནི་ཡང་དག་པའི་རིག་པ་ལས་གཞན་ཅི་ཞིག་ཡོད། གནའ་བོའི་ཐ་སྙད་དུ་ཡོངས་སུ་གྲགས་པའི་ལྡེའམ་ལྡེའུ་ཞེས་བྱ་བ་དེའི་གོ་དོན་རྣལ་མ་ནི་ཟབ་ཅིང་རྒྱ་ཆེ་བའི་ཤེས་བྱ་རིག་པའི་གནས་མཐའ་དག་ལ་སྒྲོ་སྒོ་ཕྱེ་བའི་རིག་པ་དེ་ཡིན་ལ། ལྷག་པར་དུ་ཟབ་གནད་ཀྱི་ལྡེའུ་སྣ་ཚོགས་པའི་མཁྱེན་པ་མངའ་བ་སྟེ། དེའི་ཚུལ་ནི་རྫོགས་པ་ཆེན་པོ་ཞང་ཞུང་སྙན་རྒྱུད་ཀྱི་བོན་མ་ནུབ་པའི་གཏན་ཚིག[རྫི262ཤ2བ2]ལས་སྔོན་ལེགས་མས་ན་རེ་ཞང་ཞུང་རྒྱལ་པོ་ལ་དམག་ས་ཁེབ་པ་ཡོད། བོད་ཀྱི་རྒྱལ་པོ་ལ་དམག་བ་བྲེ་མོའི་གཞུང་〔80〕ཙམ་ལས་མེད་པས། མངོན་དུ་བཏུལ་དུ་མི་ཐུབ་པས། ངན་དང་ཐབས་ཀྱིས་འདུལ་ན། ཞང་ཞུང་རྒྱལ་པོ་ནི་ཟླ་བ་ཕྱི་ཏ〔81〕ལ། ཞང་ཞུང་ཡུལ་ནས་སུམ་པ་གླང་གི་གྱིམ་ཤོད་དུ་སྐུ་རྐྱེན་དང་ཆས〔82〕ནས་མདུན་མལ་བཞུད་ཀྱིས། དེར་སྐུགས་ལ་ཀྲོངས་མཛོད་ཅིག དེའི་བྱ་གཏོང་བདག་གིས་བྱ་ཟེར་ཏེ། བུ་མེད་ཀྱི་བློ〔83〕ལ་སྟོས་པ་ཅི་ཡང་མ་འདོད་དེ། དེ་སྐད་སྨྲས་སོ། །དེར་ཆོས་དུས་ལ་འོང་བའི་བཟ་ལ་བཙས་ཀྱི་ཁར་

འཇོག་པར་ཆད་དོ། །དེར་བོད་ཀྱི་རྒྱལ་བློན་དམག་མི་སྟོང་སྡེ་མང་པོ་དང་ཆས་འོངས། སྣང་ནམ་ལེགས་གྲུབ་དང་། རྒྱལ་པོ་སྟུན་ལ་ལ་བཙས་ཀྱི་ཁར་ཕྱིན་ནས་ལྟས་པས། ཚ་སྣ་ང་གང་གི་ནང་ན། གསེར་ཚུང་གཅིག དུང་ཚུང་གཅིག དུག་མདེལ་གཅིག་དང་གསུམ་གདའོ། །བོད་ཀྱི་རྒྱལ་པོའི་ཞལ་ནས། ཚ་སྣ་ང་གང་ནི་ཟླ་བ་ཕྱི་མའི་ཉ་ལ་འོང་བྱ་བ་ཡིན། གསེར་ཚུང་དང་དུང་ཚུང་ནི་དྲང་རའི་གསེར་ཕྱུག་དུང་ཕྱུག་གཉིས་སུ་དམག་ཆོས་ལ་སྨྲུགས་ཤིག་བྱ་བ་ཡིན། དུག་མདེལ་ནི་བརྟག་པ་སྐྱིད་ལ་སྨྲུགས་ལ་སོད་ཅིག་བྱ་བ་ཡིན་ཟེར་ཏེ་སྨྲུགས་སོ། །ཞེས་པ་དེར་སློབ་ལེགས་མས་བྱ་གཏོང་གི་བརྡ་ཐབས་སུ་ཚ་སྣ་ང་གང་གི་ནང་ན་གསེར་ཚུང་དང་དུང་ཚུང་། དུག་མདེལ་གསུམ་བཞག་ཤེས་པའི་རིག་པ་དེ་དང་བོད་ཀྱི་རྒྱལ་པོས་དེའི་དོན་གསལ་པོར་ངེས་པའི་རིག་པ་དེ་རིགས་ལ་ལྡེའུ་རྣམས་ནི་རྒྱལ་སྲིད་སྐྱོང་བའི་ཆ་རྐྱེན་དུ་དགོས་ངེས······པའི་ཤེས་ཡོན་ཅིག་ཏུ་ཆགས་ཡོད་པར་མ་ཟད་ཕྲུག་གྱུར་གྱི་ལེགས་ཉེས་སྐོར་གསལ་བར་ངེས་བྱེད་ལྡེའུ······འཕྲུལ་མོའི་རིག་པ་དང་། གསང་བ་ཟབ་མོའི་གནད་རང་ཐོག་ཏུ་ངོ་སྤྲོད་པའི་ཆ་རྐྱེན་བརྡ་ཐབས་ཀྱི་རིག་པ་[84] སོགས་ལྡེ་དང་ལྡེའུར་གཏོགས་པའི་རིག་ལམ་རྒྱ་ཆེ་ལ་རྣམ་གྲངས་མང་བ་ཞིག་ཡོད་ངེས་པ་དེ······རིགས་ལ་ངོས་འཛིན་བྱེད་དགོས་པ་ཡིན།

"ཐོན" ཅེས་པ་ནི་ཆེས་སྔ་བའི་དུས་ནས་བོད་ཁམས་སུ་དར་སྲོལ་བྱུང་ཡོད་པའི་ཐོན་རིགས་མི་འདྲ་བ་ཇི་སྙེད་པ་རྣམས་དང་། ལོ་གྲངས་སུམ་སྟོང་དགུ་བརྒྱ་ལྷག་པའི་གོང་རོལ་དུ་གཤེན་རབ་མི་བོ་ཆེ་ཞང་ཞུང་ནས་བོད་ཡུལ་དབུས་སུ་ཕེབས་ནས་གཡུང་དྲུང་གི་ཐོན་སྒོ་ཇི་སྙེད་པ་ཞིག་བསྟན་སྒྲོང་བའི་ཐོན་གྱི་བྱེ་བྲག་ལྷ་ཐོན་སྒོ་བཞི་ཏུ་གྲགས་པ་རྣམས་དང་ཁྱད་པར་དུ་བོད་ཀྱི་ཡ་ཐོག་གི་རྒྱལ་པོ་འོ་ལྡེ་སྤུ་རྒྱལ་གྱི་དུས······ནས་དར་རྒྱས་སུ་ཡོད་པ་ཤེས་པ་ཅན་བཅུ་གཉིས་ཀྱི་ཐོན་སྒོའི་བྱེ་བྲག་རྣམས་ཡིན་པ་ནི་བཤད་མ་ཐག་པ····དེ་རྣམས་ཀྱིས་ངེས་ཤེས་ཐུབ་པ་ཡིན། ཕྱིས་ཀྱི་མཁས་པ་ཁ་ཅིག་གིས་དེབ་ཐེར་དམར་པོ་[པེ་35 ཤ་3] ལས་དེའི་སྲས་གནམ་རི་སྲོང་བཙན་འདིའི་རིང་ལ་རྒྱ་ནག་ནས་རྩིས་དང་སྨན་བྱུང་། ཞེས་པ་དང་། ནེའུ་སྟོན་གཏམ་[རྫ་5 ཤ་3 ཤ་5] ལས་གནམ་རི་སྲོང་བཙན་ (ཚེ་སྤོང་གཟའ་འབྲི་མ་ཐོག་) དེ་རིང་ལ་རྒྱ་ནག····ནས་རྩིས་བྱུང་ངོ་། །ཞེས་པ་ལྟ་བུའི་ལུང་འགའ་རེ་ལ་བརྟེན་ནས། དེ་སྔོན་དུ་བོད་ལ་སྨན་དཔྱད་དང་རྩིས་ཀྱི་རིག་གཞུང་མེད་པར་སྨྲ་བ་ནི་ཤིན་ཏུ་ཀུ་དོག་པའི་ལྟ་སྣང་ཤིག་སྟེ། ལུང་དེའི་དགོངས་དོན་རྣལ་མ་ནི་དུས་སྐབས་དེར་རྒྱ་ནག་ནས་རྒྱའི་རྩིས་གཞུང་གི་ལུགས་ཐུན་མོང་མ་ཡིན་པ་དེ་བོད་དུ་དར་བའི·······གནམ་ཙམ་དུ་ཟད་པ་ནི་ཤེས་སོ། རྒྱལ་རབས་གསལ་བའི་མེ་ལོང་[པེ་58 ཤ་11] ལས་གཞན་ཡང་ཤིང་བསྲེགས་པའི་སོལ་བ། ཀོ་བ་བཞུས་པའི་སྤྱིན་ལ་སྦྱིན་བྱུང་། ལྕགས་རྡོ། ཟངས་རྡོ། དངུལ་རྡོ་

གསུམ་རྟེན་ནས། སོལ་བས་རྗེ་གསུམ་བཞུས་ནས། དངུལ་ཟངས་ལྕགས་གསུམ་བཏོན། ཤིང་ལ་བྱུག་པ་ཕུག་ནས་གཤོལ་དང་གཉའ་ཤིང་བཅོས། མཐུན་གཉིས་གཉའ་རུ་བསྡེབས་པས་ཐང་རྣམས་ཞིང་དུ་རྨོས། ཆུ་མཚོ་ཡུར་ལ་དྲངས་ནས་ཞིང་ལ་ས་བོན་བཏབ། དེའི་གོང་ན་ཞིང་ལ་སོ་ནམ་མེད། ཅེས་གསུངས་པར་སོལ་བས་རྗེ་བཞུས་ཏེ་རིན་པོ་ཆེའི་དངོས་པོ་ལྕགས་ཟངས་དངུལ་སོགས་བཟོ་ཤེས་པ་བྱུང་བའི་དོན་ཡིན་……པ་ལས། ལྕགས་ཟངས་དངུལ་རྣམས་ངོ་ཤེས་པའམ་དེ་དག་ལ་བེད་སྤྱོད་བྱས་པའི་གཏམ་ཙམ་ཞིག་ཡིན་ཐབས་རྩ་བ་ནས་མེད། གང་ལ་ཟེར་ན། ཡོ་གྲངས་སུམ་སྟོང་བརྒྱད་བརྒྱའི་གོང་ལ་གཤེན་རབ་མི་བོ་ཆེ་དང་དུས་མཉམ་དུ་བྱུང་བའི་ཞང་ཞུང་གི་རྒྱལ་པོ་ཁྲི་ཕྱེར་གསེར་གྱི་བྱ་རུ་ཅན་དང་། སྟག་རྣ་གཟི་བརྗིད་རྒྱལ་པོ་ཟྙོམ་ཤར་ལྕགས་ཀྱི་བྱ་རུ་ཅན་དང་། ཉི་ཕོ་ཕྱེར་ཡ་རྒྱལ་པོ་གནམ་ལྕགས་དབལ་གྱི་བྱ་རུ་ཅན་དུ་གྲགས་པ་དེ་དག་ལ་གསེར་གྱི་རྨོག་ཞུ། ལྕགས་ཀྱི་རྨོག་ཞུ་རྣམས་ཡོད་པར་གསལ་བ་དང་། བོན་གྱི་དཔེ་ཤེལ་ཏུ་རྙིང་མ་ཞང་ཞུང་མེ་རིའི་ནང་། དབལ་ཆུ་བསྐོལ་སྟོད་དུ“དབལ་ཟངས”ཞེས་བྱ་བ་ཆྱུ་ཟངས་ལས་གྲུབ་པ་ཞིག་དགོས་པ་སོགས་གསལ་ཁ་ཐོབ་ངེས་ཡོད་པ་དེ་དག་གིས་ངེས་ཐུབ་པ་ཡིན། རྒྱལ་རབས་གསེར་ཕྲེང་[ཧྥ་200ཤ་13ཕ་2]ལས་རྗེ་གཉའ་ཁྲི་བཙན་པོ་ཞེས་མཚན་དུ་གསོལ་སྟེ་ཡུལ་ཡར་ལུང་སྤོ་ག…བཟུང་ཞེས་སྨྲོ། །སྐུ་མཁར་ཕྱི་དབང་སྟག་རྩེའི་ནང་ན་བཞུགས་ཏེ། མངའ་ཐང་དང་བཀའ་ཁྲིམས་ཀྱིས་སྐུ་བརྒྱན་མཛད། འཇིག་རྟེན་ཆོས་བཞིན་དུ་བསྐྱངས་པས་རྒྱལ་ཁམས་བདེ་ཞིང་སྐྱིད། སྐུ་བསྲུངས་(སྲུང་)སྡེ་བཞིའི་(བཞིས་)〔85〕སྐུ་བསྲུངས། གོད་ཕྱོང་སྡེ་མི་བཞི་བཅུ་རྩ་བཞིའི་(བཞིས)〔86〕ཕྱིའི་དགྲ་འདུལ། གཡུར་ཕྱོང་སྡེ་བཞི་བཅུ་རྩ་བཞིའི་(བཞིས)〔87〕ནི་ནང་གི་ཚ་ཁ་སྐྱོམས། སོ་ཁ་བཞིར་〔88〕ནི་སོ་འཛུགས། ཁྲིམ་ཁ་བརྒྱད〔89〕ཀྱིས་ནི་སོ་ཁའི་དགྲ་འདུལ། རོང་དོར་ཁབ་སོ་ཉི་ཤུ་རྩ་གཉིས་〔90〕ཀྱི་(ཀྱིས་)བང་མཛོད་འཕྲིངས། ཚོངས་འདུས་བཅུ་གཉིས་ནས་ནོར་གྱི་དཔྱིག་འདུལ། ལེགས་ཉེས་ཀྱི་བྱ་དགས་〔91〕དཔའ་འཛངས་ཀྱི་ཤན་འབྱེད། ནོངས་ཀྱི་ཆད་པས་ངན་གཡོའི་ཁུངས་སྐྱབས། འཛངས་སྣ་ལྷུས་〔92〕གསེར་གཡུ་དང་ཡིག་ཚང་གིས་སྟོད། དཔའ་སྣ་ལྷུས་〔93〕སེང་གེ་དང་གུང་སྟག་གིས་བརྒྱན། མགྱོགས་སྣ་ལྷུས་〔94〕ཕྱིབས་(ཆིབས་)མཛད་ནས་རྒྱུགས་སུ་སྤྲོ། རྗེའི་བཀའ་ཁྲིམས་ནི་གངས་ལ་ཉི་མ་ཤར་བ་དང་འདྲ། མཛད་པ་ལས་སུ་ཕོ་བྲང་འོམ་བུ་བླ་སྒང་བརྩིགས། རྐུ་འཕྲོག་པ་རྫུན་སྤོང་ཞིང་། ཚོངས་དང་ཁེ་སྤོགས་ལ་ལྷུ། རྒྱལ་ཁམས་ཐམས་ཅད་བདེ་ཞིང་མངའ་ཐང་ཐམས་ཅད་སྐྱིད་པས་དེ་ལྟར་ཚོ་ཆེ་ཞིང་ཁུངས་བཙུན་པ་ཡིན་ནོ། །ཞེས་བཙན་པོ་འོ་ལྡེ་སྤུ་རྒྱལ་གྱི་དུས་སུ་རྒྱལ་སྲིད་ཇི་ལྟར་བསྐྱངས་པའི་སྐོར་རགས་ཙམ་ཞིག་བསྟན་ལ། རྒྱལ་རབས་གསེར་ཕྲེང་འདི་ཀཿཐོག་རིག་འཛིན་ཚེ་དབང་ནོར་བུས་

(1698—1755)མཛད་པ་ཡིན་སྐབས་དཔེ་རྙིང་དེ་ཙམ་ཞིག་མིན་ནའང་། སྐབས་འདིར་ལུང་དུ་དྲངས་པའི་ཚིག་དེ་དག་གི་ཁོང་གིས་དཔེ་རྙིང་འགའ་ལས་བཏུས་གནང་བ་ཞིག་ཡིན་ངེས་པ་ནི་ཚིག་གི་འགྲོས······རང་གིས་ཤེས་ཐུབ་ཏུ་ཡོད་པ་འདི་རེད་ལ། ཚིག་སྦྱར་གྱི་དོན་ཡང་གོ་དཀའ་བ་ཞིག་ཡོད་པའི་ཁར་ཡི་གེའི་འབྲུ་དག་ལའང་ཚུལ་དང་མི་མཐུན་པ་འགའ་རེ་ཡོད་འདུག་པ་ནི"“སྐུ་བསྲུངས་སྡེ་བཞིའི་སྐུ་བསྲུངས། རྐོད་སྟོང་སྡེ་མི་བཞི་བཙུ་ཙ་བཞིའི་ཕྱིའི་དགྲ་འདུལ། གཡུལ་སྟོང་སྡེ་བཞི་བཙུ་ཙ་བཞིའི་ནི་ནང་གི་ཚ་ཁ་སྐྱོམས། སོ་ཁ་བཞིར་ནི་སོ་འཛུགས།" ཞེས་བྱ་བ་དེ་དག"“སྐུ་སྲུང་སྡེ་བཞིས་སྐུ་བསྲུངས། རྐོད་སྟོང་སྡེ་མི་བཞི་བཙུ་ཙ་བཞིས་ཕྱིའི་དགྲ་བཏུལ། གཡུང་སྟོང་སྡེ་བཞི་བཙུ་ཙ་བཞིས་ནི་ནང་གི་ཚོ་ཁ་སྐྱོམས། སོ་ཁ་བཞི་ཙ་ནི་སོ་བཙུགས།" ཞེས་པའི་དོན་ཡིན་པ་དང་ཡང་"ལེགས་ཉེས་ཀྱི་བྱ་དགས་དཔའ་འཛངས་ཀྱི་ཤན་འབྱེད། ངོངས་ཀྱི་ཆད་པས་ངན་གཡོའི་ཁྲུངས་སྐྲུབས། འཛངས་སྟ་ལྷས་གསེར་གཡུ་དང་ཡིག་ཚང་གིས་སྟོད། དཔའ་སྟ་ལྷས་སེང་གེ་དང་གུང་སྟག་གིས་བརྒྱན། མགྱོགས་སྟ་ལྷས་ཕྱིབས་མཛད་ནས་རྒྱུགས་སུ་སྦྲོ" ཞེས་བྱ་བ་དེ་དག"“ལེགས་ཉེས་ཀྱི་བྱ་དགར་དཔའ་མཛངས་ཀྱི་ཤན་འབྱེད། ངོངས་ཀྱི་ཆད་པར་ངན་གཡོའི་ཁྲུངས་བསྐྲུབས། མཛངས་སྟ་ལྷར་གསེར་གཡུ་དང་ཡིག་ཚང་གིས་བསྟོད། དཔའ་སྟ་ལྷར་སེང་གེ་དང་གུང་སྟག་གིས་བརྒྱན། མགྱོགས་སྟ་ལྷར་ཆིབས་མཛད་ནས་རྒྱུགས་སུ་སྦྲོ།" ཞེས་བྱ་བ་རྣམས་ཀྱི་དོན་དུ་གོ།

ཡང་གསེར་ཕྲེང་[རྫ་202ཤ་14བ་4]ལས་ཐོ་ཐོ་རི་ལོང་བཙན་གྱི་སྨན་ཚ་སྒྲ་རྒྱལ་ཞེས་པའི་སྲས་ཁྲི་བཙན། འདིའི་རིང་ལ་བསྲུང་དང་ལྡེམ་དར། ཞེས་གསལ་བའི་“བསྲུང”ཞེས་པ་ནི་གཞན་གྱི་རྒྱུ་ནོར་འཕྲོག་པའམ་བརྐུ་བ་དང་། མི་གསོད་པ་ལ་སོགས་པའི་ལས་ངན་པ་རྣམས་བྱེད་མི་ཆོག་པ་དང་། “ལྡེམ”ཞེས་པ་ནི་སོ་སོའི་ཁང་ནོར་དང་། ཞིང་ཁ་སོགས་ལ་བདག་ཆོག་པའི་དབང་ཆ་ཡོད་རིགས་ཏེ་དེ་དག་གི་བཀའ་ཁྲིམས་ཀྱི་སྲོལ་རྣམས་དུས་དེར་དབུ་ཚུགས་པའི་དོན་ཡིན་པ་དང་། ཡང་[203ཤ་15ན་2]དུ་ཁྲི་སྙན་བཟུང་བཙན། དེའི་རིང་ལ་འཕྲོག་སྐྱོང་བ་དང་ཞིང་གི་ཐུལ་སྡེབས་(95)དང་། མཚོ་ལ་སྐར་ཀ་བྱས་(96)ནས་ཡུར་བར་ཆུ་དྲངས་པ་དང་། ཐུ་ཆུ་ཟིང་ལ་བསྐྱིལ་ནས་མཚན་ཆུ་ཉིན་ལ་དྲངས་པ་སོགས་དེའི་དུས་སུ་བྱུང་ངོ་། །དེའི་སྲས་འབྲོང་སྙན་ལྡེ་རུ། དེའི་སྲས་སྟག་རི་སྙན་གཟིགས། རྒྱལ་པོ་འདིའི་རིངས་ལ་མཛོ་དང་དྲེའུ་སྲེ་བ། ནོར་གྱི་རིན་ཐང་གཅོད་པ། རིའི་རྩ་ལ་ཆུན་པོ་བྱ་བ་སོགས་བྱུང་ངོ་། །ཞེས་སོགས་ཀྱིས་གསལ་བ་དེ་རིགས་ནི་དངོས་དོན་དུ་ལོ་གྲངས་སུམ་སྟོང་བརྒྱད་བརྒྱ་ལྷག་པའི་དུས་ནས······ཞང་ཞུང་གི་ཤེས་རིགས་སྣ་ཚོགས་པ་ཞིག་བོད་ཡུལ་ཀུན་ཏུ་ཁྱབ་ཡོད་པ་ལུང་དང་རིག་པས་ངེས་ཤེས་ཐུབ་··

པ་དེ་ལྟར་ན། གོང་གསལ་གྱི་ལས་རིགས་དང་ཤེས་རིགས་དེ་དག་དུས་དེ་སྐྱིད་རྣམས་སུ་གཞི་ནས་དར་བར་བཤད་པ་ནི། དཔལ་ས་སྐྱ་པཎྜི་ཏས“བསྟོད་པར་བྱས་ཀྱང་སྨད་པའི་གནས།” ཞེས་ཉིད་ཀྱི་བླ་མ་དང་ཁུ་བོ་གཉིས་གྱུར་དཔལ་ས་སྐྱ་པ་གྲགས་པ་རྒྱལ་མཚན་ལ་བསྟོད་པའི་ཚིགས་སུ་བཅད་པ་ལས··········གསུངས་པ་དེའི་ལུགས་སུ་མི་འགྱུར་བའི་ངེས་པ་ཅི་ཞིག་ཡོད།

དུས་རིམ་བར་མའི་ནང་བོད་མིའི་ཤེས་རིག་མངོན་མཚན་ཤིན་ཏུ་ཆེ་བར་གྱུར་ཡོད་པ་ཞིག་ནི་བོད···ཀྱི་བཙན་པོ་རིམ་བྱོན་རྣམས་ཀྱིས་བརྩིགས་པའི་སྐུ་མཁར་ཕོ་བྲང་གི་རིགས་རྣམས་དང་། རྒྱལ་པོ་དང་རྒྱལ་པོའི་སྐུ་གཤེན་ཐུན་མོང་གིས་བཞེངས་པའི་གསས་མཁར་གྱི་རིགས་དེ་རྣམས་སུ་ངེས་པ་ཡིན། རྒྱལ་གཤེན་ཐུན་མོང་གིས་བཞེངས་པའི་གསས་མཁར་གང་དང་གང་དག་ཡིན་པ་དང་། གསས་མཁར་སོ་སོའི་མཚན་གྱི་རིམ་པ་སོགས་ཞིབ་གསལ་ནི་བོད་ཀྱི་བོན་རབས་བཤད་པའི་སྐབས་སུ་སྤྲོས་ཡོད་པ་དེ་ཙམ་གྱིས···ཆོག་པར་སེམས།

གསུམ། ཡ་ཐོག་བོད་ཀྱི་རྒྱལ་པོའི་སྐུ་མཁར་གྱི་སྐོར།

བོད་ཀྱི་ཡ་ཐོག་གི་རྒྱལ་པོ་འོ་ལྡེ་སྤུ་རྒྱལ་ལམ་གཉའ་ཁྲི་བཙན་པོས་སྐུ་མཁར་ཇི་ལྟར་བཞེངས་པ·······དང་། སྐུ་མཁར་གྱི་མཚན་གང་ཡིན་པ་བཅས་ཀྱི་སྐོར་ནི་ལྡེའུ་རྒྱ་བོད་ཀྱི་ཆོས་འབྱུང་[བོད237ཤ21] ལས་དེ་ནས་སྐུ་མཁར་ཡུན་བུ་བླ་སྒང་བརྩིགས་ཏེ། སུམ་པ་ཤང་གི་རྒྱལ་པོ་བཏུལ་ཏེ་རྫུ་འཕྲུལ་དང་ལྡན་ནོ། །ཞེས་གཉའ་ཁྲི་བཙན་པོས་སྐུ་མཁར་ཡུམ་བུ་བླ་སྒང་བརྩིགས་པར་མ་ཟད་སུམ་པའང་དབང་ཤུགས་ཀྱིས་བཏུལ་ཡོད་པའི་ཚུལ་གསལ་བ་དང་། ཡར་ལུང་ཇོ་བོའི་ཆོས་འབྱུང་དུ་ཡང་[སི40ཤ2]ལས་རྒྱལ་པོ་འདིའི་སྐུ་རིང་ལ། ལས་ཐབས་སུ་སྐུ་མཁར་ཡུམ་བུ་བླ་སྒང་བརྩིགས། ཞེས་དང་རྒྱལ་རབས་གསལ་བའི་མེ་ལོང་དུ་ཡང་[པེ55ཤ11]ལས“བོད་ཀྱི་རྒྱལ་པོ་ལ་སྔ་བ་དེ་ཡིན་ནོ། །དེས་ཕོ་བྲང་ཡུམ་བུ་གླང་མཁར་བརྩིགས།” ཞེས་པ་དང་། ལྡེ་བྲག་ཆོས་འབྱུང་[སྟོད་པེ160ཤ1]ལས་མཚན་དུ་གཉའ་ཁྲི་བཙན་པོ་ཞེས་གྲགས་བྱུང་། །སྐུ་མཁར་ཐོག་མ་ཡུམ་བུ་བླ་སྒང་མཛད། །ཅེས་པ་དང་། དེབ་ཐེར་དཔྱིད་ཀྱི་རྒྱལ་མོའི་གླུ་དབྱངས[པེ12ཤ17]ལས་རྗེ་འདིས་ཕོ་བྲང་ཡུམ་བུ་བླ་སྒང་བརྩིགས། ཞེས་སོགས་ཀྱིས་གསལ་བ་སྟེ། གཉའ་ཁྲི་བཙན་པོས་མཁར“ཡུན་བུ་བླ་སྒང”ངམ“ཡུམ་བུ་བླ་སྒང”ངམ“ཡུམ་བུ་གླང་མཁར” ཞེས་པ་ལྟ་བུ་ཡི་གེར་འགོད་སྟངས་མི་འདྲ་བ་འགའ་རེ་ཡོད་འདུག་པ་དེ་བཞེངས་ཡོད་པ་ལ་བོད་ཀྱི་རྒྱལ····རབས་དང་ཆོས་འབྱུང་ཕལ་མོ་ཆེ་ཞལ་མཐུན་བྱུང་ཡོད། སྲིད་པ་རྒྱུད་ཀྱི་ཁ་བྱང་[ཐོབ78ཤ40བ4]

ལས་ཀྱང་ཡུལ་ཡར་ལུང་སོགས་(སོག་)ཀ་ཏུ། མཁར་ཕྱི་བ་སྟག་རྩེར་བཞུགས། ཡུལ་དུ་རྗེ་གཤེགས་དེ་རང་སྐྱིད། ཅེས་བོད་ཀྱི་ཐོག་མའི་རྒྱལ་པོ་དེ་མཁར་ཕྱི་བ་སྟག་རྩེ་ཞེས་བྱ་བ་དེར་བཞུགས་པའི་ཚུལ་ཞལ་གསལ་དུ་བསྟན་པ་དེ་ལྟར་ན། ཕོ་བྲང་ཡུལ་བུ་བླ་སྒང་མ་བཞེངས་པའི་གོང་དུ་མཁར་ཕྱི་བ་སྟག་རྩེ་ཞེས་བྱ་བ་ཞིག་ཡོད་པ་དེ་ནི་ཕལ་ཆེར་གཉེན་ཆེན་པོ་སྣང་བའི་མདོག་ཅན་ནམ། བྱམས་མ་ལྟར་ན་སྨོམ་ལྷ་པོ་ལྷ་སྲས་སོགས་ཤེས་པ་ཅན་གྱི་བོན་པོ་དེ་ཆོས་བཞེངས་པའི་མཁར་ཞིག་ཀྱང་ཡིན་ལས་ཆེ་ཞིང་། ཡང་ན་ནི་བཀའ་ཆེམས་ཀ་ཁོལ་མ་[ཀན84ཕ8]ལས་རྗེས་གཉའ་ཁྲི་བཙན་པོ་དེ་ཡར་ལུང་བཙན་ཐང་སྒོ་བཞིར་ཆགས་ཐེབས་ནས་ཕོ་བྲང་བཏབ་པ་ཡིན། ཕོ་བྲང་ནི་ས་དང་རྗོ་ལ་མ་བརྩིགས། རི་དྭགས་ཤ་བ་དང་འགྲོང་། གཅན་ཟན་སྟག་གཟིག་པགས་པ་ལ་གུར་དུ་ཕུབ་ནས་བྱས་པ་ཡིན་ནོ། །ཞེས་གསལ་བ་ལྟ་བུ་བཞུགས་ནས་ཤིག་ཡིན་སྲིད། དེ་ནི་བོད་ཀྱི་འབྲོག་མིའི་གནའ་གཤིས་དང་ཆེས་མཐུན་པ་ཞིག་ཏུ་འདང་སྣང་།

རྒྱལ་རབས་དང་ཆོས་འབྱུང་ཕལ་མོ་ཆེར“ཕོ་བྲང་ངམ་སྐུ་མཁར་བརྩིགས”ཞེས་པའི་ཐ་སྙད་ཞལ····གསལ་དུ་བྱས་ཡོད་པ་འདི་ནི་ས་དང་རྗོ་ལས་བརྩིགས་པའི་ཕོ་བྲང་ཞིག་ལ་གོ་དགོས་པ་ཡིན་ལ། ཀོ་བ་དང་པགས་པའི་རིགས་ཀྱིས་བཅོས་པའི་ཕོ་བྲང་ལ་བརྩིགས་པའི་ཐ་སྙད་འབྱུང་མི་ཤེས་པ་ནི་བཀའ་ཆེམས་ཉིད་དུའང“ཕོ་བྲང་བཏབ”ཅེས་པ་ལས། “ཕོ་བྲང་བརྩིགས”ཞེས་གསུངས་མེད་པ་དེ་ལས་ངེས་ཤེས་ཐུབ་པ་ཡིན། གང་ལྟར་ཡང“ཕྱི་བ་སྟག་རྩེའམ”“ཕྱིང་བ་སྟག་རྩེ”ཞེས་པ་གནས་ཀྱི་མིང་དང“མཁར་ཕྱི་བ་སྟག་རྩེའམ་མཁར་ཕྱིང་བ་སྟག་རྩེ”ཞེས་བྱ་བ་སྐུ་མཁར་གྱི་མིང་གཉིས་འདྲ་ཐབས་མེད་ལ། དེ་བཞིན་དུ“ཕོ་བྲང་ཡུམ་བུ་བླ་སྒང”ཞེས་པ་སྐུ་མཁར་གྱི་མིང་དང“ཡུམ་བུ་བླ་སྒང”ཞེས་པ་གནས་ཀྱི······མིང་ཙམ་བསྟན་པ་འདི་གཉིས་ཀྱང་ཕན་ཚུན་ཐ་དད་ཡིན་ངེས་པ་ནི་ལྡེའུ་ཆོས་འབྱུང་ཆེན་མོ་[བོད102ཕ4]ལས་དེ་ནས་ཡུམ་བུ་བླ་སྒང་དུ་གཤེགས། ཡི་ནས་མཐོ་བ་ལ་ཕྱུག་ཚང་སྤྲོ་དང་སྐགས། དེ་ནས་ཕྱིང་བ་སྟག་རྩེར་བྱོན་ཏེ་དར་དཀར་གྱི་ཡོལ་བ་དགུ་རིམ་བགྱིས། ཞེས་བསྟན་པ་འདི་དང་། རྒྱལ་རབས་འཕྲུལ་གྱི་ལྡེ་མིག་[རྫི7ཤ12བ4]ལས་དེ་ལ་རྗེ་མཉའ་ཁྲི་བཙན་པོ་ཉིད་ཀྱིས་ཡུལ་ཡར་ལུང་སོག····ཁར་བྱོན་ཏེ་ཕོ་བྲང་ཝུམ་བུ་སླང་མཁར་རྩིགས་པ་བོད་ཀྱི་ཕོ་བྲང་སྔ་ཤོས་སུ་འདུག ཅེས་གསུངས་པ་འདི་དག་ཕན་ཚུན་གོ་བསྡུར་ན། ཐ་སྙད་ཀྱི་གཞི་རྩེའི་ཁྱད་གང་དག་ཡོད་པ་གསལ་པོར་མངོན་ཐུབ་པ་ཡིན།

བཙན་པོ་འོ་ལྡེ་སྤུ་རྒྱལ་ལམ་གཉའ་ཁྲི་བཙན་པོའི་རྗེས། དུས་རིམ་བར་མའི་རྒྱལ་རབས་རིམ་བྱོན་རྣམས་ཀྱིས་སྐུ་མཁར་དང་ཕོ་བྲང་སོགས་ཇི་ལྟར་བཞེངས་སྐྱོང་བའི་སྐོར་ནི་ཡར་ལུང་ཇོ་བོའི་ཆོས་འབྱུང་” [སི་45 ཤ་5] ལས་སྲས་སྤུ་ལྡེ་གུང་རྒྱལ་གྱི་རིང་ལ། སྐུ་མཁར་འཆིང་ང་རྟག་རྩེ་བརྩིགས། ཞེས་གསལ་བའི་སྐུ་མཁར་“ འཆིང་ང་རྟག་རྩེ་” ཞེས་བྱ་བ་དེ་ནི་ཡིག་ཆ་གཞན་དག་ཏུ་“ ཕྱི་བ་སྟག་རྩེའམ་ཕྱིང་བ་སྟག་རྩེ” ཞེས་པ་ལྟ་བུ་ཡི་གེར་འགོད་སྟངས་མི་འདྲ་བ་དུ་མ་ཞིག་ཡོད་པའི་སྐུ་མཁར་དེ་ལ་གོ་དགོས་པ་སྟེ། ལྡེའུ་བྲག་ཆོས་འབྱུང་[པེ་སྟོད་163 ཤ་17] ལས་རྒྱལ་པོའི་སྐུ་མཁར་འཆིང་བ་སྟག་རྩེ་བརྩིགས། །ཤམ་པོ་མཁར་གྱི་རྩེ་ཕབ་ནས་རྨང་རྗེ་བྱས། །ཞེས་པ་དང་། དེབ་ཐེར་དཔྱིད་ཀྱི་རྒྱལ་མོའི་གླུ་དབྱངས་[པེ་13 ཤ་16] ལས་སྲས་(སྤུ་དེ་གུང་རྒྱལ་) ཀྱི་རིང་ལ་སྐུ་མཁར་ཕྱིང་བ་སྟག་རྩེ་བརྩིགས། ཞེས་པ་རྣམས་ཀྱིས་ཤེས་ཐུབ་ལ། བཙན་པོ་སྤུ་དེ་གུང་རྒྱལ་གྱིས་སྐུ་མཁར་འདི་ཉིད་བཞེངས་པའི་ཚེ། ཤམ་པོ་མཁར་གྱི་རྩེ་ཕབ་ནས་སྐུ་མཁར་ཕྱིང་བ་སྟག་རྩེའི་རྨང་རྗེ་བྱས་པར་བཤད་པ་དེའི་དགོངས་དོན་ནི། ཉེ་རྒྱལ་ལོ་ངམ་གྱིས་ཡབ་རྒྱལ་པོ་གྲི་གུམ་བཙན་པོ་བཀྲོངས་ཏེ་བོད་ཀྱི་རྒྱལ་སྲིད་ལོ་ཧྲིལ་པོ་བཅུ་གཉིས་ཀྱི་རིང་ལ་བཟུང་བའི་ཚེ། ཉེ་རྒྱལ་ལོ་ངམ་གྱི་ཕོ་བྲང་ནི་“ ཤམ་པོ་མཁར་” ཞེས་བྱ་བ་དེ་ཉིད་ཡིན་པའི་ཚུལ། ཡར་ལུང་ཆོས་འབྱུང་[སི་44 ཤ་

9] ལས་དེ་ནས་ཏུ་ལ་སྐྱེས་ཀྱིས་ཉང་རོ་ཤམ་པོ་མཁར་གྱི་རི་ལ་བྱ་རྒོད་ཀྱི་ཚང་དུ་ཕྱིན། རྒོད་བསད་པའི་གསོབ་ཏུ་ཞུགས། ཤམ་པོ་མཁར་གྱི་རྩེ་ལ་བབས་ནས། ལོ་ངམ་ཕོ་བརྒྱ་བྲང་ལ་སླང་བཀབ་ཅིང་བསད། ལོ་ངམ་མོ་བརྒྱ་མགོ་ལ་ཟངས་ཨུ་སྲུབ་ཅིང་བསད། ལོ་ཕྲུག་ཐམས་ཅད་བྲག་ལ་བརྡབས་ཤིང་བསད། ཤམ་པོ་མཁར་གྱི་རྩེ་ཕབ་ནས་སྐུ་མཁར་འཆིང་ང་སྟག་རྩེའི་རྨང་རྫོ་བྱས་སོ། །ཞེས་གོ་རྟོགས་ཐུབ་པ་ཡིན།

ལོ་རྒྱུས་ཀྱི་ཡིག་ཆ་འགའ་ཞིག་ཏུ་ནི་སྐུ་མཁར་ཕྱིང་བ་སྟག་རྩེ་དེ་ལེགས་དྲུག་གི་སྐུ་དུས་སུ་བཞེངས····ཡོད་པར་བཤད་དེ། དེའང་བཀའ་ཆེམས་ཀ་ཁོལ་མ་[ཀན་89ཕ་5]ལས་(ལེགས་དྲུག་)དེའི་རིང་ལ་སྐུ་མཁར་ཕྱིང་བ་སྟག་རྩེ་དང་རྩེ་དྲུག་བྱ་བ་རྩིགས་སོ། །ཞེས་མཚོན། དེ་འདྲ་བའི་བཤད་སྟངས་ཤིག་ཀྱང་བྱུང་ཡོད་འདུག དེར་མ་ཟད་རྒྱལ་རབས་གསེར་ཕྲེང་[རྒྱ་202ཤ་14བ་1]ལས་དེའི་སྲས་ཨི་ཤོ་ལེགས། རྒྱལ་པོ་འདི་ཡིས་ཕོ་བྲང་ཕྱི་དབང་སྟག་རྩེ་བརྩིགས། ཕོ་བྲང་སྐུ་མཁར་བརྩིགས་པའི་སྔ་ཤོས་དེ་ཡིན་ནོ། ། ཞེས་ཨི་ཤོ་ལེགས་ཀྱིས་ཕོ་བྲང་ཕྱི་དབང་སྟག་རྩེའམ་ཕྱིང་བ་སྟག་རྩེ་བརྩིགས་པར་མ་ཟད། དེ་ནི་ཕོ་བྲང་སྐུ་མཁར་བརྩིགས་པའི་སྔ་ཤོས་ཡིན་པའང་ཞལ་གྱིས་བཞེས་ཡོད།

རྒྱལ་རབས་གསེར་ཕྲེང་གི་གཞུང་རང་དུ་གཉའ་ཁྲི་བཙན་པོའི་མཛད་རྗེས་བཤད་པའི་སྐབས་[རྒྱ་200ཤ་13བ་2]དུ་རྗེ་གཉའ་ཁྲི་བཙན་པོ་ཞེས་མཚན་དུ་གསོལ་ཏེ། ཡུལ་ཡར་ལུང་སོ་ཀ་བཟུང་ཞེས་སྨྲོས། ། སྐུ་མཁར་ཕྱི་དབང་སྟག་རྩེའི་ནང་ན་བཞུགས། ཞེས་དུས་དེར་སྐུ་མཁར་ཕྱི་དབང་སྟག་རྩེ་ཞེས་པ་ཞིག་ཡོད་པ་དང་ཡང་[རྒྱ་200ཤ་13བ་6]དུ་མཛད་པ་ལས་སུ་ཕོ་བྲང་འོམ་བུ་བླ་སྒང་བརྩིགས། ཞེས་ཡ་ཐོག་གི་ཕོ་བྲང་དེ་དུས་ནས་བརྩིགས་པར་བཤད་པ་འདི་དང་། ལེགས་དྲུག་གི་དུས་སུ་ཕོ་བྲང་སྐུ་མཁར་བརྩིགས་པའི་སྔ་ཤོས་ཡིན་ཚུལ་གསུངས་པ་འདི་གཉིས་དངོས་འགལ་ལྟ་བུ་ཞིག་ཏུ་སྣང་ནའང་། གསེར་ཕྲེང་བ་ཉིད་ཀྱི་དགོངས་པ་རྣལ་མ་ནི་ཨི་ཤོ་ལེགས་ཀྱིས་སྔར་ཡོད་སྐུ་མཁར་ཕྱི་དབང་སྟག་རྩེ་རྒྱ་བསྐྱེད་དེ། ཕོ་བྲང་གི་ཆ་ཤས་མང་ཞིག་གསར་དུ་བརྩིགས་པའི་རྒྱུ་མཚན་གྱིས"ཕྱི་དབང་སྟག་རྩེ"བརྩིགས་པའི་ཐ·····སྙད་བྱས་པ་དང་། ཕོ་བྲང་རྒྱ་ཆེན་པོར་བསྐྱེད་དེ་བཞེངས་པའི་མཛད་པ་འདི་ནི་ས་ལ་ལེགས་དྲུག་ཏུ་གྲགས་པའི་རྒྱལ་རབས་རྣམས་སུ་སྔ་ཤོས་ཡིན་པའི་རྒྱུ་མཚན་ལ་བརྟེན་ནས"ཕོ་བྲང་སྐུ་མཁར་བརྩིགས·····པའི་སྔ་ཤོས"ཞེས་གསུངས་ཡོད་པ་ལས། མཁས་པ་ཆེན་པོ་ཞིག་གིས་དེ་ལྟ་བུའི་དངོས་འགལ་ཞིག་གསུངས་ཤེས་ཐབས་མེད་པ་དེ་ཐོག་ནས་གོ་རྟོགས་ཐུབ་པ་ཡིན།

ལེགས་དྲུག་གི་སྐུ་རིང་ལ་སྐུ་མཁར་རྩེ་དྲུག་བརྩིགས་པའི་སྐོར་ནི། ལྡེའུ་རྒྱ་བོད་ཀྱི་ཆོས་འབྱུང་[བོད་248ཕ་12]ལས་ལེགས་དྲུག་དྲིན་ལ་ཕྱིང་ས་རྩེ་དྲུག་བརྩིགས། ཞེས་པ་ནི། ཕྱིང་ས་སྟག་རྩེ། གཡུ་རྩེ་(ཐེ་

ནོས།)   དབུ་རྩེ(གུར་བུས།)   ཁྲི་རྩིག   འབུམ་སྟུག(འགྲོ་བཞིས།)   མཐོང་རྩེ་(ཨི་ནོས་)དང་དྲུག་གོ། ཞེས་པ་རྣམས་ཀྱིས་སྐུ་མཁར་གྱི་མིང་དང་།   དེ་དག་རྩིགས་མཁན་གྱི་རྒྱལ་པོ་སུ་ཡིན་པའི་མཚན་རྣམས་གསལ་བ་ཡིན་ལ། དེའང་ལྡེའུ་རང་གི་བཞེད་པར་ལེགས་དྲུག་གི་དང་པོ་ནི་ནོ་ལེགས་ཡིན་སྐབས། དེས་ཕྱིང་ས་སྟག་རྩེའམ་ཕྱིང་བ་སྟག་རྩེ་བརྩིགས་པ་དང་།   ལྔ་པ་ཟེ་ནོ་ལེགས་ཀྱིས་སྐུ་མཁར་གཡུ་རྩེ་བརྩིགས། གསུམ་པ་གུར་བུའམ་གོར་བུ་ལེགས་ཀྱིས་སྐུ་མཁར་དབུ་རྩེ་བརྩིགས་པ་དང་།   བཞི་པ་འགྲོ་བཞི་ལེགས་ཀྱིས་སྐུ་མཁར་འབུམ་སྟུག་བརྩིགས།   དྲུག་པ་ཨི་ནོ་ལེགས་ཀྱིས་སྐུ་མཁར་མཐོང་རྩེ་བརྩིགས་པ་རྣམས་མཚན་གྱིས་ངེས་ཐུབ་ལ། གཉིས་པ་དེ་ནོ་ལེགས་ཀྱིས་བརྩིགས་པའི་སྐུ་མཁར་གང་ཡིན་ཞལ་མི་གསལ་མོད། དེ་ནི་སྐུ་མཁར་ཁྲི་རྩིག་ཡིན་པ་སྐུ་མཁར་དྲུག་གི་གྲངས་སུ་ཁྲི་རྩིག་ཡོད་པས་ངེས་ཤེས་ཐུབ་པ་ཡིན་ལ། ལེགས་དྲུག་གིས་བརྩིགས་པའི་སྐུ་མཁར་དྲུག་གང་དག་ཡིན་པའི་སྐོར་ལྷོ་བྲག་ཆོས་འབྱུང་[པེ་སྐྲུན་165ཕ་12]ལས་འདི་དྲུག་རིང་ལ་འཆིང་བ་རྩེ་དྲུག་བརྩིགས། སྟག་རྩེ། རྐོད་རྩེ། ཡང་རྩེ། ཁྲི་རྩེ། རྩེ་མོ་ཁྱུང་རྒྱལ་ཁྲི་བརྩིགས་འབུམ་གདུགས་དྲུག་ཡིན།   ཞེས་གསུངས་པས་ཀྱང་གསལ་ལ་འདིར"སྟག་རྩེ"ཞེས་གསུངས་པ་དེ་ནི་ལྡེའུས་གསུངས་པའི"ཕྱིང་ས་སྟག་རྩེ"དང་། "ཡང་རྩེ"ཞེས་པ་ནི"གཡུ་རྩེ"དང་། "ཁྲི་རྩེ"ཞེས་པ་ནི"ཁྲི་རྩིག"དང་། "རྐོད་རྩེ"ཞེས་པ་ནི"དབུ་རྩེ"དང"ཁྲི་བརྩིགས་འབུམ་གདུགས"ཞེས་པ…"འབུམ་སྟུག"དང"རྩེ་མོ་ཁྱུང་རྒྱལ"ཞེས་པ"མཐོང་རྩེ"རྣམས་ཡིན་པ་དོན་གྱིས་ངེས་ཐུབ་པ་ཡིན།

ས་བཅད་དྲུག་པ། ཞང་ཞུང་གི་རྒྱལ་གཉེན་པོན་གྱི་གནས་ཚུལ།

དུས་རིམ་བར་མའི་ནང་ཞང་ཞུང་གི་རྒྱལ་གཉེན་པོན་གསུམ་གྱི་གནས་ཚུལ་ཇི་ལྟར་ཡིན་པ་ནི། ཡོངས་གྲགས་ཞང་ཞུང་གི་རྒྱལ་པོ་བྱ་རུ་ཅན་བཅོ་བརྒྱད་བྱུང་བའི་ཐ་མ་སྟག་ཉ་གཟི་བརྗིད་རྒྱལ་པོ་ཁྲི་ལྡེམ་ཟུགས་ཀྱི་བྱ་རུ་ཅན་དུ་གྲགས་པ་དེས་ཞང་ཞུང་གི་རྒྱལ་ཁམས་ལ་དབང་བསྒྱུར་བའི་དུས་སྐབས་དེ་ནས……བརྩམས་པའི་ལོ་རྒྱུས་ལ་གཞིར་འཛིན་དགོས་པ་དེ་ཡིན།

གཅིག སྟག་ཉ་གཟི་བརྗིད་རྒྱལ་པོའི་སྐོར།

དེ་ཡང་གངས་ཏི་སེའི་དཀར་ཆག་ཚངས་དབྱངས་ཡིད་འཕྲོག་[ISMEO ཤ24ན3]ལས་དྲང་སྲོང་ཡེ་ཤེས་རྒྱལ་བ་ཞེས་བྱ་བ་དེས།   ཞང་ཞུང་སྲོས་རི་དང་ལྡན་གྱི་རྩ་བ།   གྲོང་ཁྱེར་སྟག་ཉ་གླིང་གི་ཁབ།

མཆོད་རྟེན་ཟླན་ཟླ་ཆེན་པོའི་དྲུང་དུ་ཡང་། དགྲ་བཅོམས་(བཅོམ་)གཡུང་དྲུང་སེམས་དཔའི་འདུས་སྡེ་ཁྲི་དྲུག་སྟོང་དུ་བསྟན་པ་སྤེལ་ལོ། །དེའི་དུས་སུ་ཞབས་ནས་འདེགས་པའི་རྒྱལ་པོ། ཞང་ཞུང་ཅེ་ཏའི་ཡུལ་རི་སྤོས་ངད་ལྡན་གྱི་རྩ་བ། གྲོང་ཁྱེར་སྟག་གླིང་གི་དབུས། སྟག་རྣ་དཔལ་གྱི་སྦྱང་ཁར་(མཁར་)ཞེས་བྱ་བ་དེ་རུ། སྟག་རྣ་གཟི་བརྗིད་རྒྱལ་པོ་ཁྲི་ལྡེམ་ལྷུགས་ཀྱི་བྱ་རུ་ཅན་ཉིད་དོ། །དེ་ལྟར་དུ་ཡེ་ཤེས་རྒྱལ་བའི་སློབ་མ། དྲང་སྲོང་དཔལ་གྱི་དབང་ཕྱུག་ཞེས་(ཅེས་)བྱ་བ་དེས། བོད་ཀྱི་ཡུལ་དུ་འདུལ་བའི་བསྟན་པ་རྒྱ་ཆེན་པོར་སྤེལ་བའོ། །ཞེས་གསུངས་པ་དེར། དྲང་སྲོང་དཔལ་གྱི་དབང་ཕྱུག་གིས་སྟག་རྣ་གཟི་བརྗིད་རྒྱལ་པོའི་སྐུ་ཚེའི་སྐབས་ཙམ་ན་བོད་ཡུལ་དུ་འདུལ་བའི་བསྟན་པ་སྤེལ་བའི་ཚུལ་གསལ་བ་དེ་ནི་བོད་ཀྱི་རྒྱལ་པོ་གནམ་གྱི་ཁྲི་བདུན་གྱི་སྐུ་རིང་ལ་བྱུང་བའི་ལོ་རྒྱུས་ཤིག་སྟེ། དེ་ཡང་རྩ་རྒྱུད་ཉི་སྒྲོན་[ཐོབ་301ཤ་149ན་1]ལས་གནམ་གྱི་ཁྲི་བདུན་ཞེས་བྱ་སྟེ། རྒྱལ་པོ་རེ་ལ་སྐུ་སྲུང་བོན་གཤེན་རེས་མཛད་པས། བོན་གཤེན་མངའ་ཐང་ཆེའོ། །དེ་དུས་ག་ཆུ་དང་ཡ་གོང་། ཕམས་ཤི། ལྷེ་བཙུན་བཞིས། ལྷ་ཁང་གསས་ཁང་མཆོད་རྟེན། གནས་ཆེན་བཞིར་དགོན་སྡེ་ཆེན་པོ་བཞི་བཞེངས། ཞེས་གསལ་བའི་ག་ཆུ་གང་ཡ་གོང་། ཕམ་ཤི། ལྷེ་བཙུན་དུ་གྲགས་པ་དེ་རྣམས་ནི་བོན་ལུགས་འདུལ་བསྟན་གྱི་སྲོག་ཤིང་ཆེན་པོ་བཞི་ཡིན་པའི་ཚུལ་དང་རྒྱུས་གསལ…སྒྲོན་གྱི་ལོ་རྒྱུས་ཀུན་གསལ་[སི་ཤ་159ན་6]ལས་འདུལ་བ་ནི་ཞང་ཞུང་གཤེན་པོ་གཙུག་ཕུད་ཚུལ་ཁྲིམས་ལ། སློབ་མ་བཞི་བྱུང་བ་ནི་ག་ཆུ་གཙུག་ཕུད་རྒྱལ་མཚན། སྤྱ་གོང་ཡེ་ཤེས་རྒྱལ་མཚན། ཕམ་ཤི་དཔལ་གྱི་དབང་ཕྱུག ལྷེ་བཙུན་རབ་གསལ་དང་བཞིའོ། །ཞེས་གསལ་བར་བསྟན་པ་དེ་དག་གིས་ངེས་ཤེས་ཐུབ་པ་ཡིན།

སྟག་རྣ་གཟི་བརྗིད་རྒྱལ་པོ་འདི་ནི་བོན་གཤེན་ཆེན་པོ་ལི་ཤུ་སྟག་རིང་གི་ཡབ་ཚབ་ཡིན་པ་སྟེ། དེའི་ཚུལ་ཡང་གངས་ཏི་སེའི་དཀར་ཆག་ཚངས་དབྱངས་ཡིད་འཕྲོག་[ISMEO ཤ་26ན་3]ལས་ཞང་ཞུང་ཅེ…ཏའི་ཡུལ་སྤོས་རི་ངད་ལྡན་གྱི་རྩ་བ། གྲོང་ཁྱེར་སྟག་སྣ་(རྣ་)གླིང་གི་དབུས། སྟག་རྣ་དཔལ་རྫོང་ཁར་(མཁར་)ཞེས་བྱ་བ་དེ་རུ། ལྷ་ཆེན་ཡོངས་སུ་དགའི་སྤྲུལ་པ། སྟག་རྣ་གཟི་རྗིད་(བརྗིད)རྒྱལ་པོ་དང་ཡུམ་ཁྱུང་ལྕེམ་གཡུང་དྲུང་དགེ་ལྡན་མ་བྱ་བ་ལ། འཁོར་དང་ལོངས་སྤྱོད་ཡོད་ཀྱང་སྐུ་སྲས་མེད་པའི་ཚེ། རེ་ཞིག་མཚོ་མུ་ལི་ཁྲུད་སྔོར་བྲག་རིན་ཆེན་དཔུང་(སྤུངས)པའི་ཚལ་དུ་འང་། རྒྱལ་པོ་ཡབ་ཡུམ་བློན་པོ་དང་བཅས་ཏེ། མེ་ཏོག་འཐུ་ཞིང་བདེ་གཤེགས་ལ་མཆོད་པ་འབུལ་དུ་གཤེགས་པ་ལ། ཡབ་ཀྱི་མེ་ཏོག་སྔོན་པོ་པདྨ་འདབ་བརྒྱད(བརྒྱད)ཀྱི་ནང་དུ། མཚན་ལྡན་གྱི་བུ་མོ་འདོ་(མདངས་)ལྡན་པ་ཞིག་འཁྱོར་བ་ལ། ངོ་ཚར་(མཚར་)དང་བཅས་ཏེ་ཡུམ་ལ་ཕུལ་ཞིང་སྲས་སྐལ་དུ་མཛད་པའི་མིང་ཡང་འཆི་མེད་སྤྲུལ་པ་བོན་མོ་

སྟག་ཟ་ལི་ཕེར་དུ་གྲགས་སོ། །དེ་ཡང་བོན་མོ་མཆོག་གི་རིང་ལ་ཆོག(མཆོག)གི་སྲུབ་པ་མཛད་པས་མོ་ཕོ་ཏུ་འགྱུར་ཏེ། སྣ་ཆེན་ལི་ཤུ་སྟག་རིང་དུ་གྲགས་སོ། །ཞེས་ཞང་ཞུང་ཙོ་ཊའི་རྒྱལ་པོ་ཁྲི་ཝེར་ལྷ་ཟུགས་ཀྱི་བྱ་རུ་ཅན་གྱིས་སྣ་ཆེན་ལི་ཤུ་སྟག་རིང་སྤྲུལ་ཚབ་མཛད་པའི་ཚུལ་གསལ་བར་བསྟན་ཡོད་པས་ཤེས་ཐུབ་པ་ཡིན།

དེ་ལྟར་ནའང"སྟག་ཟ་གཟི་བརྗིད་རྒྱལ་པོ་ཁྲི་ཝེར་ལྷ་ཟུགས་ཀྱི་བྱ་རུ་ཅན"ཞེས་པ་འདི་ནི། སྟག་ཟ་དཔལ་གྱི་རྫོང་མཁར་གྱི་བདག་མཛད་པའི་རྒྱལ་པོ་དེའི་ཆེ་བའི་མཚན་ཞིག་ཡིན་པ་ལས། རྒྱལ་པོ་སྙིར་གྱི་མཚན་དངོས་མིན་སྟབས། དྲང་སྲོང་ཡེ་ཤེས་རྒྱལ་བ་ལས་བླ་རབས་བཞིས་སྤྱ་བ། དྲང་སོང་རྫུ་འཕྲུལ་ཡེ་ཤེས་སུ་གྲགས་པ་དེའི་ཡོན་བདག་གི་གཙོ་བོའང་ཞང་ཞུང་སྟག་ཟའི་རྒྱལ་པོ་ཞིག་ཡིན་པའི་ཚུལ་ཚངས······ དབྱངས་ཡིད་འཕྲོག[ISMEO ཤ23 བ2]ལས་དྲང་སྲོང་རྫུ་འཕྲུལ་ཡེ་ཤེས་ཞེས་བྱ་བ་དེས། ཞང་ཞུང་སྲོས་ངད་ལྡན་པའི་ཤར་ཕྱོགས། ལ་མོར་རྗེ་ཡི་ཁང་བུའི་གླིང་། དགྲ་བཅོམས(བཅོམ)གཡུང་དྲུང་སེམས་དཔའི་འདུས་སྡེ་ཆེན་པོ་སྟོང་ཕྲག་དུ་མ་ཏུ་བསྟན་པ་སྤེལ་ལོ། །དེའི་དུས་སུའང་ཞབས་ནས་རྒྱལ་པོ། ཞང་ཞུང་ཙོ་ཊའི་ཡུལ་སྲོས་རི་ངད་ལྡན་གྱི་རྩ་བ། གྲོང་ཁྱེར་སྟག་སྣ(ཟ)གླིང་གི་དུབས(དབུས)། སྟག་སྣ(ཟ)དཔལ་གྱི་རྫོང་ཁར(མཁར)ཞེས་བྱ་བ་དེ་རུ། སྟག་ཟ་གཟི་བརྗིད་རྒྱལ་པོ་ཁྲི་ཝེར་ལྷ་ཟུགས་ཀྱི་བྱ་རུ་ཅན་ཉིད་དོ། །ཞེས་ངེས་ཤེས་ཐུབ་ལ་སྣ་ཆེན་ལི་ཤུ་སྟག་རིང་སྐུ་འཁྲུངས་པའི་ལོ་དུས་དེ། གཤེན་རབ་མི་བོ་ཆེ་སྐུ་འཁྲུངས་ནས་ལོ་གྲངས་ཉིས་བརྒྱ་པ་སྣེ་འཁོར་གཉིས་པའི་སྣེ་ཕྲེང་གོང་མའི་ཆུ་མོ་ལུག་གི་ལོ(སྣེ་200)ཡིན་པའི་ཚུལ་དུས་རིམ་གོང་མའི་བོན་རབས་བཤད་པའི་སྐབས་སུ་གསལ་བར་བསྟན་ཡོད་པ་དེ······ དང་ཡང་མཐུན་པ་ཡིན།

དྲང་སྲོང་ཡེ་ཤེས་རྒྱལ་བའི་ཡོན་བདག་གནང་མཁན་ཞང་ཞུང་ཙོ་ཊའི་ཡུལ། སྟག་ཟ་དཔལ་གྱི་རྫོང་མཁར་དུ་བཞུགས་པའི་སྟག་ཟ་གཟི་བརྗིད་རྒྱལ་པོ་གཞའ་ཚོན་འོད་ཀྱི་བྱ་རུ་ཅན་དུ་གྲགས་པ་དེའི་རྒྱལ······ རྒྱུད་ཀྱི་རིམ་པ་ཇི་ལྟར་བྱུང་ཡོད་པའི་སྐོར་རྒྱལ་རབས་རེ་བཞིན་གྱི་ལོ་རྒྱུས་དཔེར་བཀོད་པའི་ཡིག་ཆ······ འགའ་ཡང་ཁོ་བོའི་མིག་སྔར་མངོན་དུ་མ་གྱུར་མོད། ཆ་ཙམ་གུང་བསྒྲིགས་པ་ཞིག་ནི་བོན་གྱི་བསྟན་འབྱུང་ཉུང་བསྡུས[ཐོབ624 ཤ36 བ3]ལས་རྗེས་མ་ཁྲི་ཝེར་ལྷ་ཟུགས་ཀྱི་བྱ་རུ་ཅན་དང་། མུ་ཕྱེར་སྟག་སྣ་རྒྱལ་པོ(འདི་བོད་རྒྱལ་གཉའ་ཁྲིའི་དུས།) དེ་ནས་མུ་ཕྱེར་ཁྲི་འོད་གསལ(གེ་ཁོད་ལས་སོ།) མུ་ཁྱུང་གནམ་རྗེ། མུ་ཕྱེར་སེང་གེ་འགྲམ། མུ་ལ་ཁྱུང་གི་རྒྱལ་པོ(འདི་རྣམས་མེ་རི་དང་གེ་ཁོད་སོགས་ལས་སོ།།) གདུང་རྒྱུད་གཞན་ཡང་མུ་ཕྱེར་བཙད་པོ། ལིག་མི་སྐྱ། མུ་ལ་གུང་སང་རྗེ། གཤེན་རྒྱུང་ཡར་མ་ཁོད་སོགས་ཞང་ཞུང་དབུས་ཀྱི་རྒྱལ་པོ། གཞན་ལ་དྭགས་རྒྱལ་པོ། ཤང་པའི་རྒྱལ་པོ། སེ་རིབ་རྒྱལ་པོ་སོགས་རྒྱལ་ཕྲན

མང་པོ་བྱུང་ངོ་། །ཞེས་གསལ་བ་དེ་རེད།

གཉིས། སྨུ་ལྷེར་བཙད་པོའི་སྐོར།

སྨུ་ལྷེར་བཙད་པོའི་སྐོར་རགས་ཙམ་ཞིག་ནི་ཟ་རྒྱུད་ཉི་སྒྲོན་[ཐོབ302ཤ149བ1]ལས་བསྐོས······པའི་རྒྱལ་པོ་ཞི་ལ་(ལས།) བོན་གཤེན་གྱི་རྒྱལ་པོ་ནི། སྨུ་ལྷེར་བཙད་པོ་ལི་མི་རྒྱས་མཛད། དེ་དུས་བོད་གྱི་གཤེན་པོ་ལྔ། ཞང་ཞུང་སྟོང་རྒྱུང་མཐུ་ཆེན། སེ་ཤ་རི་དབུ་ཆེན། ལྡེ་གྱིམ་ཚ་རྨ་ཆུང་། མེ་ཉག་ལྕེ་ཁ་མཁར་བུ། སུམ་པ་མུ་ཕྱུངས་གསལ་ཏང་ལྔ། ཕར་མུ་ཆོས་ཤེས་རྒྱུད་སྤྱོངས་(སྦྱངས)པའི་མཁས་པ་ཆེན་པོ་དྲུག་ལ་བཏུག གནས་ཆེན་གྲུབ་ཐོབ་ཀུན་ལ་བཀའ་ལུང་མན་ངག་ཞུས། སྒྲ་སྐད་ལོ་ཙྪས་བོན་གྱི་སྒྲོ་འདོགས་བཅད། ལུང་རྒྱུད་མན་ངག་ཕྱི་ནང་གསང་བའི་བོན་གསས་མཁར་གསང་ཐུགས་སེམས་དོན་དྲག་ཐུགས་སྡེ་སྣོད་རྣམས། མ་ཧེ་ཀུ་ཧུང་〔97〕ཟ་མོང་སྣང་ཆེན་གཤུལ་ལ་བཀལ། ལ་རི་ཆུ་བོ་འཕྲང་བསྒྲལ་བོད་ལ་གཤེགས། དང་པོ་ཞང་ཞུང་སེ་དང་ལྡེ་དང་མི་ཉག་སུམ་པ་ཏེ། བོན་གྱི་སྒྲ་སྐད་རང་རང་ཡུལ་གྱི་སྐད་ལ་བསྒྱུར། ཞེས་གསལ་ལ། སྨུ་ལྷེར་བཙད་པོ་ལི་མི་རྒྱའི་དུས་སུ་སྟོང་རྒྱུང་མཐུ་ཆེན་སོགས་མཁས་པ་ཆེན་པོ་དྲུག་བཞུགས་ཡོད་པ་དེ་དག་ལས་བོད་ཀྱི་གཤེན་པོ་ལྔས་བོན་སྐོར་ཞུས་པ་དང་། བོན་གྱི་སྐོར་མང་ཞིག་མ་ཧེ་དང་ཤ་རྒྱང་། ཟ་མོང་། སྣང་ཆེན་རྣམས་ཀྱི་རྒྱབ་ཏུ་བཀལ་ཏེ་བོད་དུ་གདན་དྲངས། དེར་མ་ཟད་དང་པོ་ཞང་ཞུང་སྟོང་རྒྱུང་མཐུ་ཆེན་གྱིས་ཞང་ཞུང་གི་སྐད་ནས་ཡུལ་སྐད་གཞན་དུ་བསྒྱུར་བའི་ཚུང···བཟུང་། དེ་ལ་བརྟེན་ནས་སོ་ཤ་རི་དབུ་ཆེན་དང་ལྡེ་གྱིམ་ཚ་རྨ་ཆུང་། མེ་ཉག་ལྕེ་ཁ་མཁྱུར་བུ། སུམ་པ་མུ་ཕྱུངས་གསལ་ཏང་རྣམས་ནས་རང་རང་གི་ཡུལ་སྐད་དུ་བསྒྱུར་བའི་མཛད་པ་གནང་ཚུལ་གསལ་བར·········བསྟན་པ་དང་ཡང་དེ་ཉིད་[ཐོབ302ཤ149བ5]ལས་དུས་དེར་ཞང་ཞུང་གི་ཡུལ་ཁྱུང་ལུང་དངུལ·········མཁར་ན། དྲན་པ་ནམ་མཁའ་སྐྱེ་བ་བཞེས། ཞེས་སྨུ་ལྷེར་བཙད་པོ། ལི་མི་རྒྱ་དེའི་དུས་སུ་བླ་ཆེན་པོ་དྲན་པ་ནམ་མཁའ་ཡང་སྐུ་འཁྲུངས་ཡོད་པ་གསལ་བར་བསྟན་པ་དེ་རྣམས་ཀྱིས་ནི་བོན་གཤེན་ཆེན་པོ་རྣམས····ཀྱི་སྐུ་དུས་སུ་ཞང་ཞུང་གི་རྒྱལ་ཁམས་དེ་སྨུ་ལྷེར་བཙད་པོས་དབང་བསྒྱུར་ཡོད་པའི་ཚུལ་གསལ་བར·········བསྟན་པ་ཡིན།

གསུམ། བོན་གྱི་གཤེན་པོ་དྲན་པ་ནམ་མཁའི་སྐོར།

བོད་ཀྱི་ལོ་རྒྱུས་མཁན་པོ་འགའ་ཞིག་གིས་བླ་ཆེན་པོ་དྲན་པོ་ནམ་མཁའ་དེ་ཕྱིའི་དུས་རབས་བརྒྱད···

པའི་ནང་དུ་བྱུང་བར་ངོས་བཟུང་ཡོད་པ་དེ་ནི་ཚངས་དབྱངས་ཡིད་འཕྲོག[ISMEO ཤ་34 བ་7]ལས……ཞང་ཞུང་གི་བླ་ཆེན་དྲན་པ་དང་། བོད་ཡུལ་གྱི་ཁྱེའུ་དྲན་པ་གཉིས། མིང་འདྲ་འདྲ་ཟེར་བའི་ནོར་དོགས་ཡོད། ཅེས་གསུངས་པ་བཞིན། གུ་རུ་རིན་པོ་ཆེ་པདྨ་སམ་བྷ་ཝ་བོད་ཡུལ་དུ་ཕེབས་པའི་དུས་བོན་གྱི་གཤེན་པོ་དྲན་པ་ནམ་མཁའ་ཞེས་བྱ་བ་ཞིག་ཡོད་པ་དེ་རྗེས་སུ་གུ་རུ་པདྨ་སཾ་བྷ་ཝའི་སློབ་མ་རྗེ་འབངས……ཉེར་ལྔའི་ནང་ཚན་དུ་གྱུར་པ་ཞིག་ཡིན་པ་དེ་དང་གོ་འབྲུགས་པ་ཞིག་ཡིན་ན་མ་གཏོགས་གཞན་དུས……རབས་བརྒྱད་པའི་ནང་འབྱུང་བའི་ཐབས་མེད། གལ་ཏེ་གུ་རུ་པདྨ་སམ་བྷ་ཝའི་སློབ་མ་དྲན་པ་ནམ་མཁའ་དེ་ལ་ངེས་བཟུང་བ་ཡིན་ན། དེ་ནི་ཆོས་རྒྱལ་ཁྲི་སྲོང་ལྡེའུ་བཙན་(སྟླི་2659—2714སྤྱི་ལོ་742—797)གྱི་སྐུ་དུས་སུ་ཡིན་སྐབས་དུས་དང་འགྲིག་མོད་བོན་དུ་གྲགས་ཆེ་བའི་གཞུང་སྒྲ་འགྲེལ་མཛད་མཁན་གྱི་དྲན་པ་ནམ་མཁའ་ཡིན་པས་བོད་ཀྱི་དྲན་པ་ནམ་མཁའ་དང་ལོ་དུས་འབྲུངས་དགོས་པ་འགའ་ཡང……མེད་པ་དང་དེར་མ་ཟད་གསས་མཁར་སྤྱི་སྤུངས་ཀྱི་གཞུང་རྣམས་སུ་བླ་ཆེན་དྲན་པ་ནམ་མཁའ་སྐོར་མང…དུ་འབྱུང་བ་དེ་ཀུན་ཞང་ཞུང་གི་བླ་ཆེན་དྲན་པ་ནམ་མཁའི་ཡིན་ངེས་པ་ནི་གཞུང་དེ་རྣམས་རང་གི་ལོ……རྒྱུས་སུ་ཞལ་གསལ་བ་ཡོད།

དེ་ཡང་བླ་ཆེན་པོ་དྲན་པ་ནམ་མཁའ་སྐུ་ཇི་ལྟར་འབྲུངས་པའི་སྐོར་རགས་ཙམ་ཞིག་ནི་སྒྲ་འགྲེལ…[རྫི་3 ཕ་2]ལས་དེ་ལ་ཡབ་ནི་རྒྱུང་ཡར་མུ་ཁོད་ལགས། ཡུམ་ནི་ཕྱྭ་བཙུན་གུང་མ་ལགས། དེ་ལ་བུ་དང་སྲས་མ་མཆིས་ཏེ། སྣངས་དཔྱལ་གྱིས་ལོ་པན་ཆེན་པོ་བརྒྱད་ཀྱི་སྤྱན་སྔར་བྱོན་ནས། གུ་ལང་གི་སླང་པོ་ལ་གསེར་གྱི་སྣ་ལྷུ་བཅུག་པ་ཞིག་ལ། འབྲས་དྲུག་དཀར་གསུམ་མངར་སུམ་(གསུམ་)བཀལ་བ་ཕུལ་ནས། སྣངས་ཀྱིས་ནོད་པ་(བཀའ་སྒྲོལ་)དངོས་ཅག་སྣངས་དང་དཔྱལ་གཉིས་ལ། ནོར་ཟས་གོས་ཀྱིས་མ་ཕོངས་ཀྱང་། ཚ་སྲིད་[98]འཛིན་པའི་དམར་དོད་[99]མེད། འདི་དང་ཕྱི་མ་གཉིས་མེད་ན། གཏན་དུ་འགྲོ་མཆོག་ཐོབ་མ་ཡིན། འདི་དང་ཕྱི་མའི་དོན་ཡོད་པའི། བཀའི་ཕ་འབབས་གནང་བར་འཚལ། ཞེས་ཞུས། ཡང་དེ་ཉིད་[རྫི་4 ཕ་11]ལས་དེ་ནས་ཡུམ་ལ་མཚན་ཡར་ལྡན་གྱི་སྲས་ཤིག་འབྲུངས་ཏེ། དེ་ལ་ཡབ་དང་ཡུམ་གྱིས་མིང་བཏགས་པ་བྱ་ཁྱུ་བྱུག་གིས་མཚན་ཁོངས་ནས་བཏགས་[100]པས། ཁྱེའུ་སྐྱེ་བ་དྲན་པའི་ནམ་མཁའ་ཞེས་ཀྱང་བྱ། རྒྱུང་ཡར་བླ་ཆེན་ཁོད་སྤུངས་ཞེས་ཀྱང་བྱ་བར་མཚན་གསོལ། ཞེས་པ་དག་གིས་རགས་ཙམ་ངེས་ཐུབ་ལ་ད་དུང་དེ་དག་ལས་ཆེས་གསལ་ཁ་ཐོན་པ་ཞིག་ནི་ཚངས་དབྱངས་ཡིད་འཕྲོག[ISMEO ཤ་24 བ་6]ལས་ཞང་ཞུང་གི་ཡུལ་དུ་ཁྱུང་ལུང་དངུལ་ཁར་(མཁར་)རྒྱལ་བ་མཉེས་པའི་གྲོང……ཁྱེར་ཆེན་པོ་དེ་ཏ་འང་ཚད་མེད་འོད་ལྡན་གྱི་སྤྲུལ་པ། རྒྱུང་ཡར་མུ་ཁོད་རྒྱལ་པོ་གཞའ་ཚོན་འོད་ཀྱི་བྱ་རུ

ཅན་དང་། ཟང་ཟ་རིང་བཙུན་གྱི་སྤྲུལ་པ་ཕྱ་བཙུན་གུང་མ་གཉིས་ལ། མངའ་རི་(རིས་)ཡོངས་སྐྱོད་ཕྱུན་སུམ་ཚོགས་པ་ཡོད་ཀྱང་། སྐུ་ལ་སྲས་མེད་ཅེས་དང་། ཡང་[ཤ25བ3]དུ་དེའི་ཕྱི་ལོ་ལ། ཡུམ་ལ་སྲས་ཤིག་འཁྲུངས་སོ། །སྲས་དེ་ཡང་ཟླ་གསུམ་ལོན་ནས་སྐྱེ་བ་ལྔ་བརྒྱ་དྲན་ཅིང་། འགྲོ་བ་སེམས་ཅན་གྱི་དོན་ཁོ་ན་བྱེད་དོ། །མཚན་ཡང་འཆི་མེད་ཐུགས་སྤྲུལ་དྲན་པ་ནམ་མཁའ་ཏུ་གསོལ། ཞེས་པ་དེ་དག་གིས་བླ་ཆེན་པོ་དྲན་པ་ནམ་མཁའ་དེ་ཞང་ཞུང་གི་རྒྱལ་པོ་ཞིག་གི་སྲས་སུ་འཁྲུངས་ཡོད་པ་དང་། རྒྱལ་པོ་དེའང་ཞང་ཞུང་གི་སྲིད་པའི་རྒྱལ་པོའི་མཚན་དབང་ཅན་བྱ་རུ་དང་ལྡན་པའི་རྒྱལ་པོ་བཅོ་བརྒྱད་བྱུང་བའི་ཐ་མ་རུང་ཡར་མུ་ཁོད་རྒྱལ་པོ་གཞའ་ཚོན་འོད་ཀྱི་བྱ་རུ་ཅན་གྱི་སྲས་རྒྱུད་ཅིག་ཡིན་པའང་གསལ་བར་བསྟན་ལ་བླ་ཆེན་དྲན་པ་ནམ་མཁའི་མཚན་གྱི་བྱེ་བྲག་ཏུ"རྒྱུང་ཡར་བླ་ཆེན་ཁོད་སྤུངས"ཞེས་པར"རྒྱུང་ཡར"གྱི་མཚན་ཡོད་པའང་རྒྱུ་མཚན་དེ་ལ་བརྟེན་ནས་བྱུང་བ་ཞིག་ཡིན་པ་གསལ་བར་བསྟན་པ་ཡིན།

རྒྱུང་ཡར་མུ་ཁོད་རྒྱལ་པོའི་རྒྱལ་རྒྱུད་ཀྱིས་ཞང་ཞུང་དབང་བསྒྱུར་བ་དང་། བླ་ཆེན་པོ་དྲན་པ་ནམ་མཁའ་སྐུ་བལྟམས་པའི་དུས་སྐབས་དེར། ཞང་ཞུང་གི་རྒྱལ་ཁམས་སུ་ཤིན་ཏུ་གྲགས་ཆེ་བའི་མཁས་པ་ཆེན་པོ་བརྒྱད་བཞུགས་ཡོད་པ་དང་། རུང་ཡར་མུ་ཁོད་རྒྱལ་པོ་སྣངས་དཔྱལ་གཉིས་མཁས་པ་ཆེན་པོ་དེ་རྣམས་ཀྱི་སྐུ་དྲུང་དུ་བཅར་ནས། སྲས་ཀྱི་དངོས་གྲུབ་འབྱུང་བའི་ཐབས་ཚུལ་ཞུས་པ་ལ་བརྟེན་ནས། རྒྱལ་པོ་ཡབ་ཡུམ་གཉིས་ལ་ཁྱད་དུ་འཕགས་པའི་སྲས། བླ་ཆེན་པོ་དྲན་པ་ནམ་མཁའ་སྐུ་འཁྲུངས་པའི་ཚུལ་རགས་ཙམ་ཞིག་ནི་སྨྲ་འགྲེལ་[རྫ2ཕ15]ལས་སྟོན་ཞང་ཞུང་གི་ཡུལ་ཨོ་ཤོ་དང་ན། ཤེ་(ཤེང་)ལ་པ་ར་སྟོན་པའི་ཚལ། གྲོང་ཁྱེར་རྒྱལ་བ་མཉེས་ཀྱི་དབུས། མཁར་ཁྱུང་ལུང་དངུལ་མ་སྨ་ཞེས་ཀྱང་བྱ། འོམ་པོ་སྔོ་བཞི་ཞེས་ཀྱང་བྱ། མེ་ཏོག་པདྨ་གེས་ཀྱི་གླིང་ན། མཁས་པ་ཆེན་པོ་ད་མི་ཐད་ཀེ་ལས་སོགས་པའི། ལོ་ཚ་དང་དཔོན་གསས་སུ་གྱུར་པ། མཁས་པ་ཆེན་པོ་མི་བརྒྱད་བཞུགས་ཏེ། ཞང་ཞུང་སྟོང་རྒྱུང་མཐུ་ཆེན། བོད་ཤ་རི་དབུ་ཆེན། ལྡེ་གྱིམ་ཚ་རྨ་ཆུང་། མེ་ཉག་ཅེ་རྒྱུང་འཕར་བ། སྟག་གཟིགས་ཟ་རང་མེ་འབར། སུམ་པ་ཁ་ཡམ་ក្លུང་ལྡེ། གེ་སར་ངམ་པ་ལྡེ་རིང་། སྣངས་ཆེན་དམུ་ཙ་གྱེར་མེད་དང་བརྒྱད་བཞུགས་ཏེ། གཞན་ཡང་ཀྱེལ་ཐུར་དང་། ཁྲི་ནན་ཡོ་ཕྱ་ལས་སོགས་པ་མང་བར་བཞུགས་སོ། །ཞེས་གསལ་བ་ཡིན་ལ། སྐབས་དེར་བཞུགས་པའི་བོན་གཤེན་དེ་རྣམས་ནི་དུས་རིམ་བར་མའི་ནང་ཆེས་སྙན་གྲགས་ཆེ་བའི་བོན་གྱི་མཁས་པའམ་གཤེན་པོ་རྣམས་ཡིན་ངེས་པ་སྨོས་མ་དགོས།

བླ་ཆེན་པོ་དྲན་པ་ནམ་མཁའ་བྱོན་པའི་དུས་སྐབས་དེ་ནི་དུས་རིམ་བར་མའི་སྟོད་དུ་ཡིན་ངེས་པའི་ཤེས་བྱེད་ཁྱད་པར་ཅན་ཞིག་ནི། གསང་བ་བསེན་ཐུབ་ཀྱི་འགྲེལ་པ་རིན་པོ་ཆེ་ཡིད་བཞིན་རྣམ་པར་

བཀོད་པའི་རྒྱན་[ཐོབ50ཤ25བ1]ལས་(གཤིན་པོ་མི་ལུས་བསམ་ལེགས་)དེས་ནམ་མཁའ་སྣང་བའི་མདོག་ཅན་ལ་བརྒྱུད། དེས་རྒྱལ་མུ་ཁྲི་བཙན་པོ་ལ་བརྒྱུད། བར་དེར་རྒྱལ་པོ་ཞི་རྫམ་ཅན་གྱིས་གདུང་རབས་གསུམ་དུ་གསུང་བ་རྩ་འགགས་སུ་སོང་སྟེ་དམ་ཉམས་པའི་ཉེས་པས་རྒྱལ་གྱི་ཡོན་ཏན་མཐུ་བྱིན་སུམ་ཆ་གཅིག་བྲིའོ། །དེ་ནས་མོན་བོན་ཏ་ར་ཅི་པར་ལ་རྫུ་འཕྲུལ་གྱི་སྨན་བཞིས་བརྒྱུད། དེས་བོན་མོ་སྟག་ཟ་ཀླུང་རྒྱལ་ལ་བརྒྱུད། དེས་ཞང་ཞུང་ཨ་ནུ་ཕྲག་ཐག་ལ་བརྒྱུད། དེས་ཞང་ཞུང་སད་ནེ་གའུ་ལ་བརྒྱུད། དེས་དཔོན་གསས་ད་མི་ཐད་ཀེ་ལ་བརྒྱུད། དེས་རྒྱ་བོན་ཟིངས་པ་མཐུ་ཆེན་ལ་བརྒྱུད། དེས་ཤད་ར་ཁྱུག་ལ་བརྒྱུད། དེས་དཔེ་ཐོག་རྩེ་ལ་བརྒྱུད། དེས་དཔེ་ཐོག་འཕྲུལ་ལ་བརྒྱུད། དེས་ཞང་ཞུང་སྟོང་རྒྱུང་མཐུ་ཆེན་ལ་བརྒྱུད། དེས་སེ་ཤ་རི་དབུ་ཆེན་དང་ལྡེ་གྱིམ་ཚ་རྨ་ཆུང་དང་མི་ཉག་ལྡེ་ཚ་མཁར་བུ་དང་གསུམ་ལ་བརྒྱུད། དེས་སྣངས་དམུ་ཚ་གྱེར་མིད་དང་བླ་ཆེན་དྲན་པ་ནམ་མཁའ་ལ་བརྒྱུད་དོ། །ཞེས་སྤྱི་སྤུངས་མན་ངག་གི་རྒྱུད་རིམ་གྱིས་ངེས་ཤེས་ཐུབ་པ་ཡིན།

གོང་དུ་རྒྱུང་ཡར་མུ་ཁོད་རྒྱལ་པོ་སྣངས་དཔྱལ་གཉིས་མཁས་པ་ཆེན་པོ་ཐ་མི་ཐད་ཀེ་སོགས་མཁས་པ་ཆེན་པོ་མི་བརྒྱད་བཞུགས་པའི་དྲུང་དུ་བཅར་ཚུལ་གསལ་བ་དེ་ལྟར་ན་བླ་ཆེན་པོ་མ་འཁྲུངས་པའི་གོང་དེར་མཁས་པ་ཆེན་པོ་དེ་རྣམས་དུས་མཉམ་དུ་བྱུང་བ་འདྲ་ཞིག་སྣང་མོད། དངོས་དོན་དུ་གྲགས་ཆེ་བའི་མཁས་པ་ཐ་མི་ཐད་ཀེ་སོགས་དེ་སྔོན་ནས་བྱོན་པ་ཡིན་ནའང་། དེ་དག་གི་སློབ་རྒྱུད་ཞལ་བཞུགས་པ་དེ་ལ་ཡོངས་གྲགས་ཀྱི་དབང་དུ་བྱས་ཏེ་མཁས་པ་ཆེན་པོ་བརྒྱད་ཀྱི་མཚན་སྨོས་པ་ཡིན་སྲིད་ལ་བོན་རང་ལུགས་ཀྱི་དབང་དུ་བྱས་ན། གྲུབ་ཐོབ་ཆེན་པོ་དེ་རྣམས་ནི་ཚེ་ལ་དབང་བའི་རིག་འཛིན་ཤ་སྟག་ཡིན་སྟབས་སྐུ་ཚེ་ལོ་གྲངས་བརྒྱ་ཕྲག་ཁ་ཤས་བཞུགས་པར་བཞེད་སྲོལ་བྱུང་ཡོད་པས་འགལ་བ་ཅི་ཞིག་ཀྱང་མ་གཅིག།

གང་ལྟར་ཡང་བླ་ཆེན་པོ་དྲན་པ་ནམ་མཁའ་བྱོན་དུས་ནི་བོད་ཀྱི་རྒྱལ་རབས་བརྒྱད་པ་གྲི་གུམ་བཙན་པོའི་དུས་སུ་ཡིན་ངེས་པ་ནི་གསང་བ་བསེན་ཐུབ་ཀྱི་འགྲེལ་པ་རིན་པོ་ཆེ་རྣམ་པར་བཀོད་པའི་རྒྱན་[ཐོབ59ཤ30ན3]ལས་དེར་རྒྱལ་པོས་གཤེན་པོ་རྣམས་བསོགས་སྟེ་(བསགས་)ཕ་བ་སྐུ་གཤེན་རྣམས་གསོན་དང་དབུ་ཡི་ཞྭ་ཆེ་ན་ལས་སོགས་སྤུར་བཞིན་བཟློས་ནས་ལྷ་བོན་སྒོ་བཞི་དང་གྱིམ་བུ་ལན་ཚ་དང་གེ་ཁོད་ཐིས་འཕེན་རྣམས་བདག་གི་སྐུ་གཤེན་དུ་བཞག་འཚལ། ཕྱི་མ་རྣམས་བོད་ཏུ་བཞི་ལས་འདས་པ་གཅིག་ཏུ་གཤེགས་འཚལ་ཟེར་རོ། །དེ་ལ་སློབ་པོ་ཆེན་པོ་ར་སང་ཁོད་རམ་གྱི་(གྱིས་)གསུངས་པ། ཀྱེ་རྗེ་རྒྱལ་བཙན་པོ་ལགས། སྡིག་པ་དགོས་(སྒོས་)འཁྲུར་ཡིན་པས་ངན་སོང་གསུམ་དུ་ལྟུང་། དགེ་བ་སྤྱི་

མཐུན་ཡིན་པས་མཐོ་རིས་སྐས་ལ་འཛེགས། ལྷ་བ་ལ་ཆེན་བླས་ན་ཉིད་དུ་མངོན་སངས་རྒྱས། སློན་པོ་སྣ་བ་མང་ན་རྒྱལ་པོ་ཐུགས་ཁྲལ་སྐྱེ། རྒྱལ་པོ་ཞེ་ཇམ་ཆེ་ན་རྒྱལ་སྲིད་དམངས་ཀྱིས་འཁྱེར་བ་ལགས་པས། རྗེ་བཙན་པོ་ཡང་བཀའ་དེ་མི་གསུང་པར་(བར་)ཞུ་ཞེས་ཞུས་པས་མ་བཞེད་དོ། །དེའི་ཚེ་གཉེན་པོ་རྣམས་བཀའ་གྲོས་(བགྲོས་)པའི་དུས་སུ། རྒྱང་ཡར་བླ་ཆེན་པོད་སྤྱུངས་ཀྱིས་གསུངས་པ། ཀྱེ་གཉེན་པོ་ཀུན། རྒྱལ་པོ་སྣ་བ་ཐེངས་གཅིག་སྣ། གཅམ་བུ་སྣ་བ་ཡང་ཡང་སྣ། ཡུ་བོ་བརྫུང་བ་ཁྲུས་ཀྱིས་བརྫུང་། བོན་གཉེན་རྣམས་ཀུང་མཐའ་ཏུ་གཉེགས། གྱིམ་བུ་ལན་ཚ་ཡང་མི་བཞུགས་གཉེགས་པར་ཞུ་ཞེས་ཞུས། ཞེས་གསལ་བ་བཞིན། ཁྲི་གུམ་བཙན་པོས་བོན་བསྒྲུབས་པའི་ཚེ། བླ་ཆེན་པོ་དྲན་པ་ནམ་མཁའམ་རྒྱང་ཡར་བླ་ཆེན་པོད་སྤྱུངས་དེ་བོད་དུ་ཞུགས་ཡོད་པའི་ཚུལ་བོན་གྱི་ལོ་རྒྱུས་རྣམས་སུ་ཡོངས་གྲགས་ཡིན་པས་ཤེས······ཐུབ།

བཞི། ཞང་ཞུང་གི་རྒྱལ་པོ་ལིག་མི་རྐྱ་ལྡེ་བུའི་སྐོར།

ཏུན་ཧོང་བོད་ཀྱི་ལོ་རྒྱུས་ཡིག་རྙིང་[PI571ཤ་398]ལས་རྒྱལ་འདོའི་རིང་ལ། ཞང་ཞུང་ལྡེ་བུ་གཉེན་གྱི་ཡང་རྗེ། །འཐབ་ཀྱི་ཡང་སྐལ་ཏེ། ཞང་ཞུང་བདག་ཏུའ། བཙན་མོ་སད་མར་ཀར། ལིག་མྱི་རྐྱལ་ཆབ་སྲིད་ལ་གཤེགས་སོ། །ཞེས་དུས་རིམ་འོག་མ་དབུ་འཛུགས་མཁན་ཆོས་རྒྱལ་སྲོང་བཙན་སྒམ་པོ་སྐུ་ན་གཞོན་པའི་དུས། བོད་ཀྱི་གཉེན་ཚན་བཤྲིག་འོས་པ་ཀུན་གྱི་ནང་ནས་གལ་ཆེ་ཤོས་དེ་དང་བོད་ཀྱི་འཐབ་ཟླར་གྱུར་པ་ཚང་མའི་ནང་ནས་གལ་ཆེ་ཤོས་སུ་གྱུར་པ་དེ་ནི། དུས་དེའི་ཞང་ཞུང་གི་རྒྱལ་པོ་ལིག་མྱི་རྐྱལ"ལྡེ་བུ"ཞེས་བྱ་བ་དེ་ཡིན་སྟབས། བོད་ཀྱི་གཅེན་མོ་སད་མར་ཀར་ཞང་ཞུང་རྒྱལ་པོའི་བཙུན་མོར་བཏང་ཚུལ་གསལ་བས། དུས་དེའི་རྒྱལ་པོའི་མཚན་ལ་ལིག་མྱི་རྐྱལ་ལྡེ་བུ་ཞེས་ཟེར་བའང་ཤེས་ཐུབ། ལིག་མྱི་རྐྱལ་ནི་དེ་དུས་ཀྱི་རྒྱལ་པོ་རྣམས་ཀྱི་སྤྱིའི་མཚན་ལྷ་བུ་ཞིག་ཏུ་ཆགས་ཡོད་པ་སྟེ། ཞང་ཞུང་གི་སྐད་དུ"ལིག"ཅེས་པ་ནི་སྲིད་པའི་དོན་ཡིན་ལ། "མྱིའམ་མི"ཞེས་པ་ནི་དྲང་པོའམ་མཛངས་པ་ལ་འཇུག་པ་དང"རྐྱའམ་རྐྱ"ཞེས་པ་ནི་རྗེའི་དོན་ཏེ། གཅིག་ཏུ་དྲིལ་བས"སྲིད་པའི་དྲང་རྗེ"ཞེས་བྱ་བ་ཡིན།

རྒྱལ་པོ་འདི་ཉིད་ཁྱུང་ལུང་གི་རྒྱལ་པོ་རྒྱང་ཡར་མུ་ཁོད་རྒྱལ་པོ་གཞའ་ཚོན་འོད་ཀྱི་བྱ་ཏུ་ཅན་གྱི······རྒྱལ་རྒྱུད་ཅིག་ཡིན་ངེས་པ་ནི་བླ་ཆེན་པོ་དྲན་པ་ནམ་མཁའ་དང་། མཁས་པ་ཆེན་པོ་མི་བརྒྱད་དུ་གྲགས་པ་དེ་རྣམས་དུས་རིམ་བར་མའི་གཞུང་ཙམ་ན་བྱུང་ཡོད། ལིག་མྱི་རྐྱ་ལྡེ་བུ་འདི་ཉིད་ཞང་ཞུང་ཁྱུང་ལུང་གི་རྒྱལ་པོ་ཞིག་ཡིན་པའི་ཚུལ། ཏུན་ཧོང་བོད་ཀྱི་ལོ་རྒྱུས་ཡིག་རྙིང་[PI571ཤ་401]ལས་ལིག་མྱི་རྐྱའི་སོ་

ནམ་དང་བུ་སྲིད་ཟུང་ཤིག་ཆེས། སྒྲུག་གྱིམ་བརྩན་རྨང་ཅུང་བཀའ་སྩལ་ཏེ། མཁར་ཁྱུང་ལུང་དུ་མཆིས་ན། བཙན་མོ་མི་བཞུགས་ཏེ། ཆབ་ཉ་ལ་རོལ་ཞིང་། མཚོ་མ་པང་དུ་གཤེགས་ནས། རྨང་ཅུང་མ་པང་དུ་མཆིས་ཏེ། བཙན་མོ་ཞ་སྔར་ཕྱག་བགྱིས་ཞེས་པ་འདི་ཞལ་གསལ་དུ་བཏང་ན་ལིག་མི་རྒྱའི་ཁྲིམ་གྱི་སོ་ནམ་དང་གདུང་རྒྱུད་ཀྱི་སྲིད་ཟུངས་ཤིག་ཅེས་སྒྲུངས་གྱིམ་བཙན་རྨང་ཆུང་བཀའ་བསྩལ་ཏེ། རྨང་ཆུང་མཁར་ཁྱུང་ལུང་དུ་ཕྱིན་པ་ན་བཙན་མོ་ཁབ་ཏུ་བཞུགས་མེད་པ་རེད། བཙན་མོ་ནི་ཟླ་བ་ཉ་གང་བའི་ཁྲུས་གསོལ་བྱེད་པའི་ཆེད་དུ་མཚོ་མ་ཕམ་དུ་ཕེབས་ཟིན་པར་བརྟེན་རྨང་ཆུང་མ་ཕམ་དུ་ཕྱིན་ཏེ། བཙན་མོ་ལ་མཇལ་ཕྱག་ཞུས། ཞེས་གསལ་བ་དེ་དག་གིས་ངེས་ཤེས་ཐུབ་པ་འདུག

ཞང་ཞུང་གི་རྒྱལ་རབས་ཐ་མ་ལིག་མི་རྒྱ་ལྡེ་བུ་ཞེས་བྱ་བ་དེ་བོད་ཀྱི་རྒྱལ་པོས་ཇི་ལྟར་བསྒྲངས་པའི··· ཚུལ་ཏུན་ཧོང་བོད་ཀྱི་ལོ་རྒྱུས་ཡིག་རྙིང་[PI571 ཤ་399]ལས་སྟ་ན་ཤུད་ཀེ་ཟ་སྩལ་ཐིང་ཤགས་མཆིས་སྟེ། བཙན་མོ་དང་ནི་མྱི་བརྟལ་བར། ལིག་མྱི་རྷྱལ་ཤུད་ཀེ་སྩལ་ཏིང་ཤགས་གནང་སྟེ། བཙན་མོ་ཡང་ལིག་མྱི་རྷྱ་འི་སོ་ནམ་དང་བུ་སྲིད་མྱི་མཛད་ཅིང་ལོག་ཤིག་ན་བཞུགས་པར། འདིར་དྲལ་གྱི་སྐྱན་དུ་གདའ་སྟེ། བཙན་མོ་དེ་ལྟར་ལོག་པ་བགྱིས་ན། ཆབ་སྲིད་ཀྱི་དཀྱུགས་མ་འགྱུར་བས་དེ་ལྷ་བུ་མ་བགྱིད་པར། ལིག་མྱི་རྷྱའི་སོ་ནམ་དང་བུ་སྲིད་ཟུང་ཤིག་ཆེས། སྒྲུག་གྱིམ་བརྩན་རྨང་ཅུང་བཀའ་བསྩལ་ཞེས་པ་གོ་བདེ་བར་འགྲེལ་ཏེ་བཀོད་ན་བཙན་མོ་སད་མར་ཀར་ཞང་ཞུང་རྒྱལ་པོ་ལིག་མི་རྒྱའི་ཁབ་ཏུ་མ་འཁྱོར་བའི་སྔོན་ཙམ··· ན། རྒྱལ་པོའི་བཙུན་མོ་ཆེན་མ་ཤུད་ཀེ་བཟའ་རྩལ་ཐིང་ཤགས་ཞེས་བྱ་བ་ཞིག་ཡོད་པ་དེ་དང་། བཙན་མོ་མ་མཐུན་པ་ལ། རྒྱལ་པོ་ལིག་མི་སྐྱུས་ཤུད་ཀེ་བཟའ་ལ་གནད་ཆེ་བར་བརྩིས་སྐབས། བཙན་མོ་སད་མར་ཀར་གྱིས་ལིག་མི་རྒྱའི་ཁྲིམ་གྱི་སོ་ནམ་དང་། གདུང་རྒྱུད་ཀྱི་སྲིད་སྤེལ་བའི་མཛད་པ་མ་གནང་ནས་ལོག་ཤིག་ཏུ་བཞུགས། གནས་ཚུལ་དེ་ཁོང་གི་སྤུན་བོད་ཀྱི་རྒྱལ་པོ་སྲོང་བཙན་སྒམ་པོའི་སྙན་དུ་སོན་པ་ན། སྲོང་བཙན་སྒམ་པོའི་དགོངས་པར་བཙན་མོ་སད་མར་ཀར་གྱིས་ལིག་མི་རྒྱ་དང་མི་མཐུན་པ་གནང་བ······ ཡིན་ན་དེ་ནི་བོད་དང་ཞང་ཞུང་བར་གྱི་ཆབ་སྲིད་ཀྱི་འབྲེལ་བ་ལ་གེགས་རྐྱེན་འབྱུང་བས་དེ་ལྟ་བུ་མ······· གནང་ནས་ལིག་མི་རྒྱའི་ཁྲིམ་གྱི་སོ་ནམ་དང་གདུང་རྒྱུད་ཀྱི་སྲིད་སྤེལ་བར་མཛད་དགོས་པའི་བསྐུལ་མ······ བྱེད་ཆེད་དུ་རྨང་ཆུང་ལ་བཀའ་ཕེབས་ནས་ཞང་ཞུང་ཁྱུང་ལུང་དངུལ་མཁར་དུ་བཏང་། ཞེས་པའི་དོན་འདིས་གཞི་རྩའི་རྐྱེན་གང་ལས་བྱུང་བ་གསལ་པོར་བསྟན་པ་ཡིན།

ཏུན་ཧོང་ཡིག་རྙིང་གི་ལུང་འདིར་བཤད་སྟངས་ལ་དཔྱད་ན། སྐབས་དེར་ཆོས་རྒྱལ་སྲོང་བཙན་སྒམ་པོ་ལ་ཞང་ཞུང་དང་བོད་བར་གྱི་ཆབ་སྲིད་ཀྱི་འབྲེལ་བ་ལ་གེགས་རྐྱེན་འབྱུང་འདོད་མེད་པའི་རྣམ······

པའང་གསལ་པོར་བསྟན་ཡོད་ནའང་བཙན་མོ་སད་མར་ཀར་གྱིས་སྤུན་སྲིང་བཙན་སྨམ་པོ་ལ་འཕྲིན་ལན་ཇི་ལྟར་གནང་བའི་སྐོར། ཏུན་ཧོང་བོད་ཀྱི་ལོ་རྒྱུས་ཡིག་རྙིང་[PI573ཤ་427]ལས་གྱིམ་བརྩན་རྨང་ཙུང་སྐར། བཙན་པོ་སྤྱན་སྔར་མཆིས་ནས། བཙན་མོས་བཀའ་ལན་ཡི་གེར་གསོལ་བ་ནི་ཆང་མ་མཆིས། མགུར་བླངས་པའི་ཚིག་ནི་འདི་ཞེས་མཆི། ཕྱག་རྒྱས་བཏབ་སྟེ་སྐུར་བ་འདི་ལགས་ཤེས་གསོལ་བ་ལས། ཞུ་ཕྱག་རྒྱ་ཕྱེ་སྟེ། གཟིགས་ན། གཡུ་རྙིང་བཟང་པོ་སུམ་ཅི་ཙམ་ཞིག་བྱུང་སྟེ། བཙན་པོ་དགོངས་དགོངས་ནས། ཡུ་བུས་ལིག་མྱི་རྒྱ་ལ་རྐོལ་པོད་ན་ནི་གཡུ་ཐོགས་ཤིག རྐོལ་མ་པོད་ན་ནི་བུད་མེད་དང་མཚུངས་ཞུ་གྱོན་ཅིག་ཟེར་བ་ལྟ་ཞེས་བཀའ་སྩལ་ནས། རྗེ་བློན་བློང་བློང་དེ། ལིག་མྱི་རྒྱུའི་སྲིད་བརླག་གོ། ཞེས་པའི་དོན་གོ་བདེ་བར་འགྲེལ་ན་གྱིམ་བཙན་རྨང་ཚུང་སྐར་ཡང་བཙན་པོ་སྲིང་བཙན་སྨམ་པོའི་སྤྱན་སྔར་བསླེབས་ནས། བཙན་མོ་སད་མར་ཀར་གྱིས་བཀའ་ལན་དུ་ཡི་གེ་ནི་གང་ཞིག་ཀྱང་མི་འདུག ཕོང་གིས་མགུར་བླངས་པའི་ཚིག་རྣམས་ནི་འདི་ཡིན། ཞེས་མགུར་གྱི་ཚིག་རྣམས་སྙན་དུ་གསོལ། ཡང་བཙན་མོས་ཕྱག་རྒྱས་བསྡམས་ནས་བསྐུར་གནང་བའི་དངོས་པོ་ནི་འདི་ཡིན་ཞེས་ཞུ་རྒྱ་དམ་འབྱར་ཅན་ཞིག་ཡོད་པ་དེ་བཙན་པོའི་ཕྱག་ཏུ་ཕུལ། བཙན་པོས་ཞུ་རྒྱ་དེ་ཁ་ཕྱེས་ནས་གཟིགས་པས། ཞུ་རྒྱའི་ནང་གཡུ་རྙིང་སྤུས་ལེགས་པ་སུམ་ཅུ་ཙམ་ཞིག་ཡོད་པ་རེད། བཙན་པོས་དེའི་དོན་གང་ཡིན་ཐུགས་བསམ་ནན་གྱིས་བཞེས་མཐར། དེའི་བརྡ་དོན་ནི་རང་རེས་ལིག་མི་རྒྱ་ལ་རྐོལ་ནུས་ན་ནི་དཔའ་ཞིང་མཛངས་པའི་ཆེ་རྟགས་སུ་གཡུ་བཟང་གི་རྒྱན་ཆ་ཐོགས་ཤིག གལ་ཏེ་ལིག་མི་རྒྱ་ལ་རྐོལ་མི་ནུས་ན་ནི་དེད་རྣམས་བུད་མེད་དང་མཚུངས་པས་མགོའི་རྒྱན་དུ་ཞུ་གྱོན་ཅིག་ཅེས་པའི་གོ་བ་བཏང་ཡོད་འདུག་ཅེས་བཀའ་བསྩལ་ནས། རྗེ་བློན་རྣམས་ཐུགས་འཕྲུལ་ཆེན་པོའི་ངང་ནས་ལིག་མི་རྒྱུའི་ཆབ་སྲིད་བརླགས་པ་རེད། ཅེས་བཙན་མོ་སད་མར་ཀར་གྱིས་ཆེད་བསྐུལ་བྱས་པའི་རྐྱེན་ལ་བརྟེན་ནས་ཐུགས་འཕྲུལ་དང་བཅས་ཏེ་ཞང་ཞུང་གི་རྒྱལ་པོ་ལིག་མི་རྒྱ་ལ་རྐོལ་བ་བྱས་པ་ལྟ་བུ་ཞིག་ཏུ་གསལ་ལ་སྲིང་བཙན་སྨམ་པོས་ལིག་མི་རྒྱ་རྐོལ་བའི་སྐབས་རྐྱེན་ཐུན་མོང་མ་ཡིན་པ་ཞིག་ནི། བཙན་མོ་སད་མར་ཀར་གྱི་བསྐུལ་མ་དེ་ལས་བྱུང་བ་ཡིན་མོད། གཞི་རྩའི་རྒྱུ་རྐྱེན་དེ་ཙམ་ཞིག་ཡིན་མིན་པ་ནི་ཁོ་བོས་དུས་རིམ་འོག་མའི་ལོ་རྒྱུས་ཀྱི་སྐབས་སུ་གསལ་བར་སྤྲོས་ཡོད་པས་དེར་གཟིགས་པར་འཚལ།

བོད་ཀྱི་རྗེ་བློན་རྣམས་ཐུགས་འཕྲུལ་དང་བཅས་ཏེ། ལིག་མི་རྒྱུའི་ཆབ་སྲིད་བརླགས་པར་བཤད་པ་ཙམ་ལས། ཇི་ལྟར་བརླགས་པའི་ཚུལ་ཏུན་ཧོང་བོད་ཀྱི་ལོ་རྒྱུས་ཡིག་རྙིང་དང་བོད་ཀྱི་ཡོངས་གྲགས་རྒྱལ་རབས་དང་ཆོས་འབྱུང་སོགས་སུ་མི་གསལ་ལ། ལོ་རྒྱུས་དེའི་སྐོར་ཙུང་ཟད་ཞལ་གསལ་བ་ནི་རྫོགས་པ་

ཆེན་པོ་ཞང་ཞུང་སྙན་རྒྱུད་ཀྱི་ལོ་རྒྱུས་དེ་ཙམ་དུ་གསལ་བ་ཡིན། དེ་ཡང་རྫོགས་པ་ཆེན་པོ་ཞང་ཞུང་སྙན་རྒྱུད་ཀྱི་བོན་མ་ནུབ་པའི་གཏན་ཚིགས་[རྫི260ཤ1ན2]ལས་དུས་དེ་ཙམ་ན་ཞང་ཞུང་ན་གྲུབ་ཐོབ་ཙོ····མེན་གྱེར་ཆེན་དང་། བོད་ན་སྣ་རྗེ་ཕྲོམ་དཀར་པོ། སྟོང་རྒྱུང་མཐུ་ཆེན། མཁས་པ་མི་བཞི། ལྷ་ཆེན་དྲན་པ་ནམ་མཁའི་སྐུ་ཚེ་སྨད། སྤྲུལ་པའི་སྐུ་བཞི་ནི། ཞང་ཞུང་བཀྲ་ཤིས་རྒྱལ་མཚན། གུ་རུབ་སྟག་ཤེར་ཤིག་སློགས། མ་ཧོར་སྟག་གཟིགས། ཚེ་སྤུངས་ཟླ་བ་རྒྱལ་མཚན་དང་བཞིའོ། །ཏ་པི་ཧྲི་ཙས་གདམས་པ་བཞག་པའི་མཆོག་ཐུན་མོང་གཉིས་ལ་མངའ་བརྙེམས་པའི་གྱེར་སྤུངས་ཆེན་པོ་སྣང་བཞེར་ལོད་པོ་བཞུགས་པའི···དུས། དུས་ཀྱི་འཁོར་ལོའི་ཤུགས་ཀྱིས་གཡུང་དྲུང་གི་བོན་ནུབ་པ་ལགས་ཏེ། རྒྱལ་པོ་ནི། ཞང་ཞུང་གི་རྒྱལ་པོ་ལིག་མི་རྒྱ། མོན་གྱི་རྒྱལ་པོ་པ་ན་ར་ལིང་། བོད་ཀྱི་རྒྱལ་པོ་ཁྲི་སྲོང་ལྡེ་བཙན་བཞུགས་པའི་དུས། དེ་གོང་རྒྱལ་པོ་རེ་རེ་ལ་སྐུ་འཁྲུངས་པའི་དུས་སུ། ཕྱི་བློན་གཅིག ནང་བློན་གཅིག ཕྱིན་བློན་གཅིག་དང་གསུམ་ལས་མེད། ཁྲི་སྲོང་ལྡེ་བཙན་གྱི་རིང་ལ། ཕྱི་བློན་བཅུ། ནང་བློན་བཅུ། ཕྱིན་བློན་བཅུ། སུམ་ཅུ་ཡོད་པའི་དུས་དེར་རྒྱལ་པོ་མངའ་ཐང་ཆེ་སྟེ། སྟག་གཟིག་ནོར་གྱི་རྒྱལ་པོ་བཏུལ་ནས། ཚོང་ལས་མཐའ་བར་དུ་ཆུ་བོ་ཆེན་པོས་ཆོད་པ་ལས། ཤིང་རིང་གི་ཟམ་པ་འཛུགས་པ་དང་། སྐུ་སྲུང་བྱེད་པར་ཁས་བླངས་སོ། །དེ་དུས་ཞང་ཞུང་གི་རྒྱལ་པོ་ལིག་མི་རྒྱ་བཞུགས་ན། ཞང་ཞུང་ལ་དམག་སྟོང་སྡེ་དགུ་ཁྲི་དགུ་འབུམ་ཡོད་པའི་སྟེང་དུ། སུམ་པ་སྟོང་བུ་ཆུང་ཡང་ཆད་མངའ་རིས་ཡིན་ལ། བོད་ལ་སྟོང་སྡེ་བཞི་བཅུ་རྩ་གཉིས། སྟོང་བུ་ཆུང་གཅིག་དང་རྩ་གསུམ་ལས་མེད་ན། ཞང་ཞུང་གི་རྒྱལ་པོ་བོད་ཀྱིས་(ཀྱི་)རྒྱལ་པོས་མངོན་གསུམ་(སུམ་)དུ་བཏུལ་དུ་མི་ཐུབ་སྟེ། བོད་ཀྱི་རྒྱལ་པོའི་ཐུགས་ལ་བརྟག་པ་དང་། ངན་གྱིས་(གྱི་)གཡོ་སྒྱུས་བཏུལ་ལོ་སྙམ་མོ། །དེའི་དུས་ན་ཞང་ཞུང་རྒྱལ་པོ་ལ་བཙུན་མོ་གསུམ་ཡོད་པའི་ཆུང་ཤོས། གུ་རབ་ཟ་སྣང་སྒྲོན་ལེགས་མོ་བྱ་བ། ལོ་བཅོ་བརྒྱད་ལོན་པ་ཞིག་ཡོད་པ་དེ་ལ། བོད་ཀྱི་རྒྱལ་པོའི་ཕྱིན་བློན་པ། ཞི་ནག་ལ་ཁོང་གདུག་པ། སྒྲ་མཁས་ལ་གཡོ་ཆེ་བ། སྣང་ནམ་ལེགས་གྲུབ་བྱ་བ་ཞིག་གིས། གསེར་ཕྱེ་འབྲོང་རུ་གང་ཁྱེར་ཏེ། སྣང་སྒྲོན་ལེགས་མ་ལ་བྱིན་ནས་འདི་སྐད་སྨྲས་སོ། །སྣང་སྒྲོན་ལེགས་མ་ཁྱོད་ལྟ་བུ། །ཞང་ཞུང་རྒྱལ་པོའི་ཁབ་ཡང་ཆུང་བྱེད་པ། ཁྱོད་རང་ཨ་ཙང་ཆེས་ཏེ། བོད་ཀྱིས་(ཀྱི་)རྒྱལ་པོས་ཡང་(ཀྱང་)མི་བཟོད་པར་འདུག་པས་ན། འདི་སྐད་པའི་ཐབས་ཡོད་དམ། ཡོད་ན་བོད་ཀྱི་རྒྱལ་པོའི་ཁབ་ཀྱི་ཡང་ཆེན་མ་བྱ། བོད་ཀྱི་མངའ་རིས་ཀྱི་སུམ་གཉིས་སྟེར་བར་འདུག་གོ་སྙམ་པས། སྒྲོན་ལེགས་མས་(མ་)ན་རེ། ཞང་ཞུང་རྒྱལ་པོ་ལ་དམག་ས་ཁེབ་པར་ཡོད། བོད་ཀྱི་རྒྱལ་པོ་ལ་དམག་བ་བྲི་མོའི་གཞུང་ཙམ་ལས་མེད་པས། མངོན་དུ་བཏུལ་དུ་མི་ཐུབ་པས། ངན་དང་ཐབས་ཀྱིས་འདུལ་ན། ཞང་ཞུང་རྒྱལ་པོ་ནི་ཟླ་བ་ཕྱི་ཏ

ལ། ཞང་ཞུང་ཡུལ་ནས། སུམ་པ་གླང་གི་གྲིམ་ཤོད་དུ། སྐུ་རྐྱེན་དང་ཆས་ནས་མདུན་མ་ལ་བཞུད་གྲིས······(གྲིས།) དེར་སྨུགས་ལ་ཀྲོངས་(བཀྲོང་)མཛོད་ཅིག དེའི་བྱ་བཏང་བདག་གིས་བྱ་ཟེར་ཏེ། བུ་མེད་ཀྱི་བློ་ལ་ལྟོས་པ་ཅིར་ཡང་མ་འདོད་དེ། དེ་སྐད་སླས་སོ། །དེར་ཆོས་དུས་ལ་འོང་བའི་བཟ། ལ་བཙས་ཀྱི་ཁར་འཛོག་པར་ཆད་དོ། །དེར་བོད་ཀྱི་རྒྱལ་བློན་དམག་མི་སྟོང་སྡེ་མང་པོ་དང་ཆས་འོངས། སྣང་ནམ་ལེགས་གྲུབ་དང་། རྒྱལ་པོ་སྟུན་ལ། ལ་བཙས་ཀྱི་ཁར་ཐོན་ནས་ལྟས་(བལྟས་)པས། ཚ་སླང་གང་གི་ནང་ན། གསེར་ཆུང་གཅིག དུང་ཆུང་གཅིག དུག་མདེལ་གཅིག་དང་གསུམ་གདའོ། །བོད་ཀྱི་རྒྱལ་པོའི་ཞལ་ནས། ཚ་སླང་གང་གི་ཟླ་བ་ཕྱི་མའི་ཉ་ལ་འོང་བྱ་བ་ཡིན། གསེར་ཆུང་དང་དུང་ཆུང་ནི་དྭང་རའི་གསེར་ཕྱུག་དུང་ཕྱུག་གཉིས་སུ་དམག་ཚོས་ལ་སྨུགས་ཤིག་བྱ་བ་ཡིན། དུག་མདེལ་ནི་བཟུག་པ་སྐྱིད་ལ་སྨུགས་ལ་སོད་ཅིག་བྱ་བ་ཡིན་ཟེར་ཏེ། སྨུགས་སོ། །དེར་རྒྱལ་པོ་གཉིས་མཇལ་ནས། བོད་ཀྱི་དམག་མིས་ཞང་ཞུང་གི་རྒྱལ་པོ་ཀྲོངས་(བཀྲོངས)སོ། །ཞེས་གསལ་སྟོན་བྱས་ཡོད་པ་དེ་རེད། ལུང་འདི་ནི་དུས་རིམ་བར་མའི་མཇུག་ཇི་ལྟར་བསྒྲུས་པའི་ལོ་རྒྱུས་ལ་སྨན་ཡོན་ཤིན་ཏུ་ཆེ་བའི་ལོ་རྒྱུས་གལ་གནད་ཆེ་བ་ཞིག་ཡིན་པར······བརྗེན། ལུང་འདི་རང་རེས་ཞིབ་འཇུག་ནན་ཏན་དུ་བྱ་དགོས་པ་ནི་ཤིན་ཏུ་གལ་ཆེ་བར་མཐོང་། ཐོག་མར་ལུང་འདིའི་ནང་“བོད་ཀྱི་རྒྱལ་པོ་ཁྲི་སྲོང་ལྡེ་བཙན་བཞུགས་པའི་དུས”ཞེས་བཙན་པོ་ཁྲི་སྲོང་ལྡེའུ······བཙན་གྱི་སྐུ་དུས་སུ་བྱུང་བའི་ལོ་རྒྱུས་ཤིག་ཏུ་ཆ་འཛོག་གནང་ཡོད་འདུག་པ་དེའི་རྒྱུ་མཚན་ནི། བོན་ལུགས་ཡོངས་གྲགས་སུ“ཆོས་རྒྱལ་ཁྲི་སྲོང་ལྡེ་བཙན་གྱིས་བོན་བསྣུབས”ཞེས་པའི་གཏམ་འདི་བོན་པོ······ཚང་མ་ལ་ཁ་བྱང་ལག་བྱང་དུ་ཡོད་པའི་གླེང་མོ་ཞིག་ཡིན་པར་བརྗེན། འདིར་བོན་མ་ནུབ་པའི་གཏན་ཚིགས་བཤད་པའི་ལོ་རྒྱུས་དེར་ཡང་། དེ་སྟོན་སྲོང་བཙན་སྒམ་པོའི་སྐབས་ཞང་ཞུང་ཁྱུང་ལུང་གི་རྒྱལ་པོ་ལིག་མི་རྐྱའི་ཆབ་སྲིད་བཀྲུགས་པའི་ཚུལ་དེ་དང་མཉམ་དུ་བསྲེས་ཏེ་བཤད་པའི་ལོ་རྒྱུས་ཤིག་ཡིན་པ་ནི······སྨོས་མ་དགོས།

ལོ་རྒྱུས་ཀྱི་དཔེ་འདི་རང་དུ“དེ་གོང་རྒྱལ་པོ་རེ་ལ་སྐུ་འཁྲུངས་པའི་དུས་སུ། ཕྱི་བློན་གཅིག ནང་བློན་གཅིག ཕྲིན་བློན་གཅིག་དང་གསུམ་ལས་མེད། ཁྲི་སྲོང་ལྡེ་བཙན་གྱི་རིང་ལ། ཕྱི་བློན་བཅུ། ནང་བློན་བཅུ། ཕྲིན་བློན་བཅུ། སུམ་ཅུ་ཡོད་པའི་དུས་དེར་རྒྱལ་པོ་མངའ་ཐང་ཆེ”ཞེས་བཤད་པ་དེ་སྲོང་བཙན་སྒམ་པོའི་སྐུ་དུས་གཉིས་ཀྱི་གནས་ཚུལ་ཞིག་ཡིན་ངེས་པ་ནི་རྒྱལ་རབས་གསལ་བའི་མེ་ལོང་[པེ73 ཤ23]ལས་དེའང་ཕྱི་བློན་བཙན་པོ་དྲུག །ནང་བློན་བཟང་པོ་དྲུག བཀའི་འཕྲུལ་བློན་བཞིའོ། །ཞེས་བློན་པོ་རེ་བཞིན་གྱི་མཚན་དང་བཅས་ཏེ་གསལ་བཤད་གནང་ཡོད་འདུག་པ་དེ་ལྟར་ན། ཁྲི་སྲོང་ལྡེ་

བཙན་གྱི་སྔོན་དུ་ཕྱི་བློན་གཅིག་དང་ནང་བློན་གཅིག ཕྲིན་བློན་གཅིག་དང་གསུམ་ལས་མེད་ཅེས་སུ་ཞིག་གིས་བཤད་ནུས།

དེར་མ་ཟད་ལུང་དེ་རང་དུ"ཞང་ཞུང་ན་གྲུབ་ཐོབ་ཙོ་མེན་གྱེར་ཆེན་དང་། བོད་ན་སྣ་ཧི་ཕྲོམ་དཀར་པོ། སྟོང་རྒྱུང་མཐུ་ཆེན། མཁས་པ་མི་བཞི། བླ་ཆེན་དྲན་པ་ནམ་མཁའི་སྐུ་ཚེ་སྨད"ཅེས་སོགས་ཀྱིས་བསྟན་པའི་བོན་གྱི་གཤེན་པོ་དེ་རྣམས་དུས་རིམ་བར་མའི་མཇུག་སྲོང་བཙན་སྒམ་པོའི་སྔོན་དུ་ཕྱིན་པ་ཤ་སྟག་ཡིན་སྟབས། ཁྲི་སྲོང་ལྡེའུ་བཙན་གྱི་སྐུ་དུས་དང་འགྲིག་ཐུབ་ཐབས་ག་ལ་ཡོད།

གཡུང་དྲུང་བོན་གྱི་བསྟན་འབྱུང་ཉུང་བསྡུས་[ཐོབ་625ཤ37ན3]ལས་མཇུག་ཏུ་བོད་རྒྱལ་སྲོང་བཙན་དང་ཁྲི་སྲོང་གི་དུས་སུ། ཞང་ཞུང་ཁྱུང་ལུང་གི་རྒྱལ་པོ་ལིག་མི་རྒྱ་དང་། དང་རའི་རྒྱལ་པོ་ལིག་མི་རྒྱལ་དག་བོད་རྗེས་བསྐོངས་ནས་ཞང་ཞུང་དབུས་ཤར་ཕལ་ཆེར་བོད་ཀྱིས་བསྡུས། ཞེས་གསུངས་པ་དེར་ཁྱུང་ལུང་གི་རྒྱལ་པོ་དང་། དང་རའི་རྒྱལ་པོ་གཉིས་ཀྱི་ཁྱད་དབྱེ་དང་། སྲོང་བཙན་དང་ཁྲི་སྲོང་གི་སྐུ་དུས་གཉིས་ཀྱི་དབྱེ་བ་བཅས་གནང་ཡོད་ལ། ཁྲི་སྲོང་གི་སྐུ་དུས་སུ་ཞང་ཞུང་ཡུལ་དབུས་ཀྱི་ཤར་ཕྱོགས་སུ་ཆགས་ཡོད་པའི་དང་རའི་རྒྱལ་པོ་ཞིག་གིས་ཞང་ཞུང་གི་ཆ་གཅིག་དབང་དུ་བྱས་ཡོད་པ་དེ་དབང་འོག་ཏུ་བཙུག་སྟེ་དང་རའི་རྒྱལ་པོ་བསྐོངས་པའི་ལོ་རྒྱུས་ཤིག་ཡིན་པ་ནི་ཤིན་ཏུ་ནས་ཀྱང་སྲིད་སྲོད། ཞང་ཞུང་སྙན་རྒྱུད་ཀྱི་ལོ་རྒྱུས་དང་འབྲེལ་བའི་ཞང་ཞུང་གི་རྒྱལ་པོ་ལིག་མི་རྒྱ་འདི་ནི་ཁྱུང་ལུང་གི་རྒྱལ་པོ་དེ་རང་ཡིན་པ་དང་། དེའི་རྒྱལ་སྲིད་ཉམས་གུད་དུ་གཏོང་མཁན་དེ་བོད་ཀྱི་རྒྱལ་པོ་སྲོང་བཙན་སྒམ་པོ་ཡིན་པ་ནི་ཏུན་ཧོང་བོད་ཀྱི་ལོ་རྒྱུས་ཀྱིས་བདེན་དཔང་བྱས་ཡོད་པ་དེ་རེད།

ལུང་འདིར"དྭང་རའི་གསེར་ཕུག་དུང་ཕུག་གཉིས"ཞེས་གསལ་བས་དྭང་རའི་རྒྱལ་པོ་ཡིན་པ་ནི་བཤད་དཀའ་བ་ཞིག་སྟེ། དྭང་རའི་རྒྱལ་པོ་དྭང་རའི་གནས་དེ་རང་དུ་བཞུགས་ཀྱི་ཡོད་པར་བརྟེན"དེར་བོད་ཀྱི་རྒྱལ་བློན་དམག་མི་སྟོང་སྡེ་མང་པོ་དང་བཅས་འོངས"ཞེས་གསལ་བའི་དཔུང་ཚོགས་དེ་འདྲ་བ་ཞིག་མཛོན་མེད་དུ་གསེར་ཕུག་དང་། དུང་ཕུག་ཏུ་སླེབ་ཐུབ་ཐབས་མེད་ལ། ཁྱུང་ལུང་གི་རྒྱལ་པོ་དེ་ཞང་ཞུང་ཡུལ་དབུས་ནས་རིམ་གྱིས་ཤར་ཕྱོགས་དྭང་རའི་ཡུལ་ཁམས་བརྒྱུད་ནས་སུམ་པའི་ཡུལ་དུ་ཐེབས་པ་ལ། བོད་དམག་གི་དྭང་རའི་ལམ་ཁ་དང་ཉེ་བར་ཡོད་པའི་གསེར་ཕུག་དང་དུང་ཕུག་ཏུ་བསྒྲུགས་ཏེ་ཁྱུང་ལུང་གི་རྒྱལ་པོ་བསྐོངས་པ་དེ་ནི་ཚུལ་དང་མཐུན་པའི་གཏམ་ཞིག་ཡིན་པའང་མངོན་སུམ་དུ་མཐོང་ཐུབ་པ་ཡིན།

གང་ལྟར་ཡང་ཞང་ཞུང་སྲིད་པའི་རྒྱལ་པོའམ་སྲིད་པའི་རྗེ་ཞེས་བྱ་བའི་མཚན་དབང་གི་ཆེ་རྟགས

དང་ལྡན་པའི་རྒྱལ་པོ་དེའི་རྒྱལ་སྲིད་ཀྱི་ཐ་མ་ནི་ཁྱུང་ལུང་གི་རྒྱལ་པོ་ལིག་མི་རྒྱ་ལྡེ་བུ་ཞེས་སུ་གྲགས་པ་དེའི་དུས་སུ་རྫོགས་ཤིང་། དེས་ནི་དུས་རིམ་བར་མའི་ལོ་རྒྱུས་ཀྱི་མཇུག་སྡུད་པའང་ཡོངས་སུ་མཚོན་པ་ཡིན།

ཞང་ཞུང་གི་རྒྱལ་སྲིད་ཐ་མ་ཁྱུང་ལུང་གི་རྒྱལ་པོ་ལིག་མི་རྒྱའི་མཁར་ཤུལ་སོགས་ད་ལྟའི་དུས་སུའང་ཁྱུང་ལུང་དངུལ་མཁར་གྱི་རི་རྡོགས་དེར་མཇལ་རྒྱུ་ཡོད་ལ། དངུལ་མཁར་གྱི་ཐ་སྙད་བྱས་པའི་རྒྱུ་མཚན་གྱི་གཙོ་བོ་ནི་སྐུ་མཁར་གནས་གཞིའི་རི་དེ་ས་དང་བྲག་རྫོ་འདྲེས་མ་དངུལ་ཕྱོགས་སུ་དཀར་མདངས་ཆེ་ལ། བྲག་རིའི་སྟོད་ངོས་སུ་དམར་སེར་མཐིང་ཁའི་འཇའ་རིས་ལྟ་བུ་དེ་ཙམ་མི་གསལ་བ་ཞིག་ཡོད་འདུག་པ་དེ་ལ་བརྟེན་ནས་ཐ་སྙད་དེ་སྐད་དུ་གྲགས་ཡོད་པར་མངོན།

"ཁྱུང་ལུང་དངུལ་མཁར"ཞེས་སྐུ་མཁར་གྱི་ཐ་སྙད་བྱུང་འདུག་པ་དེའི་གདགས་གཞི་ནི་སྐུ་མཁར་དངོས་བྲག་རྫོའི་ཕོག་བྲུས་ཏེ་ནང་དུ་ཚོམས་ཆེན་གྱི་སྐྱེའུ་ཁུང་ཕྱི་ལོགས་སུ་ཡོད་པ་རྒྱང་རིང་ནས་བལྟས་ན་ཚོམས་ཆེན་གྱི་སྐྱེའུ་ཁུང་དེ་རྣམས་སྐྱིད་ཙམ་ན་ཡོད་པ་ལྟ་བུར་མཐོང་བ། ཉེ་འཁོར་ཀུན་ཏུ་བྲག་ཕོངས་སུ་བཀོས་པའི་ཁང་མིག་ཕྱི་ནང་ཉིས་རྩེགས་ཅན་དང་འགའ་རེར་ནང་ཕོངས་ཀྱི་གཡས་གཡོན་དུ་ཁང་མིག་རེ་རེ་ཡོད་པ་ལྟ་བུ་བརྒྱ་ཕྲག་མང་པོ་ཞིག་འདུག

གནའ་བོའི་ཞང་བོད་ཀྱི་འབྲོག་མིའི་གནས་ཚུལ་དང་དངོས་ཡོད་ཁྱུང་ལུང་དངུལ་མཁར་གྱི་ཤུལ་དེ་གཉིས་ཕན་ཚུན་བསྡེབས་ཏེ་དཔྱད་ན། གནའ་དུས་ཀྱི་ཞང་ཞུང་གི་རྒྱལ་པོ་དེ་རྣམས་དབྱར་སྟོན་དཔྱིད་གསུམ་གྱི་དུས་ཕལ་མོ་ཆེར་སྦྲ་དང་གུར་དུ་གནས་འཆའ་ཞིང་། ཡུལ་ཁམས་གཅིག་ཏུ་མི་གནས་པར་ཞང་ཞུང་སྒོ་ཕུག་བར་གསུམ་གནད་ཆེའི་ས་གནས་རྣམས་སུ་སྐར་བཏབ་ནས་དུས་ཚོད་གང་འོས་སུ་གནས་འཆའ་ཞིང་། ཡུལ་གྱི་དཀའ་རྙོགས་ཀྱི་རིགས་ཇི་ཡོད་རྣམས་སེལ་བ་སོགས་རྒྱལ་སྲིད་ཀྱི་གནད་ཆེའི་བྱ་བ་རྣམས་ལག་བསྟར་བྱེད་སྲོལ་ཡོད་པ་དང་། དགུན་དུས་དང་སྟོན་དཔྱིད་ཀྱི་ཆ་འགར་ཁྱུང་ལུང་གི་མཁར་དུ་གྲགས་པའི་ཕུག་པ་ཆེ་ཆུང་སྣ་ཚོགས་སུ་ཡོད་པ་དེ་རྣམས་སུ་གནས་སྲོལ་བྱུང་ཡོད་པ་འདྲ་ཞིག་སྣང་། རང་རེས"ཕུག་པ"ཞེས་བརྗོད་པའི་ཚེ། བྲག་ཕུག་ཆུང་ངུ་ཞིག་ཏུ་བསམ་གྱི་ཡོད་ནའང་གནས་དེར་བྲག་ཕུག་ཤིན་ཏུ་རྒྱ་ཆེ་བ་མང་པོ་ཞིག་དེང་དུས་སུ་ས་གཞིར་འགྱེལ་ནས་ཡོད་འདུག་ནའང་གནའ་དུས་ཀྱི་བྲག་ཕུག་ཆེན་པོའི་ཐོག་རྡིབ་པའི་ཚུལ་གསལ་པོར་མངོན་ཐུབ་པ་ཡོད།

ཁྱུང་ལུང་དངུལ་མཁར་དེ་ཞང་ཞུང་གི་རྒྱལ་སྲིད་ཐ་མའི་རྒྱལ་སའམ་གནས་གཞི་ཡིན་པ་ཙམ་ཞིག་ཏུ་མ་ཟད། དུས་རིམ་གོང་མའི་ནང་ཞང་ཞུང་གི་རྒྱལ་པོ་བྱ་རུ་ཅན་བརྒྱད་བྱུང་སྐྱོང་བ་དེ་དག་ལས་ཁྱུང་ལུང་རྒྱལ་བ་མཉེས་ཡུལ་དུ་སླས་ཀྲ་ཀུ་གེའི་རྒྱལ་པོ་རིན་ཆེན་འོད་ཀྱི་བྱ་རུ་ཅན་དང་། རྒྱུང་ཡར་མུ་ཁོད་

རྒྱལ་པོ་གཞའ་ཚོན་འོད་ཀྱི་བྱ་རུ་ཅན་དང་། ཀྱི་ལེ་གུ་གེ་རྒྱལ་པོ་ཨུན་ཆེན་དུང་གི་བྱ་རུ་ཅན་དང་གསུམ་གྱིས་ཁབ་མཛད་སྐྱོང་བ་དང་། དེར་མ་ཟད་བོན་གཤེན་ཆེན་པོ་དྲན་པ་ནམ་མཁའ་དང་སྣང་བའི་མདོག་ཅན་སོགས་མཁས་པ་དང་། གྲུབ་པ་མང་པོའི་གདན་ས་ཁྱད་པར་ཅན་ཞིག་ཀྱང་ཡིན་པར་བརྗེན། ཞང་ཞུང་གི་རྒྱལ་སྲིད་ཐ་མའི་མཇུག་བསྡུས་པའི་རྗེས་དེར་ཁྱུང་ལུང་དངུལ་མཁར་ནི་བོན་གྱི་གཤེན་པོ་རྣམས……ཀྱི་གནས་ཡུལ་ཁྱད་པར་ཅན་ཞིག་ཏུ་གྱུར་ཡོད།

དུས་རིམ་འོག་མའི་ནང་ཁྱུང་ལུང་དངུལ་མཁར་གྱི་གནས་ཡུལ་དེར། བོན་ཙམ་དུ་མ་ཟད་བན་དེ་རྣམས་ཀྱང་དེར་ཕྱིན་ཏེ་གནས་ཡུལ་བདག་གཉེར་བྱས་ཤིང་། བན་དེ་རྣམས་ཀྱིས་བྲག་ཕུག་གི་ཕྱི་ལོགས་སུ་ཐོག་བཀབ་པ་དང་། ནང་ངོས་སུ་ལོགས་རིས་སྣ་ཚོགས་བཀོད་པ་དང་། ཁྱད་པར་གནའ་བོའི་དངུལ་མཁར་གྱི་ལྟེ་བའི་ཤུལ་དེ་ཐོག་ཏུ་ལྷ་ཁང་ཞིག་ཀྱང་བརྩིགས་པའི་རྩིགས་ཤུལ་ཤིན་ཏུ་གསལ་པོར་ཡོད་པ……དང་། བྲག་ཕུག་མང་པོ་ཞིག་གི་ནང་བོད་ཡིག་འབྲོར་པོ་ཡོད་པ་དེ་རྣམས་ལ་དཔྱད་ན། བན་དེའི་ཕྱོགས་དེ་ཕལ་ཆེར་ལྷ་བླ་མ་ཡེ་ཤེས་འོད་(དུས་རབ་༡༡)དང་། ལོ་ཆེན་རིན་ཆེན་བཟང་པོའི་སྐུ་དུས་(958—1055)ཙམ་ནས་བྱུང་ཡོད་པ་ནི། རྒྱུད་སྟེ་འོག་མ་གསུམ་གྱི་དཔེ་འཕྲོར་ཅི་རིགས་ཤིག་ཡོད་འདུག་པས་ངེས་ཐུབ་པ་དང་། ཡང་དེར་ས་སྐྱ་པ་དང་བཀའ་བརྒྱུད་པའི་ཕྱོགས་ཀྱི་དཔེ་འཕྲོར་འགའ་རེའང་ཡོད་འདུག་པ་ལ་དཔྱད་ན་རིམ་གྱིས་ས་སྐྱ་པ་དང་བཀའ་བརྒྱུད་པས་གནས་དེ་བཟུང་ཡོད་པ་འདྲ་ལ། དུས་ཕྱིས་སུ་རི་བོ་དགའ་ལྡན་པས་བཟུང་སྟེ། "རིག་གནས་གསར་བརྗེའི" གོང་དེར་ཁྱུང་ལུང་དུ་དགེ་ལུགས་པའི་དགོན་པ་ཆུང་ངུ་ཞིག་ཡོད་པ་དེ། དེང་དུས་གནས་དེར་འགྲོ་སྣངས་བདེ་མིན་ལ་བརྟེན། ཡུལ་དེའི་གྲོང་དང་ཉེ་བའི་ས་གནས་ཤིན་ཏུ་གསར་དུ་བཞེངས་ཡོད་པའང་མངོན་མཐོང་བྱུང་།

སྤྱི་འཁོར་ཉེར་གཉིས་པའི་སྤྱི་ཕྲེང་ཐ་མའི་ས་པོ་འབྲུག་གི་ལོ་(སྤྱི3905ཕྱི་ལོ1088)དབྱར་ཟླ་ཐ……ཆུང་གི་ནང་། ང་དང་ངའི་སློབ་ཕྲུག་ཉུང་ཕྱོགས་པ་བོད་ཀྱི་ཤེས་རིག་ལ་དོ་སྣང་ཆེན་པོར་ཡོད་པ་མི་གྲངས་བརྒྱད་བཅས་ཞང་ཞུང་གི་རྒྱལ་པོ་ཐ་མའི་གནས་ཡུལ་ལམ་ཞང་ཞུང་གི་བླ་ཆེན་པོ་དྲན་པ་ནམ……མཁའི་གདན་ས་ཁྱུང་ལུང་དངུལ་མཁར་གྱི་རྗེས་ཤུལ་ཇི་ཡོད་མཇལ་དུ་ཕྱིན་ཅིང་། ཁོ་བོ་ཅག་གནས་དེར་ཉིན་ཤས་བསྡད་ནས་ཆེས་སྔ་བའི་དུས་ཀྱི་བྲག་ཕུག་བརྒྱ་ཕྲག་བརྒལ་བ་དེ་རྣམས་དང་། དུས་རབས་རིམ་པའི་ནང་བཞེངས་པའི་མཁར་རྣམས་ཀྱི་ཤུལ། ཉེ་འཁོར་དུ་ཡོད་པའི་ཡ་མཚན་ཅན་གྱི་རི་དང་ཆུ་ཀླུང་། མཆོད་རྟེན། རང་བྱུང་གི་ཆུ་ཚན་སོགས་ལ་རྟོག་ཞིབ་ནན་ཏན་བགྱིས་ཤིང་། སྐབས་དེར་བླངས་པའི་བརྙན་དཔར་མི་འདྲ་བ་དུ་མ་ཡོད།

བྲག་ཕུག་བརྒྱ་ཕྲག་གི་ནང་ནས་གནད་ཆེའི་བྲག་ཕུག་ཅིག་སྟེ་བྲག་ཕུག་སྟེང་འོག་ཁང་བའི་ཐོག······སྟེང་འོག་ལྟར་ནང་ཁོངས་སུ་འབྲེལ་ཡོད་པ་དང་། སྟེང་ཐོག་ཏུ་སྔོན་གྱི་མཁར་རམ་གསས་ཁང་གང་རུང་གི་རྩིགས་ཤུལ་གསལ་བར་མངོན་ཐུབ་པ་ཡོད་འདུག འོག་ཏུ་ཤིན་ཏུ་གནད་ཆེའི་བྲག་ཕུག་སྟེང་འོག་ལྷན་དུ་འབྲེལ་བ་ཞིག་ཡོད་འདུག་ལ་སྟེང་ཐོག་ཏུ་རྩིགས་པའི་མཁར་ཞིག་ཡོད་འདུག་པ་འདི་ནི་ཕལ་ཆེར་བླ······ཆེན་དྲན་པ་ནམ་མཁའི་སྐུ་དུས་ཙམ་ན་བཞེངས་པའི་གསས་མཁར་ཞིག་ཡོད་པ་དེ། ཕྱིས་སུ་ཆོས་པ་རྣམས་ཀྱིས་རྒྱ་ཆེ་རུ་བཏང་བ་ཞིག་ཡིན་ངེས་པ་ནི་གྲུང་རྫས་ཀྱི་ལོགས་རིས་ལས་ཤེས་ཐུབ་ཀྱི་འདུག

ཁྱུང་ལུང་དངུལ་མཁར་གྱི་གནས་ཆེན་པོ་འདི་ཙམ་དུ་མ་ཟད་གཞན་ཡང་ཞང་ཞུང་སྒོ་པ་དང་། ཕུག་པ་དང་བར་པའི་ས་གནས་ཁག་ཤིན་ཏུ་མང་པོ་ཞིག་ན་གྲགས་ཆེ་བའི་གནས་ཆེན། གནའ་བོའི་ལོ་རྒྱུས་དང་འབྲེལ་བ་དུ་མ་ཞིག་ཡོད་འདུག་ལ་གནས་ཆེན་དེ་རྣམས་སུ་དུས་རིམ་གོང་མ་དང་། ལྷག་པར་དུ་དུས་རིམ་བར་མའི་ནང་བོན་གྱི་མཁས་པ་དང་། གྲུབ་པའི་སྐྱེས་བུ་མང་པོ་བཞུགས་ནས་བསྟན་པའི་བྱ་བ་རྒྱ་ཆེན་པོ་མཛད་ཡོད་པའི་ཚུལ་རགས་ཙམ་ཞིག་ནི་ཚངས་དབྱངས་ཡིད་འཕྲོག་[ISMEO ཤ་26 བ་1] ལས་ཁྱུང་ལུང་དངུལ་མཁར་རྒྱལ་བ་མཉེས་ཡུལ་དུ། བླ་ཆེན་པོ་དྲན་པ་ནམ་མཁའ། ཞང་ཞུང་ཅྱི་ར་ཙུག་(གཙུག་)ལྷན་དུ་ཚེ་དབང་ནམ་མཁའ་སྔོན་གསལ། དབལ་གྱི་བྲག་ཕུག་རོང་ཆེན་དུ་གཡུང་དྲུང་དཔལ་བོ་མཐོང་གྲོལ། ཞང་ཞུང་སྤོས་རི་དང་ལྷན་དུ་སློབ་དཔོན་ཐ་མི་ཐད་ཀེ། མུ་ལེ་ཁྱུད་ཀྱི་མཚོ་འགྲམ་དུ་བོན་མོ་སྟག་ལྷེར་ལི་ལྷེར། ཏི་སེ་གངས་ཀྱི་ཤེལ་ཕུག་དུ་(ཏུ་)ཞང་ཞུང་ཨ་ནུ་ཕྲག་ཐག ཏི་སེ་རྫུ་འཕྲུལ་གསང་ཕུག་དུ་(ཏུ་)བླ་མ་ཚེ་དབང་རིག་འཛིན། དབལ་འབར་མེ་རི་གསང་ཕུག་དུ་(ཏུ་)བླ་ཆེན་པོ་དྲན་པ་ནམ་མཁའ། དུག་ཚོ་(མཚོ་)མུ་ལེའི་ནོ་གླིང་དུ་ཞང་ཞུང་ཐེས་དམར་སྤུངས་རྒྱུང་། སྤྲང་ཆེན་ས་ལ་སྦས་ཕུག་དུ་(ཏུ་)ཞང་ཞུང་སྤྲང་ཆེན་མུ་ཕྱེར། གསང་བྲག་བྲག་དམར་ཡང་རྫོང་དུ་ཞང་ཞུང་ཙོ་མིན་གྱེར་རྒྱུང་། རྟག་དུ་(ཏུ་)དུ་པའི་(བའི་)རྩེ་ཆོག་དུ་(ཏུ་)གྱེར་ཆེན་མར་མི་གྲོན་(སྒྲོན་)གསལ། བྲག་དམར་རིན་ཆེན་སྤུངས་པ་རུ་ཞང་ཞུང་སྤུངས་རྒྱུང་ཐུ་(མཐུ་)ཆེན། ཡོངས་འདུས་དབང་གི་བྲག་ཕུག་དུ་(ཏུ་)ཞང་ཞུང་མི་བོན་མུ་ཕྱ། ཞང་ཞུང་སྟོད་ཀྱི་དུམ་ཚལ་དུ་རྫེ་དམར་མེ་ཡི་བོན་པོ། ཞང་ཞུང་ཁྱུང་ལུང་དངུལ་མཁར་དུ་གར་མ་མེ་སླག་ཅན། ཞང་ཞུང་ཁྱུང་ཆེན་སྤུངས་རི་རུ་ཞང་ཞུང་ཁྱུང་ཡེར་དཀར་པོ་སོགས་ཞེས་མཆོན། དེ་དུས་སུ་གྲགས་ཆེ་བའི་བོན་གཤེན་ནམ་མཁའི་སྣང་བའི་མདོག་ཅན་སོགས་གདུང་རྒྱུད་བཅུ་གསུམ། སྟོང་རྒྱུང་མཐུ་ཆེན་སོགས་མཁས་པ་མི་བཞི། དམུ་ཙ་དྲ་ཧེ་སོགས་ལོ་པཎ་མཁས་དགུ། བྱ་རུ་དཔལ་སླག་སོགས་བྱིན་རླབས་རྒྱུད་པའི་གཤེན་དགུ། ལི་བོན་མུ་ཕྱ་སོགས་མཐུ་ཆེན་མི་དགུ། ལི་ཤུ་སྟག་རིང་སོགས་རྫུ་འཕྲུལ་

མི་དགུ། རྣལ་འབྱོར་གཙང་གཤེན་སོགས་ཟིལ་གནོན་བོན་དགུ། ཞེས་སུ་གྲགས་པ་དེ་རྣམས་ཀྱིས་གནས་ཡུལ་ཀུན་ཁྱིན་ཀྱིས་བརླབས་ཏེ་བོན་གྱི་བསྟན་པ་དར་རྒྱས་སུ་མཛད་ཡོད་པར་མངོན།

སྤུ་ལྡེ་གུང་རྒྱལ་གྱི་སྐུ་དུས་སུ་བོད་ཀྱི་བོན་པོ་སྣ་རིག་བཀྲ་བ་འགའ་ཞིག་ཞང་ཞུང་དུ་བོན་འཚོལ་དུ···བཏང་བར་བརྗེད། ཞང་ཞུང་གི་བོན་གཤེན་རྣམས་ཀྱིས་བསྟན་པ་སྤེལ་བའི་ཚུལ་རྩ་རྒྱུད་ཉི་སྒྲོན་[ཐོབ་304ཤ150བ6]ལས་(སྤུ་དེ་གུང་རྒྱལ་)དེ་དུས་བོན་དར། ཞང་ཞུང་མཁས་པ་ཉི་ཤུ་རྩ་བདུན་གྱིས་བསྟན་པ་འཛིན། འབུམ་དང་གསུངས་རབ་གསས་ཁང་ལྷ་ཁང་མཆོད་རྟེན་ཞང་ཞུང་ཡུལ་དུ་དར། རྩང་དབུས་བོད་དུ་མ་དར་རོ། །ཞེས་པ་དང་གཡུང་དྲུང་བོན་གྱི་རྒྱུད་འབུམ་[ཐོབ་ཀ60ཤ7ན6]ལས་དེ་དུས་བོན་གཤེན་ཀུན་སྤྱན་དྲངས་པ་ལ། བོན་གཤེན་ཀུན་གྱིས་བཀའ་བྲོས་(བགྲོས་)ནས། བསྟན་པ་སྤེལ་བའི་ཆེད་དུ། རྗེར་(གཉེར་)བདག་དང་ལྷ་སྲིན་གྱིས་མ་སྒྲིབས་(བསྒྲིགས)པའི་རྗེར་(གཉེར་)ཁ་ཡར་ལས་མ་ཐོན། སྐད་རིགས་མི་གཅིག་པའི་ཡུལ་ན་ཡང་། གཡུང་དྲུང་གི་བོན་ཚོལ་བའི་གཤེན་པོ་གསེར་ཕྱི་མ། དངུལ་ཁྲོལ་བུ། གཡུ་སྨམ་པོ(101)ལ་སོགས་པ་སྐུར་(བསྐུར་)བཏང་བ་ལ། མེ་ཉག་གི་བོན་པོ་དཔལ་ལེགས་རྒྱལ་མཚན། མཚོ་མི་རིངས་སྐྱོལ་པོ་དེ་གཉིས་ཀྱིས་ཞང་ཞུང་གི་ཡུལ་དུ་ཕྱིན་ཏེ། སྟོན་པ་མ་རྒྱུད་རྒྱལ་མཚན་ལ་བོན་གྱི་མཛོད་སྒོ་གང་ལས་ཀྱང་མ་འགགས་པར་མཁྱེན་པས། ཁྱད་པར་དུ་འབུམ་སྡེ་ལྔ་དང་། བོན་སྒོ་བཅུ་གཉིས་(102)ལ་མཁས་པ་ཅིག་(གཅིག་)དང་། སྟོན་པ་ལྷ་ཁྱུང་བྱ་བ་ཐེག་པ་རིམ་པ་དགུའི་བོན་(103)ལ་མཁས་པ། འཕྲ་བའི་འབུམ་བཅུ་གཉིས་(104)ཞལ་དོན་(འདོན་)དུ་སྒྲོགས་པ། ཁྱད་པར་དུ་ཡང་ཐུགས་ཟབ་མོའི་དོན་ལ་གྲུབ་པ་སྙེམས་པ། བླ་མ་དེ་གཉིས་ལ་རིན་པོ་ཆེའི་ཞུགས་ཐོགས་(105)ཕུལ་ནས་འདི་སྐད་ཞུས་སོ། །ཞེས་དང་ཡང་[62ཤ8ན3]དུ་སྤུ་རྒྱལ་རྗེ་འབངས་སྤྱན་མངར་(སྔར་)གཤེགས་པར་ཞུ། ཞུས་པས། བཀའ་གནང་སྟེ། བོད་ཡུལ་དུ་འབུམ་སྡེ་ལྔ། བོན་སྒོ་བཅུ་གཉིས་དང་། བོན་གྱི་མཛོད་སྒོ་མང་པོ་དང་། འཕྲ་མོ་བཅུ་གཉིས་དང་། ཐེག་པ་ཐ་དད་ཀྱི་བོན་མང་པོ་སྤེལ་ནས། བསྟན་པ་ཡངས་རྒྱས་སོ། །ཞེས་དུས་སྐབས་དེར་ཞང་ཞུང་དུ་བོན་གཤེན་གྲགས་ཆེ་བ་སུ་ཡོད་པ་དང་བོན་གྱི་བསྟན་པ་དར་རྒྱས་ཇི་ལྟར་ཡོད་པའི་ཚུལ་རགས་ཙམ་ངེས་ཐུབ་པ་ཡིན།

བཙན་པོ་གནམ་རི་སྲོང་བཙན་གྱི་སྐུ་དུས་སུ་ཞང་ཞུང་དུ་བོན་གདན་འདྲེན་དུ་བཏང་བའི་ཚུལ། རྩ་རྒྱུད་ཉི་སྒྲོན་[ཐོབ305ཤ151ན1]ལས་ལྷ་སྲས་གནམ་རི་སྲོང་བཙན་གྱི་རིང་ལ། ལྷ་སྲས་ཀྱིས་སྔར་བོན་དར་བ་སྤྱད་པས་བཀྲ་ཤིས། ཡང་ཞང་ཞུང་གི་ཡུལ་དུ་བོད་ཀྱི་བོན་པོ་རིག་པ་གསལ་བ་ཁྱུང་པོ་སྟག་སྒྲ་དུང་གཙུག སྣང་ལི་ཤུ་སྟག་རིང་། སྤེ་བོན་ཐོད་དཀྲམ། གཙོ་བོན་ཁྲི་གཙུག་ཁྱུང་དྲག་བཞི་ལ་གསེར་ཕྱི་

འཁྲོང་ཙུ་གང་བསྐུར་ནས། ཞང་ཞུང་ཡུལ་དུ་བོན་ཆོས་བཏང་བས། གཤེན་པོ་དེ་བཞི་ཞང་ཞུང་གི་མཁས་པ་བཞི་ལ་གཏུགས། ཞེས་གསུངས་པར་དཔྱད་ན་གནམ་རི་སྲོང་བཙན་གྱི་སྐུ་དུས་སུ་ཞང་ཞུང་ན་གྲགས་ཆེ་བའི་མཁས་པ་མི་བཞི་ཡོད་པར་གསལ་ལ་ཁྱུང་པོ་སྟག་སྒྲ་དུང་གཙུག་དང་སྟེང་ལི་ཤུ་སྟག་རིང་དུ་གྲགས་པའི་བོད་ཀྱི་བོན་པོ་འདི་དག་ནི་དུས་རིམ་འོག་མའི་སྐབས་ཀྱི་བོན་གཤེན་གྲགས་ཆེ་བའི་གྲངས་སུ་ཡོད་པ་དེ་དག་ཏུ་ངེས་པ་ཡིན་ནོ། །

མཆན་འགྲེལ།

〔1〕**ཤུགས་མགོན།** སྐྱེས་བུ་ཕོ་མོ་སུ་འང་རུང་བ་དེའི་ལུས་ངག་ཡིད་གསུམ་གྱི་མཐུན་ཕྱོགས་དཀར་པོ་དགེ་བའི་ཤུགས་དེ་དང་། ཤུགས་དེ་ཉིད་བསྐྱེད་པ་ལ་མཐུན་གྲོགས་བྱེད་པའམ་མགོན་བྱེད་པའི་ལྷ་དང་སྲུང་མ་དེ་རིགས་ལ་ཟེར་བ་ཡིན།

〔2〕**མེས་པོ་སེང་གེ་འགྲམ།** མང་པོས་བཀུར་བའི་རྒྱལ་རྒྱུད་ལས་མཆེད་པའི་གདུང་སྟེ། ལྡེའུ་རྒྱ་བོད་ཀྱི་ཆོས་འབྱུང་[བོད་218ཤ་16]ལས་གོའུ་ཏ་མའི་སྲས་བུ་རམ་ཤིང་པ། འཕགས་སྐྱེས་པོ། དེ་ལ་སྲས་བཞི་སྐར་ཟླ་གདོང་། སྣ་ལག་ཅན། གླང་ཆེན་འདུལ། དཀའ་ཐུབ་ཅན། ཞེས་དང་། ཡང་དེ་ཉིད་[218ཤ་24]ལས་དཀའ་ཐུབ་ཅན་ལ་དེའི་སྲས་གནས་འཛོག དེའི་སྲས་བ་གླང་གནས། དེ་ལ་སྲས་གཉིས་སེང་གེ་འགྲམ་དང་སེང་གེ་སྒྲོ། །ཞེས་གསལ་བ་དེ་རང་དུ་ངེས་པ་ཡིན།

〔3〕**ཞང་གསུམ་བློན་བཞི།** ལྡེའུ་ཆོས་འབྱུང་ཆེན་མོ་[བོད་112ཤ་4]ལས་ཞང་གསུམ་ནི་སྣ་ནམ། མཆིམས་དང་འབྲོའོ། །བློན་བཞི་ནི་ཁུ་དང་། འགར་དང་། སྣུ་དང་། འགོས་སོ། །ཞེས་པ་འདི་སྲོང་བཙན་སྒམ་པོའི་སྐུ་དུས་སུ་བཤད་ཡོད་འདུག་མོད། འདིར་ཞང་གསུམ་བློན་བཞིའི་ཐ་སྙད་ཡོད་པ་འདི་ཕལ་ཆེར་བོད་ཀྱི་ཡ་ཐོག་གི་རྒྱལ་པོའི་སྐུ་དུས་སུ་ཞང་གསུམ་བློན་བཞིའི་མེས་པོ་རྣམས་ཡོད་པ་དང་དེ་རྣམས་ཕལ་ཆེར་རྒྱལ་ཕྲན་སིལ་མའི་ཕྱོགས་སུ་གཏོགས་པའི་ཞང་བློན་གྱི་རིགས་ཡིན་པའི་དོན་གྱིས། དེ་སྐད་དུ་གསུངས་ཡོད་སྲིད་པ་སྟེ། ལྡེའུ་ཆོས་འབྱུང་ཆེན་མོ་དང་། ལྡེའུ་རྒྱ་བོད་ཀྱི་ཆོས་འབྱུང་འདི་གཉིས་ཀ་མཁས་པ་ལྡེའུ་མཛད་པའི་བསྟན་བཅོས་ཡིན་པས་ཀྱང་ངེས་ཐུབ་པ་ཡིན།

〔4〕**སྲིབ་ཀྱི་ལྷ་དཀར་མང་པོ་ལྡེ།** ལྷ་ཞིག་གི་མིང་སྟེ། ལྡེའུ་རྒྱ་བོད་ཀྱི་ཆོས་འབྱུང་[བོད་223ཤ་19]ལས་ས་ལྷ་མགོན་པོའི་སྲས་རྗེ་བས་ཀྱི་ལྷ་སྐར་མ་ཡོལ་ལྡེ་ཞེས་པ་དེ་རང་དུ་ངེས།

〔5〕**ཀར་མ་ཡོ་ལྡེ།** སྲིབ་ཀྱི་ལྷ་དཀར་མང་པོ་ལྡེ། ཞེས་སམ་རྗེ་བས་ཀྱི་ལྷ་སྐར་མ་ཡོལ་ལྡེ། ཞེས་འབྲི་སྟངས་མི་འདྲ་བ་འགའ་རེ་བྱུང་ཡོད་འདུག་མོད་དོན་དུ་གཅིག་པར་སྣང་།

〔6〕**བྱད་དང་ལྟེམས།** བྱད་ནི་ངན་སྔགས་སོགས་ཀྱི་ནུས་པ་ཐེབས་པའམ་གཙེས་པ་དང་། ལྟེམས་ནི་གདོན་གྱི་རིགས་གང་རུང་གིས་དཀར་པོ་དགེ་བའི་ལས་ལ་བར་དུ་གཅོད་པ་ལ་ཟེར།

〔7〕**རུའི་ཐལ་བདར།** གནའ་བོའི་ཞང་ཞུང་གི་རྒྱལ་གཉེན་ཆེན་པོ་རྣམས་ཀྱི་དབུ་ལ་རྟོག་ཞུ་རིན་པོ་ཆེའི་རུས་བཞེས་སྲོལ་ཡོད་པ་དེ་དང་ཕྱོགས་འདྲ་བའི་དབུ་རྟོག་ཅིག་དབུ་ལ་གསོལ་བའི་དོན་ཨེ་ཡིན་སྙམ།

〔8〕**ཁྲི་བར་ལ་བདུན་ཚིགས།** ཡབ་བླ་བདལ་དྲུག་དང་རྒྱ་བཙུགས་བཞོས་པའི་སྲས་གཅེན་གསུམ་དང་གཅུང་གསུམ་བར་གྱི་བདུན་ཚིགས་དང་བདུན་ཕྱུང་བའི་བདུན་ཚིགས་དེ་ལ་ཟེར།

〔9〕**ཇོ་དབལ་སྔོང་ལྟར་བསྐྱུར།** སྔོང་ནི་གནའ་བོའི་རོལ་ཆས་ཤིག་ཡིན་ལ། རོལ་ཆས་དེ་ལག་གཉིས་ཀྱིས་ཤིན་ཏུ་མྱུར་བའི་སྒོ་ནས་རྡེ་དགོས་པ་ཞིག་ཡིན་པ་ལྟར་སྔགས་ཀྱི་ནུས་མཐུ་ཇོ་དབལ་ཏེ་མེའི་ལས་སྦྱོར་རོལ་ཆས་དེ་ལ་རྡེ… བ་བཞིན་བསྐྱུར་བའི་དོན་དུ་གོ།

〔10〕**བླ་མ་ཆེ་དྲུག་གི་བོན།** བོན་བླ་ན་མེད་པ་དྲུག་སྟེ། ཕ་རྒྱུད། མ་རྒྱུད། ཐེག་པ། སྤྱོད་པ། འབྲས་བུ། དོན་དམ་བཅས་བླ་ན་མེད་པའི་བོན་དྲུག་གི་དོན་ཡིན་པ་ལས་བླ་མ་དྲུག་གིས་བསྟན་པའི་བོན་གྱི་དོན་མིན་པར་ངེས།

〔11〕**རྗེ་མོ་ཟུང་རྒྱལ།** ཐོག་མའི་མཛད་པ་རླབས་ཆེ་བ་ཞིག་གི་དོན་དུ་གོ།

〔12〕**ལྷ་རྐོད་ལྷམ།** སྐབས་འགར་"མཁའ་འགྲོ"ཞེས་པའི་དོན་དུ་བེད་སྤྱོད་གནང་འདུག་སྟབས། འདིར་བཀའ་སྐྱོང་མཁའ་འགྲོའི་དོན་ལ་འཇུག་པ་ཡིན་སོད། ཚིག་འདིའི་འབྱུང་ཁུངས་དངོས་ནི་བུ་མོ་ཁྲོ་དང་འཕྲད་མ་སྨྱོང་བ་ལ་གོ་དགོས་པའི་ཚུལ་བོན་གྱི་ཡིག་རྙིང་འགའ་ལས་བྱུང་།

〔13〕**མཁན་བུ།** མཁན་པོས་གནང་བའི་སྡོམ་པ་དེའི་རྒྱུན་འཛིན་པའི་བུའམ་སློབ་མ་ཞེས་པའི་དོན་ཡིན།

〔14〕**གཡུང་དྲུང་།** འཕགས་པའི་དགེ་འདུན་གྱི་དོན་ཡིན།

〔15〕**འགོག་པ།** རྣམ་རྟོག་གི་འཕྲོ་འདུའི་རྒྱུན་བཅད་དེ་མཉམ་བཞག་གི་ངང་ལོ་གྲངས་བརྒྱ་ཕྲག་མང་པོའི་རིང་དུ་གནས་པ་ཞིག་ལ་ཟེར།

〔16〕**ངར་པ།** བོད་ཀྱི་བཟ་རྙིང་མ་ཞིག་སྟེ། དོན་ནི་གོས་ཀྱི་མཐའ་ལ་གོ་དགོས་པ་ཡིན་ཞིང་། ཚིག་དེའི་འབྱུང་གཞི་ནི་གོས་ཀྱི་གཤམ་དེ་རྐང་པའི་ངར་ལ་རེག་གི་ཡོད་སྟབས་དེ་སྐད་དུ་གྲགས་པ་ཡིན།

〔17〕**བསྐལ་པ་བས་བསྐལ།** ཆོས་མངོན་པའི་ལུགས་ལྟར་ན་བསྐལ་པ་ཆུང་བ་གཉིས་རེ་ལ་བར་གྱི་བསྐལ་པ་གཅིག་ཟེར། བར་བསྐལ་རེ་ལ་མི་ལོ་བྱེ་བ་གཅིག་དང་ས་ཡ་དྲུག་བདུན་འབུམ་དགུ་ཁྲི་བརྒྱད་སྟོང་ཡོད་པ་དེ་ལ་ཟེར།

〔18〕**སྲིད་པས་མ་སྲིད་ཙམ།** སྲིད་པ་སྒྲ་ཡི་རྒྱལ་པོས་སྣང་སྲིད་སྤྲུལ་པའི་བཀོད་པ་མ་བྱས་གོང་རོལ་གྱི་དོན་དུ་སྣང་།

〔19〕**སྤྱན་གྱི་སྒྲོས་མ།** སྤྱན་གྱི་གཟིགས་སྟངས་ཞེས་པའི་དོན་ཡིན།

〔20〕**གནམ་རིམ་པ་བཅུ་གསུམ།** ཡར་གཡེན་གཉན་པོ་བཅུ་གསུམ་དུ་གྲགས་པ་རྣམས་སྟེ། གཟེར་མིག་ལྟར་ན་དབལ་ཡོགས་ཁྲིན་དང་གསུམ། གཉེར་འོ་མཚམས་དང་གསུམ། དམུ་བདུད་བཙན་དང་གསུམ། སྲིད་སྐོས་ཕྱྭ་དང་གསུམ། གཉན་པོ་ལྷ་དང་བཅུ་གསུམ་གྱི་གནས་ཡུལ་དེ་རྣམས་ལ་གནམ་རིམ་པ་བཅུ་གསུམ་ཞེས་གནའ་བོའི་བོན་ལུགས་སུ་ཤིན་ཏུ་གྲགས་ཆེ་བ་ཞིག་ཡིན།

〔21〕**ས་རིམ་པ་བཅུ་གསུམ།** ས་རིམ་པ་བཅུ་གསུམ་གྱི་རྣམ་གྲངས་སུ་བརྩིས་པ་ཞིག་མ་མཐོང་སོང་། གནམ་རིམ་པ་བཅུ་གསུམ་ཡོད་པ་ཡིན་སྟབས། དེ་དང་ཕན་ཚུན་རྟེན་བརྟེན་པའི་འབྲེལ་ཡོད་ཀྱི་ས་གཞི་ལ་གོ་དགོས་སམ་སྙམ།

〔22〕**ཀློཙ་རིན་ཆེན་མཆེད་བདུན།** དམུ་ཡི་སྲུང་མ་སྤུན་མཆེད་བདུན་ཡོད་པ་ཞིག་གི་མིང་ཡིན་ནམ་སྙམ།

〔23〕**བོད་ཁམས་ཕ་དགུ།** དེ་དུས་སུ་བོད་ཁམས་ཀྱི་མངའ་སྡེ་ཕ་ཚན་དགུ་ཡོད་པའི་དོན་དུ་སྣང་སོང་། ཕ་ཚན་དགུ་པོ་གང་དག་ཡིན་པ་ཞལ་གསལ་བ་མི་འདུག

〔24〕**རྒྱ་འབྲས་ཟངས་ཡག** འབྲང་ཞེས་པ་ནི་གནད་གལ་ཆེ་བའི་ཆས་ལ་འཇུག་པས། འདིར་རྒྱུའམ་དམུའི་དངོས་ཆས་གནད་ཆེ་བ། "ཟངས་ཡག" ཅེས་པ་ཕལ་ཆེར་ཟངས་ཀྱིས་བཟོས་པའི་ཕྱུག་འཁར་ཞིག་གི་དོན་ཨེ་ཡིན་སྙམ།

〔25〕**ཏ་རྫོད་ཐར་རན།** "ཏ་རྫོད་ཐ་རིང" ཞེས་པའི་དོན་ཏེ་ཏ་མཆོན་གྱི་རྒྱུན་དུ་ཐ་མའི་ཕོན་ཚར་རིང་པོར་ཡོད་པའི་དོན་དུ་གོ།

〔26〕**མི་གསང་སྣར་མོ།** གསང་གོས་ཞེས་པ་ནི་ང་གྱོན་གྱི་ཐ་སྙད་ཅིག་ཡིན་སྟབས། སྣར་མས་བཟོས་པའི་ནང་གྱོན་ཞིག་གི་དོན་ཨེ་ཡིན་སྙམ།

〔27〕**རིང་།** ཆང་གི་ཐ་སྙད་ཅིག་སྟེ། དབུས་གཙང་གི་གྲོང་གསེབ་འགར་ད་ལྟའི་དུས་སུའང་དེ་སྐད་དུ་བེད་སྤྱོད་བྱེད་སྲོལ་ཡོད་པས་ཤེས།

〔28〕**མི་ཡུལ་གྱི་འཐིང་།** སྐབས་འགར"མི་ཡུལ་སྐྱིན་ཐང" ཞེས་བྱུང་བ་དེའི་དོན་ཨེ་ཡིན་སྙམ།

〔29〕**སྐོར་ཁང་དུ་བསྐུར།** དཀོར་ཁང་གི་དངོས་པོ་དུ་མ་བསྐུར་ནས་ཕེབས་སུ་བཅུག་པའམ། འགྲུལ་སྐོར་བྱེད་པའི་ལས་ཁུངས་ཞིག་ན་བསྐྱལ་བཅུག་པའི་དོན་གང་རུང་ཞིག་ཏུ་ངེས། གནས་ཡུལ་དེ་དག་ཏུ་འགྲུལ་སྐོར་བྱེད་པའི་ལས་ཁུངས་སྲིད་མིན་མ་ངེས་སྟབས། ཕལ་ཆེར"དཀོར་ནོར་དུ་མ་བསྐུར" ཞེས་པའི་གོ་དོན་ཡིན་ལས་ཆེ་འདུག

〔30〕**ཁད་ཀྱིས།** བོད་ཀྱི་བརྡ་རྙིང་མའི་ཚིག་ཅིག་ཡིན་ལ། དེའི་དོན་ནི"རིམ་གྱིས" ཞེས་པ་དང་མཐུན་པ་ཡིན།

〔31〕**གདགས་སུ་ནི་གདུགས་བདལ།** གདགས་དང་སྲིབས་ཞེས་པའི་ཚིག་འདི་གཉིས་ཀྱིས་དཀར་ཕྱོགས་དང་ནག་ཕྱོགས་མཚོན་པ་ཡིན་ལ། གདུགས་ཀྱིས་ནི་སྐྱབས་དང་སྐྱོབ་པའི་དོན་མཚོན་པ་ཡིན་སྟབས། དཀར་པོའི་ཕྱོགས་ཀྱི་སྐྱོབ་མ་ཕྱོགས་ཀུན་ཏུ་ཁྱབ་པར་བརྗལ་བའི་དོན་དུ་གོ།

〔32〕**གཙུག་ལག་གི་ཐང་ཁྲིམས།** ལུགས་དང་མཐུན་པའི་བཀའ་ཁྲིམས་ཞེས་པའི་དོན་ཡིན།

〔33〕 **དགོངས་པ་འཕྲུལ་གྱི་རས་ཆགས།** ཐུགས་ཀྱི་མཁྱེན་པ་ལ་སྔོག་ཐུར་མཁྱེན་པའི་འཕྲུལ་གྱི་སྒྲུན་ཆགས་པ་ཞིག་ཡིན་པའི་དོན་དུ་གོ།

〔34〕**གསང་གྲོས་རྣམ་གསུམ།** གོང་རྒྱལ་པོ། བར་བཙུན་བློན། འོག་འཁོར་འབངས་རྣམ་པ་གསུམ་གྱི་གསང་བའི་བཀའ་གྲོས་ཇི་སྙེད་པའི་དོན་ཡིན།

〔35〕 **ཕྱི་ནང་གི་དམིགས་ཕྱེ།** ཕྱི་དགྲ་ཡི་མགོ་གནོན་པ་དང་ནང་མངའ་འབངས་བདག་སྐྱོང་བྱེད་པར་

དམིགས་བསལ་གྱི་བྱ་རིམ་རྣམས་ཕྲ་ཞིང་ཕྲ་བ་ནས་ཤེས་རྟོགས་ཐུབ་པའི་དོན་ཡིན།

〔36〕**མི་ལ་ཆད་རྣམ་གཉིས།** ཆད་པ་རྣམ་གཉིས་གང་ཡིན་ཞལ་གསལ་བའི་བཤད་པ་མ་མཐོང་སོང་། ཉེས་ཆེན་གྱི་སྡིག་ལ་ཆོལ་བ་དང་ཉེས་པ་ཆུང་འབྲིང་གི་གྲངས་ལ་ཆད་པ་གང་འོས་ཉེས་པ་དང་བསྟུན་པ་འདི་གཉིས་ལ་གསུང་བ་ཡིན་ནམ། ཡང་ན་ལྡེ་བྲག་ཆོས་འབྱུང་[པེ་སྐྲོད་91ཤ་14]ལས་བཀའ་ཡོ་གལ་འཆོས་པས་ལེགས་ན་དགྲའི་བུས་ལེགས་ཀྱང་བྱ་དགའ་གསོལ། ཉེས་ན་རང་གི་བུས་ཉེས་ཀྱང་ཆད་པས་གཅོད་པའོ། །ཞེས་གསུངས་པ་དེ་གཉིས་གང་རུང་ཞིག་ཡིན་ནམ་སྙམ།

〔37〕**བཞེད་རྣམ་ལྔ།** ལྡེའུ་ཆོས་འབྱུང་[བོད་113ཤ་8]ལས་ཁྲིམས་རྣམ་པ་ལྔ་ནི་རྗེའི་བཀའ་ཁྲིམས་ཇི་ལྟར་སྤྲུལ་པ་དབང་གཅད་ཀྱི་ཁྲིམས། བསྐོས་པའི་རྒྱལ་པོ་བཞིའི་སྤྱོད་ལམ་ལ་ལྟོས་བཅས་པ་རྒྱལ་ཁམས་དཔེ་བླངས་ཀྱི་ཁྲིམས། བོད་ཀྱི་ཐང་ཡིག་ཆེན་པོ་བཀོད་པ་ལ་བརྟེན་ནས་འབུམ་གསེར་ཐང་ཤ་བ་ཅན་གྱི་ཁྲིམས། དབུལ་པོ་དཀའ་ཐུབ་ལ་བརྟེན་ནས་མི་ཆོད་བཙན་ཐབས་ཀྱི་ཁྲིམས། འཛངས་(མཛངས)པ་འཕྲུལ་ལྟུགས་ལ་བྱས་པའི་མདོ་སློན་ཞུས་བཅད་དང་ལྔའོ། ། ཞེས་པའི་བཀའ་ཁྲིམས་ལྔ་ཆོས་རྒྱལ་སྲོང་བཙན་སྒམ་པོའི་སྐུ་དུས་སུ་བྱུང་བར་བཤད་ཡོད་པ་ཁྲིམས་དེ་རིགས་ཀྱི་ཡ་ཐོག་གི་རྨང་གཞི་རགས་ཙམ་འདྲ་བ་ཞིག་ལ་བཞེད་རྣམ་པ་ལྔའི་ཁྲིམས་ཞེས་པའི་ཐ་སྙད་བྱས་ཡོད་པར་མངོན།

〔38〕**ཡིག་ཚང་སྡེ་དགུ།** ཆོས་རྒྱལ་སྲོང་བཙན་གྱི་སྐུ་དུས་སུ"ཡིག་ཚང་དྲུག"ཅེས་པ་གསེར་གཡུ་གཉིས། འཕྲ་མིན་གཉིས། ཟངས་ལྕགས་ཀྱི་ཡི་གེ་གཉིས་ཏེ་དྲུག་ཅེས་བཀའ་སློན་གྱི་ཆེ་རྟགས་གནང་སྲོལ་བྱུང་ཡོད་འདུག་པ་དེ་འདྲ་བའི་རིགས་ཤིག་ཡིན་པའམ། ཡང་ན་ལྡེའུ་རྒྱ་བོད་ཀྱི་ཆོས་འབྱུང་[བོད་263ཤ་2]ལས་ཆེ་དགུ་ནི་ལས་ཐམས་ཅད་ཀྱི་སློན་པོ་དགུ་ལ་བྱའོ། །དགུང་སློན་ཆེ་འབྲིང་ཆུང་གསུམ། ནང་སློན་ཆེ་འབྲིང་ཆུང་གསུམ། བཀའ་ཡོ་འགལ་འཆོས་པ་ཆེན་པོ། འབྲིང་པོ་ཆུང་བ་གཉིས་(གསུམ་)པོ་དེ་འབངས་གཞན་པས་ཆེ་བས་ན་ཆེ་དགུའོ། །ཞེས་གསུངས་པའི་སློན་དགུ་ཡོད་འདུག་པ་དེ་དང་ཕྱོགས་འདྲ་བ་ཞིག་གམ། སྲོལ་དེའི་ཐོག་མའི་འབྱུང་ཁུངས་གཉའ་ཁྲི་བཙན་པོའི་དུས་ལ་ཐུག་ཡོད་པ་གང་རུང་ཞིག་གི་དོན་དུ་གོ།

〔39〕**དཔའ་མཚན་རྣམ་བརྒྱད།** ལྡེའུ་རྒྱ་བོད་ཀྱི་ཆོས་འབྱུང་[བོད་270ཤ་18]ལས་དཔའ་རྟགས་དྲུག་ལ་སྟག་སྟོད་སྨད་གཉིས། ཟར་ཆེན་ཟར་ཆུང་གཉིས། སྟག་ཤམ་གཟིག་ཤམ་གཉིས་ཏེ་དྲུག་གོ། ཞེས་པའི་དཔའ་བོའི་རྟགས་སུ་སྟག་ལྤགས་ཀྱི་སྟོད་ཁེབས་དང་སྨད་ཤམ། གསེར་སྦྲུད་ཀྱི་དར་དཔྱང་ཆེ་ཆུང་དང་། སྟག་གཟིག་གི་པགས་པའི་གོས་ཆས་བཅས་བདག་རྐྱེན་དུ་གནང་སྲོལ་བྱུང་ཡོད་འདུག་པ་དེ་དང་ཆ་འདྲ་བ་རྣམ་པ་བརྒྱད་ཡོད་པའི་དོན་དུ་གོ།

〔40〕**མཐའ་བཞིའི་རྒྱལ་པོ་བཞི།** ལྡེའུ་རྒྱ་བོད་ཀྱི་ཆོས་འབྱུང་[བོད་226ཤ་4]ལས་ཕྱོགས་བཞིའི་རྒྱལ་པོ་བཞི་མ་ཐུལ་ཏེ། རྒྱ་གར་རྒྱལ་པོ་སྨྲུལ་འདྲ་རྟག་ཏུ་འཁྲིལ། །རྒྱ་ནག་རྒྱལ་པོ་ལུག་ལ་སྤྱང་འཇབ་འདྲ། །སྟག་གཟིག་རྒྱལ་པོ་བྱ་ཁྲུར་ཁྲ་ཞུགས་འདྲ། །གེ་སར་རྒྱལ་པོ་ཤིང་ལ་སྤྲ་འཚབ་འདྲ། །ཞེས་གསལ་བ་དེ་རྣམས་སུ་ངེས་པ་ཡིན།

〔41〕**བྱ་གཅིག་ཁོས་སྤྲེལ།** "མཁོས"ཞེས་པ་ནི"མཁོས་ཐབ"ཅེས་པ་ལྟ་བུ་སློ་ལ་འཐད་པ་བཞིན་བྱུང་བའི་དོན་དང"སྤྲེལ"ལམ"བསྤྲེལ"ཞེས་པ་ནི"ལག་ན་རྡོ་རང་ཅན་གྱི་མཆོན་ཆ་བསྤྲེལ་བ"ཞེས་པ་ལྟ་བུ་ལྡན་པའི་དོན་ལ་

འདུག་པ་ཡིན་སྐབས། ཡིད་ཁར་འཐད་པའི་བུ་དང་ལྡན་པར་གྱུར་པའི་བརྡ་སྙིང་གི་ཚིག་སྒྲུབ་ཅིག་ཡིན།

〔42〕**ཐེ་བྲང་སྐྱུས་འདེབས།** ཐེ་བྲང་ངམ་ཐེའུ་རང་སྟེ། མ་སངས་ཀྱི་ཕྱོགས་སུ་གཏོགས་པའི་འགྲོ་བ་དེ་རིགས་ནི་མིའི་འགྲོ་བ་དང་ཉེ་ཆེ་ཤོས་ཀྱི་སེམས་ཅན་མི་མ་ཡིན་གྱི་རིགས་ཤིག་ཡིན་ལ། སྐབས་འགར་སེམས་ཅན་དེ་རྣམས་ཀྱིས་མིའི་འགྲོ་བ་ལ་གནོད་འཚེ་ཅི་རིགས་པའང་གཏོང་གི་ཡོད་སྐབས། ཐེའུ་རང་དེ་དག་ཡུལ་གཞན་དུ་རྒྱས་འདུད་བྱེད་པ་ལ་བཏན་རྫས་རིགས་མི་འདྲ་བ་དུ་མ་ཞིག་བསགས་པ་དེ་རྣམས་ཐེའུ་རང་དང་འབྲེལ་བ་ཆེ་བའི་མི་སུའང་ཉུང་བ་ཞིག་ལ……བསྐུར་ཏེ། མི་དེ་སྒྲུད་ཀྱི་ཚུལ་དུ་ཡུལ་གཞན་དུ་རྒྱས་འདུད་བྱེད་སྟོལ་བྱུང་ཡོད་ལ། གནའ་བོའི་གཤིས་ལུགས་དེ་དུས་ཕྱིས་ཀྱི་བར་དུ་ཡོད་པ་ནི། ཕྱི་ལོ1950སྔོན་བོད་གཞུང་ནས་ལོ་གསར་སྙིང་གི་མཚམས་སུ་གཞུང་གི་མི་སྒྲུད་ཅིག་ཡུལ་དབུས་ནས་མཐའ་མཚམས་སུ་བཏན་ཆས་དུ་མ་དང་བཅས་ཏེ་རྒྱས་འདུད་བྱེད་པ་དང་། མི་དེ་སྔར་གནས་སུ་འགྲོ་འགྲུལ་བྱེད་མི་ཆོག་པའི་ཚུལ་ལོ་རྒྱུས་རྣམས་སུ་གསལ་བར་ཡོད་པ་དེ་ལ་ཟེར་བ་ཡིན།

〔43〕**ཆགས་ཤེས་ལ་མཁས་པ།** ཡ་ཐོག་ནས་སྲིད་པ་ཇི་ལྟར་ཆགས་པའི་ཆགས་རབས་ཀྱི་ཤེས་རིག་ལ་མཁས་པའི་དོན་དུ་གོ།

〔44〕**རྒྱས་པ་འབུམ་ལྔ།** བཟོ་གནས་རིག་པའི་འབུམ། སྨྲ་ཚད་རིག་པའི་འབུམ། གསོ་བ་རིག་པའི་འབུམ། ཕྱི་དུས་རིག་པའི་འབུམ། གཙང་མ་ཀླུའི་འབུམ་དང་ལྔ་ལ་ཟེར་བ་ཡིན། འབུམ་དེ་རྣམས་ལ་ནང་ཚན་དུ་གསུམ་གསུམ་ཡོད་འདུག་པ་ཁྲོན་བསྡོམས་པས་བཅོ་ལྔ་ཡོད་པ་ནི་སྐལ་བཟང་མགྲིན་རྒྱན[བོད་144ཤ21]ལས་དང་པོ་ཡེ་སྲིད་སངས་པོ…འབུམ་ཁྲི་ལས། །བྱུང་བའི་བཟོ་གནས་རིག་པ་འབུམ་གསུམ་སྟེ། །བསྐལ་པ་ཕྱི་རྗེན་སྣང་སྲིད་འཁོར་ལོའི་འབུམ། །སྲིད་པ་འགྲོ་བ་མིའུ་རྒྱུད་ཀྱི་འབུམ། །འབྱུང་བ་ཆགས་གནས་འཇིག་སྟོང་འབུམ་དང་གསུམ། །ཞེས་པའི་འབུམ་གནས་ཡེ་སྲིད་སངས་པོ་འབུམ་ཁྲི་ལས་བྱུང་བ་དང་ཡང་[བོད་145ཤ3]གཉིས་པ་ཡེ་མཁྱེན་སྨྲ་བླའི་རྒྱལ་པོ་ལས། བྱུང་བ་སྨྲ་ཚད་རིག་པའི་འབུམ་སྡེ་གསུམ། །ལྷ་སྲིན་འབྲུགས་འབུམ་ནག་པོ་སྨྲ་ཚད་ཀྱི། །རྩོད་འབུམ་ཁྲ་བོ་དག་པའི་ལྷ་འབུམ་དཀར། །ཞེས་པ་ཡེ་མཁྱེན་སྨྲ་བླའི་རྒྱལ་པོ་ལས་བྱུང་བ་དང་ཡང་[བོད་145ཤ10]ལས་གསུམ་པ་ཡེ་རྗེ་སྨན་བླའི་རྒྱལ་པོ་ལས། །བྱུང་བའི་གསོ་བ་རིག་པའི་འབུམ་སྡེ་ནི། །གསོ་བྱའི་ནད་འབུམ་ནག་དང་འཚོ་བྱེད་ཀྱི། །དཔྱད་འབུམ་ཁྲ་བོ་རྣམ་རྒྱལ་སྨན་འབུམ་དཀར། །ཞེས་པ་ཡེ་རྗེ་སྨན་པའི་རྒྱལ་པོ་ལས་བྱུང་བ་དང་ཡང་[145ཤ13]དུ་བཞི་པ་ཡེ་དབང་ས་ཡི་རྒྱལ་པོ་ལས། །བྱུང་བ་ཕྱི་དུས་རིག་པར་འབུམ་གསུམ་ཡོད། །སྣང་སྲིད་གཏོ་འབུམ་ནག་དང་རིན་ཆེན་གྱི། །ཀུན་འབུམ་ཁྲ་བོ་གཙུག་ལག་དཔལ་འབུམ་དཀར། །ཞེས་པ་ཡེ་དབང་བའི་རྒྱལ་པོ་ལས་བྱུང་བ་དང་། ཡང་[145ཤ16]དུ་ལྔ་པ་ཡེ་དཔལ་མཐུ་སྟོབས་རྒྱལ་པོ་ལས། །བྱུང་བ་ཀླུ་འབུམ་དཀར་ནག་ཁྲ་བོ་གསུམ། །ཞེས་པ་ཡེ་དཔལ་མཐུ་སྟོབས་རྒྱལ་པོ་ལས་བྱུང་བ་རྣམས་སུ་ངེས་པ་ཡིན།

〔45〕**འདུལ་བ་རྒྱུད་དྲུག** ནྱ་ག་ཡངས་མ་ཀུན་འབྱུང་དབྱིངས་དག་གི་རྒྱུད་དང་། འདུལ་བ་ཀུན་འབྱུང་དབྱིངས་དག་གི་རྒྱུད། འདུལ་བ་དུས་ཆེན་དུས་བཅན་སྡོམ་བྱེད་ཀྱི་རྒྱུད། འདུལ་བ་ཡོངས་རྫོགས་རྣམ་དག་སྡོམ་བྱེད་ཀྱི་རྒྱུད། འདུལ་བ་སོ་སོར་ཐར་བའི་བྱེ་བྲག་གི་རྒྱུད། འདུལ་བ་ཉམས་གསོ་ལམ་སྡོམ་གྱི་རྒྱུད་ཅེས་པ་འདི་དྲུག་ལ་ཟེར་བ

ཡིན།

〔46〕**མདོན་པ་སྡེ་བཞི།** སྐལ་བཟང་མགྲིན་རྒྱན་[བོད་145ཤ་6]ལས་མདོན་པ་མཛོད་ཀྱི་བོན་སྡེ་ནི། །སྲིད་པའི་མཛོད་ཕུག་གཡུང་དྲུང་ལས་དག་རྒྱུད། །བསྐལ་སྲིད་ཆགས་གནས་འཇིག་སྟོང་ཕྱིའི་སྣོད་བཅུད། །ཀུན་གཞི་འཁོར་འདས་གྲོལ་འཁྲུལ་ནང་སྣོད་བཅུད། །སྐྱོན་ཡོན་ཕུག་ཁམས་སྐྱེ་མཆེད་གསང་བ་དང་། །བོན་དང་བོན་ཅན་ཡང་གསང་བོན་ཉིད་ཀྱི། །སྣོད་བཅུད་བཅས་ཏེ་སྣོད་བཅུད་བསྐོར་བཞིའམ། །མདོན་པ་སྡེ་བཞི་གཏན་ཚིགས་ཐེག་པ་དང་། །སྤྱང་ཐོབ་མཐར་ཕྱིན་གྲོལ་བ་ཚར་གཅོད་སྡེ། །ས་བཞི་མཐའ་བསལ་གལ་པོ་རྩོད་སྤྱངས་སྡེ། །དག་པ་རྣམ་གྲོལ་སྤྱོབ་པ་མཐར་ཕྱིན་སོགས། །མདོན་པ་མཛོད་ཀྱི་བོན་སྡེ་མཐའ་ཡས་ཡོད། །ཅེས་གསལ་བ་དེ་རྣམས་སུ་དེས་པ་ཡིན།

〔47〕**མཚན་ཉིད་སྡེ་ལྔ།** ཐེག་པ་འོག་མའི་སྣང་ལྡན་དང་རང་ལྡན་གཉིས། ཐེག་པ་གོང་མའི་སེམས་ཅན་རྣམ་བདེན་པ་དང་རྣམ་རྫུན་པ་གཉིས། གཡུང་དྲུང་སེམས་དཔའ་སྤྲོས་མེད་པ་དང་ལྔ་སྟེ། དོན་དུ་ཐེག་དམན་ཉན་རང་གཉིས་སམ་བྱེ་བྲག་སྨྲ་བ་དང་མདོ་སྡེ་པ་གཉིས་དང་ཐེག་ཆེན་གྱི་སེམས་ཙམ་རྣམ་བདེན་རྫུན་གཉིས་དང་དབུ་མ་པ……བཅས་ཡིན་པའི་ཚུལ་སྐལ་བཟང་མགྲིན་རྒྱན་[182—193]དུ་གསལ་གྱི་འདུག

〔48〕**ལྡེ་སྲས་སྨྲིའི་སྒྲི་རྩལ།** ལྡེ་རྒྱལ་པོའི་གདུང་རྒྱུད་མིའི་རྣམ་པར་ཡོད་པའི་དོན་དུ་གོ།

〔49〕**མདོན་པར་དགུང་དུ་གཤེགས་པ།** སྐུ་གདུང་ས་ཐོག་ཏུ་མ་ལུས་པར་གཤེགས་པའི་དོན་དུ་གོ།

〔50〕**འཕྲུལ་དང་བྱིན་ཆེང་པོ།** རྫུ་འཕྲུལ་དང་གཟི་བྱིན་ཧ་ཅང་ཆེ་བའི་དོན་དུ་གོ།

〔51〕**རྡོད་དང་དྲེགས་མ་ཐུབ།** ཞེ་སྡང་དང་ང་རྒྱལ་མ་བཟོད་པའི་དོན།

〔52〕**བཙན་འདྲན་བདའ།** བཀའ་བཙན་པོའི་སྔོ་ནས་རྩལ་འགྲན་མཁན་བཙལ་བའི་དོན།

〔53〕**དགྲ་རུ་རྒྱལ།** ཁ་གཏད་དུ་རྒོལ་བའི་དོན།

〔54〕**གཡག་དུ་རྡུང་།** གཡག་རྒོད་གཉིས་ཀྱིས་རྡུང་ཁ་འགྱེད་པ་ལྟར་འཐབ་མོ་འབྱེད་པའི་དོན་དུ་གོ།

〔55〕**སྐུ་མཚལ་གཏེར།** གདུང་རྒྱུད་འཛིན་པའི་དོན་དུ་སྣང་།

〔56〕**ཕྱུགས་ཟན་འཚོ་བ།** ཕྱུགས། ཕྱུགས་ཀྱི་རིགས་རྣམས་གཟན་ཁར་འཚོ་རྫི་བྱེད་པའི་དོན་དུ་གོ།

〔57〕**སྲས་ཀྱི་གོང་བཙད།** སྲས་ཀྱི་གོང་བཙད་པའམ་སྲས་ཀྱི་འཁུར་འགན་བླངས་པའི་དོན་དུ་གོ།

〔58〕**གྲི་འཚོ་མི།** བཙན་པོ་གྲི་རུ་གྲོངས་པའི་གྲི་གཤེད་དབང་དུ་བྱེད་མཁན་གྱི་བོན་པོ་ཞིག་ལ་ཟེར།

〔59〕**ཕ་བ་རའི་བུ།** “ཕ་བ”ཞེས་པ་ནི་ཡབ་ཀྱི་འཁུར་ལེན་པའི་བོན་གཤེན་ཞིག་ཡིན་ལ་བཙན་པོ་འདི་ལ་ཕ་བ་རའི་མཚན་ཅན་ཞིག་ཡོད་པ་དེའི་བུ་ཞེས་པའི་དོན་དུ་གོ།

〔60〕**འཕང་སྐོར་སུམ་བརྒྱ་དྲུག་ཅུ།** གྲི་ཅན་གྱི་གདུང་དེ་བསྐོར་ཏེ་འདུར་ཆས་ཞག་གྲངས་སུམ་བརྒྱ་དྲུག་ཅུའི་གྲངས་སྙེད་དུ་འཕངས་པའི་དོན་དུ་གོ།

〔61〕**མཐའ་དུལ་བར་དགོངས།** རྒྱལ་ཁབ་ཀྱི་མཐའ་མཚམས་སུ་ཡོད་པའི་རྒྱལ་ཕྲན་ཁག་རྣམས་དབང་དུ་བྱེད་པའི་དགོངས་པ་བཞེས་པའི་དོན་དུ་སྣང་།

〔62〕**ཡིག་རྒྱང་།** ཧོ་གནས་སམ་ཆེ་རྟགས་ཀྱི་དོན་ཡིན། .

〔63〕**རྐོད་གསུམ་གྱི་ཞྭ།** ཅྭ་རྐོད་མི་འདྲ་བ་གསུམ་གྱི་སྒྲོས་མཚན་པའི་ཞྭ་མོ་ཞིག་སྟེ། རྐོད་ཀྱི་སྒྲོས་ནི་ཅྭ་རྐོད་ཀྱིས་གནམ་འཕང་མཐོན་པོར་གཅོད་ཐུབ་པ་ལྟར། རྟོགས་པ་མཐོན་པོར་སླེབས་ཀྱི་ཡོད་པའི་མཚོན་རྟགས་ཤིག་ཡིན་ལ། གུ་རུ་པདྨ་སམ་ཧཱ་ཕའི་དབུ་ཞྭ་ལའང་རྐོད་སྒྲོའི་རྒྱན་ཡོད་པས་ངེས་ཤེས་ཐུབ་པ་ཡིན།

〔64〕**གཡུའི་ཅྭ་རུ་ལ།** གནའ་བོའི་ཞང་ཞུང་གི་རྒྱལ་པོ་དང་བོན་གཤེན་ཆེན་པོ་རྣམས་ཀྱི་ཆེ་རྟགས་སུ་རིན་པོ་ཆེ་གང་ཏུང་གི་ཅྭ་རུ་སྟེ་ཁྱུང་ཆེན་གྱི་ར་ལྟ་བུས་མཚན་པའི་རྨོག་ཞུ་བེད་སྤྱོད་གནང་སྲོལ་བྱུང་ཡོད་འདུག་པ་དེ་ལྟ་བུའི……
རྨོག་ཞུ་ལ་གཡུའི་ཅྭ་རུ་པ་ཞིག་གི་དོན་དུ་གོ།

〔65〕**ཅྭ་རྐོད་དཀར་མོའི་ཐུལ་པ།** ཅྭ་རྐོད་ཀྱི་སྒྲོ་ཐུལ་གྱིས་བཟོས་པའི་བེར་ཆེན་ཞིག་སྟེ། སྲིད་པ་སྤྱི་མདོའི་[ཤ2ཕ2]ལས་སྐུ་ལ་ཅི་གསོལ་ན། རྐོད་ཐུལ་ལྷམས་སེ་ལྷམས། ཞེས་གཤེན་རབ་མི་བོ་ཆེའི་སྐུ་ལའང་རྐོད་ཐུལ་ཡོད་པར་གསལ་བ་དེ་རིགས་ལ་ཟེར་བ་ཡིན།

〔66〕**གསེར་གྱི་གསས་ཟན།** བོན་གཤེན་གྱི་ལྷ་གསས་ལ་འབུལ་བའི་གཏོར་ཟན་གསེར་གྱིས་བཟོས་པའམ་གསེར་གྱི་གཏོར་མ་བཟོས་པའི་དོན་དུ་གོ།

〔67〕**གཡུའི་སྨན་བཏོས།** བདུད་རྩི་སྨན་གྱི་སྐྱེམས་ཕུད་འབུལ་བའི་ཕུད་ཕོར་གཡུ་ཡིས་བཟོས་པའི་དོན་དུ་གོ།

〔68〕**གསེར་མདའ་དང་གཡུ་འཕང་།** ནམ་རྒྱུན་དུ་མདོས་ཆོག་གི་མདོས་ཆས་སུ“མདའ་བཀྲ”དང……
“འཕང་བཀྲ”ཞེས་པ་མདའ་དང་འཕང་གི་གཟུགས་རིས་ཡོད་པ་དེ་དག་གིས་སྐྱེ་བོ་ཕོ་མོ་གཉིས་མཚོན་པ་སྟེ། མདའ་ནི་ཕོའི་ལག་ཆ་ཡིན་ལ་འཕང་ནི་མོའི་ལག་ཆ་ཡིན་སྐབས་མཚོན་རྟགས་དེ་ལུགས་སུ་བཀོད་ཡོད་པ་ལྟར། འདིར་ཡང་སྐྱེ་བོ་ཕོ་མོ་ཀུན་གྱི་མཆོད་གནས་སུ་ཆེ་བའི་རྟགས་སུ་གསེར་མདའ་གཡུ་འཕང་བཟོས་ཏེ། བོན་གཤེན་རྣམས་ལ་ཕུལ་བའི་དོན་དུ་གོ།

〔69〕**མངར་གསུམ།** ཀ་ར་དང་བུ་རམ། སྦྲང་རྩི་གསུམ་ལ་ཟེར་སྲོལ་འདུག

〔70〕**གསེར་སྐྱེས་དང་གཡུ་སྟོན།** གསེར་སྐྱེམས་ནི་ཇའི་ཕུད་ལ་ཟེར་ཞིང་གཡུ་སྟོན་ནམ་གཡུ་སྐྱེམས་ནི་ཆང་གི་ཕུད་ལ་ཟེར་སྲོལ་ཡོད་འདུག

〔71〕**འཆན་བུ་གནམ་བབ་ཟླུང་།** དཔེར་འདིར“འཆན་བུ”ཞེས་གསལ་མོད། དོན་དུ“མཆན་བུ”ཞེས་པ་སྟེ། བསྟན་པའི་སྙིང་པོ་གསལ་བར་བྱེད་པའི་ཚིག་གམ་མཆན་བུ་ཞིག་གི་དོན་ཡིན་ནམ་སྙམ།

〔72〕**ཞུག་ཤང་།** དཔེ་འགར་ཞུགས་ཤིང་ཞེས་ཀྱང་བཀོད་འདུག་ལ། དོན་ནི་ཕལ་ཆེར་མེ་ལྕེ་དམར་ལྷམ་མེར་མཆེད་པའི་ཤིང་གི་ཡལ་ག་ཞིག་གི་དོན་ཨེ་ཡིན་སྙམ།

〔73〕**དྲང་སྲོང་ཆེན་པོ་བརྒྱད།** ཐུགས་འབུམ་མཁས་སྟོན་[མདོ་ཤ5བ1]ལས་ལྷའི་དྲང་སྲོང་མངོན་པར་ཤེས་པ་དང་། བདེན་པར་སྨྲ་བ་དང་། རིག་པར་སྨྲ་བ་དང་། ངེས་པར་སྨྲ་བ་དང་། ཡིད་ལས་སྤྲུལ་པ་དང་། ཡིད་ལས་འབྱུང་བ་དང་། ཡིད་ལས་སྐྱེས་པ་དང་། ཡིད་ལས་གྲུབ་པ་ལ་སོགས་དྲང་སྲོང་ཆེན་པོ་བརྒྱད་ཅེས་གསལ་བ་དེ་རྣམས་སུ

ཤེས།

〔74〕**ངམ།** བོན་གནའ་ལུགས་སུ་ནག་པོའི་ཕྱོགས་སུ་གྱུར་པའམ་མི་མཐུན་པའི་ཆར་གྱུར་པ་དེ་ལ"ངམ"ཞེས་པ་སྟེ། དོན་དུ"ཐུན་པ"ཞེས་པའི་ཆ་དང་འདྲ་བ་ཡིན།

〔75〕**ཡེ།** བོན་གནའ་ལུགས་སུ་དཀར་པོ་དགེ་བའི་ཆར་གྱུར་པ་ཐམས་ཅད་ལ"ཡེ"ཞེས་པའི་ཐ་སྙད་བྱས……ཡོད་ལ། དོན་དུ"སྣང་བ"ཞེས་པ་དང་ཕྱོགས་འདྲ་བ་ཡིན།

〔76〕**ཕོ་ཤིང་།** ཕོ་ཤིང་ནི་སྟག་པ་ལ་ཟེར་བ་ཡིན།

〔77〕**མོ་ཤིང་།** མོ་ཤིང་ནི་གླང་མ་ལ་ཟེར་བ་ཡིན།

〔78〕**སྐུད་པ་ནག་པོའི་རྒྱུད་ཁ།** མདོས་ཀྱི་ཆས་སུ་ཤིང་རྩི་སྣ་ཚོགས་པ་དང་ནམ་མཁའ། རྒྱང་བུ། མདའ་བཀྲ། འཕང་བཀྲ་སོགས་མང་དུ་ཡོད་པ་དེ་རྣམས་ཀྱི་ཕྱི་ཆིངས་སུ་བལ་སྐུད་ཚོན་སྣ་ལྔས་མཛེས་པ་ཞིག་གཏོང་སྲོལ་ཡོད་པ་དེ། སྐབས་འདིར་བལ་སྐུད་ནག་པོ་ཞིག་དགོས་པའི་དོན་དུ་གོ།

〔79〕**རིག་པ་ནང་པར་འཆི་ཡང་བསླབ།** ལེགས་བཤད་རིན་པོ་ཆེའི་གཏེར་གྱི་རབ་བྱེད་དང་པོ་མཁས་པ་བརྟག་པའི་སྐབས་སུ་གསལ་བ་སྟེ། བོད་ལྗོངས་མི་དམངས་དཔེ་སྐྲུན་ཁང་1982[ཤ2ཕ18]ལས་གསལ།

〔80〕**བ་བྲེ་མོའི་གཞུང་།** ཡོངས་གྲགས་སུ་རྟ་དང་གཡག་སོགས་ཀྱི་སྤུ་ཁ་དཀར་ནག་འདྲེས་པ་དེ་ལ" སྒྲོ་བོ"ཞེས་བྱ་བ་དེའི་དོན་ཡིན།

〔81〕**ཟླ་བ་ཕྱི་ཏ།** ཟླ་བ་རྗེས་མའི་དོན་དུ་གོ།

〔82〕**སྐུ་རྐྱེན་དང་ཆས།** དེང་དུས་ཀྱི་སྐད་དང་བསྟུན་ན"སྐུ་བཅར་དང་བཅས"ཞེས་པའི་དོན་དུ་གོ།

〔83〕**བུ་མེད་ཀྱི་ བློ།** ཡོངས་གྲགས་ཀྱི་དབང་དུ་བྱས་ན་བུད་མེད་ཀྱི་བསམ་བློ་ཞེས་པ་ལྟར་སྣང་མོད། དེའི་མཇུག་ཐོག་གི་ཚིག་ཚོགས་སུ"སྟོས་པ་ཅི་ཡང་མ་འདོད"ཅེས་འཁོད་པར་དཔྱད་ན"ཁོང་ལ་རྒྱལ་པོའི་གདུང་སྲས་མེད་པ་ཡིན་སྟབས་རྒྱལ་སྲིད་ལ་རེ་སྟོས་ཀྱི་བློ་ཅི་ཞིག་ཀྱང་མེད"ཅེས་པའི་དོན་ཡིན་པ་འདྲ་ཞིག་ཏུ་སྣང་།

〔84〕**བརྫ་ཐབས་ཀྱི་རིག་པ།** འདིའི་སྐོར་སྔུང་ལྡེའུ་བོན་གསུམ་གྱི་དཔེར་གཟིགས་མཛོད།

〔85〕**སྐུ་སྲུང་སྟེ་བཞི།** ཉང་གི་ཆོས་འབྱུང་[བོད160ཕ4]ལས་རྒྱལ་པོའི་རིམ་གྲོ་བ་ནི། བོན་པོ་ཅོ་ན་གཤེན་ཀྱི་ཕྱུག་གར་ཚ་དང་། འཚེ་མི་གཤེན་བུ་རྒྱལ་ཚ་གཉིས་ཀྱིས་སྐུ་བསྲུངས་སོ། །ཞེས་མཆོན་རྗེ་གཉའ་ཁྲི་བཙན་པོ་བོད་ཀྱི་རྒྱལ་པོར་མངའ་གསོལ་མཁན་གྱི་བོན་གཤེན་བཞི་ལ་གོ་དགོས་སམ་སྙམ།

〔86〕**རྒོད་སྡོང་སྟེ་མི་བཞི་བཅུ་ཞེས་བཞི།** ལྡེའུ་རྒྱ་བོད་ཀྱི་ཆོས་འབྱུང་[བོད273ཕ3]ལས་ཡུལ་དེ་རྣམས་ན་རྒོད་ཀྱི་སྟོང་སྡེ་བཞི་བཅུ་ཞེས་བྱ། ཞེས་དང་། ལྡེ་བྲག་ཆོས་འབྱུང་[པེ་སྟོད185ཕ5]ལས་རྒོད་ཀྱི་སྟོང་སྡེ་དྲུག་ཅུ་རྩ་གཅིག་སྟེ། ཞེས་དང་། ཡང་[པེ187ཕ9]ལས་མདོ་ཁམས་མདོ་ཆེན་རྒོད་སྟོང་སྡེ་བརྒྱད་ཡུལ། ཞེས་སོགས་ཆོས་རྒྱལ་སྲོང་བཙན་གྱི་སྐུ་དུས་སུ་རྒོད་ཀྱི་སྟོང་སྡེ་མང་དུ་ཕྱེས་ཡོད་པ་ལྟར་ཉག་ཁྲི་བཙན་པོའི་སྐུ་དུས་སུའང་རྒོད་ཀྱི་སྟོང་དམག……དང་། དེ་དག་གི་སྡེ་དཔོན་བཅས་སྡེ་ཚན་བཞི་བཅུ་རྩ་བཞི་རེ་ཡོད་པ་དེ་རྣམས་ཀྱིས་ཕྱིའི་དགྲ་བཏུལ་བའི་དོན་འདྲ་བ

ཞིག་ཏུ་སྣང་སོང་། ལྡེའུ་རྒྱ་བོད་ཀྱི་ཆོས་འབྱུང་[བོད་275 ཤ་11] ལས་གཏན་དུ་དགྲ་ཐུལ་བ་ནི་ལྡོང་སྟོང་གཉིས་སོ། ། རྨུ་དང་སེས་མི་རབས་རེ་རེ་ལས་མ་ཐུབ་སྐད་དོ། །ཞེས་གསུང་སྟངས་ལ་དཔྱད་ན། རྒོད་ཀྱི་དཔའ་ཐུལ་དེ་དག་ནི་ཕལ་ཆེར་ཨ་སྤྱི་ལྡོང་དང་སྟོང་གི་ཏུས་ཚན་རྣམས་ཡིན་པར་ངེས་ཐུབ།

〔87〕 **གཡུང་ལྡོང་སྡེ་བཞི་བཅྭ་ཞེ་བཞི།** ནང་གི་ཚོ་ཁ་སྐྱོམས་པའི་སྟོང་དམག་དང་། དེ་དག་གི་དཔོན་བཅས་ཚན་ཁག་བཞི་བཅུ་རྩ་བཞི་ཡོད་པ་དང“ལྡོང” ཞེས་པ་དེས་དམག་སྡེ་དང་སྡེ་དཔོན་དེ་རྣམས་ཕལ་ཆེར་ཨ་སྤྱི་ལྡོང་གི…… རིགས་རྒྱུད་ཡིན་པར་བསྟན།

〔88〕 **སོ་ཁ་བཞི།** ལྡེའུ་ཆོས་འབྱུང་ཆེན་མོ་[111 ཤ་16] ལས་དེས་ན་བོད་ལ་སོ་ཁ་རིང་ཁ་བརྒྱད་ཀྱིས་གཅད་དེ། རྒྱ་དང་བོད་ཀྱི་སོ་མཚམས་རྒོད་སྣན་ལུང་གི་རིང་གི་བཅད། བོད་དང་ཞང་ཞུང་གི་སོ་མཚམས་ཞང་པ་བརྒྱ་བཅུ་རིང་གིས་བཅད། བོད་དང་བོན་གྱི་སོ་མཚམས་ལྕགས་གཟེར་གཙུགས་པས་བཅད། བོད་དང་སྟག་གཟིག་གི་སོ་མཚམས་ཤབ་ཤང་བརྒྱ་བཅུ་རིང་གིས་བཅད། ཧོར་དང་བོད་ཀྱི་སོ་མཚམས་ཟངས་ཐང་ཤའི་གླིང་གིས་བཅད། ཁྲོམ་དང་བོད་ཀྱི་ས་མཚམས་རྒྱ་ཤར་རིང་གིས་བཅད། འཇང་དང་བོད་ཀྱི་སོ་མཚམས་ར་ག་རིང་གིས་བཅད་དོ། །དེ་ལྟར་སོ་ཁ་བརྒྱད་བོད་ཡུལ་གྱི་མངར་གཅད་དོ། །ཞེས་ཆོས་རྒྱལ་སྲོང་བཙན་གྱི་སྐུ་དུས་སུ་སོ་ཁ་བརྒྱད་དུ་བཅད་པ་ལྟར་ཞག་ཁྲི་བཙན་པོའི་དུས་སོ་ཁ་ཆེན་པོ་བཞི་ཡོད་པར་ཤེས།

〔89〕 **ཁྲོམ་ཁ་བརྒྱད།** ལྡེའུ་རྒྱ་བོད་ཀྱི་ཆོས་འབྱུང་[བོད་264 ཤ་1] ལས་སྟོད་ན་ཁྲོམ་ཁ་ཆེན་པོ་གསུམ་སྟེ། དྲུ་ཞའི་རྒྱལ་ཁམས་དང་དྲུ་གུ་དང་། བལ་པོའོ། །སྨད་ཀྱི་ཁྲོམ་ཁ་གསུམ་ལ། གར་ལོག རོང་རོང་། ལྗན་མདོ། །དབུས་ཀྱི་ཁྲོམ་ཁ་གཉིས་ནི། སྟོང་(ལྡོང་) སྟོང་གཉིས་སོ།། ཞེས་གསལ་བ་དེ་རྣམས་སུ་ངེས།

〔90〕 **རོང་དོང་ཁབ་སོ་ཉི་ཤུ་རྩ་གཉིས།** བོད་ཀྱི་མཐའ་མཚམས་སུ་ཡོད་པའི་རོང་ཡུལ་ཆེན་པོ་ཁག་དང་ཡུལ་གྱི་དོར་རམ་མདོ་ཁ་རྣམས་སུ་ས་གནས་ཀྱི་ལྟེ་བའི་ཁབ་སོའམ་རྫོང་མཁར་ཉི་ཤུ་རྩ་གཉིས་ཡོད་པའི་དོན་ཡིན་ནམ་སྙམ།

〔91〕 **ལེགས་ཉེས་ཀྱི་བྱ་དགས།** ལེགས་པ་ལ་བྱ་དགའ་དང་ཉེས་པ་ལ་ཆད་པ་འབེབས་པའི་དོན་དུ་གོ།

〔92〕 **མཛངས་སྣ་ལྔ།** ལྡེའུ་ཆོས་འབྱུང་ཆེན་མོ་[བོད་114 ཤ་4] ལས་མཛངས་པའི་རྒྱེན་དུ་ཡིག་ཚང་ཞེས་དང་། ལྡེའུ་རྒྱ་བོད་ཀྱི་ཆོས་འབྱུང་[བོད་276 ཤ་4] ལས་མཛངས་པ་ལ་ཡིག་ཚང་གིས་མ་བསྟོད་ན། མཛངས་པ་ཡི…… (ཡིད་) ཞི་འགྲོ། ཞེས་ཆོས་རྒྱལ་སྲོང་བཙན་གྱི་དུས་སུ་བོད་ཀྱི་མཛངས་པ་མི་བརྒྱད་ལ་སྟངས་མ་ཐོབ་པའི་སྐོར་གསལ་བར་བསྟན་པ་དེ་དག་དང་ཕྱོགས་འདྲ་བ་ཞིག་བྱུང་ཡོད་པར་མངོན།

〔93〕 **དཔའ་སྣ་ལྔ།** ལྡེའུ་རྒྱ་བོད་ཀྱི་ཆོས་འབྱུང་[བོད་269 ཤ་3] ལས་དཔའ་སྣ་ལྔ་ནི་དཔའ་བོའི་དགེ་དགྲ་མགོ་ནོན་པའོ། །མཛངས་པའི་དགེ་སྲིད་ཀྱི་མདུན་ས་ཟིན་པ། སྨྲས་པའི་དགེ་ཤགས་ཐེབས་པ། དྲག་པོའི་དགེ་ཕོ་ཁོག་ཆེ་བ། བསགས་པའི་དགེ་གཏོང་ཕོད་ནུས་པའོ། །ཞེས་གསལ་བ་དེ་རིགས་སུ་ཤེས།

〔94〕 **མགྱོགས་སྣ་ལྔ།** དཔའ་བོ་ལ་སྟངས་མ་ཐོབ་པ་ལྟར་ཧ་རྒྱུགས་ཀྱི་བང་རྩལ་ལམ། མགྱོགས་རྩལ་དགོས་པའི་ལས་རིགས་ལེགས་པར་བགྱིས་པའི་སྟངས་མ་ལ་བང་རྩལ་གྱི་སྟངས་མ་མི་འདྲ་བ་རིགས་ལྔ་ཡོད་པའི་དོན་དུ་གོ།

〔95〕**ཞིང་གི་ཁྲལ་སྡེབས།** ཞིང་ཁ་ལ་འབྲུ་རྫོག་རྒྱག་པའི་དོན།

〔96〕**མཚོ་ལ་སྟར་ཀ་བྱས།** མཚོ་ཆུ་ལ་རགས་བརྒྱིགས་པའི་དོན་དུ་སོ།

〔97〕**ཀུ་ཧྲང་།** ཞང་ཞུང་གི་སྐད་དུ"ཀུ་ཧྲང་"ཞེས་པ་བོད་སྐད་དུ་ཤ་རྒྱང་ལ་འཇུག་པ་ཡིན།

〔98〕**ཆུ་སྲིད།** དེང་དུས་ཀྱི་སྐད་དུ"ཆབ་སྲིད་"ཅེས་པའི་དོན་དུ་སོ།

〔99〕**དམར་རྡོད།** རིགས་ཀྱི་གདུང་རྒྱུད་ལ་ཟེར་བར་སྣང་།

〔100〕**ཐ་ཁྲ་བྱུག་གིས་མཚན་ཁོངས་ནས་བཏགས།** སྒྲ་འགྲེལ་[རྫི་4ཕ་3] ལས་རེས་ཤིག་རྒྱང་ཟླ་ངོ་དགུ་ན། མཁར་ཤེ་ལེ་རྫོང་ཕུག་གི་ཁ་ལ། བྱ་རྒྱལ་ཁྲ་བྱུག་ཅིག་བབས་ཏེ། ཁྲ་བྱུག་སྐད་ཐེངས་གསུམ་བསྒྲགས་པས། སོ་བ་རྣམ་པ་གསུམ་བྱུང་སྟེ། སྐད་དང་པོ་ཡབ་ཀྱིས་ཐོས་པས། ཉི་ཟླ་གསལ་བའི་འོད་ཅིག་ཤར་ཟེར་བར་གོ་ཡོ། ཡུམ་གྱིས་གོ་བས་མུན་པ་སེལ་བའི་སྒྲོན་མ་འཆར་ཟེར་བར་གོ་ཡོ། སྐད་དབུས་མ་ཡབ་ཀྱིས་ཐོབ་པས། གཡུང་དྲུང་བོན་གྱི་སྲོག་ཤིང་འཛུགས་ཟེར་རོ། །ཡུམ་གྱིས་ཐོས་པས། ཕོག་ལྷ་འཛོམས་པའི་ཐོ་ཆེན་སྦྱོན་ཟེར་རོ། །སྐད་ཐ་མ་ཡབ་ཀྱིས་ཐོས་པས། ཕྱི་དྲན་པའི་ནམ་མཁར་གདའ་ཟེར་རོ། །ཡུམ་གྱིས་ཐོས་པས། རྒྱང་ཡར་ཕྱ་ཆེན་བོད་ཕྱུངས་ཡིན་ཟེར་རོ། །ཞེས་པ་དེའི་དོན་ལ་ཟེར་བ་ཡིན།

〔101〕**གཡུ་སྨམ་ཕོ།** རང་བྱུང་གི་གཡུ་བཟོ་བོས་བཅོས་མ་བྱས་པ་ཞིག་ལ་ཟེར།

〔102〕**བོན་སྒོ་བཅུ་གཉིས།** ཆོས་ཀྱི་ལུགས་སུ"གསུང་རབ་ཡན་ལག་བཅུ་གཉིས"ཞེས་སུ་གྲགས་པ་སྟེ། མདོའི་སྡེ་དང་དབྱངས་ཀྱིས་བསྙད་པའི་སྡེ། ལུང་དུ་བསྟན་པའི་སྡེ། ཚིགས་སུ་བཅད་པའི་སྡེ། ཆེད་དུ་བརྗོད་པའི་སྡེ། གླེང་གཞིའི་སྡེ། རྟོགས་པ་བརྗོད་པའི་སྡེ། དེ་ལྟ་བུ་བྱུང་བའི་སྡེ། སྐྱེས་པའི་རབས་ཀྱི་སྡེ། ཤིན་ཏུ་རྒྱས་པའི་སྡེ། རྨད་དུ་བྱུང་བའི་སྡེ། གཏན་ལ་ཕབ་པའི་སྡེ་ཞེས་བྱ་བ་དེ་རྣམས་དང་ཆ་འདྲ་བ་ཞིག་ལ་ཟེར་རམ་སྙམ།

〔103〕**ཐེག་པ་རིམ་པ་དགུའི་བོན།** ཕྱྭ་གཤེན་ཐེག་པ་དང་སྣང་གཤེན་ཐེག་པ། འཕྲུལ་གཤེན་ཐེག་པ། སྲིད་གཤེན་ཐེག་པ། དགེ་བསྙེན་ཐེག་པ། དྲང་སྲོང་ཐེག་པ། ཨ་དཀར་ཐེག་པ། ཡེ་གཤེན་ཐེག་པ། ཡང་རྩེ་བླ་མེད་ཐེག་པ་དང་དགུ་ལ་ཟེར་བ་ཡིན།

〔104〕**འབྲས་བའི་འབྲུམ་བཅུ་གཉིས།** སྐལ་བཟང་མགྲིན་རྒྱན་[བོད་146ཕ་20] ལས་ཁམས་བརྒྱད་གཏན་ཕབ་སྟོང་ཕྲག་བརྒྱ་བའི་འབུམ། །རྒྱས་པ་བྱེ་མ་ཉི་ཁྲི་རྩ་རྒྱུན་འབུམ། །དེ་བཞིན་བྱམས་མ་འབུམ་ལྷ་ཁམས་འབུམ་དང་། །དགེ་རྒྱས་ཚོགས་འབུམ་རྣམ་དག་འདུལ་བའི་འབུམ། །གཡུང་དྲུང་ལམ་འབུམ་ཡེ་ཤེས་བཀོད་པའི་འབུམ། །ཞེས་གསལ་བ་དེ་རིགས་སུ་ངེས་པ་ཡིན།

〔105〕**རིན་པོ་ཆེའི་ཞུགས་ཐོགས།** "ཞུགས"ཞེས་པ་ནི་མེའམ་མེ་ལྕེའི་དོན་ཡིན་ལ། "ཐོགས"ཞེས་པ་ནི་ལག་ཏུ་ཐོགས་པའི་དོན་ཏེ། དོན་དུ་རིན་པོ་ཆེ་གསེར་གྱིས་བཟོས་པའི་སྒྲོན་མེ་ཞིག་གི་དོན་དུ་སོ།

ལེའུ་གསུམ་པ། དུས་རིམ་འོག་མའི་ལོ་རྒྱུས་ཞང་བོད་གཅིག་གྱུར་གྱི་སྐོར།

ས་བཅད་དང་པོ། ཡ་ཐོག་བོད་ཀྱི་མི་རབས་ལ་ངོས་འཛིན་ཚུལ།

བོད་ཀྱི་བར་དེའི་ཕྱོགས་སུ་གཏོགས་པའི་མཁས་པ་ཆེན་པོ་རྣམས་ནས། བོད་ཀྱི་ཐོག་མའི་མི་རྒྱུད་ཇི་ལྟར་བྱུང་ཡོད་པའི་ཚུལ་ལ་ལྟ་སྟངས་མི་འདྲ་བ་རྣམ་པ་གཉིས་བྱུང་ཡོད།

གཅིག སྐྱ་སེར་བྲེ་ལྷའི་སྐོར།

དེ་ལས་ལྟ་སྟངས་དང་པོའི་ལུགས་དེའི་མཚོན་དཔེ་ཐུན་མོང་མ་ཡིན་པ་ཞིག་ནི། དེབ་ཐེར་སྔོན་པོ་[སི་སྟོད་60ཤ་10] ལས་སྟོན་པ་ཐུབ་པ་བྱོན་པའི་དུས་ལས་སྔ་བ་རྗོད་ལྡན་གྱི་ཐོག་མ་སྐྱ་སེང་བུ་ལྡས་〔1〕དཔུང་ཚོགས་ཡན་ལག་བཅོ་བརྒྱད་དམ། བཅུ་གཉིས་བཅོམ་པའི་ཚེ། རུ་པ་ཏི་ཞེས་བྱ་བའི་རྒྱལ་པོ་དཔུང་གི་ཚོགས་གཅིག་དང་བཅས་པ་གཡུལ་འགྱེད་པའི་ཚེ། བུད་མེད་ཀྱི་ཆ་ལུགས་སུ་བྱས་ནས་བྲོས་ནས་རི་ཁ་བ་ཅན་གྱི་ཁྲོད་དུ་ཞུགས་ཏེ་གནས་པའི་རིགས་ལས་དེང་སང་ཡང་བོད་ཅེས་བྱ་བ་གྲགས་པ་ཡིན་ནོ་ཞེས····སློབ་དཔོན་ཤེས་རབ་གོ་ཆས་བཤད་དེ། སྔོན་གྱི་ཡི་གེ་རྙིང་པ་རྣམས་ལས་ཡུལ་འདི་ལ་སྔོན་མིང་པུ་རྒྱལ་ཞེས་ཟེར་བ་ལ། ཕྱིས་བོད་ཅེས་བྱ་བ་འཆད་པ་ཡང་སློབ་དཔོན་ཤེས་རབ་གོ་ཆའི་གསུང་དང་མཐུན་ན་འགྱུར་རོ། །ཞེས་བོད་ཀྱི་མི་རྒྱུད་དེ་རྣམས་རྒྱ་གར་ནས་བྱུང་བའི་རུ་པ་ཏིའི་རུས་ལས་མཆེད་པ་དང་། བོད་ཅེས་བྱ་བའི་ཚིག་དེའི་དོན་ཡང་རུ་པ་ཏིའི་དཔུང་ཚོགས་དེ་དག་རྒྱ་གར་ནས་བོད་དུ་ཡུལ་བུད་པའམ། ཡུལ་བྱོལ་ནས་གངས་རིས་བསྐོར་བའི་ལྗོངས་ཆེན་པོ་དེར་འབྱོར་ཞིང་གནས་གཞིས་ཆགས་པ་ཡིན་སྟབས། རྗེས་སུ་ཡུལ་དེ་ལའང་“བོད”དེ་དངོས་དོན་དུ་“བུད”ཅེས་པའི་དོན་ཡིན་པར་འགྲེལ་བ་ཡིན། གནད་དོན་དེའི་སྐོར་“བོད་ཀྱི་རུས་ཁུངས་ཐོག་མའི་ཚན་དཔྱད”ཅེས་པའི་རྩོམ་རིག་[མཚོ་སྔོན་སློབ་གསོ་1983 ལོའི་ཨང་6 པའི་ཤ51ཤ་19] ལས་བྲོས་བྱོལ་དུ་ཡོང་བའི་རུ་པ་ཏི་ལྟར་ན་ཁོའི་འཁོར་སྟོང་ཕྲག་བུད་མེད····ཀྱི་ཆ་སུ་ཞུགས་ནས་བྲོས་ཡོང་བ་ལ་བལྟས་ན་བུད་མེད་གཅིག་ཀྱང་མེད་པ་འདྲ། སྐྱེས་པ་ཁོ་ན་སྟོང་ཙམ་

ཞིག་ཕར་འཚོགས། འབུམ་ཙམ་ཞིག་ཡོད་ཀྱང་རུང་། ཁོ་ཚོ་ཡང་རིམ་བཞིན་ཚར་འགྲོ་བ་ལས་རུས་རྒྱུད་ཇི་ལྟར་སྤེལ་ཐུབ། གལ་ཏེ་ཁོ་ཚོ་བྲུས་སྦྱོལ་དུ་ཡོང་ས་ནས་གཉེན་སྒྲིབ་སའི་བུད་མེད་ཡོད་ཚེ་ངེས་པར་དུ་མིའི་འགྲོ་བ་ཡོད་པ་ཡིན་པས་རུ་པ་ཏིའི་འཁོར་དེ་རུས་ཁུངས་སུ་ཇི་ལྟར་བརྩི། ཞེས་བཀོད་འདུག་པ་ནི་རིག་ལམ་ཡང་དག་པ་ཞིག་ཏུ་གོ། ཁ་བའི་ལྗོངས་འདི་སྔོན་སྤུ་རྒྱལ་དུ་གྲགས་པ་ལ། ཕྱིས་རུ་པ་ཏིའི་དཔུང་ཚོགས་ཡུལ་བུད་པའི་གནས་ཡུལ་ཡིན་པའི་རྒྱུ་མཚན་གྱིས"བོད"ཅེས་པའི་ཐ་སྙད་གསར་དུ་བྱུང་བར་བཤད་པ་འདི་ནི་བོད་སྐད་དུ་ཡུལ་བུད་པའི"བུད"ཅེས་པ་དེ་དང་། སྐད་གདངས་ཀྱིས་འབོད་པའམ་བོད་པའི་དོན་ལས་བྱུང་བའི"བོད"ཅེས་པ་འདི་གཉིས་གཞི་རྩ་ནས་ཐ་དད་པ་ཡིན་སྟབས། ཚུལ་དང་མཐུན་པ་ཞིག་མཐོང་དཀའ་མོད། ཕྱིར་བཏང"བོད་ཀྱི་ཡུལ་འདིའང་རྒྱ་གར་དང་འདྲ་བར་ཡུལ་དང་མི་ལ་སོགས་པ་གནས་པའི་བསྐལ་པ་ནས་བྱུང་བར་བྱས་ནས་ཡང་ལུང་དང་རིག་པའི་གནོད་པ་མེད"ཅེས་གསུངས་པ་འདི་ནི་ལོ་རྒྱུས་ཀྱི་ལྟ་སྟངས་ཚུལ་དང་ཡོངས་སུ་མཐུན་ཞིང་ཚད་དང་ལྡན་པ་ཞིག་ཏུ་གོ།

དེའི་ཚུལ་ལྟ་སྟངས་ཅུང་མི་འདྲ་བ་ཞིག་ནི་ལྡེ་བྲག་ཆོས་འབྱུང་[པེ་158 ཕ་5] ལས་ལྷ་ལས་ཕྱལ་བྱུང་(2) གི་བསྟོད་འགྲེལ་ཤེས་རབ་གོ་ཆས་མཛད་པར་སྔོན་སྐྱ་སེང་གི་བུ་ལྔ་དང་། སྲ་ངན་དཔུང་ཚོགས་བཅུ་གཉིས་འཐབ་པ་ན་རྒྱལ་པོ་རུ་པ་ཏི་ཞེས་པ་འཁོར་བརྒྱ་དང་བཅས་པ་བུད་མེད་ཀྱི་ཆས་སུ་ཞུགས་ནས་རི་ཁ་བ་ཅན་གྱི་ཁྲོད་དུ་བྲོས་པ་འཕེལ་བ་ལ་དེང་སང་ཡང་བོད་ཅེས་གྲགས་སོ་ཞེས་བྱུང་ན་ཡང་། བོད་མི་མཐའ་དག་གི་ཁུངས་ནི་མ་ཡིན་ཏེ། རུ་པ་ཏི་གཞའ་ཁྲི་བཙན་པོར་བྱེད་ན་དེའི་གོང་དུ་མི་མང་དུ་ཡོད་པར་གྲགས་པ་དང་འགལ་བའི་ཕྱིར་དང་། ཡིན་ནའང་བོད་ཡུལ་ན་ཤཱཀྱའི་རྒྱལ་རྒྱུད་གཞན་ཡོད་པར་ཐལ་བའི་ཕྱིར་རོ། །ཞེས་གསུངས་པས་མཚོན། བོད་ཀྱི་ལོ་རྒྱུས་མཁན་པོ་འགའ་ཤས་ཀྱིས་ལུགས་དེ་ལ་ཆ་འཇོག་དེ་ཙམ་གནང་སྲོལ་བྱུང་མེད།

གཉིས། སྤྲེལ་སྒོམ་བྱང་ཆུབ་སེམས་དཔའ་དང་བྲག་སྲིན་མོའི་སྐོར།

དེ་ནི་འཕགས་པ་སྤྱན་རས་གཟིགས་ཀྱི་སྤྲུལ་པ་སྤྲེལ་སྒོམ་བྱང་ཆུབ་སེམས་དཔའ་དང་ཇོ་མོ་སྒྲོལ་མའི་སྤྲུལ་པ་བྲག་སྲིན་མོ་གཉིས་ལྷན་དུ་འདུས་པ་ལས། སྤྲེལ་ཕྲུག་མང་དུ་བྱུང་ཞིང་། གནས་དུས་ཀྱི་ཆ་རྐྱེན་ཅི་རིགས་པ་ལ་བརྟེན་ནས་རིམ་གྱིས་སྤྲེའུ་ཕྲུག་གི་གོ་གནས་ནས་མིའི་གོ་གནས་སུ་འཕོ་འགྱུར་བྱུང་ཡོད་པའི་ཚུལ། བཀའ་ཆེམས་ཀ་ཁོལ་མ་[ཀན་47 ཕ་10] ལས་བོད་ཡུལ་ཁ་བ་ཅན་དེའི་སྟོད་ཁམས་གསུམ་ན་གངས་རི་དང་། བྲག་རི་དང་། གཡའ་རིའི་ར་བ་ན་སེང་གེ་དང་། ཀླུ་སྦྲུལ་ལ་སོགས་པའི་གཅན་

ཟ་སྣ་ཚོགས་དང་། ཤ་ཀོ་སྨན་ལ་སོགས་པ་རི་དྭགས་སྣ་ཚོགས་གནས་པ། བར་ཁམས་གསུམ་ན་བྲག་དང་། སྤང་དང་ནགས་ཀྱི་ར་བ་ན། བྲག་སྲིན་མོ་དང་སྤྲེའུ་དང་། དོམ་དྲེད་ལ་སོགས་པ་སེམས་ཅན་དུད་འགྲོ་སྣ་ཚོགས་པས་དབང་བྱས། སྨད་ཁམས་གསུམ་ན་ནགས་ཀྱི་ལྗོངས་དང་མཚོ་དང་། མཚེའུ་དང་ནེའུ་སིང་གི་ར་བ་ན་འདབ་ཆགས་ཀྱི་བྱ་སྣ་ཚོགས་དང་། གླང་པོ་ཆེ་དང་ཆུ་རྟ། ཆུ་གླང་ལ་སོགས་པ་དུད་འགྲོའི་རིགས་སུ་གྱུར་པ་སྣ་ཚོགས་པ་གནས་ཏེ། མིའི་འགྲོ་བ་གཅིག་ཀྱང་ཡེ་མེད་པས་འདུལ་བའི་སྐབས་མ་རྙེད་དོ། །ཞེས་བོད་ཁ་བ་ཅན་གྱི་ལྗོངས་ཆེན་པོ་འདི་ནི་འགྲོ་བ་མིའི་རིགས་སུ་ཞིག་ཀྱང་མེད་པའི་ལུང་སྟོང་ཞིག་ཡིན་པར་བསྟན་པ་དང་ཡང་དེ་ཉིད་[ཀན་48ཨ་1]ལས་དེའི་ཚེ་སྲིན་ཡུལ་ལང་ཀ་པུ་རི་ན། སྲིན་པོ་ལང་ཀ་མགྲིན་བཅུ་དང་། ལྷའི་རྒྱལ་པོ་ར་མ་ཎ་གཉིས་ལྷ་མོ་གཟི་ལྡན་མ་ལ་མ་འཆམས་ནས་འཐབ་པ་སྤྲེའུ་ཀྱད་ཏ་ནུ་མ་ད་བྱ་བ་སྤྱན་རས་གཟིགས་ཀྱི་སྤྲུལ་པའི་སློབ་མ་དེ་རི་པོ་ཏ་ལར་སྤྱན་རས་གཟིགས་ཀྱི······དྲུང་དུ་ཕྱིན་པ་དང་། སྤྲེའུ་དེ་ལ་སྤྱན་རས་གཟིགས་ཀྱིས་གསུངས་པ། སྤྲེའུ་ཁྱོད་ཀྱིས་བྱང་ཕྱོགས་ཁ་བ་ཅན་གྱི་བྲག་རི་ལ་སྒོམ་ནུས་སམ་གསུངས་པས། སྤྲེའུ་དེ་ན་རེ་ངས་བོད་ཡུལ་ཁ་བ་ཅན་གྱི་བྲག་རི་ལ་སྒོམ་ནུས་ལགས་ཞུས་པས། ཐུགས་རྗེ་ཆེན་པོ་འཕགས་པ་སྤྱན་རས་གཟིགས་ཀྱིས་སྤྲེའུ་དེ་ལ་མི་སྡུག་པའི་སྒོམ་བསླབས། དགེ་བསྙེན་གྱི་སྡོམ་པ་〔3〕ཕོག ཟབ་པ་དང་རྒྱ་ཆེ་བའི་ཆོས་བསླབས། སྤྲེའུ་བྱང་ཆུབ་སེམས་དཔའ་ཞེས་བྱ་བའི་མིང་གཏགས་(བཏགས)ནས་བྱང་ཕྱོགས་ཁ་བ་ཅན་གྱི་རི་ལ་སྒོམ་(བསྒོམ་)དུ་བཏང་ངོ་། །ཞེས་སྤྲེལ་སྒོམ་བྱང་ཆུབ་སེམས་དཔའ་ལ་འཕགས་པ་སྤྱན་རས་གཟིགས་ཀྱི་བཀའ་ལུང་ཐོག་ནས་ཁ་བ་ཅན་གྱི་རི་ལ་བསྒོམ་དུ་ཕྱིན་ཚུལ་དང་། ཡང་[ཀན་48ཨ་13]དུ་སྤྲེའུ་སྒོམ་བྱང་ཆུབ་སེམས་དཔའ་དེས་ཀྱང་རྫུ་འཕྲུལ་གྱིས་བོད་ཡུལ་བྱང་ཕྱོགས་ཁ་བ་ཅན་དུ་ཕྱིན་ཏེ། དེ་ནས་བྲག་ཧུམ་གྱི་དབུས་ཀྱི་བྲག་ཕུག་ཅིག་ན་སྒོམ་གྱིན་ཡོད་པའི་ཚེ། བྲག་སྲིན་མོ་ཅིག་(ཞིག་)སྤྲེའུ་མོའི་ཆ་བྱད་དུ་བརྫུས་སྤྲེའུ་སྒོམ་པའི་དྲུང་དུ་འོངས་ནས་འདོམས་བསྟན། ས་གཏོར་འདོད་པ་བརྟེན་པའི་བརྡ་ཆོས་བྱས་ཏེ་སོང་ངོ་། །ཚུལ་དེ་བཞིན་དུ་ཉིན་ཞག་བདུན་གྱི་བར་དུ་བྱས་ཀྱང་། སྤྲེའུས་མི་སྡུག་པ་བསྒོམས་པས་སྤྲེའུ་མོའི་འདོད་པ་ལ་སེམས་གཡོ་བར་མ་གྱུར་ཏོ། །ཉི་མ་བརྒྱད་པ་ལ་བྲག་སྲིན་མོ་དེ་མིའི་བུད་མེད་མཛར་མོ་རྒྱན་ཐམས་ཅད་ཀྱིས་བརྒྱན་པ་གཅིག་ཏུ་སྤྲུལ་ནས་སྤྲེའུའི་དྲུང་དུ་འོངས། འདོམས་བསྟན། འདོད་པ་སྤྱོད་པའི་བརྡ་ཆོས་བྱས། ས་གཏོར་བྱེད་ཀྱི་འདུག་པ་ལ་བལྟས་པས། སྤྲེའུ་སྒོམ་གྱི་བསམ་པ་ལ་སེར་ཀར་ལྷུང་འདུག〔4〕 སྡིག་པ་ཅན་ལ་བདུད་ཀྱང་འདུག་སྙམ་ནས་ཅི་ཡང་མ་བྱས་པར་བསྡད་པས། བྲག་སྲིན་མོ་དེ་ན་རེ་ཁྱོད་དང་ང་གཉིས་ཁྱིམ་ཐབ་བཟའ་ཚོ་བྱའོ་ཟེར་བ་ལ། སྤྲེའུ་སྒོམ་ན་རེ་ང་ཐུགས་རྗེ་ཆེན་པོ་འཕགས་པ་སྤྱན་རས་

གཟིགས་དབང་ཕྱུག་ཀུནྟུ་པ་ཀོའི་དགེ་བསྙེན་ཡིན་པས་དེ་ལྷ་བུ་བྱ་མི་ཏུང་ཟེར་བས། བྲག་སྲིན་མོའི་སྤྲུལ་པ་བུད་མེད་ན་རེ། འོ་ན་ང་ཁྱོད་ལ་ཞེ་སྡང་སྐྱེས་ནས་འདི་ཉིད་དུ་ཚེའི་དུས་བྱས་ཏེ་ཤི་ནས་ངན་སོང་དང་ངན་འགྲོ་རྣམས་སུ་ཡང་ནས་ཡང་དུ་སྐྱེས་(སྐྱེ་)ཟེར་བས་སྤྲེའུ་སྒོམ་གྱི་བསམ་པ་ལ། ཁྱིམ་ཐབ་བྱས་ན་སྡོམ་པ་འཆོར། མ་བྱས་ན་འདི་ནི་ངན་སོང་དུ་འགྲོ་སྙེ་སྡིག་ཆེ་བས་བྱང་ཆུབ་སེམས་དཔའི་སྤྱོད་པ་ཉམས་འགྲོ་སྙམ་(སྙམས་)ནས་སྤྲེའུ་སྒོམ་དེ་སྙིང་རྗེ་སྐྱེས་ཏེ། བྲག་སྲིན་མོའི་གདོང་དུ་མིག་འབྲུ་ཚུགས་སུ་ཞག་གཅིག་ཏུ་བལྟས་ཀྱང་ཅི་ཡང་ཤེས་པར་མ་གྱུར་ཏོ། །ཞེས་བྲག་སྲིན་མོས་སྤྲེའུ་སྒོམ་ལ་འདོད་པ་སྤྱོད་པའི་བསྐུལ་མ་ཞི་དྲག་གི་ཐབས་ཚུལ་ཅི་རིགས་བྱས་པ་དང་། ཡང་[49ཕ་17]དུ་ད་འཕགས་པ་ཐུགས་རྗེ་ཆེན་པོ་སྤྱན་རས་གཟིགས་ཀུནྟུ་པ་ཀོ་དེ་ལ་འདྲི་དགོས་སྙམ་(སྙམས་)ནས། སྤྲེའུ་དེས་རྫུ་འཕྲུལ་གྱིས་རི་པོ་ཏ་ལར་ཕྱིན་པ་དང་། སྤྲེའུ་སྒོམ་གྱིས་འཕགས་པ་ཐུགས་རྗེ་ཆེན་པོ་ཀུནྟུ་པ་ཀོ་ལ་འདི་སྐད་ཅེས་ཞུས་སོ། །འཕགས་པ་ཀུནྟུ་པ་ཀོ་ལགས། ངས་ཁ་བ་ཅན་དུ་ཕྱིན་ཏེ་བྲག་ཏུམ་དབུས་ཀྱི་བྲག་ཕུག་ཅིག་ཏུ་སྒོམ་གྱིན་ཡོད་པའི་མདུན་དུ་བྲག་སྲིན་མོ་ཅིག་(ཞིག་)བྱུང་ནས། ཁྱོད་དང་ང་གཉིས་ཁྱིམ་ཐབ་བྱའོ་ཟེར་དུ་བྱུང་བའི་(བས་)བྱ་ཏུང་ངམ་མི་ཏུང་ཞུས་པས། འཕགས་པ་ཀུནྟུ་པ་ཀོའི་ཞལ་ནས་ཁྱིམ་ཐབ་གྱིས་ཤིག་གསུངས་ནས་བྱ་དགའ་གསུམ་གནང་ངོ་། །འབྲུ་སྣ་ལྔ་གནང་། རིན་པོ་ཆེའི་གཏེར་ཁ་འབྱེད་པར་བྱིན་གྱིས་བརླབས། སྤྲེའུ་སྒོམ་ཁྱོད་ཀྱི་བུ་ཚ་བོ་རྣམས་སངས་རྒྱས་ཀྱི་རྒྱུར་འགྱུར་རོ་ཞེས་གསུངས་སོ། །དེའི་དུང་ན་རྗེ་བཙུན་མ་རྗེ་མོ་སྒྲོལ་མ་བཞུགས་འདུག་པས་ཀྱང་ལེགས་སོ་ལེགས་སོ་ཞེས་ཟེར་རོ། །ཞེས་སྤྲེའུ་སྒོམ་བྱང་ཆུབ་སེམས་དཔའ་ལ་ཐུགས་རྗེ་ཆེན་པོ་སྤྱན་རས་གཟིགས་དང་། འཕགས་མ་སྒྲོན་མའི་བཀའི་གནང་བ་ཐོབ་ཚུལ་དང་ཡང་[50ཕ་11]དུ་དེ་ནས་སྤྲེའུ་སྒོམ་གྱིས་བྲག་སྲིན་མོ་དེ་ཤེ་ངོགས་ནས་མགྱོགས་ཤིང······ཕྱུར་བར་རྫུ་འཕྲུལ་གྱིས་བོད་ཡུལ་གྱི་བྲག་ཏུམ་དེར་ཕྱིན་ཏེ་ཁྱིམ་ཐབ་བྱེད་པར་ཁས་བླངས་ཁྱིམ་ཐབ་བྱས···པ་དང་། ཟླ་བ་བཅུ་ན་བྲག་སྲིན་མོ་དེ་ལ་བུ་ཕ་ཡང་མི་འདྲ། མ་ཡང་མི་འདྲ་བ། ལུས་ལ་སྤུ་མེད་པ། མཇུག་མ་མེད་པ། གདོང་པ་དམར་བ། ཟས་སུ་ཤ་དམར་པོ་ཟ། སྐོམ་དུ་ཁྲག་དྲོན་མོ་འཐུང་བ་ཅིག(ཞིག་)སྐྱེས་སོ། །དེ་སྐྱེས་པ་དང་མ་བྲག་སྲིན་མོ་དེ་གསུམ་པ་ལྟོགས་ནས་བུ་དེ་ཟ་བར་འདུག་པ་དང་། ཕ་སྤྲེའུ་དེས་འཁྱུར་ནས་ནགས་མ་བྱ་ཚོགས་ཅན་དུ་སྤྲེའུ་མང་པོའི་ཟླ་ལ་བསྐྱལ་ལོ། །སང་ཕོད་ལོ་དུས་སུ་ནགས་མ་བྱ་ཚོགས་ཅན་དུ་ཕྱིན་ནས། ངའི་བུ་དེ་ཅི་བྱེད་ཀྱི་ཡོད་དམ་སྙམ་(སྙམས་)ནས་ལྟར་(བལྟར་)ཡོང་ཙ་ན་སྤྲེའུ་མོ་རྣམས་དང་དལ་རྒྱགས་བྱས་[5]ནས་འདོད་ཆགས་ལ་བརྟེས་པས། ཕྲུ་གུ་བཞི་བརྒྱ་སྐྱེས་ནས་འདུག་གོ། །ཕྲུ་གུ་དེ་རྣམས་ཀྱང་མེས་པོ་སྤྲེའུ་སྒོམ་དེ་མི་འདྲ་བ། ཕ་དེ་མི་འདྲ་བ། མ་སྤྲེའུ་མོ་དེ་

རྣམས་དང་མི་འདྲ་བ། སྤུ་དང་འཇུག་མ་མེད་པ། ཤིང་ལ་མི་ཐར་བ་ཤི་ལ་ཁད་པ། ཁ་དམར་ཏིང་ཏིང་འདུག་པས་དེ་རྣམས་མེས་པོ་སྤྲེའུ་སྒོམ་དེ་སྙིང་རྗེ་སྐྱེས་ནས་ཤིང་ཏོག་བཏུས་ཀྱིན་གསོས་པས་མ་ཤི་ཙམ……བྱུང་། ཞེས་པས་སྤྲེའུ་སྒོམ་དང་། བྲག་སྲིན་མོ་གཉིས་ཀྱིས་བོད་ཀྱི་ཐོག་མའི་མི་རྒྱུད་ཇི་ལྟར་སྤེལ་བའི་ཚུལ་བསྟན་པ་དང་ཡང་[52ཕ་11]ཏུ་འཕགས་པའི་ཞལ་ནས་ཁྱོད་ཀྱི་རིགས་རྒྱུད་དུ་གྱུར་པ་དེ་རྣམས་ནི། གཅིག་ནི་ཕའི་རིགས་སུ་གྱུར་པ། གཅིག་ནི་མའི་རིགས་སུ་གྱུར་པ་རིགས་རྒྱུད་གཉིས་སུ་གྱུར་པ་ལས། ཕའི་རིགས་སུ་གྱུར་པ་དེ་དག་ནི་དད་པ་ཆེ་བ། མོས་གུས་ཆེ་བ། སྙིང་རྗེ་ཆེ་བ། ཤེས་རབ་ཆེ་བ། བརྩོན་འགྲུབ་ཆེ་བ། བཟོད་པ་ཆེ་བ། ཆོས་ཟབ་མོ་སྟོང་པ་ཉིད་ཀྱི་དོན་ལ་མི་སྐྲག་པར་ལྷག་པར་མོས་པ། བསོད་ནམས་ཚོགས་བསོག་(གསོག་)ཆུང་ངུ་(ངུས་)མི་ངོམས་ཤིང་། དགེ་བའི་རྩ་བ་ཆུང་བས་མི་ངོམས་པ། བློ་རྒྱ་ཆེན་པོ་དང་ལྡན་པ། ཕྲག་གིས་འདུག་མི་ཚུགས་པ། རྗེའུ་དང་ཤིང་བུ་རྣམས་བཏུབ་པ། མིག་ཀྱང་ས་གཅིག་ཏུ་མི་ཚུགས་པར་ཕར་རིག་ཚུར་རིག་བྱེད་པ། བྱང་ཆུབ་སེམས་དཔའ་བློ་ཆེན་ལྡན་ཞེས་བྱ་བའི་རིགས་སུ་འགྱུར་རོ། །དེའི་རིགས་རྒྱུད་ཀྱིས་སྟོན་པའི་བསྟན་པ་འཕེལ་བར་བྱེད་པ་དང་། བྱང་ཆུབ་སེམས་དཔའ་ཆེན་པོའི་བྱ་བ་བྱེད་པར་འགྱུར་ཏོ་(རོ།།) མའི་རིགས་སུ་གྱུར་པ་ནི་དད་པ་ཆུང་བ། །མོས་གུས་ཆུང་བ། སྙིང་རྗེ་ཆུང་བ། ཤེས་རབ་ཆུང་བ། བརྩོན་འགྲུབ་ཆུང་བ། བཟོད་པ་ཆུང་བ། འདོད་ཆགས་ཆེ་བ། ཞེ་སྡང་ཆེ་བ། ང་རྒྱལ་ཆེ་བ། ཕྲག་དོག་ཆེ་བ། གཏི་མུག་ཆེ་བ། སྦྱིན་པ་གཏོང་བ་ལ་མི་དགའ་བ། ཤ་དམར་པོ་ཟ་བ། ཁྲག་དྲོན་མོ་འཐུང་བ་ལ་དགའ་བ། ཚོང་དང་ཁེ་སྤོགས་ཀྱི་སྦྱོར་བ་ལ་སེམས་པ། སྐད་རྒྱ་ཆེན་པོར་གཏོང་བ་ལ་དགའ་བ། རང་གི་སྐྱོན་ཐོས་ན་མི་དགའ་བ། གཞན་གྱི་སྐྱོན་ཐོས་པ་ལ་དགའ་བ། རང་མཐོང་ཆེ་བ། མི་མཐོང་ཆུང་བ། དགེ་བ་ཆུང་བ། སྡིག་པ་ཆེ་བ། ལུས་སྟོབས་ཆེ་བ། བསམ་པ་ངན་པ། མ་རུངས་པ། འདུལ་དཀའ་བ། གདོལ་པ་ཤིག་ཟ་ཤ་ཟན་ཞེས་བྱ་བའི་རིགས་སུ་འགྱུར་ཏེ། དེ་རྣམས་གསོས་ཤིག་སྐྱོངས་ཤིག ངས་ཀྱང་བསྐྱང་གིས། དེ་རྣམས་ཀྱིས་མཐའི་རྒྱལ་པོ་འདུལ་བར་འགྱུར་རོ། །ཞེས་བོད་ཀྱི་ཐོག་མའི་མི་རྒྱུད་རྣམས་ཀྱི་རང་གཤིས་ཇི་ལྟར་ཡིན་པའི་ཚུལ་གསལ་བར་བསྟན་པ་དང་ཡང་[54ཕ་1]ཏུ་ཐུགས་རྗེ་ཆེན་པོ་འཕགས་པ་སྤྱན་རས་གཟིགས་ཀྱི་ཞལ་ནས། སྤྲེའུ་སྒོམ་ཁྱོད་ཀྱི་བུ་དང་ཚ་བོ་དང་ཡང་ཚ་རྣམས་ཀྱི་ཟས་སྐལ་འདི་ཡིན་པས་འདི་ལ་གྱིས་ཤིག་གསུངས་ནས། འབྲུ་རྣམ་པ་ལྔ་བསྐྱུར་བ་ནི་འདི་ལྟ་སྟེ། ནས་དང་གྲོ་དང་། སོ་བ་དང་། སྲན་མ་དང་། སྲན་ཆུང་ངོ་། །སྤྲེའུ་སྒོམ་གྱིས་འབྲུ་སྣ་ལྔ་པོ་དེ་ཁྱེར་ནས་བོད་ཁ་བ་ཅན་གྱི་ཡུལ་ལ་འགྲོ་བར་ཁ་བལྟས་པ་དང་། འཕགས་པས་གསེར་བྱེ་སྙིམ་པ་གང་ཕྱག་ཏུ་བསྣམས་ཏེ། འདི་སྐད་ཅེས་གསུངས་ངོ་། །སྤྲེའུ་སྒོམ་ཁྱོད་ཀྱི་བུ་ཚ་བོ་དང་། ཡང་ཚ་རྣམས་

ཀྱིས་འཚོ་བ་ཡང་མཐར་རིན་པོ་ཆེའི་(ཆེ་)གསེར་གྱིས་འཚོ་བར་བྱ་ཡིས། སྐབས་སྐབས་སུ་བྱང་ཆུབ་སེམས་དཔའ་ཐོད་རྒལ་བ་རེ་རེ་ཡང་འབྱུང་བར་འགྱུར་རོ་གསུང་ངོ་(གསུངས་སོ།།) ཞེས་འཕགས་པ་སྤྱན་རས་གཟིགས་ཀྱིས་བོད་ཀྱི་ཐོག་མའི་མི་རྒྱུད་རྣམས་ཀྱི་ཟས་སྐལ་དུ་འབྲུ་སྣ་ལྔ་དང་། གསེར་བཅས་གནང་ཡོད་པའི་རྒྱུ་མཚན་གྱིས་བོད་དུ་འབྲུ་རིགས་ཀྱི་སོ་ནམ་བྱུང་བའི་ཁུངས་བསྟན་པ་དང་ཡང་[55ཕ···8]དུ་དེ་ནས་དབྱར་ཟླ་གསུམ་ནགས་མ་བྱ་ཚོགས་ཅན་དུ་བུ་དང་ཚ་བོ་རྣམས་གསོས་ནས་བསྐྱངས་ཏེ། གསེར་སྣང་འབྲུ་སྣ་ལྔ་པོ་དེ་བཏབ་པའི་སར་བུ་དང་ཚ་བོ་རྣམས་ཁྲིད་ནས་ཕྱིན་པ་དང་། འབྲུ་སྣ་ལྔ་པོ་དེ་ཁམ་ཤ་རེ་སྨིན་ནས་འདུག་གོ། དེ་ནས་བུ་དང་ཚ་བོ་རྣམས་ལ་སྨྲས་པ། ཁྱེད་བུ་ཚ་བོ་རྣམས་ལ་འཕགས་པ་ཐུགས་རྗེ་ཆེན་པོ་ཨཱརྻ་པ་ལོས་གནང་བའི་ཟས་སྐལ་འདི་ཡིན་ནོ། །ཟོ་དང་བྱས་པས། སྤྲེའུ་སྒོམ་གྱི་ཕྲུ་གུ་བུ་ཚ་བོ་བཞི་བརྒྱ་པོ་ཤིན་ཏུ་དགའོ། །ཡུལ་འཛིན་པ་ལ་སྟེ་བ་ཡར་ལུངས་ཟོ་ཐང་འདི་ཡིན་ནོ། །དེ་ནས་ཕོང་རྣམས་ཆོས་ཟོས་པས་མ་ཚོས་པའི་ལོ་ཏོག་ལྟར་ཞིམ་པར་གྱུར་ནས། ཕོང་རྣམས་ཀྱིས་སླེ་མའི་གྲངས་བགྲངས་པས་འབྲུའི་གྲངས་ཁྲི་ཁྲི་འདུག་ནས་ཡར་ལུངས་ཁྲི་ཐང་ཞེས་ཀྱང་བྱའོ། །དེ་ནས་རོ་མཆོག་ཞིམ་པར་གྱུར་ནས་ཟོས་པས་བཀྲུགས་པར་གྱུར་ཏེ་བརྩེས་དང་བྱས་པས་རྩེད་མོ་རྩེས་པས། ཡར་ལུངས་རྩེས་དང་བྱ་བ་བྱུང་ངོ་། །ཡང་འབྲུའི་ལོ་ཏོག་ལ་ཟོས་ཏེ་བཀྲུགས་པར་གྱུར་ནས་རྒྱུག་དང་བྱས་པས། ཡར་ལུངས་འོལ་ཁ་རྒྱུག་ཐང་བྱ་བ་བྱུང་ངོ་། །ཞེས་པ་རྣམས་ཀྱིས་བོད་ཀྱི་ཐོག་མའི་མི་རྒྱུད་རྣམས་ཀྱིས་སོ་ནམ་གྱི་དབུ་ཇི་ལྟར་ཚུགས་པ་དང་། ཕོང་ཚོའི་སྤྱོད་ཚུལ་ཅི་རིགས་པ་ལ་བརྟེན་པའི་གནས་ཡུལ་གྱི་མིང་ཇི་ལྟར་བྱུང་བའི་སྐོར་རྣམས་བསྟན་པ་དང་། ཡང་[56ཕ་4]དུ་དེ་ནས་སྤྲེའུ་ཕྲུག་རྣམས་འཛིངས་འཐབས་ནས་མ་འཆམ་སྟེ། གཅིག་ལ་གཅིག་མི་འཇིགས་ཏེ་ཚན་པ་བཞིར་ཆད་དེ་གྱེས་སོ། །དེར་མེས་པོ་སྤྲེའུ་སྒོམ་གྱིས་བུ་ཚ་བོ་ཡང་ཚ་རྣམས་ལ་བརྟག་གཞི་བྱས་པས། ཚན་པ་གཅིག་ནི་སྟ་སྟོང་ངེ་བྱས་པ་ཞིག་བྱུང་ནས། མིང་རུས་སྟོང་བྱ་བར་བཏགས་ཏེ། སྟོང་ལ་རུས་ཆེན་པོ་བཅོ་བརྒྱད་པ་བྱ་བ་བྱུང་ངོ་། །དེའི་འོག་མ་ནི་འགྲམ་ཤ་སྟོང་ངེ་བྱས་པ་ཞིག་བྱུང་ནས། མིང་རུས་སྟོང་བྱ་བར་བཏགས་ཏེ། སྟོང་ལ་རྗེ་བཞི་ཕོལ་བརྒྱད་བྱ་བ་བྱུང་ངོ་། །དེའི་འོག་མ་ནི་མགོ་སེ་ཡང་ངེ་བྱས་པ་ཞིག་བྱུང་ནས། མིང་རུས་སེ་བྱ་བར་བཏགས་ཏེ། སེ་ལ་འཇྲུག་ལེ་སྤྱན་དགུ་བྱ་བ་བྱུང་ངོ་། །དེའི་འོག་མ་ནི་འཚུལ་པ་སྨུག་སྙི་རེ་བྱས་པ་ཅིག་(ཞིག་)བྱུང་ནས། མིང་རུས་སྨུ་བྱ་བར་བཏགས་ཏེ། སྨུ་ལ་ཀོ་ལེའི་འཕྲ་བརྒྱད་བྱ་བ་བྱུང་ངོ་། །ལྡོང་དང་སྟོང་གཉིས། སེ་དང་སྨུག་གཉིས་ཏེ་ནང་གི་མིའུ་རིགས་བཞི་བྱ་བར་གྲགས་ཏེ། བོད་ཡུལ་ཁ་བ་ཅན་གྱི་མི་ལ་སྟེ་བ་ཡང་དེ་རྣམས་ཡིན་ནོ། །ཞེས་བོད་ཀྱི་ཐོག་མའི་མི་རྒྱུད་རྣམས་རྩ་བའི་རུས་ཚན་རྣམ་པ་བཞི་རུ་ཇི་ལྟར་གྱེས་པའམ་

གྲོལ་བའི་ཚུལ་ཞལ་གསལ་དུ་བསྟན་པ་དེ་ནི་བོད་ཀྱི་མི་རྒྱུད་རྣམས་ཇི་ལྟར་འཕེལ་བའི་ལོ་རྒྱུས་ཕལ་མོ་ཆེའི་གཞིའམ་རྩ་བར་གྱུར་པ་ཞིག་ཏུ་ངེས་པ་ཡིན།

མ་ཎི་བཀའ་འབུམ་སོགས་གནད་ཆེའི་ཡིག་ཆ་མང་པོ་ཞིག་ལས། དེ་དང་ཕྱོགས་འདྲ་བའི་བཤད་པ་དུ་མ་ཞིག་ཡོད་མོད། བཀའ་ཆེམས་ཀ་ཁོལ་མའི་ལུང་འདི་རྣམས་ཀྱིས་གཞི་རྩའི་ལྟ་སྟངས་ཇི་ལྟར་ཡིན་པའི་སྐོར་གསལ་པོར་ངེས་ཐུབ་པ་ཡིན།

བོད་ཀྱི་ཐོག་མའི་རྒྱུད་རྣམས་སྲུ་དང་སྤྲེའུ། ཡང་ན་དེ་དང་འདྲ་བའི་སེམས་ཅན་གང་ཡང་རུང་བ་ཞིག་ལས་བྱུང་ཞིང་། དུས་རབས་མང་པོ་ཞིག་གི་རིང་དུ་སྡོད་བཅུད་ཀྱི་ཆ་རྐྱེན་དུ་མའི་འཕོ་འགྱུར་ཅི་རིགས་པའི་གནས་ཚུལ་ལ་བརྟེན་ནས། རིམ་གྱིས་ཁོང་ཚོའི་རྣམ་པ་དང་། བློ་སྟོབས། བསམ་མནོའི་འཁྱེར་སོ་སོགས་ལ་འགྱུར་བ་མི་ཉུང་བ་ཞིག་ཐེབས་ནས། ད་གཟོད་དུད་འགྲོའི་གནས་ཚུལ་དེ་ལས་རིམ་གྱིས་མིའི་གོ་གནས་སུ་འཕོས་ཡོད་ཚུལ་གྱི་བཤད་པ་འདི་རིགས་ནི། དེང་དུས་སུ་གྲགས་ཆེ་བའི་ཚན་རིག་པ་འགའ་ཞིག་གི་ལྟ་སྟངས་སུའང་མིའི་འགྲོ་བ་རྣམས་ཀྱི་ཡ་ཐོག་གི་འབྱུང་ཁུངས་སྤྲེའམ་སྤྲེའུ་ལྟ་བུའི……… སེམས་ཅན་གང་རུང་ལ་ངོས་འཛིན་བྱེད་སྲོལ་ཡོད་སྐབས། བཤད་སྟངས་དེ་ལ་མ་འགྲིག་པ་ཅི་ཞིག་ཀྱང་མེད། དེ་ལྟ་བུའི་འཕོ་འགྱུར་བྱུང་ཚུལ་གྱི་ལོ་རྒྱུས་དེ་ནི་ཆེས་སྔ་བའི་ཡ་ཐོག་གི་དུས་དེར་འགྲོ་བ་མིའི་རིགས་རྣམས་ཇི་ལྟར་བྱུང་ཡོད་པའི་བཤད་པ་ཞིག་ཡིན་པ་ལས། འཛམ་རྟེན་གྱི་ཁམས་འདིར་ཡོད་པའི་ཡུལ་ཁམས་གཞན་དག་ཏུ་མིའི་འགྲོ་བ་ཆགས་ཚར་བའམ། མིའི་འགྲོ་བ་འགའ་ཤས་ཀྱི་བསམ་སྤྱོད་མཐའ་དག་ཡར་རྒྱས་བྱུང་ཚར་བའི་སྐབས་དེར། ལུང་ཁུག་འགའ་ཞིག་ཏུ་སྤྲེའམ་སྤྲེའུ་ཁ་ཤས་མིའི་འགྲོ་བར་ཆགས་པའི་ལོ་རྒྱུས་ཤིག་རྩ་བ་ནས་ཡིན་ཐབས་མེད།

ཚུལ་འདི་ལོ་རྒྱུས་འགའ་ཞིག་ཏུ་ཇི་ལྟར་བཤད་ཡོད་པ་དཔེར་མཚོན་པ་ནི། ལྷོ་ཆོས་འབྱུང་བློ་གསར་རྣ་བའི་རྒྱན་[འབྲུག36ཤ18བ5]ལས་སྟོན་པ་འདས་ནས་ལོ་བརྒྱར་ཉེ་བའི་དྲག་པོ་ལྷགས་སྤྲེལ་ལ་མཆོ… རིམ་གྱིས་བྲི་ཞིང་སྣ་ལའི་ནགས་ཚལ་བྱུང་བ་ལས། སྤྱན་རས་གཟིགས་དང་རྗེ་བཙུན་སྒྲོལ་མའི་སྤྲུལ་པ་སྤྲེའུ་དང་བྲག་སྲིན་མོ་གཉིས་ཡུལ་ཡར་ཀླུངས་ཀྱི་བྲག་སྐྱིབས་ཤིག་ཏུ་འདུས་པ་ལས་ཕ་མའི་ཆ་བྱད་བཟུང… བའི་བུ་ཚ་མང་དུ་བྱུང་། དེ་དག་རིམ་གྱིས་མིར་སོང་ནས་བོད་ཀྱི་མི་རབས་མཆེད། ཅེས་དང་རྒྱ་བོད་ཡིག་ཚང་ཆེན་མོ་[སི122ཕ12]ལས་སྔོན་གྱི་ཡིག་ཚང་རྣམས་ལས་འདི་ལྟར་སྣང་སྟེ། དང་པོར་བོད་ཡུལ་འདིར་མི་མེད། མི་མ་ཡིན་དུ་མས་གང་བ་ལ། སྲིད་པ་ཆའི་(ཕྱྭའི་)མཁན་རྗེས་དབང་བྱས། དེ་ནས་ནྱུ་རྗེ་བཙན་པོ། བདུད་པོ་མ་ཧ་(ཧཱུྃ་)རུ་ཧ། སྲིན་པོ་ཡཀྵ་དེ་བ། ཀླུ་རྒྱལ་གང་བ་རྣམས་ཀྱིས་དབང་བྱས་སོ། །

དེ་སྐབས་ན་ནུབ་ཕྱོགས་བདེ་བ་ཅན་གྱི་ཞིང་ཁམས་སུ་སངས་རྒྱས་འོད་དཔག་ཏུ་མེད་པ་བཞུགས་པའི……འཁོར་ན། བྱང་སེམས་རྣམས་ཀྱི་མཆོག་འཕགས་པ་སྤྱན་རས་གཟིགས་དབང་ཕྱུག་བཞུགས་པ་ལ། རྒྱལ་བ་འོད་དཔག་མེད་ཀྱི་(ཀྱིས་)བཀའ་སྩལ་པ། ཤར་ཕྱོགས་མི་མཇེད་ཀྱི་འཇིག་རྟེན། འཛམ་བུའི་གླིང་ཞེས་བྱ་བ་ན། དེ་བཞིན་གཤེགས་པ་ཤཱཀྱ་ཐུབ་པ་ཞེས་བྱ་བ་གཅིག་བཞུགས་པ་ལས། ཕོང་མྱ་ངན་ལས་འདའ་བར་བཞེད་དེ། བོད་ཁ་བ་ཅན་གྱིས་(གྱི་)རྒྱལ་ཁམས་ཀྱི་སེམས་ཅན་རྣམས་ལ། སྔར་ཆོས་ཀྱི་འཁོར་ལོ་སྐོར་བ་མ་གྲུབ་པས། དེ་བཞིན་གཤེགས་པ་དེའི་དགོངས་པ་མ་རྫོགས་པར་སྣང་བས། ཁྱོད་སོང་ལ། གསོལ་བ་ཐོབ་ཅིག་གསུང་པ་ལྟར་འཕགས་པ་བྱོན་ནས། བཅོམ་ལྡན་འདས་ཤཱཀྱ་ཐུབ་པ་ལ། བོད་ཁ་བ་ཅན་གྱི་སེམས་ཅན་ལ། དེ་ལྟར་མཛད་ནས། ཁྱེད་ཀྱི་དགོངས་པ་ཡོངས་སུ་རྫོགས་སོ་ཞེས་ཞུས་པ། བཅོམ་ལྡན་འདས་ཤཱཀྱ་ཐུབ་པའི་ཞལ་ནས། རིགས་ཀྱི་བུ། ཁ་བ་ཅན་གྱི་སེམས་ཅན་འདི་དག ཤིན་ཏུ་གདུལ་དཀའ་སྟེ། ད་དུང་སྨིན་པར་མ་ནུས་པས། མ་འོངས་པའི་དུས་ན། བྱང་ཆུབ་སེམས་དཔའ་ཁྱེད་ལྟ་བུས་འདུལ་བར་འགྱུར་ཅིག ཅེས་བཀའ་སྩལ་པ་དང་། འཕགས་པ་དེ་མ་ཐག་ཏུ། བདེ་བ་ཅན་དུ་འོངས་ནས། རྒྱལ་བ་འོད་དཔག་མེད་ལ། དེ་བཞིན་གསུངས་པ་རྣམས་ཞུས་པས། རིགས་ཀྱི་བུ། དེ་ལྟར་ན། ཁ་བ་ཅན་གྱི་སེམས་ཅན་མ་རུང་པ་རྣམས། བསྡུ་བ་རྣམ་བཞིའི་སྒོ་ནས་བསྡུས་ལ། མཐར་བདེ་བ་ཅན་གྱི་ཞིང་འདིར། ངའི་དྲུང་དུ་ཁྲིད་ལ་ཤོག་ཅེས་བཀའ་སྩལ་ཏོ། །དེ་ནས་འཕགས་པ་སྤྱན་རས་གཟིགས་དབང་ཕྱུག་ཐུགས་རྗེ་ཅན་དེས། མི་མཇེད་འཇིག་རྟེན་གྱི་ཁམས། འཛམ་བུ་གླིང་དུ་བྱོན། རི་བོ་ཏ་ལའི་རྩེ་ནས། ཞལ་བྱང་ལ་གཟིགས་ཏེ། ཁ་བ་ཅན་གྱི་སེམས་ཅན་རྣམས་འདྲེན་པར་དགོངས་ནས། ཉིན་མཚན་དུས་དྲུག་ཏུ་གཟིགས་པས་ཁ་བ་ཅན་འདི་ནི་འཛམ་བུའི་གླིང་ལ། ཡུལ་གྲངས་ཆེན་པོ་ལྔའམ། དགུ་ཡོད་པའི་ངན་ཤོས་སུ་འདུག་རེད། སངས་རྒྱས་ཀྱིས་ཞབས་ཀྱིས་མ་བཅག གསུང་གི་འོད་ཟེར་ཡང་མ་ཁྱབ། བསྟན་པ་ཡང་མེད། གདུལ་བྱར་མ་གྱུར་པ། མུན་པ་མུན་ནག་ལྟ་བུར་འདུག་ཅེས་པ་ནས། བཀའ་ཆེམས་ཀ་ཁོལ་མའི་གསུང་རྣམས་བསྐྱར་ཟློས་གནང་ཡོད་ལ། རྒྱལ་རབས་གསལ་བའི་མེ་ལོང་སོགས་བོད་ཀྱི་རྒྱལ་རབས་དང་ཆོས་འབྱུང་གྲགས་ཆེ་བ་ཕལ་ཆེའང་ལུགས་འདིའི་རྗེས་སུ་འབྲང་སྲོལ་བྱུང་ཡོད།

བཤད་ཚུལ་འདིའི་ཁུངས་ནི་དེབ་ཐེར་དཔྱིད་ཀྱི་རྒྱལ་མོའི་གླུ་དབྱངས་[པེ་10ཤ་12]ལས་དེ་དག···གི་ཚུལ་གནས་ལྡེ་ཡོངས་སུ་རྫོགས་པའི་པཎྜི་ཏ་ཆེན་པོ་དཱི་པཾ་ཀ་ར་ཤྲཱི་ཛྙཱ་ནས་ཀ་བ་ཤིང་ལོ་ཅན་གྱི་བྱང་ངོས··ནས་བཞེས་པའི་བཀའ་འཁོལ་མ་དང་། མ་ཎི་བཀའ་འབུམ་སོགས་གངས་ཅན་གྱི་ལྗོངས་ན་དར་རོ་ཅོག་གི་ཐུགས་རྗེ་ཆེན་པོའི་ཆོས་སྐོར་དུ་མ་ཞིག་དགོངས་པའི་ཕོག་གཅིག་པ་ལས། སྤྲེའུ་དང་བྲག་སྲིན་མོ་ལྷན་

ཅིག་ཏུ་འདུས་པའི་ཕྲུ་གུ་གདོང་དམར་ཤ་ཟན་གྱི་རིགས་སུ་བཤད་ཅེས་གསུངས་པས་ངེས་ཐུབ་པ་ཡིན།

གོང་གསལ་གྱི་བཤད་པ་དེ་རིགས་ཀྱི་ལུགས་སུ་བྱས་ན། ཡོངས་གྲགས་གནས་བརྟན་སྡེ་པའི་ལུགས་ཀྱི་སྟོན་པའི་འདས་ལོ་ཉིས་སྟོང་ལྔ་བརྒྱ་ལྷག་ཙམ་གྱི་གོང་། སངས་རྒྱས་ཤཱཀྱའི་རྒྱལ་པོ་ཞལ་བཞུགས་པའི་དུས་དེར་བོད་གངས་ཅན་གྱི་ལྗོངས་སུ་ད་དུང་མིའི་འགྲོ་བ་མེད་པ་དང་རྗེས་སུ་སྤྲེལ་སྒོམ་བྱང་ཆུབ་སེམས་དཔའ་དང་བྲག་སྲིན་མོ་འདུས་པ་ལས་མིའི་འགྲོ་བ་གཞི་ནས་ཆགས་པར་བཤད་པ་དེ་ནི་མངོན་སུམ་གྱི་རིག་པ་དང་འགལ་བ་ཞིག་རེད། ཚུལ་དེར་ཁོ་བོས་བོད་ཀྱི་ལོ་རྒྱུས་ལས་འཕྲོས་པའི་གཏམ་ནོར་བུའི་དོ་ཤལ་[ཧྟ2ཕ9]ལས་འཇིག་རྟེན་མགོན་དེས་རིགས་ཅན་གསུམ་ལ་ཆོས་ཀྱི་འཁོར་ལོ་སྐོར་བའི་ཚེ། ཕྲུག་ན་པཛྙ་གངས་ལྗོངས་འདུལ་བར་ཞལ་གྱིས་བཞེས་གང་དྲིན་ཆེ་ཡང་། དཀར་ནག་རྒྱ་དང་ཞང་ཞུང་ཀུན་ཏུ་ཤེས་རིགས་དེ་ཙམ་རྒྱས་པའི་དུས། བོད་ཀྱི་སྤྲེལ་རྐན་ཇ་མ་མ་ཆད་རྗེས་སུ་ལུས་པ་ཅི་ཡིས་ནོངས། །ཞེས་སྨྲས་པའི་ཚིག་ཤུང་དུ་དེ་ཙམ་གྱིས་ཀྱང་ཚུལ་དང་མི་མཐུན་པའི་བཤད་པ་ཞིག་ཡིན་པ་གསལ་པོར་རྟོགས་ཐུབ།

ཚུལ་དང་མི་མཐུན་པའི་བཤད་པ་ཞེས་པ་དེ། བཀའ་ཆེམས་ཀ་ཁོལ་མ་དང་མ་ཎི་བཀའ་འབུམ་རྣམས་ལ་ནོར་བ་ཡོད་པའི་གཏམ་ཞིག་མ་རེད། དེ་ནི་བཀའ་ཆེམས་ཀ་ཁོལ་མ་དང་མ་ཎི་བཀའ་འབུམ་གྱི་དགོངས་པ་ལེན་སྟངས་མ་ནོར་བ་ཞིག་དགོས་པའི་དོན་རེད། ལོ་གྲངས་སྟོང་ཕྲག་བརྒྱལ་བའི་རིང་དཔེ་ནས་དཔེ་རུ་བཤུས་པའི་ཡིག་རྙིང་དེ་དག་ཀློག་པ་པོ་དང་། སློབ་གཉེར་བ། ལོ་རྒྱུས་ཀྱི་དགོངས་དོན་རྣལ་མར་སྦྱོང་བ་མེད་པ་དག་གིས་ཡིག་ཆ་དེ་དག་གི་དགོངས་པ་ལེན་སྟངས་ལ་ནོར་བ་བྱེད་སྲིད་པ་ཙམ་དུ་མ་ཟད་རྩ་བའི་ཡིག་ཆ་རྣམས་ལའང་དག་བཅོས་དང་། ཞུ་དག་ཡིན་རྫོལ་གྱིས་ནོར་བ་ཐེབས་སྲིད་པ་ཡིན།

རྒྱས་སྤྲོས་ཅན་གྱི་ལོ་རྒྱུས་འདི་རིགས་ཀྱི་རྩ་བའི་སྙིང་གཞི་ལ་ཡོད་པའི་སྙིང་དོན་ནི་སྟོན་པ་སངས་རྒྱས་རྒྱ་གར་དུ་སྐུ་དངོས་ཞལ་བཞུགས་ཡོད་པའི་དུས་ཤིག་ན། སྟོན་པའི་མཛོད་སྤུ་ནས་འོད་ཟེར་ཞིག་བྱང་གི་ཕྱོགས་སུ་འཕྲོས་པ་ལ། འཕགས་པ་སྤྱན་རས་གཟིགས་སམ། འགའ་ཤས་ཀྱིས་ས་ཡི་སྙིང་པོར་བཤད་པ་གང་ཅུང་གིས་དེའི་རྒྱུ་མཚན་གང་ཡིན་བཀའ་འདྲི་ཞུས་པའི་ཚེ། བཅོམ་ལྡན་འདས་ཀྱིས་མ་འོངས་པར་བྱང་ཕྱོགས་ཁ་བ་ཅན་གྱི་ཡུལ་ན་ཡོད་པའི་མཚོ་བྲི་ནས་སྟོད་ཆགས། དེར་བྱང་ཆུབ་སེམས་དཔའ་སྤྱན་རས་གཟིགས་ཁྱིད་དང་རྗེ་མོ་སྒྲོལ་མའི་སྤྲུལ་པ་སྤྲེའུ་དང་བྲག་སྲིན་མོ་གཉིས་བཤོས་པའི་རིགས་ལས་བོད་ཀྱི་མི་རྒྱུད་རིམ་གྱིས་མཆེད་དེ་བཅུད་ཆགས། སྣོད་བཅུད་ཀྱི་ཆ་རྐྱེན་ཡོངས་སུ་རྫོགས་པའི་ཚེ། ཡུལ་དེར་སངས་རྒྱས་ཀྱི་བསྟན་པ་དར་ཞིང་རྒྱས་པོར་ལུང་བསྟན་པས། འཕགས་པ་སྤྱན་རས་གཟིགས

ཀྱིས་ཀྱང་དེ་བཞིན་ཞལ་གྱིས་བཞེས་ནས་ཐུགས་བསྐྱེད་པའི་ཚུལ་ཚིག་གི་འགྲོས་མི་འདྲ་བ་དང་བཤད་སྟངས་མི་འདྲ་བ་ཅི་རིགས་པས་བསྟན་ཡོད་པ་དེ་རེད། གོང་གསལ་གྱི་རྩ་བའི་གླེང་གཞི་དེ་དག་དགོངས་དོན་མ་ནོར་བའི་ལུགས་སུ་བྱས་ན་སྟོན་པ་བཅོམ་ལྡན་འདས་རྒྱ་གར་དུ་ཞལ་བཞུགས་པའི་དུས་ཤིག་ན། སྟོན་པའི་མཛོད་སྤུ་ལས་འོད་ཟེར་ཞིག་བྱང་གི་ཕྱོགས་སུ་འཕྲོས་པ་ལ། འཕགས་པ་སྤྱན་རས་གཟིགས་ཀྱིས་དེའི་རྒྱུ་མཚན་གང་ཡིན་བཀའ་འདྲི་ཞུས་པའི་ཚེ། བཅོམ་ལྡན་འདས་ཀྱིས་གནའ་རབས་བསྐལ་པ་ཡ་ཐོག་ཏུ་བོད་ཀྱི་ཡུལ་ཁམས་དེ་གངས་དང་མཚོས་ཁེངས་ཤིང་མིའི་འགྲོ་བ་མེད་པ་ལ། བྱང་ཆུབ་སེམས་དཔའ་སྤྱན་རས་གཟིགས་ཁྱེད་དང་རྗེ་མོ་སྒྲོལ་མའི་སྤྲུལ་པ་སྤྲེའུ་དང་བྲག་སྲིན་མོ་གཉིས་བཤོས་པ་ལས་བོད་ཀྱི་མི་རྒྱུད་རྣམས་མཆེད་པ་ཡིན་སྟབས། མ་འོངས་པར་ཁ་བ་ཅན་གྱི་རྒྱལ་ཁམས་སུ་སངས་རྒྱས་ཀྱི་བསྟན་པ་དར་ཞིང་རྒྱས་པའི་རྟེན་འབྲེལ་ཡོད་པ་དང་། ལྷག་པར་དུ་འཕགས་པ་སྤྱན་རས་གཟིགས་ཀྱི་གདུལ་ཞིང་དུ་འགྱུར་བར་ལུང་བསྟན་པའི་དོན་དེ་འདྲ་ཞིག་ངེས་པར་དུ་ཡིན་དགོས་ཞིང་། དགོངས་པ་ལེན་སྟངས་མ་ནོར་བ་དེ་འདྲ་ཞིག་བྱུང་ན་ལོ་རྒྱུས་ཀྱི་ཚུལ་དང་ཡང་མཐུན་ལ། བཀའ་འཁོལ་མ་དང་མ་ཎི་བཀའ་འབུམ་གྱི་དགོངས་པའང་དེ་ལས་མ་འདས་པ་ཡིན་སྟབས་འགལ་འདུའི་སྤྲོས་པ་ཀུན་ལས་རང་ཤུགས་སུ་གྲོལ་ཐུབ་པ་ཡིན།

གསུམ། བོད་མི“ཆང”གི་མི་རྒྱུད་ལས་མཆེད་པའི་སྐོར།

རྒྱའི་ཐང་ཡིག་གསར་རྙིང་ལས། བོད་ཀྱི་མི་རིགས་དེ“ཆང”གི་རྒྱུད་ལས་མཆེད་ཅིང་འཕེལ་བ་ཞིག་ཡིན་ཚུལ་བཤད་ཡོད་ལ། ལྟ་སྟངས་དེའི་སྐོར་ལ་ཞིབ་འཇུག་ཕྲ་ཞིབ་བྱས་པ་ཞིག་ནི“བོད་མིའི་འབྱུང་ཁུངས་ཆེ་ལོང་ཙམ་བརྗོད་པ”ཞེས་པའི་རྩོམ་ཡིག་[བོད་ལྗོངས་ཞིབ་འཇུག1985ལོའི་དུས་དེབ་དང་པོའི་ཤ5ཐ3]ལས་དེང་དུས་མཁས་པ་འགའ་ཞིག་གིས་བོད་མི་ཆང་གི་རྒྱུད་ལས་འཕེལ་བར་བཤད་པའི་གཞི་འཛིན་ས་ནི“ཧུན་ཧན་གྱི(སྤྱི་ལོ25ནས་སྤྱི་ལོ220ལོའི་བར་)དུས་སུ་ཆང་གིས་མཚོ་སྔོན་གྱི་ཡུལ་ཕྱོགས་འདི་དང་ཧན་ཡུལ་དུ་འཁྲུག་བཅོམ་གྱི་ལས་སུ་ཞུགས་པས། རྒྱའི་གོང་མ་ཧན་གྱིས་ཆང་པ་རྣམས་ལ་བཟོད་པར་དཀའ་བའི་གཉའ་གནོན་དང་སྐྱི་གཡའ་བའི་དམར་གསོད་ཀྱི་བགྱི་བ་དོན་དུ་གཉེར་བས། ཆང་པ་ཀུན་རབ་ཏུ་འཇིགས་ཏེ་ལྷོ་དང་ནུབ་ཀྱི་ཕྱོགས་སུ་བྲོས། འགའ་ཞིག་ལྷ་སའི་ཡུལ་ཕྱོགས་འདི་ལ་བྲོས་ཏེ་ཆང་གི་རྒྱུད་འཕེལ་ནས་ཐུ་རྫོད་ཅེས་བྱ་བའི་རྒྱལ་ཁམས་བཙུགས་ཞེས་པ་དེ་ཡིན་ཞིང་། རྒྱའི་ཐང་ཡིག་གསར་རྙིང་གཉིས་ཀྱང་གོང་གི་བཤད་ཚུལ་དེའི་ཚིག་རྗེས་སུ་ཞུགས་ཏེ་བོད་མི་ཆང་གི་རྒྱུད་ལས

འཕེལ་བར་བཤད་པ་དང་། དེང་དུས་མཁས་པ་འགས་བཤད་ཚུལ་དེ་ཉིད་ཚད་མར་བཟུང་ནས་ཡིག་ཚོགས་མང་དུ་སྤེལ་བ་མཐོང་ཡང་། དེ་ལྟ་བུའི་བཤད་ཚུལ་བོད་ཀྱི་ལོ་རྒྱུས་ཡིག་ཚང་དུ་གཏན་ནས་མེད་པས་ལུང་རིག་གི་དཔྱད་པ་བདེན་དོན་དང་འབྲེལ་བ་ཞིག་མེད་པར་ཞལ་ནས་གསུངས་ཚད་ལ་མངོན་པར་བསྟོད་ན་ག་ལ་འགྲིག་ཅེས་པ་ནི་ཤིན་ཏུ་དྲང་ཞིང་བདེན་དོན་མཐིལ་དུ་བཏོན་པའི་གཏམ་ཞིག་སྟེ། རྒྱའི་གོང་མ་ཧན་གྱི་དུས་སུ་བོད་ཡུལ་དབུས་གཙང་གི་ཕྱོགས་སུ་ད་དུང་མིའི་འགྲོ་བ་མེད་པར་སྨྲ་བ་ནི་དབང……པོ་རྣལ་དུ་མི་གནས་པའི་གཏམ་ལས་འོས་གཞན་མེད་ལ། དེ་འདྲའི་ལོ་རྒྱུས་ཤིག་ངེས་པར་དུ་བྱུང་ཡོད་ན་བོད་མི་རང་གིས་མི་ཤེས་པ་དང་། བོད་རང་གི་ལོ་རྒྱུས་རྣམས་སུ་ཚིག་ཟུར་ཙམ་ཡང་མི་གསལ་བ་ནི་ཧ་བ་ནས་མི་སྲིད་པ་ཞིག་རེད། ཡང་[ཤ་5ཕ་18]དུ་གཞན་ཡང་རྒྱའི་གོང་མ་ཐང་ཧན་གྱི་དུས་སུ་བོད་ཀྱི་ཡུལ་ཆ་འདི་ན་མིའི་འགྲོ་བ་ཤིན་ཏུ་མང་བ་མ་ཟད། ད་དུང་དེའི་སྔོན་དུ་བོད་ཡུལ་དུ་མིའི་འགྲོ་བ་ཡོད་པ་《འདུལ་བ་ལུང་》དང་《དུས་འཁོར་》ལས་གསུངས་ཏེ། སངས་རྒྱས་ཤཱཀྱ་ཐུབ་པའི་སྐུ་དུས་སུའང་བོད་ཡོད་ཅེས་འབྱུང་། ཞེས་པའི་བདེན་དོན་ཕྲ་ཞིང་ཕྲ་བ་ནི། དུས་རིམ་གོང་མའི་ནང་ཡ་ཐོག་ཞང་ཞུང་གི་མི་རབས་བྱུང་ཚུལ་དང་། དུས་རིམ་བར་མའི་ནང་ཡ་ཐོག་བོད་ཀྱི་མི་རབས་བཤད་པའི་སྐབས་གསལ་རྒྱས་སུ་སྤྲོས་ཡོད། ལར་ཡང་། འབར་མའི་གནའ་རབས་ཀྱི་ལོ་རྒྱུས་ཡི་གེར་བཀོད་པ་འགར་འབར་མའི་ཡ་ཐོག་གི་མི་རྒྱུད་དེ་བོད་ས་མཐོའི་རི་བོ་ནས་རོང་ཡུལ་དུ་བབས་པ་ལས་བྱུང་བར་བཤད་ཡོད་པ་དང་། དེའི་བདེན་དཔང་དུ་འབར་མའི་ཡུལ་སྐད་དུ་བོད་ཀྱི་བརྡ་རྙིང་མི་ཉུང་བ་ཞིག་ཡོད་པ་དང་། ཚིག་འགའ་ཞིག་ནི་ད་ལྟའི་དུས་སུའང་བེད་སྤྱོད་བྱེད་བཞིན་པ་དེ་དག་ལ་དཔྱད་ན་བོད་རིགས་ནི་ཆེས་རྙིང་མའི་རིགས……ཤིག་ཡིན་པ་ལས། ཧན་གོང་མའི་དུས་རབས་ཡན་མན་དུ་གསར་བྱུང་གི་མི་རིགས་ཤིག་མིན་པ་མངོན་སུམ་ཚད་གྲུབ་རེད། ཡང་[ཤ་5ཕ་26]དུ་སྤྱི་ལོ་25ལོར་རྒྱལ་སྲིད་སླར་གསོ་བྱས་མ་ཐག་གི་ཧྲུང་ཧན་གྱི་དུས་སུ་བྲོས་བྱོལ་དུ་ཕྱིན་པའི་ཆང་པ་རྣམས་དབུས་གཙང་གི་ཡུལ་ཆ་འདི་ལ་འོངས་པའི་དབང་དུ་བྱས……ནའང་། དེ་དུས་བོད་ཀྱི་ཡུལ་འདི་ན་བོད་ཀྱི་རྒྱལ་ཁམས་ཆགས་ཟིན་པ་མ་ཟད། རྒྱལ་པོ་གཉའ་ཁྲི་བཙན་པོ་ཡང་བོད་དུ་(སྤྱི་ལོའི་སྔོན་གྱི་ལོ་471ཤིང་བྱིའི་ལོར་)ཕྱིན་ནས་ཡུལ་རིང་འདས་ཟིན་པས། སྤྱི་ལོ་ཉིས་བརྒྱའི་ཡར་སྔོན་ཙམ་དུ་བྲོས་པ་དེ་དག་གིས་བོད་ཀྱི་རྒྱལ་པོའི་ཞབས་ལ་གུས་ཕྱག་བགྱིས་ཏེ་མངའ་འོག་ཏུ་ཞུགས་པ་མ་གཏོགས། ཆང་པའི་རྒྱུད་འཕེལ་ནས་ཕྱུར་རྒྱལ་ཏུས་སུ་སྒྱུར་པའི་ཐུ་ཧྥན་གྱི་རྒྱལ་ཁམས་འཛུགས་ཐབས་གཏན་ནས་མེད་པ་ཤེས་ཐུབ། རྒྱའི་གོང་མ་ཧན་གྱི་དུས་སུ་བྲོས་པའི་ཆང་པ་རྣམས་ད་ལྟའི་ཡུན་ནན་དང་། སི་ཁྲོན། ཀན་སུའུ། མཚོ་སྔོན་སོགས་ཀྱི་ཡུལ་དུ་བྲོས་ཏེ་གཞི་ཆགས་ཤིང་། ཀན་

སུའུ་ཡི་རྒྱུད་དུ་ཐོས་པའི་ཆང་པ་རྣམས་ཀྱིས་དེ་གར་ས་བཟུང་བ་དང་། གོང་མ་ཧུན་ཅིན་གྱི་རྗེས་ཏེ། སྤྱི་ལོ་384ལོར་ཆེན་རྒྱལ་རབས་བྱ་བ་ཞིག་ཀྱང་བཙུགས་ཏེ། ལོ་ངོ་སུམ་ཅུའི་རིང་ལ་སྲིད་བཟུང་། གཞན་ཡང་མཚོ་སྔོན་གྱི་ཡུལ་དུ་ཐོས་འོངས་པའི་ཆང་པ་རྣམས་བུད་མེད་ཐང་མོ་ཞེས་བྱ་བས་དབང་དུ་བཟུང······བའི་ཚོ་བ་ལ་ཕྲད་པ་དང་། དེ་དག་གིས་ཆང་པ་རྣམས་ལ་རྒོལ་བར་བརྩམས་པའི་དཔུང་གི་འཇིགས་ཟིལ་མ་བཟོད་པར་ཆང་པ་རྣམས་ཟོང་ཅུ་ཞེས་པ་ད་ལྟའི་སི་ཁྲིན་ཞིང་ཆེན་གྱི་ཟོང་ཕན་ཞེས་པའི་ཡུལ་བྱ་བའི····གནས་སུ་ཐོས་སྐད། ཡུལ་དབུས་གཙང་གི་ཕྱོགས་ཐོས་པའི་ངག་སྒྲོས་ཙམ་ཡང་མེད། དེ་ཡང་ནུབ་ཆང་བྱ་བ་དེང་གི་མཁས་པ་འགའ་ཞིག་གིས་ད་ལྟའི་དབུས་གཙང་གི་ཆ་འདི་ཁོ་ནར་ངོས་འཛིན་པའང་དོན་ལ······གནས་པར་མི་སེམས་ཏེ། ཧུང་ཧན་གྱི་དུས་སུ་ད་ལྟའི་མཚོ་སྔོན་དང་། ཀན་སུའུ་ཞེས་བྱ་བའི་ཡུལ་ཕྱོགས་འདི་ལ་ནུབ་ཏུ་འབོད་པ་བདེན་ཡང་། ནུབ་ཆང་བྱ་བ་དབུས་གཙང་གི་ཡུལ་ལ་འབོད་པ་མིན། རྒྱུ་མཚན་ཅི་ཡོད་ཅེ་ན། དེ་དུས་ཆང་རོང་བྱ་བ་ལ་ནུབ་ཆང་དུ་འབོད་ཅིང་། ནུབ་ཆང་ལ་སྐབས་འགར་ཞེས་རོང་དང་། རོང་ཞེས་ཀྱང་གྲགས་པས། ནུབ་ཆང་བྱ་བ་དེ་ཉིད་ཆང་རོང་ཡིན་པའི་ཕྱིར། ནུབ་ཆང་ནི་བོད་ཡུལ་ལ་ཟེར་བ་ཡིན་པའི་འདོད་ཚུལ་དང་། བོད་མི་ཆང་པའི་རྒྱུད་ལས་འཕེལ་བར་འདོད་པ་དེ་ཡང་ཕྱོགས་སུ་ལྷུང་བའི་འཁྲུལ་སྣང་ཞིག་ཡིན་པས་ཚད་མར་གཟུང་བར་མི་བྱའོ། །ཞེས་དབུས་གཙང་གི་མི་རྒྱུད་ཀྱི་རུས་ཁུངས་ཆང་མ་ཡིན་པ་གསལ་བར་བསྟན་པ་དང་། “ཆང”ཞེས་བྱ་བའི་བརྡ་སྐད་འདིའི་དངོས་དོན་ནི“བྱང”ཞེས་པ་སྟེ། “མི་ཉག་གི་སྐོར་རགས་ཙམ་གླེང་བ”ཞེས་པའི་རྩོམ་ཡིག་[བོད་ལྗོངས་ཞིབ་འཇུག1986ལོའི་དུས་དེབ་གསུམ་པའི་ཤ5ཕ21]ལས་དེ་ཡང་བོད་ཀྱི་རྒྱུད་ལས་ཆད་པའི་ཚོ་བ་རྣམས····ལ་ནང་གསེས་ཀྱིས་དབྱེ་ན་གཙོ་ཆེ་བ་གསུམ་ཡོད་དེ། བོད་དང་བྱང་། སྟོ་གསུམ་ཡིན། བོད་ཀྱི་བྱང་ཕྱོགས་སུ་ཡོད་པའི་ཚོ་བ་ཁག་ལ་བོད་མིས་བྱང་པ་ཟེར་ཞིང་། སྟོ་ཕྱོགས་སུ་ཡོད་པའི་ཚོ་བ་ཁག་ལ་སྟོ་པ་ཟེར་བ་དང་། བྱང་པ་དང་སྟོ་པའི་ཚོ་བ་ཁག་གིས་རང་རང་གི་ཚོ་བ་ལ་བྱང་དང་སྟོ་རུ་མི་འབོད་པར་རང་མི་ཁོ་ནར་འབོད་པར་གྲགས། དེ་ལས“བྱང”ཞེས་པ་དེ་དབུས་གཙང་པ་རྣམས་ཀྱིས“ཆང”དང་སྒྲ་འདྲ་བར་གློག་པའི་དབང་གིས་རྒྱ་ནག་པ་རྣམས་ཀྱིས“ཆང”ཞེས་པའི་སྒྲ་འདི་གཙོར་བཟུང་ནས་ལོ་རྒྱུས་དེབ་ཐེར་དུ་བཀོད་ཀྱང་། དོན་ལ“བྱང”ཞེས་པ་འདི་ཡིན། ཞེས“ཆང”ཞེས་པ་དང“བྱང”ཞེས་པའི་བརྡ་སྐད་འདི་གཉིས་དོན་གཅིག་ཏུ་བསྟན་ལ། དེ་དང་ཕྱོགས་འདྲ་བ“རོང”ཞེས་པ་དང“སྟོ”ཞེས་པའི་བརྡ་སྐད་འདི་གཉིས་ཀྱང་ཚིག་གི་རྗོད་སྟངས་མི་འདྲ་ནའང་དོན་གྱི་གནད་གཅིག་ཏུ་འབྱུང་བ་ནི་ཤེས་སླ་བ······ཡིན།

ཡང་"བྱང་"དང་"རོང་"གི་ཐ་སྙད་འདི་གཉིས་ཀྱི་སྐོར་ཡང་"བྱང་གི་འབྱུང་ཁུངས་ལ་དཔྱད་པའི་ཐོག་མའི་བསམ་ཚུལ་"ཞེས་པའི་རྩོམ་ཡིག་[བོད་ལྗོངས་ཞིབ་འཇུག་1986ལོའི་དུས་དེབ་གཉིས་པའི་ཤ་69ཕ་4]ལས་"བྱང་"དང་"རོང་"གི་ཐ་སྙད་འདི་གནའ་བོའི་རྒྱའི་ཧྲང་ཀྲིའུ་དུས་སྐབས་ནས་བྱུང་ཞིང་། ཐ་ན་རྒྱ་ནག་པའི་ཐུས་བཀོས་ཡི་གེར་ཡང་"བྱང་"ཞེས་བཀོད་ཡོད་པས། བྱང་དང་རོང་གི་གདུང་བརྒྱུད་ཐ་དད་པའི་མིང་གཉིས་སུ་འདོད་པ་ཡིན་ནམ་ཞེ་ན་མིན་ཏེ། 《ཏན་ཡིག་》ལས་བྱང་ནི་ནུབ་རོང་གི་ཐ་མལ་བ་ཞིག་ཡིན་ཞེས་པ་དང་། སྐུ་ཞབས་ཀུན་ཙས་ཀང་གིས"ནུབ་ཕྱོགས་ཀྱི'བྱང་'དང་'རོང་'ནི་སྤྱི་ལ་ཁྱབ་པའི་མིང་ཡིན"ཞེས་པ་དང་། 《སྟག་བྱང་ལ་བཀོད་པའི་ལོ་ཚིགས་》ལས་ཁྲིན་ཆིའུ་དང་ཀྲུན་ཀྲའི་(དུས་རབས་གསུམ་པ་)དུས་ནི་ནུབ་རོང་གིས་ཟེར་བུན་ཆེས་ཆེར་སྤྲོང་བའི་སྐབས་ཡིན་པས། ནུབ་ཕྱོགས་ཀྱི་དཔུང་དང་རོང་ཕན་ཚུན་འཛོམས་པར་བརྟེན་ནས་བྱང་དང་རོང་ལ"ནུབ་རོང་"ཞེས་བྱ་བར་གྲགས་ཞེས་འབྱུང་བ་དག་གིས་བྱང་དང་རོང་ནི་གདུང་རྒྱུད་གཅིག་གི་མིང་ཡིན་པའམ། ཡང་ན་མི་རིགས་གཅིག་གི་མིང་གི་རྣམ་གྲངས་ཉིད་དུ་ངེས་པར་ཟླ་མེད་པའི་བདེན་དཔང་བྱས་ཞེས་པས། "བྱང་"དང་"རོང་"གི་ཐ་སྙད་སོ་སོར་ཡོད་ནའང་དོན་དུ་མི་རིགས་གཅིག་གི་ཐ་སྙད་མི་འདྲ་བ་ཙམ་ཡིན་པ་གསལ་བར་བསྟན་པ་དང་ཡང་[ཤ69ཕ21]དུ་རོང་ཞེས་པའི་མིང་དེ་ཡང་ལོ་མང་ཙམ་འདས་རྗེས་རིམ་བཞིན་ཁྱབ་ཇི་ཆུང་དུ་སོང་ནས་བྱང་དང་དེད་བྱང་ཞེས་པ་གྲགས་ཆེ་བར་གྱུར། བྱང་དང་དེད་བྱང་ནི་གནའ་དུས་སུ་རོང་གི་ཁོངས་སུ་གཏོགས་པའི་ཚོ་ཁག་གཅིག་གི་མིང་ཡིན་ལ། དུས་ཕྱིས་བྱང་གི་ཚོ་ཁག་དེའི་མངའ་ཐང་དར་བའི་རྩེ་མོར་སོན་ཞིང་། དུས་རྟག་ཏུ་རྒྱ་ནག་པ་དང་འཐབ་ཅིང་རྒོལ་བར་ཞུགས་པས"བྱང་"གི་ཚོ་ཁག་གི་མིང་རྒྱའི་ཡུལ་དུ་རིམ་མེད་དུ་ཁྱབ་པའི་ཚེ། "བྱང་"ཞེས་པ་ལོ་རྒྱུས་སུ་བཀོད་པར་ངེས་ལ། དེ་དང་འདྲ་བ་དཔེར་ན་ཙལ་ལིང་གཙང་སྟོད་སྤྲུལ་ལུང་གཙང་པོའི་རྒྱུད་ཀྱི་དེད་བྱང་ལ་ཏན་ཐོག་མའི་དུས་སུ་བོད་མི་བྱང་ཟེར་ཞིང་། རྗེན་ནུབ་མའི་སྐབས་སུ་སླེབས་པའི་ཚེ་དེ་ལ་བོད་མིའི་དེད་དུ་འབོད། རྒྱའི་ཡི་གེར"པེ་མ"ཞེས་པའི་སྒྲ་དང་འདྲ་བའི་ཡི་གེ་འཁོད་པ་དེ་དོན་ལ"བོད་མི"ཞེས་པ་ཕར་རྒྱ་ནག་པའི་སྐད་དུ་ཟུར་ཆག་པ་དང་། ལྷ་སའི་སྐད་དུ་བོད་མི་ཞེས་པའི་སྒྲ་དེ་ཨ་མདོའི་སྐད་དུ་བོད་མིས་ཞེས་བརྗོད་པ་དང་སྒྲ་འདྲ་བར་བསླུག་པ་ལས་ཀྱང་ཤེས་ཐུབ། ཅེས་དང་། བྱང་ཞེས་པའི་ཐ་སྙད་དེ་རྒྱ་ནག་པ་རྣམས་ལ་ཇི་ལྟར་གྲགས་པའི་ཚུལ་ཡང་[ཤ78ཕ7]དུ《ཆིན་རྒྱལ་རབས་ཀྱི་ལོ་རྒྱུས་བརྗོད་པ་》ལས་བོད་ནི་བོད་ལྗོངས་དང་མཚོ་སྔོན། སི་ཁྲོན། ཀན་སུའུ། ཡུན་ནན་བཅས་སུ་སྡོད་ཅིང་། དེ་ལ་བྱང་རིགས་དང་སྟོ་རིགས་ཕྱིས་ཡོད། "བྱང་"ནི་བོད་སྐད་དུ"བྱང་ངོས་ཀྱི་ཚ་བ"ཞེས་པའི་དོན་ཡིན་ཞིང་། "སྟོ"ནི་བོད་

སྐད་དུ“ལྷོ་ཕྱོགས་ཀྱི་ཚོ་བ”ཞེས་པའི་དོན་ཡིན་ཞེས་བཀོད་པ་ལྟར་བྱང་ནི་བོད་ཀྱི་བྱང་ཕྱོགས་ཀྱི་ཚོ་ཁག་གཅིག་གི་མིང་ཡིན་པ་རྟོགས་ཐུབ་སྟེ། རོང་དང་བྱང་གཉིས་གདུང་རྒྱུད་གཅིག་ལས་གྱེས་པའི་ཚོ་ཁག་གི་མིང་ཡིན་པ་ལས། མི་རིགས་ཐ་དད་པའི་མིང་མིན། ཞེས་དངོས་དོན་དུ་བྱང་དང་ལྷོའི་ཐ་སྙད་དེ་དག་བོད་རིགས་ཚོ་ཁག་འགའི་མིང་ཡིན་པ་རྒྱ་ནག་རང་དབང་སྟོན་དུས་ནས་གྲགས་ཡོད་པའི་ཚུལ་གསལ་པོར་བསྟན་པ་དང་ཡང་[ཤ79བ4]དུ་བོད་ཀྱི་རྒྱལ་པོ་སྤྱིའི་ཐོག་མ་གཉའ་ཁྲི་བཙན་པོ་བོད་ཀ་གཡག་དྲུག་གི་རྗེར་གཤེགས་རྗེས། རྒྱལ་ཕྲན་དེའི་མིང་ལ་བོད་དུ་གྲགས་ཤིང་། དུས་ཕྱིས་སུ་བོད་ཀྱི་ས་དང་མི་སྡེ་མཐའ་དག་རྒྱལ་པོ་དེའི་གདུང་རྒྱུད་ཀྱིས་དབང་འོག་ཏུ་བཙུག་པའི་ཚེ“བོད”ཅེས་པ་འདི་མཐར་གྱིས་ཡུལ་སྤྱིའི་མིང་ལ་འཇུགས་པས། རོང་དང་བྱང་ཡང་བོད་ཅེས་བྱ་བའི་རྒྱལ་ཁམས་ནང་གི་ཚོ་ཁག་འགའ་དང་ཡང་ན་མི་སྡེ་འགའ་ཞིག་གི་མིང་དུ་གྱུར་པ་སོགས་རིམ་བཞིན་ཁྱབ་ཆུང་བར་གྱུར། བོད་ཅེས་བྱ་བའི་ཐ་སྙད་འདི་མ་བྱུང་གོང་ལ་རང་རེའི་ཡུལ་འདིའི་མིང་ལ་རོང་དང་བྱང་ཞེས་པར་འབོད་ཅིང་། བོད་ཅེས་པའི་མིང་འདི་ཡུལ་སྤྱིའི་མིང་ལ་འཇུགས་པའི་ཚེ་ན། རོང་དང་བྱང་ཡང་རིམ་བཞིན་རྣ་ཐོས་ཙམ་དུ་གྱུར་པར་བརྟེན། རྒྱ་ནག་པ་རྣམས་ཀྱིས་མི་རིགས་གཞན་ཞིག་ལ་ངོས་བཟུང་། དེའི་ཕྱིར་དེང་སང“བྱང”ཞེས་པ་འདི་བོད་ལས་ལོགས་སུ་བཀར་ནས་མི་རིགས་གཞན་པ་ཞིག་ཏུ་དབྱེ་བ་ནི་ལོ་རྒྱུས་དངོས་དང་འགལ་བ……ཞིག་ཡིན་པ་རིག་པའི་རྩལ་གྱིས་དཔྱད་ན་གསལ་པོར་རྟོགས་ཐུབ། དེ་དང་རིགས་འདྲ་བ་ད་དུང་འཇང་དང་ལྷོ་པ། མོན་པ། ཤར་པ། སྟེང་པ་སོགས་ཡོད་ཅིང། དེ་རྣམས་ལོ་རྒྱུས་གཞིར་བཞག་གི་སྟེང་ནས་བཤད་ན་བོད་རིགས་ཡིན་མོད། འོན་ཀྱང་དེང་སང་མི་རིགས་གཞན་ཞིག་ཏུ་དབྱེ་བ་ནི་ངོ་མཚར་བ་ཞིག་སྟེ། དེ་ལྟར་ན་རྗེས་སུ་ཁམས་པ་དང་། ཨ་མདོ་བ། གཙང་བ། དབུས་པ། རྟེ་པ། ལྷ་ས་བ་སོགས་ཀྱང་མི་རིགས་གཞན་པ་ཞིག་ཏུ་དབྱེ་རྒྱུར་གདོན་མི་ཟ། གང་ལགས་ཤེ་ན། ལྷོ་པ་དང་མོན་པ། ཤར་པ། སྟེང་པ་སོགས་ཀྱང་གོང་གི་མིང་དེ་དང་མཚུངས་ཤིང་། ལྷོ་པ་ནི་ལྷོ་ཕྱོགས་སུ་ཡོད་པའི་བོད་མི་དང་མོན་པ་ནི་མོན་ཡུལ་དུ་ཡོད་པའི་བོད་མི་ཡིན། ཤར་པ་ནི་ཤར་ཕྱོགས་སུ་ཡོད་པའི་བོད་མི་ཡིན། སྟེང་པ་ནི་སྟོད་ཕྱོགས་སུ་ཡོད་པའི་བོད་མི་ཡིན་པ་དེ་ལྟར་ནའང་། དེང་སང་མི་རིགས་གཞན་ཞིག་ཏུ་དབྱེ་བ་ནི་གཞི་གང་ལ་བརྟེན་པ་ཡིན་ནོ་ཞེས་འདྲི་ཚིག་ཅིག་འཕེན་པར་འདོད་དོ། །ཞེས་བཤད་པ་དེ་དག་ནི་དྲང་ཞིང་མཛངས་པའི་མཁས་པ་བློ་གྲོས་དང་ལྡན་པའི་ལེགས་བཤད་དུ་གོ་ཞིང་། ཕོ་བོ་ནི་གཏམ་དེ་དག་ལ་བརྒྱ་ཆའི་བརྒྱའི་མོས་མཐུན་ཡོད་ངེས་ཡིན། གང་ལགས་ཤེ་ན། ང་ཚོའི་བློ་ངོར་གསལ་བཞིན་པ་ནི་འདས་པའི་དུས་རིམ་རྣམས་སུ་བོད་ཙམ་དུ་མ་ཟད་འཛམ་གླིང་གི་མི་རིགས་གང་སུའང་ཟུང་བ་དེ་དག་ལ། གནས་

དུས་ཀྱི་ཆ་རྐྱེན་མི་འདྲ་བ་དུ་མའི་འོག བར་སྐབས་ཀྱི་གནས་ཚུལ་ཅི་རིགས་ཤིག་བྱུང་སྟོང་བ་ལྟར། བོད་ལའང་རང་བཞིན་དེ་ལས་མི་འདའ་བའི་གནས་ཚུལ་ཅི་རིགས་ཤིག་བྱུང་སྟོང་ཡོད་པ་ནི་བཤད་མ་དགོས……པ་རེད། དཔེར་ན་དུས་རིམ་གོང་མའི་ནང་གཙོ་ཆེར་ཞང་ཞུང་གི་ལོ་རྒྱུས་ཡོངས་སུ་གྲགས་པ་ལས། སྐབས་དེར་རོང་དང་བྲུང་གི་གནས་སྟངས་ཇི་ལྟར་བྱུང་ཡོད་པ་ཤིན་ཏུ་རྟོགས་དཀའ་ཞིང་། དུས་དེར་གྲགས་པ་ནི་ཕལ་ཆེར་སུམ་པ་དང་འ་ཞའི་མངའ་སྡེ་དེ་ཙམ་དུ་ཟད་ལ། དུས་རིམ་བར་མའི་ནང་ཞང་ཞུང་དང་བོད་གཉིས་སུ་གྱེས་ཤིང་། བོད་ཀྱིས་རིམ་བཞིན་སྟར་དུས་སུ་གྲགས་ཆེ་བའི་རྒྱལ་ཕྲན་བཅུ་གཉིས་དང་། སིལ་མ་བཞི་བཅུ་ཞེས་པ་དེ་རིགས་རིམ་གྱིས་དབང་བྱས་ནས། "བོད"ཅེས་པའི་རྒྱལ་ཁབ་གསར་པ་ཞིག་གི་དབུ་བརྙེས་པ་དང་། དུས་རིམ་ཐ་མའི་ནང་རོང་དང་བྲུང་སོགས་བོད་རིགས་གང་དུ་གནས་ཆགས་པའི་མི་སྡེ་ཡོངས་རྫོགས་བོད་ཀྱི་མངའ་ཁོངས་སུ་གཏོགས་པ་ལྟ་ཅི། ཤིན་ཅང་གི་ཡུལ་ཁམས་སོགས་བོད་རིགས་ལས་ཐ་དད་པའི་མངའ་སྡེ་མང་པོ་ཞིག་ཀྱང་བོད་ཀྱི་འབངས་སུ་ཚུད་པས་མཚོན་བོད་ཀྱི་སྲིད་དབང་རྒྱ……སྐྱེད་ཀྱི་དུས་སྐབས་ཀྱང་བྱུང་སྟོང་ཡོད་པ་ལོ་རྒྱུས་ཀྱི་དཔེ་རྙིང་དུ་མས་གསལ་བར་བསྟན་པ་དེ་རེད། དེ་ལྟར་ནའང་བོད་རྒྱལ་པོའི་མངའ་དབང་སིལ་བུར་འཐོར་བ་ནས་བཟུང་། བོད་ཀྱི་མངའ་སྡེ་བོད་རིགས་ཡིན་པ་དུ་མ་ཞིག་ཁ་བྲལ་དུ་གནས་ཤིང་། བོད་ཀྱི་མངའ་ཁོངས་དེ་ས་རྒྱ་ཆེ་ཞིང་འགྲོ་འགྲུལ་བྱེད་དཀའ་བ་ཞིག་ཡིན་པར་བརྟེན། བོད་མི་ཕན་ཚུན་འབྲེལ་ཟམ་གྱི་རྒྱུན་དེ་ཇེ་ཉུང་དང་ཇེ་ཞན་དུ་ཕྱིན་འདུག་མོད། བོད་རིགས་གང་དུ་གནས་ཆགས་པའི་མངའ་ཁོངས་ལ་ཕལ་མོ་ཆེའི་བོད་མི་རྣམས་ད་ལྟའི་དུས་འདིར་སྐད་ཡིག་གི་ཐོག་ཕན་ཚུན་གོ་བརྡ་འཕྲོད་ཐུབ་ཏུ་ཡོད་པ་འདི་ནི་བོད་མི་རྣམས་ལ་གཅིག་གྱུར་གི་ཆོས་དང་དེ……འབྲེལ་གྱི་ཤེས་བྱའི་གནས་རིན་ཐང་ལས་འདས་པ་ཞིག་ཡོད་པ་དེ་དག་གི་བཀའ་དྲིན་ཡིན་པ་ནི་སྨོས་མ……དགོས། འོན་ཀྱང་ལུང་པའི་ཆགས་སྟངས་ལ་ལྟོས་པའི་ས་གནས་འགའ་ཞིག་ནི། ལོ་གྲངས་བརྒྱ་ཕྲག་དུ་མའི་རིང་བོད་མི་ཁྱིངས་དང་འབྲེལ་བ་དེ་ཙམ་བྱུང་བར་གནས་ཤིང་། སྐད་ཀྱང་གཙོ་ཆེར་ཡུལ་དེའི་ཕལ་སྐད་ཁོ་ནར་བེད་སྤྱོད་བྱས་པར་བརྟེན། རིམ་གྱིས་རིན་ཐང་གཞལ་དུ་མེད་པའི་མི་རིགས་རང་གི་ཤེས་རིག་ལོ་རྒྱུས་དང་བཅས་པའི་སྐོར་ལ་རྫོངས་པར་གྱུར་ཅིང་། ཕྱིས་སུ་མི་རིགས་གཞན་ཞིག་ཏུ་ངོས་བཟུང་བ་དང་། དེ་ཡང་ཐ་ན་ཡི་གེ་ཙམ་ཡང་མེད་པའི་རྗེས་ལུས་གནའ་མིའི་རང་བཞིན་ཅན་གྱི་མི་རིགས་ཤིག་ཏུ་ངོས་བཟུང་བའི་གནས་ཚུལ་ཉམ་ཐག་པ་འདི་དག་བྱུང་ཡོད་པ་དང་། བོད་ཀྱི་ནུབ་མཐའ་གནའ་དུས་སུ་ཞང་ཞུང་ཕུག་པར་གྲགས་པའི་མངའ་སྡེ་མང་ཞིག་ནི་བར་སྐབས་སུ་ཁ་ཆེས་དབང་བྱས་ཤིང་། གནའ་བོའི་བོན་ལུགས་དང་དེ་རྗེས་སུ་དར་བའི་ཆོས་ལུགས་གཉིས་ཀ་རྩ་བ་ནས་བཅོམ་སྟེ། ཁ་ཆེའི་ཡི་གེ་དང་

ཆོས་ལུགས་ཀྱིས་མངའ་དབང་བསྒྱུར་བའི་གཞི་རྩའི་འོག བོད་མི་ཡི་བྱིངས་དང་ཡང་འབྲེལ་ཟམ་གྱི་རྒྱུན་ཆད་ནས་ལོ་གྲངས་བརྒྱ་ཕྲག་དུ་མ་ཞིག་བརྒལ་ཟིན་པར་བརྟེན། དེང་དུས་སུ་བོད་རིགས་ལས་གཞན་པའི་མི་རིགས་སུ་གྱུར་ཡོད་པར་མ་ཟད། གནའ་བོའི་བོད་ཀྱི་མངའ་སྡེར་གཏོགས་པའི་བོད་ཀྱི་ནུབ་མཐའི་བོད་རིགས་མང་པོ་ཞིག་ནི། དེང་དུས་སུ་ཨུ་རུ་སུ་དང་གནའ་བོའི་ཨོ་རྒྱན་གྱི་ཡུལ་ཨབ་ཧྥན་དང་པ་ཀྱི་སྟན་རྣམས་ཀྱི་མངའ་སྡེར་གཏོགས་པའི་མི་རིགས་འགར་གྱུར་པའི་འཕོ་འགྱུར་བློ་ལས་འདས་པ་འདི་འདྲ་བའང་བྱུང་འདུག

མི་རིགས་སུ་དབྱེ་འབྱེད་བྱེད་པོ་རྣམས་ནས་མི་རིགས་ཀྱི་ཐོབ་ཐང་ལ་བརྩི་སྲུང་བྱེད་པའི་གཞི་རྩའི་འོག་མི་རིགས་སུ་ངོ་ཤེས་ཤིང་མི་རིགས་ཀྱི་གྲངས་སུ་འཛུག་པར་བཤད་པ་དེ་ལ། ཕྱོགས་གཅིག་ནས་བལྟས་ན་ཚུལ་དང་མཐུན་ཞིང་དགེ་མཚན་དང་ལྡན་པ་ཞིག་ཡིན་པ་སྟེ། གནའ་དུས་ནས་བྱུང་བའི་མི་རིགས་དངོས་བདེན་ཞིག་ཡིན་ཕྱིན་མི་རིགས་རང་གི་ཤེས་རིག་དང་ལོ་རྒྱུས་ཀྱི་རྨང་གཞི་ངེས་ཅན་རེ་མེད་པ་རྩ་བ་ནས་མེད་པས། རྣམ་པ་རྒྱ་ཆེ་ཆུང་དང་དར་རྒྱས་བྱུང་མྱོང་མིན་ལ་མ་ལྟོས་པའི་མི་རིགས་རང་གི་ཤེས་ཡོན་ལོ་རྒྱུས་དང་བཅས་པ་ཆ་ཚང་བ་ཞིག་ཡོད་པ་དེ་རིགས་ལ"མི་རིགས"ཞེས་པའི་ཐ་སྙད་ཀྱི་གདགས་གཞིར་ངོས་འཛིན་དགོས་པ་ཡིན་སྟབས། གནས་ཚུལ་དེ་ལྟར་གྱི་མི་རིགས་གང་སུའང་རུང་བ་དེ་དག་མི་རིགས་སུ་ངོ་ཤེས་ཤིང་། དེ་དག་གི་ཤེས་རིག་དང་ལོ་རྒྱུས་བཅས་པར་བརྩི་སྲུང་གི་སྒོ་ནས་ཉམས་པ་རྣམས་རང་སོར་ཆུད་པ་དང་། མ་ཉམས་པ་རྣམས་དར་རྒྱས་གོང་འཕེལ་དུ་གཏོང་བ་ནི་ཚུལ་དང་ཡོངས་སུ་མཐུན་ཞིང་དགེ་མཚན་བླ་ན་མེད་པ་དང་ལྡན་པ་ཞིག་ཡིན་ངེས།

ཕྱོགས་གཅིག་ནས་བལྟས་ན་ཚུལ་དང་མི་མཐུན་ཞིང་དགེ་མཚན་དང་མི་ལྡན་པ་ཞིག་སྟེ། ལོ་གྲངས་བརྒྱ་ཕྲག་འགའི་རིང་རྩ་བའི་མི་རིགས་དང་ཁ་བྲལ་དུ་སོང་ནས་འབྲེལ་ཟམ་རྩ་བ་ནས་ཆད་པ་ཞང་ཞུང་ཕྱུག་པའི་མི་སྡེ་ལྟ་བུའམ། འབྲེལ་ཟམ་དེ་ཙམ་མེད་པའི་རྐྱེན་གྱིས་མི་རིགས་སྔོངས་པར་གྱུར་པ། སྟོ་པ་དང་མོན་པ། ཤར་པ། སྡེང་པ་ལྟ་བུ་དེ་དག་ལ་མི་རིགས་ཀྱི་ཐོབ་ཐང་ལ་བརྩི་སྲུང་ཡིན་ཟོལ་གྱིས་རྩ་བའི་བོད་རིགས་ལས་གཞན་པའི་མི་རིགས་ཤིག་ཏུ་ངོས་བཟུང་ཞིང་། ལོ་གྲངས་སུམ་སྟོང་དགུ་བརྒྱ་ལྷག་གི་ལོ་རྒྱུས་དང་ལྡན་པའི་མི་རིགས་རང་གི་ཤེས་རིག་ལས་ཕྱི་ཕྱོགས་ནས་ཐ་ན་ཡི་གེ་ཙམ་ཡང་མེད་པའི་མི་རིགས་ད་ལྟའི་དུས་རབས་ཀྱི་གནའ་མི་རྗེས་ལུས་ཀྱི་རང་བཞིན་ཅན་ཞིག་ཏུ་ངོས་འཛིན་པ་ནི་ཚུལ་དང་ཡོངས་སུ་མི་མཐུན་ཞིང་དགེ་མཚན་གང་དང་ཡང་མི་ལྡན་པར་མ་ཟད། ཕྱིས་འབྱུང་སྲུང་ལུགས་དེ་མུ་མཐུད་ནས་མི་གྲངས་ཉུང་བའི་མི་རིགས་རྣམས་རྩ་རླག་འབྱུང་བའི་ཉེན་ཁ་ཅན་ཞིག་ཡིན་པའང་ཤེས་ཐུབ་པ་ཡིན།

ས་བཅད་གཉིས་པ། ཡ་ཐོག་བོད་ཀྱི་བོན་རབས་ལ་ངོས་འཛིན་ཚུལ།

བོད་འདིར་ལོ་རྒྱུས་ཀྱི་ཐོག་ཏུ་བན་དེའི་ལྟ་ཕྱོགས་གསར་པ་ཞིག་བྱུང་བ་ནས་བཟུང་། ཡ་ཐོག་བོད་ཀྱི་བོན་རབས་བྱུང་བའི་སྐོར་ལ་བཤད་སྟངས་སྣ་ཚོགས་མང་པོ་ཞིག་བྱུང་ཡོད།

གཅིག རྫོལ་བོན་དང་འཁྱར་བོན། བསྒྱུར་བོན་སོགས་ཀྱི་སྐོར།

འཇིག་རྟེན་མགོན་པོའི་གསུང་བཞི་བཅུ་པ་[པིར VOLI/291 ག་ཤ་20 ན1] ལས་བོན་ཇི་ལྟར་བྱུང་བའི་གཞུང་ལུགས་ལ་གསུམ་སྟེ། སྤྱིར་དང་པོ་བོན་ལ་གཤེན་རབ་མིའི་རྫོལ་བོན་དང་། མུ་སྟེགས་ཀྱི་གྲུབ་མཐའ་ངན་པ་འཁྱར་བའི་བོན་དང་། བསྟན་པའི་ཕྱུང་འདྲེས་བསྒྱུར་བའི་བོན་དང་གསུམ་མོ། །དེ་ལ་རྗེ་གཉའ་ཁྲི་བཙན་པོ་ནས་རྒྱལ་རབས་དྲུག་པ་ཁྲི་ལྡེ་བཙུན་པོའི་དུས་སུ་དབུས་ངམ་ཤོད་འོན་བྱ་བར་ཏུས…… གཤེན་ཡིན་པའི་བྱིས་པ་ལོ་བཅུ་གསུམ་ལོན་པ་གཅིག འདྲེས་ལོ་བཅུ་གསུམ་གྱི་བར་དུ་བོད་ཁམས་ཐམས་ཅད་དུ་ཁྲིད་ནས་ལོ་ཉི་ཤུ་རྩ་དྲུག་ལ་མིའི་ནང་དུ་ཚུད་པ་ལ། མི་མ་ཡིན་གྱི་ནུས་པས་ཡུལ་འདི་དང་འདི་ན་ལྷ་འདྲེ་འདི་དང་འདི་ལྟ་བུ་ཡོད་པས་ཕན་གནོད་འདི་དང་འདི་ལྟ་བུ་བྱེད་པས། དེ་ལ་གསོལ་མཆོད་དང་ཡས་བཏགས་གཏོང་ལུགས་ཀྱི་ཆོ་ག་བྱེད་ལུགས་ཐམས་ཅད་ཤེས་པ་ཅིག་བྱུང་། དེས་གོང་རྗེ་དཀར་པོའི་བུ་མོ་ཁྲི་ལྕམ་ཞེས་བྱ་བ་ཆུང་མར་བླངས་པ་སློབ་མས་ཕྱོགས་པས་མ་བརྟགས་ལས་ཀྱི་དགྲ་གསུམ་ལངས་ཏེ། སློབ་མ་མ་བརྟགས་ལས་ཀྱི་དགྲ་ཆུང་མ་ཕྱོགས། ཆུང་མ་མ་བརྟགས་སྲིད་ཀྱི་དགྲ་ཁ་དུམ་ལ་སོང་།〔6〕 གྲོགས་པོ་མ་བརྟགས་ལས་ཀྱི་དགྲ་བཙན་ཡ་བ་ཀྱུ་(རྐྱུ་)ཅིག་གིས་བོན་རྣན་བཏུལ། ཟ་རྣན་བཀྲལ་〔7〕 མཁར་བ་བཅག་པས། ཕོས་གཙང་བཙན་གྱི་སྲོག་སྙིང་ཤེས་པས་དེའི་མཐུ་བསྐྱབས་པས་ནུས་པ་ཐོན་པ་དང་། 。གསས་མཁར་ཤམ་པོ་ལྷ་རྩེ་ཇི་ལྟར་བརྩིགས་པ་ལ་སོགས་པ་གཙང་བཙན་གྱི་སྐྱབ་ཐབས་ཞིབ་པར་གསུང་། དེའི་རྗེས་ལ་རྒྱལ་པོ་གྲི་གུམ་བཙན་པོ། འབངས་ལོང་ངམ་ཏ་ཐི་བསད་པའི་གྲི་གཤེད་ལ་བོས་པས། ངའི་བོན་འདི་རྣམས་མང་དུ་བཤད་ཀྱང་གསུམ་དུ་འདུས་ཏེ། མར་འདྲེའི་སྲི་གནོན་པ་དང་། ཡར་རྣན་གྱི་ལྷ་མཆོད་པ་དང་། བར་ཁྱིམ་གྱི་ཐབ་འདོན་པ་དང་གསུམ་ལས་མེད་པས་གྲི་འདུལ་ངས་མི་ཤེས་ཟེར་སྐད། དེ་ལ་རྒྱུ་བོན་ཆབ་ནག་ཞེས་ཀྱང་གྲགས་ཏེ་དེ་ཐམས་ཅད་རྫོལ་བོན་ཡིན།

གཉིས་པ་མུ་སྟེགས་ཀྱི་གྲུབ་མཐའ་ངན་པ་འཁྱར་བའི་འཁྱར་བོན་ནི། བོན་གྱི་གཞུང་ལས། དང་པོ་

ཡི་མེད་སྟོང་པ་ལས། དེ་ནས་ཡི་ཡོད་ཙུང་ཙམ་སྲིད། དེ་ནས་བ་མོ་སྐྱ་ཙམ་སྲིད། ཟེར་ནས་མཐར་སྣོང་ལས་སྐྱེས་པར་འདོད་པ་དང་། ཕྱ་དང་དབང་ཕྱུག་ལ་སོགས་ཀྱིས་བྱས་པར་འདོད་པ་ནི། མུ་སྟེགས་དབང་ཕྱུག་པའི་གྲུབ་མཐའ་འགྱུར་བ་ཡིན། རྒོད་འདུར་བ་[8] ལ་སོགས་བཤིད་ཀྱི་བྱེད་ལུགས་རྣམས་དང་། གཏར་བ་ལེན་པ་[9] དང་། བྱ་སྔོས་ལྟུགས་གཙོད་པ་དང་། ལྷ་བཀའ་[10] དང་། ཧྲུ་ཧིག་དང་། སོགས་(སོག་) དམར་[11] དང་། ཏ་ལུག་གསོད་པ་རྣམས་རྟག་པར་ལྟ་བ་སྟེ། བཞི་ཀའི་གྲུབ་མཐའ་ངན་པ་འགྱུར་བ་ཡིན་ཏེ། རྒྱལ་པོ་ཁྲི་གུམ་བཙན་པོའི་ཁྲི་བཤིད་གཤེན་རབ་མི་པོས་མ་ཤེས་པས་ཁ་ཆེ་དང་། བྲུ་ཤ ཞང་ཞུང་གསུམ་ནས། བོན་པོ་གསུམ་གྱི་བཤིད་ལ་པོས་པ་ལ། གཅིག་གིས་གེ་གོད་ཕྱུང་དང་མི་ལྷ་བསྐྱབས་པ་ལ་བརྟེན་ནས། ཛ་འོན་ནས་ནམ་མཁའ་ལ་འགྲོ་བ་དང་། གཏར་པ་ལེན་པ། བྱ་སྔོས་ལྟུགས་གཙོད་པ་ལ་སོགས་ནུས་པ་ཙུང་ཟད་སྟོན་ནུས་པ། གཅིག་གིས་ཧྲུ་ཧིག་དང་། ལྷ་བཀའ། སོགས་(སོག་) དམར་ལ་སོགས་པ་མོས་ལེགས་ཉེས་ཀྱི་ཏངས་གཙོད་པ་དང་། གཅིག་གིས་གཤིན་པོ་འདུར་བ་དང་། ཁྲི་འདུལ་བ་ལ་སོགས་པ་བཤིད་ཀྱི་བྱེ་བྲག་རྣམས་ཤེས་པ་གཅིག་དང་གསུམ་འབྱུང་བ་རྒྱུ་མ་དག་པ་ལ་ཞུགས་པ་འདི་བྱུང་སྟེ། དེ་གསུམ་མ་བྱུང་ཕན་ཆད་དུ་བོན་ལྟ་བ་གྲུབ་མཐའ་མ་བསྒྱུར། དེ་ཕྱིན་བཙད་ལྷ་མཆོད་པ་དང་། སྲི་གནོན་པ་སོགས་པ་བོན་གྱི་ལྟ་བ་གཅིག་ཀྱང་བཟུང་བས། ལྷ་འདྲེ་སྲིན་མཆོད་པ་དང་། ལྟ་བ་ལོག་པའི་ལས་ཀྱི་འབྲས་བུ་རྣམ་སྨིན་སྡུག་པ་བྱུང་སྟེ། དེ་རྣམས་འགྱུར་བོན་ཡིན།

གསུམ་པ་བསྒྱུར་བོན་ལ་གསུམ་སྟེ་དུས་དང་པོ་བསྒྱུར་བ་དང་། བར་དུ་བསྒྱུར་བ། ཐ་མར་བསྒྱུར་བ་བཅས་གསུམ་མོ། །དང་པོ་ནི་པཎྜི་ཏ་ཤམ་སྟོན་ཅན་འདོད་ཆགས་ཀྱི་དབང་དུ་སོང་བ་ལ་བརྟེན་ཏེ། རྒྱལ་པོ་ཨིནྡྲ་བོདྷིའི་ཆད་པ་ཕོག་པས་ནང་བའི་བསྟན་པ་ལ་གནོད་པ་བྱ་བའི་ཆེད་དུ་ནང་པ་ལ་དགྲ་བྱེད····པའི་དྲུང་དུ་སོང་ནས། རྒྱལ་པོའི་བླ་མཆོད་བྱས། རབ་ཏུ་བྱུང་བའི་ཐེ་པ་ཙ༨ ༡ ནམ་པར་གྲོལ་བའི་འབྲས་བུ་ཐོབ་བྱ་བ་དང་། ཆོས་མང་པོ་བོན་དུ་བསྒྱུར་ནས་རྒྱལ་པོ་དེ་ལ་རྟེན་ཅིག་(ཞིག་) ཡོད་པའི་དྲུང་དུ་སྦས་ནས་བཞག མངའ་བདག་ཁྲི་སྲོང་ལྡེའུ་བཙན་གྱི་དུས་སུ། སློབ་དཔོན་པདྨ་ལ་སོགས་པའི་ལོ་པཎ་རྣམས་དང་། བློན་པོ་མགོས་རྒན་ལ་སོགས་པའི་བན་ཆོས་དགའ་བ་རྣམས་གཡས་གྲལ་མཛད། གཤེན་དྲན་པ་ནམ་མཁའ་དང་། ཁྱུང་པོ་དུན་ཙེ་ལ་སོགས་པ་བོན་པོ་རྣམས་དང་། ངན་སྟག་ར་གླུ་གོང་ལ་སོགས་པ་བོན་ལ་དགའ་བ་རྣམས་གཡོན་གྲལ་མཛད། རྒྱལ་པོས་གུང་བཀབ་ནས། རྩོད་པ་བྱེད་དུ་བཙུག་པ་ཆོས་པ་རྒྱལ། དེ་ནས་ཕྱིས་རྒྱལ་པོས་ཁྲིད་ནུས་པ་འགྲན་དང་གསུངས་པས། ངམ་སྟག་ར་གླུ་གོང་ཤི་བའི་བཤིད་ལ་ཐམས་ཅད་འཚོགས། གཤེན་དྲན་པ་ནམ་མཁས་བླ་བཀུག་པས། བློན་པོ་དངོས་སུ་ཁུགས་པ། བོན་པོ་ལ་

ཡང་མཐུ་འདི་འདྲ་ཡོད་ཅེས་རྒྱལ་པོས་སློབ་དཔོན་ལ་ཟུར་ཟ་མ་བྱས་〔12〕པས། སློབ་དཔོན་གྱིས་རྒྱལ་པོ་ལ་ཐུགས་ཆེས་སམ་ཞེས་གསུངས་པས། རྒྱལ་པོ་ན་རེ་སློན་པོ་དངོས་སུ་ཞུགས་ནས་གདའ་བ་ལ། ཤིན་ཏུ་ཡིད་ཆེས་ཞུས་པས། སློབ་དཔོན་གྱི་ཕྱག་རྒྱས་བསྣམས་ནས། དྲི་བ་བྱེད་དུ་བཅུག་པས། ལན་ཐམས་ཅད་ཇི་བཞིན་དུ་བྱུང་ཡང་། གསང་མཚན་མ་ཤེས་པས། དེའི་དུས་སུ་རྡོ་རྗེའི་ཚ་ཚྭས་ང་བསྐྲད་པས། ཆ་མེད་ཟེར་ནས་བོན་པོ་སྐྱེངས་པ་དང་། སློབ་དཔོན་གྱིས་བསྟན་པའི་ཞབས་ཏོག་ཏུ་བསྒྱུར། རྒྱལ་པོའི་ཞལ་ནས་རྩོད་པ་ཡང་ཁོང་རྒྱལ། ནུས་པ་ཡང་ཁོང་ཆེ། ཕྱི་མའི་བྱང་ཆུབ་ཀྱང་ཁྱེད་ལ་མི་འདུག་ཁོང་ལ་འདུག ད་ཐམས་ཅད་ཆོས་ལ་ཞུགས་གསུངས་ནས། རྒྱལ་བའི་བྱང་ཆུབ་ལ་ཁྱེད་ཨ་ཙརྻ་རིན་ཆེན་མཆོག་ལས་ཆོས་ཉོན་གསུངས་པས། རིན་ཆེན་མཆོག་ལས་ཆོས་ཉན་པས་རྒྱལ་བ་བྱང་ཆུབ་དཔེ་བལྟས་ན་དགའ་ཟེར་ནས་ཉན་དུ་མ་འདོད། རྒྱལ་པོས་ཆད་པ་བཅད་ནས་ཁོ་སྐྱིགས།〔13〕 ཁོ་ཁྲོས་ཏེ་བོན་དང་བསྡེབས་པས་དེ་བཞིན་གཤེགས་པའི་གསུང་རབ་འགའ་ཞིག་བོན་དུ་བསྒྱུར་ཏེ། སངས་རྒྱས་བཅོམ་ལྡན་འདས་ལ་གཤེན་རབ་མི་བོ་དང་ཆོས་ལ་བོན། ཆོས་སྐུ་ལ་བོན་སྐུ་ཡུམ་ཆེན་མོ་ཤེས་རབ་ཀྱི་ཕ་རོལ་ཏུ་ཕྱིན་མ་ལ་ཡུམ་ཆེན་མོ་ས་ཏྲི་ཨེ་སང་། ལོངས་སྐུ་ལ་ཀུན་ཏུ་བཟང་པོ། །རྣམ་པར་སྣང་མཛད་ལ་གཤེན་ལྷ་འོད་དཀར། སྤྲུལ་སྐུ་ལ་སྲིད་པ་སངས་པོ་འབུམ་ཁྲི། སངས་རྒྱས་ལ་ཡེ་གཤེན་ཏེ་ཐལ། དགྲ་བཅོམ་ལ་གཤེན་སྲས། ཤཱ་རིའི་བུ་ལ་གཏོ་བུ་འབུམ་སྲས། མོའུ་འགལ་གྱི་བུ་ལ་ཡིད་ཀྱི་ཁྱེའུ་ཆུང་། ཀུན་དགའ་བོ་ལ་རིག་པའི་ཁྱེའུ་ཆུང་། སྒྲ་གཅན་འཛིན་ལ་ཏེའུ་ཏོང་། རབ་འབྱོར་ལ་གསལ་བ་འོད་ལྡན། བྱང་ཆུབ་སེམས་དཔའ་ལ་གཡུང་དྲུང་སེམས་དཔའ། སེམས་དཔའ་བརྒྱད་ལ་བྱ་རུ་ཅན་བརྒྱད། རྫོགས་པ་ཆེན་པོ་ལ་བོན་གབ་པ། རྡོ་རྗེ་ཕུར་པ་ལ་དབལ་གྱི་ཕུར་ནག སློབ་དཔོན་འཕགས་པ་ལ་གཙུག་གཤེན་རྒྱལ་བ། སློབ་དཔོན་པདྨ་ལ་དབལ་བོན་སྟག་ལ་མེ་འབར་ལ་སོགས་པ་ཇི་ཙམ་འགྱུར་དུ་བསྒྱུར་བས། རྒྱལ་པོས་གསན་ནས། དེ་བཞིན་གཤེགས་པའི་གསུང་རབ་བོན་དུ་བསྒྱུར་བ་རྣམས་ཀྱི་སྐྱེ་ཚོད་གསུང་ནས། མང་རབ་ཀྱི་སྐྱེ་བཅད་པས། བོན་པོ་རྣམས་སྐྲག་ནས་བསྒྱུར་བ་ནི་དུས་ཕྱིས་བསྟན་པའི་མེ་རོ་མདོ་སྨད་ནས་སླངས་ཁར་གཙང་ཉང་སྟོད་ན······གཤེན་སྒུར་ཀླུ་དགའ་བྱ་བས་གཙང་ཆུ་མིག་རིང་མོའི་གོན་གཉེར་དང་ཡུན་རིང་དུ་འདྲིས་པར་བྱས་ནས། བྱ་དགའ་ཆེ་ཐང་དུ་བསྐུལ་བས། དར་ཡུལ་སྒྲོ་ལག་བྱ་བ་དབུས་ཀྱི་བོན་གནས་གཅིག་ཏུ་བསྒྱུར་ཏེ། རྒྱས་པ་ལ་ཁམས་ཆེན། ཉི་ཤུ་ལྔ་པ་ལ་ཁམས་ཆུང་། གཏན་ལ་ཕབ་པ་ལ་བོན་མདོ། །གཟུངས་སྡེ་ལྔ་ལ་ཀླུ་འབུམ་དཀར་ནག་ལ་སོགས་པར་བསྒྱུར་ནས། མཚོ་ལྔ་དྲེའུ་ཆུང་གི་བྲག་དཀར་པོ་ལ་གཏེར་དུ་སྦས་ནས། ཕྱིས་ཀྱང་ཁོང་རང་གིས་ཐོན་པ་ལྟར་བྱས་ནས་བཏོན། ཁོང་རང་ཡང་ལུས་དུམ་བུ་དང་ཚལ་པར་སོང་སྟེ།

བཀྲ་མི་ཤིས་པ་སྣ་ཚོགས་བྱུང་སྟེ་ཤི། དེ་ནས་དུས་ད་ལྟ་ཕན་ཆད་དུ་ཁྱུང་པོ་བོན་ཞིག་ལ་སོགས་པ་བོན་པོ་རྣམས་ཀྱིས་བསྒྱུར་འཕྲོ་མ་བཅད་པ་རྣམས་ཡིན་ཏེ། དེ་རྣམས་བསྒྱུར་བོན་ཡིན། བསྒྱུར་བོན་སྔ་ཕྱི་བར་གསུམ་བོན་དེ་ལ་ཆབ་དཀར་བ་ཟེར་ཏེ་འབྲས་བུའི་བོན་དུ་མིང་བཏགས། ཞེས་པར་བོན་གྱི་རིགས་ཀུན་རྫོལ་བོན་དང་འཁྱར་བོན་དང་། བསྒྱུར་བོན་གསུམ་དུ་བསྡུས་ཤིང་། དེ་ལས་རྫོལ་བོན་ཅེས་པ་དེ་བོད་རྒྱལ་གྲི་གུམ་གྱི་དུས་སུ་བྱུང་བ་དང་། འཁྱར་བོན་ཅེས་པ་དེའི་བྱུང་དུས་ཁ་གསལ་མ་བསྟན་ནའང་རྒྱ་གར་དུ་དར་ཆེ་བའི་དབང་ཕྱུག་པའི་ལུགས་འཁྱར་ནས་བྱུང་བ། བསྒྱུར་བོན་ལ་རིགས་གསུམ་དུ་བཤད་པའི་དང་པོ་དེ་པཎྜི་ཏ་ཤམ་སྔོན་ཅན་གྱིས་བསྒྱུར་བའི་བོན་ཡིན་པ་ཁ་གསལ་དུ་བསྟན་པ་དང་། གཉིས་པ་དེ་ས་བཅད་དངོས་ཀྱིས་མི་གསལ་ནའང་། དོན་དུ་རྒྱལ་བ་བྱང་ཆུབ་ལ་སོགས་པས་བསྒྱུར་བའི་བོན་དང་། གསུམ་པ་ནི་གཤེན་ཀླུ་དགའ་དང་ཁྱུང་པོ་བོན་ལ་སོགས་པས་བསྒྱུར་བའི་བོན་རྣམས་ཡིན་པ་ཁ་གསལ་དུ་བསྟན་ཡོད་པ་དེ་དག་རེད། འབྲི་གུང་སྐྱོབས་པ་འཇིག་རྟེན་མགོན་པོ་(1143—1217)ནི་སྤྱི་འཁོར་བཅོ་བརྒྱད་པའི་སྤྱི་ཕྲེང་གོང་མ་འདས་ལོ་(3060—3134)བར་དུ་ཐོན་པའི་བོད་ཀྱི་མཁས་པ་ཆེན་པོ་ཞིག་ཡིན་སྟབས། དེ་རྗེས་སུ་ཐོན་པའི་བོད་ཀྱི་ལོ་རྒྱུས་མཁན་པོ་རྣམས་ཀྱང་ཁོང་གི་རྗེས་སུ་འབྲངས་ཏེ་བོན་གྱི་རྣམ་བཞག་དེ་ལུགས་སུ་མཛད་ཡོད། ལྷག་པར་དུ་ཐུའུ་བཀྭན་གྲུབ་མཐའ་ཤེལ་གྱི་མེ་ལོང་[ཀན་ཤ 380ཕ་9]ལས་བོད་དུ་དར་བའི་བོན་ལ་འཇོལ་བོན། འཁྱར་བོན། བསྒྱུར་བོན་གསུམ་ལས། དང་པོ་ནི་གཉའ་ཁྲི་བཙན་པོ་ནས་རྒྱལ་རབས་དྲུག་པ་ཁྲི་ལྡེ་བཙན་པོའི་དུས་སུ་དབུས་སམ་ཤང་འོན་བྱ་བར་ཟུས་གཤེན་ཡིན་པའི་བྱིས་པ་ལོ་བཅུ་གསུམ་ལོན་པ་གཅིག་འདྲེས་ལོ་བཅུ་གསུམ་གྱི་བར་དུ་བོད་ཁམས་ཐམས་ཅད་དུ་ཁྲིད་ནས། ལོ་ཉི་ཤུ་རྩ་དྲུག་ལ་མིའི་ནང་དུ་ཚུད་པ་ལ་མི་མ་ཡིན་གྱི་ནུས་པས། ཡུལ་འདི་དང་འདི་ལྟ་བུ་ན་ལྷ་འདྲེ་འདི་དང་འདི་ལྟ་བུ་ཡོད་པས། ཕན་གནོད་འདི་དང་འདི་ལྟ་བུ་བྱེད། འདི་ལ་གསོལ་མཆོད་དང་ཡས་སྟགས་གཏོང་ལུགས་འདི་འདྲ་བྱས་པས་ཕན་ཟེར་བ་སྣ་ཚོགས་ཤེས་པ་བྱུང་། རྒྱལ་རབས་རྣམས་སུ་གཉའ་ཁྲི་བཙན་པོ་ནས་ཁྲི་རྗེ་ཐོག་བཙན་བར་གྱི་རྒྱལ་རབས་ཉི་ཤུ་རྩ་དྲུག་ལ་ཆབ་སྲིད་བོན་གྱིས་བསྐྱངས་ཟེར་བ་ཙམ་ལས་མ་བཤད་ཀྱང་། བོད་ཡུལ་དུ་བོན་དར་བའི་ཐོག་མ་འདི་ནས་བྱུང་བར་མངོན། འོན་ཀྱང་དེ་དུས་ཀྱི་བོན་རྣམས་ལ་མར་འདྲེ་སྲིན་གནོན་པ་དང་། ཡར་རྒན་གྱི་ལྷ་ལ་མཆོད་པ་དང་། བར་ཁྱིམ་གྱི་ཐབ་འདོན་པ་གསུམ་ཙམ་ལས། བོན་ལུགས་ཀྱི་ལྟ་བ་སོགས་ཀྱི་ཐ་སྙད་མ་བྱུང་བས། ཆོས་འབྱུང་དང་རྒྱལ་རབས་འགའ་ཞིག་ཏུ་གྲི་གུམ་བཙན་པོའི་རིང་ནས་བོན་དར་བར་བཤད་དོ། །དེ་ལ་རྒྱུའི་བོན་ཆབ་ནག་ཅེས་ཀྱང་གྲགས་སོ། །གཉིས་པ་འཁྱར་བོན་ནི་རྒྱལ་པོ་གྲི་གུམ་བཙན་པོའི་གྲི་གཤེན་བོད་ཀྱི་

བོན་པོ་རྣམས་ཀྱིས་མ་ཤེས་ནས། ཁ་ཆེ་དང་བྲུ་ཤ་དང་། ཞང་ཞུང་གསུམ་ནས་བོན་པོ་གསུམ་གྱི་ཤིད་ལ་བོས་པ་ལ། གཅིག་གིས་གེ་གོད་ཕྱུང་དང་མེ་ལྷ་བསྒྲུབས་པ་ལ་བརྟེན་ནས། རྔ་ཞོན་ནས་ནམ་མཁའ་ལ་འགྲོ་བ་དང་། གཏར་བ་ལེན་པ་དང་། བྱ་སྤྲོས་ལྕུགས་གཙོད་པ་སོགས་ཀྱི་ནུས་པ་སྟོན། གཅིག་གིས་ཇུ་ཏིག་དང་། ལྡེ་ཀ་དང་། སོག་དམར་ལ་སོགས་པ་མོ་བཏང་ནས་ལེགས་ཉེས་གཏན་ལ་འབེབས། གཅིག་གིས་གཤིན་པོ་འདུལ་བ་དང་། གྲི་འདུལ་བ་ལ་སོགས་པ་ཤིད་ཀྱི་བྱེ་བྲག་རྣམས་བྱེད། དེ་གསུམ་མ་བྱུང་བར་ཆད་དུ་བོན་ལ་ལྟ་བ་འདི་ཡིན་བྱ་བ་མེད། དེ་ཕྱིན་ཆད་ནས་བོན་གྱི་ལྟ་བ་གཅིག་ཀྱང་བཟུང་སྟེ། མུ་སྟེགས་དབང་ཕྱུག་པའི་གྲུབ་མཐའ་འགྱུར་བ་བོན་དང་འདྲེས་པ་ཡིན་སྐད། གསུམ་པ་བསྒྱུར་བོན་གསུམ་ལས་དང་པོ་བསྒྱུར་བ་ནི་པཎྜི་ཏ་ཤམ་ཐབས་སྟོན་པོ་ཅན་གྱིས་ཆོས་ཀུན་གཏེར་དུ་བཅུག་ནས་ཁོ་རང་གིས་བརྟོན་པ་བོན་དང་འདྲེས་པ་ལ་ཟེར། གཉིས་པ་བར་དུ་བསྒྱུར་བ་ནི་ཁྲི་སྲོང་ལྡེའུ་བཙན་གྱི་དུས་བོན་རྣམས་ཆོས་ལ་འཇུག་དགོས་པའི་བཀའ་ཁྲིམས་བྱས་ཏེ། རྒྱལ་བའི་བྱང་ཆུབ་ཟེར་བ་ལ་རིན་ཆེན་མཆོག་ལ་ཆོས་ཉན་བྱས་པས་ཁོ་མ་འདོད་པ་ལ་རྒྱལ་པོའི་ཁྲིམས་བཅད་པས་ཁོ་ཁྲོས་ཏེ་བོན་དང་བསྲེབས་ནས……སངས་རྒྱས་ཀྱི་གསུང་རབ་འགའ་ཞིག་བོན་དུ་བསྒྱུར། དེ་རྒྱལ་པོས་གསན་ནས། དེ་བཞིན་གཤེགས་པའི་གསུང་རབ་བོན་དུ་བསྒྱུར་བ་རྣམས་ཀྱི་ཀེ་ཆོད་གསུངས་ནས་མང་རབ་ཀྱི་ཀེ་བཅད་པས། བོན་རྣམས་སྐྲག་ནས་སྒྱུར་འཕྲོ་དང་བཅས་པ་གཏེར་དུ་སྦས་པ་རྣམས་ཕྱིས་སུ་བཏོན་པ་ལ་བོན་གཏེར་མ་ཡིན་ཟེར། གསུམ་པ་ཐ་མར་བསྒྱུར་བ་ནི་སྣང་དར་གྱིས་བསྟན་པ་བསྣུབས་རྗེས། གཙང་ཉང་སྟོད་ན་གཤེད་རྒུར་ཀླུ་དགའ་བྱ་བས། དར་ཡུལ་སྒྲོ་ལག་བྱ་བ་དབུས་ཀྱི་བོན་གནས་གཅིག་ཏུ་སངས་རྒྱས་ཀྱི་བཀའ་མང་པོ་བོན་དུ་བསྒྱུར་ཏེ། ཡུམ་རྒྱས་པ་ལ་ཁམས་ཆེན། ཉི་ཤུ་ལྔ་པ་ལ་ཁམས་ཆུང་། གཏན་ལ་དབབ་པ་ལ་བོན་མདོ། གཟུངས་སྡེ་ལྔ་ལ་ཀླུ་འབུམ་དཀར་ནག་ཅེས་བཏགས། བཛ་ཆད་དང་བརྗོད་བྱ་ཆོས་དང་མི་འདྲ་བ་སྣ་ཚོགས་བྱས་ཏེ། ཚོ་ལྷ་འབྲིའུ་ཆུང་གི་བྲག་ལ་གཏེར་དུ་སྦས། ཕྱིས་སུ་ཁོ་རང་གིས་ཐོན་པ་ལྟར་བྱས་ནས་བཏོན། དེ་རྗེས་ཕྱུང་པོ་བོན་ཞིག་ལ་སོགས་པས་ཀྱང་དེ་འདྲ་བ་མང་དུ་བསྒྱུར། བསྒྱུར་བོན་སྔ་ཕྱི་བར་གསུམ་པོ་དེ་ལ་ཆབ་དཀར་ཟེར་ཏེ་འབྲས་བུའི་བོན་ཅེས་མིང་བཏགས་སོ། །ཞེས་གསལ་བ་དེ་ཡིན་ལ། འཇིག་རྟེན་མགོན་པོའི་གསུང་བཞི་བཅུ་པ་དང་མི་འདྲ་བའི་ཁྱད་པར་ནི་ཐུའུ་བཀྭན་གྱིས་རྫོལ་བོན་ལ……འཛོལ་བོན་གྱི་ཐ་སྙད་བྱས་པ་དང་། ཁོང་གིས་ལོ་རྒྱུས་ཀྱི་ཚིག་སྣ་ཁ་ཤས་བསྡུས་ནས་བསྟན་ཡོད་པ་དེ་ཙམ་དུ་ཟད། སྟག་བྲག་ཆོས་འབྱུང་[པེ་སྐྲོད་ཤ164བ8]ལས་གཤེན་ཡུལ་བོན་མོ་ལུང་རིང་ཞེས་ཟེར་བ་དབུས་ཀྱི་འོན་དུ་ཙུས་གཤེན་གྱི་བྱིས་པ་བོང་བུའི་རྣ་བ་ཅན་བྱུང་བ་ལོ་བཅུ་གཉིས་ལོན་ཚེ་འདྲེས་ཁྲིད་ནས་

ལོ་བཅུ་གཉིས་སུ་མི་ཁྱུར་མ་ཚུད། ལོ་བཅུ་གཉིས་འདས་ནས་སོག་བྱུང་ཆེ་ཡུལ་འདི་ན་འདྲེ་འདི་ཡོད་པ། འདི་ལྟར་མཆོད། ཐམས་ཅད་ཤེས་པ་ཅིག་བྱུང་ནས་བོང་བུའི་རྣ་བ་སྒྲིབ་པའི་ཕྱིར་བལ་ཐོད་བཅིངས་ཏེ་འདྲེ་མཆོད་པའི་རྫོལ་བོན་དར། ཞེས་སྐྱབས་པ་འཇིག་རྟེན་མགོན་པོའི་གསུང་བཞི་བཅུ་པའི་དགོངས་དོན་གཞིར་བཟུང་ཞིང་གཙོ་ཆེར་རྫོལ་བོན་བརྫས་བརྙད་མོད། དངོས་དོན་དུ་འདི་དང་ཤེལ་གྱི་མེ་ལོང་ལས་བསྟན་པའི་འཇོལ་བོན་ཞེས་བྱ་བ་གཉིས་དོན་གཅིག་ཏུ་སྣང་ལ། མཁས་པའི་དགའ་སྟོན་དུ་བོང་བུའི་རྣ་བ་ཡོད་པའི་བྱིས་པ་དེ་ལོ་གྲངས་གཅིག་ཙུང་ཏུ་བཏང་ཞིང་། འདྲེའི་ཁྲོད་དུ་ལོ་གཅིག་ཙུང་ཏུ་བཏང་བ་དེ་ཙམ་ལས་གཞན་པའི་ཁྱད་ཆེ་བ་འགའ་ཡང་མི་འདུག མཁས་པའི་དབང་པོ་སྐྱབས་པ་འཇིག་རྟེན་མགོན་པོས་ལོ་རྒྱུས་ཀྱི་ཁུངས་འདི་ཡིན་གང་ཞིག་མ་བསྟན་པས། ཕལ་ཆེར་བོན་ལ་སྨང་བའི་བན་རྒན་འགའི་ངན་སྨྲས་ཡི་གེར་བཀོད་ནས་མཛད་པ་ཡིན་ལས་ཆེ། དེ་ལྟར་མིན་པ་ཁོང་གིས་ཡིག་ཆ་གཞན་ཞིག་ལ་ཁུངས་གཏུགས་ཡོད་པའང་སྲིད་མོད། རྗ་བའི་འབྱུང་ཁུངས་དེ་ཕྱོགས་རིས་ཅན་གྱི་བན་དེ་རྒན་པོ་འགའི་ངག་སྨྲས་ལས་མ་འདས་པ་ནི་བཤད་སྟངས་ཁོ་ནའི་སྟེང་ནས་ངེས་ཤེས་ཐུབ་པ་ཡིན། ཆོས་འབྱུང་དཔག་བསམ་ལྗོན་བཟང་[རྙི75བ་]ལས་བོད་ཀྱི་རྒྱལ་པོ་སྤུ་བ་གཉའ་ཁྲི་བཙན་པོ་འདིས་པོ་བྲང་ཡུམ་དུ་བླ་སྒང་བཟུང་ཞིང་། དེ་དུས་སུམ་པའི་བོན་བྱུང་ལ། དེ་ནས་དེའི་བུ་རྒྱུད་རིམ་པར་བྱུང་བ་ནི། དེ་སྲས་མུ་ཁྲི་བཙན་པོ་དང་དེ་བཞིན་དུ་དིང་ཁྲི་དང་། སོ་ཁྲི་དང་། མེར་ཁྲི་དང་། སྲིབ་ཁྲི་བཙན་པོ་སྟེ། སྟོད་གནམ་གྱི་ཁྲི་བདུན་ཏེ་ཕྱི་མའི་དུས་འཇོལ་བོན་བྱུང་། ཞེས་སོགས་ཀྱིས་བསྟན་པ་ནི་གཉའ་ཁྲི་བཙན་པོའི་སྐུ་དུས་སུ་སུམ་པའི་བོན་བོད་དུ་བྱུང་བར་བཤད་པ་དེ་ཙམ་ལས། གཞན་དག་ནི་ཐུའུ་བཀྭན་གྱི་བཤད་པ་དང་མི་འདྲ་བ་ཆེར་མི་སྣང་། ཡང"སྲིབ་ཁྲིའི་སྲས་གྲི་གུམ་བཙན་པོའི་དུས། ཞང་ཞུང་དང་བྲུ་ཤའི་དུར་བོན་དར་ཞིང་། གྲི་གུམ་གྱི་སྲས་སྤུན་གསུམ་གྱི་བྱ་ཁྲི་འམ་སྤུ་དེ་གུང་རྒྱལ་གྱི་དུས་སྤྱང་ལྡེའུ་གནམ་བོན་གཉེན་པོ་ཆེ་བྱུང་།"ཞེས་གསལ་བ་དེ་ནི། ལྡེ་བྲག་ཆོས་འབྱུང་[པེ་སྟོད164བ8]ལས"གནམ་བོན་གཉེན་པོ་ཆེ་དང་བོན་གཞུང་བྱུང་།" ཞེས་གསུངས་པ་དེའི་འགྲེལ་བཤད་གནང་བ་འདྲ་ཞིག་ལས། མི་འདྲ་བའི་ཁྱད་ཐོན་པ་ནི་འགའ་ཡང་མི་འདུག

རྫོལ་བོན་ཞེས་བྱ་བའི་ཐ་སྙད་འདི་བོན་ཕྱི་དར་གྱི་སྐབས་སུ་གཏེར་སྟོན་མང་པོ་ལ་སྙན་རྒྱུད་དུ་རྫོལ་བའམ། རི་བྲག་སོགས་གནད་ཆེའི་གནས་རྣམས་ནས་གཏེར་དུ་བརྫོལ་བའི་རྒྱུ་མཚན་གྱིས་ཐ་སྙད་འདི་བཞིན་བེད་སྤྱོད་བྱེད་པའི་སྐབས་བྱུང་ཡོད་པ་ནི། ཁྲོ་བོ་དབང་ཆེན་ངོ་མཚར་རྒྱས་པའི་རྣལ་བཤད་གསལ་བའི་སྒྲོན་མ་[ཐོབ55ཤ13ན7]ལས"གསུམ་པ་ལ་གསུམ་སྟེ། དར་བ་དང་ནུབ་པ་དང་། རྫོལ་བའི་

ཚུལ་ལོ། །” ཞེས་གསལ་བ་དེ་འདྲའི་རིགས་འགའ་ཞིག་ཡོད་དུ་སྲིད་པ་ཙམ་ལས། གཞན་རྫོལ་བོན་ནམ་འཛོལ་བོན་ཞེས་པ་དང་། འགྱུར་བོན་དང་བསྒྱུར་བོན་ཞེས་བྱ་བའི་ཐ་སྙད་ཀྱི་རྣམ་དབྱེ་འདི་རིགས་ནི་དུས་ཕྱིས་བོད་ཀྱི་བན་དེ་ཚོའི་བློ་ངོར་གང་སྣང་བའམ། དེ་དག་གིས་རང་རང་གི་མཐོང་ཚོད་ཀྱི་སྒོ་ནས་བཏགས་པའི་མིང་ཤ་སྟག་ཡིན་པ་ལས། དངོས་ཀྱི་ཡིན་ལུགས་དང་འབྲེལ་བའི་སྒོ་ནས་བྱུང་བའི་མིང་རྣལ་མའམ། བོན་དང་བོན་པོར་གྲགས་པའི་ཐ་སྙད་ཅི་ཞིག་ཀྱང་མིན་པ་ནི། བློ་གཟུར་པོར་གནས་པ་ཞིག་གིས་ཐ་སྙད་ཀྱི་འབྲེལ་དང་ཚིག་དོན་ལ་ཅུང་ཟད་དཔྱད་ན་འཕྲལ་དུ་ངེས་ཤེས་རྙེད་ཐུབ་པ་རེད།

བོད་འདིར་སངས་རྒྱས་ཀྱི་བསྟན་པའི་དབུ་བརྙེས་པ་ནས་བཟུང་། བན་དེ་རྣམས་ཀྱིས་བོན་དང་བོན་པོ་རྣམས་ལ་ཁ་སྣང་བའི་ངན་སྨྲས་ཅི་རིགས་ཤིག་བྱས་ཡོད་པ་དང་། དེ་འདྲའི་རིགས་མི་ཉུང་བ་ཞིག་ལོ་རྒྱུས་ཀྱི་ཡིག་ཆ་རྣམས་སུ་འང་བཀོད་ཡོད་པ་ལྟར་དུས་རིམ་གྱི་ནང་དུ་བྱུང་བའི་བོན་པོ་རྣམས་ཀྱིས་ཀྱང་ཁོང་རང་ཚོའི་བསྟན་པ་འཚོ་སྐྱོང་ཡིན་ཁུལ་གྱིས། ཆོས་དང་བན་དེ་རྣམས་ལ་ཁ་སྣང་བའི་ངན་སྨྲས་བྱས་པ་མི་ཉུང་བ་ཞིག་ཡི་གེ་ལ་འང་བཀོད་འདུག དེའི་ཚུལ་དཔེ་ཙམ་དུ་བསྟན་པ་ནི། རྒྱལ་རབས་བོན་གྱི་འབྱུང་གནས་[ཐོབ་146ཤ73བ་2]ལས་དུས་དེར་བོད་ཡུལ་དབུས་སུ་ནད་མུག་སད་སེར་མང་དུ་བྱུང་སྟེ། ཅི་བྱས་ཀྱང་མ་བཏུབ་ནས་ཤིན་ཏུ་མོ་རྗེ་བ་སྦྱི་ནེ་གུ་ལ་མོ་བཏབ་པས། ཡུལ་འདི་ན་ཕ་མེད་པའི་བུ་ཞིག་ཡོད་པ་དེས་གནོད་འདུག་ཟེར། དེ་གང་ཡིན་བྱས་པས་ཁྱིའུ་ལོ་བཅུ་ལྔ་ལོན་པ་ཤ་རྩ་དམར་བ་སྨིན་མ་ཡར་ལ་གྱེས་པ། དུང་སོ་འཁོར་མར་ཡོད་པ་ཞིག་ངོས་བཟུང་ནས་འདི་ཡིན་ཞེས་ཟེར། དེ་ཅིས་ཕན་བྱས་པས། བོན་པོ་རུས་མི་གཅིག་པ་བཅུ་གཉིས་ཀྱིས་གནམ་སེལ་ཆེན་པོ་བྱས་ཏེ། གླང་ཁམ་པ་ལ་བསྐྱོན་ནས། སྐད་རིགས་མི་གཅིག་པའི་ཡུལ་དུ་སྐྱུགས་ན་ཕན་ནོ་ཟེར། དེ་ལྟར་བྱས་ནས་ཁ་ཆེའི་ཡུལ་དུ་སྐྱུགས་ཏེ། ཁྱིའུ་དེ་ཡང་ལམ་དུ་ཟམ་ཕྲང་དང་གཅན་གཟན་གྱིས་མ་ཁྲགས་པར་སློབ་དཔོན་པདྨ་ཁ་ཆེ་ལ་ཕྱིན་པ་དང་མཇལ་ནས་ཆོས་བསླབས་པས་ཤེས་རབ་ཆེ་སྟེ་མིང་ཡང་པོ་རྟི་ས་ཏྭ་ཞེས་བཏགས་སོ། །དེ་བོད་ཀྱི་མོ་བོན་གྱིས་སྐྱུགས་སུ་བཅུག་པ་ལ་སྙིང་ན་ནས་རྒྱལ་པོ་ལ་སྙན་ཕྲན་བརྫངས་ཏེ། བོན་འདི་སློབ་ཏུ་ཡང་དཀའ། བཀའ་ནི་དམ་པའི་ཆོས་བདེན་པ་ཞིག་གདའ་བས། བོན་བསྒྱུབ་ལ་ཆོས་སྤྱོད་འཚོལ་ཞེས་བསྒྱུར་བས། ལྷ་སྲས་ན་རེ། བོན་བསྒྱུབ་ཏུ་རུང་ན་ཉི་ཟླ་ཡང་ནུབ་ཏུ་རུང་ངམ་ཟེར་ནས་རེ་ཞིག་མ་གསན་ཀྱང་། གཡུ་སྒྲ་ལ་སོགས་པའི་བློན་པོ་ཆེན་པོ་ཆོས་ལ་དགའ་བ་རྣམས་ན་རེ། རྗེ་ལགས་ཆང་འཐུང་བ་ལ་སྟ་མ་ཆུ་ལ་བཙོད་དགོས། ཤ་ཟ་བ་ལ་སྟ་མ་དུད་འགྲོ་གསོད་དགོས། ཡབ་མེས་ལས་ལྷག་པ་ཞིག་བཞེད་ན། སྟ་མ་བོན་བསྒྱུབས་ནས་ཆོས་ཀྱི་བསྟན་པ་འཛུགས་དགོས། ཆོས་དེ་ཡང་རྒྱ་གར་ནས་གདན་འདྲེན་དགོས། དེ་ལ་བླ

མ་ཡང་དགོས། དེ་བསྒྱུབས་ན་ཡབ་མེས་ལས་རྟགས་དངོས་ཏེ། ཕ་བོང་བུ་ལས་བུ་དྲེའུ། ཕ་སྤྲང་བུ་ལས་
བུ་མཛོ་སྐྱེས་པ་ལགས། ཞེས་དུས་དེ་ཙམ་ན་ཉེ་ཟླའི་འོད་ལས་ཀྱང་ལྷག་པ་ཞིག་ཡོང་ཞེས་ཞུས། ཞེས་པ་
འདིར་མཁན་ཆེན་ཞི་བ་འཚོ་དེ་ཉིད་བོད་ཀྱི་ཕྱུ་གུ་ཞིག་ཡིན་པ་དང་ཁོང་ཁ་ཆེར་ཕེབས་ནས་སློབ་དཔོན……
པདྨ་དང་མཇལ་ཞིང་མདོ་སྔགས་ཀྱི་ཆོས་ཀུན་ལ་མཁས་པར་གྱུར་ཏེ། སླར་བོན་པོ་རྣམས་ལ་ངན་ལན་
སྒྲུད་པའི་ཆེད་དུ་བོད་ལ་ཕེབས་ནས་བོན་བསྒྱུབས་པའི་ལོ་རྒྱུས་བྱེས་པའི་གཏམ་འདྲ་བ་ཞིག་ཏུ་སྣང་མོད…
ཀྱང་། ལོ་རྒྱུས་འདིའང་བོན་གྱི་ལོ་རྒྱུས་མཁས་པོ་ཚང་མས་ཡང་ནས་ཡང་དུ་བསྐྱར་བཟློས་མཛད་སྲོལ་
བྱུང་འདུག གཞན་ཡང་སྲིད་པ་རྒྱུད་ཀྱི་ཁ་བྱང་[ཐོབ་152ཤ77བ5]ལས་བོན་"རྣམས་ཆོས་སུ་ནན་
བསྒྱུར་བྱེད་དུ་བཅུག དེར་བོན་གྱི་སེམས་ཕྱོགས་མང་པོ་ནི། ཆོས་ཀྱི་སེམས་ལུང་ཕྱོགས་སུ་བསྒྱུར། བོན་
གྱི་གཡུང་དྲུང་ཁམས་བརྒྱད་ནི། ཆོས་ཀྱི་སྟོང་ཕྲག་བརྒྱ་པར་བསྒྱུར། ཞེས་པ་དང་། དར་རྒྱས་གསལ་སྒྲོན་
[ཐོབ་678ཤ92ན1]ལས་བོན་གཡུང་དྲུང་ཡེ་ཁྲབ་ནི་ཆོས་ཟད་དུ་བྱུང་བར་བསྒྱུར་རོ། །བོན་སྒྲགས་པ་
ཐུགས་ཀྱི་དཔེའུ་ཅོ་ནི། ཆོས་མདོན་པ་མཛོད་བསྒྱུར། ཞེས་སོགས་དུ་མ་ཞིག་ཡོད་པ་དེ་རིགས་ཀྱིས་གོ་
རྟོགས་ཐུབ་པ་ཡིན། "ཆོས་ལས་བོན་དུ་བསྒྱུར"ཞེས་པའམ"བོན་ལས་ཆོས་སུ་བསྒྱུར"ཞེས་བྱ་བའི་གླེང་
མོ་འདིའི་སྐོར་དུས་སྐབས་འགར་ཕར་བསྒྱུར་ཚུར་བསྒྱུར་བྱས་པ་སྣ་རེ་སྣ་གཉིས་ཤིག་བྱུང་ཡོད་སྲིད………
ནའང་། འཇིག་རྟེན་གྱི་ཁ་དཔེར"ཉིན་གཅིག་གི་རྐུན་པོ་ལ་ཚེ་གཅིག་རྐུན་པོར་འཛིན"ཞེས་པའམ།
"མི་གཅིག་རྐུན་པོ་ཡིན་པས་མི་བརྒྱ་རྐུན་པོར་མི་འགྱུབ"ཟེར་བ་ལྟར། དེ་འདྲའི་རིགས་འགའ་རེ་བྱུང་
སྲོང་བ་ཙམ་གྱིས་ཐམས་ཅད་དེའི་དབང་དུ་བཏང་ན་རྩ་བ་ནས་མི་འགྲིག་ཅིང་། ལྷག་པར་དུ་རང་རེས་
བདེན་དོན་གང་ཡིན་འཚོལ་སྒྲུབ་ཀྱི་སྟེང་ནས་ལོ་རྒྱུས་རྣལ་མའི་རང་ཞལ་མཇལ་ཐུབ་པའི་ཆེད། ཞིབ་
འཇུག་གི་ཁྱབ་ཁོངས་དང་གང་ཞིག་བྱེད་པ་དེ་དག་ཀུ་དོག་གི་བསམ་སྤྱོད་ལས་ཡོངས་སུ་འདས་པ་ཞིག་མ…
བྱུང་ཕྱིན་དམིགས་ཡུལ་གྱི་ཐོག་ཏུ་སླེབ་ཐུབ་པ་ཤིན་ཏུ་དཀའ་བ་ཡིན།

"ཀུ་དོག་གི་བསམ་སྤྱོད་ལས་ཡོངས་སུ་འདས་པ"ཞེས་པ་དེ་ཕྱོགས་གཉིས་ཀར་ཀུ་དོག་པོའི་ལྟ………
སྟངས་དང་སྤྱོད་ཚུལ་ཡོད་པ་དེའི་རང་ཞལ་མངོན་སུམ་དུ་མཐོང་བའི་ཐོག་ནས་བདེན་དོན་གང་ཡིན་པ…
དེ་མཐིལ་དུ་ཐོན་ཐབས་བྱེད་དགོས་པའི་དོན་ཞིག་ཡིན་པ་ལས། རང་རེ་ཕྱོགས་གཉིས་གང་རུང་དུ་མ་
ལྷུངས་ཙམ་པའི་ཐོག བན་བོན་གཉིས་སུ་ལ་བདེན་པ་ཡོད་པའི་ཁྲིམས་དཔོན་བྱེད་པའི་སྐད་ཆ་ཞིག་རྩ་བ་
ནས་སྨོན་ལ། དེ་འདྲའི་དཀའ་གནད་འགའ་ཞིག་ཞིབ་འཇུག་གིས་ཐག་གཅོད་བྱེད་པའམ་མཇུག་སྒྲིལ་
བྱེད་པ་ནི་དེ་ལས་ཀྱང་ག་ལ་ཡིན། ལོ་གྲངས་བརྒྱ་ཕྲག་མང་པོའི་རིང་། བན་བོན་གཉིས་ཕྱོགས་ནས་ཕན་

ཚུན་སྐྱོན་འདོན་བྱས་པའི་ཚུལ་ལུགས་འདི་རིགས་བློ་གཟུར་པོར་གནས་པས་ལེགས་པར་བལྟས་ན་ནི། བྱིས་པའི་གཏམ་ལྟར་གད་མོ་སློང་བ་ཙམ་ཞིག་ལས་མེད་པ་ནི་གསལ་པོར་མཐོང་ཐུབ་པ་ཡིན།

གཉིས། བན་བོན་གཉིས་ཀྱིས་ཕན་ཚུན་སྐྱོན་འདོན་བྱས་པའི་སྐོར།

ཆོས་ཐམས་ཅད་ཀྱི་གནས་ལུགས་ཇི་ལྟ་བར་གཟིགས་ཤིང་མཁྱེན་པའི་སློབ་དཔོན་ཆེན་པོ་གུ་རུ་པདྨ་སམ་བྷ་ཝ་ཞེས་སུ་གྲགས་པ། བོད་འབངས་རྣམས་ལ་བཀའ་དྲིན་གཞལ་དུ་མེད་ཆེ་བ་དེ་ནི་བོན་ལ་ཁྲུངས་མེད་པ་དང་། འགྱུར་བོན་དང་རྫོལ་བོན་སོགས་ཀྱི་ཐ་སྙད་ཀྱང་གནང་མེད་པའི་ཁར། བོན་གྱི་ཡིན་ལུགས་གཏན་ལ་ཕབ་མཛད་པའི་སྐོར། བློན་པོ་བཀའི་ཐང་ཡིག་[པེ་494ཕ་7]ལས་སྟོན་པ་གཤེན་རབས་(རབ་)མི་བོ་ནི། །དེ་ནས་འོག་མིན་པོ་བྲང་གནས་ནས་ནི། །འགྲོ་བ་སེམས་ཅན་དོན་ལ་བྱོན་ཚུལ་ཏེ། །འོད་ཟེར་ཁ་དོག་སྣ་ལྔ་ཅིར་ཡང་སྣང་བར་སྤྲུལ། །འོད་ཟེར་རབ་ཏུ་སྤྲོས་པས་འཇིག་རྟེན་ཁམས་རྣམས་ཁྱབ། །དེ་ནས་ཤིང་ཤོལ་སྟོང་〔14〕གི་ཁ་ལ་བྱོན། །འདབ་ཆགས་རྒྱལ་པོ་གཡུ་བྱ་ཁྲ་བྱུག་ནི། །སྐུ་མདོག་བཻཌཱུརྻ་མཐིང་གའི་མདོག་ཆགས་པས། །ཐམས་ཅད་ཟིལ་གྱིས་ནོན་པ་བྱའི་རྒྱལ་པོ། །གསུང་སྙན་ཁམས་གསུམ་སེམས་ཅན་སྤྲོ་བ་བསྐྱེད། །རིགས་(རིག་)གསལ་འཁོར་འདས་བྱེ་བྲག་མི་ཕྱེད་པ། །ཤེས་རབ་བྱམས་མ་གནམ་ཕྱི་གུང་རྒྱལ་གྱི། །སྤྱི་བོའི་གཙུག་ཏུ་བབས་ནས་གཤོག་པ་བརྡབས། །ལན་གསུམ་སྒྲོགས་པས་བྱ་དེའི་གསང་བ་ནས། །འོད་དཀར་འཚེར་དང་དམར་ལ་དྭངས་པ་གཉིས། །ཡུམ་གྱི་སྤྱི་བོའི་གཙུག་ནས་མར་ལ་ཐིམ། །ཡུམ་གྱི་ལྟུམས་ནས་འཐོན་ཏེ་གསུང་སྙན་བསྒྲགས། །ཞེས་སྟོན་པ་གཤེན་རབ་མི་བོ་ཆེ་འདི་ཉིད་འོག་མིན་གྱི་གནས་ནས། འགྲོ་བ་སེམས་ཅན་གྱི་དོན་ལ་དགོངས་ཏེ། གཡུ་བྱ་ཁྲ་བྱུག་ཏུ་སྤྲུལ་ནས་ཡུམ་བྱམས་མ་གནམ་ཕྱི་གུང་རྒྱལ་གྱི་ལྟུམས་སུ་ཞུགས་པའི་ཚུལ་གསལ་བར་བསྟན་ཅིང་། གནའ་བོའི་ལོ་རྒྱུས་དེ་ནི་སྲིད་པ་མཛོད་ཀྱི་མདོ། །འཁོར་འདས་ཁམས་ཀྱི་རྩ་བ། གཡུང་དྲུང་ལས་རྣམ་པར་དག་པའི་རྒྱུད་··· [མདོ་ཀ་496ཤ་4ན་4]ལས་སྟོན་པ་གཤེན་རབ་མི་བོ་ནི། འོག་མིན་གྱི་གནས་ནས་འགྲོ་བ་སེམས་ཅན་གྱིས་(གྱི་)དོན་ལ་བྱོན་པ་ནི། འོད་ཁ་དོག་ཅིར་ཡང་སྣང་བ་ཅིག་(ཞིག་)ཏུ་སྤྲུལ་ཏེ། འོད་དེ་རབ་ཏུ་འཕྲོས་པ་འཇིག་རྟེན་ཁམས་སྣང་བས་ཁྱབ་པར་འགྱུར་རོ། །དེ་ནས་འགྲོ་བ་རབ་ཏུ་འདྲེན་པའི་འོད་ཀྱི་ཁྲི་འཕང་ལ་ཐུག་གི་(ཐུགས་ཀྱི་)དགོངས་པས་བབ་ནས་བྱོན་ནོ། །དེ་ནས་ཤེ་ཤོན་〔15〕ལོ་སྟོང་གཅིག་གི་ཁ་ལ། འདབ་ཆག་གི་(ཆགས་ཀྱི་)རྒྱལ་པོ་གཡུ་བྱ་ཁྲ་བྱུག་སྐུ་བཻཌཱུརྻ་མཐིང་ཁའི་འོད་ཆག་(ཆགས་)པས་ཐམས་ཅད་ཟིལ་གྱིས་གནོན། གསུང་རྙན་(སྙན་)ཁྲ་བྱུག་ཁམས་གསུམ་གྱི་སེམས་ཅན་གྱི་སྤྲོ་བ་བསྐྱེད།

རིག་པ་གསལ་བས་འཁོར་འདས་བྱེ་བྲག་མ་བསྲིབ་པ། སྟོབས་དང་ལྡན་ནས་ལོག་པ་ཟིལ་གྱིས་གནོན། ཆད་དུ་བྱུང་བས་ངོ་མཚར་ལམ་གྱིས་ལམ་སྟོན་པ། བྱ་བ་བྱེད་པ་(པས་)ཡེ་ཤེས་ཀྱི་སྤྲུལ་པ་མ་འགག་པ། བྱེད་པ་བྱས་པས་ཐབས་དང་ཤེས་རབ་ཀྱི་ཀློང་ནས་སྤྲུལ་པ། ཁྱུར་ཐོར་བབ་པ་དང་འབྲེལ་བའི་ལས་དོན་མི་སྤྱོད་པ། དེ་ལྟ་བུར་སྤྲུལ་ནས་ཡུམ་ཤེས་རབ་བྱམས་མ་ཞེས་ཀྱང་བྱ། གནམ་ཕྱི་གུང་རྒྱལ་ཞེས་ཀྱང་བྱ། དེ་ཡི་སྤྱི་བོའི་གཙུག་ཏུ་བབས་ཏེ། གཤོག་པ་བརྡབ་ནས་ལན་གསུམ་སྤྲུག་པས། བྱ་དེ་ཡི་གསང་བ་ཐུགས་ཀྱི་ཐིམ་སྐས་ནས། འོད་དཀར་ལ་འཚེར་བ་དང་། དམར་ལ་གདང་བ་གཉིས་ཡུམ་གྱི་སྤྱི་བོ་ནས་མར་ཐིམ་སྟེ། ཡུམ་གྱི་ལྷུམས་སུ་ཞུགས། ཡུམ་གྱིས་ཀྱང་སྤྲུལ་པའི་སྐུར་ཕྱིན་པར་མཁྱེན་ནས། སྐུ་ལུས་ལྷ་ཡི་ཚན་སྣ་ཚོགས་ཀྱིས་བཀྲུས་ཅིང་(ཤིང་)སྨན་སྣ་ཚོགས་ཀྱིས་བྱུག་གོ། རིན་པོ་ཆེ་ཡི་ཁྲིད་སྒྲིང་དང་། ཤིང་འདབ་ཡུལ་གྱི་གྲིབ་ལ་བཞུགས་སོ། །ཞེས་གསུངས་པས་མཚོན། བོན་གྱི་དཔེ་རྙིང་མང་པོ་ཞིག་ཏུ་འདི་སྐོར་གྱི་ལོ་རྒྱུས་གསལ་རྒྱས་སུ་བཤད་ཡོད་པ་འདི་དག་དགོངས་པ་གཅིག་ཏུ་གནས་ཡོད་པ་མངོན་སུམ་དུ་མཐོང་ཐུབ་པ་དང་། ཡང་བློན་པོ་བཀའི་ཐང་ཡིག་[པེ་494ཕ་18]ལས་གཟིགས་སྟངས་རྣམ་པ་བཞི་ལ་གཟིགས་ནས་བྱོན། ས་གནས་གང་ལ་གཟིགས་ནས་བྱོན་པ་དང་། ཡབ་ཡུམ་གང་ལ་གཟིགས་ནས་བྱོན་པ་དང་། བསྟན་པ་གང་ལ་གཟིགས་ནས་བྱོན་པ་དང་། ཞིང་ས་གང་ལ་གཟིགས་ནས་བྱོན་པའོ། །དང་པོ་ཁམས་གསུམ་ས་དགུར་གཟིགས་ནས་བྱོན། །གཉིས་པ་ཚལ་ཆེན་པོ་གཡུ་ཚལ་དུ་བྱོན། གསུམ་པ་ལས་དག་རིགས་བཙུན་པ་དགོངས། བཞི་པ་རིགས་དྲུག་འཛམ་གླིང་མི་ལ་དགོངས། ཞེས་གསུངས་པ་འདི་རྣམས་ཀྱང་གཤེན་རབ་མི་བོ་ཆེའི་མཛད་མདོ་བསྡུས་པ་མདོ་འདུས་[མདོ་ས་ཤ་26བ་1]ལས་གླིང་ལ་དགོངས་པ་འཛམ་བུ་གླིང་། ཡུལ་ལ་དགོངས་པ་འོལ་མོ་ལུང་རིང་ནས། གཡུང་དྲུང་དགུ་རྩེ་རི། མཁར་ནི་བར་པོ་སོ་བརྒྱད་དུ། རིགས་ལ་དགོངས་པ་རྒྱལ་རིག་སྟེ་(རིགས་ཏེ།) དུས་ནི་ཚེ་ལོ་བརྒྱ་པའི་དུས། ཡབ་ནི་རྒྱལ་པོ་ཐོད་དཀར་ཡབ། ཡུམ་ནི་ཡོ་ཕྱི་རྒྱལ་བཞད་ཡུམ། ཞེས་གཟིགས་པ་རྣམ་པ་ལྔ་རུ་བཤད་ཡོད་པ་དང་ཕལ་ཆེར་ཕྱོགས་མཐུན་པ་དང་ཡང་བློན་པོ་བཀའི་ཐང་ཡིག་[པེ་495ཕ་1]ལས་བོན་རྒྱ་མཚོའི་མཆིང་རྣམ་(གནམ་)བས་ཀྱང······གཏིང་རིང་། བོན་གྱི་སྒོ་མོ་བརྒྱད་ཁྲི་བཞི་སྟོང་དང་། །བོན་གྱི་མཛོད་མིག་སུམ་བརྒྱ་དྲུག་ཅུར་བསྡུ། །དེ་ལ་རྒྱུའི་བོན་བཞི། འབྲས་བུའི་བོན་བཞི། །ཆུ་བོ་བཞི་དང་ཆུ་བྲན་བཞི་སྡེ་བརྒྱད། །དགོངས་པ་ལ་འཇུག་ལས་ཀ་རྣམ་པ་གསུམ། །ཐེག་དགུ་གང་གི་སྒོ་ནས་འཇུག་ཀྱང་རུང་། །ལུས་ཀྱི་ལས་སུ་ཕྱག་རྒྱ་དཀའ་བ་བསླབ། ངག་གི་ལས་སུ་སྙིང་པོར་དཀའ་བ་བསླབ། ཡིད་ཀྱི་ལས་སུ་ཏིང་འཛིན་དཀའ་བ་བསླབ། ཏིང་ངེ་འཛིན་ལ་ཡན་ལག་འབུམ་དུ་བཤད། །དེ་ལས་བསྡུས་པས་ལྔའོ། །དེ་ལ་བོན་གྱི་ཐེག་པ་རིམ་པ་དགུའམ་

བཅུ། གྲུ་གཞིན་ཐིག་པ། སྣང་གཞིན་ཐིག་པ། འཕྲུལ་གཞིན་ཐིག་པ། སྲིད་གཞིན་ཐིག་པ། དགེ་གཞིན་ཐིག་པ། གཞིན་གྱི་དྲང་སྲོང་ཐིག་པ། གཞིན་གྱི་ཨ་དཀར་ཐིག་པ། ཡེ་གཞིན་ཐིག་པ། ཁྱད་པར་ཆེན་པོའོ། །མ་ཁྲུ་པའོ།〔16〕 ཕྱྭ་གཞིན་འཇུག་སྒོ་ལྟོ་(གཏོ་)རིགས་སུམ་བརྒྱ་དྲུག་ཅུ་དང་། དཔྱད་རིགས་བརྒྱད་ཁྲི་བཞི་སྟོང་འཇུག་པའི་སྒོ། སྣང་གཞིན་གྱེར་སྒོ་བཞི་ནས་འཇུག སྐད་ཀྱི་ལྡོང་དགུ་གར་བབས····བཙན་པོ་གསོལ། །འཕྲུལ་གཞིན་རྫུ་འཕྲུལ་ཆེན་པོ་བཅུ་གསུམ་དང་། །ཐབས་ཆེན་དྲུག་གིས་སྲས་(དཔལ་)གསས་རྔམ་སྒོམ་པ། །སྲིད་གཞིན་ཤི་ཐབས་སུམ་བརྒྱ་དྲུག་ཅུ་དང་། །འདུར་སྒོ་ཆེན་པོ་བཞི་ནི་རྨ་པོ་ལྷ། ། དགེ་གཞིན་དཀའ་བ་བཞི་དང་དག་པ་གཉིས། །གཉེན་པོ་གསུམ་སྟེ་ཀུན་ཤེས་འཕྲུལ་རྒྱལ་པོ། དྲང་སྲོང་སྲིད་པས་བཅུ་དང་མཚོན་པ་གཉིས། །སྤྱངས་པ་གཉིས་དང་སྒྲུབ་གསུམ་གཡུང་དྲུང་ཚེ། །ཨ་དཀར་སྒྲུབ་པའི་ཡན་ལག་བཅོ་བརྒྱད་དང་། །གཉན་པོའི་སྒོ་དགུ་འགེ་ང་ལས་ཀྱི་ལྷ། །ཡེ་གཞིན་འཇུག་པ་རྣམ་པ་བཞི་དང་ནི། །ཏིང་འཛིན་ཡན་ལག་དྲུག་ཅུ་རྟགས་བཅུ་དྲུག ཁྱད་པར་ཆེན་པོ་ལྷ་གསུམ་དོན་དམ་ཅིག རྩེ་ཐོག་མ་ཁྲུ་བ་ཡི་གདུལ་དགུ་འཇུག ཐེག་བདུན་མར་པོ་ཡེ་གཞིན་ཐེག་པར་ཞུགས། །རྒྱལ་ལྡོང་གི་སྐད་དུ་ཨི་ཡང་ཞེས། །ཞང་ཞུང་དམར་(སྨར་)སྐད་ཨུ་ཡ་ཨག་ཐམ་ཞེས། །སྤུར་རྒྱལ་བོད་སྐད་གསང་ངོ་ཁ་ཐམ་ཞེས་པ་དེ་རྣམས་ཀྱིས་བོན་གྱི་སྒོ་མོ་ཇི་ལྟར་བཞུགས་པའི་ཚུལ་གསལ་བར་བསྟན་ལ། དེ་ཡང་ལུང་འདིར་གོ་དཀའ་བའི་རིགས་འགའ་ཞིག་ཡོད་པ་རྣམས་བོན་གྱི་གཞུང་ལ་བརྟེན་ནས་གསལ་ཁ་ཅུང་ཟད·····འདོན་པ་ནི་དགོངས་པ་ལ་འཇུག་ལས་ཀ་རྣམ་པ་གསུམ་ཞེས་པར་ལས་ཀ་རྣམ་པ་གསུམ་ཞེས་པ་ནི་ལུས·····ངག་ཡིད་གསུམ་གྱི་ལས་ཡིན་པ་ནི་དེ་མ་ཐག་ཏུ་དེ་གསུམ་གྱི་ལས་བསྟན་པས་ཤེས་ཐུབ་ལ། "སྣང་གཞིན་གྱེར་སྒོ་བཞི་ནས་འཇུག" ཅེས་པའི་གྱེར་སྒོ་བཞི་ནི། ལེགས་བཤད་སྐལ་བཟང་མགྲིན་རྒྱན་[ཤོད་162ཕ་14]ལས་གྱེར་སྒོ་ཆབ་ནག་ཆུ་བོ་སེལ་གྱི་སྒོ། ཆབ་དཀར་འདྲེ་དང་སྲི་ཡི་སྒོ་ཉིད་དང་། འཕན་ཡུལ་མཉམ་བརྗེ་གླུད་ཀྱི་སྒོ་དག་དང་། དཔོན་གསས་ཕྱྭ་གཉན་གཏོ་ཡི་སྒོ་སྟེ་བཞི། ཞེས་གསལ་བ་དང་། "སྐད་ཀྱི་ལྡོང་དགུ" ཞེས་པའང་དེ་ཉིད་[ཤོད་168ཕ་4]ལས་སྐད་ཀྱི་གཙོང་དགུ་ནི། གཡུ་འབྲུག་ངར་སྐད་ལྷ་གསས་དཔུང་ཚོགས་བསྡུ། ཁྱུང་མོའི་འཚེར་སྐད་དྲག་པོའི་ལྷ་ཚོགས་བདར། ངང་མོ་བུ་སྟོར་སྐད་ཀྱིས་མིའི་ཕྱུ་བླན། རྨ་བྱའི་སྒྲོ་སྐད་ཕྱུགས་ཀྱི་གཡང་འགུགས་བྱེད། ཁྲ་ཐུག་གསུང་གིས་ལྷ་སྲིན་སྒྲོ་བ་བསྐྱེད། ལྡོ་གའི་འགྱུར་སྐད་གླུད་ཡས་ལམ་དུ་བསྟན། ནེ་ཙོའི་གཙོང་སྐད་ལྷ་སྲིན་གོ་བརྡ་སྤྲད། ཕོ་རོག་ལྟོ་སྐད་སྲི་ཡི་བྱུང་གདབ་སྟེ། སྟག་སྤྲང་〔17〕གཙོང་སྐད་སྲི་ཁམས་བྱུར་ཁ་གནོན། །ཞེས་གསལ་བ་དང་། གར་བབས་བཙན་པོ་གསོལ་ཞེས་པ་ནི། སྣང་གཞིན་པའི་ལྷའི་གཙོ་བོ། གར་གསས་བཙན་པོ་ཞེས་བྱ་བ་དེ་ཡིན་སྟབས།

“གར་བབས”ཞེས་པ་དེ་ནི“གར་གསས”སུ་གོ་དགོས་པ་དང་། “འཕྲུལ་གཤེན་རྫུ་འཕྲུལ་ཆེན་པོ་བཅུ་གསུམ”ཞེས་གསུངས་པ་དེ་ནི་སྐལ་བཟང་མགྲིན་རྒྱན་[བོད་170 ཤ་10] ལས་དམ་ཚིག་རྫུ་འཕྲུལ་བཅུ······གསུམ་ལས། མི་དོར་ཤ་ཁྲག་གཏོར་མའི་འདྲེན་མི་བཅད། བདུད་རྩི་མི་སྐམ་འབེབ་ཐུན་ལས་ཀྱི་དུས། མི་སྟོང་བསྟན་མཆོད་རྫས་ཀྱི་དུས་མི་བཅག ཐུགས་རྗེ་མི་འབྲལ་བསྐྱེན་སྒྲུབ་གོ་མི་བཟློག ཉེས་མེད་མི་གཙོད་ཚོགས་འཁོར་བྱིན་མི་བསྒྱུར། ཕྱི་ཚེ་གཡང་གི་སྒོ་བསྡམ་ཁྱད་པར་དུ། མ་ཉེས་པ་ལ་མཐུ་བྱེད་བཀག་ཅིང་སྲུང་། ཞེས་པ་སྟེ་འཕྲུལ་གཤེན་གྱི་ལྷ་དཔལ་གསས་རྔམ་པ་མི་དོར་བ་དང་། འདྲེན་མི་བཅད་པ། བདུད་རྩིའི་རྒྱུན་མི་སྐམ་པ། ལས་དུས་མི་སྟོང་བ། མཆོད་རྫས་མི་བཅག་པ། ཐུགས་རྗེ་མི་འདྲལ་བ་བསྐྱེན་སྒྲུབ་གོ་མི་བཟློག་པ། ཉེས་མེད་ལ་མནར་གཅོད་མི་བྱེད་པ། ཚོགས་འཁོར་གྱི་བྱིན་རླབས་མི་བསྒྱུར་བ། ཕྱི་སྒོ་བསྡམ་པ། ཚེ་སྒོ་བསྡམ་པ། གཡང་སྒོ་བསྡམ་པ། མ་ཉེར་པ་ལ་མཐུ་སྲུང་བ་འདི་རྣམས་སུ་གོ། “ཐབས་ཆེན་དྲུག་གིས་སྲས་གསས་རྔམ་སྒོམ་པ།” ཞེས་པའི་ཐབས་ཆེན་དྲུག་ནི་སྐལ་བཟང་མགྲིན་རྒྱན་[བོད་203 ཤ་11] ལས་སྒྲུབ་པའི་ཡན་ལག་བཅོ་བརྒྱད་ནི། བར་མཚམས་དོན་སྒྲུབ་ཙཀྲི་བཀོད་སྒྲུབ། གདན་འབུལ་བྱིན་སྒྲུབ་སྤྱན་དྲངས་ཡེ་ཤེས་སྒྲུབ། ཕྱག་འཚལ་མོས་འདུན་གཙུག་དག་བཞགས་པའི་སྒྲུབ་བཅས་པ་གཞི་ཡི་སྒྲུབ་པ་དྲུག་ཅེས་བྱ། གསང་མཚམས་བྱིན་འབེབས་འཁྲོ་འདུ་གསང་བའི་སྒྲུབ། ཕྱག་རྒྱ་སྐུ་བསྟོད་ཕོ་ཉ་གཞེན་འདེབས་སྒྲུབ། ལྷ་ཚོགས་རྟགས་སྒྲུབ་གཞི་སྙིང་དམ་བཅའི་སྒྲུབ། དྲུག་ལ་ལམ་གྱི་སྒྲུབ་པ་དྲུག་ཏུ་གསུངས། དངོས་གྲུབ་ལྷ་སྙིང་ཕུད་སྒྲོང་གཏའ་ཆེན་སྒྲུབ། དམར་ལམ་ཟོར་སྒྲུབ་གཟེར་མནན་བྲོ་ཡི་སྒྲུབ། ཕྱི་ཚེ་གཡང་སྒྲུབ་དབྱེ་བསྡུ་རྒྱུན་གྱི་སྒྲུབ། དེ་དག་འབྲས་བུའི་སྒྲུབ་པ་དྲུག་བཅས་སོ། །ཞེས་གཞི་ལམ་འབྲས་གསུམ་གྱི་སྒྲུབ་པའི་ཐབས་ཆེན་དྲུག་རེ་བསྟན་ཡོད་པ་དེ་དག་དང་ཕྱོགས་འདྲ་བའི་ཐབས་ཆེན་དྲུག་ཏུ་གོ། “སྲས་གསས་རྔམ་སྒོམ”ཞེས་པ་ནི། འཕྲུལ་གཤེན་གྱི་ལྷའི་གཙོ་བོ་དཔལ་གསས་རྔམ་པ་ཡིན་སྟབས“དཔལ་གསང་རྔམ་པ་བསྒོམ”ཞེས་པའི་དོན་ཡིན།

“འདུར་སྒོ་ཆེན་པོ་བཞི”ཞེས་པ་ནི་ནད་ལ་བགྲ་འདུར་དང་། གཞོན་ལ་སྟག་འདུར། ཆུང་ལ་སྲི་འདུར། གྲིར་ཤི་བ་ལ་གྲི་འདུར་ཏེ་འདུར་གྱི་གཙོ་བོ་བཞི་རུ་གྲགས་པའི་ཚུལ་དྲི་མེད་གཟི་བརྗིད་[ཐོབ་ག་53 ཤ་27 ན་4] ལས་ནད་པ་རྣམས་ལ་བགྲ་འདུར་བྱ། བགྲ་འདུར་ཡག་ན་རྗེས་ཤུལ་དང་། གཞོན་པ་རྣམས་ལ་སྟག་འདུར་བྱ། སྟག་འདུར་ཡག་ན་ཚེ་དཔལ་བསྐྱེད། ཆུང་བ་རྣམས་ལ་སྲི་འདུར་བྱ། སྲི་འདུར་ཡག་ན་རིགས་རྒྱུ་འཕེལ། གྲི་རྨོད་རྣམས་ལ་གྲི་འདུར་བྱ། གྲི་འདུར་ཡག་ན་གཞོན་སྲི་འཐུལ། ཞེས་ཤེས་ཐུབ། “རྣ་བོ་ལྷ”ཞེས་པ་ནི་སྲིད་གཤེན་པ་རྣམས་ཀྱི་ལྷའི་གཙོ་བོ“འདུར་གསས་རྣ་བོ”ཞེས་བྱ་བ་དེ་ཉིད་

ཏུ་ངེས་པ་སྟེ། སྐལ་བཟང་མགྲིན་རྒྱན་[ཐོད་171ཕ་4]ལས་ལྷ་ནི་འདུར་གསས་རྣ་བོ་གཤིན་རྗེ་འདུར། ཞེས་ཞལ་གསལ་དུ་བསྟན། དགེ་གཤེན་དགའ་བ་བཞི་དག་དག་པ་གཉིས། ཞེས་དགེ་བསྙེན་ཐེག་པའི་གཞུང་རྣམས་སུ་དགའ་བ་བཞིའི་བཤད་པ་ཁོ་བོའི་མཐོང་རྟོགས་སུ་མ་གྱུར་ནའང་། ས་སྐྱ་པཎྜི་ཏས་མ་མཐོང་ཕྱིར་ན་མེད་པ་ཡིན། ཞེས་གསུངས་པ་བཞིན། ཁོ་བོ་མཐོང་རྒྱ་ཆུང་ལ་བོན་གྱི་གཞུང་རྒྱ་ཆེན་པོ་རྣམས་ལ་གོམས་འདྲིས་དེ་ཙམ་མེད་པ་ཞིག་གིས་མ་མཐོང་བ་ཙམ་གྱིས་མེད་པ་ནི་ག་ལ་གྲུབ། "དག་པ་གཉིས" ཞེས་པ་ནི་སྐལ་བཟང་མགྲིན་རྒྱན་[ཐོད་201ཕ་3]ལས"སྨོམ་པ་དོན་དམ་དག་པའི་བོན་ཉིད……དང་། ཀུན་རྫོབ་སྣང་བ་ལྷ་ཡི་གཟུགས་བརྙན་བསྒོམ།" ཞེས་དགེ་གཤེན་གྱི་སྒོམ་གྱི་གནད་དོན་དམ་དག་པ་དང་། ཀུན་སྣང་དག་པ་གཉིས་སུ་བཤད་པ་དེ་དང་། ཡང"གཉེན་པོ་གསུམ་སྟེ་ཀུན་ཤེས་འཕྲུལ་རྒྱལ་པོ" ཞེས་པའང་སྐལ་བཟང་མགྲིན་རྒྱན་[ཐོད་201ཕ་7]ལས་སྤྱོད་པའི་ཕྲིན་ལས་སྟོབས་མཆོག་རྣམས……གསུམ་གྱིས། རང་གཞན་གཉིས་ཀའི་དོན་སྤྱོད་ལྟ་བ་ནི། བོན་ཉིད་རང་ཉམས་ལེན་ཅིང་གཞན་ལའང་སྟོན། སྒྲུབ་པས་རང་གཞན་དོན་གཉིས་མཐར་ཕྱིན་བྱེད། ཅེས་གསལ་བའི་སྤྱོད་ཚུལ་དེའི་དགོངས་དོན་བསྟན་པའི་ཚིག་ཅིག་ཨེ་ཡིན་སྙམ།

"ཐྲང་སྲོང་སྤད་པས་བཅུ་དང་མཆོན་པ་གཉིས།" ཞེས་པ་འདིར"སྤད་པས་བཅུ" ཞེས་འཁོད་ཡོད་པ་འདི་ནི"སྤྱོད་པ་བཅུ" ཞེས་བྱ་བའི་དོན་དུ་ངེས་པ་སྟེ། ཆོས་ཀྱི་ལུགས་སུ་བྱ་བའི་རྒྱུད་དང་། བོན་དུ་དགེ་བསྙེན་གྱི་ཐེག་པ་འདི་གཉིས་སྤྱོད་པ་གཙོར་བསྟན་པའི་ཚུལ་མཚུངས་པར་ཡོད་པས་ཤེས་ཐུབ་ལ། སྤྱོད་པ་བཅུ་ཞེས་པ་མི་དགེ་བའི་ལས་སྤྱོད་བཅུ་པོ་སྤངས་པའི་དགེ་བ་བཅུ་དང་། དེ་དང་རྗེས་སུ་འབྲེལ་བའི་ལས་སྤྱོད་ཡང་དག་པ་རྣམས་ལ་དགོངས་པ་ཞིག་སྟེ། གཟི་བརྗིད[ཇོབ་ག་487ཤ་243ན་3]ལས་མི་དགེའ་བཅུ་པོ་སྤང་བར་བྱ། དགེའ་པ་(བ་)བཅུ་པོ་བླང་པར་བྱ། བདག་ཀྱང་དགེའ་ལ་མོས་པར་བྱ། མོས་ཤིང་དགེའ་ལ་སྤྱོད་པར་བྱ། དགེའ་བ་གཞན་ལ་བསླུལ་པར་བྱ། གཞན་ཀྱང་དགེའ་ལ་འཇུག་པར་བྱ། ཞེས་ངེས་ཤེས་ཐུབ་པ་ཡིན། "མཆོན་པ་གཉིས" ཞེས་པ་དེའི་དགོངས་དོན་ཡང་། གཟི་བརྗིད་[ཇོབ་ག་496ཤ་247བ་1]ལས་དོན་དུ་ཕྱི་ཚུལ་ནང་ཁྲིམ་(ཁྲིམས་)གཉིས། འོད་དང་ཉི་མའི་དཀྱིལ་འཁོར་དང་། དཔག་བསམ་དག་དང་ལོ་འདབ་འདྲ། ཐབས་དང་ཐུགས་རྗེ་ཞིང་དང་ས། ཉི་མ་བདག་ལ་ཟེར་མེད་ན། འགྲོ་དྲུག་སེམས་ཅན་ག་ལ་དྲོ། དཔག་བསམ་ལོ་འབྲས་མེད་པ་ན། འདོད་དགུ་ལོངས་སྤྱོད་ཅི་ལ་འབྱུང་། ཐུགས་རྗེ་དག་ལ་ཐབས་མེད་ན། འགྲོ་བ་འདུལ་བ་ག་ལ་འགྱུར། ཁྲིམས་ལ་ཕྱི་ཚུལ་མེད་པ་ན། ནང་བཅུད་ཡོད་པ་སུ་ཡིས་ཤེས། གསེར་ལ་གསེར་མདངས་མ་ཐོན་ན། སེར་པོར་མང་འགྱུར་ཤན་མི་འབྱེད།

རིན་ཆེན་དག་ལ་སྟོད་མེད་ན། སྐྱོན་གྱི་བག་ཆགས་རྟུལ་གྱིས་གོས། དེ་ཕྱིར་ཚུལ་ཁྲིམས་ཟུང་འབྲེལ་བྱ། ཞེས་ནང་གི་ཁྲིམས་དང་། ཕྱིའི་སྤྱོད་ཚུལ་གཉིས་ཡ་མི་འབྲལ་བ་ཞིག་དགོས་གལ་ཆེ་བའི་ཚུལ་བསྟན་པ་འདི་གཉིས་ཀྱིས་དྲང་སྲོང་ཐེག་པའི་སྤྱོད་པ་མཚོན་པའི་ཆ་ནས་མཚོན་པ་གཉིས་ཀྱི་ཐ་སྙད་མཛད་ཡོད་……ལས་ཆེ་ཞིང་། ཆོས་ཕྱོགས་ཀྱི་སྤྱོད་པའི་རྒྱུད་ལ། སྤྱོད་པ་བྱ་རྒྱུད་དང་བསྟུན་ཞིང་ལྟ་བ་རྣམ་འབྱོར་གྱི་……(རྣལ་འབྱོར་)རྒྱུད་དང་བསྟུན་གྱི་ཡོད་སྟབས། གཉིས་ཀའི་རྒྱུད་ཅེས་སུའང་གྲགས་པ་ལྟར། བོན་གྱི་ལུགས་སུའང་དྲང་སྲོང་ཐེག་པ་བ་རྣམས་ཀྱིས་སྤྱོད་པ་དགེ་བསྙེན་གྱི་ཐེག་པ་དང་བསྟུན་ཞིང་། ལྟ་བ་ཨ་དཀར་ སྔགས་ཀྱི་ཐེག་པ་དང་བསྟུན་སྲོལ་བྱུང་ཡོད་པ་བཞིན། ཚུལ་འདི་ནི་སྤྱོད་པའི་ཁྲིམས་དང་འབྲེལ་བའི་དོན་ཞིག་ལ་གོ་དགོས་པར་སེམས། "སྤྲུངས་པ་གཉིས་དང་སྒྲུབ་གསུམ་གཡུང་དྲུང་ཚེ།" ཞེས་པ་ལས་"སྤྲུངས་པ་གཉིས"ཞེས་པ་ནི་སྐལ་བཟང་མགྲིན་རྒྱན་[བོད་206 ཕ་2] ལས་དོན་དམ་སྤྲོས་བྲལ་རང་………བཞིན་མེད་འདོད་ལ། ཀུན་རྫོབ་མཚན་མ་དངོས་སྣང་དུ་འདོད་དེ། གཉིས་མེད་བཤད་ཀྱང་དོན་ལ་འགལ་འདུས་ཕྱིར། སྣང་བ་སྐྱོན་དུ་བལྟས་ནས་དེར་བཟུང་བའི། རྟོག་པ་གཉེན་པོས་འགོགས་པའི་ཕྱིར་དུ་སྟེ། སྔགས་ཀྱིས་སོ་སོའི་མཚན་ཉིད་དང་མི་ལྡན། ཅིར་ཡང་མ་ཡིན་པ་ཉིད་ཅིར་ཡང་སྣང་། ཅིར་ཡང་སྣང་ཉིད་ཅི་ཡང་མ་ཡིན་ཏེ། དཔེར་ན་སྒྱིག་རྒྱུའམ་སྒྱུ་མ་ལྟ་བུའོ།།" ཞེས་དོན་དམ་པའམ་ཀུན་རྫོབ་ཀྱི་རྟོག་པའི་བློ་གཉིས་སྦྱོང་བ་ལ་གོ་བ་དང་། "སྒྲུབ་གསུམ"ཞེས་པའང་དེ་ཉིད་[བོད་206 ཕ་13] ལས་བསྐྱེད་རིམ་མཚན་མ་མི་འགེགས་ལྷའི་དཀྱིལ་འཁོར། བསྒོམ་ཞིང་རྫོགས་རིམ་དུས་སུ་རྣམ་རྟོག་གི་རྗེས་སུ་མི་འབྲང་སྟོང་པར་བསྒོམ་པ་སྟེ། གཉིས་མེད་ངོས་ན་སྒྱུ་མ་བདེན་སྟོང་བསྒོམ། ཞེས་བསྐྱེད་རྫོགས་གཉིས་མེད་གསུམ་གྱི་སྒོ་ནས་སྒྲུབ་པའི་དོན་ཞིག་ཨེ་ཡིན་སྙམ། "གཡུང་དྲུང་ཚེ"ཞེས་པ་ནི་སྒྲུབ་པ་གསུམ་གྱི་གྲུབ་འབྲས་སུ་འཆི་མེད་རྟག་པ་དམ་པ་གཡུང་དྲུང་གི་ཚེ་འགྲུབ་པའི་དོན་ཡིན་པ་ནི་གོ་སླ་པ་ཡིན། "ཨ་དཀར་སྒྲུབ་པའི་ཡན་ལག་བཅོ་བརྒྱད"ཅེས་གསུངས་པ་དེའི་སྐོར་ཞལ་གསལ་བ་ནི། གཟི་བརྗིད་[ཐོབ་ག་53 ཤ་27 ན་4] ལས་བསྒྲུབས་(སྒྲུབ་)པའི་ཡན་ལག་བཅོ་བརྒྱད་ལ། ཐོག་མར་གཞིའི་ཡན་ལག་དྲུག ངོ་མཚར་ལམ་གྱིས་(གྱི་)ཡན་ལག་དྲུག་མཐར་ཕྱིན་འབྲས་བུའི་ཡན་ལག་དྲུག བཅོ་བརྒྱད་དག་ཏུ་ཤེས་པ་སྟེ། དེ་ཡང་སོ་སོར་བསྟན་པ་ནི། བར་འཚམས་(མཚམས་)བདག་ཉིད་དོན་དུ་བསྒྲུབ། ཕྱག་རྒྱ་དགོད་པ་བདག་ཏུ་བསྒྲུབ། དུག་ལྔ་རང་གྲོལ་གདན་དུ་བསྒྲུབ། སྤྱན་དྲངས་ཡེ་ཤེས་གཉིས་མེད་བསྒྲུབ། ཕྱག་འཚལ་མོས་འདུན་གུས་པར་བསྒྲུབ། ཉེས་ལྟུང་ཉམས་ཤེགས་(ཉམས་བཤགས)གུས་པར་བསྒྲུབ། གཞིའི་ཡན་ལག་དྲུག་ཏུ་ཤེས། གསང་བ་ཉོན་མོངས་ཚར་བཅད་བསྒྲུབ། ཡེ་ཤེས་སྦྱིན་(བྱིན་)བབ་ལོངས་སྤྱོད་བསྒྲུབ།

འཕྲོ་འདུ་གསང་བ་འཛབ་ཏུ་བསྒྲུབ། ཕྱག་རྒྱ་གསང་བ་གར་དུ་བསྒྲུབ། སྐུ་མདོག་ཕྱག་མཚན་གདན་ཁྲི་བསྒྲུབ། ཞི་ཁྲོ་གནས་འགྱུར་རྟགས་སུ་བསྒྲུབ། ལམ་གྱི་ཡན་ལག་དྲུག་ཏུ་ཤེས། དངོས་གྲུབ་ཡང་སྙིང་བཅུད་དུ་བསྒྲུབ། དུས་གསུམ་འབྲལ་མེད་དམ་བཅར་བསྒྲུབ། བདུད་རྩི་ཟད་མེད་གཏེར་དུ་བསྒྲུབ། གཟིར་གནན་དྲག་པོ་སྟོབས་སུ་བསྒྲུབ། དབྱིའ་བསྡུ་ཡེ་ཤེས་དོན་དུ་བསྒྲུབ། མཐར་ཕྱིན་འབྲས་བུའི་ཡན་ལག་གོ། ཞེས་པ་རྣམས་ཀྱིས་ཤིན་ཏུ་ཞལ་གསལ་བ་དང་"གཉན་པོའི་སྒོ་དགུ"ཞེས་གསུངས་པའི་དོན་ནི་གཟི་བརྗིད་[ཐོབ་52ཤོ་26བ་7]ལས་བསྙེན་པའི་གཞི་ལ་སྒོ་དགུ་ལ། སྔོན་འགྲོ་ཕྱིའི་བསྙེན་པ་གསུམ། ཉེ་པར་(བར་)ནང་གིས་བསྙེན་པ་གསུམ། བཅའ་བཞི་(གཞི་)ལས་ཀྱིས་བསྙེན་པ་གསུམ། ཐོག་མར་ཕྱིའི་བསྙེན་པ་ལ། དཔོན་གསས་ལྷ་ལ་བསྙེན་པ་དང་། རིག་ལྡན་གནས་ལ་བསྙེན་པ་དང་། མཚན་ལྡན་གྲོགས་ལ་བསྙེན་པ་དང་གསུམ། ཉེ་བར་ནང་གིས་བསྙེན་པ་དང་། པོ་བྱད་རྫས་ལ་བསྙེན་པ་ན། ཐར་སྒྲུད་བསྐངས་ལ་བསྙེན་པ་དང་། ཕྱི་བརྟེན་སྐྱེས་ཀྱིས་བསྙེན་པ་གསུམ། བཅའ་གཞི་ལས་ཀྱིས་བསྙེན་པ་གསུམ། སྲུང་བ་མཚམས་གཅོད་ཕྱི་རུ་བསྙེན། དཀྱིལ་འཁོར་དལ་བྲིས་ནང་དུ་བསྙེན། སྒོ་དབྱིའ་བསྒྲི་བསྙེན་གསང་བར་བསྙེན། བསྙེན་པའི་གཞི་མ་སྒོ་དགུའོ། །ཞེས་གསལ་བར་བསྟན་པར་བརྟེན། "གཉན་པོ"ཞེས་པ་ནི་ཡིག་ནོར་ཏེ་དོན་དུ"བསྙེན་པ"ཞེས་བྱ་བར་ཤེས། "འགི་ང་ལས་ཀྱི་ལྷ"ཞེས་པ་འདི་ནི། སྐལ་བཟང་མགྲིན་རྒྱན་[པོད་209ཕ་18]ལས་ལྷ་ནི་ཁྲོ་བོའི་རྒྱལ་པོ་མཆོག འཆི་མེད་སྐྱེས་ནས་བཙན་ཞེས་བྱ་བ་མཆོད། ཅེས་ཨ་དཀར་ཐེག་པའི་ལྷའི་གཙོ་བོར་བཤད་ཡོད་པ་འདི་ལ་དགོངས་སམ་སྙམ། "ཡེ་གཤེན་འཇུག་པ་རྣམ་པ་བཞི།" ཞེས་པ་ནི་དྲི་མེད་གཟི་བརྗིད་དུ་ཡེ་གཤེན་གྱི་འཇུག་སྒོ་ཞིབ་རྒྱས་སུ་བཀྲལ་བའི་སྙིང་དོན་གྱི་དབང་དུ་བྱས་ན། ཐབས་མཚན་བཅས་དང་མཚན་མེད། ལམ་བསྐྱེད་རིམ་དང་རྫོགས་རིམ་འདི་བཞི་ལ་འཇུག་པ་རྣམ་བཞིའི་ཐ་སྙད་མཛད་པ་ཨེ་ཡིན་སྙམ། ཏིང་འཛིན་ཡན་ལག་དྲུག་ཅུ་ཞེས་པ་འདིའི་སྐོར་གཟི་བརྗིད་[ཐོབ་ད་168ཤོ་84བ་2]ལས་ཡེ་གཤེན་ཐེག་པའི་སྐོར་ཞུགས་ཤིང་། བྱང་ཆུབ་ཀྱིས་(ཀྱི་)སེམས་སྒོམ་ནས། བརྩོན་ཅིང་རིག་པར་སྤྱོད་ན། སེམས་ཉིད་ངོ་བོ་བདེ་ཞིན་(དེ་བཞིན་)ཉིད་མ་བཅོས་མཉམ་པའི་ངང་ནས། སེམས་ཀྱིས་(ཀྱི་)གནས་ལུགས་རིག་པའི་སྙིང་པོ་ལ་སྒྲིབ་པ་གསལ་ཏིང་འཛིན་གྱིས་(གྱི་)ཡན་ལག་བརྒྱ་བཅུ་(བརྒྱད་བཅུ)གྲུ་ལྔ་དང་ལྡན་པ། འགྲོ་པ་(བའི)མ་རིག་པའི་མུན་པ་སེལ་ཅིང་། སེམས་ཅན་ཉོན་མོངས་པ་འདུལ་བའི་དཔལ་དུ་འགྱུར་རོ། །ཞེས་སོགས་ནས་ཏིང་འཛིན་གྱི་ཡན་ལག་བརྒྱད་ཅུ་གྲུ་ལྔ་རེ་བཞིན་དུ་གསལ་བར་བསྟན་ཡོད་ཅིང་། དྲུག་ཅུའི་གྲངས་སུ་གསུངས་པ་འདི་ནི་གཟི་བརྗིད་[ཐོབ་ད་209ཤོ་105ན་2]ལས་ཏིང་འཛིན་ཡན་ལག་དྲུག་བཅུའི་(ཅུ་ཡི།) འོད་ཟེར་སྤྲོས་

བསྟུའི་འདུ་འཕྲོ་འགྲེད། ཅེས་པ་ཙམ་ལས་དངོས་ཀྱི་བཤད་པ་ནི་ཉིང་འཛིན་གྱི་ཡན་ལག་བརྒྱད་ཅུ་གྱ་ལྔ་ཏུ་བཤད་ཡོད།

“རྟགས་བཅུ་དྲུག” ཅེས་པ་འདི་ནི་ཉིང་འཛིན་གྱི་ཉམས་རྟགས་མི་འདྲ་བའི་བྱེ་བྲག་བཅུ་དྲུག་ཏུ……ངེས་ནའང་། ཁོ་བོས་མཐོང་བའི་བོན་གྱི་དཔེ་རྣམས་སུ་ཞལ་གསལ་བར་མ་མཇལ་ཞིང་། དྲི་མེད་གཟི་བརྗིད་[ཐོབ་ད་158ཤ79བ6]ལས་སྟོང་པའི་ཉམས་ལ་དྲོད་དང་ཚད་འབྱུང་བ། །མཁའ་ལ་བྱ་ཕུར……(འཕུར་)རྩ་ལ་བྱིང་བ་མེད། །རི་བོ་དལ་ཕྱུང་ས་རྗེ་ཟན་ལྟར་རྫི། །གང་ལ་ཆགས་མེད་སེར་སྣའི་མདུད་པ་གྲོལ། །ཞེས་སོགས་དང་། ཡང་[160ཤ80བ1]དུ་གསལ་བའི་ཉམས་ལ་དྲོད་དང་ཚད་འབྱུང་བ། །སེམས་ཉིད་ངོ་བོར་རང་མཚན་དཀྱིལ་འཁོར་རྫོགས། །ལྷ་སྐུ་ཐིག་ལེ་ཡིག་འབྲུ་ཞིང་ཁམས་འཆར། །མུན་སྣང་ནང་གིས་(དུ་)མཚན་མར་(མ་)ཡིག་འབྲུ་གསལ།། ཞེས་དང་[161ཤ81ན5]དུ་བདེ་བའི་དྲོད་ཚད་གཏུམ་མོའི་མེ་དྲོད་འབར། །ཞེན་ལོག་སྣང་བསྒྱུར་སྐྱོན་རྣམས་ཡོན་ཏན་རྒྱས། །གང་གཏད་མི་འཛིན་གཟའ་ཆེན་རྟོད་ལ་གནོན། །མ་རིག་ཉོན་མོངས་ཐུགས་རྗེ་(རྗེའི་)ཞགས་པའི་(པས་)འཛིན། །ཞེས་སོགས་ཀྱིས་ཉམས་རྟགས་འབྱུང་བའི་ཚུལ་ཆེས་མང་བ་ཞིག་བསྟན་ཡོད་འདུག་པ་དེ་རྣམས་ལས་གཙོ་བོར་གྱུར་པ་བཅུ་དྲུག་ལ་དགོངས་པ་ཨེ་ཡིན་སྙམ། “ཁྱད་པར་ཆེན་པོ་ལྔ་གསུམ་དོན་དམ་གཅིག” ཅེས་པ་ལས། “ཁྱད་པར་ཆེན་པོ” ཞེས་པ་ནི། ཐེག་པ་ཐམས་ཅད་ལས་ཁྱད་པར་དུ་གྱུར་པའི་ཐེག་པ་དམ་པ་སྟེ། བོན་ལུགས་ཡོངས་གྲགས་སུ་ཡེ་གཤེན་ཆེན་པོའམ་བླ་མེད་ཀྱི་ཐེག་པ་ཞེས་བྱ་བ་དེ་ཡིན་ལ། “ལྷ་གསུམ་དོན་དམ་གཅིག” ཅེས་བྱ་བ་འདིའི་དགོངས་དོན་རྣལ་མ་ནི་གཟི་བརྗིད་[ཐོབ་ད་221ཤ111ཕ1]ལས་བླ……མེད་ཐེག་པ་ཆེན་པོའི་དོན། །ལྷ་ཞེས་བྱ་བའི་ཕན་པ་མེད། །བགེགས་ཞེས་བྱ་བའི་གནོད་པ་མེད། །ཕན་མེད་གནོད་བྲལ་འདུས་མ་བྱས། །འཆི་མེད་སྐྱེས་བཙན་གཡུང་དྲུང་སྐུ། །ཞེས་གསལ་བ་བཞིན་དགེ་བསྙེན་ཐེག་པ་དང་། །དྲང་སྲོང་ཐེག་པ། ཡེ་གཤེན་ཐེག་པ་རྣམ་པ་གསུམ་དུ་ལྷའི་བསྙེན་སྒྲུབ་གཙོར་བསྟན་པའི་ལྷ་དེ་གསུམ་ཡང་དོན་དམ་པར་རང་བྱུང་རིག་པའི་གཤིས་སུ་རྫོགས་པའི་དོན་དུ་གོ། “མ་བྲུ་བ” ཞེས་བྱ་བ་འདི་ནི་ཤིན་ཏུ་གསང་བ་ཆེན་པོའི་གནད་ཀྱི་མན་ངག་ཟབ་མོའི་སྐད་ཡིན་པ་ནི“བོད་སྐད་དུ་གསང་ངོ་ཁ་ཐམ” ཞེས་གསང་བའི་རྒྱས་བཏབ་པའི་ཚུལ་ཞལ་གསལ་དུ་བཀོད་ཡོད་པ་དེ་གས་ངེས་ཤེས་ཐུབ་པ……ཡིན། ཡང་བློན་པོ་བཀའི་ཐང་ཡིག་[པེ་496ཕ2]ལས་བོན་གནམ་བབ་རྒྱུ་འབྲས་མི་བསླུ། །སྟོན་པ་འཆི་མེད་གཙུག་ཕུད་ཀྱིས། །བྲུ་ཞུག་དགུ་ལམ་ཉི་ཤུ་བདུན་དུ་དབྱེ། །གཤེན་ལྷ་འོད་དཀར་དྲན་པའི་རྒྱུ་ཏུ་ཆེ། །ཞེས་པའི་སྐད་ནི་བོན་གྱི་གཞུང་རིག་པའི་བྲུ་ཞུག་གི་ལུང་སྐལ་བཟང་མགྲིན་རྒྱན་[བོད་172ཕ4]ལས་བྱ··

གཤེན་མོ་ལ་སྒྲོགས་པའི་ཁྲུ་བྱུག་ཀྱང་། །གཏོ་དཔྱད་མཚན་མ་མེད་དེ་ཅིར་མི་དམིགས། སྣང་གཤེན་གྱེར་ལ་སྒྲོགས་པའི་ཁྲུ་བྱུག་ཀྱང་། །གྱེར་སྒོམ་མཚན་མ་མེད་དེ་ཅིར་མི་དམིགས། །འཕྲུལ་གཤེན་མཐུ་དབང་སྒྲོགས་པའི་ཁྲུ་བྱུག་ཀྱང་། །རྫུ་འཕྲུལ་མཚན་མ་མེད་དེ་ཅིར་མི་དམིགས། །སྲིད་གཤེན་འདུར་ལ་སྒྲོགས་པའི་ཁྲུ་བྱུག་ཀྱང་། །འདུར་སྒྲོང་མཚན་མ་མེད་དེ་ཅིར་མི་དམིགས། །ཞེས་ངེས་ཤེས་ཐུབ་པ་ཡིན། །ཡང་སྣོན་པོ་བཀའི་ཐང་ཡིག་[ཤོ་496 བ་4] ལས་དེ་ནས་བོན་གྱི་བསྟན་པ་བཙུགས་ཚུལ་ནི། །ཕྱྭ་གཤེན་མོ་ལྷའི་རྒྱལ་པོ་སྐྱེས་བུ་རིར། །ཏ་བུ་སྦྱིད་མིང་སྐྱེ་ཡི་བསྟན་པ་བཙུགས། །སྣང་གཤེན་གྱེར་སྒྲོག་གར་གསས་བཙན་པོའི་ལྷ། །མི་བོན་ལྷ་བོན་རྒྱལ་ཁྲིམས་སྣང་བས་བཙུགས། །འཕྲུལ་གཤེན་བསྟན་པ་སྲས་གསས་རྫམ་པས་བཙུགས། །སྲིད་གཤེན་བསྟན་པ་འདུར་གསས་སྤ་བོས་བཙུགས། །དགེ་བསྙེན་ཡེ་མཁྱེན་འཕྲུལ་རྒྱས་བཙུགས། །དྲང་སྲོང་འདུལ་ཁྲིམས་སྒྲོག་པའི་བསྟན་པ་ནི་ཐེག་དྲུག་གཡུང་དྲུང་ཚེ་ཡི་རྒྱལ་པོས་བཙུགས། །ཨ་དཀར་བསྟན་པ་གསང་བ་འདུས་པས་བཙུགས། །ཡེ་གཤེན་བསྟན་པ་གཡུང་དྲུང་ཡེ་དབང་རྒྱལ་པོས་བཙུགས། །ཐེག་དགུ་ཁྱད་པར་ཆེན་པོ་སེམས་ཀྱི་བོན། །གཤེན་པོ་ཚད་མེད་འོད་ལྡན་བསྟན་པ་བཙུགས། །མགུ་གཤེན་པོ་ཚད་མེད་འོད་ལྡན་གྱིས། །ནམ་མཁའི་དབྱིངས་སུ་དཀའ་བ་སྤྱོད་ཅིང་སྒོམ། །ཡབ་ཡུམ་འཁོར་བཅས་ཕུང་པོ་ལྷག་མེད་སོང་། །དེ་ནས་བོན་པོ་འཕྲུལ་གཤེན་སྣང་ལྡན་གྱིས། །རི་རབ་ཟོམ་ལ་དཀའ་བ་སྤྱོད་ཅིང་སྒོམ། །ཡབ་ཡུམ་འཁོར་བཅས་ཕུང་པོ་ལྷག་མེད་སོང་། །རྒྱལ་པོ་གྲི་གུམ་བཙན་པོའི་རིང་ལ་ནུབ། །རྒྱལ་པོའི་ཆབ་སྲིད་དེ་ནས་ཉམས་པ་ལགས། །ཞེས་བོན་གྱི་ཐེག་པའི་རིམ་པ་དེ་རྣམས་ཀྱི་ཡ་ཐོག་གི་བྱུང་ཁུངས་ཇི་ལྟར་ཡིན་པ་རེ་བཞིན་དུ་ཞལ་གསལ་བར་བསྟན་པར་མ་ཟད། བོན་གྱི་བསྟན་པའི་སྙིང་པོ་སེམས་ཀྱི་བོན་དང་བཅས་པ་དེ་རྣམས་བོད་ཀྱི་རྒྱལ་པོ་གྲི་གུམ་བཙན་པོའི་བར་དུ་དར་རྒྱས་སུ་གནས་ཡོད་པའི་ཚུལ་ཀུ་རུ་པདྨ་སམ་བྷ་ཝས་ཞལ་གྱིས་བཞེས་པ་དེ་ལ་ཡིད་བརྟན་མི་ནུས་ན་གཞན་སུ་ཞིག་ལ་ཡིད་བརྟན་ནུས། འདིར་ཕྱྭ་བོན་གྱི་བསྟན་པ་བཙུགས་མཁན་དེའི་མཚན་དུ“ཏ་བུ་སྦྱིད་མིང་སྐྱེ”ཞེས་བཀོད་ཡོད་པ་འདི་ནི་བོན་གཞུང་ཡོངས་གྲགས་རྣམས་སུ“ཕྱྭ་གཤེན་གཙུག་ཕུད་ལེགས་རྒྱལ་ཐང་པོ”ཞེས་བྱ་བ་དེས་སྟོན་པ་གཤེན་རབ་ལ་ཕྱྭའི་བོན་བསྟན་པར་བསྐུལ་བའི་ལོ་རྒྱུས་ཡོད་པ་དེ་རང་ཡིན་པར·····མངོན་པ་དང“་སྲས་གསས་རྫམ་པ”ཞེས་པ་ནི“དཔལ་གསས་རྫམ་པ”ཞེས་པའི་དོན་ཡིན་པ་དང་། “འདུར་གསས་སྤ་བོ”ཞེས་པ་ནི“འདུར་གསས་རྨ་བོ”ཡིན་པ་འདི་རིགས་ནི་གོ་སླའོ། །

གསུམ། ཆོས་རྒྱལ་ཁྲི་སྲོང་ལྡེའུ་བཙན་གྱིས་བོན་བསྣུབས་པའི་སྐོར།

སློབ་དཔོན་ཆེན་པོ་པདྨ་སམ་བྷ་ཝས་བོན་ལ་བསྟན་པ་ཡང་དག་ཅིག་ཀྱང་ཡོད་པར་བཞེད་ནས……བོན་གཏན་ལ་ཕབ་པ་དེ་དང་། ཆོས་རྒྱལ་ཁྲི་སྲོང་ལྡེའུ་བཙན་གྱིས་བོན་བསྣུབས་པའི་ཚུལ་འདི་གཉིས་འགལ་ཆར་གྱུར་པ་འདྲ་ཞིག་ཏུ་སྣང་མོད། དངོས་དོན་དུ་ཆོས་རྒྱལ་ཁྲི་སྲོང་ལྡེའུ་བཙན་གྱིས་བོན་བསྣུབས་མཛད་པ་དེ་ལ་དགོས་པ་དང་རྒྱུ་མཚན་མི་འདྲ་བ་གཉིས་བྱུང་ཡོད།

ཆོས་རྒྱལ་གྱིས་བོན་བསྣུབས་པའི་རྒྱུ་མཚན་དང་པོ་ནི། ཆོས་རྒྱལ་ཁྲི་སྲོང་ལྡེའུ་བཙན་གྱི་ཡབ་ཁྲི་ལྡེ་གཙུག་བརྟན་མེས་ཨག་ཚོམས་ཅན་གྱིས་མེས་སྲོང་བཙན་སྒམ་པོའི་ཞལ་ཆེམས་ཟངས་ཀྱི་བྱང་བུ་ལ"ང……ནས་གདུང་རབས་ལྔ་ན་རྒྱལ་པོ་ཁྲི་དང་ལྡེ་ཞེས་བྱ་བའི་དུས་སུ་དམ་པའི་ཆོས་དང་། པཎྜི་ཏ་མང་པོ་བྱོན་ནས་སངས་རྒྱས་ཀྱི་བསྟན་པ་རྒྱས་པར་འགྱུར"ཞེས་བྲིས་པའི་ལུང་བྱང་དེ་གཟིགས་ནས་ཁྲི་དང་ལྡེ་ཞེས……པའི་རྒྱལ་པོ་དེ་ཁོང་རང་ཡིན་པར་དགོངས་ནས། གངས་ཏི་སེར་པཎྜི་ཏ་སངས་རྒྱས་གསང་བ་དང་སངས་རྒྱས་ཞི་བ་གཉིས་བཞུགས་པ་གདན་འདྲེན་དུ་བྲན་ཁ་མུ་ལེ་ཀོ་དང་། གཉགས་ཛྙཱ་ན་ཀུ་མ་ར་གཉིས་བཏང་། པཎྜི་ཏ་གཉིས་སྤྱན་མ་དྲངས་ནའང་ཐེག་པ་ཆེན་པོའི་མདོ་སྡེ་དཔེ་བསྒྱུར་གནང་བ་དེ་རྣམས་བཞུགས་པའི་ལྷ་ཁང་བྲག་དམར་ཀ་རུ་དང་། ཁ་ཆེ་འཕྲིན་བཟང་ལྷ་ས་ཁ་བྲག འཕྱིན་ཕུ་ནམ་རལ་མང་གོང་ཁྲི་རྩེ་དང་ལྷ་བཞེངས་པ་སོགས་བསྟན་པའི་བྱ་བ་མང་དུ་མཛད་པ་ལ་ཁོང་གི་བློན་པོ་ཆོས་ལ་མི……དགའ་བའི་བོན་བློན་འགས་ཕྲག་དོག་བྱས་པ་དང་། མཐར་ཁོང་ཉིད་ཀྱི་བློན་པོ་ལང་མེས་གཟིགས་དང་འབལ་སྟོང་ཚབ་གཉིས་ཀྱིས་ངན་གཡོའི་སྒོ་ནས་རྒྱལ་པོ་བཀྲོངས་ཡོད་པའི་ཚུལ་དང་། ཆོས་རྒྱལ་ཁྲི་སྲོང་ལྡེའུ་བཙན་སྐུ་ན་ཕྲ་བའི་སྐབས་སུའང་ཆོས་ལ་མི་དགའ་བའི་བོན་བློན་འགས་དབང་བཟུང་སྟེ། ཆོས་རྒྱལ་ལ་སྐྱུ་ངལ་ཇི་སྙེད་ཅིག་བྱུང་ཡོད་པའི་ཚུལ་བོད་ཀྱི་རྒྱལ་རབས་དང་། ཆོས་འབྱུང་ཁག ཁྱད་པར་དུ་རྡོ་རིང་གི་ཡི་གེ་རྣམས་ལས་གསལ་བར་བསྟན་པ་དེ་བཞིན་བྱུང་བ་ཡིན་སྟབས། ཆོས་རྒྱལ་ཁྲི་སྲོང་ལྡེའུ་བཙན་གྱིས་བོད་རྒྱལ་པོའི་ཆབ་སྲིད་ཀྱི་མངའ་དབང་ཡོངས་སུ་རྫོགས་པ་ཕྱག་ཏུ་བཞེས་ཐུབ་པ་བྱུང་བ……དེའི་ཚེ། ཆོས་ལ་སྡང་བའི་བོན་བློན་མང་པོ་ཞིག་ལ་བཀའ་ཉེས་ཕབ་པ་དང་ལྷན་ཅིག་ཏུ་བོན་བློན་དེ་རྣམས་དང་འབྲེལ་བའི་བོན་གྱི་གཤེན་པོ་མང་པོ་ཞིག་ལའང་དོ་འཕོགས་བྱུང་ཡོད་པ་ནི་སྨོས་མ་དགོས……ཤིང་། རྒྱུ་མཚན་དེ་ལ་བརྟེན་ནས་པདྨ་བཀའི་ཐང་ཡིག[ཤོ་400 ཕ་1]ལས་བོན་འདི་མུ་སྟེགས་ཡིན་འདུག་སུས་མ་བྱེད༔ བོན་པོ་བསམ་ཡས་མི་མཐོང་ཡུལ་ཕུད་སོང་། བོན་པོས་སྐྱིད་ཤོད་ཕྱིན་པས་ཡོག་ཐང་བྱུང་༔ གཙང་དུ་ཕྱིན་པས་དབེན་ཙ་ཁ་ཞེས་གྲགས༔ ཞེས་ཁྲིམས་ཀྱི་ཁོངས་སུ་བཞག་མཛད་ཡོད་

འདུག དེ་ནི་གཙོ་ཆེར་སྲིད་ཀྱི་དབང་དུ་བྱས་པ་ཞིག་ཡིན་པ་ལས་ནང་དོན་གྱི་ལྟ་བ་ཡང་དག་མ་ཡིན་པས་བཀག་པ་ཞིག་ནི་མ་ཡིན་པ་རྒྱལ་པོའི་བཀས་བཅད་ཀྱི་ཁྲིམས་སུ་མཛད་པས་ཤེས་ཐུབ། དཔེར་ན་སྡེ་སྲིད་སངས་རྒྱས་རྒྱ་མཚོས་བཀོད་མཛད་པའི་ཁྲིམས་ཡིག་བླང་དོར་གསལ་བར་བྱེད་པའི་དྭང་ཐིག་དྭངས་ཤེལ་མེ་ལོང་ཉེར་གཅིག་པ་ཞེས་པའི་ལེའུ་བཅུ་དྲུག་པ་[གངས་ཅན་རིག་མཛོད7—255ཤ1]ལས་བྱུང་། ཕྱོགས་འདི་ཉིད་མཉམ་མེད་ཙོང་ཁ་པ་ཆེན་པོའི་གདུལ་བྱའི་ཞིང་ཁམས་ཡིན་པར། ལྟ་འདུང་འདྲེ་ལག་གི་གྲུབ་མཐའ་མི་གཅིག་པའི་སེར་མོ་བའི་རིགས་ཀྱིས་འགྲོ་དོན་བྱེད་པ་འདི་འོས་བབ་མིན་འདུག་པས་སྐོར་བསྐྱིལ། འཐོག་བརྟང་སོགས་གང་ཐུབ་བྱེད། ཅེས་གཞུང་གི་ཆབ་སྲིད་ཀྱི་མཛད་པའི་ནང་དུའང་ཚུད་ཡོད་པ་དང་། བོན་པོའི་རིགས་ལ་སྡང་སེམས་ཡོད་པ་ལྟ་ཅི། བན་དེ་ནང་ཁྲལ་གྱི་གྲུབ་མཐའ་ཁག་གི་བར་ལའང་སོ་སོའི་མངའ་རིས་དང་དབང་ཐང་ལ་བསམས་ནས་འཐབ་རྩོད་ཅི་ལྟར་བྱས་ཡོད་པ་མངོན་གསལ་གྱིས་གོ་རྟོགས་ཐུབ་ལ་དེ་ནི་དངོས་དོན་དུ་སངས་རྒྱས་པའི་ཆོས་ཀྱི་དགོངས་པའང་མིན་ལ། གཞན་རབ་ཀྱིས་བསྟན་པའི་བོན་གྱི་དགོངས་པའང་མིན་པ་བློ་ཆུང་གུ་དོག་གི་ལྟ་ཚུལ་ཙམ་ཞིག་ཡིན་ངེས་པ་མངོན་སུམ་ཚད་མས་གྲུབ་པ་ཞིག་གོ།

གུ་རུ་པདྨ་སཾ་བྷ་ཝ་བོད་ཡུལ་དུ་ཞབས་བཀོད་པའི་ཚེ། དུས་དེར་ལོག་པར་སྤྱོད་པའི་བོན་པོ་འགའ་རེ་ཡོད་པ་དེ་རྣམས་ཀྱི་བསྟན་པ་བསྒྱུབས་པའི་ཚུལ་ནི་གསོལ་འདེབས་བར་ཆད་ལམ་སེལ་[པདྨ་བཀའ་ཐང་སི788ཤ12]ལས"གདོན་གཟུགས་བོན་གྱི་བསྟན་པ་བསྒྱུབས༔ ཆོས་སྐུ་དྲི་མེད་རིན་ཆེན་བསྟན༔ ཞེས་ལོག་པར་སྤྱོད་པའི་བོན་བསྟན་དེ་དག་བསྒྱུབས་ནས་ཆོས་སྐུ་དྲི་མ་མེད་པ་རིན་པོ་ཆེའི་བསྟན་པ་སྤེལ་བར་མཛད་པའི་ཚུལ་ཞལ་གསལ་བར་བསྟན་ལ། མཛད་པ་དེ་ནི་སློབ་དཔོན་པདྨ་སཾ་བྷ་ཝས་མཛད་པ་ཙམ་དུ་མ་ཟད་དེ་སྔོན་དུ་བྱུང་བ་བོན་གྱི་སྟོན་པ་གཤེན་རབ་མི་བོ་ཆེས་ཀྱང་བདུད་བོན་དང་བཙན་བོན། གདོན་བོན་ལ་སོགས་པ་སེམས་ཅན་གྱི་སྲོག་ལ་འཚེ་ཞིང་དམར་མཆོད་བྱེད་པའི་བོན་པོ་དེ་རིགས་ཀྱི་ལོག་སྤྱོད་རྣམས་ཚར་བཅད་དེ། དམར་མཆོད་ཀྱི་དོད་དུ་ཟན་དང་ཁམ་སས་བཅོས་པའི་སེམས་ཅན་གྱི་གཟུགས་སོགས་ཀྱི་མདོས་རྫས་དང་གླུད་རྫས་ཅི་རིགས་པས་ཚོག་པར་མཛད་པའི་ཚུལ། སྲིད་པ་སྤྱི་མདོས་དང་གླུད་མདོས་ཡས་ཀྱི་སྐྱང་གཞུང་〔18〕རྣམས་ནས་གསལ་བར་བསྟན་པ་ཡོད་པ་དེ་དག་གིས་ངེས་ཤེས་ཐུབ་པ་ཡིན།

ཆེས་སྔ་བའི་དུས་སུ་ཞང་ཞུང་གི་ཡུལ་ཙམ་དུ་མ་ཟད། འཛམ་གླིང་གི་ཡུལ་ཁམས་གཞན་དག་ཏུའང་དམར་མཆོད་ཀྱི་རིགས་འདི་དར་སྲོལ་ཆེ་བར་བྱུང་ཡོད་འདུག་ལ། ལོ་གྲངས་བཞི་སྟོང་ལ་ཉེ་བའི་གཤེན་

རབ་མི་བོ་ཆེའི་སྐུ་དུས་སུ་ཡུལ་ཁམས་ཀུན་ཏུ་དམར་མཆོད་བྱེད་མཁན་ཅི་རིགས་ཤིག་བྱུང་སྲོང་ཡོད་པ་ནི་ཤུགས་ཀྱིས་ཤེས་ཐུབ་པ་ཡིན། གཤེན་རབ་མི་བོ་ཆེས་དུས་སྐབས་དེ་དག་ཏུ་དམར་མཆོད་ཀྱི་ཚབ་ཏུ་གླུད་དང་། མདོས་ཡས་ཀྱི་ཐབས་ཚུལ་སྤེལ་གནང་བ་དང་། དེ་བཞིན་གླུད་དང་མདོས་ཡས་ཀྱི་སྲོལ་འཛུགས་ཐུབ་པར་བྱུང་བ་དེ་ནི་ངོ་མཚར་རྨད་དུ་བྱུང་བའི་མཛད་པ་ཞིག་ཡིན་པ་ནི་སྨོས་མ་དགོས།

གཤེན་རབ་མི་བོ་ཆེས་གླུད་དང་མདོས་ཡས་ཀྱི་སྲོལ་བཙུགས་པར་མཛད་མོད། སུ་ཞིག་གཤེན་རབ་མི་བོ་ཆེའི་རྗེས་སུ་འབྲང་བ་དེ་དག་གིས་སེམས་ཅན་གྱི་སྲོག་ལ་འཚེ་བའི་བྱ་བ་དེ་སྤངས་ནས། གླུད་དང་མདོས་ཡས་ཀྱི་ཆ་རྐྱེན་ལ་བརྟེན་ནས་རང་གཞན་གྱི་ཕན་བདེའི་ཆ་རྐྱེན་བསྐྲུབས་ཡོད་འདུག་ཅིང་། དེ་དག་ལ"གཡུང་དྲུང་གི་བོན"ཅེས་པའི་ཐ་སྙད་དམིགས་སུ་བསལ་བ་ཞིག་ཀྱང་བྱུང་འདུག་མོད། ཞང་ཞུང་དང་བོད་དུ་གཡུང་དྲུང་གི་བོན་དར་བ་ཙམ་གྱིས་བདུད་བོན་དང་གདོན་བོན། བཙན་བོན་སོགས་གནའ་དུས་ནས་དར་སྲོལ་ཡོད་པའི་བོན་དམར་མཆོད་ལ་བརྟེན་ནས་རང་གཞན་གྱི་བདེ་དོན་སྒྲུབ་མཁན་དེ་རིགས་རྩ་བ་ནས་མེད་པ་ནི་ག་ལ་འགྱུར།

ཞང་བོད་ཀྱི་ཡུལ་འགར་ཕྱིས་སུའང་དམར་མཆོད་བྱེད་པའི་བོན་རིགས་ཡོད་ལ། བོད་ཀྱི་མཐའ་མཚམས་ཀྱི་ས་གནས་རྣམས་སུ་བྱ་དང་རའི་ཁྲེ་བཅད་ནས་ཁྲག་མཆོད་བྱེད་མཁན་ད་ལྟའི་དུས་སུའང……མངོན་མཐོང་དུ་ཡོད་པས་ཤེས་ཐུབ་པ་ཡིན། གཞི་རྩ་དེ་ལ་བརྟེན་ཏེ་པདྨ་བཀའི་ཐང་ཡིག་[སི་473ཕ་4]ལས་དེ་དུས་རྒྱལ་པོའི་སྐུ་ཡི་རིམ་གྲོ་ལ༔ བོན་དུ་ཤྭ་བ་རྭ་རྒྱས་བྱེད་དགོས་ཟེར༔ བོན་པོས་ཤྭ་བ་གསོན་མ་བཟུང་ནས་ཁྱེར༔ ལྷ་ཆ་དགོས་ཟེར་བོན་པོས་གཡག་ལུག་གསོད༔ དེ་ལ་སོགས་པའི་སྡིག་པ་གང་ཞིག་ལ༔ ལོ་པཎ་རྣམས་ཀྱིས་བོན་པོའི་ལས་ལ་གཟིགས༔ པཎྜི་ཏ་རྣམས་གྲོས་མེད་བློ་གཅིག་ཏུ༔ ལོ་ཙཱ་བརྒྱད་ནས་རྒྱལ་པོའི་སྙན་གསོལ་བ༔ ཆོས་ཀྱི་ཁྲིམས་དང་མི་མཐུན་བོན་ལུགས་འདི༔ མི་དགེ་ལས་ཀྱི་ཐུན་མོང་མ་ཡིན་གྱི༔ འདི་འདྲ་བྱེད་འཇུག་རིང་རྣམས་རང་ཡུལ་འགྲོ༔ བསྟན་པ་གཅིག་ལ་སྟོན་པ་གཉིས་མི་འོང༔ ཆོས་ལུགས་གཅིག་ལ་བྱེད་ལུགས་གཉིས་མི་རུང་༔ ཞེས་པ་ཏུར་གཤེན་མཆོན་ཆ་ཅན་དུ་གྲགས་པའི་བོན་སྡེའི་བྱེ་བྲག་ཏུ་དར་སྲོལ་ཡོད་པ། "བོན་ཤྭ་བ་རྭ་རྒྱས"ཞེས་བྱ་བའི་ལུགས་དེ་གནའ་དུས་སུ་དམར་མཆོད་བྱེད་མཁན་གྱི་གྲས་ཤིག་ཡིན་པ་དང་། དེའང་བོན་གྱི་བྱེ་བྲག་ཅིག་ཏུ་སོང་སྟབས། འཇིག་རྟེན་གྱི་ཁ་དཔེར"མི་གཅིག་རྐུན་པོར་མཐོང་ནས་མི་བརྒྱ་རྐུན་པོར་འཛིན།" ཞེས་པ་ལྟར་གནའ་ལུགས་ཤྭ་བ་རྭ་རྒྱས་ཀྱི་མདོས་ཆོག་བྱེད་མཁན་གྱི་བོན་པོ་འགའ་ཞིག་གི་བྱེད་སྤྱོད་ལ་བརྟེན་ནས། བོན་པོ་ཡོངས་ལ་མ་ཉེས་ཁ་ཡོག་གཅིག་བྱུང་ཡོད་པ་ནི་ཤེས་སླ་བ་ཡིན། ཡང་པདྨ་བཀའི་ཐང་ཡིག་[སི་472ཕ་14]ལས་ཞང་

ཞིང་ཡུལ་ནས་གཤེན་ལི་ཤི་(ཤུ་)སྟག་རིང་༔ ཐང་ནག་བོན་པོ་ཚེ་མི་གཡུང་དྲུང་འབྱུང་༔ གཤེན་བོན་དྲན་པ་ཁོད་སྤུངས་བྱ་བ་དང་༔ མི་ལུས་བསམ་ལྷག་སྟག་ལྷ་མེ་འབར་དང་ཐར་བོན་གྱུ་བསྐྱལ༔ རྟ་བོན་ཐྲོན་ཁྲི་ནག༔ འཕྲུལ་བོན་གསང་བ་དང་རིང་ལ་སོགས་པོས༔ ཨཱཙྪ་པ་ལོའི་གླིང་བཞག་བོན་བསྒྱུར་བཅུག༔ ཅེས་ཞང་ཞུང་གི་མཁས་པ་དང་ལོ་ཙཱ་བ་དེ་རྣམས་སྤྱན་དྲངས་ཏེ་བོན་གྱི་སྐོར་རྣམས་བོད་སྐད་དུ་བསྒྱུར་བཅུག་པར་བརྟེན། རྒྱ་དཀར་ནག་སོགས་ནས་གདན་དྲངས་པའི་པཎྜི་ཏ་རྣམས་དང་། བོད་ཀྱི་ལོ་ཙཱ་བ་དེ་རྣམས་ཐུགས་མ་རངས་ནས་"བསྟན་པ་གཅིག་ལ་སྟོན་པ་གཉིས་མི་འོང་། ཆོས་ལུགས་གཅིག་ལ་བྱེད་ལུགས་གཉིས་མི་འོང་།" ཞེས་རྒྱལ་པོ་ལ་སྙན་གསན་ཕུལ་ཡོད་པར་བརྟེན། རྒྱལ་པོ་ལའང་སྙན་སུན་དང་། མི་མཛད་ཀ་མེད་ཀྱི་གནས་ཚུལ་མང་པོ་ཞིག་བཟོས་ཡོད་པའང་གསལ་བར་བསྟན་པ་ཡིན། འདིར་ཞང་ཞུང་གི་གཤེན་པོ་ལི་ཤུ་སྟག་རིང་དང་། ཁོད་སྤུངས་དྲན་པ་ནམ་མཁའ་སོགས་ཞང་ཞུང་ན་གྲགས་ཆེ་བའི་བོན་གཤེན་རྣམས་ཀྱི་མཚན་གསལ་མོད། བོན་གཤེན་ཆེན་པོ་དེ་རྣམས་ནི་དུས་རིམ་བར་མའི་ནང་དུ་ཐོན་པའི་གཤེན་པོ་རྣམས་ཡིན་སྟབས། སྐབས་འདིར་ཡོད་མི་སྲིད་ནའང་ཆོས་ཀྱི་ལོ་རྒྱུས་ནང་འཇམ་དཔལ་བཤེས་གཉེན་ཐུ་མ་སྟོན་པ་དགའ་རབ་རྡོ་རྗེའི་སློབ་མའི་གཙོ་བོ་ཞིག་ཡིན་པ་དང་། འཇམ་དཔལ་བཤེས་གཉེན་ཕྱི་མ་སློབ་དཔོན་པདྨ་སམ་བྷ་ཝའི་བླ་མ་ཡིན་པ་ལྟ་བུ་གནའ་དུས་སུ་གྲགས་ཆེ་བའི་གྲུབ་ཆེན་དང་རིག་འཛིན་དེ་རྣམས་ཀྱི་མཚན་མི་རབས་རྗེས་མ་རྣམས་སུའང་བེད་སྤྱོད་བྱེད་སྲོལ་ཡོད་པ་དེའི་ལུགས་ལས་བྱུང་བའི་མཚན་རྣམས་སུ་ངེས་ལ། བོན་ལུགས་སུ་ལི་ཤུ་སྟག་རིང་སྐུ་འཁྲུངས་པ་ནས་བཟུང་འཆི་མེད་ཚེའི་རིག་འཛིན་བསྒྲེས་པའི་སྟབས་ཀྱིས་ཆོས་རྒྱལ་ཁྲི་སྲོང་ལྡེའུ་བཙན་གྱིས་བོན་བསྣུབས་པའི་དུས……སུའང་ཞལ་བཞུགས་ཡོད་པར་བཤད་པ་དེ་ནི་དག་སྣང་གི་ལུགས་སུ་ཡིན་སྲིད་པ་ལས། འཇིག་རྟེན་ཐུན་མོང་གི་སྣང་ངོར་གྲུབ་པའི་ལོ་རྒྱུས་ཀྱི་ཁུངས་སུ་འོས་ཆེ་བ་དེ་ཙམ་མ་མཐོང་། ཡང་པདྨ་བཀའི་ཐང་ཡིག་[སི་473ཕ་17]ལས"ཆོས་ནི་དར་ཆ་ཆུང་ཞིང་བོན་ཁ་དྲག༔ ལོ་ཙཱ་མཁས་པ་མང་པོ་སྤྱུགས་དགོས་བྱུང་༔"ཞེས་ཆོས་རྒྱལ་སྐུ་ན་ཕྲ་བའི་སྐབས་ཆོས་པ་རྣམས་ཀྱི་ནུས་པ་ཤིན་ཏུ་ཞན་པ་དང་། རྒྱལ་པོས་སྲིད་ཀྱི་མངའ་དབང་ཟིན་ཏེ་བསྟན་པ་སྤེལ་བའི་མཛད་པ་མངོན་སུམ་དུ་བསྟར་བའི་སྐབས་སུའང་ཆོས་པ……རྣམས་ཀྱི་ནུས་ཚད་བོན་པོ་ལས་ཞན་གྱི་ཡོད་སྟབས། ཆོས་རྒྱལ་གྱིས་བོན་གྱི་བསྟན་པ་བསྣུབས་དགོས་པའི་རྒྱུ་མཚན་འགའ་ཞིག་བཙལ་གནང་འདུག

བོན་བསྣུབས་དགོས་པའི་རྒྱུ་མཚན་གཅིག་ནི། དེ་ཉིད་[སི་474ཕ་4]ལས"དེ་དུས་རྒྱལ་བའི་བློ་གྲོས་ཨ་མ་དང་༔ བློན་པོ་ཏ་ར་ཀླུ་གོང་ཤི་བ་ལ༔ བོན་ཆོས་གཉིས་ཀས་བུམ་ཚོག་བྱས་པའི་ཚེ༔ རྒྱལ་པོ་

ཆོས་ལ་ཡིད་ཆེས་བོན་ཐེ་ཚོམ༔ དོན་མཁར་ཐང་ལ་དག་ནུས་འགྲུབ་བཙུག་པས༔ རྒྱལ་པོ་ཆོས་ལ་ཡིད་ཆེས་བོན་ཐེ་ཚོམ༔ སློབ་དཔོན་པདྨ་ཐང་ནག་བོན་པོ་གཉིས། གྲུབ་མཐའ་བཟུང་ནས་འགེགས་རེས་བྱེད་བཙུག་པས༔ རྒྱལ་པོ་ཆོས་ལ་ཡིད་ཆེས་བོན་ཐེ་ཚོམ༔ བོ་ཧྲ་ས་ཏྭ་ཤ་རིའི་(རི་)དབུ་ཆེན་གཉིས༔ གྲུབ་མཐའ་བཟུང་ནས་འགེགས་རེས་བྱེད[19] བཙུག་པས༔ རྒྱལ་པོ་ཆོས་ལ་ཡིད་ཆེས་བོན་ཐེ་ཚོམ༔ བི་མ་མི་ཏྲ་ལི་ཤི་ལྷག་རི་(ཤུ་སྟག་རིང་)གཉིས༔ གྲུབ་མཐའ་བཟུང་ནས་འགེགས་རེས་བྱེད་བཙུག་པས༔ རྒྱལ་པོ་ཆོས་ལ་ཡིད་ཆེས་བོན་ཐེ་ཚོམ༔ བོན་གྱི་ཐེག་དགུ་ཆོས་ཀྱི་ཐེག་དགུ་གཉིས༔ ལོ་ཙྪ་རྣམས་ཀྱིས་འགེགས་རེས་བྱེད་བཙུག་པས༔ རྒྱལ་པོ་ཆོས་ལ་ཡིད་ཆེས་བོན་ཐེ་ཚོམ་༔" ཞེས་ཆོས་དང་བོན་རྩོད་བསྡུར་བྱས་ཡོད་པ་དང་། ལྷག་པར་དུ་ཆོས་སུ་གྲགས་པའི་ཐེག་པ་རིམ་པ་དགུ་དང་། བོན་དུ་གྲགས་པའི་ཐེག་པ་རིམ་པ་དགུའི་དགོངས་དོན་རྣམས་རྩོད་བསྡུར་བྱས་པར་གསལ་བ་འདིས་ནི། དུས་སྐབས་དེར་བོན་ལ་ཐེག་པ་རིམ་དགུའི་ཐ་སྙད་ཡོད་པའང་གསལ་བར་བསྟན་པ་ཡིན།

ཆོས་རྒྱལ་ཁྲི་སྲོང་ལྡེའུ་བཙན་ཆོས་ལ་ཡིད་ཆེས་པ་དང་། བོན་ལ་ཐེ་ཚོམ་པའི་གཞི་རྩའི་རྒྱུ་མཚན་དྲུག་ལ་བརྟེན། ད་གཟོད་སངས་རྒྱས་ཀྱི་བསྟན་པ་དར་དུ་འཛུག་ལ། བོན་གྱི་བསྟན་པ་བསྒྱུབས་པའི་མཛད་པ་དེ་ཇི་ལྟར་བརྩམས་པའི་ཚུལ་ཡང་པདྨ་བཀའི་ཐང་[སི་474 ཤ་17] ལས་རྒྱལ་པོའི་མངའ་འོག···བོན་པོ་ཐམས་ཅད་བསྡུས༔ ཁམས་གསུམ་ན་གར་བོན་པོའི་གྲལ་བྱས་ནས༔ བོན་པོའི་སྒྲ་བསྒོར་ཕ་ཇོའི་མིང་དུ་བཏགས༔ མགོ་ལ་ཕ་ཞྭ་ལག་པར་ཕྱེད་ཇ་གཏད༔ གོས་སུ་རས་སྔོན་ཟས་སུ་ལྷད་ཟས[20] ཕྱིན༔ བོན་ལུགས་སྔིག་དང་འདྲེས་པ་ཐམས་ཅད་བསྒྱུབས༔ འཇིག་རྟེན་འཕྲུལ་རྐྱེན་བཟློག་པ་ཙམ་གྱི་བོན༔ ཤ་བ་ཤིང་མགོ་རྭ་རྒྱས་བྱེད་པ་དང་༔ གཡག་ལུག་ཟན་ལ་གཟུགས་བརྙན་བྱེད་དུ་བཙུག༔ ལྷ་གཡང་སྐོར་གསུམ་[21] མིན་པ་ཐམས་ཅད་བསྒྱུབས༔ པ་ཤིན་བོན་རྣམས་ལ་ཁལ་དུ་བོང་བུ་ཕྱིན། བ་ལང་གསོན་མར་གཡུང་དྲུང་བོན་རྣམས་བཀལ༔ འབངས་ཀྱི་(ཀྱིས་)གཙང་སྟོད་བྱེ་མ་གཡུང་དྲུང་བསྐྱལ༔ ཙ་མི་ཤིང་མི་ལྡོང་མོ་མིག་དགུའི་ཡུལ༔ སོག་པོ་སྤྲེའུ་སྣག་ཅན་གྱི་ཡུལ་དུ་སྤྱུགས༔ ཞེས་སོགས་གསལ་རྒྱས་སུ་བསྟན་པས་ངེས་ཤེས་ཐུབ་ལ། ཚུལ་འདི་ནི་པདྨ་བཀའ་ཐང་ཙམ་དུ་མ་ཟད་བཀའ་ཐང་གི་རིགས་ཕལ་མོ་ཆེ་དང་། མཁའ་འགྲོ་ཡེ་ཤེས་མཚོ་རྒྱལ་གྱི་རྣམ་ཐར་རྒྱུད་མང་དྲི་ཟའི་གླུ་ཕྲེང་སོགས་ལས་ཀྱང་གསལ་བར་བཤད་ཡོད།

"བོན་ལུགས་སྡིག་དང་འདྲེས་པ་ཐམས་ཅད་བསྒྱུབས།" ཞེས་གསུངས་སྟངས་འདི་ལ་དཔྱད་ན། ཆོས་རྒྱལ་ཁྲི་སྲོང་ལྡེའུ་བཙན་གྱིས་བོན་གྱི་ལུགས་དམར་མཆོད་ཀྱི་བྱ་བ་ལ་དངོས་སུ་ཞུགས་པའམ་ཡང་ན···

དེ་དང་འབྲེལ་ཡོད་ཀྱི་རིགས་རྣམས་བསྡུབས་པ་ལས། བོན་ཡང་དག་པའི་བསྟན་པ་བསྡུབས་མེད་པ་ཤུགས་ཀྱིས་བསྟན་པ་ཡིན། དུས་ཕྱིས་བོན་གྱི་ནང་དུ་ཞང་ཞུང་སྙན་རྒྱུད་ཀྱི་སྐོར་དང་། ཞང་ཞུང་མེ་རི་བཀའ་མ་འགའ་ཙམ་གྱི་གཞུང་རྣམས་སྔོན་ལུགས་སུ་ཡོད་པ་དང་། དེ་དག་གི་བསྟན་པ་མ་ནུབ་པའི་ལོ་རྒྱུས་དང་བཅས་པ་མངོན་མཐོང་དུ་ཡོད་འདུག་པ་འདི་དག་ཀྱང་དངོས་ཀྱི་གནས་ཚུལ་དེ་དང་འབྲེལ་ཡོད་ཅིག་ཡིན་ངེས་པའང་ཤུགས་ཀྱིས་ཤེས་ཐུབ་ལ། སྔིག་པ་དང་འདྲེས་པའི་བོན་རྣམས་ལྟ་ཅི། དེ་དག་དང་དངོས་ཤུགས་ནས་འབྲེལ་བ་ཅི་རིགས་ཡོད་པའི་བོན་པོ་རྣམས་ལའང་། སྐབས་དེར་རྐྱེན་ཆག་གི་དབང་གི་"གཤེན་བོན་རྣམས་ལ་ཁལ་དུ་བོང་བུ་ཕྱིན། བ་ལང་གསོན་མར་གཡུང་དྲུང་བོན་རྣམས་བཀལ། འབངས་ཀྱིས་གཙང་སྟོད་བྱེ་མ་གཡུང་དྲུང་བསྐྱལ།" ཞེས་པའི་ཉམས་ཉེས་དེ་བྱུང་ཡོད་པ་གསལ་པོར་མངོན་ཐུབ་པ་ཡིན།

ས་བཅད་གསུམ་པ། ཡ་ཐོག་བོད་ཀྱི་རྒྱལ་རབས་ལ་ངོས་འཛིན་ཚུལ།

དུས་རིམ་བར་མའི་ལོ་རྒྱུས་ལ་ཞིབ་འཇུག་གནང་མཁན། དུས་རིམ་འོག་མར་ཐོན་པའི་ལོ་རྒྱུས་ཀྱི་མཁན་པོ་ཕལ་མོ་ཆེ་ནི་ཆོས་ཀྱི་རྗེས་འབྲང་བ་ཤ་སྟག་ཡིན་པར་བརྟེན། ཁོང་རྣམས་པས་བོད་ཀྱི་ཡ་ཐོག་གི་རྒྱལ་པོའི་ཁུངས་དེ་རྒྱ་གར་གྱི་རྒྱལ་རྒྱུད་ལ་གཏུགས་ཡོད་ཅིང་། ཤིན་ཏུ་ཁྱབ་ཆེ་བའི་ཆོས་ཀྱི་མཁས་པ་ཚོའི་དགོངས་ཕྱོགས་ཀྱི་ཤན་དེ་བོན་གསར་མ་བ་རྣམས་ལའང་ཞུགས་ནས་བོན་གསར་མ་བའི་ལོ་རྒྱུས་རྣམས……སུའང་དེ་དང་ཆ་འདྲ་བའི་བཤད་ཚུལ་མི་ཉུང་བ་ཞིག་བྱུང་ཡོད།

གཅིག ཇོ་གཉའ་ཁྲི་བཙན་པོ་ནས་ཆོས་རྒྱལ་སྲོང་བཙན་བར་གྱི་རྒྱལ་རབས།

བུ་སྟོན་ཆོས་འབྱུང་[ཞོལ་ཡ་ཤ123ན1]ལས་བོད་ཀྱི་རྒྱལ་རྒྱུད་ནི་ཁ་ཅིག་ཀོ་ས་ལའི་རྒྱལ་པོ………གསལ་རྒྱལ་(22)གྱི་སྲས་ལྔ་ཚོགས་ཡིན་ཟེར་རོ། ཁ་ཅིག་གཟུགས་ཅན་སྙིང་པོའི་(23)སྲས་ཆུང་བ་སྟོབས་ཆུང་གི་སྲས་ལྔ་ཚོགས་ཡིན་ཟེར་རོ། ཁ་ཅིག་བོད་རྣམས་བདུད་དང་གནོད་སྦྱིན་གྱི་རྒྱལ་ཕྲན་བཅུ་གཉིས་ཀྱིས་མནར་བའི་དུས་སུ་པད་ས་ལའི་རྒྱལ་པོ་འཆར་བྱེད་ཀྱི་བུ་མིག་མས་འགེབས་པ་སོར་མོ་དྲ་བས་འབྲེལ་བ་མཚན་དང་ལྡན་པ་ཞིག་བྱུང་བས་སྐྲག་ཏེ་ཟངས་ཁ་སྒྲོར་དུ་བཅུག་སྟེ་གང་གཱ་ལ་བསྐྱུར་བ་ཞིང……པས་རྙེད་དེ་གསོས་ཏེ་ཆེར་སྐྱེས་པ་ན་ཐོར་གྱི་གཏམ་བཤད་པས་ཡིད་སྐྱོ་སྟེ་གངས་རིའི་ཁྲག་ཏུ་བྲོས་པ་ན……

རིམ་གྱིས་ལྷ་རི་ཡོལ་བའི་ཁར་བྱུང་སྟེ་བཙན་ཐང་སྒོ་བཞིར་བྱོན་པ་ལ། བོན་པོ་རྣམས་དགུ་ཐག་དང་དགུ་སྐས་ལ་ཡོངས་པས་ལྷ་ཡིན་ཟེར་རོ། །དེ་ནས་ཁྱེད་སུ་ཡིན་དྲིས་པས་བཙན་པོ་ཟེར། གང་ནས་བྱོན་དྲིས་པས་ནམ་མཁའ་ལ་འཛུབ་མོ་བསྟེང་ཞིང་སྐད་མ་གོ་ནས་ཤིང་གི་ཁྲི་ལ་བཞག་སྟེ་མི་བཞིའི་གཉའ་བ་ལ་ཁུར་ནས་འདི་ལ་སོ་བོ་ཅག་གི་རྗེ་བོ་བྱའོ་ཟེར་ཏེ་མིང་ཡང་གཉའ་ཁྲི་བཙན་པོར་བཏགས། རྒྱལ་པོ་སྤུ་ཉོས་ཡིན་ནོ། །ཞེས་བོད་ཀྱི་ཐོག་མའི་རྒྱལ་པོའི་ཁུངས་དེ་རྒྱ་གར་གྱི་རྒྱལ་རྒྱུད་མི་འདྲ་བ་གསུམ་ལ་ཞལ་འཕངས་ནས། དེ་གསུམ་གང་རུང་ཞིག་ལས་མི་འདའ་བའི་ཚུལ་གྱིས་བསྟན་ཡོད། རྒྱལ་བས་འཕྲུལ་གྱི་ལྡེ་མིག་[རྟེ16ཕ 5]ལས་རྒྱལ་རྒྱུད་ནི་བུ་སྟོན་ཆོས་འབྱུང་དུ་གསལ་རྒྱལ་གྱི་སྲས་ལྔ་ཚོགས་སམ། གཟུགས་ཅན་སྙིང་པོའི་བུ་སྟོན་ཆུང་གི་སྲས་ལྔ་ཚོགས་སམ། པད་ས་ལའི་རྒྱལ་པོ་འཆར་བྱེད་ཀྱི་བུ་སྐྱེས་བུ་ཆེན་པོའི་མཚན་དང་ལྡན་པ་ཞིག་བྱུང་བ་དེ་ཡིན་ནམ་ཞེས་བཤད་དེ། གསུམ་ཀ་རྗེ་གཉའ་ཁྲི་བཙན་པོ་ཡིན་པར་མཐུན། དེ་ཡང་ཤཱཀྱའི་རིགས་སུ་གསུངས་པས་སྔ་མ་གཉིས་མིན་པར་ངེས་ལ། ཕྱི་མ་ཤཱཀྱའི་གདུང་རབས་ཡིན་ན་ཕྱོགས་འགྲིག་གོ། །ཞེས་ཤཱཀྱའི་གདུང་རྒྱུད་ཡིན་དགོས་པར་ཐག་བཅད་ནས་དེ་དང་འགྲིག་ཐབས་མཛད་ཡོད་པ་དང་། ཡང་དེབ་ཐེར་སྔོན་པོ་[སི་སྟོད་ཆ་ཤ61ཕ2]ལས་དེ་ལ་གཉའ་ཁྲི་བཙན་པོ་ཤཱཀྱ་ཆེན་པོ་དང་ཤཱཀྱ་རི་བྲག་པ་དང་། ཤཱཀྱ་ལི་ཙ་བྱི་གསུམ་པོའི་རིགས་གང་ཡིན་པ་ལ་མ་མཐུན་པ་ཡོད་ཀྱང་། འཇམ་དཔལ་རྩ་བའི་རྒྱུད་ན་སྟོན་བཙན་ནས་དར་མ་ཡན་ཆོད་དུ་ལུང་བསྟན་པ་ཤིན་ཏུ་གསལ་བ་ཞིག་སྣང་ལ། དེའི་སྐབས་སུ་རྩ་བའི་རྒྱུད་ལས་ལི་ཙ་བྱི་རྣམས་རིགས་སུ་བྱུང་། ཞེས་འབྱུང་བས། ལི་ཙ་བྱིའི་རིགས་ཡིན་པ་དག་གོ། ཞེས་ཤཱཀྱའི་རིགས་ཡིན་པ་གཞིར་བཞག ཤཱཀྱའི་རིགས་ཙམ་དུ་མ་ཟད། ཤཱཀྱའི་ལི་ཙ་བྱིའི་རིགས་ཡིན་པར་བཤད་པ་སྟེ། དོན་དུ་རྒྱ་གར་ནས་བྱུང་བའི་རྒྱལ་རྒྱུད་ཆེན་པོ་ཞིག་ལས་མཆེད་པ་དང་། དེ་ཙམ་དུ་མ་ཟད་སྟོན་པ་ཤཱཀྱའི་རྒྱལ་པོ་དང་གདུང་རྒྱུད་གཅིག་པར་བསྟན་ཐུབ་པའི་ཐབས་ལ་བརྩོན་པ་གང་དྲག་གནང་ཡོད་པའང་གསལ་པོར་མངོན་ཐུབ་པ་ཡོད།

ཡ་ཐོག་བོད་ཀྱི་རྒྱལ་པོའི་འབྱུང་ཁུངས་ཀྱི་དོན་གནད་འདི་སྐོར"སྤུ་རྒྱལ་གདུང་རབས་ཀྱི་རྩ་བའི་འབྱུང་ཁུངས་སྐོར་ལ་ཅུང་ཟད་དཔྱད་པ" ཞེས་པའི་རྩོམ་ཡིག་(བོད་ལྗོངས་ཞིབ་འཇུག1986ལོའི་དུས་དེབ་བཞི་བའི་ཤ29ཕ25)ལས《རྒྱལ་པོའི་བཀའ་ཐེམས་ཤོག་གྲིལ་ལས་ངོས་བཟུང་པ་》ཟེར་བའི་ནང་། རྒྱ་གར་གྱི་ཤཱཀྱའི་རིགས་རྒྱུད་རྒྱས་པར་དྲངས་པའི་མཇུག་ཏུ"བུ་རམ་ཤིང་བའི་རྒྱུད་ནི་རྒྱལ་རིགས་ཞེས་བྱ་སྟེ། དེའི་རིགས་མང་དུ་གནས་སོ། །དེ་ཡང་རྒྱལ་པོ་དོན་གྲུབ་ཀྱི་དུས་སུ་རབ་ཏུ་གྲགས་པའི་རྒྱལ་པོ། རྒྱལ་པོའི་ཁབ་ན་རྒྱལ་པོ་གཟུགས་ཅན་སྙིང་པོ། ཀོ་ས་ལ་ན་གསལ་རྒྱས། པད་མ་ཅན་ན་པདྨ་ཆེན་པོ།

པད་མ་ས་ལ་ན་ཆར་འབེབས། འཆར་བྱེད་ཀྱི་བུ་ཤར་པ། ཤར་པའི་བུ་དམག་རྒྱལ། དེའི་བུ་ཡངས་པ་ཅན་དུ་སྤྱུགས་པས་དེ་གངས་ཀྱི་ནང་ནས་མར་བྲོས་ནས། ལྷ་རི་གྱང་ཐོར་བྱོན། གཉའ་ཁྲི་བཙན་པོ་བྱ··· བར་གྲགས་སོ། །བོད་ཀྱི་བཙན་པོ་ལ་སྔ་བ་དེ་ཡིན་ནོ། །" ཞེས་(དཔེ་སྙིང་ཤྲིས་མ་ཤོག་གྲངས་9ཡོད་པར་) བཀོད་འདུག ཡང་དེ་ལས་ཅུང་རྒྱས་པ་ནི《རྒྱལ་པོའི་བཀའ་ཐེམས་བཀའ་བཀོལ་མ་》ཟེར་བའི་ནང་"རྒྱལ་པོ་འཆར་བྱེད་ཀྱི་སྲས་ཤར་པ། ཤར་པ་ལ་སྲས་གཉིས་ཏེ་སྐྱབས་སེང་དང་དམག་བརྒྱ་པའོ། །རྒྱལ་པོ་དམག་བརྒྱ་པ་ལ་སྲས་གཅིག་སྐྱེས་པ་མིག་བྱ་མིག་ལྟར་དུ་མས་འགེབས་པ། གཡུའི་སྨིན་མ་ཅན་དུང་སོ་འཁོར་བ་ཡོད་པ། ལག་པ་བྱ་ངང་པ་ལྟར་དྲ་བས་འབྲེལ་བ་གཅིག་བྱུང་ངོ་། །ཡབ་ཀྱི་མཐོང་བས། འདི་ལྟས་ངན་ཡིན་པས། འདི་གསོས་ན་རྒྱལ་ཁམས་གཤིག་ངེས་གསོད་ཅིག་ཟེར་རོ། །དེར་བློན་པོ་རྣམས་ཀྱིས་གསོད་མ་ཕོད་ནས། ཟངས་ཁ་སྦྱར་དུ་བཅུག་ནས་ཆུ་བོ་གང་གཱ་ལ་བསྐྱུར་རོ། །དེ་གྲོང་ཁྱེར་ཡངས་པ་ཅན་གྱི་ཆུ་ཁའི་མི་ཞིང་པས་རྙེད་ནས་ནགས་ཁྲོད་དུ་གསོས་སོ། །དེར་རྒྱལ་བུ་ན་རེ། ངའི་ཕ་མེས་ཇི་ལྟ་བུ་ཡིན་ཟེར་བ་ལ། རྒྱལ་པོ་དམག་བརྒྱ་པས་ཆུ་ལ་བསྐྱུར་བའི་ལོ་རྒྱུས་བཤད་པས་དེར་རྒྱལ་པོ་རི་ལ་བྲོས་པས། ལྷ་རི་རྒྱང་མཐོའི་ཁར་སླེབས། དེ་ནས་བྱང་ཕྱོགས་ཁ་བ་ཅན་དུ་ཁ་བལྟས་འོངས་པས། ལྷ་རི་རོལ་མོའི་རྩེར་བྱོན། དེ་ནས་དམུ་སྐས་ཐེམས་དགུ་ལ་འབབ། བཙན་ཐང་སྒོ་བཞིར་བྱོན།" ཞེས་སོགས་(ས་སྐྱའི་དཔེ་སྙིང་ཤྲིས་མ་ཤོག་གྲངས་16—17བར་)གསལ་ཞིང་། ད་དུང་དེ་བས་མང་བ་ཞིག《བཀའ་ཆེམས་ཀ་ཁོལ་མ》རྒྱས་ཤོས་ཡིན་ཟེར་བའི་ཤིང་པར་མ་གཅིག་ནང་དུ་གསལ་ཙང་། ནང་དོན་གོང་དང་ཕལ་ཆེར་འདྲ་བས་འདིར་མ་བཀོད། ཡང《མ་ཎི་བཀའ་འབུམ་》ནང"དེ་ཚེ་བོད་ལ་རྗེ་འབངས་ཀྱི་རྣམ་དབྱེ་མེད་པ་ལས། ཤཱཀྱའི་རིགས་ལ་ཤཱཀྱ་ཆེན་པོ་དང་། ཤཱཀྱ་ལི་ཙ་བྱི། ཤཱཀྱ་རི་བྲག་པ་གསུམ་ལས། ཐ་མ་ལ་རྒྱལ་པོ་སྐྱབས་སེང་ཞེས་བྱ་བའི་བུ་ཆུང་བ་ཅིག་དཔུང་གི་ཚོགས་དང་བཅས་གངས་ཅན་གྱི་ཕྱོགས་སུ་བྲོས··· པ་ལས། བོད་ཡུལ་དུ་སླེབས་ནས་ཡང་ལུང་ལྷ་རི་རོལ་པོའི་རྩེ་ནས། ལྷ་སྐས་ལས་བཙན་ཐང་སྒོ་བཞིར་བབས་པ་དང་། གནམ་ནས་འོངས་པའི་བཙན་པོ་ཅིག་འདུག་པས་རང་ཅག་རྣམས་ཀྱི་རྗེར་ཞུའོ་ཟེར་ནས་གཉའ་བར་ཁྲི་ལ་བཏེག(བཏེགས་)རྒྱལ་པོར་བཀུར་བས་རྗེ་གཉའ་ཁྲི་བཙན་པོ་ཞེས་གྲགས་སོ། །ཞེས་(ཤིང་པར་སྟོད་ཆའི་ཤོག་གྲངས་161པར་)བཀོད་པ་སོགས་དེ་དག་ནི་བོད་དུ་བཤད་ཚུལ་འདི་རིགས······དར་བའི་གཞི་འཛིན་ས་ཡིན་ཅིང་། དེ་རྗེས་རིམ་བཞིན་བརྩམས་པའི་ཆོས་འབྱུང་བསྟན་པའི་རྒྱལ་མཚན་དང་། བུ་སྟོན་ཆོས་འབྱུང་། ཚལ་པའི་དེབ་དམར། རྒྱལ་རབས་གསལ་བའི་མེ་ལོང་། ཡིག་ཚང་མཁས་པ་དགའ་བྱེད། དེབ་ཐེར་སྔོན་པོ། དེབ་ཐེར་དཔྱིད་ཀྱི་རྒྱལ་མོའི་གླུ་དབྱངས་ལ་སོགས་པ་ཅུང་ཡོངས་གྲགས་

ཆེ་བའི་ལོ་རྒྱུས་ཡིག་ཆ་དང་། དེ་མིན་གྲུབ་མཐའ་སོ་སོའི་ཆོས་འབྱུང་དམ་ཡིག་ཚང་ཕལ་མོ་ཆེའི་ནང་དུ་གཉའ་ཁྲིའི་འབྱུང་ཁུངས་གླེང་སྐབས། གོང་དུ་གསལ་བའི་ལུང་གང་རུང་ལ་བརྟེན་ནས་དོན་ལ་རྒྱ་གར་ནས་བྱུང་བ་དང་ཤཱཀྱའི་རྒྱལ་རྒྱུད་ཡིན་ཟེར་བའི་བཤད་ཚུལ་དེ་རྒྱ་ཆེར་སྤེལ་ཡོད། ཅེས་པ་དེས་ཆོས་ལུགས་ཀྱི་ལོ་རྒྱུས་མཁན་པོ་ཚོས་ལོ་རྒྱུས་ཀྱི་རྨང་གཞི་གང་ལ་བཟུང་ཡོད་པ་དང་དེ་ལས་འཕྲོས་པའི་བཤད་སྟངས་ཇི་སྙེད་ཅིག་བྱུང་ཡོད་པའི་ཚུལ་མངོན་གསལ་དུ་བསྟན་པ་ཡིན།

ཆོས་ལུགས་ཀྱི་ལོ་རྒྱུས་མཁན་པོ་ཚོས་བོད་ཀྱི་ཡ་ཐོག་གི་རྒྱལ་པོའི་གདུང་རྒྱུད་དེ་རྒྱ་གར་ནས་བྱུང་བ་དང་། ཤཱཀྱའི་རྒྱལ་རྒྱུད་ཡིན་ཚུལ་གྱི་བཤད་པ་ཇི་སྙེད་ཅིག་སྤེལ་བའི་རྒྱུ་མཚན་གྱིས་བོན་གསར་མའི····ལུགས་ལའང་དེའི་ཤན་ཞུགས་ནས། བོད་ཀྱི་ཐོག་མའི་རྒྱལ་པོའི་ཁུངས་དེ་མང་པོས་བཀུར་བའི་རྒྱལ་པོར་གཏུགས་སྲོལ་བྱུང་ཡོད་པའང་ལེགས་བཤད་རིན་པོ་ཆེའི་མཛོད་[ཤོ་ཤ128ཕ4]ལས་རྗེ་གཉའ་ཁྲི་བཙན་པོའི་ཡབ་ལ་གཞན་སྔ་ནས་ཁ་ཅིག་གིས་གསལ་རྒྱལ་གྱི་བུ་ཡིན་ཟེར། ཁ་ཅིག་གིས་སྐྱ་རེངས་ཀྱི་བུ་ཞེས་འདོད། ཁ་ཅིག་གིས་ཤཱཀྱའི་རྒྱལ་རྒྱུད་དང་། ཁ་ཅིག་གིས་དམག་རྒྱལ་གྱི་སྲས་ཡིན་པར་བཤད་པ་ལ། རང་ལུགས་སུ་བསྒྲགས་བྱུང་དང་ཉི་སྔོན་མཐུན་པར། ཁྲི་བར་བདུན་ཚིགས་སམ་མང་བཀུར་གྱི་སྲས་རྒྱུད་དུ་བཤད། མཐོ་ཐོག་དང་རྩ་འགྲེལ་མཐུན་པར། ཨུ་རྒྱན་གྱི་རྒྱལ་པོ་དམག་རྒྱལ་གྱི་སྲས་སུ་བཤད་དོ། །དེ་ལྟར་མི་མཐུན་པ་མང་ཡང་། དོན་དུ་དེ་རྣམས་གང་གི་སྲས་ཡིན་པར་ཡང་བཏགས་སུ་རུང་གི་ངེས་པ་ནི་དེ་རྣམས་གང་གིའང་སྲས་མ་ཡིན་པར་ནམ་མཁའི་ལྷ་ལས་མིའི་རྗེ་བོར་བྱོན་པ་སྟེ། བྱམས་མ་རིགས་ཀྱི་འཇིགས་སྐྱོབས་མའི་ཐུགས་རྗེས་སྤྲིད་པའི་ལྷ་དྲུག་དངོས་སུ་བཀུག་ནས་དེ་དག་གིས་བྱིན་གྱིས་བརླབས་པའི་སྲས·····ཡིན་པས་སོ། །དེའང་མི་ལུས་བསམ་ལེགས་ཀྱི་གདུང་རྒྱུད་ཡིན་ཞིང་། དེའི་གདུང་ལས་མང་དུ་འདས་པའི་རྗེས་སུ་རྒྱལ་པོ་སྐྱ་བསེང་བྱ་བ་བྱུང་བའི་སྲས་ཡིན་ཏེ། བྱམས་མ་རིགས་ཀྱི་འཇིགས་སྐྱོབ་ལས་གསུངས་པ་ལྟར། རྒྱལ་པོ་སྐྱབས་བསེང་ལ་སྲས་མེད་པས། མཆེད་ཟླ་ཡུལ་འཁོར་སྐྱོང་ཞེས་བྱ་བ་ཡབ་དང་སྲས་མང་དུ་མཆིས་པ་ལ་རྒྱལ་ས་སྔར་དུ་དོགས་ནས་རྒྱལ་པོ་ཡབ་ཡུམ་ནགས་ཚལ་དབེན་པར་བྱོན་པས། བྱམས་མ་ལས་གྲུབ་པ་བརྙེས་པའི་དྲང་སྲོང་མེའི་ཏིང་ངེ་འཛིན་ལ་ཞུགས་པ་ཞིག་དང་མཇལ། དེར་རྒྱལ་པོ་ཡབ་ཡུམ་གྱིས་གུས་པ་ཕུལ་ཏེ་འཚོ་བ་དྲངས་པས་དྲང་སྲོང་མེ་ལས་ཉིས་འགྱུར་གྱིས་རྫོང་ཆེ་བས་བཙུན་མོའི·····ལག་པ་ཚིག་སྟེ་སྐད་ངན་སྒོར་བས་དྲང་སྲོང་ཏིང་ངེ་འཛིན་ལས་སད་ནས། ཀྱེ་མ་རྒྱལ་པོ་ཡབ་ཡུམ་དཀའ་བ་དང་བཅས་པས་བདག་ལ་འདུན་པ་དོན་ཅི་ཞིག་གཉེར་གསུངས་པས། བདག་སྲས་མེད་པས་རྒྱལ་སྲིད་ཉམས་དོགས་པས་བུའི་དངོས་གྲུབ་ཞུ་འཚལ་ཞུས་པས། བྱམས་མ་རིགས་སྔགས་བཅས་པའི་བུམ་པ་

གཅིག་གནང་སྟེ། འདི་ནམ་མཁའ་ལ་གཏོར་ཅིག་དང་སྲིད་མངའ་བའི་ལྷ་རྣམས་དབང་དུ་འགྱུར་རོ། །བཙུན་མོའི་ལག་པ་ལ་བྱུག་ན་སོས་སོ་ཞེས་གསུངས་པས། དེར་རྒྱལ་པོས་ནམ་མཁའ་ལ་ཐེངས་དྲུག་གཏོར་བས་ལྷ་དྲུག་ཁྱུག་སྟེ། ལྷོ་ཕྱོགས་གཡུང་དྲུང་བོན་གྱི་རྒྱལ་པོ། རྒྱལ་བྱིན། ཉི་མ། ཐ་སྐར། ཡབ་ལྷ། འདོད་པའི་དབང་ཕྱུག་རྣམས་ཀྱིས་བཙུན་མོ་ལ་བྱིན་གྱིས་བརླབས་པས། ཐོག་མར་ནུས་པ་ཆེ་བས་རྒྱལ་པོ་དང་མ་མཇལ་བར་བུ་ཞིག་ཡོད་པ་ནི། རྣ་བར་གཡུང་དྲུང་། མིག་བྱ་མིག སོ་དུང་སོ་འཁོར་བ། སོར་མོ་རྣམས་དྲ་བས་འབྲེལ་བ་ཞིག་བྱུང་བས། བཙུན་མོ་ངོ་ཚ་ནས་རྒྱལ་པོ་ལ་མ་བསྟན་པར་ཟངས་ཁ་སྦྱར་དུ་བཅུག་སྟེ་གང་གཱ་ལ་བསྐྱུར་བས། ལས་དབང་གིས་གྲོང་ཁྱེར་ཡངས་པར་ཆགས་པས་ཀུན་གྱིས་ངོ་མཚར་ནས་གསོས། ཡོན་ཏན་ཆེ་བའི་རྟགས་མང་པོ་བྱུང་། ཆེར་སྐྱེས་ནས་བོད་དུ་ཕྱིན་ཏེ། ལྷ་རི་གྱང་ཏོའི་ཁ་ནས་ཡར་ལུང་སོག་ཀར་བབ། དེའི་ཚེ་སྐབས་ལྷ་བོ་ལྷ་གསས་གནམ་ནས་བབ་བྱ་བའི་བོད་ལ་ལུང་བསྟན་པའང་བྱུང་ངོ་ཞེས་པ་འདིར། གཞན་ལུགས་མི་འདྲ་འགའ་རེ་བཀོད་གནང་འདུག་མོད། དོན་དུ་རྒྱལ་པོ་སྐུ་བསེང་གི་གདུང་ཡིན་པ་གསལ་བར་བསྟན་ཡོད་པ་དེ་རེད། “མི་ལུས་བསམ་ལེགས་ཀྱི་གདུང་རྒྱུད་ཡིན།” ཞེས་པའི་མི་ལུས་བསམ་ལེགས་ནི་ལེགས་བཤད་རིན་པོ་ཆེའི་མཛོད་[པེ་ཤ་90 ཤ་8] ལས་རྒྱལ་གཤེན་མི་ལུས་བསམ་ལེགས་འཁྲུངས་ཚུལ་ནི། བྱམས་མ་ལས་དབུ་ནག་ཀུན་གྱི་སྤྱི་རྗེ་མང་པོས་བཀུར་བ་ཞེས་བྱ་བའི་མིའི་རྗེ་ལྟས་མཛད་པའི་རྗེ་དེ་ནི་མི་ལ་རྒྱལ་པོ་བྱུང་བ་ལ་སྨྲ་བས་མཚན་ཐ་ཚན་ནི་སངས་སྐྱེས་ཞེས······བྱའོ། །ཞེས་པ་སྟེ། དོན་དུ་ཡ་ཐོག་བོད་ཀྱི་རྒྱལ་པོའི་ཁུངས་དེ་མང་པོས་བཀུར་བའི་རྒྱལ་རྒྱུད་ལ་གཏུགས་ཤིང་། སྐུ་སེང་གི་གདུང་རྒྱུད་ལས་མཆེད་པར་བཤད་པའི་ལུགས་དེ་ལས་མི་འདའ་བ་ཞིག་རེད།

ཐོག་མའི་རྒྱལ་པོ་གཉའ་ཁྲི་བཙན་པོ་ནས་ཆོས་རྒྱལ་སྲོང་བཙན་སྒམ་པོའི་བར་རྒྱལ་རབས་ཐེ་སྐྱེད····ཅིག་བྱུང་མྱོང་བའི་སྐོར། དུས་རིམ་འོག་མའི་ནང་ཡི་གེར་བཀོད་པའི་ལོ་རྒྱུས་ཀྱི་ཡིག་ཆ་དུ་མ་ཞིག་ལས་གསལ་མོད། དུས་རིམ་དེའི་ནང་གི་བན་དེའི་ལོ་རྒྱུས་མཁན་པོ་ཕལ་མོ་ཆེའི་བཞེད་སྟངས་ཐུན་མོང་མ་ཡིན་པའི་མཚོན་དཔེ་ནི། དེབ་ཐེར་དཔྱིད་ཀྱི་རྒྱལ་མོའི་གླུ་དབྱངས་[པེ་ཤ་15 ཤ་9] ལས་དེ་ཡན་ཆད་དུ་དོན་གྱི་ཐུགས་རྗེ་ཆེན་པོའི་བྱིན་རླབས་ཀྱི་མཐུ་ཕུལ་དུ་བྱུང་བ་ལས་བསླུན་པའི་རྒྱལ་རིགས་ཤ་སྟག་ཀྱང······གནས་སྐབས་སུ་ཆོས་ལྡན་གྱི་རྒྱལ་པོ་མ་བྱུང་ཞིང་། འདི་ནས་དམ་པའི་ཆོས་ཀྱི་དབུ་བརྙེས་པ་ཡིན་པས། ཁྲི་རྗེ་ཐོག་བཙན་དང་། ཊ་ཡོང་བཟའ་སྟོང་རྒྱལ་ན་མོ་ཚོའི་སྲས་སུ་དཔལ་དགེ་ལེགས་ཀུན་ཏུ་འབར་བའི་བཟང་པོའི་སྣང་བ་ཅན་གྱི་རྣམ་འཕྲུལ། ལྷ་ཐོ་ཐོ་རི་གཉན་བཙན་འཁྲུངས་སྟེ། རྒྱལ་པོ་འདིའི་རིང་ལ་ཕོ་བྲང་ཡུམ་བུ་བླ་སྒང་གི་ཡང་ཐོག་གི་སྟེང་དུ་དཔང་བཀོང་ཕྱག་བརྒྱ་པ། གསེར་གྱི་མཆོད་རྟེན། མདོ་སྡེ་ཟ་

མ་ཏོག་གི་སྙིང་པོ་ཡི་གེ་དྲུག་པ། ཙིནྟཱ་མ་ཎིའི་སྒྲོར་ཕོར་རྣམས་མཁའ་ལས་བབས་ཏེ། གདུང་རབས་ལྔ་ནས་འདིའི་དོན་ཤེས་པ་འབྱུང་བའི་ལུང་བསྟན་གྱི་སྒྲ་ནམ་མཁའ་ལས་བསྒྲགས་པས། ངོ་མི་ཤེས་པ་ལྟར་བཅོས་ཀྱང་། ངོ་མཚར་དུ་བཟུང་ནས། ཕོ་བྲང་གི་དཀོར་ཁང་དུ་མིང་གཉན་པོ་གསང་བར་བཏགས་ནས་མཆོད་པ་དང་བཅས་ཏེ་བཞུགས་སུ་གསོལ་བའི་མཐུས་རྒྱལ་པོ་དགུང་ལོ་བརྒྱད་ཅུ་པ་སླར་ན་ཚོད་དར་ལ···བབས་པའི་ལང་ཚོ་ལྟར་ཡ་མཚན་དུ་གྱུར་ཅིང་། ཡོངས་སུ་བསྐྱིལ་བས་ལོ་བརྒྱ་ཉི་ཤུའི་བར་དུ་བཞུགས་སོ།། ཞེས་བོད་ཀྱི་རྒྱལ་རབས་སུམ་ཅུ་པ་ལྷ་ཐོ་ཐོ་རི་གཉན་བཙན་གྱི་དུས་སུ་དམ་པའི་ཆོས་ཀྱི་དབུ་བརྙེས་པར····བཤད་པ་དེས་ནི་དུས་རིམ་འོག་མའི་ལོ་རྒྱུས་ཀྱི་དབུ་བརྙེས་པའང་མཚོན་ལ། རྒྱལ་རབས་སོ་ལྔ་པ་ཆོས་རྒྱལ་སྲོང་བཙན་སྒམ་པོས་རྒྱལ་སྲིད་ཀྱི་མངའ་དབང་བསྒྱུར་བ་དེས་ནི་བསྟན་པའི་དངོས་གཞི་ཚུགས་པ་སྟེ། དེ་སྐབས་སུ་བོད་ཀྱི་ཡི་གེ་གསར་པའི་སྲོལ་བཏོད་ཅིང་། རྒྱལ་བའི་བཀའ་དང་རྗེས་འཇུག་མཁས་པའི་བསྟན་བཅོས་མི་ཉུང་བ་ཞིག་ཀྱང་རྒྱ་གར་གྱི་སྐད་ནས་བོད་དུ་བསྒྱུར་བ་དང་། རྒྱ་དཀར་ནག་གཉིས་ཕྱོགས་ནས་རིག་པའི་གནས་ཅི་རིགས་པ་ཞིག་ཀྱང་བོད་དུ་དར་བའི་དབུ་བརྙེས་པ་དང་། དེ་འབྲེལ་གྱི་ལོ་རྒྱུས་དང་རྒྱལ་རབས། ཆོས་འབྱུང་། གནའ་གཏམ་གྱི་རིགས་མི་འདྲ་བ་སྣ་ཚོགས་པ་ཞིག་བོད་ཀྱི་ཡི་གེར་གསར་འགོད་ཀྱི་དབུ་བརྙེས་པའི་ཚུལ་ལོ་རྒྱུས་ཀྱི་ཡིག་ཆ་རྣམས་སུ་གསལ་ཁྲོས་བྱས་ཡོད་པ་དེ་རྣམས······ཀྱིས་དུས་རིམ་འོག་མའི་ལོ་རྒྱུས་ཀྱི་དངོས་གཞི་དབུ་ཚུགས་པ་གསལ་བར་བསྟན་པ་ཡིན།

ལྷ་ཐོ་ཐོ་རི་གཉན་བཙན་གྱི་སྐུ་དུས་སུ་དམ་པའི་ཆོས་ཀྱི་དབུ་བརྙེས་ཚུལ་ངོས་འཛིན་ཇི་ལྟར་གནང་ཡོད་པ་ནི་མ་ཎི་བཀའ་འབུམ་[མཆོ་ཤེ་267 ཤ་267 ན་1] ལས་བྱང་ཆུབ་སེམས་དཔའ་རྣམས་ཀྱི་མཆོག ཐུགས་རྗེ་ཆེ་ལ་ཐབས་མཁས་པ་འཕགས་པ་སྤྱན་རས་གཟིགས་དབང་ཕྱུག་དེས། གནས་རི་པོ་ཏ་ལའི་རྩེ་མོའི་ཕོ་བྲང་གཞལ་ཡས་ཁང་ནས་བོད་ཁ་བ་ཅན་གྱི་རྒྱལ་ཁམས་འདུལ་བའི་དུས་ལ་བབ་པར་གཟིགས······ནས། ཐུགས་ཀྱིས་དགོངས་པས། བོད་སྤྲོ་བུར་གྱི་རྒྱལ་པོ་ལྷ་ཐོ་ཐོ་རི་སྙན་ཤལ་བྱ་བ་ཕོ་བྲང་ཡུམ་བུ་བླ་སྒང་སྙན་གྱི་ཁང་རྩེ་ན་བཞུགས་པའི་དུས་ན། ཐུགས་རྗེ་ཆེན་པོས་བྱིན་གྱིས་བརླབས་ནས། ཐུགས་རྗེ་ཆེན་པོ་སྤྱན་རས་གཟིགས་ཀྱི་ཐུགས་ཀ་ནས། འོད་ཟེར་རྣམ་པ་ལྔ་འཕྲོས་པའི་སྣ་ལ། རིན་པོ་ཆེའི་ཟ་མ་ཏོག་གི་ནང་ནས། གསེར་གྱི་གླེགས་བམ་ལ་བཻཌཱུརྻ་ཞུན་མས་བོད་ཡིག་ཏུ་བཀོད་པའི་མདོ་སྡེ་ཟ་མ་ཏོག་བཀོད་པ་དང་། སྤང་སྐོང་ཕྱག་བརྒྱ་པ་དང་། རྟེན་འབྲེལ་བཅུ་གཉིས་ཀྱི་གཟུངས་དང་། དགེ་བ་བཅུའི་མདོ་དང་བཞི་བཅུག་ནས། ཉི་མའི་ཟེར་དང་འགྲོགས་ཏེ། རྒྱལ་པོའི་ཁང་ཐོག་ཏུ་བབས་པ་ལས། དེ་རྒྱལ་པོས་ཁ་ཕྱེས་ནས་གཟིགས་པས། ཆོས་ཡིན་ནམ་བོན་ཡིན་ངོ་མ་ཤེས་ཏེ། ངོ་མཚར་ཆེ་བ་ཞིག་འདུག་པར་མཐོང་

ནས། གསེར་དངུལ་ལས་བྱས་པའི་ཟ་མ་ཏོག་ཏུ་བཅུག དེའི་མིང་ཡང་གཉན་པོ་གསང་བ་ཞེས་བྱ་བར་བཏགས་ཏེ། གསེར་གྱི་ཁྲི་ལ་བཞུགས་ནས། ཞག་རེ་ལ་གསེར་སྐྱེམས་དང་། གཡུ་སྟོན་གྱིས་མཆོད།[24] མཚན་མོ་ཡང་མར་མེས་མུན་པ་མེད་པར་བྱས་ཏེ། རྒྱལ་པོ་འཁོར་དང་བཅས་པས་ཕྱག་བྱེད་དོ། །དེ་ནས་རྒྱལ་པོ་ཡང་བགྲེས་ནས། དབུ་སྐྲ་ཡང་སེ་བར་བཞུགས་པ་ལ། གཉན་པོ་གསང་བའི་བྱིན་རླབས་ཀྱིས། དབུ་སྐྲ་ཡང་ནག་པོ་མཐོན་མཐིང་དུ་གྱུར་ཏོ། །གཉེར་མ་ཡང་དྭངས་ནས་གཞོན་ཤ་ཅན་དུ་གྱུར་ཏོ། །སྐུ་ལུས་གཅིག་གིས་སྐུ་ཚེ་གཉིས་ཐུབ་སྟེ། རྒྱལ་པོའི་ཞལ་ཆེམས་སུ་ཡང་། ཁ་བ་ཅན་བོད་ཀྱི་རྒྱལ་ཁམས་འདིར། ལུས་ཀྱི་ན་ཚ་སེམས་ཀྱི་སྡུག་བསྔལ་ལ་སོགས་པ་ཅི་བྱུང་ཡང་། གཉན་པོ་གསང་བ་འདི་ལ་གསོལ་བ་ཐོབ་ཅིག ཞེས་པ་ཐམས་ཅད་བསལ་ནས། བཀྲ་ཤིས་དང་བདེ་ལེགས་སུ་འགྱུར་རོ། །ལེགས་པ་གང་འདོད་ཀྱང་གསོལ་བ་ཐོབ་ཅིག འདོད་པའི་དོན་ཐམས་ཅད་འགྲུབ་པར་འགྱུར་རོ། །ཞེས་གསུངས་ནས། སྐུ་ལ་ཕུར་(ཕྱུར་)མེད་པར་ནམ་མཁའ་ལ་འཇའ་ལྟར་ཡལ་ལོ། །རྒྱལ་པོ་ལྷ་ཐོ་ཐོ་རིའི་སྲས་ཁྲི་གཉྫངས་བཙན། དེའི་སྲས་འགྲོ་གཉན་འདེ་རུ། དེའི་སྲས་སྟག་གུ་གཉན་གཟིགས། དེའི་སྲས་གནམ་རི་སྲོང་བཙན་ནོ། །དེ་རྣམས་ཀྱིས་ཀྱང་སྔར་གྱི་ཡབ་མེས་ཀྱི་སྲོལ་བཞིན་དུ་མཆོད་པ་བྱས་པས། ལེགས་པའི་ཡོན་ཏན་ཐམས་ཅད་དང་ལྡན་ནོ། །རྒྱལ་པོ་སྟག་གུ་གཉན་གཟིགས་དམུས་ལོང་དུ་འཁྲུངས་ནས། དེ་ཡང་རྒྱལ་སར་ཕྱུང་(ཕྱུངས)ནས། གཉན་པོ་གསང་བ་ལ་གསོལ་བ་བཏབ་པས་སྤྱན་ཕྱེད་དོ། །ཞེས་པ་དེ་དག་གིས་ཆོས་ཀྱི་དབུ་དེ་ལྷ་ཐོ་ཐོ་རི་སྙན་ཤལ་ལམ། ལྷ་ཐོ་ཐོ་རི་གཉན་བཙན་གྱི་སྐུ་དུས་སུ་བཙུགས་པའི་ཚུལ་ངོས་འཛིན་བྱས་ཡོད་པ་གསལ་བར་བསྟན་པ་ཡིན།

ལྷ་ཐོ་ཐོ་རི་གཉན་བཙན་སྐུ་འཁྲུངས་པའི་ལོ་དུས་ལ་བོད་ཀྱི་རྒྱལ་རབས་དང་ཆོས་འབྱུང་ཁག་གི······བཞེད་ཚུལ་མི་འདྲ་བ་མང་པོ་ཞིག་བྱུང་ཡོད་འདུག་དཔེར་མཚོན་ན། བཻ་དཀར་དང་སུམ་པའི་རྩིས་གཞུང་མ་དང་ཐྲག་དཀོན་རྩིས་གཞུང་རྣམས་སུ་རབ་བྱུང་བཅུ་གསུམ་པའི་སྔོ་ཕྲེང་གོང་མའི་ཤིང་ཁྱི་(སྤྱི་2171ཕྱི་254)ལ་འཁྲུངས་པར་འདོད་ལ། ཡང་བཻ་དཀར་གཡའ་སེལ་དུ་(13/2)ཆུ་འབྲུག་(སྤྱི་2249ཕྱི་332)ལ་འཁྲུངས་པར་བཤད་པས་བཻ་དཀར་རང་གི་དགོངས་པའི་ནང་འགལ་ཅུང་ཟད་ཡོད་སྙམ། བཻ་དཀར་གཡའ་སེལ་འདི་རྗེས་སུ་མཛད་པ་ཡིན་སྐབས་གཙོ་ཆེར་དེ་ལ་ཆ་འཛོག་དགོས་པར་མངོན།

དགེ་ཡེ་བ་ཚུལ་ཁྲིམས་སེང་གེའི་ཆོས་འབྱུང་ལྟར་ན། ལྷ་ཐོ་ཐོ་རི་(13/2)མེ་ལུག་(སྤྱི་2264ཕྱི་347)ལ་འཁྲུངས་ཤིང་། ངོར་པའི་ཆོས་འབྱུང་ལྟར་ན་(13/2)ས་སྤྲེལ་(སྤྱི་2265ཕྱི་348)ལ་འཁྲུངས་ཡོད་པ་དང་། འགྲོ་མགོན་ཆོས་རྒྱལ་འཕགས་པས་སྟོན་པའི་འདས་ལོ་ཉིས་སྟོང་ལྔ་བརྒྱ་ན། ལྷ་ཐོ་ཐོ་རི་

སྙོན་པར་བཤད་པ་དེ་ལྟར་ན་(13/3) མེ་སྟག་(སྤྱི་2283 སྤྱི་366) ལོ་དེ་ཡིན་དགོས་པ་དང་། འཇམ་མགོན་མི་ཕམ་དང་དཔལ་སྤྲུལ་རིན་པོ་ཆེ་སོགས་ནས་13/3 ཤིང་ཕག་(སྤྱི་2292 སྤྱི་375) ལ་སྙོན་པར······བཞེད་ལ། ས་ཆེན་ཀུན་དགའ་སྙིང་པོས་(13/3) མེ་རྟ་(སྤྱི་2323 སྤྱི་406) ལས་འབྱུངས་པ་དང་། གཡས་རུ་སྟག་ཚང་བའི་མཁས་པ་དགའ་བྱེད་ལྟར་ན་(13/3) ས་ལུག་(སྤྱི་2336 སྤྱི་419) ལ་འབྱུངས······པར་བཞེད་པ་སོགས་བཞེད་ཚུལ་མི་འདྲ་བ་ཇི་སྙེད་པའི་སྐོར་བསྟན་རྩིས་ཀུན་ལས་བཏུས་པར་གསལ་བར་བཤད་ཡོད་པས་ངེས་ཤེས་ཐུབ་པ་ཡིན། ལྷ་ཐོ་ཐོ་རི་གཉན་བཙན་སྐུ་འཁྲུངས་པའི་ལོ་དུས་ངོས་འཛིན་སྟངས་མི་འདྲ་བ་ཇི་སྙེད་ཅིག་བྱུང་ཡོད་འདུག་མོད། དོན་དུ་སྤྱི་འཁོར་བཅུ་གསུམ་པའི་ནང་དུ་འཁྲུངས་ཡོད་པ་དང་། ཆོས་ཀྱི་གླེགས་བམ་ཕྱག་ཏུ་བྱུང་བ་སོགས་ཀྱི་ལོ་རྒྱུས་རྣམས་དེ་ནས་དཔྱད་བརྩམས་ཡོད་པ་ནི་སྨྲོས་མ་དགོས་པ་རེད།

ལོ་རྒྱུས་ཕལ་མོ་ཆེར་རྒྱལ་པོའི་ཕྱག་ཏུ་བྱུང་བའི་དངོས་པོ་དེ་དག་ནི་མདོ་སྡེ་ཟ་མ་ཏོག་དང་། སྤང་སྐོང་ཕྱག་བརྒྱ་བ་སོགས་ཞལ་མཐུན་དུ་ཡོད་མོད། ལོ་རྒྱུས་འགར་མི་འདྲ་བ་འགའ་རེ་ཡོད་འདུག་པ་ནི། དཔེར་ན་ལྡེའུ་རྒྱ་བོད་ཀྱི་ཆོས་འབྱུང་[བོད་249 ཕ་15] ལས་གསེར་གྱི་སྤང་སྐོང་ཕྱག་རྒྱ་(བརྒྱ་) བ་དང་། གཡུའི་མཆོད་རྟེན་བང་རིམ་བཞི་པ་ནམ་མཁའ་ནས་ཕྱག་ཏུ་བབས་ཞེས་དང་། གྲགས་རྒྱལ་བོད་ཀྱི་རྒྱལ་རབས་[སྡེ་ཏ་197 ཤ་5 ན་5] ལས་བང་ཀོང་(སྤང་སྐོང་) ཕྱག་བརྒྱ་པ་དང་། གསེར་གྱི་མཆོད་རྟེན་ཁྲུ་གང་བ་དང་། ཡི་གེ་དྲུག་པ་དང་། ཙནྡྷ་མ་ཎིའི་ཀོལ་ཕོར་ནམ་མཁའ་ལ་(ལས་) སྙོན། ཞེས་དང་། རྒྱལ་རབས་འཕྲུལ་གྱི་ལྡེ་མིག་[རྙི་6 ཤ་14 ན་1] ལས་ལྷ་ཐོ་ཐོ་རི་གཉན་བཙན་ཏེ་ཀུན་ཏུ་བཟང་པོའི་སྤྲུལ་པར་བྱེད། འདིས་(འདི་) ཕོ་བྲང་ཨུམ་བུ་སླང་མཁར་གྱི་རྩེར་བཞུགས་པ་ན། ནམ་མཁའ་ནས་མདོ་ཟ་མ་ཏོག་བཀོད་པ། སྤང་ཀོང་(སྐོང་) ཕྱག་བརྒྱ་བ། གསེར་གྱི་མཆོད་རྟེན་རྣམས་བབས་བྱུང་བ་ལ། མིང་གཉན་པོ་གསང་བར་བཏགས་ནས་མཆོད་པ་བྱས་པས་ལོ་བརྒྱ་ཉི་ཤུ་ཐུབ་ཅིང་། རྨི་(མནལ) ལམ་དུ་ཁྲིད་ནས་གདུང་རབས་ལྔ་ན་འདིའི་དོན་ཤེས་པ་འབྱུང་ཞེས་པའི་ལུང་བསྟན་ཡང་བྱུང་ཞེས་གྲགས། ཉེལ་པ་ནི་པོན་པོ་ནམ་མཁའ་ལ་དགའ་བ་དེ་ནས་བབས་ཟེར་བ་ཡིན་གྱི། དོན་ལ་པཎྜི་ཏ་བློ་སེམས་མཚོ་དང་ལོ་ཙཱ་བ་ལི་ཐེ་སེས་ཆེས་དེ་རྣམས་ཁྱེར་འོངས་པ། རྒྱལ་པོས་ཡི་གེའི་ཚིག་དོན་མ་གོ་བས་ཆོས་རྣམས་བཞག་ནས་ལོ་པཎ་ཕྱིར་ལོག་ཟེར་ཏེ། བློ་སེམས་མཚོ་དང་ཞི་བ་མཚོ་དོན་གཅིག་ཅིང་། མཁན་པོས་བོད་ཀྱི་རྒྱལ་རབས་དཀྱུའི་རིང་བལ་པོར་སྒྲུགས་འདུག་པས་དག་པ་འདྲ་ཞེས་དེབ་སྔོན་པ་འཆད། ཅེས་རྒྱལ་པོའི་ཕྱག་ཏུ་བབས་པའི་དངོས་པོ་གང་དག་ཡིན་པ་དང་། ཕྱག་ཏུ་བབས་སྟངས་ཇི་ལྟར་ཡིན་པ་སོགས་ཀྱི་ལྟ་སྟངས་མི་འདྲ་བའི་

ཁྱད་རགས་ཙམ་བསྟན་པས་ངེས་ཐུབ་པ་ཡིན།

དུས་རིམ་བར་མའི་ནང་བང་སོའི་སྲོལ་ཕྱོགས་པ་རྒྱ་ཆེན་པོ་དེ་ཙམ་བྱུང་མེད་པ་འདྲ་ལ། དེའང་སྤུ་ལྡེ་གུང་རྒྱལ་དང་། ཏྲི་ལས་སྐྱེས་རྒྱལ་བློན་གཉིས་ཀྱིས་བཙན་པོ་གྲི་གུམ་གྱི་བང་སོ་ཞིག་བཞེངས་ཚུལ་རགས་ཙམ་གསལ་བ་དེ་ཙམ་ལས་གཞན་ལྷ་ཐོ་ཐོ་རི་གཉན་བཙན་མ་བྱོན་གྱི་བར་བང་སོ་བཞེངས་པའི་ལོ་རྒྱུས་ཞལ·····
གསལ་བ་ཅི་ཞིག་ཀྱང་མི་འདུག ལྷ་ཐོ་ཐོ་རི་གཉན་བཙན་གྱི་བང་སོ་ནི་རྒྱལ་རབས་གསལ་བའི་མེ་ལོང་[པེ་60 ཤ་4]ལས་དེ་ཡི་བང་སོ་རང་གི་ཡུལ་དུ་བཏབ། ཡུལ་གྱི་མིང་ནི་ཕྱིང་ཡུལ་དར་ཐང་། བང་སོ་དེ་ཡང་ས་ཕུང་སྒྲ་འདྲ་ཡོད། ཅེས་བང་སོའི་དབྱིབས་ས་ཕུང་སྒྲ་ཕུབ་པ་ལྟ་བུ་ཞིག་ཡོད་པར་བཤད་པ་དེས་ནི་བང་སོའི་རྣམ་པ་དུས་ཕྱིས་ལྟར་རྒྱས་སྤྲོས་ཅན་ཞིག་བྱུང་མེད་ནའང་། དོན་དུ་བང་སོ་ཞིག་བཞེངས་ཡོད་པ་གསལ་བར་བསྟན་པ་དང་། ལྷ་ཐོ་ཐོ་རི་གཉན་བཙན་གྱི་སྲས་ཁྲི་སྙན་གཟུང་བཙན་གྱི་བང་སོའང་དེ་ཉིད་[པེ་60 ཤ་9]ལས་དེ་ཡི་བང་སོ་དོན་འཁོར་མདའ་རུ་བརྩིགས། དེ་ཡང་འཕྲུལ་མེད་ས་ཕུང་བརྡལ་བ་འདྲ། ཞེས་བང་སོ་བརྩིགས་པའི་ཐ་སྙད་ཞལ་གསལ་དུ་བསྟན་ཡོད་པ་དང་ཡང་དེའི་སྲས་འབྲོང་སྙན་ལྡེ་རུའི་བང་སོའང་[པེ་61 ཤ་7]དུ་འབྲོང་སྙན་ལྡེ་རུའི་བང་སོ་ཞང་མདར་བརྩིགས། བང་སོའི་མིང་ཡང་གསོན་ཆས་ཟླུམ་པོར་གྲགས། ཞེས་བང་སོའི་དབྱིབས་ཟླུམ་པོར་ཡོད་པ་ཞིག་བརྩིགས་པའི་ཐ་སྙད་གསལ་བར་བསྟན་ཡོད་པ་དང་། དེའི་སྲས་སྟག་རི་གཉན་གཟིགས་བང་སོའང་[པེ་61 ཤ་14]དེ་ཡི་བང་སོ་དོན་འཁོར་མདའ་རུ་བརྩིགས། གྲལ་ནི་ཁྲི་སྙན་གཟུང་བཙན་གཡོན་ན་ཡོད། དེ་ཡང་འཕྲུལ་མེད་ས་ཕུང་བརྡལ་བ་འདྲ། ཞེས་བང་སོ་བརྩིགས་པའི་ཐ་སྙད་བྱས་ཡོད་འདུག་སྐབས། ཕལ་ཆེར་ཟླུམ་པོའི་དབྱིབས་ཅན་སྟེང་དུ་འཕྲུལ་ཏེ། དེང་དུས་ཀྱི་སྐད་དུ་བྱས་ན“ཆར་ཁེབས”མེད་པ་དེ་འདྲ་ཞིག་བཞེངས་སྲོལ་བྱུང་ཡོད་པར་འདྲ་ལ། ཡང་དེའི་སྲས་གནམ་རི་སྲོང་བཙན་གྱི་བང་སོ་ནི་དེ་ཉིད་[པེ་61 ཤ་21]ལས་དེ་ཡི་བང་སོ་དོན་མཁར་མདའ་རུ་བརྩིགས། གྲལ་ནི་ཁྲི་སྙན་གཟུང་བཙན་གཡས་ན་ཡོད། དེ་ཡང་འཕྲུལ་ཆེ་རྩིག་པ་སོག་ཁར་ཡོད། ཅེས་གསུངས་སྣང་ས་ལ་དཔྱད་ན། བང་སོ་འདིའི་དབྱིབས་ནི་སོག་པའི་དབྱིབས་ལྟར་སྟེང་ངོས་ཅུང་ཟླ་ལ་འོག་ངོས་སྦོམ་པ་སྟེང་དུ་ཆར་ཁེབས་ཆེ་ཙམ་ཡོད་པ། དེ་འདྲ་བ་ཞིག་བཞེངས་ཡོད་པའི་དོན་དུ་གོ་ཞིང་། ཚུལ་འདི་ནི་ལྷ་ཐོ་ཐོ་རི་གཉན་བཙན་གྱི་སྐུ་དུས་དང་བསྡུར་ན་བང་སོའི་ཤེས་རིག་ཡར་རྒྱས་ཆེ་བར་ཕྱིན་ཡོད་པ་གསལ་བར་བསྟན་པ་ཡིན།

གཉིས། བོད་ཀྱི་རྒྱལ་རབས་སོ་ལྔ་པ་ཁྲིད་བཙན་སྣམ་པའི་སྐོར།

རྒྱལ་པོ་འདིའི་མཚན་ཡོངས་གྲགས་སུ་སྲོང་བཙན་སྣམ་པོ་ཞེས་གྲགས་སོད། བུ་སྟོན་ཆོས་འབྱུང་དང་ཀློང་ཆེན་པའི་ཆོས་འབྱུང་། པད་དཀར་ཆོས་འབྱུང་སོགས་སུ་རྒྱལ་པོ་འདིའི་མཚན་ལ་ཁྲི་ལྡེ་སྲོང་བཙན་ཞེས་བཀོད་འདུག་ཅིང་། ཆོས་འབྱུང་མཁས་པའི་དགའ་སྟོན་དུ་ཁྲི་སྲོང་བཙན་ཞེས་པ་ཐོག་མའི་མཚན་ཡིན་ཚུལ་གསལ་བ་འདི་ནི་དོན་ལ་གནས་པ་ཞིག་སྟེ། ཏུན་ཧོང་བོད་ཀྱི་ལོ་རྒྱུས་ཡིག་རྙིང་[PI579 ཤ12. 14]ལས"བཙན་པོ་ཁྲི་སྲོང་རྩན"ཞེས་གསལ་བར་བཀོད་ཡོད་པ་དེ་ལས་ངེས་ཤེས་རྙེད་ཐུབ……ཅིང་། བུ་སྟོན་ཆོས་འབྱུང་སོགས་སུ"ཁྲི་ལྡེ་སྲོང་བཙན"ཞེས་པ་དེའང་དོན་དུ"ཁྲི་སྲོང་བཙན"ཡིན་པ་ཤུགས་ཀྱིས་ཤེས་ཐུབ། ཡང་ཏུན་ཧོང་བོད་ཡིག་ལོ་རྒྱུས་ཡིག་རྙིང་[PI556 ཤ62]ལས"སྲོང་ལྡེ་བརྩན"ཞེས་མཚན་གྱི་རྣམ་གྲངས་འབྲི་སྟངས་མི་འདྲ་བ་ཞིག་ཀྱང་ཡོད་འདུག་སྟབས། གོང་གི"ཁྲི་སྲོང་རྩན"ཞེས་པ་དེ་དང་། འོག་གི"སྲོང་ལྡེ་བརྩན"ཞེས་པ་དེ་གཉིས་གཅིག་ཏུ་དྲིལ་བས"ཁྲི་ལྡེ་སྲོང་བཙན"ཞེས་པ་འདི་བྱུང་བ་ཞིག་ཀྱང་ཡིན་སྲིད། གང་ལྟར་ཡང"ཁྲི"ཞེས་པ་ནི་ཞང་ཞུང་གི་སྐད་དེ། བོད་སྐད་དུ"'ལྷ"ཞེས་པའམ"ཐུགས་ཉིད"ཅེས་པའི་དོན་ལ་འཇུག་ཅིང་། "སྲོང"ཞེས་པ་ནི་བོད་ཀྱི་གནའ་བོའི་བརྡ་རྙིང་པ་ཞིག་སྟེ"དྲང་པོ"དང"མཛངས་པ"ལ་སོགས་པའི་དོན་ལ་འཇུག་པ་ཡིན། བོད་ཀྱི་བརྡ་རྙིང་གི་ལུགས་སུ"བརྩན"ནམ་དེང་དུས་ཀྱི་ལུགས་སུ"བཙན"ཞེས་པ་འདི་ནི"རྗེན་པོ"འམ"རྒྱལ་པོ"གཉིས་ཀྱི་དོན་ལ་འཇུག་པ་སྟེ། དོན་དུ་རྒྱལ་པོ་འདིའི་མཚན་དེང་དུས་ཀྱི་སྐད་ལུགས་སུ་བྱས་ན"ཐུགས་མཛངས་རྗེན་པོ"ཞེས་པའམ"ཐུགས་མཛངས་རྒྱལ་པོ"ཞེས་པའི་དོན་དུ་གོ། མཚན་འདི་ནི་བོད་ཀྱི་གནའ་སྲོལ་བཞིན་རྒྱལ་པོའི་སྐུ་གཤེན་གྱི་བོན་པོས་གསོལ་བའི་མཚན་ཞིག་ཡིན་སྟབས། ཞང་བོད་ཀྱི་སྐད་འདྲེས་མ་ཞིག་བྱུང་ཡོད་པ་ནི་སྨོས་མ་དགོས་ལ། གླིང་གཞི་བསྟན་པའི་འབྱུང་ཁུངས་[ISMEO ཤ19]ལས་དེའི་སྲས་སྲོང་བཙན་སྣམ་པོ། དེ་ལ་ཁྲི་སྲོང་བཙན་སྣམ་པོ་ཡང་ཟེར། སྐུ་གཤེན་ཞང་ཞུང་ར་རིང་། ཞེས་པའམ་དར་རྒྱས་གསལ་སྒྲོན་[ཐོབ669 ཤ87 བ5]ལས་དེའི་དུས་སུ་རྗེའི་བླ་བོན་དུ། གཙོ་བོན་གནམ་ལ་སྐྱེས་དང་། སུམ་བོན་རྒྱལ་ལ་དབང་གིས། སྲུངས(སྲུང)མ་མཆོད་པས་ནད་མུག་སྐལ་བ་ཆད་དོ། །ཞེས་པ་རྣམས་སུ་གསལ་བའི་རྒྱལ་གྱི་སྐུ་གཤེན་དེ་དག་གང་རུང་ཞིག་གིས་མཚན་གསོལ་བྱས་ཡོད་པར་ངེས་ཤིང་ཡོངས་གྲགས་ཀྱི་མཚན་འདི་ནི། ཕལ་ཆེར་བཙན་པོ་ཁྲིར་ཕེབས་སྐབས་སུ་གསོལ་བའི་མཚན་ཞིག་ཡིན་ངེས་པའི་ཚུལ་རྒྱལ་རབས་གསལ་བའི་མེ་ལོང་[པེ64 ཤ22]ལས་དེར་རྒྱལ་བུ་དེ་ནར……

སོན་དུས། བཟོ་དང་རྩིས་སྨན་རྩལ། རིག་པའི་གནས་ལྔ་ལ་མཁས་ཤིང་ཡོན་ཏན་དང་ལྡན་པར་གྱུར་པས། སློབ་པོ་རྣམས་ན་རེ་འོ་ཅག་ཚོའི་རྗེ་འདི་ནི་ཡོན་ཏན་དུ་མ་དང་ལྡན་ཏེ། ཐུགས་ཤིན་ཏུ་སྣམ་མོ་ཟེར་བས། མཚན་ཡང་སྲོང་བཙན་སྒམ་པོ་ཞེས་གྲགས་སོ། །ཞེས་དང་ལྡེ་བྲག་ཆོས་འབྱུང་[ཕེ་སྟོད་175ཕ་19]ལས་ཁྲི་སྲོང་བཙན་ཞེས་མཚན་དུ་གསོལ་བ་ལས། ཡོན་ཏན་ཀུན་ཏུ་ཐུགས་སྒམ་པས། །མཚན་ཡང་སྲོང་བཙན་སྒམ་པོར་ཆགས་པར་གྱུར། །ཅེས་མཚན་དོན་རྒྱུ་མཚན་དང་བཅས་པ་གསལ་བར་བསྟན་པ་དེ་དག་གིས་ངེས་ཤེས་རྙེད་ཐུབ་པ་ཡིན། སྲོང་བཙན་སྒམ་པོ་སྐུ་འཁྲུངས་པའི་ལོ་དུས་ཀྱི་སྐོར་རགས་ཙམ་ནི་བོད་ཀྱི་ལོ་རྒྱུས་མཁན་པོ་རྣམས་ཆོས་རྒྱལ་སྲོང་བཙན་སྒམ་པོའི་དགུང་སྐྱིང་གླང་ཡིན་པ་ཞལ་མཐུན་སོང་། གླང་དེའི་ལོ་ཁམས། མེ་གླང་ངམ། ས་གླང་དུ་བཞེད་པའི་ལུགས་མི་འདྲ་བ་གཉིས་བྱུང་ཡོད།

སྔར་བཏང་སྟོན་གྱི་ལོ་རྒྱུས་རྙིང་མའི་ཡིག་ཆ་རྣམས་སུ་བྱི་བ་དང་། གླང་དང་། སྟག་སོགས་ལོ་སྐོར་བཅུ་གཉིས་ཀྱི་གནམ་ལོ་གང་ཡིན་རགས་ཙམ་ཞིག་བཀོད་པ་ལས། གནམ་ལོའི་འབྱུང་ཁམས་གང་ཡིན་དེ་ཙམ་ཞལ་གསལ་དུ་བཀོད་སྲོལ་མ་བྱུང་བ་ཡིན་སྟབས། ཕྱིས་ཀྱི་ལོ་རྒྱུས་མཁན་པོ་ཚོས་རྒྱལ་རབས་དང་ཆོས་འབྱུང་སོགས་ཀྱི་ཡིག་ཆ་གསར་འགོད་གནང་བའི་ཚེ། གནའ་དུས་ཀྱི་རྒྱལ་པོ་དང་། གྲགས་ཆེ་བའི་བླ་དཔོན། མི་ཆེན་ཚོའི་འཁྲུངས་གཤེགས་ཀྱི་གནམ་ལོ་ཇི་ལྟར་སྟར་གྱི་ཡིག་ཆར་རགས་ཙམ་གསལ་བ་དེ་ལ། མཁས་པ་དེ་རང་གི་ཡིད་ལ་འཐད་ཅིང་། ལོ་རྒྱུས་ཀྱི་བབས་དང་མཐུན་པའི་ལོ་ཁམས་ཤིང་། མེ། ས། ལྕགས། ཆུ་ལྔ་པོ་གང་ཡང་རུང་བ་རེ་གཏན་འབེབས་ཀྱིས། ལོ་རྒྱུས་ཀྱི་གཞུང་དེའི་ཤོག་བསྒྲང་ནས་འཆད་སྲོལ་བྱུང་ཡོད་སྟབས། གྲགས་ཆེ་བའི་བོད་ཀྱི་རྒྱལ་རབས་དང་། ཆོས་འབྱུང་སོགས་ལོ་རྒྱུས་ཀྱི་ཡིག་ཆ་རྣམས་ཕན་ཚུན་དགོངས་དོན་མ་མཐུན་པ་ཅི་རིགས་ཤིག་ཡོད་ནའང་རང་རེས་དྲང་བདེན་གྱི་ལམ་ནས་ལོ་རྒྱུས་ཀྱི་ཡིག་ཆའི་མི་འདྲ་བ་ཁག་དང་། རྒྱལ་རབས་རིམ་པའི་ལོ་རྒྱུས་རྣམས་ཕན་ཚུན་གོ་བསྡུར་ཞིང་གྲུང་ལེགས་པར་བསྒྲིགས་ཏེ། དངོས་ཀྱི་དོན་རྣལ་མ་གང་ཡིན་རྩད་འཚོལ་ཞིབ་ནན་ཅིག་བྱས་པ་ཡིན་ན། རྟོག་ཟིང་དེ་རིགས་རྒྱུ་མཚན་གང་འདྲ་ཞིག་ལ་བརྟེན་ནས་བྱུང་ཡོད་པ་དང་། རྟོག་ཟིང་དེ་རིགས་ཀྱི་ངོ་བོ་དང་རྣམ་པ་གང་ཡིན་པ་རྣམས་མངོན་དུ་ཐོན་ཏེ། ལོ་རྒྱུས་ཀྱི་བདེན་དོན་རྣལ་མ་གང་ཡིན་པ་དེ་རིགས་མངོན་གསལ་དུ་འཐོན་མི་སྲིད་པ་ཅི་ཞིག་ཀྱང་མ་རེད།

བོད་ཀྱི་ལོ་རྒྱུས་ཀྱི་ཡིག་ཆ་ཕལ་མོ་ཆེར་སྲོང་བཙན་སྒམ་པོ་མེ་གླང་ངམ། ས་གླང་གང་རུང་ཞིག་ལ་སྐུ་འཁྲུངས་པར་བཤད་ཡོད་པ་ནི་དེབ་ཐེར་དཀར་པོ་[སི་109ཕ་10]ལས་འཁྲུངས་པའི་ལོ་ནི་གླང་ཡིན······པར་ལོ་རྒྱུས་མང་པོར་བཤད་ཀྱང་། གླང་དེའི་དབང་ཐང་དང་དེ་ལོ་སྐོར་གང་ཡིན་པ་ལ་མཁས་པ་རྣམས་

མི་མཐུན། ལྷ་པ་ཆེན་པོ་དང་། འགོས་ཀྱིས་ས་སྣང་དུ་བཞེད། བུ་སྟོན་སོགས་ཀྱིས་མེ་སྣང་དུ་གསུངས། ཞེས་ཞལ་གསལ་དུ་བསྟན་པ་དེ་རེད། སྲོང་བཙན་སྒམ་པོ་ས་སྣང་ལ་འཁྲུངས་པར་བཞེད་པ་འདིའི་ལྟ་བའི་འབྱུང་ཁུངས་ནི་དེབ་ཐེར་དམར་པོར་རྒྱའི་རྒྱལ་རབས་དང་བསྟུན་ནས་བཙན་པོའི་ལོ་དུས་གཏན་······འབེབས་གནང་ཡོད་པ་ནི་དེབ་ཐེར་སྔོན་པོར་ཞིབ་སྦྱོར་མཛད་པའི་ལུགས་དེ་ལས་འཕྲོས་པ་ཞིག་ཡིན་······འདུག དེབ་ཐེར་དཀར་པོ་[ཤོ་110 ཤ་11] ལས་དེ་ལ་སྲོང་བཙན་འདས་པའི་ལོ་ནི་འགོས་རང་ཉིད་ཀྱང་རྒྱའི་ལོ་རྒྱུས་ལ་བརྟེན་པར་གསལ་མོད། འཁྲུངས་ལོ་དེ་རྒྱུ་མཚན་ཅི་འདྲ་ཞིག་ལ་བརྟེན་པ་ནམ་ཡང་གསལ་བར་མ་གསུངས། ཞེས་གསུངས་འདུག་མོད། དེབ་སྔོན་པས་བོད་ཀྱི་རྒྱལ་པོ་རྣམས་རྩ་རྒྱུད་དུ་ལུང་བསྟན་པ་དེ་ལས་དྲངས་པའི་སྐབས་སུ་གསལ་བ་ནི་དེབ་ཐེར་སྔོན་པོ་[ཤོ་སྟོད་71 ཤ་19] ལས"ལོ་བརྒྱད་ཅུར་རྒྱལ་སྲིད་བྱེད་པ་ནི་ལོ་བརྒྱད་ཅུ་རྩ་གཉིས་བཞུགས།" ཞེས་པ་དེ་ལོ་རྒྱུས་ཡོངས་གྲགས་རྣམས་སུ་བཞེད་ཡོད་པ་ཞིག་ཡིན་པ་གཞིར་བཞག དེབ་སྔོན་པས་ཀྱང་རྒྱུད་ཀྱི་ལུང་དང་ཡོངས་གྲགས་ཀྱི་བཞེད་སྲོལ་གཉིས་ཀ་དང་མི་འགལ་བའི་སྙིང་ནས། སྲོང་བཙན་དགུང་གྲངས་བརྒྱད་ཅུ་གྱ་གཉིས་ཀྱི་སྟེང་དུ་གཤེགས་པར་ཞལ་གྱིས་བཞེས་ཡོད་པ་དང་། སྲོང་བཙན་སྒམ་པོའི་གཤེགས་ལོ་དེ་དེབ་ཐེར་དམར་པོ་[ཤེ་18 ཤ་23] ལས་ཞེས་རྒྱའི་ཡིག་ཚང་གི་ལུགས་ལས་དྲངས་པ་དེ་ལ་གཞིར་བཟུང་ནས། སྲོང་བཙན་སྒམ་པོའི་གཤེགས་ལོ་ལྕགས་ཁྱི་(སྤྱི་2567 སྤྱི་650) ལས་རྩིས་བཟུང་བ་དེ་ལས། སྲོང་བཙན་སྒམ་པོའི་དགུང་གྲངས་བརྒྱད་ཅུ་རྩ་གཉིས་དབྱི་བའམ་ཡང་ན་ལྕགས་ཁྱི་དེ་ནས་དགུང་གྲངས་བརྒྱད་ཅུ་གྱ་གཉིས་གྱེན་དུ····བརྩིས་པས། སྤྱི་འཁོར་བཅུ་བཞི་པའི་སྤྱི་ཁྲིད་འོག་མའི་ས་མོ་སྣང་གི་ལོ་(སྤྱི་2486 སྤྱི་569) འབྱུང་བ་དེས་འགོས་ཀྱི་བཞེད་པ་དེའི་རྒྱུ་མཚན་གང་ཡིན་གསལ་བར་བསྟན་པ་ཡིན།

སྲོང་བཙན་སྒམ་པོ་སྐུ་གཤེགས་པའི་ལོ་དེ་ལྕགས་ཁྱི་ཡིན་པ་དང་། དེའང་རྒྱའི་ལོ་རྒྱུས་དང་བསྟུན་པའི་ཐོག་སྲོང་བཙན་སྒམ་པོ་དགུང་གྲངས་བརྒྱད་ཅུ་གྱ་གཉིས་བཞུགས་ཡོད་པའི་དབང་དུ་བྱས་ན་སྤྱི········འཁོར་བཅུ་བཞི་པའི་སྤྱི་ཁྲིད་འོག་མའི་སྣང་ལས་འོས་གཞན་མེད་པ་དེ་ལྟར་ནའང་། འགོས་ཀྱི་སྤྱིར་བཏང་གི་བཞེད་སྟངས་ནི་ཕལ་ཆེར་སྲོང་བཙན་སྒམ་པོའི་འཁྲུངས་ལོའི་ས་སྣང་དེ་སྤྱི་འཁོར་བཅོ་ལྔ་པའི····ས་མོ་སྣང་(སྤྱི་2546 སྤྱི་629) ལ་རྩིས་འཛིན་གནང་ཡོད་ཐྲོལ་ཆེ་འདུག་པ་ནི་དེབ་ཐེར་སྔོན་པོ་[ཤོ་སྟོད་94 ཤ་14] ལས་སྲོང་བཙན་འཁྲུངས་ནས་ལོ་སུམ་བརྒྱ་དང་ཉི་ཤུ་རྩ་དགུ་འདས་པ་ས་ཕོ་རྟའི་ལོ་ལ་ལོ་ཙྪ་བ་རིན་ཆེན་བཟང་པོ་འཁྲུངས། ཞེས་པ་སྟེ་ལོ་ཙྪ་བ་རིན་ཆེན་བཟང་པོ་སྤྱི་འཁོར་བཅུ་དྲུག་པའི་སྤྱི་ཁྲིད་འགོ་མའི་ས་ཕོ་རྟའི་ལོ་(སྤྱི་2875 སྤྱི་958) ལ་འཁྲུངས་པའི་ལོ་གྲངས་དེ་ལས་སུམ་བརྒྱ་ཉེར་དགུ་དབྱི་བའམ་དེ་

ནས་གྲེན་དུ་བརྩིས་པས་ལོ་གྲངས་སུམ་བརྒྱ་ཉེར་དགུ་འདས་པ་དེ་ནི་སྤྱི་འཁོར་བཅོ་ལྔ་པའི་སྤྱི་ཕྲེང་གོང་མའི་ས་མོ་གླང་(སྤྱི2546སྤྱི629)ཡིན་པས་ངེས་ཤེས་ཐུབ་པ་དང་། དེར་མ་ཟད་གཞན་ཡང་གཞུང་དེ་ཉིད་[སི་སྨད1249ཕ7]ལས་ཆོས་ཀྱི་རྒྱལ་པོ་སྲོང་བཙན་སྒམ་པོ་འཁྲུངས་ནས་ལོ་བདུན་བརྒྱ་དང་ཉི་ཤུ་ལྷག་པ་ཙམ་ན། ཐམས་ཅད་མཁྱེན་པ་བློ་བཟང་གྲགས་པའི་དཔལ་ཞེས་བྱ་བ་འཇིག་རྟེན་དུ་བྱུང་སྟེ། ཙོང་ཁའི་ཡུལ་དུ་མེ་མོ་བྱའི་ལོ་སྐུ་བལྟམས། ཞེས་རྗེ་ཙོང་ཁ་པ་རབ་བྱུང་དྲུག་པའམ། སྤྱི་འཁོར་བཅུ་དགུ་པའི་སྤྱི་ཕྲེང་གོང་མའི་མེ་མོ་བྱའི་ལོ་(སྤྱི3274སྤྱི1357)ལ་སྐུ་བལྟམས་པར་བཞེད་པའི་ལོ་གྲངས་དེ་ལས། སྲོང་བཙན་སྒམ་པོའི་འདས་ལོ་བདུན་བརྒྱ་ཉི་ཤུ་ཕྱིས་པའི་ལྷག་མ་སྤྱི་ལོ་ཉིས་སྟོང་ལྔ་བརྒྱ་ང་བཞི་དང་སྤྱི་ལོ་དྲུག་བརྒྱ་སོ་བདུན་འབྱུང་བ་དེ་ནི་སྤྱི་འཁོར་བཅོ་ལྔ་པའི་སྤྱི་ཕྲེང་གོང་མའི་མེ་མོ་བྱའི་ལོ་(སྤྱི2554སྤྱི637)དེ་ཡིན་ལ། སྲོང་བཙན་སྒམ་པོ་འཁྲུངས་ནས་ལོ་བདུན་བརྒྱ་དང་ཉི་ཤུ་ལྷག་ཞེས་བྱ་བའི་ལྷག་ཚིག་གིས། དེར་ཞིབ་རྩིས་བྱས་ན་ལོ་གྲངས་བརྒྱད་སྟོན་དགོས་པའི་དོན་ཤུགས་ཀྱིས་བསྟན་པ་དེ་ལྟར་ན། སྲོང་བཙན་གྱི་འཁྲུངས་ལོ་སྤྱི་འཁོར་བཅོ་ལྔ་པའི་སྤྱི་ཕྲེང་གོང་མའི་ས་གླང་(སྤྱི2546སྤྱི629)ཡིན་པ་གསལ་བར་བསྟན་པ་ཡིན་སྐབས། དེབ་ཐེར་དཀར་པོ་[སི109ཕ13]ལས་འགོས་ཀྱིས་གླང་དེ་དྲུག་ཅུ་སྐོར་སྔ་མའི་ས་གླང་དུ་བྱས་ནས། སྲོང་བཙན་དགུང་ལོ་བརྒྱད་ཅུ་རྩ་གཉིས་བཞུགས་པར་གསུངས། ཞེས་གསུངས་པ་དེ་དོན་ལ་གནས་མིན་ཐེ་ཚོམ་གྱི་གཞི་རུ་གྱུར་ཅིང་། འགོས་ཀྱི་བཞེད་སྟངས་དེ་སྲོང་བཙན་སྒམ་པོ་ཕལ་ཆེར་སྤྱི་འཁོར་བཅོ་ལྔ་པའི་སྤྱི་ཕྲེང་གོང་མའི་ས་གླང་(སྤྱི2546སྤྱི629)ལ་སྐུ་འཁྲུངས་པར་བཞེད་མེད་དམ་སྙམ་པ་འདྲ་ཞིག་འདུག

ལྔ་པ་ཆེན་པོས་སྲོང་བཙན་སྒམ་པོའི་འཁྲུངས་ལོ་ས་གླང་ཡིན་པ་ཇི་ལྟར་བཞེད་ཡོད་པའི་ཚུལ་ནི། དེབ་ཐེར་དཔྱིད་ཀྱི་རྒྱལ་མོའི་གླུ་དབྱངས་[པེ18ཕ8]ལས་ཡབ་རྒྱལ་པོ་གནམ་རི་སྲོང་བཙན་དང་ཡུམ་ཚེ་སྤོང་བཟའ་འབྲི་མ་ཐོད་དཀར་གྱི་སྲས་སུ་ཀུན་མཁྱེན་ཉི་མའི་གཉེན་ཞི་བ་ཆོས་དབྱིངས་སུ་མྱ་ངན་ལས་འདས་ནས་ལོ་སྟོང་དང་ལྔ་བརྒྱ་ཉག་མ་བརྒྱད་འདས་པ་འགལ་བ་ཞེས་པ་ས་མོ་གླང་གི་ལོ་ལ་ཕོ་བྲང་བྱམས་པ་མི་འགྱུར་གླིང་དུ་སྐུ་འཁྲུངས། ཞེས་སྲོང་བཙན་སྒམ་པོའི་འཁྲུངས་ལོ་ས་གླང་ཡིན་པ་ཤིན་ཏུ་ཞལ་གསལ་བར་བསྟན་ལ། ས་གླང་དེ་དྲུག་ཅུའི་སྐོར་འགོ་གང་གི་ནང་དུ་ཡིན་པའི་ཤེས་བྱེད་ནི། ཕུག་ལུགས་སུ་སྟོན་པ་སངས་རྒྱས་ཤཱཀྱའི་རྒྱལ་པོ་ལྕགས་ཕོ་འབྲུག་གི་ལོ་(སྤྱི1037སྤྱི་སྔོན881)ལ་སྐུ་མྱ་ངན་ལས་འདས་པར་བཞེད་པ་དེའི་ལུགས་སུ་གནང་ཡོད་ངེས་པ་སྟེ། སྤྱི་འཁོར་བཅོ་ལྔ་པའི་སྤྱི་ཕྲེང་གོང་མའི་ས་མོ་གླང་གི་ལོ་(སྤྱིམ2546)དེ་ལས་སྟོན་པ་སངས་རྒྱས་ཀྱི་འདས་ལོ་ཆིག་སྟོང་ལྔ་བརྒྱ་དང་བརྒྱད་ཕྱིས······

པའི་ལྷག་མ་ཚིག་སྟོང་སོ་བརྒྱད་འབྱུང་བ་(2546-1508＝1038)དེ་ནི་སྤྱི་འཁོར་དྲུག་པའི་སྤྱི་ཕྱིར་འོག་མའི་ལྕགས་ཕོ་འབྱུང་གི་ལོ་(སྤྱི1037སྤྱི་རྫོན881)སྟེ། སྟོན་པ་སངས་རྒྱས་སྐུ་མྱ་ངན་ལས་འདས་པའི་ལོ་ཏུ་ངོས་འཛིན་གནང་ཡོད་ལ། ལོ་དེ་འདས་ལོའི་དང་པོར་བཞག་ནས་བརྩིས་པའི་ལོ་གྲངས་ཚིག་སྟོང་ལྔ་བརྒྱ་བརྒྱད་(1508)འདས་པ་དེ་ནི་སྤྱི་འཁོར་བཅོ་ལྔ་པའི་སྤྱི་ཕྱིར་གོང་མའི་ས་མོ་གླང་གི་ལོ་(སྤྱི2546སྤྱི་629)དེ་ལས་འོས་གཞན་མེད་པ་ཡིན་སྐབས་སྲོང་བཙན་སྒམ་པོའི་འཁྲུངས་ལོ་ས་གླང་དེ་ནི་སྤྱི་འཁོར……བཅོ་ལྔ་པ་ཡིན་པར་ཞལ་གྱིས་བཞེས་པ་ཡིན།

སྲོང་བཙན་སྒམ་པོ་མེ་གླང་ལ་སྐུ་འཁྲུངས་པར་བཞེད་པའི་ལུགས་འདིའི་འབྱུང་ཁུངས་གཙོ་ཆེ་བ……ཞིག་ནི། ཉང་གི་ཆོས་འབྱུང་[པོད་167ཕ6]ལས"མེ་མོ་གླང་ཟླ་བ་གསུམ་པ་ལ་ན་ཚ་མེད་པར་སྐུ་བལྟམས།" ཞེས་བསྟན་པ་དེ་དག་ཡིན་ལ་མངའ་བདག་ཉང་རལ་ཉི་མ་འོད་ཟེར་གྱིས་(1124—1192)སྲོང་བཙན་སྒམ་པོའི་འཁྲུངས་ལོའི་ཁུངས་དེ་གང་ལ་གཏུགས་ཡོད་པ་མ་ངེས་སོད། ཁོང་གི་རྗེས་སུ་བྱོན་པའི་མཁས་པ་ནེའུ་པཎྜི་ཏ་གྲགས་པ་སྨོན་ལམ་གྱིས་(དུས་རབས13)མཛད་པ་སྔོན་གྱི་གཏམ་མེ་ཏོག……ཕྲེང་བ་དང་བུ་སྟོན་རིན་ཆེན་གྲུབ་ཀྱིས་(1290—1364)མཛད་པའི་ཆོས་འབྱུང་གསུང་རབ་རིན་པོ……ཆེའི་མཛོད། ཀློང་ཆེན་པ་དྲི་མེད་འོད་ཟེར་གྱིས་(1308—1163)མཛད་པའི་ཆོས་འབྱུང་རིན་པོ་ཆེའི་གཏེར་མཛོད། ཡར་ལུང་ཇོ་བོ་ཤཱཀྱ་རིན་ཆེན་སྡེས་(བརྩམས་ལོ1310)མཛད་པའི་ཆོས་འབྱུང་། ཚལ་པ་ཀུན་དགའ་རྡོ་རྗེས་མཛད་པའི་དེབ་ཐེར་དམར་པོ། ས་སྐྱ་བླ་མ་དམ་པ་བསོད་ནམས་རྒྱལ་མཚན་གྱིས་(1312—1375)མཛད་པའི་རྒྱལ་རབས་གསལ་བའི་མེ་ལོང་། གཏེར་ཆེན་རཏྣ་གླིང་པས་(1403—1478)མཛད་པའི་རྒྱལ་རབས་མེ་ལོང་རྣམ་གསལ། དཔའ་བོ་གཙུག་ལག་ཕྲེང་བས་(1504—1566)ཆོས་འབྱུང་མཁས་པའི་དགའ་སྟོན། སྟག་ཚང་རྫོང་པ་དཔལ་འབྱོར་བཟང་པོས་(1434—?)མཛད་པའི་རྒྱ་བོད་ཡིག་ཚང་ཆེན་མོ། པཎ་ཆེན་བསོད་ནམས་གྲགས་པས་(1478—1554)མཛད་པའི་རྒྱལ་རབས་འཕྲུལ་གྱི་ལྡེ་མིག མང་ཐོས་ཀླུ་སྒྲུབ་རྒྱ་མཚོས་(1523—?)མཛད་པའི་བསྟན་རྩིས་གསལ་བའི་ཉིན་བྱེད། བྲུ་རོག་འགྱུར་མེད་རྣམ་རྒྱལ་གྱིས་(བརྩམས་ལོ1753)མཛད་པའི་ལྷ་ཐོག་རྒྱལ་རབས། དགེ་འདུན་ཆོས་འཕེལ་གྱིས་(1905—1951)མཛད་པའི་རྒྱལ་རབས་དེབ་ཐེར་དཀར་པོ་སོགས་རྒྱལ་རབས…དང་ཆོས་འབྱུང་ཕལ་མོ་ཆེ་མངའ་བདག་ཉང་དང་ནེའུ་པཎྜི་ཏ་རྣམས་ཀྱི་རྗེས་སུ་འབྲངས་ཏེ་ཆོས་རྒྱལ……སྲོང་བཙན་སྒམ་པོའི་འཁྲུངས་ལོ་མེ་གླང་ཡིན་པར་ངོས་འཛིན་གནང་སྲོལ་བྱུང་འདུག་ལ། མེ་གླང་དེའང་སྟོན་པ་སངས་རྒྱས་ཤཱཀྱ་ཐུབ་པའི་འདས་ལོ་མཁས་པ་སོ་སོའི་བཞེད་སྟངས་མི་འདྲ་བ་ཅི་རིགས་པ་རྣམས…

དང་སྒོ་བསྟུན་ཏེ། དོན་དུ་སྤྱི་འཁོར་བཅོ་ལྔ་པའི་སྤྱི་ཟླིང་གོང་མའི་མེ་མོ་གླང་གི་ལོ་(སྤྱི2534སྤྱི617)དེ་རང་ལ་ངོས་འཛིན་ཞལ་མཐུན་དུ་གནང་ཡོད། བོད་ཀྱི་སངས་རྒྱས་པའི་མཁས་པ་ཆེན་པོ་རྣམས་ཀྱིས་རྒྱལ་རབས་ཀྱི་ལོ་དུས་གཙོ་ཆེར་སངས་རྒྱས་ཀྱི་འདས་ལོ་དང་སྦྱར་ཏེ། དུག་ཅུའི་སྐོར་འགོ་གང་ཡིན་གཏན་འབེབས་གནང་སྲོལ་བྱུང་ཡོད་ནའང་། སངས་རྒྱས་ཀྱི་འདས་ལོ་ངོས་འཛིན་སྟངས་ལའང་མི་འདྲ་བ་དུ་མ་ཞིག་ཡོད་སྟབས། ལོ་རྒྱུས་ཀྱི་དུས་རིམ་ཐད་ཀར་རྟོགས་པ་ལ་དཀའ་ངལ་མི་ཉུང་བ་ཞིག་འདུག སྟོན་པ་སངས་རྒྱས་ཀྱི་འདས་ལོ་ངོས་འཛིན་སྟངས་མི་འདྲ་བ་འགའ་རེ་ཡོད་པའི་གཙོར་ཆེ་ཤོས་ནི། ཕུག་ལུགས་སུ་སྟོན་པ་སངས་རྒྱས་མོ་ལུག་གི་ལོ་(སྤྱི956)ལ་ལྷུམས་སུ་ཞུགས་ནས། ལྕགས་ཕོ་སྤྲེལ་གྱི་ལོ་(སྤྱི957)ལ་སྐུ་བལྟམས། ཤིང་ཕོ་རྟའི་ལོ་(སྤྱི991)ལ་སངས་རྒྱས་པ་དང་། དགུང་གྲངས་བརྒྱད་ཅུ་གྱ་གཅིག་པ་ལྕགས་ཕོ་འབྲུག་གི་ལོ་(སྤྱི977)ལ་དཔལ་དུས་ཀྱི་འཁོར་ལོའི་རྒྱུད་བསྟན་ཏེ། སྐུ་མྱ་ངན་ལས་འདས་པར་བཤད་ཡོད།

གཡུང་སྟོན་དང་སྟག་ལོའི་ལུགས་ལྟར་ན། སྟོན་པ་སངས་རྒྱས་ཤཱཀྱ་ཐུབ་པ་ཤིང་ཕོ་བྱི་བའི་ལོ་(སྤྱི961)ལ་སྐུ་བལྟམས། ས་མོ་ཕག་གི་ལོ་(སྤྱི996)ལ་སངས་རྒྱས། དགུང་གྲངས་བདུན་ཅུ་དོན་བརྒྱད་པ་ལྕགས་མོ་སྤྲུལ་གྱི་ལོ་(སྤྱི1038)ལ་དུས་ཀྱི་འཁོར་ལོའི་རྒྱུད་བསྟན་ཅིང་། བརྒྱད་ཅུ་པ་ཆུ་མོ་ལུག་གི་ལོ་(སྤྱི1040)ལ་སྐུ་མྱ་ངན་ལས་འདས་པར་བཤད་ཡོད།

མཚུར་ལུགས་ལྟར་ན་སྟོན་པ་སངས་རྒྱས་ཤཱཀྱ་ཐུབ་པ་ཤིང་ཕོ་བྱི་བའི་ལོ་(སྤྱི961)ལ་སྐུ་བལྟམས། ས་ཕོ་བྱི་བའི་ལོ་(སྤྱི985)ལ་སངས་རྒྱས། བརྒྱད་ཅུ་པ་ཆུ་མོ་ལུ་གི་ལོ་(སྤྱི1040)ལ་དུས་ཀྱི་འཁོར་ལོའི་རྒྱུད་བསྟན་ཏེ་སྐུ་མྱ་ངན་ལས་འདས་པར་བཞེད།

ཟུ་ལུགས་སུ་སྟོན་པ་སངས་རྒྱས་ཤཱཀྱ་ཐུབ་པ་མེ་ཕོ་རྟའི་ལོ་(སྤྱི1003)ལ་སྐུ་བལྟམས། ལྕགས་མོ་སྤྲུལ་གྱི་ལོ་(སྤྱི1038)ལ་སངས་རྒྱས། མེ་ཕོ་སྟག་གི་ལོ་(སྤྱི1143)ལ་སྐུ་མྱ་ངན་ལས་འདས་པ་སོགས་སྟོན་པ་སངས་རྒྱས་ཀྱི་འཁྲུངས་ལོ་དང་གཤེགས་ལོ་ངོས་འཛིན་སྟངས་ཀྱི་སྐོར་ལ་མི་འདྲ་བའི་ལྟ་ཚུལ་ཐེ……སྙེད་ཅིག་བྱུང་ཡོད་པའི་ཁར། ཆོས་རྒྱལ་སྲོང་བཙན་སྒམ་པོ་དེ་དུས་རིམ་གང་ཞིག་ཏུ་བྱོན་ཡོད་པའི་ལོ་རྒྱུས་ཀྱི་ཚད་གཞིའང་དངོས་ཡོད་ཀྱི་ཡིག་ཆ་ཞིག་ལ་དཔེར་མཚོན་ན། ཀློང་ཆེན་པའི་ཆོས་འབྱུང་[རྙིང་སྨད392ཕ3]ལས་ལྷ་མོ་དྲི་མེད་ལུང་བསྟན་ཆོ། །ང་འདས་ལོ་ནི་ཉིས་སྟོང་ན། །ལྔ་བརྒྱ་འདས་ཆེ་གདོང་དམར་ཡུལ། ཁ་བ་ཅན་དུ་ཆོས་འབྱུང་ཞེས། །གསུངས་པའི་ལུང་བསྟན་ལོ་གྲངས་དང་། ཡར་ལུང་ཡུམ་བུ་བླ་སྒང་དུ། མཐོ་རིས་སྙན་བཙན་བྱུང་དང་འགྲིག ལོ་དེ་ས་ཕོ་སྤྲེའུ་ཡི། བལ་ནས་རྒྱལ་པོ་ལོའི་ལྷག བརྒྱ་

དང་དགུ་བཅུ་གོ་བརྒྱད་ཀྱིས། མི་ཡོས་རབ་བྱུང་ལོ་དེ་ལ། འོད་ཟེར་གོ་ཆས་ལོ་བཅོས་ནས། བསྟན་པས་བརྩིས་པ་ཉིས་སྟོང་དང་། བདུན་བརྒྱ་ལ་འདིས་ཟླས་པར་བཤད། དེ་ནས་ལོ་བཅུ་མི་མོ་གླང་། དབང་ཕྱུག་ལོ་ལ་བོད་ཀྱི་རྗེ། རྒྱལ་པོ་སྲོང་བཙན་སྒམ་པོ་འཁྲུངས། ཞེས་མཆོན། རྒྱ་མཚན་རགས་ཙམ་དེ་འདྲ་བ་འགའ་ལ་བརྟེན་ཏེ་ལོ་དུས་གཏན་འབེབས་བྱས་པ་ཙམ་ལས། ལོ་གྲངས་རེ་བཞིན་རྩིས་སུ་བཀོད་དེ་གཏན་ལ་ཕབ་པའི་རྩིས་གཞི་ནི་འགའ་ཞིག་ཀྱང་བྱུང་ཡོད་མི་འདུག

ཆོས་རྒྱལ་སྲོང་བཙན་སྒམ་པོའི་ཁྲིར་ཕེབས་པའི་ལོ་དུས་ནི། ལྡེའུ་ཆོས་འབྱུང་ཆེན་མོ་སོགས་ཆོས་འབྱུང་དང་རྒྱལ་རབས་མང་བ་ཞིག་ཏུ། སྲོང་བཙན་སྒམ་པོ་དགུང་ལོ་བཅུ་གསུམ་བཞེས་པའི་དུས་ཡབ་གནམ་རི་སྲོང་བཙན་སྐུ་གཤེགས་ནས། སྲོང་བཙན་སྒམ་པོ་ཁྲིར་ཕེབས་པར་བཤད་ཡོད། ཉང་གི་ཆོས་འབྱུང་[བོད་168ཤ་1]ལས་དེ་ནས་ལོ་བཅུ་གཉིས་ལོན་པ་ན། རྒྱལ་བུའི་ཐུགས་དགོངས་ལ། ངས་ཁ་བ་ཅན་གྱི་སེམས་ཅན་རྣམས་ཆོས་དང་ཟང་ཟིང་གིས་སྐྱོང་བར་ཨ་མི་དེ་བའི་དུང་དུ་ཁས་བླངས། བྱང་ཆུབ་སེམས་དཔའ་སྤྲེའུ་ལ་ཡང་ཁས་བླངས་པས། ད་ནི་ཁ་བ་ཅན་གྱི་རྒྱལ་ཁམས་འདིར་སྤྲེའུ་དང་། བྲག་སྲིན་མོའི་བུ་ཚ་དུད་འགྲོའི་རིགས་སུ་སོང་བས་ཞི་བས་མི་ཐུལ་ཏེ། ཐབས་ཀྱིས་དྲག་པོའི་བཀའ་ནན་དང་། ཁྲིམས་ཀྱིས་ཆད་པ་བཅད་ལ་འདུལ་དགོས་པས། དེ་ལ་ཡང་དབང་ཆེ་དགོས་པས་ཞེས་ཡབ་ཡུམ་ལ་ཞུས་པས། ཐུགས་དགྱེས་ནས་བོད་འབངས་ཐམས་ཅད་བསྡུས་ནས། རིན་པོ་ཆེའི་ཁྲི་ལ་རྒྱལ་བུ་བཞུགས་སུ་གསོལ་ཏེ། ཡབ་ཀྱིས་རྒྱལ་སྲིད་གཏད་ནས། རྒྱལ་ཁམས་ཐམས་ཅད་ཀྱི་རྗེར་མངའ་གསོལ་ཞིང་བསྔོས་སོ། ། ཞེས་ཡབ་རྒྱལ་པོ་ཞལ་བཞུགས་བཞིན་པར་རྒྱལ་བུ་ཁྲིར་བཀོད་པའི་ཚུལ་ཞལ་གསལ་བར་བསྟན་པ་དང་། ཡར་ལུང་ཇོ་བོའི་ཆོས་འབྱུང་[སི་51ཤ་17]ལས་སྐུ་འཁྲུངས་ནས་ལོ་བཅུ་གསུམ་ན་ཡབ་འདས་པའམ། ཡང་ན་ཡབ་ཉིད་ཀྱིས་རྒྱལ་སར་བསྔོས་ཏེ། དགུང་ལོ་བཅུ་གསུམ་ལ་རྒྱལ་སར་དབང་བསྐུར། ཞེས་པ་ལྟ་བུ་ཡིད་གཉིས་དང་བཅས་པའི་བཤད་པ་སོགས་བཤད་ཚུལ་མི་འདྲ་བ་འགའ་རེ་ཡོད་འདུག་མོད། དངོས་དོན་དུ་སྲོང་བཙན་སྒམ་པོ་དགུང་གྲངས་བཅུ་གསུམ་པའམ་ཧྲིལ་པོ་བཅུ་གཉིས་པ་ལ་ཁྲིར་ཕེབས་ཡོད་པ···· ནི་བོད་ཀྱི་རྒྱལ་རབས་དང་ཆོས་འབྱུང་སོགས་ལོ་རྒྱུས་ཡིག་ཆ་ཕལ་མོ་ཆེ་ཞལ་མཐུན་དུ་འདུག

ཆོས་རྒྱལ་སྲོང་བཙན་སྒམ་པོའི་བཙུན་མོ་དང་སྲས་ཀྱི་སྐོར། བོད་ཀྱི་ལོ་རྒྱུས་མཁན་པོ་ཆོས་ཆོས་རྒྱལ་སྲོང་བཙན་སྒམ་པོ་སྐུ་ན་གཞོན་པའི་དུས་ཐོག་མར་བལ་བཟའ་དང་། དེ་ནས་རྒྱ་བཟའ་སྟེ་བཙུན་མོའི་མཆོག་གཉིས་ཁབ་ཏུ་བཞེས་པར་སྲས་མ་བྱུང་ནས་རིམ་གྱིས་བཙུན་མོ་གཞན་དག་ཁབ་ཏུ་བཞེས་པའི་ཚུལ་རྒྱལ་རབས་དང་ཆོས་འབྱུང་རྣམས་སུ་བཤད་པ་མི་འདྲ་བ་ཅི་རིགས་ཤིག་ཡོད་པ་དེ་རྣམས་ཀྱི་མཚོན········

དཔེར་འོས་པ་ནི། རྒྱལ་རབས་གསལ་བའི་མེ་ལོང་[པེ་ཤ་158ཕ་16]ལས། དེ་ནས་རྒྱ་མོ་བཟའ་དང་བལ་མོ་བཟའ་གཉིས་ལ་སྲས་མ་འཁྲུངས་པར་ཞང་ཞུང་བཟའ་བྱ་བ་ཁབ་ཏུ་བཞེས། དེ་ལ་སྲས་མ་འཁྲུངས། དེས་ཐིམ་བུ་སྐོག་པའི་ལྷ་ཁང་བཞེངས། འདི་ལྷུགས་ཁ་ཁོང་ན་ཡོད། དེ་ནས་རུ་ཡོང་བཟའ་བྱ་བ་ཁབ་ཏུ་བཞེས། དེ་ལ་སྲས་མ་འཁྲུངས། དེས་མིག་མངས་ཚལ་གྱི་ལྷ་ཁང་བཞེངས། འདི་གོ་ཤ་གླིང་ན་ཡོད། དེ་ནས་མི་ཉག་བཟའ་བྱ་བ་ཁབ་ཏུ་བཞེས། དེ་ལའང་སྲས་མ་འཁྲུངས། དེས་ཁ་བྲག་གསེར་གྱི་ལྷ་ཁང་བཞེངས། འདི་མཁར་སྣ་གདོང་ན་ཡོད། དེ་ནས་སྟོད་ལུང་མང་གི་ནང་ནས། མང་བཟའ་ཁྲི་ལྕམ་བྱ་བ་ཁབ་ཏུ་བཞེས། ཞེས་བཙུན་མོ་ལྔའི་མཚན་གསལ་བ་དང་། བཙུན་མོ་ལྔ་བཞེས་པ་དེ་རྣམས་ཀྱང་བཙུན་མོ་གོང་མ་རྣམས་ལ་སྲས་མ་བྱུང་ནས་ཕྱི་མ་ཕྱི་མ་རྣམས་བཞེས་པའི་རྒྱུ་མཚན་དང་བཅས་ཏེ་གསུངས་ཡོད། འདིར་བཙུན་མོ་རྣམས་ཀྱི་ཐོག་མ་བལ་བཟའ་ཁྲི་བཙུན་ཡིན་པ་ལྟར་གསུངས་འདུག་མོད། དར་རྒྱས་གསལ་སྒྲོན་[ཐོབ་669ཤ་87བ་1]ལས། བཙུན་མོ་ཡང་བྱམས་མ་ལས། ཞང་ཞུང་ནས་ཞང་ཞུང་ཟ་ལིག་ཏིང་སྨན་བླངས་པས། ཞང་ཞུང་གི་ལྷ་གཤེན་རབ་བསྟན་པའི་གཙོ་བོ་ཀྲུང་ལོ་གཅིག་པའི་སྐུ་ཚད་གདན་དྲངས་ནས། ཐེམ་ཐེམ་ལྷ་ཁང་བཞེངས། བལ་ཡུལ་ནས་བལ་བཟའ་ཁྲི་བཙུན་བླངས་པས། བལ་པོའི་ལྷ་དངུལ་གྱི་བྱམས་འཁོར་གདན་དྲངས་ནས་ར་ས་འཕྲུལ་སྣང་བཞེངས། རྒྱ་ཡུལ་ནས་རྒྱ་ཟ་ཨོང་ཅོ་བླངས་པས། རྒྱ་ནག་གི་ལྷ་ཐུབ་པ་དགུང་ལོ་བརྒྱད་པའི་སྐུ་ཚད་གདན་དྲངས་ནས། ར་མོ་ཆེའི་ལྷ་ཁང་བཞེངས། ཞེས་བོན་གྱི་དཔེ་རྙིང་བྱམས་མ་ལས་དྲངས་པའི་ལུང་གིས་བལ་བཟའ་དང་། རྒྱ་བཟའ་གཉིས་ཀྱི་སྔོན་དུ་ཞང་ཞུང་བཟའ་ཁབ་ཏུ་བཞེས་པའི་ཚུལ་གསལ་བར་བསྟན་ལ། བཀའ་ཆེམས་ཀ་ཁོལ་མ་[ཀན་270ཕ་9]ལས། བཙུན་མོ་སྔ་མ་ཚོ་གོང་མོང་བཟའ་ཁྲི་བཙུན་གྱིས་མཁར་བྲག་ལྷ་ཁང་ཤིང་དང་གསེར་དངུལ་ཟངས་ལྕུགས་རྣམས་ལས་བཞེངས་པ་ཡང་ཚར། དེའི་ཕྱི་མ་ཞང་ཞུང་བཟའ་ཁྲི་བཙུན་གྱིས་ཡེར་པ་ཐེམ་བུ་སྐོག་པའི་ལྷ་ཁང་ཡང་སོ་ཕག་དང་ཤིང་དང་གསེར་དངུལ་རྣམས་ལས་བཞེངས་པ་ཡང་ཚར། ཞེས་ཞང་ཞུང་བཟའ་ནི་མོང་བཟའི་རྗེས་ཙམ་དུ་བཞེས་པར་གསལ། སྲོང་བཙན་སྐུ་ན་ཕྲ་བའི་དུས་ཁོང་གིས་ཐོག་མར་ཞང་ཞུང་དང་ཕན་ཚུན་གཉེན་འབྲེལ་མཛད་དེ་ཉིད་རང་གི་མཆེད་མོ་སད་མར་ཀར་ཞང་ཞུང་གི་རྒྱལ་པོ…ལིག་མི་རྷྱའི་བཙུན་མོར་བཏང་བའི་ཚུལ་ཏུན་ཧོང་བོད་ཀྱི་ལོ་རྒྱུས་ཡིག་རྙིང་[PI572ཕ་398]ལས་རྒྱལ…འདིའི་རིང་ལ། ཞང་ཞུང་ལྡེ་བུ། གཉེན་གྱི་ཡང་ངོ་། །འཐབ་ཀྱི་ཡང་སྐལ་ཏེ། ཞང་ཞུང་བདག་ཏུབ། བཙན་མོ་སད་མར་ཀར། ལིག་སྨི་རྐྱ་ལ་ཆབ་སྲིད་ལ་གཤེགས་སོ། །ཞེས་ཤེས་ཐུབ་པ་དེ་ལྟར་ན། དུས་སྐབས་དེར་བཙན་པོ་སྲོང་བཙན་སྒམ་པོ་ཉིད་ཀྱི་མཆེད་མོ་སད་མར་ཀར་ཞང་ཞུང་རྒྱལ་པོའི་བཙུན་མོར…

ཕེབས་ཡོད་ཚེ། ཁོང་གི་མཆེད་ཟླ་བཙན་པོ་ལ་ཞང་ཞུང་བཟའ་ལིག་ཏིང་སྨན་ཁབ་ཏུ་ཕྱུལ་ཡོད་པ་ནི་རིག་པས་ཀྱང་ཡོངས་སུ་གྲགས་པ་ཡིན།

དུས་སྐབས་དེར་སྲོང་བཙན་སྒམ་པོས་ཞང་དགུ་ཁྲི་དགུ་འབུམ་ཡོད་པའི་སྡེང་དུ་སུམ་པ་སྟོང་ཞུང……དང་གཉེན་འབྲེལ་དམ་ཟབ་ཏུ་གནང་ཡོད་པའི་རྒྱུ་མཚན་ནི། ཞང་ཞུང་གི་རྒྱལ་ཁབ་དེ་བོད་ལས་མངའ་ཐང་ཆེ་བར་ཡོད་པའི་ཚུལ། ཞང་ཞུང་སྙན་རྒྱུད་ཀྱི་བོན་མ་ནུབ་པའི་གཏན་ཚིགས[རྫི་260 ཤ་1 ན་5] ལས། རྒྱལ་པོ་ནི་ཞང་ཞུང་གི་རྒྱལ་པོ་ལིག་མི་རྐྱ། མོན་གྱི་རྒྱལ་པོ་པན་ར་ལིང་། བོད་ཀྱི་རྒྱལ་པོ་ཁྲི་སྲོང་ལྡེ་བཙན་བཞུགས་པའི་དུས། དེ་གོང་རྒྱལ་པོ་རེ་ལ་སྐུ་ཚུང་བའི་དུས་སུ། ཕྱི་བློན་གཅིག ནང་བློན་གཅིག ཕྲིན་བློན་གཅིག་དང་གསུམ་ལས་མེད། ཁྲི་སྲོང་ལྡེ་བཙན་གྱི་མིང་ལ། ཕྱི་བློན་བཅུ། ནང་བློན་བཅུ། ཕྲིན་བློན་བཅུ། སུམ་ཅུ་ཡོད་པའི་དུས་དེར་རྒྱལ་པོ་མངའ་ཐང་ཆེ་སྟེ། སྟག་གཟིག་ནོར་གྱི་རྒྱལ་པོ་བཏུལ་པོ་ནས། ཚོང་ལམ་མཐའ་བར་དུ་ཆུ་བོ་ཆེན་པོས་ཆོད་པ་ལས་ཤིང་རིང་གི་ཟམ་པ་འཛུགས་པ་དང་། དེ་དུས་ཞང་ཞུང་གི་རྒྱལ་པོ་ལིག་མི་རྐྱ་བཞུགས་ན། ཞང་ཞུང་ལ་དམག་སྟོང་སྡེ་དགུ་ཁྲི་དགུ་འབུམ་ཡོད་པའི་སྡེང་དུ་སུམ་པ་སྟོང་བུ་ཚུང་ཡན་ཆད་མངའ་རིས་ཡིན་ལ། བོད་ལ་སྟོང་སྡེ་བཞི་བཅུ་རྩ་གཉིས། སྟོང་བུ་ཚུང་གཅིག་དང་རྩ་གསུམ་ལས་མེད་ན། ཞང་ཞུང་གི་རྒྱལ་པོ། བོད་ཀྱིས(ཀྱི་)རྒྱལ་པོས་མངོན་སུམ་དུ་བཏུལ་དུ་མི་ཐུབ་སྟེ། བོད་ཀྱིས(ཀྱི་)རྒྱལ་པོའི་ཐུགས་ལ་བརྟག་པ་དང་། ངན་གྱིས(གྱི་)གཡོ་སྒྱུས་བཏུལ་ལོ(སྙམ་མོ)སྙམས་སོ། །ཞེས་གསལ་བར་བསྟན་པ་དེ་དག་གིས་ཤེས་ཐུབ་པ་ཡིན།

ཞང་ཞུང་སྙན་རྒྱུད་ཀྱི་དཔེ་འདིར་རྒྱལ་པོ་ཁྲི་སྲོང་ལྡེ་བཙན་ཞེས་བཀོད་ཡོད་ནའང་དེ་ནི་རྒྱལ་པོ……སྲོང་ལྡེ་བཙན་ཞེས་པ་དང་ཕན་ཚུན་གོ་འཁྲུགས་ནས་ཡིག་ནོར་བྱུས་པ་ཞིག་ཡིན་ངེས་པ་སྟེ། ཏུན་ཧོང་བོད་ཀྱི་ལོ་རྒྱུས་ཡིག་རྙིང[PI556 ཤ་61]ལས་སློན་བཙན་ལྷུང་ནམ་དང་། ཚེས་པོང་ཟ་འབྲིང་མ་ཐོག་དགོས་སུ་བཤོས་པའི་སྲས། སྲོང་ལྡེ་བསྟན། ཞེས་ཆོས་རྒྱལ་སྲོང་བཙན་སྒམ་པོའི་མཚན་ལ"སྲོང་ལྡེ་བཙན"དུ་གསལ་བས་ངེས་ཐུབ་པ་དང་། ཞང་ཞུང་སྙན་རྒྱུད་ཀྱི་ལོ་རྒྱུས་སུ་ཞང་ཞུང་གི་རྒྱལ་པོ་ལིག་མི་རྐྱའི་ལོ་རྒྱུས་གསལ་བར་བསྟན་པས་ངེས་ཤེས་ཐུབ་པ་ཡིན། ཡང་ཏུན་ཧོང་བོད་ཀྱི་ལོ་རྒྱུས་ཡིག་རྙིང[PI574 ཕ་433]ལས་རྒྱལ་འདི་འི་རིང་ལ། ཞང་ཞུང་གི་རྒྱལ་པོ་དྲངས་སྟེ། ཆབ་སྲིད་མཛད་ནས། ཞང་ཞུང་གི་རྒྱལ་པོ་ལིག་སྙི་རྒྱ་སྲིད་བཀྲག་སྟེ། ཞང་ཞུང་ཐམས་ཅད་འབངས་སུ་བཀུག་གོ། །ཞེས་ཆོས་རྒྱལ་སྲོང་བཙན་སྒམ་པོས་ཞང་ཞུང་གི་རྒྱལ་པོ་ལིག་མི་རྒྱའི་སྲིད་བཀྲགས་ཏེ་ཞང་ཞུང་བོད་ཀྱི་མངའ་འོག་ཏུ……བསྡུས་པའི་ཚུལ་གསལ་བར་བསྟན་པ་དང་། ཇི་ལྟར་མངའ་འོག་ཏུ་བསྡུས་པའི་ཚུལ་ཞང་ཞུང་སྙན་རྒྱུད

ཀྱི་ལོ་རྒྱུས་སུ་གསལ་སྤྲོས་བྱས་ཡོད་པ་དེ་དག་གིས་རྟོགས་ཐུབ་པ་ཡིན་ལ། ཆོས་རྒྱལ་ཁྲི་སྲོང་ལྡེ་བཙན་དང་མངའ་བདག་ཁྲི་རལ་པ་ཅན་རྣམས་ཀྱི་སྐུ་དུས་སུ་ད་དུང་བོད་ཀྱི་མངའ་འོག་ཏུ་མ་ཚུད་པའི་ཞང་ཞུང་ཕྱུག་པའི་མི་སྡེ་འགའ་རེ་ཡོད་ནའང་། ཆོས་རྒྱལ་སྲོང་བཙན་སྒམ་པོས་ཞང་ཞུང་མངའ་འོག་ཏུ་བསྡུས་པ་ནས་བཟུང་། ལིག་མི་རྐྱའི་རྒྱལ་རྒྱུད་ཀྱིས་ཞང་ཞུང་གི་སྲིད་བསྐྱངས་པའི་ལོ་རྒྱུས་འགའ་ཞིག་ཀྱང་མེད་པ་ཡིན་སྟབས། ཞང་ཞུང་སྔན་རྒྱུད་དེ་ཆོས་རྒྱལ་སྲོང་བཙན་གྱི་དུས་སུ་ཞང་ཞུང་ནས་བོད་དུ་བྱུང་བ་ཞིག་ཡིན་པའང་ཤེས་ཐུབ་པ་ཡིན། རྒྱལ་རབས་གསལ་བའི་མེ་ལོང་སོགས་ལས་གསལ་བར་བསྟན་པའི་བཙུན་མོ་རུ་ཡོང་བཟའ་དང་མི་ཉག་བཟའ། མང་བཟའ་ཁྲི་ལྕམ་ཞེས་བྱ་བ་དེ་རྣམས་ཀྱང་བལ་བཟའ་ཁྲི་བཙུན་དང་རྒྱ་བཟའ་ཀོང་ཇོ་གཉིས་ཀྱི་སྔོན་ཙམ་ནས་བཞེས་ཡོད་ངེས་པ་ནི་ཏུན་ཧོང་བོད་ཀྱི་ལོ་རྒྱུས་ཡིག་རྙིང་[PI579ཕ་14]ལས་དེ་ནས་ལོ་དྲུག་ནས་བཙན་པོ་ཁྲི་སྲོང་རྩན་དགུང་དུ་གཤེགས་སོ། །བཙན་མོ་མུན་ཅང་ཀོང་ཅོ་དང་དགུང་ལོ་གསུམ་བཞེས་སོ། །ཞེས་པས་སྲོང་བཙན་སྒམ་པོ་སྐུ་མ་གཤེགས་པའི་གོང་ལོ་གསུམ་གྱི་རིང་ལ་ཀོང་ཇོ་དང་བཞེས་ནས་བཞུགས་པའི་ཚུལ་གསལ་བར་བསྟན་པས་ཤེས་ཐུབ་ཅིང་། དེ་ནི་ཆོས་རྒྱལ་སྲོང་བཙན་སྒམ་པོ་དགུང་གྲངས་བདུན་ཅུ་དོན་བརྒྱད་པ་མེ་མོ་ལུག་(སྤྱི་2564སྤྱི་647)ལ་རྒྱ་བཟའ་ཀོང་ཇོས་རྒྱལ་པོའི་ཞལ་མཇལ་ཞིང་། དེ་ནས་ལོ་ཧྲིལ་པོ་གསུམ་གྱི་རིང་ལ་རྒྱལ་པོའི་བཙུན་མོར་མཛད་པའི་དོན་ཡིན། ཆོས་རྒྱལ་སྲོང་བཙན་སྒམ་པོས་ཀོང་ཇོ་བཞེས་རྗེས་ཀྱི་ལོ་གསུམ་རིང་ལ་ཞང་ཞུང་བཟའ་དང་། རུ་ཡོང་བཟའ། མི་ཉག་བཟའ། མང་བཟའ་རྣམས་ཁབ་ཏུ་བཞེས་པ་ནི་སྐད་ཅིག་བསྐལ་པར་བསྒྱུར་བའི་སྤྲུལ་པའི་དབང་དུ་བྱས་པ་འདྲ་ཡིན་ན་མ་གཏོགས་འཇིག་རྟེན་སྤྱི་ལུགས་ཀྱི་སྣང་ངོར་མཛད་པ་དེ་འདྲ་བ་ཞིག་གནང་བ་ནི་ཆེས་དཀའ་གནས་ཤིག་ཏུ་གོ།

ཆོས་རྒྱལ་སྲོང་བཙན་སྒམ་པོ་སྐུ་ན་བགྲེས་པར་ཕེབས་ནས་རྒྱ་བཟའ་གཞོན་ནུ་མ་ཞིག་བཙུན་མོར་བཞེས་མི་སྲིད་པའང་མི་བསམ་སྟེ། སྤྱིར་ན་གནའ་བོའི་རྒྱལ་པོ་རྣམས་སྐུ་ན་ཤིན་ཏུ་བགྲེས་པར་གྱུར་ཀྱང་བཙུན་མོ་གཞོན་ནུ་མ་མང་པོ་ཡང་ཡང་དུ་བཞེས་སྲོལ་བྱུང་ཡོད་པ་ནི་དུས་སྐབས་དེ་དག་གི་ཆོས་ཉིད་ལྟ་བུ་ཞིག་ཏུ་གྱུར་ཡོད་ལ། ལྷག་པར་དུ་ཆོས་རྒྱལ་སྲོང་བཙན་སྒམ་པོས་ཁོང་ཉིད་དགུང་གྲངས་མཐོན་པོར་ཕེབས་པའི་སྐབས། བལ་ཡུལ་ནས་བལ་བཟའ་ཁྲི་བཙུན་དང་། རྒྱ་ནག་ནས་རྒྱ་བཟའ་ཀོང་ཇོ་གཉིས་ཁབ་ཏུ་བཞེས་ཡོད་པ་དེ་ནི་འདོད་ཡོན་བཅེ་དགའི་རོལ་པ་གཅིག་པུ་ཙམ་དུ་མ་ཟད་དམིགས་བསལ་བོད་ཀྱི་སྲིད་དོན་དང་འབྲེལ་བའི་མཛད་པ་གལ་ཆེན་ཞིག་ཏུ་ངེས་པ་ནི་བཤད་མ་དགོས་པ་རེད།

དེ་ཡང་ཞང་ཞུང་གི་དབང་ཤུགས་བོད་དུ་མི་འབྱུང་བའི་ཆེད། སྔོན་དུས་སུ་བོད་ཀྱི་རྒྱལ་པོ་གནམ

གྱི་ཁྲི་བདུན་དང་། སྟོད་ཀྱི་སྟེངས་གཉིས་སུ་གྲགས་པའི་སྟེངས་དང་པོ། རྒྱལ་གྱི་གུམ་བཙན་པོས་བོད་ཀྱི་བོན་བསྟན་བསྒྲུབས་ཏེ་ཞང་ཞུང་དང་འབྲེལ་ཡོད་བོན་གཤེན་རྣམས་ཀྱི་མངའ་ཐང་ལ་ཉམས་རྒུད་ཆེས་ཆེ་བ་ཞིག་བཏང་སྐྱོང་ནའང་དེ་སྐབས་སུ་བོད་ཀྱི་རྒྱལ་སྲིད་སྐྱོང་བའི་ཤེས་རིག་བོན་ལས་གཞན་པ་ཡང་མེད་པ་ཡིན་སྟབས། རྒྱལ་གྱི་གུམ་བཙན་པོའི་འདོད་དོན་ཇི་བཞིན་དུ་འགྲུབ་ཐུབ་པ་མ་བྱུང་བའི་ལོ་རྒྱུས་ཀྱི་སྐྱོང་བ་དེ་ལ་བརྟེན། ཆོས་རྒྱལ་སྲོང་བཙན་སྒམ་པོས་རྒྱ་དཀར་ནག་གཉིས་ནས་དམ་པའི་ཆོས་དང་། དེ་འབྲེལ་གྱི་ཤེས་རིག་སྣ་ཚོགས་པ་རྣམས་བོད་ཡུལ་དུ་སྤྱན་འདྲེན་པའི་ཆེད། བལ་བཟའ་དང་རྒྱ་བཟའ་ཁབ་ཏུ་བསུས་ཏེ། རྒྱ་དཀར་ནག་གཉིས་དང་བོད་བར་གྱི་འབྲེལ་བ་ཇེ་བཟང་དུ་བཏང་ཡོད་པ་ལོ་རྒྱུས་ཀྱི་ཡིག་རྙིང་རྣམས་སུ་གསལ་བར་བཤད་ཡོད་པ་དེ་དག་གིས་ངེས་ཤེས་ཐུབ་པ་ཡིན།

བཙན་པོ་གུང་སྲོང་གི་སྐོར་ལྡེ་བྲག་ཆོས་འབྱུང་[པེ་སྟོད་245ཤ་21]ལས་གུང་སྲོང་འདི་ཡབ་ཀྱིས་ང་གསུམ་བཞེས་པ་ལྕགས་མོ་སྦྲུལ་ལ་འཁྲུངས། ཞེས་གསུངས་པ་འདི་ལ་དཔྱད་ན། གུང་སྲོང་གུང་བཙན་གྱི་ཡུམ་མང་བཟའ་ཁྲི་ལྕམ་དུ་གྲགས་པའི་བཙུན་མོ་དེ་སྲས་མ་འཁྲུངས་པའི་གོང་ལོ་ཤས་ཀྱི་སྔོན་ནས་ཁབ་ཏུ་བཞེས་ཡོད་པ་ནི་སྨོས་མ་དགོས་ལ། སྲོང་བཙན་སྒམ་པོའི་སྲས་གུང་སྲོང་གུང་བཙན་ཙམ་ལས་མཚན་གཞན་མི་གསལ་ཞིང་། སྲོང་བཙན་ལ་སྲས་གཞན་མེད་སྐབས་དཔོན་སྲས་མང་སྲོང་མང་བཙན་ཁྲིར་འཁོད་པའི་ལོ་རྒྱུས་ཀྱིས། སྲས་པོ་གཞན་མེད་པར་བསྟན་མོད། བཙུན་མོ་གང་དང་གང་ལ་སྲས་མོ་གང་དང་གང་བྱུང་བ་སོགས་ཀྱི་ལོ་རྒྱུས་ནི་བག་ལ་ཞ་བས་ཤེས་དཀའ་བ་ཡིན།

ཆོས་རྒྱལ་སྲོང་བཙན་སྒམ་པོའི་བཀའ་བློན་ཆེན་པོ་ནི། ལྡེའུ་རྒྱ་བོད་ཀྱི་ཆོས་འབྱུང་[བོད་253ཤ་17]ལས་ཁྱུང་པོ་སྤུ་སྟང་ཟུང་རྩེ་དང་། མགར་ཁྲི་སྟོ་རེ་སྣང་ཚབ་གཉིས་ཀྱིས་བློན་པོ་བྱས། དེ་ནས་སྟོང་བཙན་ཡུལ་བཟུང་གིས་ལོ་ཉི་ཤུ་རྩ་གཅིག་བགྱིས་ཞེས་དང་ལྡེའུ་ཆོས་འབྱུང་ཆེན་མོ་[བོད་108ཤ་19]ལས་ཁྱུང་པོ་སུ་སྣ་ཟུ་ཙེ་དང་མགར་ཁྲི་དོ་རེ་སྣང་ཚབ་ཀྱིས་བློན་པོ་བྱས། མགར་ལ་སྐྱོན་ཕབ་པས་དེ་ནས་འགར་སྟོང་བཙན་ཡུལ་གཟུངས་ཀྱིས་ལོ་ཉི་ཤུ་བྱས། གཙོ་དར་རྒྱལ་མང་པོ་རྗེ་སྲོང་ནམ་གྱིས་ཀྱང་ལོ་ཉེར་ལྔ་བྱས། ཞེས་གསུངས་པས་རགས་ཙམ་ངེས་ཐུབ་པ་ཡིན།

ཆོས་རྒྱལ་སྲོང་བཙན་སྒམ་པོ་དགུང་གྲངས་ཇི་ལ་བཞུགས་པ་དང་གཤེགས་ལོའི་སྐོར་རགས་ཙམ་ནི། སྲོང་བཙན་སྒམ་པོ་སྤྱི་འཁོར་བཅོ་ལྔ་པའི་སྤྱི་ཕྲེང་གོང་མའི་མེ་མོ་གླང་གི་ལོ་(སྣླི་2534སྤྱི་617)ནམ། ཡང་ན་ས་མོ་གླང་གི་ལོ་(སྣླི་2546སྤྱི་629)གང་རུང་ཞིག་ཏུ་སྐུ་འཁྲུངས་ཤིང་། དགུང་གྲངས་བརྒྱད་ཅུ་གཉིས་བཞུགས་ཏེ་སྐུ་གཤེགས་ཡོད་ན་ནི། སྲོང་བཙན་སྒམ་པོའི་གཤེགས་ལོ་སྤྱི་ཕྲེང་བར་མའི་ས་ཕོ་

བྲིའི་ལོ་(སྣྲི2615སྤྱི698)འམ། ལྕགས་ཕོ་བྲིའི་ལོ་(སྣྲི2627སྤྱི710)གང་རུང་ཞིག་ཏུ་སྐུ་གཤེགས་
དགོས་པར་འགྱུར་ཞིང་། དེ་ནི་ཁུན་རྟོང་བོད་ཀྱི་ལོ་རྒྱུས་ཡིག་རྙིང་དང་། རྒྱའི་ཐང་ཡིག་གསར་རྙིང་
སོགས་ལས་སྲོང་བཙན་སྒམ་པོ་སྤྱི་འཁོར་བཅོ་ལྔ་པའི་སྤྱི་ཕྲེང་གོང་མའི་ལྕགས་ཁྱི་(སྣྲི2567སྤྱི650)ལ······
གཤེགས་པ་གསལ་བར་བསྟན་པ་དང་དངོས་འགལ་ཚབ་ཆེན་པོར་གྱུར་པས་ཡིན་སྲིད་ཐབས་རྩ་བ་ནས······
མེད་ཅིང་། ཁུན་རྟོང་གི་ཡིག་རྙིང་དང་རྒྱའི་ཐང་ཡིག་གསར་རྙིང་ལས་གསལ་བའི་ལྕགས་ཁྱི་ལོ་དེར་སྲོང་
བཙན་སྒམ་པོས་དགུང་གྲངས་བརྒྱད་ཅུ་རྩ་གཉིས་བཞེས་ཏེ་སྐུ་གཤེགས་ཡོད་ན་ནི། སྲོང་བཙན་སྒམ་པོའི་
འཁྲུངས་ལོ་སྤྱི་འཁོར་བཅུ་བཞི་པའི་སྤྱི་ཕྲེང་འོག་མའི་ས་མོ་གླང་གི་ལོ་(སྣྲི2486སྤྱི569)དེ་ལས་འོས······
གཞན་གང་ཡང་མེད་པ་ཡིན། གཞན་དུ་སྟོན་པ་སངས་རྒྱས་ཤཱཀྱ་ཐུབ་པའི་འདས་ལོ་ལ་བརྟེན་ནས། ཆོས་
རྒྱལ་སྲོང་བཙན་སྒམ་པོའི་འཁྲུངས་ལོ་དང་གཤེགས་ལོ་གཏན་འབེབས་ཅི་དང་ཅི་འདྲ་བ་ཞིག་བྱས་ཀྱང······
རུང་། དོན་དུ་སྤྱི་འཁོར་བཅོ་ལྔ་པའི་སྤྱི་ཕྲེང་གོང་མའི་ནང་ཁོང་གི་མེ་མོ་གླང་གི་ལོའམ་ས་མོ་གླང་གི་ལོ་
ནས། ས་ཕོ་བྲིའི་ལོའམ་ལྕགས་ཕོ་བྲིའི་ལོ་བར་དུ་ལོ་གྲངས་སུམ་ཅུ་སོ་བཞིའམ། ཉིལ་པོ་སུམ་ཅུ་སོ་
གཉིས་ཙམ་ལས་བརྒྱད་ཅུ་རྩ་གཉིས་འབྱུང་ཐབས་རྩ་བ་ནས་མེད་པ་མངོན་གསལ་རེད། མཁས་དབང་
དགེ་འདུན་ཆོས་འཕེལ་གྱིས་དེབ་ཐེར་དཀར་པོ་[སི111ཤ11]ལས་སྲོང་བཙན་མེ་གླང་ལ་འཁྲུངས། ས་
གླང་དེ་ཁྲི་ལ་ཕེབས་པའི་ལོར་བྱས། ལྷག་མའི་ལོ་ཚིགས་རྣམས་རྒྱའི་ལོ་རྒྱུས་སོར་བཞག་བྱས་ནས། དེ་
ཐམས་ཅད་དྲུག་ཅུ་སྐོར་གཅིག་གི་ནང་དུ་ཆུད་རྩིས་སུ་བྱས་ན་རྒྱུ་མཚན་ཤིན་ཏུ་ཆེ་སྙམ་ཞིང་། དེ་ལྟར་
བྱས་ཚེ་སངས་རྒྱས་མྱ་ངན་ལས་འདས་ནས་ལོ་ཆིག་སྟོང་བརྒྱ་དང་རེ་གཅིག་པའི་མེ་གླང་ལ་སྲོང་བཙན······
འཁྲུངས། རང་ལོ་བཅུ་གསུམ་བཞེས་ཚེ་ཁྲི་ལ་ཕེབས། བཅོ་བརྒྱད་བཞེས་ཚེ་རྒྱ་བོད་ཀྱི་འབྲེལ་ཐོག་མར་
བྱུང་། ཉེར་ལྔ་བཞེས་ཚེ་ཀོང་ཇོ་བག་མར་ཕྱིན། དེས་ན་དེབ་སྔོན་དུ་བོད་རྣམས་ལོ་ངོ་བརྒྱད་ཅམ་དུ་རྒྱ་
ལ་འཐབ་མོ་བྱས་གསུངས་པ་ཡང་། སྲོང་བཙན་གྱི་བཅོ་བརྒྱད་ནས། ཉེར་ལྔའི་བར་གྱི་ལོ་འདི་རྣམས་ཡིན་
པར་སེམས། དེ་ནས་རང་ལོ་སོ་བཞི་པ་ལྕགས་ཁྱི་ལ་གྲོང་། ཞེས་ངོས་འཛིན་གནང་དགོས་བྱུང་བའི་རྒྱུ་
མཚན་ཡང་དེ་ལས་གཞན་མེད།

བོད་ཀྱི་སྔོན་ཐོན་མཁས་གྲུབ་ཕལ་མོ་ཆེས། ཆོས་རྒྱལ་སྲོང་བཙན་སྒམ་པོ་དགུང་གྲངས་བརྒྱད་ཅུ་རྩ་
གཉིས་བཞུགས་ཞེས་མགྲིན་གཅིག་དབྱངས་གཅིག་གིས་གསུང་སྲོལ་ཡོད་པ་དེར། མཁས་དབང་དགེ་
འདུན་ཆོས་འཕེལ་གྱིས་དེབ་ཐེར་དཀར་པོ་[སི111ཤ7]ལས། ཁོང་རྣམ་བརྒྱད་ཅུ་བཞུགས་ཟེར་བ་དེ་
ཡང་། དོན་ལ་རྒྱུད་ཀྱི་ལུང་བསྟན་ཞིག་ལ་བརྟེན་པ་ཙམ་ཡིན་ལ། རྒྱུད་ཚིག་དེའི་དོན་ཡང་ཆེས་གཞན་

ཞིག་ཡིན་མོད་ཀྱི། སྐབས་སུ་མ་བབས་པས་འདིར་མ་སྤྲོས་སོ། །ཞེས་གསུངས་མོད། ལྡེའུ་ཆོས་འབྱུང་ཆེན་མོ་[པོད་117 ཤ་21]ལས་ཆབ་སྲིད་ལོ་དྲུག་ཅུ་རྩ་དགུར་བཟུང་ནས། མཐར་དགུང་ལོ་བརྒྱད་ཅུ་རྩ་བཞི་ལ་འཕན་ཡུལ་ཟལ་མོའི་འཚལ་དུ་དགུང་དུ་གཤེགས་ཞེས་པར་དགུང་གྲངས་བརྒྱད་ཅུ་རྩ་བཞིར་བཞུགས་པར་གསལ་བ་ཕུད། རྒྱལ་རབས་དང་ཆོས་འབྱུང་གཞན་ཕལ་མོ་ཆེས་ཆོས་རྒྱལ་སྲོང་བཙན་སྒམ་པོ་དགུང་གྲངས་བརྒྱད་ཅུ་རྩ་གཉིས་བཞུགས་པར་བཤད་པ་དེ་ཀུན་རྒྱུད་ལ་དད་པ་བྱས་ནས་བཤད་པ་ཙམ་ཞིག་ལས་རྒྱུ་མཚན་གཞན་མེད་པ་ནི་ཤིན་ཏུ་ནས་ཀྱང་བཤད་དཀའ་བའི་གནས་ཤིག་ཡིན་ལ། ཕོང་རྣམ་པས་རྒྱུད་ཀྱི་ལུང་ཁོ་ནར་བརྟེན་པ་ཡིན་ན། ཆོས་རྒྱལ་སྲོང་བཙན་སྒམ་པོ་དགུང་གྲངས་བརྒྱད་ཅུར་བཞུགས་ཞེས་བཤད་འོས་པ་ལས། བརྒྱད་ཅུ་རྩ་གཉིས་སམ་རྩ་བཞི་བཤད་པའི་དགོས་པ་གང་ཡང་མེད་པ་མངོན་སུམ་དུ་མཐོང་ཐུབ།

བོད་ཀྱི་མཁས་པ་མང་ཞིག་གིས་ཆོས་རྒྱལ་སྲོང་བཙན་སྒམ་པོའི་གཤེགས་ལོ་དེ་སྤྱི་འཁོར་བཅོ་ལྔ་པའི་སྤྱི་ཕྲེང་བར་མའི་ས་ཁྱིའམ་ལྕགས་ཁྱི་ལ་ངོས་འཛིན་གནང་ཡོད་པ་ནི། དཔེར་ན། དེབ་ཐེར་དཔྱིད་ཀྱི་རྒྱལ་མོའི་གླུ་དབྱངས་[པེ་46 ཤ་22]ལས་དེ་ནས་ད་ལྟའི་རབ་བྱུང་བཅུ་གཅིག་པའི་ཆུ་ལུག་འདི་ཡན་ལ་ལོ་དགུ་བརྒྱ་དང་སུམ་ཅུ་རྩ་གཉིས་སོང་། ཞེས་ལྕགས་ཕོ་ཁྱིའི་ལོ་(སྤི་2567 སྤྱི་650)དེ་ནས་རབ་བྱུང་བཅུ་གཅིག་པའི་ཆུ་ལུག་སྟེ་སྤྱི་འཁོར་ཉི་ཤུ་པའི་སྤྱི་ཕྲེང་བར་མའི་ཆུ་ལུག་(སྤི་3500 སྤྱི་1583)ལོ་ཡན་ལ་ལོ་གྲངས་རྟིལ་པོ་དགུ་བརྒྱ་སོ་གཉིས་སམ་དགུ་བརྒྱ་སོ་གསུམ་སོང་བར་གསུངས་པ་བཞིན། སྤྱི་བའི་འདས་ལོ་3500 ལས་གོང་གསལ་གྱི་ལོ་ངོ་933 ཕྲིས་པའི་ལྷག་མ་2567 འབྱུང་བ་(3500-933 = 2567)དེ་ལས་ཤེས་ཐུབ་པ་ཡིན། དེ་ལྟར་ནའང་རང་རེས་གནའ་བོའི་ལོ་རྒྱུས་ཀྱི་དུས་རིམ་གཏན་འབེབས་བྱེད་པའི་ཚེ་རང་ལུགས་ཀྱི་གནད་ཆེའི་ཡིག་ཆ་ཏུན་ཧོང་བོད་ཀྱི་ལོ་རྒྱུས་ཡིག་རྙིང་སོགས་ལ་གཞིར་བཟུང་། དེ་དག་ལས་གསལ་བའི་དུས་རིམ་གྱི་སྐོར་ལ་ངེས་ཤེས་བརྟན་པོར་རྙེད་པའི་ཆེད། བོད་ཀྱི་མཐའ་མཚམས་སུ་ཡོད་པའི་རྒྱལ་ཁམས་གཞན་དག་གི་ལོ་རྒྱུས་ཇི་སྙེད་པ་རྣམས་སུ་གསལ་ཁ་ཐོན་པ་ཅི་དང་ཅི་ཡོད་པ་དེ་ཀུན་ཕན་གོ་ལེགས་པར་བསྡུར་བའི་གཞི་རྩའི་ཐོག་ནས་ལོ་རྒྱུས་ཀྱི་དུས་རིམ་གཏན་ལ་འབེབས་དགོས་པ་ཡིན་སྐབས། མཁས་དབང་དགེ་འདུན་ཆོས་འཕེལ་གྱིས"ལྷག་མའི་ལོ་ཚིགས་རྣམས་རྒྱའི་ལོ་རྒྱུས་སོར་བཞག་བྱས"ཞེས་གསུངས་ཡོད་པ་དང་། དེབ་ཐེར་དམར་པོ་དང་དེབ་ཐེར་སྔོན་པོ་རྣམས་སུ་རྒྱའི་རྒྱལ་རབས་ཀྱི་ལོ་དུས་དང་ཀུང་བསྒྲིགས་ནས་གསུངས་ཡོད་པའི་རྒྱུ་མཚན་དེའི་ཐོག་ནས་ཤེས་ཐུབ་པ་ཡིན།

རྒྱའི་ཐང་ཡིག་རྙིང་མ་[ཧྲ་13 ཤ་17]ལས་ཡུང་དབྱིའི་ཁྲི་ལོ་དང་པོར་(ལྕགས་ཁྱི་སྤྱི་ལོ་650)ལོར།

སྲོང་བཙན་སྒམ་པོ་དགོངས་པ་རྫོགས་པར་བརྟེན། ཐང་ཀའོ་ཙུང་གིས་ཏ་ཅང་མྱ་ངན་ཞུས་པའི་ཐོག་སྐུ་གདུང་སར་དམག་དཔོན་ཤོན་དབྱིའི་དྲིན་ཅི་ཟེར་བ་རྒྱལ་དམ་སྨོན་ཚིག་འབོད་པའི་ཡི་གེ་སྒྲོགས་སྒྲུང་ཞུ····ཕྱིར་བཏང་། ཞེས་པ་དང་། རྒྱའི་ཐང་ཡིག་གསར་མ་[རྟ80ཤ11]ལས་ཡུང་ཧུའི་ཁྲི་ལོ་དང་པོར···(ལྕགས་ཁྱི་སྤྱི་ལོ650)སྲོང་བཙན་སྒམ་པོ་དགོངས་པ་རྫོགས་པར་བརྟེན། རྒྱ་ནག་ནས་མྱ་ངན་ཞུ་ཆེད་དུ་བོད་ལ་སྐུ་ཚབ་བཏང་། ཞེས་པ་དེ་དག་གིས་ཆོས་རྒྱལ་སྲོང་བཙན་སྒམ་པོའི་གཤེགས་ལོ་དེ་སྨེ་འཁོར་བཅོ་ལྔ་པའི་སྨེ་ཕྲེང་གོང་མའི་ལྕགས་ཁྱི་(སྨེ2567སྤྱི650)དེ་རང་ཡིན་པའི་བདེན་དཔང་བྱས་པ་དང་། ཏུན་ཧོང་བོད་ཀྱི་ལོ་རྒྱུས་ཡིག་ཆེང་[PI579ཤ14]ལས་དེ་ནས་ལོ་དྲུག་ནའ། བཙན་པོ་ཁྲི་སྲོང་རྩན་དགུང་དུ་གཤེགས་སོ། །ཞེས་དང་། ཡང་[PI579ཤ16]དུ་ཁྱིའི་ལོ་ལ་བབ་སྟེ། བཙན་པོ་མྱེས་ཁྲི་སྲོང་རྩན་གྱི་སྤུར་ཕྱིང་བའི་རིང་ཁང་ནའ་རིང་མཁྱུད་ཆེང་བཞུག་སྟེ། བཙན་པོ་སྲོན་ཁྲི་མང་སློན་མང་རྩན་མེར་ཀེ་ན་བཞུགས་ཕར་ལོ་གཅིག ཅེས་པར་གསལ་བར་བཤད་པའི་ཁྱི་ལོ་དེ་ཉིད་ལྕགས་ཁྱི་འདི་རང་ཡིན་པའི་ཁ་ཚོན་ཆོད་ཐུབ་པ་ཡིན། རྒྱལ་རབས་གསལ་བའི་མེ་ལོང་[པེ159ཤ4]ལས་སྲས་གུང་རི་གུང་བཙན་ཞེས་པ་རྒྱལ་པོའི་གདུང་རྒྱུད་འགྲན་ཟླ་དང་བྲལ་བ་ཅིག་ལྕགས་མོ་སྦྲུལ་གྱི་ལོ་ལ་བྲག་ལྷ་བཀྲ་ཤིས་ཀྱི་གཞལ་ཡས་ཁང་དུ་འཁྲུངས་ཞེས་གསལ་བའི་སྲོང་བཙན་གྱི་སྲས་དེ་ལྕགས་མོ་སྦྲུལ་གྱི་ལོ་(སྨེ2538སྤྱི621)ལ·········འཁྲུངས་ཡོད་པ་དེ་ལྟར་ན། ཆོས་རྒྱལ་སྲོང་བཙན་སྒམ་པོ་སྨེ་འཁོར་བཅོ་ལྔ་པའི་སྨེ་ཕྲེང་གོང་མའི་མེ་གླང་ལ་འཁྲུངས་པར་བཞེད་མཁན་དེ་རྣམས་ཀྱི་ལུགས་སུ་བྱས་ན། ཆོས་རྒྱལ་དགུང་གྲངས་ལྔའམ་ཧྲིལ་པོ་བཞིའི་དུས་སུ་སྲས་འཁྲུང་དགོས་པ་དང་། སྨེ་ཕྲེང་བར་མའི་ལྕགས་སྦྲུལ་(སྨེ2598སྤྱི681)ལོ་འཁྲུངས་ཡོད་པའི་དབང་དུ་བྱས་ན་ནི། ཆོས་རྒྱལ་དགུང་གྲངས་དྲུག་ཅུ་རེ་ལྔའམ་ཧྲིལ་པོ་རེ་བཞིའི་ཐོག་སྲས་འཁྲུངས་ཤིང་། གུང་སྲོང་དགུང་གྲངས་བཅོ་བརྒྱད་པ་ས་ཁྱི་(སྨེ2615སྤྱི698)ལོར་ཡབ་དང་ལྷན་གཅིག་ཏུ་སྐུ་གཤེགས་དགོས་པ་དེ་ལྟར་ན། རྒྱལ་རབས་ཕལ་མོ་ཆེར་སྲས་གུང་སྲོང་སྐུ་གཤེགས་ནས་སླར་ཡང་ཡབ་རྒྱལ་པོ་སྲོང་བཙན་གྱིས་རྒྱལ་སྲིད་བསྐྱངས་ཞེས་ཡོངས་གྲགས་སུ་གསུང་སྲོལ་ཡོད་པ་དེ་དང་ཡང་དངོས་འགལ་དུ་འགྱུར་བར་མ་ཟད། སྨེ་བའི་འདས་ལོ2615དང་སྤྱི་ལོ698པ་དེ་ནི་བོད་ཀྱི་བཙན་པོ་ཁྲི་འདུས་སྲོང་གི་ཁྲི་ལོ་ཉེ་ཤུ་པའམ་ཧྲིལ་པོ་བཅུ་དགུ་པ་དང་རྒྱ་ནག་གི་རྒྱལ་པོ་ཧྲིན་ལི་ཁྲི་ལོ་དང་པོའི་སྐབས་ཏེ། ཏུན་ཧོང་བོད་ཀྱི་ལོ་རྒྱུས་ཡིག་ཆེང་[PI583ཤ76]ལས་ཁྱི་ལོ་ལ་བབ་སྟེ་བཙན་པོ་དབྱར་ད་བྱང་རོལ་དུ་གཤེགས། དགུན་བློན་ཆེན་པོ་ཁྲི་འབྲིང་གྱིས། ཙོང་ཀ་ཆེ་ཆུང་དུ་དྲང་སྟེ། རྒྱའི་དམག་པོན་ཆེན་པོ་ཐུག་ཕུ་ཤི་བཟུང་། དེའི་དགུན་མགར་ལ་བཀོན་ཕབ་སྟེ་བཙན་པོ་ཕར་དུ་གཤེགས་པར་ཆེག ཅེས་པ་རྣམས་

ཀྱིས་གསལ་བ་ཡིན་སྟབས། སྲོང་བཙན་སྒམ་པོའི་གཤེགས་ལོ་དེ་སྤྱི་ཕྲེང་བར་མའི་ས་ཕྱི་ཡིན་མི་སྲིད་པ་ནི་མངོན་སུམ་དུ་མཐོང་ཐུབ་ཅིང་། ལྕགས་ཕྱི་ནི་དེ་ལས་ཀྱང་ཡིན་མི་སྲིད་པ་ཤེས་སླ་བ་ཡིན།

བཙན་པོ་འདི་ལ་སྐུའི་གདུང་པོ་བཙན་སྲོང་ཞེས་བྱ་བ་ཞིག་ཡོད་པའི་ཚུལ། ཏུན་ཧོང་བོད་ཀྱི་ལོ་རྒྱུས་ཡིག་རྙིང་[PI579ཤ7]ལས་བཙན་པོ་གཅེན་སྲོང་རྩན་དང་གཅུང་བཙན་སྲོང་གཉིས་ནོལ་ད་ནས། ཞེས་ཐུགས་མ་མཐུན་པར་གསལ་བ་དང་། ཡང་ཏུན་ཧོང་བོད་ཀྱི་ལོ་རྒྱུས་ཡིག་རྙིང་[PI571ཤ98]ལས་ཞང་ཞུང་བདག་ཏུའ། བཙན་མོ་སད་མར་ཀར། ཡིག་མྱི་རྒྱ་ལ་ཆབ་སྲིད་ལ་གཤེགས་སོ། །ཞེས་པའི་སྐུ་མཆེད་སད་མར་ཀར་དེའང་སྲོང་བཙན་སྒམ་པོའི་གཅུང་མོ་ཞིག་ཡིན་ངེས་པའང་། སྲོང་བཙན་གྱི་དགུང་གྲངས་ལ་དཔྱད་པས་ཤེས་ཐུབ་པ་ཡིན།

མདོར་དྲིལ་ན་ཆོས་རྒྱལ་སྲོང་བཙན་སྒམ་པོ་འདི་སྤྱི་འཁོར་བཅུ་བཞི་པའི་སྤྱི་ཕྲེང་འོག་མའི་ས་མོ······གླང་གི་ལོ(སྤྱི2486སྤྱི569)ལ་སྐུ་འཁྲུངས། དགུང་གྲངས་བརྒྱད་ཅུ་གྱ་གཉིས་སམ་གྱ་གཅིག་བཞུགས་ནས། སྤྱི་འཁོར་བཅོ་ལྔ་པའི་སྤྱི་ཕྲེང་གོང་མའི་ལྕགས་ཕོ་ཁྱིའི་ལོ(སྤྱི2567སྤྱི650)ལ་སྐུ་གཤེགས་པའི་ཚུལ་འདི་ནི་ཡོངས་སུ་གྲགས་པའི་རྒྱལ་རབས་དང་ཆོས་འབྱུང་མ་ལུས་པས། སྲོང་བཙན་སྒམ་པོ་དགུང་གྲངས་བརྒྱད་ཅུ་གྱ་གཉིས་བཞུགས་ཞེས་ཡོངས་གྲགས་སུ་བཤད་སྲོལ་ཡོད་པའི་དགོངས་དོན་དང་། ལོ་རྒྱུས་ཀྱི་སྙིང་དོན་གཉིས་ཀ་དང་ཡོངས་སུ་མཐུན་པའི་ལེགས་སྐྱེས་ཤིག་ཡིན།

ཆོས་རྒྱལ་སྲོང་བཙན་སྒམ་པོའི་བང་སོའི་སྐོར་ནི་རྒྱལ་རབས་གསལ་བའི་མེ་ལོང་[པེ192ཤ22]ལས་དེ་ཡི་བང་སོ་འཚོང་པོའི་ནང་དུ་བཏབ། ཆེ་ཆུང་ཚད་ནི་དཔག་ཚད་གཅིག་ཙམ་ལ། །བང་སོ་གྲུ་བཞི་དཀྱིལ་དུ་རེ་མིག་བྱས། །དར་དང་ཤོག་བུ་བསྲེས་པའི་འཇིམ་པ་ལ། །དེ་ལ་ཆོས་རྒྱལ་ཆེན་པོའི་སྐུ་བཞེངས་ནས། །ཤིང་རྟར་སྤྱན་དྲངས་རོལ་མོར་བཅས་ནས་ནི། །སྐུ་དེ་བང་སོའི་ནང་དུ་བཞུགས་པ་མཛད། །ནང་གི་རེ་མིག་ཐམས་ཅད་ནོར་གྱིས་བཀང་། །བང་སོ་ནང་རྒྱན་ཅན་དུ་གྲགས་པར་གྱུར། །ནང་དུ་ལྷ་ཁང་ལྔ་ཡང་བཞུགས་སོ་ཟེར། །བང་སོ་གྲུ་བཞིར་བརྩིགས་པ་དེ་ནས་བྱུང་། །མིང་ཡང་སྐུ་རི་སྨུག་པོ་ལགས་སོ་སྐད། །ཅེས་བང་སོའི་རྒྱ་ཆེ་ཆུང་དང་རྣམ་པ་ཇི་ལྟར་བཞེངས་ཡོད་པ་སོགས་གསལ་བར་བསྟན་པ་དེས་དུས་རིམ་བར་མའི་ནང་བང་སོའི་སྲོལ་པ་དང་། དེ་འབྲེལ་གྱི་ཤེས་རིག་དར་རྒྱས་ཆེ་བར་ཕྱིན་ཡོད་པའི་ཚུལ་གསལ་བར་བསྟན་པ་ཡིན།

གསུམ། བོད་ཀྱི་རྒྱལ་རབས་སོ་དྲུག་པ་གུང་སྲོང་གུང་བཙན་གྱི་སྐོར།

བཙན་པོ་འདིའི་མཚན་ལ་ཏུན་ཧོང་བོད་ཀྱི་ལོ་རྒྱུས་ཡིག་རྙིང་དུ“གུང་སྲོང་གུང་རྟན”ཞེས་བཀོད··· འདུག་ལ། དེ་དང་ཕྱོགས་འདྲ་བ་ལྡེའུ་རྒྱ་བོད་ཀྱི་ཆོས་འབྱུང་དང་ལྡེའུ་ཆོས་འབྱུང་ཆེན་མོ་གཉིས་ཀྱིས་གཙོས་བོད་ཀྱི་ཆོས་འབྱུང་དང་། རྒྱལ་རབས་ཕལ་མོ་ཆེར“གུང་རི་གུང་བཙན”ཞེས་འབྲི་སྲོལ་བྱུང་ཡོད་འདུག རྒྱལ་རབས་མེ་ལོང་རྣམ་གསལ་དུ“གོ་རི་གུང་བཙན”ཞེས་དང་། རྒྱལ་རབས་བོན་གྱི་འབྱུང་གནས་སུ“གོང་སྲུང་གོང་བཙན”ཞེས་པ་ལྟ་བུ་འབྲི་སྟངས་མི་འདྲ་བ་འགའ་རེ་བྱུང་ཡོད་ནའང་། “གོ་རི”ཞེས་པ་དེ་ནི་ཞང་ཞུང་གི་སྐད་དུ“གུ་རུ”ཞེས་པ་ཡོན་ཏན་གྱི་དོན་ལ་འཇུག་པ་དེ་ལས་ཟུར་ཆགས་པའི···· ཚིག་ཅིག་ཡིན་སྲིད་ལ། “གོང་སྲུང་གོང་བཙན”ཞེས་པ་འདི་ནི“གུང་སྲུང་གུང་བཙན”ཞེས་པ་འདི་སྒྲ་རྗེས་སུ་འབྲངས་ཏེ་མ་དག་པར་བྲིས་པ་ཞིག་ཡིན་པ་ནི་ཤེས་སླ་བ་ཡིན། བོད་ཀྱི་བརྡ་རྙིང་དུ“གུང”ཞེས་པ་ནི། དེང་དུས་ཀྱི་སྐད་ལུགས་སུ་བྱས་ན“དགུང”ཞེས་པའམ“གནམ”ཞེས་པ་དང་དོན་གཅིག་པ་སྟེ། གནའ་ལུགས་སུ་གྲགས་ཆེ་བའི་ལྷ་མོ་གནམ་ཕྱི་རྒྱལ་མོ་ལ། “ཨ་ཕྱི་གུང་རྒྱལ”ཞེས་ཡོངས་སུ་གྲགས་པ་དེ་ལས་ངེས་ཤེས་ཐུབ་པ་ཡིན། “སྲོང”ཞེས་པ་ནི། བོད་ཀྱི་བརྡ་རྙིང་དུ་དྲང་བ་དང་། མཛངས་པའི་དོན་ལ་འཇུག་ཅིང་། “གུང་བཙན”ཞེས་པ་ནི། དེང་དུས་ཀྱི་སྐད་ལུགས་སུ་བྱས་ན“གནམ་བཙན”ཞེས་པ་དང་དོན་གཅིག་པ་ཡིན། དོན་དུ་ནམ་མཁའ་ལྟར་ཐུགས་རྒྱ་ཆེ་ལ་མཛངས་པའི་རང་གཤིས་དང་ལྡན་པའི་གནམ་གྱི་རྒྱལ་པོ་ཞེས་པའི་གོ་དོན་བསྟན་པའི་མཚན་ཞིག་ཏུ་གོ། གུང་སྲོང་གུང་བཙན་གྱི་ཡབ་དང་ཡུམ་ནི་ཏུན་ཧོང་བོད་ཀྱི་ལོ་རྒྱུས་ཡིག་རྙིང་[PI556ཤ62]ལས་སྲོང་ལྡེ་བརྟན་དང་མོང་བཟ་ཁྲི་མོ་མཉེན་ལྗོང···· སྟེང་དུ་བཤོས་པའི་སྲས། གུང་སྲོང་གུང་བརྟན། ཞེས་ཡབ་ཡུམ་གསལ་བར་བསྟན་ཅིང་། ལྡེའུ་རྒྱ་བོད་ཀྱི་ཆོས་འབྱུང་[བོད298ཤ19]ལས་ཀུང་བོད་ཀྱི་མོང་བཟའ་ཁྲི་ལྕམ་ཁབ་ཏུ་བཞེས་པས་སྲས་གུང་སྲོང······ གུང་བཙན་འཁྲུངས་སོ། །ཞེས་པས་མཚོན། ལྡེའུ་ཆོས་འབྱུང་ཆེན་མོ་དང་། གྲགས་རྒྱལ་བོད་ཀྱི་རྒྱལ་རབས་དེབ་ཐེར་དམར་པོ། རྒྱལ་རབས་གསལ་བའི་མེ་ལོང་། རྒྱལ་རབས་མེ་ལོང་རྣམ་གསལ། ལྡོ་བྲག་ཆོས་འབྱུང་དང་། རྒྱ་བོད་ཡིག་ཚང་ཆེན་མོ། དེབ་ཐེར་དཔྱིད་ཀྱི་རྒྱལ་མོའི་གླུ་དབྱངས། ལྷ་ཐོག་རྒྱལ་རབས་སོགས་ཡོངས་གྲགས་བོད་ཀྱི་ཆོས་འབྱུང་དང་རྒྱལ་རབས་ཕལ་མོ་ཆེར་ཆོས་རྒྱལ་སྲོང་བཙན་སྒམ་པོ·· དང་། ཁོང་གི་བཙུན་མོ་མོང་བཟའ་ཁྲི་ལྕམ་གཉིས་ཀྱི་སྲས་སུ་གུང་སྲོང་གུང་བཙན་འཁྲུངས་ཡོད་པའི་ཚུལ་གསལ་བར་བཤད་ཡོད། ཡར་ལུང་ཇོ་བོའི་ཆོས་འབྱུང་[སི56ཤ8]ལས་རྒྱལ་པོ་སྲོང་བཙན་སྒམ་པོ་དང་འགྲོ་ཟ་(བཟའ་)ཁྲི་མོ་འབྲིང་སྟེངས་ཀྱི་སྲས་གུང་སྲོང་གུང་བཙན་ཞེས་པ་དང་། དར་རྒྱས་གསལ་

སྒྲོན་[ཐོབ་གསར་669ཤ་87བ་6]ལས་སྟོག་(སྟོང་)བཙན་སྒམ་པོ་དང་འགྲོ་ཁྲི་མ་འཁྲིང་ཧྲིང་གི་སྲས…… གུང་སྲོང་གུང་བཙན་ཞེས་པའི་དཔེ་འདི་གཉིས་སུ་བཙུན་མོའི་མཚན་ཡི་གེར་བཀོད་སྐབས་མི་འདྲ་བ…… གཉིས་སུ་བྱུང་ཡོད་ནའང་། དོན་དུ་བཙུན་མོ་གཅིག་གི་མཚན་ཡིན་པ་ནི་ཚིག་གི་འགྲོས་ལས་ཤེས་ཐུབ་ལ། འབྲོ་བཟའ་ཞེས་པ་འདི་དང་མོང་བཟའ་ཞེས་པ་འདི་གཉིས་བཙུན་མོ་མི་འདྲ་བ་གཉིས་ཀྱི་མཚན་ཡིན…… ནམ། ཡང་ན་བཙུན་མོ་གཅིག་ལ་དུས་ལས་མཆེད་པའི་མཚན་དང་། རིགས་ལས་མཆེད་པའི་མཚན་མི་འདྲ་བ་གཉིས་སུ་བྱུང་བ་གང་ཡིན་ནི་དཔྱད་པར་བྱ་བའི་གནས་སུ་གོ།།

ཆོས་ལྡན་རྒྱལ་རབས་ཀྱི་ལོ་ཚིགས་འཁྲུལ་སེལ་ཞེས་པའི་རྩོམ་ཡིག་[ཀྲུང་དབྱང་མི་རིགས་སློབ་གྲྭ…… ཆེན་མོའི་བོད་ཡིག་སློབ་དཔྱོད་ཁང་ནས་སྤེལ་བ་7ཕ་17]ལས་དེ་ལྟར་ཆོས་རྒྱལ་སྲོང་བཙན་སྒམ་པོའི…… སྐུའི་གཅུང་པོར་འཁྲུངས་པའི་གུང་རི་གུང་བཙན་གྱི་སྲས་མང་སྲོང་མང་བཙན་ཞེས་པ་དང་། ཡང་[ཕེ་7ཕ་17]དུ་སྲོང་བཙན་དགུང་ལོ་སོ་བཞི་པའི་སྟེང་དུ་སྐུ་གཤེགས་རྗེས་རང་ཉིད་ཀྱི་སྲས་མེད་པས་དབོན་པོ་སྟེ་སྐུ་མཆེད་ཀྱི་སྲས་མང་སྲོང་ཁྲིར་བཀོད་པ་ལ་དབོན་སྲས་མང་སྲོང་མང་བཙན་ཞེས་ཡོངས་སུ་གྲགས…… པའི་མཚན་དུ་བྱུང་ཡོད་པར་སེམས། 《དེབ་དཀར་》དུ་དྲངས་པའི་ཏུན་ཧོང་དུམ་བུ་ལས། སྲོང་བཙན་ལ་སྲས་མེད་པས། ཚ་བོ་ཞིག་ཁྲི་ལ་བཀོད། ཅེས་ཀྱང་བཀོད་འདུག དེས་ན་གུང་རི་གུང་བཙན་ནི་སྲོང་བཙན་གྱི་གཅུང་པོ་ཡིན་པ་ལས་སྲས་མ་ཡིན་པ་རིག་པའི་རང་སྟོབས་ཀྱིས་གྲུབ། ཅེས་གུང་སྲོང་གུང་བཙན་སྲོང་བཙན་གྱི་སྲས་མ་ཡིན་པར་བསྒྲུབས་འདུག་ནའང་། ཡོངས་གྲགས་བོད་ཀྱི་རྒྱལ་རབས་དང་ཆོས་འབྱུང་ཕལ་མོ་ཆེས་མགྲིན་གཅིག་དབྱངས་གཅིག་གིས་སྲོང་བཙན་སྒམ་པོའི་སྲས་གུང་སྲོང་གུང…… བཙན་ཞེས་བཤད་ཡོད་པ་དང་། མ་ཟད་ཏུན་ཧོང་བོད་ཀྱི་ལོ་རྒྱུས་ཡིག་ཆིང་[PI556ཕ་61]ལས་སྙན་བཙན་ལྡུང་ནམ་དང་། ཆོས་པོང་ཟ་འཁྲིང་མ་ཐོག་དགོས་སུ་བཤེས་པའི་སྲས། ཁྱུང་ལྡེ་བརྩན། སྲོང་ལྡེ་བརྩན་དང་། མོང་ཟ་ཁྲི་མོ་མཉེན་ལྟོང་སྟེང་དུ་བཤེས་པའི་སྲས། གུང་སྲོང་གུང་རྩན། ཞེས་གུང་སྲོང་གུང་བཙན་སྲོང་བཙན་གྱི་སྲས་ཡིན་པ་གསལ་བར་བསྟན་ཡོད་བཞིན་དུ་སྲོང་བཙན་གྱི་སྐུ་མཆེད་ཀྱི་སྲས་ཡིན…… པ་སུ་ཞིག་གིས་བཤད་ནུས། དེབ་ཐེར་དཀར་པོ་[སི་108ཕ་15]ལས་སྲོང་བཙན་ལ་སྲས་མེད་པས། ཚ་བོ་ཞིག་ཁྲི་ལ་བཀོད། ཅེས་བཤད་ཡོད་པ་དེ་ནི་རྒྱའི་ཐང་ཡིག་གསར་རྙིང་ལས་དྲངས་པའི་ལུང་ཞིག་ཡིན་པ་ལས། ཏུན་ཧོང་བོད་ཀྱི་ལོ་རྒྱུས་ཡིག་ཆིང་གི་ལུང་གང་ཞིག་ཀྱང་མིན་ལ། མང་སྲོང་ལ་དབོན་སྲས་ཀྱི་ཐ་སྙད་ཡོད་པ་དེ་སྐུ་མཆེད་ཀྱི་སྲས་ཡིན་པའི་སྒྲུབ་བྱེད་ཀྱང་མི་ཐུབ་སྟེ། "དབོན་པོ"ཞེས་པ་ནི་སྲས་ལའང་འཇུག་ཅིང་། དབོན་པོ་ཡིན་ན་སྐུ་མཆེད་ཀྱི་སྲས་ཡིན་དགོས་པའི་ངེས་པ་འགའ་ཡང་མེད་པ་དང་།

བཙན་པོ་འདི་ལ་དམིགས་བསལ་དུ་དབོན་སྲས་ཀྱི་ཐ་སྙད་ཡོངས་གྲགས་སུ་གྱུར་པའི་རྒྱུ་མཚན་ནི་ནམ……རྒྱུན་དུ་རྒྱལ་པོ་སྐུ་གཤེགས་པའི་ཚེ། རྒྱལ་པོ་དེའི་ཁྲིར་བཀོད་པ་ལམ་སྲོལ་ཡོངས་ཁྱབ་ཅན་ཞིག་ཡིན་ནའང་སྲོང་བཙན་སྒམ་པོ་ཉིད་ཀྱི་སྲས་སྔར་ནས་སྐུ་གཤེགས་ཟིན་སྐབས། སྐབས་འདིར་ཁྲིར་ཕེབས་འོས་པའི་སྲས་གཞན་མེད་དེ། སྲས་ཀྱི་སྲས་མང་སྲོང་མང་བཙན་ཁྲིར་ཕེབས་པའི་རྐྱེན་གྱིས་དབོན་སྲས་ཀྱི་ཐ་སྙད་ཡོངས་སུ་གྲགས་པ་འདི་བྱུང་བ་ཡིན།

རྒྱལ་རབས་གསལ་བའི་མེ་ལོང་[པེ་159 ཕ་4]ལས་སྲས་གུང་རི་གུང་བཙན་ཞེས་པ། རྒྱལ་པོའི་གདུང་རྒྱུད་འགྲན་ཟླ་དང་བྲལ་བ་ཞིག་ལུགས་མོ་སྦྲུལ་གྱི་ལོ་ལ་བྲག་ལྷ་བཀྲ་ཤིས་ཀྱི་གཞལ་ཡས་ཁང་དུ……འཁྲུངས། ཞེས་པ་དང་། ཁྱད་པར་དུ་ལྡེ་བྲག་ཆོས་འབྱུང་[པེ་སྟོད་245 ཕ་21]ལས་གུང་སྲོང་འདི་ཡབ་ཀྱིས་ང་གསུམ་བཞེས་པ་ལུགས་མོ་སྦྲུལ་ལ་འཁྲུངས། ཞེས་བཙན་པོ་གུང་སྲོང་གུང་བཙན་གྱི་འཁྲུངས་ལོ་ཞལ་གསལ་དུ་བསྟན་པ་ཙམ་དུ་མ་ཟད། བཙན་པོ་འདིའི་འཁྲུངས་ལོ་སྤྱི་འཁོར་བཅོ་ལྔ་པའི་སྤྱི་ཕྲེང་གོང་མའི་ལུགས་མོ་སྦྲུལ་(སྤྱི་25386 སྤྱི་621)ཡིན་པའི་བདེན་དཔང་ཀྱང་གསལ་པོར་བྱས་པ་ཡིན། ཉང་གི་ཆོས་འབྱུང་[བོད་299 ཕ་18]ལས་རྒྱལ་པོ་སྲོང་བཙན་སྒམ་པོའི་སྲས་མང་སྲོང་མང་བཙན། རྒྱལ་པོ་དེ་དགོང་(དགུང་)ལོ་བཅུ་དགུ་ལ་སྲས་གུང་སྲོང་གུང་བཙན་གཟིགས་ནས་ཡབ་འདས། མེས་ཀྱིས་རྒྱལ་སྲིད་བཟུང་། དེའི་སྲས་འདུས་སྲོང་མང་པོ་རྗེ་སློང་(རླུང་)ནམ་འཕྲུལ་གྱི་རྒྱལ་པོ་ཞེས་པས། ཆོས་རྒྱལ་སྲོང་བཙན་སྒམ་པོའི་སྲས་བཙན་པོ་མང་སྲོང་མང་བཙན་ཡིན་པ་དང་། དེའི་སྲས་གུང་སྲོང་གུང་བཙན་དང་། དེའི་སྲས་འདུས་སྲོང་མང་པོ་རྗེ་ཡིན་པ་གསལ་བར་བསྟན་ཅིང་། མཁས་མཆོག་བུ་སྟོན་རིན་ཆེན་གྲུབ་ཀྱང་དེའི་རྗེས་སུ་འབྲངས་ཏེ་ཆོས་འབྱུང་གསུང་རབ་རིན་པོ་ཆེའི་མཛོད་[ལྷ་ཤ་125 ན་2]ལས་རྒྱལ་པོ……དེའི་སྲས་(མོང་བཟའ་ཁྲི་བཙུན་གྱི་སྲས་ཆབ་སྲིད་ལོ་ལྔ་བཟུང་བཅོ་བརྒྱད་ལ་འདས་)མང་སོང་མང་……བཙན། དེའི་སྲས་གུང་སྲོང་གུང་བཙན་(ལོ་བཅོ་ལྔར་སྲིད་བཟུང་ཉི་ཤུ་རྩ་བཞིར་འདས་སོ།།) དེའི་སྲས་འདུས་སྲོང་མང་པོ་རྗེ་རླུང་ནམ་འཕྲུལ་གྱི་རྒྱལ་པོ་ཞེས་གསུངས་པ་དང་། ཀློང་ཆེན་པའི་ཆོས་འབྱུང་[རྫི་སྟོད་460 ཤ་230 བ་3]ལས་རྒྱལ་པོ་དེའི་སྲས་མང་སྲོང་མང་བརྩན། དེའི་སྲས་གུང་སྲོང་གུང་བརྩན། ཞེས་པ་དང་། རྒྱལ་པོ་བཀའི་ཐང་ཡིག་[པེ་114 ང་18]ལས་གནམ་རི་སྲོང་བཙན་གྱི་སྲས་ནི་སྲོང་བཙན་སྒམ། དེ་ཡི་སྲས་ནི་མང་སྲོང་མང་བཙན་ཡིན། དེ་ཡི་སྲས་ནི་གུང་སྲོང་གུང་བཙན་ཡིན། །དེའི་སྲས་རླུང་ནམ་འཕྲུལ་གྱི་རྒྱལ་པོ་ལ། །ཞེས་དང་། འཕྲུལ་གྱི་ལྡེ་མིག་[རྫི་9 ཤ་17 བ་5]ལས་མོང་གཟའ་ཁྲི་ལྕམ་བྱ་བ་ལས་སྲས་མང་སྲོང་མང་བཙན་འཁྲུངས། དགུང་ལོ་བཅུ་གསུམ་པ་ལ་རྒྱལ་སར་བྱོན། རྒྱལ་སྲིད་ལོ་ལྔ་

བཟུང་སྟེ་བཅོ་བརྒྱད་ལ་འདས། དེ་ལ་སྲས་གུང་སྲོང་གུང་བཙན་འཁྲུངས་པ་ནར་མ་སོན་པས། སྔར་ཡབ་རྒྱལ་པོས་སྲིད་སྐྱོང་དགོས་པ་བྱུང་། མེ་ལོང་མར། མང་སྲོང་དང་གུང་སྲོང་གཉིས་སྔ་ཕྱི་བཟློག་སྟེ་འབྱུང་ཡང་། བུ་སྟོན་ཆོས་འབྱུང་དུ་སྔར་བཞིན་གསུངས་པས་སྐྱོན་མེད་དོ། །ཞེས་མེ་ལོང་མ་ནོར་བ་དང་། བུ་སྟོན་གྱི་དགོངས་པ་ཡང་དག་ཡིན་པ་གཞིར་བཅས་ཀྱིས་དེའི་རྗེས་སུ་འབྲངས་པའི་རྣམ་པ་གསལ་བར······བསྟན་ཡོད་འདུག་ནའང་དོན་དུ་ལུགས་དེ་ནི་རྒྱལ་པོ་བཀའ་ཐང་གི་རྗེས་སུ་འབྲང་བའམ། ཉང་གི་ཆོས་འབྱུང་གི་ལུགས་ཤིག་ཡིན་ལ། བོད་ཀྱི་རྒྱལ་རབས་དང་ཆོས་འབྱུང་ཡོངས་གྲགས་ཕལ་མོ་ཆེར། སྲོང་བཙན་གྱི་སྲས་གུང་སྲོང་གུང་བཙན་ཡིན་པ་ཞལ་གསལ་དུ་བསྟན་ཡོད་པར་མ་ཟད། ཤིན་ཏུ་ཁུངས་བཙན་པ་ཏུན་ཧོང་བོད་ཀྱི་ལོ་རྒྱུས་ཡིག་རྙིང་[PI579ཤ་16]ལས་ཁྱིའི་ལོ་ལ་བབ་སྟེ། བཙན་པོ་མྱེས་ཁྲི་སྲོང་སྩན་གྱི་སྤུར་ཕྱིར་བའི་རིང་ཁ་ནའང་རིང་མཁྱུད་ཆེང་བཞུག་སྟེ། བཙན་པོ་སྦོན་ཁྲི་མང་སློན་མང་རྩན་མེར་གེར་ན་བཞུགས་པར་ལོ་གཅིག ཅེས་དང་། ཡང་དེ་ཉིད་[PI581ཤ་15]ལས་བྱི་བའི་ལོ་ལ་བབ་སྟེ། དབྱརད་བཙན་པོ་སྤྲགས་ཀྱི་ཤ་ར་ན་བཞུགས་ཤིང་། དགུན་ཚང་བང་སྣ་ནས། ཁྲི་མང་སློན་དགུང་དུ་གཤེགས། བཙན་པོ་སྲས་ཁྲི་འདུས་སྲོང་། སྐྲིགས་ཀྱི་ལྡ་ལུང་དུ་བལྟམས། ཞེས་པ་འདི་རྣམས་ཀྱིས་ཆོས་རྒྱལ་སྲོང་བཙན་སྒམ་པོ་སྐུ་གཤེགས་རྗེས་སུ་བཙན་པོ་དབོན་མང་སྲོང་མང་བཙན་ཁྲིར་བཀོད་པ་དང་། མང་སྲོང་མང་པོ་བཙན་གྱི་སྲས་འདུས་སྲོང་མང་པོ་རྗེ་ཡིན་པ་བཅས་ཞལ་གསལ་དུ་བསྟན་པ་ཡིན་པ་ལ། རྒྱའི་ཐང་ཡིག་རྙིང་མ་[རྒྱ14ཤ་4]ལས་སྲོང་བཙན་གྱི་སྲས་དགུང་ལོ་ཆུང་དུས་ནས་དགོངས་པ་རྫོགས་པར······བརྟེན། དེའི་དབོན་སྲས་ལ་བཙན་པོའི་ཁྲི་གསོལ་ཞུས། ཞེས་ཀྱང་ཆོས་རྒྱལ་སྲོང་བཙན་སྒམ་པོའི་སྲས་གུང་སྲོང་གུང་བཙན་དགུང་ལོ་ཆུང་ངུའི་དུས་ནས་སྐུ་གཤེགས་པ་དང་། དེའི་སྲས་དབོན་མང་སྲོང་མང་བཙན་ཁྲིར་བཀོད་པའི་ཚུལ་ཏུན་ཧོང་གི་ཡིག་ཆ་དང་དོན་མཐུན་དུ་བསྟན་ལ། མདོ་དོན་ཐོལ་གྱིས་དྲིལ་ན། ལྷོ་བྲག་ཆོས་འབྱུང་དུ་གུང་སྲོང་གི་ཡབ་རྒྱལ་པོ་སྲོང་བཙན་སྒམ་པོས་དགུང་གྲངས་ལྔ་བཅུ་ང་གཉིས་བཞེས་པ། སྤྱི་འཁོར་བཅོ་ལྔ་པའི་སྤྱི་ཕྲེང་གོང་མའི་ལྕགས་མོ་སྦྲུལ་གྱི་ལོ་(སྤྱི2538སྤྱི621)དེ་ནི་གུང་སྲོང་གུང་བཙན་སྐུ་འཁྲུངས་པའི་ལོ་དུས་འཁྲུལ་མེད་ཡིན་པ་གསལ་བར་བསྟན་པ་དེ་ཉིད་ལོ་དུས་ཡང······དག་ཏུ་ངོས་འཛིན་དགོས་པར་མངོན།

གུང་སྲོང་གུང་བཙན་ཁྲིར་ཕེབས་པའི་ལོ་དུས་ནི་ལྡེའུ་ཆོས་འབྱུང་ཆེན་མོ་[བོད118ཤ་9]ལས་ལོ···བཅུ་གསུམ་ལོན་ནས་ཆབ་སྲིད་ལོ་ལྔ་བཟུང་ཞེས་པ་དང་། ནེའུ་སྟོན་བྱུང་གི་གཏམ་[རྒྱ10ཤ5བ6]ལས་གུང་སྲོང་བཅུ་གསུམ་ལོན་ནས་ཆབ་སྲིད་ནི། ལོ་ལྔར་བཟུང་ཞེས་པ་དང་། ཡར་ལུང་ཇོ་བོའི་ཆོས་

འབྱུང་[སི་56 ཕ་10] ལས་ལོ་བཅུ་གསུམ་ལ་རྒྱལ་སར་བཞུགས། ཞེས་པ་དང་། རྒྱལ་རབས་གསལ་བའི་མེ་ལོང་[པེ་163 ཕ་5] ལས་གུང་རི་གུང་བཙན་དགུང་ལོ་བཅུ་གསུམ་བཞེས་ནས་རྒྱལ་སྲིད་བཟུང་ཞེས་པ··· དང་། ལྡེ་བྲག་ཆོས་འབྱུང་[པེ་སྟོད་245 ཕ་22] ལས་ལོ་བཅུ་གསུམ་ན་རྒྱལ་སར་བསྐོས། ཞེས་པ་དང་། དེབ་ཐེར་དཔྱིད་ཀྱི་རྒྱལ་མོའི་གླུ་དབྱངས་[པེ་45 ཕ་13] ལས་ལོ་བཅུ་གསུམ་ལོན་ཆེ་རྒྱལ་སར་དབང········ བསྒྱུར། ཞེས་པ་རྣམས་ཀྱིས་མཚོན། བོད་ཀྱི་རྒྱལ་རབས་དང་ཆོས་འབྱུང་གྲགས་ཆེ་བ་ཕལ་མོ་ཆེར་གུང་སྲོང་གུང་བཙན་དགུང་གྲངས་བཅུ་གསུམ་པའི་སྟེང་ཁྲི་ཐོག་ཐེབས་པའི་ཚུལ་ཞལ་མཐུན་དུ་བསྟན་ཡོད། གུང་སྲོང་གུང་བཙན་དེ་ཡབ་སྲོང་བཙན་སྒམ་པོ་དགུང་གྲངས་ལྔ་བཅུ་ང་གསུམ་པའམ་ཧྲིལ་པོ་ང་གཉིས··· པ་ལྕགས་མོ་སྦྲུལ་གྱི་ལོ་ལ་སྐུ་འཁྲུངས་པ་དེ་ནས་ལོ་གྲངས་ཧྲིལ་པོ་བཅུ་གསུམ་པ་ཤིང་ཕོ་རྟའི་ལོ་(སྤྱི་2551 སྤྱི་634) ལ་ཁྲི་ཐོག་ཐེབས་ཡོད་པར་མངོན་ཞིང་། གལ་ཏེ་ལོ་ངོ་བཅུ་གསུམ་ཡིན་པ་ལས་ཧྲིལ་པོ་བཅུ་གསུམ་མིན་ན་ནི། ཁྲི་ཐེབས་པའི་ལོ་དེ་ཆུ་མོ་སྦྲུལ་གྱི་ལོ་(སྤྱི་2550 སྤྱི་633) ཡིན་དགོས་མོད། ལོ་དེ་ནི་གུང་སྲོང་གུང་བཙན་གྱི་དགུང་སྐེག་ཏུ་ཁེལ་བས། དགུང་སྐེག་གི་སྟེང་ལ་ཁྲི་ཐེབས་མེད་པ་ནི་ཤུགས་ཀྱིས་ཤེས་ཐུབ་པ་ཡིན།

ཏུན་ཧོང་བོད་ཀྱི་ལོ་རྒྱུས་ཡིག་རྙིང་དུ་ཆོས་རྒྱལ་སྲོང་བཙན་སྒམ་པོའི་མཛད་རིམ་སྐོར། སྐུ་མ་གཤེགས་པའི་གོང་ལོ་གྲངས་དགུའི་རིང་ལ་ཇི་བྱུང་རགས་ཙམ་ཞིག་གསལ་བ་ལས། དེ་གོང་གི་ལོ་རྒྱུས་ཆ་མ་ཚང་བ་ཡིན་སྟབས། གུང་སྲོང་གུང་བཙན་གྱི་ལོ་རྒྱུས་ཞལ་གསལ་བ་མེད་ཅིང་། རྒྱའི་ཐང་ཡིག་གསར་རྙིང་གི་ལོ་རྒྱུས་ནི་སྲོང་བཙན་སྒམ་པོའི་སྐུ་ཚེའི་མཇུག་དེར་རྒྱ་བོད་ཀྱི་འབྲེལ་བ་གསར་དུ་ཆགས་པ་དེ་ནས་བཟུང་བོད་ཀྱི་ལོ་རྒྱུས་ཐར་ཐོར་ཞིག་རྒྱའི་ཡིག་ཚང་དུ་བཀོད་པའི་དཔེ་ཚུགས་པ་ཡིན་སྟབས། སྲོང་བཙན་སྒམ་པོའི་སྐུ་ཚེའི་སྟོད་ཀྱི་མཛད་པ་དང་དེ་དུས་བོད་ཀྱི་གནས་ཚུལ་སྐོར་གང་ཞིག་ཀྱང་མི་གསལ་བ་ཡིན། སྲོང་བཙན་སྒམ་པོའི་སྐུ་ཚེའི་སྟོད་ཀྱི་ལོ་རྒྱུས་རྒྱའི་ཐང་ཡིག་གསར་རྙིང་སོགས་སུ་བཀོད་མེད་སྟབས། སྲོང་བཙན་སྒམ་པོའི་སྐུ་ཚེ་དང་བོད་ཀྱི་ལོ་རྒྱུས་ཐུང་དུ་བཏང་བ་ནི། གཞན་ཟེར་གྱི་རྗེས་སུ་འབྲངས་དྲག་པས་རང་ཚུལ་རྣལ་མའི་ལོ་རྒྱུས་སྟོར་བའི་རྣམ་ཐར་ཙམ་ཞིག་ཏུ་གོ།།

གུང་སྲོང་གུང་བཙན་གྱི་བཙུན་མོ་དང་སྲས་ཀྱི་སྐོར་རགས་ཙམ་ནི། གྲགས་རྒྱལ་བོད་ཀྱི་རྒྱལ་རབས་[ཏ་597 བ་2] ལས་(གུང་སྲོང་གུང་བཙན) དེས་ཕ་ཞྭ་བཟའ་མང་པོ་རྗེ་བཞེས་པའི་སྲས་མང་སྲོང་མང····· བཙན། ཞེས་པ་དང་། ཡར་ལུང་ཇོ་བོའི་ཆོས་འབྱུང་[སི་56 ཕ་15] ལས་རྗེ་གུང་སྲོང་དེ་དང་འ་ཞ་ཟ་(བཟའ) ཁོ་འཇོ་མོང་རྗེ་ཁྲི་དཀར་ཏེ་ཤགས་ཀྱི་སྲས་མང་སྲོང་མང་བཙན། ཞེས་པ་དང་། དར་རྒྱས་

གསལ་སྒྲོན་[ཐོབ་669 ཤ་87 བ་6] ལས་གུང་སྲོང་གུང་བཙན་དེ་དང་འ་ཞ་བཟའ་ཁོ་ཇོ་མོང་རྗེ་ཁྲི་དཀར··· ཉིད་ཤཀས་ཀྱི་སྲས་མང་སྲོང་མང་བཙན། ཞེས་པ་དང་། ལྡེ་བྲག་ཆོས་འབྱུང་[པེ་སྟོད་245 ཤ་23] ལས་བཙུན་མོ་འ་ཞ་བཟའ་མོང་རྗེ་ཁྲི་དཀར་ཁབ་ཏུ་བཞེས་པ་ལ་སྲས་མང་སྲོང་མང་བཙན་འཁྲུངས། ཞེས་པ་དང་། རྒྱ་བོད་ཡིག་ཚང་ཆེན་མོ་[སི་170 ཤ་17] ལས་རྗེ་གུང་སྲོང་གུང་བཙན་དེ་དང་། འ་ཞ་བཟའ་ཁོས་ཇོ་མོ་རྗེའི་སྲས་མང་སྲོང་མང་བཙན། ཞེས་པ་དང་། དེབ་ཐེར་དཔྱིད་ཀྱི་རྒྱལ་མོའི་གླུ་དབྱངས་[པེ་45 ཤ་13] ལས་བཙུན་མོ་འ་ཞ་བཟའ་ཁོ་འཇོ་མོང་རྗེ་ཁྲི་དཀར་ཏེ་ཤཀས་བྱ་བ་ཁབ་ཏུ་བཞེས་པས་སྲས་མང་སྲོང་མང་བཙན་འཁྲུངས། ཞེས་པ་རྣམས་ཀྱིས་མཚོན། བཙན་པོ་གུང་སྲོང་གུང་བཙན་གྱི་བཙུན་མོ་དེའི་མཚན་ཡི་གེར་འགོད་སྟངས་ལ་མི་འདྲ་བ་ཅི་རིགས་ཤིག་བྱུང་ཡོད་འདུག་ནའང་། དོན་དུ་འ་ཞ་བཟའ་ཞིག་ཡིན་པ་དང་བཙུན་མོ་དེའི་སྲས་མང་སྲོང་མང་བཙན་ཡིན་པ་ནི་ཞལ་མཐུན་དུ་གྱུར་ཡོད་འདུག ལར་བཙུན་མོ་འདིའམ་འདི་དང་འདྲ་བའི་བཙུན་མོ་འགའ་ཤས་ཀྱི་མཚན་ཡི་གེར་འགོད་སྟངས་ལ་མི་འདྲ་བ་སྣ་ཚོགས··· ཤིག་བྱུང་ཡོད་པ་དེའི་རྒྱུ་མཚན་གཙོ་བོ་ནི་བཙུན་མོ་དེའི་རུས་མིང་དང་མཚན་རྣལ་མ་རྣམས་བོད་སྐད······ རང་མ་ཡིན་ཞིང་། འ་ཞ་སོགས་ཀྱི་བརྡ་སྐད་ཐ་དད་པ་ལས་བྱུང་བ་ཡིན་སྟབས། བོད་ཡིག་ཏུ་འགོད་སྟངས་ལའང་མི་འདྲ་བ་ཅིག་རིགས་ཤིག་བྱུང་ཡོད་པ་ནི་གོར་མ་ཆག ཆོས་འབྱུང་དང་རྒྱལ་རབས་ཡོངས་གྲགས་རྣམས་སུ་གུང་སྲོང་གུང་བཙན་ལ་སྲས་མང་སྲོང་མང་བཙན་བྱུང་བ་ཙམ་ལས་གཞན་མི་གསལ······· ནའང་། ལྡེའུ་ཆོས་འབྱུང་ཆེན་མོ་[བོད་118 ཤ་19] ལས་མང་སོང་གི་གཅུང་པོ་འ་ཞ་ཚ་མེར་སྡེ་(ལྡེ་) བྱ་བ་ཐང་མཚམས་སུ་ཕབ་པས་འགགས་གྱིར་གྲོངས་སོ། །ཞེས་མང་སྲོང་བཙན་གྱི་སྐུ་མཆེད་གཞོན་པ་ཚ་མེར་ལྡེ་ཞེས་བྱ་བ་ཞིག་ཡོད་པ་དང་། སྐུ་མཆེད་གཞོན་པ་དེ་ལ་སྲིད་ཀྱི་བཀྱོན་ཐོག་ནས་འགགས་གྱིར་གཤེགས་པའི་ཚུལ་གསལ་བར་བསྟན་པས། རྒྱལ་སྲས་གཞོན་པ་ཞིག་ཀྱང་བྱུང་ཡོད་པ་དང་ཤེས་ཐུབ་པ་ཡིན། གུང་སྲོང་གུང་བཙན་གྱི་བཀའི་བློན་ཆེན་པོ་སུ་དག་ཡིན་པ་ནི་ལྡེའུ་རྒྱ་བོད་ཀྱི་ཆོས་འབྱུང་[བོད་299 ཤ་3] ལས་མྱང་མང་པོ་རྗེ་ཞང་སྣང་དང་། སྣུབས་ཙན་ཏོ་རེ་ལང་སྣང་གིས་བློན་པོ་བྱས། ཞེས་པ་དང་། གྲགས་རྒྱལ་བོད་ཀྱི་རྒྱལ་རབས་[སྡེ་ཏ་ཤ་197 བ་2] ལས "དེའི་ཞལ་འབྲོས་བྱས" ཞེས་པ་དང་། ཡར་ལུང་ཇོ་བོའི་ཆོས་འབྱུང་[སི་56 ཤ་9] ལས་བློན་པོ་ཉང་མང་པོ་རྗེ་ཞང་སྣང་དང་། གནུབས་ཙན་ཏོ་རེས་བྱས། ཞེས་པ་དང་། ལྡེ་བྲག་ཆོས་འབྱུང་[པེ་སྟོད་246 ཤ་1] ལས་བློན་པོ་མྱང་མང་པོ་རྗེ་ཞང་སྣང་དང་སྣུབས་བཙན་ཏོ་རེས་བྱས། ཞེས་པ་དང་། རྒྱ་བོད་ཡིག་ཚང་ཆེན་མོ་[སི་170 ཤ་12] ལས་བློན་པོ་ནི་མང་པོ་རྗེ་ཞང་སྣང་དང་། སྣུབས་བཙན་དོ་རེས་བྱས། ཞེས་པ་རྣམས་ཀྱིས་མཚོན། རྒྱལ་རབས་དང་ཆོས་

འབྱུང་གྲགས་ཆེ་བ་ཕལ་མོ་ཆེར་གུང་སྲོང་གི་བཀའི་བློན་ཆེན་པོ་མང་པོ་རྗེ་ཞང་སྣང་དང་། གཉུབས་བཙན་ཏོ་རེ་འདི་གཉིས་ཡིན་པར་ཞལ་མཐུན་བྱུང་ཡོད་འདུག

གུང་སྲོང་གུང་བཙན་གྱིས་རྒྱལ་སྲིད་ལོ་གྲངས་ཅི་ཙམ་ཞིག་བསྐྱངས་དང་། བཙན་པོ་འདིའི····· གཤེགས་ལོ་གང་ཡིན་གྱི་སྐོར་རགས་ཙམ་ནི་ལྡེའུ་ཆོས་འབྱུང་ཆེན་མོ་[བོད་118ཕ་10] ལས་ཆབ་སྲིད་ལོ··· ལྔ་བཟུང་སྟེ། དགུང་ལོ་བཅུ་དགུ་བཞེས་ནས་ཡབ་མ་འདས་པ་ལ་གྲོངས་སོ། །ཞེས་པ་དང་། ནེའུ་སྔོན་བྱུང་གི་གཏམ་[རྒྱ10ཤ5བ6] ལས་ཆབ་སྲིད་ནི་ལོ་ལྔར་བཟུང་སྟེ་བཅོ་བརྒྱད་ལོན་ནས་འདས། ཞེས་པ་དང་། ཡར་ལུང་ཇོ་བོའི་ཆོས་འབྱུང་དང་དེབ་ཐེར་དམར་པོ། རྒྱལ་རབས་གསལ་བའི་མེ་ལོང་། ཆོས་འབྱུང་མཁས་པའི་དགའ་སྟོན། རྒྱ་བོད་ཡིག་ཚང་ཆེན་མོ། དེབ་ཐེར་དཔྱིད་ཀྱི་རྒྱལ་མོའི་གླུ་དབྱངས། ལྔ་ཪོག་རྒྱལ་རབས་སོགས་བོད་ཀྱི་རྒྱལ་རབས་དང་། ཆོས་འབྱུང་ཕལ་མོ་ཆེ། ནེའུ་སྔོན་བྱུང་གི་གཏམ་ལས་གསུངས་པ་ལྟར། གུང་སྲོང་གུང་བཙན་གྱིས་རྒྱལ་སྲིད་ལོ་གྲངས་ལྔ་ཙ་བསྐྱངས་ཏེ་དགུང་གྲངས་བཅོ་བརྒྱད་པ་ལ་སྐུ་གཤེགས་པ་ཞལ་གྱིས་བཞེས་སྲོལ་བྱུང་འདུག

ལྡེའུ་ཆོས་འབྱུང་རྣམ་གཉིས་སུ་གུང་སྲོང་གུང་བཙན་དགུང་གྲངས་བཅུ་དགུ་བཞུགས་པར་གསུངས་པ་ཕུད། རྒྱལ་རབས་དང་ཆོས་འབྱུང་གཞན་རྣམས་སུ་གུང་སྲོང་གུང་བཙན་སྐུ་ཚེ་དགུང་གྲངས་བཅོ་བརྒྱད་བཞུགས་པ་ཡོངས་ཁྱབ་ཅན་ཞིག་ཏུ་བྱུང་ཡོད་ལ། ལྷག་པར་དུ་རྒྱལ་རབས་གསལ་བའི་མེ་ལོང་དང་སྔོ་ཐྲག་ཆོས་འབྱུང་གཉིས་སུ་གུང་སྲོང་གུང་བཙན་སྐྱེ་འཁོར་བཅོ་ལྔ་པའི་སྐྱེ་ཕྲེང་གོང་མའི་ལུགས་མོ་སྦྲུལ··· གྱི་ལོ་ལ་འཁྲུངས། ཤིང་ཕོ་རྟའི་ལོ་(སྤྱི2551སྤྱི634)བལ་བཟའ་ཁྲི་བཙུན་བོད་དུ་འབྱོར་བའི་ལོ་དེར་ཁྲིར་ཕེབས། ས་ཕོ་ཁྱིའི་ལོ་(སྤྱི2555སྤྱི638)ལ་སྐུ་གཤེགས་ཏེ་སླར་ཡང་ཡབ་རྒྱལ་པོ་སྲོང་བཙན་སྒམ་པོས་ལྕགས་ཕོ་ཁྱིའི་ལོ་(སྤྱི2567སྤྱི650)བར་ལོ་གྲངས་བཅུ་གསུམ་མམ་རྫིལ་པོ་བཅུ་གཉིས་ཀྱི་རིང་ལ····· རྒྱལ་སྲིད་བསྐྱངས་པའི་ཚུལ་གསལ་བར་བསྟན་པ་དེ་ཉིད་དོན་ལ་གནས་པར་མཐོང་། ཉང་གི་ཆོས་འབྱུང་དང་བུ་སྟོན་ཆོས་འབྱུང་། རྒྱལ་རབས་འཕྲུལ་གྱི་ལྡེ་མིག་རྣམས་སུའང་། བཙན་པོ་གུང་སྲོང་གུང་བཙན་དང་མང་སྲོང་མང་བཙན་ཡབ་སྲས་གཉིས་ཀྱི་མཚན་གོ་ལྡོག་ཏུ་བཤད་པ་ཙམ་ལས། བཙན་པོ་དེ་གཉིས་ཀྱི་སྐུ་ཚེའི་ཚད་དང་ཁྲིར་ཕེབས་པའི་ལོ་དུས་སོགས་ལ་མི་འདྲ་བ་ཅི་ཞིག་ཀྱང་མི་འདུག རྒྱལ་རབས་དང་ཆོས་འབྱུང་མང་ཞིག་ཏུ་བཙན་པོ་འདིར"ཕྱེད"ཅེས་པའི་ཐ་སྙད་སྦྱར་ཡོད་པ་དེ་ནི། ཡོངས་གྲགས་བོད་ཀྱི་རྒྱལ་རབས་རྣམས་སུ"ཤིན་ཏུ་སྙིད་པའི་གདུང་རབས་ཕྱེད་དང་བཞི"ཞེས་པའམ། "སྙིད་པའི་གདུང་རབས་ཕྱེད་དང་དགུ"ཞེས་པ་སོགས་ཀྱི་ཐ་སྙད་མི་འདྲ་བ་འགའ་རེ་བྱུང་འདུག་པ་དེར་བཙན་པོ་འདིས···

རྒྱལ་སྲིད་ཕོ་ལྷར་བསྐྱངས་ཏེ་སྐུ་གཤེགས་པའི་རྗེས་སུ། སླར་ཡང་ཡབ་རྒྱལ་པོས་རྒྱལ་སྲིད་སྡོན་ལུགས་སུ་བསྐྱངས་ཡོད་པ་དང་། རྒྱལ་རབས་ཕལ་མོ་ཆེ་ནི་ཡབ་རྒྱལ་པོ་སྐུ་གཤེགས་ནས་རྒྱལ་སྲས་ཁྲིར་ཕེབས་ཏེ་རྒྱལ་པོ་བྱས་པ་ཡིན་ལ། གུང་སྲོང་གུང་བཙན་ནི་ཡབ་རྒྱལ་པོ་ཞལ་བཞུགས་བཞིན་པར་རྒྱལ་པོ་མཛད་པ་དེ་དག་གི་རྒྱུ་མཚན་ལ་བརྟེན་ནས་ཕྱེད་ཀྱི་ཐ་སྙད་བྱས་ཡོད་པར་མངོན།

བཙན་པོ་གུང་སྲོང་གུང་བཙན་གྱི་བང་སོ་ནི་རྒྱལ་རབས་གསལ་བའི་མེ་ལོང་[ཤོ163ཐ10]ལས···དེ་ཡི་བང་སོ་དོན་མཁར་མདའ་རུ་བརྩིགས། གྲུལ་ནི་གནམ་རི་སྲོང་བཙན་གཡོན་ན་ཡོད། མིང་ནི་གུང་ཆེན་གུང་རི་ལགས་སོ་སྐད། ཅེས་དེས་ཤེས་ཐུབ་པ་ཡིན།

བཞི། བོད་ཀྱི་རྒྱལ་རབས་སོ་བདུན་པ་ཁྲི་མང་སྲོང་མང་བཙན་གྱི་སྐོར།

བཙན་པོ་འདིའི་མཚན་རྣལ་མ་ནི་ཏུན་ཧོང་བོད་ཀྱི་ལོ་རྒྱུས་ཡིག་རྙིང་དུ"ཁྲི་མང་སློན"ཞེས་པ་དང་"མང་སློན་མང་རྩན"ཞེས་བྱ་བ་དེ་ཡིན་ཞིང་། དེ་ཡང་མཚན་འདི་ནི་བོད་ཀྱི་གནའ་ལུགས་ལྟར། བཙན་པོའི་སྐུ་གཤེན་གྱིས་ཞང་བོད་ཀྱི་སྐད་འདྲེས་མའི་སྒོ་ནས་བཏིད་ཆགས་ཀྱི་མཚན་གསོལ་བ་ཞིག་སྟེ། ཞང་ཞུང་གི་སྐད་དུ"ཁྲི"ཞེས་པ་ནི"ལྷ"དང"ཐུགས་ཉིད"ལ་འཇུག་ཅིང་། "མང"ཞེས་པ་ནི་དམར་པོ་བྱེ་རུའི་འོད་མདངས་ལྟ་བུ་ཞིག་གི་དོན་ཡིན་ལ། "སློན"ཞེས་པ་ནི་བོད་སྐད་དུ"ལྷུན་གྲུབ"ཅེས་པ་དང་དོན་གཅིག་ཅིང་། "རྩན"ཞེས་པ་འདི་ཕྱིས་སུ"བཙན"ཞེས་འབྲི་སྲོལ་ཡོད་པ་སྟེ། དོན་དུ་བོད་ཀྱི་བརྡ་རྙིང་རྫོང་ཚིག་ཏུ"རྙེ་བའམ"ཁྱད་ཆོས་ཀྱི་ཚིག་ཏུ"རྙེན་པོ"ཞེས་པའམ། མིང་ཚིག་ཏུ"བཙན་པོ"ཞེས་པའི་དོན"རྒྱལ་པོ"ལ་འཇུག་པ་དེ་གསུམ་གང་ཡང་རུང་བ་ཞིག་སྟེ། རྒྱལ་པོའི་མཚན་དེ་དེང་དུས་ཀྱི་སྐད་ལུགས་སུ་བླུས་ན"ལྷ་འོད་དམར་ལྷུན་གྲུབ"ཅེས་པའམ། "འོད་དམར་ལྷུན་གྲུབ་རྒྱལ་པོ"ཞེས་བྱ་བ་སྟེ། ཞང་ཞུང་གི་གནའ་བོའི་རྒྱལ་པོ་ཞིག་གི་མཚན་དུ"བྱེ་རུ་འོད་ཀྱི་རྒྱལ་པོ"ཞེས་བྱ་བ་དེ་དང་ཕལ་ཆེར་དོན་གཅིག་པ་ཡིན་ལ། བཙན་པོ་འདི་ལ་སྐུ་མདངས་དམར་ཟིལ་ཆེ་བ་ཞིག་ཡོད་པ་ལ་བརྟེན་ནས་མཚན་དེ་སྐད་དུ་གསོལ་ཡོད་པ་ནི་ཤུགས་ཀྱིས་ཤེས་ཐུབ་པ་ཡིན། རྣལ་མའི་མཚན་དེ་སྐད་དུ་གྲགས་ནའང་བོད་སྐད་དུ་བརྗོད་བདེ་བ་དང་བཙན་པོ་འདིའི་ཡབ་ཀྱི་མཚན་དུ"སྲོང"ཞེས་པ་སྟེ། བོད་ཀྱི་བརྡ་རྙིང"དྲང་བ"དང"ཐུགས་རྒྱུད་མཛངས་པ"སོགས་ཀྱི་དོན་ཆེན་པོ་བསྟན་པའི་ཚིག་དེ་དང་བསྡུན་ནས"ཁྲི་མང···སྲོང་མང་བཙན"ཞེས་སུ་གྲགས་པ་ཡིན།

མང་སྲོང་མང་བཙན་གྱི་མཚན་ལ་དཔོན་སྲས་ཀྱི་ཐ་སྙད་ཡོད་པ་འདིའི་སྐོར་ཆོས་ལྡན་རྒྱལ་རབས···

ཀྱི་ལོ་ཚིགས་འཁྲུལ་སེལ་ཞེས་བྱ་བའི་རྩོམ་ཡིག་[གྲུང་དབྱང་མི་རིགས་སློབ་གྲྭ་ཆེན་མོའི་བོད་ཡིག་སློབ······ དཔྱོད་ཁང་ནས་སྤེལ་བ་ཤ7ཕ2] ལས་རྒྱལ་རབས་དེབ་ཐེར་ཕལ་ཆེར་གྱི་ནང་དུ་དཔོན་སྲས་མང་སྲོང······ མང་བཙན་ཞེས་བཀོད་འདུག་པ་ལ་དཔྱད་པ་བྱ་དགོས་ཏེ། དཔོན་པོ་ཞེས་པ་ནི་ཕ་རྒྱུད་བུ་སྤུན་གྱི་སྤྱི་མིང་དང་། སེར་སྐྱ་མི་དྲག་གི་སྤུན་ཆུང་དང་ཆ་བོ་བཅས་ཀྱི་སྤྱི་མིང་ཞིག་ཡིན། དཔོན་སྲས་ཞེས་པ་ནི་སྤུན་གྱི་བུ་སྟེ་ཚ་བོའི་ཞེ་སའི་མིང་ཡིན་པ་ནི་བོད་སྐད་ཡང་དག་ཤེས་པའི་བོད་མི་ཀུན་གྱིས་མཁྱེན་གསལ་ལྟར་རེད། དེས་ན་མང་སྲོང་ལ་དཔོན་སྲས་ཞེས་སྤུན་མཆེད་ཀྱི་སྲས་ཡིན་པ་གསལ་པོར་བསྟན་ཡོད་བཞིན་ཞུ་ཚུགས···· ཀྱིས་སྲོང་བཙན་སྒམ་པོའི་སྲས་ཞེས་བསྒྲུབ་དགོས་པའི་རྒྱུ་མཚན་གང་ཡང་མི་འདུག་སྙམ། ཞེས་དཔོན་པོའི་བརྗ་འདི་ཕ་རྒྱུད་བུ་སྤུན་དང་། ཚ་བོ་རྣམས་ལ་འཇུག་པ་ཐུགས་དག་ཡིན་མོད། མང་སྲོང་མང་བཙན་དེ་སྲོང་བཙན་སྒམ་པོའི་སྲས་གུང་སྲོང་གུང་བཙན་གྱི་སྲས་ཡིན་པར་བཤད་ཡོད་པ་ལས། སྲོང་བཙན་སྒམ་པོའི་སྲས་སུ་རྒྱལ་རབས་དང་ཆོས་འབྱུང་གང་དུའང་བཤད་མེད་ལ། སྲས་ཀྱི་སྲས་ལ་དཔོན་པོའི་ཐ་སྙད་འཇུག་པ་དང་། སྤུན་མཆེད་ཀྱི་སྲས་ལ་དཔོན་པོའི་ཐ་སྙད་འཇུག་པ་འདི་གཉིས་ལ་ཁྱད་ཅི་ཞིག་ཀྱང་མ་མཐོང་།

ཁྲི་མང་སྲོང་མང་བཙན་སྐུ་འཁྲུངས་པའི་གནས་དུས་ཀྱི་སྐོར་ནི་ལྡེའུ་རྒྱ་བོད་ཀྱི་ཆོས་འབྱུང་[བོད་299ཕ5] ལས་(གུང་སྲོང་གུང་བཙན་) དེའི་སྲས་མང་བཙན་གྱི་སྐུ་རིང་ལ། ཕྱིས་པའི་ཚེ་ཡབ་འདས། ཕྱི་ལོ་མང་སྲོང་འཁྲུངས། ཞེས་པ་དང་། ལྡེའུ་ཆོས་འབྱུང་ཆེན་མོ་[བོད118ཕ13] ལས་དེ་ནས་ཕྱིའི་ལོ་ལ་(གུང་སྲོང་གུང་བཙན་) དེའི་སྲས་མང་སྲོང་མང་བཙན་བལྟམས་ཞེས་པ་གཉིས་སུ་ཁྲི་མང་སྲོང་མང········ བཙན་གྱི་འཁྲུངས་ལོ་ཕྱི་ཡིན་པ་ཞལ་གསལ་དུ་བསྟན་ནའང་། ཕྱི་དེའི་ལོ་ཁམས་གང་ཡིན་ཞལ་གསལ་བ་གང་ཞིག་ཀྱང་མི་འདུག

གྲགས་རྒྱལ་བོད་ཀྱི་རྒྱལ་རབས་[ཉེ་ཏ་ཤ198ན5] ལས“ མེ་ཕོ་ཕྱི་ལ་མང་སྲོང་འཁྲུངས ” ཞེས་པར་ཕྱི་དེའི་ལོ་ཁམས་མེ་ཡིན་པར་བསྟན་ཅིང་། ནེའུ་སྔོན་བྱུང་གི་གཏམ་དང་ཡར་ལུང་ཇོ་བོའི་ཆོས་འབྱུང་། དེབ་ཐེར་དམར་པོ། རྒྱལ་རབས་གསལ་བའི་མེ་ལོང་སོགས་བོད་ཀྱི་གནད་ཆེའི་རྒྱལ་རབས་དང་ཆོས་འབྱུང་ཕལ་མོ་ཆེ་ལུགས་དེའི་རྗེས་སུ་འབྲངས་ཡོད་ནའང་། ཁོང་རྣམ་པས་ཆོས་རྒྱལ་སྲོང་བཙན་སྒམ་པོའི་འཁྲུངས་ལོ་དེ་སྤྱི་འཁོར་བཅོ་ལྔ་པའི་སྤྱི་ཕྲེང་གོང་མའི་མེ་མོ་གླང་གི་ལོ་(སྤྱི2534སྤྱི617) ལ་ངོས་འཛིན··· གནང་ཡོད་པ་དེ་ལྟར་ན། མེ་ཕོ་ཕྱིའི་ལོ་(སྤྱི2543སྤྱི626) དེ་ནི་ཆོས་རྒྱལ་སྲོང་བཙན་སྒམ་པོ་དགུང་ལོ་དགུ་ལ་ཐེབས་པའི་དུས་ཡིན་དགོས་སྟབས། ལོ་དེར་ཆོས་རྒྱལ་སྲོང་བཙན་སྒམ་པོའི་སྲས་གུང་སྲོང་གུང་

བཙན་ཡང་འབྲུངས་མེད་ན་གུང་སྲོང་གི་སྲས་མང་སྲོང་མང་བཙན་འབྲུངས་མེད་པ་ནི་སློས་མ་དགོས་པ་རེད། སྣེ་ཐྲེང་བར་མའི་མེ་ཁྱི་ལོ་(སྣྲི2603སྤྱི686)ནི། ཁྲི་འདུས་སྲོང་མང་པོ་རྗེ་དགུང་གྲངས་ཧྲིལ་པོ་བཅུ་ལ་ཕེབས་པའི་སྐབས་ཡིན་སྟབས། ལོ་དེ་ནི་ཡིན་སྲིད་ཐབས་མེད་པས། ཁྲི་མང་སྲོང་མང་བཙན་གྱི་འབྲུངས་ལོ་ཁྱི་དེའི་ལོ་ཁམས་སེ་མ་ཡིན་པ་དེ་ཐོག་ནས་ཤེས་ཐུབ་པ་ཡིན།

དེབ་ཐེར་སྔོན་པོ་[སི་སྟོད75ཤ5]ལས"མང་སྲོང་མང་བཙན་ལོ་བཅུ་གསུམ་ལོན་པ་རྒྱལ་སར་བཏོན།"ཞེས་ཆོས་རྒྱལ་སྲོང་བཙན་སྒམ་པོ་སྐུ་གཤེགས་པའི་ཚེ་མང་སྲོང་མང་བཙན་དགུང་ལོ་བཅུ་གསུམ་མམ་ཧྲིལ་པོ་བཅུ་གཉིས་སུ་ཕེབས་ཡོད་ཚུལ་གསལ་བར་བསྟན་ལ། དེབ་ཐེར་འདིའི་ལུགས་སུ་སྲོང་བཙན་སྒམ་པོའི་གཤེགས་ལོ་ལྕགས་ཁྱི་(སྣྲི2567སྤྱི650)ལ་ངོས་འཛིན་གནང་ཡོད་པ་དེ་ལྟར་ན་ལོ་གྲངས་དེ་ལས་ལུགས་ལྡོག་ཏུ་ལོ་གྲངས་ཧྲིལ་པོ་བཅུ་གཉིས་ཕྲིས་པ་(2567-12 = 2555; 650-12 = 638)དེ་ནི་ས་ཕོ་ཁྱིའི་ལོ་(སྣྲི2555སྤྱི638)དེ་ཡིན་ལ། ལོ་དེ་ནི་ཕོང་ཉིད་ཀྱི་ཡབ་བཙན་པོ་གུང་སྲོང་གུང་བཙན་སྐུ་གཤེགས་པའི་ལོའང་ཡིན་ངེས་པ་ནི་ཉང་གི་ཆོས་འབྱུང་[བོད269ཤ18]ལས་རྒྱལ་པོ་སྲོང་བཙན་སྒམ་པོའི་སྲས་མང་སྲོང་མང་བཙན། རྒྱལ་པོ་དེ་དགུང་ལོ་བཅུ་དགུ་ལ་སྲས་གུང་སྲོང་གུང་བཙན་གཟིགས་ནས་ཡབ་འདས། ཞེས་པ་འདིར། ཡབ་སྲས་ཀྱི་མཚན་གོ་ལྡོག་ཏུ་འབྱུང་བ་ཙམ་ལས་དོན་དུ་ཡབ་སྐུ་གཤེགས་པའི་ཚེ་སྲས་སྐུ་བལྟམས་པ་གསལ་བར་བསྟན་པས་བདེན་དོན་ར་འཕྲོད་ཐུབ་པ་ཡིན། རྒྱ་བོད་ཡིག་ཚང་ཆེན་མོ་[སི170ཤ17]ལས་རྗེ་(གུང་སྲོང་གུང་བཙན)དེ་དང་། འ་ཞ་བཟའ་ཁོས་རྗེ་མོ་རྗེའི་སྲས། མང་སྲོང་མང་བཙན། ལོ་བཅུ་གསུམ་ནས། ལོ་བཅོ་ལྔའི་བར་ལ་སྲིད་བཟུང་། ཞེས་པ་འདིའང་དེབ་ཐེར་སྔོན་པོའི་དགོངས་པ་དང་ཐ་མི་དད་པ་ཞིག་ཏུ་གོ། དེབ་སྔོན་གྱི་དགོངས་པ་ཁྲི་མང་སྲོང་མང་བཙན་གྱི་འབྲུངས་ལོ་ས་ཕོ་ཁྱི་ལ་ངོས་འཛིན་པ་འདི་ནི་ལོ་རྒྱུས་ཀྱི་དགོངས་དོན་རྣལ་མ་དང་ཡོངས་སུ་མཐུན་པ་ཞིག་སྟེ། ཏུན་ཧོང་བོད་ཀྱི་ལོ་རྒྱུས་ཡིག་རྙིང་[PI579ཤ16]ལས་ཁྱིའི་ལོ་ལ་བབ་སྟེ། བཙན་པོ་མྱེས་ཁྲི་སྲོང་རྩན་གྱི་སྤུར་ཕྱིར་བའི་རིང་ཁང་ནའ་རིང་མཁྱུད་(25)ཚིང་བཞུག་སྟེ། བཙན་པོ་སྤྲ་ཁྲི་མང་སློན་མང་རྩན་མེར་ཀེ་ན་བཞུགས་ཤར་ལོ་གཅིག ཅེས་ཁྱིའི་ལོ་ལ་ཁྲི་སྲོང་བཙན་སྒམ་པོའི་སྐུ་གདུང་གསང་བའི་རྒྱུས་བཏབ་སྟེ་ཕྱིང་བའི་རིང་ཁང་དུ་བཞུགས་པར་གསལ་བ་དེས་ནི། ཆོས་རྒྱལ་ལོ་དེར་སྐུ་གཤེགས་པ་དང་། ཁྲི་མང་སྲོང་མང་བཙན་ཁྲིར་ཕེབས་ཡོད་པའང་དོན་གྱིས་བསྟན་ལ། ཁྱི་ལོ་དེ་ནི། སྣེ་འཁོར་བཅོ་ལྔ་པའི་སྣེ་ཐྲེང་གོང་མའི་ལྕགས་ཕོ་ཁྱིའི་ལོ་(སྣྲི2567སྤྱི650)དེ་རང་ཡིན་ངེས་པའི་ཚུལ་རྒྱའི་ཐང་ཡིག་རྙིང་མ

[རྙ་13ཕ་16; མཚོ་138ཕ་3] ལས་ཡུང་དབུའི་ཁྲི་ལོ་དང་པོར་(ཞྭགས་ཁྲི་སྤྱི་ལོ་650) སྲོང་བཙན་སྒམ་པོ་དགོངས་པ་རྫོགས་པར་བཏེན། ཐང་གའོ་ཙུང་གིས་ཧ་ཅང་མྱ་ངན་ཞུས་པའི་ཐོག་སྐུ་གདུང་སར་དམག་དཔོན་ཤོན་དབྱིའི་དྲིན་ཅི་ཐེར་བ་རྒྱལ་དམ་སྨོན་ཚིག་འཁོད་པའི་ཡི་གེ་སྒྲོགས་སྤྲང་ཞུ་ཕྱིར་བཏང་། ཞེས་པ་དང་། ཐང་ཡིག་གསར་མ་[རྙ་50ཕ་11; མཚོ་13ཕ་16] ལས་ཡུང་ཧུའི་ཁྲི་ལོ་དང་པོར་(ཞྭགས་ཁྲི་སྤྱི་ལོ་650) སྲོང་བཙན་སྒམ་པོ་དགོངས་པ་རྫོགས་པར་བཏེན། རྒྱ་ནག་ནས་མྱ་ངན་ཞུ་ཆེད་དུ་བོད་ལ་སྐུ་ཚབ་བཏང་། ཞེས་པ་དེ་དག་གིས་བདེན་དཔང་བྱས་པ་ཡིན་སྟབས། ཁྲི་མང་སྲོང་མང་བཙན་གྱི་འཁྲུངས་ལོ་རྣལ་མ་ནི་ས་ཕོ་ཁྱིའི་ལོ་(སྤྱི་2567ཕ་650) འདི་རང་དུ་ངེས་པ་ཡིན།

མང་སྲོང་མང་བཙན་ཁྲིར་ཐེབས་པའི་ལོ་དུས་ནི་ལྡེའུ་རྒྱ་བོད་ཀྱི་ཆོས་འབྱུང་[བོད་299ཕ་6] ལས… ལོ་སྐར་གཅིག་ན་མྱེས་འདས། ཆབ་སྲིད་ལོ་བཅོ་ལྔ་བཟུང་། ཞེས་པ་དང་ལྡེའུ་ཆོས་འབྱུང་ཆེན་མོ་[བོད་118ཕ་13] ལས་དེ་ནས་ལོ་སྐར་གཅིག་ན་མེས་འདས་ནས་ལོ་བཅུ་བཞིར་རྒྱལ་སྲིད་བཟུང་ཞེས་ཁྱིའི་ལོ་ལ… མང་སྲོང་མང་བཙན་སྐུ་འཁྲུངས་པ་དེ་ནས་ལོ་ཧྲིལ་པོ་བཅུ་གཉིས་ལོན་པའི་ཁྱིའི་ལོ་ལ། མེས་སྲོང་བཙན་སྒམ་པོ་སྐུ་གཤེགས་ཏེ་ཁྲིར་ཐེབས་ཡོད་པ་གསལ་བར་བསྟན་ཅིང་། གྲགས་རྒྱལ་བོད་ཀྱི་རྒྱལ་རབས་[སྡེ་ཏ་198ན་5] ལས་ལོ་སྐར་གཅིག་ན་མེས་འདས་མང་སྲོང་དེས་བཅོ་ལྔར་སྲིད་བཟུང་ཞེས་མང་སྲོང་གི……… འཁྲུངས་ལོ་མེ་ཕོ་ཁྱི་ནས་ལོ་བཅུ་གཉིས་ལོན་པ་ན། མེས་སྲོང་བཙན་སྒམ་པོ་སྐུ་གཤེགས་ཤིང་། མང་སྲོང་མང་བཙན་ཁྲིར་ཐེབས་པའི་ཚུལ་གསལ་བར་བསྟན་ལ། ནེའུ་སྔོན་བྱུང་གི་གཏམ་དང་ཡར་ལུང་ཇོ་བོའི་ཆོས་འབྱུང་། དེབ་ཐེར་དམར་པོ། རྒྱལ་རབས་གསལ་བའི་མེ་ལོང་། དེབ་ཐེར་སྔོན་པོ། ལྡེ་བྲག་ཆོས་འབྱུང་། རྒྱ་བོད་ཡིག་ཚང་ཆེན་མོ་རྣམས་ཀྱང་ཞལ་མཐུན་པར་མང་སྲོང་མང་བཙན་དགུང་གྲངས་བཅུ་གཉིས་པ་ལ་ཁྲིར་ཐེབས་པ་ཞལ་གྱིས་བཞེས་འདུག མང་སྲོང་མང་བཙན་ཁྲིར་ཐེབས་པའི་ཕྱི་ལོ་དེ་ནི་ཆོས་རྒྱལ་སྲོང་བཙན་སྒམ་པོ་སྐུ་གཤེགས་པའི་ལྕགས་ཕོ་ཁྱིའི་ལོ་(སྤྱི་2567སྤྱི་650) དེ་རང་ཡིན་ངེས་པའི་ཚུལ། ཏུན་ཧོང་བོད་ཀྱི་ལོ་རྒྱུས་ཡིག་རྙིང་[PI579ཕ་16] ལས་ཁྱིའི་ལོ་ལ་བབ་སྟེ། བཙན་པོ་མྱེས་ཁྲི་སྲོང་རྩན་གྱི་སྤུར་ཕྱིང་བའི་རིང་ཁང་ནའ་རིང་མཇུག་ཆིང་བཞུག་སྟེ། བཙན་པོ་སྲོན་ཁྲི་མང་སློན་མང་རྩན་མེར་ཀེ་ན་བཞུགས་པར་ལོ་གཅིག ཅེས་གསལ་བས་ངེས་ཤེས་ཐུབ་པ་ཡིན།

ཁྲི་མང་སྲོང་མང་བཙན་གྱི་བཙུན་མོ་དང་སྲས་ཀྱི་སྐོར་ནི་གྲགས་རྒྱལ་བོད་ཀྱི་རྒྱལ་རབས་[སྡེ་ཏ་197ཤ་5བ་2] ལས་མང་སྲོང་མང་བཙན། དེའི་ཞང་ཚེ་སྤོང་གིས་བགྱིའོ། །དེས་འབྲོ་པ་ཁྲི་ཆེན་ཁྲི་མ་ལོད་ཀྱི་སྲས་དུར་(འདུས) སྲོང་མང་པོ་རྗེ་རླུང་ནམ། ཞེས་གསལ་བ་དང་། ཡར་ལུང་ཇོ་བོའི་ཆོས་འབྱུང་[སི་

57ན7]ལས་ཇོ་གུང་སྲོང་དེ་དང་འབྲོ་ཟ་ཁྲི་པ་ཁྲི་མ་ལོད་ཀྱི་སྲས་འདུས་སྲོང་མང་པོ་རྗེ་རླུང་ནམ་འཕྲུལ··· གྱི་རྒྱལ་པོ་ཞེས་པ་དང་། དར་རྒྱས་གསལ་སྒྲོན[ཇོབ669ཤ87བ7]ལས་མང་སྲོ་(སྲོང་)མང་བཙན། དེ་དང་འགྲོ་(བཟའ་)ཁྲི་སེ་ཁྲི་མ་ལོད་ཀྱི་སྲས། རླུང་སྲོ་(སྲོང་)འཕྲུལ་རྒྱལ། ཞེས་པ་དང་། རྒྱལ་རབས་གསལ་བའི་མེ་ལོང་[པེ་194ན4]ལས་བཙུན་མོ་འབྲོ་བཟའ་ཁྲི་མ་ལོད་བྱ་བ་ཁབ་ཏུ་བཞེས་ཞེས་པ་དང་། ཡང་དེ་ཉིད་[པེ་195ན3]ལས་མང་སྲོང་མང་བཙན་གྱི་སྲས་ལ། འདུར་(འདུས་)སྲོང་མང་པོ་རྗེ་རླུང་ནམ་འཕྲུལ་གྱི་རྒྱལ་པོ་ཡིན་ཞེས་པ་དང་། ལྡེ་བྲག་ཆོས་འབྱུང་[པེ་སྟོད་ཤ292ན1]ལས་བཙུན་མོ་འབྲོ་བཟའ་ཁྲི་ལོད་ཁབ་ཏུ་བཞེས། ཞེས་པ་དང་། དེ་ལ་སྲས་འདུས་སྲོང་མང་པོ་རྗེ་འཁྲུངས་པའི་ཚུལ་ཡང···· [པེ་སྟོད་ཤ292ན20]ལས་ཡབ་འདས་ཞག་བདུན་ལོན་པ་ཆུ་བྱིའི་ལོར། འདུས་སྲོང་མང་རྗེ་རླུང་ནམ་འཕྲུལ་གྱི་རྒྱལ། སྒྲགས་ཕུང་འཁྲུངས་ཞེས་པ་དང་། རྒྱ་བོད་ཡིག་ཚང་ཆེན་མོ་[སི་171ན5]ལས། རྗེ་གུང་སྲོང་དེ་དང་། འབྲོ་བཟའ་ཁྲི་པེ་ཁྲི་མ་ལོད་ཀྱི་སྲས། འདུས་སྲོང་མང་པོ་རྗེ། རླུང་ནམ་འཕྲུལ་གྱི་རྒྱལ་པོ་ནི་ཆུ་མོ་བྱ་ལོ་པ་ཞེས་པ་དང་། དེབ་ཐེར་དཔྱིད་ཀྱི་རྒྱལ་མོའི་གླུ་དབྱངས་[པེ་49ན14]ལས་རྗེ་དེ་ལ་འབྲོ་བཟའ་ཁྲ་པོ་ཁྲི་མ་ལོང་(ལོད)ཁབ་ཏུ་བཞེས་པའི་སྲས་འདུས་སྲོང་མང་པོ་རྗེ་རླུང་ནམ་འཕྲུལ་གྱི་རྒྱལ་པོ་ཞེས་པའི་རྒྱལ་རབས་དང་ཆོས་འབྱུང་འདི་རྣམས་སུ་བཙུན་མོ་གཅིག་གི་མཚན་ལས་མི་གསལ་ཞིང་། བཙུན་མོའི་མཚན་ཡི་གེར་འགོད་སྟངས་ལ་ཅུང་ཟད་མི་འདྲ་བ་ཡོད་འདུག་མོད། བཙུན་མོ་ཐ་དད་པའི་མཚན་ལྷ་བུའི་ཧེ་བག་མེད་པ་དང་། སྲས་འདུས་སྲོང་མང་པོ་རྗེ་གཅིག་པུའི་མཚན་ལས་གཞན་མི་གསལ་མོད། ཏུན་ཧོང་བོད་ཀྱི་ལོ་རྒྱུས་ཡིག་རྙིང་[PI582ན49]ལས་བྱི་བའི་ལོ་ལ་བབ་སྟེ། བཙན་པོ་ཉེན་ཀར་ན་བཞུགས་ཤིང་། དབྱར་འདུན་ཟུ་ སྤུག་དུ་འདུས། དགུན་དཔོན་དང་རྒྱལ་ཁྲི་ཟུང་གྱིས། ཞོགས་ཀྱི་ཚུར་ཕྱུང་དུ་འདུས། བཙན་མོ་ཁྲི་མོ་སྟེངས་དགས་ཡུལ་དུ་ཆབ་སྲིད་ལ་གཤེགས་པར་ལོ་ཆིག ཅེས་པ་དང་། ཡང་[PI582ན51]ལས་གླང་གི་ལོ་ལ་བབ་སྟེ། བཙན་པོ་ཉེན་ཀར་གྱི་ཐང་བུ་ར་ན་བཞུགས་ཤིང་། བཙན་མོ་ཁྲི་བངས། འ་ཞ་རྗེ་ལ་བག་མར་གཤེགས། ཞེས་པས་སྐུ་མཆེད་གཅེན་མོ་གཉིས་ཡོད་པ་དང་། གཅེན་མོ་ཁྲི་མོ་སྟེངས་དགས་པོའི་རྗེ་དང་། གཅེན་མོ་ཁྲི་བངས་ཞེས་པ་དེ་འ་ཞ་རྗེའི་ཁབ་ཏུ་ཕེབས་པའི་ཚུལ་རྣམས་ཤིན་ཏུ་ཞལ་གསལ་དུ་བསྟན་ཡོད་པ་དེ་རེད། ཁྲི་མང་སྲོང་མང་བཙན་གྱི་བཀའི་བློན་ཆེན་པོ་ནི། ལྡེའུ་རྒྱ་བོད་ཀྱི་ཆོས་འབྱུང་[བོད299ན6]ལས་འགར་སྟོང་བཙན་ཡུལ་གཟུང་གིས་མེས་ཀྱི་རིང་ནས་ཚའི་བར་བློན་པོ་བྱས། འཆིམས་མང་བཞེར་ངན་པོར་གྱུར། ལོ་འགའ་བློན་པོ་བྱས། ཞེས་པ་དང་།

ཡར་ལུང་ཇོ་བོའི་ཆོས་འབྱུང་[སི་57ན2]ལས་འགར་སྟོང་བཙན་ཡུལ་བཟུང་དང་འཆིམས་མང·····

གཉེར་གྱིས་ བློན་པོ་བྱས། ཞེས་པ་དང་། དེབ་ཐེར་སྔོན་པོ་[སི་སྟོད་75 ཕ་6] ལས་བློན་པོ་མགར་གྱིས་གྲོགས་བྱས་ནས་རྒྱལ་སྲིད་ལོ་བཅོ་ལྔར་བསྐྱངས། ཞེས་གསུངས་པ་རྣམས་ཀྱིས་མཚོན། དོན་དུ་བོད་ཀྱི་རྒྱལ་རབས་དང་ཆོས་འབྱུང་ཕལ་མོ་ཆེར་ལྡེའུ་ཆོས་འབྱུང་གཉིས་ནས་གསུངས་པ་བཞིན། བློན་པོ་མགར་གྱིས་མེས་དང་དབོན་སྲས་ཀྱི་སྐུ་རིང་བར་བཀའི་བློན་པོ་བྱས་ཚུལ་གསལ་བ་དེ་ཉིད་དོན་ལ་གནས་པར······མངོན། ཁྲི་མང་སྲོང་མང་བཙན་གྱིས་རྒྱལ་སྲིད་བསྐྱངས་པའི་ལོ་གྲངས་དང་དེ་འཕྲིལ་སྐུ་གཤེགས་པའི་ལོ་དུས་ཀྱི་སྐོར་རགས་ཙམ་ནི། ལྡེའུ་རྒྱ་བོད་ཀྱི་ཆོས་འབྱུང་[བོད་299 ཕ་6] ལས་ཆབ་སྲིད་ལོ་བཅོ་ལྔ་བཟུང་། ཞེས་པ་དང་། ཡང་[བོད་299 ཕ་8] ལས་བྱི་བའི་ལོ་ལ་མང་སྲོང་འདས་སོ། །ཞེས་པ་དང་། ལྡེའུ་ཆོས་འབྱུང་ཆེན་མོ་[བོད་118 ཕ་14] ལས་ལོ་བཅུ་བཞིར་རྒྱལ་སྲིད་བཟུང་སྟེ་སྐུ་ཚེ་ཉེར་བདུན་བཞེས་པའི······དུས་ན་གཙང་གི་བར་སྣང་བྱ་བར་སྐུ་འདས་སོ། །ཞེས་པས་ཆབ་སྲིད་ལོ་ངོ་བཅོ་ལྔའམ་བཅུ་བཞིར······བསྐྱངས་ཏེ་དགུང་གྲངས་ཉེར་བདུན་པར་གཤེགས་ཚུལ་གསལ་བར་བསྟན་ལ། ཡར་ལུང་ཇོ་བོའི་ཆོས་འབྱུང་དང་དེབ་ཐེར་དམར་པོ། རྒྱལ་རབས་གསལ་བའི་མེ་ལོང་། ལྡེའུ་བྲག་ཆོས་འབྱུང་། རྒྱ་བོད་ཡིག་ཚང་ཆེན་མོ་སོགས་སུའང་ལུགས་དེ་དང་ཞལ་མཐུན་པར་བཤད་འདུག དེབ་ཐེར་སྔོན་པོར་ཡང་མང་སྲོང་མང་བཙན་དགུང་གྲངས་བཅུ་གསུམ་པ་རྒྱལ་སར་བཏོན་ནས། རྒྱལ་སྲིད་ལོ་བཅོ་ལྔར་བསྐྱངས་ཞེས་གསལ་བ་དེའང་དོན་དུ་ལྡེའུ་ཆོས་འབྱུང་གི་དགོངས་པ་དང་ཡོངས་སུ་མཐུན་པ་ཞིག་ཡིན་ལ། ཡང་དེ་ཉིད་[སི་སྟོད་75 ཕ་11] ལས་རྒྱལ་སྲིད་ལོ་སུམ་ཅུ་པ་དང་། ལོ་བཞི་བཅུ་རྩ་གཉིས་པ་ས་མོ་ཡོས་ལ་འདས། ཞེས་གསལ་བ་དེ་ནི་རྒྱའི་ལོ་རྒྱུས་ལས་ཇི་ལྟར་གསལ་བའི་ཚུལ་རགས་ཙམ་བཀོད་པ་ཞིག་ཡིན་པ་ལས། དེབ་སྔོན་རང་གི་དགོངས་པ་གང་ཞིག་ཀྱང་མིན་ལ། དོན་དུ་ཁྲི་མང་སྲོང་མང་བཙན་སྐུ་ཚེ་དགུང་གྲངས་ཉེར་བདུན་དུ་བཞུགས་པ་དང་། དགུང་གྲངས་བཞི་བཅུ་ཞེ་གཉིས་སུ་བཞུགས་པའི་བཤད་པ་འདི་གཉིས་ནི་འགྲིག་ཐབས་རྩ་བ་ནས་མེད་པ་ཞིག་ཡིན་པ་མངོན་སུམ་མཐོང་ཆོས་སུ་གྱུར་པ་ཡིན།

ཏུན་ཧོང་བོད་ཀྱི་ལོ་རྒྱུས་ཡིག་རྙིང་[PI579 ཕ་16] ལས་ཁྱིའི་ལོ་ལ་བབ་སྟེ། བཙན་པོ་མྱེས་ཁྲི་སྲོང་རྩན་གྱི་ཕུར་ཕྱིང་བའི་རིང་ཁང་ནའ་རིང་མཇུད་ཆིང་བཞུགསྟེ། བཙན་པོ་སྲོན་ཁྲི་མང་སློན་མང་རྩན་མེར་ཀེ་ན་བཞུགས་པར་ལོ་གཅིག ཅེས་པས་གསལ་བའི་ལྕགས་ཕོ་ཁྱིའི་ལོ་(སྤྱི་2567 སྤྱི་650) དེར་ཁྲི་མང་སྲོང་མང་བཙན་དགུང་གྲངས་བཅུ་གསུམ་མམ་བཅུ་གཉིས་སུ་ཕེབས་ཡོད་པ་དེ་ནས་བཟུང་དགུང་གྲངས···སོ་བརྒྱད་དམ་ཧྲིལ་པོ་སོ་བདུན་ལོན་པ་མེ་ཕོ་བྱི་བའི་ལོ་(སྤྱི་2593 སྤྱི་676) མ་ཐིན་གྱི་བར། བཙན་པོའི་ལོ་རེ་བཞིན་གྱི་མཛད་ཐོ་རྣམས་ཏུན་ཧོང་བོད་ཀྱི་ལོ་རྒྱུས་ཡིག་རྙིང་དུ་གསལ་བར་འཁོད་ཡོད་པ་ཡིན·········

སྐབས། ཁྲི་མང་སློང་མང་བཙན་སྐུ་ཆེ་དགུང་གྲངས་ཇི་ཙམ་དུ་བཞུགས་པ་དང་རྒྱལ་སྲིད་ལོ་གྲངས་ཇི་ཙམ་དུ་བསྐྱངས་མཛད་པའི་ཤེས་བྱེད་དེ་ལས་བཙན་པ་ནི་ཅི་ཞིག་ཀྱང་མི་དགོས་ལ། གལ་ཏེ་དགོས་པ་འདྲ་ནའང་དེ་ལས་བཙན་པ་འགའ་ཞིག་ཀྱང་རྙེད་དུ་མེད་པ་ཡིན། བཙན་པོ་མང་སློང་མང་བཙན་སྐུ་གཤེགས་པའི་ལོ་དུས་འབྲེལ་བ་དང་བྲལ་བའང་། ཏུན་ཧོང་བོད་ཀྱི་ལོ་རྒྱུས་ཡིག་རྙིང་[PI581ཤ་15]ཕྱི་བའིལོ་ལ་བབ་སྟེ། དབྱརད་བཙན་པོ་སྤྲགས་ཀྱི་ཤ་ར་ན་བཞུགས་ཤིང་། དགུན་ཚང་བང་སྣ་ནས། ཁྲི་མང་སློན་དགུང་དུ་གཤེགས། ཞེས་པས་ཁྲི་མང་སློང་མང་བཙན་སྤྱི་འཁོར་བཅོ་ལྔ་པའི་སྤྱི་ཕྲེང་བར་མའི་མེ་ཕོ་བྱི་བའི་ལོ་(སྣི2593སྤྱི676)ལ་སྐུ་གཤེགས་ཡོད་པའང་གསལ་བར་བསྟན་པ་ཡིན། རྒྱའི་ཐང་ཡིག་རྙིང་མ་[རྒྱ16ཤ་16; མཚོ144ཤ་3]ལས་དབྱི་ཕྱིན་ཁྲི་ལོ་བཞི་(ས་ཡོས་སྤྱི་ལོ679)པ། བཙན་མོ་མང་སློང་མང་བཙན་གཤེགས། ཞེས་པ་དང་། རྒྱའི་ཐང་ཡིག་གསར་མ་[རྒྱ90ཤ་16; མཚོ22ཤ་7]ལས་དབྱི་ཕྱིན་ཁྲི་ལོ་བཞི་པར་(ས་ཡོས་སྤྱི་ལོ679)བཙན་པོ་མང་སློང་མང་བཙན་དགོངས་པ་རྫོགས་ཞེས་པ་འདིར་དབྱི་ཕྱིན་གྱི་ཁྲི་ལོ་བཞི་པ་སྟེ། སྤྱི་འཁོར་བཅོ་ལྔ་པའི་སྤྱི་ཕྲེང་བར་མའི་ས་མོ་ཡོས་ཀྱི་ལོ་(སྣི2596སྤྱི679)ལ་ཁྲི་མང་སློང་མང་བཙན་སྐུ་གཤེགས་པར་བཤད་ཡོད་པ་དེ་ལྟར་ན། བཙན་པོ་དགུང་གྲངས་བཞི་བཅུ་ཞེ་གཉིས་སམ་བཞི་བཅུ་གཅིག་ཏུ་བཞུགས་ཏེ་སྐུ་གཤེགས་དགོས་པར་འགྱུར་ཞིང་དེ་ནི་ཏུན་ཧོང་བོད་ཀྱི་ལོ་རྒྱུས་ཡིག་རྙིང་དུ་བཀོད་པའི་ལོ་དུས་ལས་ལོ་གྲངས་བཞིའམ་གསུམ་གྱིས་ཕྱི་བ་ཡིན།

རྒྱའི་ཐང་ཡིག་གསར་རྙིང་དུ་བཙན་པོ་ཁྲི་མང་སློང་མང་བཙན་སྐུ་གཤེགས་པའི་ལོ་དུས་ས་མོ་ཡོས་སུ་བཀོད་ཡོད་པ་དེའི་རྒྱུ་མཚན་ནི་སྐབས་དེར་བོད་རྒྱལ་པོའི་སྐུ་ན་ཤིན་ཏུ་ཕྲ་བ་དང་ལྷག་པར་དུ་ཁྲི་མང་སློང་མང་བཙན་སྐུ་གཤེགས་པའི་ལོ་དུས་དེར་རྒྱ་བོད་དམག་གི་ཐིང་ཆ་ཤིན་ཏུ་ཆེ་བའི་སྐབས་ཞིག་ཏུ་འཁེལ་སྐབས། ཀོ་ཏེ་གསུམ་ཅན་གྱི་རིང་ལ་བཙན་པོ་སྐུ་གཤེགས་པའི་གནས་ཚུལ་གསང་བའི་རྒྱུས་བཏབ་ཡོད་ངེས་པ་སྟེ། དེ་ཡང་རྒྱའི་ཐང་ཡིག་གསར་མ་[རྒྱ86ཤ་2]ལས་ཧྲང་ཡོན་ཁྲི་ལོ་གཉིས་པར་(ཤིང་ཕག་སྤྱི་ལོ675)བོད་ཀྱིས་བློན་ཆེན་ཐུའུ་ཧོན་རྗེ་ལའི་བྱ་བར་ཞི་མཐུན་ཡོངས་ཐབས་དང་། ཧྲུ་ཤུ་དང་མཐུན་རེ་ཆེད་ཐང་རྒྱལ་ཁབ་ཏུ་འབྱོར་བྱུང་ཡང་ཐང་རྒྱལ་པོས་མ་གནང་པ་རེད། ལོ་རྗེས་མར་(མེ་བྱི་སྤྱི་ལོ676)བོད་དམག་གིས་ཧྲའན་ཀྲའུ་(མཚོ་སྔོན་མངའ་སྡེའི་ཤར་མཚམས་ལེའོ་ཏུའུ་)དང་། ཀུའོ་ཀྲའུ་(མཚོ་སྔོན་ཤར་སློར་སྣང་།) ཧོ་ཀྲའུ་(ཨ་མདོ་ཀ་ཆུ།) ཧྲང་ཀྲའུ་(མཚོ་སྔོན་ཤར་མཚམས་སུ་སྣང་)བཅས་ཡུལ་གྲུ་བཞི་ལ་བཙན་འཛུལ་ཐོག་ཡུལ་དཔོན་དམར་གསོད་བཏང་བ་དང་། ཧ་གཡག་ཁྲི་ཐྲག་ལྷག་ཙམ་བཙན་འདེད་བྱས་ཡོད་པར་བརྗེད། ཐང་རྒྱལ་ཁབ་ནས་བློན་པོ་ཀྲོའུ་ཞང་ཝེན་བྱ་བར་ཐའོ་ཀྲའུ་ལམ་བསྐྱོད་ཀྱི་

དམག་སྤྱི་ཆེ་བར་བསྐོ་བཞག་གིས་བློན་པོ་ལིའུ་ཧྲན་ལིའི་བྱ་བ་བཅས་དམག་དཔོན་བཅུ་གཉིས་ཁྲིད་དེ……དམག་སར་བསྐྱོད་རྒྱུའི་བཀའ་ཕབ། དེ་བཞིན་ཞང་ཤང་ལིང་ཞེས་པར་ལིའུ་ཀྲའུ་ལམ་བསྐྱོད་ཀྱི་དམག་སྤྱི་ཆེ་བ་བསྐོས་ཏེ་གཡོན་ཕྱོགས་དམག་དཔོན་ཆེན་པོ་སིའི་སྲི་ཧྲོའོ་ལི་དང་། བློན་པོ་ཤོའི་ཚེའི་གཉིས་ཁྲིད་དེ་བོད་དམག་ལ་འཐབ་ཀྱང་། ཤང་ཞེས་པའི་གོ་གནས་ཡོད་པ་དེ་གཉིས་ཀྱིས་བོད་དམག་ལ་འཐབ་མ་ཐུབ། བོད་ཀྱིས་ཏེས་ཀྲའུ་(མཚོ་སྔོན་ཤར་མཚམས་སུ་སྣང་)ས་གནས་སུ་བཙན་འཛུལ་ཐོག་ཚི་ཀུང་དང་། བསྟན་གླིང་(ཀན་སུའུ་ལིན་ཐན་ཤན་གྱི་ནུབ་)རྫོང་ཁག་གཉིས་བཙན་འཕྲོག་བྱས་པར་མ་ཟད། ཧྥུའུ་ཀྲའུ་ས་གནས་སུའང་བཙན་འཛུལ་གྱིས་ས་ཁུལ་དེ་བོད་དུ་ཤོར། དེའི་ས་སྲུང་དམག་དཔོན་སྡེ་གའོ་ཞོན་དམག་ཕམ་རྗེས་བློན་པོ་ལིའུ་རིང་ཀུའི་མཉམ་དུ་ཐའོ་ཧྲོ་ས་གནས་སུ་བརྟན་སྲུང་བྱས་ཀྱང་དོན་མ་འགྲུབ…པ་རེད། བོད་དང་ནུབ་ཀྱི་ཡུ་གུར་མཉམ་ཐོག་ནས་ཨན་ཤིའི་ས་གནས་ལ་(ཀན་སུའུ་ཀྲུན་ཧྲོའང་མངའ་ཁོངས་)བཙན་འཛུལ་བྱས་ཏེ། ཐང་རྒྱལ་ཁབ་ནས་སླར་ཡང་བློན་པོ་ལིའི་ཅིང་ཤོན་ལ་ཐའོ་ཀྲོའུ་ལམ་བསྐྱོད་ཀྱི་དམག་སྤྱི་བསྐོ་བཞག་བྱས་པ་དང་། ལིའུ་རིང་ཀུའི་ལ་ཟླ་ཚུ་ནུབ་ཕྱོགས་སུ་མཚམས་གསོལ་སྤྱ་ཚབ་དང་སྦྲགས་ཧྲའན་ཀྲའུ་སྤྱི་ཁྲབ་ཀྱི་ལས་ཚབ་བཅས་བསྐོ་བཞག་ཐོག་དཔའ་རྩལ་ཅན་གྱི་དམག་དཔོན་…བྱ་རྒྱུ་བཅས་ཀྱི་བཀའ་ཕབ། དེ་མིན་ཡིའི་ཀྲོའུ་(སི་ཁྲིན་མངའ་སྡེའི་ཀོང་ལྷའུ་ཤན་)སྤྱི་ཁྲབ་ལིའི་ཤའུ་ཡིའི་དང་། སུའུ་ཀྲའུ་(སི་ཁྲིན་མངའ་སྡེའི་ཤིའི་ཐྲང་ཤན་)སྤྱི་ཁྲབ་ཐུའོ་ཤང་ཧྲིང་བཅས་ལ་བཀའ་བཏང་སྟེ། ཅང་ཨན་ཞེས་པའི་(སི་ཁྲིན་ནུབ་རྒྱུད་)རི་བོའི་ལྷོ་རྒྱུད་ནས་དམག་དྲངས་ཏེ་བོད་དང་དམག་འཐབ་སྔོན་…དུ་བྱས། ལུང་ཀྲི་(མཚོ་སྔོན་ཤར་མཚམས་)ཞེས་པའི་ས་གནས་སུ་བོད་དམག་ཕམ་སྟེ། དམག་དཔོན་ལིའི་ཅིང་ཤོན་གྱིས་བློན་པོ་ལིའུ་ཧྲིན་ལི་ཁྲིད་དེ་མཚོ་སྔོན་མཚོ་འགྲམ་དུ་བོད་དམག་དང་འཐབ་པས་བློན་པོ……ལིའུ་ཧྲིན་ལི་བོད་ལག་ཏུ་ཤོར།

དམག་དཔོན་ལིའི་ཅིང་ཤོན་གྱིས་དཔུང་དམག་ལྷག་འཕྲོས་རྣམས་ཁྲིད་དེ་དྲེང་ཧྲེང་གླིང་(མཚོ་སྔོན་མངའ་སྡེའི་ཤར་མཚམས་སུ་སྣང་)ཞེས་པར་བཙན་ས་བཟུང་སྟེ་བོད་དམག་རྣམས་ཀྱིས་རྗེས་འདེད་བྱེད…མ་ཐུབ་ཀྱང་། བོད་དམག་གིས་རྒྱའི་དམག་སྐར་དུ་བཙན་རྒོལ་བྱས་པར་བརྟེན། ཐང་གི་གཡོན་ཕྱོགས་དམག་དཔོན་ཧེའི་ཆེའི་ཁྲང་གྲིས་བྱ་བའི་མངའ་ཞབས་དམག་ཁུངས་ནས་རང་སྒྲིག་བློས་གཏོང་བའི………དམག་ལྔ་བརྒྱ་ཐམ་པ་མཚན་མོར་བོད་ཀྱི་དམག་སྐར་དུ་རྒྱུགས་པས་བོད་དམག་རྣམས་འཇིགས་སྐྲག་ཐོག…ནང་ཁུལ་ཕན་ཚུན་གསོད་རེས་འཐབ་སྟེ་འཐོར་ཆེན་བསད་འདས་ཀྱིས་བྲོས། དེ་ནས་ཐང་གི་དམག་དཔོན་ལིའི་ཅིང་ཤོན་ནས་དམག་འཕྲོས་རྣམས་ཁྲིད་དེ་བྲོས་ཐུབ་ཙམ་བྱུང་ཡོད་པ་རེད། ཅེས་སོགས་ཀྱི་ལོ་

རྒྱུས་གསལ་རྒྱས་སུ་བཀོད་ཡོད་པ་འདི་རྣམས་ཀྱིས་ཁྲི་མང་སྲོང་མང་བཙན་སྐུ་གཤེགས་པའི་སྐབས་བོད་ཀྱི་སྲིད་དོན་གནས་ཚུལ་ཇི་ལྟར་ཡིན་པ་ཤིན་ཏུ་ཞལ་གསལ་བ་དང་ཁོང་གི་སྲས་འདུས་སྲོང་མང་པོ་རྗེ་ད་དུང་སྐུ་འཁྲུངས་མེད་པ་སོགས་ཇ་དྲག་ཆེ་བའི་གནས་ཚུལ་འདི་ལྟ་བུའི་འོག་བཙན་པོ་སྐུ་གཤེགས་པའི་ཚུལ་ལོ་ཤས་རིང་གསང་རྒྱ་བྱས་ཡོད་པ་ནི་རིག་པས་ཀྱང་ཡོངས་སུ་གྲུབ་པ་ཞིག་རེད།

མང་སྲོང་མང་བཙན་གྱི་བང་སོ་ནི། རྒྱལ་རབས་གསལ་བའི་མེ་ལོང་[པེ་194ཤ་12]ལས་མང་སྲོང་བང་སོ་དེ་ཡི་གཡོན་ན་ཡོད། བང་སོ་དེ་ཡང་རིན་ཆེན་ནོར་གྱིས་བཀང་། །མིང་ནི་སྟོ་གཞི་ཧྲུལ་པོ་ཟེར་བ་ལགས། །ཞེས་མྱེས་སྲོང་བཙན་སྒམ་པོའི་བང་པོའི་གཡོན་ངོས་སུ་བཞེངས་ཡོད་པ་སྟེ། ལྡེའུ་རྒྱ་བོད་ཀྱི་ཆོས་འབྱུང་[བོད་378ཤ་5]ལས་མང་སྲོང་གྲུལ་ནི་སྲོང་བཙན་གཡོན་ན་ཡོད། དེའི་མིང་ནི་སྟོ་བཞེར་ཧྲུལ་པོ་ལགས། ཞེས་པས་ངེས་ཤེས་ཐུབ་པ་ཡིན།

༣། བོད་ཀྱི་རྒྱལ་རབས་སོ་བརྒྱད་པ་འདུས་སྲོང་མང་པོ་རྗེའི་སྐོར།

བཙན་པོ་འདིའི་མཚན་རྣམ་མ་ནི་ཏུན་ཧོང་བོད་ཀྱི་ལོ་རྒྱུས་ཡིག་རྙིང་ལས་གསལ་བ་བཞིན་“ཁྲི······འདུས་སྲོང”ཞེས་པའམ། “འདུས་སྲོང་མང་པོ་རྗེ”ཞེས་བྱ་བ་འདི་ཉིད་ཡིན་འདུག་ལ། མཚན་དེ་ནི་བོད་ཀྱི་གནའ་སྲོལ་དུ་བཙན་པོའི་སྐུ་གཤེན་གྱིས་ཞང་ཞུང་དང་བོད་ཀྱི་བརྡ་རྙིང་འདྲེས་མའི་སྒོ་ནས་དོན···ཆེན་བསྟན་པའི་མཚན་གཟི་བརྗིད་དང་ལྡན་པ་རེ་གསོལ་བའི་ལུགས་ཡོད་པ་དེའི་རྗེས་སུ་འབྲངས་ཏེ······མཚན་དེ་སྐད་དུ་གསོལ་ཡོད་ངེས་པ་སྟེ། དེ་ཡང་ཞང་ཞུང་གི་སྐད་དུ“ཁྲི”ཞེས་པ་བོད་སྐད་དུ“ལྷ”འམ“ཐུགས་ཉིད”ཀྱི་དོན་དང“འདུས”ཞེས་པའམ་སྐབས་འགར“འདུ”ཞེས་པ་ནི་བོད་ཀྱི་བརྡ་རྙིང“ཕུན་ཚོགས”ཞེས་པའི་དོན་ཡིན་པ་དང་། “སྲོང”ཞེས་པ་ནི་ཐུགས་རྒྱུད་མཛངས་ལ་སྙིང་སྟོབས་དང་ལྡན་པའི་དོན་ཡིན་པ་སྟེ། མཚན་དེ་དེང་དུས་བོད་སྐད་ཀྱི་ལུགས་སུ་བྱས་ན“ལྷ་ཕུན་ཚོགས་ཐུགས་མཛངས”ཞེས་བྱ་བའི་དོན་དུ་གོ། “མང་པོ་རྗེ”ཞེས་པ་འདི་ནི་གནའ་དུས་སུ་གྲགས་ཆེ་བའི་མཚན་ཞིག་ཡིན། དེའི་གོ་དོན་ནི་ཀུན་གྱིས་བཀུར་བའི་གནས་སུ་གྱུར་པ་ཞིག་ཡིན་པ་སྟེ། ལེགས་སྦྱར་དུ“ཨརྷ”ཞེས་པ་ལས་བོད་སྐད་དུ“འཕགས་པ”ཞེས་འགྱུར་བ་དེའི་དོན་དང་ཕྱོགས་མཚུངས་པ་ཞིག་ཏུ་སྣང་།

ཉང་གི་ཆོས་འབྱུང་དུ“འདུས་སྲོང་མང་པོ་རྗེ་རླུང་ནམ་འཕྲུལ་གྱི་རྒྱལ་པོ”ཞེས་བཀོད་ཡོད་པ་དང་། གྲགས་རྒྱལ་བོད་ཀྱི་རྒྱལ་རབས་སུ“དུར་སྲོང”ཞེས་པ་དང་། ནེའུ་སྔོན་བྱུང་གི་གཏམ་ལས“འདུ་སྲོང”ཞེས་དང་། བུ་སྟོན་ཆོས་འབྱུང་དུ“འདུས་སྲོང་མང་པོ་རྗེ་རླུང་ནམ་འཕྲུལ་གྱི་རྒྱལ་པོ”ཞེས་དང་། ཡར་

ལུང་རྫོང་བའི་ཆོས་འབྱུང་དང་དེབ་ཐེར་དམར་པོ། ལྡེ་བྲག་ཆོས་འབྱུང་། རྒྱ་བོད་ཡིག་ཚང་ཆེན་མོ། དེབ་ཐེར་དཔྱིད་ཀྱི་རྒྱལ་མོའི་གླུ་དབྱངས་སོགས་སུ“འདུས་སྲོང་མང་པོ་རྗེ་རླུང་ནམ་འཕྲུལ་གྱི་རྒྱལ་པོ”ཞེས……བཀོད་ཡོད་པ་དང་། རྒྱལ་པོ་བཀའི་ཐང་ཡིག་ཏུ“རླུང་ནམ་འཕྲུལ་གྱི་རྒྱལ་པོ”ཞེས་པ་དང་། རྒྱལ་རབས་གསལ་བའི་མེ་ལོང་དུ“འདུར་སྲོང་མང་པོ་རྗེ་རླུང་ནམ་འཕྲུལ་གྱི་རྒྱལ་པོ”ཞེས་པ་དང་། ལེགས་བཤད་རིན་པོ་ཆེའི་མཛོད་དུ“གླུང་སྲོང་འཕྲུལ་བཙན”ཞེས་བཀོད་འདུག་པ་སོགས་ཡིག་ཆ་མི་འདྲ་བ་རྣམས་སུ་ཡི་གེའི་སྦྱོར་བའང་མི་འདྲ་བ་དུ་མ་ཞིག་བྱུང་སྐྱོང་འདུག་ནའང་། དེ་ཀུན་གྱི་བསྟན་བྱ་ནི་ཁྲི་འདུས་སྲོང་ངམ། འདུས་སྲོང་མང་པོ་རྗེ་རང་ཡིན་པ་གསལ་བར་བསྟན་ཡོད།

“རླུང་ནམའཕྲུལ་གྱི་རྒྱལ་པོ”ཞེས་བྱ་བ་འདི་ནི་ཤེས་རབ་དང་འཕྲིན་ལས་རླུང་ལྟར་མྱུར་ཞིང……མཁྱེན་ཡོན་ནམ་མཁའ་ལྟར་རྒྱ་ཆེ་བ། མི་མིན་འཕྲུལ་གྱི་རྒྱལ་པོ་ཞེས་ཆེ་བསྟོད་ཀྱི་མཚན་བླ་དགས་ཅིག་ཡིན་པ་ནི་གོ་བར་སླ་ལ། ཉང་གི་ཆོས་འབྱུང་དུ“སློང་ནམ”ཞེས་པ་དང་། བུ་སྟོན་ཆོས་འབྱུང་དུ“སློན་ནམ”ལེགས་བཤད་རིན་པོ་ཆེའི་མཛོད་དུ“གླུང་ནམ”ཞེས་པ་ལྟ་བུའམ་གྲགས་རྒྱལ་བོད་ཀྱི་རྒྱལ་རབས……སུ“དུར་སྲོང”ཞེས་པ་དང་། “འདུར་སྲོང”ཞེས་པ་ལྟ་བུའི་ཡིག་ནོར་འདི་རིགས་ནི་བོད་མི་ཆོས་གནའ་བོའི་ཡིག་ཆ་རྣམས་ལོ་གྲངས་བརྒྱ་ཕྲག་མང་པོའི་རིང་ལག་བྲིས་ཀྱི་སྒོ་ནས་དཔེ་བཤུས་ཏེ། ལོ་རྒྱུས་ཀྱི་རྒྱུན་བསྐྱངས་པ་ཤ་སྟག་ཡིན་སྟབས། སྐབས་འགར་སྦྲ་འདྲ་བའི་རྗེས་སུ་བསླེགས་ཏེ་ཡིག་ནོར་ཅི་རིགས་འབྱུང་བ་ནི་རང་རེས་དཔེ་ཆ་འགའ་ཞིག་དཔེ་བཤུ་བའི་ཚེ་རྟག་པར་དྲན་པས་མ་ཟིན་ན་ཡིག་ནོར་ཇི་སྙེད་འབྱུང་གི་ཡོད་པ་མངོན་སུམ་མྱོང་ཆོས་སུ་གྲུབ་པ་འདི་ལྟར་ན། ཚིག་དེ་རིགས་ཡིག་ནོར་ཡིན་མིན་ཐེ་ཚོམ་ནས་རྒྱ་ཆེན་པོའི་ཞིབ་འཇུག་བྱ་དགོས་པ་དེ་ཙམ་དུ་མ་མཐོང་།

འདུས་སྲོང་མང་པོ་རྗེ་སྐུ་འཁྲུངས་པའི་གནས་དུས་ཀྱི་སྐོར་ནི་ལྡེའུ་ཆོས་འབྱུང་ཆེན་མོ་[བོད་ཤ་119 ཕ་1]ལས་མང་སྲོང་གི་སྲས་འདུས་སྲོང་མང་པོ་རྗེ་རླུང་རྣམ་(ནམ་)འཕྲུལ་གྱི་རྒྱལ་པོ་ནི། མ་བལྟམས་པ་ནས་ཡབ་སྐུ་གྲོངས་ཏེ། དེ་ནས་བྱི་བའི་ལོ་ལ་སྦྲགས་ཀྱིས་(ཀྱི་)ལྷ་ལུང་དུ་སྐུ་བལྟམས་སོ། །ཞེས་པ་དང་། ལྡེའུ་རྒྱ་བོད་ཀྱི་ཆོས་འབྱུང་ལས་ཀྱང“བྱི་བ་ལོ་ལ་སྦྲགས་སུ་བལྟམས”ཞེས་འདུས་སྲོང་མང་པོ་རྗེའི……འཁྲུངས་ལོ་བྱི་བ་ཡིན་པ་གསལ་བར་བསྟན་འདུག་ནའང་བྱི་བ་དེའི་ལོ་ཁམས་གང་ཡིན་ཞལ་གསལ་བ……གང་ཡང་མི་འདུག གྲགས་རྒྱལ་བོད་ཀྱི་རྒྱལ་རབས་[སྡེ་ཏ་ཤ་198ན་6]ལས་དུར་སྲོང་མ་བལྟམས་པ་ནས་ཡབ་འདས་ཏེ། ཆུ་ཕོ་བྱི་བའི་ལོ་ལ་བསྦྲགས་སུ་བལྟམས། ཞེས་འདུས་སྲོང་མང་པོ་རྗེའི་འཁྲུངས་ལོ་བྱི་བ་དེའི་ལོ་ཁམས་ཆུ་ཡིན་པ་ཞལ་གྱིས་བཞེས་འདུག་པར་བརྟེན། ནེའུ་སྟོན་བྱུང་གི་གཏམ་དང་། ཡར་ལུང་

ཇོ་བོའི་ཆོས་འབྱུང་། དེབ་ཐེར་དམར་པོ། རྒྱལ་རབས་གསལ་བའི་མེ་ལོང་། ལྡེའུ་བྲག་ཆོས་འབྱུང་། རྒྱ་བོད་ཡིག་ཚང་ཆེན་མོ་སོགས་ཡོངས་གྲགས་བོད་ཀྱི་རྒྱལ་རབས་དང་ཆོས་འབྱུང་གི་རིགས་ཕལ་མོ་ཆེ་ལུགས་འདིའི་རྗེས་སུ་འབྲངས་སྲོལ་བྱུང་ཡོད་ཅིང་། ལུགས་འདིར་འདུས་སྲོང་མང་པོ་རྗེའི་འཁྲུངས་ལོར་ངོས་བཟུང་ཆུ་ཕྱི་དེ་ནི་སྤྱི་འཁོར་བཅོ་ལྔ་པའི་སྤྱི་ཕྲེང་གོང་མའི་ཆུ་ཕོ་ཕྱི་བའི་ལོའམ་(སྤྱི་2569སྤྱི་652)སྤྱི་ཕྲེང་བར་མའི་ཆུ་ཕྱི་(སྤྱི་2629སྤྱི་712)འདི་གཉིས་གང་རུང་ཞིག་ཡིན་དགོས་པར་འགྱུར་ལ། ཏུན་ཧོང་བོད་ཀྱི་ལོ་རྒྱུས་ཡིག་ཆེད་[PI581ཕ་15]ལས། ཕྱི་ལའི་ལོ་ལ་བབ་སྟེ། དབྱར་དུ་བཙན་པོ་སྤྲགས་ཀྱི་ཤ་ར་ན་བཞུགས་ཤིང་། དགུན་ཚང་བང་སྣ་ནས། ཁྲི་མང་སྲོང་དགུང་དུ་གཤེགས། བཙན་པོ་སྲས་ཁྲི་འདུས་སྲོང་། སྤྲགས་ཀྱི་ལྷ་ལུང་དུ་བལྟམས། ཞེས་ཁྲི་མང་སྲོང་མང་བཙན་སྐུ་གཤེགས་པ་དང་། སྲས་འདུས་སྲོང་མང་པོ་རྗེ་སྐུ་བལྟམས་པའི་ཕྱི་བའི་ལོ་འདི་ནི་སྤྱི་འཁོར་བཅོ་ལྔ་པའི་སྤྱི་ཕྲེང་བར་མའི་མེ་ཕོ་ཕྱི་བའི་ལོ་(སྤྱི་2593སྤྱི་676)དེ་ཡིན་སྟབས། ཆུ་ཕྱི་ཞེས་བྱ་བའི་ལུགས་འདི་ནི་ལོ་རྒྱུས་རྣལ་མའི་དོན་ལས་ཆེས་ནུ་བའམ་ཕྱི་བ་ཞིག་ཏུ་ཤེས། བུ་སྟོན་ཆོས་འབྱུང་[ལྷ་ཡ་ཤ་125ན་2]ལས་དེའི་སྲས་འདུས་སྲོང་མང་པོ་རྗེ་རློ་(རླུང་)ནམ་འཕྲུལ་གྱི་རྒྱལ་པོ་ཆུ་མོ་བྱ་ལ་སྐྱེས་…”ཞེས་གསལ་བའི་ཆུ་མོ་བྱའི་ལོ་(སྤྱི་2590སྤྱི་673)འདི་ཉིད·····གྲགས་རྒྱལ་བོད་ཀྱི་རྒྱལ་རབས་ཀྱི་ལུགས་དེ་ལས་ཆེས་ཉེ་བ་ཞིག་ཡིན་མོད། དངོས་དོན་དུ་ལོ་གསུམ་གྱིས་སྔ་དྲག་པའང་གསལ་པོར་མཐོང་ཐུབ་པ་ཡིན།

འདུས་སྲོང་མང་པོ་རྗེ་ཁྲིར་ཐེབས་པའི་ལོ་དུས་ནི། ལྡེའུ་རྒྱ་བོད་ཀྱི་ཆོས་འབྱུང་[བོད་299ཕ་6]ལས་འགར་སྟོང་བཙན་ཡུལ་གཟུང་གིས་མེས་ཀྱི་རིང་ནས་ཚའི་བར་བློན་པོ་བྱས།” ཞེས་པས་ཤེས་ཐུབ་པ་དེ་ལྟར་ནའང་ཆབ་སྲིད་ཀྱི་རྣམ་པ་བསྟན་སྟངས་སུ་བཙན་པོ་འདུས་སྲོང་མང་པོ་རྗེའི་མཚན་ཐོབ་ནས·······ཆབ་སྲིད་ཀྱི་བཀོད་སྒྲིག་བྱས་ཡོད་པ་ཏེ། ལྡེའུ་ཆོས་འབྱུང་ཆེན་མོ་ལས“ཅིག་ཆར་སྲིད་བཟུང་”ཞེས་པ་དང་། དེ་དང་ཕྱོགས་འདྲ་བ་གྲགས་རྒྱལ་བོད་ཀྱི་རྒྱལ་རབས། ནེའུ་སྟོན་བྱུང་གི་གཏམ། ཡར་ལུང་ཇོ་བོའི་ཆོས་འབྱུང་། ལྡེའུ་བྲག་ཆོས་འབྱུང་། རྒྱ་བོད་ཡིག་ཚང་ཆེན་མོ་སོགས་ཡོངས་སུ་གྲགས་པའི་རྒྱལ་རབས་དང་ཆོས་འབྱུང་མང་ཞིག་ཏུ་བསྟན་ཡོད། རྒྱའི་ཐང་ཡིག་རྙིང་མ་[རྙ་16ཕ་16; མཚོ་144ཕ་3]ལས“དབྱིའི་རྙིན་ཁྲི་ལོ་བཞི”(ས་ཡོས་སྤྱི་ལོ་679)པ། བཙན་པོ་མང་སྲོང་མང་བཙན་གཤེགས། དེའི་ལོ་རྗེས་མ་(ལྕགས་འབྲུག་སྤྱི་ལོ་680)ཁོང་གི་སྲས་འདུས་སྲོང་མང་བཙན་མངའ་གསོལ་ཞུ་སྐབས་ཁོང་དགུང་ལོ·······བརྒྱད་པར་སོན། རྒྱལ་ཁབ་ཀྱི་སྲིད་དབང་མཐའ་དག་བློན་པོ་མགར་གྱི་སྲས་ཆེན་ལིང་ནས་བསྐྱངས། ཞེས་པ་དང་། ཐང་ཡིག་གསར་མ་[རྙ་90ཕ་16; མཚོ་22ཕ་7]ལས“ཡིའི་རྙིང་ཁྲི་ལོ་བཞི་པར་(ས་ཡོས་

སྤྱི་ལོ་679）བཙན་པོ་མང་སྲོང་མང་བཙན་དགོངས་པ་རྫོགས་ཏེ་དེའི་སྲས་ཆེའི་ནུའུ་ཤེས་ལྷུན་（འདུས་སྲོང་མང་པོ་རྗེ་）བཙན་པོའི་ཁྲིར་མངའ་གསོལ་བྱས་ཏེ་བོད་བློན་ཆེན་པོ་ཅིན་ལིང་（མགར་བཙན་སྙ་སྟོམ་བུ་）ཞེས་པས་སྲིད་དབང་བསྐྱངས”ཞེས་པས་གསལ་བའི་འདི་དག་ཏུ་མང་སྲོང་སྐུ་གཤེགས་པའི་ལོ་དུས་ས་ཡོས་（སྣྲི་2596སྤྱི་679）ཏེ། ཏུན་ཧོང་བོད་ཀྱི་ལོ་རྒྱུས་ཡིག་ཆེང་དུ་གཤེགས་ལོ་མེ་བྱི་（སྣྲི་2593སྤྱི་676）འཁོད་ཡོད་པ་དེ་ལས་ལོ་གྲངས་ཧྲིལ་པོ་གསུམ་གྱི་ཕྱི་བ་དེའི་རྒྱུ་མཚན་ནི་ཁྲི་མང་སྲོང་མང་བཙན་སྐུ་གཤེགས་པའི་དུས་སྐབས་དེར་རྒྱ་བོད་ཀྱི་ཐང་འཁྲུག་ཇི་ལྟར་ཡོད་པའི་སྐོར་རྒྱའི་ཐང་ཡིག་གསར་རྙིང་དུ་གསལ་སྤྲོས་བྱས་ཡོད་པ་དེ་ལྟ་བུའི་གནས་ཚུལ་ཛ་དྲག་པ་ཞིག་ཤར་ཡོད་པ་ཡིན་སྟབས། ཁྲི་མང་སྲོང་མང་བཙན་སྐུ་གཤེགས་པའི་གནས་ཚུལ་དེ་ལོ་གྲངས་ཧྲིལ་པོ་གསུམ་གྱི་རིང་ལ་གསང་བའི་རྒྱུས་བསྡམས་པར་བརྟེན། རྒྱའི་ཐང་ཡིག་གསར་རྙིང་དུ་དེ་ལྟར་འཁོད་ཡོད་ལ། འདུས་སྲོང་མང་པོ་རྗེ་ཁྲིར་ཕེབས་པའི་ཚེ་དགུང་གྲངས་བརྒྱད་ལོན་ཡོད་ཚུལ་གསལ་བ་དེའང་། ཕལ་ཆེར་རྒྱལ་སྲས་དགུང་གྲངས་ཡར་ཙམ་ཕེབས་པ་ཞིག་ཡོད་རྫོལ་གྱིས་དགུང་གྲངས་ཁ་ཤས་བསྣན་པའི་དྲིལ་སྒྲགས་ཅིག་བྱས་ཡོད་པའང་ཤིན་ཏུ་ནས་ཀྱང་སྲིད་པ་ཡིན།

འདུས་སྲོང་མང་པོ་རྗེའི་བཙུན་མོ་དང་སྲས་བཅས་པའི་སྐོར་ནི་ཡར་ལུང་ཇོ་བོའི་ཆོས་འབྱུང་［ སི་58ཕ་6 ］ལས་རྗེ་མང་སྲོང་མང་བཙན་དེ་དང་མཆིམས་ཟ（བཟའ་）བཙན་མེ་ཏོག་གི་སྲས་ཁྲི་ལྡེ་གཙུག་བརྟན་ཞེས་པ་ཙམ་ལས། བཙུན་མོ་དང་སྲས་ཀྱི་རྣམ་གྲངས་གཞན་མི་གསལ་ལ་རྒྱལ་རབས་དང་ཆོས་འབྱུང་གཞན་དག་ཏུའང་དེ་ཙམ་ལས་གཞན་མི་གསལ་མོད། བཙུན་མོ་དེའི་མཚན་འགོད་སྟངས་ལ་མི་འདྲ་བ་འགའ་རེ་བྱུང་ཡོད་འདུག་པ་ནི། རྒྱལ་རབས་གསལ་བའི་མེ་ལོང་དུ“མཆིམས་བཟའ་བཙུན་མོ་ཏོག”ཅེས་པ་དང་། ལྡེ་བྲག་ཆོས་འབྱུང་དུ“མཆིམས་བཟའ་བཙན་མོ་ཏོག”ཅེས་པ། རྒྱ་བོད་ཡིག་ཚང་ཆེན་མོར“མཆིམས་བཟའ་བཙན་ལ་མེ་ཏོག”ཅེས་པ། དེབ་ཐེར་དཔྱིད་ཀྱི་རྒྱལ་མོའི་གླུ་དབྱངས་སུ“མཆིམས་བཟའ་བཙན་མོ་རྫོག་གེ”ཞེས་འཁོད་ཡོད་འདུག དོན་དུ་རྒྱ་བོད་ཡིག་ཚང་ཆེན་མོ་མ་གཏོགས་པ་གཞན་ཀུན་ནས། འདུས་སྲོང་མང་པོ་རྗེའི་བཙུན་མོ་དེ། མཆིམས་ཀྱི་བཟའ་ཡིན་པར་ཞལ་མཐུན། བཙུན་མོ་རང་གི་མཚན་དངོས་དེ་ཕལ་ཆེར་ཆོས་འབྱུང་མཁས་པའི་དགའ་སྟོན་དུ“བཙན་མོ་ཏོག”གམ། ཡང་ན་ཡར་ལུང་ཇོ་བོའི་ཆོས་འབྱུང་དུ“བཙན་མེ་ཏོག”ཅེས་པ་འདི་གཉིས་གང་རུང་ཞིག་འབྲེལ་ཆགས་ཆེ་བར་མངོན། ཏུན་ཧོང་བོད་ཀྱི་ལོ་རྒྱུས་ཡིག་ཆེང་［PI556ཕ་65］ལས་འདུས་སྲོང་མང་པོ་རྗེ་དང་མཆིམས་ཟ་བཙན་མ་ཐོག ཐོག་སྟེང་དུ་བཀོས་པའི་སྲས། ཁྲི་ལྡེ་གཙུག་བརྟན། ཞེས་པ་འདིར་ཡང་བཙུན་

མོ་གཅིག་དང་སྲས་ཁྲི་གཙུག་ལྡེ་བཙན་ཞེས་པ་ལས་མི་གསལ་ནའང་། ཧུན་ཧོང་བོད་ཀྱི་ལོ་རྒྱུས་ཡིག་ཆེན་[PI583ཤ72]ལས་སྤྲེའུ་ལོ་ལ། བཙན་པོ་ཟིད་མདའ་ན་བཞུགས་ཤིང་། བློན་ཆེ་ཁྲི་འབྲིང་གྱིས། འ་ཞ་ཡུལ་གྱི་སིལ་བུ་ཅིན་གྱི་འོ་ཀོལ་དུ་འ་ཞའི་མཁོས་བགྱིས། དགུན་འོ་བར་ཚལ་དུ་མང་ཉེན་བཞི་བརྩན་གྱིས་བསྡུ་སྟེ། བཙན་མོ་མང་མོ་རྗེ་ལས་སྦྱིང་པོ་བཀུག་ལོ་ཅིག ཅེས་པ་འདིར"བཙན་མོ་མང་མོ་རྗེ"ཞེས་བྱ་བ་ཞིག་ཡོད་པ་འདི་ནི་འདུས་སྲོང་མང་པོ་རྗེའི་སྐུ་མཆེད་ཅིག་ཡིན་ནམ་སྙམ།

འདུས་སྲོང་མང་པོ་རྗེའི་བཀའི་བློན་ཆེན་པོ་ནི་ལྡེའུ་རྒྱ་བོད་ཀྱི་ཆོས་འབྱུང་[བོད299ཤ20]ལས⋯⋯འགར་བཙན་གཉའ་ལྡེམ་བུ་དང་། འགར་ཁྲི་འབྲིང་གིས་བློན་པོ་ལོ་བཅུ་བྱས། ཞེས་པ་དང་། ལྡེའུ་ཆོས་འབྱུང་ཆེན་མོ་[བོད119ཤ4]ལས་དེའི་རིང་ལ་བློན་པོ་རྩལ་པོ་ཆེ་མི་བདུན་བྱུང་སྟེ། རྗེ་རིང་ལ་ནག་པོས་བལ་ཡུལ་ནས་སྣང་པོ་ཆེའི་ཕྲུ་གུ་ཁུར་དུ་བཏེག ཛོགས་སླིང་ཁམ་གྱིས་གཡག་དྲུས་(གྲུས)གཅིག་ཐེག ཅ་ཀོད་ལྟོངས་བཙན་གྱིས་སེང་གེ་ཙོ་ནས་འཛིན། མགོས་སྟག་ཆུང་བཙན་གྱིས་ཤ་བའི་བླུད་བུ་བྱེ་མས་བཀང་ནས་སླད་(ཀླད)ལ་བསྐོར་ནུས། ཅོག་རོ་འབྲོང་ཤོར་གྱིས་འབྲོང་ཐུར་ལ་དཀྲུས་པ་བཟུང་ནས་འཐེན་ནུས། གནོན་རྒྱལ་མཚན་སྣང་གྲགས་ཀྱིས་མདའ་རྡེའུ་ཁ་མངས་བྱེ་ཁྲ་ཀེད་པ་བཅད་ནས་བྱུང་། གནོན་ཁྲི་གདས་ཡུས་བྱིན་གྱིས་ཏ་རྐོད་གཡང་ལ་འཕྱོངས་པ་སླར་འཐེན་ནུས་སོ། །ཞེས་པ་རྣམས་གསལ་ལ། རྩལ་པོ་ཆེ་མི་བདུན་གྱི་མཚན། ལྡེའུ་རྒྱ་བོད་ཀྱི་ཆོས་འབྱུང་དུ་རྗེ་རིང་ལ་ནག་པོ། རྗེ་སླིང་གམ། སྲས་རྐོད་ལྟོང་བཙན། འགོས་གཡག་ཆུང་། ཅོག་རོ་འབྲོང་ཤོར། གནོན་རྒྱལ་མཚན། གནོན་ཁྲི་ལྡེ་ཡུལ་བྱིན། ཞེས་མི་འདྲ་བ་ཙུང་རེ་ཡོད། ཡར་ལུང་ཇོ་བོའི་ཆོས་འབྱུང་[སི57ཤ9]ལས་འགར་བཙན་གཉའ་ལྡོམ་བུ། དབས་སྟག་ར་ཁོང་ལོད་གཉིས་ཀྱིས་བློན་པོ་བྱས། ཞེས་གསལ་བ་དང་། གཞུང་འདིར་ཡང་རྩལ་པོ་ཆེ་མི་བདུན་གྱི་སྐོར་ལྡེའུ་ཆོས་འབྱུང་དང་ཕྱོགས་མཐུན་པར་བཤད་ཡོད་པའི་མཚན་དུ་རྗེ་རིང་ལ⋯⋯ནག་པོ། རྗེ་སླིང་ཁམ། གནོན་རྒྱལ་མཚན། དབས་རྐོད་མདོངས་བཙན། མགོས་གཡག་ཆུང་། ཅོག་རོ་འབྲོང་ཤོར། གནོན་ཁྲི་བདུན་གཡུ་བྱིན། ཞེས་འཁོད་འདུག རྒྱལ་རབས་གསལ་བའི་མེ་ལོང་དུའང་བཀའི་བློན་ཆེན་པོ་གཉིས་ནི་ཡར་ལུང་ཇོ་བོའི་དགོངས་པ་དང་མཐུན་ལ། རྩལ་ཆེན་མི་བདུན་གྱི་མཚན་དུ་རྗེ་རིང་ལ་ནག་པོ། རྗེ་སླིང་ཁམས། སྣོན་རྒྱལ་མཚན། དབས་འདོང་སྟོང་། འགོས་གཡག་ཆུང་། ཅ་རོ་འབྲོང་ཤེར། སྣོན་ཁྲི་བདུན་གཡུ་བྱིན་ཞེས་པ་རྣམས་ཕལ་ཆེར་འདྲ་བར་འདུག ལྡེ་བྲག་ཆོས་འབྱུང་དུ་བློན་པོ་མགར་གྱི་བུ་གཉའ་བཙན་ལྡེམ་བུ་དང་། དབས་ཏ་ར་ཁོད་ལོད་ཀྱིས་བྱས་པར་གསལ་བ་དང་། རྩལ་ཆེན་མི་བདུན་གྱི་མཚན་དུ་རྗེ་ལ་རིང་ནག་པོ། རྗེ་སླིང་ཁམས། གནོན་རྒྱལ་མཚན། སྲས་ཀོད་

མདོངས་ཅན། མགོས་གཡག་རྒྱུང་། ཅོག་རོ་འབྲོང་གཉེར། གདོན་ཁྲི་བདུན་གཡུ་བྱིན། ཞེས་པ་དང་། དེབ་ཐེར་དཔྱིད་ཀྱི་རྒྱལ་མོའི་གླུ་དབྱངས་སུའང་དེ་དང་ཕྱོགས་འདྲ་བར་བཀོད་ཡོད། རྒྱ་བོད་ཡིག་ཚང་ཆེན་མོར་རྩལ་ཆེན་མི་བདུན་གྱི་སྐོར་ཙུང་ཟད་མི་འདྲ་བ་ཞིག་བསྟན་ཡོད་པ་ནི་གཞུང་དེ་ཉིད་[སི171ཤ10]ལས་ཨ་རྙོད་ལྡོང་བཙན་གྱིས། སེང་གེའི་དཀར་མོའི་རྣ་བ་ནས་བཟུང་བྱུང་སྐད། མོན་ཁྲི་བཟང་གིས། སྟག་དར་མ་གཉིས་ལྕགས་ཐག་གིས་སྦྲེལ་ནས་ཁྲིད། ཕྱུང་པ་དུར་སྦྲུམ་ཁྱིངས་པ་བྱུས་བྱུང་སྐད། སྤོ་དོན་དམ་ཡང་དག་འཕགས་ཀྱིས། སེང་ལྡེང་གི་གདུང་ཆེན་པོ་བཅུ་གསུམ་གྱི་སྟེང་དུ། ལྕགས་དོས་ཀྱི་གོང་ཚ་གཅིག་དང་བཅས་ནས་ཁུར་བྱུང་སྐད། ལྕོག་རོ་ཟངས་དཀར་གྱིས། ལྷ་སའི་རྗེ་རིངས་ཁེད་པ་ལ་བཙུགས་ནས། ཡོ་ག་ཡོག་གིན་བྱུང་སྐད། རྗོག་རིངས་ནག་པོས། བལ་ཡུལ་ནས་སླང་པོ་ཆེའི་ཕྲུ་གུ་གསོན་མར་ཁུར་བྱུང་སྐད། མགོས་ཞག་རྒྱུང་གིས། ཞ་བ་ཡུ་མོའི་ཀླུད་དུ། ཚས་(ཚྭས་)བརྒྱངས་ནས་སྐྱུད་(ཀླད་)ལ་སྐོར་གིན་(གྱིན་)བྱུང་། གདོན་རྒྱལ་མཚན་རྣམ་གྲངས་ཀྱིས། མིག་མཐོང་གསུམ་རེ་མདའ་རྒྱུད་གིས་སླེབ་ཅིང་། གཙང་པོ་ལ་ཕར་འཕྱོང་(མཆོང་)ཚུར་འཕྱོང་(མཆོང་)བྱེད་ཀྱིན་བྱུང་སྐད་དོ། །ཞེས་བཤད་པས་མི་འདྲ་བའི་ཁྱད་ཅི་ཞིག་ཡོད་པའང་གསལ་པོར་མངོན་ཐུབ་པ་ཡིན།

འདུས་སྲོང་མང་པོ་རྗེས་ཁྲི་བཟུང་བའི་ལོ་གྲངས་དང་གཤེགས་ལོའི་སྐོར་རགས་ཙམ་ནི། ལྡེའུ་རྒྱ་བོད་ཀྱི་ཆོས་འབྱུང་[བོད299ཤ20]ལས་དགུང་ལོ་ཉི་ཤུ་རྩ་དགུ་བཞེས། ཞེས་པ་དང་། ཡང་[བོད300ཤ1]དུ་འབྲུག་ལོ་ལ་ལྗང་དུ་སྐུ་གཤེགས། ཞེས་མེ་ཕོ་བྱི་བའི་ལོ་(སྣླི2593སྤྱི676)ལ་སྐུ་བལྟམས་པ་ནས་དགུང་གྲངས་ཉི་ཤུ་རྩ་དགུའམ་ཧྲིལ་པོ་ཉེར་བརྒྱད་བཞུགས་པ་དེ་ནི་ཁྲི་བཟུང་བའི་ལོ་གྲངས་ཀྱང་ཡིན་ལ། དགུང་གྲངས་ཧྲིལ་པོ་ཉེར་བརྒྱད་པ་(2593 + 28 = 2621; 676 + 28 = 704)ཤིང་ཕོ་འབྲུག་གི་ལོ····(སྣླི2621སྤྱི704)ཡིན་པ་གསལ་བར་བསྟན་ལ། ལྡེའུ་ཆོས་འབྱུང་ཆེན་མོ་[བོད119ཤ14]ལས་ཉི་ཤུ་རྩ་དགུ་འབྲུག་ལོ་ལ་འཇང་གི་ཡུལ་དུ་ཧོར་གྱིས་སྐྲོངས་(བཀྲོངས་)ཏེ་ཅོག་རོ་ཁོང་ཁྲི་དང་། ཅང་དཀར་སོར་བཞིས་ཕྱུར་བཟུང་ནས་ཚུར་ལ་བླ་ཤ་གཡས་པ་ལས་མ་ལོག་ཟེར། ཞེས་གསལ་བ་འདི་ལ་དཔྱད་ན་སྐུ་གཤེགས་སྟངས་དེ་ཕལ་ཆེར་དམག་སར་གཤེགས་ཡོད་པ་འདྲ། འདུས་སྲོང་མང་པོ་རྗེས་དགུང་གྲངས་ཉེར་དགུའི་བར་དུ་རྒྱལ་སྲིད་བཟུང་བ་དང་། དེ་ནས་ལྗང་ཡུལ་དུ་སྐུ་གཤེགས་པའི་ཚུལ་འདི་ནི་ཡར་ལུང་ཇོ་བོའི་ཆོས་འབྱུང་དང་། དེབ་ཐེར་དམར་པོ། རྒྱལ་རབས་གསལ་བའི་མེ་ལོང་། ལྷོ་བྲག་ཆོས་འབྱུང་། རྒྱ་བོད་ཡིག་ཚང་ཆེན་མོ་སོགས་བོད་དུ་གྲགས་ཆེ་བའི་རྒྱལ་རབས་དང་། ཆོས་འབྱུང་སོགས་ལོ་རྒྱུས་ཀྱི་གཞུང་ཕལ་མོ་ཆེར་བཤད་ཡོད་མོད། གཞུང་དེ་རྣམས་སུ་གསལ་བའི"ལྗང་གི་ཡུལ"ཞེས་པ་དེ་དང་།

ལྡེའུ་ཆོས་འབྱུང་དུ"འཇང་གི་ཡུལ"ཞེས་པ་དེ་དག་དགོངས་དོན་གཅིག་པ་ཡིན་མིན་མ་ངེས། གང་ལ་ཟེར་ན་ཏུན་ཧོང་བོད་ཀྱི་ལོ་རྒྱུས་ཡིག་ཆེན[PI584ཤ95]ལས། འབྲུག་ལོ་ལ་བབ་སྟེ། དཔྱིད་འོ་བྲང་ཚལ་དུ་རྒྱལ་བཙུག་ཏུ་བལྟམ། དབྱར་བཙན་པོ་ཡབ་ཆ་གྲོམ་གྱི་ཡོ་ཉེ་ཙུ་བཟངས་ན་བཞུགས་ཤིང་། ཡུམ་ཁྲི་མ་ལོད་ཡར་འབྲོག་གི་འོ་དང་ན་བཞུགས་སྟེ། འདུན་མ་ཐྲག་སྟོར་འདུས། དགུན་བཙན་པོ་ཆབ་སྲིད་ལ་མྱ་ལ་གཤེགས་པ་ལས། དགུང་དུ་གཤེགས། ཞེས་ཤིང་ཕོ་འབྲུག་གི་ལོ་(སྤྱི2621སྤྱི704)དཔྱིད་ཀར་ཁྲི་ལྡེ་གཙུག་བརྟན་སྐུ་བལྟམས། དགུན་ཁར་བཙན་པོ་མྱ་ལ་ཆབ་སྲིད་ཀྱི་མཛད་དོན་དུ་ཐེབས་པ་ནས་དགུང་ལ་གཤེགས་པར་གསལ་བ་ལས། འཇང་ཡུལ་དུ་ཐེབས་པ་དང་། ཧོར་གྱིས་བཀྲོངས་པའི་སྐོར་ཞལ་གསལ་བ་གང་ཞིག་ཀྱང་མི་སྣང་།

རྒྱའི་ཐང་ཡིག་རྙིང་མ[རྒྱ21ཤ11; མཚོ149ཤ19]ལས་དབན་སུའུ་ཁྲི་ལོ་(མེ་བྱ་སྤྱི་ལོ697)གཉིས་པར། བོད་པས་རྟ་ཆིག་སྟོང་ཐམ་པ་དང་། གསེར་སྲང་ཉིས་སྟོང་ལྷག་ཙམ་བསྐུར་ཏེ་བཙན་པོར་མནའ་མ་གསོལ་རས་ཞུ་བར་སྐུ་ཚབ་བཏང་དོན་བཞིན། ཐང་རྒྱལ་པོས་དེ་དོན་ཞལ་བཞེས་གནང་། སྐབས་དེར་བོད་ལྷོ་ཕྱོགས་ཀྱི་མདའ་འོག་(ནེ་ཕོ་ལོ་)བལ་ཡུལ་གྱིས་བོད་ལ་ངོ་ལོག་བརྒྱབས། བཙན་པོ་འདུས་སྲོང་མང་བཙན་རང་ཉིད་ནས་དམག་འཁྲིད་དེ་(ནེ་ཕོ་ལོ་)བལ་ཡུལ་ཕྱོགས་སུ་དྲངས་ཏེ་བསྐྱོད······སྐབས་ལམ་བར་སྐུ་ཆེ་མ་ཟིན་པ་རེད། ཅེས་པ་དང་། ཐང་ཡིག་གསར་མ[རྒྱ98ཤ9; མཚོ32ཤ15]ལས་ཕང་སུ་ཡི་ཐོན་ཐེན་ཁྲི་ལོ་དང་པོར་(མེ་སྤྲེལ་སྤྱི་ལོ696)བོད་ནས་བོད་ཀྱི་བཙན་པོ་ལ་མནའ་མ་ཞུ····ཆེད་གསེར་དངུལ་མང་པོ་ཐང་རྒྱལ་ཁབ་ལ་འབུལ་བ་འཕྱོར། དེའི་སྟ་ལོར་(ཤིང་ལུག སྤྱི་ལོ695)བོད་ཀྱི་བཙན་པོ་(འདུས་སྲོང་མང་པོ་རྗེ)རང་ནས་རྟ་དམག་ཁྲི་ཁྲག་འཁྲིད་དེ་རྒྱའི་མདའ་ཁུལ་ཤིའི་ཀྲའུ་(སི···ཁྲོན་མདའ་སྡེའི་སུ་ཧྲན་ཞན་གྱི་ཁོངས་སུ་ཡོད་)ས་གནས་ལ་བཙན་འཛུལ་བྱས་ཏེ་ཡུལ་དེའི་སྤྱི་ཁྱབ་དྲིང···ཧྭ་ཆེ་དང་དམག་ཐེངས་བཞི་བརྒྱབས་པས་ཐང་ལ་རྒྱལ་ཁ་འཐོབ། དེ་ནས་བོད་ཀྱི་ལྷོ་ཕྱོགས་རྒྱལ་ཕྲན་ཁག་ནས་ངོ་ལོག་གིས་བཙན་པོ་རང་ཉིད་དམག་འཁྲིད་དེ་མགོ་གནོན་དུ་ཐེབས་པས་དམག་སར་གྲོངས·····འདུག ཅེས་མེ་སྤྲེལ་ལམ་མེ་བྱ་གང་རུང་ཞིག་གི་ལོ་ལ་འདུས་སྲོང་མང་པོ་རྗེ་དེ་ཉིད་དམག་སར་གྲོངས་པར་བཤད་ཡོད་སྟབས། སྐུ་གཤེགས་པའི་ཚུལ་ཇི་ལྟར་བྱུང་ཡོད་ངེས་པ་ཁ་ཚོན་ཆོད་དཀའ་ནའང་། སྐུ་གཤེགས་པའི་ལོ་དུས་ཡིད་བརྟན་འོས་པ་དེ་ནི་ཏུན་ཧོང་བོད་ཀྱི་ལོ་རྒྱུས་ཡིག་ཆེན་དུ་བཙན་པོ་འདུས་སྲོང་མང་པོ་རྗེའི་ལོ་རེ་བཞིན་གྱི་མཛད་པ་གསལ་བར་བཀོད་ཡོད་པ་དེ་ལས་ཁུངས་བཙན་པ་ནི་ཅི་ཞིག་ཀྱང་····ཆེད་དུ་མེད་པ་ཡིན་སྟབས། འདུས་སྲོང་མང་པོ་རྗེའི་གཤེགས་ལོ་རྣལ་མ་ནི་སྤྱི་འཁོར་བཅོ་ལྔ་པའི་སྤྱི་ཐྲེང་

བར་མའི་ཤིང་ཕོ་འབྲུག་གི་ལོ་(སྤི2621སྤྱི704)དེ་རང་ལ་ཆ་འཇོག་འོས་པར་མངོན།

འདུས་སྲོང་མང་པོ་རྗེའི་བང་སོ་ནི། རྒྱལ་རབས་གསལ་བའི་མེ་ལོང་[པེ196ཤ1]ལས་འཕྲུལ་རྒྱལ་བང་སོ་མང་སྲོང་གཡོན་ན་ཡོད། བང་སོ་ལྷ་རི་ཅན་ཞེས་གྲགས་པར་གྱུར། །དེ་ནི་ཧོར་གྱི་མི་སྡེས་བརྩིགས་པ་ལགས། །མིང་ནི་སེང་གེ་བརྩེག་པ་ཟེར་རོ་སྐད། །ཅེས་གསལ་བ་དེ་ཡིན་ལ། བང་སོ་འདི་ཧོར་གྱི་མི་སྡེས་བརྩིགས་པར་གྲགས་པ་དེའང་བཙན་པོ་འདི་གཡུལ་དུ་གཤེགས་པའི་ལོ་རྒྱུས་དེ་དང་འབྲེལ་ཡོད་པ……ཞིག་ཡིན་ལས་ཆེ་སྙམ།

ཐུག བོད་ཀྱི་རྒྱལ་རབས་སོ་དགུ་པ་ཁྲི་ལྡེ་གཙུག་བརྟན་གྱི་སྐོར།

བཙན་པོ་འདིའི་མཚན་ཡོངས་གྲགས་སུ"ཁྲི་ལྡེ་གཙུག་བརྟན"ཞེས་དང"མེས་ཨག་ཚོམས"ཞེས……སྤུའང་གྲགས་ལ། ཏུན་ཧོང་བོད་ཀྱི་ལོ་རྒྱུས་ཡིག་རྙིང་དུ་བཙན་པོ་འདིའི་མཚན་ལ"རྒྱལ་གཙུག་རུ"ཞེས་སུ་གྲགས་ལ། དཀུང་གྲངས་བརྒྱད་བཞེས་པའི་དུས"ཁྲི་ལྡེ་གཙུག་བརྩན"ཞེས་པའི་མཚན་གསོལ་བའི་ཚུལ་གསལ་བར་བཀོད་འདུག མཚན་གྱི་གཙོ་བོ"ཁྲི་ལྡེ་གཙུག་བརྟན"ཞེས་བྱ་བ་འདི་ནི་ཞང་ཞུང་དང་བོད་ཀྱི་བརྡ་རྙིང་ལྷན་སྦྱེལ་ལས་བྱུང་བ་ཞིག་སྟེ། དེ་ཡང་ཞང་ཞུང་གི་སྐད་དུ"ལྡེ"ཞེས་པ་ནི"ཤེས་པའམ་མཁྱེན་པ"ཞེས་པའི་དོན་ལ་འཇུག་པ་དང"གཙུག"ཅེས་པ་ནི་བོད་ཀྱི་བརྡ་རྙིང"གོང་མའམ་བླ་མའམ་མཆོག"ཅེས་པའི་དོན་ལ་འཇུག་པ་ཡིན་སྟབས། རྩ་བའི་ཚིག་དེ་ལས་སྤྱི་གཙུག་དང༌། གཙུག་ལག་ཁང་སོགས་ཀྱི་མིང་ཚིག་འདི་རྣམས་བྱུང་བ་ཡིན་ལ། "བརྟན"ཞེས་པ་ནི་གཡུང་དྲུང་མི་འགྱུར་བའི་དོན་ཏེ། མདོར་ན་བཙན་པོའི་མཚན་དེ་དེང་དུས་བོད་སྐད་ཀྱི་ལུགས་སུ་བྱས་ན"ཐུགས་ཉིད་མཁྱེན་མཆོག་འགྱུར་མེད"ཅེས་བྱ་བའི་དོན་དུ་གོ་ཐུབ་པ་ཡིན། "མེས་ཨག་ཚོམས"ཞེས་བྱ་བའི་རྒྱུ་མཚན་ཡང་ལྡེ་བྲག་ཆོས་འབྱུང་[པེ་སྟོད293ཤ18]ལས་སྨྲ་ར་དང་བགྲེས་ཉམས་ཆེ་བས། རྒྱལ་པོ་མེས་ཨག་ཚོམས་སུ་གྲགས་སོ། །ཞེས་གསུངས་པས་ཤེས་ཐུབ་པ་ཡིན།

ཁྲི་ལྡེ་གཙུག་བརྟན་སྐུ་འཁྲུངས་པའི་གནས་དུས་སོགས་ཀྱི་སྐོར་རགས་ཙམ་ནི། ལྡེའུ་རྒྱ་བོད་ཀྱི་ཆོས་འབྱུང་[བོད300ཤ14]ལས་འབྲུག་ལོ་ཕོ་བྲང་ལྷན་མཁར་དུ་སྐུ་བལྟམས། ཞེས་པ་དང༌། ལྡེའུ་ཆོས་འབྱུང་ཆེན་མོ་[བོད119ཤ19]ལས་འདུས་སྲོང་མང་པོ་རྗེའི་སྲས་ཁྲི་ལྡེ་གཙུག་བཙན་འབྲུག་ལོའི་དབྱིད་ཀའི་དུས་སུ་ཕོ་བྲང་ལན་ཁར་སྐུ་འཁྲུངས། ཞེས་པ་འདི་གཉིས་ཀྱིས་འཁྲུངས་ལོ་འབྲུག་ཡིན་པ་གསལ་བར་གསུངས་ཡོད་ནའང༌། འབྲུག་དེའི་ལོ་ཁམས་གང་ཡིན་གསལ་བར་བསྟན་མི་འདུག ལྡེའུ་ཆོས་འབྱུང་ཆེན་

སོར་རྒྱལ་པོ་འདིའི་མཚན་དུ“ཁྲི་ལྡེ་གཙུག་བཙན”ཞེས་པ་དང་། ཉང་གི་ཆོས་འབྱུང་དུའང་དེ་བཞིན་བཀོད་ཡོད་པ་དེའང་བཙན་པོ་འདིའི་མཚན་གྱི་བྱེ་བྲག་ཅིག་ཏུ་ངེས་སོ། ལྡེའུ་རྒྱ་བོད་ཀྱི་ཆོས་འབྱུང་དུ“ཁྲི་ལྡེ་གཙུག་བརྟན”ཞེས་གསལ་བར་བཀོད་ཡོད་སྟབས། ཚིག་གི་བརྗོད་སྟངས་མི་འདྲ་བ་ཙམ་ལས་དོན་ལ་ཁྱད་མེད་པར་མངོན། གྲགས་རྒྱལ་བོད་ཀྱི་རྒྱལ་རབས་[སྡེ་ཏ198བ1]ལས་ཁྲི་ལྡེ་གཙུག་བརྟན་ལྕགས་འབྲུག་དཔྱིད་ཀྱི་དུས། ཕོ་བྲང་ལྷན་དཀར་འདས་(འཁྲུངས་)…ཞེས་འཁྲུངས་ལོ་འབྲུག་ཡིན་པ་དང་། འབྲུག་དེའི་ལོ་ཁམས་ལྕགས་ཡིན་པའང་གསལ་བར་བསྟན་འདུག སྡེ་དགེའི་དཔར་གཞི་འདིར་“ཕོ་བྲང་ལྷན་དཀར་འདས”ཞེས་བཀོད་ཡོད་ནའང་། དེའི་འགྲེལ་[སྡེ་ཏ198བ1]ལས་དྲུག་ཅུ་རྩ་གསུམ་བཞེས་ནས་ཆུ་རྟ་ལ། ཡར་འབྲོག་སྤྲེལ་པ་བྱ་བར་འདས་སོ་སྐད། ཅེས་ཁོང་གི་གཤེགས་ལོ་གསལ་བར་བསྟན་པ་ཡིན་སྟབས། འདི་ནི་དཔེ་བཤུ་སྐབས་ཀྱི་ཡིག་ནོར་ཞིག་ཡིན་པ་ཤིན་ཏུ་རྟོགས་སླ་བ་ཡིན། ནེའུ་སྔོན་བྱུང་གི་གཏམ་དང་ཡར་ལུང་ཇོ་བོའི་ཆོས་བྱུང་། དེབ་ཐེར་དམར་པོ། རྒྱལ་རབས་གསལ་བའི་མེ་ལོང་། ལྷོ་བྲག་ཆོས་འབྱུང་། རྒྱ་བོད་ཡིག་ཚང་ཆེན་མོ། ལྷ་ཐོག་རྒྱལ་རབས་སོགས་བོད་ཀྱི་རྒྱལ་རབས་དང་། ཆོས་འབྱུང་མང་པོ་ཞིག་གྲགས་རྒྱལ་བོད་ཀྱི་རྒྱལ་རབས་ནས་བསྟན་པའི་ལོ་དུས་དེའི་རྗེས་སུ་འབྲངས་ཏེ། ཁྲི་ལྡེ་གཙུགས་བརྟན་གྱི་འཁྲུངས་ལོ་ལྕགས་འབྲུག་ཡིན་པ་ཞལ་གྱིས་བཞེས་སྲོལ་བྱུང་ཡོད། གལ་ཏེ་ཁྲི་ལྡེ་གཙུག་བརྟན་གྱི་འཁྲུངས་ལོ་དེ་ལྕགས་འབྲུག་ཡིན་ན་སྨི་འཁོར་བཅོ་ལྔ་པའི་སྨི་ཕྲེང་བར་མའི་ལྕགས་ཕོ་འབྲུག་གི་ལོ་(སྨི2597ཕྱི680)དེའམ། ཡང་ན་སྨི་ཕྲེང་ཐ་མའི་ལྕགས་ཕོ་འབྲུག་གི་ལོ་(སྨི2657ཕྱི740)འདི་གཉིས་གང་རུང་ཞིག་ཡིན་དགོས་སོ། རྒྱ་བོད་ཀྱི་ལོ་རྒྱུས་གུང་བསྒྲིགས་ཏེ་དཔྱད་ན་ལོ་དུས་འདི་གཉིས་ནི་སྔ་དྲག་པའམ་ཕྱི་དྲག་པས་འགྲིག་ཐབས་མེད་པ་ཞིག་ཡིན་པར་མ་ཟད། ཏུན་ཧོང་བོད་ཀྱི་ལོ་རྒྱུས་ཡིག་རྙིང་[PI584ཤ95]ལས“འབྲུག་གི་ལོ་ལ་བབ་སྟེ། དཔྱིད་ཕོ་བྲང་ཚལ་དུ་རྒྱལ་གཙུག་རུ་བལྟམས།”ཞེས་གསལ་བའི་འབྲུག་གི་ལོ་འདི་ནི། སྨི་འཁོར་བཅོ་ལྔ་པའི་སྨི་ཕྲེང་བར་མའི་ཤིང་ཕོ་འབྲུག་གི་ལོ་(སྨི2621ཕྱི740)དེ་རང་ཡིན་ངེས་པ་ནི། ཡིག་རྙིང་དེ་རང་དུ་བཙན་པོ་རྣམས་ཀྱི་མཛད་པ་ལོ་རེ་བཞིན་དུ་གསལ་བར་བཀོད་ཡོད་པ་དེ་ལས་ཤེས་ཐུབ་ལ། དེབ་ཐེར་སྔོན་པོ་[ཀ76ཤ4]ལས་ཀྱང་དེ་རྗེས་ཤིང་མོ་སྦྲུལ་[ཕྱི705]ལ། ཆི་ཀའུ་ཛུང་དང་རྒྱལ་མོའི་བུ་ཛུང་ཛུང་རྒྱལ་སར་བཏོན། ལོ་དེ་ཉིད་ལ་འདུས་སྲོང་གི་སྲས་ཁྲི་ལྡེ་གཙུག་བརྟན་ཡང་རྒྱལ་སར་བཏོན། ཞེས་རྒྱའི་ལོ་རྒྱུས་ཀྱི་ཁུངས་དྲངས་ཏེ་ལོ་དེར་ཁྲི་ལྡེ་གཙུག་བརྟན་ཁྲིར་ཕེབས་པའི་ཚུལ་གསལ་བར་བསྟན་པ་འདིའང་ཚུལ་དང་མཐུན་ངེས་པ་ཞིག་སྟེ། ཏུན་ཧོང་བོད་ཀྱི་ལོ་རྒྱུས་ཡིག་རྙིང་གོང་གི་འགྲེལ་[PI584ཤ97]ལས་དགུན་བཙན་པོ་ཚབ་སྲིད་ལ་

མྱུ་ལ་གཤེགས་པ་ལས། དགུང་དུ་གཤེགས།” ཞེས་ཡབ་ཁྲི་འདུས་སྲོང་ལོ་དེའི་དགུན་ཁར་དགུང་དུ་གཤེགས་པ་གསལ་བར་བསྟན་པ་དང་། ལྡེའུ་ཆོས་འབྱུང་ཆེན་མོ་[བོད་119ཤ་19] ལས་ཀྱང་ཁྲི་ལྡེ་གཙུག་བཙན་འབྲུག་ལོའི་དཔྱིད་ཀའི་དུས་སུ་ཕོ་བྲང་ལན་ཁར་སྐུ་འཁྲུངས། ལོ་གཞུག་ལ་ཡབ་འདས་ནས་ཅིག་ཅར་རྒྱལ་སྲིད་བཞེས། ཞེས་ཡབ་གཤེགས་ལོ་དེ་རང་དུ་རྒྱལ་པོའི་ཁྲིར་ཕེབས་ཡོད་པའི་ཚུལ་གསར་བར་བསྟན་པས་ངེས་ཤེས་ཐུབ་པ་ཡིན།

རྒྱའི་ཐང་ཡིག་རྙིང་མ་[རྙ་22ཤ་2; མཚ་150ཤ་1] ལས་དེ་རྗེས་བཙན་པོའི་སྲས་རྣམས་བཙན་པོའི་ཁྲི་ལ་རྩོད་པ་བྱུང་སྟེ། དུས་ཡུན་རིང་པོའི་བར་བཙན་པོ་སུས་བྱེད་གཏན་མ་འཁེལ། དེ་ནས་སྤྱི་ལོ་704 ཤིང་འབྲུག་ལོར། བོད་རྒྱལ་ཡོངས་མི་མང་རྣམས་ཁྲི་ལྡེ་གཙུག་བརྟན་ནམ་མེས་ཨག་ཚོམ་ལ་མང་མོས་ཀྱིས་བཙན་པོ་བསྐོ་བཞག་བྱེད་སྐབས་ཁོང་དགུང་ལོ་བདུན་ལ་སོན། ཞེས་པ་དང་། ཐང་ཡིག་གསར་མ་[རྙ་99ཤ་3; མཚ་32ཤ་19] ལས་སྲས་རྣམས་བཙན་པོའི་ཁྲི་ལ་རྩོད་པ་བྱུང་ཡང་། མི་མང་ནས་ཆི་ལུ་ཞུའི་བཙན་(ཁྲི་ལྡེ་གཙུག་བརྟན་) ལ་བཙན་པོ་བསྐོས། སྐབས་དེར་ཁོང་ལོ་བདུན་རེད། ཅེས་པ་འདིར། “སྲས་རྣམས་བཙན་པོའི་ཁྲི་ལ་རྩོད་པ་བྱུང” ཞེས་བཤད་སྟངས་ལ་དཔྱད་ན། བཙན་པོ་འདུས་སྲོང་མང་པོ་རྗེ་ལ་སྲས་ཁྲི་ལྡེ་གཙུག་བརྟན་ཙམ་དུ་མ་ཟད་གཞན་པ་འགའ་ཞིག་བྱུང་ཡོད་པ་ནི་ཤུགས་ཀྱིས་བསྟན་ལ། ལྡེའུ་ཆོས་འབྱུང་ཆེན་མོ་[བོད་120ཤ་20] ལས་རྒྱལ་པོ་འདིའི་གཅེན་པོ་པ་ཚབ་ཚ་ལྷ་བལ་པོ་དང་། གཙང་ལོད་པོ། ལོད་ཆུང་གཉིས་ཏེ་གསུམ་ཐང་མཚམས་སུ་ཕབ་པོ། །ཞེས་པར་སྐུའི་གཅེན་པོ་པ་ཚབ་གཟའ་ཡི་སྲས་མཚན་དུ་ཚ་ལྷ་བལ་པོ་ཞེས་སུ་གྲགས་པ་ཞིག་དང་། སྐུའི་གཙང་པོ་ལོད་པོ་དང་། ལོད་ཆུང་ཞེས་བྱ་བ་གཉིས་རྣམས་བྱུང་ཡོད་པའི་ཚུལ་གསལ་བར་བསྟན་པ་དེ་རེད།

རྒྱལ་པོ་འདི་ལ་སྐུའི་གཅེན་པོ་ཞིག་ཡོད་བཞིན་པར། ཁྲི་ལྡེ་གཙུག་བརྟན་སྐུ་འཁྲུངས་མ་ཐག་པ་ཞིག་ཁྲིར་བཀོད་ཡོད་པ་དེ་ནི་སྐབས་དེའི་བློན་ཆེན་པོ་རྣམས་ནས་ཆབ་སྲིད་ཀྱི་བདག་དབང་ལ་འཐེན་འཁྱེར···· ཤུགས་ཆེན་པོ་ཞིག་བྱས་ཡོད་པའི་རྣམ་འགྱུར་གསལ་བར་བསྟན་པ་ནི་སྨོས་མ་དགོས་ལ། དེའི་སྔོར་ཏུན་ཧོང་བོད་ཀྱི་ལོ་རྒྱུས་ཡིག་རྙིང་[PI584ཤ་99] ལས་ཀྱང་སྤྲུལ་གྱི་ལོ་ལ་བབ་སྟེ། བཙན་པོ་སྲས་རྒྱལ་གཙུག་རུ་དང་། ཕྱི་ཁྲི་མ་ལོད་དྲོན་ན་བཞུགས། ལྡེག་རེན་པའ་མདོན་སྣང་གྲགས་དང་། ཁེ་རྒད་མདོ་སྣང་ལས་སྩོགས་པ་ལོག་སྟེ་བོན་མོ་ན་ལ་ཅེར་ལྡེག་རེན་པ་ལོག་པ་རྣམས་བཀུམ། པོང་ལག་རང་དུ་བཙན་པོ་གཅེན་ལྷ་བལ་ཕོ་རྒྱལ་ས་ནས་ཕབ། ཅེས་གསུངས་སྟངས་འདི་ལ་གཞིགས་ན་ལྡེག་རེན་དང་། ཁེ་རྒད་ཀྱི་ཕྱོགས་སུ་གཏོགས་པའི་བློན་པོ་འདི་དག་གིས་གཅེན་ལྷ་བལ་པོ་ཕལ་ཆེར་རྒྱལ་སར་ཕྱུངས་ཡོད་པའམ། ཡང་ན་

ལྡེའུ་ཆོས་འབྱུང་ཆེན་མོ་ལས"ཐང་མཚམས་སུ་ཕབ"ཅེས་གསུངས་པ་བཞིན། ལྡེག་རེན་གནོན་སྣང་གྲགས་དང་ཁེ་རྙད་མདོ་སྣང་སོགས་པ་ཚབ་ཀྱི་ཕྱོགས་སུ་གཏོགས་པ་རྣམས་ནས་རྒྱལ་སྲས་གཙེན་ལྷ་བལ་པོ་རྒྱལ་སར་འགོད་པའི་གྲབས་བྱས་པ་ལ། ཕྱི་ལོ་ཁྲི་མ་ལོད་དང་། དེའི་ཕྱོགས་སུ་གཏོགས་པའི་བློན་པོ་རྣམས་ནས་དགུང་གྲངས་གཅིག་ལོན་པའི་རྒྱལ་གཙུག་རུའམ་ཁྲི་ལྡེ་གཙུག་བརྟན་ལ་རྒྱལ་སྲིད་ཀྱི་མངའ་དབང་བསྐུར་ཞིང་། རྒྱལ་པོ་སྐུ་ན་སོན་པའི་གཙོ་ཆེར་ཕྱི་མོ་ཁྲི་མ་ལོད་དང་། བློན་ཆེན་པོ་མང་པོ་རྗེ་ལྷ་ཟུང་དང་དབས་ཁྲི་གཟིགས་སོགས་ཀྱིས་ཆབ་སྲིད་བསྐྱངས་པའི་ཚུལ་ཏུན་ཧོང་བོད་ཀྱི་ལོ་རྒྱུས་ཡིག་ཚིང་དུ་གསལ་བར་བསྟན་པས་ཤེས་ཐུབ།

རྒྱའི་ཐང་ཡིག་གསར་རྙིང་གཉིས་ཀར་བཙན་པོ་འདུས་སྲོང་མང་པོ་རྗེ་སྐུ་གཤེགས་པའི་དུས། ཁྲི་ལྡེ་གཙུག་བརྟན་དགུང་གྲངས་བདུན་ལ་ཕེབས་ཡོད་ཚུལ་གསལ་བར་བསྟན་པ་དེ་ནི་བཙན་པོ་ཁྲི་ལྡེ་གཙུག་བརྟན་གྱི་འཁྲུངས་ལོ་ཤིང་ཕོ་འབྲུག་གི་ལོ་(སྦྱི2621སྤྱི704)དེ་ལས་ལོ་གྲངས་ཧྲིལ་པོ་བདུན་གྱིས་དམན་པ་(2621-7 = 2614; 704-7 = 697)མེ་མོ་བྱའི་ལོ་(སྦྱི2614སྤྱི697)དེ་ཡིན་ནའང་། བཙན་པོ་ཁྲི་ལྡེ་གཙུག་བརྟན་གྱི་འཁྲུངས་ལོ་རྣལ་མ་ནི་ཏུན་ཧོང་བོད་ཀྱི་ལོ་རྒྱུས་ཡིག་ཚིང་དུ་བཙན་པོ་རྣམས་ཀྱི་མཛད་པ་ལོ་རེ་བཞིན་གསལ་བར་འཀོད་ཡོད་པ་དེར། ཤིང་མོ་འབྲུག་གི་ལོ་(སྦྱི2621སྤྱི704)དེ་རང་ཡིན་པ་ཞལ་གསལ་ཏུ་བསྟན་ཡོད་པ་དེ་ལས་ཁུངས་བཙན་པ་འགའ་ཞིག་ཀྱང་རྙེད་དུ་མེད་ལ། རྙེད་པའི་དགོས་པའང་མེད་པ་ཡིན།

བཙན་པོ་ཁྲི་ལྡེ་གཙུག་བརྟན་ཁྲིར་ཕེབས་པའི་ལོ་དུས་ནི་ལྡེའུ་རྒྱ་བོད་ཀྱི་ཆོས་འབྱུང་[ཤོག300ཤ15]ལས་ཚེ་སྨད་ལ་ཡབ་འདས། ཆབ་སྲིད་ལོ་སུམ་ཅུ་བཟུང་། ཞེས་པ་འདིར"ཚེ་སྨད"ཅེས་བཀོད་ཡོད་ནའང་། དངོས་དོན་དུ"ཡེ་སྨད"ཞེས་པ་སྟེ། སྐུ་ཚེའི་དབུ་ཚུགས་པའི་དུས་སྐབས་ཀྱི་དོན་ཡིན་པ་ནི་ལྡེའུ་ཆོས་འབྱུང་ཆེན་མོར་སྐུ་འཁྲུངས་ལོ་དེ་ཉིད་ཀྱི་གཞུག་ཏུ་ཡབ་འདུས་སྲོང་སྐུ་གཤེགས་ཏེ་ཁྲི་ལྡེ་གཙུག་བརྟན་གྱིས་རྒྱལ་སྲིད་བཞེས་ཡོད་པའི་ཚུལ་གསལ་བར་བསྟན་པ་དེ་ལས་ངེས་ཤེས་ཐུབ་པ་ཡིན། རྒྱལ་རབས་གསལ་བའི་མེ་ལོང་[ཤོ196ཤ7]ལས་ཁྲི་ལྡེ་གཙུག་བརྟན་མེས་ཨག་ཚོམ་དུ་གྲགས་པ་སྟེ། ལྕགས་ཕོ་འབྲུག་གི་ལོ་ལ་ཕོ་བྲང་ལྡན་དཀར་དུ་སྐུ་འཁྲུངས། དགུང་ལོ་བཅུ་ལ་རྒྱལ་སྲིད་བཟུང་། ཞེས་འཁྲུངས་ལོ་དེ་གྲགས་རྒྱལ་བོད་ཀྱི་རྒྱལ་རབས་རྗེས་སུ་འབྲངས་ཏེ་ལྕགས་འབྲུག་ཡིན་པར་ཞལ་གྱིས་བཞེས་མཛད་ནའང་། ཁྲིར་ཕེབས་པའི་ལོ་དུས་དེ་དགུང་གྲངས་བཅུ་བཞེས་པའི་སྐབས་ཡིན་པར་བཤད་ཅིང་། རྒྱལ་རབས་འཕྲུལ་གྱི་ལྡེ་མིག་ཀྱང་ལུགས་འདིའི་རྗེས་སུ་འབྲངས་མཛད་འདུག་ནའང་། དེ་ནི་ལོ་རྒྱུས་ཀྱི་ལོ་

དུས་དང་འཁྲིག་ཐབས་མེད་པ་ཞིག་ཡིན་པའི་ཚུལ་གོང་དུ་བཤད་ཟིན། ལྡེའུ་རྒྱ་བོད་ཀྱི་ཆོས་འབྱུང་ལས་“ཆབ་སྲིད་ལོ་སུམ་ཅུ་བཟུང་”ཞེས་འཁོད་ཡོད་ནའང་། ལྡེའུ་ཆོས་འབྱུང་ཆེན་མོ་[བོད་120 ཕ་17]ལས་དགུང་ལོ་ལྔ་བཅུ་ང་ལྔ་བཞེས་ནས་ཕག་ལོ་ལ་ཡར་འབྲོག་སྤྲལ་ཚང་བྱ་བར་སྐུ་འདས། ཞེས་དགུང་གྲངས་དང་གཤེགས་ལོ་བཅས་ཞལ་གསལ་དུ་བསྟན་པས་ཆབ་སྲིད་བཟུང་བའི་ལོ་གྲངས་སུམ་ཅུ་མ་ཡིན་པ་ཤེས···ཐུབ་པ་ཡིན།

ཁྲི་ལྡེ་གཙུག་བརྟན་གྱི་བཙུན་མོ་དང་སྲས་ཀྱི་སྐོར་རགས་ཙམ་ནི། སྔ་བཞིན་དུ་བཙུན་མོ་ལྗང་མོ་ཁྲི་བཙུན་ལ་སྲས་ལྗང་ཚ་ལྷ་དབོན་འཁྲུངས་པ་དང་། སྲས་ཀྱི་ཁབ་ཏུ་རྒྱ་བཟའ་གྱིམ་ཤང་ཨོང་ཇོ་བསུས་པར། སྲས་གཤེགས་ནས་ཡབ་ཀྱིས་བཙུན་མོར་གྱུར་པའི་སྲས་ཁྲི་སྲོང་ལྡེའུ་བཙན་འཁྲུངས་པ་དང་། སྣམ་སྣང་བཟའ་བཞི་སྡེངས་ཞེས་པ་ཙམ་ལས་གཞན་མི་གསལ་ལ། ལྡེའུ་རྒྱ་བོད་ཀྱི་ཆོས་འབྱུང་དུ་བཙན་པོ་ཁྲི་ལྡེ་གཙུག་བརྟན་གྱི་བཙུན་མོ་སྣ་ནམ་མོ་སྦྱི་སྡེངས་ཞེས་པ་ཞིག་ཡོད་པ་དང་། སྲས་ལྗང་ཚ་ལྷ་དབོན་ལ་རྒྱ་མོ་ཨོང་ཅོང་བསུས་པར་སྲས་སྐུ་གཤེགས་པས་ཡབ་དང་འདུས་པའི་སྲས་ཁྲི་སྲོང་ལྡེའུ་བཙན་འཁྲུངས་པ་ཙམ་གསལ་ཞིང་། ལྗང་ཚ་ལྷ་དབོན་དེ་བཙུན་མོ་གང་གི་སྲས་ཡིན་པ་སོགས་གང་ཡང་མི་འདུག གྲགས་རྒྱལ་བོད་ཀྱི་རྒྱལ་རབས་[ཇོ་ཏ་ཤ197 བ་3]ལས་མེས་ཁྲི་ལྡེས་བཙུན་མོ་དྲུག་བཞེས་པ་ལས། རྒྱ་རྗེ་ཡག་འབྲམས་ཀྱི་སྲས་མོ་གྱིམ་ཤུ་གོན་ཇུའི་སྲས་ཁྲི་སྲོང་ལྡེ་བཙན། ཞེས་བཙུན་མོ་དྲུག་ཡོད་པ་ཞལ་གྱིས་བཞེས་ནའང་། དངོས་སུ་བཙུན་མོ་གཅིག་གི་མཚན་ལས་མི་གསལ།

ཡར་ལུང་ཇོ་བོའི་ཆོས་འབྱུང་[སི་59 ཕ་4]ལས་བཙུན་མོ་ལྗང་མོ་ཁྲི་བཙུན་ཁབ་ཏུ་བཞེས་པས། རྒྱལ་བུ་གཅིག་འཁྲུངས་པ་ལ། མིའི་བུ་མི་འདྲ་བ། ལྷའི་སྲས་འདྲ་བ་གཅིག་བྱུང་བས། མིང་ལྗང་ཚ་ལྷ་དབོན་དུ་བཏགས་སོ། །དེ་ལ་བོད་ན་ཁབ་ཏུ་འོས་པ་མེད་ནས། རྒྱ་རྗེ་ཞི་ཛུང་གི་སྲས་མོ་ཀོང་ཇོ་ལེན་དུ་བཏང་བ་ལས། ཀོང་ཇོ་མ་བསླེབ་པར། གཉགས་ཀྱི་བུ་མོ་མ་བླངས་པར་ཀ་ལོང་བྱས་ཏེ་གཉགས་ཁྲི་བཟང་ཡང་དོན་གྱིས་རྒྱལ་བུ་ཀྲོང་(བཀྲོངས)ཟེར། ཞེས་པ་དང་། ཡང་[སི་59 ཕ་11]ལས་ཡབ་དང་ཀོང་ཇོ་འདུས་པ་ལས། རྒྱལ་བུ་ཁྲི་སྲོང་ལྡེ་བཙན་འཁྲུངས། ཞེས་བཙུན་མོ་ལྗང་བཟའ་ཁྲི་བཙན་ལས་ལྗང་ཚ་ལྷ་དབོན་དང་། ཀོང་ཇོ་ལས་ཁྲི་སྲོང་ལྡེའུ་བཙན་འཁྲུངས་པར་བཤད་ཡོད། འདིར་སྲས་ལྗང་ཚ་ལྷ་དབོན་དེ་གཉགས་ཀྱིས་བཀྲོངས་པར་གསལ་ཞིང་དེབ་ཐེར་དཔྱིད་ཀྱི་རྒྱལ་མོའི་གླུ་དབྱངས་[པེ་50 ཕ་19]ལས་ཀྱང་གཉགས་ཀྱི་བུ་མོ་མ་བླངས་པའི་འཁོན་གྱིས་གཉགས་ཁྲི་བཟང་ཡང་འདོན་གྱིས་རྒྱལ་བུ་བཀྲོངས། ཞེས་ཡར་ལུང་ཇོ་བོའི་དགོངས་པའི་རྗེས་སུ་འབྲངས་ཏེ་བཤད་ཡོད་ནའང་ལྡེའུ་རྒྱ་བོད་ཀྱི་ཆོས་འབྱུང་

[བོད་300ཤ་7]ལས་ལྷོང་ཚ་གླིན་པར་སོང་འདུག་ཅེས་པ་དང་། ཡང་[བོད་300ཤ་10]ལས་འཇང་ཚ་ལྷ་དབོན། རྒྱལ་ས་མ་ཟིན་ཏེ་ཐང་འཚམས་སུ་ཕབ་པོ། །ཞེས་པ་དང་། རྒྱལ་རབས་གསལ་བའི་མེ་ལོང་"[པེ་197ཤ་23]ལས་(ཀོང་ཇོ་)དེར་རྒྱ་བོད་ཀྱི་མཚམས་སུ་སླེབ་པ་དང་། བོད་དུ་བློན་པོ་རྣམས་ཀྱིས་རྒྱལ་བུ་གདན་དྲངས་ཏེ། མཚན་མོ་ཟླ་བའི་འོད་ལ་ཐམས་ཅད་ཀྱིས་རྟ་རྒྱུགས་པ་ལ་དེར་རྒྱལ་བུས་ཀྱང་རྟ་རྒྱུགས་པས། རྟས་བསྐྱུར་ཏེ་འདས་སོ། །ཞེས་པ་སོགས་བཞིན་ཚུལ་མི་འདྲ་བ་འགའ་རེ་བྱུང་ཡོད་སྟབས། ལོ་རྒྱུས་རྣལ་མ་གང་ཡིན་ཅུང་རྟོགས་དཀའ་བའི་གནས་སུ་གྱུར་འདུག

ལྷོང་ཚ་ལྷ་དབོན་གྱི་བང་སོ་ནི། རྒྱལ་རབས་གསལ་བའི་མེ་ལོང་[པེ་198ཤ་5]ལས་ལྷོང་ཚ་ལྷ་དབོན་བང་སོ་མེས་ཀྱི་མདུན། ཀླུམ་པོར་བརྩིགས་ནས་གཏེར་ཡང་སྦས་སོ་སྐད། ཅེས་ཕོང་གི་མེས་པོ་འདུས་སྲོང་མང་པོ་རྗེའི་བང་སོའི་མདུན་ངོས་སུ་བརྩིགས་ཡོད་པར་མངོན། ཁྲི་ལྡེ་གཙུག་བརྟན་གྱི་སྲས་ཁྲི་སྲོང་ལྡེའུ་བཙན་གྱི་སྐོར"ཆོས་ལྡན་རྒྱལ་རབས་ཀྱི་ལོ་ཚིགས་འཕྲུལ་སེལ"ཞེས་པའི་རྩོམ་ཡིག་[ཀྲུང་………དབྱངས་མི་རིགས་སློབ་གྲྭ་ཆེན་མོའི་བོད་ཡིག་སློབ་དཔྱོད་ཁང་ནས་སྤེལ་བ16ཤ་1]ལས་སྨྲ་བཞིན་རྗེས……འབྲང་དང་བཅས་པ་རྣམས་ཀྱིས། ཀོང་ཇོ་ལས་ཁྲི་སྲོང་ལྡེ་བཙན་འཁྲུངས་ཀྱང་སྣ་ནམ་བཟའ་ཡིས་ཀོང་ཇོའི་སྲས་འཕྲོགས་ཏེ་ཁོང་རང་སྐྱེས་པ་ལྟར་བྱས་པས། རྗེ་བློན་རྣམས་ཐེ་ཚོམ་དུ་གྱུར་པས་ཞལ་ལྷེ་གཅོད་པའི་སྐབས་པ་མ་བྱུང་ཞིང་། (ཀོང་ཇོས་)བོད་ཀྱི་ས་དཔྱད་བཟང་བ་འགའ་ཞིག་ཉམས་སུ་བཙུག མི་རིང་བར་སྲས་ཞབས་འཇུགས་ཀྱི་དགའ་སྟོན་ལ་བཙུན་མོ་གཉིས་ཕ་མིང་དང་། བློན་འབངས་རྣམས་འཚོགས་པའི་དབུས་རྒྱལ་པོས་འབྲས་ཆང་གིས་བཀང་བའི་གསེར་གྱི་ཕོར་པ་སྲས་ཀྱི་ལག་ཏུ་གཏད་ནས། བུ་རང་གི་ཞང་པོའི་ལག་ཏུ་ཕོད་ཅེས་གསུངས་པ་དང་། སྲས་ཀྱི་(ཀྱིས་)རིན་པོ་ཆེའི་ཕོར་པ་རྒྱ་རྣམས་ཀྱི་ལག་ཏུ་གཏད་ནས། ང་ཁྲི་སྲོང་ལྡེ་བཙན་རྒྱ་ཚ་ཡིན། སྣ་ནམ་ཞང་གིས་དོན་མི་འཚལ། གསུངས་པ་དང་། ཀོང་ཇོ་ཡིད་རབ་ཏུ་དགའ་སྟེ། ཚེ་སྔོན་མའི་ལས་ཀྱིས་འཕོས་པ་ཡིས། ང་རྒྱ་ནས་འོང་བའི་བུ་མོ་ལ། རྗེ་འགྲན་མེད་རྒྱལ་པོའི་སྲས་ཞིག་འཁྲུངས། ཞེས་སོགས་ཀྱི་གཏམ་སྙན་ཚུལ་བྲིས་འདུག་པ་འདི་རིགས་ནི། ཁྲི་སྲོང་རྒྱ་ཚ་ཡིན་པར་ཨུ་ཚུགས་ཀྱིས་བསྒྲུབ་པའི་རྟགས་ཀྱི་ཤུགས་ལས། རྒྱ་ཚ་མ་ཡིན་པའི་སྒྲུབ་བྱེད་དུ་གྱུར་འདུག་སྟེ། ཕར་མི་ཚོགས་ཀྱི་དབུས་ན་ལྕམ་མོ་ཞིག་གིས་སྦྲུག་དྲི་ཤོར་བའི་ཚེ། གཡོག་པོ་ཞིག་གིས་ད་གཟོད་ལྕམ་ལགས་ཀྱིས་སྦྲུག་དྲི་ཤོར་བ་དེ་ལྕམ་ལགས་ཀྱིས་ཤོར་བ་མ་རེད། ངས་ཤོར་བ་རེད་ཅེས་ཟེར་བའི་གཏམ་རྒྱུད་བཞིན། སྣ་ནམ་ལས་སྐྱེས་པའི་བུ་དེ་སྣ་ནམ་གྱི་མ་རེད། རྒྱ་བཟའི་བུ་རེད་ཟེར་བ་འདྲ་པོ་ཞིག་ཆགས་འདུག   དེ་ལྟའི་གངས་ལྗོངས་ཆོས་སྲིད་ཟུང་ལ་མངའ་དབང་བསྒྱུར་བའི་རྒྱལ་བློན་འཁོར་

འབངས་དང་བཅས་པ་དེ་ཙམ་གྱིས། དུས་རྟག་ཏུ་འཚོ་བ་ལྷན་ཅིག་ཏུ་སྐྱིལ་བའི་བཙུན་མོ་གཉིས་གང་ལས་ཕྲུ་གུ་སྐྱེས་པ་ཙམ་ཡང་མ་ཤེས་ནས། ཁྱིས་པ་སྐྱེ་ལོ་འཁོར་བ་ཞིག་གི་ཁ་ནས་བདེན་དོན་བཙལ་དགོས་ན། དཔྱ་འདུལ་གཉེན་སྒྲིང་སོགས་ཆབ་སྲིད་ཀྱི་ལས་དོན་ལྷབས་ཆེན་པོ་དེ་ཚོ་གང་འདྲ་བྱས་ནས་བསྒྲུབ་དགོས་རྒྱུ་རེད། བཤད་སྲོལ་འདི་རིགས་ནི་དྲང་པོའི་ལོ་རྒྱུས་འཁྲུག་བཤད་ཀྱི་གཏམ་རྒྱུད་ལ་བསྒྱུར་བའི་ཡིག་ཇོབ་འདྲ་བོ་ཞིག་ལས། རྟོགས་དཔྱོད་ཀྱི་བློ་མིག་ཡངས་པ་རྣམས་ནི་གད་མོ་འཚོར་བའི་རྒྱུ་རྐྱེན་འགྱུར་འདུག ཅེས་བཤད་ཡོད་པ་འདི་ནི་མཁས་པ་བློ་གསལ་གྱི་ལེགས་བཤད་ལོ་རྒྱུས་ཀྱི་ཚུལ་དང་མཐུན་པ་ཞིག་ཏུ་གོ།

ཁྲི་ལྡེ་གཙུག་བརྟན་གྱི་བཀའི་བློན་ཆེན་པོ་ནི་སྨྲ་བཞིན་དུ་གཉགས་ཁྲི་བཟང་ཞེས་པ་ཙམ་ལས·········གཞན་གསལ་ཁ་ཐོན་པ་མེད་ནའང་། ལྡེའུ་རྒྱ་བོད་ཀྱི་ཆོས་འབྱུང་[བོད་300ཤ་16]ལས་ཁུ་མང་པོ་རྗེ་ལྷ་གཟུང་བློན་དུ་བསྐོས་ཡོད་པ་ལ་ཕྲ་མ་བྱུང་ནས་ཁུ་ལ་བཀྱོན་ཕབ། སྨས་ཁྲི་གཟིགས་ཀྱིས་བློན་པོ་ལོ་བཞི་བྱས། འགྲོ་ཅུང་ཟ་འོར་མས་ལོ་ཉི་ཤུ་བྱས། ཞེས་པ་འདིར། ཁུ་མང་པོ་རྗེ་ལྷ་གཟུང་ལ་བཀྱོན་ཕབ་པར་གསལ་བ་དེའི་སྐོར་ཏུན་ཧོང་བོད་ཀྱི་ལོ་རྒྱུས་ཡིག་རྙིང་[PI584ཤ་102]ལས་དཀུན་བཙན་པོ་རྒྱལ་གཙུག་རུ་དང་། ཕྱི་ཁྲི་མ་ལོད་ཞུར་ན་བཞུགས། ཁུ་མང་པོ་རྗེ་ལྷ་ཟུང་། བློན་ཆེན་པོར་བཀའ་སྩལད། དེའི་རྗེས་ལ་གླིང་རིངས་ཙལ་དུ་ཁུ་མང་པོ་རྗེ་ལྷ་ཟུང་ལ་བཀྱོན་ཕབ། དབའས་ཁྲི་གཟིགས་ཞང་ཉེན་བློན་ཆེན་པོར་བཀའ་སྩོལད། སེ་རིབ་ལོག་པར་ལོ་གཅིག ཅེས་ཁྲི་ལྡེ་གཙུག་བརྟན་དགུང་གྲངས་རྩིལ་པོ་གཅིག་ལོན་པ་ཤིང་མོ་སྦྲུལ་གྱི་ལོ(སྤྱི2622སྤྱི705)ལ་ཁུ་མང་པོ་རྗེ་བཀའི་བློན་ཆེན་པོར་བསྐོས་ནའང་། ཕྲ་མའི་རྐྱེན་གྱིས་ལོ་དེ་རང་དུ་ཁུ་མང་པོ་རྗེས་ལ་བཀྱོན་ཕབ་ཡོད་པ་འདི་ནི། ཕྱི་མོ་ཁྲི་མ་ལོད་དེ། གྲགས་རྒྱལ་བོད་ཀྱི་རྒྱལ་རབས་[རྗེ་ཏ197ཤ5བ2]ལས(མང་སྲོང་མང་བཙན་)དེས་འབྲོ་བཟའ་ཁྲི་ཆེན་ཁྲི་མ་ལོད་ཀྱི་སྲས་འདུས་སྲོང་མང་པོ་རྗེ་རླུང་ནམ། ཞེས་གསལ་བ་བཞིན། མང་སྲོང་མང་བཙན་གྱི་བཙུན་མོ་འབྲོ་བཟའ་ཡིན་སྐབས། དབས་དང་མཆིམས་དང་། འབྲོ་རྣམས་ནས་ཕྱི་མོ་ཁྲི་མ་ལོད་ཀྱི་སྐུ་དབང་ལ་བརྟེན་ནས། ཁུ་ལ་བཀྱོན་ཕབ་སྡེ་ཁག་གསུམ་གྱིས་དབང་བཟུང་ཡོད་པར་མངོན། ཡར་ལུང་ཇོ་བོའི་ཆོས་འབྱུང་[སི58ཤ8]ལས་བློན་པོ་དབས་སྐྱེས་བཟང་སྟོང་བཙན། མཆིམས་རྒྱལ་གཟིགས་ཤུ་ཏིང་། འབྲོང་ཚུང་བཟང་འོར་མང་གསུམ་གྱིས་བྱས། ཞེས་པ་དང་། རྒྱལ་རབས་གསལ་བའི་མེ་ལོང་[པེ196ཤ9]ལས་བློན་པོ་སྐྱེ་བཟང་སྟོན་བཙན། མཆིམས་རྒྱལ་ཤུགས་སྟེང་། འབྲོ་ཚ་བཟང་འོར་གསུམ་གྱིས་བློན་པོ་བྱས། ཞེས་པ་དང་། ལྷོ་བྲག་ཆོས་འབྱུང་[པེ་སྟོད293ཤ16]ལས་བློན་པོ་སྨས་སྐྱེས་བཟང་སྟོང་བཙན། མཆིམས་རྒྱལ་

གཟིམས་ཤུ་ཧྲིང་། འགྲོ་ཆུ་བཟང་འོར་མ་གསུམ་གྱིས་བྱས། ཞེས་པ་དང་། རྒྱ་བོད་ཡིག་ཚང་ཆེན་མོ་[སི་177ཤ12]ལས་བློན་པོ་ སྟས་སྐྱེས་བཟང་སྟོང་བཙན་དང་། མཆིམས་རྒྱལ་གཟིགས་ཤུ་ཏྲེ། འགྲོ་ཆུ་བཟང་ཧོར་མང་གསུམ་གྱིས་བྱས། ཞེས་སོགས་ཀྱི་གཞུང་འདི་རྣམས་སུ་བློན་པོའི་མཚན་འགོད་སྟངས་མི་འདྲ་བ་ཇི་སྙེད་ཅིག་ཡོད་མོད། དོན་སྙིང་བཀའི་བློན་ཆེན་པོ་གསུམ་གྱི་མཚན་ཡིན་ལ། དེ་ཡང་ལྡེའུ་ཆོས་འབྱུང་དུ་སྟས་ཁྲི་གཟིགས་ཞེས་བྱ་བ་དེ། ཡར་ལུང་ཇོ་བོའི་ཆོས་འབྱུང་སོགས་སུ་དབས་སྐྱེས་བཟང་དང་སྐྱི་བཟང་སྟོང་བཙན། སྟས་སྐྱེས་བཟང་སྟོང་བཙན་ཞེས་པ་རྣམས་དང་དོན་གཅིག་པ་དང་། གཞན་ཡང་མཆིམས་རྒྱལ་གཟིགས་ཤུ་ཧྲིང་ཞེས་པའམ། མཆིམས་རྒྱལ་ཤུ་སྟེང་། མཆིམས་རྒྱལ་གཟིགས་ཤུ་ཧྲིང་། མཆིམས་རྒྱལ་གཟིགས་ཤུ་ལྟེ་ཞེས་པ་རྣམས་དོན་གཅིག་པ་དང་། འགྲོང་ཆུ་བཟང་འོར་མང་ཞེས་པའམ་འགྲོ་ཆུ་བཟང་འོར། འགྲོ་ཆུ་བཟང་འོར་མ། འགྲོ་ཆུ་བཟང་ཧོར་མང་ཞེས་བྱ་བ་དེ་རྣམས་དོན་གཅིག་པ་ཞེ་ཡིན་སྙམ།

ཉང་གི་ཆོས་འབྱུང་[བོད་271ཤ8]ལས་བློན་པོ་མཆིམས་ཁྲི་ཐོག་རྗེ་འབར་དང་། ཅོག་རོ་སྐྱེས་བཟང་རྒྱལ་དང་སྣ་ནམ་གྱི་ཞང་ཁྲོམ་པ་སྐྱེས་དང་གསུམ་ཞེས་གསལ་བའི་བློན་ཆེན་པོ་འདི་གསུམ་ནི་ཁྲི་ལྡེ་གཙུག་བརྟན་གྱི་སྐུ་ཚེའི་སྐབས་ན། ཆབ་སྲིད་ཀྱི་ཁ་ལོ་བསྒྱུར་བར་མངའ་དབང་ཤིན་ཏུ་ཆེ་བའི་བཀའི་བློན་ཆེན་པོ་གསུམ་ཡིན་ལ། ཁྲི་སྲོང་ལྡེའུ་བཙན་སྐུ་ན་ཕྲ་བའི་དུས་བློན་ཆེན་པོ་འདི་གསུམ་ཆོས་ལ་མི་དགའ་བས་དཀའ་རྙོག་མང་དུ་བྱས་པའི་ལོ་རྒྱུས་ཉང་གི་ཆོས་འབྱུང་རང་ལས་གསལ་ཞིང་། བློན་པོ་འདི་གསུམ་ནི་གཙོ་ཆེར་ཁྲི་སྲོང་ལྡེའུ་བཙན་གྱི་སྐུ་ཚེའི་སྟོད་ཀྱི་བློན་པོའང་ཡིན། ཤིན་ཏུ་མངའ་དབང་ཆེ་བའི་ཕྱི་མོ་ཁྲི་མ་ལོད་དེ་ནི། ཁྲི་ལྡེ་གཙུག་བརྟན་དགུང་གྲངས་བརྒྱད་ལ་ཕེབས་པ་ཆུ་ཕོ་བྱི་བའི་ལོ(སྤྱི2629སྤྱི712)ལ་སྐུ་གཤེགས་པའི་ཚུལ། ཏུན་ཧོང་བོད་ཀྱི་ལོ་རྒྱུས་ཡིག་རྙིང་[PI586ཤ133]ལས་བྱི་བའི་ལོ་ལ། བཙན་པོ་དབྱརད་བལ་ཕོ་ན་བཞུགས། ཕྱི་དྲོ་ཕ་ཕ་བཞུགས། པཙན་པོ་མཆན་རྒྱལ་གཙུག་ཏུ་ལས། ཁྲི་ལྡེ་གཙུག་རྩན་དུ་གསོལད། ཕྱི་ཁྲི་མ་ལོད་ནོངས། ཞེས་ཕྱི་མོ་ཁྲི་མ་ལོད་སྐུ་གཤེགས་པ་དང་། ཡང་[PI586ཤ137]ལས་གླང་གི་ལོ་ལ་བབ་སྟེ། བཙན་པོ་དབྱརད་མལ་དྲོ་བརྗེན་ཏང་ན་བཞུགས། ཞེས་པ་ནས[PI586ཤ139]ན། དགུན་བཙན་པོ་ཕོ་བྲང་བྲག་མར་ན་བཞུགས། ཕྱིང་བར་ཕྱི་ཁྲི་མ་ལོད་ཀྱི་མདང་བཏང་། ཞེས་དགོངས་རྫོགས་བསྐྱབས་པའང་གསལ་བར་བསྟན་པ་བཅས་ཀྱིས་ཤེས་ཐུབ་པ་ཡིན།

ཁྲི་ལྡེ་གཙུག་བརྟན་སྐུ་གཤེགས་པའི་ལོ་དུས་ནི། ལྡེའུ་རྒྱ་བོད་ཀྱི་ཆོས་འབྱུང་[བོད་300ཤ20]ལས་ཆེ་ལོ་ང་ལྔ་ལོན་ནས་ཕག་ལོ་ལ་འགྲོག་སྦྱལ་ཚང་བྱ་བར་འདས་སོ། །ཞེས་པ་དང་། ལྡེའུ་ཆོས་འབྱུང་ཆེན་མོར་ཡང་དེ་དང་མཐུན་པར་ཕག་གི་ལོ་ལ་གཤེགས་པར་བསྟན་པའི་ཕག་ལོ་དེ་ནི། སྤྱི་འཁོར་བཅོ་ལྔ་

པའི་སྒྲ་ཕྲེང་འོག་མའི་ས་མོ་ཕག་གི་ལོ་(སྤྱི2676སྤྱི759)དེ་ཡིན་དགོས་ལ། ཏུན་ཧོང་བོད་ཀྱི་ལོ་རྒྱུས་ཡིག་ཆེད་[PI591ཕ256]ལས། ཕགི་ལོ་ལ། བཙན་པོ་ཕོ་བྲང་ན་མར་ན་བཞུགས྄ཏེ། འབྲོག་སོག་གཙོད་པའི་རིང་ལུགས་སོ་སོར་བཀྱེ། ཁྲུ་ཞེར་ཆིབས་ཞེས་པ་ཙམ་ལས། ཁྲི་ལྡེ་གཙུག་བརྟན་དགུང་གྲངས་བཞི་བཅུ་ཞེ་གསུམ་ལ་ཕེབས་པ། མེ་མོ་ཕག་གི་ལོ་(སྤྱི2664སྤྱི747)དེ་ནས་བཟུང་། དགུང་གྲངས་ལྔ་བཅུ་ང་གཅིག་ལ་ཕེབས་པ་ཤིང་མོ་ལུག་གི་ལོ་(སྤྱི2672སྤྱི755)བར་གྱི་མ་དཔེ་ཆ་མ་ཚང་བ་ཡིན་སྐབས། ཁྲི་ལྡེ་གཙུག་བརྟན་གྱི་མཛད་པ་རྣམས་ཞལ་གསལ་བ་མེད་ནའང་། ཤིང་མོ་ལུག་ལོའི་འཁྲོས་རྩུབ་ཟད་གསལ་བ་ནི་[PI592ཕ12]ན། ཡབ་ཀྱི་ཁོང་ཕ་དག་དམག་མྱེས་ཕབ། སྟོང་སང་སྟོང་སྡེ་གསུམ་གྱི་སྟོང་དཔོན་བསྐོས། ལང་འབལ་གྱི་བྲག་སྒྱུགས྄ཏེ། མདོངས་སོད་དུ་བཏོན། བློན་ཁྲི་བཟང་དང་། ཞང་སྟོང་རྩན་གཉིས་ཀྱིས། མཁར་ཏེའུ་ཙུ་ཕབ། རྨ་གྲོམ་ཕྱིར་བཙུགས྄ཏེ། ཞང་མདོ་བཞེར་རྨ་གྲོམ་གྱི་དམག་དཔོན་དུ་བཀའ་སྩལད། མདོ་སྨད་ཀྱི་དབྱར་འདུན་དབུ་ལེ་ལམ་ནག་དུ། བློན་ཁྲི་སྒྲ་དང་། མང་རྩན་འཕན་གང་དང་། བློན་མདོ་བཞེར་ལས་སྩོགས་པས་བསྡུས྄ཏེ། ཐེའུ་ཙུར་དྲ་མ་དྲངས྄ཏེ། དགུན་འདུན་ཞང་རྒྱལ་ཟིགས་ཀྱིས་རག་ཏིག་ཀོག་དུ་བསྡུས྄ཏེ། ལང་འབལ་བཀྲོན་བབ་པའི་ནོར་བཙས་པར་ལོ་ཅིག ཅེས་པའི་དོན་ནི་(ལུག་གི་ལོ་)ཡབ་(ཁྲི་ལྡེ་གཙུག་བརྟན)བཀྲོང་མཁན་ལག་དམར་རྣམས་དམག་མིས་བཟུང་། སྟོང་སང་སྟོང་སྡེ་གསུམ་གྱི་སྟོང་དཔོན་དུ་བསྐོས། ལང་(མྱེས་ཟིགས་)དང་འབལ་(སྟོང་ཙབ་)གྱི་བྲན་འཁོར་རྣམས་མདོང་སོད་དུ་སྒྱུགས། བློན་ཁྲི་བཟང་དང་ཞང་སྟོང་རྩན་གཉིས་ཀྱིས་མཁར་ཏེའུ་ཆུ་བཅོམ། རྨ་གྲོམ་གྱི་ཡུལ་སྐྱར་བོད་ཁོངས་སུ་བཙུགས་ཏེ། ཞང་མདོ་བཞེར་རྨ་གྲོམ་གྱི་དམག་དཔོན་དུ་བསྐོས། མདོ་སྨད་ཀྱི་དབྱར་འདུན། དབུ་ལེ་ལམ་ནག་ཏུ་བློན་ཁྲི་སྒྲ་དང་རྨང་རྩན་འཕན་གང་། བློན་མདོ་བཞེར་ལ་སོགས་པས་བསྡུས། ཏེའུ་ཆུ་ལ་དམག་ཧྲག་བསྡུས་དྲངས། དགུན་གྱི་འདུན་ཚོགས་ཞང་རྒྱལ་ཟིགས་ཀྱིས་རག་ཏགི་ཀོག་ཏུ་བསྡུས་ཏེ། ལང་འབལ་གཉིས་ལ་ཁྲིམས་བཏང་ཞིང་ནོར་གཞུང་བཞེས་བྱས་པའི་ལོ་གཅིག ཅེས་པའི་ཚིག་འདི་རྣམས་ལ་དཔྱད་ན་ལང་འབལ་གཉིས་ཀྱིས་ཁྲི་ལྡེ་གཙུག་བརྟན་བཀྲོངས་ཡོད་པ་གསལ་བར་བསྟན་ལ། ལྷ་སའི་ཞོལ་རྡོ་རིང་ཕྱི་མའི་ལྷོ་ངོས་ཀྱི་ཡིག་ཕྲེང་དང་པོ་ནས་ཉེ་ཤུའི་བར་གཤམ་གསལ།

བཙན་ཕོ་ཁྲི་ལྡེ་གཙུག་རྩན་གྱི་རིང་ལ། །ངན་ལམ་ཀླུ་ཁོང་གིས། །བློ་བ་ཉེ་བའི་རྗེ་བླས་བྱས་པ། །འབལ་ལྗོང་ཙབ་དང་། ལང་མྱེས་ཟིགས། བློན་པོ་ཆེན་ཕོ་བྱེད་བྱེད་པ་ལས། བློ་བ་རིངས་ནས། བཙན་ཕོ་ཡབ་ཁྲི་ལྡེ་གཙུག་རྩན་གྱི་སྐུ་ལ་དརད་ཏེ་དགོང་དུ་གཤེགས་སོ། །བཙན་ཕོ་སྲས་ཁྲི་སྲོང་ལྡེ་བརྩན་གྱི་སྐུ་ལ་ནི་དརད་དུ་ཉེ། །བོད་མགོ་ནག་པོའི་སྲིད་ནི་འཕྲུག་ཏུ་བྱེད་པ་ལས། ཀླུ་ཁོང་གིས། འབལ་དང་། ལང་བློ་

བ་རིངས་པའི་གཏན་གཙིགས། བཙན་པོ་སྲས་ཁྲི་སྲོང་ལྡེ་བཙན་གྱི་སྙན་དུ་གསོལད་ནས་འབལ་དང་། ལང་གློ་བ་རིངས། བདེན་པར་གྱུརད་ཏེ། ཁོང་ཏ་ནི་བཀྱོན་ཕབ་སྟེ། །ཀླུ་ཁོང་གློ་བ་ཉེའོ་ཞེས་པའི་དོན་ནི་བཙན་པོ་ཁྲི་ལྡེ་གཙུག་བཏན་གྱི་རིང་ལ་ངན་ལམ་སྟག་སྒྲ་ཀླུ་ཁོང་བསམ་པ་དཀར་པོས་རྗེའི་ཞབས་ཕྱི་ཕྱུས། འབལ་སྟོང་ཙབ་དང་ལང་མྱེས་ཟིགས་གཉིས་ནས་བཀའི་བློན་ཆེན་པོ་བྱེད་བཞིན་པའི་ངང་གློ་ལོག་ནས། བཙན་པོ་ཡབ་ཁྲི་ལྡེ་གཙུག་བཏན་གྱི་སྐུ་ལ་བསྙོས་ཏེ་དགུང་དུ་གཤེགས། བཙན་པོ་སྲས་ཁྲི་སྲོང་ལྡེའུ་བཙན་གྱི་སྐུ་ལའང་བསྙོ་བར་ཉེ་ཞིང་། བོད་མགོ་ནག་མིའི་ཆབ་སྲིད་དཀྲུགས་པ་ལ། སྟག་སྒྲ་ཀླུ་ཁོང་གིས་འབལ་སྟོང་ཙབ་དང་ལང་མྱེས་ཟིགས་གཉིས་གློ་ལོག་པའི་རྒྱུ་མཚན་རྣམས། བཙན་པོ་ཁྲི་སྲོང་ལྡེའུ་བཙན་གྱི་སྙན་དུ་གསོལ་བས། འབལ་དང་ལང་གཉིས་གློ་ལོག་པའི་བདེན་དོན་ཇི་འཕྲོད་དེ་ཁོང་གཉིས་ལ་ཁྲིམས་བཏང་བས་སྟག་སྒྲ་ཀླུ་ཁོང་བསམ་པ་དཀར་བར་ཤེས། ཞེས་བྱ་བ་འདིར་འབལ་ལང་གཉིས་ཀྱིས་བཙན་པོར་སྐུ་རྐྱེན་བཏང་སྟངས་ཞལ་མི་གསལ་ནའང་སྐུ་སྲོག་ལ་གནོད་རྐྱེན་བྱས་ཏེ་དགུང་དུ་གཤེགས་ཡོད་པ····ནི་ཤིན་ཏུ་གསལ་ཞིང་། ཚུལ་དེའང་སྤྱི་འཁོར་བཅོ་ལྔ་པའི་སྤྱི་ཕྲེང་འོག་མའི་ཤིང་མོ་ལུག་གི་ལོ་(སྤྱི་2672 ཕྱི་755)ལ་བྱུང་ཡོད་པ་གསལ་བར་བསྟན་པ་ཡིན།

ལྡེའུ་ཆོས་འབྱུང་དུ་ཁྲི་ལྡེ་གཙུག་བཏན་དགུང་གྲངས་ལྔ་བཅུ་ང་ལྔ་བཞུགས་ནས་ཕག་ལོ་ལ་སྐུ·········གཤེགས་ཡོད་པའི་ཚུལ་གསལ་བ་དང་། གྲགས་རྒྱལ་བོད་ཀྱི་རྒྱལ་རབས་[རྗེ་ཏ་198 བ་1]ལས་དྲུག་ཅུ་རྩ་གསུམ་བཞེས་ནས་ཆུ་རྟ་ལ། ཡར་འབྲོག་སྤྲས་པ་བྱ་བར་འདས་སོ་སྐད། ཅེས་གཞུང་འདིའི་ལུགས་སུ་ལྕགས་འབྲུག་ལོ་(སྤྱི་2597 ཕྱི་680)ལ་སྐུ་འཁྲུངས་པ་ནས་དྲུག་ཅུ་རེ་གསུམ་པའམ་རེ་གཉིས་པ་(2597 + 62 = 2559; 680 + 62 = 742)ཆུ་པོ་རྟའི་ལོ་(སྤྱི་2659 ཕྱི་742)སྟེ། ཁྲི་སྲོང་ལྡེའུ་བཙན་སྐུ་འཁྲུངས་པའི་ལོ་དེར་གཤེགས་པར་བཞེད་ལ། ནེའུ་སྡོན་པཎྜི་ཡི་གཏམ་དང་དེབ་ཐེར་དམར་པོ། རྒྱལ་རབས་གསལ་བའི་མེ་ལོང་། རྒྱ་བོད་ཡིག་ཚང་ཆེན་མོ་སོགས་བོད་ཀྱི་ཆོས་འབྱུང་དང་རྒྱལ་རབས་མང་པོ་ཞིག་ལུགས་དེའི་རྗེས་སུ་འབྲངས་ཡོད་པ་དང་། ཡར་ལུང་ཇོ་བོའི་ཆོས་འབྱུང་[སི་59 ཕ་12]ལས་དགུང་ལོ་ཉི་ཤུ་རྩ་གསུམ་ལ་ཡར་འབྲོག་སྤྲལ་ཚ་ན་ཁར་འདས་སོ། །ཞེས་གཞུང་འདི་རང་ནས་ལྕགས་འབྲུག་ལོ·····(སྤྱི་2657 ཕྱི་740)ལ་སྐུ་འཁྲུངས་ནས་དགུང་ལོ་ཉི་ཤུ་རྩ་གསུམ་པ་(2657 + 23 = 2680; 740 + 23 = 763)ཆུ་མོ་ཡོས་ཀྱི་ལོ་(སྤྱི་2680 ཕྱི་763)སྟེ། ཁྲི་སྲོང་ལྡེའུ་བཙན་དགུང་གྲངས་ཉེར་གཅིག་ལ་ཕེབས་པའི་སྐབས་ཡིན་པ་དེ་རྣམས་ནི་ཏུན་ཧོང་བོད་ཀྱི་ལོ་རྒྱུས་ཡིག་རྙིང་ལས་གསལ་བའི་ལོ་དུས་ནས་ཏ་ཅང་སྔ་ཕྱིར་འགྱུར་བ་ཡིན་སྟབས་ཚུལ་དང་མཐུན་པ་མིན་ལ། རྒྱའི་ཐང་ཡིག་རྙིང་མ་[རྒྱ་31 ཕ་8; མཚོ་179 ཕ་

8] ལས་ཐན་སྐྱོའི་ཁྲི་ལོ་བཅུ་བཞི་(ཤིང་ལུག སྤྱི་ལོ755) བཙན་པོ་ཁྲི་ལྡེ་གཙུག་བརྟན་གཤེགས་ཏེ་ཕོང་གི་བློན་པོ་རྣམས་ནས་བཙན་པོའི་སྲས་ཁྲི་ལྡེའུ་བཙན་ལ་བཙན་པོའི་མངའ་གསོལ་ཞུས། ཞེས་པ་དང་། ཐང་ཡིག་གསར་མ་[རྒྱ103ཤ་14; མཚོ་54ཤ་14] ལས་ཐེན་པའོ་ཁྲི་ལོ་བཅུ་བཞི་པར་(ཤིང་ལུག སྤྱི་ལོ་755) བོད་ཀྱི་བཙན་པོ་ཁྲི་ལྡེ་གཙུག་བརྟན་དགོངས་པ་རྫོགས་ཏེ་དེའི་སྲས་སུའོ་ཤིའི་ལྷུན་ནམ་བཙན་(ཁྲི་སྲོང་ལྡེ་བཙན་) བཙན་པོར་ཁྲི་གསོལ་བྱས་ཏེ་ཐང་རྒྱལ་ཁབ་ཏུ་ཞི་མཐུན་སྐུ་ཚབ་བཏང་འདུག ཅེས་གསལ་བ་དེ་རྣམས་ཀྱིས་ཁྲི་ལྡེ་གཙུག་བརྟན་གྱི་གཤེགས་ལོ་རྣལ་མ་དེ་སྙི་འཁོར་བཅོ་ལྔ་བའི་སྙི་ཕྲེང་འོག…… མའི་ཤིང་ལུག་གི་ལོ་(སྙི2672སྤྱི755) དེ་རང་ཡིན་པར་ཤེས་ཐུབ་པ་ཡིན།

ཁྲི་ལྡེ་གཙུག་བརྟན་གྱི་བང་སོ་ནི། རྒྱལ་རབས་གསལ་བའི་མེ་ལོང་[པེ201ཤ23] ལས་དེའི་བང་སོ་མུ་ར་རི་ལ་བརྩིགས། །གྲལ་ནི་འཕྲུལ་གྱི་རྒྱལ་པོའི་གཡོན་ན་ཡོད། །མིང་ནི་ལྷ་རི་གཙུག་ནམ་བྱ་བ་ལགས། །ཞེས་ངེས་ཤེས་ཐུབ་པ་ཡིན།

བདུན། བོད་ཀྱི་རྒྱལ་རབས་བཞི་བཅུ་པ་ཁྲི་སྲོང་ལྡེའུ་བཙན་གྱི་སྐོར།

རྒྱལ་པོ་འདིའི་མཚན་ནི་ཞང་ཞུང་གི་སྐད་དང་བོད་སྐད་འདྲེས་མ་ལས་བྱུང་བ་ཞིག་སྟེ། བཙན་པོའི་མཚན་འདི་བོད་སྐད་ཡོངས་གྲགས་ཀྱི་དབང་དུ་བྱས་ན“ལྷ་མཛངས་མཁྱེན་རབ”ཞེས་པ་དང་དོན……… གཅིག་ཏུ་གོ་ཐུབ་པ་ཡིན། ཆོས་རྒྱལ་ཁྲི་སྲོང་ལྡེའུ་བཙན་གང་དུ་འཁྲུངས་པའི་གནས་དང་། འཁྲུངས་ལོ་སོགས་ཀྱི་སྐོར་ནི། ལྡེའུ་རྒྱ་བོད་ཆོས་འབྱུང་[བོད301ཤ2] ལས་རྒྱལ་པོ་འདི་ཡང་རྟ་ལོ་ལ་བྲག་དམར་དུ་སྐུ་བལྟམས། ཞེས་པ་དང་། ལྡེའུ་ཆོས་འབྱུང་ཆེན་མོ་[བོད121ཤ2] ལས་དེ་ནས་རྟ་ལོའི་དཔྱིད་ཀ་བྲག་དམར་དུ་རྒྱལ་པོ་ཁྲི་སྲོང་ལྡེ་བཙན་སྐུ་འཁྲུངས་ཞེས་འཁྲུངས་ལོ་དང་འཁྲུངས་གནས་གསལ་བར་བསྟན་པ་དང་། མངའ་བདག་ཉང་རལ་ཉི་མ་འོད་ཟེར་(1124—1192) གྱི་གཏེར་སྟོན་བཀའ་ཐང་ཟངས་གླིང་མ་[གཏེར་ཀ33ཤ17ན5] ལས་དེ་ནས་ཟླ་དགུ་ཞག་དང་བཅུ་ནས་ཕོ་བྲང་དམར་དུ་ཡུམ་ལ་ན་ཚ་མེད…… པར་སྐུ་བལྟམས་སོ༔ དེ་ནས་རྒྱལ་བུ་དེ་སོ་དུང་སོ་འཁོར་མར་ཡོད༔ སྐྲ་འཁོར་མཐོན་མཐིང་རིས་ཀྱི་གཙུག་གཡས་སུ་འཁྱིལ་བ༔ མཛེས་པ་ལྷའི་བུ་ལྟ་བུ་ཞིག་བྱུང་སྟེ༔ རྟའི་ལོ་དཔྱིད་ཟླ་ར་བའི་སྐར་མ་རྒྱལ་གྱི་ཉིན་པར༔ ནམ་ལངས་ནས་ཉི་མ་ཤར་བ་ལ་སྐུ་འཁྲུངས་སོ༔ མཚན་ཡང་ཁྲི་སྲོང་ལྡེའུ་བཙན་དུ་བཏགས་སོ༔ ཞེས་པ་དང་། ཉང་གི་ཆོས་འབྱུང་མེ་ཏོག་སྙིང་པོ་[བོད271ཤ20] ལས་དེར་མེས་ཨག་ཚོམ་གྱིས་རྒྱའི་ལྷ་སྲས་ཀྱིམ་ཤིང་ཀོང་ཇོ་བཞེས་པ་ལ་སྲས་རྒྱལ་པོ་ཁྲི་སྲོང་ལྡེའུ་བཙན་གཟིགས་སོ། །ཞེས་པ་

དག་གིས་བཙན་པོའི་འཁྲུངས་གནས་དང་འཁྲུངས་ལོ། ཟླ་བ་དང་སྐར་མ། དུས་ཚོད། སྐུ་འཁྲུངས་པའི་ཡབ་ཡུམ་གྱི་མཚན་བཅས་གསལ་བར་བསྟན་པ་དང་། དེ་རྣམས་དང་ཕྱོགས་འདྲ་བ་ཞིག་ནི་པདྨ་བཀའི་ཐང་ཡིག་[སི་341ཕ་4]ལས་ཀྱང་། རྟ་ལོ་དཔྱིད་ཟླ་ར་བ་སྟག་ཟླའི་ཉིན༔ སྐར་མ་རྒྱལ་གྱི་ནམ་ལངས་ཉི་ཤར་དུས༔ བོད་ཀྱི་རྒྱལ་པོ་ཁྲི་སྲོང་ལྡེའུ་བཙན་འཁྲུངས༔ ཞེས་འཁྲུངས་ལོ་དང་། ཟླ་བ་དང་སྐར་མ། དུས་ཚོད་རྣམས་གསལ་བར་བསྟན་ནའང་རྟའི་ལོ་དེའི་ལོ་ཁམས་མ་བསྟན་པས། སྤྱི་ཕྲེང་འོག་མའམ་གོང་མ་གང་ཡིན་དང་། འབྱུང་ཁམས་གང་དང་འབྲེལ་བའི་རྟ་ལོ་ཡིན་པ་ཤིན་ཏུ་ངེས་དཀའ་བ་ཡིན། དེ་ལྟར་ནའང་ནེའུ་སྟོན་གྱི་གཏམ་མེ་ཏོག་ཕྲེང་བ་[ནེ་11ཤ་6ན་3]ལས་ཁྲི་སྲོང་ལྕགས་རྟའི་དབྱིལ་ཀ་བྲག་དམར་དུ་འཁྲུངས་ཞེས་པ་འདིས་འཁྲུངས་ལོ་ཙམ་དུ་མ་ཟད། ལོ་ཁམས་གང་ཡིན་པའང་གསལ་བར་བསྟན་པ་དེ་ནི་སྤྱི་འཁོར་བཅོ་ལྔ་པའི་སྤྱི་ཕྲེང་འོག་མའི་ལྕགས་ཕོ་རྟའི་ལོ་(སྤྱི་2647ཕྱི་730)དེའམ། སྤྱི་འཁོར་བཅུ་དྲུག་པའི་སྤྱི་ཕྲེང་གོང་མའི་ལྕགས་ཕོ་རྟའི་ལོ་(སྤྱི་2707ཕྱི་790)འདི་གཉིས་གང་རུང་ཞིག་ལས། འོས་གཞན་མེད་པ་ཡིན་ལ། གྲགས་རྒྱལ་བོད་ཀྱི་རྒྱལ་རབས་དང་ནེའུ་སྟོན་བྱུང་གི་གཏམ། ཡར་ལུང་ཇོ་བོའི་ཆོས་འབྱུང་། དེབ་ཐེར་དམར་པོ། རྒྱལ་རབས་གསལ་བའི་མེ་ལོང་། ཀླུ་སྒྲུབ་བསྟན་རྩིས། རྒྱ་བོད་ཡིག་ཚང་ཆེན་མོ། བཻ་དཀར་སོགས་བོད་ཀྱི་རྒྱལ་རབས་དང་ཆོས་འབྱུང་། བསྟན་རྩིས་ཡོངས་སུ་གྲགས་པ་ཕལ་མོ་ཆེ་ལུགས་དེའི་རྗེས་སུ་འབྲང་སྲོལ་བྱུང་ཡོད། དེ་ལྟར་ནའང་། རང་རེས་ལེགས་པར་དཔྱད་ན། སྤྱི་འཁོར་བཅུ་དྲུག་པའི་སྤྱི་ཕྲེང་གོང་མའི་ལྕགས་ཕོ་རྟའི་ལོ་(སྤྱི་2707ཕྱི་790)ནི་ཡིན་མི་སྲིད་པ་ཞིག་སྟེ། རྒྱའི་ཐང་ཡིག་གསར་མ་[རྒྱ་109ཕ་11; མཚོ་91ཕ་3]ལས་ཅན་ཀྲུང་ཁྲི་ལོ་བཅུ་གསུམ་པར་(མེ་གླང་། ཕྱི་ལོ་797)བོད་ཀྱི་བཙན་པོ་དགོངས་པ་རྫོགས་ཏེ། དེའི་སྲས་ཙུས་ཀྲི་ཅིན་(མུ་ནེ་བཙན་པོ)བཙན་པོའི་ཁྲི་གསོལ་བྱས། ཞེས་གསལ་བ་དེ་ལྟར་ན། བཙན་པོ་ཁྲི་སྲོང་ལྡེའུ་བཙན་སྐུ་འཁྲུངས་ནས་དགུང་གྲངས་ཧྲིལ་པོ་བདུན་གྱི་སྟེང་དུ་སྐུ་གཤེགས་དགོས་པར་འགྱུར་ལ་སྤྱི་འཁོར་བཅོ་ལྔ་པའི་སྤྱི་ཕྲེང་འོག་མའི་ལྕགས་ཕོ་རྟའི་ལོ་(སྤྱི་2647ཕྱི་730)འདིའང་ཡིན་མི་སྲིད་དེ། སྤྱི་འཁོར་བཅོ་ལྔ་པའི་སྤྱི་ཕྲེང་འོག་མའི་ཤིང་མོ་ལུག་གི་ལོ་(སྤྱི་2672ཕྱི་755)ལ་ཡབ་རྒྱལ་པོ་ཁྲི་ལྡེ་གཙུག་བརྟན་སྐུ་གཤེགས་ཏེ་ཁྲི་སྲོང་ལྡེའུ་བཙན་ཁྲིར་བཀོད་པ། རྒྱའི་ཐང་ཡིག་གསར་རྙིང་ལས་གསལ་བར་བསྟན་པ་དེ་ལྟར་ན། ཁྲི་སྲོང་ལྡེའུ་བཙན་ཁྲིར་བཀོད་དུས་དགུང་གྲངས་ཉེར་ལྔ་ལ་ཐེབས་ཡོད་པའི་ལུགས་དེ་ནི་བོད་ཀྱི་རྒྱལ་རབས་ཀུན་དང་ཡོང་སུ་འགལ་བའི་གཏམ་དུ་འགྱུར་བ་སྨོས་མ་དགོས་པ་རེད། བུ་སྟོན་ཆོས་འབྱུང་(ལྷ་ཤ་125ན་6)ལས། དེ་ལ་སྲས་མཚན་ལྡན་ཞིག་ས་ཕོ་རྟ་ལ་འཁྲུངས་ཏེ་རྒྱལ་པོ་ལ་འཕང་ཐང་དུ་བསྟན་པར་ཆས་པ་ན། བུ་སྣ་ནམ་

བཟས་འཕྲོག་སྟེ་སྣ་ནམ་གྱི་བུར་བྱས་ནས་ཁྲི་སྲོང་ལྡེ་བཙན་ཞེས་གྲགས་སོ། །ཞེས་འཁྲུངས་ལོ་ས་རྟ་ལ་ངོས་འཛིན་གནང་འདུག་ཅིང་། ཀློང་ཆེན་པའི་ཆོས་འབྱུང་དང་། རྒྱལ་རབས་འཕྲུལ་གྱི་ལྡེ་མིག་གཉིས་ཀྱང་ལུགས་འདིའི་རྗེས་སུ་འབྲངས་ཡོད་མོད། དེའང་དུས་སྐབས་དང་མཐུན་དཀའ་བ་ཞིག་སྟེ། སྤྱི་འཁོར་བཅོ་ལྔ་པའི་སྤྱི་ཕྲེང་བར་མའི་ས་ཕོ་རྟའི་ལོ་(སྤྱི2635ཕྱི718)ཡིན་པའི་དབང་དུ་བྱས་ན་ནི། སྐབས་དེར་ཡབ་ཁྲི་ལྡེ་གཙུག་བརྟན་དགུང་གྲངས་བཅུ་བཞི་ལ་ཕེབས་པའི་དུས་ཡིན་པས་འགྲིག་ཐབས་མེད་ལ། སྤྱི་ཕྲེང་འོག་མའི་ས་ཕོ་རྟའི་ལོ་(སྤྱི2695ཕྱི778)ནི་ཡིན་མི་སྲིད་དེ། སྤྱི་ཕྲེང་དེའི་ཤིང་མོ་ལུག་གི་ལོ་(སྤྱི2672ཕྱི755)ལ་བཙན་པོ་ཁྲི་ལྡེ་གཙུག་བརྟན་སྐུ་གཤེགས་པ་དང་། སྲས་ཁྲི་སྲོང་ལྡེའུ་བཙན་ཁྲིར་བཀོད་པ་རྒྱའི་ཐང་ཡིག་གསར་རྙིང་ལས་གསལ་བར་བཤད་པས་ངེས་ཤེས་རྙེད་ཐུབ་པ་ཡིན།

ལྷོ་བྲག་ཆོས་འབྱུང་[པེ་སྟོད297ཤ1]ལས་དེ་ནས་ཆོས་རྒྱལ་ཁྲི་སྲོང་ལྡེ་བཙུན་སྐུ་བལྟམས་པའི……ཚུལ་ལ་སྨྲ་བཞེད་ལས་ཡོས་ལོ་ལ་བལྟམས་ནས། ལོ་བརྒྱད་ལ་རྒྱལ་ས་མཛད་པར་བཤད་ཀྱང་། ཡབ་ལྕགས་འབྲུག་ལ་འཁྲུངས་ནས་ལོ་དྲུག་ཅུ་རྩ་གསུམ་ལ་འདས་པའི་ཚེ། སྲས་མེ་ཡོས་ལ་འཁྲུངས་ན་ལོ་བཞི་ལས་མི་འགྲོ་ཞིང་། བརྒྱད་སོང་བ་དགག་ན་ཤིང་ཕག་ལ་འཁྲུངས་དགོས་པས་ཡི་གེ་ནོར་བ་ཞིག་བྱུང་ཡོད་པར་སྣང་ལ། ཡིག་ཚངས་ཤས་ཆེ་བར་ལྕགས་ཕོ་རྟ་ལ་འཁྲུངས་ནས་ལོ་བཅུ་གསུམ་ན་རྒྱལ་ས་མཛད་པ་ཤས་ཆེར་སྣང་བས་འདི་དག་པ་སྙམ་ལ། བུ་སྟོན་གྱིས་ས་རྟ་ལ་འཁྲུངས་པར་མཛད་ཀྱང་། ལོ་བཅུ་གསུམ་གྱིས་ཕྱས་པར་སྣང་ངོ་། །ཞེས་ཁྲི་སྲོང་ལྡེའུ་བཙན་ལྕགས་ཕོ་རྟ་ལ་འཁྲུངས་པའི་ལུགས་དེ་འཐད་ཕྱོགས་སུ་བཟུང་མཛད་འདུག་ནའང་། མུ་ནེ་བཙན་པོའི་འཁྲུངས་ལོ་བཤད་པའི་སྐབས་ལ་ཡང་[པེ་སྟོད404ཤ16]དུ་གཉིས་པ་མུ་ནེ་བཙན་པོ་ཡབ་ཀྱི་དགུང་ལོ་སོ་བཞི་པ་ཆུ་ཕོ་སྟག་ལ་འཁྲུངས་ཞེས་ཆུ་ཕོ་སྟག་གི་ལོ་(སྤྱི2679ཕྱི762)ལ་ཆོས་རྒྱལ་ཁྲི་སྲོང་ལྡེའུ་བཙན་དགུང་ལོ་སོ་བཞི་ཡིན་པར་ཞལ་གྱིས་བཞེས་པ་དེ། དགུང་གྲངས་སོ་བཞི་ཡིན་པའི་དབང་དུ་བྱས་ན་(2679-34 = 2645; 762-34 = 728)སྤྱི་འཁོར་བཅོ་ལྔ་པའི་སྤྱི་ཕྲེང་འོག་མའི་ས་ཕོ་འབྲུག་གི་ལོའམ་(སྤྱི2645ཕྱི728)ལོ་ངོ་སོ་བཞི་སྟེ། ཧྲིལ་པོ་སོ་གསུམ་ཡིན་པའི་དབང་དུ་བྱས་ན་(2679-33 = 2646; 762-33 = 729)ས་མོ་སྦྲུལ་གྱི་ལོ་(སྤྱི2646ཕྱི729)འདི……གཉིས་གང་རུང་ཞིག་ཡིན་དགོས་པ་ལས། ལྕགས་ཕོ་རྟ་འབྱུང་བའི་ཐབས་མེད། རྒྱུ་མཚན་དེ་ལ་བརྟེན་ནས། དེབ་ཐེར་དཔྱིད་ཀྱི་རྒྱལ་མོའི་གླུ་དབྱངས་སུ་དཔའ་བོ་གཙུག་ལག་ཕྲེང་བ་ལ་བསྐྱོན་པ་དྲག་ཏུ་གནང་ཡོད་པ་དེ་རེད། སྨིན་གླིང་ལོ་ཆེན་དྷརྨ་ཤྲཱིས(1654-1717)མཛད་པས་རྩིས་གཞུང་ཉིན་བྱེད་སྣང་བའི་བུ་ཡིག་ངོ་མཚར་ཕྲེང་བ་[བོད130ཤ16]ལས་ཆུ་རྟ་ལ། མངའ་བདག་ཁྲི་སྲོང་ལྡེའུ་བཙན་འཁྲུངས།

ཞེས་པ་དང་། དེབ་ཐེར་དཔྱིད་ཀྱི་རྒྱལ་མོའི་གླུ་དབྱངས་[པེ་51 ཤ་20] ལས་ཡབ་ཁྲི་ལྡེ་གཙུག་བརྟན་དང་། ཡུམ་ཀོང་ཇོ་གཉིས་ཀྱི་སྲས་སུ་སྣ་ཚོགས་ཞེས་པ་ཆུ་རྟའི་ལོ་ཕོ་བྲང་བྲག་དམར་དུ་རྒྱལ་པོ་ཁྲི་སྲོང་ལྡེའུ……… བཙན་སྐུ་བལྟམས། ཞེས་ཆོས་རྒྱལ་ཁྲི་སྲོང་ལྡེའུ་བཙན་སྤྱི་འཁོར་བཅོ་ལྔ་པའི་སྤྱི་ཐེང་འོག་མའི་ཆུ་རྟའི་ལོ་(སྤི་2659 སྤྱི་742) ལ་སྐུ་འཁྲུངས་པར་བཞེད་གནང་འདུག བཞེད་ཚུལ་འདི་ནི་ལོ་རྒྱུས་ཀྱི་དགོངས་དོན་དང་མཐུན་པ་ཞིག་སྟེ་བོད་ཀྱི་རྒྱལ་རབས་དང་། ཆོས་འབྱུང་ཕལ་མོ་ཆེར་བཙན་པོ་ཁྲི་ལྡེ་གཙུག་བརྟན་སྐུ་གཤེགས་ནས་ཁྲི་སྲོང་ལྡེའུ་བཙན་ཁྲིར་ཕེབས་པའི་དུས། ཆོས་རྒྱལ་ཁྲི་སྲོང་ལྡེའུ་བཙན་དགུང་གྲངས་བཅུ་གསུམ་ལ་ཕེབས་ཡོད་པ་གསལ་བར་བསྟན་ཅིང་། བཙན་པོ་ཁྲི་ལྡེ་གཙུག་བརྟན་ཤིང་མོ་ལུག་གི་ལོ་(སྤི་2672 སྤྱི་755) ལ་སྐུ་གཤེགས་པའི་དུས། ཆོས་རྒྱལ་དགུང་གྲངས་བཅུ་གསུམ་ལ་ཕེབས་ཡོད་ན། འཁྲུངས་ལོ་ཆུ་རྟའི་ལོ་(སྤི་2659 སྤྱི་742) ཡིན་པ་དེ་ཐོག་ནས་ཐག་ཆོད་ཐུབ་པ་དང་། མ་ཟད་ཧུན་ཏོང་བོད་ཀྱི་ལོ་རྒྱུས་ཡིག་ཆིང་[PI590 ཤ་238] ལས་རྟའི་ལོ་ལ། བཙན་པོའི་ཕོ་བྲང་དབྱར་ད་མཚར་བུ་སྣ་ན་བཞུགས། རྒྱའི་ཕོ་ཉ་ཨན་ད་ལང་དང་། སྨྲ་ནག་པོའི་ཕོ་ཉ་ལ་བྲེ་ཕྱུག་འཙལད། བློན་ཤུད་བུ་ཁོང་ཟུང་དང་། ལང་གྲོ་ཁོང་རྩན་གཉིས་འབྱུང་འཇུག་རྩིས་བགྱི་སྟེ་ཐང་ཁྲམ་བཏབ། ཁྲུ་ཉེ་མོན་གངས་སྔོན་མང་པོ་རྗེས་འཞའི་མཁོས་བགྱིས། བཙན་པོ་སྲོང་ལྡེ་བརྩན་བྲག་མར་དུའ་བལྟམ། ཡུམ་མང་མོ་རྗེ་ཉོངས་ཕར་ལོ་གཅིག ཅེས་ཆོས་རྒྱལ་ཁྲི་སྲོང་ལྡེའུ་བཙན་གྱི་འཁྲུངས་ལོ་གསལ་བར་བསྟན་པས་ངེས་ཤེས་རྙེད་ཐུབ་པ་ཡིན།

ཆོས་རྒྱལ་ཁྲི་སྲོང་ལྡེའུ་བཙན་དགུང་གྲངས་བཅུ་གསུམ་པར་ཁྲིར་ཕེབས་ཡོད་པའི་ཤེས་བྱེད་ནི། ལྡེའུ་རྒྱ་བོད་ཀྱི་ཆོས་འབྱུང་[བོད་301 ཤ་3] ལས་བཅུ་གསུམ་ལོན་ནས་ཡབ་འདས། ཞེས་གསུངས་པས་མཚོན། བཀའ་ཐང་ཤེལ་བྲག་མ་དང་ཉང་གི་བཀའ་ཐང་ཟངས་གླིང་མ། གྲགས་རྒྱལ་བོད་ཀྱི་རྒྱལ་རབས། ནེའུ་སྟོན་བྱུང་གི་གཏམ། བུ་སྟོན་ཆོས་འབྱུང་། ཀློང་ཆེན་པའི་ཆོས་འབྱུང་། དེབ་ཐེར་དམར་པོ། ལྷོ་བྲག་ཆོས་འབྱུང་། རྒྱ་བོད་ཡིག་ཚང་ཆེན་མོ། འབྲུག་པད་དཀར་ཆོས་འབྱུང་། རྒྱལ་རབས་འཕྲུལ་གྱི་ལྡེ་མིག ཀླུ་སྒྲུབ་བསྟན་རྩིས་སོགས་བོད་ཀྱི་ཆོས་འབྱུང་དང་རྒྱལ་རབས། བསྟན་རྩིས་རྣམས་སུ་ཆོས་རྒྱལ་ཁྲི་སྲོང་ལྡེའུ་བཙན་དགུང་གྲངས་བཅུ་གསུམ་ལ་ཁྲིར་ཕེབས་པ་ཡོངས་གྲགས་སུ་གསུངས་འདུག ཡར་ལུང་ཇོ་བོའི་ཆོས་འབྱུང་[སི་59 ཤ་16] ལས་རྒྱལ་རབས་འགའ་ཞིག་ནས་བཅུ་གསུམ་ལ་ཡབ་འདས་མ་ཁད་སྲིད……… བཟུངས་ཞེས་འབྱུང་ཡང་། སྦ་བཞེད་དུ་དགུང་ལོ་བརྒྱད་ལོན་པ་དང་ཆབ་སྲིད་བཞེས་ཞེས་སྦ་བཞེད་ཀྱི་ལུགས་དེ་འཐད་ཕྱོགས་སུ་གནང་ཡོད་ལ། རྒྱལ་རབས་གསལ་བའི་མེ་ལོང་ཡང་ལུགས་དེའི་རྗེས་སུ་འབྲངས་འདུག་མོད། སྦ་བཞེད་[སི་87 ཤ་15; རྡ་9 ཤ་4] ལས་ཕྱིས་ཨོང་ཇོ་ལ་ཡོས་བུའི་ལོ་ལ་རྒྱལ་བུ་

བསྔམས། ཞེས་དང་ཡང་[སི་88ཕ་15; རྣ་10ཕ་8]དུ་དེ་ནས་རྒྱལ་བུ་ལོ་བཞི་བཞེས་པ་ཕོ་བྲང་འོམ་བུ་ཚལ་ན་བཞུགས། ཞེས་བྱ་བ་འདི་གཉིས་ཙམ་ཞིག་ལས་བཙན་པོ་ཁྲི་སྲོང་ལྡེའུ་བཙན་དགུང་གྲངས་བརྒྱད་པའི་སྟེང་ཁྲིར་འཁོད་པའི་ཚུལ་ཞལ་གསལ་བ་འགའ་ཞིག་ཀྱང་སྣང་དུ་མི་འདུག ལར་སྦ་བཞེད་ཀྱི་དཔེ་འདི་ཡིག་རྙིང་ཁུངས་དག་ཡིན་མིན་གྱི་སྐོར་མཁས་པ་རྣམས་བཞེད་ཚུལ་མི་འདྲ་བ་ཅི་རིགས་ཤིག་བྱུང་ཡོད་ལ། སྦ་བཞེད་རང་ལས་བཀའ་གཙིགས་ཀྱི་ཡི་གེ་གསུམ་བྱུང་ཚུལ་བཤད་པ་རྩ་བའི་དཔེ་དེ་རིགས་ནི་ཁུངས་དག་ཡིན་པ་ནི་སློས་མ་དགོས་ནའང་། རང་རེར་ཆ་རྒྱུས་ཡོད་པའི་སྦ་བཞེད་ཀྱི་དཔེ་འདི་ནི་རྩ་བའི་བཀའ་གཙིགས་ལ་ཕྱིས་སུ་མཆན་བུ་ཅི་རིགས་བཏགས་པ་ཞིག་ཡིན་པ་ནི། སྦ་བཞེད་[སི་160ཕ་11; རྣ་98ཕ་4]ལས་གསུང་རབ་རིན་པོ་ཆེའི་བང་མཛོད་དུ། སྟོན་མི་(མིན་)དང་རྟེན་མིན་རྒྱ་སྐད་ཡིན་པས་བོད་སྐད་དུ་ཅིག་བཅར་(ཆར་)བ་དང་རིམ་གྱིས་བྱ་བ་ཡིན་གསུངས། ཞེས་བུ་སྟོན་ཆོས་འབྱུང་ནས་ལུང་དྲངས་ཡོད་པས་ཤེས་ཐུབ་པ་ཡིན།

དེ་ལྟར་བོད་ཀྱི་རྒྱལ་རབས་དང་ཆོས་འབྱུང་ཡོངས་གྲགས་ཀྱི་རིགས་ཕལ་མོ་ཆེས་ཆོས་རྒྱལ་ཁྲི་སྲོང་ལྡེའུ་བཙན་ཁྲིར་ཐེབས་པའི་སྐབས་དགུང་གྲངས་བཅུ་གསུམ་བཞེས་ཡོད་པ་དང་། ཡབ་ཁྲི་ལྡེ་གཙུག་བརྟན་སྐུ་གཤེགས་པའི་ལོ་དེ་ཤིང་མོ་ལུག་གི་ལོ་(སྣླི་2672སྤྱི་755)ཡིན་པར་གསུངས་པ་དེ་ནི་ཏུན་ཧོང་བོད་ཀྱི་ལོ་རྒྱུས་ཡིག་རྙིང་[PI592ཕ་16]ལས། ཕྱིའུ་ལོ་ལ་བབ་སྟེ། དབྱར་བཙན་པོ་ཟུང་ཀར་ན་བཞུགས། བཙན་པོའི་མཚན་ཁྲི་སྲོང་ལྡེ་བརྩན་དུ་བོནད། ཆབ་སྲིད་ཕྱག་དུ་བཞེས། ཞེས་ཆོས་རྒྱལ་ཁྲི་སྲོང་ལྡེའུ་བཙན་དགུང་གྲངས་བཅུ་བཞི་ལ་ཐེབས་པའི་སྐབས་སུ། དེ་སྔོན་རྒྱལ་གཙུག་རུ་ལ་ཇི་ལྟར་བྱས་པ་བཞིན། བཙན་པོའི་མཚན་ལ"ཁྲི་སྲོང་ལྡེ་བཙན"དུ་གསོལ་བས་ཆབ་སྲིད་ཕྱག་ཏུ་བཞེས་པའི་ཚུལ་གསལ་བར་བསྟན་པ་དང་། རྒྱའི་ཐང་ཡིག་རྙིང་མ་[རྣ་31ཕ་8; མཚོ་179ཕ་8]ལས་ཐན་སྤོའོ་ཁྲི་ལོ་བཅུ་བཞི་(ཤིང་ལུག སྤྱི་755)བཙན་པོ་ཁྲི་ལྡེ་གཙུག་བརྟན་གཤེགས་ཏེ། ཁོང་གི་བློན་པོ་རྣམས་ནས་བཙན་པོའི་སྲས་ཁྲི་སྲོང་ལྡེའུ་བཙན་ལ་བཙན་པོའི་མངའ་གསོལ་ཞུས། ཞེས་པས། རྒྱའི་གོང་མ་ཐན་སྤོའོ་ཁྲི་ལོ་བཅུ་པ་ཤིང་ལུག་ལོ་(སྣླི་2672སྤྱི་755)ལ་ཁྲི་སྲོང་ལྡེའུ་ཁྲིར་ཐེབས་པ་གསལ་བར་བསྟན་ཅིང་། བཙན་པོ་ཁྲི་སྲོང་ལྡེའུ་བཙན་སྐབས་དེར་དགུང་གྲངས་བཅུ་གསུམ་ལ་ཐེབས་ཡོད་པ་དེ་ལྟར་ན། ཁོང་གི་འཁྲུངས་ལོ་ཆུ་ཕོ་རྟའི་ལོ་(སྣླི་2659སྤྱི་742)ཡིན་པའང་དེ་ཐོག་ནས་ངེས་ཤེས་རྙེད་ཐུབ་པ་ཡིན།

ཆོས་རྒྱལ་ཁྲི་སྲོང་ལྡེའུ་བཙན་ཁྲིར་ཐེབས་ནས་རྒྱལ་སྲིད་ལོ་གྲངས་ཅི་ཙམ་ཞིག་གི་བར་དུ་བསྐྱངས་ཡོད་པའི་སྐོར་ལ་ལྟ་ཚུལ་མི་འདྲ་བ་འགའ་ཞིག་བྱུང་འདུག དེ་ཡང་ལྡེའུ་ཆོས་འབྱུང་རྫིས་འབྲང་དང་

བཅས་པ་རྣམས་ཀྱིས་ནི་ཆོས་རྒྱལ་དགུང་གྲངས་ལྔ་བཅུ་བཞུགས་པར་འདོད་ལ། ཉང་གི་བཀའ་ཐང་ཟངས་གླིང་མའི་རྗེས་འབྲང་དང་བཅས་པས་ནི། ཆོས་རྒྱལ་དགུང་གྲངས་དྲུག་ཅུ་རེ་དགུ་བཞུགས་པར་འདོད་པ་དང་། པདྨ་བཀའ་ཐང་གི་རྗེས་འབྲང་དང་བཅས་པས་ནི། ཆོས་རྒྱལ་དགུང་གྲངས་ང་དགུ་བཞུགས་པར་འདོད་པ་སྟེ་འདོད་ཚུལ་གྱི་གཙོ་བོ་རྣམ་པ་གསུམ་བྱུང་འདུག མཁས་པ་ཕལ་མོ་ཆེས་ཁྲི་སྲོང་ལྡེའུ་བཙན་དགུང་གྲངས་བཅུ་གསུམ་པར་ཁྲིར་ཕེབས་ཏེ་དགུང་གྲངས་ལྔ་བཅུ་ང་དྲུག་གམ་དྲུག་ཅུ་རེ……དགུའམ། ལྔ་བཅུ་ང་དགུ་གང་རུང་ལ་སྐུ་གཤེགས་པའི་བར་དུ་རྒྱལ་སྲིད་བསྐྱངས་པར་བཞེད་འདུག་པ་དེ་ལྟར་ན། ཆོས་རྒྱལ་གྱིས་རྒྱལ་སྲིད་ལོ་གྲངས་བཞི་བཅུ་ཞེ་གསུམ་མམ། ལྔ་བཅུ་ང་དྲུག་གམ་བཞི་བཅུ་ཞེ་དྲུག་གང་རུང་ཞིག་གི་རིང་ལ་བསྐྱངས་ཡོད་པར་བསྟན་ལ། དེབ་སྔོན་དུ་ཁྲི་སྲོང་ལྡེའུ་བཙན་གྱི་སྲས་མུ་ནེ་བཙན་པོ་ལྕགས་ཕོ་སྤྲེལ་གྱི་ལོ་(སྤྱི་2697སྤྱི་780)ལ་ཁྲིར་ཕེབས་ཚུལ་གསལ་བར་བཤད་པ་དེ་ནི་ཆོས་རྒྱལ་ཁྲི་སྲོང་ལྡེའུ་བཙན་དགུང་གྲངས་སུམ་ཅུ་སོ་དགུའམ་དྲིལ་པོ་སོ་བརྒྱད་པའི་དུས་ཡིན་ཞིང་། ལོ་རྒྱུས་ཀྱི་ཡིག་ཆ་འགའ་ཞིག་ཏུ། མངའ་བདག་རྒྱལ་པོས་སྲས་མུ་ནེ་ལ་རྒྱལ་སྲིད་གཏད་དེ། ཆོས་རྒྱལ་ཉིད་སྒྲུབ་པ་ལ་བཞུགས་པར་གསལ་བ་དེ་དང་། མུ་ནེ་བཙན་པོ་ལྕགས་སྤྲེལ་ལ་ཁྲིར་ཕེབས་པ་འདི་གཉིས་དགོངས་དོན་མཐུན་པ་ཡིན།

མུ་ནེ་བཙན་པོས་རྒྱལ་སྲིད་སྐྱོང་བར་མཛད་ནའང་། ཡབ་རྒྱལ་པོ་ཞལ་བཞུགས་བཞིན་པ་ཡིན་སྐབས། ཁྲི་སྲོང་ལྡེའུ་བཙན་སྐུ་མ་གཤེགས་ཀྱི་བར་དུ་ཆབ་སྲིད་ཀྱི་ཕྱུགས་ལྟར་ཆོས་རྒྱལ་ཉིད་ནས་གནང་ཡོད་པ་ནི་སྨོས་མ་དགོས་པ་ཡིན་སྐབས། ལོ་རྒྱུས་ཕལ་མོ་ཆེར་ཁྲི་སྲོང་ལྡེའུ་བཙན་སྐུ་གཤེགས་ནས་སྲས་མུ་ནེ་བཙན་པོ་ཁྲིར་བསྐོད་པའི་ལོ་རྒྱུས་འདི་བཞིན་བཤད་ཡོད་པར་མངོན། དོན་དུ་ཆོས་རྒྱལ་ཁྲི་སྲོང་ལྡེའུ་བཙན་དགུང་གྲངས་བཅུ་གསུམ་པ་ནས་སུམ་ཅུ་སོ་དགུའམ་དྲིལ་པོ་སོ་བརྒྱད་པ་ལྕགས་ཕོ་སྤྲེལ་ལོའི་བར། རྒྱལ་སྲིད་ལོ་གྲངས་ཉི་ཤུ་རྩ་བཞིའམ་དྲིལ་པོ་རྩ་གསུམ་གྱི་རིང་ལ་བསྐྱངས་ཡོད་པར་ཤེས་ཐུབ།

ཆོས་རྒྱལ་ཁྲི་སྲོང་ལྡེའུ་བཙན་གྱི་བཙུན་མོ་ནི། སྦ་བཞེད་[ཤོ148ཤ16]ལས་ཇོ་མོ་ལྔ་ཁབ་ཏུ་བཞེས་པ་ལས། མཆིམས་གཟའ་(བཟའ་)ལྷ་མོ་བཙན་དང་། མཁར་ཆེན་བཟའ་མཚོ་རྒྱལ་གཉིས་གྲུ་(སྒྲུབ་)པ་མཛད་པས་ཕྲུག་རིས་མེད། འབྲོ་གཟའ་(བཟའ་)ཁྲི་རྒྱལ་མང་མོ་བཙན་རབ་ཏུ་བྱུང་བའི་མཚན་བྱང་ཆུབ་རྗེར་གསོལ་བའི་ཕྲུག་རིས་དགེ་རྒྱས་ཀྱི་གཙུག་ལག་ཅེས་པ་དང་། ཡང་[ཤོ149ཤ12]དུ་ཇོ་མོ་ཚེ་སྤོང་གཟའ་(བཟའ་)མེ་ཏོག་སྒྲོན་ལ། སྲས་མངའ་བས་ཁམས་གསུམ་ཟངས་ཁང་གི་གཙུག་ལག་ཁང་། ཡབ་ཀྱི་དབུ་རྩེ་ལ་དཔེ་བླངས་ནས་བཞེངས་སུ་གསོལ། ཕོ་ཡོང་གཟའ་(བཟའ་)རྒྱལ་མོ་

བཙུན་རྒྱལ་པོའི་ཡུམ་ཆེ་འཕོས་པར་སློབ་དཔོན་གྱིས་ལུང་བསྟན་པས། ཁབ་ཏུ་བཞེས་ནས་ལན་(ལེན་)པར་གསོལ་བས་ཁབ་ཏུ་བཞེས། དེ་ལ་ལྡེ་ལྡེམ་ལས་མི་མངའ་ཞེས་པས་དངོས་དོན་དུ་ཆོས་རྒྱལ་ཁྲི་སྲོང་ལྡེའུ་བཙན་ལ་བཙུན་མོ་ལྔ་ཡོད་པ་དང་། སྲས་སྨུ་ནེ་བཙན་པོ་ལ་སོགས་པ་དེ་རྣམས་བཙུན་མོ་ཆེན་མའི་སྲས་ཡིན་པ་དང་། ཕོ་ཡོང་གཟའ་ལ་སྲས་མོ་ལས་མ་བྱུང་བའི་ཚུལ་རྣམས་གསལ་བར་བསྟན་ཅིང་། བཀའ་ཐང་ཤེལ་བྲག་མ་[སི342ཕ1]ལས་བཙུན་མོ་ཚེ་སྤོང་གཟའ་(བཟའ་)ནི་དམར་རྒྱན་དང་༔ འབྲོ་གཟའ་(བཟའ་)བྱང་ཆུབ་སྒྲོན་གཉིས་ཁབ་ཏུ་བཞེས༔ ཞེས་བཙུན་མོ་ཆེན་མ་གཉིས་ཙམ་གྱི་མཚན་བསྟན་པ་དང་། ཉང་གི་གཏེར་མ་བཀའ་ཐང་ཟངས་གླིང་མ་[གཏེར་མཛོད་ཀ34ཤ17བ2]ལས་དེ་ནས་རྒྱལ་བུ་རྒྱལ་སར་ཕྱུང་སྟེ༔ བཙུན་མོ་གསུམ་ཁབ་ཏུ་བཞེས་ཏེ༔ ཚེ་སྤོང་གཟའ་དམར་རྒྱན༔ འབྲོ་བཟའ་བྱང་ཆུབ་སྨན༔ ཕོ་གྱོང་བཟའ་རྒྱལ་མོ་བཙུན་དེ་རྣམས་ཁབ་ཏུ་བཞེས༔ ཞེས་གསུངས་ཤིང་། གླིང་ཆེན་པའི་ཆོས་འབྱུང་དང་རྒྱལ་རབས་གསལ་བའི་མེ་ལོང་སོགས་བོད་ཀྱི་རྒྱལ་རབས་དང་ཆོས་འབྱུང་ཕལ་མོ་ཆེ་སྣ་བཞིན་དང་ཐང་ཡིག་ཁག་གི་རྗེ་སུ་འབྲངས་ཡོད།

ལེགས་བཤད་རིན་པོ་ཆེའི་མཛོད་[པེ223ཕ12]ལས་ཁྲི་སྲོང་ལྡེའུ་བཙན་ལ་ཁབ་གསུམ་ཡོད་དེ། རྒྱ་བཟའ་ཀོང་ཅུ། ཚེ་སྤུངས་བཟའ་དམར་རྒྱན། ཚུན་མ་འབྲོམ་བཟའ་དཀར་མོ་རྒྱལ་དང་གསུམ། འབྲོམ་བཟའ་དང་རྒྱ་བཟའ་གཉིས་ལ་སྲས་མེད་ཀྱང་ཆོས་ལ་དཀར་བས་མངའ་ཐང་ཆེ། རྒྱ་བཟའ་ལ་ཕོ་ཡངས་བཟའ་དང་ཁྱིམ་ཤམ་བཟའ་སོགས་ཀྱི་ཐ་སྙད་སྣང་། ཞེས་བཙུན་མོའི་གཙོ་བོ་གསུམ་ཡོད་པར་བཤད་ཡོད།

ཆོས་རྒྱལ་ཁྲི་སྲོང་ལྡེའུ་བཙན་གྱི་གདུང་རྒྱུད་སྐོར་རགས་ཙམ་ནི། སྣ་བཞིན་དུ་ཚེ་སྤོང་བཟའ་མེ་ཏོག་སྒྲོན་གྱི་སྲས་མུ་ནེ་བཙན་པོ་དང་། མུ་ཏིག་བཙན་པོ། གཅུང་པོ་ཁྲི་ལྡེ་སྲོང་བཙན་གསུམ་ལས་མི་གསལ་ཞིང་། ལྡེའུ་ཆོས་འབྱུང་གཉིས་དང་གླིང་ཆེན་པའི་ཆོས་འབྱུང་། རྒྱལ་རབས་འཕྲུལ་གྱི་ལྡེ་མིག་རྣམས་ནི་སྣ་བཞིན་གྱི་ལུགས་དེའི་རྗེས་སུ་འབྲངས་འདུག

རྒྱལ་པོ་བཀའི་ཐང་ཡིག་[པེ114ཕ22]ལས་ཁྲི་སྲོང་ལྡེའུ་བཙན་ལྷ་ཡི་མེ་ཏོག་ཡིན། དེ་ཡི་རྒྱལ་རྒྱུད་སྲས་གསུམ་སྐུ་འཁྲུངས་པ། མུ་ནེ་བཙན་པོ། མུ་རུམ་བཙན་པོ་དང་། ཆོས་རྒྱལ་འཛིང་ཡོན་སད་ན་ལེགས་དང་གསུམ། ཞེས་བྱ་བའི་སྲས་གསུམ་གྱི་མཚན་གསལ་བ་དང་། རྒྱལ་རབས་གསལ་བའི་མེ་ལོང་[པེ212ཕ23]ལས་ཚེ་སྤང་གཟའ་མེ་ཏོག་སྒྲོན་ལ་སྲས་གསུམ་འཁྲུངས་ཏེ། མུ་ནེ་བཙད་པོ། མུ་རུག་བཙད་པོ། མི་མུག་བཙད་པོ་སད་ན་ལེགས་དང་གསུམ་ཡོད་ཅེས་པར་སྲས་གསུམ་གྱི་མཚན་གསལ་བ་དང་། ལེགས་བཤད་རིན་པོ་ཆེའི་མཛོད་[པེ223ཕ18]ལས་དེ་ལ་སྲས་གསུམ་གྱི་ཆེ་བ་མུ་ཏིག་བཙན་པོ།

འབྲིང་བ་མུ་ནེ་བཙན་པོ། ཆུང་བ་མུ་ཐུག་བཙན་པོའོ། །ཞེས་པ་དེ་ཀུན་གྱིས་སྲས་གསུམ་ཡོད་པ་ཞལ་མཐུན་དུ་གསུངས་མོད། སྲས་ཆེ་འབྲིང་ཆུང་གསུམ་གྱི་རིམ་པ་དང་། མཚན་གྱི་ཐེ་བྲག་ལ་བཞེད་ཚུལ་མི་འདྲ་བ་སྣ་མང་ཞིག་བྱུང་འདུག གྲགས་རྒྱལ་བོད་ཀྱི་རྒྱལ་རབས་[སྡེ་ཏ་197 ཤ་5 བ་4] ལས་ཁྲི་སྲོང་ལྡེ་བཙན་དེས་བཙུན་མོ་བཞེས་པའི་ཚེ་སྲོང་བཟའ་ རྒྱ་རྒྱལ་མཚོ་སྐར་ལ་སྲས་བཞི་འཁྲུངས་ཏེ། མུ་ཁྲི་བཙན་པོ་གཞོན་པ་ལ་གཤེགས། མུ་ཏིག་བཙན་པོ་ཐར་པ་ལ་གཤེགས། མུ་ནེ་བཙན་པོས་རྒྱལ་ས་ལོ་གཅིག་ཟླ་བ་དགུ་བྱས་ནས་ཡུམ་གྱིས་བཀྲོངས་པས་ཕྱིད་ཅེས་བྱའོ། །ཁྲི་ལྡེ་སྲོང་བཙན་གྱིས་རྒྱལ་ས་བཟུང་ངོ་། །ཞེས་ཆོས་རྒྱལ་ཁྲི་སྲོང་ལྡེའུ་བཙན་ལ་སྲས་བཞི་བྱུང་ཡོད་པའི་ཚུལ་ཞལ་གསལ་དུ་བསྟན་ཅིང་། སྲས་འཁྲུངས་པའི་གོ་རིམ་ཡང་གཅེན་རྒན་ཤོས་མུ་ཁྲི་བཙན་པོ་དང་། གཉིས་པ་མུ་ཏིག་བཙན་པོ། གསུམ་པ་མུ་ནེ་བཙན་པོ། བཞི་པ་ཐ་ཆུང་ཁྲི་ལྡེ་སྲོང་བཙན་ཡིན་པ་ལྟར་དུ་བསྟན་ཡོད་ཅིང་། ཡར་ལུང་ཇོ་བོའི་ཆོས་འབྱུང་ཡང་སྲས་བཞི་ཡོད་པའི་ལུགས་རྗེས་སུ་འབྲངས་འདུག་ནའང་། སྲས་ཀྱི་གོ་རིམ་དུ་གཅེན་རྒན་ཤོས་མུ་ཁྲི་བཙན་པོ་དང་གཉིས་པ་མུ་ནེ་བཙན་པོ། གསུམ་པ་མུ་ཏིག་བཙན་པོ། ཐ་ཆུང་ཁྲི་ལྡེ་སྲོང་བཙན་ཡིན་པར་ངོས་འཛིན་གནང་ཡོད་ལ། ལྡེ་བྲག་ཆོས་འབྱུང་གྲགས་རྒྱལ་གྱི་ལུགས་དེའི་རྗེས་སུ་འབྲངས། དེབ་ཐེར་དཔྱིད་ཀྱི་རྒྱལ་མོའི་གླུ་དབྱངས་[པེ་67 ཕ་6] ལས་མུ་ཁྲི་བཙན་པོ་དང་མུ་ནེ་བཙན་པོ་འདི་གཉིས…… དོན་གཅིག་མིང་གི་རྣམ་གྲངས་ཡིན་པ་མ་གོ་བར། དཔའ་བོ་གཙུག་ལག་གིས་འདིའི་གཅེན་དུ་མུ་ཁྲི་བཙན་པོ་བྱུང་བའི་ཐ་ཚད་ཀྱི་གཏམ་སྨྲས་ཞེས་བཀའ་བཀྱོན་གནང་ཡོད་ནའང་དངོས་དོན་དུ་སྲས་བཞི…… ཡོད་པར་གསུང་མཁན་གཙོ་བོ་ཞིག་ནི་ས་སྐྱ་པ་གྲགས་པ་རྒྱལ་མཚན་ཡིན་པ་ལས། དཔའ་བོ་གཙུག་ལག་ཕྲེང་བ་མ་ཡིན་པས་ཁོང་ལ་བཀྱོན་མི་འོས་ཤིང་། ལར་བཙུན་མོ་གཅིག་ལ་སྲས་གསུམ་ལས་མི་འབྱུང་བའི་ངེས་པ་འགའ་ཞིག་ཀྱང་མེད་པར་མ་ཟད། དཔའ་བོ་གཙུག་ལག་ལྟར་ན་ཡབ་ཁྲི་སྲོང་ལྡེའུ་བཙན་དགུང་གྲངས་སོ་བཞི་པའི་སྐབས་སུ་སྲས་མུ་ནེ་འཁྲུངས་ཡོད་པར་བཞེད་ལ། ལོ་རྒྱུས་སྤྱི་འགྲོས་ཀྱི་ལུགས་ལྟར་ན། མུ་ནེ་བཙན་པོ་ཤིང་ཕོ་སྟག་གི་ལོ་(སྤྱི་2691 སྤྱི་774) ལ་སྐུ་འཁྲུངས་ཡོད་པ་དེ་ནི་ཆོས་རྒྱལ་ཁྲི་སྲོང་ལྡེའུ…… བཙན་དགུང་གྲངས་སོ་གཉིས་པའི་སྐབས་ཡིན་སྟབས་དེའི་གོང་དུ་སྲས་བྱུང་ཡོད་པ་ནི་ཤིན་ཏུ་ནས་འཐད་པ་ཡིན།

ཏུན་ཧོང་བོད་ཀྱི་ལོ་རྒྱུས་ཡིག་ཆ་[PI593 ཕ་38] ལས། བྱི་བའི་ལོ་ལ་བབསྟེ། དབྱར་བཙན་པོའི་ཕོ་བྲང་ཟུང་། སྒོམ་དུ་བཏབ། བཙན་པོའི་སྲས་བལྟམ། ཞེས་ཆོས་རྒྱལ་ཁྲི་སྲོང་ལྡེའུ་བཙན་དགུང་གྲངས་བཅུ་དགུ་པ་ལ་ཕེབས་པ་ལྕགས་ཕོ་བྱི་བའི་ལོ་(སྤྱི་2677 སྤྱི་760) ལ་སྲས་ཤིག་འཁྲུངས་ཡོད་པའི་ཚུལ་ཞལ་

གསལ་དུ་བསྟན་པ་དེ་ནི། གྲགས་རྒྱལ་བོད་ཀྱི་རྒྱལ་རབས་དང་ཡར་ལུང་ཇོ་བོའི་ཆོས་འབྱུང་། ལྡེ་བྲག་ཆོས་འབྱུང་འདི་རྣམས་སུ་སྲས་བཞིའི་རྒན་ཤོས་མུ་ཁྲི་བཙན་པོ་ཞེས་བྱ་བ་ཞིག་བྱུང་ཡོད་ཚུལ་བཤད་པའི་སྲས་དེ་སྐུ་བལྟམས་པའི་ལོ་རྒྱུས་ཤིག་ཡིན་པ་ནི་སྨོས་མ་དགོས་པ་རེད།

རྒྱའི་ཐང་ཡིག་རྙིང་མ་[མཆོ་334ཕ་12]ལས་ཀྲིན་ཡོན་ཁྲི་ལོ་བཅུ་གསུམ་པའི་(མེས་སྤྲང་སྤྱི་ལོ་797)ཟླ་བཞི་པར། བཙན་པོ་གཤེགས། སྲས་ཆེ་བ་རྒྱལ་སར་འཁོད་དེ་ལོ་གཅིག་ནས་འདས། དེའི་འོག་མ་རྒྱལ་སར་བཞུགས། ཞེས་ཆོས་རྒྱལ་ཁྲི་སྲོང་ལྡེའུ་བཙན་སྐུ་གཤེགས་ནས་མུ་ནེ་བཙན་པོས་རྒྱལ་སྲིད་ལོ་གཅིག་བཟུང་རྗེས་སུ་འདས་ཏེ། དེའི་འོག་མ་རྒྱལ་སར་བཞུགས་པར་གསལ་བ་དེ། སྔ་བཤད་དུ་སྲས་གཉིས་པ་དང་། ཡར་ལུང་ཇོ་བོའི་ཆོས་འབྱུང་དུ་གསུམ་པ་མུ་ཏིག་བཙན་པོར་འདོད་པ་དེའམ། རྒྱལ་རབས་གསལ་བའི་མེ་ལོང་སོགས་སུ་སྲས་འབྲིང་བ་མུ་ཏུག་བཙད་པོ་ཞེས་བྱ་བ་དེ་ནི་ཡིན་མི་སྲིད་དེ། རྒྱལ་སྲས་དེས་ཞང་དབུ་རིངས་བསད་རྐྱེན་གྱིས་ཁོང་ལ་ཁྲིམས་ཐོག་སྤེ་རྒྱལ་སྲིད་སྐྱོང་བའི་སྐབས་མ་རྙེད་པ་ནི་རྒྱལ་རབས་དང་ཆོས་འབྱུང་ཕལ་མོ་ཆེར་ཡོངས་སུ་གྲགས་པ་ཞིག་ཡིན་ལ། མུ་ནེ་བཙན་པོ་སྐུ་གཤེགས་ནས་ཁྲི་ལྡེ་སྲོང་བཙན་ཁྲིར་མ་ཐེབས་པའི་བར་ལོ་གྲངས་དྲུག་གི་རིང་ལ་རྒྱལ་སྲིད་སྐྱོང་མཁན་བོད་ཀྱི་རྒྱལ་རབས་ཞེ་གཉིས་པ་དེ་ནི། དེབ་ཐེར་དམར་པོ་དང་དེབ་སྔོན་གཉིས་སུ"ཇུ་ཙེ་བཙན་པོ"ཞེས་པའམ། རྒྱལ་པོ་བཀའི་ཐང་ཡིག་ཏུ"མུ་རུམ་བཙན་པོ"ཞེས་གསུངས་པ་དེ་ལས་འོས་གཞན་མེད་ཅིང་། དེ་ལྟར་ན་ཆོས་རྒྱལ་ཁྲི་སྲོང་ལྡེའུ་བཙན་ལ་སྲས་བཞི་ཙམ་དུ་མ་ཟད། མུ་ནེ་བཙན་པོ་དང་ཁྲི་ལྡེ་སྲོང་བཙན་གྱི་བར་དེར་མུ་རུམ་བཙན་པོ་བཅས་རྒྱལ་སྲས་ལྔ་བྱུང་སྟོང་བ་སྟེ། རྒན་ཤོས་གཅེན་མུ་ཁྲི་བཙན་པོ། གཉིས་པ་མུ་ཏུག་བཙན་པོ། གསུམ་པ་མུ་ནེ་བཙན་པོ། བཞི་པ་མུ་རུམ་བཙན་པོ། ལྔ་པ་མུ་ཏིག་བཙན་པོའམ་ཁྲི་ལྡེ་སྲོང་བཙན་རྣམས་ཡིན་པ་ནི་རྒྱལ་རབས་དང་ཆོས་འབྱུང་གི་འོ་མ་དཀྲུགས་པ་ལས་འཐོན་པའི་མར་གྱི་སྙིང་པོ་ལྟ་བུ་ཞིག་ཏུ་ཤེས།

ཡར་ཆོས་རྒྱལ་ཁྲི་སྲོང་ལྡེའུ་བཙན་ལ་སྲས་ཀྱི་རྣམ་གྲངས་དུ་ཙམ་ཞིག་བྱུང་ཡོད་པ་འདི་ནི་ཤིན་ཏུ་བཤད་དཀའ་བའི་གནས་ཤིག་སྟེ། མུ་ནེ་བཙན་པོ་སྐུ་འཁྲུངས་པའི་སྐབས། ཆོས་རྒྱལ་ཁྲི་སྲོང་ལྡེའུ་བཙན་དགུང་གྲངས་སོ་གསུམ་མམ་ཧྲིལ་པོ་སོ་གཉིས་ལ་ཐེབས་ཡོད་པ་དང་ཁོང་ལ་བཙུན་མོ་གཅིག་ཙམ་དུ་མ་ཟད་བཙུན་མོའི་རྣམ་གྲངས་ཀྱང་མང་ཙམ་ཞིག་ཡོད་པར་བརྟེན། སྔོན་རྗེས་སུ་སྲས་དང་སྲས་མོ་འགའ་ཞིག་བྱུང་སྲིད་ཡོད་པ་ནི་སྨོས་མ་དགོས། ལོ་རྒྱུས་ཀྱི་ཡིག་ཆ་ཕལ་མོ་ཆེར་རྒྱལ་སྲས་ཀྱི་མཚན་དུ་མུ་ནེ་བཙན་པོ་དང་། མུ་ཏིག་བཙན་པོའམ་ཁྲི་ལྡེ་སྲོང་བཙན་ནམ་སད་ན་ལེགས་སོགས་ཡོངས་གྲགས་འགས་

གཞིར་བཟུང་། གཞན་མུ་རི་བཙན་པོ་དང་། མུ་རུག་བཙན་པོ། མུ་རུམ་བཙན་པོ་སོགས་དོན་གཅིག་མཚན་གྱི་རྣམ་གྲངས་དུ་མ་ཞིག་ཡིན་པར་བསྟན་ཡོད། དངོས་དོན་དུ་རྒྱལ་པོའི་བཙུན་མོ་ཐ་དད་པ་རྣམས་ལས་འཁྲུངས་པའི་སྲས་ཐ་དད་པ་རྣམས་ཀྱི་མཚན་ཡིན་པའང་ཤིན་ཏུ་ནས་ཀྱང་སྲིད་པ་ཡིན།

ཡར་རྒྱལ་པོའི་བཙུན་མོ་ཁྲིམས་མཐུན་མ་ཡིན་པ་ཞིག་ལ་སྲས་དང་སྲས་མོ་སོགས་གདུང་རྒྱུད་བྱུང་····བ་ཡིན་ལ་དེ་རིགས་རྒྱལ་སྲས་ཀྱི་གྲངས་སུ་མི་འཛོག་པ་ལྟ་ཅི། རྒྱལ་པོའི་བཙུན་མོ་འགའ་སྲས་དང་སྲས་མོ་མང་དུ་བྱུང་བ་དག་ཀྱང་གདུང་རྒྱུད་ལ་རྩོད་གཞི་མི་འབྱུང་བ་སོགས་ཀྱི་དོན་དུ། སྐུ་མཆེད་རྣམས་མངོན་ཆུང་དུ་བཞག་པའམ་ཕལ་མོ་ཆེར་བསྐྱོན་ཕབ་པའི་ཚུལ། ལྡེའུ་ཆོས་འབྱུང་ཆེན་མོ་[པོད་104 ཤ་13]ལས་འདིའི་དུས་ན་བློན་པོ་རིག་པ་ཅན་གྱིས་རྒྱལ་པོ་མང་ན་འཁྲུན་ཟླར་གྱུར་པས། གཅིག་རྒྱལ་སར་བཞག་ནས་གཞན་ཐང་མཚམས་སུ་འབེབས་ཞེས་གསལ་བའི་གནས་ཚུལ་དེ་ལྟར་ན། རྒྱལ་པོ་ལ་སྲས་སྲས་མོ་མང་དུ་བྱུང་ཡོད་མོད། ལོ་རྒྱུས་ཀྱི་ཡིག་ཆར་བཀོད་པ་ནི་ཉུང་ཤས་ལས་མེད་པའི་རྒྱུ་མཚན་ཡང་དེ་ལ་ཐུག་པ་ཡིན་སྟབས། རང་རེས་ཁྲི་སྲོང་ལྡེའུ་བཙན་གྱི་སྲས་དང་སྲས་མོ་འདི་ཙམ་ཞེས་ཨུ་ཚུགས་ཀྱིས་བཤད་པ་ནི་དོན་དང་མི་ལྡན་པ་ཞིག་ཏུ་གོ། དེ་ལྟར་ནའང་རང་རེས་སྔོན་གྱི་ལོ་རྒྱུས་འཆད་པ་ལ་ངེས་པ་ཅན་གྱི་མཚན་རེ་ནི་མེད་དུ་མི་རུང་བའི་ཆ་རྐྱེན་ཡིན་པར་བརྟེན། སྐབས་འདིར་ཁོ་བོས་ཡོངས་གྲགས་ཀྱི་ལུགས་གཞིར་བཟུང་ནས། སྲས་ཆེ་བའི་མཚན་དུ་མི་ནེ་བཙན་པོ་དང་། འབྲིང་བའི་མཚན་དུ་མི་ཏིག་བཙན་པོ། ཆུང་བའི་མཚན་དུ་སད་ན་ལེགས་ཞེས་གཏན་འབེབས་བྱས་པ་ཡིན།

ཆོས་རྒྱལ་ཁྲི་སྲོང་ལྡེའུ་བཙན་གྱི་བཀའི་བློན་ཆེན་པོ་སུ་དག་ཡིན་པའི་སྐོར་རགས་ཙམ་པ་ནི། ལྡེའུ་རྒྱ་བོད་ཀྱི་ཆོས་འབྱུང་[པོད་301 ཤ་9]ལས་ཚེ་སྟོད་ལ་བློན་པོ་འཆིམས་ཁྲི་ཐོག་རྗེ་ཐང་ལ་འབར་དང་། ལྟོག་རོ་སྐྱེས་བཟའ་ཀྱུལ་གོང་གིས་བྱས། སྐུ་ཚེ་སྨད་ལ། སྦས་གསལ་སྣང་དང་། འགོས་ཁྲི་བཟང་ཡབ་ལྷག འཆིམས་རྒྱལ་གཟིགས་ཤུ་འཐེང་ངམ་སྟག་ར་ཀླུ་གོང་། འཆིམས་འདོན་བཞེར་བྲི་ཆུང་། དེ་རྣམས་ཀྱིས་བློན་པོ་བྱས་སོ། །ཞེས་པ་དང་། ལྡེའུ་ཆོས་འབྱུང་ཆེན་མོ་[པོད་121 ཤ་7]ལས་སྐུ་ཚེ་སྟོད་ལ་བློན་པོ་མཆིམས་ཁྲི་ཐོག་རྗེ་ཐང་ལ་འབར་ཐོག་(ལྟོག) རོ་སྐྱེས་གཟའ་རྒྱལ་འགོང་(གོང་།) ཞང་མ་ཞམ་དང་གསུམ་གྱིས་ཆོས་བསྣུབས་ཏེ་ཀླུ་ཚུ་དང་འཁར་ཕྲག་བཤིག ཕྱིས་ཆོས་ལ་མི་སྐྱོད་པའི་བཀའ་ཁྲིམས་བྲིས། དེར་དེ་གསུམ་ལ་དཀོན་མཆོག་གི་བཀའ་ཆད་དངོས་སུ་བྱུང་ནས་རྒྱལ་པོ་ལ་བྲེད་ནས་ཆོས་ལ་དད་དེ·······འབངས་རྣམས་ཆོས་ལ་བཙུད། སྦ་གསལ་སྣང་གིས་ཁ་འཛིན་རོགས་བྱས་ནས། སྨད་མ་སྦ་གསལ་སྣང་བཞེར་ཟླ་བཙན་དང་འགོས་ཁྲི་བཟང་ཡབ་ལྷག མཆིམས་རྒྱལ་གཟིགས་སྲུ(ཤུ)ཐེང་། ངན་ལམ་སྟག་ར་

སྨྲུ་(སྨུ་)གོང་། མཆིམས་མདོ་བཞེར་སྦྲེ་ཚུང་། དེ་རྣམས་ཀྱིས་བློན་པོ་བྱེད་(བྱས་)ཞེས་པ་དང་། རྒྱ་བོད་ཡིག་ཚང་ཆེན་མོ་[སི་198 ཕ་3]ལས་རྗེ་དེའི་བློན་པོ་ནི་མགོས་(འགོས་)ཁྲི་བཟངས་(བཟང་)ཡབ་ལྷག་དབས་རྒྱལ་ཏོ་རེ། ཁྲི་གསུམ་རྗེ་སྟག་སྣ། གཉེར་སྟག་བཙན་ལྟོང་གཟིག་ལ་སོགས་པས་མཛངས་ཀྱིས་ལས་བྱས། ཞང་རྗེ་རྒྱལ་གཟིགས་དང་། སྟག་སྒྲ་ཀླུ་གོང་གིས་ཕྱིའི་དགྲ་བཏུལ། རྒྱ་བཀྲ་ཤིས་ཁྲི་སྒོ་ཕབ་པ་ལ་སོགས་ཀྱི་ལོ་རྒྱུས། ཕྱིའི་རྗེ་རིང་ལ་བྲིས་ཡོད་དོ། །ཁྲི་གསུམ་རྗེ་སྟག་སྣས། རྒྱ་དང་གྲུ་གུ། ལྡོངས་གསུམ་གྱིས་(གྱི་)སོལ་བསྡུམས་བྱས་ཞེས་པ་རྣམས་ཀྱིས་ཤེས་ཐུབ་པ་ཡིན།

བཙན་པོ་ཁྲི་སྲོང་ལྡེའུ་བཙན་དགུང་དུ་གཤེགས་པའི་གནས་དང་ལོ་དུས་ཀྱི་སྐོར་རགས་ཙམ་ནི། ལྡེའུ་རྒྱ་བོད་ཀྱི་ཆོས་འབྱུང་[བོད་358 ཕ་13]ལས་དགུང་ལོ་ལྔ་བཅུ་ང་དགུ་ལ་ཟུང་མཁར་དུ་སྐུ་གཤེགས་སོ། །ཞེས་པ་དང་། ལྡེའུ་ཆོས་འབྱུང་ཆེན་མོ་[བོད་132 ཕ་16]ལས་མཐར་དགུང་ལོ་ལྔ་བཅུ་རྩ་དྲུག་བཞེས་པའི་དུས་སུ་ཟུང་འཁར་(མཁར་)ནང་དུ་འདས་སོ། །ཞེས་པ་འདི་གཉིས་སུ་ཆོས་རྒྱལ་ཁྲི་སྲོང་ལྡེའུ་བཙན་སྐུ་གཤེགས་དུས་དགུང་གྲངས་ལྔ་བཅུ་ང་དགུ་བཞེས་པ་དང་། ལྔ་བཅུ་རྩ་དྲུག་བཞེས་པའི་ཚུལ་མི་འདྲ་བ་གཉིས་བྱུང་ཡོད་ལ་ལུགས་སྔ་མ་འདི་ནི། པདྨ་བཀའི་ཐང་ཡིག་[སི་601 ཕ་15]ལས་ལྔ་བཅུ་རྩ་དགུ་འབྲུག་ལ་ཟུང་མཁར་གཤེགས༔ ཞེས་གསུངས་པ་དེའི་དགོངས་པ་སྟེ། དེབ་ཐེར་དཔྱིད་ཀྱི་རྒྱལ་མོའི་གླུ་དབྱངས་སུའང་ཆོས་རྒྱ་ཁྲི་སྲོང་ལྡེའུ་བཙན་གྱི་འཁྲུངས་ལོ་ཆུ་ཕོ་རྟའི་ལོ་(སྤྱི2659སྤྱི742)ལ་ངོས……འཛིན་གནང་ཡོད་མོད། གཤེགས་ལོའི་ཐད་ལ་[པེ་66 ཕ་15]ལས་དེ་ཡང་རྒྱལ་པོ་རྣམ་གཏོན་ཞེས་པ་ལྕགས་ཕོ་འབྲུག་གི་ལོ་ལ་བོད་འབངས་ཕྱིངས་ཀྱི་སྣང་ངོར་ཚད་པའི་སྨན་གྱིས་མྱ་ངན་ལས་འདས་ཞེས་སྤྱི"འཁོར་བཅུ་དྲུག་པའི་སྤྱི་ཕྲེང་གོང་མའི་ལྕགས་ཕོ་འབྲུག་གི་ལོ་(སྤྱི2717སྤྱི800)ལ་སྐུ་གཤེགས་ཡོད་པའི"ཚུལ། པདྨ་བཀའི་ཐང་ཡིག་གི་དགོངས་པའི་རྗེས་སུ་འབྲངས་ཏེ་གསུངས་ཡོད་པ་གསལ་པོར་མངོན་ཐུབ།

ལྡེའུ་ཆོས་འབྱུང་ཆེན་མོ་ལས་དགུང་གྲངས་ལྔ་བཅུ་རྩ་དྲུག་ཏུ་སྐུ་གཤེགས་པར་གསུངས་པ་དེར……གཤེགས་ལོ་ཞལ་གསལ་བ་མེད་པ་དང་། འཁྲུངས་ལོའི་སྐབས་སུའང་"རྟ་ལོ"ཞེས་པ་ཙམ་ལས་ལོ་ཁམས་གསལ་བར་བསྟན་མེད་པ་ཡིན་སྟབས་དངོས་ཀྱི་དགོངས་པ་གང་ཡིན་ཁ་ཚོན་ཆོད་དཀའ་ནའང་། རྒྱ་བོད་ཀྱི་ལོ་རྒྱུས་ཀུང་བསྒྲིགས་པའི་ལུགས་སུ་བྱས་ན། ཆོས་རྒྱལ་ཁྲི་སྲོང་ལྡེའུ་བཙན་ཆུ་ཕོ་རྟའི་ལོ་(སྤྱི2659སྤྱི742)ལ་སྐུ་འཁྲུངས་པ་ནས། དགུང་ལོ་ལྔ་བཅུ་ང་དྲུག་གམ་ཧྲིལ་པོ་ལྔ་བཅུ་ང་ལྔ་བཞུགས་པ་(2659 + 55 = 2714; 742 + 55 = 797)དེ་ནི་སྤྱི་འཁོར་བཅུ་དྲུག་པའི་སྤྱི་ཕྲེང་གོང་མའི་མེ་མོ་གླང་གི་ལོ་(སྤྱི2714སྤྱི797)ཡིན་པ་གསལ་བར་བསྟན་པ་ཡིན། ནེའུ་སྔོན་བྱུང་གི་གཏམ་[ཧྲ་11 ཤ་6 ན་3]ལས་ལྔ་

བཅུ་ཚ་དྲུག་ལོན་ཏེ་ཤིང་གླང་ལ་ཟུང་མཁར། འཁར་སྟོང་སྣ་(འི་ཟམ་པ་)ལ་ལྷུང་ནས་འདས་ཞེས་པ་འདི་ཆོས་རྒྱལ་དགུང་གྲངས་ང་དྲུག་བཞུགས་པའི་ལུགས་སུ་གནང་འདུག་ནའང་སྐུ་གཤེགས་པའི་ལོ་དེ་ནི། ཤིང་མོ་གླང་གི་ལོ་ལ་ངོས་འཛིན་མཛད་གནང་ཡོད་པ་དེ་ནི། གཞུང་རང་ནས་ཁྲི་སྲོང་གི་འཁྲུངས་ལོ་ལྕགས་རྟ་ཡིན་པར་བཤད་པ་དེ་ལས་བྱུང་བ་ཞིག་ཡིན་པ་ནི་སྨོས་མ་དགོས་ལ་དེབ་ཐེར་དམར་པོ་དང་། རྒྱལ་རབས་གསལ་བའི་མེ་ལོང་། མེ་ལོང་རྣམ་གསལ། གླུ་སྒྲུབ་བསྟན་རྩིས། པི་དཀར་སོགས་བོད་ཀྱི་རྒྱལ་རབས་དང་ཆོས་འབྱུང་། བསྟན་རྩིས་ཀྱི་གཞུང་མང་ཞིག་ལུགས་དེའི་རྗེས་སུ་འབྲངས་ཏེ་ལྔ་བཅུ་ང་དྲུག་པ་ཤིང་མོ་གླང་གི་ལོ་(སྣི་270སྐྱི་2785)ལ་སྐུ་གཤེགས་པར་བཞེད་འདུག

བཀའ་ཐང་ཟངས་གླིང་མ་[གཏེར་མཛོད་ཀ142ཤ71བ3]ལས་ལྔ་བཅུ་ཚ་དྲུག་གླང་གི་ལོ་ལ······འདས་དུས་ཡིན་པ་ལ༔ སྐུའི་རིམ་གྲོ་བྱས་པས་ལོ་བཅུ་གསུམ་བསྲིང་བར་ནུས་སོ༔ དེ་ནས་དྲུག་ཅུ་ཚ་དགུ་སྟག་གི་ལོ་ལ་རྒྱལ་པོ་དགུང་དུ་གཤེགས། ཞེས་པ་དང་། ཉང་གི་ཆོས་འབྱུང་དུའང་དེ་དང་ཕྱོགས་འདྲ་བ་ཁྲི་སྲོང་ལྡེའུ་བཙན་དགུང་གྲངས་དྲུག་ཅུ་རེ་དགུ་བཞུགས་ནས་སྟག་གི་ལོ་ལ་གཤེགས་པར་གསུངས་སོ། སྟག་དེའི་ལོ་ཁམས་གང་ཡིན་ཞལ་གསལ་བ་གང་ཡང་མེད་པར་མ་ཟད། འཁྲུངས་ལོའི་སྐབས་སུའང"རྟ་ལོ"ཞེས་པ་ཙམ་ལས་དེའི་ལོ་ཁམས་གང་ཡིན་མི་གསལ་བ་ཡིན་སྟབས་དགོངས་དོན་རྣལ་མ······གང་ཡིན་ངེས་དཀའ་ནའང་། ཆོས་རྒྱལ་ཁྲི་སྲོང་ལྡེའུ་བཙན་ཆུ་ཕོ་རྟའི་ལོ་(སྣི་2659སྐྱི་742)ལ་སྐུ་འཁྲུངས་ཡོད་པའི་དབང་དུ་བྱས་ན་དགུང་གྲངས་དྲུག་ཅུ་རེ་དགུ་པ་ལྕགས་ཕོ་སྟག་གི་ལོ་(སྣི་2727སྐྱི་810)ལ་སྐུ་གཤེགས་དགོས་པ་ཡིན་ལ། ཆོས་རྒྱལ་ཁྲི་སྲོང་ལྡེའུ་བཙན་སྐུ་ཚེ་དགུང་གྲངས་དྲུག་ཅུ་རེ་དགུར་བཞུགས་པར་བཞེད་པའི་ལུགས་འདི་ནི། བུ་སྟོན་ཆོས་འབྱུང་དང་ཀློང་ཆེན་པའི་ཆོས་འབྱུང་། འབྲུག་པད་དཀར་ཆོས་འབྱུང་རྣམས་ཀྱིས་འཐད་ཕྱོགས་སུ་ངེས་འཛིན་གནང་སྲོལ་བྱུང་འདུག རྒྱལ་རབས་འཕྲུལ་གྱི་ལྡེ་མིག་[ཧྲི11ཤ22བ3]ལས་རྒྱལ་པོ་རང་ཉིད་ཟུང་མཁར་གྱི་ཕོ་བྲང་གཙུག་མ་མཐར་དུ······བཞུགས་ནས་རེ་དགུ་པ་མེ་སྟག་ལ་འདས་ཞེས་ཆོས་རྒྱལ་དགུང་གྲངས་རེ་དགུར་བཞུགས་པའི་ལུགས་དེའི··རྗེས་སུ་འབྲངས་ཡོད་ནའང་། གཤེགས་ལོ་མེ་སྟག་ཡིན་པར་གསལ་བ་དེ་ནི་གཞུང་རང་ནས་ཆོས་རྒྱལ་འཁྲུངས་ལོ་ས་ཕོ་རྟའི་ལོ་(སྣི་2635སྐྱི་718)ཡིན་པར་བཤད་ཡོད་པ་དེ་ལས་བྱུང་བ་ཞིག་ཡིན་པ་ནི་སྨོས···མ་དགོས། དེ་ལྟར་ནའང་ལོ་འདི་ནི་བོད་ཀྱི་རྒྱལ་རབས་སོ་དགུ་པ་ཁྲི་ལྡེ་གཙུག་བརྟན་དགུང་གྲངས་བཅུ་བཞི་ལ་ཕེབས་པའི་སྐབས་ཡིན་སྟབས། ལོ་རྒྱུས་སྤྱིའི་དུས་རིམ་དང་འགྲིག་དཀའ་བ་ཞིག་ཏུ་མངོན།

ཡར་ལུང་ཇོ་བོའི་ཆོས་འབྱུང་[སི62ཕ12]ལས་དེ་ལྟར་ཆོས་སྐྱོང་བའི་རྒྱལ་པོ་དེ་ཉིད་དགུང་ལོ་ལྔ་

བཅུ་ཙ་དྲུག་པ། ཤིང་མོ་གླང་གི་ལོ་ལ་ཟླུང་མཁར་དུ་སྐུ་གཤེགས་ཞེས་རྒྱལ་རབས་འགའ་ཞིག་ནས་བཤད། ཅེས་པ་དང་། ཡང་[སི་63 ཕ་1] དུ་སློབ་དཔོན་པདྨ་འབྱུང་གནས་ཀྱི་ལོ་རྒྱུས་གཏེར་མ་འགའ་ཞིག་ནས། རྒྱལ་པོ་ཁྲི་སྲོང་ལྡེའུ་བཙན་ལ་སྐུ་ཚེའི་ཚད་དགུང་ལོ་ལྔ་བཅུ་ཙ་དྲུག་ལས་མེད་པ་ལས། སློབ་དཔོན་གྱིས་སྐུའི་རིམ་གྲོ་མཛད་པས། དགུང་ལོ་བཅུ་གསུམ་ཕྱིར་སྣུར་ནས་དྲུག་ཅུ་ཙ་དགུ་ལ་གཤེགས་ཞེས་ཟེར་རོ། །ཞེས་ལུགས་གཉིས་ཀ་བཤད་ཅིང་། ངོས་དོན་ཡིད་གཉིས་ཀྱི་ངང་དུ་བཞག་མཛད་པ་ལས། གཞུང་རང་གི་འདོད་པ་ཞལ་གསལ་དུ་བཀོད་མེད་ལ། དེ་དང་ཕྱོགས་ཆ་ཅམ་འདྲ་བ་ལྡེ་བྲག་ཆོས་འབྱུང་[པེ་སྟོད་404 ཕ་18] ལས་ཀྱང་ཡབ་ཀྱིས་ང་ལྔ་བཞེས་པ་ཤིང་ཕོ་བྱི་བའི་ལོ་ལ་ཟླུང་མཁར་སྨུག་མ་ཚལ་གྱི་ཕོ་བྲང་དུ་སྒོམ་པར་གཤེགས། ཞེས་པ་དང་། མཇུག་ཐོག་དེར་[པེ་སྟོད་466 ཕ་11] ལས་སྒོམ་དུ་གཤེགས་པའི་ལོ་དེ་ཉིད་ལ་གཤེགས་པར་དོན་གྱིས་གྲུབ་ཅེས་པ་དང་། རྒྱ་བོད་ཡིག་ཚང་ཆེན་མོ་[སི་198 ཕ་14] ལས་འདིས་དགུང་ལོ་ལྔ་བཅུ་ང་དྲུག་(དྲུག་ཅུ་རེ་བརྒྱད་པ་མིན་ནམ་ཡང་ཟེར་) བཞེས་པ། ཤིང་མོ་གླང་ལོ་ལ། ཟླུང་མཁར་དུ་སྐུ་གཤེགས་སོ། །ཞེས་པ་འདི་གཉིས་ཀྱང་ཕལ་ཆེར་ཡར་ལུང་ཇོ་བོའི་དགོངས་པ་ལྟར་ཡིད་གཉིས་ཀྱི་རྣམ་པ་གཞུང་རང་གི་དགོངས་དོན་ཐག་ཆོད་པོ་རང་གསུངས་མི་འདུག་ཅིང་། འདིར་དགུང་གྲངས་ང་ལྔ་དང་ང་དྲུག་གི་ཁྱད་བྱུང་བ་ནི་ལོ་ངོ་དང་ཧྲིལ་པོའི་བརྩི་སྟངས་ལས་ལོ་གཅིག་གི་ཧེ་བག་བྱུང་ཡོད་པ་ཤེས་སླ་བ་ཡིན།

ཧུན་ཧྲོང་བོད་ཀྱི་ལོ་རྒྱུས་ཡིག་རྙིང་དཔེ་འདིར་ཆོས་རྒྱལ་དགུང་གྲངས་ཧྲིལ་པོ་ལྔ་ལ་ཕེབས་པ་མེ་ཕག་ལོ་(སྤྱི་2664 སྤྱི་747) དེའི་སྐོར་ཞུང་ཙམ་གསལ་བ་ནི་[PI591 ཕ་256] དུ་ཕགི་ལོ་ལ། བཙན་པོའི་ཕོ་བྲང་ན་མར་ན་བཞུགས྄། འབྲོག་སོག་གཙོད་པའི་རིང་ལུགས་སོ་སོར་བགྱི། ཁུ་ལེར་ཆིབས་ཞེས་པ་ནས་དགུང་གྲངས་ཧྲིལ་པོ་བཅུ་གསུམ་པ་ཤིང་མོ་ལུག་གི་ལོ་(སྤྱི་2672 སྤྱི་755) བར་གྱི་མ་དཔེ་ཆད་པ་དང་། ཤིང་ལུག་ལོ་དེའི་མཇུག་ནས་ཆོས་རྒྱལ་ཁྲི་སྲོང་ལྡེའུ་བཙན་དགུང་གྲངས་ཉེར་ལྔ་པའམ་ཧྲིལ་པོ་ཉེར་བཞི་པ་མེ་ཕོ་རྟའི་ལོ་(སྤྱི་2683 སྤྱི་766) བར་གྱི་ལོ་རྒྱུས་གསལ་པོར་ཡོད་པ་དང་། ཡང་མེ་ཕོ་རྟའི་ལོ་དེའི་ལོ་རྒྱུས་ཆ་མ་ཚང་བ་ནས་ཆོས་རྒྱལ་ཁྲི་སྲོང་ལྡེའུ་བཙན་དགུང་གྲངས་ཉེར་དྲུག་གམ་ཧྲིལ་པོ་ཉེར་ལྔ་པ་མེ་མོ་ལུག་གི་ལོ་(སྤྱི་2684 སྤྱི་767) བར་ལོ་རྒྱུས་ཀྱི་དཔེ་མ་ཚང་བ་དང་། ཡང་མེ་ལུག་ལོ་དེའི་ལོ་རྒྱུས་ཀྱི་མཇུག་ཐྲན་ཙམ་ནས་ཆོས་རྒྱལ་ཁྲི་སྲོང་ལྡེའུ་བཙན་དགུང་གྲངས་སུམ་ཅུ་པའམ་ཧྲིལ་པོ་ཉེར་དགུ་པ་ལྕགས་མོ་ཕག་གི་ལོ་(སྤྱི་2688 སྤྱི་771) བར་གྱི་ལོ་རྒྱུས་རགས་ཙམ་བཞུགས་ཤིང་། ལྕགས་ཕག་ལོ་དེའི་མཇུག་ཙུང་ཟད་མ་ཚང་བ་ནས། དེ་ཕྱིན་བཙན་པོ་རིམ་བྱོན་གྱི་མཛད་པ་ལོ་རིམ་དུ་བཀོད་པ་ནི་འགའ་ཞིག་ཀྱང་

མཇལ་དུ་མི་འདུག

དེ་ལྟར་ནའང་རྒྱའི་ཐང་ཡིག་རྙིང་མ་[རྙ་109ཕ་11; མཚོ་91ཕ་3] ལས་ཅན་ཀྲུང་ཁྲི་ལོ་བཅུ་གསུམ་པར་(མེ་སྤྲང་སྤྱི་ལོ་797) བོད་ཀྱི་བཙན་པོ་དགོངས་པ་རྫོགས་ཏེ། དེའི་སྲས་ཙུས་ཀྲི་ཅིན་(མུ་ནེ་བཙན་པོ་) བཙན་པོའི་ཁྲི་སྲོལ་བྱས། ཞེས་གསལ་བ་བཞིན། ཆོས་རྒྱལ་ཁྲི་སྲོང་ལྡེའུ་བཙན་གྱི་གཤེགས་ལོ་ཡང་དག་པ་ནི་སྨེ་འཁོར་བཅུ་དྲུག་པའི་སྨེ་ཕྲེང་གོང་མའི་མེ་མོ་སྤྲང་གི་ལོ་(སྨེ་2714སྤྱི་797) དེ་རང་ཡིན་པའི་ངེས······ཤེས་རྙེད་ཐུབ་པ་ཡིན། འདིར“ དེའི་སྲས་ཙུས་ཀྲི་ཅིན་བཙན་པོའི་ཁྲི་གསོལ་བྱས” ཞེས་པ་འདི་ནི། ཡབ་རྒྱལ་པོ་གཤེགས་ནས་སྲས་ལ་ཁྲིམས་མཐུན་གྱི་སྒོ་ནས་གཞུང་འབྲེལ་ཁྲི་གསོལ་གྱི་ཆོ་ག་གཟབ་རྒྱས་ཤིག······བྱས་ཏེ། བཙན་པོའི་མཚན་ཡོངས་ཁྱབ་ཏུ་དྲིལ་བསྒྲགས་པར་བརྗེན། བཙན་པོ་ཁྲིར་ཕེབས་པའི་ཐ་སྙད་བྱས་པ་ཞིག་ཡིན་པ་ལས། དངོས་དོན་དུ་སྔ་བཞིད་ལས། ཆོས་རྒྱལ་ཁྲི་སྲོང་ལྡེའུ་བཙན་གྱིས་སྲས་མུ་ནེ་བཙན་པོ་དགུང་ལོ་བཅོ་ལྔ་པ་ལ་རྒྱལ་སྲིད་གཏད་དེ། ཆོས་རྒྱལ་རང་ཉིད་ཟུང་དཀར་དུ་བསྒོམ་དུ་གཤེགས་ཚུལ་གསལ་བར་བསྟན་པས། མུ་ནེ་བཙན་པོ་དགུང་གྲངས་ཧྲིལ་པོ་བཅོ་ལྔ་པ་ས་མོ་སྦྲུལ་གྱི་ལོ་(སྨེ་2706སྤྱི་789) ནས་བཟུང་། ཆོས་རྒྱལ་ཁྲི་སྲོང་ལྡེའུ་བཙན་གྱི་གཤེགས་ལོ་མེ་མོ་སྤྲང་གི་ལོ་(སྨེ་2714སྤྱི་797) གི་བར་ལོ་གྲངས་ཧྲིལ་པོ་བརྒྱད་ཀྱི་རིང་ལ་བོད་ཀྱི་ཆབ་སྲིད་བསྐྱངས་པ་གསལ་བར་བསྟན་པས···ངེས་ཤེས་རྙེད་ཐུབ་པ་ཡིན།

ཆོས་རྒྱལ་ཁྲི་སྲོང་ལྡེའུ་བཙན་གྱི་བང་སོ་ནི་རྒྱལ་རབས་གསལ་བའི་མེ་ལོང་[པེ་223ཕ་8] ལས་དེའི··བང་སོ་མུ་ར་རི་ལ་བརྩིགས། །གྲུལ་ནི་ཡབ་ཀྱི་རྒྱབ་ངོས་གཡས་ན་ཡོད། །དེ་ནི་མ་གྲོངས་པ་ནས་ཉིད་ཀྱིས་བརྩིགས། །མིང་ནི་འཕྲུལ་རི་བཙུག(གཙུག) སྟང་བྱ་བར་བཏགས། །དེ་ཡི་རྩ་ན་རྫོ་རིང་གཅིག་རྒྱུང་ཡོད། །བང་སོ་ཕྱི་རྒྱན་དུ་གྲགས་པར་གྱུར། ཞེས་ཞལ་གསལ་བ་དེ་ཡིན།

བརྒྱད། བོད་ཀྱི་རྒྱལ་རབས་ཞེ་གཅིག་པ་མུ་ནེ་བཙན་པོའི་སྐོར།

རྒྱལ་པོ་འདིའི་མཚན་ཡོངས་གྲགས་སུ“ མུ་ནེ་བཙན་པོ” ཞེས་བྱ་ཞིང་། “ མུ་ནེ” ཞེས་པ་ནི་ཞང་ཞུང་གི་སྐད་དེ། བོད་སྐད་དུ“ ནམ་མཁའ་བཙན་པོ” ཞེས་པའམ“ གནམ་གྱི་རྒྱལ་པོ” ཞེས་བྱ་བའི་དོན་ལ་འཇུག་པ་ཡིན།

བཙན་པོ་འདི་ཉིད་སྐུ་འཁྲུངས་པའི་གནས་དུས་སོགས་ཀྱི་སྐོར་རགས་ཙམ་ནི། ལྡེའུ་རྒྱ་བོད་ཀྱི་ཆོས་འབྱུང་[བོད་358ཕ་16] དུ་མུ་ནེ་བཙན་པོ་བྲག་དམར་དུ་སྐུ་འཁྲུངས་ཞེས་གང་དུ་སྐུ་འཁྲུངས་པའི·········

གནས་ཙམ་ལས་འཁྲུངས་ལོ་མི་གསལ་མོད། ལྡེའུ་ཆོས་འབྱུང་ཆེན་མོ་[བོད་133ཤ་4]ལས་མུ་ནེ་བཙན་པོ་སྟག་ལོ་ལ་བྲག་དམར་ནང་དུ་འཁྲུངས་ཞེས་པས་འཁྲུངས་ལོ་སྟག་ཡིན་པ་ཞལ་གསལ་དུ་བསྟན། ནེའུ་སྔོན་བྱུང་གི་གཏམ་[རྒྱ11ཤ་6ན་4]ལས་མུ་ནེ་བཙན་པོ་ཆུ་ཕོ་སྟག་བྲག་དམར་འཁྲུངས། ཞེས་པ་འདིས་ནི་སྟག་ལོ་དེའི་ལོ་ཁམས་ཆུ་ཡིན་པ་གསལ་བར་བསྟན་ཡོད་སྟབས། ཡར་ལུང་ཇོ་བོའི་ཆོས་འབྱུང་དང་། རྒྱལ་རབས་གསལ་བའི་མེ་ལོང་། ཆོས་འབྱུང་མཁས་པའི་དགའ་སྟོན། རྒྱ་བོད་ཡིག་ཚང་ཆེན་མོ་སོགས་རྒྱལ་རབས་དང་ཆོས་འབྱུང་མང་པོ་ཞིག་ལུགས་དེའི་རྗེས་སུ་འབྲངས་ཏེ། མུ་ནེ་བཙན་པོའི་འཁྲུངས་ལོ་ཆུ་ཕོ་སྟག་གི་ལོ་ཡིན་པ་ཞལ་གྱིས་བཞེས་ཡོད་ནའང་། ལོ་རྒྱུས་ཀྱི་སྙིང་དོན་དང་ཐུང་མཐུན་དཀའ་བ་ཞིག་ཏུ་སྣང་། གང་ལ་ཞེ་ན། གལ་ཏེ་མུ་ནེ་བཙན་པོ་དེ་སྤྱི་འཁོར་བཅོ་ལྔ་པའི་སྤྱི་ཟླ་འོག་མའི་ཆུ་ཕོ་སྟག་གི་ལོ་(སྤྱི2679སྤྱི762)སྟེ། ཡབ་རྒྱལ་པོ་ཁྲི་སྲོང་ལྡེའུ་བཙན་དགུང་གྲངས་ཉིལ་པོ་ཉི་ཤུ་ཐམ་པ་ལ་ཕེབས་པའི་ལོ་དེར་སྐུ་འཁྲུངས་ཡོད་ན་ནི། བཙན་པོ་ཁྲི་སྲོང་ལྡེའུ་བཙན་གྱི་ལོ་དེའི་མཛད་པའི་སྐོར་ཏུན་ཧོང་བོད་ཀྱི་ལོ་རྒྱུས་ཡིག་ཆིང་[PI593ཤ་45]ལས་སྟག་གི་ལོ་ལ་བབ་སྟེ། ཕོ་བྲང་དབྱར་ས་བྱར་ན་བཞུགས། དབྱར་འདུན་གླིག་བུ་ཙུང་འདུ་འདུས། རྒྱའི་ཕོ་ཉ་ཡང་འདོ་ཤི་ལས་སྐྱོགས་པ་ཕྱག་འཚལ། མདོ་སྨད་ཀྱི་དབྱར་འདུན་དབུ་ལེའི་ལྷ་རི་མོའི་འདུས། དགུང་ཕོ་བྲང་བྱར་གྱི་ལྟང་བུ་ན་བཞུགས། དགུང་འདུན་སྐྱི་བུར་དུ་འདུས། མདོ་སྨད་ཀྱི་དགུན་འདུན་གཙེར་བློན་ཁྲི་སྒྲ་སྟག་ཙབ་གྱིས་བསྡུས། རྒྱའི་དཔྱ་དར་མོ་ཕྱོགས་སྟོང་དཔོན་ཡན་ཙན་བྱ་སྨར་སྐྱལད། དགུན་སྨད་རྒྱ་རྗེ་ངོངས་ནས། རྒྱ་རྗེ་གསར་དུ་བཙུག་པས། དཔྱའ་དར་དང་ས་རིས་ལས་སྐྱོགས་པ་འབུལ་དུ་མ་ཏུང་ནས། ཆབ་སྲིད་ཞིག་ནས་ཞང་རྒྱལ་ཟིགས་དང་ཞང་སྟོང་རྩན་ལས་སྐྱོགས་པས་བུམ་ལིང་ལྕག་ཟམ་རྒལ་ཏེ། དྲ་ཅེན་དྲང་སྟེ་འབུ་ཤིང་ཀུན་དང་ཟིན་ཙུང་དང་ག་ཙུ་ལས་སྐྱོགས་རྒྱའི་མཁར་མང་པོ་ཕབ་སྟེ། ཞང་རྒྱལ་ཟིགས་སྨར་བོད་དུ་ཡུལ་དུ་མཆིས་ཏེ། ཞང་རྒྱལ་ཟིགས་དང་བློན་སྟག་སྒྲ་དང་ཞང་སྟོང་རྩན་དང་ཞང་བཙན་བ་ལས་སྐྱོགས་པས་ཀེང་ཤིང་དྲ་མ་དྲང་···སྟེ་ཀེང་ཤིང་ཕབ། རྒྱ་རྗེ་བྲོས་ནས་རྒྱ་རྗེ་གསར་དུ་བཙུག་ནས། དྲ་མ་སྨར་ལོག་ནས། ཞང་རྒྱལ་ཟིགས་བོད་ཡུལ་དུ་མོལ་ཅེན་ལ་མཆིས་པར་ལོ་གཅིག ཅེས་པ་འདིར་དབྱར་དགུན་གྱི་འདུན་མ་རྣམས་ཇི་ལྟར་བསྡུས་པ་དང་། རྒྱ་ཡུལ་དུ་དམག་ཇི་ལྟར་ཕབ་པའི་ལོ་རྒྱུས་ཙམ་ལས་བཙན་པོའི་སྲས་འཁྲུངས་པའི་ལོ་རྒྱུས་ཅི་ཞིག་ཀྱང་མི་སྣང་བས་སྟག་གི་ལོ་མུ་ནེ་བཙན་པོའི་འཁྲུངས་ལོ་ཡིན་ནའང་སྟག་དེའི་ལོ་ཁམས་ཆུ་མ་ཡིན་པ་ནི་དེ་ཐོག་ནས་ཤེས་ཐུབ་པ་ཡིན། མུ་ནེ་བཙན་པོའི་འཁྲུངས་ལོ་ཆུ་སྟག་མ་ཡིན་ན། དེ་ནས་ལོ་གྲངས་བཅུ་གཉིས་བརྒྱལ་བའི་ཤིང་ཕོ་སྟག་གི་ལོ་(སྤྱི2691སྤྱི774)ཡིན་དགོས་པ་ནི་ལོའི་འགྲོས་རང……

གིས་ཤེས་ཐུབ་ཅིང་། ད་ནུ་ཏོང་བོད་ཀྱི་ལོ་རྒྱུས་ཡིག་རྙིང་དེར། ཆོས་རྒྱལ་ཁྲི་སྲོང་ལྡེའུ་བཙན་ཆུ་ཕོ་རྟའི་ལོ་(སྤྱི་2659སྤྱི་742)ལ་སྐུ་འཁྲུངས་པ་ནས་དགུང་གྲངས་རྗེའུ་ཕོ་ལྔ་བཞེས་པ་མེ་མོ་ཕག་གི་ལོ་(སྤྱི་2664སྤྱི་747)བར་དང་ཡང་ཆོས་རྒྱལ་དགུང་གྲངས་རྗེའུ་ཕོ་བཅུ་གསུམ་བཞེས་པ་ཤིང་མོ་ལུག་ལོ་(སྤྱི་2672སྤྱི་755)ནས་དགུང་གྲངས་རྗེའུ་ཕོ་ཉེར་བཞི་བཞེས་པ་ཕོ་རྟའི་ལོ་(སྤྱི་2683སྤྱི་766)བར་གྱི་མཛད་པའི……སྐོར་རགས་ཙམ་ཞིག་གསལ་བ་ལས། དཔེ་གཞན་རྣམས་མ་ཚང་བ་ཡིན་སྟབས། ཆོས་རྒྱལ་གྱི་སྲས་རྣམས་འཁྲུངས་པའི་ལོ་དུས་དེ་རྣམས་ནི་ཡིག་ཆ་མ་ཚང་བའི་གྲས་སུ་ཡོད་སྟབས་དངོས་ཡོད་ཀྱི་དཔེ་ལས་མི……གསལ་བ་ཡིན།

མུ་ནེ་བཙན་པོའི་བཙུན་མོ། སྲས་དང་བཅས་པའི་སྐོར་རགས་ཙམ་ཞིག་ནི། ལྡེའུ་ཆོས་འབྱུང་ཆེན་མོ་[བོད་133ཕ་5]ལས་བཙོ་ལྔ་ལོན་ནས་རྒྱལ་སྲིད་བཞེངས་(བཞེས་)ཏེ། ལོ་གཅིག་དང་ཟླ་བ་དགུར་རྒྱལ་སྲིད་བཟུང་ནས། ན་(སྣ་)ནམ་རྒྱལ་ཚ་ལྷ་(ལྷ་)སྣང་། ཤུད་བུ་ཁྲི་འབྲིང་ཁོང་བཙན། ལྡེ་དམན་གྱང་བཞིར་ལྡེ་ཆུང་དང་གསུམ་བློན་པོར་བསྐོས་(བསྐོ་)རྒྱུ་ལེགས་(ལགས་)པ་དང་། ཡུམ་དང་འཛོལ་ནས་ལོ་བཅུ་བདུན་ལ་སྐུ་འཁར་(མཁར་)ཡུམ་བུར་ཡུམ་གྱིས་སྐྲོངས་(བཀྲོངས)ཞེས་གསུངས་པ་འདིར། “བཅོ་ལྔ་ལོན་ནས་རྒྱལ་སྲིད་བཞེས” ཞེས་མུ་ནེ་བཙན་པོ་དགུང་གྲངས་བཅོ་ལྔ་ལ་ཕེབས་པའི་ཚེ་རྒྱལ་སྲིད་བཞེས་པའི་གཏམ་འདྲ་ཞིག་ཏུ་སྣང་མོད། དེ་ནི་ལོ་རྒྱུས་ཀྱི་ཚུལ་དང་མི་མཐུན་པ་ཞིག་སྟེ། དེ་ལྟར་ན་ཆོས་འབྱུང་དེ་རང་ནས་བསྟན་པའི་སྟག་གི་ལོ་དེ་ཤིང་ཕོ་སྟག་གི་ལོ་(སྤྱི་2691སྤྱི་774)ཡིན་དགོས་པར་འགྱུར་ལ། དེབ་ཐེར་སྔོན་པོ་[མི་སྔོད་77ཕ་9]ལས་ལྕགས་ཕོ་སྤྲེའུའི་ལོ་ལ་ཐའི་ཛུང་གི་བུ་ཆེ་བ་དེང་ཛུང་བསྐོས། ལོ་དེ་ཉིད་ལ་ཁྲི་སྲོང་ལྡེ་བཙན་འདས་ནས་སྲས་ཆེ་བ་མུ་ནེ་བཙན་པོ་བསྐོས། ཞེས་ལྕགས་ཕོ་སྤྲེལ་གྱི་ལོ་(སྤྱི་2697སྤྱི་780)ལ་མུ་ནེ་བཙན་པོ་ཁྲིར་ཕེབས་ཡོད་པ་གསལ་བར་བསྟན་པ་དེའི་སྐབས་སུ་མུ་ནེ་བཙན་པོ…དགུང་གྲངས་བདུན་ནམ་རྗེའུ་ཕོ་དྲུག་སོན་མེད་ཅིང་། དེབ་སྔོན་དུ་ལོ་འདིར་ཆོས་རྒྱལ་ཁྲི་སྲོང་ལྡེའུ་བཙན་གཤེགས་ཞེས་གསལ་ནའང་། རྒྱལ་པོ་གཤེགས་ནས་རྒྱལ་སྲས་ཁྲིར་ཕེབས་ཞེས་པའི་ཚིག་འདི་ལོ་རྒྱུས་རྣམས་སུ་ཁ་བྱང་ལག་བྱང་ཐོན་པ་ཞིག་ཡིན་སྟབས། དེའི་ཤུགས་ལས་བྱུང་བའི་ཚིག་ཅིག་ཡིན་པ་ལས་ཁྲི་སྲོང་ལྡེའུ་བཙན་སྐུ་གཤེགས་པའི་དོན་མ་ཡིན་པ་ནི། སྦ་བཞེད་[མི་174ཕ་4]ལས་བཙན་པོ་ན་རེ་ཨ་ཙརྱའི་གསུངས་དང་སྦྱར་ན། ཕོ་བོའི་ཆོས་ཀྱང་རིང་པོར་མི་ཐུབ་ཅེས་ཐུགས་ངན་མཛད་ནས། རྗེའི་ཐུགས་ལས་ཆུང་དུ་ལ་གཞོལ་བར་བཞེད་ནས་པཎྜི་ཏ་སྤྱན་འདྲེན་དུ་བཏང་བས། ཨ་ཙརྱའི་པི་མ་མི་ཏྲ་བྱོན་ནས། སློབ་དཔོན་པདྨ་སམྦྷ་ཝའི་ཆོས་འཕྲོ་ཞུས་ནས། སྒོམ་མཛད་པར་བཞེད་ནས། སྲས་མུ་ནེ་

བཙན་པོ་ལ་ཆབ་སྲིད་འདོགས་པ་དང་། སློབ་པོ་ཞང་དབུ་རིངས་བཙན་པོ་ལ་བསྙེ་བའི་གྲོས་དབུ་རྩེའི་
བར་ཁང་གི་ཛ་ཁང་ན་བྱེད་ཅིང་བཞུགས། ཞེས་པ་དང་། ཡང་[སི་175ཕ་5] དུ་ཡབ་ཟུང་དཀར་དུ་སྨོམ་
དུ་གཤེགས་སོ། །ཞེས་གསུངས་པ་རྣམས་ཀྱིས་ཤེས་ཐུབ་པ་ཡིན་ལ་ནམ་རྒྱུན་དུ་བོད་ཀྱི་ལོ་རྒྱུས་ཡོངས་
གྲགས་ཕལ་ཆེས། ཆོས་རྒྱལ་ཁྲི་སྲོང་ལྡེའུ་བཙན་དགུང་གྲངས་ལྔ་བཅུ་ང་དྲུག་ལ་གཤེགས་ཞེས་པ་དེའང་
བཙན་པོ་ཐར་པ་ལ་གཤེགས་པའམ་སློབ་དཔོན་པདྨས་གནང་བའི་མན་ངག་བསྒོམ་དུ་གཤེགས་པའི་དོན་……
དུ་གོ་དགོས་པའང་ཤུགས་ཀྱིས་བསྟན་པ་ཡིན།

པདྨ་བཀའ་ཐང་གི་རིགས་འགར་རེ་ཞིག་ན་ཆོས་རྒྱལ་གྱིས་སྲས་ལ་རྒྱལ་སྲིད་གཏད་དེ། ཆོས་རྒྱལ་
ཉིད་སྒྲུབ་པ་ལ་གཤེགས་པའི་ལོ་རྒྱུས་ཅི་རིགས་ཤིག་ཡོད་པ་དེ་ཉིད། ཆོས་རྒྱལ་ཁྲི་སྲོང་ལྡེའུ་བཙན་དགུང་
གྲངས་སོ་དགུ་པ་ལྕགས་ཕོ་སྤྲེལ་གྱི་ལོ་(སྐླི་2697སྤྱི་780) ནས་མེ་མོ་སྣང་གི་ལོ་(སྐླི་2714སྤྱི་797) བར།
ལོ་གྲངས་བཅུ་བདུན་གྱི་རིང་སྒྲུབ་པ་ལ་གཤེགས་ཤིང་། ཁོང་ཉིད་ཀྱིས་ལམ་ཉམས་ལེན་གཙོར་མཛད་ཅིང་
སྲས་མུ་ནེ་བཙན་པོ་ལ་སྲིད་ཀྱི་བྱ་བ་རྣམས་ཕྱག་བསྟན་གནང་བཅུག་ཡོད་པར་མངོན།

གལ་ཏེ་མུ་ནེ་བཙན་པོ་ཤིང་སྟག་ལ་སྐུ་འཁྲུངས་ཡོད་པའི་དབང་དུ་བྱས་ན་ལྕགས་སྤྲེལ་ལོ་དེར………
དགུང་གྲངས་བདུན་ལས་མ་སོན་པས། ཡབ་རྒྱལ་པོས་ཆབ་སྲིད་ཀྱི་འགན་ལས་རྒྱ་ཆེན་པོ་དེ་འདྲ་བ་ཞིག་
ཕྲུ་གུ་ལོ་བདུན་ལོན་པ་ཞིག་ལ་གཏད་ཐབས་རྩ་བ་ནས་མེད་པ་ནི་ཤེས་སླ་བ་ཡིན་སྟབས། མུ་ནེ་བཙན་པོ་
དེ་དགུང་གྲངས་བཅུ་དགུ་པའམ་ཉིལ་པོ་བཅོ་བརྒྱད་པ་ལྕགས་ཕོ་སྤྲེལ་གྱི་ལོ་(སྐླི་2697སྤྱི་780) ལ་ཁྲིར……
ཕེབས་ཡོད་ཚུལ་ངེས་ཤེས་ཐུབ་པ་ཡིན།

མུ་ནེ་བཙན་པོས་ལོ་གཅིག་དང་ཟླ་བ་དགུར་རྒྱལ་སྲིད་བཟུང་བའམ་གཞུང་འགའ་ཞིག་ནས། ལོ་
གཅིག་དང་ཟླ་བ་བདུན་ཞེས་གསལ་བ་དེ་རིགས་ནི། ཆོས་རྒྱལ་ཁྲི་སྲོང་ལྡེའུ་བཙན་སྐུ་གཤེགས་རྗེས་སུ་ལོ་
གྲངས་ཇི་ཙམ་རྒྱལ་སྲིད་བསྐྱངས་པའི་གཏམ་ཞིག་ཡིན་པ་ལས་མུ་ནེ་བཙན་པོས་སྐུ་ཚེ་ཡོངས་རྫོགས་ཀྱི……
རིང་དུ་རྒྱལ་སྲིད་ལོ་གྲངས་ཇི་ཙམ་བསྐྱངས་པའི་དོན་ནི་ག་ལ་ཡིན།

ཉང་གི་ཆོས་འབྱུང་[བོད་411ཕ་8] ལས་དེ་ནས་མུ་ནེ་བཙན་པོ་དགུང་ལོ་ཉི་ཤུ་རྩ་ལྔ་ལོན་ཙ་ན།
རྗེ་མོ་ཏ་ཡོངས་ཟ་རྒྱལ་མོ་ཁབ་ཏུ་བཞེས་ཏེ་རྒྱལ་སྲིད་གཏད་ཅེས་དགུང་གྲངས་ཉེར་ལྔར་ཕེབས་དུས………
བཙུན་མོ་ཁབ་ཏུ་བཞེས་ནས་རྒྱལ་སྲིད་བསྐྱངས་ཡོད་པའི་ཚུལ་ཞལ་གསལ་དུ་བསྟན་པ་དེ་ལྟར་ན། མུ་ནེ་
བཙན་པོའི་འཁྲུངས་ལོ་ཆུ་མོ་སྣང་གི་ལོ་(2690སྤྱི་773) དེའམ་ཉིལ་པོའི་དབང་དུ་བྱས་ན་ཆུ་ཕོ་བྱི་བའི……
ལོ་(སྐླི་2689སྤྱི་772) དེ་གཉིས་གང་རུང་ཞིག་ཡིན་དགོས་པར་འགྱུར་བ་དེ་ནི་ཡོངས་གྲགས་སུ་མུ་ནེ……

བཙན་པོའི་འཁྲུངས་ལོ་སྟག་ཡིན་པར་བཤད་པ་དེ་ཀུན་དང་འགལ་བར་འགྱུར་བ་ཡིན་ལ། ནེའུ་སྔོན་བྱུང་གི་གཏམ་[རྙ་11 ཤ་6 ན་4] ལས་རྩ་ལྷ་ལོན་ནས་སྲིད་བཞེས་ལོ་གཅིག་དང་། ཟླ་དགུར་སྲིད་བཟུང་ཡུན་བུར་ཡུམ་གྱིས་སྐྱོངས་(བསྐྱངས་) ཞེས་པའང་མངའ་བདག་ཉང་གི་དགོངས་པ་དང་གཅིག་པར་སྣང་ལ། ཡར་ལུང་ཇོ་བོའི་ཆོས་འབྱུང་[སི་63 ཕ་10] ལས་ལོ་གཅིག་དང་ཟླ་བ་དགུར་རྒྱལ་ས་བཟུང་། ཞེས་པ་དང་། དེབ་ཐེར་དམར་པོ་[པེ་38 ཕ་4] ལས་ལོ་གཅིག་ཟླ་དགུ་སྲིད་བཟུང་ཞེས་པ་ཙམ་ལས་གཞན་ཞལ་གསལ་བ་འགའ་ཡང་མི་འདུག

བུ་སྟོན་ཆོས་འབྱུང་[ལྷ་ཤ་129 ཕ་7] ལས་དེའི་སྲས་མུ་ནེ་བཙན་པོས་ཆུ་ཕོ་སྟག་ལ་རྒྱལ་སྲིད་བཟུང་སྟེ་བསམ་ཡས་སུ་མཆོད་པ་ཆེན་པོ་བཞི་བཙུགས་ཏེ་བོད་འབངས་ཀྱི་ཕྱོགས་ཕྱུག་ལན་གསུམ་བསྙམས་སོ། ། ཆབ་སྲིད་ལོ་གཅིག་དང་ཟླ་བ་བདུན་མཛད་ཅེས་པ་འདིར“ ཆུ་ཕོ་སྟག་ལ་རྒྱལ་སྲིད་བཟུང་” ཞེས་བཀོད་······ ཡོད་ནའང་ཡོངས་གྲགས་ཀྱི་ལུགས་སུ་མུ་ནེ་བཙན་པོ་ཆུ་ཕོ་སྟག་ལ་འཁྲུངས་ཞེས་ཁ་བྱང་ལག་བྱང་དུ་ལབ་སྲོལ་ཡོད་པ་དེའི་ཤུགས་རྐྱེན་ཐེབས་པའི་ཚིག་ཅིག་ཡིན་པའམ། ཡང་ན་གཞུང་འདིར་དངོས་སུ་མ་བསྟན་པའི་རྒྱུ་མཚན་འགའ་ཞིག་ཡོད་པའི་རྐྱེན་གྱིས་དེ་སྐད་དུ་གསུངས་ཡོད་པ་ནི་གསལ་པོར་མ་མངོན། རྒྱལ་རབས་གསལ་བའི་མེ་ལོང་[པེ་223 ཕ་16] ལས་དགུང་ལོ་ཉི་ཤུ་རྩ་བརྒྱད་ལ་རྒྱལ་སྲིད་བཟུང་། རྒྱལ་ཁམས་ལ་དབང་བསྒྱུར། བཙུན་མོ་ཏྲ་ཡོང་བཟའ་མདོ་རྒྱལ་ཁབ་ཏུ་བཞེས། ཞེས་ཞིབ་གསལ་བསྟན་མཛད་ནའང་དགུང་ལོ་ཉི་ཤུ་རྩ་བརྒྱད་ལ་རྒྱལ་སྲིད་བཟུང་། ཞེས་བཀོད་ཡོད་པ་འདི་ནི་དཔྱད་པར་བྱ་བའི་གནས་ཤིག་སྟེ། གཞུང་ཉིད་ལས་ཆོས་རྒྱལ་ཁྲི་སྲོང་ལྡེའུ་བཙན་ཤུགས་ཕོ་རྟ་(སྤྱི་2647 སྤྱི་730) ལ་སྐུ་འཁྲུངས་པ་དང་། དགུང་གྲངས་ལྔ་བཅུ་ང་དྲུག་པ་ཤིང་སྤྲང་(སྤྱི་2702 སྤྱི་785) ལ་དགུང་དུ་གཤེགས་པ་དང་། ཁོང་གི་སྲས་མུ་ནེ་བཙན་པོ་ཆུ་ཕོ་སྟག་(སྤྱི་2679 སྤྱི་762) ལ་སྐུ་འཁྲུངས་པ་རྣམས་ཞལ་གྱིས་བཞེས་ནས། “དགུང་ལོ་ཉི་ཤུ་རྩ་བརྒྱད་ལ་རྒྱལ་སྲིད་བཟུང” ཞེས་པ་དེ། མུ་ནེ་བཙན་པོའི་འཁྲུངས་ལོ་ཆུ་སྟག་ནས་བརྩིས་ན་དགུང་གྲངས་ཉེར་བརྒྱད་ལ་ཕེབས་པའི་ལོ་དེ་ནི། ས་མོ་སྦྲུལ་གྱི་ལོའམ་(2706 སྤྱི་789) རྗེས་པོ་ཉེར་བརྒྱད་ལ་ཕེབས་པའི་ལུགས་སུ་བྱས་ན་ཤུགས་ཕོ་རྟའི་ལོ་(སྤྱི་2707 སྤྱི་790) དེ་ཡིན······ དགོས་པར་འགྱུར་ཞིང་། དེ་ལྟར་ན་ཁོང་ཉིད་ཀྱི་བཞེད་པར་ཆོས་རྒྱལ་ཁྲི་སྲོང་ལྡེའུ་བཙན་ཤིང་མོ་གླང་ལ་སྐུ་གཤེགས་ནས། ཤུགས་ཕོ་རྟའི་ལོར་མུ་ནེ་བཙན་པོ་ཁྲིར་ཕེབས་པའི་བར་དེར་ལོ་ངོ་སྟོང་པ་དྲུག་གམ་རྗེས་པོ་ལྔ་ཙམ་ཞིག་མི་འབྱུང་བའི་ཐབས་མེད། དཔལ་ས་སྐྱ་པའི་མཁས་པ་ཆེན་པོ་བླ་མ་དམ་པ་བསོད་ནམས་རྒྱལ་མཚན་ལྟ་བུ་ཞིག་གིས་ལོའི་སྐར་རྩིས་འདི་ཙམ་ཞིག་མི་མཁྱེན་པ་ནི་སྲིད་ཐབས་མེད་སྟབས།

ཆོས་རྒྱལ་ཁྲི་སྲོང་ལྡེའུ་བཙན་གྱི་འཁྲུངས་ལོ་ལྕགས་ཕོ་རྟ་ཞེས་ཡོངས་གྲགས་ལྟར་བཀོད་པ་དེ་ལས་བྱུང་བའི་རྙོག་དྲ་ཞིག་ཡིན་ངེས་པ་ནི་གོར་མ་ཆག་གོ།

ལྡེ་བྲག་ཆོས་འབྱུང་[པེ་སྟོད་404ཤ་20]ལས་སྲས་མུ་ནེ་དགུང་ལོ་ཉེར་གསུམ་པ་རྒྱལ་སར་བསྐོས། བཙུན་མོ་ཕོ་ཡོངས་བཟའ་ཡུམ་གྱི་སྐྱེ་བ་ཐུགས་བརྩེ་བས་སྲས་ལ་གདུང་གཉེར་མཛད། མུ་ནེས་བཙུན་མོ་ཙ་ཡོངས་བཟའ་མདོ་རྒྱལ་ཁབ་ཏུ་བཞེས་ཞེས་པ་དང་། ཡང་[པེ་སྟོད་405ཤ་14]དུ་ཆབ་སྲིད་ལོ་གཅིག་དང་ཟླ་བ་དགུ་བསྐྱངས་སོ། །ཞེས། ཆོས་རྒྱལ་ཁྲི་སྲོང་ལྡེའུ་བཙན་ལྕགས་ཕོ་རྟ་ལ་སྐུ་བལྟམས་པའི་ལུགས་དེའི་དབང་དུ་བྱས་ཏེ། མུ་ནེ་བཙན་པོ་ཡབ་ཀྱི་དགུང་ལོ་སོ་བཞི་པ་ཆུ་ཕོ་སྟག་ལ་འཁྲུངས་ནས"དགུང་ལོ་ཉེར་གསུམ་པ་རྒྱལ་སར་བསྐོས"ཞེས་གསུངས་ཡོད་པ་འདི་ལ་དངོས་དོན་དུ་ལོ་རྩིས་པ་གཅིག་གི་ཧེ་བག་ཙམ་ལས། གཞན་དགོངས་དོན་རང་ལ་འགལ་བ་ཅི་ཞིག་ཀྱང་མ་མཆིས་མོད། ཆོས་རྒྱལ་ཁྲི་སྲོང་ལྡེའུ་བཙན་གྱི་འཁྲུངས་ལོ་ཡང་དག་པ་ནི། ཆུ་ཕོ་རྟའི་ལོ་(སྤི2659སྤྱི742)འདི་ཡིན་པ་ལས། ལྕགས་ཕོ་རྟའི་ལོ་(སྤི2647སྤྱི730)འདི་མ་ཡིན་པའི་ཚུལ་ཆོས་རྒྱལ་ཁྲི་སྲོང་ལྡེའུ་བཙན་གྱི་འཁྲུངས་ལོའི་སྐབས་གསལ་སྒྲོས་བྱས་ཡོད་པ་དེ་ལས་ཤེས་ཐུབ་པ་ཡིན།

རྒྱལ་རབས་འཕྲུལ་གྱི་ལྡེ་མིག་[རྙི་10ཤ་23ན་3]ལས་(ཀཱི་ཀཱི་སྤྱན་སྔའི་ཆོས་འབྱུང་སོགས་)དཔེ་ཁ་ཅིག་ཏུ་(ཏུ་)སྲས་ཀྱིས་རྒྱལ་སྲིད་ལོ་བདུན་དང་ཟླ་བ་དགུ་བཟུང་བར་བཤད་ལ། འདི་ཉིད་དག་པར་མངོན་ཏེ། རྒྱལ་པོ་འདིས་བོད་ཕྱོགས་ཕྱུག་ལན་གསུམ་དུ་མཉམ་པར་གསུང་ཞིང་། ཆོས་འབྱུང་གཉིས་[དུ་སྟོན་དང་གསལ་བའི་མེ་ལོང་]གྱི་ལོ་གྲངས་བཞིན་བྱས་ན་ལན་གསུམ་མཉམ་ལོང་མེད་ཅེས་མུ་ནེ་བཙན་པོས་ལོ་གྲངས་བདུན་དང་ཟླ་བ་དགུའི་རིང་ལ་སྲིད་བསྐྱངས་པར་བཞེད་ཡོད། དེབ་ཐེར་དཔྱིད་ཀྱི་རྒྱལ་མོའི་གླུ་དབྱངས་[པེ་67ཤ་8]ལས་ཆོས་རྗེ་བསོད་ནམས་གྲགས་པས། ལོ་གཅིག་དང་ཟླ་བ་བདུན་གྱི་རིང་ལ་ཕྱོགས་ཕྱུག་ལན་གསུམ་སྙོམས་ལོང་མེད་ཅེས་ཞིབ་པ་ལྟར་སྨྲ་བ་ནི་མུ་ཅོར་ཏེ། སྔོན་གྱི་ལས་འབྲས་ཀྱི་ཤུགས་དགག་པར་མ་ནུས་པའི་ཕྱིད་པོས་དབུལ་པོ་རྣམས་ལ་མཕོ་རྒུའི་ཡོ་བྱད་ཕུན་སུམ་ཚོགས་པ་བྱིན་ཀྱང་མི་རིང་བར་ཕོངས་པ་ཡིན་ལ། སྐབས་ཤིག་ན་ཕྱོགས་ཕྱུག་སྙོམས་པ་ཙམ་དུ་མ་ཟད་འདུས་བྱས་ཐམས་ཅད་འཇིག་པའི་ཆོས་ཉིད་ཅན་ཡིན་པས་སོ། །ཞེས་ཀྱང་གསུངས་ཡོད་མོད། བོད་ཀྱི་རྒྱལ་རབས་དང་ཆོས་འབྱུང་ཕལ་མོ་ཆེའི་ནང་དུ"མུ་ནེ་བཙན་པོས་ཕྱོགས་ཕྱུག་ལན་གསུམ་སྙོམས"ཞེས་པ་འདི་ལོ་གཅིག་དང་ཟླ་བ་དགུའམ་བདུན་གྱི་ནང་དུ་མཛད་ཐུབ་པ་ལྟ་བུ་ཞིག་གསུངས་པ་དེ་ནི་ཤིན་ཏུ་ནས་ཀྱང་འགྲུབ་དཀའ་བའི་གནས་ཤིག་ཡིན་པ་ནི། རང་རེས་བྱ་བ་ཐུབ་ཙམ་རེ་བསྒྲུབ་པ་ལའང་དུས་ཡུན་ཇི་ཙམ

དགོས་ས་འདུག་པ་དེ་ཁོ་ནས་ཤེས་ཐུབ་པ་དང་། རྒྱལ་རབས་གསལ་བའི་མེ་ལོང་[པེ224ཤ14]ལས་སྟོགས་ཕྱུག་ལན་གསུམ་སྟོམས་པས། ལོ་རེ་ཙམ་མ་གཏོགས་ཕྱུག་པོ་རྣམས་ནི་སྔར་ལྟར་ཕྱུག" ཅེས་པའི་ཉམས་ཞིབ་གནང་བ་འདི་འདྲ་ཞིག་ལོ་གཅིག་དང་ཟླ་བ་འགའི་རིང་ལ་ཇི་ལྟར་འབྱུང་སྲིད། བོད་ཀྱི་མངའ་ཁོངས་ལྷ་བུ་ས་རྒྱ་ཆེ་ལ་རྟའི་འགྲུལ་བཞུད་ལ་བརྟེན་ནས་ཡུལ་ཐན་ཚུན་དུ་བསྐྱོད་དགོས་པའི་དུས་སྐབས་དེ་འདྲ་བ་ཞིག་ཏུ་སྟོགས་ཕྱུག་སྟོམས་པའི་གྲབ་བཀོད་ཙམ་བྱེད་པ་ལའང་ལོ་གཅིག་དང་ཟླ་བ·········བདུན་ལྷག་འགོར་བ་ནི་སྨོས་མ་དགོས་པ་ཡིན་སྟབས། མུ་ནེ་བཙན་པོ་ཁྲི་ཐེབས་ནས་ལོ་གྲངས་བཅུ་བདུན་གྱི་རིང་ལ་རྒྱ་ཆེན་པོའི་མཛད་པ་དེ་རིགས་གནང་ཡོད་པ་ནི་དོན་ལ་གནས་པར་གོ།

མུ་ནེ་བཙན་པོ་སྐུ་གཤེགས་པའི་ལོ་དུས་རགས་ཙམ་ནི། ལྡེའུ་རྒྱ་བོད་ཀྱི་ཆོས་འབྱུང་[བོད358ཤ17]ལས་ཡུམ་གྱིས་དུག་བཏང་ནས་བཀྲོངས། ཞེས་པ་ཙམ་ལས་མི་གསལ་ནའང་ལྡེའུ་ཆོས་འབྱུང་ཆེན་མོ[བོད133ཤ7]ལས་ཡུམ་དང་འཛོལ་ནས་ལོ་བཅུ་བདུན་ལ་སྐུ་འཁར་(མཁར་)ཡུམ་བུར་ཡུམ་གྱིས·········བཀྲོངས་ཞེས་གཤེགས་དུས་སུ་དགུང་གྲངས་བཅུ་བདུན་ཡིན་པ་འདྲ་ཞིག་ཏུ་བསྟན་ཡོད། དངོས་ཀྱི་དགོངས་པ་ནི་མུ་ནེ་བཙན་པོས་རྒྱལ་སྲིད་བཟུང་ནས་ལོ་ཧྲིལ་པོ་བཅུ་བདུན་ལ་སོན་པ་ནི། ཡུམ་དང་དགོངས་པ་མ་མཐུན་པའི་རྐྱེན་གྱིས་སྐུ་གཤེགས་པའི་དོན་ཡིན། ཉང་གི་ཆོས་འབྱུང་[བོད414ཤ2]ལས་དེ་ནས་ཕོ་ཡོངས་(བཟའ་)རྒྱལ་མོ་བཙུན་ཡང་རྒྱལ་པོའི་ཐུགས་ལ་འདོགས་པས་ཡབ་འདའ་ཁར་ཕོ·········ཡོངས་(བཟའ་)ལྷ་སྲས་ཀྱིས་ཁབ་ཏུ་བཞེས་ཤིག་ཅེས་བཀའ་བསྩལ་པས། ལྷ་སྲས་གསུམ་ལ་ཚེ་སྤོངས་བཟའ་མེ་ཏོག་སྒྲོལ་མ་རངས་ཏེ། ཡབ་སྐུ་གཤེགས་པའི་འོག་ཏུ། ཚེ་སྤོངས་བཟས། ཕོ་ཡོངས་བཟའ་འཕྲོང་བར་བྱ་བསམ་པས། ཕོ་ཡོངས་བཟའ་སྐྲ་གསར་བགྱིས་ནས་རྒྱན་མ་ཐོགས་པར་གདའ་བ་དེ་ལ་སྨད་བྱས་ནས། རལ་གྱི་རིག་སྔགས་པ་དང་། སྲས་མུ་ནེ་བཙན་པོས་གཡོན་བསྐོར་ནས། ཡུམ་ཚེ་སྤོངས་བཟའ་སློབ་ལ་གཅགས་པས་སྙན་པོ་ཏེ་གུ་སྡེ་ཆུང་བྱ་བ་ཕྱུག་ཚང་དུ་བསྐོས་ནས་ཕོ་བྲང་ཡུམ་བུ་མཁར་དུ་སྲས་ལ་ཁ··ཟས་ངན་པ་དྲངས་ཏེ། ལྷ་སྲས་མུ་ནེ་བཙན་པོས་རྒྱལ་སྲིད་ཟླ་བ་བཅུ་གཉིས་མཛད་ནས་དགུང་ལོ་ཉི་ཤུ་རྩ་བདུན་པ་ལ་སྐུ་འདས་སོ། །ཞེས་པ་འདིར"ཡབ་སྐུ་གཤེགས་པའི་འོག་ཏུ"ཞེས་གསལ་བ་དེ་ནི་སྐྱེ་འཁོར་བཅུ་དྲུག་པའི་སྣེ་ཕྲེང་གོང་མའི་མེ་མོ་གླང་གི་ལོ་(སྤྱི2714སྤྱི797)ལ་ཆོས་རྒྱལ་ཁྲི་སྲོང་ལྡེའུ་བཙན་སྐུ·····གཤེགས་པའི་འོག་གམ་རྗེས་སུ། མུ་ནེ་བཙན་པོས་ད་དུང་ཟླ་བ་བཅུ་གཉིས་ཀྱི་རིང་ལ་རྒྱལ་སྲིད་བསྐྱངས་མཐར་ཡུམ་གྱིས་ཟས་ངན་ཕུལ་བཅུག་སྟེ། དེའི་རྐྱེན་གྱིས་གྲོངས་ཡོད་པའི་ཚུལ་ཞིབ་གསལ་བཤད་ཡོད་པ་དེ་རེད།

གཞུང་འདིར་མུ་ནེ་བཙན་པོའི་འཁྲུངས་ལོ་གང་ཡིན་གསལ་བར་མ་བསྟན་པ་ཡིན་སྟབས། སྐུ་གཤེགས་པའི་ལོ་གང་ཡིན་ཤེས་དཀའ་མོད། ཁྲི་སྲོང་ལྡེའུ་བཙན་གྱི་གཤེགས་ལོ་ཆོས་འབྱུང་དེ་ཉིད་དུ་"ཧྲུག་ཙུ་རྩ་དགུ་སྟག་གི་ལོ་ལ་དགུང་དུ་གཤེགས།" ཞེས་གསལ་བའི་ལྕགས་ཕོ་སྟག་གི་ལོ་(སྣྱེ་2727སྤྱི་710)དེ་མུ་ནེ་བཙན་པོ་དགུང་གྲངས་ཉེར་ལྔ་ལ་རྒྱལ་ཁྲིད་ཕེབས་པའི་ལོ་ཡིན། དེ་ནས་ལོ་གྲངས་ཉེར་ལྔ་གྱིན་འདེད་ཀྱིས་རྫེད་པའི་མེ་ཕོ་སྟག་ལོའམ་(སྣྱེ་2703སྤྱི་786)རྩིས་པོའི་དབང་དུ་བྱས་ན་ཤིང་མོ་གླང་གི་ལོ་(སྣྱེ་2702སྤྱི་785)དེ་ཉིད་མུ་ནེ་བཙན་པོའི་འཁྲུངས་ལོ་ཡིན་དགོས་པར་འགྱུར་བ་དེ་ནི་རྒྱའི་ཐང་ཡིག་ཏུ་གསལ་བའི་ལོ་དུས་ལས་ཤིན་ཏུ་འགྲངས་པ་ཡིན་སྟབས་"ཉི་ཤུ་རྩ་བདུན"ཞེས་པའི་གྲངས་འདི་དཔེ་བཤུ་བའི་སྐབས་སུ་ཡིག་ནོར་ཞིག་ཐེབས་ཡོད་པ་ནི་གོར་མ་ཆག ནེའུ་སྡོང་བྱུང་གི་གཏམ་[རྒྱ་11ཤ་6ན་5]ལས་ཡུམ་བུར་ཡུམ་གྱིས་བཀྲོངས། ཞེས་པ་ཙམ་ལས་ཞལ་གསལ་བ་མེད་ཅིང་། བུ་སྟོན་ཆོས་འབྱུང་[ལྷ་ཤ་130ན་1]ལས་བཅུ་བདུན་པ་ལ་ཡུམ་གྱིས་དུག་བཏང་སྟེ་འདས་སོ། །ཞེས་ལྡེའུ་ཆོས་འབྱུང་ཆེན་མོའི་རྗེས་སུ་འབྲངས་ཏེ་དགུང་ལོ་བཅུ་བདུན་ལ་གཤེགས་པར་བསྟན་པ་འདིའི་སྐོར་རྒྱལ་རབས་འཕྲུལ་གྱི་ལྡེ་མིག་[རྫི་11ཤ་22བ་4]ལས་བུ་སྟོན་ཆོས་འབྱུང་དུ་མུ་ནེ་བཙན་པོ་ཆུ་སྟག་ལ་རྒྱལ་སར་བཏོན། ལོ་གཅིག་དང་ཟླ་བ་བདུན་སྲིད་བཟུང་ནས་བཅུ་བདུན་པ་ལ་འདས་པར་བཤད་ཅེས་པ་དང་། ཡང་[རྫི་11ཤ་22བ་5]དུ་ལུགས་དང་པོ་ལྟར་ན་སྲས་དགུང་ལོ་ཞེ་ལྔ་པ་ལ་རྒྱལ་སར་བཏོན་དགོས་པས། ཡབ་ཧྲུག་ཙུ་རྩ་དགུ་པ་མེ་སྟག་ལ་འདས་པར་ཆོས་འབྱུང་དུ་འབྱུང་བ་དང་ལོ་གྲངས་མ་འགྲིག ཅེས་ལོ་གྲངས་བཀོད་སྟངས་ལ་ནོར་བ་ཞིག་བྱུང་ཡོད་པའི་ཚུལ་གསལ་བར་བསྟན་ཡོད། ཡར་ལུང་ཇོ་བོའི་ཆོས་འབྱུང་[སི་63ཕ་13]ལས་ཉི་ཤུ་རྩ་དགུ་ལ་ཕོ་བྲང་ཡུམ་བུར་ཡུམ་གྱིས་དུག་བཏང་ནས་བཀྲོངས། ཞེས་པ་དེ་ནི་དགུང་ལོ་ཉེར་བརྒྱད་པར་ཁྲིར་ཕེབས་པའི་ལུགས་ཡིན་ལ། ཆོས་འབྱུང་འདི་ཉིད་དུ་མུ་ནེ་བཙན་པོ་ཆུ་ཕོ་སྟག་གི་ལོ་ལ་ བྲག་དམར་དུ་འཁྲུངས་ཞེས་མུ་ནེ་བཙན་པོའི་འཁྲུངས་ལོ་ཆུ་ཕོ་སྟག་གི་ལོ་(སྣྱེ་2617སྤྱི་762)ཡིན་པ་གསལ་བར་བསྟན་པ་དེ་ལྟར་ན། མུ་ནེ་བཙན་པོ་དགུང་གྲངས་ཉེར་བརྒྱད་པ་ས་མོ་སྦྲུལ་(སྣྱེ་2706སྤྱི་789)ལམ་རྩིས་པོ་ཉེར་བརྒྱད་པ་ལྕགས་ཕོ་རྟ(སྣྱེ་2707སྤྱི་790)གང་རུང་ཞིག་ལ་ཁྲིར་ཕེབས་པ་དང་། ལོ་དེའི་རྗེས་མ་དགུང་གྲངས་ཉེར་དགུ་པ་ལྕགས་ཕོ་རྟའམ་(སྣྱེ་2707སྤྱི་790)རྩིས་པོ་ཉེར་དགུ་པ་ལྕགས་མོ་ལུག་གི་ལོ་(སྣྱེ་2708སྤྱི་791)གང་རུང་ཞིག་ལ་སྐུ་གཤེགས་ཡོད་པ་ནི་ཤུགས་ཀྱིས་བསྟན་པ་ཡིན་ལ། ཆོས་འབྱུང་འདིར་ཆོས་རྒྱལ་ཁྲི་སྲོང་ལྡེའུ་བཙན་ལྕགས་ཕོ་རྟ་(སྣྱེ་2647སྤྱི་730)ལ་འཁྲུངས་ཤིང་། ཤིང་མོ་གླང་(སྣྱེ་2702སྤྱི་785)ལ་གཤེགས་ཡོད་པར་བཞེད་པ་དེ་ལྟར་ན། མུ་ནེ་བཙན་པོ་ཁྲིར་ཕེབས་(སྣྱེ་

2707སྤྱི790) དུས་ཡབ་གཤེགས་ནས་ལོ་གྲངས་ལྔའམ་ཉིལ་པོ་བཞི་ཙམ་ཕྱིན་ཡོད་པ་དེ་ནི་ལོ་རྒྱུས་དང་དངོས་སུ་འགལ་བས། འདིའང་ཐལ་ཆེར་ཆོས་རྒྱལ་ཁྲི་སྲོང་བཙན་ལྕགས་པོ་རྟ་ལ་འཁྲུངས་པར་བཞེད་པའི་ལུགས་དེའི་རྗེས་སུ་འབྲངས་པ་ལས་བྱུང་བའི་རྙོག་དྲ་ཞིག་ཡིན་པར་སེམས།

དེབ་ཐེར་དམར་པོ་[པེ38ཤ5] ལས་དགུང་ལོ་ཉི་ཤུ་རྩ་བཞི་ལ་ཡུམ་གྱིས་བཀྲོངས་ཏེ་ཡབ་བཞུགས་དུས་སུ་འདས་སོ། །ཞེས་པ་འདིས་དགུང་གྲངས་གང་ལ་གཤེགས་པ་དང་། གཤེགས་དུས་སུ་ཡབ་ཁྲི་སྲོང་ལྡེའུ་བཙན་ཞལ་བཞུགས་པའི་ཚུལ་གསལ་བར་བསྟན་འདུག གཞུང་འདིར་ཡབ་ཁྲི་སྲོང་ལྡེའུ་བཙན་དགུང་ལོ་ལྔ་བཅུ་རྩ་དྲུག་པ་ཤིང་མོ་གླང་གི་ལོ་ལ་སྐུ་གཤེགས་པ་དང་། ཆུ་ཕོ་སྟག་ལ་འཁྲུངས་པའི་སྲས་མུ་ནེ་བཙན་པོ་དགུང་གྲངས་ཉེར་བཞི་པ་ཤིང་ལོ་གླང་གི་ལོ་ལ་སྐུ་གཤེགས་པ་དེ་ལྟར་ན། རྒྱལ་པོ་ཡབ་སྲས་གཉིས་ཀ་ཤིང་མོ་གླང་གི་ལོ་(སྤྱི2702སྤྱི785) ལ་སྐུ་གཤེགས་ཡོད་པ་ཤུགས་ཀྱིས་གྲུབ་ལ། དེ་ནི་རྒྱལ་རབས་གསལ་བའི་མེ་ལོང་[པེ224ཤ22] ལས་བཙུན་མོ་ཕོ་ཡོང་བཟའ་རྒྱལ་མོ་བཙུན་ཟེར་བ་དེ། ཡབ་རྒྱལ་པོའི་ཡུམ་རྒྱ་མོ་བཟའི་སྐྱེ་བ་ཡིན་པས། ཡབ་ཀྱི་ཐུགས་ལ་འཐྲིང་བར་གྱུར་ཏེ། ཡབ་ཟུང་མཁར་དུ་ཕྱིན་དུས་སྲས་ལ་གཏད་མཉེར་(གཉེར) མཛད་པས་སྲས་ཀྱིས་ཁབ་ཏུ་བཞེས། ཡབ་རྒྱལ་པོ་གྲོངས་དུས། ཕོ་ཡོང་བཟས་རྒྱན་མ་བཀྲོལ། མུ་ངན་མ་བྱས་ཟེར་བ་ལ་བསྙད་བཏགས་ནས། ཡུམ་ཚེ་སྤོང་བཟའ་ཕྲག་དོག་སྐྱེས་ཏེ། གཤེད་མ་བསྐོས་ནས་གསོད་དུ་བཏང་བས། སྲས་རྒྱལ་པོས་བསྐྱབས་པས། ཡུམ་ལོག་ལྟ་སྐྱེས་ཏེ་སྲས་ལ་གསོལ་ངན་བྲངས་ཏེ། སྲས་རྒྱལ་པོ་མུ་ནེ་བཙན་པོ་ལོ་གཅིག་དང་ཟླ་བ་དགུ་ལ་རྒྱལ་སྲིད་བཟུང་ནས། དགུང་ལོ་ཉི་ཤུ་རྩ་དགུ་ལ་ཕོ་བྲང་ཡུམ་བུར་གྲོངས་སོ། །ཞེས་མཆོན། རྒྱལ་རབས་དང་ཆོས་འབྱུང་མང་པོ་ཞིག་ཏུ་མུ་ནེ་བཙན་པོ་ཡབ་གཤེགས་པའི་རྗེས་སུ་སྐུ་གཤེགས་ཡོད་པའི་ཤེས་བྱེད་ཀྱི་ལོ་རྒྱུས་ཅི་རིགས་ཤིག་ཡོད་པ་དེ་ཀུན་དང་མི་མཐུན་པར་འགྱུར་བས། གཞི་རྩའི་རྙོག་དྲ་འདིའང་ཆོས་རྒྱལ་ཁྲི་སྲོང་ལྡེའུ་བཙན་གྱི་འཁྲུངས་ལོ་ལྕགས་པོ་རྟ་ཞེས་པ་དེའི་རྗེས་སུ་འབྲངས་པའི་རྐྱེན་ལས་བྱུང་བ་ཞིག་ཡིན་པ་ནི་སྨོས་མ་དགོས་པ་རེད། ལྡེ་བྲག་ཆོས་འབྱུང་[པེ་སྟོད405ཤ13] ལས་དགུང་ལོ་ཉེར་བཞི་པ་ཤིང་གླང་ལ་ཕོ་བྲང་ཡུམ་བུར་གཤེགས་ཞེས་མུ་ནེ་བཙན་པོ་སྐུ་གཤེགས་དུས་ཀྱི་དགུང་གྲངས་དེ་ཐལ་ཆེར་དེབ་ཐེར་དམར་པོའི་རྗེས་སུ་འབྲངས་ཡོད་པ་འདྲ་ཞིག་འདུག་ལ། རྒྱ་བོད་ཡིག་ཚང་ཆེན་མོ་[སི199ཤ12] ལས་དགུང་ལོ་ཉི་ཤུ་རྩ་དགུ་པ་ལ། དུག་གིས་གྲོངས་སོ། །ཞེས་གསུངས་ཡོད་པ་དེ་ནི་ཡར་ལུང་ཇོ་བོའི་དགོངས་པ་དང་མཐུན་ཡོད་པ་གསལ་བར་མངོན་ཐུབ། རྒྱལ་རབས་འཕྲུལ་གྱི་ལྡེ་མིག་[ཧྲི11ཤ23བ1] ལས་དགུང་ལོ་ཉེར་གསུམ་པ་ལ་ཡུམ་ཚེ་སྤོང་བཟས་གསོལ་ངན་(བཙུན་མོ་ཕོང་འོང་གཟའ་ལ་ཕྲག་དོག

བྱས་)ཞུས་ཏེ་འདས། ཞེས་གསུངས་པ་ནི་ཕལ་ཆེར་དེབ་ཐེར་དམར་པོའི་རྗེས་སུ་འབྲངས་མཛད་པ་མིན་ནམ། “དགུང་གྲངས་ཉེར་བཞི”ཞེས་པ་ནི་ལོ་ངོའི་དབང་དུ་བྱས་པ་སྟེ་རྩིས་པོའི་དབང་དུ་བྱས་ན་ཉེར་གསུམ་གྱི་དོན་ཡིན། མུ་ནེ་བཙན་པོ་སྐུ་གཤེགས་པའི་ལོ་དུས་ལ། དེ་རིགས་ཀྱི་བཞེད་ཚུལ་མི་འདྲ་བ་དུ་མ་ཞིག་ཡོད་ནའང་ལོ་དུས་ངེས་ཅན་ནི་རྒྱའི་ཐང་ཡིག་གསར་མ་[མཆོ334ཕ12]ལས་ཀྲིན་ཡོན་ཁྲི་ལོ་བཅུ་གསུམ་པ་(མི་སྤྲང་སྤྱི་ལོ797)ཟླ་བ་བཞི་པར་བཙན་པོ་གཤེགས། སྲས་ཆེ་བ་རྒྱལ་སར་བཀོད་དེ། ལོ་གཅིག་ནས་འདས། ཞེས་པར“ལོ་གཅིག་ནས་འདས”ཞེས་ཆོས་རྒྱལ་ཁྲི་སྲོང་ལྡེའུ་བཙན་སྐུ་གཤེགས་པའི་མི་སྤྲང་ལོ་(སྤྱི2714སྤྱི797)དེ་ནས་ལོ་གཅིག་འདས་པ་ན། མུ་ནེ་བཙན་པོ་ས་ཕོ་སྟག་གི་ལོ་(སྤྱི2715སྤྱི798)ལ་སྐུ་གཤེགས་ཡོད་པ་གསལ་བར་བསྟན་པ་དེ་རང་དུ་ངེས་པ་སྟེ། ཚུལ་དེ་ནི་བོད་ཀྱི་རྒྱལ་རབས་དང་ཆོས་འབྱུང་སོགས་ལོ་རྒྱུས་ཡིག་ཆ་ཕལ་མོ་ཆེར། ཆོས་རྒྱལ་ཁྲི་སྲོང་ལྡེའུ་བཙན་སྐུ་གཤེགས་ནས་ལོ་གཅིག་དང་ཟླ་བ་བདུན་ནམ་དགུ་ལ་མུ་ནེ་བཙན་པོ་སྐུ་གཤེགས་ཞེས་བཤད་སྲོལ་ཡོད་པ་དེའི་དགོངས……དོན་དང་ཡང་ཡོངས་སུ་མཐུན་པ་ཡིན།

མུ་ནེ་བཙན་པོའི་བང་སོ་ནི་རྒྱལ་རབས་གསལ་བའི་མེ་ལོང་[པེ225ཕ9]ལས་ཨག་ཆོམ་བང་སོའི་གཡས་ངོས་མདུན་ན་ཡོད། མིང་ནི་ལྷ་རི་ཉེམ་པོ་ཟེར་རོ་སྐད། ཅེས་གསལ་བ་དེ་ཡིན།

དགུ། བོད་ཀྱི་རྒྱལ་རབས་ཞེ་གཉིས་པ་མུ་རུམ་བཙན་པོའི་སྐོར།

བཙན་པོ་འདིའི་མཚན་ཡོངས་གྲགས་སུ“མུ་རུམ་བཙན་པོ”ཞེས་བྱ་བ་སྟེ། ཞང་ཞུང་གི་སྐད་དུ“མུ”ཞེས་པ་ནི་བོད་སྐད་དུ“གནམ”དང“མཁའ”“དབྱིངས”ཞེས་བྱ་བར་འཇུག་ཅིང་། “རུམ”ཞེས་པ་ནི་ཞང་བོད་ཐུན་མོང་ལ་གྲགས་པའི་བརྡ་སྙིང་པ་ཞིག་སྟེ། ཞང་ཞུང་གི་སྐད་གཙང་མའི་ལུགས་སུ“རྒྱ”ཞེས་པ། བོད་སྐད་དུ“སློང་ངམ་དང”ཞེས་བྱ་བའི་དོན་ལ་འཇུག་པ་ཡིན། དོན་དུ་བཙན་པོ་འདིའི་མཚན“མུ་རུམ་བཙན་པོ”ཞེས་པ་དེ་དེང་དུས་ཀྱི་བོད་སྐད་དུ་བསྒྱུར་ན“མཁའ་སློང་རྒྱལ་པོ”ཞེས་བྱ་བ་ཡིན། མཚན་གཞན“ཇུ་ཙེ་བཙན་པོ”ཞེས་སུ་གྲགས་པ་འདིའང་ཞང་ཞུང་གི་སྐད་ལས་བྱུང་བ་ཞིག་སྟེ། ཞང་ཞུང་གི་སྐད་དུ“ཇུ་ཙེ”ཞེས་པ་ནི་བོད་སྐད་དུ“གཞིའམ་རྩ་བ”ལ་འཇུག་པ་སྟེ“གཞི་རྩའི་རྒྱལ་པོ”ཞེས་བྱ། མུ་རུག་བཙན་པོའམ་མུ་རབ་བཙན་པོ་སྟེ། ཞང་ཞུང་གི་སྐད་དུ“རུ”ཞེས་པ་དབང་གི་དོན་ལ་འཇུག་པའི་ཚིག་དེ་ལས་འཕྲོས་པའི་མཚན་ཅན་ཏེ་དོན་དུ“གནམ་དབང་བཙན་པོ”ཞེས་བྱ་བ་དེ་དང་། མུ་རུམ་བཙན་པོ་ཞེས་བྱ་བ་འདི་དག་མཚན་གྱི་རྣམ་གྲངས་ཙམ་ལས་དོན་དུ་གཅིག་པར་ངེས་འཛིན་སྲོལ……

བྱུང་འདུག་ནའང་། དངོས་དོན་དུ་མུ་ཏུག་བཙན་པོའམ་མུ་ཏུབ་བཙན་པོ་ཞེས་བྱ་བ་འདི་ནི། མུ་ཏུམ་བཙན་པོའི་གཅེན་དང་པོ་དང་མུ་ནེ་བཙན་པོ་གཅེན་གཉིས་པ་སྟེ། སྦ་བཞེད་རྗེས་འབྲངས་པ་རྣམས་ནས་མུ་ཏིག་བཙན་པོའི་མཚན་གྱིས་བསྙད་པ་དེ་ཡིན། མུ་ཏུམ་བཙན་པོ་ནི། ཆོས་རྒྱལ་ཁྲི་སྲོང་ལྡེའུ་བཙན་ལ་སྲས་མུ་ཁྲི་བཙན་པོ་དང་མུ་ཏུག་བཙན་པོ། མུ་ནེ་བཙན་པོ། མུ་ཏུམ་བཙན་པོ། མུ་ཏིག་བཙན་པོ་སྟེ། "མུའམ་གནམ"གྱི་མཚན་ཅན་ལྔ་བྱུང་བའི་བཞི་པ། དེབ་ཐེར་དམར་སྔོན་གཉིས་སུ"ཇུ་ཙེ་བཙན་པོ"ཞེས་བྱ་བ་ཞིག་བྱུང་བར་བཤད་པ་དེ་ཡང་དངོས་དོན་དུ་རྒྱལ་པོ་འདིའི་མཚན་གྱི་བྱེ་བྲག་ཅིག་ཏུ་གོ།

སྦ་བཞེད་དུ་མུ་ཏུག་བཙན་པོ་ལ། མུ་ཏིག་བཙན་པོའི་མཚན་གྱིས་བསྙད་པའི་བཤད་པ་ཇི་ལྟར་བྱས་ཡོད་པའི་སྐོར་དཔེ་སྟོན་ཙམ་ཞིག་ནི། སྦ་བཞེད་[སི་174ཕ་9]ལས་སྲས་མུ་ནེ་བཙན་པོ་ལ་ཆབ་སྲིད་འཕོགས་པ་དང་། སློན་པོ་ཞང་དབུ་རིངས་བཙན་པོ་ལ་བསྐོ་བའི་གྲོས་དབུ་རྩེའི་བར་ཁང་གི་ཛ་ཁང་ན་བྱེད་ཅིང་བཞུགས་པ་ཇོ་མོ་མེ་ཏོག་སྒྲོན་གྱིས་མཐོང་ཏེ་(སྟེ།) ཐུགས་བཀུམ་(གཀུམ་)པས་དོགས་འཚལ་ནས། ཆབ་སྲིད་སྣ་ནམ་པ་ལ་གཏེར་(སྟེར་)(བ་ངས་)(ངེས་)སྙམ་ཏེ། མུ་ཏིག་བཙན་པོ་ལ་གསོལ་བས་ལྷ་སྲས་ཀྱི་(ཀྱིས་)ཞུ་རིང་(དབུ་རིངས་)སྣོ་བར་ཆུ་གྲིས་གསལ་(བསད་)ནས་བཀུམ། ཡབ་ན་རེ་བཙན་བཞེར་གར་སོང་ཅེས་(ཞེས་)བྱ་བ་དང་། གྲི་ཁྲག་ཅན་པོར་ནས་ཞུ་རིང་(དབུ་རིངས་)རྒྱང་རིང་བར་སོང་ཅེས་(ཞེས་)ནས་པོར་ཁང་དུ་བྲོས། རྗེའི་ཐུགས་དམ་འགྱངས་ནས། དབྱར་ཆུ་བྱུང་བར་དོགས་ནས་ཐུགས་མ་བདེ་ནས། སློན་འཛངས་(མཛངས་)པ་ཀུན་གྲོས་བྱས་ནས། སློན་པོ་འགོས་ཀྱི་(ཀྱིས་)ཞལ་ཆེ་དཀའ་(དགའ་)གསུམ་〔26〕བཅད། ཆབ་སྲིད་མུ་ནེ་བཙན་པོ་ལ་མངའ་བར་བགྱི་གསུངས་ནས། ཞང་ལ་སྟོང་ལམ་ཕྲག་གང་ཆོད་〔27〕རྒྱལ་བུ་མོན་དུ་བཙུག་ཟེར་བ་བཅད། ཅེས་བཤད་ཡོད་པར་བརྟེན། བོད་ཀྱི་རྒྱལ་རབས་དང་ཆོས་འབྱུང་གྲགས་ཆེ་བ་ཕལ་མོ་ཆེར་ལུགས་དེའི་རྗེས་སུ་འབྲངས་ཏེ་མུ་ཏིག……… བཙན་པོ་བཙོན་དུ་བཞུགས་ཚུལ་མང་པོ་ཞིག་བཤད་སྲོལ་བྱུང་ཡོད་ལ། བཙོན་དུ་བཞུགས་གནས་ལྡེའུ་ཆོས་འབྱུང་དུ"ཤངས་ཀྱི་སྐྱིད་ཚལ"ཞེས་དང་སྦ་བཞེད་དུ"མོན"ཞེས་པ་དེ་ཙམ་གྱི་ཁྱད་ལས་གཞན…… རྣམས་ཕལ་ཆེར་འདྲ་བར་འདུག

དེབ་ཐེར་དཔྱིད་ཀྱི་རྒྱལ་མོའི་གླུ་དབྱངས་[པེ་67ཕ་14]ལས་འབྲིང་པོ་མུ་ཏུག་བཙན་པོ་ནི་སྔར…… རྒྱལ་པོ་དང་སློན་པོ་ཞང་གཉིས་འཛམ་གླིང་སུམ་གཉིས་དབང་དུ་བསྡུ་བའི་གྲོས་མཛད་ཚེ། སྲས་ཀྱིས་བཀའ་བགྲོས་སར་བྱོན་པས། ཞང་གི་དུ་ཞུ་(དབུ་)རིངས་ཀྱིས་རྗེ་སློན་བཀའ་བགྲོས་སར་རེ་ཞིག་མ་བྱོན་བྱས་པར། སྲས་ཀྱིས་ཆུ་གྲི་བསྣུན་ཏེ་བཀུམ། སློན་པོ་འགོས་ཀྱིས་ཞལ་ལྕེ་འདར་གསུམ་〔28〕དང་དགའ་

གསུམ་བཅད་དེ། སྲས་རེ་ཞིག་སྨུག་ཞེས་པའི་ལོ་རྒྱུས་འདིར་རྒྱལ་སྲས་རྣམས་ཀྱིས་ཁྲི་ལ་རྫོད་པའི་རྣམ་པ་མ་བསྟན་པ་ཙམ་ལས། དོན་དུ་སྦ་བཞེད་ཀྱི་རྗེས་སུ་འབྲངས་ཡོད་ནའང་། ཞང་དབུ་རིངས་བཀྲོང་མཁན་གྱི་རྒྱལ་བུ་དེའི་མཚན་ལ"མུ་ཏུག་བཙན་པོ"ཞེས་ཞལ་གསལ་དུ་བསྟན་ཡོད།

གལ་ཏེ་མུ་ཏུག་བཙན་པོས་ཞང་དབུ་རིངས་བཀྲོངས་ཡོད་ན། དེ་ལྟར་བཀྲོང་དགོས་པའི་རྒྱུ་མཚན་ངེས་ཅན་ཞིག་ཡོད་དགོས་པ་ལས། "རྗེ་བློན་བཀའ་བགྲོས་སར་རེ་ཞིག་མ་བྱོན"ཞེས་ཞུས་པ་ཙམ་མ་བཟོད་ནས། དེ་འཕྲལ་དུ་བཀུམ་པ་ནི་ལོ་རྒྱུས་འགའ་ཞིག་གི་བཤད་སྲོལ་དུ་བོད་མི་རྣམས་ཕ་སྤྲེའུ་དང་མ་བྲག་སྲིན་ལས་བྱུང་བའི་རྐྱེན་གྱིས་གཏུམ་དྲག་ཆེ་བར་བཤད་ཡོད་ནའང་། རྒྱལ་སྲས་མུ་ཏུག་བཙན་པོ་མན་ཆད་བོད་མི་ཚང་མ་དེ་འདྲ་རང་ཡིན་ཐབས་ཨེ་ཡོད།

མུ་ཏུག་བཙན་པོས་ཞང་དབུ་རིངས་བཀྲོངས་པའི་རྒྱུ་མཚན་ནི། ཁོང་ཉིད་རྒྱལ་སྲས་ཆུང་པ་ཡིན་ནའང་། མུ་ནེ་བཙན་པོ་ཁྲིར་ཐེབས་པ་དང་། དེའི་བཀའི་བློན་ཆེན་པོ་ཞང་དབུ་རིངས་བཙན་པོ་ལ་བསྙོ་བའི་གྲོས་མཛད་ཀྱི་ཡོད་པའི་ཚུལ་སྦ་བཞེད་དུ་གསལ་བར་བསྟན་པ་དེའི་རྐྱེན་ལས་བྱུང་ཡོད་པ་ནི་ཤེས་སླ་བ་ཡིན།

སྦ་བཞེད་[སི179ཤ1]ལས་དེ་ནས་མུ་ཏིག་བཙན་པོ་ལ་དབང་བསྐུར་བར་ཆད་བྱས་ནས། མོན་ནས་སྤྱུན་དྲངས་རྒྱུ་ལས། སྣ་ནམ་པས་བྲང་ཁ་ཕྱེ་(ཕྱེས་)ནས་བཀྲོངས། ཞེས་མུ་ནེ་བཙན་པོ་སྐུ་གཤེགས་པའི་དུས་དེ་མུ་ཏུམ་བཙན་པོའི་གཅེན་པོ་མུ་ཏུག་བཙན་པོ་དེ་ཁྲིར་ཐེབས་པའི་འོས་ཡོད་པ་ཡིན་སྐབས། མོན་ནས་སླར་སྤྱུན་དྲངས་པ་ལ་སྣ་ནམ་པས་བཀྲོངས་པའི་རྐྱེན་གྱིས་ཁྲིར་ཐེབས་མ་ཐུབ་པའི་ཚུལ་འདིའང་བོད་ཀྱི་རྒྱལ་རབས་དང་ལོ་རྒྱུས་ཕལ་མོ་ཆེས་རྗེས་ཟློས་གནང་སྲོལ་བྱུང་འདུག སྣ་ནམ་པས་བཀྲོང་ཚུལ་སྐོར་ཡང་ཡར་ལུང་ཇོ་བོའི་ཆོས་འབྱུང་[སི63ཤ13]ལས་སྣ་ནམ་གྱིས་རྟ་དཀྲོགས་ནས་རྟ་གྱིར་བཀྲོངས…སོ། །ཞེས་གསུངས་ཡོད་པ་དེ་ལ་བརྟེན་ནས་ལྡེ་བྲག་ཆོས་འབྱུང་དང་རྒྱལ་རབས་འཕྲུལ་གྱི་ལྡེ་མིག ལྷ་ཐོག་རྒྱལ་རབས་རྣམས་ནས་ཀྱང་ལོ་རྒྱུས་དེའི་སྐོར་རགས་ཙམ་རེ་རྗེས་ཟློས་གནང་ཡོད། མུ་ཏུག་བཙན་པོས་ཞང་དབུ་རིངས་བཀྲོངས་པའི་རྐྱེན་གྱིས་ཉེས་ཁྲིམས་ཐོག་ནས་བཙོན་དུ་ལོ་གྲངས་དུ་མ་ཞིག་གི་རིང་ལ……བཞུགས་དགོས་བྱུང་ཡོད་པ་ནི་གོར་མ་ཆག་ནའང་མུ་ནེ་བཙན་པོ་སྐུ་གཤེགས་པའི་སྐབས། མོན་ནས་སླར་སྤྱུན་དྲངས་ཤིང་ཁྲིར་ཐེབས་རྒྱུ་ཡིན་པ་ལ་སྣ་ནམ་པས་བཀྲོངས་པའི་བཤད་ཚུལ་འདི་ནི་མི་བདེན་པའི……བཤད་ཡམ་ཞིག་ཏུ་ངེས་པ་སྟེ། ཆོས་རྒྱལ་ཁྲི་སྲོང་ལྡེའུ་བཙན་གྱི་སྲས་ཐ་ཆུང་ཁྲི་ལྡེ་སྲོང་བཙན་སད་ན་ལེགས་ཀྱིས་བཞག་མཛད་པའི་ཞྭ་ལྷ་ཁང་གི་རྡོ་རིང་དུ་བཀོད་པའི་བཀའ་གཙིགས་ཡིག་བྲིང་བཞི་བཅུ་ཞེ…

བརྒྱད་པ་ལས། ངའི་ཞ་སྔ་ནས་ཀྱང་དབུ་སྙུང་གནང་། གཅེན་མུ་ཏུག་བཙན་དང་། ཇོ་མོ་མཆེད་དང་། རྒྱལ་ཕྲན་རྣམས་དང་། ཆབ་སྲིད་ཀྱི་བློན་པོ་མན་ཆད། ཞང་ལོན་ཆེ་ཕྲ་ཀུན་ཀྱང་མནས་བསྐག་སྟེ། གཙོགས་གཡུང་དྲུང་དུ་གནང་ངོ་། །ཞེས་དབུ་སྙུང་གི་བཀའ་གཙོགས་གནང་བའི་གྲས་སུ་གཅེན་མུ་ཏུག་བཙན་པོ་ཡོད་པའི་ཚུལ་གསལ་བར་བཀོད་ཡོད་པ་དེས་ཤེས་ཐུབ་པ་ཡིན།

རྒྱའི་ཐང་ཡིག་རྙིང་མ་[མཆོ་334ཤ་12]ལས་གྲིན་ཡོན་ཁྲི་ལོ་བཅུ་གསུམ་པའི་(མེ་གླང་སྤྱི་ལོ་797) ཟླ་བཞི་པར་བཙན་པོ་གཤེགས། སྲས་ཆེ་བ་རྒྱལ་སར་བཀོད་དེ། ལོ་གཅིག་ནས་འདས། དེའི་འོག་མ་རྒྱལ་སར་བཞུགས། ཞེས་མེ་མོ་གླང་གི་ལོ་(སྣ2714སྤྱི797)ལ་ཆོས་རྒྱལ་ཁྲི་སྲོང་ལྡེའུ་བཙན་སྐུ་གཤེགས་ཏེ། སྲས་ཆེ་བ་མུ་ནེ་བཙན་པོ་ལུགས་མཐུན་གྱི་སྒོ་ནས་ཁྲིར་ཕེབས། ལོ་གཅིག་ནས་མུ་ནེ་བཙན་པོ་སྐུ་གཤེགས་པའི་རྗེས། དེའི་འོག་མ་རྒྱལ་སར་བཞུགས་པར་གསལ་བའི་རྒྱལ་སྲས་འོག་མ་དེ་མུ་ཏུག་བཙན་པོ་ཡིན་སྲིད་ཐབས་མེད་དེ། བོད་ཀྱི་རྒྱལ་རབས་དང་ཆོས་འབྱུང་ཕལ་མོ་ཆེར་མུ་ཏུག་བཙན་པོ་ལ་ཉེས་ཁྲིམས་ཕོག་པའི་ཚུལ་གསལ་བར་བཀོད་ཡོད་པས་ཤེས་ཐུབ་ལ། རྒྱལ་སྲས་ཐ་ཆུང་མུ་ཏིག་བཙན་པོའམ་ཁྲི་ལྡེ་སྲོང་བཙན་ནི་ཡིན་མི་སྲིད་དེ། རྒྱའི་ཐང་ཡིག་གསར་མ་[མཆོ་94ཤ་9]ལས་གྲིན་ཡོན་ཁྲི་ལོ་ཉི་ཤུ་པར་(ཤིང་སྤྲེལ་སྤྱི་ལོ་804)བཙན་པོ་དགུན་དུ་གཤེགས། གོང་མས་ཀྱང་ཕྱུའུ་ཧྲི་ལང་གི་ཐབས་ཡོད་པ་དཀྱང་ཅན་བྱ་བ་འདས་མཆོད་དུ་མངགས། བཙན་པོའི་གཅུང་པོ་རྒྱལ་སར་བཀོད། ཅེས་མུ་ཏུམ་བཙན་པོ་སྐུ་གཤེགས་པའི་འདས་མཆོད་དུ་གོང་མས་སྐུ་ཚབ་མངགས་པ་དང་། བཙན་པོའི་གཅུང་པོ་མུ་ཏིག་བཙན་པོའམ་ཁྲི་སྲོང་བཙན་ཁྲིར་བཀོད་པ་གསལ་བར་བསྟན་པ་དེ་ལས་ཤེས་ཐུབ་པ་ཡིན།

ལྡེ་བྲག་ཆོས་འབྱུང་[པེ་སྟོད་105ཤ་15]ལས་དེ་ནས་ལྷ་སྲས་མུ་ཏིག་བཙན་པོ་ཆད་པ་འཁྱིལ་བ……ཕྱང་ནས་ཕྱིན་དྲངས་ཏེ་བསྒོ་བར་བྱས་པ་ལམ་དུ་སྔ་ནམ་པས་ཚིབས་དཀྲུགས་ཏེ་ལྷུང་ནས་རྟ་གྲིར་འདས། ཞེས་པ་འདིར་སྔ་ནམ་པས་བཀྲོངས་མེད་ན། ཆད་པ་འཁྱིལ་བ་བྱུང་ནས་ཁྲིར་ཕེབས་འོས་པའི་ཚུལ་འདྲ་ཞིག་གསུངས་ཡོད་ནའང་དེ་ནི་མི་འཐད་དེ། འདིར་མུ་ཏིག་བཙན་པོའི་མཚན་གྱིས་བསྙད་པའི་མུ་ཏུག་བཙན་པོ་ནི། ཁོང་གི་གཅུང་པོ་མུ་ཏིག་བཙན་པོའམ་ཁྲི་ལྡེ་སྲོང་བཙན་ཁྲིར་ཕེབས་རྗེས་སུ་ཞྭ་ལྷ་ཁང་གི་གཙོགས་ཀྱི་རྡོ་རིང་བཞག་མཛད་དུས་གཅེན་མུ་ཏུག་བཙན་པོ་ཞལ་བཞུགས་ཡོད་པའི་ཚུལ་གསལ་བར……བསྟན་པ་དེ་ནས་ངེས་ཤེས་ཐུབ་ཅིང་། གཅེན་མུ་ནེ་བཙན་པོ་ས་ཕོ་སྟག་ལོ་(སྣ2715སྤྱི798)ལོར་སྐུ་གཤེགས་པ་དེ་ནས། རྒྱལ་སྲས་ཐ་ཆུང་ཁྲི་ལྡེ་སྲོང་བཙན་སད་ན་ལེགས་ཤིང་ཕོ་སྤྲེལ་གྱི་ལོ་(སྣ2721སྤྱི804)ལ་ཁྲིར་ཕེབས་པའི་བར་ལོ་ངོ་དྲུག་གི་རིང་ལ་རྒྱལ་སྲིད་''སྐྱོང་མཛད་མཁན་གྱི་རྒྱལ་རབས་ཞེ་གཉིས''

པ་དེ་མུ་ཏུམ་བཙན་པོ་མིན་ན་གཞན་སུ་ཞིག་ཡིན། རྒྱའི་ཐང་ཡིག་རྙིང་མ་[རྙ54བ3]ལས་ཀྲིན་ཡོན་ཁྲི་ལོ་ཉི་ཤུ་ཐམ་པའི་(ཤིང་སྤྲེལ་སྤྱི་ལོ804)ཟླ་བ་གསུམ་པའི་ཟླ་སྟོད་བོད་བཙན་པོ་(མུ་ཏུམ་བཙན་པོ་)གཤེགས་པར་ཐང་རྒྱལ་ཁབ་ནས་ཉིན་གསུམ་རིང་སྒྱུ་ངན་ཁྲིར་ཐོག་བློན་ཆེན་ཀྲང་ཅན་ཞེས་པ་བོད་དུ་སྒྱུ་ངན་ཞུ་ཆེད་བསྐོ་བཙོངས་གནང་། བཙན་པོ་དེ་ཀྲིན་ཡོན་ལོ་བཅུ་གསུམ་ཟླ་བ་བཞི་པའི་ནང་། (ཡབ་)དགོངས་པ་རྫོགས་ཏེ་སྲས་བགྲེས་པ་བཙན་པོའི་ཁྲི་གསོལ་ཞུས་ཡོད་ཀྱང་། ལོ་གཅིག་རྗེས་དགོངས་པ་རྫོགས་ཏེ་སྲས་འབྲིང་པ་(མུ་ཏུམ་བཙན་པོ་)བཙན་པོའི་ཁྲི་གསོལ་བྱས་པ་དང་། ཐང་རྒྱལ་ཁབ་ནས་ཞི་དྲག་ནི་རིམ་པ་གསུམ་པ་ཡན་གྱི་བློན་པོ་རྣམས་ནས་སྒྱུ་ངན་ཞུ་དགོས་ཀྱི་བཀའ་ཕབ། ཅེས་པས། མུ་ཏུམ་བཙན་པོས་རྒྱལ་སྲིད་ལོ་དྲུག་ཏུ་བསྐྱངས་ནས་ཤིང་ཕོ་སྤྲེལ་གྱི་ལོ་(སྔ2721སྤྱི804)ལ་སྐུ་གཤེགས་པའི་ཚུལ་གསལ་བར་བསྟན་པ་ཡིན།

ཚལ་པ་ཀུན་དགའ་རྡོ་རྗེས་རྒྱ་བོད་ཀྱི་ལོ་རྒྱུས་གུང་བསྒྲིགས་ཏེ་གཏན་ལ་ཕབ་པའི་གཞུང་དེབ་ཐེར་དམར་པོ་[ཕེ22བ17]ལས་མེ་མོ་གླང་ལ་བོད་ཀྱི་རྒྱལ་པོ་འདས། ཇུ་ཅེ་བཙན་པོ་རྒྱལ་སར་བསྐོས། ཞེས་པ་དང་། འགོས་ལོ་གཞོན་ནུ་དཔལ་(1392-1481)གྱིས་རྒྱ་བོད་ཀྱི་ལོ་རྒྱུས་གུང་བསྒྲིགས་ཏེ་གཏན་ལ་ཕབ་པའི་དེབ་ཐེར་སྔོན་པོ་[སི་སྟོད77བ10]ལས་ཀྱང་ཁྲི་སྲོང་ལྡེའུ་བཙན་འདས་ནས་སྲས་ཆེ་བ་མུ་ནེ་བཙན་པོ་བསྐོས། ལོ་བཅུ་བདུན་ལ་རྒྱལ་ས་བྱས་ཏེ་མེ་མོ་གླང་ལ་འདས། ཇུ་ཅེ་བཙན་པོ་རྒྱལ་སར་བསྐོས། ཞེས་མུ་ནེ་བཙན་པོ་མེ་མོ་གླང་གི་ལོ་(སྔ2714སྤྱི797)ལ་སྐུ་གཤེགས་པའི་རྗེས་སུ། ཇུ་ཅེ་བཙན་པོ་ཁྲིར་ཕེབས་པར་གསལ་བ་དེ་ནི་མུ་ཏུམ་བཙན་པོ་ལས་འོས་གཞན་ཅི་ཞིག་ཡོད།

བཙན་པོ་འདིའི་འཁྲུངས་ལོ་དང་བཙུན་མོ། སྲས་བློན་བཅས་པའི་སྐོར་བོད་ཀྱི་རྒྱལ་རབས་དང་ཆོས་འབྱུང་རྣམས་སུ་ཞལ་གསལ་བ་དེ་ཙམ་མེད་ནའང་། རྗེས་དཔག་གི་ཚད་མ་ལ་བརྟེན་ནས་རགས་ཙམ་ངེས་ཐུབ་པ་ནི། ཤིང་ཕོ་སྟག་གི་ལོ་(སྔ2691སྤྱི774)ལ་སྐུ་འཁྲུངས་པའི་གཅེན་པོ་མུ་ནེ་བཙན་པོ་དང་། མེ་ཕོ་འབྲུག་གི་ལོ་(སྔ2693སྤྱི776)ལ་སྐུ་འཁྲུངས་པའི་གཅུང་པོ་མུ་ཏིག་བཙན་པོའམ་ཁྲི་ལྡེ་སྲོང་བཙན་དེ་གཉིས་ཀྱི་བར་དུ་སྐུ་འཁྲུངས་པ་ལས། འོས་གཞན་མེད་པ་ཡིན་སྟབས། མུ་ཏུམ་བཙན་པོའི་འཁྲུངས་ལོ་ནི་ཤིང་མོ་ཡོས་ཀྱི་ལོ་(སྔ2692སྤྱི775)ཡིན་པ་ཚད་མས་གྲུབ་པ་ཡིན།

རྒྱལ་རབས་གསལ་བའི་མེ་ལོང་དུ་ཁྲི་ལྡེ་སྲོང་བཙན་གྱི་སྐབས། བོད་ཀྱི་རྒྱལ་རབས་དང་ཆོས་འབྱུང་གཞན་དང་མི་མཐུན་པའི་བཤད་པ་འགའ་རེ་ཡོད་པའི་ནང་[ཕེ226བ4]དུ་དགུང་ལོ་བཅུ་དགུ་ལོན་དུས་ཡབ་འདས། ཞེས་གསལ་བ་འདི་ནི། དངོས་དོན་དུ་མུ་ཏུམ་བཙན་པོའི་ལོ་རྒྱུས་ཤིག་ཡིན་ངེས་པ་སྟེ།

མུ་ཏུམ་བཙན་པོ་ཤིང་མོ་ཡོས་ཀྱི་ལོ་(སྤྱི2692ཕྱི775)ལ་སྐུ་འཁྲུངས་ནས་དགུང་གྲངས་བཅུ་དགུ་པའམ་ཁྱིལ་པོ་བཅོ་བརྒྱད་པ་དེ་ནི་ཆུ་མོ་བྱའི་ལོ་(སྤྱི2710ཕྱི793)ཡིན་ཞིང་ལོ་དེར་ཁོང་གིས་བཙུན་མོ་ལྷ་རྗེ་ཞེས་བྱ་བ་ཞིག་ཁབ་ཏུ་བཞེས་ཡོད་པར་མངོན་ལ། དེ་ལ་སྲས་གཅིག་འཁྲུངས་པ་དེ་དགུང་གྲངས་བཅུ་གསུམ་པའམ་ཁྱིལ་པོ་བཅུ་གཉིས་པའི་ལོར་ཡབ་སྐུ་གཤེགས་པའི་ལོ་དེ་ནི་ཤིང་ཕོ་སྤྲེལ་གྱི་ལོ་(སྤྱི2721ཕྱི804)ཡིན་སྟབས། ཁོང་ཁྲིར་མ་ཕེབས་པའི་གོང་དུ་བཙུན་མོ་ལྷ་རྗེ་བཞེས་ཡོད་པ་དེ་ནི། བཙུན་མོ་ཁབ་ཏུ་བཞེས་དུས་སྲས་ལྡིང་ཁྲི་འཁྲུངས་ནས་ལོ་གཅིག་ལོན་ཡོད་པའི་རྒྱུ་མཚན་གྱིས་ཡིན་པའང་ཤེས་ཐུབ་པ་ཡིན། འགག་དོན་སྙིང་པོར་དྲིལ་ན། བོད་ཀྱི་རྒྱལ་རབས་ཞེ་གཉིས་པ་མུ་ཏུམ་བཙན་པོའམ་ཧྲུ་ཅེ་བཙན་པོ་ནི་ཤིང་མོ་ཡོས་ཀྱི་ལོ་(སྤྱི2692ཕྱི775)ལ་སྐུ་འཁྲུངས། དགུང་ལོ་ཉེར་གསུམ་པ་ས་ཕོ་སྟག་གི་ལོ་(སྤྱི2715ཕྱི798)ལ་ཁྲིར་ཕེབས་ནས་རྒྱལ་སྲིད་ལོ་དྲུག་གི་རིང་ལ་བསྐྱངས་མཐར། དགུང་གྲངས་ཁྱིལ་པོ་ཉེར་དགུ་པ་ཤིང་ཕོ་སྤྲེལ་གྱི་ལོ་(སྤྱི2721ཕྱི804)ལ་སྐུ་གཤེགས་ཡོད་པར་ཤེས་ཐུབ་པ་ཡིན།

མུ་ཏུམ་བཙན་པོའི་བང་སོ་ནི་རྒྱལ་རབས་གསལ་བའི་མེ་ལོང་[པེ226ཤ13]ལས“དེ་ཡི་བང་སོ་འཕྲུལ་རྒྱལ་གཡོན་ན་ཡོད། །བང་སོ་དེ་ཡང་རིན་ཆེན་ནོར་གྱིས་བཀང་། །ཡུམ་གྱི་ཚབ་གང་བསྐང་བས་མཐོ་བ་ཡིན། །མིང་ནི་རྒྱལ་ཆེན་བང་སོ་ཟེར་རོ་སྐད། །”ཅེས་གསལ་བ་སྟེ། མེ་ལོང་མར་སྲས་ལྡིང་ཁྲི་ཞེས་པའི་ཐ་སྙད་དང་ལྡན་པའི་རྒྱལ་པོ་འདིའི་བང་སོ་ཞེས་སུ་བཤད་མོད། རྒྱལ་རབས་དང་ཆོས་འབྱུང་གཞན་དག་ཏུ་ཚུལ་འདི་གཏན་ནས་མ་གྲགས་པ་ཞིག་ཡིན་སྟབས། ལྡིང་ཁྲི་ཞེས་པ་དེ་ཉིད་མུ་ཏུམ་བཙན་པོ་ཡིན་པ་དང་། ལྡིང་ཁྲིའི་བང་སོ་ཞེས་པ་དེའང་མུ་ཏུམ་བཙན་པོའི་བང་སོ་ཡིན་པ་དོན་གྱིས་ཤེས་ཐུབ་པ་ཡིན།

བཅུ། བོད་ཀྱི་རྒྱལ་རབས་ཞེ་གསུམ་པ་ཁྲི་ལྡེ་སྲོང་བཙན་གྱི་སྐོར།

བཙན་པོ་འདིའི་མཚན་གྱི་སྐོར་ལ་བོད་ཀྱི་ལོ་རྒྱུས་མཁན་པོ་རྣམས་ཞལ་མི་མཐུན་པ་འགའ་རེ་ཡོད་མོད། ལོ་རྒྱུས་ཡོངས་ལ་གྲགས་པ་ནི“ཁྲི་སྲོང་ལྡེ་བཙན་ནམ་མུ་ཏིག་བཙན་པོ”ཞེས་བྱ་བ་དེ་ཡིན།

དེ་ཡང“ཁྲི་ལྡེ་སྲོང་བཙན”ཞེས་བྱ་བའི་མཚན་འདི་ནི་ཞང་ཞུང་གི་སྐད་དང་བོད་ཀྱི་བརྗོད་སྙིང་ལྡན་སྦྱོར་བས་ལས་བྱུང་བའི་མཚན་ཞིག་སྟེ། “ལྡེ”ཞེས་པ་ནི“མཁྱེན་པའམ་ཤེས་པ”ཞེས་པའི་དོན་ཡིན། “སྲོང”ཞེས་པ་ནི་བོད་ཀྱི་བརྗོད་སྙིང་པ་ཞིག་སྟེ“དྲང་པོའམ་དྲང་བདེན”གྱི་དོན་ལ་འཇུག་ཅིང་། དོན་དུ“ཁྲི་ལྡེ་སྲོང་བཙན”ཞེས་པའི་མཚན་འདི་དེང་དུས་བོད་སྐད་ཀྱི་ལུགས་སུ་བྱས་ན། “མཆོག་མཁྱེན་དྲང་སྟོན”ཞེས་པ་སྟེ། མཆོག་ཏུ་གྱུར་པའམ་བླ་ན་མེད་པའི་མཁྱེན་ཡོན་དང་ལྡན་ཞིང་། ཐུགས་རྒྱུད་དྲང་ལ

བློ་རིག་ཤིན་ཏུ་རྩེ་བ་ཞིག་ཡིན་པ་གསལ་བར་བསྟན།

“མུ་ཏིག་བཙན་པོ”ཞེས་པ་ནི་རྒྱལ་པོ་བཀའི་ཐང་ཡིག[117བ་14]ལས་སློབ་དཔོན་མཚན……གསོལ་མུ་ཏིག་བཙན་པོ་ཞེས། །ཡབ་ཀྱིས་མཚན་གསོལ་ཁྲི་ལྡེ་སྲོང་བཙན། །ཞེས་ནང་བློན་མཚན་གསོལ་མཛིང་ཡོན་སད་ན་ལེགས། །རྒྱ་ཡིས་མཚན་གསོལ་མུ་རི་བཙན་པོ་ཞེས། །རྒྱལ་པོའི་སློབ་དཔོན་གྱིས“མུ་ཏིག་བཙན་པོ”ཞེས་གསོལ་བ་དང་། ཡབ་རྒྱལ་པོ་ཁྲི་སྲོང་ལྡེའུ་བཙན་གྱིས“ཁྲི་ལྡེ་སྲོང་བཙན”ཞེས་གསོལ་བ་དང་། བཀའི་བློན་པོ་རྣམས་ཀྱིས“མཛིང་ཡོན་སད་ན་ལེགས”ཞེས་གསོལ་བ་དང་། རྒྱ་ཡིས་“མུ་རི་བཙན་པོ”ཞེས་གསོལ་བར་གསལ་མོད། སྤྱིར་བཏང་བོད་ཀྱི་རྒྱལ་པོ་རྣམས་ལ་རྒྱལ་པོའི་སྐུ་འཚོ་བའི་སྐུ་གཤེན་རེ་དང་། སྐབས་འགར་རྒྱལ་པོའི་གདུང་རྒྱུད་སྐྱོབས་པའི་ཕ་བ་རེ་བཅས་ལྷའི་མཆོད་གནས་ཀྱི་བོན་པོ་རེའམ་གཉིས་རེ་བྱུང་ཡོད་པ་དེ་དག་བཀའ་བསྒྲགས་ཏེ། བཙན་པོ་སྲས་རྣམས་ཚན་ཁྲུས་ནས་ཕྱུངས་རྗེས་སུ་གནའ་ལུགས་དང་མཐུན་པའི་མཚན་རེ་གསོལ་བའི་སྲོལ་ལུགས་ཡོད་པ་ལྟར། ཆོས་རྒྱལ་ཁྲི་སྲོང་ལྡེའུ་བཙན་གྱི་སྲས་རྣམས་ཀྱི་མཚན་ཡང་ལུགས་དེ་དང་ཡོངས་སུ་འབྲེལ་བ་ཞིག་ཡིན་པ་ནི་སྨོས་མ……དགོས་པ་རེད། “མུ་ཏིག”ཅེས་པ་འདི་བོད་སྐད་དུ་རིན་པོ་ཆེའི་རིགས་ཤིག་གི་མིང་ཡིན་སྟབས། ཕལ་ཆེར་མཚན་དེ་སྐད་དུ་གྲགས་པ་འདྲ་ཞིག་ཏུ་སྣང་མོད། དངོས་དོན་དུ་དེ་ནི་ཞང་ཞུང་གི་སྐད་ལས་བྱུང་བ་ཞིག་སྟེ། “མུ”ཞེས་པ་འདི་ནམ་མཁའི་དོན་ལ་འཇུག་པ་དང་། “ཏིག”ཅེས་པ་ནི“གཅིག”ཅེས་པའི་དོན་ཏེ། “མུ་ཏིག་བཙན་པོ”ཞེས་པ་དེ་དེང་དུས་བོད་སྐད་ཀྱི་ལུགས་སུ་བྱས་ན“ལྷ་གཅིག་རྒྱལ་པོ”ཞེས་པའི་དོན་ཡིན།

ཆོས་རྒྱལ་ཁྲི་སྲོང་ལྡེའུ་བཙན་གྱིས་བོན་བསྙུབས་ཏེ་ཆོས་ཀྱི་བསྟན་པ་དར་རྒྱས་སུ་མཛད་པ་ཡིན……སྟབས། སྐབས་དེར་རྒྱལ་པོའི་སྐུ་གཤེན་བོན་པོ་ཡོད་མེད་ཐེ་ཚོམ་གྱི་གཞི་ལྟ་བུ་ཞིག་ཏུ་སྣང་ནའང་། དངོས་དོན་དུ་གནའ་བོའི་གཤིས་ལུགས་མི་ཉམས་པར་བསྲུང་བའི་ཆེད་དང་རྒྱལ་པོའི་སྐུ་ཚེ་ལ་བར་ཆད……མི་འབྱུང་བའི་ཆེད། ཆོས་ཀྱི་བསྟན་པ་ཤིན་ཏུ་དར་ཞིང་རྒྱལ་པའི་སྐབས་སུའང་། རྒྱལ་པོའི་སྐུ་གཤེན་དུ་བོན་པོ་རེ་ཡོད་པ་དང་། དེས་རྒྱལ་པོའི་སྐུ་འཚོས་ཡོད་པའི་ཚུལ་ནི་གླེང་གཞི་བསྟན་པའི་བྱུང་ཁུངས[ISMEO ཤ་18]ལས་ཁྲི་སྲོང་ལྡེ་བཙན། སྐུ་གཤེན་སྟེ་ནེ་མུ་དག འབེ་ཤོད་ཀྲ་མོ་ཞེས་པ་དང་། ལེགས་བཤད་རིན་པོ་ཆེའི་མཛོད[པེ་225བ་4]ལས(ཁྲི་གཙུག་ལྡེ་བཙན)དེའི་སྐུ་རིང་ལ་ཆོས་ཤིན་ཏུ་དར་སོ…ཆེ། སྐུ་སྲུང་ནི་བོན་པོ་ཁྱུང་པོ་སྟག་སྒྲ་དུན་གཙུག་དང་ཞང་ཞུང་བོན་པོ་དུན་ཏང་རྒྱལ་བ་གཉིས་ཀྱིས་མཛད། ཅེས་པ་དང་། ལྡེའུ་ཆོས་འབྱུང་ཆེན་མོ[བོད་140བ་15]ལས་སྐུའི་ཕྱགས་མཁན་དང་རྒྱལ་གྱི་སྐུ་

གཞིན་ལ་སྨྲོན་ཕབ་ཅེས་རྒྱལ་པོ་སླང་དར་གྱི་སྐུ་གཞེན་སོགས་ཇི་ལྟར་ཡོད་པའི་ཚུལ་གསལ་བར་བསྟན་པ… དེ་རྣམས་ཀྱིས་ངེས་ཐུབ་པ་ཡིན། "མཛིང་ཡོན་སད་ན་ལེགས"ཞེས་པའི་མཚན་འདིའི་བྱུང་ཁུངས་ཇི་ལྟར་ཡིན་པའི་ཚུལ་ནི་སྦ་བཞེད་[སི་179ཕ་4]ལས་དེ་ནས་འབངས་ཡོངས་གྲོས་བགྱིས་ཏེ། ཙུང་(གཙུང་)ཁྲི་ལྡེ་སྲོང་བཙན་དབང་བསྒྱུར་བྱས་པས། ཁ་ཅིག་ན་རེ་རྒྱལ་བུ་སྐུ་ནར་མ་སོན་ཏེ་འབངས་ཀྱི་ཆོས་མི་འོང་བས། བློན་མཛངས་པ་བསྐོས་ལ་ཁྲིམས་བུ་ཆུང་(29)བཅའོ་མཆི། ཁ་ཅིག་ན་རེ་སྔོན་ཀྱང་ཡབ་སྐུ་འདས་པའི་དུས་ན་རྒྱལ་བུ་སྐུ་ནར་མ་སོན་ནས། ཞང་བློན་གསུམ་ལ་ཁྲིམས་གཏད་པས་ཁྲིམས་བུ་ཆུང་བཅས་ནས་ལྷ་ཆོས་བསྣུབས་ནས་ཕྱོད་ཁ་ཆེན་པོ་ཐུག་ཏེ་བོད་འཕུང་བར་བྱས་པས། རྒྱལ་བུ་དབང་བསྒྱུར་ལ་བློན་མཛངས་པ་བསྐོས་ལ་འབངས་ཀུན་གྱི་ཆོས་བགྱི་བར་གསོལ་བས། རྒྱལ་བུས་འོང་ངམ་མི་འོང་། སད་པར་བྱ་བར་མཆི་ནས་རྒྱལ་བུ་དགུང་ལོ་བཞི་ལ་དབང་བསྒྱུར་ནས་སྲིད་གཏད་དེ། སད་པ་བཞིན་དུ་ལེགས་པར་བྱུང་བས་རྒྱལ་བུ་སད་ན་ལེགས་ཞེས་བྱ། མཛིང་པ་ཡོ་ལ་སྐུ་དབང་ཆེ་བས་སླང་མཛིང་ཡོན་ཞེས་ཀྱང་གྲགས་སོ། །ཞེས་གསལ་བར་བསྟན་ཅིང་། བོད་ཀྱི་ཆོས་འབྱུང་དང་རྒྱལ་རབས་ཕལ་མོ་ཆེ་ལོ་རྒྱུས་དེའི་རྗེས་སུ་འབྲངས་པའི་རྐྱེན་གྱིས་མཚན་དེ་ནི་ཡོངས་གྲགས་ཤིག་ཏུ་གྱུར་འདུག

"རྒྱ་ཡིས་མཚན་གསོལ་མུ་རི་བཙན་པོ་ཞེས།" ཞེས་པ་འདི་ཕལ་ཆེར་རྒྱ་ནག་གི་མིས་མཚན་གསོལ་བའི་ཚིག་རིས་འདྲ་ཞིག་སྣང་མོད། དེ་ནི་ཊ་བ་ནས་ཡིན་མི་སྲིད་པ་ཞིག་སྟེ། བོད་ཀྱི་རྒྱལ་པོ་སུ་ཞིག་ལའང་རྒྱལ་ཡིས་མཚན་གསོལ་བའི་ལོ་རྒྱུས་མེད་པ་དང་། "མུ་རི"ཞེས་པའི་མཚན་འདི་ཞང་ཞུང་གི་སྐད་ལས་བྱུང་བ་ཞིག་ཡིན་སྲིད་པ་ལས་རྒྱ་ནག་གི་སྐད་དང་འབྲེལ་ཟ་བ་ནས་མེད་པ་མངོན་སུམ་ཚད་གྲུབ་ཏུ… གྱུར་ཅིང་། སྨྱིང་གཞི་བསྟན་པའི་བྱུང་ཁུངས་[ISMEOཤ་18]ལས་མུ་རི་ལ་མུ་ཏིག་བཙན་པོ་ཡང་ཟེར་ཞེས་མུ་ཏིག་བཙན་པོའི་མཚན་གྱི་རྣམ་གྲངས་སུ་བྱས་ཡོད་པ་དེས་ཤེས་ཐུབ་པ་ཡིན།

སྦ་བཞེད་རྗེས་འབྲང་དང་བཅས་པ་རྣམས་ནས། མུ་ཏིག་བཙན་པོ་ཞེས་པ་འདི་ཁྲི་སྲོང་ལྡེའུ་བཙན་གྱི་སྲས་འཁྲིད་བའི་མཚན་དུ་བྱས་ཡོད་པ་དེ་སྐོར་ནི་མུ་ཏུག་བཙན་པོའི་སྐབས་སུ་གསལ་སྒྲོས་བྱས་ཡོད་པ… ལས་མཁྱེན་ཐུབ།

ལྡེའུ་ཆོས་འབྱུང་རྣམ་གཉིས་སུ་བཙན་པོ་འདིའི་མཚན་ལ"ཁྲི་ལྡེ་སྲོང་བཙན"དང་། "སད་ན་ལེགས་མཛིང་ཡོན"ཞེས་མཚན་གྱི་རྣམ་གྲངས་མི་འདྲ་བ་གསུམ་ཙམ་ཞིག་བཀོད་འདུག་ལ། གྲགས་རྒྱལ་བོད་ཀྱི་རྒྱལ་རབས་དང་ནེའུ་སྔོན་བྱུང་གི་གཏམ། སློང་ཆེན་པའི་ཆོས་འབྱུང་། ཡར་ལུང་ཇོ་བོའི་ཆོས་འབྱུང་། དེབ་ཐེར་དམར་པོ། རྒྱལ་རབས་གསལ་བའི་མེ་ལོང་། དེབ་ཐེར་སྔོན་པོ། ལྡེ་བྲག་ཆོས་འབྱུང་།

རྒྱ་བོད་ཡིག་ཚང་ཆེན་མོ། རྒྱལ་རབས་འཕྲུལ་གྱི་ལྡེ་མིག བསྟན་རྩིས་གསལ་བའི་ཉིན་བྱེད་ལ་སོགས་པ་བོད་ན་གྲགས་ཆེ་བའི་རྒྱལ་རབས་དང་ཆོས་འབྱུང་ཕལ་མོ་ཆེས"ཁྲི་ལྡེ་སྲོང་བཙན"ཞེས་པའི་མཚན་འདི་ཡོངས་གྲགས་ཀྱི་ལུགས་སུ་བེད་སྤྱོད་གནང་སྲོལ་བྱུང་ཡོད།

ཉང་གི་ཆོས་འབྱུང་དང་བུ་སྟོན་ཆོས་འབྱུང་སོགས་འགའ་ཞིག་ཏུ་བཙན་པོ་འདིའི་མཚན་ལ"ཁྲི་ལྡེ་བཙན"ཞེས་བཀོད་ཡོད་པ་དང་། ཏུན་ཧོང་བོད་ཀྱི་ལོ་རྒྱུས་ཡིག་རྙིང་དུ་བཙན་པོ་འདིའི་མཚན་ལ"ལྡེ་སྲོང་བརྩན"ཞེས་བཀོད་ཡོད་པ་འདི་གཉིས་ནི་དོན་དུ"ཁྲི་ལྡེ་སྲོང་བཙན"ཞེས་པའི་མཚན་དེ་ཚིག་འབྲུ་གསུམ་དུ་བསྡུས་པ་ཞིག་སྟེ། བསྡུ་ལུགས་མི་འདྲ་བ་གཉིས་ལ་བརྟེན་ཏེ། "ཁྲི་ལྡེ་བཙན་ནམ་ལྡེ་སྲོང་བཙན"ཞེས་བྱ་བ་འདི་གཉིས་སུ་བྱུང་ཡོད་པ་ཤེས་སླ་བ་ཡིན།

པད་དཀར་ཆོས་འབྱུང་[རྙ332 ཤ165 བ3] ལས་དེ་ནས་ཁྲི་རལ་པ་ཅན་ཞེས་བྱ་བ་སྙིང་རྗེ་པདྨ་དཀར་པོའི་མདོ་ལས་གསལ་བར་ལུང་བསྟན་པ། མཚན་ནི་ཁྲི་ལྡེ་སྲོང་བཙན། ཞེས་པས"ཁྲི་ལྡེ་སྲོང་བཙན"འདི་བཙན་པོ་རལ་པ་ཅན་གྱི་མཚན་ཡིན་པར་བཞེད་པ་དང་། ཁོང་གིས་རལ་པ་ཅན་ལ"ཁྲི་ལྡེ་བཙན"ཞེས་གསུངས་ཡོད་པ་དང་། དེབ་ཐེར་དཔྱིད་ཀྱི་རྒྱལ་མོའི་གླུ་དབྱངས་[པེ68 ཕ7] ལས་རྒྱལ་རབས་འགའ་ཞིག་ཏུ་རྒྱལ་པོ་འདིའི་མཚན་ལ་ཁྲི་ལྡེ་སྲོང་བཙན་དུ་འཆད་པ་ནི་སྣྲ་སྦྱོར་བམ་གཉིས་པ……སོགས་མ་མཐོང་བའི་སྐྱོན་ནོ། །ཞེས"ཁྲི་ལྡེ་སྲོང་བཙན"ཞེས་པ་འདི་མུ་ཏིག་བཙན་པོའི་མཚན་མ་ཡིན་པར་གསུངས་སོད། མུ་ཏིག་བཙན་པོས་བཞག་མཛད་པ་དཀར་ཆུང་རྡོ་རྗེ་དབྱིངས་ག་ཅིགས་ཀྱི་ཡི་གེ། ལྡེའུ་བྲག་ཆོས་འབྱུང་[པེ་སྟོད409 ཕ6] ལས་སྲས་ཁྲི་ལྡེ་སྲོང་བཙན་གྱི་སྐུ་རིང་ལ་ཤོག་བུ་མཐིང་ག་ལ་གསེར……ཀྱིས་བྲིས་ཏེ་འབྲ་མེན་གྱི་སྒྲོམ་བུར་བསྒྱུལ་ནས། བསམ་ཡས་ལྷུན་གྱིས་འགྲུབ་ཀྱི་གཙུག་ལག་ཁང་དུ་ཡབ་ཀྱི་ཟླ་ལ་བཞག་པ་ལས་དཔེ་བགྱིས་ཏེ་བྲིས་པ་ཞེས་པ་དང་། ཞྭ་ལྷ་ཁང་གི་རྗོ་རིང་མྱང་ཏིང་འཛིན་བཟང་པོ་ལ་བདག་རྐྱེན་དུ་བསྒྱུལ་བའི་ག་ཅིགས་ཀྱི་ཡི་གེ་དང་པོའི་ཡིག་བྲིང་གཉིས་པ་ནས་གནམ་ལྷབ་ཀྱི་རྒྱལ་པོ། འཕྲུལ་གྱི་ལྷ་བཙན་པོ་ཁྲི་ལྡེ་སྲོང་བརྩན་གྱི་བཀས། བན་དེ་མྱང་ཏིང་ངེ་འཛིན། དབུ་སྣུང་ག་ཅིགས་གཡུང་དྲུང་དུ་གནང་བ་ཞེས་པ་དེ་དག་ཏུ་གསལ་བར་བསྟན་པས"ཁྲི་ལྡེ་སྲོང་བཙན"ནི་མུ་ཏིག་བཙན་པོའི……མཚན་གྱི་རྣམ་གྲངས་ཤིག་ཡིན་པ་གསལ་པོར་མངོན་ཐུབ།

བཙན་པོ་འདི་ཉིད་སྐུ་འཁྲུངས་པའི་གནས་དུས་སོགས་ཀྱི་སྐོར། ལྡེའུ་རྒྱ་བོད་ཀྱི་ཆོས་འབྱུང་[བོད 359 ཕ8] ལས་བཙན་པོ་འདི་ཡང་འབྲུག་ལོ་ལ་བྲག་དམར་དུ་སྐུ་བལྟམས། ཞེས་པ་དང་། ལྡེའུ་ཆོས་འབྱུང་ཆེན་མོ་[བོད133 ཕ11] ལས་ཙུང་(གཙུང་)ཁྲི་སྡེ་(ལྡེ་)སྲོང་བཙན་ནི་འབྲུག་ལོ་ལ་སྟོན་བྲག……

དམར་དུ་སྐྱ་བལྟམས། ཞེས་པ་འདི་གཉིས་ཀྱིས་བཙན་པོ་འདི་འབྲུག་གི་ལོ་ལ་སྐྱ་བལྟམས་པར་བཞེད་འདུག ཉང་གི་ཆོས་འབྱུང་[བོད་416 ཕ་17] ལས་མེ་ཕོ་ཁྱི་ལོ་ལ་སྐྱ་འཁྲུངས། ཞེས་འཁྲུངས་ལོ་ཙམ་དུ་མ་ཟད་ལོ་ཁམས་ཀྱང་གསལ་བར་བསྟན་ཡོད། ནེའུ་སྔོན་བྱུང་གི་གཏམ་[རྙ་11 ཤ་6 ན་5] ལས་གཙུང་པོ་ཁྲི་ལྡེ་སྲོང་བཙན་ཤིང་འབྲུག་སྟོན། ཐག་དམར་དུ་འཁྲུངས་ཞེས་འཁྲུངས་ལོ་ལྡེའུ་ཆོས་འབྱུང་གི་དགོངས་པ་དང་མཐུན་པར་མ་ཟད། ལོ་ཁམས་ཀྱང་ཤིང་ཡིན་པ་གསལ་བར་བསྟན། བུ་སྟོན་ཆོས་འབྱུང་[ལྷ་ཤ་129 བ་7] ལས་མུ་ནེ་བཙན་པོས་ཆུ་ཕོ་སྟག་ལ་རྒྱལ་སྲིད་བཟུང་ཞེས་པ་དང་། ཡང་[ལྷ་ཤ་130 ན་1] དུ་ཆབ་སྲིད་ལོ་གཅིག་དང་ཟླ་བ་བདུན་མཛད་དེ་བཅུ་བདུན་པ་ལ་ཡུམ་གྱིས་དུག་བཏང་སྐེ་འདས་སོ། །དེ་ནས་གཙུང་ཁྲི་ལྡེ་བཙན་ལོ་བཞི་པ་ལ་རྒྱལ་སྲིད་གཏད་ཅེས་གསལ་བ་ལ་དཔྱད་ན། མུ་ནེ་བཙན་པོ་ཆུ་མོ་ཡོས་ཀྱི་ལོ་ལ་གཤེགས་པ་དང་དེ་དུས་ཁྲི་ལྡེ་སྲོང་བཙན་དགུང་གྲངས་བཞི་ལ་ཕེབས་ཡོད་ན་ཁོང་གི་འཁྲུངས་ལོ་ལྕགས་ཕོ་བྱི་བའི་ལོ་ཡིན་དགོས་པ་དང་། དགུང་གྲངས་རྩིལ་པོ་བཞིའི་དབང་དུ་བྱས་ན་ས་མོ་ཕག་གི་ལོ་སྟེ། འཁྲུངས་ལོ་འདི་གཉིས་གང་རུང་ཞིག་ལས་མ་འདས་པ་རང་ཤུགས་སུ་བསྟན་པ་ཡིན། ཡར་ལུང་ཇོ་བོའི་ཆོས་འབྱུང་[སི་64 ཕ་1] ལས་དེ་དག་གི་གཙུང་པོ་ཆུང་བ་ནི་ཁྲི་ལྡེ་སྲོང་བཙན་ཏེ། དེ་ལ་སད་ན་ལེགས་འཛིང་ཡོན་ཟེར། ཤིང་ཕོ་ལུག་ལ་བྲག་དམར་དུ་འཁྲུངས། ཞེས་འཁྲུངས་ལོ་ཤིང་ཕོ་ལུག་གི་ལོ་ཡིན་པར་བསྟན་ལ། དེབ་ཐེར་དམར་པོ་[པེ་38 ཕ་9] ལས་བཞི་པ་ཁྲི་ལྡེ་སྲོང་བཙན། ཤིང་ཕོ་འབྲུག་ལ་འཁྲུངས་ཞེས་ནེའུ་ཆོས་འབྱུང་གི་དགོངས་པའི་རྗེས་སུ་འབྲངས་འདུག ལྡེ་བྲག་ཆོས་འབྱུང་[པེ་སྟོད་407 ཕ་5] ལས་དེ་ཡང་སྲས་བཞི་པ་ཁྲི་ལྡེ་སྲོང་བཙན་ནམ་ལྡིང་ཁྲི་དགུང་ལོ་ཉེར་གསུམ་བཞེས་པ་མེ་ཕོ་སྟག་ལོ་ལ་རྒྱལ་སར་བསྐོས། ཞེས་ཁྲི་ལྡེ་སྲོང་བཙན་མེ་ཕོ་སྟག་གི་ལོ་(སྤྱི་2603 ཕྱི་786) ལ་ཁྲིར་ཕེབས་པའི་ཚེ་དགུང་ལོ་ཉེར་གསུམ་ལ་ཕེབས་ཡོད་པ་དེ་ལྟར་ན། འཁྲུངས་ལོ་(2603-22 = 2581; 786-22 = 764) ཤིང་ཕོ་འབྲུག་གི་ལོ་སྟེ། ནེའུ་སྔོན་བྱུང་གི་གཏམ་ལས་གསུངས་པ་དང་དགོངས་པ་ཡོངས་སུ་མཐུན་པ་ཡིན། རྒྱ་བོད་ཡིག་ཚང་ཆེན་མོ་[སི་199 ཕ་18] ལས་ཀྱང་གཙུང་པོ་ཁྲི་ལྡེ་སྲོང་བཙན། ཤིང་ཕོ་འབྲུག་ལ། བྲག་དམར་དུ་འཁྲུངས། ཞེས་ལུགས་དེའི་རྗེས་སུ་འབྲངས་མཛད་འདུག

དགོངས་དོན་རྣམས་སྙིང་པོར་དྲིལ་ན་ལྡེའུ་ཆོས་འབྱུང་དུ་འཁྲུངས་ལོ་འབྲུག་ཡིན་པ་གསལ་བར······བསྟན་པའི་ཐོག ནེའུ་སྔོན་བྱུང་གི་གཏམ་དུ་འབྲུག་ལོ་དེའི་ལོ་ཁམས་ཤིང་འབྲུག་ཡིན་པ་གསལ་བར་བསྟན་པའི་ལུགས་དེ་དང་། བུ་སྟོན་ཆོས་འབྱུང་དུ་འཁྲུངས་ལོ་ལྕགས་ཕོ་བྱི་བའི་ལོ་ཡིན་པར་བསྟན་པའི་ལུགས་གཅིག་དང་། ཡར་ལུང་ཇོ་བོའི་ཆོས་འབྱུང་དུ་ཤིང་མོ་ལུག་གི་ལོ་ལ་འཁྲུངས་པར་བཞེད་པ་སྟེ་

ལུགས་མི་འདྲ་བ་གསུམ་བྱུང་ཡོད། བུ་སྟོན་ཆོས་འབྱུང་གི་དགོངས་པ་ལྟར་ལྟུགས་བྱི་ལོ་ལ་ཁྲི་ལྡེ་སྲོང་བཙན་སྐུ་འཁྲུངས་ཡོད་པའི་དབང་དུ་བྱས་ན། ཡབ་ཁྲི་སྲོང་ལྡེའུ་བཙན་དགུང་ལོ་བཅོ་བརྒྱད་པའི་དུས་སུ་འཁྲུངས་དགོས་ཤིང་། ཁོང་གི་སྐུ་མཆེད་གཅེན་གསུམ་པོ་དེའི་གོང་དུ་འཁྲུངས་དགོས་པར་འགྱུར་བ་དང་། ཡབ་ཀྱང་དགུང་གྲངས་ཉེར་གཉིས་པའམ་ཧྲིལ་པོ་ཉེར་གཅིག་པ་ལ་སྐུ་གཤེགས་དགོས་པར་འགྱུར་བ་དེ་ནི་ལོ་དུས་དང་ནམ་ཡང་འགྲིག་ཐབས་མེད་པ་དང་། ཤིང་མོ་ལུག་གི་ལོ་ལ་ཁྲི་ལྡེ་སྲོང་བཙན་འཁྲུངས་ཡོད་པའི་དབང་དུ་བྱས་ན། དེ་ནི་ཏུན་ཧོང་ཡིག་རྙིང་གི་དུས་རིམ་དང་བསྟུན་ན་ཡབ་ཁྲི་སྲོང་ལྡེའུ་བཙན་ཁྲིར་མ་ཐེབས་པའི་ལོ་གཅིག་གི་སྔོན་ཏེ་དགུང་གྲངས་ཧྲིལ་པོ་བཅུ་གསུམ་གྱི་སྐབས་ཡིན་པ་ལས་འོས་གཞན……མེད་པས། ལོ་དུས་དེ་གཉིས་ནི་དུས་རིམ་དང་འགྲིག་ཐབས་མེད་པ་ཡིན། ལྡེའུ་ཆོས་འབྱུང་དུ་འབྲུག་གི་ལོར་ཁྲི་ལྡེ་སྲོང་བཙན་འཁྲུངས་པར་བཞེད་ཡོད་པ། འདི་ནི་ལོ་རྒྱུས་ཀྱི་དགོངས་དོན་ལ་གནས་པ་ཞིག་ཡིན་ངེས་ནའང་འབྲུག་ལོ་དེའི་ལོ་ཁམས་གང་ཡིན་པ་དེ་ནི་ཐག་གཅོད་པར་དཀའ་བའི་གནས་ཤིག་ཏུ……གྱུར་ཡོད། ནེའུ་སྔོན་བྱུང་གི་གཏམ་རྗེས་འབྲངས་མཁན་ཕལ་མོ་ཆེས་ཤིང་ཕོ་འབྲུག་གི་ལོ་(སྤྱི་2681སྤྱི་764)ལ་ངོས་འཛིན་གནང་ཡོད་པ་འདྲ་ཞིག་སྣང་མོད། ལོ་དེར་ཁྲི་ལྡེ་སྲོང་བཙན་འཁྲུངས་ཡོད་ན། དེའི་སྐོར་རགས་ཙམ་ཞིག་ཏུན་ཧོང་བོད་ཀྱི་ལོ་རྒྱུས་ཡིག་རྙིང་དུ་གསལ་དགོས་མོད།

ལོ་དེའི་ཆོས་རྒྱལ་ཁྲི་སྲོང་ལྡེའུ་བཙན་གྱི་མཛད་པ་ཏུན་ཧོང་བོད་ཀྱི་ལོ་རྒྱུས་ཡིག་རྙིང་[PI594ཤ་62]ལས་(འབྲུགི་ལོ་)ཕོ་བྲང་བྱར་གྱི་ལྕང་བུ་ན་བཞུགས། དབྱར་འདུན་སྤྱིགི་བུ་ཚུང་དུ་འདུས་མདོ་སྨད་གྱི་དབྱར་འདུན་བློན་ཁྲིས་སྦྲ་སྟག་ཙན་གྱི་སྣ་ཤོང་གྱི་སྡིག་དུས་བསྡུས་བོད་ཡུལ་དུ་མོལ་ཅེན་ཅེན་མཛད……དེ་[30]ཞང་ལོ་ཆེན་པོ་སྒོ་བླིག་མཛད་དེ་བློན་ཆེ་སྣང་བཞེར་ཀོ་ཀོ་ཏུའི་ཡི་གེ་སྤྱལ་ཏེ་བློན་ཆེར་བཙུག……ཞང་རྒྱས་ཟིགས་ཆེན་པོའི་ཡི་གེ་སྤྱལ་དེ་མགར་འཇོ་རྒྱུན་ཐང་དུ་ཆོག་ཤེསུ་བསྩོད་བློན་རྒྱལ་འཛང་བློན……ཆེར་བཙུག སྟོང་སྤྱན་གཡུའི་ཡི་གེ་སྤྱལ་དེ་སོ་མཐའ་བཞི་དམག་དོན་དུས་བཀའ་སྤྱལད་པར་ལོ་གཅིག་ཅེས་པ་འདིར་བཀའ་བློན་ཆེན་པོ་འགའ་ལ་བདག་རྐྱེན་གྱི་ཡི་གེ་གནང་ནས་ཆབ་སྲིད་ཀྱི་ལས་སུ་བསྐོས་པ་སོགས་ཀྱི་སྐོར་ལས་སྲུས་བལྟམས་པའི་ལོ་རྒྱུས་ཅི་ཞིག་ཀྱང་མི་གསལ་བས། ཁྲི་ལྡེ་སྲོང་བཙན་གྱི་འཁྲུངས་ལོ་འབྲུག་དེའི་ལོ་ཁམས་ནི། ཆོས་རྒྱལ་ཁྲི་སྲོང་ལྡེའུ་བཙན་དགུང་གྲངས་ཧྲིལ་པོ་སོ་བཞི་ལ་ཐེབས་པ། མེ་ཕོ་འབྲུག་གི་ལོ་(སྤྱི་2693སྤྱི་776)དེ་རང་ཡིན་པ་གསལ་པོར་ངེས་ཐུབ་པ་ཡིན།

ཁྲི་ལྡེ་སྲོང་བཙན་ཁྲིར་ཐེབས་པའི་ལོ་དུས་ཀྱི་སྐོར་ནི་སྦ་བཞེད་[སེ་179ཤ་12]ལས་རྒྱལ་བུས་འོང་……ངམ་མི་འོང་། སད་པར་བྱ་བར་འཆི་(མཆི་)ནས་རྒྱལ་བུ་དགུང་ལོ་བཞི་ལ་དབང་བསྐུར་ནས་སྲིད་གཏད

དེ། སད་པ་བཞིན་དུ་ལེགས་པར་བྱུང་བས་རྒྱལ་བུ་སད་ལེགས་ཞེས་བྱ། ཞེས་སད་ན་ལེགས་ཀྱི་མཚན་བྱུང་བའི་རྒྱུ་མཚན་དེ་རྒྱལ་བུ་སྐུ་གཞོན་དྲག་པས་རྒྱལ་ཁབ་ཀྱི་ཆབ་སྲིད་འཛིན་ནུས་མིན་སད་པར་བྱེད་དགོས་བྱུང་བའི་རྐྱེན་གྱིས་ཡིན་པའི་ལོ་རྒྱུས་དང་བཅས་ཏེ་བསྟན་ཡོད་ལ། རྒྱ་བོད་ཡིག་ཚང་ཆེན་མོ་དང་དེབ་ཐེར་དཔྱིད་ཀྱི་རྒྱལ་མོའི་གླུ་དབྱངས་དག་ཀྱང་ལུགས་དེའི་རྗེས་སུ་འབྲངས་ཏེ་ཁྲི་ལྡེ་སྲོང་བཙན་ཁྲིར་ཐེབས་དུས་དགུང་གྲངས་བཞི་ཡིན་པ་ཞལ་བཞེས་གནང་འདུག དེ་ལྟར་ན་འང་ཁྲི་ལྡེ་སྲོང་བཙན་ཁྲིར་ཐེབས་པའི་ལོ་འཁྲུལ་མེད་ནི་ཤིང་ཕོ་སྤྲེལ་གྱི་ལོ་(སྣྲི2721སྤྱི804)ཡིན་པ་འོག་ཏུ་འཆད་པར་འགྱུར་བ་དེ་ལྟར་ན། ཤིང་ཕོ་སྤྲེལ་ལ་ཁྲི་ལྡེ་སྲོང་བཙན་དགུང་གྲངས་རྩིལ་པོ་བཞི་ལ་ཐེབས་ཡོད་པའི་དབང་དུ་བྱས་ན་ནི་ལྕགས་ཕོ་འབྲུག་གི་ལོ་(སྣྲི2717སྤྱི800)ལ་འཁྲུངས་དགོས་པར་འགྱུར་ཞིང་། དེ་ནི་ཡབ་ཁྲི་སྲོང་ལྡེའུ་བཙན་སྐུ་གཤེགས་ནས་ལོ་རྩིལ་པོ་གསུམ་སོང་པའི་སྐབས་དེ་ཡིན་སྟབས་ཡབ་མེད་པར་སྲས་འཁྲུངས་མི་སྲིད་པ་ཡིན།

ལྡེའུ་རྒྱ་བོད་ཀྱི་ཆོས་འབྱུང་[བོད་359ཤ་9]ལས་ལོ་བཅུ་གསུམ་ན་ཡབ་གཤེགས་ནས་རྒྱལ་སྲིད་ལོ་བཅོ་བརྒྱད་བཟུང་། ཞེས་གསུངས་པ་འདིར་དགུང་གྲངས་བཅུ་གསུམ་པར་ཁྲིར་བཀོད་ཚུལ་གསལ་ནའང་ལྡེའུ་ཆོས་འབྱུང་ཆེན་མོ་[བོད་133ཤ་12]ལས་ལོ་ཉེར་གསུམ་ནས་ཡབ་དགུང་དུ་གཤེགས་ཞེས་པས། དགུང་གྲངས་ཉེར་གསུམ་ལ་ཁྲིར་ཐེབས་ཡོད་པ་གསལ་བར་བསྟན་པ་དེ་ནི་ལྡེའུ་རྒྱ་བོད་ཀྱི་ཆོས་འབྱུང་དུ་“ཉེར་གསུམ”ཞེས་པ་ལ། “བཅུ་གསུམ”ཞེས་པའི་ཡིག་ནོར་བྱུང་ཡོད་པ་ནི་ལས་སླ་བོས་ཤེས་ཐུབ་པ་ཡིན།

ཉང་གི་ཆོས་འབྱུང་[བོད་415ཤ་6]ལས་རྒྱལ་བུ་ཡོང་ངམ་མི་ཡོང་སད་པར་ཁ་འཆམས་ནས་དགུང་ལོ་ཉི་ཤུ་རྩ་བཞི་ལ་རྒྱལ་སར་དབང་བསྐུར་ནས་སྲིད་གཏད་པས་སད་པ་བཞིན་ལེགས་པར་བྱུང་། ཞེས་གསུངས་པ་འདིར་ལོ་ཙ་དང་རྩིལ་པོའི་བརྩི་སྟངས་མི་འདྲ་བའི་ཁྱད་ཀྱིས་ལོ་གཅིག་གི་ཧེ་བག་འབྱུང་བ་ཙམ་ལས་དོན་དུ་ལྡེའུ་ཆོས་འབྱུང་གི་དགོངས་པ་དང་མི་མཐུན་པ་མེད་ཅིང་། གྲགས་རྒྱལ་བོད་ཀྱི་རྒྱལ་རབས་དང་ནེའུ་སྔོན་བྱུང་གི་གཏམ་ཡང་ལུགས་དེའི་རྗེས་སུ་འབྲངས་མཛད་འདུག འདིར་རྒྱལ་བུ་དགུང་གྲངས་ཉེར་བཞི་ལ་ཐེབས་པའི་དར་མ་ཞིག་ལ་སད་པར་བྱ་དགོས་པའི་རྒྱུ་མཚན་དེ། རྒྱལ་བུ་སྐུ་གཞོན་དྲག་པའི་རྐྱེན་གྱིས་མིན་ནའང་རྒྱལ་བུའི་མཚན་དུ“སླང་མཛེང་ཡོན”ཞེས་སུ་གྲགས་པ་བཞིན་རྒྱལ་བུ་དེའི་སྐུའི་རྣམ་པ་གཞན་ལས་ཐ་དད་དུ་ཡོད་པ་ཡིན་སྟབས། སད་པར་བྱེད་དགོས་བྱུང་ཡོད་པ་ནི་སྨོས་མ་དགོས་ལ། ཉང་གི་ཆོས་འབྱུང་གི་དགོངས་པའང་དེ་རང་དུ་གོ་ཐུབ་པ་ཡིན།

དེབ་ཐེར་སྔོན་པོ་[སི་སྟོད་77 ཤ་12] ལས་ཤིང་ཕོ་སྤྲེའུ་ལ་[སྲུ་ནེ་བཙན་པོ་] འདས། ལོ་དེ་ཉིད་ལ་ཁྲི་ལྡེ་སྲོང་བཙན་བསྐོས། ཞེས་ཤིང་སྤྲེལ་(སྣྲི་2721 སྤྱི་804) ལ་ཁྲིར་ཕེབས་པར་གསལ་བ་འདི་ནི་ཁྲི་ལྡེ་སྲོང་བཙན་དགུང་གྲངས་རྩིལ་པོ་ཉེར་གསུམ་ལ་ཁྲིར་ཕེབས་པར་བཞེད་པའི་ལུགས་དེ་རྣམས་དང་དགོངས་པ་ཡོངས་སུ་མཐུན་པ་ཡིན། ལྡེ་བྲག་ཆོས་འབྱུང་[པེ་སྟོད་407 ཤ་5] ལས་དེ་ཡང་སྲས་བཞི་པ་ཁྲི་ལྡེ་སྲོང་བཙན་ནམ་ལྡིང་ཁྲི་དགུང་ལོ་ཉེར་གསུམ་བཞེས་པ་མེ་ཕོ་སྟག་ལོ་ལ་རྒྱལ་སར་བསྐོས། ཞེས་པ་འདིས། དགུང་གྲངས་ཉེར་གསུམ་བཞེས་པ་མེ་ཕོ་སྟག་གི་ལོ་ཞེས་གསལ་བ་དེ་ནི། གཅེན་མུ་ནེ་བཙན་པོ་ཚ་ལུག་ལོ་དང་ཁྲི་ལྡེ་སྲོང་བཙན་ཤིང་འབྲུག་ལོ་ལ་འཁྲུངས་པའི་དབང་དུ་བྱས་ཏེ། དགུང་གྲངས་ཉེར་གསུམ་པ་མེ་ཕོ་སྟག་ཏུ་ངོས་འཛིན་གནང་བའི་ལུགས་དེ་ཡིན་ལ། ཁྲི་ལྡེ་སྲོང་བཙན་གྱི་འཁྲུངས་ལོ་མེ་འབྲུག་ཡིན་པ་དེ་ལུགས་སུ་བརྩིས་པའི་དགུང་གྲངས་ཉེར་གསུམ་པ་དེ་ནས་ཕོ་སྟག་གི་ལོ་(སྣྲི་2715 སྤྱི་798) སྟེ། གཅེན་མུ་ནེ་བཙན་པོ་སྐུ་གཤེགས་ནས། མུ་རུམ་བཙན་པོའམ་ཧྲུ་ཅེ་བཙན་པོ་ཁྲིར་བཀོད་པའི་ཚུལ་དེབ་ཐེར་སྔོན་པོ་དང་རྒྱའི་ཐང་ཡིག་རྣམས་ལས་གསལ་བར་འབྱུང་བ་དང་མུ་རུམ་བཙན་པོའམ་ཧྲུ་ཅེ་བཙན་པོས་ས་ཕོ་སྟག་གི་ལོ་(སྣྲི་2715 སྤྱི་798) ནས། ཤིང་ཕོ་སྤྲེལ་གྱི་ལོ་(སྣྲི་2721 སྤྱི་804) བར་ལོ་གྲངས་རྩིལ་པོ་དྲུག་གི་རིང་ལ་རྒྱལ་སྲིད་བསྐྱངས་པའི་རྗེས་གཙང་པོ་ཁྲི་ལྡེ་སྲོང་བཙན་གཞི་ནས་ཁྲིར་བཀོད་པའི་ཚུལ་གསལ་བར་བསྟན་པ་དེ་རྣམས་དང་ཡང་དགོངས་པ་འགལ་མེད་དུ་འགྲུབ་ཐུབ་པ་ཡིན། དེས་ན་ཆོས་རྒྱལ་ཁྲི་སྲོང་ལྡེའུ་བཙན་གྱི་སྲས་ཐ་ཆུང་མུ་ཏིག་བཙན་པོའམ་ཁྲི་ལྡེ་སྲོང་བཙན་ནི་དགུང་གྲངས་རྩིལ་པོ་ཉེར་བརྒྱད་ལ་ཕེབས་པ་ཤིང་ཕོ་སྤྲེལ་གྱི་ལོ་(སྣྲི་2721 སྤྱི་804) ཁྲིར་ཕེབས་ཡོད་ངེས་པ་སྟེ། དེའི་ཚུལ་རྒྱའི་ཐང་ཡིག་གསར་མ་[མཆོ་94 ཤ་9] ལས་ཀྲིན་ཡོན་ཁྲི་ལོ་ཉི་ཤུ་པར་(སྤྱི་ལོ་804 ཤིང་སྤྲེལ་) བཙན་པོ་དགུང་དུ་གཤེགས། གོང་མས་ཀུང་ཕུའུ་ཧྲི་ལང་གི་ཐབས་ཡོད་པ། ཀྲང་ཅན་བྱ་བ་འདས་མཆོད་དུ་མངགས། བཙན་པོའི་གཅུང་པོ་རྒྱལ་སར་འཁོད། སྟོད་ནས་སླར་ཡང་ཕོ་ཉ་མངགས། ཞེས་མུ་རུམ་བཙན་པོའམ་ཧྲུ་ཅེ་བཙན་པོ་སྐུ་གཤེགས་ནས། དེའི་གཅུང་པོ་མུ་ཏིག་བཙན་པོའམ་ཁྲི་ལྡེ་སྲོང་བཙན་ཁྲིར་བཀོད་པའི་ཚུལ། ཤིན་ཏུ་ཞལ་གསལ་བར་བསྟན་པ་དེ་ལས་ངེས་ཤེས་ཐུབ་པ་ཡིན།

ཁྲི་ལྡེ་སྲོང་བཙན་གྱིས་རྒྱལ་སྲིད་བསྐྱངས་པའི་ལོ་གྲངས་ནི་ལྡེའུ་ཆོས་འབྱུང་ཆེན་མོ་ལས་ལོ་གྲངས་ཉེར་ལྔ་དང་། ཉང་གི་ཆོས་འབྱུང་། གྲགས་རྒྱལ་བོད་ཀྱི་རྒྱལ་རབས། ནེའུ་སྔོན་བྱུང་གི་གཏམ་རྣམས་སུ་རྒྱལ་སྲིད་ལོ་གྲངས་སུམ་ཅུ་རྩ་གཅིག་གི་རིང་ལ་བསྐྱངས་པར་གསུངས་ཡོད་ལ། ཡར་ལུང་ཇོ་བོའི་ཆོས་འབྱུང་[སི་64 ཤ་2] ལས་ལོ་ཉི་ཤུ་རྩ་བཞི་ལ་གཅེན་གྲོངས་ནས། རྒྱལ་སྲིད་ལོ་སུམ་ཅུ་སོ་གཉིས་བཟུང་།

ཞེས་ཁྲི་ལོ་སུམ་ཅུ་སོ་གཉིས་སུ་བཀོད་ཡོད་འདུག་པ་འདིའང་ལོ་ངོ་དང་རྩིལ་པོའི་བརྩི་སྟངས་མི་འདྲ་བའི་ཁྱད་ཀྱིས་ལོ་གཅིག་གི་ཧེ་བག་བྱུང་བ་ལས། དོན་དུ་ཉང་གི་ཆོས་འབྱུང་སོགས་དང་མཐུན་པར་སེམས་ཤིང་། དེབ་ཐེར་དམར་པོའང་ལུགས་འདིའི་རྗེས་སུ་འབྲངས་མཛད་འདུག ལྡེའུ་ཆོས་འབྱུང་ཆེན་མོར་རྒྱལ་སྲིད་སྐྱོང་ཡུན་ལོ་གྲངས་ཉེར་ལྔ་ཞེས་བཀོད་འདུག་མོད། ལྡེའུ་རྒྱ་བོད་ཀྱི་ཆོས་འབྱུང་དུ་རྒྱལ་སྲིད་ལོ་གྲངས་བཅོ་བརྒྱད་དུ་བཟུང་བ་གསལ་བར་བཤད་པས། མཁས་པ་ལྡེའུ་ཉིད་ཀྱི་དགོངས་པ་རྣལ་མ་ནི་རྒྱལ་སྲིད་ལོ་གྲངས་བཅོ་བརྒྱད་དུ་བཟུང་བའི་ལུགས་དེ་ཡིན་པར་ངེས་ཤིང་། པད་དཀར་ཆོས་འབྱུང་[རྗེ330 ཤ165བ2] ལས་རྒྱལ་སྲིད་ལོ་བཅུ་བདུན་བསྐྱངས་ཞེས་བཀོད་འདུག་པ་འདིའང་ལྡེའུ་རྒྱ་བོད་ཀྱི་ཆོས་འབྱུང་དུ་རྒྱལ་སྲིད་ལོ་གྲངས་བཅོ་བརྒྱད་དུ་བཟུང་བར་བཤད་པ་དེ་དང་། ལོ་རྩིལ་པོ་དང་ལོ་ངོ་བརྩི་སྟངས་མི་འདྲ་བའི་ཁྱད་ཙམ་ལས། དོན་དུ་གཅིག་པར་སྣང་ལ། ཚུལ་འདི་ནི་ལོ་རྒྱུས་ཀྱི་ཡིན་ལུགས་དང་མཐུན་པའི་ལེགས་བཤད་ཅིག་སྟེ། རྒྱའི་ཐང་ཡིག་རྙིང་མ་[མཚོ253ཕ13] ལས་ཡོན་ཧེ་ཁྲི་ལོ་བཅུ་གཉིས་པའི་(སྤྱི་ལོ817མེ་བྱ་) ཟླ་བཞི་པར། རྫོང་ནས་ཕོ་ཉ་བ་མངགས་ཏེ་བཙན་པོ་གྲོངས་པའི་འཕྲིན་གསོལ། གོང་མས་ཡུག་ཞི་དམག་དཔོན་ལྕུའུ་ཁྲུང་ཆེ་ལ་ཡུས་ཧྲི་ཀྲུང་ཁྲིན་གྱི་ཆེ་ལོ་སྦྱར་ཏེ་རྫོང་དུ་འདས་མཆོད་ཞུ་བའི་ཕོ་ཉར་མངགས། ཏེན་ཀྲུང་སི་དབྱི་ཧྲིའི་ཐབས་ཡོད་པ་དོན་ཅུན་བྱ་བ་ཕོ་ཉ་གཞོན་པར་མངགས། ཞེས་པ་དང་། རྒྱའི་ཐང་ཡིག་གསར་མ་[རྙ111ཕ1; མཚོ96ཕ6] ལས་ཡོན་ཧོ་ཁྲི་ལོ་བཅུ་གཉིས་པར(མེ་བྱ་སྤྱི་ལོ817) བོད་ཀྱི་བཙན་པོ་དགོངས་པ་རྫོགས་སྙར་བོད་བློན་ཆེའི་རན་ལེའི་གནས་ཚུལ་ཞུ་བར་འཁྱོར། ཐང་གི་དམག་དཔོན་ལྕུའུ་ཁྲུན་ཅི་མྱི་རན་མཆོད་འབུལ་དུ་བཏང་། བོད་ཀྱི་བཙན་པོ་གསར་པ་ཁའོ་ལིའི་ཁུའོ་ཅུས(ཁྲི་རལ་པ་ཅན་) ལ་བཙན་པོ་ཁྲི་གསོལ་བྱས་ཞེས་པ་དེ་དག་ལ་གཞིགས་ན། མུ་ཏིག་བཙན་པོ་དགུང་གྲངས་བཞི་བཅུ་ཞེ་གཅིག་པ་མེ་མོ་བྱའི་ལོ(སྒྲི2734སྤྱི817) ལ་སྐུ་གཤེགས་ཤིང་། དགུང་གྲངས་ཉེར་བརྒྱད་པ་ཤིང་ཕོ་སྤྲེལ་གྱི་ལོ(སྒྲི2721སྤྱི804) ལ་གཅེན་མུ་རུམ་བཙན་པོ་སྐུ་གཤེགས་ཏེ་ཁྲིར་ཐེབས་པ་ནས། ལོ་གྲངས་བཅུ་གསུམ་དུ་རྒྱལ་སྲིད་བསྐྱངས་མཛད་ཡོད་པ་གསལ་བར་བསྟན་པ་ཡིན།

ཁྲི་ལྡེ་སྲོང་བཙན་གྱི་བཙུན་མོ་དང་སྲས་བློན་རྣམས་ཀྱི་སྐོར་རགས་ཙམ་ནི། སྦ་བཞེད་[སི179ཕ17] ལས་འབྲོ་གཟའ(བཟའ) མ་མོ་ལྷ་རྒྱལ་ཁབ་ཏུ་བཞེས། འབྲོ་ཁྲི་གཟུང་བློན་དུ་བསྐོས་ཞེས་པར་བཙུན་མོ་གཅིག་གི་མཚན་ལས་མི་གསལ་ཞིང་། ཡང་[སི187ཕ8] དུ་དེའི་སྲས་ལྔ་སྟེ། ཁྲི་གཙུག་ལྡེ་བཙན། ལྷ་སྲས་གཙང་མ། ཁྲི་དར་མ་འུ་དུམ་བཙན། ལྷ་རྗེ་ལྷ་ཆེན་གྲུབ་ཅེས་སྲས་ལྔའི་མཚན་གསལ་ཞིང་

ལྡེའུ་རྒྱ་བོད་ཀྱི་ཆོས་འབྱུང་[ཤོག་359 ཤ་14] དང་ལྡེའུ་ཆོས་འབྱུང་ཆེན་མོ་[ཤོག་133 ཤ་20] གཉིས······ ཕྱོགས་འདྲ་བར་རྒྱལ་པོ་སད་ན་ལེགས་ལ་སྲས་ལྷ་ཐོན་ཏེ། ལྷ་རྗེ་དང་ལྷུན་གྲུབ་གཉིས་ སྟར་གྲོངས་ནས། ཁྲི་རལ་པ་ཅན་དང་གཙང་མ་དང་། དར་མ་གསུམ་ཡོད། ཅེས་པ་འདིར་སྲས་ལྷ་བྱུང་ཡོད་པའི་མཚན་རྣམས་གསལ་བར་བཀོད་པ་མ་ཟད། ལྷ་རྗེ་དང་ལྷུན་གྲུབ་གཉིས་རྒན་གཞོན་ཡིན་པ་སྟར་ནས་གྲོངས་པའི་ཚུལ་གསལ་བར་བསྟན་ཡོད།

ཉང་གི་ཆོས་འབྱུང་[ཤོག་415 ཤ་13] ལས་བཙུན་མོ་ཚེ་ཡོངས་བཟའ་ལྷ་བཙུན་བྱ་བ་དང་། འབྲོ་བཟའ་མང་པོ་ལྷ་རྒྱལ་ཁབ་ཏུ་བཞེས། ཞེས་བཙུན་མོ་གཉིས་ཀྱི་མཚན་ཞལ་གསལ་དུ་བསྟན་པ་དང་། ཡང་[ཤོག་416 ཤ་21] དུ་རྒྱལ་པོ་དེ་ལ་སྲས་ལྷ་བྱུང་སྟེ། ཁྲི་གཙུག་ལྡེ་རལ་པ་ཅན། ལྷ་སྲས་གཙང་མ། ཁྲི་དར་མ་འུ་དུམ་བཙན། ལྷ་རྗེ་ལྷུན་གྲུབ། ཁྲི་ཆེན་འདེའུ་དང་ལྔར་འབྱུངས་སོ། །ཞེས་སྲས་ལྷ་བྱུང་བའི་མཚན་རྣམས་གསལ་བར་སྣང་ནའང་། བཙུན་མོ་གང་དང་སུའི་སྲས་ཡིན་པའི་སྐོར་ཞལ་གསལ་བ་མི་སྣང་ལ། ལྡེའུ་ཆོས་འབྱུང་དུ“ལྷ་རྗེ”དང“ལྷུན་གྲུབ”གཉིས་སུ་བྱས་པ་དེ། སྐབས་འདིར“ལྷ་རྗེ་ལྷུན་གྲུབ”ཅེས་སྲས་གཅིག་གི་མཚན་དུ་བྱས་ཤིང་། སྲས་གཞན་དེའི་མཚན་ལ“ཁྲི་ཆེན་འདེའུ”ཞེས་པ་སྟེ། དོན་དུ“ཁྲི་ཆེན་ལྡེའུ”ཞེས་བསྟན་ལ། བུ་སྟོན་ཆོས་འབྱུང་ཡང་ལུགས་འདིའི་རྗེས་སུ་འབྲངས་ཡོད། གྲགས་རྒྱལ་བོད་ཀྱི་རྒྱལ་རབས་[སི་ཀ་ཏ་ཤ་197 བ་5] ལས་དེ་འབྲོ་གཟའ་(བཟའ་) ལྷ་རྒྱལ་གུང་སྐར་མ་བཞེས་པའི་སྲས··· གསུམ་གྱི་ཆེ་བ་ཁྲི་བཙན། ལྷོ་བྲུམ་ཐང་དུ་བཙུག་ནས་འབྲོམ་གཟའ་(བཟའ་) ལེགས་རྗེ་དང་། སྣ་ནམ་གཟའ་མེ་རྗེ་ཐེའུ་(ཐེའུས་) དུག་གིས་བཀྲོངས། གླང་དར་མ་ སྤྲེལ་མགོ་མི་སྡུག་པ་གླེན་པས་རྒྱལ་སར་མ་བཏོན། ཆུང་བ་ཁྲི་གཙུག་ལྡེ་རལ་པ་ཅན་ཞེས་པ་འདིར་སྲས་གསུམ་གྱི་མཚན་ལས་མི་གསལ་ནའང་། ཤིན་ཏུ་གལ་གནད་ཆེ་བ་ཞིག་ནི་སྲས་ཆེ་འབྲིང་ཆུང་གསུམ་གྱི་རིམ་པ་ཞལ་གསལ་དུ་བསྟན་པར་མ་ཟད། བཙུན་མོ་གང་གི་སྲས་ཡིན་པའང་གསལ་བར་བསྟན་འདུག སྲས་གསུམ་གྱི་གཅེན་པོའི་མཚན“ཁྲི་བཙན་མ”ཞེས་བཀོད་ཡོད་ནའང་། ནེའུ་ སྡོན་ བྱུང་གི་གཏམ་[རྫ་12 ཤ་6 བ་1] ལས་གསུམ་གྱི་གཅེན་པོ་གཙང་མ་ལྷགས་ཕོ་འབྲུག རྒྱལ་སྲིད་མ་བཟུང་ལྷོ་བྲག་བུམ་ཐང་འདས། ཞེས་གསུངས་སྟངས་ལ་དཔྱད་ན། “ཁྲི་གཙང་མ”ཞེས་པ་ཡིག་ནོར་གྱིས་ཁྲི་བཙན་མ་ཞེས་བྲིས་ཡོད་པ་གསལ་བར་མངོན་ཐུབ།

ཡར་ལུང་ཇོ་བོའི་ཆོས་འབྱུང་[སི་64 ཤ་12] ལས་རྗེ་དེ་ལ་སྲས་ལྔ་ནི་གཙང་མ་དང་དར་མ། རལ་པ་ཅན། ལྷུན་རྗེ། ལྷུན་གྲུབ་པོ། །ཞེས་སྲས་ལྔའི་མཚན་གསལ་ལ། དེབ་ཐེར་དམར་པོ་དང་ཆོས་འབྱུང་མཁས་པའི་དགའ་སྟོན། རྒྱ་བོད་ཡིག་ཚང་ཆེན་མོ། རྒྱལ་རབས་འཕྲུལ་གྱི་ལྡེ་མིག་སོགས་བོད་ཀྱི་རྒྱལ་

རབས་དང་ཆོས་འབྱུང་མང་པོ་ཞིག་ལུགས་དེའི་རྗེས་སུ་འབྲངས་འདུག རྒྱལ་རབས་གསལ་བའི་མེ་ལོང་[པེ་226 ཤ་4] ལས་དགུང་ལོ་བཅུ་དགུ་ལོན་དུས་བཙན་མོ་ལྷ་རྗེ་བྱ་བ་ཁབ་ཏུ་བཞེས། དེ་ལ་སྲས་གཅིག་འཁྲུངས་པ། དགུང་ལོ་བཅུ་གསུམ་ལོན་དུས་ཡབ་འདས། བང་སོ་དོན་མཁར་མདའ་རུ་བརྩིགས། སྲས་ལྡིང་ཁྲི་དགུང་ལོ་བཅུ་བཞི་ལ་རྒྱལ་སྲིད་བཟུང་། བཙུན་མོ་ཆེན་མ་ལ་གསུམ། བཙུན་མོ་ཆུང་བ་གཅིག་ལ་སྲས་ལྷ་རྗེ་ལྷུན་གྲུབ་གཉིས་ཏེ་ལྔ་འཁྲུངས་སོ། །ཞེས་པ་འདིར། ཁྲི་ལྡེ་སྲོང་བཙན་སད་ན་ལེགས་དགུང་ལོ་བཅུ་དགུ་ལོན་དུས་བཙུན་མོ་ལྷ་རྗེ་བྱ་བ་ཁབ་ཏུ་བཞེས་ཚུལ་གསུངས་ཡོད་པ་འདི་ནི་མུ་རུམ་བཙན་པོ……དགུང་གྲངས་བཅུ་དགུའམ་ཕྱིལ་པོ་བཅོ་བརྒྱད་བཞེས་པ་ཆུ་མོ་བྱའི་ལོ(སྤྱི་2710 ཕྱི་793) ལ་བཙུན་མོ་ལྷ··རྗེ་བྱ་བ་ཞིག་ཁབ་ཏུ་བཞེས་ཡོད་པ་དང་། དེ་ལ་སྲས་ལྡིང་ཁྲི་ཞེས་བྱ་བ་ཞིག་འཁྲུངས་པ་དེ་དགུང་གྲངས་བཅུ་གཉིས་སམ་ཕྱིལ་པོ་བཅུ་གཅིག་ལ་ཕེབས་དུས་ཡབ་མུ་རུམ་བཙན་པོ་སྐུ་གཤེགས་ཤིང་། ཡབ་ཀྱི་གཅུང་པོ་ཁྲིར་ཕེབས་པ་དེ་དང་དུས་འགྲིགས་ཀྱི་ཡོད་སྟབས། གཞི་རྩ་དེ་ལས་འཕྲོས་པའི་རྟོག་དྲ་ཞིག་ཡིན་པ་གསལ་པོར་མངོན་ཐུབ་ཅིང་། དོན་དུ་ལྡིང་ཁྲིའི་བཙུན་མོ་དང་སྲས་ཀྱི་རྣམ་གྲངས་ཇི་སྙེད་པ་དེ་རྣམས་ནི། བོད་ཀྱི་རྒྱལ་རབས་དང་ཆོས་འབྱུང་སྤྱི་འགྲོས་ལྟར། ཁྲི་ལྡེ་སྲོང་བཙན་སད་ན་ལེགས་ཀྱི་བཙུན་མོ་དང་སྲས་ཀྱི་རྣམ་གྲངས་སུ་གོ་དགོས་པ་ཡིན།

ཁྲི་ལྡེ་སྲོང་བཙན་གྱིས་སྐྱིད་ཤོད་དུ་དཀར་ཆུང་རྡོ་རྗེ་དབྱིངས་ཀྱི་ལྷ་ཁང་བཞེངས་ཏེ་བློན་འབངས····ཐམས་ཅད་ལ་དམ་པའི་ཆོས་ཀྱི་གཙིགས་དཀོན་མཆོག་དབང་བཙན་པར་བྱ་བའི་བཀའ་ཁྲིམས་བསྒྲགས····ཏེ་མནའ་བོར་དུ་བཅུག་པའི་གྲལ་དུ་བཙུན་མོ་གསུམ་གྱི་མཚན་གསལ་བའང་བཀའ་གཙིགས་ཀྱི་ཡི་གེ་སྡོ····བྲག་ཆོས་འབྱུང་དུ་དྲངས་ཡོད་པ་[པེ་སྟོད་411 ཤ་21] ལས་ཇོ་མོ་འབྲོ་གཟའ་(བཟའ་) ཁྲི་མོ་ལེགས། ཇོ་མོ་མཆིམས་རྒྱལ་གཟའ་(བཟའ་) ལེགས་མོ་བརྟན། ཇོ་མོ་ཅོག་རོ་གཟའ་(བཟའ་) བརྟན་རྒྱལ་ཞེས་པ་དང་། ཡང་[པེ་སྟོད་414 ཤ་7] དུ་འདི་རྣམས་བཙུན་མོ་ཆེ་བའི་སྲས་ཕྱ་མ་གསུམ་དང་ཆུན་མའི་སྲས་ཕྱི་མ་གཉིས་ཞེས་ཁ་ཅིག་འཆད་ལ། ཇི་ལྟར་ན་ཡང་སྲས་ཆུང་བ་གཉིས་སྐུ་ཆུང་དུ་ནས་གཤེགས་ཞེས་གསལ་གྱི་ཡོད་ལ། དེབ་ཐེར་དཔྱིད་ཀྱི་རྒྱལ་མོའི་གླུ་དབྱངས་[པེ་69 ཤ་5] ལས་རྒྱལ་པོ་དེ་ལ་སྲས་གཙང་མ། ལྷ་རྗེ། ལྷུན་གྲུབ། དར་མ། རལ་པ་ཅན་དང་ལྡེ་སྲུང་ཞེས་པའི་གོ་རིམ་དུ་བཀོད་འདུག

རྒྱལ་རབས་དང་ཆོས་འབྱུང་དེ་ཀུན་གྱི་དགོངས་པ་ལ་དཔྱད་ན། ཁྲི་ལྡེ་སྲོང་བཙན་སད་ན་ལེགས་ཀྱིས་བཙུན་མོ་གསུམ་ཁབ་ཏུ་བཞེས་པའི་ཆེན་མ་ནི་འབྲོ་བཟའ་མ་མོ་ལྷ་རྒྱལ་ལམ་འབྲོ་བཟའ་ཁྲི་མོ་ལེགས··སམ། འབྲོ་བཟའ་ལྷ་རྒྱལ་གུང་སྐར་མའམ་འབྲོ་བཟའ་མང་པོ་ལྷ་རྒྱལ་ཞེས་པ་སྟེ་མཚན་གྱི་བརྗོད་སྟངས་

མི་འདྲ་བ་བཞི་ཙམ་བྱུང་ཡོད་པ་དེ་ཉིད་ཡིན་པ་དང་། དེ་ལ་སྲས་ཁྲི་གཙང་མ་དང་ཁྲི་དར་མ་འུ་དུམ་བཙན། ཁྲི་གཙུག་ལྡེ་བཙན་གསུམ་འཁྲུངས་ཡོད་པ་དང་། བཙུན་མོ་ཚུན་མ། ཅོག་རོ་བཟའ་བརྟན་རྒྱལ་ཞེས་བྱ་བ་དེ་དང་ཕོ་ཡོངས་བཟའ་ལྷ་བཙུན་ཞེས་པ། མཆིམས་རྒྱལ་བཟའ་ལེགས་མོ་བརྟན་ཞེས་པ་དེ་དང་བཅས་ཏེ་གསུམ་བྱུང་ཡོད་འདུག་ལ། ཚུན་མ་དེ་གསུམ་གང་རུང་ཞིག་ལས་སྲས་ལྷ་རྗེ་དང་ལྷུན་གྲུབ་ཅེས་པའམ། ལྷ་རྗེ་ལྷུན་གྲུབ་དང་ཁྲི་ཆེན་ལྡེའུ་ཞེས་པ་དེ་གཉིས་འཁྲུངས་ཡོད་པར་ངེས་ཤིང་། བཙུན་མོ་ཚུན་མ་གང་གི་སྲས་ཡིན་པ་ནི་ལོ་རྒྱུས་ཀྱི་ཡིག་ཆ་རྣམས་སུ་ཞལ་གསལ་བ་མེད་པ་ཡིན་སྟབས་ཤིན་ཏུ་ངེས་…དཀའ་བའི་གནས་ཤིག་ཡིན་པ་ནི་སྨོས་མ་དགོས།

ཁྲི་ལྡེ་སྲོང་བཙན་གྱི་བཀའི་བློན་ཆེན་པོ་ནི་སྦ་བཞེད་[སྦ179ཤ་17]ལས་འབྲོ་ཁྲི་གཟུང་བློན་དུ……བསྐོས་ཞེས་དང་། ལྡེའུ་རྒྱ་བོད་ཀྱི་ཆོས་འབྱུང་[བོད359ཤ་11]ལས་འབྲིང་གཟུང་རམ་ཤགས་ཀྱིས་ལོ་བརྒྱད་བློན་པོ་བྱས། མཆིམས་རྩང་བཞེར་ལེགས་ཀྱིས་ཀྱང་ལོ་ལྔ་བློན་པོ་བྱས། སྦ་མ་(མང་)རྗེ་ལྷ་ལོད་ཀྱིས་ལོ་གཅིག་བློན་པོ་བྱས་སོ། །ཞེས་པ་དང་། དཀར་ཚུང་གི་གཙིགས་ཀྱི་ཡི་གེ་ལྟ་བྲག་ཆོས་འབྱུང་དུ་བཀོད་ཡོད་པ་[པེ་སྟོད412ཤ་2]ལས་བན་དེ་བཀའ་ཆེན་པོ་ལ་གཏོགས་པ། བན་དེ་མང་ཏིང་འཛིན། ཆབ་སྲིད་ཀྱི་བློན་པོ་བཀའ་ཆེན་པོ་ལ་གཏོགས་པ། བློན་ཆེན་པོ་ཞང་འབྲོ་ཁྲི་གཟུ་རམ་ཤགས། ཞང་མཆིམས་རྒྱལ་བཙན་བཞེར་ལེགས་གཟིགས། དབའ་བློན་མང་རྗེ་ལྷ་ལོད། དབའ་བློན་ཁྲི་སུམ་བཞེར་མདོ་བཙན། ཞང་མཆིམས་རྒྱལ་ལྷ་བཞེར་ནེ་ཤགས། ཆྲང་བློན་ཁྲི་སུམ་རྗེ་སྟེག་ལྷ་ཞེས་གསལ་བ་དེ་རྣམས་སུ་ངེས་པ་ཡིན།

ཁྲི་ལྡེ་སྲོང་བཙན་སྐུ་གཤེགས་པའི་ལོ་དུས་རགས་ཙམ་ནི། ལྡེའུ་རྒྱ་བོད་ཀྱི་ཆོས་འབྱུང་[བོད359ཤ་10]ལས་སྐུ་ཚེ་ལོ་བཞི་བཅུ་བཞེས་ནས། ལུག་ལོ་ལ་སྟོན་སྨྲགས་ཕུར་གྲོངས་ཞེས་པ་དང་། ལྡེའུ་ཆོས་འབྱུང་ཆེན་མོ་[བོད133ཤ་17]ལས་སྐུ་ཚེ་བཞི་བཅུ་ཞེ་བཞི་བཞེས་ནས་ལུག་ལོའི་སྟོན་ཁ་སྨྲགས་ཀྱི་ཕུར་གྲོངས་ཞེས་པ་འདི་གཉིས་ལ་བཞི་བཅུ་དང་བཞི་བཅུ་ཞེ་བཞི་ཞེས་ལོ་བཞིའི་ཁྱད་བྱུང་ཡོད་མོད། ལྡེའུ་རྒྱ་བོད་ཀྱི་ཆོས་འབྱུང་ནི་དགོངས་དོན་གཏན་ལ་ཕབ་པའི་གཞུང་ཕྱི་མ་ཡིན་སྟབས། "བཞི་བཅུ"ཞེས་པ་འདི་རྩ་བའི་དགོངས་པ་ཡིན་ངེས་ནའང་། གཤེགས་ལོ་དེ་ཤིང་མོ་ལུག་ཡིན་པའི་དབང་དུ་བྱས་ན་ཁྲི་ལྡེ་སྲོང་བཙན་སྐབས་དེར་དགུང་གྲངས་བཞི་བཅུའམ་ཉིལ་པོ་སོ་དགུ་ལ་ཕེབས་ཡོད་དགོས་པ་དང་། རྒྱའི་ཐང་ཡིག་ལས་མེ་མོ་བྱའི་ལོ་(2734སྤྱི817)ལ་སྐུ་གཤེགས་པར་གསལ་བ་དང་བསྟུན་ན། ལོ་དེར་ཁྲི་ལྡེ་སྲོང་བཙན་དགུང་གྲངས་ཞེ་གཉིས་སམ་ཉིལ་པོ་ཞེ་གཅིག་ལ་ཕེབས་པ་ཡིན་སྟབས། དགོངས་དོན་ཕལ་

ཆེར་མཐུན་གྱི་ཡོད། ཉང་གི་ཆོས་འབྱུང་[བོད་416ཤ་18] ལས་ལྷ་བཙུ་ཙ་བཞི་མེ་བྱ་ལ་དགུང་དུ་གཤེགས་ཞེས་ཁྲི་ལྡེ་སྲོང་བཙན་དགུང་གྲངས་ང་བཞི་སྟེ་ཏིལ་པོ་ང་གསུམ་པ་མེ་བྱ་(སྣྲི་2734སྤྱི་817) ལ་སྐུ་གཤེགས་པར་གསུངས་པ་དེ་ལྟར་ན་(2734-53 = 2681; 817-53 = 764) ཤིང་ཕོ་འབྲུག་གི་ལོ་(སྣྲི་2681སྤྱི་764) ཡིན་དགོས་པར་འགྱུར་ཞིང་། ལོ་དེའི་བཙན་པོའི་མཛད་པ་རྣམས་ཧུན་ཧྲོང་གི་ཡིག་རྙིང་དུ་གསལ་བར་བཀོད་ཡོད་ནའང་ལོ་དེར་སྲས་འཁྲུངས་པའི་ལོ་རྒྱུས་འགའ་ཞིག་ཧུ་མི་སྣང་བས་འབྲུག་གི་ལོ་དེ་ནི་མེ་ཕོ་འབྲུག་གི་ལོ་(སྣྲི་2693སྤྱི་776) ཡིན་པ་གསལ་བར་མངོན་ཐུབ། གྲགས་རྒྱལ་བོད་ཀྱི་རྒྱལ་རབས་དང་ནེའུ་སྔོན་བྱུང་གི་གཏམ། དེབ་ཐེར་དམར་པོ། ལྡེ་བྲག་ཆོས་འབྱུང་། རྒྱ་བོད་ཡིག་ཚང་ཆེན་མོ་སོགས་བོད་ཀྱི་ཆོས་འབྱུང་དང་རྒྱལ་རབས་གྲགས་ཆེ་བ་ཚང་མ་ཉང་གི་ཆོས་འབྱུང་ལས་བསྟན་པའི་དགོངས་པ་དེ་དང་བསྟུན་ཏེ། ཁྲི་ལྡེ་སྲོང་བཙན་གྱི་གཤེགས་ལོ་མེ་མོ་བྱའི་ལོ་(སྣྲི་2734སྤྱི་817) ལ་ངོས་འཛིན་གནང་འདུག་པ་དེ་ནི་དོན་ལ་གནས་པར་ཤེས།

ཁྲི་ལྡེ་སྲོང་བཙན་གྱི་བང་སོ་ནི་རྒྱལ་རབས་གསལ་བའི་མེ་ལོང་[པེ་225ཤ་16] ལས་དེའི་བང་སོ་དོན་འཁོར་མདའ་རུ་བརྩིགས། མིང་ནི་ཀྱཱ་རི་ཀྱང་ལྡེམ་ལགས་སོ་སྐད། ཅེས་པའི་བང་སོ་འདི་ཉིད་དུ་ངེས་ཤིང་། མེ་ལོང་མར་བང་སོ་འདི་ནི་སྣ་ནམ་པས་རྒྱལ་སྲས་མུ་ཏིག་བཙན་པོ་བཀྲོངས་པ་དེའི་བང་སོ་ཡིན་པར་གསུངས་མོད། སྣ་ནམ་པས་བཀྲོངས་པར་གྲགས་པའི་རྒྱལ་སྲས་དེའི་བང་སོ་ནི་ཉང་གི་ཆོས་འབྱུང་[བོད་414ཤ་17] ལས་བང་སོ་རྒྱ་བོ་ཟང་ཟང་དུ་བརྩིགས་སོ། །ཞེས་གསལ་བ་དེ་ཡིན།

བཅུ་གཅིག བོད་ཀྱི་རྒྱལ་རབས་ཞེ་བཞི་པ་ཁྲི་གཙུག་ལྡེ་བཙན་གྱི་སྐོར།

བཙན་པོ་འདིའི་མཚན་ཡོངས་གྲགས་སུ“ཁྲི་གཙུག་ལྡེ་བཙན”ཞེས་བྱ་བ་འདི་ནི་ཞང་བོད་འདྲེས་མའི་མཚན་ཞིག་ཡིན། དེ་ཡང་ཞང་ཞུང་གི་སྐད་དུ“གཙུག”ཅེས་པ་འདི་བོད་སྐད་དུ་ལུས་ཀྱི་སྤྱི་བོའི་གཙུག་ཅེས་པ་ལྟ་བུ་ཆེས་མཐོ་ཞིང་མཆོག་ཏུ་གྱུར་པའི་དོན་ཞིག་ལ་འཇུག་ཅིང་། ཞང་ཞུང་གི་སྐད་དུ“ཙུག”ཅེས་པ་ནི་དགེ་ཞིང་ཤེས་པའི་དོན་ལ་འཇུག་པ་དང་། “ལྡེ”ཞེས་པ་ནི་བོད་སྐད་དུ་མཁྱེན་པའི་དོན་ཡིན་ལ་མཚན་ཡོངས་རྫོགས་བོད་སྐད་ཀྱི་ལུགས་སུ་བྱས་ན“ཐུགས་མཆོག་མཁྱེན་རབ”ཅེས་བྱ་བའི་དོན་དུ་གོ།

མཚན་གཞན་མངའ་བདག“ཁྲི་རལ་པ་ཅན”ཞེས་སུའང་གྲགས་པ་དེ་ནི། བཙན་པོ་དེ་ལ་དབུ་སྐྲ་རལ་པ་རིང་ཙམ་ཞིག་ཡོད་པ་དེའི་རྒྱུ་མཚན་གྱིས་མཚན་དེ་སྐད་དུ་གྲགས་ཡོད་པར་མངོན་ལ། མཚན་

དེ་བསྟུས་པའི་ལུགས་སུ་མངའ་བདག"ཁྲི་རལ"ཞེས་ཀྱང་ཟེར། ཉང་གི་ཆོས་འབྱུང་དུ་བཙན་པོ་འདིའི་མཚན་ལ"ཁྲི་ཆེན་འདེའུ"ཞེས་བཀོད་ཡོད་པ་དེ་ནི། དོན་དུ"ཁྲི་ཆེན་ལྡེའུ"ཞེས་བྱ་བ་སྟེ། དེ་ཡང་བཙན་པོ་འདིའི་མཚན་གྱི་ཐེ་བྲག་ཅིག་ཡིན་པ་ནི་གོར་མ་ཆག

སྦ་བཞེད་[སི་181ཤ་10]ལས་གཅེན་ཁྲི་གཙུག་ལྡེ་བཙན་ལ་ལོ་བཅུ་ལོན་པ་དང་དབང་བསྐུར་ནས་རྒྱལ་སྲིད་གཏད། ཅེས་རྒྱལ་པོ་ཁྲི་ལྡེ་སྲོང་བཙན་ལ་སྲས་ལྔ་བྱུང་བའི་ནང་ནས་རྒན་ཤོས་ཡིན་པར་ངོས་འཛིན་གནང་ཡོད་པར་བརྟེན། དེ་རྗེས་སུ་བྱུང་བ་ཉང་གི་ཆོས་འབྱུང་ནེའུ་སྔོན་བྱུང་གི་གཏམ། བུ་སྟོན་ཆོས་འབྱུང་། ཀློང་ཆེན་པའི་ཆོས་འབྱུང་། མེ་ལོང་རྣམ་གསལ། བོད་ཀྱི་ཡིག་ཚང་རྒྱལ་རབས་འཕྲུལ་གྱི་ལྡེ་མིག ལྷ་ཐོག་རྒྱལ་རབས་སོགས་བོད་ཀྱི་ཆོས་འབྱུང་དང་རྒྱལ་རབས་གྲགས་ཆེ་བ་དུ་མ་ཞིག་དེའི་རྗེས་སུ་འབྲངས་ནས། རྒྱལ་པོ་ཁྲི་གཙུག་ལྡེ་བཙན་རལ་པ་ཅན་དེ་ཡབ་ཁྲི་ལྡེ་སྲོང་བཙན་གཤེགས་མ་ཐག་ཁྲིར་ཐེབས་ཡོད་པ་དེ་ནི་རྒྱལ་སྲས་སྐུ་བགྲེས་ཤོས་ཡིན་སྟབས། བབས་འོས་དང་ལྡན་པའི་སྒོ་ནས་རྒྱལ་སྲིད་བཟུང་ཡོད་པའི་ཚུལ་གསུང་སྲོལ་བྱུང་ཡོད།

ལྡེའུ་ཆོས་འབྱུང་གཉིས་སུ་རྒྱལ་པོ་ཁྲི་ལྡེ་གཙུག་བཙན་གྱི་ལོ་དུས་འདི་སྐོར་རྩོམ་ཟིན་མང་ཙམ་ཞིག···ཐོན་ཡོད། དེ་ཡང་ལྡེའུ་ཆོས་འབྱུང་གཉིས་ཀར། རྒྱལ་པོ་ཁྲི་ལྡེ་སྲོང་བཙན་གྱི་སྲས་ཀྱི་རྣམ་གྲངས་བསྟན་པའི་ཚེ། ལྷ་རྗེ་དང་ལྷུན་གྲུབ་གཉིས་སྟར་གྲོངས་ནས་ཁྲི་རལ་པ་ཅན་དང་གཙང་མ། དར་མ་གསུམ་ཡོད་ཅེས་པའི་གོ་རིམ་དུ་བཀོད་ཡོད་པ་དང་། ལྡེའུ་རྒྱ་བོད་ཆོས་འབྱུང་[བོད་364ཤ་14]ལས་གཅེན་པོ་བཀྲོངས་ཏེ་གཙུང་པོ་མཐའ་རུ་བཤུགས་(སྤྱུགས།) རྒྱལ་སྲིད་ལོ་གཅིག་ཕྱེད་བཟུང་ནས་བཀྲོངས། ཆོས་ཀྱི་མེ་ནི་གདུང་རབས་བདུན་དུ་སྲས། སྐད་པ་བཙན་པོ་འདི་ཡང་འོན་ལྷང་རྗེ་རུ་ལུག་ལོ་ལ་བལྟམས། ཞེས་ཁྲི་དར་མ་འུ་དུམ་བཙན་གྱི་འཁྲུངས་ལོ་བཤད་པའི་སྐབས་སུ་གསལ་བ་འདིར་གཅེན་པོ་བཀྲོངས་ཞེས་པར་གཅེན་པོའི་ཐ་སྙད་ཅིག་ཡོད་ནའང་། ཚིག་རྐང་བཞི་པར"སྐད་པ"ཞེས་གསུངས་པ་དེ་ནི་གཞན་ལུགས་ཀྱི་བཤད་ཚུལ་ལམ་འདོད་ཚུལ་དུ་གྲགས་པའི་བཙན་པོ་དེ་ཞེས་བྱ་བའི་དོན་ཡིན་པ་ལས། ལྡེའུ་རང་གི་བཞེད་པ་མ་ཡིན་པ་ནི་ཡང་[བོད་364ཤ་16]ལས་ལོ་བཅུ་གཉིས་ནས་ཡབ་དགུང་དུ་གཤེགས། ཞེས་ཡབ་ཁྲི་ལྡེ་སྲོང་བཙན་ལུག་གི་ལོ་ལ་སྐུ་གཤེགས་ཡོད་པ་གསལ་བར་ཞལ་གྱིས་བཞེས་ཡོད་ལ། དེ་ནི་སྤྱི་འཁོར་བཅུ་དྲུག་པའི་སྤྱི་ཐྲིང་གོང་མའི་ཤིང་མོ་ལུག་གི་ལོ་(སྤྱི2732སྤྱི815)ཡིན་དགོས་པའི་ཚུལ་ཁྲི་ལྡེ····སྲོང་བཙན་གྱི་སྐབས་སུ་གསལ་བར་བཤད་ཡོད་པས་ཤེས་ཐུབ། སྐབས་དེར་ཁྲི་དར་མ་དགུང་གྲངས་བཅུ་གཉིས་ལ་ཐེབས་ཡོད་པའི་འཁྲུངས་ལོ་དེ་ནི་སྤྱི་འཁོར་བཅུ་དྲུག་པའི་སྤྱི་ཐྲིང་གོང་མའི་ཆུ་མོ་ལུག་གི་ལོ་(སྤྱི་

2720ཤོག་803)ལས་འགྲོ་ཡུལ་གཞན་དུ་མེད་པ་ཡིན་སྐབས། ལྡེའུ་ཆོས་འབྱུང་གི་བཞེད་པ་ནི་ཁྲི་གཙུག་ལྡེ་བཙན་འདི་ཁྲི་དར་མའི་གཅུང་པོ་ཡིན་པ་གསལ་བར་བསྟན་པ་ཡིན།

གྲགས་རྒྱལ་བོད་ཀྱི་རྒྱལ་རབས་[སྡེ་ང་ཤ597བ5]ལས་(ཁྲི་ལྡེ་སྲོང་བཙན་)དེས་འབྲོ་བཟའ་ལྷ···རྒྱལ་གུང་སྐར་མ་བཞེས་པའི་སྲས་གསུམ་གྱི་ཆེ་བ་ཁྲི་བཙན་(གཙང་)མ་ཞེས་པ་དང་། ཡང་[ཤ597བ6]དུ་གླང་དར་མ་སྤྱིལ་མགོ་མི་སྡུག་པ་གླེན་པས་རྒྱལ་སར་མ་བཏོན། ཆུང་བ་ཁྲི་གཙུག་ལྡེ་རལ་པ་ཅན་ཞེས་པས། ཁྲི་དར་མ་གཅེན་དང་ཁྲི་གཙུག་ལྡེ་བཙན་གཅུང་ཡིན་པ་ཤིན་ཏུ་གསལ་བར་བསྟན་པར་མ་ཟད། ཁྲི་དར་མ་རྒྱལ་སར་མ་བཏོན་པའི་རྒྱུ་མཚན་གང་ཡིན་པའང་གསལ་བར་བསྟན་ཡོད་ལ། ཡར་ལུང་ཇོ་བོའི་ཆོས་འབྱུང་དང་དེབ་ཐེར་དམར་པོ། རྒྱལ་རབས་གསལ་བའི་མེ་ལོང་། ལྡེ་བྲག་ཆོས་འབྱུང་། རྒྱ་བོད་ཡིག་ཚང་ཆེན་མོ། དེབ་ཐེར་དཔྱིད་ཀྱི་རྒྱལ་མོའི་གླུ་དབྱངས། ལེགས་བཤད་རིན་པོ་ཆེའི་མཛོད་སོགས་བོད་ཀྱི་ཆོས་འབྱུང་དང་རྒྱལ་རབས་ཡོངས་སུ་གྲགས་ལ། ལོ་རྒྱུས་ཀྱི་ཁུངས་སུ་འཛིན་པ་མང་པོ་ཞིག་ལུགས་འདིའི་རྗེས་སུ་འབྲངས་སྲོལ་བྱུང་འདུག་པ་འདི་ནི་ཚུལ་དང་མཐུན་པ་ཞིག་ཏུ་གོ། གང་ལ་ཞེ་ན། བོད་ཀྱི་ཆབ་སྲིད་ནང་ཆོས་རྒྱལ་ཁྲི་ལྡེ་གཙུག་བརྟན་གྱི་སྐུ་སྲོག་ལ་ཉེན་བྱུང་བ་དང་། དེའི་མཐུས་ཆོས་རྒྱལ་ཁྲི་སྲོང་ལྡེའུ་བཙན་སྐུ་གཞོན་པའི་སྐབས་ལོ་མང་རིང་ལ་རྒྱལ་སྲིད་ཀྱི་བདག་དབང་ཕྱག་ཏུ་བཞེས་མ···ཐུབ་ཅིང་། ཁོང་གིས་སྲིད་དབང་བརྟན་པོར་བཟུང་ཐུབ་པའི་དུས་སུ་བོན་གྱི་བསྟན་པ་བསྣུབས་ཏེ། དེའི་ཕྱོགས་བྱེད་པའི་བློན་ཆེན་མང་པོ་ཞིག་ལ་ཁྲིམས་ཐོག་པ་དང་། ཁྲི་དར་མ་དེ་རྒྱལ་སྲས་རྒན་པ་ཡིན་ཞིང་ཁོང་ལ་ཁྲིར་ཕེབས་པའི་འོས་ཡོད་ནའང་ཁོང་གི་གཤིས་རྒྱུད་སྐྱོང་ཞིང་གླེན་ལ་རྣམ་ཀུན་གྱི་སྤྱོད་པ་ངན་པ···ཅན་ཞིག་ཡིན་པར་བརྗེད། གཅེན་དར་མ་ཁྲིར་མ་བཀོད་དེ། ཁོང་གི་གཅུང་པོ་ཁྲི་གཙུག་ལྡེ་བཙན་རལ་པ་ཅན་ཁྲིར་བཀོད་པ་དང་ཁྲི་གཙུག་ལྡེ་བཙན་རལ་པ་ཅན་གྱིས་ཆོས་ཀྱི་བསྟན་པ་ལ་ཤུགས་སྣོན་མཛད་དྲག···པའི་རྐྱེན་གྱིས་བོན་ལ་མོས་པའི་བློན་པོ་མི་ཉུང་བ་ཞིག་ཡོད་པ་དེ་རྣམས་ཡིད་མ་རངས་ཤིང་། མཐར་ངན་དང་གཡོ་སྒྱུ་ཇི་སྙེད་པའི་སྒོ་ནས་བཙན་པོ་རལ་པ་ཅན་བཀྲོངས་ཏེ་ཁྲི་དར་མ་འུ་དུམ་བཙན་གྱིས་དེ་སྟོན···ཁོང་ལ་འོས་ཡོད་བཞིན་པར་རྒྱལ་སར་མ་བཀོད་པ་དང་། ཁོང་གི་གཅུང་པོ་ཁྲི་གཙུག་ལྡེ་བཙན་ཆོས་ཀྱི་བློན་དབང་དང་ལྡན་པ་རྣམས་ནས། ཆོས་ཀྱི་བསྟན་པ་སྤེལ་དྲག་པའི་མཛད་པ་དེ་རིགས་ཀྱི་ངན་ལན་བསྐྱིལ་བའི་ལས་ཐབས་སུ་ཆོས་ལ་མི་དགའ་བའི་བློན་པོ་རྣམས་དང་ཞལ་མཐུན་ནས། སངས་རྒྱས་ཀྱི་བསྟན་པ་བསྣུབས་ཤིང་། ཆོས་མཛད་དགེ་བའི་བཤེས་གཉེན་དང་ཆོས་ལ་མོས་པའི་བློན་པོ་རྣམས་ཀྱི་སྲོག་ལ་རྐོལ་བའི་མཛད་པ་ཚབ་པོ་དེའི་གཞི་རྩའི་རྐྱེན་ཡང་རྒྱུ་མཚན་དེ་ཐོག་ནས་བྱུང་བ་ཞིག་ཡིན།

བཙན་པོ་ཁྲི་གཙུག་ལྡེ་བཙན་སྐུ་འཁྲུངས་པའི་གནས་དུས་སོགས་ཀྱི་སྐོར་རགས་ཙམ་ནི། ལྡེའུ་རྒྱ་བོད་ཀྱི་ཆོས་འབྱུང་[བོད་359ཤ་16]ལས་འདི་ཡང་ཕྱི་ལོ་འོན་ལྡང་རྫོར་སྐུ་བལྟམས་ཞེས་དང་། ཡང་[བོད་362ཤ་13]དུ་དེ་ནས་སྐུ་ཚེ་ལོ་བཞི་བཅུ་ཞེ་གཅིག་བཞེས་ནས། གཙུང་དར་མས་རྒྱལ་ས་ཕྲོགས་ཏེ། འབྲངས་ཀྱིས་བྱི་བའི་ལོ་ལ་ལན་དཀར་དུ་བཀྲོངས་ཞེས་གསུངས་སྣངས་འདི་ལ་དཔྱད་ན། ཤིང་ཕོ་ཕྱིའི་ལོ་(སྣླེ་2711སྤྱི་794)ལ་ཡབ་ཁྲི་ལྡེ་སྲོང་བཙན་དགུང་གྲངས་བཅོ་བརྒྱད་པར་སྐུ་འཁྲུངས་ཤིང་། དགུང་གྲངས་སོ་བརྒྱད་པ་ཆུ་ཕོ་བྱི་བའི་ལོ་(སྣླེ་2749སྤྱི་832)ལ་བཀྲོངས་ཡོད་པའི་དོན་དུ་གོ་ཞིང་། གཞན་དུ་བྱི་བའི་ལོ་ལ་སྐུ་འཁྲུངས་ནས་ལོ་བཞི་བཅུ་ཞེ་གཅིག་བཞེས་པ་དེ་ནི་སྟག་གི་ལོའམ། རྙིལ་པོའི་དབང་དུ་བྱས་ན་ཡོས་ཀྱི་ལོ་ཡིན་དགོས་པ་ལས་བྱི་བའི་ལོ་འབྱུང་བའི་ཐབས་མེད། ལྡེའུ་ཆོས་འབྱུང་ཆེན་མོ་[བོད་134ཤ་2]ལས་ཀྱང་འཁྲུངས་ལོའི་སྐོར་ཕྱོགས་འདྲ་བར་གསུངས་ཡོད། འདས་ལོའི་ཐད་ལ་ཡང་[བོད་137ཤ་14]དུ་མཐར་སྐུ་ཚེ་བཞི་བཅུ་བཞེས་ནས། ལུག་ལོའི་སྟོན་ཁ་བསྒྲགས་ཀྱི་ཕུར་གྲོངས། ཞེས་པར་དགུང་གྲངས་བཞི་བཅུ་པ། ལུག་གི་ལོ་ལ་གཤེགས་པ་ཞལ་གསལ་དུ་བསྟན་ཡོད། གལ་ཏེ་ཕྱིའི་ལོ་གང་རུང་ཞིག་ལ་འཁྲུངས་ནས་དགུང་གྲངས་བཞི་བཅུ་ལ་སྐུ་གཤེགས་ཡོད་ན། ལོ་དེ་ནི་གླང་ངམ་སྟག་གི་ལོ་ཡིན་དགོས་པ་ལས། ལུག་གི་ལོ་འབྱུང་བའི་ཐབས་མེད།

གལ་ཏེ་སྐུ་གཤེགས་པའི་ལོ་དེ་ལུག་གི་ལོ་ཡིན་པའི་དབང་དུ་བྱས་ན། སྐུ་ཚེ་དགུང་གྲངས་སོ་གསུམ་བཞུགས་ཡོད་དགོས་པ་སྟེ། རྒྱའི་ལོ་རྒྱུས་ཐུང་ཅེན་[རྒྱ་233ཤ་10]ལས་ས་ཏ་ལོར་(སྤྱི་ལོ་838)བོད་ཀྱི་བཙན་པོ་ཡི་ཐའོ་(ཁྲི་རལ་པ་ཅན་)དགོངས་པ་རྫོགས་ཏེ་ཁོང་གི་གཅུང་པོ་གླང་དར་མ་ཞེས་པ་བཙན……པོའི་ཁྲི་གསོལ་ཞུས། ཞེས་གསལ་བའི་ལོ་ཁམས་དེ་དང་ལོ་གྲངས་གཅིག་གི་ཁྱད་ཙམ་ལས་མེད་པ་ཡིན་སྟབས། ཁྲི་གཙུག་ལྡེ་བཙན་སྐུ་གཤེགས་པའི་ལུག་ལོ་དེ་ནི་ས་མོ་ལུག་གི་ལོ་(སྣླེ་2756སྤྱི་839)ཡིན་དགོས་ངེས་པ་དང་། སྐུ་འཁྲུངས་པའི་ཕྱི་ལོ་དེའང་ཡབ་མུ་ཏིག་བཙན་པོའམ་ཁྲི་ལྡེ་སྲོང་བཙན་སད་ན་ལེགས་ཁྲིར་བཀོད་ནས་ལོ་རྙིལ་པོ་གཉིས་ལོན་པའི་སྐབས་ཀྱི་མེ་ཕོ་ཕྱིའི་ལོ་(སྣླེ་2723སྤྱི་806)དེ་ཡིན་དགོས།

ཚུལ་དེ་ནི་ནེའུ་སྔོན་བྱུང་གི་གཏམ་[རྒྱ་11ཤ་6ན་6]ལས་ཁྲི་གཙུག་ལྡེ་བཙན་རལ་པ་ཅན་ཞེས་པ། མེ་ཕོ་ཕྱི་ལ་འོན་ཅང་མདོ་ཕུར་བལྟམས། ཞེས་གསུངས་པའི་དགོངས་དོན་དང་ཡོངས་སུ་མཐུན་པ་ཡིན། བུ་སྟོན་ཆོས་འབྱུང་དུ་འཁྲུངས་ལོ་ཞལ་གསལ་བསྟན་མེད་ནའང་། འདས་ལོའི་ཐད་ཡང་[ལྷ་ཤ་130བ་4]དུ་བཙན་པོ་དགུང་ལོ་སོ་དྲུག་ལྕགས་མོ་བྱ་ལ། དབའ་རྒྱལ་ཏོ་རེ་དང་། ཅོ་རོ་ལེགས་སྒྲ་གཉིས་ཀྱིས···ཞལ་ལྟག་པར་བསྟན་ཏེ་བཀྲོངས་སོ། །ཞེས་ལྕགས་མོ་བྱའི་ལོ་(སྣླེ་2758སྤྱི་841)ལ་བཀྲོངས་པར···

གསུངས་པ་དེ་ནི་གཤེགས་ལོ་ཁྲིལ་པོ་གཉིས་ཀྱིས་ཕྱི་བ་ཙམ་ལས་དོན་དུ་བཙན་པོ་དགུང་གྲངས་སུམ་ཅུ་སོ་དྲུག་བཞུགས་ཡོད་པར་བརྗེད། འཁྲུངས་ལོ་མེ་ཕོ་ཁྱིའི་ལོ་(སྤྱི་2723ཕྱི་806)ཡིན་པ་ནི་རང་ཤུགས་སུ་ཞལ་གྱིས་བཞེས་ཡོད་པ་དེ་རེད། སློང་ཆེན་པའི་ཆོས་འབྱུང་དང་། ཡར་ལུང་ཇོ་བོའི་ཆོས་འབྱུང་། དེབ་ཐེར་དམར་པོ། རྒྱལ་རབས་གསལ་བའི་མེ་ལོང་། ལྡེ་བྲག་ཆོས་འབྱུང་། རྒྱ་བོད་ཡིག་ཚང་ཆེན་མོ། རྒྱལ་རབས་འཕྲུལ་གྱི་ལྡེ་མིག གླུ་སྒྲུབ་བསྟན་རྩིས། དེབ་ཐེར་དཀྱིད་ཀྱི་རྒྱལ་མོའི་གླུ་དབྱངས་སོགས་གྲགས་ཆེ་བའི་རྒྱལ་རབས་དང་ཆོས་འབྱུང་ཕལ་མོ་ཆེ་དགོངས་པ་འདིའི་རྗེས་སུ་འབྲངས་ཏེ། མངའ་བདག་ཁྲི་རལ་པ་ཅན་ནམ་ཁྲི་གཙུག་ལྡེ་བཙན་མེ་ཕོ་ཁྱིའི་ལོ་(སྤྱི་2723ཕྱི་806)ལ་སྐུ་བལྟམས་པར་བཞེད་སྲོལ་བྱུང་ཡོད། ཉང་གི་ཆོས་འབྱུང་[ཤོག་417ཕ་2]ལས་དེ་ལ་གཅིག་གསང་བའི་བདག་པོ་ཕྱག་ན་རྡོ་རྗེའི་སྤྲུལ་པ་ཁྲི……གཙུག་ལྡེ་བཙན་མངའ་བདག་རལ་པ་ཅན། ཆུ་(ཕོ་)འབྲུག་ལ་འཁྲུངས། དགུང་ལོ་བཅུ་གཉིས་ལོན་པ་དང་། མེ་བྱའི་ལོ་ལ་རྒྱལ་སར་བཏོན་ཞེས་འཁྲུངས་ལོ་ཆུ་འབྲུག་ལ་ངོས་བཟུང་མཛད་ཡོད་པ་དེ་ལྟར་ན། ཁྲི་གཙུག་ལྡེ་བཙན་དེ་ཕོང་གི་ཡབ་ཁྲི་ལྡེ་སྲོང་བཙན་དགུང་གྲངས་སོ་དྲུག་པ་ཆུ་ཕོ་འབྲུག་གི་ལོ་(སྤྱི་2729ཕྱི་812)ལ་སྐུ་འཁྲུངས་དགོས་པ་དང་། ཕོང་ཁྲིར་ཐེབས་པའི་ཚེ་དགུང་གྲངས་བཞི་ལ་ཐེབས་ཡོད་དགོས་པར་འགྱུར་ཞིང་། གལ་ཏེ་དགུང་གྲངས་བཅུ་གཉིས་ལོན་དུས་ཁྲིར་ཐེབས་ཡོད་ན། ཁྲིར་ཐེབས་པའི་ལོ་དེ་ནི་ཆུ་མོ་ཡོས་ཀྱི་ལོ་(སྤྱི་2740ཕྱི་823)དེའམ། ཁྲིལ་པོའི་དབང་དུ་བྱས་ན་ཤིང་ཕོ་འབྲུག་གི་ལོ་(སྤྱི་2741ཕྱི་824)དེ་གཉིས་གང་རུང་ཞིག་ཡིན་དགོས་པ་ལས། མེ་བྱ་ཡིན་སྲིད་ཐབས་རྩ་བ་ནས་མེད་པ་ནི་མངོན་གསལ་རེད། དཔེ་འདིར་དགུང་གྲངས་བཅུ་གཉིས་ལ་ཁྲིར་ཐེབས་པ་དང་། ཁྲིར་ཐེབས་པའི་ལོ་དེའང་མེ་བྱ་ཡིན་པ་ཤིན་ཏུ་ཞལ་གསལ་བ་དེ་ལ་དཔྱད་ན། འཁྲུངས་ལོར"ཆུ་འབྲུག"ཅེས་བཀོད་ཡོད་པ་དེ་ནི་ཡིག་ནོར་ཞིག་ཡིན་ངེས་པ་སྟེ། ཁྲིར་ཐེབས་པའི་མེ་༡(སྤྱི་2734ཕྱི་817)དེ་ནས་གྱེན་དུ་དགུང་གྲངས་བཅུ་གཉིས་བརྩིས་ན། ཁྲི་གཙུག་ལྡེ་བཙན་གྱི་འཁྲུངས་ལོ་མེ་ཁྱི་ཡིན་པ་གསལ་བར་བསྟན་པ་དེ་ལས་བདེན་དཔངས་བྱས་པ་ཡིན།

ཁྲི་གཙུག་ལྡེ་བཙན་རལ་པ་ཅན་ཁྲིར་ཐེབས་ནས་རྒྱལ་སྲིད་བསྐྱངས་པའི་ལོ་དུས་རགས་ཙམ་ནི། སྦ་བཞེད་[ཤོ་181ཕ་10]ལས་གཅིག་ཁྲི་གཙུག་ལྡེ་བཙན་ལ། ལོ་བཅུ་ལོན་པ་དང་དབང་བསྐུར་ནས་ཆབ་སྲིད་གཏད་ཅེས་བཤད་ཡོད་པར་བརྗེད། སློང་ཆེན་པའི་ཆོས་འབྱུང་སོགས་འགའ་ཞིག་ལུགས་དེའི་རྗེས་སུ་འབྲང་སྲོལ་བྱུང་ཡོད་འདུག་ལ། ལྡེའུ་རྒྱ་བོད་ཀྱི་ཆོས་འབྱུང་[ཤོག་359ཕ་16]ལས་ལོ་གཉིས་ན་ཡབ་གཤེགས། ཆབ་སྲིད་ལོ་བཅུ་གཉིས་བཟུང་། ཞེས་པར་དགུང་གྲངས་གཉིས་ན་ཡབ་གཤེགས་པར་གསུངས་

སོད། ལྡེའུ་ཆོས་འབྱུང་ཆེན་མོ་[པོད་134 ཤ་2] ལས་ལོ་ཉེར་གཉིས་ནས་ཡབ་དགུང་དུ་གཤེགས་ནས། ཆབ་སྲིད་ལོ་ཉེར་གཉིས་བཟུང་ཞེས་པས། གོང་དུ“ ལོ་གཉིས” ཞེས་པར“ བཅུ” ཆད་པ་དང་། འོག་ཏུ་ཆབ་སྲིད་བཟུང་ཡུན་ལོ་གྲངས་ཉེར་གཉིས་ཡིན་པ་དེ་གོང་དུ་ཁྲིར་ཐེབས་པའི་ལོ་གྲངས་དང་གོ་འཁྲུགས···· ནས“ བཅུ་གཉིས” ཞེས་བཀོད་པའི་ཡིག་ནོར་འདི་རིགས་ཇི་ལྟར་བྱུང་ཡོད་པ་གསལ་བར་མངོན་ཐུབ་པ··· ནི་ཉང་གི་ཆོས་འབྱུང་[པོད་417 ཤ་3] ལས་དགུང་ལོ་བཅུ་གཉིས་ལོན་པ་དང་། མེ་བྱའི་ལོ་ལ་རྒྱལ་སར་བཏོན་ཞེས་གསུངས་པས་ངེས་ཤེས་རྙེད་ཐུབ་པ་ཡིན། ནེའུ་སྔོན་བྱུང་གི་གཏམ་དང་ཡར་ལུང་ཇོ་བོའི་ཆོས་འབྱུང་། དེབ་ཐེར་དམར་པོ། རྒྱལ་རབས་གསལ་བའི་མེ་ལོང་། ལྡེ་བྲག་ཆོས་འབྱུང་། རྒྱ་བོད་ཡིག་ཚང་ཆེན་མོ། རྒྱལ་རབས་འཕྲུལ་གྱི་ལྡེ་མིག ཀླུ་སྒྲུབ་བསྟན་རྩིས་ལ་སོགས་པ་བོད་ཀྱི་རྒྱལ་རབས་དང་ཆོས་འབྱུང་གྲགས་ཆེ་བ་ཕལ་མོ་ཆེ་ལྡེའུ་ཆོས་འབྱུང་དང་ཉང་གི་ཆོས་འབྱུང་གཉིས་ཀྱི་དགོངས་རྗེས་སུ་འབྲངས་ཏེ། ཁྲི་གཙུག་ལྡེ་བཙན་གྱིས་ཆབ་སྲིད་ལོ་གྲངས་ཉེར་གཉིས་བཟུང་བར་བསྟན་ཅིང་། དེའང་མེ་མོ་བྱའི་ལོ་ (སྣྲི་2739 སྤྱི་817) ལ་ཁྲིར་ཐེབས་པ་ནས། ས་མོ་ལུག་གི་ལོ་ (སྣྲི་2756 སྤྱི་839) ལ་སྐུ་གཤེགས་པའི་བར་ལོ་གྲངས་ཧྲིལ་པོ་ཉི་ཤུ་རྩ་གཉིས་ཡོད་པ་དེ་རྣམས་དང་ཡོངས་སུ་མཐུན་པ་ཡིན། བུ་སྟོན་ཆོས་འབྱུང་[ལྷ་ཤ་130 ན་3] ལས་དགུང་ལོ་བཅོ་བརྒྱད་ལོན་པ་ཆབ་སྲིད་བཟུང་ཞེས་བཞེད་ཚུལ་མི་འདྲ་བ་ཞིག་ཡོད······· ནའང་། དེའི་དགོངས་དོན་གང་ཡིན་པའམ་ཁུངས་གང་ཡིན་པའི་སྐོར་ཞལ་གསལ་བ་ནི་མི་འདུག

ཁྲི་གཙུག་ལྡེ་བཙན་གྱི་བཙུན་མོ་དང་སྲས་བློན་བཅས་པའི་སྐོར་རགས་ཙམ་ནི། སྦ་བཞེད་[སི་181 ཤ་11] ལས་གཙོ་རོ་བཟའ་དཔལ་གྱི་ངང་ཚུལ་ཅན་ལ་སོགས་པ་བཙུན་མོ་ཁབ་ཏུ་བཞེས། སྦ་མང་རྗེ་ལྷ་ལོད་ཀྱི་ (ཀྱིས་) ཕྱི་བློན་བྱས། བན་ཆེན་པོ་དཔལ་གྱི་ཡོན་ཏན་གྱིས་ཆོས་ཀྱི་བློན་པོ་ཆེན་པོ་བགྱིས་ཞེས་པར་བཙུན་མོ་ཆེན་མ་གཅིག་གི་མཚན་ཙམ་ལས་གཞན་མི་གསལ་ནའང་སོགས་སྒྲས་བཙུན་མོ་གཞན་དག་ཡོད་པ་ནི་ཤུགས་ཀྱིས་བསྟན་ལ། ལྡེའུ་རྒྱ་བོད་ཀྱི་ཆོས་འབྱུང་[པོད་359 ཤ་17] ལས་སྦ་མ་ (མང་) རྗེ་ལྷ་ལོད་དང་འབྲིང་ཁྲི་གསུམ་རྗེ་སྟག་སྣང་གིས་བློན་པོ་བྱས། བྲན་ཀ་དཔལ་གྱི་ཡོན་ཏན་གྱིས་བློན་པོ་བྱས། ཞེས་བཀའི་བློན་པོ་སུ་དག་ཡིན་པ་གསལ་བར་བསྟན་པ་དང་། ལྡེའུ་ཆོས་འབྱུང་ཆེན་མོ་ལས་བཙུན་མོ་རྣམས་ཀྱིས་ལྷ་ཁང་བཞེངས་ཚུལ་བསྟན་པའི་སྐབས་ཅོག་རོ་བཟའ་དཔལ་གྱི་ངང་ཚུལ་དང་མཆིམས········ བཟའ་ཡོན་ཏན་སྒྲོན་མ་ཆོས་སྐྱོང་བཟའ་ཡུམ་ཆེན་བཙན་མོ་ཕན། ཞེས་བྱ་བ་བཙུན་མོ་གསུམ་གྱི་མཚན་གསལ་བར་བཀོད་ཡོད། ཉང་གི་ཆོས་འབྱུང་[པོད་417 ཤ་5] ལས་ཅོག་རོ་བཟའ་དཔལ་གྱི་ངང་ཚུལ་མ་དང་མཆིམས་བཟའ་ལྷུང་དཀར་མ་དང་། སྣ་ནམ་བཟའ་ཨ་རྗེ་ཐོ་ལེགས། ཚེ་སྤོང་བཟའ་ལྷུན་གྱི་བུ་མོ།

ལྷ་ལུང་བཟའ་མེ་ཏོག་མ་དང་ལྷ་ཁབ་ཏུ་བཞེས་སོ། །ཞེས་པ་དང་། ཡང་[420ཕ་8]དུ་བཙུན་མོ་རྣམས་ལ་སྲིད་བྱུང་བ་ཆུ་སྨན་གྱིས་ཁྱེར་ནས། སྲས་རྒྱལ་བུ་མི་མངའ་ཡང་། འབངས་བདེ་བ་ལ་བཀོད་ཅེས་བཙུན་མོ་ལྷ་བཞེས་པའི་མཚན་རྣམས་གསལ་བར་བསྟན་པ་དང་། སློང་ཆེན་པའི་ཆོས་འབྱུང་[རྫི་212ཤ་384བ་3]ལས་གཙོ་རོ་བཟའ་དཔལ་གྱི་ངང་ཚུལ་མ་ལ་སོགས་པའི་བཙུན་མོ་ལྷ་བཞེས་ཡོད་པའི་བདེན······དཔང་གསལ་བར་མཛད་འདུག་ལ། བཙུན་མོ་དེ་རྣམས་ལ་གདུང་རྒྱུད་མ་བྱུང་བར་གསལ་བ་དེའི་བདེན་དཔང་དུ། དེབ་ཐེར་དམར་པོ་[པེ་39ཕ་18]ལས་རྒྱལ་པོ་འདི་ལ་སྲས་མེད་པས། བཙན་པོ་གླང་དར་མ་རྒྱལ་སར་བསྐོས་ཞེས་པ་དང་། རྒྱ་བོད་ཡིག་ཚང་ཆེན་མོ་[སི་206ཕ་6]ལས་འཆིམས་(མཆིམས་)བཟའ་དཀར་རྒྱལ། སྣ་ནམ་བཟའ་མང་པོ་སོད་ལེགས། ཉང་བཟའ། མཆོག་གི་ལྷ་མོ། ཚེ་སྤོང་བཟའ། མདོ་རྒྱལ་མ་དང་ལྔ་ཡོད་ཀྱང་། སྲིད་མ་ཟིན། ཞེས་པ་དག་གིས་གསལ་བར་བསྟན་ཡོད།

ཁྲི་གཙུག་ལྡེ་བཙན་སྐུ་གཤེགས་པའི་གནས་དུས་སོགས་ཀྱི་སྐོར་རགས་ཙམ་ནི། སྦ་བཞེད་[སི་189ཕ་8]ལས་ཞང་བློན་ནག་པོ་ལ་དགའ་བ་རྣམས་གྲོས་བྱས་ནས་ཆོས་ཁྲིམས་བཤིག་པའི་ཀོག་(སྐོག་)གྲོས······བྱས་ནས། དེ་ལ་སྔོན་དུ་བཙན་པོ་མ་དཀྲོངས་(བཀྲོངས་)ན་ཆོས་ཁྲིམས་མི་གཤིག་ཟེར། ཁ་ཅིག་ན་རེ། རལ་པ་ཅན་ལ་སྲས་མེད་ཀྱང་ཅུང་(གཅུང་)ལྷ་སྲས་གཙང་མ་ཆོས་ལ་དགའ་བས་སྲིད་འཛིན་ཏེ་ཆོས······ཁྲིམས་མི་གཤིག་ཟེར། གཙང་མ་བཤུགས(སྤྱུགས)པས་ཆོག་མཆི་བས་དེ་བན་ཆེན་པོ་ཆོས་ལ་དཀར་ལ་དབང་ཆེ་བས་ཆོས་ཁྲིམས་མི་གཤིག་ཟེར། གྲོས་བྱས་ནས་ཆོས་ཁྲིམས་གཤིག་པའི་སྔན་ཕྲ་བཙུག་སྟེ། བན་ཆེན་པོ་དང་། ངང་ཚུལ་མ་ནལ་བཤམས་སོ་ཞེས་སྣན་དུ་གསོལ་ནས། ཆད་པ་ཆེ་ཐང་དུ་ཞུས་པས། བན་ཆེན་པོ་ཡང་ལྕགས་ཀྱི་སྡིག་ཙ་སྦུབ་པ་མ་གྲུབ་པར། སྔན་འཕྲ་(ཕྲ་)བཙན་པར་བྱས་ཏེ་བཀུམ། དེ་མ་ཐག་ཏུ་ལྷ་སྲས་གཙང་མ་རབ་ཏུ་བྱུང་ནས་ཇོངས་ཆེན་པོ་དང་བཅས་ནས་སྤ་གྲོ་མོན་དུ་བཤུགས་(སྤྱུགས།)བོད་ཀྱི་བསོད་ནམས་ཉམས་པ་དང་། འདྲེ་སྲིན་ཀུན་མགོ་རྐོད་པས། མི་ནག་པོ་ཀུན་གྱི་བློ་བར་གསོལ་བས། སྟག་རོ་ལྷ་ལོན་མ་དགའ་ནས། བཙན་པོ་རྒྱའི་འབྲས་ཆང་གསོལ་བའི་ལྟག་པ་བཅུས་ནས་ཞལ་ལྟག་པར་བསྟན། སྟག་རོ་ལ་བྱ་ཕུ་བགྱིས་ནས་བཀུམ། ཞེས་ཇི་ལྟར་བཀྲོངས་པའི་ཚུལ་གསལ་བར་བསྟན་ནའང་། བཀྲོངས་པའི་ལོ་དུས་ཞལ་གསལ་བ་ནི་གཅིག་ཀྱང་མི་སྣང་། ལྡེའུ་ཆོས་འབྱུང་རྣམ་གཉིས་སུ་ནག་པོ་ལ་དགའ་བ་རྣམས་ཀྱིས་ངན་གཡོ་བྱས་པའི་ལོ་རྒྱུས་མང་ཞིག་སྤྲོས་མཛད་པའི་མཇུག་ཐོག་ཏུ། སྐུ་གཤེགས་པའི་ལོ་དུས་དེ་འབྲུངས་ལོའི་སྐབས་སུ་བཤད་པ་ལྟར། དགུང་གྲངས་རྩིལ་པོ་སུམ་ཅུ་སོ་གསུམ་པ་ས་མོ་ལུག་གི་ལོ་(སྤྱི་2756སྤྱི་839)ཡིན་པ་གསལ་པོར་བསྟན་ཡོད། ནེའུ་སྔོན་བྱུང་གི་གཏམ་[རྡ་11ཤ་6

ན་7] ལས་ལྕགས་བྱི་སུམ་ཅུ་དྲུག་ལ་འདས་སོ་སྐད། ཅེས་བཙན་པོ་ཁྲི་གཙུག་ལྡེ་བཙན་དགུང་གྲངས་སུམ་ཅུ་སོ་དྲུག་པ་ལྕགས་མོ་བྱའི་ལོ་(སྤྱི་2758སྤྱི་841)ལ་སྐུ་གཤེགས་ཡོད་པར་བཞེད་པ་དེའང་ལྡེའུ་ཆོས······འབྱུང་གི་འདས་ལོ་ལས་ལོ་གྲངས་གསུམ་མམ་ཧྲིལ་པོ་གཉིས་ཀྱིས་ཕྱི་བ་ཙམ་ལས་ཁྱད་ཤིན་ཏུ་ཆེ་བ་མཐོང་··ཞིང་། བུ་སྟོན་ཆོས་འབྱུང་དང་ཀློང་ཆེན་པའི་ཆོས་འབྱུང་། ཡར་ལུང་ཇོ་བོའི་ཆོས་འབྱུང་། དེབ་ཐེར་དམར་པོ། རྒྱལ་རབས་གསལ་བའི་མེ་ལོང་། ལྡེ་བྲག་ཆོས་འབྱུང་། རྒྱ་བོད་ཡིག་ཚང་ཆེན་མོ། རྒྱལ་རབས་འཕྲུལ་གྱི་ལྡེ་མིག ཀློ་སློབ་བསྟན་རྩིས། ལྷོ་ཐོག་རྒྱལ་རབས་སོགས་བོད་ཀྱི་ཆོས་འབྱུང་དང་རྒྱལ་རབས་གྲགས་ཆེ་བ་དུ་མ་ཞིག་ལུགས་དེའི་རྗེས་སུ་འབྲངས་ཏེ་བཙན་པོ་ཁྲི་གཙུག་ལྡེ་བཙན་གྱི་གཤེགས་ལོ་ལྕགས···མོ་བྱ་(སྤྱི་2758སྤྱི་841)ལ་ངོས་འཛིན་གནང་ཡོད། དེ་ལྟར་ནའང་ཁྲི་གཙུག་ལྡེ་བཙན་གྱི་གཤེགས་ལོ་རྣལ་མ་ནི་ལྡེའུ་ཆོས་འབྱུང་རྣམ་གཉིས་སུ་བསྟན་པ་ལྟར་ས་མོ་ལུག་གི་ལོ་(སྤྱི་2756སྤྱི་839)འདི་རང······དང་ཉེ་ཆེ་ཞིང་། དགུང་ལོ་བཅུ་གཉིས་པའམ་ཧྲིལ་པོ་བཅུ་གཅིག་པ་མེ་བྱའི་ལོ་(སྤྱི་2734སྤྱི་817)ལ་ཁྲིར་ཕེབས་ནས་རྒྱལ་སྲིད་ལོ་གྲངས་ཉེར་གཉིས་སམ་ཧྲིལ་པོ་ཉེར་གཅིག་བསྐྱངས་མཛད་པའི་ཚུལ་ལོ་རྒྱུས··ཡོངས་གྲགས་སུ་ཡོད་པ་དེ་དང་ཡང་འགྲིགས་ཆེ་བ་ཡིན། དངོས་དོན་ནི་རྒྱའི་ལོ་རྒྱུས་ཐང་ཡིག་[རྒྱ་233ཕ་10]ལས་ས་ཧ་ལོར་(སྤྱི་ལོ་838)བོད་ཀྱི་བཙན་པོ་ཡི་ཐའི་(ཁྲི་རལ་པ་ཅན་)དགོངས་པ་རྫོགས་ཏེ······ཁོང་གི་གཅུང་པོ་གླང་དར་མ་ཞེས་པ་བཙན་པོའི་ཁྲི་གསོལ་ཞུས། ཞེས་གསལ་བ་ལྟར། ལྡེའུ་ཆོས་འབྱུང་ལས་རྒྱལ་སྲིད་ལོ་ཉེར་གཉིས་བཟུང་བར་གསུངས་པ་དེ་ལོ་ཧྲིལ་པོ་ཉེར་གཉིས་ཀྱི་དབང་དུ་བྱས་ན། གཤེགས་ལོ་ས་མོ་ལུག་གི་ལོ་ཡིན་པ་དེ་ལྟར་ནའང་། ལོ་ངོས་ཀྱི་དབང་དུ་བྱས་ན་ཉེར་གཉིས་པ་དེ་ནི་ས་ཕོ་རྟའི་ལོ་(སྤྱི་2755སྤྱི་838)དེ་རང་ཡིན་སྟབས། བཙན་པོ་ཁྲི་གཙུག་ལྡེ་བཙན་གྱི་གཤེགས་ལོ་རྣལ་མ་ནི་ལོ་དེ་རང་དུས་ངེས་པ་ཡིན།

ཁྲི་གཙུག་ལྡེ་བཙན་རལ་པ་ཅན་གྱི་བང་སོ་ནི་རྒྱལ་རབས་གསལ་བའི་མེ་ལོང་[པེ་234ཕ་5]ལས·····མངའ་བདག་རལ་པ་ཅན་གྱི་བང་སོ་ནི། །དོན་མཁར་མདའ་ཡི་གཡོན་ཟུར་དེ་ན་བརྩིགས། །བང་སོ་དེའང་རིན་ཆེན་ནོར་གྱིས་བཀང་། །མིང་ནི་ཁྲི་སྟེང་རྨང་རི་ཟེར་རོ་སྐད། །ཅེས་གསལ་བ་དེ་ཡིན།

བཅུ་གཉིས། བོད་ཀྱི་རྒྱལ་རབས་ཞེ་ལྔ་པ་ཁྲི་དར་མ་འུ་དུམ་བཙན་གྱི་སྐོར།

བཙན་པོ་འདིའི་མཚན་དངོས་ལ“ཁྲི་དར་མ་འུ་དམ་བཙན”ཞེས་བྱ་ནའང་། ཁོང་གི་མཚན་རྒྱ་ཁྱབ་ཏུ་གྲགས་པ་ནི“གླང་དར་མ”ཞེས་བྱ་བ་དེ་ཡིན། གླང་དར་མ་ཞེས་སུ་གྲགས་པའི་རྒྱུ་མཚན་གང་

ཡིན་པའི་སྐོར་རགས་ཙམ་ནི། ལྡེ་བྲག་ཆོས་འབྱུང་[པེ་སྟོད་425 ཕ་13] ལས་བ་ལང་གི་ཤ་ཚུགས་འདྲ་ཞིང་། མཁྱེན་པ་ཆུང་ལ་རྒྱུད་ཀྱོང་བས་འབངས་རྣམས་ཀྱིས་གླང་དར་མ་བཏགས། ཞེས་པ་དང་། རྒྱལ་རབས་འཕྲུལ་གྱི་ལྡེ་མིག་[རྡེ་10 ཤ་25 བ་5] ལས་འདི་ནས་བཟུང་སྟེ་སྐྱེ་འགྲོ་རྣམས་ཀྱིས་བཙན་པོ་ལ་གླང་ཞེས་དུད་འགྲོའི་མིང་ནས་འབོད་པ་སྟེ་འོས་པ་ཉིད་དོ། །ཞེས་གསུངས་པས་མཚོན། བཙན་པོ་འདིས་ངན་སྤྱོད་ཚད་མེད་མཛད་པར་བརྗེན། གནའ་གཏམ་དུ"མི་གླིན་པ་གླང་ལྷ་བུ"ཞེས་མི་རྒྱུད་ཀྱོང་ཞིང་གླེན་ལ་མགོ་མཁྲེགས་པ་རྣམས་ལ་གླང་གི་ཐ་སྙད་བྱེད་པའི་སྐབས་ཡོད་པ་དེ་ལས་བྱུང་བ་ཞིག་ཡིན་པ་ནི་སྙམས་མ……དགོས།

གླང་གི་ཐ་སྙད་ཡོད་པ་ཙམ་གྱིས་སྨད་པའི་དོན་ཡིན་པའི་ངེས་པའང་མེད་དེ། སྦ་བཞེད་[སི་179 ཕ་15] ལས་མཐིང་པ་ཡོ་ལ་སྐུ་དབང་ཆེ་བས་གླང་མཐིང་ཡོན་ཞེས་ཀྱང་གྲགས་སོ། །ཞེས་ཁྲི་གཙུག་ལྡེ་བཙན་ལའང་གླང་གི་ཐ་སྙད་བྱུས་ཡོད་པས་མཚོན། སྐབས་འགར་སྐྱེས་བུ་གཟུགས་སྟོབས་དང་ཤེད་ཤུགས་ཤིན་ཏུ་ཆེ་བའི་རྒྱུ་མཚན་གྱིས་མཚན་དེ་སྐད་དུ་གྲགས་པའི་སྐབས་ཀྱང་སྲིད་ལ། དུད་འགྲོའི་མིང་ནས་འབོད་པ་ཙམ་གྱིས་སྨད་པའི་གནས་སུ་འགྱུར་བའི་ངེས་པའང་མེད་དེ། སྟོན་པ་བཅོམ་ལྡན་འདས་ལ་མིའི་སེང་གེ་ཞེས་བྱ་བ་དང་། དཔལ་ལྡན་འབྲུག་པའི་ཆོས་བརྒྱུད་དུ་མཁས་ཤིང་གྲུབ་པ་བརྙེས་པའི་བླ་རབས་སམ་གདུང་རབས་སེང་གེའི་མཚན་ཅན་དགུ་ཚར་དུ་བྱོན་པ་རྣམས་དང་། དཔལ་ལྡན་ཕྱོགས་ཀྱི་གླང་པོ་ལྟ་བུ་ཡོངས་གྲགས་ཀྱི་མཚན་མང་དུ་ཡོད་པས་ཤེས་ཐུབ་པ་ཡིན།

ཁ་ཤས་ཀྱིས་ཁྲི་དར་མ་འུ་དུམ་བཙན་འདི་ཆོས་ལ་མི་མོས་ནའང་། ཁོང་ནི་བོན་ལ་མོས་པ་ཅན་ཞིག་ཡིན་སྟབས། བོན་གྱི་བསྟན་པ་སྤེལ་བའི་ཆ་རྐྱེན་དུ་ཆོས་ཀྱི་བསྟན་པ་བསྣུབས་ཡོད་པར་བཤད་མོད། དེ་ནི་བདེན་པར་མ་མཐོང་སྟེ། ལྡེའུ་ཆོས་འབྱུང་ཆེན་མོ་[བོད་140 ཕ་15] ལས་སྐུའི་ཐུགས་མཁན་དང་རྒྱལ་གྱི་སྐུ་གཤེན་ལ་སྐྱོན་ཕབ་ཅེས་བཙན་པོ་ཁོང་ཉིད་ཀྱི་སྐུ་གཤེགས་ལའང་བཀྱོན་ཕབ་པ་གསལ་བར་བསྟན……ཅིང་། ལར་ཁྲི་དར་མ་ནི་སྡིག་པའི་ལས་ལ་དགའ་ཞིང་། ངན་སྤྱོད་སྣ་ཚོགས་པ་དང་དུ་ལེན་མཁན་ཞིག་ཡིན་པར་བརྗེན། ཆོས་ཀྱི་ལོ་རྒྱུས་རྣམས་སུ་མ་ཟད། བོན་གྱི་རྒྱལ་རབས་དང་བོན་འབྱུང་རྣམས་སུའང་གནས་ཚུལ་འདི་ཉིད་གསལ་བར་བསྟན་ཡོད་པ་ནི། ལེགས་བཤད་རིན་པོ་ཆེའི་མཛོད་[པེ་139 ཕ་19] ལས་དར་མས་ཆོས་བསྣུབས་ཤིང་གླེན་ལ་བྱ་བྱེད་མང་བས་དར་མ་གླེལ་མགོར་གྲགས། ཞེས་ཤེས་ཐུབ་པ་ཡིན། འདིར་དར་མས་ཆོས་བསྣུབས་ཚུལ་བསྟན་པ་ལས། བོན་བསྣུབས་ཚུལ་འགའ་ཡང་མ་བཤད་པས། ཁོང་གིས་བོན་གྱི་བསྟན་པ་སྤེལ་ཡོད་པར་སྨྲས་ན། དེ་ནི་མི་འཐད་དེ། བོན་ནི་ཆོས་རྒྱལ་ཁྲི་སྲོང་ལྡེའུ

བཙན་གྱི་སྐུ་དུས་སུ་བསྒྱུར་ཟིན་པས་བསྒྱུར་དུ་བསྒྱུར་བྱ་མ་གྲུབ་ཅིང་། གནའ་བོའི་གཤིས་ལུགས་མི་ཉམས་པའི་ཆེད་དུ་རྒྱལ་གྱི་སྐུ་སྲུང་དུ་བོན་གཤེན་རེ་ཙམ་ཡོད་པ་དེ་ལའང་བཀྲོན་ཕབ་པའི་ཚུལ་གསལ……བར་བསྟན་པ་དེ་ལྟར་ན། ཁྲི་དར་མས་བོན་གྱི་བསྟན་པ་ལ་སྨད་པའི་མཛད་པ་ནི་འགའ་ཞིག་ཀྱང་གནང་མེད་པ་གསལ་བར་མངོན་ཐུབ། ཁྲི་དར་མ་དེ་རྒྱལ་སར་བཀོད་པ་ལ་རྒྱབ་སྐྱོར་བྱེད་མཁན་ནི་ཆོས་ལ་སྡང་སེམས་ཆེ་བའི་བློན་པོ་རྣམས་ཡིན་སྟབས། ཁྲི་དར་མ་ཆོས་ལ་སྡང་བ་དང་བོན་གྱི་ཕྱོགས་ལ་གུས་པ་ལྟ་བུའི་མཐོང་སྣང་འདི་འདྲ་བ་ཞིག་བྱུང་ཡོད་པ་ནི་གོར་མ་ཆག

ཏུན་ཧོང་བོད་ཀྱི་ལོ་རྒྱུས་ཡིག་རྙིང་དུ་བཙན་པོ་འདིའི་མཚན་ལ"ཝུའི་དུམ་བརྟན"ཞེས་བཀོད……འདུག་པ་འདིའང་གནའ་སྲོལ་ཞང་ཞུང་གི་སྐད་དང་འབྲེལ་བའི་ཐ་སྙད་ཅིག་ཡིན་པ་སྟེ། དེ་ཡང"ཝུ"ཞེས་པ་ནི། ཞང་ཞུང་གི་སྐད"ཨུའམ་ཨུ་ཡེ"ཞེས་པ་ལས་བྱུང་བ་ཞིག་ཡིན་པ་སྟེ། ལྡེ་བྲག་ཆོས་འབྱུང་ལས། "ཨུ་དུམ་བཙན་པོ"ཞེས་གསུངས་ཡོད་པའང་རྒྱུ་མཚན་དེ་ལ་བརྟེན་པ་ཞིག་ཡིན། "ཨུ"ཞེས་པ་དེ་བོད་སྐད་དུ"གསང་བ"ཞེས་པའི་དོན་དང"དུམ"ཞེས་པ་ནི"རྣམ་པ"ཞེས་པའི་དོན་ལ་འཇུག་པ་སྟེ། དོན་དུ"གསང་རྣམ་རྒྱལ་པོ"ཞེས་བྱ་བ་ཡིན། མཚན་འདིའང་བོད་ཀྱི་གནའ་སྲོལ་བཞིན་ཁོང་ཉིད་ཀྱི་སྐུ་གཤེན་བོན་པོ་ཞིག་གིས་གསོལ་ཡོད་པ་ནི་སྨོས་མ་དགོས་པ་རེད།

བཙན་པོ་ཁྲི་དར་མ་འཁྲུངས་པའི་གནས་དུས་ཀྱི་སྐོར་རགས་ཙམ་པ་ནི། བཙན་པོ་འདིའི་འཁྲུངས་དུས་ལ་ངེས་ཤེས་བརྟན་པོར་རྙེད་ཐུབ་པའི་གཞི་རྩ་མེད་དུ་མི་འདུང་བ་ཞིག་ནི། ཁྲི་དར་མ་འདི་མཆེད་པོ་ཁྲི་ལྡེ་གཙུག་བཙན་གྱི་གཅེན་པོའམ་གཅུང་པོ་གང་ཡིན་སྔོན་ཙམ་ནས་ཐག་ཆོད་དགོས་པ་དེ་རེད།

སྦ་བཞེད་དང་ཉང་གི་ཆོས་འབྱུང་། ནེའུ་སྔོན་བྱུང་གི་གཏམ། བུ་སྟོན་ཆོས་འབྱུང་། ཀློང་ཆེན་པའི་ཆོས་འབྱུང་། མེ་ལོང་རྣམ་གསལ། བོད་ཀྱི་ཡིག་ཚང་། རྒྱལ་རབས་འཕྲུལ་གྱི་ལྡེ་མིག ལྷ་ཐོག་རྒྱལ་རབས་སོགས་བོད་ཀྱི་ཆོས་འབྱུང་དང་རྒྱལ་རབས་མང་པོ་ཞིག་གིས་ཁྲི་དར་མ་འདི་ཁྲི་ལྡེ་གཙུག་བཙན་གྱི་གཅུང་…པོ་ཡིན་པར་ཞལ་གྱིས་བཞེས་ཡོད་པ་དང་། ལྡེའུ་ཆོས་འབྱུང་དང་གྲགས་རྒྱལ་བོད་ཀྱི་རྒྱལ་རབས། ཡར་ལུང་ཇོ་བོའི་ཆོས་འབྱུང་། དེབ་ཐེར་དམར་པོ། རྒྱལ་རབས་གསལ་བའི་མེ་ལོང་། ལྡེ་བྲག་ཆོས་འབྱུང་། རྒྱ་བོད་ཡིག་ཚང་ཆེན་མོ། དེབ་ཐེར་དཔྱིད་ཀྱི་རྒྱལ་མོའི་གླུ་དབྱངས། ལེགས་བཤད་རིན་པོ་ཆེའི་མཛོད་ལ་སོགས་པ་བན་བོན་གྱི་ཆོས་འབྱུང་དང་རྒྱལ་རབས་མང་པོ་ཞིག་གིས་ཁྲི་དར་མ་འདི་ཁྲི་ལྡེ་གཙུག་བཙན་གྱི་…སྐབས་སུ་གསལ་བར་བཤད་ཡོད།

ཁྲི་དར་མ་འདི་ཁྲི་ལྡེ་གཙུག་བཙན་གྱི་གཅུང་པོ་ཡིན་པ་ནི་ལོ་རྒྱུས་ཀྱི་འགྲོས་དང་མི་མཐུན་པ་ཞིག…

ཡིན་སྐབས་འདིར་སྨྲོ་བའི་དགོས་པ་མ་མཆིས་ཤིང་། ཁྲི་དར་མ་འདི་ཁྲི་ལྡེ་གཙུག་བཙན་གྱི་གཅེན་པོ་ཡིན་པའི་ལུགས་དེའི་དབང་དུ་བྱས་ན། ལྡེའུ་རྒྱ་བོད་ཀྱི་ཆོས་འབྱུང་[བོད་364 ཤ་16] ལས་བཙན་པོ་འདི་ཡང་འོན་ལྡང་རྗེ་ཏུ་ལུག་ལོ་ལ་བལྟམས། ཞེས་པར་འཁྲུངས་ལོ་ལུག་ཡིན་པར་བསྟན་ཙམ་ལས། འཁྲུངས་ལོ་དེའི་ལོ་ཁམས་གང་ཡིན་ཞལ་གསལ་མ་བསྟན་ནའང་གོང་དུ་དྲངས་པའི་ལུང་དེའི་མཇུག་ཐོག་ཏུ“ལོ་བཅུ་གཉིས་ནས་ཡབ་དགུང་དུ་གཤེགས”ཞེས་ཁྲི་དར་མ་དགུང་གྲངས་བཅུ་གཉིས་ལ་ཕེབས་དུས་ཁོང་གི་ཡབ་ཁྲི་ལྡེ་སྲོང་བཙན་སྐུ་གཤེགས་པར་གསལ་བ་དེ་ལྟར་ན། ཡབ་ཁྲི་ལྡེ་སྲོང་བཙན་གྱི་གཤེགས་ལོ་ཤིང་མོ་ལུག་གི་ལོ་(སྤྱི་2732 སྤྱི་815) ཡིན་པ་དེ་ལས་ཁྲི་དར་མའི་དགུང་གྲངས་བཅུ་གཉིས་ཕྱིས་པས། ཁྲི་དར་མའི་འཁྲུངས་ལོ་ཆུ་མོ་ལུག་གི་ལོ་(སྤྱི་2720 སྤྱི་803) ཡིན་པར་ཤེས་ཐུབ། ལྡེའུ་ཆོས་འབྱུང་ཆེན་མོར་འདིའི་སྐོར་མི་འདྲ་བ་ཐུན་ཙམ་ཡོད་མོད། མཁས་པ་ལྡེའུས་ཐོག་མར་ཟིན་བྲིས་མཛད་པའི་དཔེ་དེ་རྗེས་སུ་ཞིབ་རྒྱས་གནང་བའི་གཞུང་། ལྡེའུ་རྒྱ་བོད་ཀྱི་ཆོས་འབྱུང་ཡིན་སྐབས། ལོ་རྒྱུས་ཀྱི་རྐང་ལྡེའུ་རྒྱ་བོད་ཀྱི་ཆོས་འབྱུང་གིས་བཟུང་དགོས་པ་དང་། དེར་མི་གསལ་བའམ་ཟབ་ཆོམ་གྱི་གཞི་ཡོད་རིགས་ལྡེའུ་ཆོས་འབྱུང་ཆེན་མོས་གསལ་ཁ་འདོན་པ་ཡིན་ན་གཞི་ནས་མཁས་པ་ལྡེའུ་ཉིད་ཀྱི་དགོངས་པ་རྣལ་མ་གང་ཡིན་པ་དེ་རུང་……ཆོད་པར་འགྱུར་ཞིང་། ཡར་ལུང་ཇོ་བོའི་ཆོས་འབྱུང་[སི་67 ཤ་2] ལས་རྒྱལ་པོ་གླང་དར་མ་ཆུ་མོ་ལུག་གི་ལོ་ལ་སྐྱེས། ཞེས་པ་དང་། ལྷོ་བྲག་ཆོས་འབྱུང་[པེ་སྟོད་425 ཤ་12] ལས་ཀྱང་དེ་ཡང་ཁྲི་རལ་འཁྲུངས་པ་ལས་ལོ་གསུམ་གྱིས་སྔ་བའི་ཆུ་མོ་ལུག་ལ་ཁྲི་དར་མ་ཨུ་དུམ་བཙན་འཁྲུངས། ཞེས་འཁྲུངས་ལོའི་ལོ་ཁམས་དང་བཅས་པ་གསལ་བར་བསྟན་པ་དེ་ལས་ངེས་ཤེས་ཐུབ་པ་ཡིན།

རྒྱལ་རབས་གསལ་བའི་མེ་ལོང་གི་མཆན་བུ་[པེ་237 ཤ་7] ལས་རྒྱལ་པོ་གླང་དར་མ་གླང་ལོ་ལ……འཁྲུངས། ཞེས་བཀོད་ཡོད་ནའང་། རྒྱལ་རབས་དེ་༢༨་དུ་གཙང་ཁྲི་ལྡེ་གཙུག་བཙན་མེ་ཕོ་བྱི་ལ་སྐུ་བལྟམས་པ་དང་། ཁྲི་དར་མ་ཁོང་གི་གཅེན་པོ་ཡིན་པ་ཞལ་གྱིས་བཞེས་ཡོད་པ་དེ་ལྟར་ན། ཁྲི་དར་མའི་འཁྲུངས་ལོ་གླང་ཞེས་པ་དེ་མེ་མོ་གླང་གི་ལོ་(སྤྱི་2714 སྤྱི་797) སྟེ། མེས་ཁྲི་སྲོང་ལྡེའུ་བཙན་སྐུ་མ་གཤེགས་པའི་གོང་དུ་ཡིན་དགོས་པ་དང་། གཙང་པོ་ཁྲི་གཙུག་ལྡེ་བཙན་བཀྲོངས་ཏེ་ཁོང་རང་ཁྲི་བཀོད་དུས་དགུང་ལོ་བཞི་བཅུ་ཞེ་གཅིག་ཡིན་དགོས་པར་འགྱུར་ཞིང་། ལོ་དེ་ས་ཕོ་རྟའི་ལོ་(སྤྱི་2755 སྤྱི་838) ཡིན་པ་ལས་མཆན་བུ་དེ་ཉིད་[པེ་237 ཤ་7] ལས་བྱ་ལོ་ལ་རྒྱལ་ས་བཟུང་ཞེས་པའི་བྱ་ལོ་གང་ཞིག་ཀྱང……འབྱུང་བའི་ཐབས་མེད། མེ་བྱ་(སྤྱི་2734 སྤྱི་817) ནི་ཡིན་ཐབས་མེད་དེ། དེ་ནི་གཙང་པོ་ཁྲི་གཙུག་ལྡེ་བཙན་ཁྲིར་ཕེབས་པའི་ལོ་དེ་ཡིན་ལ། ས་བྱ་ལོ་(སྤྱི་2746 སྤྱི་829) ནི་ཡིན་ཐབས་མེད་དེ་རྒྱལ་རབས་རང་

དུ་གཙུང་པོ་ཁྲི་གཙུག་ལྡེ་བཙན་ལྕགས་མོ་བྱའི་ལོ་ལ་སྐུ་གཤེགས་པའི་ཚུལ་གསལ་བར་བཤད་ཡོད་པ་དང་། ཡང་མཆན་བུ་དེ་རང་[པེ་237 ཕ་8] ལས་དགུང་ལོ་སུམ་ཅུ་སོ་བརྒྱད་ལོན་པའི་སྟག་ལོ་ལ་གྲོངས་པ་ཡིན····ནོ། །ཞེས་པ་དེ་ལྟར་ན། ཁྲི་དར་མ་དགུང་གྲངས་སོ་བརྒྱད་པ་ཤིང་ཕོ་སྟག་གི་ལོ་(སྤྱི་2751 སྤྱི་834) ལ་བགྲོངས་ཡོད་དགོས་ལ། དེ་ནི་རྒྱལ་རབས་རང་དུ་གཙུང་ཁྲི་གཙུག་ལྡེ་བཙན་དགུང་ལོ་སོ་དྲུག་པ་ལྕགས་མོ་བྱ་ལ་བགྲོངས་པར་བཤད་པ་དེ་ལས་ལོ་བདུན་གྱིས་སྔ་བ་ཡིན་སྟབས། གང་དང་ཡང་མི་འགྲིག་པའི་མཆན་ཞིག་བཏགས་འདུག་པ་དེ་ནི་ཐ་ན་ལོ་རྩིས་ཙམ་ཡང་མི་ཤེས་པ་ཞིག་གིས་གང་བྱུང་དུ་མཆན་བུར····བཏབ་པ་འདྲ་བས། དེ་ལ་བསྐྱར་དུ་དཔྱད་དགོས་པ་གང་ཡང་མ་མཐོང་། དོན་རྟེལ་གྱིས་དྲིལ་ན། གླང་དར་མ་འུ་དུམ་བཙན་གྱི་འཁྲུངས་ལོ་རྣལ་མ་ནི་སྤྱི་འཁོར་བཅུ་དྲུག་པའི་སྤྱི་ཕྲེང་གོང་མའི་ཆུ་མོ་ལུག་གི་ལོ··· (སྤྱི་2720 སྤྱི་803) དེ་རང་ཡིན་པ་གསལ་བར་བསྟན་པ་ཡིན།

བཙན་པོ་ཁྲི་དར་མ་ཁྲིར་བཀོད་པའི་ལོ་དུས་དང་། བཙུན་མོ་དང་སྲས་བློན་བཅས་པའི་སྐོར་རགས་ཙམ་ནི། ལྡེའུ་རྒྱ་བོད་ཀྱི་ཆོས་འབྱུང་[བོད་364 ཕ་16] ལས་ལོ་བཅུ་གཉིས་ནས་ཡབ་དགུང་དུ་གཤེགས། ཆབ་སྲིད་ལོ་གཅིག་ཟླ་ཕྱེད་བཟུང་། ལོ་སོ་གཉིས་ལོན་ཙ་ན་སྟག་ལོ་ལ་ལྷ་ལུང་དཔལ་གྱི་རྡོ་རྗེས་བགྲོངས། ཞེས་པ་འདིའི་ལུགས་ལྟར་ན། ཁྲི་དར་མ་ཤིང་ཕོ་སྟག་གི་ལོ་(སྤྱི་2751 སྤྱི་834) ལ་ལྷ་ལུང་དཔལ་གྱི་རྡོ་རྗེས་བགྲོངས་པར་བསྟན་ལ། "ལོ་བཅུ་གཉིས་ནས་ཡབ་དགུང་དུ་གཤེགས" ཞེས་པའི་ལོ་དུས་དེ་ནི་གཙུང་པོ་ཁྲི་གཙུག་ལྡེ་བཙན་ཁྲིར་ཕེབས་པ་མེ་མོ་བྱའི་ལོ་(སྤྱི་2734 སྤྱི་817) དེ་ཡིན་དགོས་ལ། སྐབས་དེར་ཁྲི་དར་མ་དགུང་གྲངས་བཅུ་གཉིས་ལ་ཕེབས་ཡོད་ན། ཁོང་གི་འཁྲུངས་ལོ་ཤིང་མོ་བྱ་(སྤྱི་2722 སྤྱི་804) ཡིན་དགོས་པར་འགྱུར་བ་དེ་ནི་ལྡེའུ་རྒྱ་བོད་ཀྱི་ཆོས་འབྱུང་རང་ལས། ཁྲི་དར་མ་ལུགས་ལ་འཁྲུངས་པར་བཤད་པ་དེ་ལས་ལོ་གཉིས་ཀྱིས་ཕྱི་བ་ཡིན་སྟབས"ལོ་བཅུ་བཞི" ཞེས་བྱ་བའི་དོན་ཡིན་པ་ནི་གོར་མ་ཆག འདིར"ལོ་སོ་གཉིས་ལོན་ཙ་ན་སྟག་ལོ་ལ་ལྷ་ལུང་དཔལ་གྱི་རྡོ་རྗེས་བགྲོངས" ཞེས་གསལ་བ་དགུང་གྲངས་སོ་གཉིས་ས་སྟག་གི་ལོ་དེ་ནི་ཤིང་ཕོ་སྟག་གི་ལོ་(སྤྱི་2751 སྤྱི་834) ཡིན་ལ། ཁོང་གིས་རྒྱལ་སྲིད་ལོ་གཅིག་དང་ཟླ་ཕྱེད་ལས་མ་བཟུང་བར་བཤད་པ་དེ་ལྟར་ན། ཁྲི་དར་མ་ཆུ་མོ་གླང་གི་ལོ་ལ་ཁྲིར་ཕེབས་པའང་དོན་གྱིས་བསྟན་པ་ཡིན། ཉང་གི་ཆོས་འབྱུང་[བོད་428 ཕ་21] ལས་དེ་ནས་བཙན་པོ་དར་མ་འུ་དུམ་བཙན་པོ་དགུང་ལོ་བཅུ་དགུ་པ་ལ་ཆབ་སྲིད་གཏད། རྒྱལ་པོར་དབང་བསྐུར། བོད་འབངས་ཆོས་ལ་གནག་པ་ཀུན་གྱིས་དབས་རྒྱལ་ཏོ་རེ་ཁྲིལ་མགོ་ཆོས་ལ་མི་དགའ་བ་དེ་ནང་བློན་དུ་བསྐོས། སྣ་ནམ་རྒྱལ་ཚ་ཁྲི་འདུམ་རྗེ་ཁྲ་མགོ་བ་ཕྱི་བློན་དུ་བསྐོས། ཞེས་པ་འདིར་ཁྲི་དར་མ་དགུང་ལོ་བཅུ་དགུ་པར་ཁྲིར་ཕེབས་

པར་བཤད་པ་དེ་ནི། ཁྲི་དར་མ་འདི་ཁྲི་གཙུག་ལྡེ་བཙན་རལ་པ་ཅན་གྱི་གཅུང་པོ་ཡིན་པའི་ལུགས་དེའི་དབང་དུ་བྱས་པ་ཞིག་ཡིན་ལ། ཁྲི་གཙུག་ལྡེ་བཙན་མེ་མོ་བྱའི་ལོ་(སྐྱི་2794སྤྱི་877)ལ་སྐུ་གཤེགས་ཤིང་། ཁྲི་དར་མ་ཁྲིར་ཕེབས་པ་གཞུང་རང་ནས་བཤད་པ་དེ་ལྟར་ན་ཁྲི་དར་མའི་འཁྲུངས་ལོ་ས་ཕོ་སྟག་གི་ལོ·····(སྐྱི་2775སྤྱི་858)ཡིན་དགོས་པར་འགྱུར་བ་འདི་ནི་ཁྲི་དར་མའི་འཁྲུངས་ལོ་དང་། ཁྲི་རལ་པ་ཅན་གྱི་གཤེགས་ལོ་གཉིས་ཧ་ཅང་ཕྱི་དྲག་ཅིང་ལོ་རྒྱུས་ཀྱི་གཞུང་རྣམས་དང་མཐུན་དཀའ་བ་ཞིག་ཡིན་ལ། རྟོག་དྲ་འདིའི་གཞི་རྩ་ནི་ཁྲི་རལ་པ་ཅན་དེ་དགུང་གྲངས"ལྔ་བཅུ་རྩ་བཞི་མེ་བྱ་ལ་དགུང་དུ་གཤེགས"ཞེས་པ་དེ་ལས་བྱུང་བ་ཞིག་ཡིན་སྟབས། རྩ་བའི་དགོངས་པ་ལྔ་བཅུ་རྩ་བཞི་ཡིན་ནམ། འོན་ཏེ་སུམ་ཅུ་རྩ་ལྔ་ལྕགས་མོ་བྱའི་ལོ་(སྐྱི་2758སྤྱི་841)ལ་དགོངས་པ་ཞིག་ཡིན་ནའང་། ཡི་གེ་མཁན་གྱིས་ཡིག་ནོར་བྱས་པ་ལས་དེ་སྐད་དུ་བྱུང་བ་ཞིག་ཡིན་པ་ནི་དཔྱད་པར་བྱ་དགོས་པ་ཞིག་སྟེ། གྲགས་རྒྱལ་བོད་ཀྱི་རྒྱལ་རབས·····[སྡེ་ཏ་198བ་5]ལས་ལྕགས་མོ་བྱ་ལ་ཁྲི་གཙུག་ལྡེ་བཙན་འདས། ཞེས་གསལ་བར་བཀོད་ཡོད་པས་ངེས་ཤེས་ཐུབ་པ་ཡིན།

ཁྲི་དར་མ་འུ་དུམ་བཙན་གྱིས་རྒྱལ་སྲིད་བསྐྱངས་པའི་ལོ་དུས་ཀྱང་ཉང་གི་ཆོས་འབྱུང་[པོད་440ཕ་5]ལས་ལོ་བཅུ་དགུ་ནས་ཉི་ཤུ་རྩ་གཅིག་བར་དུ་ལོ་ངོ་གསུམ་ཟླ་བ་བཅོ་བརྒྱད་རྒྱལ་པོ་བྱས་ཟེར། ཞེས་གསལ་ལ། ཁྲི་གཙུག་ལྡེ་བཙན་གྱི་གཤེགས་ལོའམ་ཁྲི་དར་མ་འུ་དུམ་བཙན་ཁྲིར་ཕེབས་པའི་ལོ་དེ་མེ་བྱ་ཡིན་པར་གསལ་བའི་ལུགས་དེའི་དབང་དུ་བྱས་ན། ཁྲི་དར་མའི་གཤེགས་ལོ་ས་ཕག་(སྐྱི་2796སྤྱི་879)ཡིན་དགོས་པར་འགྱུར་ལ། ལྕགས་བྱ་ལ་དགོངས་པ་ཡིན་ན་ནི་ཁྲི་དར་མའི་གཤེགས་ལོ་ཆུ་ཕག་(སྐྱི་2760སྤྱི་843)ཡིན་པར་འགྱུར་བ་དེ་ནི་གྲགས་རྒྱལ་བོད་ཀྱི་རྒྱལ་རབས་ལས་ཁྲི་དར་མ་ཁྱི་ལོ་ལ་བཀྲོངས་པར·····གསུངས་པ་དང་རྒྱའི་ཐང་ཡིག་ཏུ་ཁྲི་དར་མ་འུ་དུམ་བཙན་ཆུ་ཕོ་ཁྱིའི་ལོ་ལ་གཤེགས་པར་བཤད་པ་དེ་དག་དང་ལོ་གཅིག་གི་ཁྱད་ཙམ་ལས་མེད་ཅིང་། ལོ་གཅིག་གི་ཁྱད་དེ་ནི་ལོ་ཙ་དང་ལོ་རྫོགས་པོའི་ཁྱད་ཙམ་དུ་ཟད་པས། དོན་དུ་མི་འདྲ་བའི་ཁྱད་མེད་པ་ཡིན།

གྲགས་རྒྱལ་བོད་ཀྱི་རྒྱལ་རབས་[སྡེ་ཏ་199ན་1]ལས་བར་པ་སྣང་དར་སྤྲེལ་མགོ་ཆུ་མོ་ལུག །བཅོ་ལྔ་ལོན་ཚེ་ཡབ་འདས་བཅུ་དགུ་ལ། །གཅུང་འདས་དེ་ནས་རྒྱལ་སྲིད་བཟུང་ནས་ནི། །ཟླ་བ་དྲུག་ཏུ་ཚུལ་ངན་རྒྱལ་པོ་བྱས། །ལྕགས་མོ་བྱ་ཡི་མཇུག་ཏུ་དམ་ཆོས་བསྣུབས། །དེ་ནས་ཟླ་བ་ཕྱེད་དང་བདུན་དག་ཏུ། །སྡིག་རྒྱལ་བྱས་ཏེ་དེ་དག་སྤྱིར་བསྡོམས་ནས། །ལོ་གཅིག་ཟླ་ཕྱེད་བགྱིས་ཏེ་ཁྱི་ལོ་ལ། །བྱང་ཆུབ་སེམས་དཔའ་དཔལ་གྱི་རྡོ་རྗེས་བསད། །ཅེས་པ་འདིར"བཅུ་དགུ་ལ་གཅུང་འདས"ཞེས་ཁྲི་དར་མ་འུ་དུམ་

བཙན་དགུང་གྲངས་བཅུ་དགུ་པའི་དུས་སུ། བོད་ཀྱི་གཙུང་པོ་ཁྲི་རལ་པ་ཅན་སྐུ་གཤེགས་པར་གསལ་བ་འདི་ནི་ཡིག་ནོར་ཞིག་ཡིན་ངེས་པ་སྟེ། གཞུང་དེ་རང་[སྡེ་ཏ198བ4]ལས་ཁྲི་གཙུག་ལྡེ་བཙན་རལ་པ་ཅན་ཞེས་པ། །མི་པོ་ཁྲི་ལ་འོ་ཅང་དེའུར་བལྟམས། གསུམ་གྱི་གཙུང་པོ་ཡོན་ཏན་ལྡན་པ་འདི། བཅུ་གཉིས་ལོན་ནས་ཡབ་འདས་རྒྱལ་སར་བཏོན། །ཉི་ཤུ་རྩ་བཞི་རྒྱལ་ས་བཟུང་བ་ལས། །འཛམ་གླིང་སུམ་གཉིས་དག་གི་རྒྱལ་པོ་བགྱིས། །རྗེ་བཙུན་ཕྱག་ན་རྡོ་རྗེའི་སྤྲུལ་པ་འདི། །ལྕགས་བྱ་སུམ་ཅུ་སོ་དྲུག་འདས་སོ་སྐད། །ཅེས་པ་འདིར། ཁྲི་གཙུག་ལྡེ་བཙན་དགུང་གྲངས་བཅུ་གཉིས་པའི་སྐབས་སུ་ཡབ་སྐུ་གཤེགས་ཏེ་ཁྲིར་ཕེབས་ཤིང་། སྐབས་དེར་བོད་ཀྱི་གཅེན་པོ་ཁྲི་དར་མ་དགུང་གྲངས་བཅོ་ལྔ་ལ་ཕེབས་ཡོད་ལ། ཁྲི་གཙུག་ལྡེ་བཙན་ཁྲིར་ཕེབས་པའི་མེ་བྱ་ལོ་(སྣྲི2734སྤྱི817)དེ་ནས་ཁྲི་ལོ་ཉེར་བཞི་པའམ་ཧིལ་པོ་ཉེར་···གསུམ་པ་དེ་ནི་ལྕགས་མོ་བྱའི་ལོ་(སྣྲི2758སྤྱི841)ཡིན་སྟབས། "སོ་དགུ་ལ་གཙུང་འདས"ཞེས་པའི་དག་བཅོས་བྱེད་དགོས་པ་ཡིན། ཚུལ་དེ་ནི"ལྕགས་མོ་བྱ་ཡི་མཇུག་ཏུ་དམ་ཆོས་བསྣུབས"ཞེས་ཀྱང་ཡིག་ནོར་ཞིག་ཡིན་པར་ཤེས་ཐུབ་ལ། ནེའུ་སྔོན་བྱུང་གི་གཏམ་དུ་གྲགས་རྒྱལ་བོད་ཀྱི་རྒྱལ་རབས་ཀྱི་ཚིག་རྣམས་ཐད་ཀར་བཀོད་མཛད་ཡོད་པའི་[རྣ12ཤ6བ2]ནང་དུའང་བཅོ་ལྔ་ལོན་ཚེ་ཡབ་འདས་སོ་དགུ···ལ། གཙུང་འདས་དེ་ནས་རྒྱལ་སྲིད་བཟུང་ཞེས་གསལ་བ་དང་། ཡར་ལུང་ཇོ་བོའི་ཆོས་འབྱུང་དུའང་དེ་དང་ཕྱོགས་འདྲ་བར་བཤད་ཡོད་པ་རྣམས་ཀྱིས་བདེན་དཔང་བྱེད་ཐུབ་པ་ཡིན། ཀློང་ཆེན་པའི་ཆོས་འབྱུང་[རྡི་སྨད233ཤ395ན4]ལས་དེ་ནས་བཙན་པོ་སྣང་དར་མ་འུ་དུམ་བཙན་གྱུང་(དགུང་)ལོ······དགུ་བཞེས་པ་ལ་ཆབ་སྲིད་གཏད། ཐེའུ་རང་དབབ་(དབས་)རྒྱལ་ཏོ་རེ་ནང་བློན་དུ་བསྐོས་(བཀོས།)ཞེས་པ་དང་། ཡང་[243ཤ300ན6]དུ་རྒྱལ་པོ་དེ་ལོ་བཅོ་བརྒྱད་ནས་ཉི་ཤུ་རྩ་ཅིག(གཅིག་)གི་བར་ལོ་གསུམ་རྒྱལ་སྲིད་བཟུང་ཀྱང་(ཡང་)ཟེར། ལོ་རྒྱུས་ཅིག་(གཅིག་)ལ་ལོ་བཅུ་གཅིག་ཐུབ་པ་ལ་ཆབ་སྲིད་ལོ་ཅིག་(གཅིག)དང་ཟླ་བ་ཕྱེད་དང་ལྔ་མཛད་ནས་གྲོངས་(བཀྲོངས་)ཀྱང་ཟེར། ཞེས་པ་འདི་ནི་ཉང་གི་ཆོས་འབྱུང་གི་རྗེས་སུ་འབྲངས་ཏེ། "དགུང་ལོ་བཅུ་དགུ་བཞེས་པ་ལ་ཆབ་སྲིད་གཏད"ཅེས་ཁྲི་དར་མ་དེ་ཁྲི་གཙུག་ལྡེ་བཙན་གྱི་གཙུང་པོ་ཡིན་པའི་ལུགས་སུ་བྱས་པ་དེ་ལས་བྱུང་བའི་བཤད་པ་ཞིག་ཡིན་པར········མངོན། གཞན་དུ་ཁྲི་དར་མ་དགུང་གྲངས་དགུ་ལ་ཁྲིར་ཕེབས། བཅུ་པ་དང་བཅུ་གཅིག་པའི་ལོ་ཕྱེད་ཙམ་གྱི་རིང་ལ་མཛད་པ་ཚབ་ཆེན་པོ་དེ་ཙམ་ཞིག་གནང་ཐུབ་པ་ནི་ཤིན་ཏུ་ནས་ཀྱང་སྲིད་དཀའ་བ་ཞིག་ཡིན····པའང་ཤེས་སླ་བ་ཡིན།

དེབ་ཐེར་སྔོན་པོ་[སི་སྟོད78ཕ10]ལས་ས་མོ་ལུག་འདི་སྣང་དར་མས་རྒྱལ་སྲིད་བྱས་ནས་ལོ་བཞི་

ལོན་པའི་ས་མོ་ལུག་དེ་ཡིན་ནོ། །དེའི་རྗེས་སུ་ལྕགས་པོ་སྤྲེའུ་དང་ལྕགས་མོ་བྱའི་བར་དུ་ཡང་རྒྱལ་པོ་བྱས། ལྕགས་བྱ་དེ་ལ་ཆོས་བསྒྱུབས་ཤིང་། དེ་མ་ཐག་ཁྲི་རང་དཔལ་གྱི་རྡོ་རྗེས་བཤད་དོ། །དེས་ན་མཁས་པ་རྣམས་ཆོས་བསྒྱུབས་ནས་ལོ་ཇི་ཙམ་ལོན་པ་ནི་ལྕགས་བྱ་དེ་ནས་འགོ་འཛིན་པ་ཡིན་ནོ། །ཞེས་གསུངས་པ་འདི་ནི་དེབ་ཐེར་དམར་པོ་[པེ་23 ཤ་5] ལས་ཀྱང་མེ་ཕོ་འབྲུག་ལ་བོད་ཀྱི་རྒྱལ་པོ་འདས། ལོ་དེ་ཉིད་ལ་གཙང་པོ་ཐ་སྨུ་ཞེས་པ་རྒྱལ་སར་བསྐོས། དེ་ཚང་ལ་དགའ་ཞིང་སྤྱོད་པ་ངན་པས་བོད་ཀྱི་རྒྱལ་ཁམས་ཐམས་ཅད་འཁྲུགས། ཞེས་ཐང་རྒྱལ་རབས་ཀྱི་ལོ་རྒྱུས་ནས་དྲངས་པའི་བོད་ཀྱི་ལོ་རྒྱུས་སྐོར་ལས་གསལ་བ་ལྟར། ཁྲི་གཙུག་ལྡེ་བཙན་མེ་ཕོ་འབྲུག་གི་ལོ་(སླ་2753 སྤྱི་836) ལ་སྐུ་གཤེགས་ཏེ་ཁྲི་དར་མ་རྒྱལ་སར་བསྐོད་པའི་ཚུལ་གསལ་བ་དེ་ལ་གཞི་བཅོལ་ནས། ཁྲི་དར་མས་མེ་ཕོ་འབྲུག་གི་ལོ་ནས་ལྕགས་མོ་བྱའི་ལོ་(སླ་2758 སྤྱི་841) བར་ལོ་གྲངས་ཧྲིལ་པོ་ལྔའི་རིང་ལ་རྒྱལ་སྲིད་བཟུང་ཡོད་པའི་ཚུལ་གསལ་བར་བསྟན་པ་ཡིན། ལྡེུ་བྲག་ཆོས་འབྱུང་[པེ་སྟོད་425 ཤ་14] ལས་སོ་དགུ་པ་ལྕགས་བྱ་ལ་རྒྱལ་སར་བཏོན། བཙུན་མོ་ཆེ་ཆུང་གཉིས་ཁབ་ཏུ་བཞེས། བློན་པོ་དབའས་སྟག་རྣ་ཅན་གྱིས་བྱས། ཞེས་པ་དང་། ཡང་[པེ་སྟོད་430 ཤ་4] དུ་དེ་ལྟར་བཙན་པོ་གླང་དར་མས་རྒྱལ་ས་ལོ་དྲུག་བྱས་ཏེ་ཞེ་བཞི་པ་མེ་སྟག་ལ་འདས། ཞེས་པ་འདིར་དེབ་སྔོན་གྱི་དགོངས་པ་བཞིན། ཁྲི་དར་མས་རྒྱལ་སྲིད་ལོ་ངོ་དྲུག་གམ་ཧྲིལ་པོ་ལྔ་ཙ་བཟུང་བར་བཞེད་ཡོད་ནའང་འདིར་ལྕགས་བྱ་ལ་ཁྲིར་ཕེབས་ནས་མེ་ཕོ་སྟག་གི་ལོ་(2763 སྤྱི་846) ལ་བཀྲོངས་པའི་ལུགས་སུ་གནང་ཡོད་ལ། རྒྱལ་པོ་འདིའི་གདུང་རྒྱུད་བཤད་པའི་སྐབས་སུའང་[པེ་སྟོད་430 ཤ་8] དུ་ཕྱི་ལོ་མེ་མོ་ཡོས་ལ་བཙུན་མོ་ཆུན་མ་ཚེ་སྤོང་བཟའ་བཙན་མོ་འཕན་ལ་ལྟོ་བོར་གྱི་སྲས་གཅིག་བྱུང་བ་ཆེན་མས་བསད་དམ་ཕྲོགས་ཀྱིས་དོགས་ནས་འོད་དང་མ་བྲལ་བར་བསྲུངས་པས་གནམ་ལྡེ་འོད་སྲུང་དུ་ཐོགས། དེའི་ཚེ་ཆེན་མ་སྣ་ནམ་བཟས་ཀྱང་བུ་ཆུང་སོ་སྐྱེས་པ་ཞིག་ང་ལ་མདང་སྐྱེས་སོ་ཞེས་བསྟན་པས་བློན་པོ་རྣམས་ན་རེ། མདང་སྐྱེས་ཀྱི་བུ་ཆུང་སོ་ནི་ཅིག་གེ་ཅིག འོན་ཀྱང་ཡུམ་གྱི་བཀའ་བརྟན་དུ་ཆུག་ཟེར་བས་ཁྲི་ལྡེ་ཡུམ་བརྟན་དུ་ཐོགས་ཞེས་ཡི་གེ་མང་པོ་ལས་འབྱུང་ཞིང་ཡུམ་བརྟན་གདུང་རྒྱུད་མ་ཡིན་པར་གྲགས་ནའང་རྗེ་ཚན་དགུ་པོ་ཕལ་ཆེར་ཡུམ་བརྟན་ཡིན་ལ། གདུང་རྒྱུད་མིན་ན་རྗེའི་ས་ཁ་གཏོར་བར་མི་འགྱུར་བས་ཆེན་ཆུན་གྱི་སྲས་གཉིས་གདུང་རྒྱུད་ཁྱད་མེད་དུ་སྣང་ལ་ཡི་གེ་དེ་དག་ཀྱང་འོད་སྲུང་ལ་ཞེན་པ་རྣམས་ཀྱིས་བྲིས་པར་ཟད་དོ། །ཞེས་པ་འདིར། ཁྲི་དར་མའི་བཙུན་མོ་ཆེན་ཆུན་གཉིས་ཀྱི་མཚན་དང་མེ་མོ་ཡོས་ཀྱི་ལོ་ལ་སྲས་གཉིས་“ལྟོ་བོར”ཞེས་པ་སྟེ། ཡབ་ཁྲི་དར་མ་ལྷ་ལུང་དཔལ་གྱི་རྡོ་རྗེས་བཀྲོངས་པའི་ཚེ། སྲས་བཙུན་མོའི་མངལ་དུ་བོར་ཡོད་པས་ལྟོ་བོར་ཞེས་པའི་ཐ་སྙད་མཛད་པའི་གདུང་རྒྱུད་གཉིས་བྱུང་ཡོད

ཚུལ་གསལ་བར་བསྟན་འདུག

རྒྱ་བོད་ཡིག་ཚང་ཆེན་མོ་དང་རྒྱལ་རབས་འཕྲུལ་གྱི་ལྡེ་མིག་སོགས་བོད་ཀྱི་རྒྱལ་རབས་དང་ཆོས……འབྱུང་ཕལ་མོ་ཆེ་གྲགས་རྒྱལ་བོད་ཀྱི་རྒྱལ་རབས་དེའི་དགོངས་པའི་རྗེས་སུ་འབྲངས་ཏེ། ཁྲི་གཙུག་ལྡེ་བཙན་རལ་པ་ཅན་ལྕགས་མོ་བྱའི་ལོ་(2758སྤྱི841)ལ་སྐུ་གཤེགས་ཤིང་ཁྲི་དར་མ་ཁྲིར་བཀོད་པའི་ཚུལ…ཡོངས་གྲགས་སུ་གསུངས་སྲོལ་བྱུང་འདུག་མོད། དེབ་ཐེར་དཔྱིད་ཀྱི་རྒྱལ་མོའི་གླུ་དབྱངས་[ཤོ75ཕ13]ལས་དེ་རྗེས་བཙད་པོ་གླང་དར་ཞེས་པ་ཆུ་མོ་བྱའི་ལོ་ལ་སྦས་སྟག་སྣ་སོགས་སྡིག་བློན་རྣམས་ཀྱིས་ཞལ་ལྟག…པའི་ངོས་སུ་གཉུས་ཏེ་བཀྲོངས་ཞེས་པ་དང་། ཡང་[ཤོ76ཕ1]དུ་སྣང་དར་མ་འུ་དུམ་བཙན་རྒྱལ་སྲིད་དུ་དབང་བསྐུར། སྦས་སྟག་སྣ་ནང་བློན་བྱས་ཞེས་པ་འདིར་ཁྲི་གཙུག་ལྡེ་བཙན་བཀྲོངས་ནས། ཁྲི་དར་མ་ཁྲིར་བཀོད་པའི་ལོ་དེ་ནི་ཆུ་མོ་བྱ་(སྤི2770སྤྱི853)ལ་ངོས་འཛིན་གནང་ཡོད་འདུག་པ་འདི་ནི་ཕལ…ཆེར་ནེའུ་སྟོན་བྱུང་གི་གཏམ་[རྒྱ11ཤ6ན7]ལས་ཆུ་ཕོ་རྟ་ལ་ཁྲི་སྲོང་ལྡེ་བཙན་རྒྱལ་ས་བཟུང་། །མེ་མོ་བྱ་ལ་ཁྲི་ལྡེ་གཙུག་བཙན་གྲོངས། །དེ་བར་ལོ་ནི་དགུ་བཅུ་རྩ་དགུ་ཐུ། །དམ་ཆོས་ཤིན་ཏུ་དར་ཏེ་སྐྱིད་པའི་རབས། །ཞེས་ཁྲི་གཙུག་ལྡེ་བཙན་རལ་པ་ཅན་ལ"ཁྲི་ལྡེ་གཙུག་བཙན"ཞེས་བསྙད་ཅིང་སྐྱིད་པའི་རབས་ཀྱི་ལོ་གྲངས་དགུ་བཅུ་རྩ་དགུ་བསྟན་པའི་ཚིག་དེ་ལ་བརྟེན་ནས་བྱུང་བ་ཞིག་ཡིན་འདྲ་ནའང་། ནེའུ་པཎྜི་ཏའི་བཞེད་པ། ཁྲི་སྲོང་ལྡེའུ་བཙན་ལྕགས་ཕོ་རྟའི་ལོ་ལ་སྐུ་འཁྲུངས། དགུང་གྲངས་བཅུ་གསུམ་པ་ཆུ་ཕོ་རྟའི་ལོ་(སྤི2659སྤྱི742)ལ་ཁྲིར་ཕེབས་པ་དེ་ནས་ལོ་ངོ་དགུ་བཅུ་རྩ་དགུ་བགྲལ་བ་དེ་ནི་(2659+99=2758; 742+99=841)ལྕགས་མོ་བྱའི་ལོ་(སྤི2758སྤྱི841)ཡིན་དགོས་པ་ལས་མེ་བྱ་འབྱུང……བའི་ཐབས་མེད་པ་ཡིན་སྟབས། དོན་དུ་ལྕགས་མོ་བྱ་ལ་དགོངས་ཡོད་ངེས་པ་སྟེ། ནེའུ་སྟོན་བྱུང་གི་གཏམ་རང་[རྒྱ11ཤ6ན7]ལས་ལྕགས་བྱ་སུམ་ཅུ་དྲུག་ལ་འདས་སོ་སྐད། ཅེས་གསལ་བར་བསྟན་པས་ཀྱང་ཤེས་ཐུབ་པ་ཡིན།

ལོ་རྒྱུས་ཀྱི་འགག་དོན་སྙིང་པོར་དྲིལ་ན། ཁྲི་དར་མ་འུ་དུམ་བཙན་གྱི་འཁྲུངས་ལོ་ནི། གྲགས་རྒྱལ་རྒྱལ་རབས་རྗེས་འབྲངས་དང་བཅས་པའི་དགོངས་པ་བཞིན་སྤྱི་འཁོར་བཅུ་དྲུག་པའི་སྤྱི་ཕྲེང་གོང་མའི་ཆུ…མོ་ལུག་གི་ལོ་(སྤི2720སྤྱི803)ལ་འཁྲུངས་ཤིང་དེབ་ཐེར་དམར་སྟོན་གཉིས་སུ་རྒྱའི་ཐང་རབས་ལས……དྲངས་པའི་ལོ་རྒྱུས་ལས། མེ་ཕོ་འབྲུག་གི་ལོ་(སྤི2753སྤྱི836)ལ་ཁྲི་གཙུག་ལྡེ་བཙན་རལ་པ་ཅན་སྐུ་གཤེགས་ཤིང་། ཁྲི་དར་མ་འུ་དུམ་བཙན་ཁྲིར་བཀོད་དེ་ལོ་ངོ་དྲུག་གམ་ཏིལ་པོ་ལྔ་ལ་རྒྱལ་སྲིད་བསྐྱངས། དབས་སྟག་རྣས་བློན་ཆེན་པོ་བྱས། བཙུན་མོ་ཆེན་མ་སྣ་ནམ་བཟའ་དང་། ཚུན་མ་ཚེ་སྤོང་བཟའ་བཙན་

མོ་འཕན་གཉིས་བཞེས་པ་ལ་སྲས་ཆེན་མ་ལ་ཡུམ་བརྟན་དང་། ཆུན་མ་ལ་འོད་སྲུང་བྱུང་། ཁྲི་དར་མ་དེ་གཅེན་པོ་ཡིན་ནའང་ཁོང་ཆང་ལ་དགའ་ཞིང་ཉེས་སྤྱོད་མང་དུ་བྱས་རྐྱེན་གྱིས་ཁྲིར་མ་གསོལ་བ་དང་། གཙུང་ཁྲི་གཙུག་ལྡེ་བཙན་གྱིས་ཆོས་ཀྱི་ཞུགས་བསྟན་དྲག་པའི་རྐྱེན་གཉིས་ཀྱིས་བཙན་པོ་འདི་ཁྲིར་བཀོད་པ་ནས་བཟུང་ཆོས་ལ་སྡང་སེམས་ཆེ་བར་ཡོད་པའི་རྣམ་པ་ཅི་རིགས་བསྟན་པ་དང་། ལྷག་པར་དུ་ཁོང་གིས་ལོ་བཞིའི་རིང་བཀོད་སྒྲིག་བྱས་པའི་འཆར་གཞི་དེ་ལྕགས་མོ་བྱའི་ལོ་(སྣི་2758སྤྱི་841)ལ་མཛོད་ཤུམ་ལག་ཏུ་བསྟར་ཏེ། དམ་པའི་ཆོས་བསྒྱུབས་པའི་ལས་ངན་ཚབ་ཆེན་པོ་དེ་བརྩམས་པ་ཡིན་སྐབས། ལོ་དེ་རང་དུ་ཁྲི་དར་མ་དེ་ལྷ་ལུང་དཔལ་གྱི་རྡོ་རྗེས་བཀྲོངས་པར་མཛོད། ཁྲི་དར་མ་འུ་དུམ་བཙན་གྱི་སྲས་ཡུམ་བརྟན་དང་འོད་སྲུང་ཉིས་ཀ་ལྷོ་བོར་གྱི་སྲས་ཏེ། བཙན་པོ་བཀྲོངས་རྗེས་སུ་འབྲུངས་པར་བཤད་པ་དེ་ལྟར་ན། ཆུ་ཕོ་ཁྱིའི་ལོ་(སྣི་2759སྤྱི་859)ལས་འཁྲུངས་ཡོད་པར་ངེས་མོད། དེ་ནས་བཟུང་བོད་སིལ་བུར་གྱེར་ཞིང་། རྒྱལ་པོའི་གདུང་རྒྱུད་ཀྱིས་བོད་སྤྱི་ཡོངས་ལ་དབང་བསྒྱུར་བའི་ཚུལ་དེ་རེ་ཞིག་བག་ལ་ཞ་བར་གྱུར་པ་ཡིན།

ཁྲི་དར་མ་འུ་དུམ་བཙན་གྱི་བང་སོ་ནི། དུས་དེར་བོད་ཀྱི་རྒྱལ་ཁམས་ཡོངས་སུ་ཁེང་ལོག་བྱུང་བར་བརྟེན། ཁྲི་དར་མ་འུ་དུམ་བཙན་གྱི་བང་སོ་བཞེངས་པའི་གོ་སྐབས་མེད་པ་ལྟ་ཅི། ལྡེ་བྲག་ཆོས་འབྱུང་[པེ་སྟོད་433 ཤ་4]ལས་ཁེང་ལོག་ནས་ལོ་དགུ་པ་མི་བྱ་ལ་ཤུད་ཕུ་སྟག་རྗེ་སོགས་བཞིས་གྲོས་བྱས་ནས་བང་སོ་རྣམས་བགོ་བཤའ་བྱས། ཕལ་ཆེར་བྲིས་ཏེ། གཉགས་ཀྱིས་དོན་མཁར་མདའ་ཡི་བང་སོ་བྲིས། ཤུད་ཕུས་སེང་གེ་ཅན་གྱི་བང་སོ་བྲུས། འཕྲུལ་རྒྱལ་བང་སོ་གྲིང་འཕྱོས་ཁྱུ་ཡིས་བྲུས། སྦོ་བཞེར་སྙི་བས་ཐོབ་སྟེ་འབྲུ་འཕྱོར་ལུས། སྟོང་བཙན་འབྲོ་ཅོག་གཉིས་ཀྱིས་ཐོབ་སྟེ་ལུས། ཞེས་གསལ་བའི་གནས་ཚུལ་དེ་འདྲ་ཞིག་བྱུང་འདུག

ས་བཅད་བཞི་པ། ཡ་ཐོག་བོད་ཀྱི་ཡི་གེར་ངོས་འཛིན་ཚུལ།

བོད་ཀྱི་ཆོས་པའམ་བན་དེའི་ཕྱོགས་ཀྱི་མཁས་པ་ཆེན་པོ་རྣམས་ནས་བོད་ཀྱི་ཡུལ་འདིར། ཆོས་རྒྱལ་སྲོང་བཙན་སྒམ་པོ་མ་བྱོན་པའི་གོང་དེར་བོད་ལ་ཡི་གེ་མེད་ཅིང་། དེ་དང་འབྲེལ་བའི་ཤེས་རིག་ཀྱང་མེད་དེ་བོད་ཀྱི་ཡུལ་ཁམས་འདི་མུན་པའི་གླིང་ཞིག་ཡིན་པའི་ཚུལ་ཡོངས་ཁྱབ་ཏུ་དྲིལ་སྒྲགས་གནང་ཡོད་པར་བརྟེན། བོད་མི་ཕལ་ཆེ་བའི་རྣ་བར་གཏམ་དེ་ནི་གོམས་འདྲིས་ཅན་ཞིག་ཏུ་ཆགས་ཡོད་པ་རེད།

དེ་ཡང་བཀའ་ཆེམས་ཀ་ཁོལ་མ་[ཀན་105ཕ3] ལས་དེ་ནས་རྒྱལ་པོ་སྲོང་བཙན་སྒམ་པོ་དེ་འཛམ་གླིང་ན་དབང་ཆེ་བ་ཡིན་པས། དེ་ལ་མཐའི་རྒྱལ་པོ་ཐམས་ཅད་ཀྱིས་ནོར་དང་ཟས་ཀྱི་སྐྱེས་ལན་ལོ་ཐང་དུ་འབུལ་བ་ལ་ཡོད་པ་ལ། འདི་ཙམ་ལ་ཟས་ནོར་འདི་འདྲ་ཁྱེར་ལ་ཤོག་ཟེར་བ་ལ་ཁ་འཕྲིན་གཏོང་བ་མ་གཏོགས་ཡི་གེ་མེད་པས། དེ་ལ་བོད་ལ་ཡི་གེ་ཡོད་པར་བྱེད་པའི་ཕྱིར་དུ་བོད་ཀྱི་མི་བློ་རྣོ་བ་མང་པོ་རྒྱ་གར་དུ་ཡི་གེ་སློབ་ཏུ་བཏང་བས། མི་ལ་ལ་ནི་རྒྱ་འདྲེ་ལ་གདུགས། མི་ལ་ལ་ཚད་པས་གུམ་ནས་ཤི་བས། ཡང་རྒྱལ་པོས་བློན་པོ་བཅུ་དྲུག་གི་ནང་གི་བློ་གསལ་ལ་ཤེས་རབ་ཆེ་བའི་ཐོན་མི་སམ་བྷོ་ཊ་ལ་གསེར་ཕྱེ་བྲེ་གང་རྒྱགས་སུ་བསྐུར་ནས་ཡི་གེ་སློབ་ཏུ་གཏང་བས། ཐོན་མི་སམ་བྷོ་ཊས་རྒྱ་གར་ལྷོ་ཕྱོགས་སུ་ཕྱིན་ནམ·····(ནས་) བྲམ་ཟེ་ལི་བྱིན་ཏེ་ཀ་བྱ་བའི་ཡིག་མཁན་ཅིག་དང་མཇལ་ནས། བྲམ་ཟེ་དེ་ལ་ཁྱེད་ཀྱིས་ང་ལ་ཡི་གེ་སློབ་དང་ཅེས་(ཞེས་) ཞུས་ནས་གསེར་དེའི་ཕྱེད་ཕུལ་བས། བྲམ་ཟེ་ན་རེ། ངས་ཡི་གེའི་ལུགས་མི་འདྲ་བ་ཉི་ཤུ་ཐམ་པ་ཤེས་པས། བོད་སྤྲུག་ཁྱེད་ཡི་གེའི་ལུགས་གང་ལ་སློབ་ཟེར་ཏེ། བྲམ་ཟེས་བོད་སྤྲུག་ཁྲིད་ནས་རྒྱ་མཚོའི་འགྲམ་ན་རྫོ་རིངས་ཤིག་ལ་ཡི་གེའི་ལུགས་མི་འདྲ་བ་ཉི་ཤུ་ཐམ་པ་བཀྲ་ལམ་མེ་བ་བྲིས་བཀོས······ཡོད་པ་དེ་བསྟན་པས། བོད་སྤྲུག་ན་རེ་ངས་ཡི་གེ་འདི་སློབ་པོ་ཟེར་ནས་བོད་ཀྱི་ཡི་གེའི་ལུགས་འདི་བསླབས་སོ། །རྒྱ་གར་ལ་ཡི་གེ་ཀ་མད་ལྔ་བཅུ་ཐམ་པ་ཡོད་པ་ལ། ཀའི་སྡེ་ཚན་དང་ཏ་ལོག་གི་སྡེ་ཚན་ནི་བོད་ལ་སྒྲ་དོད་མེད་པས་བོར། ཨ་ལི་ཀ་ལི་ནི་ཁོངས་སུ་འདུས། དབྱངས་ཡིག་བཅུ་དྲུག་དང་ན་རོ་གི་གུ་ལ་སོགས་པ་རྣམས་ནི་ཡིད་ལ་ཤིན་ཏེ་ངག་ཏུ་བསྒྱུར། གསལ་ཡིག་བོད་སྐད་དུ་བསྒྱུར་ནས། རྒྱ་གར་སྐད་དུ་ཨེ་ཀཱ་བོད་སྐད་དུ་གཅིག་ཟེར་དུ་མ་བཏུབ་ནས་བོད་ཡིག་ལ་ཙ་བཅུག ཧྣཧྨ་ལ་ཆོས་བྱ་བ་བསྒྱུར་མ་བཏུབ་སྟེ་ཆ་བཅུག ཡོ་ཀའི་སྒྲ་ལ་འཇིག་རྟེན་མ་བཏུབ་སྟེ་ཇ་བཅུག ནམ་ལ་ཞེ་ས་(ན་མ་ལ་ཞེས་) མ་བཏུབ་ནས་ཞ་བཅུག བོད་ཡིག་ལ་རིང་ཐུང་མ་བཏུབ་ནས་འ་བཅུག་སྟེ། བོད་ཡིག་རྒྱ་ལ་མེད་པ་ཕྱེད་དང་དྲུག་ཡོད་དོ། །སྒྲ་སོར་བཞག་སྟེ། བོད་ཡིག་ཏུ་སྒྲ་སོར་བཞག་པ་ནི་བོད་ཡིག་གི་སྟགས་ཡིན་ནོ། །སྒྲ་དང་ཡི་གེ་གཉིས་ཀ་བོད་ཡིག་ཏུ་བྲིས་ཆོག་ཡིན། དེ་ལ་འཕྲུལ་ཡིག་ལྔ་ནི། ག་ད་བ་མ་འ། རྗེན་ཡིག་བཅུ་ནི། ག་ང་ན་མ་ར་ལ་ས་ད་བ་འ། དེ་རྣམས་ལས་འཕྲུལ་དང་མཐའ་རྗེན་མ་ནོར་བ་ཡིན་ནོ། །ཙ་ནི་ཙོག་རོའི་ཡུལ་ནས་བཅལ། ཟ་ཟ་ཧོར་ཡུལ་ནས་བཅལ། ཞ་ཞང་ཞུང་གི་ཡུལ་ནས་བཅལ། འ་འ་ཞའི་ཡུལ་ནས་བཅལ། ཆ་དང་ཇ་གཉིས་ཡིད་ལ་ཤར། འདོགས་དང་ཡན་ལག་རྣམས་ཤེས་རབ་ཀྱིས་སྦྱར་ནས་རྒྱ་གར་གྱི་ཡི་གེ་ལྔ་བཅུ་ཐམ་པ་དེ་བོད་ཡིག་སུམ་ཅུ་ཐམ་པར་བསྡུས་ཏེ་བསྒྱུར་བས། རྒྱ་གར་ལ་མེད་པའི་ཡི་གེ་ཕྱེད་དང་དྲུག་ཡོད་ཟེར། འ་ཡིག་འཕྲུལ་དང་རྗེན་ལས་མི་ཐོབ་པས་ཡི་གེའི་ཕྱེད་པ་དེ་འ་ཡིན་ཟེར་བ་ཡོད།

ཐོན་མི་སམ་བྷོ་ཊ་དེ་ཡི་གེ་དང་སྒྲ་ལ་མཁས་པར་གྱུར་ཏེ་བོད་ཀྱི་ལོ་ཙཱ་དང་ཡིག་མཁན་ལ་ སྤྱ་བ་དེ་ཡིན་ནོ།། ཞེས་ཆོས་རྒྱལ་སྲོང་བཙན་གྱི་སྔོན་དུ་བོད་ལ་ཡི་གེ་མེད་པ་དང་། སྲོང་བཙན་གྱིས་ཐོན་མི་སམ་བྷོ་ཊ་རྒྱ་གར་དུ་ཇི་ལྟར་བཏང་བ་དང་། ཐོན་མིས་རྒྱ་གར་གྱི་ཡིག་མཁན་མཁས་པ་ལི་བྱིན་ཇི་ལྟར་མཇལ་བ། མཇལ་ནས་བོད་ཡིག་གི་ཁུངས་ཇི་ལྟར་བསླབས་པ། བསླབས་ནས་བོད་ཀྱི་ཡི་གེ་གསར་པའི་སྲོལ་ཇི་ལྟར་བཏོད་པའི་ཚུལ་རྣམས་རགས་ཙམ་བསྟན་ཡོད་པ་འདི་ནི། བོད་ཀྱི་རྒྱལ་རབས་དང་ཆོས་འབྱུང་ཕལ་མོ་ཆེར་ཇི་ལྟར་བཤད་ཡོད་པ་རྣམས་ཀྱི་ཕྱི་མོ། ཤིན་ཏུ་གནད་གལ་ཆེ་བའི་ལོ་རྒྱུས་ཤིག་ཏུ་ཆགས་ཡོད་པ་རེད།

ཐོན་མིས་བོད་ཡིག་གི་སྲོལ་ཇི་ལྟར་བཏོད་པའི་ཚུལ་གཞན་ཡང་། ལྡེ་བྲག་ཆོས་འབྱུང་[པེ་སྐྲོད་180 ཤ་3] ལས་ཐེག་ཆེན་དམ་ཆོས་དུ་མ་དང་བཅས་ཏེ། །བོད་ཡུལ་དུ་ཕེབས་གུས་པས་དགའ་སྟོན་མཛད། །ནཱ་ག་ར་དང་ཁ་ཆེའི་ཡི་གེ་ལ། །དཔེ་བླངས་སྐུ་མཁར་མ་རུར་ཡིག་གཟུགས་བརྩམས། །ལྷ་ཡིག་ལཉྫ་དཔེ་བྱས་དབུ་ཅན་དང་། །ཀླུ་ཡིག་ཝརྟུ་ལ་ལྟར་ཟུར་ཅན[32] བྱས། །ཞེས་པས་དཀའ་སྤྱད་ཆེན་པོའི་སྒོ་ནས་རྒྱ་གར་དུ་ཇི་ལྟར་ཕེབས་པ་དང་། སློབ་དཔོན་རྣམས་ཀྱི་ཞལ་མཇལ་ནས་མཁས་པར་ཇི་ལྟར་བསླབས་ཚུལ། སླར་ཡང་བོད་དུ་ཕེབས་ནས་ལཉྫ་ལས་དཔེར་བླངས་ཏེ་དབུ་ཅན་དང་། ཝརྟུ་ལ་ལས་དཔེར་བླངས་ནས་ཟུར་ཅན་ཏེ་དབུ་མེད་འབྲུ་ཚར་གྲུགས་པ་དེ་དག་གསར་བཟོ་གནང་བའི་ཚུལ་གསལ་སྤྲོས་གནང་ཡོད་པ···· དེ་རེད། ཆོས་འབྱུང་དང་རྒྱལ་རབས་ཀྱི་གཞུང་ཕལ་མོ་ཆེར་ཐོན་མིས་ལཉྫ་ལས་དབུ་ཅན་དང་ཝརྟུ་ལ་ལས་དབུ་མེད་བརྩམས་ཞེས་པ་ཙམ་ལས་དབུ་མེད་ཇི་ལྟ་བུ་ཞིག་བརྩམས་པའི་ཚུལ་མི་གསལ་ལ། འདིར་ "ཟུར་ཅན" ཞེས་དམིགས་སུ་བཀར་ནས་བསྟན་པ་ནི་མཁས་པ་ཆེན་པོའི་དགོངས་པ་དོན་ལ་གནས་པ······ ཞིག་སྟེ། དབུ་མེད་དངོས་མའི་འབྱུང་ཁུངས་སྐབས་ཡིག་ཡིན་པའི་ཚུལ་དུས་རིམ་བར་མའི་ནང་བོད་ཀྱི་ཡི་གེའི་བྱུང་ཚུལ་གྱི་སྐབས་སུ་གསལ་བར་བསྟན་པ་དེ་ངང་ཡིན་སྟབས། ལུགས་འདོར་དབུ་ཅན་ལྟར་འབྲི་མཁན་གྱི་གཡོན་ངོས་ནས་གཡས་ཕྱོགས་སུ་འཐེན་པའི་མགོ་བཀོད་མེད་ལ། གཡོན་ངོས་དང་གཡས་ངོས་གཉིས་ཕྱོགས་སུ་འཐེན་དུ་ཡོད་ཅིང་། མགོ་བཀོད་རྣམས་ཟུར་གསུམ་གྱི་དབྱིབས་སུ་འབྱུང་བའི་འབྲི་སྟངས་ཤིག་ཡིན་པ་དང་། ཡི་གེའི་རྣམ་པའང་ཕལ་ཆེར་རྒྱ་གར་གྱི་ཝརྟུ་ལའི་ཚུགས་དང་ཕྱོགས་འདྲ་བ་ཞིག་ཏུ་མཐོང་ཐུབ་པ་ཡོད་སྟབས། ཡིག་ཚུགས་དེ་ལ་ཟུར་ཅན་ཞེས་པའི་ཐ་སྙད་མཛད་ཡོད་ལ། རྒྱལ་རབས་གསལ་བའི་མེ་ལོང་[པེ་70 ཤ་2] ལས་ཀྱང་ཝརྟུ་ལ་ཀླུའི་ཡི་གེ་འདྲ། དེ་ལ་དཔེ་བྱས་ནས་ཡི་གེ་ཟུར་ཅན་དུ་བྱས་སོ། །ཞེས་གསུངས་པས་ཀྱང་ངེས་ཐུབ་པ་ཡིན། ཐོན་མི་སམ་བྷོ་ཊས་བོད་ཀྱི་ཡི་གེ་འདི་གང་ནས་དཔེ་བླངས་པའི་ཚུལ། བོད་ཀྱི་རྒྱལ་རབས་དང་ཆོས་འབྱུང་ཁག་གི་བཞེད་ཚུལ་མི་འདྲ་བ་ཕྲན་ཙམ་

རེ་བྱུང་འདུག　　དེའང་བོད་ཀྱི་ལོ་རྒྱུས་རྙིང་གྲས་ལྡེའུ་ཆོས་འབྱུང་གཉིས་སུ་ནི་ཐོན་མིས་བོད་ཀྱི་ཡི་གེ་མཛད་ཚུལ་ཙམ་ལས། ཡི་གེ་དེ་གང་ལས་དཔེ་བླངས་པ་དང་ཇི་ལྟར་མཛད་པའི་ཚུལ་སོགས་ཞལ་གསལ་བ་མི་སྣང་ཞིང་། ཉང་གི་ཆོས་འབྱུང་[བོད་172 ཤ་11] ལས་ན་ག་ར་ལ་དཔེར་བླངས་པས་དབུ་ཅན་དུ་བྱས། ཀྵ་གྲུ་མ་ལ་དཔེ་བྱས་ནས་དབུ་མེད་དུ་བྱས་སོ། །ཞེས་གསལ་ཞིང་། བུ་སྟོན་ཆོས་འབྱུང་དུ་ཐོན་མིས་ཁ་ཆེའི་ཡིག་གཟུགས་དང་བསྟུན་ཏེ་བོད་ཡིག་གསར་དུ་བཅོས་པར་གསུངས་ཡོད། 　རྒྱལ་པོ་བཀའི་ཐང་ཡིག་[པེ་116 ཤ་8] ལས་ནཱ་ག་ར་ཡིག་བོད་ལ་གཟབས་མར་བསྒྱུར། ཝརྟུ་ལ་ཡིག་བོད་ལ་ཤུར་མར་བསྒྱུར། ཞེས་པ་དང་། 　དེབ་ཐེར་དཔྱིད་ཀྱི་རྒྱལ་མོའི་གླུ་དབྱངས་[པེ་21 ཤ་4] ལས་ལཉྫ་ལ་དཔེ་བྱས་ནས་དབུ་ཅན། 　ཝརྟུ་ལ་དཔེ་བྱས་ནས་ཤར་མ་སོགས་ཡི་གེའི་གཟུགས་དང་བཟོ་གསལ་བར་བྱེད་པའི་སུམ་རྟགས་སོགས་བོད་ལ་ཉེར་མཁོའི་བསྟན་བཅོས་བརྒྱད་མཛད་ཅེས་པའི་བཤད་སྟངས་འདི་ནི་ཡོངས་གྲགས་སུ་……གྱུར་འདུག　དེབ་ཐེར་དཀར་པོ་[སི་97 ཤ་16] ལས་འདིར་བོད་ཡིག་བྱུང་ཚུལ་གྱི་རྒྱལ་རབས་དང་འགྲེལ་པར་ཙུང་ཟད་དཔྱད་ན། 　དེ་ཡང་རྗེ་བུ་སྟོན་སོགས་ཀྱིས་ན་ག་རའི་ཡི་གེ་ལ་དཔེ་བྱས་ནས་ཐུ་མིས་མཛད་པར་བཞེད། 　(རཉྫ་མདོག་ལྡན་བྱ་བ་ཟུར་ཆག་པའི་) ལཉྫ་དང་ཝརྟུ་(འཁྱིལ་བ་) གཉིས་ལ་དཔེ་མཛད་ནས་དབུ་ཅན་དང་དབུ་མེད་མཛད་དོ་ཞེས་མཁས་པ་གཞན་དག་གིས་གསུངས།

གཅིག　བོད་ཡིག་ནི་ཐོན་མི་སམ་བྷོ་ཊས་བཟོས་པ་ཡིན་མིན་གྱི་སྐོར།

བོན་རྣམས་ཀྱི་ལྟར་ན། 　སྲོང་བཙན་གྱི་གོང་དུ་བོན་ཆོས་དེ་ཙམ་དར་བས་ཡི་གེ་མེད་ཟེར་བ་མི་བདེན་ཞིང་། དེ་ཡང་སྟག་གཟིག་གི་སྲུངས་ཡིག་བྱ་བ་ཞང་ཞུང་གི་ཡིག་རྐྱན་དུ་བསྒྱུར། དེ་སྨན་ཐག་ཏུ་འགྱུར། དེ་རིམ་གྱིས་དབུ་ཅན་དང་འབྲུ་མར་འགྱུར་སོགས་ཟེར། གང་ལྟར་ཡང་ཐུ་མི་དེ་རྒྱ་གར་ན་གུཔྟའི་རྒྱལ་རྒྱུད་དག་གིས་སྲིད་སྐྱོང་བའི་སྐབས་སུ་ཐོན་པ་ཡིན་ཞིང་། ཤིན་ཏུ་ངོ་མཚར་བ་ནི། ཐུ་མི་དང་དུས་མཉམ་པའི་རྒྱ་གར་གྱི་རྒྱལ་པོ་ཧརྵ་དང་། ཀུ་མ་ར་གུ་པྟ་(གཞོན་ནུ་སྦས་པ་དང་) སུཙྪ་ཝརྨན་(ཉི་མའི་གོ་ཆ་) སོགས་ཀྱི་དུས་སུ་བྱུང་བའི་ཟངས་ཀྱི་གླེགས་བུ་ལ་སོགས་པ་ད་ལྟའི་བར་རྒྱ་གར་གྱི་ཡུལ་སོ་སོར་ཡོད་……པ་དག་ལ། ཡི་གེ་བཀོད་པ་རྣམས་བོད་ཡིག་དང་ཧ་ཅང་འདྲ་ཆེ་ཞིང་། ཙུང་ཟད་རྒྱང་ནས་བལྟས་ཚེ་ལག་མི་མཁས་པ་ཞིག་གིས་བོད་ཡིག་བྲིས་སམ་སྙམས་པ་འཆར། 　ཡིག་འབྲུ་ཕལ་ཆེར་མ་བསླབས་ཀྱང་ཐོར་རེ་བ་ཞིག་ཀློགས་ཐུབ་པ་འདུག　ཅེས་ཐོན་མི་སམ་བྷོ་ཊ་ས་བོད་ཡིག་གི་དཔེ་གང་ནས་བླངས་པའི་ཚུལ་གསལ་བར་བསྟན་པས་ངེས་ཤེས་ཐུབ་པ་ཡིན། 　ཐོན་མིས་བོད་ཡིག་ཇི་ལྟར་བཀོད་མཛད་པའི་ཚུལ། 　གཙོ་ཆེར་

བཀའ་ཆེམས་ཀ་ཁོལ་མའི་ལུང་གིས་གསལ་བ་དེ་ལྟར་ནའང་།   བོད་ཀྱི་གྲགས་ཆེ་བའི་རྒྱལ་རབས་དང་ཆོས་འབྱུང་རྣམས་སུ་བཞེད་པ་མི་འདྲ་བ་འགའ་རེ་ཡོད་འདུག་པ་རྣམས་དཔེ་མཚོན་ཙམ་ཞིག་བསྟན་ན། ཉང་གི་ཆོས་འབྱུང་[བོད་172ཤ་2]ལས་དང་པོ་དབང་ཕྱུག་ཆེན་པོས་ཀ་ཙ་ཏ་ཊ་པ། ཁ་ཚ་ཐ་ཋ་བ་ཀྵ་ཤ་ཨ་ལ་སོགས་པ་ལ་གསལ་ཡིག་བཀོད་དོ། །འཇམ་དཔལ་གྱིས་ཨ་ཨཱ་ཨི་ཨཱི་ཨུ་ཨཱུ་རྀ་རཱྀ་ལྀ་ལཱྀ་ཨེ་ཨཻ་ཨོ་ཨཽ་ཞེས་དབྱངས་ཡིག་བཀོད་དོ། །དེ་སྒྲ་མཁན་གྱིས་འབྱུང་བ་ལྔ་བཀོད་དེ་ཀ་ཁ་ག་གྷ་ང་ཞེས་ལ་སོགས་པའི་གསལ་ཡིག་སུམ་ཅུ་སོ་གཉིས་ལ་སོགས་པའི་སྡེ་ཚན། བོད་ལ་སྒྲ་མེད་པ། གྷའི་སྡེ་ཚན་ཡི་གེ་འབྲུག་པོ་དོད་པོ་མེད་པ་རྣམས་བཞག ངའི་སྡེ་ཚན་ཡོག་པའི་ཡི་གེ་ལྔ་ལྡེས་མི་འགྱུར་བས་བཞག དབྱངས་ཡིག་བཅུ་དྲུག་ན་རོ་གི་གུའི་ཁོངས་སུ་བསྡུས་ཏེ་བསྒྱུར་རོ། །ཨི་གི་གུར་བསྒྱུར། ཨུ་ཞབས་ཀྱུར་བསྒྱུར། །ཨེ་འགྲེང་བུར། ཨོ་ན་རོ། །ཨ་རྗེས་ཏུ་བསྒྱུར་ཏེ། ཀ་མད་སུམ་ཅུ་ཐམ་པར་བསྟེབས། ཞེས་པ་དང་། ཡང་[བོད་172ཤ་12]དུ་བོད་ཀྱི་གཅིག་ལ་རྒྱ་གར་ཨེ་ཀ་ཅེས་ཏེ་བོད་ལ་མ་བཏུབ་ནས་ཙ་བཅུག   རྒྱའི་ཡོ་ཀ་བོད་ཀྱི་འཛིག་རྟེན་མ་བཏུབ་པས་ཛ་བཅུག རྒྱའི་ཧྣཀྲ་ལ་བོད་ཀྱི་ཆོས་བྱ་བ་མ་བཏུབ་ནས་ཆ་བཅུག རྒྱའི་ཧྲི་ཏ་ལ་བོད་ཀྱི་ཞུ་བ་བྱ་བ་བྱུང་བས་ཞ་བཅུག བོད་ཀྱི་ཡི་གེ་རིང་པོ་མེད་པས་འ་བཅུག བོད་ལ་རྒྱ་གར་ལ་མེད་པའི་ཡི་གེ་ཕྱེད་དྲུག་ཡོད་དོ། །རྒྱ་སྐད་སོར་བཞག་པ་ཡིན་ནོ། །སྒྲ་དང་ཡི་གེ་བསྒྱུར་ཏེ་བྲིས་པས་ལྷུག་པ་དང་ཚིགས་སུ་བཅད་པ་ཡིན་ནོ། །ཨ་གླང་པོ་ཆེའི་སྣ་ལྟ་བུ། །ཨ་ཤད་ཀྱི་རྣམ་པ་ལྟ་བུ། ཨ་བརྒྱ་བྱིན་གྱི་རྣམ་པ་ལྟ་བུ། ཨ་སེང་གེའི་རལ་པ་ལྟ་བུ། ཨ་རྒྱལ་པོ་གདན་ལ་བཞུགས་པ་ལྟ་བུ། ཕྲལ་བ་དང་བྲི་བ་དང་། འཕྲུལ་ཡིག་ལྔ་དང་། རྟེན་ཡིག་དགུ་ལ་སོགས་པ་ཡན་ལག་དྲུག་གི་སྐོར་མཚམས་དང་། ཡོགས་དང་འོག་ཏུ་ཕྱུང་། ཤད་ཀྱིས་བཅད། ཚིག་གིས་སྒྲ་བར་བྱའོ། །ཀ་མད་སུམ་ཅུ་བཅོས་བཅོས་བྱུང་ངོ་། །ཞེས་གསལ་བ་དང་། རྒྱལ་རབས་གསལ་བའི་མེ་ལོང་[ལེ་60ཤ་8]ལས་རྒྱ་ཡི་ཡི་གེ་ལྔ་བཅུ་ནི། ཡི་གེ་གཙོ་བོ་སུམ་ཅུ་ལ། འཕྲུལ་ཡིག་བཅུ་དང་མཐའ་རྟེན་བཅུ། རྒྱ་ཡི་ཡི་གེ་རེ་རེ་བཞིན། རང་གང་སྦྱོད་པ་མ་གཏོགས་པ། ཀུན་ལ་ཁྱབ་པ་གཅིག་ཀྱང་མེད། དེ་དག་ཐམས་ཅད་ཁོང་དུ་བསྡུས། དེ་ལ་དཔེ་བྱས་བསྡུས་པ་ནི། བོད་ཡིག་སུམ་ཅུ་གཏན་ལ་ཕབ། ཡི་གེའི་འབྲུ་ནི་རེ་རེ་བཞིན། བཟོའི་རྣམ་འགྱུར་ལེགས་པར་བཅོས། ཡི་གེའི་གཙོ་བོ་ཉི་ཤུ་ལ། ཀ་ཁ་ཅ་ཆ་ཇ་ཉ་ཏ་ཐ་པ་ཕ་ཙ་ཚ་ཛ་ཝ་ཞ་ཟ་ཡ་ཤ་ཧ་ཨ། མེད་ཀྱང་རུང་བའི་ཡིག་འབྲུ་གཅིག་ལྷ། འཕྲུལ་ཡིག་ལྔ། ག་ད་བ་མ་འ། མཐའ་རྟེན་བཅུ། ག་ད་བ་མ་འ་ང་ན་ར་ལ་ས། ཤིན་ཏུ་གཅེས་པའི་ཡི་གེ་ལྔ། ག་ད་བ་མ་འ། རྐང་པ་ཅན་གྱི་ཡི་གེ་དགུ། ཀ་ག་ཏ་ད་ན་ཉ་ཞ་ཤ་ཧ། རྒྱ་ལ་མེད་པའི་ཡི་གེ་དྲུག ཙ་ཚ་ཛ་ཞ་ཟ་འ། ཡི་གེ་བུ་ནི་བཅུ་དྲུག་ལ། ཀ་ག་ང་ད་ཏ་ན་པ་བ་མ་ཙ་ཛ་ཉ་ཙ་ཛ་ལ་ཧ། ཡི་གེ་མ་

ནི་བདུན་དུ་བཅོས། ཀ་ག་བ་ཟ། ཀུན་གྱི་མ་ནི། ར་ལ་ས་(འདོག་ཐམས་ཅད་ཀྱི་མ་གསུམ།) ལ་ལ་སྔོས་སུ་མ་བཞི་ཡོད། ཀ་ག་བ་ཟ་ལའི་མ་(ཡིག་འབྲུ་བཞི་པོ་འདི་ལ། ལ་ཁོ་ན་འདོགས།) ལ་ལ་སྔོས་སུ་བུ་གཉིས་ཡོད། ཅ་དང་ཏ་གཉིས་ལ་ཡི་བུ། ཙ་དང་ཛ་གཉིས་ར་ཡི་བུ། འཕུལ་དང་མཐའ་རྟེན་མི་བྱེད་ཅིང་། མ་བུ་གཉིས་ཀ་མི་བྱེད་པའི། རང་ས་འཛིན་པའི་ཡི་གེ་བཅུ། ཁ་ཆ་ཐ་ཕ་ཚ་ཞ་ཞ་ཡ་ཤ་ཨ། ག་བ་ཡི་གེ་ཀུན་ཏུ་རྒྱུ་(མ་དང་བུ་གཉིས་ཀ་བྱེད།) འཕུལ་དང་མཐའ་རྟེན་གཉིས་ཀ་བྱེད། སྙིང་ན་ཞ་ལྟར་ཞིང་བ་གསུམ། ན་ར་གི་གུ་འགྲེང་བུ་སྟེ། འདི་གསུམ་ཡི་གེ་ཀུན་ལ་ཁྱབ། འོག་ན་གདན་ལྟར་མཛེས་པ་གསུམ། ཡ་ཏ་ར་ཏ་ཞབས་ཀྱུ་སྟེ། ཡ་ཏ་འདོགས་པའི་ཡི་གེ་བདུན། ཀྱ་ཁྱ་གྱ་པྱ་ཕྱ་བྱ་མྱ། ར་ཏ་འདོགས་པའི་ཡི་གེ་བཅུ་གཅིག་ཡོད། ཀྲ་ཁྲ་གྲ་པྲ་ཕྲ་བྲ་མྲ་སྲ་ཤྲ་དྲ་ཧྲ། ཞབས་ཀྱུའི་ཡི་གེ་ཀུན་ལ་ཁྱབ། ཀྭ་ཁྭ་གྲྭ་ཏྭ། ཡ་ཏ་ར་ཏ་གཉིས་ལའང་ཁྱབ། འདོགས་དང་སྦེབ་སྦྱོར་བློ་ལ་ཤར་རོ། །ཞེས་པ་འདི་གཉིས་ཀྱིས་རགས་ཙམ་མཚོན་ཐུབ་པ་ཡིན།

བོད་གངས་རིའི་ལྗོངས་ཆེན་པོ་འདིར། དམ་པའི་ཆོས་ཀྱི་བསྟན་པ་རིན་པོ་ཆེ་དབུ་བརྙེས་པའི་དུས་རིམ་དེ་ནས་བཟུང་། བོད་ཡུལ་དུ་བྱོན་པའི་མཁས་པ་ཡོངས་གྲགས་སུ་གྱུར་པ་ཕལ་མོ་ཆེས་བོད་ཀྱི་ཡུལ་འདི་འཕགས་མཆོག་སྤྱན་རས་གཟིགས་ཀྱི་གདུལ་ཞིང་ཁྱད་པར་ཅན་ཞིག་ཡིན་པ་དང་། ཆོས་རྒྱལ་སྲོང་བཙན་སྒམ་པོ་དེ་འཕགས་མཆོག་ཐུགས་རྗེ་ཆེན་པོའི་རྣམ་འཕྲུལ་ཁྱད་པར་ཅན་འགྲན་པའི་ཟླ་ཐམས་ཅད་དང་ཡོངས་སུ་བྲལ་བ་ཞིག་ཡིན་པ་དང་། སྤྲུལ་པའི་རྒྱལ་བློན་དེ་རྣམས་ཀྱི་ཐུགས་རྗེ་དང་། བྱམས་པ་ཚད་མེད་པའི་ཐབས་ཆེན་གྱི་ཕྲིན་ལས་བསམ་གྱིས་མི་ཁྱབ་པ་ཞིག་ཁ་བ་རི་པའི་སྐྱེ་འགྲོ་ཡོངས་ཀྱི་བསོད་ནམས་ཀྱི་བགོ་སྐལ་དུ་ལས་སྐལ་བཟང་པོ་དུས་སུ་སྨིན་པའི་མཐུས། གངས་ཅན་གྱི་ལྗོངས་ཆེན་པོ་འདི་ཉིད་དམ་ཆོས་ཉི་མའི་འོད་སྣང་གིས་གསལ་བར་མཛད་པ་ཡིན་ལ། བོད་ཁམས་སུ་དམ་པའི་ཆོས་ཀྱི་འོད་སྣང་གིས་ཉིན་མོར་བྱས་པའི་གོང་རོལ་ལམ། སྤྲུལ་པའི་རྒྱལ་བློན་དེ་རྣམས་མ་བྱོན་པའི་གོང་རོལ་དུ་བོད་ཀྱི་ཡུལ་འདི་ནི་མཐའ་འཁོབ་མུན་པའི་གླིང་ཞིག་ཡིན་པ་དང་། དེར་གནས་པའི་གནའ་བོའི་བོད་མི་རྣམས་ཀྱང་གླེན་པོ་དང་ལྐུགས་པ་ཤ་སྟག་ཡིན་པས་མཚོན། ཆོས་ཀྱི་བསྟན་པ་བྱུང་ནས་བཟུང་བོད་དུ་ལེགས་ཆ་གང་མང་མང་ཞིག་འཕེལ་ཡོད་པ་དང་། དེ་སྔོན་དུ་ཉེས་ཆ་གང་མང་མང་ཞིག་ཡོད་པའི་ཚུལ་འདི་གཉིས་ཀྱི་འགལ་ཆ་བསྟན་ཅི་ཐུབ་གང་ཐུབ་ཅིག་གནང་སྲོལ་བྱུང་ཡོད། བོད་འདིར་དམ་པའི་ཆོས་ཀྱི་བསྟན་པ་དར་ནས་ད་ལྟའི་བར་ལོ་གྲངས་སྟོང་ཕྲག་ལྷག་བརྒྱལ་བའི་རིང་དུ། ཆོས་ཕྱོགས་ཀྱི་མཁས་པ་ཕལ་མོ་ཆེས་གནའ་ལུགས་ལ་སྨད་ར་ཇི་ཙམ་ཞིག་གཏོང་ཐུབ་པ་ཡིན་ན་གསར་ལུགས་ལ་དགེ་མཚན་ལྷག་ཙམ་ཞིག……

ཡོད་པར་ལྟ་བུའི་ལྟ་སྟངས་འདི་འདྲ་ཞིག་གི་གཞི་རྩ་བཟུང་ནས། གསར་དུ་འབྲི་རྩོམ་གནང་བའི་ལོ་རྒྱུས་ཀྱི་གཞུང་ཆེ་ཕྲ་དུ་མ་ཞིག་སྤེལ་ཡོད་པ་དང་། རིམ་བཞིན་དུ་ལུགས་དེ་ཡར་རྒྱས་གོང་འཕེལ་དུ་ཕྱིན་པར་བརྟེན། གནའ་རབས་ལ་ཆ་རྒྱུས་དེ་ཙམ་མེད་པའི་ཕྱི་ནང་གི་བློ་གསར་བ་ཕལ་མོ་ཆེ་ལོ་རྒྱུས་དེ་རིགས་ཀྱིས་བློ་ཁ་བསྒྱུར་ནས་ལྟ་སྟངས་འདི་རིགས་ཀྱི་རྗེས་འབྲངས་སུ་ཆགས་ཡོད། དུས་རིམ་འོག་མའི་ནང་གི་བོད་ཀྱི་ལོ་རྒྱུས་མཁན་པོ་ཕལ་ཆེ་བ་ནི་ཆོས་ཀྱི་བསྟན་འཛིན་ཆེན་པོ་ཤ་སྟག་ཡིན་སྟབས། ཁོང་རྣམ་པས་དམ་པའི་ཆོས་སྤེལ་བའི་ཆ་རྐྱེན་ལྟ་བུར་དགོངས་ནས། དེ་ལུགས་ཀྱི་ལོ་རྒྱུས་རྣམས་དར་རྒྱས་སུ་བཏང་ཡོད་མོད། ལོ་རྒྱུས་ཀྱི་ལྟ་སྟངས་དེ་དམ་པའི་ཆོས་ཀྱི་ལུགས་སོ་ནའི་དབང་དུ་བྱས་ན། རྒྱ་གར་འཕགས་པའི་ཡུལ་ནས་དམ་པའི་ཆོས་ཐོན་པ་ཡིན་སྟབས། ཡུལ་དེ་ནི་གཞན་ལས་ཁྱད་དུ་འཕགས་པའི་ཡུལ་དམ་པ་ཞིག་ཡིན་པ་དང་། སངས་རྒྱས་དང་བྱང་ཆུབ་སེམས་དཔའ་རྣམས་ཀྱི་ཐུགས་རྗེ་དང་བྱིན་ལས་ཚད་མཐའ་དང་བྲལ་བ་ཞིག་ཡིན་པར་བརྟེན། བོད་འདི་འཕགས་པ་སྤྱན་རས་གཟིགས་ཀྱི་གདུལ་ཞིང་དུ་གྱུར་ཅིང་། བོད་ཀྱི་གདུལ་བྱ་རྣམས་འདུལ་བའི་ཆེད་དུ་འཕགས་པ་སྤྱན་རས་གཟིགས་ཀྱི་རྣམ་འཕྲུལ་བོད་མིའི་གཟུགས་སུ་བཞེངས་ནས་སྟོན་པ་སྤྲུལ་པའི་རྒྱལ་པོ་སྲོང་བཙན་སྒམ་པོ་ཡིན་པ་འདི་རྣམས་ལ་མ་འགྲིག་པ་དང་། འགལ་ཟླར་གྱུར་པ་རྟུལ་ཙམ་ཞིག་མེད་ནའང་། ལོ་རྒྱུས་དེ་རིགས་ཀྱི་རྩ་བའི་འབྱུང་ཁུངས་དང་དེ་དག་གི་དགོས་པ་རྒྱུ་མཚན་དང་བཅས་པའི་ཚུལ་ལ་ཡོངས་སུ་རྫོགས་ཤིང་། དད་པ་དང་དག་སྣང་། མོས་པ་དང་ཡིད་ཆེས་ཙམ་ལ་བརྟེན་ཏེ་ལོ་རྒྱུས་དེ་རིགས་ཀྱི་རྗེས་སུ་འབྲངས་པས་འགྲིག་ཐབས་མེད་པ་དང་། ལོ་རྒྱུས་ཀྱི་གཞི་རྩ་དེ་དངོས་པོའི་གནས་ཚུལ་དང་གནས་སྐབས་ཀྱི་ཆ་རྐྱེན་རྣམས་དང་བསྟུན་ཏེ་དཔྱད་གསུམ་གྱི་རིག་པས་གཏན་ལ་འབེབས་ཐུབ་པ་ཞིག་མ་བྱུང་ན། ཐུན་མོང་གིས་ཁས་ལེན་བྱེད་དུ་རུང་བའི་ལོ་རྒྱུས་ཅི་ཞིག་ཏུའང་འགྱུར་ཐབས་མེད་པ་ཡི་རང་རེའི་དབང་པོའི་མངོན་སུམ་དུ་འགྱུར་བཞིན་པ་ཡིན་སྟབས། ལོ་རྒྱུས་ཀྱི་གཞི་རྩའི་འབྱུང་ཁུངས་དང་དེ་དག་གི་དགོས་པ་རྒྱུ་མཚན་དང་བཅས་པའི་སྐོར་རྣམས་རྩད་ཆོད་པ་ཞིག་དགོས་གལ་ཤིན་ཏུ་ཆེ་བ་ཡིན།

ཆོས་རྒྱལ་སྲོང་བཙན་སྒམ་པོས་ཐོན་མི་སམྦྷོ་ཊ་རྒྱ་གར་དུ་བཏང་ནས་བོད་ཀྱི་ཡི་གེ་གསར་དུ་བཟོས་པ་དང་། རྒྱ་དཀར་ནག་ནས་བོད་དུ་དམ་པའི་ཆོས་ཀྱི་བསྟན་པ་དང་། དེ་འབྲེལ་གྱི་ཤེས་རིག་སྣ་ཚོགས་པ་རྣམས་གདན་དྲངས་ནས་དར་རྒྱས་སུ་སྤེལ་བའི་རྒྱུ་མཚན་དེ་ཁོང་འཕགས་པ་སྤྱན་རས་གཟིགས་ཀྱི་སྤྲུལ་པ་ཡིན་པ་དང་། ཁོང་ལ་བྱམས་པ་དང་སྙིང་རྗེ་ཚད་མེད་པ་ཞིག་མངའ་བས་བོད་འབངས་མུན་པའི་གསེབ་ཏུ་གནས་པ་རྣམས་ལ་ཐུགས་བརྩེ་སྟེ་ཆོས་དང་ཤེས་རིག་རྣམས་སྤེལ་མཛད་པ་དེ་ཙམ་ཞིག་ཡིན

པའི་ངེས་པ་ཅི་ཞིག་ཀྱང་མེད་ལ། བོད་ཀྱི་ལོ་རྒྱུས་རྣམས་སུ་ཡོངས་ཁྱབ་ཏུ་དེ་སྔོན་བོད་དེ་མུན་པའི་གླིང་ཞིག་ཡིན་པ་དང་། བོད་མི་རྣམས་བླུན་ཞིང་རྨོངས་པ་ཕལ་ཆེར་དུད་འགྲོའི་ཁྱུ་ལྟར་དུ་གནས་པའི་ཚུལ་སོགས་རྒྱས་སྤྲོས་ཀྱིས་བཤད་ཡོད་པ་དེ་བཞིན། ཆོས་རྒྱལ་སྲོང་བཙན་སྒམ་པོ་ལའང་བཤད་ཚུལ་དེ་དག་དང་འདྲ་བའི་དགོངས་པ་ཞིག་སྐྱེས་ཡོད་པ་ནི་རྩ་བ་ནས་མི་སྲིད་པ་ལྟ་བུ་ཞིག་རེད། གང་ལ་ཟེར་ན། ཁོང་ནི་ཐུགས་སྒམ་ཞིང་རིག་པའི་གནས་ལྔ་ལ་ཆགས་ཐོགས་མེད་པ། སྐུ་ཆུང་དུས་ནས་བོན་གྱི་སྙིང་པོ་ཡང་དག་པའི་སེམས་བོན་(རྫོགས་ཆེན་གྱི་སྐོར་)ལ་མཁྱེན་པ་རྒྱས་པ་ཞིག་ཡིན་སྟབས། ཁོང་གིས་བོན་གྱི་ཤེས་རིག་ཉི་ཟླའི་འོད་དང་འདྲ་བ་དེ་དག་གིས་བོད་ཁམས་ཡོངས་ལ་ཁྱབ་ནས་ཡོད་པ་མཁྱེན་བཞིན་དུ……བོད་ཡུལ་མུན་པའི་གླིང་ཞིག་ཏུ་གཟིགས་ཐབས་མེད་པ་ཡིན། སྲོང་བཙན་སྒམ་པོར་རྫོགས་ཆེན་གྱི་མཁྱེན་པ་རྒྱས་ཡོད་པའི་ཤེས་བྱེད་ནི། ཁོང་གི་ཞལ་གདམས་དང་མན་ངག་ཐུགས་རྗེ་ཆེན་པོའི་ཆོས་སྐོར་རྣམས་ཀྱི་སྙིང་པོ་དེ་རྫོགས་ཆེན་གྱི་དགོངས་པ་རང་དུ་བསྟན་པས་ཤེས་ཐུབ་པ་སྟེ། དེའི་ཚུལ་རགས་ཙམ་ནི་ཆོས་རྒྱལ་སྲོང་བཙན་སྒམ་པོའི་ཞལ་གདམས་ཀྱི་སྐོར་ལྔ་བྲག་ཆོས་འབྱུང་[པེ་སྟོད་250 ཤ་9]ལས་སྣ་ཚོགས……དག་ཀྱང་རང་སྣང་ཡིན། །ཡུལ་མེད་དེ་ནི་བློ་ལས་འདས། །བློ་འདས་དེ་ནི་བྱར་མེད་ཡིན། །ཇི་བཞིན་པ་ཡི་ངང་གནས་ཡིན། །གནས་པ་མེད་པ་སློད་པའི་མཆོག །དེ་ལྟར་གོ་བའི་གང་ཟག་གིས། །མཐའ་བྲལ་སྤྲོས་པ་ཆོད་པ་ལ། །ལྟ་བའི་མིང་དུ་བཏགས་པ་ཡིན། །རང་གསལ་འཛིན་པ་སྟོར་བ་ལ། །སྒོམ་པའི་མིང་དུ་བཏགས་པ་ཡིན། །དོན་དང་འབྲལ་བ་མེད་པ་ལ། །སྤྱོད་པའི་མིང་དུ་བཏགས་པ་ཡིན། །སྤང་བླང་འཛིན་པ་ཞིག་པ་ལ། །འབྲས་བུའི་མིང་དུ་བཏགས་པ་ཡིན། །ཞེས་པ་དང་། ཡང་[པེ་སྟོད་250 ཤ་22]དུ་རྣམ་རྟོག་རང་སར་གྲོལ་བ་ལ། །སངས་རྒྱས་མིང་དུ་བཏགས་པ་ཡིན། །འགྲོ་བ་ལམ་དུ་འཛུད་པ་ལ། །དམ་ཆོས་མིང་དུ་བཏགས་པ་ཡིན། །བྱར་མེད་བློ་ལ་འཁྱོར་བ་ལ། །དགེ་འདུན་མིང་དུ་བཏགས་པ་ཡིན། །རྩོལ་མེད་རང་ལུགས་སློད་པ་ལ། །བྱར་མེད་མིང་དུ་བཏགས་པ་ཡིན། །ཞེས་པ་དང་། [པེ་སྟོད་251 ཤ་10]དུ་བཏགས་པ་ཐམས་ཅད་མིང་ཡིན་གྱི། །མིང་གི་འཛིན་པ་མེད་པར་ཞོག །བསམ་པ་ཐམས་ཅད་བློ་ཡིན་གྱི། །བློ་ཡི་བྱེད་པ་ཞོག་ལ་ཐོང་། །ཞོག་ཅེས་བྱ་བ་ཚིག་ཡིན་གྱི། །ཚིག་གི་འཛིན་པ་བོར་ལ་ཐོང་། །ཐོང་ཞེས་བྱ་བ་བློ་ཡིན་གྱི། །བློ་ཡི་བྱེད་པ་དབྱིངས་སུ་སྤྲོས། །སྲིད་པ་བྱ་བ་བཟང་རྟོག་ཡིན། །བཟང་ངན་མེད་པར་ཁད་དེ་བ།།(33) གབ་སྦྲུས་མེད་པར་ལྷང་ངེ་བ། །འགྲོ་འོང་མེད་པར་ས་ལེ་བ། །སྤང་བླང་མེད་པར་ལྷུག་གེ་བ། །ཕྱོགས་རིས་མེད་པར་ཆམ་མེ་བ། །བཏང་བཟུང་མེད་པར་ཁྱིལ་ལེ་བ། །གསལ་འགྲིབ་མེད་པར་ལྷན་ནེ་བ། །བརྗོད་ཡིངས་མེད་པར་ཆ་ལེ་བ། །བཏང་བཞག་མེད་པར་ཨ་ལེ་བ། །བློ་ལས་འདས་པའི་

ཡུལ་ལ་ལྟོས། །ཚིག་ལས་འདས་པའི་དོན་ལ་ལྟོས། །བཟང་ངན་མེད་པའི་དབྱིངས་ལ་ལྟོས། །ཕྱི་ནང་མེད་པའི་སེམས་ལ་ལྟོས། །ཕོ་མོ་མེད་པའི་རྒྱུད་ལ་ལྟོས། །གཉིས་འཛིན་བྲལ་བའི་དོན་ལ་ལྟོས། །དོན་ཞེས་བྱ་བ་བློ་ལས་འདས། །འདས་པའི་རྗེས་སུ་མ་འབྲང་བར། །བརྗོད་ཚིག་བྲལ་བའི་ངང་ལ་ལྟོས། །བལྟས་པས་མཐོང་བའི་ཡུལ་མེད་ཀྱི། །མ་བལྟས་བཞག་པས་ཆོས་ཉིད་མཐོང་། །མ་བསྒྲུབས་བཞག་པས་སེམས་ཉིད་འགྲུབས། །མ་བཟུང་གློད་པ་རང་སར་གྲོལ། །ཞེས་པ་དང་། [པེ་སྟོད་254ཕ་19] དུ་བྱར་མེད་ཀྱི་ངང་ལ་ཡེངས་མེད་དུ་ཞོག གཉིས་འཛིན་གྱི་བློ་ནམ་མཁའི་དབྱིངས་སུ་རྒྱས་ཐོབ། དོན་ལ་སྒོམ་རྒྱུ་མེད་ཀྱིས་རིག་པ་རང་སར་ཞོག ཅེས་སོགས་དུ་མ་ཞིག་གསུངས་ཡོད་པ་དེ་ཀུན། བོན་གྱི་རྫོགས་ཆེན་ཡིག་རྙིང་ཞང་ཞུང་སྙན་རྒྱུད་ཀྱི་རྒྱུད་བུ་ཆུང་བཅུ་གཉིས་[རྟེ་171ཤ་2ན་5] ལས་ཡང་དག་དོན་ལ་ལྟ་རྒྱུ་མེད། ཡང་དག་དོན་ལ་སྒོམ་དུ་མེད། ཡང་དག་དོན་ལ་སྤྱོད་དུ་མེད། ཅེས་པ་དང་། ཡང་[རྟེ་173ཤ་3ན་6] དུ་འདི་ཞེས་བྱ་བར་ལྟ་རྒྱུ་མེད། ལྟས་པས་མཐོང་བར་མི་འགྱུར་ཏེ། མ་མཐོང་བ་ཉིད་མཐོང་བའི་མཆོག ཀུན་ཏུ་བཟང་པོའི་ལྟ་བ་ནི། འདི་ཞེས་བྱ་བར་མ་གསུངས་ཏེ། ཅི་ཡང་འཆར་ཞིང་ཅིར་ཡང་སྣང་། ཞེས་པ་དང་[.རྟེ་174ཤ་3བ་3] དུ་འདི་ཞེས་བྱ་བ་སྒོམ་དུ་མེད། སྒོམ་པས་གསལ་བར་མི་འགྱུར་ཏེ། མ་སྒོམ་པར་ཡང་གསལ་འགྲིབ་མེད། ཀུན་ཏུ་བཟང་པོའི་དགོངས་པ་ནི། སོ་མ་རང་ལུགས་མ་བཅོས་པ། མ་བཅོས་གཉུག་མ་རང་ས་ཟིན། སྒོམ་དུ་མེད་ཅིང་ཡེངས་སུ་མེད། ཅེས་པ་དང། ཡང་[རྟེ་174ཤ་3བ་6] དུ་འདི་ཞེས་བྱ་བ་སྤྱད་དུ་མེད། ལྟ་སྒོམ་མ་དང་མ་བྲལ་བར། སྐྱེ་མེད་སྤྲོས་བྲལ་ཆེན་པོ་ལ། འབྲལ་མེད་སྤྱོད་པ་སྤྱད་པ་ཡིན། ཞེས་བསྟན་པ་སོགས་དང་དགོངས་དོན་གཅིག་པ་མངོན་སུམ་དུ་མཐོང་ཐུབ་པ་འདི་དག་གིས་ངེས་ཤེས་ཐུབ་པ་ཡིན།

སྲོང་བཙན་སྒམ་པོས་རྒྱ་དཀར་ནག་ནས་དམ་པའི་ཆོས་དར། དེ་འཕྲུལ་གྱི་རིག་གཞུང་སྣ་ཚོགས་པ་ཞིག་གདན་དྲངས་པ་དེ་ནི་འཛིག་རྟེན་གྱི་ཁ་དཔེར"རྒྱན་གྱི་སྟེང་དུ་རྒྱལ་མཚན"ཟེར་བ་བཞིན། སྔོན་ཡོད་ཀྱི་ཤེས་རིག་དེ་དག་ད་དུང་དེ་ལས་ལྷག་པར་དར་རྒྱས་གོང་འཕེལ་གྱི་ཆ་རྐྱེན་དུ་སྤེལ་མཛད་པ་ཞིག……ཡིན་པ་ལས། ཅི་ཡང་མེད་པས་ཧུ་ཐུག་ནས་གདན་དྲངས་པ་ཞིག་ག་ལ་ཡིན། ལྡེ་བྲག་ཆོས་འབྱུང་[པེ་སྟོད་178ཕ་8] ལས་ཡུལ་གྲུ་གཞན་གྱི་ཡི་གེར་མ་ལྟོས་པ། བོད་ལ་རང་གི་ཡི་གེ་དགོས་པར་གཟིགས། ཞེས་པ་དེ་ནི། ཡུལ་གྲུ་གཞན་བོད་ལས་ཐ་དད་པ་ཞང་ཞུང་གི་ཡི་གེ་ལ་མ་ལྟོས་པ་བོད་རང་གི་ཐུན་མོང་མ་ཡིན་པའི་ཡི་གེ་ཞིག་དགོས་པར་གཟིགས་པའི་དོན་ཡིན་པ་ལས། དེ་སྔོན་བོད་ལ་ཡི་གེ་མེད་པར་སྟོན་པའི་བཤད་པ་གང་ཞིག་ཀྱང་མིན་ལ། དེས་ནི་བོད་ཀྱི་ཡི་གེ་ཙམ་དུ་མ་ཟད"ཡུལ་གྲུ་གཞན་གྱི་ཤེས་བྱར་མ་ལྟོས་

པ། བོད་ལ་རང་གི་ཤེས་རིག་དགོས་པར་གཟིགས”ཞེས་པའི་དོན་ཡང་རང་ཤུགས་ཀྱིས་བསྟན་པ་ཡིན།

ཆོས་རྒྱལ་སྲོང་བཙན་སྒམ་པོའི་བློན་པོ་ཐོན་མི་ཨ་ནུས་བོད་ཀྱི་ཡི་གེ་གསར་པའི་སྲོལ་མ་བཏོད་པའི་གོང་དུ་བེད་སྤྱོད་བྱས་པའི་ཡི་གེ་དེ་ནི་ཞང་ཞུང་གི་སྨར་ཡིག་ཅེས་པ་དེ་ཡིན་ཞིང་། ཡི་གེ་དེའི་འབྱུང་ཁུངས་ཞང་ཞུང་ཡིན་པ་དང་དེའི་དག་ཆའི་འགྲོས་ཀྱང་གཙོ་ཆེར་ཞང་ཞུང་གི་སྐད་ལུགས་དང་འབྲེལ་བ་ཆེ་བ་ཞིག་ཡིན་པ་སོགས་ནི་དེང་དུས་དངོས་ཡོད་ཞང་ཞུང་གི་བརྡ་སྤྲོད་ཀྱི་གཞུང་དང་། བོད་ཀྱི་ཡིག་རྙིང་ཅུན་ཧོང་གི་ཡིག་ཆའི་དག་ཡིག་གི་འགྲོས་རྣམས་ཕན་ཚུན་གོ་བསྡུར་ན་ངེས་ཤེས་ཐུབ་པ་ཡོད།

དུས་ཕྱིས་ཀྱི་མཁས་པ་འགའ་ཞིག་གིས་བོད་ཀྱི་བརྡ་སྤྲོད་པའི་གཞུང་སུམ་ཅུ་པ་དང་རྟགས་ཀྱི་འཇུག་པ་འདི་གཉིས་ཐོན་མི་སམ་བྷོ་ཊས་མཛད་ཡོད་པར་དཀའ་ཞིང་། ཕལ་ཆེར་ཕྱིས་བྱུང་གི་གཞུང་དུ་ངོས་འཛིན་བྱེད་སྲོལ་ཞིག་ཀྱང་བྱུང་ཡོད་ལ། ལུགས་དེའི་རྒྱུ་མཚན་གྱི་གཙོ་བོ་ནི་ཅུན་ཧོང་གི་ཡིག་ཆའི་དག་སྦྱོར་མང་པོ་ཞིག་ཐོན་མིའི་གཞུང་དུ་གྲགས་པའི་སུམ་རྟགས་ཀྱི་ལུགས་དང་མི་མཐུན་པ་འདི་ཉིད་དྲངས་འདུག་ནའང་དེ་ནི་རྒྱུ་མཚན་ཡང་དག་ཅིག་མ་ཡིན་པའི་ཁར། ཐོན་མིས་མཛད་པའི་བརྡ་སྦྱོར་ཀྱི་ལུགས་དེས། དེ་སྔོན་བོད་དུ་དར་སྲོལ་ཡོད་པའི་ཞང་ཞུང་སྨར་ལུགས་ཀྱི་བརྡ་སྦྱོར་དེའི་ལུགས་ཆ་ཚང་བ་བསྒྱུར་མ་ཐུབ་ཅིང་། ད་དུང་སྔོན་གྱི་ལུགས་དེའི་གོམས་གཤིས་ཆེན་པོ་ཞིག་ཡོད་པ་དེ་རང་ཤུགས་སུ་བསྟན་པའི་ཡི་གེའི་སྦྱོར་བ་ཞིག་ཡིན་པའང་མངོན་སུམ་དུ་བསྟན་གྱི་ཡོད་པ་རེད།

ཉང་གི་ཆོས་འབྱུང་[བོད་165ཤ5]ལས་བོད་ཀྱི་ཡི་གེ་ཡང་ཁྲིམ་སོ་བྲུད་བཙན་པོའི་རིང་ལ་བྱུང་བར་འདོད་པ་ཡང་ཡོད་དོ། །ཞེས་བོད་ཀྱི་ཡི་གེའི་གདགས་གཞི་ཞིག་ནི་སྔོན་ནས་ཡོད་པའང་གསལ་བར་གསུངས་ཡོད་པ་དེ་རེད། ལྡེ་བྲག་ཆོས་འབྱུང་དུ་ཇི་ལྟར་བཤད་ཡོད་པ་བཞིན། ཐོན་མི་སམ་བྷོ་ཊས་ནཱ་ག་ར་དང་ཁ་ཆེའི་ཡི་གེ་ལ་དཔེ་བླངས་ནས་བོད་ཀྱི་ཡི་གེ་གསར་དུ་བཟོས་པའམ། དེབ་ཐེར་དཀར་པོ་ལས་བཤད་པ་ལྟར་གུཔྟའི་ཡིག་གཟུགས་ལ་བརྟེན་ཏེ་བོད་ཡིག་གསར་བཟོ་གནང་བ་གང་ཡིན་ཡང་རུང་། དོན་དུ་དེང་སང་རང་རེ་ལ་ཡོངས་སུ་གྲགས་པའི་ཡི་གེ་དབུ་ཅན་དང་འབྲུ་ཚ་འདི་དག་ཐོན་མིས་མཛད་ཡོད་པ་དང་། དེར་མ་ཟད་ད་ལྟ་དངོས་ཡོད་དུ་བོད་ཀྱི་བརྡ་སྤྲོད་རིག་པའི་གཞུང་སུམ་ཅུ་པ་དང་རྟགས་ཀྱི་འཇུག་པ་འདི་གཉིས་ལས་མེད་ནའང་། དོན་དུ་བརྡ་སྤྲོད་ཀྱི་གཞུང་བརྒྱད་མཛད་པ་དང་རྒྱ་ཆོས་བོད་ཀྱི་སྐད་ཡིག་ཏུ་ཐོག་མར་བསྒྱུར་བའི་དབུ་བཙུགས་པ་སོགས། བོད་མི་ཡོངས་ནས་རྣམ་པ་ཀུན་ཏུ་བཀའ་དྲིན་རྗེ་སུ་དྲན་དགོས་པའི་འཕྲུལ་བློན་བཀའ་དྲིན་འགྲན་པའི་ཟླ་དང་བྲལ་བ་ཞིག་ཡིན་ངེས་པ་ནི་སྨོས་མ་དགོས་པ་རེད། རང་རེས་ཐོན་མི་སམ་བྷོ་ཊའི་མཛད་རྗེས་ཀྱི་བཀའ་དྲིན་རྗེས་སུ་དྲན་དགོས་པ་འདི་དང་། བོད་

ཀྱི་ཡུལ་འདི་ཆོས་རྒྱལ་སྲོང་བཙན་སྒམ་པོ་དང་འཕྲུལ་བློན་ཐོན་མི་སམ་བྷོ་ཊ་མ་བྱོན་པའི་གོང་དེར། ཡི་གེ་དང་ཤེས་རིག་ཅི་ཞིག་ཀྱང་ཡོད་མ་མྱོང་བའི་ཡུལ་ཁམས་མུན་པའི་གླིང་ཞིག་ཏུ་ངོས་འཛིན་པ་འདི་གཉིས་ཁ་ཆོན་གསལ་པོར་ཚོད་ངེས་པ་ཞིག་དགོས་པ་ནི་ཤིན་ཏུ་གལ་ཆེ་བ་ཡིན།

བོད་ཀྱི་ཐོག་མའི་རྒྱལ་པོ་གཉའ་ཁྲི་བཙན་པོ་ནས་ཆོས་རྒྱལ་སྲོང་བཙན་སྒམ་པོ་བྱོན་པའི་བར་རྒྱལ་རབས་སུམ་ཅུ་སོ་བཞི་བྱུང་ཡོད་པའི་དུས་རིམ་དེ་ནི་ཞང་བོད་རྒྱལ་ཁབ་གཉིས་སུ་ཆགས་པའི་དུས་རིམ་བར་མའི་སྐབས་དེ་ཡིན་ལ། བོད་ཀྱི་རྒྱལ་ཁབ་གསར་དུ་དབུ་བརྙེས་ཤིང་། དུས་རིམ་བར་མའི་དབུ་ཚུགས་པ་དེ་ནི། དུས་རིམ་གོང་མའི་ཞང་ཞུང་གི་ལོ་རྒྱུས་ལ་ལྟོས་ན་ཆེས་གསར་པ་ཞིག་ཡིན་པ་དང་། དུས་རིམ་བར་མའི་ཤེས་རིག་གི་གཞི་རྩ་མཐའ་དག་ཀྱང་། ཞང་ཞུང་གི་བོན་དང་དེ་འབྲེལ་གྱི་ཤེས་རིག་སྣ་ཚོགས་པ་ལ་བརྟེན་པ་ཁོ་ན་ཡིན་སྐབས། བོད་ཀྱི་རྒྱལ་པོའི་སྲིད་དོན་གྱི་གནས་སྟངས་ཀྱང་ཞང་ཞུང་གི་བོན་དང་། དེའི་སྦྱིན་བདག་ཞང་ཞུང་གི་སྟོབས་ལྡན་རྒྱལ་པོ་རྣམས་དང་འབྲེལ་དགོས་པའམ། དེ་དག་ལ་མ་བརྟེན་ཐབས་མེད་པ་འདྲ་ཞིག་ཏུ་ཆགས་ཡོད། རྒྱུ་མཚན་དེ་རིགས་ལ་བརྟེན། བོད་ཀྱི་རྒྱལ་པོ་འགའ་ཞིག་གིས་ཞང་ཞུང་ནས་བོད་ལ་ཐེ་ཇུས་བྱེད་པ་དང་། བོད་དུ་ཡོད་པའི་བོན་གཤེན་རྣམས་ཀྱི་སྐུ་དབང་བཅས་ལ་ངོགས་ཟོན་གྱིས། བོན་གཤེན་རྣམས་ཀྱི་མངའ་དབང་ལ་ཉམས་ཉེས་བཏང་བའི་ལོ་རྒྱུས་ཀྱང་མི་ཉུང་བ་ཞིག་བྱུང་མྱོང་བ་དེ་དག་གིས་ཤེས་ཐུབ་པ་ཡིན། གནས་ཚུལ་འདི་ནི་བོད་ཀྱི་རྒྱལ་རབས་བརྒྱད་པ་བཙན་པོ་གྲི་གུམ་གྱི་དུས་ནས་དབུ་ཚུགས་པ་ཞིག་ཡིན་པ་སྟེ། དེ་ཡང་ལེགས་བཤད་རིན་པོ་ཆེའི་མཛོད་[ཤེ185 ཤ20]ལས་བློན་པོ་ལི་བཙན་བཞིར་ན་རེ། རྗེ་རྒྱལ་ལགས། བོན་པོ་མགོ་མཐོ་ན་རྗེ་ཡི་མངའ་ཐང་ཕྲེར། ཞེས་པ་ལ་སོགས་པ་དང་། བློན་པོ་ཐིང་པ་རན་བྱ་བ་ན་རེ། རྗེ་ལགས། གཤེན་པོ་རྣམས་མཐའ་རུ་སྤྱུགས་པའི་བཀའ་མཆིད་གསུངས་པར་ཞུ། ཞེས་སོགས་དང་། རྒྱ་གར་གྱི་སྤྲང་པོ་རྒྱལ་ཁམས་སུ་འཁྱམས་པ་རན་སིདྡྷི་བྱ་བ་ཞིག་གིས་ཀྱང་། ད་ལྟ་རྒྱལ་གཤེད་དོ་མཉམ་ཅམ་གདའ་སྟེ། སྲས་དབོན་རྣམས་ཀྱི་སྐུ་རིང་ལ་རྒྱལ་སྲིད་བོན་པོས་ཁྲེར་བ་མཆིའོ། །ཞེས་སོགས་ཀྱི་ཕྲ་མ་རྒྱལ་གཤེན་གྱི་བར་དུ་བཙུག་གོ། ཞེས་པ་དང་། ཡང་ལེགས་བཤད་[ཤེ186 ཤ10]ལས་དེར་རྒྱལ་པོས་གཤེན་པོ་རྣམས་བསགས་ཏེ་གསུངས་པ། སྐུ་གཤེན་རྣམས་གསོན་དང་། ང་ཡི་རྒྱལ་སྲིད་དང་། ཁྱོད་ཀྱི་བོན་སྲིད་གཉིས་ཅམ་མངའ་རིས་འདི་ཏུ་མི་ཤོང་བ་འདྲ་བས་ལྷ་བོན་སྔོ་བཞི་དང་། གེ་ཁོད་ཐིས་འཕེན་དང་། གཙོ་གྱིམ་བུ་ལན་ཚ་རྣམས་བདག་གི་སྐུ་སྲུང་དུ་བཞག་འཚལ། ཕྱི་མ་རྣམས་བོད་ཏུ་བཞི་ལས་འདས་པར་གཤེགས་ཤིག་ཅེས་གསུངས། ཞེས་གསལ་བ་ལྟར། བཙན་པོ་གྲི་གུམ་གྱིས་བོན་གཤེན་རྣམས་ལ་ཉམས་ཉེས་དྲག་པོ་ཞིག་བཏང་མྱོང་བ་དེའི་

རྒྱ་མཚན་གྱི་གཙོ་བོའང་དེ་དུས་ཀྱི་བོན་གཤེན་རྣམས་ལ་མངའ་ཐང་ཤེར་དུ་དོགས་པ་དེ་རང་ཡིན་ངེས་པ་དང་། བོན་ལ་རྒྱལ་པོའི་མངའ་དབང་ཤོར་ཉེས་ཡོད་པའི་རྒྱུ་རྐྱེན་ཡང་ལེགས་པར་བཤད་[པེ་184 ཤ་12]ལས་རྒྱལ་གཤེན་གང་གི་རིང་ལ་(བོན་)ནུབ་ན། དབང་ཆེན་ལས། རྒྱལ་གྲི་ཏུམ་བཙན་པོ་གླིན་པའི་རིང་ལ། གཤེན་པོ་དང་རྒྱལ་པོའི་བར་དུ་སྨན་ཕྲ་ཞུགས་ཏེ། ཞེས་དང་། ཕྱི་རྒྱུད་ལས། ལྡེ་གྲིམ་ཚ་རྨ་ཆུང་གིས་བསྟན་སྲུང་མཐུ་ཆེན་བསྐུལབས་ཏེ་མཐུའི་དྲེགས་པ་སྐྱེས་པས། རྒྱལ་པོ་དང་བར་དུ་སྨན་ཕྲ་ཞུགས། ཞེས་བོན་གཤེན་ཆེན་པོ་དེ་རྣམས་ལ་མཐུ་ནུས་ཡོད་དྲག་པ་དེ་རྒྱུ་མཚན་གྱི་གཙོ་བོ་ཡིན་པ་འདྲ་ཞིག་ཏུ་བསྟན་འདུག་ནའང་། དངོས་དོན་དུ་བོན་གཤེན་ཆེན་པོ་དེ་རྣམས་ལ་མཐུ་ནུས་ཤིན་ཏུ་ཆེ་བ་རེ་ཡོད་པ་དེ་དག་ཀྱང་རྒྱལ་པོ་ལ་དོགས་ཟོན་སྐྱེ་གཞི་ཞིག་ཏུ་ཆགས་ཡོད་པ་ནི་བཤད་མ་དགོས་སོད། དེ་དག་ལས་ཀྱང་དོགས་ཟོན་ཆེ་ཙམ་ཞིག་དགོས་ངེས་པ་ནི་དེ་དུས་ཀྱི་བོན་གཤེན་ཚོས་ཞང་ཞུང་གི་མངའ་དབང་རང་ཤུགས་སུ་མཚོན་གྱི་ཡོད་པ་དེ་ཡིན་ལ། བོད་ཀྱི་རྒྱལ་པོས་གཤེན་རྣམས་ལ་ཉམས་ཉེས་བཏང་བ་དེའང་གནས་ཚུལ་དེ་དང་ཤིན་ཏུ་འབྲེལ་ཆེ་བ་ཞིག་ཡིན་ངེས་པ་ནི་བཤད་མ་དགོས་པ་ཞིག་རེད།

བོད་ཀྱི་བཙན་པོ་གྲི་གུམ་ཙམ་དུ་མ་ཟད། བོད་ཀྱི་རྒྱལ་རབས་སུམ་ཅུ་སོ་བཞིའི་རིང་བོད་ཀྱི་རྒྱལ་པོ་གཞན་དག་གིས་ཀྱང་དེ་དང་ཕྱོགས་འདྲ་བའི་དོགས་ཟོན་དང་། དེ་འབྲེལ་གྱི་མཛད་པ་ཅི་རིགས་ཤིག་གནང་སྲིད་ཡོད་པའི་སྐོར་གྱི་ལོ་རྒྱུས་བག་ལ་ཞ་བ་དུ་མ་ཞིག་ཡོད་སྲིད་པའང་ཤུགས་ཀྱིས་ཤེས་ཐུབ། གང་ལྟར་ཡང་། བཙན་པོ་གྲི་གུམ་གྱིས་བོན་གཤེན་རྣམས་ལ་ཉམས་ཉེས་དྲག་པོ་ཞག་བཏང་སྲིད་ནའང་། ཁོང་གིས་བོད་ཀྱི་ཆབ་སྲིད་ཀྱི་རྨང་གཞི་མེད་དུ་མི་ཏུང་བའི་ཤེས་རིག་གང་དང་གང་ཡིན་པ་དང་། ཆབ་སྲིད་སྐྱོང་བའི་ཡོ་ཆས་སུ་ཤེས་རིག་གང་དང་གང་ཞིག་དགོས་ངེས་པའི་སྐོར་ལ་ངེས་ཤེས་བརྟན་པོ་ཞིག་མ་རྙེད་པ་ཡིན་སྟབས། མཐར་ལོ་ངམ་གྱིས་བཙན་པོ་གྲི་གུམ་བཀྲོངས་ཏེ། བོད་ཀྱི་རྒྱལ་སྲིད་ལོ་ངམ་གྱིས་བཟུང་བའི་གནས་ཚུལ་ཆེན་པོ་དེ་བྱུང་ཡོད་པ་རེད།

ཆོས་རྒྱལ་སྲོང་བཙན་སྒམ་པོས་བོད་དུ་དམ་པའི་ཆོས་ཀྱི་སྒྲོན་མེ་སྦར་བ་དེའང་ཁོང་གི་ཆབ་སྲིད་ཀྱི་གནས་ལུགས་དང་ཡོངས་སུ་འབྲེལ་བ་ཞིག་ཡིན་ངེས་པ་ནི་ཐེ་ཚོམ་དང་བྲལ་བ་ཞིག་རེད། གང་ལ་ཟེར་ན། ཁོང་ནི་བོད་ཀྱི་ཆབ་སྲིད་ཀྱི་རྨང་གཞི་ངེས་པ་ཅན་གྱི་ཤེས་རིག་ཅིག་མེད་དུ་མི་ཏུང་བའི་ཚུལ་ལ་ངེས་ཤེས་ཁྱད་ཅན་ཡོད་མཁན་ཞིག་ཡིན་སྟབས། ཐོག་མར་ཁོང་གིས་ཉིད་ཀྱི་སྲས་མོ་ས་མར་ཀར་ཞང་ཞུང་བྲུང་ལུག་གི་རྒྱལ་པོ་ལིག་མི་རྒྱའི་བཙུན་མོར་བཏང་བའི་ཚུལ། ཏུན་ཧོང་བོད་ཀྱི་ལོ་རྒྱུས་ཡིག་རྙིང་[PI571 ཤ་388]ལས་རྒྱལ་པོ་འདིའི་རིང་ལ། ཞང་ཞུང་ལྡེ་བུ། གཉེན་གྱི་ཡང་དོ། །འཐབ་ཀྱི་ཡང་སྐལ་ཏེ། ཞང་

ཞུང་བདག་དུའ། བཙན་མོ་སད་མར་ཀར་ཡིག་མ་རྫུ་ལ་ཆབ་སྲིད་ལ་གཉེགས་སོ། །ཞེས་གསལ་ཞིང་། བཙན་མོ་ས་མར་ཀར་ཞེས་པ་འདི་མཁས་དབང་དགེ་འདུན་ཆོས་འཕེལ་སོགས་ཀྱིས་བཙན་པོ་སྲོང་བཙན་སྒམ་པོའི་སྐུ་མཆེད་ཅིག་ཡིན་པར་དགོངས་པ་དེ་ནི། སྲོང་བཙན་སྒམ་པོ་སྐྱེ་འཁོར་བཅོ་ལྔ་པའི་སྐྱེ་ཕྲེང་གོང་མའི་མེ་གླང་(སྣླི2534སྤྱི617)ལ་སྐུ་བལྟམས་པའི་དབང་དུ་བྱས་ཏེ། བཙན་པའི་སྐུ་མཆེད་དུ་དགོངས་པ་ཡིན་མོད། དོན་དུ“བཙན་མོ”ཞེས་པ་ནི་བཙན་པོའི་སྐུ་མཆེད་དང་སྲས་མོ་གང་ཡང་ཡིན་ཆོག་ཅིང་། སྲོང་བཙན་གྱི་མཛད་པ་གང་ལ་དཔྱད་ནའང་ཁོང་གི་འབྲུངས་ལོ་ནི་དེབ་ཐེར་སྔོན་པོར་གསལ་བར་བསྟན་པ་བཞིན། སྐྱེ་འཁོར་བཅུ་བཞི་པའི་སྐྱེ་ཕྲེང་འོག་མའི་ས་མོ་གླང་(སྣླི2486སྤྱི569)ལོ་རང་ཡིན་ངེས་པས། བཙན་པོ་སྲོང་བཙན་སྒམ་པོ་ལ་བལ་བཟའ་དང་རྒྱ་བཟའ་རྣམས་མ་བསུས་པའི་གོང་དེར་བཙུན་མོ་འགའ་ཞིག་ཡོད་ངེས་པ་དང་། བཙུན་མོ་དེ་དག་ལ་སྲས་དང་སྲས་མོ་འགའ་རེ་བྱུང་ཡོད་པའང་རང་ཤུགས་ཀྱིས་ཤེས་ཐུབ་པ་དང་། གཞན་ཡང་བྱམས་མ་[རྒྱུད་ཆེ72ཤ35ན3]ལས་ཞང་ཞུང་གི་ཡུལ་ནས་ཞང་ཞུང་ཟ(བཟའ)ལིག་ཏིག་སྨན་ཅིག་བླངས་པས། ཞང་ཞུང་གི་ལྷ་གཉེན་རབ་བསྟན་པའི་གཙོ་བོ་དཀྱུང་ལོ་གཅིག་པའི་སྐུ་ཚད་གདན་དྲངས་ནས་ཐེག་ཆེན་ལྷ་ཁང་བཞེངས་སུ་གསོལ། ཞེས་གསལ་བའི་ཞང་ཞུང་བཟའ་དེ་ཁབ་ཏུ་བཞེས། ཞང་བོད་གཉེན་གྱི་འབྲེལ་བ་དམ་ཟབ་ཏུ་གནང་བའི་མཇུག་ཐོག་དེར་ཡུལ་གྲུ་གཞན་གྱི་ཤེས་བྱར་མ་ལྟོས་པ། བོད་ལ་རང་གི་ཤེས་རིག་དགོས་པར་གཟིགས། ཞེས་པའི་གོ་དོན་དེ་ཇི་བཞིན་དུ་བསྒྲུབ་པའི་ཆེད། ཐོག་མར་བལ་པོའི་རྒྱལ་པོ་དང་འབྲེལ་ལམ་གྱིས་བལ་བཟའ་ཁབ་ཏུ་བཞེས་པ་དང་། དེ་རྗེས་སུ་རྒྱ་ནག་ཐང་གི་རྒྱལ་པོ་དང་འབྲེལ་ལམ་གསར་དུ་ཚུགས་ནས་རྒྱ་བཟའ་ཁབ་ཏུ་བཞེས་ཤིང་། བོད་ཀྱི་བཙན་པོས་བལ་བཟའ་དང་རྒྱ་བཟའ་ཁབ་ཏུ་བཞེས་པ་དེ་གཙོ་ཆེར་བོད་དུ་སངས་རྒྱས་ཀྱི་ཆོས་སྤྱན་དྲངས་པའི་སླད་དུ་ཡིན་པ་ལྟ་བུའི་བཤད་པ་རྒྱལ་རབས་དང་དེབ་ཐེར……ཀུན་ནས་འབྱུང་བ་དེ་ལའང་རྒྱུ་མཚན་ཅ་བ་ནས་མེད་པ་ཞིག་མིན་པ་གསལ་པོར་རྟོགས་ཐུབ་པ་ཡིན། བཙན་པོ་སྲོང་བཙན་སྒམ་པོས་རྒྱ་བལ་རྒྱ་ནག་བཅས་དང་འབྲེལ་ལམ་གསར་དུ་བཙུགས་པའི་གཞི་ཙ་དེ……ཐོག་ནས། དམ་པའི་ཆོས་དང་དེ་འབྲེལ་གྱི་ཤེས་རིག་སྣ་ཚོགས་པ་རྣམས་བོད་ཡུལ་དུ་དྲངས་ཤིང་། བོད་ན་སྔོན་ཡོད་ཀྱི་བོན་ནམ་ཞང་ཞུང་གི་ཤེས་རིག་སྣ་ཚོགས་པ་དེ་དག་ལས་རྣམ་པ་ཐ་དད་པའི“བོད་ཀྱི་ཡི་གེ”དང“བོད་ཀྱི་ཤེས་རིག”ཅེས་བྱ་བ་འཛུབ་མོ་འཛུགས་གཞི་ཡོད་པ་ཞིག་གི་རྐང་བཙུགས། རྒྱལ་ཁམས་སུ་ལྷ་ཆོས་དགེ་བ་བཅུ་དང་། མི་ཆོས་གཙང་མ་བཅུ་དྲུག་གི་ཁྲིམས་སྲོལ་གསར་དུ་བཏོད་པས་མཚོན། རིམ་གྱིས་ཞང་ཞུང་གི་རྒྱལ་པོའི་སྲིད་བཀྲུགས་ནས་ཞང་ཞུང་གི་མངའ་ཁོངས་ཚང་མ་བོད་རྒྱལ་

པོའི་ཆབ་འབངས་སུ་གྱུར་པའི་དུས་རིམ་འོག་མའི་དབུ་བརྙེས་པ་དང་། ཞང་བོད་ལོ་རྒྱུས་ཀྱི་དུས་རིམ་བར་མའི་མཇུག་བསྡོལ་བའི་ཚུལ་ཏུན་ཧོང་བོད་ཀྱི་ལོ་རྒྱུས་ཡིག་རྙིང་ལས་ཀྱང་གསལ་བར་བསྟན་ཡོད་པ་དེ་རེད། རྒྱུ་མཚན་དེ་དག་ལ་བརྟེན་ནས་དུས་ཕྱིས་ཀྱི་ལོ་རྒྱུས་མཁན་པོ་ཆོས་རྒྱལ་བློན་བྱང་ཆུབ་སེམས་དཔའ་དེ་རྣམས་ཀྱི་མཛད་རྗེས་ལ་ཚད་མེད་པའི་བསྟོད་བསྔགས་ཕུལ་ཡོད་པ་དང་། ཁོང་རྣམ་པར་སྐྱུ་དྲིན་རྗེས་དྲན་གྱི་དྲིན་གཟོ་བླ་ན་མེད་པ་ཞིག་ཞུས་ཡོད་པ་དེ་དག་ནི་ཤིན་ཏུ་འོས་པ་ཅན་ཞིག་དང་། དགོས་ངེས་པ་ཅན་ཞིག་ཡིན་པ་ནི་སྨོས་མ་དགོས། དེ་ལྟར་ནའང་སྔོན་ཐོན་གྱི་རྒྱལ་བློན་བཀའ་དྲིན་ཅན་དེ་རྣམས་ཀྱི་བཀའ་དྲིན་དངོས་མ་དེ་གང་ཡིན་ངོ་ཤེས་པའི་ཐོག་ནས་དྲིན་གཟོ་ཞུ་དགོས་པ་ཞིག་ཡིན་པ་ལས་མ་ཡིན་ཡིན་འདོགས་ཀྱིས་སྒྲོ་འདོགས་བཅས་པས་དྲིན་གཟོ་ཞུ་དགོས་པ་འགའ་ཡང་མེད་ལ། དེ་ལྟར་ཞུ་བའང་མི་འོས་པ་ཞིག་རེད། དེར་མ་ཟད་བོད་ཀྱི་ལོ་རྒྱུས་རྣལ་མ་ལ་གནོད་ཚབས་ཆེ་བའི་སྒྲོ་འདོགས་ཀྱིས་དྲིན་གཟོ་ཞུ་ཕྱུལ་བྱས་ནའང་དོན་དུ་དཔལ་ལྡན་ས་སྐྱ་པཎ་ཆེན་གྱིས"བསྟོད་པར་བྱས་ཀྱང་སྨད་པའི་གནས།" ཞེས་གསུངས་པ་དང་འཇིག་རྟེན་གྱི་ཁ་དཔེ་ལའང"བསྟོད་མི་ཤེས་མཁན་གྱིས་བསྟོད་པ་ལས། སྨད་མི་ཤེས་མཁན་གྱིས་སྨད་ན་ལེགས།" ཞེས་པའི་དོན་དུ་འགྱུར་ངེས་པ་ཡིན།

ས་བཅད་ལྔ་པ། ཡ་རྦོག་བོད་ཀྱི་ཤེས་རིག་ལ་ངོས་འཛིན་ཚུལ།

ཆོས་རྒྱལ་སྲོང་བཙན་སྒམ་པོས་རྒྱལ་སྲིད་བསྐྱངས་པའི་དུས་སྐབས་དེ་ནས་བཟུང་གནའ་བོའི་དུས་རིམ་འོག་མའི་ལོ་རྒྱུས་ཀྱི་དབུ་ཚུགས་པ་སྟེ། ཞང་བོད་གཅིག་གྱུར་གྱི་དུས་རབས་གསར་པ་ཞིག་ཏུ་ཆགས་ཡོད་པར་མ་ཟད། དུས་སྐབས་དེ་ནས་བཟུང་རྒྱ་དཀར་ནག་གི་ཤེས་རིག་རྒྱ་ཆེ་ལ་རྣམ་གྲངས་མང་བ་ཞིག་བོད་ཡུལ་དུ་དར་སྤེལ་བྱུང་བའི་དབུ་ཡང་ཚུགས་ཡོད་པ་རེད།

དངོས་དོན་དུ་རྒྱ་དཀར་ནག་གི་ཤེས་རིག་རྒྱ་ཆེ་ལ་རྣམ་གྲངས་མང་བའི་ཆུ་བོ་ཆེན་པོ་གཉིས་ཕྱོགས་གཅིག་ཏུ་འདུས་པ་ལ་བརྟེན། བོད་ཀྱི་གནའ་བོའི་ཤེས་རིག་མ་ཕམ་གཡུ་མཚོ་ལྟར་རང་བཞིན་དྭངས་ལ་གཏིང་ཟབ་པ་དེ་ཉིད་སྔོན་ལས་ཀྱང་ཕྱུག་པ་དང་། ཆ་ཚང་བ། ཕུན་སུམ་ཚོགས་པའི་དར་རྒྱས་ཀྱི་རང་བཞིན་རྒྱ་མཚོ་ཆེན་པོའི་རྗེས་སུ་སླེགས་པ་ལྟ་བུའི་རྣམ་པ་གསར་བ་ཞིག་ཏུ་ཆགས་ཡོད་པ་ནི། དེང་དུས་རང་རེས་མངོན་སུམ་མྱོང་རྟོགས་ཀྱིས་ལག་ལེན་དུ་བསྟར་བཞིན་པའི་བོད་ཀྱི་ཤེས་རིག་རྒྱ་ཆེ་ལ་གཏིང་ཟབ་པ་འདི་གས་ངེས་ཤེས་ཐུབ་པ་ཡིན།

བོད་ཀྱི་ཆོས་ཕྱོགས་སུ་བཞུགས་པའི་མཁས་པ་ཕལ་མོ་ཆེའི་གཟིགས་ཕྱོགས་སུ་ཆོས་རྒྱལ་སྲོང་བཙན་སྒམ་པོ་མ་བྱོན་པའི་གོང་དེར། བོད་དུ་ཡི་གེ་བེད་སྤྱོད་བྱེད་པའི་སྲོལ་མེད་པ་ཡིན་སྟབས། བོད་ལ་ཤེས་རིག་རྒྱ་ཆེ་ལ་གཏིང་ཟབ་པ་འགའ་ཡང་མེད་ལ། བོད་ཀྱི་ཐོག་མའི་རྒྱལ་པོ་གཉའ་ཁྲི་བཙན་པོ་ནས་ལྷ་ཐོ་ཐོ་རི་སྙན་ཤལ་གྱི་བར་བོད་ཀྱི་རྒྱལ་རབས་མང་པོ་ཞིག་གི་རིང་ལ། བོད་ཀྱི་རྒྱལ་སྲིད་དེ་སྒྲུང་དང་ལྡེའུ་བོན་གསུམ་གྱིས་བསྐྱངས་ཡོད་ལ། སྒྲུང་དང་ལྡེའུ་བོན་གསུམ་ནི་དེ་དུས་བོད་ཀྱི་ཤེས་རིག་ཐུན་མོང་མ་ཡིན་པ་ཞིག་ཡིན་པར་ངོས་འཛིན་གནང་སྲོལ་བྱུང་ཡོད་པ་སོགས་ཀྱི་སྐོར་དུས་རིམ་བར་མའི་ལོ་རྒྱུས་སུ་གསལ་བ་དེ་ཡིན།

ལྷ་ཐོ་ཐོ་རི་གཉན་བཙན་གྱི་སྐུ་དུས་སུ་སྤང་སྐོང་ཕྱག་བརྒྱ་པ་དང་མདོ་སྡེ་ཟ་མ་ཏོག་སོགས་རྒྱལ་པོའི་ཕྱག་ཏུ་བྱུང་བ་དེ་ནི་ཆོས་ཀྱི་དབུ་བརྙེས་པའི་ཐོག་མ་ཡིན་པ་དང་། རྒྱལ་པོ་འདིའི་སྐུ་དུས་སུ་རྒྱ་གར་ནས་གྲགས་ཆེའི་སྨན་པ་བི་བྱི་དགའ་བྱེད་དང་། བི་ལྷ་དགའ་མཛེས་མ་གཉིས་བོད་ཡུལ་དུ་ཕྱིན་ཏེ་གསོ་དཔྱད་ཀྱི་བསྟན་པ་སྤེལ་བ་ལ་བོད་ཀྱི་བཙན་པོ་ལྷ་ཐོ་ཐོ་རི་སྙན་བཙན་གྱིས་སྨན་པ་ཆེན་པོ་འདི་གཉིས་སྤྱན་དྲངས་པའི་ཚུལ་རྗེ་བཙུན་གཡུ་ཐོག་ཡོན་ཏན་མགོན་པོ་རྙིང་མའི་རྣམ་པར་ཐར་པ་བཀའ་རྒྱ་མ་གཟི་བརྗིད་རིན་པོ་ཆེའི་གཏེར་མཛོད་བྱ་བ་[པེ་63ཤ་21]ལས་བོད་ཡུལ་དུ་སྨན་པ་གཉིས་ཀྱིས་གསོ་དཔྱད་ཀྱི་བསྟན་པ་བཙུགས་པའི་སྙན་གྲགས་བྱང་ཆུབ་སེམས་དཔའ་ལྷ་ཐོ་ཐོ་རིའི་སྙན་བཙན་གྱིས་གསན་ནས། སྨན་པ་གཉིས་ཕོ་བྲང་ཡུམ་བུ་གླང་མཁར་དུ་སྤྱན་དྲངས། ཞེས་པ་དང་། བཙན་པོ་ལྷ་ཐོ་ཐོ་རི་སྙན་བཙན་གྱིས་ཉིད་ཀྱི་སྲས་མོ་ལྷ་ལྕམ་ཡིད་ཀྱི་རོལ་ཆ་སྨན་པ་བི་བྱི་དགའ་བྱེད་ལ་ཕུལ་ཞིང་། སྨན་པ་གཉིས་བོད་དུ་ལོ་སྐོར་གཉིས་སུ་བཞུགས་པ་དང་ལྷ་ལྕམ་ཡིད་ཀྱི་རོལ་ཆ་ལ་བི་བྱི་དགའ་བྱེད་ཀྱི་སྲས་སྨན་པ་དུང་གི་ཐོར་ཅོག་ཅན་སྐྱ་བལྟམས། སྨན་པ་གཉིས་ཀྱིས་དུང་གི་ཐོར་ཅོག་ཅན་ལ་རིག་པ་ཙའི་མདོ། འཚོ་བ་ཟས་ཀྱི་མདོ། སྦྱོར་བ་སྨན་གྱི་མདོ། གཏར་སྲེག་དཔྱད་ཀྱི་མདོ། རྨ་ཆས་བཟོའི་མདོ་རྣམས་དང་། གཞན་ཡང་རྩ་འགྲེལ། འགྲེལ་བཤད། ཐིག་དབུགས། ས་བཅད། ལག་ལེན་དང་བཅས་པ་རྣམས་གནང་བས། དུང་གི་ཐོར་ཅོག་ཅན་ལྷ་ཐོ་ཐོ་རི་གཉན་བཙན་དང་དེའི་སྲས་ཁྲི་གཉན་གཟུགས་བཙན་ཡབ་སྲས་ཀྱི་བླ་སྨན་དུ་གྱུར་ཅིང་། བཙན་པོ་ཁྲི་གཉན་གཟུངས་བཙན་ནས། རྗེ་དཔལ་འཁོར་བཙན་ཡན་བོད་ཀྱི་རྒྱལ་རབས་སོ་སོའི་བླ་སྨན་རྣམས་སྨན་པ་དུང་གི་ཐོར་ཅོག་ཅན་གྱི་རྒྱུད་པས་མཛད་པའི་ཚུལ་རྣམས་གཞུང་དེར་ཤིན་ཏུ་ཞལ་གསལ་བར་བསྟན་ཡོད། ལྡེའུ་ཆོས་འབྱུང་ཆེན་མོ་[བོད་180ཤ་5]ལས་(གནམ་རི་སྲོང་བཙན)དེའི་རིང་ལ་མཐའི་རྒྱ་གྲུ་གུ་ཧོར་དང་གསུམ་བཏུལ། བོད་ལ་ཁྲི་རྩེ་འབུམ་གདུགས་ཀྱི་ཁྲིམས་བཅས། ཞེས་རྒྱལ་

ཁྲིམས་གསར་པ་ཞིག་བཅས་པར་གསལ་བ་དང་། རྒྱལ་རབས་གསལ་བའི་མེ་ལོང་[པེ་61 ཤ་17] ལས་རྒྱལ་པོ་(གནམ་རི་སྲོང་བཙན་) འདིའི་དུས་སུ་རྒྱ་ནག་ནས་སྨན་དང་རྩིས་བྱུང་། རྒྱ་དང་གྲུ་གུ་བཏུལ། བྱང་ནས་ཚྭ་རྙེད། སྐུ་མཁར་ཁྲི་བརྩིགས་འབུམ་བརྟུགས་བྱ་བ་བརྩིགས། ཞེས་པ་རྣམས་ཀྱིས་རྒྱལ་ཁྲིམས་དང་སྐུ་མཁར་མཚན་གཅིག་པར་བསྟན་པ་སོགས་ཀྱིས་དུས་རིམ་སོ་སོར་བོད་ཀྱི་ཤེས་རིག་གི་སྐོར་རྣམས…… རིམ་པར་དར་རྒྱས་སུ་ཕྱིན་ཡོད་པ་གསལ་བར་བསྟན་པ་ཡིན།

གཅིག རྒྱ་དཀར་ནག་གཉིས་ཀྱི་ཤེས་བྱའི་གནས་བོད་ལ་བསྒྱུར་ནས་བོད་ཀྱི་ཤེས་རིག་ཚད་མཐོ་རུ་བཏང་བའི་སྐོར།

ཆོས་རྒྱལ་སྲོང་བཙན་སྒམ་པོའི་སྐུ་རིང་ལ། སློན་པོ་ཐོན་མི་སཾ་བྷོ་ཊ་སོགས་རྒྱ་གར་དུ་བཏང་ནས་སླར་བོད་དུ་བསྐྱིབས་པ་དང་བོད་ཡིག་གི་སྲོལ་གསར་དུ་བཏོད། ཐོན་མིས་བོད་ཀྱི་བརྡ་སྤྲོད་རིག་པའི་གཞུང་བརྒྱད་གསར་དུ་བརྩམས་ནས། རྒྱ་དཀར་ནག་སོགས་ཀྱི་ཤེས་བྱ་རིག་པའི་གནས་རྣམས་བོད་ཀྱི་སྐད་ཡིག་ཏུ་བསྒྱུར་བའི་དབུ་ཚུགས། རྒྱ་གར་གྱི་སློབ་དཔོན་ཀུ་ས་ར་དང་བྲམ་ཟེ་ཤང་ཀ་ར། སློབ་དཔོན་ལི་བྱིན། བལ་པོའི་སློབ་དཔོན་ཤཱི་ལ་མཉྫུ། ཁ་ཆེའི་སློབ་དཔོན་ཏ་ནུ་ཏ། རྒྱ་ནག་གི་སློབ་དཔོན་ཧྭ་ཤང་མ་ཧཱ་དེ་བ་རྣམས་གདན་དྲངས། ཐོན་མི་སཾ་བྷོ་ཊ་དང་དརྨ་ཀོ་ཤ ཨཱནྟ་ཨ་ལོ་ཀ ཡེ་ཤེས་དཔལ། ལྷ་ལུང་རྡོ་རྗེ་དཔལ་སོགས་ཀྱིས་ལོ་ཙཱ་བ་བྱས་ཏེ། བཀའ་སྡེ་སྡོད་གསུམ་དང་ཀྲི་ཡའི་རྒྱུད་སྐོར། སྨན་དཔྱད་ཀྱི་གཞུང་ཅི་རིགས་པ་རྣམས་བོད་སྐད་དུ་བསྒྱུར་བ་དང་། ལྷག་པར་ཆོས་ཀྱི་རྒྱལ་པོའི་བཀའ་ལུང་བཞིན། ཐོན་མི་སཾ་བྷོ་ཊས་གཉན་པོ་གསང་བར་གྲགས་པའི་སྒྲོམ་དེ་ཞལ་ཕྱེས་པས། དེར་དཔང་སྐོང་ཕྱག་རྒྱ་བ་དང་མདོ་སྡེ་ཟ་མ་ཏོག་ཙནྟ་མ་ཎིའི་གཟུངས། མདོ་སྡེ་ལས་རྣམ་པར་འབྱེད་པའི་གཟུངས་བཅས་བཞུགས་འདུག་པ་དེ་རྣམས་དང་། ཐུགས་རྗེ་ཆེན་པོའི་མདོ་རྒྱུད་ཉི་ཤུ་རྩ་གཅིག་བོད་ཀྱི་སྐད་ཡིག་ཏུ་བསྒྱུར་མཛད་པའི་ཚུལ་བཀའ་ཆེམས་ཀྱི་ལོ་རྒྱུས་སུ་གསལ་བར་བསྟན་ཅིང་། དུས་དེར། སྲོང་བཙན་སྒམ་པོས་ཕྱོགས་མཐའི་རྒྱལ་ཁམས་མང་པོར་དབང་བསྒྱུར་ཏེ། ཤེས་རིག་སྣ་ཚོགས་པའི་དཔེ་བླངས་ནས་བོད་ཀྱི་ཤེས་ཚད་མཐོ་རུ་བཏང་བའི་ཚུལ་ལྡེ་བྲག་ཆོས་འབྱུང་[པེ་སྟོད་184 ཤ་3] ལས་ཤར་ཕྱོགས་རྒྱ་དང་མི་ཉག་ནས། །བཟོ་དང་རྩིས་ཀྱི་དཔེ་རྣམས་ལེན། །ལྷོ་ཕྱོགས་དཀར་པོའི་རྒྱ་གར་ནས། །དམ་པའི་ཆོས་ཀྱི་སྒྲ་རྣམས་བསྒྱུར། །ནུབ་ཕྱོགས་སོག་པོ་བལ་པོ་ནས། །ཟས་ནོར་ལོངས་སྤྱོད་གཏེར་ཁ་འབྱེད། །བྱང་ཕྱོགས་ཧོར་དང་ཡུ་གུར་ནས། །ཁྲིམས་དང་ལས་ཀྱི་དཔེ་རྣམས་ལེན། །དེ་ལྟར་ཕྱོགས་བཞིར་དབང་བསྒྱུར་ནས། །མཐའ་ཡི་ལོངས་སྤྱོད་

དབང་དུ་སྤྱད། །འཛམ་གླིང་ཕྱེད་ལ་ཁ་ལོ་བསྒྱུར། །ཞེས་གསལ་བ་ལྟར་གྱིས་བོད་ཡུལ་དུ་བཀའི་ཁྲིམས་ཆེན་པོ་དྲུག་དང་། བཀའ་གྲོས་ཆེན་པོ་དྲུག་ཡིག ཚང་དྲུག བཀའི་ཕྱག་རྒྱ་དྲུག རྟེན་དྲུག དཔལ་མཚན་དྲུག་བཅས་བོད་ཀྱི་འཕོས་ཆེན་པོ་སུམ་ཅུ་སོ་དྲུག་དང་། མཛད་པ་གསུམ། མི་མཛད་པ་གསུམ། བསྟོད་པ་གསུམ། སྨད་པ་གསུམ། མི་མནར་བ་གསུམ་བཅས་རྒྱལ་ཁྲིམས་བཅོ་ལྔ་དང་། གཞན་ཡང་ཁྲིམས་ཆེན་བདུན་དང་ལྷ་ཆོས་དགེ་བ་བཅུ། མི་ཆོས་གཙང་མ་བཅུ་དྲུག་སོགས་ཀྱི་ཁྲིམས་བཅས་ཡོད།

དེ་ཡང་བཀའི་ཁྲིམས་ཡིག་ཆེན་པོ་དྲུག་ནི་ལྡེའུ་རྒྱ་བོད་ཀྱི་ཆོས་འབྱུང་[བོད་270ཤ་5]ལས་ཁྲིམས··· དྲུག་ལ་ནི། གོང་གི་ཁྲི་རྩེ་འབུམ་བཞེར་གྱི་ཁྲིམས་དང་གཅིག འབུམ་གསེར་ཐང་ཤ་བ་ཅན་གྱི་ཁྲིམས་དང་གཉིས། རྒྱལ་ཁམས་དཔེ་བླངས་གི་ཁྲིམས་དང་གསུམ། མདོ་ལོན་ཞུ་བཅད་ཀྱི་ཁྲིམས་དང་བཞི། ཁབ་སོ་ནང་ཁྲིམས་དང་ལྔ། བཀའ་ལུང་རྒྱལ་ཁྲིམས་དང་དྲུག་གོ། ཞེས་པ་རྣམས་ཀྱིས་གསལ་ལ། དེའི་སྐོར་ལྡེ་བྲག་ཆོས་འབྱུང་དུ"འབུམ་གསེར་ཐང་ཤ་བ་ཅན་གྱི་ཁྲིམས"ཞེས་པ་འདིར"འབུམ་གསེར་ཐོག་ཤ་བ······ ཅན་གྱི་ཁྲིམས"ཞེས་བཀོད་ཡོད་པ་དང་། "ཁབ་སོ་ནང་ཁྲིམས"ཞེས་པར"ཁབ་སོ་ནང་པའི་ཁྲིམས" ཞེས་བཀོད་ཡོད།

དེ་ཡང"ཁྲི་རྩེ་འབུམ་བཞེར"ཞེས་བྱ་བའི་དགོངས་དོན་གང་ཡིན་པའི་སྐོར། ལྡེ་བྲག་ཆོས་འབྱུང་[པེ་སྟོད་185ཤ་11]ལས་ཁྲི་རྩེ་འབུམ་བཞེར་ནས་སྲིད་པ་དང་ཁོས་སྟོན་པ་ལ། རྒྱལ་པོས་བློན་པོ་རྣམས་སོ་སོར་བཀས་བསྐོས་ཏེ། བོད་ཀྱི་ཁོས་ཁམས་དཔོན་མགར་སྟོང་བཙན་ཡུལ་བཟུང་། ཞང་ཞུང་གི་ཁོས་དཔོན་ཁྱུང་པོ་བུན་ཟུང་ཙེ། སུམ་པའི་ཁོས་དཔོན་ཧོར་བྱ་ཞུ་རིང་པོ། ཚིབས་ཀྱི་ཁོས་དཔོན་དབང་བཙན་བཟང་དཔལ་ལེགས། མཐོང་ཁྱབ་ཀྱི་ཁོས་དཔོན་ཅོག་རོ་རྒྱལ་མཚན་གཡང་གོང་རྣམས་བསྐོས། ཞེས་རགས་ཙམ་ཤེས་ཐུབ་ཅིང་། "འབུམ་གསེར་ཐང་ཤ་བ་ཅན་གྱི་ཁྲིམས"ཞེས་པའི་དགོངས་དོན་ཡང་[པེ་སྟོད་191ཤ་17]ལས་ཁྲི་སྲོང་ལྡེའུ་བཙན་ནོ་ནམ་སེ་སྲུན་སོགས། བཀའ་ལ་བཏགས་པ་ཁྲིམས་ཡིག་གཉིས་པ་སྟེ། འབུམ་གྱི་གསེར་ཐོག་ཤ་བ་ཅན་ཞེས་གྲགས། ཞེས་གསལ་བ་དང་། "རྒྱལ་ཁོས་དཔེ་བླངས་གི་ཁྲིམས" ཞེས་པ་འདིར་མཁས་པའི་དགའ་སྟོན་དུ་ཞིབ་སྒྲོས་མང་ཞིག་གནང་འདུག་པར་དེབ་ཐེར་དཔྱིད་ཀྱི་རྒྱལ····· མོའི་གླུ་དབྱངས་སུ་དགོངས་དོན་ཇི་བཞིན་པ་མ་ཡིན་པའི་འཕྲོས་གླིང་འགའ་རེའང་གནང་ཡོད་མོད། དོན་དུ་བོད་ལས་ཐ་དད་པའི་རྒྱལ་ཁམས་གཞན་གྱི་ཁྲིམས་སུ་ལེགས་ཆ་གང་ཡོད་པ་རྣམས་དཔེར་བླངས···· ཏེ། རང་གི་རྒྱལ་ཁམས་ཀྱི་གནས་ཚུལ་དགོས་མཁོ་བཅས་དང་བསྟུན་ནས་ལག་བསྟར་གནང་བའི་ཁྲིམས་སྲོལ་དེ་རིགས་ལ་དགོངས་ཡོད་པ་ནི་ཤེས་སླ་བ་ཡིན།

"མདོ་དོན་ཞུ་བཅད་ཀྱི་ཁྲིམས"ཞེས་པའི་དགོངས་དོན་གང་ཡིན་གྱི་སྐོར་ལྷོ་བྲག་ཆོས་འབྱུང་[པེ····སྐྲུན་193ཤ་14]ལས་ཁ་དྲག་ཞན་གཉིས་རྩོད་ན་བདེན་རྫུན་བརྟགས་པའི་མཐར་ཁ་དྲག་པ་མ་སྐྱིངས······ཤིང་། ཞན་པ་ཡི་མི་འཆད་པར་གཅོད་པ་མདོ་ལོན་ཞུ་ཆད་ཀྱི་ཁྲིམས་ཡིག་ཅེས་གསལ་བ་དང་། "ཁབ་སོ་ནན་ཁྲིམས"ཞེས་པའི་དགོངས་དོན་ཡང་གཞུང་དེ་[པེ་སྐྲུན་193ཤ་23]ལས་གཉི་ག་བདེན་ན་ཁྱིམ·········བདག་ཞིག་(ཅིག་)གི་བུ་སྐྱེས་མ་ཐག་གི་ཚུར་ལྷུང་བ་ཉ་ཞིག་གིས་མིད་པ། རིའི་འོག་གི་གྲོང་ན་གནས་པའི་ཁྱིམ་བདག་གཞན་ཞིག་གི་གཡོག་པས་ཉ་དེ་ཟིན་ནས་བཤས་པས་ཁྱིའུ་ཞིག་མ་ཤི་བར་བྱུང་བ། ཁྱིམ་བདག་དེས་བུར་གསོས་པ་ཁྱིམ་བདག་གོང་མས་ཐོས་ནས་རྩོད་དེ་རྒྱལ་པོ་ལ་ཞལ་ལྕེ་ཞུས་པས། གཉི་གས་ཁྱིའུ་རེ་(རེས་)མོས་སུ་གསོས་ལ་བུད་མེད་རེ་རེ་ལོང་(ལོངས།) བུ་བྱུང་ན་ཁྱིམ་བདག་སོ་སོར་ཁྱེར་ཅིག་ཅེས་བྱུང་ནས། ཁྱིའུ་རིགས་གཉིས་པར་མིང་ཆགས། བུ་རེ་རེ་སོ་སོར་ཁྱེར་ཁྱིམ་རབ་ཏུ་བྱུང་བས། དགེ་སློང་རིགས་གཉིས་པར་གྲགས་པ་དེ་ལ་དཔེ་བླངས་ནས་གཉིས་བདེན་དང་དཀའ་གསུམ་དུ་གཅོད་པ་ཁབ··སོ་ནང་པའི་ཁྲིམས་ཡིག་ཏུ་གྲགས་སྐད། ཅེས་གསལ་བ་དང་། "བཀའ་ལུང་རྒྱལ་ཁྲིམས"ཞེས་པའི་དགོངས་དོན་ཡང་[པེ་སྐྲུན་193ཤ་16]དུ་གཉི་གས་ལན་པ་ལ། བྲམ་ཟེ་དབྱུག་པ་ཅན་གྱིས་ཁྱིམ་བདག་གི་གླང་གཡར་ནས་གཏོད་དུ་ཕྱིན་པས། གླང་ཁྱིམ་བདག་གི་ར་བར་བཏང་སྟེ་ཅི་ཡང་མ་སྨྲས་པར་ལོག ཁྱིམ་བདག་གིས་གླང་བསྐྱལ་བྱུང་བ་མཐོང་ཡང་མ་བཏགས་པར་བཞག་པས་གླང་ཕྱུགས་ཀྱི་སྒོ་ནས་ཐོན་ཏེ་སྟོར་བ་རྒྱལ་པོ་མི་ལུང་(ལོང་)གདོང་ལ་ཞལ་ལྕེ་ཞུས་པས། བྲམ་ཟེ་གླང་བཏང་ཡོད་དོ་ཞེས་མ་སྨྲས་པས་ལྕེ་ཆོད། ཁྱིམ་བདག་གིས་མཐོང་ཡང་མ་བཏགས་པས་ལག་པ་བྲེགས་ཞེས་ཞལ་ལྕེ་བཅད་པ་ལ་དཔེ་བྱས་ནས་ཆད་པ་གཉིས་མཉམ་དུ་གཅོད་པ་དབང་ཆེན་བཅད་ཀྱི་སྤྱི་ཁྲིམས། ཞེས་གསལ་བ་རྣམས་ཡིན།

བཀའ་གྲོས་ཆེན་པོ་དྲུག་ནི་ལྡེའུ་རྒྱ་བོད་ཀྱི་ཆོས་འབྱུང་[བོད་269ཤ་20]ལས་རྗེའི་སྐུ་བཙའ་ཞིང····ཞོ་ཤ་འབུལ་བ་དང་གཅིག སྟོང་སྟོང་གི་གཉའ་གནོན་ཞིང་། ཡང་ཁེང་གི་སྐབ་བརྟེན་པ་དང་གཉིས། ཁེང་རྒོད་དུ་མི་བཏང་ཞིང་མོ་བཙུན་བཀའ་ལ་མི་གདགས་པ་དང་གསུམ། སོ་མཚམས་སུ་སོ་བཟུང་ཞིང་། རྟ་དཀྲུས་ཀྱིས་མ་གཅོད་པ་དང་བཞི། ཕྱིའི་དགྲ་འདུལ་ཞིང་ནང་གི་ཆོས་བྱ་བ་དང་ལྔ། དགེ་བ་དང་དུ་ལེན་ཞིང་མི་དགེ་བ་རྒྱབ་ཏུ་བོར་བ་དང་དྲུག་གོ། །ཞེས་པ་རྣམས་ཀྱིས་གསལ་ལ། "རྗེའི་སྐུ་བཙའ་ཞིང་ཞོ་ཤ་འབུལ་བ"ཞེས་པ་འདིར་ལྷོ་བྲག་ཆོས་འབྱུང་དུ"རྗེའི་སྐུ་འཚོ་ཞིང་ཞོ་ཤ་སྣར་དབུལ"ཞེས་བཀོད་ཡོད··པ་དང་། "སྟོང་སྟོང་གི་གཉའ་གནོན་ཞིང་ཡང་ཁེང་གི་སྐབ་བརྟེན་པ"ཞེས་པ་འདིར"རྒོད་ཀྱི་གཉའ་མནན་ཞིང་ཡང་ཁེང་གི་རྒྱབ་བརྟེན"ཞེས་པ་དང་། "སོ་མཚམས་སུ་སོ་བཟུང་ཞིང་རྟ་དཀྲུས་ཀྱིས་མི་

གཙོད་པ”ཞེས་པ་འདིར“སོ་མཚམས་སྨུང་ཞིང་འབངས་ཀྱི་ཚལ་ཞིང་རྟ་དཀྱུས་ཀྱིས་མི་བཅད”ཅེས་པ····ལྟ་བུ་མི་འདྲ་བ་ཕྲན་ཙམ་རེའང་ཡོད།

ཡིག་ཚང་དྲུག་ནི་ལྡེའུ་རྒྱ་བོད་ཀྱི་ཆོས་འབྱུང་[བོད་270 ཤ་12] ལས་གསེར་གཡུ་གཉིས། འཕྲ་མེན་གཉིས། ཟངས་ལྕགས་ཀྱི་ཡི་གེ་གཉིས་ཏེ་དྲུག་གོ། ཞེས་པར་ལྔ་ལས་མེད་ནའང་། དེའི་སྐོར་ལྡེ་བྲག་ཆོས་འབྱུང་[པེ་སྟོད་190 ཤ་15] ལས་ཡིག་ཚངས་ནི་རབ་གསེར་གཡུ་གཉིས། འབྲིང་དངུལ་དང་ཕྲ་མེན། ཐ་མ་ཟངས་ཡིག་ལྕགས་ཡིག་སྟེ་དྲུག་པོ་རེ་རེ་ལ་ཆེ་ཆུང་གཉིས་ཕྱེ་བས་བཅུ་གཉིས་སོ། །ཞེས་ཞལ་གསལ་བར་བྱུས། བཀའི་ཕྱག་རྒྱ་དྲུག་ནི་ལྡེའུ་རྒྱ་བོད་ཀྱི་ཆོས་འབྱུང་[བོད་270 ཤ་14] ལས་བཀའ་རྟགས་ཀྱི་ཕྱག་རྒྱ་སྨོམ་བུ། ཁྲིམས་རྟགས་ཀྱི་ཕྱག་རྒྱ་ཏྭ་མཆོན། ཡུལ་རྟགས་ཀྱི་ཕྱག་རྒྱ་སྐྱ་མཁར། ཆོས་རྟགས་ཀྱི་ཕྱག་རྒྱ་ལྷ་ཁང་། དཔའ་རྟགས་ཀྱི་ཕྱག་རྒྱ་སྟག་གཟིག མཛངས་རྟགས་ཀྱི་ཕྱག་རྒྱ་ཡིག་ཚང་དང་དྲུག་གོ། ཞེས་གསལ་ལ། ལྡེ་བྲག་ཆོས་འབྱུང་དུ“ཁྲིམས་རྟགས་ཀྱི་ཕྱག་རྒྱ་ཏྭ་མཚན”ཞེས་པ་འདིར“ཁྲིམ་རྟགས་ཀྱི····ཕྱག་རྒྱ་ཏྭ་མཆོན”ཞེས་བཀོད་ཡོད་པ་དང་། “དཔའ་རྟགས་ཀྱི་ཕྱག་རྒྱ་སྟག་གཟིག”ཅེས་པ་འདིར“དཔའ་རྟགས་ཀྱི་ཕྱག་རྒྱ་སྟག་སློག”ཅེས་ཅུང་ཟད་མི་འདྲ་བར་སྣང་། ཕྱག་རྒྱ་ཞེས་པ་འདི་རྣམས་བློན་ཆེན་པོ་སོ་སོའི་ཐོབ་ཐང་དང་འབྲེལ་བའི་ལས་ཐམ་ཅན་གྱི་རྟགས་ཏེ། ལས་ཐམ་གྱི་ནང་དུ་སྨྲིམ་བུ་དང་། ཏྭ་མཆོན། སྐྱ་མཁར། ལྷ་ཁང་། སྟག་གཟིག་སོགས་ཀྱི་གཟུགས་རིས་ཡོད་པའི་དོན་དུ་གོ་ཞིང་། གཞན་དུ་ཏྭ་མཆོན་དང་སྟག་སློག ཡིག་ཚང་སོགས་ཕྱག་རྒྱའི་མཆོན་རྟགས་སུ་གནང་སྲོལ་བྱུང་ཡོད་པའང་ཤིན་ཏུ་ནས་ཀྱང་སྲིད་མོད། དེ་རྣམས་ནི་ཡིག་ཚང་དང་དཔའ་མཚན་གྱི་ཁོངས་སུ་གཏོགས་པས། སྐབས་འདིར་ལྡེའུ་ཆོས་འབྱུང་གི་དགོངས་པ་དེ་རང་དོན་ལ་གནས་པར་སྙམ།

རྒྱན་དྲུག་ནི་ལྡེའུ་རྒྱ་བོད་ཀྱི་ཆོས་འབྱུང་[བོད་267 ཤ་12] ལས་ཡ་རབས་ཞང་བློན་གྱི་རྒྱན་དུ་ཆོས····དང་ཡིག་ཚང་བསྐོས། མ་རབས་གཡུང་པོའི་རྒྱན་དུ་ཐགས་དང་བོན་བསྐོས། མཛངས་པའི་རྒྱན་དུ་ཡིག་ཚང་བསྐོས། ངན་པའི་རྒྱན་དུ་སྟག་ཀྱ་〔34〕བསྐོས། དཔའ་བའི་རྒྱན་དུ་གུང་དང་སྟག་བསྐོས། སྨར་མའི་རྒྱན་དུ་ཕ་ཞུ་བསྐོས། ཞེས་པ་རྣམས་ཀྱིས་གསལ་ལ། ལྡེ་བྲག་ཆོས་འབྱུང་དུ“ཡ་རབས་ཞང་བློན་གྱི་རྒྱན་དུ་ཆོས་དང་ཡིག་ཚང་བསྐོས།” ཞེས་པ་འདིར“ཡ་རབས་ཀྱི་རྒྱན་དུ་ལྷ་ཆོས”ཞེས་དང་། “ངན་པའི་རྒྱན་དུ་སྟག་ཀྱ་བསྐོས།” ཞེས་པར“ངན་པའི་རྒྱན་དུ་རྐུན་མའོ”ཞེས་པ་ཙམ་ལས་གཞན་རྣམས་འདྲ་བར་འདུག

དཔའ་མཚན་དྲུག་ནི་ལྡེའུ་རྒྱ་བོད་ཀྱི་ཆོས་འབྱུང་[བོད་270 ཤ་18] ལས་སྟག་སྟོད་སྟག་སྨད་གཉིས།

ཟར་ཚེན་ཟར་ཚུང་གཉིས། སྟག་སླག་གཟིག་སླག་གཉིས་ཏེ་དྲུག་གོ །ཞེས་གསལ་ལ། ལྷོ་བྲག་ཆོས་འབྱུང་དུ“ཟར་ཚེན་ཟར་ཚུང་གཉིས”ཞེས་པར“ཟེར་ཚེན་ཟེར་ཚུང་གཉིས”ཞེས་དང་། “སྟག་སླག་གཟིག་སླག་གཉིས”ཞེས་པར“གམ་རས་སྟག་སློག”ཅེས་བཀོད་ཡོད། དོན་དུ“སྟག་སྟོད་དང་སྟག་སྨད”ཅེས་པ་སྟག་གི་པགས་པས་བཟོས་པའི་སྟོད་གཡོགས་དང་སྨད་ཤམ། “ཟར་ཚེན་དང་ཟར་ཚུང”ཞེས་པ་གཞོགས་གཡས་གཡོན་དུ་འཕན་ཚར་ལྟར་བཟོས་པ་ཆེ་བ་དང་ཆུང་། “སྟག་སླག་དང་གཟིག་སླག”ཅེས་པ་སྟག་གི་པགས་པའམ་གཟིག་གི་པགས་པས་བཟོས་པའི་གྱོན་པ་བཅས་ལ་ཟེར་ཞིང་། དེ་རྣམས་ནི་དཔའ་བོའི་དཔའ་མཚན་གྱི་སྟངས་མར་གནང་བའི་དངོས་པོ་རྣམས་ཡིན་པ་རེད། ལྷོ་བྲག་ཆོས་འབྱུང་དུ“ཟེར་ཚེན་ཟེར་ཚུང”ཞེས་གསུངས་པའི་དགོངས་དོན་ནི་ཟར་ཚེན་ཟར་ཚུང་གཉིས་ཀྱི་ངོས་སུ་ཚོན་སྣུད་སྣ་ཚོགས་པས་འཇའ་རིས་སོགས་བཀོད་སྤྲོལ་བྱུང་བ་དེ་ལ་དགོངས་པ་དང་། “གབ་རས”ཞེས་པ་ནི་རས་ཀྱི་རྒྱུ་ཐུས་ཤིན་ཏུ་བཟང་ཞིང་ཐགས་རིས་རྣམས་གབ་ཅིང་མི་མངོན་པ་དེ་འདྲ་བའི་གྱོན་པ་ཞིག་ལ………དགོངས་པ་ཨེ་ཡིན་སྙམ།

མཛད་པ་གསུམ་ནི་ལྡེའུ་རྒྱ་བོད་ཀྱི་ཆོས་འབྱུང་[བོད་275ཤ་17] ལས་ཕྱིའི་དགྲ་བཏུལ་ནས་ནང……བདེ་བར་མཛད་པ་དང་། ནང་གི་ཆོས་བྱས་ནས་འཁོར་འདུ་བར་མཛད་པ་དང་། ལྷ་ཆོས་བྱས་ནས་སངས་རྒྱས་ཐོབ་པར་མཛད་པ་གསུམ་མོ། །ཞེས་གསལ་བ་དང་། མི་མཛད་པ་གསུམ་ནི་གཞུང་དེ་[བོད་275ཤ་20] ལས་ལྷ་ཆོས་ཡ་རབས་ཀྱི་རྐྱེན་ཁྱིང་པོ་ལ་མི་བསྟན། གསང་སྔགས་སངས་རྒྱས་ཀྱི་རྒྱུ་ཡིན། ནོར་དུ་མི་བཙོང་སྙིང་ལ་འཆང་། ཁྱིང་པོ་རྫེ་ཏུ་མི་བྱུང་། མི་བྲྱད་མེད་པར་འགྲོ་བས་ཁྱིང་པོའི་བུས་བསྟོད་མི་ཐུབ་པས་སོ་ལ་བཞག(35)གོ”ཞེས་གསལ་ལ། མི་མཛད་པ་གསུམ་པ་དེའི་དགོངས་དོན་ཞལ་དེ་ཙམ་མི་གསལ་བ་དེ་ལ། ལྷོ་བྲག་ཆོས་འབྱུང་[པེ་སྟོད་191ཤ་23] ལས་ངན་པ་བསྟོད་ན་གཉེ་ག་ཕུང་། དེ་བས་ཁྱིང་པོ་རྫེར་མི་བྱུང་། ཞེས་ཞལ་གསལ་བར་བྱས།

བསྟོད་པ་གསུམ་ནི་ལྡེའུ་རྒྱ་བོད་ཀྱི་ཆོས་འབྱུང་[བོད་276ཤ་3] ལས་དཔའ་བོ་ལ་སྟག་གིས་མ………བསྟོད་ན། དཔའ་བོ་བྱས་པའི་དོན་མེད། མཛངས་པ་ལ་ཡིག་ཚང་གིས་མ་བསྟོད་ན། མཛངས་པ་ཡིད་ཤི་འགྲོ། ལེགས་པ་བྱ་དགས་མ་བསྟོད་ན་ལེགས་པ་བྱེད་པའི་ཏུ་མ་མེད། ཅེས་གསལ་ལ། “ཏུ་མ”ཞེས་པ་ནི་ཉོའི་ཏུ་སྒྲི་དང་། ཆང་གི་ཕབ་སྒྲི་ལ་ཟེར་བ་ཡིན། སྨད་པ་གསུམ་ནི་ལྡེའུ་རྒྱ་བོད་ཀྱི་ཆོས་འབྱུང་[བོད་276ཤ་7] ལས་སྨར་མ་ལ་ཕ་ཞུས་མ་སྨད་ན། དཔའ་བོ་དང་སྨར་མའི་ཤན་མི་ཕྱེད། ངན་པ་ལ་ནན་ཐུར་མ་བྱས་ན་མཛངས་ངན་གྱི་ཤན་མི་ཕྱེད། ཉེས་པ་ལ་ཆད་པ་མ་བཅད་ན་ལང་རེངས་ལ་འགྲོ། ཞེས་གསལ་ལ།

ལྷ་བྲག་ཆོས་འབྱུང་དུ“ངན་པ་ལ་ནན་ཐུར་མ་བྱས་ན་མཛངས་ངན་གྱི་ཤན་མི་ཕྱེད”ཅེས་པ་འདིར“ངན་ལ་ནན་ཏུར་མ་བྱས་ན། ནམ་ཡང་དྲན་ཤེས་རེམ་མི་འགྱུར།” ཞེས་ནན་ཏུར་ཏེ་སྐྱོན་སྒྲོགས་ཡང་ཡང་དུ་བྱེད་དགོས་པའི་དོན་དུ་བསྟན་ཡོད།

མི་མནར་བ་གསུམ་ནི་ལྡེའུ་རྒྱ་བོད་ཀྱི་ཆོས་འབྱུང་[བོད་276ཕ་10] ལས་ལུས་སྲོག་བསྐྱེད་པའི་ཕ····མ་མནར་ན་ལ་ཡོགས་འོང་ཞིང་མིས་འཕྱ་བས་མནར་དུ་མི་གཞུག མཆན་གྱི་བུ་ཚ་མནར་ན་དགྲ་ཡང་ཁྲིལ་ནས་འགྲོ་བས་མནར་དུ་མི་གཞུག ཟླ་རོགས་མནར་ན་སོ་ནམ་ཆག་ནས་མཐའ་མ་དབུལ་པོར་འགྲོ་བས་མནར་དུ་མི་གཞུག་གོ། །ཞེས་གསལ་ཞིང་། ལྷོ་བྲག་ཆོས་འབྱུང་དུ“མཆན་གྱི་བུ་ཚ་མནར་ན”ཞེས་པ་འདིར“རང་གི་མཆན་གྱི་བུ་མནར་ན”ཞེས་བཀོད་ཡོད་པའི་དོན་ནི། རང་གི་མཆན་ཁུང་དུ་ཡོད་པའི་བུ་དང་བུ་མོ་ཆུང་དུ་དེ་རིགས་ལ་གོ་བར་སེམས།

ཁྲིམས་ཆེན་བདུན་ནི་ལྷོ་བྲག་ཆོས་འབྱུང་[པེ་སྟོད་192ཕ་13] ལས་དེ་ཡང་སྲོག་མི་གཅོད་པའི·······ཁྲིམས་གཤིན་སྟོང་དང་གསོན་སྟོང་། མ་བྱིན་པ་མི་ལེན་པའི་ཁྲིམས་དཀོན་མཆོག་གི་ནོར་བརྐུས་ན་བརྒྱ་འཇལ། རྒྱལ་པོའི་ནོར་ལ་བརྒྱད་ཅུ་འཇལ། འབངས་ཀྱི་ནོར་ལ་བརྒྱད་འཇལ་དུ་བཅས། ལོག་པར་མི་གཡེམ་པའི་ཁྲིམས་སྣད་འཇལ་དང་ཕྱི་ཆད། རྫུན་སྨྲོང་བའི་ཁྲིམས་ལྷ་སྲུང་དཔང་དུ་བྱས་ནས་མནའ་སྨོབ་པ། ཆང་ལ་ཚོད་ཟིན་པ་སྟེ། ཆོས་ཀྱི་གཏན་ཁྲིམས་ལྷ་ལ་དཔེ་བྱས་པ་ལྟའི་སྟེང་དུ། ཁེང་མི་ལྡོག་པ་〔36〕དང་བང་སོ་མི་འདྲུ་བ་བསྣན་པས་ཁྲིམས་ཆེན་དྲུག་གམ་བདུན་དུ་ཡང་གྲགས། ཞེས་ཤེས་ཐུབ་པ་ཡིན།

ལྷ་ཆོས་དགེ་བ་བཅུ་ནི་དགེ་བའི་ལས་བཅུ་སྤངས་པས་དགེ་བའི་ལས་བཅུར་འགྱུར་སྟེ། ལུས་ཀྱི་ལས་སུ་སྲོག་གཅོད་པ། མ་བྱིན་པ་ལེན་པ། མི་ཚངས་པར་སྤྱོད་པ་དང་གསུམ། ངག་གི་ལས་སུ་རྫུན་བཤད་པ། ཕྲ་མ་བྱེད་པ། ཚིག་རྩུབ་བརྗོད་པ། ངག་འཁྱལ་སྨྲ་བ་དང་བཞི། ཡིད་ཀྱི་ལས་སུ་བརྣབ་སེམས་བསྐྱེད་པ། གནོད་སེམས་འཆང་བ། ལོག་པར་ལྟ་བ་དང་གསུམ་བཅས་བཅུ་པོ་ལ་ཟེར་བ་ཡིན།

མི་ཆོས་གཙང་མ་བཅུ་དྲུག་ནི་དེབ་ཐེར་དཔྱིད་ཀྱི་རྒྱལ་མོའི་གླུ་དབྱངས[པེ་22ཕ་2] ལས་དཀོན·······ཅོག་ལ་གུས་པ། དམ་ཆོས་བསྒྲུབ་པ། ཕ་མ་ལ་བཀུར་བ། རིགས་མཐོ་དང་རྒན་ལ་ཕུ་དུད། མཛའ་བཤེས་ལ་གཞུང་བ། ཡུལ་མི་ལ་ཕན་འདོགས་པ། ཡིད་དྲང་བ། མིག་ཡ་རབས་ལ་ལྟ་བ། ཟས་ནོར་ལ་སྤྱོད་ཤེས་པ། དྲིན་ཅན་ལ་ཕན་ལན། བྲེ་སྲང་ལ་གཡོ་མེད་པ། ཀུན་སྙོམས་ཤིང་ཕྲག་དོག་མེད་པ། བུད་མེད་ཀྱི་ཁ་ལ་མི་ཉན་པ། ངག་འཇམ་ཞིང་སྨྲ་མཁས་པ། ཐེག་པ་ཆེ་ཞིང་བློ་ཁོག་ཡངས་པ་སྟེ། མི་ཆོས་གཙང་མ་བཅུ་དྲུག་གི་ཁྲིམས། ཞེས་གསལ་བའི་བཀའ་ཁྲིམས་ཆེན་པོ་དེ་རྣམས་ལ་བརྟེན་ནས། བོད་ཀྱི་ཤེས་རིག་དང་

རྒྱས་དང་འབྲེལ་བའི་ཆབ་སྲིད་ཀྱི་མངའ་ཐང་ཉིན་རེ་བཞིན་ཇེ་དར་དང་ཇེ་རྒྱས་སུ་གྱུར།

དེ་ནས་ཡར་ལུང་ཇོ་བོའི་ཆོས་འབྱུང་[སི52ཕ7] ལས་ཤིང་མོ་ལུག་གི་ལོ་ལ་དམར་པོ་རི་གྲགས······བཞེས་བསྐོར་བ། དཔངས་སུ་དགུ་ཐོགས་རྩིགས་པ། མཁར་དགུ་བརྒྱ་ཕྲག་དགུ་དང་བཅས་བརྩིགས། ཞེས་གསལ་བའི་སྐུ་མཁར་ཕོ་བྲང་ཆེན་པོ་པོ་ཏ་ལ་དེ་ཉིད་ཆོས་རྒྱལ་སྲོང་བཙན་སྒམ་པོ་དགུང་གྲངས་དྲུག་ཅུ་རེ་དྲུག་པའམ་རེ་བདུན་པ་ཤིང་མོ་ལུག་གི་ལོ་(སྣྲེ2552སྤྱི635) ལ་བཞེངས་པའི་དཔྱད་ཚུགས།

གཞན་ཡང་ལྡེའུ་ཆོས་འབྱུང་ཆེན་མོ་[བོད115ཕ12] ལས་དེ་ནས་རྒྱལ་པོས་ཚེ་སྨད་ལ་ཆོས་ཀྱི······རྒྱལ་པོའི་ས་བཟུང་ནས་ཆོས་ཁྲིམས་ཀྱི་སྲོལ་བཏོད་དེ། བལ་ཡུལ་ནས་བལ་མོ་བཟའ་ཁྲི་བཙུན་ཁབ་ཏུ་བཞེས་པས་དེས་བལ་པོ་ཧ་ཏ་ཧ་སྟུན་དྲངས་ཏེ། འཕྲུལ་སྣང་བཞེངས་པར་འདོད་ནས་རྨང་བཏིང་བས། བོད་ཁ་བ་ཅན་འདི་སྲིན་མོ་གན་རྒྱལ་དུ་སྒྱེལ་བ་འདྲ་བའི་ས་དཔྱར་འདུག་པས་དེ་སྲིན་མོའི་སྙིང་ཁར་སོང་ནས་བརྩིག་ཏུ་མ་འདོད་ཅེས་པ་དང་། ལྡེའུ་རྒྱ་བོད་ཀྱི་ཆོས་འབྱུང་[བོད284ཕ21] ལས་སྲིན་མོ་གན་རྒྱལ་དུ་འགྱེལ་བ་འདྲ་བའི་དཔུང་པ་གཡོན་གཡོན་པ་ལ་གཡོན་རུ་ཁྲ་འབྲུག་བརྩིགས། (དེའི་ཡན་ལག་ཏུ་) བཀྲ་ཤིས་དགེ་འཕེལ་གཉིས་བརྩིགས། གཡས་པ་ལ་དབུ་རུ་བཀའ་ཚལ། (དེའི་ཡན་ལག་ཏུ་) མི་འགྱུར་དགེ་བའི་གཙུག་ལག་བརྩིགས། དཔྱི་གཡས་པ་ལ་གཡས་རུ་རྩང་འགྲམ་བྲེ་མའི་ལྷ་ཁང་། (དེའི་ཡན་ལག་ཏུ་) བྱང་ཆུབ་དགེ་གནས། གཡོན་པ་ལ་རུ་ལག་ཏུ་གྲོམ་པ་རྒྱང་དང་། (དེའི་ཡན་ལག་ཏུ་) རྣམ་དག་ཁྲིམས་ཀྱི་ལྷ་ཁང་བཞེངས། ཡང་རྩིག་ཏུ་མ་བཏུབ་ནས། མཐའ་འདུལ་གྱི་གཙུག་ལག་ཁང་བཞི་ལ། གྲུ་མོ་གཡོན་པ་ལ་(ལྷོ་བྲག་) མཁོ་མཐིང་བཞེངས། གཡས་པ་ལ་ཀོང་པོར་བུ་ཆུ་ལྷ་ཁང་དང་། པུས་མོ་གཡོན་པ་ལ་ཧེའི་ཀ་བྲག གཡས་པ་ལ་སྤྲ་བདུན་(དུན་)རྩེ། ཡང་མཐའ་ཡང་འདུལ་བཞི་ལ། ལག་མཐིལ་གཡོན་གཡོན་པ་ལ། ཁམས་སུ་སློང་(ཀློང་)ཐང་སྒྲོལ་མའི་ལྷ་ཁང་། གཡས་པ་ལ་བྱང་མཚལ་བྱེར་དཔལ་ཆར་གླུ་གནོན་དང་། (བྱང་ཚངས་པ་རླུང་གནོན་གྱི་གཙུག་ལག་ཁང་) རྐང་མཐིལ་གཡས་པ་ལ། མང་ཡུལ་བྱང་སྲིན་དུ་ཡིད་འོང་དགེ་རྒྱས་དང་། གཡོན་པ་ལ་མོན་སྐྱེར་ཆུར་བུམ་ཐང་གི་ལྷ་ཁང་བརྩིགས། ཡང་རྩིག་ཏུ་མ་བཏུབ་ནས། ཡང་འདུལ་བརྒྱད་ལ། རྒྱ་གར་ཀུ་ཆུ་ཐོགས་མེད། མདོ་ཁམས་སུ་ཀློང་ཐལ་དཔལ་འབྱུང་། འ་ཞ་རུ་གེ་རུ་དཔལ་འབྱུང་། ལི་ཡུལ་དུ་ཤ་ཨིན྄ྡ། མང་ཡུལ་དུ་དབང་ཆེན་བརྩེགས་པ། ཀོང་པོར་བུ་ཆུ་གཡུང་དྲུང་བརྩེགས་པ། སྤྲ་གྲོར་སྐྱེར་ཆུ་དཔལ་པོ་རྒྱས་པ་བཞེངས། ཡང་འདུལ་བཞི་ལ་འཁྱོང་〔37〕བཏགས་པ་བརྒྱད་ལ། ཤར་སེང་གེ་དཀར་མོའི་དཔྲལ་སྟེང་དུ་ཇོ་ཛེ་འགྱུར་མེད་ཀྱི་ལྷ་ཁང་། དེ་ལ་འཁྱོང་མྱང་དཀའ་(ཀ་)ཆུའི་ལྷ་ཁང་། ལྷོ་སྟག་སྐྱ་བོའི་མཆེ་སྟེང་དུ། བུམ་རྩེ་ལུང་གི་ལྷ་ཁང་། དེའི་འཁྱོང་དུ་རྨ་

ཤ་ཟླའི་ལྷ་ཁང་། ནུབ་བྱ་དམར་པོའི་མཆུ་སྣེང་དུ། མང་ཡུལ་བྱང་སྦྲིན་དང་། དེའི་འཁྱོར་དུ་མྱང་སྦྲིན་ལྷ་ཁང་། བྱང་ཏུས་སྤལ་ནག་པོའི་སྣེང་དུ། སྤྲ་བདུན་(དུན་)རྩེ་དང་དེ་ལ་འཁྱོར་གཤེན་གསལ་(གསས)ལྷ་ཁང་བཞེངས། དེ་ནས་ཏུ་མཚམས་བཞི་ལ། བྱང་ཤར་དུ་ལིག་ཧྲིག་བརྒྱ་རྩ་བརྒྱད་ཀྱི་ལྷ་ཁང་དང་། ཤར་ལྷོར་ཀོང་ཆུའི་ལྷ་ཁང་། ལྷོ་ནུབ་ཏུ་ཁྲོ་མཐིང་དང་། ནུབ་བྱང་དུ་པདྨ་གཡུང་དྲུང་གི་ལྷ་ཁང་ངོ་། །ཡང་འདུལ་གྱི་ཡང་འདུལ་བཅོ་བརྒྱད་ལ། གླིང་ཆུང་སྐམ་ཆུང་ཀོ་ཆུ་གསུམ་ཤར་ཕྱོགས་ཉི་ཟླ་གཟའ་སྐར་ཟུར་གནོན་པའི་ཆེད་དུ་བཞེངས། དུམ་ཐང་ཀློང་རྩེ་གཉིས། མི་ལྷ་དྲང་སྲོང་བསྒྲུབ་པའི་ཆེད་དུ་བཞེངས། དགེ་རེ་དགྱེར་ཆུ་ཧོར་ཆུ་གསུམ་གནོད་སྦྱིན་མོ་བསྙེན་པའི་ཆེད་དུ་བཞེངས། དེ་ཤར་ལྷ་ཁང་དང་ཧབ་ཤང་ལྷ་ཁང་ནི་བལ་པོད་ཀྱི་མཚམས་སུ་བཞེངས། གངས་བར་གྱི་ལྷ་ཁང་ནི་མཚོ་མ་ཕམ་ལུད་ནས་པོད་ལ་རྒྱེན་བྱུང་དོགས་པའི་ཆེད་དུ་བཞེངས། སྤྲ་དུན་རྩེའི་ལྷ་ཁང་ནི་གངས་ཏི་རྩེ་མཐོས་ནས་རི་ཐམས་ཅད་ལ་དངོས་བཞི་མེད་〔38〕དོགས་པའི་ཆེད་དུ་གངས་མི་མཐོང་བ་ལ་བཞེངས། ནུབ་རིའི་ལྷ་ཁང་ནི་སླད་ཀྱི་བྱམས་པ་འཁྲོན་པའི་ཆེད་དུ་བཞེངས། ཁྱུང་ལུང་དངུལ་དཀར་གྱི་ལྷ་ཁང་ནི་གནམ་ས་གཉིས་ཟུར་གནོན་པའི་ཆེད་དུ་བཞེངས། མང་ཡུལ་ཁྲི་སེའི་ལྷ་ཁང་ནི་དབང་ཕྱུག་སྒྲུབ་པའི་དོན་དུ་བཞེངས། ལི་ཡུལ་སླང་པོའི་ལྷ་ཁང་ནི་ཤཱཀ་ཐུབ་འདས་པའི་ཆེད་དུ་བཞེངས། ཞེས་པ་རྣམས་ཀྱིས་གསལ་པོར་ངེས་ཐུབ་ལ། འདིར"གངས་ཏི་རྩེ་མཐོས་ནས་རི་ཐམས་ཅད་ལ་དངོས་བཞི་མེད་དོགས་པའི་ཆེད་དུ་གངས་མི་མཐོང་བ་ལ་བཞེང་།" ཞེས་པ་འདི་ཞལ་དེ་ཙམ་མི་གསལ་མོད། ལྡེའུ་ཆོས་འབྱུང་ཆེན་མོ་[པོད116ཕ20]ལས"གངས་རི་ཏི་སེ་མཐོང་ན་རི་ཐམས་ཅད་ལ་གནོད་ཀྱིས་དོགས་ནས། གངས་རི་ཏི་སེ་མི་མཐོང་བའི་ཆེད་དུ་སྤྲ་དུམ་གྱི་ལྷ་ཁང"ཞེས་བཀོད་ཡོད་པས་དགོངས་དོན་གང་ཡིན་ཞལ་གསལ་བར་བྱས།

བལ་མོ་བཟས་འཕྲུལ་སྣང་གི་གཙུག་ལག་ཁང་དང་། རྒྱ་བཟས་ར་མོ་ཆེའི་གཙུག་ལག་ཁང་བཞེངས་པ་འདི་གཉིས་ནི་ཡོངས་གྲགས་སུ་གྱུར་པ་ཞིག་ཡིན་ལ། དེར་མ་གཏོགས་པ་ཞང་ཞུང་བཟའ་ལི་ཏིག་སྨན་དང་མོང་བཟའ་ཁྲི་ལྕམ། རུ་ཡོང་བཟའ་རྒྱལ་མོ་བརྩན། ཚོང་བཟའམ་མི་ཉག་བཟའ་ཁྲི་བཙུན་བྱ་བ་དེ་རྣམས་ཀྱིས་ཀྱང་ལྷ་ཁང་རེ་རེ་བཞེངས། བཙུན་མོ་སུ་ཞིག་གིས་ལྷ་ཁང་གང་ཞིག་བཞེངས་པའི་སྐོར་ལོ་རྒྱུས་ཀྱི་ཡིག་ཆ་རྣམས་སུ་མི་འདྲ་བ་འགའ་རེ་ཡོད་པ་སྟེ། དེའང་བཙུན་མོ་ཞང་ཞུང་བཟའ་ལི་ཏིག་སྨན་གྱི་བཞེངས་པའི་སྐོར་ནི་བཀའ་ཆེམས་ཀ་ཁོལ་མ་[ཀན270ཕ11]ལས་(མོང་བཟའ་)དེའི་ཕྱི་མ་ཞང་ཞུང…བཟའ་ཁྲི་བཙུན་གྱིས་ཡེར་པ་ཐེམ་བུ་ཀློག་པའི་ལྷ་ཁང་ཡང་སོ་ཕག་དང་ཤིང་དང་གསེར་དངུལ་རྣམས་ལ…(ལས་)བཞེངས་པ་ཡང་ཚར། ཞེས་པ་དང་། ལྡེའུ་རྒྱ་བོད་ཀྱི་ཆོས་འབྱུང་[པོད298ཕ16]ལས་ཞང་

ཞུང་ནས་རྒྱལ་པོ་ལི་མིག་གི་སྲས་མོ་ལིག་ཏིག་མིག་སྨྱུན་དྲངས་ནས། རྗེ་མོས་ཀྱང་ལག་རིས་སུ་སྦྱོང་བཙན་གྱི་བྲུར་བཞིར་ལྷ་ཁང་བཞི་བརྩིགས། ཞེས་པ་དང་། ལྡེའུ་ཆོས་འབྱུང་ཆེན་མོ་[པོད་117 ཕ་8] ལས་ཞང་ཞུང་བཟའ་ཤེ་ཀུས་ཐྲག་ལྷའི་རྩེ་བཞེངས། ཞེས་པ་དང་། པོད་ཀྱི་ཡིག་ཚང་གསལ་བའི་མེ་ལོང་[རྒྱ་81 ཤ་2 ན་5] ལས་ཞང་ཞུང་བཟས་ལྷ་ས་ཁ་ཐྲག་གི་ལྷ་ཁང་བཞེངས། ཞེས་པ་དང་། ཉང་གི་ཆོས་འབྱུང་[པོད་252 ཕ་11] ལས་ཞང་ཞུང་གི་རྒྱལ་པོ་ལིང་དམིག་བཀྲའི་སྲས་མོ་ལྷ་གཅིག་མིག་སྨན་གྱིས་སྐོག་པའི་ཐུགས… དམ་བཞེངས། ཞེས་པ་དང་། བྱམས་མ་ཆེན་མོ་སྐྱོན་གྱི་འཇིགས་སྐྱོབས་མ་[བཀའ་ཆེ་ཤ་35 ན་3] ལས་ཞང་ཞུང་གི་ཡུལ་ནས་ཞང་ཞུང་ཟ་(བཟའ་) ལིག་ཏིག་སྨན་ཅིག་བླངས་པས། ཞང་ཞུང་གི་ལྷ་གཤེན་རབ་བསྟན་པའི་གཙོ་བོ་དགུང་ལོ་གཅིག་པའི་སྐུ་ཚད་གདན་དྲངས་ནས་ཐེག་ཆེན་ལྷ་ཁང་བཞེངས་སུ་གསོལ། ཞེས་པ་དང་། རྒྱལ་རབས་གསལ་བའི་མེ་ལོང་[པེ་158 ཕ་17] ལས"ཞང་ཞུང་བཟའ་བྱ་བ་ཁབ་ཏུ་བཞེས། དེ་ལ་སྲས་མ་འཁྲུངས། དེས་ཐེམ་ཕུ་སྐོག་པའི་ལྷ་ཁང་བཞེངས། འདི་ལྟགས་ཁ་ཁོང་ན་ཡོད། ཅེས་པ་དང་། ལྷོ་བྲག་ཆོས་འབྱུང་[པེ་སྟོད་240 ཕ་4] ལས་ཞང་ཞུང་བཟའ་ལི་ཐིག་སྨན་གྱིས་ཐེམ་བུ་བཀོག་པའི་ལྷ་ཁང་བཞེངས། ཞེས་པ་དང་། རྒྱ་བོད་ཡིག་ཚང་ཆེན་མོ་[སི་163 ཕ་5] ལས་ཞང་ཞུང་བཟའ་ལི་ཏིག་མན་གྱིས་ཁྲམ་བུ་སྐོག་མ་ཞེས་གསལ་བ་དེ་རྣམས་ཕལ་མོ་ཆེས་ལྷ་ཁང་གི་མཚན་ཡི་གེར…… འགོད་སྟངས་ལ་མི་འདྲ་བ་ཙུང་ཟད་བྱུང་འདུག་མོད། དངོས་དོན་དུ་ཞང་ཞུང་བཟས་བཞེངས་པའི་ལྷ་ཁང་དེ་ནི་ཐེམ་བུ་སྐོག་པའི་ལྷ་ཁང་ཡིན་པར་ཞལ་མཐུན་གྱི་ཡོད་ལ། ལྡེའུ་ཆོས་འབྱུང་ཆེན་མོར"ཐྲག་ལྷའི་རྩེ"ཞེས་པ་དེ་དང་། པོད་ཀྱི་ཡིག་ཚང་དུ"ལྷ་ས་ཁ་ཐྲག་གི་ལྷ་ཁང"ཞེས་པ་དེ་གཉིས་གཅིག་གམ་མི་གཅིག བྱམས་མ་ལས"ཐེག་ཆེན་ལྷ་ཁང"ཞེས་གསལ་བ་དེ་ཐེམ་བུ་སྐོག་པའི་ལྷ་ཁང་གི་མཚན་གྱི་བྱེ་བྲག་ཅིག་ཡིན་ནམ་མིན། འདི་རིགས་ནི་དཔྱད་པར་བྱ་བའི་གཞི་རུ་གྱུར་འདུག

མོང་བཟའ་ཁྲི་ལྕམ་གྱིས་བཞེངས་པའི་སྐོར་ནི། བཀའ་ཆེམས་ཀ་ཁོལ་མ་[ཀན་270 ཕ་9] ལས་བཙུན་མོ་སྔ་མ་ཕོ་གོང་མོང་བཟའ་ཁྲི་བཙུན་གྱིས་མཁར་བྲག་ལྷ་ཁང་ཤིང་དང་གསེར་དངུལ་ཟངས་ལྕགས་རྣམས་ལ་(ལས་) བཞེངས་པ་ཡང་ཚར། ཞེས་པ་དང་། པོད་ཀྱི་ཡིག་ཚང་[རྒྱ་81 ཤ་2 ན་5] ལས་མོང་བཟའ་ཁྲི་ལྕམ་གྱིས་བྲག་ལྷ་ཁང་དང་། ཡང་ཡེར་པའི་ལྷ་ཁང་གཉིས་བཞེངས། ཞེས་པ་དང་། ཉང་གི་ཆོས་འབྱུང་[པོད་252 ཕ་10] ལས་མོ་(མོང་) བཟའ་ཁྲི་ལྕམ་གྱིས་ལྷ་ས་མཁར་བྲག་ཐུགས་དམ་དུ………… བཞེངས་སོ། །ཞེས་པ་དང་། རྒྱལ་རབས་གསལ་བའི་མེ་ལོང་[པེ་159 ཕ་7] ལས་ཡུམ་སྲས་དེ་གཉིས་ཀྱི་ཐུགས་དམ་དུ་ཡེར་པའི་གནས་རི་བྲག་གི་དབྱིབས་ནི་འཕགས་མ་སྒྲོལ་མ་བཞུགས་པ་འདྲ་བའི་པང་དུ་ལྷ…

ཁང་དང་མཆོད་རྟེན་བཞེངས་ཏེ། རབ་ཏུ་གནས་པ་མཛད་ནས་ར་ས་འཕྲུལ་སྣང་གི་གཙུག་ལག་ཁང་དང་། བསྟན་པའི་སྲོག་རྩ་གཅིག་པར་ཡབ་ཀྱིས་སྨོན་ལམ་བཏབ་བོ། །ཞེས་པ་དང་། ལྡེ་བྲག་ཆོས་འབྱུང་[པེ་སྟོད་240ཤ་9]ལས་མོང་བཟའ་ཁྲི་ལྕམ་གྱིས་ཡེར་པའི་གཙུག་ལག་ཁང་བཞེངས། ཞེས་པ་དང་། རྒྱ་བོད་ཡིག་ཚང་ཆེན་མོ་[སི་163ཤ་6]ལས་མོན་(མོང་)བཟའ་ཁྲི་ལྕམ་གྱིས་ཡེར་པའི་ལྷ་ཁང་རྣམས་བཞེངས་སོ། །ཞེས་པ་འདི་རྣམས། ཉང་གི་ཆོས་འབྱུང་ཙམ་མ་གཏོགས། རྒྱལ་རབས་དང་ཆོས་འབྱུང་གཞན་དག་ཕལ་མོ་ཆེ་ཡེར་པའི་ལྷ་ཁང་འདི་ལ་ཞལ་མཐུན་བྱུང་ཡོད།

རུ་ཡོང་བཟའ་རྒྱལ་མོ་བཙུན་གྱིས་བཞེངས་པ་ནི། བཀའ་ཆེམས་ཀ་ཁོལ་མ་[ཀན་270ཤ་13]ལས་ཁྲི་བཙུན་རུ་ཡོང་བཟའ་རྒྱལ་མོ་བཙུན་གྱིས་བྲག་ལ་མགོན་པོ་ཀུན་ཏུ་ཞལ་གྱི་ལྷ་ཁང་བཞེངས་པ་ལ། ལྕགས་པོ་རི་ལ་བྲག་ཕུག་གི་ལྷ་ཁང་བཞེངས་སྙམ་ནས། རྡོ་བྲི་རེ་ཕོད་ན་རྩྭ་བྲི་རེའི་བརྟན་པ་བྱིན་ནས་ཚར་རོ། །ཞེས་པ་དང་། བོད་ཀྱི་ཡིག་ཚང་[རྙ81ཤ2ན5]ལས་རུ་ཡོང་བཟས་ཐིམ་བུ་སྐོག་པའི་ལྷ་ཁང་བཞེངས། ཞེས་པ་དང་། རྒྱལ་རབས་གསལ་བའི་མེ་ལོང་[པེ158ཤ18]ལས་དེ་ནས་རུ་ཡོང་བཟའ་བྱ་བ་ཁབ་ཏུ་བཞེས། དེ་ལ་སྲས་མ་འཁྲུངས། དེས་མིག་མངས་ཚལ་གྱི་ལྷ་ཁང་བཞེངས། འདི་གོ་ཤ་གླིང་ན་ཡོད། ཅེས་པ་དང་། ལྡེ་བྲག་ཆོས་འབྱུང་[པེ་སྟོད་240ཤ་7]ལས་རུ་ཡོངས་བཟས་བྲག་ལྷ་ཀླུ་ཕུག་གི་རང་བྱུང་རྣམས་གསལ་བར་བཀོས་ཏེ་ཚྭ་ལ་བརྒྱད་ཅུ་སྔེའི་དུས་བྲག་ཕྱི་བྲི་རེ་ཕེད་པ་ལ་ཚྭ་བྲི་རེ་བྱིན་ནས་བྲག་ལ་སྐོར་ཁང་བཀོས། ཞེས་པ་འདིར“ཚྭ་ལ་བརྒྱད་ཅུ་སྔེའི་དུས”ཞེས་པའི་དོན་གང་ཡིན་ཞལ་དེ་ཙམ་མི་གསལ་ཞིང་། ཁོ་བོའི་བསམ་པར“ཚྭ་ལ་བརྒྱད་ཅུ་འདེབས་དུས”ཞེས་པ་སྟེ། ཚྭ་ལའི་ཆུ་རང་བྱུང་གི་གསོང་རྣམས་ཟབ་ཏུ་གཏང་བའི་ཆེད་དུ་འདེབས་པ་དང་རང་བྱོན་གྱི་མཐའ་སྐོར་བྲག་ལམ་འབྱེད་པའི……སྐད་དུ་འདེབས་པའི་དུས་ཀྱི་དོན་ཨེ་ཡིན་སྙམ། རྒྱ་བོད་ཡིག་ཚང་ཆེན་མོ་[སི་163ཤ་6]ལས་རུ་ཡོང་བཟའ་རྒྱལ་མོ་བཙན་གྱིས་བྲག་ལྷ་ཀླུ་ཕུག་ཅེས་པ་བཅས་གོང་གི་བཞེད་པ་དེ་ཀུན་མི་འདྲ་བ་ཤ་སྟག་ཏུ……སྣང་།

ཞོང་བཟའམ་མི་ཉག་བཟས་བཞེངས་པ་ནི། བཀའ་ཆེམས་ཀ་ཁོལ་མ་[ཀན་270ཤ་17]ལས་ལི་ལྕམ་ལྷའི་སྲས་མོ་ཞོང་བཟའ་ཁྲི་བཙུན་གྱིས་མིག་མངས་ཚལ་གྱི་ལྷ་ཁང་ཡང་ས་རྡོ་ཤིང་ལ་མཆོན་གྱིས་བྲིས་ནས་བཞེངས་པས་ཚར་རོ། །ཞེས་པ་དང་། བོད་ཀྱི་ཡིག་ཚང་[རྙ81ཤ2ན6]ལས་མི་ཉག་བཟས་མིག་མངས་འཚལ་གྱི་ལྷ་ཁང་བཞེངས། ཞེས་པ་དང་། རྒྱལ་རབས་གསལ་བའི་མེ་ལོང་[པེ158ཤ20]ལས་དེ་ནས་མི་ཉག་བཟའ་བྱ་བ་ཁབ་ཏུ་བཞེས། དེ་ལའང་སྲས་མ་འཁྲུངས། དེས་ཁ་བྲག་གསེར་གྱི་ལྷ་ཁང་

བཞེངས། འདི་མཁར་སྣ་གདོང་ན་ཡོད། ཅེས་པ་དང་། སྔོ་བྲག་ཆོས་འབྱུང་[པེ་སྟོད་240ཤ་10] ལས་ཁ་ཅིག་དུ་(ཏུ་) ཏུ་ཡོངས་བཟས་མིག་མང་ཚལ་གྱི་ལྷ་ཁང་བཞེངས། མི་ཉག་བཟས་ལྷ་ས་མཁར་བྲག་བཞེངས་ཅེས་སོགས་སྣང་ཡང་བཙུན་མོ་ལྔ་ཞེས་ཡང་ཡང་བཤད་པས་མི་ཉག་བཟའ་དང་ཏུ་ཡོངས་བཟའ་་གཅིག་པར་སྣང་ལ། མཁར་བྲག་ནི་འདི་ནས་རྒྱལ་རབས་བཞིའི་འོག་ཏུ་བྱུང་བ་ཡིན་ནོ། །ཞེས་པ་དོན་དུ་བོད་ཀྱི་ཡིག་ཚང་གི་དགོངས་པ་དེ་འཐད་ཕྱོགས་སུ་གནང་ཡོད་མོད། ཏུ་ཡོང་བཟའ་དང་མི་ཉག་བཟའ་ནི་ཐ་དད་ཡིན་པ་རྒྱུ་མཚན་གང་ཐད་ནས་ཤེས་པར་སླ་ལ། ལྟོང་བཟའམ། མི་ཉག་བཟའ་ཞེས་འདི་གཉིས་ནི་དོན་གཅིག་མཚན་གྱི་རྣམ་གྲངས་ཙམ་ཞིག་ཡིན་པ་ཤིན་ཏུ་ནས་ཀྱང་སྲིད་པ་ནི་མི་ཉག་གི་ཏུས་ལྟོང་ཡིན་པ་དེ་ཁོ་ནས་ངེས་ཤེས་ཐུབ་པ་ཡིན།

མདོར་ན་ཆོས་རྒྱལ་སྲོང་བཙན་སྒམ་པོ་རྒྱལ་བློན་འབངས་གསུམ་གྱིས་བོད་ཀྱི་ས་གནས་ཀུན་ཏུ་རྟེན་གསུམ་ཇི་སྙེད་པ་ཞིག་བཞེངས་ཡོད་པའི་ཚུལ་ནི་ལྡེའུ་ཆོས་འབྱུང་ཆེན་མོ་[བོད་117ཤ་5] ལས་གཙུག······ ལག་ཁང་བརྒྱ་རྩ་བརྒྱད་དམ་བཅས་པར་ཡོད་པ་ལས། རྒྱལ་པོས་ཞེ་གཉིས་བཞེངས། རྫོགས་པར་མ་གྲུབ་པ་རྣམས་ཤུལ་དུ་ཡང་བླ་ཕུར་བཏབ། རྨང་བཏིང་ནས་ཕྱིས་བཞེངས། ཞེས་སོགས་ཀྱིས་རགས་ཙམ་ངེས་ཐུབ་པ་ཡིན། དེབ་ཐེར་དམར་པོ་[པེ་36ཤ་14] ལས་རྒྱལ་པོ་(འདུས་སྲོང་མང་པོ་རྗེ་) འདིའི་རིང་ལ། བོད་དུ་ཇ་དང་། རོལ་མོ་བའི་རྣམ་གྲངས་མང་པོ་དང་རྩལ་པོ་ཆེའི་མི་བདུན་བྱུང་། ཞེས་དུས་སྐབས་དེར་བོད་ཀྱི་ས་ཁོངས་སུ་ཇ་འདེབས་པ་དང་། རོལ་མོའི་རྣམ་པ་དུ་མ་ཞིག་གསར་དུ་དར་སྲོལ་བྱུང་ཡོད་པ་དང་། སྒྱུ་རྩལ་གྱི་རིགས་ལ་མཁས་པའི་རྩལ་པོ་ཆེ་མི་བདུན་བྱུང་ཡོད་པར་གསལ་ལ། བོད་དུ་སྒྱུ་རྩལ་གྱི་རིག་གནས་འགའ་ཞིག་དེ་སྔོན་ཆོས་རྒྱལ་སྲོང་བཙན་སྒམ་པོའི་དུས་ནས་དར་རྒྱས་སུ་ཡོད་པའི་ཚུལ་རྒྱལ་རབས་གསལ་བའི་མེ་ལོང་[པེ་64ཤ་22] ལས་དེར་རྒྱལ་བུ་དེ་ནར་ལོན་དུས། བཟོ་དང་། རྩིས་དང་སྒྱུ་རྩལ་དང་རིག་པའི་གནས་ལྔ་ལ་མཁས་ཤིང་ཡོན་ཏན་དང་ལྡན་པར་གྱུར་པས། བློན་པོ་རྣམས་ན་རེ། འོ་ཅག་ཅོའི་རྗེ་འདི་ནི་ཡོན་ཏན་དུ་མ་དང་ལྡན་ཏེ་ཐུགས་ཤིན་ཏུ་སྒམ་མོ་ཟེར་བས། མཚན་ཡང་སྲོང་བཙན་སྒམ་པོ་ཞེས་གྲགས་སོ། །ཞེས་བཙན་པོ་ཁྲིར་ཕེབས་པའི་གོང་ནས་རིག་པའི་གནས་དེ་དག་ལ་མཁས་པར་གྱུར་ཏེ་གཞི་ནས་སྒམ་པོའི་མཚན་བྱུང་བར་གསལ་བ་དང་བཙན་པོ་ཁྲི་ལྡེ་གཙུག་བརྟན་གྱི་སྐབས་ཀྱི་བྱུང་བ། རྒྱའི་ཐང་ཡིག་རྙིང་མ་[རྙ23ཤ་1] ལས་ཅིན་ལུང་ཁྲི་ལོ་གསུམ་པ་(སྤྱི། སྤྱི་ལོ་709) ཟླ་བ་བཅུ་གཅིག་པར་བོད་བཙན་པོའི་བློན་ཆེན་ཞང་ཙན་ཐུའུ་ཞེས་པ་ཅིན་ཁྲིན་ཀོང་རྗེ་ཕེབས་བསུར་འབྱོར་ཏེ་ཐང་ཀྲུང་ཙུང······ གིས་གསོལ་སྟོན་གནང་བའི་ཐོག་ལྷུམ་རའི་ནང་དུ་ཐང་ཀྲུང་ཙུང་གི་སྲས་མོའི་མག་པ་གཡང་ཀྲིང་ཞེས་པ······

གཉིས་སྤྲོ་ཡོའི་རྩེད་མོ་རྩེད་དེ་ཐང་ཀུན་ཙུང་དང་བློན་པོ་རྣམས་ཀྱང་ལྟད་མོར་ཞུགས། ཞེས་བོད་བློན་དེས་རྒྱའི་བློན་པོ་གཡང་ཀྲིང་དང་སྤྲོ་ཡོ་འགྲན་བསྡུར་བྱས་པར་གསལ་བ་སོགས་ཀྱིས་ངེས་ཤེས་ཐུབ་པ……ཡིན།

རྩལ་པོ་ཆེའི་མི་བདུན་གྱི་སྐོར་འདི་ལྡེའུ་ཆོས་འབྱུང་དང་རྒྱལ་རབས་གསལ་བའི་མེ་ལོང་། མཁས་པ་ལྡེའུ་ཆོས་འབྱུང་། རྒྱ་བོད་ཡིག་ཚང་ཆེན་མོ། དེབ་ཐེར་དམར་པོ་རྒྱལ་མོའི་གླུ་དབྱངས་སོགས་ཡོངས་གྲགས་བོད་ཀྱི་རྒྱལ་རབས་དང་ཆོས་འབྱུང་མང་པོ་ཞིག་ནས་འབྱུང་ཞིང་། དེ་རྣམས་ཀྱི་བཞེད་ཚུལ་ལ་མི་འདྲ་བ་ཕྲན་ཙམ་རེ་ཡོད་འདུག་ནའང་། དགོངས་དོན་གྱི་སྙིང་པོར་མི་འདྲ་བ་ཆེར་མི་སྣང་ཞིང་། དེ་རྣམས་ཀྱི་དཔེ་མཚོན་ནི་ལྡེའུ་རྒྱ་བོད་ཀྱི་ཆོས་འབྱུང་[བོད་299ཤ་12] ལས་ཇོག་རིང་ལ་ནག་པོས་བལ་ཡུལ་ནས……གླང་པོ་ཆེའི་ཕྲུ་གུ་ཁྱུར་ནས་ཁྱུག ཛོགས་གླིང་གམ་གྱིས་གཡག་དྲུས་ཅིག་ཐེག སྲས་རྐོང་ལྟོང་བཙན་གྱིས་སེང་གེ་བཟུང་། འགོས་གཡག་རྫུང་གིས་ཤ་བའི་ཤུད་བུ་བྱེ་མས་བཀང་ནས་ཀླད་ལ་བསྐོར། ཅོག་རོ་འབྲོང་ཤོར་གྱིས་འབྲོང་ཐུར་ལ་དཀྲུས་པ་བཟུང་ནས་འཐེན་པ་བྱུང་། གནོན་རྒྱལ་མཚན་གྱིས་མདའ་སྐེ་ཁ་མས་བྱ་ཁྲ་ནམ་མཁའ་ལ་མོ་འདེབས་པ་ལ་བརྒྱབས་པས་སྐྱིད་པ་བཅད། གནོན་ཁྲི་ལྡེ་ཡུལ་བྱིན་གྱིས་མ་ཐུབ་པའི་ཧ་རྐོད་གཡང་ལ་མཆོང་བ་ཡར་ལ་འཐེན་ནོ། །ཞེས་ཤིན་ཏུ་གསལ་བར་བསྟན་ཅིང་། ཚུལ་འདི་ལ་ལེགས་པར་བརྟགས་ཤིང་དཔྱད་ན། དུས་སྐབས་དེར་བོད་དུ་ནུས་ཤུགས་ཀྱི་རྩལ་ཇོགས་པའི་མི་བདུན་བྱུང་སྟོང་ཡོད་པ་ཙམ་ཞིག་ཏུ་མ་ཟད། "ཤ་བའི་ཤུད་བུ་བྱེ་མས་བཀང་བ་ཀླད་དུ་བསྐོར་བ" ཞེས་བྱ་བའི་བྱེད་སྟངས་ཀྱིས་མཚོན། དེང་དུས་སྒྱུ་རྩལ་གྱི་ཤེས་རིག་དར་རྒྱས་ཀྱི་རྩེར་སོན་པའི་སྐབས་སུའང་ཡིན་སྟོན་བྱ་འོས་པའི་སྒྱུ་རྩལ་མཁན་མང་པོ་ཞིག་བྱུང་སྟོང་ཡོད་པ་དང་། དེ་དག་གི་སྒྱུ་རྩལ་སྟོབས་ལྡན་གྱི་སྤྱོད་པ་ངོ་མཚར་ཅན་གྱི་རིགས་མི་འདྲ་བ་ཅི་རིགས་ཤིག་ཀྱང་དར་རྒྱས་བྱུང་སྟོང་ཡོད་པ་མངོན་སུམ་དུ་བསྟན།

བཙན་པོ་ཁྲི་ལྡེ་གཙུག་བརྟན་གྱི་མཛད་པའི་སྐོར་རགས་ཙམ་ནི་མཁས་པ་ལྡེའུ་ཆོས་འབྱུང་[པེ་སྟོད་94ཤ་8] ལས་བྲན་ཀ་མུ་ལེ་ཀ་ཤ་དང་གཉགས་ཛྙཱ་ན་ཀུ་མ་ར་གཉིས་རྒྱ་གར་དུ་ཆོས་འཚོལ་དུ་བཏང་བས། པཎྜི་ཏ་སངས་རྒྱས་གསང་བ་དང་སངས་རྒྱས་ཞི་བ་གཉིས་གངས་ཏི་སེ་ལ་སྒོམ་མོ་ཞེས་ཐོས་ཏེ་སྤྱན་དྲངས་པས་མ་འབྱོངས། དེ་གཉིས་ཀྱི་ཐུགས་ནས་མདོ་སྡེ་ལས་རྣམ་འབྱེད་དང་། གསེར་འོད་དམ་པ་དང་། ཀྲི་ཡ་དང་ཨུ་པ་ཤས་ཙམ་ཞུས། གླིགས་བམ་སྤྱན་དྲངས་ནས་རྒྱལ་པོའི་མཆོད་གནས་སུ་ཕུལ་བས་དེའི་བཞུགས་ཁང་དུ་ལྷ་ཁང་ལྔ་བཞེངས་ཏེ། ལྷ་ས་མཁར་བྲག བྲག་དམར་མགྲིན་བཟང་། མཆིམས་ཕུ་ནམ་རལ། བྲག་དམར་ཀ་ཆུ། མ་ས་གོང་གི་གནས་ཏེ་ལྔ་བཞེངས། ཞེས་པ་དང་། རྒྱལ་རབས་གསལ་བའི་མེ་ལོང་[པེ་

197ཤ་3]ལས་རྒྱ་ཡུལ་ཀེ་མ་(ཀེམ་)ཤི་ནས་མདོ་གསེར་འོད་དམ་པ་དང་། འདུལ་བ་ལས་རྣམ་པར་འབྱེད་པ་བསྒྱུར་རོ། །པེ་ཅི་ཙནྡ་ཤྲཱིས་སྨན་དཔྱད་མང་པོ་ཡང་བསྒྱུར་རོ། །ཞེས་པ་དང་། དེབ་ཐེར་དཔྱིད་ཀྱི་རྒྱལ་མོའི་གླུ་དབྱངས་[ཤེ་50ཤ་11]ལས་ལི་ཡུལ་ནས་རབ་ཏུ་བྱུང་བ་སྤྱན་དྲངས་ནས་གུས་པར་མཛད་ཀྱང་བོད་ཀྱི་མིས་རབ་ཏུ་བྱུང་བ་ནི་མ་བྱུང་། ཞེས་པ་རྣམས་ཀྱི་རགས་ཙམ་ཤེས་ཐུབ་ཅིང་། གཡུ་ཐོག་ཡོན་ཏན་མགོན་པོ་སྐུ་ན་གཞོན་པའི་དུས། བཙན་པོ་ཁྲི་ལྡེ་གཙུག་བརྟན་གྱི་བླ་སྨན་པ་མཛད་ཅིང་། སྐུ་ཚེའི་སྨད་དུ་ཆོས་རྒྱལ་ཁྲི་སྲོང་ལྡེའུ་བཙན་གྱི་བླ་སྨན་པ་མཛད། དུས་སྐབས་དེར་གཡུ་ཐོག་ཡོན་ཏན་མགོན་པོ་དང་། བི་ཛི་ལེགས་མགོན། ཅུག་པ་ཆོས་བཟང་། ཚེ་ཚེར་ཞིག་པོ། མི་ཉག་རོང་རྗེ། ཐང་ཏི་རྒྱལ་བཟང་། གཉགས་པ་ཆོས་བཟང་། སྟོད་སྨན་གྲགས་རྒྱལ། མཐའ་བཞི་དར་པོ་སྟེ་བོད་ལ་གྲགས་ཆེ་བའི་སྨན་པ་མཁས་པ་དགུ་ཧྲོན་པ་དང་། དེར་མ་ཟད་རྒྱ་གར་གྱི་སྨན་པ་ཆེན་པོ་ཤནྟི་གརྦྷ། རྒྱ་ནག་གི་སྟོང་གསུམ་གང་བ། ལི་ཡུལ་གྱི་མ་ཧཱ་དེ་བ། བལ་པོའི་ད་ན་ཤཱི་ལ། ཁ་ཆེའི་གུ་ན་བཛྲ། སོག་པོའི་ན་ལ་ཤན་དིར། ཏོལ་པོའི་ཁྲིམ་རུ་རྩེ། གྲུ་གུའི་སེང་གེ་འོད་ཙན། ཁྲོམ་གྱི་ཤི་ལ་ན་རྣམས་ཀྱང་བོད་ཡུལ་དུ་ཕེབས་ཤིང་། སོ་སོའི་ལུགས་ཀྱི་སྨན་གཞུང་རྣམས་བོད་ཡུལ་དུ་སྤེལ་མཛད་པར་བརྟེན། བོད་ཀྱི་གསོ་བ་རིག་པའི་གནས་ནི་ཆེས་ཕུན་སུམ་ཚོགས་པ་དང་ཡོངས་སུ་རྫོགས་པ་ཞིག་ཏུ་གྱུར། གཡུ་ཐོག་ཡོན་ཏན་མགོན་པོས་ཀོང་ཡུལ་སྨན་ལུང་དུ་སྨན་གྱི་འདུ་སྒྲར་བཏབ་ཅིང་། སློབ་ཚོགས་སྟོང་ཁ་ལངས་པར་སྨན་གྱི་རྒྱུད་བཞི་དང་ཕྱོགས་ཀྱི་སྨན་པ་སོ་སོའི་བཞེད་གཞུང་། སྨན་དཔྱད་ཟླ་བའི་རྒྱལ་པོ་སོགས་ཀྱི་སྨན་གཞུང་རྣམས་འཆད་སྤེལ་མཛད་པས། བོད་ཡུལ་དུ་གསོ་བ་རིག་པའི་བསྟན་པ་དར་རྒྱས་ཀྱི་རྩེར་སོན་པར་མཛད་པའི་སྐོར་གཡུ་ཐོག་པའི་རྣམ་ཐར་དུ་གསལ་རྒྱས་སུ་བསྟན་ཡོད།

ཆོས་རྒྱལ་ཁྲི་སྲོང་ལྡེའུ་བཙན་གྱི་སྐུ་དུས་སུ་སང་ཤིས་རྒྱ་ནག་ནས་སྤྱན་དྲངས་པ་དགེ་བ་བཅུའི་མདོ་དང་། རྡོ་རྗེ་གཅོད་པ་ས་ལུའི་ལྗང་པའི་མདོ་ལ་སོགས་པ་རྣམས་ལོ་ཙཱ་བ་སང་ཤི་དང་། རྒྱ་མེ་མགོ། ཁ་ཆེ་ཨ་ནནྟ་རྣམས་ཀྱིས་རྒྱ་ནག་གི་སྐད་ཡིག་ནས་བོད་ཀྱི་སྐད་ཡིག་ཏུ་གཏན་ལ་ཕབ་པ་དང་། རྒྱ་ནག་གི་མཁས་པ་ཧྭ་ཤང་ནེ་ལེ་དང་དར་ཆེན་ཏ་ར། ཨེ་པ་ཧྲ་པོ་རྣམས་ཀྱང་བོད་དུ་ཕེབས་ཏེ། བོད་ཀྱི་ལོ་ཙཱ་བ་སྐྱི་ལ་སྣོང་ཀུན་དང་དར་ཆེན་དཔལ་སོགས་དང་ལྷན་དུ་རྩིས་ཀྱི་གཞུང་དང་། གསོ་བ་རིག་པའི་གཞུང་འགའ་ཤས་རྒྱ་ནག་གི་སྐད་ཡིག་ནས་བོད་ཀྱི་སྐད་ཡིག་ཏུ་བསྒྱུར་བའི་ཚུལ། ལྡེའུ་རྒྱ་བོད་ཀྱི་ཆོས་འབྱུང་དང་ལྡེ་བྲག་ཆོས་འབྱུང་། དེབ་ཐེར་དཔྱིད་ཀྱི་རྒྱལ་མོའི་གླུ་དབྱངས་སོགས་སུ་གསལ་བར་བསྟན་ཡོད།

དུས་སྐབས་དེ་ཙམ་ན་ཆོས་རྒྱལ་ཁྲི་སྲོང་ལྡེའུ་བཙན་གྱིས་རྒྱ་གར་ནས་མཁན་ཆེན་ཞི་བ་འཚོ་དང······

སློབ་དཔོན་ཆེན་པོ་པདྨ་སཾ་བྷ་ཝ་རྣམས་སྔོན་རྗེས་སུ་སྤྱན་དྲངས་ཏེ་དཔལ་བསམ་ཡས་མི་འགྱུར་ལྷུན་གྱིས···གྲུབ་པའི་གཙུག་ལག་ཁང་རྟེན་དང་བརྟེན་པར་བཅས་པ་བཞེངས། རྒྱ་གར་ནས་མཁན་ཆེན་ཞི་བ་འཚོའི་སློབ་མ་དགེ་སློང་བཅུ་གཉིས་གདན་དྲངས་ཏེ། པ་གོར་བཻ་རོ་ཙ་ན། མཆིམས་ཤཱཀྱ་སུ་བྷ། སྣ་ཕྲི་གཟིགས། འཁོན་ཀླུ་དབང་སྲུང་བ། གཙང་ལེགས་གྲུབ། བྲན་ཀ་མུ་ཏི་ག ལྡངས་ཁམས་པ་གོ་ཆ། རྨ་རིན་ཆེན་མཆོག ལ་གསུམ་རྒྱལ་བ་བྱང་ཆུབ། སྣ་གསལ་སྣང་། སྣ་ཕྲི་བཞེར། སེང་གོང་ལྷ་ལུང་གཟིགས། སྣ་ནམ་རྡོ་རྗེ་བདུད་འཇོམས། ཤུད་བུ་དཔལ་གྱི་སེང་གེ། རྩངས་རིན་ཆེན་ལེགས་གྲུབ། སླང་ཀ་ཏ་ན། རྩངས་དེ་ཡནྡྲ། ཤུད་བུ་ཁོང་སླེབ། ཞང་ལྷ་བསེ་བཙན། ངན་ལམ་རྒྱལ་བ་མཆོག་དབྱངས་སོགས་བོད་ཀྱི་གཞོན་ནུ་བློ་རིག་གསལ་བ་མང་པོ་ཞིག་ལ་ལེགས་སྦྱར་དང་། རྒྱ་ནག བལ་པོ། ཟ་ཧོར། ཁ་ཆེ། ལི་ཡུལ་ལ་སོགས་པའི་སྐད་ཡིག་རྣམས་བསླབས་པས་ཕལ་མོ་ཆེ་ལོ་ཙྪ་བ་ཆེན་པོར་གྱུར།

དུས་སྐབས་དེར་མཁན་ཆེན་ཞི་བ་འཚོ་དྲུང་ནས་བོད་ཀྱི་རབ་བྱུང་གི་ཐོག་མ་སད་མི་བདུན་རབ་ཏུ··བྱུང་བའི་ཚུལ། པད་དཀར་ཆོས་འབྱུང་[རྗི324ཤ162བ6]ལས་བོད་ལ་བཙུན་པ་བཏུབ་མི་བཏུབ་སད་པའི་ཕྱིར་དུ་མི་བདུན་རབ་ཏུ་བྱུང་སྟེ། དེ་དག་གི་མཁན་པོ་ནི་བོ་ཧི་སཏྭ། །དེ་ལས་རྒན་གསུམ་ནི། སྦས་རཏྣ་རཀྵི་ཏ། རིན་ཆེན་སྲུང་བ་ཞེས་བྱ། སྦས་ཛྙཱ་ནེནྡྲ་རཀྵི་ཏ། ཡེ་ཤེས་དབང་པོ་སྲུང་བ་སྟེ། དམ་པའི་ཆོས་འཛིན་པའི་མཁན་པོ་ཆེན་པོ་བོད་ལ་སྐུ་དྲིན་ཆེ་བ་ཡིན་ཞིང་། མཁན་པོ་བོ་ཧི་སཏྭ་སྐུ་གཤེགས་ནས་འདིས་མཁན་པོའི་གདན་ས་མཛད། རཏ་ནེནྡྲ་རཀྵིཾ་ཏ། རིན་ཆེན་དབང་པོ་སྲུང་བ་སྟེ་གསུམ་མོ། །བར་པ་ནི་སླང་སུ་ག་ཏ་ཝརྨ་རཀྵི་ཏ་བདེ་བར་གཤེགས་པའི་གོ་ཆ་སྲུང་བ་ཞེས་བྱའོ། །གཞོན་ནུ་གསུམ་ནི་དཔའ་གོར་བཻ་རོ་ཙ་ན་རཀྵི་ཏ་རྣམ་པར་སྣང་མཛད་སྲུང་བ་ཞེས་བྱ་བ་ངེས་པའི་དོན་ཐེག་པའི་རྩེ་མོ་ལ······ཤིན་ཏུ་སྐུ་དྲིན་ཆེ་བ། འཁོན་ནཱ་གེནྡྲ་རཀྵི་ཏ་ཀླུའི་དབང་པོ་སྲུང་བ་ཞེས་བྱ་བ། རྩངས་དེ་ར་བེནྡྲ་རཀྵི་ཏ་ལྷའི་དབང་པོ་སྲུང་བ་དང་གསུམ་མོ། །ཞེས་གསལ་བ་དེ་རྣམས་སུ་ངེས་པ་ཡིན། སླད་ནས་གདན་དྲངས་པ་རྒྱ་གར་གྱི་སློབ་དཔོན་ཆེན་པོ་བི་མ་ལ་མི་ཏྲ་དང་། ཤཱནྟི་གརྦྷ། བི་ཤུདྡྷ་སེངྷ་ལ་སོགས་པ་དང་། བོད་ཀྱི་ལོ་ཙྪ་བ་སད་མི་བདུན་ལ་སོགས་པས་སྒྲ་སྒྱུར་ལོ་ཙྪའི་གླིང་དུ་ཆོས་མང་པོ་བསྒྱུར། སྔགས་འཆང་ཧཱུྃ་ཀཱ་ར་སྤྱན་དྲངས་པས་བདུད་འདུལ་སྔགས་པའི་གླིང་དུ་ཡོ་ག་རྡོ་རྗེ་དབྱིངས་ལ་སོགས་པའི་དཀྱིལ་འཁོར་གྱི······དབང་བསྐུར། ཁ་ཆེའི་པཎྜི་ཏ་ཛི་ན་མི་ཏྲ་དང་དཱ་ན་ཤཱི་ལ་ལ་སོགས་པས་རྣམ་དག་ཁྲིམས་ཁང་གླིང་དུ་སོ་ཐར་གྱི་ཁྲིམས་འདོགས། རྒྱའི་ཧྭ་ཤང་ལ་སོགས་པས་མི་གཡོ་བསམ་གཏན་གླིང་དུ་བསམ་གཏན་བསྐྱངས། བཻ་རོ་ཙ་ནའི་གླིང་དུ་ཆོས་འཆད་ཉན་བྱེད་པ་དང་། བརྡ་སྦྱོར་ཚངས་པའི་གླིང་དུ་བརྡ་སྦྱོར་བྱེད་པ་དང་།

དཀོར་མཛོད་བེ་ཏར་གླིང་དུ་དཀོར་ནོར་འཛོག་པ་བསྟན་པ་དར་རྒྱས་མཛད་པ་དབྱར་གྱི་ཆུ་མཚོ་ལྟར་དར་ཞིང་རྒྱས་པར་གྱུར། གཞན་ཡང་ཡེར་པ་དང་། ཆུ་བོ་རི་ལ་སོགས་པའི་གནས་རྣམས་སུ་སྒོམ་གྲྭ་མང་དུ་བཙུགས་པར་བརྟེན་གྲུབ་པའི་རྣལ་འབྱོར་ཕོ་མོ་བོད་ཀྱི་གྲུབ་ཆེན་རྗེ་འབངས་ཉེར་ལྔ་ཞེས་པས་མཚོན་པ་རྣམས་བྱུང་། ཕོ་བྲང་ལྡན་དཀར་དུ་བཞུགས་པའི་ལོ་ཙཱ་བ་སྐ་བ་དཔལ་བརྩེགས་དང་ཀླུའི་དབང་པོ་ལ་སོགས་དེ་སྟོན་བོད་དུ་འགྱུར་རོ་ཅོག་གི་དཔེ་རྣམས་དཀར་ཆག་ཏུ་བཏབ་པ་ལ“དཀར་ཆག་ལྡན་དཀར་མ”ཞེས་སུ་གྲགས།

དུས་སྐབས་དེར་ཤིན་ཏུ་གྲགས་ཆེ་ཞིང་། བསྟན་པ་ལ་བྱ་བ་རྒྱ་ཆེན་པོ་མཛད་པའི་ལོ་ཙཱ་བ་ནི་བཻ་རོ་ཙ་ན། ལྡན་མ་རྩེ་མང་། ཁ་ཆེ་ཨ་ནནྟ་སྐེ་རྐན་གསུམ་དང་། གཉགས་ཛྙཱ་ན་ཀུ་མ་ར། འགོན་ཀླུའི་དབང་པོ། རྨ་རིན་ཆེན་མཆོག་སྐེ་འབྲིང་གསུམ་དང་། སྐ་བ་དཔལ་བརྩེགས། ཅོག་རོ་ཀླུའི་རྒྱལ་མཚན། ཞང་ཡེ་ཤེས་སྡེ་སྐེ་གཞོན་གསུམ་རྣམས་ཡིན་པར་གྲགས།

དེ་ཞིག་ན་མཁན་ཆེན་ཞི་བ་འཚོའི་ལྟ་དགོངས་རིམ་གྱིས་པ་དང་རྒྱ་ནག་གི་སློབ་དཔོན་ཧྭ་ཤང་མ་ཧཱ་ཡ་ནའི་ལྟ་དགོངས་ཅིག་ཆར་བའི་བར་བོད་ཀྱི་མཁས་པ་རྣམས་མ་མཐུན་པ་བྱུང་བར་བརྟེན། རྒྱ་གར་ནས་སློབ་དཔོན་ཀ་མ་ལ་ཤཱི་ལ་བོད་དུ་སྤྱན་དྲངས་ཏེ་རྩོད་པ་ཆོས་ཕྱོགས་སུ་ཞི་བར་བྱས།

ཆོས་རྒྱལ་ཁྲི་སྲོང་ལྡེའུ་བཙན་གྱིས་བཀའ་ཡང་དག་པའི་ཚད་མ་བམ་པོ་བདུན་པས་མཚོན་པའི་གཞུང་ཆེན་པོ་འགའ་དང་། གཞུང་ཆུང་བ་མང་པོ་ཞིག་མཛད་པ་དང་། ལོ་ཙཱ་བ་ཆེན་པོ་བཻ་རོ་ཙ་ན་སོགས་ཀྱིས་མཛད་པའི་བསྟན་བཅོས་ཀྱང་ཇི་སྙེད་པ་བྱུང་ཡོད་པའི་ཚུལ་འདི་རྣམས་ནི་ཐང་ཡིག་དང་བོད་ཀྱི་རྒྱལ་རབས། ཆོས་འབྱུང་ཆེན་པོ་རྣམས་སུ་གསལ་བར་བསྟན་པས་ཞིབ་སྦྱོར་བྱ་དགོས་པ་དེ་ཙམ་མ་མཐོང་།

མུ་ནེ་བཙན་པོས་ཆབ་སྲིད་སྐྱོང་བའི་རིང་བོད་འབངས་ཀྱི་ཕྱོགས་ཕྱུག་ཐེངས་གསུམ་དུ་སྙོམས་པར་མཛད་པའི་ཚུལ་བོད་ཀྱི་ལོ་རྒྱུས་ཡོངས་ལ་རྒྱ་ཁྱབ་ཏུ་གྲགས།

ཁྲི་ལྡེ་སྲོང་བཙན་སད་ན་ལེགས་ཀྱིས་སྐྱིད་ཤོད་དུ་དཀར་ཆུང་རྡོ་རྗེ་དབྱིངས་ཀྱི་ལྷ་ཁང་བཞེངས་པ་དང་། ཁོང་གིས་པཎྜི་ཏ་བི་མ་ལ་མི་ཏྲ། ཛྙཱ་ན་སེ་ན། བལ་པོ་ཧཱུྃ་ཀ་ར། སུ་ཛྙཱ་ཧ་ཏྲ། ཤཱཀྱ་སེང་ཧ། སུ་རེནྡྲ་བོ་དྷི། ཛི་ན་མི་ཏྲ། དཱ་ན་ཤཱི་ལ། བུདྡྷ་སེང་ཧ་རྣམས་གདན་དྲངས་ཤིང་། སྔར་གྱི་ལོ་ཙཱ་བ་ཆེན་པོ་རྣམས་ལ་བསྙེན་ཅིང་བཀུར་ཏེ། དཀོན་མཆོག་སྤྲིན་དང་ལང་ཀར་གཤེགས་པའི་མདོ་སོགས་མདོ་སྔགས་བཀའ་བསྟན་གྱི་གཞུང་མང་པོ་བོད་ཀྱི་སྐད་ཡིག་ཏུ་བསྒྱུར། དེའི་སྲས་ཁྲི་གཙུག་ལྡེ་བཙན་རལ་པ་ཅན་གྱི་སྐུ་རིང་

ལའང་ཉི་འོག་གི་མཁན་པོ་ཨ་ཙཱ་རྱ་ཛི་ན་མི་ཏྲ་དང་སུ་རེནྡྲ་བོ་དྷི། ཤཱི་ལེནྡྲ་བོ་དྷི། དཱ་ན་ཤཱི་ལ། བོ་དྷི་མི་ཏྲ། བོད་ཀྱི་མཁན་པོ་རཏྣ་རཀྵི་ཏ་དང་དྷརྨ་ཏཱ་ཤཱི་ལ། ལོ་ཙཱ་བ་ཛྙཱ་ན་སེ་ན་དང་ཛ་ཡ་རཀྵི་ཏ། མཉྫུ་ཤྲཱི་ཝརྨ་རཏྣེནྡྲ་ཤཱི་ལ་སོགས་ནས། མདོ་སྔགས་བཀའ་བསྟན་གྱི་གཞུང་ཤིན་ཏུ་གྲངས་མང་བ་ཞིག་རྒྱ་གར་དང་ཨོ་རྒྱན། ཟ་ཧོར། ཁ་ཆེ། ལི་དང་། རྒྱ་ནག བྲུ་ཤའི་སྐད་སོགས་ནས་བོད་ཀྱི་སྐད་དུ་བསྒྱུར་བ་དང་། ཁྲི་གཙུག་ལྡེ་བཙན་རལ་པ་ཅན་གྱིས་སྐད་གསར་བཅད་ཀྱི་བཀས་བཅད་མཛད་པ་དང་། གསང་སྔགས་བླ་མེད་ཀྱི་སྐོར་སྤྱི་དང་ཁྱད་པར་མ་རྒྱུད་ཀྱི་སྐོར་རྣམས་རྣལ་འབྱོར་པ་སོ་སོའི་སྤྱོད་ཡུལ་དུ་བསྒྱུར་ཅིང་སྤྱད་དུ་རུང་ནའང་རྒྱ་ཁྱབ་ཏུ་བསྒྱུར་སྤེལ་བྱ་མི་རུང་བའི་བཀས་བཅད་མཛད་པ་དག་གཞིར་བཟུང་སྟེ། དེ་སྔོན་དུ་བསྒྱུར་བའི་གཞུང་རྣམས་དང་བཅས་པ་སྐད་གསར་བཅད་ཀྱིས་གཏན་ལ་ཕབ་ནས། རྒྱལ་བའི་བཀའ་བསྟན་འགྱུར་རོ་ཅོག་གི་དཀར་ཆག་ལྡན་དཀར་མ་དང་། དེ་རྗེས་ཀྱི་མཆིམས་ཕུ་མ། འཕང་ཐང་མ་བཅས་པར་བསྡན་ཏེ། གསུམ་ཀ་དཀོར་མཛོད་དུ་བཞག་མཛད་པ་སོགས་ཀྱི་ལོ་རྒྱུས་བོད་ཀྱི་རྒྱལ་རབས་དང་ཆོས་འབྱུང་ཡོངས་གྲགས་ཕལ་མོ་ཆེ་དང་། སྔ་དགེའི་བསྟན་འགྱུར་ཅོ་པར་བཞུགས་པའི་སྒྲ་སྦྱོར་བམ་གཉིས་པ་རྣམས་སུ་གསལ་བར་བཤད་ཡོད།

བོད་གངས་ཅན་གྱི་ལྗོངས་སུ་བོད་ཀྱི་ཤེས་རིག་ཡར་རྒྱས་ལ་བྱུས་རྗེས་ཆེ་བ། མཛངས་པ་མི་བདུན་དུ་གྲགས་པ་རྣམས་སྔ་ཕྱིར་བྱུང་ཡོད་པའི་ཚུལ་བོད་ཀྱི་རྒྱལ་རབས་དང་ཆོས་འབྱུང་རྣམས་སུ་ཡོངས་གྲགས་ཤིག་ཏུ་གྱུར་འདུག་ནའང་། མཛངས་མི་དེ་རྣམས་དང་དེ་རྣམས་ཀྱི་མཛངས་པའི་ལས་གང་བྱས་ཀྱི་སྐོར་ལྡེའུ་ཆོས་འབྱུང་དང་ནེའུ་སྔོན་བྱུང་གི་གཏམ། ལྷོ་བྲག་ཆོས་འབྱུང་། རྒྱ་བོད་ཡིག་ཚང་ཆེན་མོ་རྣམས་སུ་ཅུང་ཟད་མི་འདྲ་བ་ཡོད།

ལྡེའུ་ཆོས་འབྱུང་གི་ཁུངས་སུ་མཛངས་མི་དང་པོ་འདྲེན་གྱི་བུ་རུ་མ་(ལས་)སྐྱེས་དང་གཉིས་པ་ཁུ······ལྷའུ་མགོ་དཀར། གསུམ་པ་མཐོན་མི་བསམ་པོ་(ཐོན་མི་སམ་བྷོ་ཊ།) བཞི་པ་སྣ་གས་ཁྲི་བཟང་ཡང་སྟོན། ལྔ་པ་ཁྲི་བཟངས་(བཟང་)ཡབ་ལྷག དྲུག་པ་མོན་ཁྲི་དོ་རེ་སྣང་ཚབ། བདུན་པ་གཉེར་སྟག་བཙན་ལྡོང་གཟིགས་དང་། བརྒྱད་པའམ་ཕྱེད་དུ་རྒྱ་མོ་ཨོང་ཆུང་ཞེས་པ་རྣམས་འགོད་ཡོད་ལ། ནེའུ་སྔོན་བྱུང་གི་གཏམ་དུ་མཛངས་མི་དང་པོ་གཉེར་སྟག་ཚལ་ལྡོང་གཟིགས། གཉིས་པ་མོང་གི་བུ་ཁྲི་དོ་རེ་སྣང་ཚབ། གསུམ་པ་འབྲིང་གི་བུ་རུ་ལས་སྐྱེས། བཞི་པ་ཐོན་མི་སམ་བྷོ་ཊ། ལྔ་པ་ཁུའི་བུ་ལྷ་བུ་འགོ་(མགོ་)དཀར། དྲུག་པ་ཁྲི་བཟང་ཡབ་ལྷག བདུན་པ་རྗོགས་ཀྱི་བུ་ཁྲི་བཟངས་(བཟང་)ཡབ་བརྟེན་ཞེས་པ་རྣམས་སུ་གསལ་བ་དང་། ལྷོ་བྲག་ཆོས་འབྱུང་དང་མཁས་པའི་དགའ་སྟོན་དུ་མཛངས་མི་དང་པོ་རུ་ལས་སྐྱེས་དང་

གཉིས་པ་ལྷའུ་མགོ་དཀར། གསུམ་པ་མོང་གི་བུ་ཁྲི་དོར་སྣང་བཙུན། བཞི་པ་ཐོན་མི་སམ་བྷོ་ཊ། ལྔ་པ་སླུགས་ཀྱི་བུ་ཁྲི་བཟང་ཡང་སྟོན། ཞེས་པ་རྣམས་ཞལ་གསལ་དུ་བསྟན་པ་ལས། དྲུག་པ་དང་བདུན་པ་ཞལ་མི་གསལ་ཞིང་། རྒྱ་བོད་ཡིག་ཚང་ཆེན་མོར་མཛངས་མི་དང་པོ་འཛོང་གི་བུ་ཏུ་ལས་སྐྱེས་དང་། གཉིས་པ་ཁུའི་བུ་ལྷ་བུ་མགོ་དཀར། གསུམ་པ་མོང་གི་བུ་ཁྲི་དོ་རེའི་སྣང་ཚབ། བཞི་པ་ཐོན་མི་སམ་བྷོ་ཊ། ལྔ་པ་ཁྲི་བཟང་ཡབ་དོན། དྲུག་པ་ཁྲི་བཟང་ཡབ་ལྷག བདུན་པ་གཉེར་གྱི་བུ་སྟག་ཚབ་སྟོང་གཟིགས་ཞེས་བཀོད་ཡོད། མཛངས་མི་དེ་རྣམས་བྱུང་རིམ་གྱི་དབང་དུ་བྱས་ན། མཛངས་མི་དང་པོ་ནས་ལྔ་པའི་བར་ལྷོ་བྲག་ཆོས་འབྱུང་མཁས་པའི་དགའ་སྟོན་གྱི་ལུགས་དང་། དྲུག་པ་རྒྱ་བོད་ཡིག་ཚང་ཆེན་མོ། བདུན་པ་ལྡེའུ་ཆོས་འབྱུང་རྣམས་དང་བསྟུན་ན་དགོངས་དོན་རྣལ་མ་དང་འཕྲོད་ཆེ་བར་མངོན།

དེ་ཡང་མཛངས་མི་བདུན་གྱི་དང་པོ་ནི་ལྷོ་བྲག་ཆོས་འབྱུང་[པེ་སྐྲུན་164ཤ་2]ལས་ཐོག་མར་གྱུར་"པ་ཏུ་ལས་སྐྱེས་འདི་ཡིན། མཛངས་པའི་ལས་སུ་ཤིང་བསྲེགས་སོལ་བ་བྱུང་། དེ་ཡིས་རྗེ་བཞུ་གསེར་དངུལ་ཟངས་ལྕགས་བྱུང་། ཤིང་ལ་མིག་ཕུག་གཤོལ་དང་གཉའ་ཤིང་བྱས། ས་གཞི་བརྐོས་ནས་ཕུ་ཆུ་ཡུར་དུ་དྲངས། རྨོན་པ་དོར་བསྡེབས་སྤང་ཐང་ཞིང་དུ་རྨོས། བརྒལ་བས་མི་ཐར་ཆུ་ལ་ཟམ་པ་བཙུགས། རྨོས་པའི་ལོ་ཏོག་ཐོག་མར་འདི་ནས་བྱུང་། ཞེས་གསལ་བར་བསྟན་ཅིང་། ཏུ་ལས་སྐྱེས་ནི་བོད་ཀྱི་རྒྱལ་རབས་བཅུ་པ་སྤུ་དེ་གུང་རྒྱལ་གྱི་བཀའི་བློན་ཆེན་པོ་དེ་རེད། མཛངས་མི་གཉིས་པ་གཞུང་དེའི་[པེ་སྐྲུན་165ཤ་5]ལས་ལེགས་དྲུག་ཐོག་མ་ཨེ་ཤོ་ལེགས་ཅེས་(ཞེས་)བྱ། །དེ་ཡི་བློན་པོ་ལྷའུ་མགོ་དཀར་ཞེས། །ཁུ་ཁུ་ཏུ་ལས་སྐྱེས་ཀྱི་བུ་ཡིས་བྱས། །འཕྲུལ་བློན་མཛངས་མི་བདུན་གྱི་གཉིས་པ་ཡིན། །མཛངས་པའི་ལས་སུ་ཞིང་ལ་དོར་ཁ་བསྒྲིས། །འབྲོག་ལ་ཐུལ་སྒྲིས་ཕུ་ཆུ་ཡུར་དུ་དྲངས། །མདའ་ཏུ་ཆུ་མ་རྨོ་བ་འདི་ནས་དར། ། ཞེས་ཞལ་གསལ་དུ་བསྟན་པ་དེ་ཡིན་ལ། །མཛངས་མི་གསུམ་པ་གཞུང་དེའི་[པེ་སྐྲུན་171ཤ་4]ལས……(སྟག་རི་གཉན་གཟིགས་)འདི་དུས་ཁྲི་ངོར་(དོར་)སྣང་བཙུན་མོང་གི་བུས། །བྲེ་ཕུལ་སྲང་བཙོས་འབྲུ་མར་ཚད་ཀྱིས་བཅལ། །དཀའ་གཉིས་ཚོང་བྱས་མཐུན་གཉིས་ལ་ལུང་བསྡེབས། །དེ་གོང་བོད་ན་ཚོང་དང་བྲེ་སྲང་མེད། །དེ་ཕྱིར་མཛངས་མི་བདུན་གྱི་གསུམ་པར་གྲགས། །ཞེས་གསལ་བ་དང་། མཛངས་མི་བཞི་པ་ཡང་གཞུང་དེའི་[པེ་སྐྲུན་184ཤ་11]ལས་ཐོན་མིས་བོད་ཡིག་ཐོག་མར་མཛད་པའི་ཕྱིར། །བོད་ཕྲུག་མཛངས་མི་བདུན་གྱི་བཞི་པར་གྲགས། །ཞེས་དང་། མཛངས་མི་ལྔ་པ་ཡང་[པེ་སྐྲུན་184ཤ་12]དུ་གཞན་ཡང་ཁྲི་བཟང་ཡང་སྟོན་སླུགས་ཀྱི་བུས། །མཛངས་པའི་ལས་སུ་རི་ཁྲིམ་ཀླུངས་སུ་ཕབ། །སྤྱི་མཐོའི་མཁར་དུ་བརྩིགས་ནས་གྲོང་ཁྱེར་བཙོས། འདི་ཡན་བོད་ཀྱི་ཁང་ཁྲིམ་རི་ལ་ཡོད། །དེ་ཕྱིར་བོད་ཀྱི་མཛངས་

མི་ལྡེ་པ་ཡིན། །ཞེས་པ་རྣམས་ཀྱིས་ཞལ་ཤིན་ཏུ་གསལ་བར་བསྟན། མཛངས་མི་དྲུག་པ་ནི་རྒྱ་བོད་ཡིག་ཚང་ཆེན་མོ་[སི་237ཤ་5] ལས་ཆོས་ཀྱི་རྒྱལ་པོ་ཁྲི་སྲོང་ལྡེ་བཙན་རིང་། དྲུག་ཏུ་མཛངས་པ་ཁྲི་བཟང་ཡབ་ལྷག་ཐོན། ཞེས་མཛངས་མི་དྲུག་པ་དེ་ཁྲི་བཟང་ཡབ་ལྷག་ཡིན་པ་དང་། ཁོང་ཆོས་རྒྱལ་ཁྲི་སྲོང་ལྡེའུ་བཙན་གྱི་སྐུ་དུས་ཀྱི་བློན་པོ་ཞིག་ཡིན་པའང་གསལ་བར་བསྟན་ཡོད། ཁྲི་བཟང་ཡབ་ལྷག་གི་མཛངས་ཀྱི་མཛད་པ་དེ་མཁས་པའི་དགའ་སྟོན་དུ་བསྟན་པའི་མཛངས་མི་ལྡེ་པའི་བྱེད་ལས་དང་ཕྱོགས་གཅིག་པར····བྱུང་ཡོད་སྐབས་ལྡེའུ་ཆོས་འབྱུང་ཆེན་མོ་[བོད་114ཤ་20] ལས་ཁྲི་བཟངས་(བཟང་) ཡབ་ལྷག་ཡིན། ཕྱོགས་བཞིའི་སྐྱ་སྲུང་བཙུད་ནས་སྐྱའི་རིམ་གྲོ་བྱས། །ཁོད་ཀྱི་སྟོང་སྙེ་བྱེད་ཙ་གཉིས་དགྲ་ལ་རྐོལ་དུ་བཙུག མི་ལ་སྟོང་ཐང་བཅད་པས་ཕྱི་རབས་བློན་པོ་ཐུགས་ཕྲལ་ཆུང་བར་བྱས། དེའི་གོང་ན་བོད་ལ་གསོས་དང་སྟོང་ཐང་མེད། །ཅེས་གསུངས་འདུག་པ་དེ་རང་དུ་ངེས་པ་ཡིན། མཛངས་མི་བདུན་པ་ནི་ལྡེའུ་ཆོས་འབྱུང་ཆེན་མོ་[བོད་115ཤ་5] ལས་བདུན་དུ་འཛངས་(མཛངས་) པ་གཉེར་སྟག་བཙན་ལྟོང་གཟིགས་ཡིན། མཛོ་པོ་རྟོལ་པོ་བེའུ་ལུག་དགྱེ་ཏྲ་སྙེབས། བ་རེ་སླང་རེ་སྣག་(གནག་) རེ་ཁྲིམ་དུ་སྨལ། ཙ་(རྩྭ་) ལ་ཆུན་པོར་བྱས་ནས་དབྱར་སྟེ་དགུན་ནས་(ན་) འཚལ། དེའི་གོང་ན་ཕྱུགས་ལ་རེ་ཁྲིམས་མེད། ཅེས་བསྟན་ཅིང་། སྟག་ཚབ་ལྟོང་གཟིགས་དེ་དུས་གང་གི་ཚེ་བྱུང་ཡོད་པ་ནི་རྒྱ་བོད་ཡིག་ཚང་ཆེན་མོ་[སི་231ཤ་10] ལས་ཁྲི་ལྡེ་སྲོང་བཙན་འཕྲུལ་རྒྱལ་སྐུ་རིང་ལ། བདུན་དུ་འཛངས་(མཛངས་) པ་ཆེན་པོ་གཉེར་གྱི་བུ། སྟག་ཚབ་ལྟོང་གཟིགས་བྱ་བ་དེ་ཉིད་ཐོན། ཅེས་ངེས་ཤེས་ཐུབ་པ་ཡིན།

ལྡེའུ་ཆོས་འབྱུང་ནས་བསྟན་པའི་མཛངས་མི་བདུན་པའི་མཛངས་ཀྱི་ལས་འདིའི་དགོངས་དོན་རྣལ་མ་གང་ཡིན་ནི་ངེས་དཀའ་བ་ཞིག་ཏུ་སྣང་ལ། འདི་སྐོར་ནེའུ་སྔོན་བྱུང་གི་གཏམ་[རྙ9ཤ5ན1] ལས་གཅིག་ཏུ་མཛངས་པ་གཉེར་སྟག་ཚལ་ལྟོང་གཟིགས་ཡིན། དེ་ཡིས་ལས་སྐབས་ཅི་བྱས་ན། བ་རེ་སླང་རེ་གནག་རེ་ར་ལུག་ཁྲིམས་སུ་བཅལ། རྩྭ་ལ་ཆུན་བུ་བྱས་ནས་དབྱར་སྟེ་དགུན་དུ་འཚལ། སྲུང་ཐང་ཞིང་དུ་རློག་ནས་དེ་མཐར་ཁང་ཁྱིམ་རྩིགས། དེའི་གོང་ན་བོད་ལ་རྩི་ཐོག་ལོ་ཐོག་མེད། ཅེས་དང་། དེ་དང་ཕལ་ཆེར་ཕྱོགས་འདྲ་བ་ནི་རྒྱ་བོད་ཡིག་ཚང་ཆེན་མོ་[སི་229ཤ་15] ལས་བ་སླང་འབྲི་སྣག་(གནག་) ར་ལུག····ཁྲིམས་སུ་བཅལ། རྩྭ་ལ་ཆུན་པོ་བྱས་ནས་དབྱར་སྟེ་དགུན་དུ་བཅལ། སྲུང་ཐང་ཞིང་དུ་རློག་ནས་རིའི་དོ་སྣམས་བཟུང་། དེ་ཡི་གོང་ན་བོད་ན་རྩི་ཐོག་ལོ་ཐོག་མེད། ཅེས་བཀོད་ཡོད་ནའང་འདི་གཉིས་ཀྱི་དོན་ཡང་གོ་དཀའ་བ་ཞིག་ཏུ་སྣང་། ལུགས་འདི་གཉིས་ཀྱི་གོ་དོན་དེ་བ་སླང་དང་། འབྲི་གཡག ར་ལུག་རྣམས་ཁྲིམས་སུ་སྨལ་ཞེས་པ་འབབས་ཁྱིམ་རེ་བཞིན་ལ་སེམས་ཅན་དེ་རིགས་ཡོད་དགོས་པའི་ཁྲིམས་ཞིག··

བཞག་པའམ། ཁྲིམས་ཀྱི་འཇལ་དུ་སེམས་ཅན་དེ་རིགས་སྤྲོད་ལེན་བྱེད་པའམ་དེ་དག་གི་རིན་ཐང་ཚད་གཞལ་གྱི་ཉེས་ཆད་བྱས་པ་སོགས་གང་ཡིན་མ་ངེས་ལ། ལྡེའུ་ཆོས་འབྱུང་ནས་བསྟན་པའི་མཛངས་ཀྱི་ལས་དེའི་དགོངས་དོན་ནི་དེ་ལས་ཀྱང་རྟོགས་དཀའ་བ་ཞིག་ཏུ་མངོན། ཁོ་བོའི་བསམ་པར"མཛོ་པོ་རྟོལ་པོ་བེའུ་ལུག་དགུ་ཏུ་སྟེབས།" ཞེས་བྱ་བ་དེའི་དགོངས་དོན་ནི་མཛོའམ་མཛོ་པོ་སྐྱེ་བ་དང་གཡག་ལས་བྱུང་བའི་བ་མཛོ་ཞེས་པའམ། འབྲི་དང་གླང་ལས་བྱུང་བའི་འབྲི་མཛོ་ཞེས་བྱ་བ་དེ་གཉིས་གང་ཞིག་ཡིན་ཀྱང་ཉུང་སེམས་ཅན་དེ་ནི་རྔོད་རྒྱུག་པ་དང་ཁལ་འགེལ་བ་སོགས་ལ་དགོས་མཁོ་ཤིན་ཏུ་ཆེ་ལ། གློང་གསེབ་པའི་ལས་ཀར་ཕན་ཐོགས་ཆེ་བའི་སེམས་ཅན་རིན་ཐང་ཅན་ཞིག་ཡིན་ནའང་དེས་རིགས་རྒྱུད་སྤེལ་མི་ནུས་པ་དང་། རྟོལ་པོ་ནི་མཛོ་མོ་དང་གཡག་གམ་གླང་གང་ཉུང་ལས་བྱུང་བའི་ཕྲུ་གུ་སྟེ། འདི་ཉིད་གསོན་ཐུབ་ན་ཕལ་ཆེར་མཛོ་དང་འདྲ་བའི་བེད་སྤྱོད་ཆོག་པ་ཞིག་ཡིན་ནའང་། འོ་མ་དང་བཟའ་བཏུང་གི་རིགས་ལྷག་ཙམ་མ་སྟེར་ན་གསོན་པོར་འཚོ་དཀའ་ཞིང་། རྟོལ་པོ་མོ་རིགས་ཀྱི་ཕྲུ་གུ་ནི་ད་དུང་རྟོལ་པོ་ལས་ཀྱང་འཚོ་དཀའ་བའི་སེམས་ཅན་ཞིག་ཡིན་སྟབས། སེམས་ཅན་འདི་གཉིས་ལས་སྤྱོད་ཀྱི་ཐད་རིན་ཐང་དང་ལྡན་པ་ཞིག་ཡིན་ནའང་སྒོ་ཕྱུགས་འཕེལ་སྐྱེད་ལ་ཕན་པ་རྩ་བ་ནས་མེད་པ་ཞིག་ཡིན་པས། སྒོ་ནོར་འཕེལ་རྒྱས་ཀྱི་ལྟ་སྟངས་གཞིར་བཟུང་ཐོག མཛོ་པོའམ་རྟོལ་པོ་གང་ཡང་ཉུང་བའི་རིན་ཐང་ནི་བའམ་འབྲིའི་བེའུ་ཕོ་མོ་གང་ཉུང་ངམ། ལུག་ཕོ་མོ་གང་ཉུང་རེ་དང་མཉམ་དུ་བཅུག་པ་དང་འདིར"དགུ་ཏུ་སྟེབས" ཞེས་པ་འདི་ནི"བརྗེ་ཏུ་སྟེབས"ཞེས་པ་སྟེ་ཕན་ཚུན་རིན་མཉམ་གྱིས་བརྗེ་ཞིང་། མཛོ་རེ་དང་བེའུ་རེའམ་ཡང་ན་ལུག་རེ་དང་། རྟོལ་རེ་དང་བེའུ་རེའམ་ལུག་རེ་སྟེབས་ཏེ་བརྗེ་ཆོག་པའི་ལུགས་ཤིག་གསར་དུ་བཙམས་པ་དང་། "བ་རེ་གླང་རེ་གནག་རེ་ཁྲིམ་དུ་བཙལ"ཞེས་པ་ནི་བོད་འབངས་རེའི་མི་ཁྲིམ་དུ་བ་རེ་དང་གླང་རེ། གནག་སྐེ་འབྲིའམ་གཡག་གང་ཉུང་རེ་བཙལ་ནས། སྒོ་ཕྱུགས་འཕེལ་རྒྱས་ཀྱི་ཆེད་དུ་འཚོ་སྐྱོང་བྱེད་དགོས་པའི་ཁྲིམས་གསར་དུ་བཅས་པའི་དོན་ཞིག་ཨེ་ཡིན་སྙམ། ལྡེའུ་ཆོས་འབྱུང་ཆེན་མོ་[བོད་115ཤ་9]ལས་བརྒྱད་དུ་མཛངས་པ་རྒྱ་མོ་ཨོང་ཆུང་གིས། ཁོས་ལ་ཕོ་ཆས་མོ་ཆས་སོ་སོར་ཕྱེས། ལས་ལ་ཕོ་ལས་མོ་ལས་སོ་སོར་ཕྱེས། ཕོ་ལ་མདའ་གཞུ་མོ་ལ་འཕང་ཆ་གཏད། དེའི་ཕོང་ན་ཕོ་མོ་ཆས་མ་ཕྱེད། ཅེས་མཛངས་མི་བརྒྱད་དམ་ཕྱེད་དུ་བརྒྱད་དུ་མཛད་ཡོད། མཛངས་མི་བདུན་ནམ་བརྒྱད་དམ། ཕྱེད་བརྒྱད་གང་ཡིན་ཡང་ཉུང་། དོན་དུ་བོད་ཀྱི་ཤེས་རིག་ཡར་རྒྱས་ཇི་ལྟར་བྱུང་བའི་ཚུལ་ཞིག་སྨོས་པ་ཡིན་ལ། སུ་ཞིག་དེ་སྔོན་ཞང་ཞུང་གི་གནའ་བོའི་ཤེས་རིག་ལ་ཆ་རྒྱུས་མེད་པ་དེར་ཡ་ཐོག་བོད་མིའི་ཤེས་རིག་དེ……འདྲ་ཞིག་གིས་དར་རྒྱས་སུ་གྱུར་ཡོད་ཅེས་ཡ་མཚན་འོས་པའི་གནས་འདྲ་པོ་ཞིག་ཏུ་སྣང་ཐུབ་པ་ཡིན།

གཉིས། བོད་རིག་པའི་གནས་བཅུ་བའི་སྐོར།

དུས་ཕྱིས་སུ་རང་རེ་བོད་ཀྱི་ཤེས་རིག་ཅེས་བྱ་བ་དེའི་གདགས་གཞི་ངོས་འཛིན་ཡུལ་ནི་གཙོ་ཆེར······རིག་པའི་གནས་ཆེ་བ་ལྔ་སྟེ། བཟོ་རིག་པ། གསོ་བ་རིག་པ། སྒྲ་རིག་པ། གཏན་ཚིགས་རིག་པ། ནང་དོན་རིག་པ་རྣམས་དང་། རིག་པའི་གནས་ཆུང་བ་ལྔ་སྟེ། སྙན་ངག་དང་། མངོན་བརྗོད། སྡེབ་སྦྱོར། ཟློས་གར། སྐར་རྩིས་རྣམས་ཏེ། མདོར་ན་རིག་གནས་རྣམ་པ་བཅུར་གྲགས་པ་དེ་རྣམས་ལ་ངོས་འཛིན་སྲོལ་ཡོད། རིག་པའི་གནས་དེ་རྣམས་རེ་བཞིན་གྱི་དང་ཚུལ་བོད་ཀྱི་ཤེས་བྱ་རིག་པའི་གནས་སུ་ངོ་སྤྲོད་ཇི་ལྟར་བྱས་ཡོད་པའི་ལོ་རྒྱུས་ཀྱི་སྐོར་ལ་ནན་གཞིགས་བྱེད་པའི་ཚེ། རིག་གནས་ཆེ་བའམ་ཆུང་བ་གང་ཞིག་ཡིན་ཡང་རུང་། དེ་རིགས་ཕལ་མོ་ཆེ་རྒྱ་གར་དང་ཨོ་རྒྱན། ཟ་ཧོར། བལ་ཡུལ། ལི་དང་། བྲུ་ཞ་སོགས་སམ། བཟོ་རིག་པ་དང་། གསོ་བ་རིག་པ། རྩིས་རིག་སོགས་འགའ་ཞིག་ནི་རྒྱ་ནག་ནས་བོད་དུ་དར་བ་ལས། དེ་སྔོན་བོད་དུ་རིག་པའི་གནས་དེ་རིགས་འགའ་ཡང་མེད་པ་མུན་པའི་གླིང་ཞིག་ཡིན་པའི་ལོ་རྒྱུས་སྤྱོས་བྱས···ཡོད་པར་བཏེན། བོད་ཀྱི་གནའ་བོའི་ཤེས་རིག་ཅི་དང་ཅི་ཡོད་པའི་ལོ་རྒྱུས་རྣལ་མ་རྣམས་རིམ་གྱིས་བག་ལ་ཞ་བར་གྱུར། དེ་ལྟར་བྱུང་ཡོད་པའི་རྒྱུ་མཚན་གང་ཡིན་པ་ནི"ཡ་ཐོག་བོད་ཀྱི་ཤེས་རིག་བྱུང་ཚུལ" བཤད་པའི་སྐབས་སུ་ཞིབ་སྤྲོས་བྱས་ཡོད་སྟབས་འདིར་ཡང་བསྐྱར་དུ་སྤྲོ་བའི་ངལ་བ་མ་བྱས།

འདིར་ཤེས་བྱ་རིག་པའི་གནས་དེ་རྣམས་ཀྱི་བྱུང་ཚུལ་ལོ་རྒྱུས་ཀྱི་སྐོར་ཇི་ལྟར་ངོ་སྤྲོད་བྱས་ཡོད་པའི་དང་ཚུལ་དཔེ་མཚོན་ཙམ་ཞིག་བསྟན་ན། ཐོག་མར་རིག་པའི་གནས་ཆེན་ལྔའི་དང་པོ་བཟོ་རིག་པའི་སྐོར། བཀའ་ཆེམས་ཀ་ཁོལ་མ་[ཀན་84ཕ་8]ལས་རྗེ་གཉའ་ཁྲི་བཙན་པོ་དེ་ཡར་ལུང་བཙན་ཐང་སྒོ་བཞིར······ཆགས་ཐེབས་ནས་ཕོ་བྲང་བཏབ་པ་ཡིན། ཕོ་བྲང་ནི་ས་དང་རྫོ་ལ་མ་བརྟེགས། རི་དྭགས་ཤ་ཝ་དང་འབྲོང་། གཅན་ཟན་སྟག་གཟིག་པགས་པ་ལ་གུར་དུ་ཕུབ་ནས་བྱས་པ་ཡིན་ནོ། །ཞེས་ཀོ་ལྤགས་ཀྱི་གུར་ལ་ཕོ་བྲང་གི་ཐ་སྙད་བྱས་པ་ཙམ་ལས། དོན་དུ་སྐུ་མཁར་བཞེངས་པའི་ཤེས་ཉུས་མེད་པར་བསྟན་པ་དང་། རྒྱ་བོད་ཡིག་ཚང་ཆེན་མོ་[སི་155ཕ་13]ལས་དེ་ནས་བལ་བཟས་རྒྱལ་པོ་ཐུགས་མི་སྐྱོ་ཞིང་། ཕ་རོལ་གྱི་དམག་གིས་མི་ཚུགས་པར་བྱ་བའི་ཕྱིར། རིན་པོ་ཆེ་མང་པོ་སྦྱར། གནོད་སྦྱིན་ཕོ་མོ་རྣམས་ཐྲན་དུ་བཀོལ་ནས། དམར་པོ་རི་ཁོང་དུ་བཙུག་པའི་སོ་ཕག་གི་ལྕགས་རི་གྱང་རིམ་སུམ་ཅུ་རྩ་གཉིས་དང་མཉམ་པ། སྲིན་ཡུལ་ལང་ཀ་པུ་རིའི་གྲོང་ཁྱེར་དང་འདྲ་བ། མཁར་དགུ་བརྒྱ་དགུ་བཅུ་རྩ་དགུ་རྩེ་མོ་ཉག་དང་སྟོང་དུ་ཚང་བ། མཁར་རེ་ལ་མདུང་བ་དན་དམར་པོ་ཅན་བཞི་རེ་བཙུགས་པ། ཕྱོགས་བཞི་ལ་སྒོ་སྒྲེ་བཞི་བསྲུང་

(སྤྱང་)མི་ཡོད་པ། རྩེ་མཁར་ལ་བྱ་ར་བ་མི་ལྔ་རྒྱུན་དུ་ཡོད་པ། དེའི་ལྟོ་ངོས་ལ། ལྕགས་རིའི་ནང་ན། ཕོ་བྲང་སོག་པོ་མཁར་བྱ་བ་དགུ་ཐོག་དང་རྒྱལ་པོའི་རྩེ་མཁར་མཉམ་པ། དེ་གཉིས་ལྕགས་ཐག་གིས་བསྒྲིལ་ནས་དངུལ་ཟམ་ལ་རྒྱུ་ལ། མཁར་དང་ལྕགས་རི་རྣམས་ལ་མདའ་དབྱབས་(ཡབ་)དང་། སྒོ་ལྕུང་དང་། ཛ་ཡབ་དང་། ཕ་ཀུ་(གུ་)དང་། ཁ་བད། ཇ་བབས། རིན་པོ་ཆེའི་དྲིལ་བུ་གཡེར་ཁ། མུ་ཏིག་གི་དྲ་བ་དྲ་ཕྱེད་སོགས་ཀྱི་(ཀྱིས་)བརྒྱན་པ། ཕ་རོལ་གྱི་སྤྱུངས་ཀྱིས་(དཔུང་གིས་)མི་ཚུགས་པ་གཅིག་བཞེངས་སོ། ། ཞེས་ཕོ་བྲང་ཆེན་པོ་པོ་ཏ་ལ་ཇི་ལྟར་བཞེངས་པའི་ཚུལ་རགས་ཙམ་བཤད་པ་དེར་བལ་མོ་བཟའི་རིན་པོ་ཆེ་རྣམས་མེད་ན། བོད་མིར་ཕོ་བྲང་དེ་འདྲ་བ་ཞིག་བཞེངས་ཐུབ་པའི་འབྱོར་བ་མེད་པ་དང་། གལ་ཏེ་བལ་མོ་བཟའ་ཕོ་བྲང་ཆེན་པོ་དེ་འདྲ་བ་ཞིག་བཞེངས་ཐུབ་པའི་ཤེས་རིག་ཅན། བལ་པོའི་བཟོ་པ་དང་བཅས་པ་དེ་རྣམས་བོད་དུ་བྱུང་མེད་ན། སྲོང་བཙན་སྒམ་པོས་དམར་པོ་རིར་ཀོ་བའི་གུར་ཕུབ་ནས་བཞུགས་རྒྱུ་ཉན་ཅིག་ཡིན་པ་ལྟ་བུའི་དོན་དེ་རང་ཤུགས་ནས་བསྟན་པ་དང་། དེ་སྐབས་ཀྱི་བཟོ་པ་ཀུན་བལ་པོ་ཡིན་པའི་ཚུལ་ཉང་གི་ཆོས་འབྱུང་[བོད་237ཕ་7]ལས་བལ་པོ་རྗེ་མཁན་གྱིས་རྗེ་གསང་ཕུ་ནས་དྲངས་ཏེ་བཟོ་བྱས་ཞེས་པ་དང་། ཡང་[བོད་249ཕ་10]ལས་དེ་ནས་རྒྱལ་པོས་བལ་པོ་ལྷ་བཟོ་བ་ལ། ཁྱོད་ཀྱིས་གཙང་ཁང་གི་ལྟོ་ཕྱོགས་འདི་ལ་ལྷ་གཅིག་བྲིས་དང་ཞེས་བཀའ་བསྒོ་བ་དང་། ལྷ་བཟོ་བས་ཀྱང་ཀ་བ་ཤིང་ལོ་ཅན་གྱི་རྩར་ཀོང་བུ་དང་ཕིར་དང་ཚོན་རྩི་ལ་སོགས་པ་སྣ་གོན་བྱས་ཞེས་བཟོ་པ་རྣམས་བལ་པོའི་མི་ཁོ་ན་ཡིན་པར་བསྟན་པ་དང་། བོད་ཀྱི་རྒྱལ་པོའི་ཕོ་བྲང་ཧོ་པ་ལ་དང་ར་ས་དང་། ར་མོ་ཆེ་ལ་སོགས་པའི་གཙུག་ལག་ཁང་རྟེན་དང་བརྟེན་པར་བཅས་པ་དེ་ཀུན་བོད་མི་བཟོ་པ་དང་ལག་ཤེས་པ། ངལ་རྩོལ་མཁན་ཀུན་གྱིས་དཀའ་བ་ཁྱད་དུ་བསད། ངལ་བ་དང་དུ་བླངས་ནས་ལོ་ནས་ལོ་དང་ཟླ་བ་ནས་ཟླ་བའི་བར་དུ་འབད་བརྩོན་གྱིས་བཞེངས་ཡོད་པ་ལ་ཆོས་འབྱུང་དང་རྒྱལ་རབས་ཕལ་མོ་ཆེར། བོད་མི་བཟོ་ཡི་གནད་ལ་མཁས་པ་དེ་ཀུན་རྒྱལ་པོའི་སྤྲུལ་པའི་ལྷ་བཟོ་དང་། ཤིང་བཟོ་ཡིན་པ་དང་། རྒྱལ་པོས་སྤྲོ་བུར་དུ་སྤྲུལ་པ་བྱས་ནས་བཞེངས་ཡོད་པའི་ཚུལ་སྨྲ་བ་འདི་སྤྲུལ་པའི་རྒྱལ་པོ་ལ་དད་དང་དང་བ་འདྲེན་པའི་རྐྱེན་དུ་བསམ་པའི་ཀུན་སློང་དགེ་བ་ཞིག་ལས་བྱུང་བ་ཡིན་སྲིད་མོད། དོན་དུ་བོད་ཀྱི་བཟོ་པ་དང་ངལ་རྩོལ་མཁན་རྣམས་ཀྱིས་ངལ་བ་བརྒྱ་སྟོང་མང་པོ་བྱས་པ་ལ་ཇི་མི་སྙམས་པའི་ངན་བྱས་ཀྱི་ལས་སུ་མི་འགྱུར་བའི་ངེས་པ་ཅི་ཡོད། དེའི་ཚུལ་མཚོན་དཔེ་ཙམ་ནི་ལྟོ་བྲག་ཆོས་འབྱུང་[པེ་སྟོད་234ཕ་1]ལས་དེའི་ཚེ་རྒྱལ་པོས་སྐུའི་བཀོད་པ་ལྔ་སྟོང་བཀྱེ་ནས་རྒྱའི་ཧེ་ཏུན་པི་ཧར་ལ་དཔེ་བླངས་རྒྱ་མཚོའི་གྲུ་གཟིངས་འབྲིང་པོའི་ཚད་དུ་ཐང་བཏིང་ཞེས་པ་དང་། ཡང་[པེ་སྟོད་234ཕ་11]དུ་སྤྲུལ་པ་རྣམས་ཀྱིས་སོ་ཕག་གིས་ར་

སའི་འོག་ཁང་ཉིན་གཅིག་ལ་བརྟགས་ཞེས་པ་དང་། ཡང་[པེ་སྡོད234 ཤ15] དུ་ནང་པར་བཟོ་བོ་སྤྲུལ་པ་སུམ་བརྒྱ་བཀྱི་སྐྱེ་ཤིང་བཟོ་རྣམས་མཛད་ཅེས་པ་རྣམས་ཀྱིས་རགས་ཙམ་ཤེས་ཐུབ་པ་ཡིན།

བོད་ཀྱི་བཟོ་རིག་པའི་འབྱུང་ཁུངས་ངོས་འཛིན་ཚུལ་ནི་ལེགས་བཤད་ནོར་བུའི་ཕྲེང་བ་[རྫི16 ཤ8 བ1] ལས་རི་མོའི་མཚན་ཉིད་ཚངས་པའི་ཚད་ཡིག་ཞེས་(ཅེས་) བྱ་བ་དྲང་སྲོང་ཨ་ཏྲེའི་བུས་སྦྱར་བ་ལས། སྔོན་མི་རྣམས་ཚེ་ལོ་འབུམ་ལས་བྲི་བའི་ཚེ་མིའི་རྒྱལ་པོ་འཇིགས་ཐུལ་ཞེས་བྱ་བ་བྱུང་སྟེ། དེས་ཆོས་བཞིན་ས་བསྐྱངས་པས་ཚེ་ལོ་འབུམ་དུ་འཕེལ་ཞིང་ཤིན་ཏུ་བདེ་བར་གྱུར། དེ་ནས་རྒྱལ་པོ་དེས་དཀའ་ཐུབ་ཆེན་པོ་སྤྱད་པས་དབང་ཕྱུག་གི་ཡོན་ཏན་བརྒྱད་[39] ཐོབ་ཅིང་ཚངས་པས་ལྷའི་མཆོད་དང་དམག་གིས་ཀྱང་མི་ཡུལ་མི་ཕེབས་པ་དང་བསྟན་བཅོས་ཐམས་ཅད་ཤེས་པའི་མཆོག་བྱིན་ནོ། །དེའི་ཚེ་བྲམ་ཟེ་ཞིག་གི་བུ་གཅེས་པ་ཅིག་(ཞིག་) གློ་བུར་དུ་ཤི་བས། བྲམ་ཟེ་དེས་རྒྱལ་པོ་ཁྱོད་ཀྱིས་རྒྱལ་སྲིད་ཆོས་བཞིན་མ་བསྐྱངས་པ་འདྲ་སྟེ། ཁྱོད་ཀྱི་འབངས་ལ་དུས་མིན་གྱི་འཆི་བ་བྱུང་སྟེ། བདག་གི་བུ་ཕྲོགས་སོ། །བུ་སླར་མ་སྩལ་ན་བདག་འདི་གར་ལྡིབ་སོ་ཅེས་(བོ་ཞེས་) བྱས་པས་རྒྱལ་པོས་བྲམ་ཟེ་ཁྲིད་སྟེ་(དེ་) གཤིན་རྗེའི་རྒྱལ་པོ་ཉེ་མ་ལྟར་གཟི་བརྗིད་འབར་བའི་དྲུང་དུ་ཕྱིན་སྟེ་(ཏེ་) ཕྱག་བཙལ་ནས་བྲམ་ཟེའི་བུ་སྩོལ་དུ་གསོལ་བྱས་པས། བདག་གི་(གིས་) མ་ལེན་སྟེ་(ཏེ་) རང་རང་གི་ལས་སུ་ཟད་ཏོ་(དོ།།) རྒྱལ་པོས་བྱིན་ཞིག་(ཞེས་) དང་གཤིན་རྗེས་མི་ཉུང་ངོ་ཡང་ཡང་སྨྲས་སྟེ་(ཏེ་) མཐར་གཡུལ་གཤམས་སྟེ་(ཏེ་) ཕན་ཚུན་མཆོན་ཆའི་ཆར…… ཕབ་ཅིང་རྒྱལ་པོས་ལྷའི་མཆོན་གྱི་ཆར་གྱིས་གཤིན་རྗེའི་འཁོར་ཐམས་ཅད་ཕབ་པར་བྱས་པས། གཤིན་རྗེས་ཀྱང་དབྱུག་པ་ཐོགས་ཅིང་(ཤིང་) རྒྱལ་པོས་ཀྱང་དབྱུག་པ་ཚངས་མགོ་ཅན་ཐོགས་སྟེ་(ཏེ་) འཇིག……རྟེན་ཐམས་ཅད་སྡངས་པ་ན་ཚངས་པ་བྱོན་སྟེ་(ཏེ་) སོ་སོའི་ལས་སུ་ཟད་ཀྱིས་གཤིན་རྗེས་མ་ཉེས་སོ། ། ཀོན་ཀྱང་བྲམ་ཟེའི་བུ་རི་མོར་བྲིས་ཤིག་ཅིག་(ཅེས་) པ་ལྟར་རྒྱལ་པོས་བྲིས་ཏེ་ཚངས་པས་གསོན་པོར…… བསླངས་ཏེ་བྲམ་ཟེ་ལ་བཏད། ཡི་དྭགས་ལ་ཅེར་(གཅེར་) བུ་ཟེར་བས། དེ་ཐུལ་བས་ལེགས་སོ་ཞེས་རྒྱལ་པོ་ལ་གཅེར་ཐུལ་དང་། དང་པོར་རི་མོ་བྲི་བ་པོ་ཡིན་པས་དང་པོར་བྲི་བ་ཞེས་བཏགས། ཚངས་པས་བསྔོ་སྟེ་(བསྔོས་ཏེ་) རྒྱལ་པོས་ཀྱང་གཤིན་རྗེ་ལ་ཕྱག་དང་མཆོད་པ་བྱས་སྟེ་(ཏེ་) ཀུན་དགའ་བར་གྱུར་ཏོ། ། སླར་རྒྱལ་པོས་ཚངས་པའི་འཇིག་རྟེན་དུ་སོང་སྟེ་རི་མོ་བྲི་ཚུལ་ཞུས་པས། རི་ཡི་མཆོག་ནི་རི་རབ་ཡིན། སྡོང་ལས་སྐྱེས་རྣམས་ཀྱི་ནི་གཙོ་བོ་ནམ་མཁའ་ལྡིང་ཡིན་ནོ། །མི་ཡི་གཙོ་བོ་ས་བདག་སྟེ། དེ་བཞིན་རི་མོ་སྒྱུ་རྩལ་གཙོ་སོགས་དང་རྒྱལ་པོ་དེ་བཞིན་སྒྱུ་རྩལ་ཀུན། རི་མོའི་ལས་ལ་ཡང་དག་བརྟེན། ཞེས་སོགས་ཀྱིས་བརྟགས་ནས་པི་ཤུ་ཀརྨས་སྟོན་པར་ལུང་བསྟན། ཅེས་རི་མོའི་བཟོ་ཡི་ཐོག་མའི་བྱུང་ཚུལ་བསྟན་པ་དང་།

ཡང་[རྫི་17 ཤ་9 ན་4] དུ་སྟོན་པའི་སྐུ་གཟུགས་བྲིས་འབུར་གཉིས་ལས་བྲིས་པ་ཐོག་མར་བྱུང་། དེ་ལ་གཉིས་ལས། དང་པོ་རྒྱལ་པོ་གཟུགས་ཅན་སྙིང་པོས་རྒྱལ་པོ་ཨུ་ཏ་ཡ་ན་ལ་སྐྱེས་སུ་བསྐུར་བ་དེ་ཡིན་ལ། དེ་ཡང་སྟོན་པའི་སྐུ་ལ་རིག་བྱེད་པ་དག་ལྟ་བས་མི་ངོམས་ནས་མིག་འབྲས་སྨྱོས་པ་ལྟ་བུར་གྱུར་སྐབས་སྟོན་པ་ཆུ་འགྲམ་དུ་བཞུགས། དེའི་གཟུགས་བརྙན་ཆུ་སྣུང་དུ་འཆར་བ་དཔེར་བགྱིས་པ་ཆུ་ལོན་མའོ། །གཉིསཔ་སིངྒ་ལའི་རྒྱལ་པོའི་བུ་མོ་མུ་ཏིག་འཕྲི་ཤིང་གིས་མུ་ཏིག་བྲེ་བོ་ཆེ་གསུམ་སྟོན་པ་ལ་སྐྱེས་སུ་ཕུལ······བའི་སྐྱེས་ལན། རས་ཀྱི་གཞི་མར་རི་མོ་ཅི་ཐོབ་པའི་ཐང་སྐུ་ལས་འོད་ཟེར་བཀྱེ། དེ་སྟེང་རི་མོའི་བསྟན་པ་འདི་སྐྱེ་མཆེད་གཙང་སྟེ་ཁ་ཆེ་དང་ཡུལ་དབུས་ཀྱི་ཕྱོགས་སུ་དར་ཞེས་གསལ་བ་དང་། འབུར་སྐུ་ཇི་ལྟར་བྱུང་བའི་ཚུལ་ནི། ཤེས་བྱ་ཀུན་ཁྱབ་[པེ་སྟོད་572 ཞ་8] ལས་ཁྱིམ་བདག་དད་སྦྱིན་གྱིས་གདུགས་ཚོད་ལ་དགེ་འདུན་སྤྱན་དྲངས་པར་སྟོན་པ་མ་གཤེགས་པའི་ཚེ་གྲལ་གྱི་ཐོག་མ་མི་བཟེད་པར་མཐོང་ནས། སྟོན་པས་གནང་ན་སྐུ་བགྱིད་དེ་བཞུགས་པར་གསོལ་ཞེས་མགོན་མེད་ཟས་སྦྱིན་གྱིས་ཞུས་པའི་ངོར་བཀས······གནང་སྟེ་རིན་པོ་ཆེ་ལས་བྱས་པའི་སྐུ་གཟུགས་མང་དུ་བྱུང་བ་དང་། བཅོམ་ལྡན་འདས་ལྷ་ཡུལ་དུ་གཤེགས་ཤུལ་གསལ་ལྡན་གྱི་རྒྱལ་པོས་མཆོད་ཡུལ་དུ་ཙནྡན་གྱི་སྐུ་འདྲ་བཞེངས། སླར་སྟོན་པ་ལྷ་ལས་བབས་པ་ན་སྐུ་དེས་གོམ་པ་དྲུག་ཏུ་བསུས། རྒྱ་ནག་གི་ཡུལ་དགེ་ཕྱིར་བཞུད་ཅེས་བཅོམ་ལྡན་འདས་ཀྱིས་བསྐུལ་བས་མཁའ་ལས་གཤེགས་ཏེ་ད་ལྟའང་རྒྱ་ནག་ཏུ་བཞུགས་པ་ཙནྡན་ཇོ་བོ་ཞེས་འདྲ་བཤུས་ཀྱི་སི······ཐང་〔40〕ཡང་མང་དུ་འབྱུང་བ་སྟེ་འབུར་སྐུའི་ཐོག་མ་ནི་འདི་དག་གོ། ཞེས་པ་དང་། ཡང་[སྟོད་574 ཞ་22] དུ་རྒྱལ་པོ་སངས་རྒྱས་ཕྱོགས་ཀྱི་དུས་བིམྦ་སཱ་ར་〔41〕ཞེས་པ་མ་ག་དྷར་བྱུང་། རྒྱལ་པོ་དང་ཚུལ་གྱི་དུས་ཡུལ་མ་རུར་སྒྲིག་རྫ་རི་སྟེ་ཕྲེང་འཛིན་ཅེས་པ་བྱུང་། དེ་བ་པཱ་ལའི་དུས་ཞ་རིཏྣར་དྷི་མཱན་ཅེས་པ་དང་། དེའི་བུ་བུ་བིཏྤ་ལོ་ཟེར་བ་བྱུང་བ་རྣམ་ལར་བཤད། དེ་དག་ནི་བྲིས་འབུར་ལུགས་བཀོས་ལ་ཤིན་ཏུ་མཁས་ཤིང་དེའི་རྒྱུན་སྤྱོལ་འཛིན་པ་རྣམས་རིམ་བཞིན་དབུས་བཟོ་དང་། ནུབ་ཉིང་གི་ལུགས། ཤར་གྱི་བཟོ་ཞེས་ཟེར། ཞེས་པ་དང་། ཡང་[སྟོད་575 ཞ་21] དུ་བོད་ཡུལ་དུ་སྤྲུལ་པའི་རྒྱལ་པོ་སྲོང་བཙན་སྒམ་པོའི་དུས་ཁྲ་འབྲུག་གི་རྟེན་གཙོ་རྣམས་རང་བྱོན་ལོ་ནར་གྲགས་པ་དང་། ར་སའི་རང་བྱུང་ཐུགས་རྗེ་ཆེན་པོ་སོགས་དང་། ཁྲི་སྲོང་གི་དུས་བསམ་ཡས་བྱང་ཆུབ་ཆེན་པོ་གཙོ་བོར་གྱུར་པའི་ཆོས་འཁོར་རྣམ་གསུམ་གྱི་སྐུ་བརྙན་བྲིས་འབུར་རྣམས་བྱུང་བ་སྟ་ལ། དེའང་སྐུ་བརྙན་བྲིས་དཔེ་སྟ་ཤོས་ཐུབ་པ་ཆུ་ལོན་མ་ནི་སྟག་ཚང་ལོ་ཙྪས་རྡོ་རྗེ་གདན་གྱི་བྱང་ཆུབ་ཆེན་པོ་ལ་དྲི་བཟང་གི་ཆུས་བྱུགས་པར་རས་གཙང་གཤེར་བ་བཀབ་··སྟེ་བླངས་པས་བྱིན་རླབས་ཀྱིས་ཕྱག་གཉིས་ཐད་ཀར་བྱོན་པ་དེ་ལ་དཔེ་བགྱིས་ཏེ་བྲིས་རྒྱུན་སྤེལ་བ་ཡིན······

ཅེས་གསུངས། ཞེས་པ་སོགས་ཀྱིས་ཤེས་ཐུབ་པ་ཡིན།

བོད་ཡུལ་དུ་དར་བའི་བཟོ་རིག་པའི་རང་བཞིན་ལ། ལུས་ཀྱི་བཟོ་དང་། ངག་གི་བཟོ། ཡིད་ཀྱི་བཟོ་སྟེ་རྣམ་པ་གསུམ་དུ་ཕྱེས་ནས་བསྟན་ཡོད།

ལུས་ཀྱི་བཟོའི་སྐོར་ལེགས་བཤད་ནོར་བུའི་ཕྲེང་བ་[རྗེ་18 ཤ་9 བ་7] ལས་ལུས་བཟོ་ལ་གཙོ་བོ་དང་ཕལ་བ་གཉིས། གཙོ་བོ་ནི་དཀོན་མཆོག་གསུམ་གྱི་རྟེན་ནམ་སྐུ་གསུངས་ཐུགས་རྟེན་ནོ། །སངས་རྒྱས་ཀྱི་རྟེན་ལ་ཆོས་སྐུ། ལོངས་སྐུ། སྤྲུལ་སྐུའི་རྟེན་ནོ། །ཆོས་སྐུའི་རྟེན་ནི་མཆོད་རྟེན་དུ་གྲགས་ཤིང་། དེ་ལ་ཡང་རང་བཞིན་ལྷུན་གྲུབ་ཀྱི་དང་། བླ་ན་མེད་པའི་དང་། བྱིན་གྱིས་བརླབས་པའི་དང་། དངོས་གྲུབ་འབྱུང་བའི་དང་ཐེག་པ་སོ་སོའི་མཆོད་རྟེན་ལྔ་ཞེས་པ་དང་། ཡང་[རྗེ་20 ཤ་10 བ་1] དུ་སྟོན་པ་འདིའི་མཛད་པ་ཁྱད་པར་ཅན་ལ་བརྟེན་ནས་ཡུལ་ལྗོངས་དེ་དང་དེའི་སྐྱེས་བོ་རྣམས་ སྒྲོ་བ་སྐྱེས་ཏེ་སོ་སོས་དུས་སྟོན་བྱ་བའི་ཕྱིར་དུ་རྩིགས་(བརྩིགས་) པ་བདེ་གཤེགས་མཆོད་རྟེན་བརྒྱད་དུ་གྲགས་པ་ནི། གནས་གྲོང་ཁྱེར་སེར་སྐྱ། དུས་སྟོན་པ་སྐུ་བལྟམས་པའི་ཚེ་བྱུང་བ་པད་སྤུངས་མཆོད་རྟེན། གནས་རྒྱལ་པོའི་ཁབ་ཏུ་དུས་མངོན་པར་བྱང་ཆུབ་པའི་དུས་སུ་བྱུང་བ་བྱང་ཆུབ་ཆེན་པོའམ་བདུད་འདུལ་མཆོད་རྟེན། གནས་ཝ་ར་ཎ་སེར་དུས་ཆོས་འཁོར་བསྐོར་བའི་ཚེ་བྱུང་བ་བཀྲ་ཤིས་སྒོ་མངས་སམ་ཆོས་འཁོར་མཆོད་རྟེན། གནས་གཉན་ཡོད་དུ་དུས་ཆོ་འཕྲུལ་བསྟན་པའི་ཚེ་བྱུང་བ་མུ་སྟེགས་ཕམ་མཛད་དམ་ཆོ་འཕྲུལ་ཆེན་པོའི་མཆོད་རྟེན། གནས་གྲོང་ཁྱེར་གསལ་ལྡན་དུ་དུས་སུམ་ཅུ་ཙ་གསུམ་དུ་དབྱར་གནས་མཛད་དེ་ཡུམ་ལ་ཆོས་གསུངས་ནས་ལྷ······ ལས་བབས་པའི་ཚེ་བྱུང་བ་ལྷ་བབས་མཆོད་རྟེན། གནས་རྒྱལ་པོའི་ཁབ་ཏུ་ལྷས་བྱིན་གྱིས་དགེ་འདུན་དབྱེན་བྱས་པ་མཆོག་ཟུང་གིས་བསྡུམས་པའི་དུས་སུ་བྱུང་བ་འོད་ཟེར་ཅན་ནམ་བྱམས་ངོམས་དབྱེན········ འདུམ་མཆོད་རྟེན། གནས་ཡངས་པ་ཅན་དུ་སྐུ་ཚེ་བླ་བ་གསུམ་བྱིན་གྱིས་བརླབས་པའི་ཚེ་བྱུང་བ་རྣམ་རྒྱལ་ལམ་བྱིན་བརླབས་མཆོད་རྟེན། གནས་རྩྭ་མཆོག་གི་གྲོང་ཁྱེར་དུ་མྱ་ངན་ལས་འདས་པའི་ཚེ་བྱུང་བ་མྱང་འདས་མཆོད་རྟེན་ཞེས་པ་རྣམས་ཀྱིས་མཚོན་པའི་མཆོད་རྟེན་གྱི་རིགས་ཇི་སྙེད་པ་རྣམས་ཡིན།

ལོངས་སྐུའི་རྟེན་ནི་བྲིས་ཐང་ངམ་འབུར་གྱི་སྐུ་དང་། འདག་གི་སྐུ་གང་ཡང་རུང་བའི་རྒྱལ་བ་རིགས་ལྔ་〔42〕དང་། བྱང་སེམས་ཉེ་སྲས་བརྒྱད་〔43〕སོགས་དར་དང་རིན་པོ་ཆེའི་གོས་རྒྱན་གྱིས་སྤྲས་པ་དང་། སྤྲུལ་སྐུའི་རྟེན་ནི་ཐུན་མོང་དུ་མཆོག་གི་སྤྲུལ་སྐུ་རབ་ཏུ་བྱུང་བའི་ཆ་བྱད་ཅན་གྱི་སྐུ་མཚན་དཔེས་སྤྲས་པ་དང་། ཐུན་མིན་རྒྱུད་སྡེའི་དཀྱིལ་འཁོར་གྱི་ལྷ་ཚོགས་ཞི་ཆགས་ཁྲོ་བོའི་རྣམ་པ་མཐའ་ཡས་པའི་སྐུ་རྣམས་ཡིན།

ཆོས་དཀོན་མཆོག་གི་རྟེན་ནམ་གསུང་གི་རྟེན་ནི་ལེགས་བཤད་ནོར་ཕྲེང་[རྫི་21ཤ་11ན་4]ལས·····གསུང་ངམ་ཆོས་ཀྱི་རྟེན་གྱི་གཙོ་བོ་ནི་པུསྟ་ཀའི་གླེགས་བམ་སྟེ། མདོ་སྡེ་ཆོས་ཕུང་བརྒྱད་ཁྲི་བཞི་སྟོང་། རྒྱུད་སྡེ་ནང་ཚན་གསུམ་(སུམ་)ཁྲི་གསུམ་(སུམ་)སྟོང་དུ་ཡེ་ཤེས་རྡོ་རྗེ་ཀུན་ལས་བཏུས་ལས་བཤད་ཅེས···པ་དང་། ཡང་[རྫི་22ཤ་11བ་1]དུ་ཡི་གེ་ནི་རྒྱ་གར་ན་ཚངས་པའི་ཡི་གེ་ལ་སོགས་པ་ཡིག་རིགས་དྲུག་ཅུ་རྩ་བཞི་ཡོད་པ་རྣམས་ལས། བོད་ཀྱི་མཁས་པ་ཐོན་མི་སམ་བྷོ་ཊ་ས་ཁ་ཆེའི་ཡི་གེ་དཔེར་བྱས་ནས་བོད་ཀྱི་ཡི་གེ་མ་སུམ་ཅུ། དབུ་དྲུག་(44)དང་བཅས་པ་མཛད་པ་ལས་རིམ་གྱིས་བརྒྱུད་དེ་ཕྱུང་པོ་གཡུ་ཁྲི་དང་། གསུམ་(སུམ་)པ་གནོད་སྦྱིན་སོགས་ཀྱིས་དར་ཞིང་རྒྱས་པར་མཛད་པ་གཟབ་ཆེན་དང་གཟབ་ཆུང་། འབྲུ་ཆེན་དང་འབྲུ་ཆུང་། འབྲུ་ཆུང་ལ་ཞི་ལུགས། ལྡན་ལུགས། ཤར་ཤར་མ་དང་དཀྲུས་ཡིག་ལ་སོགས་པ་ཡོད་པའི་ནང་ནས་གསུང་རབ་ཆེན་པོ་དག་ལ་ནི་གཟབ་ཆེན་དང་གཟབ་ཆུང་། རྒྱ་གར་མཁས་པའི་གཞུང་འགྲེལ་རྣམས་ལ་འབྲུ་ཆེན། བོད་ཀྱི་གཞུང་ལུགས་རྣམས་འབྲུ་ཆུང་སོགས་སུ་བྲི་བ་ཡང་བཤད། སྣག་ཚ་ཡང་རབ་གསེར་དངུལ་ལ་གཙོ་ཆེན་གཙོ་ཆུང་སོགས་འདུལ་སྦྱོངས་ལེགས་པར་བྱས་པ་དང་ཐ་ན···སྣག་ཚ་དངོས་ཀྱང་རུང་སྟེ། ཡིག་གཟུགས་སྡེབས་དག་སོགས་སྟོན་དུ་ལེགས་པར་སྦྱངས་ཤིང་བསླབས་ཏེ་བྲི་བར་བྱའོ། །ཐུན་མོང་མ་ཡིན་པའི་གསུང་གི་རྟེན་དྲིལ་བུ་བགྲང་འཕྲེང་སོགས་སོ། །ཞེས་པ་དང་། དགེ་འདུན་དཀོན་མཆོག་གི་རྟེན་ནི་དེ་ཉིད་[རྫི་22ཤ་11བ་4]ལས་དགེ་འདུན་ལ་ཐེག་ཆེན་གྱི་དགེ་འདུན······སར་གནས་ཀྱི་བྱང་སེམས་ནི་འཇམ་དབྱངས་ཀྱི་ཞིང་བཀོད་པ་ལྟ་བུ་ལ་ཚངས་པར་སྤྱོད་པའི་ཆ་ལུགས······རབ་བྱུང་གི་རྣམ་པའང་བཤད་ཅིང་། ཕལ་ཆེར་དབུ་སྐྲ་བྲུར་ཕུད་ལྷུ་པའམ་ཐོར་ཅོག་བཅིངས་པ་རྒྱན་དང་ན་བཟའ་དུ་མས་མཛེས་པ་གཞོན་ནུའི་ཆ་ལུགས་འཆང་བའོ། །ཉན་རང་གི་རབ་བྱུང་གི་ཆ་བྱད་ཤིན་ཏུ་མཛེས་པ་མཁར་སིལ་ལྷུང་བཟེད་པོ་ཏི་འཛིན་པའང་བྱ་ཞིང་། རང་རྒྱལ་ལ་གཙུག་གཏོར་ཙུང་ཟད་ཡོ་བ་དང་བཅས་པའོ། །ཞེས་བསྟན་པ་རྣམས་ཀྱིས་མཚོན། མདོར་ན་ལུས་བཟོའི་གཙོ་བོ་དཀོན་མཆོག་སྐུ་གསུམ་གྱི་རྟེན་དང་། སྐུའི་རྟེན་ལྷ་སྐུ་ཞལ་ཕྱག་གི་རྣམ་པ་ཅན་བྲིས་འབུར་གང་རུང་དང་མཆོད་རྟེན་གྱི་བྱེ་བྲག་རྣམས་དང་གསུང་གི་རྟེན་པོ་ཏི་འགྲང་ཕྲེང་དྲིལ་བུ་ལ་སོགས་པའི་ཕྱག་མཚན། གཞན་ཡང་ལུས་བཟོའི་གྲངས་སུ་གཏོགས་པ། ལྷའི་གར་འཆམ་གྱི་རིགས་དང་རྣལ་འབྱོར་གྱི་འཁྲུལ་འཁོར་སོགས་སུ་མིག་གི་ལྟ་སྟངས། ལག་གི་ཕྱག་རྒྱ། རྐང་པའི་སྟངས་སྟབས། ལུས་ཀྱི་འདུག་སྟངས་མི་འདྲ་བ་ཇི་སྙེད་ཅིག་ཡོད་པ་དེ་རྣམས་ཡིན་ལ། ལུས་བཟོ་ཕལ་པའི་བྱེ་བྲག་ནི་གཙུག་ལག་ཁང་དང་ཁང་ཁྱིམ་རྩིག་པ། བཟའ་བཏུང་གི་གཡོས་སྦྱོར་བ། རྒྱན་གོས་འཚེམས་བཟོ་བྱེད་པ། སྒྱུ་རྩལ་དང་ཟློས་གར། ཞབས་བྲོ་འཁྲབ་པ་སོགས་ཅི་

རིགས་པ་ཞིག་ཡོད་པ་ནི་ཤེས་སླ་བ་ཡིན།

ངག་གི་བཟོ་ནི་ལེགས་བཤད་ནོར་ཕྲེང་[རྫི་23 ཤ་12 ན་2] ལས་ངག་བཟོ་ལ་གཙོ་ཕལ་གཉིས་ལས། དང་པོ་ནི་རྒྱལ་བ་མཆོད་པའི་བསྟོད་དབྱངས་སོགས་དྲུག་ལྡན་གྱི་སྒོ་ནས་ཏེ། འགྱུར། ཁྱུགས། འདེགས། འཛོག སྡོམ་པ། ཕྲ་བ་སྟེ་དྲུག་ཡིན་ལ། དེ་ཡང་བོད་སྔ་མ་གྲགས་པའི་མདོ་ལུགས་ཀྱི་དབྱངས་དང་། ཡོ་ཆེན་པོ་ཆུང་ནས་དར་བའི་ཡོ་གའི་དབྱངས་དང་། གྲུབ་པ་ཐོབ་པ་རྣམས་ཀྱི་མགུར་དབྱངས། ཆོས་སྐྱོང་ཞི་དྲག་གི་བསྟོད་བསྐུལ་སོགས་ངག་བཟོའི་གཙོ་བོ་ཡིན་ནོ། །གཉིས་པ་ནི་སྙན་ཞིང་འཇེབས་པའི་གླུ་དབྱངས་དང་། རོལ་མོའི་ཆ་བྱད་སིལ་ཆོས། (45) ཟ་བ་(བོ་) ཆེ། ཟ་ཀླུམ། སྒྲ་ཟ། པི་ཝང་། གླིང་བུ། དུང་། ཟངས་དུང་། རག་དུང་སོགས་མཐའ་ཡས་པའི་གཟུགས་བཟོ་བར་མཁས་པ་ནི་ལུས་བཟོ་ཡིན་ལ། སྐད་གདངས་འདོན་པ་ལ་མཁས་པ་ནི་ངག་བཟོ་ཕལ་པའོ། །ཞེས་པ་རྣམས་ཀྱིས་རགས་ཙམ་ངེས་ཐུབ་པ་ཡིན།

ཡིད་ཀྱི་བཟོ་ནི་ལེགས་བཤད་ནོར་ཕྲེང་[རྫི་23 ཤ་12 ན་5] ལས་ཡིད་བཟོ་ལ་གཙོ་ཕལ་གཉིས་ལས…… དང་པོ་ནི་ཐོས་བསམ་གྱིས་ཕྱིའི་སྒྲོ་འདོགས་བཅད། སྒོམ་པས་ནང་གི་སྒྲོ་འདོགས་གཅོད་པ་དང་། ཁྱད་པར་མཛོད་ལས། ཆོས་རྣམས་རབ་ཏུ་རྣམ་འབྱེད་མེད་པར་ཉོན་མོངས་རྣམས། །གང་ཕྱིར་ཉེ་བར་ཞི་བར་བྱ་བའི་ཐབས་མེད་ལ། །ཞེས་པ་ལྟར་སོ་སོར་རྟོག་པའི་ཤེས་རབ་ཀྱིས་དཔྱོད་པའམ། ཆོས་རབ་ཏུ་རྣམ་འབྱེད་ཀྱི་ཤེས་རབ་ཀྱིས་དཔྱོད་པ་ནི་ཡིད་བཟོའི་གཙོ་བོ་ཡིན་ལ། གཉིས་པ་ཕལ་བ་ནི་གོང་དུ་བཤད་པའི་བརྟག་པ་བརྒྱད་[རྫི་11 ཤ་6 ན་7] དུ་རིན་པོ་ཆེ་བརྟག་པ། ས་གཞི་བརྟག་པ། གོས་བརྟག་པ། ལྗོན་ཤིང་བརྟག་པ། རྟ་བརྟག་པ། གླང་པོ་ཆེ་བརྟག་པ། སྐྱེས་པ་བརྟག་པ། བུད་མེད་བརྟག་པ་དང་བྱེ་བྲག་ཏུ་ནོར་དཔྱད་ཀྱི་བརྟག་པ་བརྒྱད་ནི། སྐུ་གསུང་ཐུགས་རྟེན་རིན་པོ་ཆེ་ཡི་དཔྱད། །སིལ་སྙན་དྲིལ་བུ་ཏིང་ཏིང་ཤགས་དང་ཀོས། །དར་ཟབ་ཞིང་ཨབ་དཀར་ཡོ་ཡ་ཛ་ཡ་སོགས། །ཅེས་བཤད་པ་གསལ་བས་རགས་ཙམ་ཤེས་ཐུབ་པ་དེ་རྣམས་སུ་ངེས་པ་ཡིན།

གསོ་བ་རིག་པ་ནི། གསོ་བ་རིག་པའི་འབྱུང་ཁུངས་ངོས་འཛིན་སྟངས་ནི་ལེགས་བཤད་ནོར་ཕྲེང་[རྫི་25 ཤ་13 ན་7] ལས་རྒྱལ་བའི་བཀའ་ལ་སྨན་དཔྱད་ཁོ་ན་སྟོན་པའི་མདོ་རྒྱུད་མེད་མོད་ཀྱང་ཞར་བྱུང་" འདུལ་བ་ལུང་སྨན་གྱི་གཞི་ལས་སྨན་རྣམ་པ་བཞིའི་(46) བསྟེན་ཚུལ་སོགས་དང་། གསེར་འོད་དམ་པར་ཁྲིའུ་ཆུ་འབེབས་ཀྱི་བྱུང་བའི་སྐབས་དང་། རྡོ་རྗེ་མཁྲིའི་རྒྱུད་དང་། ཁྱད་པར་དུས་ཀྱི་འཁོར་ལོར། འདུས་བསྡུངས་(སྡུང་) ཐབས་གཙོ་བོར་རྣལ་འབྱོར་གྱི་རླུང་སྦྱོར། ཕལ་པ་སྨན་དང་བཅུད་ལེན། སྨན་ལ་ཡང་ཀུན་སྤྱངས་ཀྱི་རང་གི་ལུས་ལ་ཡོད་པའི་སྨན། འབྱོར་ལྡན་གྱི་ཕྱི་རོལ་གྱི་སྨན། བཅུད་ལེན་ལ་དམན་འབྲིང་

མཚོན་གསུམ། ཆེན་པོའི་ཆེན་པོ་རོ་ཆེན་གྱི་སྦྱོར་བ་སོགས་རྒྱ་ཆེར་གསུངས་སོ། །ཕྱི་རོལ་པ་ལ་གྲགས་པ་གང་ཕྱིར་ཚངས་པ་ཡི་ནི་ཞལ། དབུས་མ་ནས་ནི་ཚེའི་རིག་བྱེད། ཅེས་པ་དང་། སྟོན་གྱི་རྒྱལ་པོ་སྟོབས་ལྡན་གྱི་དུས་སུ་རྒྱ་མཚོ་བསྲུབས་པ་ལས་བྱུང་བ་སོགས་འཆད། ཅེས་པ་སོགས་ཀྱིས་རྒྱ་གར་དུ་གསོ་རིག་ཇི་ལྟར་དར་བ་དང་། ཡང་[སྟོད་28ཤ་14བ་2]དུ་རྒྱ་ནག་ཏུ་ནི་འཇམ་དཔལ་གྱིས་བྱིན་གྱིས་བརླབས་ཏེ་རྒྱལ་བློན་དང་ཧ་ཤང་དང་ནེ་ཙོ་སོགས་ཀྱིས་བཤད་དེ་ཐང་ཅིའུའི་སྐབས་ནས་དར་རོ། །བོད་དུ་ཟས་སྤྱོད་སྤང་བླང་ཕྲ་མོ་ཤེས་པ་ཙམ་སྔོན་ནས་བྱུང་ཀྱང་(ཡང་)གཞུང་རྒྱ་བཟའ་སྨན་དཔྱད་ཆེན་མོ་ཞེས་པ………བསྒྱུར། དེའི་ཚེ་རྒྱ་གར་ནས་བྷ་ར་ཏ་ཤང་མ་ཧཱ་དེ་ཝ་དང་དྷརྨ་ཀོ་ཥ་བསྒྱུར། ཀླུ་བ་གཞུང་ཧཱ་ཞང་ཐོད་ཀོང་ཧྭ་ཞང་སྟེ། བླག་གཟིག་གི་ཁྲིམ་ནས་གཱ་ལེ་ནོས་ཏེ་སྨན་པ་གསུམ་སྤྱན་དྲངས། སོ་སོའི་ལུགས་དུ་མ་བསྒྱུར། ཐུན་མོང་དུ་མི་འཇིགས་པའི་མཚོན་ཆ་ཞེས་བམ་པོ་བདུན་པ་བརྩམས། དེ་རྗེས་ཀྱིམ་ཤིང་ཀོང་ཇོས་ཀྱང་རྩིས་དང་སྨན་དཔྱད་མང་དུ་བསྒྱུར། ཞེས་སོགས་ཀྱིས་རགས་ཙམ་ངེས་ཐུབ་པ་ཡིན།

བོད་ཀྱི་གསོ་བ་རིག་པའི་གཞིའམ་རྩ་བར་གྱུར་བའི་གཞུང་ནི་སྨན་གྱི་རྒྱུད་བཞི་སྟེ། རྩ་རྒྱུད་དང་། བཤད་རྒྱུད། མན་ངག་རྒྱུད། ཕྱི་མ་རྒྱུད་རྣམས་ཡིན། ལྷོ་བྲག་ཆོས་འབྱུང་མཁས་པའི་དགའ་སྟོན་[སྨད་1521ཕ་1]ལས་སྨན་གྱི་གཞུང་མན་ངག་ཐམས་ཅད་ཀྱི་སྙིང་པོ་རྒྱུད་བཞི་ནི་གཡུ་ཐོག་མགོན་པོ་ཅེས……(ཞེས་)བྱ་བ་སྤྲུལ་པའི་སྐུ་དངོས་སུ་ཐོན་པ། བོད་དུ་གྲགས་པའི་གཞུང་མན་ངག་ཐམས་ཅད་ཀྱི་བཀའ་བབས་པ། རྒྱ་གར་དུ་ལན་དྲུག་ཐོན། ཅེས་པ་དང་། ཡང་[པེ་སྨད་1522ཕ་5]དུ་འདི་ཉིད་མཆོག་གི་སྤྲུལ་སྐུ་དངོས་ཡིན་ཞིང་། ཁོང་རང་གི་བཞུགས་གནས་དེའི་ཤར་ན་སྤང་རི་སྤོ་སྨན་མང་པོ་སྐྱེ་བ་སྤོས་ངད་ལྡང་དང་འདྲ་བ་དང་ལྷོ་ན་སྤོ་སྨན་ཚ་བ་སྐྱེ་བ། བྱང་ན་གངས་རི་དང་བསིལ་སྨན་སྐྱེ་བ་ནུབ་ན་ནགས་ཚལ་སོགས་ཆ་མཐུན་ཡོད་པས་ཁོང་རང་གི་བཞུགས་གནས་དེ་སྨན་གྱི་གྲོང་ཁྱེར་ལྟ་ན་སྡུག་དང་། ཐུགས་ཆོས་ཀྱི་དབྱིངས་སངས་རྒྱས་སྨན་གྱི་བླ་དང་། ཀུན་རྟོག་སྣ་ཚོགས་པ་རྣམས་འཁོར་སྡེ་བཞི་དང་རྩོམ་འདོད་ཀྱི་རྟོག་པ་དྲང་སྲོང་ཡིད་ལས་སྐྱེས་དང་། རིག་པའི་ངོ་བོ་དྲང་སྲོང་རིག་པའི་ཡེ་ཤེས་སུ་མཛད་ནས་རྒྱུད་བཞི་བཤད་དོ་ཞེས་རྗེ་ཁྱེན་ལས་ཞབས་གསུངས་ལ། ཐུན་མོང་གི་སྣང་བ་དེ་ཉིད་ལ་སྣང་བ་དག་པའི་གདུལ་བྱའི་ངོར་གླེང་གཞིར་ཇི་ལྟར་བཤད་པ་ལྟར་སྣང་བ་ཡང་མི་འགལ་ལོ་ཞེས་བདག་སེམས་སོ། །ཞེས་པ་དང་། ཡང་[པེ་སྨད་1522ཕ་16]དུ་ཁ་ཅིག་སངས་རྒྱས་སྨན་བླ་ཉིད་ཀྱི་བཀའ་འདོད་པ་དང་། རི་རབ་ཀྱི་རྩེར་རྣམ་སྣང་དུ་སྤྲུལ་ནས་རྣལ་འབྱོར་རྒྱུད་གསུངས་པ་ལྟར་ཤཱཀྱའི་དབང་པོ་ཉིད་ཀྱི་སྤྲུལ་བཤད་…དུ་འདོད་པ་དང་གཏེར་མར་འདོད་པ་དང་། རྩ་རྒྱུད་བཞི་ཚུང་དུ་ཞིག་ཡོད་པ་ལ་འདིས་རྒྱས་པར་མཛད་

པར་འདོད་པ་སོགས་མང་ནའང་། མཛད་པོ་དེ་སྤྲུལ་པའི་སྐུར་འབྲས་བུའི་རྟགས་ཀྱི་ངེས་ལ་རེག་པ་རྩ་དང་མཐོང་བ་ཆུ་ལ་བརྟག་པ་ནི་གཞུང་གཞན་ན་མེད་པས་འཛམ་གླིང་ན་སྨན་དཔྱད་ཀྱི་གཞུང་ལ་རྒྱུད་……བཞི་ལས་མཆོག་ཏུ་གྱུར་པ་མི་སྲིད་པར་འདུག་ཅིང་། ཁྱད་པར་བོད་ཀྱི་ཡུལ་དུས་དང་འཚམས་པ་འདིའི་བཀའ་དྲིན་གཞལ་དུ་མེད་པས་སངས་རྒྱས་ཀྱི་བཀའ་བཞིན་དུ་སྤྱི་བོར་བླང་ངོ་། །ཞེས་གསལ་བ་དང་། ཤེས་བྱ་ཀུན་ཁྱབ་[པེ་སྟོད་593 ཕ་18] ལས་རྒྱུད་བཞི་ལ་བཀའ་དང་བསྟན་བཅོས་གང་རུང་དུ་འདོད་པ། གཉིས་ཀར་འདོད་པ། བསྟན་བཅོས་ལའང་འདོད་ལུགས་མི་གཅིག་པ་དུ་མར་བྱུང་ཡང་། ཕྱི་ལྟར་ན་རྒྱལ་བའི་བཀའ་ནང་ལྟར་གཏེར་མའི་རྒྱུན། གསང་བ་ལྟར་ན་གཡུ་ཐོག་པ་ཉིད་ཀྱི་གསུང་དུ་འདོད་པ་ཉིད་ལེགས་པའི་ཕྱོགས་སུ་རྗེ་བསྟན་པའི་ཉིན་བྱེད་ཡབ་སྲས་སོགས་ཀྱིས་བཞེད་པ་ཡིན་ཞེས་གསུངས་པ་རྣམས་ཀྱིས་བཞེད་ཚུལ་མི་འདྲ་བ་ཅི་རིགས་ཤིག་ཡོད་པའི་ཚུལ་རྣམས་རགས་ཙམ་བསྟན་པ་དང་། གཞན་ཡང་ལེགས་བཤད་ནོར་ཕྲེང་[རྗེ་29 ཤ་15 ན་7] ལས་སྤྲུལ་པའི་སྐུ་དེས་སྨན་དཔྱད་ཀྱི་གཞུང་བོད་ཀྱི་ཡུལ་དུས་…དང་འཚམས་པ་རྒྱུད་བཞིར་གྲགས་པ་འདི་མཛད་པ་གཡུ་ཐོག་པ་རང་གི་སྙིང་ཐིག་ཏུ་འབྱུང་བ་ལྟར་ཡིན་…གསུངས་ཡང་(ཀྱང་) ལུགས་འཛིན་པལ་ཆེར་བཀའ་ཡང་དག་པར་འདོད་ཅིང་གྲྭ་པ་མངོན་ཤེས་ཅན་གྱིས་གཏེར་ནས་ཕྱུང་ཞེས་གྲགས་པ་ལ། སྙིང་མའི་རྒྱུད་འབུམ་དུ་ཡང་བྱུང་ཞེས་བསྟན་ཡོད་པ་འདི་རྣམས་ཀྱིས་ངེས་ཤེས་ཐུབ་པ་ཡིན།

བོད་ཀྱི་གསོ་བ་རིག་པའི་རང་བཞིན་ནི་ལེགས་བཤད་ནོར་ཕྲེང་[རྗེ་31 ཤ་16 ན་1] ལས་གསོ་བྱ……ནད་དང་ནད་པ། གསོ་ཐབས་སྨན་དང་དཔྱད། གསོ་བ་པོ་ནད་གཡོག་དང་སྨན་པ་སྟེ། དོན་གསུམ་གྱིས་བསྡུས་པའམ། ཡན་ལག་བརྒྱད་པར་སྨན་དང་ནད་པ། ནད་གཡོག་དང་སྨན་པ་བཞི་ལ་སྐྱོན་བཞི་བཞི་སྤྱངས་པའི་ཡོན་ཏན་བཞི་བཞི་ལྡན་པའི་དགོས་པ་འདིའི་ནང་དུ་བརྗོད་དོན་ཐམས་ཅད་འདུས་པས……བཤད་ཅེས་བོད་སྨན་གྱི་རང་བཞིན་ཇི་ལྟར་ཡིན་པའི་ཚུལ་རགས་ཙམ་ངེས་ཐུབ་པ་ཡིན།

སྨྲ་རིག་པའི་ཐོག་མའི་འབྱུང་ཁུངས་ཀྱི་སྐོར། ཤེས་བྱ་ཀུན་ཁྱབ་[པེ་སྟོད་557 ཕ་16] ལས་འཇམ་དཔལ་རྩ་རྒྱུད་ལས་ཀྱང་རྒྱལ་བ་ཉིད་ཀྱིས་ལུང་བསྟན་པའི་བྲམ་ཟེ་པཱ་ཎི་ནི་ཞེས་བྱ་བ་འཕགས་ཡུལ་ནུབ……ཕྱོགས་རྗེ་ཏ་ཀའི་ཚལ་དུ་སྐྱེས་ཏེ་སྨྲ་རིག་པ་ཤེས་སམ་མི་ཤེས་ལག་རིས་མཁན་ལ་བསྟན་པ་ན་མི་ཤེས་པར…ལུང་བསྟན་པས། རང་ཉིད་ཀྱིས་གྲིའུ་ཆུང་གིས་ལག་རིས་བཅོས་ནས་ས་སྟེང་གི་བཛ་སྤྲོད་པའི་སློབ་དཔོན་མཐའ་དག་བསྐྱེད། སྨྲ་ལེགས་པར་ཤེས་ཀྱང་ད་དུང་མ་ཚོམ་པར་འཇིག་རྟེན་དབང་ཕྱུག་གི་རིག་སྔགས་བསྒྲུབས་པས་འཕགས་པ་ཞལ་གཟིགས་ཏེ་ཅི་འདོད་གསུངས་པ་ལ། སྨྲ་ཤེས་པར་འཚལ་ཞུས་པས། ཨ་ཨི་

ཨུ་སོགས་ཡི་གེའི་བསྒྲུ་བ་གསུངས་པ་ཙམ་གྱིས་འཕགས་པའི་བྱིན་རླབས་ཀྱིས་འཇིག་རྟེན་གསུམ་གྱི་སྒྲའི······གནས་ཐམས་ཅད་ཤེས་ནས། པཱ་ཎི་བྱཱ་ཀ་ར་ཎ་ཤེ་ལོ་ཀ་སྟོང་དང་། བྱེ་བྲག་འབྱེད་པའི་མདོ་ཤེ་ལོ་ཀ་སྟོང་ཡོད་པ་མཛད། ཅེས་པ་དང་། ཡང་[པེ་སྟོད་559ཤ་1]དུ་དུས་ཀྱི་འཁོར་ལོའི་རྒྱུད་ཕྱི་མ་ནས་ལུང་བསྟན་ཅིང་། རྒྱ་གར་ཤར་ཕྱོགས་བ་རེནྡྲ་ཞེས་པར་སྐུ་འཁྲུངས་པའི་སློབ་དཔོན་ཙནྡྲ་གོ་མི་ཞེས་བྱ་བ་སྒྲ་དང་རྟོག་གེ་ལ་སོགས་པ་ཐུན་མོང་གི་རིག་གནས་ཐམས་ཅད་མ་བསླབས་པར་མཁྱེན་པས། ལོ་བདུན་གྱི་སྟེང་ནས་མུ་སྟེགས་ཀྱི་རྩོལ་བ་ཚར་གཅོད་ནུས་པ་དེས། སློབ་དཔོན་ཟླ་དང་མེད་པ་ལས་ལུང་ནོས་ཏེ། སྤྱན་རས་གཟིགས་དང་སྒྲོལ་མའི་རིག་སྔགས་བསྒྲུབས་པས་གྲུབ་ཅིང་མཁས་པ་ཆེན་པོར་གྱུར། ཅེས་པ་དང་། ཡང་[པེ་སྟོད་559ཤ་15]དུ་པཱ་ཎི་པའི་དོན་འགྲེལ་ལེགས་བསྡུས་ཀྱི་ཚུལ་དུ་ཉུང་དུ་རྣམ་གསལ་ཡང་དག་པར··ཀུན་རྫོགས་པའི་མཚན་ཉིད་ཅན་ཙནྡྲ་བྱཱ་ཀ་ར་ཎ་ཞེས་པ་ཤེ་ལོ་ཀ་བདུན་བརྒྱ། ལེའུ་ཉི་ཤུ་རྩ་བཞིའི་བདག་ཉིད་ཅན་དང་དེའི་ཡན་ལག་ཏུ་ཡི་གེའི་མདོ་ལ་སོགས་པ་མཛད་ཅེས་པ་དང་། ཡང་[པེ་སྟོད་560ཤ་16]དུ་རྒྱལ་པོ་ཙནྡན་སྐྱོང་གི་དུས་སུ་ལྷའི་དབང་པོས་བྲམ་ཟེ་ཨིནྡྲ་ཧྲུ་བ་ལ་སྒྲའི་ངེས་གནས་བཤད་པའི་ཨིནྡྲ་བྱཱ་ཀ་ར་ཎ་སྟེ་དབང་པོའི་བརྡ་སྤྲོད་པ་ཞེས་ཤེ་ལོ་ཀ་ཉི་ཁྲི་ལྔ་སྟོང་པའི་ཚད་ཅན་ཞིག་བྱུང་། མི་རིང་བར་བརྡ་སྤྲོད་དེ་ཤེས་པའི་ཕྱིར་དུ་རྒྱལ་པོ་བདེ་སྤྱོད་ཀྱི་བཀའ་ལྟར་བྲམ་ཟེ་སརྦ་ཝརྨས་གཞོན་ནུ་གདོང་དྲུག·········བསྒྲུབས་ནས་གྲུབ་པའི་ཚེ། ཁྱོད་ཅི་འདོད་ཟེར་བ་ལ། ཨིནྡྲ་བྱཱ་ཀ་ར་ཎ་ཤེས་པར་འཚལ་བྱས་པས། སིདྡྷོ་ཝརྞ་ས་མཱམྣཱ་ཡཿ ཞེས་གསུངས་པ་ཙམ་གྱིས་སྒྲའི་དོན་མཐའ་དག་ཤེས་པར་གྱུར་ནས། དེ་ཉིད་ཀྱིས་ཀ་ལཱ་པ་བྱཱ་ཀ་ར་ཎ་བརྩམས། དེ་ནི་ཨིནྡྲ་བྱཱ་ཀ་ར་ཎའི་ལུགས་ཡིན་ཞིང་ཕྱི་ནང་གི་འགྲེལ་བྱེད་ཀྱང་མང་དུ་བྱུང་། བོད་ཡུལ་དུའང་འདི་ཉིད་ལ་སློབ་པ་མང་བས་ཐོག་མར་ཤོང་ལོས་བསྒྱུར། ཞེས་པ་དང་ཡང་[པེ་སྟོད་561ཤ་7]ལས། ཡང་མཁས་པ་སྣ་དྲུག་ཙམ་གྱི་དུས་སུ་ལྷོ་ཕྱོགས་མ་ཧཱ་རཱ་ཥྚ་ར་བྱུང་བའི་བྲམ་ཟེའི་རིགས་ཀྱི་སློབ་དཔོན་ཨ་ནུ་བྷཱུ་ཏི་ལ་འཕགས་མ་དབྱངས་ཅན་མས་དངོས་སུ་བསྩལ་བའི་ས་ར་སྭ་ཏི་བྱཱ་ཀ་ར་ཎ་ཞེས···པའང་འཕགས་ཡུལ་དུ་དར་ཆེས་ཞིང་། བོད་ཡུལ་ཇོ་ནང་རྗེ་བཙུན་སྒྲོལ་མའི་མགོན་པོས་པཎྜི་ཏ་ཀྲྀཥྞ་དང་བ་ལ་བྷ་དྲ་ལ་བརྟེན་ནས་གཞུང་འགྲེལ་ཐོག་མར་བསྒྱུར། འགྲེལ་པའང་མཛད་ཅེས་གསལ་བ་དེ་རྣམས་སྒྲ་རིག་པའི་ཁུངས་དང་། བསྟན་བཅོས་ཀྱི་རྩ་བའི་གཞུང་རྣམས་དུ་ངེས་ལ། སྒྲའི་རིག་པ་ལ་བསླབས་དགོས་པའི་རྒྱུ་མཚན་ནི་ལྷོ་བྲག་ཆོས་འབྱུང་[པེ་སྨད་1509ཤ་11]ལས་དེ་ལྟར་སྐད་རིགས·········ཐམས་ཅད་ཀྱི་གཙོ་བོ་ཡིན་ཞིང་། ཡུལ་དབུས་ན་ཡ་རབས་རྣམས་སྐད་རིགས་གཞན་ལ་ངོ་མཚར་བྱེད་པའི་ཕྱིར་དང་སྒྲ་མི་ཤེས་ན་བ་ལང་དང་འདྲ་བར་གྲགས་པའི་ཕྱིར་མཁས་པའི་འཇུག་བྱ་གཅིག་པོ་ཡིན་ནོ།།

ཞེས་ཤེས་ཐུབ།

གཏན་ཚིགས་རིག་པ་ནི། གཏན་ཚིགས་རིག་པའམ་ཚད་མ་རིག་པའི་བྱུང་ཁུངས་ནི་ཤེས་བྱ་ཀུན་ཁྱབ་[པེ་སྡེབ་562ཤ་9] ལས་ཕྱི་རོལ་པའི་སྟོན་པ་དྲང་སྲོང་གླིང་སྐྱེས་ཀྱིས་བྱས་པའི་རྟོག་གེའི་བསྟན་བཅོས་དང་བྲམ་ཟེ་རྐང་མིག་གིས་བྱས་པའི་རྟོག་གེའི་ཚིག་དོན་བརྒྱད་〔47〕སྟོན་པའི་བསྟན་བཅོས་ལྟ་བུ་མང་དུ་བྱུང་ཞིང་། ནང་པའི་གཞུང་ལས་འབྱུང་བར་སྣ་ཡང་རྩོད་པ་ལྷུར་ལེན་པའི་བསྟན་བཅོས་ལྟར་སྣང་བ་སྐྱོན་དང་བཅས་པ་ཉིད་ཡིན་པས་འདིར་མི་བཟུང་ངོ་། །དེས་ན་ཚད་མ་ལ་ཐུན་མོང་གི་རིག་པར་གྲགས་པའང་རྩོད་ངག་ཙམ་ལ་དགོངས་ཀྱི་དོན་གྱི་ཁས་ལེན་མི་མཚུངས་པས་ཁྱད་པར་ཆེའོ། །ཞེས་པ་དང་། ཡང་[པེ་སྡེབ་562ཤ་23] དུ་སྟོན་པ་འདིའི་བསྟན་པ་ལ་ནང་པའི་ཚད་གཞུང་རྣམས་ཀྱི་ཐོག་མ་ནི་རྩོད་པ་གྲུབ་པ་སྟེ། དེ་མཛད་པ་པོ་ཁ་ཅིག་གིས་སློབ་དཔོན་དབྱིག་གཉེན་གྱིས་མཛད་ཟེར་ཡང་། ཚད་མ་ཀུན་བཏུས་ཀྱི་རང་འགྲེལ་དུ་དགག་པ་རྒྱ་ཆེར་མཛད་པས་གཙུང་དབྱིག་གཉེན་གྱིས་མ་མཛད་པར་གསལ་ཞིང་། བཙུན་པ་དབྱིག་བཤེས་སོགས་དབྱིག་གཉེན་དང་མཚན་གཅིག་པ་ཞིག་གིས་མཛད་པར་བོད་སྔ་མ་རྣམས་བཞེད་དོ། །ཞེས་པ་དང་། ཡང་[པེ་སྡེབ་565ཤ་5] དུ་བོད་ཡུལ་དུ་སྔ་བདུན་ཕྱི་མ་གཏན་ཚིག་ཐིགས་པ་འཐྲེལ་པ་བརྟག་པ་རྩ་འགྲེལ་སོགས་འགའ་ཞིག་སྐ་བ་དཔལ་བརྩེགས་དང་དྲན་པ་ནམ་མཁའ་དག་གིས་བསྟན་པ་སྔ་དར་གྱི་དུས་སུ་འགྱུར་ལ། ཕྱི་དར་གྱི་སྐབས་སུ་ཚད་མ་ཀུན་བཏུས་སོགས་ཞ་མ་སེང་རྒྱལ་གྱིས་བསྒྱུར། རྒྱས་པའི་བསྟན་བཅོས་རྣམ་འགྲེལ་དང་། ཚད་མ་སྡོང་ཕྲག་བཅུ་གཉིས་པ་སོགས་ཐོག་མར་རྔ་དགེ་བའི་བློ་གྲོས་ཀྱིས་བསྒྱུར་ཅིང་ཁྱུང་པོ་གྲགས་སེ་སོགས་ཀྱིས་བཤད་དེ་ཚད་མ་རྙིང་པ་ཞེས་གྲགས་པ་ཙུང་ཟད་དར། རྔོག་ལོ་བློ་ལྡན་ཤེས་རབ་ཀྱིས་དེ་དག་འགྱུར་བཅོས་ཤིང་། རྣམ་ངེས། རིག་ཐིགས་སོགས་རྫོགས་པར་བསྒྱུར། རྒྱན་དང་ཚེས་མཚོག་ལུགས་གཅིར་བཏོན་ནས་ཚད་མ་གསར་མ་དང་། བརྒྱུད་འཛིན་ཕྱྭ་པ་ཆོས་ཀྱི་སེང་གེས་དབུ་མ་སོགས་ལ་བསྡུས་པ་ཆེ་ཆུང་གཉིས་རེ་མཛད། ཁྱད་པར་ཚད་མའི་བསྡུས་པ་ཡིད་ཀྱི་མུན་སེལ་མཛད་ཅིང་འཆད་ཉན་གྱི་གྲྭ་བཙུགས་ནས་བསྡུས་པའི་སྲོལ་བཏོད་ཅེས་གསལ། ཚད་མ་རིག་པའི་རང་བཞིན་ནི་ལེགས་བཤད་ནོར་ཕྲེང་[རྒྱ82ཤ41བ5] ལས་བརྗོད་བྱ་རྗོད་བྱེད་ཤིན་ཏུ་རྒྱ་ཆེ་ཡང་མདོར་བསྡུ་ན། དོན་དམ་པའི་ཚད་མ་དང་ཀུན་ཏུ་ཐ་སྙད་པའི་ཚད་མ་གཉིས་སམ། ཡང་ན། མངོན་སུམ་དང་ནི་རྗེས་སུ་དཔག །ལྟར་སྣང་བཅས་པ་བདག་རིག་བྱེད། །སྒྲུབ་པ་དང་ནི་སུན་འབྱིན་ངག །ལྟར་སྣང་བཅས་པ་གཞན་རྟོགས་བྱེད། །ཅེས་མངོན་སུམ་དང་རྗེས་དཔག་ཡང་དག་དང་ལྟར་སྣང་། སྒྲུབ་ངག་ཐལ་འགྱུར་ཡང་དག་དང་ལྟར་སྣང་སྟེ་རྟོག་གེའི་ཚིག་དོན་བརྒྱད་དུ་གྲགས་ཤིང་།

རང་དོན་གཞན་དོན་གཉིས་སུ་འབང་འདུས་ཞེས་པ་སོགས་ཀྱིས་བསྟན་པ་སྟེ། མདོར་ན་ཚད་མ་རིག་པ་ནི་ཤེས་བྱའི་གནས་ལུགས་ལོག་པར་རྟོག་པའི་སྨྲ་བ་ངན་པ་རྣམས་ཐལ་འགྱུར་གྱིས་ཚར་གཅོད་པ་དང་། སྒྲུབ་ངག་གིས་རྗེས་སུ་འཛིན་པའི་མཚོན་ཆ་རྣོ་ངར་དང་ལྡན་པ་ལྟ་བུ་ཞིག་ཏུ་ངོས་འཛིན་སྲོལ་བྱུང་ཡོད།

ནང་དོན་རིག་པ་ནི། ནང་དོན་རིག་པའི་དགོངས་དོན་གྱི་སྙིང་པོ་ནི་ཟབ་ཅིང་ཞིབ་ལ། བློའི་སྤྲོས་མཐའ་དང་ཡོངས་སུ་བྲལ་བ། རང་བཞིན་འོད་གསལ་བའི་བདག་ཉིད། རྒྱུ་རྐྱེན་གང་གིས་ཀྱང་འདུས་མ་བྱས་པ། སྨྲ་བསམ་བརྗོད་མེད། སྐྱེ་འགག་དང་བྲལ་བའི་གཤིས། སོ་སོར་རང་རིག་པའི་སྤྱོད་ཡུལ་དུ་གྱུར་པ། ཐུན་མོང་གི་ཐེག་པར"བདག་མེད་པའི་གནས་ལུགས"ཞེས་པ་དང་། བྱང་སེམས་ཀྱི་ཐེག་པར"ཤེས་རབ་ཀྱི་ཕ་རོལ་ཏུ་ཕྱིན་པ"ཞེས་པ། སྔགས་བསྐྱུར་ལམ་གྱི་ཐེག་པར"ཕྱག་རྒྱ་ཆེན་པོ"ཞེས་པ། རང་གྲོལ་ཨ་ཏིའི་ཐེག་པར"རྫོགས་པ་ཆེན་པོ"ཞེས་པ་སོགས་ཐ་སྙད་མི་འདྲ་བ་སྣ་ཚོགས་སུ་གྲགས་པ། སྟོན་པ་སངས་རྒྱས་ཀྱི་དགོངས་པ་དམ་པ་དེ་རང་ཡིན་ལ། དགོངས་པ་དམ་པ་དེ་སོ་སོའི་སྐྱེ་བོ་རྣམས་ཀྱི་རང་རྒྱུད་ལ་ཇི་བཞིན་དུ་སྐྱེ་བའི་ཆ་རྐྱེན་དུ་སྟོན་པ་སངས་རྒྱས་ཀྱིས་བསྟན་པའི་དམ་པའི་ཆོས་འདི་བྱུང་བ་དང་དམ་པའི་ཆོས་འཛིན་སྐྱོང་སྤེལ་བའི་ཆ་རྐྱེན་དུ་འཕགས་པའི་དགེ་འདུན་རྣམས་བྱུང་བ་སྟེ། བོད་ཀྱི་རྒྱལ་པོ་སྲོང་བཙན་སྒམ་པོའི་སྐུ་དུས་སུ་དཀོན་མཆོག་གསུམ་གྱི་བསྟན་པ་དམ་པ་འདི་བོད་ཡུལ་དུ་དར་བའི······དབུ་ཚུགས། ཆོས་རྒྱལ་ཁྲི་སྲོང་ལྡེའུ་བཙན་ཡབ་སྲས་ཀྱི་སྐུ་རིང་ལ་མཁན་སློབ་རྗེ་འབངས་རྣམས་ཞལ་འཛོམས་ཏེ་མདོ་སྔགས་ཀྱི་བསྟན་པ་དར་ཞིང་རྒྱས་པར་མཛད་པ་སོགས་ཀྱི་ལོ་རྒྱུས་ནི་བོད་ཀྱི་རྒྱལ་རབས···དང་ཆོས་འབྱུང་། གྲུབ་མཐའི་བྱུང་བ་བརྗོད་པའི་གཏམ་ཡོངས་སུ་རྫོགས་པའི་བརྗོད་བྱའི་སྙིང་པོ་ཡིན་སྟབས། ཞིབ་པར་མཁྱེན་འདོད་ཡོད་པ་རྣམས་ནས་གྲུབ་མཐའ་སོ་སོའི་འདོད་པ་གཞིར་བཟུང་གིས་བཤད་པའི་གཞུང་རྒྱ་ཆེ་ལ་རྣམས་གྲངས་མང་བ་ཞིག་རང་རེའི་དབང་པོའི་སྤྱོད་ཡུལ་དུ་བཞུགས་བཞིན་པ་འདི་རྣམས་ལ་ཕྱོགས་སུ་མ་ལྷུང་བའི་གཟུར་གནས་ཀྱི་བློས་སློབ་གཉེར་ཡག་པོ་རེ་གནང་འོས་པ་ཡིན་ལ། བསླབ་བྱའི་གནས་ནང་དོན་རིག་པ་ནི་མདོ་སྔགས་སེམས་གསུམ་གྱི་སྙིང་པོ་རྣམས་ཡིན། མདོ་ཕྱོགས་སུ་འདུལ་བ། མདོ་སྡེ་མངོན་པ་སྡེ་སྡེ་སྣོད་གསུམ་དུ་གྲགས་པ་དང་། སྔགས་ཕྱོགས་སུ་རྒྱུད་སྡེ་གོང་འོག་གཉིས་དང་། སེམས་ཕྱོགས་རྫོགས་པ་ཆེན་པོའི་སྐོར་ཏེ། དེ་གསུམ་ནི་སྐྱེས་བུའི་ལུས་ངག་ཡིད་གསུམ་དང་འབྲེལ་བའི་ཁྱད་པར་ཅན་གྱི་ཐབས་ལམ"སྤང་ལམ"དང"སྒྱུར་ལམ""རང་གྲོལ་གྱི་ལམ"ཞེས་སུ········གྲགས་པ་ཡིན།

གཞི་རྩའི་ཐོག་ནང་དོན་རིག་པའི་བསླབ་བྱའི་གནས་དེ་རྣམས་སུ་ངེས་ནའང་ནང་དོན་རིག་པའི·····

དགོངས་པ་བཞེད་ཚུལ་མི་འདྲ་བ་འགའ་རེ་བྱུང་བའི་རྒྱུ་མཚན་ལ་བརྟེན། སྔ་འགྱུར་རྙིང་མའི་གྲུབ་མཐའ་ཐེག་པ་རིམ་པ་དགུ་རུ་བཞེད་པ་སྟེ། ཐུན་མོང་ལྷ་མིའི་ཐེག་པ། ཉན་རང་གི་ཐེག་པ་བྱང་སེམས་ཀྱི་ཐེག་པ་གསུམ། ཐུན་མིན་སྔགས་ཀྱི་སྐོར་ལ་ཀྲི་ཡ། ཨུ་བྷ་ཡ། ཡོ་ག་སྟེ། ཕྱི་རྒྱུད་གསུམ་དང་། མ་ཧཱ་ཡོ་ག ཨ་ནུ་ཡོ་ག ཨ་ཏི་ཡོ་ག་སྟེ་ནང་རྒྱུད་སྡེ་གསུམ་བཅས་ཐེག་པ་རིམ་དགུར་བཞེད་པ་དང་། མར་པ་ཆོས་ཀྱི་བློ་གྲོས་(1012—1097)ལས་བྱུང་བའི་སྔགས་གསར་མ་བཀའ་བརྒྱུད་པའི་གྲུབ་མཐའ་དང་། ས་ཆེན་ཀུན་དགའ་སྙིང་པོ་(1092—1158)ལས་བྱུང་བའི་སྔགས་གསར་མ་དཔལ་ལྡན་ས་སྐྱ་པའི་གྲུབ་མཐའ་དང་། ཇོ་བོ་རྗེ་ཨ་ཏི་ཤ་(982—1054)ལས་བྱུང་བའི་བཀའ་གདམས་རྙིང་མ་དང་། མཉམ་མེད་ཙོང་ཁ་པ་བློ་བཟང་གྲགས་པ་(1357—1419)ལས་བྱུང་བའི་བཀའ་གདམས་གསར་མ་རི་བོ་དགའ་ལྡན་པར་གྲགས་པའི་གྲུབ་མཐའ་ཆེན་པོ་དེ་རྣམས་དང་། གཞན་ཡང་ཇོ་ནང་པ་ཏཱ་ར་ན་ཐ་(1575—1634)ལས་བྱུང་བའི་ཇོ་ནང་པ་དང་། ཕ་དམ་པ་སངས་རྒྱས་(བོད་དུ་བྱོན་ལོ1113)ལས་བྱུང་བའི་ཞི་བྱེད་པ་དང་མ་གཅིག་ལབ་སྒྲོན་(1103—1201)ལས་བྱུང་བའི་གཅོད་ཀྱི་ལུགས་དང་། བོ་དོང་པཎ་ཆེན་ཕྱོགས་ལས་རྣམ་རྒྱལ་(དུས་རབས13)ལས་བྱུང་བའི་བོ་དོང་ལུགས་དང་། བུ་སྟོན་རིན་ཆེན་གྲུབ་(1290—1364)ཀྱི་ལུགས་ལས་བྱུང་བའི་བུ་ལུགས་དང་། བོན་གསར་མ་མཉམ་མེད་ཤེས་རབ་རྒྱལ་མཚན་ལས་བྱུང་བའི་བོན་ལུགས་སོགས་མདོར་ན་མདོ་སྔགས་ཀྱི་དགོངས་པ་ལ་བསླབ་ཚུལ་མི་འདྲ་བ་ཅི་རིགས་པ་ཞིག་བྱུང་……ཡོད།

ནམ་རྒྱུད་དུ་རང་རེས་གྲུབ་མཐའི་བཞེད་སྟངས་ལ་སློབ་གཉེར་བྱེད་སྟངས་ནི། རང་ཉིད་གྲུབ་མཐའ་གང་རུང་ཞིག་གི་རྗེས་འབྲང་ཡིན་པ་གཞིར་བཟུང་བའི་ཐོག་རང་ཕྱོགས་དག་པ་དང་། གཞན་ཕྱོགས་མ་དག་པའི་ལྟ་སྟངས་ཀྱིས་དགག་གཞག་སྤོང་གསུམ་གྱི་སྐོར་ལ་རྩོད་པ་ཧུར་བསྐྱེད་གཏོང་སྲོལ……ཡོད་མོད། ཚུལ་དེ་ལྟ་བུས་ནང་དོན་རིག་པའི་ཟབ་གནད་ཀྱི་ཡིན་ལུགས། མཁན་ཆེན་ཞི་བ་འཚོའི་ཞལ་སྔ་ནས“སྨྲ་བསམ་བརྗོད་མེད་ཤེས་རབ་ཕ་རོལ་ཕྱིན། །མ་སྐྱེས་མི་འགག་ནམ་མཁའི་ངོ་བོ་ཉིད། །སོ་སོར་རང་རིག་ཡེ་ཤེས་སྤྱོད་ཡུལ་བ། །དུས་གསུམ་རྒྱལ་བའི་ཡུམ་ཞེས་གསུངས་པ་ཁོང་དུ་ཆུད་ཐུབ་པ་ནི་ཤིན་ཏུ་དཀའ་བ་ཡིན་སྟབས། ཀུ་དོག་པོའི་གྲུབ་མཐའི་ཕྱོགས་ཞེན་གྱི་བློ་རྒྱ་འཕྱེད་དེ་དགོངས་དོན་རྣལ་མ་གང་ཡིན་མཐིལ་འདོན་གནང་དགོས་པ་ཤིན་ཏུ་གསལ་ཆེ་བར་སེམས།

དེ་རྣམས་ནི་བོད་ཀྱི་རིག་པའི་གནས་ཆེན་པོ་རྣམ་པ་ལྔ་ཞེས་ཤེས་རིག་ཡོངས་སུ་རྫོགས་པའི་རྨང……གཞིའམ་བོད་ཀྱི་ཤེས་བྱ་རིག་པ་ཡོངས་སུ་རྫོགས་པའི་མཚོན་གཞི་ཐུན་མོང་མ་ཡིན་པ་དག་ཏུ་ངེས་པ་ཡིན།

རིག་པའི་གནས་ཆུང་བ་ལྔ་ནི་ཡོངས་གྲགས་ཀྱི་ལུགས་སུ་སྐར་རྩིས་ཤེས་ན་གྲངས་ལ་མི་རྨོངས། །
ཚིག་རྒྱན་ཤེས་ན་སྙན་ངག་ལ་མི་རྨོངས། །སྡེབ་སྦྱོར་ཤེས་ན་ཚིགས་བཅད་ལ་མི་རྨོངས། །མངོན་བརྗོད་
ཤེས་ན་མིང་ལ་མི་རྨོངས། །ཟློས་གར་ཤེས་ན་སྐད་རིགས་ལ་མི་རྨོངས་ཞེས་བཤད་སྲོལ་ཡོད་ཅིང་། རིག་
པའི་གནས་ཆུང་བ་དེ་རྣམས་ལས་རྩིས་ཀྱི་རིག་པ་ནི་བོད་དུ་དར་བའི་རྩིས་ལ་སྐར་རྩིས་དང་། གཡུལ་རྒྱལ།
འབྱུང་རྩིས་བཅས་རིགས་མི་འདྲ་བ་གསུམ་ཡོད། སྐར་རྩིས་ཀྱི་སྐོར་ཤེས་བྱ་ཀུན་ཁྱབ་[པེ་སྟོད་596 ཕ་2]
ལས་གཟའ་དང་རྒྱུ་སྐར་གྱི་འགྲོས་ལ་བརྟེན་ནས་དུས་ཀྱི་རྣམ་གཞག་དང་བཟང་ངན་གྱི་འབྲས་བུ་ལུང……
སྟོན་པའི་རྩིས་ནི་དྲང་སྲོང་ཟ་བོང་དང་གཏ་ལ་སོགས་པ་རྣམས་ཀྱིས་བྱས་པའི་རྒྱུད་ཕྱི་རོལ་པ་ལ་དེའི……
བསྟན་བཅོས་སྤྲ་བ་མང་ངོ་། །འོན་ཀྱང་རིགས་ལྡན་དགུ་པ་རྒྱ་མཚོ་རྣམ་རྒྱལ་སེང་གེའི་ཁྲིར་འཁོད་པ་ན།
རྒྱ་གར་ནུབ་ཕྱོགས་མ་ཁའི་ཡུལ་དུ་ཀླ་ཀློའི་སྟོན་པ་བདུན་པ་ཨུན་ཙན་སྦྲང་རྩིའི་བློ་གྲོས་〔48〕ཀྱིས་གྲུབ……
མཐའི་རྩིས་སྤྲས་ནས་བྱེད་པའི་རྩིས་བསྟན་པས་གཟའ་སྐར་སོགས་མི་རྟོགས་པར་གྱུར་པ་ན། རིགས་ལྡན་
རྒྱལ་དཀས་བསྡུས་རྒྱུད་ཀྱི་དངོས་བསྟན་བྱེད་རྩིས་གཞི་ཟུག དེ་འོག་མེ་ཡོས་ལ་དུས་ཀྱི་འཁོར་ལོ་འཕགས་
ཡུལ་ཡོངས་གྲགས་སུ་བྱུང་བའི་ཕྱི་རོལ་པའི་བྱེད་གྲུབ་གཉིས་ཀ་ཉམས་པར་ལུང་བསྟན་པའི་དོན་ཐོག་ཏུ……
བབས་ནས་རྣམ་པར་དག་པའི་རྩིས་འགོ་ཚུགས། ཀླ་ཀློ་ཞུགས་ནས་འདིའི་བར་བསྡོམས་པས་མེ་མཁའ་རྒྱ་
མཚོའི་ལོར་གྲགས་ཤིང་། མེ་ཡོས་དེ་ནི་རབ་བྱུང་རྣམས་ཀྱི་དང་པོ་ཡིན་པ་ཤེས་པར་བྱའོ། །ཞེས་གསལ་བ་
དང་། གཡུལ་རྒྱལ་ནི་དེ་ཉིད་(པེ་སྟོད་597 ཕ་21)ལས་བཅོམ་ལྡན་འདས་འཇིག་རྟེན་དབང་པོ་ཕྱི་པ་ལ་
དགའ་བའི་ངོར་ལྷ་ཆེན་པོ་དབང་ཕྱུག་གི་སྐུར་བཞེངས་ནས་དུས་སྲ་མོར་ལྷ་དང་ལྷ་མིན་གཡུལ་འགྱེད……
པའི་ཚེ་ལྷའི་དབང་པོས་དྲིས་ནས་བཤད། སྐུར་ཕྱིས་ཞིག་ཡུམ་ཨུ་མ་དང་ཞུས་ལེན་གྱི་ཚུལ་དུ་གསུངས་པ་
དཔལ་གཡུལ་ལས་རྣམ་པར་རྒྱལ་བའི་རྒྱུད་ནི་ཐོག་མར་མི་ཡུལ་དུ་གཙྪ་སིཧྨ་ཨུདྲ་ལ་ཞེས་པས་སྤེལ་ཞིང་།
བོད་དུ་འཛམ་ལང་གི་པཎྜི་ཏ་ཛ་ཡཱ་ཨ་ནནྡ་དང་། སློ་བོ་ལོ་ཙཱ་བ་ཤེས་རབ་རིན་ཆེན་གྱིས་བསྒྱུར། ཞེས་པ་
དང་། འབྱུང་རྩིས་ནི་དེ་ཉིད་[པེ་སྟོད་598 ཕ་16]ལས་འབྱུང་རྩིས་སམ་ནག་རྩིས་སུ་གྲགས་པ་བྱུང་བའི་
ཁུངས་ནི་རྒྱ་ནག་སྟེ། དེའང་གོང་མ་རྣམས་ཀྱི་སྤུ་དུ་ཕྲ་ཧྲི་ཧླི་རྒྱལ་པོ་ལ་རྒྱ་མཚོའི་མཐའི་འབབས་ཞིག་གིས
ཀྲུས་སྤྲུལ་གསེར་གྱི་ཁ་དོག་ཅན་ཞིག་ཕུལ་བ་ལ་གཟིགས་པས་བརྟགས་ནས་སྤར་ཁ་བརྒྱད་〔49〕ཀྱི་ཕྱག……
རྒྱ་ཐོག་མར་ཐུགས་ལ་ཤར། དེ་ལ་བརྟེན་ནས་སྤར་སྨེ་ལོ་སྐོར་གྱི་རྩིས་རྣམས་མཛད། དེ་ལ་བརྟེན་ནས་
གྲུབ་པའི་རྒྱལ་བློན་མཁས་པ་རྣམས་ཀྱིས་རིམ་པར་མཛད་པ་དང་། ཁྱད་པར་ཁོང་ཕུ་རྩེ་ཞེས་འཇམ་
དབྱངས་ཀྱི་སྤྲུལ་པ། བོད་དུ་ཀོང་ཇོ་འཕྲུལ་རྒྱལ་དུ་གྲགས་པ་དེས་ཀྱང་རྩིས་དང་གཏོ་གཞུང་མཐའ་ཡས་

པའི་སྲོལ་གཏོད་པ་སོགས་ཕྱིས་བྱུང་གི་གཞུང་ཤིན་ཏུ་མང་ཞིང་། བོད་འདིར་ཐོག་མར་ཀོང་ཇོ་སྟེ་ཕྱིས་རྒྱ་ནག་གི་རྩིས་གཞུང་བསྒྱུར་ཏེ་སྲོལ་ཕྱེས། ཞེས་པ་རྣམས་ཀྱིས་གསལ་བར་བསྟན་ལ། རྩིས་རིག་པའི་བསྟན་བྱའི་གཙོ་བོ་ནི་རྒྱ་གར་ནས་བྱུང་བའི་རྩིས་སུ་ལྔ་བསྡུས། སྐར་གཅན། ལོ་འཕོ། ཟླ་འཕོ། ཉི་ཟླ་གཟའ་འཛིན། གཟའ་ལྔ། དུས་སྦྱོར་གྱི་བྱེ་བྲག་རྣམས་བསྟན་ལ། རྒྱ་ནག་ནས་བྱུང་བའི་འབྱུང་རྩིས་སུ་ས་བདག་གི་རིགས་བརྟག་པ་དང་། ཚེ་རབས་ལས་རྩིས། ལོ་གཅིག་གི་སྐེག་རྩིས། བག་རྩིས་དང་གཤིན་རྩིས་སོགས་དུ་མ་ཞིག་ཡོད་པའི་ཚུལ་བསྟན་འདུག

ཚིག་རྒྱན་གྱི་རིག་པ་ནི། ཤེས་བྱ་ཀུན་ཁྱབ་[པེ་སྟོད་599ཕ་19]ལས་ཚིག་རྒྱན་གྱི་བསྟན་བཅོས་སྙན་དངགས་ནི། ཕྱི་རོལ་པའི་གྲུབ་མཐའ་སྨྲ་བ་རྣམས་ལ་གྲགས་ཆེ་བས། སྔོན་སྐྱེ་དགུའི་ཚེ་ལོ་ཉིས་ཁྲི་ཐུབ་པའི་དུས་དྲང་སྲོང་རྒྱས་པས་བརྩམས་ཏེ་ཚོགས་བདག་གིས་ཡིག་མཁན་བྱས་པར་གྲགས་པའི་བསྟན་བཅོས་རཱ་ར་ཏ་ཨཱ་ལོ་ཀ་འབུམ་ཕྲག་ཡོད་པ་དང་། མི་བཞིན་འཇུག་པའི་བུ་མོས་བྱས་པའི་སྙན་དངགས་སྙོམ་པའི་ཚོས་དང་། གྲོག་མཁར་བས་བྱས་པའི་རཱ་མ་ཏ་ཡ་ན་དང་། མཚོ་སྐྱེས་བྱས་པའི་ཨཱ་ཎྜ་ཤ་ཧུ་ན་དང་། ར་མ་ཤྲ་མས་བྱས་པའི་ཀླུ་ཕྱཾ་ཤ་ལ་སོགས་པ་དྲང་སྲོང་གི་བསྟན་བཅོས་མང་དུ་ཡོད་པར་གྲགས་ཀྱང་བོད་དུ་མ་བྱུང་ལ། ཕྱིས་སུ་གྲགས་ཆེ་བ་སྤྲིན་གྱི་ཕོ་ཉ་ལ་སོགས་པའི་ཕོ་ཉ་བརྒྱད་དང་། གཞོན་ནུ་འབྱུང་བ་སོགས་ནག་མོའི་ཁོལ་པོས་བྱས་པའི་བསྟན་བཅོས་ཀྱིས་མཚོན་མང་དུ་ཡོད་པ་ལས། སྟ་གཞུང་ཀུན་གྱི་ལེགས་ཆ་བསྡུས་པ་རྒྱན་གྱི་བསྟན་བཅོས་མེ་ལོང་ཞེས་བྱ་བ་དངོས་གནས་ཕྱི་རོལ་པའི་པཎྜི་ཏ་ཕྱི་ནང་གཉིས་ཀའི་གྲུབ་མཐའ་ལ་མཁས་པའི་སློབ་དཔོན་དབྱུག་པ་ཅན་གྱིས་མཛད་པ་ལ་ཕྱི་ནང་གི་རྒྱ་འགྲེལ་མང་ཞིང་། ཕྱིས་རཏྣ་ཤྲཱི་དང་ངག་དབང་གྲགས་པའི་ཊཱི་ཀ་ཆེན་གྱི་རྒྱ་དཔེ་ཇེ་ཏཱ་ར་ཀ་རའི་ཕྱག་ཏུ་ཐོན། ཅེས་རགས་ཙམ་ཤེས་ཐུབ།

སྙེབ་སྦྱོར་གྱི་རིག་པ་ནི། ཤེས་བྱ་ཀུན་ཁྱབ་[600ཕ་16]ལས་ཚིགས་སུ་བཅད་པ་ལེགས་པར་སྦྱར་བའི་ཚུལ་བསྟན་པ་སྙེབ་སྦྱོར་གྱི་ཚུལ་ནི། དྲང་སྲོང་གྲོག་མཁར་བས་ཐོག་མར་བཤད་པར་གྲགས་ཤིང་། རྒྱ་མཚོའི་འགྲམ་གྱི་བྱེ་མ་ལ་ཀླུ་ཞིག་གིས་སྲ་སྣར་〔50〕འགོད་པ་ལ་ནམ་མཁའི་ལྡིང་གིས་ཟ་བར་བརྩམས་པས། འདི་མ་ཟིན་བར་དུ་མ་ཟ་ཞིག་སྨྲས་པར། དེས་ཀྱང་དེ་བཞིན་བྱས་ནས་གྲུབ་པ་ནམ་མཁའ་ལྡིང་གིས་ཀྱང་དོན་ཁོང་དུ་ཆུད་དེ་སློབ་དཔོན་དུ་གྱུར་པར་ཤེས་ནས་བཟོད་པར་གསོལ་ཞིང་ཅི་བདེར་གནས་སུ་བཅུག་པ་ནི་ཀླུ་རྒྱལ་ལྷག་མ་ཅན་ནམ། དྲང་སྲོང་དམར་སེར་ཅན་དུ་གྲགས་པ་ཡིན་ཅིང་། དེའི་གཞུང་ལུགས་ལ་རྒྱལ་བའི་ལྷས་འགྲེལ་པ་བྱས་ཤིང་འཆད་ཉན་དར་ཡང་ཡོན་ཏན་བརྒྱད་ཀྱིས་དབེན་པས།

མདོར་བསྡུས་ཚིགས་བཅད་གསལ་བ་དང་། །མདོ་ཉིད་དཔེར་བརྗོད་གྱུར་པ་དང་། །མ་འདྲེས་རིམ་ཅན་འདོན་སླ་དང་། །སྙོད་དང་ཚིགས་དང་ཡོན་ཏན་བརྒྱད། །ཅེས་པའི་ཁྱད་པར་དུ་བྱས་ཤིང་ངོ་མཚར་བའི་སྦྱོར་བ་དྲུག་དང་ལྡན་པའི་གཞུང་སྡེབ་སྦྱོར་རིན་འབྱུང་ཟ་འགྲེལ་སྟོད་དུས་ཀྱི་ཐམས་ཅད་མཁྱེན་པའི་རིན་འབྱུང་ཞི་བས་མཛད། སློབ་དཔོན་དཔལ་ཡེ་ཤེས་ཀྱིས་མཛད་པའི་དཔེར་བརྗོད་དང་། བོད་དུ་རྗེ་བརྒྱུད་པ། སྨིན་གླིང་ལོ་ཆེན་སོགས་ཀྱི་འགྲེལ་པ་དང་དཔེར་བརྗོད་མང་ཞིང་ཤིན་ཏུ་ཞལ་གསལ་བར་བསྟན།

མངོན་བརྗོད་ཀྱི་རིག་པ་ནི། ཤེས་བྱ་ཀུན་ཁྱབ་[པེ་སྡེ་601ཕ་16]ལས་མིང་གི་མངོན་པར་བརྗོད་པའི་བསྟན་བཅོས་ནི་རྒྱ་གར་དུ་མེ་དཱི་ནི་ཀ་ར་དང་པཎྜི་ཏ་དཔལ་འཛིན་སྡེས་མཛད་པའི་སྣ་ཚོགས་གསལ་བ་དང་། ཧཱ་རཱ་བ་ལཱི་དང་། དྲག་པོའི་འབབས་ཀྱིས་སྦྱར་བ་སོགས་མང་དུ་མཆིས་ཀྱང་། འཕགས་མས་རྗེས་སུ་བཟུང་བའི་སློབ་དཔོན་ཆེན་པོ་འཆི་མེད་སེང་གེས་མཛད་པའི་འཆི་མེད་མཛོད་ཉིད་མཆོག་ཏུ་གྱུར་པ་ཡིན་ལ། དེའི་རྒྱ་འགྲེལ་རྣམ་བཤད་བདུད་རྩི། ཚིག་གི་ཟླ་བ་གཉིས་ནི་སྦཱ་ཙ་པའི་ལུང་གི་སྒྲ་སྒྲུབ་སྦྱར་བ་ཡིན་ཅིང་། རྒྱ་དཔེ་ཀུན་མཁྱེན་རྗེའི་ཕྱག་ཏུ་འབྱོར། སུ་བྷཱུ་ཏིས་མཛད་པའི་འགྲེལ་པ་འདོད་འཇོ་ནི་ཞེས་ཟློས་གར་དངོས་ཀྱི་གཞུང་བོད་དུ་མེད་པའི་རྩིས་གཞི་གནང་འདུག

ལེགས་བཤད་ནོར་ཕྲེང་[རྡ་46ཤ་23བ་7]ལས་སྒྲ། སྙན་ངག སྡེབ་སྦྱོར། མངོན་བརྗོད། ཟློས་གར་ཏེ་རིག་གནས་ཆུང་བ་ལྔ། ཐ་སྙད་རིག་པའི་གནས་ལྔར་གྲགས་པ་རྣམས་ཆོས་ཀྱི་རྗེ་ས་སྐྱ་པཎྜི་ཏ་ཡན་ལ་མ་དར་ཞིང་། དེ་ནས་ཐར་ལོ་ཉི་མ་རྒྱལ་མཚན་ཡན་ལ་དར་ཡང་བོད་སྐད་དུ་མ་བསྒྱུར་བ་ལ། མཁས་པའི་གཙུག་རྒྱན་ཤོང་སྟོན་རྡོ་རྗེ་རྒྱལ་མཚན་གྱིས་རྒྱ་གར་གྱི་པཎྜི་ཏ་ལཀྵྨཱི་ཀ་ར་དང་མ་ཧིནྡྲ་བྷ་དྲ་སྟེ་ས་དཔང་བཟང་པོ་བསྟེན་ནས། སྒྲ་སྙན་ངག་སོགས་སྔར་མ་བསྒྱུར་བའི་གཞི་འགྱུར་མང་པོ་དང་། འགྱུར་བཅོས་རྣམ་པར་དག་པ་མང་དུ་མཛད་ཅེས་གསལ་བར་བསྟན་པ་དེ་རྣམས་ཀྱིས་རིག་པའི་གནས་ཆེ་ཆུང་རྣམས་ངོས་འཛིན་ཚུལ་དང་། དེ་རྣམས་ཀྱི་ཁུངས་བོད་དུ་ཇི་ཙམ་ཕྱི་གང་ཙམ་ན་དར་བ་སོགས་ཀྱི་བཞེད་སྟངས་ཇི་ལྟར་ཡིན་པ་རགས་ཙམ་ཤེས་ཐུབ་པ་ཡིན་ནོ། །

མཆན་འགྲེལ།

〔1〕**སྐྱ་སེང་བུ་ལྔ།** རྒྱལ་པོ་སྐྱ་སེང་ཞེས་པ་ནི་ལེགས་སྦྱར་གྱི་སྐད་དུ"པ་ཎ་ཌུ"ཞེས་བྱ་ཞིང་། རྒྱལ་པོ་དེ་ལ་སྲས་ལྔ་བྱུང་བ་ནི་ན་ཅན་དང་གཡུལ་ངོར་བརྟན། འཐིགས་སྐྱེ། སྲིད་སྒྲུབ། ལྷར་བཅས་རྣམས་ཡིན།

〔2〕**ལྔ་ལས་ཐུལ་བྱུང་།** རྒྱ་གར་གྱི་སློབ་དཔོན་བདེ་བྱེད་བདག་པོས་མཛད་པ། སངས་རྒྱས་ཤཱཀྱའི་རྒྱལ་པོའི་

སྨྲ་བསྔོད་ཅིག་ལ་ཟེར་བ་ཡིན།

〔3〕**དགེ་བསྙེན་གྱི་སྡོམ་པ།** སོ་ཐར་ལུགས་ཀྱི་དགེ་བསྙེན་ལ། སྐྱབས་འགྲོའི་དགེ་བསྙེན། སྣ་གཅིག་སྤྱོད་པའི་དགེ་བསྙེན། སྣ་འགའ་སྤྱོད་པའི་དགེ་བསྙེན། ཕལ་ཆེར་སྤྱོད་པའི་དགེ་བསྙེན། ཡོངས་སུ་རྫོགས་པའི་དགེ་བསྙེན། ཚངས་པར་སྤྱོད་པའི་དགེ་བསྙེན་བཅས་དགེ་བསྙེན་གྱི་རིགས་མི་འདྲ་བ་དྲུག་ཡོད།

〔4〕**སེར་ཀར་རྒྱང་འཇུག** གྱང་གི་ངོས་ལ་སེར་ཀ་བྱུང་བའི་ནང་དུ་རླུང་ཕྲ་མོ་རྒྱུ་བ་བཞིན་ཏིང་འཛིན་ཞི་བར་གནས་པ་དེར་སེར་ཀ་ལྟ་བུའི་བར་གསེང་དུ་རྣམ་རྟོག་ཕྲ་མོ་འགྱུས་པའི་དོན་ཡིན།

〔5〕**དལ་རྒྱགས་ཟུམ།** ལྟོ་འགྲངས་ཤིང་རྒྱགས་ནས་སྡོད་མི་ཚུགས་པའི་སྐབས་ལ་ཟེར།

〔6〕**ཁ་ཏམ་ལ་སོང་།** གཞན་དང་བློ་མཐུན་པའི་དོན་ཡིན།

〔7〕**ཟ་ཁན་བཀྲལ།** ཟ་ཁན་དབྲལ་བའི་དོན་ཡིན།

〔8〕**རྐོད་འདུར་བ།** དམེ་གྲིར་ཤི་བའི་གྲི་རྐོད་བཀུག་ནས་གཤིན་པོའི་བླ་ཡིད་སེམས་གསུམ་གྱི་རྐོད་ཀྱི་ལག་མས་སླར་ལེན་ཞིང་གཤིན་པོ་བདེ་ལ་འགོད་པའི་བཤིད་ཀྱི་བྱ་བ་བྱེད་པ་དེ་འདུར་ཞེས་བྱ་བ་ཡིན།

〔9〕**གཏར་བ་ལེན་པ།** སྔགས་ཀྱི་མཐུ་ནུས་གྲུབ་པའི་རྟགས་སུ་ལྕགས་དམར་ལིང་ལག་ཏུ་ལེན་ནུས་པ་ལྟ་བུ་དེ་རིགས་ལ་ཟེར།

〔10〕**ལྷ་བཀའ།** ཕྱིའི་ལྷ་ཆེན་ཕྱུ་ལེར་སོགས་སྐྱབ་པ་པོའམ་རྩ་ཁམས་དང་རིགས་ཁམས། བཟང་བའི་བུ་དང་བུ་མོ་སུ་ཏུང་ལ་དབབ་པ་དེ་ལ་ཟེར་རམ་སྙམ།

〔11〕**སོག་དམར།** ལུག་གི་སོག་ཏུས་མེར་བསྲེགས་པའི་གས་སྲུབ་འབྱུང་སྟངས་ལ་བརྟེན་ནས་ལེགས་ཉེས་སྟོན་པའི་མོ་ཞིག་ལ་ཟེར།

〔12〕**ཟུར་ངོ་མ་ཟུམ།** དམིགས་བསལ་གྱི་ངོ་ཆེན་མ་བྱུས་པའི་དོན་དུ་གོ།

〔13〕**སྐྲིགས།** སྤྲུགས་པའི་དོན་ཡིན་ནམ།

〔14〕**ཤིང་ཤོལ་སྡོང་།** སྨུག་མ་ལྟ་བུ་ནང་ཁོག་སྟོང་པ་ཡིན་པའི་ཤིང་རིགས་ལ་ཟེར་ཞིང་། དེ་ནི་བྱ་དེ་ལ་ལུས་ཞིད་ཤིན་ཏུ་ཡང་པོ་ཞིག་ཡོད་པའི་དོན་ཡིན།

〔15〕**ཤེ་ཤོན།** འདི་ནི་ཤིང་ཤོལ་སྡོང་ཞེས་པ་དང་དོན་གཅིག་ཡིན་པར་སྙམ།

〔16〕**མ་ཁྲ་པ།** གསང་བའི་རྒྱུ་དང་ལྡན་པའི་དོན་ཞིག་ཡིན།

〔17〕**སྟག་སྦྲང་།** སྦྲང་བུའི་རིགས་ཆེ་ལ་བརྫིད་པ་ཞུར་དིར་དིར་དུ་འཕུར་ལྡིང་བྱེད་པ་དེ་ལ་ཟེར།

〔18〕**སྒྲང་གཞུང་།** མདོས་ཚོག་སོགས་ཀྱི་སྔོན་དུ་ཚོ་ག་དེ་ཇི་ལྟར་བྱུང་ཞིང་ལྷ་སོགས་ཀྱི་མཐུ་ནུས་སམ། དངོས་པོའི་ནུས་ཤུགས་གང་དང་འབྲེལ་ཡོད་པའི་བདེན་མཐུ་བསྟན་པའི་ཚིག་བཤད་དེ་རིགས་ལ་ཟེར་བ་ཡིན།

〔19〕**འགེགས་རེས་ཟེད།** རང་གི་གྲུབ་མཐའ་བཞག་ཅིང་གཞན་དགག་པའམ་འགེགས་པའི་དོན།

〔20〕**ལྟད་ཟས།** འབྲུ་རིགས་གཙང་མ་མ་ཡིན་པ་བྲ་བོ་དང་སྣན་མའམ་ཡུག་པོ་འདྲེས་པ་ལྟ་བུ་ལ་ཟེར།

〔21〕**ལྷ་གཡང་སྐོར་གསུམ།** ལྷ་གཙང་བར་བྱེད་པའི་ཚན་ཁྲུས་དང་། མཉོལ་རྒྱུགས་བསང་བའི་བསང་དང་ཕྱུ་གཡང་འགུགས་པའི་གཡང་ཆོག་གསུམ་ལ་ཟེར་བ་ཡིན།

〔22〕**ཀོ་ས་ལའི་རྒྱལ་པོ་གསལ་རྒྱལ།** རྒྱལ་པོ་འདིའི་མཚན་ལེགས་སྦྱར་གྱི་སྐད་དུ་པྲ་སེ་ན་ཛིཏ་ཞེས་ཟེར།

〔23〕**གཟུགས་ཅན་སྙིང་པོ།** མ་ག་ཏའི་རྒྱལ་པོ་བིམྦི་ས་རཿཞེས་བྱ་བ་དེ་ལ་ཟེར།

〔24〕**གཡུ་སྒྲོན་གྱིས་མཆོད།** ཆང་ཕུད་ཀྱིས་མཆོད་པའི་དོན་ཡིན།

〔25〕**རིང་མཐུད།** གསང་སྟབས་སུ་གནང་བའི་དོན།

〔26〕**ཞལ་ཆེ་དགའ་གསུམ།** ཕྱོ་བྲག་ཆོས་འབྱུང་[པེ་སྐྲུན་404 ཤ་5] ལས་ཞལ་ཅེ་དགའ་གསུམ་ནི་མགོས་ཀྱི་མཆིད་ནས་ཟུར་མཁར་མཆོད་རྟེན་གྱི་རྩར་ཞལ་ཅེ་ལེན་དུ་ཤོག་ཅིག་ཟེར་ཏེ་ཁྲ་བཙོན་ནས་སོང་། དེར་ཕྱིན་པས་རྗེའི་མཆོད་རྟེན་འོག་མ་ལ་ཡི་གེ་བྲིས་ནས་རྗེས་འབབས་བསད་ན་མས་བརྟུང་བ་དང་འདྲ་སྟེ་ཐབས་མེད། ད་དུང་མཆོད་རྟེན་བར་མར་དྲིས་ཟེར་བ་བྱུང་བས་རྒྱལ་པོ་ཡབ་སྲས་མཉེས། བར་པ་ལ་འོན་ཀྱང་རེ་རེ་ནས་བསད་ན་འབངས་ཀྱིས་མི་ལང་། རྒྱལ་པོ་འབངས་ལ་མིག་ཆེས་ཏེ་འགྲོ། ད་དུང་གོང་མར་དྲིས་ཞེས་པ་མཐོང་བས་འབངས་རྣམས་དགའ། གོང་མ་ལ་རྒྱལ་པོ་ཉིད་ཀྱིས་ཁྲིམས་མ་བསྲུངས་ན་འབངས་ལ་ཁྲིམས་མི་འཆགས་པས་ལྷ་སྲས་ལོ་དགུ་བྱང་དུ་སྤྱུགས་ལ་ཞང་ལ་སྟོང་དུ……ཡུལ་གྲུ་གཅིག་བྱིན་ཞེས་བྱུང་བས་སྟ་ནམ་པ་དགའ་སྟེ་དགའ་གསུམ་དུ་གྲགས་སྐད། ཅེས་གསལ་བ་དེ་ཡིན་ལ། འདིར་“རྒྱལ་པོ་མིག་ཆེས་ཏེ་འགྲོ”ཞེས་པ་ནི་ཀུན་གྱི་མིག་སྟུར་མི་འབབ་པའི་དོན་ཡིན་ནམ་སྙམ།

〔27〕**ལམ་ཕྲག་གང་ཆོད།** ཞང་ལ་སྟོང་དུ་བྱིན་པའི་ཡུལ་གྲུའམ་ས་གནས་ཀྱི་མཚམས་རིས་ལ་ཟེར་རམ་སྙམ།

〔28〕**ཞལ་ལྕེ་འདར་གསུམ།** དཔྱིད་ཀྱི་རྒྱལ་མོའི་གླུ་དབྱངས་སུ་དེ་སྐད་དུ་གསུངས་པ་ཙམ་ལས་འདར་གསུམ་གང་ཡིན་མ་གསུངས་སོད། དོན་དུ་དགའ་གསུམ་དང་འབྲེལ་བའི་འཇིགས་སྣང་སྐྱེ་འོས་གསུམ་ལ་གོ་དགོས་སྙམ།

〔29〕**ཁྲིམས་བུ་ཆུང་།** གནས་སྐབས་སུ་རྒྱལ་སྲིད་ཀྱི་འགན་བློན་པོ་བློ་མཐུན་པ་ཁ་ཤས་ཀྱིས་ལེན་པས་ཁྲིམས་ཀྱིས་གཞི་འཛིན་པ་ཞིག་ལ་ཟེར།

〔30〕**སོལ་ཅན་ཅན་མཛད།** རྒྱལ་བློན་རྣམས་འཛོམས་ཀྱི་ཚོགས་ཆེན་བསྡུས་པའི་དོན་ཡིན།

〔31〕**སྒོ་གླེག་མཛད།** གོ་གནས་སུ་བསྐོ་བཞག་མཛད་པའི་དོན་དུ་གོ།

〔32〕**ཟུར་ཅན།** དེང་དུས་སུ་འབྲུ་ཚའམ་སྨྱུར་རྩ་ཞེས་བྱ་བའི་འབྲུ་རྫིགས། ཡིག་འབྲུ་རེ་བཞིན་གྱི་གོང་བཀོད་ཚང་མ་ཟུར་གསུམ་གྱི་རྩེ་མོ་གྱེན་བསྟན་དུ་ཡོད་པ་དེ་ལ་ཟེར་བ་ཡིན།

〔33〕**ཁད་དེ་བ།** ནམ་རྒྱུན་དུ“ཏད་དེ་བ”ཞེས་པ་བློ་ལ་འདི་ཡིན་གྱི་ཀུན་རྟོག་གང་ཡང་མེད་པ་སྟོང་ཕྱམ་མེར་གནས་པ་ཞིག་གམ། ཡང་ན་བློ་བུར་གྱི་འཇིགས་སྣང་འགའ་སྐྱེས་པའི་ཚེ། དེ་མ་ཐག་པའི་བློ་དེའི་ངོར་ཀུན་རྟོག་བཟང་ངན་འདི་ཡིན་མེད་པ་ཕྱམ་མེ་བའི་གནས་ཚུལ་ཞིག་ཡོད་པ་དེ་ལ་ཟེར་ཞིང་ཚུལ་འདིའང་དེ་དང་དོན་གཅིག་ཏུ་གོ།

〔34〕**སྟག་ཀྱ།** སྟག་ཤར་གྱི་ཕོ་ལུས་དང་ལྡན་ནའང་དེའི་ཡོན་ཏན་གང་ཡང་མེད་པ་ཞིག་ལ་ཟེར་རམ་སྙམ།

〔35〕**སོ་ལ་བཞག** བཏང་སྙོམས་སུ་བཞག་པའི་དོན་ཡིན།

〔36〕**ཁེང་མི་ལྡོག་པ།** འཕངས་བྱིན་ལངས་ཀྱིས་ངོ་ལོག་མི་བྱེད་པའི་དོན་དུ་གོ།

〔37〕**འཁྱོང་།** གཙོ་བོ་དེའི་ཟུར་རྒྱན་གྱི་དོན་ཡིན།

〔38〕**དངོས་བཞི་མེད།** རིའི་དབྱིབས་ལོགས་བཞི་དང་ལྡན་པར་མི་མངོན་པའམ་མི་གསལ་བའི་དོན་དུ་གོ།

〔39〕**དབང་ཕྱུག་གི་ཡོན་ཏན་བརྒྱད།** གཟུགས་ཕྲ་བའི་ཡོན་ཏན། གཟུགས་རགས་པའི་ཡོན་ཏན། ཡང་བའི་ཡོན་ཏན། ཁྱབ་པའི་ཡོན་ཏན། ཡང་དག་ཐོབ་པའི་ཡོན་ཏན། རབ་ཏུ་གསལ་བའི་ཡོན་ཏན། བརྟན་པའི་ཡོན་ཏན། འདོད་དགུ་འབྱུང་བའི་ཡོན་ཏན་རྣམས་ཡིན།

〔40〕**སི་ཐང་།** རྩ་བའི་སྐུ་དེ་ལས་དཔེར་བླངས་ནས་བཞེངས་པའི་ལི་མ་ལ་ཟེར།

〔41〕**བིམྦི་སཱ་ར།** གཟུགས་ཅན་སྙིང་པོ་ལ་ཟེར་བ་ཡིན།

〔42〕**རྒྱལ་བ་རིགས་ལྔ།** རྣམ་སྣང་། དོན་ཡོད་གྲུབ། རིན་ཆེན་འབྱུང་ལྡན། སྣང་བ་མཐའ་ཡས། མི་བསྐྱོད་པ་རྣམས་ཡིན།

〔43〕**བྱང་སེམས་ཉེ་སྲས་བརྒྱད།** འཇམ་དབྱངས། ཕྱག་ན་རྡོ་རྗེ། སྤྱན་རས་གཟིགས། ས་ཡི་སྙིང་པོ། སྒྲིབ་པ་རྣམ་སེལ། ནམ་མཁའི་སྙིང་པོ། བྱམས་པ། ཀུན་ཏུ་བཟང་པོ་རྣམས་ལ་ཟེར་བ་ཡིན།

〔44〕**ཟ་ཧྲུག** ལོག་ཡིག“ཊ་ཋ་ཌ་ཎ་ཥ་ཀྵ”འདི་ཧྲུག་ལ་ཟེར་རམ་སྙམ།

〔45〕**སིལ་ཆོལ།** སིལ་སྙན་དང་ཆོལ་ཏེ། སྦུབ་ཆེན་ནམ་རོལ་མོ་ཧྭ་གྲགས་པ་དེ་ལ་ཟེར།

〔46〕**སྨན་རྣམ་པ་བཞི།** དུས་རུང་གི་སྨན། ཐུན་ཚོད་དུ་རུང་བའི་སྨན། ཞག་བདུན་པའི་སྨན། འཚོ་བཅངས་ཀྱི་སྨན་བཞི་ལ་ཟེར་ཞིང་། དེ་རྣམས་ནི་བཅས་ལྡན་དགེ་སློང་གིས་བསྟེན་དུ་རུང་བའི་སྨན་དུ་བཤད།

〔47〕**རྟོག་གེའི་ཚིག་དོན་བརྒྱད།** མངོན་གསུམ་དང་རྗེས་དཔག་གཉིས་པོ་རེ་རེ་ལ་ཡང་དག་དང་ལྟར་སྣང་གཉིས་སུ་ཕྱེ་བའི་བཞི་ནི་བདག་ཉིད་ཀྱིས་རིག་པའམ་གོ་བར་བྱེད་པའི་ཐབས་དང་། སྒྲུབ་ངག་དང་སུན་འབྱིན་གཉིས་པོ་རེ་རེ་ལ་ཡང་དག་དང་། ལྟར་སྣང་གཉིས་གཉིས་སུ་ཕྱེ་བའི་བཞི་ནི་གཞན་གྱིས་རྟོགས་པར་བྱེད་པའི་ཐམས་ཅད་ཤེས་པའི་ཆར་གཏོགས་པ་བཞི་དང་། རྟོད་བྱེད་ཀྱི་ཆར་གཏོགས་པ་བཞི་སྟེ་བརྒྱད་ལ་ཟེར་བ་ཡིན།

〔48〕**སྤྲང་ཏྲིའི་བློ་གྲོས།** ཁ་ཆེའི་ཆོས་ལུགས་ཀྱི་སྟོན་པ་དེའི་མཚན་ལེགས་སྦྱར་དུ་བཀོད་པའི་ཚིག་དོན་བོད་སྐད་དུ་བསྒྱུར་བ་ལས་བྱུང་བའི་ཐ་སྙད་ཅིག་ཡིན།

〔49〕**སྤར་ཁ་བརྒྱད།** ལི། ཁོན། དྭ། ཁེན། ཁམ། གིན། ཟིན། ཟོན་བཅས་བརྒྱད་ཀྱི་རི་མོ་སྟེ། དོན་དུ་མེ། ས། མཚོ། གནམ། ཆུ། རི། གནམ་ལྕགས། རླུང་བཅས་བརྒྱད་ཀྱི་དོན་ལ་འཇུག་པ་ཡིན།

〔50〕**སྤྲ་སྐར།** ལེགས་སྦྱར་གྱི་སྐད་དེ། བོད་སྐད་དུ་གྲུལ་སྒྲིག་པའམ། ཕྲེང་དུ་བསྒྲིགས་པའི་དོན་ལ་འཇུག་པ་ཡིན།

ལུང་འདྲེན་གྱི་དཔེ་ཆའི་ཁུངས།

དཔེ་གཞུང་འདིར་ལུང་འདྲེན་བྱས་ཡོད་པའི་དཔེ་ཆ་དེ་རྣམས་ལ་ནང་ཚན་དུ་རིགས་མི་འདྲ་བ་གསུམ་ཡོད་པ……ལྟར། བཀའ་མའམ་བསྟན་བཅོས་གང་ཡིན་པ་དེ་རིགས་ཀྱི་མཛད་པ་པོ་དང་། སྙན་རྒྱུད་དག་སྣང་ལས་བྱུང་བའི་རིག་རྣམས་ཀྱི་ཡི་གེར་འགོད་པ་པོ་དང་། གཏེར་མའི་རིགས་རྣམས་ཀྱི་གཏེར་སྟོན་སུ་ཡིན་པའི་མཚན་དང་བྱོན་དུས་སྤྱི་ཕྱི། དཔེ་ཆ་དེའི་ཁུངས་སུ་ཞིག་ལ་ཡོད་པའམ། སུ་ཞིག་གིས་དཔར་དུ་བསྐྲུན་པ། དཔེ་སྐྲུན་ཁང་གང་ཡིན་པ། དཔེ་སྐྲུན་བྱས་པའི་ལོ་ནམ་ཡིན་པ། དཔེ་ཆ་དེ་གློག་བམ་ཡིན་མིན་དང་ཤོག་དཔར་གྱི་དཔེ་ཆ་ཡིན་མིན་བཅས་ཞལ་གསལ་དུ་བཀོད་པ་གཤམ་གསལ།

《**སྐལ་བཟང་མགྲིན་རྒྱན་**》ནི་སངས་རྒྱས་གཡུང་དྲུང་བོན་གྱི་བསྟན་པའི་བྱུང་བ་བརྗོད་པའི……ལེགས་བཤད་སྐལ་པ་བཟང་པོའི་མགྲིན་རྒྱན་རབ་གསལ་ཆུ་ཤེལ་ནོར་བུའི་དོ་ཤལ་ཞེས་པ་ཡིན། དེའི་མཛད་པ་པོ་དཔལ་ལྡན་ཚུལ་ཁྲིམས་(1902—1973)ཡིན་པ་དང་། བོད་ལྗོངས་མི་དམངས་དཔེ་སྐྲུན་ཁང་གིས་1988ལོར་པར་དུ་བསྐྲུན།

《**གངས་ཏི་ཆེན་པོ་ཏི་སེ་དང་མཚོ་ཆེན་མ་དྲོས་པ་བཅས་ཀྱི་སྔོན་བྱུང་ལོ་རྒྱུས་ཤེལ་དཀར་མེ་ལོང་**》གི་མཛད་པ་པོ་ནི་འབྲི་གུང་དཀོན་མཆོག་བསྟན་འཛིན་(རྩོམ་ལོ1896)ཡིན་པ་དང་པར་དུ་བསྐྲུན……མཁན་ངེས་དོན་རྒྱ་མཚོ་ཡང་རི་དགོན་(ཤིང་དཔར་གློག་བམ་)ཡིན།

《**གངས་ཏི་སེའི་དཀར་ཆག་ཚངས་དབྱངས་ཡིད་འཕྲོག་**》ནི་འཛམ་གླིང་གངས་རྒྱལ་ཏི་སེའི་དཀར་··ཆག་ཚངས་དབྱངས་ཡིད་འཕྲོག་ཅེས་བྱ་བ་ཡིན་པ་དང་། དེའི་མཛད་པ་པོ་ནི་བསྟན་འཛིན་རིན་ཆེན་རྒྱལ་མཚན་བདེ་ཆེན་སྙིང་པོ་(རབ་བྱུང་13)ཡིན་ལ། དཔེ་ཁུངས་ISMEO, ROME, ITALY(དབུ་མེད་གློག་བམ་)ཡིན།

《**སྙིང་གཞི་བསྟན་པའི་བྱུང་ཁུངས་**》ཀྱི་མཛད་པ་པོ་ནི་ཁྱུང་པོ་བློ་གྲོས་རྒྱལ་མཚན་(དུས་རབས་14)ཡིན་པ་དང་དཔེ་ཁུངས་ནི་ISMEO, ROME, ITALY(དབུ་མེད་གློག་བམ་)ཡིན།

《**རྒྱལ་པོ་བཀའི་ཐང་ཡིག་**》ནི་བཀའ་ཐང་སྡེ་ལྔ་(གཏེར་མ་)སྟེ། གཏེར་སྟོན་པ་ཨུ་རྒྱན་གླིང་པ…(རབ་བྱུང་5)ཡིན་པ་དང་པེ་ཅིན་མི་རིགས་དཔེ་སྐྲུན་ཁང་གིས་1986ལོར་པར་དུ་བསྐྲུན།

《**རྒྱལ་རབས་བོན་གྱི་འབྱུང་གནས་**》ཀྱི་མཛད་པ་པོ་ནི་ཁྱུང་པོ་བློ་གྲོས་རྒྱལ་མཚན་(དུས་རབས་14)ཡིན་པ་དང་མཁས་གྲུབ་རྒྱ་མཚོས་ཐོབ་རྒྱལ་གསར་པ་ནས་1974ལོར་པར་དུ་བསྐྲུན། (TIBETAN

BONPOMONASTC CENTRE, DOLANJI, H. P. INDIA.)

《སྒྲ་འགྲེལ་འཕྲུལ་གྱི་ལྡེ་མིག་》ནི་བདེན་པ་བོན་གྱི་མཛོད་སྒོ་སྒྲ་འགྲེལ་འཕྲུལ་གྱི་ལྡེ་མིག་ཅེས་བྱ་བ་ཞེས་པ་དེའི་མཛད་པ་པོ་ནི་བླ་ཆེན་དྲན་པ་ནམ་མཁའ་(གཏེར་མ་)ཡིན། གཏེར་སྟོན་པ་གྱེར་མི་ཉི་འོད་དང་ཟླ་སྟོན་སྲིད་འཛིན་ཡིན་ལ། བསྟན་འཛིན་རྣམ་དག་གིས་རྡོ་ལི་ནས1966ལོར་པར་དུ་བསྐྲུན།

《སྒྲའི་དོན་ལེགས་སྣང་གསལ་སྒྲོན་མེ་》ཞེས་པའི་མཛད་པ་པོ་ནི་ཁྲུ་ཉི་མ་གྲགས་པ་ཡིན་ལ། ཐོབ་རྒྱལ་གསར་པ་ནས་པར་དུ་བསྐྲུན། (TIBETAN BONPO MONASTIC CENTRE, DOLANJI, H. P. INDIA.)

《སྣང་ལྡེའུ་བོན་གསུམ་གྱི་གཏམ་ཞེ་མ་རྫོ༔》ཞེས་པའི་མཛད་པ་པོ་ནི་ནམ་མཁའི་ནོར་བུ་ཡིན་པ……དང་དཔེ་མཛོད་ཁང་ནི་(LIBRARY OF TIBETAN WORKS AND ARCHIVES, DHARAMSALA, H. P. I)1989ལོར་པར་དུ་བསྐྲུན།

《ཉེར་མཁོའི་སྣང་བ་》དང་ཡང་ན། ཉེར་སྣང་ནི་འཛམ་གླིང་མཐའ་དབུས་ཀྱི་རྣམ་བཞག་ཉེར་མཁོའི་སྣང་བ་ཞེས་བྱ་བ་དེའི་མཛད་པ་པོ་ནི་དབྲ་སྟོན་སྐལ་བཟང་བསྟན་པའི་རྒྱལ་མཚན་ཡིན་པ་དང……ཁྱུང་པོའི་ཤིང་དཔར་(གླེགས་བམ་)ཡིན།

《 ཏུན་ཧོང་བོད་ཀྱི་ཡི་རྒྱུས་ཡིག་རྙིང་ 》གི་དཔེ་ཆའི་ཁུངས་ནི་(PELLIOT TIBETAN, PARIS, FRANCE)

《ཐུའུ་བཀྭན་གྲུབ་མཐའ་》ཞེས་པའི་མཛད་པ་པོ་ནི་བློ་བཟང་ཆོས་ཀྱི་ཉི་མ་(1737—1802)ཡིན་ལ་ཀན་སུའུ་མི་རིགས་དཔེ་སྐྲུན་ཁང་གིས1984ལོར་པར་དུ་བསྐྲུན།

《དག་པ་གསེར་གྱི་མདོ་ཐིག་》གི་ཁུངས་ནི་གླེགས་བམ་རིན་པོ་ཆེ་དགོས་འདོད་ཀུན་འབྱུང་ལས། སྣ་ཚོགས་སྡེ་ཚན་བཞི་པ་(མདོ་སྡེ་)ཡིན། དཔེ་སྐྲུན་ཁང་ནི་དར་མདོ་མི་རིགས་པར་ཁང་(གླེགས་བམ་)ཡིན།

《དོན་གསལ་སོག་ཁྲ་》ནི་གནམ་ཆོས་ཐུགས་ཀྱི་གཏེར་ཁ་སྣང་བརྒྱུད་ཟབ་མོའི་སྐོར་(གཏེར་མ་)ཡིན། གཏེར་སྟོན་པ་མི་འགྱུར་རྡོ་རྗེ་(དུས་རབས་17)པ་དང་དཔེ་ཁུངས་(LECOLE FRANCAISE, DEXTREME ORIENT 22 AV DV PRESIDENT WILSON, 75016 PARIS, FRANCE.)རིས་མགོ་མཁྱེན་བརྩེ་དང་དཔལ་ཡུལ་པད་ནོར་རིན་པོ་ཆེ་ཡིན། རྡོ་ལི་ནས1986ལོར་པར་དུ་བསྐྲུན་(གླེགས་བམ་)ཡིན།

《དྲི་མེད་རྩ་བའི་མདོ་》ནི་འདུས་པ་རིན་པོ་ཆེའི་རྒྱུད་དྲི་མ་མེད་པ་རྩ་བའི་མདོ་སངས་རྒྱས་ཀྱི……

རྣམ་ཐར་རིན་ཆེན་འཕྲེང་བ་ཞེས་བྱ་བ་(མདོ་སྨན་རྒྱུད་)དང་དེའི་འགོད་པ་པོ་ནི་ཁྱུང་པོ་བློ་ལྡན་སྙིང་པོ་(རབ་བྱུང་6)ཡིན་ལ། སི་ཁྲོན་ཞིང་ཆེན་མི་རིགས་ཞིབ་འཇུག་སོའུ་བོད་ཀྱི་རིག་གནས་ཞིབ་འཇུག་ཁང་གིས་པར་དུ་བསྐྲུན། (དབུ་མེད་གློགས་བམ་)ཡིན།

《དྲི་མེད་གཟི་བརྗིད་》ནི་འདུས་པ་རིན་པོ་ཆེ་དྲི་མ་མེད་པ་གཟི་བརྗིད་རབ་ཏུ་འབར་བའི་མདོ། ཞེས་པའི་ཁུངས་(སྨན་རྒྱུད་)དང་དེའི་འགོད་པ་པོ་ནི་ཁྱུང་པོ་བློ་ལྡན་སྙིང་པོ་(རབ་བྱུང་6)དང་སྤྲུ་ཚང་… བསོད་ནམས་རྒྱལ་མཚན་གཉིས་ཡིན། ཐོབ་རྒྱལ་གསར་པ་ནས1981ལོར་པར་དུ་བསྐྲུན། (TIBETAN BONPO MONASTIC CENTRE, DOLANJI, H. P. INDIA.)

《མདོ་འདུས་》ནི་ལྷ་ཡི་བོན་མདོ་འདུས་པ་རིན་པོ་ཆེའི་རྒྱུད་ཅེས་བྱ་བ་ཞེས་པ་དེའི་ཁུངས་(མདོ་ས་གཏེར་མ་)ཡིན་པ་དང་། གཏེར་སྟོན་པ་ཨ་ཙ་ར་མི་གཉིས་དང་པར་དུ་བསྐྲུན་མཁན་སི་ཁྲོན་ཞིང་ཆེན་མི་རིགས་ཞིབ་འཇུག་སོའུ་བོད་ཀྱི་རིག་གནས་ཞིབ་འཇུག་ཁང་(དབུ་མེད་གློགས་བམ་)ཡིན།

《ལེའུ་རྒྱ་བོད་ཀྱི་ཆོས་འབྱུང་》ནི་མཁས་པ་ལྡེའུས་མཛད་པའི་རྒྱ་བོད་ཀྱི་ཆོས་འབྱུང་རྒྱས་པ་སྟེ། མཛད་པ་པོ་ནི་མཁས་པ་ལྡེའུ་(དུས་རབས12)དང་། བོད་ལྗོངས་མི་དམངས་དཔེ་སྐྲུན་ཁང་གིས1987 ལོར་པར་དུ་བསྐྲུན།

《བརྡ་སྤྲོད་ཉི་ཤུ་བདུན་པ་》ཡི་མཛད་པ་པོ་ནི་ཚུལ་ཁྲིམས་ཕུན་ཚོགས་(རབ་བྱུང་13)དང་མཁས་གྲུབ་རྒྱ་མཚོ་ཀྱིས་ཐོབ་རྒྱལ་གསར་པ་ནས1985ལོར་པར་དུ་བསྐྲུན། (TIBETAN BONPO MONASTIC CENTRE, DOLANJI, H. P, INDIA.)(གློགས་བམ་)ཡིན།

《བརྡ་སྤྲོད་ཉི་ཤུ་བདུན་པའི་རང་འགྲེལ་》ནི་བོད་ཀྱི་བརྡ་ཡང་དག་པར་སྦྱོར་ཚུལ་གྱི་བསྟན་བཅོས་བརྡ་སྤྲོད་ཉི་ཤུ་བདུན་པའི་རང་འགྲེལ་གསེར་བསྟན་གསལ་བའི་ཉི་མ་ཞེས་བྱ་བ་ཞེས་པ་དེའི་མཛད་པ་པོ་ ནི་ཚུལ་ཁྲིམས་ཕུན་ཚོགས་དང་མཁས་གྲུབ་རྒྱ་མཚོས་ཐོབ་རྒྱལ་གསར་པ་ནས1985ལོར་པར་དུ་བཏབ། (TIBETAN BONPOMONASTIC CENTRE, DOLANJI, H. P. INEIA)(གློགས་བམ་)ཡིན།

《བརྡ་སྤྲོད་ཀྱི་ཟུར་རྒྱན་》དེའི་མཛད་པ་པོ་ནི་ཚུལ་ཁྲིམས་རྒྱལ་མཚན་དང་མཁས་གྲུབ་རྒྱ་མཚོས… ཐོབ་ རྒྱལ་ གསར་ པ་ ནས་ 1985ལོར་ པར་ དུ་ བསྐྲུན། (TIBETAN BONPO MONASTIC CENTPE, DOLANJI, H. P. INEIA)(གློགས་བམ་)ཡིན།

《སྣང་གསལ་སྒྲོན་མེ་》ནི་སྲིད་པ་འཕྲུལ་གྱི་ཇུ་ཐིག་གི་དཔྱད་དོན་སྣང་གསལ་སྒྲོན་མེ་ཞེས་པ་དེའི་…

མཛད་པ་པོ་ནི་མི་ཕམ་འཇམ་དབྱངས་རྣམ་རྒྱལ་རྒྱ་མཚོ་(1846—1912)ཡིན་པ་དང་། སེ་དགེ་ལྷུན་གྲུབ་སྟེང་ནས་(ཤིང་དཔར་གླེགས་བམ་)པར་དུ་བསྐྲུན།

《པོ་ཏི་བསེ་རུ་》ནི་རླངས་ཀྱི་པོ་ཏི་བསེ་རུ་རྒྱས་པ་ཞེས་པའི་མཛད་པ་པོ་ནི་ཏའི་སི་ཏུ་བྱང་ཆུབ····· རྒྱལ་མཚན་(1302—1371)ཡིན་པ་དང་། བོད་ལྗོངས་མི་དམངས་དཔེ་སྐྲུན་ཁང་གིས1986ལོར་པར་དུ་བསྐྲུན།

《དཔྱད་གསུམ་དག་རྩིས་》ནི་དཔྱད་གསུམ་དག་རྩིས་བསྐལ་སྲིད་དུས་ཀྱི་འཁོར་ལོ་ལས་ཞག········ གསུམ་རྩིས་གཞུང་ནམ་མཁའི་གཏེར་མཛོད་ཅེས་བྱ་བ་ཞེས་པའི་མཛད་པ་པོ་ནི་འཇིགས་མེད་ནམ་མཁའི་·· རྡོ་རྗེ་(1897—1956)ཡིན་པ་དང་། བསྟན་འཛིན་རྣམ་དག་གིས་ཐོབ་རྒྱལ་གསར་པ་ནས1972ལོར་པར་དུ་བསྐྲུན། (TIBETAN BONPO MONASTIC CENTPE, DOLANJI, H. P. INDIA)

《སྲི་སྲུངས་》ནི་གསས་མཁར་རིན་པོ་ཆེ་སྲི་སྲུངས་དབལ་གསང་བ་འདུས་པ་དོན་གྱི་རྒྱུད་ཅེས······ པའི་ཁུངས་ནི་(རྒྱུད་ཁ་སྐོང་རྒྱུད།) དེའི་འགོད་པ་པོ་ནི་ཁྱུང་པོ་བློ་ལྡན་སྙིང་པོ་ཡིན་པ་དང་སི་ཁྲོན་ཞིང་ཆེན་མི་རིགས་ཞིབ་འཇུག་སོའུ་བོད་ཀྱི་རིག་གནས་ཞིབ་འཇུག་ཁང་གིས་པར་དུ་བསྐྲུན། (དབུ་མེད་གླེགས་བམ་)ཡིན།

《བོན་གྱི་བསྟན་འབྱུང་ཁུང་བསྡུས་》ནི་གཡུང་དྲུང་བོན་གྱི་བསྟན་པའི་བྱུང་ཁུངས་ཁུང་བསྡུས······ ཅེས་པ་དེའི་མཛད་པ་པོ་ནི་བསྟན་འཛིན་རྣམ་དག་(1926—)ཡིན་པ་དང་། མཁས་གྲུབ་རྒྱ་མཚོས་ཐོབ་རྒྱལ་གསར་པ་ནས1974ལོར་པར་དུ་བསྐྲུན། (TIBETAN BONPO MONASTIC CENTRE, DOLANJI, H. P. INDIA)

《བོད་ཀྱི་གནའ་རབས་ཡིག་ཆ་གཅེས་བསྡུས་》ཅེས་པའི་སྒྲིག་པ་པོ་ནི་བསོད་ནམས་སྐྱིད་དང········ དབང་རྒྱལ་གཉིས་ཡིན། མི་རིགས་དཔེ་སྐྲུན་ཁང་གིས1983ལོར་པར་དུ་བསྐྲུན།

《བོད་ཡིག་གི་འབྱུང་གཞིར་གསར་དུ་དཔྱད་པ་》ཞེས་པའི་རྩོམ་ཡིག་གི་རྩོམ་པ་པོ་ནི་ཚེ་རིང་ཐར་(1958—)ཡིན་པ་དང་། 《ཀྲུང་གོའི་བོད་ཀྱི་ཤེས་རིག་》དུས་དེབ། 1988ལོའི་དུས་དེབ་དང་པོའི་ནང་དུ་གསལ།

《བློན་པོ་བཀའི་ཐང་ཡིག་》ནི་བཀའ་ཐང་སྡེ་ལྔ་(གཏེར་མ་)གཏེར་སྟོན་པ་ནི་ཨོ་རྒྱན་གླིང་པ········ དང་། མི་རིགས་དཔེ་སྐྲུན་ཁང་གིས1986ལོར་པར་དུ་བསྐྲུན།

《འབེལ་གཏམ་ལུང་གི་སྙིང་པོ་》ནི་སྔ་རབས་བོད་ཀྱི་བྱུང་བ་བརྗོད་པའི་འབེལ་གཏམ་ལུང་གི་སྙིང་

པོ་ཞེས་བྱ་བ་ཞེས་པའི་མཛད་པ་པོ་ནི་བསྟན་འཛིན་རྣམ་དག་ཡིན་པ་དང་། ཐོབ་རྒྱལ་གསར་པ་ནས་པར་དུ་སྐྲུན།

《སྦ་བཞེད་》ནི་བཙན་པོ་ཁྲི་སྲོང་ལྡེ་བཙན་དང་མཁན་པོ་སློབ་དཔོན་པདྨའི་དུས་མདོ་སྤྱགས་སོ····སོར་མཛད་པའི་སྦ་བཞེད་ཞབས་བཏགས་མ་ཞེས་པའི་མཛད་པ་པོ་ནི་སྦ་གསལ་སྣང་དང་། སི་ཁྲོན་མི་རིགས་དཔེ་སྐྲུན་ཁང་གིས1990ལོར་པར་དུ་བསྐྲུན།

《མེ་རིའི་སྙུག་མཁར་བཞེངས་ལུགས་ཀྱི་ཟུར་བྱང་》གི་མཛད་པ་པོ་ནི་གུ་རུབ་གསལ་འོད་དགའ·····(དུས་རབས7)དང་། དཔེ་ཁུངས་འདོན་མཁན་ནི་ཀོང་པོན་གཡུང་དྲུང་རྣམ་རྒྱལ་ཡིན།

《རྩ་རྒྱུད་ཉི་སྒྲོན་》ནི་སྲིད་པ་ལས་ཀྱི་གཏིང་ཟློག་གི་རྩ་རྒྱུད་ཀུན་གསལ་ཉི་ཟེར་སྒྲོན་མ་(གཏེར·····མ་)ཞེས་པའི་གཏེར་སྟོན་པ་ནི་བྲ་བོ་སྒོམ་ཉག་དང་། དཔེ་སྐྲུན་ཁང་ནི་ཐོབ་རྒྱལ་གསར་པ་(དབུ་མེད་གླེགས་བམ)ཡིན།

《རྩ་རྒྱུད་ཉི་སྒྲོན་》གྱི་ཁུངས་ནི་(བཀའ་འགྱུར་རྒྱུད་སྡེ་ཙ་གཏེར་མ་)ཡིན་པ་དང་གཏེར་སྟོན་པ་ནི་བྲ་བོ་སྒོམ་ཉག་ཡིན། སི་ཁྲོན་ཞིང་ཆེན་མི་རིགས་ཞིབ་འཇུག་སོའུ་བོད་ཀྱི་རིག་གནས་ཞིབ་འཇུག་ཁང····(དབུ་མེད་གླེགས་བམ་གློག་དཔར་)ཡིན།

《ཞང་བོད་གནའ་རབས་ཀྱི་ལོ་རྒྱུས་ནོར་བུའི་མེ་ལོང་》གི་མཛད་པ་པོ་ནི་ནམ་མཁའི་ནོར་བུ་ཡིན···པ་དང་སི་ཁྲོན་མི་རིགས་དཔེ་སྐྲུན་ཁང་གིས1990ལོར་པར་དུ་བསྐྲུན།

《གཟེར་མིག་》ནི་འདུས་པ་རིན་པོ་ཆེའི་རྒྱུད་གཟེར་མིག་(གཏེར་མ་)ཡིན། གཏེར་སྟོན་པ་ནི་དྲང་རྗེ་བཙུན་པ་(དུས་རབས11)དང་། དཔེ་སྐྲུན་ཁང་ནི་ཐོབ་རྒྱལ་གསར་པ་(དབུ་མེད་གླེང་བམ་)ཡིན། (TIBETAN BONPO MONASTICCENTRE, DOLANJI, H, P. INDIA.)

《གཟེར་མིག་》ནི་མདོ་གཟེར་མིག་(གཏེར་མ་)ཡིན། གཏེར་སྟོན་པ་ནི་དྲང་རྗེ་བཙུན་པ་གསེར་མིག ཀྲུང་གོའི་བོད་ཀྱི་ཤེས་རིག་དཔེ་སྐྲུན་ཁང་གིས1991ལོར་པར་དུ་བསྐྲུན།

《རིན་ཆེན་གཏེར་ཕྲེམ་》ནི་གངས་ཅན་བོད་ཀྱི་བརྡ་ཡང་དག་པར་སྦྱོར་བ་མིང་གི་བསྟན་བཅོས····ལེགས་པར་བཤད་པ་བློ་གསལ་འཇུག་ངོགས་རིན་པོ་ཆེའི་གཏེར་ཕྲེམ་ཞེས་བྱ་བ་ཡང་ཟེར་ལ་དེའི་མཛད····པ་པོ་ནི་ནམ་མཁའི་དབང་ཕྱུག་(རབ་བྱུང་14)ཡིན་པ་དང་མཁས་གྲུབ་རྒྱ་མཚོས་ཐོབ་རྒྱལ་གསར་པ······ནས1985ལོར་པར་དུ་བསྐྲུན།(TIBETAN BONPO MONASTIC CENTRE, DOLANJI, H, P. INDIA.)

《**ལེགས་བཤད་རིན་པོ་ཆེའི་མཛོད་**》ལ་ལེགས་བཤད་རིན་པོ་ཆེའི་གཏེར་མཛོད་དཔྱོད་ལྡན་དགའ་བའི་ཆར་ཞེས་བྱ་བ་ཡང་ཟེར་དེའི་མཛད་པ་པོ་ནི་ཤར་རྫ་བཀྲ་ཤིས་རྒྱལ་མཚན་(1858—1933)ཡིན་པ་དང་པེ་ཅིན་མི་རིགས་དཔེ་སྐྲུན་ཁང་གིས1985ལོར་པར་དུ་བསྐྲུན།

《**ཤ་བ་རུ་རྒྱས་**》ནི་ཤ་བ་རུ་རྒྱས་མདོས་ཅེས་པ་དེའི་དཔེ་ཁུངས་ནི་དཔོན་སློབ་བསྟན་འཛིན་རྣམ་དག་(དབུ་མེད་གློགས་བམ་)ཡིན།

《**ཤེས་བྱ་ཀུན་ཁྱབ་**》ནི་ཐེག་པའི་སྒོ་ཀུན་ལས་བཏུས་པ་གསུང་རབ་རིན་པོ་ཆེའི་མཛོད་བསླབ་པ་གསུམ་ལེགས་པར་སྟོན་པའི་བསྟན་བཅོས་ཤེས་བྱ་ཀུན་ཁྱབ་ཅེས་པར་སྟོད་ཆ་དང་བར་ཆ། སྨད་ཆ་གསུམ་མཛད་པ་པོ་ནི་ཀོང་སྤྲུལ་བློ་གྲོས་མཐའ་ཡས་(1806—1899)ཡིན་པ་དང་། མི་རིགས་དཔེ་སྐྲུན་ཁང་གིས1982ལོར་པར་དུ་བསྐྲུན།

《**བཤད་མཛོད་ཆེན་མོ་**》ནི་བཤད་མཛོད་ཡིད་བཞིན་ནོར་བུ་ཞེས་པ་དེའི་མཛད་པ་པོ་ནི་དོན་དམ་སྨྲ་བའི་སེང་གེ་(དུས་རབས14)ཡིན་པ་དང་། ཀུན་བཟང་སྟོབས་རྒྱལ་གྱིས་ཐིམ་ཕུས1976ལོར་པར་དུ་བསྐྲུན།

《**སོག་མོའི་རྣམ་བཤད་དཔྱལ་དཀར་མེ་ལོང་**》གི་མཛད་པ་པོ་ནི་བསྟན་འཛིན་རྣམ་དག་ཡིན་པ······དང་། བསྟན་འཛིན་རྣམ་དག་གིས་རྡེ་ལི་(དབུ་མེད་གློགས་བམ་)ནས་པར་དུ་བསྐྲུན།

《**སྲིད་པ་སྤྱི་མདོས་**》མཛད་པ་པོ་ནི་ར་སངས་ཁྲི་ན་ཁོད་(དུས་རབས8)ཡིན་པ་དང་དཔེ་ཁུངས་ནི་ནམ་མཁའི་ནོར་བུ་དངISMEO. ROME, ITALY. ཡིན།

《**སྲིད་པའི་མཛོད་ཕུག་**》ནི་དེའི་མཛད་པ་པོ་ནི་དྲན་པ་ནམ་མཁའ་(གཏེར་མ་)ཡིན་པ་དང་། གཏེར་སྟོན་པ་ནི་གྱེར་མི་ཉི་འོད་དང་ཟླ་སྟོན་སྲིད་འཛིན་(གཏེར་འདོན་ལོ1108)ཡིན། བསྟན་འཛིན་རྣམ་དག་གིས་རྡེ་ལི་ནས1966ལོར་པར་དུ་བསྐྲུན།

《**གསལ་བའི་སྒྲོན་མ་**》ལ་ཁྲོ་བོ་དབང་ཆེན་ཛཿམཚར་རྒྱས་པའི་རྣམ་བཤད་གསལ་བའི་སྒྲོན་མ་······ཞེས་བྱ་བ་ཡང་ཟེར། དེའི་མཛད་པ་པོ་ནི་སྐྱབས་སྟོན་རིན་ཆེན་འོད་ཟེར་(1353—)ཡིན་པ་དང་། ཡོངས་འཛིན་སངས་རྒྱས་བསྟན་འཛིན་གྱིས་ཐོབ་རྒྱལ་གསར་པ་ནས1973ལོར་པར་དུ་བསྐྲུན། (TIBETAN BONPO MONASTIC CENTRE, DOLANJI, H, P. INDIA.)དབུ་མེད་ཡིན།

《**གསས་མཁར་རིན་པོ་ཆེ་ཐིག་ལེ་དབྱིངས་ཆེན་**》ལ་གསས་མཁར་རིན་པོ་ཆེ་ཐིག་ལེ་དབྱིངས་ཆེན་··

གཡུང་དྲུང་ཡོངས་རྫོགས་གཡུང་དྲུང་བསྡོམ་རྒྱུད་ཀྱི་དབལ་གསང་བ་འདུས་པ་དོན་གྱི་རྒྱུ་ཡང་ཟེར། དཔེ་ཁྱུངས་(རྒྱུད་ཧ་གཏེར་མ་)ཡིན། གཏེར་སྟོན་པ་ནི་བདེ་ཆེན་གླིང་པ་(རབ་བྱུང་14)ཡིན་པ་དང་། སི་ཁྲོན་ཞིང་ཆེན་མི་རིགས་ཞིབ་འཇུག་སོའུ་བོད་ཀྱི་རིག་གནས་ཞིབ་འཇུག་ཁང་གིས་པར་དུ་བསྒྲུན་པ་(དབུ་མེད་གླེགས་བམ་)ཡིན།

《བཀའ་ཆེམས་ཀ་ཁོལ་མ་》ཞེས་པའི་གཏེར་སྟོན་པ་ནི་ཇོ་བོ་རྗེ་ཨ་ཏི་ཤ་ཡིན་ཞིང་། སྤྱི་ལོ་1989 ལོར་ཀན་སུའུ་མི་རིགས་དཔེ་སྐྲུན་ཁང་གིས་པར་དུ་བསྐྲུན།

《གབ་པ་སྒྲིག་འཛིན་ལྟགས་ཀྱི་དོན་》ཞེས་པ་ནི་གསལ་མཁར་རིན་པོ་ཆེ་ཐིག་ལེ་དབྱིངས་ཆེན……གཡུང་དྲུང་ཡོངས་རྫོགས་དཔལ་གསང་བ་འདུས་པ་དོན་གྱི་རྒྱུད་ལས། གཡུང་དྲུང་གབ་པ་སྒྲིག་འཛིན་ལྟགས་ཀྱི་དོན་ཞེས་བྱ་བ་(རྒྱུད་ཧ)དེའི་གཏེར་སྟོན་པ་ནི་བདེ་ཆེན་གླིང་པ་ཡིན་པ་དང་སི་ཁྲོན་ཞིང་ཆེན…མི་རིགས་ཞིབ་འཇུག་སོའུ་བོད་ཀྱི་རིག་གནས་ཞིབ་འཇུག་ཁང་གིས་(དབུ་མེད་སློག་དཔར། གླེགས་བམ་)པར་དུ་བསྐྲུན།

《གྲགས་རྒྱལ་བོད་ཀྱི་རྒྱལ་རབས་》ཅེས་པ་བོད་ཀྱི་རྒྱལ་རབས་(ས་སྐྱའི་བཀའ་འབུམ་ཧ་)དེའི……མཛད་པ་པོ་ནི་གྲགས་པ་རྒྱལ་མཚན་ཡིན་པ་དང་། སྡེ་དགེ་ལྷུན་གྲུབ་སྟེང་ནས་པར་དུ་བསྐྲུན། (ཤིང་དཔར་གླེགས་བམ་)ཡིན།

《གླིང་གྲགས་》ཡང་ན་སྙགས་པ་རིན་ཆེན་གླིང་གྲགས་(SOURCES FORA HISTORY OFBON)ཅེས་པ། དེའི་མཛད་པ་པོ་ནི་དྲན་པ་ནམ་མཁའ་(སྐྱེ1003－?)ཡིན། སྤྱི་ལོ1972ལོར་བསྟན་འཛིན་རྣམ་དག་གིས་པར་དུ་བསྐྲུན། (TIBETAN, BONPO MONASTIC CENTRE DOLANJI H. P. INDIA)

《རྒྱ་བོད་ཡིག་ཚང་ཆེན་མོ་》ཡང་ན་རྒྱ་བོད་ཡིག་ཚང་མཁས་པ་དགའ་བྱེད་ཆེན་མོ་འཛམ་གླིང……གསལ་བའི་མེ་ལོང་ཅེས་པའི་མཛད་པ་པོ་ནི་སྟག་ཚང་རྫོང་པ་དཔལ་འབྱོར་བཟང་པོ་(རྩོམ་ལོ1434)ཡིན། སྤྱི་ལོ1985ལོར་སི་ཁྲོན་མི་རིགས་དཔེ་སྐྲུན་ཁང་གིས་པར་དུ་བསྐྲུན།

《རྒྱའི་ཐང་ཡིག་རྙིང་མ་》ཡང་ན་རྒྱའི་ཡིག་ཚང་ནང་གསལ་བའི་བོད་ཀྱི་རྒྱལ་རབས་གསལ་བའི་མེ་ལོང་ཞེས་པའི་སྒྱུར་པ་པོ་དང་སྒྲིག་པ་པོ་ནི་སྟག་ལྷ་ཕུན་ཚོགས་བཀྲ་ཤིས་ཡིན་ཞིང་། སྤྱི་ལོ1973ལོར་རྡ་རམ་ས་ལ་ནས་པར་དུ་བསྐྲུན། (DHARAMSALA, H. P. INDIA)

《རྒྱའི་ཐང་ཡིག་རྙིང་མ་》ཡང་ན་ཐང་ཡིག་གསར་རྙིང་ལས་བྱུང་བའི་བོད་ཆེན་པོའི་སྲིད་ལུགས…

དང་འབྲེལ་བའི་དེབ་ཐེར་གཡུ་འབྲུག་བཞད་སྒྲ་ཞེས་པའི་སྒྱུར་པ་པོ་དང་སྒྲིག་པ་པོ་ནི་དོན་གྲུབ་རྒྱལ་དང་··ཁྲིན་ཆེན་དབྱིན་གཉིས་ཡིན། སྤྱི་ལོ1983ལོར་མཚོ་སྔོན་མི་རིགས་དཔེ་སྐྲུན་ཁང་གིས་པར་དུ་བསྐྲུན།

《རྒྱལ་རབས་འཕྲུལ་གྱི་ལྡེ་མིག་》གམ་དེབ་ཐེར་དམར་པོའི་དེབ་གསར་མའི་མཛད་པ་པོ་ནི་པཎ····ཆེན་བསོད་ནམས་གྲགས་པ་(1478—1554)ཡིན་ཞིང་། དཔེ་སྐྲུན་ཁང་ནི་(INTERNATIONAL ACADEMY OFINDIAN CULTURE, NEWDELHI)1968

《རྒྱལ་རབས་གསལ་བའི་མེ་ལོང་》ཞེས་པའི་མཛད་པ་པོ་ནི་བསོད་ནམས་རྒྱལ་མཚན་(1312—1375)ཡིན་ཞིང་། སྤྱི་ལོ1981ལོར་མི་རིགས་དཔེ་སྐྲུན་ཁང་གིས་པར་དུ་བསྐྲུན།

《རྒྱལ་རབས་གསེར་གྱི་ཕྲེང་བ་》(RARE HISTORICAL TEXTS FROM THE LIBRARY OF BURMIOK ATHING)ཞེས་པའི་མཛད་པ་པོ་ནི་ཀཿ ཐོག་རིག་འཛིན་ཚེ་དབང་ནོར་བུ་(1701—1755)ཡིན་ཞིང་། སྤྱི་ལོ1985ལོར་རྡ་རམ་ས་ལ་ནས་པར་དུ་བསྐྲུན། (LIBRARY OF TIBETAN WORKS AND ARCHIVAES, H. P. INDIA)(དབུ་མེད་གློགས་བམ་)ཡིན།

《རྒྱལ་གཉེན་ཡ་ངལ་གྱི་གདུང་རབས་ཤུན་ཆེན་ཚངས་པའི་སྒྲ་དབྱངས་》ཅེས་པའི་མཛད་པ་པོ་ནི···ཡང་སྟོམ་མི་འགྱུར་རྒྱལ་མཚན་(དུས་རབས17)ཡིན་ཞིང་། སྤྱི་ལོ1978ལོར་ཐིབ་རྒྱལ་གསར་པ་ནས་པར་དུ་བསྐྲུན་(དབུ་མེད་)ཡིན།

《སྔོན་གྱི་གཏམ་མེ་ཏོག་ཕྲེང་བ་》(RARE HISTORICAL TEXTS FROM THE LIBRARY OF BURMIOK ATHING)ཞེས་པའི་མཛད་པ་པོ་ནི་ནེའུ་པཎྜི་ཏ་སྨོན་ལམ་བློ་གྲོས་(དུས་རབས13)ཡིན་ཞིང་། སྤྱི་ལོ1985ལོར་རྡ་རམ་ས་ལ་ནས་པར་དུ་བསྐྲུན། (LIBRARY OF TIBETAN WORKS AND ARCHIVAES, H. P. INDIA)(དབུ་མེད་གློགས་བམ་)ཡིན།

《རྗེ་བཙུན་ཐམས་ཅད་མཁྱེན་པ་བཻ་རོ་ཙ་ནའི་རྣམ་ཐར་འདྲ་འབག་ཆེན་མོ་》ཞེས་པ་ལྷ་ས་ཞོལ་གྱི···(ཤིང་དཔར་གློགས་བམ་)ཡིན།

《ཉང་གི་ཆོས་འབྱུང་》ཡང་ན་ཆོས་འབྱུང་མེ་ཏོག་སྙིང་པོ་ཞེས་པའི་མཛད་པ་པོ་ནི་ཉང་རལ་ཉི་མ་འོད་ཟེར་(1124—1192)ཡིན་ཞིང་། སྤྱི་ལོ1988ལོར་བོད་ལྗོངས་མི་དམངས་དཔེ་སྐྲུན་ཁང་གིས་པར་དུ་བསྐྲུན།

《ཉེར་མཁོ་བུམ་བཟང་》ཡང་ན་གཙུག་ལག་རྩིས་རིགས་ཚང་མའི་ལག་ལེན་འཁྲུལ་མེད་མུན་སེལ···

ཉི་མ་ཉེར་མཁོའི་འདོད་པ་འཛོ་བའི་བུམ་བཟང་ཞེས་བྱ་བ་ཞེས་པའི་མཛད་པ་པོ་ནི་དཔོན་རྒན་ཀརྨ་ངེས་ལེགས་(སྤྱི་ལོ་1732)ཡིན་ཞིང་། སྡེ་དགེ་དཔལ་སྤུངས་དཔར་ཁང་གི་པར་དུ་བསྐྲུན། (ཤིང་དཔར་གླེགས་བམ་)ཡིན།

《བསྟན་རྩིས་ངོ་མཚར་ནོར་བུའི་ཕྲེང་བ་》ཞེས་པའི་མཛད་པ་པོ་ནི་ཉི་མ་བསྟན་འཛིན་དབང་གི་རྒྱལ་པོ་(1813—?)ཡིན་ཞིང་། ཐོབ་རྒྱལ་གསར་པ་ནས་པར་དུ་བསྐྲུན།

《དར་རྒྱས་གསལ་སྒྲོན་》ཡང་ན་དར་རྒྱས་གསལ་བའི་སྒྲོན་མ་དང་བསྟན་པའི་རྣམ་བཤད་དར་རྒྱས་གསལ་བའི་སྒྲོན་མ་ཞེས་བྱ་བ་ཞེས་པ་(SOURCES FOR A HISTORY OF BON)དེའི་མཛད་པ་པོ་ནི་སྤ་སྟོན་བསྟན་རྒྱལ་བཟང་པོ་(སྤྱི་ལོ་1345)ཡིན་ཞིང་། སྤྱི་ལོ་1972ལོར་ཐོབ་རྒྱལ་གསར་པ་ནས་བསྐྲུན། (TIBETAN BONPO MONASTIC CENTRE DOLANJI, H. P. INDIA.)

《དར་རྒྱས་གསལ་སྒྲོན་གྱི་ལོ་རྒྱུས་ཀུན་གསལ་》ཅེས་པའི་མཛད་པ་པོ་ནི་སྤ་སྟོན་བསྟན་རྒྱལ་བཟང་པོ་(སྤྱི་ལོ་1324)ཡིན་ཞིང་། སི་ཁྲོན་ཞིང་ཆེན་མི་རིགས་ཞིབ་འཇུག་སོའུ་བོད་ཀྱི་རིག་གནས་ཞིབ་འཇུག་ཁང་གིས་པར་དུ་བསྐྲུན། (དབུ་མེད་གློག་དཔར་གླེགས་བམ་)ཡིན།

《དེབ་ཐེར་དཀར་པོ་》ཡང་ན་བོད་ཆེན་པོའི་སྲིད་ལུགས་དང་འབྲེལ་བའི་རྒྱལ་རབས་དེབ་ཐེར་དཀར་པོ་ཞེས་བྱ་བའི་མཛད་པ་པོ་ནི་དགེ་འདུན་ཆོས་འཕེལ་(1905—1951)ཡིན་ཞིང་། སྤྱི་ལོ་1988ལོར་སི་ཁྲོན་མི་རིགས་དཔེ་སྐྲུན་ཁང་གིས་པར་དུ་བསྐྲུན།

《དེབ་ཐེར་སྔོན་པོ》ཞེས་པའི་མཛད་པ་པོ་ནི་འགོས་ལོ་གཞོན་ནུ་དཔལ་(1392—1481)ཡིན་ཞིང་། སྤྱི་ལོ་1984ལོར་སི་ཁྲོན་མི་རིགས་དཔེ་སྐྲུན་ཁང་གིས་པར་དུ་བསྐྲུན།

《དེབ་ཐེར་དཔྱིད་ཀྱི་རྒྱལ་མོའི་གླུ་དབྱངས་》ཡང་ན་གངས་ཅན་ཡུལ་གྱི་ས་ལ་སྤྱོད་པའི་མཐོ་རིས་ཀྱི་རྒྱལ་བློན་གཙོ་བོར་བརྗོད་པའི་དེབ་ཐེར་རྫོགས་ལྡན་གཞོན་ནུའི་དགའ་སྟོན་དཔྱིད་ཀྱི་རྒྱལ་མོའི་གླུ་དབྱངས་ཞེས་བྱ་བའི་མཛད་པ་པོ་ནི་ངག་དབང་བློ་བཟང་རྒྱ་མཚོ་(1617—1682)ཡིན་ཞིང་། སྤྱི་ལོ་1980ལོར་མི་རིགས་དཔེ་སྐྲུན་ཁང་གིས་པར་དུ་བསྐྲུན།

《དེབ་ཐེར་དམར་པོ་》ཞེས་པ་དེབ་ཐེར་དམར་པོ་རྣམས་ཀྱི་དང་པོ་ཧུ་ལན་དེབ་ཐེར་མཛད་པ་པོ་ནི་ཚལ་པ་ཀུན་དགའ་རྡོ་རྗེ་(1309—1353)ཡིན་ཞིང་། སྤྱི་ལོ་1981ལོར་མི་རིགས་དཔེ་སྐྲུན་ཁང་གིས་པར་དུ་བསྐྲུན།

《འདུལ་བ་གླིང་གྲགས་》(SOURCES FOR A HISTORY OF BON)གཏེར་མ། སྤྱི་ལོ་1972ལོར་ ཛོབ་ རྒྱལ་ གསར་ པ་ ནས་ པར་ དུ་ བསྐྲུན། (TIBETAN BONPO MONASTIC CENTRE, DOLANJI, H. P. INDIA)

《ལྡེའུ་ཆོས་འབྱུང་ཆེན་མོ་》ཡང་ན་ཆོས་འབྱུང་ཆེན་མོ་བསྟན་པའི་རྒྱལ་མཚན་ཞེས་པའི་མཛད་པ་པོ་ནི་ལྡེའུ་ཇོ་སྲས་(དུས་རབས་12)ཡིན་ཞིང་། སྤྱི་ལོ་1987ལོར་བོད་ལྗོངས་མི་དམངས་དཔེ་སྐྲུན་ཁང་གིས་པར་དུ་བསྐྲུན།

《སྤྱོད་འཇུག་》ཡང་ན་བྱང་ཆུབ་སེམས་དཔའི་སྤྱོད་པ་ལ་འཇུག་པ་ཞེས་པའི་མཛད་པ་པོ་ནི་ཞི་བ་ལྷ་ཡིན་ཞིང་། སྤྱི་ལོ་1989ལོར་མཚོ་སྔོན་མི་རིགས་དཔེ་སྐྲུན་ཁང་གིས་པར་དུ་བསྐྲུན།

《ཕུང་པོ་གཟན་སྐྱུར་གྱི་རྣམ་བཤད་གཅོད་ཀྱི་དོན་གསལ་བྱེད་》ཅེས་པ་བཀྲ་ཤིས་ལྗོངས་ནས་པར་དུ་བསྐྲུན། (PALAMPUR H, P. IMDIA)

《བཻཌཱུརྱ་དཀར་པོ་》ཞེས་པའི་མཛད་པ་པོ་ནི་སྡེ་སྲིད་སངས་རྒྱས་རྒྱ་མཚོ་(1653—1705)ཡིན་ཞིང་། ལྷ་ས་ཞོལ་ནས་པར་དུ་བསྐྲུན། (ཤིང་དཔར་གླེགས་བམ་)ཡིན།

《བོད་ཀྱི་རྡོ་རིང་གི་ཡི་གེ་དང་དྲིལ་བུའི་ཁ་བྱང་》གི་རྩོམ་སྒྲིག་པ་ནི་བང་ཡའོ་ཡིན། སྤྱི་ལོ་1982ལོར་གནའ་རྫས་དཔེ་སྐྲུན་ཁང་གིས་པར་དུ་བསྐྲུན།

《བོད་གནའ་རབས་ཀྱི་རིག་གནས་དང་། ཆོས་ལུགས། མི་རིགས་བཅས་ཀྱི་འབྱུང་ཁུངས་སྐོར་གླེང་བ་》ཞེས་པའི་རྩོམ་ཡིག་གི་རྩོམ་པ་པོ་ནི་དུང་དཀར་བློ་བཟང་འཕྲིན་ལས་ལགས་ཡིན་པ་དང་། སྤྱི་ལོ་1984ལོར་བོད་ལྗོངས་ཞིབ་འཇུག་དེབ་གཉིས་པའི་སྟེང་དུ་བཀོད་ཡོད།

《ཞང་གི་འབྱུང་ཁུངས་ལ་དཔྱད་པའི་ཐོག་མའི་བསམ་ཚུལ་》ཞེས་པའི་རྩོམ་ཡིག་གི་རྩོམ་པ་པོ་ནི་རྡོ་རྗེ་མཁར་ཡིན། སྤྱི་ལོ་1986ལོའི་《བོད་ལྗོངས་ཞིབ་འཇུག་》དེབ་གཉིས་པའི་སྟེང་བཀོད་ཡོད།

《བྱམས་མ་》ཡང་ན་བྱམས་མ་སྐྱོན་གྱི་འཛིགས་སྐྱབས་ཅེས་པའི་(མདོ་ཚེ་གཏེར་མ་)གཏེར་སྟོན་པ་ནི་ཁྲོ་ཚང་འབྲུག་ལྷ་ཡིན། སི་ཁྲོན་ཞིང་ཆེན་མི་རིགས་ཞིབ་འཇུག་སོའུ་བོད་ཀྱི་རིག་གནས་ཞིབ་འཇུག་ཁང་གིས་པར་དུ་བསྐྲུན་(དབུ་མེད་སློག་དཔར་གླེགས་བམ་)ཡིན།

《མི་ཉག་སྐོར་རགས་ཙམ་གླེང་བ་》ཞེས་པའི་རྩོམ་ཡིག་གི་རྩོམ་པ་པོ་ནི་རེབ་གོང་རྡོ་རྗེ་མཁར། སྤྱི་ལོ་1986ལོའི་བོད་ལྗོངས་ཞིབ་འཇུག་དེབ་གསུམ་པའི་སྟེང་དུ་བཀོད་ཡོད།

《རྩ་རྒྱུད་ཆེན་པོ་གསང་བ་བསེན་ཐུབ་ཀྱི་འགྲེལ་པ་རིན་པོ་ཆེ་ཡིད་བཞིན་རྣམ་པར་བཀོད་པའི་རྒྱན

》ཞེས་པའི་མཛད་པ་པོ་ནི་འ་ཞ་བློ་གྲོས་རྒྱལ་མཚན་(1198—1263)ཡིན་ལ། བཀྲ་ཤིས་རྡོ་རྗེས1985ལོར་ཐོབ་རྒྱལ་གསར་པ་ནས་པར་དུ་བསྐྲུན། (TIBETAN BONPO MONASTIC CENTRE, DOLANJI, H. P. INDIA.)

《རྫོགས་པ་ཆེན་པོ་ཞང་ཞུང་སྙན་རྒྱུད་ཀྱི་བོན་མ་ནུབ་པའི་གཏན་ཚིགས་》ནི་ཞང་ཞུང་སྙན་རྒྱུད་ཀྱི་སྐོར་ཡིན། (HISTORY AND DOCTRINE OF BONPO NISPANNA－YOGA)དེའི་མཛད་པ་པོ་ནི་གྱེར་སྤུངས་སྣང་བཞེར་ལོད་པོ་(དུས་རབས7)ཡིན་ལ་དཔེ་སྐྲུན་ཁང་ནི་(INTERNATIONAL ACADEMY OF INDIAN CULTURE, NEW DELHI, 1968)

《ཞང་ཞུང་སྙན་རྒྱུད་ཀྱི་བརྒྱུད་པའི་བླ་མའི་རྣམ་ཐར་》ཞེས་པའི་མཛད་པ་པོ་ནི་སྤ་བཙུན་བསྟན……རྒྱལ་སེང་གེ་དཔལ་བཟང་ཡིན། དཔེ་སྐྲུན་ཁང་ནི་(INTERNATIONAL ACADEMY OF INDIAN CULTURE, NEW DELHI, 1968)

《ཞང་ཞུང་མེ་རིའི་བླ་མ་བརྒྱུད་པའི་བསྟོད་ཕྱག་ཆེན་མོ་》ཞེས་པའི་ཞང་ཞུང་སྙན་རྒྱུད་སྐོར་གྱི……མཛད་པ་པོ་ནི་འགྲོ་མགོན་བླ་བྲག་པ་དང་ཁྱུང་སྒོམ་དཔལ་འབྱོར་ལྷུན་གྲུབ་(དུས་རབས13)ཡིན། དཔེ་སྐྲུན་ཁང་ནི་(INTERNATIONAL ACADEMY OF INDIAN CULTURE, NEW DELHI, 1968)

《ཡར་ལུང་ཇོ་བོའི་ཆོས་འབྱུང་》ཞེས་པའི་མཛད་པ་པོ་ནི་ཤཱཀྱ་རིན་ཆེན་སྡེ་ཡིན་ཞིང་(དུས་རབས14) སྤྱི་ལོ1988ལོར་སི་ཁྲོན་མི་རིགས་དཔེ་སྐྲུན་ཁང་གིས་པར་དུ་བསྐྲུན།

《ཕྱམ་བྱ་བླ་སྐད་ཀྱི་དཀར་ཆག་འབྲིང་པོ་》ཞེས་པའི་མཛད་པ་པོ་ནི་ལྷུང་སྤྲང་པ་རོལ་པའི་རྡོ་རྗེ……ཡིན་ཞིང་། སྤྱི་ལོ1984ལོའི་《བོད་ལྗོངས་ཞིབ་འཇུག་》དེབ་བཞི་པའི་སྟེང་དུ་བཀོད།

《གཡུང་དྲུང་བོན་གྱི་རྒྱུད་འབུམ་》སྐྱབས་པ་རིན་ཆེན་སྒྲིང་གྲགས་(SOURCES FOR A HISTORY OF BON)སྤྱི་ལོ1972ལོར་ཐོབ་རྒྱལ་གསར་པ་ནས་པར་དུ་བསྐྲུན།(TIBETAN BONPOMONASTIC CENTRE, DOLANJI, H. P. INDIA.)

《དུས་མཛོད་པད་དཀར་སྒྲེད་ཚལ་》ཞེས་པའི་རྩོམ་སྒྲིག་པ་ནི་འབྲུ་བཀྲ་ཤིས་རྒྱ་མཚོ་ཡིན་པ་དང……ཟ་ཁོག་ནས་བྱུང་བའི་དཔེ་དེབ་ཞིག་ཡིན།

《རྒྱང་རྟའི་གསོལ་ཁ་》ཡང་ན་རླུང་རྟའི་གསོལ་ཁ་དགེ་ལེགས་ཀུན་སྩོལ་ཞེས་བྱ་བ་ཞེས་པའི………མཛད་པ་པོ་ནི་མི་ཕམ་འཇམ་དབྱངས་རྣམ་རྒྱལ་རྒྱ་མཚོ(1846—1912)ཡིན་པ་དང་སྡེ་དགེ་ལྷུན་གྲུབ……སྟེང་(ཤིང་དཔར་གླིགས་)ནས་པར་དུ་བསྐྲུན།

《ལེགས་བཤད་རིན་གཏེར་》ཡང་ན་ལེགས་པར་བཤད་པ་རིན་པོ་ཆེའི་གཏེར་ཞེས་བྱ་བའི་བསྟན་བཅོས་ཀྱི་མཛད་པ་པོ་ནི་ས་སྐྱ་པཎྜི་ཏ་ཀུན་དགའ་རྒྱལ་མཚན་(1181—1251)ཡིན་ཞིང་། སྤྱི་ལོ་1982ལོར་བོད་ལྗོངས་མི་དམངས་དཔེ་སྐྲུན་ཁང་གིས་པར་དུ་བསྐྲུན།

《སྲིད་པ་རྒྱུད་ཀྱི་ཁ་བྱང་》ཞེས་པའི་གཏེར་སྟོན་པ་ནི་ཁོད་པོ་བློ་གྲོས་ཐོགས་མེད་(དུས་རབས་14)ཡིན་ཞིང་། སྤྱི་ལོ་1976ལོར་བསྟན་འཛིན་རྣམ་དག་གིས་ཐོབ་རྒྱལ་གསར་པ་ནས་པར་དུ་བསྐྲུན། (TIBETANBONPO MONASTIC CENTRE, DOLANJI, H. P. INDIA.)

《གསང་བ་བསེན་ཐུབ་རྒྱུད་》ཡང་ན་གསས་མཁར་རིན་པོ་ཆེ་སྤྱི་སྤུངས་གསང་བ་བསེན་ཐུབ་རྒྱུད་ཞེས་པའི་གཏེར་སྟོན་པ་ནི་དཔོན་གསས་ཁྱུང་རྒོད་རྩལ་(1175—?)ཡིན་ཞིང་། སྤྱི་ལོ་1985ལོར་བཀྲ་ཤིས་རྫོ་རྗེས་ཐོབ་རྒྱལ་གསར་པ་ནས་པར་དུ་བསྐྲུན་(TIBETAN BONPO MONASIC CENTRE, DOLANJI, H. P. INDIA)

《གསས་མཁར་སྤྱི་སྤུངས་ཀྱི་བཤད་བྱང་》ཡང་ན་རྗེས་འབྲང་རིག་འཛིན་རྣམས་བཀའ་བརྒྱུད་ཀྱི་གྲུབ་པ་ཐོབ་ཚུལ་བཤད་བྱང་ཡིད་འཕེལ་ནོར་བུའི་(རྒྱུད་ཏ་གཏེར་མ་)གཏེར་སྟོན་པ་ནི་ཀུན་གྲོལ་གསང་བ་རྩལ་བདེ་ཆེན་གླིང་པ་ཡིན་ཞིང་། སི་ཁྲོན་ཞིང་ཆེན་མི་རིགས་ཞིབ་འཇུག་སོའི་བོད་ཀྱི་རིག་གནས་ཞིབ་འཇུག་ཁང་གིས་(དབུ་མེད་སློག་དཔར་གླེགས་བམ་)པར་དུ་བསྐྲུན།

《ལྷ་བསང་རྒྱག་བཟན་ཆེན་མོ་》ཐུན་མོང་རྟེན་འབྲེལ་སྒྲིག་བྱེད་པའི་ལྷ་རྣམས་གཉེར་བྱེད་བསང་མཆོད་བཞུགས་ཞེས་པའི་གཏེར་སྟོན་པ་ནི་རིག་འཛིན་རྒོད་ཀྱི་ལྡེམ་འཕྲུ་ཅན་(1337—1408)ཡིན་ཞིང་། སྡེ་དགེ་ལྷུན་གྲུབ་སྟེང་ནས་པར་དུ་བསྐྲུན། (ཤིང་དཔར་གླེགས་བམ་)ཡིན།

《ཀླུ་སྒྲུབ་བསྟན་རྩིས་》སམ་བསྟན་རྩིས་གསལ་བའི་ཉིན་བྱེད་ཅེས་པ་དེའི་མཛད་པ་པོ་ནི་མང་ཐོས་ཀླུ་སྒྲུབ་རྒྱ་མཚོ་(1523—?)ཡིན་ལ། སྤྱི་ལོ་1987ལོར་བོད་ལྗོངས་མི་དམངས་དཔེ་སྐྲུན་ཁང་གིས་པར་དུ་བསྐྲུན།

《ཀློང་ཆེན་པའི་ཆོས་འབྱུང་》ཡང་ན་ཆོས་འབྱུང་རིན་པོ་ཆེའི་གཏེར་མཛོད་ཐུབ་བསྟན་གསལ་བར་བྱེད་པའི་ཉི་འོད་ཅེས་བྱ་བ་མཛད་པ་པོ་ནི་ཀློང་ཆེན་པ་དྲི་མེད་འོད་ཟེར་ཡིན། དཔེ་ཆ་དབུ་མེད་ཅིག་ཡིན།

《ཁྲིམས་ཡིག་ཟླང་ནོར་གསལ་བར་བྱེད་པའི་དྲང་ཐིག་དྭངས་ཤེལ་མེ་ལོང་ཉེར་གཅིག་པ་ཞེས་པའི་ལེའུ་བཅུ་དྲུག་པ་》གངས་ཅན་རིག་མཛོད་བདུན་པ། བོད་ཀྱི་སྔ་རབས་ཁྲིམས་སྲོལ་ཡིག་ཆ་བདམས་སྒྲིག

ཞེས་པའི་ནང་དུ་བཀོད་ཡོད། མཛད་པ་པོ་ནི་སྡེ་སྲིད་སངས་རྒྱས་རྒྱ་མཚོ་ཡིན། བོད་ལྗོངས་མི་དམངས་དཔེ་སྐྲུན་ཁང་གིས་སྤྱི་ལོ1989ལོར་པར་དུ་བསྐྲུན།

《རྒྱའི་ལོ་རྒྱུས་ཐུང་ཅེན་》རྒྱའི་ཡིག་ཚང་ནང་གསལ་བའི་བོད་ཀྱི་རྒྱལ་རབས་གསལ་བའི་མེ་ལོང……ཞེས་པ་དེའི་སྒྱུར་སྒྲིག་པ་ནི་སྟག་ལྷ་ཕུན་ཚོགས་བཀྲ་ཤིས་ཡིན། སྤྱི་ལོ1973ལོར་དྷ་རམ་ས་ལ་ནས་པར་དུ་བསྐྲུན། (H. P. INDLA)

《རྒྱུད་བུ་ཆུང་བཅུ་གཉིས་》རྫོགས་པ་ཆེན་པོ་ཞང་ཞུང་སྙན་རྒྱུད།(HISTORY AND DOCTRINE OF BON-PO NISPANNA-YOGA)གསུང་པ་པོ་ནི་ཀུན་ཏུ་བཟང་པོ་དང་སྟོན་པ་པོ་ནི་ཥི་ཧྲི་ཙ་ཡིན། འགོད་པ་པོ་ནི་སྣང་བཞེར་ལོད་པོ་ཡིན། (INTERNATIONAL ACADEMY OF INDIAN CULTURE, NEW DELHI)1968ལོར་པར་དུ་བསྐྲུན།

《རྒྱལ་རབས་མེ་ལོང་རྣམ་གསལ་》ཡང་ན་རྒྱལ་རབས་མེ་ལོང་གསལ་བྱེད་ཞུང་དུ་རྣམ་གསལ་ཞེས་པའི་མཛད་པ་པོ་ནི་རཏྣ་གླིང་པ(1403—1478)ཡིན་པ་དང་སྤྱི་ལོ1985ལོར་རྡ་རམ་ས་ལ་ནས་པར་དུ་བསྐྲུན། (LIBRARY OF TIBETAN WOEKS AND ARCHIVES, DHARAMSALA H. P. INDLA)དཔེ་ཆ་དབུ་མེད་ཅིག་ཡིན།

《ཆོས་འབྱུང་དཔག་བསམ་ལྗོན་བཟང་》ཡང་ན་འཕགས་ཡུལ་རྒྱ་ནག་ཆེན་པོ་དང་སོག་ཡུལ་དུ……དམ་པའི་ཆོས་བྱུང་ཚུལ་དཔག་བསམ་ལྗོན་བཟང་ཞེས་པའི་མཛད་པ་པོ་ནི་སུམ་པ་མཁན་པོ་ཡེ་ཤེས………དཔལ་འབྱོར(བཙམས་ལོ1748)ཡིན་པ་དང་དགེ་ལྡན་གསུང་རབ་མི་ཉམས་དཔེ་སྐྲུན་ཁང་གིས་པར་དུ་བསྐྲུན། ཧྲི་ལི(INDIA)

《འཇིག་རྟེན་མགོན་པོའི་གསུང་བཞི་བཅུ་པ་》(དགོངས་གཅིག་ཡིག་ཆ་གླེགས་བམ་དང་པོ)ཞེས་པའི་མཛད་པ་པོ་ནི་སྐྱོབས་པ་འཇིག་རྟེན་མགོན་པོ(1143—1217)ཡིན། (BIR 1975 H. P. INDIA)

《རྗེ་བཙུན་གཡུ་ཐོག་ཡོན་ཏན་མགོན་པོ་རྙིང་མའི་རྣམ་པར་ཐར་པ་བཀའ་རྒྱ་མ་གཟི་བརྗིད་རིན་པོ……ཆེའི་གཏེར་མཛོད་ཅེས་བྱ་བ》ཡང་ན་གཡུ་ཐོག་གསར་རྙིང་གི་རྣམ་ཐར་ཞེས་པའི་མཛད་པ་པོ་ནི་ཇོ་བོ……ལྷུན་གྲུབ་བཀྲ་ཤིས་ཡིན། སྤྱི་ལོ1982ལོར་མི་རིགས་དཔེ་སྐྲུན་ཁང་གིས་པར་དུ་བསྐྲུན།

《ནེའུ་ཐོན་བྱུང་གི་གཏམ་》མམ་སྔོན་གྱི་གཏམ་མེ་ཏོག་ཕྲེང་བ་ཞེས་པ་དེའི་མཛད་པ་པོ་ནི་ནེའུ……པཎྜི་ཏ་གྲགས་པ་སྨོན་ལམ(དུས་རབས13)ཡིན། སྤྱི་ལོ1985ལོར་རྡ་རམ་ས་ལ་ནས་པར་དུ་བསྐྲུན།

(དབུ་མེད་)ཡིན།(LIBRARY OF TIBETAN WORKS AND ARCHIVES, H. P. INDIA)

《པད་དཀར་ཆོས་འབྱུང་》ངམ་ཆོས་འབྱུང་བསྟན་པའི་པདྨ་རྒྱས་པའི་ཉིན་བྱེད་(ཀུན་མཁྱེན་བཀའ་འབུམ། ཀ་ཆ)དེའི་མཛད་པ་པོ་ནི་ཀུན་མཁྱེན་པདྨ་དཀར་པོ་ཡིན་པ་དང་། (ཤིང་དཔར་ཞིག)ཡིན།

《པདྨའི་བཀའ་ཐང་》(པདྨ་བཀའ་ཐང་)ངམ་ཨུ་རྒྱན་གུ་རུ་པདྨ་འབྱུང་གནས་ཀྱི་སྐྱེས་རབས་རྣམ་པར་ཐར་པ་རྒྱས་པར་བཀོད་པ་ཞེས་བྱ་བ་(གཏེར་མ་)ཞེས་པའི་གཏེར་སྟོན་པ་ནི་ཡར་རྗེ་ཨུ་རྒྱན་གླིང་པ་ཡིན། སྤྱི་ལོ1987ལོར་སི་ཁྲོན་མི་རིགས་དཔེ་སྐྲུན་ཁང་གིས་པར་དུ་བསྐྲུན།

《སྒྲ་རྒྱལ་གདུང་རབས་ཀྱི་རྩ་བའི་འབྱུང་ཁུངས་སྐོར་ལ་ཅུང་ཟད་དཔྱད་པ་》ཞེས་པའི་རྩོམ་ཡིག་གི་རྩོམ་པ་པོ་ནི་ཆབ་སྤེལ་ཚེ་བརྟན་ཕུན་ཚོགས་ཡིན། སྤྱི་ལོ1986ལོའི་བོད་ལྗོངས་ཞིབ་འཇུག་ཨང་བཞི་པའི་ནང་དུ་བཀོད།

《བུ་སྟོན་ཆོས་འབྱུང་》ཡང་ན་བདེ་བར་གཤེགས་པའི་བསྟན་པའི་གསལ་བྱེད་ཆོས་ཀྱི་འབྱུང་གནས་གསུང་རབ་རིན་པོ་ཆེའི་མཛོད་ཅེས་བྱ་བ་མཛད་པ་པོ་ནི་བུ་སྟོན་རིན་ཆེན་གྲུབ་(1290—1364)ཡིན། ལྷ་ས་ཞོལ་གྱི་དཔར་མ་(ཤིང་དཔར་)ཡིན།

《བོད་ཀྱི་ཡིག་ཚང་》ཡང་ན་རྒྱལ་རབས་སོགས་བོད་ཀྱི་ཡིག་ཚང་གསལ་བའི་མེ་ལོང་ཞེས་པ་སྤྱི་ལོ1985ལོར་རྡ་རམ་ས་ལ་ནས་པར་དུ་བསྐྲུན། (LIBRARY OF TIBETAN WORKS AND ARCHIVES, H. P. INDIA)

《བོད་ཀྱི་རུས་ཁུངས་ཐོག་མའི་ཚན་དཔྱད་》ཅེས་པའི་རྩོམ་ཡིག་དེའི་རྩོམ་པ་པོ་ནི་ཨ་མདོ་བ་པདྨ་དབང་རྒྱལ་ཡིན། སྤྱི་ལོ1983ལོར་མཚོ་སྔོན་སློབ་གསོ་དེབ་དྲུག་པའི་ནང་ལ་གསལ།

《བོད་ཀྱི་ལོ་རྒྱུས་ལས་འཕྲོས་པའི་གཏམ་ནོར་བུའི་དོ་ཤལ་》ཞེས་པའི་མཛད་པ་པོ་ནི་ནམ་མཁའི་ནོར་བུ་ཡིན། སྤྱི་ལོ1981ལོར་རྡ་རམ་ས་ལ་ནས་པར་དུ་བསྐྲུན། (LIBRARY OF TIBETAN WORKS ANDARCHIVES, H. P. INDIA)

《བོད་མིའི་འབྱུང་ཁུངས་ཆེ་ལོང་ཙམ་བརྗོད་པ་》ཞེས་པའི་རྩོམ་ཡིག་གི་རྩོམ་པ་པོ་ནི་རེབ་གོང་རྡོ་རྗེ་མཁར་ཡིན། སྤྱི་ལོ1985ལོར་བོད་ལྗོངས་ཞིབ་འཇུག་དེབ་དང་པོའི་ནང་དུ་གསལ།

《མ་ཎི་བཀའ་འབུམ་》(གཏེར་མ་)གྱི་གཏེར་སྟོན་པ་ནི་གྲུབ་ཐོབ་དངོས་གྲུབ་(དུས་རབས་12

ཡིན།) སྤྱི་ལོ་1991ལོར་མཚོ་སྔོན་མི་རིགས་དཔེ་སྐྲུན་ཁང་གིས་པར་དུ་བསྐྲུན།

《ལེགས་བཤད་རིན་ཆེན་མཛོད》 ཡང་ན་རིག་གནས་ལྔའི་རྣམ་དབྱེ་ཅུང་ཟད་བཤད་པ་ལེགས་བཤད······ནོར་བུའི་ཕྲེང་བ་བློ་གསལ་མགུལ་རྒྱན་ཞེས་བྱ་བ་མཛད་པ་པོ་ནི་ཀླུ་ལ་སྣ་དང་དུས་འཁོར་ཞབས་དྲུང་(དུས་རབས་18)ཡིན། སྤྱི་ལོ་1981ལོར་ཧྭ་རམ་ས་ལ་ནས་པར་དུ་བསྐྲུན། (LIBRARY OF TIBETAN WORKS AND ARCHIVES, H. P. INDIA)

《སྲིད་པ་རྒྱུད་ཀྱི་ཁ་བྱང》 ངམ་སྲིད་པ་རྒྱུད་ཀྱི་ཁ་བྱང་ཆེན་མོ་(གཏེར་མ་)གཏེར་སྟོན་པ་ནི་ཁོད་པོ་བློ་གྲོས་ཐོགས་མེད་(གཏེར་ཐོན་ལོ་1301)ཡིན། སྤྱི་ལོ་1976ལོར་བསྟན་འཛིན་རྣམ་དག་གིས་པར་དུ་བསྐྲུན། (TIBETAN BONPO MONASTIC CENTRE, DOLANJI, INDIA)1976

《སྲིད་པ་མཛོད་ཀྱི་མདོ་འཁོར་འདས་ཁམས་ཀྱི་རྩ་བ་གཞུང་དྲང་ལས་རྣམ་པར་དག་པའི་རྒྱུད》(མདོ། ཀ གཏེར་མ་)གཏེར་སྟོན་པ་ནི་གྱེར་མི་ཉི་འོད་ཡིན། སི་ཁྲོན་ཞིང་ཆེན་མི་རིགས་ཞིབ་འཇུག་སོའུ་བོད་ཀྱི་རིག་གནས་ཞིབ་འཇུག་ཁང་གིས་པར་དུ་བསྐྲུན།

དཔེ་སྒྲིག་འགན་ཁུར་བ། ཁྲིས་མ་ཐར།
མདུན་ཤོག་ཇུས་འགོད་པ། ཀརྨ་རྡོ་རྗེ་ཚེ་རིང་།

༄༅། །ཞང་བོད་ཀྱི་ལོ་རྒྱུས་ཏི་སེའི་འོད།

ཉམ་མ་པའི་ཚོར་བུས་བརྩམས།

*

ཀྲུང་གོའི་བོད་རིག་པ་དཔེ་སྐྲུན་ཁང་གིས་བསྐྲུན་ཏེ་བཀྲམ།
ཀྲུང་གོའི་གློག་བརྙན་དཔེ་སྐྲུན་ཁང་གི་པར་ཁང་གིས་པར་བཏབ།
དཔར་ཤོག ༣༥.༢༥ པར་གྲངས། ༡༦༥༠༡ – ༡༧༥༠༠
༡༩༩༨ལོའི་ཟླ་༥པར་པར་གཞི་དང་པོ་བསྒྲིགས།
༢༠༢༦ལོའི་ཟླ་༥པར་པར་གཞི་དང་པོ་དཔར་ཐེངས་དྲུག་པ་བཏབ།
ISBN 978 – 7 – 80253 – 158 – 1/K · 237
རིན་གོང་སྒོར། 68.00

责任编辑:迟玛太
封面设计:吾　要

图书在版编目(CIP)数据

古代象雄与吐蕃史:藏文/南喀诺布著.—北京:
中国藏学出版社,2009.12(2024.5 重印)
ISBN 978-7-80253-158-1
Ⅰ.古…　Ⅱ.南…　Ⅲ.①象雄—民族历史—藏语
②吐蕃—民族历史—藏语　Ⅳ.K289

中国版本图书馆 CIP 数据字核字(2009)第 135268 号

古代象雄与吐蕃史

南喀诺布　著

*

中国藏学出版社出版发行
中国电影出版社印刷厂印刷
开本:787mm×1092mm　1/16
印张:35.25　印数:14501-17500 册
1996 年 5 月第 1 版第 1 次印刷
2024 年 5 月第 1 版第 6 次印刷
ISBN 978-7-80253-158-1/K·237
定价:68.00 元